REALLEXIKON
DER DEUTSCHEN
LITERATURWISSENSCHAFT

Band II

D1666122

REALLEXIKON DER DEUTSCHEN LITERATUR-WISSENSCHAFT

Neubearbeitung des Reallexikons
der deutschen Literaturgeschichte

gemeinsam mit Georg Braungart,
Klaus Grubmüller, Jan-Dirk Müller,
Friedrich Vollhardt und Klaus Weimar

herausgegeben von
Harald Fricke

Band II
H – O

Walter de Gruyter · Berlin · New York

Die Originalausgabe dieses Bandes erschien 2000.

Mit Unterstützung der Deutschen Forschungsgemeinschaft
(Finanzierung der Redaktorstelle)

Redaktion:
Moritz Baßler
Armin Schulz

♾ Gedruckt auf säurefreiem Papier,
das die US-ANSI-Norm über Haltbarkeit erfüllt.

ISBN 978-3-11-019355-8

Bibliografische Information der Deutschen Nationalbibliothek

Die Deutsche Nationalbibliothek verzeichnet diese Publikation in der Deutschen Nationalbibliografie;
detaillierte bibliografische Daten sind im Internet über http://dnb.d-nb.de abrufbar.

Printed in Germany

Einbandgestaltung: Christopher Schneider, Berlin
Satz: Arthur Collignon GmbH, Berlin
Druck: Gerike GmbH, Berlin
Buchbinderische Verarbeitung: Druckhaus Thomas Müntzer, Bad Langensalza

Inhalt des zweiten Bandes

Über das neue Reallexikon

- Das ‚Reallexikon der deutschen Literaturgeschichte' heißt in seiner dritten, von Grund auf neu erarbeiteten Auflage ‚Reallexikon der deutschen Literaturwissenschaft' (RLW).

- Mit dieser Namensänderung wird zunächst nur eine Anpassung an die geänderten Verhältnisse vollzogen: das Fach, das sich beim Erscheinen der ersten Auflage ab 1926 noch ‚Deutsche Literaturgeschichte' genannt hat, heißt heute im allgemeinen ‚Deutsche Literaturwissenschaft'. Darüber hinaus resultiert die Namensänderung aus einer Anwendung des eigenen lexikographischen Programms: es ist untunlich, eine Wissenschaft mit demselben Wort zu bezeichnen wie ihren Gegenstandsbereich.

- Dementsprechend strebt das RLW nicht eine alphabetisch geordnete Darstellung des Wissenschaftsgegenstandes ‚deutsche Literaturgeschichte' an, sondern eine lexikalische Darstellung des Sprachgebrauchs der Wissenschaft, d. h. des Faches ‚Deutsche Literaturwissenschaft'. Denn *Realien* steht hier, wie schon bei den Begründern Paul Merker und Wolfgang Stammler, nicht für ‚Sachen', sondern für ‚Sachbegriffe' — im Kontrast zu ‚Eigennamen' als *Personalien* (für die z. B. Stammler selbst das ‚Verfasserlexikon' auf den Weg gebracht hat).

- Leitfrage eines Lexikon-Benutzers ist: „Was versteht man unter …?" — demgemäß wird man im RLW also nicht darüber informiert werden, was z. B. ‚das Wesen der Klassik' sei, sondern seit wann und wie und in welchem Sinne *Klassik* unter Literaturwissenschaftlern im Gebrauch ist.

- Das RLW als Begriffswörterbuch erstrebt zwar auch eine möglichst vollständige und systematische Bestandsaufnahme des literaturwissenschaftlichen Sprachgebrauchs, hat aber sein eigentliches Ziel darin, ihn zu präzisieren. Es ergreift deshalb Partei nur für die Genauigkeit des wissenschaftlichen Sprachgebrauchs und nicht für eine bestimmte Richtung des Faches.

- Im Interesse von Klärung und Präzisierung des wissenschaftlichen Sprachgebrauchs will sich das RLW zunächst darin von anderen Lexika unseres Faches abheben, daß es so deutlich wie jeweils möglich zwischen Wort-, Begriffs-, Sach- und Forschungsinformation unterscheidet. Der Artikel „Drama" z. B. enthält in gekennzeichneten Abschnitten Informationen darüber, woher das Wort *Drama* kommt, was seine Bedeutungen waren und sind (**Wort**Geschichte), wie sich der Begriff ‚Drama' konzeptuell verändert hat und ggf. alternativ benannt worden ist (**Begriffs**Geschichte), wie die heute mit *Drama* bezeichnete Sache — insbesondere im deutschen Sprachgebiet — von den Anfängen bis in die Gegenwart ausgesehen hat (**Sach**Geschichte), schließlich wie bzw. inwieweit die − insbesondere deutschsprachige − Literaturwissenschaft diese Sache bislang erforscht hat und wie man sich am zuverlässigsten darüber informieren kann (**Forsch**ungs**G**eschichte mit knapper **Lit**eraturliste).

− Im Interesse von Klärung und Präzisierung des wissenschaftlichen Sprachgebrauchs will das RLW dabei die Wort- und Begriffsinformation, also den terminologischen Aspekt, eindeutig in den Vordergrund stellen und die in vielen anderen Nachschlagewerken ausführlich angebotene Sachdarstellung eher knapp (somit auch den Gesamtumfang aller Artikel überschaubar) halten. So bietet der Artikel „Drama" keine kurzgefaßte ‚Geschichte des deutschen Dramas', sondern nur so viel davon, wie nötig ist zur Ergänzung der Wort- und Begriffsinformation sowie zur Begründung eines historisch adäquaten Präzisierungsvorschlags.

− Im Interesse von Klärung und Präzisierung des wissenschaftlichen Sprachgebrauchs enthält das RLW in jedem Artikel eine **Expl**ikation: einen historisch gestützten Gebrauchsvorschlag dafür, mit welchen begrifflichen Merkmalen und mit welchem Begriffsumfang der betreffende Terminus in der gegenwärtigen Literaturwissenschaft sinnvollerweise zu verwenden ist und wie er sich ggf. zu seinem TERMINOLOGISCHEN FELD verhält. Da unser Fach zu einem nicht unbeträchtlichen Teil seine Termini aus der Umgangssprache bezieht, unternimmt es diese Explikation (und nicht etwa schon die zur Groborientierung vorangestellte ‚Kopfzeile'), die Grenze zwischen dem umgangssprachlichen und einem geklärten fachsprachlichen Gebrauch ein- und desselben Wortes zu ziehen.

− Ebenso wie viele Explikationen müssen dabei auch wort- und begriffsgeschichtliche Untersuchungen nicht selten ohne nennenswerte Vorarbeiten auskommen; dieser Umstand verdeutlicht schon, daß hier kein fraglos bestehender Konsens festgestellt oder gar festgeschrieben werden kann, sondern daß im RLW Ergebnisse terminologischer Forschung zu weiterer Nutzung und Diskussion bereitgestellt werden. Der Bezug auf einen solchen Thesaurus wissenschaftsgeschichtlich reflektierter Gebrauchsvorschläge wird es jedem einzelnen Forscher erleichtern, bei Bedarf seine eigenen terminologischen Entscheidungen zu treffen und sie ohne großen Aufwand, nämlich durch knappe Benennung der Übereinstimmungen und Differenzen zur RLW-Explikation, deutlich zu machen.

− Um diese Verbindung von Kontinuität und Zukunftsoffenheit in jedem einzelnen Artikel zu erreichen, bedurfte es einer ungewöhnlich engen Kooperation von Artikel-Verfassern und Herausgebern. Für ihre Bereitschaft, sich dem viel Zeit und Toleranz abverlangenden Prozeß oft mehrstufiger Überarbeitungen und nicht selten auch schmerzhafter Kürzungen geduldig und kooperativ zu unterziehen, sollte den Verfassern aller Artikel der Dank der Fachwelt sicher sein; der Dank der Herausgeber sei ihnen auch an dieser Stelle ausgesprochen.

Hinweise zur Benutzung

- Das RLW ist für sämtliche darin explizierten Termini konsequent alphabetisiert (in der jeweils gebräuchlichsten Wortform – *Ä* = *Ae* usw., *Jambus* statt *Iambus* usw., *Kode* unter *Code* usw.). Erfolgt nicht schon am alphabetischen Ort eine ausführliche Darstellung zu einem Lemma, so wird durch den Pfeil ↗ auf denjenigen anderen Artikel verwiesen, in dessen Rahmen dieses Verweis-Stichwort erläutert wird.

- Ein Verweis-Stichwort verhält sich dabei zu seinem Artikel-Stichwort nicht in jedem Fall als Unterbegriff zur übergeordneten Kategorie (wie ANAPÄST zu **Versfuß**), sondern oft auch als gleichrangiger Parallelfall (EPIPHER im Artikel **Anapher**), als Gegenstück eines Begriffspaars (FORM/INHALT gemeinsam im Artikel **Form**), als historische Spezialform (GÖTTINGER HAIN im Artikel **Empfindsamkeit**), als möglicher Konkurrenzbegriff (ERZIEHUNGSROMAN im Artikel **Bildungsroman**) oder einfach als partielles historisches Synonym von eigenem lexikographischen Gewicht (MUNDARTDICHTUNG im Artikel **Dialektliteratur**).

- Auch auf sachlich angrenzende bzw. ergänzende Artikel wird aus dem Text mit einem Pfeil verwiesen. Wo sich dieser Verweis auf das Unterstichwort eines Artikels bezieht, wird dieses kursiv vor dem Pfeil aufgeführt, der auf das zugehörige Artikelstichwort lenkt (*Hyperbel*, ↗ *Emphase*).

- Ein förmliches Verweis-Stichwort entfällt, wo bereits die allgemeine Sprachkompetenz problemlos zum zweiten Teilausdruck eines Terminus als der richtigen Fundstelle leiten sollte: *Binnenreim* wird man unter **Reim** nachschlagen, *Externe Funktion* unter **Funktion** usw.

- Wo ein terminologischer Ausdruck schon innerhalb der deutschen Literaturwissenschaft systematisch mehrdeutig gebraucht wird, werden seine Lesarten durch Indizes unterschieden (**Schwank$_1$** als gründerzeitliche Komödienform, **Schwank$_2$** als frühneuzeitliche Erzählform) und gesondert dargestellt (je ein eigener Artikel für **Glosse$_1$** als Erläuterungs- und Erschließungsinstrument vor allem mittelalterlicher Texte, **Glosse$_2$** als Gedichtgattung, **Glosse$_3$** als publizistische Kleinform). Dabei stehen reine Verweise immer voran (ALLEGORIE$_1$ ist nur Unterstichwort zu **Metaphernkomplex**); im folgenden rangiert dann die allgemeinere jeweils vor der historisch begrenzteren Bedeutung (erst **Allegorie$_2$** als zeitübergreifende Schreibweise, dann **Allegorie$_3$** als vor allem mittelalterliche Gattung).

- Metasprachlich thematisierte *Wörter* erscheinen *kursiv*, thematisierte ‚Begriffe‘ und alle anderen ‚Bedeutungen‘ in einfachen Anführungsstrichen.

— Zugeordnete Verweis-Stichwörter innerhalb eines Artikels werden an der Stelle ihrer jeweils wichtigsten Erläuterung durch KAPITÄLCHEN hervorgehoben. Geschieht das in der Form eines förmlichen ‚Gebrauchsvorschlages‘, so findet sich dies als ‚Terminologisches Feld‘ am Schluß des Abschnittes **Expl**ikation.

— Um den ungleichen altsprachlichen Vorkenntnissen der Benutzer Rechnung zu tragen, werden griechische Wörter und Zitate im Original mit anschließender Transkription in […] wiedergegeben (Wörter aus anderen Schriften nur transkribiert); wo griechische oder lateinische Zitate nicht unmittelbar darauf in ‚Häkchen‘ übersetzt sind, werden sie im Kontext unmißverständlich paraphrasiert.

— Zur Entlastung des — gewollt knapp und damit überschaubar gehaltenen — bibliographischen Apparates werden häufig herangezogene Quellentexte, Nachschlagewerke und Zeitschriften in fachüblicher Weise abgekürzt zitiert; die Auflösung der Siglen wie auch aller sonstigen Abkürzungen findet man im Gesamtverzeichnis zu Beginn eines jeden Bandes.

— Auch bei den übrigen bibliographischen Angaben rangiert im Bedarfsfall problemlose Identifizierbarkeit vor bibliothekarischer Vollständigkeit: Überlange Aufsatz- oder Kapiteltitel werden gegebenenfalls durch markierte Auslassungen […] gekürzt; Untertitel werden durchweg nur angegeben, wo dies zur Verdeutlichung des Lemma-Bezuges unerläßlich ist.

— Werktitel im laufenden Text stehen in einfachen Anführungszeichen (‚Kabale und Liebe‘). Werke antiker und mittelalterlicher Autoren werden im Regelfall mit eingeführtem Kurztitel und nach der Konvention zitiert (Aristoteles, ‚Poetik‘ 1454 b).

— Im Anschluß an die einzelnen Artikel-Rubriken werden in alphabetischer Ordnung jene Titel nachgewiesen, die nur in der jeweiligen Rubrik zitiert oder vorrangig dort von Belang sind. Kurznachweise im Text, die sich nicht gleich hier aufgelöst finden, verweisen auf die Rubrik **Lit**eratur, die für das Gesamtstichwort wichtige Titel verzeichnet.

Abgekürzt zitierte Literatur

AdB	Allgemeine deutsche Bibliothek. Hg. v. Friedrich Nicolai. 118 Bde. Berlin, Stettin 1766−1796.
Adelung	Johann Christoph Adelung: Grammatisch-kritisches Wörterbuch der Hochdeutschen Mundart. 4 Bde. Wien ^{3}1808 [5 Theile Leipzig ^{1}1774−1786; 4 Bde. Leipzig ^{2}1794].
BMZ	Mittelhochdeutsches Wörterbuch. Mit Benutzung des Nachlasses von Georg Friedrich Benecke ausgearbeitet von Wilhelm Müller und Friedrich Zarncke. 3 Bde. Leipzig 1854−1861. Repr. Hildesheim 1963.
Campe	Joachim Heinrich Campe: Wörterbuch der Deutschen Sprache. 5 Bde. Braunschweig 1807−1811. Repr. Hildesheim 1969−1970. Mit einer Einführung und Bibliographie v. Helmut Henne.
CC	Corpus Christianorum Series Latina. Turnhout 1954 ff.
Cgm	Codex germanicus monacensis (Bayerische Staatsbibliothek München).
Clm	Codex latinus monacensis (Bayerische Staatsbibliothek München).
Cpg	Codex palatinus germanicus (Universitätsbibliothek Heidelberg).
CSEL	Corpus scriptorum ecclesiasticorum latinorum. Wien u. a. 1866 ff.
Curtius	Ernst Robert Curtius: Europäische Literatur und lateinisches Mittelalter. Bern 1948 u.ö.
DEI	Dizionario Enciclopedico Italiano. 12 Bde. Rom 1955−1961.
DWb	Deutsches Wörterbuch von Jacob und Wilhelm Grimm. 33 Bde. Leipzig 1854−1954. Repr. München 1984.
DWb^2	Deutsches Wörterbuch von Jacob und Wilhelm Grimm. Neubearbeitung. Leipzig 1983 ff.
EJ	Encyclopaedia Judaica. Das Judentum in Geschichte und Gegenwart. 10 Bde. A−L. Berlin 1928−1934.
EM	Enzyklopädie des Märchens. Handwörterbuch zur historischen und vergleichenden Erzählforschung. Hg. v. Kurt Ranke zusammen mit Hermann Bausinger u. a. Berlin, New York 1977 ff.
Ersch/Gruber	Johann Samuel Ersch, Johann Gottfried Gruber (Hg.): Allgemeine Encyclopädie der Wissenschaften und Künste. 167 Bde. Leipzig 1818−1889.
EWbD	Etymologisches Wörterbuch des Deutschen. Hg. v. Wolfgang Pfeifer u. a. Berlin (Ost) 1989. 2 Bde. ^{2}1993.
Findebuch	Kurt Gärtner u. a.: Findebuch zum mittelhochdeutschen Wortschatz. Mit einem rückläufigen Index. Stuttgart 1992.
Frnhd.Wb.	Frühneuhochdeutsches Wörterbuch. Hg. v. Robert R. Anderson, Ulrich Goebel und Oskar Reichmann. Berlin, New York 1989 ff.
Georges	Karl-Ernst Georges: Ausführliches Lateinisch-Deutsches Handwörterbuch. 2 Bde. [Leipzig ^{8}1913] Repr. Basel 1951 u.ö.
Gottsched	Johann Christoph Gottsched: Versuch einer Critischen Dichtkunst. Leipzig ^{4}1751. Repr. Darmstadt 1962.

GWb   Goethe-Wörterbuch. Hg. v. der Akademie der Wissenschaften der
                       DDR, der Akademie der Wissenschaften in Göttingen und der Hei-
                       delberger Akademie der Wissenschaften. Stuttgart u. a. 1978 ff.
Hain   Ludwig Hain: Repertorium bibliographicum, in quo libri omnes ab
                       arte typographica inventa usque ad annum MD: typis expressi [...]
                       enumerantur vel [...] recensentur. 4 Bde. Stuttgart u. a. 1826–1838.
                       Repr. Mailand 1966.
Hebenstreit   Wilhelm Hebenstreit: Wissenschaftlich-literarische Encyklopädie der
                       Aesthetik. Ein etymologisch-kritisches Wörterbuch der ästhetischen
                       Kunstsprache. Wien ²1848.
Heyne   Moriz Heyne: Deutsches Wörterbuch. 3 Bde. Leipzig 1890–1895.
HRG   Handwörterbuch zur deutschen Rechtsgeschichte. Hg. v. Adalbert
                       Erler und Ekkehard Kaufmann. 5 Bde. Berlin 1971–1998.
HWbPh   Historisches Wörterbuch der Philosophie. Hg. v. Joachim Ritter und
                       Karlfried Gründer. Basel, Darmstadt 1971 ff.
HWbRh   Historisches Wörterbuch der Rhetorik. Hg. v. Gert Ueding. Tübin-
                       gen 1992 ff.
Kayser   Wolfgang Kayser: Das sprachliche Kunstwerk. Eine Einführung in
                       die Literaturwissenschaft. Bern, München 1948 u. ö.
Kl. Pauly   Der kleine Pauly. Lexikon der Antike. Hg. v. Konrat Ziegler und
                       Walther Sontheimer. 5 Bde. Stuttgart 1964–1975.
Kluge-Mitzka   Friedrich Kluge: Etymologisches Wörterbuch der deutschen Sprache.
                       Bearbeitet von Walther Mitzka. Berlin ²⁰1967.
Kluge-Seebold   Friedrich Kluge: Etymologisches Wörterbuch der deutschen Sprache.
                       Unter Mithilfe von Max Bürgisser und Bernd Gregor völlig neu bear-
                       beitet von Elmar Seebold. Berlin, New York ²²1989; ²³1995.
Lausberg   Heinrich Lausberg: Handbuch der literarischen Rhetorik. Eine
                       Grundlegung der Literaturwissenschaft. 2 Bde. München 1960.
Lexer   Matthias Lexer: Mittelhochdeutsches Handwörterbuch. 3 Bde. Leip-
                       zig 1872–1878. Repr. Stuttgart 1992.
LexMA   Lexikon des Mittelalters. 10 Bde. München, Zürich 1980–1999.
LThK   Lexikon für Theologie und Kirche. Hg. v. Josef Höfer und Karl Rah-
                       ner. 10 Bde. Freiburg ²1957–1965.
LThK³   Lexikon für Theologie und Kirche. Hg. v. Walter Kasper. Freiburg
                       1993 ff.
MF   Des Minnesangs Frühling. Unter Benutzung der Ausgaben von Karl
                       Lachmann und Moriz Haupt, Friedrich Vogt und Carl von Kraus
                       bearbeitet von Hugo Moser und Helmut Tervooren. Stuttgart
                       ³⁷1982.
MG   Monumenta Germaniae Historica. Hannover, Leipzig 1826 ff.
                       SS – Scriptores.
                       SS rer. Germ. – Scriptores rerum Germanicarum in usum scolarum
                       separatim editi.
MGG   Die Musik in Geschichte und Gegenwart. Allgemeine Enzyklopädie
                       der Musik. Hg. v. Friedrich Blume. 17 Bde. Kassel, Basel 1949–1986.
MGG²   Die Musik in Geschichte und Gegenwart. Allgemeine Enzyklopädie
                       der Musik. Begründet von Friedrich Blume. 2., neubearbeitete Aus-
                       gabe hg. v. Ludwig Finscher. 20 Bde. Kassel u. a. 1994 ff.
Mlat.Wb.   Mittellateinisches Wörterbuch bis zum ausgehenden 13. Jh. Hg. v.
                       der Bayerischen Akademie der Wissenschaften und der Deutschen
                       Akademie der Wissenschaften zu Berlin. München 1967 ff.

OED	The Oxford English Dictionary. Hg. v. J. A. Simpson und E. S. C. Weiner. 20 Bde. Oxford ²1989.
Paul-Betz	Hermann Paul: Deutsches Wörterbuch. Bearbeitet von Werner Betz. Tübingen ⁷1976.
Paul-Henne	Hermann Paul: Deutsches Wörterbuch. Vollständig neu bearbeitete Auflage von Helmut Henne und Georg Objartel. Tübingen ⁹1992.
PL	Patrologiae cursus completus. Series Latina. Hg. v. J. P. Migne. 221 Bde. Paris 1844–1865.
Quintilian	Marcus Fabius Quintilianus: Institutionis oratoriae libri XII. Ausbildung des Redners. Hg. und übers. v. Helmut Rahn. 2 Bde. Darmstadt 1972, 1975.
RAC	Reallexikon für Antike und Christentum. Sachwörterbuch zur Auseinandersetzung des Christentums mit der antiken Welt. Hg. v. Theodor Klauser, Ernst Dassmann u. a. Stuttgart 1950 ff.
RDK	Reallexikon zur Deutschen Kunstgeschichte. Hg. v. Otto Schmitt u. a. Bde. 1–5 Stuttgart 1937–1967. Bd. 6 ff. München 1973 ff.
RGG	Die Religion in Geschichte und Gegenwart. Handwörterbuch für Theologie und Religionswissenschaft. Hg. v. Kurt Galling. 6 Bde. Tübingen ³1957–1965.
RL¹	Reallexikon der deutschen Literaturgeschichte. Hg. v. Paul Merker und Wolfgang Stammler. 4 Bde. Berlin 1925–1931.
RL²	Reallexikon der deutschen Literaturgeschichte. Bd. 1–3 hg. v. Werner Kohlschmidt und Wolfgang Mohr. Berlin ²1958–1977. Bd. 4 hg. v. Klaus Kanzog und Achim Masser. Berlin ²1984.
Robert	Le grand Robert de la langue française. Dictionnaire alphabétique et analogue de la langue française. Hg. v. Alain Rey. 9 Bde. Paris ²1985.
Sanders	Daniel Sanders: Deutscher Sprachschatz geordnet nach Begriffen zur leichten Auffindung und Auswahl des passenden Ausdrucks. Ein stilistisches Hülfsbuch für jeden Deutsch Schreibenden. 2 Bde. Hamburg 1873. Repr. Tübingen 1985.
Scaliger	Julius Caesar Scaliger: Poetices libri septem = Sieben Bücher über die Dichtkunst. Unter Mitwirkung von Manfred Fuhrmann hg. und übers. v. Luc Deitz und Gregor Vogt-Spira. Stuttgart-Bad Cannstatt 1994 ff.
Schweikle	Metzler Literaturlexikon. Stichwörter zur Weltliteratur. Hg. v. Günther und Irmgard Schweikle. Stuttgart 1984; ²1990.
Schulz-Basler	Deutsches Fremdwörterbuch. Begonnen v. Hans Schulz, fortgeführt von Otto Basler. 7 Bde. Straßburg u. a. 1913–1988.
Splett	Jochen Splett: Althochdeutsches Wörterbuch. Berlin u. a. 1993.
Stammler	Wolfgang Stammler (Hg.): Deutsche Philologie im Aufriß. 3 Bde. Berlin 1952–1959, ²1957–1969.
Sulzer	Johann Georg Sulzer: Allgemeine Theorie der schönen Künste. 4 Bde. Leipzig ²1792–1794. Repr. Hildesheim 1967–1970.
Thesaurus	Thesaurus linguae latinae. Ed. auctoritate et consilio Academiarum quinque Germanicarum […] et al. Leipzig 1900 ff.
TRE	Theologische Realenzyklopädie. Hg. v. Gerhard Krause und Gerhard Müller. Berlin, New York 1974 ff.
Trübner	Trübners Deutsches Wörterbuch. Hg. v. Alfred Götze, Walther Mitzka u. a. 8 Bde. Berlin 1939–1957.
VL	Die deutsche Literatur des Mittelalters. Verfasserlexikon. Hg. v. Kurt Ruh u. a. Berlin, New York ²1978 ff.

Weigand   Friedrich L. K. Weigand: Deutsches Wörterbuch. 3 Bde. Gießen
                 ^{5}1909.
Wilpert   Gero von Wilpert: Sachwörterbuch der Literatur. Stuttgart ^{7}1989.
Zedler   Johann Heinrich Zedler (Hg.): Großes vollständiges Universal-Lexi-
                 con aller Wissenschaften und Künste. 64 Bde. Halle, Leipzig
                 1732–1750. Repr. Graz 1961–1964.

Periodika

AAA   Arbeiten aus Anglistik und Amerikanistik
ABÄG   Amsterdamer Beiträge zur älteren Germanistik
AfdA   Anzeiger für deutsches Altertum und deutsche Literatur
AfK   Archiv für Kulturgeschichte
AGB   Archiv für Geschichte des Buchwesens
Annales ESC   Annales. Economies, Sociétés, Civilisations
ASNSL   Archiv für das Studium der neueren Sprachen und Literaturen
BIOS   Zeitschrift für Biographieforschung und Oral History
BNF   Beiträge zur Namenforschung
Börsenblatt   Börsenblatt für den deutschen Buchhandel
DA   Deutsches Archiv für Geschichte des Mittelalters; ab 8/1951: Deut-
                 sches Archiv für Erforschung des Mittelalters
DaF   Deutsch als Fremdsprache
DS   Deutsche Sprache. Zeitschrift für Theorie, Praxis, Dokumentation
DU   Der Deutschunterricht. Beiträge zu seiner Praxis und wissenschaftli-
                 chen Grundlegung (Stuttgart 1948–1982, Velber 1983 ff.)
DVjs   Deutsche Vierteljahrsschrift für Literaturwissenschaft und Geistesge-
                 schichte
EG   Etudes Germaniques
FMLS   Forum for Modern Language Studies
FMSt   Frühmittelalterliche Studien
GGA   Göttingische Gelehrte Anzeigen
GR   Germanic Review
GRM   Germanisch-romanische Monatsschrift
GWU   Geschichte in Wissenschaft und Unterricht
HistJb   Historisches Jahrbuch der Görresgesellschaft
IASL   Internationales Archiv für Sozialgeschichte der deutschen Literatur
JbFDH   Jahrbuch des Freien Deutschen Hochstifts
JbIG   Jahrbuch für Internationale Germanistik
JbLH   Jahrbuch für Liturgik und Hymnologie
JEGP   The Journal of English and Germanic Philology
KZfSS   Kölner Zeitschrift für Soziologie und Sozialpsychologie
LiLi   LiLi. Zeitschrift für Literaturwissenschaft und Linguistik
LingBer   Linguistische Berichte
LitJb   Literaturwissenschaftliches Jahrbuch der Görres-Gesellschaft
LWU   Literatur in Wissenschaft und Unterricht
MfdU   Monatshefte für den deutschen Unterricht
MIÖG   Mitteilungen des Instituts für Österreichische Geschichtsforschung
MittellatJb   Mittellateinisches Jahrbuch
MLN   Modern Language Notes
MLR   Modern Language Review

Mu	Muttersprache
NLH	New Literary History
PBB	Beiträge zur Geschichte der deutschen Sprache und Literatur
PMLA	Publications of the Modern Language Association of America
PTL	A journal for descriptive poetics and theory of literature
Rev.Int.Phil.	Revue internationale de philosophie
RQ	Renaissance Quarterly
Schiller-Jb.	Jahrbuch der Deutschen Schillergesellschaft
STZ	Sprache im technischen Zeitalter
SuF	Sinn und Form
SuLWU	Sprache und Literatur in Wissenschaft und Unterricht
TeKo	Text und Kontext
ThR	Theologische Rundschau
WB	Weimarer Beiträge
WW	Wirkendes Wort
ZÄAK	Zeitschrift für Ästhetik und Allgemeine Kunstwissenschaft
ZADSV	Zeitschrift des Allgemeinen Deutschen Sprachvereins
ZfD	Zeitschrift für Deutschkunde
ZfdA	Zeitschrift für deutsches Altertum und deutsche Literatur
ZfdPh	Zeitschrift für deutsche Philologie
ZfdU	Zeitschrift für den deutschen Unterricht
ZfG	Zeitschrift für Germanistik
ZrPh	Zeitschrift für romanische Philologie
ZThK	Zeitschrift für Theologie und Kirche

Sonstige Abkürzungen

Die Bücher der Bibel werden abgekürzt nach LThK³.

=	ist gleich
†	gestorben
ae.	altenglisch
afrz.	altfranzösisch
ahd.	althochdeutsch
am.	amerikanisch
aprov.	altprovençalisch
arab.	arabisch
art.	articulus
Art.	Artikel
asächs.	altsächsisch
AT	Altes Testament
Bd./Bde./ Bdn.	Band/Bände/Bänden
begr.	begründet
BegrG	Begriffsgeschichte
bes.	besonders
Bl.	Blatt
c.	carmen
cap.	capitulum
d. Gr.	der Große
Diss.	Dissertation
dt.	deutsch
ebd.	ebenda
engl.	englisch
erw.	erweiterte Fassung
Expl	Explikation
f. [Zahl]	folium
[Zahl] f.	folgende
Fasc.	Fasciculus
ff.	(mehrere) folgende
frnhd.	frühneuhochdeutsch
ForschG	Forschungsgeschichte
Fr.	Fragment
frz.	französisch
Fs.	Festschrift für
gest.	gestorben
ggf.	gegebenenfalls
griech.	(alt)griechisch

H.	Heft
Habil.	Habilitationsschrift
Hb./-hb.	Handbuch/-handbuch
Hg.	Herausgeber/ Herausgeberinnen
hg. v.	herausgegeben von
Hs.	Handschrift
ital.	italienisch
IVG	Internationale Vereinigung für germanische Sprach- und Literaturwissenschaft
Jb./-jb.	Jahrbuch/-jahrbuch
Jg.	Jahrgang
Jh./Jhs.	Jahrhundert/Jahrhunderts
Kap.	Kapitel
lat.	lateinisch
lib.	liber
Lit	Literatur(verzeichnis)
masch.	maschinenschriftlich
mhd.	mittelhochdeutsch
mlat.	mittellateinisch
mnd.	mittelniederdeutsch
mnl.	mittelniederländisch
Ms.	Manuskript
nd.	niederdeutsch
NF	Neue Folge
nl.	niederländisch
NT	Neues Testament
obdt.	oberdeutsch
o.J.	ohne Jahresangabe
o.O.	ohne Ortsangabe
Pers.	Person
port.	portugiesisch
pr.	prooemium
praef. ad	praefatio ad
prov.	provençalisch
q.	quaestio
[Zahl]ʳ	recto
Reg.	Register
Repr.	Reprint, fotomechanischer Nachdruck
russ.	russisch

s.	siehe	übers. v.	übersetzt von
SachG	Sachgeschichte	u.ö.	und öfter
sc.	scilicet	usw.	und so weiter
SJ	Societas Jesu	v.	Vers
	(Jesuitenorden)	[Zahl]^v	verso
span.	spanisch	v.a.	vor allem
St.	Stück	vgl.	vergleiche
s. v.	sub voce (unter dem	vs.	versus (im Gegensatz zu)
	Stichwort)	Wb./-wb.	Wörterbuch/-wörterbuch
tit.	titulus	WortG	Wortgeschichte
tschech.	tschechisch	z. B.	zum Beispiel
u. a.	und andere/und anderswo	zit. n.	zitiert nach
u. ä.	und ähnlich(es)	Zs.	Zeitschrift
u. a.m.	und andere(s) mehr	z. T.	zum Teil

Verzeichnis der Artikel in Band II

Die Herausgeber haben sich jeweils mit sämtlichen Artikeln dieses Bandes befaßt und sie untereinander wie mit den Verfasserinnen und Verfassern diskutiert. Die Herausgeber-Kürzel hinter den Lemmata der folgenden Liste (B = Georg Braungart, F = Harald Fricke, G = Klaus Grubmüller, M = Jan-Dirk Müller, V = Friedrich Vollhardt, W =Klaus Weimar; ohne Kürzel = Herausgeber-Artikel) geben an, welcher Herausgeber jeweils die Korrespondenz geführt und die Schlußredaktion verantwortlich überwacht hat:

Korrekturhinweis zu Band I:

Der Artikel ‚Autorisation' wurde verfaßt von Gunter Martens und bearbeitet durch die Herausgeber des Reallexikons.

H

Habitus ↗ *Kulturtheorie*

Häßlich

Wertbegriff für Erscheinungen, die aufgrund ihrer Gestalt oder ihrer Bedeutung ablehnende Gefühle, Widerwillen, Ekel hervorrufen.

Expl: ‚Häßlich' kann, wie andere ethische und ästhetische Wertbegriffe auch (↗ *erhaben*, ↗ *komisch*, ↗ *schön*, ↗ *tragisch* usw.), auf objektive Erscheinungen bezogen sein: auf tote Landschaften, monströse Tiere, verkrüppelte, dahinsiechende oder verkommene Menschen, bestialische Opferriten, mißlungene oder abstoßende Kunstwerke. Das Häßliche kann dabei zugleich auf subjektiven Reaktionen beruhen: auf physischen Ekelgefühlen, auf der Verletzung des ästhetisch gebildeten Geschmacks, auf emotionaler Abwehr, moralischem Abscheu, religiösem Schrecken und Angst. Die ästhetischen, emotionalen, moralischen und religiösen Empfindungen des Häßlichen sind stark von den jeweils herrschenden gesellschaftlichen Wertordnungen geprägt.

WortG: *Häßlich* geht auf mhd. *hazlich* ‚hassenswert', ‚feindselig' zurück. *Häßlich* wurde anfangs überwiegend auf Lebewesen und auf Verhaltensweisen, Sitten, Handlungen von Menschen angewendet, die der eigenen Lebensweise und den eigenen Sitten gegenüber als unangenehm, widerwärtig oder feindselig empfunden wurden (z. B. ‚Laurin', v. 716: „Her Witege und her Dietrîch Die wâren im gar hazlîch"; vgl. Trübner 3, 342 f.). In der Bedeutung von ‚maßlos', ‚unharmonisch', ‚ungeformt' (griech. ἄμορφος [ámorphos], lat. *deformis*) wird der Begriff des Häßlichen schon seit der Antike nicht bloß als moralische und phy-

siologische, sondern auch als kunstkritische und ästhetische Kategorie verwendet, die etwa seit dem 16. Jh. den moralischen Gebrauch von *häßlich* zurückzudrängen beginnt (HWbPh 3, 1003–1005; Paul-Betz, 293). Als *häßlich* wird jetzt das von den anerkannten Mustern des Geschmacks Abweichende in der Kunst und im sozialen Leben bezeichnet, also all das, was in der sinnlichen Wahrnehmung, im moralischen und religiösen Empfinden als widerlich, barbarisch, gemein, bestialisch, teuflisch erlebt wird (DWb 10, 556 f; Paul-Henne, 390).

BegrG: Von der Antike bis in die Neuzeit hinein wird das Häßliche ontologisch als Einbruch des Chaotischen in das Wohlgeordnete, des stofflich Materiellen in das Formvollendete, des sinnlich Endlichen und Ungesetzlichen in das geistig Ewige und Göttliche erklärt. So entsteht für Platon Häßliches, wenn das Göttliche durch das Nichtseiende zersetzt wird (‚Symposion' 211b); für Plotin ist die ungeformte, chaotische Materie das Häßliche schlechthin (‚Enneaden' 1,6,2). Aristoteles läßt hingegen das Häßliche in der Sphäre der Kunst gelten, sofern es in der Form des Lächerlichen nicht Schmerz hervorruft (‚Poetik', 1449 a 36). Die Komödie, Parodie, Karikatur, die karnevalistische Lachkultur überhaupt (Bachtin; ↗ *Karneval*) wurden zur Domäne des Häßlichen. Im Mittelalter reicht das Häßliche bis in die Problemdimension der Rechtfertigung Gottes angesichts des Bösen in der Schöpfung. Was dem von der Erbsünde geschlagenen Menschen als häßlich erscheint, ist für ihn so nur aufgrund seiner unvollkommenen Einsicht in die göttliche Ordnung der Schöpfung (Augustinus, ‚De Genesi contra Manichaeos', 16,25). In der Darstellung der Leiden der Märtyrer nimmt das Häßliche in der Form von Grausamkeit, Bestialität, Folter einen großen Raum ein.

In der Neuzeit verlagert sich die Erörterung des Häßlichen zunehmend in die Kunsttheorie und ↗ *Ästhetik*. Das Häßliche wird aufgefaßt als Mangel und als Negation des Schönen, doch hat es schon Dürer unter der Forderung der Wahrhaftigkeit künstlerischer Darstellung anerkannt. Im 18. Jh. wird das Häßliche nicht mehr nur als künstlerischer Mangel verurteilt und allenfalls als Mittel der Darstellung der Abnormitäten und Abscheulichkeiten (Sulzer) des Menschen geduldet, sondern spielt nach dem Vorbild der ‚Poetik‘ des Aristoteles in der Darstellung des Komischen eine wichtige Rolle, wenn auch Lessing (‚Laokoon‘, cap. 23–25) und Herder (‚Plastik‘ 2, cap. 3) es wiederum von der Sphäre der Kunst ausgeschlossen wissen wollten. F. Schlegel forderte schließlich als erster eine ‚Theorie des Häßlichen‘, wobei er sich auf die Darstellungen des Häßlichen in der romantischen, d. h. christlichen Kunst berief (‚Über das Studium der griechischen Poesie‘, 1795/97, 311 f.). Diese Theorie sollte aber nur einen Leitfaden für die Aufdeckung künstlerischer und ästhetischer Vergehen, einen ‚ästhetischen Kriminalkodex‘ abgeben. Auch die spekulative Ästhetik (Schelling, Solger, Hegel, Rosenkranz) ging, ebenso wie die Formästhetik (Robert Zimmermann), in der Bestimmung des Begriffs von einem normativen Schönheitsbegriff aus, von dem her seine Negation, das Häßliche, als das Formlose, Unvollkommene, Zersetzende bestimmt wurde. Die Auflösung des klassizistischen Kunstideals seit Mitte des 19. Jhs. schafft die Voraussetzung, das Häßliche nicht mehr nur per negationem, sondern als eigenständiges Ausdrucks- und Darstellungsphänomen im Kontext des Wertewandels in modernen Gesellschaften zu sehen.

Kritische Friedrich Schlegel-Ausgabe. Hg. v. Ernst Behler. Bd. 1. Paderborn, München 1979. – Sulzer 2, S. 457–459. – Robert Zimmermann: Ästhetik als Formwissenschaft. Wien 1865, § 161 f.

SachG: Zwar können die subjektiv gleichen Erfahrungen des Häßlichen sich auf unterschiedliche Eigenschaften von Erscheinungen beziehen, wie auch ein und die gleichen Erscheinungen in verschiedenen Rezipienten oder Gesellschaften unterschiedliche emotional wertende Stellungnahmen hervorrufen können. Das Häßliche ist dadurch noch keineswegs eine individuell, gesellschaftlich, kulturell und geschichtlich relative Eigenschaft, da den sozial und kulturell variablen Wertungsweisen allgemeine anthropologische Anlagen wie der Selbsterhaltungstrieb und das emotionale Leben zugrundeliegen. Trotz der anthropologischen Grundgegebenheiten erweist sich das Häßliche in seinen Inhalten und Ausdrucksformen jedoch als stark abhängig von gesellschaftlichen, (kultur)geschichtlichen und genderbedingten Ausprägungen. In der Kunst der ↗ *Moderne* gewinnt das Häßliche mit all seinen Erscheinungsformen einen wachsenden Einfluß auf die Literatur, Malerei, Plastik, später auch auf Film und Fotografie, sowohl hinsichtlich der Thematik als auch der Darstellungsmittel und der Darstellungsweise. Durch antiklassische und avantgardistische Kunstströmungen (Romantik, Naturalismus, Futurismus, Expressionismus, Surrealismus, Pop Art usw.) sind im Gegensatz zu konservativen ästhetischen und künstlerischen Normen das Häßliche, Provokante, Schockierende, ↗ *Groteske* vielfach zu künstlerischen Werten aufgestiegen. Man spricht von den „nicht mehr schönen Künsten" (Jauß) und einer „doppelte[n] Ästhetik" (Zelle). Darüber hinaus wird das Häßliche auch wieder als soziokulturelle Kategorie verwendet (‚the ugly American‘, ‚der häßliche Deutsche‘ usw.). Doch hat das Häßliche in der Kunst seit der ↗ *Querelle des anciens et des modernes* auch immer wieder die Rückkehr zur Antike, vom ‚Kranken‘ zum ‚Gesunden‘ (Goethe; ↗ *Klassik₁*) provoziert, bis hin zum ↗ *Sozialistischen Realismus* oder zum ‚zweiten‘ Zürcher Literaturstreit (vgl. Jaeckle).

ForschG: Nachdem F. Schlegel Ende des 18. Jhs. die Aufgabe einer Theorie des Häßlichen umrissen hatte, legte Rosenkranz 1853 ein enzyklopädisches, die Literatur und bildende Kunst des Abendlands umfassendes Panorama aller Arten des Häßlichen im Bereich der Natur, des Geistes und der Kunst vor, die nach Maßgabe eines an der Klassik gebildeten Geschmacks als Negation des künstlerisch Vollkommenen und

Schönen aufgefaßt werden können. In der 2. Hälfte des 19. Jhs. wurden der Theorie des Häßlichen ‚von oben‘ eine Anzahl Theorien ‚von unten‘ entgegengestellt, die von den alltäglichen individuellen Erfahrungen ausgingen und zu induktiv verallgemeinernden Erklärungshypothesen zu gelangen suchten. Nietzsche spricht sich für eine physiologisch fundierte Theorie ästhetischer und moralischer Werte und ihres Wandels aus und versteht das Häßliche sowohl als Ausdruck des Dionysischen als auch als ‚Symptom der Degenereszenz‘ (‚Götzendämmerung‘, 1889). In der Kultursoziologie wird das Häßliche im Zusammenhang mit dem Geschmackswandel thematisiert, in der philosophischen Ästhetik (z. B. J. Volkelt) als Wertungskategorie, in der Literatur- und Kunstgeschichte (A. Riegl) als eine stilgebundene Wertungskategorie, die besonders in Zeiten des Stilwandels und in Epochenumbrüchen aktiviert wird. Die marxistisch-leninistische Ästhetik sieht in der häßlichen, dekadenten Kunst der Moderne ein Zeichen des unausweichlichen Untergangs der kapitalistischen Gesellschaft (M. Kagan). Seit die Moderne sich den Geschmacksnormen des ↗ *Klassizismus* erfolgreich entgegengesetzt hat und als eine komplementäre Kulturfunktion anerkannt ist, relativierten sich die Maßstäbe für die Bestimmung des Häßlichen zu einer funktionalen, ideologie- und gesellschaftskritischen Untersuchung der jeweils für häßlich gehaltenen Erscheinungen. Interkulturell orientierte Untersuchungen des Häßlichen, z. B. der Kunst der ‚Primitiven‘, müssen notwendigerweise einen nicht-normativen, nur noch deskriptiven Wertefunktionalismus vertreten, während sich im geistigen Klima der ↗ *Postmoderne* das Problem des Häßlichen überhaupt zu verflüchtigen scheint.

Lit: Michail Bachtin: Literatur und Karneval. München 1969. – Hans Bender u. a.: Der Zürcher Literaturstreit. Stuttgart 1967. – Christoph Eykman: Die Funktion des Häßlichen in der Lyrik Georg Heyms, Georg Trakls und Gottfried Benns [1965]. Bonn ³1985. – Ursula Franke: Häßlichkeit. In: HWbPh 3, Sp. 1003–1007. – Holger Funk: Ästhetik des Häßlichen. Berlin 1983. – Murielle Gagnebin: Fascination de la laideur. Paris 1978. – Erwin Jaeckle: Der Zürcher Literaturschock. München 1968. – Hans Robert Jauß (Hg.): Die nicht mehr schönen Künste. München 1968. – Werner Jung: Schöner Schein der Häßlichkeit oder Häßlichkeit des schönen Scheins. Frankfurt 1987. – Moissej Kagan: Vorlesungen zur marxistisch-leninistischen Ästhetik [russ. 1969]. Berlin 1974, hier S. 137–158. – Sabine Kleine: Häßliche Träume. Literarische Phantastik und das anti-ästhetische Projekt der Moderne. Wetzlar 1997. – S. K.: Zur Ästhetik des Häßlichen. Stuttgart 1998. – Lydie Krestovsky: La laideur dans l’art à travers les ages. Paris 1947. – Alois Riegl: Spätrömische Kunstindustrie [1901]. Wien ²1927. – Bernd Läufer: Entdecke dir die Hässlichkeit der Welt. Bedrohung, Deformation, Desillusionierung und Zerstörung bei Jakob van Hoddis. Frankfurt u. a. 1996. – Jürgen Nieraad: Die Spur der Gewalt. Zur Geschichte des Schrecklichen in der Literatur und ihrer Theorie. Lüneburg 1994. – Holger Rapior: Die ästhetische Umwertung. Diss. Tübingen 1994. – Karl Rosenkranz: Ästhetik des Hässlichen [1853]. Hg. v. Wolfhart Henckmann. Darmstadt 1973. – Johannes Volkelt: System der Ästhetik. Bd. 2. München ²1925, hier S. 582–589. – Carsten Zelle: Die doppelte Ästhetik der Moderne. Stuttgart, Weimar 1995.

Wolfhart Henckmann

Häufung ↗ *Pleonasmus*

Hagiographie ↗ *Legende*

Haiku

Eine in Japan entstandene Form des Kurzgedichts.

Expl: In der japanischen Standardform ist das *haiku* ein (a) aus drei ungereimten Zeilen mit (b) 5-7-5 Silben bestehendes Gedicht mit (c) einem Jahreszeitenwort (*kigo*), das die jeweils thematisierte Jahreszeit direkt benennt oder zumindest andeutet, und (d) einer am Ende der ersten, zweiten oder dritten Zeile auftretenden Schnittsilbe (*kireji*, auch ‚Schneidewort‘), welche eine Zäsur gegenüber den nachfolgenden Zeilen bewirken soll. (Die Position in der dritten Zeile ist dadurch motiviert, daß das *haiku* aus den Startversen eines längeren Gedichtes entstanden ist.) Die wichtigsten Schnittsilben sind die Partikeln *ya* und *kana* − sie entsprechen in etwa dem deutschen „Ach" − und das Vergangenheitssuffix *keri*. Durch die Beschränkung auf drei Zeilen unterscheidet sich das *haiku* vom fünfzeiligen *waka* (auch als *tanka* bezeichnet, gleichfalls mit fester Silbenzahl 5-7-5-7-7), durch die Jahreszeiten-Thematik und den weitgehenden Verzicht auf Befindlichkeits-Aussagen eines ↗ *Lyrischen Ich* vom umfanggleichen *senryû*.

Als übertragene Gattungsbezeichnung für deutsche (oder in anderen westlichen Sprachen abgefaßte), in aller Regel reimlose Kurzgedichte impliziert der Terminus *Haiku* weniger strikte Formbestimmungen, immer aber einen deutlich signalisierten Bezug auf das fernöstliche Vorbild.

WortG: Japan. *haiku* − gebildet aus dem gebundenen Wortbildungs-Element *hai* ‚witzig', ‚komisch' und dem Wort *ku* ‚Satz', ‚Vers' − bezeichnet zunächst allgemein einen ‚witzigen Vers'. Mit dieser Bedeutung ist der Ausdruck im 17. Jh. nachgewiesen und wird so bis zum Ende des 19. Jhs. verwendet. Seine heutige Bedeutung erhält er 1892 durch den Dichter Masaoka Shiki (1867−1902), der ihn nun ausschließlich auf die Bezeichnung der selbständig gewordenen Startverse (*hokku*) des einfallsreich-überraschenden Kettengedichts (*haikai no renga*) einschränkt.

In europäische Sprachen wurde die Benennung *Haiku* zunächst in japanologischen Kontexten − Übersetzungen, Untersuchungen, Vertonungen − übernommen (engl. ab 1899: OED 6, 1014; erste dt. Übs. 1894 bei K. Florenz, 41). Erst als in den 1960er Jahren eine „neue internationale Haiku-Welle" (Berndt 1986, 247) in vielen westlichen Literaturen einsetzte, franste das populärer werdende Wort zu einem Gattungsbegriff für nahezu jedwedes Kurzgedicht in ↗ *Freien Versen* aus (dazu Buershaper).

BegrG: Die von Shiki vorgenommene Umbenennung von *hokku* in *haiku* sollte zum einen der Entwicklung zu einer selbständigen Gattung auch sprachlich Rechnung tragen. Zugleich war damit eine normative Absicht verbunden: Shiki übernahm für den Begriff nicht nur Merkmale des traditionellen *hokku* (Anzahl der Zeilen und Silben, Jahreszeitenwort, Schnittsilbe), sondern fügte als weiteres Merkmal die skizzenhafte Darstellung der wahrnehmbaren Dinge (*shasei*) hinzu, um so die Gattung vor der stets drohenden Gefahr der Witzelei und Derbheit zu bewahren, sie gegenüber den aktuellen westlichen Einflüssen zu öffnen und zugleich zu stärken. Eine dauerhafte, allgemein akzeptierte Terminologisierung hat Shiki damit freilich nicht erreicht. Bereits kurz nach der Jahrhundertwende entsteht die *haiku*-Bewegung des Freien Stils, die sich − zum Teil inspiriert durch den europäischen Realismus und Naturalismus − insbesondere gegen die festgelegte Silbenzahl und das Jahreszeitenwort als Einschränkung des dichterischen Schaffens und Verzerrung des dargestellten Gegenstandes wendet (vgl. Hammitzsch). Zwischen dem Festhalten an bestimmten Normen und einer weitgehenden Befreiung von Restriktionen schwankt auch heute die Begriffsverwendung − mit der Konsequenz, daß viele der als *haiku* bezeichneten Texte nur noch typologisch als mehr oder weniger starke Annäherung an die Standardform zu bestimmen sind (insbesondere in westlichen Übernahmen des Gattungsbegriffs).

SachG: Auch wenn die Geschichte des *haiku* im strikten Sinne erst mit Shiki beginnt, gehört es aufgrund seiner Entstehung gleichwohl in eine Jahrhunderte währende literarische Tradition: Bereits um 760 erscheint in der Anthologie ‚Manyôshû' ein *waka*, bei dem die dreizeilige Oberstrophe (5-7-5 Silben) und die zweizeilige Unterstrophe (7-7 Silben) von verschiedenen Autoren stammen. In den folgenden Jahrhunderten entwickelt sich daraus das von mehreren Autoren verfaßte, der Unterhaltung dienende und mit einem dreizeiligen Startvers beginnende Kettengedicht (*renga*), für das im 13. Jh. ein Umfang von 100 Strophen als Standard gilt. Um 1200 werden Texte mit witzigem, häufig auch drastisch-unanständigem Inhalt als *haikai no renga* von dem seriösen Kettengedicht unterschieden; in der Folgezeit gibt es mehrere Versuche, sie diesem wieder anzunähern (Matsunaga Teitoku, 1571−1653) oder aber durch Betonung der Komik den Unterschied noch stärker zu profilieren (Nishiyama Sôin, 1605−1682). Zu Beginn des 16. Jhs. erscheint erstmals eine Anthologie, die ausschließlich die ohnehin zu einer gewissen Selbständigkeit tendierenden Startverse des *haikai no renga* enthält; später werden die isolierten Startverse zumeist einfach als *haikai* bezeichnet. Mit Matsuo Bashô (1644−1694) erreicht diese *haikai*-Entwicklung ihren Höhepunkt. Geprägt vom Zen-Ideal gelingt es ihm, durch einen besonderen Stil von höchst kontrollierter Einfachheit (*shôfū*) eine anspruchsvolle Kunstform zu schaffen und damit über zwei Jahrhunderte zum Vorbild der weiteren Reformbestrebungen zu werden.

Seit Beginn des 20. Jhs. übt das *haiku* auch starken Einfluß auf die europäisch-amerikanische kulturelle Entwicklung aus (z. B. Paul Eluard, W. B. Yeats, Ezra Pound u. a. ,Imagisten'; vgl. Sommerkamp); die große Resonanz − vor allem nach dem Zweiten Weltkrieg in den USA − hat zu einer Art Internationalisierung der Gattung, zu einem japanischen „Beitrag zur Weltliteratur" geführt (RL² 2, 867 f.). Frühe deutsche Nachdichtungen stammten u. a. von Rilke (vgl. Meyer), H. Bethge, P. Adler, Y. Goll oder Klabund, später u. a. von W. Bergengruen und M. Hausmann (vgl. Katô u. a.); zu einer angeeigneten Form verdichteter Lyrik ist das Haiku u. a. bei G. Eich, Cl. Bremer und H. C. Artmann geworden (vgl. Buershaper u. a.).

ForschG: Eine stärker theoretisch orientierte Beschäftigung mit dem *haiku* erfolgt zunächst in den poetologischen Schriften einzelner *haiku*-Dichter und -Schulen − zu nennen wären hier neben Teitoku, Bashô und Shiki noch Buson (,Shin Hanatsumi', 1774), Hekigotô (,Shinkeikôhaiku no Kenkyû', 1915) und Shûôshi (,Gendaihaikuron', 1936). Große Aufmerksamkeit erlangte 1946 Kuwabara Takeo durch die These vom *haiku* als einer zweitklassigen Kunst. Wichtige Einzelanalysen zum *haiku* hat in neuerer Zeit Yamamoto Kenkichi (1907-1988) vorgelegt.

Als Pionierarbeit der westlichen Japanologie ist Basil Hall Chamberlains ,Japanese Poetry' (1910) anzusehen − auch wenn dort das *haiku* irreführend als „japanese epigram" vorgestellt wird (ähnlich schon Chamberlain 1902 und frz. Neuville 1908). Standardwerk ist noch heute die ausführlich kommentierte vierbändige Übersetzung ,Haiku' von Reginald Horace Blyth (1949−52 u.ö.). Auch Untersuchungen zum Haiku in europäischen Sprachen (Bibliographie bei Brower) konzentrieren sich bislang meist auf die Beziehungen zum japanischen Traditionshintergrund (z. B. Delteil, Miner, Henderson 1967, Ungar, Wittbrodt).

Lit: Neuere Anthologien: Japanische Jahreszeiten. Hg. v. Gerolf Coudenhove. Zürich 1963. − Haiku. Japanische Gedichte. Hg. v. Dietrich Krusche. München ³1995. − Haiku. Japanische Dreizeiler. Hg. v. Jan Ulenbrook. Stuttgart 1995 [bes. S. 237−270: Nachwort].

Jürgen Berndt u. a. (Hg.): BI-Lexikon ostasiatische Literaturen. Leipzig 1985. − J. B.: Japanische Gedichtformen. In: Wb. der Literaturwissenschaft. Hg. v. Claus Träger. Leipzig 1986, S. 246 f. − Reginald Horace Blyth: Haiku. 4 Bde. Tokyo 1949−1952. − R. H. B.: A history of haiku. 2 Bde. Tokyo 1963−64. − Gary L. Brower u. a.: Haiku in Western languages. An annotated bibliography. Metuchen, N. J. 1972. − Margret Buershaper: Das deutsche Kurzgedicht in der Tradition japanischer Gedichtsformen (Haiku, Senryû, Tanka, Renga). Göttingen 1987. − Basil Hall Chamberlain: Bashô and the Japanese poetical epigram. In: Transactions of the Asiatic Society of Japan 30.2 (September 1902), S. 243−263. − André Delteil (Hg.): Le haiku et la forme brève en Poésie française. Aix-en-Provence 1991. − René Etiemble: Du Haiku. Paris 1995. − Karl Florenz: Dichtergrüße aus dem Osten. Leipzig 1894. − Joan Giroux: The haiku form. Rutland, Tokyo 1974. − Haiku. In: Japan Handbuch. Hg. v. Horst Hammitzsch. Stuttgart 1984, Sp. 1036−1038. − Harold G. Henderson: An introduction to haiku. Garden City, N. Y. 1958. − H. G. H.: Haiku in English. Garden City, N. Y. 1967. − Haikai. In: Kleines Wb. der Japanologie. Hg. v. Bruno Lewin. Wiesbaden 1968, S. 126 f. − Keiji Katô: Deutsche Haiku. Tokio 1986. − Dietrich Krusche: Haiku. Bedingungen einer lyrischen Gattung. Tübingen 1970. − Herman Meyer: Rilkes Begegnung mit dem Haiku. In: Euphorion 74 (1981), S. 134−168. − Earl R. Miner: The Japanese tradition in British and American literature. Princeton 1958. − Al-

bert Neuville: Haïkaïs et tankas: épigrammes à
la japonaise. Paris 1908. – Kuriyama Shigehisa:
haiku, Modern haiku. In: Kodansha Encyclopedia of Japan. Bd. 2. Tokyo 1983, S. 78–82. – Sabine Sommerkamp: Der Einfluß des Haiku auf
Imagismus und jüngere Moderne. Hamburg
1984. – Barbara Ungar: Haiku in English. Stanford 1978. – Andreas Wittbrodt: Zikadenlärm.
Zur Verstehbarkeit von Haiku im Deutschen. In:
Zeichen und Wunder 8 (1997), Nr. 29, S. 25–35.
– Kenneth Yasuda: The Japanese haiku. Rutland, Tokyo 1957.

Nao Witting

Hakenstil ↗ *Zeilenstil*

Handlung

Summe des Geschehens in einem Drama,
Film oder Erzählwerk; die Folge der
Hauptbegebenheiten.

Expl: Charakteristisch ist die schon im
18. Jh. beklagte „Zweydeutigkeit des Sprachgebrauchs" (Engel, 20 f.). Nach allgemeinem, auch literaturwissenschaftlich übli-
chem Verständnis bedeutet *Handlung*
(1) das kurzfristige Handeln oder auch die
herausragende Tat meist eines einzelnen
Menschen. Rein literarisch bezeichnet das
Wort dagegen (2) „eine Folge von Veränderungen, die zusammen Ein Ganzes ausmachen" (Lessing 4, 357, d. h. die Gesamtheit,
aber auch die Teilsumme (Haupt-, Neben-,
↗ *Rahmenhandlung*) des in einem Werk dargestellten Geschehens, woran gewöhnlich
mehrere Personen mit ihren Interaktionen
beteiligt sind. Im letztgenannten Sinn
wurde der Begriff zunächst und wird er bis
heute vor allem für das Drama verwendet,
besonders in der Forderung nach der „Einheit der Handlung" (Gottsched, 613;
↗ *Drei-Einheiten-Lehre*), während man bei
Erzähltexten häufig andere Bezeichnungen
verwendet (*Geschichte, Geschehen,* ↗ *Plot*).
Die Grenze zwischen den beiden Bedeutungen ist fließend, weil die für (1) bestimmende Qualität absichtsvollen, situations-
verändernden Tuns auch in (2) mitschwingt.

Im Rahmen der Bedeutung (2) hat die
Differenzierung nach Gestaltungsmodali-
täten (Rohstoff, engl. *story*; gestalteter
Stoff, engl. *plot*; Handlungskern/ausge-
führte Handlung) zu zusätzlichen Benennungen, teilweise auch zur Verengung des
Begriffs geführt. Hauptursache des bis
heute uneinheitlichen Wortgebrauchs ist,
daß ‚Handlung' mit dem Ausgangsbegriff
μῦθος [mýthos] des Aristoteles bzw. dessen
Übersetzung ↗ *Fabel* (lat. *fabula*) teils
gleichgesetzt, teils (als *actio*) davon unterschieden wird. Im Einzelfall empfiehlt sich
deshalb eine ergänzende Verdeutlichung,
etwa durch Heranziehung einer fremdsprachigen Entsprechung.

[Terminologisches Feld:]
INTRIGE: Eine verwickelte Handlungsab-
folge oder ein Komplott, wobei die drama-
tischen Figuren ihre jeweiligen Interessen
mit moralisch zweifelhaften Mitteln (durch
Täuschung, Verstellung usw.) durchsetzen
wollen.
KONFLIKT: Auseinandersetzung oder
Streit zwischen zwei Parteien oder Interes-
sengruppen, die als Konfrontation polarer
Kräfte, Werte oder Urteile zu verstehen ist.
Der innere Konflikt ist im Charakter der
Figur(en) angelegt. Der Konflikt treibt die
Handlung zur Katastrophe bzw. bis zur
Entscheidung oder Lösung.

WortG: *Handeln* bedeutete ursprünglich
‚mit Händen fassen', ‚(er)greifen', ‚befüh-
len', dann auch nichtmanuell ‚behandeln'.
Dieser transitive Sinn beeinflußte auch das
seit dem Ahd. (*hantalunga*) geläufige Substantiv, speziell dessen im 17. Jh. greifbare
literarische, anfangs aufs Drama beschränkte Bedeutung: *Hand(e)lung* bezeichnete das Bühnengeschehen, zunächst
weniger im Hinblick auf das Verhalten der
Figuren als auf dessen rhetorische Darbietung (lat. *actio*; von *agere* ‚treiben', ‚in Bewegung setzen', ‚veranstalten', ‚zur Darstellung bringen') durch die Akteure (Schauspieler), bedeutete auch ‚Aufführung'. So ist
laut Harsdörffer (2, 86, im Anschluß an Aristoteles, ‚Poetik' 26) „das Trauerspiel in seiner Vollkommenheit / ohne würkliche
Handlung", d. h. auf szenische Darbietung
nicht angewiesen. Auch Gryphius ist so zu

verstehen: „Die gantze Handelung bildet ab den letzten Lebens-Tag der Königin Catharine" (137). Rotth (182, 204) nennt das Drama „Handelungs-Spiel" oder „-Gedicht", ordnet nur ihm, noch nicht der Epik, „handelnde Personen" zu. Häufiger steht *Handlung* (und *Abhandlung*) im Barock für lat. *actus*, das Teilstück (↗ *Akt*) des Dramas, das seit dem 18. Jh. *Aufzug* heißt. Was heute *Handlung* genannt wird, hieß damals eher *Handel* (z. B. Stieler, v. 1788), im Plural *Händel*, oder *Verrichtung* (Rotth, für griech. πρᾶξις [práxis]). Stieler (v. 1834, 1643) unterscheidet „Haubthandel" und „Nebenhändel". Harsdörffer (2, 97) ordnet der Komödie „frölicher Händel" zu.

Nach der Barockzeit geriet der schauspielerisch-rhetorische Sinn von *Handlung* als ‚actio' in Vergessenheit, wurde der Bezug auf das Tun der erdichteten Personen bestimmend. Gleichzeitig setzte sich das Wort als Bezeichnung für das Gesamtgeschehen im Drama allgemein durch. In diesem Sinne wurde es, teilweise mit Einschränkung (Engel, 70), auch für die Epik verfügbar (Gottsched, 489 f.). Schon 1682 gibt der Huet-Übersetzer Happel frz. *action* im Hinblick auf den Roman als „That oder Handelung" wieder (Huet, 44 u. 127 f.).

Andreas Gryphius: Trauerspiele. Bd. 3. Hg. v. Hugh Powell. Tübingen 1966. − Georg Philipp Harsdörffer: Poetischer Trichter. 3 Teile [Nürnberg 1648−53]. Repr. Darmstadt 1969. − Pierre Daniel Huet: Traité de l'origine des romans [1670/dt. 1682]. Repr. Stuttgart 1966. − Albrecht Christian Rotth: Vollständige Deutsche Poesie [1688]. In: Poetik des Barock. Hg. v. Marian Szyrocki. Stuttgart 1977, S. 175−223 [Auszug]. − Kaspar Stieler: Die Dichtkunst des Spaten. Hg. v. Herbert Zeman. Wien 1975.

BegrG: Auch *Drama* bedeutet ‚Handlung'. Grundlage des poetologischen Begriffsgebrauchs sind die von Aristoteles (‚Poetik' (Kap. 6) verwendeten Wörter μῦθος [mýthos], πρᾶξις [práxis] und πρᾶγμα [prágma], von denen verwirrenderweise jedes − bei meist abweichender Wiedergabe der beiden anderen − mit *Handlung* übersetzt worden ist. Der griechische Philosoph klärt ihr Verhältnis durch zwei Definitionen: Er bestimmt *mythos* als μίμησις πράξεως [mímesis práxeos] (‚Nachahmung einer Hand-

lung') und als σύνθεσις τῶν πραγμάτων [sýnthesis ton pragmáton] (Curtius 1753, 13, und Lessing 6, 369: „Verknüpfung der [von] Begebenheiten"; Gigon, 34: „Zusammensetzung der Handlungen"; Fuhrmann, 19: „Zusammensetzung der Geschehnisse").

[*Mythos*], als *fabula* (so Scaliger 1,11), von Corneille (823) als ↗ *Sujet*, von Rotth (206 f.) als „That", von Freytag (20 f.) als *Handlung* übersetzt, wird seit dem Barock (Stieler, v. 1781; Rotth, 200; Gottsched, 148 f.) meist als *Fabel* wiedergegeben. Das führte des öfteren, z. B. bei Harsdörffer (2, 71: „erdichte Geschicht") und Gottsched (149 f.), zur Vermischung mit anderen Bedeutungen von *Fabel* (‚erfundener Stoff', vgl. ↗ *Plot*; ‚äsopische Tiergeschichte', ↗ *Fabel₂*), die Aristoteles nicht im Sinne hatte.

Das Verhältnis von ‚mythos' und ‚pragma' beschreibt Lessings Satz: „Die Handlung ist das Ganze, die Begebenheiten sind die Teile dieses Ganzen" (Lessing 6, 369). Schwieriger ist die Beziehung von ‚mythos' und ‚praxis'. ‚Praxis' bedeutet wie ‚pragma' oft, auch bei Aristoteles, ein kurzfristiges Tun, in der Definition des ‚mythos' als „Nachahmung einer Handlung" aber eine Folge von Tätigkeiten (ähnlich wie ‚mythos' selber), allerdings als Rohstoff. Dazu Fuhrmann: „Der Ausdruck ‚Geschehnisse' (πράγματα [prágmata]) deutet auf das Geflecht, das aus den Handlungen (πράξεις [práxeis]) mehrerer resultiert. Unter Mythos versteht Aristoteles ein bestimmtes Arrangement solcher Geschehnisse, die Handlungsstruktur, die Fabel, den Plot" (Fuhrmann, 110).

Im Lateinischen und dessen Tochtersprachen verkürzte sich die Begriffstrias des Aristoteles spätestens im 18. Jh. auf die Gegenüberstellung von ‚fabula' und (‚praxis' und ‚pragma' zusammenfassender, insofern mehrdeutiger) ‚actio'. Dabei verlor *Fabel* als Bezeichnung des Gesamtinhalts zugunsten von *Handlung* an Geltung, was bis heute nachwirkt. Der ‚mythos', von Aristoteles als dichterische Gestaltung der ‚praxis' und als „Seele der Tragödie" (Kap. 6) bezeichnet, wurde als Fabel zum bloßen „Gerippe" (Curtius 1753, 120; Sulzer 2, 161) oder „Gerüst" (Sulzer, ebd.) herabgestuft, das erst durch ergänzende psychologische Motivation zur vollwertigen Handlung werde: „die Handlung selbst ist das, wodurch die Fabel ihre Würklichkeit erhält" (Sulzer 2, 465). Die Fabel, laut Aristoteles Ergebnis dichterischen Gestaltens, erweist sich so nun umgekehrt als Ausgangspunkt von Gestaltung. Außerdem hat des Aristoteles eigene Unterscheidung von Handlungskern und episodischen Ergänzungen (Kap. 17) das Verhältnis von *mythos* ('Fabel') und *praxis* ('Handlung') überlagert.

Für die Erhebung von 'Handlung' zum poetologischen Fachbegriff im heutigen Sinn erscheint vor allem Batteux ('Cours de belles lettres', 1747—50; später unter dem Titel 'Principes de la littérature') verantwortlich, mit dessen Auffassung sich z. B. Lessing (4, 362—369) auseinandersetzt. Batteux wird auch die — in Frankreich schon vorher (z. B. bei Corneille) spürbare — Doppeldeutigkeit des Begriffs angelastet (Engel, 20 f.). Er definiert 'Handlung' (frz. *action*) einerseits als „Unternehmung, die mit Wahl und Absicht geschieht" (1, 252; vgl. Engel, 17, ähnlich 15), erklärt andererseits Handlungen zum Gegenstand von Drama und Epik im Unterschied zu den Empfindungen (*sentiments*) der Lyrik (Scherpe, 75 f.).

Der im 18. Jh. erreichte Bedeutungsstand blieb bis heute erhalten. Allerdings hat sich im 20. Jh. der begriffliche Schwerpunkt von der „Gesamthandlung" zur „Einzelhandlung" (Hübler, 3) verlagert. Angesichts des erhöhten Anteils nichtintentionaler oder gar nichtaktionaler Begebenheiten in moderner Dichtung werden für den Inhalt eines Erzähltextes (Stierle, 14—55), teilweise auch des Dramas (Pfister, 270), andere Bezeichnungen vorgezogen (*Geschehen, Geschichte*) — bei im einzelnen unterschiedlichem Verständnis. In der strukturalistischen ↗ *Erzähltheorie* haben sich für das Verhältnis von Rohstoff und gestaltetem Stoff die fremdsprachigen Bezeichnungen frz. *histoire/discours* und engl. *story/plot* eingebürgert. Das Interesse der Strukturalisten richtet sich im übrigen weniger auf das Gesamtgeschehen als auf dessen Elemente (Propp: ↗ *Funktion*; Greimas: ↗ *Aktant*), wobei auch der Begriff 'Handlung' zur Geltung kommt. Barthes z. B. setzt über der Ebene

der Funktionen (im Sinne kleinster Verhaltensäußerungen) eine Ebene der größeren „Handlungen" (frz. *actions*) von Personen an, die sich ihrerseits zu „Handlungsfolgen" summieren. Zur Konzentration auf die Einzelaktion trug auch die linguistische Sprechakttheorie von Austin bei, dessen auf minimale Sprachäußerungen bezogenes Handlungskonzept Stierle (7—17) auf den ganzen Text ausdehnt.

[Charles Batteux:] C. W. Ramlers Einleitung in die schönen Wissenschaften. Nach dem Französischen des Herrn Batteux, mit Zusätzen vermehret. Bde. 1—4. Leipzig 1756—58, ⁴1774. — Pierre Corneille: Discours de l'utilité et des parties du poème dramatique; Discours des trois unités. In: Œuvres complètes. Hg. v. André Stegmann. Paris 1963, S. 821—830, 841—846. — Michael Conrad Curtius: Aristoteles Poetik, ins Deutsche übersetzt [1753]. Repr. Hildesheim, New York 1973. — Manfred Fuhrmann (Hg.): Aristoteles: Poetik. Griech.-dt. Stuttgart 1984. — Olof Gigon (Hg.): Aristoteles: Poetik. Stuttgart 1961. — Algirdas Julien Greimas: Strukturale Semantik. Übers. v. Jens Ihwe. Braunschweig 1971. — Vladimir Propp: Morphologie des Märchens. München 1972.

SachG: Als prägend erweist sich die — auf die ↗ *Tragödie* ausgerichtete — 'Poetik' des Aristoteles. Bestimmend wurden seine Bevorzugung der Handlung vor den ↗ *Charakteren* (Kap. 6), seine Forderung nach Einheit und ↗ *Wahrscheinlichkeit* (d. h. plausibler Verknüpfung) der Handlung (Kap. 8—9), seine Erkenntnisse zur Knüpfung oder Verwicklung und zur Lösung der Handlung (Kap. 18) sowie zur Gliederung des Dramas in ↗ *Prolog*, Epeisodien (↗ *Episode*), Exodos und unterbrechende ↗ *Chor*-Partien (Kap. 12), seine Unterscheidung von Handlungstypen struktureller (einfach; verflochten durch *Anagnorisis* und ↗ *Peripetie*: Kap. 10) und inhaltlicher Art (nach guten und schlechten Charakteren: Kap. 2; nach glücklichem und unglücklichem Ausgang: Kap. 13).

Zusammen mit Horaz' Forderung von fünf Akten, Donats Dreiteilung in ↗ *Protasis* (↗ *Exposition*), Epitasis (Verwicklung) und Katastrophe (Lösung), der Erweiterung der Handlungseinheit um die Einheiten von Zeit und Ort seit Castelvetro (1570) und weiteren Neuerungen seitens der Franzosen im 17. Jh. (Unterscheidung von Haupt- und Nebenhandlung; Verknüpfung von Nachbarszenen, ‚liaison des scènes‘, durch eine anwesend bleibende Person, d. h. Verbot der leeren ↗ *Bühne*) begründeten diese Vorstellungen die bis ins 19. Jh. herrschende Dramenform, die heute als *Geschlossenes Drama* (↗ *Offenes Drama*) bezeichnet wird.

In dem im 18. Jh. eingebürgerten, bis heute wirksamen Verständnis von ‚Handlung‘ spiegelt sich das aufklärerische Ideal des selbständig und dynamisch handelnden Individuums. Für Lessing waren angesichts seiner Polemik gegen bloß beschreibende Dichtung „Handlungen der eigentliche Gegenstand der Poesie“ (Lessing 5.2,116), wobei er unter Handlungen ganz allgemein Vorgänge versteht. Vielfach hielt man die Charaktere als Träger der Handlung nun für noch wichtiger als die Handlung selber. J. M. R. Lenz schreibt der Tragödie den Primat des Charakters und der Komödie den Primat der Handlung zu (‚Anmerkungen übers Theater‘, 1774). Dem entspricht die von Lessing (4, 368−376) gegen Batteux vorgeschlagene Erweiterung des Handlungsverständnisses um die psychische Dimension („innere Handlung“; vgl. Scherpe, 146 f.).

Im 19. Jh. billigt Hegel (3,366) „das innere Recht der Handlung“ nur dem Drama zu, da dessen Charaktere selbständig tätig seien. Im Epos dagegen herrsche das Schicksal, das ihnen nur zu leiden erlaube. Als seit dem Ende des 19. Jhs. der Glaube an die Gestaltungskraft individueller Helden nachließ, verlor das intentionale Handeln auch im Drama an Bedeutung. Dessen Handlungszusammenhang rückt zugunsten epischer Kontinuität (↗ *Episches Theater*) in den Hintergrund (Szondi, 59). Im 20. Jh. tritt die Bedeutung einer teleologisch organisierten Handlung zurück zugunsten eines Metatheaters (↗ *Spiel im Spiel* oder eines gezielten Unterlaufens von Erwartungen an die dramatische Handlung im ↗ *Absurden Theater*.

Georg Wilhelm Friedrich Hegel: Vorlesungen über die Ästhetik. Hg. v. Hermann Glockner. Stuttgart 1964. − Gotthold E. Lessing: Werke und Briefe. Hg. v. Wilfried Barner u. a. Frankfurt 1985 ff.

ForschG: Sieht man von Untersuchungen zur Aristoteles-Rezeption und zu autor- und gattungsspezifischen Handlungsmustern ab (z. B. im Märchen: „Schwierigkeiten und ihre Bewältigung“, Lüthi, 25; ↗ *Erzählschema*), so kreist die Diskussion der letzten Jahrzehnte hauptsächlich* um Für und Wider des Begriffs ‚Handlung‘ selbst.

Angesichts seiner Aktualität in der neueren Philosophie, Sozial- und Sprachwissenschaft bleibt er auch in der Literaturwissenschaft unentbehrlich (↗ *Pragmatik*, ↗ *Sprechakt*), zumindest im Sinne des sprachlichen und außersprachlichen Handelns. Aber auch in der Bedeutung ‚Geschehenssumme‘ ist er nach wie vor verbreitet, besonders im Bereich des Dramas (Asmuth, 7 f.; Pikulik, 127). Pfister (269), um Eindeutigkeit bemüht, läßt allerdings nur die Einzelaktion als Handlung gelten. Die Gesamtheit der Aktionen in einem Werk nennt er „Handlungssequenz“.

Lit: Bernhard Asmuth: Einführung in die Dramenanalyse. Stuttgart ⁵1997, S. 4−8, 135−160. − Roland Barthes: Einführung in die strukturale Analyse von Erzählungen [1966]. In: R. B.: Das semiologische Abenteuer. Frankfurt 1988, S. 102−143. − Johann Jakob Engel: Über Handlung, Gespräch und Erzählung [1774]. Hg. v. Ernst Theodor Voss. Stuttgart 1964, S. 15−31, 70−80. − Gustav Freytag: Die Technik des Dramas [1863, ¹³1922]. Repr. Darmstadt 1965, S. 9−92. − Axel Hübler: Drama in der Vermittlung von Handlung, Sprache und Szene. Bonn 1973. − Jean Paul: Vorschule der Ästhetik. Hg. v. Norbert Miller. München 1963, §§ 62−68. − Richard Kannicht: Handlung als Grundbegriff der Aristotelischen Theorie des Dramas. In: Poetica 8 (1976), S. 326−336. − Max Lüthi: Märchen. Stuttgart ³1968. − Hans-Werner Ludwig: Figur und Handlung. In: H.-W. L. (Hg.): Arbeitsbuch Romananalyse. Tübingen 1982, S. 106−144. − Manfred Pfister: Das Drama. München ⁸1994, S. 265−326. − Lothar Pikulik: Handlung. In: Norbert Greiner u. a.: Einführung ins Drama. Bd. 1. München 1982. − Klaus R. Scherpe: Gattungspoetik im 18. Jh. Stuttgart 1968. − Karlheinz Stierle: Text als Handlung. München 1975. − Peter Szondi: Theorie des modernen Dramas. Frankfurt 1956. − Susanne Werling: Handlung im Drama. Frankfurt 1989.

Bernhard Asmuth

Handlungstheorie ↗ *Pragmatik*

Handschrift

Mit der Hand geschriebene im Gegensatz
zu gedruckter Textüberlieferung.

Expl: *Handschrift*, verstanden als Ergebnis
des händischen Schreibens und daher zu
unterscheiden von ‚Handschrift' im Sinne
der individuellen Ausprägung der Schrift-
züge einer bestimmten Person, bezeichnet
ein konkretes Objekt: das handgeschriebene
im Gegensatz zum gedruckten Schriftzeugnis. Zunächst gilt dies besonders für das
handschriftliche Buch des Mittelalters
(↗ *Codex* und ↗ *Rotulus*); in diesem Sinne
wird das Wort zumeist synonym zu *Codex*
verwandt. Im bibliothekarischen, aber auch
im philologischen (editorischen) Kontext
bezieht es sich jedoch auf alle Formen
nicht-gedruckter Textüberlieferung, umfaßt
in diesem weiteren Sinn somit auch neuzeitliche und nicht in einem Codex zusammen-
gefaßte Zeugnisse. Dazu zählen handschriftliche Dokumente, die als epigonale
Erscheinungsformen der mittelalterlichen
Handschrift anzusprechen sind (etwa im
Bereich der Chronistik und Historiographie), vor allem aber das eigenhändige
Werkmanuskript, der Brief und andere Formen persönlicher Aufzeichnung (Autograph, ↗ *Nachlaß*). Kennzeichnend und für
die besondere Wertigkeit der Handschrift
konstitutiv ist ihr individueller, unikaler
Charakter.

WortG/BegrG: *Handschrift* ist das deutsche
Äquivalent zum lat. *manuscriptum* (und
dessen Derivaten in den romanischen u. a.
Sprachen), das seinerseits als substantivier-
tes Adjektiv (das ‚Handgeschriebene') eine
vereinfachende Verkürzung von Bezeichnungen wie *liber manuscriptus* bzw. *codex
manuscriptus* darstellt. Das zunächst synonyme dt. Fremdwort Manuskript wird
zunehmend auch für maschinell erzeugte
Druckvorlagen benutzt. Belegt ist *hant-
schrift* zuerst im 15. Jh. (DWb 10, 415 f.),
dort jedoch synonym zu *hantfeste* als Übersetzung von griech. *chirographus* im Sinne
von ‚eigenhändige Unterschrift', ‚Urkunde'.
In dieser Bedeutung ist es bis ins 18. Jh. geläufig. Die Verwendung als buch- und
bibliothekskundlicher Terminus technicus

ist vergleichsweise jung: In Zedlers Universallexikon (1732–1754) fehlt ein entsprechendes Lemma; einer der frühesten Belege
dürfte Lessings ˙ erster Beitrag aus den
Schätzen der Herzoglichen Bibliothek zu
Wolfenbüttel von 1773 sein (‚Ueber die sogenannten Fabeln aus den Zeiten der Minnesinger. Erste Entdeckung', LM 11, 326),
und zu bleibender Geltung kommt der Begriff durch Jakob Grimm, Joseph von Laßberg (Schupp, 17, 19 u.ö.) und die romantische Mittelaltergermanistik (DWb 10,
415 f.).

Gotthold Ephraim Lessing: Sämtliche Schriften.
Hg. v. Karl Lachmann und Franz Muncker [LM].
Bd. 11. Stuttgart ³1895. – Volker Schupp: Joseph
von Laßberg als Handschriftensammler. In: ‚Un-
berechenbare Zinsen'. Bewahrtes Kulturerbe.
Ausstellungskatalog Stuttgart 1993, S. 14–33.

SachG: ↗ *Codex*, ↗ *Nachlaß*, ↗ *Rotulus*,
↗ *Beschreibstoff*.

ForschG: Der Aspekt des Individuellen und
Einmaligen der Handschrift bestimmt ihren
spezifischen Stellenwert im Kontext der bibliothekarischen Verwaltung, insbesondere
der Katalogisierung, und in der Methodik
der wissenschaftlichen Forschung. In der
Mediävistik hat sich die vorwiegend textbezogene Sehweise des 19. Jhs. heute zu einer
Perspektive verbreitert, die das Ganze der
Handschrift, also auch den ursprünglichen
Gebrauchszusammenhang, die Besitzge-
schichte und ganz besonders ästhetische
und materielle Aspekte (Material, ↗ *Beschreibstoff*; Lagenstruktur, Einrichtung, Illumination, Einband etc.) in den Blick
nimmt und sich vor allem im romanischen
und im niederländisch-flämischen Sprachraum geradezu als ‚Bucharchäologie' versteht. Die Handschrift der Neuzeit interessiert demgegenüber nach wie vor primär als
Träger von Text. Kodikologische Gesichtspunkte spielen daher bei der Bewertung und
Erschließung von Briefen, Werkmanuskrip-
ten und Nachlässen oder neuzeitlichen
Buchhandschriften in der Regel eher eine
untergeordnete Rolle; hingegen gewinnt vor
dem Hintergrund des modernen Begriffs
vom ↗ *Werk* und seinem schöpferischen
Urheber die Vorstellung einer besonderen
Valenz der Eigenhändigkeit als eines unmit-

telbaren Zuganges zum ↗ *Autor* an Bedeutung (↗ *Authentizität*). Grundsätzlich ist das handgeschriebene Schriftzeugnis aller Epochen seit langem bevorzugtes Objekt öffentlichen wie privaten Sammelns und damit privilegiertes Handelsgut von Antiquariat und Auktionswesen, in jüngerer Zeit vermehrt auch Gegenstand von Buchausstellungen und Faksimile-Editionen. Wissenschaftliche Handschriftenforschung hat in diesem bibliophil akzentuierten Kontext eine wichtige — durchaus kritische — Funktion wahrzunehmen.

Lit: ↗ *Codex*, ↗ *Nachlaß*, ↗ *Rotulus*. — Jacques Lemaire: Introduction à la codicologie. Louvain-la-Neuve 1989. — Otto Mazal: Zur Praxis des Handschriftenbearbeiters. Wiesbaden 1987. — Wolfgang Milde: Handschrift. In: Lexikon des gesamten Buchwesens. Bd. 3. Stuttgart ²1991, S. 351 f. — Zur Praxis des Handschriftenbibliothekars. Beiträge und Empfehlungen. Hg. v. Deutsches Bibliotheksinstitut. Frankfurt ²1995.

Felix Heinzer

Hanswurst ↗ *Komische Person*

Happening

Typus von Aufführungen der 1950er und 60er Jahre zwischen Kunst und Theater, der ohne Bindung an bestimmte Bühnenformen eine Folge gestalteter und zufälliger Ereignisse bietet.

Expl: Eine Form der Aufführung, mit der sich bildende Künstler, Literaten, Musiker, aber auch Theaterleute über konventionelle Rollenverteilungen, Erwartungen von Zuschauern und Akteuren hinwegsetzen. Im Idealfall gibt es nur Mitwirkende. Typische Merkmale der Künste und ihrer Gattungen werden ignoriert oder wechselseitig übertragen und auf unorthodoxe Weise gemischt (Intermedia).

WortG: Vom Übergang des Malens zum raumgreifenden Agieren bei Jackson Pollock ausgehend, beschrieb Allan Kaprow (1958) die Aktivitäten von Künstlern und Betrachtern als gleichwertige Prozesse. Er sah ‚Ereignisse und Begebenheiten‘ („happenings and events") zusammen mit ‚Gegenständen aller Art‘ zum ‚Material für die neue Kunst‘ werden. Das Wort wurde durch die Schriften von Michael Kirby in die Kunst- und die Theaterwissenschaft eingeführt. Der Begriff bereicherte auch den Wortschatz von Politikern, die 1964 im Deutschen Bundestag über das Happening ‚In Ulm, um Ulm und um Ulm herum‘ von Wolf Vostell debattierten.

Allan Kaprow: The legacy of Jackson Pollock. In: Art News 57 (1958), S. 24–26, 55–57.

BegrG: Der Begriff entstand aus Opposition zur etablierten Kunst und zum Theater als eine neutrale Bezeichnung für konstruierte und wechselweise in die Alltags- oder Kunstkontext eingeschleuste Begebenheiten und Geschehnisse, welche die Ausstellung von Kunstobjekten und Aufführungen von Theaterstücken ersetzen sollten. Seit den 1970er Jahren wurde immer häufiger das aus dem Theater, der Industrie und der Arbeitswelt stammende Wort ↗ *Performance* als allgemeine Bezeichnung für intermediale, nicht identisch reproduzierbare Werke verwendet.

SachG: Aus Erfahrungen mit Assemblagen (Montage von Objekten) und Environments (Montage des Raumes/Installation), in denen Materialien und Substanzen aus dem Alltagszusammenhang zu Objekten oder Geschehensfolgen zusammengefaßt werden, entwickelte sich, u. a. unter dem Einfluß des experimentellen Komponisten John Cage, das Interesse bildender Künstler, Zeit als Material zu verwenden. Zufällige und geplante Begebenheiten wurden zu größeren Ereignissen gebündelt oder in schon bestehende soziale Zusammenhänge eingeschleust (Kaprow 1966, Becker/Vostell). In Nordamerika und Deutschland entwickelten sich Happenings besonders auf Festivals auch in Verbindung mit Fluxus (*Fluxus* umfaßt an alle Sinne gerichtete künstlerische Äußerungen mit unkonventionellen Mitteln). Ähnliche und teilweise unabhängige Entwicklungen gab es in Japan (Gutai-Gruppe), Österreich (Wiener Aktionismus), der Tschechoslowakei (Milan Knízák), Spanien und Ungarn. Durch Jean-Jacques Lebel wurden Happenings in Frankreich zu einem Mittel der politischen Intervention.

ForschG: Seit dem Erscheinen von Happenings wurden diese von den Theaterwissenschaften begleitet (Kirby). In den 1970er Jahren wurden Happenings auch im dt. Sprachraum mit einer informationstheoretischen Analyse (Nöth) und einer soziologischen Untersuchung (Wick) wissenschaftlich gewürdigt. Einer eingehenden Analyse steht bisher die sehr komplexe Materiallage im Wege. Da das oft einmalige Geschehnis lediglich Relikte, Fotos und Filme hinterläßt, bieten diese zusammen mit schriftlichen oder mündlichen Zeugnissen eine Materialfülle, die schwierige Archivierungs- und Forschungsprobleme aufwirft (Kellein). Dieser Materiallage wurde entweder durch eine systematisierte und kommentierte Bearbeitung (Schilling) oder durch paradigmatische Analysen von einzelnen Werken und Künstlern und ihrem kulturellen Kontext (Schröder) entsprochen. Grenzüberschreitende Versuche, in denen sich Kulturen, Künste und verschiedene Bereiche des Lebens überkreuzen, werden im Rahmen der neuen Fächer ‚Performance studies‘ und ‚Theater-Anthropologie‘ erforscht. Die gelegentlich gesehene Nähe zum ↗ *Ritual* weist auf archaische und stammesgesellschaftliche Kulturen als Inspirationsquelle hin.

Lit: Jürgen Becker, Wolf Vostell (Hg.): Happenings. Reinbek 1965. – DADA in Japan. Japanische Avantgarde 1920–1970. Kunstmuseum Düsseldorf 1983. – Allan Kaprow: Assemblage, environments and happenings. New York 1966. – Thomas Kellein: „Fröhliche Wissenschaft“. Das Archiv Sohm. Staatsgalerie Stuttgart 1986. – Michael Kirby: Happenings. New York 1965. – M. K.: The art of time. New York 1969. – Jean-Jacques Lebel: Le happening. Paris 1966. – Winfried Nöth: Strukturen des Happenings. Hildesheim 1972. – Peter Noever (Hg.): Out of actions. Zwischen Performance und Objekt, 1949–1979. Wien, Ostfildern 1998. – Mariellen R. Sandford: Happenings and other acts. London, New York 1995. – Jürgen Schilling: Aktionskunst. Luzern, Frankfurt 1978, bes. S. 55–78. – Johannes Lothar Schröder: Identität. Überschreitung, Verwandlung. Münster 1990. – Von der Aktionsmalerei zum Aktionis-

mus. Wien 1960–1965. Klagenfurt 1988. – Rainer Wick: Zur Soziologie intermediärer Kunstpraxis. Köln 1975.

Johannes Lothar Schröder

Harlekin ↗ *Komische Person*

Haupttext ↗ *Nebentext*

Hausbuch

Typus spätmittelalterlicher Textsammlungen.

Expl: Sammelhandschrift, gegebenenfalls noch durch beigebundene oder eingeklebte Drucke erweitert, die sich den persönlichen Interessen eines Sammlers verdankt. Diesen Typus konstituieren gegen Ende des 15. Jhs. verschiedene Gemeinsamkeiten: (1) die Entstehungsbedingungen (von einer Hand geschrieben; Schreiber, Sammler und Besitzer sind in der Regel identisch, sie haben beruflich nichts mit Literatur zu tun, gehören meist zum städtischen Bürgertum und hier nicht mehr ausschließlich zur gebildeten Oberschicht); (2) die Anlage (am Beginn steht jeweils ein größerer Text, z. B. ein Heldenepos; es folgen kleinere Sammlungseinheiten, z. B. poetische und Fachprosa-Gruppen, uneinheitliche Textgruppen zwischen homogenen Textpartien, endlich Abschnitte ohne jede innere Einheitlichkeit; (3) die Inhalte (die Sammler haben gemeinsames Interesse an bestimmten Themen; sie sammeln etwa berufs- und standesbezogene Texte, legen Liederbuch-Teile an, notieren Dinge, welche ausschließlich für sie und ihr ‚Haus‘ von Bedeutung sind. Oft ist ihr Sammelwerk das einzige Buch in ihrem Hause, verkörpert sozusagen ihre Hausbibliothek.

WortG: Der literaturwissenschaftliche Terminus *Hausbuch* bezeichnet seit dem 19. Jh. drei unterschiedliche Typen von Textsammlungen: (1) die seit der Antike bekannte, auf

Aristoteles zurückgehende ↗ *Hausväterlite-ratur*, deren Gegenstand die ‚oikologia‘ ist, das richtige Bewirtschaften eines Hauswe-sens (Brunner 1956, 92 f.). In ihrem Gefolge werden auch Fachtextsammlungen der ↗ *Artesliteratur* (z. B. kriegstechnische wie das ‚Wolfegger Hausbuch‘; vgl. Frey, Geß-ler) als *Hausbuch* bezeichnet. (2) Vorrefor-matorische Andachts- und protestantische ↗ *Erbauungsliteratur*, welche geistliche Ge-brauchstexte für die häusliche Andacht zu-sammenstellt. (3) Auf die individuelle Bio-graphie und diese betreffende historische Ereignisse bezogenes Schrifttum.

Daneben sind umgangssprachliche Ver-wendungen im Gebrauch wie ‚ein Buch für das Haus‘, in welches man die Einnahmen und Ausgaben seines Haushalts einträgt (DWb 10, 654; Paul-Henne, 393; Trübner 3, 359); ‚Grundbuch‘, ‚Kataster‘, ‚liber redi-tuum‘ (DWb 10, 654); in der DDR „Heft mit den Personalien aller Hausbewohner“ (Klappenbach/Steinitz 3, 1744). Auf Grund von Verbreitung und Leseverhalten wird auch ein „oft und viel gelesenes Buch“ (Paul-Henne, 393), ein „Buch, das in vielen Familien vorhanden ist und oft gelesen wird“ (Klappenbach/Steinitz 3, 1744), *Hausbuch* genannt.

Otto Brunner: Hausväterliteratur. In: Handwb. der Sozialwissenschaften. Band 5. Stuttgart 1956, S. 92 f. – Winfried Frey: Hausbuch. In: Sachwb. der Mediävistik. Hg. v. Peter Dinzelbacher. Stutt-gart 1992, S. 334. – Eduard A. Geßler: Wolfeg-ger Hausbuch. In: VL¹ 2, Sp. 226 f. – Ruth Klap-penbach, Wolfgang Steinitz (Hg.): Wb. der deut-schen Gegenwartssprache. Berlin (Ost) 1967.

BegrG: Der Begriff faßt einen Überliefe-rungs- und Funktionstypus, der sich nicht völlig trennscharf von verwandten Text-sammlungen abgrenzen läßt. Überliefe-rungsgemeinschaft von literarischen Texten mit pragmatischem Einschlag wurde zu-nächst entweder anlagebezogen als *Miszel-lan- (Misch-)* oder *Sammel-Handschrift* be-zeichnet oder inhaltsbezogen nach dem vor-herrschenden Texttypus bei Unterbewer-tung des übrigen Sammlungsbestandes, also etwa als „Notizenbuch“ (vgl. Görres, 37, und noch Brednich 1, 27) oder aber als „Lieder-“ (so noch Rupprich 2, 241) bzw. „Spruch- und Lieder-Handschrift“ (so noch

Brandis, 256). Erst in jüngerer Zeit flossen die Konnotationen ‚Verschiedenartigkeit der Inhalte‘, ‚Privatheit des Gebrauchs‘ und ‚unterhaltende bis lehrhafte Zielsetzung‘ in dem sowohl die soziologischen wie die funktionalen Aspekte berücksichtigenden Terminus *Hausbuch* zusammen (Korn-rumpf, Brunner 1984, Schanze). Zur Präzi-sierung wurde für einen besonderen Typus „Literarisches Hausbuch“ (Meyer) vorge-schlagen.

Tilo Brandis: Mhd., mittelniederdeutsche und mittelniederländische Minnereden. Verzeichnis der Handschriften und Drucke. München 1968. – Rolf Wilhelm Brednich: Die Liedpublizistik im Flugblatt des 15. bis 17. Jhs. 2 Bde. Baden-Baden 1974 f. – Gisela Kornrumpf: Art. ‚Michael de Leone‘. In: VL 6, Sp. 499–503. – Hans Rup-prich: Die dt. Literatur vom späten Mittelalter bis zum Barock (= Helmut de Boor, Richard Ne-wald: Geschichte der dt. Literatur. Bd. 4). Teil 1. München 1970, S. 193–197, 340–342, 354–357; Teil 2. München 1973, S. 241.

SachG: Während Sammelhandschriften, die sich Gelehrte schrieben, wie z. B. das ‚Haus-buch‘ des Würzburger Juristen Michael de Leone (1349–1354), oder die Angehörige der gebildeten Oberschicht in Auftrag ga-ben, wie z. B. das ‚Liederbuch‘ der Clara Hätzlerin, schon vor 1500 bekannt sind, gibt es erst im 16. Jh. vermehrt auch Haus-bücher stadtbürgerlicher Besitzer, die sich als Händler, Handwerker oder niedere Be-amte zu eigenem Gebrauch solche Kollek-tionen selbst anlegten. Nach seiner mut-maßlichen Entstehungszeit „im zweiten Drittel des 15. Jhs.“ (Fischer 1962, 197) ge-hört zu den frühen Vertretern das ‚Lieder-buch‘ des Wemdinger Verwaltungsbeamten Jakob Käbitz. Zu den bekannteren zu rech-nen sind die zwischen 1501 und 1510 ent-standene Sammlung des Ulrich Mostl, die Großfoliohandschrift des Augsburger Schreibers Valentin Holl (1524–26) und die mehrbändige Kollektion des Augsburger Webers Simprecht Kröll (zwischen 1516 und 1556). Ein spätes Beispiel ist das mehr-bändige Sammelwerk des Überlinger Ge-richtsschreibers Jakob Reutlinger (1580, vgl. Brednich 1965). Anders als noch bei Käbitz und Mostl enthalten die Sammlun-gen von Holl und Kröll auch gedruckte

Texte. Kröll hat seinen letzten Band bis auf ein einzelnes handgeschriebenes Blatt ganz aus Drucken zusammengesetzt. Vollends dokumentiert Reutlingers Anlage das unaufhaltsame Vordringen des neuen Mediums Druck (nach Fladt im ganzen 118 gedruckte Texte). Bereits mit Krölls späten Bänden und noch deutlicher mit denen Reutlingers zeigt sich gegen Ende des 16. Jhs. der Verfall des ‚literarischen‘ Typus von Hausbuchsammlung zugunsten von Sammlungen von Gebrauchstexten und vorwiegend privat-chronologischen Aufzeichnungen, einem Typus, der sich bis ins 19. Jh. hinein hält. Besonders Hausbücher mit geistlichen Gebrauchstexten erleben im 17. und noch im 18. Jh. eine gewisse Blüte (↗ *Erbauungsliteratur*).

ForschG: Der Sammlungstypus Hausbuch wurde zwar schon sehr früh erwähnt (Adelung 1796, 1799). Beschreibungen (Görres, Wilken 1817, Mone 1838) waren allerdings wenig genau, indem Teile mit pragmatischer Prosa, der man keinen literarischen Wert beimaß, häufig übergangen wurden, desgleichen im Verständnis des 19. Jhs. anstößige Stücke (vgl. Uhland 1845, Wackernagel 1855, Bartsch 1887, Keller-Sievers 1890). Die Sammlungen wurden zwar als historische Quellen ausgewertet, aber überlieferungs- und buchgeschichtliche Fragen und literaturwissenschaftliche Probleme wurden nicht näher untersucht. Dies änderte sich erst nach dem 2. Weltkrieg. So wurden neben Einordnungs- und Bewertungsversuchen Fragen der Überlieferung behandelt, etwa bei Mihm, Seidel, Glier, Kiepe und Schanze. Einen Beitrag zur Erhellung einer Sammlerpersönlichkeit lieferte Heinzle (1974 zu Ulrich Mostl). Eine Neukatalogisierung nach heutigen Maßstäben und den Versuch einer Darstellung des Typus Hausbuch an drei exemplarischen Kollektionen (denen von Mostl, Holl und Kröll) unternahm Meyer (1989).

Lit: Tania Bayard: Ein mittelalterliches Hausbuch. Olten 1992. – Rolf Wilhelm Brednich: Das Reutlingersche Sammelwerk im Stadtarchiv Überlingen als volkskundliche Quelle. In: Jb. für Volksliedforschung 10 (1965), S. 42–80. – Horst Brunner (Hg.): Das Hausbuch des Michael de Leone (Würzburger Liederhs.) [...]. Göppingen 1984. – Hanns Fischer: Jakob Käbitz und sein verkanntes Liederbuch. In: Euphorion 56 (1962), S. 191–199; dazu Euphorion 59 (1965), S. 384f. – Wilhelm Fladt: Einblattdrucke und ähnliche Druckstücke in Reutlingers Sammelwerk. In: Schriften des Vereins für Geschichte des Bodensees 67 (1940), S. 142–154. – Ingeborg Glier: Artes amandi. München 1971. – Joseph Görres (Hg.): Altdeutsche Volks- und Meisterlieder aus den Hss. der Heidelberger Bibliothek. Frankfurt 1817. – Karl Haltaus (Hg.): Liederbuch der Clara Hätzlerin [1840]. Repr. Berlin 1966. – Franziska Heinzle: Der Württemberger. Untersuchung, Texte, Kommentar. Göppingen 1974. – Hans Heselloher: Von üppiglichen Dingen. Hg. v. Michael Curschmann. Bern 1970. – Heinrich Adelbert v. Keller, Eduard Sievers (Hg.): Verzeichnis altdeutscher Handschriften. Tübingen 1890. – Peter Keyser: Michael de Leone und seine literarische Sammlung. Würzburg 1966. – Hansjürgen Kiepe: Die Nürnberger Priameldichtung. München 1984. – Maria Lackoronska: Das ‚Mittelalterliche Hausbuch‘ der Fürstlich Waldburgschen Sammlung. Darmstadt 1975. – Dieter H. Meyer: Literarische Hausbücher des 16. Jhs. 2 Bde. Würzburg 1989. – Arend Mihm: Überlieferung und Verbreitung der Märendichtung im Spätmittelalter. Heidelberg 1967. – Frieder Schanze: Meisterliche Liedkunst zwischen Heinrich von Mügeln und Hans Sachs. 2 Bde. München 1983f. – Klaus Jürgen Seidel: Der Cgm 379 und das Augsburger Liederbuch von 1454. Diss. München, Augsburg 1972. – Christoph Graf zu Waldburg-Wolfegg: Venus und Mars. Das mittelalterliche Hausbuch [...]. München u. a. 1997. – Johannes Waldburg-Wolfegg: Das mittelalterliche Hausbuch. München 1957. – Manfred Zimmermann: Das Liederregister im Cgm 5919. In: ZfdA 111 (1982), S. 281–304.

Dieter H. Meyer

Hausväterliteratur

Gattung des 16. bis 18. Jhs., die idealisierend den Kosmos des frühneuzeitlichen ‚Ganzen Hauses‘ beschreibt.

Expl: Durch Traditionszusammenhang (griechische ‚Ökonomik‘, lateinische Agrarliteratur) humanistisch legitimierte und von den Predigten über den christlichen Hausstand beeinflußte Gattung frühneuzeitlicher Sachliteratur, die in kompendiösen Werken als Anweisung für den ‚Hausvater' die sozialen Binnenbeziehungen innerhalb des ‚Hauses' samt den damit verbundenen Aufgaben der gesamten ‚Wirtschaft' darstellt. Die deutsche Hausväterliteratur ist verwandt mit der antiken Lehre vom ‚Haus', der ‚Ökonomik', von der auch die (von lat. *familia* abgeleitete) humanistisch geprägte italienische ‚Della famiglia'-Literatur beeinflußt ist. Der Wirkungskreis des ‚Hauses' und die Aufgaben und Pflichten seiner Mitglieder sind Hintergrund eines besonderen Dramentyps der Frühen Neuzeit, des ‚Hausväterdramas'.

Die Hausväterliteratur versammelt ihre vielfältigen Materien in bunter Reihung, noch ohne die moderne Trennung in klar umrissene Fächer. In der Regel sind angesprochen: die sozialen Beziehungen, die häuslichen Tugenden und Laster (‚Virtutes oeconomicae', ‚Vitia oeconomica'), die religiösen und moralischen Pflichten, Wirtschafts- und Wetterregeln, die kalendarische Gliederung des Arbeitsjahres, Techniken der Hauswirtschaft, Probleme des Akker-, Wein- und Gartenbaus, Ratschläge für die Tierhaltung, medizinische Hilfen, gelegentlich gewerbliche und handwerkliche Empfehlungen, Briefsteller und Musterformulare, schließlich physiognomische und astrologische Erklärungen, Traumdeutungen, chiromantische Spekulationen und andere ‚Curiositäten'. Als ‚Ökonomik' ist die Hauslehre Teil der ‚Philosophia practica' und steht zwischen der auf das Individuum bezogenen ‚Ethik' und der über das Haus hinausgreifenden ‚Politik'. Die vom Haus ausstrahlende väterliche Herrschaft bildet nach zeitgenössischem Verständnis das Fundament und Paradigma aller übergeordneten Herrschaftsverhältnisse in Gesellschaft und Staat.

WortG: Als wissenschaftliche Bezeichnung seit dem 19. Jh. eingeführt, wobei der erste Bestandteil der Zusammensetzung pars pro toto für das Gemeinwesen ‚Haus' steht. *Hausvater* ist nach griech. οἰκοδεσπότης [oikodespótes] bzw. lat. *pater familias* gebildet und seit der Frühen Neuzeit (Martin Luther; Belege: DWb 10, 694) allgemein gebräuchlich.

BegrG: ‚Hausväterliteratur' nimmt die Bedeutungsgeschichte der antiken Ökonomie-Literatur auf. Sie enthält Unterweisungen für den freien Bürger, der an der Spitze des Hauses steht und dem Frau, Kinder und Sklaven untergeordnet sind. Die heutige, oft ironisierte, harmlos biedermeierliche Färbung des Begriffs ‚Hausvater' verdeckt diese herrschaftliche Qualität. Gemeint ist das Oberhaupt der die engere Familie und das Gesinde umfassenden Hausgemeinschaft. Der wissenschaftliche Terminus *Hausväterliteratur* kennzeichnet seit dem 19. Jh. zunächst in der landwirtschaftswissenschaftlichen und wirtschaftshistorischen (nationalökonomischen), dann auch in der sozial- und kulturgeschichtlichen Literatur eine Gattung vornehmlich der Frühen Neuzeit, die sich der idealen Darstellung der sozialen, wirtschaftlichen und kulturellen Verhältnisse in den mit Grundbesitz verbundenen Haus- und Landwirtschaften widmet. Verknüpft ist damit die rückwärtsgewandte Sehnsucht nach den in die Krise geratenen patriarchalischen Zuständen eines versinkenden Zeitalters. Der Gebrauch des Terminus verschleiert häufig den Themenreichtum, die Wandlungen und Differenzierungen der Gattung, deren Inhalte weit über die Darstellung der hausväterlichen Rolle hinausreichen. Um die frühneuzeitliche Hausväterliteratur von der antiken ‚Oeconomica-Literatur' und vom modernen Ökonomiebegriff zu unterscheiden, faßt man sie neuerdings auch unter der Bezeichnung *Oikonomik* (V. Bauer).

SachG: Die frühneuzeitliche Hausväterliteratur umgreift die Lehre vom ‚Ganzen Haus'. Als letzter, auslaufender Zweig der ‚alteuropäischen Ökonomik' (O. Brunner) steht sie in einem langen, bis in die Antike reichenden Traditionszusammenhang. Sie ist ein heterogenes Amalgam aus griechischer ‚Ökonomik' (Hesiod, Xenophon, Aristoteles, Pseudo-Aristoteles), römischer Agrarliteratur (Cato, Varro, Columella, Palladius, Plinius, Virgil), mittelalterlichen Traditionen (Pseudo-Bernhard, ‚De cura rei familiaris'; Konrad von Megenberg, ‚Oeconomica') und humanistischen und konfessionellen Ehe- und Erziehungslehren. Im Unterschied zu den verwandten ‚Predigten über den christlichen Hausstand‘, die über die griechischen und römischen Traditionen hinaus an die biblischen ‚Haustafeln‘ anknüpfen, tritt in der Hausväterliteratur der exhortative Charakter zugunsten sachlich systematischer Informationen zurück.

Das klassische Werk der Gattung, das die Verschmelzung von antiker Ökonomik und Agrarlehre bereits deutlich vollzog, war die bis ins 18. Jh. immer wieder aufgelegte ‚Oeconomia ruralis et domestica‘ des Johannes Coler (1593–1603). Ihm folgten, wegen der Wirren des Dreißigjährigen Krieges zunächst nur zögernd, dann mit einem Publikationsboom zwischen etwa 1660 und 1740, eine Fülle weiterer ökonomischer Werke, deren Erfolgsgeschichte erst um die Wende zum 19. Jh. endet. Zu nennen sind: die gelehrte ‚Georgica Curiosa‘ des niederösterreichischen Adeligen Wolf Helmhard von Hohberg (1682), der den gemeinen Haushaltungen gewidmete ‚Oeconomus Prudens et Legalis‘ des Franz Philipp Florinus (1702) oder das J. J. Becher zugeschriebene, jedoch von Sturm verfaßte Werk ‚Kluger Hauß=Vater, Verständige Hauß= Mutter‘ (1714). Späte Beispiele der Gattung sind das Aufsatzkonglomerat ‚Der Hausvater‘ des O. von Münchhausen (1764–1773) und das Doppelwerk des Pfarrers Chr. Fr. Germershausen ‚Die Hausmutter in all ihren Geschäften‘ (1778) sowie ‚Der Hausvater in systematischer Ordnung‘ (1783–1786). Die Hausväterliteratur verlor ihre Bedeutung mit dem Zurücktreten des Aristotelismus an den Universitäten, der Neugliederung der Wissenschaften und dem damit verbundenen Zerfall der Einheit von Ethik, Ökonomie und Politik. In den merkantilistisch-kameralistischen Theorien, den Überlegungen zum Handel (‚Kommerzien‘) und den späteren Prinzipien der ‚rationellen Landwirtschaft‘ (A. Thaer) drängte die von der Hausväterliteratur ausgeschlossene Chrematistik in den Vordergrund, die markt-, gewinn- und kapitalorientiert zur modernen Volks- und Landwirtschaftslehre überleitete (J. Burkhardt). Die ‚alteuropäische Ökonomik‘ hatte sich damit überlebt. Einzelne Anweisungen überdauerten in der Ratgeberliteratur für den (klein)bürgerlichen und proletarischen Haushalt.

ForschG: Während die von Brunner, Hoffmann und Krüger erarbeiteten Hauptlinien der Gattungsgeschichte im großen und ganzen als gültig erachtet werden, ist die Brunnersche These, daß die Hausväterliteratur nicht nur die Theorie, sondern partiell auch die Realität adliger, bäuerlicher und sogar stadtbürgerlicher ‚Wirtschaften‘ beschreibe, auf heftige Kritik gestoßen. Die Kritik vertritt gegenüber der sozialromantischen Legende vom ökonomisch autarken ‚Ganzen Haus‘ die Ansicht, daß die Mehrzahl der Haushalte de facto schon seit dem Mittelalter in die Marktwirtschaft integriert gewesen sei (Wehler, Richarz). Im Kontext der Entmythologisierung Brunners beklagt man die Vernachlässigung der ständischen, regionalen, zeitlichen und konfessionellen Varianz der Texte (Trossbach, C. Opitz) und verweist darauf, daß die Konzeption des ‚Ganzen Hauses‘ zur Beschreibung städtischer Unterschichten-Ökonomien nicht taugt (Groebner). Kontrovers werden auch die Auswirkungen patriarchalischer Herrschaft im ‚Ganzen Haus‘ diskutiert (Rebel, Münch, Trossbach). In einigen Forschungen wird noch immer die irrige Annahme vertreten, der Begriff des ‚Ganzen Hauses‘ sei von Riehl in ideologischer Absicht erfunden worden. Tatsächlich begegnet er vielfach bereits in den Texten des 16. bis 18. Jhs. (Frühsorge), allerdings ohne die restaurative romantische Emphase des 19. Jhs. Als idealtypisches Analyse-Instrument kann die Kategorie des ‚Ganzen Hauses‘, die seinerzeit einen völlig neuen Blick auf die vormoderne ‚Ökonomie‘ eröffnete, deswegen auch künftig von Nutzen sein (Dürr).

Lit: Volker Bauer: Zeremoniell und Ökonomie. In: Zeremoniell als höfische Ästhetik in Spätmittelalter und früher Neuzeit. Hg. v. Jörg Jochen Berns u. a. Tübingen 1995, S. 21–56. – V. B.: Hofökonomie. Wien u. a. 1997. – Otto Brunner: Adeliges Landleben und europäischer Geist. Salzburg 1949. – O. B.: Das „Ganze Haus“ und die alteuropäische „Ökonomik“. In: O. B.: Neue Wege der Verfassungs- und Sozialgeschichte. Göttingen 1968, S. 103–127. – Johannes Burkhardt: Wirtschaft IV–VII. In: Geschichtliche

Grundbegriffe. Hg. v. Otto Brunner u. a. Bd. 7. Stuttgart 1992, S. 550–591. – M. E. Duchesne: Le Domostroi. Paris 1910. – Richard van Dülmen: Kultur und Alltag in der Frühen Neuzeit. Bd. 1: Das Haus und seine Menschen 16.–18. Jh. München 1990. – Renate Dürr: Mägde in der Stadt. Frankfurt u. a. 1995. – Erich Egner: Der Verlust der alten Ökonomik. Berlin 1985. – Gotthart Frühsorge: Die Begründung der ‚väterlichen Gesellschaft‘ in der europäischen oeconomia christiana. In: Das Vaterbild im Abendland I. Hg. v. Hubertus Tellenbach. Stuttgart u. a. 1978, S. 110–123. – Valentin Groebner: Ökonomie ohne Haus. Zum Wirtschaften armer Leute in Nürnberg am Ende des 15. Jhs. Göttingen 1993. – V. G.: Außer Haus. Otto Brunner und die ‚alteuropäische Ökonomik‘. In: GWU 46 (1995), S. 69–80. – Julius Hoffmann: Die ‚Hausväterliteratur‘ und die ‚Predigten über den christlichen Hausstand‘. Weinheim 1959. – Sabine Krüger: Zum Verständnis der Oeconomica Konrads von Megenberg. In: DA 20 (1964), S. 475–561. – Manfred Lemmer: Haushalt und Familie aus der Sicht der Hausväterliteratur. In: Haushalt und Familie in Mittelalter und früher Neuzeit. Hg. v. Trude Ehlert. Sigmaringen 1991, S. 181–191. – Vittorio Lugli: I trattatisti della famiglia nel quattrocento. Bologna, Modena 1909. – Paul Münch (Hg.): Ordnung, Fleiß und Sparsamkeit. Texte und Dokumente zur Entstehung der „bürgerlichen" Tugenden. München 1984. – P. M.: Lebensformen in der frühen Neuzeit 1500 bis 1800. Frankfurt, Berlin 1998, S. 167–201. – Claudia Opitz: Neue Wege der Sozialgeschichte? Ein kritischer Blick auf Otto Brunners Konzept des ‚ganzen Hauses‘. In: Geschichte und Gesellschaft 20 (1994), S. 88–98. – Hermann Rebel: Peasant classes. Princeton 1983. – Irmintraut Richarz: Oikos, Haus und Haushalt. Göttingen 1991. – I. R.: Das ökonomisch autarke „Ganze Haus" – Eine Legende? In: Haushalt und Familie in Mittelalter und früher Neuzeit. Hg. v. Trude Ehlert. Sigmaringen 1991, S. 269–280. – Wilhelm H. Riehl: Die Familie. Stuttgart, Augsburg 1855. – Werner Trossbach: Das ‚ganze Haus‘ [...]. In: Blätter für deutsche Landesgeschichte 129 (1993), S. 277–314. – Hans-Ulrich Wehler: Deutsche Gesellschaftsgeschichte. Bd. 1. München 1987.

Paul Münch

Hebung

Im binären Oppositionspaar Hebung – Senkung bezeichnet Hebung die metrisch prominente, Senkung die nicht-prominente Größe.

Expl: Die Verwendung des Begriffspaars ‚Hebung‘ und ‚Senkung‘ ist auf binäre metrische Systeme beschränkt, d. h. Systeme, deren Grundelemente zwei verschiedenen Klassen angehören (z. B. lang – kurz; schwer – leicht; betont – unbetont). Auf silbenzählende Verse kann es nicht angewendet werden.

Hebung und Senkung sind metrische Begriffe, die von ihren sprachlichen Korrelaten, den unterschiedlich langen oder schweren Silben, strikt zu unterscheiden sind. Während die Hebung im deutschen Vers stets durch eine Silbe realisiert ist (Ausnahme im älteren Vers: Hebungsspaltung), kann sich die SENKUNG, je nach metrischem Schema, auf eine oder mehrere Silben erstrecken; in akzentuierenden Versen kann die Senkung auch fehlen; das Resultat wird *Hebungsprall*, im mhd. Vers auch *beschwerte Hebung* genannt. – Zur Spezifizierung metrischer Schemata wird häufig die Anzahl der Hebungen angegeben (trochäischer Vierheber, jambischer Fünfheber etc.).

[Terminologisches Feld:]
Einige Metriker gebrauchen IKTUS (von lat. *ictus* ‚Schlag‘) gleichbedeutend mit *Hebung*, jedoch spricht einiges gegen die Verwendung dieses Begriffs: Erstens fehlt ihm der entsprechende Komplementärbegriff für ‚Senkung‘, und zweitens wird er auch in folgenden Bedeutungen gebraucht: (1) ‚Akzent‘; (2) ‚Hebungssilbe in akzentuierenden Versen‘; (3) ‚Versakzent‘ (dieser Begriff verweist auf eine an sich unbetonte (leichte; ↗ *Prosodie*), in der Rezitation jedoch aufgrund des metrischen Schemas hervorgehobene Silbe); (4) (bei Otfrid) Hervorhebung durch Tonhöhe im Vortrag (Breuer, 100).

WortG: *Hebung* und *Senkung* werden seit dem Ende des 18. Jhs. als Übersetzungen von griech. ἄρσις [ársis] (von αἴρω [aíro] ‚heben‘) bzw. θέσις [thésis] (von τίθημι [títhemi] ‚setzen‘) gebraucht. In der antiken Vers- und Rhythmustheorie des Aristoxenos von Tarent ist Grundelement des ↗ *Rhythmus* der Fuß (griech πούς [poús], lat. *pes*), der wiederum aus den beiden Phasen arsis und thesis besteht, wobei *arsis* das Aufheben, *thesis* das Niedersetzen des Fußes beim Tanz bezeichnet; das Schwergewicht liegt also auf der thesis. Spätantike Metriker wie Marius Victorinus kehren diese Relation um: *arsis* bezeichnet nun das Heben (sublevatio) und *thesis* das Senken (positio) der Stimme; das Schwergewicht liegt hier also auf der *arsis*. In England führen der klassische Philologe Richard Bentley (1662−1742) und in Deutschland Gottfried Hermann (1772−1848) mit seinen ‚Elementa doctrinae metricae‘ (1826) diesen Gebrauch in die Metrik ein.

SachG: Im antiken Vers hängt die thesis allein von der Silbenquantität ab: Alle Silben, die nicht auf einen kurzen Vokal enden, gelten als lang; nur bei der syllaba anceps (‚doppelwertige Silbe‘) wird die Zuordnung nach metrischen Gesichtspunkten vorgenommen. − Im altgermanischen Stabreimvers sind Hebungen demgegenüber durch die Akzentschwere bestimmt, die zum großen Teil von der Wortart abhängt (vor allem Substantive); sie sind zudem meistens durch ↗ *Alliteration* ausgezeichnet. In beiden Verssystemen sind Hebungen und Senkungen in der Regel prosodisch eindeutig bestimmt (Ausnahme im antiken Vers: syllaba anceps; im altgermanischen Vers: Problem der ‚Schwellverse‘). Im späteren alternierenden Vers hingegen (↗ *Alternation*), wo die Abfolge von Hebungen und Senkungen schon durch das metrische Schema vorgegeben ist, ist die Zuordnung von Hebungen und Senkungen zu betonten und unbetonten Silben wesentlich komplexer (s. ForschG). Die deutsche alternierende Dichtung seit dem 17. Jh. ist in starkem Maße von der Versreform des Martin Opitz (1624) geprägt. Im Zuge der Ausgestaltung seiner Regeln gilt: (1) Die Besetzung von Hebungen durch betonte und von Senkungen durch unbetonte Silben ist metrisch affirmativ und damit unmarkiert, führt aber bei strikter Anwendung zu rhythmischer Monotonie. (2) Die Besetzung einer Hebung durch eine unbetonte Silbe ist unproblematisch und unterliegt keinen metrischen Restriktionen; sie ist jedoch nicht affirmativ und daher markierter. (3) Die Besetzung einer Senkung durch eine betonte Silbe kommt nur vor, wenn ihr der Versbeginn oder im Versinnern ein deutlicher syntakti-

scher Einschnitt vorausgeht oder wenn die benachbarte Hebung mit einer betonten Silbe besetzt ist. Bis ins späte 19. Jh. werden überdies fast nur einsilbige Wörter dafür eingesetzt. Dieses Verfahren ist metrisch obstruktiv (gegenläufig), daher stark markiert, und führt zu (meist intendierter) rhythmischer Spannung.

Während es bei den sprachlichen Korrelaten, den Silben, unterschiedlich abgestufte Akzentgrade gibt (↗ *Akzent*), ist eine solche Abstufung bei dem binären Oppositionspaar Hebung − Senkung nur dann sinnvoll, wenn im Vers systematisch, z. B. alternierend, zwischen akzentuell stärker und schwächer realisierten Hebungen (Haupt- und Nebenhebung) unterschieden wird; man spricht dann von *Dipodie*.

ForschG: Die traditionelle deutsche Metrik postuliert im Prinzip, noch in neueren Handbüchern, daß Hebungen durch betonte Silben und Senkungen durch unbetonte Silben zu realisieren seien. Wo dies nicht der Fall ist, wird entweder der Dichter getadelt (‚Tonbeugung‘) oder ein Ausgleich in der Rezitation gesucht (‚schwebende Betonung‘). Ein erster Versuch zu einer differenzierteren Betrachtungsweise war Heuslers Unterscheidung zwischen ‚hebungsheischenden‘, ‚hebungs- und senkungsfähigen‘ und ‚senkungsheischenden‘ Silben. Jedoch erst mit der generativen Metrik (Küper, Barsch, ↗ *Generative Poetik*) wurden, zunächst anhand der englischen Dichtung, die Beziehungen zwischen den metrischen Größen Hebung − Senkung und ihren sprachlichen Korrelaten systematisch untersucht.

Lit: Achim Barsch: Metrik, Literatur und Sprache. Generative Metrik zwischen empirischer Literaturwissenschaft und generativer Phonologie. Braunschweig 1991. − Dieter Breuer: Deutsche Metrik und Versgeschichte. München 1981. − Paul Habermann, Wolfgang Mohr: Hebung und Senkung. In: RL² 1, S. 623−629. − Morris Halle, Samuel J. Keyser: Chaucer and the study of prosody. In: College English 28 (1966), S. 187−219. − Andreas Heusler: Deutsche Versgeschichte. 3 Bde. [1925−1929]. Repr. Berlin 1968. − Christoph Küper: Sprache und Metrum. Semiotik und Linguistik des Verses. Tübingen 1988, Kap. 4−5.

Christoph Küper

Heftroman ↗ *Trivialliteratur*

Heimatliteratur

Sammelbegriff für Texte, in denen eine herkunftsbezogene Perspektive vorherrscht und eine zumeist ländliche Welt durch vorwiegend realistische Darstellungsweisen thematisiert wird.

Expl: Gegenstand der Heimatliteratur sind Vorgänge in einer emotional erlebten, relativ geschlossenen Welt. Anders als beim Begriff der Provinz sind mit ‚Heimat' eher positive Konnotationen verbunden. Dabei kann die Eingliederung des Individuums in ein soziales Gefüge als Verankerung in einem „Satisfaktionsraum" aufgefaßt werden, der „Sicherheit, stimulierende Aktivität und Identifikation" (Greverus, 25) verspricht. Andererseits kann die Aggression gegen Fremdes, die Ächtung von Außenseitern und deren Vertreibung aus der ‚Heimat' die Darstellung bestimmen. Die regionale Enge wird häufig durch symbolisierende Verweise auf die Welt jenseits der Heimat transzendiert. Allerdings kommt die Kategorie der Nation hier kaum ins Blickfeld, eher die der Metropole. Beliebt ist die verfremdende Perspektive des Heimkehrers. Obwohl Erzählprosa dominiert, können auch lyrische und dramatische Werke der Heimatliteratur zugerechnet werden.

Der Begriff der Heimatliteratur umfaßt auch die ↗ *Dorfgeschichte* und den Bauernroman (BAUERNLITERATUR). *Heimatdichtung* bezeichnet eine literarisch-ideologische Strömung der Jahrhundertwende, *Blut-und-Boden-Literatur* (im Dt. erstmals 1902 bei Conrad) die völkisch-nationale, irrationale Werte absolut setzende Radikalisierung der Heimatliteratur (↗ *Nationalsozialistische Literatur*). Um ideologisch belastende Assoziationen zu vermeiden, wird heute oft der Terminus REGIONALLITERATUR verwendet.

WortG: Als literaturwissenschaftlicher Terminus ist *Heimatliteratur* erst seit den 1970er Jahren gebräuchlich. Das schon gotisch *haimôþli* und ahd. *heimôt* belegte Grundwort *Heimat* bezeichnet ursprünglich das „land […], in dem man geboren ist oder bleibenden aufenthalt hat" (DWb 10, 865), von daher der juristische Terminus *Heimatrecht*; im süddeutsch-schweizerischen Raum auch „elterliches haus und besitztum" (DWb 10, 865).

BegrG: In literarischem Zusammenhang ist *Heimat* bis zum Ende des 18. Jhs. nur als neutrale Herkunftsbezeichnung und in der Bedeutung ‚himmlische Heimat' belegt. Um die Wende vom 18. zum 19. Jh. wird der Begriff sentimentalisiert und emotional aufgeladen. So bezeichnet er etwa in der Romantik die Sehnsucht nach einem verlorenen ursprünglichen Zustand und einem unentfremdeten Dasein. Der aktuellen Tendenz, den seit dem Bedeutungswandel meist mit konservativen Werten in Verbindung gebrachten, durch die völkische und nationalsozialistische Literaturwissenschaft korrumpierten Heimatbegriff durch ‚Territorium' (Greverus), ‚Region' oder ‚Provinz' (Mecklenburg) zu substituieren, steht bewußtes Festhalten daran gegenüber, um ihn nicht den „Anwälten eines engstirnigen und brutalen Provinzialismus" zu überlassen (Jens, 22). In der Gegenwart wird der Heimatbegriff entsprechend aktuellen soziologischen und volkskundlichen Auffassungen stark erweitert. Auch Ernst Blochs utopische Konzeption von ‚Heimat' als erst zu erschaffendem Lebensraum wird für einen erweiterten Heimatbegriff aufgegriffen (Bausinger). Durch diese Umschichtungen wird der Begriff der Heimatliteratur in seiner Extension stark verändert und tendiert dazu, unscharf zu werden.

Hermann Bausinger: Heimat und Identität. In: Heimat. Hg. v. Elisabeth Moosmann. Berlin 1980, S. 13−29. − Ernst Bloch: Das Prinzip Hoffnung. Berlin 1954−59. − Josef Donnenberg: Heimatliteratur in Österreich nach 1945 − rehabiliert oder antiquiert? In: Polheim 1989, S. 39−68. − Friedrich Fürstenberg: Die soziale Vermittlung von Heimat. In: Polheim 1989, S. 193−206. − Walter Jens: Nachdenken über Heimat. In: Heimat. Hg. v. Horst Bienek. München, Wien 1985, S. 14−26.

SachG: Vor dem Ende des 18. Jhs. kann im strengen Sinne nicht von Heimatliteratur gesprochen werden, da der Ausdruck die Emotionalisierung des Heimatbegriffs voraussetzt. Weder erste Ansätze bei Pestalozzi noch das Lokalkolorit in Maler Müllers ‚Pfälzischen Idyllen‘ erlauben es, gegenüber der ‚Bauernaufklärung‘ des 18. Jhs. oder der Schäferidylle eine prinzipiell neue Qualität zu konstatieren. Erstmals versammelt Johann Gaudenz von Salis-Seewis’ Gedicht ‚Traute Heimat meiner Lieben‘ (‚Musen-Almanach‘, hg. v. J. H. Voß, Hamburg 1788) alle Hauptmotive der späteren Heimatliteratur. Johann Peter Hebel steht noch stark in der Tradition der Volksaufklärung. Im Verlauf des 19. Jhs. entfaltet sich die Heimatliteratur und konzentriert sich auf die Gattungen der Dorfgeschichte und des Bauernromans. So findet sich einerseits die genaue, unsentimentale Schilderung sozialer Interaktionen in einer präzis lokalisierten Region (Gotthelf). Nach der Jahrhundertmitte erhält die Heimatliteratur andererseits immer mehr kompensatorische Funktion als Wunschprojektion des sozial und ökonomisch verunsicherten Mittelstandes; Personal und Szenerie erstarren zum Klischee. Neben idyllisierend-verklärenden (Rosegger) finden sich jedoch auch sozialkritische Tendenzen (Anzengruber, z. T. Ebner-Eschenbach und F.v. Saar). Ganghofers Hochland-Romane erschaffen eine irreale, ahistorische, sozial und ökonomisch statische Welt gesunder, unverdorbener Natürlichkeit und elementarer menschlicher Regungen. Die Werke von Ernst Zahn, Jakob Christoph Heer und Heinrich Federer verbinden die alpine Szenerie gelegentlich mit historischer, sozialer, ökologischer und ökonomischer Problematik.

Mit der ‚Heimatkunstbewegung‘ der Jahrhundertwende (wichtige theoretische Beiträge von Friedrich Lienhard und Adolf Bartels; Zs. ‚Heimat‘, 1900–04; erfolgreich besonders die Romane von Rudolf Herzog) beginnt die Ideologisierung der Heimatliteratur, die über präfaschistische Werke (Hermann Löns, ‚Der Wehrwolf‘ [sic!]; Gustav Frenssen, ‚Jörn Uhl‘) in der nationalsozialistischen Blut-und-Boden-Literatur ihren Höhepunkt erreicht. Gemeinsam ist die anti-urbane, anti-intellektuelle Stoßrichtung und die bewußte Verwendung konventioneller Erzählformen realistischer Prägung. In der Weimarer Republik entstehen aber auch Beispiele einer kritischen Heimatliteratur (Oskar Maria Graf, Marieluise Fleißer). Nach dem 2. Weltkrieg setzen sich beispielsweise Bienek, Bobrowski, Grass und Johnson mit der verlorenen Heimat auseinander, ohne daß sich der Begriff der Heimatliteratur als fraglos anwendbar erweist. Die sentimental-konservative Spielart des Heimatbildes findet im Heimatfilm der 1950er Jahre und in den Heftchenromanen ein geeignetes Medium. Nach kaum beachteten Anfängen in den 60er Jahren (Hans Lebert) und Gerd Jonkes Genre sprachexperimentell verfremdendem ‚Geometrischen Heimatroman‘ (1969) entsteht seit 1970 eine neue ‚Anti-Heimatliteratur‘, die kritisch-anklagend (Innerhofer, Herta Müller) oder ironisch-demaskierend (Bernhard) die traditionellen Topoi der Heimatliteratur aufgreift, faschistoide Verhaltensweisen inmitten einer pseudo-idyllischen ländlichen Szenerie thematisiert (Dramen von Sperr, Kroetz, Turrini), die Bauern- mit der industriellen Welt kontrastiert (Beat Sterchi), das reduzierte dialektale Idiom experimentierend weitertreibt und darin einen Kern mythischen Denkens zu fassen hofft (W. Fritsch, J. Winkler). Edgar Reitz versucht in dem Film ‚Heimat‘ die Verbindung von Heimatperspektive mit den Ereignissen der Zeitgeschichte zu verknüpfen. In der DDR bildet sich eine anfänglich von politisch-ideologischen Zielsetzungen (z. B. Propagierung der Landreform) bestimmte Landleben-Literatur heraus, die sich indessen bald emanzipiert (Erwin Strittmatter) und schließlich explizite Kritik am Heimatverlust durch Umweltzerstörung übt (Joachim Nowotny, Jurij Brězan). Neueste Tendenzen zeigen sich in Gestalt empfindsamer Rückwendung (Handke) oder als Trauer über die Zerstörung der Lebenswelt (V. Braun, M. Beig).

ForschG: Von vereinzelten Abhandlungen (Zellweger), Monographien zu einzelnen Autoren und zur Heimatkunstbewegung abgesehen, wurde die Heimatthematik bis Ende der 1960er Jahre entweder im Zusammenhang mit Dorfgeschichte und Bauernroman oder (von der völkisch-nationalistischen Literaturgeschichtsschreibung) als Ausdruck von Stammeseigentümlichkeiten erörtert. Mitbedingt durch die Einschätzung der Heimatliteratur als Zweig der ↗ *Trivialliteratur* setzte eine systematische Erforschung erst ungefähr gleichzeitig mit dem Aufkommen der ‚neuen Heimatliteratur' ein. Im Zentrum stehen seither Versuche zu einer phänomenologischen, soziologischen und ideologiekritischen Deutung, meist verbunden mit exemplarischen intensiven Werkanalysen. Mit Renate von Heydebrands westfälischer Literaturgeschichte liegt ein Neuansatz zu einer landschaftlichen Literaturgeschichtsschreibung vor.

Lit: Adolf Bartels: Heimatkunst. In: Grüne Blätter für Kunst und Volkstum 8 (1904), S. 1–20. – Andrea Bastian: Der Heimatbegriff in den Funktionsbereichen der deutschen Sprache. Tübingen 1995. – Klaus Bergmann: Agrarromantik und Großstadtfeindschaft. Meisenheim 1970. – Hans Boesch: Stadt als Heimat. Zürich 1993. – Michael Georg Conrad: Von Emile Zola bis Gerhart Hauptmann. Leipzig 1902. – Tina Andrea Greis: Der bundesdeutsche Heimatfilm der fünfziger Jahre. Diss. Frankfurt 1992. – Ina-Maria Greverus: Der territoriale Mensch. Frankfurt 1972. – Renate von Heydebrand: Literatur in der Provinz Westfalen 1815–1945. Münster 1983. – Uwe-K. Ketelsen: Völkisch-nationale und nationalsozialistische Literatur in Deutschland 1890–1945. Stuttgart 1976. – Edeltraud Klueting (Hg.): Antimodernismus und Reform. Zur Geschichte der deutschen Heimatbewegung. Darmstadt 1991. – Jürgen Koppensteiner: Anti-Heimatliteratur in Österreich. In: Modern Austrian Literature 15.2 (1982), S. 1–11. – Jürgen Lehmann: Das erzählte Dorf. Anmerkungen zur Funktion von ‚Landleben-Literatur' in der DDR. In: Kontroversen, alte und neue. Hg. v. Albrecht Schöne. Bd. 10. Tübingen 1986, S. 97–104. – Norbert Mecklenburg: Erzählte Provinz. Königstein ²1986. – Peter Mettenleiter: Destruktion der Heimatdichtung. Typologische Untersuchungen zu Gotthelf – Auerbach – Ganghofer. Tübingen 1974. – Karl Konrad Polheim (Hg.): Wesen und Wandel der Heimatliteratur. Am Beispiel der österreichischen Literatur seit 1945. Bern u. a. 1989. – Dieter Riesenberger: Heimatgedanke und Heimatgeschichte in der DDR. In: Klueting 1991, S. 320–343. – Karlheinz Rossbacher: Heimatkunstbewegung und Heimatroman. Stuttgart 1975. – Daniel Alexander Schacht: Fluchtpunkt Provinz. Der neue Heimatfilm zwischen 1968 und 1972. Münster 1991. – Sigrid Schmid-Bortenschlager: Besinnung auf Traditionen. Heimat und Geschichte im Roman des frühen 20. Jhs. In: Deutsche Literatur von Frauen. Hg. v. Gisela Brinker-Gabler. Bd. 2. München 1988, S. 235–249. – Karl Wagner: Die literarische Öffentlichkeit der Provinzliteratur. Der Volksschriftsteller Peter Rosegger. Tübingen 1991. – Rudolf Zellweger: Les débuts du roman rustique. Suisse – Allemagne – France. Genf ²1978.

Rémy Charbon

Held, Heldin ↗ *Figurenkonstellation*

Heldendichtung

Stofflich-funktional definierter Typus von Erzähldichtung; im Deutschen Gattungskomplex der mittelalterlichen Literatur.

Expl: Heldendichtung findet sich in fast allen Kulturkreisen der Erde (Bowra). Sie erzählt – ursprünglich in mündlicher, später auch in schriftlicher Form – von Ereignissen, die als bedeutsam für die Entwicklung einer Gemeinschaft (eines Stammes, eines Volkes, einer Nation) angesehen werden oder einmal angesehen wurden. Als maßgeblich Handelnde erscheinen einzelne, herausgehobene Gestalten mit außerordentlichen körperlichen, aber auch intellektuellen oder moralischen Fähigkeiten: die ‚Helden'. Ihr Handlungsraum ist die als abgeschlossen betrachtete Frühzeit in der Geschichte der Gemeinschaft: das ‚Heldenzeitalter' (‚heroic age').

Ausgangspunkt der heroischen Überlieferung ist in der Regel historisches Geschehen, dessen Ablauf in charakteristischer Weise umerzählt wird: Die Ereignisse werden auf elementare menschliche Affekte und Konflikte (Goldgier, Hybris, Eifersucht, Rache etc.) zurückgeführt (Reduktion) und in traditionelle Erzählmotive und ↗ *Erzählschemata* (Brautwerbung, treuloser Ratgeber etc.) gefaßt (Assimilation). Auffällig ist eine biographische Topik, die sich zwar nicht zu einem allgemeingültigen ‚Hel-

denleben-Schema' formiert (‚hero pattern'),
als Stereotypen-Inventar aber quer durch
die verschiedenen Traditionen hindurch immer wieder genutzt wird: „ungewöhnliche
Geburt und Tod, gefährdete Jugend, Abenteuer, Such-, Braut- und Jenseitsfahrt"
(Horn, 722).

Das Umerzählen ist nicht „als Transposition historischer Fakten im Sinne einer literarischen Ablösung" zu verstehen, sondern
als „Formulierung historischer Erfahrung
aufgrund von bereitstehenden Motivations-
mustern" (Haug, 281), die darauf gerichtet
ist, die historischen Geschehnisse zu begreifen und in bedeutsame ‚Erinnerungsfiguren'
(Assmann) zu verwandeln. In diesem Sinne
Form der kollektiven Erinnerung, ist die heroische Überlieferung Teil des ‚kulturellen
Gedächtnisses' (Assmann) der betreffenden
Gemeinschaft und insoweit verbindlich und
überpersönlich (und deshalb anonym: die
Dichter nennen sich gewöhnlich nicht). Ihre
Funktion ist primär formativ: Das ‚Herkommen' (Graf) der Gemeinschaft erinnernd, sichert sie deren Identität. Das for-
mative Moment kann sich mit einem normativen verbinden (oder von diesem abgelöst werden), wenn das Handeln der Helden
als exemplarisch (positiv oder negativ) erscheint. Deutlich ist die Funktionsver-
wandtschaft der heroischen Überlieferung
mit dem ↗ *Mythos*, mit dem sie sich in Genese und Entwicklung von Fall zu Fall verbinden kann (mythische Schemata und Motive als Stilisierungs- oder Explikationsmu-
ster, auch als bloßes Kolorit; Heroen-Kulte
etc.).

[Terminologisches Feld:]

Dem Terminus *Heldendichtung* sind die
Termini *Heldenlied* und *Heldenepos* als
formspezifizierende Begriffe untergeordnet.
Als Gegenbegriff nebengeordnet oder als
Oberbegriff übergeordnet ist ihm der Termi-
nus *Heldensage*.

HELDENLIED: Sangbare Heldendichtung
geringeren Umfangs. In der Germanistik
gewöhnlich nur als Bezeichnung für den Typus der germanischen Heldendichtung der
Völkerwanderungszeit verwendet, dem man
synchronisch Typen wie Preislied und Historisches Lied (Ebenbauer), diachronisch

Typen wie Heldenzeitlied (Fromm) und
Heldenballade (Rosenfeld) gegenübergestellt.

HELDENEPOS: Sangbare wie nichtsang-
bare, in der Regel versifizierte Heldendichtung größeren Umfangs. Die Grenze zu
liedhaften Formen scheint von Fall zu Fall
fließend zu sein (Braun/Frings) und ist jedenfalls keineswegs so starr, wie die ältere
Forschung (insbesondere die Heusler-
Schule) annahm (vgl. ForschG).

HELDENSAGE: Der Gebrauch des Terminus ist uneinheitlich. In der neueren Forschung erscheint er vor allem als Bezeichnung für die nicht poetisch gebundene
Überlieferung im Gegensatz zur künstlerisch geformten Dichtung oder − prakti-
kabler − als Synonym für ‚heroische Überlieferung' im weitesten Sinne (mündliche
wie schriftliche, dichterische wie nicht-dich-
terische, sprachliche wie bildliche; ↗ *Sage*).

WortG: Das dt. Wort *Held* (aus germ. **ha-
luð-/ *halið-*) erscheint zuerst im 9. Jh. anscheinend in der Bedeutung ‚Mann'. Man
hat vermutet, daß es damals bereits auf die
Dichtersprache beschränkt war (Kolb), in
der es dann in mhd. Texten seit dem 11./
12. Jh. in der Bedeutung ‚kampftüchtiger
Mann', ‚Krieger' gängig ist.

Poetologische Qualität scheint das Wort
ansatzweise zuerst im Terminus *Heldenbuch*
gewonnen zu haben, der seit dem späten
15. Jh. belegt ist und zunächst für Heldendichtung im heute terminologischen Sinne
ebenso gebraucht wird wie für (höfische)
Romane. Noch weiter reicht die Geltung
der offenbar jüngeren Bildung *Helden-Ge-
dicht*: Das Spektrum der so etikettierten
Werke erstreckt sich bei Morhof (1682) von
Vergils ‚Aeneis' bis zu den Romanen der
Scudéry. Die Bestimmung *Held* scheint hier
auf Personen zu zielen, die, „großer Aktionen und großer Passionen fähig", „weltbe-
wegend oder doch [...] weit über sich hinaus
Bewegung hervorrufend" wirken (Kolb,
395 f.; ↗ *Figurenkonstellation*).

Heldenbuch hieß vor allem auch eine
Sammlung von mhd. Heldenepik, die von
1479−1590 sechsmal gedruckt wurde. Möglicherweise haben diese weitverbreiteten
Drucke der gattungsterminologischen Fixierung des Begriffs ‚Heldendichtung' den

Boden bereitet, wie sie sich (vorbereitet u. a. durch Trithemius, Vadian, Aventin) deutlich schon in Kaspar Stielers Definition von ‚Heldenbuch‘ abzeichnet (1691): „liber virorum fortium, in qvo priscorum heroum Germanicorum facta rhythmis expressa sunt" (‚von starken Männern handelndes Buch, in welchem die Taten der alten germanischen Helden in Versen erzählt werden‘; Kolb, 392).

BegrG: Die so vorbereitete wissenschaftliche Konzeption von (deutscher/germanischer) Heldendichtung gewann ihre Konturen in der Auseinandersetzung Andreas Heuslers und seiner Schule mit dem romantischen Heldensagenbegriff. In dieser Auseinandersetzung wuchs den Termini *Heldendichtung, Heldensage, Heldenepos* etc. eine neue, implizit polemische Prägnanz zu, indem sie dezidiert gegen Termini wie *Volkspoesie* oder *Volksepos* gestellt wurden, um die mit diesen verbundenen Vorstellungen von kollektiver Veranlassung der Überlieferung zugunsten einer individualistischen Vorstellung von der Heldendichtung als Kunstdichtung zurückzudrängen.

SachG: Die deutsche Heldendichtung ist wie die englische und skandinavische ein Zweig der germanischen Heldensage. Deren ‚heroic age‘ ist die Zeit der Völkerwanderung, auf die sich die beiden Haupt-Komplexe der deutschen Überlieferung beziehen lassen: die Überlieferung von Dietrich von Bern, in dem der Ostgotenkönig Theoderich der Große († 526) fortlebt, und die Überlieferung von den Nibelungen, deren Kern, der Burgunden-Untergang, auf die Zerstörung des rheinischen Burgundenreichs durch römisch-hunnische Truppen (um 436) zurückgeht. Nicht recht klar ist dagegen die historische Grundlage der in der Nibelungen-Überlieferung mit dem Burgunden-Untergang verknüpften Siegfried-Sage sowie einer Reihe kleinerer Sagenkreise (‚Walther‘, ‚Ortnit‘/Wolfdietrich‘, ‚Hilde’/Kudrun‘).

Der älteste erhaltene Text ist das um 830/40 aufgezeichnete ahd. ‚Hildebrandslied‘, das in den Erzählzusammenhang von Dietrichs Heimkehr gehört. Die (unvollständige) Aufzeichnung bleibt in ihrer Zeit vereinzelt. Eine kontinuierliche schriftliche Tradition deutscher Heldendichtung setzt erst um 1200 mit dem ‚Nibelungenlied‘ ein, dem dann im 13. Jh. eine breite Entfaltung mhd. Heldendichtung folgt, deren Überlieferung im 15./16. Jh. ihren Höhepunkt erreicht und in Ausläufern noch tief ins 17. Jh. geht: die Epen von ‚Kudrun‘, ‚Walther und Hildegund‘, ‚Ortnit‘/’Wolfdietrich‘ und vor allem eine bunte Vielfalt von Dietrich-Dichtungen: ‚historische Dietrichepik‘ (Auseinandersetzung des Helden mit dem Usurpator Ermenrich) und ‚aventiurehafte Dietrichepik‘ (Kämpfe gegen die verschiedensten, meist übernatürlichen Gegner), dazu Heldenballaden (‚Jüngeres Hildebrandslied‘, Lied von ‚Ermenrichs Tod‘). Für die poetologische Debatte über das heroische Epos, die im 17. Jh. geführt wurde, spielen die deutschen Texte so gut wie keine Rolle: Sie orientiert sich an antiken Mustern und Theorien (Rohmer).

Bei aller Heterogenität nach Inhalt, Form und Stil bildete die Überlieferung in der Vorstellung der Dichter und des Publikums eine Einheit: Zyklisch verknüpft durch Personen und Ereignisse, präsentierte sie das Bild einer geschlossenen epischen Welt, von der der einzelne Text je einen Ausschnitt bot. Daß es ein entsprechendes Gattungsbewußtsein gegeben hat, unterstreichen die Gattungssammlungen der ‚Heldenbücher‘, deren erste bereits im 14. Jh. bezeugt ist, und die ‚Heldenbuch-Prosa‘ aus dem späten 15. Jh., die einen zyklusartig zusammenfassenden Überblick über die wichtigsten Gestalten und Ereignisse gibt (Heinzle, VL 3, 947–956).

Hinter und neben den schriftlichen Texten steht ein unabsehbarer Strom mündlicher Tradition, von der wir annehmen müssen, daß sie von den Anfängen in der Völkerwanderungszeit bis an die Schwelle der Neuzeit lebendig gewesen ist. Es darf als sicher gelten, daß diese Tradition sowohl Dichtungen (Lieder) als auch dichterisch ungeformt weitergegebenes ‚Faktenwissen‘ umfaßte. Die erstaunliche Lebensdauer der mündlichen Tradition verweist darauf, daß deren Inhalte als historische Wahrheit von Interesse blieben, als die ursprünglichen ‚Zurechnungssubjekte‘ (Graf) längst nicht mehr existierten: Nach dem Gesetz der ‚strukturellen Amnesie' (Goody/Watt; vgl. Schaefer) wird vergessen, was keinen Erklärungswert mehr für die Gegenwart hat. Den Anspruch der Überlieferung − der mündlichen wie der schriftlichen − auf historische Verbindlichkeit belegen im übrigen Polemiken gegen ihn aus der Feder gelehrter Historiker ebenso wie umgekehrt Versuche, die Überlieferung in die gelehrte Historiographie einzubauen (Müller 1985).

Ihre Kraft, identitätsstiftend die Vergangenheit einer Gemeinschaft zu konstruieren, erwies die mhd. Heldendichtung noch in der Moderne. Die Nibelungen-Rezeption des 19. und 20. Jhs. schrieb die Nibelungensage als Zeugnis historisch verbürgter nationaler Tugenden ins kulturelle Gedächtnis der Deutschen ein (Heinzle 1995).

ForschG: Die Erforschung der Heldendichtung setzt mit der „Eposdiskussion im späten 18. und frühen 19. Jh." (Haustein, 163 f.) ein. In dieser Diskussion wurde die Vorstellung vom kollektiv veranlaßten Volksepos entwickelt, das man dem Roman als dem Produkt individueller Kunstleistung entgegenstellte. Prägend wurde die von Friedrich August Wolf begründete Annahme, die homerischen Epen seien nicht das Werk eines genialen Dichterindividuums, sondern das Ergebnis der Sammlung und redaktionellen Bearbeitung mündlich umlaufender Lieder (‚Prolegomena ad Homerum', 1795). Wolfs Theorie, die zeitgenössische Ansichten von der ↗ *Autonomie* der Kunst und der Rolle des ↗ *Genies* in Frage stellte (Wohlleben), spaltete die Homer-Forschung in die Parteien der ‚Analytiker', die der Theorie zustimmten, und der ‚Unitarier', die an der genuinen poetischen Einheit der Werke aus dem Genie Homers festhielten. Für die Germanistik des 19. Jhs. wurde Wolfs Auffassung verbindlich durch Karl Lachmann, der sie auf das ‚Nibelungenlied' übertrug (‚Über die ursprüngliche Gestalt des Gedichts von der Nibelungen Noth', 1816). Indem Lachmann das Epos als Addition von Volksliedern begriff (‚Sammeltheorie'), befestigte er die Vorstellung vom kollektiven Charakter der Heldendichtung, „von der Individualitätslosigkeit des Dichters, der aktiven Beteiligung des ganzen Volkes" (Schneider, 5).

Eine Wende zu gegenteiligen Vorstellungen leitete Andreas Heusler ein (‚Lied und Epos in germanischer Sagendichtung', 1905). Er ersetzte die ‚Sammeltheorie' durch die ‚Aufschwellungstheorie', derzufolge das Epos im Prinzip das Produkt amplifizierender Bearbeitung eines Liedes ist, das schon den gesamten Grundriß der Fabel aufweist. Diese Ersetzung der ‚analytischen' durch die ‚unitarische' Position war zugleich ein Plädoyer für das Dichterindividuum als Schöpfer der Heldendichtung − des Heldenlieds wie des Heldenepos − und damit für die Gleichsetzung von Heldendichtung und Heldensage. Das Interesse der von Heusler begründeten Forschungsrichtung (u. a. Helmut de Boor, Wolfgang Mohr, Hermann Schneider) galt indes weniger den erhaltenen (epischen) Dichtungen als deren verlorenen (liedhaften) Vorstufen, die man minutiös zu rekonstruieren suchte.

Solchem Interesse am Verlorenen wurde seit den 1950er Jahren programmatisch das Interesse am Vorhandenen, an der mhd. Heldendichtung als Gattung der Literatur des hohen und späten Mittelalters entgegengesetzt. Die im Zeichen der Kritik an der Heusler-Schule betriebene neuerliche Wende blieb dieser insofern verpflichtet, als sie die Texte individualistisch interpretierte. Damit verschwamm der Unterschied zum Roman, und es war nur konsequent, daß man schließlich den Gattungsbegriff ‚Heldendichtung' überhaupt verabschieden wollte (Rupp). Die Forschung hat das auf die Dauer nicht akzeptiert. Die gattungsmäßige Differenzierung neu begründend, versuchte sie, die Spannung zwischen heroisch-epischen und romanhaften Momenten als produktiven Faktor der Textentwicklung zu verstehen (für die aventiurehafte Dietrichepik: Heinzle 1978; fürs ‚Nibelungenlied': Müller 1987).

Im Zentrum des Forschungsinteresses stehen heute zum einen die Frage nach der außerliterarischen Funktion der heroischen Überlieferung (vgl. schon Hauck, für die Modellbildung maßgeblich jetzt Haug) und in Zusammenhang damit die Frage nach der Eigentümlichkeit des heroischen Menschen- und Weltbildes (zuletzt: v. See, Haubrichs; vgl. Heinzle 1998), zum anderen die im gesamteuropäischen Rahmen zu stellende Frage, unter welchen soziokulturellen Bedingungen und mit welchen literarischen Mitteln aus der mündlichen (teils ungebundenen, teils liedhaft geformten) Tradition das Buchepos entwickelt wurde (Wolf).

Lit: Jan Assmann: Das kulturelle Gedächtnis. München 1992. – Heinrich Beck (Hg.): Heldensage und Heldendichtung im Germanischen. Berlin, New York 1988 [Bibliographie S. 329–413]. – Cecil M. Bowra: Heroic poetry. London 1952 [dt.: Heldendichtung. Stuttgart 1964]. – Maximilian Braun, Theodor Frings: Heldenlied. In: PBB 59 (1935), S. 289–313. – Alfred Ebenbauer: Heldenlied und „Historisches Lied" im Frühmittelalter und davor. In: Beck 1988, S. 15–34. – Hans Fromm: Das Heldenzeitlied des deutschen Hochmittelalters. In: Neuphilologische Mitteilungen 62 (1961), S. 94–118. – Klaus Graf: Heroisches Herkommen. In: Das Bild der Welt in der Volkserzählung. Hg. v. Leander Petzoldt u. a. Frankfurt 1993, S. 45–64. – Wolfgang Haubrichs: ‚Labor sanctorum' und ‚labor heroum'. Zur konsolatorischen Funktion von Legende und Heldenlied. In: Die Funktion außer- und innerliterarischer Faktoren für die Entstehung deutscher Literatur des Mittelalters und der frühen Neuzeit. Hg. v. Christa Baufeld. Göppingen 1994, S. 27–49. – Karl Hauck: Haus- und sippengebundene Literatur mittelalterlicher Adelsgeschlechter. In: Geschichtsdenken und Geschichtsbild im Mittelalter. Hg. v. Walther Lammers. Darmstadt 1961, S. 165–199. – Walter Haug: Andreas Heuslers Heldensagenmodell: Prämissen, Kritik und Gegenentwurf. In: ZfdA 104 (1975), S. 273–292. – Jens Haustein: Der Helden Buch. Zur Erforschung deutscher Dietrichepik im 18. und frühen 19. Jh. Tübingen 1989. – Joachim Heinzle: Mittelhochdeutsche Dietrichepik. München 1978. – J. H.: Heldenbücher. In: VL 3, Sp. 947–956. – J. H.: Konstanten der Nibelungenrezeption in Mittelalter und Neuzeit. In: 3. Pöchlarner Heldenliedgespräch. Die Rezeption des Nibelungenliedes. Hg. v. Klaus Zatloukal. Wien 1995, S. 81–107. – J. H.: Zur Funktionsanalyse heroischer Überlieferung. Das Beispiel Nibelungensage. In: Neue Methoden der Epenforschung. Hg. v. Hildegard C. Tristram. Tübingen 1998, S. 201–221. – J. H.: Einführung in die mittelhochdeutsche Dietrichepik. Berlin 1999. – Werner Hoffmann: Mittelhochdeutsche Heldendichtung. Berlin 1974. – Katalin Horn: Held, Heldin. In: EM 6, Sp. 721–745. – Herbert Kolb: Der Name des ‚Helden'. In: Zeiten und Formen in Sprache und Dichtung. Fs. Fritz Tschirch. Hg. v. Karl-Heinz Schirmer und Bernhard Sowinski. Köln, Wien 1972, S. 384–406. – Jan-Dirk Müller: Wandel von Geschichtserfahrung in spätmittelalterlicher Heldenepik. In: Geschichtsbewußtsein in der deutschen Literatur des Mittelalters. Hg. v. Christoph Gerhardt u. a. Tübingen 1985, S. 72–87. – J.-D. M.: Motivationsstrukturen und personale Identität im Nibelungenlied. In: Nibelungenlied und Klage. Hg. v. Fritz Peter Knapp. Heidelberg 1987, S. 221–256. – Ernst Rohmer: Das epische Projekt. Heidelberg 1998. – Hellmut Rosenfeld: Heldenballade. In: Hb. des Volksliedes. Bd. 1. Hg. v. Rolf Wilhelm Brednich u. a. München 1973, S. 57–87. – Heinz Rupp: „Heldendichtung" als Gattung der deutschen Literatur des 13. Jhs. [1960]. In: Das deutsche Versepos. Hg. v. Walter Johannes Schröder. Darmstadt 1969, S. 225–242. – Ursula Schaefer: Zum Problem der Mündlichkeit. In: Modernes Mittelalter. Hg. v. Joachim Heinzle. Frankfurt, Leipzig 1994, S. 357–375. – Hermann Schneider: Germanische Heldensage. Bd. 1/1. Berlin ²1962. – Klaus v. See: Held und Kollektiv. In: ZfdA 122 (1993), S. 1–35. – Joachim Wohlleben: Friedrich August Wolfs ‚Prolegomena ad Homerum' in der literarischen Szene der Zeit. In: Poetica 28 (1996), S. 154–170. – Alois Wolf: Heldensage und Epos. Tübingen 1995.

Joachim Heinzle

Hendekasyllabus ↗ *Versmaß*

Hendiadyoin ↗ *Pleonasmus*

Heraldik ↗ *Wappendichtung*

Herausgeberfiktion ↗ *Vorwort*

Hermeneutik₁

Theorie des Lesens, Verstehens und Interpretierens von Texten.

Expl: Unter *Hermeneutik* versteht man derzeit dreierlei: (1) die Theorie des ↗ *Lesens*, ↗ *Verstehens* und der ↗ *Interpretation* von Texten; (2) eine philosophische Richtung, die einerseits den Textbegriff universalisiert und andererseits (eben deshalb) das Verstehen als Teil des zu Verstehenden konzipiert (↗ *Hermeneutik₂*); (3) eine Art der Interpretation, die in scheinbarer oder wirklicher Übereinstimmung mit der Hermeneutik₂ die Wiedergewinnung von vorgegebenem *Sinn* (↗ *Bedeutung*) zum Ziel hat, im Gegensatz etwa zur ↗ *Dekonstruktion*, die daher auch gelegentlich als *anti-hermeneutisch* bezeichnet wird.

Die Verwendung von *Hermeneutik* in der Bedeutung (3) ist mindestens problematisch, weil sie zum einen den eingeführten Namen einer Theorie als den einer Praxis verwendet, die genauerer Kennzeichnung bedürftig und fähig wäre, und zum anderen genau damit einer Vermischung der Ebenen und einem Theorieverzicht Vorschub leistet.

WortG: Die Bedeutungen des griech. Substantivs ἑρμηνεύς [hermeneús] und des zugehörigen Verbs ἑρμηνεύειν [hermeneúein] sind zentriert um den Begriff ‚Vermittlung‘: Vermittlung von eigenen Gedanken durch Aussprechen, von dichterischen Werken durch Vortragen, von Orakelsinn durch Deutung, von Fremdsprachigem durch Übersetzung, aber auch Vermittlung von Heiraten oder Handelswaren. Die selten bezeugte adjektivische Ableitung ἑρμηνευτική [hermeneutiké] (zu ergänzen: τέχνη [téchne]) scheint dagegen schon in ihren frühesten Belegen bei Platon (z. B. ‚Politikos‘, 260 d–e) auf die Bedeutungen ‚auslegerische‘ oder ‚übersetzerische (Kunst)‘ beschränkt zu sein (Pépin, 723–735; Bormann, 108–112). Das Fremdwort *hermeneutica*, mit dieser Bedeutung von Johann Conrad Dannhauer 1630 in die lat. Gelehrtensprache eingeführt (Jaeger, 51), hat sich als philosophischer und theologischer Terminus in der 2. Hälfte des 17. Jhs. eingebürgert; bedeutungsgleich sind lat. *ars interpretandi* und dt. *Auslegungs-Kunst* (in der 2. Hälfte des 18. Jhs. abgelöst durch *Hermeneutik*). *Hermeneutik* ist dabei im Zuge der Neuordnung des semantischen Feldes ‚Kunst/Wissenschaft‘ als ‚Theorie des Verstehens und Auslegens‘ gefaßt worden, in Unterscheidung von der als *Auslegung, Exegese, Interpretation, Verstehen* benannten Praxis. Das Adjektiv *hermeneutisch* ist von dieser Unterscheidung kaum berührt und bedeutet noch heute (z. B. in Wendungen wie *hermeneutischer Zirkel, hermeneutische Wissenschaften* oder *hermeneutische Erfahrung*) weit eher ‚verstehend‘, ‚zum Verste-

hen gehörig‘, ‚interpretatorisch‘ als ‚verstehenstheoretisch‘. In der Rezeption der Philosophie Heideggers und vor allem Gadamers hat seit den 1960er Jahren auch *Hermeneutik* wieder dieselbe vormoderne Uneindeutigkeit angenommen.

Claus v. Bormann: Hermeneutik, philosophisch-theologisch. In: TRE 15, S. 108–137. – H.-E. Hasso Jaeger: Studien zur Frühgeschichte der Hermeneutik. In: Archiv für Begriffsgeschichte 18 (1974), S. 35–84. – Jean Pépin: Hermeneutik. In: RAC 14, Sp. 722–739, 746–771.

BegrG: Eine ‚ars hermeneutica‘ ist – trotz des Bestehens der Auslegungsregeln – im mittelalterlichen System der ↗ *Artes liberales* und auch in dessen humanistischer Erweiterung nicht vorgesehen. Dannhauer hat den bis dahin namenlosen Begriff noch in der Artes-Tradition benannt, in der bis zur Mitte des 18. Jhs. zwischen der Ausübung (*ars* ‚Kunst‘) und dem dazu nötigen Wissen (*disciplina* bzw. *scientia* ‚Wissenschaft‘) nicht oder doch nicht in der Weise unterschieden wurde wie zwischen Praxis und Theorie: „Die Auslegungskunst […] ist [!] die Wissenschaft der Regeln“, die man bei der Auslegung „beobachten muß“ (Meier, 1). Die neuere Unterscheidung hat sich seit der 2. Hälfte des 18. Jhs. zwar allgemein in der Weise durchgesetzt, daß *Auslegung, Exegese* usw. für die Praxis reserviert ist und *Hermeneutik* für die Gesamtheit der „Grundsätze, welche man sich zu verschiedenen Zeiten bei der Exegese vorschrieb, oder die Theorie derselben“ (Meyer 1, 28), aber offenbar doch nicht so, daß eine Bezeichnung wie „Theorie der Hermeneutik“ selbst in direkter Nachbarschaft zu „Hermeneutik“ (Boeckh, 79) als Pleonasmus aufgefallen wäre. Der Inhalt des Begriffs ‚Hermeneutik‘ ist jedenfalls seither stabil geblieben, auch wenn der Name *Hermeneutik* für anderes verwendet worden ist (vgl. Expl). Erst seit wenigen Jahrzehnten gibt es konkurrierende Bezeichnungen dieses Begriffs: *Verstehenstheorie* in der Linguistik bzw. Sprachphilosophie und *Psychologie des Lesens* in der Kognitionspsychologie.

August Boeckh: Enzyklopädie und Methodologie der philologischen Wissenschaften. Hg. v. Ernst Bratuschek. Leipzig 1877. – Georg Friedrich Meier: Versuch einer allgemeinen Auslegungskunst [1757]. Repr. Düsseldorf 1965. − Gottlob Wilhelm Meyer: Geschichte der Schrifterklärung seit der Wiederherstellung der Wissenschaften. 5 Bde. Göttingen 1802−1809.

SachG: Theoretische Überlegungen zum Verstehen und Auslegen haben sich in der Antike aus der ↗ *Exegese* von Texten normativer Geltung entwickelt und sind erst relativ spät als explizite ‚Regeln‘ faßbar, d. h. als allgemeine Maximen oder Leitsätze ‚richtiger‘ Auslegung. Sie bauen zunächst auf Evidenz oder Autorität, indem sie etwa eine bewährte philologische Praxis des Kommentars auf den Begriff bringen (z. B. Ὅμηρον ἐξ Ὁμήρου σαφηνίζειν [Hómeron ex Homérou saphenízein] ‚Homer aus Homer erklären‘, dem alexandrinischen Philologen Aristarchos aus dem 2. Jh. v. Chr. zugeschrieben; vgl. Mansfeld, 204 f.) oder eine begrenzte Anzahl von Auslegungstechniken als zulässig erklären (z. B. die sieben Regeln des Hillel für die Auslegung der Tora, um 30 v. Chr.; vgl. Stemberger, 27−30). Diese Linie wird fortgesetzt von den Kommentatoren der Schriften philosophischer Autoritäten (z. B. mit der Verpflichtung auf die Ermittlung des σκοπός [skopós], d. h. des Einheit stiftenden thematischen Zielpunkts eines Textes). Jüdische (Philon von Alexandria) und christliche Schriftexegeten (Clemens von Alexandria, Origenes) bilden zusätzlich eine objekttheoretische Rechtfertigung kühnerer Auslegungsverfahren aus, die teils eine lange Tradition haben (↗ *Allegorese*, ↗ *Etymologisieren*), teils exklusiv dem Christentum gehören (↗ *Typologie₁*). Als legitimierende Basis dient eine theologische Texttheorie, die Augustinus in einer allgemeinen Zeichentheorie fundiert hat (‚De doctrina christiana‘, 2. Buch), daß nämlich biblische Sprache als göttliche Sprache grundsätzlich mehr als nur eine Bedeutung habe (↗ *Sensus litteralis/spiritualis*). Als Leitlinie der Suche nach geistlichen Bedeutungen wird ausnahmsweise ein einzelner theologischer Lehrsatz beansprucht (wie der von der allzeit zweigeteilten Kirche bei Tyconius), sonst allgemein die ‚regula fidei‘ (Glaubensregel), wie sie in den kirchlich anerkannten Glaubensbekenntnissen (Symbola) formuliert ist. Das christliche Mittelalter hat diese Grundlagen und jene Regeln

zwar im einzelnen differenziert, aber nicht verändert.

Luther modifiziert das Konzept der göttlichen Sprache, indem er deren Besonderheit nicht mehr als Reichtum von Bedeutungen bestimmt, sondern als Wirksamkeit des Schöpfungswortes. Dementsprechend besagt sein ‚Schriftprinzip‘ (die Heilige Schrift sei Auslegerin ihrer selbst: sacra scriptura sui ipsius interpres), daß die glaubenserzeugende Wirksamkeit des göttlichen Wortes keiner menschlichen Unterstützung bedürfe. Die daraus folgende entschiedene Privilegierung des Literalsinns erfordert auch von der Auslegung biblischer Texte den Einsatz aller − grammatischen, rhetorischen, philologischen, juristischen − Regeln zu dessen Ermittlung (Melanchthon, Laurentius Humfredus, Matthias Flacius Illyricus u. a.) und begünstigt die Ausarbeitung einer für alle Texte geltenden Auslegungstheorie. Eine solche Theorie wurde von Dannhauer (‚Idea boni interpretis‘, 1630) unter dem Namen *hermeneutica* als nötige Ergänzung der aristotelischen Logik vorgestellt und ist seit Johannes Clauberg (‚Logica vetus et nova‘, 1654) fester Bestandteil der Logik. Im Unterschied zur aristotelischen logica genetica, die zur rechten Formation und Formulierung eigener Gedanken anweist, lehrt sie als logica analytica, den wahren Sinn fremder Äußerungen unter Beachtung der Auslegungsregeln zu erkennen und zu analysieren. Anders als die mittelalterlichen Auslegungsregeln ist die frühneuzeitliche allgemeine Hermeneutik nicht objekttheoretisch (semiotisch), sondern methodologisch fundiert. Dabei wird die Textrezeption als Umkehrung der Produktion konzipiert: Jene ermittelt aus den Wörtern (verba) die Begriffe (notiones), während diese die Begriffe in Wörter faßt. Was auf diese Weise erkannt oder ‚verstanden‘ werden soll, ist im 18. Jh. nicht mehr (nur) der propositionale Gehalt von Textaussagen, sondern zunehmend die Mitteilungsabsicht des Textautors (die z. B. auch in der Erregung von Affekten bestehen kann), das Ensemble seiner individuellen Dispositionen und dergleichen mehr, das nicht Gegenstand logischer Analyse sein kann. Seit Kant hat denn auch die Hermeneutik ihren systematischen Ort in der Logik und der Philosophie überhaupt verloren und ist zur Angelegenheit der Einzelwissenschaften geworden.

Um 1800 hat das Umkehrungsmodell vorübergehend Konkurrenz erhalten durch ein anderes, in dem die Rezeption als Rekonstruktion oder Wiederholung (auch Nachvollzug) der Produktion vom Produkt (von der Schrift) aus erscheint. Es fixiert nicht das unerreichbare Ideal, sondern erfordert die theoretische Erfassung des ganz gewöhnlichen Verstehens, bevor Ratschläge zu dessen Verbesserung gegeben werden könnten. Friedrich Schleiermacher (‚Hermeneutik und Kritik‘, 1838) hat die Hermeneutik nach diesem Modell am weitesten elaboriert, August Boeckh (‚Encyclopädie und Methodologie‘, 1877) einiges davon in der philologischen Hermeneutik weitergeführt. Im späteren 19. Jh. hat sich – bei allgemeinem Nachlassen des Interesses an der Hermeneutik (nicht aber am ‚Verstehen‘ als Gegensatz zum ‚Erklären‘ und als Spezifikum der ‚Geisteswissenschaften‘) – das alte Modell wieder stabilisiert; es hat sich bis in die 2. Hälfte des 20. Jhs. erhalten, etwa in der informationstheoretischen Fassung als Decodierung des Encodierten (↗ *Code*) oder bei E. D. Hirsch (‚Validity in interpretation‘, 1967) als Wiedererkennen der vom Autor gewollten Bedeutung.

Die theoretischen Probleme des Sprach- und Textverstehens sind – außer in der Theologie (vgl. Ebeling, 256 f.) – in der 1. Hälfte des 20. Jhs. fast in Vergessenheit geraten und erst in den 1960er Jahren wieder aufgenommen worden. Die philosophische Hermeneutik von Hans-Georg Gadamer (‚Wahrheit und Methode‘, 1960) konzentriert sich auf die Leistung des Verstehens als der privilegierten Weise des In-der-Welt-Seins, während die analytische Philosophie von Willard V. O. Quine (‚Word and object‘, 1960) bis Donald Davidson (‚Inquiries into truth and interpretation‘, 1984) sich dem Thema ‚Verstehen‘ nähert unter der Frage nach den Bedingungen gelingender Kommunikation, zu denen etwa auch die Befolgung der Konversationsmaximen nach H. Paul Grice (‚Studies in the way of words‘, 1989) gehört.

Davon unterschieden sind ihrer ganzen Anlage nach die Bemühungen, Phasen und Verlauf des aktuellen Verstehens zu rekonstruieren in Form einer linguistischen Verstehenstheorie oder in kognitionspsychologischen Modellen, die aus der Überfülle empirischer Daten (vor allem über die Augenbewegungen beim Lesen) extrapoliert werden. Das literaturwissenschaftliche Interesse an der Hermeneutik, wie es sich seit den 1970er Jahren artikuliert, geht eindeutig eher in diese Richtung. Obwohl eine Zusammenführung aller Richtungen aussteht und auch der Austausch noch schwach entwickelt ist, zeichnet sich doch schon ein wenigstens negativer Konsens ab, daß nämlich das Umkehrungs- und Decodierungsmodell sicher nicht geeignet ist, das Lesen, Verstehen, Interpretieren in seiner ganzen Komplexität zu erfassen.

Werner Alexander: Hermeneutica Generalis. Zur Konzeption und Entwicklung der allgemeinen Verstehenslehre im 17. und 18. Jh. Stuttgart 1993. – Pamela Bright: The book of rules of Tyconius. Notre Dame/Ind. 1988. – Axel Bühler (Hg.): Unzeitgemäße Hermeneutik. Verstehen und Interpretation im Denken der Aufklärung. Frankfurt 1994. – Irmgard Christiansen: Die Technik der allegorischen Auslegungswissenschaft bei Philon von Alexandrien. Tübingen 1969. – Heinrich Dörrie: Zur Methodik antiker Exegese. In: Zs. für neutestamentliche Wissenschaft 65 (1974), S. 121–138. – Gerhard Ebeling: Hermeneutik. In: RGG 3, S. 242–262. – José Faur: Basic concepts in rabbinic hermeneutics. In: Proceedings of the Academy for Jewish Philosophy. Hg. v. David Novak und Norbert M. Samuelson. Lanham, New York 1990, S. 243–255. – Michael Fishbane: The garments of Torah. Essays in biblical hermeneutics. Bloomington, Indianapolis 1989. – Manfred Frank: Das individuelle Allgemeine. Textstrukturierung und -interpretation nach Schleiermacher. Frankfurt 1977. – Rudolf Keller: Der Schlüssel zur Schrift. Die Lehre vom Wort Gottes bei Matthias Flacius Illyricus. Hannover 1984. – Jaap Mansfeld: Prolegomena. Questions to be settled before the study of an author or a text. Leiden, New York u. a. 1994. – Klaus Petrus: Genese und Analyse. Logik, Rhetorik und Hermeneutik im 17. und 18. Jh. Berlin, New York 1997. – Karla Pollmann: Doctrina christiana. Untersuchungen zu den Anfängen der christlichen Hermeneutik. Freiburg/Schweiz 1996. – Harald Schnur: Schleiermachers Hermeneutik und ihre Vorgeschichte im 18. Jh. Stuttgart, Weimar 1993. – Oliver R. Scholz: Ius, Hermeneutica iuris und Hermeneutica generalis. In: Entwicklung der Methodenlehre in Rechtswissenschaft und Philosophie vom 16. bis zum 18. Jh. Hg. v. Jan Schröder. Stuttgart 1998, S. 85–99. – Reimund Sdzuj: Historische Studien zur Interpretationsmethodologie der frühen Neuzeit. Würzburg 1997. – Günter Stemberger: Einleitung in Talmud und Midrasch. München ⁸1992. – Karsten Stüber: Donald Davidsons Theorie sprachlichen Verstehens. Frankfurt 1993. – Udo Tietz: Sprache und Verstehen in analytischer und hermeneutischer Sicht. Berlin 1995. – Karen Jo Torjesen: Hermeneutical procedure and theological method in Origen's exegesis. Berlin, New York 1986. – Klaus Weimar: Historische Einleitung zur literaturwissenschaftlichen Hermeneutik. Tübingen 1975. – K. W.: Zur neuen Hermeneutik um 1800. In: Wissenschaft und Nation. Hg. v. Jürgen Fohrmann und Wilhelm Voßkamp. München 1991, S. 195–204.

ForschG: Abgesehen von einer reichhaltigen Arbeit über die Geschichte der theologischen Exegese und Hermeneutik am Anfang des 19. Jhs. (Meyer, s. BegrG), hat die selbständige Historiographie der Hermeneutik erst mit einer sehr selektiven Skizze von Wilhelm Dilthey (1900) begonnen. Mit Ausnahme von Wachs (1926 ff.) Aufarbeitung vor allem der (nicht-katholischen) theologischen Hermeneutik datieren fundierte historische Untersuchungen zur Hermeneutik erst aus der Zeit nach dem 2. Weltkrieg. Darstellungen größerer Komplexe haben de Lubac (1959 ff.) und Brinkmann (1980) vorgelegt, als Gesamtdarstellung kommt nur das Werk von Ferraris (1988) in Betracht, obwohl in ihm die allgemeine Hermeneutik vor Schleiermacher noch kaum berücksichtigt ist, deren Erforschung 1974 von Jaeger (s. WortG) begonnen und seit Anfang der 1990er Jahre (Alexander, Bühler, Sdzuj, Petrus, Scholz; s. SachG) wesentlich intensiviert worden ist.

Lit: Hugo Aust: Lesen. Überlegungen zum sprachlichen Verstehen. Tübingen 1983. – Hendrik Birus (Hg.): Hermeneutische Positionen. Göttingen 1982. – Hennig Brinkmann: Mittelalterliche Hermeneutik. Darmstadt 1980. – Wilhelm Dilthey: Die Entstehung der Hermeneutik. In: W. D.: Gesammelte Schriften. Bd. 5. Stuttgart, Göttingen ⁴1964, S. 317–331. – Maurizio Ferraris: Storia dell'ermeneutica. Milano 1988. – Werner Hamacher: Entferntes Verstehen. Frankfurt 1998, S. 7–48. – Roswitha Heinze-Prause, Thomas Heinze: Kulturwissenschaftliche Hermeneutik. Opladen 1996. – Uwe Japp: Hermeneutik. München 1977. – Hans Robert Jauß: Ästhetische Erfahrung und literarische Hermeneutik. Frankfurt 1982. – Wolfgang Iser: Der Akt des Lesens. Frankfurt ⁴1994. – Hans Lenk, Ekaterini Kaleri: Philosophie und Interpretation. Frankfurt 1993. – Henri de Lubac: Exégèse médiévale. 4 Bde. Paris 1959–1964. – Ulrich Nassen (Hg.): Studien zur Entwicklung einer materialen Hermeneutik. München 1979. – U. N. (Hg.): Texthermeneutik. Paderborn u. a. 1979. – Keith Rayner, Alexander Pollatsek: The psychology of reading. Englewood Cliffs 1989. – Gert Rickheit, Hans Strohner: Grundlagen der kognitiven Sprachverarbeitung. Tübingen, Basel 1993. – Peter Rusterholz: Hermeneutische Modelle. In: Grundzüge der Literaturwissenschaft. Hg. v. Heinz Ludwig Arnold und Heinrich Detering. München 1996, S. 101–136. – Wolfgang Ludwig Schneider: Objektives Verstehen. Opladen 1991. – Helmut Seiffert: Einführung in die Hermeneutik. Tübingen 1992. – Dieter Stein (Hg.): Cooperating with written texts. Berlin, New York 1992. – Hans Strohner: Textverstehen. Opladen 1990. – Peter Szondi: Einführung in die literarische Hermeneutik. Frankfurt 1975. – Joachim Wach: Das Verstehen. Grundzüge einer Geschichte der hermeneutischen Theorie im 19. Jh. 3 Bde. [1926–1933]. Repr. Hildesheim 1966. – Klaus Weimar: Enzyklopädie der Literaturwissenschaft. München ²1993, S. 163–227.

Klaus Weimar

Hermeneutik₂

Bezeichnung für ein Philosophieren, das am Begriff und Phänomen des Verstehens orientiert ist.

Expl: Die Grundeinsicht der philosophischen Hermeneutik manifestiert sich im Modell der Textinterpretation: So wie die Lektüre und Deutung eines Textes in den übergreifenden und maßgebenden Zusammenhang des Textes gehört, ist jedes Erkennen an unhintergehbare Voraussetzungen in der (kollektiven und individuellen) Welt des Erkennenden gebunden; wie die Lektüre eines Textes diesen nicht auszuschöpfen vermag, ist die Einsicht in die Zusammenhänge, in denen man steht, grundsätzlich beschränkt. Für ein derart situationsgebundenes und unabgeschlossenes Erkennen, dessen Kontexte nie vollkommen durchsichtig werden, hat die Hermeneutik den Begriff des Verstehens entwickelt. Vor allem Sprache, Kunst und Geschichte sind Bereiche, die immer nur verstanden und niemals vollständig begriffen werden.

WortG: ↗ *Hermeneutik₁*

BegrG: In philosophischer Hinsicht spielt der von der Hermeneutik₂ als Selbstbezeichnung gebrauchte Begriff erst seit F. D. E. Schleiermacher (‚Hermeneutik und Kritik‘, aus dem Nachlaß 1838 veröffentlicht) eine Rolle. Schleiermacher knüpft an das in Theologie und Jurisprudenz geläufige Verständnis der ↗ *Hermeneutik₁* als einer Kunst der Auslegung an und entwirft das Programm einer „allgemeinen Hermeneutik" (Schleiermacher, 75), die nicht mehr auf die Probleme des Verstehens biblischer oder rechtlicher Texte beschränkt sein soll. Die Hermeneutik hat es nun grundsätzlich mit der Frage zu tun, was es heißt, „die Rede eines andern, vornehmlich die schriftliche, richtig zu verstehen" (Schleiermacher, 71). W. Dilthey nimmt die Impulse Schleiermachers auf und entwickelt aus ihnen das Programm einer Kritik der historischen Vernunft in der Absicht einer Grundlegung der Geisteswissenschaften. Die Verallgemeinerung der Hermeneutik durch Schleiermacher und Dilthey wird von Heidegger in den 1920er Jahren noch radikalisiert, wenn er jede sprachlich artikulierte Erhellung des eigenen Seins ‚hermeneutisch‘ nennt; in der Hermeneutik bildet man demzufolge „eine Möglichkeit aus, für sich selbst *verstehend* zu werden und zu sein" (Heidegger 1988, 15). Sofern die Philosophie Ausprägung solchen Selbstverstehens ist, hat sie selbst den Charakter des Hermeneutischen. Der Begriff der Hermeneutik bezeichnet für Heidegger auch in seinem Hauptwerk ‚Sein und Zeit‘ (1927) keine philosophische Spezialdisziplin, sondern die Philosophie überhaupt (Heidegger 1977, § 7 C).

Martin Heidegger: Sein und Zeit. Hg. v. Friedrich-Wilhelm von Herrmann. Frankfurt 1977. – M. H.: Ontologie. Hermeneutik der Faktizität [1923]. Hg. v. Käte Bröcker-Oltmanns. Frankfurt

1988. – Friedrich D. E. Schleiermacher: Hermeneutik und Kritik [1838]. Hg. v. Manfred Frank. Frankfurt 1977.

SachG: Die Geschichte der philosophischen Hermeneutik ist von Hans-Georg Gadamer rekonstruiert worden. In seinem Hauptwerk ‚Wahrheit und Methode‘ (1960) hat Gadamer zugleich damit die bislang umfassendste Konzeption hermeneutischen Philosophierens entwickelt. Gadamer nimmt den Grundgedanken Schleiermachers, aber auch Wilhelm von Humboldts auf, insofern er den sprachlichen Charakter des Verstehens betont und das Gespräch als Modell jeder Verstehenssituation begreift. Ebenso knüpft er auch an die Arbeiten Diltheys an und betont schließlich ebenso wie Heidegger, daß jedes Verstehen wesentlich Selbstverstehen ist. Gadamer vereinigt die genannten Motive, indem er das Verstehen als Vollzug des ‚wirkungsgeschichtlichen Bewußtseins‘ bestimmt: Jedes Verstehen ist Gespräch mit einem Text oder allgemein mit einem Werk, bei dem die Tradition, in der man steht, ausdrücklich wird. Die Werke einer Tradition zu verstehen, heißt nicht, sie in methodisch gesicherter Einstellung wissenschaftlich zu erkennen, sondern eine ihrer Wirkungsmöglichkeiten zu aktualisieren; die Geisteswissenschaften haben Traditionen nicht bloß zu ihrem Gegenstand, sondern sind auch selbst die Weiterführung von Traditionen. Beim Verstehen eines überlieferten Werkes versteht man insofern sich selbst, als die mit der Tradition gegebenen Voraussetzungen des eigenen Verstehens sich wenigstens ein Stück weit klären: Verstehen ist das jeweilige Geschehen der Überlieferung. Gadamers integrative Leistung ist vor allem dadurch ermöglicht worden, daß er sich nicht auf Schleiermacher, Dilthey und Heidegger allein verläßt, um den Vollzug des Verstehens einsichtig zu machen. Vielmehr orientiert er sich an der Aristotelischen Konzeption des praktischen Wissens (phronesis) ebenso wie am Platonischen Gedanken der Darstellung (mimesis): Das Verstehen ist praktisches Wissen in seiner Situationsgebundenheit, es ist Darstellung, sofern Zusammenhänge in ihm jeweils nur in bestimmter Hinsicht zur Geltung kommen. Aufgrund der Platonischen Orientierung konnte Gadamer schon in ‚Wahrheit und Methode' eine Hermeneutik der Kunst entwickeln, während er im Anschluß an Aristoteles seinen Gedanken der ↗ *Wirkungsgeschichte* ausgearbeitet hat.

ForschG: Gadamers Hermeneutik ist kein philosophisches Lehrgebäude. ‚Wahrheit und Methode' wollte nur die Grundzüge einer philosophischen Hermeneutik entfalten, und entsprechend offen ist die Konzeption Gadamers immer gewesen. Sie konnte deshalb ergänzt, umakzentuiert und mit anderen philosophischen Fragerichtungen ins Gespräch gebracht werden. So hat Jauß eine hermeneutische Literaturwissenschaft entwickelt und Habermas hermeneutische Motive in die Sozialphilosophie aufgenommen. Rorty hat die Hermeneutik als Alternative zu einer mit systematischem Begründungsanspruch auftretenden Analytischen Philosophie empfohlen und dabei aufs Neue die schon früher von Apel bemerkte Nähe der Hermeneutik zu sprachpragmatischen Konzeptionen im Sinne des späten Wittgenstein hervorgehoben. Wesentlich spannungsreicher ist der Kontakt zwischen der philosophischen Hermeneutik und dem Dekonstruktivismus Derridas verlaufen (↗ *Dekonstruktion*). Für den Dekonstruktivisten gehört die Hermeneutik darin, daß sie an der Identität sprachlichen Sinns festhält, immer noch in die zu überwindende Tradition der abendländischen Metaphysik, die zu überwinden ist und aus deren Bann sich schon Nietzsche befreit habe. Doch ist umstritten, ob Nietzsche sich wirklich als Antipode der philosophischen Hermeneutik begreifen läßt oder nicht selbst als Vertreter der Hermeneutik$_2$ gelesen werden kann. Da der Dekonstruktivismus seine Position meist polemisch artikuliert, während es hermeneutisch sehr wohl möglich ist, dekonstruktivistische Denkmotive aufzunehmen, kann immerhin für gesichert gelten, daß die Debatte über Struktur und Wesen sprachlicher und sprachlich geprägter Welterfahrung auf dem Boden der Hermeneutik weitergeführt wird.

Lit: Karl-Otto Apel u. a.: Hermeneutik und Ideologiekritik. Frankfurt 1971. – K.-O. A.: Transformation der Philosophie. Bd. 1: Sprach-analytik, Semiotik, Hermeneutik. Frankfurt 1976. – Franco Bianco (Hg.): Beiträge zur Hermeneutik aus Italien. Freiburg, München 1993. – Hendrik Birus (Hg.): Hermeneutische Positionen. Göttingen 1982. – Gottfried Boehm, Hans-Georg Gadamer (Hg.): Die Hermeneutik und die Wissenschaften. Frankfurt 1978. – Rüdiger Bubner u. a. (Hg.): Hermeneutik und Dialektik. Tübingen 1970. – R. B.: Über die wissenschaftstheoretische Rolle der Hermeneutik. In: R. B.: Dialektik und Wissenschaft. Frankfurt 1973. – Günter Figal: Verstehen als geschichtliche Phronesis. Eine Erörterung der philosophischen Hermeneutik. In: Internationale Zs. für Philosophie (1992), S. 24–37. – G. F.: Der Sinn des Verstehens. Beiträge zur hermeneutischen Philosophie. Stuttgart 1996. – Philippe Forget (Hg.): Text und Interpretation. München 1984. – Hans-Georg Gadamer: Hermeneutik. In: HWbPh 3, Sp. 1061–1073. – H.-G. G.: Wahrheit und Methode. Tübingen ⁵1986. – H. G.-G.: Hermeneutik II. Wahrheit und Methode. Ergänzungen, Register. Tübingen 1986. – Jean Grondin: Einführung in die philosophische Hermeneutik. Darmstadt 1991. – Jürgen Habermas: Zur Logik der Sozialwissenschaften. Frankfurt 1970. – Hans Robert Jauß: Ästhetische Erfahrung und literarische Hermeneutik. Frankfurt 1982. – Hans Krämer: Thesen zur philosophischen Hermeneutik. In: Internationale Zs. für Philosophie (1993), S. 173–188. – Manfred Riedel: Hören auf die Sprache. Die akroamatische Dimension der Hermeneutik. Frankfurt 1990. – Richard Rorty: Philosophy and the mirror of nature. Princeton 1979 [dt. 1981].

Günter Figal

Hermeneutischer Zirkel

Wechselseitige Abhängigkeit von Verständnis eines Ganzen und Verstehen seiner Teile.

Expl: Daß das ↗ *Verstehen* eines Ganzen (z. B. eines Romans) auf demjenigen der Teile beruhe und umgekehrt das Verstehen der Teile dasjenige des Ganzen voraussetze, wird (eigentlich unpassend) *Hermeneutischer Zirkel* oder ZIRKEL DES VERSTEHENS genannt. Es handelt sich nicht um einen Zirkel, wie er etwa bei Begründungen oder Definitionen vorkommen kann, sondern um ein Dilemma (vgl. Stegmüller), das sich theoretisch auflösen läßt und üblicherweise auch aufgelöst wird durch die Ansetzung eines schon bestehenden oder sich spontan bildenden VORVERSTÄNDNISSES (d. h. einer heuristischen Antizipation) des Ganzen oder der im Text verhandelten Sache, das dann das Verstehen der Teile leitet und umgekehrt von diesem bestätigt oder revidiert wird. Das Dilemma kommt nur zustande, wenn man (1) *Verstehen* äquivok gebraucht (einmal als ‚Erfassen von Zusammenhang und/oder Sinn‘, einmal als ‚Zuschreibung von Bedeutung[en]‘), (2) Verstehen in beiderlei Gestalt lediglich als ‚volles‘ oder ‚richtiges‘ akzeptiert und (3) ‚Teil‘ nicht spezifiziert (z. B. als ‚Kapitel‘, ‚Episode‘, ‚Satz‘, ‚Wort‘). Angesichts dessen empfiehlt es sich, die Bezeichnung *Hermeneutischer Zirkel* zu ersetzen durch eine möglichst genaue Beschreibung des jeweils anvisierten Sachverhalts.

WortG: Zu *hermeneutisch* vgl. ↗ *Hermeneutik₁* (WortG). − *Zirkel* (griech. κύκλος [kýklos], lat. *circulus*, ahd. *zirkil*, mhd. *zirkel* ‚Kreislinie‘) wird seit Aristoteles benutzt für den logischen Fehler, das zu Beweisende ausdrücklich oder versteckt als Beweisgrund einzusetzen. − Für die Kombination „der hermeneutische Cirkel" gibt es einen Beleg in einer zwischen 1809 und 1865 wiederholt gehaltenen Vorlesung (Boeckh, 102), der zwar nicht sicher datierbar, aber jedenfalls der früheste bisher bekannte ist. − *Vorverständnis* stammt aus der theologischen Hermeneutik und bezeichnet das (auf einem ‚vorgängigen Lebensverhältnis‘ zur ‚Sache‘ beruhende) Vorwissen bzw. die Vormeinung von der im Text „in Rede oder in Frage stehenden Sache" (Bultmann, 227).

August Boeckh: Encyklopädie und Methodologie der philologischen Wissenschaften. Hg. v. Ernst Bratuschek. Leipzig 1877. − Rudolf Bultmann: Das Problem der Hermeneutik [1950]. In: R. B.: Glauben und Verstehen. Bd. 2. Tübingen ⁴1965, S. 211−235.

BegrG/SachG: In Logik, naturphilosophischer Methodendiskussion und Hermeneutik besteht eine kontinuierliche Tradition der Erörterung und Auflösung von scheinbaren Zirkularitätsproblemen, der auch die ‚romantische Hermeneutik‘ angehört (Danneberg). Noch Dilthey führt diese Tradition

weiter, indem er den (mehrfachen) Zirkel des Verstehens zwar als „Aporie" darstellt, aber als eine Variante des ‚erkenntnistheoretischen Hauptproblems‘ (wie „allgemeingültiges Wissen aus Erfahrungen" möglich sei) behandelt, das „natürlich überall [d. h. in allen Wissenschaften] dasselbe" sei und auf jeden Fall einer „Auflösung" bedürfe (Dilthey, 334 f.).

Indem Heidegger das herkömmliche Modell des Textverstehens ausweitet zu einem Modell des ‚Verstehens‘ von Welt bzw. ‚Inder-Welt-Sein‘ (↗ *Hermeneutik₂*), transferiert er das Problem auf diese Ebene des ‚ursprünglichen Verstehens‘ und lokalisiert einen Zirkel in der „Auslegung von Etwas als Etwas" (kritisch dazu: Rosen, Graeser), die bereits Bekanntschaft mit dem zweiten Etwas voraussetze. Dieser Zirkel sei, und das ist ein neues Moment, nicht ein fehlerhafter oder ein zu duldender, sondern einer, in den es „nach der rechten Weise hineinzukommen" gelte (Heidegger, 150−153).

Die Rückübernahme dieses Zirkeltheorems mitsamt seinem „positiven ontologischen Sinn" (Gadamer, 251) auf das Textverstehen wurde nach dem 2. Weltkrieg (z. B. Spitzer, 19; Staiger, 2) mit Selbstverständlichkeit und unter dem schnell zum Allgemeingut werdenden Namen *Hermeneutischer Zirkel* vollzogen. Prominent geworden ist es in Gadamers Fassung als „ontologisches Strukturmoment des Verstehens": Verstehen sei vom „Überlieferungsgeschehen" ermöglicht und bestimmt und ermögliche und bestimme umgekehrt dessen Fortführung (Gadamer, 277). Wenig ausgerichtet hat die scharfe logische Kritik an diesem Theorem (Stegmüller; Göttner, 131−175). Versuche, es in Verbindung zu bringen mit einem plausibel zu machenden Progredieren des Verstehens und das Bild des Zirkels zu ersetzen durch das einer Spirale (Cauer, 50; Lorenzen, 20; Bolten), haben sich nicht allgemein durchgesetzt. Attraktiv ist offenbar neben dem bündigen Bild des Zirkels die Allgemeinheit oder auch Vagheit des Konzepts, die es zuläßt, es sowohl zu parallelisieren mit den Rückkoppelungsschleifen des sich selbst programmierenden Gehirns (Fischer) als auch es zu universalisieren zur Grundform jeder Erkenntnisgewinnung überhaupt (Bontekoe) oder aber es ohne Bezug auf die Tradition neu zu füllen (Mones).

ForschG: Eine eigentliche begriffsgeschichtliche Forschung existiert nicht. Danneberg hat nachgewiesen, daß die vielen ad-hoc-Benennungen von ‚Vorläufern‘ oder ‚Gründungsvätern‘ (Ast und Schleiermacher werden am häufigsten genannt) allesamt konzeptionell wie historisch unzulänglich sind (Danneberg, 620). Über die Ansätze von Martin und Llewelyn hinaus bedarf die Inkubationsphase des Begriffs (von Heidegger bis Gadamer) noch genauerer Untersuchung, ebenso seine Ausbreitung seit Gadamer.

Lit: Jürgen Bolten: Die hermeneutische Spirale. In: Poetica 17 (1985), S. 355–371. – Ronald Bontekoe: Dimensions of the hermeneutic circle. Atlantic Highlands/NJ 1996. – Paul Cauer: Die Methode des Zirkelschlusses. In: Preußische Jahrbücher 92 (1898), S. 43–52. – Lutz Danneberg: Die Historiographie des hermeneutischen Zirkels. In: ZfG NF 5 (1995), S. 611–624. – Wilhelm Dilthey: Die Entstehung der Hermeneutik. In: W. D.: Gesammelte Schriften. Bd. 5. Stuttgart, Göttingen ⁴1964, S. 317–338. – Roland Fischer: Emergence of mind from brain. The biological roots of the hermeneutic circle. In: Diogenes 138 (1987), S. 1–25. – Hans-Georg Gadamer: Wahrheit und Methode. Tübingen 1960. – Heide Göttner: Logik der Interpretation. München 1973. – Andreas Graeser: Das hermeneutische ‚als‘. Heidegger über Verstehen und Auslegung. In: Zs. für philosophische Forschung 47 (1993), S. 559–572. – Martin Heidegger: Sein und Zeit [1927]. Tübingen ¹⁰1963. – John Llewelyn: Beyond metaphysics? The hermeneutic circle in contemporary continental philosophy. Atlantic Highlands/NJ 1985. – Paul Lorenzen: Konstruktive Wissenschaftstheorie. Frankfurt 1974. – Wallace Martin: The hermeneutic circle and the art of interpretation. In: Comparative Literature 24 (1972), S. 97–117. – Andreas Mones: Jenseits von Wissenschaft oder: Die Diakrise des hermeneutischen Zirkels. Bonn 1995. – Stanley Rosen: Squaring the hermeneutic circle. In: Review of metaphysics 44 (1990/91), S. 707–728. – Leo Spitzer: Linguistics and literary history. Princeton 1948. – Emil Staiger: Die Kunst der Interpretation. In: Neophilologus 35 (1951), S. 1–15. – Wolfgang Stegmüller: Der sogenannte Zirkel des Verstehens. In: Natur und Geschichte. Hg. v. Kurt Hübner und Albert Menne. Hamburg 1973, S. 21–46. – Karlheinz Stierle: Für eine Öffnung des hermeneutischen Zirkels. In: Poetica 17 (1985), S. 340–354.

Klaus Weimar

Hermetik

Dunkelheit, Verschlossenheit moderner Literatur, insbesondere in der Lyrik.

Expl: Bezeichnung für das lebensweltlich und/oder wissenschaftlich nicht Dechiffrierbare an moderner Literatur, insbesondere der Lyrik der literarischen ↗ *Avantgarden* seit dem Symbolismus. In seinen definitorisch kaum kontrollierbaren Konnotationen zwischen ‚Esoterik‘ und ‚Verschlossenheit‘ legt der Begriff die Existenz eines — dem oberflächlichen oder uneingeweihten Interpreten nicht zugänglichen — tiefen Sinns des Textes, d. h. eine Rätsel- oder Geheimnisstruktur nahe und transportiert damit bereits eine problematische Vorannahme über seinen Gegenstand. Statt dessen wäre angesichts ‚hermetischer‘ Texte analytisch zu unterscheiden zwischen (1) dem (vorläufigen oder endgültigen) Rezeptions-Befund der Unverständlichkeit, (2) seinen werkästhetischen Voraussetzungen in Genese und Struktur des Textes und (3) deren poetologischer und/oder diskursiver Legitimation auf Produzentenseite. ‚Hermetische Literatur‘ kann dann als grob rubrizierender und orientierender, aber nicht bereits erklärender Begriff dazu dienen, ein Korpus (je nach literaturwissenschaftlicher Auffassung) modernistischer, esoterischer, formal stark abweichender, semiotisch offener, texturierter, autopoietischer Lyrik (auch Prosa) der literarischen Moderne von formal traditioneller, prima facie verständlicher Literatur abzugrenzen.

Im Gegensatz zu älteren Formen der Obscuritas (vgl. Fuhrmann) kann Hermetik unter den Bedingungen der Moderne nicht mehr aus Verstößen gegen ein verbindliches literarisches Regelwerk erklärt werden. Der Bezug zur esoterischen Tradition des ↗ *Hermetismus* bleibt ihr äußerlich.

Manfred Fuhrmann: Obscuritas. In: Iser 1966, S. 47–72.

WortG/BegrG: ↗ *Hermetismus*. Als Bezeichnung für eine Eigenschaft moderner Lyrik wird ital. *ermetismo* 1936 durch den Literaturkritiker F. Flora geprägt, der damit in polemischer Absicht, d. h. „mit dem Beiklang des verworren Okkulten" (Friedrich, 180), aber ohne spezifischen Bezug auf die hermetische Tradition die Dunkelheit der Lyrik von Ungaretti, Montale, Quasimodo sowie ihrer Vorläufer im französischen Symbolismus charakterisiert (Frenzel). In Italien avanciert *poesia ermetica* zur positiven Selbst- und Fremdbezeichnung dieser Autoren; so verwendet den Begriff noch H. Friedrich, über den er ins Deutsche gelangt. Hier erweitert sich sein diffuses Bedeutungsspektrum um dt. *hermetisch* ‚luftdicht geschlossen' (nach dem vom sagenhaften Hermes Trismegistos erfundenen Verschluß einer Glasröhre; DWb 10, 1115); so z. B. in Adornos ‚Ästhetischer Theorie', in der die Opposition von hermetischer vs. engagierter Literatur etabliert wird. Unter der Bezeichnung *Hermetik* (oft aber auch: *Hermetismus*, wie auch Themen der hermetistischen Tradition nicht selten unter *Hermetik* behandelt werden) wird seither das gesamte Spektrum der von Friedrich besprochenen formal avancierten „modernen Lyrik" seit dem Symbolismus verhandelt, in der deutschen Literatur vor allem die Lyrik Celans und Trakls, aber auch z. B. die Prosa Hofmannsthals. Der Begriff bleibt dabei so unklar (und, sofern Klärungen vorgenommen werden, so divergent) wie das Verständnis der durch ihn bezeichneten Sache, der interpretatorischen Unzugänglichkeit der Texte. In Einzelfällen führte die begriffsgeschichtlich irreführende Rückbesinnung auf den Bezug zum ‚Corpus hermeticum' tatsächlich zur Entdeckung okkultistischer Implikationen moderner Lyrik (z. B. bei Mallarmé oder Ungaretti).

Franceso Flora: La poesia ermetica. Bari 1936. – A. Reckermann: Hermetismus, hermetisch. In: HWbPh 3, Sp. 1075–1078.

SachG: Die moderne Lyrik beginnt mit den ‚Fleurs du mal' (1857 u.ö.) Baudelaires, dessen Verfahren von den französischen Symbolisten, namentlich Verlaine, Rimbaud und Mallarmé, bis zur Hermetik des ‚œuvre pure' radikalisiert werden (↗ *Symbolismus*). Experimente mit hermetischer Lyrik und Prosa prägen zahlreiche Bewegungen der europäischen Avantgarden in der 1. Hälfte des 20. Jhs., u. a. den russischen Symbolismus, den italienischen Hermetismus und noch den französischen Surrealismus, dessen Texte jedoch aufgrund ihrer Produktionsbedingungen kaum je als hermetisch bezeichnet wurden.

In Deutschland fällt die Konzeption hermetischer Dichtung „in die Periode des Jugendstils" (Adorno, 476), ein erstes markantes Beispiel ist Hofmannsthals ‚Lebenslied' (1896); dazu kommen Texte von George, Mombert, Rilke u. a. (↗ *Fin de siècle*, ↗ *Ästhetizismus*). Um 1910 setzen sich, z. T. unter Einfluß des italienischen Futurismus, emphatisch moderne Texturen durch, die den hermetischen Effekt teils verstärken (Trakl, Lasker-Schüler, Kandinsky, z. T. Benn; ↗ *Expressionismus*), teils durch Ausstellung ihrer Verfahren hintertreiben (↗ *Dadaismus*). In diesem Kontext ist auch die Wiederentdeckung des späten Hölderlin zu sehen. In den 1920er bis 40er Jahren tritt die hermetische Lyrik in Deutschland hinter politisierenden, neusachlichen, naturlyrischen und völkischen Tendenzen zurück. Das für Lyrik des naturmagischen Realismus (↗ *Innere Emigration*) konstitutive ‚Naturgeheimnis' wird zumeist in nicht-hermetischen Texten beschworen.

Die deutsche ↗ *Nachkriegsliteratur* knüpft nach 1945 nur teilweise an die hermetische Tradition der Lyrik an (E. Meister, Bachmann); hermetische Verfahren gelten – als Gebärden demonstrativer Verweigerung von Verständlichkeit – als womöglich einzig legitime lyrische Sprache ‚nach Auschwitz' (Celan, N. Sachs) oder ergeben sich neu aus Verknappungs- und Verweigerungstendenzen, z. B. im Spätwerk Eichs. In der literarischen ↗ *Postmoderne* steht hermetische Lyrik als eine Möglichkeit unter anderen zur Verfügung. – Zu hermetischen Tendenzen in Prosatexten ↗ *Kurzprosa*.

ForschG: Die Forschungsgeschichte zur Hermetik ist die Geschichte unterschiedlicher Konzeptualisierungen moderner Unverständlichkeit in Philosophie und Literaturtheorie. Nach Gadamer ist es „die ursprüngliche hermeneutische Aufgabe, Unverständliches zu erklären" (Gadamer, 194); der hermeneutische Zugang setzt mit der Aussageabsicht des Werkes dessen Rätselcharakter voraus. Angesichts hermetischer Lyrik bedeutet dann „das Rätsel lösen [...] soviel, wie den Grund seiner Unlösbarkeit angeben" (Adorno, 185; vgl. Figal, 301). – Benjamins Allegorie-Begriff faßt die Auflösung der ‚organischen' Einheit des Kunstwerks bei Baudelaire als Ursache der „Krisis der Künste" in der Moderne (Benjamin 11, 302), darauf beruht auch P. Bürgers Verständnis von ↗ *Montage* als zentralem Charakteristikum von Avantgardeliteratur.

Die im engeren Sinne literaturwissenschaftliche Beschäftigung mit Hermetik beginnt in Deutschland mit Friedrichs ‚Struktur der modernen Lyrik' (1956), die lyrische Hermetik als Dominanz der Form über den Inhalt (und somit letztlich als ↗ *Manierismus*) deutet. Ein frühes ‚Poetik und Hermeneutik'-Kolloquium erklärt hermetische Lyrik zum ‚Paradigma der Moderne' (Iser). Die Literatursemiotik beschreibt die Hermetik als Effekt der semiotischen ‚Offenheit' des Kunstwerks (Eco), hermetische Lyrik wird damit zum „Einfallstor der Ambiguität" (Bode, 161). Die analytische Tradition deutet hermetische Strukturen als forcierte Abweichungen von der Normalsprache (z. B. Fricke, 167–182). Baßler u. a. haben die ↗ *Texturen* moderner Prosa und Lyrik als materiale Folgen des positivistischen Historismus beschrieben. Der Zusammenhang von Selbstbezüglichkeit (↗ *Potenzierung*) und Hermetik des Kunstwerkes wird kontrovers diskutiert (z. B. Figal, 302: kontingent; Homann: konstitutiv). Neben solchen grundsätzlichen Klärungsversuchen findet die Hermetik-Diskussion vor allem in Einzeluntersuchungen zu Celan u. a. statt. Um systematische Klärung bemüht sich Sparr.

Lit: Theodor W. Adorno: Ästhetische Theorie. Frankfurt 1973. – Helmut Arntzen: Ernst Meister. Moderne hermetische Lyrik und ihre literarische Wertung. In: LWU 18 (1985), S. 101–113. – Moritz Baßler u. a.: Historismus und literarische Moderne. Tübingen 1996, bes. S. 197–234. – Walter Benjamin: Gesammelte Schriften. Hg. v. Rolf Tiedemann und Hermann Schweppenhäuser. Frankfurt 1972 ff. – Christoph Bode: Ästhetik der Ambiguität. Tübingen 1988. – Peter Bürger: Theorie der Avantgarde. Frankfurt 1974. – Umberto Eco: Das offene Kunstwerk. Frankfurt 1973. – Swantje Ehlers: Hermetismus als Kunstverfahren. Formalästhetische Untersuchung zu Hugo von Hofmannsthals ‚Märchen der 672. Nacht'. In: Sprachkunst 15 (1984), S. 24–30. – Günter Figal: Gibt es hermetische Gedichte? Ein Versuch, die Lyrik Paul Celans zu charakterisieren. In: Paul Celan. ‚Atemwende'. Hg. v. Gerhard Buhr und Roland Reuß. Würzburg 1991, S. 301–310. – Harald Fricke: Norm und Abweichung. München 1981. – Hugo Friedrich: Die Struktur der modernen Lyrik [1956]. Reinbek 1992. – Hans-Georg Gadamer: Kleine Schriften II. Interpretationen. Tübingen 1967. – Herbert Frenzel: Formen und Ursprünge hermetischer Dichtkunst in Italien. In: Romanische Forschungen 65 (1954), S. 136–167. – Renate Homann: Theorie der Lyrik. Frankfurt 1999. – Wolfgang Iser (Hg.): Immanente Ästhetik – Ästhetische Reflexion. Lyrik als Paradigma der Moderne. München 1966. – James K. Lyon: „Ganz und gar nicht hermetisch". Überlegungen zum richtigen Lesen von Paul Celans Lyrik. In: Psalm und Hawdalah. Hg. v. Joseph P. Strelka. Bern 1987, S. 171–191. – Thomas Sparr: Celans Poetik des hermetischen Gedichts. Heidelberg 1989. – Bernd Witte: Zu einer Theorie der hermetischen Lyrik. Am Beispiel Paul Celans. In: Poetica 13 (1981), S. 133–148. – Gotthart Wunberg: Hermetik – Änigmatik – Aphasie. Zur Lyrik der Moderne. In: Poetik und Geschichte. Fs. Viktor Žmegač. Hg. v. Dieter Borchmeyer. Tübingen 1989.

Moritz Baßler

Hermetismus

Für Eingeweihte bestimmte Weisheitslehre und theosophisch akzentuierte Naturtheorie.

Expl: ‚Hermetismus' meint die Überlieferung, Entschlüsselung, Auswertung und Restitution eines auf mythische Zeiten zurückweisenden Wissens, das in Form eines Corpus pseudepigraphischer Schriften (‚Corpus Hermeticum') Hermes Trismegistos zugeschrieben wurde. Im Horizont einer seit dem Florentiner Platonismus postulierten

‚prisca theologia' oder ‚prisca sapientia' konnte der Hermetismus im Verbund mit kabbalistischen, naturmagischen Konzeptionen die biblische Schöpfungs- und Gotteslehre mit kosmologischen Vorstellungen harmonisieren.

WortG: Das Adjektiv *hermetisch* ‚dicht verschlossen' geht über das lat. *hermetice* zurück auf *sigillum Hermetis* ‚das Siegel des Hermes' (Kluge-Seebold, 371). Der griech. Name bezieht sich auf Hermes Trismegistos, eine mit dem altägyptischen Gott Thot verschmolzene Offenbarungsinstanz (lat. Hermes Trimaximus ‚dreifach größter Hermes'), den Begründer alchemistischer Künste, den man mit der Erfindung eines Siegels zum Verschluß einer Glasröhre in Verbindung brachte; in dieser Bedeutung wird das Wort seit dem 16. Jh. meist adverbiell gebraucht (‚hermetisch versiegeln'), etwa bei Paracelsus (Schulz-Basler 1, 266; Kluge-Mitzka, 305; DWb 10, 1115).

BegrG: In der ↗ *Frühen Neuzeit* wurde Hermes zur urzeitlichen Gründerfigur der Geheimwissenschaft erhoben. Darauf bezogen sich — in Titulaturen und Systematisierungsversuchen — attributive Junkturen wie ‚hermetische Weisheit' (sapientia) oder (im 18. Jh.) ‚Wissenschaft'. Der Hermetismus entfaltete sich, arabische und mittelalterliche Überlieferungen aufgreifend, in verzweigten Strömungen des vor- und frühbarocken Paracelsismus (etwa seit 1560), in der Rosenkreuzerpublizistik (seit 1614), publiziert in Florilegien wie dem ‚Rosarium Philosophorum' (1550) und voluminösen Kompendien (‚Theatrum Chemicum', zuletzt 1659−1661, ‚Deutsches Theatrum Chemicum', 1728−1732). Fachliterarische Darstellungen verwandten bei Bedarf auch kombinierte Bezeichnungen (etwa *Physica Hermetico-Hippocratica*). Dazu kamen im 18. Jh. werbewirksame Zusammenfassungen und Anthologien unter Titeln wie ‚Hermetisches ABC' (1778/79) oder ‚Hermetisches Museum' (1782/83). Seit dem 19. Jh. beerben Konzepte des Esoterischen und Okkulten die anti-mechanistische Weltsicht des Hermetismus und seine Begrifflichkeit.

SachG: Die neuzeitliche Rezeptionsgeschichte des ‚Corpus Hermeticum' beginnt mit Übersetzungen und Kommentaren der italienischen Renaissance (vgl. Dannenfeldt). Die deutsche Rezeptionsgeschichte dieses Neuplatonismus umfaßte auch erste Versuche dt. Übertragungen des ‚Corpus Hermeticum' von Sebastian Franck (Hss. 1500−1543, sowie Auszüge in ‚Die Güldin Arch', 1538). Vor allem Giovanni Pico della Mirandola (1463−1494) war der Einbezug kabbalistischer Spekulationen in die platonische Religions- und Naturphilosophie zu verdanken. Von ihm aus führen Wirkungslinien zu Johannes Trithemius (1462−1516) und Johannes Reuchlin (1455−1522), aber auch zum Werk des jüdisch-christlichen Mediziners Paulus Ric(c)ius (ca. 1480−1542) im Umkreis Maximilians I., zum monumentalen Sammelwerk der ‚Artis cabbalisticae [...] scriptores' (hg. v. Johannes Pistorius, 1587) bis hin zur ‚Kabbala denudata' (1677−1684) des Christian Knorr von Rosenroth (1636−1689). Anstöße der mittelalterlichen Physik und des italienischen Neuplatonismus wurden von Agrippa von Nettesheim (1486−1535) zu einem Grundwerk frühneuzeitlicher Naturbeherrschung ausgebaut (‚De occulta philosophia', 1531).

Das alchemistische Schrifttum gehörte seit dem 16. Jh. zu einem epochale und nationale Grenzen überschreitenden literarischen Kontinent, dessen Konturen sich in vielgelesenen Textsammlungen wie dem ‚Aureum vellus' (‚Das goldene Vlies', 1599, später unter dem Titel ‚Eröffnete Geheimnisse des Steins der Weisen', 1718) ausmachen lassen. Dieses Schrifttum überschnitt sich mit Strömungen des Paracelsismus, in dem sich allerdings gerade pseudoparacelsische Texte (etwa ‚De tinctura physicorum'; ‚Philosophia ad Athenienses') großer Beliebtheit erfreuten. Bis auf die französischen Enzyklopädisten strahlte die systematische Vorrede aus, die Oswald Crollius (ca. 1560−1608) seiner ‚Basilica Chymica' (1609) voranschickte. Die sich ausbreitenden Proteste gegen den Paracelsismus und seine hermetischen Denkfiguren entzündeten sich ebenso an wissenschaftlichen Prinzipien wie an dem Verdacht häretischer Subversion und fanden in z. T. aggressiven Schriften des chemiatrisch durchaus bewanderten Andreas Libavius (ca. 1555−1616), eines Daniel Sennert (1577–1637) und des eher als Juristen bekannten Hermann Conring (1606–1681; ‚De hermetica medicina libri duo‘, 1669) Widerhall.

Auf der anderen Seite vereinigten sich Tendenzen des hermetisch inspirierten Paracelsismus mit reformerischen Kräften des Protestantismus: ablesbar in Rezeptionsspuren bei Valentin Weigel (1533–1588), vor allem in kryptischen Anleihen und bisher kaum beachteten Werken des wirkmächtigen Theologen Johann Arndt (1555–1621). Auch unter den Anhängern Jakob Böhmes bestärkten sich in je verschiedener Schattierung Haltungen des frommen Hermetismus. Naturkundliche, theosophische und sozialreformerische Aspirationen bildeten seit den auf Johann Valentin Andreae (1586–1654) und Tobias Hess (1568–1614) zurückgehenden Manifesten (s. Kühlmann 1996; Gilly) das geistige Zentrum der Rosenkreuzerbewegung. Auf katholischer Seite setzte sich besonders der Jesuit Athanasius Kircher (1602–1680; s. Leinkauf) mit der neuplatonischen Schöpfungstheologie auseinander.

Bis weit ins 18. Jh. hinein wurden hermetisch-alchemistische Schriften und Corpora nachgedruckt und studiert (s. die Bibliographien von Ferguson 1906, und Lenglet du Fresnoy, Bd. 3, 1742), greifbar auch in Sammlungen wie dem ‚Hermetischen Rosenkrantz‘ (1659), dem ‚Hermetischen Nordstern‘ (1771), der ‚Neuen Alchymistischen Bibliothek‘ (1772–1774) oder der ‚Neuen Sammlung von […] Philosophischen und Alchymistischen Schriften‘ (1765–1774). Älteren Überlieferungen wie dem ‚Basilius-Valentinus-Corpus‘ (gedruckt seit 1599) oder den ‚Alchemica‘ Johann Rudolf Glaubers (1604–1670) gesellten sich z.B. ‚Hermes in nuce‘ (1705) und seit 1723 Ausgaben der ‚Aurea catena Homeri‘, auch unter dem Titel ‚Annulus Platonis‘ (1781), hinzu. Vor allem in den Sozietäten der sogenannten Gold- und Rosenkreuzer des 18. Jhs. blieb der Einfluß der antimechanistischen Mutationsphilosophie ungebrochen. Die Wirkung auf das Weltbild des jungen Goethe läßt sich aus seinem Rückblick auf die Frankfurter Jahre erschließen (‚Dichtung und Wahrheit‘, Buch 8). Ratio-

nalistische Kritik formulierte sich in Johann Christoph Adelungs ‚Geschichte der menschlichen Narrheit‘ (1785–1789). Adelung bildet den Antitypus zu der auch den frommen Hermetismus rehabilitierenden ‚Unpartheyischen Kirchen- und Ketzerhistorie‘ (1699/1700 u.ö.) des separatistischen Pietisten Gottfried Arnold (1666–1714), die noch von Goethe rezipiert wurde (Schöne, 45–62).

Vom ‚hermetischen Eklektizismus‘ aus führen Wege zu philosophischen Formationen der Romantik, darunter auch zur erneuerten Böhme-Rezeption. Über Straßburg vor allem wurden Schriften des einflußreichen französischen Theosophen Louis Claude de Saint-Martin (1743–1803) importiert: aufgenommen im Kreis u. a. bayerischer Neo-Rosenkreuzer wie Karl von Eckartshausen (1752–1803), schließlich von bedeutsamem Einfluß auf das Œuvre, besonders die ‚divinatorische Physik‘, des Franz von Baader (1765–1841). Magnetische Influenztheorien und Vorstellungen eines ätherischen Lebensstoffs prägten auch die von Franz Anton Mesmer (1734–1815) repräsentierte magische Praxis der romantischen Medizin, bei Autoren wie Justinus Kerner (1786–1862) und E. T. A. Hoffmann (1776–1822) auf äußerst rege, auch erzählerisch umgesetzte Resonanz stoßend. Später begegnen wir Erinnerungen an den frühneuzeitlichen Hermetismus besonders in spiritistischen Zirkeln des ↗ *Fin de siècle* (darunter der Romanautor Gustav Meyrink, 1868–1932), bei Dichteralchemisten wie Alexander von Bernus (1880–1965) und in der kulturhistorischen Exegese der Alchemie durch Carl Gustav Jung (1875–1961) oder Giulio Evola (1898–1974). Daß sich in Konzeptionen literarischer Bildlichkeit der Romantik, des Symbolismus und späterer Lyrik manche Erbschaften der hermetischen ↗ *Hieroglyphik* und Naturmystik bemerkbar machen (↗ *Hermetik*), kann hier ebenso nur konstatiert werden (Sørensen) wie das Weiterleben des Hermetismus unter den Anhängern moderner Esoterik und alternativer Wissenskultur.

ForschG: Die außerdeutsche Forschung widmete sich besonders den Interferenzen

und Wirkungszonen des Florentiner Neuplatonismus. Vor allem durch die Arbeiten
von F. A. Yates wurde die Bedeutung des
Renaissance-Hermetismus herausgestellt
und die Frage nach seiner Wirkung auf
namhafte Philosophen und Naturwissen-
schaftler (G. Bruno, F. Bacon, I. Newton)
und auf die Entstehung der ‚new science'
aufgeworfen. Die Forschung (u. a. A. G.
Debus) trägt indes zur Erhellung der deutschen Verhältnisse meist wenig bei. Die letzten Jahrzehnte brachten Erträge durch einige Sammelbände (Faivre/Zimmermann,
Meinel, Buck) und die Arbeiten J. Telles,
der den Gesamtbereich des spätmittelalterlichen und frühneuzeitlichen Hermetismus
untersuchte. Für den rosenkreuzerischen
Hermetismus sind neuere Bestandsaufnahmen und Analysen von C. Gilly zu nennen.
Die poetischen Wirkungen des Hermetismus untersucht H.-G. Kemper, für die Aufklärung und die Goethezeit ist auszugehen
von R. C. Zimmermann und für die Prä-
romantik und Romantik von der Darstellung
H. Graßls.

Lit: Johann Christoph Adelung: Geschichte der
menschlichen Narrheit [...]. 7 Teile in 5 Bdn.
Leipzig 1785–1789. – Gottfried Arnold: Unpar-
theyische Kirchen- und Ketzerhistorie [1699/
1700]. 3 Bde. Schaffhausen ³1740–1742. – August Buck (Hg.): Die okkulten Wissenschaften in
der Renaissance. Wiesbaden 1992. – Karl
H. Dannenfeldt: Hermetica Philosophica. In: Catalogus translationum et commentariorum. Hg.
v. Paul Oskar Kristeller. Bd. 1. Washington 1960,
S. 137–154. – Allen G. Debus: The chemical
philosophy. Paracelsian science and medicine in
the sixteenth and seventeenth centuries. 2 Bde.
New York 1977. – A. G. D., Ingrid Merkel
(Hg.): Hermeticism and the Renaissance. Washington 1988. – Antoine Faivre, Rolf Christian
Zimmermann (Hg.): Epochen der Naturmystik.
Hermetische Tradition im wissenschaftlichen
Fortschritt. Berlin 1979. – John Ferguson: Bibliotheca Chemica [...] [1906]. 2 Bde. Repr. Lon-
don 1954. – Carlos Gilly (Hg.): Cimelia Rhodo-
staurotica. Die Rosenkreuzer im Spiegel der zwi-
schen 1610 und 1660 entstandenen Handschriften
und Drucke. Wolfenbüttel, Amsterdam 1995. –
Hans Graßl: Aufbruch zur Romantik. Bayerns
Beitrag zur deutschen Geistesgeschichte 1765–
1785. München 1968. – Hans-Georg Kemper:
Gottebenbildlichkeit und Naturnachahmung im
Säkularisierungsprozeß. 2 Bde. Tübingen 1981. –

H.-G. K.: Deutsche Lyrik der frühen Neuzeit.
Bd. 3: Barock-Mystik. Tübingen 1988. – Wilhelm
Kühlmann: Alchemie und späthumanistische
Formkultur. In: Daphnis 13 (1984), S. 101–135.
– W. K.: Sozietät als Tagtraum. Rosenkreuzerbe-
wegung und zweite Reformation. In: Europäische
Societätsbewegung und demokratische Tradition.
Hg. v. Klaus Garber u. a. Tübingen 1996,
S. 1124–1151. – W. K.: Frühaufklärung und chi-
liastischer Spiritualismus. In: Christian Thoma-
sius (1655–1728). Hg. v. Friedrich Vollhardt. Tü-
bingen 1997, S. 179–234. – Thomas Leinkauf:
Mundus combinatus. Studien zur Struktur des ba-
rocken Universalismus am Beispiel Athanasius
Kirchers SJ (1602–1680). Berlin 1993. – Nicholas
Lenglet du Fresnoy: Histoire de la philosophie
hermétique [1742]. 3 Bde. Repr. Hildesheim, New
York 1975. – David C. Lindberg, Robert S. West-
man (Hg.): Reappraisals of the scientific revolution. Cambridge 1990. – Christoph Meinel (Hg.):
Die Alchemie in der europäischen Kultur- und
Wissenschaftsgeschichte. Wiesbaden 1986. –
Will-Erich Peuckert: Pansophie. Ein Versuch zur
Geschichte der weißen und schwarzen Magie. Berlin ²1956. – Peter Hanns Reill: Between mecha-
nism and hermeticism. In: Frühe Neuzeit – Frühe
Moderne? Hg. v. Rudolf Vierhaus. Göttingen
1992, S. 393–421. – Albrecht Schöne: Goethes
Farbentheologie. München 1987. – Bengt A. Sørensen: Symbol und Symbolismus in den ästhetischen Theorien des 18. Jhs. und der deutschen Romantik. Kopenhagen 1963. – Joachim Telle: Sol
und Luna. Literatur- und alchemiegeschichtliche
Studien zu einem altdeutschen Bildgedicht. Hürtgenwald 1980. – J. T. (Hg.): Parerga Paracelsica:
Paracelsus in Vergangenheit und Gegenwart.
Stuttgart 1991. – J. T. (Hg.): Analecta Paracelsica. Studien zum Nachleben Theophrast von Ho-
henheims im deutschen Kulturgebiet der frühen
Neuzeit. Stuttgart 1994. – Lynn Thorndike: A history of magic and experimental science. 8 Bde.
New York 1923–1958. – Brian Vickers (Hg.): Occult and scientific mentalities in the Renaissance.
Cambridge 1984. – Daniel P. Walker: The ancient
theology. Ithaca 1972. – Charles Webster: The
great instauration. Science, medicine and reform
1626–1660. London 1975. – C. W.: From Paracelsus to Newton. Magic and the making of modern science. Cambridge u. a. 1982. – Robert
S. Westman, J. E. McGuire (Hg.): Hermeticism
and the scientific revolution. Los Angeles 1977. –
Frances Amelia Yates: Giordano Bruno and the
hermetic tradition. London 1964. – Rolf Christian Zimmermann: Das Weltbild des jungen Goethe. Studien zur hermetischen Tradition des deutschen 18. Jhs. 2 Bde. München 1969, 1979.

Wilhelm Kühlmann

Heroide

Fingiertes Briefgedicht einer zumeist weiblichen Heldengestalt aus Mythos oder Historie an eine abwesende, mit ihr geistig verbundene Person.

Expl: In der Tradition von Ovids ‚Epistulae
Heroidum' stehender literarischer Typus,
der in der Regel in Versen gehalten ist,
Briefcharakter aufweist und einen bekannten historischen, mythologischen oder biblischen Helden als Absender und Empfänger
erkennen läßt. Die Heroide zeigt den Helden in einer vom Dichter frei gewählten
Konfliktsituation und bewegt sich, sofern es
sich nicht um eine ↗ Travestie handelt, auf
der Stilebene des *genus sublime* (↗ Genera
dicendi). Ihre Intention reicht von bloßer
Unterhaltung hin zu Erbauung, Mahnung und moralischer, religiöser und politischer ↗ Belehrung. Mit der ↗ Elegie verbindet die lat. Heroide in Antike und Mittelalter das Versmaß des elegischen ↗ Disti-
chons. Seit dem 14. Jh. finden sich auch
Prosaepisteln. Die deutsche Heroide ist in
Alexandrinern gehalten und umfaßt gewöhnlich eine Prosaeinleitung, einen Män-
nerbrief und den Brief einer Frau, in dem
sie die Werbungen des Mannes zunächst ab-
schlägig beantwortet, ehe sie sich ihm − zuweilen recht überraschend und unvermittelt
− schließlich doch zuwendet. Die Beschränkung auf einen einzelnen Brief oder
allenfalls ein Briefpaar unterscheidet die
Heroide vom ↗ Briefroman.

WortG: *Heroide* geht auf lat. *herois* zurück,
das zunächst die ‚femina illustris' (vgl. Thesaurus 6, 2661, 20−36), eine außerordentliche weibliche Persönlichkeit, meint, in der
Pluralform *heroides* vom spätantiken
Grammatiker Priscian in seinen ‚Institutiones grammaticae' jedoch als Bezeichnung
für die 15 aus der Perspektive mythischer
Frauen verfaßten Briefgedichte und die 3
Briefpaare Ovids verwendet wurde. Die
Gleichsetzung der ovidischen Frauengestal-
ten, Heroides, mit der Textsorte beruht auf
der mißverständlichen Bezeichnung *Epistulae Heroides*, die im Titel der gängigsten
frühen Ovid-Ausgaben anstelle von *Epistu-*

lae Heroidum erscheint und sich zu einem
gattungspoetischen Terminus verfestigte.

Priscian: Institutionum grammaticarum libri I-
XII. In: Grammatici latini. Hg. v. Heinrich Keil.
Bd. 2. Hg. v. Martin Hertz. Leipzig 1855, S. 544.

BegrG: Briefgedichte des beschriebenen
Typs wurden im Italien des 17. und 18. Jhs.
als *epistole (h)eroiche* und in Frankreich als
épîtres héroiques bezeichnet, was dem engl.
Heroical(l) Epistles entsprach. Deutsche
Dichter verwendeten die Bezeichnung *Hel-
denbrieffe*. Der Begriff ‚Heroide' wurde zunächst nur sporadisch verwendet und blieb
Briefen mit erbaulichem oder religiösen Inhalt vorbehalten (*Heroides Christianae* bzw.
Heroides sacrae). Erst Jean-Baptiste de
Croisilles (1619) und Bernard Le Bovier de
Fontenelle (1698) gebrauchten ihn für heroische Briefe. Nach dem Erscheinen von
Colardeaus Nachdichtung des von Alexander Pope 1717 verfaßten Briefes der Heloisa
an Abaelard (1758) etablierte sich *héroide* in
Frankreich als Bezeichnung für das heroische Briefgedicht. 1762 wurde das Wort von
der Académie Française anerkannt. Dörrie
engte 1968 den Begriff ‚Heroide' entgegen
seiner traditionellen Verwendung für eine
„lyrische oder elegische Epistel" (Ersch/
Gruber II.6, 395) auf die in der Nachfolge
Colardeaus entstandenen Briefgedichte ein,
die von ihren Verfassern selbst als *héroides*
bezeichnet wurden und auf die Poetisierung
„nicht-literarischer, jedoch glaubwürdig dokumentierter Geschehnisse" abzielten. Damit schied er sie kategorial von der heroischen Briefdichtung in der Tradition Ovids
(Dörrie, 7−9 u. 14). Diese Differenzierung
konnte sich bislang allerdings nicht durchsetzen.

SachG: Die europäische Heroidendichtung
geht ausschließlich − dies ist ein Sonderfall
in der Literaturgeschichte − auf die ‚Epistulae Heroidum' des Ovid zurück, die sie
zu imitieren und übertreffen sucht. Die Ovi-
dische Sammlung enthält 15 teils klagende,
teils werbende Briefe mythischer Frauen an
ihre in der Ferne weilenden Geliebten und
wird abgeschlossen durch drei Briefpaare
(Paris-Helena, Hero-Leander, Akontios-
Kydippe), deren Zuschreibung an Ovid in
der Forschung umstritten ist. An der

Schwelle zum Mittelalter verfaßte der merowingische Dichter Venantius Fortunatus mit dem fingierten Brief einer Nonne an ihren Bräutigam Christus zunächst eine christianisierte Form der Heroide, ehe sich der Loire-Dichter Baudri von Bourgueil und ein seinem Kreis nahestehender Anonymus mit Paris und Helena bzw. Deidamia und Achill wieder antiken Gestalten zuwandten. Seit dem Humanismus traten an die Seite der lateinischen Heroidenbriefe, zu deren herausragenden Verfassern Enea Silvio Piccolomini gehörte, zunehmend volkssprachliche Bearbeitungen (Jean Lemaire des Belges, Andry de La Vigne, Jean d'Auton u. a.). In Deutschland führte Eoban Hesse den geistlichen Typus der ‚Heroides sacrae' ein, der von jesuitischen Dichtern wie Dionysius Petavius, Bidermann und Balde weitergeführt wurde und neben alttestamentlichen Figuren vor allem die Kirche (Ecclesia) und die Seele (Anima, Urania) als Briefschreiberinnen kannte. Zur literarischen Modeerscheinung geriet die heroische Briefdichtung im Barock, wo sich u. a. Hoffmannswaldau, Lohenstein, Mühlpfordt und Zigler-Kliphausen in ihr übten. In Frankreich traten zunächst André de la Vigne, François Habert und Ferrand Debez, im 18. Jh. dann vor allem Charles-Pierre Colardeau und Claude-Joseph Dorat hervor, während in England Alexander Pope als bedeutendster Vertreter zu gelten hat. Platen und A. W. Schlegel bemühten sich im Anschluß an Wielands ‚Briefe von Verstorbenen' um eine Erneuerung des seit 1740 nahezu bedeutungslosen Genres. Im 20. Jh. versuchte Christine Brückner (‚Wenn du geredet hättest, Desdemona. Ungehaltene Reden ungehaltener Frauen', 1983), die Heroide in feministischer Perspektive wiederzubeleben.

ForschG: Die Forschungen zur Heroidendichtung blieben bis etwa zum letzten Drittel des 20. Jhs. zumeist auf die Ovid-Rezeption und -Imitation der einzelnen Autoren beschränkt. Erst nach dem Erscheinen von Dörries Standardwerk zum heroischen Brief, das im Anhang sowohl ein thematisch als auch ein chronologisch angelegtes Repertorium der heroischen Briefdichtung

zwischen 300 n. Chr. und 1921 bietet, traten Fragen der Traditionsbildung stärker in den Vordergrund. Eine umfassende Studie zur neulateinischen Heroidendichtung ist nach wie vor ein Desiderat, wobei mit den Untersuchungen von Vredeveld zu Eoban Hesse und der von Kühlmann u. a. herausgegebenen Anthologie humanistischer Dichtung wichtige Vorarbeiten geleistet wurden. Zu den deutschen Heroiden liegen mit den Arbeiten von Ernst und Jellinek lediglich ältere Studien vor. Die wenigen mittelalterlichen Heroidenbriefe hingegen wurden von Schmid, Stohlmann, Ruhe und vor allem Ratkowitsch im Hinblick auf die Rezeption klassischer Vorbilder eingehend untersucht.

Lit: Marina Scordilis Brownlee: The severed word. Ovid's ‚Heroides' and the Novela sentimental. Princeton 1990. – Renata Carocci: Les heroïdes dans la seconde moitié du XVIIIe siècle (1758–1788). Fasano 1988. – Heinrich Dörrie: Der heroische Brief. Bestandsaufnahme, Geschichte, Kritik einer humanistisch-barocken Literaturgattung. Berlin 1968. – G. Philipp Gotthold Ernst: Die Heroide in der deutschen Litteratur. Diss. Heidelberg 1901. – Deborah S. Greenhut: Feminine rhetorical culture. Tudor adaptations of Ovid's ‚Heroides'. New York u. a. 1988. – Max Hermann Jellinek: Hofmannswaldaus ‚Heldenbriefe'. In: Vierteljahrsschrift für Literaturgeschichte 4 (1891), S. 1–40. – Ernst Alfred Kirfel: Untersuchungen zur Briefform der Heroides Ovids. Bern, Stuttgart 1969. – Wilhelm Kühlmann u. a. (Hg.): Humanistische Lyrik des 16. Jhs. Frankfurt 1997, S. 318–337, 1134–1143. – Christine Ratkowitsch: Die keusche Helena. Ovids Heroides 16/17 in der mittelalterlichen Neudichtung des Baudri von Bourgueil. In: Wiener Studien 104 (1991), S. 209–236. – Ernstpeter Ruhe: De amasio ad amasiam. Zur Gattungsgeschichte des mittelalterlichen Liebesbriefes. München 1975, S. 44–50. – Wolfgang Schmid: Ein christlicher Heroidenbrief des 6. Jhs. Zur spätantiken Traditionsgeschichte elegischer Motive und Junkturen (Venantius Fortunatus, carm. 8, 3, 219 ff.). In: W. S.: Ausgewählte Schriften. Hg. v. Hartmut Erbse und Jochem Küppers. Berlin, New York 1984, S. 544–554. – Gustav Adolf Seeck: Ich-Erzähler und Erzähler-Ich in Ovids Heroides. In: Monumentum Chiloniense. Fs. Erich Burck. Hg. v. Eckard Lefèvre. Amsterdam 1975, S. 436–470. – Friedrich Spoth: Ovids Heroides als Elegien. München 1992. – Jürgen Stohlmann: ‚Deidamia Achilli'. Eine Ovid-Imitation aus dem 11. Jh. In: Literatur und Sprache im

europäischen Mittelalter. Fs. Karl Langosch. Hg.
v. Alf Önnerfors u. a. Darmstadt 1973, S. 195–
231. – Harry Vredeveld: Der heroische Brief der
„Maria Magdalena Jesu Christo" aus den ‚Heroidum libri tres' des Helius Eobanus Hessus
(1488–1540). In: Daphnis 6 (1977), S. 65–90. –
H. V.: Mittelalterliche Legende in Ovidischer
Form: Wege der Worte in den ‚Heroidum Chri-
stianarum Epistolae' des Helius Eobanus Hessus,
am Beispiel des Briefes „Maria Aegyptia Zozi-
mae". In: Wege der Worte. Fs. Wolfgang Fleisch-
hauer. Hg. v. Donald C. Riechel. Köln, Wien
1978, S. 237–262.

Ralf Georg Czapla

Heroisch-galanter Roman, Galanter Roman

Romanform des späten 17. und frühen
18. Jhs.

Expl: Der Galante Roman bildet eine vereinfachte Spätform des ↗ *Höfisch-histori-*
schen Romans, die auch Elemente des
↗ *Schelmenromans* aufnimmt. Teils handelt
es sich um Übersetzungen und Nachdichtungen aus dem Französischen, teils um
Originalproduktionen in deren Schatten.
Im Mittelpunkt steht, wie im Höfisch-historischen Roman, die Trennung und Wiedervereinigung eines Zentralpaares. Die theologische Motivierung der Handlung fällt zumeist allerdings ebenso fort wie die Konzentration auf die Sphäre der großen Politik. Die zuweilen mehr als tausend Seiten
umfassenden Romane dienen v.a. auch als
Archive des Wissens der Zeit (↗ *Galante Li-*
teratur).

WortG/BegrG: Zu *galant* ↗ *Galante Litera-*
tur; zu Roman ↗ *Roman*. Im Anschluß an
die Forschungen von A. Hirsch über die
Verbürgerlichung des Barockromans am
Ausgang des 17. Jhs. bezeichnet H. Singer
die ‚niederen' Romane, welche in der ersten
Hälfte des 18. Jhs. große Popularität genießen, ohne in der Gattungspoetik mit einer
trennscharfen Terminologie eingeführt zu
werden, als „Kavaliersromane" (Singer, 9).
Sie *heroisch-galant* zu nennen (wie z.B. Lugowski, Fleming) ist problematisch, weil

dieser Begriffsname häufig synonym für die
seit G. Müller (1929) besser als *höfisch-hi-*
storisch bezeichneten ‚hohen' Romane verwendet wird. Der *Galante Roman* in der von
H. Singer eingeführten engeren Bedeutung
ist vielmehr „eine Weiterbildung des ‚heroisch-galanten', ein Romantypus, der Liebesgeschichten in der Art des höfisch-historischen Romans erzählte, ohne sie mit heroischen Abenteuern oder staatspolitischen
Vorgängen zu verbinden" (Singer, 9).

SachG: Vorbild für den deutschsprachigen
Galanten Roman waren französische Romane. So verarbeitet Menantes' (Christian
Friedrich Hunolds) ‚Die Liebens-Würdige
Adalie' (zuerst 1702) die „histoire galante et
veritable" mit dem Titel ‚L'illustre Pari-
sienne' (1679) von Jean de Prechac, die sich
auf den historisch verbürgten Aufstieg einer
Mätresse zur Gemahlin des Herzogs Georg
Wilhelm von Lüneburg-Celle bezieht. Neben Hunold, von dem insgesamt vier Galante Romane stammen, sind zahlreiche
Romane des Talander (August Bohse) zu
nennen, etliche Werke von Johann Beer wie
‚Der verkehrte Staats-Mann oder Nasen-
weise Secretär' (zuerst 1700), sodann der
von Singer als „Komödienroman" in der
Tradition Hunolds (Singer, 53) interpretierte Roman ‚Des glückseligen Ritters Adelphico Lebens- und Glücks-Fälle'
(1715) von Melisso, ebenso die zwischen
1708 und 1722 erschienenen Romane von
Meletaon (Johann Leonard Rost) und
schließlich v.a. auch ‚Der im Irr-Garten der
Liebe herum taumelnde Cavalier' (1738)
von Johann Gottfried Schnabel. Die Tradition verebbt, nachdem mit Gellerts ‚Schwe-
discher Gräfin von G***' (1747/48) die Geschichte des eigentlichen Aufklärungsro-
mans begonnen hat. Obwohl die genannten
Romane bis zur Mitte des 18. Jhs vielfach
aufgelegt und von vielen gelesen wurden,
fielen sie mit der Aufklärung einer roman-
theoretischen und stilistischen Kritik anheim. Somit steht die Gattung späteren
Autoren für eine parodistische Wiederaufnahme zur Verfügung – genutzt insbesondere in Wolf v. Niebelschütz' Großwerk
‚Der blaue Kammerherr. Galanter Roman
in vier Bänden' (1950).

ForschG: Seit den 1960er und 1970er Jahren arbeitet eine maßgeblich von H. Singer angeregte kultur- und sozialgeschichtlich orientierte Forschung die Unterschiede zwischen dem französischen Vorbild und der deutschen Produktion sowie diejenigen innerhalb des deutschen Romanschaffens als Differenzierungen zwischen soziokulturellen Milieus heraus. Insbesondere Voßkamp, McCarthy und Fischer bauten den Ansatz Hirschs aus, indem sie die Emanzipationstendenzen des Galanten Romans in mentalitäts- und problemgeschichtlicher Hinsicht kontextualisierten. Die Wiederentdeckung des Galanten Romans führte zu etlichen Nachdrucken, welche die zentralen Texte wieder greifbar machen.

Lit: Dieter Kimpel, Conrad Wiedemann (Hg.): Theorie und Technik des Romans im 17. und 18. Jh. Bd. 1: Barock und Aufklärung. Tübingen 1970. − Eberhard Lämmert u. a. (Hg.): Romantheorie. Dokumentation ihrer Geschichte in Deutschland 1620−1880. Köln, Berlin 1971. − Ernst Weber (Hg.): Texte zur Romantheorie 1 (1626−1731). München 1974.
Richard Alewyn: Erzählformen des deutschen Barock. In: Formkräfte der deutschen Dichtung. Hg. v. Hans Steffen. Göttingen 1963, S. 21−34. − John A. McCarthy: The gallant novel and the German Enlightenment (1670−1750). In: DVjs 59 (1985), S. 47−78. − Bernhard Fischer: Ethos, Konvention und Individualisierung. Probleme des galanten Romans in Chr. F. Hunolds ‚Europäischen Höfen' und im ‚Satirischen Roman'. In: DVjs 63 (1989), S. 64−97. − Willi Fleming: Heroisch-Galanter Roman. In: RL² 1, S. 647−650. − Hans Geulen: Der galante Roman. In: Hb. des deutschen Romans. Hg. v. Helmut Koopmann. Düsseldorf 1983, S. 117−130, 607f. − Arnold Hirsch: Bürgertum und Barock im deutschen Roman [1934]. Köln, Wien ³1979. − A. H.: Barockroman und Aufklärungsroman. In: EG 9 (1954), S. 97−111. − Clemens Lugowski: Die märchenhafte Enträtselung der Wirklichkeit im heroischgalanten Roman. In: C. L.: Wirklichkeit und Dichtung. Frankfurt 1936, S. 1−25. − Günther Müller: Barockromane und Barockroman. In: LitJb 4 (1929), S. 1−29. − Herbert Singer: Der galante Roman. Stuttgart ²1966. − Wilhelm Voßkamp: Adelsprojektion im galanten Roman bei Christian Friedrich Hunold. In: Legitimationskrisen des deutschen Adels 1200−1900. Hg. v. Peter Uwe Hohendahl und Paul Michael Lützeler. Stuttgart 1979, S. 83−99. − Fritz Wahrenburg:

Funktionswandel des Romans und ästhetische Norm. Stuttgart 1976.

Friedmann Harzer

Heterodiegetisch ↗ *Erzähler*

Heterometrie ↗ *Isometrie*

Hexameter

Das ranghöchste Versmaß der Antike, dann auch der deutschen Dichtung des 18. und 19. Jhs.

Expl: Der deutsche Hexameter (im germanisch-akzentuierenden Metriksystem) ist wie sein antikes Vorbild ein variables Versmaß. In seiner gebräuchlichsten Form, dem daktylischen Hexameter, besteht er (ebenso wie das antike Vorbild) aus sechs *Daktylen* (↗ *Versfuß*), deren erste vier durch Spondeen oder (anders als im antiken Hexameter) durch Trochäen ersetzt werden können. Der letzte Daktylus ist um ein Element verkürzt (katalektisch; ↗ *Versfuß*). Die letzte Silbe ist entweder leicht oder schwer (↗ *Prosodie*). Mindestens eine ↗ *Zäsur* ist obligatorisch; beliebt ist die Zäsur im dritten Fuß. Der Hexameter hat folgendes metrische Schema:

$$- \breve{v}(v) - \breve{v}(v) - \breve{v}(v) - \breve{v}(v) - vv - \times$$

Beispiel: „Schwindelnd trägt er dich fort auf rastlos strömenden Wogen" (Schiller, 285: ‚Der epische Hexameter').

Schillers Werke. Nationalausgabe. Bd. 1. Hg. v. Julius Petersen und Friedrich Beißner. Weimar 1943.

WortG: Der Ausdruck *Hexameter* geht zurück auf griech. ἑξάμετρος [hexámetros] ‚aus sechs Versfüßen bestehend'. Schon in der frühen Diskussion der antiken ↗ *Metrik* wird *Hexameter* als Begriffswort für ein Versmaß präzisiert, so bei Isidor (‚Origines etymologiae' I, 39, 6), und von da an terminologisch gebraucht. Im Deutschen wird das Wort *Hexameter* erst von der Mitte des 18. Jhs. an geläufig (Gottsched, 395).

Zum Terminus und Phänomen des *Leoninischen Hexameters* vgl. ↗ *Distichon.*

BegrG: *Hexameter* als metrischer Terminus meint generell den daktylischen Hexameter. Aufgrund seiner häufigen Verwendung im Epos wird er auch als *Heroischer Vers* bezeichnet (Sulzer 2, 452). Was vor allem im 18. und 19. Jh. als deutscher Hexameter gilt, hängt von Fall zu Fall vom Grad der Nähe ab, der zu den antiken Vorbildern gesucht wird. Strengen Metrikern wie A. W. Schlegel, die das Silbenmaterial nach antikem Muster quantitätsprosodisch messen (↗ *Metrik*), gilt der Hexameter als ein daktylisches Maß, das Spondeen erlaubt; liberalen Metrikern wie Klopstock, die das Silbenmaterial nach dem ↗ *Akzent (Iktus,* ↗ *Hebung)* messen, gilt er als ein daktylisches Maß, das neben Spondeen auch Trochäen erlaubt.

Die neuere literaturwissenschaftliche Metrik versucht demgegenüber, der Vielfalt der Hexameterdichtung gerecht zu werden, und unterscheidet je nach der zugrundeliegenden Prosodie zwischen zwei verschiedenen Typen des Hexameters (Wagenknecht, 79–82).

SachG: Deutsche Hexameter gibt es vereinzelt schon in der Dichtung des 16. und 17. Jhs. (z. B. Fischart, Klaj; vgl. Paul-Glier 160). Doch seine Blütezeit erlebt er erst von der Mitte des 18. Jhs. an. In den ersten Auflagen seines ,Versuchs einer Critischen Dichtkunst' muntert Gottsched nachdrücklich zur Abfassung deutscher Hexameterdichtungen auf und gibt selbst zwei Proben dieses Versmaßes. 1748 erscheint mit den ersten drei Gesängen von Klopstocks biblischem Epos ,Der Messias' die erste deutsche Hexameterdichtung von Rang. Klopstocks Epos, seine antikisierende Lyrik und die 1781 erscheinende ,Odüßee' von Johann Heinrich Voss (vgl. Briefwechsel der beiden) bereiten die Hexameter-Dichtungen am Weimarer Hof vor. Es erscheinen Schillers sowie Goethes Elegien und Epigramme, Goethes Vers-Epen ,Reineke Fuchs' (1794) und ,Hermann und Dorothea' (1798) und das ,Achilleis'-Fragment (1799; zum Problem des Einsatzes im ,Faust' vgl. Ciupke, 56 f. u. 285 f.). Auch in der antikisierenden Lyrik von Hölderlin, Platen und Mörike wird der Hexameter gebraucht. Mörike verwendet den sonst würdevollen Hexameter daneben bereits parodistisch (,Häusliche Szene').

Noch neuere Dichtungen im 20. Jh., wenngleich nur im Einzelfall und nie das ganze Werk eines Autors betreffend, bedienen sich des antikisierenden Versmaßes. In der Versepik findet sich der Hexameter bei G. Hauptmann (,Till Eulenspiegel') und Th. Mann (,Gesang vom Kindchen'), in der Lyrik bei Borchardt und Bobrowski und in der Lehrdichtung bei Brecht (,Das Manifest').

ForschG: Außer in Einzelstudien, die den Gebrauch des Hexameters im individuellen Fall zu bestimmen suchen (Quellensammlung bei Hellmuth / Schröder), hat sich die Forschung mit diesem Versmaß vor allem unter metrischen (z. B. Grotjahn) und versgeschichtlichen Aspekten (z. B. Möhler) befaßt.

Kelletat behandelt metrische Probleme bei der Nachbildung antiker Versmaße im Deutschen. Kabell verbindet verstheoretische Überlegungen mit versgeschichtlichen Analysen und untersucht das Fortleben der antiken Verskunst in der europäischen Dichtung vor allem des Mittelalters und der Frühen Neuzeit. Wackernagel schreibt die Geschichte des deutschen Hexameters bis zur Mitte des 18. Jhs.

An einer umfassenden Versgeschichte des Hexameters, die auch Tendenzen neuerer Hexameterdichtungen sowie literarische Versübersetzungen einschließt, fehlt es noch.

Lit: Markus Ciupke: Des Geklimpers vielverworrner Töne Rausch. Die metrische Gestaltung in Goethes ,Faust'. Göttingen 1994. – Rüdiger Grotjahn (Hg.): Hexameter studies. Bochum 1981. – Aage Kabell: Metrische Studien II. Uppsala 1960. – Alfred Kelletat: Zum Problem der antiken Metren im Deutschen. In: DU 16 (1964), S. 50–85. – Friedrich Gottlob Klopstock: Von der Nachahmung des griechischen Sylbenmaßes im Deutschen. In: Klopstocks sämmtliche sprachwissenschaftliche und ästhetische Schriften. Hg. v. A. L. Back und A. R. C. Spindler. Leipzig 1830. Bd. 3, S. 1–20. – Gabriele Möhler: Hexameterstudien [...]. Frankfurt 1989. – Otto Paul, Ingeborg Glier: Deutsche Metrik. München

[8]1970. – August Wilhelm Schlegel: Vom deutschen Hexameter. In: Die Lehre von der Nachahmung der antiken Versmaße im Deutschen. Hg. v. Hans-Heinrich Hellmuth und Joachim Schröder. München 1976, S. 439–443. – Johann Heinrich Voss an Friedrich Gottlieb Klopstock über den deutschen Hexameter. Hg. v. Rudolf Burmeister und Werner Kayser. Hamburg 1954. – Wilhelm Wackernagel: Geschichte des deutschen Hexameters und Pentameters bis auf Klopstock. In: W. W.: Kleinere Schriften. Leipzig 1878. Bd. 2, S. 1–68. – Christian Wagenknecht: Deutsche Metrik. München [3]1993, S. 79–82.

Burkhard Moennighoff

Hexenliteratur

Mit ‚Hexen‘ befaßte theologische, wissenschaftliche, rechtliche, didaktische, satirische, polemische und unterhaltende Texte.

Expl: ‚Hexenliteratur‘ ist ein Sammelbegriff für fiktionale und nichtfiktionale Texte über Menschen, vornehmlich Frauen, von denen man glaubt, daß sie z. B. mit Hilfe der schwarzen Magie Schadenzauber üben, zu bestimmten Zeiten (Walpurgisnacht) zum Hexensabbat fliegen, sich in Tiere (Werwölfe) verwandeln; sie haben einen Pakt mit dem Teufel abgeschlossen und treiben Teufelsbuhlschaft, Inzest, Sodomie (Homosexualität) und Geschlechtsverkehr mit Tieren.

WortG: Sammelbezeichnung für Schriften, die sich mit Hexen befassen. *Hexe* aus ahd. *hagazussa*, vielleicht Kompositum aus *hag* ‚Hofbegrenzung‘ und vorgerm. **dhwes-* ‚Geist‘. Ursprünglich auf Männer und Frauen angewandt, bezeichnet das Wort seit dem 16. Jh. fast ausschließlich Frauen. Das männliche Pendant heißt *Hexer, Hexenmeister*.

DWb 10, Sp. 1299 f. – Kluge-Seebold, S. 308. – Lexer 1, Sp. 1202.

BegrG: Der Hexe verwandte Wesen sind schon in der antiken Literatur bekannt, etwa die Zauberin Circe. Die *lamia*, auch *striga* (Eule) wird als blutsaugendes Wesen gefürchtet (Horaz, Petronius, Ovid). Im Alten Testament (Ex 22,18; Lev 19–23) und

in der lateinischen Literatur des Mittelalters erscheinen *malefica, venefica* (Schadenzauberin, Giftmischerin). Während im frühen Mittelalter damit verbundene heidnisch-dämonologische Vorstellungen zurückgewiesen werden (‚Canon Episcopi‘, um 900), wird die Hexe zum Thema der scholastischen Theologie (Albertus Magnus, † 1289; Thomas von Aquin, † 1274). Hier werden erstmals Grundlagen der späteren Hexenliteratur erörtert, daß nämlich dem Teufel und seinen Anhängern Tierverwandlung, Schadenzauber, Teufelspakt und Nachtflug mit der Erlaubnis Gottes möglich sei. Hexerei gilt als der Ketzerei nahe verwandt, denn beiden liegt die Abwendung von Gott und die Gemeinschaft mit dem Teufel zugrunde. Im 15. Jh. (Luzerner Ketzereiprozeß 1419; Konzil zu Basel 1431–1437; ‚Hexenbulle‘ Innozenz’ VIII. 1484; ‚Malleus Maleficarum‘ 1487) gewinnt der Hexereibegriff seine bis ins 18. Jh. maßgeblichen Konturen, die in der ‚wissenschaftlichen‘ Hexenliteratur weiter geschärft werden. Er schließt Schadenzauber, Teufelspakt, Teufelsbuhlschaft, Kindesmord, Kannibalismus, Homosexualität und geschlechtlichen Umgang mit Tieren ein, seit dem 16. Jh. auch Teilnahme am Hexensabbat.

SachG: Hexenliteratur als einheitliches Genre gibt es nicht; Texte, die sich mit der Hexenproblematik beschäftigen, erscheinen (1) als wissenschaftlich-didaktische und (2) als romanhafte, satirische, schwankhafte usw. Literatur.

(1) Zur ersten Gruppe gehören Hexentraktate (Dämonologien), Hexenpredigten, Flugblätter (Newe Zeytungen), Prozeßakten (Urgichten); Zauberbücher. Heinrich Kramer (Institoris) begründet mit dem ‚Malleus Maleficarum‘ (1487) die frühneuzeitliche Hexenlehre, indem er die Hexe als ein theologisches und juristisches Problem behandelt. Er benutzt Überlieferungen aus dem germanisch-heidnischen Volksglauben, u. a. Zauber- und Segenssprüche und -rituale, aus der christlichen Aberglaubensliteratur (hierzu Harmening), aus der theologischen Dämonenlehre und ihren klassisch-antiken und alttestamentarischen Vorläufern und systematisiert sie zu einem Bündel

von Merkmalen, anhand derer ‚Hexen‘ identifiziert und bestraft werden können.

Im 16. Jh. dominieren drei Auffassungen: (a) Die Hexe wird als verantwortlich handelnd und gemeingefährlich verfolgt (so der ‚Malleus Maleficarum‘, 1487; Ulrich Tennglers ‚Neü Layenspiegel‘, 1511; Johann Fischarts ‚Dämonomania‘, 1581, nach Jean Bodin u. a.; Ludwig Milichs ‚Der Zauber Teuffel‘, 1563). (b) Entsprechend der moralischen Schwäche der Frau unterliegen Hexen der Macht des Teufels, der sie blendet und als Instrument benutzt (so Ulrich Molitor, ‚Von Hexen und Unholden‘, 1489; Anton Prätorius (Scultetus), ‚Gründlicher Bericht Von Zauberey vnd Zauberern‘, 1598). (c) Die Hexe ist ein unangenehmes, im Grunde aber harmloses altes Weib, krank an Leib und Seele, aber nicht dem Teufel verfallen. Ihr Vergehen kann zwar ärztlich und theologisch behandelt, juristisch aber nicht verfolgt werden (so Johann Weyer, ‚De praestigiis daemonum‘, 1563; Friedrich von Spee, ‚Cautio Criminalis‘, 1631; Christian Thomasius, ‚De crimine magiae‘, 1701). In Balthasar Bekkers ‚De Betoverde Weereld‘ (1691/93) wird auch die Existenz teuflischer Macht bestritten. In Flugblättern und Predigten werden vor allem die beiden ersten Auffassungen einer breiteren Öffentlichkeit zugänglich.

Die steigende Hexenpanik führt zur weiteren Ausbildung der ‚wissenschaftlichen‘ Hexenlehre und damit zur Professionalisierung des Verfolgungssystems. Gegen Ende des 16. Jhs. erscheinen umfangreiche Sammelbände der bekanntesten Dämonologien und Hexenpredigten (‚Theatrum Diabolorum‘, 1569; ‚Theatrum de veneficis‘, 1586; M. Jacob Graeters ‚Hexen oder Unholden Predigten‘, 1599, u. a.). Die Anzahl der deutschsprachigen Flugblätter und -schriften zur Hexenthematik (Sipek zählt etwa 120 Drucke) läßt sich wegen der hohen Verlustraten kaum feststellen.

(2) Die Hexe in diesem engeren Sinn fehlt überwiegend in der zeitgenössischen Unterhaltungsliteratur. Doch tritt der Typus in einer Reihe von Verschiebungen auf. Das ‚Faustbuch‘ (1587) erzählt − ebenso wie seine Fortsetzung, das ‚Wagnerbuch‘ (1593) − die Geschichte eines Hexers und Zauberers, doch bleiben die Hauptingredienzien des Hexenbildes erhalten. In Sammlungen wie ‚Schimpf und Ernst‘ (1522), dem Schwank ‚Der Teufel und das alte Weib‘, in Rebhuns protestantischen Lehrstücken (‚Susanna‘ und ‚Die Hochzeit in Cana‘, 1535) und in einigen Fastnachtspielen von Hans Sachs finden wir Frauen mit hexenhaften Zügen, besonders alte, streitsüchtige, rebellische Haus- und Ehefrauen (Brauner). Hexen im engeren Sinne gibt es erst wieder im ↗ *Schauerroman* und in verschiedenen Gattungen der Horrorliteratur seit dem 18. Jh. Die Hexe wird zur ‚Zigeunerin‘, zur ‚femme fatale‘ o. ä. säkularisiert. Als Stereotyp literarischer und kulturgeschichtlicher Trivialisierung bleibt sie als schadenstiftende alte Frau und Repräsentantin des Bösen im Märchen und in der Kinderliteratur unentbehrlich; sie tritt gelegentlich auch im modernen Roman, im ↗ *Comic* und im Film auf.

ForschG: Abgesehen von den Dämonologien der Frühen Neuzeit, die man als Vorformen der Hexenforschung ansehen kann, beginnt die moderne Erforschung der Hexenliteratur im 19. Jh. Sie ist von der historischen Hexenforschung nicht ablösbar. Die Veröffentlichungen von Prozeßakten und anderen Dokumentationen zum Thema sind größtenteils Produkte der neueren Hexenforschung, z. B. Behringer (1988), Jarouschek (1992). Die historische Forschung zum Hexenwahn ist in den letzten Jahrzehnten durch regionalgeschichtliche Einzelstudien gefördert worden.

Die Hexenforschung seit den 1960er Jahren untersucht (1) die romantische Fiktion der Hexe als einer überzeitlichen, verführerischen und verführten Frau (Michelet) und als mythologischer Gestalt (Grimm); (2) die Hexe in konfessionellen Auseinandersetzungen; (3) Hexerei als Ausdruck eines von geschichtlichen Veränderungen unberührten Volksglaubens oder des gelehrten kirchlichen Aberglaubens (Harmening). In den 1960er Jahren gewinnen sozial- und lokalgeschichtliche sowie ethnologische Forschungen an Einfluß (Midelfort, Clark, Behringer, Jarouschek). Ein neues Forschungsinteresse entwickelt sich seit Anfang der 1970er Jahre im Umkreis von Feminismus und ↗ *Gender studies* (Wunder, Dienst, Wiesner). Hinzu kommen Beiträge aus der Medizin-, Wissenschafts- und Mentalitätsgeschichte, aus Volkskunde und Forschungen über die Alltagswelt (van Dülmen, Ankerloo/Henningsen, Ginzburg, Segl, Williams). Forschungen zum ‚magic realism‘ im modernen Roman, in Comics und Film tragen ebenfalls zur Aktualität der Hexenforschung bei.

Lit: Bengt Ankerloo, Gustav Henningsen (Hg.): Early modern European witchcraft. Oxford 1990. – Wolfgang Behringer (Hg.): Hexen und Hexenprozesse in Deutschland. München 1988. – Sigrid Brauner: Fearless wives and frightened shrews. Hg. v. Robert H. Brown. Amherst 1995. – Stuart Clark: The scientific status of demonology. In: Occult and scientific mentalities in the Renaissance. Hg. v. Brian Vickers. Cambridge 1986, S. 351–374. – S. C.: Thinking with demons. The idea of witchcraft in early modern Europe. Oxford 1997. – Heide Dienst: Magische Vorstellungen und Hexenverfolgungen in den österreichischen Ländern. In: Wellen der Verfolgung in der österreichischen Geschichte. Hg. v. Erich Zöllner. Wien 1986, S. 70–94. – Richard van Dülmen (Hg.): Hexenwelten. Frankfurt 1987. – Carlo Ginzburg: Ecstasies. Deciphering the witches's sabbath. New York 1991. – Dieter Harmening: Superstitio. Berlin 1979. – Günter Jarouschek: Die Hexen und ihr Prozeß. Esslingen 1992. – Wilhelm Kühlmann: Poetische Hexenangst. In: Mannheimer Geschichtsblätter NF 4 (1997), S. 131–148. – Hartmut Lehmann, Otto Ulbricht (Hg.): ‚Vom Unfug des Hexen-Processes‘. Gegner der Hexenverfolgung von Johann Weyer bis Friedrich Spee. Wiesbaden 1992. – H. C. Erik Midelfort: Witch-hunting in Southwestern Germany, 1562–1684. Stanford 1972. – Martin Pott: Aufklärung und Aberglaube. Tübingen 1992. – Gerd Schwerhoff: Rationalität im Wahn. Zum gelehrten Diskurs über die Hexen in der frühen Neuzeit. In: Saeculum 37 (1986), S. 45–82. – Peter Segl (Hg.): Der Hexenhammer. Köln 1988. – Harald Sipek: ‚Newe Zeitung‘. In: Behringer, S. 85–93. – Merry E. Wiesner: Women and gender in early modern Europe. Cambridge 1993. – Gerhild Scholz Williams: Defining dominion. The discourses of magic and witchcraft in early modern France and Germany. Ann Arbor 1995. – G.S.W.: Hexen und Herrschaft. München 1998. – Heide Wunder: ‚Er ist die Sonn’, sie ist der Mond‘. Frauen in der frühen Neuzeit. München 1992.

Gerhild Scholz Williams

Hiat ↗ *Zäsur*

Hieroglyphik

Deutung, Verwendung und Neuschöpfung von Zeichen einer ‚Bilderschrift‘ in der Renaissance nach dem vermeintlichen Vorbild altägyptischer Hieroglyphen.

Expl: Im Zeitalter der ↗ *Renaissance* fallen im Begriff der ‚Hieroglyphik‘ verschiedene Formen des Umgangs mit hieroglyphischen Zeichen zusammen:

(1) die Deutung altägyptischer Hieroglyphen als Teil einer ‚sapientia veterum‘, einer ursprungsnahen Weisheitslehre;

(2) die Neuschöpfung von Inschriften und größeren Texten aus altägyptischen Hieroglyphen und einer ihnen nachempfundenen Bilderschrift;

(3) die Auffassung der altägyptischen und der Renaissance-Hieroglyphik als Modellfall einer für das Auge direkt erfaßbaren, nicht-konventionellen, d. h. ‚natürlichen‘ Sprache im Sinne der in Platons Dialog ‚Kratylos‘ (383 a 1–385 b 1) vorgetragenen Unterscheidung einer auf natürlicher Richtigkeit gegenüber einer auf Vertrag und Übereinkunft beruhenden Sprache.

In der Bedeutung (1) stellt die Renaissance-Hieroglyphik eine Phase der Vorgeschichte der wissenschaftlichen Ägyptologie dar; in der Bedeutung (2) ist sie Teil der ‚semiotischen Matrix‘ (Greene, 20) von Renaissance und Barock; in der Bedeutung (3) bildet sie einen Brennpunkt der sprachphilosophischen Diskussion des 15. bis 17. Jhs.

WortG: Bei den Ausdrücken *Hieroglyphe* und *Hieroglyphik* handelt es sich um Lehnwörter aus dem Griechischen, die über das Lateinische der Humanisten in die deutsche Bildungssprache Eingang gefunden haben: von griech. ἱερός [hierós] ‚heilig‘, ‚priesterlich‘ und γλυφή [glyphé] ‚Schnitzwerk‘, ‚Skulptur‘. Eine Hieroglyphe ist folglich im wörtlichen Sinne ein in ein hartes Material (Stein) eingeschnittenes bzw. eingemeißeltes Zeichen einer Priesterschrift.

In dt. Texten, z. B. der Übersetzung von Horapollos ‚Hieroglyphica‘ durch J. Herold

(1554) oder dem ‚Vitruvius Teutsch' von Walther Ryff (Rivius, 1548), finden sich zunächst überwiegend paraphrasierende Entsprechungen des Wortes − etwa: „Egyptische[] buchstaben herkumend von dem künig Osyris" (Stabius, ‚Ehrenpforte', 1515) oder „gebildte waarzeichen, durch wölche vor erfundnen buchstaben [sie] alle heymelicheyt der geystlichen vnd weldtglerten zuverston geben" − oder auch: „Aethyopische[] buchstaben, die bei den Aegyptiern die heilig gschrifft genat werden"; „Bildschrift oder entworffne Wharzeichen, dero die vhralten Aegyptier in ihrem Götzendienst, Rhätten, Gheymnussen, vnd anliegenden gschäfften, sich an statt der buchstäblichen schrifften geprauchet habend" (Herold, zit. n. Volkmann, 77/79). Fischarts Übertragung von Rabelais' ‚Gargantua' verwendet dann bereits *hieroglyphisch* im Kontext einer Umschreibung: „Die Weysen in Egypten haben vor zeiten [...] durch Gemählschrifften und Schilder Bilder / welche sie Hieroglyphisch nanten / geschrieben" (zit. n. Volkmann, 102). Somit ist im Dt. das Adjektiv *hieroglyp[h]isch* deutlich früher belegt als das erst im 18. Jh. gebräuchlich werdende Substantiv *Hieroglyphe* (Schulz-Basler 1, 267); statt davon direkt abgeleitetem *Hieroglyphik* verwendet z. B. Goethe noch *Hieroglyptik* (Fischer, 829).

Paul Fischer: Goethe-Wortschatz. Leipzig 1929.

BegrG: Die mit dem Begriff ‚Hieroglyphen' verknüpften Vorstellungen verdankt die italienische Renaissance − neben zahlreichen antiken Autoren (Diodorus Siculus, Plinius d. Ä., Plutarch u. a.) − vor allem den spätantiken ‚Hieroglyphica' des Horus Apollo (Horapollo), einem ins Griech. übersetzten Verzeichnis ‚enigmatischer' Hieroglyphen, also einer Bilderrätselschrift, samt Auslegungen, unter Vernachlässigung der phonetischen Schriftzeichen. Bei Horapollo repräsentiert − anders als in der ägyptischen Schrift − jedes Bildzeichen einen Begriff. Horapollos Schrift wurde 1419 wiederentdeckt. Sie stellt zwar im Rückblick bestenfalls eine „late and fantastic compilation which enjoyed an undeserved prestige" dar (Gombrich, 159); dennoch bildet sie den Ausgangspunkt der frühneuzeitlichen exegetischen (wie auch produktiven) Beschäftigung mit der Hieroglyphik.

Unter Bezug auf Horapollo konstatiert Ficino, die Hieroglyphen böten eine Form von Kenntnis, die derjenigen Gottes gleiche, der Wissen von den Dingen nicht in der Form vielgestaltigen Denkens über sie habe, sondern als Anschauung ihrer reinen und festen Gestalt („Deus scientiam rerum habet non tamquam excogitationem de re multiplicem, sed tanquam simplicem firmamque rei formam"; Ficino, 1768). Er initiiert damit die Diskussion der Hieroglyphen als ‚Natursprache', die im 17. Jh. dazu führt, daß der Begriff der Hieroglyphe zum Synonym für symbolische Zeichen schlechthin werden konnte (Dieckmann, 49; noch Goethe nennt im Brief an Frau v. Stein vom 24.3.1779 Blumen die „Hieroglyphen der Natur"). In dieser Bedeutung kann dann *Hieroglyphe* auch als Synonym für ↗ *Emblem* verwendet werden (RL² 4, 308; z. B. Francis Quarles: ‚Hieroglyphikes of the Life of Man', 1638). Direkt auf Horapollos ‚Hieroglyphica' bezieht sich Andrea Alciato bei der Definition des von ihm *emblema* genannten, eine Sache beschreibenden und auslegenden ↗ *Epigramms* (‚De rerum significatione', Lyon 1530); auf Hieroglyphen im allgemeinen dagegen Francis Bacon (653) mit seiner Unterscheidung von kongruenten Zeichen (ex congruo) und willkürlichen Zeichen (ad placitum).

Die Versuche zur Deutung der Hieroglyphen im 16. und 17. Jh. bleiben durch deren Auffassung als Bilderschrift beschränkt und führen zu phantasievollen Spekulationen − darunter die besonders einflußreichen Pierio Valerianos (‚Hieroglyphica'; Basel 1556/60, Leiden 1629) und Athanasius Kirchers (‚Obeliscus Pamphilius', Rom 1650; ‚Oedipus aegyptiacus', Rom 1652−1654). Auch wo wie bei Valeriano der phonetische Charakter bekannt ist, wird er nicht zur Grundlage der Entzifferung (Volkmann, 38). Erst die sich an den Fund des ‚Steins von Rosette' während des Ägyptenfeldzugs Napoleons (1799) anschließende Debatte führte im ersten Drittel des 19. Jhs. zur endgültigen Lösung der Frage nach der Bedeutung der altägyptischen Hieroglyphen (Jean François Champollion, ‚Lettre à M. Dacier

relative à l'alphabet des hiéroglyphes pho-
nétiques', Paris 1822; ,Précis du système
hiéroglyphique', Paris 1824).

SachG: Im Anschluß an die Verschleppung
(nach dem Fall von Actium, 31 v. Chr.)
von 42 Obelisken mit hieroglypischen Inschriften nach Rom sowie aufgrund zahlreicher Hinweise auf altägyptische Hieroglyphen (vgl. LThK 5, 87) und hieroglyphisch
verfaßte Geheimlehren (vgl. Pauly-Wissowa
5, 537−540) u. a. bei Herodot, Plutarch,
Ammianus Marcellinus, ,Hermes Trismegistos' und Plotin (,Enneaden' 5, 8) beschäftigte die ägyptische Bilderschrift schon in
der Antike die Phantasie. Die spätantike
Auslegung des Horapollo blieb lange Zeit
ohne größere Wirkung, bis zu Beginn des
15. Jhs. ein Manuskript von Griechenland
nach Florenz gelangte und in zahlreichen
griech. und lat. Handschriften verbreitet
werde (Druck 1505). Diese Schrift schien
endlich den erhofften Schlüssel zum Verständnis und zur Deutung der Hieroglyphen bereitzustellen. Gefördert wurde das
Interesse durch Abschriften ägyptischer Inschriften, die im 15. Jh. nach Italien gelangten. Die ägyptische Schrift galt als Geheim-
schrift, in der ein geheimes Priesterwissen
festgehalten war. Die Deutungsversuche
standen deshalb in engem Zusammenhang
mit der Erforschung von esoterischen Überlieferungen (↗ *Hermetismus*).

Auch der produktive Umgang mit der
Hieroglyphik orientierte sich zunächst in erster Linie an den ,Hieroglyphica' des Horapollo. Die in dem ursprünglich nicht illustrierten Manuskript beschriebenen hieroglyphischen Zeichen (,Wenn sie Stärke darstellen wollen, zeichnen sie die Vorderläufe
eines Löwen, denn dies sind dessen stärkste
Körperteile'; zit. n. Boas, 70) forderten zur
bildlichen Darstellung heraus, so z. B. Dürers Illustrationen zu einer lat. Übersetzung
Willibald Pirckheimers für Kaiser Maximilian, 1514, seine Randzeichnungen zu dessen Gebetbuch, der Entwurf des ,Großen
Triumphwagens' für den Holzschnitt-Tri-
umph des Kaisers und Maximilians ,Ehren-
pforte' mit dem „mysterium hieroglyphi-
cum", 1515, die in der Rezeption der Hieroglyphik „künstlerisch bedeutungsvollste

Äußerung in Deutschland" (Volkmann, 82).
Die Hieroglyphen boten andererseits die
Legitimation eines Symbolgebrauchs, der
Eingang fand besonders in die Emblematik
und die Kunst der ↗ *Imprese*, in die Architekturtheorie (z. B. Leon Battista Alberti:
,De re aedificatoria', 1452, gedruckt 1485,
Buch 8; Walter Ryff: ,Vitruvius Teutsch',
Nürnberg 1548, 8), in die Kunsttheorien des
↗ *Manierismus₁* (z. B. Antonio Averlino,
gen. Filarete: ,Trattato di architettura', Florenz 1497; dazu Tigler), in Bildprogramme
(z. B. Pinturicchios Fresken in der Borgia-
Wohnung im Vatikan), in Traumallegorien
(z. B. Francesco Colonnas ,Hypnerotoma-
chia Poliphili', 1499), in Entwürfe von Me-
daillen und Münzen und in die ikonographischen Kompendien der Renaissance wie
des Barock (z. B. Cesare Ripa: ,Iconologia',
1593); er hat noch in Friedrich Christoph
Oetingers ,Biblischem und Emblemati-
schem Wörterbuch' (1776) Spuren hinterlassen.

Bei der bildlichen Ausarbeitung der Hieroglyphik des 16. und 17. Jhs. dominierten
jeweils zeitgenössische Stilprinzipien; d. h.
es wurde nicht versucht, ägyptische Stil-
merkmale, obwohl von den Obelisken her
bekannt, nachzubilden. Dies dürfte ein
Hauptgrund gewesen sein, weshalb die
Hieroglyphik von der Renaissance- und Ba-
rock-Kultur vollständig assimiliert wurde
und zu einem integralen Teil ihres semiotischen Paradigmas werden konnte.

Francis Bacon: Works. Hg. v. Robert Leslie Ellis
u. a. London 1857 ff. − Marsilius Ficino: Opera
omnia. Basel 1576. − Paulys Real-Encyclopädie
der classischen Altertumswissenschaft. Neue Bearbeitung. Hg. v. Georg Wissowa u. a. Stuttgart
1894−1978.

ForschG: Einerseits fällt die Entzifferung
der ägyptischen Hieroglyphen in die Vorgeschichte der modernen Ägyptologie (vgl.
Thissen). Andererseits konnten sie in verschiedenen Disziplinen zu einem Forschungsgegenstand eigenen Rechts werden.
Die Renaissance-Hieroglyphik wird zur Rekonstruktion der Darstellungskonventionen
wie auch der Bildquellen des Emblems, der
Imprese, der Medaille und des Buchdruk-
ker-Signets in Renaissance und Barock herangezogen, für die Erforschung der Allego-

rik (↗ *Allegorie₂*) und der Symbolauffassung (↗ *Symbol₂*) der Renaissance (z. B. Giehlow, Gombrich) wie auch der Natursprachen-Modelle des 17. Jhs. (z. B. Apel, Nate, Strasser). In der am Ende des 20. Jhs. im Anschluß an Thesen Bernals geführten Diskussion um die afro-asiatischen Wurzeln der griechischen Antike gilt die Hieroglyphenkunde der Renaissance wie auch die Hieroglyphenauslegung des Athanasius Kircher (vgl. Godwin) den Anhängern Bernals trotz der nicht geglückten Entzifferung der Hieroglyphen als letzte adäquate europäische Rezeption der ägyptischen Kultur (vgl. RL² 4, 313−315).

Lit: Karl-Otto Apel: Die Idee der Sprache in der Tradition des Humanismus von Dante bis Vico. Bonn 1963 [bes. Kap. X]. − Martin Bernal: Black Athena. The Afroasiatic roots of classical civilization. London 1987. − George Boas: The ‚Hieroglyphics‘ of Horapollo. Übers. v. G. B. New York 1950 [bes. Einleitung]. − Lieselotte Dieckmann: Hieroglyphics. The history of a literary symbol. St. Louis/Miss. 1970. − Karl Giehlow: Die Hieroglyphenkunde des Humanismus in der Allegorie der Renaissance, besonders der Ehrenpforte Kaiser Maximilians I. In: Jb. der Kunsthistorischen Sammlungen des Allerhöchsten Kaiserhauses 32 (1915), S. 1−232. − Joscelyn Godwin: Athanasius Kircher. Ein Mann der Renaissance und die Suche nach verlorenem Wissen [1979]. Berlin 1994. − Ernst H. Gombrich: Icones symbolicae. Philosophies of symbolism and their bearing on art. In: E. H. G.: Symbolic images. London 1972, S. 123−195. − Thomas M. Greene: The light in Troy. Imitation and discovery in Renaissance poetry. New Haven, London 1982. − Heinrich Grimm: Deutsche Buchdruckersignete des 16. Jhs. Wiesbaden 1965. − Erik Iversen: The myth of Egypt and its hieroglyphs in European tradition. Kopenhagen 1961. − Richard Nate: Natursprachenmodelle des 17. Jhs. Münster 1993. − Madeleine Paul-David: Le débat sur les écritures et l'hiéroglyphe aux XVIIᵉ et XVIIIᵉ siècles et l'application de la notion de déchiffrement aux écritures mortes. Paris 1965. − David Sandison: The art of Egyptian hieroglyphics. London 1997. − Gerhard Strasser: Lingua universalis. Kryptologie und Theorie der Universalsprachen im 16. u. 17. Jh. Wiesbaden 1988. − Heinz Josef Thissen: Vom Bild zum Buchstaben, vom Buchstaben zum Bild. Von der Arbeit an Horapollons Hieroglyphika. Mainz 1998. − Peter Tigler: Die Architekturtheorie des Filarete. Berlin 1963. − Ludwig Volkmann: Bilderschriften der Renaissance: Hieroglyphik und Emblematik in ihren Beziehungen und Fortwirkungen [1923]. Nieuwkoop 1969. − Rudolf Wittkower: Hieroglyphics in the early Renaissance. In: R. W.: Allegory and the migration of symbols. London 1977 [dt. Köln 1983].

Bernhard F. Scholz

Hinkvers ↗ *Versmaß*

Histoire ↗ *Plot*

Historie

Erkundung und Darlegung faktischer, vornehmlich geschichtlicher Befunde.

Expl: Neben dem Gebrauch als Bezeichnung für geschichtliche Gegebenheiten gilt ‚Historie‘ nach mittelalterlicher Definition als ein Werktyp der Geschichtsschreibung, der im Unterschied zur ↗ *Chronik* nicht zeitliche, sondern sachliche Zusammenhänge in den Vordergrund stellt, diese in gebotener Ausführlichkeit darlegt und die exemplarisch-didaktische Komponente des Geschichtlichen herausstellt. Zugleich ist in antiker Tradition *historia/Historie* die generelle Bezeichnung für eine empirische und der Wahrheitstreue verpflichtete Vorgehensweise zur Erfassung des Faktischen und kann damit sowohl auf den literalen Schriftsinn der Bibel (↗ *Sensus litteralis*) wie auf naturkundliche Darlegungen bezogen werden.

WortG: Abgeleitet vom griech. ἱστορία [historía] ‚Erkundung‘, ‚Kunde‘, ‚Erzählung‘ und bei römischen Geschichtsschreibern vielfach nur in der Pluralform verwendet, fand *historia* durch Isidor von Sevilla eine bis in die Neuzeit hineinwirkende Definition als jene spezifische Darstellungs- und Erkenntnistätigkeit, die grundsätzlich einen Zugriff auf die Vergangenheit ermöglicht („historia est narratio rei gestae, per quam ea, quae in praeterito facta sunt, dinoscuntur", ‚historia ist die Erzählung von Geschehen, durch welche das, was sich in der

Vergangenheit ereignet hat, erkannt wird';
‚Etymologiae' 1,41), die sich dabei traditionell auf einstmals durch Augenzeugenschaft
gewonnenes Wissen zu stützen pflegt (‚Bei
den Alten verfaßte [...] niemand eine historia, wenn er [...] das, was darzulegen war,
nicht gesehen hatte'; ebd.) und die − im
Gegensatz zu den beiden anderen rhetorischen Formen der narratio (↗ *Dispositio*),
dem ↗ *Argumentum₂* und der fabula (*Fabel₁*
↗ *Plot*) − unter dem Gebot der Wahrheitstreue steht. Unter dieser Perspektive wird
historia nicht nur als eine Vermittlerin von
tatsächlich Geschehenem gesehen, sondern
bezeichnet das Faktische selbst („historiae
sunt res verae quae factae sunt", ‚historiae
sind die wahren Dinge, die geschehen sind';
‚Etymologiae' 1,44).

Nachdem es Übersetzungsversuche bereits im Ahd. gab (*[gi]tâtrahha*; i. e. ‚Erzählung der Tatsachen'; Splett 1/2, 723) und im
Mhd. mit *geschiht* synonym zu *historia* auch
größere Ereigniszusammenhänge benannt
werden konnten, fand *historia/historie* im
13. Jh. bleibenden Eingang in die deutschsprachige Literatur als gängiges Fremdwort
(bis ins 18. Jh. hinein vor allem im Plural:
historien) und deckte dort terminologisch
ebenso breite stoffliche Bereiche ab wie in
seinem lat. Gebrauch (Schulz-Basler 1, 268;
DWb 10, 1580). Allerdings wurde hierbei
überwiegend der Dimension der Darstellung (z. B.: „sam die historien sagent, daz
sint die geschrift von den geschihten in den
landen und in den zeiten"; Konrad von Megenberg, ‚Buch der Natur', 358) wie auch
der Erkundung der Vorzug gegenüber jener
des Geschehens selbst gegeben. Mit *historia*
konnte aber auch nur der Stoff und nicht
die Darstellungsweise benannt werden
(z. B. Sifrid de Balhusin: ‚Compendium historiarum'). Ganz allgemein heißen narrative Texte *historien*, schon im Mittelalter
vor allem das Exempel, verstärkt im 15./
16. Jh. das ↗ *Maere* (z. B. ‚Die historien von
dem ritter beringer') oder der ↗ *Prosaroman*, so daß *historia* trotz aller Abgrenzungsversuche globaler Werktitel für jedwede ‚erzählende' Darstellung sein kann.
Von daher erklärt sich, daß Bilder mit szenischen Darstellungen ebenfalls *historiae*
heißen (als heilsgeschichtlich-kartographi

sches Beispiel die sogenannte Herefordkarte). Auch das liturgische Offizium (↗ *Liturgie*) wird gelegentlich *historia* genannt.

Dank dem Bezug auf das Faktische bezeichnet *historia* in antiker Tradition
(z. B. Plinius d.Ä., ‚Historia naturalis') auch
die beschreibende Bestandsaufnahme allgemein empirisch gewonnener Sachverhalte
aus der Natur (↗ *Naturgeschichte*), z. B.
anatomische Befunde (‚historiae' einzelner
Körperteile) oder Berichte über außereuropäische Kulturen (Carpini, ‚Ystoria Mongalorum'). Eine alle Disziplinen einschlie
ßende Wissenserfassung und -vermittlung
heißt im Barock entsprechend *Polyhistorie*
(vgl. Zedelmaier). Überwiegend jedoch war
Historie bis zum Ende des 18. Jhs. geläufig
als Bezeichnung speziell der (wissenschaftlichen wie literarischen) Befassung mit der
Vergangenheit, bevor sie hier durch den
Terminus *Geschichte* abgelöst wurde (vgl.
BegrG).

Konrad von Megenberg: Das Buch der Natur. Hg.
v. Franz Pfeiffer [1861]. Repr. Hildesheim 1962.

BegrG: Der Begriff ‚historia' umfaßte einerseits das Geschehene selbst, andererseits einen heuristischen Zugriff, der Faktisches
narrativ oder beschreibend zusammenbindet und von daher zu einer geschichtlichen
Darstellung führt. Somit konnte *historia* in
Mittelalter und Früher Neuzeit ebenso als
pauschale Bezeichnung für geschichtliche
(Quellen-)Texte wie auch im didaktischen
Sinne („historia magistra vitae", ‚Geschichte als Lebenslehre') verwendet werden; sie konnte ab dem späten 17. Jh. in der
Jurisprudenz als Element der Beweisführung gelten, konnte begrifflich für das geschichtliche Exempel stehen oder in der
Bibelexegese den literalen, das faktische Geschehen vermittelnden Schriftsinn sowie −
davon abgeleitet − das liturgische Offizium
bzw. namentlich nach der Reformation das
gesungene ↗ *Oratorium* bedeuten.

Im lateinischen Mittelalter − später
kaum mehr − suchte man aber zudem den
Begriff durch eine typisierende Distinktion
genauer zu fassen und von anderen Formen
der Geschichtsschreibung abzugrenzen. Dabei zielte man vorrangig auf eine spezifische
Gestaltungstechnik des geschichtlichen Stof-

fes. Man unterschied zwischen ‚historiographia‘ und ‚chronographia‘ (↗ *Chronik*). Ersterer kommt im Unterschied zum chronikalischen Arbeiten, das auf eine knappe Einordnung der Ereignisse in den Zeitverlauf zielt, vor allem eine ausführliche, ja detaillierte Darlegung eines bestimmten Geschehenskomplexes zu („illius est maxime rerum gestarum historiam et ordinem, ad plenum per singula conscribere“, ‚jener ist vor allem zu eigen, die Geschichte und [innere] Ordnung der Geschehnisse auf [deren] Vollständigkeit hin durch Einzelheiten aufzuzeichnen‘; Guidonis, 693). Hierfür bedarf es – im Gegensatz zur ‚chronographia‘ – der Verfolgung sachlicher Zusammenhänge, welche sich vom diachronen Raster lösen kann, welche zeitliche Vor- und Rückgriffe sowie sachliche Exkurse erlaubt und der die „causae factorum omnium singulatim explicandae“ (‚die einzeln zu erklärenden Gründe aller Ereignisse‘; Bruni, 3) zur Erkundung aufgetragen sind, sofern dies der nötigen Veranschaulichung des geschichtlichen Themas dient. Darstellungsziel ist also die ‚in sich geschlossene, gesonderte Einzelgeschichte‘ (Paulinus Minorita, f. 1ʳ) unter Vernachlässigung anderer, nur gleichzeitiger Ereignisse. Während ‚chronographia‘ in der Stoffauswahl offen ist, muß ‚historiographia‘ strikt nach Sachbezügen selektieren. Obgleich in einem Text beide Darstellungsarten vielfach wechselweise verwirklicht wurden (so z. B. erklärtermaßen bei Burchard von Ursperg), konnte ‚historia‘ als Produkt von ‚historiographia‘ begrifflich auch für einen spezifischen Werktyp stehen.

Bis in die Frühe Neuzeit wurde *Historia* als Oberbegriff für eine geschichtliche Darstellung schlechthin verwendet, darin allerdings ab dem späten 18. Jh. im Deutschen funktional abgelöst von *Geschichte* und heute veraltet, wenngleich in Wortverbindungen wie z. B. *Historienmalerei* weiterlebend.

Leonardo Bruni: Historiarum Florentini populi libri XII [...]. Hg. v. Emilio Santini und C. Di Pierro. Città di Castello 1914. – Bernardus Guidonis: Flores chronicorum. In: Recueil des historiens des Gaules et de la France 21. Paris 1855, S. 691–734. – Burchard von Ursperg: Chroni-con. Hg. v. Oswald Holder-Egger und Bernhard v. Simon. Hannover, Leipzig ²1916 [= MG SS rer. Germ 16]. – Paulinus Minorita: Chronologia magna. Cod. Vat. lat. 1960 [ungedruckt].

SachG: Die vielfältigen Verwendungsmöglichkeiten des Begriffes erlauben, pauschal die wichtigsten Werktypen zuzuordnen. Im Bereich der Geschichtsschreibung sind es vor allem schon seit dem früheren Mittelalter die Zeitgeschichte (z. B. Nithard, Richer von St. Remis; beide mit dem Werktitel: ‚Historiarum libri‘), die Geschichte eines geschlossenen Geschehenskomplexes (wie z. B. eines Kreuzzuges, einer Klostergründung etc.) und die ↗ *Vita* (z. B. Thomas Basin: ‚Libri historiarum rerum gestarum temporibus Karoli septimi [...]‘), welche im ausführlichen und themenkonzentrierten Stile der ‚historiographia‘ behandelt und üblicherweise mit dem Titel ‚historia‘ versehen werden konnten, ohne daß dies jedoch immer stringent durchgeführt wurde. Der Werktyp Chronik konkurrierte auch in diesen Stoffeldern, ebenso Werke unter dem Titel ‚Gesta‘, ‚Vita‘ oder ‚Narratio‘.

Eine Sonderform waren bibelexegetische Werke, die auf den literalen Sinn zielten und allein die Geschehensabläufe in AT und NT vermitteln wollten (das bedeutendste: die ‚Historia scholastica‘ des Petrus Comestor). Ab dem 15. Jh. verbreiteten sich zudem als ‚Historien‘ betitelte Werke, die der Naturbeschreibung (z. B. Konrad Gesner: ‚Historia animalium‘) oder der Kosmo- bzw. Ethnographie (z. B. Hans von Stade: ‚Warhafftig Historia und beschreibung einer landtschafft der wilden [...] menschenfresser leuten [...]‘) gewidmet waren.

ForschG: Forschungen über das Phänomen ‚Historie‘ stehen immer im Zusammenhang einerseits mit Reflexionen über Theorie und Methode der Geschichtswissenschaft, andererseits mit konkreten quellenkundlichen Untersuchungen zur Geschichte der Geschichtsschreibung und anderer empirischer Disziplinen, die zudem weit in mentalitäts-, sozial-, literatur- und wissenschaftsgeschichtliche Bereiche führen. Gerade auf letztgenanntem Felde wurden bereits vor einigen Jahrzehnten die Forschungsparameter insbesondere von seiten der Mediävistik

(Beumann, Grundmann, Lammers, Spörl) beträchtlich erweitert, indem das Geschichtswerk nicht mehr nur als faktenvermittelnde Quelle angesehen, sondern vielmehr als Deutungs- und Gestaltungsinstanz der geschichtlichen Befunde erkannt worden ist; die jüngere Forschung hat dies weiter verfolgt (im Überblick: Guenée, Gumbrecht u. a., Schmale; von germanistischer Seite: Gerhardt u. a.). Geschichtstheoretische und -methodologische Analysen rückten in den letzten Jahrzehnten ebenfalls stark in den Vordergrund (Ausgangspunkte im Überblick: HWbPh 3, 344–398, Koselleck u. a.), scheinen derzeit aber an Intensität wieder zu verlieren.

In ebendiesem Forschungskontext stehen eingehende Bemühungen um Klärung speziell von ‚Historie‘ als Begriff und Sache. Neben älteren wortgeschichtlichen Untersuchungen (Keuck), die durch gattungsgeschichtliche Beobachtungen grundlegend erweitert wurden (Knape), werden bislang die Schwerpunkte auf die kultur- und wissenschaftsgeschichtliche Einordnung (Boehm, Brückner, Wolter), auf die typologische Ausgrenzung (Arnaldi, Guenée) und die gestaltungstechnische Eigenart (Melville) der ‚Historie‘ gelegt. Zudem befaßte man sich ertragreich mit dem Wechselverhältnis von Empirie und ‚Historie‘ (Seifert) wie auch mit der kulturgeschichtlichen Funktion exemplarischer ‚Historie‘ (Brémond u. a., von Moos) und der Bedeutung der ‚Historie‘ für die frühneuzeitliche Jurisprudenz (Hammerstein).

Lit: Girolamo Arnaldi: Annali, cronache, storie. In: Lo spazio letterario del medioevo. Bd. 1/1/2. Hg. v. Guglielmo Cavallo u. a. Rom 1993, S. 463–513. – Walter Blankenburg: Historia (Historie). In: MGG 6, S. 466–489. – Laetitia Boehm: Der wissenschaftstheoretische Ort der historia im früheren Mittelalter. In: Geschichtsdenken, Bildungsgeschichte, Wissenschaftsorganisation. Hg. v. Gert Melville u. a. Berlin 1996, S. 11–46. – Arno Borst: Das Bild der Geschichte in der Enzyklopädie Isidors von Sevilla. In: DA 22 (1966), S. 1–62. – Claude Brémond u. a.: L'exemplum. Turnhout 1982. – Wolfgang Brückner: Historien und Historie. In: Volkserzählung und Reformation. Hg. v. W. B. Berlin 1974, S. 13–123. – Christoph Gerhardt u. a.: Geschichtsbewußtsein in der deutschen Literatur des Mittelalters. Tübingen 1985. – Herbert Grundmann: Geschichtsschreibung im Mittelalter. Göttingen ³1978. – Bernard Guenée: Histoire et culture historique dans l'Occident médiéval. Paris 1980. – B. G.: Histoires, annales, chroniques. In: B. G.: Politique et histoire au Moyen Age. Paris 1981, S. 279–298. – Hans Ulrich Gumbrecht u. a. (Hg.): La littérature historiographique des origines à 1500. Heidelberg 1986 f. – Werner Hager: Das geschichtliche Ereignisbild. München 1939. – Notker Hammerstein: Jus und Historie. Göttingen 1972. – F. P. Hager, G. Scholtz: Geschichte, Historie. In: HWbPh 3, Sp. 344–398. – Ritva Jonsson: Historia. Etudes sur la genèse des offices versifiés. Stockholm 1968. – Karl Keuck: Historia. Geschichte des Wortes und seiner Bedeutungen in der Antike und in den romanischen Sprachen. Diss. Münster 1934. – Joachim Knape: ‚Historie‘ in Mittelalter und früher Neuzeit. Baden-Baden 1984. – R[einhart] Koselleck u. a.: Geschichte, Historie. In: Geschichtliche Grundbegriffe. Hg. v. Otto Brunner u. a. Bd. 2. Stuttgart 1975, S. 593–717. – Walter Lammers (Hg.): Geschichtsdenken und Geschichtsbild im Mittelalter. Darmstadt 1961. – Henri de Lubac: Exégèse médiévale. Les quatre sens de l'Ecriture. 4 Bde. Paris 1959–1964. – Gert Melville: System und Diachronie. Untersuchungen zur theoretischen Grundlegung geschichtsschreiberischer Praxis im Mittelalter 2. In: Historisches Jb. 95 (1975), S. 308–341. – G. M.: Wozu Geschichte schreiben? Stellung und Funktion der Historie im Mittelalter. In: Formen der Geschichtsschreibung. Hg. v. Reinhart Koselleck und Jörn Rüsen. München 1982, S. 86–146. – Peter von Moos: Geschichte als Topik. Hildesheim 1988. – Jan-Dirk Müller: Volksbuch/Prosaroman im 15./16. Jh. In: IASL 1. Sonderh. (1985), S. 1–128, hier S. 61–75. – Franz-Josef Schmale: Funktion und Formen mittelalterlicher Geschichtsschreibung. Darmstadt 1985, S. 105–123. – Arno Seifert: Cognitio historica. Die Geschichte als Namensgeberin der frühneuzeitlichen Empirie. Berlin 1976. – A. S.: Historia im Mittelalter. In: Archiv für Begriffsgeschichte 21 (1977), S. 226–284. – Johannes Spörl: Grundformen hochmittelalterlicher Geschichtsanschauung. Darmstadt 1968. – Hans Wolter: Geschichtliche Bildung im Rahmen der Artes Liberales. In: Artes Liberales. Hg. v. Josef Koch. Leiden, Köln 1959, S. 50–83. – Helmut Zedelmaier: Bibliotheca universalis und Bibliotheca selecta. Das Problem der Ordnung des gelehrten Wissens in der frühen Neuzeit. Köln u. a. 1992.

Gert Melville

Historischer Roman

Romantypus, in dem geschichtliche Personen, Ereignisse, Lebensverhältnisse narrativ in fiktionalen Konstruktionen dargestellt werden.

Expl: Prägend für die Eigenart und Formengeschichte des Historischen Romans ist das Spannungsverhältnis von narrativer Fiktion und (wissenschaftlich) beglaubigter geschichtlicher Überlieferung.

Aus allgemeineren Überlegungen zur Funktion der Geschichtsdarstellung (,Verlebendigung', ,Vergegenwärtigung', Popularisierung von Geschichte; Spiegelung und Kontrastierung von Gegenwart; erzählerische Konstituierung eines geschichtlichen Entwicklungsgedankens etc.) ergeben sich unterschiedliche poetologische Konzepte, die sich im Formenwandel des Historischen Romans vom 19. ins 20. Jh. ausprägen.

WortG: Lexikalisch nachgewiesen in Adelung (3, ¹1771, 1475) ohne nähere Bestimmungsmerkmale („Ein politischer, ein historischer, ein philosophischer, ein satyrischer Roman") innerhalb des Stichworts ,Roman', wobei dieser noch nach dem älteren Verständnis als „eine jede erdichtete wunderbare Geschichte" definiert wird. – Für die Terminologiegeschichte ist die Kontamination von ↗ *Historie* und *Geschichte* im 18. Jh. wichtig, wodurch ,Begebenheit', ,Geschehen' und deren Darstellung (Erzählung) in einem semantischen Feld zusammengebracht sind (Koselleck). – Das Wort *Geschichtsroman* ist (im Gegensatz zu *Geschichtsdrama*) nicht so verbreitet wie *Historischer Roman*, ohne daß dabei eine semantische Differenz im Gebrauch zu verzeichnen wäre (↗ *Geschichtsepik*).

Reinhart Koselleck: Geschichte. In: Otto Brunner u. a. (Hg.): Geschichtliche Grundbegriffe. Bd. 2. Stuttgart 1975, S. 652–658.

BegrG: Um 1820 festigt sich in Deutschland im Rahmen der Scott-Rezeption die Vorstellung vom ,Historischen Roman' als einer (unterhaltenden) Darstellungsform der „Geschichte der Vorzeit" (Alexis), ohne daß damit der Begriff eindeutig eingeführt ist. Scotts Annäherung der Erzähltraditionen von ,romance' und ,novel', bis hin zur absichtsvollen Synonymik in seinen theoretischen Explikationen (E. Wolff), führen in der Übersetzung zu unterschiedlichen Formulierungen: ,romantisches Gemälde', ,Sittengemälde', ,historisches Gemälde', ,romantisch-historisches Gemälde'. Scotts Romanpraxis der ausführlichen Darstellung von ,manners', orientiert am Stilprinzip des Pittoresken, hinterläßt bis weit ins 19. Jh. seine Spuren in annotierenden Untertiteln wie ,Cultur- und Sittengeschichtlicher Roman' oder ,Zeitgemälde', die das Genre kennzeichnen (Nachweise bei Schüren und Steinecke).

Die zugedachte Funktion als Vergewisserung der ,nationalen Vorgeschichte', die die Fabel des Romans konstituiert, schlägt sich in der Bezeichnung *Vaterländischer Roman* (z. B. Alexis) nieder. Mit der Ausbreitung historistischen Denkens (↗ *Historismus*) bildet sich im 19. Jh. die Praxis aus, die Distanz zur Gegenwart und zum Zeitroman als ,socialem Roman' der Gegenwart durch den Zusatz des Zeitrahmens zu markieren: ,Roman aus der Zeit …'. In gattungstheoretischen und poetologischen Reflexionen wird seit 1840 (Kurz, Marggraf, Prutz u. a.) in aller Regel aber der vereinheitlichende Begriff des Historischen Romans verwendet.

Im 20. Jh. kommt es zu Versuchen, durch normative Vorgaben qualitative Bestimmungsmerkmale wie die Korrespondenz von ,epischer Totalität' und ,Bewegungsgesetzen der Geschichte' (G. Lukács) einzuführen, die jedoch ohne terminologische Konsequenzen bleiben. Bei erhöhter Einsicht in die Konstruiertheit narrativer Fiktionen zeichnet sich daneben die deutliche Tendenz ab, den Historischen Roman aus dem Konkurrenz- und Spannungsverhältnis zur Historiographie zu lösen und auf begriffliche Abgrenzungen gegenüber anderen Spielarten des Romans zu verzichten.

Willibald Alexis: The romances of Walter Scott – Romane von Walter Scott. In: Wiener Jbb. der Literatur 22 (1823), S. 12–14, 29–32 [nachgedruckt in Lämmert, S. 274–277].

SachG: Im Gegensatz zum ↗ *Höfisch-historischen Roman* des 17. Jhs., bei dem ,Historie' zumeist im Verhältnis zur Heilsgeschichte (Bibel als historische Quelle) oder in ihrem Nutzen als moralische Exempla einer adligen Standeskultur definiert ist, bildet sich im 18. Jh. ein Historischer Roman heraus, der im Gefolge einer ersten quellenkritischen Historiographie das Problem von anschaulicher Vergegenwärtigung von Vergangenem ins Zentrum rückt. Die Romane von Feßler, Meißner, Naubert u. a. werden zur Vorgeschichte des Historischen Romans in Deutschland gerechnet. In der ersten Phase bis zur 1848er Revolution standen Rückgriffe auf deutsche (Regional-)Geschichte im Zeichen romantischer Zusammenführung von ‚Poesie und Geschichte' (Arnim, Hauff), aber auch verklärungsfreier Vergewisserung vergangenen Lebens als kontrastierende Vorgeschichte unbefriedigender gesellschaftlich-politischer Gegenwart (Alexis, Kurz u. a.). Erzählerische Orientierung gab das Prinzip Scotts, den Leser über die Konstruktion eines fiktiven ‚mittleren Helden' Geschichte als Abenteuer erleben zu lassen, wobei sowohl das Waverley-Modell (Zeitabstand zweier Generationen im Dienste historischer Glaubwürdigkeit) als auch das Ivanhoe-Modell (exotisches Panorama einer entlegenen Periode mit kulturgeschichtlichen Szenarien) aufgegriffen wurde.

Von 1850 bis zur Reichsgründung wird der Historische Roman verstärkt zum literarischen Organ patriotischer Gesinnungsbildung. Die Quellen einer zur Leitwissenschaft aufgestiegenen Geschichtswissenschaft nutzend, entsteht in Verbindung mit der Mode der Mystères-Romane (Sue) — die Leserphantasien im Hinblick auf eine ‚Geheimgeschichte' stimuliert, die sich hinter den verbürgten Fakten verbirgt (↗ Abenteuerroman) — eine Großzahl ‚geschichtlicher Tendenzromane' von kurzer Wirkungsdauer (Retcliffe, Mühlbach, Schücking u. a.).

Im Spannungsfeld von Zivilisationskritik und gelehrten Wissensbeständen entwickelt sich der ‚historistische Roman' (Paradigma: Scheffels ‚Ekkehard', 1855). Dessen Popularität in der Gründerzeit und im wilhemischem Kaiserreich zeugt in tagespolitischen Bezügen (z. B. auf den Kulturkampf) trotz

des Rückgriffs auf entlegene Epochen wie Völkerwanderungzeit und Mittelalter von nationalen Legitimationsbedürfnissen (‚Geburtsmythen des Reiches') und einem Geschichtsverständnis, bei dem sich Prinzipien von historischer Wahrheit und Wahrscheinlichkeit im historischen Dekorum geschichtlicher Illusionsbildung verflüchtigen (Dahn, Ebers, Freytag). Aufgrund dieser Zwitterstellung wurde seit dem 19. Jh. über den künstlerischen Rang des Historischen Romans gestritten. Vom Zeitgeschmack unabhängige Anerkennung als literarisches Kunstwerk haben solche Romane gefunden, die Distanz zu diesen Grundtendenzen hielten: Stifters ‚Witiko' (1865–67), C. F. Meyers ‚Jürg Jenatsch' (1876), Fontanes ‚Vor dem Sturm' (1878), Raabes ‚Das Odfeld' (1889).

Neue Anerkennung gewann das seit dem Naturalismus radikaler ästhetischer Kritik ausgesetzte Genre durch ↗ Biographien₁ herausragender Gestalten europäischer Politik- und Geistesgeschichte. In der festen Kontur des geschichtlich verbürgten Lebenslaufs entstehen unter dem Einfluß von Individualpsychologie bzw. Psychoanalyse zahlreiche solcher Romanbiographien (R. Huch, St. Zweig, L. Feuchtwanger, E. Ludwig). Auf ihrem Höhepunkt in der Weimarer Republik verfiel diese Spielart ‚historischer Belletristik' vehementer Kritik, die von der Kultursoziologie (Kracauer, Löwenthal) und der (konservativen) Historiographie geübt wurde. Radikale Erneuerung wird in der ästhetischen Kritik durch Absage an ‚Psychologismus' und geschlossene epische Fiktionen (‚Entfabelung') erwartet. Döblins Wallenstein-Roman (1920) bildet einen solchen Entwurf, der die traditionellen Formen destruiert.

Die auffällige Häufung Historischer Romane in der ↗ Exilliteratur (und der ↗ Inneren Emigration) wurde als Ausdruck von ‚Gegenwartsflucht' gedeutet. In der Regel sind sie aber als Evokation historischer ‚Gegenbilder' (verdeckte Machtkritik) oder als „transparente Kommentare" (R. Werner) zum politischen Zeitgeschehen zu begreifen. Herausragende Beispiele ästhetischer Innovationen auf der Grundlage je spezifischer Geschichtsauffassung sind aus diesem Zeit raum Heinrich Manns ,Henri Quatre' (1935/38) und Brechts Romanfragment ,Die Geschäfte des Herrn Julius Cäsar' (1938/1957).

Zahlreiche Verfilmungen aus dem Fundus der Historischen Romane des 19. Jhs. zeigen an, daß Kino und Fernsehen weitgehend die Funktion, ,Geschichte als Unterhaltung' darzubieten, übernommen haben. Ob sich ein dominanter neuer literarischer Romantypus herausbildet − in Abwandlung des ,dokumentarischen' oder ,postmodernen' Romans, wofür es seit den 1970er Jahren (U. Eco) Anzeichen gibt −, läßt sich literarhistorisch noch nicht sagen.

ForschG: Das Buch von Georg Lukács (1955), entstanden 1936/37 im Rahmen seiner Bemühungen um Geschichte und Theorie des ↗ *Sozialistischen Realismus*, bildete als erster systematischer Versuch einer literarhistorischen Gattungsbestimmung den Anreiz für eine produktive Auseinandersetzung seit der Mitte der 1960er Jahre. Einerseits rückte der Historische Roman als Grenzfall zwischen Roman und Historiographie ins Blickfeld der Erforschung von Geschichte der Romantheorie bzw. Gattungspoetik im 19. Jh. und der allgemeinen Erzählforschung (Geppert, Limlei), hier vorrangig mit Bezug auf die Anfänge und Einzelwerke des 20. Jhs. mit modernen Erzählformen (H. Müller), belebt durch Debatten um Narrativität in der Historiographie. Andererseits gewann der Historische Roman als breitenwirksame (Unterhaltungs-) Literatur wissenschaftliche Aufmerksamkeit als sozialgeschichtliches Phänomen in funktions- und wirkungsgeschichtlichen Studien zu einzelnen Epochen der Literaturgeschichte (Eggert, Westenfelder, Sottong). Ausführliche Forschungsgeschichte in Aust, 1994.

Lit: Hugo Aust: Der historische Roman. Stuttgart, Weimar 1994. − Christoph Brecht: Historismus und Realismus im historischen Roman. In: Moritz Baßler u. a.: Historismus und literarische Moderne. Tübingen 1996, S. 36−67. − Hartmut Eggert: Der historische Roman des 19. Jhs. In: Hb. des deutschen Romans. Hg. v. Helmut Koopmann. Düsseldorf 1983, S. 342−355. − H. E. u. a. (Hg.): Geschichte als Literatur. Stuttgart 1990. − Hans Vilmar Geppert: Der ,andere' historische Roman. Tübingen 1976. − Christoph Gradmann: Historische Belletristik. Frankfurt 1993. − Christine Harte: Ludwig Tiecks historische Romane: Bern 1997. − Bettina Hey'l: Geschichtsdenken und literarische Moderne. Tübingen 1994. − Wolfgang Iser, Fritz Schalk (Hg.): Dargestellte Geschichte in der europäischen Literatur des 19. Jhs. Frankfurt 1970. − Gerhard Kebbel: Geschichtengeneratoren. Lektüren zur Poetik des historischen Romans. Tübingen 1992. − Ralph Kohpeiss: Der historische Roman der Gegenwart in der Bundesrepublik Deutschland. Stuttgart 1993. − Reinhart Koselleck, Wolf-Dieter Stempel (Hg.): Geschichte − Ereignis und Erzählung. München 1973. − Eberhard Lämmert u. a. (Hg.): Romantheorie. Bd. 1: 1620−1880. Köln 1971, Frankfurt ²1988. − Michael Limlei: Geschichte als Ort der Bewährung. Frankfurt 1988. − Georg Lukács: Der historische Roman. [1955]. In: G. L.: Probleme des Realismus III. Neuwied, Berlin 1965. − Michael Meyer: Die Entstehung des historischen Romans in Deutschland und seine Stellung zwischen Geschichtsschreibung und Dichtung. Diss. München 1973. − Harro Müller: Geschichte zwischen Kairos und Katastrophe. Historische Romane im 20. Jh. Frankfurt 1988. − Claus-Michael Ort: Zeichen und Zeit. Probleme des literarischen Realismus. Tübingen 1998. − Hermann J. Sottong: Transformation und Reaktion. München 1992. − Hartmut Steinecke: Romanpoetik von Goethe bis Thomas Mann. München 1987, S. 76−100. − Renate Werner: Transparente Kommentare. Überlegungen zu historischen Romanen deutscher Exilautoren. In: Poetica 9 (1977), S. 324−351. − Erwin Wolff: Sir Walter Scott und Dr. Dryasdust. Zum Problem der Entstehung des Historischen Romans im 19. Jh.: In: Iser/Schalk 1970, S. 15−32.

Hartmut Eggert

Historisches Drama

Drama mit geschichtlichem, dokumentarisch/quellenmäßig verbürgtem Stoff.

Expl: Diese Untergattung des ↗ *Dramas* schöpft ihr Sujet aus historisch belegten Ereignissen und den Lebensläufen historischer Gestalten, kann mit diesen jedoch mehr oder minder frei verfahren, sowohl nach Maßgabe eines je aktuellen Interesses als auch im Dienst künstlerischer Überformung. So unterschied Schiller zwischen ,hi-

storischer Richtigkeit' und ,poetischer
Wahrheit' (Schiller, 166 f.). Stets geht es
dem Historischen Drama um die Herausarbeitung exemplarischer Charaktere und Situationen; es unterstellt also die prinzipielle
Vergleichbarkeit historischer Konstellationen in Vergangenheit und Gegenwart. Daraus resultiert die Möglichkeit, entweder mit
der Darstellung einer als vorbildlich aufge-
faßten Vergangenheit (Goethes ,Götz') oder
mit der verfremdenden Historisierung gegenwärtiger Probleme (Brechts ,Mutter
Courage') Kritik an der Gegenwart zu üben
und Veränderungen anzumahnen; im letzteren Fall tendiert das Historische Drama zur
szenischen ↗ *Parabel*. Ein zukunftsweisen-
des bzw. utopisches Moment erwächst vielen Historischen Dramen aus dem scheinbar paradoxen Umstand, daß ihre Protagonisten tragisch scheitern. − Die gegenwärtig
bevorzugte Bezeichnung *Geschichtsdrama*
meint für gewöhnlich dasselbe wie *Historisches Drama*, wird teilweise aber in einem
sowohl verengten als auch erweiterten Sinn
gebraucht: verengt, insofern nur Stücke, die
eine Deutung der Geschichte intendieren,
so genannt werden sollen; erweitert, insofern der Stoff nicht unbedingt ein historischer sein müsse (Neubuhr).

Friedrich Schiller: Über die tragische Kunst
[1792]. In: F. S.: Nationalausgabe. Bd. 20/1. Weimar 1962, S. 148−170.

WortG: Als nähere Bezeichnung/Untertitel
von Theaterstücken begegnet *Historisches
Drama* in Deutschland erstmals gegen Ende
des 18. Jhs., und zwar in Übersetzungen aus
dem Französischen (Ramond de Carbon-
nières: ,Hugo der Siebente', 1781; Jean
N. Bouilly: ,Der Taubstumme, oder der
Abbé de l'Epée', 1800). Der Begriff dürfte
also nicht aus engl. *history play*, sondern
aus frz. *drame historique* bzw. *pièce historique* abgeleitet worden sein. Den Untertitel
haben in Deutschland ausnahmslos mindere
Poeten verwendet, und nach dem 1. Weltkrieg ist er fast gänzlich verschwunden. In
der Literaturwissenschaft dagegen hat der
Begriff seit der 1. Hälfte des 19. Jhs. (Gervinus u. a.) seinen festen Platz und gilt für alle
Theaterstücke, die ihren Stoff der Geschichte entnehmen.

BegrG: Die Historischen Dramen des (vornehmlich) 19. Jhs. sind von den Autoren oft
noch genauer gekennzeichnet worden als *historische Tragödie* (z. B. Lassalles ,Franz
von Sickingen', 1859, und noch Jahnns
,Krönung Richards III.', 1921) oder als *historisches Trauerspiel* (z. B. Grillparzers ,Jü-
din von Toledo'). Am geläufigsten war aber
die Bezeichnung *historisches Schauspiel*,
von Christian Felix Weisses ,Jean Calas'
(1780) über Paul Heyses ,Colberg' (1868)
bis zu Ernst Tollers ,Feuer aus den Kesseln'
(1930). Die Kennzeichnung *historisch* dient
dabei oft nicht nur dem Verweis auf den
Stoff, sondern auch der Behauptung einer
gewissen Faktentreue − ein Anspruch, über
den schon Ludwig Tieck sich mit dem Untertitel „Ein historisches Schauspiel in fünf
Aufzügen" zu seiner Komödie ,Die verkehrte Welt' (1798) lustig gemacht hat.
Grundsätzlich in Frage gestellt wurde das
Historische Drama (ebenso wie der ↗ *Historische Roman*) im Rückgriff auf die ,Poe-
tik' des Aristoteles, insofern dort (Kap. 9)
unterschieden wurde zwischen dem Historiker, der das wirklich Geschehene, das Einzelne und Besondere mitteile, und dem
Dichter, der auf das Mögliche und Allgemeine ziele. Noch Gervinus sprach abschätzig von „dieser materiellen Gattung, dem
historischen Drama" (Gervinus, 692). Andererseits hat Schillers auf Lessing (,Ham-
burgische Dramaturgie', 24. und 89. Stück)
zurückgehende Lösung, die historisch vorgegebenen Charaktere in ihrer Eigenart herauszuarbeiten, mit den Geschehnissen aber
frei zu schalten, um eine ,höhere Wahrheit'
zur Anschauung zu bringen, auf die Theoretiker und Praktiker des 19. Jhs. (insbesondere Grillparzer und Hebbel) ausgestrahlt
und dazu geführt, daß das Historische
Drama geradezu als „höchste Geschichtsschreibung" (Hebbel, ,Mein Wort über das
Drama', 1843; 547) angesehen wurde, weil
es, unbeirrt durch die ,zufälligen' Fakten,
Deutung und Sinngebung der Geschichte
liefere (so noch Benno von Wiese). Diese
Auffassung schien gegen Ende des 19. Jhs.,
in der Konfrontation mit der auf Exaktheit
dringenden Historiographie, obsolet zu
werden (vgl. Seiler), und in der Tat läuft
eine Linie der Entwicklung auf das Doku-

mentartheater zu, während andererseits ein bewußt artifizieller Umgang mit dem historischen Material gerade in dem Moment wieder möglich geworden ist, da die Dramatiker der Geschichte keinen Sinn mehr unterstellen wollen, sondern diese Unterstellung radikal in Zweifel ziehen (Peter Weiss: ‚Marat/de Sade‘, 3. Fassung 1964) oder ganz negieren (Heiner Müller).

Friedrich Hebbel: Werke. Hg. v. Gerhard Fricke u. a. Bd. 3. München 1965. – Georg Gottfried Gervinus: Geschichte der poetischen National-Literatur der Deutschen. Teil 5. Leipzig 1842.

SachG: Geschichtliche Überlieferung oder das, was man dafür hielt, ist seit jeher Gegenstand der Dichtung (Homers ‚Ilias‘) und auch des Dramas (Aischylos: ‚Die Perser‘) gewesen. Von einem tatsächlich Historischen Drama kann aber erst dann die Rede sein, wenn Geschichte sich aus dem Nebel sagen- und legendenhafter Überlieferung löst und als faktenmäßig überlieferte Geschichte ernst genommen wird. Dies geschieht in Europa seit dem ausgehenden 16. Jh. Als Hauptvertreter des frühen Historischen Dramas gelten Lope de Vega (1562–1635) und vor allem Shakespeare (1564–1616) mit seinen Königsdramen. Im Deutschland des 17. Jhs. sind Andreas Gryphius (‚Leo Arminius‘, 1650), Daniel Casper von Lohenstein (‚Cleopatra‘, 1661) und Christian Weise (‚Masaniello‘, 1683) zu nennen. Die von der Aufklärung forcierte wissenschaftliche Historiographie und die Wiederentdeckung Shakespeares ermöglichten den Durchbruch des Historischen Dramas in Deutschland mit Goethes ‚Götz von Berlichingen‘ (1774), der eine Unzahl von Nachahmungen (Ritterdramen, ↗ *Vaterländische Schauspiele*) hervorrief. Als bewunderte Muster wirkten weit ins 19. Jh. hinein die Dramen Schillers (‚Don Carlos‘, 1787; ‚Wallenstein‘, 1793–1799; ‚Maria Stuart‘, 1801; ‚Die Jungfrau von Orleans‘, 1802; ‚Wilhelm Tell‘, 1804). Sein teilweise sehr freier Umgang mit den historischen Fakten zugunsten der ‚poetischen Wahrheit‘ fand den Beifall Hegels und auch der Romantiker, die zahlreiche historische Dramen schrieben (u. a. Fouqué, Arnim, Brentano, Eichendorff). Eine Sonderstellung nehmen Kleists Stücke ‚Die Herrmannsschlacht‘ (1808) und ‚Prinz Friedrich von Homburg‘ (1810) ein, die mehr oder minder deutlich einer aktuellen Absicht dienen und insofern partiell auf Dramen des *Jungen Deutschland* (↗ *Vormärz*) vorausweisen (z. B. Gutzkows ‚Uriel Acosta‘, 1847). In der Restaurationszeit wurden die Geschichte und die Rolle des Individuums in ihr eher pessimistisch gedeutet (z. B. Grabbes ‚Napoleon oder die hundert Tage‘, 1831; Büchners ‚Dantons Tod‘, 1835; Grillparzers ‚König Ottokars Glück und Ende‘, 1825, und ‚Ein Bruderzwist in Habsburg‘, 1848; auch Hebbels ‚Agnes Bernauer‘, 1851). Ferdinand Lassalles Versuch, die gescheiterte Revolution von 1848 in der „historischen Tragödie“ ‚Franz von Sickingen‘ zu spiegeln, rief mit dem Protest von Marx und Engels die sogenannte Sickingen-Debatte hervor, die als Grundmodell ↗ *Marxistischer Literaturwissenschaft* gilt. Die Fortschritte der Geschichtswissenschaft, insbesondere der Historismus, der frühere Epochen individualisierte und isolierte, so daß Analogieschlüsse als unerlaubt erschienen, stürzten das Historische Drama in eine Krise, was freilich die Entstehung einer Flut epigonaler „Oberlehrer-Dramen“ (Hinck, 17) und staatsfrommer Produkte (etwa der Hohenzollern-Dramen von Liliencron und Wildenbruch) nicht verhinderte. In der grundsätzlich gegenwartsbezogenen Dramatik des Naturalismus stellt Gerhart Hauptmanns Schauspiel ‚Die Weber‘ (1892) eine bedeutende Ausnahme dar. Der Expressionismus behandelte Geschichtliches eher in der Form des Ideendramas (z. B. Georg Kaisers ‚Die Bürger von Calais‘, 1914), während nach der russischen Oktoberrevolution auch in Deutschland Revolutionsstücke entstanden, oft mit Rückbezug auf die Bauernkriege (z. B. Friedrich Wolf: ‚Der arme Konrad‘, 1924). Nach der nationalsozialistischen Machtübernahme 1933 wurden in Deutschland selbst ‚historische‘ Dramen mit Stoffen aus der nordisch-germanischen, der mittelalterlichen und der preußischen Überlieferung produziert, während die Exildramatik (im Gegensatz zur Epik; ↗ *Historischer Roman*) sich zumeist auf Gegenwärtiges bezog; die wesentlichen Ausnahmen bilden Brechts Stücke ‚Mutter Courage und ihre Kinder' (1941) und ‚Leben des Galilei' (1943 bzw. 1945/46). Nach dem Zusammenbruch des ‚Dritten Reichs', nach der Aufdeckung der historisch beispiellosen Judenvernichtung und nach den Atombombenabwürfen über Hiroshima und Nagasaki wurden bisherige Auffassungen von Geschichte, gar von ihrem Fortschritt, weithin als obsolet empfunden, und Historische Dramen der vormals gängigen Art schienen kaum mehr möglich. Erst nach einer längeren Pause entstanden statt dessen dokumentarisch angelegte Stücke mit politischer Zielrichtung (Rolf Hochhuth: ‚Der Stellvertreter', 1963; Heinar Kipphardt: ‚In der Sache J. Robert Oppenheimer', 1964; Peter Weiss: ‚Die Ermittlung', 1965; u. a.; ↗ *Dokumentartheater*). Wo weiter zurückliegende Geschichte thematisiert wird, erscheint sie als „Farce" (Max Frisch: ‚Die Chinesische Mauer', 1946 bzw. 1955), als schwarze Komödie (Friedrich Dürrenmatt: ‚Romulus der Große', 1950 bzw. 1957), als absurder Prozeß (Wolfgang Hildesheimer: ‚Mary Stuart', 1970), schließlich als Trümmerhaufen, angesichts dessen jede Sinngebung versagt (Heiner Müller: ‚Germania Tod in Berlin', 1977). Ob damit die Gattung tatsächlich an ihr Ende gekommen ist (so Heinz-Dieter Weber), mag man bezweifeln.

ForschG: Die erste Gesamtdarstellung des (nicht nur deutschen) Historischen Dramas hat 1901 Otto von der Pfordten vorgelegt; erst 1952 folgte eine vergleichbar umfassende Untersuchung mit Friedrich Sengles Buch ‚Das deutsche Geschichtsdrama'. Grundlegend für ein heutiges Verständnis ist Werner Kellers Abhandlung von 1976. Aufsatzsammlungen haben Reinhold Grimm und Jost Hermand (1976), Elfriede Neubuhr (1980) und Walter Hinck (1981) vorgelegt. Den gegenwärtigen Stand der Forschung dürften die Untersuchungen von Jürgen Schröder (1994) und Wolfgang Struck (1997) repräsentieren.

Lit: Reinhold Grimm, Jost Hermand (Hg.): Geschichte im Gegenwartsdrama. Stuttgart, Berlin 1976. − Walter Hinck (Hg.): Geschichte als Schauspiel. Deutsche Geschichtsdramen. Interpretationen. Frankfurt 1981 [bes. Einleitung S. 7−21]. − Werner Keller: Drama und Geschichte. In: Beiträge zur Poetik des Dramas. Hg. v. W. K. Darmstadt 1976, S. 298−339. − Elfriede Neubuhr (Hg.): Geschichtsdrama. Darmstadt 1980 [bes. Einleitung S. 1−37]. − Otto von der Pfordten: Werden und Wesen des historischen Dramas. Heidelberg 1901. − Jürgen Schröder: Geschichtsdramen. Tübingen 1994. − Bernd W. Seiler: Exaktheit als ästhetische Kategorie. Zur Rezeption des historischen Dramas der Gegenwart. In: Poetica 5 (1972), S. 388−433. − Friedrich Sengle: Das deutsche Geschichtsdrama. Stuttgart 1952 [²1969 unter dem Titel: Das historische Drama in Deutschland]. − Wolfgang Struck: Konfiguration der Vergangenheit. Deutsche Geschichtsdramen im Zeitalter der Restauration. Tübingen 1997. − Heinz-Dieter Weber: Heiner Müllers Geschichtsdrama − die Beendigung einer literarischen Gattung. In: DU 43 (1991), H. 4, S. 43−57. − Benno von Wiese: Geschichte und Drama. In: DVjs 20 (1942), S. 412−434 [Nachdruck in Neubuhr, S. 381−403].

Klaus Müller-Salget

Historisches Volkslied
↗ *Zeitungslied*

Historisch-kritische Ausgabe
↗ *Edition*

Historismus

Eine vornehmlich im 19. Jh. ausgebildete Weise des historischen Denkens.

Expl: Die Ausdifferenzierung des Begriffs im Zuge der historischen Entwicklung macht folgende Minimaldistinktion (Heussi, 1−21; Schnädelbach 1974, 19−30) erforderlich. *Historismus₁*: eine spezifische Wissenschaftspraxis, verstanden als angeblich werturteilsfreie, ‚positivistische' Erforschung geschichtlicher Tatsachen. − *Historismus₂*: Relativismus in bezug auf überzeitliche Geltungsansprüche vergangener kultureller Objektivationen. − *Historismus₃*: eine „wesentlich kulturalistische Position" (Schnädelbach 1983, 52 u. 289), die sich gegen die Annahme invarianter, normativer

Vernunftprinzipien richtet. Lee/Beck und Scaff erläutern die terminologischen Differenzen zwischen ‚Historismus' und ‚Historizismus'.

WortG/BegrG: Den (bislang) ältesten Beleg für das Kunstwort *Historismus* findet man in Fr. Schlegels (vermutlich 1797 verfaßten) fragmentarischen Anmerkungen zur Philologie (35, 37 f., 41). 1798 verwendet Fr. v. Hardenberg in seinen ‚Materialien zur Enzyklopädistik' den Ausdruck *Historism* (Novalis, 446). Diesen Wortbildungen liegt vermutlich keine festumrissene Konzeption zugrunde (vgl. Scholtz 1997, 193). — Offenbar gewinnt der Ausdruck *Historismus* Kontur im Zusammenhang des sowohl bei Schlegel (14) als auch bei Novalis (690) zu fassenden Anthropologie-Begriffes, insbesondere in seinem Verhältnis zu ‚Historie' (vgl. Schlegel, 14, 35, 41). — Der Beginn eines terminologischen und konzeptionellen Begriffseinsatzes ist erst für das Ende der 1830er Jahre nachweisbar. Seitdem ist der Begriff — vornehmlich in den Philosophiegeschichten — bis ca. 1860 zunächst spärlich dokumentiert (Belege bei Schaper; Scholtz 1973, 152, passim; Scholtz 1974, 1141; Iggers 1997, 102 f.). — In der 2. Hälfte des 19. Jhs. verschiebt sich die Bedeutung von ‚Historismus' in die Richtung eines Methoden-Begriffs der Nationalökonomie und der Jurisprudenz (vgl. Wittkau, 80—95). Um 1900 schließlich entfalten sich die Implikationen (vor allem des Historismus$_2$) zu Kontroversen innerhalb der Theologie, der Philosophie (vgl. Wittkau, 116—125) und der Geschichtswissenschaft (vgl. Chickering, 175—253). Die Wirkungsgeschichte von Nietzsches Relativismuskritik (vgl. Wittkau, 45—55) sowie Diltheys Universalisierung der Hermeneutik auf der Grundlage einer Philosophie des „Lebens" bzw. „Erlebens" (vgl. Schnädelbach 1974, 113—136) werden schließlich folgenreich im Blick auf die kulturphilosophischen und wissenssoziologischen Debatten der 1920er und 30er Jahre, die in der Konzentration auf die relativistischen Konsequenzen des Historismus$_1$ von einer begrifflichen Erweiterung, aber inhaltlichen Verengung des Problemfeldes zeugen. Die „Krisis des Historismus" (Troeltsch 1922a) und die Möglichkeiten zu ihrer „Überwindung" (Troeltsch 1923) werden — als Kardinalproblem der Kulturwissenschaften — nicht zuletzt aufgrund einer durch Troeltsch verursachten diffusen Rezeptionssituation des Historismus-Begriffes (vgl. Troeltsch 1922b; Wittkau, 148—151) unter stark voneinander abweichenden wissenschaftstheoretischen und ideologischen Grundannahmen diskutiert (vgl. Bialas/Raulet, passim). F. Meineckes Arbeit über die ‚Entstehung des Historismus' bringt diese Debatten schließlich in den 30er Jahren um ihren ‚Gegenstand', da Meinecke den Begriff nicht länger primär mit dem Relativismus-Problem verbindet (vgl. 577—579). Der „Kern" des so verstandenen Historismus bestehe „in der Ersetzung einer generalisierenden Betrachtung geschichtlich-menschlicher Kräfte durch eine individualisierende Betrachtung" (Meinecke, 2).

Roger Chickering: Karl Lamprecht. New Jersey 1993. — Friedrich Meinecke: Die Entstehung des Historismus [1936]. München 1965. — Novalis: Schriften. Hg. v. Paul Kluckhohn und Richard Samuel. Bd. 3. Stuttgart ²1968. — Friedrich Schlegel. Kritische Ausgabe. Hg. v. Ernst Behler. Bd. 16, Abt. 2, Teil 1. Darmstadt 1981. — Ernst Troeltsch: Die Krisis des Historismus. In: Die Neue Rundschau 1 (1922) [a], S. 572—590. — E. T.: Der Historismus und seine Probleme. Tübingen 1922 [b]. — E. T.: Christian thought: its history and application. London 1923 [dt.: Der Historismus und seine Überwindung (1924); beide Titel stammen nicht von Troeltsch selbst, sondern von Friedrich v. Hügel].

SachG: Im gesamteuropäischen Kontext frühneuzeitlichen Geschichtsdenkens (vgl. Hassinger, 5—14, 139—147, 177—183; Muhlack, 27—66) sind die fundamentalen Strukturen historistischen Denkens als „Ergebnis aufgeklärten Bemühens um die Geschichte" (vgl. Möller, 144 f.) zu beschreiben. Wenngleich dem 18. Jh. der Sinn für das Historische nicht generell abzusprechen ist, besteht indes eine dominierende ahistorische Konstante in der zeitgenössischen Auffassung, „daß es die Geschichte mit bloßen [...] Erscheinungsweisen der unveränderlichen Gattung ‚Mensch'" zu tun habe (Schnädelbach 1974, 25). Im letzten Drittel des 18. Jhs. wenden sich gegen die ahistorischen Besonderheiten aufgeklärten Geschichtsdenkens vornehmlich J. Möser mit seinen ‚Patriotischen Phantasien‘ (1774–1786) und J. G. Herder, der etwa mit den Fragmenten ‚Ueber die neuere Deutsche Litteratur‘ (1766–67) u. a. auf die ↗ *Querelle des anciens et des modernes* reagiert. Der von Herder vertretene Grundgedanke der historischen Individualität nimmt bedeutenden wirkungsgeschichtlichen Einfluß auf die kultur- und sprachgeschichtlichen Forschungen der deutschen Romantik, die wiederum entscheidende Bahnen für den entstehenden wissenschaftlichen Historismus des 19. Jhs. legt (vgl. Rothacker, passim; Scholtz, 1137–1141; Jaeger/Rüsen, 26–28). Die Ausgangssituation für die Entfaltung des historistischen Erkenntnisanspruches im 19. Jh. ist zum einen im Blick auf Hegels spekulative Begrenzung der Empirie zu charakterisieren (vgl. Schnädelbach 1983, 53, 58–65; Jaeger/Rüsen, 34–40). Zum anderen wird der Historismus gestützt von disziplinübergreifenden methodischen Standards der Quellenkritik und mit einem dritten Entwicklungsmoment − den Prinzipien der Verstehenslehre − verkoppelt, deren Referenzen ebenfalls in der Frühen Neuzeit liegen (vgl. Danneberg). Neben F. A. Wolf und F. D. Schleiermacher wird hier die Arbeit A. Boeckhs richtungweisend, der den Maßstab der geschichtlichen Bedingtheit allen Verstehens formuliert (vgl. Boeckh, 10 f., 15 f.); die späteren hermeneutischen Entwürfe von Droysen und Dilthey stehen in dieser Tradition. − Als wichtigste Konsequenz der methodologischen Operationalisierung historisch-kritischer Quellenforschung wird die allmähliche Demontage ursprünglich leitender normativer Prinzipien der historischen Aktivität erkennbar: Aus dem ‚klassischen‘ Altertum wird ein ‚histori(sti)sches‘ Altertum (vgl. Muhlack, 434). In doppelter Hinsicht verschärfen sich somit die Probleme des Historismus$_1$: Die Geschichtswissenschaft hält eine ‚nur‘ relativistische Bildungs-Vorstellung bereit (vgl. Schnädelbach 1983, 52); angesichts dessen kann die Frage nach dem Sinn der Geschichte nur in die Berufung auf das Übergeschichtliche führen (vgl. Hardtwig 1974, 55, 203). − Diese Grundproblematik (Historismus$_2$) betrifft alle ‚geisteswissenschaft-

lichen‘, d. h. historisch-hermeneutisch arbeitenden Disziplinen und läßt sich von der deutschen Literaturgeschichtsschreibung des 19. Jhs. (vgl. Fohrmann, 171–210; Schlott 1993, 289–295) über die Deutsche Philologie des Kaiserreiches und der Weimarer Republik (vgl. Dainat) bis hinein in die 1930er Jahre (vgl. Schlott 1996) verfolgen. Nach 1945 rückt der Historismus erst seit den 60er Jahren ins wissenschaftsgeschichtliche und -politische Blickfeld.

August Boekh: Encyklopädie und Methodologie der philologischen Wissenschaften. Hg. v. Ernst Bratuschek. Leipzig 1877. − Lutz Danneberg: Die Historiographie des hermeneutischen Zirkels: Fake und fiction eines Behauptungsdiskurses. In: ZfG NF 3 (1995), S. 611–624. − Wilhelm Dilthey: Einleitung in die Geisteswissenschaften. Bd. 1. Leipzig 1883. − Johann Gustav Droysen: Historik [1857]. Stuttgart-Bad Cannstatt 1977, S. 1–393. − Jürgen Fohrmann: Das Projekt der deutschen Literaturgeschichte. Stuttgart 1989. − Johann Gottfried Herder: Ideen zur Philosophie der Geschichte der Menschheit [1784–94]. In: J. G. H.: Sämmtliche Werke. Hg. v. Bernhard Suphan. Bde. 13/14. Berlin 1887, 1909. − Friedrich D. E. Schleiermacher: Hermeneutik. Hg. v. Heinz Kimmerle. Heidelberg ²1974. − Michael Schlott: Hermann Hettner. Tübingen 1993. − Friedrich August Wolf: Darstellung der Altertumswissenschaft nach Begriff, Umfang, Zweck und Werth [1807]. In: F. A. W.: Kleine Schriften. Hg. v. G. Bernhardy. Bd. 2. Halle 1869, S. 808–895.

ForschG: Meineckes Historismusvorstellung wird bereits 1947 kritisch beleuchtet (vgl. Goetz, 359), doch gewinnen solche Einwände erst seit den 1960er Jahren ihr Profil im Zuge einer grundsätzlichen Kritik an den ideologischen Fundamenten der deutschen Geschichtswissenschaft (vgl. Iggers 1971, 268). In der Folge dieser Auseinandersetzungen lautet eine der entscheidenden Fragen, ob es für die „heutige“ Geschichtswissenschaft einen Weg gebe, Meineckes Historismuskonzeption „besser zu entfalten, als es Meinecke möglich war“ (vgl. Rüsen 1981, 98). Rüsen, Blanke und Jaeger, die diese Frage grundsätzlich bejahen, (re)konstruieren den Historismus im Rekurs auf Kuhns Wissenschaftstheorie und mit Hilfe des theoretischen Analysemodells einer „disziplinären Matrix“ als „Wissenschaftsparadigma“ (vgl. Blanke 1991b,

219 f.). Blanke hat in dieser Perspektive die Historiographiegeschichte der zurückliegenden zweieinhalb Jahrhunderte als Abfolge dreier verschiedener Wissenschaftsparadigmata interpretiert: Aufklärungshistorie, Historismus und Historische Sozialwissenschaft („sog. Bielefelder Schule"; vgl. Blanke 1991a, 14). Im Ergebnis steht die disziplingeschichtlich rekonstruierte Verpflichtung des historischen Denkens auf das „neuzeitliche Wissenschaftsprinzip" ‚Methode' (Rüsen 1993, 29, 35). Diesen Ansatz kritisiert Oexle wegen des zugrundeliegenden ideologischen „Kampfbegriff[s] von Historismus", den seit etwa 1970 Iggers und andere verwendet hätten, „um eine ‚neue' Geschichtswissenschaft gegen eine ‚traditionelle' abzugrenzen und durchzusetzen" (Oexle 1992, 56, 64 f.). Oexle plädiert dagegen für eine exakte Distinktion zwischen „Historismus I" als einer geistig-kulturellen Bewegung, die in die philosophischen (Relativismus-) Debatten in den späten 19. und im 1. Drittel des 20. Jhs. münde, und „Historismus II" als der idealistischen Begründung der deutschen Geschichtswissenschaft durch Humboldt und Ranke (vgl. Oexle 1984, 40, 49 f.). – Für den Diskussionsgegenstand ‚Historismus an den deutschen Universitäten des 19. Jhs.' sind in der Forschungsgeschichte des vergangenen Jahrzehnts drei Argumentationsansätze zu unterscheiden (vgl. Iggers 1997, 117–123): (1) Der Historismus sei weiterhin ein gültiges Modell für die gelehrte Arbeit (Muhlack, Nipperdey). – (2) Die Tradition historistischen Forschens sei nur unter bestimmten methodologischen Einschränkungen zu bejahen (Rüsen, Blanke, Jaeger). – (3) Zu prüfen seien vor allem auch die wissenschaftsinternen sowie -externen Voraussetzungen, die den ‚wissenschaftlichen Diskurs der Berufshistoriker kompromittiert' hätten (Hardtwig, Oexle, Iggers). – Der „Ästhetische Historismus" (vgl. Schlaffer/Schlaffer, 8, 24) wird von literaturwissenschaftlicher Seite in „drei systematisch unterscheidbaren Fällen" als „historiographischer", „simulierender" und „technischer" Historismus entfaltet (vgl. Baßler u. a., 22–26; Niefanger).

Lit: Moritz Baßler u. a.: Historismus und literarische Moderne. Tübingen 1996. – Wolfgang Bialas, Gérard Raulet (Hg.): Die Historismusdebatte in der Weimarer Republik. Frankfurt u. a. 1996. – Horst Walter Blanke: Historiographiegeschichte als Historik. Stuttgart-Bad Cannstatt 1991 [a]. – H. W. B.: Historismus als Wissenschaftsparadigma. In: Wissenschaft und Nation. Hg. v. Jürgen Fohrmann und Wilhelm Voßkamp. München 1991 [b], S. 217–231. – Holger Dainat: „Erlösung von jenem ertötenden Historismus". In: Bialas/Raulet 1996, S. 248–271. – Daniel Fulda: Wissenschaft aus Kunst. Berlin, New York 1996. – Walter Goetz: Die Entstehung des Historismus [1947]. In: W. G.: Historiker in meiner Zeit. Köln, Graz 1957, S. 351–360. – Wolfgang Hardtwig: Geschichtsschreibung zwischen Alteuropa und moderner Welt. Göttingen 1974. – W. H.: Geschichtsreligion – Wissenschaft als Arbeit – Objektivität. In: Historische Zs. 252 (1991), S. 1–32. – Erich Hassinger: Empirisch-rationaler Historismus. Bern, München 1978. – Karl Heussi: Die Krisis des Historismus. Tübingen 1932. – Bettina Hey'l: Geschichtsdenken und literarische Moderne. Tübingen 1994. – Georg G. Iggers: The German conception of history. Middletown/Conn. 1968 [dt. 1971]. – G. G. I.: Historismus im Meinungsstreit. In: Oexle/Rüsen 1996, S. 7–27. – G. G. I.: Historismus – Geschichte und Bedeutung. In: Scholtz 1997, S. 102–126. – Friedrich Jaeger, Jörn Rüsen: Geschichte des Historismus. München 1992. – Dwight E. Lee, Robert N. Beck: The meaning of ‚historicism'. In: The American Historical Review 59 (1953/54), S. 568–577. – Horst Möller: Vernunft und Kritik. Frankfurt 1986. – Wolfgang J. Mommsen: Die Geschichtswissenschaft jenseits des Historismus. Düsseldorf 1971. – Ulrich Muhlack: Geschichtswissenschaft im Humanismus und in der Aufklärung. München 1991. – Dirk Niefanger: Historismus. In: HWbRh 3, Sp. 1410–1421. – Thomas Nipperdey: Historismus und Historismuskritik heute. In: Die Funktion der Geschichte in unserer Zeit. Hg. v. Eberhard Jäckel und Ernst Weymar. Stuttgart 1975. S. 82–95. – Otto Gerhard Oexle: Die Geschichtswissenschaft im Zeichen des Historismus. In: Historische Zs. 238 (1984), S. 17–55. – O. G. O.: „Historismus". In: Braunschweigische Wissenschaftliche Gesellschaft. Jb. 1986, S. 119–155. – O. G. O.: Einmal Göttingen – Bielefeld einfach. In: Rechtshistorisches Journal 11 (1992), S. 54–66. – O. G. O., Jörn Rüsen (Hg.): Historismus in den Kulturwissenschaften. Köln u. a. 1996. – Peter Hanns Reill: The German enlightenment and the rise of historicism. Berkeley u. a. 1975. – Erich Rothacker: Einleitung in die Geisteswissenschaften. Tübingen 1920. – Jörn Rüsen: Friedrich Meineckes ‚Entstehung des Historismus'. In: Friedrich Meinecke heute. Hg. v. Michael Erbe. Berlin 1981. S. 76−100. − J. R.: Konfigurationen des Historismus. Frankfurt 1993. − J. R.: Historismus als Wissenschaftsparadigma. In: Oexle/Rüsen 1996, S. 119−137. − Lawrence A. Scaff: Geschichte und Historismus in der deutschen Tradition des politischen und ökonomischen Denkens. In: Scholtz 1997, S. 127−145. − Ewald Schaper: Historie und Historismus bei Ludwig Feuerbach. In: GGA 202 (1940), S. 453−461. − Hannelore Schlaffer, Heinz Schlaffer: Studien zum ästhetischen Historismus. Frankfurt 1975. − Michael Schlott: Wertkontinuität im Werkkontinuum. In: Zeitenwechsel. Hg. v. Wilfried Barner und Christoph König. Frankfurt 1996, S. 171−181. − M. S.: Mythen, Mutationen und Lexeme. ,Historismus' als Kategorie der Geschichts- und Literaturwissenschaft. In: Scientia Poetica 3 (1999), S. 158−204. − Herbert Schnädelbach: Geschichtsphilosophie nach Hegel. Freiburg, München 1974. − H. S.: Philosophie in Deutschland 1831−1933. Frankfurt 1983. − Gunter Scholtz: „Historismus" als spekulative Geschichtsphilosophie. Frankfurt 1973. − G. S.: Historische Schule; Historismus. In: HWbPh 3, Sp. 1137−1147. − G. S: Zwischen Wissenschaftsanspruch und Orientierungsbedürfnis. Frankfurt 1991. − G. S. (Hg.): Historismus am Ende des 20. Jhs. Berlin 1997. − Gerhild Scholz Williams: Geschichte und literarische Dimension. In: DVjs 63 (1989), S. 315−392. − Annette Wittkau: Historismus. Göttingen 1992.

Michael Schlott

Historizität ↗ *Literaturgeschichtsschreibung*

Hodoeporicon

Reisedichtung in der humanistischen und neulat. Literatur.

Expl: Im Rückgriff auf antike Modelle ist das Hodoeporicon ein in der neulat. Literatur entwickelter Typ von Reisedichtung, meist in Versen, gelegentlich auch in Prosa, die in der Regel Reisen in der humanistischen Gelehrtenrepublik zum Gegenstand hat.

WortG: *Hodoeporicon* ist abgeleitet von dem griech. Adjektiv ὁδοιπόρικος [hodoipórikos] ,zur Reise gehörig' bzw. ὁδοιπόρικον σύγγραμμα [hodoipórikon sýngramma] ,Reisebeschreibung'. In der lat. Literatur ist es erstmals im Brief 108,8 des Hieronymus als Bezeichnung für eine prosaische Reisebeschreibung belegt. Synonyme dafür sind lat. *iter* und *itinerarium*. Aus Titeln humanistischer Dichtungen seit dem 16. Jh. als Werkbezeichnung übernommen.

BegrG: Bereits in der ↗ *Mittellateinischen Literatur* werden poetische Reiseberichte mit aus dem griech. Wort abgeleiteten Bezeichnungen belegt. So nennt Herimannus contractus in seiner Chronik die poetische Beschreibung einer Reise nach Konstantinopel, die Amalarius von Metz, 809−814 Bischof von Trier, in 80 Versen mit dem Titel ,Versus marini' verfaßte, ein *odoporicum*. Die Bezeichnung wird auch auf Reiseberichte in Prosa angewendet, und der humanistische Autor und spätere Prior von Maria Laach Johannes Butzbach-Piemontanus (1477−1516) bezeichnet sogar einen autobiographischen lat. Bericht über seine ,Lebensreise' in Prosa (1506) mit *Odeporicon* (vgl. die Ausgabe von Beriger). Seit dem ↗ *Humanismus₂* ist der Terminus für lat. Reisedichtungen in Versen, seltener für Reiseberichte in Prosa, zuweilen auch volkssprachliche, eingebürgert.

SachG: Wie die meisten Textsorten der humanistischen Literatur gehen auch die humanistisch-neulat. Reisegedichte auf Modelle der antiken Literatur zurück. Freilich entwickelt sich die neulat. Reisedichtung weit über die antiken Vorbilder hinaus. Stilbildend wird die ihrerseits auf ein Gedicht des Lucilius zurückgehende Reisesatire des Horaz ,Iter Brundisinum' (Sat. 1,5) über eine Reise des Dichters mit Freunden nach Brindisi. Noch größeren Einfluß auf die Entwicklung der neulat. Hodoeporica haben die Reisegedichte Ovids über seine Reise in die Verbannung nach Tomi (,Tristia' I) und die Dichtung des spätantiken Autors Rutilius Namatianus 'De reditu suo' über eine Reise von Rom in seine gallische Heimat, dazu das Flußgedicht ,Mosella' des Ausonius, das sich teilweise als Reisegedicht präsentiert. Weniger bedeutend für die Entwicklung der Textsorte sind dagegen poetische ‚itinera‘ von Ennodius und Venantius Fortunatus.

Während poetische Reisebeschreibungen im früheren italienischen Humanismus eher selten sind, wird die Textsorte unter dem Einfluß der ‚Amores‘ des Konrad Celtis (1502) im deutschen Kulturraum zu einem der häufigsten Typen der beschreibenden lyrisch-epischen Poesie (vgl. Wiegand 1984 und 1989). Dies hängt damit zusammen, daß die akademische Bildungsreise wichtiger Bestandteil des curriculum vitae der humanistischen Bildungsschicht, der res publica doctorum, war. Eine solche Bildungsreise fand häufig ihren Niederschlag in einem Reisegedicht, das zugleich als Ausweis der Fähigkeit seines Verfassers dienen konnte, formvollendete lat. Gedichte zu schreiben. Dabei bildeten sich verschiedene Traditionsstränge heraus.

Das kürzere Reisegedicht in elegischen Distichen nimmt seinen humanistischen Ausgangspunkt eben bei Celtis, dessen Reise-Elegien in den ‚Amores‘ Teil einer Beschreibung Deutschlands sind, die als Vorstufe einer ‚Germania illustrata‘ dienen sollten. Dieser auf die Person des Verfassers konzentrierte Typus setzt sich in erheblicher Modifikation u. a. fort in den Reise-Elegien des Petrus Lotichius Secundus (1528–1560) und seines Schülers Johannes Posthius (1535–1597) über Erlebnisse auf ihren Europareisen. Neben diesen elegischen Typus tritt das episch-deskriptive Hodoeporicon, das in der poetischen Beschreibung einer Reise von Glarus nach Köln (338 Verse) durch den Schweizer Humanisten Henricus Loriti Glareanus (1500) ein bisher nicht beachtetes frühes Beispiel findet. Vor allem diese Hodoeporica wurden in zwei voluminösen Sammlungen von Nathan Chytraeus (1575) und Nikolaus Reusner (1580) thesauriert. In der zweiten Hälfte des 16. Jhs. ragen die Hodoeporica über Italienreisen hervor (zuerst das ‚Hodoeporicon Itineris Italici‘ des Georg Sabinus, 1535). Hodoeporica dieses Typus publizierten etwa der spätere Meißner Fürstenschulrektor Georg Fabricius (1516–1571) oder — auf Reisen in ganz Europa bezogen — der Kraichgauer Humanist Nathan Chytraeus (1543–1598; hg. von M. Bastiaensen 1994 in Löwen). Ho-

doeporica mit dem Thema der Türkenreise verfaßten Paulus Rubigallus, Hugo Favolius und Henricus Porsius. In Polemik und Optik bleiben sie auf die antike Barbarentopik bezogen.

Am Ende des 16. Jhs. integriert Salomon Cruselius († nach 1635) abenteuerliche Elemente der volkssprachlichen Reiseliteratur in das Medium der gelehrten lat. Reisedichtung. Paul Fleming (1609–1640) setzt in seiner lat. und deutschen Reisedichtung über eine Reise nach Rußland und Persien die Tradition der lat. Hodoeporica fort. Eher auf die lat. Reisedichtung der Antike greift dagegen der päpstliche Gesandte beim westfälischen Friedenskongreß Fabio Chigi (1599–1667, seit 1655 Papst Alexander VII.) in den zahlreichen Hodoeporica zurück, die zuerst 1645 in der Sammlung ‚Philomathi Musae Juveniles‘ in Köln veröffentlicht wurden. Auch später schrieben bis ins 20. Jh. (Harry C. Schnur) neulat. Autoren vereinzelt Hodoeporica.

ForschG: Nachdem zu Beginn des 20. Jhs. Ellinger auf neulat. Reisegedichte hingewiesen hatte, wurde die Bedeutung dieses Gedichttyps von Trunz 1931 kurz umrissen. Grupp behandelte in seiner Dissertation über das antike Reisegedicht 1953 auch einige humanistisch-neulat. Hodoeporica, und Wiegand erschloß 1984 systematisch das Corpus der neulat. Hodoeporica literaturwissenschaftlich und bio-bibliographisch.

Lit: Johannes Butzbach: Odeporicon. Eine Autobiographie aus dem Jahre 1506. Hg. v. Andreas Beriger. Weinheim 1991. – Fabio Chigi: Philomathi Musae Juveniles. Des Philomathus Jugendgedichte. Hg. v. Hermann Hugenroth. 2 Bde. Köln u. a. 1999. – Glarean: Das Epos vom Heldenkampf bei Näfels und andere bisher ungedruckte Gedichte. Hg. v. Emil F. J. Müller u. a. Glarus 1949, S. 120–145.

Georg Ellinger: Geschichte der neulateinischen Literatur Deutschlands im 16. Jh. 3 Bde. Berlin, Leipzig 1929–1933. – Heinrich Grupp: Studien zum antiken Reisegedicht. Diss. Tübingen 1953 (masch.). – Jozef IJsewijn, Dirk Sacré: Companion to Neo-Latin studies. Bd. 2. Löwen 1998, S. 54–58. – Erich Trunz: Die deutsche Literatur des Späthumanismus als Standeskultur. In: Zs. für Geschichte der Erziehung und des Unterrichts 21 (1931), S. 17–53. – Hermann Wiegand: Hodoeporica. Studien zur neulateinischen Reisedichtung des deutschen Kulturraums im 16. Jh. Baden-Baden 1984. – H. W.: Hodoeporica. Zur neulateinischen Reisedichtung des sechzehnten Jhs. In: Der Reisebericht. Hg. v. Peter J. Brenner. Frankfurt 1989, S. 117–139.

Hermann Wiegand

Höfische Klassik

Literaturgeschichtliche Epoche des Hochmittelalters von normgebender Bedeutung.

Expl: Epochenkonstrukt, das die Literatur zwischen 1170 und 1230 (in Analogie zur ‚Weimarer Klassik‘, ↗ *Klassik₂*) als Höhepunkt der deutschen Literatur des Mittelalters und als normsetzend für die Folgezeit heraushebt. Die in dieser Zeit an deutschen Adelshöfen durch Aufnahme romanischer Vorbilder entstandene volkssprachige Literatur zeichnet sich durch hohes Anspruchs- und Ausführungsniveau aus. Sie soll sich auf eine von den Autoren dieser Zeit neu geschaffene, auf Überregionalität und stilistische Eleganz zielende Verssprache (‚mhd. Dichtersprache‘) gründen und umfaßt verschiedene literarische Gattungen und Stiltendenzen, die von einem gemeinsamen, auf den Hof des Königs oder einzelner Fürsten ausgerichteten Gesellschaftsideal geprägt sind, in dem sich ein neues Selbstverständnis des Adels artikuliert. Autoren und Werke dieser Zeit dienten zur Orientierung für die Literaturproduktion der folgenden Generationen und erlangten die Geltung eines die weitere Rezeption steuernden, bis heute noch weithin akzeptierten Kanons.

WortG: *höfisch* (mhd. *hövesch* Adjektiv, *hövescheit* Substantiv, abgeleitet von *hof*; parallel lat. *curialis, curialitas* von *curia* und afrz. *cortois, cortoisie* von *cort*) taucht dt. im 12. Jh. (‚Kaiserchronik‘, um 1150) bereits vor der höfischen Literaturepoche auf. Umstritten ist, ob eine Lehnübersetzung aus dem Afrz. vorliegt. Das lat. Wortfeld hat auf die französische und deutsche Hofterminologie eingewirkt. *hövesch* bezeichnet die soziale Zugehörigkeit zum Hof und dessen Umkreis und bezieht sich darüber hin-

aus auf das Kulturprogramm der Adelsgesellschaft um 1200. In der literaturgeschichtlichen Verwendung des 19. Jhs. (Koberstein ³1837, 128, 152 u.ö., noch nicht ¹1827, W. Grimm 1843, Vilmar 1845 u. a.) sind beide Bedeutungskomponenten enthalten ebenso wie in dem z. T. synonym gebrauchten Wort *ritterlich* (Gervinus 1835, Vilmar u. a.). *Klassik* wird, nach internationalen Mustern, ab dem späten 18. Jh. auch im Deutschen auf vorbildhafte Autoren der Vergangenheit bezogen (↗ *Klassik₁*), findet später Anwendung auf die ‚Weimarer Klassik‘ (↗ *Klassik₂*) und wird dann analog auf die Zeit um 1200 als die „erste klassische Periode unserer Literatur" (Vilmar, 8) übertragen (z. B. Halbach 1930, Kuhn 1952). Daneben sind *Staufische Klassik* (Halbach 1948, Nagel 1977), *Mittelhochdeutsche Klassik* (Halbach 1927, Kuhn 1952, Wehrli, Haug 1988), *Klassik des Rittertums in der Stauferzeit* (Kuhn 1952) in Gebrauch. *Höfische Klassik* verdient gegenüber den auf die Herrscher- und Sprachgeschichte bezogenen Attributen den Vorzug, weil diese Benennung den gesellschaftlichen Kommunikationsraum und die ethisch-ästhetischen Implikationen der Literatur mit anspricht.

Peter Ganz: curialis/hövesch. In: Höfische Literatur, Hofgesellschaft, höfische Lebensformen um 1200. Hg. v. Gert Kaiser und Jan-Dirk Müller. Düsseldorf 1986, S. 39–55. – Wilhelm Grimm: Einleitung zur Vorlesung über Hartmanns Erek [1843]. In: W. G.: Kleinere Schriften. Hg. v. Gustav Hinrichs. Gütersloh 1887. Bd. 4, S. 577–617, bes. 580 f.

BegrG: Das Bewußtsein von einem durch literarische Innovation und Höchstleistung bedingten epochalen Einschnitt bringen Zeitgenossen und Nachgeborene der Höfischen Klassik selbst zum Ausdruck (Hartmann von Aue, ‚Iwein‘, v. 54–58; Gottfried von Straßburg und Rudolf von Ems in Literaturexkursen). Die Literarhistoriker des 19. Jhs. begreifen infolge einer komplexen Aufwertung des Mittelalters und eines wachstumsanalogen Verständnismodells die höfische Dichtung als ‚erste Blüte‘ der deutschen Literatur (Gervinus, Koberstein, Vilmar usw.). Die ihr zugeschriebene Klassizität umfaßt verschiedene, im Laufe der Zeit unterschiedlich betonte Aspekte: unmittelbare Rezipierbarkeit und permanente Aktualität, ein von der Romantik bis in die Gegenwart unterstelltes Qualitätsmerkmal; nationale Identität und nationales Pathos, dezidiert und fortwirkend von Vilmar behauptet; Formvollendung im Zuge einer historischen oder naturgesetzlichen Entwicklung (Gervinus, Scherer) und Erfüllung eines ästhetischen humanen Ideals (Halbach); typenkonstituierende Vorbildlichkeit im literaturgeschichtlichen Prozeß (Kuhn, Haug). Die Beschreibung und historisierende Wertung der Höfischen Klassik gründen sich in neuerer Zeit über die im 19. Jh. kanonisierten ‚Großen' hinaus auf die zwischen 1170 und 1230 insgesamt entstandenen Dichtungen, um das ästhetische und ideologische Programm zu erfassen. Zur Abgrenzung werden verschiedene Dimensionen des Vorstellungskomplexes herangezogen: Den zeitlichen Rahmen bilden einerseits die vorhöfische und frühhöfische Periode mit einer von Klerikern geschaffenen Literatur (↗ *Frühmittelhochdeutsche Literatur*), die als Vorbereitungsphase für die sprachlichen, formalen und konzeptionellen Leistungen nach 1170 anzusehen ist, andererseits die nachklassische oder späthöfische Periode, in der seit dem 2. Drittel des 13. Jhs. die ‚klassischen' literarischen Modelle weiter verarbeitet, verändert und neuen Rezipientenkreisen zugeführt wurden. Auf eine primär sprachgeschichtliche oder allgemein historische Gliederung bezogen ist die Einordnung der Epoche zwischen früh- und spätmittelhochdeutscher oder früh- und spätmittelalterlicher Literatur. Thematisch, intentional und gebrauchsorientiert läßt sich die klassisch-höfische Literatur von der Geistlichen Literatur absetzen, die auch während der klassischen Epoche entstand und zu der es partielle Berührungspunkte gibt.

SachG: Die zeitliche Begrenzung der Epoche wird durch die gattungskonstitutive Bedeutung des ‚Eneasromans' Heinrichs von Veldeke (begonnen um 1170) und das Verstummen des Lyrikers Walther von der Vogelweide († um 1230) markiert. Eine Erweiterung des Zeitraums bis 1250 analog zum Ende der Stauferherrschaft läßt sich mit li-

teraturbezogenen Kriterien schwer rechtfertigen. Der epochale Zusammenhang und die besondere Qualität der Literatur ergeben sich aus (1) soziologischen, (2) sprachlichen, (3) verstechnischen, (4) gattungstypologischen und (5) ideologischen Merkmalen:

(1) Erstmals traten Laien als Träger deutschsprachiger Literatur hervor. ↗ *Mäzene*, Autoren und Publikum gehörten zu einer statusmäßig heterogenen, intertextuell korrespondierenden, übernational orientierten, international zusammengeschlossenen Hofgesellschaft. Als literarische Zentren standen neben dem staufischen Königshof die Höfe des Landgrafen von Thüringen, der Babenberger und Zähringer Herzöge, des Passauer Bischofs Wolfger von Erla u. a.

(2/3) Die höfische Dichtersprache besitzt übermundartliche Ausgleichstendenzen und dialektfreie Reime, die die Grundlage für das grammatische Konstrukt des ‚Klassischen Mittelhochdeutsch' bieten; die Dichter verwenden einen gemeinsamen, im Hinblick auf die Gesamtsprache selektiven Wortschatz mit zahlreichen Neuschöpfungen und Entlehnungen aus dem Französischen.

(4) Es entstehen neue epische Gattungen: durch Adaptation französischer Vorlagen der ↗ *Höfische Roman*, der Stoffe der Antike, der Artus-, Grals-, Tristan- und Karlssage in kunstvoller Struktur darbietet, und das Heldenepos (↗ *Heldendichtung*), das bis dahin mündlich tradierte Stoffe zu schriftlichen Großformen ausgestaltet. In der Lyrik werden, ebenfalls unter romanischem Einfluß, der Minnesang und die Sangspruchdichtung geschaffen und bereits zwischen 1180 und 1230 formal in zahlreichen Liedtypen und inhaltlich in verschiedenen Minnekonzepten ausdifferenziert.

(5) Die Literatur der Höfischen Klassik bringt die Selbstdeutung der adeligen Oberschicht zum Ausdruck. Dabei geht es nicht um Emanzipation von geistlichen Vorstellungen, sondern um Einordnung und Neubewertung weltlicher Existenz und Lebensformen im christlichen Normhorizont. Das für die Epoche als wesentlich betonte Streben, „Weltdienst mit Gottesdienst zu vereinen" (Kuhn 1952, 99), ist an vielen Stellen

in Epik und Lyrik formuliert. Die aus der christlichen Ethik abgeleiteten Tugendvorstellungen bieten richtungsweisende Orientierung für die innere Disposition, die körperliche Umsetzung und den sozialen Auftrag, die in der literarischen Gestalt des ‚höfischen Ritters' veranschaulicht sind. Während die Bildungsidee der ‚hövescheit' und ‚zuht' primär auf den idealen Typ des adeligen Menschen zielt, zeichnet sich daneben auch die Perspektive auf den einzelnen ab, der sich als Person mit seinen Erfahrungen aus der höfischen Gesellschaft ausgrenzt (insbesondere in verschiedenen Konstellationen der Liebesbeziehung), sein Handeln selbst verantwortet oder sich auf das Innere zurückzieht. Dem entspricht im religiösen Bereich die Vorstellung der Unmittelbarkeit zu Gott unter weitgehender Ausklammerung kirchlicher Vermittlung. Zu den Charakteristika der Literatur der Höfischen Klassik gehört neben dem idealen Ritter das neue Bild der Frau, das in Visionen von Gleichheit und Höherstellung gegenüber dem Mann die misogyne klerikale Anthropologie überdeckt und der historischen Realität entgegengestellt wird.

ForschG: Die Profilierung der klassischen Epoche um 1200 resultiert aus zwei verschiedenen Vorstellungszusammenhängen: (1) aus der Strukturierung der Literaturgeschichte durch ein organologisches Modell; (2) aus der Kanonisierung bestimmter Werke.

(1) Die Lebensphasenstruktur, von Fr. Schlegel (1812) zuerst auf die mittelalterliche Literatur angewandt, hat Koberstein für „Blüthe und Verfall der höfischen erzählenden Poesie" genauer ausgeführt; Gervinus und Vilmar haben sie aufgenommen, Scherer (1883) hat ihr mit seiner ‚Wellentheorie' (Auftreten kultureller Höhepunkte im Abstand von 600 Jahren) berechenbare Regularität zu geben versucht.

(2) Der kanonisierende Selektionsprozeß beginnt bei den Brüdern Grimm (1815), die die drei höfischen Epiker (Hartmann, Gottfried, Wolfram) als herausragende Repräsentanten der Kunstpoesie neben das als höchsten Ausdruck der Volkspoesie besonders gewürdigte ‚Nibelungenlied' rückten;

Uhland (1822) hat den Lyriker Walther von der Vogelweide unter die „größten altdeutschen Dichter" eingereiht. Dieser Kanon galt als Blüte der höfischen Literatur um 1200. Auf sie übertrug Vilmar das Prädikat ‚klassisch' und verband damit deutsch-nationale Wesensqualitäten und Abgrenzungspostulate, die über Scherer und Bartels ins 20. Jh. weitergetragen wurden. Einen neuen Impuls erhielt die literaturwissenschaftliche Verwendung des Klassik-Begriffs durch die Transposition von Stilbegriffen der bildenden Kunst auf die Literatur unter Beibehaltung nationalistischer Ideologeme (Weber 1928). Halbach applizierte 1930 mit einem Konglomerat allgemeiner Merkmale (Objektivität, Ruhe, Einfühlung, Liebe zur Schönheit u. a.) ‚Klassik' und ‚Barock' auf die Dichtung des 13. Jhs. und stellte eine Gleichung von ‚klassisch' und ‚germanisch' her; 1948 definierte er ‚Begriff und Wesen der Klassik' als „Durchdringung polarer Kräfte" im jeweiligen Zeitalter, um Idealtyp und historische Erscheinungen zusammenzuschließen. Auf die überzeitliche ästhetische Idee, die sich in verschiedenen zeitlichen Korrelaten der Kunst und des Menschentums auspräge, gründete Burger noch 1972 das Konzept seines forschungsgeschichtlichen Sammelbandes. Im Zuge der methodenkritischen und historisierenden Neuorientierung der Forschung in den 1970er Jahren wurde mit der überzeitlich-normativen Ästhetik auch ‚Klassik' als Kategorie in Frage gestellt, und die ideologischen Implikate der bisherigen Verwendung wurden aufgedeckt (Gumbrecht 1973). Gegenüber der anvisierten Aufgabe einer funktionsorientierten Erforschung potentiell aller Texte des Mittelalters mußte das Klassik-Prädikat aufgegeben oder neu begründet werden. Aus dem literaturhistorischen Befund gewonnene Definitionen (die gattungstypologische und anthropologische Normkonstruktion betreffend) haben Hugo Kuhn und Walter Haug angeboten, Max Wehrli hat sie diskursiv ausgeführt. Da die Literaturgeschichtsschreibung in den verschiedenen Bereichen grundsätzlich auf wertende Relationen nicht verzichten kann, erscheint die Verwendung der Kategorie ‚Klassik' zur Kennzeichnung einer hervorragenden Stellung und normbildenden Funktion im literarischen Prozeß vertretbar, wenn die Kriterien der Positionierung reflektiert und einsichtig gemacht werden.

Lit: Adolf Bartels: Geschichte der deutschen Literatur. Bd. 1. Leipzig 1901. − Joachim Bumke: Höfische Kultur. München 1986, Bd. 1, S. 78−82. − Heinz Otto Burger (Hg.): Begriffsbestimmung der Klassik und des Klassischen. Darmstadt 1972. − Georg Gottfried Gervinus: Geschichte der poetischen National-Literatur der Deutschen. 1. Theil. Leipzig 1835. − Jacob Grimm, Wilhelm Grimm: Erklärung des Gedichts. In: Der arme Heinrich von Hartmann von der Aue. Berlin 1815, S. 133−216. − Hans Ulrich Gumbrecht: Mittelhochdeutsche Klassik. In: LiLi 11 (1973), S. 97−116. − Kurt Herbert Halbach: Walther von der Vogelweide und die Dichter von Minnesangs Frühling. Stuttgart 1927. − K. H. H.: Gottfried von Straßburg und Konrad von Würzburg. „Klassik" und „Barock" im 13. Jh. Stuttgart 1930. − K. H. H.: Zu Begriff und Wesen der Klassik. In: Fs. Paul Kluckhohn und Hermann Schneider. Tübingen 1948, S. 166−194. − Walter Haug: Klassikerkataloge und Kanonisierungseffekte. In: Kanon und Zensur. Hg. v. Aleida und Jan Assmann. München 1987, S. 259−270. − W. H.: Mittelhochdeutsche Klassik. In: Literarische Klassik. Hg. v. Hans-Joachim Simm. Frankfurt 1988, S. 230−247. − August Koberstein: Grundriß der Geschichte der deutschen National-Litteratur bis zum Ende des sechzehnten Jhs. Leipzig 1827, ³1837. − Hugo Kuhn: Die Klassik des Rittertums in der Stauferzeit. In: Felix Genzmer u. a.: Geschichte der deutschen Literatur von den Anfängen bis zum Ende des Spätmittelalters (1490). Stuttgart 1952, S. 99−177. − H. K.: Versuch einer Theorie der deutschen Literatur im Mittelalter. In: H. K.: Text und Theorie. Stuttgart 1969, S. 3−9. − Ursula Liebertz-Grün: Klassisches im Mittelalter. In: Voßkamp 1993, S. 101−120. − Bert Nagel: Staufische Klassik. Heidelberg 1977. − Wolfgang Pfaffenberger: Blütezeiten und nationale Literaturgeschichtsschreibung. Frankfurt, Bern 1981. − Wilhelm Scherer: Geschichte der deutschen Litteratur. Berlin 1883. − Friedrich Schlegel: Vorlesungen zur Geschichte der alten und neuen Litteratur. Teil 1. Wien 1813. − Silvia Schmitz: Vervollkommnung von Vorbildern. Zur Genese mittelhochdeutscher Klassik. In: Voßkamp 1993, S. 81−100. − Ludwig Uhland: Walther von der Vogelweide. Stuttgart, Tübingen 1822. − August Friedrich Christian Vilmar: Vorlesungen über die Geschichte der deutschen National-Literatur. Marburg, Leipzig 1845. − Wilhelm Voßkamp (Hg.): Klassik im Vergleich. Stuttgart, Weimar 1993. − Gottfried Weber: Wolfram von Eschenbach. Frankfurt 1928. − Max Wehrli: Geschichte der deutschen Literatur vom frühen Mittelalter bis zum Ende des 16. Jhs. Stuttgart 1980.

Ursula Schulze

Höfische Verhaltenslehre

Höfische Verhaltensnormen und Texte, die diese Normen thematisieren oder explizit lehren.

Expl: Der Terminus *Höfische Verhaltenslehre* ist eine heuristische, dabei ahistorische Sammelbezeichnung für zumeist metakommunikative Texte, die Verhalten bei Hofe in literarischer oder diskursiver Form vorführen und dabei implizit oder explizit auch normieren wollen. Im 18. Jh. büßen die Höfe ihre Rolle als kulturell und sozial normbildende Instanz in vielen Bereichen ein. Es empfiehlt sich daher, von *Höfischer Verhaltenslehre* nur in Mittelalter und Früher Neuzeit zu sprechen.

Das äußerst heterogene Feld, das durch die Normen der Höfischen Verhaltenslehre reguliert wird, umfaßt alle Aspekte ritualisierter, zwischenmenschlicher Interaktion bei Hofe, also (1) verbale wie non-verbale (z. B. Mimik, Gestik), (2) schriftliche (z. B. ↗ *Brief*) wie mündliche (↗ *Rede₂*, ↗ *Unterhaltung₂*), (3) monologische wie dialogische (↗ *Dialog₁*) Kommunikationsakte. Dabei gelten, ganz allgemein gesprochen, die Regeln des ↗ *Aptum, Decorum*, welche postulieren, daß die Interaktion dem Anlaß, der Kommunikationsabsicht, dem Ort und dem Adressaten (Stand, Alter, Geschlecht) angemessen zu sein habe. Im Gegensatz zum umfassenderen Begriff der ↗ *Anstandsliteratur* beschränkt sich die Höfische Verhaltenslehre auf das Gebiet der höfischen Interaktion.

Insgesamt kann man in Anschluß an Beetz (1990, 32−71) folgende Textsorten unterscheiden: (1) Gesellschaftsethische Werke, wie (a) Ständelehren, ↗ *Fürstenspiegel* und Adelsspiegel (↗ *Spiegel*), (b) Klugheitslehren und politische Breviere, (c) Werke in der Tradition der Aristotelischen ‚Politik' und ‚Ökonomik', der Ehebüchlein, Ehespiegel und ↗ *Predigten* über den christlichen Hausstand, (d) schließlich die Tradition der pädagogischen ,Testamente'. (2) Genres der Anstandsliteratur, wie (a) die sich durch ihren jeweiligen Adressatenbezug unterscheidenden Anstandsbücher, Hofmeisterlehren und Hofschulen, (b) *Tisch-* oder ↗ *Hofzuchten* und die (c) (anti)grobianische Satire (↗ *Grobianismus*), die absichtlich unangemessenes und falsches Verhalten vorführt, bloßstellt und dabei ex negativo die ,rechten' Normen affirmiert. (3) Kommunikationslehren, d. h. pragmatisch ausgerichtete nichtfiktionale Texte, die man mit einem Sammelbegriff als ↗ *Komplimentierbuch* bezeichnet. (4) Schließlich fiktionale Textsorten, vor allem der ↗ *Höfisch-historische Roman*, in dem das normgerechte Verhalten narrativ vermittelt wird.

Der Anspruch auf Normativität unterscheidet die Höfische Verhaltenslehre von Werken, welche die höfische Verhaltensnormierung aus moralischen, ständischen oder religiösen Gründen kritisieren (↗ *Moralistik,* ↗ *Hofkritik,* Kritik am ,Alamode'-Wesen). Memoiren, Briefe und Reisebeschreibungen scheiden wegen ihres fehlenden normativen Anspruchs ebenfalls aus, sind aber für die Rekonstruktion der höfischen Kommunikationsrealität aus Sicht der ↗ *Mentalitätsgeschichte* Quellen ersten Ranges.

WortG/BegrG: Eine eigenständige Wort- oder Begriffsgeschichte läßt sich für den Sammelbegriff *Höfische Verhaltenslehre* nicht angeben, sondern nur für die als normsetzende Instanzen fungierenden Menschen- oder Verhaltensideale wie den *Hofmann* (auch: *vir aulicus, politicus, courtisan, honnête homme, galant homme* u. a.) oder die *Höflichkeit* (auch: *urbanitas, curialitas, politesse, civilité* u. a.; vgl. insgesamt ↗ *Höfische Klassik*).

SachG: Die Sache selbst gibt es, seit es Höfe gibt, also etwa seit der hellenistischen Monarchie im 4. Jh. v. Chr. (Braungart/Harzer, 1456), und so sind auch die wesentlichen Determinanten der Höfischen Verhaltenslehre bereits antiken Ursprungs. In der höfischen Kultur des Hochmittelalters wurde ,höfisch' „zum Programmwort für ein Ge-

sellschaftsideal, in dem äußerer Glanz, körperliche Schönheit, vornehme Abstammung, Reichtum und Ansehen mit edler Gesinnung, feinem Benehmen, ritterlicher Tugend und Frömmigkeit verbunden waren" (Bumke 1, 80). Von einer ausgesprochenen *Verhaltenslehre* kann aber erst in der ↗ *Frühen Neuzeit* die Rede sein. Für die Entwicklung in der Frühen Neuzeit war dabei, neben den spätmittelalterlichen Traditionssträngen, die intensive Rezeption zunächst italienischer und spanischer, dann französischer Werke durch Übersetzung ins Deutsche, aber auch ins Lateinische, kennzeichnend (Bonfatti 1985, 74). Sie setzt in der 2. Hälfte des 16. Jhs. mit der Übersetzung von Werken Baldessare Castigliones (,Libro del Cortegiano', 1528), Stefano Guazzos (,Civil Conversatione', 1574), Giovanni della Casas (,Galateo', 1558) und Antonio de Guevaras ein. Castigliones Orientierung des höfischen Verhaltensideals an aristotelischer Ethik (Ideal der ,mediocritas') und ciceronianischer Rhetorik (Ideal des ,vir bonus') mit der Pointierung der Tugenden der ,grazia', ,sprezzatura', ,temperanza' und ,mediocrità' gab dabei ein in ganz Europa äußerst erfolgreiches Modell vor.

Die absolutistische Hofkultur des 17. Jhs. wird von den französischen Höfen dominiert; gleichzeitig verschiebt sich die Intention der Werke von der Beschreibung eines Idealtypus zur pragmatischen Handlungsanleitung (wichtige Werke der Höfischen Verhaltenslehre von Eustache de Refuge und Nicolas Faret). Grundlegende Kennzeichen sind dabei: (1) Der Grundmechanismus der rituellen Erhöhung des ranghöheren Adressaten und Erniedrigung des rangniedrigeren Sprechers. (2) Eine grundsätzlich negative Anthropologie, die den höfischen Umgang als täglichen Kampf (,bei Hof, bei Höll') ansieht und vom ,Politicus' die Beherrschung der machiavellistisch-taciteischen *simulatio/dissimulatio*-Praktiken (↗ *Ironie*) verlangt, also die Kunst der ,Verstellung' und Kontrolle der Affekte. Chr. Thomasius und Chr. Weise markieren den Wandel des Verhaltensideals im Übergang zur Frühaufklärung, damit zumindest tendenziell eine Abkehr von den Idealen der

‚Verstellung‘ und die Versöhnung von Ethik und Privatpolitik (bei Weise im Ideal des ‚politicus christianus‘ gefaßt), wie sie sich auch in J. M. v. Loens Roman ‚Der redliche Mann am Hofe‘ (1740) äußert. Im Rahmen des Verbürgerlichungsprozesses wird im 18. Jh. die Höfische Verhaltenslehre von bürgerlichen Gesellschaftsmodellen abgelöst: Die empfindsame ‚Sprache des Herzens‘ (↗ *Empfindsamkeit*) verdrängt die als steif und umständlich empfundene Komplimentierkunst; der Kaufmann (Gentleman, Biedermann) als neues gesellschaftliches Leitbild löst den Hofmann ab.

ForschG: Die Anfänge der Erforschung der Höfischen Verhaltenslehre reichen ins 19. Jh. zurück (Darstellung bei Beetz 1990, 22–30), allerdings wegen der bürgerlichen „Diskriminierung der gesellschaftsethischen Traktatliteratur“ (Beetz 1990, 22 f.) mit insgesamt problematischen Ergebnissen (so noch Cohn, Zaehle). Erst die neuere, an Sozialgeschichte und Rhetorik orientierte Forschung (v.a. Barner, Braungart) konnte sich über die alten Vorurteile hinwegsetzen. Das ‚Politicus‘-Ideal haben Frühsorge, Sinemus (100–144) und Grimm (223–232, 314–346), die Praktiken der ‚dissimulatio‘ Geitner dargestellt. Der europäische Hintergrund ist in den Arbeiten von Scheffers und Göttert aufgearbeitet. Desiderate bleiben genauere Untersuchungen zur Rezeption gesellschaftsethischer Werke im deutschen Sprachraum, wie sie Bonfatti (1977) für Guazzo, sowie Ley und Burke für Castiglione vorgelegt haben. Grundlegend sind die Arbeiten von Beetz (v.a. 1990).

Lit: Wilfried Barner: Barockrhetorik. Tübingen 1970. − Manfred Beetz: Frühmoderne Höflichkeit. Stuttgart 1990. − M. B.: Negative Kontinuität. Vorbehalte gegenüber barocker Komplimentierkultur unter Altdeutschen und Aufklärern. In: Europäische Barock-Rezeption. Hg. v. Klaus Garber. Wiesbaden 1991, S. 281–301. − Emilio Bonfatti: Die Verbreitung von Stefano Guazzos ‚Civil Conversatione‘ in Deutschland im 16. und 17. Jh. In: Deutsche Barockliteratur und europäische Kultur. Hg. v. Martin Bircher und Eberhard Mannack. Hamburg 1977, S. 209–211. − E. B.: La ‚Civil Conversazione‘ in Germania. Udine 1979. − E. B.: Verhaltenslehrbücher und Verhaltensideale. In: Zwischen Gegenreformation und Frühaufklärung. Hg. v. Harald Steinhagen. Reinbek 1985, S. 74–87. − Georg Braungart: Hofberedsamkeit. Tübingen 1988. − G. B., Friedmann Harzer: Höfische Rhetorik. In: HWbRh 3 (1996), Sp. 1454–1476. − Joachim Bumke: Höfische Kultur. 2 Bde. München 1986. − Peter Burke: The fortunes of the ‚courtier‘. Cambridge 1995. − Egon Cohn: Gesellschaftsideale und Gesellschaftsroman des 17. Jhs. Berlin 1921. − Gotthart Frühsorge: Der politische Körper. Stuttgart 1974. − Ursula Geitner: Die Sprache der Verstellung. Tübingen 1992. − Karl-Heinz Göttert: Kommunikationsideale. München 1988. − Gunter E. Grimm: Literatur und Gelehrtentum in Deutschland. Tübingen 1983. − Manfred Hinz: Rhetorische Strategien des Hofmannes. Stuttgart 1992. − Helmuth Kiesel: „Bei Hof, bei Höll“. Tübingen 1979. − Klaus Ley: Castiglione und die Höflichkeit. In: Beiträge zur Aufnahme der italienischen und spanischen Literatur in Deutschland im 16. und 17. Jh. Hg. v. Alberto Martino. Amsterdam, Atlanta 1990, S. 3–108. − Henning Scheffers: Höfische Konvention und die Aufklärung. Bonn 1980. − Volker Sinemus: Poetik und Rhetorik im frühmodernen deutschen Staat. Göttingen 1978. − Dietmar Till: Komplimentierkunst. In: HWbRh 4 (1998), Sp. 1211–1232. − Barbara Zaehle: Knigges Umgang mit Menschen und seine Vorläufer. Heidelberg 1933.

Dietmar Till

Höfischer Roman

Gattung fiktionalen Erzählens im Mittelalter; narrative Großform, meist in Reimpaarversen verfaßt.

Expl: Im 12. Jh. in Frankreich im Medium der Volkssprache erfundene, umfangreiche Erzählungen fiktionalen Charakters. Sie gewinnen ihre Autorität (im Gegensatz zu ↗ *Chronik*, Chanson de geste bzw. ↗ *Heldendichtung*, ↗ *Legende*) nicht im Rekurs auf historische oder transzendente Wahrheit (↗ *Integumentum*); eigentümlich ist dem Höfischen Roman vielmehr der ästhetische Anspruch: das Ausdenken unvorhersehbarer, bedeutungsvoller Konstellationen und die kunstvolle Entfaltung des Erzählmaterials in komplexer Tektonik (*doppelter Cursus*, ↗ *Artusepik*). Das grenzt den Roman gegenüber der ↗ *Spielmannsdichtung* ab. − Formal ist der Höfische Roman im Französischen in der Regel in achtsilbigen, im Deutschen in vierhebigen Reimpaarversen verfaßt, vereinzelt als strophische Dichtung (↗ *Epenstrophe*), nur ausnahmsweise in Prosa (↗ *Prosaroman*). Inhaltlich definiert sich der Höfische Roman gegenüber anderen Erzählgattungen (mit unterschiedlicher Gewichtung) durch die Themen Liebe, Abenteuer und Ritterschaft. Anders als zumeist die Heldenepen ist der Höfische Roman zum (Vor-)Lesen bestimmt.

WortG: *höfisch*: ↗ *Höfische Klassik*. Das Wort *roman* gibt es im Mhd. nicht. Im Afrz. meint *mettre en romanz* ,ins Romanische setzen' zuerst die Übertragung von Werken, die in einer anderen Sprache verfaßt wurden, in die romanische Volkssprache (Benoît de Sainte-Maure, ,Roman de Troie', v. 33–41), dann bei Chrétien de Troyes bezeichnet *roman* eine Dichtung in frz. Sprache auf Grund einer Buchvorlage (,Cligès', v. 22; ,Conte del Graal', v. 8) und schließlich ein selbständig komponiertes Werk (Chrétien, ,Lancelot', v. 1 f.).

Die deutschen Dichter der Zeit verstanden unter der Bezeichnung *roman* ,eine französische Erzählung', woraus ersichtlich ist, daß sie das Wort nicht zur Benennung ihrer Bearbeitungen in deutscher Sprache übernehmen konnten (Ruh 1, 7). Die von ihnen verwendeten literarischen Termini (*maere, aventiure, getihte, liet* etc.) sind keine Gattungsnamen, sondern werden okkasionell verwendet, um die Rede zu variieren (Düwel, 210 f.). Zur weiteren Geschichte ↗ *Roman*.

Höfischer Roman ist eine Neubildung aus der Mitte des 20. Jhs.; es übersetzt das in Frankreich seit Beginn des Jhs. (Faral 1913) geläufige *roman courtois* und ersetzt allmählich – wohl im Gefolge romanistischer Werke (einflußreich: Bezzola 1961) und als Ergebnis genauerer Gattungsreflexion (Haug ²1992, 91 f.) – als Fachterminus auch im Dt. das weitere ,Höfische Epos'.

Benoît de Ste-Maure: Le Roman de Troie. Hg. v. Léopold Constans. 6 Bde. Paris 1904–1912. – Christian von Troyes: Sämtliche Werke nach allen bekannten Handschriften. Hg. v. Wendelin Foerster. 4 Bde. Halle 1884–1899.
Klaus Düwel: Werkbezeichnungen der mittelhochdeutschen Erzählliteratur (1050–1250).

Göttingen 1983. – Edmond Faral: Recherches sur les sources latines des contes et romans courtois du Moyen Age. Paris 1913.

BegrG: Ursprung und Strahlungszentrum der adligen Kultur ist der Mythologie des mittelalterlichen Romans zufolge der Hof. Durch das Leitwort *höfisch* bringen die mittelalterlichen Dichtungen die adlige Lebensform ihres epischen Personals und die zentralen Werte ihrer Adressaten auf einen gemeinsamen Nenner. Es meint zugleich deren Stand, Ideologie, Lebensstil, Bildungsbeflissenheit und ästhetischen Geschmack. Insofern die literarischen Texte des 13. Jhs. den Terminus auch der Eloquenz zuordnen (*höfschlîche* bzw. *hövenlîche sprechen*, Wolfram von Eschenbach, ,Parzival', v. 744,26; Konrad von Würzburg, ,Trojanerkrieg', v. 59) oder gar der dichterischen Kunstfertigkeit (*hovenlîche kunst*, Stricker, ,Karl', v. 118), verleihen sie dem Wort auch eine poetologische Nuance. – Mit dieser schillernden Bedeutungsvielfalt befrachtet, wurde der Terminus im Laufe des 19. Jhs. den als dichterische Leistungen anerkannten mhd. Dichtungen beigefügt (,höfische Erzählkunst': Gervinus, 377; ,Kunstepos' = Erzählungen der höfischen Dichter: Vilmar, 102; ,höfisches Epos': Scherer, 143) und somit zugleich als gattungspoetische, literarhistorische und soziologische Kategorie in die deutsche Literaturgeschichte eingeführt (Ganz, 17). In der Zusammensetzung mit *Epos* hatte das Attribut *höfisch* zunächst die Differenz zum Heldenepos markiert und somit unter anderem als gattungspoetische Bestimmung gedient. Die Ersetzung *Roman* zielt jedoch im Kontext der mittelalterlichen Literatur bereits auf ein sprachliches, formales wie inhaltliches Programm ab, welches das Konzept einer höfischen Kultiviertheit allererst produzierte und schlechthin dessen Vehikel war. Deshalb ist der Terminus *höfisch* als Präzisierung des mittelalterlichen Romans eigentlich redundant. Er bezieht sich zum einen auf eine literarhistorische Ordnungskategorie: den Zeitstil einer Periode, der gegen die volkssprachliche Literatur vor 1150, aber auch gegen Frühformen der Gattung, vor allem aber gegen die Entfaltung der Form in späteren Epochen abgegrenzt werden soll (↗ *Höfisch-histo-*

rischer Roman, ↗ Schelmenroman, ↗ Bildungsroman, ↗ Nouveau roman); zum anderen meint ‚höfisch' als soziologische Größe das adlige Publikum, für das zunächst der Roman, wie die Heldenepik auch, produziert wurde. — Durch die Bezeichnung *roman* meldet die weltliche Literatur gegenüber der lateinischen Kultur ihre Eigenheit im sprachlichen Ausdruck an. Vielleicht hat das dazu beigetragen, daß von der reichen literarischen Terminologie des afrz. Mittelalters allein *le roman* überlebte und sich als Gattungsname eines überzeitlichen europäischen Phänomens durchsetzte (Stanesco/Zink, 9 f.)

Konrad von Würzburg: Der Trojanische Krieg. Hg. v. Adelbert v. Keller. Stuttgart 1858. – Der Stricker: Karl der Große. Hg. v. Karl Bartsch. Quedlinburg 1857. – Wolfram von Eschenbach: Parzival. Hg. v. Karl Lachmann. Berlin ⁶1926.
Peter Ganz: Der Begriff des ‚Höfischen' bei den Germanisten. In: Wolfram-Studien 4 (1977), S. 16–32. – Georg Gottfried Gervinus: Geschichte der deutschen Dichtung. Leipzig ⁴1853. – Wilhelm Scherer: Geschichte der deutschen Litteratur. Berlin 1883. – Michel Stanesco, Michel Zink: Histoire européenne du roman médiéval. Paris 1992. – August F. C. Vilmar: Geschichte der Deutschen National-Litteratur. Marburg 1845.

SachG: Der Höfische Roman kommt in Frankreich um die Mitte des 12. Jhs. auf als Innovation des Erzählens in der Form und im Sujet. Statt in assonierenden Strophen ungleicher Länge (Laissen) dichtet man in achtsilbigen Paarreimen. Eine neue Klasse lateinisch geschulter Dichter besingt nicht mehr die Helden des Karlsreichs, sondern tritt als Vermittler des lateinisch-griechischen Altertums auf. In rascher Folge erscheinen vier Romane mit antikem Sujet (‚Roman d'Alexandre', ‚Roman d'Éneas', ‚Roman de Thèbes', ‚Roman de Troie'). Die gelehrten Dichter der Pioniergeneration pochen auf die historische Würde und Wahrheit ihrer Erzählungen. Doch sind die Antikenromane in der poetischen Ausarbeitung ihrer Stoffe (Erdichtung von Liebesgeschichten, Imagination von Frauenschönheit und Wunderwerken der Architektur, Entfaltung der Liebespsychologie, Erfindung von Dialogen) nicht weniger fiktional als die anderen, fast gleichzeitig erscheinen-

den Romantypen: die Tristanromane (Thomas von Britanje und Béroul), die Liebes- und Abenteuerromane (z. B. ‚Floire et Blancheflor', ‚Partonopeu de Blois') und die Artusromane. Allerdings emanzipieren sich diese gattungsgeschichtlich moderneren Typen ausdrücklich vom Bezug auf eine außerliterarische Wahrheit, um ein fiktionales Universum sui generis zu imaginieren. Sie markieren insofern gegenüber den Antikenromanen nicht nur einen Fortschritt sondern einen qualitativen Sprung. Insbesondere die Artusromane des Chrétien de Troyes entfalten ein literarisches Potential, das sich auch im deutschen Kulturraum als ungemein produktiv erweisen wird: Sie reflektieren die weltlichen Aspirationen einer Kriegerkaste, an deren Domestizierung sie arbeiten, im Akt des Erzählens selbst; sie erschaffen — in der Volkssprache — eine neue ästhetische Gestalt, eine „mout bele conjointure" (‚sehr schöne Fügung', Chrétien, ‚Erec et Enide', v. 14). Im Zuge der Adaptation der von Chrétien de Troyes geschaffenen neuen Form entfaltet der mittelhochdeutsche Höfische Roman eine Reihe dichterischer Prinzipien, die als typisch für den Roman der Moderne gelten: Fiktionalität, Selbstreferentialität, ↗ Intertextualität.

In Deutschland entwickelt sich der Höfische Roman in einer ersten Phase als Kultur-Transfer. Zuerst wird der frz. Alexanderroman durch den Pfaffen Lamprecht übertragen (Vorauer Fassung vermutlich um 1150), dann (um 1170?) die Liebesgeschichte von Flore und Blancheflor (Trierer ‚Floyris'-Fragment); gleichzeitig bearbeitet der poetologisch versierte Heinrich von Veldeke den Eneasroman. Die Quelle der Tristan-Bearbeitung Eilharts von Oberg ist nicht erhalten, aber es spricht alles dafür, daß er sich getreulich an einer französischen Romanvorlage orientiert hat. Als stilbildend wird sich die Leistung Veldekes erweisen. Dessen Bearbeitung läßt sich beinahe als Musterbuch des neuen ästhetischen Standards lesen: Regulierung des Metrums, reine Reime, Einführung französischer Terminologie, Ausmerzung als unfein empfundener Wörter wie *recke*, *helt*, *brünne*, Ausbildung einer komplexen Syntax. Veldeke führt auch als erster die Techniken kunstvollen Beschreibens und die vom französischen Antikenroman gelehrte Liebespsychologie und Liebesphysiologie in die deutsche Literatur ein. Seine Dichtkunst gilt den Dichtern der kommenden Generation als Vorbild. – Hartmann von Aue hat nicht nur zwei der fünf Artusromane Chrétiens bearbeitet (‚Erec‘, ‚Iwein‘), sondern auch eine ihrerseits bereits kunstvoll gebaute Heiligenvita als Legendenroman gedichtet, den ‚Gregorius‘. Ebenfalls im Rahmen der Adaptation französischer Stoffe ist wohl die zweite Aneignung der Geschichte von Flore und Blancheflor durch Konrad Fleck anzusiedeln (zeitlich nach Hartmanns ‚Erec‘). Veldekes und Hartmanns Bearbeitungen sind keine Übersetzungen, sondern Übertragungen mit eigenem konzeptionellem Anspruch. Gemeinsam ist ihnen das Anliegen, die Darstellungstendenz ihrer Vorlagen zu wahren und verständlich zu machen, ebenso eine Neigung, die dort angelegten Spannungen zu harmonisieren. – Das gilt indes nicht für Herbort von Fritzlar, der den Trojaroman des Benoît de Sainte-Maure um 1200 nach dem Ideal der Kürze bearbeitet und die Errungenschaften des Antikenromans einer kritischen Beleuchtung unterzieht. Die als maßstabsetzend empfundenen Dichter Wolfram von Eschenbach und Gottfried von Straßburg, aber auch der ‚Wigalois‘ des Wirnt von Gravenberc, der ‚Daniel‘ des Stricker und die ‚Crône‘ des Heinrich von dem Türlin beziehen sich hingegen bereits auf eine mittlerweile etablierte literarische Tradition.

Von den Romanen der sogenannten ↗ *Höfischen Klassik* (um 1200) ist allein Wolframs ‚Parzival‘ vollendet. Gottfrieds ‚Tristan‘, Wolframs ‚Willehalm‘ und der in Strophen gedichtete ‚Titurel‘ sind Fragment geblieben. Beide Dichter prägen Kunstauffassungen, Weltbilder und Stilprinzipien aus, die von der nachfolgenden Dichtergeneration als gegensätzlich empfunden werden. Beide finden eine Reihe von Verehrern, Nachahmern, Schülern. Wolfram gilt als Meister des schweren Ausdrucks, des dunklen, ‚manieristischen‘ Stils: Ihm eifert nach, wer schwierige Denkfiguren, gesuchte Vergleiche, phantastische Umschreibungen zum Stilideal erhebt (Reinbot von Durne in

seiner Georgslegende, Albrecht im ‚Jüngeren Titurel‘). Gottfried gilt als Vertreter einer leichten, ‚klassizistischen‘ Stilauffassung. In seiner Nachfolge sehen sich etwa Konrad von Würzburg und Rudolf von Ems, welche die sprachliche Transparenz („kristallîne wortelîn“), die meisterhafte Beherrschung der poetologischen Mittel, anstreben. Die unvollendet gebliebenen Werke Wolframs und Gottfrieds finden Fortsetzer (Ulrich von dem Türlin, ‚Arabel‘; Ulrich von Türheim, ‚Rennewart‘; Albrecht, ‚Jüngerer Titurel‘; Ulrich von Türheim und Heinrich von Freiberg bringen den ‚Tristan‘ zu Ende).

Gemeinsam ist den sogenannten klassischen Großformen aber auch, daß sie durch eine Fülle neuer Materien und Redeweisen das Repertoire der romanfähigen Gegenstände erweitern (Entfaltung von naturkundlichem und literarischem Fachwissen sowie Spezialwissen der materiellen Kultur, theologische Spekulationen, Liebesanthropologie, Reflexion über das eigene Kunstideal). Freigesetzt wird dadurch eine Tendenz zum Hybriden und Enzyklopädischen, die vielleicht auf die Entwicklung des Romans im 13. und 14. Jh. befreiend wirkt.

Der Stricker baut im ‚Daniel‘ aus den Spielregeln des Artusromans und aus vielfältigen Anleihen und Reminiszenzen seine Geschichte selber zusammen (um 1230). Wohl gleichzeitig schafft Heinrich von dem Türlîn mit seiner ‚Crône‘ aus einem ungemein vielfältigen Material literarischer Quellen und mit Hilfe einer Fülle von Zitaten aus der vergangenen Romantradition eine hybride Großform. Ein Verlangen nach der alles überbietenden Summe offenbart auch Albrechts ‚Jüngerer Titurel‘; dieser Dichter sucht durch ein Riesenwerk von über 6000 Strophen Wolframs Gesamtwerk zu übertrumpfen. – Im Laufe des 13. Jhs. treten Romane auf den Plan, in denen Minne und Abenteuer als verselbständigte Triebkräfte des Erzählens dienen: ‚Willehalm von Orlens‘ des Rudolf von Ems (um 1240), Konrads von Würzburg ‚Partonopier und Meliur‘ (um 1270), ‚Apollonius von Tyrland‘ des Heinrich von Neustadt (um 1290), ‚Reinfried von Braunschweig‘ (nach 1291), Johanns von Würzburg ‚Wilhelm von Österreich', ‚Friedrich von Schwaben' (beide in den ersten Jahrzehnten des 14. Jhs. entstanden). Auch auf religiöse Stoffe greift der Höfische Roman aus: Der ‚Gute Gerhard' des Rudolf von Ems, ‚Mai und Beaflor', Konrads von Würzburg ‚Engelhard' (beide 2. Hälfte des 13. Jhs.) und Ulrichs von Etzenbach ‚Wilhelm von Wenden' (Ende 13. Jh.) durchsetzen mit Selbstverständlichkeit Abenteuerliches mit Legendenstoffen oder legendenhaften Motiven.

In der 2. Hälfte des 13. Jhs. nimmt der Höfische Roman − wie am Beginn seiner Geschichte − wieder antike Geschichtsdichtung auf. Die Geschichte von Alexander und der Kampf um Troja wurden mehrmals bearbeitet (Alexanderromane von Rudolf von Ems und Ulrich von Etzenbach, Trojaroman von Konrad von Würzburg, ‚Göttweiger Trojanerkrieg'). In Frankreich kam bereits im ersten Drittel des 13. Jhs. − in der Entwicklung des ‚Lancelot-Graal'-Zyklus − mit Macht der höfische Prosaroman zum Durchbruch. Entsprechende Versuche in Deutschland (‚Prosa-Lancelot') fanden − aus bisher ungeklärten Gründen − zu dieser Zeit (noch) keinen Anklang. Hier lebt insbesondere der Minne- und Abenteuerroman in Versen bis ins 14. Jh. fort. − Im 1. Drittel des 14. Jhs. fassen die Elsässer Philipp Colin und Claus Wisse mit Hilfe des Übersetzers Samson Pine die beiden anonymen Chrétien-Fortsetzungen sowie die Fortsetzung Menassiers in mhd. Verse und fügen die knapp 37000 Verse lange epische Kompilation (sog. ‚Rappoldsteiner Parzifal') Wolframs ‚Parzival' an. − Im 15. Jh. setzt die enzyklopädische Bearbeitung beinahe sämtlicher Romane des Artus- und Gralkreises in (archaisierender) Strophenform durch Ulrich Füetrer (sog. ‚Buch der Abenteuer') der arthurischen Tradition ein Ende. Dagegen werden andere Höfische Romane (‚Wigalois', ‚Tristrant', ‚Wilhelm von Österreich') in Prosa bearbeitet und gelangen in den Buchdruck. Zugleich setzt eine zweite Welle von Übernahmen französischer Stoffe mit dynastisch-herrscherlicher Thematik ein (die Romane der Elisabeth von Nassau-Saarbrücken, Thürings von Ringoltingen ‚Melusine'). Dem neuen Höfischen Roman sichern die moderne Form der Prosa und das neuzeitliche Medium des Buchdrucks im 16. Jh. ein Fortleben.

ForschG: Wie die mittelalterliche Literatur überhaupt wurden auch die Höfischen Romane im 18. Jh. wiederentdeckt. Seit der Begründung der nationalphilologischen Disziplinen im 19. Jh. gibt es Editionen, von denen viele noch heute Gültigkeit haben (↗ *Artusepik*). Allerdings interessierte sich die Literaturgeschichtsschreibung des 19. Jhs. für die mittelalterlichen Texte als nationale Altertümer. Deshalb stand der Höfische Roman, stofflich ein ausländischer Import und literaturgeschichtlich ein Phänomen der europäischen Kultur, anfänglich im Schatten der Forschung. Nach der Ablösung vom nationalhistorischen Paradigma im 20. Jh. setzten sich zunächst geistesgeschichtliche und theologische Betrachtungsweisen durch (Schwietering, Weber). Seit der Jahrhundertmitte etablierten sich die Erforschung der Erzählstruktur (Kuhn, Haug, Cormeau) und die sozialhistorische Betrachtungsweise (Köhler, Kaiser) als wirkungsmächtigste Deutungsparadigmen. Die 1980er Jahre entdeckten den Roman als Feld der Mentalitätsgeschichte (Bertau, Schmid, Peters). In den letzten Jahren ist der mittelalterliche Roman zunehmend als spezifisch literarisches Phänomen interessant geworden, als Medium der Reflexion und als Experimentierfeld der Fiktionaliät, und insbesondere die sogenannten nachklassischen Romane des 13. Jhs. sowie die spätmittelalterlichen Erzählwerke werden einer Revision unterzogen (Meyer). Im Zuge dieser Entwicklung öffnet sich die germanistische Forschung der europäischen Dimension dieser Gattung (Wyss).

Lit: Karl Bertau: Deutsche Literatur im europäischen Mittelalter. 2 Bde. München 1972f. − K. B.: Wolfram von Eschenbach. München 1983. − Reto R. Bezzola: Liebe und Abenteuer im höfischen Roman. Reinbek 1961. − Joachim Bumke: Höfische Kultur. In: PBB 114 (1992), S. 414−492. − Christoph Cormeau, Wilhelm Störmer: Hartmann von Aue. München ²1993. − Walter Haug: Die Symbolstruktur des höfischen Epos und ihre Auflösung bei Wolfram von Eschenbach. In: DVjs 45 (1971), S. 668−705. −

W. H.: Über die Schwierigkeiten des Erzählens in nachklassischer Zeit. In: Positionen des Romans im späten Mittelalter. Hg. v. W. H. und Burghart Wachinger. Tübingen 1991, S. 338−365. − W. H.: Literaturtheorie im deutschen Mittelalter. Darmstadt ²1992. − Gert Kaiser: Textauslegung und gesellschaftliche Selbstdeutung. Die Artusromane Hartmanns von Aue. Wiesbaden ²1978. − Erich Köhler (Hg.): Der altfranzösische höfische Roman. Darmstadt 1956. − E. K.: Ideal und Wirklichkeit in der höfischen Epik. Tübingen ²1970. − Hugo Kuhn: Erec [1948]. In: H. K.: Dichtung und Welt im Mittelalter. Stuttgart 1959, S. 133−150. − Volker Mertens, Friedrich Wolfzettel (Hg.): Fiktionalität im Artusroman. Tübingen 1993. − V. M.: Der deutsche Artusroman. Stuttgart 1998. − Matthias Meyer: Die Verfügbarkeit der Fiktion. Interpretationen und poetologische Untersuchungen zum Artusroman und zur aventiurenhaften Dietrichepik des 13. Jhs. Heidelberg 1994. − René Pérennec: Recherches sur le roman arthurien en vers en Allemagne au XII⁰ et XIII⁰ siècles. 2 Bde. Göppingen 1984. − Ursula Peters: Familienhistorie als neues Paradigma der mittelalterlichen Literaturgeschichte? In: Modernes Mittelalter. Hg. v. Joachim Heinzle. Frankfurt, Leipzig 1994, S. 134−163. − Klaus Ridder: Mittelhochdeutsche Minne- und Aventiureromane. Berlin, New York 1998. − Kurt Ruh: Höfische Epik des deutschen Mittelalters. 2 Bde. Berlin 1967, 1980. − K. R.: Epische Literatur des deutschen Spätmittelalters. In: Europäisches Spätmittelalter. Hg. v. Willi Erzgräber. Heidelberg, Wiesbaden 1978, S. 117−188. − Elisabeth Schmid: Familiengeschichten und Heilsmythologie. Die Verwandtschaftsstrukturen in den französischen und deutschen Gralromanen des 12. und 13. Jhs. Tübingen 1986. − Udo Schöning: Thebenroman − Eneasroman − Trojaroman. Tübingen 1991. − Armin Schulz: Poetik des Hybriden. Schema, Variation und intertextuelle Kombinatorik in der Minne- und Aventiureepik. Berlin 2000. − Julius Schwietering: Die deutsche Dichtung des Mittelalters. Potsdam 1931. − Ralf Simon: Einführung in die strukturalistische Poetik des mittelalterlichen Romans. Würzburg 1990. − Gottfried Weber: Gottfrieds von Strassburg Tristan und die Krise des hochmittelalterlichen Weltbildes um 1200. 2 Bde. Stuttgart 1953. − Friedrich Wolfzettel (Hg.): Artusroman und Intertextualität. Gießen 1990. − Ulrich Wyss: Auf der Suche nach dem arthurischen Prosaroman im deutschen Hochmittelalter. In: Kultureller Austausch und Literaturgeschichte im Mittelalter. Hg. v. Ingrid Kasten u. a. Sigmaringen 1998, S. 215−227.

Elisabeth Schmid

Höfisch-historischer Roman

Romanform des 17. Jhs.

Expl: Umfangreicher narrativer Text, dessen Handlung im Gegensatz zum ↗ *Schelmenroman*, der anderen Hauptgattung des Barockromans, in einer gehobenen sozialen Sphäre (Adel, Hof, Rittertum) angesiedelt ist. Er entwirft ein − in zeitliche und/oder räumliche Ferne versetztes − idealisiertes Bild der höfischen Gesellschaft und diskutiert für deren ethisches und politisches Selbstverständnis relevante Fragen. Das Grundschema der Handlung − eine Liebesgeschichte mit Trennung und Wiedervereinigung, Prüfung und Bewährung − basiert auf dem spätantiken Liebesroman (Heliodor); durch Vermehrung der spannungsfördernden, das gute Ende hinauszögernden Momente und/oder durch Einführung weiterer Liebespaare mit einer eigenen, aber mit den Schicksalen der anderen verflochtenen Geschichte erhält das Handlungsschema eine neue Komplexität. Verbunden mit der ebenfalls vom antiken Roman übernommenen Erzähltechnik − unvermittelter Anfang, allmähliche Aufhellung der ineinandergeschachtelten Vorgeschichten − entsteht so die labyrinthische Struktur des Höfisch-historischen Romans: ein dialektisches Spiel von Ver- und Entwirrung, dem der allwissende Erzähler die Romanfiguren, aber auch den Leser unterwirft, bis am Ende hinter der vordergründig chaotischen, fortunabeherrschten Welt die providentielle Ordnung sichtbar wird. Dabei gibt es keine Trennung von privater und öffentlicher Sphäre, die Liebesgeschichten der hochgestellten Protagonisten sind zugleich Staatsaffären.

WortG/BegrG: Die Bezeichnung *Höfisch-historischer Roman* wurde 1929 von Günther Müller vorgeschlagen und hat sich seitdem insbesondere gegen den Begriffsnamen *heroisch-galant* weitgehend durchgesetzt. Der Begriff in den von Müller umrissenen Konturen − Betonung des höfisch-humanistischen Ethos und der (heils)geschichtlichen wie politischen Dimension − entspricht im wesentlichen dem Verständnis dieser Romanform im 17. Jh.; in den Quellen wird sie einerseits mit Termini, die inhaltliche Aspekte bezeichnen (z. B. „Heilige Stahts-, Lieb- und Lebens-geschicht"), umschrieben, andererseits mit Begriffen, die poetische Eigenschaften des Epos oder die poetologische Kategorie der ↗ *Wahrscheinlichkeit* ansprechen (z. B. „Geschichtgedicht").

SachG: In betonter Opposition zu älteren Romanformen wie dem AMADISROMAN - einer Verbindung von Elementen des antiken Romans mit keltisch-bretonischen Mythen (erste verschollene Fassung aus dem 14. Jh., erste erhaltene Fassung 1508 in Spanien erschienen) − wurde der ‚roman héroïque' während der ersten Hälfte des 17. Jhs. einer aristotelischen Poetik unterworfen (‚doctrine classique'). Im Zusammenhang mit deren Wahrscheinlichkeitspostulat kam es zur geschichtlichen Fundierung des Höfisch-historischen Romans, zuerst in Werken wie de Gerzans ‚Histoire afriquaine de Cléomède et de Sophonisbe' (1627/28, dt. 1647) und Jean Desmarets' de Saint-Sorlin ‚Ariane' (1632, dt. 1643 und 1644), dann v.a. in den vielbändigen Romanen Madeleine de Scudérys und La Calprenèdes. Während dieser den Roman zu einem beziehungsreichen Gewebe von Liebesgeschichten verdichtete, formulierte die Scudéry in der Vorrede zu ‚Ibrahaim ou l'illustre Bassa' (1641, dt. 1645 ohne Vorrede) die Grundsätze der neuen klassizistischen Romanästhetik, über die Pierre Daniel Huet in seinem ‚Traité de l'origine des romans' (1670, dt. 1682) kaum hinauskommen sollte.

In Deutschland beginnt die Geschichte des Höfisch-historischen Romans mit Martin Opitz' Übersetzung von John Barclays neulat. ‚Argenis' (1621, dt. 1626), welche die Tradition der Einheit von Liebes- und Staatsgeschichte begründete und als eine Art Lehrbuch absolutistischer Theorie und Praxis zu den erfolgreichsten Romanen des 17. Jhs. zählt. Dem Beispiel von Opitz folgten u. a. Philipp von Zesen, Diederich von dem Werder und Johann Wilhelm von Stubenberg, die von den 1640er Jahren an eine Reihe französischer und italienischer Romane übersetzten. Die seit ca. 1660 erschei-

nenden eigenständigen deutschsprachigen Romane setzen trotz grundsätzlicher Gemeinsamkeiten mit den ausländischen Vorbildern eigene, von der jeweiligen historischen Situation und den Kontexten der Autoren bedingte Akzente (u. a. Andreas Heinrich Bucholtz: ‚Herkules', 1659/60, und ‚Herkuliskus', 1665; Anton Ulrich von Braunschweig: ‚Aramena', 1669/73, und ‚Octavia', 1677−1707 bzw. vermehrt 1712; Philipp von Zesen: ‚Assenat', 1670, und ‚Simson', 1679; Daniel Casper von Lohenstein: ‚Arminius', 1689/90; Heinrich Anshelm von Ziegler und Kliphausen: ‚Asiatische Banise', 1689). Daneben erscheinen seit den 1670er Jahren Texte, welche die ethischen und theologisch-philosophischen Gattungsvoraussetzungen ignorieren und das Gattungsschema nurmehr als Vehikel benutzen, um das Unterhaltungs- und Informationsbedürfnis eines größeren Lesepublikums zu befriedigen; vgl. ↗ *Heroisch-galanter/Galanter Roman*, ↗ *Galante Literatur*.

ForschG: Obwohl Cholevius bereits 1866 trotz der verbreiteten Abwertung des Höfisch-historischen Romans einen bedeutenden Versuch einer Bestandsaufnahme unternommen hatte, gelang es erst Günther Müller, die literarhistorische Bedeutung dieser Romanform als eigentlicher ‚Großform' des Barock sichtbar zu machen. Nach grundlegenden Strukturuntersuchungen (Lugowski, Haslinger) treten neuerdings politische bzw. politisch-philosophische Gesichtspunkte stärker in den Vordergrund (Meid, Spellerberg, Frick, Borgstedt). Eine umfassende neuere Gesamtdarstellung fehlt.

Lit: Richard Alewyn: Der Roman des Barock. In: Formkräfte der deutschen Dichtung vom Barock bis zur Gegenwart. Hg. v. Hans Steffen. Göttingen ²1967, S. 21−34. − Thomas Borgstedt: Reichsidee und Liebesethik. Tübingen 1992. − Leo Cholevius: Die bedeutendsten deutschen Romane des 17. Jhs. Leipzig 1866, Repr. Darmstadt 1965. − Henri Coulet: Le roman jusqu'à la révolution. 2 Bde. Paris 1967. − Werner Frick: Providenz und Kontingenz. Untersuchungen zur Schicksalssemantik im deutschen und europäischen Roman des 17. und 18. Jhs. Tübingen 1988. − Hans Geulen: Erzählkunst der frühen Neuzeit. Tübingen 1975. − Adolf Haslinger: Epische Formen im höfischen Barockroman. München 1970. − Ferdinand van Ingen: Roman und Geschichte. In: From Wolfram and Petrarch to Goethe and Grass. Hg. v. D[ennis] H. Green u. a. Baden-Baden 1982, S. 451−471. − Dieter Kimpel, Conrad Wiedemann (Hg.): Theorie und Technik des Romans im 17. und 18. Jh. Bd. 1: Barock und Aufklärung. Tübingen 1970. − Eberhard Lämmert u. a. (Hg.): Romantheorie. Köln, Berlin 1971. − Clemens Lugowski: Die märchenhafte Enträtselung der Wirklichkeit im heroisch-galanten Roman. In: Deutsche Barockforschung. Hg. v. Richard Alewyn. Köln, Berlin 1965, S. 372−394. − Volker Meid: Absolutismus und Barockroman. In: Der deutsche Roman und seine historischen und politischen Bedingungen. Hg. v. Wolfgang Paulsen. Bern, München 1977, S. 57−72. − V. M.: Der höfische Roman des Barock. In: Hb. des deutschen Romans. Hg. v. Helmut Koopmann. Düsseldorf 1983, S. 90−104, 602−604. − Günther Müller: Barockromane und Barockroman. In: LitJb 4 (1929). S. 1−29. − Peter Rau: Speculum amoris. Zur Liebeskonzeption des deutschen Romans im 17. und 18. Jh. München 1994. − Hans Gerd Rötzer: Der Roman des Barock 1600−1700. München 1972. − Gerhard Spellerberg: Höfischer Roman. In: Deutsche Literatur. Hg. v. Horst Albert Glaser. Bd. 3. Reinbek 1985, S. 310−337. − Wilhelm Voßkamp: Romantheorie in Deutschland. Stuttgart 1973. − Fritz Wahrenburg: Funktionswandel des Romans und ästhetische Norm. Stuttgart 1976. − Ernst Weber (Hg.): Texte zur Romantheorie 1 (1626−1731). München 1974.

Volker Meid

Hörer

Rezipientenrolle in der audiophonen Kommunikation.

Expl: Der Hörer nimmt − in zeitgebundene, akustische Präsenz gebrachtes − Sprechen, Geräusche und Töne wahr mit dem Ziel, sie zu verstehen (Hörverstehen). Im Rahmen literarischer Kommunikation ist der Hörer, allein oder als Teil einer Gruppe, Rezipient unmittelbar erlebter oder massenmedial vermittelter oraler Darbietungen wie Erzählen, Vorlesen, Rezitation, ↗ *Deklamation*, Gesang und ↗ *Hörspiel*. Als auditiver Rezipient steht er im Gegensatz zum visuell und einsam rezipie-

renden, stillen ↗ *Leser*. Der Hörer ist, vor allem bei literarischen Bühnenproduktionen (↗ *Kabarett*, ↗ *Theater*) und beim ↗ *Film*, auch Zuschauer, bei traditionellen oralen Darbietungen (↗ *Oralität*, ↗ *Ritual*) in der Regel aktiv partizipierender Teilnehmer.

WortG: Belegt seit dem 12. Jh. als deverbative Substantivbildung *hœræere*, *-er* vom Verb *hœren* 'hören', 'vernehmen', ist *Hörer* im Mhd. (BMZ 1, 714) Teil der ausgesprochen unscharfen Terminologie des Hörens und Lesens (z. B. „Leser dieses Buches, hör zu!"). 1545 übersetzt Luther lat. *auditor* mit *Hörer*, z. B. Jak 1, 22: „Seid aber Theter des worts vnd nicht Hörer allein"; bei Josua Maaler 1561 neben süddt. *Zuloser* (229), bei Johann Christoph Adelung 1796 für „eine Person, welche höret" (995), neben *Zuhörer*. *Hörer* bezeichnet seit dem 19. Jh., entsprechend lat. *auditor* 'Schüler', auch den Studenten einer Hochschule, seit dem 20. Jh. den Zuhörer bei Rundfunksendungen und, als Sachbezeichnung, einen Teil des Telefons.

Johann Christoph Adelung: Auszug aus dem grammatisch-kritischen Wörterbuche der Hochdeutschen Mundart. 2. Teil. Leipzig 1796. − Josua Maaler: Die Teütsch spraach. Zürich 1561.

BegrG: Die allgemeine Bedeutung des Begriffs hat sich bis heute kaum verändert. In literaturwissenschaftlicher Terminologie heißt *Hörer* der Rezipient des mündlich konzipierten oder vorgetragenen Textes. In nicht-trivialer Bedeutung wird damit ein vom ‚Leser' abweichender Typus des Adressaten literarischer Texte gefaßt, dessen Rezeptionskapazität und -verhalten sich in Verfahren und Strukturen der für ihn bestimmten Texte ausprägen (Appelle an in face-to-face-Situationen Anwesende, Formelhaftigkeit (↗ *Oralität*, ↗ *Formel₂*), ↗ *Erzählschemata*, Aufbau).

SachG: In Gesellschaften, die die Schrift nicht oder nicht durchweg bei literarischer Kommunikation gebrauchen, war der Hörer der vorherrschende Typus des literarischen Rezipienten, während er im Zuge allgemeiner Verschriftlichung seit dem späten Mittelalter vornehmlich Adressat nur noch bestimmter Gattungen (Drama, Oratorium, Lied) und bestimmter Kommunikationsformen (Theater, Kabarett, Performance, Konzertsaal, elektronische Medien) ist. In unserer Gesellschaft hat sich seit dem Mittelalter das Ideal des stillen, nur dem Vortrag zugewandten, keine andere Tätigkeit ausübenden Hörers, parallel zum stillen Leser, als Folge höfisch-höflicher, kirchlicher und schulischer Disziplinierung herausgebildet. Diese verabsolutierte Hörerrolle hebt sich markant ab vom oft gestörten, tätigkeitsbegleitenden Hörverhalten in dialogischen Alltagssituationen. Dieses dürfte dem nicht domestizierten Hören eines meist in Hörgemeinschaften eingebundenen Hörers poetischer Texte in traditionalen Gesellschaften entsprechen. Der Hörer war in oralen oder semi-oralen Gesellschaften also der Repräsentant einer fundamental anderen Form literarischer Rezeption als sie, ausgehend vom neuzeitlichen Lektüreverhalten, meist unterstellt wird. Da er in der Regel in eine Gemeinschaft von Mithörenden eingebunden war, unterlagen seine Reaktionen andererseits deren Kontrolle. Dem Hörer literarischer Texte in traditionellen Gesellschaften wird daher eine engere Steuerung durch den Text zugeschrieben gegenüber der freieren Tätigkeit des Lesens.

ForschG: Die Erzählforschung hat sich, angeregt durch Volkskunde und Ethnologie, erst in jüngster Zeit dem Kontext literarischer Kommunikation zugewandt. Dabei galt und gilt die Aufmerksamkeit nicht in erster Linie dem einzelnen Hörer, sondern der Erzählgemeinschaft, der Erzählgelegenheit und dem Publikum. Das von der romantischen Schule postulierte domestizierte Hörverhalten konnten weder die moderne Märchenforschung noch die Oralitätsforschung bestätigen, die ihrerseits komplexe Modelle interaktiven Hörverhaltens entwarfen. Für Zumthor ist der Hörer nicht primär Adressat einer Performanz, sondern Mitspieler in einem gemeinschaftlichen Spiel zwischen Interpret, Hörer und Text, in dem durch die Interaktion jedes Elements mit den beiden andern die Art und die Qualität des Spiels, das Erfahrung gestaltet, aber zugleich auch Erfahrung ist, beeinflußt wird.

Lit: Petr Bogatyrev, Roman Jakobson: Die Folklore als eine besondere Form des Schaffens. In: Strukturalismus in der Literaturwissenschaft. Hg. v. Heinz Blumensath. Köln 1972, S. 13–24. – Joachim Bumke: Höfische Kultur. Bd. 2. München 1986. – Michael T. Clanchy: From memory to written record: England 1066–1307. London 1979. – Michael Curschmann: Hören – Lesen – Sehen. Buch und Schriftlichkeit im Selbstverständnis der volkssprachlichen literarischen Kultur Deutschlands um 1200. In: PBB 106 (1984), S. 218–257. – Viv Edwards, Thomas J. Sienkewicz: Oral cultures past and present. Rappin' and Homer. Oxford 1991. – Werner Fechter: Das Publikum der mittelhochdeutschen Dichtung. Frankfurt 1935. – Ruth Finnegan: Oral poetry. Bloomington, Indianapolis ²1992. – Claude Hagège: Der dialogische Mensch. Reinbek 1987, S. 246–250. – Fritz Peter Knapp: Literatur und Publikum im österreichischen Hochmittelalter. In: Babenberger-Forschungen. Hg. v. Max Weltin. Wien 1976, S. 160–192. – Albert B. Lord: The singer of tales. Cambridge/Mass. 1960 [dt. 1965]. – Rudolf Schenda: Von Mund zu Ohr. Bausteine zu einer Kulturgeschichte volkstümlichen Erzählens in Europa. Göttingen 1993. – Rainer H. Schmid: Raum, Zeit und Publikum des geistlichen Spiels. München 1975. – Manfred Günter Scholz: Hören und Lesen. Studien zur primären Rezeption der Literatur im 12. und 13. Jh. Wiesbaden 1980. – Leza Uffer: Von den letzten Erzählgemeinschaften in Mitteleuropa. In: Märchenerzähler, Erzählgemeinschaft. Hg. v. Rainer Wehse. Kassel 1983, S. 21–29. – Klaus K. Urban: Verstehen gesprochener Sprache. Düsseldorf 1977. – Paul Zumthor: Introduction à la poésie orale. Paris 1983, S. 229–243.

Christian Schmid-Cadalbert

Hörspiel

Elektroakustisch erzeugtes und an das Medium Rundfunk bzw. an Tonträger gebundenes Genre.

Expl: Das Hörspiel ist eine mit dramatischen, epischen oder auch lyrischen Elementen arbeitende, Sprache, Geräusch und Musik verbindende Gattung, die (bei einer üblichen Dauer von wenigen bis ca. 90 Minuten) über den Rundfunk ausgestrahlt bzw. auf Tonträgern wie Schallplatten, Cassetten, Compact Discs (sog. *audio books* oder *Hörbücher*) aufgezeichnet und vertrieben wird. Wichtigste technische Mittel der akustischen Bühne Hörspiel sind Schnitt, ↗ *Montage* und Blende (stufenloses Ein- und Ausblenden des Tons am Mischpult der Tonregie), die wie beim ↗ *Film* den Übergang von einer Spielphase bzw. -ebene zur nächsten ermöglichen.

Während sich im traditionellen Hörspiel bei grundsätzlich beschränkter Anzahl der Personen vor allem der ↗ *Monolog* der körperlosen Stimme als Träger von Gedanken, Empfindungen und Assoziationen als funkwirksam erwiesen hat, wird seit Einführung der Stereofonie, besonders im sogenannten ‚Neuen Hörspiel' (Schöning), die „Innere Bühne" (Wickert) durch einen deutlich wahrnehmbaren Spielraum ersetzt, zu dem der Hörer in Distanz treten soll. Die dabei bevorzugte Montagetechnik triumphiert schließlich im O-Ton-Hörspiel, bei dem das aufzeichnende Tonband das Manuskript ersetzt und der Autor bzw. Regisseur hinter das Arrangement des akustischen Materials zurücktritt.

Neueste Formen des Hörspiels wie das ‚Kurz-' oder ‚Minutenhörspiel' lehnen sich an die Dramaturgie des traditionellen bzw. Neuen Hörspiels an und sind zumeist durch programmstrukturelle Entwicklungen bedingt. Aufgrund der medientechnischen Entwicklung der jüngsten Zeit (Interaktivität, Internet etc.) kann das Formenspektrum des Hörspiels noch nicht als abgeschlossen betrachtet werden.

WortG: Das Wort *Hörspiel* ist älter als die Gattung, die es heute benennt, und meinte 1851 in Wagners theaterkritischer Schrift ‚Oper und Drama' ein unvollkommen realisiertes Schauspiel, das in der Mitte des 19. Jhs. wie die auf „üppigste und gesuchteste Ausstattung" angelegte Oper den desolaten Zustand der zeitgenössischen Bühnenkunst verkörperte: „Das musikalische Drama war recht eigentlich ein *Schau*spiel geworden, während das Schauspiel ein *Hör*spiel geblieben war." (Wagner 7, 135) In ganz ähnlicher Kontrastierung verwendet dann Nietzsche das Wort: „Da sprang Zarathustra auf seine Höhle zu, und siehe! welches Schauspiel erwartete ihn nach die-

sem Hörspiele!" (Nietzsche 4, 346) Als eigenständiges akustisches Phänomen wurde die Geräuschwelt hingegen 1898 von Karl Groos in seiner psychologisch-ästhetischen Untersuchung ‚Über Hör-Spiele' gewürdigt (nach Rohnert, 32). 1901 schließlich bezeichnete Konrad Lange „die zahlreichen nicht musikalischen Geräusche, die das Kind − zuweilen auch der Erwachsene − hervorbringt", als „Hörspiel" und erblickte „in diesen Übergangsformen eine entwicklungsgeschichtliche Vorstufe der Musik", die er „ein gesteigertes, mit größerem Formenreichtum und größerer Ausdrucksfähigkeit ausgestattetes Hörspiel" nannte (Lange, 9).

Konrad Lange: Das Wesen der Kunst. Bd. 2. Berlin 1901. − Friedrich Nietzsche: Sämtliche Werke. Kritische Studienausgabe. Hg. v. Giorgio Colli und Mazzino Montinari. 15 Bde. München, Berlin 1980. − Richard Wagner: Dichtungen und Schriften. 10 Bde. Hg. v. Dieter Borchmeyer. Frankfurt 1983.

BegrG: Der heute gebräuchliche, gattungsspezifische Begriff ‚Hörspiel' wurde 1924 von Hans S. v. Heister geprägt (Der deutsche Rundfunk 2 (1924), Nr. 32, 1779) und hat sich rasch neben den zunächst ebenfalls verwendeten Bezeichnungen *Funkspiel, Funkdrama, Hördrama* und *Sendespiel* als Terminus für ein „arteigenes Spiel des Rundfunks" (Der deutsche Rundfunk 3 (1925), Nr. 40, 2541) durchgesetzt. Die in den siebziger Jahren aufgekommene Begriffserweiterung ‚Neues Hörspiel' bezog sich auf eine grundlegende Veränderung der Hörspiel-Ästhetik und bezeichnet seither akustische Realisationen, die den traditionellen, mit dem Begriff ‚Innere Bühne' auf das Theater bezogenen Hörspielen als reine (Original-) Ton- bzw. Geräuschspiele an die Seite treten.

SachG: Voraussetzungen der Entstehung einer eigenständigen elektroakustischen Literaturgattung im 20. Jh. waren die im Zweiten Weltkrieg erstmals auch zu Unterhaltungszwecken eingesetzten technischen Möglichkeiten des Kriegsfunks, der Aufbau eines Informations- und Unterhaltungsfunks durch die Funkabteilung der Deutschen Reichspost nach dem Krieg und die rasch wachsende Zahl der Rundfunkteilnehmer nach der Aufnahme des regelmäßigen Sendebetriebs am 29.10.1923. Mit Richard Hughes' im Londoner Hörfunk ausgestrahltem Hörspiel ‚A Comedy of Danger' und Hans Fleschs in Frankfurt produzierter Hörspielposse ‚Zauberei auf dem Sender' gilt das Jahr 1924 als das Geburtsjahr der neuen Gattung. Sie war in ihrer frühesten, experimentierfreudigen Phase durch eine erstaunliche Vielfalt von Inhalten und Formen (Funkbearbeitung, Funkballade, Funkerzählung, ‚akustischer Film') gekennzeichnet, bevor in der ersten Blütezeit 1929−1932 Monolog-Hörspiele zu dominieren begannen (z. B. Hermann Kesser: ‚Schwester Henriette'; Hermann Kasack: ‚Stimmen im Kampf'; Eduard Reinacher: ‚Der Narr mit der Hacke'); neben diesen konnten sich aber die realistischer angelegten Hörspiele vorwiegend gesellschaftskritisch bzw. sozialistisch orientierter Autoren behaupten (z. B. Walter Benjamin: ‚Lichtenberg. Ein Querschnitt', Bertolt Brecht: ‚Der Lindberghflug', Alfred Döblin: ‚Die Geschichte vom Franz Biberkopf', Felix Gasbarra: ‚Der Marsch zum Salzmeer', Erich Kästner: ‚Leben in dieser Zeit', Walter Erich Schäfer: ‚Malmgreen', Arno Schirokauer: ‚Magnet-Pol', Friedrich Wolf: ‚ ‚Krassin' rettet ‚Italia' '). Das damals nicht gesendete (erst in den fünfziger Jahren in der DDR ausgestrahlte) Hörspiel ‚Mietskaserne' von Georg W. Pijet stieß wegen seiner betonten Sozialkritik auf Ablehnung bei den Intendanten und zeigte früh die Grenzen der Hörspielarbeit im sich als unpolitisch verstehenden Rundfunk der Weimarer Republik auf.

Die alternativen hörspieltheoretischen und -praktischen Ansätze von Benjamin, Brecht, Schirokauer u. a. gerieten jedoch bereits in der Endphase der Weimarer Republik ins Abseits und wurden endgültig durch die politischen Ereignisse des Jahres 1933 obsolet. An die Stelle der Brechtschen Vision seiner ‚Radiotheorie' (1927−1932), den Hörer zum aktiven Mitspieler im Rundfunk werden zu lassen und „aus dem Radio eine wirklich demokratische Sache zu machen" (Brecht, 121), wie er es 1927 mit der Aufführung des ‚Lindberghflugs', einem

„Radiolehrstück für Knaben und Mädchen", in Zusammenarbeit mit Weill und Hindemith im Rahmen der ‚Deutschen Kammermusik Baden-Baden' versucht hatte, trat nach 1933 die totale Gleichschaltung der Gattung als Propagandamittel des nationalsozialistischen Hörfunks (↗ *Nationalsozialistische Literatur*).

Die Übernahme religiöser Formeln zwecks Sakralisierung der Politik ließ das Hörspiel in der Anfangsphase des Dritten Reiches schnell zum pseudokultischen Oratorium erstarren; stilbildend wurde dafür Richard Euringers ‚Deutsche Passion' („Entworfen Weihnacht 1932 / Vollendet Frühmärz 1933 / Urgesendet in der ‚Stunde der Nation', Gründonnerstag, 13. April 1933, über alle deutschen Sender"). Nur wenige Autoren konnten sich wie Peter Huchel der Indienstnahme durch den zentralisierten Reichsrundfunk, dem zahlreiche Autoren zuarbeiteten (Willy Brockmeier, Arnolt Bronnen, Kurt Heynicke, Hanns Johst, Erich Wolfgang Möller u. a.), zeitweilig entziehen. Auch dem jungen Günter Eich gelang das nur unvollkommen: seine erst spät aufgefundenen Hörspiele aus diesen Jahren belegen die Anpassung an bzw. die Verführbarkeit durch die herrschende Ideologie (‚Weizenkantate', 1936; ‚Aufstand in der Goldstadt', 1940). Nach Beginn des Krieges schlug sich die zuvor in Weihespielen sichtbar gewordene Funktionalisierung der Gattung in propagandistischen Kriegshörspielen nieder (z. B. Hans Rehbergs Hörspieltrilogie ‚Suez, Faschoda, Kapstadt', 1940), bevor ab 1942 die Kampfereignisse diese Form des Zeitbildes endgültig überholt erscheinen ließen.

Eine entscheidende Ausweitung der Gattungsvielfalt erfolgte in dieser Zeit in Amerika durch das Science-Fiction-Hörspiel, für das Orson Welles' pseudo-authentisches radio-play ‚The Invasion from Mars', 1938 mit spektakulärer Wirkung gesendet, stilbildend wurde. Die wenigen deutschen Exil-Hörspiele (Anna Seghers: ‚Prozess der Jeanne d'Arc zu Rouen 1431', 1937; Ernst Ottwalt: ‚Kalifornische Ballade', 1939; und Brecht: ‚Lukullus vor Gericht', 1940) versuchten an die realistischen Hörspiele der Weimarer Jahre anzuschließen, blieben jedoch (verständlicherweise) ohne größere Wirkung. Demgegenüber konnte sich das Schweizer Hörspiel der Zeit „aufgrund der besonderen politischen Situation mehr oder weniger kontinuierlich entwickeln" (Weber, 13).

Nach 1945 knüpfte das Hörspiel in der Bundesrepublik (wie ganz ähnlich in Österreich und der Schweiz) nach einer kurzen Feature-Phase (Axel Eggebrecht; Ernst Schnabel) an das Stimmenhörspiel der Weimarer Republik an und vermochte sich rasch als bedeutende eigenständige Kunstform zu etablieren. Für die neue Blütezeit der Gattung in den fünfziger und sechziger Jahren erschienen nach Wolfgang Borcherts frühem (aber nicht stilbildendem) Erfolg ‚Draußen vor der Tür' (1947) vor allem die Hörspiele Günter Eichs vorbildlich, die nach den umstrittenen ‚Träumen' (1951) immer wieder existentielle Probleme des Lebens behandelten. Neben Eich traten als Hörspielautoren u. a. hervor Ilse Aichinger, Ingeborg Bachmann, Heinrich Böll, Friedrich Dürrenmatt, Max Frisch, Wolfgang Hildesheimer, Peter Hirche, Walter Jens, Marie Luise Kaschnitz, Martin Walser, Dieter Wellershoff, Wolfgang Weyrauch sowie Arno Schmidt mit seiner Sonderform semifiktionaler ‚Funkdialoge'. Der seit 1951 alljährlich vergebene ‚Hörspielpreis der Kriegsblinden' trug entscheidend zur wachsenden Bedeutung der Gattung im Spektrum der deutschen Nachkriegsliteratur bei.

Im Gegensatz zu der lange Zeit traditionelleren Ausrichtung des Hörspiels in der Bundesrepublik knüpfte das Hörspiel in der DDR nach einer ersten Phase der Featureähnlichen Funkarbeiten bzw. der Adaptationen an das sozialistische Hörspiel vor 1933 an und entwickelte im „realistischen Problemhörspiel" (Gugisch 1965, 153; dazu Würffel, 210−223) eine stärker an der Wirklichkeit orientierte Form, der 1977 auch internationale Anerkennung mit Preisen für das Hörspiel ‚Grünstein-Variante' von Wolfgang Kohlhaase zukam. Als Autoren des DDR-Hörspiels traten u. a. Manfred Bieler, Stephan Hermlin, Günter Kunert, Heiner Müller, Günther Rentzsch, Günther Rücker, Rolf Schneider und Bernhard Seeger hervor.

Seit Beginn der 1960er Jahre entwickelte sich parallel zum traditionellen Hörspiel, angeregt durch den ↗ *Nouveau roman* und getragen von der Stereofonie, das Neue Hörspiel, das mit Jandl/Mayröckers preisgekröntem Werk ‚Fünf Mann Menschen' (1968) einen Traditionsbruch bewirkte und zusammen mit O-Ton-Hörspiel und Hör-Collage die Gattung für sprach- und gesellschaftskritische Aspekte öffnete (Peter Handke, Ludwig Harig, Maurizio Kagel, Franz Mon, Paul Pörtner, Wolf Wondratschek, Paul Wühr u. a.).

Seither ist − im anwachsenden Schatten von ↗ *Fernsehspiel* und Fernsehfilm − die Situation durch einen großen Stilpluralismus gekennzeichnet, der auch wieder traditionelle Hörspiele einschließt, insgesamt aber zu kürzeren Formen tendiert und in jüngster Zeit vermehrt die Grenzbereiche der ‚Art Acustica International' (Schöning) im Übergang zur modernen Musik (John Cage, Luc Ferrari, Heiner Goebbels, Maurizio Kagel u. a.) auslotet.

ForschG: Die anfängliche formale und inhaltliche Offenheit der Gattung spiegelte sich zwar noch in der Kasseler Arbeitstagung ‚Dichtung und Rundfunk' 1929, jedoch nicht mehr in den daran anschließenden ersten hörspieltheoretischen Arbeiten (Pongs 1930; Kolb 1932), die endgültig die Entwicklung der Gattung zum reinen Stimmenhörspiel festschrieben und als Aufgabe des Hörspiels dekretierten, „uns mehr die Bewegung im Menschen, als die Menschen in Bewegung zu zeigen" (Kolb, 41).

Die Forschung der Nachkriegszeit knüpfte zunächst an die Hörspieltheorie der letzten Weimarer Jahre an und war in den 50er und 60er Jahren weitgehend an deren verengtem Begriff orientiert (Schwitzke 1963, Klose u. a.). Abweichende Ansätze wie die Knillis 1961 (zum ‚totalen Schallspiel') oder Gugischs 1965 (zum ‚realistischen Problemhörspiel' der DDR) wurden erst zu Beginn der 70er Jahre in die Forschungsdiskussion einbezogen, die unter dem Eindruck der Gattungsveränderung und -vielfalt insgesamt pluralistischer wurde und seither auch die ‚weißen Stellen' der Gattungsgeschichte (einschließlich der lange vernachlässigten Hörspielarbeit in der Schweiz und in Österreich) verstärkt bearbeitete (Bolik, Döhl, Gugisch 1966, Hay, Weber, Wessels, Würffel u. a.).

Für die zukünftige Forschung erscheinen nach wie vor grundlegend die Arbeiten von Schöning, die, an Knilli und Heißenbüttel anschließend, nicht nur die Entwicklung des Hörspiels zum Schallspiel (Pörtner) reflektieren, sondern auch offen bleiben für weitere gattungstypologische Entwicklungen aufgrund der veränderten Mediensituation.

Lit: Sibylle Bolik: Das Hörspiel in der DDR. Frankfurt 1994 − Bertolt Brecht: Gesammelte Werke in 20 Bdn. Bd. 18. Frankfurt 1967. − Burghard Dedner: Das Hörspiel der fünfziger Jahre und die Entwicklung des Sprechspiels seit 1965. In: Die deutsche Literatur der Gegenwart. Hg. v. Manfred Durzak. Stuttgart 1971, S. 128−147. − Reinhard Döhl: Das neue Hörspiel. Darmstadt 1988. − R. D.: Das Hörspiel zur NS-Zeit. Darmstadt 1992. − Franz Fassbind: Dramaturgie des Hörspiels. Zürich 1943. − Hartmut Geerken: Das interaktive Hörspiel als nicht-erzählende Radiokunst. Essen 1992. − Peter Groth: Hörspiele und Hörspieltheorien in der Weimarer Republik. Berlin 1980. − Peter Gugisch: Hörspiel und Wirklichkeit. In: Neue deutsche Literatur 13 (1965). H. 6, S. 148−161. − P. G.: Hörspiel in der DDR. In: Hörspiele 6 (1966), S. 7−177. − Gerhard Hay: Rundfunk und Hörspiel als ‚Führungsmittel‘ des Nationalsozialismus. In: Die deutsche Literatur im Dritten Reich. Hg. v. Horst Denkler und Karl Prümm. Stuttgart 1976, S. 366−381. − Roland Heger: Das österreichische Hörspiel. Wien 1977. − Knut Hickethier: Junges Hörspiel in den neunziger Jahren. In: LiLi 111 (1998), S. 126−144. − Christian Hörburger: Das Hörspiel der Weimarer Republik. Stuttgart 1975. − Hermann Keckeis: Das deutsche Hörspiel 1923−1973. Frankfurt 1973. − Werner Klippert: Elemente des Hörspiels. Stuttgart 1977. − Werner Klose: Didaktik des Hörspiels. Stuttgart 1974. − Friedrich Knilli: Das Hörspiel. Mittel und Möglichkeiten eines totalen Schallspiels. Stuttgart 1961. − Richard Kolb: Das Horoskop des Hörspiels. Berlin 1932. − Martin Maurach: Das experimentelle Hörspiel. Wiesbaden 1995. − Hermann Pongs: Das Hörspiel. Stuttgart 1932. − Ernst Theo Rohnert: Wesen und Möglichkeiten der Hörspieldichtung. Diss. München 1947. − Uwe Rosenbaum (Hg.): Das Hörspiel. Eine Bibliographie. Hamburg 1974. − Irmela Schneider (Hg.): Radio-Kultur in der Weimarer Republik. Tübingen 1984. − Klaus Schöning (Hg.): Neues Hörspiel. Frankfurt 1970. − K. S. (Hg.): Neues Hörspiel O-Ton. Frankfurt 1974. − K. S. (Hg.): Spuren des Neuen Hörspiels. Frankfurt 1982. − Heinz Schwitzke: Das Hörspiel. Köln, Berlin 1963. − H. S. (Hg.): Reclams Hörspielführer. Stuttgart 1969. − August Soppe: Der Streit um das Hörspiel 1924/25. Berlin 1978. − Christian W. Thomsen, Irmela Schneider: Grundzüge der Geschichte des europäischen Hörspiels. Darmstadt 1985. − Antje Vowinckel: Collagen im Hörspiel. Würzburg 1995. − Paul Weber: Das Deutschschweizer Hörspiel. Bern 1995. − Wolfram Wessels: Hörspiel im Dritten Reich. Bonn 1985. − Erwin Wickert: Die Innere Bühne. In: Akzente 1 (1954). H. 6, S. 505−514. − Stefan Bodo Würffel: Das deutsche Hörspiel. Stuttgart 1978, ²2000.

Stefan Bodo Würffel

Hofkritik

In meist satirisch-polemischen Texten niedergelegte Kritik an der Welt des Hofes und der höfischen Gesellschaft aus teils moralischer, teils politischer Absicht.

Expl: Moralistisch-satirische Hofkritik tritt mit der Entstehung von Höfen als Regierungs- und Machtzentren im monarchisch geprägten Europa vom Mittelalter bis hin zur Französischen Revolution und darüber hinaus auf. Das antihöfische Schrifttum prangert die Laster des Hoflebens an und preist als Alternative dazu die Idylle des Landlebens. Es bildet sich auf gesamteuropäischer Ebene ein fester Bestand an Gemeinplätzen (‚Loci communes‘, ↗ *Topos*) gegen die höfische Existenzform aus, der in − oft gleichfalls stark typisierten − Texten ‚vom Elend der Hofleute‘ (‚De miseriis curialium‘) abgerufen werden kann. Komplementär (und gelegentlich in denselben Schriften) wird vor diesem Hintergrund das Bild des idealen Hofmanns oder Fürsten entworfen.

Vita aulica (‚Leben bei Hof‘) ist das umfassende Stichwort für das Thema der Hofkritik. Sie weitet sich von der moralischen Ebene zur politischen, wenn sie die Lasterhaftigkeit von Höflingen oder die Mätressenwirtschaft der Fürsten anprangert.

Grundfigur ist häufig der Personenkontrast Philosoph − Hofmann ebenso wie die schematische Antithese curia (‚Hof‘) − schola (‚Schule, Universität, Gelehrtenexistenz‘). In Übereinstimmung mit der mittelalterlichen Methode der Diskussion moralischer Probleme, die sich in der europäischen Renaissance fortsetzt (Moss, 83−133), wird hofkritisches Material aus klassischen und biblischen Quellen sowie nicht zuletzt aus der persönlichen Erfahrung der Verfasser unter Loci wie adulatio (‚Schmeichelei‘) und detractio (‚Verleumdung‘) oder Kontrastpaare wie adulatio − consilium (‚Schmeichelei‘ − ‚Rat‘) bzw. adulator − consiliarius (‚Schmeichler‘ − ‚Ratgeber‘) gebracht. In der Frühen Neuzeit wird die moralistische Loci-Methode des Mittelalters noch verfeinert, wobei ‚aulica vita‘ selbst zu einem eigenen Locus communis wird, der namentlich aufgrund verstärkter humanistischer Aversion gegen den Hof von vornherein negativ konnotiert ist (Uhlig 1973, 139−174, 218−220). In einer Reihe von Schriften sind prinzipielle Kritik und affirmative Einübung (in Analogie zum ↗ *Fürstenspiegel*) als ‚Höflingsspiegel‘ kaum scharf voneinander zu trennen.

WortG: ‚Hofkritik‘ kommt weder bei Zedler noch im DWb als eigener Artikel vor (aber Zedler 13, 405−412: ‚Hof‘, bzw. 441 f.: ‚Hofmann‘, wo die hofkritische Tradition bereits ihre Spuren hinterlassen hat, unter Nennung einiger der zitierten Autoritäten; ferner DWb 10, 1656−1705: ‚Hof (7)‘ bis ‚Hofzwang‘, wo sich besonders s. v. ‚hofhörig‘, ‚hofieren‘, ‚Hoflaster‘, ‚Hofleben‘, ‚Höfling‘, Hofmann‘ sowie ‚Hofschranz‘ hofkritische Belege finden, die vom 13./14. Jh. bis zum 18./19. Jh. reichen − mit dem Schwergewicht auf der Frühen Neuzeit). Als ein literaturwissenschaftlicher Terminus hat sich die in Wörterbüchern und Enzyklopädien bis heute kaum verzeichnete *Hofkritik* seit den 1970er Jahren allgemein durchgesetzt, vor allem zur Bezeichnung der Auseinandersetzung mit Hof und höfischer Lebensform unter dem Absolutismus der Frühen Neuzeit.

BegrG: Begriffsumfang und -inhalt sind fest: Hofkritik hat als thematisches Zentrum die negativen Eigenschaften derer, die am Hof des Herrschers dienen oder ihr Glück zu machen versuchen. Bei Hof wird die eigene Persönlichkeit deformiert durch den Zwang zur Anpassung, zur schmeichlerischen Zustimmung, zur sklavischen Unterwerfung unter den Willen des Fürsten. Dadurch kann die Hofkritik Elemente einer pragmatisch-erfolgsbezogenen Lehre für das Leben bei Hof annehmen. Unverblümt wird dem künftigen Hofmann bereits gegen Ende des 16. Jhs. zur Verstellung (*Dissimulatio*, ↗ *Ironie*) geraten, wodurch die europäische Hoferziehung (↗ *Hofzucht*) ihrerseits Motive der Hofkritik übernimmt und politische Klugheit angesichts permanenter höfischer Intrigen über Moral und Humanität stellt (Uhlig 1975, 27−51). Satirische Darstellung höfischer Mechanismen und Anleitung, sie geschickt auszunutzen, können sich berühren und ineinander übergehen (Kiesel).

SachG: Auf der Grundlage antiker Vorklänge bei Tacitus, Horaz, Juvenal, Terenz oder Seneca, wobei insbesondere die Lucan-Sentenz „Exeat aula / qui vult esse pius" (‚Verlasse den Hof, wer fromm sein will‘, ‚Pharsalia‘ 8, v. 493 f.) dauernd zitiert wird, bildet die im Fürstenspiegel abgehandelte Moralphilosophie des Mittelalters feste antihöfische Argumentationsmodelle heraus, die sich immer wieder an bestimmten Gemeinplätzen orientieren, ganz gleich, wie groß oder wie gering der höfische Erfahrungshorizont des jeweiligen Hofkritikers ist. Im Angevinischen England gibt es erstmals im mittelalterlichen Europa einen Hof als zentrales Machtzentrum, dem eine Klasse von Höflingen zugeordnet ist. Auf sie richtet sich sogleich die Kritik von Protohumanisten des 12. und 13. Jhs. wie Johannes von Salisbury und Giraldus Cambrensis, und zwar in ↗ *Fürstenspiegeln*, die darauffolgenden Exemplaren der Gattung als Muster dienen. Dies gilt besonders in methodischer Hinsicht, werden doch von nun an, neben *ambitio* (‚Ehrgeiz‘), besonders *adulatio* (‚Schmeichelei‘) und *assentatio* (‚heuchlerische Anpassung‘) zu stehenden Beiworten für den ‚Hof‘. Im weiteren Verlauf des Mittelalters ändert die Hofkritik weder ihre Gestalt noch ihre Stoßrichtung, wohl aber ihr Gewand, kann sie doch, außer in Fürstenspiegel, ebensowohl in Zeitklage, allegorische Satire und Streitgedicht wie in Briefe, Anekdotensammlungen, Fabeln und Tierdichtungen gekleidet werden.

Ihren Höhepunkt erreicht die Hofkritik in der europäischen ↗ *Renaissance*. Kerntexte sind der hofkritische Brief ‚De curialium miseriis' (1444) des Enea Silvio Piccolomini, eine Vielzahl von Schriften des Erasmus von Rotterdam, die ‚Utopia' des Thomas Morus (1516) sowie der Dialog ‚Misaulus' Ulrichs von Hutten (1518), der indessen bereits von einigen Zeitgenossen als bloße Versammlung literarischer Gemeinplätze empfunden wurde. Überragt werden die Genannten von Antonio de Guevara, dessen Hofkritik nicht nur in seinen Fürstenspiegeln ‚Libro áureo de Marco Aurelio emperador' (1528) bzw. ‚Relox de príncipes' (1529) − einem europaweiten Bucherfolg − Niederschlag findet, sondern vor allem in der gleichfalls in ganz Europa übersetzten Abhandlung ‚Menosprecio de corte y alabanza de aldea' (1539); diese entwirft die idyllisch-pastorale Alternative zum korrupten Hofmilieu und stellt schematisch geordnete Argumentationsmodelle bereit, mit deren Hilfe die ‚Verachtung des Hofes und das Lob des Dorfes' rhetorisch artikuliert werden können. Antipode Guevaras ist Baldassare Castiglione, dessen Ideal des Hofmanns im ‚Libro del Cortegiano' (1528) für ganz Europa vorbildlich wird, freilich nicht, ohne in seiner Zeit schon auf Widerspruch zu stoßen (Burke, 99−116). So wird es in Frankreich aufgrund anti-italienischer politischer Ressentiments z. B. durch Philibert de Vienne im ‚Philosophe de Court' (1547) einer ironisch-satirischen Betrachtung unterzogen. 1577 erreicht die Hofkritik in der Sammlung ‚Aulica vita' des deutschen Gymnasialprofessors Henricus Petreus (Herdesianus) das Stadium ihrer Anthologisierung.

Die kanonische Verfestigung der hofkritischen Tradition, die seit dem hohen Mittelalter kaum noch Spielraum für Neues zu lassen scheint, braucht allerdings keineswegs stereotype Rezeptionsformen nach sich zu ziehen. Das hofkritische Schrifttum in Deutschland bewegt sich wie das im restlichen Europa bis ins 18. Jh. zwischen politischer Kritik, Gesellschaftssatire und pädagogischer Anweisung. Hofkritik ist eines der zentralen Motive der Satire des 17. Jhs. (Moscherosch). Gegen die Mechanismen erfolgreichen Verhaltens bei Hof wird eine traditionelle Tugendlehre aufgeboten, etwa in Nicolas Farets ‚L'honneste-homme ou l'Art de plaire à la Court' (1630) oder bei Johann Michael von Loën in ‚Der redliche Mann am Hofe' (1740). Noch die antihöfische Kritik der ↗ *Aufklärung* speist sich aus den Gemeinplätzen der Hofkritik. Zu nennen sind ein so grundsätzlich antihöfisch eingestellter Kompilator wie Friedrich Carl von Moser mit seinem ‚Teutschen Hof-Recht' (1754/55), antihöfische Motive des ↗ *Bürgerlichen Trauerspiels* (z. B. Lessing, ‚Emilia Galotti'; Schiller, ‚Kabale und Liebe'), die anti-absolutistische Polemik Schubarts (‚Die Fürstengruft') und Hofsatiren in Romanen Wielands (‚Agathon', ‚Der goldene Spiegel'). Die Allianz der Weimarer Klassik mit dem Hof fördert noch einmal eine Aktualisierung hofkritischer Motive, am ausgeprägtesten bei Seume.

ForschG: Die Geschichte der literarischen Hofkritik ist in drei größeren Untersuchungen ausführlich dargestellt und bibliographisch nahezu erschöpfend dokumentiert worden: für die französische Renaissance und unter Berücksichtigung antiker sowie kontinentaleuropäischer Quellen durch P. M. Smith, für das England des Mittelalters und der Renaissance durch C. Uhlig, wobei besonderes Gewicht auf die Etablierung der Hofkritik als eines Gemeinplatzes der europäischen Moralistik gelegt wurde, und für Deutschland schließlich durch H. Kiesel, der die Geschichte bis in die bürgerliche Literatur des 18. Jhs. fortschreibt. Affinitäten zu diesen Arbeiten weisen Studien auf, die entweder die höfische Gesellschaft als soziologisches Phänomen schlechthin (N. Elias) oder die Wechselbeziehungen zwischen Dichtung und höfischem Verhalten im England der Renaissance (D. Javitch) sowie die keineswegs uniforme ‚Cortegiano'-Rezeption in Europa (P. Burke) in den Blick nehmen.

Lit: Peter Burke: The fortunes of the courtier. The European reception of Castiglione's ‚Cortegiano'. Cambridge 1995 [dt. Die Geschicke des ‚Hofmann'. Berlin 1996]. − Norbert Elias: Die höfische Gesellschaft. Darmstadt, Neuwied ²1975. − Daniel Javitch: Poetry and courtliness in Renaissance England. Princeton 1978. − Helmuth Kiesel: ‚Bei Hof, bei Höll'. Untersuchungen zur literarischen Hofkritik von Sebastian Brant bis Friedrich Schiller. Tübingen 1979. − Jacques Lemaire: Les visions de la vie de cour dans la littérature française de la fin du Moyen Age. Brüssel 1994. − Wolfgang Martens: Der redliche Mann am Hofe. Oldenburg 1993. − Ann Moss: Printed commonplace-books and the structuring of Renaissance thought. Oxford 1996. − Jean-Charles Payen: Les origines de la courtoisie dans la littérature française médiévale. Paris 1966. − Michael Schlott: Einleitung. In: Wirkungen und Wertungen. Adolph Freiherr v. Knigge im Urteil der Nachwelt. Hg. v. M. S. Göttingen 1998, S. XV−LXXXVIII. − Pauline M. Smith: The anti-courtier trend in sixteenth century French literature. Genf 1966. − Claus Uhlig: Hofkritik im England des Mittelalters und der Renaissance. Berlin, New York 1973. − C. U.: Moral und Politik in der europäischen Hoferziehung. In: Literatur als Kritik des Lebens. Fs. Ludwig Borinski. Hg. v. Rudolf Haas u. a. Heidelberg 1975, S. 27−51.

Claus Uhlig

Hofzucht

Bezeichnung von Texten, die das angemessene Verhalten am Hof, insbesondere auch das richtige Benehmen bei Tisch lehren.

Expl: Die höfische Kultur des Mittelalters befriedigt den Informationsbedarf nach Verhaltensregeln für alle, die nicht unmittelbar in höfischen Umgang eingelebt sind, über erzählende oder direkt lehrhafte Verstexte, die z. T. als selbständige Hof- oder TISCHZUCHTEN überliefert sind. Sie geben für besondere Situationen Regeln richtigen Benehmens an und erfüllen damit eine Funktion, die in der Neuzeit Höflichkeitstraktaten, Anstands- und Manierenbüchern zukommt (↗ *Anstandsliteratur*). Dadurch setzen sie sich von der stärker ethisch ausgerichteten ↗ *Spiegel*-Literatur ab.

WortG: *hovezuht* ist neben vergleichbaren Komposita wie *hovesite* zuerst in höfischen Erzähltexten belegt (‚Iwein', v. 6253; ‚Partonopier und Meliur', v. 12) und bezeichnet das am Hof erwartete und z. T. ausdrücklich vorgeschriebene Verhalten, die mit ihm einhergehende Haltung sowie die Lehre, die zu einer solchen Haltung erzieht (mhd. *zuht* von *ziehen* ‚Erziehung'). Als Bezeichnung für einen Text begegnet das Wort nur als Schreiberüberschrift sowie im Schreiberschlußvers von ‚Der zühte lêre' (14. Jh.). Das Wort nennt hier nach Art mittelalterlicher Werkbezeichnungen den Inhalt des Textes.

BMZ 3, S. 939. − DWb 10, Sp. 1704. − Lexer 1, S. 1371.

BegrG: Als Bezeichnung für einen bestimmten Typus von Texten verwendet die neuere Forschung die nhd. Entsprechung von *hovezuht* seit Moriz Haupts Erstausgabe von ‚Des Tanhausers Hofzucht' (1848). Während sich bei Tischzuchten, die in Handschriften meist auch als solche betitelt sind, angesichts inhaltlicher und formaler Übereinstimmungen von einer Gattung sprechen läßt, fällt dies für Hofzuchten schwer. Im engeren Sinne als ‚Hofzuchten' werden nur wenige Werke bezeichnet, die formal kaum Übereinstimmungen aufweisen. In einem weiteren Sinne läßt sich von einer Hofzucht sprechen, wo eine Lehre über das angemessene Verhalten am Hof gegeben wird.

SachG: Bevor mit Castigliones ‚Libro del Cortegiano' eine neue Gattung der Hofliteratur im europäischen Rahmen begründet wird, bietet das erste Buch des ‚Wälschen Gast' von Thomasin von Zerclaere (1215/16) eine später nicht mehr erreichte Differenziertheit in den Vorschriften zur Regelung höfischen Verhaltens. Im Zentrum steht der gegenseitige Erweis von Ehre; „schoeniu hovezuht" (v. 302) meint das gemessene Auftreten, das man durch Imitation von Vorbildern von Kind an erlernt. Besonderen Wert legt Thomasin auf Körper- und Situationskontrolle.

Seit dem 13. Jh. entsteht eine Reihe kleinerer Anweisungen für höfisches Verhalten in der Volkssprache. ‚Der zühte lêre' formuliert im Anschluß an Thomasin neben der obligaten Tischzucht eine Lehre für Männer und eine für Frauen, wobei freilich profiliert höfisches Verhalten hinter allgemeinen Lebenslehren verschwindet, so daß eine Fassung des Textes nicht ohne Grund in die überwiegend moralisch ausgerichteten ‚Disticha Catonis' interpoliert wurde (Zarncke, 126–140). Konrads von Haslau ‚Jüngling' (Ende 13. Jh.) wendet sich an adelige und nichtadelige Knaben, die am Hof Dienste leisten.

Bestandteil höfischer Verhaltenslehre sind regelmäßig Tischmanieren, die – über den Geltungsbereich Hof hinaus – in sogenannten Tischzuchten zusammengefaßt wurden. Die typischen Elemente enthält schon die erste selbständig auf deutsch überlieferte Tischzucht, die – nicht mit völliger Sicherheit – dem Tannhäuser zugeschrieben wird (13. Jh.). Die Kultivierung des Essens ist auffallendstes Resultat einer einheitlichen Kontrolle und Modellierung von Gefühlen (Elias), konkret der Vermeidung des Ekels der Anwesenden. Eine vergleichbare Orientierung findet sich bereits in der 1. Hälfte des 12. Jhs. bei Petrus Alfonsi (‚Disciplina clericalis': De modo comedendi) und Hugo von St. Victor (‚De institutione novitiorum' 21), sie wird in den Tischzuchten in einer langen Folge von Regeln entfaltet. Der höfische Verhaltensstandard kann innerhalb bürgerlicher Lebensformen fast unverändert adaptiert werden (vgl. ‚Thesmophagia' und ‚Facetus' von Sebastian Brant nach älteren Vorlagen). Tischzuchten werden im 16. Jh. häufig parodistisch umgeformt (↗ *Grobianismus*). Die mittelalterliche Gattung wird durch die ↗ *Anstandsliteratur* der Frühen Neuzeit verdrängt.

ForschG: Die lange ungeklärten Abhängigkeiten der einzelnen Hof- und Tischzuchten untereinander sind durch Winklers Edition und Untersuchung der Texte klargestellt. N. Elias (1936/1976) hat auf die symptomatische Bedeutung der lange vernachlässigten Texte für den ‚Prozeß der Zivilisation' verwiesen. Die Verschränkung von Hof- und Tischzuchten mit literarischer Fiktion hat J.-D. Müller an einem aufschlußreichen Beispiel diskutiert. Eine zusammenfassende Behandlung der Hofzuchten bleibt ein Desiderat.

Lit: Moriz Haupt: Des Tanhausers Hofzucht. In: ZfdA 6 (1848), S. 488–496. – Adelbert von Keller: Erzählungen aus altdeutschen Handschriften. Stuttgart 1855, S. 531–546 [= ‚Dy hoffzucht']. – Heinrich Niewöhner: Der zühte lêre. In: ZfdA 71 (1934), S. 42–48. – Heinrich Rückert (Hg.): Der wälsche Gast des Thomasin von Zirclaria [1852]. Repr. Berlin 1965. – Ursula Schmid (Hg.): Codex Karlsruhe 408. Bern, München 1974, S. 453–459 [= ‚Der zühte lêre']. – Walter Tauber (Hg.): Konrad von Haslau: Der Jüngling. Tübingen 1984. – Thomas P. Thornton (Hg.): Grobianische Tischzuchten. Berlin 1957. – T. P. T. (Hg.): Höfische Tischzuchten. Berlin 1957. – Silke Umbach (Hg.): Sebastian Brants Tischzucht. Wiesbaden 1995. – Andreas Winkler: Selbständige deutsche Tischzuchten des Mittelalters. Texte und Studien. Diss. Marburg 1982 [mit Bibliographie]. – Friedrich Zarncke: Der Deutsche Cato. Leipzig 1852, S. 126–140 [= ‚Der zühte lêre'].

Joachim Bumke: Höfische Kultur. München 1986. Bd. 1, S. 267–271. – J. B.: Tannhäusers „Hofzucht". In: Architectura poetica. Fs. Johannes Rathofer. Hg. v. Ulrich Ernst und Bernhard Sowinski. Köln 1990, S. 189–205. – Norbert Elias: Über den Prozeß der Zivilisation [1936]. Bd. 1. Frankfurt 1976. – Anita Homolka: Die Tischzuchten von Sebastian Brant, Thomas Murner und Hans Sachs und ihr realer Hintergrund in Basel, Straßburg und Nürnberg. München 1983. – Jan-Dirk Müller: Die ‚hovezuht' und ihr Preis. In: Jb. der Oswald von Wolkenstein Gesellschaft 3 (1984/85), S. 281–311. – Aila Veijalainen: Fest und Tischzucht in der deutschen höfischen Literatur des Mittelalters. Diss. Innsbruck 1983.

Harald Haferland

Hoher Stil ↗ *Genera dicendi*

Homilie

Eine bestimmte Form der Kanzelrede vor versammelter Gemeinde oder ein geschriebener, predigtförmiger Text, jeweils mit der Auslegung einer Bibelstelle als Zentrum.

Expl: In der Homilie, einer Form der ↗ *Predigt*, werden – in der Regel als Bestandteil der Messe oder des Gottesdienstes im Anschluß an die Schriftlesung – einem fachlich nicht geschulten Publikum von Gläubigen einzelne Stellen der Heiligen Schrift erläutert; ausgewählt sind sie seit dem 5. Jh. nach dem ↗ *Perikopen*-System (Zusammenstellung der Bibelabschnitte für die Lesung im Gottesdienst). Dem Lehrcharakter der Ansprache gemäß, steht dabei als Rahmen die Verkündigung des Evangeliums im Vordergrund, wobei die Homilie − im Unterschied zum themabezogenen und ursprünglich rhetorisch aufwendiger gestalteten Sermo, der nur einen Teilaspekt oder ein Thema der Perikope aufgreift oder gänzlich unabhängig von der Schriftstelle sein kann − dem Schrifttext folgt, diesen historisch, allegorisch oder moralisch deutet (↗ *Sensus litteralis/spiritualis*) und ihn im Blick auf das praktische Leben des Christen auslegt.

WortG: Der Ausdruck *Homilie* geht zurück auf das griech. Wort ὁμιλία [homilía] ‚Unterhaltung‘, ‚Anrede‘, ‚vertrauliches Sprechen‘, das offenbar schon sehr früh für das christliche Predigen benutzt wurde (vgl. Apg 20,11). In den Westen gelangte das griech. Wort in der Umschrift *homilia* wahrscheinlich durch die Origenes-Übersetzer Hieronymus und Rufin, wohl um an die Besonderheit wahrer christlicher Beredsamkeit zu erinnern. In diesem Sinne gebrauchen Augustin (‚Epistulae‘ 224,2) und Gregor der Große (‚Epistulae‘ 10,52) den Begriff, der so ins Kirchenlatein und in die europäischen Volkssprachen Eingang fand. Im Deutschen ist er seit dem 14. Jh. belegt (Lexer 2, 156).

BegrG: Im heutigen Sprachgebrauch bezeichnet *Homilie* die den Text auslegende Ansprache im Anschluß an die Verlesung biblischer Schriften. Die Homilie ist Bestandteil der christlichen ↗ *Liturgie* und stellt den Bezug her zwischen dem Schrifttext und dem Kirchenjahr. Sie ist grundsätzlich zu unterscheiden von den verschiedenen Formen der ‚Lehrpredigt‘, die nicht die unmittelbare Textauslegung und Glaubensverkündigung, sondern den zu vermittelnden Lehrgehalt und das theologische Wissen ins Zentrum rückt. Entscheidend ist schon bei den Kirchenvätern und dann wieder im Mittelalter die freie Gedankenentfaltung der Homilie und ihre starke Bindung an die ↗ *Exegese* des ganzen Perikopen-

texts, während die thematische Predigt ein bestimmtes Thema mit klarer Gliederung und zielgerichteter Gedankenführung, seit der Scholastik mit zunehmender Komplexität der Disposition entfaltet. Unter dem Einfluß der scholastischen Predigtlehre wird jedoch auch die Homilie komplexeren Dispositionsformen unterworfen.

SachG: Das Gewicht, das die Bibelexegese in der Unterweisung der Gemeinde im frühen Christentum erhält, macht die Homilie − ursprünglich wohl aus der Schrifterläuterung des Synagogen-Gottesdienstes übernommen (vgl. Mk 1,21; 6,2) − in der Patristik zur verbreitetsten Predigtform (Origenes, Gregor von Nyssa, Basilius der Große, Johannes Chrisostomos). Wurde dabei, abgesehen von der Schriftdeutung durch ↗ *Allegorese* und ↗ *Typologie₁*, ursprünglich auf rhetorischen Prunk weitgehend verzichtet, ist doch bereits im Frühmittelalter die Entwicklung auch der Homilie zu einer Form der Kunstrede sichtbar, die, rhetorisch dem Ideal des ‚sermo humilis‘ (E. Auerbach) verpflichtet, zur Grundlage der Seelsorge und zu einem wichtigen Faktor des mittelalterlichen Kulturlebens wird. Die Homilien Augustins (der in ‚De doctrina christiana‘, cap. 4, auch eine erste Homiletik entwirft) und Gregors d. Gr. werden zum Muster guter Predigt für das Mittelalter.

Bedeutend sind dann zunächst die Missionspredigten zur Zeit Karls d. Gr. Die volkssprachliche Homilie ist dabei weitgehend Paraphrase der Perikope und Übersetzung von in Homiliaren gesammelten Homilien der Kirchenväter, deren Modell mit dem Ideal der dreifachen Sinndarlegung (allegorisch, tropologisch, anagogisch) für die Frühphase der deutschen Predigt prägend wird (Paulus Diaconus † 799, Hrabanus Maurus † 856, Walahfrid Strabo † 849, Haimo von Auxerre † um 855, ‚Würzburger Homiliarium‘). Aus ahd. und frühmhd. Zeit sind jedoch nur Bruchstücke, Reste von Predigtsammlungen und Spuren in anderen Literaturdenkmälern faßbar. Predigtsammlungen des Mittelalters und des Spätmittelalters, zum größten Teil literarische Predigten und Predigtvorlagen, enthalten sowohl Homilien wie thematische Sermones. Bedeutend sind die Homilien, die der Priester Konrad (kurz vor 1200), der Admonter Abt Gottfried († 1167), etwa gleichzeitig der Mönch Boto von Prüfening und der Zisterziensermönch Caesar von Heisterbach (um 1180−1240) hinterließen. Unter dem Einfluß scholastischer Predigtlehren tritt, nach der Zeit der großen Prediger wie Bernhard von Clairvaux und Hugo von St. Victor, die Homilie als Form generell zurück. Dennoch scheint vor allem in der Predigt der ↗ *Mystik*, etwa bei Meister Eckhart, die Homilie in vielen Predigten als Grundform durch, wobei Eckhart oft nicht die ganze Schriftperikope, sondern nur einzelne Elemente auslegt und sie, wie der ‚Schwarzwälder Prediger‘ (die Sammlung entstand um 1280) mit Hilfe scholastischer Dispositionskunst gestaltet. Diese bleibt denn auch für die Predigtsammlungen des deutschen Spätmittelalters bestimmend, wobei sich durchaus die Orientierung an einem Lehrthema mit dem älteren Schema der Homilie verbinden kann. In den POSTILLEN jedoch, bei denen es sich um Sammlungen von Perikopenauslegungen handelt, überlebt die Homilie in ihrer Grundform.

Vor allem im Predigtwerk Luthers, dessen frühe Sermones noch stark scholastischen Charakter haben, zeichnet sich schließlich erneut eine Hinwendung zur homilienförmigen Predigt ab, die für eine ganze Reihe von Nachfolgern prägend bleibt. Die Entwicklung führt hier einerseits zu Melanchthons Orientierung an den ‚loci communes‘ (*Locus*, ↗ *Topos*), andererseits dazu, daß jetzt Homilien zusammenhängend über ganze biblische Bücher gepredigt werden. J. Brenz († 1570), Zwingli und Calvin pflegen diese Form einer Praedicatio continua (‚fortlaufende Predigt‘). In der Folgezeit tritt die Bedeutung der Homilie, auch wenn sie von einzelnen Predigern gepflegt wird und etwa in der hugenottischen Predigt, im Pietismus und in der Auseinandersetzung mit der Aufklärung eine gewisse Bedeutung behält, deutlich zurück. Ihr eigentlicher Erneuerer ist auf katholischer Seite P. W. von Keppler († 1926), der der Schriftpredigt in Form der Homilie wieder zum Durchbruch verhalf. Auch im Bemühen K. Rahners um ein neues Verhältnis

zwischen theologischer Wissenschaft und Glaubensverkündigung findet die Homilie wieder Beachtung. Auf protestantischer Seite zeichnet sich in Schleiermachers Verständnis des Predigtauftrags eine Hinwendung zur Homilie ab, die ihre Forsetzung in der dialektischen Theologie (E. Thurneysen) findet, wo die Predigt grundsätzlich Text-Predigt sein, dabei jedoch gleichzeitig das soziale und geschichtliche Umfeld und den gesellschaftlichen Strukturwandel berücksichtigen will.

ForschG: Eine Geschichte der deutschsprachigen Homilie wäre nur innerhalb einer umfassenden Geschichte der deutschsprachigen ↗ *Predigt* und der Predigtlehre zu schreiben. Von literaturwissenschaftlicher wie von theologischer Seite ist beides heute noch Desiderat.

Lit: Rudolf Cruel: Geschichte der deutschen Predigt im Mittelalter [1879]. Repr. Darmstadt 1966. − Wolfgang Grünberg: Homiletik und Rhetorik. Gütersloh 1973. − Monika Hansen: Der Aufbau der mittelalterlichen Predigt unter besonderer Berücksichtigung der Mystiker Eckhart und Tauler. Diss. Hamburg 1972. − Burckhard Hasebrink: Formen inizativer Rede bei Meister Eckhart. Tübingen 1992. − Manfred Josuttis: Rhetorik und Theologie in der Predigtarbeit. München 1985. − Anton Linsenmayer: Geschichte der Predigt in Deutschland von Karl dem Großen bis zum Ausgange des 14. Jhs. [1886]. Repr. Frankfurt 1969. − Gert Otto: Predigt als Rede. Stuttgart 1976. − Hans-Ulrich Schmid: Althochdeutsche und frühmittelhochdeutsche Bearbeitungen lateinischer Predigten des ‚Bairischen Homiliars‘. 2 Bde. Frankfurt u. a. 1986. − Uwe Schnell: Die homiletische Theorie Philipp Melanchthons. Berlin 1968. − Johann B. Schneyer: Die Homilie. Freiburg 1963. − J. B. S.: Geschichte der katholischen Predigt. Freiburg 1969. − Werner Schütz: Geschichte der christlichen Predigt. Berlin, New York 1972. − Georg Steer: Geistliche Prosa. In: Geschichte der deutschen Literatur von den Anfängen bis zur Gegenwart. Bd. 3/2. Hg. v. Ingeborg Glier. München 1987, S. 306−370 [zur Predigt: S. 318−339]. − Friedrich Wintzer: Die Homiletik seit Schleiermacher bis in die Anfänge der ‚dialektischen Theologie‘ in Grundzügen. Göttingen 1969. − Rolf Zerfaß: Der Streit um die Laienpredigt. Freiburg u. a. 1974; ↗ *Predigt*.

Niklaus Largier

Homodiegetisch ↗ *Erzähler*

Homoioteleuton ↗ *Reim*

Homologie

Übereinstimmung zwischen Relationen; im Kontext des Strukturalismus auf literarische Phänomene übertragen.

Expl: Die Homologie ist eine Relation der Äquivalenz zwischen zwei (oder mehr) Relationen: Zwei Größen x_1 und x_2 verhalten sich zueinander wie zwei Größen y_1 und y_2. Eine Homologie kann bestehen:
(1) zwischen Relationen innerhalb ein und desselben Bereichs (z. B. dargestellte Welt), ein und desselben Objektes (z. B. - Text) oder mehrerer gleichartiger Objekte (z. B. Texte); so können z. B. innerhalb eines Textes oder zwischen zwei (mehreren) Texten Relationen von Figuren homolog sein;
(2) zwischen Relationen in verschiedenen Bereichen (z. B. Form und Inhalt) ein und desselben Objektes (z. B. Text); in diesem Sinne ist in der Linguistik ein *Homolog* ein Wort, das — wie z. B. das dreisilbige Wort *dreisilbig* — seine eigene Bedeutung erfüllt;
(3) zwischen Relationen in zwei (oder mehreren) verschiedenartigen Objekten (z. B. zeichenhafte Objekte wie Texte und andersartige soziokulturelle Teilsysteme); insbesondere als ,iconisches' ↗ *Zeichen*, als „strukturelle Homologie zwischen Repräsentamen und Objekt" (RL² 4, 973).
Homologien können (a) mehr als zwei Relationen ($x_1{:}x_2 \approx y_1{:}y_2 \approx z_1{:}z_2$), (b) mehr als zweistellige Relationen ($x_1{:}x_2{:}x_3 \approx y_1{:}y_2{:}y_3$), (c) komplexe Relationen (z. B.: $x_1{:}x_2 \approx (x_1{+}x_2){:}y$) umfassen. Homologien können aufgefaßt werden als Teilklasse der Abbildungen zwischen zwei Mengen im logisch-mathematischen Sinne (Iso- bzw. Homomorphie); ↗ *Äquivalenz*, ↗ *Bedeutungsaufbau, Paradigma* (↗ *Äquivalenzprinzip*).

WortG: *Homologie*, aus griech. ὁμολογία [homología] ,Gleichheit', ,Übereinstimmung', in Abgrenzung zu Analogie, griech. ἀναλογία [analogía] ,richtiges Verhältnis',

,Ähnlichkeit', ,Übereinstimmung', ist wohl zuerst in der Stoa (für ,Übereinstimmung des Menschen mit der Natur') und in theologischen Kontexten der griechischen Kirche (vgl. LThK 5, 252) verwendet worden. In die Wissenschaftsgeschichte tritt das Lexem durch die Mathematik, wo Vorder- und Hinterglieder von Proportionen als *homolog* bezeichnet wurden, und die Chemie ein (vgl. Meyer 1876, Pierer 1890); in der Logik und Mathematik scheint sie durch *Homo-* bzw. *Isomorphie* als ,Abbildung' (im mathematischen Sinne) zwischen Mengen ersetzt.

Enzyklopädie Philosophie und Wissenschaftstheorie. Bd. 2. Hg. v. Jürgen Mittelstraß. Mannheim 1980, S. 126–128. – HWbPh 3, Sp. 1179 f. – Meyers Konversations=Lexikon. Bd. 9. Leipzig ³1876, S. 49 f. – Pierers Konversations-Lexikon. Bd. 7. Stuttgart ⁷1890, Sp. 809 f.

BegrG: Es ist die logisch-mathematische bzw. chemische Bedeutung, in der das Lexem auf den humanwissenschaftlichen Bereich übertragen wurde, und zwar im Kontext strukturalistischer Ansätze, wo es z. B. in der Ethnologie (Lévi-Strauss 1962; Oppitz) und der Literatursoziologie (Goldmann) auftritt (und auch durch *Iso-* bzw. *Homomorphie* ersetzt werden konnte: Lévi-Strauss 1964–1971).

SachG: Unterschiedlichste Sachverhalte der Literaturgeschichte sind als Homologien beschreibbar. Drei Beispiele mit unterschiedlichem Status seien angedeutet. (1) In der barocken Poetik des Dramas gilt die folgende Serie von Homologien: Tragödie verhält sich zu Komödie wie historischer Stoff zu nicht-historischem Stoff; wie hoher Stand zu mittlerem Stand; wie ernster Ausgang zu heiterem Ausgang; wie hoher Stil zu mittlerem Stil. (2) Was die traditionelle Literaturwissenschaft als ,Entsprechungen' von ,Form' und ,Inhalt' benannte, läßt sich als Homologie/Isomorphie zwischen z. B. phonologischen, syntaktischen, metrischen usw. Strukturen und semantischen Strukturen beschreiben (vgl. das berühmte Beispiel Jakobson/Lévi-Strauss 1962; Link). (3) In der Erzählliteratur des deutschen Realismus gilt für die vielen Texte mit Rückblickssituationen eines Ich-Erzählers, daß im Text in der Relation des Erzählers zur erzählten Welt zugleich poetologisch ein (postuliertes) Verhältnis des Textes zur extratextuellen Realität abgebildet wird: In beiden Relationen wird absente ‚Realität' rekonstruiert.

ForschG: Da Homologisierungen auch eine effiziente Strategie zur Korrelation heterogener Realitätsbereiche von Kulturen darstellen, ist es kein Zufall, daß Homologien zuerst in der Ethnologie, der historischen ↗ *Kulturwissenschaft* und ↗ *Literatursoziologie* beschrieben bzw. postuliert wurden. So wurde der Totemismus in der Weise reinterpretiert, daß nicht Totems den Clans, sondern die Relationen zwischen Totems denen zwischen den Clans entsprächen (Lévi-Strauss 1962). Ähnlich wurden Mythen, die kaum inhaltliche Elemente teilen, auf der Basis von Homologien als Transformationen voneinander aufgefaßt (Lévi-Strauss 1964–1971). Oder es wurden Realitätstaxonomien, Rituale, Sozialstrukturen des antiken Griechenlands auf diese Weise korreliert (Vernant). In der Literatursoziologie wurde versucht, das in der ↗ *Marxistischen Literaturwissenschaft* vertretene Konzept der Realitätsabbildung (also ein Analogiepostulat; ↗ *Widerspiegelung*) durch die Annahme von Homologien zwischen Textwelten und mentalen Weltkonstrukten zu ersetzen (Goldmann).

Lit: Maja Bollinger: Geschichtliche Entwicklung des Homologiebegriffs. Berlin 1972. – Lucien Goldmann: Pour une sociologie du roman. Paris 1964. – Roman Jakobson, Claude Lévi-Strauss: ‚Die Katzen' von Charles Baudelaire [1962]. In: R. J.: Semiotik. Frankfurt 1992, S. 206–232. – Enrik Lauer: Literarischer Monetarismus. Studien zur Homologie von Sinn und Geld bei Goethe, Goux, Sohn-Rethel, Simmel und Luhmann. St. Ingbert 1994. – Claude Lévi-Strauss: La pensée sauvage. Paris 1962. – C. L.-S.: Mythologiques. 4 Bde. Paris 1964–1971. – Jürgen Link: Literaturwissenschaftliche Grundbegriffe. München 1974. – Michael Oppitz: Notwendige Beziehungen. Abriß der strukturalen Anthropologie. Frankfurt 1975. – Michael Titzmann: Strukturale Textanalyse. München ³1993. – Jean-Pierre Vernant: Mythe et société en Grèce ancienne. Paris 1982.

Michael Titzmann

Honorar

Vergütung einer Tätigkeit nach freier mündlicher oder vertraglicher Vereinbarung oder einer Gebührenordnung.

Expl: Bezeichnet heute im publizistischen Bereich die Entlohnung einer geleisteten Tätigkeit als Verfasser, Herausgeber, Redakteur, Übersetzer etc. für eine Veröffentlichung (Buch, Zeitschrift, Funk, Fernsehen, CD-ROM oder andere digitale Formen). Die Bezahlung ist Gegenleistung für die Überlassung des geistigen Eigentums zum Zwecke der Verbreitung und gilt in der Regel für nur eine Veröffentlichung. Über die Verwertung der Nebenrechte, die Wieder- oder Weiterverwendung, bedarf es einer eigenen Absprache. Im deutschen Urheber- bzw. Verlagsrecht sind die Rechte und Pflichten des Autors wie des Multiplikators festgeschrieben (↗ *Urheberrecht*). Die Forderung nach einem Honorar setzt die Vorstellung von Originalität, des geistigen Eigentums des Verfassers, der Abgeschlossenheit des Werks und seines wirtschaftlichen Wertes voraus.

WortG: Von lat. *honor* und *honos*: ‚Ehre', ‚Ehrenbezeichnung', ‚Belohnung'. Davon abgeleitet: *honorarium* ‚freiwilliges Ehrengeschenk für gehabte Mühe' (dt. z. B. 1754 bei Lessing, LM 5, 262). Die Verbform *honorieren* entwickelt sich bereits im 16. Jh. für ‚bezahlen', ‚belohnen'; das Substantiv *Honorar* wird im 18. Jh. eingedeutscht (z. B. bei G. A. Bürger; vgl. Schulz-Basler 1, 270).
  Bis ins 18. Jh. bezeichnet das Wort ein nicht-kalkuliertes, freiwillig bemessenes Entgelt (Zedler 13, 1735). In der 2. Hälfte des 18. Jhs. verengt sich die Bedeutung auf die Entlohnung mit Geld. Seit dem 19. Jh. bezeichnet das Wort die finanzielle Entschädigung oder das Äquivalent für eine geistige Leistung (DWb 10, 1794).

Gotthold Ephraim Lessing: Sämtliche Schriften. Hg. v. Karl Lachmann und Franz Muncker [LM]. Bd. 5. Stuttgart 1890.

BegrG: Entsprechend den älteren Formen der Entlohnung, etwa durch Alimentierung des Autors (↗ *Mäzen*) oder durch Geschenke, fehlen begriffliche Äquivalente vor

Ausbildung des Buchmarktes. Noch die anfängliche Prägung des Begriffs als ‚Ehrengeschenk' weist auf die älteren Verhältnisse hin. Seit sich die Bedeutung ‚finanzielles Entgelt' durchgesetzt hat, hat sich der Begriffsinhalt nicht mehr verändert.

SachG: Das Mittelalter kannte kein Honorar. Schreiben war zunächst der kleinen Gruppe der Clerici (Ordens- und Weltgeistliche, Hofbeamte mit geistlicher Ausbildung, Scholaren) vorbehalten und galt als geistliche Aufgabe, außerhalb des religiösen Bereichs als eine Dienstleistung, für die (freiwillige) Belohnung, nicht aber Bezahlung erwartet wurde. Als Dienstleistung aufgefaßt wurde auch die mündlich vorgetragene volkssprachige Literatur; das änderte sich auch nicht mit der Entstehung eines Standes von Berufsliteraten. Das ‚lehen' Walthers von der Vogelweide (L. 28,31) z. B. wurde als Belohnung für ‚dienest' verstanden, den der Sänger wie der adlige Vasall leistete und für den er angemessen ausgestattet werden mußte. Soweit der Autor nicht durch ein kirchliches Amt oder in der fürstlichen oder städtischen Verwaltung finanziell abgesichert war, lebte er von Gönnern, die ihn mit den Mitteln für seine Tätigkeit (Schreibstoff, häufig Vorlage) versahen und zu seinem Lebensunterhalt beitrugen (Bumke, 198). Belohnt werden konnten Lobreden, ↗ *Widmungen*, die Zueignung des einzelnen Manuskripts, doch gab es am Werk keine Nutzungsrechte.

Mit der Erfindung des Buchdrucks trat die Entlohnung für die persönliche und individuelle Leistung in den Vordergrund, wenn auch in der Theorie die alten Vorstellungen bestimmend blieben und die kommerzielle Ausbeutung geistigen Eigentums als Habgier gebrandmarkt wurde (vgl. Luther 1545 nach Widmann 2, 327 f.). Es gab weiterhin andere Formen Anerkennung wie Dichterkrönungen nach dem Vorbild der italienischen Renaissance (M. Opitz 1625) oder Ehrenpensionen (z. B. noch für Klopstock durch den König von Dänemark).

Die gewerbliche Herstellungsart des literarischen Werkes durch den kapitalintensiven Druck und die professionelle Verbreitung durch den Verleger veränderten auf

Dauer auch die Selbstdefinition des ↗ *Autors*. Für die Zeit vom Humanismus bis zum Spätbarock ist der immer wieder aufbrechende Konflikt zwischen einerseits normativer Ablehnung der Honorarnahme durch den geistigen Urheber − vergleichbar dem Verbot der Zinsnahme − und andererseits der wirtschaftlichen Existenzsicherung charakteristisch. Der Konflikt entlud sich z. B. in dem heftigen brieflichen Streit zwischen dem Gelehrten Erasmus von Rotterdam und dem Reichsritter Ulrich von Hutten, die sich 1523 gegenseitig Ehrverletzung durch Entgegennahme von Bezahlung für ihre Werke vorwarfen (Kapp/Goldfriedrich 1, 313 f). Martin Opitz war 1626 durch seinen Breslauer Verleger David Müller tief in seiner Ehre gekränkt, der im Vorwort zur Übersetzung von Barclays ‚Argenis' die Summe erwähnte, die er Opitz dafür gezahlt hatte (Krieg, 83).

Anders verhielt es sich mit der Tätigkeit von Gelehrten als Editoren, Redaktoren, Korrektoren und Bearbeiter für die großen Drucker-Verleger, denn sie bezogen praktisch ein Gehalt bei freier Kost und Logis (z. B. Erasmus von Rotterdam, Philipp Melanchthon, Johannes Reuchlin oder Conrad Celtis; vgl. Bappert, 149).

Das Werk des Autors wurde bei Übergabe Verlagseigentum und der Verleger durch den Gewinn für seine Kosten entschädigt. Die vom Kaiser oder den Landesherren erteilten *Privilegien* (↗ *Urheberrecht*) zum Schutz gegen den Nachdruck oder Raubdruck nützten dem Verleger, nicht dem Autor. Dieser bekam ein Ehrengeschenk und eine bestimmte Anzahl − zwischen 10 und 100 − von Exemplaren seines Werkes oder anderer Verlagserzeugnisse. Exemplare mit Widmungsbrief wurden an hochgestellte Persönlichkeiten oder Institutionen gesandt in der Hoffnung auf eine finanzielle ‚Aufmerksamkeit'. Das Entstehen vieler Gelehrtenbibliotheken dieser Zeit wurde durch den intensiven Büchertausch gefördert. Seit dem 17. Jh. bürgerte sich ein Bogenhonorar ein, das vorerst niedrig blieb (Kapp/Goldfriedrich 1, 314 ff). Die Höhe des Honorars richtete sich auch nach dem wissenschaftlichen Rang oder der öffentlichen Stellung des Autors, nicht aber nach dem Tauschwert des Buches, es war also nicht im Hinblick auf die Aufnahmefähigkeit des Buchmarktes kalkuliert.

Seit dem späten 17. Jh. wurde die Theorie vom geistigen Eigentum entwickelt. In Deutschland konnte sie sich nur langsam durchsetzen und diente anfangs nur zur Verurteilung des Nachdrucks. Der Schriftsteller und Verleger R. Z. Becker formulierte 1789 das ‚Eigentumsrecht an Geisteswerken‘. Im Prozeß zwischen der Weidmannschen Buchhandlung und dem Leipziger Verleger Göschen über dessen Wieland-Gesamtausgaben standen sich die alte Auffassung vom Verlagsrecht für alle Ausgaben und die neue, nach der der Autor durch den Verlagsvertrag nicht das Eigentum an seinem Werk aufgibt, gegenüber. 1795 wurde Göschen und damit Wieland Recht gegeben, und die Auffassung vom geistigen Eigentum fand allmählich Anerkennung (Ungern-Sternberg, 1463 f.).

Die Kommerzialisierung des literarischen Marktes nach 1750 verstärkte die Forderung nach angemessener Honorierung. Wieland formulierte ‚Grundsätze, woraus das mercantilische Verhältnis zwischen Schriftsteller und Verleger bestimmt wird‘. Versuche der völligen Emanzipation vom Verleger durch den Selbstverlag (Klopstock; Dessauer Buchhandlung der Gelehrten) scheiterten rasch (Pape, 246 f.). Andererseits wurde Gellert vom Verleger Reich aufgefordert, das Honorar selbst zu bestimmen (Rosenstrauch, 34 f.), ein Mittel, das später viele Verleger benutzten, um einen berühmten Autor an sich zu binden. Die Honorierung pro Bogen wurde nach der Auflagenhöhe, dem zu erwartenden Absatz und den Papier- und Herstellungskosten kalkuliert (Belege für Bogenhonorare berühmter Autoren um 1800 bei Fertig, 367 f.). Insgesamt stiegen die Autorenhonorare im Übergang zum 19. Jh. deutlich an.

Die Modernisierungs- und Konzentrationsbestrebungen nach der Reichsgründung 1871 schlugen sich auch im Buchhandel mit der Einigung auf den festen Ladenpreis (1887 f.) nieder. Auf der Grundlage des gleichen Buchpreises in allen Teilen des Reiches entstand neben dem Bogenhonorar auch das prozentuale, an den Ladenpreis

gebundene Absatzhonorar. Hierbei teilt der Autor das Risiko des Verlegers, denn er wird nur nach dem Verkauf seines Werkes entlohnt. Die Schriftsteller organisierten sich als ‚geistige Arbeiter‘ in Verbänden wie dem Deutschen ↗ *Schriftstellerverband* oder dem Schutzverband deutscher Schriftsteller, um ein angemessenes Zeilen- oder Seitenhonorar durchzusetzen.

In einigen Fällen konnte der Verleger durch Voraushonorare für ein erst noch zu schreibendes Werk auch mäzenatische Funktion übernehmen: Cotta z. B. finanzierte Ludwig Börne durch Vorschüsse. Diese Praxis ist bis heute üblich geblieben. Stereotype über geizige Verleger oder querulatorische Autoren entstanden in der Regel aus Honorarproblemen, da das Honorar niemals dem Doppelcharakter der Ware Buch als ideellem wie materiellem Objekt gerecht werden kann (Beispiele: Heinrich Heine und Julius Campe; Karl Gutzkow und F. A. Brockhaus; Hugo von Hofmannsthal und Anton Kippenberg; Kurt Tucholsky [Peter Panter] und Ernst Rowohlt).

ForschG: Die Honorarforschung wurde vor allem von Rechtshistorikern betrieben, im Rahmen der geistesgeschichtlichen Literaturwissenschaft dagegen weitgehend vernachlässigt. Erst im Zuge der sozialgeschichtlichen Betrachtung seit den 1970er Jahren und des erweiterten Literaturbegriffs fanden die buchhandels- und urheberrechtsgeschichtlichen Fragen Berücksichtigung (z. B. Corino). Eine systematische, historisch und methodisch fundierte Darstellung dieses Themenkomplexes steht noch aus.

Lit: Walter Bappert: Wege zum Urheberrecht. Frankfurt 1962. − Joachim Bumke: Mäzene im Mittelalter. München 1979. − Karl Corino (Hg.): Genie und Geld. Vom Auskommen deutscher Schriftsteller. Nördlingen 1987. − Ludwig Fertig: „Ein Kaufladen voll Manuskripte“. Jean Paul und seine Verleger. In: AGB 32 (1989), S. 272−395. − Ludwig Gieseke: Vom Privileg zum Urheberrecht. Göttingen 1995. − Herbert G. Göpfert: Vom Autor zum Leser. München 1977. − H. G. G.: Schiller-Privilegien. In: Buchhandelsgeschichte 1984, S. B 90−B 104. − Friedrich Kapp, Johann Goldfriedrich: Geschichte des

deutschen Buchhandels. 4 Bde. Leipzig 1886–
1913. – Walter Krieg: Materialien zu einer
Entwicklungsgeschichte der Bücherpreise und
des Autoren-Honorars vom 15. bis zum 20. Jh.
Wien u. a. 1953. – Helmut Pape: Klopstocks
Autorenhonorare und Selbstverlagsgewinne. In:
AGB 10 (1969), Sp. 6–272. – Hazel Rosenstrauch: Buchhandelsmanufaktur und Aufklärung. In: AGB 26 (1986), S. 1–129. – Wolfgang von Ungern-Sternberg: Chr.M. Wieland
und das Verlagswesen seiner Zeit. In: AGB 14
(1974), Sp. 1211–1534. – Martin Vogel: Deutsche Urheber- und Verlagsrechtsgeschichte zwischen 1450 und 1850. In: AGB 19 (1978),
Sp. 1–190. – Hans Widmann (Hg): Der deutsche Buchhandel in Urkunden und Quellen. 2
Bde. Hamburg 1965.

Monika Estermann

Horazisch ↗ *Ode, Odenstrophe*

Horizontwandel ↗ *Rezeptions-*
ästhetik

Horrorliteratur ↗ *Schauerroman*

Hosenrolle ↗ *Rolle*

Humanismus₁

Der Pädagogik bzw. Bildungsphilosophie
entlehnte Bezeichnung für ein an der Kultur
der griechischen und römischen Antike orientiertes Bildungskonzept.

Expl: Individuelle und gesellschaftlich-poli-
tische Bildung im Rahmen der Allgemein-
bildung durch Aneignung von sprachlichem, literarisch-ästhetischem, gesellschaft-
lich-politischem und moralischem Wissen
aus der griechischen und römischen Antike.
Sie ist den jeweiligen Zielen der Allgemein-
bildung (etwa Autarkie, Aufklärung, Ver-
antwortung) verpflichtet und steht in Konkurrenz mit dem Bildungswissen aus benachbarten Kulturräumen.

WortG: Der Ausdruck ist gebildet aus dem
lat. Adjektiv *humanus* ‚menschlich‘, ‚men-
schenwürdig‘ und dem Substantivsuffix
-ismus, das die entsprechende geistige Haltung kennzeichnet, und hat die Bedeutung
‚Bemühen um eine menschenwürdige
Lebensgestaltung‘. Er ist von dem Pädago-
gen F. I. Niethammer 1808 geprägt worden
und verweist in systematischer Hinsicht auf
ein Bildungskonzept, das durch griechische
und lateinische Studien begründet ist. In historischer Hinsicht ist er vor allem durch
G. Voigt zur Bezeichnung der im Zeichen
der Rezeption der griechisch-römischen
Antike stehenden kulturellen Bewegung der
Renaissance üblich geworden (↗ *Humanis-*
*mus*₂). Seit der 2. Hälfte des 19. Jhs. verliert
der Terminus *Humanismus*, angeregt durch
die Weimarer Klassik und ihren Entwurf einer ‚Humanitäts-Kultur‘ (Goethe, Tagebuch 18.5.1810; vgl. auch WA I 42/2, 26 f.),
in unterschiedlichen philosophischen und
politischen Kontexten seine Verbindung mit
der antiken Bildungstradition und wird zur
Bezeichnung von Lehren mit vorwiegend
anthropozentrischen Komponenten verwendet (etwa: *existenzialistischer, pragmati-*
scher, realer, sozialer, sozialistischer Huma-
nismus), ohne freilich die ältere systematische und historische Bezeichnungsmöglich-
keit zu verlieren. Wegen seiner unspezifischen terminologischen Verwendbarkeit
wird er heute ohne zusätzliche Charakterisierung eher gemieden. Zur Unterscheidung
der verschiedenartigen Rückgriffe auf die
Antike haben sich differenzierende Bezeichnungen für drei Konzepte und Epochen
durchgesetzt: *Renaissance-Humanismus* für
den internationalen Humanismus des 15.
und 16. Jhs., *Neuhumanismus* für den deutschen Humanismus Humboldtscher Prägung (ca. 1790–1830) durch F. Paulsen und
Dritter Humanismus für den „erneuerten“
Humanismus W. Jaegers (1920–1933). Als
Konzepte sind die verschiedenen Rückgriffe
nicht notwendig an die Epoche ihrer Entstehung und primären Wirksamkeit gebunden.
Vom Modell der Antike abgelöst und an einem anthropozentrischen Bildungskonzept
orientiert ist die Prägung ‚Bürgerlicher Humanismus‘, die in der DDR das bürgerliche
Erbe (↗ *Erbetheorie*) bezeichnete, das in ei-

ner sozialistischen Gesellschaft fortgelten sollte.

Andreas Fritsch: ‚Dritter Humanismus' und ‚Drittes Reich' – Assoziationen und Differenzen. In: Schule und Unterricht in der Endphase der Weimarer Republik. Hg. v. Reinhard Dithmar. Neuwied 1993, S. 152–175, bes. S. 161 f. – Johann Wolfgang Goethe: Werke [Weimarer Ausgabe, WA]. Weimar 1887–1919. – Friedrich Immanuel Niethammer: Der Streit des Philanthropinismus und Humanismus in der Theorie des Erziehungsunterrichts unserer Zeit. Jena 1808. – Friedrich Paulsen: Geschichte des gelehrten Unterrichts […]. Leipzig 1885. – Georg Voigt: Die Wiederbelebung des classischen Alterthums, oder das erste Jahrhundert des Humanismus. Berlin 1859.

BegrG: Der Humanismusbegriff des Neuhumanismus – mit Goethe, Schiller, Fr. Schlegel und W.v. Humboldt als geistigen Vätern – ist wesentlich bestimmt von dem Gedanken der Bildung des Individuums als des höchsten Wertes und letzten Zweckes. Individualität ist dabei durch Vielseitigkeit der Charakterzüge und ihre Einheit gekennzeichnet. Autoritativ formuliert W. v. Humboldt: „Der wahre Zwek des Menschen – nicht der, welchen die wechselnde Neigung, sondern welchen die ewig unveränderliche Vernunft ihm vorschreibt – ist die höchste und proportionirlichste Bildung seiner Kräfte zu einem Ganzen" (Humboldt, 64). Erreicht werden kann dieses Höchstmaß an Individualität in der Gegenwart allein durch das Studium der griechischen Antike, da in jener Epoche dieses Ideal als verwirklicht galt. Das Konzept eines Menschenbildes, dessen Zweck die Bildung des Individuums ist, wird gegen die Auffassung der Aufklärung von Bildung als einer Erziehung des Menschen zur ‚Brauchbarkeit' in der Welt gesetzt. Es ist modern, insofern es die Fremdbestimmung der Bildung durch die Erziehung zur Autonomie ersetzt. Diese wird zum Grundelement einer politischen Erziehung, da die Erziehung der Bürger zu ‚Individuen' die Errichtung einer neuen Gesellschaft bedeutet, deren Ziel Teilhabe am Staat ist.

Das Humanismuskonzept aus der Zeit um 1800 bleibt bis zum Beginn des 20. Jhs. in seinem Kern unverändert; es wird verfestigt in der Gegenüberstellung zu einer Bildung, die auf Brauchbarkeit und Nützlichkeit ausgerichtet ist. Erst unter dem Eindruck der politisch-gesellschaftlichen Krise nach dem 1. Weltkrieg und der Krise der historischen Wissenschaften, vor allem der Altertumswissenschaften, erfährt der Humanismus-Begriff eine Veränderung, die von W. Jaeger in zahlreichen Vorträgen in den 1920er Jahren entwickelt und durch die Bezeichnung *Dritter Humanismus* programmatisch angezeigt wird.

Kennzeichnendes und unterscheidendes Merkmal des neuen Humanismus ist das Politische. Es interessiert nicht mehr der Mensch als Individuum, sondern nur noch als ‚politisches Wesen'. Dieser politische Humanismus ist ebenso wie der ältere individuelle Humanismus hellenozentrisch, denn das ‚Menschsein' ist in unvergleichlicher Weise „von den Griechen stets wesenhaft an die Eigenschaft des Menschen als politisches Wesen geknüpft worden", und „die größten Werke des Griechentums sind Monumente einer Staatsgesinnung von einzigartiger Großartigkeit" (Jaeger 1933, 16). Die Werke der Römer stehen in der Nachfolge der Griechen und sind ihnen daher wesenhaft verwandt. Die Geltung der antiken Werke ist nach dem geschichtsphilosophischen Glauben W. Jaegers dadurch gegeben, daß sie das ‚Fundament' der Gegenwart bilden. Der neue Humanismus war modernitätsfeindlich, da er einem Staatsbegriff in der Hegelschen Tradition (mit einem starken Vorbehalt gegenüber der Demokratie) verpflichtet war.

Wilhelm von Humboldt: Ideen zu einem Versuch, die Gränzen der Wirksamkeit des Staates zu bestimmen [1792]. In: W.v.H.: Werke in 5 Bdn. Hg. v. Andreas Flitner und Klaus Giel. Bd. 1. Darmstadt 1960. – Werner Jaeger: Humanistische Reden und Vorträge. Berlin ²1960 [1937]. – W. J.: Paideia. Die Formung des griechischen Menschen. Bd. 1. Berlin 1933.

SachG: Das Bildungskonzept des Neuhumanismus wurde für beinahe ein ganzes Jahrhundert ein bestimmender Faktor des Bildungswesens, weil es in der preußischen Reformzeit durch W. v. Humboldt zum Zentrum des neu formierten Gymnasiums wurde (seit 1809/10) und sich dann schnell – bis spätestens 1840 – in den anderen

Ländern des Deutschen Bundes in den Schulplänen durchsetzte. Es erhielt den Rang einer Nationalbildung, weil es durch den Mythos von der Wahlverwandtschaft der deutschen und griechischen Nation (W. v. Humboldt, und noch Heidegger) national geadelt war. Da es gleichzeitig durch die Förderung der Wissenschaften von der Antike seine deutlichen Spuren in der Philosophischen Fakultät der neugegründeten Berliner Universität und damit in der durch sie eingeleiteten Neugestaltung der preußischen Universitäten hinterließ, wurde es auch für die Entwicklung der Geisteswissenschaften wichtig, die vor allem Altertumswissenschaften waren. Als Mittel seiner eigenen Erneuerung und Modernisierung förderte der Staat diese Bildung. Aber nicht nur die quasi-institutionelle Verankerung verlieh dem Humanismus Dauer und Einfluß, sondern auch seine Verbindung mit der ‚Weimarer Klassik‘, denn indem die deutschen ‚Griechen‘ Goethe und Schiller mit ihren klassizistischen Werken zum Ziel der Entwicklung der gesamten deutschen Literatur wurden, partizipierte auch der Humanismus am Ruhm der Klassik. Die enge Symbiose von Neuhumanismus und Gymnasium führte dazu, daß dessen äußeres Schicksal vom Schicksal des ‚Humanistischen‘ Gymnasiums abhing. Als dieses 1900 sein Monopol für den Zugang zur Universität eingebüßt hatte, verlor die humanistische Bildung ihre einzigartige institutionelle Stellung. Aber an innerer Überzeugungskraft fehlte es dem Humanismus bereits seit Mitte des 19. Jhs., denn die Wissenschaften vom Altertum − eingerichtet und gefördert, das Vorbildhafte der Antike zu rekonstruieren − hatten höchstens die Durchschnittlichkeit der eigenen Zeit (Th. Mommsen, U. v. Wilamowitz-Moellendorff) entdeckt und so den Humanismus in seinem Kern getroffen. Exklusive Erneuerungsversuche setzten seit Ende des Jahrhunderts unter dem Eindruck F. Nietzsches und der Fin-de-siècle-Stimmung ein (R. Borchardt, St. George, F. Gundolf, H.v. Hofmannsthal), die ein ästhetisierendes „reines Bild des Menschen“ als „ewiges maass“ (F. Gundolf) aus dem Griechentum

gewannen und der Gegenwart als Mittel der Erneuerung anboten.

Die professionellen Erforscher und Vermittler antiker Kultur blieben zunächst in Distanz zu dieser Erneuerungsbewegung, da deren Wissenschaftsferne oder -feindschaft intellektuelle Vorbehalte weckte; jüngere (wie K. Reinhardt) verloren jedoch bald die Berührungsängste. Allerdings gelang es erst W. Jaeger mit dem wissenschaftlich begründeten Konzept eines politischen Humanismus, diese Ausprägung des Humanismus auch für die Wissenschaft wieder attraktiv zu machen. Die Schule nahm begierig das neue Programm auf. Trotzdem blieb der neue Humanismus außerhalb von Klassischer Philologie und Schule von begrenzter Reichweite, da sein Hellenozentrismus nicht überzeugend begründbar und vermittelbar war. Als politischer Humanismus hat er sich nach 1933 dadurch diskreditiert, daß er zur Affirmation des nationalsozialistischen Staates eingesetzt wurde. Nach dem 2. Weltkrieg hat allerdings seine geschichtsphilosophische Konzeption (Griechentum als ‚Entelechie Europas‘, W. Schadewaldt) den Vermittlern der Antike in Universität und vor allem in der Schule noch einmal bis etwa 1970 Zuversicht für eine umfassende Erneuerung der Gegenwart durch die Antike gegeben. Dem entsprach in der DDR die Berufung auf das ‚humanistische Erbe‘ im Rahmen der Erbetheorie.

Durch die umfassende Bildungsreform der 1970er Jahre verlor die humanistische Bildung in der Bundesrepublik Deutschland jede Möglichkeit von Exklusivität; sie hat sich seitdem in Konkurrenz mit dem historischen Wissen aus benachbarten kulturellen Räumen zu behaupten, da der modernen gymnasialen Bildung fachspezifische Lehrziele fehlen. Im Unterschied dazu behielt in der DDR die Antike als ‚schön entfaltete Kindheit‘ der Menschheit (Marx) durch die Geschichtsphilosophie der Erbetheorie eine stärkere − „auch kritische Distanz einschließende“ − „Modell und Exempelfunktion“ (Riedel, 11), die vor allem in der Literatur wirksam wurde (u. a. P. Hacks, H. Müller, Ch. Wolf).

ForschG: Die Humanismusforschung ist traditionell eine Domäne der pädagogischen Ideenlehre als Teil der Geistesgeschichte. Unter dieser Perspektive hat sie sich bereits früh mit der Bildungstheorie des Neuhumanismus beschäftigt (E. Spranger 1909) und dabei auch das geistige Umfeld berücksichtigt (Rehm); sie hat sich dabei immer stärker – besonders nach Kontroversen in den 1970er Jahren – von der einseitigen Betonung der Individualbildung gelöst und statt dessen das Verhältnis von Individuum und Gemeinwesen (Mensch und Welt) als ein Wechselverhältnis bestimmt (Menze, Jeismann) und im Sinne eines nationalen Liberalismus verstanden. Im Unterschied zum Neuhumanismus ist der Dritte Humanismus als Bildungskonzeption erst neuerdings von der Forschung wahrgenommen worden (Preuße), auch in seinen zeitgenössischen Bezügen (Landfester), und als Teil eines Denkens verstanden worden, das sich opportunistisch mit dem Nationalsozialismus verband. Während sich die institutionsgeschichtliche Forschung nach dem großen Werk von F. Paulsen (1885; ³1919/1921) vor allem auf einzelne Schulen konzentriert, ist die sozialgeschichtliche Bedeutung des Humanismus erst für das 19. Jh. (Jeismann, Landfester) untersucht.

Lit: Rudolf Joerden (Hg.): Dokumente des Neuhumanismus I. Weinheim ²1962. – Friedrich Immanuel Niethammer: Philanthropinismus – Humanismus. Texte zur Schulreform. Bearb. v. Werner Hillebrecht. Weinheim, Berlin 1968.
Hans Jürgen Apel, Stefan Bittner: Humanistische Schulbildung. 1890–1945. Köln, Weimar 1994. – August Buck: Humanismus. Freiburg, München 1987. – William M. Calder III (Hg.): Werner Jaeger reconsidered. Atlanta 1992. – Hubert Cancik: Der Ismus·mit menschlichem Antlitz. ,Humanität' und ,Humanismus' von Niethammer bis Marx und heute [1992]. In: H. C.: Antik – modern. Stuttgart, Weimar 1998, S. 317–332. – Karl-Ernst Jeismann: Das preußische Gymnasium in Staat und Gesellschaft. Bd. 1: Die Entstehung des Gymnasiums als Schule des Staates und der Gebildeten, 1787–1817. Stuttgart ²1996. Bd. 2: Höhere Bildung zwischen Reform und Reaktion, 1817–1859. Stuttgart 1996. – Walter Jens: Antiquierte Antike? Perspektiven eines neuen Humanismus. Münsterdorf 1971. – Manfred Landfester: Humanismus und Gesellschaft im 19. Jh. Darmstadt 1988. – M. L.: Die Naumburger Tagung „Das Problem des Klassischen und die Antike" (1930). Der Klassikbegriff Werner Jaegers: seine Voraussetzung und Wirkung. In: Altertumswissenschaft in den 20er Jahren. Hg. v. Hellmut Flashar. Stuttgart 1995, S. 11–40. – M. L.: Griechen und Deutsche: Der Mythos einer ,Wahlverwandtschaft'. In: Mythos und Nation. Hg. v. Helmut Berding. Frankfurt 1996. Bd. 3, S. 198–219. – Clemens Menze: Die Bildungsreform Wilhelm von Humboldts. Hannover 1975. – C. M.: Wilhelm von Humboldts Lehre und Bild vom Menschen. Ratingen 1965. – Friedrich Paulsen: Geschichte des gelehrten Unterrichts auf den deutschen Schulen und Universitäten vom Ausgang des Mittelalters bis zur Gegenwart. Bd. 2. Leipzig ³1921. – Ute Preuße: Humanismus und Gesellschaft. Zur Geschichte des altsprachlichen Unterrichts in Deutschland von 1890 bis 1933. Frankfurt, Bern 1988. – Walther Rehm: Griechentum und Goethezeit. Geschichte eines Glaubens [1936]. Bern, München ⁴1968. – Volker Riedel: Literarische Antikerezeption. Jena 1996. – Eduard Spranger: W.v. Humboldt und die Reform des Bildungswesens [1910]. Tübingen ³1965. – E. S.: W.v. Humboldt und die Humanitätsidee. Berlin 1909.

Manfred Landfester

Humanismus₂

Epochemachende Reformbewegung am Beginn der europäischen Neuzeit, mit dem Programm einer Anknüpfung an die ,authentische' Antike.

Expl: Im Sinne seiner Grundlegung in Italien zielt der Humanismus auf die ,Wiedergeburt' und Rehabilitation des ,homo naturalis' (Petrarca), so wie dieser in der Geschichte und vor allem in den Texten der ANTIKE Realität gewonnen hat. Der Humanismus begleitet die europäische ↗ Renaissance, aber er teilt deren Leitidee insofern nicht, als er nicht ausschließlich von einer ,Wiedergeburt' antiker Ideale an Ort und Stelle ausgeht. Eine ,Wiederbelebung' (Voigt) der antiken Bildung (,humanitas') wird vielmehr als Ergebnis eines Kulturtransfers verstanden (translatio studiorum), der nicht allein in Italien oder gar Griechenland zur Wirkung kommen muß. Renaissance und Humanismus unterscheiden sich

also prinzipiell in ihren Ausgangsvorstellun-
gen — Wiedergewinnung einer ‚prisca gloria‘ und einer in der Substanz bewahrten,
eigenen Kultur, mithin stationäre Dynamik
dort; lokale Varianz, Diffusion, Verpflan-
zung hier. Tatsächlich überlagern sich beide
Bewegungen aber. Der Humanismus wird
seit Petrarca von einem traditionskritischen
Impuls angetrieben, wonach das Erbe der
Alten, durch unsachgemäße Verwaltung in
der Gegenwart und während der voraufge-
henden ‚dunklen Jahrhunderte‘ verunstal-
tet, in Teilen verloren wurde und deshalb
im Rückgang zu den Quellen (‚ad fontes‘)
wieder zu entdecken sei. Es ergibt sich das
Paradox, daß eine derart antihistorische Berufung auf Ewigkeitswerte ein durchaus er-
neuertes, reflektiertes Verhältnis zwischen
Gegenwart und ferner Vergangenheit dennoch gefördert hat. Einem gewollten Kontinuitätsbruch mit der mittelalterlichen la-
teinsprachigen Kultur (Polemik gegen
‚Scholastik‘; vgl. Rummel) steht ein hochge-
triebener Erneuerungsanspruch gegenüber,
der das übergeschichtlich Gültige von der
Gegenwart lostrennt und für die zukunfts-
gerichtete Selbstdeutung auswertet. Diese
Neuorientierung, deren Praxis vor allem im
editorischen und kommentierenden Umgang mit Texten besteht, sowie die Tatsache, daß Textcorpus und Autorenkanon der
antiken Überlieferung durch die humanistische Bewegung stark erweitert und bearbeitet wurden, verleiht dem Humanismus der
↗ *Frühen Neuzeit* eigene Konturen, die ihn
von vorausgehenden (etwa des 12. Jhs.; s.
Haskins, Gilson) oder nachfolgenden ‚Humanismen‘ unterscheidet (↗ *Humanismus₁*,
↗ *Erbetheorie*).
   Während der Humanismus sich in Italien
zwischen dem späten 14. und dem frühen
16. Jh. erstreckt, ist er im übrigen Europa
von unterschiedlicher Dauer und Ausprägung. Im dt. Sprachgebiet ist er zwischen
dem 2. Drittel des 15. und der frühen Reformationszeit im 1. Drittel des 16. Jhs. lebendig und in einzelnen Regionen, in erster Linie im Südwesten, kulturbestimmend wirksam.

WortG: Zugrunde liegt die schon im klassischen Latein vielfach belegte, gerne mit *litterae* zusammengestellte Formel *studia humanitatis.* Der Wertbegriff *humanitas* meint
Wesen und Natur des Menschlichen (im Gegensatz zum Tierischen wie auch zum Göttlichen: s. Paparelli), dann das menschlich
Gewinnende im Umgang sowie die am
Menschenmöglichen ausgerichtete höhere
Bildung, das entsprechende Wissen und Gefühl für Geschmack und feinere Lebensart.
T. Parentucelli (Papst Nikolaus V.) bezeichnet um 1445 mit *studia humanitatis* die Beschäftigung mit Grammatik, Rhetorik, Geschichte, Poesie und Moralphilosophie,
ähnlich 1456 Peter Luder in Deutschland
(Rüdiger, 525; Trillitzsch, 151). Das ital.
Nomen agentis *[h]umanista,* analog zu *legi-
sta* oder *iurista* und den entsprechenden lat.
Bezeichnungen gebildet, ist 1490 zum ersten
Mal belegt als Bezeichnung für den Lehrer
der *studia* an Universitäten oder Akademien (Rüdiger, 525; Campana; Billanovich).
Humanismus begegnet zuerst in Deutschland: F. I. Niethammer grenzt die ‚neuhu-
manistische‘ Pädagogik unter diesem Titel
von der bloß utilitaristischen Philanthropie
Basedows und der Aufklärung ab (1808).
Goethe spricht 1814 vom *Humanismus* in
der Rechtspraxis während seiner Frankfurter Advokatenzeit (FA 14, 615). Das Adjektiv *humanistisch* findet sich 1765 in einem
Brief Winckelmanns (an Genzmer) in der
Bedeutung von ‚die Altertumskunde betreffend‘ (Winckelmann, 139). Als Epochenbegriff wird *Humanismus* erst 1841 bei Karl
Hagen und 1859 bei Georg Voigt gebraucht, dessen Werk jedoch im Schatten
von J. Burckhardts Epochenpanorama ‚Cul-
tur der Renaissance in Italien‘ (1860) verschwindet. Burckhardt spricht im 3. Abschnitt bereits wie selbstverständlich von
Humanisten und *Humanismus.*

Augusto Campana: The origin of the word ‚humanist‘. In: Journal of the Warburg and Cour-
tauld Institutes 9 (1946), S. 60−73. − Johann
Wolfgang Goethe: Sämtliche Werke [Frankfurter
Ausgabe, FA]. Frankfurt 1985 ff. − Charles Homer Haskins: The Renaissance of the twelfth century. Cambridge/Mass. 1927. − Friedrich Immanuel Niethammer: Der Streit des Philanthropinismus und Humanismus in der Theorie des Erziehungsunterrichts unserer Zeit [1808]. Repr. Weinheim 1968. − Johann Joachim Winckelmann:
Briefe. Hg. v. Walther Rehm. Bd. 3. Berlin 1956.

BegrG: Als Epochenbegriff wird ‚Humanismus' meist in enger Beziehung auf Renaissance, ↗ *Reformation* und ↗ *Gegenreformation* (oder ‚Konfessionelles Zeitalter') verwendet; das Verhältnis zu den beiden zuletzt genannten Begriffen betrifft vor allem den ‚Späthumanismus' um 1600. In den Schemata einer Poesiegeschichte im 16. und 17. Jh. wird er, gewöhnlich in Verbindung mit dem Namen Petrarcas, als ‚Erneuerung der Studien' o. ä. gefäßt. Erst Morhof (²1700, 2, 9) und dann Reimmann (1703) setzen einen Epochenwechsel bei Opitz an (Jaumann 1998a). Für Scherer bildet der Humanismus bis 1517 die letzte Phase des „ausgehenden Mittelalters" (8. Kap.), an das sich die Großepoche „Reformation und Renaissance" (1517–1648) anschließt. „Renaissance-Poesie" (Scherer) und „Renaissance-Lyrik", die mit negativer Wertung auch die des Barock einschließt (v. Waldberg), kennzeichnen noch am Beginn des 20. Jhs. die Literatur und die neulateinische Poesie der Humanisten mit. Während ‚Renaissance' vielfach als Gegensatz zur Poesie und Kultur des ‚Volkes' bewertet wurde, wird bis heute ‚Humanismus' (wie partiell auch ‚Späthumanismus' und ↗ *Barock*) mit der Konstitutionsgeschichte der modernen europäischen Nationalkulturen und ihren volkssprachigen Literaturen in eine enge Verbindung gebracht (Garber 1989). Als eigenständiger Epochenbegriff ist ‚Humanismus' trotz der skizzierten Unschärfe nach wie vor in Gebrauch. Wichtiger scheint eine Verwendung als Begriff für die speziell wortwissenschaftlich-philologische, literarische und (moral)philosophische Dimension der Renaissance-Epoche, die durch den Kanon der ‚studia humanitatis' geprägt ist, bzw. für die Thematisierung einzelner Sachverhalte in diesem Bereich. Wo man glaubt, die Differenz zu älteren und neueren Humanismen betonen zu müssen, ist von ‚Renaissance-Humanismus' die Rede.

Daniel Georg Morhof: Unterricht von der Teutschen Sprache und Poesie [1682, ²1700]. Repr. Bad Homburg 1969. – Wilhelm Scherer: Geschichte der deutschen Litteratur. Berlin 1883, ¹⁶1927. – Max von Waldberg: Die deutsche Renaissance-Lyrik. Berlin 1888.

SachG: Ausgehend von Italien im 14. Jh. faßte die humanistische Erneuerungsbewegung gegen die Mitte des 15. Jhs. auch in Deutschland Fuß. In Dichtungstheorie und poetischer Praxis handelt es sich dabei um den Beginn einer klassizistischen Literaturreform. Durch analoge Orientierungen in benachbarten Literaturen (Italien, Frankreich, England usw.) wurde der enge Anschluß zumindest eines Teils der literarischen Kultur an europäische Standards erneuert. Nationalkulturelle Reformansätze wie derjenige des Opitzianismus konnten sich später dieses gemeineuropäische Integrationsniveau für die Förderung auch volkssprachiger Literatur zunutze machen.

Als *Frühhumanismus* wird die italienische Gelehrtenkultur seit der Mitte des 14. Jhs. bezeichnet sowie deren Ausstrahlung an den Kaiserhof in Prag (Petrarca, Cola di Rienzo). Hier ergeben sich Ansätze zu einer stilistischen Neugestaltung der ↗ *Artes dictaminis* (Formularbücher) und der lat. Kanzleisprache. Aus dem Umkreis des Prager ‚Kanzleihumanismus' kommt Johann von Tepl, der Verfasser des ‚Ackermann' (vgl. Kiening). Die Reformkonzilien in Konstanz (1414–1418) und Basel (1431–1449), besonders die Wirksamkeit des Schreibers und Sekretärs, Politikberaters und humanistischen Schriftstellers Enea Silvio Piccolomini (1458 Papst Pius II.), geben Impulse zur Förderung des Frühhumanismus in Wien, der auf zahlreiche Höfe, kirchliche Zentren und Kanzleien vor allem im Süden und Südwesten ausstrahlte.

Seit dem letzten Drittel des 15. Jhs. beginnen sich die moralphilosophischen, pädagogischen und philologischen Studieninhalte und Reformkonzepte an einzelnen Universitäten, Fürstenhöfen und in wenigen Handelsstädten festzusetzen. Der Humanismus bleibt in Deutschland eine Bewegung, die gegen institutionelle Widerstände immer nur regional wie lokal beschränkt vorankommt. Wenn er im dritten und vierten Jahrzehnt des 16. Jhs. mit der Reformation kollidiert, wird er konfessionalisiert und überlebt, in der Regel auf reduziertem Anspruchsniveau, als ‚Schulhumanismus' im Gymnasium Melanchthons, der Jesuiten und anderer katholischer Orden.

In der ersten Phase tragen sog. Wander-
humanisten wie P. Luder, Karoch von
Lichtenberg, H. von dem Busche und J. Lo-
cher zur Verbreitung der studia bei. Sie verkörpern die außergewöhnliche Mobilität eines neuen Typs von Lehrern und Poeten,
unter denen, anders als in Italien, nur wenige Kleriker sind (Erasmus, Mutian, Wimpfeling); *poeta* ist ein geläufiges Synonym
des humanistischen *lector*, der in der Regel
an italienischen Universitäten studiert hat
(Florenz, Bologna, Ferrara, Padua, Rom),
gelegentlich auch an französischen (wie
Erasmus, Reuchlin, Fischart). Humanistische Zentren sind die Universitäts- und
Handelsstädte im Süden und Südwesten.

Die führenden Autoren der Blütezeit sind
der Philosoph R. Agricola, der Jurist S.
Brant (,Narrenschiff', 1494), J. Wimpfeling
als Historiker und Pädagoge, K. Celtis als
Poet, Organisator und Universitätsgelehrter
(Worstbrock 1974, 1995; Wuttke 1985,
1989), J. Reuchlin als Dramatiker, Lyriker,
Philologe und Hebraist; Ulrich von Hutten
als Polemiker, Dialogist, Mitverfasser der
,Dunkelmännerbriefe' (1515/1517) und als
Parteigänger Luthers eine Ausnahme unter
den Humanisten; der Nürnberger Patrizier
W. Pirckheimer wie der Augsburger Konrad
Peutinger als Vertreter eines deutschen
,Bürgerhumanismus' (Baron); Erasmus von
Rotterdam, Editor, Bibelphilologe vor Lu-
ther (,Novum Instrumentum', 1516), Ver-
fasser der ,Adagia', einer Sammlung kommentierter lat. Sprüche und Redewendun-
gen in der Vorgeschichte des Essays, der
,Colloquia familiaria' (,Vertraute Gesprä-
che') und des ,Moriae Encomium' (,Lob der
Torheit', zuerst 1511); schließlich Ph. Melanchthon, der den rhetorisch-literarischen
,Verbalismus' der Klassikerlektüre und die
Verbindung von Latein und Griechisch als
Basis der höheren Bildung (,pietas litte-
rata') als Programm des lutherischen Gymnasiums für die nachfolgenden Jahrhunderte bewahrt hat.

K. Celtis gründet mehrere sodalitates,
frühe Formen der Sozietäten von Dichtern
und Gelehrten (Entner 1996, Müller 1997),
verwandt mit der zum ersten Mal Anfang
des 15. Jhs. in Italien belegten Idee einer
respublica litteraria (Fumaroli, Jaumann

1998c; vgl. Garber/Wismann). Die humanistische Bewegung eröffnet einen Spielraum
für die Artikulation profaner Kunst und
Wissenschaft, in dem ,heidnische' und sonst
marginale Traditionen neu zur Sprache
kommen, und für die Organisation entsprechender Handlungsrollen als Philologe,
Textkritiker, Herausgeber und Lehrer auch
ohne kirchlichen Auftrag. Der Humanismus regt historische und archäologische
Studien außerhalb Italiens an; so werden
auch die Deutschen auf der Suche nach einer prisca gloria auf ihre eigene Vergangenheit hingelenkt, welche als Äquivalent für
die römische Antike einstehen soll (Worstbrock 1974). Celtis hält eine Vorlesung über
die ,Germania' des Tacitus, Beatus Rhena-
nus kommentiert sie, wie schon kurz nach
ihrer Entdeckung (im Kloster Fulda) Enea
Silvio Piccolomini; Hutten verherrlicht den
Arminius nach den ,Annalen' des Tacitus in
lateinischer, Spalatin in deutscher Sprache.

ForschG: Die Dominanz des Lateinischen
hat die Integration des Humanismus wie
der neulat. Dichtung überhaupt in den
Epochenkanon der deutschen Literaturgeschichte erschwert. Hinzu kommt die fehlende Verankerung im System der (national)philologisch-historischen Disziplinen in
Deutschland: Der ,Humanismus' fällt zwischen die Disziplinen. Die positive Umwertung einer vorher exkludierten Epoche
reicht zur Integration nicht aus, wenn das
Epochenschema selbst seine Geltung behält. Die Beschreibung des Humanismus als
Teil einer ,Vorgeschichte' der Moderne bietet keine Lösung — allenfalls eine interdisziplinäre Frühneuzeitforschung könnte ein
Ausweg sein (vgl. die Forschungen zum europäischen Späthumanismus von Trunz,
Kühlmann 1982, Jaumann 1995, 1998b).
Nicht mehr sehr wirksam ist heute die Identifizierung der liberal-protestantisch geprägten Historiographie mit der lutherischen Reformation auf Kosten von ,Huma-
nismus' und ,Renaissance', die als irreligiös,
elitär und der nationalen Identität gegenüber fremdartig (westeuropäisch, kosmopo-
litisch usw.) galten. Zugunsten einer Perspektive des ,humanistischen Fortschritts'
politisch-moralisch umgedeutet, bestimmte

tiven Jahrzehnte zwischen Heine und Nietzsche dominieren idyllische Naturlyrik und
patriotische ↗ *Panegyrik* (Platen, Pichler,
Hamerling, Greif). Nietzsche ruft in seinen
‚Dionysos-Dithyramben‘ (1884) die hymnische Tradition von Klopstock bis Novalis
auf, um die Dissoziation des modernen
Subjekts zu inszenieren.

Stimuliert durch Nietzsche und den amerikanischen Lyriker Walt Whitman, entstanden zahlreiche Gedichtzyklen, die, bei
aller Disparität in Form und Sujet, eine explizit hymnische Haltung verbinden: George
schrieb seine frühen ‚Hymnen‘ (1890), Rilke
die ‚Duineser Elegien‘ (1912/22), Däubler
die ‚Hymnen an Italien‘ (1916); politisch
motiviert waren Bechers ‚Hymnen‘ (1924),
ideologisch Weinhebers ‚Hymnen‘ (1936),
religiös die ‚Hymne an die Kirche‘ Le Forts
(1924) und das ‚Hymnarium‘ Werfels
(1935). Nach 1945 suchten manche Lyriker
den ernsten Ton der Hymne (Celan, Meister, Sachs, Bachmann), andere parodierten
ihn (Brecht, Brinkmann, Henscheid, Rühmkorf, Enzensberger).

ForschG: Es liegen Untersuchungen und
Darstellungen zu einzelnen Dichtern (Klop-
stock: Kohl, Krummacher; Goethe: Ingen;
Hölderlin: Beißner, Bertallot, Lachmann,
Hübscher, Beck, Sieber, Szondi; Novalis:
Ritter, Kommerell, Kamla; Heine: J. Müller), Epochen (Expressionismus: Thomke;
Biedermeier: Sengle) und Texten vor; einen
Überblick bietet Knörrich. N. Gabriel sieht
in der dialogisch strukturierten Hymne und
in der monologisch strukturierten ↗ *Erlebnislyrik* die Hauptgattungen neuzeitlicher
Lyrik. Seine 1992 erschienene gattungsgeschichtliche Monographie ist mit Zurückhaltung aufgenommen worden (vgl. die konstruktive Rezension von Völker); eine historisch-systematische Typologie der Hymne
steht noch aus. Zu den deutschen Übersetz-
zungen mittellateinischer Hymnen im 18.
und 19. Jh. vgl. Schürk, zur Tradition der
nationalen und patriotischen Hymnen
Kurzke (auch ↗ *Freie Rhythmen, ↗ Gebet*).

Lit: Adolf Beck: Hölderlin und Friedrich Leopold Graf zu Stolberg. In: Iduna 1 (1944),
S. 88—114. — Friedrich Beißner: Vom Baugesetz
der späten Hymnen Hölderlins. In: Hölderlin-Jb.
4 (1950), S. 28—46. — Hans-Werner Bertallot:
Hölderlin – Nietzsche. Untersuchungen zum
hymnischen Stil. Berlin 1933. — Paul Böckmann
(Hg.): Hymnische Dichtung im Umkreis Hölderlins. Tübingen 1965, S. 1—23. — Ernst Busch:
Stiltypen der deutschen freirhythmischen Hymne
aus dem religiösen Erleben [1934]. Repr. Hildesheim 1975. — Norbert Gabriel: Studien zur Geschichte der deutschen Hymne. München 1992.
— Arthur Hübscher: Hölderlins späte Hymnen.
München 1942. — Ferdinand van Ingen: Goethes
Hymnen und die zeitgenössische Poetik. In: Goethe im Kontext. Hg. v. Wolfgang Wittkowski. Tübingen 1984, S. 1—19. — Joachim Jacob: Heilige
Poesie. Tübingen 1997. — Henry Kamla: Novalis'
‚Hymnen an die Nacht‘. Kopenhagen 1945. —
Otto Knörrich: Die Hymne. In: Formen der Literatur in Einzeldarstellungen. Hg. v. O. K. Stuttgart 1982, S. 184—191. — Katrin M. Kohl: Rhetoric, the bible, and the origins of free verse. Berlin, New York 1990. — Max Kommerell: ‚Hymnen an die Nacht‘. In: Gedicht und Gedanke. Hg.
v. Heinz Otto Burger. Halle 1942, S. 202—236. —
Hans-Henrik Krummacher: Bibelwort und hym-
nisches Sprechen bei Klopstock. In: Schiller-Jb.
13 (1969), S. 155—179. — Hermann Kurzke:
Hymnen und Lieder der Deutschen. Mainz 1990.
— Eduard Lachmann: Hölderlins Hymnen in
freien Strophen. Frankfurt 1937. — Joachim
Müller: Heines Nordseegedichte. In: Von Schiller
bis Heine. Hg. v. J. M. Halle 1972, S. 492—580.
— Heinz Ritter: Novalis' Hymnen an die Nacht.
Heidelberg 1930. – Ingrid Schürk: Deutsche
Übertragungen mittellateinischer Hymnen im 18.
und 19. Jh. Tübingen 1963. — Friedrich Sengle:
Biedermeierzeit. Bd. 2. Stuttgart 1972, S. 571—
578. — M. Sieber: Versuch einer Deutung der
späten Hymnen-Motive bei Hölderlin und Nietz-
sche. Diss. Wien 1946 (masch.). — Peter Szondi:
Hölderlin-Studien. Frankfurt 1967, S. 33—81. —
Hellmut Thomke: Hymnische Dichtung im Ex-
pressionismus. Bern, München 1972. — Karl Vië-
tor: Geschichte der deutschen Ode. München
1923, ²1961. — Ludwig Völker: [Rezension von
Gabriel 1992]. In: ZfG NF 5 (1995), S. 709—712.
— Julius Wiegand: Hymne (Neuzeit). In: RL²,
Bd. 1, S. 736—741.

Andreas Kraß

Hymnus

Kultischer oder religiöser Lobgesang.

Expl: *Hymnus* ist seit der Antike eine zusammenfassende Bezeichnung für religiöse

und sakrale Gesänge, in der christlichen Tradition für das liturgische gesungene Gotteslob neben ↗ *Psalm, Tropus* (↗ *Geistliches Spiel*) und ↗ *Sequenz*, in Abgrenzung von der Cantio, dem strophischen ↗ *Geistlichen Lied*. Mit dem Reimgebet (↗ *Gebet*) und der Cantio teilt der Hymnus die Reim- bzw. Strophenform, mit dem Psalm, dem Tropus und der Sequenz die liturgische Funktion im kirchlichen und klösterlichen Gottesdienst (↗ *Liturgische Texte*). Liturgische, formale und thematische Unterschiede trennen ihn von der Litanei und der Motette. Eigenen Formprinzipien folgt der byzantinische Hymnus. Der Wortgebrauch ist bis heute unscharf. Die Hymnologie definiert den Hymnus über Form, Thematik und Funktion: als strophisches, nichtbiblisches Lied des liturgischen Stundengebets (↗ *Brevier*).

WortG: Die Etymologie des griech. Wortes ὕμνος [hýmnos] ‚Lied, Lob-, Festgesang‘ ist ungesichert. Die Antike stellte es zu ὕδειν [hýdein] ‚preisen‘ oder zu ὑφαίνειν [hyphaínein] ‚weben‘ (Pauly-Wissowa 17, 140–142). Der einzige Beleg bei Homer (‚Odyssee‘ 8, 429) für ein Lied von Kämpfen um Troja zeigt, daß *hymnos* zunächst nicht auf das Kultlied festgelegt war. Das Wort scheint dann aber zu einer Sammelbezeichnung für kultische Gesänge (Päan, ↗ *Dithyrambos*, Prosodion u. a.) geworden zu sein. Der Anschluß römischer Autoren an die griechische Tradition führt — neben der vorherrschenden Bezeichnung *carmen* — zur latinisierten Form *hymnus* (Seneca, ‚Fragmente‘ 88). Zu einer feststehenden und traditionsstiftenden Bezeichnung für Preisgesänge zu Gott wird *hymnus* aber offenkundig erst durch die frühchristlichen Schriftsteller (etwa Tertullian, CC 1, 394), die vor allem auf den Sprachgebrauch der Septuaginta und des NT (Eph 5,19; Kol 3,16; vgl. auch Mt 26,30; Mk 14,26; Apg 16,25; Hebr 2,12) zurückgreifen konnten. Trotz früher Eindeutschungsversuche (8. Jh.: *hyemno*, ‚Abrogans‘ K 168,36; 9. Jh.: *imno*, ‚Abrogans‘ Pa 168,36; *immin*, ‚Tatian‘ 166,5) und zahlreicher mhd.-frnhd. Belege wie *ymnus*, *ympnus* und *ymps* (Lexer 1, 1422; Findebuch, 184) setzt sich im Deut-

schen die latinisierte Form *hymnus* für religiöse und sakrale Lobgesänge durch. Dem Begriff fehlt jedoch bis ins 16. Jh. die terminologische Schärfe: So übersetzen etwa die Handschriften der Elsässischen ‚Legenda aurea‘ (15. Jh.) *hymnus, cantus et laudes, canticum* u. a. mit *lobgesang* (Williams, 284 f.); Luther gibt die o. g. Bibelstellen (z. T. wohl unter dem Einfluß der ‚Vulgata‘) mit *lobsenge* (Plural), *lob gesang, lobesang, lobsingen* (Verb) wieder. Erst die Kanonisierung des Hymnenbestandes in der Liturgie der römischen Kirche durch das Konzil von Trient (1545–1563) führt zu einer festgeschriebenen Terminologie. Für den außerliturgischen Wortgebrauch in der Neuzeit vgl. ↗ *Hymne*.

Michael Lattke: Hymnus. Materialien zu einer Geschichte der antiken Hymnologie. Freiburg (Schweiz), Göttingen 1991. – Paulys Real-Encyclopädie der classischen Altertumswissenschaft. Hg. v. Georg Wissowa u. a. Stuttgart 1894–1978. Bd. 17, S. 140–189. – Wolfgang Schmid: Hymnus. In: Lexikon der Alten Welt. Zürich 1965, Sp. 1344–1346. – Ulla Williams (Hg.): Die elsässische ‚Legenda aurea‘. Bd. 3. Tübingen 1990. – Konrat Ziegler: Hymnos. In: Kl. Pauly 2, Sp. 1268–1271.

BegrG: Als ‚laus Dei cum cantico‘ (CC 39, 986) gilt der Hymnus für Augustinus († 430) neben dem Psalm als höchste Form des Gotteslobes. Dieser thematisch enge Rahmen wird durch Hymnen auf Heilige erweitert. Zudem finden sich neben dem vorherrschenden Typ der sangbaren Hymnen auch Hymnentexte zur Rezitation; Hymnen haben ihren festen Platz in der Liturgie, aber auch in der privaten Andacht. Aus diesem Befund erklärt sich das Fehlen eines festen Hymnenbegriffs. Augustinus stellt das Gotteslob und die Sangbarkeit in den Mittelpunkt (CC 39, 986), Cassiodor († 583) erweitert die Begriffsbestimmung um den Aspekt der metrischen Formgebung: ‚Der Hymnus ist ein Lob der Gottheit, nach gewissen metrischen Regeln geformt‘ (CC 97, 70). Bemühungen um eine Begriffsbestimmung setzen sich, ergänzt um historische, philologische und liturgische Aspekte, über Isidor von Sevilla († 636), Hrabanus Maurus († 856), Walahfrid Strabo († 849) bis zu Wilhelm Durandus († 1296) und Radulf de

Rivo († 1403) fort. Der Wandel vom metrischen zum rhythmischen Prinzip kommt bei Beda Venerabilis in seinem Traktat ‚De arte metrica‘ in den Blick. Walahfrid Strabo bezeichnet alle ‚metrischen‘ oder ‚rhythmischen‘ Texte, ebenso wie Lobgesänge und sogar den ‚Liber Psalmorum apud Hebraeos‘, als Hymnen (PL 114, 954). Notker der Stammler († 912) nennt seine Sequenzensammlung einen ‚Liber hymnorum‘. Diese begriffliche Unschärfe zieht sich bis zum heutigen ‚Missale Romanum‘ durch, in dem z. B. das ‚Benedictus es Domine‘ (Dan 3,52−56) als Hymnus geführt wird.

SachG: In der Geschichte des lateinischen liturgischen Hymnus lassen sich drei Bauformen erkennen: (1) durchgehende Strophenform (Isostrophismus), so daß alle Strophen (anders als bei der Sequenz) auf dieselbe Melodie gesungen werden; (2) gleichbleibende Silbenzahl innerhalb der einzelnen Strophen (Isosyllabismus); (3) das Distichon, das mit Refrain vor allem bei Prozessionen verwendet wurde.

Das ‚Gloria in excelsis‘ (Hymnus Angelicus) gilt als der älteste lateinische Hymnus. In den Anfängen diente der lateinische Hymnus mit seinen biblischen und dogmatischen Themen zur Abwehr des Arianismus: so in Gallien bei Hilarius von Poitiers mit seinem ‚Liber hymnorum‘ (um 360) und bei Ambrosius, dem bedeutendsten Wegbereiter der lateinischen Hymnodie. Seine Hymnen für den Wechselgesang zwischen Chor und Gemeinde sind einfache Lieder aus meist acht vierversigen Strophen im Jambischen Dimeter, der später vom Achtsilbler bzw. alternierenden Vierheber (seit der Karolingerzeit mit Endreim) abgelöst wird. Diese Form, mit der Doxologie in der Schlußstrophe, bestimmt über ein Jahrtausend zu einem Gutteil die lateinische Hymnodie. Das metrische Prinzip mit dem geregelten Wechsel von Längen und Kürzen wurde mit der Festlegung auf den Isosyllabismus seit dem 6. Jh. vom rhythmischen Prinzip als bestimmender Form des mittelalterlichen Hymnus abgelöst. Die wichtigsten Versmaße sind − vom Distichon abgesehen − zu Beginn der Jambische Dimeter (Ambrosianus), dem etwa zwei Drittel aller gesungenen Texte verpflichtet sind, und der Trochäus; dazu kamen später die Sapphische Strophe (seit der Karolingerzeit) und der Asclepiadeus (↗ *Ode*). Kombinationen und Variationen dieser vier Grundformen kennzeichnen das vielgestaltige Bild der lat. Hymnentradition.

Zur raschen und weiten Verbreitung des Ambrosianischen Hymnus trug seine Aufnahme in das klösterliche Stundengebet durch die Regel des Ordensgründers Benedikt von Nursia († um 550) bei. Seit dem 9. Jh. fand die lateinische Hymnodie nördlich der Alpen auch Eingang ins Officium der Weltkleriker, während die römische Liturgie sie bis ins 12. Jh. ablehnte.

Die ambrosianische Tradition wurde in Spanien sehr früh von Prudentius († um 405) und in Italien von Sedulius (1. Hälfte 5. Jh.) aufgegriffen. Der bedeutendste Hymnendichter im Merowingerreich war Venantius Fortunatus (2. Hälfte 6. Jh.), im angelsächsischen Raum Beda Venerabilis († 735). Einen großen Aufschwung nahm die Hymnendichtung in der Karolingerzeit im Umkreis des Hofes (‚karolingische Renaissance‘) mit Paulus Diaconus († 799), Alkuin († 804), Paulinus von Aquileja († 802) und Theodulf von Orléans († 821) sowie in den Klöstern mit Hrabanus Maurus in Fulda, Walahfrid Strabo auf der Reichenau und Ratpert († nach 884) in St. Gallen. Ab dem 10. Jh. wurden Hymnen in Hymnaren gesammelt. Im Hochmittelalter zeichneten sich u. a. Petrus Venerabilis († 1156), Bernhard von Clairvaux († 1153), Abaelard († 1142), Thomas von Aquin († 1274), Thomas von Celano († um 1260) und Jacopone da Todi († 1306) als Hymnendichter aus. Neben dem Fortlaufen mittelalterlicher Tradition wurden im 14. und 15. Jh. auch neue Wege sichtbar: die Ausbildung des mehrstimmigen Hymnus (mit einer bis ins 12. Jh. zurückreichenden Vorgeschichte) und die Orientierung an der Antike im humanistischen Hymnus. Diese Ausfaltung führt jedoch zunehmend aus dem liturgischen Bereich heraus. Die Liturgiereform des Tridentinums (1545−1563) beschnitt die Überlieferung radikal: Von ca. 35000 Hymnen fanden etwa 180 Aufnahme ins römische Brevier (davon

rund 80 aus der Spätantike und dem Mittelalter).

Die deutschen Hymnenübertragungen
des Spätmittelalters, etwa des Mönchs von
Salzburg (2. Hälfte 14. Jh.) oder Heinrich
Laufenbergs († 1460), weisen nicht in das
Umfeld des volkssprachlichen Gemeinde-
lieds, sondern in die Bereiche der Schule, religiöser Gemeinschaften und der individuellen
Frömmigkeit. Zweisprachige Hymnare zielen prinzipiell nur auf sprachliches Verständnis (so schon zu Beginn des 9. Jhs. die Interlinearversion aus Murbach) und auf inhaltliche Erklärung des lateinischen Textes. Erst
am Ausgang des Mittelalters und zu Beginn
der Neuzeit wird im Bereich der Schule ('Te-
gernseer Hymnen') und unter humanisti-
schem Einfluß ('Hymnarius von Sigmunds-
lust', gedruckt 1524) eine Nachahmung der
lateinischen Metrik und des Strophenbaus
angestrebt. Dies leitet zur reformatorischen
und neuzeitlichen Tradition deutscher Hymnodie und Hymnendichtung über. Übersetzungen lateinischer Hymnen innerhalb der
konkurrierenden Konfessionen wirkten stilbildend auf die neuzeitliche Hymne und die
Geistliche Dichtung bis hin zum Sturm und
Drang. Einzelne Hymnen wie der Hymnus
'Veni creator spiritus' wurden als Inbegriff
mittelalterlicher Frömmigkeit und Kunst rezipiert (etwa in Gustav Mahlers 8. Sinfonie).

ForschG: Die Geschichte des lat. Hymnus
begleiten ab Augustinus bis zur Klosterge-
lehrsamkeit des 18. Jhs. definitorische, interpretatorische und sammelnde Tätigkeiten. Als eine Wissenschaft im heutigen
Sinne wird die Hymnologie erst im 19. Jh.
begründet. In ihr vereinen sich insbesondere
die Philologie, Musik- und Liturgiege-
schichte zur systematischen Erforschung
der bis jetzt noch keineswegs völlig über-
schaubaren Hymnentradition. Lateinische
'Expositiones hymnorum' des 15. Jhs., die
früh schon Eingang in den Buchdruck fanden, zielten auf Wort-, Sach- und Sinner-
schließung. Unter dem Einfluß des Humanismus entstanden auch Textsammlungen
(u. a. Jakob Wimpfeling und Heinrich Bebel). Wichtige Sammlungen stammen von
Herbert Adalbert Daniel ('Thesaurus hym-
nologicus', 5 Bde., 1841–1856), Ulysse Che-
valier ('Repertorium hymnologicum', 6 Bde.,
1892–1921) und von Clemens Blume und
Guido Maria Dreves ('Analecta hymnica
medii aevi', 55 Bde., 1886–1922). Den aktuellen Forschungsstand dokumentiert das
'Jb. für Liturgik und Hymnologie' (1955 ff.).

Lit: Hermann Eberhart: Hymnendichter. In:
LThK 5, Sp. 559–564. – Norbert Gabriel: Studien zur Geschichte der deutschen Hymne. München 1992, S. 18–32. – Rudolf Gerber: Der
mehrstimmige Hymnus. In: MGG 6, Sp. 1018–
1030. – Wolfgang Irtenkauf: Hymnologie. In:
LThK 5, Sp. 567–569. – W. I.: Hymnus. In:
LThK 5, Sp. 569–572. – Johannes Janota, Burghart Wachinger: Hymnare und Hymnenerklärun-
gen in deutscher Sprache. In: VL 4, Sp. 338–346.
– Markus Jenny: Hymnologie. In: TRE 15,
S. 770–778. – John Julian: A dictionary of hym-
nology. 2 Bde. [1892, ²1907]. Repr. New York
1959, 1979. – Reinhold Schlötterer: Hymnodie.
In: LThK 5, Sp. 565–567. – Bruno Stäblein: Der
lateinische Hymnus. In: MGG 6, Sp. 993–1018.
– Josef Szövérffy: Die Annalen der lateinischen
Hymnendichtung. 2 Bde. Berlin 1964 f. – J. S.:
A concise history of Medieval Latin hymnody.
Leiden 1985. – Patrick Gerard Walsh: Hymnen.
In: TRE 15, S. 756–762.

Johannes Janota

Hyperbaton ↗ *Periode*

Hyperbel ↗ *Emphase*

Hyperfiction ↗ *Hypertext*

Hypermedia ↗ *Hypertext*

Hypertext

Die nicht-lineare Darstellung von Texten
mit Hilfe des Computers.

Expl: Hypertexte sind elektronische Texte,
die mit anderen elektronischen Texten verknüpft sind oder auf einzelne in ihnen enthaltene Sequenzen verweisen. Die Strukturierung der Texte über Verknüpfungen erzeugt eine nicht-lineare Repräsentation der
Inhalte in Form eines Netzwerkes.

Hypertexte kann der Leser über diese
Verknüpfungen, durch gekennzeichnete Ak-

tionswörter oder sensitive Felder (sog. ‚Hyperlinks') flexibel und dezentral erschließen. So stehen ihm statt eines einzigen vom Autor vordefinierten Weges verschiedene Rezeptionsmöglichkeiten zur Verfügung, indem er die Hypertext-Einheiten in neue Kontexte stellt, die er durch Verfolgung eines ihm passend erscheinenden Verknüpfungspfades erzeugt.

Drei Elemente sind konstitutiv für Hypertexte:

(1) Nicht-Linearität: Anlegen und Rezeption von Hypertexten sind nicht-sequentielle Tätigkeiten. Der Autor baut Kontexte über die netzartige Verknüpfung von elektronischen Texten auf; der Leser reiht bestimmte Inhalte über die angebotenen Verknüpfungen zu einem ‚neuen' Informationskomplex zusammen (Linearisierung).

(2) Interaktivität: Für die Linearisierung muß dem Rezipienten die Möglichkeit des direkten Aktivierens der Verknüpfungen im Netz gegeben sein. Auf eine Benutzeraktion erfolgt eine unmittelbare Reaktion des Hypertext-Systems (einfache interaktive Kommunikation), das eine neue Sicht auf das Netz freigibt.

(3) Die Verwendung des Computers als Medium: Durch die Anforderung der direkten Manipulation ist die Bezeichnung *Hypertext* auf elektronische Texte beschränkt. Da Hypertexte Computer als Lesegeräte voraussetzen, können nicht nur statische Medien (Text und Bild), sondern auch dynamische (Ton, Film, Animation, Live-Übertragungen usw.) Teil eines Hypertextes sein.

In der Literaturwissenschaft werden Hypertexte bislang v.a. zur Edition von Texten verwendet. In Ansätzen sind Modelle für Textinterpretationen und Systeme für computergestützten Unterricht vorhanden. Verbreitet werden sie auf binären Speichermedien oder im Internet-Dienst ‚World Wide Web' (W3 oder www).

Die Grundidee bei der Erstellung von Hypertexten war es, Texte verstehbarer zu machen, indem sie in ihre Bestandteile zerlegt, diese über Hyperlinks untereinander verbunden und die Kontrolle des Lesevorgangs an den Leser übergeben werden. Der Zugang zu den Texten kann dann portionsweise sowie in Tiefe und Reihenfolge durch den Leser individuell gesteuert erfolgen. Das Hypertexten somit zugrundeliegende Prinzip der Dezentrierung (Nicht-Linearität) läßt sich am einfachsten auf Texte übertragen, die auch bisher vom dezentralen Rezipieren gekennzeichnet waren: Lexika und Editionen. Die konventionellen Teile eines Buches (Inhaltsverzeichnis, Text, Fußnote/Kommentar, Register, Literaturverzeichnis und Anhang) sind verschiedene, separat abgelegte und über Hyperlinks verbundene Bestandteile der Hypertext-Edition.

Der Individualisierung und Dezentrierung des Lesevorgangs bei Hypertexten wohnt eine starke zentrifugale Kraft inne, welche den Leser dazu verleitet, frei im Hypertext zu wandern, ohne auf den zentralen Punkt, den Ausgangspunkt, zurückzukommen. Das gilt im besonderen Maße für Hypertexte im W3. Strukturschaffende Maßnahmen wie Navigations- und Kopfleisten, Inhaltsgraphiken, Symbole (Icons) für bestimmte Hyperlink-Typen usw. müssen diese Zentrifugalkraft eindämmen. Oft entscheidet dieses Hypertext-Design wesentlich über die Qualität von Hypertext-Editionen mit.

Vorteile gegenüber der Buchedition sind etwa die Möglichkeit der medialen Anreicherung und die Anbindung an Fremddatenbestände, die große verarbeitbare Datenmenge, die Übersichtlichkeit und Schnelligkeit beim Abrufen von Informationen, die problemlose Aktualisierbarkeit und die kostengünstige Publikationsform. Diesen gegenüber stehen Nachteile wie etwa Computerabhängigkeit (Technikabhängigkeit) und Unübersichtlichkeit bei kleinen Datenmengen.

Das Medium eignet sich neben der Edition besonders zur Umsetzung nicht-linearer Literaturmodelle (↗ *Intertextualität*) und zur Vermittlung kultureller Vernetzungen (↗ *New Historicism*).

Es gibt bereits einige fiktionale Hypertexte und Versuche, fiktionale Hypertexte im W3 dezentral und dynamisch mit verschiedenen Autoren zu schreiben.

[Terminologisches Feld:]
Werden vor allem dynamische Medien in Hypertexten zugänglich gemacht (Ton, Film, Animation, Live-Übertragungen usw.), spricht man heute auch von:

HYPERMEDIA: Die nicht-lineare Strukturierung audiovisueller Dateien und herkömmlicher Texte mit Hilfe des Computers.

ELEKTRONISCHER TEXT: Text, der ‚online‘ in Computernetzen oder ‚offline‘ auf binären Speichermedien aller Art verfügbar ist.

HYPERFICTION: Fiktionale Texte mit Hypertext-Struktur, deren nicht mehr autorzentrierte Text-Erstellung unterschiedlich weit gehen kann, etwa von den ‚Mitschreibeprojekten‘, bei denen ein Autor noch über Auswahl und Weiterverarbeitung der Textportionen entscheidet, bis zu ‚Wandertexten‘, deren Autorschaft weitgehend dezentralisiert ist.

WortG/BegrG: Aus griech. ὑπέρ [hypér] mit der Bedeutung ‚über‘, ‚über … hinaus‘, ‚übermäßig‘; und ↗ *Text*.

Der Begriff *Hypertext* geht auf T. H. Nelson zurück, der das Konzept 1967 theoretisch entwickelte und den Begriff als Vorschlag zur Lösung des Problems der Informationsarchivierung und des Vorverständnisses bei der Informationsgewinnung (‚Retrieval‘) prägte.

SachG: 1945 beschrieb Vannevar Bush eine Maschine, ‚MEMEX‘, die riesige Mengen von Information durch die Verwendung von Microfilmen und mechanischen Apparaturen speichern und abrufen konnte. Bush verstand MEMEX als Abbild des assoziativ arbeitenden menschlichen Gehirns. 1967 führte Nelson Bushs Phantasie mit der Beschreibung von computergestützten Hypertexten weiter. Ab 1967 wurden verschiedene lokale Hypertextsysteme vorgestellt.

1989 verband Tim Berners-Lee das Hypertext-Konzept von Nelson mit der Technologie des Internet; sog. HTTP-Server (Hypertext Transfer Protocol) entstehen als Teilsystem des Internet. Seit 1993 wird es mit der systemunabhängigen Textauszeichnungssprache HTML (Hypertext Markup Language) betrieben. Ein weltweiter Hypertext entsteht, das World Wide Web.

ForschG: Die Produktion von Hypertexten, besonders von Editionen, wurde zunächst theoretisch unreflektiert begonnen. 1988 baten Delany und Landow erstmals um Beiträge zu einer Untersuchung, ‚Hypermedia and literary studies‘, die 1991 veröffentlicht wurde. Eher kulturwissenschaftlich angelegte Studien dominieren die aktuelle Forschung über Hypertexte.

Forschungen zum Leseverhalten (dezentrales ↗ *Lesen*) beim Durchgang durch einen Hypertext und zur Entwicklung einer neuen Gattung der Literaturwissenschaft sind vereinzelt vorhanden (Chen/Rada).

Lit: C. Chen, R. Rada: Interacting with Hypertext. In: Human Computer Interaction 11 (1996), H. 2, S. 125–156. – Paul Delany, George P. Landow (Hg.): Hypermedia and literary studies. Cambridge/Mass., London 1991. – P. D., G. P. L. (Hg.): The digital world. Text-based computing in the humanities. Cambridge/Mass., London 1993. – Rainer Hammwöhner: Kognitive Plausibilität. In: Nachrichten für Dokumentation 44 (1993), S. 23–28. – R. H.: Offene Hypertextsysteme. Konstanz 1997. – Roland Kamzelak: Eine Editionsform im Aufwind: Hypertext. In: Schiller-Jb. 40 (1996), S. 487–504. – R. K. (Hg.): Computergestützte Text-Edition. Tübingen 1999. – R. K.: Hypermedia und Philologie. In: Jb. für Computerphilologie 1 (1999), S. 61–69. – Ralf Klausnitzer: Hypertext in der Germanistik? In: Zs. für Germanistik NF 7 (1997), H. 2, S. 352–356. – Martin Klepper u. a. (Hg.): Hyperkultur. Berlin, New York 1996. – Rainer Kuhlen: Hypertext. Berlin 1991. – George P. Landow (Hg.): Hyper/text/theory. Baltimore 1994. – G. P. L.: Hypertext 2.0. Baltimore, London 1997. – Theodor H. Nelson: Getting it out of our system. In: Information retrieval. Hg. v. George Schecter. Washington 1967, S. 191–210. – Jakob Nielsen: Multimedia, Hypertext und Internet. Braunschweig, Wiesbaden 1996. – James M. Nyce, Paul Kahn (Hg.): From Memex to Hypertext. Boston, San Diego 1991. – René Pfammatter (Hg.): Multi Media Mania. Konstanz 1998. – Martin Warnke u. a. (Hg.): HyperKult. Geschichte, Theorie und Kontext digitaler Medien. Basel, Frankfurt 1997. – Bernd Wingert: Kann man Hypertexte lesen? In: Literatur im Informationszeitalter. Hg. v. Dirk Matejovski und Friedrich Kittler. Frankfurt, New York 1996, S. 183–218.

Roland S. Kamzelak

Hypotaxe ↗ *Periode*

Hysteron proteron ↗ *Rhetorische Figur*

I

Ich-Erzählsituation ↗ *Erzähl-situation*

Ich-Erzählung ↗ *Erzähler*

Icon ↗ *Zeichen*

Ideal

Inbegriff des Vollkommenen, vorgestellt im Gegensatz zur Realität.

Expl: Das Vollkommene, nicht als etwas Allgemeines, sondern konkretisiert und individualisiert in einer Person: Ideal Gottes (metaphysisch); Ideal der Schönheit (ästhetisch); Idealstaat (politisch). Das Ideal kann positiv bewertet oder wegen seines Abstandes zur Realität als Illusion abgewertet werden.

WortG: Spätlat. *idealis* (‚dem Urbild entsprechend‘, ‚vorbildlich‘), abgeleitet von lat. *idea*, griech. ἰδέα [idéa]. Im 17. Jh. in Zusammensetzungen nachgewiesen, z. B. *Idealform* aus *forma idealis* (‚mustergültige Form‘). Das Wort wird Mitte des 18. Jhs. zum wissenschaftlichen Terminus, so bei Mendelssohn, z. B. in der Abhandlung ‚Die Idealschönheit in den schönen Wissenschaften‘ (1759); bei Lessing, der im ‚Laokoon‘ (1766) einen griechischen Maler erwähnt, der „sich nicht bis zum Ideal erheben konnte“ (Lessing, 23); bei Herder, der in dem Essay ‚Ist die Schönheit des Körpers ein Bote von der Schönheit der Seele?‘ (1766) vom „Ideal der Schönheit“ spricht (Herder, 50). In der Einleitung der ‚Fragmente‘ nennt er seinen „Traum“ von einem „Gemälde der deutschen Litteratur“ ein „Ideal“ und beendet den 1. Teil mit einem „Beschluß über das Ideal der Sprache“ (Herder, 139 u. 143). Kant stellt 1770 in ‚De mundi sensibilis atque intelligibilis forma et principiis‘ fest, daß das Maximum der Vollkommenheit jetzt Ideal genannt wird („vocatur nunc temporis ideale“; Kant 1912, 396). 1775 wird es bereits von Wieland als Modewort bezeichnet (EWbD 2, 569).

Johann Gottfried Herder: Sämmtliche Werke. Bd. 1. Hg. v. Bernhard Suphan. Berlin 1877. – Immanuel Kant: Gesammelte Schriften. Akademie-Ausgabe. Bd. 2. Berlin 1912. – Gotthold Ephraim Lessing: Werke. Bd. 5/2. Hg. v. Wilfried Barner. Frankfurt 1990.

BegrG: Der Begriff ist in seiner historischen Entwicklung nicht immer klar abzugrenzen von ‚Idee‘. Er taucht auf in der neuplatonisch gefärbten Kunstphilosophie der Renaissance, die dem Künstler zutraute, in der ‚Nachahmung der Natur‘ (↗ *Mimesis₂*) diese zu transzendieren und in den Idealen der Kunst einen Zugang zur Welt der Ideen zu eröffnen.

(1) In der klassischen deutschen Philosophie spielt der Begriff des Ideals eine zentrale Rolle. Den Ausgangspunkt bilden Definitionen Kants. In der ‚Kritik der reinen Vernunft‘ grenzt er das Ideal von der Idee ab, indem er es als Idee „nicht bloß in concreto, sondern in individuo, d.i. als ein einzelnes, durch die Idee allein bestimmbares […] Ding“ versteht (KrV, A 568). Vom Ideal unterscheidet Kant ferner die „Normalidee“, das „Bild für die ganze Gattung, welches die Natur zum Urbilde ihrer Erzeugungen in derselben Spezies unterlegte.“ Die Normalidee ist nicht das „Urbild“ der Schönheit, nicht das Idealschöne (↗ *Schön*), sondern nur die „Richtigkeit in Darstellung der Gattung“ (KdU, § 17; vgl. Axelos/Düsing, 26).

(2) Das „transzendentale Ideal“ der reinen Vernunft ist für Kant das „einzige eigentliche Ideal“ (KrV, A 576). In der ‚Kritik der reinen Vernunft‘ wird es als „Urbild

(Prototypon) aller Dinge" bestimmt (A 578). Es ist als Grundbegriff einer transzendentalen Theologie ein metaphysischer Gottesbegriff (vgl. Axelos/Düsing, 27).

(3) Das 'ästhetische Ideal' ist als Terminus der Ästhetik und Kunsttheorie des 18. Jhs. von nachhaltiger Wirkung. Die griechischen Skulpturen verkörpern für Winckelmann „idealische Schönheiten", die, wie er mit Bezug auf Plato erläutert, „von Bildern bloß im Verstande entworfen, gemacht sind". Das Ideal, das „Urbild" der Schönheit „war eine blos im Verstande entworfene geistige Natur" (Winckelmann, 4 u. 10). Winckelmann verdankt hier Giovanni Pietro Bellori (1615–1696) entscheidende Anregungen (Panofsky, 62 u. 117). Diese platonisch gefärbte Schönheitskonzeption erwies sich als folgenreich, nicht nur für Kunstgeschichte und Archäologie, sondern auch für die deutsche Literatur des 18. Jhs. und die ⌐ *Ästhetik* des Idealismus.

Lessing entfesselt in seinem 'Laokoon' (1766), in Auseinandersetzung mit Winckelmann, eine Diskussion über die Bedeutung des Ideals der Schönheit in bildender Kunst und Dichtung, in Antike und Moderne, an der sich mit Herder ('Erstes Wäldchen', 1769), Heinse ('Ardinghello', 1787), Schiller ('Über das Pathetische', 1793) und Goethe ('Über Laokoon', 1798) führende Geister des 18. Jhs. beteiligten. Weiterhin wird die alte, bis in die Antike zurückreichende Fragestellung (Baumecker, 43 ff.) aufgegriffen, ob das Schönheitsideal der Griechen ein Produkt der Erfahrung oder Ausformung einer angeborenen Idee sei, so etwa Wieland ('Gedanken über die Ideale der Alten', 1777) in Auseinandersetzung mit Lavater ('Physiognomische Fragmente. 3. Versuch. 4. Fragment. Über Ideale der Alten', 1777), so Sulzer (s. v.) oder Karl Philipp Moritz, der sich von Winckelmanns ästhetischem Platonismus distanzierte (245). Eine andere, viel diskutierte Frage, die von den meisten der bereits erwähnten Autoren erörtert wird, ist die Trennung des ästhetischen Ideals der bildenden Kunst von dem der Dichtung und die Entwicklung eines für jede Kunstgattung spezifischen Ideals. Die Überlegungen zum ästhetischen Ideal sind ferner in vielen Fällen mit Ausführungen zur 'Schönheitslinie' verknüpft, die auf Hogarths 'Analysis of beauty' (1753) zurückgeht.

Eine zentrale Rolle spielt das Ideal im Werk Schillers. In 'Über Anmut und Würde' wird es als Synthese von Anmut und Würde, als ethisch-ästhetische Vollendung des Menschseins bestimmt. In den Briefen 'Über die ästhetische Erziehung' bildet es wiederum die „Konsummation" des Menschseins (15. Brief). Ästhetisches Ideal, ästhetischer Zustand und Humanitätsideal ergänzen sich wechselseitig. In 'Über naive und sentimentalische Dichtung' wird der moderne Dichter angesichts einer heillosen Wirklichkeit auf den Entwurf des Ideals verpflichtet.

Der ästhetische Platonismus Winckelmanns wird bei Hölderlin durch pantheistische Gedankengänge überformt. Hölderlin geht von einer ursprünglichen Allheit aus. Im Ideal der Schönheit wird die zerstörte Vereinigung des Menschlichen und Göttlichen, das Heraklitische ἕν καὶ πᾶν [hen kai pan 'Eins und Alles'] wieder lebendig (K. Düsing, 109).

Die fundamentale Bedeutung des ästhetischen Ideals ergibt sich aus jeder idealistischen Ästhetik, vor allem aus der Hegels, die hier paradigmatisch angeführt wird. Das Schöne ist das „sinnliche Scheinen der Idee" ('Ästhetik' 1, 117), das Ideal die Schönheit in individueller, idealisierter Gestalt. Es ist das Göttliche in sinnlicher Erscheinung, wobei er, wie Winckelmann, vor allem an griechische Skulpturen denkt. Im „System der einzelnen Künste" gliedert sich das Ideal in seine Momente ('Ästhetik' 2, 8). Nach dem 'Zusammenbruch des Idealismus' (Paul Ernst) rückt das klassische Kunst- und Bildungsideal in historische Distanz. Schon bei Fr. Schlegel ist das Schöne nur noch Kriterium der antiken Kunst und Literatur, das der ⌐ *Moderne* ist das „Interessante" (Jauß, 85 f.). Für Nietzsche sind die Ideale „Götzen" geworden, die es zu stürzen gilt ('Ecce Homo', Vorrede).

(4) Das Humanitätsideal (⌐ *Humanismus₁*) als Zielvorstellung eines ethisch-ästhetischen Bildungskonzepts entwickelt sich in engem Zusammenhang mit dem ästhetischen Ideal. In der Literatur symbolisiert

vor allem Goethes Iphigenie dieses Ideal, aber auch der ↗ *Bildungsroman* entwickelt sich vor diesem Hintergrund.

Gottfried Baumecker: Winckelmann in seinen Dresdner Schriften. Berlin 1933. − Georg Friedrich Wilhelm Hegel: Ästhetik. 2 Bde. Hg. von Friedrich Bassenge. Frankfurt 1955. − Hans Robert Jauß: Schlegel und Schillers Replik auf die ,Querelle des Anciens et des Modernes'. In: H. R. J.: Literaturgeschichte als Provokation. Frankfurt 1974, S. 67−106. − Immanuel Kant: Kritik der reinen Vernunft [KrV]. Hamburg 1956. − I. K.: Kritik der Urteilskraft [KdU]. Hamburg 1974. − Karl Philipp Moritz: Schriften zur Ästhetik und Poetik. Hg. v. Hans Joachim Schrimpf. Tübingen 1962. − Johann Joachim Winckelmann: Gedanken über die Nachahmung der griechischen Werke in der Malerey und Bildhauerkunst [²1756]. Repr. Baden-Baden 1962.

SachG: Die literarische Behandlung des Ideals bildet eine eigene Geschichte, zu deren Höhepunkten Goethes und Schillers klassische Dichtungen sowie das Werk Hölderlins zählen. In seiner klassischen Lyrik, etwa in ,Die Ideale' oder ,Das Ideal und das Leben', gestaltet Schiller die tiefe Kluft zwischen der Freiheit des Ideals und den Fesseln irdischer Existenz. Es war sein höchstes, unerreicht gebliebenes Ziel, im Gedicht das „Ideal der Schönheit objektiv zu individualisieren" und „eine Szene im Olymp" zu gestalten (Brief an Humboldt, 30.11.1795). Hölderlins Tübinger „Hymnen an die Ideale der Menschheit" (Dilthey) müssen hier ebenfalls genannt werden. Die Trauer um eine verlorene Einheit mit der göttlich verstandenen Natur und den Göttern der untergegangenen Antike prägt auch den ,Hyperion': „Ideal wird, was Natur war" (66). Diotima ist als Priesterin der Schönheit das menschlich-göttliche Urbild einer ethisch-ästhetischen Vollkommenheit.

Aber schon für Heine haben die klassischen Ideale, die antiken Statuen und Goethes Dichtung bei aller Vollkommenheit nur noch eine „tote Unsterblichkeit" (200). Ästhetisches Ideal und klassisches Humanitätsideal werden bis zur Unkenntlichkeit verfälscht in der Rezeption der ↗ *Gründerzeit*. Es entsteht eine Bildungsideologie, die Bildung nur als geistigen Besitz zur Veredelung des materiellen gelten läßt. Fontane hat dieser Verbindung von „Besitz und Bildung" (W. Müller-Seidel, 285 ff.) in der Gestalt der Titelheldin des Romans ,Frau Jenny Treibel' ein Denkmal gesetzt. Eine ins Österreichische abgewandelte Nachfolgerin hat diese Figur in der Diotima des ,Mann ohne Eigenschaften' gefunden. Schon der Name ist eine ironische Anspielung auf die gleichnamige Figur bei Plato und Hölderlin und die damit verbundene Schönheitsmetaphysik (W. Düsing). Ähnliche Tendenzen hat die Klassik-Rezeption in der Literatur der Gegenwart (z. B. Martin Walser: ,In Goethes Hand').

Wolfgang Düsing: Goethe in ironischer Beleuchtung. Musils ,Mann ohne Eigenschaften'. In: Schiller-Jb. 35 (1991), S. 257−274. − Heinrich Heine: Werke. Bd. 4. Hg. v. Helmut Schanze. Frankfurt 1968. − Friedrich Hölderlin: Sämtliche Werke. Hg. v. Friedrich Beißner. Bd. 3: Hyperion. Stuttgart 1965. − Walter Müller-Seidel: Theodor Fontane. Stuttgart 1997.

ForschG: An der Forschungsgeschichte des Ideals sind die verschiedensten Disziplinen beteiligt. In der philosophischen Diskussion verliert der Idealismus zwischen 1830 und 1870 an Bedeutung, seine Konstruktionen werden als wirklichkeitsfern kritisiert. Das Humanitätsideal der Goethezeit wird durch den erwachenden Nationalismus verdrängt. Erst mit der neu entstehenden Geistesgeschichte setzt eine Rückbesinnung ein (Dilthey, Nohl). Von marxistischer Seite wird der ästhetische Idealismus wiederholt mit dem Engels-Zitat „von der Flucht aus der platten in die überschwengliche Misere" ideologiekritisch ,entlarvt' (Lukács, 22). Nach 1945 werden kritische Fragen nach den geistesgeschichtlichen Wurzeln des Dritten Reichs auch in der Idealismus- und Klassik-Forschung diskutiert (Mandelkow). Am nachhaltigsten ist die Nachwirkung der Winkelmannschen Konzeption des ästhetischen Ideals in Archäologie und Kunstgeschichte: „Die Begeisterung für die ideale Form läßt sich bis in das 20. Jh. hinein verfolgen" (Gaehtgens, 8).

Lit: Chr. Axelos, Klaus Düsing: Ideal / I. transzendentales. In: HWbPh 4, S. 25−28. − K. D.: Ästhetischer Platonismus bei Hölderlin und Hegel. In: Bad Homburg vor der Höhe in der deutschen Geistesgeschichte. Hg. v. Christoph Jamme und Otto Pöggeler. Stuttgart 1981, S. 101−117.

– Thomas W. Gaehtgens (Hg): Johann Joachim Winckelmann. 1717–1768. Hamburg 1986. – Gunter E. Grimm: Kunst als Schule der Humanität. In: Johann Gottfried Herder 1744–1803. Hg. v. Gerhard Sauder. Hamburg 1987, S. 352–363. – Käte Hamburger: Schillers Fragment ‚Der Menschenfeind‘ und die Idee der Kalokagathie. In: DVjs 30 (1956), S. 367–400. – Dieter Henrich: Der Begriff der Schönheit in Schillers Ästhetik. In: Zs. für philosophische Forschung 11 (1957), S. 527–548. – D. H.: Der Grund im Bewußtsein. Untersuchungen zu Hölderlins Denken 1794–1795. Stuttgart 1992. – Helmut Kuhn: Die Vollendung der klassischen deutschen Ästhetik durch Hegel. In: H. K.: Schriften zur Ästhetik. München 1966, S. 15–144. – Theodor Litt: Das Bildungsideal der deutschen Klassik und die moderne Arbeitswelt. Bonn ⁶1959. – Georg Lukács: Zur Ästhetik Schillers. In: G. L.: Werke. Bd. 10. Darmstadt, Neuwied 1969, S. 17–106. – Rudolf Malter: Ideal. In: Hb. philosophischer Grundbegriffe. Hg. v. Hermann Krings u. a. Bd. 3. München 1973, S. 701–708. – Karl Robert Mandelkow: Goethe in Deutschland. 2 Bde. München 1980, 1989. – Erwin Panofsky: Idea. Ein Beitrag zur Begriffsgeschichte der älteren Kunsttheorie. Berlin ²1960. – Abraham Schlesinger: Der Begriff des Ideals. Eine historisch-psychologische Analyse. Leipzig 1908.

Wolfgang Düsing

Ideengeschichte ↗ *Geistesgeschichte*

Identifikation

Sich-Hineinversetzen in eine literarische Figur oder ein literarisch dargestelltes Handlungsgeschehen.

Expl: In der neueren psychologischen Forschungsliteratur werden Identifikation und ↗ *Einfühlung* gleichermaßen aufgefaßt als „Prozesse, durch die man zeitweilig derart zum Widerhall und Verhalten auf äußerliche Objekte und Geschehnisse gebracht wird, als ob ihre Dynamik, ihre Motive und Erlebnisse in uns geschehen, jedoch ohne dabei den wohlabgesteckten Sinn der Selbstidentität zu verlieren" (Kreitler/Kreitler, 42). In der Identifikation mit einer dargestellten bzw. imaginierten Figur oder Situation geht somit einerseits das Ich- und Realitätsbewußtsein nicht verloren, andererseits können Identifikationsprozesse ganz oder teilweise auch ohne bewußte Intention oder Reflexion ablaufen.

Auch in literaturwissenschaftlichen Zusammenhängen ist eine exakte Abgrenzung der Begriffe ‚Identifikation‘ und ‚Einfühlung‘ kaum möglich; doch hat der Begriffsname *Einfühlung* durch seine Verwendung in der ‚Einfühlungsästhetik‘ des 19. und 20. Jhs. eine weiteren Begriffsumfang erhalten als *Identifikation*: Bei Th. Lipps etwa (1897) werden de facto alle dynamischen Aspekte von Wahrnehmung bis hin zu den optisch-geometrischen Täuschungen durch ‚Einfühlung‘ erklärt. Der Begriff ‚Identifikation‘ ist demgegenüber naturgemäß im wesentlichen nur auf das ‚Hineinversetzen‘ in menschliche Charaktere oder Handlungen anwendbar. Für seine textbezogene Anwendung stehen heute geeignetere Kategorien der Narratologie, wie *Fokalisierung* (↗ *Perspektive)*, und der allgemeinen Literaturtheorie, wie ↗ *Appellstruktur* und ↗ *Leerstelle,* zur Verfügung.

Theodor Lipps: Raumästhetik und geometrisch-optische Täuschungen. Leipzig 1897.

WortG: Die Substantivierung *Identifikation* zum Verb *identifizieren* (vgl. Paul-Henne, 425; zu *Identität* vgl. G. Schmidt) ist dt. seit dem späten 18. Jh. belegbar („Identifikation des Nicht-Ichs mit dem Ich", 1795: Schelling 1, 121; „Identification mit dem Gegenstande", Goethe an Schiller 14.2. 1798) und breitet sich im frühen 19. Jh. aus (EWbD 2, 726). Das von Beginn an breite Bedeutungsspektrum reicht dabei von philosophischen bzw. psychologischen Konzeptionen (Übersicht in HWbPh 4, 138–144) bis zum Akt des Feststellens der Identität einer Person oder Sache. Die spezifisch literaturbezogene Verwendung von *Identifikation* ist international und könnte insofern als Lehnbedeutung aus dem Englischen übernommen sein: „the feeling that one shares the ideas, feelings, problems etc. of another person, esp. a character in a story" (Longman, s. v.).

Longman dictionary of contemporary English. München 1987. – Friedrich W. J. Schelling: Werke. Hg. v. Manfred Schröter. München 1927.

BegrG: Der Ausdruck *Identifikation* bezeichnete ursprünglich weder in der Ästhetik noch in der Psychologie einen klar umrissenen Sachverhalt. Die eingangs formulierte Bedeutung des ‚Sich-Hineinversetzens in eine Figur oder ein Geschehen' wurde in ästhetischen Schriften bis zum 2. Weltkrieg im wesentlichen durch den umfassenderen Terminus *Einfühlung* abgedeckt. Erst durch die Psychoanalyse Freuds und das darin entwickelte Konzept der *Identifizierung* – heute überwiegend durch das internationale Synonym *Identifikation* wiedergegeben – erhielt der Begriff einen theoretisch abgestützten Inhalt.

In der heutigen Psychoanalyse bezeichnet *Identifikation* einen „psychologischen Vorgang, durch den ein Subjekt einen Aspekt, eine Eigenschaft, ein Attribut des anderen assimiliert und sich vollständig oder teilweise nach dem Vorbild des anderen umwandelt" (Laplanche/Pontalis, s. v.). Freud selbst spricht von „Identifizierung", hat diesen Begriff jedoch im wesentlichen nur im Zusammenhang mit der Bedeutung frühkindlicher affektiver Bindungen für die Persönlichkeitsentwicklung und zur Erklärung von massenpsychologischen Phänomenen systematisch verwendet. Ausführlich geht Freud auf den Mechanismus der Identifizierung in ‚Massenpsychologie und Ich-Analyse' (1921) ein, wo er diesen als „ursprünglichste Form der Gefühlsbindung an ein Objekt" charakterisiert, die „auf regressivem Wege zum Ersatz für eine libidinöse Objektbindung wird" (Freud, 100). Wo Freud auf die Wirkungen von Literatur und Schauspiel zu sprechen kommt, wird der Ausdruck *Identifizierung* eher beiläufig und in alltagssprachlichem Sinne verwendet. Alfred Adler hat die Kategorie der Identifizierung – in ausdrücklicher Abgrenzung von Freud – im Sinne des klassischen Einfühlungskonzepts verstanden (Adler, 228). Verschiedentlich hat man auf eine weitgehend uneinheitliche bzw. inflationäre Verwendung des Identifikationsbegriffs hingewiesen (vgl. Bronfenbrenner, Gerstenmaier).

Ungeachtet dessen hat das psychoanalytische Konstrukt der Identifikation – vor dem Traditionshintergrund etwa von Lessings ‚Mitleidspoetik' und verwandter, insbesondere dramentheoretischer poetologischer Konzepte wie ↗ *Furcht und Mitleid* oder ↗ *Katharsis* – eine Reihe von literaturwissenschaftlichen Modellen zur ästhetischen Erfahrung inspiriert. Jauß hat *Identifikation*, in kritischer Revision eigener früherer Konzepte, als grundlegende Kategorie der kommunikativen Leistung ästhetischer Erfahrung bestimmt und unter ausdrücklicher Bezugnahme auf Freud „Interaktionsmuster der Identifikation mit dem Helden auf fünf Ebenen der ästhetischen Erfahrung" dargestellt (assoziative, admirative, sympathetische, kathartische, ironische Identifikation). Identifikation ist für Jauß „nicht von Haus aus ein ästhetisches Phänomen" (Jauß, 212), er erklärt aber die „besondere Disposition der ästhetischen Einstellung für Identifikationsangebote" unter anderem aus der „kathartischen Lust, die in der Identifikation von Zuschauer und Held freigesetzt wird". Ästhetische Identifikation vollzieht sich dabei „in einer Hin- und Herbewegung zwischen dem ästhetisch freigesetzten Betrachter und seinem irrealen Objekt, in dem das ästhetisch genießende Subjekt eine ganze Skala von Einstellungen wie: Staunen, Bewunderung, Erschütterung, Rührung, Mitweinen, Mitlachen, Befremdung, Reflexion einnehmen, das Angebot eines Vorbilds seiner personalen Welt einfügen, aber auch der Faszination bloßer Schaulust erliegen oder in unfreie Nachahmung verfallen kann" (Jauß, 138).

Deutlich kritischer steht Th.W. Adorno dem Mechanismus der Identifikation gegenüber: Er sieht es als den „Schulfall von Banausie" an, „wenn ein Leser sein Verhältnis zu Kunstwerken danach reguliert, ob er mit darin vorkommenden Personen sich identifizieren kann". Wohl verlange „auch das authentische Verhältnis zum Kunstwerk einen Akt der Identifikation", doch müsse der Betrachter „nicht, was in ihm vorgeht, aufs Kunstwerk projizieren, um sich darin bestätigt, überhöht, befriedigt zu finden", sondern „umgekehrt zum Kunstwerk sich entäußern" und „der Disziplin des Werks sich unterwerfen" (Adorno, 409).

Gegenüber derartigen normativen Interpretationen hat sich in der neueren Literatur- und Kunstpsychologie ein pragmatischerer Umgang mit dem Konstrukt ‚Identifikation' durchgesetzt — etwa in der Ermittlung eines ‚I-Wertes' (Identifikationswertes) von Trivialliteratur (vgl. RL² 4, 578) oder in der empirischen Leserforschung mit der Opposition von identifikatorischer und reflexiver Lektüre (Wernsing/Wucherpfennig, 95 f.). In den neueren theoretischen und empirischen Darstellungen ist vielfach das Konzept der ‚Empathie' (in das wesentliche Elemente des klassischen Einfühlungskonzepts eingegangen sind) an die Stelle des Begriffs ‚Identifikation' getreten (näher dazu Morrison). Neuere psychologische Ansätze beschreiben das Kunsterlebnis als einen komplexen Prozeß, der wesentlich auf Empathie und auf der spezifischen Fähigkeit ästhetischer Gegenstände beruht, diese Empathie hervorzurufen, wobei sich der Betrachter, Leser oder Zuschauer „gleichzeitig und nacheinander mit mehr als einer Figur empathisiert" bzw. „sich erlebnerisch mit den verschiedenen Phasen einer bildnerisch angedeuteten Handlung identifiziert" (Kreitler/Kreitler, 258—266). Die „Identifikation mit den Kunstfiguren" stellt dabei neben der ‚Projektion' (durch die eigene Bedürfnisse und Wünsche den dargestellten Charakteren zugeschrieben werden) das zweite Hauptmittel dar, „die Kluft zwischen dem Betrachter und dem Inhalt eines Kunstwerks zu überbrücken", d. h. die „ästhetische Distanz" (Bullough) zu überwinden, die Darstellung von Realsituationen unterscheidet und in der Realität erwartbare reizspezifische Handlungsimpulse unterdrückt.

Alfred Adler: Psychotherapie und Erziehung. Frankfurt 1982. — Theodor W. Adorno: Ästhetische Theorie. Frankfurt 1981. — Jean Laplanche, Jean-Bertrand Pontalis: Das Vokabular der Psychoanalyse. Frankfurt 1972.

ForschG: Der Mechanismus der Identifizierung wird in der psychoanalytischen Literatur nur im Kontext der Persönlichkeitsbildung systematisch beschrieben. Die in der analytischen Praxis gewonnenen Erfahrungen sind daher nur bedingt auf das Konstrukt der ‚ästhetischen Identifikation' zu übertragen. Damit läuft der Begriff ‚Identifikation' in der kunstpsychologischen und literaturwissenschaftlichen Anwendung Gefahr, zur Erklärungsattrappe zu degenerieren. Die Sinnhaftigkeit des Identifikationskonzepts ist daher auch von literaturwissenschaftlicher Seite in Frage gestellt worden (u. a. Quack).

Jüngere empirische Untersuchungen in der Medienpsychologie erweisen die Realität von Identifikationsvorgängen, orientieren sich aber überwiegend an soziologischen Theorien der Internalisierung von Normen (Parsons, 13—29) bzw. am Empathiekonzept der neueren Sozialpsychologie (vgl. Feshbach) und nicht am klassischen psychoanalytischen Identifizierungskonstrukt (↗ *Rezeptionsforschung*).

Lit: Urie Bronfenbrenner: Freudian theories of identification and their derivates. In: Child development 31 (1960), S. 15—40. — Edward Bullough: „Psychical Distance" as a factor in art and an aesthetic principle. In: E. B.: Aesthetics. London 1957, S. 91—130. — Norma D. Feshbach: Fernsehen und Empathie bei Kindern. In: Empirische Medienpsychologie. Hg. v. Jo Groebel und Peter Winterhoff-Spurk. München 1989, S. 76—89. — Sigmund Freud: Massenpsychologie und Ich-Analyse [1921; bes. Kap. 7: „Die Identifizierung"]. In: S. F.: Werke. Studienausgabe. Bd. 9. Frankfurt 1982, S. 61—134 [bes. S. 98—103]. — Jochen Gerstenmaier: Identifikation. In: Psychologische Grundbegriffe. Hg. v. Siegfried Grubitzsch und Günter Rexilius. Reinbek 1987, S. 472—474. — Hans Robert Jauß: Ästhetische Erfahrung und literarische Hermeneutik. Bd. 1. München 1977. — Jerome Kagan: The concept of identification. In: Psychological review 65 (1958), S. 296—310. — Hans Kreitler, Shulamith Kreitler: Psychologie der Kunst. Stuttgart 1980. — Karl F. Morrison: ‚I am you'. The hermeneutics of empathy in Western literature, theology, and art. Princeton 1988. — Talcott Parsons u. a.: Papers in the theory of action. Glencoe/Ill. 1953. — Josef Quack: Die fragwürdige Identifikation. Würzburg 1991. — Gerold Schmidt: Identität. Gebrauch und Geschichte des modernen Begriffs. In: Mu 86 (1976), S. 333—354. — Arnim Volkmar Wernsing, Wolf Wucherpfennig: Die ‚Groschenhefte'. Individualität als Ware. Wiesbaden 1976.

Christian Allesch

Ideologie

Beschreibende oder abwertende Bezeichnung für Ideen oder Meinungen, die bewußt oder unbewußt vertreten werden, um Interessen durchzusetzen.

Expl: Der Begriff wird historisch und semantisch sehr uneinheitlich verwendet. Er unterstellt einen Zusammenhang zwischen Denkweisen und sozialen Gruppen, Klassen oder ethnischen Gemeinschaften. Wird Ideologie in abwertender Weise gebraucht, dient die Verwendung dem Zweck, die Realitätsferne oder auch Interessengebundenheit von Ideen zu kennzeichnen. Wird das Wort deskriptiv verwendet, dient es dem Zweck, die Besonderheit eines Ideensystems und deren Zugehörigkeit zu einer sozialen Gruppe zu bezeichnen. Die Grenze zwischen der wertenden und der deskriptiven Verwendung ist fließend (eine Zusammenstellung unterschiedlicher, sich ergänzender und sich widersprechender Definitionen von Ideologie ohne eine detaillierte Zuordnung zu einzelnen Ideologiekonzeptionen findet sich bei Eagleton, 7−10).

WortG: Eine Zurückführung des Wortes auf das griech. ἰδιολογία [idiologia] (‚Sondermeinung‘, ‚privates Gespräch‘) und die mehrfach konstruierte Verbindung zu Francis Bacons Idolenlehre in seinem ‚Novum Organon‘ (1620) haben sich als nicht plausibel erwiesen. Das heute gebräuchliche Wort *Ideologie* wurde von dem französischen Philosophen Antoine L. C. Destutt de Tracy geprägt. In seinen ‚Éléments d'idéologie‘ (1801−1815) bezeichnet Destutt die Ideologie als ‚Wissenschaft von Ideen‘. Er begründete damit die Schule der Ideologen, die die naturwissenschaftliche Analyse von Ideen zur Grundlage einer Erneuerung des Bildungs- und Erziehungssystems machen wollte. Durch die Wirkung von Napoleons Kritik an dieser Schule seit 1800 gelangte das Wort in den folgenden Jahrzehnten nach Deutschland. Es wurde in den Schriften von Karl Marx zu einer Kategorie der Philosophie und Gesellschaftstheorie, vor allem in der mit Friedrich Engels verfaßten ‚Deutschen Ideologie‘ (geschrieben 1845/46; Erstdruck 1932), ohne daß es hier systematisch entfaltet ist. Alle weiteren Verwendungen knüpfen bei Marx an (Hinweise zur Wortgeschichte bei Dierse 1976 und Dierse 1982).

Francis Bacon: Neues Organ der Wissenschaften [1620]. Hg. v. Anton Theobald Brück [1830]. Repr. Darmstadt 1981. − Antoine Louis Claude Destutt de Tracy: Éléments d'idéologie. 5 Bde. [Paris 1801−1815]. Repr. Stuttgart-Bad Cannstatt 1977. − Karl Marx, Friedrich Engels: Die Deutsche Ideologie. In: K. M., F. E.: Werke. Bd. 3. Berlin 1958.

BegrG: Destutt und seine Schule haben Ideen mit Wahrnehmungen gleichgesetzt und im Sinne des Sensualismus als sinnlich geprägte Vorstellungen gedeutet. Ideologie wurde deshalb als exakte Wissenschaft konzipiert, die sich nicht mehr an Philosophie und Theologie, sondern an Physiologie und Zoologie orientieren sollte. Napoleon, der zunächst Anhänger der Schule der Ideologen war, bezeichnete die Vertreter wegen ihres Anspruchs auf gesellschaftlichen Einfluß als „Metaphysiker" oder „Fanatiker" (Nachweise bei Dierse 1982, 136). Das Wort *Ideologie* bekam damit eine wertende Bedeutung und sollte die Abneigung des Politikers gegenüber den praxisfernen Theoretikern zum Ausdruck bringen. In dieser pejorativen Bedeutung wurde *Ideologie* nach 1830 auch in Deutschland gebräuchlich. Marx, dessen Verwendungsweisen die späteren Debatten um den Begriff geprägt haben, hat keine Definition geliefert und den Begriff uneinheitlich gebraucht. Er dient nun dazu, den Zusammenhang zwischen Sein und Bewußtsein bzw. Basis und Überbau (im Sinne eines Abhängigkeitsverhältnisses) zu bestimmen. *Ideologie* wird dabei benutzt, um die historische Begrenztheit und Interessengebundenheit bürgerlicher Ideen zu verdeutlichen. Mit Blick auf die Interessen des Proletariats kann Ideologie deshalb als notwendig „falsches Bewußtsein" charakterisiert werden (Brief von Engels an F. Mehring vom 4. Juli 1893). Doch erweiterte Marx den Begriff später im Sinne von ‚Ideenlehre‘, ohne den Anspruch auf Demaskierung bürgerlicher Ideen aufzugeben. In seinem viel rezipierten Buch ‚Ideologie und Utopie‘ (1929), der ersten Gesamtdarstellung des Phänomens, hat K. Mannheim sich ebenfalls an Marx orientiert, im Sinne der erweiterten Bestimmung des Ideologiebegriffs aber die soziale Standortgebundenheit aller Denkweisen betont: „Mit dem

Auftauchen der allgemeinen Fassung des totalen Ideologiebegriffs entsteht aus der bloßen Ideologienlehre die Wissenssoziologie" (Mannheim, 70 f.; vgl. Lieber; Meja/ Stehr). Die Interpreten von Marx und Engels orientierten sich zunächst stärker am wertenden Ideologiebegriff (Lukács, Horkheimer/Adorno u. a.; vgl. Lenk). Doch wird später − legitimiert durch Lenins Konzeption einer ,sozialistischen Ideologie' − auch die Auffassung von Ideologie als allgemeiner Ideenlehre vertreten (Marxistische Philosophie in der Bundesrepublik und der DDR, Althusser u. a.; Hinweise zur Begriffsgeschichte bei Dierse 1976 und Dierse 1982, zur marxistischen Rezeption bei Sandkühler).

Louis Althusser: Ideologie und ideologische Staatsapparate. Hamburg, Berlin 1977. − Georg Lukács: Geschichte und Klassenbewußtsein [1923]. Darmstadt, Neuwied 1968. − Karl Mannheim: Ideologie und Utopie [1929]. Frankfurt 1985.

SachG: Die Geschichte des Ideologiebegriffs ist von der Geschichte der Ideen und der Episteme im Sinne Foucaults nicht zu trennen und damit unüberschaubar. Die theoretische Konzeption, Ideen sozialen Gruppen zuzuordnen, die den Bedeutungskern des Ideologiebegriffs ausmacht, läßt sich auf alle geschichtlichen Epochen und alle gesellschaftlichen Gruppen anwenden. Daß die Konzeption in der Folge der Französischen Revolution entstand und im Verlauf des 19. Jhs. wirksam wurde, hängt sozialgeschichtlich mit dem Übergang von der feudalen zur bürgerlichen Gesellschaft, ideengeschichtlich mit dem Insistieren der Aufklärung auf der Selbstbestimmung des Individuums und politikgeschichtlich mit dem Einfluß von Ideen auf öffentliche Entscheidungsprozesse zusammen (↗ *Ideologiekritik*). Seit den 1960er Jahren wird auch die These von der „Entideologisierung" bzw. einem „nachideologischen Zeitalter" vertreten (Topitsch, 15 ff.), die als Selbstinterpretation moderner oder postmoderner Gesellschaften aufzufassen ist (vgl. Senghaas).

Ernst Topitsch: Sozialphilosophie zwischen Ideologie und Wissenschaft. Berlin, Neuwied 1961.

ForschG: Die Analyse des Ideologiebegriffs und seiner Geschichte ist von den weltanschaulichen Positionen der Interpreten nicht zu trennen. Marxistische Bestimmungen schwanken zwischen der Identifizierung der Ideologie mit dem Überbau und der Identifizierung von Ideologie mit bürgerlicher Ideologie. Andere Konzeptionen sind seit Mannheim fast ausschließlich in Auseinandersetzung mit dem Marxismus entwickelt worden, so daß die Begriffsschwankungen hier fortwirken. Genauere wort- und begriffsgeschichtliche Studien fehlen. Beginnend mit Hans Barth sind viele Arbeiten seit den 1960er Jahren historiographisch orientiert. Dennoch überwiegen theoretische Erläuterungen, so daß viele Details der Vermittlung und Wirkung von Texten und Überlegungen ungekärt sind. Seit den 1980er Jahren hat die Debatte an Intensität verloren. In welcher Weise die schöne Literatur von Ideologien geprägt ist oder an der Bildung von Ideologien mitwirkt, ist bis auf die Arbeiten von Leo Löwenthal aus den 1920er und 30er Jahren (Löwenthal 1966 und 1971) nicht hinreichend untersucht.

Lit: Karlheinz Barck, Brigitte Burmeister (Hg.): Ideologie, Literatur, Kritik. Französische Beiträge zur marxistischen Literaturtheorie. Berlin 1977. − Hans Barth: Wahrheit und Ideologie. Zürich 1945, ²1961. − Ulrich Dierse: Ideologie. In: HWbPh 4, Sp 158−185 [1976]. − U. D.: Ideologie. In: Geschichtliche Grundbegriffe. Hg. v. Otto Brunner u. a. Bd. 3. Stuttgart 1982, S. 131−169. − Terry Eagleton: Ideologie [1991]. Stuttgart, Weimar 1993. − Wolfgang Fritz Haug (Hg.): Projekt Ideologietheorie. Berlin 1979. − Sebastian Herkommer: Einführung Ideologie. Hamburg 1985. − Peter Uwe Hohendahl: Nach der Ideologiekritik. In: Geschichte als Literatur. Hg. v. Hartmut Eggert u. a. Stuttgart 1990, S. 77−90. − Kurt Lenk (Hg.): Ideologie. Ideologiekritik und Wissenssoziologie [1961]. Frankfurt, New York ⁹1984. − Georg Lichtheim: Das Konzept der Ideologie. Frankfurt 1973. − Hans-Joachim Lieber (Hg.): Ideologienlehre und Wissenssoziologie. Darmstadt 1974. − H.-J. L.: Ideologie. Eine historisch-systematische Einführung. Paderborn u. a. 1985. − Leo Löwenthal: Das Bild des Menschen in der Literatur. Neuwied, Berlin 1966. − L. L.: Erzählkunst und Gesellschaft. Neuwied, Berlin 1971. − Peter Christian Ludz: Ideologiebegriff und marxistische Theorie. Opladen 1976. − Volker Meja, Nico Stehr (Hg.): Der Streit um die Wissenssoziologie. 2 Bde. Frankfurt 1982. − Herbert Schnädelbach: Was ist Ideologie? In: Das Argument 10 (1969), H. 50, S. 71−92. − Hans Jörg Sandkühler: Ideologie. In: Europäische Enzyklopädie zu Philosophie und Wissenschaften. Hg. v. H. J. S. Bd. 2. Hamburg 1990, S. 616−639. − Dieter Senghaas: Ideologiekritik und Gesellschaftstheorie. In: Neue Politische Literatur 10 (1965), S. 341−354.

Detlev Schöttker

Ideologiekritik

Aufdeckung der Standort- und Interessengebundenheit von Ideen, Meinungen und Theorien.

Expl: Die Konzeption der Ideologiekritik basiert in erster Linie auf dem wertenden ↗ *Ideologie*-Begriff, den Marx und Engels skizziert haben. Wer den Anspruch auf Ideologiekritik erhebt, geht davon aus, daß Ideen und Meinungen sowie publizistische und künstlerische Darstellungen (vor allem in den Massenmedien Film und Fernsehen) dazu dienen, Machtverhältnisse oder Interessen zu verschleiern. Ideologiekritik verfolgt dabei ↗ *emanzipatorische* Zwecke. Sie soll über Machtverhältnisse aufklären, die Interessengebundenheit von Ideen entlarven und Alternativen zum Bestehenden aufzeigen, um einen Beitrag zu dessen Veränderung zu leisten. Die potentiell ideologische Befangenheit des Subjekts bildet das Grundproblem dieser Konzeption, ist aber kaum Gegenstand der Reflexion geworden.

WortG/BegrG: Marx und Engels verwenden das Wort *Ideologiekritik* nicht. Das gilt auch für die meisten ihrer Interpreten in den 1920er und 1930er Jahren. Doch finden sich vor allem in den Film-Artikeln, die Siegfried Kracauer von 1927 bis 1933 in der ‚Frankfurter Zeitung' veröffentlicht hat, präzise Charakterisierungen der Idee, welche die Vertreter der ‚Frankfurter Schule', vor allem Adorno, seit Ende der 1930er Jahre übernommen haben. Am deutlichsten heißt es in Kracauers Artikel ‚Über die Aufgabe des Filmkritikers' (1932): „Der Filmkritiker von Rang ist nur als Gesellschafts-

kritiker denkbar. Seine Mission ist: die in den Durchschnittsfilmen versteckten sozialen Vorstellungen und Ideologien zu enthüllen" (Kracauer 1974, 11). Das Wort *Ideologiekritik* wurde von den Anhängern der ↗ *Kritischen Theorie* seit Ende der 1960er Jahre inflationär verwendet, ohne je expliziert zu werden. Verwendungen des Begriffs ‚Ideologiekritik' überschneiden sich deshalb meist mit denen des Begriffs ‚Ideologie' (vgl. HWbPh 4, 158−185). Doch fehlt eine Geschichte der Verwendungsformen.

Siegfried Kracauer: Kino. Hg. v. Karsten Witte. Frankfurt 1974.

SachG/ForschG: Da die marxistische Theorie einen Beitrag zur Kritik der bürgerlich-kapitalistischen Gesellschaft leisten will, hat sie grundsätzlich einen ideologiekritischen Anspruch. Marx' ‚Kapital' (1867, 1885 und 1894), das im Untertitel als „Kritik der politischen Ökonomie" bezeichnet wird, leistet einen Beitrag zur Ideologiekritik, weil es die bürgerlichen Herrschaftsverhältnisse am Beispiel der Ökonomie offenlegen will. Die Kritische Theorie, die seit Anfang der 1930er Jahre von Max Horkheimer und seinen Mitarbeitern am Institut für Sozialforschung in Frankfurt, später in den USA (ab 1934) und dann wieder in Frankfurt (ab 1949) entwickelt wurde, ist insofern Ideologiekritik, als hier Gesellschaftstheorie und Herrschaftsanalyse miteinander verküpft werden, um Alternativen zur sozialen Praxis aufzuweisen. Die bürgerliche Kultur hat nach Auffassung von Horkheimer und Marcuse „affirmativen Charakter", da sie Widersprüche der gesellschaftlichen Wirklichkeit verdeckt (Horkheimer 1936, 219; Marcuse 1937). Adorno hat den Gedanken in der Auseinandersetzung mit der Massenkultur zu einer Theorie der Manipulation erweitert, die als „Kulturkritik" aufgefaßt und seit den 1950er Jahren viel rezipiert wurde (Adorno 1955). Klare Analysen zur Massenkultur lieferten vor allem Kracauers Arbeiten bis 1933 (vgl. Mülder), die 1963 in dem Auswahlband ‚Das Ornament der Masse' zugänglich wurden. Die durch die Frankfurter Schule geprägte Konzeption der Ideologiekritik wurde seit den 1960er Jahren u. a. zu einer Medien-, Wissenschafts- und Design-Kritik ausgearbeitet: Enzensberger lieferte Analysen zur „Bewußtseins-Industrie" (1962); Habermas analysierte ‚Technik und Wissenschaft als ‚Ideologie'' und versuchte in ‚Erkenntnis und Interesse' die Interessengebundenheit wissenschaftlicher Arbeit herauszuarbeiten (1968); Wolfgang Fritz Haug entwarf eine ‚Kritik der Warenästhetik' (1971). Seit der ‚Dialektik der Aufklärung' (1947) gingen Horkheimer und Adorno davon aus, daß die ‚Kulturindustrie' zum universellen Verblendungszusammenhang beiträgt, so daß die ‚Negativität' des bedeutenden Kunstwerks als letzte Instanz der Ideologiekritik übrigbleibt, wie Adorno in vielen Essays und der ‚Ästhetischen Theorie' (1970) ausgeführt hat (dazu Birus). Daß Psychoanalyse, Semiotik und Diskurstheorie einen Beitrag zur Ideologiekritik leisten, wurde zwar behauptet (vgl. Zima 1977), theoretisch und historisch aber nicht plausibel gemacht, wenn man von Michel Foucaults Arbeiten zur Analyse der — stets gegenwärtigen — Macht als Sonderfall absieht (vgl. Honneth 1986).

Obwohl Ideologiekritik implizit Gegenstand in vielen Studien zur Ideologie ist (vgl. vor allem Eagleton 1993), sind die verschiedenen Konzeptionen der Ideologiekritik bisher nicht zum Gegenstand historischer und theoretischer Darstellung geworden.

Lit: Theodor W. Adorno: Prismen. Kulturkritik und Gesellschaft. Frankfurt 1955. – T. W. A.: Eingriffe. Frankfurt 1963. – T. W. A.: Ästhetische Theorie. Frankfurt 1970. – Karl-Otto Apel u. a.: Hermeneutik und Ideologiekritik. Frankfurt 1971. – Hendrik Birus: Adornos ‚Negative Ästhetik'? In: DVjs 62 (1988), S. 1–23. – Wolfgang Bonß, Axel Honneth (Hg.): Sozialforschung als Kritik. Frankfurt 1982. – Christa Bürger: Textanalyse als Ideologiekritik. Frankfurt 1973. – Terry Eagleton: Ideologie [1991]. Stuttgart 1993. – Hans Magnus Enzensberger: Einzelheiten 1: Bewußtseins-Industrie. Frankfurt 1962. – Jürgen Habermas: Technik und Wissenschaft als ‚Ideologie'. Frankfurt 1968. – J. H.: Erkenntnis und Interesse. Frankfurt 1968. – Wolfgang Fritz Haug: Kritik der Warenästhetik. Frankfurt 1971. – Axel Honneth: Kritik der Macht. Frankfurt 1986. – Max Horkheimer: Egoismus und Freiheitsbewegung. In: Zs. für Sozialforschung 5

(1936), S. 161–234. – M. H., Theodor W. Adorno: Dialektik der Aufklärung [1947]. Frankfurt 1969. – Michael Kausch: Kulturindustrie und Popularkultur. Frankfurt 1988. – Leo Kofler: Avantgardismus als Entfremdung: Ästhetik und Ideologiekritik. Frankfurt 1987. – Siegfried Kracauer: Das Ornament der Masse. Frankfurt 1963. – Peter Christian Lang: Hermeneutik, Ideologiekritik, Ästhetik. Königstein 1981. – Kurt Lenk (Hg.): Ideologie. Ideologiekritik und Wissenssoziologie [1961]. Frankfurt, New York 91984. – Herbert Marcuse: Über den affirmativen Charakter der Kultur. In: Zs. für Sozialforschung 6 (1937), S. 54–94. – Karl Marx: Das Kapital. 3 Bde. Berlin 1963. – Thomas McCarthy: Kritik der Verständigungsverhältnisse. Frankfurt 1980. – Peter von Moos: Mittelalterforschung und Ideologiekritik. München 1974. – Inka Mülder: Siegfried Kracauer – Grenzgänger zwischen Theorie und Literatur. Stuttgart 1985. – Bernd Peschken: Versuch einer germanistischen Ideologiekritik. Stuttgart 1972. – Jürgen Ritsert: Inhaltsanalyse und Ideologiekritik. Frankfurt 1972. – Albrecht Wellmer: Kritische Gesellschaftstheorie und Positivismus. Frankfurt 1969. – Peter V. Zima (Hg.): Textsemiotik als Ideologiekritik. Frankfurt 1977.

Detlev Schöttker

Idylle

Gattung meist kurzer epischer oder lyrischer Texte mit Schilderung einfach-friedlicher, meist ländlicher Lebensformen als Korrektiv zur Wirklichkeit.

Expl: Eine historisch fundierte Explikation des Begriffs ‚Idylle' hat für den Bereich der deutschen Literatur die komplexen, aus der Antike stammenden gattungsgeschichtlichen Zusammenhänge zu reflektieren. Demnach muß man zwischen verschiedenen Idyllen-Begriffen unterscheiden:

(1) Für den Bereich der antiken Literaturen stellt sich das Problem der Abgrenzung der Idylle von den verwandten Formen der ↗ *Bukolik* und der *Landlebendichtung* (Horaz, ‚Epoden'; Georgik), damit die Frage nach dem Gattungscharakter der Idylle insgesamt. Heuristisch lassen sich an einzelnen Idyllen Theokrits und Vergils, welche die Gattung historisch begründeten und denen

in ihrer Entwicklungsgeschichte deshalb ein paradigmatischer Charakter zukommt, folgende traditionsbildenden Merkmale entwickeln: Die Idylle kann sich in epischen, lyrischen, teilweise dramatischen Formen, die auch gemischt auftreten können und meist in Form kleinerer hexametrischer Einzelgedichte gehalten sind, realisieren. Sie gehört zur Schäfer- oder Hirtendichtung, in der die Protagonisten ideal empfundene ländlich-natürliche, friedlich-harmonische Daseinsformen verkörpern, welche der zivilisierten Welt gegenübergestellt werden. Ihr Schauplatz ist der topische Locus amoenus (↗ *Topos*), eine abgeschirmte, eingegrenzte und geborgene Landschaftsszenerie. Handlungsarmut und Dominanz des Räumlich-Zuständlichen verleihen der Idylle einen statischen Charakter, der sich auch im Ausschließen tragischer Schicksale, dem Hervorkehren glücklicher Zustände (Liebe als Grundthema der Idylle) und in der häufigen Beschreibung von Kunstwerken äußert. Die deutsche Schäfer- und Hirtendichtung seit dem Barock knüpft im Kontext der europäischen Renaissancepoesie an diese − im einzelnen allerdings oft wenig trennscharfen − Traditionen (v.a. Vergil und Horaz) an.

(2) Für den Bereich der deutschsprachigen Literatur empfiehlt es sich, die Gattungsbezeichnung *Idylle* für die mit Salomon Gessners ‚Idyllen‘ (1756) einsetzende Produktion zu reservieren, die mit der Versöhnung von ‚Idealität‘ und ‚Realität‘ einen grundsätzlichen Neubeginn markiert. Davon ist abzugrenzen:

(3) die im einzelnen unspezifische und deshalb grundsätzlich problematische Kategorie des ‚Idyllischen‘ als ein aus der Gattung der Idylle abgeleiteter Komplex aus Motiv- und Strukturelementen, der sich nicht mehr auf die Gattung der Idylle beschränkt, sondern auch in andere Gattungen eingeht (Romane, Erzählungen, selbst Dramen) oder im idyllischen Epos als Mischform auftritt.

(4) Schließlich wird *Idylle* seit Schiller in der Bedeutung einer geschichtsphilosophischen Idee gebraucht, die sich als ‚Empfindungsweise‘ in einzelnen Idyllen zeigen kann, dabei aber von den Gattungstraditionen weitgehend abstrahiert.

In ihrem Gegenentwurf zur Wirklichkeit berührt sich die Idylle mit der ↗ *Utopie*; stärker jedoch als die ‚heile Welt‘ der Idylle reagiert die Utopie − korrigierend oder verwerfend − auf komplexe Systeme der sozialen Welt.

WortG: Die aus dem Griech. stammende Bezeichnung εἰδύλλιον [eidýllion] bedeutet ‚kleines, selbständiges Gedicht‘; die schon bei Scaliger belegte (1, 4), seit dem 18. Jh. übliche Bedeutung ‚kleines Bild‘ ist etymologisch nicht zu erklären (Böschenstein 1977, 2), trifft aber den Sachverhalt der Idylle relativ genau, weil diese tatsächlich zu bildhaften − also statischen, nicht handlungsmäßig orientierten − Vergegenwärtigungen neigt.

BegrG: Bis zu der eine breite Wirkung entfaltenden ‚Idyllen‘ (1756) von S. Gessner versteht man unter dem Begriff ‚Idylle‘ eine von den unterschiedlichen Formen der Bukolik kaum zu trennende Gattung. Noch Gottsched setzt die Begriffe ‚Idylle‘ und ‚Schäfergedicht‘ synonym; die Gattung definiert er als „Nachahmung des unschuldigen, ruhigen und ungekünstelten Schäferlebens, welches vorzeiten in der Welt geführet worden. Poetisch würde ich sagen, es sey eine Abschilderung des güldenen Weltalters“ (Gottsched, 581 f.). Erst seit Gessners grundlegendem Neuansatz − der innerhalb der europäischen Idyllentheorie freilich nicht voraussetzungslos ist − läßt sich in der deutschsprachigen Literatur von einem eigenständigen Idyllen-Begriff sprechen. Schon bei Gessner dringen Merkmale des Idyllischen in andere Gattungen ein, in den Hirtenroman ‚Daphnis‘ (1754) und in das biblische Hirtenepos ‚Der Tod Abels‘ (1758).

Seit Schillers kritischer Auseinandersetzung mit Gessners ‚Idyllen‘ steht die von der Gattungsdiskussion abgehobene geschichtsphilosophische Idee der Idylle im Vordergrund der Diskussion und erstreckt sich damit auch auf Dichtungen, die die Gattung der Idylle überschreiten. In seiner Abhandlung ‚Über naive und sentimentalische Dichtung‘ (1795) versteht Schiller die Idylle als ‚Empfindungsweise‘ und (neben ↗ *Satire* und ↗ *Elegie*) als eine der drei

Möglichkeiten des ↗ *sentimentalischen*, also reflektierenden Dichters, dem der Widerspruch zwischen der Unendlichkeit des Ideals und den Grenzen der Wirklichkeit bewußt ist. Aufgabe dieses Dichters sei es, das erträumte Ideal als wirklich zu evozieren, nicht im Rückgriff auf die naive Konkretheit einer archaischen Hirtenwelt wie Gessner und viele seiner Nachfolger, sondern in der reflexiven Überhöhung der Gegenwart: „Er führe uns nicht rückwärts in unsre Kindheit, […] sondern führe uns vorwärts zu unserer Mündigkeit, um uns die höhere Harmonie zu empfinden zu geben […]. Er mache sich die Aufgabe einer Idylle, welche jene Hirtenunschuld auch in Subjekten der Kultur und unter allen Bedingungen des rüstigsten feurigsten Lebens, des ausgebreitetsten Denkens, der raffinirtesten Kunst, der höchsten gesellschaftlichen Verfeinerung ausführt, welche mit einem Wort, den Menschen, der nun einmal nicht mehr nach Arkadien zurück kann, bis nach Elisium führt" (NA 20, 472). Noch intensiver als vorher steht in der Klassik der als unzulänglich empfundenen Wirklichkeit das Idyllische als ↗ *Ideal* gegenüber. Während sich das Phänomen der Idyllendichtung in der literarischen Praxis weiter differenziert, wird dem Begriff keine grundsätzlich neue Dimension hinzugefügt.

Friedrich Schiller: Werke. Nationalausgabe [NA]. Hg. v. Julius Petersen u. a. Weimar 1943 ff.

SachG: Nach Momenten des Idyllischen in der barocken Schäferdichtung (Opitz, Czepko, Klaj, Harsdörffer) und ihren anakreontischen Ausprägungen (Uz, Götz, Weiße, Gerstenberg), die auf antike Vorbilder zurückgehen, gewinnen Gessners in rhythmisierter Prosa abgefaßte ‚Idyllen‘ (1756) größere Resonanz, weil in ihnen aufklärerisches Ethos, empfindsame Geisteshaltung, idealisierende Menschendarstellung und gefühlvolle Naturschilderungen zu einer Einheit verbunden sind. Trotz großen Erfolgs, auch über Deutschland hinaus, wurde die Gessnersche Realisation der Idylle wegen ihrer Wirklichkeitsferne kritisiert und durch neue Muster verdrängt.

Herders Rekurs auf die rustikale Originalität Theokrits (‚Über die neuere Deutsche Literatur‘, 1767) gilt als Auftakt einer neuen Idyllendichtung, die im antiken Modell zugleich Elemente der Wirklichkeit literarisierte, zum Beispiel die „pfälzischen Idyllen" Friedrich (Maler) Müllers (‚Die Schaaf-Schur‘, ‚Das Nuß-Kernen‘), oder antike Vorbilder mit empirischer Sozialkritik vereinigt: J. H. Voß: ‚Die Pferdeknechte‘, ‚Der Ährenkranz‘ u. a., die 1801 zu einem Band ‚Idyllen‘ zusammengefaßt wurden.

Die Schillersche Idee der Idylle geht als Substanz in seine Gedichte und Dramen ein und prägt unter anderem auch Goethes Hexameterepos ‚Hermann und Dorothea‘ (1797), das — wenn auch in ironischer Brechung — gleichzeitig auf Vossens ‚Luise‘ (1795) antwortet. Die Funktion einer Seelenlandschaft für narzißtische Szenarien erhält die Idylle in romantischen Dichtungen wie Tiecks ‚Der blonde Eckbert‘ (1797) oder vielen Texten Eichendorffs. Mörike (‚Idyllen vom Bodensee‘, 1846) und Hebbel (‚Mutter und Kind‘, 1859) erneuern wiederum die von Geßner und Voß sich herschreibende Tradition.

Seit dem 18. Jh. wird der Anspruch erhoben, mit der Verwendung des homerischen Stils die bürgerliche Welt zu ‚heroisieren‘. Dieser emanzipatorische Impetus bleibt jedoch nicht selten in einer bloßen Schilderung „des Vollglücks in der Beschränkung" (Jean Paul, 258) stecken. Hatten schon Voß und Goethe die Grenzen der Idylle erweitert, indem sie den Hirten durch den Pfarrer ersetzten oder den ländlichen Schauplatz in die Kleinstadt verlegten, so werden im 19. Jh. in Romanen, Novellen und Erzählungen die Verbindungen zur antiken Idylle noch lockerer; nunmehr kann auch die ‚gute Stube‘ zum idyllischen Ort werden. Als sozialkritisch intendierte oder genrehafte Passagen begegnen idyllische Elemente zum Beispiel in den Romanen von Immermann, Stifter und Raabe. Idyllische Szenen finden sich noch in der Literatur des 20. Jhs., zum Beispiel bei Th. Mann, Hesse, R. Walser, Musil und Th. Bernhard. Hier werden sie freilich — neben dem Fortleben der Idylle in der Trivialliteratur, insbesondere während des Nationalsozialismus — parodiert oder zum Medium indirekter Regimekritik bei Vertretern der ↗ *Inneren Emigration* (Lehmann, Wiechert, Huchel).

Jean Paul: Vorschule der Ästhetik [²1813]. In: J. P.: Sämtliche Werke. Abteilung 1. Bd. 5. Hg. v. Norbert Miller. München 1963, S. 7–456.

ForschG: Die seit den 1970er Jahren betriebene intensive Idyllen-Forschung hat die Position der Klassik neu definiert, die Materialbasis des 18. und 19. Jhs. erweitert, die gesamteuropäischen Perspektiven gesichtet sowie Verbindungen zwischen Literatur und bildender Kunst gezogen. Desiderat bleibt eine sozialgeschichtlich fundierte Gattungs- und Kulturgeschichte der Idylle in ihrer Verbindung zu außerliterarischen Disziplinen, zur Utopie, zur Literatur der Moderne und unter Abgrenzung von vermeintlich idyllenähnlichen Phänomenen in der ‚völkischen‘ und Trivialliteratur.

Lit: Martin Bircher, Bruno Weber: Salomon Gessner. Zürich 1982. – Renate Böschenstein-Schäfer: Idylle. Stuttgart 1967, ²1977. – R. B.: Idylle. In: Fischer Lexikon Literatur. Hg. v. Ulfert Ricklefs. Bd. 2. Frankfurt 1996. S. 777–793. – Berthold Burk: Elemente idyllischen Lebens. Studien zu Salomon Gessner und Jean-Jacques Rousseau. Frankfurt, Bern 1981. – Norman Gronke: Idylle als literarisches und soziales Phänomen. Diss. Frankfurt 1987. – Gerhard Hämmerling: Die Idylle von Gessner bis Voss. Frankfurt, Bern 1981. – Gerhard Kaiser: Wandrer und Idylle. Göttingen 1977. – York-Gotthart Mix: Idyllik in der Literatur des 18. Jhs. Forschungsstand und Forschungsperspektiven. In: Das achtzehnte Jahrhundert 15 (1991), S. 62–85. – Ruurd R. Nauta: Gattungsgeschichte als Rezeptionsgeschichte am Beispiel der Entstehung der Bukolik. In: Antike und Abendland 36 (1990), S. 116–137. – Helmut J. Schneider (Hg.): Deutsche Idyllentheorien im 18. Jh. Tübingen 1988. – Hans Ulrich Seeber, Paul Gerhard Klussmann (Hg.): Idylle und Modernisierung in der europäischen Literatur des 19. Jhs. Bonn 1986. – Rolf Wedewer, Jens Christian Jensen (Hg.): Die Idylle. Köln 1986.

Günter Häntzschel

Iktus ↗ *Hebung*

Illokution ↗ *Sprechakt*

Illumination ↗ *Illustration*

Illusion

Ästhetische Erfahrung, in der die (dargestellte) Gegenständlichkeit von dem Rezipienten eines Romans, Schauspiels, Gemäldes usf. so wahrgenommen wird, als ob sie wirklich sei.

Expl: ‚Illusion‘ ist ein Begriff der psychologisch orientierten Ästhetik, der eine besondere Art der Rezeption etwa eines Romans, Schauspiels oder Gemäldes bezeichnet. Im Hinblick auf die involvierten psychischen Funktionen und in Anlehnung an traditionelle Bestimmungen des Illusionsbegriffs lassen sich drei Arten der Illusion unterscheiden:

(1) Die Illusion als Täuschung der Sinne oder Trugwahrnehmung, wie sie vor allem in der antiken Malerei-Theorie als Wirkung und Gütesiegel einer detailliert-realistischen Kunst thematisiert ist. Für Ästhetiker der letzten Jahrhunderte „ist die vollkommene Illusion, so weit sie gelingt, auch vollkommen unästhetisch" (Zimmermann, 45).

(2) Die Illusion als pathetische Täuschung (vgl. Bürger, 244), thematisiert vor allem in der Theorie der tragischen Affekte. Der Zuschauer fühlt sich in die Szene selbst versetzt: empfindet Zorn, Angst und dergleichen, ohne sich der tatsächlichen Distanz zum Dargestellten bewußt zu sein.

(3) Die Illusion als ästhetische Illusion oder als Zustand, in dem der Rezipient vermöge seiner Einbildungskraft die z. B. in einem Roman dargestellten Personen quasi vor Augen hat und in dem er lebhaft Anteil an deren Schicksal nimmt (↗ *Identifikation*). Anders als im Falle der Trugwahrnehmung und der pathetischen Täuschung weiß der Illudierte dispositionell, daß es sich bei den Schicksalen, an denen er Anteil nimmt, um ästhetische Fiktion handelt. Aktualisiert wird dieses Wissen bzw. beendigt wird die ästhetische Illusion dann, wenn die lebhafte Anteilnahme, z. B. das Mitfürchten, unangenehm zu werden beginnt.

Wichtige Teile der Theorie der (im folgenden allein berücksichtigten) ästhetischen Illusion (3) sind (a) die introspektive Beschreibung des Bewußtseins des Illudierten, (b) die Erklärung des Umstands, daß Illusion Lust bereitet, und (c) die Explikation objektiver Illusionsbedingungen: Darstellung von Personen, Ereignissen usf. (‚Naturnachahmung'), relative Detailliertheit der Darstellung, Interessantsein des Dargestellten u. a.m. (vgl. Sulzer, 279).

Der ästhetischen Illusion stehen andere Weisen der Rezeption von Kunst gegenüber, z. B. diese:

– Die Tätigkeit des Kunstrichters, der ein Kunstwerk den Regeln der Kunstgattung gemäß beurteilt, zu der es gehört. Dem Illudierten sind ästhetische Rangfragen fremd.

– Die Tätigkeit des Kenners, der die Finessen entdeckt, mit deren Hilfe der Künstler erreicht hat, was er erreichen wollte. Der Illudierte hat für die Feinheiten des Kunstwerks kein Auge.

– Das Urteilen des Manns von ↗ Geschmack, der, uninteressiert bzw. von Anteilnahme am dargestellten Subjekt völlig frei, die Schönheit des Wahrgenommenen empfindet. Der Illudierte nimmt Anteil am dargestellten Geschehen.

– Die „sinnvolle Betrachtung" eines Kunstwerks, in der im „sinnlichen Scheinen der Idee" (Hegel, 117) zugleich diese selber bzw. der geistige Gehalt des Kunstwerks aufgefaßt wird. Die ästhetische Illusion ist dagegen ‚bloßer SCHEIN des Lebens', der allein in sinnlicher Auffassung (Empfindung, Rührung u. ä.) rezipiert wird (vgl. Hegel, 19–35; zu ‚Schein': HWbPh 8, 1240–1243).

Gottlieb August Bürger: Lehrbuch der Ästhetik. Hg.v. Hans-Jürgen Ketzer. Bd. 1. Berlin 1994. – Robert Zimmermann: Ästhetik. Teil 2. Wien 1865.

WortG: *Illusio* ist ein Ausdruck der lateinischen Rhetorik. Bei Quintilian (8,6,54) heißt es: „In eo vero genere, quo contraria ostenduntur, εἰρωνεία est: inlusionem vocant." ‚Zu der Art [von Allegorien] aber, in der das Gegenteil ausgedrückt wird, gehört die Ironie. [Die Römer] nennen sie ‚illusio' (Verspottung).' Mit dieser ‚illusio' ist die Simulations-Ironie gemeint als „positive Vortäuschung einer eigenen, mit einer Meinung der Gegenpartei übereinstimmenden Meinung" (Lausberg, 447 u. 449). Der Redner treibt sein Spiel (lat. *ludus*) mit dem Hörer.

Spätestens seit dem 17. Jh. ist das Wort *illusion* in der frz. Sprache gängig, u. a. in den Bedeutungen ‚Sinnestäuschung', ‚Wunschtraum' (*douce illusion*) und ‚ästhetische Illusion'. – Im Laufe des 17. Jhs. wird das französische *illusion* ins Dt. übernommen (EWbD 1, 728), im Laufe des 18. Jhs. wird *Illusion* – zumeist in der Bedeutung der eigentlich ästhetischen Illusion – von deutschen Ästhetikern häufig verwendet und oft mit *Täuschung* übersetzt (s. etwa König, 277: „Von der Täuschung oder Illusion").

Johann Christoph König: Philosophie der schönen Künste. Nürnberg 1784. – Émile Littré: Dictionnaire de la langue française. Bd. 4. Paris 1964.

BegrG: Mit dem Aufkommen einer ‚naturgetreuen' Darstellung in der Dichtung des frühen 18. Jhs. wird die ästhetische Illusion zum wirkungspsychologischen Korrelat der ‚Nachahmung der Natur', wobei mit „Natur" nun nicht mehr die „universale Natur", sondern die „tägliche Wirklichkeit" (Dieckmann, 34f.) gemeint ist. Diese ästhetische Illusion wird zum Thema der sich im 18. Jh. langsam herausbildenden wissenschaftlich-psychologischen Ästhetik.

Auf der Basis einer sensualistischen Psychologie beschreibt Dubos die ästhetische Illusion als einen Zustand, in dem ein phantasiemäßig vorgestelltes Objekt bzw. eine „impression", die schwächer als ein von einem realen Objekt verursachter Eindruck ist, eine – oberflächliche und kurze – „passion artificielle" oder auch „une copie de la passion" (27f.) auslöst. Zweck dieses Zustands ist die Lust, die aus gesteigerter Tätigkeit der Seele resultiert und daraus, daß der Illudierte Herr seiner Emotionen bleibt. Dubos selber bezeichnet diesen Zustand nicht mit *illusion*; erst seine deutschen Nachfolger tun dies: „Die Erregung künstlicher Leidenschaften, z. B. im Trauerspiel, ist noch desto angenehmer, weil es Illusion ist und nicht die Folgen wirklicher Leidenschaften haben darf." (Lindner, 42) – Ähnlich wie für Dubos ist für Home der Zustand der ästhetischen Illusion ein Zustand der ‚ideal presence' eines Geschehens, in dem wir „nicht daran denken, ob die Geschichte wahr oder erdichtet ist" (134). Auch Home gebraucht den Ausdruck *illusion* nicht; seine Theorie der ,ideal presence' ist aber offensichtlich der Ausgangspunkt der sensualistisch fundierten Illusionstheorie einiger deutscher Ästhetiker, z. B. Riedels: „Eine Phantasie ist eine lebhafte und anschauende Vorstellung, [...] und diese Phantasie, diese mentale Gegenwart, als Effekt auf Seiten unserer betrachtet, heist Täuschung; oder Illusion." (Riedel, 151) Signifikant für die sensualistisch fundierte Illusionstheorie ist vor allem die These, daß es Grade der Lebhaftigkeit der Vorstellung bzw. der Illusion gibt: Durch die im Theater aufgeführte Tragödie wird ein höherer Grad an Illusion veranlaßt als durch die Lektüre epischer Dichtung.

Auf der Basis der rationalistischen Vermögenspsychologie beschreibt Mendelssohn die Illusion: Die unteren Seelenkräfte stellen den („bezeichneten") Gegenstand derart lebhaft vor, „daß wir zuweilen aller Zeichen der Nachahmung vergessen und die wahre Natur zu sehen wähnen." Zur ästhetischen Illusion gehört aber auch, daß die oberen Seelenkräfte „heimlich" davon überzeugt sind, „daß es eine Nachahmung und nicht die Natur selbst sey" (,Von der Herrschaft', 154). Diese Überzeugung wird immer dann explizit gemacht, wenn „die Beziehung auf den Gegenstand unangenehm zu werden anfängt" (,Rhapsodie', 391); die oberen Seelenkräfte durchschauen dann die Täuschung, der die unteren Seelenkräfte erlegen waren. Die mit der Illusion verbundene Lust erklärt Mendelssohn als Anschauen der gerade in der Täuschung sichtbar werdenden Vollkommenheit der Naturnachahmung.

Eberhard, der eine voluntaristische Psychologie vertritt, schließt einerseits an den späten Mendelssohn an, der gesagt hatte, wir würden im Zustand ästhetischer Illusion „von dem Nichtwirklichsein zu unserem Vergnügen vorsätzlich abstrahieren" (,Morgenstunden', 325). Andererseits greift er den Topos der ,süßen Einbildung' auf, der aus der frühen Romantheorie bekannt ist und aus der Theorie des Schäfergedichts als einer Gattung, die zum Zweck hat, „den Menschen den glücklichsten Zustand, wel-

chen sie wirklich geniessen könnten, vorzustellen und ihnen denselben durch einen süssen Betrug in der Einbildungskraft geniessen zu lassen" (Marmontel, 374). Nach Eberhard könnten wir der Illusion „sogleich entgehen, wenn wir wollten. Allein wir hüten uns wohl, sie zu zerstören; wir würden unser Vergnügen vernichten, und dazu sind wir uns zu lieb" (157). Seiner These der „Freiwilligkeit" der Täuschung entsprechend gibt Eberhard sogar das Prinzip der getreuen Naturnachahmung als der objektiven Bedingung der Illusion auf: Sofern sie vergnügen, stören auch die abenteuerlichsten Dichtungen die Illusion nicht.

Gegen Ende des 18. und für viele Jahrzehnte des 19. Jhs. ist die ästhetische Illusion kein Thema der herrschenden Ästhetik: Für Kant und die an ihn anschließende formalistische Ästhetik gilt bezüglich des Schönen, was Bendavid auf die Arabeske bezogen sagt: Bei ihr kann es der Künstler „gar nicht auf Täuschung anlegen" (271). Für Hegel und die anderen Vertreter einer idealistischen Gehaltsästhetik, nach deren Ansicht Kunst „das Wahrhafte erzeugt" (16), ist die Täuschung gerade kein der Würde des Zweckes der Kunst angemessenes Mittel. Die Erkenntnis des Schönen muß „sinnlich und ideal zugleich" sein (Vischer, 4 f.). – Im späten 19. Jh. ändert sich die Situation. So wie im 18. Jh. die Illusionstheorie mit dem Aufkommen einer Literatur und Kunst verbunden war, die die ,tägliche Wirklichkeit' nachahmte, tritt die „Illusionsästhetik" nun als „theoretischer Niederschlag des Realismus" (Lange, 30) auf den Plan. Die neuen Illusionstheorien sind in der Regel stärker elaboriert als die des 18. Jhs. Fast immer werden mehrere Arten der ästhetischen Illusion unterschieden, z. B. Anschauungs-Illusion und natürliche Illusion nicht-anschaulicher Art (Pap). Im Prinzip allerdings sind die neuen Beschreibungen und Erklärungen den alten ähnlich.

Unter Berufung auf Mendelssohns rationalistische Beschreibung der Illusion bestimmt Lange die ästhetische Illusion als „bewußte Selbsttäuschung" oder als doppelte Vorstellung: „Erstens die Vorstellung, daß der ästhetische Schein Wirklichkeit sei, zweitens die, daß er Schein, d. h. eine

Schöpfung des Menschen sei." Mit Lust ist ästhetische Illusion deshalb verbunden, weil die Seele in ihr das Bedürfnis, „möglichst viel zu erleben", befriedigen kann (Lange, 208 f.). — Volkelt setzt an die Stelle des Widerstreits zweier Vorstellungen das Gegeneinander von „naivem Wirklichkeitsgefühl" und „kritischer Gewißheit", die Erscheinung sei Schein (313).

Pap wiederholt im Prinzip Homes sensualistische Illusionstheorie, wenn er die Vorstellung des Illudierten als „sich der sinnlichen Wahrnehmung unzweifelhaft nähernd" (2) beschreibt und von der „weitgehenden Frische oder Wärme" (92) der seelischen Regungen spricht, die sich auf illusionär Vorgestelltes beziehen.

Als Variante der voluntaristischen Illusionstheorie kann die von Freud inaugurierte psychoanalytische Illusionstheorie gelten. Wie Freud selbst (171 f.) erkennt der Freudianer Kris die Wurzeln der ästhetischen Illusion im Illusionsspiel des Kindes, in dem „ein fester Glaube an die ‚Realität des Spiels' [...] neben der Gewißheit" besteht, „es handle sich nur um ein Spiel" (43). Die Lust, um derentwillen die Illusion erstrebt wird, ist die Lust der Affektabfuhr, die ohne Schuldgefühle geschieht, da „es nicht unsere eigene Phantasie ist, der wir nachgehen" (48).

Mit dem Aufkommen der abstrakten Kunst und mit dem Niedergang des Psychologismus in der Ästhetik verlieren die Illusionstheorie und die Qualifizierung der ästhetischen Illusion als angemessener ästhetischer Rezeptionsart an Boden.

Einen besonderen, auch gesellschaftspolitisch-moralphilosophisch motivierten Einwand gegen die ästhetische Illusion erhebt Bertolt Brecht: Das Publikum soll durch das neue (‚nichtaristotelische') Theater nicht mehr in die Illusion versetzt werden, es wohne einem natürlichen oder nichteinstudierten Vorgang bei; vielmehr soll es durch gezielte DESILLUSIONIERUNG mit Hilfe von Verfremdungseffekten in eine kritische Haltung gegenüber sowohl dem Dargestellten als auch der Darstellung gebracht und zur Veränderung der gesellschaftlichen Verhältnisse angestoßen werden (↗ Episches Theater).

In den letzten Jahrzehnten des 20. Jhs. werden nur wenige, thematisch zumeist eng begrenzte illusionstheoretische Untersuchungen durchgeführt. Gombrich analysiert die von Werken der bildenden Kunst vermittelte Illusion wahrnehmungspsychologisch. Lobsien untersucht bewußtseinsphänomenologisch den Übergang vom bloßen Verstehen der Sätze eines Romans zur Bildung der „Romanillusion" (Lobsien, 4). Stierle erkennt in der Illusion eine „elementare" Rezeptionsform (Stierle, 357), die er von der höheren, auf die Fiktionalität des Textes selbst gerichteten Form der Rezeption unterscheidet. Und Wolf bestimmt die ästhetische Illusion als ambivalentes Phänomen, das durch eine „Doppelpoligkeit" von Illusion im engeren Sinne (Trugwahrnehmung) und Distanz (latentes Wissen um die Scheinhaftigkeit) gekennzeichnet ist (33). Der Rezipient nimmt „nach Maßgabe seines Willens (und auch der Strategien des Textes)" (68) eine Feineinstellung zwischen dominanter Illusion und dominanter Distanz vor.

Lazarus Bendavid: Versuch einer Geschmackslehre. Berlin 1799. — Bertolt Brecht: Kurze Beschreibung einer neuen Technik der Schauspielkunst, die einen Verfremdungseffekt hervorbringt. In: B. B.: Gesammelte Werke. Frankfurt 1977, Bd. 15, S. 341–348. — Abbé Dubos: Réflexions critiques sur la Poésie et sur la Peinture. Teil 1 [1719]. Paris ⁶1755. — Johann August Eberhard: Hb. der Aesthetik. Bd. 1. Halle 1803. — Sigmund Freud: Bildende Kunst und Literatur. Frankfurt 1969. — Georg Wilhelm Friedrich Hegel: Ästhetik. Bd. 1. Hg. v. Friedrich Bassenge. Frankfurt [1955]. — Henry Home: Grundsätze der Critik. Teil 1. Leipzig 1763. — Konrad Lange: Das Wesen der Kunst. Bd. 1. Berlin 1901. — Johann Gotthelf Lindner: Lehrbuch der schönen Wissenschaften. Königsberg 1767. — Jean-François Marmontel: Dichtkunst. Teil 2. Bremen 1766. — Moses Mendelssohn: Von der Herrschaft über die Neigungen [1757]. In: M. M.: Gesammelte Schriften. Bd. 2. Berlin 1931, S. 147–155. — M. M.: Rhapsodie [1771]. In: Gesammelte Schriften. Bd. 1. Berlin 1929, S. 381–424. — M. M.: Morgenstunden [1785]. In: M. M.: Schriften zur Philosophie, Aesthetik und Apologetik. Bd. 1. Hildesheim 1968, S. 289–460. — Friedrich Justus Riedel: Theorie der schönen Künste und Wissenschaften. Wien ²1774. — Friedrich Theodor Vischer: Ästhetik. Bd. 1. Reutlingen 1846. —

Illustration 129

Johannes Volkelt: System der Ästhetik. Bd. 1. München 1905.

ForschG: Forschungen zu Bestimmungen des Illusionsbegriffs und ihrer Geschichte sind selten, was damit zusammenhängen dürfte, daß die ästhetische Illusion von den ‚großen Ästhetikern‘ (z. B. Kant und Hegel) als unangemessene Weise ästhetischer Erfahrung diskriminiert wird.

Eine erste, allerdings wenig gründliche Erforschung der Illusionstheorie des 18. Jhs. findet im Zusammenhang mit der um 1900 erfolgenden ‚Reaktivierung‘ der Illusionstheorie statt (Lange, Heyfelder). – Die Illusionstheorie des 18. Jhs. kommt als wichtiger Teil der Ästhetik dieser Zeit in den Blick, als man die Aufmerksamkeit in den frühen 1960er Jahren auf die Poetik des 18. Jhs. richtet (Jauß). – Neuerdings wendet man sich der ästhetischen Illusion und der Geschichte ihrer Bestimmungen auch unter sozial- und kulturgeschichtlichen Gesichtspunkten zu (Burwick/Pape).

Lit: Frederick Burwick, Walter Pape (Hg.): Aesthetic illusion. Berlin, New York 1990. – Herbert Dieckmann: Wandlungen des Nachahmungsbegriffs. In: Jauß 1964, S. 28–59. – Ernst H. Gombrich: Kunst und Illusion. Stuttgart, Zürich ²1986. – Otto Haßelbeck: Illusion und Fiktion. München 1979. – Erich Heyfelder: Die Illusionstheorie und Goethes Ästhetik. Freiburg 1904. – Hans-Robert Jauß (Hg.): Nachahmung und Illusion. München 1964. – Ernst Kris: Die ästhetische Illusion. Frankfurt 1977. – Konrad Lange: Die ästhetische Illusion im 18. Jh. In: ZÄAK 1 (1906), S. 30–43. – Eckhard Lobsien: Theorie literarischer Illusionsbildung. Stuttgart 1975. – Willi Oelmüller (Hg.): Ästhetischer Schein. Paderborn 1982. – Julius Pap: Kunst und Illusion. Leipzig 1914. – Karlheinz Stierle: Was heißt Rezeption bei fiktionalen Texten? In: Poetica 7 (1975), S. 345–387. – Werner Strube: Ästhetische Illusion. Diss. Bochum 1971. – W. S.: Illusion. In: HWbPh 4, Sp. 204–211. – Werner Wolf: Ästhetische Illusion und Illusionsdurchbrechung in der Erzählkunst. Tübingen 1993.

Werner Strube

Illustration

Bildliche Darstellung, die sich auf einen gleichzeitig dargebotenen Text bezieht.

Expl: Die Sachabbildung, die schon im 16. Jh. in wissenschaftlichen Werken auftritt, ist zu unterscheiden von der literarischen Illustration, bei der das Bild in einem Text epischen, lyrischen oder dramatischen Charakters verankert ist. Letztere gehört somit innerhalb der grundsätzlichen Formen der Wort-Bild-Beziehungen zu jenen Formen, bei der sich, wie im ↗ *Emblem*, Wort und Bild zu einem ↗ *Artefakt* vereinigen. Die Illustration bleibt inhaltlich wie in der optischen Präsentation einem Text zugeordnet; darin unterscheidet sie sich von der Historienmalerei wie auch von graphischen Zyklen, die zwar eine ausgeprägte Tendenz zur Narration aufweisen, aber dem Text fernstehen oder sich auf einen imaginären Text beziehen.

Das Verhältnis von Text und Bild kann sich konvergierend, kooperierend oder konkurrierend gestalten (Dirscherl). Ebenso bestimmt der jeweilige Anteil von Text bzw. Bild in diesem bimedialen Verbund verschiedene Formen von Illustration; die Rangfolge reicht von graphischen Blättern, die mit einem Text erscheinen, aber Autonomie beanspruchen, über Randzeichnungen und *Arabesken* (↗ *Grotesk*), in die Miniaturbilder zu bestimmten Stationen des Textes integriert sind, bis zu ausgeschmückten Initialen, ornamentalen Bordüren, Randleisten und VIGNETTEN (‚Weinranken‘, die zur optisch markierten Gliederung von Buchseiten dienen).

Beim Bilderbogen und beim jüngeren Typus des *Cartoons* bzw. der ↗ *Comic*-Zeichnung ist der Text notwendig, um den Sinn des Bildes zu vereindeutigen, tritt aber durch die Position zum Bild (als Unterschrift oder Sprechblase) hinter dieses zurück oder wird Bestandteil des Bildes. Wenn sich das Verhältnis zugunsten des Bildes umkehrt, dann ist von Künstlerbuch, Bilderbuch oder Bildband zu sprechen.

Unter MINIATUR (von lat. *minium*, ‚Mennige‘, der ursprünglich allein dafür verwendeten Farbe) versteht man die bildnerisch ausgestalteten Kapitelüberschriften und Initialen in Handschriften. Später wird der Begriff gleichbedeutend mit ILLUMINATION (gemalte Bildbeigabe in Handschriften) gebraucht.

WortG: Lat. *illustratio* bedeutet ‚Erhellung‘, ‚Erklärung‘, die sich nicht auf Bilder beschränkt. In dieser allgemeinen Bedeutung findet es sich bei Goethe als „sogenannte Illustration dieses Experiments" (FA I.23/1, 338). Zedler kennt nur *illuminieren* als Bezeichnung für das Verfahren, „Bilder mit Farben zu erhöhen" (Zedler 14, 550). In der engeren Bedeutung als ‚Bild zu einem gedruckten Text' erscheint es erst nach 1840. Häufiger und früher belegt ist die Verwendung des Verbs *illustrieren* (von lat. *illustrare*) im speziellen Sinn von ‚mit Bildern versehen' wie im allgemeinen Gebrauch von ‚veranschaulichen', ‚erklären' (Schulz-Basler 1, 283).

BegrG: Vor der Konstituierung des Begriffs ‚Illustration' werden deren Möglichkeiten und Funktionen im Verständnis des Emblems, der ↗ *Imprese* sowie der Arabeske mitgedacht.

Sowohl für die Illustration wie für die Emblematik gilt die Interferenz von Schrift und Bild. Lichtenberg weist, hier Hogarth folgend, der Illustration als „Auszierungen, als redende Zeichen" im Brief an Chodowiecki vom 23.12.1776 die explikative Funktion zu (Lichtenberg, 666).

Intensiv wird das symbiotische Verhältnis von Text und Bild im Begriff der Arabeske reflektiert. Goethe bezeichnete in seinem Aufsatz ‚Von Arabesken' (1789) damit eine konkrete Form der umrahmenden Verzierung, deren Funktion es sei, das umrahmte Mittelbild „in eine Harmonie" (FA I.15/2, 878) mit dem Werkganzen zu bringen. Für Fr. Schlegel hingegen war der Begriff ‚Arabeske' ein Strukturbegriff, um das literarische Verfahren spielerischer und ironischer Umkreisung der dargestellten Gegenstände zu benennen (Schlegel, 331). Seit die Romantik dergestalt die Assoziationsqualität der Illustration als Hieroglyphe und ↗ *Symbol₂* hervorgehoben hatte (Brentano/Runge, 18), wurde im 19. Jh. gerade die innere Gleichrangigkeit und mediale Alterität der Illustration betont.

In einer paradoxen Äußerung erklärte sich Mallarmé einerseits gegen die Illustration, weil diese die Phantasie des Lesers arretiere, ehe der Text seine evokative Kraft entfalten könne; andererseits akzeptierte er die neuentdeckte Photographie als Illustra-

tion, weil sie einen Schritt hin zum Kino darstelle, das als neuartiger Bild-Text-Verbund die Leistung des illustrierten Buches bei weitem überragen werde (Mallarmé, 878). Auch Henry James erklärte die Illustration erst im völlig anderen Medium der Photographie für akzeptabel; das Photo müsse in einem distanzierten Verhältnis („disavowing emulation"; James, X) verharren und sich darstellen als „mere optical symbols or echoes, expressions of no particular thing in the text, but only of the type or idea of this or that thing" (ebd., XI). Diese Entwicklung führt im 20. Jh. dazu, die Illustration zunehmend, wie dies Braque und Picasso tun, als eine freie Paraphrase über den Text aufzufassen, bei der die Interpretation des Bildes mit dem Text konkurriert.

Clemens Brentano, Philipp Otto Runge: Briefwechsel. Hg. v. Konrad Feilchenfeldt. Frankfurt 1974. – Johann Wolfgang Goethe: Sämtliche Werke [Frankfurter Ausgabe, FA]. Frankfurt 1985 ff. – Henry James: The golden bowl. New York 1937. – Georg Christoph Lichtenberg: Briefwechsel. Hg. v. Ulrich Joost und Albrecht Schöne. Bd. 1. München 1983. – Stéphane Mallarmé: Œuvres complètes. Hg. v. Henri Mondor und Georges Jean-Aubry. Paris 1992. – Friedrich Schlegel: Kritische Ausgabe. Bd. I. 2. Hg. v. Hans Eichner. Paderborn u. a. 1967.

SachG: Die altägyptischen Totenbücher (ca. 2000 v. Chr.) sowie Holzschnitte in China (8. Jh. v. Chr.) sind die ältesten illustrierten Bücher. In der Entwicklung vom Miniaturbild zum illustrierten Text geht die Illumination, d. h. das gemalte Einzelbild, der Illustration voraus; diese entwickelt sich mit dem Buchdruck und den Vervielfältigungstechniken der Bildherstellung (Holzschnitt, -stich; Kupfer-, Stahlstich; Radierung; Lithographie; Offset-Druck; Photographie).

Im 15. Jh. kombinieren bereits die Einblatt-Holzschnitte wie die ↗ *Blockbücher* auf einer Seite Text und Bild (‚Antichrist', Mitte 15. Jh.; ‚Biblia pauperum', um 1460). Neben der Bibel (anonyme Kölner Bibel, 1478/79) ragen der ‚Liber chronicarum' von Hartmut Schedel als das am reichsten illustrierte Buch (Nürnberg, 1493) und Dürers 14 Holzschnitte der ‚Heimlichen Offenba-

Illustration 131

rung Iohannis' (Nürnberg, 1498) hervor, ebenso seine von Hand ausgeführten Randzeichnungen zum gedruckten Gebetbuch Kaiser Maximilians (Augsburg, 1515). Die lutherische Reformation förderte den Buchdruck und damit die Illustration, deren bevorzugter Gegenstand die Bibel blieb. Zu den wichtigen, namentlich faßbaren Illustratoren gehörten Hans Baldung Grien, Lucas Cranach d.Ä., Hans Schauffelein, Sebald und Barthel Beham, Hans Springinklee, Urs Graf, Hans Holbein d.J., Hans Brosamer, Georg Lemberger, Jost Amman, Virgil Solis und Tobias Stimmer.

Der Kupferstich und die Radierung verdrängten nach 1600 den Holzschnitt. Da beide Tiefdruckverfahren waren und die Illustrationen häufig auf gesonderten Blättern erschienen, begann damit die Tradition der Tafelwerke mit ihrer Tendenz, das einzelne Bild durch einen dekorativen Rahmen vom Text zu lösen. Dies erwies sich an den Bilderbibeln im 17. und 18. Jh. ebenso wie an den enzyklopädischen und sachorientierten Werken (z. B. Matthäus Merian, Frankfurt: ,Topographia Germaniae', erschienen bis 1688; ,Theatrum Europaeum', erschienen bis 1738).

Im 18. Jh. boten sich die ↗ Kalender, Taschenbücher₁ und ↗ Almanache der Illustration (wie auch der ↗ Karikatur) besonders an. Die Radierungen von Salomon Gessner (zu seinen ,Idyllen', 1756) und Daniel Chodowiecki hatten überwiegend die zeitgenössische Literatur oder moralisierende Szenen zum Gegenstand und markierten den Übergang von einem schäferlich-eleganten Rokoko zum Klassizismus. Dieser bevorzugte die Literatur des klassischen Altertums; die Umrißzeichnung und die antikisierende Kontur ihres englischen Zeitgenossen John Flaxman übernahmen in Deutschland Asmus Jacob Carstens (,Ilias', 1795; ,Les Argonautes', 1799), Bonaventura Genelli und Johann Heinrich Ramberg.

Zu den antiken Sujets traten nach 1800 die Werke der Weimarer Klassik sowie Texte mit nationalem Anspruch, denen sich die ,Romantiker' und die ,Nazarener' unter den Malern bevorzugt zuwandten. Philipp Otto Runge illustrierte Tiecks ,Minnelieder aus dem schwäbischen Zeitalter' (1803),

Wilhelm v. Kaulbach den ,Reineke Fuchs' (1846), Ludwig Richter die ,Deutschen Volksbücher' (1838—1846) und ,Bechsteins Märchen' (1853). Durch die mehrfache Ausgestaltung des ,Nibelungenlieds' (Peter Cornelius, 1817; Alfred Rethel, 1841; Julius Schnorr v. Carolsfeld, 1842/43) bildete sich eine Gruppe der „heroischen Romantiker" (Rümann, 249), die zugleich intensiv religiöse Gegenstände bearbeiteten. So beteiligte sich Schnorr mit 240 großen Tafeln an der ,Bibel in Bildern' (erschienen 1853—1860), während an der Cottaschen Bilderbibel neben ihm auch Richter und Rethel mitwirkten. Prägend für die Randzeichnung und den Stil der Vignetten und Arabesken waren die von Peter Strixner 1808 nachgezeichneten Ornamente Dürers zum Gebetbuch Maximilians. An ihnen schulten sich so unterschiedliche Talente wie M. v. Schwind und die Düsseldorfer Künstler Johann Baptist Sonderland und Adolf Schroedter sowie Eugen Napoleon Neureuther, dessen ,Randzeichnungen zu Goethes Balladen und Romanzen' ab 1829 erschienen. Adolph v. Menzel dagegen setzte in seinen Holzstichen zu Friedrich Kuglers ,Geschichte Friedrichs des Großen' (1840, erschienen 1842, ²1856, ³1860) die historische Genauigkeit als Ideal an die Stelle arabesker Umspielung des Gegenstandes und wurde damit richtungsweisend für das historische Genre der Illustration.

Um die Jahrhundertwende gaben ↗ Symbolismus und Jugendstil (↗ Fin de siècle), beeinflußt von der Arts-and-craft-Bewegung um John Ruskin und William Morris, der 1891 seine ,Kelmscott Press' gegründet hatte, gerade der Illustration neue Impulse (Beardsley, Walter Crane, William Morris, Joseph Pennell), indem sie das Bild, den typographisch aufwendig gestalteten Text und eine reiche Ornamentik zu einer Einheit verbanden; Beispiele stellen neben der Buchproduktion die Zeitschriften ,Jugend', ,Ver Sacrum', ,Die Insel' und ,Der Pan' dar. Den extremen Formen und der auffallenden Farbgebung des Expressionismus kam wiederum der Holzschnitt entgegen (E. L. Kirchner, Corinth, Barlach, Kokoschka, Beckmann, Hans Alexander Müller). Beeinflußt von der ↗ Neuen Sachlichkeit nutzte

J. Heartfield für Tucholskys ‚Deutschland, Deutschland über alles' (1929) Fotographien als Illustration.

Nach 1945 mußte die Entwicklung in Deutschland wieder an die internationale Produktion anschließen (vgl. Kästner). Geprägt war die Entwicklung in der BRD und der DDR weniger von den gleichzeitigen Strömungen der bildenden Kunst als von einzelnen Illustratoren (HAP Grieshaber, Fritz Fischer, Felix Hoffmann, Gerhard Kraaz, Alfred Kubin, Gerhard Marcks, Hans Orlowski, Imre Reimer, Karl Rössing, Otto Rohse, Josef Hegenbarth, Max Schwimmer und Werner Klemke).

Massenphänomene innerhalb der Illustration stellen die Bereiche Comic, Werbung, Kinderbuch und wissenschaftliches Sachbuch dar; sie weisen der klassischen Buch-Illustration eine künstlerisch zentrale, in ihrem Produktionsanteil aber marginalisierte Position zu.

Ein speziell für Kinder gedachter Bereich des illustrierten Buches entwickelte sich im 18. Jh. mit den Elementarwerken (z. B. von Campe und Basedow) und Bilderbüchern. Als erfolgreichstes Beispiel darf im 19. Jh. Heinrich Hoffmanns ‚Struwwelpeter' (1845) gelten. Den Kindern konnte das Bildangebot zahlreicher illustrierter Bücher dienen (↗ *Kinder- und Jugendliteratur*), so daß einige der führenden Zeichner wie Ludwig Richter, W. Busch (mit seiner erfolgreichsten Fortsetzungsgeschichte ‚Max und Moritz', 1865), Theodor Hosemann und Franz Graf Pocci auch als Illustratoren für Kinderbücher zu nennen sind.

ForschG: Mit der Buchkunst-Bewegung der Jahrhundertwende setzte eine — weitgehend auf historische Bestandsaufnahme (Muther, Rümann) und Dokumentation der zeitgenössischen europäischen Produktion (Pennell, Crane) gerichtete — kunst- und kulturhistorische Forschung über die Illustration ein, die Anfang der 1930er Jahre abbrach. Innerhalb der Literaturwissenschaft fand die Illustration in dem Maße Beachtung, wie sich das Fach zu einer Medien- und Kulturwissenschaft weitete. Mit der Horazischen Formel „ut pictura poiesis" (↗ *Pictura poesis*), mit der Unterscheidung von

Wort- und Bildkunst durch Lessing im ‚Laokoon' und im Konzept der Arabeske stehen begriffliche Raster bereit, die für einzelne Wort-Bild-Beziehungen (z. B. graphische Zyklen von Hogarth oder Klinger) allerdings modifiziert werden müssen (Holländer). Willems hat 1989 dazu sowohl einen historischen Abriß verschiedener Formen der Text-Bild-Beziehungen gegeben wie auch eine „Theorie der inneren Wort-Bild-Beziehungen" entworfen (Willems 1989, 48−80), die von den Formen bildlicher Rede ausgeht und deren Überführung in bildliche Repräsentation untersucht. Die Forschung, die in die Bereiche Buchwissenschaft, Wahrnehmungspsychologie, Didaktik und Kunstgeschichte ausgreift, thematisiert ferner die Fragen nach den der Lektüre analogen Modi des Bildverstehens (Miller) und nach der epochenspezifischen Affinität von Bildkunst und Literatur, die sich in den wechselnden Stiltendenzen und der schwankenden Einschätzung der Illustration niederschlägt (Neugebauer). Einen Überblick über die gegenwärtige Produktion wie die historischen und aktuellen Problemfelder der Illustration bietet die Zeitschrift ‚Illustration 63'.

Lit: Bild und Buch. Bremen 1979. − Die Buchillustration im 18. Jh. Heidelberg 1980. − Joachim Brand: Der Text zum Bild. Marburg 1995. − Werner Busch: Die notwendige Arabeske. Berlin 1985. − Walter Crane: Of the decorative illustration of books old and new. London, New York 1896, Repr. Detroit 1968. − Katja Deinert: Künstlerbücher. Hamburg 1995. − Klaus Dirscherl (Hg.): Bild und Text im Dialog. Passau 1993. − Thomas Eicher, Ulf Bleckmann: Intermedialität. Bielefeld 1994. − Hella Frühmorgen-Voss: Text und Illustration im Mittelalter. Hg. v. Norbert H. Ott. München 1975. − H. F.-V.: Katalog der deutschsprachigen illustrierten Handschriften des Mittelalters. Fortgeführt v. Norbert H. Ott. München 1986 ff. − Elisabeth Geck: Grundzüge der Geschichte der Buchillustration. Darmstadt 1982. − Wolfgang Harms (Hg.): Text und Bild, Bild und Text. Stuttgart 1990. − Reinhard Heinritz (Hg.): Buchillustration als Kunstform. Frankfurt u. a. 1999. − Hans Holländer: Literatur, Malerei und Graphik. In: Zima 1995, S. 129−170. − Simon Houfe: Dictionary of British book illustrators and caricaturists 1800−1914. Woodbridge ²1981. − Illustration 63. Zeitschrift für die Illustration. Hg. v. Curt Visel. Memmingen 1963 ff. – Erhart Kästner: Illustrieren – was ist das? In: Philobiblion 3 (1959), S. 186–190. – Michel Melot: L'illustration. Histoire d'un art. Genf 1984. – J[oseph] Hillis Miller: Illustration [1992]. Konstanz 1993. – Richard Muther: Die deutsche Buchillustration der Gothik und Frührenaissance. 2 Bde. München u. a. 1884, ²1922. – Rosamunde Neugebauer (Hg.): Aspekte der literarischen Buchillustration im 20. Jh. Wiesbaden 1996. – Joseph Pennell: Die moderne Illustration. Leipzig 1901. – Andreas Platthaus: Im Comic vereint. Eine Geschichte der Bildgeschichte. Frankfurt 1998. – Karl Konrad Polheim: Die Arabeske. München u. a. 1966. – Emil Preetorius: Illustration. In: Kunst und Künstler 22 (1924), S. 367–370. – Gerard Quinn: The encyclopedia of illustration. London 1994. – Hans Ries: Illustration und Illustratoren des Kinder- und Jugendbuchs im deutschsprachigen Raum 1871–1914. Osnabrück 1992. – Harry Robin: Die wissenschaftliche Illustration. Basel u. a. 1992. – Arthur Rümann: Das illustrierte Buch des 19. Jhs. in England, Frankreich und Deutschland 1790–1860. Leipzig 1930. – Meyer Shapiro: Words and pictures. Den Haag, Paris 1973. – Max Slevogt: Pro domo. In: Kunst und Künstler 22 (1924), S. 362–366. – Jens Thiele: Das Bild, das Wort und die Phantasie. Weinheim 1993. – J. T. (Hg.): Experiment Bilderbuch. Oldenburg 1997. – Wolfgang Tiessen: Die Buchillustration in Deutschland, Österreich und der Schweiz seit 1945. 5 Bde. Neu Isenburg 1968–1983. – Regine Timm: Die Kunst der Illustration. Weinheim 1986. – R. T. (Hg.): Buchillustration im 19. Jh. Wiesbaden 1988. – Michael Weisser: Ornament und Illustration um 1900. Frankfurt 1980. – Gottfried Willems: Anschaulichkeit. Tübingen 1989. – Dale M. Willows, Harvey A. Houghton (Hg.): The psychology of illustration. 2 Bde. New York u. a. 1987. – Peter V. Zima (Hg.): Literatur intermedial. Darmstadt 1995.

Gertrud M. Rösch

Imaginär ↗ *Fiktion*
↗ *Mentalitätsgeschichte*
↗ *Psychoanalytische Literaturwissenschaft*

Imitatio

Poetologisches Prinzip zur Herstellung von Texten mit bewußtem Rückbezug auf ältere Vorbilder und diese Herstellung selbst.

Expl: *Imitatio* bezeichnet zunächst verschiedene Formen der Nachahmung als Grundmuster menschlichen Verhaltens, ohne das weder kindlicher Spracherwerb noch die Übermittlung kognitiver Techniken möglich wären. Der Begriff wurde – als Entsprechung für den aristotelischen Mimesis-Begriff – simplifizierend im Sinne kopierenden Abbildens der Wirklichkeit gebraucht (↗ *Mimesis₂*). Als ‚existenzielle Nachahmung' (Gmelin) kann *Imitatio* schließlich den Nachvollzug des geschriebenen Worts im gelebten Leben (*Imitatio Christi*) meinen.

In literaturwissenschaftlicher Perspektive können zwei Bedeutungsrichtungen unterschieden werden: Imitatio (1) als pädagogische Technik, die ‚klassische' Autoren als Vorbild und Übungsobjekt für die eigene Schreibpraxis empfiehlt; (2) allgemeiner als ein Verfahren künstlerischer Textherstellung, das sich fremde Werke mehr oder weniger vollständig aneignet (↗ *Intertextualität*). Zielt so verstandene Imitatio auf Überbietung des Vorbildes, so spricht man in der Rhetorik von AEMULATIO.

WortG: *Imitatio* ist späte Ableitung (belegt zuerst in der ‚Rhetorica ad Herennium', 86 v. Chr.) von dem Deponens *imitari* ‚nachmachen' (wie *aemulatio* von *aemulari* ‚wetteifern'). Daß das dt. Korrelat *nachahmen* ursprünglich ‚nachmessen' bedeutet (vom alten Flüssigkeitsmaß *Ohm*), gibt dem Aspekt der möglichst genauen Kopie hier größeres Gewicht als in der lat. Version.

BegrG/SachG: Die Orientierung an bewundernswerten Vorbildern war im griechischen Kulturkreis seit dem 5. Jh. v. Chr. fester Bestandteil der Rednerausbildung, die den Kern der Bildung darstellte. Die römische ‚Rhetorica ad Herennium' beschreibt deren Prozeß mit der Begriffstrias *ars* (Regelkenntnis), *exercitatio* (Übung) und *imitatio* (1,3). Bereits die alexandrinischen Philologen hatten verbindliche Listen solcher ↗ *Klassiker* zusammengestellt (Gelzer), und die anonyme Schrift ‚Peri hýpsous' (Pseudo-Longinus, vermutlich 1. Jh. n. Chr.; ↗ *Erhaben*) beschreibt Mimesis als ‚nachempfindende Begeisterung' (13,2 f.), weshalb der Nachahmer zugleich eigenschöpferische Kompetenz für sich in Anspruch nehmen darf. Dieser Gedanke findet sich schon bei Horaz (‚Epistulae‘ 1,19,20). Seneca gebraucht dann das auch im Humanismus wieder häufig herangezogene ‚Bienengleichnis‘, das künftig für das rechte Maß von Ähnlichkeit und Differenz stehen sollte (↗ *Einfluß*): Wer schreiben will, muß zuvor gelesen, das Gesammelte aber auch verarbeitet und zu etwas Eigenem gemacht haben, wie die Biene ihren Honig aus dem Saft vieler Blüten bereitet (Seneca, ‚Epistulae morales‘ 84; vgl. v. Stackelberg). Diese Ansätze hat Quintilian in seiner ‚Institutio oratoria‘ (um 95 n. Chr.) zur jahrhundertelang maßgeblichen Kulturtheorie zusammengefaßt, welche auch die von der jeweiligen Begabung abhängige Eigenleistung ausdrücklich einbezieht (4,5,1).

Die zentrale Bedeutung der Imitatio für den Renaissance-Humanismus kommt in einer prägnanten Formulierung Petrarcas zum Ausdruck: „Curandum imitatori ut [...] cum simile aliquid sit, multa sint dissimilia, et id ipsum simile lateat [...]. Utendum igitur ingenio alieno, utendum coloribus, abstinendum verbis.“ (‚Der Nachahmer muß darauf achten, daß, wenn [...] einiges ähnlich ist, vieles doch unähnlich sei und die Ähnlichkeit kaschiert werde [...] Man darf also Einfälle und Stilmittel eines anderen benutzen, muß aber dessen Worte vermeiden‘; ‚Epistulae ad Familiares‘ 23,19, an Boccaccio). In der Hauptsache ging es den Humanisten darum, die Sprache der antiken ‚auctores‘ gegen den Fachjargon der mittelalterlich-scholastischen ↗ *Artes liberales* zu verteidigen. Sie gewannen dafür in einer geschichtlich-konkreten Gestalt des Lateins, der spätrepublikanisch-augusteischen Literatur, ein Ideal, dessen bewußte Imitatio die ‚gotische Barbarei‘ des Mittelalters überwinden helfen sollte (Laurentius Valla: ‚Elegantiarum Latinae Linguae Libri VI‘, ca. 1440). Nördlich der Alpen war dies fast allein eine Sache der Schule, und so verengte sich die vorbildliche Epoche rasch auf wenige klassizistische Stilmodelle, repräsentiert durch Autoren, die auch vorher schon Schulautoren waren (Cicero, Vergil, Horaz, Terenz; vgl. ↗ *Attizismus*). Poetische Begabungen haben sich dennoch ihre Mu

ster nach persönlicher Wahlverwandtschaft gesucht (Johannes Secundus und Catull, Ulrich von Hutten und Lukian, Caspar von Barth und Anakreon). Überdies riefen den antiken nun schon vergleichbare Berühmtheiten ihre eigenen Nachfolger auf den Plan (↗ *Petrarkismus*). Im Lauf des 16. Jhs. schwang das Pendel dann zur manieristischen Seite aus (↗ *Manier*).

Mit dem Wiederauftauchen der Aristotelischen ‚Poetik‘ wird der zur gängigen Semantik von Imitatio querstehende Mimesis-Begriff eingeführt (1498 lat. Übersetzung von Giorgio Valla, 1536 griech. Text mit lat. Übersetzung von Alessandro de’Pazzi). In Julius Caesar Scaligers ‚Poetices Libri VII‘ (1561) wird die Kunst auf „imitatio naturae“ verpflichtet, aber gleichzeitig ermächtigt, aus eigenem Vermögen hinzuzuerfinden, was der Natur zur Vollkommenheit fehlt (1,1). Deshalb wird der Kunst das Prädikat ‚zweite Natur‘, dem Künstler der Ehrentitel ‚zweiter Gott‘ zugebilligt. Weil diese Vervollkommnung des Gegebenen die antiken Klassiker aber schon geleistet hätten, brauche der neuzeitliche Dichter eigentlich nur deren Beispiel zu folgen, womit sich der Kreis zur literarischen Imitatio wieder schließt.

Nachdem der Begriff im 18. Jh. mit Batteux’ vielbeachteter Schrift ‚Les beaux-arts réduits à un même principe‘ (1746) noch einmal wirkungsvoll zur Geltung kam (vgl. jedoch schon die kritischen Anmerkungen des dt. Übersetzers J. A. Schlegel, 1751), dokumentieren andererseits Edward Youngs ‚Conjectures on Original Composition‘ (1751) seine allmähliche Erosion (↗ *Genie*). Young lobt emphatisch die „Originalwerke“, denen gegenüber „Nachahmer [...] nur eine Art von Dupletten von dem [liefern], was wir schon vorher und vielleicht besser besaßen“ (dt. Übersetzung von 1760, 16). Samuel Johnson wird Ende der 1770er Jahre in seinem ‚Life of Pope‘ dessen ‚Imitations of Horace‘ (1733–1739) kritisieren, weil sie mit ihrer Antike-Nachahmung dem ungelehrten Leser keinerlei Vergnügen bereiteten. Durch die ↗ *Querelle des anciens et des modernes* ist das Altertum insgesamt schon seit Anfang des 18. Jhs. um seinen unangefochtenen Nimbus gebracht worden.

Edward Young: Gedanken über die Original-Werke. Dt. v. H. E. v. Teubern [1760]. Repr. hg. v. Gerhard Sauder. Heidelberg 1977.

ForschG: In Deutschland fiel die Forschung zur Imitatio bis in die 1960er Jahre in den Bereich der Altertumswissenschaften (immer noch maßstabsetzend: Norden; vgl. auch Reiff). Erst mit der jüngeren Rhetorikforschung und der Beschäftigung mit neulateinischer Literatur wurde das Problem der Imitatio von der germanistischen Literaturwissenschaft wiederentdeckt (Conrady, Schäfer, Lange, Kühlmann). In einer sozialgeschichtlichen Perspektive kam nun auch die Bedeutung des Bildungswesens für die an den antiken Vorbildern zu schulende Produktion und Rezeption von Literatur in den Blick (Barner).

Lit: Wilfried Barner: Barockrhetorik. Tübingen 1970. – Barbara Bauer: Aemulatio. In: HWbRh 1, Sp. 141–187. – Günther Böhme: Bildungsgeschichte des frühen Humanismus. Darmstadt 1984. – Reuben Brower: Mirror on mirror. Translation, imitation, parody. Cambridge/Mass. 1974. – Alexandru N. Cizek: Imitatio et tractatio. Tübingen 1994. – Karl Otto Conrady: Lateinische Dichtungstradition und deutsche Lyrik des 17. Jhs. Bonn 1962. – Gian Biago Conte: The rhetoric of imitation. Ithaca, London 1986. – Kurt Flasch: Ars imitatur naturam. In: Parusia. Fs. Johannes Hirschberger. Hg. v. K. F. Frankfurt 1965, S. 265–306. – Manfred Fuhrmann: Die Dichtungstheorie der Antike: Aristoteles, Horaz, ,Longin'. Darmstadt ²1992. – Thomas Gelzer: Klassizismus, Attizismus und Asianismus. In: Le classicisme à Rome aux 1^iers siècles avant et après J.-C. Hg. v. Helmut Flashar. Genf 1979, S. 1–41. – Hermann Gmelin: Das Prinzip der Imitation in den romanischen Literaturen der Renaissance. In: Romanische Forschungen 46 (1932), S. 83–360. – Hans Peter Herrmann: Nachahmung und Einbildungskraft. Bad Homburg 1970. – Ulrich Hohner: Zum Problem der Naturnachahmung in der Ästhetik des 18. Jhs. Erlangen 1976. – Wilhelm Kühlmann: Militat omnis amans. Petrarkistische Ovidimitatio und bürgerliches Epithalamion bei Martin Opitz. In: Daphnis 7 (1978), S. 199–214. – Hans-Joachim Lange: Aemulatio veterum sive de optimo genere dicendi. Die Enstehung des Barockstils im 16. Jh. durch eine Geschmacksverschiebung in Richtung der Stile des manieristischen Typs. Bern, Frankfurt 1974. – Karl Maurer: Präsenz der römischen Dichtung in der europäischen Literatur. In: Latein und Europa. Hg. v. Karl Büchner. Stuttgart 1978, S. 243–281. – Annemarie Nilges: Imitation als Dialog: Die europäische Rezeption Ronsards in Renaissance und Frühbarock. Heidelberg 1988. – Eduard Norden: Die antike Kunstprosa. Vom 6. Jh. v. Chr. bis in die Zeit der Renaissance [1898]. Repr. Darmstadt 1958. – Pseudo-Longinus: Vom Erhabenen. Griech. und dt. Hg. v. Reinhard Brandt. Darmstadt 1983. – Arno Reiff: Interpretatio, Imitatio, Aemulatio. Würzburg 1959. – Dina de Rentiis: Die Zeit der Nachfolge: Zur Interdependenz von „Imitatio Christi" und „Imitatio Auctorum" im 12.–16. Jh. Tübingen 1996. – Hans Gert Roetzer: Traditionalität und Modernität in der europäischen Literatur. Darmstadt 1979. – Eckart Schäfer: Deutscher Horaz. Die Nachwirkung des Horaz in der neulateinischen Dichtung Deutschlands. Wiesbaden 1976. – Eckart Scheerer, Ute Schönpflug: Nachahmung. In: HWbPh 6, Sp. 319–336. – Jürgen v. Stackelberg: Das Bienengleichnis. Ein Beitrag zur Geschichte der literarischen Imitatio. In: Romanische Forschungen 68 (1958), S. 271–293.

Heinz Entner

Immanente Werkanalyse
↗ *Werkimmanente Interpretation*

Implied author ↗ *Erzähler*

Impliziter Leser ↗ *Appellstruktur*

Imprese

In einer Kombination von Wort und Bild präsentierter persönlicher Leitsatz.

Expl: Die Imprese bildet einen Typus uneigentlichen, argumentativ funktionalisierten Redens, in ihrem ursprünglichen Gebrauchszusammenhang an die höfische Kultur von Spätmittelalter und Früher Neuzeit gebunden. Sie ist bestimmt durch eine im Regelfall zweigliedrige typographische Anordnung von Wort und Bild: (1) *Motto₁* (bzw. *inscriptio*; ↗ *Emblem*) als Beischrift – in der Regel in Prosa, bisweilen in Form eines Kurzzitats; (2) Bild (bzw. *pictura* bzw. *Icon*) als sinnbildliche Darstellung eines einfachen oder komplexen Sachverhaltes.

Anhand dieser uneigentlichen, sprachlichen und bildlichen Repräsentation, die nach dem Modell von ↗ *Metapher* oder ↗ *Metonymie* auszulegen ist, formuliert die Imprese (ähnlich wie, als rein verbaler und z. T. änigmatisch verkürzter *Wahlspruch*, das ↗ *Motto₂*) eine Maxime oder ein Ziel menschlichen Handelns, eine bestimmte Absicht oder auch nur ein allgemeines geistiges Wollen. Vom nahe verwandten ↗ *Emblem*, das ebenfalls eine obligatorische Kombination aufweist, unterscheidet sich die Imprese in pragmatischer Hinsicht durch den individuellen statt universellen (oder doch gruppenspezifisch generalisierten) Bezug der dargestellten Maximen, Absichten bzw. Ziele; in syntaktischer Hinsicht durch eine zur Erfassung notwendige Beschränkung der bildlich dargestellten Gegenstände (s. u.). Während das Wappen (vgl. *Heraldik*, ↗ *Wappendichtung*) Abstammung, Besitz und Titel bezeichnet und ererbt ist, bezeichnet die Imprese vom individuellen Träger selbst gewählte (geistige) Inhalte und soll im allgemeinen auf Lebenszeit gelten.

WortG: Der dt. Ausdruck *Imprese* (als rein fachsprachlicher Terminus lexikographisch unbeachtet geblieben) ist als Lehnwort zu ital. *impresa, empresa* im Sinne von ‚Absicht‘, ‚Programm‘ aufzufassen (vgl. D. Sulzer). Synonym hiermit DEVISE von frz. *devise*, mlat. *divisa* ‚Unterscheidungszeichen‘ (dt. als Fremdwort seit dem 16. Jh., als Lehnwort seit dem 18. Jh. belegt; Paul-Henne, 172; Schulz-Basler 1, 139). Im 17. Jh. findet sich bisweilen dt. *Sinnspruch* (wohl als Nachbildung zu älterem nl. *sinnepop*; dazu Scholz 1985). Im Englischen ist neben *imprease* (OED 7, 139) in der Renaissance und im 17. Jh. *badge* gebräuchlich (OED 1, 876).

Bernhard F. Scholz: Magister artis venter: Rationalisierung der Lebenspraxis in den *Sinnepoppen* (1614) Pieter Roemer Visschers. In: Literatur und Volk im 17. Jh. Hg. v. Wolfgang Brückner u. a. Wiesbaden 1985, S. 405–423.

BegrG: Die Überlegungen der Renaissance und des Barock zur Gattungsbestimmung der Imprese laufen mit denen zur Bestimmung des Emblems weitgehend parallel. Beide, Imprese wie Emblem, gelten – neben *Aenigma* (↗ *Periphrase*), *Rebus* (↗ *Rätsel*) und Medaille (↗ *Wappendichtung*) – als Species desselben Genus ‚Symbolum‘, die im Einklang mit der zeitgenössischen Definitionspraxis dann auf Grund spezifischer Differenzen voneinander unterschieden werden (vgl. D. Sulzer).

Ausgangspunkt der Differenzierung von Imprese und Emblem sind Paolo Giovios Formulierungen der fünf Bedingungen, denen eine vollkommene Imprese genügen sollte: ausgewogenes Verhältnis von Körper (Pictura) und Seele (Inscriptio); ‚mittlere‘ Verständlichkeit; angenehmer Anblick der Pictura; keine Abbildung der menschlichen Gestalt bzw. von Teilen des menschlichen Körpers; Inscriptio nicht in der Sprache des Trägers und aus nicht mehr als drei Worten bestehend (‚Dialogo dell’Imprese militari et amorose‘, Rom 1555). Da die Imprese als Folge ihrer Verwendung bestimmten Wahrnehmungsbedingungen unterliegt, wird die Forderung nach einem ausgewogenen Verhältnis von Körper und Seele bei der Imprese im Unterschied zum Emblem häufig als Begrenzung der Anzahl der von der Pictura darzustellenden Gegenstände ausgelegt. Als Kristallisationspunkt dieser Definitionsbemühungen um die Imprese bzw. Devise können Dominique Bouhours ‚Entretiens d’Ariste et d’Eugene‘ (Paris 1671) gelten; dessen Bestimmungen gehen in die ‚Encyclopédie‘ Diderots und d’Alemberts (1754, s. v.) ein.

SachG: Der im 16. Jh. einsetzenden Literarisierung der Imprese, d. h. der Sammlung und poetologischen Darstellung von Impresen in Buch- bzw. Traktatform, geht im 14. und 15. Jh. eine Periode der faktischen Verwendung von (noch nicht so benannten) Impresen als Bestandteil der ritualisierten Lebensform des burgundischen Hofs voraus. Dabei dienten Impresen, auf Kleidern und Waffen getragen, zur Identifizierung und Willensbekundung bei Festen, Turnieren und Minnehöfen wie auch zur Verzierung von Gebrauchsgegenständen wie Spiegeln, Möbeln etc.: die Imprese im Dienst von „Propaganda und Selbstdarstellung einer auf repräsentative Formen und Zeichen eingestellten Öffentlichkeit" (D. Sulzer, 81). Seit der Renaissance wird die Imprese über ihren ursprünglich aristokratischen Verwendungszusammenhang hinaus auch im bürgerlichen Kontext eingesetzt, u. a. als Drucker- und Verlegerzeichen (Signet).

ForschG: Die neuere Forschungsgeschichte zur Gattung der Imprese läuft, in Nachfolge der poetologischen Bemühungen der Renaissance und des Barock (vgl. Colie), weitgehend parallel mit derjenigen zur Emblematik (z. B. Russell, Scholz 1994). Während jedoch in der Renaissance die begriffliche Erfassung des Emblems im Schatten derjenigen der sozial höher eingeschätzten Imprese stand (Klein), widmet die moderne Forschung größere Aufmerksamkeit bislang dem Emblem.

Lit: Rosalie L. Colie: The resources of kind: Genre-theory in the Renaissance. Hg. v. Barbara Kiefer Lewalski. Berkeley 1973. – Marie-Thérèse Jones-Davies (Hg): Emblèmes et devises au temps de la Renaissance. Paris 1981. – Robert Klein: La théorie de l'expression figurée dans les traités italiens sur les ‚imprese', 1555–1612. In: Bibliothèque d'Humanisme et Renaissance 19 (1957), S. 320–342. – Daniel S. Russell: The emblem and device in France. Lexington 1985. – Eberhard Schenk zu Schweinsberg: Devise. In: RDK 3, Sp. 1345–1354. – Bernhard F. Scholz: The brevity of pictures. Sixteenth and seventeenth century views on counting the figures in impresas and emblems. In: Renaissance-Poetik. Renaissance poetics. Hg. v. Heinrich F. Plett. Berlin, New York 1994, S. 315–337. – Dieter Sulzer: Interpretationen ausgewählter Impresentraktate. In: D. S.: Traktate zur Emblematik. St. Ingbert 1992, S. 109–219.

Bernhard F. Scholz

Impressionismus

Der Kunstgeschichte entlehnte Bezeichnung für eine Strömung innerhalb der Literatur um 1900, die das Individuelle und Augenblickgebundene von Eindrücken und Stimmungen wiedergibt.

Expl: Das Wesen des malerischen Impressionismus wird darin gesehen, daß der optische Eindruck vor der Filterung durch mentale Prozesse auf der Leinwand festgehalten wird. Das literarische Äquivalent versucht, die sensuellen Reize als solche, die inneren und äußeren Eindrücke in ihrer Unmittelbarkeit und Flüchtigkeit sprachlich wiederzugeben.

WortG: Die Bezeichnung *Impressionismus* prägte der frz. Kritiker L. Leroy (1874), der mit dieser Bezeichnung eine vom offiziellen Salon unabhängige Künstlergruppe verspotten wollte; den unmittelbaren Anlaß mag Monets Bild ‚Impression – soleil levant' (‚Sonnenaufgang'; 1874 in Paris ausgestellt) gegeben haben. Die Übertragung auf die Literatur findet sich zuerst in F. Brunetières Aufsatz ‚L'impressionisme dans le roman' (1879).

Ferdinand Brunetière: L'impressionisme dans le roman. In: Revue de deux mondes, 15.11.1879. – Louis Leroy: L'exposition des impressionnistes. In: Charivari, 25.4.1874.

BegrG: Der Terminus *Impressionismus* bleibt lange Zeit „disponibel für vage inhaltliche Füllungen" (Marhold, 259). So wird er geradezu beliebig für sämtliche antinaturalistischen Strömungen gebraucht: S. Lublinski etwa identifiziert ‚Impressionismus' mit ↗ *Neuromantik* und ↗ *Symbolismus*, E. Friedell mit *Décadence* (↗ *Fin de siècle*); bereits 1891 ironisiert L. Berg die Austauschbarkeit der Begriffe (Berg, 227–230).

Im deutschen Sprachraum prägen sich bei der Übernahme des Terminus (ab 1890) drei Impressionismus-Begriffe aus:

(1) In enger Anlehnung an die Situation in Frankreich (Brunetière) wird *Impressionismus* als Synonym für ↗ *Naturalismus* verwendet (M. G. Conrad 1888; A. Garbourg 1890; O. Brahm 1891), bzw. der Impressionismus wird definiert als die Vollendung des Naturalismus. Das neue Sehen der impressionistischen Maler wird als Vervollkommnung eines wissenschaftlichen Sehens verstanden, das es auch für die literarische Darstellung fruchtbar zu machen gelte (Lothar).

(2) Mit H. Bahr beginnt die Übernahme des Begriffs in den Zusammenhang der antinaturalistischen Strömungen der Moderne: Impressionismus als ‚Nervenkunst'. Bahr geht von einer genauen Beobachtung der Malweise der französischen Impressionisten aus und entdeckt das den Naturalismus sprengende Potential in deren Sehweise. Er versucht (ab 1890) eine exakte Parallelisierung des malerischen Impressionismus mit der neuen Psychologie in der Literatur (Bahr 1891), wobei es vornehmlich die Methode der Pointillisten (vgl. Selz) ist, die er mit dem literarischen Verfahren vergleicht, „das Unbewußte auf den Nerven, in den Sinnen, vor dem Verstande, zu objektivieren" (Bahr 1891, 61). Das Tertium comparationis ist die Ausschaltung des Bewußtseins. Bahr erkannte die psychologischen Implikationen einer Sehweise, die das Subjekt — als beobachtende, bewußte, denkende Kontrollinstanz — eliminieren möchte. Auf Bahr geht denn auch die Parallelisierung des Impressionismus in Kunst und Literatur mit Ernst Machs Philosophie, der Auflösung des Ichs in ‚Empfindungskomplexe', zurück (Bahr 1904). Begriffsgeschichtlich bedeutsam an den Kritiken Bahrs ist, daß er den Begriff ‚Impressionismus' erst 1904 verwendet; französisch „sensation" und „impression", auch „Impressionabilität" benutzt er zuvor als Beschreibungskriterien (Bahr 1894, 109). Das literarische Phänomen, das er in Analogie zum Impressionismus in der Malerei herauspräpariert, bezeichnet Bahr vornehmlich mit dem Begriff des Nervösen, zuweilen auch mit ‚Décadence'.

(3) Am häufigsten wird der Impressionismus — ausgehend von der zweiten Bedeutungsvariante — mit einer philosophischen Orientierung konnotiert, nach der die Welt nicht als Ganzes exisiert, sondern nur in Sinnesreizen, die erst vom Rezipienten zusammengefaßt werden. Das Ich verliert dabei seine scharf begrenzte Einheit: Existiert die Welt nur im Rezipienten, fallen die Grenzen zwischen Ich und Welt; genauso kann aber in der Vielzahl von Sinnesreizen und -eindrücken auf die Nichtexistenz des Ichs geschlossen werden.

Die dritte Variante, die den Impressionismus als eine Weltanschauung begreift, wird auch für den zuweilen als Gegensatz zum ↗ *Expressionismus* für die Jahre 1902—1927 ins Spiel gebrachten Epochenbegriff ‚Impressionismus' von Bedeutung. Tragend sind dabei zwei Übersetzungsbegriffe, die terminologischen Charakter gewinnen: K. Lamprechts Verdeutschung des Begriffs als ‚Reizsamkeit' (Lamprecht 1902, 59; dazu Marhold, 74) und die Übersetzung ‚Eindruckskunst'. ‚Reizsamkeit' macht R. Hamann zum Leitwort seiner Darstellung (1907), in der der ‚Impressionismus' zum Epochenbegriff erhoben ist, der alle Lebensbereiche erfaßt. In dem Begriff ‚Reizsamkeit' ist die psychologische Komponente unter ethische Vorzeichen gerückt; Hamann kritisiert die bindungslose und übersensible Hingabe an jeden flüchtigen Oberflächenreiz. ‚Eindruckskunst' wurde vor allem als Gegenbegriff zur ‚Ausdruckskunst' des Expressionismus verwendet. Innerhalb dieses Kontrastes wurde der Impressionismus erneut als eine Kunst gedeutet, die sich in der Abbildung der Wirklichkeit erschöpfe und als Vollendung des Naturalismus einzustufen sei (Breysig, 65—77). Wenn hier die visuelle Komponente betont erscheint, so wurde sie jedoch wiederum ethisch konnotiert im Sinn von passiver, willenloser Auslieferung an sensuelle Eindrücke.

Hermann Bahr: Die Überwindung des Naturalismus [1891]. In: Bahr 1968, S. 53—64, 85—89. — H. B.: Studien zur Kritik der Moderne [1894]. In: Bahr 1968, S. 103—163. — H. B.: Impressionismus. In: H. B.: Dialog vom Tragischen. Berlin 1904, S. 102—114. — H. B.: Zur Überwindung des Naturalismus. Theoretische Schriften 1887—1904. Hg. v. Gotthart Wunberg. Stuttgart, Berlin 1968. — Leo Berg: Isten, Asten und Janer [1891]. In: Ruprecht 1962, S. 227—230. — Otto Brahm: Der Naturalismus und das Theater [1891]. In: O. B.: Kritiken und Essays. Hg. v. Fritz Martini. Zürich, Stuttgart 1964, S. 404. — Kurt Breysig: Eindruckskunst und Ausdruckskunst. Ein Blick auf die Entwicklung des zeitgenössischen Kunstgeistes von Millet bis zu Marc. Berlin 1927. — Michael Georg Conrad: Im Atelier. Eine impressionistische Skizze. In: Die Gesellschaft 4 (1888), S. 530—545. — Arne Garbourg: Der Neu-Idealismus. In: Freie Bühne 1 (1890), S. 630—636, 660—665. — Richard Hamann: Der Impressionismus in Leben und Kunst. Köln 1907. − Karl Lamprecht: Zur jüngsten deutschen Vergangenheit. Bd. 1. Berlin 1902. − Rudolph Lothar: Das deutsche Drama der Gegenwart. München, Leipzig 1905. − Samuel Lublinski: Die Bilanz der Moderne. Berlin 1904. − Ernst Mach: Beiträge zur Analyse der Empfindungen. Jena 1886. − Max Picard: Das Ende des Impressionismus. München 1916. − Erich Ruprecht (Hg.): Literarische Manifeste des Naturalismus 1880−1892. Stuttgart 1962. − E. R., Dieter Bänsch (Hg.): Literarische Manifeste der Jahrhundertwende 1890−1910. Stuttgart 1970. − Jean Selz: DuMont's kleines Lexikon des Impressionismus. Köln 1977.

SachG: Keiner der als ‚impressionistisch‘ bezeichneten Autoren hat ein Kunstprogramm unter dem Stichwort *Impressionismus* entworfen; die Zuordnung variiert nach dem jeweiligen Impressionismus-Verständnis (s. BegrG).

Marhold, der die Analogie zur Malerei am konsequentesten durchführt, läßt als ‚Hauptvertreter des Impressionismus‘ nur diejenigen gelten, die im Umkreis des Naturalismus angesiedelt werden können (D. v. Liliencron, A. Holz, J. Schlaf); bei M. Dauthendey und P. Altenberg, die (neben E. v. Keyserling) von Iskra und Nehring als Kronzeugen des Impressionismus zitiert werden, konstatiert er neben impressionistischen Zügen auch nicht-impressionistische Züge.

Für die impressionistische Sprachgebung ist die Gegenläufigkeit zu der von der Sprache gesetzten Ordnung zentral. Neu zu schaffende sprachliche Mittel sollen den sinnlichen Reiz darstellen, wie er vor der mentalen Verarbeitung existiert. Statt syntaktischer Regeln ‚diktiert‘ die Abfolge der Eindrücke den impressionistischen Text. Das lyrische Ich wird zu einem Medium, das die Eindrücke nur noch vermittelt.

Beispiele sind Gedichte und Kurzprosa von Liliencron (‚Four in hand‘, ‚Ich war so glücklich‘), Holz (‚Phantasus‘), aus dem dramatischen Bereich die gemeinsam verfaßten Stücke von Holz und Schlaf (‚Papa Hamlet‘, ‚Familie Selicke‘, ‚Die papierne Passion‘). Wichtige Publikationsorgane stellen die eigentlich naturalistischen Zeitschriften ‚Die Gesellschaft‘ (München) und ‚Freie Bühne‘ (Berlin) dar.

In der Entwicklung zeigt sich jedoch immer wieder, daß die ‚reine Beobachtung‘ eine Abstraktion ist, die sich literarisch nur punktuell und in Kombination mit anderen literarischen Techniken umsetzen läßt. Sprache kommt nicht ohne Sinnelemente aus, eine Reduktion auf die ‚reine Beobachtung‘ ist nur punktuell möglich. Zwar zeigt sich die Studie ‚Die papierne Passion‘ von Holz und Schlaf als eine „Kombination aus Dialog und Erzählung mit dem Ziel der ‚unentrinnbaren Illusion‘ eines ‚winzigen Bruchstücks einer Entwicklung‘ ohne Rücksicht auf traditionelle Gattungsregeln“ (Marhold, 256). Auf der anderen Seite läßt sich immer wieder die Tendenz zur Symbolisierung beobachten, die den Augenblick transzendiert. Altenbergs Prosaskizzen ‚Wie ich es sehe‘ scheinen zunächst dem Impressionismus-Begriff nachzukommen: Der Titel kündigt die Betonung visueller Sinnesreize und die Beschränkung auf den Augenblick, den subjektiven Standpunkt an. Doch viele der Impressionen schlagen um in Entgrenzungserlebnisse bzw. All-Einheits-Phantasien. Hier verschmilzt die Wahrnehmung mit einer Weltanschauung, für welche der Begriff des Impressionismus nicht ausreicht (‚Monismus‘).

Peter Altenberg: Wie ich es sehe. Berlin 1896. − Arno Holz: Phantasus. 2 Bde. Berlin 1898 f. − A. H., Johannes Schlaf: Neue Gleise. Gemeinsames. Berlin 1892. − Detlev v. Liliencron: Adjutantenritte und andere Gedichte. Leipzig 1883. − D.v.L.: Der Haidegänger und andere Gedichte. Leipzig 1890.

ForschG: In der Forschungsgeschichte wiederholen sich die Positionen der Begriffsgeschichte. Am häufigsten wird ‚Impressionismus‘ mit einer Weltanschauung gleichgesetzt; und zwar auch da, wo man ausdrücklich den Epochenbegriff zugunsten des Stilbegriffs aufgibt (Nehring).

Im Kontrast dazu stehen Anknüpfungen an die Sehweise impressionistischer Maler. Zwei Richtungen zweigen sich ab: In exakten Analysen rekonstruiert Marhold den ursprünglichen Zusammenhang des Impressionismus mit dem Naturalismus; die Vertreter der Wiener Moderne und den jungen Rilke grenzt er − im Gegensatz zu Ryan, für die diese repräsentativ sind − aus dem

Impressionismus aus. Dem steht Ryans Versuch gegenüber, den neuen Sensualismus mit der neuen, subjektlosen Psychologie in Verbindung zu bringen – ein Versuch, der Bahrs Thesen weiterführt. Ryan hat Vorläufer in Walzel und Diersch, die beide in Mach den Philosophen des Impressionismus erblicken; doch während beide in der Beschränkung auf den visuellen Eindruck den Mangel an Gehalt feststellen, legt Ryan die Bedeutungskomponente, das provozierend ‚Moderne‘, im Moment des ‚Eindrucks‘ selbst frei.

Lit: Manfred Diersch: Empiriokritizismus und Impressionismus. Berlin 1973. – Richard Hamann: Impressionismus. Berlin 1960. – Wolfgang Iskra: Die Darstellung des Sichtbaren in der dichterischen Prosa um 1900. Münster 1967. – Erich Koehler: Studien zum Impressionismus der Brüder Goncourt. Leipzig 1911. – Hartmut Marhold: Impressionismus in der deutschen Dichtung. Frankfurt, Bern 1985. – Lothar Müller: Impressionistische Kultur. In: In der großen Stadt. Hg. v. Thomas Steinfeld und Heidrun Suhr. Frankfurt 1990, S. 41–70. – Wolfgang Nehring: Möglichkeiten impressionistischen Erzählens um 1900. In: ZfdPh 100 (1981), S. 161–176. – Judith Ryan: The vanishing subject: early psychology and literary modernism. Chicago, London 1991. – Adalbert Schmidt: Die geistigen Grundlagen des ‚Wiener Impressionismus‘. In: Goethe-Jb. Wien 78 (1974), S. 90–108. – Luise Thon: Die Sprache des deutschen Impressionismus. München 1928. – Oskar Walzel: Die deutsche Dichtung seit Goethes Tod. Berlin ²1920. – Ralph Michael Werner: Impressionismus als literaturgeschichtlicher Begriff. Frankfurt, Bern 1981.

Monika Fick

Impressum ↗ *Paratext*

Improprietas ↗ *Uneigentlich*

Improvisation

Stegreifleistung oder -darbietung.

Expl: (1) In den verschiedenen Kunstgattungen versteht man unter *Improvisation* eine spontane Darbietung, die nicht auf ex-akter vorheriger Fixierung, etwa einer schriftlich festgelegten Notation oder einem ausformulierten Text, basiert (↗ *Stegreifdichtung*, ↗ *Happening*). Bei der künstlerischen Produktion bilden somit Erfindung, Ausgestaltung und Ausführung eine Einheit. (2) Darüber hinaus bezeichnet *Improvisation*, v.a. in den bildenden Künsten, der Musik und dem ↗ *Tanz*, auch das auf diese Weise entstandene Werk selbst.

Im Sprechtheater ist Improvisation gleichbedeutend mit EXTEMPORE: Einfall eines Schauspielers während des Spiels, Hinzufügung, Handlungs- und Textveränderung aus dem Stegreif.

WortG/BegrG: Auf lat. *improvisus* oder *ex improviso*, ‚nicht vorhergesehen‘, ‚unvermutet‘, gehen ital. *improvvisare*, ‚aus dem Stegreif dichten‘, ‚reden‘, frz. *improviser* und, seit 1807, *improvisation* zurück. Dieser Begriffsname wurde im 19. Jh. aus dem Französischen ins Deutsche übernommen, wo er den Terminus *Stegreifdarbietung* zunehmend verdrängt (Kluge-Seebold, 328; Schulz-Basler 1, 286 f.).

SachG: Die Improvisation gehörte bereits in den Volkskomödien der Antike (Atellanenlustspiel, Mimus), später in den komischen Zwischenszenen des mittelalterlichen Dramas (↗ *Osterspiel*) oder den ↗ *Fastnachtspielen* zum verbalen wie zum mimisch-gestischen Darstellungsrepertoire der Schauspieler (↗ *Mimik₂*). Zum konstitutiven Moment wurde die darstellerische Improvisation dann v.a. in der seit dem 16. Jh. sich in Italien etablierenden ↗ *Commedia dell'arte*. Hier agierten die Darsteller auf der Basis von ↗ *Szenarien*, die den Handlungsverlauf allgemein festlegten, während Details der Handlung wie der Figurenreden teilweise frei erfunden, zumindest aber abgewandelt oder neu kombiniert wurden. Ein besonderer Reiz dieser Improvisationen war nicht zuletzt der virtuose Umgang mit der Sprache. So gehörten ausgedehnte Wort-Spiele, abstrus-witzige Verdrehungen und rasante Rede-Duelle ebenso zu den ‚all'improvviso‘-Attraktionen wie die ‚Lazzi‘, die Scherz-Improvisationen des Arlecchino (*Harlekin*, ↗ *Komische Person*), der sich auch direkt ans Publikum wenden und dabei oft mit aktuellen Anspielungen aufwarten konnte. Dieser Stil der italienischen Komödianten verbreitete sich in ganz Europa; er prägte die Darbietungen der Jahrmarktstheater wie der Wandertruppen mit ihren komischen *Zwischenspielen* (↗ *Intermezzo*) und ‚Stegreif-Burlesken'. Dabei war − vom französischen ‚Théâtre de la foire' des 16. und 17. über die englischen ↗ *Pantomimen* des 18. Jhs. bis hin zum Wiener ↗ *Volksstück*, insbesondere den ↗ *Possen* Nestroys − die Praxis des Improvisierens, der nur skizzenhaften Textfixierung immer auch ein wirksames Mittel, um Zensurbeschränkungen aller Art zu unterlaufen.

Wenn das oft ausufernde Extemporieren der ‚Clowns' oder ‚Fools' auf der elisabethanischen Bühne, oft gegen die Intention des Textautors, schon Shakespeares Hamlet Anlaß zu Kritik bot (‚Hamlet', III,2), so drängte vollends im 18. Jh. die aufklärerisch-normative Tendenz zu Texttreue, eine wachsende ‚Literarisierung' des Theaters, die improvisatorische Freiheit und Kreativität der Darsteller mit aller Entschiedenheit zurück. Abschätzig stellte Gottsched dem ‚Possenspiel' „aus dem Stegreife", nach dem Beispiel der „italienischen Bühne" (Gottsched 1741, 17), das französische Vorbild der mit Fleiß „ausgearbeitete[n]" Stücke gegenüber (ebd., 25). Mit welchen Widerständen bei Schauspielern wie Publikum die Reformautoren sich allerdings konfrontiert sahen, belegt Goldonis programmatisch verschiedentlich geäußerter Vorsatz, seine Komödien künftig in Versen abfassen zu wollen, um auf diese Weise dem Extempore-Spiel der Darsteller, dem ‚anmaßenden' Hinzufügen ‚ungehöriger Worte' (‚sconce parole'), einen Riegel vorzuschieben. Noch bis in die 1. Hälfte des 19. Jhs. ist v.a. in Italien, Frankreich und Deutschland zudem das Auftreten von Solo-Darstellern bezeugt, die − wie Tommaso Sgricci 1825 in Paris, Turin und Florenz − vollständige abendfüllende Dramen, selbst in Versform, frei zu improvisieren verstanden.

In der deutschen ↗ *Romantik* wurde die Fähigkeit zu spontaner Improvisation als Signum von freiem Spielbewußtsein, von Phantasie und Einfallsreichtum mit dem produktiven ‚poetischen' Vermögen nahezu gleichgesetzt, die darstellerische Improvisation bildete ein wichtiges Element geselliger Kultur (Brentano, Eichendorff) und wird in dieser Funktion auch in den Rahmengesprächen zu Tiecks ‚Phantasus' explizit thematisiert. In den eigenen Lustspielen der Romantiker (z. B. Tieck: ‚Der gestiefelte Kater') hingegen waren Extempore oder ‚spontane' (Zuschauer-) Aktionen bereits in den Textfassungen vorgesehen, ein Spannungsmoment und immanenter Widerspruch, der sich in späteren Werken fortschreibt: bis in die fixierte Improvisation von Wagners Musikdramen (vgl. Borchmeyer) und in die zentrale Handlungskonzeption von Hofmannsthals Operndichtung ‚Ariadne auf Naxos' (1912) oder Pirandellos Bühnenstück von 1930, ‚Heute abend wird aus dem Stegreif gespielt' (‚Questa sera si recita a soggeto').

Auf den etablierten Bühnen im Laufe des 19. Jhs. ohne eigenständiges Gewicht, spielte die Theater-Improvisation erst seit der Jahrhundertwende − in Music Hall und ↗ *Kabarett*, den Theaterexperimenten und Happenings von *Futurismus* (↗ *Expressionismus*) und ↗ *Dadaismus* oder dem Psychodrama der 1920er Jahre (Moreno) − wieder eine bedeutendere Rolle. Seit den 1960er Jahren begegnet sie im Rahmen alternativer, ‚freier' Theatertruppen wie dem ↗ *Straßentheater*, bei Action- und ↗ *Performance*-Darbietungen oder im Kindertheater, aber auch bei Theaterkollektiven wie dem ‚Théâtre du Soleil' der A. Mnouchkine oder der Regiearbeit von P. Brook oder G. Strehler. Die ‚Second City Company', Chicago, wie das ‚Living Theatre' in Berlin stimulierten überdies auch die Zuschauer zur spontanen Mitwirkung an ihren Produktionen. − Einen festen Platz hat die Improvisation in Schauspielunterricht, Spiel- und Theaterpädagogik.

Johann Christoph Gottsched: Vorrede. In: Die Deutsche Schaubühne. Bd. 2. Leipzig 1741, Repr. Stuttgart 1972, S. 3−42.

ForschG: Die Forschungsliteratur behandelt die Improvisation im Kontext von Geschichte und Erscheinungsformen des Stegreifspiels und der Commedia dell'arte (Benz, Kindermann). In jüngster Zeit dient die lange Tradition dieser Bühnenpraxis auch als Argument in der Unterscheidung von ‚Oralität' und ‚Literarität' (Foley). Auch theatertheoretische und -praktische Abhandlungen profilieren die Gegenüberstellung von ‚Improvisation' und ‚Fixation', für die praktische Rollenerarbeitung des Schauspielers diejenige von ‚freier' und ‚modellierender' Improvisation (Ebert, Johnstone). Darüber hinaus treten auch die therapeutischen Aspekte bestimmter Improvisationstechniken in den Blick (Moreno, Spolin).

Lit: Clive Barker: Theatre games. London 1977. – Michael Batz, Horst Schroth (Hg.): Theater zwischen Tür und Angel. Reinbek 1993. – Roger Bauer, Jürgen Wertheimer (Hg.): Das Ende des Stegreifspiels – Die Geburt des Nationaltheaters. München 1983. – Julian Beck: The life of the theatre. San Francisco 1974. – Lore Benz: Die Metaphorik der Palliata und die volkstümliche Stegreifbühne. Tübingen 1994. – Dieter Borchmeyer: Inspiration durchs Kasperltheater. Richard Wagners Idee des improvisatorischen Dramas. In: Euphorion 74 (1980), S. 113–133. – Gerhard Ebert: Improvisation und Schauspielkunst. Berlin (Ost) 1979. – John Miles Foley (Hg.): Oral tradition in literature. Columbia 1986. – John Hodgson, Ernest Richards: Improvisation. Discovery and creativity in drama. London 1966. – Keith Johnstone: Improvisation und Theater [1979]. Berlin 1993. – Heinz Kindermann: Theatergeschichte Europas. Bd. 3: Das Theater der Barockzeit. Salzburg 1959. – Jakob L. Moreno: Das Stegreiftheater. Potsdam 1924. – Paul Pörtner: Spontanes Theater. Köln 1972. – Richard Schechner: Environmental theatre. New York 1973. – Carlo Silvestro: The living book of the living theatre. Köln 1971. – Viola Spolin: Improvisationstechniken für Pädagogik, Therapie und Theater [1963]. Paderborn 1987. – Tristan Rémy: Clownnummern [1962]. Köln 1982. – Donald W. Winnicott: Vom Spiel zur Kreativität [1971]. Stuttgart 1973.

Heide Eilert

Incipit ↗ *Kolophon*

Index ↗ *Zeichen*

Indirekte Rede ↗ *Figurenrede*

Information

Neuheitswert einer Äußerung.

Expl: Als breiteste Definition von Information gilt die Beseitigung von Unkenntnis beim Empfänger mit Hilfe einer Äußerung. Im Gegensatz zur Information ist eine ↗ *Bedeutung* nur dann erschließbar, wenn vorher bereits Kenntnis der Semantik verwendeter Zeichen vorhanden war. Ein unbekanntes Zeichen hingegen besitzt für den Empfänger keine Bedeutung, aber den höchsten Informationsgehalt, sprich: Neuigkeitswert – und umgekehrt (s. Fleischer 1990, 139–156). In verschiedenen Spezialwissenschaften wird der Begriff allerdings unterschiedlich definiert. Für die Anwendung im Bereich von Kunst und Literatur hat man eine mathematisch präzisierte Definition der ‚Ästhetischen Information' als Quotienten aus der ‚Subjektiven Redundanz' und der ‚Statistischen Information' (als mathematischer Auftretenswahrscheinlichkeit eines Zeichens) vorgeschlagen (nach Birkhoff: Gunzenhäuser, 309 f.).

[Terminologisches Feld:]

REDUNDANZ: Jener Teil einer Nachricht wird als redundant verstanden, der weggelassen werden kann, ohne den Nachrichtengehalt zu verringern. Der Gehalt eines Textes an Redundanz verhält sich also umgekehrt proportional zu seinem Gehalt an Information: Mit der Zahl an neuen, nicht oder nicht regelmäßig wiederholten, somit unwahrscheinlichen und nicht statistisch determinierten Elementen steigt seine Information und sinkt seine Redundanz (HWbPh 8, 383).

ENTROPIE: Verhältnis zwischen dem Maß an Information einer Mitteilung und ihrem Maß an Redundanz – im speziellen Falle der *Textentropie* (Bense 1969, 84 f.) ein Maß der Unbestimmtheit eines Textes, also die statistische Relation zwischen den im gegebenen Kontext (z. B. eines Werks, eines Personalstils, einer Epoche) wahrscheinlich auftretenden und den unwahrscheinlichen Textelementen.

LISIBILITÄT: Ein Text mit maximalem Informationsgehalt – also auschließlich unbekannten Zeichen – wäre zugleich unverständlich, also ‚unlesbar' (illisibel); ein Text mit maximaler Redundanz wäre informationsleer. Die Lisibilität eines Textes („readability'; vgl. Zakaluk / Samuels) regelt in diesem Sinne das Mindestmaß an erforderlicher Redundanz, damit die Information eines Textes auch aufgenommen werden kann (vgl. Henry, Richaudeau).

WortG: Das Wort *Information* geht auf das lat. Verb *informare* ‚formen', ‚bilden', ‚belehren' zurück. Ebenso wie sein Antonym *redundatio* ‚Überfluß' (z. B. Quintilian 8, 3, 57) schon in der römischen Rhetorik geläufig ist das Abstraktum *informatio* (z. B. Cicero: ‚De oratore' 2, 358; zur weiteren Entwicklung vgl. Lausberg, § 818; HWbRh 4, 376−382) − als Lehnübersetzung entweder zu griech. χαρακτηρισμός [charakterismós] ‚prägendes Merkmal' (so HWbPh 4, 356 f.) oder zu griech. ἐντύπωσις [entýposis] ‚Einprägung auf einer Münze' (so Bartels, 107−109). Im Dt. ist das Verb seit dem 15. Jh., das Substantiv *Information* mindestens seit Luther belegt (Schulz-Basler 1, 292).

Klaus Bartels: Wie Berenike auf die Vernissage kam. 77 Wortgeschichten. Darmstadt 1996.

BegrG: Als wissenschaftliche Konzepte gehen Information, Redundanz und Entropie zunächst auf die Thermodynamik zurück (vgl. HWbPh 2, 539 f.): der von Clausius 1865 formulierte, von Boltzmann weiterentwickelte zweite Hauptsatz der klassischen Thermodynamik besagt (vereinfachend), daß die Entropie des Universums steigt, physikalische Prozesse also den Gleichgewichtszustand mit maximaler Redundanz und minimaler Information anstreben. Dieser Zusammenhang wurde in den 1950er und 60er Jahren von der Informationstheorie (Shannon / Weaver) und Kybernetik (Wiener) verallgemeinernd aufgegriffen und zu einer mathematischen Theorie kommunikativer Prozesse ausgearbeitet: Je unwahrscheinlicher das Eintreten eines Ereignisses, d. h. je geringer seine Voraussagbarkeit ist, desto größer ist sein Informationsgehalt (und umgekehrt).

Mit dem Aufkommen der ↗ *Semiotik* und ihrer Ausweitung auf die ↗ *Kommunikationstheorie* bekommt der Begriff der In-

formation eine neue Dimension und wird in Zusammenhang mit *Bedeutung* gebracht; insofern ist das moderne Konzept von Information mit dem Kommunikationsprozeß (und seinen Bestandteilen, wie Sender, Empfänger, Nachricht, ↗ *Code* usw.) eng verbunden. Eine neue Relevanz erhält der Informations-Begriff ab den 1970er Jahren in der biologischen ↗ *Systemtheorie*; hier wird ‚Information' auf neuartig generalisierende Weise mit den Phänomenen ‚Entropie' und ‚Ordnung' korreliert (vgl. Riedl).

ForschG: Ins Blickfeld literaturwissenschaftlicher Forschung tritt die Informationstheorie durch ihre Umsetzung in eine informationstheoretische Ästhetik, die durch den amerikanischen Mathematiker G. D. Birkhoff seit den 1920er Jahren (in vielen Einzelbeiträgen, gesammelt in Birkhoff 1950; vgl. dazu Moles, Gunzenhäuser) entwickelt und nach dem Zweiten Weltkrieg in deutscher Sprache besonders von M. Bense und seiner Schule ausgearbeitet wurde (Bense 1969, Frank, v. Cube / Reichert u. a.; Überblick bei Klein).

Poetologische Anwendungen hat der Informationsbegriff zum einen in der Dramen-Analyse und Theatersemiotik erhalten − konkretisiert in der viele Aspekte des inneren und äußeren Kommunikationssystems bündelnden Kategorie der ‚Informationsvergabe' ans zuschauende, zuhörende bzw. lesende Publikum (dazu ausführlich Pfister, 67−148). Zum anderen hat im Rahmen strukturalistischer Literaturtheorien insbesondere J. Lotman die Grundbegriffe von Information und Redundanz in der Kunst („das sparsamste und konzentrierteste Verfahren der Informationsspeicherung und -übermittlung"; Lotman, 42) zu Basiskonzepten aller Analyse von pragmatischen wie von poetischen Texten ausgebaut („Entropie literarischer Texte", ebd. 46) − im Sinne der generellen Einsicht: „Eine aus dem sprachlichen Material geformte, komplex gestaltete künstlerische Struktur ermöglicht die Übertragung von Information, deren Vermittlung innerhalb einer elementaren sprachlichen Struktur unmöglich wäre" (ebd. 24; Übers. korrigiert nach HWbRh 4, 381).

Lit: Yehoshua Bar-Hillel: Language and information. Reading, Mass. 1964. – Max Bense: Einführung in die informationstheoretische Ästhetik. Reinbek 1969. – M. B., Elisabeth Walther (Hg.): Wb. der Semiotik. Köln 1973. – George D. Birkhoff: Collected mathematical papers [1928–41]. 3 Bde. New York 1950. – Colin Cherry: On human communication. Cambridge, Mass. 1957. – Felix v. Cube, Waltraud Reichert: Das Drama als Forschungsobjekt der Kybernetik. In: Gunzenhäuser / Kreuzer, S. 333–345 [bes. 333–335: Information und Entropie]. – Michael Fleischer: Die Evolution der Literatur und Kultur. Bochum 1989. – M. F.: Information und Bedeutung. Bochum 1990. – Helmar Frank: Grundlagenprobleme der Informationsästhetik. Stuttgart 1959. – Rul Gunzenhäuser, Helmut Kreuzer (Hg.): Mathematik und Dichtung. München 1965. – R. G.: Zur literaturästhetischen Theorie G. D. Birkhoffs. Ebd. S. 295–311. – Georges Henry: Comment mesurer la lisibilité. Paris 1975. – Norbert Hofmann: Redundanz und Äquivalenz in der literarischen Übersetzung. Tübingen 1980. – Wolfgang Klein: Einführende Bibliographie: Zur kybernetisch-informationsästhetischen Betrachtungsweise. In: Gunzenhäuser / Kreuzer, S. 356–359. – Lisibilité et intelligibilité. Revue Quebecoise de linguistique 25. 1 (1996). – Jurij M. Lotman: Die Struktur literarischer Texte. München 1973. – Abraham A. Moles: Théorie de l'information et perception esthétique. Paris 1958. – Winfried Nöth: Hb. der Semiotik. Stuttgart 1985. – William R. Paulson: The noise of culture. Literary texts in a world of information. Ithaca, N. Y. 1988. – Manfred Pfister: Das Drama. München 1977. – François Richaudeau: La lisibilité. Paris ²1976. – Rupert Riedl: Die Ordnung des Lebendigen. Hamburg 1975. – S. Jay Samuels, Beverley L. Zakaluk (Hg.): Readability: its past, present, and future. Newark 1988. – Claude E. Shannon, Warren Weaver: The mathematical theory of communication. Urbana 1949. – Carl-Friedrich v. Weizsäcker: Sprache als Information. In: Die Sprache. Jb. Gestalt und Gedanke 5 (1959), S. 45–76. – Norbert Wiener: Cybernetics, or control and communication in the animal and the machine. Cambridge, Mass. 1948.

Michael Fleischer / Harald Fricke

Inhalt ↗ *Form*

Inhaltsanalyse ↗ *Botschaft*

Inkunabel

Ein vor dem Jahresende 1500 vollendetes, mit beweglichen Typen hergestelltes Druckwerk.

Expl: Als *Inkunabeln* oder WIEGENDRUCKE bezeichnet man Drucke (Bücher, Einblattdrucke), die seit der Erfindung des Buchdrucks mit beweglichen Metalllettern durch Gutenberg (um 1450) bis einschl. 1500 hergestellt wurden (1501 – ca. 1520: FRÜHDRUCK). Dabei sind die ↗ *Blockbücher* und andere Xylographica (Holztafeldrucke) ausgespart, wobei allerdings einige Inkunabeln xylographische Elemente (neben Holzschnittillustrationen auch geschnittene Titel und andere Textpartien) enthalten können.

WortG: Das Wort *Inkunabel* geht auf lat. *incunabula* ‚Windel‘, ‚Wiege‘, ‚Anfang‘ zurück und bezieht sich heute auf Bücher, die in der ‚Wiegenzeit‘ – d. h. in der Frühzeit – der Druckkunst entstanden, daher die dt. Entsprechung *Wiegendruck*, die im 19. Jh. aufkam und sich in der 1. Hälfte des 20. Jhs. eine Zeitlang behaupten konnte.

Wieland Schmidt: Zur Bedeutungsentwicklung des Wortes ‚Inkunabel‘. In: Ars impressoria. Fs. Severin Corsten. Hg. v. Hans Limburg u. a. München, New York 1986, S. 9–32. – W. S.: Herkunft und Entwicklung des Wortes ‚Wiegendruck‘. In: Der Bibliothekar zwischen Praxis und Wissenschaft. Fs. Bernhard Sinogowitz. Hg. v. Dieter Schug. Wiesbaden 1986, S. 16–30.

BegrG: Obwohl Sebastian Brant bereits in seiner Ausgabe von ‚De modo studendi in utroque iure‘ des Johannes Baptista de Caccialupis (Basel: M. Furter 1500) von *incunabula iuris* im Sinne eines einführenden juristischen Werkes spricht, begegnet das Wort im engeren Bereich des Buchwesens selbst erst im 17. Jh. als allgemeine Bezeichnung für die früheste Epoche der Buchdruckerkunst, „prima typographiae incunabula" (Bernhard Mallinckrodt: ‚De ortu ac progressu artis typographicae dissertatio‘, 1640; ähnlich auch bei Philippe Labbé: ‚Nova bibliotheca [...]‘, 1653, und Cornelis van Beughem: ‚Incunabula typographiae [...], 1688). Die Zeitgrenze 1500 ist bereits im ältesten Katalog einer Inkunabelsammlung zu finden: Johann Saubert: ‚Historia bibliothecae reipublicae Noribergensis' (1643). Erst seit dem ausgehenden 18. Jh. wird es auf die Bücher selbst übertragen, etwa gleichzeitig mit dem Übergang von *incunabula* in ein deutsches Fremdwort *Inkunabel*. Das Anwendungsgebiet des Wortes ist ständig gewachsen: So spricht man gelegentlich auch von Inkunabeln des Kupferstichs, der Lithographie, der Photographie usw. im Sinne von wertvollen Erstlingen der jeweiligen Kunstgattung.

SachG: Während die frühesten Druck-Erzeugnisse sich weitgehend an handschriftlichen Vorbildern orientierten, zeichnet sich in der Inkunabelzeit eine Tendenz zur Herausbildung einer eigenständigen, handwerksmäßigen, zunehmend von kaufmännisch-gewerblichen Gesichtspunkten geprägten Buchgestaltung ab. Das Jahr 1500 als obere Grenze der Inkunabelzeit ist bequem, aber willkürlich: Die Verselbständigung des gedruckten Buches vollzieht sich schon um 1480 in Venedig, um 1490 in Paris, um 1500 in Lyon und in Deutschland, erst um 1520 in England und Spanien.

Bis 1500 zählt man in Europa 255 Druckorte; der bedeutendste war Venedig mit ca. 150 Offizinen. Die Zahl der Inkunabelausgaben steht nicht fest: Sprach man früher gelegentlich von Zahlen bis 40 000, so rechneten Dachs und Schmidt (1974) mit kaum mehr als 27 000. Im Januar 1999 zählte der noch nicht abgeschlossene ,Incunabula Short Title Catalogue' (ISTC) bereits 26 759 Inkunabel-Ausgaben; das Endergebnis wird vermutlich zwischen 28 000 und 29 000 liegen. Viele Kleindrucke sind jeweils nur als Unikat bekannt, und Schätzungen darüber, wieviele Ausgaben spurlos untergegangen sind, sind riskant: Von dem Drucker Johann Gherlinc in Braga, Portugal, beispielsweise kennen wir ein einziges Buch und zwölf verschiedene Ablaßbriefe, die jeweils nur in einem einzigen Exemplar erhalten sind. Der Anteil der verschiedenen Länder an der Inkunabel-Produktion steht ebenfalls noch nicht fest; wahrscheinlich sind im deutschen Sprachgebiet und in Italien jeweils gut 10 000 Ausgaben erschienen, in Frankreich um 5000, in Spanien, den Niederlanden, Skandinavien, England und

im slawischen Raum bedeutend weniger. Der ISTC verzeichnet (nach dem Stand vom Januar 1999) 2429 Inkunabeln in deutscher Sprache. Die größte Inkunabelsammlung der Welt besitzt die British Library in London, der reichste Bestand in Deutschland (9573 Ausgaben mit 16 785 Exemplaren) ist im Inkunabelkatalog der Bayerischen Staatsbibliothek (,BSB-Ink.', Wiesbaden, 1988 ff.) erfaßt.

Eine Übersicht über die große Zahl der Inkunabelkataloge findet sich in: Corsten/Fuchs 1, S. 199—278.

ForschG: Das wissenschaftliche Interesse an Inkunabeln richtete sich lange Zeit fast ausschließlich auf ihre Erfassung und Verzeichnung. Sie begann mit Michael Maittaires ,Annales Typographiae' (1719—41) und Georg Wolfgang Panzers ,Annales Typographici ad Artis Inventae Origine ad Annum MD' (1793—1806). Ziel beider Werke war die Darstellung der Ausbreitung des Buchdrucks durch die Verzeichnung der frühesten Druck-Erzeugnisse in chronologischer und geographischer Anordnung. Der nächste Meilenstein in der Inkunabelforschung ist Ludwig Hains ,Repertorium Bibliographicum' (1826—38), dessen Angaben hauptsächlich auf Autopsie beruhten, und zwar vornehmlich der Münchener Bestände. Da Hain sich weniger für die Geschichte des Buchdrucks als für die Literaturgeschichte interessierte, wählte er eine rein alphabetische Anordnung nach Verfassern bzw. Sachtiteln. Hains ,Repertorium' erfuhr wichtige Ergänzungen durch Walter Arthur Copingers ,Supplement' (1895—1902) und Dietrich Reichlings weniger zuverlässige ,Appendices' (1905—1914). Mittlerweile hatten die Engländer Henry Bradshaw und Robert Proctor das Augenmerk der Bibliographen auf die Bedeutung der typographischen Besonderheiten der Drucke für die Katalogisierung gelenkt. Die ,Proctorsche Methode' (,Index to the Early Printed Books in the British Museum', 1898—1903) wurde vor allem durch Konrad Haebler verfeinert und fand einen wichtigen Niederschlag in drei großen Katalog-Unternehmen für Frankreich (Marie Pellechet, 1897—1909), die Bestände des British Museum in London (‚Catalogue of Books Printed in the XVth Century Now in the British Museum‘ = BMC, 1908 ff.) und den Gesamtbestand (‚Gesamtkatalog der Wiegendrucke‘ = GW, 1925 ff.). GW ist, wie auch BMC, noch nicht abgeschlossen. Er hat sich das Ziel gesetzt, jede Inkunabel örtlich und zeitlich festzulegen und ihren Inhalt in methodischer Beschreibung zu erschließen. Die moderne Technik hat die von der British Library geleitete Erstellung des ‚Incunabula Short Title Catalogue‘ (= ISTC) in der Form einer Datenbank ermöglicht, in der Inkunabel-Beschreibungen aus allen verfügbaren zuverlässigen Katalogen zusammengebracht werden und so ein über elektronische Suchprogramme aufzuschließendes Weltinventar des Inkunabel-Bestands erstellt werden soll. Kultur- und mediengeschichtliche Fragestellungen sind erst seit den medientechnischen Veränderungen der letzten Jahrzehnte auch von der Inkunabelforschung aufgegriffen worden (Carter/ Muir, Eisenstein, Giesecke).

Lit: John Carter, Percy H. Muir (Hg.): Printing and the mind of man. London 1967. – Severin Corsten, Wolfgang Schmitz: Buchdruck des 15. und 16. Jhs. In: Die Erforschung der Buch- und Bibliotheksgeschichte in Deutschland. Hg. v. Werner Arnold u. a. Wiesbaden 1987, S. 93–120. – S. C., Reimar Walter Fuchs (Hg.): Der Buchdruck im 15. Jh. Eine Bibliographie. 2 Teile. Stuttgart 1988, 1993. – Karl Dachs, Wieland Schmidt: Wieviele Inkunabelausgaben gibt es wirklich? In: Bibliotheksforum Bayern 28 (1974), S. 83–95. – Elizabeth L. Eisenstein: The printing press as an agent of change. Cambridge 1979. – Ferdinand Geldner: Die deutschen Inkunabeldrucker. Stuttgart 1968–1970. – F. G.: Inkunabelkunde. Wiesbaden 1978. – Michael Giesecke: Der Buchdruck in der frühen Neuzeit. Frankfurt 1991. – Konrad Haebler: Hb. der Inkunabelkunde [1925]. Repr. Stuttgart 1966, 1979. – Reinhard Horn, Gertrud Friedl: Der bundesdeutsche Inkunabel-Census. Ein Teil des Incunable Short Title Catalogue (ISTC). In: Zs. für Bibliothekswesen und Bibliographie 38 (1991), S. 368–383. – Albert Kapr: Johannes Gutenberg, Persönlichkeit und Leistung. München ²1988. – Horst Meyer: Bibliographie der Buch- und Bibliotheksgeschichte (BBB). Bd. 1 ff. Bad Iburg 1982 ff. [laufende Bibliographie der Literatur seit 1980]. – Erich v. Rath: Vorläufer des Gesamtkatalogs der Wiegendrucke. In: Werden und Wirken. Fs. Karl W. Hiersemann. Leipzig 1924, S. 288–305. – Manfred Sauer: Die deutschen Inkunabeln, ihre historischen Merkmale und ihr Publikum. Düsseldorf 1956. – Wolfgang Schmitz: ‚Inkunabel‘, ‚Inkunabelforschung‘. In: Lexikon des gesamten Buchwesens. Hg. v. Severin Corsten u. a. Stuttgart ²1985 ff. Bd. 3, S. 618–622. – Carl Wehmer: Zur Beurteilung des Methodenstreits in der Inkunabelkunde. In: Gutenberg-Jb. 1933, S. 250–325.

John L. Flood

Innensicht ↗ *Perspektive*

Innere Emigration

Aus der Zeit des Nationalsozialismus stammende Bezeichnung für die politische, geistige oder künstlerische Distanznahme gegenüber einem diktatorischen Herrschaftssystem.

Expl: Der Begriff gehört in den Zusammenhang der politisch-literarischen Opposition im Dritten Reich. Er kennzeichnet eine kritische Einstellung zum totalitären Staat, hier: dem Nationalsozialismus, die nur in Ausnahmefällen den Weg zu einem eingreifenden gesellschaftlichen Handeln eröffnet. Diese kann den kalkulierten, wenngleich getarnten Protest gegen das NS-Regime ebenso umfassen wie den stummen, doch demonstrativen Rückzug von der politisch erzwungenen Indienstnahme (‚Gleichschaltung‘) aller relevanten Öffentlichkeitsbereiche.

WortG: Auf bildhafte Weise hält die Bezeichnung *Innere Emigration* Parallelen zur Situation des Exils fest. Bereits 1933 – vermutlich durch den Schriftsteller Frank Thieß geprägt – konstruiert der Begriff eine Kongruenz zwischen Schriftstellern und Intellektuellen, die nach der nationalsozialistischen Machtübernahme ins Exil gingen (↗ *Exilliteratur*), und jenen, die in Deutschland blieben, ohne dem herrschenden Regime Gefolgschaft leisten zu wollen. Synonyme Wendungen (‚geistiges Exil‘, ‚Emigrantendasein', ,aristokratische Form der Emigration', ,heimatlos in der Heimat') finden sich zu dieser Zeit bei zahlreichen Autoren.

BegrG: Während des Dritten Reichs und nach 1945 standen die Gemeinsamkeiten der gegen den Nationalsozialismus gerichteten Literatur im Vordergrund der Diskussion, bevor sich an der Person Thomas Manns eine von Frank Thieß initiierte Debatte um Wert und Unwert von Exil und Innerer Emigration entzündete. Infolge dieser Polemik, durch welche die Leistungen der Exilliteratur gegenüber der in Deutschland verbliebenen herabgesetzt werden sollten, und entsprechend der nur relativen Trennschärfe des Begriffs ,Innere Emigration' haben sich sowohl die Reichweite der Bezeichnung als auch die mit ihrer Verwendung verbundenen wertenden Komponenten verändert. Galt ,Innere Emigration' während des Nationalsozialismus und kurz nach dem 2. Weltkrieg als Sammelbegriff für eine literarische Opposition, die das „andere Deutschland" (Paetel) oder die „humanistische Front" (Berendsohn) repräsentiert habe, so akzentuierten spätere Auseinandersetzungen vor allem Tendenzen zur Anpassung an die politischen Verhältnisse (Schonauer). Seit dem Ende der DDR wird − vornehmlich in publizistischen Arbeiten − der Versuch gemacht, auch die Distanz zum Staat des ,real existierenden Sozialismus' als eine Art Innerer Emigration zu bestimmen.

Walter A. Berendsohn: Die humanistische Front. 1. Teil. Zürich 1946. − Karl O. Paetel: Deutsche innere Emigration. New York 1946. − Franz Schonauer: Deutsche Literatur im Dritten Reich. Olten, Freiburg i.Br. 1961. − Frank Thieß: Die innere Emigration. In: Münchner Zeitung, 18. 8. 1945 [wieder abgedruckt in: Thomas Mann im Urteil seiner Zeit. Hg. v. Klaus Schröter. Hamburg 1969, S. 336−338].

SachG: Die literarische Innere Emigration ist zu unterscheiden von der vergleichsweise unpolitischen Haltung nicht-faschistischer Autoren (G. Eich, G. Gaiser, R. Hagelstange, M. L. Kaschnitz, E. Meckel), denen es vornehmlich um die Wahrung der poetischen Subjektivität, um Poesie als zeitenthobenen Schutzraum ging.

Die Form der historischen ↗ *Camouflage* (Geschichtsromane von F. Reck-Malleczewen, R. Schneider und F. Sieburg, mythologische Sujets von W. Bergengruen und E. Jünger) bot im Dritten Reich ein literarisches Terrain, auf dem sich − wie z. B. in E. Wiecherts Roman ,Das einfache Leben' (1939) − Kritik an der Realität des NS-Staats mitteilen ließ. Hinzu traten Formen des poetischen Eskapismus wie ↗ *Naturlyrik* (O. Loerke, W. Lehmann), ↗ *Kalligraphie*$_2$ und essayistische Camouflage (R. Pechel) sowie öffentliche Reden und Predigten (H. Carossa, R. A. Schroeder, E. Wiechert), in denen sich verhalten, doch vernehmlich Protest gegen das NS-Regime formulieren ließ. Zur Inneren Emigration in einem weiteren Sinne lassen sich auch die erst nach 1945 veröffentlichten Werke inhaftierter Autoren zählen (A. Haushofer, W. Krauss).

ForschG: Da die literarische Innere Emigration weder ein Programm formulierte noch eine geschlossene Gruppe darstellte, sondern in ihrem Verhältnis zum Nationalsozialismus auf einer breiten Skala zwischen Anpassung und Widerstand schwankte, lassen sich Zuordnungen nicht immer eindeutig vornehmen. Die erst Anfang der 1970er Jahre einsetzende wissenschaftliche Diskussion hat zum einen den Aspekt des expliziten Widerstandes der Inneren Emigration hervorgehoben (Brekle), zum anderen erweiterte sie die Geltung dieses Begriffs, um mit seiner Hilfe eine typisch deutsche „Lebensform" zu charakterisieren (R. Grimm). Erst seit Mitte der 1970er Jahre finden sich Versuche, die Widersprüche und Ambivalenzen der Inneren Emigration herauszuarbeiten (R. Schnell).

Lit: Wolfgang Brekle: Die antifaschistische Literatur in Deutschland (1933−1945). In: WB 16 (1970), H. 6, S. 67−128. − W. B.: Schriftsteller im antifaschistischen Widerstand 1933−1945 in Deutschland. Berlin, Weimar 1990. − Christiane Caemmerer, Walter Delabar (Hg.): Dichtung im Dritten Reich? Opladen 1996. − Reinhold Grimm, Jost Hermand (Hg.): Exil und Innere Emigration. Bd. 1. Frankfurt, Bonn 1973. − R. G.: Im Dickicht der inneren Emigration. In: Die deutsche Literatur im Dritten Reich. Hg. v. Horst Denkler und Karl Prümm. Stuttgart 1976, S. 404−426. − Johannes F. G. Grosser (Hg.): Die große Kontroverse. Ein Briefwechsel um Deutschland. Hamburg u. a. 1963. – Ralf Schnell: Literarische Innere Emigration 1933–1945. Stuttgart 1976. – R. S.: Innere Emigration und kulturelle Dissidenz. In: Widerstand und Verweigerung in Deutschland 1933 bis 1945. Hg. v. Richard Löwenthal und Patrick von zur Mühlen. Bonn 1982, S. 211–225. – Egon Schwarz, Peter Uwe Hohendahl (Hg.): Exil und Innere Emigration. Bd 2. Frankfurt, Bonn 1973. – Jörg Thunecke: Leid der Worte. Panorama des literarischen Nationalsozialismus. Bonn 1987.

Ralf Schnell

Innerer Monolog

Form der psychologisierenden Redewiedergabe in erzählenden Texten.

Expl: Der Innere Monolog gibt (1) Gedanken, Gefühle und Wahrnehmungen (2) als reine Figurenrede ohne Erzähleranteil wieder. Er läßt sich von der ↗ *Erlebten Rede* abgrenzen durch grammatische Person und Zeitform des Verbs: Die Figur spricht von sich (3) in der 1. Person (bei inneren ‚Dialogen‘ ersatzweise in der 2. Person) und verwendet (4) für den Gegenwartsbezug Präsens. Der Innere Monolog unterscheidet sich (5) von direkter Rede durch fehlende Signale beim Wechsel der Redeinstanz (Wegfallen der Redeeinleitung). Außerdem hat er (6) keinen fiktionsinternen Adressaten und ist im Unterschied zum Selbstgespräch stumme Rede. Der Innere Monolog kann (7) stilistische Merkmale mündlicher und emphatischer Rede aufweisen (‚Telegrammstil‘, parataktischer Satzbau mit *Ellipsen₁* (↗ *Rhetorische Figur*), ↗ *Anakoluth*, Exclamatio und ↗ *Rhetorischen Fragen*; Interjektionen, Füllwörter, Wortverkürzungen usw.). Durch Syntax und Interpunktion (extensiver Gebrauch von Auslassungspunkten, Gedankenstrichen, Ausrufe- und Fragezeichen oder auch totale Unterdrückung der Interpunktion) läßt sich in der zugespitzten Form des STREAM OF CONSCIOUSNESS (BEWUSSTSEINSSTROM) die Illusion erzeugen, Bewußtseinsinhalte würden als ungeordnete Bilder, Assoziationen, Einfälle und Gedankenfetzen wiedergegeben.

Ein autonomer Innerer Monolog liegt vor, wenn ein Werk als Ganzes oder zumindest größere, in sich geschlossene und relativ unabhängige Teile davon im Inneren Monolog stehen.

WortG: MONOLOGUE INTÉRIEUR ist literarisch belegt bei Alexandre Dumas d. Ä. (‚Vingt ans après‘, 1845) sowie bei Paul Bourget (1893) und Jean Giraudoux (1924); als literarhistorischer Fachbegriff eingeführt wurde er von Edouard Dujardin (1931). *Stream of consciousness* (ursprünglich auch *stream of thought*) stammt vom amerikanischen Psychologen und Philosophen William James (1884/1890).

William James: On some omissions of introspective psychology [1884]. In: W. J.: Writings 1878–1899. Cambridge/Mass. 1992, S. 986–1013.

SachG: Die Weiterentwicklung der Gedankenwiedergabe in direkter Rede ohne Redeeinleitung und andere Vorläuferformen (Stendhal, ‚Le rouge et noir‘, 1830; ‚La chartreuse de Parme‘, 1839; V. Hugo, ‚Le dernier jour d’un condamné‘, 1829; Dostojewskij, ‚Die Sanfte‘, 1876) wurde in der 2. Hälfte des 19. Jhs. aufgehalten durch den Erfolg der Erlebten Rede. Der eigentliche Innere Monolog erschien erstmals in der französischen Literatur (E. Dujardin, ‚Les lauriers sont coupés‘, 1887), Schnitzler führt ihm mit seiner Erzählung ‚Lieutenant Gustl‘ 1900/01 in die deutsche Literatur ein, wo ihn etwa Döblin und Musil aufgriffen. Er setzte sich, begünstigt durch Freuds Psychoanalyse sowie das Programm einer impressionistischen ‚Nervenkunst‘, in den 1920er Jahren durch (V. Larbaud, ‚Amants, heureux amants‘, 1921; P. J. Jouve, ‚Paulina 1880‘, 1925; G. Stein, ‚The Making of Americans‘, 1925; V. Woolf, ‚Mrs. Dalloway‘, 1925; Faulkner, ‚The Sound and the Fury‘, 1929; Döblin, ‚Berlin Alexanderplatz‘, 1929).

BegrG/ForschG: Der Begriff des Inneren Monologs umfaßte bis in die 1950er Jahre auch ‚Erlebte Rede‘. Dujardin (1931) und nach ihm auch Humphrey (1954) sowie Stephan (1962) bezeichneten die Erlebte Rede als *monologue intérieur indirect* (vgl. *discours indirect libre*) im Gegensatz zum eigentlichen *monologue intérieur (direct)*. Seit den 1950er Jahren wurden die Ausdrücke *Innerer Monolog* und *stream of consciousness* oft konkurrierend verwendet. Jüngere Benennungsversuche konnten sich nicht durchsetzen, weder *discours immédiat* (Genette 1972) noch *quoted (interior) monologue* (Cohn 1978) noch *direct free style/thought* (Chatman 1978). Das Hauptproblem der Begriffsbildung war die Differenzierung von ‚Innerem Monolog' und ‚stream of consciousness'. Wurde ersterer anfangs letzterem untergeordnet (Bowling 1950, Humphrey 1954), war es später umgekehrt: ‚stream of consciousness' wurde zu einer von mangelnder gedanklicher Kohärenz und syntaktischer Kohäsion bestimmten literarhistorischen Extremform des Inneren Monologs (Müller 1987, Prince 1987, ähnlich Chatman 1978), oder aber er wurde als Inhalt des Inneren Monologs bzw. als Gattungsbegriff (‚stream of consciousness novel'; siehe dazu Leopold 1960) kategorial davon abgesetzt. Die deutsche Literaturwissenschaft lehnte sich eng an die englischsprachige Theorie an (Stephan), später auch an Dujardin (Höhnisch). Trotz des frühen Bezugs (Storz 1955) auf die ausgedehnten deutschen Forschungen zur Erlebten Rede ergab sich eine Situierung und präzise Abgrenzung des Inneren Monologs gegenüber andern Formen der psychologisierenden Redewiedergabe erst im Rahmen der strukturalistischen Erzähltheorie (Genette, Cohn, Prince 1982).

Lit: Lawrence E. Bowling: What is the stream of consciousness technique? In: PMLA 65 (1950), S. 333–345. – Seymour Chatman: Story and discourse. London 1978. – Dorrit Cohn: Transparent minds. Narrative modes for presenting consciousness in fiction. Princeton 1978. – Edouard Dujardin: Le monologue intérieur. Paris 1931. – Melvin Friedman: Stream of consciousness. New Haven u. a. 1955. – Gérard Genette: Discours du récit. In: G. G.: Figures III. Paris 1972, S. 37–273 [dt.: Die Erzählung. München 1994]. – Erika Höhnisch: Das gefangene Ich. Studien zum inneren Monolog in modernen französischen Romanen. Heidelberg 1967. – Robert Humphrey: Stream of consciousness in the modern novel. Berkeley u. a. 1954. – William James: Principles of psychology. New York 1890. – Robert Kellogg, Robert Scholes: The nature of narrative. London u. a. 1966, S. 177–204. –

Keith Leopold: Some problems of terminology in the analysis of the stream of consciousness novel [1960]. In: K. L.: Selected writings. Hg. v. Manfred Jürgensen. New York u. a. 1985, S. 91–102. – Andreas Müller: Figurenrede. Diss. Göttingen 1981. – Wolfgang G. Müller: Innerer Monolog. In: Moderne Literatur in Grundbegriffen. Hg. v. Dieter Borchmeyer und Viktor Žmegač. Tübingen ²1994, S. 208–211. – Werner Neuse: Geschichte der erlebten Rede und des inneren Monologs in der deutschen Prosa, New York u. a. 1990. – Michael Niehaus: Die Vorgeschichte des ‚inneren Monologs'. In: Arcadia 29 (1994), S. 225–239. – Gerald Prince: A dictionary of narratology. Lincoln u. a. 1987. – Gerald Prince: Narratology. Berlin u. a. 1982. – Johannes Söderlind: The interior monologue: a linguistic approach. In: Fiction, texte, narratologie, genre. Hg. v. Jean Bessière. Bern u. a. 1989, S. 23–31. – Doris Stephan: Der Roman des Bewußtseinsstroms und seine Spielarten. In: DU 14 (1962), S. 24–38. – Gerhard Storz: Über den ‚Monologue intérieur' oder die ‚Erlebte Rede'. In: DU 7 (1955), S. 41–53.

Peter Stocker

Innovation ↗ *Originalität*

Inquit-Formel ↗ *Figurenrede*

Inschrift ↗ *Epigraphik*

Inspiration

Göttliche Eingebung oder ein Ergriffensein des Menschen durch eine höhere Macht; später einfach ein Zustand erhöhter dichterischer Produktivität.

Expl: *Inspiration* läßt sich heutzutage nur noch historisch differenziert gebrauchen, in stufenweise abgeschwächter Bedeutung. Man bezeichnet damit:

(1) eine religiöse Vorstellung, daß nämlich die heiligen Texte der jeweiligen Religion von Gott selbst geschrieben oder diktiert (Inspiration als ‚Einhauchung') sind.

(2) In poetologischen Kontexten bezeichnet *Inspiration* (a) analog zur religiösen Inspiration einen Zustand, in dem eine Gott-

heit oder höhere Macht durch den Sprecher / Autor spricht. Der Zustand der Inspiriertheit legitimiert dabei den Wahrheitsanspruch der vom Dichter übermittelten Botschaft – die Tradition des POETA VATES, des Dichters als ‚Seher‘. (b) Abgeschwächt versteht man unter *Inspiration* einen Zustand der Begeisterung oder kreativen Spannung, der zur produktionsästhetischen Voraussetzung literarischer Werke erklärt wird.

WortG: Ein Substantiv *inspiratio* (Abstraktbildung von lat. *inspirare*, ‚einhauchen‘, ‚einblasen‘) gibt es im klassischen Latein nicht; das Partizip *inspiratus* ist zuerst in der ‚Vulgata‘ als Übersetzung des griech. θεόπνευστος [theópneustos] belegt (2. Tim 3,16): „omnis scriptura divinitus inspirata et utilis ad docendum ad arguendum ad corrigendum ad erudiendum in iustitia" (‚Jede von Gott eingegebene Schrift ist auch nützlich zur Belehrung, zur Widerlegung, zur Besserung, zur Erziehung in der Gerechtigkeit‘). Im 17. Jh. wird das dt. *Inspiration* aus dem Lat. entlehnt (Schulz-Basler 1, 297). Die Verwendung in poetologischen Kontexten ist erst seit dem letzten Drittel des 18. Jhs. belegt. Lichtenberg verwendet 1773 den Ausdruck „shakespearische Inspiration" zur Kritik an den Autoren des Sturm und Drang (Lichtenberg, 309). Wesentlichen Anteil an der Etablierung von *Inspiration* im allgemeinen Sprachgebrauch dürfte Goethe haben (vgl. FA I. 9, 456; FA I. 14, 103; FA I. 24, 752), der in einem Gespräch mit Eckermann (24.2.1825) Byrons literarische Kreativität lobt, bei dem sich „die Inspiration an die Stelle der Reflexion setzt".

Heutzutage wird *Inspiration* weitgehend synonym gebraucht mit lat. *furor poeticus* und griech. ἐνθουσιασμός [enthusiasmós] ‚Gottesbegeisterung‘. Das griechische Wort ist eine Abstraktbildung zu griech. ἔνθεος [éntheos], ‚gottbegeistert‘ (eigentlich: ‚indem-Gott-seiend‘). Es ist seit dem Frnhd. als Lehnwort mit überwiegend negativer Bedeutung belegt (Schulz-Basler 1, 175 f.; so bei Luther). Campe nennt positiv „Begeisterung", negativ „Schwärmerei" als dt. Entsprechungen (Campe 1813, 289).

In poetologischem Sinne von FUROR POETICUS findet sich lat. *furor* zuerst bei Cicero:

„poetam bonum neminem [...] sine inflammatione animorum exsistere posse et sine quodam adflatu quasi furoris" (‚daß ohne das Feuer der Begeisterung und ohne eine gleichsam schwärmerisch-ekstatische Inspiration kein guter Dichter existieren kann‘; ‚De oratore‘ 2, 194; vgl. ‚De divinatione‘ 1, 1; 1, 66; v. a. 1, 80). Der Ausdruck *divinus afflatus* steht bei Cicero dabei für das griech. ἐνθουσιασμός [enthusiasmós] (‚De natura deorum‘ 2, 167, ‚Pro Archia‘ 8, 18 usw.; vgl. Thraede, 332). Bei Plinius d.J. ist die Wendung belegt, es sei ‚den Dichtern [...] zugestanden, rasend zu sein‘ („quamquam poetis furere concessum est"; ‚Epistulae‘ 7,4,10). Marsilio Ficino spricht vom *furor poeticus* zuerst 1457 in einem Brief an Peregrinus Allius, dann 1482 im Untertitel seiner lat. Übersetzung von Platons ‚Ion‘. Deutschsprachige Quellen übersetzen für *furor poeticus*, bisweilen auch für *enthusiasmós* „poetische Wut" oder „Begeisterung" (Dommerich, 1 f.).

Joachim Heinrich Campe: Wb. zur Erklärung und Verdeutschung der unserer Sprache aufgedrungenen fremden Ausdrücke [1801]. Braunschweig ²1813. – Johann Christoph Dommerich: Entwurf einer Deutschen Dichtkunst. Braunschweig 1758. – Marsilio Ficino: Lettere. Bd. 1: Epistolarum familiarum liber I. Hg. v. Sebastiano Gentile. Florenz 1990, S. 19–28. – Johann Wolfgang Goethe: Sämtliche Werke. Frankfurter Ausgabe [FA]. Frankfurt 1985 ff. – Georg Christoph Lichtenberg: Schriften und Briefe. Bd. 1. Hg. v. Wolfgang Promies. München 1968. – Klaus Thraede: Inspiration. In: RAC 18, Sp. 329–365.

BegrG: Inspirationsvorstellungen gibt es in den meisten Kulturen, so schon in Ägypten oder im alttestamentarischen Judentum. In Gesellschaften mit mündlicher Überlieferung (↗ Oralität) haben sie die religiös-kultische Funktion, prophetisches und mantisches Sprechen zu legitimieren. In Schriftkulturen geht der Inspirationsvorgang der Abfassung des Textes voraus oder mit ihr einher (Konzept der Schrift-Inspiration). Der religiöse Ursprung haftet vielfach auch den späteren Aktualisierungen in poetologischen Kontexten noch an.

Die Legitimation des Dichters durch Berufung auf eine höhere Instanz gehört von Anbeginn zu den Konstanten europäischer

Poetologie. In Griechenland ist die Vorstellung vom inspirierten Sänger (ἀοιδός [aoidós]) kultischen Ursprungs. Dabei sind die von Apollon geführten Musen (Barmeyer, 55—60) für die Inspiration der Dichter (ποιητής [poietés]) verantwortlich (vgl. Demokrit, Fr. 18B). Der *Musenanruf* (↗ *Invocatio*) wird dabei fester Bestandteil der Exordialtopik (↗ *Dispositio*).

Am Anfang der theoretischen Reflexion über den inspirierten Dichter stehen Platons Ausführungen über die μανία [manía] in den Dialogen ,Ion' (533d—536d; kritisch gegen die Irrationalität von Dichtung) und ,Phaidros' (positiv gesehen bes. 265a—b, 244a—245c; in der ↗ *Frühen Neuzeit* u. a. von Leonardo Bruni und Ficino rezipiert). Dabei negiert Platon den überlieferten Anspruch, der enthusiasmierte Zustand eines Sprechers allein garantiere schon die Wahrheit der Aussage. Die Entstehung des Fiktionsbewußtseins (↗ *Fiktion*) löst in der Dichtung das Enthusiasmus-Konzept ab (Schlaffer, 29; Häussler). Die Berufung auf die Inspiration wird zum nur noch metaphorisch zu verstehenden ↗ *Topos* (so in der römischen Dichtung etwa bei Horaz, ,Carmina' 3, 5; ,Sermones' 1, 4; Ovid, ,Fasti' 6, 5: „Est deus in nobis agitante calescimus illo" — ,In uns wohnt ein Gott, und wenn er sich regt, dann erglühn wir') und wird in der Poetik zum Gegenstand kritischer Auseinandersetzung (Horaz, ,Ars poetica', v. 295—298, v. 455). Die Inspiration begründet für Cicero den privilegierten Status des Dichters, der ,gleichsam von einem göttlichen Hauch erfüllt' sei („quasi divino quodam spiritu inflari"; ,Pro Archia' 8, 18).

Eine weitere wirkungsmächtige Konzeptualisierung stellt die Vermischung von Ekstase und Melancholie im peripatetischen ,Problem 30, 1' des Pseudo-Aristoteles dar (Klibansky u. a., 59—76, 373 f.), aus der eine humoralpathologisch gegründete Vorstellung (↗ *Humor*) vom ,wahnsinnigen Genie' folgt (vgl. Seneca, ,De tranquillitate animi' 17, 10).

Auch das christliche Mittelalter kennt diese Vorstellung vom ,wahnsinnig' machenden Furor poeticus: Isidor von Sevilla leitet den Begriff des ,carmen' aus „carere mente" (,der Geisteskraft ermangeln') ab

(,Etymologiae' 1, 39, 4). Im Kontext der christlichen Theologie entsteht schon in Patristik und Frühscholastik eine komplexe Inspirationstheorie, welche die Entstehung des Bibel-Textes erklären und gleichzeitig legitimieren will (↗ *Autor*, ↗ *Authentizität*). Die Lehre von der ,Verbal-Inspiration' nimmt dabei eine direkte Einwirkung des Heiligen Geistes auf die Abfassung der Bibeltexte an und versteht den Text der Bibel in seiner Gesamtheit als geschriebenes Wort Gottes (Hornig/Rath, 401).

Im Mittelalter herrscht also ein primär religiös geprägtes Inspirationsverständnis vor (vgl. Dinzelbacher, 185—199). Neben dem ,Schreibbefehl' durch einen geistlichen Bruder spielt — insbesondere in der Visionsliteratur von und über Zisterzienserinnen (wie Hadewijch) und Dominikanerinnen (wie Christine Ebner) der Topos von der ,Begnadung beim Schreiben' eine Rolle (vgl. Peters, Bürkle). Dabei bildet die z. T. narrativ inszenierte Inspiration in der klösterlichen Zelle samt den damit verbundenen Gesichten ein wichtiges Element im thematischen Spektrum mittelalterlicher Visionstexte.

Entscheidend wiederbelebt wurde die Vorstellung vom inspirierten Dichter im Florentiner Neuplatonismus. Christoforo Landino prägt den Ausdruck vom Dichter als ,zweitem Schöpfer' (,alter deus'; ↗ *Dichter*), der sich als wirkungsmächtiger Topos durch die europäische Literaturtheorie hindurchzieht (Scaliger 1, 70; Shaftesbury, 110; Breitinger, 60 etc.).

Mit der Rhetorisierung der Literaturtheorie und dem Ideal des gelehrten Dichters (*Poeta doctus*, ↗ *Dichter*) im Barock gerät das Inspirationskonzept in eine Krise, wenn auch der Anspruch der Inspiration in den Poetiken formelhaft tradiert wird. (Ein dezidiert ,inspiriertes Dichterselbstverständnis' findet sich bei J. Klaj, C. R. v. Greiffenberg oder Q. Kuhlmann; vgl. Wiedemann.) Die Poetiken nennen Stimulanzien (melancholische Stimmung, Erregung von Affekten wie Zorn oder Liebe, Wein, Musik oder Lektüre ausgezeichneter Schriftsteller), mit denen sich der inspirierte Zustand künstlich herbeiführen läßt (Vossius, 72 f.). Die Wendung von der ,göttlichen Begeisterung' wird zunehmend rein metaphorisch verstanden (Breitinger, 332 f.); statt dessen gewinnt das Konzept der autonomen ‚Selbst-Affektation' des Dichters maßgeblichen Anteil an der Herausbildung des ↗ *Genie*-Konzepts. In den vierziger Jahren des 18. Jhs. kommt es u. a. im Rahmen der Shaftesbury-Rezeption zu einer Renaissance des Enthusiasmus-Konzepts (vgl. Schings, 143−292), das für die Literaturtheorie der ↗ *Empfindsamkeit* grundlegend ist. Der ↗ *Sturm und Drang* gelangt − vorbereitet durch Hamanns religiöse ‚Genius'-Vorstellung, Herder und auch Lavater − zu einer uneingeschränkt positiven Sicht der Inspiration als autonomer Produktivkraft des schöpferischen Individuums. An diese Position knüpfen auch die Frühromantiker an.

Die Diskussion des 19. und 20. Jhs. bewegt sich einerseits in den vorgezeichneten Bahnen der Ablehnung (P. Valéry; Benn, ‚Probleme der Lyrik') und Bejahung des Inspirationskonzepts (Rilke; George; ‚écriture automatique' im ↗ *Surrealismus₂*). Andererseits führen der Spiritismus der Jahrhundertwende, aber auch die Psychologie des späten 19. Jhs., besonders die Psychoanalyse zu wissenschaftlichen wie parawissenschaftlichen Neuformulierungen des Inspirationsgedankens. Seit der Romantik und verstärkt im Kontext der literarischen ↗ *Moderne* wird der Rausch als Inspirationsquelle verstanden (vgl. Kupfer).

Johann Jacob Breitinger: Critische Dichtkunst. Bd. 1 [1740]. Repr. Stuttgart 1966. − Anthony Ashley Cooper, Third Earl of Shaftesbury: Standard Edition. Bd. 1/1. Hg. v. Gerd Hemmerich u. a. Stuttgart-Bad Cannstatt 1981. − Gerhard Johannes Vossius: De artis poeticæ natura ac constitutione liber. Amsterdam 1647.

ForschG: Literaturwissenschaftliche Untersuchungen zum Inspirationskonzept waren lange Zeit auf den Genie-Begriff der ↗ *Goethezeit* und deren ‚Vorgeschichte' konzentriert (so noch Schmidt 1988). Neuere Darstellungen haben dies zu korrigieren versucht (Blamberger, Schlaffer, Kemper); dabei sind die komplexen antiken wie frühneuzeitlichen, christlichen wie antik-paganen, theologischen wie philosophischen Traditionsstränge stärker in den Blick gekommen (zur Antike: Barmeyer, Falter;

Theologie: Beumer). Die Metaphern für den Inspirationsprozeß in der mittelalterlichen Dichtung hat Ohly untersucht. Eine umfassende Darstellung, die auch die Moderne einbezieht, hat Gellhaus vorgelegt.

Lit: Eike Barmeyer: Die Musen. Ein Beitrag zur Inspirationstheorie. München 1968. − Johannes Beumer: Die Inspiration der Heiligen Schrift. Freiburg i. Br. 1968. − Günter Blamberger: Das Geheimnis des Schöpferischen oder: Ingenium est ineffabile? Stuttgart 1991. − Susanne Bürkle: Literatur im Kloster. Tübingen, Basel 1999. − Peter Dinzelbacher: Vision und Visionsliteratur im Mittelalter. Stuttgart 1981. − Otto Falter: Der Dichter und sein Gott bei den Griechen und Römern. Diss. Würzburg 1934. − Axel Gellhaus: Enthusiasmos und Kalkül. München 1994. − Reinhard Häussler: Der Tod der Musen. In: Antike und Abendland 19 (1973), S. 117−145. − Gottfried Hornig, Helmut Rath: Inspiration. In: HWdPh 4, Sp. 401−407. − Hans-Georg Kemper: Deutsche Lyrik der frühen Neuzeit. Bd. 6/1. Tübingen 1997. − Raymond Klibansky u. a.: Saturn und Melancholie. Frankfurt 1990. − Alexander Kupfer: Die künstlichen Paradiese. Stuttgart, Weimar 1996. − Nikolaus Lohse: Dichterische Inspiration? In: Die Genese literarischer Texte. Hg. v. Axel Gellhaus. Würzburg 1994, S. 287−309. − Friedrich Ohly: Metaphern für die Inspiration. In: Euphorion 87 (1993), S. 119−171. − Ursula Peters: Religiöse Erfahrung als literarisches Faktum. Tübingen 1988. − Hans-Jürgen Schings: Melancholie und Aufklärung. Stuttgart 1977. − Heinz Schlaffer: Poesie und Wissen. Frankfurt 1990. − Jochen Schmidt: Die Geschichte des Genie-Gedankens. 2 Bde. Darmstadt ²1988. − Hans H. Schulte: Zur Geschichte des Enthusiasmus im 18. Jh. In: Publications of the English Goethe Society 39 (1968/69), S. 85−112. − Conrad Wiedemann: Engel, Geist und Feuer. In: Literatur und Geistesgeschichte. Fs. H. O. Burger. Hg. v. Reinhold Grimm und C. W. Berlin 1968, S. 85−109.

Dietmar Till

Institution

Eine tradierte oder konstituierte soziale Einrichtung mit bestimmten Zwecken.

Expl: Im ‚literarischen Feld' (im Sinne Pierre Bourdieus) spielt die soziologische Kategorie der Institution in wenigstens drei unterschiedlichen Verwendungen eine Rolle: (1) bei den gesellschaftlichen Institutionalisierungen des ↗ *Literarischen Lebens* (wie ↗ *Akademien*, ↗ *Literaturpreisen*, ↗ *Schriftstellerverbänden* etc.); (2) in der Gattungstheorie bei der Analyse historischer ↗ *Genres* als „literarisch-sozialen Institutionen" (Voßkamp 1977, im Anschluß an Wellek/Warren, 203); (3) in der literaturtheoretisch verallgemeinernden Rede von der „Institution Literatur" (Chr. Bürger, 7). Der Inhalt dieses Begriffs umfaßt sowohl den „materiellen Apparat" der Institution als auch die dort geltenden „verhaltensregulierenden Normen" (Sanders, 37 f.), im Falle der Literatur etwa Druck- und Distributionstechniken sowie Poetiken oder ästhetische Programme.

René Wellek, Austin Warren: Theorie der Literatur [1949]. Berlin 1963.

WortG: Aus lat. *institutum* ‚Einrichtung' entlehntes Abstraktum (Kluge-Seebold, 403). Im 16. Jh. rechtssprachlich im Sinne von ‚Unterweisung' gemäß der ‚Institutiones' Justinians gebraucht; seit der Mitte des 19. Jhs. auf staatliche und gesellschaftliche Einrichtungen bezogen (Paul-Henne, 431 f.). Der Terminus der Soziologie hat seine lateinischen Konnotationen bewahrt: Institutionen sind das historisch relativ stabile (oft, aber nicht immer rechtlich verfaßte) Ergebnis eingewöhnter Typisierungen (Berger/Luckmann, 58), aber auch Einrichtungen, die diese erst herstellen sollen.

BegrG: Der Import des Begriffs in die Literaturwissenschaft wird durch den Mangel einer Theorie begründet, die „Werk und Gesellschaft aufeinander zu beziehen" statt zu reduzieren vermag (Chr. Bürger, 8). Die Literatursoziologie der 1970er Jahre konnte dieses Defizit in einer werkimmanenten Hermeneutik, einem universalen Strukuralismus und in kruden Widerspiegelungstheorien konstatieren, die Literatur von allen sozialen Einwirkungen isolierten, zum bloßen Reflex vorgängiger ökonomischer Prozesse verdinglichten oder ohne Rekurs auf ihren Kunststatus allein in ihrer sozialen Wirkung erforschten. Literatur als Institution meint dagegen die gesellschaftlichen „Rahmenbedingungen"

der Produktion und Rezeption von Literatur in der „Wechselwirkung" mit spezifischen „Einzelwerken" (Chr. Bürger, 15). Dabei wird, anders als bei Adorno, das „Problem der Vermittlung von Literatur und Gesellschaft" nicht im einzelnen Text gefunden, sondern „in einem Dritten, dem institutionellen Rahmen" (Sanders, 9 bzw. 29), etwa dem Buchmarkt oder dem Bibliothekswesen. Dieses Drei-Ebenen-Modell vermeidet also die Verklärung oder Substantialisierung des Einzelwerks und bezieht es auf die Gesellschaft, ohne seine „relative Abgehobenheit [...] von der Lebenspraxis" (P. Bürger, 63) zu leugnen. In der Sprache Foucaults würde man vom ↗ *Diskurs* sprechen als einem historischen Ort des Sagbaren und Nicht-Sagbaren, der bestimmte literarische Formen und Inhalte zu einem gegebenen Zeitpunkt ermöglicht oder auch verbietet, nie aber konkrete Texte vollständig determiniert. ‚Institution' meint entsprechend die historischen Möglichkeitsbedingungen der Produktion und Rezeption von Texten, wobei der Einzeltext selbst Beschreibungen seiner „Vermittlung" mit dem sozialen Kontext enthält, die eine „Lektüre zweiten Grades" zuläßt (Sanders, 36). Das literarische Werk ist mithin kein passiver Reflex, sondern vermag die ‚Institution Literatur' aktiv zu reflektieren und so bisweilen − wie Christa Bürger (192−207) an Goethes ‚Iphigenie' nachweist − ihre Grenzen zu überschreiten, um die Phase einer neuen Institutionalisierung von Literatur einzuleiten.

SachG: Die Theorie der ‚Institution Literatur' versteht sich als historische, die in der Entwicklung der Sache selbst drei Phasen ausmacht: (1) eine höfisch-aristokratische Phase, in welcher die Literatur der Repräsentation und der Unterhaltung der adeligen Oberschicht dient; (2) eine bürgerlich-aufklärerische Epoche, in der Literatur vom Bürgertum als Instrument der moralischen und politischen Selbstreflexion und Kritik genutzt wird; und (3) die um 1800 beginnende und heute noch andauernde Epoche autonomer Literatur (↗ *Autonomie*) in der „entfalteten bürgerlichen Gesellschaft" (Chr. Bürger, 10 f.), deren Zweckfreiheit nach der Überzeugung P. Bürgers aber durch ihre Folgenlosigkeit erkauft worden sei.

ForschG: An der Verwendung des Modells wurde früh kritisiert, daß unklar bleibt, ob ihm eine ‚empirisch-realgeschichtliche' oder eine ‚entwicklungslogische' Bedeutung zukommen soll. So seien etwa in der Phase der Autonomie Werke leicht nachweisbar, die sich selbst als engagiert oder kritisch und mithin zweckhaft verstehen (Sanders, 16). Problematisch sei die Konzeption der Autonomie als „Herauslösung der Kunst aus lebenspraktischen Bezügen" (P. Bürger, 63), die mit dem soziologischen Institutionenbegriff kollidiere, der Institutionen nur kennt „als Träger von Funktionen für das gesellschaftliche Gesamtsystem" (Sanders, 19). Diese Kritik greift der Neufassung der Autonomie als Einheit von operationaler Geschlossenheit und Umweltoffenheit im Rahmen der ↗ *Systemtheorie* vor. 1993 erschien Gaisers Studie über ‚Literaturgeschichte und literarische Institutionen', doch wird der Begriff heute selten verwendet und scheint von Modellierungen der Literatur als ‚System' oder als ‚Diskurs' abgelöst worden zu sein, die mit dem Wort freilich auch die Sache anders fassen.

Lit: Dirk Baecker: Zweierlei Gewalt. In: Symptome 12 (1994), S. 5–10. – Jan-Pieter Barbian: Literaturpolitik im „Dritten Reich". Frankfurt 1993. – Peter L. Berger, Thomas Luckmann: Die gesellschaftliche Konstruktion der Wirklichkeit. Frankfurt [5]1989. – Pierre Bourdieu: Les règles de l'art. Genèse et structure du champ littéraire. Paris 1992, erweitert 1998. – P. B. u. a.: Streifzüge durch das literarische Feld [1991]. Konstanz 1997. – Christa Bürger: Der Ursprung der bürgerlichen Institution Kunst im höfischen Weimar. Frankfurt 1977. – Peter Bürger: Theorie der Avantgarde. Frankfurt [6]1987. – Andreas Dörner, Ludgera Vogt: Literatursoziologie. Opladen 1994. – Jacques Dubois: L'institution de la littérature. Brüssel 1983. – Gottlieb Gaiser: Literaturgeschichte und literarische Institutionen. Meitingen 1993. – Joseph Jurt: Das literarische Feld. Darmstadt 1995. – Hans Sanders: Institution Literatur und Roman. Frankfurt 1981. – Klaus R. Scherpe, Lutz Winckler (Hg.): Frühe DDR-Literatur. Berlin 1988. – Wilhelm Voßkamp: Gattungen als literarisch-soziale Institutionen. In: Textsortenlehre – Gattungsgeschichte. Hg. v. Walter Hinck. Heidelberg 1977, S. 27–42. –

Theodore Ziolkowski: Das Amt der Poeten. Die deutsche Romantik und ihre Institutionen [1990]. Stuttgart 1992.

Niels Werber

Inszenierung

Prozeß und Resultat der Realisierung eines Dramentextes auf dem Theater.

Expl: Das Endergebnis des Transformationsprozesses einer literarisch-dramatischen (erweitert: einer musikdramatischen) Vorlage ins Aufführungsereignis ist ein theoretisches Konstrukt. In ihm verschmelzen die Vorbereitungen der ↗ *Dramaturgie₂*, der darstellenden ↗ *Schauspieler* und ↗ *Sänger*, die szenisch-technischen Präsentationsbemühungen von ↗ *Bühne* und ↗ *Bühnenbild* und das Realisierungskonzept der Regie zu einer ästhetischen Gesamtheit. Die vom Regisseur künstlerisch geleitete und im Ablauf koordinierte Inszenierung wendet das Textsubstrat (↗ *Drama*) und/oder die komplexe Partitur (↗ *Oper*, ↗ *Singspiel*, ↗ *Operette*, ↗ *Musical*) ins Materiell-Augenscheinliche.

Sie wird dabei verstanden als szenische Interpretation, die ihrerseits deutungsbedürftig ist (und sich, zwischen ‚Werktreue' und ‚Regietheater', in historisch unterschiedlich großem Abstand vom Deutungsangebot der Vorlage bewegen kann). Obwohl als Aufführung wiederholbar und konkret, behauptet die Inszenierung jenseits dieser transitorischen Materialisierungen einen autonomen ästhetischen Status, der Analysegegenstand einer theaterwissenschaftlichen Disziplin ist.

[Terminologisches Feld:]

REGIE: Neben der künstlerisch-konzeptuellen Gesamtleitung sowie der Koordination aller involvierten Arbeitsbereiche obliegt ihr im besonderen die Funktion der Schauspieler-Leitung. Im umfassenden Zusammenhang der Inszenierung ist diese ‚Regiearbeit' im engeren Sinne für die Umsetzung des Textes in die Raum-Zeitlichkeit der Bühne verantwortlich – etwa durch Festlegung von Rhythmus und Phrasierung des Sprechtextes und durch genaue Anweisungen insbesondere zu *Gestik* / ↗ *Mimik₂* der Darsteller. In den meisten neuzeitlichen Dramentexten dienen der Regie dabei (neben impliziten Spielhinweisen im Dialog) auch ↗ *Regieanweisungen* als explizite Anordnungen des Dramatikers, bestimmte Vorgaben des geschriebenen Textes in reale szenische Interpretation umzusetzen (↗ *Nebentext*).

WortG/BegrG: Der Ausdruck *Inszenierung* ist eine Lehnbildung analog zum frz. *mise en scène* ‚in Szene setzen‘ (aus dem letzten Viertel des 18. Jhs.; Kluge-Seebold, 717). Sie gehen gemeinsam zurück auf griech. σκηνή [skené] ‚Hütte‘, ‚Zelt‘, was speziell den Aufbau hinter dem hölzernen Gerüst für das Spiel der Darsteller bezeichnete (↗ *Szene*). Während *Regie* und *Regisseur* bereits im 18. Jh. aus dem Frz. übernommen werden (Paul-Henne, 686; EWbD 3, 1395), kristallisiert sich *Inszenierung* – in sprachüblicher Homonymie von Vorgang und Ergebnis – seit der 1. Hälfte des 19. Jhs. als Fachterminus im praktischen Theaterbetrieb heraus (zeitweise noch in Konkurrenz zum Verb *szenieren*; Schulz-Basler 5, 699). Die von der NS-Sprachregelung verordneten Ersatzvokabeln *Spielleitung* und *Spielleiter* sind nach dem Zweiten Weltkrieg bald wieder verschwunden oder allenfalls zur Umschreibung des ‚Schiedsrichters‘ abgewandert.

Der Fachausdruck *Inszenierung* soll den Arbeitsprozeß zwischen Buchdrama und konkreter Bühnenrealisierung benennen, wird jedoch bis heute oft synonym mit *Aufführung* verwendet; dabei umfaßt er sowohl Produktions- als auch Reproduktions- und Rezeptionsaspekte. Neben die gängige bildliche Verwendung von *inszenieren* im Sinne von ‚etwas künstlich herbeiführen‘ (z. B. einen Skandal) tritt deshalb im literaturwissenschaftlichen Jargon zunehmend eine übertragene Verwendung vom Typ ‚der Text inszeniert eine…‘, womit dem Autor eine Art ‚Regisseur-Rolle‘ gegenüber dem sprachlichen Material und poetischen Inventar zugeordnet wird.

SachG: Die Einbürgerung des Begriffs ‚Inszenierung‘ im 19. Jh. war (im Gegensatz zu frühen Vorläufer-Formen; vgl. z. B. ↗ *Diri-*

gierrolle) gebunden an die Etablierung fester Theater mit neuartigen ‚Intendanten-Dramaturgen‘ und an die Profilierung des Regisseurs als der verantwortlichen künstlerischen Gestaltungsinstanz dramatischer Werke auf der Bühne.

Besonders letzterer monopolisierte zunehmend unter dem Begriff ‚Inszenierung‘ neben der Gestaltungs- auch die vorrangige oder gar alleinige Sinngebungskompetenz, während sich für den reibungslosen technischen Ablauf einer Inszenierung der Inspizient (sowie nach der Premiere ggf. der ‚Abendspielleiter‘) als Ordnungsfunktion herausschälte. Die Ausdifferenzierung der Funktionen zur Leitung der Inszenierung einerseits und zur Leitung der Aufführung als einer aktuell ablaufenden Vorstellung andererseits verankerte neben der Kunst des Dramas und der Schauspielkunst ein Bewußtsein von der eigenständigen Kunst der Inszenierung (vgl. RL² 4, 425 f. u. 432–436).

Als Ahnherr auf diesem Weg von der Praxis des 18. Jhs. (als rein die Vorgaben des Textes umsetzender *mise en scène*) zu den verselbständigten theatralen Kunstwerken z. B. eines Robert Wilson (aus dem Geiste eines Verständnisses von Inszenierung als einer umfassenden autonomen Kunst-Praxis, als sogenanntes ‚Regietheater‘) gilt vor allem Herzog Georg II. von Meiningen (1826–1914), dessen Inszenierungsstil (später oft abwertend: ‚Meiningerei‘) mutatis mutandis auch in den Theaterwirkungen des ↗ *Naturalismus* und seiner Radikalisierungen bei Konstantin S. Stanislavskij (1863–1938) wiederzufinden ist. Gegen deren – nach wie vor stark literarisch orientierte – Inszenierungstechniken setzen Adolphe Appia (1862–1928; vgl. Kreidt) mit seinen Bühnenabstraktionen und auf andere Weise Antonin Artaud (1896–1948) mit seinem ‚Theater der Grausamkeit‘ revolutionäre und radikale Akzente zugunsten einer Inszenierungsarbeit jenseits des bloß literarischen Dramas: in den eigenen Zeichensystemen von Zeit, Raum, Licht, Klang und Körperlichkeit.

ForschG: Mit der Bestimmung, daß der Gegenstand der ↗ *Theaterwissenschaft* die

Aufführung und nicht das literarische
Drama sei, machte schon das junge Fach zu
Beginn des 20. Jhs. klar, daß sein Interesse
vor allem den eine Aufführung vorbereiten-
den Arbeiten gehört, die das Stichwort *Inszenierung* im 19. Jh. zunächst als Praxis zu
fassen versuchte. Die nunmehr angestrebte
‚Rekonstruktion‘ einer Aufführung als einer
verlorengegangenen Kunstleistung erwies
sich jedoch als problematisch. Auch die
Verlagerung des Problems von der Rekonstruktion der ‚realen‘ auf die Untersuchung
der ‚intendierten‘ Inszenierung — einer eher
theoretischen Größe — brachte nur unbe-
friedigende Entlastung. Erst die audiovisuellen Aufzeichnungsmöglichkeiten scheinen der Theaterwissenschaft heute ihren
Gegenstand, den ‚szenischen Text‘, in gewissen Grenzen als wiederholbar und somit
intersubjektiv analysierbar zu gewährleisten
(vgl. dazu bes. Lehmann). Die neue Strategie der Inszenierungsforschung, durch Dokumentation einer Aufführung die Wissenschaft von morgen zu ermöglichen, schleppt
jedoch das alte Problem des synonymen
Gebrauchs von *Aufführung* und *Inszenierung* weiter, indem Aufführungs- versus Inszenierungsanalyse und umgekehrt in Anschlag gebracht werden (knapper Überblick
mit Bibliographie bei Schoenmakers).

Lit: Margret Dietrich (Hg.): Regie in Dokumen-
tation, Forschung und Lehre. Salzburg 1975. –
Erika Fischer-Lichte (Hg): Das Drama und seine
Inszenierung. Tübingen 1985. – E. F.-L.: Semio-
tik des Theaters. Bd. 3: Die Aufführung als Text.
Tübingen 1983. – Guido Hiß: Zur Aufführungs-
analyse. In: Theaterwissenschaft heute. Hg. v.
Renate Möhrmann. Berlin 1990, S. 65–80. –
Jürgen Kleindiek: Zur Methodik der Auffüh-
rungsanalyse. München 1973. – Dietrich Kreidt:
Kunsttheorie der Inszenierung. Diss. Berlin 1968.
– Andrea Krell: Funktion und Stellenwert der
Inszenierungskonzeption im theatralischen Re-
zeptionsprozeß. Halle 1982. – Hans-Thies Leh-
mann: Die Inszenierung: Probleme ihrer Analyse.
In: Zs. für Semiotik 11 (1989), S. 29–49. – Jutta
Mödlhammer-Zöller: Inszenierung als Interpre-
tation. Diss. Erlangen 1985. – Patrice Pavis: Die
Inszenierung zwischen Text und Aufführung. In:
Zs. für Semiotik 11 (1989), S. 13–27. – Jean-
Jacques Roubine: Théâtre et mise en scène:
1880–1980. Paris 1980. – Henri Schoenmakers:
Inszenierungsanalyse. In: Theaterlexikon. Hg. v.
Manfred Brauneck und Gérard Schneilin. Rein-

bek ³1992, S. 444–449. – Dietrich Schwanitz:
Die Wirklichkeit der Inszenierung und die Insze-
nierung der Wirklichkeit. Meisenheim 1977. –
Carlos Tindemans: De voorstellingsanalyse. In:
Scenarium 3 (1979), S. 56–67. – André Vein-
stein: La mise en scène théâtrale et sa condition
esthétique. Paris 1955. – Raymond Williams:
Drama in performance. London ²1968.

Joseph Kiermeier-Debre

Integumentum

Form uneigentlicher, verhüllender Rede.

Expl: Der Begriff ‚Integumentum‘ (Pl. Integumenta) meint in antiken und mittelalterlichen poetologischen Kontexten uneigentliche, besonders semantisch mehrschichtige
Rede, häufig speziell die in poetischen Texten verborgene und zu enthüllende Wahrheit. Er überschneidet sich daher teils mit
↗ *Allegorese* und ↗ *Allegorie*₂, teils mit der
christlichen Bibelhermeneutik und gewinnt
terminologische Qualität im 12. Jh. vor
allem im Rahmen der Klassiker-Auslegung.
Wie zwischen Allegorese und Allegorie₂ unterscheidet man interpretatives (d. h. aus einem vorliegenden Text durch Kommentierung gewonnenes) und konstruktives (d. h.
in einem neuen, poetischen Text, teils lite-
ral, teils durch Auslegung gebildetes) Integumentum. Den interpretativen Typus
trennt von der Bibelhermeneutik die sich
durchsetzende Festlegung auf nichtbiblische
und nicht direkt geistliche Texte, den konstruktiven von der Allegorie₂ der immer
wieder bekräftigte Anspruch auf verborgene
philosophische Wahrheit.

WortG: *Integumentum*, lat., auch *tegumen-
tum, tegmen*, von *(in)tegere* ‚bedecken‘, erscheint gleichbedeutend neben *involucrum*,
lat. von *involvere* ‚einwickeln‘ und *velamen*,
lat. ‚Hülle, Schleier‘, und diversen Umschreibungen, auch metaphorischen Modellen. Die Wendungen sind in der Konzeptge-
schichte gemeinsam zu behandeln. Als mediävistischer Fachterminus setzte sich *Integumentum* etwa seit 1970 durch (vgl. Brinkmann 1971).

BegrG: Das Integumentum bezieht sich in seiner wenig konstanten Begriffsgeschichte bald auf die äußere Texthülle, bald auf die Methode der Ver- oder Enthüllung, bald auf den bezeichneten Inhalt selbst; es kann kleinere Texteinheiten oder den ganzen Text als Gattung erfassen. Diesen gleitenden Status hat es mit der Allegorie gemein. Die breite metaphorische Verwendung von *integumentum/involucrum* führt in der klassischen Rhetorik zu einer ziemlich unspezifischen Bezeichnung sprachlicher Einkleidung gedanklicher Inhalte (Cicero, ‚De oratore‘, 1,161). Dieser rhetorisch-technische Charakter bleibt in Einzelfällen dem Integumentum auch im Mittelalter erhalten; es findet sich etwa bei Martianus Capella (‚Nuptiae‘, Anfang 5. Jh.) als dezenter Ausdruck für Obszönes (Dick/Préaux 5, 470,11); bei Wilhelm von Conches (‚Juvenal-Glossen‘, 1120/30) als durch Decknamen verhüllter Tadel in politischer Satire (Wilson, 108); bei Matthaeus von Vendôme (‚Ars versificatoria‘, um 1180) tritt die Stilfigur Aenigma als Involucrum auf (Faral, 177).

Bei den Kirchenvätern (bes. Augustinus) benennen *integumentum* und *involucrum* jedoch bereits präziser den zu enthüllenden tieferen geistlichen Sinn, auch spezifisch Typologie und mehrfachen Schriftsinn (↗ *Sensus litteralis/spiritualis*). In den Bahnen der seit Platon geführten Debatte um die Wahrheit des Fiktiven (lat. Stichwörter *fabula/fictio/figmentum* − *historia/veritas*) entwirft Macrobius (1. Hälfte 5. Jh.) im Kommentar zu Ciceros ‚Somnium Scipionis‘ das autoritativ fortwirkende Modell einer philosophische Wahrheit bergenden poetischen „narratio fabulosa" (1,2,7−21). Dieses wird in der Antikenrezeption des 12. Jhs. im Umkreis der ‚Schule von Chartres‘ im Rahmen von Reflexionen auf die spezifischen Voraussetzungen alltäglichen, naturphilosophischen, theologischen und dichterischen Sprechens neu gefaßt.

Ab ca. 1118 entwickelt Abaelard in seinen drei ‚Theologiae‘ mit Hilfe des Integumentum/Involucrum aus den Weissagungen biblischer Propheten und den Worten antiker Philosophen das christliche Trinitätsdogma; dabei setzt er die platonische Weltseele (‚anima mundi‘) mit dem Heiligen Geist gleich, was dann auf den Konzilien von Soissons (1121) und Sens (1140) verworfen wird.

Etwa gleichzeitig erscheint das Konzept in den Kommentaren des Wilhelm von Conches. In den Boethius- und Juvenalglossen dominiert eine auf ältere mythographische Quellen gestützte moralische Auslegung antiker Göttermythen. Die Kommentare zu Macrobius und zu Platons ‚Timaios‘ erschließen durch das Integumentum vor allem Platons philosophische Aussagen, sei es in der Umdeutung abstrakter (als häretisch geltender) Formulierungen oder in der Auslegung von Platons spezifischer mythischer Bildlichkeit. Platons Kosmologie und Seelenlehre werden so in das christliche Weltbild integriert, umgekehrt wird dieses ‚naturwissenschaftlich‘ fundiert. Auch Wilhelm setzt die Weltseele mit dem Heiligen Geist gleich (allerdings vorsichtig neben anderen Deutungen und mit späteren Tilgungen).

Eine terminologische Klärung des vieldeutigen Konzepts versucht Bernardus Silvestris († nach 1159), indem er geistliche und weltliche Exegesemodelle streng trennt. Im Martianus-Capella-Kommentar faßt er unter *figura/involucrum* einerseits die geistliche Allegoria (mit historisch wahrer Literal- und spirituell wahrer Zweitbedeutung, ↗ *Allegorese*), andererseits das Integumentum (unter ausdrücklichem Rückgriff auf Macrobius, mit fiktiver Erstbedeutung und philosophischem Zweitsinn). Seine Kommentierung der ersten sechs Bücher von Vergils ‚Aeneis‘ im Sinne der sechs Lebensalter schichtet über eine Literalbedeutung mit moralisch-exemplarischem Sinn das Integumentum (*involucrum*) als Zweitsinn mit philosophischen Aussagen zur platonistischen Anthropologie. Diese Versuche einer Begriffsklärung haben sich nicht durchgesetzt.

Eine dreifache Sinnschichtung zeigt sich in den Reflexionen des Alanus ab Insulis. Eine theoretische Passage des ‚Planctus naturae‘ (1160−1170 ?) fordert von poetisch-lügenhaften und moralisch verderblichen Göttergeschichten eine philosophische Wahrheit in Bildern aus der Bibelexegese

(Häring, 837, 841). Das Prosa-Vorwort des ‚Anticlaudianus‘ (etwa 1181−1184) arbeitet nach einer Zweiteilung von sinnlicher und vernunftgemäßer Erkenntnis mit der Dreiteilung von Literalsinn, moralischer Unterweisung und Allegoria. Auf dieser obersten Stufe treffen sich philosophische und spezifisch christliche Wahrheit (Meier 1977, 262−268). Alanus meidet also an den theoretischen Kernstellen eine klare begriffliche Abgrenzung des Integumentum von der Bibelhermeneutik und beansprucht für den literarischen Redemodus höchsten Erkenntnisrang.

Tendenzen der Begriffsentwicklung zeigen sich langfristig in der Ovid-Auslegung. Nach Arnulf von Orléans (spätes 12. Jh.) mit den ‚Allegoriae fabularum Ovidii‘ verfaßt Johannes von Garlandia (ca. 1250) ‚Integumenta super Ovidii metamorphosin‘. Die Autoren verbinden Moralisationen in der mythographischen Tradition mit spezifisch platonistischen Akzenten. Im altfranzösischen ‚Ovide moralisé‘ (Anf. 14. Jh.) und dem ‚Ovidius moralizatus‘ des Petrus Berchorius (‚Reductorium Morale‘, Buch XVII, um 1340) werden dem Klassiker ausdrücklich christliche Deutungen unterlegt. Heilsgeschichtlich-christliche Inhalte finden sich bereits seit dem späten 13. Jh. in der Exegese von Alanus’ ‚Anticlaudianus‘ (Meier 1980, Huber 1988).

In die Tradition des Integumentum sind auch Dantes Hinweise auf ein allegorisches Verständnis der ‚Comedia‘ zu stellen (‚Convivio‘, 2,1; Brief an Cangrande della Scala). Die im hochmittelalterlichen Integumentum erarbeiteten Verfahren der Klassiker- und Mythenauslegung wirken auf die Renaissance und weiter nach. Berührungspunkte ergeben sich zu neuzeitlichen Modellen von Dichtung als Schleier, Gewebe, Arabeske (Graevenitz 1992).

Alanus ab Insulis: Anticlaudianus. Hg. v. Robert Bossuat. Paris 1955. − Alanus ab Insulis [Alan of Lille]: De Planctu naturae. Hg. v. Nikolaus M. Häring. In: Studi Medievali III, 19/2 (1978), S. 797−879. − Bernardus Silvestris: Commentum quod dicitur Bernardi Silvestris super sex libros Eneidos Virgilii. Hg. v. Julian Ward Jones und Elizabeth Frances Jones. Lincoln, London 1977. − B. S.: The commentary on Martianus Capella’s ‚De nuptiis Philologiae et Mercurii‘ attributed to Bernardus Silvestris. Hg. v. Haijo Jan Westra. Toronto 1986. − Macrobius: Ambrosii Theodosii Macrobii Commentarii in Somnium Scipionis. Hg. v. Jacobus Willis. Leipzig ²1970. − Martianus Capella: De Nuptiis Philologiae et Mercurii libri IX. Hg. v. Adolfus Dick und Jean Préaux. Stuttgart 1969. − Wilhelm von Conches [Guillaume de Conches]: Glosae in Juvenalem. Hg. v. Bradford Wilson. Paris 1980.

SachG: Für das interpretative Integumentum bildet sich seit der Spätantike eine konsistente Reihe immer wieder ausgelegter Werke heraus: Platons ‚Timaios‘, Ciceros ‚Somnium Scipionis‘, im Anschluß daran der Kommentar des Macrobius, Vergils ‚Aeneis‘, Ovids ‚Metamorphosen‘, schließlich das Corpus der klassischen Mythologie insgesamt, gerade in seiner sekundären mythographischen Aufbereitung. Andererseits liefert die Spätantike mit poetischen Texten von gelehrt-philosophischem Anspruch auch schon Prototypen des konstruktiven Integumentum, so die ‚Nuptiae‘ des Martianus Capella und die ‚Consolatio‘ des Boethius, die im Mittelalter reiche Kommentierung erfahren. Im 12. Jh. entstehen neben den interpretierenden auch vorbildliche konstruktive Integumenta, so die ‚Cosmographia‘ des Bernardus Silvestris, der ‚Planctus‘ und der ‚Anticlaudianus‘ des Alanus.

Die Methoden, diese Wahrheit ein- und auszuwickeln, sind vielfältig. Z. T. liegt Wissensstoff an der Textoberfläche bereit, meist ist er durch Allegorese zu erschließen (wichtigstes Verfahren: das im Mittelalter assoziativ-freie ↗ *Etymologisieren*). Die Wahl der Interpretamente (einzelne Namen, Wörter) ist willkürlich, schnell werden sie auf vorgefaßte theoretische Tiefenkontexte hin interpretiert. Doch wird auch das Prinzip der Mehrdeutigkeit und textlichen Polyvalenz reflektiert und z. T. positiv bewertet. Der so erzielte Sinnüberschuß erscheint dann nicht in eindeutige diskursive Rede übersetzbar (Grünkorn 1993, Bezner).

Auf der Ebene des Ausgelegten hat seit Macrobius platonistisches Gedankengut einen besonderen Rang. Man kann den Sinn des Integumentum aber nicht darauf festlegen; daneben finden sich moralisierende Inhalte (besonders in der älteren mythographischen Tradition), die Theologie bleibt nicht ausgeblendet, und unter der literarischen Hülle hat auch ein Potential aktueller Anspielungen Platz.

Übertragungen des Modells in die Volkssprachen sind für die allegorische Dichtung (,Rosenroman', Jean de Meung, v. 7165 ff.) nachzuweisen und für den ↗ *Höfischen Roman* zu erwägen. Jedenfalls zitiert Chrétien de Troyes in seinem gattungsprägenden Artusroman ,Erec' am Schluß Macrobius und flicht eine integumentale Einheit im traditionell-gelehrten Stil ein (Erecs Krönungsornat). Vergleichbares findet sich auch in anderen Romanen (in Hartmanns von Aue ,Erec' Kosmologisches auf Enites Satteldecke, v. 7582 ff.; in Ulrichs von Zatzikhoven ,Lanzelet' auf einem Feenzelt, v. 4674 ff.). In Chrétiens exordialtopischen Reflexionen dürfte das Modell durchscheinen, ohne daß es das literaturtheoretische Experiment tragen könnte (Haug, 103 f., vgl. Register). Für die Entwicklung eines Fiktionalitätsbewußtseins im Höfischen Roman ist das Konzept als lateinischer poetologischer Hintergrund anzusetzen (Grünkorn 1993; 1994). Seine Bedeutung für Thomasins von Zerclaere Anweisungen zur Romanlektüre (,Der Wälsche Gast', 1215/16, v. 1097 ff.) wird diskutiert.

ForschG: In der älteren Literatur tauchte das Integumentum nur am Rande exegetischer Themen auf (nach wie vor grundlegend: Jeauneau 1957). Für die Erkenntnis des eigenständigen hermeneutischen Ansatzes mit seiner Vorgeschichte gab Brinkmann 1971 einen wichtigen Anstoß. Detaillierte Studien mit neuen Quellen legte Dronke 1974 vor. Den Ort des Integumentum als Mischform in der mittelalterlichen Allegorie-Diskussion präzisierte Meier (1976 und 1977). Die sinnproduktive Leistung des interpretativen wie des konstruktiven Integumentum zeigen neuerdings Grünkorn (1993) und Bezner auf.

Brinkmann votierte für die Übertragung des lateinisch-gelehrten Modells auf den Höfischen Roman und stieß eine Forschungskontroverse an, die sich auf die Frage konzentrierte, ob Thomasin von Zerclaere einen tieferen Sinn des Romans nach

dem Vorbild des Integumentum behaupte. Abgelehnt wurde dies mit Hinweis auf die nicht feste deutsche Terminologie und das prägnante platonisierende Modell des Bernardus (Knapp 1987). Dagegen sind der breitere Rahmen des Integumentum zu beachten und die systematischen Verschiebungen, die sich mit der Übertragung in den volkssprachlichen Literaturkontext ergeben (Huber 1994). Einwirkungen des Modells ohne den Aspekt allegorischer Zweischichtigkeit gibt Grünkorn (1994) zu bedenken. Versuche, den klassischen Höfischen Roman auf der Basis des Integumentum durchgehend zweischichtig zu interpretieren, sprengen den Rahmen des Konzepts (Jaeger, Lacher). Der Begriff sollte in der Forschung auf den mittelalterlichen Gebrauch des Terminus selbst und die in dieser Tradition gebräuchlichen Auslegungsverfahren und -inhalte beschränkt bleiben. Daneben verdienen aber gerade die unscharfen systematischen Rand- und Übergangsbereiche Interesse.

Lit: Quellen vor allem bei Brinkmann (1971), Dronke (1974), Meier (1976), Bezner (2000).

Frank Bezner: Vela veritatis. Hermeneutik, Wissen und Sprache in der Ideengeschichte des 12. Jhs. Tübingen 2000. – Hennig Brinkmann: Verhüllung (,integumentum') als literarische Darstellungsform im Mittelalter. In: Miscellanea mediaevalia 8 (1971), S. 314–339. – H. B.: Mittelalterliche Hermeneutik. Tübingen 1980 [vgl. Register]. – Marie-Dominique Chenu: Involucrum. Le mythe selon les théologiens médiévaux. In: Archives d'histoire doctrinale et littéraire du moyen-âge 30 (1955), S. 75–79. – Paule Demats: Fabula. Trois études de mythographie antique et médiévale. Genf 1973. – Peter Dronke: Fabula. Explorations into the uses of myth in medieval platonism. Leiden, Köln 1974. – P. D.: Eine Theorie über ,fabula' und ,imago' im 12. Jh. In: Verbum et signum. Fs. Friedrich Ohly. Hg. v. Hans Fromm u. a. München 1975, Bd. 2, S. 161–176. – Ludwig Gompf: Figmenta Poetarum. In: Literatur und Sprache im europäischen Mittelalter. Fs. Karl Langosch. Hg. v. Alf Önnerfors u. a. Darmstadt 1973, S. 53–62. – Gerhart v. Graevenitz: ,contextio' und ,conjointure', Gewebe und Arabeske. In: Literatur, Artes und Philosophie. Hg. v. Walter Haug und Burghart Wachinger. Tübingen 1992, S. 229–257. – Gertrud Grünkorn: Zum Verständnis von fiktionaler Rede im Hochmittelalter. In: Fiktionalität im Artusroman. Hg. v. Volker Mertens und Friedrich Wolfzettel. Tübingen 1993, S. 29–44. – G. G.: Die Fiktionalität des höfischen Romans um 1200. Berlin 1994. – Walter Haug: Literaturtheorie im deutschen Mittelalter. Darmstadt ²1992. – Christoph Huber: Höfischer Roman als Integumentum? In: ZfdA 115 (1986), S. 79–100. – C. H.: Zur mittelalterlichen Romanhermeneutik: Noch einmal Thomasin von Zerklaere und das Integumentum. In: German narrative literature of the twelfth and thirteenth centuries. Fs. Roy Wisbey. Hg. v. Volker Honemann u. a. Tübingen 1994, S. 27–38. – C. Stephen Jaeger: Medieval humanism in Gottfried von Straßburg's Tristan und Isolde. Heidelberg 1977. – Edouard Jeauneau: L'usage de la notion d'integumentum à travers les gloses de Guillaume de Conches. In: Archives d'histoire doctrinale et littéraire du moyen-âge 32 (1957), S. 35–100. – Fritz Peter Knapp: Integumentum und Aventiure [1987]. In: F. P. K.: Historie und Fiktion in der mittelalterlichen Gattungspoetik. Heidelberg 1997, S. 65–74. – F.P.K.: Integumentum bei Thomasin von Zerklaere? In: ebd., S. 165 f. – Ulrich Krewitt: Metapher und tropische Rede in der Auffassung des Mittelalters. Ratingen 1971. – Rolf-Peter Lacher: Die integumentale Methode in mittelhochdeutscher Epik. Frankfurt u. a. 1988. – Christel Meier: Überlegungen zum gegenwärtigen Stand der Allegorie-Forschung. In: FMSt 10 (1976), S. 1–69. – C. M.: Zum Problem der allegorischen Interpretation mittelalterlicher Dichtung. In: PBB 99 (1977), S. 250–296. – Alastair J. Minnis, Alexander B. Scott: Medieval literary theory and criticism. Oxford 1988. – Brian Stock: Myth and science in the twelfth century. Princeton 1972. – Winthrop Wetherbee: Platonism and poetry in the twelfth century. Princeton 1972.

Christoph Huber

Intellectual history ↗ *Mentalitäts-geschichte*

Intention

Absicht, bewußte Ausrichtung des Handelns auf einen Zweck; in der Literatur der unterstellte Autorwille.

Expl: Zentraler Begriff aller Humanwissenschaften für die intersubjektiv relevanten Aspekte eines psychischen Zustands im Handeln und damit wesentlich zur Zuschreibung von Handlungen. Als Intention kann bezeichnet werden: die Absicht, mit der eine Handlung ausgeführt wird, und das Ziel oder der Inhalt der ausgeführten Handlung. In der Literaturwissenschaft, insbesondere der Editionsphilologie und der Interpretationstheorie, wird die Rolle der Intention des ↗ *Autors* oder des Texts, seltener des Lesers, für die Bestimmung der Textgestalt und für die Identifikation, zumindest aber die Eingrenzung der Textbedeutung diskutiert, und die Frage nach der Rolle der Intention im gewählten Zeichen- und Kommunikationsmodell ist ein wichtiger Aspekt für die Charakterisierung methodischer Ansätze.

WortG: Lat. *intentio* (‚Gerichtetsein‘, ‚Absicht‘, ‚Vorhaben‘); seit Mitte des 16. Jhs. als Lehnwort aus dem Frz. nachgewiesen (Jones, 384; vgl. Schulz-Basler 1, 301; Kluge-Seebold, 334).

William Jervis·Jones: A lexicon of the French borrowings in the German vocabulary (1575–1648). Berlin 1976.

BegrG: Bereits seit der Antike wird ‚Intention‘ als Eigenart psychischer Akte und als Bezugspunkt der Textinterpretation diskutiert. Im folgenden wird nur letzteres – insbesondere unter dem Aspekt (1) der Interpretation literarischer Texte und (2) der Editionsphilologie – behandelt.

(1) Von der Spätantike, die die ‚intentio scribentis‘ – gemeint ist die Einstellung des Verfassers zur ‚materia‘ und die Wirkungsabsicht (vgl. Brinkmann, 5, 158) – zum wesentlichen Faktor der Erklärung eines Textes macht, bis ins 20. Jh. ist das Ziel aller hermeneutischen Bemühung, „die Rede eines andern richtig zu verstehen" (Schleiermacher 1977, 75). „Gesucht wird dasselbe im Gedanken, was der Redende hat ausdrücken gewollt" (Schleiermacher 1809/10, 1276). Insbesondere die theologische und juristische Hermeneutik, die auf eine ↗ *Applikation* des Textes abzielen, können erst durch Rekurs auf die Autorintention, deren Bedeutsamkeit sich nicht in der stets kontingenten, räumlich und zeitlich gebundenen konkreten Rede erschöpft, den Text neuen Gegebenheiten anpassen.

Diskutiert wurden in speziellen und allgemeinen Hermeneutiken gesicherte Verfahren der Textauslegung und der Ermittlung der Autorintention, auch wenn bereits die traditionelle hermeneutische Formel „einen Autor besser verstehen, als dieser sich selbst verstanden habe" (vgl. Bühler/Madonna, XXXIII) den Status des Konzepts als regulatives Ideal der Textauslegung markierte. Diltheys Modell, nach der sich Erlebnis und Verstehen des Dichters im Kunstwerk ausdrücken, wurde durch die psychoanalytische Theorie noch ergänzt um den latenten, unbewußten Gehalt des Kunstwerks.

Gegen beiderlei Formen des ‚Psychologismus' richtet sich — im Anschluß an die anti-psychologische Kritik Freges und Husserls — Ingardens Entwurf einer ↗ *Phänomenologischen Literaturwissenschaft*, der zufolge das Kunstwerk zwar durch schöpferische Bewußtseinsakte des Verfassers entstanden ist, aber als intersubjektives intentionales Gebilde — gemeint ist hier Intentionalität im Sinne Husserls (Husserl 1976) — allen Bewußtseinserlebnissen, sowohl denen des Verfassers wie auch denen der Leser, transzendent ist. Auf Ingarden beruft sich in der Folge Kayser mit seiner ↗ *Werkimmanenten Interpretation* und plädiert für eine analytische Trennung von Text und Autorintention (Kayser, 17). Sehr einflußreich wurde die Formel ‚intentional fallacy' (Wimsatt/Beardsley, erstmals 1946), mit der jeder Rückgriff einer Interpretation auf die Autorintention als Fehlschluß gekennzeichnet wurde; denn aufgrund des besonderen ontologischen Status des Kunstwerks, das eben kein Kommunikat sei, sei zur Ermittlung der Textbedeutung kein Rückgriff auf externe Informationen erlaubt (zur Diskussion vgl. Danneberg/Müller).

Die bekannteste Verteidigung autorintentionaler Interpretation — ebenfalls unter Verwendung von Husserls Intentionalitätskonzept — stammt von E. D. Hirsch. Die Rezeptionsästhetik betont, im Rückgriff auf die Unterscheidung Ingardens zwischen Werkstruktur und *Konkretisation* (↗ *Rezeptionsästhetik*), die Rolle des Lesers, da dieser die ↗ *Leerstellen* eines Textes fülle, wobei die Autorintention zwar das Vorhandensein, nicht aber die Füllung der Leerstellen bestimme (Warning, Iser).

Nahezu gleichzeitig beginnt eine zweite, radikalere Welle der Kritik an hermeneutischen Verfahren, ausgehend vom französischen ↗ *Poststrukturalismus*. Derridas Verfahren der ↗ *Dekonstruktion* versucht, die binären Oppositionen abendländischen Denkens zu unterlaufen, und stellt alle Denkmodelle in Frage, die sich auf eine ‚Präsenz' beziehen; dazu gehört auch die Intention des Autors. Die Verabschiedung des Autors als Instanz der Bedeutungsstabilisierung mit gleichzeitiger Inthronisierung des Lesers (Barthes) wurde von Foucault weitergeführt, der mittels einer Analyse der Autorfunktion den Weg zur Utopie einer Kultur ebnet, die ganz auf den Begriff ‚Autor' und seine funktionalen Äquivalente verzichtet. Kristevas Modell der ↗ *Intertextualität* als eigenständige Produktivität und Selbstverweisung aller kulturellen Zeichensysteme unterscheidet sich von ihrem Vorbild Bachtin (↗ *Dialogizität*) u. a. gerade im Fehlen der Autorintention als Bezugspunkt für die Charakterisierung der intertextuellen Bezüge (vgl. auch Pfister).

Einwände gegen diese Verabschiedung aller Instanzen, die das Spiel der Bedeutungen limitieren könnten, wurden aus sprachanalytischer Sicht vorgebracht (↗ *Analytische Literaturwissenschaft*), die Derrida insbesondere die Vernachlässigung pragmatischer Aspekte der Kommunikation vorwarf (Searle 1994). Von Seiten der ↗ *Semiotik* plädiert Eco für „Grenzen der Interpretation" (Eco 1992), die sich durch die *intentio operis* markieren ließen. Von literaturwissenschaftlicher Seite bemüht man sich unter Verzicht auf empathisch-intuitive Zugangsweisen inzwischen im Rückgriff auf neuere sprachanalytische und zeichentheoretische Modelle um Reformulierungen des Intentionsbegriffs als Kommunikationsinstanz (Iseminger, Jannidis u. a.).

(2) Die ↗ *Editionswissenschaft* hat ihre Aufgabe, einen gesicherten Text zu erstellen, bis in die 1970er Jahre als gelöst angesehen, „wenn eine dem Willen des Verfassers entsprechende oder eine diesem möglichst nahe kommende Wiedergabe des von ihm konzipierten Werkes erreicht ist" (Seiffert, 313).

Operationalisiert wurde die Ermittlung eines authentischen Textes (↗ *Authentizität*), indem ein autorisierter Textzeuge (↗ *Autorisation*) zur Grundlage der Edition gewählt wurde. Scheibes und Zellers einflußreiche Kritik an empathischen Verfahren der Ermittlung der Autorintention machte „zum Leitbegriff der Textkonstitution den in der Überlieferung bezeugten Autorwillen" (Zeller, 56), was in der Praxis zu einer engen Orientierung am Textbefund unter möglichst weitgehendem Ausschluß aller Annahmen zur Autorintention führte. In der Edition klassischer oder mittelalterlicher Texte ist aufgrund des Fehlens autorisierter Texte ein völliger Verzicht auf den Begriff der Intention diskutiert worden (New Philology; ↗ *Philologie*), ähnliches wurde unter Hinweis auf die sozialhistorische Relevanz des veröffentlichten Textes auch für die neueren Philologien vorgeschlagen (vgl. Kraft).

Gottlob Frege: Der Gedanke [1918]. In: G. F.: Logische Untersuchungen. Hg. v. Günther Patzig. Göttingen 1966, S. 30−53.

ForschG: Eigenständige Forschungen zur Begriffsgeschichte von ‚Intention' liegen nicht vor (knapper Überblick bei Engelhardt). Aspekte der Begriffsgeschichte werden jedoch zumeist im Kontext historischer Darstellungen der ↗ *Hermeneutik₁* und einzelner Methoden, z. B. ↗ *Diskursanalyse*, ↗ *Rezeptionsästhetik*, ↗ *Empirische Literaturwissenschaft*, behandelt, die ihr Profil oft mittels Abgrenzung zur ‚Autorintention' und der vorgeschlagenen Ersatzstrategien gewinnen (vgl. z. B. ↗ *Funktion*). Forschungsbeiträge zum Phänomen Intention werden zur Zeit vor allem von der analytischen Sprachphilosophie (z. B. Searle 1987; Forum für Philosophie Bad Homburg 1990) und von den Kognitionswissenschaften geleistet und im Kontext der Bewußtseinsphilosophie diskutiert (Metzinger ²1996).

Lit: Gertrude E. Anscombe: Intention. Oxford 1963. − Roland Barthes: La mort de l'auteur [1968]. In: R. B.: Œuvres complètes. Bd. 2. Paris 1994, S. 491−495. − Hennig Brinkmann: Mittelalterliche Hermeneutik. Tübingen 1980. − Axel Bühler, Luigi Cataldi Madonna: Einleitung. In: Georg Friedrich Meier: Versuch einer allgemeinen Auslegungskunst. Hamburg 1996, S. VI−XC. − Lutz Danneberg, Hans-Harald Müller: Der ‚in-

tentionale Fehlschluß' − ein Dogma? In: Zs. für allgemeine Wissenschaftstheorie 14 (1983), H. 1, S. 103−136, und H. 2, S. 376−411. − Umberto Eco: Die Grenzen der Interpretation. München, Wien 1992. − Paulus Engelhardt: Intentio. In: HWbPh 4, Sp. 466−474. − Forum für Philosophie Bad Homburg (Hg.): Intentionalität und Verstehen. Frankfurt 1990. − Michel Foucault: Was ist ein Autor? [1969] In: M. F.: Schriften zur Literatur. Frankfurt 1988, S. 7−31. − Konrad Górski: ‚Der Wille des Autors' und die korrekte Textedition. In: Zeller/Martens 1971, S. 345−354. − Eric D. Hirsch: Validity in interpretation. New Haven 1967. − Edmund Husserl: Ideen zu einer reinen Phänomenologie und phänomenologischen Philosophie 1 [1913]. Den Haag 1976. − Roman Ingarden: Das literarische Kunstwerk. Tübingen 1930. − Gary Iseminger (Hg.): Intention and interpretation. Philadelphia 1992. − Fotis Jannidis u. a. (Hg.): Rückkehr des Autors. Tübingen 1999. − Herbert Kraft: Editionsphilologie. Darmstadt 1990. − Julia Kristeva: Bachtin, das Wort, der Dialog und der Roman. In: Literaturwissenschaft und Linguistik. Bd. 3. Hg. v. Jens Ihwe. Frankfurt 1972, S. 345−375. − Thomas Metzinger (Hg.): Bewußtsein. Paderborn ²1996. − David Newton-De-Molina (Hg.): On literary intention. Edinburgh 1976. − Manfred Pfister: Konzepte der Intertextualität. In: Intertextualität. Hg. v. Ulrich Broich und M. P. Tübingen 1985, S. 1−30. − Siegfried Scheibe: Probleme der Autorisation in der textologischen Arbeit. In: Editio 4 (1990), S. 57−72. − Friedrich Schleiermacher: Hermeneutik und Kritik. Hg. v. Manfred Frank. Frankfurt 1977. − Friedrich Schleiermachers ‚Allgemeine Hermeneutik' von 1809/10. Hg. v. Wolfgang Virmond. In: Schleiermacher-Archiv 1 (1985), S. 1269−1310. − John R. Searle: Intentionalität. Frankfurt 1987. − J. R. S.: Literary theory and its discontents. In: New Literary History 25.3 (1994), S. 637−667. − Hans Werner Seiffert: Edition. In: RL² 1, S. 313−320. − Rainer Warning (Hg.): Rezeptionsästhetik. München 1975. − William K. L. Wimsatt, Monroe C. Beardsley: The intentional fallacy [1946]. In: W. K. L. W.: The verbal icon. Lexington 1954. S. 3−18. − Hans Zeller: Befund und Deutung. In: Texte und Varianten. Hg. v. Gunter Martens und H. Z. München 1971, S. 45−89.

Fotis Jannidis

Interdiskurs ↗ *Diskurs*

Interdiskursivität ↗ *Diskurs*

Interferenz ↗ *Wortspiel*

Interkulturalität

Beziehungen zwischen Kulturen.

Expl: Kulturelle Differenz, transkultureller Kontakt und Fremdverstehen gelten vielen Anthropologen als Grundbedingung zivilisatorischer Entwicklung. Auf die Kategorie der ‚Interkulturalität‘ als Inbegriff der Kommunikation zwischen Menschen aus unterschiedlichen Kulturtraditionen richtet sich somit das Interesse zahlreicher Disziplinen, die ihren gemeinsamen Gegenstand je fachspezifisch explizieren, fachterminologisch definieren, fachhistorisch konturieren: u. a. als linguistisches, literarästhetisches, literaturhistorisches, komparatistisches, didaktisches Problem (↗ *Kulturwissenschaft*).

In der Begegnung zwischen Angehörigen verschiedener Kulturen wird das Medium ihrer Verständigung wechselseitig problematisch. Indem etwa kommunikatives Routinehandeln durch die Konfrontation mit fremden Routinen ‚desautomatisiert‘ wird (↗ *Abweichung*, ↗ *Verfremdung$_2$*), werden seine Strukturen und Prozesse, Muster und Schemata, Zeichen-Einheiten und Verknüpfungsregeln schärfer ins eigene Bewußtsein gehoben (Gumperz). Interkulturalität bedeutet somit im Zeichen global zunehmender transkultureller Kontakte die Aufgabe der Erforschung interkultureller Kommunikation in ihren alltäglichen wie ästhetischen, historischen, medialen und institutionellen Aspekten (dazu Hess-Lüttich u. a. 1996).

WortG: Das Wort *Interkulturalität*, eine fachsprachliche Neubildung aus dem Präfix *inter-* (lat. *inter* ‚unter‘, ‚zwischen‘) und dem Nomen *Kultur* (lat. *cultura* ‚Landbau‘, ‚Pflege [von Körper und Geist]‘; ↗ *Kulturtheorie*), ist ebenso wie seine engl., frz., ital. und span. Entsprechungen erst in den 1990er Jahren aufgekommen (u. a. durch das ‚Centre Unesco d’études pour l’éducation et l’interculturalité‘ in Besançon); nur rund ein Jahrzehnt älter sind das zugrundeliegende Adjektiv *interkulturell* sowie *interculturalisme* (z. B. Porcher 1981).

BegrG: Die akademische Institutionalisierung der Cultural studies (↗ *Kulturwissenschaft*) in den − zunehmend als multikulturell dargestellten − USA ab 1960 führte seit den 1970er Jahren zum Konzept von Intercultural Studies und zu ihrer Etablierung als Lehr- und Forschungsgebiet, auch im Rahmen der liberalen Programmatik philologischer Disziplinen unter dem Leitbegriff der ‚Interkulturellen Kommunikation‘ (dt. Rehbein 1985, Spillner 1990, Loenhoff 1992 u. a.).

Angeregt durch die Rezeption solcher theoretischen Konzepte, aber auch den Bedürfnissen der akademischen Praxis (mit immer mehr ausländischen Studierenden) entsprechend, wurden gleichzeitig auch in den deutschsprachigen Ländern, in Erweiterung der traditionellen Bereiche ↗ *Komparatistik* und ‚Deutsch als Fremdsprache‘, erste thematische Umrisse und curriculare Aufgabenkataloge einer ‚Interkulturellen Germanistik‘ entworfen (Wierlacher 1987).

Interkulturalität wird zum Leit- und Rahmenbegriff eines Ansatzes, der ‚kulturdifferente Lektüren‘ deutscher Literatur zwischen Grund- und Fremdsprachenphilologie als Segment einer Fremdkulturwissenschaft und vergleichenden Kulturanthropologie zu konzipieren empfiehlt (Wierlacher 1996). Dieser Ansatz erhebt den Anspruch, ein ‚neues Paradigma‘ der germanistischen Erforschung des Wechselverhältnisses von ‚Fremdem und Eigenem‘ in Sprache, Literatur, Kultur und Medien eingeführt zu haben (zur kontroversen Diskussion vgl. Zimmermann).

SachG/ForschG: Interkulturelle Kommunikation im weiteren Sinne (Ehlich; Hess-Lüttich 1989) ist inzwischen ein intra-nationales wie inter-nationales Alltagsphänomen, dessen wissenschaftliche Beachtung bis hin zur akademischen Institutionalisierung im letzten Quartal des 20. Jhs. stetig zugenommen hat: durch Gründung von Zeitschriften und Buchreihen, Lehrstühlen und Instituten, Kongressen und wissenschaftlichen Vereinigungen (‚Gesellschaft für Interkulturelle Germanistik‘ seit 1985).

Im engeren Bezirk der Interkulturellen Germanistik steht die Entwicklung einer Hermeneutik der Pluralität kulturdifferenter Perspektiven auf deutsche Literatur im

Vordergrund: ,Kulturthemen' wie Fremdheit, Höflichkeit, Arbeit, Toleranz, Essen, Reisen; Aneignung der deutschen Kultur in Texten ausländischer Autoren (,Gastarbeiterliteratur', Migrantenliteratur etc.); Literaturgeschichtsschreibung für fremdkulturelle Leser (Bohnen, Krusche, Denkler, Thum); komparatistische, theater-, film- und medienwissenschaftliche Fragestellungen vor allem im Bereich der Stoff-, Motiv- und Einflußforschung (Fischer-Lichte, Hess-Lüttich 1992). In diesem Zusammenhang wird auch gefordert, das Fach insgesamt als „Medienkulturwissenschaft" neu zu konzipieren (Schmidt).

Lit: Klaus Bohnen u. a. (Hg.): Aspekte interkultureller Germanistik in nordischer Sicht. Kopenhagen, München 1987. − Horst Denkler: Deutsche Literaturgeschichte für chinesische Leser. In: Wierlacher 1987, S. 157−163. − Konrad Ehlich: Interkulturelle Kommunikation. In: Kontaktlinguistik. Hg. v. Hans Goebl u. a. Berlin, New York 1996, S. 920−931. − Erika Fischer-Lichte u. a. (Hg.): The dramatic touch of difference. Tübingen 1990. − John Gumperz: Discourse strategies. Cambridge 1982. − Ernest W. B. Hess-Lüttich: Interkulturelle Kommunikation. In: Wozu noch Germanistik? Hg. v. Jürgen Förster u. a. Stuttgart 1989, S. 176−192. − E. H.-L. (Hg.): Medienkultur − Kulturkonflikt. Opladen 1992. − E. H.-L. u. a. (Hg.): Fremdverstehen in Sprache, Literatur und Medien. Frankfurt u. a. 1996. − Dietrich Krusche: Literatur und Fremde. München 1985. − Jens Loenhoff: Interkulturelle Kommunikation. Opladen 1992. − Louis Porcher: L'éducation des enfants des travailleurs migrants en Europe: L'interculturalisme et la formation des enseignants. Straßburg 1981. − Angelika Redder, Jochen Rehbein (Hg.): Arbeiten zur Interkulturellen Kommunikation. Osnabrück 1987. − J. R. (Hg.): Interkulturelle Kommunikation. Tübingen 1985. − Siegfried J. Schmidt: Medienkulturwissenschaft: Interkulturelle Perspektiven. In: Blickwinkel. Hg. v. Alois Wierlacher und Georg Stötzel. München 1996, S. 803−810. − Bernd Spillner (Hg.): Interkulturelle Kommunikation. Frankfurt u. a. 1990. − Bernd Thum (Hg.): Gegenwart als kulturelles Erbe. München 1985. − Alois Wierlacher (Hg.): Das Fremde und das Eigene. Prolegomena zu einer interkulturellen Germanistik. München 1985. − A. W. (Hg.): Perspektiven und Verfahren interkultureller Germanistik. München 1987. − A. W.: Internationalität und Interkulturalität. In: Wie international ist die Literaturwissenschaft? Hg. v. Lutz Danne-berg und Friedrich Vollhardt. Stuttgart 1996, S. 550−590. − Peter Zimmermann (Hg.): ,Interkulturelle Germanistik'. Dialog der Kulturen auf Deutsch? Frankfurt 1989.

Ernest W. B. Hess-Lüttich

Interlinearversion

Zwischenzeilige, durchlaufende Wort-für-Wort- und Form-für-Form-Glossierung als Mittel der Texterschließung.

Expl: Während ↗ *Glossen₁* einzelne Lemmata durch Synonyma oder Übersetzungsäquivalente erklären, entsteht eine Interlinearversion durch die lückenlose Glossierung eines Grundtextes Wort für Wort und Form für Form zwischen den Zeilen in zumeist kleinerer, manchmal auch farblich abgesetzter Schrift. Das Ergebnis ist keine Übersetzung, die für sich gelesen werden will, sondern ein fortlaufender lexikalischer und grammatikalischer Kommentar, der den Grundtext verständlich machen soll.

WortG/BegrG: Der erste Wortbestandteil *Interlinear* bezeichnet die Stellung ,zwischen den Zeilen' (lat. *inter lineas*) des Grundtextes, der zweite *-version* (neulat. *versio*, mittelfrz. *version* ,Wendung', ,Übersetzung') die an der Ausgangssprache orientierte, fortlaufende Glossierung im Unterschied zu einer an der Zielsprache orientierten Übersetzung. Die Analogiebildung zur „interlinearischen" (Jacob Grimm [1826], 403 f.) Glossierung lateinischer Wortlisten oder Texte ist seit dem 19. Jh. gebräuchlich.

Jacob Grimm: Kleinere Schriften. Bd. 4. Berlin 1869.

SachG: Die Glossierung poetischer Texte ist eine aus dem hellenistischen und römischen Schulbetrieb bekannte (Marrou), im mittelalterlichen Unterricht bis ins späte 15. Jh. verbreitete (Henkel) und auch in der Moderne spontan sich einstellende Methode vorbereitender Texterschließung. Die systematische, d. h. lückenlose Glossierung lateinischer Texte mit Übersetzungsäquivalenten ist trotz ihrer Gebräuchlichkeit als Unterrichtsverfahren durch das ganze Mittelalter besonders charakteristisch für die Frühzeit volkssprachiger Schriftüberlieferung. Sie dient der schulmäßigen Aneignung des jeweiligen lat. Wortlauts und bildet die Zwischenstufe zwischen der das Lemma isolierenden Glosse und der selbständigen Übersetzung. In der deutschsprachigen Überlieferung sind Interlinearversionen seit dem ausgehenden 8. Jh. überliefert und bilden bis ins 11. Jh. die dominante Methode fortlaufender Texterschließung. Dabei sind mannigfache Übergangserscheinungen zu beobachten. Sonderegger (1965) unterscheidet „vier Schichten": (1) eine Zwischenstufe zwischen Glossierung und zusammenhängender Interlinearversion (‚St. Pauler Lukasglossen', spätes 8. Jh.); (2) den Normalfall „einer in der Regel vollständigen, schematischen Prosainterlinearversion" (altalemannische Psalmenbruchstücke, frühes 9. Jh.; über größere Strecken die ‚Althochdeutsche Benediktinerregel', frühes 9. Jh., etc.); (3) den umstrittenen (Henkel) „Sonderfall einer dichterischen Interlinearversion" (bes. ‚Murbacher Hymnen', frühes 9. Jh.); (4) interlinear angeordnete, freie Übersetzungen (z. B. den ‚Psalter' Notkers III. von St. Gallen).

ForschG: Interlinearversionen stellen keinen isolierbaren Untersuchungsgegenstand dar. Ihre Erforschung ist gebunden an die einzelnen Schriftdenkmäler und erfolgt im Kontext der Frühgeschichte der deutschen Sprache und Literatur allgemein und der volkssprachlichen Glossierung lateinischer Texte bzw. der Geschichte und Praxis von ↗ *Übersetzungen* im besonderen.

Lit: Wolfgang Haubrichs: Die Anfänge: Versuche volkssprachiger Schriftlichkeit im frühen Mittelalter (ca. 700–1050/60). Tübingen ²1995 (= Geschichte der deutschen Literatur von den Anfängen bis zum Beginn der Neuzeit. Hg. v. Joachim Heinzle. Teil 1), bes. S. 185–209. – Nikolaus Henkel: Deutsche Übersetzungen lateinischer Schultexte. München, Zürich 1988, S. 65–73. – N. H.: Die althochdeutschen Interlinearversionen. In: Wolfram-Studien 14 (1996), S. 46–72. – Christoph März: Von der Linea zur Interlinea. Überlegungen zur Teleologie althochdeutschen Übersetzens. In: Wolfram-Studien 14 (1996), S. 73–86. – Henri-Irénée Marrou: Geschichte der Erziehung im klassischen Altertum. Hg. v. Richard Harder. Freiburg i. Br., München 1957. – Stefan Sonderegger: Frühe Übersetzungsschichten im Althochdeutschen. In: Philologia deutsch. Fs. Walter Henzen. Hg. v. Werner Kohlschmidt und Paul Zinsli. Bern 1965, S. 101–114. – S. S.: Althochdeutsche Sprache und Literatur. Berlin, New York ²1987, S. 98–102. – Lothar Voetz: Die St. Pauler Lukasglossen. [...] Studien zu den Anfängen althochdeutscher Textglossierung. Göttingen 1985.

Dieter Kartschoke

Intermedialität ↗ *Intertextualität*

Intermezzo

Zwischen zwei Teile einer Theatervorführung oder Festveranstaltung eingefügte künstlerische Darbietung.

Expl: Intermezzi und INTERMEDIEN sind in der neuzeitlichen Theatergeschichte Europas zumeist kürzere szenische oder rein musikalische Vorführungen zwischen den einzelnen Akten von Fest-, Theater- und Opernaufführungen. Sie können gesprochen, gesungen, gespielt, getanzt oder rein pantomimisch dargeboten werden und dienen der Überbrückung von (Umbau-) Pausen, der Zerstreuung, Erbauung oder Erheiterung des Publikums oder, als vorwiegend optische Attraktion, der bloßen Prunkentfaltung. Dementsprechend begegnen sie (1) als eigenständige Darbietungen oder (2) in mehr oder weniger lockerem Bezug zur Haupthandlung, oft in der Funktion von Parallele, Kontrast, Kommentar, Kritik oder ↗ *Parodie*.

WortG: *Intermezzo* und *Intermedium* sind zwei verschiedene Substantivbildungen vom lat. Adjektiv *intermedius*, ital. *intermedio*, ‚zwischen etwas befindlich'; ital. Verb *intermezzare*, ‚dazwischenlegen', ‚einschieben'; seit 1761 ist *Intermezzo* darüber hinaus in der Bedeutung ‚Ereignis', ‚Episode', ‚Liebesaffäre' belegt (Kluge-Seebold, 335; Schulz-Basler 1, 304). Das Intermezzo in der Musik, zunächst ein Übergangs- oder Mittelsatz, tritt seit der Mitte des 19. Jhs. auch als eigenständiges Musikstück in Erscheinung, so bezeichnet z. B. bei Schumann oder Brahms (Dangel-Hofmann).

Frohmut Dangel-Hofmann: Intermedium. In: MGG² 4, Sp. 1011–1026.

BegrG: Am Ende des 15. Jhs. wurden in Italien zur Bezeichnung von Darbietungen zwischen den Akten (daher auch frz. ENTR'ACTE) die Termini *intermedio, intramessa, intromessa, intermezzo, introdutto, tramesse, tramezzo* oder *feste* nebeneinander gebraucht. 1487 ist in der Hofchronik zu Ferrara erstmals *von intermedi a li acti,* häufiger aber von *feste* die Rede. Die Begriffe *intermedio* und *intermezzo* setzen sich den anderen Bezeichnungen gegenüber durch. Seit dem 18. Jh. bezeichnet *Intermezzo* vorwiegend die heiteren musikalischen Zwischenakt-Auftritte in einer Operaseria-Aufführung (↗ *Oper*), so daß man heute den Terminus *Intermedium* dem früheren Zeitraum vorbehält.

Der deutsche Begriff ZWISCHENSPIEL wird auf sämtliche Erscheinungsformen von Zwischenakt-Unterhaltungen undifferenziert angewendet, so auch auf das textinterne ↗ *Spiel im Spiel.*

SachG: Zwischenspiele kennen bereits das antike Theater – in der Form von Chorszenen oder in den mimischen und pantomimischen Darbietungen der römischen Komödie – sowie das ↗ *Geistliche Spiel* des Mittelalters. Als ein besonderer Typus des Theaterspiels profilieren sich Intermedium und Intermezzo seit der Renaissance. Dabei steht der Brauch, zwischen die einzelnen Akte einer größeren Theateraufführung kleinere, anfangs rein musikalische Darbietungen einzuschieben, offenbar in engem Zusammenhang mit der Entwicklung des weltlichen Theaters: Vor allem bei der Aufführung lateinischer Komödien auf der Einheitsbühne dienten Intermedien zur Markierung der Aktschlüsse und wurden während der Pausen, bei offener Szene, eingefügt. Vorbilder boten die großen höfischen Festbankette, die zwischen die einzelnen Gänge Darbietungen unterschiedlichster Art – Tanz und Musik, oft auch Kunst-

stücke von Gauklern, Jongleuren oder Akrobaten – zur Unterhaltung der Gäste einschalteten.

In Italien waren Intermedien seit den 1480er Jahren bereits fester Bestandteil von Theateraufführungen, so 1487 und 1491 am Hof zu Ferrara. Dabei bildeten sich zwei Haupttypen heraus: (1) die rein musikalischen, oft hinter der Bühne ausgeführten Darbietungen ('intermedi non apparenti') und (2) die sichtbaren, szenischen Intermedien ('intermedi apparenti'). Diese Zwischenakt-Unterhaltungen hatten zunächst kaum Bezug zur Haupthandlung. Zu den beliebtesten Formen gehörten gesungene Szenen und Tänze, vor allem 'moresche' und 'mascherate' (Säbeltänze der Mauren bzw. Maskentänze), sowie mehr oder weniger durchgehend improvisierte kleine ↗ *Possen*. Neben mythologischen Sujets standen Alltagsszenen mit oft derbkomischer, satirischer oder parodistischer Tendenz im Vordergrund. Intermedien dieser Art wurden bald zur Hauptattraktion von Komödienaufführungen (↗ *Commedia dell'arte*), was nicht zuletzt ihre Tendenz zur Verselbständigung, insbesondere bei den englischen 'interludes' ('zwischen den Spielen': Medvall, Heywood) oder den spanischen 'entremeses' (auch 'pasos', später 'sainetes': Lope de Rueda, Cervantes, Lope de Vega, Calderón), erklärt. Bei Aufführungen ganz unterschiedlicher Werke griff man oft auf die gleichen Intermedien zurück, wobei in Italien vor allem ihre Einfügung in die beliebten Pastoralen (↗ *Bukolik*) üblich war, so bei den besonders glänzenden Inszenierungen von Tassos 'Aminta' (1573) oder Guarinis 'Pastor fido' (1595). Possenhafte Einschübe gab es auch in Tragödien und geistlichen Dramen wie den 'sacre rappresentazioni' in Italien oder den 'autos sacramentales' in Spanien.

Im deutschen Sprachraum kennt das lateinische Humanisten- und Schuldrama sowie das ↗ *Jesuitendrama* belehrende, satirische oder schwankhafte Zwischenspiele, so etwa die vier selbständigen 'interscenia' des Schuldramas 'Turbo' (1616) von J. V. Andreae. Die englischen Wandertruppen lockern ihre zunehmend deutschsprachigen Aufführungen durch Clownspossen und kleine Singspiele auf und beeinflussen damit auch das deutsche Barockdrama (Ayrer, Herzog Heinrich Julius von Braunschweig). Gryphius schließlich fügt seinen Schauspielen ‚Reihen' nach niederländischem Vorbild (Vondel) ein, die allerdings jeweils integraler Bestandteil des Dramentextes, somit nicht echte Intermedien sind.

Besonderes Gewicht gewannen an italienischen Höfen seit dem 16. Jh. prunkvolle Intermedien (‚intermedi aulici') bei außergewöhnlichen Festanlässen. Die Sujets entstammten häufig der antiken Mythologie oder barocker Allegorik. Dabei ermöglichte eine immer kompliziertere Bühnenmaschinerie die Darstellung spektakulärer Wundererscheinungen und überraschender Szenenverwandlungen. Die opulente Ausstattungskunst, mit der hier Einzelfiguren wie Ensembles malerisch-plastisch in Szene gesetzt wurden, hat ihr Seitenstück in den englischen ‚masques' des frühen 17. Jhs. und den ‚intermèdes' oder den ↗ *Ballett*-Entrées am französischen Königshof. Bei diesen Veranstaltungen wurde die Zahl der Intermedien zumeist von vier auf sechs erhöht, indem man auch Prolog und Epilog noch durch Zwischenspiele abteilte. Man suchte sie einem übergreifenden Handlungszusammenhang zuzuordnen. Bei den vor allem auf optische Effekte ausgerichteten Prunkdarbietungen übernahmen nicht zuletzt ↗ *Pantomime* und ↗ *Tanz* die Funktion, den Zuschauern den Sinn des Dargestellten zu vermitteln. Im 17. Jh. trat bei festlichen Anlässen zunehmend die Oper an die Stelle der ‚intermedi aulici'.

In Abgrenzung von den großen Intermedien entwickelte sich seit dem 17. Jh. das Intermezzo als heitere Kleinform der Zwischenaktfüllung. Gegenüber der Vielfalt früherer Erscheinungsformen (‚farsa', ‚farsetta', ‚burletta', ‚scherzo', improvisiertes Intermezzo, Monolog u. a. m.) setzen sich dabei drei Typen durch: (1) das instrumentale (‚concerto', ‚sinfonia'), (2) das getanzte (‚ballo') und (3) das auf den komischen Szenen (‚scene buffe') der Opera seria basierende ‚intermezzo comico per musica', das, in Venedig und Neapel entwickelt, zur verbreitetsten Spielart und zum Inbegriff des Intermezzos wird. Meist zweiteilig, stellt es

gewöhnlich zwei bis drei Personen niederer sozialer Herkunft in den Mittelpunkt; daneben tragen pantomimische Aktion und ↗ *Improvisation* der ‚stummen Rollen', meist der Dienergestalten, zur ↗ *Bühnenkomik* entscheidend bei. Bereits die scene buffe kannten eine fortlaufende Nebenhandlung zur Haupthandlung, doch grenzt das Intermezzo sich von ihnen durch strafferen dramaturgischen Aufbau, von der komischen Oper aber durch die einheitliche Affektlage sämtlicher Personen ab. Zu den besonderen stilistischen Errungenschaften des komischen Intermezzos zählen der tänzerisch-liedhafte Ton sowie das spezifische Buffo-‚Geplapper'. Die bedeutendsten Komponisten der Zeit (Monteverdi, Cavalli, A. Scarlatti) schrieben die Musik zu diesen Intermezzi, die auch dem deutschen ↗ *Singspiel* den Weg bereiteten. Bei der Einfügung in komische Opern, Schauspiele und Pantomimen kombinierte man das komische Intermezzo im 18. Jh. zunehmend mit Ballettauftritten. Ein Eckdatum stellt dabei die berühmte Aufführung von Pergolesis ‚La serva padrona' 1752 in Paris dar, bei der das Werk zusammenhängend, also nicht mehr über mehrere Zwischenakte verteilt, zwischen Lullys ‚Acis et Galathée' und einer Ballettpantomime dargeboten wurde.

Trotz klassizistischer Reformversuche blieben verschiedene Spielarten zumeist komischer Zwischenakt-Unterhaltungen durch das ganze 18. Jh. bis hin zu den Literaturkomödien der Romantik und der Wiener Volkskomödie erhalten. Im ernsten Drama erinnerte seit der Goethezeit nurmehr die Zwischenaktmusik noch an diese Tradition (Beethoven, ‚Egmont'). Auf Intermezzo wie (textlich fixiertes) Zwischenspiel greifen indessen im 20. Jh. Hofmannsthal, Pirandello, Valéry und Brecht erneut zurück, im Musiktheater R. Strauss, A. Schönberg und B. Britten.

ForschG: Bei der Erforschung von Intermedium und Intermezzo stand jahrzehntelang die Sicherung der Quellen, die Suche nach weiteren archivalischen Dokumenten, insbesondere nach Kompositionsmaterialien und Aufführungsberichten, im Vordergrund. Spezialuntersuchungen der jüngeren

Zeit befassen sich vor allem mit stilistischen Merkmalen, mit Problemen der Abgrenzung von anderen Gattungen sowie mit Detailfragen der Aufführungsgeschichte, zumal in ihren jeweiligen lokalen Besonderheiten. Doch gilt auch hinsichtlich solcher Aspekte die Arbeit als großenteils ‚noch ungetan' (Landmann).

Lit: Alessandro d'Ancona: Sacre rappresentazioni dei secoli XIV, XV e XVI. Florenz 1872. − Friedrich Böttger: Die ‚Comédie Ballet' von Molière-Lully. Berlin 1930, Repr. Hildesheim 1979. − Thomas W. Craik: The Tudor interlude. Leicester 1958. − James P. Wickersham Crawford: Spanish drama before Lope de Vega. Philadelphia 1922, ²1968. − Francesco Degrada (Hg.): Studi Pergolesiani / Pergolesi studies. Florenz 1986. − Pierre Louis Duchartre: La comédie italienne. Paris 1924. − Werner Habicht: Studien zur Dramenform vor Shakespeare. Heidelberg 1968. − Fritz Hammes: Das Zwischenspiel im deutschen Drama von seinen Anfängen bis auf Gottsched [...]. Berlin 1911. − Jean Jacquot (Hg.): Les fêtes de la Renaissance. Bd. 1. Paris 1956. − Heinz Kindermann: Theatergeschichte Europas. Bde. 2−4. Salzburg ²1969−1972. − Ortrun Landmann, Gordana Lazarevich: Intermezzo. In: MGG² 4, Sp. 1026−1048. − Gordana Lazarevich: The role of the Neapolitan intermezzo in the evolution of eighteenth-century musical style. Diss. Columbia 1970. − Irène Mamczarz: Les intermèdes comiques italiens au XVIIIᵉ siècle en France et en Italie. Paris 1972. − Andrew C. Minor, Bonner Mitchell: A Renaissance entertainment. Columbia 1968. − Alois M. Nagler: Theatre festivals of the Medici. 1539−1637. New Haven, London 1964. − Hans Nietan: Die Buffoszenen der spätvenetianischen Oper. Diss. Halle 1925. − Wolfgang Osthoff: Theatergesang und darstellende Musik in der italienischen Renaissance. 2 Bde. Tutzing 1969. − Nino Pirrotta: Intermedium. In: MGG 6, Sp. 1310−1326. − Edmund Stadler: Zwischenspiel. In: RL² 4, S. 1081−1105. − Frederick W. Sternfeld: Aspects of Italian intermedi and early operas. In: Convivium musicorum. Fs. Wolfgang Boetticher. Hg. v. Heinrich Hüschen und Dietz-Rüdiger Moser. Berlin 1974, S. 359−366. − Charles E. Troy: The comic intermezzo in eighteenth-century Italian ‚Opera seria'. Cambridge/Mass. 1971. − C. E. T.: Intermedio. In: The New Grove dictionary of music and musicians. Hg. v. Stanley Sadie. Bd. 9. London 1980. Sp. 258−271. − Simon T. Worsthorne: Venetian opera in the 17th century. Oxford 1954. − Ludovico Zorzi u. a. (Hg.): Il teatro dei Medici. Florenz 1980.

Heide Eilert

Interne Funktion ↗ *Funktion*

Interpolation ↗ *Textkritik*

Interpretation

In der Literaturwissenschaft das methodisch herbeigeführte Resultat des Verstehens von Texten in ihrer Ganzheit.

Expl: Im allgemeinen literaturwissenschaftlichen Sprachgebrauch bedeutet *Interpretation* soviel wie Erklärung, Auslegung oder Deutung von literarischen Texten, wobei der Ausdruck sowohl die Tätigkeit des Interpretierens als auch deren Ergebnis, das ‚Produkt' Interpretation, bezeichnet. Folgende Merkmale dieses allgemeinen literaturwissenschaftlichen Interpretationsbegriffs lassen sich benennen:

(1) Die Interpretation bezieht sich auf den Text als solchen. Der Interpret versucht nicht, mit Hilfe des Textes textexterne Informationen beispielsweise über das Unbewußte seines Autors zu gewinnen oder über die politischen und sozialen Verhältnisse, in denen der Text entstand. Man unterscheidet deshalb das Gebrauchen oder Benutzen eines Textes von dessen Interpretation (Eco, 47). In ähnlicher Weise wird die Interpretation auch unterschieden von der persönlichen ↗ *Applikation* oder ‚Textadaption' (Eibl, 69) im Sinne einer Anwendung des Textes auf die individuelle Lebenssituation des Lesers.

(2) Die Interpretation bezieht sich auf den Text als ganzen (dessen Einheit oder Ganzheit dabei methodisch unterstellt wird nach dem ‚principle of charity': Pasternack 1992, 159 f.). Interpretieren ist nicht nur das Erklären einzelner unverständlicher Wörter oder ‚dunkler' Stellen. Man unterscheidet deshalb die Interpretation von der ↗ *Glosse₁* und vom ↗ *Kommentar₂* (Japp, 103).

(3) Die Interpretation ist mit dem Anspruch verbunden, in der Bedeutungszuweisung über die Wiedergabe des Wortsinns hinauszugehen. Man unterscheidet deshalb

das Interpretieren vom bloßen ↗ *Verstehen* (Busse, 187–195; Weimar 1995, 114) sowie von der Beschreibung (Matthews), wozu neben Nacherzählung und Inhaltsangabe auch die PARAPHRASE zählt, d. h. die reine Wiedergabe des Dargestellten mit anderen Worten, aber unter möglichst weitgehender Wahrung des semantischen Gehalts.

(4) Die Interpretation ist keine subjektiv-willkürliche Meinungsäußerung, sondern folgt unterschiedlichen, mehr oder weniger klar umrissenen Regeln, die durch die jeweilige Interpretationstheorie vorgegeben werden. ‚Regelgeleitet‘ in diesem weiten Sinne sind nicht nur die zahlreichen, seit Beginn der ‚Methodendiskussion‘ (↗ *Methodologie*) in den 1970er Jahren ausdifferenzierten ↗ *Methoden* der Interpretation, sondern durchaus auch die in dieser Diskussion immer wieder kritisierte „Kunst der Interpretation" (Staiger, 9–33). Man unterscheidet in dieser Hinsicht die literaturwissenschaftliche Interpretation von der bloßen Mutmaßung oder Spekulation, die alltagssprachlich bzw. polemisch ebenfalls gern *Interpretation* genannt wird (Ellis, 253).

(5) Die Interpretation ist eine komplexe literaturwissenschaftliche Tätigkeit, die sich in Abhängigkeit von der jeweiligen theoretischen Fundierung in unterschiedliche Handlungen, Aussagetypen, Sprechakte o. ä. untergliedern läßt, beispielsweise in „deskriptive", „explanative" und „evaluative Aussagen" (Schmidt, 297) oder in „Textbeschreibung", ↗ *Textanalyse* und „Interpretation im engeren Sinne" (Schutte, 30). Unter diesem Gesichtspunkt wird *Interpretation* terminologisch von *Auslegung* und *Deutung* unterschieden, die als Teile oder Segmente der Interpretation genommen werden: Die AUSLEGUNG bringt einzelne Beobachtungen (etwa zu poetischen ↗ *Leerstellen*) in einen Sinnzusammenhang, indem sie ihnen z. B. ein bestimmtes Schema oder Strukturprinzip unterlegt. Die DEUTUNG bezieht sich auf die ↗ *Botschaft* des ganzen Textes und integriert die Auslegungsschemata in ein umfassendes Interpretationsergebnis (zur Abstufung Strube, 97–112).

Der Ausdruck *Interpretation* sollte nur für regelgeleitete Verfahren im literaturwissenschaftlichen Umgang mit Texten verwendet werden, wobei die Regeln durch die verschiedenen literaturtheoretischen Ansätze vorgegeben werden. Aufgrund der Vielfalt und Divergenz dieser Positionen empfiehlt es sich, den Ausdruck im speziellen nicht ohne erläuterndes Prädikat − wie ‚psychologische‘, ‚literarhistorische‘ oder ↗ *Werkimmanente Interpretation* − zu gebrauchen.

WortG: Der Ausdruck geht zurück auf lat. *interpretatio*, das Äquivalent zu griech. ἑρμηνεία [hermeneía] ‚Auslegung‘ (↗ *Hermeneutik*). Drei Bedeutungen des Verbs *interpretari* sind zu unterscheiden: (a) ‚auffassen‘ oder ‚verstehen‘, (b) ‚auslegen‘, ‚deuten‘ oder ‚erklären‘, (c) ‚übersetzen‘. Das Substantiv *interpres* bezeichnet dagegen ursprünglich den Vermittler − sowohl zwischen Menschen als auch zwischen Göttern und Menschen (als Priester, Zeichendeuter oder Prophet). Damit hängt möglicherweise zusammen, daß der Wortfamilie bis heute das Bedeutungselement des Dunklen, Vagen und Irrationalen zugeschrieben wird (Fuhrmann, 81–86). Andererseits wurde *interpres* später auch für den um möglichst genaue Entsprechung bemühten Dolmetscher oder Übersetzer gebraucht. Seit ciceronischer Zeit bezeichnet *interpretatio* die philologische und vor allem juristische Auslegung (ebd. 91–97).

Die heute geläufige Bedeutung ‚methodisch geleitetes Verstehen von literarischen Texten‘ bildet sich im 19. Jh. im Zusammenhang mit dem Entstehen der Literaturwissenschaft heraus, wobei *Interpretation* häufig noch einfach synonym mit *Deutung* (z. B. Steinthal, 535) oder *Auslegung* (z. B. Dilthey, 319) gebraucht wird.

BegrG/SachG: Eine Notwendigkeit zur Interpretation begann sich historisch erst zu entwickeln, als die Aufnahme des Wortsinns durch den Wandel kultureller, religiöser, moralischer oder auch ästhetischer Normen vor Schwierigkeiten gestellt war, die betreffenden Texte aber trotzdem − z. B. aus religiösen Gründen − für wichtig erachtet wurden. Bereits in der Antike lassen sich grundsätzlich zwei Arten solcher Interpretation unterscheiden: zum einen die auf den buchstäblichen Sinn gerichtete rhetorisch-grammatische Interpretation, deren Ziel es ist, den ursprünglichen Sinn eines nicht mehr verständlichen Textes in moderner Sprache wiederzugeben; zum anderen die allegorische Interpretation, in der dem buchstäblichen Sinn (↗ *Sensus litteralis*) ein übertragener, allegorischer oder symbolischer Sinn (*sensus allegoricus*) zugeordnet wird.

Inwieweit die in geistlichem Zusammenhang entwickelten Interpretationsverfahren der ↗ *Allegorese* und ↗ *Typologie₁* bereits im Mittelalter auch auf die weltlich-höfische Dichtung angewandt wurden, ist umstritten (dazu Ohly, Hoefer, Heselhaus). Die allegorische Bibel-Auslegung ist für das gesamte Mittelalter bestimmend und wird ansatzweise erst im ↗ *Humanismus₂*, dann vor allem in der ↗ *Reformation* nachhaltig kritisiert. Neben der Diskussion um die Homer-Auslegung (vgl. die ,Wege der Forschung' bei Latacz) leitet von hier aus besonders die im Artikel ↗ *Exegese* dargestellte reiche Tradition der protestantischen Bibelhermeneutik zwischen Luther und Schleiermacher (vgl. etwa die zahlreichen Bände der ,Beiträge zur Geschichte der biblischen Exegese', 1955 ff.) hinüber zur Begründung einer eigenständigen literarischen ↗ *Hermeneutik₁* im 18. Jh.

Im Bezug auf deutschsprachige literarische Texte ergibt sich die Notwendigkeit der Interpretation erst mit der Trennung von Poesie und Poetik und der Auflösung überkommener, vor allem religiöser, Sinnordnungen im 18. Jh. (dazu Weimar 1989, 347–349). Theoretische Ansätze für die notwendig gewordene Überwindung der ,Fremdheit' zwischen dem literarischen Text und seinem zeitgenössischen Leser fanden sich bemerkenswerterweise kaum in der weitgehend theologisch orientierten Aufklärungshermeneutik oder der juristischen Hermeneutik (zum historischen Verhältnis vgl. Fuhrmann u. a.), sondern vor allem in einigen Anmerkungen bei Hamann, Herder und Fr. Schlegel (vgl. Weimar 1975, 66–110). Um 1800 bildeten sich – neben Lesarten-Sammlungen, philologischen ↗ *Kommentaren₂* u. ä. – im engeren, methodischen Sinne interpretative Vorgehensweisen heraus, die erstmals auf die spezifischen Bedürfnisse im Umgang mit zeitgenössischen

literarischen Texten ausgerichtet waren. Diese Formen einer „rationalen Rekonstruktion" des Textsinns traten mit dem Anspruch auf, „Wiederholung des Schreibprozesses" und gleichzeitig selbständige „argumentative Ableitung" zu sein – „eine Absage also an die alte Hermeneutik" (Weimar 1989, 356 f.).

Freilich blieben diese Versuche – nicht zuletzt aufgrund mangelnder theoretischer, nämlich hermeneutischer Fundierung – auf einen kurzen Zeitraum begrenzt. So ist etwa Schleiermachers allgemeine Hermeneutik nicht primär eine Theorie der Dichtungsinterpretation, auch wenn sie schon früh als solche aufgefaßt wurde (Scholtz, 109–125). Auch manifestiert sich in Schleiermachers Konzept einer ,psychologischen Interpretation' (über die ,grammatische Interpretation' der Philologie und die ,technische Interpretation' der Gattungspoetik hinaus; vgl. Birus, 15–58) neben anderen Tendenzen (vgl. Frank) eine erneute Hinwendung zur autorpsychologischen Interpretationsweise, die in ihren unterschiedlichen Entwicklungen und Ausprägungen bis zum Ende des 19. Jhs. – neben den positivistisch orientierten philologischen und literaturgeschichtlichen Verfahren – die einzige im engeren Sinn interpretative Vorgehensweise darstellt (Weimar 1989, 365–410).

Gegen den ↗ *Positivismus*, aber auch gegen die philosophisch nur ungenügend fundierte ,historische Schule' verpflichtet Dilthey die Geisteswissenschaften – in Abgrenzung zur naturwissenschaftlichen ↗ *Erklärung* – auf das Verstehen des Seelenlebens (Dilthey, 144). Mit der Weiterentwicklung dieser psychologisch ausgerichteten Verstehens-Konzeption zur hermeneutischen Untersuchung objektiv-geistiger Zusammenhänge schafft Dilthey die Grundlagen für die geistesgeschichtliche Interpretationsweise, die die ersten drei Jahrzehnte des 20. Jhs. prägt (↗ *Geistesgeschichte*). Als Fortführung und Ergänzung hierzu entwickeln sich bereits vor dem Zweiten Weltkrieg Formen der ,Werkimmanenten Interpretation' (vgl. Danneberg 1996), die nach dem Krieg unter solchen Bezeichnungen wie „Stilkritik" oder „Kunst der Interpretation", im englischsprachigen Raum als

↗ *New Criticism* zur lange Zeit dominierenden Interpretations-Doktrin avancieren.

Teils aufgrund ihrer mangelnden theoretischen Fundierung, teils aufgrund des Ausblendens jeglicher kultureller, politischer oder sonstiger textexterner Bezüge werden diese Ansätze spätestens seit den 1960er Jahren massiv kritisiert. Mit Hilfe logischanalytischer (Göttner), kritisch-rationalistischer (Eibl), strukturalistischer (Titzmann) oder auch semiotischer (Eco) Modelle wurde der Versuch unternommen, theoretisch fundierte ‚Methoden‘ der Interpretation auszuarbeiten – eine Entwicklung, die vielfach unter dem Schlagwort „Verwissenschaftlichung der Literaturwissenschaft" (Danneberg/Müller) zusammengefaßt wird.

Insgesamt sind die letzten Jahrzehnte des 20. Jhs. gekennzeichnet durch die Ausdifferenzierung verschiedener Ansätze, Theorien oder ‚Methoden‘ der literaturwissenschaftlichen Interpretation, wobei neben dem Text selbst und dem vom Autor bewußt intendierten Sinn zunehmend andere Dimensionen des Interpretierens akzentuiert werden (z. B. ↗ *Wirkungsgeschichte*, ↗ *Literaturpsychologie*, ↗ *Empirische Literaturwissenschaft*).

Während die Ermittlung der Autorintention in manchen neueren Theorien als zentrales und auch erreichbares Ziel der Interpretation genannt wird (Hirsch; Juhl), stellen andere die Suche nach dieser ↗ *Intention* unter das Verdikt eines ‚intentionalen Fehlschlusses‘ (Wimsatt/Beardsley) oder behaupten, dieses Ziel sei schon aus erkenntnistheoretischen Gründen gar nicht erreichbar (Glasersfeld, 87). Eine dritte Position läßt die These der Unbestimmtheit (oder zumindest der ↗ *Ambiguität*) des vom Autor intendierten Sinns gelten, besteht jedoch darauf, daß jede Interpretation zumindest von der regulativen Idee geleitet sein müsse, der in ihr ermittelte Sinn sei vom Autor im Text angelegt worden (Gabriel, 151).

In zahlreichen neueren Literaturtheorien (z. B. bei Susan Sontag von einer politischen ↗ *Ästhetik*, bei Derrida von der ↗ *Grammatologie*, bei Eco von der ↗ *Semiotik* aus) findet sich eine zumindest implizit skeptische, ja grundlegend in Frage stellende Haltung gegenüber der Interpretation (bei recht unterschiedlicher Verwendung des Begriffs), oft genug auch die explizite Forderung ihrer vollständigen Abschaffung (dazu Spree 1995). Freilich ist der Ausdruck mittlerweile von so verwirrender Bedeutungsvielfalt, daß auch interpretationskonservative Wissenschaftler den Verzicht auf das Wort *Interpretation* – wenn auch nicht auf die Sache – einfordern (Weimar 1995, 114).

ForschG: Die Forschungsgeschichte der Interpretation ist bis heute eng verbunden mit den Forschungen zur Geschichte der ↗ *Hermeneutik₁*. Zwar wurden Diltheys eher knappe Untersuchungen zur Geschichte der „Auslegungskunst" (Dilthey, 321–331) mittlerweile durch umfangreiche hermeneutikgeschichtliche Forschungen ergänzt und korrigiert. Die Forschungen zur Entstehung einer im engeren Sinn literaturwissenschaftlichen Interpretation stehen jedoch noch am Anfang. Erste Ergebnisse zeigen, daß die in der Literaturwissenschaft bis heute übliche Parallelisierung der Hermeneutik-Geschichte mit der Entwicklung einer literaturwissenschaftlichen Interpretationspraxis so nicht haltbar ist (Weimar 1989, 347–410).

Vor allem unter dem Einfluß der Analytischen Philosophie wurden aber auch systematisch ausgerichtete, meta-theoretische Untersuchungen der literaturwissenschaftlichen Verfahren (↗ *Hermeneutischer Zirkel*) und insbesondere der Interpretation durchgeführt, die teils logisch-analytisch (Göttner), teils empirisch-analytisch (Grewendorf; v. Savigny) und teils sprachanalytisch-philosophisch (Hampshire; Shusterman; Hermerén) orientiert waren (↗ *Analytische Literaturwissenschaft*). Ein Grundzug der letztgenannten Untersuchungen besteht in der Abkehr von der Annahme einer einzigen, präzise zu analysierenden ‚Logik der Interpretation‘ (wie sie von Göttner noch vertreten wurde) und der Hinwendung zu einem differentialistischen Ansatz, der es erlaubt, eine Vielzahl von Interpretationstypen zu unterscheiden, die prinzipiell gleichberechtigt nebeneinander stehen und sich mehr oder weniger systematisch voneinander abgrenzen lassen (Strube, 67−96).

Lit: Peter J. Brenner: Das Problem der Interpretation. Tübingen 1998. − Dietrich Busse: Textinterpretation. Opladen 1992. − Lutz Danneberg, Hans-Harald Müller: Verwissenschaftlichung der Literaturwissenschaft. In: Zs. für allgemeine Wissenschaftstheorie 10 (1979), S. 162−191. − L. D.: Zur Theorie der werkimmanenten Interpretation. In: Zeitenwechsel. Hg. v. Winfried Barner u. Christoph König. Frankfurt 1996, S. 313−342. − Daniel C. Dennett: The interpretation of texts, people and other artifacts. In: Philosophy and Phenomenological Research. Supplement 1 (1990), S. 177−194. − Wilhelm Dilthey: Gesammelte Schriften, Bd. 5. Stuttgart, Göttingen ⁵1968. − John M. Ellis: Critical interpretation, stylistic analysis, and the logic of inquiry. In: Journal of Aesthetics and Art Criticism 36 (1978), S. 253−262. − Umberto Eco: Die Grenzen der Interpretation. München, Wien 1992. − Karl Eibl: Kritisch-rationale Literaturwissenschaft. München 1976. − Manfred Frank: Das individuelle Allgemeine. Textstrukturierung und -interpretation nach Schleiermacher. Frankfurt 1977. − Manfred Fuhrmann u. a. (Hg.): Text und Applikation. Theologie, Jurisprudenz und Literaturwissenschaft im hermeneutischen Gespräch. München 1981. − M. F.: Interpretatio. Notizen zur Wortgeschichte. In: Sympotica Franz Wieacker. Hg. v. Detlef Liebs. Göttingen 1970, S. 80−110. − Gottfried Gabriel: Zwischen Logik und Literatur. Stuttgart 1991. − Matthias Gatzemeier: Interpretation. In: Enzyklopädie Philosophie und Wissenschaftstheorie. Hg. v. Jürgen Mittelstraß. Mannheim, Wien 1984. Bd. 2, S. 273−276. − Ernst v. Glasersfeld: Über den Begriff der Interpretation. In: E.v.G.: Wissen, Sprache, Wirklichkeit. Braunschweig, Wiesbaden 1987, S. 86−96. − Heide Göttner: Logik der Interpretation. München 1973. − Günther Grewendorf: Argumentation und Interpretation. Kronberg/Ts. 1975. − Stuart Hampshire: Types of interpretation. In: Art and philosophy. Hg. v. Sidney Hook. New York 1966, S. 101−108. − Göran Hermerén: Interpretation: Types and criteria. In: The worlds of art and the world. Hg. v. Joseph Margolis. Amsterdam 1984, S. 131−161. − Clemens Heselhaus: Auslegung und Erkenntnis. In: Gestaltprobleme der Dichtung. Hg. v. Richard Alewyn u. Hans-Egon Hass. Bonn 1957, S. 259−282. − E. D. Hirsch: Prinzipien der Interpretation [1967]. München 1972. − Hartmut Hoefer: Typologie im Mittelalter. Göppingen 1971. − Uwe Japp: Hermeneutik. München 1977. − Peter D. Juhl: Interpretation. Princeton 1980. − Wolfgang Kayser: Literarische Wertung und Interpretation. In: W. K.: Die Vortragsreise. Bern 1958, S. 39−57. − Joachim Latacz (Hg.): Homer. Die Dichtung und ihre Deutung. Darmstadt 1991. − Henri de Lubac: Exégèse médiévale. 4 Bde. Paris 1959−1964. − Robert J. Matthews: Describing and interpreting works of art. In: Journal of Aesthetics and Art Criticism 36 (1977), S. 5−14. − Friedrich Ohly: Schriften zur mittelalterlichen Bedeutungsforschung. Darmstadt 1977. − Gerhard Pasternack: Interpretation. München 1979. − G. P.: Zur Rationalität der Interpretation. In: Vom Umgang mit Literatur und Literaturgeschichte. Hg. von Lutz Danneberg u. a. Stuttgart 1992, S. 149−168. − Paul Ricœur: Die Interpretation [1965]. Frankfurt 1969. − P. R.: Interpretation theory. Fort Worth ⁶1976. − Eike v. Savigny: Argumentation in der Literaturwissenschaft. München 1976. − Siegfried J. Schmidt: Grundriß der empirischen Literaturwissenschaft. Bd. 1. Braunschweig, Wiesbaden 1980. − Gunter Scholtz: Ethik und Hermeneutik. Frankfurt 1995. − Jürgen Schutte: Einführung in die Literaturinterpretation. Stuttgart 1985. − Richard Shusterman: The logic of interpretation. In: Philosophical Quarterly 28 (1978), S. 310−324. − Axel Spree: Kritik der Interpretation. Paderborn, München 1995. − A. S.: Interpretation. In: Arbeitsbuch: Literaturwissenschaft. Hg. v. Thomas Eicher u. Volker Wiemann. Paderborn 1996, S. 167−215. − Emil Staiger: Die Kunst der Interpretation. Zürich 1963. − Heymann Steinthal: Die Arten und Formen der Interpretation [1878]. In: H. S.: Kleine sprachtheoretische Schriften. Hg. v. Waltraud Bumann. Hildesheim, New York 1970, S. 532−542. − Werner Strube: Analytische Philosophie der Literaturwissenschaft. Paderborn, München 1993. − Michael Titzmann: Strukturale Textanalyse. Theorie und Praxis der Interpretation. München 1977. − Klaus Weimar: Historische Einleitung zur literaturwissenschaftlichen Hermeneutik. Tübingen 1975. − K. W.: Geschichte der deutschen Literaturwissenschaft bis zum Ende des 19. Jhs.. München 1989. − K. W.: Text, Interpretation, Methode. In: Wie international ist die Literaturwissenschaft? Hg. v. Lutz Danneberg und Friedrich Vollhardt. Stuttgart, Weimar 1995, S. 110−122. − William K. Wimsatt, Monroe C. Beardsley: The intentional fallacy. In: Sewanee Review 54 (1946), S. 468−488.

Axel Spree

Interpunktion

Zeichensetzung; Gliederung von Texten durch konventionalisierte, in der Regel nichtalphabetische (Satz-) Zeichen.

Expl: Interpunktion gliedert schriftliche Texte nach grammatischen (bes. syntaktischen und textgrammatischen) wie pragmatischen Kriterien, dient also ebenso der Abgrenzung von Sätzen und Teilsätzen und ihrer Hierarchisierung wie der Markierung von Sprecherrollen (Anführungszeichen) oder der Indizierung von suprasegmentalen Merkmalen der gesprochenen Rede (Intonationsverläufe, Sprechpausen u. ä.). Grammatische und pragmatische Markierung können sich auch überlagern, z. B. bei der Kennzeichnung bestimmter Satztypen (Fragesätze, Ausrufesätze). Textgrammatisch ist vor allem die Zusammenfassung von Sätzen zu größeren Einheiten und deren Markierung (durch entsprechende Zeichen oder durch das Layout) von Bedeutung, aber auch die Möglichkeit zur Abstufung der Bindungsintensität zwischen Sätzen (Semikolon, Gedankenstrich) und damit zur Profilierung des gedanklichen Aufbaus von Texten.

Die Interpunktion kann sich spontaner, ‚sprechender‘ Zeichen bedienen, in der Regel aber stehen sie als konventionell festgelegtes Inventar in einem systematischen Zusammenhang. Die unterschiedliche Wahl unter den reichlichen Optionen des jeweils geltenden Interpunktionssystems (z. B. die Substitution ‚stärkerer‘ durch ‚schwächere‘ Zeichen und umgekehrt, neutraler durch emotionaler etc.) oder Normabweichungen (Hinzufügung oder Weglassung von Zeichen, Zeichen an unerwarteten Stellen, Häufungen und unübliche Zeichenkombinationen) geben dem Text ein individuelles stilistisches Gepräge. Sie können zu mimetischen Symbolen werden, deren Bedeutung durch Aktualisierung einer möglichen Analogie der Satzzeichenbedeutung mit dem sprachlichen Kontext zustandekommt. Poetische Texte, Gedichte und Dramen zumal, lassen häufig das syntaktische Gliederungsprinzip hinter dem rhythmisch-intonatorischen (‚musikalische‘ oder ‚gestische‘ Phrasierung und Intonation) zurücktreten.

WortG: *interpunctio* (von lat. *inter* ‚zwischen‘ und *pungere* ‚stechen‘) bezeichnet schon im klassischen Latein (Cicero, ‚Pro L. Murena‘, 90) die Abtrennung von Wörtern durch Punkte. Im ausgehenden Mittelalter tritt es gegenüber dem einfachen Verb zurück (*punctare* ‚mit puncten scheyden‘ (Diefenbach, 473); vgl. auch die Petrarca zugeschriebene ‚Ars punctandi‘, VL 5, 958). Es taucht als Pluralform mit eingeschränkter Bedeutung (*Interpunctionen oder Abtheilungszeichen*) wieder auf in Aichingers ‚Sprachlehre‘ von 1754 (Höchli, 200). Seit Lessing (1772, Brief vom 2.5.), Heynatz (1773) und Adelung (1782) erscheint es in der nhd. üblichen Form (Höchli, 228 und 238).

Lorenz Diefenbach: Glossarium latino-germanicum mediae et infimae aetatis. Frankfurt 1857.

BegrG: Der Begriffsinhalt ist weitgehend konstant geblieben; Veränderungen beschränken sich auf das Zeicheninventar und die Reichweite des Regelungsanspruchs. Gewechselt haben die Bezeichnungen vor allem im Deutschen. Neben der Übernahme des lat. Terminus als Fremdwort (Wyle, 15: *punctiren*) stehen Übersetzungsversuche wie „punctirende maß“ (Riederer 1535, vgl. Höchli, 27), *Unterscheidung* (Gueintz 1641, vgl. Höchli, 99) oder Schottelius’ bis ins frühe 18. Jh. vorherrschende *Schriftscheidung* (nach Harsdörffer, vgl. Höchli, 106). Erst an der Wende zum 19. Jh. wird ZEICHENSETZUNG gebucht (Paul-Henne, 1069; das DWb kennt es ebensowenig wie *Satzzeichen*).

Translationen von Niclas von Wyle. Hg. v. Adelbert von Keller. Stuttgart 1861.

SachG: Die Geschichte der Interpunktion im Abendland, also im Bereich der griech. und lat. Schrift, wird auf Aristophanes von Byzanz (Vorsteher der alexandrinischen Bibliothek, um 264 v. Chr.) zurückgeführt. Auf ihn soll das im Prinzip bis ins frühe Mittelalter gültige Gliederungssystem zurückgehen: hoher Punkt für den abgeschlossenen, auf die Zeile gesetzt für den nicht abgeschlossenen Gedanken (mit Atempause als Spannungselement), Mittel-Punkt zum Atemholen in längeren Perioden. Erkennbar ist bereits hier, wie sich zwei Prinzipien überlagern: logisch-semantische und rhetorische Satzgliederung. Das Zeicheninventar wird sukzessive erweitert, z. B. durch ein aus der Musiknotation übernommenes Zei-

chen (Neume) für die (Frage-) Intonation
oder durch die später im Buchdruck zu großer Bedeutung gekommene Virgel (Schräg-
strich) – ergänzt durch z. B. (schon in römischer Zeit) den Wortabstand oder auch
durch Zeichen für größere Texteinheiten
(Paragraphenzeichen) oder für die Zusammengehörigkeit von Getrenntem (Tren-
nungsstrich am Zeilenende). Daneben entstehen regionale oder ordensspezifische
Sondersysteme (z. B. bei den Zisterziensern;
vgl. Palmer 1998). Konsequente Interpunktion dieses Typs war allerdings nicht die Regel; sie ist im Mittelalter stets Kennzeichen
besonders guter Skriptorien.

Mit der massiven Ausweitung der
Schriftproduktion vom 14. Jh. an tritt sie
auch in lat. Handschriften zurück. In dt.
war sie stets die Ausnahme, im wesentlichen
Gelehrten wie Otfrid von Weißenburg oder
Notker von St. Gallen vorbehalten. Dt.
Handschriften geben schon im 12. Jh. den
Punkt als variables syntaktisch-rhetorisches
Gliederungszeichen auf und legen ihn auf
die Kennzeichnung des Versendes fest. Für
die Textgliederung treten dann hilfsweise
sehr inkonsequent gehandhabte Verfahren
wie Großschreibung, Rubrizierung (= rote
Markierung eines Anfangsbuchstabens) und
die unterschiedliche Ausgestaltung von Initialen. Neue Bedeutung gewinnt die Interpunktion erst wieder mit dem Buchdruck
und der damit sich (langsam) entwickelnden
Lesekultur. Luthers Bibelübersetzung und
die humanistisch gebildeten Buchdrucker
(etwa Aldus Manutius) tragen zur Entwicklung, Verbreitung und Konsolidierung von
Interpunktionssystemen bei, deren Entwicklung in Deutschland gegen Ende des
18. Jhs. zu einem gewissen Abschluß gelangt, damit aber auch individuelle, zumal
poetische Normabweichungen provoziert.
Schon der ↗ *Sturm und Drang* (Lavater,
Goethe) liebt eine stark emotionalisierte,
subjektive Zeichensetzung. Das 19. Jh.
treibt die Interpunktion in ein wachsendes,
v.a. an der Syntax orientiertes Regeldik-
kicht, seit 1915 mit dem Segen der Obrigkeit (Schmidt-Wilpert/Lappé) und seit 1998
zu noch größerer Uneinheitlichkeit tendie-
rend. Demgegenüber hat etwa Goethe (wie
zuvor schon Lessing, der seinen ‚Nathan‘

mit einer Abhandlung über die „Interpunc-
tion für die Schauspieler" versehen wollte)
stärker an rhythmisch-intonatorischer Interpunktion festgehalten; andere Autoren,
etwa Kleist und Stifter, kultivieren sehr ei-
genwillige Normabweichungen. Auffällig
wird die Interpunktion dann wieder im
↗ *Naturalismus*, wo sie einer exzessiven Mimesis dient, aber auch in der archaisieren-
den ↗ *Hermetik* Stefan Georges, die das Lesen wieder erschweren möchte. Der ↗ *Expressionismus* pflegt die laute und möglichst
ausdrucksstarke Interpunktion. Die literarische ↗ *Moderne* (seit Joyce und Döblin
etwa) kultiviert unterschiedliche Konven-
tionsbrüche, um Bewußtseinsströme darzustellen oder das Zerbrechen von Weltord-
nungen, um bürgerliche Konventionalität
zu schockieren oder Mündlichkeit zu erzeugen, und erfindet Manierismen, die (wie
etwa bei Uwe Johnson und v.a. Arno
Schmidt) integraler Bestandteil der poetischen Intention sind (vgl. Zymner, 287–
290).

ForschG: Der systematische Status und die
Geschichte der Interpunktion haben erst
spät Interesse geweckt, meistens stimuliert
durch Probleme der Edition und solche einer Reform der ↗ *Orthographie*. Deren
theoretische Fundierung (Baudusch, Eisenberg) hat neuerdings nach ihren Prinzipien
fragen lassen. In historischer Hinsicht hat
sich für Antike und Mittelalter die Paläographie auch der Interpunktion angenommen und sowohl die verschiedenen Zeichen-
inventare wie die vorherrschenden Funktionen in den Blick genommen (Zusammenfassung bei Bischoff). Die Interpunktionsge-
wohnheiten deutscher Texte des Mittelalters
wurden zunächst nur in Einzelfällen (Kleiber, 391 f.; Simmler), jüngst auch übergreifend untersucht (Parkes). In der Frühen
Neuzeit interessieren mehr die Versuche,
brauchbare und möglichst kohärente Systeme zu entwerfen (Höchli), als die Inter-
punktionspraxis. Für die Zeit danach stehen Fragen einer sich entwickelnden Ge-
brauchsnorm (Simmler 1994; Weyers) und
der Kodifizierung (Schmidt-Wilpert/Lappé)
im Vordergrund. Den stilistischen und poetischen Gestaltungsmöglichkeiten der Inter-

punktion sind vornehmlich Editoren (Blumenthal, Schöne, Sembdner) nachgegangen, außerdem (auf erzählende Literatur beschränkt, aber für eine Reihe von Autoren) Stenzel; daneben finden sich eine Anzahl von Untersuchungen zu einzelnen Satzzeichen und meist beiläufige Bemerkungen zu einzelnen Schriftstellern.

Lit: Theodor W. Adorno: Satzzeichen. In: T. W. A.: Noten zur Literatur. Frankfurt 1958, S. 161–172. – Renate Baudusch: Zu den sprachwissenschaftlichen Grundlagen der Zeichensetzung. In: Theoretische Probleme der deutschen Orthographie. Hg. v. Dieter Nerius und Jürgen Scharnhorst. Berlin 1980, S. 193–230. – R. B.: Prinzipien der deutschen Interpunktion. In: Zs. für Germanistik 2 (1981), S. 206–218. – Bernhard Bischoff: Paläographie des römischen Altertums und des abendländischen Mittelalters. Berlin ²1986, S. 224–229. – Lieselotte Blumenthal: Die Tasso-Handschriften. In: Jb. der Goethe-Gesellschaft NF 16 (1950), S. 89–125. – Nina Catach: La ponctuation. Histoire et système. Paris ²1996. – Emanuela Cresti u. a. (Hg.): Storia e teoria dell'interpunzione. Rom 1992. – Dokumente zur Interpunktion europäischer Sprachen. Göteborg 1939 [= Actes du Congrès International des Linguistes 5]. – Peter Eisenberg: Grammatik oder Rhetorik? Über die Motiviertheit unserer Zeichensetzung. In: Zs. für Germanistische Linguistik 7 (1979), S. 323–337. – Burckhard Garbe (Hg.): Texte zur Geschichte der deutschen Interpunktion und ihrer Reform 1462–1983. Hildesheim, Zürich 1984. – Johann Wolfgang Goethe: Sämtliche Werke [Frankfurter Ausgabe, FA]. Bd. I.7/2 [,Faust'-Kommentare]. Hg. v. Albrecht Schöne. Frankfurt 1994, S. 78 f., S. 108–115. – Stefan Höchli: Zur Geschichte der Interpunktion im Deutschen. Berlin, New York 1981. – Wolfgang Kleiber: Otfrid von Weißenburg. Bern, München 1971. – Wolfgang Mentrup: Zur Zeichensetzung im Deutschen – Die Regeln und ihre Reform. Tübingen 1983. – Rudolf Wolfgang Müller: Rhetorische und syntaktische Interpunktion. Untersuchungen zur Pausenbezeichnung im antiken Latein. Diss. Tübingen 1964. – Nigel F. Palmer: Von der Paläographie zur Literaturwissenschaft. In: PBB 113 (1991), S. 212–250. – N. F. P.: Zisterzienser und ihre Bücher. Regensburg 1998, S. 60–62. – Malcolm B. Parkes: Pause and effect. An introduction to the history of punctuation in the West. Aldershot 1992. – Gabriele Schmidt-Wilpert, Winfried Lappé: Die Entwicklung der Interpunktionsnorm und ihre Kodifizierung im 19. Jh. In: ZfdPh 100 (1981), S. 390–416. – Helmut Sembdner: Kleists Interpunktion. In: Schiller-Jb. 6 (1962), S. 229–252. – Franz Simmler: Zur Geschichte der Interpunktion im Deutschen. In: Fs. Philippe Marq. Hg. v. Yvon Desportes. Heidelberg 1994, S. 43–115. – F. S.: Interpungierungsmittel und ihre Funktionen in der Lorscher Beichte und im Weißenburger Katechismus des 9. Jhs. In: Fs. Rolf Bergmann. Hg. v. Elvira Glaser und Michael Schlaefer. Heidelberg 1997, S. 93–114. – F. S.: Zur Geschichte der direkten Rede und ihrer Interpungierungen in Romantraditionen vom 16. bis 20. Jh. In: Fs. Peter Wiesinger. Hg. v. Peter Ernst und Franz Patocka. Wien 1998, S. 651–673. – Jürgen Stenzel: Zeichensetzung. Stiluntersuchungen an deutscher Prosadichtung. Göttingen ²1970. – Christian Weyers: Zur Entwicklung der Anführungszeichen in gedruckten Texten. In: Zs. für Semiotik 14 (1992), S. 17–28. – Elvis Otha Wingo: Latin punctuation in the classical age. Den Haag, Paris 1972. – Rüdiger Zymner: Manierismus. Paderborn, München 1995.

Klaus Grubmüller / Jürgen Stenzel

Intertextualität

Der Bezug zwischen einem Text und anderen Texten.

Expl: Seit der Prägung des Begriffs konkurrieren zwei gegensätzliche Definitionen miteinander.

(1) Die poststrukturalistische Konzeption postuliert, daß jeder Text in all seinen Elementen intertextuell ist, d. h. auf andere Texte verweist oder aus Echos anderer Texte besteht. Nach Julia Kristeva: „tout texte se construit comme mosaïque de citations, tout texte est absorption et transformation d'un autre texte" (Kristeva 1969, 146). Noch radikaler formuliert Harold Bloom: „poems are not things but only words that refer to other words, and *those* words refer to still other words, and so on, into the densely overpopulated world of literary language. Any poem is an interpoem, and any reading of a poem is an inter-reading" (Bloom 1976, 3) – „there are *no* texts, but only relationships *between* texts" (Bloom 1975, 3). Dieser globale Intertextualitätsbegriff hat eine radikale Dezentrierung von Subjekt und Text zur Folge: Es gibt nicht mehr von Subjekten ge-

schaffene Texte, sondern nur noch einen umfassenden Intertext. Roland Barthes symbolisiert diesen Intertext mit dem Bild der „chambre d'échos", eines Raums, in dem die Echos unzähliger Texte unaufhörlich und untrennbar voneinander widerhallen (Barthes, 78). Diese Konzeption setzt zugleich voraus, daß alles (Inter-)Text ist und es nichts außerhalb dieses Universums der Texte gibt („Il n'y a pas de hors-texte"; Derrida, 227).

(2) Dieser globalen Definition gegenüber steht eine engere, die den Begriff auf nachweisbare Bezüge zwischen Texten beschränken und damit operationalisierbar machen möchte. Eine solche engere Konzeption kommt bereits in Genettes Metapher des PALIMPSESTS$_2$ zum Ausdruck: Unter einer ‚Schrift' ist, wenn auch teilweise überdeckt, eine andere ‚Schrift' erkennbar. Stierle spricht von einer ‚eigentlichen' Intertextualität, die dadurch gekennzeichnet sei, „daß der Text selbst eine oder mehrere intertextuelle Relationen anzeigt. Der Text selbst hat die Möglichkeit, ein Reflexionsmedium zu setzen, in dem er sich als eine differenzierende Distanznahme zu einem oder mehreren Texten präsentiert und diese Distanznahme in die Konkretheit des Werks einschreibt" (Stierle, 10). Broich grenzt demgegenüber die ‚eigentliche' Intertextualität auf produktions- und rezeptionstheoretisch relevante Bezüge zwischen Texten ein, wobei „nicht nur Autor *und* Leser sich der Intertextualität eines Textes bewußt sind, sondern [...] jeder der beiden Partner des Kommunikationsvorgangs darüber hinaus auch das Intertextualitätsbewußtsein seines Partners miteinkalkuliert" (Broich 1985, 31). Eine solche Intertextualität ist häufig, wenn auch keineswegs immer, markiert (Helbig 1996), d. h. durch besondere Signale für den Leser auffällig gemacht (MARKIERUNG), dagegen würde der dem Autor eines Textes unbewußte ↗ *Einfluß* einer ↗ *Quelle* auf einen Text nicht zur Intertextualität gehören, desgleichen weder die ↗ *Fälschung* noch das ↗ *Plagiat*. Man rechnet nicht nur den Bezug eines Textes auf einen einzigen PRÄTEXT (d. h. Bezugstext) zur Intertextualität (Einzeltextreferenz), sondern auch den Bezug eines Textes auf eine literarische Gattung,

eine Textsorte, Regeln der Rhetorik, einen Mythos und dergleichen (Systemreferenz) (Pfister 1985).

Neben einer texttheoretischen und einer textdeskriptiven kann man mit Lachmann und unter Bezug auf Michaïl Bachtin auch eine literatur- bzw. kulturkritische Perspektive von Intertextualität ansetzen (Lachmann 1990). Die von Bachtin eingeführte ↗ *Dialogizität* von Texten etwa kann demnach in restriktiven Gesellschaftsformationen als ‚semantische Explosion' subversiv wirken.

[Terminologisches Feld:]
Anstelle von *Prätext* und *Referenztext* hat man gelegentlich auch die Termini GENOTEXT und PHÄNOTEXT verwendet – zuerst als frz. *génotexte* und *phénotexte* bei Kristeva (1968, 310), die aber selbst diese Ausdrücke später psychoanalytisch umdeutete (Kristeva 1974).

Roland Barthes: Roland Barthes. Paris 1975. – Harold Bloom: A map of misreading. New York 1975. – H. B.: Poetry and repression. New Haven, London 1976. – Ulrich Broich: Formen der Markierung von Intertextualität. In: Broich/Pfister 1985, S. 31–47. – Jacques Derrida: De la grammatologie. Paris 1967. – Jörg Helbig: Intertextualität und Markierung. Heidelberg 1996. – Julia Kristeva: Problèmes de la structuration du texte. In: Tel Quel 32 (1968), S. 298–317. – J. K.: Semeiotikè. Recherches pour une sémanalyse. Paris 1969. – J. K.: La révolution du langage poétique. Paris 1974. – Manfred Pfister: Konzepte der Intertextualität; Zur Systemreferenz. In: Broich/Pfister 1985, S. 1–30, 52–58. – Karlheinz Stierle: Werk und Intertextualität. In: Schmid/Stempel 1983, S. 7–26.

WortG: Für den seit jeher bekannten Sachverhalt fehlte lange Zeit ein literaturwissenschaftlicher Terminus. Erst kurz nach dem Einsetzen der poststrukturalistischen Diskussion über den Textbegriff hat Julia Kristeva das Wort *intertextualité* 1967 erstmals verwendet, wobei sie von dem durch Michail Bachtin geprägten russ. Wort für ‚Dialogizität' angeregt wurde. Seither ist das Wort in der Regel in einer der beiden oben skizzierten Bedeutungen verwandt worden. Gérard Genette benützt allerdings in seinem Buch ‚Palimpsestes' das Wort *transtextualité* zur Bezeichnung aller Bezüge von

Texten auf Texte, während er *intertextualité* – wie auch z. B. *paratextualité* oder *architextualité* – zur Bezeichnung einzelner Formen dieser Bezüge verwendet. In der Intertextualitätsdiskussion wurden dann in Anlehnung an *Intertextualität* weitere Wörter für bestimmte Bezugsformen geprägt – so z. B. *Interauktorialität*, die in einem Text manifeste Begegnung von dessen Autor mit anderen Autoren (Schabert), *Interfiguralität*, der Bezug der Figuren in einem Text auf Figuren in einem anderen Text (Müller), oder INTERMEDIALITÄT, der Bezug eines Textes auf einem anderen Medium angehörende Texte (Helbig 1998, Bleckmann/Eicher), wie z. B. das ‚Kunstzitat‘ oder die Verfilmung (Hansen-Löve).

Michail Bachtin: Die Ästhetik des Wortes. Hg. v. Rainer Grübel. Frankfurt 1979. – Ulf Bleckmann, Thomas Eicher (Hg.): Intermedialität. Bielefeld 1994. – Aage Hansen-Löve: Intermedialität und Intertextualität. In: Schmid/Stempel 1983, S. 291–360. – Jörg Helbig (Hg.): Intermedialität. Berlin 1998. – Julia Kristeva: Bakhtine, le mot, le dialogue et le roman. In: Critique 23 (1967), S. 438–465. – Wolfgang G. Müller: Interfigurality. In: Plett 1991, S. 101–121. – Ina Schabert: Interauktorialität. In: DVjs 57 (1983), S. 679–701. – Yvonne Spielmann: Intermedialität. Paderborn 1998.

BegrG: Auch wenn erst spät ein Allgemeinbegriff entwickelt wurde, der alle Formen der Bezüge von Texten auf Texte bezeichnet, so gab es schon früh, zum Teil bereits in der Antike, Begriffe zur Bezeichnung einzelner Formen von Intertextualität. So unterscheidet man seit langem zwischen ⁊ *Anspielung₂* und ⁊ *Zitat* oder zwischen ⁊ *Parodie* und ⁊ *Travestie*. Ebenfalls schon lange verwendet werden Begriffe wie ⁊ *Cento*, ⁊ *Motto₂* oder ⁊ *Kontrafaktur*, desgleichen ADAPTATION, d. h. die Bearbeitung eines Texts (dieser Begriff bezeichnet insbesondere dann eine Form der Intertextualität, wenn der spätere Text in einen ‚Dialog‘ mit dem bearbeiteten Text tritt). Jüngeren Datums dagegen sind Begriffe wie ⁊ *Pastiche* und besonders *Collage* und ⁊ *Montage*. Nur einer der älteren Begriffe kommt in seinem Bedeutungsumfang dem des Intertextualitätsbegriffs zumindest sehr nahe: der klassisch-klassizistische der

⁊ *Imitatio*. Dieser Begriff basiert auf der Erwartung, daß ein literarischer Text nicht nur imitatio naturae (‚Nachahmung der Natur‘), sondern auch imitatio veterum (‚Nachahmung antiker Musterautoren‘) ist und daß er die – in der Regel kanonischen – Texte, die er nachahmt, auch als solche kenntlich macht, damit der Leser die Kunst der Nachahmung – und gegebenenfalls die der Überbietung – der Vorlage erkennen kann.

Erst der von Bachtin geprägte Begriff der ⁊ *Dialogizität* führt ganz in die Nähe des Intertextualitätsbegriffs. Bachtin privilegierte in seinen Arbeiten solche Texte, die nicht ‚monologisch‘ waren, d. h. nur eine einzige ‚sozio-ideologische Stimme‘ repräsentierten, sondern ‚polyphone‘ Texte – wie die menippeische ⁊ *Satire* oder den Roman –, in welche die ganze Vielfalt der sozioideologischen Stimmen der Zeit eingegangen sei. Dazu gehören auch die literarischen ‚Stimmen‘. Damit geht jedoch Bachtins Begriff von ‚Dialogizität‘ weit über die Bezeichnung der Präsenz von anderen literarischen Texten in einem Text hinaus.

Kristeva ging ebenfalls von einer Konzeption des Textes als einer vielstimmigen, offenen Verweisstruktur aus, faßte aber auch den soziokulturellen Hintergrund, auf den ein Text verweist, als Text auf. Die französischen und amerikanischen Poststrukturalisten schlossen sich überwiegend ihrem Konzept einer universalen Intertextualität an, während vor allem in der Tradition des Strukturalismus stehende Wissenschaftler engere Konzepte zu entwickeln suchten.

SachG: Literatur ist zu allen Zeiten intertextuell gewesen, aber Art und Dichte der Intertextualität haben sich von Epoche zu Epoche verändert. Da vom antiken Dichter nicht primär Originalität, sondern die Nachahmung der großen Meister und die Befolgung der Gattungskonventionen erwartet wurde, spielt in den Texten dieser Zeit eine (wenn man einmal von parodistischen Texten absieht) die Prätexte affirmierende Intertextualität eine große Rolle. Dies gilt besonders für die Texte der römischen Klassik, die eine markierte Nachahmung griechischer Vorbilder anstrebten.

Eine besonders hohe Intertextualitätsdichte findet sich in der ‚epigonalen' Literatur des Alexandrinismus und der Spätantike (↗ *Cento*). Diese Situation hat sich bis zum Klassizismus nicht grundsätzlich geändert. Während aber im Mittelalter religiöse Texte als Prätexte dominierten, gewannen seit der Renaissance nicht-religiöse antike Texte eine immer größere Bedeutung als Bezugstexte. Dabei findet sich bei einigen Autoren bereits eine ausgeprägte Vielfalt und Dichte intertextueller Bezüge (so z. B. bei Erasmus von Rotterdam, in Burtons ‚Anatomy of Melancholy' oder in Popes ‚Dunciad').

Dies änderte sich mit der ↗ *Genie*-Poetik, im deutschen ↗ *Sturm und Drang* und in der europäischen ↗ *Romantik*. Kennzeichen einer Literatur, die vom Genie ↗ *Originalität* und damit den Bruch mit den Vorbildern der Vergangenheit und den Gattungskonventionen forderte, war eine ‚negierte Intertextualität' (Lerner), d. h. die Leugnung der Abhängigkeit von anderen Texten, die natürlich auch eine Form der intertextuellen Bezugnahme darstellt, und eine gesteigerte ‚anxiety of influence' (Bloom), d. h. die Angst des Autors vor dem übermächtigen Einfluß großer literarischer Vorbilder. Doch dieser Paradigmenwechsel hat nur die Erscheinungsformen und Markierungen von Intertextualität verändert, nicht jedoch sie selbst zum Verschwinden gebracht. So entstanden hochintertextuelle Werke wie Sternes ‚Tristram Shandy', Lord Byrons ‚Don Juan' oder auch Goethes Dichtungen vom − frühen − ‚Werther' bis zu seinem − späten − ‚Faust II'. Negierte Intertextualität kennzeichnete dagegen den Roman des europäischen ↗ *Realismus₂*, der programmatisch ‚Wirklichkeit' und nicht Texte nachahmen wollte.

Mit dem Beginn der ↗ *Moderne* entstand im Zusammenhang mit Umschichtungen in Ästhetik und Poetik eine Reihe von Werken, deren Intertextualitätsdichte alles bis dahin Dagewesene überbot (z. B. Joyce, ‚Ulysses'; Ezra Pound, ‚Cantos'; T. S. Eliot, ‚The Waste Land'; Döblin, ‚Berlin Alexanderplatz'; Nabokov, ‚Pale Fire', ‚Ada'; A. Schmidt, ‚Zettels Traum'). Eine weitere Steigerung brachte dann noch einmal die ↗ *Postmoderne* mit ihrer Überzeugung, daß

die Sprache und alle literarischen Formen verbraucht seien, daß literarisches Schaffen nur in der (parodistischen) Nachahmung anderer Texte bestehen könne (Barth) und daß jedes literarische Werk letztlich ein Plagiat sei (Federman). Zu den wichtigsten Vertretern dieser postmodernen Intertextualität gehören Jorge Luis Borges, Umberto Eco und Tom Stoppard. Der von den Poststrukturalisten entwickelte, globale Intertextualitätsbegriff ist nicht zuletzt von den Werken der Postmoderne mit ihrer universalen und subversiven Intertextualität angeregt worden.

John Barth: The literature of exhaustion. In: Atlantic Monthly 220 (1967), S. 29−34. − Raymond Federman: Imagination as plagiarism. In: NLH 7 (1975/76), S. 563−578. − Laurence Lerner: Romantik, Realismus und negierte Intertextualität. In: Broich/Pfister 1985, S. 278−296.

ForschG: Vor allem vor dem Einsetzen der Intertextualitätsdebatte Ende der 1960er Jahre, aber auch noch in den 1970er Jahren wurden einzelne Formen von Intertextualität untersucht, so etwa in Arbeiten über das Motto (Böhm), das Zitat (Meyer), die Anspielung (Ben-Porat) oder die Parodie (Verweyen/Witting). Die Einführung des Intertextualitätskonzepts bewirkte sodann in zahlreichen Arbeiten, die vor allem von Romanisten, Slavisten und Anglisten verfaßt wurden, eine starke Veränderung und Ausweitung der Perspektive, wodurch zugleich die traditionelle Einflußforschung obsolet wurde. Diese Ausweitung gilt in besonderem Maße für die Vertreter des weiten, poststrukturalistischen Intertextualitätsbegriffs, welche die theoretischen Ansätze Kristevas, Barthes' und Derridas weiterführten. Hier werden zum einen die politischen Implikationen des Intertextualitätsbegriffs, d. h. das in ihm enthaltene Potential zur Subversion eines ‚bürgerlichen' Text- und auch Subjektbegriffs, radikalisiert. Dieses Intertextualitätsverständnis hat seinen Niederschlag ebenfalls in poststrukturalistischen Textinterpretationen gefunden (z. B. ‚Introduction' und Beiträge in Worton/Still). Zum anderen gibt es aber auch Vertreter eines ‚ludischen' Intertextualitätsbegriffs. Konservativere Wissenschaftler haben sich demgegenüber bemüht, das revolutionäre Potential des Intertextualitätskonzepts zu domestizieren und das Konzept auch für eine nicht poststrukturalistische Literaturbetrachtung operationalisierbar zu machen. Sie haben sich zum einen, z. T. in Anlehnung an strukturalistische Verfahren, um eine Taxonomie der Formen und Funktionen von Intertextualität bemüht (z. B. Genette, Schulte-Middelich, Plett); zum anderen haben sie versucht, das engere Konzept auch für die Interpretation literarischer Texte fruchtbar zu machen (z. B. die Interpretationen in Broich/Pfister). Die Kontroverse zwischen den Anhängern dieser beiden Richtungen dauert noch an (vgl. dazu Mai). Daneben gibt es aber auch Literaturwissenschaftler, welche den Sinn und Nutzen des Intertextualitätsbegriffs gänzlich in Frage stellen („anti-intertextualists"; Plett, 4 f.). Gelegentlich wurde der Intertextualitätsbegriff als ein bloß modisches Etikett verwendet, um dahinter eine traditionelle ‚sources and analogues'-Forschung zu betreiben (zu diesem Problem vgl. Clayton/Rothstein) oder einzelne Texte assoziativ-impressionistisch zu interpretieren. In der Forschung ist noch umstritten, ob die Intertextualität der Postmoderne anderer Art als die der Moderne (Pfister 1991) oder eine Radikalisierung der Intertextualität der Moderne sei (Broich 1997). Eine Geschichte der Intertextualität ist noch nicht geschrieben worden.

Lit: Ziva Ben-Porat: The poetics of allusion. Berkeley 1973. − Harold Bloom: The anxiety of influence. New York 1973. − Rudolf Böhm: Das Motto in der englischen Literatur des 19. Jhs. München 1975. − Ulrich Broich, Manfred Pfister (Hg.): Intertextuality. Tübingen 1985. − U. B.: Intertextuality. In: International postmodernism. Hg. v. Hans Bertens und Douwe Fokkema. Amsterdam, Philadelphia 1997, S. 249−256. − Jay Clayton, Eric Rothstein (Hg.): Influence and intertextuality in literary history. Madison 1991. − Hans-Jost Frey: Der unendliche Text. Frankfurt 1990. − Gérard Genette: Palimpsestes. Paris 1982. − Udo Hebel: Intertextuality, allusion and quotation. An international bibliography of critical studies. New York 1989. − Ingeborg Hoesterey: Verschlungene Schriftzeichen. Intertextualität von Literatur und Kunst in der Moderne/Postmoderne. Frankfurt 1988. − Renate Lachmann (Hg.): Dialogizität. München 1982. −

R. L.: Gedächtnis und Literatur. Intertextualität in der russischen Moderne. Frankfurt 1990. − Hans-Peter Mai: Bypassing intertextuality. In: Plett 1991, S. 30−59. − Herman Meyer: Das Zitat in der Erzählkunst. Stuttgart 1961. − Ilse Nolting-Hauff (Hg.): Das fremde Wort. Studien zur Interdependenz von Texten. Amsterdam 1988. − Manfred Pfister: How postmodern is intertextuality? In: Plett 1991, S. 207−224. − Heinrich Plett (Hg.): Intertextuality. Berlin, New York 1991. − H. P.: Intertextualities. In: Plett 1991, S. 3−29. − Wolf Schmid, Wolf-Dieter Stempel (Hg.): Dialog der Texte. Hamburg 1983. − Bernd Schulte-Middelich: Funktionen intertextueller Textkonstitution. In: Broich/Pfister 1985, S. 197−242. − Karlheinz Stierle, Rainer Warning (Hg.): Das Gespräch. München 1984. − Peter Stocker: Theorie der intertextuellen Lektüre. Paderborn 1998. − Theodor Verweyen, Gunther Witting: Die Parodie in der neuen deutschen Literatur. Darmstadt 1979. − Michael Worton, Judith Still (Hg.): Intertextuality. Manchester 1990.

Ulrich Broich

Interview

Publizistische Textsorte in Dialogform.

Expl: Das Interview ist eine Form des Gesprächs, das sich als ein gerichteter Dialog mit ungleicher Rollenverteilung verstehen läßt. Im Journalismus bezeichnet der Begriff eine entsprechende Form der Befragung bzw. die darauf beruhende journalistische Textform. In verschiedenen Einzelwissenschaften (Medizin, Sozial- und Geisteswissenschaften) bildet das Interview ein Verfahren des Informationserwerbs.

WortG: Das dt. Wort *Interview* wurde um 1870 als Journalistenausdruck (Schulz-Basler 1, 305) aus dem engl. *interview* entlehnt, das sich aus dem frz. *entrevue* (Zusammenkunft), einer Ableitung vom frz. Verb *entrevoir* ‚sehen', ‚treffen' herleitet (Kluge-Seebold, 405; Paul-Henne, 432).

BegrG: Der Begriffsinhalt des Interviews hat sich seit seinem Entstehen kaum gewandelt, allerdings sind − beeinflußt durch die audiovisuelle Präsentation − unterschiedliche Interview-Typen und damit auch verschiedene Wortzusammensetzungen (*Kurz-*

interview, Intensiv-Interview, Telefon-Interview, Straßen-Interview etc.) aufgekommen.

SachG: Erst im 19. Jh. entstand die journalistische Form des Interviews, die das Gespräch zum Zwecke der Nachrichtenproduktion zunächst innerhalb der Recherche, der Nachrichtensammlung, dann auch als journalistische ↗ *Textsorte* einsetzte.

Die ersten journalistischen Interviews erschienen 1835 und 1836 im ‚New York Herald'; eingeführt wurden sie von James Gordon Bennett, dem Herausgeber des Blattes. In Europa setzten sich das Verfahren und die journalistische Textform nur langsam durch, erst ab Anfang des 20. Jhs. wurden Interviews zur Befragung bekannter Persönlichkeiten, insbesondere Politiker üblich (und alsbald kritisiert, z. B. von Karl Kraus: ‚Interview mit einem sterbenden Kind', Fackel 347/348 (1912), 55 f.). Während in der 1. Hälfte des 20. Jhs. Interviews häufig als Instrument der Politik zur Verbreitung bestimmter Meinungen eingesetzt wurden, entwickelte sich die Form erst nach dem 2. Weltkrieg als kritisches Instrument des Journalismus. Die wichtigsten Typen journalistischer Interviews sind das Meinungs-Interview und das Persönlichkeits-Interview. In den Printmedien, aber auch im Fernsehen haben sich feststehende Interview-Formen (Streitgespräch, Politikerbefragung etc.) und Folgephänomene (‚Talkshow') herausgebildet. Darüber hinaus bildet das Interview eine wichtige Kommunikationsform des modernen ↗ *Literarischen Lebens*: Das in Autorenbüchern aufgezeichnete und/oder audiovisuell ausgestrahlte Schriftsteller-Interview ist für die Literaturwissenschaft (↗ *Biographie₂*), die Literaturkritik und den Buchmarkt in gleicher Weise von Bedeutung.

ForschG: Innerhalb der Kommunikationswissenschaft wurde die Entstehungs- und Entwicklungsgeschichte des journalistischen Interviews erforscht. Neben der anwendungsbezogenen Literatur (vgl. Haller), die auch Systematiken und Typologien enthält, existieren nur wenige linguistische und kommunikationswissenschaftliche Studien zur Funktion von Interviews oder z. B. zur Dialogsteuerung seit den 1970er Jahren.

Die Forschungsliteratur zum wissenschaftlichen Interview ist dagegen reichhaltig.

Lit: Franz-Josef Berens: Analyse des Sprachverhaltens im Redekonstellationstyp ‚Interview'. München 1975. – Emil Dovifat: Interview. In: Hb. der Zeitungswissenschaft. Bd. 2. Hg. v. Walther Heide. Leipzig 1940, S. 1845–1862. – Hans-Peter Ecker u. a.: Textform Interview. Düsseldorf 1977. – Eberhard Erbslöh: Interview. Stuttgart 1972. – Michael Haller: Das Interview. München 1991. – Rob Millar u. a.: Professional interviewing. London, New York 1992. – Hans-Joachim Netzer: Thesen über das Interview. In: Publizistik 15.1 (1970), S. 31–37. – Nils Gunnar Nilson: The origin of the interview. In: Journalism Quarterly 48 (1971), S. 707–713 – Erwin K. Scheuch: Das Interview in der Sozialforschung. In: Hb. der empirischen Sozialforschung. Bd. 2. Hg. v. René König. Stuttgart ³1973, S. 66–190. – Hans Joachim Schröder: Das narrative Interview – ein Desiderat in der Literaturwissenschaft. In: IASL 16 (1991), S. 94–109. – Johannes Schwitalla: Dialogsteuerung in Interviews. München 1979.

Günter Bentele

Intext ↗ *Figurengedicht*

Intonation ↗ *Prosodie*

Intradiegetisch ↗ *Erzähler*

Intrige ↗ *Handlung*

Inventio

Suchen und Finden der Gedanken und Argumente eines Textes; der erste Arbeitsschritt im System der Rhetorik.

Expl: Im System der ↗ *Rhetorik* ist die Inventio die erste von insgesamt fünf Arbeitsphasen (‚officia oratoris': Inventio, ↗ *Dispositio*, ↗ *Elocutio*, ↗ *Memoria*, Pronuntiatio (↗ *Rede₁*)). Ihr liegt die sprachtheoretische Vorstellung einer Dualität von Gedanken (‚res') und Wörtern (‚verba') zugrunde: Die Inventio dient der Findung wahrer oder wahrscheinlicher Argumente, die dann vom Redner angeordnet (Dispositio) und sprachlich eingekleidet (Elocutio) werden; der so entstandene Text wird auswendig gelernt (Memoria) und vorgetragen (Pronuntiatio). Dem Redner helfen dabei differenzierte Suchformeln und Suchkataloge (,topoi' / ,loci'; ↗ *Topos*, ↗ *Topik*), die ihren systematischen Ort vor allem in der ↗ *Argumentatio* haben. Aus der Rhetorik wird das Konzept auch in die ↗ *Poetik* übernommen.

WortG: Das aus *invenire* (,erfinden') gebildete Substantiv *inventio* ist bereits in den ältesten lateinischen Rhetoriken als Fachbegriff anzutreffen (nach Thesaurus 7, 2/1, 152−156), so in Ciceros ,De inventione' (1, 9) und in der anonymen ,Rhetorica ad Herennium' (1, 2, 3). Die griechische Entsprechung εὕρεσις [heúresis] ,Auffinden' ist in terminologischer Verwendung zuerst bei Hermogenes von Tarsos (2./3. Jh. n. Chr.) belegt (,Peri heureseos', § 1). Aristoteles verwendet für die Gesamtheit der argumentativen Mittel (im Gegensatz zur *elocutio* / λέξις [léxis] ,Redeweise') den Vorläuferbegriff διάνοια [diánoia] ,Denken', ,gedankliche Absicht' (,Rhetorik' 1403a; vgl. ,Poetik' 1456a). Vielfältige Übersetzungsversuche seit Ende des 15. Jhs. spiegeln die Bemühungen um eine dt. Rhetorik- und Poetikterminologie: „vindung oder betrachtung der sach" übersetzt Fr. Riederer 1493 (zit. n. Knape/Sieber, 59); „invention oder erfindung" Opitz 1624 (Opitz, 17). Im 18. Jh. etabliert sich *Erfindung* als dt. Übersetzung endgültig (Fabricius, 21; Gottsched, 70; Sulzer 2, 86).

Johann Andreas Fabricius: Philosophische Oratorie [1724]. Repr. Kronberg 1974. − Johann Christoph Gottsched: Ausführliche Redekunst [1736]. Repr. Hildesheim, New York 1973. − Hermogenes: Opera. Hg. v. Hugo Rabe. Leipzig 1913, S. 93−108. − Joachim Knape, Armin Sieber: Rhetorik-Vokabular zur zweisprachigen Terminologie in älteren deutschen Rhetoriken. Wiesbaden 1998. − Martin Opitz: Buch von der deutschen Poeterey [1624]. Hg. v. Richard Alewyn. Tübingen ²1966.

BegrG: Die im wesentlichen von den antiken Autoren geleistete theoretische Konzeptualisierung der Inventio als erste der fünf Aufgaben des Redners (,officia oratoris') entwickelt sich in der antiken Rhetoriktheorie primär am Modell der Gerichtsrede, dem ,genus iudiciale' (Cicero, ,De inventione' 1, 9; ↗ *Redegattungen*) und bleibt in der nachfolgenden Rezeption im wesentlichen konstant.

Grundsätzlich gilt, daß die gefundenen Argumente dem parteilichen Anliegen des Redners, der Glaubhaftmachung der eigenen Sache, angemessen sein müssen (,Rhetorica ad Herennium' 1, 2, 3; ↗ *Aptum, decorum*).

Die Inventio erstreckt sich − wie auch die Dispositio − auf den Bereich der ,res' (etwa Cicero, ,Partitiones oratoriae' 1, 3; Quintilian 3, 3, 1; 3, 5, 1) − im Gegensatz zur Elocutio, die es mit den ,verba', der sprachlich-stilistischen Gestaltung der Rede zu tun hat. Cicero betont in ,De oratore' die Notwendigkeit umfassender Sachkenntnis beim Redner (1, 48); eine Fülle solcher Sachkenntnisse bringe dann eine Fülle angemessener Formulierungen hervor (,De oratore' 3, 125). Cato d. Ä. faßt dies die bekannte Maxime: „rem tene, verba sequentur" (,erfasse die Sache, die Worte werden folgen'; laut C. Iulius Victor, ,Ars rhetorica', § 1 (4. Jh. n. Chr.), in: ,Rhetores Latini minores', 374). So läßt sich eine scharfe Trennlinie zwischen Inventio und Elocutio insgesamt kaum ziehen.

Die Inventio steht im Spannungsfeld von ,ars' und ,natura'. Erfolgreiches Finden von Argumenten beruht vor allem auf den natürlichen Anlagen (,ingenium'; ↗ *Genie*) des Redners, der dennoch ohne eine kunstgemäße Schulung (,ars' / ,doctrina') nicht auskommen kann (Cicero, ,De oratore' 2, 148; 1, 113; C. Iulius Victor, ,Ars Rhetorica', § 1). Einige Theoretiker trennen das ,iudicium' (↗ *Geschmack*), welches die richtige Auswahl der gefundenen Argumente steuert, als separates ,officium' von der Inventio ab (vgl. Quintilian 3, 3, 5), wie dies auch manche *Dialektiken₁* (↗ *Artes liberales*) praktizieren (vgl. Cicero, ,Topica' 2, 6); andere schalten der Inventio die ,intellectio' als eigenen Arbeitsgang vor, in welchem der dem vorliegenden Fall zugrundeliegende Status und die zugehörige Redegattung (,genera causarum') ermittelt wird (Sulpitius Victor, ,Institutiones Oratoriae', § 4;

Ps.-Augustinus, ‚De rhetorica‘, § 1). Auch über den Schwierigkeitsgrad der Inventio herrscht unter den Theoretikern Uneinigkeit. Aristoteles (‚Rhetorik‘ 1354b) und, sich ihm anschließend, die ‚Rhetorica ad Herennium‘ (2, 1, 1) sowie Ciceros ‚De Inventione‘ (1, 9) halten sie für das schwierigste ‚officium‘, während Quintilian dies für die Elocutio behauptet (8 pr. 13).

Die antiken Überlegungen zur Inventio stammen ursprünglich aus dem Bereich der Logik / Dialektik und Rhetorik und waren für philosophische Argumentationen und die Gerichtsrhetorik konzipiert. In der antiken Poetik spielt die Inventio deshalb kaum eine Rolle; oft beschränkt man sich auf die Forderung nach Sachkenntnis des Dichters (Horaz, ‚Ars poetica‘ v. 309). Erst die Übertragung rhetorischer Konzepte auf die Poetik und die Literarisierung der Rhetorik nach dem Ende ihrer öffentlich-politischen Wirksamkeit seit der römischen Kaiserzeit verschaffen der Inventio Eingang in die Poetik.

Die mittelalterlichen Überlegungen zur Inventio basieren − neben der ‚Rhetorica ad Herennium‘ und Ciceros ‚De inventione‘ − auf Boethius’ Schrift ‚De differentiis topicis‘. An die dort vollzogene scharfe Trennung von dialektischen und rhetorischen ‚loci‘ knüpfen Theoretiker der scholastischen Logik / Dialektik wie Abaelard und Ockham an. In den Poetiken spielt die Inventio (wie auch die Dispositio) nur eine untergeordnete Rolle; ihre persuasionserzeugende Rolle wird von der Figurenlehre übernommen (↗ *Rhetorische Figur*; so Vikkers, 239).

Rudolph Agricola bezieht sich in ‚De inventione dialectica‘ (entstanden um 1485, Erstdruck 1515) wieder auf die ‚loci‘-Lehre Ciceros; dabei werden Dialektik und Rhetorik aber insofern scharf voneinander geschieden, als die Lehre von der Inventio in den Zuständigkeitsbereich der Dialektik verschoben wird (Risse, 16 f.); auch wird gleichzeitig die scholastische Dialektik in eine rhetorisch-topische Dialektik umgeformt. Die Rhetorik verkümmert zur reinen Figurenlehre, welche die nackten Argumente nur noch einkleidet, wie Melanchthon in seinen ‚Elementa rhetorices‘ von

1532 schreibt (Knape, 122). Die meisten Theoretiker, von denen Petrus Ramus der wirkungsmächtigste ist, schließen sich dieser Aufteilung an. ‚Ramistische‘ Rhetoriken (etwa J. M. Meyfarts ‚Teutsche Rhetorica‘, 1634) beschränken sich deshalb auf die beiden officia Elocutio und Pronuntiatio.

Für die ↗ *Barock*-Poetik, die ja nicht in einem Konkurrenzverhältnis zur Logik / Dialektik stand, gilt dies allerdings nicht. Die meisten Poetiken (schon Scaliger) bieten umfangreiche ‚loci‘-Kataloge, die dem Dichter bei der Findung der Argumente (vor allem für das ↗ *Gelegenheitsgedicht*) helfen.

Das „allmähliche Erlöschen der klassischen Inventiotradition“ (Kienpointner, 576) im Übergang zur ↗ *Aufklärung* hat mit der philosophischen Fundamentalkritik von Descartes und seinen Nachfolgern zu tun: Als einziges Mittel zur Wahrheitsfindung gilt das demonstrative Schlußverfahren nach dem Vorbild der Mathematik; die ‚loci‘ der Inventio werden scharf abgelehnt. Die deutschen Theoretiker der Frühaufklärung (Chr. Thomasius, Fr. A. Hallbauer, J. A. Fabricius) übernehmen diese Kritik. Bei Gottsched treten an die Stelle der topischen Inventio die Bestimmungen der Fiktion und der *Fabel₁* (↗ *Plot*; Grimm, 641−651).

Das 18. Jh. insgesamt ist schließlich die Phase der Umsemantisierung von Inventio als ‚Findung‘ zur Inventio als kreativer, auch an den modernen Naturwissenschaften orientierter ‚Erfindung‘ (↗ *Originalität*). Die Debatte beginnt spätestens mit der Auseinandersetzung zwischen Gottsched und Breitinger um die Kategorien des ‚Neuen‘ und des ‚Wunderbaren‘ (Gottsched, 630; Breitinger, 60); noch Klopstock kommt kurz nach der Jahrhundertmitte über Breitinger kaum hinaus (Schleiden, 104−109).

In den Theorien des ↗ *Sturm und Drang* werden ‚Erfindung‘, ‚Neuheit‘ und ‚Originalität‘ als Bestimmungen des ↗ *Genie*-Begriffs angesehen („wo Genie ist, da ist Erfindung, da ist Neuheit, da ist das Original; aber nicht umgekehrt“; Gerstenberg, 404 f.). Die Sprachtheorien seit der 2. Hälfte des 18. Jhs. (Hamann, Herder) propagieren die organische Einheit von ‚res‘ und ‚verba‘; damit wird die Trennung von Inventio und Elocutio hinfällig (Beetz 1990, 187); Kleists Abhandlung ‚Über die allmähliche Verfertigung der Gedanken beim Reden‘ (1805/1806) kehrt das Verhältnis von Gedanken und Worten um.

Spätestens mit dem Verlust des normativen Geltungsanspruchs der Rhetorik am Ende des 18. Jhs. verlieren die Regeln der Inventio in produktionsästhetischer Sicht ihren Geltungsanspruch, auch wenn sie im Schulunterricht bis ins 19. Jh. bisweilen noch traktiert werden (↗ *Deutschunterricht*). Das Konzept ist heute nur noch von literarhistorischer und textanalytischer Bedeutung, obwohl sich Rudimente innerhalb der von der Rhetorik geprägten Ratgeberliteratur finden.

Johann Jacob Breitinger: Critische Dichtkunst. Bd. 1 [1740]. Repr. Stuttgart 1966. − Heinrich Wilhelm v. Gerstenberg: Briefe über Merkwürdigkeiten der Litteratur. Dritte Sammlung [1767]. Repr. Hildesheim, New York 1971. − Johann Christoph Gottsched (Hg.): Handlexicon oder Kurzgefaßtes Wörterbuch der schönen Wissenschaften und freyen Künste [1760]. Repr. Hildesheim, New York 1970. − Joachim Knape: Philipp Melanchthons ‚Rhetorik‘. Tübingen 1993. − Rhetores Latini minores. Hg. v. Karl Halm. Leipzig 1863 [Ps.-Augustinus, Sulpitius Victor, C. Iulius Victor]. − Karl August Schleiden: Klopstocks Dichtungstheorie als Beitrag zur Geschichte der deutschen Poetik. Saarbrücken 1954.

ForschG: Die antiken Theorien wurden von Volkmann, Lausberg und Martin aufgearbeitet. Vorbehalte der deutschen Literaturwissenschaft gegenüber der Rhetorik führten dazu, daß die Inventio als textanalytische Kategorie meist unberücksichtigt blieb. Erst die Wiederentdeckung der Rhetorik in den 1960er Jahren führte zu einer grundsätzlichen Neubewertung (vgl. etwa Breuer, 159−165), die allerdings nur in Einzelfällen textanalytisch produktiv gemacht wurde (Lit. s. ↗ *Barock*; ↗ *Gelegenheitsgedicht*; Beetz 1980; Dyck, 40−65).

Lit: Manfred Beetz: Rhetorische Logik. Tübingen 1980, S. 120−161. − M. B.: Rhetorisches Textherstellen als Problemlösen [1981]. In: Rhetorik. Hg. v. Josef Kopperschmidt. Bd. 1. Darmstadt 1990, S. 155−193. − Dieter Breuer: Einfüh-

rung in die pragmatische Texttheorie. München 1974. − Joachim Dyck: Ticht-Kunst. Tübingen ³1991. − Gunter E. Grimm: Literatur und Gelehrtentum in Deutschland. Tübingen 1983. − Manfred Kienpointner: Inventio. In: HWdRh 4, Sp. 561−587. − Lausberg, §§ 260−442. − Josef Martin: Antike Rhetorik. München 1974, S. 13−210. − Wilhelm Risse: Die Logik der Neuzeit. Bd. 1. Stuttgart-Bad Cannstatt 1964. − Brian Vickers: In defence of rhetoric. Oxford 1988. − Richard Volkmann: Die Rhetorik der Griechen und Römer in systematischer Übersicht [²1885]. Repr. Hildesheim u. a. 1987, S. 33−361.

Dietmar Till

Inversion ↗ *Periode*

Invocatio

Poetische Anrufung von Göttern oder Musen.

Expl: In poetologischen oder rhetorischen Kontexten nennt man *Invocatio* einen formelhaften Anruf des Dichters (oder Redners) an die Götter / an einen Gott oder die Musen (MUSENANRUF) mit der Bitte um ↗ *Inspiration* oder als Authentizitäts-Beglaubigung. Sie tritt als Bestandteil der Exordialtopik (↗ *Topik*) in erster Linie am Beginn (↗ *Prolog*) von Texten (vor allem im ↗ *Epos*), dann aber auch an besonders herausgehobenen Stellen auf.

WortG/BegrG: Das aus dem lat. *invocare* (‚anrufen‘) gebildete Substantiv *invocatio* ist erst in augusteischer Zeit (1. Hälfte des 1. Jhs. n. Chr.) belegt. Als poetologischer Terminus scheint es zuerst von Quintilian in dessen ‚Institutio oratoria‘ (1. Jh. n. Chr.) benutzt worden zu sein (nach Thesaurus 7, 2/1, 252 f.). Grundsätzlich sind zwei Verwendungszusammenhänge zu unterscheiden:

(1) Quintilian beschreibt die Invocatio als Unterart der rhetorischen Figur der APOSTROPHE, also der Abwendung des Redners von seinem primären Publikum und der Hinwendung zu einem sekundären Publikum (Quintilian 9, 2, 38; vgl. Lausberg

§ 762–765); in dieser Verwendung empfiehlt er die Anrufung von Göttern besonders im Schlußteil (,conclusio') der Rede (6, 1, 34; vgl. 6, 1, 3). Daneben geht Quintilian auch auf die Dichtung ein. Die Invocatio am Beginn der Epen Homers deutet er ganz rational als ,captatio benevolentiae' (↗ *Dispositio*), mit welcher der Dichter das Wohlwollen der Zuhörer erlangen wollte (10, 1, 48). Schließlich diskutiert er auch den Fall des wiederholten Musenanrufs in einem Text (4 pr. 4 f.).

(2) In der Epos-Theorie ist die Invocatio Element eines Gliederungsschemas (↗ *Dispositio*). Diese Verwendung geht auf den ,Aeneis'-Kommentar des Servius (4. Jh. n. Chr.) zurück, der das Epos des Vergil in Propositio, Invocatio und Narratio gliedert (Kommentar zu I, 8: „in tres partes dividunt poetae carmen suum: proponunt invocant narrant"). Einige ,Accessus ad auctores', Poetiken (etwa die ,Parisiana poetria' des Johannes von Garlandia, 13. Jh.) und literarische Texte des Mittelalters übernehmen dieses Schema (Curtius, 491; Klopsch, 60, 155), das für das Epos im wesentlichen bis ins 18. Jh. gültig ist. Bisweilen stellen die Autoren Überlegungen zur Vermischung oder Abgrenzung von Invocatio und Propositio (Scaliger 4, 718 [= 5, 17]; Opitz, 17–19) oder zur Entbehrlichkeit der Invocatio an (Schmid, 396; Lindner, 330).

Johann Gotthelf Lindner: Kurzer Inbegriff der Ästhetik, Redekunst und Dichtkunst. Bd. 2 [1772]. Repr. Frankfurt 1971. – Martin Opitz: Buch von der Deutschen Poeterey [1624]. Hg. v. Richard Alewyn. Tübingen ²1966. – Christian Heinrich Schmid: Theorie der Poesie [1767]. Repr. Frankfurt 1972. – Servius: In Vergilii carmina commentarius. Hg. v. Georg Thilo und Hermann Hagen. Bd. 1. Leipzig 1881.

SachG: Die Sache selbst ist älter als ihre begriffliche Fixierung und hängt mit der Vorstellung vom kultischen Ursprung der Dichtung zusammen (vgl. ↗ *Inspiration*). Die Musen-Invocationes in den Epen Homers haben in den europäischen Literaturen musterbildend gewirkt (schon bei Vergil). Spätestens seit der römischen Kaiserzeit kann man eine „Entwertung des Musenanrufs" (Curtius, 239) feststellen. Die Invocatio wird zu einer konventionellen Formel;

statt der Musen oder Götter werden nun auch Kaiser, Freunde, die Geliebte oder die persönliche Muse des Dichters, teils in ironischer oder parodistischer Weise, angerufen. Bisweilen wird der Musenanruf auch weggelassen (Lucan: ,De bello civili') oder offen abgelehnt (Persius: ,Prolog').

In der christlichen Dichtung der Spätantike und des frühen Mittelalters ist die Ablehnung der heidnischen Invocatio der Musen oder Apolls topisch. Seit dem christlichen Epiker Juvencus (Mitte des 4. Jhs.) wird sie durch Anrufungen Gottes, Christi, des Heiligen Geistes oder der Trinität ersetzt (vgl. Klopsch, 22; Quadlbauer). Innerhalb dieses Rahmens bleiben auch die Prologe der deutschen Literatur in ahd. (Otfrid: ,Evangelienbuch'), frühmhd. (,Lob Salomons', ,Wiener Genesis') und mhd. Zeit (Wolfram von Eschenbach: ,Willehalm') (s. Haug).

Das Problem der Legitimität der Invocatio der Musen oder heidnischen Götter ist Bestandteil der bis ins 18. Jh. reichenden Diskussion um die Legitimität der antik-paganen ↗ *Mythologie* in einem christlich geprägten Kontext. Klopstocks christliches Epos ,Messias' beginnt (in Anschluß an Miltons ,Paradise Lost') mit dem Anruf: „Sing, unsterbliche Seele, der sündigen Menschen Erlösung" (I, 1); später wird in der Funktion einer der heidnischen Musen die ,Sionitin' zweimal angerufen (I, 240 u. 299). Gottsched rät dem Dichter, statt „falscher Götter" besser personifizierte Tugenden oder Abstrakta wie Vernunft oder Wahrheit anzurufen (Gottsched 1760, 98). In der zweiten Hälfte des 18. Jhs. und den folgenden Jahrzehnten findet sich verbreitet eine Variante des Musenanrufs, bei dem die ,Göttin Melancholie' auf dem Hintergrund antik-frühneuzeitlicher Traditionen (Melancholie als Prädikat des ↗ *Genies*) als Inspirationsquelle angerufen wird (Völker, 19).

Johann Christoph Gottsched (Hg.): Handlexicon oder Kurzgefaßtes Wb. der schönen Wissenschaften und freyen Künste [1760]. Repr. Hildesheim, New York 1970. – Friedrich Gottlieb Klopstock: Der Messias. Gesang I–III [1748]. Hg. v. Elisabeth Höpker-Herberg. Stuttgart 1986.

ForschG: Die grundlegenden Entwicklungen hat bereits Curtius 1948 nachgezeichnet

(Curtius, 235−252, 491; vgl. auch Curtius 1939 und 1943). Den Bereich der mittelalterlichen Literaturtheorie stellen Haug und Klopsch dar. Eine zusammenfassende Darstellung, die auch religions- und rechtsgeschichtliche Aspekte einbezieht, hat Zinsmaier gegeben; zum juristischen Gebrauch der Invocatio vgl. Papenheim.

Lit: Eike Barmeyer: Die Musen. Ein Beitrag zur Inspirationstheorie. München 1968. − Ernst Robert Curtius: Die Musen im Mittelalter. In: ZrPh 59 (1939), S. 129−188; 63 (1943), S. 256−268. − Otto Falter: Der Dichter und sein Gott bei den Griechen und Römern. Diss. Würzburg 1934. − Walter Haug: Literaturtheorie im deutschen Mittelalter von den Anfängen bis zum Ende des 13. Jhs. Darmstadt ²1992. − Reinhard Häussler: Der Tod der Musen. In: Antike und Abendland 19 (1973), S. 117−145. − Paul Klopsch: Einführung in die Dichtungslehren des lateinischen Mittelalters. Darmstadt 1980, bes. S. 20−34. − Gerhard Neumann: „L'inspiration qui se retire". Musenanruf, Erinnern und Vergessen in der Poetologie der Moderne. In: Memoria. Hg. v. Anselm Haverkamp und Renate Lachmann. München 1993, S. 433−455. − Annette Papenheim: Präambeln in der deutschen Verfassungsgeschichte seit Mitte des 19. Jhs. unter besonderer Berücksichtigung der invocatio Dei. Diss. Münster 1998. − Franz Quadlbauer: Zur ‚Invocatio' des Iuvencus. In: Grazer Beiträge 2 (1974), S. 189−212. − Ludwig Völker (Hg.): „Komm, heilige Melancholie". Eine Anthologie deutscher Melancholie-Gedichte. Stuttgart 1983. − Thomas Zinsmaier: Invocatio. In: HWbRh 4, Sp. 592−596.

Dietmar Till

Ironie

Uneigentlicher Sprachgebrauch, bei dem das Gemeinte durch sein Gegenteil ausgedrückt wird.

Expl: Die Rhetorik bestimmt die Ironie als einen ↗ *Tropus₂*, der einen Ausdruck (Substituendum) durch einen semantisch entgegengesetzten Ausdruck (Substituens) ersetzt, und zwar in der Weise, daß der ersetzte Ausdruck aufgrund bestimmter Signale − Ironiesignale (Weinrich 1966, 61−65; Warning, 420; Zymner, 60−62) − erkennbar ist.

Die Ironie kann unterschiedliche Arten der Opposition verwenden, speziell den polaren Gegensatz (*gut / schlecht*), den konträren Gegensatz (*schön / schlecht*), den kontradiktorischen Gegensatz (*gut / nicht gut*), die antonymische Relation (*Sohn / Vater, doppelt / halb*) und das Verhältnis von Possession und Privation (*Sehvermögen / Blindheit*; J. D. Knox, 19−37).

Will man die Ironie präzise von anderen Tropen wie der ↗ *Metapher* oder der ↗ *Allegorie₂* abgrenzen, muß man auf dem Gegensatz-Kriterium bestehen (W. G. Müller, 190). Die Allegorie als Tropus (*allegoria* = ‚das Anderssagen') substituiert z. B. etwas Ähnliches oder Analoges für den eigentlichen Ausdruck, während die Ironie das Gegenteil − etwas Unverträgliches − für den eigentlichen Ausdruck setzt.

Auch bei der Abgrenzung der verwandten, aber deutlich unterscheidbaren Stilkategorien von Ironie und Litotes spielt das Gegensatzkriterium eine entscheidende Rolle. Anders als die Ironie ersetzt die Litotes den gemeinten Ausdruck nicht durch sein Gegenteil, sondern durch die Verneinung des Gegenteils; so wird das der Ironie eigentümliche Prinzip der semantischen Inversion aufgehoben. (Von einem ungestalten Mann kann man litotisch sagen: „Das ist kein Adonis." Oder ironisch: „Das ist ein Adonis." − Perelman / Olbrechts-Tyteca, 112; Plett, 78; W. G. Müller, 190−201.) Aus der Litotes wird durch Tilgung der Negationspartikel die Ironie. In der Litotes zeigt sich anstelle eines Gegensatzes eine graduell untertreibende Abweichung des Gesagten vom Gemeinten (↗ *Emphase*), in der Ironie ein Gegensatz von Gesagtem und Gemeintem.

Die Bestimmung der Ironie als Tropus, bei dem ein Wort durch sein Antonym ersetzt wird (Ein-Wort-Ironie, ‚antiphrasis'), darf nicht darüber hinwegtäuschen, daß die Ironie grundsätzlich in der Form der ↗ *Proposition*, also als uneigentliche Behauptung in Erscheinung tritt (J. D. Knox, 26), daß sie „propositional repräsentiert wird" (Lapp, 25).

Ein Aspekt ironischer Sprechakte, der seit der Antike diskutiert wird, ist die Art der praktizierten Verstellung (Lapp, 82).

Ein Lügner will seine Verstellung nicht durchschaut sehen und seine wahre Meinung nicht erkannnt wissen. Im Falle der Ironie ist die Substitution des für richtig gehaltenen Sachverhalts durch sein Gegenteil durchsichtig und die eigentliche Bedeutung rekonstruierbar (Weinrich 1966, passim; Kerbrat-Orecchioni, 113 f.; W. G. Müller, 191–193). Bei der in Ironie wie Lüge geübten Verstellung – die in einem Fall transparent ist, im anderen Fall nicht – gibt es zwei prinzipielle Formen: (1) SIMULATIO, das Vorspiegeln des Falschen (*suggestio falsi*); (2) DISSIMULATIO, das Verbergen des Wahren (*suppressio veri*). Man spricht auch vom „So-tun-als-ob" der Simulation und vom „So-tun-als-ob-nicht" der Dissimulation (Plett, 79). Eine Rechtfertigung der Unterscheidung zwischen Simulations- und Dissimulationsironie zeigt sich auch darin, daß es bei den ↗ *Rhetorischen Figuren* eine Dichotomie zwischen simulatorischen Figuren wie der *permissio* und dissimulatorischen Figuren wie der *praeteritio* gibt (W. G. Müller, 193–196, 200–204). Nicht verwechselt werden sollten diese rhetorischen Figurenbegriffe mit mimetischer ‚Simulation‘ (etwa durch Computer-Animationen) wie auch mit dem Konzept von Simulation und Dissimulation als ‚Verstellung‘ im Rahmen der ↗ *Höfischen Verhaltenslehre* (vgl. Buck; Barner, 117–131) („Qui nescit dissimulare, non potest regnare" – ‚Wer sich nicht zu verstellen weiß, kann nicht herrschen‘; Weise, 51; vgl. HWbRh 2, 886–888, sowie Schulz-Buschhaus).

Wilfried Barner: Barockrhetorik. Tübingen 1970. – August Buck: Die Kunst der Verstellung im Zeitalter des Barocks. In: Fs. der Wissenschaftlichen Gesellschaft an der J.-W.-Goethe-Universität. Wiesbaden 1981, S. 85–103. – Ulrich Schulz-Buschhaus: Über die Verstellung und die ersten ‚Primores‘ des ‚Héroe‘ von Gracián. In: Romanische Forschungen 91 (1971), S. 411–430. – Christian Weise: Politischer Redner [1677]. Repr. Hildesheim 1971.

WortG: Das Wort *Ironie* geht auf griech. εἰρωνεία [eironeía] ‚Verstellung betrügerischer Art‘ zurück, das von εἴρων [eíron] ‚Schalk‘ abgeleitet ist. Dieses Wort tritt erstmals in Aristophanes' Komödie ‚Die Wolken‘ (449) auf, auf einen Charakter bezo-

gen, der betrügerische Kunstgriffe anwendet (Ribbeck, passim; W. Büchner, passim; L. Bergson, 416, Markantonatos, 16 f.).

Die frühe, insgesamt pejorative Verwendung des Wortes gehört in den Kontext der „sokratisch-sophistischen Auseinandersetzungen" (Lapp, 19). In dem ältesten erhaltenen Lehrbuch der Rhetorik, der sogenannten ‚Rhetorica ad Alexandrum‘ des Anaximenes von Lampsakos aus dem 4. Jh. v. Chr., findet sich am Beginn des 21. Kapitels die Definition der *eironeía* als einer Redeweise, die das Gegenteil des wörtlich Gesagten zum Ausdruck bringt.

Unter der Bezeichnung *dissimulatio* führt Cicero mit Bezug auf Sokrates den Begriff der Ironie – „dissimulatione quam Graeci εἰρωνείαν [eironeían] vocant" (‚Lucullus‘ 15) – in die lat. Sprache ein. Quintilian tadelt diese Übersetzung und bevorzugt das griech. Wort *eironeía* (9, 2, 44); als lat. Entsprechung verwendet er *simulatio*, *adsimilatio* oder *inlusio* (dazu Weinrich 1976, 578).

Während das Mittelalter zwar die Sache, aber nicht den Begriffsnamen der Ironie kennt (dazu Green; J. D. Knox), greifen Autoren seit der Renaissance in der Regel auf die latinisierte Form des griechischen Terminus zurück: „Ironia […] allegoria est, quae non aliud sensu, aliud verbis ostendit, sed contrarium" (‚Die Ironie ist eine Allegorie, die nach Worten und Sinn nicht nur etwas anderes, sondern etwas Gegenteiliges darstellt‘; Soarez III, 146); „non sentit Allegoria contrarium, sed simile […] Ironia contrarium indicat" (‚Die Allegorie meint nicht das Gegenteil, sondern etwas Ähnliches – die Ironie aber deutet das Gegenteil des Gemeinten an‘; Scaliger 3, 85). Die internationale Bezeichnung *ironia, irony, ironie* (über die frz. Form eingedeutscht im 18. Jh.; Schulz-Basler 1, 308; Paul-Henne, 433) hält sich in der Folgezeit, ungeachtet der unten beschriebenen semantischen Auffächerung, bis in die Gegenwart konstant, obwohl andere Wörter wie *dissimulatio, illusio, irrisio* noch häufig als Alternative begegnen (vgl. N. Knox 1961, 11 f.; Sonnino, 105).

D. Cyprianus Soarez: De arte Rhetorica libri tres. Ex Aristotelem, Cicerone & Quinctiliano praecipuè deprompti [1560]. Köln 1577. – Lee

A. Sonnino: A handbook to sixteenth century rhetoric. London 1968.

BegrG: Das der rhetorischen Definition von Ironie zugrunde liegende Gegensatzkriterium, dem zufolge für die Ironie eine semantische Opposition zwischen einem geäußerten ↗ *uneigentlichen* und einem nicht geäußerten ‚eigentlichen‘ Ausdruck (Plett, 77) konstitutiv ist, hat eine lange Tradition. Der ‚Gegensinn von Gesagtem und Gemeintem‘ wurde besonders von Quintilian betont: „contrarium ei quod dicitur intelligendum est" (Quintilian 9, 2, 44). Nach einer abgeschwächten – gleichfalls historisch traditionsbildenden – Definition meint die Ironie jedenfalls ‚etwas anderes, als sie sagt‘: „quom alia dicuntur ac sentias" (Cicero, ‚De Oratore‘ 2, 67, 269).

In der neuzeitlichen Geschichte des Ironie-Begriffs haben sich aus der klassisch-rhetorischen Einheitsbedeutung schrittweise drei unterschiedliche Verwendungsweisen als literarischer Fachbegriff entwickelt:

(1) In einer Traditionslinie wird die Ironie weiterhin verstanden als ‚Rhetorische Ironie‘, d. h. als Redeweise bzw. rhetorischer Tropus (*ironia verbi*). Dieses Begriffsverständnis ist von der antiken Rhetorik bis zur modernen Stilistik präzisiert worden, aber im wesentlichen konstant geblieben (vgl. Kerbrat-Orecchioni, Plett). Denn noch ganz im ursprünglichen Sinne von Quintilian – „diversum ei, quod dicit, intellectum petit" (‚was man sagt, ist verschieden von dem, worauf der Verstand zielt‘; Quintilian 6, 2, 15) – spricht etwa J. D. Knox von „*ironia* as stating the opposite to the intended meaning" (J. D. Knox, 14). Diese Form der Ironie drückt z. B. Lob durch Tadel oder Tadel durch Lob aus.

(2) Mit Berufung auf antike Vorbilder, aber nicht im antiken Wortsinne wird der Begriff besonders seit dem 18. Jh. als ‚Existentielle Ironie‘ und somit als Lebensform verstanden (*ironia vitae*), als eine Figur, die das gesamte Leben, Denken, Reden und Handeln eines Menschen prägt. Schon Quintilian erwähnt Sokrates als einen Menschen, dessen „gesamtes Leben Ironie zu enthalten scheint […] denn deshalb hieß er der ‚Ironiker‘, weil er den Unwissenden spielte und Bewunderer anderer vermeintli-

cher Weiser" (9, 2, 46; vgl. Aristoteles: ‚Nikomachische Ethik‘ 1108 a 23, 1127 a 20–32). Auf Sokrates berufen sich vor allem spätere Theoretiker der Ironie wie Fr. Schlegel (z. B. Schlegel II, 48, 152, 160). Die Ironie in der Form der Dissimulation und der Simulation wird hier zur existentiellen Grundfigur (Oesterreich 1990, 132 f.). Wenn man mit Bezug auf Sokrates von der Ironie als ‚Lebensform‘ spricht, darf man jedoch nicht vergessen, daß die sokratische Ironie der Verstellung des Redners als anfänglich unwissend einen didaktisch-persuasiven Zweck verfolgt: die maieutische ‚Hebammenkunst der Gedanken‘ am Gesprächspartner.

(3) Die radikalste Neudeutung des Ironiebegriffs betrifft nicht nur die menschliche Existenz und Welthaltung, sondern das Seiende insgesamt (*ironia entis*; Oesterreich 1994, 111). Schelling stellt in seinen ‚Ideen zu einer Philosophie der Natur‘ die erscheinende Natur als Produkt göttlicher Dissimulation dar: „das Absolute verhüllt sich hier in ein andres, als es selbst in seiner Absolutheit ist, in ein Endliches" (Schelling, 717). Die Natur ist laut dieser Aussage Ausdruck der Ironie des Absoluten. Der Haupttheoretiker der ontologischen Ironie ist Fr. Schlegel, besonders in seinen Beiträgen zur Zeitschrift ‚Athenäum‘ (1798–1800). Schlegel wertet die Ironie als Tropus im Verhältnis zu ihrem philosophischen Gebrauch ab (Schlegel II, 152) zugunsten einer Entwicklung „ins Unendliche" (Schanze, 94), einem Prozeß der ↗ *Potenzierung* durch „Infinitisierung" der rhetorischen Ironie (Oesterreich 1994, 109).

Der zentrale Ort dieser ‚Romantischen Ironie‘ ist die zur Philosophie erhobene Poesie, die so in einer Art „transzendentaler Buffonerie" (Schlegel II, 152) immer wieder den Widerstreit zwischen dem Unbedingten und dem Bedingten sowie die Unmöglichkeit einer vollständigen und einheitlichen Mitteilung zum Ausdruck bringt. Fr. Schlegel faßt diese Art der Ironie als „Poesie der Poesie" (II, 204) auf und sieht sie in einer Verwandtschaft mit der Paradoxie: „Die Paradoxie ist für die Ironie die conditio sine qua non, die Seele, Quelle und Princip" (XVI, 174). Merkmale der romantischen

Ironie sind das ständige Heraustreten des Autors aus seinem Werk, die damit verbundene Brechung der Rezeptionshaltung des Publikums und die fortwährende Manifestation der Spannung zwischen dem Unendlichen und dem Endlichen, dem Ideal und der Wirklichkeit.

Eine Sonderentwicklung des Ironiebegriffs bilden die erzähl- und dramentheoretischen Ansätze zur Übertragung des Ironie-Konzepts auf den etwas anders gelagerten Fall der ‚Fiktionsironie' (Weinrich 1961). Insbesondere die sog. ‚dramatische Ironie' (vgl. Sedgewick) wurde zwar erst in jüngerer Zeit in diesen begrifflichen Kontext gestellt (z. B. Muecke, 64—66), doch in der Literatur seit der Antike poetisch verwendet. Ein berühmtes Beispiel ist Ödipus' (Selbst-)Verfluchung des Mörders seines Vaters in Sophokles' Drama (v. 246—251) oder die Rühmung der Friedlichkeit des Schlosses durch König Duncan, dessen Ermordung an ebendiesem Ort bereits geplant ist (Shakespeare: ‚Macbeth' I. 7, 1—3 u. 28—32). Eine Wirkungsbedingung der dramatischen Ironie ist dabei das Mehrwissen der Zuschauer gegenüber den Figuren (Asmuth, 122 f. u. 173).

Beim Konzept der dramatischen Ironie handelt es sich jedoch um einen typologischen Begriff, der über den Bereich des Dramas hinausführt (Heimrich): Als eines der frühesten Beispiele für die Verwendung solcher dramatischen Ironie im Epos gilt Odysseus' Rückkehr nach Ithaka, wo er als verkleideter Bettler seine eigene Rückkehr für ausgeschlossen erklärt hört (21. Gesang, 326—336). Besonders in der modernen Erzählkunst hat die narratologische Diskussion eine große Vielfalt ironischer Präsentationsformen ausfindig gemacht (vgl. Booth); in dieser Traditionslinie hat man die Ironie „nicht bloß als erzählerische Technik aufgefaßt, sondern als eine poetische Grundhaltung" (Weinrich 1976, 579), in der sich die Gebrochenheit des modernen Bewußtseins ausdrücke — besonders bei Autoren wie Musil oder Th. Mann (dazu bes. Heller).

Helmut Schanze: Romantik und Aufklärung. Nürnberg 1976. — Friedrich W. J. Schelling: Werke. Hg. v. Manfred Schröter. Bd. 1. München 1927. — Friedrich Schlegel: Kritische Friedrich-Schlegel-Ausgabe. Hg. v. Ernst Behler u. a. Paderborn 1958 ff.

SachG: Die rhetorische Ironie, d. h. die Ironie als Tropus, begegnet in der Literatur von der Antike bis ins 20. Jh. als Einzelfigur und als eine die Gesamtstruktur von Texten bestimmende Figur. Ein weltliterarisch wirkungsreiches Beispiel für die punktuelle Verwendung solcher Ironie ist die Verunglimpfung des Brutus durch Antonius' mehrfach wiederholtes Lob — „Brutus is an honourable man" — in Shakespeares ‚Julius Caesar' (III.2 82, 87, 94, 99). Ein ganzer Text, der eine fiktive Verbrecherbiographie von Anfang bis zum Schluß in das (‚antiphrastisch', im Gegensinn zu verstehende) Vokabular des Tugendlobs und des Heroenkults kleidet, ist Fieldings Roman ‚Jonathan Wild' (1743). Ins Gesamtkompositorische wird das ironische Argumentationsprinzip des komischen *Enkomions* (↗ *Panegyrikus*) auch im ‚Lob der Torheit' von Erasmus (1509) erhoben. Eine Gattung, deren stärkste Waffe die rhetorische Ironie bildet, ist von der Antike (Horaz, Juvenal) über die Aufklärungszeit (Swift, Voltaire) bis ins 20. Jh. (K. Kraus, Orwell) die ↗ *Satire* (zum Zusammenhang Muecke, 80). Sie hat eine Reihe von unterschiedlichen Genres und Darstellungsstrategien — wie die ironisch vorgeschobene ‚satiric persona' (Kernan; Pollard, 68) — ausgebildet, insbesondere den ironischen fingierten Brief (wie die humanistischen ‚Dunkelmännerbriefe', Pascals ‚Les Provinciales', Montesquieus ‚Lettres Persanes', die anonymen ‚Letters of Junius' oder L. Thomas ‚Filser-Briefe').

ForschG: Wie schon Wort- und Begriffsgeschichte deutlich machen, ist der traditionelle Kontext aller Forschungen zum Ironie-Begriff die Tropus-Theorie der ↗ *Rhetorik* und deren Historiographie (historische Überblicke u. a. bei Behler, Frank, Green, J. D. Knox, N. Knox). In den letzten Jahrzehnten haben sich neuere Theoriebildungen im Umfeld der Linguistik bzw. ↗ *Linguistischen Poetik*, der ↗ *Semiotik* und ↗ *Kommunikationstheorie* verstärkt um eine präzisere Bestimmung ironischer Redeformen bemüht (z. B. Clyne, Groeben, Lapp,

Stempel, Warning). Für die ironische Kommunikation haben sich dabei vorrangig zwei unterschiedliche Modelle behauptet (W. G. Müller, 193): das triadische Ironie-Modell (Drei-Personen-Theorie), das neben dem Sprecher und Hörer eine dritte Person annimmt, welche das Objekt − oder Opfer − der Ironie ist (Weinrich 1966, 63−65; Clyne, 345; Stempel, 227); und das dyadische Modell (Zwei-Personen-Theorie), das einen Sprecher und einen Interpreten der ironischen Äußerung ansetzt (Groeben, 174; Lapp, 31 f.).

Lit: Beda Allemann: Ironie und Dichtung. Pfullingen 1956. − Bernhard Asmuth: Einführung in die Dramenanalyse. Stuttgart ⁴1994. − Ernst Behler: Klassische Ironie, romantische Ironie, tragische Ironie. Darmstadt 1972. − E. B.: Ironie und literarische Moderne. Paderborn 1997. − Leif Bergson: Eiron und Eironeia. In: Hermes 99 (1971), S. 409−422. − Wayne C. Booth: A rhetoric of irony. Chicago 1974. − Wilhelm Büchner: Über den Begriff der eironeia. In: Hermes 76 (1941), S. 339−358. − Michael Clyne: Einige Überlegungen zu einer Linguistik der Ironie. In: ZfdPh 93 (1974), S. 343−355. − Armin Paul Frank: Zur historischen Reichweite literarischer Ironiebegriffe. In: LiLi 8 (1978), S. 84−104. − Dennis H. Green: Alieniloquium. Zur Begriffsbestimmung der mittelalterlichen Ironie. In: Verbum et Signum. Fs. Friedrich Ohly. Hg. v. Hans Fromm u. a. München 1975. Bd. 2, S. 119−159. − Norbert Groeben: Ironie als spielerischer Kommunikationstyp. In: Kommunikationstypologie. Hg. v. Werner Kallmeyer. Düsseldorf 1986, S. 172−192. − Bernhard Heimrich: Fiktion und Fiktionsironie in Theorie und Dichtung der deutschen Romantik. Tübingen 1968. − Erich Heller: Thomas Mann, der ironische Deutsche. Frankfurt 1959. − Linda Hutcheon: Irony's edge. The theory and politics of irony. London 1995. − Uwe Japp: Theorie der Ironie. Frankfurt 1983. − Catherine Kerbrat-Orecchioni: L'ironie comme trope. In: Poétique 11 (1980), S. 108−127. − Alvin B. Kernan: The plot of satire. New Haven, London 1971. − John Dilwyn Knox: Ironia. Medieval and Renaissance ideas on irony. Leiden u. a. 1989. − Norman Knox: The word *irony* and its context, 1500−1755. Durham, N. C. 1961. − Edgar Lapp: Linguistik der Ironie. Tübingen 1992. − Gerásimos Markantonatos: On the origin and meanings of the word *[eironeía]*. In: Rivista di filologia 103 (1975), S. 16−21. − Douglas Colin Muecke: Irony. London 1970. − Marika Müller: Die Ironie: Kulturgeschichte und Textgestalt. Würzburg 1995. − Wolfgang G. Müller: Ironie,

Lüge, Simulation, Dissimulation und verwandte rhetorische Termini. In: Zur Terminologie der Literaturwissenschaft. Hg. v. Christian Wagenknecht. Stuttgart 1989, S. 189−208. − Peter L. Oesterreich: Fundamentalrhetorik. Hamburg 1990. − P. L. O.: Philosophen als politische Lehrer. Darmstadt 1994. − Chaim Perelman, Lucie Olbrechts-Tyteca: Traité de l'argumentation. Brüssel ²1970. − Heinrich F. Plett: Ironie als stilrhetorisches Paradigma. In: Kodikas / Code 4/5 (1982), S. 75−89. − Arthur Pollard: Satire. London 1970. − Wolfgang Preisendanz, Rainer Warning (Hg.): Das Komische. München 1976. − Otto Ribbeck: Über den Begriff des εἴρων [eíron]. In: Rheinisches Museum NF 31 (1876), S. 381−400. − G. G. Sedgewick: Of irony, especially in drama. Toronto ²1967. − Wolf-Dieter Stempel. Ironie als Sprechhandlung. In: Preisendanz / Warning, S. 205−235. − Dragan Stojanovic: Ironie und Bedeutung. Bern 1991. − Ingrid Strohschneider-Kohrs: Die romantische Ironie in Theorie und Gestalt. Tübingen 1960. − Rainer Warning: Ironiesignale und ironische Solidarisierung. In: Preisendanz/Warning, S. 416−423. − Harald Weinrich: Fiktionsironie bei Anouilh. In: LitJb NF 2 (1961), S. 239−253. − H. W.: Linguistik der Lüge. Heidelberg 1966. − H. W.: Ironie. In: HWbPh 4, Sp. 577−582. − Rüdiger Zymner: Uneigentlichkeit. Paderborn 1991.

Wolfgang G. Müller

Isokolon ↗ *Parallelismus*

Isometrie

Metrische Gleichheit von Versen oder Verspaaren, im weiteren Sinne auch von Reimwörtern oder Strophen.

Expl: In der Metrik spricht man von *Isometrie*, wenn mehrere metrisch zusammengehörige Folgen sprachlicher Einheiten dasselbe metrische Schema aufweisen und von gleicher Länge sind. Beim syllabischen (,silbenzählenden') Versifikationstyp bezieht sich die Isometrie auf die gleiche Zahl von Positionen als dem metrischen Korrelat der (sprachlichen) Silben, beim syllabotonischen (oder alternierenden) und beim akzentuierenden Typ auf die gleiche Zahl der Hebungen, beim taktierenden Typ auf die gleiche Zahl der Takte und beim fußmessenden auf die gleiche Zahl (und gegebenenfalls auch Art) der Versfüße (↗ *Hebung,* ↗ *Metrik,* ↗ *Prosodie*). Unterschiede im Versausgang (männlich vs. weiblich bzw. akatalektisch vs. katalektisch, ↗ *Kadenz*; Minor, 421) schließen isometrische Wertung nicht aus.

Primär bezieht sich *Isometrie* auf die Verszeile. Verszeilen stehen zueinander entweder in der Relation der Isometrie (alle Zeilen eines Gedichts, einer Strophe oder eines Verspaars sind von gleicher Länge und Art; Beispiel: ↗ *Sonett*) oder der HETEROMETRIE (die Verse eines Gedichts, einer Strophe oder eines Verspaars sind von ungleicher Art und/oder Länge; Beispiele: klassische ↗ *Odenstrophe,* ↗ *Distichon*). Heterometrie kann sich auf alle oder doch mehrere Verse einer Strophe oder eines Gedichts beziehen (wie in verschiedenen Odenmaßen) oder aber auf die Opposition von zwei Typen, die entweder alternieren (wie beim Distichon) oder die das Strophenende, häufig auch den Refrain, durch den Wechsel zu einer kürzeren (sapphische Strophe) oder längeren Variante (Spenser-Strophe) signalisieren. Stehen alle Strophen eines Gedichts in der Relation der Isometrie zueinander, wird das Gedicht auch als *isostrophisch* bezeichnet. – Schließlich wird der Begriffsname *Isometrie* auch auf Reimwörter angewandt: So bilden *weit* und *breit* einen isometrischen, *weit* und *bereit* einen heterometrischen Reim.

WortG: *Isometrie* ist ein an naturwissenschaftlichen Gebrauch angelehntes Kunstwort der neueren metrischen Fachliteratur (z. B. Breuer 1981, 54; Wagenknecht 1981, 123) aus griech. ἴσος [ísos] ‚gleich‘ und μέτρον [métron] ‚Maß‘, das in seiner metrischen Bedeutung im allgemeinen weder in literaturwissenschaftlichen Enzyklopädien (Ausnahmen: Schweikle, 213; Literatur-Brockhaus 4, 254) noch in den neueren Fremdwörterbüchern (Ausnahme: Wahrig, 277) gebucht wird.

Der Literatur-Brockhaus. Mannheim 1995. – Gerhard Wahrig: Fremdwörter-Lexikon. Gütersloh u. a. 1974.

BegrG: In der deutschen Metrik findet sich neben dem Adjektiv *isometrisch* die (halb) deutsche Entsprechung *gleichmetrisch* (Schipper, Minor), für *heterometrisch* entsprechend *ungleichmetrisch*. Daneben werden die Ausdrücke *metabolisch* (von griech. μεταβολή [metabolé] ‚Verwandlung‘, ‚Variation‘) sowie *polymetrisch* verwendet.

ForschG: Im Unterschied zu vergleichbaren, im weitesten Sinne auf einer ↗ *Äquivalenz*-Relation basierenden Phänomenen wie etwa dem Parallelismus ist die Isometrie als ein poetisches bzw. ästhetisches Faktum bisher nicht sehr intensiv untersucht worden. So fehlen insbesondere genaue Untersuchungen über Distribution und Frequenz iso- bzw. heterometrischer Strophen- und Gedichtformen in den meisten Literaturen (s. aber für das Russische: Vishnevsky). Für das Deutsche ergibt eine Auszählung der bei Frank aufgeführten Strophenformen in bezug auf Isometrie vs. Heterometrie ein Verhältnis von ca. 70:30 unter Nichtberücksichtigung der Kadenz. Isometrisch und von gleicher Kadenz sind jedoch nur knapp 30% der Strophenformen: Metrische und rhythmische Abwechslung wird also sowohl durch Heterometrie als auch durch unterschiedliche Kadenz bewirkt. Bei solchen Untersuchungen wäre allerdings zu beachten, daß der Isometrie-Begriff stark theoriegebunden ist. So hängt die statistische Auswertung entscheidend von der zugrunde gelegten Versifikations-Typologie ab: Veranschlagt man, wie etwa Albertsen oder Küper, bei der Lieddichtung des 18. und 19. Jhs. auch einen taktierenden Versifikationstyp (↗ *Metrik,* ↗ *Prosodie*), ist der Anteil der isometrischen Strophen (insbesondere der viertaktigen) höher als bei einer alleinigen Berücksichtigung nur der sprachlich realisierten Hebungen wie bei Frank und Wagenknecht.

Lit: Leif Ludwig Albertsen: Neuere deutsche Metrik. Bern, Frankfurt 1984. – Dieter Breuer: Deutsche Metrik und Versgeschichte. München 1981. – Wilhelm Theodor Elwert: Französische Metrik. München ⁴1978. – Horst Joachim Frank: Hb. der deutschen Strophenformen. München, Wien 1980. – Christoph Küper: Sprache und Metrum. Semiotik und Linguistik des Verses. Tübingen 1988. – Jakob Minor: Neuhochdeutsche Metrik. Straßburg ²1902. – Jakob Schipper: Grundriss der englischen Metrik. Wien,

Leipzig 1895. – K. D. Vishnevsky: The law of rhythmical correspondence in heterogeneous stanzas. In: Metre, rhythm, stanza, rhyme. Hg. von G. S. Smith. Colchester 1980, S. 76–85. – Christian Wagenknecht: Deutsche Metrik. Eine historische Einführung. München 1981, ³1993.

Christoph Küper

Isotopie

Semantische Übereinstimmungen zwischen Wörtern oder Minimalsequenzen innerhalb eines Textes.

Expl: *Isotopie* bezeichnet semantische Korrespondenzen zwischen den sprachlichen Einheiten, in der Regel den Wörtern, innerhalb eines Textes. Diese Lexeme bilden, in der einfachsten Form durch Wiederholung, variierte Wiederaufnahme und grammatische Substitution (Pro-Formen) eine Isotopiekette. Die Zusammengehörigkeit der Wörter ergibt sich in diesem Fall aus dem wiederholten Auftreten (der Rekurrenz) von gleichen semantischen Grundelementen (Semen) in Wörtern desselben Textes (Rastier 1972, 85–88; *sememische* oder *horizontale Isotopie*). In Texten finden sich in der Regel mehrere miteinander verflochtene Isotopieketten. Sie tragen wesentlich zu deren ↗ *Kohärenz* bei. Da die später auftretenden Glieder einer solchen Kette die Bedeutungsspezifizierung der im Text vor ihnen stehenden Einheiten übernehmen, sind sie auch für den Verstehensprozeß relevant, denn sie signalisieren Bedeutungs- und Handlungsstränge. Isotopien, die nicht entlang den grammatischen Verkettungsregeln verlaufen, sondern – in „Texten mit nichtlinearem Diskurs" (Haubrichs, 5) – unabhängig von diesen eine die Elemente des Textes verbindende Bedeutungsebene schaffen, heißen *vertikale Isotopien* (Rastier 1972, 88–92). Durch das Zusammenwirken von horizontaler und vertikaler Isotopie entstehen komplexe Isotopieverflechtungen; die wechselseitige Substitution einzelner Elemente aus unterschiedlichen Isotopie-Ebenen führt zur ↗ *Metapher* (Debatin, 192 f.).

Der Isotopiebegriff steht in enger Beziehung zur ‚semantischen Kontiguität', der begrifflich geprägten lexikalischen Sachgruppe (*König…Schloß…Prinz…*) Diesen Elementen kommt gleichfalls textkonstitutive Funktion zu, doch fehlt hier die Semrekurrenz und der einheitliche Referenzbezug. Im Hinblick auf ↗ *Pro-Formen* fungiert ‚Isotopie' als Oberbegriff, mit Bezug auf ‚Textverflechtung' (in der älteren ↗ *Textlinguistik* die Gesamtheit der die Einzelsätze miteinander verknüpfenden sprachlichen Mittel) sowie ‚Kohärenz' als Teilbegriff der übergreifenden Begriffsinhalte.

WortG: Der Ausdruck *Isotopie* ist auf griech. ἴσος [ísos] ‚von gleicher Beschaffenheit' und τόπος [tópos] ‚Ort, Stelle, Platz' zurückzuführen. Wissenschaftsgeschichtlich wird *Isotopie* zunächst am Beginn des 20. Jhs. in der Atomphysik verwendet (für Atomkerne mit derselben Ordnungs-, aber verschiedener Massenzahl), 1966 dann durch den französischen Textlinguisten und strukturalistischen Literaturtheoretiker A. Greimas (1966, 69–101) auf vergleichbare sprachliche Phänomene (Lexeme mit annähernd gleicher Bedeutung, aber unterschiedlicher formaler Gestalt und Position) in Texten bezogen.

BegrG: Der von Greimas geprägte Begriffsinhalt (rekurrentes Auftreten semantischer Merkmale in Texten) wurde durch van Dijk formalisiert und von Rastier auch auf die Ausdrucksebene ausgeweitet. Rastier unterscheidet neben den semiologischen und semantischen Isotopien des Inhalts auch phonologische (eigentlich: phonetische), morphologische und syntaktische Isotopien, die sich – zusammen mit den lexikalischen Isotopien – in einer Stilistik der Isotopien bündeln lassen. Immer dann, wenn ein Text mehrere einander ausschließende Isotopieebenen enthält (vor allem in poetischen Texten), sind mehrere Lesarten/Interpretationen des Textes möglich. Das Isotopiemodell bildete eine wichtige Grundlage für die Entwicklung der semantischen Konzeption der Sem-Analyse. In einigen linguistischen Arbeiten (Kallmeyer u. a.) wurde der Isotopiebegriff als so fundamental angesehen, daß er zur Grundlage von semantisch orientierten Textdefinitionen gemacht wurde. Die literaturwissenschaftliche Relevanz des Konzepts (vgl. z. B. Schulte-Sasse/Werner, 68–71) wurde besonders im Rahmen der ↗ *Linguistischen Poetik* untersucht (z. B. Oomen, 76–80).

ForschG: Greimas' Isotopiemodell stellt einen ersten Versuch dar, das Zustandekommen von Textbedeutungen systematisch zu erfassen. Dieses Konzept wurde in neueren Arbeiten – teils mit kleineren Modifikationen – in immer komplexere textlinguistische Gesamtzusammenhänge eingebettet: in die Kennzeichnung von Kohäsions- und Kohärenzphänomenen (Agricola, Heinemann/ Viehweger, Nussbaumer), von Prozessen der Textproduktion und -rezeption (de Beaugrande/Dressler) und die Eruierung semantisch-kognitiver Netze.

Lit: Erhard Agricola: Textstruktur, Textanalyse, Informationskern. Leipzig 1979. – Robert-Alain de Beaugrande, Ulrich Dressler: Einführung in die Textlinguistik. Tübingen 1981. – Bernhard Debatin: Die Rationalität der Metapher. Berlin, New York 1995. – Teun A. van Dijk: Some aspects of text grammars. Den Haag, Paris 1972. – Algirdas Julien Greimas: Sémantique structurale. Paris 1966 [dt. 1971]. – Wolfgang Haubrichs: Der erzählerische Diskurs und seine Strukturen. In: Erzählforschung. Hg. v. Eberhard Lämmert. Stuttgart 1982, S. 1–6. – Wolfgang Heinemann, Dieter Viehweger: Textlinguistik. Tübingen 1991. – Mi Bak Hyun: Grundprobleme der strukturalen Textsemantik. Die Reichweite des Isotopiekonzepts von Greimas in Bezug auf literarische Texte. Berlin 1994. – Werner Kallmeyer u. a. (Hg.): Lektürekolleg zur Textlinguistik. Frankfurt 1974. – Winfried Noeth: Hb. der Semiotik. Stuttgart 1985 [bes. S. 464–467]. – Markus Nussbaumer: Was Texte sind und wie sie sein sollen. Tübingen 1991. – Ursula Oomen: Linguistische Grundlagen poetischer Texte. Tübingen 1973. – François Rastier: Systématique des isotopies. In: Essais de sémiotique poétique. Hg. v. Algirdas Julien Greimas. Paris 1972, S. 80–105 [dt.: Systematik der Isotopien. In: Kallmeyer 1974, S. 153–190]. – F. R.: Sémantique interprétative. Paris 1987, S. 87–140. – F. R.: Le développement du concept d'isotopie. Paris 1981. – F. R.: Sens et textualité. Paris 1989. – Manfred Schmeling: Semantische Isotopien als Konstituenten des Thematisierungsprozesses in nicht-linearen Erzähltexten. In: Erzählforschung. Hg. v. Eberhard Lämmert. Stuttgart 1982, S. 157–172. – Jochen Schulte-Sasse, Renate Werner: Einführung in die Literaturwissenschaft. München ⁵1987.

Wolfgang Heinemann

Iteration ↗ *Konkrete Poesie*

J

Jakobinismus

Geschichtswissenschaftliche Bezeichnung für eine Phase der Französischen Revolution.

Expl: Als Strategie politischen Handelns bezeichnet ‚Jakobinismus' im Kontext der Französischen Revolution die Begründung einer revolutionären Diktatur im Jahr 1793 (vgl. Thamer, 191; Mazauric, 712; dagegen: Neugebauer-Wölk 1997, 254). In der Spezialisierung als ‚Literarischer Jakobinismus' wird der Begriff in der Literaturgeschichte zur Erfassung von operativen Formen und Gattungen politisch funktionalisierter (und von den ästhetischen Konzepten der ‚Deutschen Klassik' abzugrenzender) Literatur der deutschen Spätaufklärung zwischen etwa 1790 und 1806 verwendet (vgl. Stephan 1976; Segeberg 1976).

WortG/BegrG: Der Ausdruck *Jakobinismus* geht zurück auf den Versammlungsort des ‚Club des Jacobins de Paris' in dem säkularisierten Dominikanerkloster Saint Jacques (Grab 1990, 722–724). – Im Zuge der Auswirkungen des französischen Revolutionsgeschehens auf weite Teile von Mittel- und Osteuropa diversifizieren sich die politische Struktur und die ideologischen Grundlagen des französischen Jakobinismus nach territorialen und soziokulturellen Besonderheiten. Diese unterschiedlichen Ausprägungen sind daher mit dem ursprünglichen französischen Jakobinismus nicht gleichzusetzen (vgl. Grab 1990, 726). Das gilt insbesondere für diejenigen politisch-literarischen Gruppierungen, die mit dem Sammelbegriff ‚deutsche Jakobiner' bezeichnet werden. – Seit etwa 1793 (‚Schreckensherrschaft' der französischen Jakobiner) dominiert die begriffliche Identifikation von ‚Jakobinismus' und ‚Terreur' (vgl. Soboul; Grab 1984, 39 f.): Unter dem Einfluß ‚konterrevolutio-närer' Pressebeiträge (vgl. Böning) erweitert sich der Begriffsumfang und umfaßt gegen Ende des 18. Jhs. zum einen Positionen, die auch nach der Terreur den demokratischen bzw. republikanischen Grundgedanken der Revolution bejahen, darüber hinaus aber auch solche, die ihre politischen Ziele durch gewaltsame Aktionen durchzusetzen bereit sind. Zudem wurde ‚Jakobinismus' mit der Gesamtbewegung der Revolution identifiziert und in den Kontext einer Verschwörungstheorie gestellt, derzufolge das revolutionäre Jakobinertum und seine europäischen Folgeerscheinungen das Ergebnis einer subversiven Allianz von französischer Aufklärungsphilosophie, Freimaurerei und Illuminatismus seien (Rogalla v. Bieberstein; Schüttler).

Holger Böning: Eudämonia, oder deutsches Volksglück. In: Text & Kontext 13 (1985), S. 7–36. – Johannes Rogalla v. Bieberstein: Die These von der Verschwörung 1776–1945. Frankfurt u. a. 1976, ²1978. – Hermann Schüttler (Hg.): Johann Joachim Christoph Bode: Journal von einer Reise von Weimar nach Frankreich. München 1994. – Albert Soboul: Les Sans-culottes parisiens en l'an II. Paris 1958.

SachG: Angesichts der jakobinischen ‚Schreckensherrschaft' differenziert sich (nicht nur in Deutschland) nach zunächst überwiegend hoffnungsvollen Reaktionen das Meinungsbild innerhalb der Bildungs- und Gelehrtenelite (vgl. etwa Stammen/Eberle, 235–238, 273–277; Träger, 192–194), so daß die literarische Verarbeitung jakobinischer Leitvorstellungen insgesamt kein stabiles Rezeptionsmuster darstellt. Die überregionale Beschreibung dieses Konglomerats als ‚mitteleuropäischer Jakobinismus' (vgl. Reinalter 1981) umfaßt sowohl liberal-idealistische als auch demokratisch-republikanische oder radikaldemokratische (mit dem französischen Jakobinismus partiell übereinstimmende) Optionen. Die radikalen Positionen bildeten indes eine deutliche Minderheit (vgl. Reinalter 1980); Modifikationen im Umkreis der Mainzer Republik als eines speziellen Falls externer „Revolutionierung" (Dumont) sind zu berücksichtigen. Wenngleich für den nord- (Grab 1967) und südwestdeutschen (Kuhn 1976; Scheel [2]1971) Raum, aber auch für Straßburg (Grab 1984, 124–128) Umsturzaufrufe belegt sind, kann insgesamt nicht von einer umfassenden revolutionären Agitation gesprochen werden. Eingedenk solcher Differenzierungen bleibt festzuhalten, daß der sog. deutsche Jakobinismus bemerkenswerte organisations- und vereinsgeschichtliche Strukturen entfaltet hat (vgl. Scheel [2]1971; Kuhn 1976). – Das Gattungsspektrum des begleitenden ‚Literarischen Jakobinismus' umfaßt – außer direkten meinungsbildenden Aufrufen in periodisch erscheinenden Presseorganen (vgl. Schulz, 93; Hocks/Schmidt) – Lieder und Gedichte (vgl. Engels 1971), Schauspiele (vgl. Steiner), Reiseberichte (vgl. J. Weber), Reden (vgl. Wuthenow), Essays und Flugblattverse, Briefe, Aphorismen (vgl. Meyer), Dialoge sowie Adaptationen liturgischer Formen wie Gebet und Katechismus. Bedeutende Vertreter dieser politisch-literarischen Strömung sind G. Forster, G. F. Rebmann, C. G. Clauer, G. Wedekind, F. Cotta, F. W. v. Schütz, E. Schneider, F. v. d. Trenck, F. T. Biergans, M. Metternich und M. Venedey. Für den Bereich der Habsburger-Monarchie ist vor allem auf die literarischen Zeugnisse von A. Blumauer, A. Riedel und F. Hebenstreit hinzuweisen. Von den radikal-demokratischen Schriftstellern annähernd französisch-jakobinischer Provenienz gilt es gemäßigte Autoren wie A. v. Knigge, J. Campe, G. A. v. Halem, A. v. Hennings oder J. G. Seume zu unterscheiden: Ihre Schriften belegen keine Aufrufe zu gewaltsamen revolutionären Aktionen, sondern plädieren für politische Reformen.

Hans-Werner Engels (Hg.): Gedichte und Lieder deutscher Jakobiner [DRD I]. – H.-W. E.: Karl Clauer. In: Jb. des Instituts für dt. Geschichte 2 (1973), S. 101–144. – Paul Hocks, Peter Schmidt: Literarische und politische Zeitschriften 1789–1805. Stuttgart 1975, S. 35–77. – Rainer Kawa: Georg Friedrich Rebmann. Bonn 1980. – Urs Meyer: Politische Rhetorik. Paderborn 2000. – Johannes Weber: Wallfahrten ins gelobte Land der Freiheit. In: Europäisches Reisen im Zeitalter der Aufklärung. Hg. v. Hans-Wolf Jäger. Heidelberg 1992, S. 340–359. – Ralph-Rainer Wuthenow: Republikanische Rede. In: Jb. des Instituts für dt. Geschichte 1 (1972), S. 29–51.

ForschG: Die Forschungsgeschichte dokumentiert über weite Strecken ein Kräftespiel politischer Interessen (vgl. Garber, 562–571; Wilharm; W. Weber). – Die grundlegenden Arbeiten der Jakobinismusforschung stammem von F. Valjavec (1951; vgl. Garber, 553 f.) und E. Wangermann, der das Forschungsinteresse auf die Habsburger-Monarchie gelenkt hat. Im Gegensatz zu den Standardwerken von Voegt, Scheel und Grab, die ein (von der Geschichtswissenschaft lange ‚unterschlagenes') revolutionäres bzw. demokratisches Erbe reklamierten (vgl. Voegt, 12; Scheel 1962; Grab, DRD I, S. VII), warten die Arbeiten Wangermanns und die späteren Forschungsaktivitäten Reinalters nicht mit unmittelbar politisch instrumentalisierenden Interpretationen auf. Der sog. deutsche Jakobinismus erwies sich trotz umfassender Quellenforschungen in seinen Protagonisten und agitatorischen Schriften nur punktuell dem programmatischen Jakobinismus in Frankreich kommensurabel (vgl. Garber, 566; Wilharm 2, 20–27, 194–202).

Vor allem in der literaturwissenschaftlichen Perspektive ist das Grundproblem einer differenzierenden Merkmalszuweisung zur Unterscheidung zwischen oppositionell-reformistisch orientiertem Liberalismus und revolutionärem Demokratismus (als Jakobinismus) ungelöst. Nicht zuletzt deswegen glitt die von Bertaux entfachte (empirisch und ästhetisch-poetologisch bereits in den älteren Arbeiten von Petzold, Lukács, Delorme und Beck ‚vorbereitete') Debatte um Hölderlins vermeintliches Jakobinertum auf die Bahn einer fruchtlosen Kontroverse. – Trotz berechtigter Kritik an kurzschlüssig verfahrenden Aktualisierungen des historischen Quellenmaterials hat die Entdeckung und Aufbereitung unbekannter Quellencorpora den geschichts- und literaturwissenschaftlichen „Blick auf die Epoche der

Spätaufklärung und auf die Differenzierung der politischen Strömungen im letzten Jahrzehnt der Reichsgeschichte" erweitert (Neugebauer-Wölk 1997, 255).

Adolf Beck: Hölderlin als Republikaner. In: Hölderlin-Jb. 15 (1967/68), S. 28–52. – Pierre Bertaux: Hölderlin und die Französische Revolution. Frankfurt 1969; ²1990, S. 13–64. – Maurice Delorme: Hölderlin et la révolution française. Monaco 1959. – Georg Lukács: Hölderlins Hyperion [1934]. In: G. L.: Werke. Bd. 7. Frankfurt 1964. S. 164–184. – Emil Petzold: Hölderlins Brot [!] und Wein [1896]. Repr. Darmstadt 1967.

Lit: Die Schriften der Mainzer Jakobiner und ihrer Gegner (1792–1802). Hg. v. der Stadtbibliothek Mainz (Microfiche-Edition). München, Leipzig 1993.
Otto Büsch, Walter Grab (Hg.): Die demokratische Bewegung in Mitteleuropa im ausgehenden 18. und frühen 19. Jh. Berlin 1980. – Franz Dumont: Die Mainzer Republik von 1792/93 [1978]. Alzey ²1982. – Elisabeth Fehrenbach: Deutschland und die Französische Revolution. In: Geschichte und Gesellschaft, Sonderh. 2 (1976), S. 232–253. – Jörn Garber: Politische Spätaufklärung und vorromantischer Frühkonservativismus. In: Valjavec 1978, S. 543–592. – Walter Grab: Norddeutsche Jakobiner. Frankfurt 1967. – W. G.: Die Revolutionspropaganda der deutschen Jakobiner 1792/93. In: Archiv für Sozialgeschichte 9 (1969), S. 113–156. – W. G. (Hg.): Deutsche revolutionäre Demokraten [DRD]. Stuttgart I (1971), II (1978), III (1972), IV (1973), V (1973). – W. G.: Ein Volk muß seine Freiheit selbst erobern. Frankfurt, Wien 1984. – W. G.: Jakobinismus. In: Europäische Enzyklopädie zu Philosophie und Wissenschaften. Hg. v. Hans Jörg Sandkühler. Bd. 2. Hamburg 1990, S. 721–733. – Jost Hermand (Hg.): Von deutscher Republik. 2 Bde. Frankfurt 1968. – Hans-Wolf Jäger: Politische Metaphorik im Jakobinismus und im Vormärz. Stuttgart 1971. – Gerhard Kaiser: Über den Umgang mit Republikanern, Jakobinern und Zitaten. In: DVjs 49 (1975), Sonderh. 18. Jh., S. *226–*242. – Axel Kuhn: Jakobiner im Rheinland. Stuttgart 1976. – A. K.: Linksrheinische deutsche Jakobiner. Stuttgart 1978 [= DRD II]. – Gert Mattenklott, Klaus R. Scherpe (Hg.): Demokratisch-revolutionäre Literatur in Deutschland: Jakobinismus. Kronberg 1975. – Claude Mazauric: Jakobiner. In: Europäische Enzyklopädie zu Philosophie und Wissenschaften. Hg. v. Hans Jörg Sandkühler. Bd. 2. Hamburg 1990, S. 716–721. – Monika Neugebauer-Wölk: Revolution und Konstitution. Die Brüder

Cotta. Berlin 1989. – M. N.-W.: Jakobinerklubs in der Typologie der Sozietätsbewegung. In: Ambivalenzen der Aufklärung. Fs. Ernst Wangermann. Hg. v. Gerhard Ammerer und Hanns Haas. München 1997, S. 253–273. – Helmut Reinalter: Aufgeklärter Absolutismus und Revolution. Wien u. a. 1980. – H. R. (Hg.): Aufklärung – Vormärz – Revolution. Jb. der „Internationalen Forschungsstelle Demokratische Bewegungen in Mitteleuropa von 1770–1850" an der Universität Innsbruck. 1981 ff. – H. R.: Der Jakobinismus in Mitteleuropa. Stuttgart u. a. 1981. – H. R. u. a. (Hg.): Biographisches Lexikon zur Geschichte der demokratischen und liberalen Bewegung in Mitteleuropa. Bd. 1 (1770–1800). Frankfurt u. a. 1992. – H. R.: Rebmann und der mitteleuropäische Jakobinismus. In: G. F. Rebmann. Hg. v. Elmar Wadle und Gerhard Sauder. Sigmaringen 1997, S. 83–93. – Heinrich Scheel: Süddeutsche Jakobiner. Berlin 1962, ³1980. – H. S. (Hg.): Die Mainzer Republik. 3 Bde. Berlin 1975–1981. – Klaus R. Scherpe: Literarische Praxis des deutschen Jakobinismus. In: WB 29 (1983), S. 2169–2175. – Michael Schlott (Hg.): Wirkungen und Wertungen. Adolph Freiherr Knigge im Urteil der Nachwelt. Göttingen 1998. – Gerhard Schulz: Die deutsche Literatur zwischen Französischer Revolution und Restauration I. München 1983. S. 83–155. – Harro Segeberg: Literarischer Jakobinismus in Deutschland. In: Deutsches Bürgertum und literarische Intelligenz. Hg. v. Bernd Lutz. Stuttgart 1974, S. 509–568. – H. S.: Literatur als Mittel der Politik im deutschen Jakobinismus. In: Text & Kontext 4 (1976), H. 1, S. 3–30. – Theo Stammen, Friedrich Eberle (Hg.): Deutschland und die Französische Revolution. Darmstadt 1988. – Gerhard Steiner: Das Theater der deutschen Jakobiner. Berlin 1989. – Inge Stephan: Johann Gottfried Seume. Stuttgart 1973. – I. S.: Literarischer Jakobinismus in Deutschland. Stuttgart 1976. – Jacob Talmon: Die Ursprünge der totalitären Demokratie. Köln, Opladen 1961. – Hans-Ulrich Thamer: Jakobiner. In: Lexikon der Aufklärung. Hg. v. Werner Schneiders. München 1995, S. 191–93. – Claus Träger (Hg.): Die Französische Revolution im Spiegel der deutschen Literatur. Frankfurt ²1979. – Fritz Valjavec: Die Entstehung der politischen Strömungen in Deutschland [1951]. Kronberg u. a. 1978. – Hedwig Voegt: Die deutsche jakobinische Literatur und Publizistik. Berlin 1955. – Ernst Wangermann: From Joseph II to the Jacobin trials. Oxford ²1969. – Walter Weber: „Jakobinismus'. In: Schreckensmythen, Hoffnungsbilder. Hg. v. Harro Zimmermann. Frankfurt 1989, S. 346–372. – Heiner Wilharm: Politik und Geschichte.

Jakobinismusforschung in Deutschland. 2 Bde. Frankfurt u. a. 1984.

Michael Schlott

Jambus ↗ *Versfuß*

Jesuitendrama

Sammelbezeichnung für die von Jesuiten produzierten oder adaptierten und inszenierten Theaterstücke.

Expl: Von den Traditionen des spätmittelalterlichen ↗ *Geistlichen Spieles* und des humanistischen ↗ *Schultheaters* bestimmte Gruppe dramatischer Texte, durch welche die Societas Jesu von der Mitte des 16. bis gegen Ende des 18. Jhs. die Schüler ihrer Gymnasien und ein breiteres Publikum im Geiste der ↗ *Gegenreformation* erziehen bzw. von den entsprechenden ethischen und politischen Verhaltensnormen überzeugen wollte. Damit ist das Jesuitendrama ein Sondertypus des Schuldramas. Weitgehend synonym gebraucht wird der Terminus *Jesuitentheater*, der freilich eindeutiger den Gesamtbereich der jesuitischen Theatertätigkeit (↗ *Inszenierung*, ↗ *Publikum*, ↗ *Bühne* etc.) bezeichnet. Der Begriff ORDENSDRAMA kann nur mit Einschränkung als Oberbegriff auch für das Jesuitendrama gelten, da die Societas Jesu im strengen Sinne kein Orden war und auch in ihren Theateraktivitäten weiterreichende Ziele anstrebte. Zudem war ihr Theater literaturgeschichtlich ungleich bedeutender als das der anderen Gemeinschaften, wie etwa der Benediktiner, später im 17. Jh. auch der Prämonstratenser und Zisterzienser.

WortG/BegrG: Nicolai, Goethe und Herder sprechen noch von *Schauspielen* bzw. *Trauerspielen der Jesuiten*, Koberstein kennt *Jesuitenspiel*, das Grimmsche Wörterbuch verzeichnet nur dieses Kompositum (DWb 10, 2313). Mit dem Einsetzen der Forschung bürgern sich gegen Ende des 19. Jhs. die Begriffsnamen *Jesuitentheater* und *Jesuitendrama* ein (Reinhardstöttner,

Dürrwächter) und setzen sich gegen Prägungen wie *Jesuitenkomödie* (Zeidler) durch. Auch die fremdsprachige Forschung bedient sich heute fast ausnahmslos der entsprechenden Zusammensetzungen (z. B. Valentin: *théâtre des Jésuites*).

Der Begriff hat sich nicht wesentlich gewandelt, da die Konturen des bezeichneten Phänomens durch äußere Gegebenheiten festgelegt sind. Freilich war man sich von Anfang an bewußt, daß man die Quantität und Vielfalt des Bezeichneten noch nicht überblickte. Nur bezüglich der jesuitischen Verfasserschaft wurde der Terminus in den letzten Jahrzehnten unfest: Es wurde immer deutlicher, daß die Jesuiten vieles übernahmen und adaptierten; ‚Jesuitendrama‘ kann also auch Stücke meinen, die lediglich von den Jesuiten inszeniert bzw. bearbeitet wurden.

Johann Wolfgang v. Goethe: Italienische Reise. Hg. v. Herbert v. Einem. Hamburg 1950 [= Hamburger Ausgabe, Bd. 11]. − Johann Gottfried Herder: Terpsichore. 3 Bde. Lübeck 1796. − August Koberstein: Grundriß zur Geschichte der deutschen National-Litteratur. Leipzig 1827. − Friedrich Nicolai: Beschreibung einer Reise durch Deutschland und die Schweiz, im Jahre 1781. Bd. 4. Berlin, Stettin 1784.

SachG: Als die Societas Jesu im Zuge ihrer Rekatholisierungsstrategie einsah, daß sie sich des Bildungswesens annehmen mußte, entdeckte sie das Schultheater für sich und bildete es in der 2. Hälfte des 16. Jhs. zu einem ihrer wesentlichen pädagogischen Instrumente aus. Dabei fand von Anfang an ein europaweiter Austausch von Dramentypen und -texten statt. Im deutschsprachigen Raum wurden in der Anfangsphase vorhandene Form- und Inhaltstypen (des Bibel- und Mirakelspiels, der ↗ *Moralität* bzw. des ↗ *Mysterienspiels* und des humanistischen ↗ *Dialogs₂* sowie der ↗ *Komödie*), auch aus mittelalterlichen Traditionen kommend, übernommen. Die Jesuiten zögerten auch nicht, sich Stoffe und Stücke verschiedener Orden anzueignen. So wurde der ‚Euripus‘ (Erstaufführung 1548) des Franziskaners Levin Brecht „nach der Mitte des 16. Jhs. zum beliebtesten Stück des Jesuitentheaters" (Rädle 1978b, 532). Durch die Kombination alter Strukturen wurden neue entwickelt und die theologischen Botschaften der Gegenreformation (etwa die Lehre von der grundsätzlichen menschlichen Willensfreiheit) in die Stücke eingearbeitet. Die fast ausschließlich lateinischen Texte dienten der humanistisch-philologischen, vor allem aber der religiösen und moralischen Erziehung der Ordensschüler, das weitere Publikum wurde, soweit es nicht Latein verstand, durch gedruckte, meist zweisprachige Programme (↗ *Periochen*) über die Drameninhalte informiert. Die Gesamttexte wurden nur in Ausnahmefällen, meist als Sammelausgaben bekannter Autoren, gedruckt. Über den engeren Schulbereich hinaus ging das frühe Jesuitendrama in seiner Hoftheatervariante. In mehreren großen Münchner Freilichtspielen machten die Jesuiten vehemente Propaganda für das gegenreformatorisch engagierte Haus Wittelsbach. Markante Autoren dieser Zeit waren Jacobus Pontanus, der auch die erste deutsche Jesuitenpoetik verfaßte, Jakob Gretser und Matthaeus Rader. Um die Wende zum 17. Jh. hatte die jesuitische Ratio Studiorum (,Schulordnung') ihre endgültige Gestalt erhalten, und das Jesuitendrama war fest etabliert. Am Schuljahresanfang (aber auch zu anderen festlichen Anlässen) wurde regelmäßig Theater gespielt, außerdem fanden Aufführungen in den einzelnen Klassen und in den von der Societas betreuten marianischen Kongregationen statt.

Kurz vor dem Dreißigjährigen Krieg und in den Kriegsjahren ergab sich eine deutlichere typologische Ausdifferenzierung: Dem teils pragmatisch-stofflichen, teils streng theologisch argumentierenden Schultheater im engeren Sinn (etwa eines Jakob Bidermann) stand das konfessionspolitische Propaganda- und Huldigungstheater gegenüber, das im Interesse des jeweiligen Herrscherhauses agierte. Die formalen, inhaltlichen und bühnentechnischen Möglichkeiten nahmen zu: ordensspezifische Typen der ↗ *Tragödie*, des Historien- und Heiligenstückes, des ↗ *Oratoriums*, des Revuedramas wurden entwickelt, die Terenz- und Simultanbühnen der ersten Jahrzehnte wandelten sich zunächst zur ,kubischen Simultanbühne' (Flemming) mit einem strenger strukturierten Schauplatzensemble, dann

zur Sukzessionsbühne, die zuerst mit *Telari* (↗ *Bühnenbild*), später mit Kulissen ausgestattet war. Die Aufführungen fanden nun aufgrund der gestiegenen technischen Anforderungen am Schuljahresende statt; der Spielbetrieb wurde durch den Krieg nicht entscheidend beeinträchtigt. Bedeutende Autoren waren Jakob Balde, Jakob Masen, beide nach Pontanus die bedeutendsten jesuitischen Dramentheoretiker des deutschen Sprachraums, und Nikolaus von Avancini; der letztere schuf gegen die Jahrhundertmitte in Wien den Typus des Ludus Caesareus (,Kaiserspiel'), der hinsichtlich des äußeren Aufwands den Höhepunkt des Jesuitendramas darstellt und sich noch entschiedener als das vorhergehende Ordenstheater der gesamteuropäischen Tradition öffnete. Biblische, historische und Legendenstoffe wurden allegorisch für die Glorifikation und Legitimation der Habsburger Herrschaft aufbereitet und in Gegenwart der kaiserlichen Familie aufgeführt. Daß diese Kaiserspiele mit ihren Musik- und Balletteinlagen und den zahlreichen Schaueffekten um die Wende zum 18. Jh. (unter dem jesuitischen Hofdramatiker Johann Baptist Adolph) ihr großes Format zu verlieren begannen, läuft mit der Entwicklung der Gesamtgattung parallel; das Jesuitendrama geriet am Hof gegenüber der italienischen ↗ *Oper* und dem klassischen französischen Drama ins Hintertreffen. Während es vom Beginn des barocken Jahrhunderts an Impulse an das Säkulardrama (z. B. eines Andreas Gryphius) weitergegeben hatte, versuchte es jetzt nur mehr zu imitieren und Schritt zu halten. Etwa zeitgleich mit Adolph wirkte in Köln Paul Aler, der nochmals mit Synthesen von Wort, ↗ *Tanz* und Musik experimentierte. Mit den ,Meditationen' entwickelte sich eine spezielle, durch Musik und Allegorien geprägte Form des Kongregationstheaters (so unter Franciscus Lang in München). Bei den Autoren, die ganz ins 18. Jh. gehören (Franz Neumayr, Anton Claus, Ignaz Weitenauer, Andreas Friz) zieht sich das Jesuitendrama dann völlig in die Schule bzw. in die Kongregation zurück. Gegen die Jahrhundertmitte werden deutschsprachige Texte häufiger, in der Poetik wie in der

Spielpraxis ist die Orientierung an der französischen Tragödie, aber auch an Gottsched offenkundig. Mit dem Verbot der Societas Jesu (1773) findet auch das Jesuitendrama sein Ende.

ForschG: Das Interesse an der Gattung erwachte in der 2. Hälfte des 19. Jhs. Man begann mit der Mitteilung von Periochen und der Dokumentation lokaler Spieltraditionen (Ebeling, Reinhardstöttner), ein (mangelhafter) Versuch einer Gesamttypologie erfolgte gegen die Jahrhundertwende (Zeidler), um diese Zeit erschienen erste Autorenbiographien (Sadil, Dürrwächter). Die Gattungsüberblicke beginnen mit Bernhard Duhr, der in seiner Gesamtgeschichte der Jesuiten in Deutschland das Drama phasenweise behandelt (1907 ff.); zwischen den Weltkriegen, und zusätzlich durch die junge Barockforschung angeregt, erschienen die Monographien von Flemming und Müller. Flemming versuchte eine chronologische Strukturierung nach Generationen und charakterisierte die Entwicklung der Jesuitenbühne, Müller postulierte eine einheitliche Spiritualität der Jesuiten und beschrieb die Wandlung des Dramas aus dieser Perspektive. Er lieferte überdies erste Materialsammlungen (Titellisten, annalistische Übersichten, Autorenbiographien). Nach dem 2. Weltkrieg erfolgten erste genauere Handschriften- und Überlieferungsanalysen (Tarot, Herzog), Autoren- und Lokalforschung wurden weitergeführt (Sieveke, Lenhard, Drozd, Seidenfaden) und ermöglichten schließlich die auf solider Materialbasis erstellte Gattungsmonographie von Valentin, die die Dramentexte im Zusammenhang mit jesuitischer Theologie, Poetik und Politologie sieht und somit das Theater als Teilbereich der gegenreformatorischen Aktivitäten beschreibt. Valentins danach erschienenes Repertorium verzeichnet den allergrößten Teil der erhaltenen Periochen und Handschriften; Szarotas Periochen-Edition macht zahlreiche Programme im reprographischen Abdruck zugänglich. Aus den letzten Jahrzehnten datieren größere Editionsvorhaben (Rädle), literatursoziologische Ansätze (Hess, Sprengel) und Stoffmonographien (Wimmer).

Lit: Barbara Bauer: Jesuitische ‚ars rhetorica‘ im Zeitalter der Glaubenskämpfe. Frankfurt 1986. – Manfred Brauneck: Die Welt als Bühne. Geschichte des europäischen Theaters. 2 Bde. Stuttgart, Weimar 1993, 1996. – Georg Braungart: Jakob Bidermanns ‚Cenodoxus‘. Zeitdiagnose, superbia-Kritik, komisch-tragische Entlarvung und theatralische Bekehrungsstrategie. In: Daphnis 18 (1989), H. 4, S. 581–640. – Kurt Wolfgang Drozd: Schul- und Ordenstheater am Collegium S. J. Klagenfurt (1604–1773). Klagenfurt 1965. – Bernhard Duhr: Geschichte der Jesuiten in den Ländern deutscher Zunge. 4 Bde. Freiburg, Regensburg 1907–1928. – Anton Dürrwächter: Jakob Gretser und seine Dramen. Freiburg 1912. – Friedrich W. Ebeling: Prospecte zu Schulkomödien. In: Serapeum 23 (1862), S. 168–176, 188–191; 28 (1867), S. 117–140. – Willi Flemming: Geschichte des Jesuitentheaters in den Landen deutscher Zunge. Berlin 1923. – W. F. (Hg.): Das Ordensdrama. Leipzig 1930. – Urs Herzog (Hg.): Jakob Gretsers ‚Udo von Magdeburg‘ 1598. Berlin 1970. – Günter Hess: Spectator – Lector – Actor. In: IASL 1 (1976), S. 30–106. – Peter-Paul Lenhard: Religiöse Weltanschauung und Didaktik im Jesuitendrama. Frankfurt, Bern 1977. – Johannes Müller: Das Jesuitendrama in den Ländern deutscher Zunge vom Anfang (1555) bis zum Hochbarock (1665). 2 Bde. Augsburg 1930. – Fidel Rädle: Aus der Frühzeit des Jesuitentheaters. In: Daphnis 7 (1978[a]), H. 3, S. 403–462. – F. R. (Hg.): Lateinische Ordensdramen des 16. Jhs., mit deutschen Übersetzungen. Berlin, New York 1978[b]. – Karl v. Reinhardstöttner: Zur Geschichte des Jesuitendramas in München. In: Jb. für Münchener Geschichte 3 (1889), S. 53–176. – Meinrad Sadil: Jakob Bidermann, ein Dramatiker des 17. Jhs. aus dem Jesuitenorden. Wien 1899/1900. – Ingrid Seidenfaden: Aus den frühen Quellen zur Theatergeschichte der Stadt Konstanz. In: Zs. für die Geschiche des Oberrheins 107 (1959), S. 291–320. – I. S.: Das Jesuitentheater in Konstanz. Stuttgart 1963. – Franz Günter Sieveke: Johann Baptist Adolph. Studien zum spätbarocken Wiener Jesuitendrama. Diss. Köln 1965. – Peter Sprengel: Der Spieler-Zuschauer im Jesuitentheater. In: Daphnis 16 (1987), H. 1, S. 47–106. – Elida Maria Szarota: Das Jesuitendrama im deutschen Sprachgebiet. Eine Periochen-Edition. 4 Bde. München 1979–1987. – Rolf Tarot: Jakob Bidermanns ‚Cenodoxus‘. Diss. Köln 1969. – Jean-Marie Valentin: Le théâtre des Jésuites dans les pays de langue allemande (1554–1680). 3 Bde. Bern u. a. 1978. – J.-M. V.: Le théâtre des Jésuites dans les pays de langue allemande. Répertoire chronologique des pièces représentées et des documents conservés (1555—1773). 2 Bde. Stuttgart 1984. — Ruprecht Wimmer: Jesuitentheater. Frankfurt 1982. — R. W.: Neuere Forschungen zum Jesuitentheater des deutschen Sprachbereiches. Ein Bericht (1945—1982). In: Daphnis 12 (1983), H. 4, S. 585—692. — Jakob Zeidler: Studien und Beiträge zur Geschichte der Jesuitenkomödie und des Klosterdramas. Hamburg, Leipzig 1891.

Ruprecht Wimmer

Jeu partit ↗ *Minnesang*

Jiddische Literatur

Fast ausnahmslos in hebräischer Schrift aufgezeichnetes Schrifttum in der Sprache der nicht assimilierten aschkenasischen (d. h. mittel- und osteuropäischen) Juden.

Expl: Jiddisch ist die bedeutendste der jüdischen Diaspora-Sprachen; sie hat sich seit dem 10./11. Jh. auf der Grundlage deutscher Mundarten, zunächst hauptsächlich als Mittel alltäglicher Kommunikation, entwickelt. In Graphemik, Grammatik und Stil ist sie gegen Ende des 14. Jhs. voll ausgeprägt und von da an literaturfähig; vorher ist Jiddische Literatur wegen der Quellenlage nur spurenhaft erkennbar. Bis ins 18. Jh. sind jiddische Sprache und Literatur durch die Anlehnung ans Deutsche geprägt (Westjiddisch), obwohl die — meist erzwungene — Abwanderung großer Gruppen von Juden aus dem deutschen Sprachgebiet seit dem 14. Jh. die Eigenentwicklung des Jiddischen förderte, besonders durch Integration einer slawischen Sprachkomponente (Ostjiddisch). Auf dieser neuen Grundlage gibt es seit dem 18. Jh. eine sprachlich, formal und thematisch moderne, die westjiddische ablösende, vor allem von aufklärerischen Impulsen stimulierte Literatur.

WortG: *Jiddisch* ist aus engl. *Yiddish* entlehnt (wie die im Jiddischen selbst unmögliche Graphie -dd- beweist) und geht seinerseits auf das jiddische Wort *jidisch* zurück. Es entspricht dt. *jüdisch* und besitzt neben seiner spezifischen, auf die aschkenasische Volkssprache bezogenen Bedeutung („jiddisch") nach wie vor dieselbe allgemeine wie sein deutsches Etymon („jüdisch"). *Yiddish* läßt sich zuerst im letzten Drittel des 19. Jhs. belegen, seine Übernahme ins Deutsche erfolgte bald nach der Jahrhundertwende (Paul-Henne, 439).

BegrG: Bezogen auf Literatur meinte ‚Yiddish' zunächst ausschließlich die (moderne) ostjüdische, so wie es als Sprachname anfangs nur das Ostjiddische belegte. Die Ausdehnung des Begriffs auf die gesamte ältere und namentlich westliche Überlieferung ist bis heute nicht allseits akzeptiert und im wesentlichen seit den 1920er Jahren das Bestreben jenes überwiegenden Teils der wissenschaftlichen Jiddistik, der sich vom Gesichtspunkt der Eigenständigkeit und der Kontinuität der aschkenasischen Kultur leiten läßt. Konkurrierender, lange Zeit unterschiedslos Ost- ebenso wie Westjiddisch meinender, dann zunehmend für letzteres reservierter Begriff ist z. T. bis heute ‚jüdisch-deutsch'. Als Eigenbezeichnung begegnen im älteren (West-)Jiddisch *taitsch* (aus mhd. *tiutsch* ,deutsch'), im Ostjiddischen *žargon* bzw. *žargonisch* (aus *Jargon*, vgl. Paul-Henne, 437 u. 439). Ersteres meint die Volkssprache im Unterschied zum Hebräischen und ist oft explizit auf Frauen bezogen, umfaßte aber in Wirklichkeit alle, deren Bildung für die Beschäftigung mit Literatur in der ‚Heiligen Sprache' nicht ausreichte; letzteres konnte ebenso wie *mameloschn* ,Muttersprache' als neutrales Synonym für *jidisch* gebraucht werden, schließt aber häufiger den Aspekt sprachlicher bzw. literarischer Minderwertigkeit sowohl gegenüber der ‚Heiligen Sprache' als auch anderen Kultursprachen ein.

Jerold C. Frakes: The politics of interpretation. Alterity and ideology in Old Yiddish studies. New York 1989, bes. S. 21—103. — Bettina Simon: Jiddische Sprachgeschichte. Frankfurt 1988, bes. S. 27—31. — Werner Weinberg: Die Bezeichnung Jüdischdeutsch. Eine Neubewertung. In: Röll 1981, S. 253—290.

SachG: Der jiddische Anteil an der gesamten literarischen Produktion der Juden in Deutschland blieb lange weit hinter dem hebräischen zurück und machte bis etwa 1600 rund ein Sechstel, um 1730 etwa ein Drittel aus. Allerdings verfügte die volkssprachige Literatur im Vergleich zur elitären hebräischen über das erheblich breitere Publikum.

Eine Folge des minderen Prestiges jiddischer Literatur waren noch höhere Überlieferungsverluste als beim hebräischen Teil des jüdischen Schrifttums. Funde in privaten wie öffentlichen Bibliotheken und in (ehemaligen) Synagogen haben in jüngster Zeit verschollene und sogar ganz unbekannte Werke bzw. Versionen zutage gefördert, mit weiteren Entdeckungen darf noch gerechnet werden. Erst für die Zeit nach den Pestpogromen, durch die um die Mitte des 14. Jhs. das Verhältnis zwischen Juden und Nichtjuden in Deutschland seinen vorläufigen Tiefpunkt erreichte, wird mit der in Kairo gefundenen Cambridger Handschrift von 1382/83 Jiddische Literatur im engeren Sinne greifbar; die dürftigen älteren Zeugnisse umfassen hauptsächlich Glossen und ein einzelnes Verspaar (Machsor; Worms 1272). Schon diese frühen Denkmäler zeigen die für jiddische Sprache und Literatur konstitutive Verschmelzung deutscher Stoff- und Formelemente mit genuin jüdischen. Neben Kleinepen, die auf jüdischen Quellen basieren, enthält die Cambridger Handschrift ein umfangreiches Fragment des mit der mhd. ‚Kudrun‘ (↗ *Heldendichtung*) eng verwandten ‚Dukus Horant‘. In die allernächste Umgebung mhd. Heldenepik führen ebenfalls Bearbeitungen des ‚Jüngeren Hildebrandliedes‘ (16. Jh.) und des ‚Jüngeren Sigenot‘ (Krakau 1597). Strophenformen (besonders der ‚Hildebrandston‘), Erzähl- und Sprachstil später deutscher Heldenepik gaben aber auch Bearbeitungen biblischer Stoffe, die in aller Regel aus dem Motivfundus der jüdischen exegetischen Literatur (Midrasch) angereichert wurden, ein offenbar publikumswirksames Gepräge (‚Schmuel-Buch‘, Augsburg 1544; ‚Melochim-Buch‘, Augsburg 1543; ‚Doniel‘, Basel 1557; ‚Esther‘-Versionen seit dem 15. Jh.). Als Verfasser und Verbreiter derartiger Texte wie auch der einzigen jiddischen Artusdichtung ‚Widuwilt‘ oder ‚(Kenig) Artus hof‘ werden gelegentlich immer noch ‚Spielleute‘ vermutet, ohne daß dies historisch sicherer begründbar wäre als im Falle

mhd. ↗ *Spielmannsdichtung*. Nicht einmal in einem stiltypischen Sinne angemessen ist eine solche Ansicht bei den beiden Ritterromanen ‚Bovo d’Antone‘ (1507) und ‚Paris un Wiene‘ (um 1540), die der als Hebraist berühmte, aus Franken nach Italien eingewanderte Elia Levita (E. Bocher, E. Tischbi, eigentlich Elijahu ben Ascher ha-Levi Aschkenasi) in Stanzenform nach italienischen Vorlagen verfaßte. – Die jiddischen Fabelsammlungen des 16. Jhs. – ‚Kü-Buch‘ (Verona 1595) und ‚Fuchsfabeln‘ („Breisgau“ 1582/83) – werden wie schon die ‚Löwenfabel‘ der Cambridger Handschrift hauptsächlich aus hebräischen Quellen gespeist, verschmelzen diese Komponente aber mit deutscher Überlieferung (Ulrich Boner, Steinhöwel/Brant, Erasmus Alberus). Demgegenüber blieb die jiddische Bearbeitung des ‚Barlaam-und-Josaphat‘-Stoffes (‚Sefer ben ha-melech weha-nosir‘, handschriftlich im späten 15. Jh.) von den drei mittelhochdeutschen Versionen unberührt, wenn sie nicht als gewolltes Gegenstück auf (eine von) diese(n) reagierte. Explizit wird eine betont jüdische Intention faßbar in der einleitenden Polemik des Herausgebers des ‚Maíse-Buchs‘ (Basel 1602), einer vielfach nachgedruckten Sammlung von über 250 (auf Talmud und Midrasch, aber auch internationales Erzählgut zurückgehenden) Prosa-Erzählungen, die einen abgegrenzten Komplex von 27 legendarisch gefärbten Geschichten einschließen, der um Regensburg und die Gestalt des Juda Chossid, eines großen jüdischen Lehrers des 12. Jhs., kreist. Dieses Maíse-Genre, dessen breite und originelle Entfaltung besonders in Prager, Amsterdamer und südwestdeutschen Drucken von etwa 1660–1750 bezeugt ist, wirkte auch ein auf Memoiren der Glikl Hamel (1645–1724). – Zur jiddischen Erzählprosa dieses Zeitraums gehören ferner unterschiedlich in die deutschen Vorlagen eingreifende Bearbeitungen von Prosaromanen wie der ‚Beispiele der alten Weisen‘ (handschriftlich noch vor 1500), ‚Kaiser Oktavian‘, ‚Eulenspiegel‘, ‚Die sieben weisen Meister‘ (alle handschriftlich 1580–1600), ‚Fortunatus‘ (Frankfurt 1698) u. a., die teilweise bis ins letzte Drittel des 18. Jhs. nachgedruckt wurden. Den größten Publikumserfolg überhaupt erzielte das von Jakov ben Jizchak Aschkenasi gegen Ende des 16. Jhs. in Polen verfaßte, aber noch in westlicher Tradition stehende Erbauungsbuch ‚Zennerenne‘ („Kommt und seht...", Hld 3, 11), das als eine Art Familienbibel, vor allem wohl zur Sabbatlektüre bestimmt, bis ins 20. Jh. über 200 Auflagen erlebte. – Der jüdischen Geschichtsüberlieferung (besonders zu Esther) sind auch die Figuren der Purimspiele entnommen, meist einaktiger, in Reimpaaren abgefaßter, zur Aufführung am zeitlich der Fastnacht benachbarten Purimfest bestimmter komischer Stücke, die dramaturgisch ↗ *Fastnachtspielen,* ↗ *Possen, Farcen* (↗ *Schwank₁*) ähneln. Ältester erhaltener Text ist ein ‚Achaschverosch-spil‘ von 1697, die Spieltradition läßt sich aber bis ins 16. Jh. zurückverfolgen. Aus religiösen Gründen konnte sich in dieser Epoche noch keine breitere Theaterpraxis bilden. – Die zahlreichen jiddischen Zeit- und Gesellschaftslieder des 17./18. Jhs. verbinden nicht selten als Kontrafakturen deutscher Vorbilder jüdische Thematik und entlehnte Form, bezeugen also eine weitere Spielart typischer Komponentenverschmelzung.

Im Gefolge der jüdischen Aufklärungsbewegung (Haskala), die das Westjiddische und seine Literatur schwinden ließ, entfaltete sich in Osteuropa im 18. Jh. eine selbständige, sprachlich und thematisch gegenwartsnahe, Anschluß an das Niveau des modernen Europa suchende und auf ein expandierendes Publikations- und Theaterwesen gestützte Literatur. Um die gewünschte Breitenwirkung zu erreichen und dem eigenen Modernitätsanspruch gerecht zu werden, mußten die Aufklärer (Maskilim) die traditionsbeladene hebräische Sprache zugunsten der jiddischen zurücktreten lassen. Zur Emanzipation des Jiddischen trug auch bei, daß die anti-orthodoxe Frömmigkeitsbewegung des Chassidismus den absoluten Vorrang der ‚Heiligen Sprache‘ aufhob. Waren die maskilischen Erzählungen, Satiren, Komödien und Lieder anfangs noch oft in einem gekünstelten, deutschen Stilmustern nacheifernden Literaturjiddisch gehalten, setzte sich seit der Mitte des 19. Jhs., vor allem durch das erzählerische Werk

Mendele Mojcher Sforims (1835–1917), ein zwar literarisiertes, dialektübergreifendes und bildungsorientiertes, die Alltagssprache aber nicht grundsätzlich diskriminierendes Jiddisch in allen Bereichen der Literatur und Publizistik durch.

Schwerste Pogrome nach der Ermordung Zar Alexanders II. im März 1881 gaben vielen jüdischen Autoren, darunter Jizchok Lejb Perez (1851–1915) und Scholem Alejchem (1859–1916), den Anstoß, nicht mehr russisch oder polnisch, sondern nur noch jiddisch (oder hebräisch) zu schreiben. Die jiddischen Klassiker des traditionellen ostjüdischen Milieus (‚Schtetl‘) stehen diesem als Intellektuelle kritisch-ironisch gegenüber, was manche Übersetzungen nostalgisierend verdecken. Die ‚klassische‘ Thematik des Traditionsbruchs schließt zudem neben der Rückschau Gegenwartstendenzen wie Urbanisierung, Ökonomisierung, Emigration und ihre Wirkung auf Individuen und Gesellschaft sowie Fragen ihrer künstlerischen Darstellung ein. – Die Oktoberrevolution (1917) verschärfte einerseits die Situation vieler Juden, erweiterte aber auch – allerdings nur bis in die 1930er Jahre – stark die Möglichkeiten jiddischer Kulturarbeit. Zugleich bildete sich nach der massenhaften Auswanderung osteuropäischer Juden vor allem nach Nordamerika eine neue amerikanisch-jiddische Literatur aus, die zunehmend größere Unabhängigkeit von europäischen Strömungen gewann. Aus ihr heben sich die neoromantisch beeinflußte Gruppe ‚di junge‘ (seit 1907, besonders in New York) und die um die Zeitschrift ‚In sich‘ (1920–40) gruppierten Introspektivisten hervor. In den 1920er und 30er Jahren erreichte die Entwicklung nach einem nochmaligen Schub infolge der vom Ausgang des 1. Weltkrieges ausgelösten Veränderungen ihren Höhepunkt, dem dann in Europa bis auf wenige Reste die Vernichtung, in Nordamerika stetiger Rückgang, in Teilen Lateinamerikas, Südafrika, Australien der Schwund kleinerer Zentren folgten. In der Gegenwart ist Israel zum Sammelbecken der Jiddischen Literatur geworden.

Auch wenn der jiddischen Epik – ablesbar an der Verleihung des Nobelpreises

1978 an I. B. Singer (1904−1991) − noch großes Gewicht zukommt, beginnt sich eine Konzentration auf die Lyrik abzuzeichnen; symptomatische Folge des Publikumsschwunds ist der Rückgang des jiddischen Theaters. Daß Jiddisch auch in Israel nur als Zweitsprache fungiert und Jiddische Literatur deshalb zumeist nur in Übersetzungen rezipiert wird, läßt eine weitere Verkümmerung befürchten.

ForschG: Die wissenschaftliche Beschäftigung mit Jiddischer Literatur begann noch vor 1900. Sie wurde nach dem 1. Weltkrieg intensiviert und institutionell gesichert durch Abteilungen der Akademien in Minsk und Kiew sowie das Wilnaer JIWO ('Jidischer Wisnschaftlecher Institut'). Die Zielsetzung, die junge jiddische Literatur historisch zu legitimieren, verschaffte auch der älteren Epoche schon früh Beachtung. Die über den 2. Weltkrieg geretteten Bestände des JIWO bilden den Grundstock des New Yorker 'Institute for Jewish Research' (YIVO), das im Rahmen eines linguistisch-soziokulturellen Gesamtkonzepts die Aufarbeitung und Vermittlung des aschkenasischen Kulturerbes zu seiner Aufgabe gemacht hat, wobei der Schwerpunkt in der jüngeren Zeit liegt. Seit 1951 ist die Jiddistik an der Hebräischen Universität in Jerusalem vertreten, wo zur gesamten Literaturgeschichte Forschungsbeiträge geleistet wurden. Bis 1934 entstand auch an deutschen Hochschulen eine Reihe von Arbeiten zur älteren jiddischen Literatur; der sprachlichen Analyse des Alt- und Westjiddischen und der Dokumentation der frühen Überlieferung gilt überwiegend die um 1960 wieder begonnene und seit 1971 an der Universität Trier konzentrierte jiddistische Forschungsarbeit in Deutschland.

Lit: *Texte*: Wulf-Otto Dreeßen (Hg.): Akêdass Jizḥak. Ein altjiddisches Gedicht über die Opferung Isaaks. Hamburg 1971. − W.-O. D., Hermann-Josef Müller (Hg.): Doniel. Das altjiddische Danielbuch nach dem Basler Druck von 1557. 2 Bde. Göppingen 1978. − Theresia Friderichs-Müller (Hg.): Die 'Historie von dem Kaiser Octaviano'. 2 Bde. Hamburg 1981. − Leo Fuks (Hg.): Das altjiddische Epos Melokîm-Bûk. 2 Bde. Assen 1965. − L. F. (Hg.): Das Schemuelbuch des Mosche Esrim Wearba. 2 Bde. Assen 1961. − Peter F. Ganz u. a. (Hg.): Dukus Horant. Tübingen 1964. − Leo Landau (Hg.): Arthurian legends or the Hebrew-German rhymed version of the legend of King Arthur. Leipzig 1912. − Chone Shmeruk (Hg.): Yiddish Biblical plays 1697−1750. Jerusalem 1979 [hebr. Einleitung, engl. Zusammenfassung]. − Willi Staerk, Albert Leitzmann (Hg.): Die jüdisch-deutschen Bibelübersetzungen von den Anfängen bis zum Ausgang des 18. Jhs. [1923]. Repr. Hildesheim, New York 1977. − Erika Timm (Hg.): Beria und Simra. Eine jiddische Erzählung des 16. Jhs. In: LitJb 14 (1973), S. 1−94. − E. T. (Hg.): Paris un Wiene. Tübingen 1996.
Übersichtswerke: Israel Bartal u. a. (Hg.): Keminhag aschkenas upolin. Fs. Chone Shmeruk. Jerusalem 1993. − Helmut Dinse: Die Entwicklung des jiddischen Schrifttums im deutschen Sprachgebiet. Stuttgart 1974. − H. D., Sol Liptzin: Einführung in die jiddische Literatur. Stuttgart 1978. − Wulf-Otto Dreeßen u. a.: Jiddische Drucke vor 1800. In: ZfdA 105 (1976), S. 310−317. − Maks Erik: Di geschichte fun der jidischer literatur fun die eltste zajtn bis der haskoletkufe. Ferznter-achznter jorhundert. Warschau 1928. − The field of Yiddish I (1954), II (1965), III (1969), IV (1989), V (1993). − Joshua A. Fishman (Hg.): Never say die! A thousand years of Yiddish in Jewish life and letters. Den Haag u. a. 1981. − Leksikon fun der najer jidisher literatur. 8 Bde. New York 1956−1981. − Hermann-Josef Müller, Walter Röll (Hg.): Fragen des älteren Jiddisch. Trier 1977 [Trierer Beiträge, Sonderh. 2]. − Meyer I. Pinès: Die Geschichte der jüdischdeutschen Literatur. Leipzig ²1922. − Walter Röll (Hg.): ZfdPh 100 (1981), Sonderh. 'Jiddisch'. − Chone Shmeruk: Prokim fun der jidischer literatur-geschichte [Yiddish literature. Aspects of its history]. Jerusalem, Tel Aviv 1988. − Meyer Waxman: A history of Jewish literature. 5 Bde. New York, London 1960. − Leo Wiener: The history of Yiddish literature in the nineteenth century. London 1899. − Zalman Zylbercwaig: Leksikon fun jidischn teater. 6 Bde. New York, Mexico 1931−1969. − Israel Zinberg: A history of Jewish literature. Bd. 7: Old Yiddish literature from its origins to the Haskalah period. New York 1975.
Einzeluntersuchungen: Theresia Friderichs-Berg: Die 'Historie von dem Kaiser Octaviano'. Überlieferungsgeschichtliche Studien zu den Druckausgaben eines Prosaromans des 16. Jhs. und seiner jiddischen Bearbeitung aus dem Jahre 1580. Hamburg 1990. − Benjamin Harshav: The meaning of Yiddish. Berkeley, Los Angeles 1990. − Jakob Meitlis: Das Ma'assebuch. Seine Entstehung und Quellengeschichte. Berlin 1933. − Erika Timm, Die 'Fabel vom alten Löwen' in jid-

distischer und komparatistischer Sicht. In: Röll 1981, S. 109–170. – E. T., Hermann Süss: Yiddish literature in a Franconian ‚Genizah‘. Jerusalem 1988.

Wulf-Otto Dreeßen

Jonicus ↗ *Versfuß*

Journalismus

Differenziertes Berufsfeld bzw. die Tätigkeit der Angehörigen dieses komplexen sozialen Systems in elektronischen und Print-Medien.

Expl: Unter *Journalismus* wird traditionell der Tätigkeitsbereich von Personen verstanden, die an der Verbreitung von Informationen, Meinungen oder auch Unterhaltungsangeboten durch Massenmedien beteiligt sind. Dies kann schöpferisch-gestaltend, selektiv oder kontrollierend geschehen. Auch Angehörige anderer Berufe (z. B. Wissenschaftler, Künstler, Politiker) können – nebenberuflich – journalistisch tätig sein, die Bezeichnung *Journalist* erfordert jedoch ein Mindestmaß an kontinuierlicher publizistischer Tätigkeit. In der modernen Kommunikationswissenschaft versteht man unter *Journalismus* ein ausdifferenziertes soziales System (↗ *Systemtheorie*), das eine Geschichte hat, bestimmte Organisationsformen, Berufsrollen und bestimmte ‚Programme‘ (Selektions- und Präsentations-Codes, publizistische Genres, Instrumente etc.) entwickelt hat sowie gesellschaftliche Funktionen und Leistungen aufweist.

Journalismus läßt sich als Teilkategorie von PUBLIZISTIK verstehen und damit von diesem größeren Bereich abgrenzen. Publizistik wird häufig mit ‚öffentlicher Kommunikation‘ gleichgesetzt. Publizisten (ursprünglich: ‚Wissenschaftler des Öffentlichen Rechts und der Staatslehre‘) sind im engeren Sinne Personen bzw. Persönlichkeiten, die vor allem im politischen und kulturellen Bereich in schöpferischer Weise öffentlich tätig werden, in der Absicht, in eine bestimmte Richtung zu wirken und damit

aktiv in den Gang des Geschehens einzugreifen. Als *Schriftsteller* (↗ *Autor*) werden demgegenüber heute Personen bezeichnet, die – im Gegensatz zu Journalisten – weniger tagesaktuell arbeiten und berufsmäßig literarische Werke verfassen. Innerhalb von publizistischen Organisationen (Betrieben) grenzen sich Journalisten von den technischen Berufen (Kameramann, Toningenieur, Setzer, Drucker etc.) ab. Obwohl vom Deutschen Journalisten-Verband (DJV) aus gewerkschaftlicher Sicht auch die Tätigkeitsbereiche der Öffentlichkeitsarbeit (Public Relations), also die Kommunikationstätigkeit in Wirtschaft, Verwaltung, Verbänden etc., zum Journalismus gezählt werden, grenzt sich dieses berufliche Tätigkeitsfeld heute immer deutlicher vom eigentlichen Journalismus ab.

WortG: *Journalismus* leitet sich aus *Journalist*, frz. *journaliste* ab: ursprünglich derjenige, der für eine Zeitschrift, für ein *Journal* arbeitet. Im 17. Jh. wird frz. *journal* (‚Tagebuch‘, ‚Zeitung‘, ‚Zeitschrift‘, älter ‚Bericht über Tagesereignisse‘), ins Dt. übernommen – eine Ableitung von frz. *jour*, afrz. *jor, jorn* ‚Tag‘, aus spätlat. *diurnum* ‚Tag‘, ‚Tagebuch‘, dem substantivierten Neutrum von *diurnus* ‚täglich‘ (zu lat. *dies* ‚Tag‘, ‚Tageslicht‘); im frz. Sprachraum existiert *journal* seit dem 14. Jh. auch in der Bedeutung von „relation jour par jour de ce qui s'est passe“ (‚täglicher Bericht‘), seit dem 17. Jh. als „publication quotidienne, périodique, donnant certain nouvelles“ (‚tägliche / regelmäßige Veröffentlichung von Neuigkeiten‘; Wartburg, s. v.). Ital. *giornale* ‚Tagebuch‘, ‚Geschäftsbuch‘ wird bereits im 15./16. Jh. in der Form *Jornal, Giornal* in die dt. Kaufmannssprache übernommen. Ein *Jurnalist* war, teilweise noch in der ersten Hälfte des 17. Jhs., ein ‚Buchhalter, der das Geschäftstagebuch führt‘; die Wortform *Journalist(e)* ist in Deutschland vereinzelt seit 1621 (Paul-Henne, 440), regelmäßig seit dem frühen 18. Jh. belegt (Schulz-Basler 1, 312).

Walther v. Wartburg: Französisches Etymologisches Wb. Bd. 3. Leipzig, Berlin 1934.

BegrG:. Im 17. Jh. werden in Deutschland diejenigen Personen, die eine ↗ *Zeitung* zusammenstellen oder herstellen, *Zeitunger* genannt, später vor allem *Zeitungsschreiber* (DWb 31, 594−597). Nachdem *Journalisten* ab dem 18. Jh. zunächst diejenigen waren, die ein *Journal*, eine gelehrte ↗ *Zeitschrift* redigiert haben, wird der Begriff des Journalismus auf alle Wochen- und Tageszeitungsmacher ausgedehnt. Während des deutschen Nationalsozialismus wurden frz. Bezeichnungen wie *Journalist* oder *Redakteur* durch den Ausdruck *Schriftleiter* ersetzt. Heute zeigt sich die Berufsbezeichnung *Journalist* als Ober- und Sammelbegriff für eine Reihe von spezialisierten, horizontal und vertikal unterscheidbare Tätigkeiten und Berufsrollen wie z. B. Reporter, Redakteur, Moderator, Nachrichtensprecher, Talkmaster, Rechercheur, Chef vom Dienst, Chefredakteur, usw.

SachG: Die Tätigkeit des Journalisten im weiten Sinn von Nachrichtenübermittlung ist älter als die schriftlichen Medien Zeitung und Zeitschrift: Sie existiert, seit Nachrichten übermittelt und verbreitet werden und dadurch (ursprünglich sehr begrenzte) ↗ *Öffentlichkeiten* gebildet wurden. Baumert (1928) unterscheidet vier Phasen der Journalismus-Geschichte: (1) die präjournalistische Periode, (2) die Periode des korrespondierenden Journalismus, (3) die Periode des schriftstellerischen und (4) die des redaktionellen Journalismus.

(1) In der ersten Periode waren es Personen, die vor allem beruflich viel reisten, um die Leute zu unterhalten (fahrende Sänger, Spielleute, Schauspieler, Tierbändiger, wandernde Studenten und Kleriker), oder um schriftliche Nachrichten zu übermitteln (Sendboten, Läufer, Briefknechte, Postreiter; ↗ *Brief*), die auf ihren Reisen viel erfuhren und es an den entsprechenden Orten weitererzählten. Auch die mittelalterlichen ↗ *Sänger* und *Spruchdichter* (↗ *Sangspruch*) waren schon Träger politischer und ethischer Kritik (nur in geringem Maße hingegen der ↗ *Meistergesang*). In dieser Frühphase des Journalismus waren Informationsquelle, informationsverteilende Person (Berichterstatter) und Medium häufig noch unmittelbar miteinander verbunden.

(2) Im 16. Jh. entstanden zunächst in Venedig, in der 2. Hälfte des 16. Jhs. in Nürn-

berg und Augsburg, im 17. Jh. in Frankfurt, Hamburg, Köln, Leipzig und anderen Orten ‚Nachrichtenbüros‘, die einen begrenzten Abnehmerkreis mit den neuesten Nachrichten gegen Bezahlung versorgten. Nachrichten wurden regelmäßig in Briefform für bestimmte Auftraggeber zusammengestellt. (Beispiel: die ‚Fuggerzeitungen‘, überliefert 1568−1605). In dieser zweiten Phase wurden Nachrichten von meist nebenberuflich arbeitenden Korrespondenten (Diplomaten, Stadtschreiber oder Handelsleute) an unterschiedlichen Orten gesammelt, an Postmeister und Drucker geliefert und von diesen zusammengestellt. Letztere nannte man daher auch *Zeitungsschreiber*. Herausgeber und Redakteur waren noch keine getrennten Berufsrollen.

Nach der ‚Mundpublizistik‘ (vgl. auch ↗ *Zeitungslied*) waren es vor allem Einzelnachrichten (‚Newe Zeitungen‘), Einblattdrucke (↗ *Flugblatt*), ‚Meßrelationen‘, Monatszeitungen und Wochenblätter, die als Medien und Vorläufer der Tageszeitungen benutzt wurden. Die ersten erhaltenen Wochenzeitungen liegen vor mit der Straßburger ‚Relation aller fürnemen und gedenkwürdigen Historien‘ (1609−1624) und dem Wolfenbütteler ‚Aviso‘ (1609−1624), einer Wochenzeitung, die für Adel, Geistlichkeit und herzogliche Beamte sowie Stadtregierungen zur Unterrichtung über weltpolitische Ereignisse bestimmt war.

(3) In der dritten Phase (18. und 19. Jh.), in der Zeit der Aufklärung, in der sich das ‚Räsonnement‘ neben den Nachrichten stark entwickelte, entstand der Typ des gebildeten, schriftstellernden Journalisten oder Publizisten. 1751 richtete die Berliner ‚Vossische Zeitung‘ eine eigene Beilage für Gotthold Ephraim Lessing ein. Cotta bemühte sich 1798, Friedrich Schiller als Redakteur seiner ‚Allgemeinen Zeitung‘ zu gewinnen.

In dieser Periode des ‚schriftstellernden Journalismus‘ wird die publizistische Tätigkeit auch zunehmend zum wichtigen Faktor im ↗ *Literarischen Leben*: als Ort der öffentlichen ↗ *Literaturkritik* (mit der Hauptgattung der *Rezension₁*), bis hin zur Etablierung eines regelmäßigen Kulturteils der Zeitungen (↗ *Feuilleton₁*). Im Laufe besonders des 19. Jhs. kommt es so zur differenzierten Ausbildung der uns heute geläufigen Sorten journalistischer ↗ *Gebrauchstexte* wie ↗ *Glosse₃*, ↗ *Feuilleton₂*, ↗ *Essay*, ↗ *Skizze*, ↗ *Polemik*, ↗ *Werbetext* etc.

(4) Noch in der ersten Hälfte des 19. Jhs. kamen die Journalisten vor allem aus der gebildeten Mittelschicht, viele − auch nebenberuflich arbeitende − hatten einen Doktortitel erworben. Aus dem dominierenden Typus des ‚Verleger-Redakteurs‘ wurden nun innerhalb weniger Jahrzehnte der hauptberufliche Journalist der vierten (‚redaktionellen‘) Phase. Journalisten wurden Angestellte des Verlegers, redigierten und schrieben dessen Publikationen. Die Nachfrage nach diesen Journalisten wurde in der zweiten Hälfte des 19. Jhs. sehr groß, viele auch schlecht gebildete strömten in diesen Beruf, der Bildungsstand sank.

Vor allem innerhalb des 20. Jhs. hat sich die heutige Form der journalistischen Genres oder ↗ *Textsorten* (Nachricht, Bericht, ↗ *Reportage,* ↗ *Kommentar₁* etc.), der journalistischen Instrumente (Recherche, ↗ *Interview* etc.), journalistischer ‚Programme‘, also ‚Selektions-Codes‘ (Nachrichtenfaktoren) und ‚Präsentations-Codes‘ entwickelt. Daneben haben sich verschiedene Journalismus-Typen ausdifferenziert: Der Informationsjournalismus, der interpretative Journalismus, der investigative Journalismus, der Unterhaltungsjournalismus, der Boulevard-Journalismus usw. Weitere Ausdifferenzierungen des Berufsfelds ergeben sich dadurch, daß Nicht-Medienorganisationen (Unternehmen, Behörden, Verbände, Kirchen, Gewerkschaften) immer stärker Kommunikationsarbeit betreiben (Öffentlichkeitsarbeit, PR = Public Relations) und somit in den journalistischen ↗ *Medien (Presse, Rundfunk, Fernsehen)* nicht nur ein ökonomischer Einfluß durch die Werbung gegeben ist, sondern auch ein Einfluß auf die Themen bzw. auf die Zeitpunkte, zu denen die Themen aktuell werden.

In den USA hat sich seit Anfang des 20. Jhs., in Deutschland erst seit Anfang der 1970er Jahre eine akademische Journalisten-Ausbildung entwickelt. Zusammen mit der Entwicklung von Ethik- bzw. Moralkodizes nach Abschaffung obrigkeitlicher

↗ *Zensur* (z. B. Deutscher Pressekodex) und einem schriftlich fixierten Wissensbestand (‚body of knowledge‘) sind dies dies Elemente innerhalb eines Prozesses der Professionalisierung des Berufsfelds. Weil auch immer wieder negative Erscheinungen zu beklagen sind, wird abwertend auch von „Scheckbuchjournalismus“, „Verdummungsjournalismus“, sogar „Schweinejournalismus“ (umgekehrt bei zu positiven Berichten: von „Hofberichterstattung“) oder insgesamt von der „Journaille“ gesprochen (nach dem bösen Wortspiel von Karl Kraus: Die Fackel 99, 1 f. u.ö.).

ForschG: Journalismus als wissenschaftlicher Gegenstandsbereich war immer eng verknüpft mit der Untersuchung medienvermittelter, öffentlicher Kommunikation (= Publizistik als akademische Disziplin). Nachdem der Kanzler der Universität Halle J. P. v. Ludewig dort schon um 1700 erste zeitungskundliche Kollegs angeboten hatte, nachdem Max Weber schon auf dem Soziologentag 1910 empirisch-inhaltsanalytische Studien zum Zeitungsinhalt vorgeschlagen hatte (vgl. *Content analysis,* ↗ *Botschaft*), bekam der Forschungsbereich unter dem Namen „Zeitungskunde“ (später „Zeitungswissenschaft“, „Publizistikwissenschaft“, „Kommunikationswissenschaft“, auch „Medienwissenschaft“ oder in diversen Kombinationen) akademischen Status als eigenes Fach: 1916 wurde das erste universitäre Institut unter Leitung des Nationalökonomen Karl Bücher an der Universität Leipzig gegründet.

In diesem Rahmen erfolgt die Erforschung des journalistischen Feldes heute meist als interdisziplinär ausgerichtete Sozialwissenschaft mit mehreren Teildisziplinen. Die Journalistik als eine davon kann auf eine lange Forschungstradition aufbauen. Während in Deutschland seit den zwanziger Jahren zunächst ein Typ von wissenschaftlichem ‚Praktizismus‘ (vgl. Dovifat / Wilke) die deutsche Zeitungswissenschaft bestimmte, begann die empirische Kommunikator-Forschung mit der amerikanischen ‚Gate-keeper-Forschung‘ in den 1950er Jahren (vgl. White, Joch Robinson). Viele Studien sind als empirische Berufsfeld-Studien

(‚Journalismus als Beruf‘, Kunczik) erstellt worden, erst vereinzelt auch zum literarhistorischen Kontext (z. B. Meyer, Helmstetter).

Ende der 1920er Jahre entstand der erste wissenschaftlich-systematische Versuch, eine Grundlegung der Journalistik (Groth) vorzulegen; das Lehrbuch einer ‚sozialistischen Journalistik‘ in der DDR folgte 1966 (vgl. Budzislawski). Erst in den 1980er und 1990er Jahren sind in Deutschland solide theoretische Ansätze für Journalismus-Theorien entstanden (‚Journalismus als System‘; vgl. Rühl 1980, Marcinowski 1993, Blöbaum 1994); ein systematisches Lehrbuch wurde erst in dieser Phase vorgelegt (Weischenberg 1992, 1995).

Lit: Dieter Paul Baumert: Die Entstehung des deutschen Journalismus. München, Leipzig 1928. – Günter Bentele, Robert Ruoff (Hg.): Wie objektiv sind unsere Medien? Frankfurt 1982. – Bernd Blöbaum: Journalismus als soziales System. Opladen 1994. – Hermann Budzislawski: Sozialistische Journalistik. Leipzig 1966. – Wolfgang Donsbach: Legitimationsprobleme des Journalismus. Freiburg, München 1982. – Emil Dovifat, Jürgen Wilke: Zeitungslehre [1931]. Berlin, New York [6]1976. – Otto Groth: Die Zeitung. Ein System der Zeitungskunde (Journalistik). Bd. 1. Mannheim u. a. 1928. – O. G.: Die unerkannte Kulturmacht. Grundlegung der Zeitungswissenschaft (Periodik). Bd. 4. Berlin 1962. – Rudolf Helmstetter: Die Geburt des Realismus aus dem Dunst des Familienblattes. München 1998. – Hans Mathias Kepplinger (Hg.): Angepaßte Außenseiter. Was Journalisten denken und wie sie arbeiten. Freiburg, München 1979. – Esther-Beate Körber, Rudolf Stöber: Geschichte des journalistischen Berufs. In: Medien und Journalismus. Hg. v. Otfried Jarren. Bd. 1. Opladen 1994, S. 214–225. – Michael Kunczik: Journalismus als Beruf. Köln, Wien 1988. – Frank Marcinowski: Publizistik als autopoietisches System. Opladen 1993. – Reinhart Meyer: Novelle und Journal. Stuttgart, Wiesbaden 1987 ff. [bisher nur Bd. 1]. – Robert E. Prutz: Geschichte des deutschen Journalismus [1845]. Repr. Göttingen 1971. – Heinz Pürer, Johannes Raabe: Medien in Deutschland. Bd. 1: Presse. München 1994. – Gertrude Joch Robinson: Fünfundzwanzig Jahre Gatekeeper-Forschung. In: Gesellschaftliche Kommunikation und Information. Hg. v. Jörg Aufermann u. a. Frankfurt 1973, S. 344–355. – Manfred Rühl: Journalismus und Gesellschaft. Mainz 1980. – M. R.: Theorie des Journalismus. In: Kommunikationstheorien. Hg. v. Roland Burkart und Walter Hömberg. Wien 1992, S. 117–133. – Siegfried Weischenberg: Journalistik. Theorie und Praxis aktueller Medienkommunikation. Bd. 1: Mediensysteme, Medienethik, Medieninstitutionen. Opladen 1992. Bd. 2: Medientechnik, Medienfunktionen, Medienakteure. Opladen 1995. – David Manning White: The „Gatekeeper“: A case study in the selection of news. In: Journalism Quarterly 27 (1950), S. 383–390. – Heinrich Wuttke: Die deutschen Zeitschriften und die Entstehung der öffentlichen Meinung. Leipzig 1875.

Günter Bentele

Jugendbuch ↗ *Kinder- und Jugendliteratur*

Jugendstil ↗ *Fin de siècle*

Junges Deutschland ↗ *Vormärz*

Junges Wien ↗ *Fin de siècle*

Junktion

Textlinguistische Kategorie für explizite syntaktische und logische Verknüpfungen zwischen Textteilen.

Expl: Eine Verknüpfung zwischen Textelementen, insbesondere zwischen Sätzen, kann außer mit ↗ *Pro-Formen* auch mit junktiven Ausdrücken oder Junktionen realisiert werden. Junktive Relationen und die sie repräsentierenden Wörter (vorwiegend, aber nicht ausschließlich grammatische Konjunktionen) lassen sich in folgende Klassen gliedern: Additive (z. B. *und*), disjunktive (*oder*), kontrastive (*aber*), konsekutive (*somit*), kausale (*weil*), konditionale (*falls*), temporale (*während*) und kommentierende (*das heißt*) Relationen.

[Terminologisches Feld:]
CROSS-REFERENCE: bezeichnet einen multiplen, überkreuzten Textverweis zwischen zwei oder mehr Elementen, der „durch

Kreuzverweis-Ausdrücke wie *einander, gegenseitig* oder *gemeinsam* " u. ä. realisiert wird (Fricke 1984, 11). Die Cross-reference gehört wie die Junktion zu den kohäsiven, d. h. auf der Textoberfläche verknüpfenden Elementen (↗ *Kohärenz*). Neben dieser eng gefaßten Explikation des Terminus wird *Cross-reference* zuweilen auch mit der allgemeinen Bedeutung ,Textverweis' verwendet, die auch die anderen Formen der Koreferenz wie z. B. die *Anaphorik* (↗ *Kataphorik*) einschließt (Palek, 167).

Bohumil Palek: Textverweis (Cross-Reference). In: Textlinguistik. Hg. v. Wolfgang Dressler. Darmstadt 1978, S. 167–184.

WortG: Der Terminus ist ein Lehnwort aus dem lat. *iunctio* ,Verknüpfung'. Das dazugehörige Stammverb *iungere* wird im klassischen Lat. u. a. im grammatikalischen und rhetorischen Bereich verwendet. Im dt. Wortschatz tritt der Terminus als Fachwort in der Logik (Mittelstraß, 327–332) und in der Linguistik (Beaugrande/Dressler, 76–81) auf.

BegrG: Das Konzept spielt in der lateinischen Rhetorik als Kompositionsprinzip eine zentrale Rolle („in omni […] compositione tria sunt genera necessaria: ordo, iunctura, numerus" – ,in jeder Komposition sind drei Gliederungsweisen nötig: die Abfolge, die Verbindung, die Zahl', Quintilian 9,4,22).

In der Aussagenlogik (auch: ,Junktorenlogik') wird der Begriff (hier meist unter dem Begriffsnamen *Junktor*: logische Zeichen oder ,Operatoren' für Aussagefunktionen, die nach einer spezifischen ,Wahrheitstafel' verknüpfen) von Frege, Peirce, u. a. bearbeitet und systematisiert (vgl. z. B. E.L. Post).

In der Textlinguistik unterscheiden Beaugrande/Dressler in Anlehnung an die Systematik der logischen Wahrheitsfunktionen folgende Dimensionen für die Junktion: (1) die Konjunktion, (2) die Disjunktion, (3) die Kontrajunktion (z. B. *aber*) und (4) die Subordination (durch viele junktive Ausdrücke wie *weil, daher* u. ä. signalisiert). Zur Subordination zählen Beaugrande/ Dressler auch junktive Ausdrücke der Zeit-

relation (z. B. *dann*) und zur Kennzeichnung der Modalität (z. B. konditionales *wenn*).

In der textlinguistischen Abgrenzung zwischen *Kohäsion* und ↗ *Kohärenz* wird die Junktion zu den kohäsiven, also explizit syntaktisch verknüpfenden Elementen gezählt. In einer an den französischen Junktoren entwickelten Systematisierung des Konzepts unterscheidet Raible zwischen den beiden Polen ,Integration', d. h. Junktionen mit explizitem Signal, und ,Aggregation', d. h. implizit junktiven Relationen.

Neben dem Ausdruck *Junktor* werden auch Termini wie *Satzbrücken, Satzverknüpfer* und *Konnektive* verwendet (für die unterschiedliche Benennung und Abgrenzung des Phänomens mit Belegstellen vgl. Ortner, 98). Seit den 1980er Jahren setzt sich in der Textlinguistik insbesondere für den semantischen Aspekt des Konzepts ,Junktion' zunehmend der Terminus *Konnexion* durch (↗ *Kohärenz*).

SachG/ForschG: Das Konzept der Junktion spielt in zwei Bereichen der Literaturwissenschaft eine Rolle: (1) In der ↗ *Analytischen Literaturwissenschaft* wird die Junktorenlogik herangezogen, um die Verknüpfung von Aussagen im Hinblick auf eine klare Argumentation zu präzisieren (Titzmann; Fricke/ Zymner). Eine zunehmende Anwendung von Junktorenlogik zeichnet sich im Bereich solcher (literatur)wissenschaftlichen Arbeitstechniken ab, die auf Informatik basieren (z. B. bibliographische Recherchen mit ,Booleschen Operatoren' als Junktionen). (2) Die aus der Textlinguistik gewonnenen Präzisierungen zur Junktion wurden vereinzelt zur Abgrenzung literarischer Gattungen nutzbar gemacht, wie z. B. in der Definition des ↗ *Aphorismus*, dessen ,kotextuelle Isolation' u. a. durch Abwesenheit von kohäsiven Elementen wie Junktionen gekennzeichnet ist (Fricke 1984). Für Gebrauchstexte werden aus textlinguistischer Perspektive ebenfalls Verflechtungsmittel wie die Konnexion zur Textsortenabgrenzung herangezogen (Langer, 135–141; 297 f.). Insgesamt ist aber bislang eher eine spärliche Anwendung dieses Konzepts in der Analyse literarischer Texte zu verzeichnen. So wäre z. B. die textlinguistische Feststellung, daß mit Junktionen eine bestimmte Interpretation einer Aussage nahegelegt werden kann (Beaugrande/Dressler, 80 f.), für die Untersuchung narrativer Strukturen wie der erzählerischen Perspektivierung fruchtbar zu machen (↗ *Perspektive*).

Lit: Robert-Alain de Beaugrande, Wolfgang Ulrich Dressler: Einführung in die Textlinguistik. Tübingen 1981. − Harald Fricke: Aphorismus. Stuttgart 1984, S. 7−18. − H. F., Rüdiger Zymner: Einübung in die Literaturwissenschaft. Paderborn ³1996, S. 211−218. − Gudrun Langer: Textkohärenz und Textspezifität. Frankfurt 1995. − Jürgen Mittelstraß u. a. (Hg.): Enzyklopädie Philosophie und Wissenschaftstheorie. Bd. 2. Mannheim u. a. 1984, S. 327−332. − Hanspeter Ortner: Syntaktisch hervorgehobene Konnektoren im Deutschen. In: Deutsche Sprache 11 (1983), S. 97−121. − Emil Leon Post: Introduction to a general theory of elementary propositions. In: American Journal of Mathematics 43 (1921), S. 163−185. − Wolfgang Raible: Junktion. Eine Dimension der Sprache und ihre Realisierungsformen zwischen Aggregation und Integration. Heidelberg 1992. − Michael Titzmann: Strukturale Textanalyse. München 1977, S. 34−36.

Elisabeth Stuck

K

Kabarett

Gattung satirischer Kleinkunst und die zu ihr gehörige Institution.

Expl: Ein Kabarett-Programm ist eine öffentliche Aufführung theatraler ‚Kleinkunst' und besteht aus einzelnen gespielten Szenen und Liedern (‚Nummern'), in denen eine Person (‚Solonummer') oder mehrere Personen (oft Autoren und Darsteller gemeinsam) auftreten und die vielfach durch ↗ *Conférencen* zu einem einheitlichen Programmablauf verbunden werden. Das Hauptmerkmal dieser Gattung ist ihre Plurimedialität (gemischt z. B. aus ↗ *Chansons* bzw. ↗ *Couplets*, Gedichten, Prosaszenen, Parodien, Schattenspielen, medialen Einspielungen, Formen der ↗ *Revue* etc.). Charakteristisch sind weiterhin die um der Aktualität willen zum Prinzip erhobene ‚Kurzlebigkeit' des Kabaretts und die spezifische Technik der gezielten ‚Manipulation' des Publikums, die viele Kabarett-Verfahren aufweisen (vgl. Fleischer 1989, 76−136). Das Kabarett stellt auf diese Weise den Wissenszusammenhang des Publikums in Frage (vgl. Henningsen, 9−23), ohne zugleich bessere Problemlösungen vorzuschlagen. Die halbfiktionale Aufführungssituation stellt die szenische ↗ *Illusion* ständig in Frage und rückt das Kabarett so in die Nähe des ↗ *Epischen Theaters* (vgl. Vogel, 62−81 u. 258−262).

WortG/BegrG: Die Bezeichnung *Kabarett* geht zurück auf das frz. *cabaret* (‚Vordach', ‚Schenke'), das in dieser Bedeutung seit dem 13. Jh. belegt ist (Detailnachweise bei Vogel, 20−24) und seit dem 17. Jh. in dieser Bedeutung gelegentlich auch schon in dt. Texten auftritt (Schulz-Basler 1, 315). Nicht haltbar ist die verbreitete Ableitung von der weit jüngeren Bedeutung ‚runde, mit Fächern ausgestattete Speiseplatte' (z. B. Bud-zinski 1985, 119; Hippen 1981, 166; dagegen Vogel, 22). Gegenüber alternativen Bezeichnungen wie frz. *Café-chantant* oder *Café-concert* (Budzinski / Hippen, 59) oder dt. *Buntes Theater, Brettl* bzw. *Überbrettl* (E.v. Wolzogen; ebd. 41 u. 400 f.) setzte sich nach 1900 von Wien aus rasch wieder die Benennung als *Cabaret* durch, in den 1920er Jahren dann (zur Absetzung von der neuen, heute bei dieser Schreibung dominierenden Lesart ‚Night Club') die völlige Eindeutschung als „Kabarett mit K" (Zivier u. a.; vgl. Richard). Erweiterten Bedeutungsumfang haben demgegenüber jünger etablierte Genre-Bezeichnungen wie *Kleinkunst* (die seit den 1960er Jahren auch politische Liedermacher, historisierende Chansonniers und Musikparodisten etc. umfaßt) oder *Comedy* (aufgekommen seit Einführung des kommerzialisierten Privatfernsehens für postmoderne Nachfolge-Formen mit kabarettähnlichen Aufführungsstrukturen, aber ohne dezidiertes Engagement).

SachG: Als eine Art früher Vorform des literarischen Kabaretts kann diejenige der seit dem legendären François Villon − ein ungeklärtes Pseudonym des 16. Jhs. − in Frankreich auftretenden politischen Chansonniers gelten, die Pamphlete und Attacken gegen Obrigkeit und Bürgertum auf Märkten vortrugen (z. B. die Sänger des Pont Neuf in Paris; vgl. auch ↗ *Vagantendichtung*, ↗ *Bänkelsang*). Einen neuen Aufschwung erleben die − nun in Cafés vorgetragenen − Lieder während der Französischen Revolution (vgl. Darnton). Es beginnt die Zeit der Chansons von Béranger (1780−1857) und allgemein der ‚Cafés-chantants' bzw. ‚Cafés-concerts'. Am 18.11.1881 eröffnet mit dem „Chat noir" in Paris das erste ‚Cabaret artistique', das von dem Maler und Graphiker Rodolphe Salis (1851−1897) gegründet wird. Als Chansonnier tritt hier Aristide Bruant (1851–1925) auf. Das Kabarett schließt mit dem Tode Salis' 1897; schon 1885 hatte Bruant sein eigenes Kabarett „Le Mirliton" (Die Rohrflöte) gegründet. Er verbindet Chansonlyrik mit rebellisch-poetischer Sozialkritik; hier ist schon die Personalunion zwischen Texter und Spieler zu beobachten.

Das erste Kabarett in Deutschland – „Buntes Theater (Überbrettl)" – wurde am 18.1.1901 in Berlin von Ernst Freiherr v. Wolzogen (1855–1934) eröffnet. Wolzogens künstlerische Neuerung war dabei (im Hinblick auf die französische Tradition) die Einführung eines ↗ *Einakters* (später oft: ‚Mittelstück'). Das Überbrettl ist ein entschieden bürgerliches, unpolitisch-künstlerisches Kabarett (Texte u. a. von O. J. Bierbaum, L. Thoma, Chr. Morgenstern). Schon am 23.1.1901 gründen Max Reinhardt und andere in Berlin das „Schall und Rauch", ein rein literarisches Kabarett; hier werden hauptsächlich parodistische Einakter, dazwischen aber auch Solonummern aufgeführt. Am 13.4.1901 eröffnet in München das Kabarett „Die 11 Scharfrichter" (Otto Falckenberg, Marc Henry, Frank Wedekind u. a.): ein aggressives, politisches und improvisatorisches Kabarett (mit entsprechenden Zensur-Problemen – ein Dauerkonflikt der Gattung). 1907 entsteht in Wien das „Cabaret Fledermaus", das neben szenischer Komödiantik auch literarische Kleinformen wie Anekdoten, Aphorismen und Feuilletons einbezieht. Das personell mit der gleichnamigen Satire-Zeitschrift verbundene Maler- und Dichter-Kabarettlokal „Simplicissimus" (Simpl) eröffnet 1903 in München (u. a. mit Joachim Ringelnatz); unter gleichem Namen wird es seit 1912 in Wien geführt – u. a. von Fritz Grünbaum und Egon Friedell, die so die große Tradition der Wiener Kabaretts einleiten (Karl Farkas, Jura Soyfer, Hans Weigel, Helmut Qualtinger, Georg Kreisler u. a.). Während des Ersten Weltkriegs begründen multinationale Emigranten im Zürcher ‚Cabaret Voltaire' ab 1916 die dann weit über die Gattungsgeschichte des Kabaretts hinauswirkende Bewegung des ↗ *Dadaismus*.

In den 1920er Jahren beginnt das Varieté-Kabarett bzw. das Amüsierkabarett zu dominieren. Ende der 20er Jahre entwickelt sich das Kabarett weiter zum Revue-Theater; es herrscht die sogenannte ‚Kleine Revue', geführt und gestaltet vom Conférencier. Als Einzelgänger, die einen großen Einfluß auf die Entwicklung des Kabaretts ausübten, sollten hier aber auch Valeska Gert mit ihren 'Grotesktänzen'und der hintersinnige Karl Valentin erwähnt werden. Rosa Valetti eröffnet 1920 in Berlin das politisch-literarische, auf der französischen Chanson-Tradition von Bruant basierende „Cabaret Größenwahn". 1925 entsteht das „Kabarett der Komiker" (KaDeKo); die Hauptgattungsform ist die „kleine Operette". Werner Finck und Hans Deppe gründen 1929 in Berlin das politisch-literarische Kabarett „Die Katakombe". 1935 wird das Kabarett geschlossen, die Mitglieder zeitweilig ins Konzentrationslager Esterwegen gebracht. Nach dem Krieg begründet Finck mehrere Kabaretts und tritt mit Solo-Programmen auf. Auch die vielfältige Schweizer Kabarett-Tradition (von Max Werner Lenz und Elsie Attenhofer bis zu César Keiser und Franz Hohler) erhielt ihre ersten Anstöße von exilierten Mitgliedern der „Katakombe" sowie vor allem von Erika Manns „Pfeffermühle", deren antifaschistische Zürcher Programme 1934 zur Parallelgründung des „Cabaret Cornichon" führten.

Das erste deutsche Kabarett nach dem Krieg, „Die Schaubude", eröffnet noch 1945 in München, die Texte liefert u. a. Erich Kästner (neben älteren von Tucholsky und Ringelnatz), wie ab 1951 für Trude Kolmans „Die Kleine Freiheit". „Die Stachelschweine" – ein typisches Nummern- und Song-Sketch-Kabarett – entstehen 1949 in Berlin, etwa zeitgleich mit dem populären Radio-Kabarett der „Insulaner". „Das Kom(m)ödchen" – ein literarisches, zunehmend moralisch-politisch engagiertes Kabarett – wird 1947 von Kay und Lore Lorentz in Düsseldorf gegründet, „Die Schmiere" (‚Das schlechteste Theater der Welt') 1950 von Rudolf Rolfs in Frankfurt a.M. „Die Münchner Lach- und Schießgesellschaft" gründen 1956 Dieter Hildebrandt, der Texter Klaus Peter Schreiner und der Regisseur Sammy Drechsel: ein politisches Nummern-Kabarett, das aktuelle Ereignisse besonders publikums- und medienwirksam behandelt.

Auf der Welle der Studenten-Revolte ab 1968 wird die Gattung politischer, es dominiert das Gesinnungs-Kabarett. Die bisherige Kabarett-Tradition wird als ‚symptomkritisch' definiert, die eigene Position dagegen als ‚systemkritisch' (z. B. „Das Rationaltheater", „Das Bügelbrett", „Das Reichskabarett", „Floh de Cologne"; als Solo-Kabarettisten treten in ähnlichem Geiste u. a. Dietrich Kittner und Helmut Ruge auf). In den darauffolgenden Jahren entwickeln sich weitere alternative Formen bis hin zum Slapstick-Kabarett (so das 1977 in Berlin gegründete aggressive, politisch-anarchistische Kabarett „Die 3 Tornados" und ähnlich das „Vorläufige Frankfurter Fronttheater").

Daneben gab es in der gesamten Entwicklungsgeschichte des deutschsprachigen Genres Kabarettisten, die sich auf Solo-Programme spezialisierten – so z. B. Hanns Dieter Hüsch (*1925), der ein rein literarisches Kabarett mit einem Hang zum Absurden vertritt; daneben Wolfgang Neuss (1923–1989), der die Blütezeit seines politischen Kabaretts in den 60er Jahren erlebte. Darüber hinaus sind hier aus neuerer Zeit zu erwähnen Solokabarettisten wie Werner Schneyder, Gerhard Polt, Mathias Richling, Richard Rogler oder Lisa Fitz, verstärkt nunmehr auch Frauenkabarett-Ensembles wie die deutschen ‚Misfits' oder die Schweizer ‚Acapickels'.

ForschG: An anthologischen Dokumentationen (z. B. Hippen / Lücking, Kühn, Veigl) und meist amüsant-populär gehaltenen historischen Überblicken (z. B. Hösch, Greul, Appignanesi, Otto/Rösler; Budzinski 1984 mit vielen Varianten) hat es schon seit langem nicht gefehlt, ebensowenig an Monographien zu einzelnen Kabarettisten bzw. bekannten Ensembles (von Walter Mehring und Erika Mann bis zu Hüsch und Hildebrandt; aus dem Mainzer Kabarett-Archiv enzyklopädisch zusammengestellt 1985 bei Budzinski und 1996 bei Budzinski / Hip-

pen). Von einer wissenschaftlich abstrahierenden Kabarettforschung und Theoriebildung kann aber erst seit dem so schmalen wie gewichtigen Versuch des Erziehungswissenschaftlers J. Henningsen 1967 die Rede sein. In Auseinandersetzung mit seiner Zentralthese „Kabarett ist das Spiel mit dem erworbenen Wissenszusammenhang des Publikums" (Henningsen, 9) entwickelt dann Fleischer (1989 und 1989a) an polnischen und deutschen Beispielen eine theatersemiotisch fundierte Theorie der kabarettistischen Kommunikationsweisen.

Die bislang umfassendste Rekonstruktion des Kabaretts als theatrale Gattung und als politisch-historische Institution leistet im Anschluß daran B. Vogel 1993 mit seinem Konzept der (in ihrer Fiktionalität immer transparenten) kabarettistischen ‚Fiktionskulisse'. Seine zentrale (die Definition von Fricke/Zymner, 232, modifizierende) Begriffsexplikation lautet nunmehr: „Kabarett ist (1) eine simultan rezipierte Gattung der darstellenden Kunst, organisiert als (2) Abfolge von Nummern […], die in ihrer Gesamtheit (3a) zeitkritisch oder auch (3b) komisch sind und (4) aus Conférencen und mindestens zwei […] szenischen Modi bestehen" (Vogel, 46).

Lit: Matthias Biskupek, Gudrun Piotrowski (Hg.): Es sind alle so nett. Szenen, Lieder und Monologe aus dem Kabarett der Eidgenossen. Berlin 1993. – Klaus Budzinski: Hermes Handlexikon: Das Kabarett. Düsseldorf 1985. – K. B., Reinhard Hippen (Hg.): Metzler Kabarett Lexikon. Stuttgart 1996 [mit Bibliographie und Verzeichnissen S. 449–472]. – R. H., Ursula Lükking (Hg.): „Sich fügen – heißt lügen." 80 Jahre deutsches Kabarett. Mainz 1981. – R. H. (Hg.): Das Kabarett-Chanson. Typen, Themen, Temperamente. Zürich 1986. – R. H. (Hg.): Erklügelte Nervenkultur. Kabarett der Neopathetiker und Dadaisten. Zürich 1991. – Volker Kühn (Hg.): Kleinkunststücke. Eine Kabarett-Bibliothek in fünf Bänden. Weinheim 1987–94. – Walter Rösler (Hg.): Gehn ma halt a bisserl unter. Kabarett in Wien von den Anfängen bis heute. Berlin ²1993. – Hans Veigl (Hg.): Weit von wo. Kabarett im Exil. Wien 1994. – Georg Zivier u. a. (Hg.): Kabarett mit K. 70 Jahre große Kleinkunst. Berlin ³1989.

Lisa Appignanesi: Das Kabarett. Stuttgart 1976. – Klaus Budzinski: Pfeffer im Getriebe. Ein Streifzug durch 100 Jahre Kabarett. München 1984. – Robert Darnton: Bohème littéraire et révolution. Paris 1983. – Michael Fleischer: Eine Theorie des Kabaretts. Bochum 1989. – M. F.: Entwurf einer Kabarett-Theorie. In: Znakolog 1 (1989[a]), S. 139–171. – Harald Fricke, Rüdiger Zymner: Parodieren geht über Studieren. In: Wozu Literaturwissenschaft? Hg. v. Frank Griesheimer u. Alois Prinz. Tübingen 1991, S. 212–232. – Heinz Greul: Bretter, die die Welt bedeuten. Kulturgeschichte des Kabaretts. Köln 1967. – Jürgen Henningsen: Theorie des Kabaretts. Rattingen 1967. – Rudolf Hösch: Kabarett von Gestern. 2 Bde. Berlin/DDR 1967–1972. – Dietmar Jacobs: Untersuchungen zum DDR-Berufskabarett der Ära Honecker. Frankfurt 1996. – Helga Keiser-Hayne: Beteiligt euch, es geht um die Erde. Erika Mann und ihr politisches Kabarett „Die Pfeffermühle" 1933–1937. München 1990. – Volker Kühn: Die zehnte Muse. 111 Jahre Kabarett. Köln 1993. – Reiner Otto, Walter Rösler: Kabarettgeschichte. 2 Bde. Berlin/DDR 1977. – Lionel Richard: Cabaret, Kabarett: von Paris nach Europa. Leipzig 1993 [frz. 1991]. – Eva Rothlauf: Theorie und satirische Praxis im westdeutschen Kabarett. Diss. Erlangen 1995. – Benedikt Vogel: Fiktionskulisse. Poetik und Geschichte des Kabaretts. Paderborn 1993.

Michael Fleischer

Kadenz

Rhythmisch-metrische Fügung des Versschlusses.

Expl: Die Kadenz des Verses setzt sich ab von *Klausel* und ↗ *Cursus* der Prosa. Im Rahmen der – durchaus umstrittenen – taktgebundenen Anschauung des Verses bezeichnet *Kadenz* seine mit der letzten Hebung einsetzende Schlußfüllung. Der letzte ↗ *Takt* kann einsilbig gefüllt sein (MÄNNLICH, am Beispiel eines Viertakters: *Ein stummes Männlein steht im Wald*), zweisilbig (WEIBLICH voll: *Ein stummes Männlein steht im Walde*); die Kadenz kann die letzten beiden Takte umfassen (KLINGEND: *Ein Männlein steht im Wal-de*); der letzte Takt kann pausiert sein (STUMPF oder ‚unterfüllt': *Ein Männlein steht im Wald* ∧). Die im Neuhochdeutschen erloschene zweisilbige Kadenz mit kurzer offener, nicht dehnungsfähiger Hebungssilbe gilt der männlichen Ka-

denz gleich (‚gespalten männlich': *Ein stumbez mennlîn stêt im hagel*). Für den proparoxytonischen Ausgang (Betonung auf der drittletzten Silbe) gilt Analoges (z. B. ‚dreisilbig klingend': *Ein Männlein steht bei anderen*). Beim Kadenzentausch wechseln verschiedene Kadenzen an der korrespondierenden Stelle im Vers miteinander. – Im weiteren Sinne wird der Terminus *Kadenz* auch verwendet, wo dem Vers kein fester Taktrahmen zugebilligt wird. Im silbenzählend-alternierenden Vers geht die Kadenz in den Reimgeschlechtern (↗ *Reim*) auf, beim antikisierenden Vers treten dessen Kategorien wie Akatalexe usw. (↗ *Versfuß*) an die Stelle der Kadenzarten.

WortG: Lateinische Grammatik und Rhetorik gebrauchen seit ihren Anfängen (‚Rhetorica ad Herennium') das Verb *cadere* ‚fallen' für den Wortschluß, vor allem das Flexionsende. Aus dem Plural des Partizips *cadentia (verba)* (Quintilian 9,4,42) entstanden der gleichlautende lat. Singular (zuerst belegt um 1300) und ital. *cadenza* (Erstbezeugung bei Florentinus de Faxolis, ‚Liber Musices', 1495/1496), frz. *cadence*. Diese Termini galten ähnlich wie *clausula* vornehmlich der musikalischen Schlußwendung. Noch die Enzyklopädien von Zedler (1733) und Ersch/Gruber (1825) führen *Cadence* nur als musikologischen Terminus an. In der französischen Verslehre begegnet das Wort zuerst 1521 bei Pierre Fabri, in der deutschen ist es vor Johann Andreas Schmeller (1843) nicht nachgewiesen.

Pierre Fabri: Le grand et vrai art de Pleine Rhétorique [1521]. Hg. v. A. Héron. 3 Bde. Rouen 1889–1890. Bd. 1, S. 169. – Wilhelm Wilmanns: Untersuchungen zur mhd. Metrik. Bonn 1888, S. 18.

BegrG: Seit den frühen deutschen Poetiken des Meistergesangs und des Barock ist die Behandlung der Kadenz wesentlich der des Reims oder der antiken Metra subsumiert. Man unterschied ‚klingenden' (mit Senkung schließenden) und ‚stumpfen' (mit Hebung schließenden) Vers (Adam Puschmann 1571); seit Tobias Huebner (1622) und Martin Opitz (1624) werden die Versschlüsse unter frz. Einfluß in weibliche (auch „fallende", „gehende") und männliche (auch

„steigende", „abschnappende", „springende") eingeteilt, daneben findet sich manchmal der daktylische Ausgang gesondert behandelt, genannt auch der „pyrrhichische" (Johann Peter Titz 1642) oder „die rollende Dattel- oder palmen-ahrt" (Philipp v. Zesen 1656). Mit Klopstock tritt die Terminologie der klassischen Metrik neben die herkömmliche. Vor allem im 18. und 19. Jh. wurde die Bezeichnung ↗ *Zäsur* für den Versschluß gebraucht. Andreas Heuslers Versuch, den Takt überhistorisch als Prinzip des deutschen Verses zu erweisen, verband sich mit der Etablierung der heute gebrauchten Begrifflichkeit. – Die Linguistik benutzt den Begriff ‚Kadenz' im Rahmen der Phonetik für die Intonation vor Redeeinschnitten (vgl. Winkler).

[Tobias Huebner:] La seconde sepmaine de Guillaume de Saluste Seigneur du Bartas / Die Andere Woche [...]. Cöthen 1622 [Repr. New Haven 1969], S. III. – Martin Opitz: Buch von der Deutschen Poeterey. Hg. v. Richard Alewyn. Tübingen ²1966, S. 37. – Otto Plate: Die Kunstausdrücke der Meistersinger. Straßburg 1887, S. 201 f. – Adam Puschmann: Gründlicher Bericht des deutschen Meistergesangs [1571]. Hg. v. Richard Jonas. Halle 1888, S. 7–10. – Johann Peter Titz: Von der Kunst Hochdeutsche Verse und Lieder zu machen. Danzig 1642, cap. 5,2. – Filip Zesens Hochdeutscher Helikon. Jena ⁴1656, S. 148.

SachG: Einschneidend für die Wandlung der Kadenzgestaltung im Deutschen waren die Ablösung des Stabreim- durch den Endreimvers im 9. Jh. und die prosodische Entwicklung der Dehnung der offenen Tonsilbe im 14. Jh. Mit dem Endreim erhielt dieser Ort des Verses erst (auch rhythmisch) eigenes Gewicht. Durch den Wegfall der offenen Kürzen im Nhd. fiel die binäre Kadenzopposition ‚weiblich : männlich' mit der Silbenzahl zusammen. Die klingende Kadenz hat sich fest nur im gesungenen Vers bewahrt.

Theo Vennemann gen. Nierfeld: Der Zusammenbruch der Quantität im Spätmittelalter und sein Einfluß auf die Metrik. In: ABÄG 42 (1995), S. 185–223.

ForschG: Solange die Beschreibung des Verses wesentlich auf seine Silbenzahl bzw. die Alternation gerichtet war, und solange sie die Bestimmungen des metrisch schließenden Fußes betraf, deckte sich die Theorie von der Kadenz weitgehend mit der jener Ordnungsmuster. Eigenständige Behandlung erfuhr sie seit dem 19. Jh.; Andreas Heuslers Lehre schließlich bot die bislang ausdifferenzierteste Systematik: Für den mittelhochdeutschen Vers unterschied er auf der Basis einer angenommenen idealen Taktzahl acht Kadenztypen. Die Kritik an Heuslers vom Takt bestimmtem Kadenzbegriff (Paul, Pretzel, Kuhn, Bertau) hat die Terminologie zugunsten der ‚realisierten' Takte oder Silben vereinfacht; insbesondere wird die Möglichkeit eines heuristischen Zugangs zu den Phänomenen der klingenden und der mit Pause schließenden Kadenz in Zweifel gezogen.

Lit: Karl Heinrich Bertau: Sangverslyrik. Göttingen 1964, S. 28–32, 51–55, 96–110. – Dieter Breuer: Deutsche Metrik und Versgeschichte. München ²1991, S. 101–103. – Andreas Heusler: Deutsche Versgeschichte. 3 Bde. [1925–1929]. Repr. Berlin 1956. – Hugo Kuhn: Minnesangs Wende. Tübingen ²1967, S. 44–47. – Wolfgang Mohr: Kadenz. In: RL² 1, S. 803–806. – Otto Paul, Ingeborg Glier: Deutsche Metrik. München ⁹1974. – Ulrich Pretzel, Helmuth Thomas: Deutsche Verskunst. In: Stammler² 3, Sp. 2357–2546, bes. 2420–2422. – Heiner Pürschel: Pause und Kadenz. Tübingen 1975. – Siegfried Schmalzriedt u. a.: Kadenz. In: Handwb. der musikalischen Terminologie. Wiesbaden 1974. – Johann Andreas Schmeller: Über den Versbau in der alliterirenden Poesie [...]. In: Abhandlungen der philosophisch-philologischen Classe der königlich bayerischen Akademie der Wissenschaften 4/1 (1844), S. 205–227. – Christian Winkler: Untersuchungen zur Kadenzbildung in deutscher Rede. München 1979.

Christoph März

Kahlschlagliteratur ↗ *Nachkriegsliteratur*

Kalauer ↗ *Witz*
          ↗ *Wortspiel*

Kalender

Form der jährlichen Zeitrechnung; Zusammenstellung der nach Wochen und Monaten geordneten Tage eines Jahres und dafür relevanter Texte.

Expl: Im weiteren Sinne ist ‚Kalender' die Form der Zeitrechnung, im engeren Sinne ein Verzeichnis der Tage eines Jahres, ebenso der Feste und der für das öffentliche Leben bedeutsamen Termine, der Mondphasen sowie der Sonnenauf- und -untergänge. Diese Auskünfte, die äußere Aufmachung sowie die weiteren Texte bzw. Inhalte hängen von der jeweiligen Zielgruppe ab. Innerhalb der Herausbildung des Mediums lassen sich folgende bedeutsame Typen unterscheiden:

(1) Ein ‚Ewig- bzw. immerwährender Kalender' stellt ein (z. B. als drehbare Scheibe oder Tabelle gestaltetes) Instrument dar, um die Tage des Jahres sowie die Planetensymbole im voraus zu bestimmen, wenn die ‚goldene Zahl', die von A bis G wechselnden Sonntagsbuchstaben und − durch die Ostertafel − das Datum des Osterfestes bekannt sind.

(2) Der ‚Bauernkalender' ist zunächst an ein leseunkundiges Publikum gerichtet, so daß die Wochentage durch z. B. schwarze und rote Dreiecke, die Kirchenfeste etwa durch Abbildungen der Heiligen und die Daten für Tageslänge, Aderlaß etc. durch Symbole gegeben werden. Zu diesen Elementen treten dann belehrende und erzählende Beigaben sowie Illustrationen, so daß (neben den zeitweilig verbreiteten Einblattdrucken) das ‚Kalenderbuch' entsteht.

(3) Der ‚Historische Kalender' ordnet die ausführlich dargestellten historischen Ereignisse in den Jahreslauf ein; dazu zählen neben Naturereignissen und Himmelserscheinungen auch Begebenheiten der alltäglichen und der (meist aus ↗ *Chroniken* gezogenen) politischen Geschichte, die im Hinblick auf die Folgen für die lokale Bevölkerung kompiliert werden und somit eine ‚Geschichte von unten' darstellen. Nach 1800 traten an die Stelle der Chronik häufig die Genealogie und ein historischer Abriß über das regierende Herrscherhaus.

(4) Die im 19. Jh. vorherrschende Form des ‚Volkskalenders' weist die traditionellen kalendarischen Teile sowie einen umfangreichen, belehrend-unterhaltenden Teil auf; einige der meist regional orientierten oder konfessionell geprägten ‚Volkskalender' bestehen bis heute.

(5) Daneben hat sich eine breite Palette (nach Themen oder Berufsgruppen) spezialisierter Kalender sowie neuer Instrumentarien zur Zeitorganisation entwickelt, z. B. Agenda, Terminkalender, Datumsanzeige und Termin-Funktion im tragbaren Telefon.

WortG/BegrG: Die vom mlat. *calendarium* ‚Schuldbuch' gebildete Bezeichnung geht auf das lat. *calendae* ‚Monatserster' (und dieses wiederum auf *calare* ‚ausrufen') zurück, durch die der ausgerufene Monatsanfang, der den Zahltag bedeutete, bezeichnet wurde. Die stehende Fügung *calender machen* meint ‚in Gedanken sein', ‚nachdenken', ‚grübeln', ‚sorgen' (DWb 2, 602).

Hans Rosenplüt verband in ‚Ein vaßnachtlyet der Collender / Zu Nurmberg genant' bzw. ‚Das lidlein von den Heiligen / Der pauren Colender' (um 1460) die Gedenktage der Heiligen scherzhaft mit den Charakteristika der Jahreszeiten und sozialkritischen Seitenhieben. Luther gebrauchte *Kalender* im Sinne von ‚Register', ‚Verzeichnis' (DWb 11, 62), die Eindeutschungen ‚Tageweiser' bzw. ‚Jahrrechnung' von Philipp v. Zesen setzten sich nicht durch (Trübner 4, 79). Wieland bezeichnete in der ‚Geschichte des Weisen Danischmend und der drei Kalender' (‚Teutscher Merkur', 1775; in Buchform 1795) mit *Kalender* östliche Bettelmönche, die dem Philosophen als raisonnierende Gesprächspartner gegenübergestellt werden; er grenzt diesen Gebrauch im Erzähler-Leser-Dialog explizit von der im 18. Jh. mit ↗ *Almanach* oder Taschenbuch synonymen Bedeutung ab. In der Zusammenstellung „Kalenderei − Chymisterei" (‚Faust II', v. 4974) wird eine abwertende Bedeutung sichtbar, die den faktographischen Inhalten, nicht den fiktionalen Teilen des Kalenders anhing.

Hans Rosenplüt: Reimpaarsprüche und Lieder. Hg. v. Jörn Reichel. Tübingen 1990. − Christoph

Martin Wieland: Der goldne Spiegel und andere politische Dichtungen. Hg. v. Herbert Jaumann. München 1979, S. 331–524.

SachG: Die zwölf aufeinanderfolgenden Mondphasen ergeben das Mondjahr von 354 Tagen, das mit dem Sonnenjahr von 365 Tagen unvollständig übereinstimmt. Auch die Wochenstruktur von sieben Tagen ergibt sich aus der Synchronisation mit den vier Teilphasen des Mondes. Julius Caesar erreichte im Jahr 46 v. Chr. durch die Einführung des ‚julianischen‘ Kalenders den Ausgleich mit dem Sonnenjahr; allerdings war er um elf Minuten und zwölf Sekunden zu lang, so daß sich ein Mißverhältnis ergab, das Papst Gregor XIII. 1582 zu einer Reform (mit der Einführung korrigierender Schaltjahre) veranlaßte. Dieser ‚gregorianische‘ Kalender war seit dem 1. März 1700 in allen Teilen des römisch-deutschen Reichs verbindlich; in den Ländern der griechischen Kirche wurde er erst Anfang des 20. Jhs. eingeführt.

Wiewohl der christliche wie der jüdische Kalender biblischen Hintergrund haben, unterscheiden sie sich markant in der Jahreszählung, die im jüdischen Kalender mit dem Datum der Weltschöpfung beginnt (3760 Jahre vor Beginn der christlichen Zeit), und in der Synchronisation der Monatslängen mit denen des gregorianischen Kalenders, die einen Schaltmonat verlangt.

Eine absichtsvolle Relativierung der Ordnungskriterien des christlichen Kalenders stellten die französische Tag- und Monatszählung (z. B. ‚der 18. Brumaire‘) und vor allem die aus der Natur und dem Alltagsleben gewählten Benennungen (z. B. *Thermidor*) dar, die 1793 vom Nationalrat beschlossen worden waren und bis 1805 bestanden. Zwischen 1929 und 1940 waren in der Sowjetunion die Feiertage bis auf fünf revolutionsbezogene Gedenktage abgeschafft; statt der Sieben-Tage-Woche galt ein gestaffelter Rhythmus von vier Arbeitstagen, denen ein freier Tag folgte.

Der christliche Kalender als Zeitweiser läßt sich bis auf die ‚Depositio Martyrum‘ von 354 zurückführen. Der am weitesten verbreitete immerwährende Kalender des Mittelalters, der ‚Cisiojanus‘, enthielt 24 lateinische Zweizeiler (deren erster für den Monat Januar mit „circumcisio Domini" beginnt), um durch die verkürzten Namen der Heiligen die jeweiligen Feste und, durch die Anzahl der Silben, die Zahl der Monatstage zu memorieren. Die zentralen Bestände dieses Mediums lassen sich am ‚Calendarium oeconomicum et perpetuum‘ (1591) von Johannes Coler erweisen: Die ‚Practica‘ enthielt Vorausdeutungen aller Art, vorzugsweise auf die Witterung, aber auch auf Himmelserscheinungen und politische Ereignisse. Angefügt war das ‚Aderlaßmännlein‘, eine Tafel mit den geeigneten Daten für das Aderlassen bestimmter Glieder, ebenso Hinweise auf Diätetik, Medikation und Kindersorge. Die im zweiten Teil hinzutretende Bauernpraktik gab Anweisungen für Landbau und Haushaltsführung und war damit der ↗ *Hausväterliteratur* zuzurechnen. Die dort auftretenden deutschen und lateinischen Verse wie auch die Hinweise auf römische Ökonomiken als Quellen verraten, daß die Rezipienten im kleinen Kreis adliger und bürgerlicher Grundherren zu suchen waren. Zuletzt waren die Messen und Jahrmärkte des Reiches verzeichnet. Als Protestant folgte Coler nicht der gregorianischen Rechnung, bot jedoch einen ‚Cisiojanus‘.

Den Typ des historischen Kalenders begründete der Reformator Paul Eber 1551 mit dem lateinischen ‚Calendarium historicum conscriptum‘ (Basel), einem ewigwährenden Kalender, der durch entsprechende kalendarische Hilfsmittel stets aktualisiert werden konnte. Im 17. Jh. weiten sich die Textbeiträge erheblich aus: In ‚Des Abenteurlichen Simplicissimi Ewig-währendem Calender‘ von Grimmelshausen (Nürnberg 1671) erscheinen bereits sechs Kolumnen, die sog. Materien, von denen die ersten drei die Monatstage, ferner eine Auswahl biblischer und historischer Daten sowie Hinweise zu Haus- und Landwirtschaft bieten. In den anderen drei Materien, deren enzyklopädische Ausführungen als ‚Discours‘ deklariert sind, werden im Dialog mit fiktiven Partnern, deren anagrammatische Namen auf die Quellen verweisen, astronomisches und kulturhistorisches Wissen, Anekdoten und Wundergeschichten ausgebreitet (↗ *Kalendergeschichte*).

Mit dem ‚Calendarium' Colers vergleichbar war das 1701 zum ersten Mal gedruckte ‚Calendarium oeconomicum practicum perpetuum' des Abts Mauritius Knauer, das fälschlicherweise ‚Hundertjähriger Kalender' genannt wurde. Die traditionellen kalendarischen und belehrenden Teile bleiben bis weit ins 18. Jh. zentral; Zedler vermerkt, daß der Verkaufserfolg gefährdet war, wenn das „Raisonnement über Krieg und Frieden, Fruchtbarkeit des Jahres, Kranckheiten, gute[ ] Aderlasse[ ]" fehlte (Zedler 5, 241).

Da Kalender von den Haushalten erworben werden mußten, war ihr Absatz im jeweiligen Territorium relativ gesichert, zumal auswärtige Kalender nur heimlich oder zusätzlich gekauft werden durften; eine Gründung wie die des ‚Basler Hinkenden Boten' (gegründet 1676) oder des ‚Baden-Durlachischen Land-Calenders' (gegründet 1719, aus ihm ging 1808 J. P. Hebels ‚Rheinländischer Hausfreund' hervor) brachte dem Besitzer des jeweiligen Privilegs beachtliche Einnahmen (Beispiele bei Voit). Die leicht zugängliche Aufbewahrung des Kalenders zusammen mit anderen Gebrauchsgegenständen bezeugen bis zum Ende des 19. Jhs. Gemälde und Graphiken (Cornelius Biltius, Germanisches Nationalmuseum, Nürnberg; Johann Gottlieb Hantzsch, Museum der bildenden Künste, Leipzig; vgl. Wiedemann, 10).

Als Jahrespublikation war der Kalender dem Almanach verwandt und diesem in Funktion und Aufmachung ähnlich; auch Almanache enthielten ein Kalendarium sowie belehrende und unterhaltende Teile. Eine Ausdifferenzierung zwischen beiden Formen begann in der Nachfolge von H. C. Boies in Göttingen erscheinendem ‚Musenalmanach für das Jahr 1770', da der Almanach nun anthologischen Überblick über literarische Tendenzen zu geben beanspruchte und einzelnen Autoren als wirkungsvolles Publikationsforum diente (Schiller, Lichtenberg). Mit den anspruchsvolleren Texten wurden die Kalender zudem ein wichtiges Feld für Buchschmuck und ↗ *Illustration*. Als Kalenderautor neben J. P. Hebel war besonders B. Auerbach produktiv, der von 1845 bis 1847 den ‚Gevat-

tersmann' herausgab, in dem er mit den Monatsbildern, der Praktika und der Genealogie an traditionelle Vorbilder anschloß. In ‚Berthold Auerbach's deutschem Volks-Kalender' (erschienen 1858–1868) überwogen dagegen die unterhaltend-belehrenden Texte, u. a. von G. Keller und R. Virchow, zusammen mit hochwertigen Illustrationen (W. Kaulbach, A. v. Menzel). Mit dem für bürgerliche Rezipienten gedachten ‚Deutschen Volkskalender' (erschienen 1835–1868) hatte auch der Autor und Illustrator Friedrich Wilhelm Gubitz dauerhaften Erfolg. Zu sehen sind diese Wandlungen des alltäglichen Gegenstands Kalender in Verbindung mit der Zeiterfahrung und den ihr in einer Gesellschaft unterlegten anthropologischen und ökonomischen Kategorien (vgl. Dux, Genz).

ForschG: W. H. Riehl beschrieb bereits 1852 Inhalt und Funktion der Kalender, ohne normativ zu urteilen, als offensichtliche Zeichen für die Mentalität und die Bedürfnisse der Benutzer. Die kontinuierliche Erforschung ging zunächst von der Volkskunde aus; die Literaturwissenschaft nahm, abgesehen von den Studien zu prominenten Autoren der Kalendergeschichte, das Phänomen erst im Zug ihrer Öffnung für die Sozial- und Mediengeschichte in den Blick. Gefragt wird nach Produktion und Distribution, nach den sich wandelnden sozialen und historischen Kontexten sowie den (empirisch schwer faßbaren) Rezeptionsverläufen (Voit).

Lit: Adrian Braunbehrens (Hg.): Kalender im Wandel der Zeiten. Karlsruhe 1982. – Gunter Dux: Die Zeit in der Geschichte. Frankfurt 1989. – Peter Gendolla: Zeit. Zur Geschichte der Zeiterfahrung. Köln 1992. – Henning Genz: Wie die Zeit in die Welt kam. München, Wien 1996. – Jan Knopf (Hg.): Alltages-Ordnung. Ein Querschnitt durch den alten Volkskalender. Tübingen 1983. – Paul Gerhard Klussmann, York-Gothart Mix (Hg.): Literarische Leitmedien. Wiesbaden 1998. – Christine Oßwald: Volkskalender im 19. und 20. Jh. Cham 1992. – Hans Ottomeyer u. a. (Hg.): Geburt der Zeit. Eine Geschichte der Bilder und Begriffe. Wolfratshausen 1999. – Wolfgang Promies (Hg.): Lichtenbergs Hogarth: Die Kalender-Erklärungen von Georg Christoph Lichtenberg mit den Nachstichen von Ernst Ludwig Riepenhausen zu den Kupferstich-Tafeln von William Hogarth. München 1999. − Wilhelm Heinrich Riehl: Volkskalender im 18. Jh. [1852]. In: W. H. R.: Culturstudien aus drei Jahrhunderten. Stuttgart 1862, S. 38−56. − Friedrich Voit: Vom ‚Landkalender‘ zum ‚Rheinländischen Hausfreund‘ Johann Peter Hebels. Frankfurt 1994. − Rudolf Wendorff: Tag und Woche, Monat und Jahr. Eine Kulturgeschichte des Kalenders. Opladen 1993. − Inga Wiedemann: ‚Der hinkende Bote‘ und seine Vettern. Berlin 1984.

Gertrud M. Rösch

Kalendergeschichte

Kurzer erzählender Text des Volkskalenders oder Erzählung historiographischer Art, die das Medium des Kalenders implizit spiegelt oder explizit thematisiert.

Expl: (1) Die Vielzahl der literarischen Kurzformen − von Gedichten über Sprüche, Anekdoten, historische Berichte bis zu fiktiven Erzählungen −, die sich im sog. Volkskalender (↗ *Kalender*) versammeln, macht eine Gattungsdefinition ‚der‘ Kalendergeschichte schwierig. Deshalb wird der Name weitgehend als Sammelbegriff für erzählende Kalenderbeiträge seit der 2. Hälfte des 15. Jhs. verstanden, „der verschiedenartige kurze und kürzere Erzählungen (von der Anekdote bis zur Novelle in nuce) umschließt“ (Rohner, 21). Als gemeinsames Merkmal gilt dann nicht ein literarisches Formkriterium, sondern die belehrende, moralische Absicht des Erzählens. (2) Literarische Gattungsbestimmungen rechnen die Kalendergeschichte den ‚einfachen Formen‘ (Jolles) zu und definieren sie entweder „als polare Ergänzungsform“ der ↗ *Anekdote*, die wie die Kalendergeschichte von der modernen Kurzgeschichte abgelöst wird (Pongs, 10), oder als Oberbegriff für ‚Beispiel‘ (↗ *Exempel*) und ‚Anekdote‘ (Bausinger, 199−212): eine bestimmte historische Persönlichkeit werde charakterisiert (Anekdote) und diese Charakterisierung durch ein ausdrückliches ‚Merke‘ lehrhaft verallgemeinert (Beispiel). Beide Explikationen haben sich in der Standard-Definition niedergeschlagen, wie sie weitgehend in Lexika

(z. B. ‚Brockhaus‘, 629) zu finden ist: „kurze Prosaerzählung, deren Gegenstand eine dem Leben des Volkes entnommene unterhaltende oder nachdenkl. Begebenheit zumeist mit lehrhaftem und moral. Einschlag ist“. (3) Die Tatsache, daß Johann Peter Hebel mit seinem ‚Schatzkästlein des rheinischen Hausfreundes‘ (Tübingen 1811) die ursprünglich für den Kalender (‚Der Rheinländische Hausfreund‘, ab 1808) geschriebenen Beiträge vom Medium löst und damit Vorbild für alle weiteren bedeutenden Sammlungen von Kalendergeschichten im 19. und 20. Jh. wird, legt eine inhaltliche Definition der Gattung nahe: Entscheidend ist nicht, daß die Geschichten im Kalender stehen (oder für ihn geschrieben sind bzw. sein könnten), sondern daß sie ihr ursprüngliches Medium in den literarischen Verfahren oder thematisch reflektieren, gleichgültig in welcher literarischen ‚Form‘ sie auftreten; sei es als Gedicht, als kurze Erzählung wie meist oder als pointierter Kurzdialog (Knopf 1983b, 22−26).

Hermann Bausinger: Formen der „Volkspoesie“. Berlin 1968. − Brockhaus Enzyklopädie in 20 Bdn. Bd. 9. Wiesbaden [17]1970. − André Jolles: Einfache Formen. Tübingen [4]1968.

WortG: (1) Das Kompositum *Kalendergeschichte* ist erstmals nachgewiesen in Wielands Roman ‚Geschichte der Abderiten‘ (Wieland, 128) und bezeichnet dort einen historiographischen Bericht. Synonym dazu wird etwa zur gleichen Zeit (1766) von einem anonymen Verfasser der ‚Gelehrten Beyträge zu den Braunschweigischen Anzeigen‘ die Bezeichnung *Kalendererzehlung* verwendet und mit „historischer Erzehlung“ als nichtfiktionaler Text erläutert (Rohner, 45). Als Sammelname für die um 1790 einsetzenden literarischen Beiträge des Kalenders bürgert sich der Ausdruck Mitte des 19. Jhs. ein. Erster Nachweis ist die 1849 in der Agentur des Rauhen Hauses (Hamburg) erschienene Sammlung ‚Kalender-Geschichten für das deutsche Volk‘.

(2) Parallel dazu sprechen die Verfasser oder Herausgeber von Kalendergeschichten von *Volkserzählungen* (Berthold Auerbach, 1881) oder von ‚Geschichten aus den Volksbüchern‘ (W. O. v. Horn, 1927), wobei mit

Volksbuch die Kalender, aus denen die Erzählungen stammen, bezeichnet sind. Von da an ist das Wort *Kalendergeschichte* im Plural häufig Titel für Anthologien von Kalenderbeiträgen, die nach dem Muster von Hebels ‚Schatzkästlein‘ zusammengestellt werden: z. B. von Ludwig Anzengruber, der seine Sammlung mit Erzählungen aus dem Kalender ‚Launiger Zuspruch und ernste Red’. Kalender-Geschichten‘ (Lahr 1882) nennt, von Karl Hackenschmidt (Straßburg 1925) oder Karl Heinrich Waggerl (Leipzig 1937).

(3) 1929 benutzt Oskar Maria Graf das Kompositum ‚Kalender-Geschichten‘ als Titel für seine zweibändige Anthologie mit Erzählungen, die weder für den Kalender geschrieben worden sind noch je in einem Kalender gestanden haben. 1949 greift Bertolt Brecht Grafs Titel auf, um mit ‚Kalendergeschichten‘ eine Sammlung von acht paarweise geordneten Geschichten und Gedichten sowie einer Zusammenstellung von 39 meist dialogischen Kurz- und Kürzestgeschichten, den ‚Geschichten vom Herrn Keuner‘, zu bezeichnen.

Rohner, S. 45 f., 355−357. − Knopf 1983b, S. 104−110. − Christoph Martin Wieland: Werke. Bd. 2. Hg. v. Fritz Martini. München 1966.

BegrG: Als Gattungsbegriff ist die ‚Kalendergeschichte‘ nach wie vor umstritten. Dem Versuch, den Begriff unabhängig von der literarischen Form zu bestimmen (Knopf), ist neuerdings mit Recht widersprochen worden. Schon in Hebels Werk − und dies gilt für die Vorläufer ebenso wie für die Nachfolger − machten „diese Kalendergeschichten […] nur einen Teil, und noch nicht einmal den überwiegenden“, aus: „Sucht man nach einer Bezeichnung, die alle Texte [von Hebels Kalendern und den Kalendern allgemein] umfaßt, erweist sich der Begriff *Kalendergeschichte* als unzureichend“; der Vorschlag ist, lediglich von ‚Kalendertexten‘ zu sprechen, wenn die Vielzahl der literarischen Formen im Kalender angemessen begrifflich erfaßt werden soll (Bee, 32).

SachG: Die Sache ist älter als der Begriff. Die Personifizierung des Kalenders geht zu

rück auf die ‚Hinkenden Boten‘ (ab ca. 1640), Kalender, die sich nach dem Kolporteur, der sie vertrieb, genannt haben und im 17. und 18. Jh. zahlreich verbreitet waren (bis heute gibt es den ‚Lahrer Hinkenden Boten‘, ab 1801). Diese mediengeschichtliche Tatsache ist auch in der Romanfigur des Simplicissimus in Grimmelshausens ‚Ewig-währendem Calender‘ (Nürnberg 1671) dokumentiert. Die 88 dem Kalender eingefügten Geschichten werden in der Grimmelshausen-Forschung allerdings nicht den ‚Kalendergeschichten‘, sondern der Gattung des ↗ *Apophthegmas* zugeordnet. Im 18. Jh. wird es üblich, den Kalender mit Vorreden „an den geneigten Leser“ zu eröffnen, freilich ohne daß das Dialogische in die übrigen Kalenderbeiträge integriert würde.

Die Tendenz, die erzählte Historie als moralisches Exemplum mit angehängter Lehre auszuweisen, leitet sich von den Geschichten der ‚Historischen Kalender‘ ab. Dieser Typus wird vom Reformator Paul Eber 1551 mit dem lateinischen ‚Calendarium historicum conscriptum‘ (Basel) begründet, einem ‚Ewigwährenden Kalender‘, der durch entsprechende kalendarische Hilfsmittel stets aktualisiert werden kann. Der ‚Historische Kalender‘ ordnet die historischen Ereignisse, die er verzeichnet, in den Jahreslauf ein. Da auffällige Begebenheiten als ‚monstra Dei‘ (Wunderzeichen Gottes) erzählt werden, gilt das Interesse allen möglichen Begebenheiten der alltäglichen und politischen Geschichte, aber auch Naturereignissen, insbesondere Himmelserscheinungen (Meteoren, Planetenkonstellationen, Sonnen- und Mondfinsternissen u. a.), die aus der üblichen ‚Ordnung‘ fallen. Grimmelshausen und sein Nachahmer Johann Christoph Beer übernehmen den Geschichtentypus unter der Bezeichnung ‚Wundergeschichten‘ in ihre Jahreskalender (‚Wundergeschichten Calender‘, nachgewiesen sind die Jahrgänge 1671− 1673, 1675, 1682); sie bleiben damit im 17. Jh., soweit die Lage der Überlieferung nicht täuscht, Ausnahmen.

Im 18. Jh. dominieren in den Kalendern, die erzählende Texte aufweisen, historiographische bzw. anekdotenhafte Berichte, bis sich im Zuge der Französischen Revolution ab 1790 eine Literarisierung im Kalender durchsetzt: Die traditionellen Inhalte verschwinden als Folge einer verschärften Zensur durch die – die Kalender ‚gnädigst privilegierenden‘ – Fürsten; ihnen ist jegliche Zeitgeschichte suspekt, und entsprechend ordnen sie an, ‚erbauliche Erzählungen‘ in die Kalender zu rücken. Die erzählte Geschichte wird weniger interessant als das mit ihr verbundene moralische Exempel, das als Mahnung oder Vorbild für allgemein sittliches Verhalten präsentiert und rezipiert wird. In dieser Zeit bildet sich im Kalender ein neuer literarischer zweiter Teil aus, den Hebel ‚Allerley Neues, zu Spaß und Ernst‘ nennt. Die Kalendergeschichte als erzählerische Gattung wird durch Johann Peter Hebels ‚Schatzkästlein‘ von 1811 begründet, ohne daß Hebel die Bezeichnung verwendet. Seine Geschichten zeichnen sich durch die als literarische Fiktion auftretende Figur des „Hausfreundes" aus, durch den Dialog, den der Hausfreund mit dem Leser pflegt, durch die den Geschichten meist angehängte Moral (Didaxe) sowie durch Einfachheit, alles Kennzeichen, die durch das Medium des Kalenders vorgegeben sind.

Die volkstümlichen Elemente in Hebels Erzählkunst (landschaftliche Gebundenheit, bäuerliches und kleinbürgerliches Personal) werden zum Vorbild für die Kalendergeschichte im 19. Jh. Direkte Nachahmer sind vor allem Berthold Auerbach mit dem ‚Schatzkästlein des Gevattersmanns‘ (Stuttgart, Augsburg 1856) und Ludwig Anzengruber. Konservativ-religiöse Autoren wie Jeremias Gotthelf, Alban Stolz und Peter Rosegger wenden Hebels volksaufklärisches Programm in eine konservative Ideologie um. Der in den 1860er Jahren auftauchende Arbeiterkalender (‚Deutscher Arbeiterkalender‘, ab 1868; ‚Der arme Conrad‘, ab 1876) ahmt den bürgerlich-volkstümlichen Kalender in Aufmachung, Namengebung und in der Art des Erzählens nach.

Obwohl der zunehmend konservativ ausgerichtete ‚Volkskalender‘ in bestimmten Landschaften bis heute überlebt hat, sind für die Kalendergeschichte im 20. Jh. nurmehr die ‚Geschichten ohne Kalender‘ von Bedeutung. Sie sind nicht für das Medium geschrieben, knüpfen aber mit der Übernahme des Begriffs an die Tradition an, ohne dem traditionellen volkstümlichen Programm zu folgen. Oskar Maria Graf benutzt seine Sammlung (München 1929), um den aussterbenden Originalen auf dem Land ein Denkmal zu setzen, und zwar in Konfrontation mit der zunehmenden Verstädterung. Bertolt Brecht tritt mit seiner Sammlung (1949) nach dem Krieg für ein sozialistisches Deutschland ein, das mit der ‚Weisheit des Volkes‘ von ‚unten‘ aufgebaut werden soll. Von Graf und Brecht abgesehen, bleibt die Kalendergeschichte im 20. Jh. marginal. Gelegentliche Erneuerungen, etwa durch Christian Ferbers ‚Eine Kalendergeschichte‘ (um 1964) oder durch Peter Maiwalds Sammlung ‚Das Gutenbergsche Völkchen. Kalendergeschichten‘ (1990), berufen sich nurmehr satirisch auf die Tradition oder benutzen den Begriff ohne besonderen Traditionsbezug.

ForschG: Die Forschung zur Kalendergeschichte bleibt bis in die 1970er Jahre auf die Volkskunde beschränkt. Sie nimmt den die üblichen Gattungsdefinitionen sprengenden literarischen Typus meist affirmativ als volkstümlich wahr. Im Mittelpunkt der Untersuchung steht weniger die Gattung als ihr hervorragendster Vertreter Hebel. Im Rückgriff auf kritische Einsprüche gegen das idyllisierende Hebel-Bild der Forschung durch Walter Benjamin und Ernst Bloch versucht erstmals Knopf (1973), die Kalendergeschichten durch ihre kalendarische Tradition zu bestimmen und als Sonderform historiographisch orientierter Alltagsgeschichten des ‚kleinen Mannes‘ zu bestimmen, als ‚Geschichten zur Geschichte‘. In seiner Studie über das Medium und seine Inhalte von ihren Anfängen bis in die neueste Zeit wehrt Rohner alle Versuche einer Gattungsdefinition ab und bezeichnet den Kalender als bloßes „Sammelsurium" (21). Knopf (1983b, 22) plädiert dafür, die traditionelle Fragestellung der Forschung, ob die Geschichten für das Medium geschrieben sind (oder sein könnten), umzukehren in die Frage, ob sich die spezifischen Kennzeichen des Kalenders in den Geschichten literarisch niederschlagen, unabhängig davon, ob die Texte innerhalb oder außerhalb des Mediums überliefert sind. Voit hat erstmals am Beispiel des ‚Badischen Landkalenders' den Kalendertypus im 18. Jh. beschrieben und nachweisen können, daß die Literarisierung der ehemals (zeit)geschichtlichen Inhalte erst am Ende des 18. Jhs. erfolgt. Bees Untersuchung widmet sich der ganzen Bandbreite von Hebels Erzählkunst, u. a. mit dem Ergebnis, den Begriff ‚Kalendergeschichte' auf die wenigen Erzählungen zu beschränken, die das Medium tatsächlich spiegeln und thematisieren. Übertragen auf die Kalendergeschichten des 20. Jhs. hieße dies, daß die meisten der so genannten Erzählungen nicht der Gattung zuzurechnen sind.

Lit: Alltages-Ordnung. Ein Querschnitt durch den alten Volkskalender. Hg. v. Jan Knopf. Tübingen 1983[a]. – Kalendergeschichten. Hg. v. Cäcilia Friedrich. Berlin/DDR 1975. – Kalendergeschichten. Hg. v. Winfried Theiß. Stuttgart 1977. – Rezept für die bösen Weiber. Kalendergeschichten von Grimmelshausen bis Brecht. Hg. v. Ruth Kilchenmann. Wuppertal-Barmen 1970.
 Guido Bee: Aufklärung und narrative Form. Studien zu den Kalendertexten Johann Peter Hebels. Münster 1997. – Wolfgang Friedrich: Die sozialistische deutsche Literatur in der Zeit des Aufschwungs der Arbeiterbewegung während der sechziger Jahre des 19. Jhs. bis zum Erlaß des Sozialistengesetzes. Halle, Wittenberg 1964. – Rainer Kawa (Hg.): Zu Johann Peter Hebel. Stuttgart 1981. – Jan Knopf: Geschichten zur Geschichte. Kritische Tradition des „Volkstümlichen" in den Kalendergeschichten Hebels und Brechts. Stuttgart 1973. – J. K.: Die deutsche Kalendergeschichte. Frankfurt 1983[b]. – Hermann Pongs: Die Anekdote als Kunstform zwischen Kalendergeschichte und Kurzgeschichte. In: DU 9 (1957), H. 1, S. 5–20. – Ludwig Rohner: Kalendergeschichte und Kalender. Wiesbaden 1978. – Friedrich Voit: Vom ‚Landkalender' zum ‚Rheinländischen Hausfreund' Johann Peter Hebels. Frankfurt 1994.

Jan Knopf

Kalligraphie₁

Die Kunst des schönen Schreibens; künstlerische Gestaltung von Schrift.

Expl: Mit der ↗ *Schrift* verbunden ist immer der Aspekt der Form; auf die ästheti-sche Komponente der Schrift richtet sich die Kalligraphie. „Gegenstand einer Ästhetik der Schriftkunst sind diejenigen Prozesse, Erscheinungen und Wirkungsweisen, unter denen das kommunikative Medium Schrift in Einheit mit seiner semantischen Aufgabe auch eine ästhetische Funktion übernimmt" (Kapr 1977, 9). Geht es in der Kalligraphie um die geschriebene, gemalte, gezeichnete, also handwerklich hergestellte Schriftform, so betrifft die ↗ *Typographie* die Gestaltungsfragen mit vorgegebenen Schriften des Blei- und heutigen Computersatzes.

WortG/BegrG: *Kalligraphie* ist griechischen Ursprungs: καλλιγραφία [kalligraphía] von καλός [kalós] ‚schön' und γράφειν [gráphein] ‚schreiben'. Das Wort wird zuerst in Plutarchs ‚Moralia' (2. Jh. n. Chr.) zur Bezeichnung eines schönen, geschliffenen Stils verwendet (2,340; vgl. 5,274; 6,166; 8,434 u. 436). Es taucht erst im frühen 17. Jh. in Deutschland auf: In einer ‚Verordnung des Konsistoriums über Unterricht und Disciplin in den Lateinschulen' der Stadt Braunschweig (1621) werden *orthographia* ‚richtig' und *calligraphia* „schön'-„zierlich"-‚Schreiben' unterschieden (Koldewey, 177). Anhand des Lehrbuchs des Frankfurter Schreibmeisters Urbanus Dietz (1634) mit dem Titel ‚Calligraphia/Schreib-Formularbuch [...]', das die barocke Schreibkunst lehren will, ist die Bedeutung ‚schöne Gestaltung der Schrift' belegt. In der ‚Allgemeinen deutschen Real-Encyclopädie für die gebildeten Stände' des Leipziger Brockhaus-Verlages heißt es: „Kalligraphie heißt die Kunst, schön und sauber zu schreiben, Schönschreibekunst" (⁵1822, Bd. 5, s. v.).
 Erst als das Schreiben durch Gutenbergs Erfindung des Buchdrucks zu einem technischen, später industriell organisierten Verfahren wird, wird eine jahrhundertelang geübte Kunst terminologisch von der gewöhnlichen Schriftproduktion abgehoben, denn obwohl schon die griechische Epigraphik und Vasenmalerei seit dem 7. Jh. v. Chr. künstlerisch gestaltete Buchstabensequenzen aufweist, fehlte bis in die ↗ *Frühe Neuzeit* ein eigener Begriff für die schöne Ge-

stalt des Schriftbildes. Entsprechend schwierig ist die Abgrenzung zwischen ästhetisch gestalteter und kultivierter, doch vornehmlich zum Gebrauch bestimmter Schrift. Von Kalligraphie im eigentlichen Sinne kann man deshalb erst sprechen, wo bewußte künstlerische Gestaltung einer überwiegend funktional orientierten Gebrauchsschrift gegenübertritt.

Friedrich Koldewey (Hg.): Braunschweigische Schulordnungen von den ältesten Zeiten bis zum Jahre 1828. Bd. 1. Berlin 1886.

SachG: Die ältesten Schriftspuren aus der griechischen Frühzeit sind in Stein und Ton geritzt und zeigen grobe Formen. Doch in Korinth wurden Scherben mit sorgfältig geformter Schrift schon aus der 2. Hälfte des 8. Jhs. gefunden, so daß man geradezu von „einer korinthischen Schreiberschule" sprach (Seider 3, 80). Ebenso gibt es mit der Rohrfeder kunstvoll beschriebene Prachtrollen von Papyrushandschriften. Die Buchschrift wurde im klassischen Griechenland des 5. und 4. Jhs. v. Chr. zu einer kultivierten Schönschrift ausgebildet. Aus dem 2. Jh. n. Chr. ist ein ‚Ilias'-Fragment in reinster griechischer Majuskel-Schrift überliefert (Morison, 15). Zu monumentaler Größe ist diese sogenannte Unzial-Schrift ausgereift im Codex Sinaiticus aus dem 4. Jh. n. Chr. Die Inschrift auf dem Sockel der Trajanssäule in Rom (113 n. Chr.) gilt als das schönste römische Schriftkunstwerk. Die römische Capitalis war vor allem Staatsschrift mit einer fast sakralen Ausdruckskraft. Im strengen Sinne kalligraphisch kann sie erst aufgefaßt werden, nachdem ihre primäre Funktion entfallen ist. Dies gilt für alle älteren sorgfältig gestalteten Gebrauchsschriften, etwa im Codex Augusteus, einer Vergil-Handschrift aus dem Rom des 4. Jhs. n. Chr., der in der Monumentalschrift der Capitalis Quadrata als herrlicher Buchschrift geschrieben ist.

Mit dem Untergang des Imperium Romanum zog sich die Kunst des Schreibens in die klösterlichen Schreibstuben zurück. Schreiben gehörte von Anfang an als Gottesdienst zu den Pflichten der Benediktiner; auch die kunstvolle Gestaltung der Schrift wurde damit zum religiösen Verdienst. Die schönsten frühmittelalterlichen Handschriften wurden im 7. und 8. Jh. in Irland und England geschrieben (z. B. das ‚Book of Kells', Irland um 800). Irische Mönche brachten ihre Schreibkunst auf den Kontinent. Höhepunkte mittelalterlicher Buchkunst sind die Prachthandschriften aus der Zeit der ottonischen Kaiser (Jantzen, 109 f.). Mittelalterliche Kalligraphie ist als Gottesdienst nicht mit modernen ästhetischen Kategorien zu erfassen.

Dies ist erst bei den bürgerlichen Schreibmeistern des 16. bis 18. Jhs. möglich. 1519 veröffentlichte in Nürnberg Johann Neudörffer d. Ä. das erste Schreibmeisterbuch Deutschlands, ein Musterbüchlein schön geschriebener Texte noch ohne Unterrichtsteil; erst Fabian Frangk aus Schlesien bringt in seiner ‚Schreibe Kunst' (1525) zahlreiche Schreibanweisungen. Johann Neudörffer d. Ä. und Wolfgang Fugger machen durch ihre Schreibmeisterbücher (1538, 1544, 1553) Nürnberg zu einem Zentrum der bürgerlichen Schreibkunst.

Am Ende des 18. Jhs. verlor die Kalligraphie als Kunst unter dem Diktat rationalistischer Formkritik völlig ihr Ansehen. Von Einfluß auf die Gestaltung der Schrift war der Umstand, daß am Anfang des 19. Jhs. die englische Schreibfeder aus Metall die elastische Vogelfeder verdrängte. Dies kam vor allem dem raschen, gebrauchsorientierten, ästhetisch anspruchslosen Schreiben zugute. Eine weitere Normierung ging vom Druck aus: Die neue ästhetische Maxime lautete jetzt: Schreiben wie gedruckt. Seit − wiederum zunächst in England − die ersten Schnellpressen Zeitungen und Bücher produzierten, wurde auch im Druck die rasche Herstellung von Schriftwerken immer wichtiger gegenüber der kunstvollen Gestaltung des Schriftbildes.

Die Gegenbewegung setzte am Ende des 19. Jhs. ein. Im Kreis um den Maler und Dichter William Morris besann man sich auf die handwerkliche Buchkunst der ↗ Inkunabeln und auf die Kunst des Schreibens im Mittelalter. In London begann Edward Johnston 1899 mit seinem Schriftunterricht und machte damit den Anfang einer Wiederbelebung der Kalligraphie, die am Ende des 20. Jhs. in den USA Millionen von

Schreibern zusammenführte. Kalligraphie-
zeitschriften erscheinen, Workshops werden
durchgeführt, Konferenzen veranstaltet,
und kalligraphische Formen beleben die
amerikanische Werbegraphik. In Deutschland wirkten im 20. Jh. berühmte Schreib-
meister wie Anna Simons, Rudolf Koch,
Ernst Schneidler und Rudo Spemann. Sogar in Tokio wurde parallel zum anhaltenden Interesse an der ostasiatischen Schreibkunst (vgl. Gaur) eine Gesellschaft für europäische Kalligraphie gegründet. Das
Klingspor-Museum in Offenbach sammelt
seit 1953 vor allem die Schriftkunst des
20. Jhs.

ForschG: „Eine Weltgeschichte der Kunst
der letzten beiden Jahrtausende, die der
schönen Schrift den Rang einer Kunst einräumt, ist noch ungeschrieben" (Tschichold, 5). Die ↗ *Paläographie*, die Kunde
von den Schriften der Antike und des Mittelalters, war lange Zeit nur eine Hilfswissenschaft der Geschichtsforschung; ästhetische Aspekte älterer Schrift traten demgegenüber in den Hintergrund. Dagegen
wandte sich schon 1946 Fichtenau. B. Bischoff bekannte 1981: „Wie der Trieb zur
Kalligraphie, das schöpferische Prinzip,
harmonische Schrift hervorzubringen, tätig
wurde, wenn das Ziel erkannt war, davon
wissen wir nur noch sehr wenig; aber wir
können die Ergebnisse, die großen Stilformen [...] nur bewundern" (Bischoff, 9). Historiker wie Rück beobachteten, daß die
kunstvolle Gestaltung der Urkundenschrift
in Kaiser- und Papsturkunden einer „Visua-
lisierung der Macht" diene (Rück, 316).
    Die erste ‚Bibliographie deutscher
Schreibmeisterbücher von Neudörffer bis
1800' stammt von dem Kunsthistoriker
Doede. Damit ist eine solide Grundlage gelegt für die Beschäftigung mit der bürgerlichen Kalligraphie in den deutschen Städten
der Renaissance und des Barock. Zuletzt
entstanden zusammenfassende Darstellungen der Schriftkunst (z. B. Mediavilla).
Gaur bezieht die islamische Kalligraphie
und die ganz anders geartete Schreibkunst
mit dem Pinsel in China, Korea und Japan
ein. Einer kritischen Auseinandersetzung
mit der romantisierenden Erneuerungsbe-

wegung der Kalligraphie im 20. Jh. in der
westlichen Welt gehen die meisten Autoren
aus dem Wege.

Lit: Bernhard Bischoff: Kalligraphie in Bayern.
8.–12. Jh. Wiesbaden 1981. – Werner Doede:
Bibliographie deutscher Schreibmeisterbücher
von Neudörffer bis 1800. Hamburg 1958. –
W. D.: Schön schreiben, eine Kunst. München
1988. – Heinrich Fichtenau: Mensch und Schrift
im Mittelalter. Wien 1946. – Albertine Gaur: A
history of calligraphy. London 1994. – Thomas
Haye: Filippo della Strada – ein Venezianer Kal-
ligraph des späten 15. Jhs. im Kampf gegen den
Buchdruck. In: AGB 48 (1997), S. 279–312. –
Hans Jantzen: Ottonische Kunst. München 1947.
– Albert Kapr: Ästhetik der Schriftkunst. Leip-
zig 1977. – A. K.: Kalligrafische Expressionen.
Leipzig 1988. – Reinhard Kunze: DuMont's Hb.
Kalligraphie. Köln 1992. – Henry Mayr-Harting:
Ottonische Buchmalerei. Stuttgart, Zürich 1991.
– Claude Mediavilla: Leçon de calligraphie.
Paris 1988. – C. M.: Calligraphie. Du signe calli-
graphié à la peinture abstraite. Paris 1993. –
C. M.: Calligraphy. From calligraphy to abstract
painting. Wommelgen 1996. – Stanley Morison:
Politics and script. Oxford 1972. – Peter Rück:
Die Urkunde als Kunstwerk. In: Kaiserin Theo-
phanu. Hg. v. Anton van Euw und Peter Schrei-
ner. Köln 1991, S. 311–333. – Christian Scheff-
ler: Kalligraphie. In: Schrift und Schriftlichkeit
[...]. Hg. v. Hartmut Günther und Otto Ludwig.
Bd. 1. Berlin 1994, S. 228–255. – Richard Seider: Paläographie der griechischen Papyri. 3 Bde.
Stuttgart 1967–1990. – Jan Tschichold: Schatz-
kammer der Schreibkunst. Basel ²1949.

                                Christian Scheffler

Kalligraphie₂

Literatur, die sich eher durch die schöne
Form als durch den Inhalt auszeichnet.

Expl: Der Ausdruck dient zur Bezeichnung
einer literarischen *Schreibweise₁* (oder ihrer
Produkte; *Ecriture*, ↗ *Lecture*), in der hinter
formaler und stilistischer Elaboriertheit die
konkrete inhaltliche (politische, weltanschauliche) Stellungnahme zurücktritt. Im
Unterschied zu ↗ *Ästhetizismus* hat *Kalligraphie* einen stärker wertenden Charakter
(vgl. auch ↗ *Formalismus*, s. v. (3)): Er impliziert in der Regel den Vorwurf der resig-

nativen oder eskapistischen Haltung gegenüber zeitgenössischen politischen oder gesellschaftlichen Mißständen, der inhaltlichen Blässe und Unverbindlichkeit, des Ausweichens aufs thematisch Unverfängliche, Allgemeine oder Traditionelle.

WortG/BegrG: ↗ *Kalligraphie₁*. Die Mehrdeutigkeit von *Schreiben*, das sowohl einen materiell-konkreten wie einen geistig-abstrakten Vorgang bezeichnet, ermöglicht die Polysemie des Begriffs der Kalligraphie oder ‚Schönschreibekunst‘. Plutarch bezeichnet damit ursprünglich den schönen, geschliffenen Stil und steht mit dieser Verwendung der Bedeutung von *Kalligraphie₂* näher als der von *Kalligraphie₁*. Als literaturkritischer Terminus, der in Deutschland nach 1945 geläufig wurde, geht der Begriff allerdings konkret auf die Übertragung von ital. *calligrafismo* in dt. *Kalligraphie* zurück. Der Begriff ist polemisch gemeint, wie dies bereits in der in Italien zwischen 1925 und 1930 geführten Debatte zwischen den ‚calligrafisti‘ und den ‚contenutisti‘, also zwischen den Verfechtern der schönen ↗ *Form* und denen des *Inhalts*, offensichtlich wird. Sie kann mit literarischen Gruppenbildungen in Deutschland zur gleichen Zeit korreliert werden (vgl. die ‚Berlin-Provinz‘-Debatte um 1930).

Da die Rezeption großer Teile der europäischen Literatur in Deutschland 1933–1945 geleugnet bzw. zurückgedrängt wurde, setzte sich diese Kontroverse nicht fort. Propagiert wurde ‚Kalligraphie‘ als literaturkritischer Begriff von dem Romanisten G. R. Hocke in seinem Beitrag ‚Deutsche Kalligraphie oder Glanz und Elend der modernen Literatur‘ (in: ‚Der Ruf‘, 15.11.1946). Hocke zielte darin sowohl auf die im faschistischen Deutschland verbliebenen Autoren, die in ihren Werken der Gegenwart ausweichen würden (etwa E. Jünger), wie auch auf Schriftsteller der Jahrhundertwende und ihr Ideal der symbolistischen und ästhetischen Formvollendung. War der Begriff bei Hocke noch anerkennend für die stilistische und künstlerische Leistung gedacht, so greift A. Andersch in seiner Polemik ‚Deutsche Literatur in der Entscheidung‘ (als Vortrag 1947 gehalten

vor der Gruppe 47) unter diesem Schlagwort die Produktionsbedingungen und das verdeckte Schreiben der ↗ *Inneren Emigration* an (↗ *Camouflage*).

Dieser Schreibweise werden auch Werke zugeschlagen, die sich mit gegenwartsfernen, vorgeblich überzeitlichen Gegenständen befassen (vgl. Schnell, 94–97).

Obwohl um 1900 selbst nicht geläufig, kann der Begriff auch zur Charakterisierung literarischer Tendenzen des Fin de siècle verwendet werden. Gerade die Homonymie mit *Kalligraphie₁* legt nahe, Verbindungen zum damaligen Formenkult in Buch- und Schriftkultur herzustellen (vgl. Hamann/Hermand, 322–324).

SachG: Eine Sachgeschichte der Kalligraphie ‚avant la lettre‘ müßte sich auf die gleichen Phasen konzentrieren wie die Sachgeschichte des Ästhetizismus (↗ *Manierismus* der ↗ *Renaissance*, ↗ *Romantik*, ↗ *Symbolismus*, ↗ *Impressionismus*, ↗ *Fin de siècle*). Hocke stellt in seinem Artikel Vergil, Goethes spätere Werke, Meredith, Chateaubriand, Sainte-Beuve, Proust und den (französischen) Symbolismus (Huysmans) in eine kalligraphistische Tradition. Als einziges zeitgenössisches Beispiel erwähnt er Jünger (‚Auf den Marmorklippen‘, 1939). Andersch nennt folgende Autoren der inneren Emigration: Stefan Andres, Walter Bauer, Theodor Heinz Köhler, Horst Lange, Hans Leip, Ina Loos, Martin Raschke, Eugen Gottlieb Winkler, Albrecht Haushofer.

ForschG: In Darstellungen zur Literatur der frühen Nachkriegszeit hat der Kalligraphie-Streit einen festen Platz (z. B. Lehnert, Wehdeking, Wende-Hohenberger). Als Gesamtkomplex wurde er noch nicht umfassend aufgearbeitet.

Lit: Alfred Andersch: Deutsche Literatur in der Entscheidung. Karlsruhe 1948. – Antonio Gramsci: Letteratura e vita nazionale. Turin 1953. – Richard Hamann, Jost Hermand: Stilkunst um 1900. München 1973. – Herbert Lehnert: Die Gruppe 47. In: Deutsche Gegenwartsliteratur. Hg. v. Manfred Durzak. Stuttgart 1981, S. 32–60. – Sabine Mainberger: Schriftskepsis. Von Philosophen, Mönchen, Buchhaltern, Kalligraphen. München 1995. – Ralf Schnell: Literarische Innere Emigration. Stuttgart 1976. – Volker Christian Wehdeking: Der Nullpunkt. Stuttgart 1971. – Waltraud Wende-Hohenberger: Ein neuer Anfang? Stuttgart 1990.

Lutz-Henning Pietsch / Gertrud M. Rösch

Kanon

Zusammenstellung als exemplarisch ausgezeichneter und daher für besonders erinnerungswürdig gehaltener Texte; ein auf einem bestimmten Gebiet als verbindlich geltendes Textcorpus.

Expl: In der Literaturwissenschaft der Bestand an literarischen Texten, deren Kenntnis zu einer bestimmten Zeit im Rahmen einer Nation oder eines Kulturkreises als obligatorisch für den Ausweis von (literarischer) Bildung galt ('Bildungskanon'). Dem Kenntniserwerb diente die für die Schullektüre vorgenommene Textauswahl ('Schulkanon'). Der Bildungskanon ging in der Regel über sie hinaus. Er umfaßte aber nicht die Gesamtheit der Texte, die von der Literaturgeschichtsschreibung gemeinhin als historisch bedeutsam eingeschätzt und einer eingehenderen Behandlung für wert befunden wurden. Dieser 'Kanon' der Literaturwissenschaft war – der Wissenschaftsorganisation entsprechend – im Vergleich zu dem mehr weltliterarisch ausgerichteten Bildungskanon über lange Zeit nationalliterarisch bestimmt. Allerdings differierte auch das, was an Weltliteratur in den Bildungskanon einging, von Land zu Land. Alle neuzeitlichen Kanontypen lassen eine Binnengliederung erkennen: Eine 'Kernzone' der am höchsten bewerteten Texte ist umlagert von Texten niedrigeren Kanonisierungsgrades. Da jeder Kanonbildung bestimmte Wertvorstellungen zu Grunde liegen, aus denen die Kriterien für die Auswahl der literarischen Texte gewonnen werden, kann man auch von einem 'Deutungskanon' sprechen.

Mit dem Untergang des – geisteswissenschaftlich bestimmten – humanistischen Bildungsideals in den von der Privilegierung

von Naturwissenschaften und Technik und von der Ausdifferenzierung verschiedener Expertenkulturen gekennzeichneten gesellschaftlichen Modernisierungsprozessen beschränkt sich die Anerkennung eines Kanons selbst zunehmend auf eine solche Expertenkultur; doch ist sie auch in ihr nicht mehr unangefochten. Unter dem Einfluß zunächst der Ideologiekritik, dann poststrukturalistischer Theorien (↗ *Poststrukturalismus*) haben Literaturwissenschaftler seit den 1970er Jahren diverse Versuche zum Aufbau eines Gegenkanons oder zur Begründung einer gruppenspezifischen Kanonpluralisierung unternommen, während andere jede Kanonbildung als Etablierung eines 'Herrschaftsdispositivs' ablehnen. Offizielle Festschreibungen eines (vor allem auch in der Ausschließung: Index, ↗ *Zensur*) Allgemeinverbindlichkeit beanspruchenden literarischen Kanons wurden von Kirche und Staat vorgenommen und haben im europäischen Kulturkreis zuletzt in den ehemals sozialistischen Ländern stattgefunden.

WortG/BegrG: Das Wort *Kanon* (griech. κανών [kanón], ursprünglich 'Richtscheit', 'Maßstab', im übertragenen Sinne 'Regel', 'Norm') bezeichnete in der Antike normative Zusammenfassungen verschiedener Art, so z. B. der Regeln wohlproportionierter Menschendarstellung (der 'Kanon' des Polyklet) oder der Grundsätze des 'richtigen' Denkens (der 'Kanon' des Epikur). Die Bezeichnung ging dann auf die Auswahl der alt- und neutestamentlichen Schriften über, die von der Kirche als Grundlagen des christlichen Glaubens anerkannt wurden ('Kanonische Bücher', 'Heilige Schriften' – im Unterschied zu den 'Apokryphen'). In Deutschland galt sie seit der 2. Hälfte des 18. Jhs. daneben auch für die in der Schule gelesenen klassischen Schriftsteller. Die Rückübertragung auf die weltliche Literatur – zunächst des griechisch-römischen Altertums – wird dem Göttinger Philologen David Ruhnken (1723–1798) zugesprochen.

SachG: Zu den von den hellenistischen Grammatikern gebildeten Namenskatalogen vorbildlicher Dichter, Historiker, Philosophen und Redner gehörten z. B. ein Kanon aus zunächst fünf, dann drei griechischen Tragikern (Aischylos, Sophokles, Euripides), ein Kanon aus neun Lyrikern sowie der sogenannte pergamenische Kanon der zehn attischen Redner. In der römischen Spätantike wurden für den Grammatik- und Rhetorik-Unterricht Kataloge lateinischer Autoren zusammengestellt (z. B. die aus Vergil, Terenz, Sallust und Cicero bestehende sogenannte Quadriga des Arusianus Messius oder die etwa vierzig Positionen umfassende ‚Compendiosa doctrina‘ des Nonius Marcellus, beide um 400). Das Artes-liberales-Studium des christlichen Mittelalters setzte an deren Stelle vorwiegend spätantike Lehrschriften (↗ *Artes liberales*, ↗ *Artesliteratur*), doch verzeichnen die überlieferten Leselisten (z. B. Gerberts von Reims oder Walthers von Speyer, beide spätes 10. Jh.) meist auch einige der in den heidnischen römischen Kanones enthaltenen Autoren. Erst mit dem Humanismus rückten aber die Werke des klassischen griechischen und römischen Altertums in das Zentrum und entstand der Kanon, der den Literaturunterricht der höheren Schulen und Universitäten bis ins 19. Jh. hinein bestimmte. Allmählich kamen einzelne Werke deutscher Schriftsteller hinzu. In einer kursächsischen Schulordnung wurden schon 1773 auch „die besten Werke der Nationalschriftsteller" zur Lektüre verordnet, Ähnliches sah eine Verfügung von 1775 für die habsburgischen Länder vor (Weimar, 152). Andererseits stritt man noch in der 2. Hälfte des 19. Jhs. um den Platz der deutschen Literatur im Stundenplan der Gymnasien.

Von der Herausbildung eines Kanons der Literaturwissenschaft kann erst mit dem Aufkommen der modernen Nationalliteratur-Geschichtsschreibung die Rede sein. Erst die Modellierung der nationalen Literaturgeschichte als eines Entwicklungsprozesses mit dem Scheitelpunkt einer in mehreren Literaturen als nationale Klassik konstituierten ‚Blütezeit‘ (↗ *Literaturgeschichtsschreibung*, ↗ *Klassik₁*) überwölbte die Ordnung der chronologischen Reihenfolge mit einer Rangordnung. Auf deren Grundlage, ausgehend von den Repräsentanten der je-

weiligen ‚Blütezeit‘ (↗ *Klassiker*), wurden im 19. Jh. die nationalliterarischen Kanones der Literaturwissenschaft gebildet, in der Regel in einem Prozeß der Anreicherung durch die ‚Vorgeschichte‘ und durch die sukzessive Anerkennung der Leistungen späterer Generationen.

In der deutschen Literaturgeschichtsschreibung hatte sich die Konzeption einer deutschen Klassik mit Goethe und Schiller im Mittelpunkt und mit Lessing, Klopstock, Wieland und Herder in ihrem Vorfeld bzw. Umkreis schon vor der Reichsgründung durchgesetzt. Das 19. Jh. wurde ihr gegen dessen Ende hin mit Eichendorff, Mörike, Droste-Hülshoff, Uhland, Lenau, Geibel u. a. in der Lyrik, Hebbel und Grillparzer in der Dramatik, vor allem aber mit den realistischen Erzählern (Immermann, Scheffel, Freytag, Storm, Raabe, Keller, Reuter, Spielhagen, C. F. Meyer, Fontane, Heyse) als ‚silbernes Zeitalter‘ der deutschen Literatur angeschlossen. Doch hat sich die Sicht auf das spätere 19. Jh. danach noch erheblich verändert. Bei Rudolf Haym (‚Die Romantische Schule‘, 1870) und Wilhelm Scherer (‚Geschichte der deutschen Litteratur‘, 1883) zeigt sich bereits eine Tendenz zur Integration der Romantik, die von ihren Vorgängern (Gervinus, Hettner, J. Schmidt) noch strikt abgelehnt worden war. Deren generelle Neubewertung erfolgte zu Beginn des 20. Jhs., unter dem Eindruck der neuromantischen Strömungen in der zeitgenössischen Literatur. Auch Hölderlin und Kleist erhielten den ihnen heute zuerkannten literarischen Rang erst von der sogenannten deutschen Geistesgeschichte zugesprochen, die aus ihrer Zeitgenossenschaft mit dem Expressionismus zugleich ein neues Verständnis der deutschen Literatur des 17. Jhs. gewann. Eine ablehnende oder zumindest zwiespältige Haltung nahm die akademische Literaturwissenschaft, unbeeindruckt von dessen Popularität und Weltgeltung, bis 1945 gegenüber Heinrich Heine ein. Ebensolange brauchte sie für die Anerkennung der epochalen Bedeutung Georg Büchners, obwohl die Aktualität seines Werks seit den Naturalisten von fast jeder Schriftstellergeneration bestätigt worden war. Weitgehend negiert oder ignoriert wurden schließlich die demokratische und sozialistische Vormärz-Literatur und die Literatur der Arbeiterbewegung. Die Anerkennung schon der zeitgenössischen Literaturgeschichtsschreibung erfuhren in der 1. Hälfte des 20. Jhs. Gerhart Hauptmann, George, Rilke, Hofmannsthal, während früher hochgeschätzte Autoren wie Geibel, Scheffel, Spielhagen, Heyse aus dem Kanon verschwanden. Der Expressionismus hatte in der Literaturwissenschaft zwar bereits vor 1933 seine Befürworter gefunden, dennoch überdauerte die generelle Reserve gegenüber der künstlerischen Moderne deren offizielle Verfemung unter der Herrschaft des Nationalsozialismus; sie wurde in der alten Bundesrepublik erst in den 1960er Jahren endgültig überwunden. In der DDR, wo die avantgardistische Moderne neuerlicher Verfemung anheimfiel, fand eine partielle Integration erst in den 70er und 80er Jahren statt, ungefähr gleichzeitig mit der Rehabilitierung der nach 1945 dort wieder ausgegliederten Romantik. Dagegen fanden die dem ‚kritischen Realismus‘ zugerechneten bürgerlichen Schriftsteller des antifaschistischen Exils (Thomas Mann, Heinrich Mann, Feuchtwanger, Arnold Zweig u. a.) in der DDR früher als im Westen die allgemeine Akzeptanz der Wissenschaft. Das gilt natürlich um so mehr für die sozialistischen Autoren (Becher, Seghers u. a.), jedoch nicht in gleicher Weise für den modernistischer Tendenzen geziehenen Brecht (↗ *DDR-Literatur*).

Die Privilegierung bzw. Distanzierung bestimmter Autoren, Strömungen oder Perioden erfolgte, wie ein auch nur flüchtiger Blick auf die Geschichte des Kanons der deutschen Literaturwissenschaft zeigt, zu allen Zeiten im Ergebnis eines komplexen Wertbildungsprozesses, in dem die ästhetischen Kriterien mit weltanschaulich-philosophischen, politisch-ideologischen und ethisch-didaktischen Kriterien gekoppelt waren. Dabei handelt es sich um einen gesellschaftlichen Prozeß, an dem die Wissenschaft in unterschiedlichem Maße teilhatte, der jedoch nur selten wie in der ersten Hälfte des 19. Jhs. von den Literaturhistorikern vorangetrieben wurde. Häufiger schrieben sie Wertungen fest, zu denen die als ‚domi-

nierende Geschmacksträger‘ (Helmut Kreuzer) fungierenden Bildungseliten bereits unter dem Einfluß der zeitgenössischen Literatur- und Theaterpraxis gelangt waren.

Widerspruch gegen eine selektive Verfahrensweise bei der Aufarbeitung des geschichtlichen Materials erhob sich bereits in der Konstitutionsphase der modernen Literaturgeschichtsschreibung. Der ‚aristokratischen‘ und ‚oligarchischen‘ Variante, die auf diese Weise entstand, wurde vorgeworfen, daß sie die Auswahl des Publikums, das Leserverhalten, ignoriere und folglich auch nicht imstande sei, den wirklichen Literaturprozeß abzubilden (Robert Prutz). Seit dem Positivismus waren es dann vor allem kulturgeschichtlich orientierte Autoren, in neuerer Zeit programmatisch die Verfechter einer Sozialgeschichte der Literatur, die auf eine breitere Materialaufnahme ausgingen. Einer vollständigen Wertindifferenz oder radikalen Nivellierung der Werte steht jedoch nicht allein die nur noch statistisch zu verarbeitende Menge der vorhandenen Literaturprodukte entgegen; sie kollidiert auch mit Ansprüchen der Öffentlichkeit an die Literaturwissenschaft, ein Kulturbewußtsein zu bedienen, das immer noch auch auf Literatur gegründet ist. Diesem allgemeinen Kulturbewußtsein, das sich zunehmend aus der Sekundärliteratur speist, könnte man gewissermaßen die oberflächlichste, diffuseste und zugleich beharrlichste Existenzform eines Kanons zusprechen – eine Form, die auf den Kanon der Literaturwissenschaft reflektiert und die andererseits gegen abrupte politisch motivierte Verschiebungen in ihm sich oftmals als resistent erwiesen hat.

ForschG: Kanon-Forschung kam erst mit der Einführung des sozialgeschichtlichen Paradigmas und dann – verstärkt – seit Ende der 1960er Jahre mit den Neuansätzen in der Fachgeschichtsschreibung in das Blickfeld der Literaturwissenschaft. Bis dahin waren Untersuchungen zum Schul- und zum Bildungskanon eher das Feld der Pädagogik- und Kulturgeschichtsforschung. Aus jüngster Zeit liegen Arbeiten vor, die auf interdisziplinärer und komparatistischer Grundlage den Kanonbegriff weiter differenzieren, nach der sozialen und temporalen Reichweite und dem Durchsetzungsgrad kanonischer Geltungsansprüche fragen und Strukturmodelle entwerfen, die die unterschiedlichen Kanontypen in ihrem Aufbau und in ihrer wechselseitigen Bedingtheit genauer zu erfassen versuchen (Aleida und Jan Assmann, Renate von Heydebrand u. a.).

Lit: Aleida Assmann, Jan Assmann (Hg.): Kanon und Zensur. München 1987. − Harold Bloom: The Western canon. New York 1994. − Frieda Böhnke: Die deutsche Dichtung in der Schule. Geschichte und Probleme. 1750−1860. Diss. Frankfurt 1967. − Jürgen Fohrmann: Das Projekt der deutschen Literaturgeschichte. Stuttgart 1988. − J. F., Wilhelm Voßkamp (Hg.): Wissenschaftsgeschichte der Germanistik im 19. Jh. Stuttgart 1994. − Renate von Heydebrand: Probleme des ‚Kanons‘ − Probleme der Kultur- und Bildungspolitik. In: Methodenkonkurrenz in der germanistischen Praxis. Hg. v. Johannes Janota. Tübingen 1993, S. 3−22. − R.v.H. (Hg.): Kanon − Macht − Kultur. Stuttgart 1998. − Peter-Uwe Hohendahl: Literarische Kultur im Zeitalter des Liberalismus 1830−1870. München 1985. − P.-U. H. (Hg.): Geschichte der deutschen Literaturkritik. Stuttgart 1985. − Georg Jäger: Schule und literarische Kultur. Bd. 1. Stuttgart 1981. − Adolf Matthias: Geschichte des deutschen Unterrichts. München 1907. − Friedrich Paulsen: Geschichte des gelehrten Unterrichts auf den deutschen Schulen und Universitäten vom Ausgang des Mittelalters bis zur Gegenwart, mit besonderer Rücksicht auf den klassischen Unterricht [1885]. 2 Bde. Berlin ³1919−21. − Rainer Rosenberg: Literaturwissenschaftliche Germanistik. Berlin 1989. − Peter Lebrecht Schmidt: ‚De honestis et nove veterum dictis‘. Die Autorität der ‚veteres‘ von Nonius Marcellus bis zu Matheus Vindocinensis. In: Klassik im Vergleich. Hg. v. Wilhelm Voßkamp. Stuttgart 1993, S. 366−388. − Klaus Weimar: Geschichte der deutschen Literaturwissenschaft bis zum Ende des 19. Jhs. München 1989. − Simone Winko: Literarische Wertung und Kanonbildung. In: Grundzüge der Literaturwissenschaft. Hg. v. Heinz Ludwig Arnold und Heinrich Detering. München 1997, S. 585−600.

Rainer Rosenberg

Kantate

Mehrgliedriger sangbarer Text, dessen Form sich an musikalischen Erfordernissen orientiert.

Expl: *Kantate* bezeichnet als Kernbedeutung eine Gebrauchsform gesungener und instrumental begleiteter, geistlicher oder weltlicher Dichtung. In der Tradition ihres italienischen Ursprungs wird dabei die Vielfalt des musikalischen Satzes und emotionalen Ausdrucks häufig durch Vielgliedrigkeit und wechselnde Form vorgezeichnet und unterstützt.

In der historischen Entwicklung seit Beginn des 17. Jhs. führten verfestigte musikalische Formen (Monodie und Continuo-Satz) zur Ausweitung der Bedeutung von *Kantate* auf eine Dichtungsform, die durch musikkonforme *Madrigalverse* (↗ *Versmaß*, ↗ *Madrigal*) den Wechsel von *Rezitativ*, Arioso und ↗ *Arie* ermöglichte.

WortG: Ital. *cantata* bzw. *cantada*, von *cantare* ‚singen‘, erscheint spätestens seit 1620 in einer frühen Bedeutung von ‚Kantate‘ (A. Grandi, ‚Cantate et Arie‘, 1620), dt. zuerst 1638 in K. Kittels ‚Arien vnd Cantaten‘ (durchkomponierte, ein- bis vierstimmige Lieder). Synonyme: *Singgedicht* (Keiser), *Singestück* (Campe 1813, 169). Vgl. lat. *cantata*, ‚Kirchengesang‘, ‚Messe‘ (belegt 1314; d'Arnis, 414).

W.-H. Maigne d'Arnis: Lexicon manuale ad scriptores mediæ et infimæ latinitatis. Hg. v. Jean-Paul Migne. Paris 1866. − Johann Heinrich Campe: Wb. zur Erklärung und Verdeutschung der unserer Sprache aufgedrungenen fremden Ausdrücke. Braunschweig ²1813. − Reinhard Keiser: Gemüths-Ergötzung [...] Jn einigen Sing-Gedichten / Mit Einer Stimme [Libretto: Christian Heinrich Postel]. Hamburg 1698.

BegrG: Anfangs bezeichnete *Kantate* ein vertontes weltliches Gedicht, in dem die Melodiestimme der einzelnen Strophen (in Italien in madrigalischen Versen) nach dem Inhalt variierte. Als sich in Italien seit der Mitte des 17. Jhs. als Merkmale des Gattungsbegriffs ‚sangbare Dichtung‘, ‚zusammengesetzt aus rezitativischen Madrigalversen und Arien‘ durchsetzten, wurde dies bald in Deutschland übernommen.

Neumeisters ‚Geistliche Kantaten‘ von 1704 und seine von C. F. Hunold herausgegebene Poetik leiten die Kantatenform wesentlich aus der ↗ *Oper* ab. Dagegen sollten Hinweise auf andere, zumal antike Gattungen (besonders auf Idylle und Ekloge bei Mattheson 1727) und auf die bevorzugt mythologischen Stoffe die in protestantischen Kreisen angefeindete Opernnähe der geistlichen Kantate legitimieren. Nach dem Schwinden von Neumeisters poetologischem Einfluß wurde der Begriff der weltlichen und geistlichen Kantate zunehmend von der Musik, z. T. auch von der szenischen Aufführung bestimmt. Dabei blieben jedoch die Ansprüche der Tonkunst gegenüber dem Text auch an die jeweilige Funktion gebunden (z. B. Festkantate, politische Kantate, Melodrama und Laienmusik).

Die Vielgestaltigkeit der in der deutschen Kirchenmusik bis in das 18. Jh. hinein benutzten Bibeltexte und mehrstrophigen Lieder, auch Kombinationen von Tutti-Gesang mit Bibelsprüchen, Liedern oder anderen Texten wurden dagegen erst in der musikhistorischen Forschung als *Kantaten* bezeichnet. Insbesondere mit Blick auf Bachs Kirchenmusikschaffen nannte Ph. Spitta (1894) solche älteren zyklischen, mehrsätzigen ‚Kirchenstücke‘ insgesamt ‚Frühkantaten‘. Diese historisch problematische Erweiterung des Bedeutungsumfangs ist für das Verständnis des Begriffswortes bis heute prägend geblieben (vgl. Gottwald, Sp. 1731).

Johann Mattheson: Der neue Göttingische […] Ephorus. Hamburg 1727. – Menantes [= Christian Friedrich Hunold]: Theatralische / Galante Und Geistliche Gedichte. Hamburg 1706. – [Erdmann Neumeister:] Die Allerneueste Art / Zur Reinen und Galanten Poesie zu gelangen [Leipziger Kolleg 1695–1697]. Hg. v. Menantes [= C. F. Hunold]. Hamburg 1707. – Philipp Spitta: Die Anfänge madrigalischer Dichtung in Deutschland. In: P. S.: Musikgeschichtliche Aufsätze. Berlin 1894, S. 63–76.

SachG: Während ihrer ersten Blütezeit (1. Hälfte des 17. Jhs.) wird die Kantate in Italien zur wichtigsten Gattung der weltlichen vokalen Kammermusik. Frühe deutsche Opernlibretti und Texte für Gelegenheitsmusik, die vor Herausbildung des Genres Kantate existierten, z. B. M. Opitz' ‚Dafne‘ (1627) oder D. Schirmers Gedicht für eine Tafelmusik (1650), weisen ähnlich neben mehrstrophigen Liedern oft madrigalische Verse auf.

In die protestantische Kirchenmusik wurde die Kantate erstmals durch Neumeisters ‚Geistliche[ ] Cantaten statt einer Kirchen-Music‘ ([2]1704; Einzeldrucke [1]1702) eingeführt, wo sie das ältere geistliche Konzert oder ‚Kirchenstück‘ ersetzen sollte bzw. mit diesem verschmolz. Spätere Poetiken folgten meist Neumeisters Modell (in der Regel jambische, beliebig lange madrigalische Rezitativtexte; Dacapo-Arien). Bevor Neumeister, Postel u. a. den italienischen Kantatentypus pflegten und Neumeister sie auch in der Kirche einführte, hatten schon andere mit Kantatentexten experimentiert: A. Krieger (1667), M. Kongehl (1683), Ch. Weise (1682), F. Ch. Bressand (1694) und Ch. Gryphius (1698). C. Ch. Dedekind veröffentlichte u. a. im Anhang zu Musikdramen (‚Neue geistliche Schau-Spiele‘, 1670; ‚Heilige Arbeit über Freud und Leid‘, 1676) biblische Gedichte für meist mehrstimmige ‚Kirchen-Music‘ und Tafelmusik (1676, szenisch), die J. Löhner komponieren sollte.

Im 17. Jh. wurden meistens Bibeltexte (‚Concerto‘), ↗ *Kirchenlieder* (‚Choral‘), andere Lieder (‚Aria‘, Odenkantate) und Kombinationen von Bibelsprüchen mit ‚Oden‘ (Spruch-Oden-Kantate oder Concerto-Aria-Kantate; seit D. E. Heidenreich, komponiert von D. Pohle, 1665) oder mit anderen Texten vertont (Übergangsform mit Arien, ohne Rezitativ; S. Franck). J. S. Bachs Kantaten-Kompositionen, die v. a. in Weimar (1709–1717) und in den Jahren 1723–1729 in Leipzig entstanden, weisen fast alle damals als traditionell oder modern geltenden Texttypen auf: Bibelverse, Kirchenlieder, Kantatentexte Francks (u. a. mit antiken Strophen und ↗ *Freien Rhythmen*), typische madrigalische Texte Neumeisters und seiner Nachahmer Hunold, Marianne v. Ziegler und Ch. F. Henrici, daneben auch viele anonyme Vorlagen und manche weltliche Texte (u. a. von Gottsched).

Ungeachtet der Toleranz der lutherischen Orthodoxie gegenüber den Neuerungen der Kirchenmusik griffen neben Pietisten auch Traditionalisten die ‚theatralische‘ Kirchenmusik und deren Kantate an; z. B. Ch. Gerber 1703, J. H. Buttstett 1716 und im sog.

,Kantatenstreit' J. Meier 1726 (dagegen Mattheson). ↗ *Hymne*, Freie Rhythmen, ↗ *Prosa* u. a. lösten zunehmend die geschlossenen Formen (Rezitativ, Arie, Chor, Tutti) ab. Tonsetzer erfanden nun ,lyrische' Festkantaten auf Freie Rhythmen (z. B. J.R. Zumsteeg auf Klopstocks ,Ode' ,Die Frühlingsfeier', 1777) oder hymnische Prosa. Auch die Form- und Affektgegensätze der weltlichen Kantate lösten sich unter dem Einfluß der ,scène lyrique' (Rousseaus ,Pygmalion', 1762) in Stimmungsgemälde auf. Autoren wie H. W. v. Gerstenberg (,Ariadne auf Naxos', 1765) und K. W. Ramler (,Ino', 1765, vertont u. a. von J. Ch.F. Bach und Telemann) stellten dem von Musik begleiteten Sprechdrama (↗ *Melodrama*) eine den Text singende, in ihrer Stimmungsmalerei jedoch ,melodramatisch' wirkende mythologische Kantate gegenüber (vgl. schon J. E. Schlegels ,Pygmalion', 1746, vertont u. a. von J. Ch.F. Bach und F. W. H. Benda).

Wie schon in der Zeit der Frühkantate dienten auch im 19. und 20. Jh. Texte unterschiedlicher Form und Gattung der Vertonung. Dazu zählen z. B. Schillers Ballade ,Die Erwartung' (1799; 1800 komponiert von Zumsteeg) und Goethes 1815 zusammengestellte Kantaten (,Idylle', ,Johanna Sebus' u. a.). Nach C. Gottwald erfuhr in Beethovens 9. Symphonie „das Formkonzept *Kantate* durch die Form *Symphonie* seine Bestimmung" (Gottwald, Sp. 1756); diese Form der ,Symphonie-Kantate' wurde noch im 20. Jh. durch I. Stravinsky, A. Schnittke u. a. gepflegt. Die im 19. Jh. vornehmlich verbreitete Chor- und Liedkantate näherte sich im übrigen dem ↗ *Oratorium* an (wie Herders ,Der entfesselte Prometheus' bei F. Liszt).

Auch im 20. Jh. verweist die Betitelung als Kantate weniger auf die Textgestalt als auf die musikalische Form und deren festliche, kirchliche, schulische oder politische Funktionen − z. B. die Instrumentalisierung in der Jugendmusik-Bewegung, im Nationalsozialismus (z. B. H. Böhme / E. Lauer), in sozialistischer Propaganda der 1920er Jahre wie der DDR (z. B. Friedenskantate bei E. Strittmatter / F. Geißler, 1958; B. Brecht / H. Eisler, J. R. Becher /

E. H. Meyer). Die Beschäftigung mit der Kantate reicht bis in die Gegenwart (z. B. H.W. Henze: ,Streik bei Mannesmann', 1973; W. Biermann: ,Meditation' zur Kantate Nr. 21 von J. S. Bach ,Ich hatte viel Bekümmernis', 1991).

ForschG: Die Kantate wurde literaturwissenschaftlich nur punktuell (Birke, Streck) und besonders hinsichtlich ihrer Entstehung (Brausch, Conermann) untersucht, so daß musikhistorische Arbeiten konsultiert werden müssen (z. B. Gottwald, Konold). Diese erwähnen verschiedene Texttypen, fassen aber vor allem musikalische und interdisziplinäre Aspekte ins Auge: Ein- oder Mehrstimmigkeit, Einsatz von Chor, sinfonische Gestaltung, szenische Darstellung, theoretische Verlautbarungen usw. Die zyklische ,Frühkantate' ist auch textlich genauer als andere Kantatentypen erforscht worden. Die mangelnde Festigkeit der literarischen Gattungsmerkmale und die wechselvolle Geschichte der Verwendung lassen es sinnvoll erscheinen, die Textform Kantate nicht nur punktweise, sondern umfassend im Kontext der beteiligten Künste und der unterschiedlichen Funktionen zu erforschen und besonders der Anbindung der Kantate an größere Gattungen wie Oper, Oratorium, Schauspiel, Melodrama und Predigt und dem Gebrauch in Kammermusik, Gottesdienst, Salon, Konzert, Schauspiel, Schule, Radio und Festakt nachzugehen.

Lit: Johann Sebastian Bach: Die Kantaten. Erläutert v. Alfred Dürr. 2 Bde. Kassel 1971, ⁴1981. − Libretti in deutschen Bibliotheken. Katalog der gedruckten Texte zu Opern, Oratorien, Kantaten, Schuldramen, Balletten und Gelegenheitskompositionen. Hg. v. Répertoire International des Sources Musicales, Arbeitsgruppe Deutschland. München 1993. − Johann Löhner: Die triumphirende Treu. Sing-Spiel. Hg. v. Werner Braun. Wiesbaden 1984, S. XXII-XXVI. − Herbert Schulze (Hg.): Das ist die Zeitenwende. Zeitgenössische Oratorien- und Kantatentexte. Leipzig 1959.

Joachim Birke: Die Poetik der deutschen Kantate zu Beginn des 18. Jhs. In: Speculum Musicae Artis. Festgabe für Heinrich Husmann. Hg. v. Heinz Becker und Reinhard Gerlach. München 1970, S. 47−62. − Gottfried Daniel Brandenburg: Zur Geschichte der weltlichen Solokantate in Neapel im frühen Settecento. Frankfurt 1991.

– Paul Brausch: Die Kantate. Bd. 1: Geschichte der Kantate von den Anfängen bis Gottsched. Diss. Heidelberg 1921 (masch.). – Klaus Conermann: Die Kantate als Gelegenheitsgedicht. In: Gelegenheitsdichtung. Hg. v. Dorette Frost und Gerhard Knoll. Bremen 1977, S. 69–109. – Clytus Gottwald: Kantate. In: MGG² 4, Sp. 1705–1773. – Jürgen Heidrich: Der Meier-Mattheson-Disput. Eine Polemik zur deutschen protestantischen Kirchenkantate in der ersten Hälfte des 18. Jhs. Göttingen 1995. – Wulf Konold: Weltliche Kantaten im 20. Jh. Wolfenbüttel, Zürich 1975. – Helmut K. Krausse: Erdmann Neumeister und die Kantatentexte Johann Sebastian Bachs. In: Bach-Jb. 72 (1986), S. 7–31. – Richard Petzoldt: Die Kirchenkompositionen und weltlichen Kantaten Reinhard Keisers. Düsseldorf 1935. – Eugen Schmitz: Geschichte der weltlichen Solokantate. Leipzig ²1955. – Friedrich Stege: C. Ch. Dedekind. Diss. Berlin 1922 (masch.). – Harald Streck: Die Verskunst in den poetischen Texten zu den Kantaten J. S. Bachs. Hamburg 1971. – Ute-Maria S. Viswanathan: Die Poetik Erdmann Neumeisters und ihre Beziehung zur barocken und galanten Dichtungslehre. Diss. Pittsburgh 1989.

Klaus Conermann

Kanzone

Bezeichnung für eine dreiteilige Liedform, daneben auch eines überwiegend inhaltlich bestimmten mittelalterlichen Liedtyps.

Expl: Unter *Kanzone* versteht man in der Regel die dreiteilige Liedform AAB (mit ihren Varianten), die aus zwei metrisch-musikalisch gleichen Teilen (AA = 1. und 2. STOLLEN, die zusammen den AUFGESANG bilden) und einem abweichenden 3. Teil (B = ABGESANG) besteht; die Termini *Stollen, Aufgesang, Abgesang* gehen auf den ↗ *Meistergesang* zurück. Synonym gebraucht werden die Begriffe ‚Kanzonenform‘, ‚Kanzonenstrophe‘, ‚Stollenstrophe‘, in der Musikwissenschaft und vereinzelt auch in der Neugermanistik ist auch der Terminus *Barform* gebräuchlich (↗ *Bar*). Von der neuerdings zu beobachtenden Ausweitung des Begriffs der Kanzone auf das Minnelied des 12.–14. Jhs. muß abgeraten werden. In dieser Verwendung erscheint der Begriff äußerst unscharf. Präzise Benennungen wie *monologische Minneklage, Preislied, Werbungslied, Kreuzlied, Botenlied, Wechsel* usw. sind ihm vorzuziehen.

Die Kanzone, für die Parallelität und Gegensatz konstitutiv sind, ist der wichtigste Formtyp des deutschen Liedes im Mittelalter und in der Frühen Neuzeit.

Neben der Grundform AAB gibt es auch zahlreiche Abwandlungen (das Folgende nach Rettelbach 1993, 9 f.):

AB AB/CB (Rundkanzone); A A /BB C (Kanzone mit repetiertem Steg, d.h. Zwischenteil); AB AB/CC B (Rundkanzone mit repetiertem Steg); A A /BA (Kanzone mit 3. Stollen, d. h. metrisch-musikalischer Repetition eines Stollen am Abgesangsende); A A /BB A (Kanzone mit repetiertem Steg und 3. Stollen); ABC ABC/DBC (Kanzone mit verkürztem 3. Stollen); ABC ABC/DD BC (Kanzone mit repetiertem Steg und verkürztem 3. Stollen); A A /BBC A (Kanzone mit kanzonenförmigem Steg und 3. Stollen); A A /BAC (Kanzone mit 3. Stollen und Coda); A A/BB oder A A/BB CC (Repetitionskanzonen).

WortG: Die ital. Bezeichnung *canzone* entspricht prov. *canso* und frz. *chanson*. Zugrunde liegt lat. *cantio* ‚gesungenes Lied‘. In der dt. Literatur erscheint *schanzûn* erstmals um 1210 im ‚Tristan‘ Gottfrieds von Straßburg (v. 2294 u.ö.). *Canzone* findet sich in Deutschland seit dem 16. Jh., etwa bei Jacob Regnart (‚Il 1. libro delle Canzone italiane‘, Wien 1574).

BegrG: Der ital. Begriffsname *canzone* bezeichnet seit Dante und Petrarca die neben ↗ *Sonett* und Ballata (durchgereimte Strophen mit Refrain) bedeutendste Form der ital. Lyrik; die grundlegende Definition lieferte Dante in ‚De vulgari eloquentia‘ (2. c.9–12), einflußreiche Modelle finden sich in Petrarcas ‚Canzoniere‘. Die Strophenteile werden im Ital. als *fronte* ‚Aufgesang‘, bestehend aus zwei *piedi* ‚Stollen‘, und *coda* oder *sirma/sirima* (‚Schleppe‘) ‚Abgesang‘ bezeichnet. Entwickelt wurde die dreiteilige Liedform von den provençalischen Trobadors in der 1. Hälfte des 12. Jhs. Von ihnen wurde sie seit etwa 1160/70 von den nordfranzösischen Trouvères und den deutschen Minnesängern übernommen. Allerdings bezeichnet prov. *canso*, das das ältere *vers* ablöste, alle Arten und Formtypen von Trobadorliedern; nur ca. 40% davon weisen die dreiteilige Form auf.

In der Altgermanistik setzte sich *Kanzone* als Begriffsname für die „dreiteilige" oder „stollige" Liedform erst seit den 1930er Jahren durch. Andreas Heuslers ‚Deutscher Versgeschichte' (2, § 722) war er in dieser Bedeutung noch fremd. Bahnbrechend wirkte Friedrich Gennrichs ‚Grundriß'; hier ist (240−249) die Kanzonenform (fälschlich) aus der Hymne abgeleitet, auch findet sich erstmals der Terminus *Rundkanzone*.

Neuerdings wird der Begriff der Kanzone in der Altgermanistik auch allgemein auf Minnelieder ausgeweitet, die der aus der Romania stammenden Konzeption der Hohen Minne folgen, in erster Linie für die monologische Minneklage des Sängers/ Liebhabers (vgl. z. B. Tervooren, 11 mit Anm. 1).

Andreas Heusler: Deutsche Versgeschichte. 3 Bde. Berlin, Leipzig 1925−1929. − Friedrich Gennrich: Grundriß einer Formenlehre des mittelalterlichen Liedes als Grundlage einer musikalischen Formenlehre des Liedes. Halle 1932. − Helmut Tervooren (Hg.): Gedichte und Interpretationen. Mittelalter. Stuttgart 1993, Einleitung, S. 11−39.

SachG: Auf dem Gebiet des Minnesangs erscheint die Kanzonenform erstmals bereits in den Corpora einiger zum Donauländischen Minnesang (ca. 1150 − ca. 1180) gezählter Autoren (Burggraf von Rietenburg, Dietmar von Eist, Kaiser Heinrich); hier steht sie neben den traditionellen, vorwiegend aus Langzeilen gebildeten zweiteiligen Formen. Zur Regelform des Minnesangs wird die Kanzone seit der vermehrten Aufnahme prov. und afrz. Vorbilder in der Phase des Rheinischen Minnesangs (ca. 1170−1190). Sie behält diese Position im Klassischen Minnesang (ca. 1200), bei Walther von der Vogelweide (ca. 1170−1230), in Neidharts (ca. 1180−1240) Winterliedern und im späteren Minnesang bis ins 14. Jh. Andere Formen sind daneben selten, am auffälligsten sind die meist zweiteiligen Formen von Neidharts Sommerliedern. Auch im Liebeslied seit der 2. Hälfte des 14. Jhs.

(Ausnahme: die meisten Liebeslieder des Mönchs von Salzburg) bis zu den Liederbuchliedern noch des 16. Jhs. dominiert die Kanzone.

Im Bereich des Sangspruchs ist die Kanzonenform den ältesten Dichtern Herger und Spervogel (letztes Drittel des 12. Jhs.) noch unbekannt. Zur Regelform wird sie hier durch Walther von der Vogelweide, für dessen Umgang mit dieser Form eine gewisse Experimentierfreude festgestellt werden kann (vgl. Brunner u. a. 1996, 57), die den späteren Autoren weitgehend abgeht. Angesichts der relativ umfangreichen Melodie-Überlieferung auf dem Gebiet der Sangspruchdichtung lassen sich die Formen hier besonders gut beschreiben. Die Kanzone mit metrisch-musikalischer Repetition des Stollen am Abgesangs-Ende − nach der Terminologie der Meistersinger: 3. Stollen − ist seit etwa 1230/40 oft zu beobachten. Aus der Sangspruchdichtung wird die Kanzone als Regelform seit etwa 1400 dann auch von den städtischen Meistersingern aufgenommen. Hier herrscht sie bis zum Ende der Töneproduktion im 18. Jh. ausnahmslos.

Auch in der politischen Lieddichtung des Spätmittelalters und der Frühen Neuzeit und im Geistlichen Lied bzw. − seit der Reformation − im Kirchenlied spielt das Formschema der Kanzone eine wichtige Rolle; so weisen etwa 15 der 36 Kirchenlieder Luthers diese Form auf.

In der epischen Dichtung findet sich die Kanzonenform in der Liedfassung des ‚Herzog Ernst' (Fassung G; Herzog-Ernst-Ton) sowie bei den im *Bernerton* (↗ *Epenstrophe*) und in der Heunenweise (‚Laurin IV', ‚Rosengarten', ‚Wunderer') abgefaßten Heldenepen. Kanzonenform weist auch der Ton des didaktischen Gedichts ‚Winsbecke' auf.

In neuerer Zeit blieb die Kanzonen-Form ein möglicher Formtyp neben anderen (vgl. Frank, 526, 717, 735, 741). In der Barockzeit − in der die Da-capo-Arie (ABA) dominierte (↗ *Arie*) − begegnet sie etwa bei Komponisten wie Adam Krieger, Telemann, Sperontes, im 19. Jh. bei Franz Schubert, Robert Schumann und Johannes Brahms, jedoch kaum in der Wiener Klassik oder etwa bei Hugo Wolf.

ForschG: Die Erforschung der Strophenformen in der deutschen Literatur ist trotz mancher Vorstöße (zuletzt Rettelbach 1993) noch immer ein weitgehend vernachlässigtes Feld. Die vorliegenden Handbücher von Touber und Frank sind verbesserungsbedürftig. Erst auf der Basis einer umfassenden Formgeschichte des mittelalterlichen und frühneuzeitlichen ↗ *Liedes₂*, die den jeweiligen Melodiebau soweit möglich mit einbezieht, kann auch die Geschichte der Kanzonenform detailliert beschrieben werden.

Lit: Elisabeth Bange: Canso. In: LexMA 2, Sp. 1443. – Horst Brunner: Die alten Meister. München 1975. – H. B., Burghart Wachinger (Hg.): Repertorium der Sangsprüche und Meisterlieder des 12.–18. Jhs. 16 Bde. Tübingen 1986 ff., Bd. 2 [Tönekatalog]. – H. B. u. a.: Walther von der Vogelweide. München 1996, S. 43–73. – Giorgio Busetto u. a.: Canzone. In: LexMA 2, Sp. 1465–1468. – Horst Joachim Frank: Hb. der deutschen Strophenformen. München, Wien 1980. – Reinhard Kiefer: Canzone. In: MGG² 2, Sp. 417–424. – Erich Köhler: „Vers" und Kanzone. In: Grundriß der romanischen Literaturen des Mittelalters: Les genres lyriques 1/3. Hg. v. Hans Robert Jauß. Heidelberg 1987, S. 45–176. – Johannes Rettelbach: Variation – Derivation – Imitation. Untersuchungen zu den Tönen der Sangspruchdichter und Meistersinger. Tübingen 1993. – J. R.: Barform, Bar. In: MGG² 1, Sp. 1219–1227. – Anthonius H. Touber: Deutsche Strophenformen des Mittelalters. Stuttgart 1975.

Horst Brunner

Kapitel

Mittel zur Gliederung längerer Texte.

Expl: *Kapitel* bezeichnet innerhalb einer hierarchischen Textgliederung einen in sich geschlossenen Abschnitt. Die Abgrenzungsmarkierungen zwischen den Abschnitten (Kapitelüberschriften), mit deskriptiven Möglichkeiten von der bloßen Numerierung (PARAGRAPH), Kurztitel (Lemma, Rubrik) bis zum Geschehen zusammenfassenden frühneuzeitlichen ↗ *Argumentum₂* und zum umfangreichen barocken Titeltext, ma-

chen (explizit im Inhaltsverzeichnis) Aufbau und Struktur des Werks sichtbar.

WortG: *Kapitel* wird aus spätlat. *capitulum*, dem Diminutivum zu lat. *caput* ‚Haupt', ‚Hauptperson', ‚Hauptabschnitt' entlehnt; mhd. *kapitel* bezeichnet vorrangig eine ‚geistliche Körperschaft' (vgl. *Domkapitel*), erst im 16. Jh. setzt sich im Bedeutungsübergang von ‚Kopf' zu ‚Abschnitt' *Kapitel* im heutigen Wortsinn durch (Kluge-Seebold, 425; Paul-Henne, 448).

BegrG/SachG: Frühe Kapiteleinteilungen finden sich seit ca. 200 n. Chr. in juristischen Texten und Kodices frühchristlicher Autoren, insbesondere bei der Überlieferung des Neuen Testaments. Durch den Wandel von der Schriftrolle (↗ *Rotulus*) zum gefalteten und gebundenen ↗ *Codex* nimmt im Schreibergebrauch die Verwendung von Gliederungsmitteln (wie Paragraphenzeichen, Alineazeichen, Initialen, Numerierungen, Übergangsformeln, Lemmataverzeichnisse, Register) stetig zu und mündet im 12. Jh. in Formen moderner Schrift- und Buchkultur. Vom 12. Jh. an wird die innere Struktur des Werks zunehmend in der äußeren Gliederung zur Erscheinung gebracht (↗ *Komposition*, ↗ *Ars dictaminis*). Die Wende vom Lesen innerhalb der frühmittelalterlichen Klosterkultur zum scholastischen Lesen (Parkes, Illich) wird nicht zuletzt durch die hierarchische Textgliederung in Werk, Buch, Kapitel und Abschnitt ermöglicht (Palmer), die neben der werkchronologischen Rezeption beim (Vor-)Lesen und Hören das gezielte, vergleichende Auffinden von Textteilen im intellektuellen Studium erlaubt. Eine für die deutschsprachige Literaturwissenschaft relevante Sachgeschichte von Kapitel ist seit dem 12. Jh. – wenn auch zunächst begrifflich unter anderen Gliederungstermini (etwa *liet*, *buochel*, *âventiure*) – an die Entwicklung der Erzählliteratur gekoppelt (vgl. etwa die Aventiure-Überschriften im ‚Nibelungenlied'). Insbesondere aus den erklärenden Bildüber- und -unterschriften des frühneuhochdeutschen Prosaromans und anderer Erzählgattungen entwickelt sich mit der Auflösung der engen Bindung von Text und Bild bis zum 16. Jh. (vgl. ‚Fortunatus', Wickrams Romane) die Kapitelüberschrift. Bereits in der Frühzeit des Buchdrucks wird die leserfreundliche Buchgliederung als wesentliche Voraussetzung für die Verbreitung der Texte erkannt. Insbesondere romanhaftes Erzählen ist seither gattungstypisch mit der Kapitelgliederung verbunden. Während Einteilung und Kapitelüberschriften vorher meist nicht vom Verfasser stammen, etwa bei der Ausstattung von Handschriften mit Bildern als Anweisungen für den Maler oder auch bei der Einrichtung des Textes in den Druckerwerkstätten entstehen, werden diese Gliederungsformen seit dem barocken Roman (,Simplicissimus') zu einem wichtigen erzählerischen Mittel der Autoren zur Steuerung der Textrezeption. Die bis heute nahezu unverändert gebliebenen erzähltechnischen Funktionen (etwa Aufbau von Erwartungshaltungen, epische Integration durch Rück- und Vorverweise, distanzierende Ironie) dieses Kommunikationsmediums zwischen Erzähler und Leser sind um 1800 mit der Etablierung des Romans als zentrale Gattung der Moderne bereits vollständig ausgebildet. Die Gliederung in Erzählabschnitte bringt zahlreiche Spielformen hervor (wie die „Hundposttage" oder „Blumen-, Frucht- und Dornenstücke" Jean Pauls); die Gliederung kann sich aus der ↗ *Rahmenerzählung* ableiten oder ↗ *Digressionen* anzeigen.

ForschG: Untersuchungen zur Einteilung längerer Texte haben seit etwa 1880 ihren Ort in den Altertumswissenschaften und deren Forschung zum antiken Buch (Birt, Dziatzko, Friederici). Als Gegenstand der ↗ *Erzähltheorie* (↗ *Komposition*, ↗ *Zahlensymbolik*) wurden in den späten 1960er Jahren Probleme der Texteinteilung im ↗ *Prosaroman* insbesondere von der leserorientierten Frühneuzeit- und Barockforschung aufgenommen (Wieckenberg). Seit den 1980er Jahren widmet sich die kodikologische Forschung mit Blick auf Texthierarchisierung und Wissensvermittlung – ausgehend von Arbeiten zum Verhältnis von ,Lebenskonzepten' (ordinatio) und Strukturen der Codices im 12. Jh. (Chenu, Parkes) – zunehmend Fragen nach mentalitätsge-

schichtlichen Wandlungsprozessen (Rouse/Rouse, Palmer) und grundlegenden Überlegungen zur Entstehung moderner ,Schrift' und Lesekultur (Genette, Illich, Chartier).

Lit: Theodor Birt: Das antike Buchwesen in seinem Verhältniss zur Litteratur. Berlin 1882. – Roger Chartier: Die geschriebene Botschaft und ihre Rezeption. In: Neue Rundschau 106 (1995), S. 117–131. – Jean Châtillon: Désarticulation et restructuration des textes à l'époque scolastique (XIe–XIIIe siècle). In: La notion de paragraphe. Hg. v. Roger Laufer. Paris 1985, S. 23–40. – Marie-Dominique Chenu: Notes de lexicographie philosophique médievale: disciplina. In: Revue des sciences philosophiques et théologiques 25 (1936), S. 686–692. – Karl Dziatzko: Buch. In: Paulys Real-Encyclopädie der classischen Altertumswissenschaften. Bd. 1/5. Stuttgart 1897, Sp. 939–971. – Robert Friederici: De librorvm antiqvorum capitvm divisione atque svmariis. Diss. Marburg 1911. – Gérard Genette: Paratexte [frz. 1987]. Frankfurt, New York 1989. – Ivan Illich: Im Weinberg des Textes. Als das Schriftbild der Moderne entstand. Frankfurt 1991. – Hermann Mutschmann: Inhaltsangabe und Kapitelüberschrift im antiken Buch. In: Hermes 46 (1911), S. 93–107. – Nigel F. Palmer: Kapitel und Buch. In: FMSt 1989, S. 43–88. – Malcolm B. Parkes: The influence of the concepts of ordinatio and compilatio on the development of the book. In: Medieval learning and literature. Fs. Richard William Hunt. Hg. v. Jonathan J. G. Alexander und Margaret T. Gibson. Oxford 1976, S. 115–141. – Richard H. Rouse, Mary A. Rouse: Statim invenire. Schools, preachers, and new attitudes to the page. In: Renaissance and renewal in the twelfth century. Hg. v. Robert L. Benson und Giles Constable. Cambridge 1982, S. 201–225. – Ernst Peter Wieckenberg: Zur Geschichte der Kapitelüberschrift im deutschen Roman vom 15. Jh. bis zum Ausgang des Barock. Göttingen 1969.

Martin Huber

Karikatur

Darstellung in Bild oder auch Wort, in der Personen oder Vorgänge in deformierend verknappter, vielfach komischer Art und Weise charakterisiert und so häufig auch kritisiert werden.

Expl: ,Karikatur' meint die Charakterisierung einer Person mit sparsamen, dabei typische Details stark hervorhebenden zeichnerischen Mitteln. Häufig werden Physiognomie und Körper ins ↗ *Häßliche* deformiert. Abzugrenzen von der Karikatur ist das ↗ *Groteske*, das eine monströse, gegen die Natur gezeichnete Gestaltungsweise und die Kombination entlegener Dinge bezeichnet.

,Karikatur' wird heute begrifflich enger gefaßt als im 19. Jh., als ihr teilweise alles zugeordnet wurde, was sich dem Schönheitspostulat des ↗ *Klassizismus* nicht fügte. In der Gestalt der Bildsatire geht die Karikatur weiter und zielt, durch die Übertreibung der allgemein menschlichen oder der aktuellen politischen und sozialen Realitäten, auf Kritik am Dargestellten.

Eine Karikatur ist häufig aus Schrift- und Bild-Elementen kombiniert; daneben existieren aber auch Karikaturen ohne Text. Dank ihrer Struktur im Spannungsfeld von Bild und Wort steht sie der ↗ *Allegorie₂* und dem ↗ *Emblem* nahe.

Als *literarische Karikatur* wird eine rein textliche Darstellung bezeichnet, die auf Übertreibung und witzige Bloßstellung zielt, ohne dabei an bestimmte Gattungen gebunden zu sein; häufig ist sie Teil der ↗ *Satire*, der ↗ *Parodie* oder der ↗ *Komödie*.

WortG: Ital. *caricare* ,beladen', ,übertreiben' ist der Ursprung der Gattungsbegriffe *caricatura* und *ritratti carichi* ,übertriebene Bildnisse'. Belegt ist der Begriff 1646 in dem Vorwort zu einer Sammlung von achtzig Radierungen nach Annibale Carracci (vgl. Posner); *caricatura* bezeichnete somit die individuelle Porträt-Karikatur. – Der dt. Begriff *Caricatur* (häufig im 18. Jh. *Carricatur*) wurde von dem frz. *caricature* entlehnt, das 1751 in der ,Encyclopédie' erscheint (s. BegrG). Dieser reine „Kunstterminus" (Schulz-Basler 1, 332) wandelt sich erst nach der Mitte des 18. Jhs. zum allgemeinsprachlichen Wort; bei Zedler fehlt es noch. In der Alltagssprache bedeutet *Karikatur* wertend etwas Armseliges, das hinter den Erwartungen zurückbleibt.

BegrG: Wo in der Ästhetik-Diskussion des 18. Jhs. die Karikatur thematisiert wird, werden zugleich zentrale Fragen der Kunst überhaupt behandelt, etwa der Vorrang mimetischer Darstellung (Gottsched 1760, 341 f.; Krünitz, 678) oder die als illegitim abzuwehrenden Wirklichkeitsbezüge des Kunstwerks (Wieland, ,Auszug aus einem Schreiben an einen Freund über die Abderiten', 1778). Für Diderot bleibt die Karikatur sowohl in der Skulptur wie in der Malerei und Graphik als auch in der Literatur suspekt: als eine „libertinage d'imagination" (Diderot, 684).

Auch in Deutschland nimmt die Karikatur im 18. Jh. eine grundsätzlich ambivalente Stellung ein, so bei Lessing, Herder und Lavater. Im Zeichen der ↗ *Querelle des anciens et des modernes* kann sie sich als Kategorie der nicht-klassischen Kunst behaupten, weil sie das Charakteristische und Individuelle gegenüber dem Idealen und Typischen repräsentiere (vgl. von Arburg). Die Spannung zwischen Wort und Bild bestimmt die Karikatur als ,Mischgattung'; für Goethe bedarf sie geradezu der Sprache, um die verzerrende bildliche Darstellung zu „balancieren" (FA I.8, 626). Dies berührt die psychologische Dimension der Karikatur, die schon Sulzer mit der Einbildungskraft in Verbindung gebracht hatte (Sulzer 1, 450; vgl. später E. T. A. Hoffmann über Callot).

Im 19. Jh. wertete die Erkenntniskritik die Karikatur zum Medium der epochalen Selbstaufklärung auf. Für W. Hebenstreit legitimiert sich die Karikatur als „Versinnlichung geistiger Mißbildung in äußerer Form" (Hebenstreit, 123). Solcherart ist die Karikatur vom hegelianischen Standpunkt aus rehabilitiert, da sie weit mehr als die zeitgenössische Malerei mit der Wirklichkeit vermittelbar sei. Gerade der direkte Einfluß auf die Gesellschaft und die Verspottung überholter Lebensformen kompensieren für Fr. Th. Vischer die ästhetische ,Unselbständigkeit' der Mischgattung. Durch ihre Aktualität wie die lebensnahe Bild- und Formensprache könne die Karikatur, so Hofmannsthal, der Kunst bisher unbeachtete Felder erschließen; an ihr manifestiere sich das Flüchtige und Unfertige, somit zentrale künstlerische Momente der Moderne (Hofmannsthal, 145).

Die Karikatur ist nun ästhetisch wie historisch legitimiert. Die Psychoanalyse fragt nach ihrer sozialen Funktion. Wie der ↗ *Witz* biete sie Gelegenheit zur komischen Entlastung, weil sie analog zu magischen Praktiken (Bestrafung ‚in effigie') Formen von sozial akzeptierter Regression und Aggression ermögliche (Kris, 145−161).

Im 20. Jh. stellt sich die Frage nach dem Verhältnis der Karikatur zu ihrem Produktionsumfeld (Presse). Für W. Benjamin ist die Karikatur eine der bürgerlichen Gesellschaft analoge Figur: Wie dort statt des Allgemeininteresses ein Sonderinteresse vorherrsche, sei auch in der Karikatur das Besondere statt des Allgemeinen ausschlaggebend (Benjamin, 805−810).

Walter Benjamin: Briefe. Hg. v. Gershom Scholem und Theodor W. Adorno. Bd. 2. Frankfurt 1966. − Denis Diderot u. a.: Encyclopédie ou dictionnaire raisonné des sciences, des arts et des métiers. Bd. 2 [1751]. Repr. Stuttgart 1966. − Johann Wolfgang Goethe: Sämtliche Werke [Frankfurter Ausgabe, FA]. Frankfurt 1985 ff. − Johann Christoph Gottsched: Handlexikon oder Kurzgefaßtes Wörterbuch der schönen Wissenschaften und freyen Künste [1760]. Repr. Hildesheim, New York 1970. − Hugo v. Hofmannsthal: Prosa. Hg. v. Herbert Steiner. Bd. 1. Frankfurt 1956. − Ernst Kris: Die ästhetische Illusion. Frankfurt 1977. − Johann Georg Krünitz: Oeconomische Encyclopädie. Bd. 7. Berlin 1776.

SachG: Die grotesken Fabelwesen des Mittelalters sind noch nicht zur Karikatur zu rechnen. Erst der Bezug auf die faktisch-historische Welt sowie der Wille zur Kritik und die Rückbindung an ästhetische Theorien machen die Einblattdrucke der Reformationszeit, die Flugblätter des 17. Jhs. und die Karikaturen des 18. und 19. Jhs. vergleichbar. Dieses kritische Konzept entstand mit den physiognomischen und anatomischen Studien der Renaissance, in denen die Regelhaftigkeit des Schönen gesucht und daraus das Häßliche abgeleitet wurde (Dürer, ‚Vier Bücher von Menschlicher Proportion', 1528). Die von G. della Porta (‚De humana physiognomia', 1586) angeregten Tier-Mensch-Vergleiche weisen auf die Physiognomik, die mit der Theorie der Karikatur eng verbunden bleibt. Wie die Porträtstudien von Leonardo da Vinci (1490/95), Dürer und della Porta bezeugen,

geht die Karikatur aus den Genre- und Porträtzeichnungen hervor; sie erprobt scharfe Beobachtung, starke individuelle Charakterisierung und die virtuose Reduzierung der zeichnerischen Mittel (P. L. Ghezzi, P. F. Mola, G. L. Bernini).

Mit J. Callot (der etwa die Typen der ↗ *Commedia dell'arte* zeichnete) wird das Phantastische und Groteske zum entscheidenden Merkmal der Karikatur; dies ist bis in die Gegenwart charakteristisch geblieben. Der Schwerpunkt der Fortentwicklung der Karikatur lag im 18. Jh. in England, wo − unter dem Einfluß der realistischen niederländischen Genrebilder − die Gesellschafts- und Typenkarikatur und v.a. das Sittenbild entstanden. Durch Lichtenbergs ‚Erklärung der Hogarthischen Kupferstiche' wurden diese nach Deutschland vermittelt und regten D. Chodowiecki und J. H. Ramberg zu eigenen moralischen Porträts und Bildreihen an. Um 1800 überragen die Karikaturen in England die Produktion auf dem Kontinent, v.a. dank der Zeichner Th. Rowlandson, J. Gillray und G. Cruikshank und ihrer scharfen Schand- und Spottbilder gegen Napoleon. In Frankreich, wo politische Karikaturen erst nach 1789 auftauchten und 1793/94 bereits wieder verboten wurden, verschärfte Napoleon nach dem Staatsstreich 1799 die ↗ *Zensur* erneut. In Deutschland konnten politische Karikaturen erst nach 1813 erscheinen. Wegen des Pressegesetzes von 1819 wichen sie auf allgemein gesellschaftliche Themen aus.

Die heute singulär erscheinende Gestalt Daumiers, der sich auf die Sitten- und Gesellschaftskarikatur (‚Robert Macaire') konzentrierte, ist in eine Tradition satirischen Zeichnens eingebunden. Sie wurde getragen von Grandville (d.i. J. I. Gérard), J. Travies, H. Monnier und P. Gavarni, die wie er für die Magazine ‚La Caricature' (gegründet 1830) und ‚Charivari' zeichneten. In Deutschland gab erst das Jahr 1848 der politischen Karikatur neue Impulse. Nach französischem Vorbild wurden satirische Zeitschriften wie der ‚Kladderadatsch' (1844−1944) und die ‚Fliegenden Blätter' (1844−1944) gegründet. Der Witz wurde auf das Feld der humoristischen Typen gedrängt, entsprechend der zeitgenössischen

Ästhetik, die das Sittenbild und die humoristische Zeichnung der politischen Karikatur vorzog. Gerade die Märchen- und Kinderwelt der Münchner ‚Fliegenden Blätter‘, an denen L. Richter, Fr. v. Pocci und W. Busch mitwirkten, ist hier symptomatisch, denn sie kaschiert die Spannungen der Epoche (etwa den Antisemitismus in der häufigen Figur des Trödeljuden).

Mithin war in der 2. Hälfte des 19. Jhs. eine starke Tradition gezeichneter Satire in Deutschland etabliert, die den Erfolg der Zeitschriften ‚Simplicissimus‘ (1896–1944) und ‚Jugend‘ (1896–1940) ermöglichte.

Im 20. Jh. verliert sich die Opposition zwischen ‚schön‘ und ‚häßlich‘, die noch im 19. Jh. den Rang der Karikatur bestimmt hatte. In den 1920er Jahren wohnt den Themen der Karikatur wieder stärker die Kritik inne. Dies bezeugen schon die Titel der Serien von G. Grosz (z. B. ‚Spießer-Spiegel‘, 1925). Dennoch ist der moralische Anspruch diskreditiert, seit sich spätestens in den Weltkriegen zeigte, wie leicht diese Kunstform sich in den Dienst der Propaganda stellen ließ. Ungebrochen blieb die Tradition der privaten Künstlerkarikatur, die als Atelierstudie der Suche nach dem treffenden Ausdruck dient.

Die politische Karikatur hat bis heute ihren festen Ort in der Tagespresse (W. Hanel, E. Hürlimann, E. M. Lang, L. Murschetz). Die Möglichkeiten der Karikatur sind dennoch sehr viel kleiner geworden, da das Häßliche und der Angriff ästhetisiert und damit entschärft wurden. Gesellschafts- und Typenkarikaturen (P. Flora, R. Gernhardt, Loriot, M. Marcks, H. Traxler) sind unverändert beliebt.

ForschG: Die Forschung zu den Motiven und der Formensprache, den Rahmenbedingungen und Wirkungsmöglichkeiten der Karikatur beginnt mit ersten Arbeiten im 18. Jh. Noch in der Nachfolge der Physiognomik steht Grose, der gängige Theorien des Komischen und Regeln der Deformation referiert. Im 19. Jh. wird nicht prinzipiell zwischen einer allgemeinen Ästhetik der Karikatur und der Beschreibung ihrer historischen Entwicklung unterschieden (Wright, Champfleury). Heute gilt das vorrangige Interesse den sozialen und historischen Voraussetzungen der Karikatur (Heinisch) sowie ihrem „Arsenal“ an Ausdrucksmitteln (Gombrich); Fragen richten sich ebenso auf ihre Aussage- und Wirkungsmöglichkeiten innerhalb der juristischen und ästhetischen Regelsysteme einer Gesellschaft sowie auf das Zusammenspiel mit anderen Kunstformen (Collenberg-Plotnikov, Oesterle/Oesterle 1980).

Lit: Hans-Georg von Arburg: Kunst-Wissenschaft um 1800. Studien zu Georg Christoph Lichtenbergs Hogarth-Kommentaren. Göttingen 1998. – Susanne Bosch-Abele: La caricature (1830–1835). Katalog und Kommentar. Weimar 1997. – Champfleury [Jules Fleury-Husson]: Histoire de la caricature moderne. Paris 1865. – Bernadette Collenberg-Plotnikov: Klassizismus und Karikatur. Berlin 1998. – Jürgen Döring: Eine Kunstgeschichte der frühen englischen Karikatur. Hildesheim 1991. – Kurt Flemig: Karikaturistenlexikon. München, New Providence 1993. – Ernst H. Gombrich: Das Arsenal der Karikaturisten. In: Bild als Waffe. Hg. v. Gerhard Langemeyer u. a. München [2]1985, S. 384–401. – Francis Grose: Rules for drawing caricaturas, with an essay on comic paintings. London 1788, [2]1791 [dt.: Regeln zur Karikaturzeichnung nebst einem Versuch über die komische Mahlerei. Leipzig 1800]. – Dietrich Grünewald: Comics. Tübingen 2000. – Severin Heinisch: Die Karikatur. Wien, Köln 1988. – Georg Hermann: Die deutsche Karikatur im 19. Jh. Bielefeld, Leipzig 1901. – Werner Hofmann: Die Karikatur von Leonardo bis Picasso. Wien 1956. – Michael Klant: Die Literatur in der Karikatur. Hannover 1989. – Walter Koschatzky (Hg.): Karikatur und Satire. München 1992. – Gisold Lammel: Deutsche Karikaturen vom Mittelalter bis heute. Stuttgart, Weimar 1995. – Michel Melot: Die Karikatur. Stuttgart, Berlin 1975. – Günter Oesterle, Ingrid Oesterle: Karikatur. In: HWdPh 4, Sp. 696–701. – G. O., I. O.: „Gegenfüßler des Ideals“ – Prozeßgestalt der Kunst – ‚Mémoire processive‘ der Geschichte. Zur ästhetischen Fragwürdigkeit von Karikatur seit dem 18. Jh. In: „Nervöse Auffangorgane des inneren und äußeren Lebens“: Karikaturen. Hg. v. Klaus Herding und Gunter Otto. Gießen 1980, S. 87–130. – Georg Piltz: Geschichte der europäischen Karikatur. Berlin [2]1980. – Donald Posner: Annibale Carracci. 2 Bde. London 1971. – Gertrud Maria Rösch (Hg.): Simplicissimus. Glanz und Elend der Satire in Deutschland. Regensburg 1996. – Franz Schneider: Die politische Karikatur. München

1988. − Thomas Wright: A history of caricature & grotesque in literature and art in England [1865]. Repr. New York 1968.

Gertrud M. Rösch

Karneval

Populäres Fest vor Beginn der Fastenzeit mit Maskierungen, Umzügen, Spottritualen, davon abgeleitet Inszenierung einer verkehrten Welt.

Expl: ‚Karneval' meint zunächst die Zeit der populären ↗ *Feste*, die im Kirchenjahr vor dem Beginn der Fastenzeit liegt und in der auf ritualisierte Weise mehr oder minder ernsthaft gegen die gültigen Ordnungen verstoßen wird. In der zeitlichen Insularität des Karnevals werden die Gesetze und Verhaltensformen spielerisch aufgehoben, die während der ‚offiziellen Zeit', vor allem während der anschließenden Fastenzeit mit ihren (Eß-, Trink-, Sexual-) Verboten gelten. Insgesamt zielt der Karneval auf eine Verkehrung der Werte und Hierarchien, auf Infragestellung der Obrigkeit und Verspottung des autoritären Wortes, auf fröhliche Anarchie und die Apotheose des ↗ *grotesken* Körpers, der mit Betonung seiner Auswüchse und Öffnungen, der fortgesetzten Ausstellung von Einverleibung und Ausscheidung, der grandiosen Abfolge von Sterben und Wiedergeburt das ‚Drama der Alltäglichkeit' inszeniert. Im Umkreis des Karnevals bilden sich besondere literarische Formen aus, z. B. in Spätmittelalter und ↗ *Früher Neuzeit* die ↗ *Fastnachtspiele* oder gegenwärtig Gelegenheitsdichtungen wie BÜTTENREDEN (in Versen, häufig mit ↗ *Refrain*, oder in Prosa; oft dialektal geprägt). Beliebt waren vom 17.−19. Jh. MASKENZÜGE nach literarischen Programmen.

WortG: Das Wort *Karneval*, ital. *carnevale*, stammt vom mlat. *carnelevarium/carnelevare* (von ‚Fleisch' und ‚wegnehmen'), das die Vorfastenzeit meint, während die Herleitung von *carne vale* (‚Fleisch, lebe wohl') volksetymologisch ist. Seit dem 17. Jh. Be-zeichnung für römische und venezianische Maskenfeste, schon im selben Jahrhundert ins Dt. übernommen (Schulz-Basler 1, 333 f.); in Deutschland löst es die älteren Bezeichnungen *Fastnacht* und *Fasching* (‚Vorabend der Fastenzeit'), beide seit dem 13. Jh. belegt (Kluge-Seebold, 203 f.), ab.

BegrG: ‚Karneval'/‚Fastnacht' werden seit dem Mittelalter von ihrem Gegenteil her gedacht, zunächst von der Zeit der Askese her, die im 40tägigen Fasten erfolgt (im Gegensatz zur lizensierten Ausschweifung), dann von der spirituellen Erlösung im Ostergeschehen (im Gegensatz zur Körperzentriertheit). Diese Opposition verschiebt sich mit der Einebnung des Kirchenjahr-Rhythmus in der Reformation zur Opposition zwischen gewöhnlich geltender und momentan verkehrter Ordnung. Während dieser im Brauchtum gründende Gegensatz für die auf den Karneval bezogene Literatur konstitutiv bleibt, wurde zuerst durch Bachtin (1940) das im Karneval steckende Konzept der Gegenweltlichkeit zu einer literaturwissenschaftlichen Grundkategorie ausgebaut. Ausgehend von den Karnevalsbräuchen wird seitdem in den Literatur- und Kulturwissenschaften metaphorisch von *Karnevalisierung* bzw. *karnevalesk* gesprochen, um sprachlich-ästhetische Formen zu charakterisieren, mit denen etablierte Ordnungen, Hierarchien und Formgesetze aufgehoben werden. Bachtin beschreibt die mittelalterliche und frühneuzeitliche Lachkultur als Teil einer Gegenkultur, die etablierte Ordnungen und Sinnsysteme infragestellt, Hierarchien aufhebt und Werte relativiert und damit eine − zeitlich beschränkte − verkehrte Welt schafft. *Karnevalesk* heißt entsprechend nicht nur ‚für den Karneval bestimmte' oder ihn als stoffliches Motiv aufnehmende Literatur, sondern alle Texte, die die ästhetischen Verfahren der Verkehrung aufnehmen und durch sie konstituiert sind.

SachG: Feste zu den Zäsuren des Jahreslaufs haben eine vorchristliche Tradition, und der mittelalterliche Karneval nimmt Festformen und -strukturen der Antike (Saturnalien, Bakchanalien und Luperkalien) ebenso auf wie germanische Bräuche (z. B.

zum Winterende). Seit der Fixierung einer vorösterlichen Bußzeit im Mittelalter bilden sich die sechs vorhergehenden Wochen als eine dazu gegenbildliche Zeit des Feierns heraus, die zum Teil als Ventil für die alltägliche Entbehrung und Unterdrückung fungierte, bisweilen aber auch zu symbolischen und praktischen Attacken auf die herrschenden Mächte genutzt wurde (vgl. Le Roy Ladurie). In den spätmittelalterlichen Städten bemühten sich die Zünfte und der Rat um eine Vereinnahmung des Karnevals mit dem Ziel frühbürgerlicher Sozialdisziplinierung (vgl. van Dülmen, 146–157). Theatralische Darbietungen, wie sie besonders in Nürnberg, doch auch in anderen Städten üblich waren (↗ *Fastnachtspiel*), wurden von der Obrigkeit kontrolliert. Das Prinzip der verkehrten Welt (↗ *Lügendichtung*) konnte für Satire und moralische Unterweisung instrumentalisiert werden (etwa Sebastian Brant, ‚Narrenschiff‘, Kap. 110 a und b). Seit der Mitte des 15. Jhs. bis zum Ende des 16. wurden die karnevalistischen Feste unter dem Einfluß reformatorischer Bewegungen als gefährliche Ausschreitungen kritisiert und auf die Tage unmittelbar vor Aschermittwoch zurückgedrängt, wenn sie von den weltlichen und kirchlichen Obrigkeiten nicht generell verboten wurden. Die nachreformatorische Produktion von Fastnachtspielen (H. Sachs, Ayrer) beutet die Lizenzen einer verkehrten Welt (Sexuelles, Skatologisches usw.: ↗ *Obszön*) im allgemeinen weit weniger aus als die älteren Vorgänger. Vor allem in katholischen Ländern, aber nicht nur dort, gehören theatralische Darbietungen, oft mit Musik, zu den Vergnügungen aus Anlaß des Karnevals. Dazu zählen insbesondere auch literarisch konzipierte Maskenzüge (vgl. Goethes Beiträge zum Genre: FA 5, 435–457; FA 6, 805–871), die in den Künstlerfesten des 19. Jhs. ihre Fortsetzung finden. Die anarchischen Potenzen des mittelalterlichen und frühneuzeitlichen Karnevals sind im modernen Karnevalsbrauchtum mit seinen verharmlosenden, eher puritanischen als grenzüberschreitenden Formen weitgehend domestiziert. Die gegenwärtig dominante Form des rheinischen Karnevals existiert erst seit dem Beginn des 19. Jhs. (1829) und

ist heute zu einem (auch medial verbreiteten) Großspektakel geworden. Auf ältere Tradition geht das südwestdeutsche Fastnachtsbrauchtum zurück. Der brasilianische Karneval nimmt portugiesische Einflüsse auf und hat sich seit der Jahrhundertwende mit Umzügen von prächtig kostümierten Tanzgruppen zu einer gigantischen Kostüm- und Tanz-Performance entwickelt.

Johann Wolfgang Goethe: Sämtliche Werke [Frankfurter Ausgabe, FA]. Frankfurt 1985 ff.

ForschG: Während die Erforschung des Karnevals wie der Fastnachtsbräuche weitgehend Teil der Volkskunde/Ethnologie blieb (neuerdings zusammenfassend: Schindler), widmete sich die Germanistik vor allem der literarischen Form des ↗ *Fastnachtspiels*. Grundlegend für die germanistisch-kulturwissenschaftliche Diskussion um den weiteren Karnevals-Begriff war die Rezeption des Rabelais-Buchs von Bachtin (beendet 1940, veröffentlicht Moskau 1965) in Westeuropa (Übersetzungen engl. 1968, frz. 1970, dt. 1987), die vor allem durch die Arbeiten von Kristeva und Todorov befördert wurde. Bachtin generalisiert den historischen Befund des Karnevals und beschreibt daran anknüpfend sein Konzept der ↗ *Dialogizität*: Karnevalisierung ist ein kultureller Mechanismus, mit dem Sinn und Macht gestört, in dem Ohnmacht und Un-Sinn triumphieren können. Kristeva schließlich sieht in der Karnevalisierung das grundlegende Kennzeichen des Romans – und zwar nicht nur des komischen – überhaupt, der in seinen parodistisch-utopisch-dialogischen ‚Grenzüberschreitungen‘ vorgängige Texte ebenso wie unterschiedliches sprachliches Material verwendet und es dabei ent-wertet. In Auseinandersetzungen mit Bachtin entwickelte sich in Deutschland eine Kontroverse über die Bedeutung des Karnevals, insbesondere zwischen D.-R. Moser und Schindler, die sich um die Frage dreht, ob der Karneval „a pagan festivity, with a christian flavor" sei (Rector, 39) oder ob er als abschreckendes Bild einer gottfernen Welt (der *civitas diaboli*) von der Kirche inszeniert und als Instrument der Moraldidaxe benutzt wurde (Moser): zur Produktivität des Konzepts der Karnevalisierung und der darin implizierten Dialogizität in den Literaturwissenschaften vgl. die ‚Poetik und Hermeneutik'-Bände von Haug/Warning und Stierle/Warning.

Lit: Michail Bachtin: Die Ästhetik des Wortes. Hg. v. Rainer Grübel. Frankfurt 1979. – M. B.: Rabelais und seine Welt. Volkskultur und Gegenkultur. Hg. v. Renate Lachmann. Frankfurt 1987. Richard van Dülmen: Kultur und Alltag in der Frühen Neuzeit. Bd. 2. München 1992. – Umberto Eco u. a.: Carnival! Berlin u. a. 1984. – Daniel Fabre: Carnaval ou la fête à l'envers. Paris 1992. – Hans-Ulrich Gumbrecht: Literarische Gegenwelten, Karnevalskultur und die Epochenschwelle vom Spätmittelalter zur Renaissance. In: H.-U. G. (Hg.): Literatur in der Gesellschaft des Spätmittelalters. Heidelberg 1980, S. 95–144. – Walter Haug, Rainer Warning (Hg.): Das Fest. München 1989. – Julia Kristeva: Bakhtine, le mot, le dialogue et le roman. In: Critique 239 (1967), S. 438–465. – J. K.: Le texte du roman. Den Haag u. a. 1970. – Emmanuel Le Roy Ladurie: Karneval in Romans [1979]. München 1982. – Dietz-Rüdiger Moser: Fastnacht – Fasching – Karneval. Das Fest der ‚Verkehrten Welt'. Graz u. a. 1986. – Hans Moser: Städtische Fasnacht des Mittelalters. In: Masken zwischen Spiel und Ernst. Tübingen 1967, S. 135–202. – Leander Petzold: Narrenfeste. Fastnacht, Fasching, Karneval in der Bürgerkultur der frühen Neuzeit. München 1988. – Monica Rector: The code and message of carnival. In: Eco u. a. 1984, S. 37–165. – Norbert Schindler: Karneval, Kirche und die verkehrte Welt. Zur Funktion der Lachkultur im 16. Jh. In: Jb. für Volkskunde NF 7 (1989), S. 9–57. – N. Sch.: Widerspenstige Leute. Frankfurt 1992. – Karin Seiffert: Entwicklung von Goethes Kunstauffassung an Hand der Festspiele und Maskenzüge 1781–1818. Diss. Berlin 1973. – Karlheinz Stierle, Rainer Warning (Hg.): Das Gespräch. München 1984. – Tzvetan Todorov: Mikhaïl Bakhtine. Le principe dialogique. Paris 1981.

Hans-Jürgen Bachorski

Kasperltheater ↗ *Puppenspiel*

Kasside ↗ *Ghasel*

Kasualpoesie ↗ *Gelegenheitsgedicht*

Kasus

Elementare Bauform des Erzählens: zu beurteilender Stellungnahme auffordernde Falldarstellung.

Expl: *Kasus* meint ein vorliterarisches Strukturmuster für außergewöhnliche Einzelfälle der menschlichen Lebenspraxis, deren Subsumption unter allgemeine Begriffe, Regeln oder Gesetze Schwierigkeiten bereitet. Obligatorische Kennzeichen kasuistischer Textorganisation sind die problematisierende Umsetzung der Regel-Fall-Struktur, das in seinem Ausnahmestatus realitätsbezogene Fallbeispiel sowie der daran geknüpfte Appell zur Normen- und Wertereflexion. Fakultativ sind alle weiteren formalen und funktionalen Merkmale (Rahmengattung und -situation, Gestaltung der Konfliktstruktur, Funktionsgebung u. a.). Unter den kleineren Formen des Erzählens grenzt sich der Kasus durch seinen Problemgehalt von den illustrativen Typen des ↗ *Exempels* ab, durch den Verzicht auf Anthropomorphisierung oder Allegorisierung zusätzlich von ↗ *Fabel₂* und ↗ *Parabel*. Im Theoriekontext der nicht an Gattungen oder Textsorten gebundenen ↗ *Einfachen Formen* begründet der Denkhabitus des Abwägens und Beurteilens den Unterschied zu ↗ *Legende*, Memorabile und ↗ *Sage*.

WortG: Lat. *casus* meint ausgehend von der Grundbedeutung ‚das Fallen', ‚der Fall' in metonymischem Gebrauch ‚Ereignis', ‚Vorkommnis, Zufall'. Im römischen Recht bezeichnet es von hier aus das juristisch relevante Fallbeispiel, das der Erklärung von Sonderfällen und Gesetzeslücken dient. Unter Einfluß von lat. *casus* und frz. *cas* bildete auch das nhd. Wort *Fall* zunächst wohl in der Kanzleisprache synonymisch die Bedeutung ‚fall, casus, vorfall, ereignis' (DWb 3, 1273 f.) aus.

Als literaturwissenschaftlicher Terminus für eine Einfache Form, „für die wir [...] eigentlich keine[n] geläufigen Namen besitzen" (Jolles, 172), ist *Kasus/Fall* sehr wahrscheinlich zuerst von André Jolles (1930) eingeführt worden. Jolles hat diese Namenwahl ausdrücklich durch den Wortgebrauch „in der Jurisprudenz, der Morallehre und auch noch anderswo" (179) begründet. Allerdings hat sich der terminologische Vorschlag nur partiell durchgesetzt, weil der Name nicht allein für die mit ihm gemeinte Einfache Form, sondern oft auch ungenau für die Gattung des kasuistischen Exempels verwendet wird.

BegrG: Das begriffliche Konzept des Kasus geht zurück auf die in Philosophie, Recht und Theologie ausgebildeten Methoden der Kasuistik als vom Einzelfall ausgehender Rechtsfindung (Bausinger, 1026). Eine zentrale Rolle kommt dem juristischen Kasus zu, wie er im römischen Recht und im englischen ‚case law‘ als Präzedenzfall oder als kompensatorische Erklärungshilfe für Ausnahmefälle begegnet. Zu solcher Methodik gehört ein Erkenntnis- und Erfahrungsmodus, der von einer nach Normen und Maßstäben beurteilbaren Wirklichkeit ausgeht, für den dabei jedoch nicht die Entscheidung von Norm- und Wertkonflikten, sondern die Frage nach Bedeutung und Gewichtung der Beurteilungs- und Bewertungsmaßstäbe charakteristisch ist. Auch der im Kasus vorherrschende nüchtern-kommentarlose Redegestus erklärt sich aus diesem Zusammenhang, insofern er den vom allgemeinen Gesetz abweichenden Einzelfall unter Vernachlässigung aller Randbedingungen in der Perspektive eines oder mehrerer normativer (ethischer, juristischer, religiöser usw.) Bezugssysteme darstellt.

Vor diesem Hintergrund hat sich der literaturwissenschaftliche Kasus-Begriff in Abgrenzung zu Erzählgattungen wie Beispielgeschichte, Exempel und Parabel profiliert: Grundlegend ist die Einsicht in die kasuistische Struktur des gar nicht oder nur partiell unter ein Allgemeines subsumierbaren Einzelfalls (Koch, 196–201). Aus ihr folgt der kategoriale Unterschied zwischen dem Kasus als übergreifendem Strukturmuster und selbständigen literarischen Gattungen; zudem ergibt sich aus ihr der Ansatz für eine Binnendifferenzierung der Kasusstruktur nach den für sie typischen Problemgraden des Verhältnisses von Besonderem und Allgemeinem (von Moos, 29 f.).

SachG: Die Geschichte des Kasus hat ihren materialen Leitfaden in rechtlichen oder ethischen Normenkonflikten, bei denen Gesetz und Tat, Strafe und Schuld, Recht und Rechtsempfinden in Widerspruch geraten (Jolles, 173–186). Das in ihnen modellhaft ausgeprägte Muster der Normenreflexion tritt kultur- und epochenübergreifend und nicht selten quer durch verschiedene Praxis-, Diskussions- und Wissensfelder auf: So bildeten etwa die Rede- und Debattierübungen (declamationes, controversiae) der antiken Rhetorik oder auch die agonale Dialektik und Quaestio-Technik (↗ *Disputatio*) des mittelalterlichen Gelehrtendiskurses über das Rechts- und Bildungswesen hinaus den „Nährboden literarischer Einbildungskraft und gelehrter Problemphantasie" (von Moos, 31), aus dem sich der argumentative Kasus genauso wie die hochmittelalterliche Liebeskasuistik, die bis ins Spätmittelalter praktizierten Formen höfischer Minnegeselligkeit (cours d'amours, Minneurteile u. a.) und auch die volkssprachliche Tradition des Streitgedichts entwickelt haben (Bumke 2, 569–582; Cherchi; Nolting-Hauff; Schnell).

Der literarische Kasus hat seine Domäne in paradoxen oder aporetisch-unlösbaren Problemgeschichten. Deren Tradition umfaßt weit verbreitete biblische Stoffe (Opfer Isaaks, Judith und Holofernes, Jona u. a.) ebenso wie berühmte literarische Sujets (Dido, Lucrezia, Paolo und Francesca da Rimini, Griseldis u. a.). So entfaltet auch die mittelalterliche Exempelliteratur den kasuistischen Konfliktgehalt vieler Texte in dialektischen Pro- und Contra-Auslegungen. Die deutschsprachige Märendichtung des 13. bis 15. Jhs. (↗ *Maere*) bietet das strukturelle Pendant dazu sowohl in minnekasuistischen Erzählungen (z. B. Konrad von Würzburg: ‚Herzmäre‘; ‚Pyramus und Thisbe‘, ‚Die Heidin‘) als auch durch den gattungsgeschichtlichen Schritt von der exempelhaft-didaktischen zur novellenhaft-mehrsinnigen, in ihrer Wertediskussion offenen Kurzerzählung (bes. Heinrich Kaufringer). Als ‚Form des Problematischen selbst‘ (Stierle) erweist sich die Kasusstruktur dann auch in ihrer neuzeitlichen und modernen Geschichte: bei dem viel diskutierten Übergang vom argumentativ-kashaften Exemplum zur novellistischen Kasuistik Boccaccios (Jolles, Battaglia, Neuschäfer) und auch generell in der Geschichte der Novellistik und Kurzprosa – von Kleist und Hebel bis zu Kafka oder auch Bloch (Zymner, 142–144).

ForschG: André Jolles hat den Kasus als literaturwissenschaftliche Kategorie in dem Bestreben eingeführt, ein vollständiges System der Einfachen Formen zu begründen (Jolles, 172). Wenngleich sich die Kategorie in der Erzähl- und Dramenforschung rasch etablieren konnte, stehen ihre prinzipielle Berechtigung und besonders ihr literaturtheoretischer Status nach wie vor zur Diskussion (Petzoldt, 5; Zymner, 143 f.). Unabhängig davon hat sich inzwischen der analytische Wert des Kasus als eines Strukturmusters erwiesen, das in Erzählformen wie Exempel und Novelle ebenso wie in Drama und Lyrik form- und funktionsbestimmend wirksam ist (Mohr, 326; Koch, 204). Seine Existenz als selbständige Gattung ist damit nicht prinzipiell ausgeschlossen, vielmehr ist in der jüngeren Diskussion um das literarische Exempel die begriffliche und formentypologische Leerstelle deutlich geworden, die der Kasus als „problemorientierte[r] Gegenpol" zum illustrativen Exemplum besetzt (von Moos, 27). Ausgehend von dieser Erkenntnis hat die literaturwissenschaftliche Erzählforschung in stärkerem Maße noch als ihr volkskundliches Pendant auf das systematisch wenig erforschte Gestaltungspotential der Kasusstruktur mit ihrem eigentümlichen Spannungsfeld nicht-literarischer und literarischer Ausformungen hingewiesen.

Lit: Salvatore Battaglia: Dall'esempio alla novella. In: Filologia romanza 7 (1960), S. 21–84. – Hermann Bausinger: Kasus. In: EM 7, Sp. 1025–1027. – Joachim Bumke: Höfische Kultur. 2 Bde. München 1986. – Paolo Cherchi: From controversia to novella. In: La Nouvelle. Hg. v. Michelangelo Picone u. a. Montreal 1983, S. 89–99. – Klaus Grubmüller: Das Groteske im Märe als Element seiner Geschichte. In: Kleinere Erzählformen des 15. und 16. Jhs. Hg. v. Walter Haug und Burghart Wachinger. Tübingen 1993, S. 37–54. – André Jolles: Einfache Formen. Halle 1930; Tübingen ²1956 [mit Anhang]. – Ruth Koch: Der Kasus und A. Jolles' Theorie von den ‚Einfachen Formen'. In: Fabula 14 (1973), S. 194–204. – Hans Lipps: Beispiel, Ex-

empel, Fall und das Verhältnis des Rechtsfalles zum Gesetz. In: H. L.: Die Verbindlichkeit der Sprache. Frankfurt 1944, S. 39–65. – Wolfgang Mohr: Einfache Formen. In: RL² 1, S. 321–328. – Peter von Moos: Geschichte als Topik. Das rhetorische Exemplum von der Antike zur Neuzeit und die historiae im ‚Policraticus' Johanns von Salisbury. Hildesheim u. a. 1988. – Sebastian Neumeister: Das Spiel mit der höfischen Liebe. München 1969. – Hans-Jörg Neuschäfer: Boccaccio und der Beginn der Novelle. München 1969. – Ilse Nolting-Hauff: Die Stellung der Liebeskasuistik im höfischen Roman. Heidelberg 1959. – Leander Petzoldt: Einfache Formen. In: Reallexikon der Germanischen Alterumskunde. Bd. 7. Berlin u. a. 1989, S. 1–10. – Rüdiger Schnell: Von der kanonistischen zur höfischen Ehekasuistik. In: ZrPh 98 (1982), S. 257–295. – Karlheinz Stierle: Geschichte als Exemplum – Exemplum als Geschichte. In: K. S.: Text als Handlung. München 1975, S. 14–48. – Rüdiger Zymner: Uneigentlichkeit. Paderborn u. a. 1991.

Manfred Eikelmann

Katachrese

Tropus, der mangels eines eigentlichen Ausdrucks einen ähnlichen oder benachbarten bietet; in der Neuzeit auch Bezeichnung für die mißglückte Bildverschmelzung.

Expl: Seit der antiken Rhetorik ist für naheliegende, übertragene Ausdrücke (↗ *Tropen₂*), mit deren Hilfe aufwendige Paraphrasen vermieden werden, die Bezeichnung *Katachrese* gebräuchlich. Neben der Sprungtrope der metaphorischen Katachrese (Typus: ‚Tischbein') sind auch die Grenzverschiebungstropen der synekdochischen und der metonymischen Katachrese belegt, teilweise auch über nationalsprachliche Grenzen hinweg (*Feder*, frz. *plume*, auch für sonstiges Schreibgerät).

Die lat. Übersetzung *abusio* regte eine Verschiebung der Bedeutung an auf STIL-BLÜTE oder Bildbruch, bedingt durch die Kontamination von Metaphern aus verschiedenen, unvereinbaren Bildfeldern (‚Wer die Suppe eingebrockt hat, muß sie auch ausbaden').

WortG: Der Ausdruck *Katachrese* geht auf griech. κατάχρησις [katáchresis] ‚Mißbrauch' zurück und entspricht dem lat. *ca-tachresis*. Die von Ratke dafür vorgeschla-gene Eindeutschung *Mißbrauchung* (Sieber, 202) hat sich gegenüber dem Fremdwort aus dem Griech. nicht durchsetzen können.

In Analogie zur Rhetorik bezeichnet *Ca-tachresis* in der Musiktheorie des 18. Jhs. „jede außerordentliche [...], aber kunstge-rechte Auflösung der Dissonanz, die in der Zentralkomposition noch gestattet war" (Schmitz, 183).

Arnold Schmitz: Figuren, musikalisch-rhetori-sche. In: MGG 4, Sp. 176–183.

BegrG/SachG: Ohne die Katachrese zu nen-nen, berührt Aristoteles den Sachverhalt im Zusammenhang seiner translatio-Theorie, wenn er für das Aussenden der Sonnen-strahlen die Metapher des Aussäens von Früchten für notwendig hält (,Poetik' 1457b). Quintilian übersetzt *katachresis* mit *abusio* und versteht diesen Tropus als Er-satz eines fehlenden eigentlichen Ausdrucks durch einen ihm nahestehenden, wobei er präzisiert: „um Katachrese handelt es sich, wo eine Benennung fehlte, um Metapher, wo sie eine andere war" (Quintilian 8,6,35). Die ,Rhetorica ad Herennium' erläutert *ab-usio* als Verwendung eines ähnlichen oder benachbarten Wortes („verbo simili et pro-pinquo") statt des genauen und eigentlichen („pro certo et proprio"), ohne dabei auf die Möglichkeit der systemimmanenten sprach-lichen Lücke einzugehen (,Rhetorica ad He-rennium' 4,45). So stellen sich leicht nega-tive Konnotationen ein, so daß *abusio* schließlich nur noch den Gebrauch eines nicht passenden Ausdrucks bezeichnet. Gal-fred von Vinsauf scheint auf die ,Rhetorica ad Herennium' zurückzugreifen, wenn er vom „verbum nec proprium nec certum" (,Poetria nova', v. 1039) spricht (Faral, 229). Hier dürfte die Übergangzone zur späteren Ausweitung des Begriffs auf die Bildverschmelzung oder falsche Bildver-wendung zu suchen sein. So findet sich 1739 bei Daniel Peucer die Erläuterung der Cata-chresis als „allzuharter tropus" (dies die Übersetzung für das übliche *tropi duricies*) mit dem biblischen Beispiel: „Jhr habt un-sern Geruch stinkend gemacht in den Augen Pharaonis" (Ex 5,21; vgl. Peucer,

219). In eine ähnliche Richtung weist Gott-sched: „Katachresis wird zu der Metaphore gerechnet, und besteht darinnen, wenn man diese zu weit treibt, und misbrauchet" (Gottsched 1760, 950).

Die Katachrese als auch heute noch un-verzichtbare Möglichkeit der Wortbildung ist unter rhetorischem Aspekt ein ,Tropus in verbis singulis', während der Bildbruch als mißglückte ,Figura sententiae' verstan-den werden kann; im zweiten Fall ist eine syntaktische Einbettung unabdingbar, denn andernfalls müßten auch die im Barock häufigen Reihungen von Metaphern aus verschiedenen Bildfeldern als Katachresen kategorisiert werden. Katachresen werden häufig als Mittel charakterisierender Komik eingesetzt (↗ *Bühnenkomik*). Deutlich abzu-setzen vom Bildbruch sind auch die kalku-liert antithetischen oder paradoxen Figuren wie das *Oxymoron*, die *Contradictio in adiecto* (↗ *Paradox*) oder die ,kühne' Meta-pher und die Denkfigur des ↗ *Concetto*. Neuerdings wurde vorgeschlagen, den Be-griff auf die „Verbindung [...] mindestens zweier metaphorischer Ausdrücke aus un-vereinbaren Bildbereichen" (Fricke/Zym-ner, 49) zu beschränken; jedoch steht dies im Widerspruch zur vorneuzeitlichen Be-griffsgeschichte. Im gegenwärtigen literatur-wissenschaftlichen Sprachgebrauch scheint es sich gleichwohl durchgesetzt zu haben.

Edmond Faral: Les arts poétiques du XIIᵉ et du XIIIᵉ siècles. Paris 1962.

ForschG: Wenn unter ,Katachrese' die not-wendige Metapher verstanden wird, ist sie Gegenstand der Rhetorik bzw. der Meta-pherntheorie (↗ *Metaphernkomplex*) und wird dann häufig zusammen mit dem Phä-nomen der Exmetapher oder verblaßten Metapher und deren Problemen erörtert. Etymologisch gehen zahlreiche heute als proprie verstandenen Ausdrücke auf Kata-chresen zurück (vgl. die frz. Beispiele bei Lausberg 1982, § 178). Die als Bildbruch oder Bildersprung verstandene Katachrese wurde vor allem in der Stilistik thematisiert.

Lit: ↗ *Metapher.* – Leonid Arbusow: Colores rhetorici. Göttingen ²1963. – Jacques Dubois u. a.: Rhétorique générale. Paris 1970 [dt. 1974]. – Harald Fricke, Rüdiger Zymner: Einübung in die Literaturwissenschaft. Paderborn u. a. 1991. − Johann Christoph Gottsched: Handlexicon oder Kurzgefaßtes Wb. der schönen Wissenschaften und freyen Künste [1760]. Repr. Hildesheim, New York 1970. − Heinrich Lausberg: Elemente der literarischen Rhetorik. München ⁷1982. − Maria Teresa Pajares: Teoría de la catacresis. Ann Arbor 1995. − Daniel Peucer: Anfangs-Gründe der Teutschen Oratorie [⁴1765]. Repr. Kronberg 1974. − Heinrich Plett: Textwissenschaft und Textanalyse. Heidelberg 1975. − Armin Sieber: Deutsche Rhetorikterminologie in Mittelalter und früher Neuzeit. Baden-Baden 1996. − Gerhard Johannes Vossius: Commentariorum Rhetoricorum, sive Oratoriarum Institutionum libri sex [⁴1630]. Repr. Kronberg 1974.

Dietmar Peil

Katalektisch ↗ *Versfuß*

Kataphorik, Anaphorik

Lehre von den Verweisformen im Satz oder auch Text.

Expl: Die heute vor allem im Zusammenhang der ↗ *Textlinguistik* untersuchten Systeme ana- und kataphorischer Verweisformen sind komplementär aufeinander bezogen:

ANAPHORIK: Lehre von den rückbezüglichen Verweisformen im Satz (Syntax), speziell von den textkonstituierenden Relationen zwischen einer (einen vorangehenden Ausdruck substituierenden bzw. wieder aufgreifenden) Pro-Form und dem betreffenden Ausdruck im Text (z. B.: „Im Schloß lebte ein König. *Dort* wohnten auch *seine* drei Töchter.").

KATAPHORIK: Lehre von den Textrelationen zwischen einem Ausdruck und einer im Text vorausgehenden Pro-Form (z. B. „Leise trat *er* ein, *sein* Kopf war vermummt. Der Mörder hatte sich sorgfältig vorbereitet.").

Beide Termini werden überwiegend in Wendungen wie *ana-/kataphorische Referenz* oder *ana- / kataphorische Relation* verwendet und im Rahmen der ↗ *Textlinguistik* unter dem Aspekt der satzverknüpfen-

den, textkonstituierenden Funktion gesehen. Die ‚kataphorische Referenz‘ besteht zwischen einem Lexem / einer Nominalgruppe / einem Satz und vorangehenden ↗ *Pro-Formen*, die ‚anaphorische Referenz‘ zwischen einem Lexem / einer Nominalgruppe / einem Satz und nachfolgenden Pro-Formen (Pronomina, Pro-Adverbien etc.). Beide Typen von Verweisformen schaffen textuelle *Kohäsion* (↗ *Kohärenz*).

WortG: Der Terminus *anaphorisch* geht (wie die Bezeichnung der, hiermit nicht zu verwechselnden, Stilfigur ↗ *Anapher*) zurück auf griech. ἀναφορά [anaphorá] ‚Rückbeziehung‘, ‚Wiederaufnahme‘. Der grammatische Terminus ἀναφορικός [anaphorikós] wurde dann als *relativus* ins Lateinische übersetzt, wo er zunächst als Sammelbezeichnung für alle Pronomina mit rückbezüglicher bzw. hinweisender Funktion diente (vgl. Hirt, Delbrück, Steinthal).

In der historisch-vergleichenden Sprachwissenschaft wurden anaphorische und relative Funktion differenziert. Unter *anaphorischer Relation* wird dabei in der traditionellen Syntax die Beziehung zwischen einem Pronomen der 3. Person und einem anderen Satz verstanden; das Pronomen kann sich dabei auf ein Substantiv / eine Nominalphrase im anderen Satz oder auf den gesamten Satzinhalt beziehen: „Wir nennen ein Pronomen dritter Person anaphorisch, wenn es in einem Hauptsatz auf etwas in der Rede Dagewesenes hinweist" (Delbrück, 407). Die anaphorische Funktion nimmt dabei eine Zwischenstellung zwischen der deiktischen (hinweisenden) Funktion und dem satzverknüpfenden Gebrauch von Relativpronomina ein. In der modernen Textlinguistik werden Anaphorik wie Kataphorik auf die Textebene erweitert und in ihrer satzverknüpfenden, textkonstituierenden Funktion betrachtet.

Der Terminus *Kataphora* wurde erst 1934 von Karl Bühler in Anlehnung an griech. κάτω [káto] ‚unten im Text‘ geprägt (Bühler, 122). Er ist eine Analogiebildung zum antonymen Terminus *Anaphora* und meint ‚Vorausverweisung im Text‘.

BegrG: Die Konzeption eines Vorverweises im Text bzw. im Satzgefüge wird vor Bühler nur ansatzweise entwickelt. Im Rahmen der antiken Lehre von den Pronomina wurde bereits von Apollonius Dyskolos die Trennung von Nennwörtern und Zeigewörtern vollzogen; allerdings wird hier unter Anaphorik die deiktische Funktion (Verweis auf Außersprachliches) und die syntaktisch-relationale Funktion (grammatischer Bezug im Satzgefüge) noch zusammengefaßt (vgl. 1890 Steinthal). Brugmann spricht 1904 im Bezug auf einen Vorverweis im Satzgefüge von einer ‚präparatorischen‘ Verwendung der Demonstrativpronomina im Gegensatz zu der rückverweisenden Anaphora. Bei Bally wird 1932 die Beziehung eines syntaktischen Stellvertreters zu einer darauf folgenden Äußerung unter das Phänomen der ‚Antizipation‘ subsumiert. In der satzorientierten Generativen Transformationsgrammatik wird die Relation sehr restriktiv als Erscheinung der Pronominalisierung abgehandelt, wobei die kataphorische Relation als *backwards pronominalization* (Pronomen steht links vom Beziehungswort) und die anaphorische Relation als *forwards pronominalization* (Pronomen steht rechts vom Beziehungswort) bezeichnet wird.

Die Dichotomie von ‚anaphorisch‘ vs. ‚kataphorisch‘ wird − ohne expliziten Bezug auf Bühler − von Halliday 1967 bzw. 1976 wieder aufgegriffen und ist seitdem in der Textlinguistik geläufig (z. T. werden auch sprachliche Phänomene der Segmentation, der linksverzweigenden Pronominalisierung, der pronominalen Ausklammerung dazugerechnet). In der diskursanalytisch orientierten Textlinguistik (z. B. Brown/Yule) wird zwischen ‚exophorischen‘ Beziehungen (Verweis sprachlicher Zeichen auf außersprachliche Gegenstände) und ‚endophorischen‘ Beziehungen (Verweis sprachlicher Zeichen untereinander in der syntaktischen Kette des Satzes bzw. Textes) unterschieden. *Endophorisch* steht dabei als Oberbegriff für anaphorische und kataphorische Relationen; z. T. wird als Oberbegriff auch *diaphorisch* verwendet (Maillard).

ForschG: Der rein syntaktisch substituierende Charakter der Anaphorik wurde erst von Bloomfield 1933 klar herausgearbeitet. Weitere Forschungsansätze zur Anaphorik beziehen sich in der Historischen Sprachwissenschaft z. B. auf den anaphorischen Dualis (als Numerus für Paarformen; Brugmann, Marouzeau), in der Generativen Transformationsgrammatik (vgl. Wasow) auf die sog. ‚anaphorischen Inseln‘, bei denen das Bezugselement der − möglichen oder nicht möglichen − anaphorischen Relation elliptisch oder semantisch impliziert ist (Postal; vgl. ähnlich die Kategorie ‚zero anaphora‘ bei Pei). Dieser Zusammenhang hat auch tiefgreifende sprachphilosophische Aspekte (vgl. systematisch: Hintikka / Kulas; historisch: Hülsen), insbesondere für die kognitive Rolle sprachlicher Repräsentationen und Substitutionen (vgl. van Hoek; Brandom, 299−322 u. 449−494).

Über kataphorische Relationen wird in nennenswertem Umfang erst in der neuesten Textlinguistik (vgl. de Beaugrande/Dressler) geforscht. Fragen sind dabei, welche Textelemente kataphorisch vorausweisen können und in welchen sprachlichen Einheiten dies möglich ist (Satzgefüge, Text, Textsorte). Noch nicht abschließend erforscht sind kontrastive Unterschiede zwischen Einzelsprachen. Im Französischen sind z. B. kataphorische pronominale Verweise aus Konjunktionalsätzen zu folgenden Hauptsätzen geläufig; im Deutschen ist dies syntaktisch unmöglich oder stilistisch stark markiert. Aus solchen kontrastiven Unterschieden ergeben sich Konsequenzen für die Sprachtypologie, die Stilanalyse, die Übersetzungswissenschaft und die Fremdsprachendidaktik.

Die neuere Textlinguistik hebt insgesamt die textkonstituierende Funktion von Anaphorik wie Kataphorik (Textkohäsion) hervor und sieht in ihr ein Mittel der sprachlichen Verkürzung und der ökonomischen Satzverknüpfung. Kataphorik ist dabei seltener als Anaphorik; im Gegensatz zur Anaphorik scheint Kataphorik eher im Satzgefüge verwendet zu werden. Soweit kataphorisch vorausweisende Elemente im Text auftreten, können sie als Stilelemente der Retardierung und Spannungserregung auch literaturwissenschaftlich untersucht werden (zum Einsatz in der Erzählforschung vgl. z. B. Ehlich).

Lit: Joseph Aoun: A grammar of anaphora. Cambridge/Mass. 1985. − Charles Bally: Linguistique générale et linguistique française. Bern ³1950 [Paris ¹1932]. − Robert-Alain de Beaugrande, Wolfgang U. Dressler: Einführung in die Textlinguistik. Tübingen 1981. − Leonard Bloomfield: Language. London 1933. − Gillian Brown, George Yule: Discourse analysis. Cambridge/Mass. 1983. − Robert B. Brandom: Making it explicit. Reasoning, representing, discursive commitment. Cambridge/Mass. 1994. − Karl Brugmann: Die Demonstrativpronomina der indogermanischen Sprachen. Sächsische Abhandlungen 22 (1904), n°6. − Karl Bühler: Sprachtheorie. Jena 1934. − Mary Dalrymple: The syntax of anaphoric binding. Menlo Park 1993. − Berthold Delbrück: Vergleichende Syntax der indogermanischen Sprachen. 3 Bde. Straßburg 1893−1900. − Konrad Ehlich: Deiktische und phorische Prozeduren beim literarischen Erzählen. In: Erzählforschung. Hg. v. Eberhard Lämmert. Stuttgart 1982, S. 112−129. − Barbara Fox (Hg.): Studies in anaphora. Amsterdam, Philadelphia 1996. − Michael A. K. Halliday: Descriptive linguistics in literary studies. London 1967. − M. A. K. H., Ruqaiya Hasan: Cohesion in English. London 1976. − Roland Harweg: Pronomina und Textkonstitution. München 1968. − Jaakko Hintikka, Jack Kulas: Anaphora and definite descriptions. Dordrecht 1985. − Hermann Hirt: Indogermanische Grammatik. 7 Bde. Heidelberg 1937. − Karen van Hoek: Anaphora and conceptual structure. Chicago 1997. − C. Reinhard Hülsen: Zur Semantik anaphorischer Pronomina. Untersuchungen scholastischer und moderner Theorien. Leiden 1994. − Marek Kesik: La cataphore. Paris 1989. − Georges Kleiber: Anaphores et pronoms. Louvain-la-Neuve 1994. − Rolf Köppel: Satzbezogene Verweisformen. Tübingen 1993. − Jan Koster, Eric Reuland (H.): Long-distance anaphora. Cambridge, New York 1991. − Lita Lundquist: La cohérence textuelle. Kopenhagen 1980. − Michel Maillard: Essai de typologie des substituts diaphoriques. In: Langue Française 21 (1974), S. 55−71. − Jules Marouzeau: Lexique de la terminologie linguistique français-allemand-anglais-italien. Paris 1933. − Walter de Mulder u. a. (Hg.): Rélations anaphoriques et (in)cohérence. Amsterdam, Atlanta 1997. − Mario Pei: Glossary of linguistic terminology. New York, London ²1969. − Paul Martin Postal: Anaphoric islands. In: Papers from the 5th regional meeting of the Chicago Linguistic Society. Hg. v. Robert I. Binnick u. a. Chicago 1969, S. 205−237. − Catherine Schnedecker u. a. (Hg.): L'anaphore associative. Paris 1994. − Hermann Steinthal: Geschichte der Sprachwissenschaft bei den Griechen und Römern mit besonderer Rücksicht auf die Logik. Berlin ²1890. − Thomas Wasow: Anaphora in generative grammar. Gent 1979.

Bernd Spillner

Katastrophe ↗ *Peripetie*

Katechese

Texte und literarische Formen, die auf die Vermittlung religiöser Grundkenntnisse gerichtet sind.

Expl: Die Literaturwissenschaft verwendet *Katechese* gleichbedeutend mit der Bezeichnung *katechetische Literatur* für nichtfiktionale Texte seit dem 2. Jh., die nach ihrer ausgesprochenen oder erschließbaren Intention zum Memorieren und/oder zum Verständnis derjenigen anderen, biblisch, konziliar oder durch Tradition autorisierten Texte anleiten, deren Kenntnis in der jeweiligen Epoche zur Religionsausübung nötig ist und den Gläubigen von der christlichen Kirche ihrer Zeit und Ausrichtung abverlangt wird. Obgleich ‚Katechese' für Theologie und Religionswissenschaft sowohl den mündlichen und gestischen als auch den schriftlichen religiösen Elementarunterricht umfaßt, ist sie für historische Zeiten hauptsächlich in Gestalt von Texten, als katechetische Literatur, faßbar.

Durch ihren Gegenstand verbindet sich Katechese eng mit ↗ *Erbauungsliteratur*. Im späten Mittelalter und in der Frühen Neuzeit fällt sogar die Mehrzahl der Texte, die als Katechese beschreibbar sind, auch unter Erbauungsliteratur.

Die texterklärende Variante von Katechese hat theologische Wurzeln in der ↗ *Exegese* und benutzt in unterschiedlichem Maße dort entwickelte Methoden der Sinnzuordnung zum ausgelegten Text (↗ *Sensus litteralis/spiritualis*).

WortG: Katechese leitet sich her von griech. κατηχέω [katechéo] ‚von oben herab tönen'. Durch Augustins Verwendung in ‚De fide et opere' 6,13 und im Titel von ‚De catechizandis rudibus' (weniger durch Tertullian, weil er nicht als unbezweifelte Autorität galt, obgleich in ‚Adversus Marcionem' 4,29 in dieser Bedeutung) hat sich im lateinischen Mittelalter ein Verb *catechizare* in der Bedeutung ‚über religiöse Grundwahrheiten aufklären' etabliert: Jakob Twinger von Königshofen glossiert in seinem spätmittelalterlichen Wörterbuch *catecisare* mit *docere* und *confirmare* (Kirchert/Klein 1, C 397) und stellt das Lemma zu *cathecvminus* ‚Katechumene'. Das weitverbreitete Vokabular ‚Ex quo' (2, C 231) bietet auch die nominale Form ‚Katechismus' (*cathacismus*), allerdings mit weiter Streuung der angegebenen Bedeutungen: Taufe, Taufgang, Taufsegen, Taufstein werden in den Hss. vorgeschlagen. Das Wort *Katechismus* fand durch Melanchthons ‚Catechesis Puerilis' Verwendung zur Bezeichnung einer belehrenden Schrift. Als Bezeichnung für einen Texttyp setzte es sich wegen der breiten Wirkung der Lutherschen Katechismen und wegen dessen expliziter Begriffsbestimmungen (WA 19, 76,2−5; WA 30/3, 567,19−21) durch. Das DWb verzeichnet nur Komposita mit *Catechismus*-, nicht *Katechese*. Da Luthers eigene Katechismen nicht prototypisch für Katechese schlechthin stehen, sondern einem bestimmten Texttyp innerhalb der katechetischen Literatur (mit summarischem Ganzheitsanspruch) angehören, entstand im 19. Jh. in der historischen Theologie ein neues Bedürfnis nach sprachlicher Differenzierung gegenüber kleineren katechetischen Stücken (Ave Maria mit Auslegung, Vaterunser-Erklärungen etc.). So haben Theologen des ausgehenden 19. Jhs. den gemeinsamen Oberbegriff ‚Katechese' für die Belehrung und deren verschiedene Buchformen eingeführt (vgl. Göbl, Probst, je im Titel), der von dort in die philologische Beschreibungssprache übernommen worden ist.

Klaus Kirchert, Dorothea Klein (Hg.): Die Vokabulare von Fritsche Closener und Jakob Twinger von Königshofen. Bd. 1. Tübingen 1995. − Martin Luthers Werke. Kritische Gesamtausgabe [WA]. Bd. 19 u. 30/3. Weimar 1897 u. 1910. − Vocabularius Ex quo. Überlieferungsgeschichtliche Ausgabe. Hg. v. Klaus Grubmüller u. a. Tübingen 1988 ff.

BegrG: Die Verknüpfung des Interesses an religiöser Belehrung mit dem an ihren sprachlichen und literarischen Formen findet sich bei Augustin vorgeprägt, der den Wert der ↗ Rhetorik für die Heidenmissionierung ausdrücklich betont hat (‚De doctrina christiana' 4). Im europäischen Frühmittelalter wurde die Vorstellung von Katechese wesentlich von der irischen (7. Jh.) und angelsächsischen (8. Jh.) Mission bestimmt. Beiden war ein Zug zur Abgrenzung eigen, der sich in bevorzugten Textsorten (Taufgelöbnissen, Abschwörungsformeln) niederschlug: Christliche Belehrung fand in der Auseinandersetzung mit germanisch-heidnischen Kultvorstellungen statt. Das rein funktionale Programm von Katechese hat Alcuin als ‚Bildungsprogramm für den Erwachsenen' („ordo in docendo uirum aetate perfectum", ‚Epistula' 110 D) beschrieben. Mit dem Abschluß der Missionierung löste sich der Begriffsinhalt von ‚Katechese' vom Taufunterricht ab und verschob sich in Richtung auf eine religiöse Elementarbildung von (getauften) Erwachsenen und Kindern. Sie wurde zur Anleitung zu verstehendem und deshalb volkssprachlichem Memorieren religionspraktisch unverzichtbarer Texte. Die Vorschrift des 4. Laterankonzils (1215) über die allgemeine Pflicht zur Ohrenbeichte leitete eine grundsätzliche Veränderung ein, denn der Beichtende mußte über den Verstoßcharakter einer Handlung, der Beichtiger zusätzlich über den Stellenwert der verletzten Norm im Regel- und Rechtsgefüge von Kirche und Welt unterrichtet sein. Katechese wurde zum Normunterricht für Priester und Beichtende. Sie hatte, zeitgleich mit den großen Entwürfen scholastischer Theologie oder ihnen folgend, die Norm als vernünftige Norm − nach Maßgabe der Fassungskraft wechselnder Adressaten − zu entwikkeln. So fanden auch religionsphilosophische und rechtliche Erwägungen Eingang in die Katechese, deren Bandbreite zwischen dem 13. und 15. Jh. von der Populärwissenschaft bis zur einfachsten Glaubensunterweisung reichte. Das Streben nach Gewißheit der Urteils- und Handlungskriterien ließ eine Verschriftlichung der Normbücher einerseits und die literarisch ausgeformte

Rücksicht dieser Normbücher auf ständige Übergänge in die virtuelle Mündlichkeit von Unterweisungssituationen andererseits zunächst (im 13. Jh.) im Lateinischen, in den folgenden Jahrhunderten (vom 14. Jh. bis zur Reformation) in den Volkssprachen zu prägenden Zügen von Katechese werden. Im Zeitalter von Reformation und Gegenreformation gewann Katechese die zusätzliche Aufgabe, die konfessionellen Unterschiede in ihren lebens- und religionspraktischen Konsequenzen darzustellen. Indem die Zuversicht auf eine allen theologischen Kontroversen übergeordnete, gemeinsame Wahrheit des fachlichen wie religiösen Wissens schwand, trat selbst in den katechetischen Großformen (den Katechismen und umfänglichen Dekalog-Erklärungen, wie z. B. Luthers Schrift ‚Von den guten Werken‘) der allgemeine Bildungsaspekt wieder hinter die bewußt aufs Religiöse beschränkte Auseinandersetzung, Parteinahme und Abgrenzung zurück. Katechese wandelte sich zurück zur literarischen Darbietung von elementarem Konfessionswissen. Rechts- und religionsphilosophische Diskussionen, z. B. über Naturrecht und vernunftgemäßen Glauben, erreichten die Katechese nicht mehr.

SachG: Die literarische Geschichte der Katechese beginnt in Europa mit der Ausbildung eigener schriftlicher Formen für ihr religionspädagogisches Anliegen. Im Imperium Romanum sind ihre Literaturformen (z. B. bei Augustinus, ‚De catechizandis rudibus‘) zunächst noch in die Schriftkultur einer gesprochenen, lebendigen Sprache eingebunden. Im frühen Mittelalter sprach die Katechese in der Regel Menschen an, deren Muttersprache noch nicht über eine Schriftkultur verfügte: entweder zur fachsprachlichen Sachunterweisung von Geistlichen in einem nicht zu komplizierten Latein oder für Laien in der Volkssprache, meist ohne an deren Traditionen mündlicher Dichtung anknüpfen zu können. In beiden Idiomen entstanden auf diese Weise rein funktionale, wenig schöne Texte. In den Volkssprachen der Bekehrten werden Abschwörungsformeln und Taufgelöbnisse aufgeschrieben, formelhafte Mustertexte,

die sich zu wörtlicher Wiederholung eignen; ebenso übertragen werden apostolisches Glaubensbekenntnis und allgemeine Beichtmuster. Ihre Formelhaftigkeit und Gruppenähnlichkeit übersteigt nicht nur aus dogmatischen Gründen, sondern auch wegen ihrer Geltung über unmittelbar missionarische Zeiten hinaus noch die der stärker adressatenbezogenen Taufgelöbnisse. Das Vaterunser wird nicht nur übersetzt (‚St. Galler Paternoster‘), sondern auch schon kommentiert (‚Freisinger Paternoster‘, ‚Weißenburger Katechismus‘), und zwar vermutlich zunächst als Verständnis- und Vermittlungshilfe für den Priester. Auch das schwierigere athanasische Glaubensbekenntnis ist bereits übertragen worden (‚Weißenburger Katechismus‘), aber – wohl wegen der dogmatischen Schwierigkeiten – unkommentiert. Die Reihung verschiedener, lose verbundener Kleintexte und die Zählbarkeit als textstrukturierendes Prinzip (über die Gaben des Heiligen Geistes, die Hauptsünden, über typologische Vorbilder christlicher Eigenschaften) treten im ‚Weißenburger Katechismus‘ erstmals auf. Die enge Verschwisterung von Katechese und (theologischer) Exegese findet erst am Ende der ahd. Epoche im Werk des Notker Labeo (des Deutschen) auch volkssprachlichen Ausdruck. Notker fügt seiner mischsprachigen Psalmenerklärung eine ebenso lat.-dt. Erläuterung von Paternoster, apostolischem und athanasischem Glaubensbekenntnis an.

Im Hochmittelalter hat Katechese kaum eigene literarische Formen entwickelt, denn sie hat einerseits den vormaligen Öffentlichkeitsraum Mission eingebüßt, ohne einen neuen zu gewinnen, andererseits haben sich Bildungswege für Geistliche fest etabliert, so daß Priester als selbstverständliche Adressaten des theologischen Nachhilfeunterrichts Katechese nun ausfallen. Die provisorische Mündlichkeit der Unterweisung durch Eltern oder Paten hat den Weg in die Schriftkultur nicht gefunden. Ihre Inhalte lassen sich aus kirchengeschichtlichen Quellen (Synodal- und Konzilsbeschlüssen) erschließen. Als Unterweisung der Gemeinde ist Katechese im hohen Mittelalter literarisch in bereitstehenden Formen weitergetragen worden: in anweisenden lat. ↗ *Trak-taten* für den vermittelnden Priester und in der lat. konzipierten und volkssprachlich gehaltenen ↗ *Predigt*.

Der Aufschwung von Katechese zu einer Massenliteratur des Spätmittelalters bereitet sich im 13. Jh. in der Ausbildung fester lateinischer Texttypen für Morallehre und für religionspraktisches Wissen vor. Inhalte und kleinere Bauformen dieser Typen werden zunächst in die Predigt — auch in der Volkssprache — übernommen (Berthold von Regensburg); die Voraussetzungen für breitere Umsetzung in die Volkssprachen bieten die Seelsorgeaufgaben der Bettelorden, anwachsende Lesefähigkeit und die Verlagerung von meditativen und Lerntechniken in das Medium Schrift. Im 14. und 15. Jh. differenziert sich Katechese inhaltlich und nach sozialen Trägerschaften. Sie reicht nun von dem Versuch, alles religiös relevante Normwissen in scholastisch geprägten Formen in die Volkssprache zu bringen, bis zur einfachen, paraphrasierenden Memorierhilfe für zentrale Texte wie Credo, Vaterunser und Dekalog. Quantitativ überwiegen die Textformen zwischen diesen beiden Polen (Martin von Amberg, ,Gewissensspiegel'; Stephan von Landskron, ,Himmelsstraße'). Sie strukturieren sich wie schon ihre ahd. Vorläufer überwiegend durch Zählbarkeit und assoziative Reihung. Dabei addieren sie in unterschiedlichem Maße vereinfachte scholastische Dispositionstechniken (↗ *Dispositio*). Im 16. Jh. setzt sich unter dem Einfluß Luthers und reformatorischer Kirchenordnungen der formelhafte Lehrdialog für Katechese durch. Katechetische Auslegungen bleiben in Gebrauch, die im 14. und 15. Jh. ausgebildeten Traktatformen rücken an die Peripherie der literarischen Gruppe.

Wichtige Autoren der klassischen deutschen Literatur und Philosophie (z. B. Lessing im ,Anti-Goeze', Herder in den ,Briefen zur Beförderung der Humanität', Hegel in den ,Vorlesungen über die Geschichte der Philosophie') haben in einem Akt der gleichzeitigen Selbst- und Geschichtsinterpretation Luther zum modernen Theoretiker und die lutherische Reformation zur historischen Freisetzung des Individuums und der Freiheit des Denkens erklärt. Andererseits hat sich die Jenaer Romantik (Novalis, Fr. Schlegel) eine Vorgeschichte des Denkens aufgebaut, zu der das Mittelalter und sein (katholisches) Christentum unbedingt gehörten. Diese geistesgeschichtliche Neuauflage von konfessionellen Unterschieden hat das Beharrungsvermögen von Katechese gestärkt und den bestautorisierten Katechismen beider Seiten (z. B. Luther: ,Großer' und ,Kleiner Katechismus', Calvin: ,Instruction de foi', ,Heidelberger Katechismus'; katholisch: ,Catechismus Romanus', Canisius: ,Summa doctrinae christianae'; Katechismus Bellarmins) bis ins 19. und 20. Jh. eine ungebrochene, durch Schulen beförderte Tradition gesichert.

ForschG: Die philologische Erschließung der Katechese begann in der sich etablierenden Germanistik seit Mitte des 19. Jhs. mit der Erschließung der lat. und volkssprachlichen Literatur im Umkreis der Missionierung. Die Forschung von theologischer Seite setzte etwa gleichzeitig mit Quellenberichten und Editionen ein. Sie waren überwiegend konfessionsgeschichtlich motiviert und behandelten deshalb vorzugsweise die reformatorische Zeit mit ihrer unmittelbaren Vorgeschichte und Nachwirkung. Forschungsgeschichtliche Voraussetzungen für die philologische Beschäftigung mit spätmittelalterlicher und frühneuzeitlicher Katechese waren die Anerkennung eines erweiterten Literaturbegriffs und die Entdeckung einer handschriftlich breit überlieferten volkssprachlichen Vermittlungsliteratur für scholastische Inhalte. Für die deutsche Literatur haben Weidenhiller und Adam zahlreiche neue Texte erschlossen. Als ein zentraler Ort für die Entstehung von Katechese konnte die Wiener Übersetzerschule ausgemacht werden, deren Schrifttum von der Überlagerung monastischer Reforminteressen (Melker Reform), fürstlich-höfischem Einfluß auf eine geistige und literarische Landschaft und von Universitätstheologie geprägt war (Rudolf, Schnell). Verwandtschaften zur Katechese bei Darstellungen von Ethik und Recht, wie sie schon Hasak spontan konstatiert hatte, bestätigten sich in den Untersuchungen von Berg und den

Editionsarbeiten an der ‚Rechtssumme Bruder Bertholds' (Steer u. a.). Parallel dazu wurde das Werk von Johannes Gerson aufgearbeitet, der im 15. Jh. nicht nur im frz. Sprachraum, sondern in der gesamten Romania und auch in Deutschland als vorbildlicher Autor von katechetischer Literatur galt (Burger). Das Konzept der literarischen Reihenbildung versucht Vogel im Rahmen der ‚Typologie des sources du Moyen Age occidental' fruchtbar zu machen. Einige der von Roth gesammelten und beschriebenen ↗ *Spiegel* sind katechetische Stücke oder ganze Katechismen.

Lit: Bernd Adam: Katechetische Vaterunserauslegungen. Zürich, München 1976. – Paul Bahlmann: Deutschlands katholische Katechismen bis zum Ende des 16. Jhs. Münster 1894. – Klaus Berg: Der tugenden buch. Untersuchungen zu diesen und anderen mittelhochdeutschen Prosatexten nach Werken des Thomas von Aquin. München 1964. – Christoph Bizer: Katechetik. In: TRE 17, S. 686–710. – Christoph Burger: Aedificatio, fructus, utilitas. Johannes Gerson als Professor der Theologie und Kanzler der Universität Paris. Tübingen 1986. – Ferdinand Cohrs: Die evangelischen Katechismusversuche vor Luthers Enchiridion. 4 Bde. Berlin 1900–1902. – Franz Falk: Der Unterricht des Volkes in den katechetischen Hauptstücken am Ende des Mittelalters. In: Historisch-Politische Blätter für das katholische Deutschland 108 (1891), S. 553–560 u. 682–694; 109 (1892), S. 81–95. – Hans-Jürgen Fraas: Katechismus. I.1., Protestantische Kirchen. Historisch (bis 1945). In: TRE 17, S. 710–722. – Peter Göbl: Geschichte der Katechese im Abendland vom Verfalle des Katechumenats bis zum Ende des Mittelalters. Kempten 1880. – Johannes Geffcken: Der Bildercatechismus des 15. Jhs. und die katechetischen Hauptstücke in dieser Zeit bis auf Luther. Bd. 1. Leipzig 1855. – Vincenz Hasak: Der christliche Glaube des deutschen Volkes beim Schlusse des Mittelalters, dargestellt in deutschen Sprachdenkmalen. Regensburg 1868. – Christoph Moufang: Katholische Katechismen des 16. Jhs. in deutscher Sprache. Mainz 1881. – Ferdinand Probst: Geschichte der katholischen Katechese. Breslau 1886. – Charles Quinet: Catéchistique (Enseignement). In: Dictionnaire de Spiritualité. Bd. 2. Paris 1953, Sp. 285–288. – Johann Michael Reu: Quellen zur Geschichte des kirchlichen Unterrichts in der evangelischen Kirche Deutschlands zwischen 1530 und 1600. 9 Bde. Repr. Hildesheim, New York 1976. – Gunhild Roth: Speculum/Spiegelliteratur. In: Forschungsberichte zur Germanistischen Mediävistik. Hg. v. Hans-Jochen Schiewer. In: JbIG C 5/2 [im Druck]. – Rainer Rudolf (Hg.): Heinrich von Langenstein, Erchantnuzz der sund, nach österreichischen Hss. Berlin 1969. – Bernhard Schnell: Thomas Peuntner, ‚Büchlein von der Liebhabung Gottes'. München, Zürich 1984. – Paul Sprockhoff: Althochdeutsche Katechetik. Berlin 1912. – Georg Steer u. a. (Hg.): Die Rechtssumme Bruder Bertholds. 4 Bde. Tübingen 1987. – Uta Störmer-Caysa: Gewissen und Buch. Berlin, New York 1998. – Cyrille Vogel: Les „libri paenitentiales". Turnhout 1978. – Egino Weidenhiller: Untersuchungen zur deutschsprachigen katechetischen Literatur des späten Mittelalters. München 1965.

Uta Störmer-Caysa

Katharsis

Wirkungspoetischer bzw. rezeptionsästhetischer Begriff für den Effekt einer ‚reinigenden' Erregung.

Expl: Verschiedene Verwendungsweisen des Begriffs sind zwar wort- und begriffsgeschichtlich voneinander abhängig, jedoch hinsichtlich Begriffsintension und -extension zu unterscheiden:

(1) Im engeren poetologischen Sinn umschreibt *Katharsis* seit Aristoteles die gattungsspezifische Wirkung der ↗ *Tragödie*.

(2) In der Medienwirkungsforschung wird gefragt, ob etwa die Darstellung von Gewalt aggressionssteigernd oder -hemmend, d. h. ‚kathartisch', wirkt (Grimm).

(3) Im weiteren literatur- und kunstwissenschaftlichen Sinn steht *Katharsis* heute für eine „kommunikative Leistung der ästhetischen Erfahrung" (Jauß, 165–190).

WortG: Das Verb καθαίρω [katharío] bedeutet im Griech. ‚säubern' bzw. ‚wegschaffen von Unsauberkeiten', insbesondere von krankmachenden Substanzen aus dem menschlichen Körper wie auch affektiver Störungen durch Ritual, Tanz und Musik (Lucas, 276). Auf dieses medizinisch-hippokratische Verständnis bezieht sich Aristoteles, wenn er in der ‚Politik' auf Musik (bacchische Lieder, ↗ *Dithyrambe*) zu sprechen kommt, die Exaltationen (enthousiasmós) auslöst und eine lustvolle Erleichterung verschafft (Koller, 162). Umstritten bleibt, ob das in der ‚Poetik' ausschließlich im Kontext der Tragödiendefinition überlieferte Wort [*kátharsis*] mit dem Verständnis der Musikkapitel der ‚Politik' „wesensmäßig identisch" (Dirlmeier, 87) ist oder ob gegenüber einer solchen „hermeneutische[n] Parallelstellenmethode" (Luserke, X) nicht eine eigenständige Signifikanz „within the ‚Poetics' itself," geltend zu machen sei, zumal das umstrittene Wort im Griechischen nicht nur als medizinischer Ausdruck bzw. davon abgeleitete Metapher, sondern z. B. von Platon, Epikur und Philodemus auch im Sinn von „intellectual clarification" benutzt wurde (Golden, 441 und 439).

Die lateinischen ‚Poetik'-Übersetzungen und -kommentare des 16. und 17. Jhs. übersetzen *Katharsis* mit *purgatio* (seltener: *expurgatio*, *expiatio* oder *liberatio*), was die europäischen Volkssprachen (ital.: *purgazione*; frz.: *purgation*; engl.: *purification*; dt.: *Reinigung*) aufgreifen, auch wenn durch andersartige Bewertung der Leidenschaften im Christentum der antike Wirkungsmechanismus verstellt ist und daher vielfältige Umdeutungen erfährt. Als Eindeutschung wird das Wort *Reinigung*, dem französischen Vorgang bei A. Dacier (1692) folgend, durch M. K. Curtius' ‚Poetik'-Übersetzung von 1753 sowie die daran anschließende Diskussion über die Wirkung des Trauerspiels im Kreis von M. Mendelssohn, F. Nicolai und G. E. Lessing geläufig. Als deutsches Fremdwort bürgert sich *Katharsis* seit Goethes ‚Nachlese zu Aristoteles' Poetik' (1827), in der der Vorgang als affektive „Ausgleichung" bzw. „aussöhnende Abrundung" aufgefaßt wird, sowie aufgrund der regen altphilologischen Fachdiskussion besonders in der 2. Hälfte des 19. Jhs. ein, die von der Germanistik, z. B. in W. Scherers ‚Poetik' (postum 1888) in Hinsicht auf das Verhältnis zwischen Dichtung und Publikum, aufgegriffen wird. Eine genuin psychologische Bedeutung erhält *Katharsis* zu Beginn dieses Jhs. in der Psychoanalyse, insofern die „kathartische Kur" (Freud/Breuer, 246) als eine voranalytische Psychotherapieform auf Abreagieren, Abfuhr und „Austoben" (Freud, 163) verdrängter Af-

fekte zielt. Lexikographisch lemmatisiert wird das Wort seit den 1920er Jahren.

Sigmund Freud, Joseph Breuer: Studien über Hysterie [1895]. Frankfurt 1970. − S. F.: Psychopathische Personen auf der Bühne [entstanden 1905/06]. In: S. F.: Studienausgabe. Bd. 10. Frankfurt ⁷1980, S. 161−168.

BegrG: Den Wirkungsmechanismus lustvoll entspannender bzw. beruhigender Musik überträgt Aristoteles in der ‚Poetik' auf die Gattung der Tragödie („Die Tragödie ist Nachahmung [...], die Jammer und Schaudern hervorruft und hierdurch eine Reinigung von derartigen Erregungszuständen bewirkt", 1449 b; Übersetzung: Fuhrmann, 1982), die wie eine „homöopathische Heilbehandlung" (Funke, 65) durch die Erregung von Jammern (éleos), d. h. einer mit Tränen in den Augen verbundenen Rührung, und Schaudern (phóbos), d. h. einem mit Kälteschaudern verbundenen Schreckgefühl, von diesen und ähnlichen Erregungszuständen befreit (↗ *Furcht und Mitleid*). Mit seiner Auffassung der Katharsis als der „spezifische[n] Lustform der Tragödie", die sich in der antiken Überlieferung sonst nicht findet, widerspricht Aristoteles der platonischen Auffassung von der Schädlichkeit der die Affekte der Hörer und Zuschauer störenden Dichtung (Flashar 1984, 17 f.).

Seit der Wiederentdeckung der ‚Poetik' des Aristoteles in der Renaissance bis zu Lessing herrschte die Auffassung, die Tragödie verfolge ein ethisch-sittigendes Ziel (Erregung von Mitleid und Furcht). Im französischen ↗ *Klassizismus* werden die in der Tragödie vorgestellten Leidenschaften (Zorn, Wollust und andere Laster), die der poetischen Gerechtigkeit gemäß in die Katastrophe führen, auf eine moraldidaktische Dichtungslegitimation bezogen, die die tragische Lust mit dem Vergnügen am moralischen Nutzen gleichsetzt. Katharsis wird gleichgesetzt mit sittlicher ‚Verbesserung' bzw. ‚Läuterung' der Affekte, so daß Tragödie bzw. Trauerspiel namentlich in der Aufklärung teils kritisch als ‚Schule der Tugend' (F. Nicolai), teils affirmativ als ‚moralische Anstalt' (Schiller) gelten. Nachhaltig prägte Lessing in der ‚Hamburgischen Dramaturgie' (1767/68), 74.−83. Stück) die gegen den französischen Klassizismus gerichtete Katharsis-Auffassung der Goethezeit, die einerseits durch das Bildungsbürgertum kanonisiert wurde, andererseits der Altphilologie des späten 19. und des 20. Jhs. die Folie vorgab, ein ‚antikes' Katharsis-Verständnis zurückzugewinnen. Lessing vertritt ein auf ‚Besserung' zielendes Literaturkonzept, das er auf dem „moralischen Endzweck" basiert, „welchen Aristoteles der Tragödie gibt" (77. Stück). Gestützt auf die Mesotes-Lehre der Aristotelischen Ethik begreift Lessing Katharsis als „Verwandlung der Leidenschaften in tugendhafte Fertigkeiten" (78. Stück), d. h. „Reinigung" der Affekte „Mitleid" und „Furcht" (ebd.) vor einem Über- und Untermaß auf „ein richtiges" (Kommerell, 71), dem Zeitverständnis nach tugendhaftes Maß.

Seit Mitte des 19. Jhs. setzte sich die medizinisch-psychologische Deutung durch, verstärkt durch J. Burckhardts Griechen- und F. Nietzsches Tragödienverständnis. Durch Bernays' Übersetzung der tragischen Katharsis als einer „erleichternde[n] Entladung" (den Begriff übernimmt Nietzsche) sah das idealistische Kulturbewußtsein des deutschen Bürgertums sich jedoch „gefährdet" und die Tragödie durch die medizinische Kontextualisierung der tragischen Wirkung zu einer Art „Abführmittel" erniedrigt (Gründer, 514). Brecht kritisierte in seiner Theorie des ↗ *Epischen Theaters* die Katharsis des Aristoteles als eine „Waschung" (Brecht, 664).

Gegenüber den grammatischen Deutungsmöglichkeiten des Aristotelischen Genitivs als objectivus (Reinigung der Affekte Mitleid und Furcht von einem Übermaß, d. h. Temperierung, Moderierung, Milderung oder Ordnen der Affekte zugunsten einer ‚Optimaldisposition des sensitiven Lebens'; van Boekel, 256) oder subjectivus (Reinigung durch Mitleid und Furcht) hat sich seit den Forschungen von Bernays, Dirlmeier, Flashar, Schadewaldt u. a. „entschieden" (Flashar 1956, 48) Genitivus separativus durchgesetzt, d. h. die genannten Affekte werden nicht von einem Übermaß gereinigt und auf ein mittleres Maß herabgestimmt bzw. gemildert, sondern durch die

Katharsis werden phóbos und éleos „beseitigt" (ebd.).

ForschG: Die Deutung der kathartischen Wirkung der Tragödie ist bis heute umstritten geblieben (Überblick z. B. bei Garbe, Gründer, Luserke). Ihre Interpretation ist abhängig vom jeweils geltenden Griechenbild, eingebunden in die jeweilige Anthropologie-Konzeption, gesteuert von der je herrschenden Bewertung der Affekte und relativ zur je geltenden Welt-, Kunst und Literaturanschauung: „die dunkle Stelle des alten Philosophen [mußte] jedesmal das bedeuten […], was die zur Zeit herrschenden Ansichten über Kunst seinen Erklärern gerade nahe legten" (Weil, 134).

Die Abkehr von einem idealistischen Antikebild durch lebensphilosophische (J. Burckhardt, F. Nietzsche) und anthropologische (W. Robertson Smith, J.-E. Harrison, J. G. Frazer) Konzepte führt zur Abwendung von der „moralischen Katharsis" des 18. und 19. Jhs. zugunsten eines „pathologische[n] Gesichtspunkt[s]", wonach die Tragödie „durch [Erregung von] Mitleid und Furcht die erleichternde Entladung solcher [mitleidigen und furchtsamen] Gemüthsaffectionen" (Bernays, 148) bewirkt. Anregend wirkte Bernays' in Fachkreisen zunächst heftig umstrittener Durchbruch in der Katharsis-Frage nicht nur in Philosophie (F. Nietzsche) und Psychoanalyse (J. Breuer, S. Freud), sondern sie gab auch den weiteren Weg für die altphilologische Forschung im 20. Jh. vor, die das Verständnis der tragischen Affekte gegenüber christlicher, humanistischer und aufklärerischer Depotenzierung als „Elementarempfindungen" (Schadewaldt, 209) zurückzugewinnen suchte. Die sich seit Mitte des 20. Jhs. als communis opinio herausschälende medizinisch-hippokratische Ansicht, daß ‚Katharsis' „keinerlei moralische, sittlich bessernde Wirkung der Tragödie, sondern […] ihre spezifische Lust [meint], die darin besteht, daß Schauder und Jammer in der Tragödie zunächst erregt, dann aber wieder ausgeschieden werden" (Flashar 1976, 784), wird heute erneut von intrinsischen, d. h. ausschließlich auf die Komposition der ‚Poetik' bezogenen Interpretationsvorschlägen in

Frage gestellt, die implizit eine Korrektur des anthropologischen Griechenbilds betreiben. ‚Katharsis' dürfe nicht bloß als psychologisch-physiologischer Akt, sondern müsse als ein Vorgang, dem „sittliche Bedeutung" (Fuhrmann 1973, 98; 1982, 166) zukomme, aufgefaßt werden. Das Verhältnis zwischen psychischer Entladung und sittlicher Läuterung bleibt jedoch aufgrund der unvollständigen Überlieferung offen. Zu denken ist an die Erschütterung angesichts des Sturzes eines tüchtigen, aber fehlbaren Mannes (Fuhrmann 1982, 166), an intellektuelle (Golden, 401) oder „sittliche" bzw. „ethische Aufklärung" (Wagner, 81 und 87).

Lit: Jacob Bernays: Grundzüge der verlorenen Abhandlung des Aristoteles über Wirkung der Tragödie. In: Abhandlungen der Historisch-Philosophischen-Gesellschaft in Breslau 1 (1857), S. 133–202. − Cornelis W. van Boekel: Katharsis. Utrecht 1957. − Bertolt Brecht: Kleines Organon für das Theater [1948]. In: B. B.: Gesammelte Werke in 20 Bdn. Bd. 16. Frankfurt 1967, S. 659–700. − Franz Dirlmeier: κάθαρσις παθημάτων. In: Hermes 75 (1940), S. 81–92. − Umberto Eco: D'Aristote à Poe. In: Nos Grecs et leurs modernes. Hg. v. Barbara Cassin. Paris 1992, S. 281–302. − Helmuth Flashar: Die medizinischen Grundlagen der Lehre von der Wirkung der Dichtung in der griechischen Poetik. In: Hermes 84 (1956), S. 12–48. − H. F.: Katharsis. In: HWbPh 4 (1976), Sp. 784–786. − H. F.: Die Poetik des Aristoteles und die griechische Tragödie. In: Poetica 16 (1984), S. 1–23. − Manfred Fuhrmann: Einführung in die antike Dichtungstheorie. Darmstadt 1973. − M. F.: Nachwort. In: Aristoteles: Poetik. Griechisch/deutsch. Hg. v. M. F. Stuttgart 1982, S. 144–178. − Hermann Funke: Bernays und die Aristotelische Poetik. In: Jacob Bernays. Hg. v. John Glucker und André Laks. Villeneuve d'Ascq 1996, S. 59–75. − Burckhard Garbe: Die Komposition der aristotelischen ‚Poetik' und der Begriff der ‚Katharsis'. In: Euphorion 74 (1980), S. 312–332. − Leon Golden: The clarification theory of katharsis. In: Hermes 104 (1976), S. 437–452. − Jürgen Grimm: Fernsehgewalt. Opladen 1999. − Karlfried Gründer: Jacob Bernays und der Streit um die Katharsis. In: Epirrhosis. Fs. Carl Schmitt. Teil 2. Hg. v. Hans Barion u. a. Berlin 1968, S. 495–528. − Hans Robert Jauß: Ästhetische Erfahrung und literarische Hermeneutik. Frankfurt 1982, S. 165–190. − Hermann Koller: Die orgiastische Musik und die Lehre von der Mime-

sis. In: H. K.: Musik und Dichtung im alten Griechenland. Bern, München 1963, S. 150–164. − Max Kommerell: Lessing und Aristoteles. Frankfurt 1940. − D[onald] W[illiam] Lucas (Hg.): Aristotle: ‚Poetics'. Oxford 1968. − Matthias Luserke (Hg.): Die Aristotelische Katharsis. Hildesheim u. a. 1991. − Glenn W. Most: Katharsis. In: Routledge encyclopedia of philosophy. Hg. v. Edward Craig. Bd. 5. London u. a. 1998, S. 218–220. − Friedrich Pfister: Katharsis. In: Paulys Realencyclopädie der classischen Altertumswissenschaft. Neue Bearbeitung. Suppl.-Bd. 6. Stuttgart 1935, S. 146–162. − Wolfgang Schadewaldt: Furcht und Mitleid? [1955] In: W. S.: Hellas und Hesperien. Bd. 1. Zürich, Stuttgart 1970, S. 194–236. − Christian Wagner: ‚Katharsis' in der Aristotelischen Tragödiendefinition. In: Grazer Beiträge 11 (1984), S. 67–87. − Henri Weil: Ueber die Wirkung der Tragödie nach Aristoteles. In: Verhandlungen der 10. Versammlung deutscher Philologen und Schulmänner in Basel 1846. Basel 1848, S. 131–141.

Carsten Zelle

Kehrreim ↗ *Refrain*

Kenning

Dichterische Umschreibung eines Begriffs in altenglischen und altskandinavischen Texten.

Expl: Poetisches Verfahren in altenglischer und nordischer Dichtung (vor allem Skaldik, weniger ‚Edda'). Die einfache Kenning ist ein zweigliedriger Ersatz für ein Substantivum der gewöhnlichen Rede (Meissner): Riese = ‚Ase der Felsen' (Grundwort und Bestimmungswort). Der Riese ist kein Ase (Angehöriger eines Göttergeschlechts), Ase und Felsen haben nichts Gemeinsames, aber der Riese spielt auf dem Felsengebirge die Rolle des Asen. Das Grundwort ist indifferent, erst die Bestimmung lenkt hin auf das eigentlich Gemeinte. Kenning ist in dieser engen Definition ↗ *Metapher* mit Hinlenkung (‚Rücklenkung', v. See; ‚Ablenkung', Heusler). Das Grundwort und mehr noch das Bestimmungswort können wiederum durch Kenningar (Plural) umschrieben werden. Bildung und Verstehen der Kenning setzt Wissen (Mythologie und Sage), Verstand (Rätselkenning) oder Phantasie (,metaphorische' Kenning; Mohr) voraus.

WortG: Altnordisch *kenning* (femininum) ,Empfindung', ,Erkennung', ,(Er-)Kenntnis', ,Lehre' gebraucht zuerst der Isländer Snorri Sturluson in seiner ,Edda' (um 1220) im Sinne von ,Kennzeichnung', um poetische Umschreibungen zu bezeichnen (Jónsson, 86). Abstraktbildung zum Verbum *kenna* ,kennen' (Kausativum zu *kunna* ,kennen'), speziell *kenna við* (mit Akkusativ) oder *til* (mit Genitiv) ,etwas durch etwas bezeichnen', ,umschreiben'. Ins Deutsche wurde der Terminus von der Altnordistik des 19. Jh. aufgenommen und spätestens seit Meissners Buch (1921) allgemein verbreitet.

BegrG: Vom *heiti*, dem poetischen Ausdruck (z. B. *jór* für *hestr* ,Pferd'), läßt sich die Kenning abgrenzen als *kent heiti* ,gekennzeichneter Ausdruck', ,Umschreibung' (Jónsson, 86). Snorri benennt drei Arten: gewöhnliche Kenning, die doppelte (*tvíkent*) und die ,weitgetriebene' (*rekit*) Umschreibung (hg. v. Jónsson, 215), womit die mehrgliedrigen Kenningar erfaßt werden. Ferner verwendet er nicht widerspruchsfrei die Begriffsnamen *sannkenning* (Bezeichnung einer Person durch ihre Eigenschaft) und *viðkenning* (Umschreibung für eine Person) (Jónsson, 188 u. 216) für Kennzeichnungen besonderer Art. Snorri hat kein System geschaffen, seine Terminologie ist nicht immer eindeutig.

SachG: Die Kenningkunst tritt bei Bragi Boddason (9. Jh.) voll entwickelt hervor und wird besonders von isländischen Dichtern auch nach der Bekehrung zum Christentum im Jahre 1000 geübt. Snorri versuchte, mit dem Skaldenlehrbuch ,Edda' die alte Kenningkunst wieder zu beleben. Die Ursprünge der Kenning dürften in der Wortmagie liegen, speziell in tabusprachlichen Vorstellungen. Kenningartige Bildungen werden universell angetroffen (Adler = ,Herrscher der Lüfte'), die Kenning im engeren Sinne scheint ein kulturspezifisches Phänomen der Germania zu sein (vereinzelt bereits in älteren Runeninschriften).

ForschG: Im Mittelpunkt der Diskussion stehen enge (Heusler) und weite (Meissner) Definition der Kenning, die Spannung zwischen Metapher und Umschreibung (Marold 1983, 27 f.), das ästhetische Prinzip der Kenning im Kontrast zwischen Sprache und Wirklichkeit (Trost, Sveinsson), zwischen Natürlichkeit und Unnatürlichkeit (Lie), Beziehungen zwischen der Kenning als sprachkünstlerischem Ausdruck und der Tierornamentik als bildkünstlerischer Parallele (Marold 1976, 473 f.), grammatische (Meissner) und semantische (Pilch) Beschreibung der Kenning sowie schließlich ihre Funktion (Marold, Krömmelbein).

Lit: Andreas Heusler: [Rez. zu] Rudolf Meiszner. Die Kenningar der Skalden. In: AfdA 41 (1922), S. 127–134. – Wolfgang Krause: Die Kenning als typische Stilfigur der germanischen und keltischen Dichtersprache. In: Schriften der Königsberger gelehrten Gesellschaft. Geisteswissenschaftliche Klasse 7. Halle (Saale) 1930, S. 1–26. – Thomas Krömmelbein: Skaldische Metaphorik. Studien zur Funktion der Kenningsprache in skaldischen Dichtungen des 9. und 10. Jhs. Kirchzarten 1983. – Wolfgang Lange: Studien zur christlichen Dichtung der Nordgermanen 1000–1200. Göttingen 1958 [bes. S. 208–236]. – Hallvard Lie: ,Natur' og ,unatur' i skaldekunsten. In: Avhandlinger utgitt av Det Norske Videnskaps-Akademi i Oslo II. Hist-Filos. Kl. 1957. Nr. 1. Oslo 1957. – Edith Marold: Skaldendichtung und bildende Kunst der Wikingerzeit. In: Festgabe für Otto Höfler zum 75. Geburtstag. Hg. v. Helmut Birkhan. Wien, Stuttgart 1976, S. 449–478. – E. M.: Kenningkunst. Berlin, New York 1983. – E. M.: Zur Poetik von Háttatal und Skáldskapar mál. In: ABÄG 42 (1995), S. 103–124. – Hertha Marquardt: Die altenglischen Kenningar. Halle 1938. – Rudolf Meissner: Die Kenningar der Skalden [1921]. Repr. Hildesheim, Zürich 1984. – Wolfgang Mohr: Kenningstudien. Stuttgart 1933. – Herbert Pilch: Theorie der Metapher. In: Miscellanea Anglo-Americana. Fs. Helmut Viebrock. Hg. v. Kuno Schumann u. a. München 1974, S. 431–448. – Margaret Clunies Ross: Skáldskaparmál. Snorri Sturluson's ars poetica and medieval theories of language. Odense 1987. – Klaus v. See: Skaldendichtung. München, Zürich 1980. – Snorri Sturluson: Edda. Hg. v. Finnur Jónsson. Kopenhagen 1931. – [Snorri Sturluson:] Die jüngere Edda mit dem sogenannten ersten grammatischen Traktat. Übertragen v. Gustav Neckel und Felix Niedner [1925]. Repr. Düsseldorf, Köln

1966. – Einar Olafur Sveinsson: Dróttkvæða þáttur. In: Skírnir 121 (1947), S. 5–32. – Pavel Trost: Zur Wesensbestimmung der Kenning. In: ZfdA 70 (1933), S. 235–236.

Klaus Düwel

Kinder- und Jugendliteratur

Literatur zum Lesen oder Vorlesen für Kinder und Jugendliche.

Expl: In neueren Begriffsbestimmungen wird *Kinder- und Jugendliteratur* als Oberbegriff für die gesamte für noch nicht erwachsene Rezipienten bestimmte Produktion von literarischen Werken definiert. Ihr Spektrum kann alle Genres umfassen, die auch in der Literatur für Erwachsene anzutreffen sind.

(1) Die Bezeichnung *Kinder- und Jugendliteratur* hat je nach Verwendungszusammenhang verschiedene Bedeutungen, die unterschiedliche Korpusbildungen nach sich ziehen: (a) die Gesamtheit der von Kindern und Jugendlichen rezipierten Texte (= Kinder- und Jugendlektüre); (b) die ausdrücklich für Kinder und Jugendliche empfohlenen und publizierten Texte (= ‚intentionale‘ Kinder- und Jugendliteratur) und (c) eigens für Kinder und Jugendliche verfaßte Texte (= ‚spezifische‘ Kinder- und Jugendliteratur; vgl. Brüggemann; Ewers; Scherf). Die zuletzt genannte Gruppe ist mittlerweile so groß, daß diese historisch jüngste Erscheinungsform zum Prototyp von Kinder- und Jugendliteratur avanciert ist. Der weiter gefaßte Begriff ‚intentionale Kinder- und Jugendliteratur‘ hat den Vorteil, daß mit ihm auch dasjenige Schrifttum ins Blickfeld kommt, das sich sowohl an Kinder und Jugendliche als auch an Erwachsene wendet (z. B. religiöse Schriften, populäre Literatur) oder das ursprünglich nicht für die kindliche oder jugendliche Zielgruppe verfaßt worden ist (kinder- und jugendliterarische Bearbeitungen von Erwachsenen-Literatur). Ferner zählen hierzu auch die schulischen Lehr- und Lesebücher, die bis in die Mitte des 19. Jhs. nicht strikt von der Kinder- und Jugendliteratur zu trennen sind.

(2) Neben diesen Unterscheidungen, die durch Lektüreentscheidung, Auswahlkriterien und Absichtserklärung von Autoren getroffen werden, sind außerdem Definitionsversuche anzutreffen, die den Begriff ‚Kinder- und Jugendliteratur‘ inhaltlich zu bestimmen versuchen. Hierbei können drei Ansätze unterschieden werden: Kinder- und Jugendliteratur kann aufgefaßt werden (a) als Literatur, die die für die Erziehung des Kindes oder Jugendlichen unabdingbaren Werte und Kenntnisse vermittelt (= Erziehungs- oder Sozialisationsliteratur), (b) als Literatur, die sich gemäß den Vorstellungen einer entwicklungspsychologischen Altersstufen-Theorie an das Sprachvermögen, die intellektuellen Fähigkeiten sowie die Bedürfnisse und Wertvorstellungen des präsumtiven Lesers anpaßt (= kindgemäße bzw. jugendgemäße Literatur), und (c) als Literatur, die der Aneignung literarischer Regeln dient und sich hinsichtlich der Kinderliteratur durch spezifische Merkmale wie Einfachheit, Redundanz und Nachahmung mündlichen Erzählens auszeichnet (= Anfänger- oder Einstiegsliteratur), hinsichtlich der Jugendliteratur dem Jugendlichen den Übergang zur Erwachsenen-Literatur erleichtern soll (= Übergangsliteratur) (Ewers).

[Terminologisches Feld:]

JUGENDBUCH: Ebenso wie die korrespondierenden Bezeichnungen *Bilderbuch* und *Kinderbuch* wird auch *Jugendbuch* umgangssprachlich noch immer verwendet, um den Bereich der Kinder- und Jugendliteratur in Analogie zu einzelnen Entwicklungsphasen aufzufächern. Eine befriedigende wissenschaftliche Klärung der Begrifflichkeit ist nicht gelungen.

WortG: Die Bezeichnung kommt in den älteren Wörterbüchern und Universallexika (z. B. Zedler, DWb, Campe) nicht vor. Die einzigen relevanten Stichworte sind ‚Kinderbuch‘ (DWb 11, 734), ‚Kindergeschichte‘ (Campe 2, 929), ‚Kinderschrift‘ (DWb 11, 747), ‚Jugendbuch‘ (Campe 2, 853) und ‚Jugendschrift‘ (DWb 10, 2367), die aber weder etymologisch hergeleitet noch detailliert erläutert werden. Der Begriffsname *Jugendliteratur* hat sich seit Detmer (1842) eingebürgert und wird als Äquivalent für den älteren Terminus *Jugendschrift* verwendet. Der erste Beleg für das Kompositum *Kinderliteratur* (gebildet in Analogie zu dem bereits etablierten Ausdruck *Jugendliteratur*) findet sich bei Kühner (1862), wobei der Autor die Neubildung nicht scharf von den Termini *Jugendschrift* bzw. *Jugendliteratur* abgrenzt, sondern diese synonym verwendet.

BegrG: Die Uneinheitlichkeit der Terminologie ist zu einem wesentlichen Teil durch den widersprüchlichen Gebrauch der Kategorien *Kind/Kindheit* und *Jugend* bedingt. Diese Benennungen wurden bis in die sechziger Jahre des 20. Jhs. weitgehend synonym für den dem Erwachsensein vorausgehenden Lebensabschnitt verwendet (Wild 1993). Bei Campe und Hopf ist allerdings schon eine Ausdifferenzierung von Kindheit und Jugend als Altersstufen zu beobachten (vgl. Campe 1778, 7; Hopf, 10, 180), ohne daß deren Terminologie sich durchsetzte (vgl. Gedike 1787). Im Verlauf des 19. Jhs. gehen die mit dem Begriff *Kind* gebildeten Komposita merklich zurück. Seitdem dominieren die Bezeichnungen „Jugendschrift" bzw. „Jugendliteratur" (Detmer). Die ersten geschichtlichen Darstellungen tragen sämtlich mit *Jugend* gebildete Komposita im Titel (Merget, Fricke, Köster, Prestel). Die Unterscheidung von *Jugendliteratur* und *Jugendlektüre* („Teilnahme der Jugend an der [...] Lectüre der Erwachsenen") geht auf Kühner (1862, 102) zurück, an den sich Wolgast (1896) anschließt. Erst Ende der 1920er Jahre setzt sich der Begriffsname *Kinderliteratur* im Bereich der proletarischen bzw. kommunistischen Kinderliteratur-Kritik durch, mitunter, um die negative Konnotation, die mittlerweile mit dem Wort *Jugendliteratur* einhergeht, zu vermeiden (Hoernle 1929). Die wachsende Bedeutung des Begriffs scheint auch auf den Einfluß der ausländischen Terminologie zurückzugehen (russ. *detskaja literatura*, engl. *children's literature*; vgl. Gorki, Kempe). In der Nachkriegs-Forschung der DDR und der BRD etabliert sich der Begriff ‚Kinderliteratur' zusammen mit demjenigen der ‚Jugendliteratur', wobei mit beiden zwei unterschiedliche Altersstufen-Literaturen gekennzeichnet werden. Als Bezeichnung des literarischen Gesamtkomplexes wählt man entweder *Kinder- und Jugendliteratur* (Brüggemann, Scherf) oder nur *Kinderliteratur* (Hürlimann, Richter). Der noch im 18. und 19. Jh. ungebräuchliche Begriff ‚Jugendbuch' (Thalhofer) wird in der westdeutschen und österreichischen Kinder- und Jugendliteraturkritik nach 1945 zum Schlüsselbegriff. Der ‚spezifischen Jugendliteratur' wird dabei das ‚gute Jugendbuch' entgegengesetzt (Bamberger). Der Begriff der ‚intentionalen Kinderliteratur' ist in Abgrenzung von demjenigen der ‚Kinderlektüre' in der Kinderliteratur-Forschung der DDR in den 1960er Jahren entwickelt worden und entspricht demjenigen der spezifischen Jugendliteratur in der westdeutschen Literaturgeschichtsschreibung. Zu Beginn der 1980er Jahre wurden diese Termini spezifiziert und erhielten ihre heutige Bedeutung (Ewers, in: Brüggemann u. a. 1982 ff. 3, 2—7). In der Bestimmung der Kinder- und Jugendliteratur als Altersstufen-Literatur zeigen sich ebenfalls Veränderungen. In der DDR galt seit den 1960er Jahren ‚Kinderliteratur' als spezifische Literatur für Leser unter 14 Jahren (Kunze), in der BRD für Leser bis 10/11 Jahre, während sich ‚Jugendliteratur' in der DDR an 14—18jährige Leser, in der BRD an 12—14jährige Leser wandte. Für die seit den 1970er Jahren stetig wachsende Literatur für Leser ab 14 Jahren wird in Abgrenzung gegen den Terminus ‚Jugendliteratur' sporadisch auch ‚Jeansliteratur' oder ‚Literatur für junge Erwachsene' (in Analogie zu engl. *young adult novel*) verwendet.

Joachim Heinrich Campe: Hamburgscher Kinderalmanach auf das Jahr 1779. Hamburg 1778. — Georg Wilhelm Hopf: Mittheilungen über Jugendschriften für Aeltern und Lehrer. Nürnberg ⁴1861. — Carl Kühner: Jugendlectüre, Jugendliteratur. In: Encyklopädie des gesammten Erziehungs- und Unterrichtswesens. Hg. v. Karl Adolf Schmid. Bd. 3, Gotha 1862, S. 802—840 [Wiederabdruck in: Alfred Clemens Baumgärtner (Hg.): Ansätze historischer Kinder- und Jugendbuchforschung. Baltmannsweiler 1980, S. 99—159].

SachG: Die Anfänge der intentionalen Kinder- und Jugendliteratur reichen bis ins

14. Jh. zurück. Sie entwickelte sich historisch zunächst in einzelnen, durch den Unterricht gesteuerten Bereichen als belehrende Literatur bei noch nicht scharfer Trennung vom Schulbuch. Die zunächst in lateinischer Sprache verfaßten Werke, die vorwiegend für den Klerikernachwuchs und Kinder bzw. Jugendliche aus adligen Kreisen bestimmt waren, dienten neben religiöser Belehrung und elementarer Wissensvermittlung vor allem der Vorbereitung auf die zukünftige Rolle des Kindes und Jugendlichen in der Gesellschaft.

Man kann demzufolge in der frühen Kinder- und Jugendliteratur vier Gruppen unterscheiden (vgl. Brüggemann u. a. 1982 ff. 1, 45 f.): religiöse Schriften; Werke zur Sprachbildung, Rhetorik-Erziehung und Realienkunde in der Tradition der ↗ *Artesliteratur*; Civilitas-, Offizien- und Virtusliteratur, insbesondere die Stände- und ↗ *Fürstenspiegel*, Tischzuchten (↗ *Hofzucht*) und ↗ *Anstandsliteratur*; sowie fiktional-unterhaltende Literatur mit didaktischem Anspruch (↗ *Fabeln₂*, ↗ *Tierepik*, ↗ *Lieder₂*, Schuldramen), die allerdings bis Mitte des 18. Jhs. zahlenmäßig gering war. Außer dieser sanktionierten Kinder- und Jugendliteratur bestand die Kinder- und Jugendlektüre in nicht-sanktionierter volkstümlicher Literatur, die seit dem 17. Jh. in ↗ *Volksbüchern* verbreitet wurde.

Getragen von der Pädagogik der Aufklärung (Locke, Rousseau, Philanthropismus) avancierte die spezifische Kinder- und Jugendliteratur seit Mitte des 18. Jhs. zum Prototyp; ihre Publikationsmedien, das Kinder- und Jugendbuch und die Kinder- und Jugendzeitschrift, gewannen zunehmend an Bedeutung und führten zur Schaffung eines eigenen kinderliterarischen Buchmarktes (Kümmerling-Meibauer). Die sozialisatorische Funktion wurde seit dem letzten Drittel des 18. Jhs. durch den Aspekt der ,Kindgemäßheit' ergänzt. Während die Vertreter der Spätaufklärung (Bertuch, Campe u. a.) bevorzugt moralisch-belehrende Kinder- und Jugendbücher mit unterhaltendem Charakter verfaßten, wurde von den Romantikern (J. und W. Grimm, E. T. A. Hoffmann), die sich auf Ideen Herders stützten, die zumeist mündlich tra-

dierte volkstümliche Literatur (↗ *Märchen*, Lied, ↗ *Sage*) als kindgemäße Literatur eingestuft. Mit dem Kinderlieder-Anhang der von Arnim und Brentano herausgegebenen Sammlung ,Des Knaben Wunderhorn' (1805–1808) entdeckte man die kleinkindliche Zielgruppe (↗ *Kinderverse*).

Seit der Romantik laufen zwei Tendenzen gegeneinander: eine pädagogisch motivierte Richtung, die die Kinder- und Jugendliteratur von anderen Literaturformen abgrenzte, und eine literarisch-ästhetische Strömung, die die Gemeinsamkeiten zwischen Kinderliteratur und Erwachsenen-Literatur hervorhob. Die Befreiung von pädagogischer Kontrolle erreichte die Kinder- und Jugendliteratur aber mehr durch die Entwicklung des Buchmarktes und der Unterhaltungsliteratur, weniger durch den Einfluß der romantischen autonomieästhetischen Bewegung. Seit der 2. Hälfte des 19. Jhs. entwickelte sich eine Massenliteratur für Kinder und Jugendliche, bei der kommerzielle Interessen, pädagogische Ambitionen und die Leselust der Rezipienten verknüpft wurden (z. B. bei Gerstäcker und zuweilen bei Karl May; ↗ *Abenteuerroman*). Seit 1860 ist auch die Auffächerung der Kinderliteratur in erzählende Mädchen- und Jungenliteratur, die der geschlechtsspezifischen Erziehung dienen sollte, zu beobachten. Ende des 19. Jhs. verfolgte das Kinder- und Jugendbuch ferner den Zweck, mit imperialistischem und nationalem Gedankengut vertraut zu machen. Diese Entwicklung mündete in die patriotische und kriegsverherrlichende Kinder- und Jugendliteratur während der Zeit des 1. Weltkrieges und des Nationalsozialismus. Einen Gegenpol bildete die proletarisch-sozialistische Kinder- und Jugendliteratur der Weimarer Republik, deren Tradition in der DDR-Kinder- und Jugendliteratur fortgeführt wurde. Die Rezeption besonders der angloamerikanischen und skandinavischen Kinderliteratur nach 1945 führte zu einem qualitativen Aufschwung der westdeutschen Kinder- und Jugendliteratur, insbesondere im Bereich der kinderliterarischen ↗ *Phantastischen Literatur*. Der unaufhaltsame Prozeß der Medialisierung von Kinder- und Jugendbüchern in Form des Medienverbundes und der multimedialen Verwertung (Dramatisierung bzw. Bearbeitung für Hörspiel-Cassetten, Verfilmung bzw. Adaptation als TV-Serie, Vertonung, Rollen- und Computerspiele) setzte bereits um die Jahrhundertwende ein und dokumentiert die Vielfalt der aktuellen Kindermedienkultur.

ForschG: Eine eigene Forschungstradition existiert seit Mitte des 19. Jhs. Die Forschungsbeiträge stammten vorwiegend von Lehrern, gelegentlich auch von Bibliothekaren und Geistlichen (vgl. Köster, 385−471) und in der 1. Hälfte des 20. Jhs. vor allem von Kinderbuchsammlern (Hobrecker, Hürlimann, Rümann). Ende des 19. Jhs. etablierte sich die Jugendschriften-Bewegung mit ihrer Zeitschrift ‚Jugendschriften-Warte‘ und zahlreichen Prüfungsausschüssen, die von progressiven Volksschullehrerkreisen getragen wurde. 1866 erschien die erste geschichtliche Darstellung der deutschen Kinder- und Jugendliteratur von Merget, weitere historische Abrisse stammten u. a. von Fricke, Göhring, Köster und Prestel. Die Abhandlung von Graebsch (1942) war bis zur Mitte der 1970er Jahre die aktuellste Übersicht zur Geschichte der deutschen Kinderliteratur. In der DDR erschien seit 1973 die auf zwölf Bände angewachsene Reihe ‚Studien zur Geschichte der deutschen Kinder- und Jugendliteratur‘, in der BRD wurde die erste Kinderliteraturgeschichte erst 1990 publiziert (Wild). Pionierleistungen sind die von Th. Brüggemann initiierte Reihe ‚Handbuch zur Kinder- und Jugendliteratur‘ (1982 ff., bisher 4 Bde; drei weitere sind in Planung), das von K. Doderer herausgegebene vierbändige ‚Lexikon der Kinder- und Jugendliteratur‘ (1975−1982) sowie die fünfbändige Bibliographie ‚Kinder- und Jugendliteratur in Deutschland 1840−1950‘ (1990−1999) von A. Klotz, ergänzt durch C. Weilenmann u. a. für die gesamte Schweiz. Kinder- und Jugendliteratur, die bis Ende der 1960er Jahre als Domäne der Pädagogik galt, wurde in den 1970er Jahren infolge der Erweiterung des traditionellen Literaturbegriffs um wirkungsorientierte Literaturformen als Teilbereich der Literaturwissenschaft anerkannt. Seit den 1980er Jahren wurden vermehrt komparatistische,

kulturhistorische und systemtheoretische Fragestellungen einbezogen. In der aktuellen Forschung (vgl. Jahrbuch ‚Kinder- und Jugendliteraturforschung‘, seit 1995) werden darüber hinaus die Bedeutung des Literaturerwerbs sowie der Einfluß der Neuen Medien auf die Kinder- und Jugendliteratur diskutiert.

Lit: Richard Bamberger: Jugendlektüre. Wien ²1965. − Jörg Becker (Hg.): Die Diskussion um das Jugendbuch. Darmstadt 1986. − Theodor Brüggemann: Literaturtheoretische Grundlagen des Kinder- und Jugendschrifttums. In: Aspekte der erzählenden Jugendliteratur. Hg. v. Ernst Gottlieb v. Bernstorff. Baltmannsweiler 1977, S. 14−34. − T. B. u. a. (Hg.): Handbuch zur Kinder- und Jugendliteratur. Stuttgart 1982 ff. − Alexander Detmer: Musterung unserer deutschen Jugendliteratur. Hamburg 1842. − Klaus Doderer (Hg.): Lexikon der Kinder- u. Jugendliteratur. 4 Bde. Weinheim, Basel 1975−1982, ²1984. − Ingmar Dreher: Bemerkungen zum Begriff ‚Jugendliteratur‘. In: Beiträge zur Kinder- und Jugendliteratur 9 (1967), S. 51−61. − Juliane Eckhardt: Kinder- und Jugendliteratur. Darmstadt 1987. − Hans-Heino Ewers: Kinder- und Jugendliteratur. In: Fischer Lexikon Literatur. Hg. v. Ulfert Ricklefs. Bd. 2. Frankfurt 1996, S. 842−877. − Wilhelm Fricke: Grundriß der Geschichte deutscher Jugendlitteratur. Minden 1886. − Friedrich Gedike: Einige Gedanken über Schulbücher und Kinderschriften. Berlin 1787. − Ludwig Göhring: Die Anfänge der deutschen Jugendliteratur im 18. Jh. Nürnberg 1904. − Maxim Gorki: Über Kinderliteratur. Berlin/DDR 1953. − Irene Graebsch: Geschichte des Jugendbuchs. Leipzig 1942 [²1951, ³1967 unter dem Namen Dyhrenfurth-Graebsch]. − Karl Hobrecker: Alte vergessene Kinderbücher. Berlin 1924. − Edwin Hoernle: Unorganisierte Formen der Kinder-Massenbeeinflussung. In: E. H.: Grundfragen der proletarischen Erziehung. Berlin 1929, S. 132−138. − Bettina Hürlimann: Europäische Kinderbücher in drei Jahrhunderten. Zürich, Freiburg i.Br. 1959. − E. Kempe: Kinderliteratur und internationale Zusammenarbeit. In: Jugendschriften-Warte 43 (1929), S. 69−72. − Aiga Klotz: Kinder- und Jugendliteratur in Deutschland 1840−1950. Gesamtverzeichnis der Veröffentlichungen in deutscher Sprache. 5 Bde. Stuttgart, Weimar 1990−1999. − Hermann Leopold Köster: Geschichte der deutschen Jugendliteratur. 2 Bde. Hamburg 1906/1908. − Bettina Kümmerling-Meibauer: Kommunikative und ästhetische Funktionen historischer Kinder- und Jugendbücher. In: Medienwissenschaft. Hg. v. Joachim-Felix Leonhard u. a. Bd. 1. Berlin, New York 1999, S. 560−568. − B. K.-M.: Kinder-Klassiker − eine forschungsorientierte Einleitung. In: Klassiker der Kinder- und Jugendliteratur. Hg. v. B. K.-M. Stuttgart u. a. 1999, S. IX−XXVIII. − Horst Kunze: Probleme bei der Erarbeitung einer Geschichte der deutschen Kinder- und Jugendliteratur. In: Jugendliteraturforschung international. Hg. v. Klaus Doderer. Weinheim, Berlin 1970, S. 95−111. − Adalbert Merget: Geschichte der deutschen Jugendliteratur. Berlin 1866. − Josef Prestel: Geschichte des deutschen Jugendschrifttums. Freiburg i.Br. 1933. − Dieter Richter: Vorwort. In: Das politische Kinderbuch. Hg. v. D. R. Darmstadt, Neuwied 1973, S. 11−47. − Arthur Rümann: Alte deutsche Kinderbücher. Wien 1937. − Walter Scherf: Von der Schwierigkeit, die Geschichte der Kinderliteratur zu schreiben. In: Zum Kinderbuch. Hg. v. Jörg Drews. Frankfurt 1975, S. 148−168. − Studien zur Geschichte der deutschen Kinder- und Jugendliteratur. Hg. v. Horst Kunze. 12 Bde. Berlin/DDR 1973−1988. − Franz Xaver Thalhofer: Die Jugendlektüre. Paderborn 1924. − Claudia Weilenmann u. a.: Annotierte Bibliographie der Schweizer Kinder- und Jugendliteratur von 1750−1900. Stuttgart, Weimar 1993. − Reiner Wild (Hg.): Geschichte der deutschen Kinder- und Jugendliteratur. Stuttgart 1990. − R. W.: Kind, Kindheit, Jugend. Hinweise zum begriffsgeschichtlichen Wandel im letzten Drittel des 18. Jhs. In: Beiträge Jugendliteratur und Medien, 4. Beih. (1993), S. 9−16. − Heinrich Wolgast: Das Elend unserer Jugendliteratur. Hamburg 1896.

Bettina Kümmerling-Meibauer

Kinderverse

Lyrische Texte für den kindlichen Gebrauch.

Expl: Bei Kinderversen oder ‚Kinderreimen‘ als Inbegriff von ‚Kinderlyrik‘ handelt es sich um einfache literarische Formen in gebundener Sprache, so daß auch Benennungen wie „lyrische Vorformen" (Bodensohn), ‚lyrische Urformen‘ u. ä. verwendet werden. Die Texte stammen, formal und inhaltlich meist an Erwachsenenvorbilder angelehnt, von Kindern selbst (‚eigentliche‘ Kinderverse) oder von Erwachsenen und dienen vom Kleinkindalter bis ins Grund-

schulalter und z. T. darüber hinaus als wichtiges Vehikel der sprachlichen, psychischen und sozialen Entwicklung. Kinderverse, vor allem die von Kindern produzierten, zeigen aufgrund der ↗ Oralität gemeinsame strukturelle Merkmale, die in einer formalen wie thematischen Einfachheit liegen. Sie umfassen meist wenige drei- oder vierhebige, oft paarweise gereimte Zeilen. Aus Freude an der Eroberung von Welt durch Sprache wird mit Klängen experimentiert, was sich in dem Grundelement rhythmischer Wiederholung, den vielfältigen Varianten des ↗ Reims (Endreim, Stabreim, Assonanz, Schüttelreim u. a.), der veranschaulichenden *Lautmalerei* (↗ *Onomatopöie*) und den Buchstaben-, Silben- und Wortspielereien zeigt. Das Schwergewicht des Kinderverses liegt weniger im erzählerischen Moment als in seinem unmittelbaren Gebrauchswert, der vom einfachsten Krabbelvers bis zum kunstvollen ↗ *Wiegenlied* sprachlich und formal bestimmend bleibt. Für die einzelnen ‚Genres‘ liegen Benennungen vor wie: Fingerspielreim, Kosereim, Heilsegen, Kniereiter, Schlaf- und Wiegenlied, Zuchtreim, Spott-, Neck- und Scherzreim, Tierreim, Nonsens-Vers, spielbezogener ABZÄHLREIM, ABC-Vers als nach vollständigem Alphabet generiertes ABECEDARIUM₁, Schnellsprechvers/Zungenbrecher, Kinderpredigt, Kindergebet, Wetterspruch, Reigen- und Tanzlied, Spielvers u. a. m. (vgl. u. a. Gerstner-Hirzel, Franz 1979, Messerli 1991 und 1993). Die Übergänge zum komplexeren, abgerundeten, häufig narrativen ‚Kindergedicht‘ sind fließend, doch ist dieses „auf Grund einer mehr oder weniger ausgeprägten inhaltlichen Planung verfaßt" (Gerstner-Hirzel, 940).

WortG/BegrG: Seit der Frühen Neuzeit tritt vereinzelt im Kontext von religiösen Liedern die Adressatenbestimmung ‚für Kinder‘ oder ‚Kinderlied‘ (Luther u. a.) auf. Der von Herder im Zusammenhang mit dem ↗ *Volkslied* verwendete Terminus *Lieder für Kinder* steht im selben Zeitraum titelgebend für C. F. Weißes spezifische Kindergedichte (1766/67). Allgemein verbreitet wird der Ausdruck *Kinderlied* durch den Anhang in ‚Des Knaben Wunderhorn‘

(3. Bd. 1808). In den Sammlungen des 19. Jhs. setzt sich *Kinderreim* gleichberechtigt durch (beide Benennungen in DWb 11, 1873). Daneben tritt seit dem 19. Jh. das Kompositum *Kindervers*, das wie die anderen genannten Begriffsnamen bis heute im populären Gebrauch weiterlebt, als Terminus technicus aber nur sporadisch verwendet wird. Hier ist man vom traditionellen Oberbegriff ,Volkskinderlied' wegen der engen musikalischen Bestimmung immer mehr abgekommen. Heute sieht man ,volkstümliche' oder ,folkloristische Kinderlyrik' (vs. ,literarische Kinderlyrik') als Teil des literarischen Subsystems ,Kinderlyrik' (zur Diskussion Franz 1996). Nach Freitag kann der Kinderreim als „anonymer folkloristischer Typ der Kinderlyrik verstanden" werden (Freitag, 201).

SachG: Sporadische Hinweise und Belege für religiöse Kinderverse sowie Beruhigungsverse aus Erwachsenenmund finden sich seit dem Mittelalter (Vahle). Die allgemein benutzten, negativ gewerteten Ammenverse führen zur Zeit der Aufklärung zu einer literarischen Erneuerungsbewegung und zur Entstehung einer spezifischen Kinderlyrik (Weiße, Overbeck u. a.) wie einer spezifischen ↗ *Kinder- und Jugendliteratur* überhaupt. Die vor allem mit der Romantik sich ausweitende Produktion von Kinderversen, auch für das Kleinkindalter, setzt sich kontinuierlich bis in die Gegenwart fort (z. B. Abzählverse von Janosch).

ForschG: Der Gegenstandsbereich liegt im Grenzfeld verschiedener Disziplinen (Germanistik, Volkskunde, Vorschul- und Grundschulpädagogik, Entwicklungspsychologie, Kommunikationsforschung u. a.), so daß eine systematische Forschung erst spät einsetzt. Ansätze finden sich im Kontext des Volkslieds im Anschluß an Herder Ende des 18. Jhs. (Messerli 1991, Wedel-Wolff). Einen Meilenstein bildet der Anhang ,Kinderlieder' im 3. Band von Arnims und Brentanos ,Des Knaben Wunderhorn' (1808). Von hier kommen die entscheidenden Anregungen sowohl für die weitere Entwicklung des Kindergedichts überhaupt wie auch für die theoretische Beschäftigung mit folkloristischer Kinderlyrik. Grundlegend

werden die zahlreichen (regionalen, mundartlichen), häufig kommentierten Sammlungen im 19. Jh. (dazu Messerli 1993, Wedel-Wolff), z. B. von Simrock und Böhme. Spezielle Anerkennung finden die Äußerungen aus Kindermund als Poesie durch bestimmte Richtungen der Kunsterziehungsbewegung und Reformpädagogik um 1900; aber auch die aufkommende Kinderpsychologie und die Lesealterforschung wenden ihr Interesse auf frühkindliche Literatur. Bemühungen um den Kindervers als volkstümliches Literaturgut gehen von der Deutschkunde wie von der völkischen Pädagogik aus. Nach 1945 kommt es zu entscheidenden Neuansätzen, da Sammlungen erscheinen, die zum einen ältere Traditionen aufnehmen, zum anderen aber auch an ausländische Vorbilder anknüpfen, wie etwa H. M. Enzensbergers Band ,Allerleirauh' (1961) an die Sammlungen des Ehepaars Opie in England. Einen innovativen Schock lösen Sammlungen aus, die sich in problematischer Fokussierung der tabuierten sexuellen und skatologischen Textbereiche annehmen (Rühmkorf, Borneman). Heute ermöglichen Forschungszentren (,Deutsches Volksliedarchiv' in Freiburg) systematisches Sammeln sowie interdisziplinäre und komparatistische Arbeitsweisen.

Lit: Franz Magnus Böhme: Deutsches Kinderlied und Kinderspiel. Leipzig 1897. – Hans Magnus Enzensberger: Allerleirauh. Viele schöne Kinderreime. Frankfurt 1961. – Peter Opie, Iona Opie: The Oxford dictionary of nursery rhymes. Oxford 1951. – Peter Rühmkorf: Über das Volksvermögen. Reinbek 1967. – Karl Simrock: Das deutsche Kinderbuch. Frankfurt 1848.

Anneliese Bodensohn: Im Spielraum der Lyrik. Kinderreim und Kindergedicht als lyrische Vorformen. Frankfurt 1965. – Ernest Borneman: Studien zur Befreiung des Kindes. 3 Bde. Olten, Freiburg i.Br. 1973–1976. – Kurt Franz: Kinderlyrik. München 1979. – K. F.: Moralgedicht und Sprachscherz. Kinderlyrik im historischen Prozeß. In: Franz/Gärtner 1996, S. 5–29. – K. F., Hans Gärtner (Hg.): Kinderlyrik zwischen Tradition und Moderne. Baltmannsweiler 1996. – Christian Freitag: Kinderreim. In: Lexikon der Kinder- und Jugendliteratur. Hg. v. Klaus Doderer. Bd. 2. Weinheim, Basel 1979, S. 201 f. – Emily Gerstner-Hirzel: Das Kinderlied. In: Handbuch des Volksliedes. Hg. v. Rolf W. Brednich u. a. Bd. 1. München 1973, S. 923–967. –

Edwin Kratschmer: Poetologie des Jugendgedichts. Frankfurt 1996. – Ruth Lorbe: Kinderlyrik. In: Kinder- und Jugendliteratur. Hg. v. Gerhard Haas. Stuttgart ³1984, S. 339–368. – Alfred Messerli: Elemente einer Pragmatik des Kinderliedes und des Kinderreimes. Aarau u. a. 1991. – A. M.: Kinderfolklore [1993]. In: EM 7, Sp. 1269–1278. – Lutz Röhrich: Kinderreim und Kinderspiel – gestern und heute. In: Kinderkultur. Deutscher Volkskunde-Kongress 25 (Bremen 1985). Bremen 1987, S. 199–218. – Erich Seemann: Kinderlied. In: RL² 1, S. 817–819. – Fredrik Vahle: Kinderlied. Weinheim, Basel 1992. – Annegret v. Wedel-Wolff: Geschichte der Sammlung und Erforschung des deutschsprachigen Volkskinderliedes und Volkskinderreimes im 19. Jh. Göppingen 1982.

Kurt Franz

Kirchenlied

Christlich-volkssprachiger Gesang in metrischer Form und strophigem Bau für eine kirchliche Gemeinschaft zu wiederholtem gottesdienstlichen wie persönlich geistlichen Gebrauch.

Expl: Das Kirchenlied partizipiert einerseits am Formenschatz der ↗ *Lyrik*; es verdankt sich individueller Kreativität und gesellschaftlicher Aktualität. Andererseits tendiert es zum rituellen Normengefüge der ↗ *Liturgie*, die es in Wort und Ton mitträgt. Eine Abgrenzung von verwandten Formen läßt sich in dreierlei Hinsicht vornehmen: (1) Das Kirchenlied stützt sich auf Bibel und Bekenntnis, auf Festrhythmen des Kirchenjahrs und Feierformen des Gottesdienstes einer jeweiligen Kirchengemeinschaft, und es interpretiert, verdichtet und vertieft deren fundamentale Komponenten; durch die liturgische Funktion grenzt es sich vom religiösen Lied ab (↗ *Geistliches Lied*). (2) Als Werk eines einzelnen, meist namentlich bekannten Verfassers bietet es den christlichen Gemeinden, Gruppen und Gläubigen die Möglichkeit zur gemeinschaftlichen Artikulation des Glaubens; damit ist Nähe und Distanz zum ↗ *Volkslied* deutlich. (3) Als poetisch-musikalische Form lebt es aus einem variablen Wort-Ton-

Verhältnis: vom lockeren Ensemble von Text und der einem anderen Lied entlehnten Melodie bis zur engen Symbiose in rhetorischen, affekthaften und tonmalerischen Figuren; das einstimmige Singen, geprägt von Melodik und Rhythmik, kann sich durch vokale oder instrumentale Mehrstimmigkeit dem Kunst- oder Chorlied annähern.

Der Mittelstellung zwischen Lyrik und Liturgie entspricht die eigenständige Editionsform: nicht Lyrik-Anthologie noch Liturgie-Agende, sondern ,Gesangbuch', d. h. Sammlung von Liedern als eine besondere Form kirchlicher Sozialisation. Die Lieder sind aus einem umfänglichen poetischen Reservoir ausgewählt, kirchenamtlich bestätigt und dann der Gemeinde zum wiederholenden Gebrauch bereitgestellt.

WortG: *Kirchenlied* als Gesamtbezeichnung einer Liedgattung wird erst im 19. Jh. gebräuchlich (Spuren bei Herder: „geht unter die Bauern, gebt auf die ältesten Kirchenlieder acht"; DWb 11, 806). Verwandte Wortformen wie *kirchlidlin* finden sich schon bei Fischart 1581 (DWb, ebd.).

BegrG: Im Mittelalter werden lat. Bezeichnungen wie *carmen, cantio, cantilena, versus, canticum* auch für deutschsprachige Lieder verwendet. Die Titel der ersten lutherischen Gesangbücher summieren deutsche Begriffe: ,Etlich Cristlich lider Lobgesang vnd Psalm' (Nürnberg 1524) oder ,Gantz newe geystliche teütsche Hymnus vnd gesang' (Nürnberg 1527) (Korth). Ein Kirchenlied wird auch ↗ *Psalm* genannt, weil es sich in Inhalt und Gebrauch auf die biblischen Psalmen bezieht. Die Bezeichnung CHORAL leitet sich vom Gregorianischen Choral ab, dessen Stelle das Kirchenlied im evangelischen Gottesdienst einnimmt. Nach 1700 differenziert sich der Sprachgebrauch weiter durch die Aufteilung in Gesangbuch für die Gemeinde und Choralbuch für Orgel und Chor. Eine scharfe Trennung von ,Geistlichem Lied' und ,Kirchenlied' ist angesichts der konfessionellen und institutionellen Positionen nur schwer möglich (↗ *Liturgische Texte*). Die katholische Kirche bestimmt einen lehramtlich festgelegten Kanon aus Psalmen, Hymnen u. a. als ‚Lied der Kirche‘; das volkssprachige ‚Lied in der Kirche‘ gilt daneben als erwünschter volksfrömmigkeitlicher Zusatz für Katechetik, Laienaktivität und Gemeinschaftsgefühl. Diese begriffliche Unterscheidung gilt nicht für das evangelische Kirchenlied: Die evangelischen Kirchen messen ihm volle liturgische Würde und Wirksamkeit bei; jedes an Bibel und Bekenntnis orientierte Lied kann durch den Gebrauch in der Kirche, und davon abgeleitet in Öffentlichkeit, Schule, Haus und Privatandacht, zum Kirchenlied werden.

SachG: Aus dem Mittelalter sind deutsche Hymnenübertragungen (↗ *Hymnus*), Rufe, Leisen, Cantiones, Antiphonlieder, ↗ *Kontrafakturen* (geistliche Texte auf die Melodien ursprünglich weltlicher Lieder) u. a. in eindrücklicher Vielfalt überliefert (Janota). Deutsche Liedstrophen werden Prozessionen und Pilgerreisen, Predigtgottesdiensten und geistlichen Spielen zugeordnet; einige gelangen als Gesänge in die Feier der Messe und des Stundengebets. Sie sind in liturgischen Handschriften mitüberliefert; kirchliche Warnungen und Verbote belegen via negationis die Bedeutung des Liedes.

Im Zuge der hussitischen Bewegung wird mit der tschechischen Liturgiesprache auch das volkssprachige Lied aufgewertet (erstes tschechisches Gesangbuch 1501). Einen deutlichen Funktionswandel vollzieht die Reformation Luthers. Lieder dienen der werbenden Verlautbarung und didaktischen Einübung des Evangeliums; sie bieten den Laien die Möglichkeit der Mitgestaltung des gottesdienstlichen Lebens im Sinne des Priestertums aller Gläubigen. Luthers 36 Lieder lösen einen Impuls zur Entstehung neuer Kirchenlieder aus: Psalmbearbeitungen, Übersetzungen von lat. Hymnen und liturgischen Texten, Erweiterungen von mittelalterlichen Leisen-Strophen zu allen Hauptfesten, lehrhafte Katechismuslieder, Kontrafakturen von Volksliedern und aktuelle Zeit- und Bekenntnislieder. Der Buchdruck sorgt für die schnelle Breitenwirkung der Gesangbücher: ab 1523 Einzeldrucke als Flugschriften, kleine Sammlungen (Achtliederbuch, Erfurter Enchiri-

dien 1524), ein mehrstimmiges Chorbuch (‚Geystliche gesangk Buchleyn‘ 1524 von Johann Walter), Gemeinde-Gesangbücher (‚Geistliche Lieder‘ der Drucker Joseph Klug 1529 und Valentin Babst 1545). Neben Wittenberg entwickeln sich weitere Liedzentren in deutschen Reichsstädten und in Böhmen. Das calvinistische Psalmlied (Genfer Hugenottenpsalter, 1562 vollständig) wird in der deutschen Version von Ambrosius Lobwasser 1573 zum kanonischen Kirchenlied in den reformierten Territorien. Katholische Gesangbücher verbreiten mittelalterliches und überarbeitetes evangelisches Liedgut (Michael Vehe 1537, Johann Leisentrit 1567); die Täufer bilden das balladenhafte Volkslied zum Bekenntnis- und Märtyrerlied um (‚Außbund‘, 1583).

In der 2. Hälfte des 16. Jhs. wird Luthers Erbe in einer Reihe von verbindlichen, den Sonntagen zugeordneten Kernliedern weitergepflegt. Neu sind erzählende Liedzyklen im schulischen Bereich (Nikolaus Herman mit Sonntags-Evangelien 1560 und Historien 1562), häusliche Tageszeitenlieder, individuelle Trostlieder in Pest- und Hungerzeiten als Teil der Andachtsliteratur (↗ *Erbauungsliteratur*). Der katholische Psalter (Caspar Ulenberg 1582) findet ein lutherisches Gegenstück (Cornelius Becker 1602, in Liedsätzen 1628/1661 von Heinrich Schütz vertont). Als Reaktion auf eine erstarrte Rechtgläubigkeit entsteht ein subjektiv emotionsbetonter Typus des Kirchenlieds, beeinflußt von der spätmittelalterlichen Brautmystik und der Bildersprache des Hoheliedes (Philipp Nicolai 1599).

Im 17. Jh. öffnet sich das Kirchenlied den Formen der neuen Kunstdichtung (Martin Opitz, Johann Heermann, Johann Rist). Geistliche Gelegenheitsgedichte, mit Melodien in Art der monodischen ‚Aria‘ vertont, wachsen dem Fundus des Kirchenlieds zu (u. a. Simon Dach, Paul Fleming, Andreas Gryphius). Die breiteste Resonanz als Haus- und dann als Kirchenlied hat die Dichtung Paul Gerhardts in den Vertonungen von Johann Crüger (‚Praxis pietatis melica‘, seit 1647) gefunden. Die katholischen Kirchenlieder reichen von katechetischer und mystischer Dichtung (Friedrich Spee) bis zur allegorischen Schäferpoesie (Johann Scheffler).

In Reform-Orthodoxie und Früh-Pietismus gegen Ende des 17. Jhs. verengt sich das neuentstehende Kirchenlied zunehmend zum innerlich-erbaulichen, mitunter missionarisch-kämpferischen Gruppenlied in den Zirkeln der Erweckten (Joachim Neander 1680). Diese Ansätze eines ‚Seelenliedes‘ breitet der Pietismus an Adelshöfen, Universitäten und Landeskirchen aus (Johann Anastasius Freylinghausen in Halle, Nikolaus Ludwig Graf von Zinzendorf in Herrnhut, Gerhard Tersteegen, Philipp Friedrich Hiller). Auch die orthodoxen Theologen gleichen sich dem frommen Sprachstil an.

Die Aufklärung bedeutet einen tiefen Einschnitt: Die bisherigen Kernlieder werden radikal dem herrschenden Zeitgeschmack angepaßt, bis zur Unkenntlichkeit umgedichtet, ausgeschieden oder durch symbolarme Texte ersetzt. Nur wenige Beispiele aus der biblisch-religiösen Dichtung (Gellert 1757, Herder, Matthias Claudius) und der hymnisch-pathetischen Richtung (Klopstock 1758) haben sich in neueren Gesangbüchern erhalten. In der katholischen Kirche wird für eine größere Laienbeteiligung die deutsche Singmesse entwickelt (Ignaz Franz).

Die Romantik bereitet in der Hinwendung zum Volkshaften, zum christlich-verklärten Mittelalter und zum religiös-künstlerischen Lebensentwurf den Boden für eine neue Wertschätzung des Kirchenlieds (Novalis). Die nationalen Motive der Freiheitskriege (Ernst Moritz Arndt) und die geistlichen Impulse der Erweckungs- und Missionsbewegungen (Albert Knapp, Philipp Spitta) geben ihm das Profil. Die Restauration fördert eine Vereinheitlichung des kirchlichen Singens (evangelisch: Eisenacher Entwurf 1854 mit 150 Kernliedern; katholisch: Heinrich Bone, Joseph Mohr). Als ‚Geistliches Volkslied‘ entwickelt sich ein neuer Typ des kirchlichen Liedes, der in Anhängen der Kirchengesangbücher oder in Vereins- und Schulliederbüchern tradiert und abseits des Gottesdienstes gepflegt wird.

Nach dem 1. Weltkrieg erreichen Luther-Renaissance und Liturgiebelebung, Jugend- und Singbewegung eine neue Beziehung zu Kirche, Kult und Kirchenjahr und damit einen neuen Zugang zum älteren Kirchenlied (Friedrich Spitta, Otto Riethmüller). Auf diesem Hintergrund entsteht eine kirchlich verwurzelte Dichtung (Rudolf Alexander Schröder, Jochen Klepper), die sich gerade im Kirchenkampf unter dem Nationalsozialismus bewährt. Erstmals wird 1950 im ‚Evangelischen Kirchengesangbuch‘ (EKG) ein Einheitsgesangbuch für die evangelischen Kirchen im deutschsprachigen Raum (außer der Schweiz) verwirklicht. Nach 1960 entstehen neue Formen geistlichen Singens, angeregt durch Spirituals, Chansons, Schlager und Jazz. Seit 1971 wird in landeskirchlichen Gesangbuch-Beiheften das neue Liedgut dem gottesdienstlichen Gebrauch empfohlen; es ist damit trotz seiner Andersartigkeit dem Kirchenlied zuzurechnen. Durch diese Entwicklung erhält auch das ‚Evangelische Gesangbuch‘ (EG) 1993 einen zeitgemäßen, weltoffenen Akzent. Die Liedfassungen der ‚Arbeitsgemeinschaft für ökumenisches Liedgut‘ (AÖL) seit 1969, die auch in das katholische Einheitsgesangbuch ‚Gotteslob‘ (GL) 1975 eingegangen sind, fügen ferner interkonfessionelle Komponenten und durch die zahlreichen Übertragungen aus anderen Sprachen internationale Perspektiven hinzu.

ForschG: Nach 1700 entfaltet sich eine frühe hymnologische Forschung (Rößler 1975). Im 19. Jh. erscheinen die grundlegenden historischen Quellen-Editionen (Texte: Hoffmann von Fallersleben, Wackernagel, Fischer/Tümpel). Nur in Ansätzen und Teiluntersuchungen ist bisher eine Weiterarbeit gelungen (RISM/DKL). Als die dringlichsten Aufgabenfelder werden heute genannt (Jenny, TRE 15): (1) historische Erforschung, (2) eine literarisch-musikalische Formenlehre, (3) eine liturgikale Funktionslehre und (4) Modelle für die Singpraxis (vgl. ↗ *Hymnus*).

Lit: Konrad Ameln u. a. (Hg.): Das deutsche Kirchenlied. Bd. 1/1: Verzeichnis der Drucke von den Anfängen bis 1800. Kassel 1975; Bd. 1/2: Register. Kassel 1980 (= Répertoire international des sources musicales, RISM/DKL). − Friedrich

Blume (Hg.): Geschichte der evangelischen Kirchenmusik. Kassel ²1965. − Karl Gustav Fellerer (Hg.): Geschichte der katholischen Kirchenmusik. 2 Bde. Kassel 1972, 1976. − Albert Fischer, Wilhelm Tümpel: Das deutsche evangelische Kirchenlied des 17. Jhs. 6 Bde. [1904−1916]. Repr. Hildesheim 1964. − Albert Friedrich Wilhelm Fischer: Kirchenlieder-Lexicon. 2 Bde. [1878−1886]. Repr. Hildesheim 1967. − Paul Gabriel: Das deutsche evangelische Kirchenlied. Berlin ³1956. − Gerhard Hahn: Evangelium als literarische Anweisung. Zu Luthers Stellung in der Geschichte des deutschen kirchlichen Liedes. München, Zürich 1981. − Heinz Hoffmann: Tradition und Aktualität im Kirchenlied. Göttingen 1967. − Johannes Janota: Studien zu Funktion und Typus des deutschen geistlichen Liedes im Mittelalter. München 1968. − Markus Jenny (Hg.): Luthers geistliche Lieder und Kirchengesänge. Köln, Wien 1985. − Markus Jenny, Jürgen Henkys: Kirchenlied. In: TRE 18, S. 602−643. − M. J.: Hymnologie. In: TRE 15, S. 770−778. − Hans-Georg Kemper: Deutsche Lyrik der frühen Neuzeit. 6 Bde. Tübingen 1987−1997. − Hans-Otto Korth u. a.: Kirchenlied. In: MGG² 5, Sp. 59−128. − Ulrich Lieberknecht: Gemeindelieder. Göttingen 1994. − Walter Lipphardt, Markus Jenny: Hymnologie. In: MGG 16, Sp. 762−770. − Ernst Lippold (Hg.): Auf dem Weg zum neuen Evangelischen Gesangbuch. Hannover 1990. − Christhard Mahrenholz: Das Evangelische Kirchengesangbuch. Kassel 1950. − C. M. u. a. (Hg.): Hb. zum Evangelischen Kirchengesangbuch. 7 Bde. Göttingen 1953−1990. − Dietz-Rüdiger Moser: Verkündigung durch Volksgesang. Berlin 1981. − Wilhelm Nelle: Geschichte des deutschen evangelischen Kirchenliedes [³1928]. Repr. Hildesheim 1962. − Paul Nordhues, Alois Bünger (Hg.): Redaktionsbericht zum Einheitsgesangbuch ,Gotteslob'. Paderborn, Stuttgart 1988. − Pierre Pidoux: Le Psautier Huguenot du XVIᵉ siècle. 2 Bde. Basel 1962. − Martin Rößler: Die Frühzeit hymnologischer Forschung. In: JbLH 19 (1975), S. 123−186. − M. R.: Gesangbuch. In: MGG² 3, Sp. 1289−1323. − M. R.: Liedermacher im Gesangbuch [1990 ff.]: Liedgeschichte in Lebensbildern. Stuttgart 2000. − Waldtraut Ingeborg Sauer-Geppert: Sprache und Frömmigkeit im deutschen Kirchenlied. Kassel 1984. − Irmgard Scheitler: Das Geistliche Lied im deutschen Barock. Berlin 1982. − Oskar Söhngen: Theologie der Musik. Kassel 1967. − Joachim Stalmann (Hg.): Das deutsche Kirchenlied. Kritische Ausgabe der Melodien. Kassel 1993 ff. − Karl Christian Thust: Das Kirchen-Lied der Gegenwart. Göttingen 1976. − Philipp Wackernagel: Das deutsche Kirchenlied von der ältesten Zeit bis zu

Anfang des 17. Jhs. 5 Bde. [1864−1877]. Repr. Hildesheim 1964.

Martin Rößler

Kitsch

Negativ wertender Begriff, meist als Oppositionsbegriff zu ,Kunst' intuitiv verwendet.

Expl: Obwohl die Bewertung spezifischer Artefakte als Kitsch (Gartenzwerge, Kunstrepliken als Souvenirs u. ä.) meist unstrittig ist, bildet die Bezeichnung ein konstantes Problem für die literarische ↗ *Wertung* und die moderne Ästhetik, wo der Begriff Komponenten der mangelnden ↗ *Originalität*, der Nichtauthentizität, des einen künstlerischen Wert Prätendierenden und unkontrolliert SENTIMENTALEN sowie der sozialen Distinktion (Bescheinigung eines minderen Geschmacks) verbindet. Alle Versuche einer intensionalen Bestimmung sind bislang gescheitert.

WortG: Die Herkunft ist ungeklärt. (1) Als Verbum ist *kitschen* erstmals 1877 (F. von Leixner; Trübner 4, 152 f.) belegt und etymologisch auf ,Straßenschlamm mit der Kitsche (Kotkrücke) zusammenscharren' zurückgeführt worden (Kluge-Seebold, 372). (2) Otto F. Best hat auf mhd. *ketschen* (schleppen, schleifen) und das im alemannischen gebräuchliche *Kitsch* (Rotwelsch *Ketsch*) verwiesen. Es handele sich um „Ware, die […] unter der Hand verkauft oder auf listige Weise […] losgeschlagen wird" (Best 1978, 221). Bislang fehlen Belege für diese Verwendung von Kitsch (vgl. Küpper 4, 1487). In der Bedeutung ,wertlose Malerei' ist *Kitsch* erstmals 1881 in Berlin nachgewiesen (Paul-Henne, 458 f.). Mindestens seit 1926 erscheint es als dt. Fremdwort im Engl. (OED 8, 472) wie bald auch im Frz. (*kitsch* in adjektivischer Verwendung).

Heinz Küpper: Illustriertes Lexikon der deutschen Umgangssprache. 8 Bde. Stuttgart 1982−1984.

BegrG: „Jedermann weiß, was Kitsch ist, und niemand kann eine präzise Deutung darüber geben" (Karpfen, 7). Dieses Ergebnis einer Gegenstandsbestimmung von 1925 haben 70 Jahre Kitsch-Forschung nicht ändern können. Der Begriff ist seit ca. 1880 auf bildkünstlerische Artefakte bezogen worden, zwischen 1910 und 1920 wurde er allgemein gebräuchlich und schon auf Phänomene der Massenkultur, damit auch auf Literatur, angewandt (HWbPh 4, 843–846).

Erste einflußreiche Versuche der begrifflichen Fixierung hat Hermann Broch unternommen. Er bestimmt innerhalb seiner Theorie der Wertsysteme Kitsch als (opponierendes) Imitationssystem im Wertsystem Kunst. „Kitsch ist das Böse an sich innerhalb der Kunst" (Broch, 95). Broch hat den Begriff als ethische Kategorie, als Ausdruck einer Lebenshaltung verstanden und systematisch zu begründen versucht. In der existentialphilosophischen Diskussion ist im Anschluß daran eine anthropologische Ästhetik (Giesz) entwickelt worden. Kitsch blieb aber ein zwischen alltagssprachlichem und terminologischem Gebrauch oszillierender Begriff der populären kulturkritischen und kulturpolitischen Reflexion.

SachG: In der literaturwissenschaftlichen Diskussion wurde Kitsch avant la lettre als Problem der klassisch-romantischen Ästhetik (↗ *Autonomie*) identifiziert. Die Überlegungen von Goethe, Schiller und Moritz um 1780 zum Dilettantismus-Problem gelten als Ausgangspunkt für die Abwertung der Massenliteratur und die Abgrenzung der Kunst von Nichtkunst. Die ↗ *Empfindsamkeit* gilt als Epoche, vor der Kitsch nicht möglich gewesen sei. Sie entwickelte Semantisierungen von Gefühlen, die später als Domäne des Kitsches betrachtet wurden. Die im letzten Drittel des 18. Jhs. aufkommende Massenliteratur ermöglichte überhaupt erst eine eigenständige Traditionsbildung der ↗ *Trivialliteratur*. Als erste Kitsch-Autoren gelten J. M. Miller, Clauren, Spieß, Lafontaine. Die in der allgemeinen Diskussion immer wieder aufgeworfene Frage, ob Kitsch eine anthropologische Konstante oder ein historisches Phänomen sei, wird in der Literaturwissenschaft zugunsten der letzteren Alternative entschieden: Kitsch spreche die Gefühle an

(↗ *Rührung*), biete mühelosen Genuß und Sentimentalität, er entstehe aus dem Wunsch nach Harmonisierung und Verschönerung der Welt.

ForschG: In den 1920er Jahren finden sich essayistische, kulturkritische, kulturpolitische Stellungnahmen gegen den Kitsch. Broch führte als erster Kitsch auf die Autonomieästhetik zurück und leistete eine philosophische Systematisierung, an die Giesz, Dorfles und Moles anknüpfen konnten.

Die eigentliche Forschungsgeschichte in der Literaturwissenschaft beginnt mit Killys ‚Deutscher Kitsch' (1955). Killy betrachtete Kitsch als objektives Phänomen. Im Zuge der Ausdehnung des Gegenstandsbereichs der Literaturwissenschaft auf ‚minderwertige' Literatur versuchte er, ‚Kitsch' als literaturwissenschaftlichen Terminus zu definieren und zu etablieren. Killy entwickelte Kriterien heterogener Provenienz: Effektkumulation auf der Ebene der literarischen Mittel wie der Stoffe, preziöser Stil, Klischees, Lyrisierung, Schwarzweißmalerei, Pseudosymbolik, ↗ *Katachresen*, Adjektivhäufung, Mangel an Tektonik und ‚künstlerischem Ordnungssinn', Sentimentalität; Kitsch sei Kennzeichen einer kleinbürgerlichen Haltung. Diese Kriterien sind ex negativo aus dem Ideal der klassischen Ästhetik abgeleitet, die um 1970 zunehmend historisiert wurde. Kitsch wurde häufig damit auf seine historisch-gesellschaftlichen Bedingungen zurückgeführt (u. a. Ueding 1973 in Absetzung von der ↗ *Kolportage*).

Killy lieferte einen Diskussionsrahmen, der bis Ende der 1960er Jahre gültig blieb. Deschner (1957) urteilte in der Überzeugung, es gebe ‚objektive Werturteile' für Kunst, und benutzte ‚Kitsch' als Kampfbegriff zugunsten der literarischen Moderne. Erste Ansätze einer historischen Genese erarbeitete K. M. Michel (1959). In den 1960er und 1970er Jahren hatte die Diskussion ihren Höhepunkt. Einen typologischen Überblick über die damaligen Ansätze bot Durzak (1967).

Die meisten Arbeiten lehnten ‚Kitsch' aufgrund der begrifflichen Unbestimmtheit als analytischen Terminus ab (Foltin, Kreuzer, Schulte-Sasse, Fetzer), wiesen aber auf seine Bedeutung als kurrenten Begriff der Dichtungstheorie hin. Seither spielt Kitsch in der literaturwissenschaftlichen Diskussion nur noch vereinzelt, vor allem als Problem der Kunstreflexion, eine Rolle.

Kreuzer wies erstmals 1967 auf die Notwendigkeit einer Historisierung der Kunst/ Kitsch-Dichotomie hin. Schulte-Sasse sah darin „ein historisch-relatives Denkschema [...], das seine Ursprünge in literatursoziologischen Veränderungen des 18. Jahrhunderts hat" (Schulte-Sasse 1971, 51). Kitsch wurde in der Folge vor allem ideologiekritisch und literatursoziologisch beleuchtet (Breloer/Zimmer 1972, Ueding 1973). Einen gewissen Abschluß fand die Diskussion mit Bests historischer Rekonstruktion des Problems (1978). Fetzer verwies auf die Zeitgebundenheit von Killys Kriterien und plädierte für den „Verzicht auf den Kitsch-Begriff im wissenschaftlichen Kontext" (Fetzer, 27). Seither spielte Kitsch in der literaturwissenschaftlichen Diskussion kaum mehr eine Rolle.

Seit 1980 wird Kitsch sporadisch in kunstwissenschaftlichen Arbeiten diskutiert (Willkomm 1981). Im alten Sinn als kulturkritischen Begriff verwandte ihn Saul Friedländer in seiner Untersuchung der ästhetischen Faszination am Nationalsozialismus im Kulturbetrieb der siebziger Jahre in Frankreich, Deutschland und Italien: Kitsch sei eine triviale Form des Mythos. Zuletzt wurde Kitsch im Kunstbetrieb zum neuen Trend der bildenden Kunst (Kitsch-Art), im Sinne der Integrierung der Kunst-Kitsch-Dichotomie in das Kunstsystem (Fuller 1992).

Aufgrund ihrer semiotischen Analyse bestimmte Putz 1994 Kitsch als „auf verschiedenen Ebenen sich wiederholendes, immer nur auf Nuancen gesellschaftlicher Unterscheidung bedachtes Prinzip der Grenzziehung" (Putz, 24).

Lit: Erwin Ackerknecht: Der Kitsch als kultureller Übergangswert. Bremen 1950. − Otto F. Best: Das verbotene Glück. Kitsch und Freiheit in der deutschen Literatur. München, Zürich 1978. − O. F. B.: Der weinende Leser. Kitsch als Tröstung, Droge und teuflische Verführung. Frankfurt 1985. − Pawel Beylin: Der Kitsch als ästhetische und außerästhetische Erscheinung. In: Die nicht mehr schönen Künste. Hg. v. Hans Robert Jauß. München 1968, S. 393−406. − Heinrich Breloer, Rainer Zimmer: ‚Kitsch' als Kriterium literarischer Wertung. In: Literaturdidaktik. Hg. v. Jochen Vogt. Düsseldorf 1972, S. 93−112. − Hermann Broch: Schriften zur Literatur 2. Theorie. Frankfurt 1975, S. 89−173. − Ilka Büschen: Sentimentalität. Überlegungen zur Theorie und Untersuchungen an mittelhochdeutschen Epen. Stuttgart 1974. − Günther Cwojdrak: Die Kitschfabrik. In: Neue deutsche Literatur 13 (1965), H. 4, S. 91−104. − Karlheinz Deschner: Kitsch, Konvention und Kunst. München 1957. − Gillo Dorfles: Der Kitsch. Tübingen 1969. − Manfred Durzak: Der Kitsch − seine verschiedenen Aspekte. In: DU 19 (1967), H. 1, S. 93−120. − Umberto Eco: Die Struktur des schlechten Geschmacks. In: U. E.: Apokalyptiker und Integrierte. Frankfurt 1984, S. 59−115. − Richard Egenter: Kitsch und Christenleben. Ettal ²1958. − Günther Fetzer: Wertungsprobleme in der Trivialliteraturforschung. München 1980. − Hans Friedrich Foltin: Die minderwertige Prosaliteratur. In: DVjs 39 (1965), S. 288−323. − Saul Friedländer: Kitsch und Tod. Der Widerschein des Nazismus. München, Wien 1984. − Gregory Fuller: Kitsch-Art. Wie Kitsch zur Kunst wird. Köln 1992. − Ludwig Giesz: Phänomenologie des Kitsches. München ²1971. − Gerhard Henschel (Hg.): Das Blöken der Lämmer. Die Linke und der Kitsch. Berlin 1994. − Fritz Karpfen: Der Kitsch. Eine Studie über die Entartung der Kunst. Hamburg 1925. − Walter Killy: Deutscher Kitsch. Göttingen ⁸1978. − Gerhard R. Kluge: Das verfehlte Soziale. Sentimentalität und Gefühlskitsch im Drama des deutschen Naturalismus. Nimwegen 1975. − Kitsch und Klischee (Themenheft). In: SuLWU 79 (1997), S. 3−116. − Helmut Kreuzer: Trivialliteratur als Forschungsproblem. In: DVjs 41 (1967), S. 173−191. − Eva Le Grand (Hg.): Séductions du kitsch. Montreal 1996. − Karl Markus Michel: Gefühl als Ware. Zur Phänomenologie des Kitsches. In: Neue Deutsche Hefte 6 (1959/60), S. 31−48. − Abraham A. Moles: Psychologie des Kitsches. München 1972. − Harry Pross (Hg.): Kitsch. München 1985. − Claudia Putz: Kitsch − Phänomenologie eines dynamischen Kulturprinzips. Bochum 1994. − Jacob Reisner: Zum Begriff Kitsch. Diss. Göttingen 1955. − Hermann Schüling: Zur Geschichte der ästhetischen Wertung. Bibliographie der Abhandlungen über den Kitsch. Gießen 1971. − Jochen Schulte-Sasse: Die Kritik an der Trivialliteratur seit der Aufklärung. München 1971. − J. S.-S.: Literarische Wertung. Stuttgart ²1976. − J. S.-S. (Hg.): Literarischer Kitsch. Tübingen 1979. − Gert Ueding: Glanzvolles Elend. Versuch über Kitsch

und Kolportage. Frankfurt 1973. – Liebgunde
Willkomm: Ästhetisch erleben. Eine psychologische Untersuchung des Übergangs von Kunster-
leben und Kitscherleben. Hildesheim, New York
1981.

Hans-Edwin Friedrich

Klapphornverse ↗ *Nonsens*

Klassik$_1$

Historisch-deskriptive und normative
Aspekte vermischende, zwischen Stil- und
Epochenbegriff changierende Bezeichnung
für Höhepunkte in der Geschichte der Literatur oder der Künste allgemein.

Expl: *Klassik* und verwandte Begriffe haben
je nach dem Kontext, in dem sie verwendet
werden, unterschiedliche, dabei meist vage,
häufig auch ideologisch belastete Bedeutungen, so daß eine konsensfähige terminologische Klärung nahezu aussichtslos erscheint.
Klassik, im allgemeinen Sinne fast ausschließlich in der deutschen Wissenschaft
verwendet, meint einerseits einen (1) Stil,
der sich durch Objektivität, Geschlossenheit der Form, Trennung der ↗ *Genera dicendi*, eine mittlere Position zwischen ar-
chaischer Starrheit und barocker Auflösung, weiter durch die Harmonie der Proportionen, das ausgewogene Verhältnis von
Naturnachahmung und Idealisierung und
schließlich durch eine allgemein ‚humanistische‘ Grundhaltung auszeichnet (↗ *Huma-
nismus$_1$*). In der Regel gelten als historisch
erste Verwirklichung dieser Klassik die
Kunst und Literatur der Antike oder auch
nur eine größere oder kleinere Menge von
antiken Werken, die eine bereits vorgängige
Vorstellung vom klassischen Stil erfüllen.
Bemühungen zur Präzisierung des stark zu
uneigentlichem Gebrauch tendierenden Begriffs zeitigen seine Kombination mit unterschiedlichen Oppositionsbegriffen. Als Gegensatz zur Klassik erscheinen ↗ *Klassizismus* (nur äußerliche Nachahmung antiker
Formen), ↗ *Manierismus$_1$* bzw. ↗ *Barock*
(Verselbständigung von ‚Manier‘ und ‚Ex-

pression‘), ↗ *Romantik* (offene Formen),
↗ *Realismus$_1$* (Stilmischung) und ↗ *Moderne* bzw. ↗ *Postmoderne*.
Andererseits fungiert *Klassik* (2) als Bezeichnung für Epochen in der Geschichte
der Literatur (aber auch der Musik oder der
bildenden Kunst), in denen ‚Klassik‘ als Stil
realisiert wurde und die durch eine schöpferische Weiterbildung antiker Vorgaben
bestimmt sind. Im engeren Sinne gilt dies
für die *Deutsche* oder *Weimarer Klassik*
(↗ *Klassik$_2$*). Davon ausgehend werden einmal antikisierende Perioden in nichtdeut-
schen Nationalliteraturen (z. B. das französische *âge classique* oder das englische *Augustan age*) als ‚Klassiken‘ eingestuft, sofern
sie nicht als ‚Klassizismen‘ abgewertet werden; zweitens wird der Begriff auf die Höhepunkte (‚Blütezeiten‘) jeder Literatur ausgedehnt, selbst wenn keine signifikante Anlehnung an die Antike oder nennenswerte
Ähnlichkeiten mit der *Weimarer Klassik* gegeben sind. Beispiele sind die Einstufung
des (stilistisch dem Manierismus zuneigen-
den) Siglo de oro als *Spanische Klassik* oder
Konstrukte wie die *Staufische* oder ↗ *Höfische Klassik* oder die *Klassische Moderne*.
Der international geläufige Begriff ‚klassisch‘ (das terminologische Feld bilden *das
Klassische, Klassizität* und ↗ *Klassiker*) bedeutet (1) ‚exemplarisch‘ (z. B. ein Text, der
alle seiner Gattung zugeschriebenen Merkmale erfüllt), (2) ‚kanonisch‘ (Autoren und
Werke, die durch die Rezeption in den
↗ *Kanon* des Nachahmenswerten oder über-
zeitlich Gültigen aufgenommen wurden),
(3) ‚antik‘ (z. B. in *Klassisches Altertum* oder
Klassische Philologie).
Zur Vermeidung dubioser Geschichts-
konstruktionen, unbegründbarer Wertungen und vager, bloß eindruckshafter Stilbe-
schreibungen besteht gegenwärtig die Neigung, den Gebrauch des Begriffsfeldes auf
Weimarer Klassik und auf *klassisch* (‚auf die
Antike bezüglich‘) zu beschränken.

WortG: Lat. *civis classicus* meint zunächst
den Angehörigen einer höheren (prägnant
der ersten) Steuerklasse. Seit Cicero (‚Aca-
demia‘ 2,73) wird das Wort auch metaphorisch gebraucht und später von Aulus Gellius (↗ *Klassiker*) auf den literarischen Be-

reich übertragen. *Scriptor classicus* ist hier ein Alter Schriftsteller, der als Zeuge für schulmäßig korrekten Sprachgebrauch gelten kann. Die Wendung ist eine Nebenprägung für das sonst geläufige *scriptores antiqui* oder *veteres*, Autoren also, die als mustergültig, hervorragend oder für den Schulunterricht besonders geeignet in einem ‚ordo‘ oder ‚numerus‘ (Kanon) aufgeführt sind. Mit diesem Sinn ist *classicus* in die neueren europäischen Sprachen übergegangen, nahm jedoch erst später die Fülle der gegenwärtigen Bedeutungen an. In der ursprünglichen Bedeutung findet es sich etwa bei Thomas Sebillet 1548 („bons et classiques poètes françois comme sont entre les vieux Alain Chartier et Jean de Meun"), Alexander Pope 1737 („who lasts a century can have no flaw,/ I hold that Wit a Classic, good in law") (Curtius, 255, Anm. 3) oder Gellert 1784 („lies die classischen Schriftsteller unsrer Nation", DWb 2, 1007).

Die von *klassisch* abgeleiteten Wörter sind durchweg deutlich jünger. *Klassizität* als Zugehörigkeit zum Klassischsein scheint erstmals in Jean Pauls ‚Vorschule der Ästhetik‘ (1804) belegt, *das Klassische* im Sinne einer Lebenshaltung taucht in Goethes ‚Gesprächen mit Eckermann‘ („Das Klassische nenne ich das Gesunde und das Romantische das Kranke", 2.4.1829) auf (vgl. auch FA 13, *2.101.1). *Classik* findet sich in stiltypologischer Bedeutung erstmals 1797 in kryptischen, erst 1963 publizierten Notizen Friedrich Schlegels. Als Bezeichnung für die deutsche Literatur von der Mitte des 18. Jhs. bis Goethe und Schiller ist der Begriff seit der Mitte des 19. Jhs. in den Literaturgeschichten verbreitet (↗ *Klassik₂*). Zum gebräuchlichen Terminus steigt *Klassik* ab 1897 (mit Otto Harnacks ‚Goethe in der Epoche seiner Vollendung‘) auf, setzt sich erst in den 1920er Jahren endgültig mit den Arbeiten von Fritz Strich (‚Deutsche Klassik und Romantik‘, 1922) und Hermann August Korff (‚Geist der Goethezeit‘, 1923–1957) durch, verdrängt nun ältere Prägungen wie *Goldenes Zeitalter* oder *Blütezeit* und wird inflationär gebraucht.

Eva D. Becker: ‚Klassiker‘ in der deutschen Literaturgeschichtsschreibung zwischen 1780 und 1860. In: Zur Literatur der Restaurationsepoche 1815–1848. Hg. v. Jost Hermand und Manfred Windfuhr. Stuttgart 1970, S. 349–370. – Wolfgang Brandt: Das Wort ‚Klassiker‘. Wiesbaden 1976. – Curtius, S. 253–276. – Johann Wolfgang Goethe: Sämtliche Werke [Frankfurter Ausgabe, FA]. Frankfurt 1985 ff.

BegrG: Die Zuweisung des Prädikats ‚klassisch‘ ist Ergebnis eines Rezeptionsprozesses, durch den Autoren, Werke, Epochen usw. aus der Überfülle des historischen Materials selegiert und in einem ↗ *Kanon* versammelt werden. ‚Klassiken‘ sind somit Konstruktionen post festum und hängen von deren poetischen, denkgeschichtlichen, sozialen usw. Rahmenbedingungen ab. Die Geschichte des Begriffs fällt demgemäß mit der Geschichte der Sache zusammen (vgl. auch ↗ *Klassik₂*).

SachG: Das antike Konzept der ‚scriptores antiqui‘ oder ‚classici‘ ist von der Regelpoetik bestimmt. Der Unterricht in Dichtung oder Redekunst und die Produktion neuer Texte bedürfen der Vorbilder, die nachgeahmt werden können. Zur Befriedigung solch praktischer Bedürfnisse entstehen Auswahlausgaben der vorzüglichsten Werke. Die Kanonisierung ist mitunter von literaturkritischen Diskussionen begleitet, vor allem dann, wenn Differenzen über die Geltung poetischer oder rhetorischer Normen auftauchen und die konkurrierenden Schulen unterschiedliche Kataloge mustergültiger Dichter oder Redner entwerfen (so etwa im rhetorischen Richtungsstreit zwischen Asianern und Attizisten; ↗ *Attizismus*). Da die ↗ *Imitatio* (‚Nachahmung‘) immer auch die *Aemulatio* (‚Wettstreit‘ mit dem Ziel der Überbietung) einschließt, können jederzeit erfolgreiche neuere Schriftsteller (‚neoterici‘) an die Seite der ‚antiqui‘ treten. Diese Praxis bleibt in den Dichterverzeichnissen des lateinischen Mittelalters und in den Poetiken der Renaissance erhalten. Die Spannung von ‚Historizität und Normativität‘ (Voßkamp), die daraus resultiert, daß man klassische Werke einer vergangenen Epoche zuschreibt und in ihnen gleichzeitig die Verwirklichung einer überzeitlichen Norm sieht, kann sich noch nicht einstellen, weil ein ausgeprägtes Bewußtsein von der Alterität der Vergangenheit fehlt. Auch fungieren die ‚classici' nicht als Bürgen einer nationalen Identität, die sich über eine Nationalkultur konstituiert.

Das antike Konzept transformiert sich demgemäß tiefgreifend mit der Entstehung des historischen Sinns, der Entdeckung der Pluralität der Kulturen und der Umstellung von einer Ästhetik der Imitation auf das Innovationsgebot. Einen ersten Höhepunkt in diesem vielschichtigen und diskontinuierlichen Prozeß bilden die ↗ *Querelles des anciens et des modernes* (1687 ff.).

In Deutschland verbindet sich die Diskussion um das Klassische mit einer weitgreifenden, aus der Philosophie des Idealismus gespeisten geschichtsspekulativen Bewegung, die auf eine Theorie des modernen Bewußtseins zielt und dabei die Antike als Kontrast zur Gegenwart funktionalisiert. Winckelmann bestimmt die Schönheit als Endzweck der Kunst und sieht diese allein in den Werken der Griechen aus ihrer besten Zeit verwirklicht, da dort, besonders in der Plastik, das idealisierte Naturschöne mit dem leiblichen Ausdruck edler und humaner Gesittung verbunden sei. Dieser wirkungsmächtige Entwurf eines klassischen Stils tilgt freilich den Sinn für die Pluralität antiker Kunstformen und trifft sich dabei mit parallel verlaufenden Veränderungen im Kanon der klassischen Autoren. Der Neuhumanismus grenzt einst wirkungsmächtige Autoren der ‚Silbernen Latinität' (z. B. Lucan, Seneca) aus, da sie der Erwartung einer maßvoll harmonischen Darstellung der diesseitigen Welt nicht entsprechen. Unter dem Einfluß des Geniekults (↗ *Genie*) und des Originalitätspostulats (↗ *Originalität*) folgt die Abwertung der gelehrten und aus klassischen Vorbildern abgeleiteten Dichtung Roms (Vergil, Horaz) und des neulateinischen Humanismus (Fuhrmann 1993). Die Bestimmung des Klassischen entwirft sich die Antike, die sie braucht.

Die Utopisierung Griechenlands konturiert das Klassische als notwendig unerfüllbare ästhetische Norm und fordert damit die geschichtsphilosophische Deutung der Gegenwart heraus. Bei Schiller erscheint das moderne Bewußtsein gegenüber dem ↗ *naiven* der Antike als ein ↗ *sentimentali-*

sches, das die Übereinstimmung mit der Natur und damit die Versöhnung von Vernunft und Sinnlichkeit im Subjekt ersehnt. Diese Fundierung der Moderne in der Reflexivität des entfremdeten Subjekts kehrt in Friedrich Schlegels ‚Über das Studium der griechischen Poesie' (1795–1797) wieder. Schlegel läßt die Kunst der Moderne aus der Verstandestätigkeit entspringen, erklärt so ihre Tendenz zum Interessanten, Subjektiven und Individuellen und eröffnet damit die Diskussion der Romantiker um eine nicht-klassische Kunst. Insgesamt streben diese und andere Kontrastierungen danach, den literaturgeschichtlichen Umbruch zu erklären (etwa durch die Arbeitsteilung, die Ausbreitung von Rationalität, das Auftreten der christlichen Innerlichkeit) und nicht-klassische Gattungen (z. B. den ↗ *Roman*) oder Schreibverfahren (z. B. die ↗ *Ironie*) zu rechtfertigen. Hegel schließlich arbeitet in seiner ‚Ästhetik' die Bestimmung der ‚Klassischen Kunstform' seit Winckelmann weiter aus, indem er das Kunstschöne als sinnliches Scheinen der Idee expliziert, nun aber endgültig das „wirkliche Dasein des klassischen Ideals" (Hegel 1, 422 f.) auf wenige Gipfelleistungen der griechischen Kunst beschränkt, während fortgeschrittenere Stadien innerhalb der Selbstaufklärung der Vernunft auf die Religion und später auf die Philosophie angewiesen sind (*Kunstperiode*, ↗ *Goethezeit*). Hegels Position demonstriert unfreiwillig, wie sehr die Bestimmungen des ‚Klassischen' durch ihre Funktionalisierung in sozialen Ordnungsdiskussionen gesteuert werden und daß sich gerade durch die geschichtsphilosophische Anstrengung der historische Gehalt des Konstrukts zunehmend verflüchtigt.

Die nachidealistische Ära ersetzt einerseits die geschichtsspekulative Begründung des Klassischen durch die anthropologische. Bezeichnend ist etwa Strichs ‚Deutsche Klassik und Romantik' (1922), wo in Weiterführung von Wölfflins ‚Kunstgeschichtlichen Grundbegriffen' (1915) der klassische Stil auf einen mit der Todesverfallenheit der Menschennatur gegebenen Willen zur ‚Vollendung' zurückgeführt wird und mit einem ebenso natürlichen Willen zur romantischen ‚Unendlichkeit' konkurriert. Eine zweite Linie setzt Hegels Abwehr der Romantik fort und transformiert sie in den antimodernen Kulturkonservatismus. Gegen den Pluralismus, den Subjektivismus, den Materialismus, das Mechanische der Moderne wird die Klassik, je nach ideologischer Position, als kollektive Bindung, Organik, Form, Idealismus, Einheit von Kunst und Nation, abendländische Universalität usw. ausgespielt. In Deutschland ist dergleichen u. a. durch die neuklassische Bewegung (P. Ernst, S. Lublinski, den frühen Lukács), international durch Autoren wie Maurras oder T. S. Eliot repräsentiert. Ein Nachklang des autoritären Antisubjektivismus findet sich in Gadamers ‚Wahrheit und Methode' (1960), der gerade im Kontext seiner Rehabilitierung von Autorität und Vorurteil jenen Werken Klassizität zuspricht, deren Wahrheitsanspruch sich nicht historisch relativieren läßt, sondern für jede Gegenwart gilt. Die gegenwärtige Zurückhaltung der Wissenschaft im Umgang mit dem Klassischen hingegen mag sich aus der Skepsis gegen die ‚großen' geschichtsspekulativen ‚Erzählungen' und aus der Scheu vor dem unwissenschaftlichen Geschäft der ästhetischen ↗ *Wertung* erklären.

Manfred Fuhrmann: Der neue Kanon lateinischer Autoren. In: Voßkamp 1993, S. 389–402. – Walter Haug: Mittelhochdeutsche Klassik. In: Simm 1988, S. 230–247. – Georg Wilhelm Friedrich Hegel: Ästhetik [²1842]. Hg. v. Friedrich Bassenge. 2 Bde. Berlin, Weimar 1955, Repr. Frankfurt o.J. [1965]. – Hans Robert Jauß: Schlegels und Schillers Replik auf die ‚Querelles des Anciens et des Modernes'. In: H. R. J.: Literaturgeschichte als Provokation. Frankfurt 1970, S. 67–106. – Wilhelm Voßkamp: Normativität und Historizität europäischer Klassiken. In: Voßkamp 1993, S. 5–8.

ForschG: Die Zuerkennung des Prädikates ‚klassisch' war stets ein wichtiger Streitpunkt der Literaturkritik; die solchermaßen ausgezeichneten Epochen, Werke und Autoren sind immer Gegenstand intensiver Forschung gewesen, während die Untersuchung von Klassik-Konzepten jüngeren Datums ist. Die ältere Forschung setzt in der Regel einen substantialistischen Begriff des Klassischen voraus und bemüht sich deshalb, mit besonderer Vorliebe in Deutsch-land, die divinatorischen Vorgaben der Dichter und Philosophen zu einer wissenschaftlich vertretbaren ‚Wesensbestimmung' auszuarbeiten (Jäger, Burger). Eine Ausnahme bildet Curtius, der eine Skizze zu Konstanz und Wandel des Klassifikationsbegriffs ‚klassisch' vorgelegt und damit eine Alternative zur Wesensschau entworfen hat (Curtius, 253–276). Erst die kritische Reflexion der Fachgeschichte, die Methodendiskussion und die Entdeckung des Lesers als literaturgeschichtlicher Faktor haben die Aufmerksamkeit auf ‚das Klassische' und ‚die Klassik' als ein Konstrukt post festum gelenkt. Die ideologiekritische Polemik hat ‚Klassik' als Fiktion ohne historischen Gehalt, aber mit autoritären, nationalistischen oder bürgerlichen Legitimationsfunktionen zu entlarven gesucht (Grimm/Hermand, Schmalzriedt). Die gegenwärtige, politisch beruhigte· Forschung tendiert dazu, die Analyse des ‚Klassischen' völlig in die rezeptionstheoretische und -geschichtliche Untersuchung von Kanonisierungsprozessen überzuführen (Simm). Zu klären bleibt, ob sich ein klassischer Kanon von beliebig anderen Kanonbildungen unterscheiden läßt, etwa weil ihm ein für alle ‚Klassiken' geltendes ‚Klassik-Paradigma' (Berufung auf Antike, Simplizität, humanistische Anthropologie, Postulierung einer Glanzperiode) zugrunde liegt (so Voßkamp 1993; vgl. aber die gravierenden Einwände von Schlaffer).

Lit: Rudolf Bockholdt (Hg.): Über das Klassische. Frankfurt 1987. – Heinz Otto Burger (Hg.): Begriffsbestimmung der Klassik und des Klassischen. Darmstadt 1972. – Curtius. – Reinhold Grimm, Jost Hermand (Hg.): Die Klassik-Legende. Frankfurt 1971. – Manfred Fuhrmann: Einführung in die antike Dichtungstheorie. Darmstadt 1973. – Thomas Gelzer: Klassik und Klassizismus. In: Gymnasium 82 (1975), S. 147–173. – Hans Ulrich Gumbrecht: „Phoenix from the ashes" or: From canon to classics. In: NLH 20 (1988/1989), S. 141–164. – Werner Jäger (Hg.): Das Problem des Klassischen und die Antike. Leipzig, Berlin 1931. – Frank Kermode: The classic. London 1975. – Zoran Konstantinovic u. a. (Hg.): Classical models in literature. Innsbruck 1981. – Claus Friedrich Köpp: Klassizitätstendenz und Poetizität in der Weltgeschichte. 2 Bde. Bielefeld 1996. – Fritz Nies,

Karlheinz Stierle (Hg.): Französische Klassik. München 1985. – Heinz Schlaffer: Rezension zu Voßkamp 1993. In: Poetica 25 (1993), S. 441–446. – Egidius Schmalzriedt: Inhumane Klassik. München 1971. – Hans-Joachim Simm (Hg.): Literarische Klassik. Frankfurt 1988. – Hartmut Stenzel: Die französische ‚Klassik‘. Darmstadt 1995. – Wilhelm Voßkamp (Hg.): Klassik im Vergleich. Stuttgart, Weimar 1993. – Pascal Weitmann: Die Problematik des Klassischen als Norm und Stilbegriff. In: Antike und Abendland 35 (1989), S. 150–186.

Horst Thomé

Klassik₂

Bezeichnung für einen Abschnitt der deutschen Literaturgeschichte, vorwiegend identifiziert mit der ‚Weimarer Klassik‘ um 1800.

Expl: Die allgemeine Bedeutung von *Klassik* (↗ *Klassik₁*) als eine kulturelle Blütezeit, in der Werke von mustergültiger Bedeutung entstanden, wurde seit der Renaissance insbesondere auf die Kultur der griechisch-römischen Antike angewandt. Ihre Gipfelleistungen sah man erneuert in der ‚Weimarer Klassik‘ um 1800. Bei ihr steht gemeinhin die Arbeitsgemeinschaft Goethes und Schillers zwischen 1794 und 1805 im Mittelpunkt. Als Epochenbegriff ist ‚Weimarer Klassik‘ jedoch problematisch, da sich damit nur ein begrenzter Teil der literarischen Produktion der Zeit (und selbst ihrer in den Literaturkanon aufgenommenen ↗ *Klassiker*) fassen läßt. Der Begriff bezeichnet ästhetische Programme und Kunstleistungen einer kleinen, aber bedeutenden, wenn auch hinsichtlich ihrer Zugehörigkeit und ihrer Gemeinsamkeiten nicht exakt festlegbaren Gruppe deutscher Schriftsteller, wobei die geographische Bestimmung metonymische Bedeutung annimmt.

WortG: Das Wort *Classik* ist zuerst 1797 bei Friedrich Schlegel (‚Philosophische Fragmente‘, KFSA 18, 23) nachgewiesen, wo es zusammen mit *classisch* im stiltypologischen Sinn gebraucht wird und sich auf den Klassizismus des 18. Jhs., speziell Winckel-manns, bezieht, zu dem Schlegels Begriff des ‚Romantischen‘ in Kontrast tritt. Im gleichzeitigen Aufsatz über Georg Forster spricht Schlegel zugleich sehr viel allgemeiner vom ‚klassischen Schriftsteller‘ als ‚Wohltäter seiner Nation‘, die ihm mit möglichst vielen ‚klassischen Lesern‘ entgegenkommen sollte (KFSA 2, 79).

Friedrich Schlegel: Kritische Ausgabe [KFSA]. Hg. v. Ernst Behler. Paderborn u. a. 1958 ff. – DWb 2, Sp. 1006 f.

BegrG: Die historische Vorstellung von einer ‚Weimarer Klassik‘ in der deutschen Literatur um 1800 stammt aus dem 19. Jh. und ist nicht eine Selbstbezeichnung der betroffenen Autoren. Goethe rät 1795, „die Ausdrücke: klassischer Autor, klassisches Werk höchst selten" zu gebrauchen (‚Literarischer Sansculottismus‘, HA 12, 241), wozu ihn die Unschärfe von ‚klassisch‘ veranlaßt, das geschichtlich auf die kulturelle Blütezeit einer Nation in Verbindung mit deren politischer Bedeutung verweist, während Goethes eigene Erfahrung den Gegensatz zwischen kultureller Blütezeit und politischer Bedeutungslosigkeit durchaus als möglich und fruchtbar erscheinen läßt.

Als Epochenbezeichnung für die deutsche Literatur von der Mitte des 18. Jhs. bis zu Goethe und Schiller wird *Klassik* zum erstenmal 1839 von H. Laube in seiner ‚Geschichte der deutschen Literatur‘ verwendet und als „nationalliterarische Klassik" 1845 von J. Hillebrand in seiner ‚Deutschen Nationalliteratur‘ sowie ähnlich danach in zahlreichen anderen Literaturgeschichten des 19. Jhs. (Becker, 360). Ihnen voraus gehen nationale Tendenzen in den Literaturgeschichten seit 1813. Für Gervinus kulminiert die ‚Geschichte der poetischen National-Literatur der Deutschen‘ (1835–1842) ganz und gar in der ‚Klassik‘, woraus der nationalerzieherische Auftrag abgeleitet wird, „der Nation ihren gegenwärtigen Werth begreiflich zu machen" (1, 7), damit der großen Kunst nun auch eine große Nation folge. Aus der politischen Situation der 1830er Jahre und dem Kult um Goethe nach dessen Tod 1832 sowie der nationalen Schiller-Begeisterung, die 1859 aus Anlaß seines hundertsten Geburtstages ihren ersten Höhepunkt erreichte, gingen der Begriff einer ‚Weimarer Klassik‘ und die Verklärung eines ‚klassischen Weimar‘ als Teil nationaler Selbstfindung und Kulturrepräsentation der Deutschen hervor. Mit der Entwicklung der Germanistik als wissenschaftlicher Disziplin im Rahmen der Geistesgeschichte ist der Begriff von der Forschung seitdem zustimmend oder kritisch aufgenommen, benutzt und erörtert worden.

Johann Wolfgang Goethe: Goethes Werke. Hamburger Ausgabe [HA]. München ¹³1983.

SachG: Die Bezeichnung ‚Weimarer Klassik‘ stellt zwar eine subjektive Wertung dar, aber der deutsche Kleinstaat Sachsen-Weimar als kultureller Mittelpunkt einer Sprachgemeinschaft, die keinen politischen besaß, war eine historische Realität im Zeitalter der Französischen Revolution, der Koalitionskriege und der Auflösung des deutschen Reiches. Unter der Regentschaft des Herzogs Carl August hatten sich in der Residenzstadt Weimar und der Universitätsstadt Jena bedeutende Künstler und Intellektuelle versammelt, von denen ein beträchtlicher Einfluß auf die Entwicklung der deutschen und der europäischen Kultur ausging. Als ‚Weimarer Klassik‘ wird gewöhnlich die Zeit zwischen dem Beginn von Goethes Italienreise 1786 und Schillers Tod 1805 angesehen.

Solch biographische Begrenzung läßt freilich außer acht, daß auch Wieland und Herder die Weimarer Kultur um 1800 prägten. Außerdem war die Landesuniversität Jena in den gleichen Jahren ein bedeutender Sammelpunkt vorwiegend jüngerer Intellektueller wie Fichte, A. W. und F. Schlegel, Novalis, Schelling und Hölderlin, deren Denken und deren Beziehungen zu Goethe, Schiller, Wieland und Herder komplexer waren, als daß sie sich unter den Gegensatz von ‚Klassikern‘ und ‚Romantikern‘ fassen ließen. Der Begriff ‚Weimarer Klassik‘ bezeichnet also nicht eine historische Epoche, sondern eine Episode in der Schaffensgeschichte einer Gruppe deutscher Schriftsteller um 1800, deren Gemeinsamkeiten aber nicht als Ausdruck tendenziöser Parteiung zu verstehen sind.

Dem allgemeinen Klassikbegriff entstammen verschiedene Merkmale der ‚Weimarer Klassik‘, bei Goethe die Wahl antiker Stoffe (‚Iphigenie auf Tauris‘, 1787; ‚Achilleis‘, 1799) sowie die Aufnahme antiker Versformen in der Lyrik (‚Römische Elegien‘, 1788–1790; ‚Venetianische Epigramme‘, 1790; mit Schiller ‚Xenien‘, 1797) und nach dem Vorbild von Klopstock (‚Der Messias‘, 1748–1773) und J. H. Voß (‚Luise‘, 1782–1794) auch in der Epik (‚Reineke Fuchs‘, 1793; ‚Hermann und Dorothea‘, 1797). Schillers stofflicher Klassizismus manifestiert sich vor allem als provokatives Lob der antiken Götterwelt in dem Gedicht ‚Die Götter Griechenlands‘ (1788). Im Drama erfolgt nach der Prosa des ↗ *Sturm und Drang* bei Goethe (‚Iphigenie‘, Prosafassung 1779/81, Versfassung 1787; ‚Torquato Tasso‘, 1790) wie bei Schiller (‚Don Carlos‘, 1787) der Übergang zum Vers, allerdings nicht zu antiken Metren, sondern zu dem vor allem durch Shakespeares Werke etablierten und im Deutschen von Lessing (‚Nathan der Weise‘, 1779) durchgesetzten ↗ *Blankvers*.

Aus der Arbeitsgemeinschaft von Goethe und Schiller seit 1794 erwuchs der entschiedene Wunsch, als Schriftsteller erzieherisch zu wirken und unter den Bedingungen des politischen Partikularismus das Bewußtsein einer gemeinsamen deutschen Sprache und Kultur zu wecken. Motiv für die neuen stofflichen und formalen Interessen war das Gefühl der Nötigung, „unser Jahrhundert zu vergessen, wenn wir nach unsrer Überzeugung arbeiten wollen" (Goethe an Schiller, 25.11.1797). Schillers ästhetische Studien im Anschluß an die Kunstphilosophie Kants (‚Über die ästhetische Erziehung des Menschen‘, 1795; ‚Über naive und sentimentalische Dichtung‘, 1795/96) waren von der Absicht bestimmt, der Kunst eine zentrale Rolle bei der Evolution der Gesellschaft zuzuweisen. Aus der ‚Vereinzelung und getrennten Wirksamkeit unserer Geisteskräfte‘ sollte mit ihrer Hilfe der ‚ganze Mensch in uns‘ wiederhergestellt und die verschiedenen ‚Kräfte der Seele‘ in ‚harmonischem Bunde‘ vereinigt werden (Schiller, ‚Über Bürgers Gedichte‘, 1791). Aufgabe des Dichters sei es, ‚den Menschen, der nun einmal nicht mehr nach Arkadien zurück kann, bis nach Elisium zu führen' (,Über naive und sentimentalische Dichtung'). In diesem Zusammenhang stehen Vorstellungen von ästhetischer ↗ *Autonomie* als Komplement zur intellektuellen Autonomie in der Philosophie der ↗ *Aufklärung*.

Literaturpolitisch wurde die Verwirklichung solcher Pläne durch die Gründung einer Reihe von Zeitschriften und anderer Periodica versucht. Dazu gehören Wielands ,Der Teutsche Merkur' (1773–1789) und ,Der neue Teutsche Merkur' (1790–1810) sowie Schillers ,Thalia' (1785–1791), ,Neue Thalia' (1792/93) und ,Die Horen' (1795–1797), in denen er einen Teil seiner kunsttheoretischen Schriften veröffentlichte. Von 1796 bis 1800 gab Schiller außerdem fünf ,Musen-Almanache' heraus, von denen derjenige ,auf das Jahr 1798' als ,Balladenalmanach' bekanntgeworden ist. Auch Wielands ,Attisches Museum' (1796–1803), Herders ,Adrastea' (1801–1803) und Goethes ,Propyläen' (1798–1800) sowie die von Goethe initiierte und geleitete ,Jenaische Allgemeine Literatur-Zeitung' (ab 1804) gehören zu den Medien der Literaturpolitik im ,klassischen' Weimar.

Als Direktor des Weimarer Theaters versuchte Goethe, auf die Geschmacksbildung seines Publikums Einfluß zu nehmen, ebenso wie er durch die Erziehung der Schauspieler (,Regeln für Schauspieler', 1803) Ethos und Ansehen dieses Berufes hob und die Herausbildung einer literarischen Hochsprache über den Dialekten förderte (↗ *Literatursprache*). Seine zunehmende Beschäftigung mit den Naturwissenschaften zielte darauf, ,die mannigfaltigen besonderen Erscheinungen des herrlichen Weltgartens auf ein allgemeines einfaches Prinzip zurückzuführen' (,Versuch die Metamorphose der Pflanzen zu erklären', 1790), also Verschiedenheit, Polarität und Harmonie in einen ideellen Zusammenhang zu bringen und jedes Einzelne als Teil eines Ganzen in Zeit und Raum zu betrachten. Im Symbol des Gedichts wird das in der Natur als Polarität der Geschlechter Getrennte durch die Liebe verbunden (vgl. die Elegie ,Die Metamorphose der Pflanzen', 1798). In solcher Deduktion von Liebe und Harmonie aus den Tatsachen und Gesetzen der Natur bestand die innere Beziehung zu Schillers Vorstellungen von gesellschaftlicher Harmonie mit deren Ziel, „die politisch geteilte Welt unter der Fahne der Wahrheit und Schönheit wieder zu vereinigen" und so „wahre Humanität zu befördern" (,Ankündigung' von ,Die Horen', 1794).

In enger gedanklicher Verbindung dazu standen die Bestrebungen Herders, von geschichtsphilosophischer Perspektive her Verschiedenheit und Einheit aufeinander zu beziehen und einen humanen Auftrag daraus zu entwickeln (,Ideen zur Philosophie der Geschichte der Menschheit', 1784–1791; ,Briefe zur Beförderung der Humanität', 1793–1797). Über W. v. Humboldt, der von 1794 bis 1797 in Jena lebte und in enger Beziehung zu Goethe und Schiller stand, haben die Ideen von allseitiger Bildung und einer geschichtsphilosophisch wie naturphilosophisch begründeten Humanität (↗ *Humanismus₁*) dann langanhaltenden Einfluß auf die deutschen Vorstellungen von Aufgaben und Idealen der Universität genommen.

Das ästhetische Programm wurde in einer Reihe bedeutender Werke umgesetzt, zu denen an erster Stelle Goethes Roman ,Wilhelm Meisters Lehrjahre' (1794/95) und die Geschichtsdramen Schillers seit dem ,Wallenstein' (1800) gehören. Goethes Roman als ↗ *Bildungsroman* eines deutschen Bürgers hatte starken Einfluß auf die jüngeren Schriftsteller der Zeit (Jean Paul, Novalis, Tieck, Eichendorff). In den folgenden Jahren führte Goethe seine Arbeit am ,Faust' (,Der Tragödie erster Teil', 1808) weiter und schuf mit der episodischen, aber folgenreichen Verbindung des deutschen ,romantischen' Helden mit der ,klassischen' Schönheit in den Helena-Szenen, die um 1800 begonnen wurden, zugleich ein Sinnbild für die aktuelle deutsche Wiederbegegnung mit der antiken klassischen Kultur im vergangenen Jahrzehnt.

ForschG: Den in der 1. Hälfte des 19. Jhs. aus nationalpädagogischer Absicht entstandenen Begriff einer deutschen Klassik um 1800 übernahm die neuere Germanistik zum Zwecke der Periodisierung innerhalb der deutschen Literaturgeschichte des 18. und frühen 19. Jhs., verband aber damit häufig auch wertend die Vorstellung von einer künstlerischen Hochleistung. ‚Klassik' als Epochenbegriff bezeichnete den Teil eines geschichtlichen Prozesses, der von der Aufklärung über den Sturm und Drang bis zur ↗ *Romantik* führen sollte (Strich, Korff). Dem Gewinn an Differenzierung trat damit jedoch die Gefahr einer Verzerrung der historischen Perspektiven gegenüber, da die derart aufeinander bezogenen Begriffe von sehr verschiedener historischer und epistemologischer Qualität sind. Mit der Erfindung einer ‚Vorklassik', in die Autoren wie Klopstock, Lessing und Wieland einbezogen wurden, erhielt deren große eigenständige Leistung fälschlich den Anstrich einer Vorbereitung zu Größerem, was insbesondere der anfechtbare Begriff ↗ *Goethezeit* zum Ausdruck bringt. Die Zentrierung auf Weimar und speziell auf Goethe und Schiller brachte es außerdem mit sich, daß andere bedeutende Schriftsteller um 1800 wie Jean Paul und Hölderlin als ‚Außenseiter' durch die Maschen dieses künstlichen Netzes fielen, soweit sie sich nicht den jungen ‚Romantikern' zurechnen ließen, die wiederum ihrerseits durch die begriffliche Kontrastierung in eine prinzipielle Opposition zur ‚Klassik' zu geraten schienen, wie sie in Wirklichkeit nicht bestand. In der wechselhaften deutschen Geschichte des 20. Jhs. entwickelte sich insbesondere an Schulen und Universitäten, aber auch an Theatern und in Verlagen aus dem Begriff der ‚Weimarer Klassik' eine nationale Kanonbildung (↗ *Kanon*) unter verschiedenen politischen Vorzeichen. Durch die Wahl des Ortes für die verfassunggebende Nationalversammlung der deutschen Republik am 31.7.1919 (‚Weimarer Republik') wurde Weimar politisches Symbol für eine deutsche humanistische Tradition im Kontrast zum ‚Geist von Potsdam'.

Offenheit und Unbestimmtheit des Begriffes haben dazu geführt, daß er immer wieder zur Diskussion oder überhaupt in Frage gestellt wurde (Grimm/Hermand 1971; Wittkowski 1986; ‚Weimarer Klassik und Europäische Romantik', 1988−1992).

Lit: Wilfried Barner u. a. (Hg.): Unser Commercium. Stuttgart 1984. − Roger Bauer (Hg.): Der theatralische Neoklassizismus um 1800. Ein europäisches Phänomen? Bern 1986. − Eva D. Bekker: ‚Klassiker' in der deutschen Literaturgeschichtsschreibung zwischen 1780 und 1860. In: Zur Literatur der Restaurationsepoche 1815−1848. Hg. v. Jost Hermand und Manfred Windfuhr. Stuttgart 1970, S. 349−370. − Rudolf Bockholt (Hg.): Über das Klassische. Frankfurt 1987. − Dieter Borchmeyer: Die Weimarer Klassik. Eine Einführung. 2 Bde. Königstein 1980. − Wolfgang Brandt: Das Wort ‚Klassiker'. Wiesbaden 1976. − Walter Horace Bruford: Kultur und Gesellschaft im klassischen Weimar 1775−1806. Göttingen 1966. − Heinz Otto Burger (Hg.): Begriffsbestimmung der Klassik und des Klassischen. Darmstadt 1972. − Rolf-Peter Cärl: Prinzipien der Literaturbetrachtung bei Georg Gottfried Gervinus. Bonn 1969. − Curtius, S. 253−256, 269−276 [auch in: Burger 1972, S. 17−33]. − Reinhold Grimm, Jost Hermand (Hg.): Die Klassik-Legende. Frankfurt 1971. − Alexander Heußler: Klassik und Klassizismus in der deutschen Literatur. Bern 1952. − Hermann August Korff: Geist der Goethezeit. Versuch einer ideellen Entwicklung der klassisch-romantischen Literaturgeschichte. 5 Bde. Leipzig 1923−1957. − Victor Lange: Das klassische Zeitalter der deutschen Literatur 1740−1815. München 1983. − Wilfried Malsch: Klassizismus, Klassik und Romantik der Goethezeit. In: Deutsche Literatur zur Zeit der Klassik. Hg. v. Karl Otto Conrady. Stuttgart 1977, S. 381−408. − Hans Mayer: Zur deutschen Klassik und Romantik. Pfullingen 1963. − Walter Müller-Seidel: Die Geschichtlichkeit der deutschen Klassik. Literatur und Denkformen um 1800. Stuttgart 1983. − Terence James Reed: Die klassische Mitte. Goethe und Weimar 1775−1832. Stuttgart 1982. − Karl Richter, Jörg Schönert (Hg.): Klassik und Moderne. Die Weimarer Klassik als historisches Ereignis und Herausforderung im kulturgeschichtlichen Prozeß. Stuttgart 1983. − Gerhard Sauder: Ästhetische Autonomie als Norm der Weimarer Klassik. In: Normen und Werte. Hg. v. Friedrich Hiller. Heidelberg 1982, S. 130−150. − Gerhard Schulz: Die deutsche Literatur zwischen Französischer Revolution und Restauration. 1. Teil. München 1983, S. 59−69, 229−241. − Friedrich Sengle: Die klassische Kultur von Weimar, sozialgeschichtlich gesehen. In: IASL 3 (1978), S. 68−86. − Hans-Joachim Simm (Hg.): Literarische Klassik. Frankfurt 1988. − Fritz Strich: Klassik und Romantik oder Vollendung und Unendlichkeit. München 1922. − Wilhelm Voßkamp (Hg.): Klassik im Vergleich. Stuttgart 1993. − Weimarer Klassik und europäische Romantik. Diskussionen. In: Schiller-Jb. 32 (1988), S. 347–374; 33 (1989), S. 399–408; 36 (1992), S. 409–454. – Wolfgang Wittkowski (Hg.): Verlorene Klassik. Tübingen 1986. – Bernhard Zeller (Hg.): Klassiker in finsteren Zeiten 1933–45. 2 Bde. Marbach 1983.

Gerhard Schulz

Klassiker

Verfasser von Texten, die einer literarischen Klassik zugerechnet werden; Autor maßstabsetzender und als mustergültig anerkannter literarischer Texte.

Expl: Der umgangssprachlichen Ausweitung von *Klassik* (↗ *Klassik₁*) zum allgemeinen Distinktionsbegriff entsprechend, tendiert die Bezeichnung *Klassiker* auch in der Literaturwissenschaft zur geschichtlichen Entgrenzung. Vorherrschend ist hier allerdings immer noch der Gebrauch für die Repräsentanten der – zeitdifferent angesetzten – ‚klassischen‘ Perioden der einzelnen Literaturen (‚deutsche‘ bzw. ‚Weimarer Klassiker‘, ‚Klassiker der russischen Literatur‘): Damit ist der Klassiker-Begriff historisch bestimmt und nicht mehr normativ zu verstehen, enthält jedoch mit der Auszeichnung der betreffenden Perioden als Kulminationszeiten gleichwohl auch ein Werturteil.

WortG/BegrG: Angewandt auf Schriftsteller ersten Ranges („classicus adsiduusque aliquis scriptor") findet sich das Wort in der Antike nur bei Aulus Gellius (‚Noctes Atticae‘ 19, 8, 15; 2. Jh.). Für die Neuzeit wurde es zuerst bei Thomas Sebillet nachgewiesen (↗ *Klassik₁*), der die Wertung – so wie Gellius auf den regelrechten Gebrauch des Lateinischen – bereits auf die mustergültige Verwendung der Volkssprache bezieht (Curtius, 20 f.). Der Sache nach hatte schon Pietro Bembo (‚Prose della volgar lingua‘, 1525) mit seiner Berufung auf Petrarca und Boccaccio den Begriff auf nicht-lateinische Musterautoren übertragen. In Deutschland war von ‚klassischen‘ Schriftstellern seit der Mitte des 18. Jhs. die Rede.

Die Kanonisierung (↗ *Kanon*) volkssprachlicher Schriftsteller als Klassiker im Sinne allgemeiner Vorbildhaftigkeit und also Ebenbürtigkeit oder gar Überlegenheit im Verhältnis zu den Alten erfolgte im Zuge der Herausbildung eines neuzeitlichen Nationalbewußtseins und eines auf Fortschritt und Entwicklung gegründeten Geschichtsmodells. Grundsätzliche Bedeutung hat hier die ↗ *Querelle des anciens et des modernes* (Frankreich, 2. Hälfte des 17./ Anfang des 18. Jhs.), an deren Ende Jean-Baptiste du Bos’ (‚Reflexions critiques sur la poésie et la peinture‘, 1719) zwischen den Extremen vermittelnde Konstruktion von vier gleichrangigen großen Kulturepochen (der Epochen des Perikles, des Augustus, der Mediceer und Ludwigs XIV.) stand; sie liegt Voltaires kulturgeschichtlicher Darstellung des ‚Siècle de Louis XIV‘ zugrunde. Ohne die Kunst gleich der Wissenschaft in die geschichtliche Fortschrittsperspektive einzugliedern, eröffnete diese Konstruktion prinzipiell die Möglichkeit des Anschlusses anderer ‚Blütezeiten‘ (so etwa des ‚Siglo de oro‘ der spanischen oder des ‚Augustan age‘, später des Elisabethanischen Zeitalters der englischen Literatur) und die Erhebung ihrer Repräsentanten in den Rang von Klassikern.

SachG: Im Aufschwung der deutschen Literatur in der zweiten Hälfte des 18. Jhs. wollten bereits vor dem Auftreten Goethes und Schillers die Zeitgenossen eine solche ‚Blütezeit‘ erkennen, zumeist mit Klopstock und Lessing im Mittelpunkt (Leonhard Meister, ‚Beyträge zur Geschichte der teutschen Sprache und National-Litteratur‘, 1777, Erster Theil, S. 28). Während die Bezeichnung *classiques* für die literarischen Repräsentanten des Zeitalters Ludwigs XIV. in Frankreich kaum Verbreitung gefunden hatte, war in Deutschland in bezug auf Schriftsteller der genannten Periode schon von *Klassikern* die Rede. Als solche firmieren in Sauer/Neuhofers ‚Vorlesung über deutsche Klassiker für Gebildete und zum Gebrauche in höheren Lehranstalten‘ (1810) z. B. Klopstock, Goethe, Voß, Schiller, Thümmel, Salis, Matthisson und A. W. Schlegel. Goethe selbst, der noch von einem

,rhetorisch-klassizistischen Klassiker-Paradigma' (Jaumann, 106) ausging, hatte die Möglichkeit eines ,klassischen Nationalautors' in Deutschland für seine Zeit ausgeschlossen (,Literarischer Sansculottismus', 1795), weil er die ihm dafür notwendig scheinenden objektiven Voraussetzungen (geglückte Nationbildung, hoher Stand der Kultur, bedeutende Vorleistungen) nicht gegeben sah. Die Vorstellung einer deutschen Klassik mit Goethe und Schiller als unverrückbar herausgehobenen Mittelpunktsfiguren bildete sich erst um die Mitte des 19. Jhs., unter dem maßgeblichen Einfluß von Gervinus' ,Geschichte der poetischen National-Literatur der Deutschen' (1835–1842, ↗ *Klassik₂*). In Abhängigkeit von der inhaltlichen Ausfüllung des Begriffs und den Wandlungen in der Bewertung der verschiedenen Schriftsteller wurden als Klassiker neben Goethe und Schiller dann Autoren wie Lessing, Klopstock, Wieland, Herder, im späteren 19. Jh. Grillparzer und Hebbel und in der ersten Hälfte des 20. Jhs. bisweilen auch Hölderlin, Kleist u. a. gestellt. Schließlich wurde im Gefolge von Pinders ,Die Kunst der deutschen Kaiserzeit bis zum Ende der staufischen Klassik' (1935) der Klassiker-Begriff auch auf mittelalterliche Autoren wie Gottfried von Straßburg, Wolfram von Eschenbach oder Walther von der Vogelweide übertragen (↗ *Höfische Klassik*).

Für die inhaltliche Ausfüllung eines historisch bestimmten Klassiker-Begriffs war bei den Deutschen (ebenso wie bei anderen ,verspäteten Nationen') von Anfang an die Identitätsbildungsfunktion der nationalen Literaturgeschichte von zentraler Bedeutung. Dabei spielte der Bezug auf die klassische griechische Kunst, wie er – in unterschiedlicher Weise – von Winckelmann und Lessing und dann – mit der Abwendung vom ↗ *Sturm und Drang* – von Goethe und Schiller hergestellt worden war, eine wichtige Rolle. Doch suchte man diesen Bezug nicht in erster Linie in der Adaptation antiker Dichtungsformen und der Verpflichtung auf die aristotelische Poetik, sondern in einer Symbolisierung des klassischen Humanitätsideals (↗ *Humanismus₁*), zu der allerdings ein gewisses Maß an Objektivität

und Ausgewogenheit, Homogenität der Gattung und formaler Geschlossenheit, wie man sie in der griechischen Kunst verwirklicht sah, gehören sollte. Durch die Ablehnung des Extremen, Phantastischen, Fragmentarischen, insbesondere der ungezügelten Subjektivität geriet der Begriff des Klassikers in die Opposition ,klassisch' – ,romantisch', die in der deutschen Geistesgeschichte eine typologische Verallgemeinerung erhielt (F. Strich). Andererseits wurde von geistesgeschichtlich orientierten Literaturhistorikern die Bindung an das humanistische Menschheitsideal und an ein bestimmtes Formverhalten zurückgenommen und die Bezeichnung auf andere Schriftsteller ausgedehnt, deren Werken man eine nationale Identität stiftende Rolle und zugleich die Qualität eines allgemeingültigen Ausdrucks der existentiellen Situation des Menschen zuschrieb: Jean Paul, Kleist, Richard Wagner, Nietzsche, Rilke (H. Cysarz). Der damit eingeleiteten Wiederannäherung an den allgemeinen Distinktionsbegriff *Klassik* steht seit der Mitte des 20. Jhs. eine weitgehende Einschränkung des historisch bestimmten Klassiker-Begriffs auf die Weimarer Klassiker gegenüber (↗ *Klassik₂*).

ForschG: Die Forschungen zu den im Rang von Klassikern stehenden Autoren machen einen beträchtlichen Teil der Literaturforschung überhaupt aus. Ältere, überwiegend im nationalliterarischen Rahmen verbleibende Arbeiten, welche die Frage der Klassizität thematisieren, gehen in der Regel darauf aus, Kriterien anzugeben, die sie aus einem neu konstituierten Klassik(er)-Begriff oder aus der Reformulierung des tradierten gewonnen haben. Auch die bisherige komparatistische Klassik-Forschung widmete sich zumeist nur dem Vergleich der entsprechend ausgezeichneten Literaturperioden. Der Vergleichenden Literaturwissenschaft aufgegebene Untersuchungen, wie die diversen – sei es normativen, sei es historisch bestimmten – Klassiker-Begriffe gebildet und unter welchen Aspekten welche Perioden in den einzelnen Literaturen zu einer nationalliterarischen Klassik erhöht wurden (Voßkamp u. a., 1993), stehen erst am Anfang.

Lit: Wolfgang Brandt: Das Wort ‚Klassiker'. Wiesbaden 1976. – Heinz Otto Burger (Hg.): Begriffsbestimmung der Klassik und des Klassischen. Darmstadt 1972. – Karl Otto Conrady (Hg.): Deutsche Literatur zur Zeit der Klassik. Stuttgart 1977. – Curtius. – Herbert Cysarz: Die fünf Wurzeln der deutschen Klassik. In: Wissenschaftliche Zs. der Ernst-Moritz-Arndt-Universität Greifswald, Gesellschafts- und sprachwissenschaftliche Reihe 6 (1956/57), S. 23–30. – Thomas Stearns Eliot: What is a classic? London 1945. – Martin Fontius: ‚Classique' im 18. Jh. In: Beiträge zur französischen Aufklärung und zur spanischen Literatur. Fs. Werner Krauss. Berlin 1971, S. 97–120. – Reinhold Grimm, Jost Hermand (Hg.): Die Klassik-Legende. Frankfurt 1971. – Alexander Heusler: Klassik und Klassizismus in der deutschen Literatur. Bern 1952. – Herbert Jaumann: Die verweigerte Alterität oder über den Horizont der Frage, wie Wieland zur ‚Weimarer Klassik' steht. In: Aufklärung als Problem und Aufgabe. Fs. Sven-Aage Jørgensen. Hg. v. Klaus Bohnen und Paul Øhrgaard. München, Kopenhagen 1994, S. 99–121. – Joachim Simm (Hg.): Literarische Klassik. Frankfurt 1988. – Fritz Strich: Deutsche Klassik und Romantik oder Vollendung und Unendlichkeit. München 1922. – Wilhelm Voßkamp (Hg.): Klassik im Vergleich. Stuttgart 1993. – René Wellek: The term and concept of ‚Classicism' in literary history. In: Aspects of the eighteenth century. Hg. v. Earl R. Wassermann. Baltimore 1965, S. 105–128. – Klaus Weimar: Geschichte der deutschen Literaturwissenschaft bis zum Ende des 19. Jhs. München 1989. – Manfred Windfuhr: Kritik des Klassikbegriffs. In: EG 29 (1974), S. 302–318.

                                    Rainer Rosenberg

Klassizismus

An klassischen, insbesondere antiken Vorbildern ausgerichtete Kunstgesinnung und -praxis.

Expl: Eine (1) ästhetische Position, die den ‚klassischen' Stil der griechischen und römischen ANTIKE zur Norm erhebt und sich dabei auf die Grundsätze von Aristoteles (‚Poetik'), Horaz (‚Ars poetica'), Vitruvius (‚De architectura') und Quintilian (‚Institutio oratoria') stützt; auch eine (2) künstlerische Praxis, die sich an antike Kunstformen, in der Dichtung etwa an antike Metren, Motive, stilistische Elemente, Gattungen u. ä. anlehnt. In der Regel beansprucht der Klassizismus, mit seiner Wiederbelebung der antiken Kunsttheorie eine Periode der ästhetischen Dekadenz zu beenden. Gleichzeitig ist er sich der geschichtlichen Distanz zum Altertum und damit der Notwendigkeit gelehrter Anstrengung bewußt. In der Geschichte der Kunst und Architektur bezeichnet *Klassizismus* neben dem antikisierenden Stilideal die Epoche zwischen 1750/60 bis zur Mitte des 19. Jhs. Mit abwertender, heute obsoleter Bedeutung meint *Klassizismus* eine bloß äußerliche Nachahmung der Antike im Gegensatz zu deren schöpferischer Anverwandlung in einer ‚Klassik' oder die pedantisch epigonale Weiterführung jedweder ‚klassischen' Kunstperiode. Demgegenüber bezeichnet NEOKLASSIZISMUS ohne pejorative Konnotation den Rückgriff auf Formen ‚klassischer' Kunst (↗ *Klassik₁*, ↗ *Klassik₂*) in den ersten Jahrzehnten des 20. Jhs. in der Architektur, der Bildenden Kunst, der Musik und der Literatur.

WortG: *Klassizismus* ist eine von lat. *classicus* abgeleitete Neubildung (↗ *Klassik₁*), die ihre Entstehung dem romantisch-klassischen Disput seit 1800 verdankt und die antiken Traditionen verpflichtete Dichtung bezeichnet. Ital. *Classicismo* ist erstmals 1818 bei Giovanni Berchet belegt, wird 1820 von Goethe (‚Klassiker und Romantiker', vgl. auch *Classicismus*, FA 13, 1.216), 1823 von Stendhal (‚Racine und Shakespeare') und 1831 von Carlyle (im Essay über Schiller) übernommen und hat sich von da an in den europäischen Sprachen unterschiedlich schnell als literaturwissenschaftlicher Terminus durchgesetzt (Belege bei Wellek).

Johann Wolfgang Goethe: Sämtliche Werke [Frankfurter Ausgabe, FA]. Frankfurt 1985 ff.

BegrG: Im Laufe des 18. Jhs. gewinnen zunehmend Gattungen (z. B. der Roman) und Formen (z. B. das ↗ *Offene Drama*) an Bedeutung, die sich nicht auf die Autorität der Antike stützen können. Im internationalen Gebrauch bürgert sich im Laufe des 19. Jhs. dafür der Sammelbegriff ↗ *Romantik* ein, während *classicism/classicisme* zunächst die traditionalistische Gegenposition, dann aber auch antikisierende ‚Blütezeiten‘ (bes. den ‚âge classique‘, aber auch das ‚Augustan age‘) meint. In Deutschland blieb der Gebrauch von *Klassizismus* für die Zeit Goethes und Schillers selten, da deren Werk (z. B. ‚Faust‘, ‚Wilhelm Meister‘, ‚Die Jungfrau von Orleans‘) nicht am antiken Regelwerk gemessen werden kann (und international deshalb auch zur Romantik zählt). Das terminologische Defizit wird durch die spezifisch deutsche Neuprägung *Klassik* (↗ *Klassik₂*) ausgeglichen, in der sich griechische und romantische Elemente schöpferisch verbinden sollen und die als Gegensatz zur bloß ‚äußerlichen‘ Antikenimitation des französischen *Klassizismus* gedacht wird (so seit H. Hettners ‚Literaturgeschichte des achtzehnten Jhs.‘, 1856–1870). ‚Klassizismus‘ degeneriert nun zunehmend zu einem Kampfbegriff, der den Sonderweg der ‚deutschen Bewegung‘ postuliert oder in innerdeutschen Diskussionen Gegnern das gescheiterte Streben nach ‚Klassizität‘ unterstellt.

SachG: Die Renaissance sieht sich durch das Mittelalter von der vorbildlichen Antike getrennt, strebt deren Wiedergewinnung durch das Studium der Quellen an und begründet damit die von Reformstreben und Sehnsucht nach den Alten geprägte klassizistische Haltung. Der Klassizismus bildet seither als ‚perennierender Klassizismus‘ (Nietzsche, ‚Menschliches, Allzumenschliches‘, Nr. 221) eine Komponente innerhalb der Entwicklung der europäischen Literatur, seine historische Variabilität resultiert aus divergierenden Interpretationen, die die antiken Grundlagentexte gefunden haben, und aus seiner Integration in wechselnde epochale Tendenzen. (1) Eine erste klassizistische Welle läßt sich für die Renaissancepoetiken konstatieren, deren Begründung poetischer und rhetorischer Normen über die Auslegung der kanonischen antiken Texte in die volkssprachlichen Poetiken (z. B. die französische ‚doctrine classique‘) übergegangen ist und Deutschland in Form der neulateinischen Humanistendichtung und des ‚vorbarocken Klassizismus‘ Opitz-

scher Prägung erreicht hat. (2) Die deutsche Aufklärung (etwa bei Gottsched) funktionalisiert zunächst die klassischen gattungstheoretischen (z. B. regelmäßiges Drama) und rhetorischen Vorgaben (z. B. Unterscheidung der Genera dicendi nach der Kategorie des ↗ *Aptum*) für die Versinnlichung des wahren Satzes und damit für ihr pädagogisch-didaktisches Programm. Daneben steht die Adaptation antiker lyrischer Formen (↗ *Ode*), die die Differenz zum barokken ‚Schwulst‘ (Ramler) oder zur ‚Oberflächlichkeit‘ des geselligen Liedes (Klopstock) markieren sollen. (3) Die klassizistische Komponente der ‚Weimarer Klassik‘ manifestiert sich vornehmlich in der Bestimmung der ↗ *Gattungen* als Naturformen der Dichtung, in vereinzelten einschlägigen Experimenten (z. B. Goethes ‚Achilleis‘) und in der Option Goethes für den Klassizismus in der bildenden Kunst. (4) In der 2. Hälfte des 19. Jhs. behauptet sich der Klassizismus vornehmlich in der Theorie (Gustav Freytag) und Praxis des Dramas und konserviert damit die Repräsentationskunst der großen Theater in Abgrenzung vom realistischen ↗ *Roman*. Im 20. Jh. sind neoklassizistische Tendenzen häufig antimodernistisch (Ablehnung des Stil- und Meinungspluralismus, des Subjektivismus u. ä.) und verbinden sich mit kulturkonservativen (Neuklassik), faschistischen (Ch. Maurras, Th. E. Hulme) oder nationalsozialistischen Positionen (C. Langenbeck, J. Weinheber).

ForschG: Einzelaspekte des ‚perennierenden Klassizismus‘ in der deutschen Literatur sind teils vorzüglich (so die Geschichte der Aristoteles-Interpretation), teils unzureichend (so das deutsche antikisierende Versepos) erforscht. Die Tendenz, den Klassizismus abzuwerten oder zu Vorstufe (Unger) und Verfallsprodukt (↗ *Epigonen*-Literatur) der ‚Deutschen Klassik‘ zu stilisieren und den Antikenbezug der deutschen Literatur nahezu ausschließlich im Rahmen von Klassik-Spekulationen zu verhandeln, hat den Blick auf die antiken Elemente verstellt. R. Alewyns Prägung „vorbarocker Klassizismus“ (1926) für den Kreis um Opitz gehört in die Anfänge einer Aufwertung des

↗ *Barock* und der Zurückweisung des Schwulst-Verdikts; ihr Einfluß in der Barockforschung blieb gering. Eine Untersuchung des Gesamtphänomens steht noch aus.

Lit: Richard Alewyn: Vorbarocker Klassizismus und griechische Tragödie [1926]. Repr. Darmstadt 1962. – Carl Leo Cholevius: Geschichte der deutschen Poesie nach ihren antiken Elementen. 2 Bde. Leipzig 1854–1856. – Dieter Dolgner: Klassizismus. Leipzig 1991. – Hellmut Flashar (Hg.): Le Classicisme à Rome aux Iers siècles avant et après J.-C. Genf 1979. – Manfred Fuhrmann: Einführung in die antike Dichtungstheorie. Darmstadt 1973. – Thomas Gelzer: Klassik und Klassizismus. In: Gymnasium 82 (1975), S. 147–173. – Alexander Heussler: Klassik und Klassizismus in der deutschen Literatur. Bern 1952. – Domna C. Stanton: Classicism (re-)constructed. In: Continuum 1 (1989): Rethinking classicism, S. 1–29. – Rudolf Unger: Klassizismus und Klassik in Deutschland. In: Begriffsbestimmung der Klassik und des Klassischen. Hg. v. Heinz Otto Burger. Darmstadt 1972, S. 34–65. – René Wellek: Das Wort und der Begriff „Klassizismus"" in der Literaturgeschichte. In: Schweizer Monatshefte 45 (1965/66), S. 154–173.

Horst Thomé

Klausel ↗ *Cursus*

Klimax ↗ *Gradatio*

Klingend ↗ *Kadenz*

Klischee ↗ *Trivialliteratur*

Knittelvers

Paarreimversmaß des Spätmittelalters und der Frühen Neuzeit (historisierend auch später).

Expl: Der Knittelvers ist ein paargereimter Vers der epischen, dramatischen und didaktischen Dichtung vornehmlich des 15. bis 17. Jhs., der in zwei sehr unterschiedlichen Varianten auftritt. Der freie Knittelvers besteht aus vorwiegend vierhebig aufzufassen-

den Zeilen, deren Takte größte Füllungsfreiheit aufweisen. Der strenge Knittelvers ist achtsilbig bei männlichem, neunsilbig bei weiblichem Ausgang; der sprachliche Akzent ist prinzipiell frei, jedoch neigen viele Dichter zur Alternation. Die beiden Spielarten verbindet die Tendenz zu vierhebiger Lesung und der Paarreim.

WortG: Von *Knittel*, *Knüttel*, Diminutiv zu *Knoten* ‚Knorren‘, wohl zur Bezeichnung der Ungeschliffenheit des Verses. Zu griech.-lat. *versus rhopalicus* ‚Keulenvers‘ (jedes Wort wächst um eine Silbe), zu dem es Lehnübersetzung sein soll, gibt es in der Sache keine Verbindung. In den ersten Belegen (Luther, ‚Tischreden‘, 1543) steht der Terminus noch für lateinische Spruchverspaare und für leoninische ↗ *Hexameter*. DWb 11, Sp. 1534–1536. – Paul-Henne, S. 470.

BegrG: Mit Hans Sachs, und so mit dem Reimpaarvers des 15./16. Jhs., wird der Begriffsname offenbar erstmals bei dem Barockdichter Christian Wernicke (1661–1725) in Zusammenhang gebracht (Feldmann, 289), der aber selbst auch noch die ältere Bedeutung kennt. Mehrfach belegt ist *Knittelvers* dann für den älteren deutschen Vers bei Gottsched; von da an ist dieser Begriffsinhalt geläufig. Zwischen beiden Arten des Knittelverses wurde nicht unterschieden; Goethe beispielsweise, der Dichtungen des Hans Sachs gut kannte, gebrauchte in seinem Lobgedicht ‚Hans Sachsens poetische Sendung‘ – wie sonst – die freie Spielart, die Sachs nie verwendet hat. Über den freien Knittelvers gibt es zeitgenössisch keine theoretischen Äußerungen, und es existiert für ihn auch kein Name. Strenge Knittelverse heißen für den Theoretiker Adam Puschman „Deutsche Verse[], Reime[] oder Rittmi" (Puschman 2, 93). Die begriffliche Unterscheidung zwischen freiem und strengem Knittelvers existiert erst seit Heusler (§ 899).

SachG: Der Reimpaarvers der mittelhochdeutschen Klassiker ist vierhebig und in klassischer Zeit im Bezug auf die Taktfüllung frei. An ihre Stelle tritt häufig strenge ↗ *Alternation*. Bei Gebrauchstexten, jedoch auch in spätmittelalterlicher Überlieferung älterer Reimpaardichtung kommt es dagegen zu einer extrem freien rhythmischen Ausgestaltung des Vierhebers. Die Ursachen für beide Erscheinungen hängen zusammen; sie dürften in der weitgehenden Nivellierung der mittelhochdeutschen Kurz- und Langsilben zu suchen sein. Durch sie entfällt insbesondere der Unterschied zwischen dem zweisilbig-männlichen und dem weiblichen bzw. klingenden Reim. Auch die Quantitätsmessung für die Taktfüllung ist nicht mehr möglich. So sind zunächst zwei Entwicklungen denkbar: Vierheber mit quantitätsunabhängiger freier, meist ein- oder zweisilbiger Senkungsfüllung und freiem Auftakt (freier Knittelvers); strenge Alternation. Beide Wege sind beschritten worden.

(1) Der freie Knittelvers lebt in der Gebrauchsdichtung, in Teilen der Handwerkerdichtung (↗ *Fastnachtspiel* und Spruchdichtung der Rosenplüt-Tradition), in volkstümlichen Gedichtformen bis zur Gegenwart, parodistisch (z. B. Gryphius, ,Peter Squentz') und historisierend in dichterischem Gebrauch (z. B. Goethe, ,Faust'; Schiller, ,Wallensteins Lager') bis ins 20. Jh. (z. B. B. Brecht, P. Weiss) fort. (2) Der alternierende Vers entwickelt sich zum silbenzählenden Vers, der lediglich die Gesamtlänge der Zeile beachtet, in der Verteilung der Akzente jedoch weitgehend frei ist. Trotz dieser auch durch Puschman u. a. Autoren des 16. Jhs. theoretisch dargestellten Freiheit bleibt bei den meisten Benutzern des strengen Knittelverses eine manchmal mehr, manchmal weniger deutliche Affinität zur Alternation bestehen. Sie hat die Meinung von der tonbeugenden Lesung des strengen Knittelverses begünstigt. Es gilt aber, was Mohr erst dem Vers der gelehrten Dichtung des späten 16. Jhs. zugesteht: „Der Reiz dieser Verse liegt gerade im Wechselspiel der Annäherung an den alternierenden Tonfall und seiner Auflösung bis zur Unkenntlichkeit." (Mohr, 567) Gemäß seiner historischen Ableitung ist der strenge Knittelvers stets achtsilbig bei männlichem Ausgang, was vier Takten mit Auftakt entspricht; der weibliche Ausgang, der siebensilbig bei Ableitung aus klingender Kadenz oder neunsilbig bei Übernahme aus weiblich-voller oder zweisilbig-männlicher Kadenz gestaltet werden könnte, ist bis auf ganz wenige Ausnahmen auf neun Silben festgelegt worden, vermutlich unter Einfluß des romanischen Neunsilblers. Neben Hans Folz, Hans Sachs und anderen Handwerkerdichtern gebrauchen ihn z. B. Sebastian Brant und Johann Fischart; nach der Mitte des 17. Jhs. wird er nicht mehr gebraucht.

ForschG: Forschungsgeschichtlich tritt die Kontroverse um die Wägung hervor: die Frage, ob der strenge Knittelvers gegen die natürliche Betonung akzentuiert wurde oder nicht. Dafür traten u. a. Drescher, Pretzel, Mohr/Habermann und Kayser ein, dagegen u. a. Heusler, Mohr und Schlütter (mit jeweils unterschiedlichen Begründungen und Nuancierungen). Bei der Entscheidung für die tonbeugende Lesung wirkte sich die häufige Gleichsetzung mit dem Meistersingervers aus, der sogar von Gegnern der Akzentuierung beim Sprechvers fälschlich für alternierend gehalten wurde (anders jedoch schon Staiger). Schlütters Argumentation gegen die Tonbeugung ist seither unwidersprochen, jedoch in Handbüchern nicht immer rezipiert. Der freie Knittelvers ist seit Heusler nur gelegentlich untersucht worden und wird nicht kontrovers beurteilt.

Lit: David Chisholm: Goethe's Knittelvers. A prosodic analysis. Bonn 1975. – Karl Drescher: Einige Gesichtspunkte metrischer Betrachtung. In: Bausteine. Fs. Max Koch. Hg. v. Ernst Boehlich. Breslau 1926, S. 161–190. – Wilhelm Feldmann: Knittelvers. In: Zs. für deutsche Wortforschung 4 (1903), S. 277–297. – Hubert Heinen: Die rhythmisch-metrische Gestaltung des Knittelverses bei Hans Folz. Marburg 1966. – Andreas Heusler: Deutsche Versgeschichte. 3 Bde. Berlin, Leipzig 1925–1929. – Wolfgang Kayser: Geschichte des deutschen Verses. Bern, München 1960. – Wolfgang Mohr: Romanische Versmaße und Strophenformen (im Deutschen). In: RL² 3, S. 557–578. – W. M., Paul Habermann: Deutsche Versmaße. In: RL² 1, S. 231–244. – Ulrich Pretzel: Deutsche Verskunst. In: Stammler², Bd. 3, Sp. 2357–2546. – Adam Puschman: Gründlicher Bericht des deutschen Meistergesangs. 2 Bde. Hg. v. Brian Taylor. Göppingen 1984. – Hans Jürgen Schlütter: Der Rhythmus im strengen Knittelvers des 16. Jhs. In: Euphorion 60 (1966), S. 48—90. — H. J. S.: Adam Puschmans Skansionsbegriff. In: ZfdA 97 (1968), S. 73—80. — Robert Staiger: Benedict von Watt. Ein Beitrag zur Kenntnis des bürgerlichen Meistergesangs um die Wende des 16. Jhs. Leipzig 1914. — Christian Wagenknecht: Deutsche Metrik. München ³1993, S. 40—46.

Johannes Rettelbach

Kodikologie ↗ *Codex*

Kohärenz

Textlinguistische Kategorie für den semantisch-thematischen Zusammenhang zwischen einzelnen Textelementen.

Expl: Kohärenz entsteht durch implizite Verknüpfung von Textelementen, wobei drei Arten der Wiederaufnahme wirksam werden können: (1) Wiederaufnahme in einer Äquivalenzrelation: Die begriffliche Nähe bildet hier die Voraussetzung für den Zusammenhang. Bei der *Rekurrenz* (↗ *Äquivalenzprinzip*) von übereinstimmenden semantischen Merkmalen handelt es sich um eine ↗ *Isotopie*. Bei der Ersetzung durch bedeutungsähnliche Ausdrücke wirken stilistische Figuren mit substituierendem Charakter wie die *Antonomasie*, die *Synekdoche* und die ↗ *Metonymie* kohärenzbildend. (2) Wiederaufnahme in einer Oppositionsrelation, z. B. durch rhetorische Figuren des Kontrasts wie ↗ *Antithese*, *Klimax* (↗ *Gradatio*) usw. (3) Wiederaufnahme durch thematische Verknüpfung (vgl. ↗ *Thema/Rhema*).

,Pragmatische Kohärenz' bezeichnet die Verflechtung von Text und situationellem ↗ *Kontext* durch den Rezipienten.

,Strukturelle Kohärenz' kann entstehen durch die Bündelung von gleichartigen Elementen, die einen semantischen Zusammenhang für den Text als Ganzes herstellen. Dazu können unter anderem beitragen: (a) Stilzüge; (b) gattungsspezifische Elemente wie z. B. die Strophenform oder Reimresponsionen in mittelalterlicher Lyrik; (c) die Textfunktion, d. h. die in einem Text dominierende kommunikative Form (vgl. ↗ *Sprechakt*).

[Terminologisches Feld:]

Kohäsion (oft auch *Syntaktische Kohärenz, Grammatische Kohärenz* genannt): Satzinterne und satzübergreifende syntaktische Verknüpfung von Textteilen durch (1) explizite Wiederaufnahme, etwa als (a) Repetition: rhetorische Figuren der Wiederholung wie ↗ *Anapher, Epipher, Symploke,* oder als (b) anaphorische und kataphorische Substitution mit Pronomen und Adverbien (vgl. *Anaphorik,* ↗ *Kataphorik*); (2) durch Konjunktionen (↗ *Junktion*); (3) durch Distribution der Artikelformen, der Demonstrativ-, Possessiv und bestimmter Interrogativpronomen; (4) durch erläuternde Einschübe wie „das heißt" u. ä.

Konnexion: Textlinguistischer Begriff, der eine Kohärenz-Relation zwischen Propositionen, d. h. Satzinhalten bezeichnet. Realisiert werden diese Verknüpfungen mit ‚Konnektiven' (vgl. ↗ *Junktion*).

WortG: Lehnwort aus dem Lat.: *cohaerentia* ,Zusammenhang'. Auf denselben Wortstamm (*cohaerere* ,zusammenhängen, zusammenkleben') bezieht sich das vom Partizip Perfekt *cohaesum* abgeleitete Abstraktum lat. *cohaesio*, dt. *Kohäsion.* Der Ausdruck *Konnexion* ist entlehnt aus dem frz. *connexion* und geht zurück auf lat. *connexio* ,enge Verbindung'.

In der lateinischen Rhetorik wird *cohaerere* sowohl für die Verbindung einzelner sprachlicher Elemente (Cicero, ‚De oratore' 44,149) als auch für die semantisch-thematische Ebene einer zusammenhängenden Argumentation (z. B. Quintilian 10,6,6) verwendet. Im deutschen Wortschatz zu Beginn des 19. Jhs. ist die synonyme Verwendung von *Cohärenz* und *Cohäsion* belegt, wobei als Bedeutung sowohl ,Zusammenhang' als realisiertes Merkmal als auch ,Zusammenhangs- oder Bindekraft' verzeichnet sind (Heinsius, 684). In der Ende der 1960er Jahre einsetzenden ↗ *Textlinguistik* werden die beiden Termini nicht mehr synonym gebraucht: *Kohärenz* als textsemantische Kategorie umfaßt die dem ,Oberflächentext' zugrundeliegende Konstellation von Konzepten und Relationen, der von Halliday 1964 eingeführte textsyntaktische Terminus *Kohäsion* die Art, wie die Komponenten des Oberflächentextes miteinander verbunden sind (Halliday/Hasan; de Beaugrande/Dressler).

In der Textlinguistik bezeichnet man mit *Konnexion* eine transphrastische Verknüpfung, die den Rezipienten den Gesamtzusammenhang eines Textes, d. h. dessen Kohärenz signalisiert. Davon zu unterscheiden ist die Bedeutung des Terminus in der Dependenzgrammatik, wo Konnexionen als hierarchisch geordnete Abhängigkeiten zwischen den Elementen eines einzelnen Satzes definiert werden (Tesnière).

Theodor Heinsius: Volksthümliches Wb. der deutschen Sprache. Bd. 1. Hannover 1818. − Jürgen Mittelstraß u. a. (Hg.): Enzyklopädie Philosophie und Wissenschaftstheorie. Bd. 2. Mannheim u. a. 1984, S. 417 f. − Lucien Tesnière: Eléments de syntaxe structurale. Paris 1959 [dt.: Grundzüge der strukturalen Syntax. Stuttgart 1980].

BegrG: In der frühen, sprachsystematisch ausgerichteten Textlinguistik wird ein Text als kohärente Folge von Sätzen definiert. Eine Erweiterung des Begriffs vollzieht sich in der kommunikationstheoretisch orientierten Textlinguistik, die den kognitionswissenschaftlichen Aspekt von Kohärenz in Hinblick auf das Textverstehen berücksichtigt (z. B. Kintsch, van Dijk). Eine Integration von sprachsystematischen und kommunikationstheoretischen Ansätzen liegt in einer drei Komponenten enthaltenden Konzeption vor, die eine grammatische, eine semantisch-thematische und eine pragmatische Ebene von Textkohärenz unterscheidet (Brinker). Hatakeyama, Petöfi, Sözer dagegen verwenden *Konnexität* (zeitweilig für frz. *connexion* eingesetzt) für die grammatische Ebene, *Kohäsion* für eine Verbindung von konnektiven und semantisch-thematischen Strukturen und *Kohärenz* als eine vom Textinterpreten abhängige Größe, die auch von intersubjektiven Erwartungen z. B. an eine Textsorte gesteuert ist. Durch den Einfluß der kognitiven Linguistik treten in den 1990er Jahren die rezipientenzentrierten Aspekte von Kohärenz in den Vordergrund (Schwarz, 159). Eine Einbettung der Textkohärenz in ein System von anderen Kohärenzphänomenen nehmen system-theoretische Ansätze vor (Strohner/Rickheit). In der Literaturwissenschaft steht *Kohärenz* zumeist eher ungenau für eine gewisse Geschlossenheit von Texten aus dem Zusammenhang von Handlung, Wirklichkeitskonzepten und Beschreibung. Als ,principle of charity' gilt sie als Voraussetzung für jede Interpretation (Pasternack).

SachG: Historische Verläufe in der Wertung und Realisierung der Kohärenz bei literarischen Texten lassen sich noch nicht zeichnen. Es liegen nur Beobachtungen zur Bedeutung ,pragmatischer Kohärenz' bei mündlich überlieferter oder vorgetragener Literatur und Einzelstudien zur mystischen Predigt Meister Eckharts (Hasebrink), zum 17./18. Jh. (Beetz) und zu ,inkohärenten Erzählsystemen' als Kennzeichen der Moderne (Petersen, 113−148) vor.

ForschG: Die literaturwissenschaftliche Beschäftigung mit Kohärenz basiert auf den Forschungsergebnissen der Textlinguistik (↗ *Linguistische Poetik*) und setzt daher nicht vor Mitte der 1960er Jahre ein. In der Linguistik zeichnet sich eine Veränderung der Positionen ab: Nachdem lange an der These festgehalten worden ist, daß Kohärenz und Kohäsion für Textualität notwendige Bedingungen seien (de Beaugrande/Dressler), wird dies inzwischen in Frage gestellt (van Peer).

Für die Übertragung des Kohärenzbegriffs in die Literaturwissenschaft ist grundsätzlich darauf aufmerksam gemacht worden, daß in literarischen Texten aufgrund ihrer in der Regel ,nicht diskursiven semantischen Struktur' deren ,spezifische Kohärenz' analysiert werden müsse (Schulte-Sasse/Werner, 63; vgl. dazu ↗ *Montage*). Als Unterscheidungsmerkmal zwischen Alltagssprache und poetischer Sprache wurde schon in frühen Ansätzen zur linguistischen Poetik auf die ,Inkohärenz' der poetischen Sprache verwiesen (Oomen, 71−74).

Im einzelnen kam bisher den kohäsiven Elementen wie z. B. den anaphorischen Strukturen die größte Beachtung zu. In der ↗ *Erzähltheorie* wendet man sich dem Mangel an Kohärenz zu; etwa in der Unterscheidung von *telling* und *showing* (↗ *Diegesis*) am Beispiel von Sternes ,Tristram Shandy'

(Booth 1983, 221–229). Die auf der ‚Sémantique structurale' (Greimas) basierenden Zusammenhänge zwischen Kohärenz
und Isotopie werden für den ↗ *Nouveau Roman* zur Analyse herangezogen. Die Lyrik
nimmt insofern eine Sonderstellung ein, als
wegen der lyrischen Gedichten oft zugeschriebenen ↗ *Ambiguität* eine weniger ausgeprägte Erwartung an die semantische Kohärenz vorliegt (↗ *Hermetik*). Wird jedoch
die ‚Semantik der Form' im lyrischen Gedicht postuliert (Lamping, 51), ergibt sich
eine Alternative zur Dichotomie ‚Ausdruck
– Inhalt', die für die Bestimmung von poetischer Kohärenz wichtige Konsequenzen
nach sich ziehen kann.

Für die Abgrenzung von Textsorten im
Bereich der Gebrauchstexte wurde Kohärenz als Unterscheidungsfaktor systematisch untersucht (Langer). Für literarische
Texte liegen einstweilen Studien zu einzelnen nichtfiktionalen Textsorten vor: So
wurden für die Gattungstheorie, Edition
und Formgeschichte der ↗ *Aphorismus* die
textlinguistischen Kategorien *Kohärenz* und
Kohäsion literaturwissenschaftlich fruchtbar gemacht (Fricke). Am Beispiel von anderer nichtfiktionaler Literatur (↗ *Autobiographie*, ↗ *Biographie*₂) werden die Relationen zwischen den Annahmen eines kohä-
renten/inkohärenten Lebenslaufs und der
kohärenten/inkohärenten erzählenden Konstruktion diskutiert, wobei auf die Problematik einer ‚biographischen Illusion' hingewiesen wird (Bourdieu, 75–89).

Innerhalb der Theorie literarischer ↗ *Wertung* wird Kohärenz (oft unter Gleichsetzung der Termini engl. *unity* und *coherence*;
Segers, 88) als Qualitätskriterium herangezogen. Zur Anwendung kommt dieser normative Gesichtspunkt auch im ↗ *Deutschunterricht*: die Textkonstituenten *Kohärenz*
und *Kohäsion* als Kriterien zur Beurteilung
von Schülertexten sind Gegenstand zahlreicher fachdidaktischer Studien (vgl. die Bibliographie bei Brinker 1993).

Lit: Robert-Alain de Beaugrande, Wolfgang Ulrich Dressler: Einführung in die Textlinguistik. Tübingen 1981. – Manfred Beetz: Rhetorisches Textherstellen als Problemlösen. In: Rhetorik. Hg. v.
Josef Kopperschmidt. Bd. 1. Darmstadt 1990,
S. 155–193. – Wayne C. Booth: The rhetoric of
fiction. Chicago, London ²1983. – Pierre Bourdieu: Praktische Vernunft. Theorie des Handelns.
Frankfurt 1998. – Klaus Brinker: Textlinguistik.
Heidelberg 1993. – Teun A. van Dijk: Textwissenschaft. Tübingen 1980. – Harald Fricke: Aphorismus. Stuttgart 1984, S. 7–18. – Algirdas J. Greimas: Sémantique structurale. Paris 1966. – Michael Halliday, Ruqaiya Hasan: Cohesion in English. London 1976. – Burkhard Hasebrink: Formen inizitativer Rede bei Meister Eckhart. Tübingen 1992. – Katsuhiko Hatakeyama u. a.: Text,
Konnexität, Kohäsion, Kohärenz. In: Kontinuität
und Diskontinuität in Texten und Sachverhalts-
Konfigurationen. Diskussion über Konnexität,
Kohäsion und Kohärenz. Hg. v. Maria-Elisabeth
Conte. Hamburg 1989, S. 1–55. – Walter
Kintsch, Teun A. van Dijk: Toward a model of text
comprehension and production. In: Psychological
Review 85 (1978), S. 363–394. – Dieter Lamping:
Das lyrische Gedicht. Göttingen 1989. – Gudrun
Langer: Textkohärenz und Textspezifität. Frank-
furt 1995. – Ursula Oomen: Linguistische Grundlagen poetischer Texte. Tübingen 1973. – Gerhard
Pasternack: Zur Rationalität der Interpretation.
In: Vom Umgang mit Literatur und Literaturgeschichte. Hg. v. Lutz Danneberg und Friedrich Vollhardt. Stuttgart 1992, S. 149–168. – Willie van Peer: The concept of cohesion. Its empirical
status in a definition and typology of texts. In: Text
and discourse connectedness. Hg. v. Maria-Elisabeth Conte u. a. Amsterdam 1989, S. 291–308. –
Jürgen Petersen: Erzählsysteme. Stuttgart, Weimar 1993. – Eva Schoenke: Textlinguistik: Glossar. Bremen 1998. – Jochen Schulte-Sasse, Renate
Werner: Einführung in die Literaturwissenschaft.
München ⁵1987, S. 63–72. – Monika Schwarz:
Einführung in die kognitive Linguistik. Tübingen
²1996. – Rien T. Segers: The evaluation of literary
texts. Leiden 1978. – Hans Strohner, Gert Rickheit: Kognitive, kommunikative und sprachliche
Zusammenhänge. Eine systemtheoretische Konzeption linguistischer Kohärenz. In: Linguistische
Berichte 125 (1990), S. 3–23.

Elisabeth Stuck

Kohäsion ↗ *Kohärenz*

Kollation ↗ *Textkritik*

Kolon

Rhythmisch-intonatorische   Grundeinheit
der Rede in Vers und Prosa.

Expl: Ein Kolon ist eine als relativ selbständig aufgefaßte Einheit der Rede von mittlerer Länge, die zwischen ‚Komma‘ (syntaktisch unselbständige Untereinheit, z. B. ein Satzglied) und ↗ *Periode* bzw. zwischen *Metrum* (↗ *Versmaß*) und ↗ *Vers* situiert ist. Unter Einbeziehung neuerer phonologischer Ansätze (Heidolph u. a., Kap. 6; Zifonun u. a., Kap. C 2) läßt sich das Kolon als eine prosodische Einheit (Tongruppe, Intonationsphrase, ↗ *Prosodie*) definieren, die charakterisiert ist durch (1) ein und nur ein relevantes Tonmuster, (2) phonologische Abgegrenztheit, deren phonetisches Korrelat eine linguistische (d. h. nicht zufällige) Pause oder aber der Übergang zu einem anderen Tonmuster ist, und (3) eine und nur eine Tonsilbe (bzw. einen Satzakzent, ↗ *Akzent*), mit der das selektierte Tonmuster beginnt. Damit ist die Tongruppe (das Kolon) die zentrale intonatorische Einheit. Im Gegensatz zur kleineren prosodischen Einheit Sprechtakt, die immer nur aus einer betonten Silbe und fakultativ einer oder mehreren ihr vorausgehenden (Vorlauf, Anakrusis) oder folgenden (Nachlauf) unbetonten Silben besteht (Zifonun u. a. 1, 215), zeigt das Kolon durchaus noch Reflexe der syntaktischen und semantischen Struktur, indem die Gliederung eines Satzes in Kola von seiner Interpretation abhängen kann. Daher ist die sprachsystematische Analyse von Sätzen zwar Voraussetzung für die Segmentierung in Kola, aber indem diese Segmentierung potentiell interpretatorischer Varianz unterliegt, bleibt ein gewisser Rest von Unbestimmtheit bestehen.

Die Gleichartigkeit von zwei oder mehr Kola innerhalb derselben Periode in bezug auf die syntaktische Konstruktion, eventuell sogar verbunden mit gleicher Wort- oder Silbenzahl, wird als *Isokolon*, ‚Gleichgliedrigkeit‘, bezeichnet, bei ähnlicher Konstruktion als *Parison* (‚fast Gleiche‘). Semantische Ähnlichkeit zwischen den Kola führt zum ↗ *Parallelismus,* semantischer Gegensatz zur ↗ *Antithese*.

Unter *Kolometrie* versteht man die von Aristophanes von Byzanz (ca. 250−185 v. Chr.) begründete Praxis, jedes (metrische) Kolon in einer eigenen Verszeile zu schreiben. Birkenhauer benutzt diesen Begriff für die linguistisch fundierte Gliederung von Texten in Kola.

Karl Erich Heidolph u. a. (Hg.): Grundzüge einer deutschen Grammatik. Berlin 1981, S. 839−897. − Gisela Zifonun u. a.: Grammatik der deutschen Sprache. Bd. 1. Berlin, New York 1997.

WortG: *Kolon* geht zurück auf griech. κῶλον [kólon], lat. *colon* ‚Glied‘, ‚Körperglied eines Tieres oder Menschen‘. In metaphorischer Übertragung wurde es in der antiken Rhetorik (z. B. Quintilian 9,4,22) und Metrik (vgl. Isidor, ‚Etymologiae‘ 1,20,6) für die Redeeinheit verwendet (etwa: ‚Satzglied‘, ‚Strophenglied‘). Metonymisch bezeichnete es dann in Deutschland vom 16. bis zum Beginn des 20. Jhs. den Doppelpunkt (Schulz-Basler 1, 354) als das Interpunktionszeichen, das, im Unterschied zum Komma, zur Markierung relativ selbständiger syntaktisch-semantischer Einheiten dient (vgl. in dieser Funktion heute noch immer *Komma, Semikolon*; engl. *colon* ‚Doppelpunkt‘, *period* ‚Punkt‘).

BegrG: Ursprünglich ein metrischer Begriff, wurde schon in der Antike *Kolon* in der Rhetorik und in der Metrik jeweils unterschiedlich definiert (kontrastierende Zusammenfassung bei Isidor, ‚Etymologiae‘ 1,20,6): einerseits als syntaktisches Korrelat der beiden semantischen Grundeinheiten der Periode, der spannungsschaffenden (Protasis) und der spannungslösenden (Apodosis), andererseits als metrische Einheit von bis zu 12 Silben oder (je nach Versgattung) 16, 18 oder 25 Moren (Zeiteinheiten) bzw. als wiederverwendbarer metrischer Baustein. Dennoch ging man von einem gemeinsamen Begriff aus, und zwar aufgrund einer weitgespannten Analogie zwischen Poesie und Prosa, die auch viele der rhetorischen Figuren einschließt. So entsprechen die Periode der Strophe, das Kolon dem Vers und das Komma einem Versbestandteil. Da diese Analogie in der neueren Poetik jedoch nicht übernommen wurde und da weiterhin das metrische System des Griechischen und Lateinischen sich stark von dem des Deutschen unterscheidet, kann heute nicht mehr von einem gemeinsamen Kolonbegriff gesprochen werden: Zumindest der metrische Kolon-Begriff muß auf die klassische griechische und lateinische Literatur beschränkt bleiben. Die dennoch vorgenommene Übertragung des Begriffs *Kolon* auf die deutsche Metrik führte deshalb zu einem terminologischen Wirrwarr, zumal er, je nach metrischem Ansatz, völlig unterschiedlich definiert wurde, z. B. als rhythmische Einheit, als metrisches Ganzes (beides bei Minor), als Sprechtakt, als Atemgruppe, als Wortblock, oder als Wortfuß im Sinne Klopstocks.

Von großem Einfluß, vor allem für die neuere Poetik, war die Bemerkung des Aristoteles (‚Rhetorik', 1409b), das Kolon sei durch Atempausen abgegrenzt, da dieses Kriterium jeden Rekurs auf die komplizierte griechische Metrik überflüssig machte. Damit konnte das Kolon als eine sprach- und versunabhängige rhythmische Grundeinheit der Rede etabliert werden, die, so etwa Kayser (250−257), nur durch merkliche Pausen abgegrenzt ist. In dieser Sicht müssen freilich das semantische und das syntaktische Kriterium als belanglos oder allenfalls sekundär gelten, und unklar bleibt, wodurch die Pausen bedingt sind. Daher ist eine linguistische Fundierung des Kolonbegriffs notwendig, soll er nicht vage und willkürlich bleiben.

ForschG: Die Crux der meisten Definitionen von *Kolon* liegt einerseits in der Disparatheit der verwendeten Kriterien (syntaktische, semantische und phonologische Abgegrenztheit der betreffenden Wortgruppe) und andererseits in ihrer Vagheit (relative Selbständigkeit). Kaysers Lösung dieser Problematik besteht darin, das Kolon nur als ein Element des ↗ *Rhythmus* zu definieren (Kayser, 250); offen bleibt jedoch, aufgrund welcher sprachlichen Grundlagen es konstituiert ist. Eine überwiegend grammatisch bestimmte Taxonomie verschiedener Kolaformen in der klassischen griech. und lat. Literatur bietet Fraenkel (1965). Exaktere Definitionsversuche sind jedoch erst auf der Grundlage der modernen Linguistik möglich geworden. Eine gut ausgearbeitete Anleitung zur Kolongliederung im Rahmen einer frühen Version der Generativen Transformationsgrammatik liefert bereits Birkenhauer

(1971) am Beispiel der eigenrhythmischen Verse B. Brechts (↗ *Freie Verse*). Schultz (1981) unternimmt auf der gleichen linguistischen Grundlage einen ähnlichen Versuch, berücksichtigt allerdings zusätzlich zu den allgemein sprachlichen Regeln auch (vorgegebene) Rezitationen.

Lit: Klaus Birkenhauer: Die eigenrhythmische Lyrik Bertolt Brechts. Tübingen 1971. − Eduard Fraenkel: Noch einmal Kolon und Satz. München 1965 (= Sitzungsberichte der Bayerischen Akademie der Wissenschaften. Philosophisch-historische Klasse 1965/2). − Lausberg, §§ 927−934. − Jakob Minor: Neuhochdeutsche Metrik. Straßburg ²1902, S. 183−196. − Hartwig Schultz: Form als Inhalt. Vers- und Sinnstrukturen bei Joseph von Eichendorff und Annette von Droste-Hülshoff. Bonn 1981, S. 31−137, 143−144, 162−167, 220−229. − Martin Litchfield West: Greek metre. Oxford 1982.

Christoph Küper

Kolophon

Schlußschrift in Drucken und Handschriften.

Expl: Kolophone sind Schlußnotizen am Ende mittelalterlicher und frühneuzeitlicher Handschriften (hier auch als SUBSCRIPTIO$_1$ bezeichnet) sowie am Schluß von Drucken des 15./16. Jhs. Sie nennen in der Regel Schreiber oder Drucker und machen Angaben über Ort, Zeit und manchmal auch Anlaß der Entstehung; in Ausnahmefällen können auch persönliche Bemerkungen der Schreiber oder Drucker angefügt sein. Gelegentlich sind sie ganz oder teilweise in metrischer Form abgefaßt. In Drucken werden häufig nur Druckort, Druckername und Datum genannt. Kolophone bieten als ↗ *Paratexte* die Informationen zur Situierung eines Überlieferungsträgers, die in späterer Zeit das Titelblatt und die *Titelei* übernehmen (↗ *Paratext*). Sie haben also größte Bedeutung für die historische Einordnung von Handschriften und Drucken, d. h. vor allem für ihre Datierung und Lokalisierung. Ihre Zuverlässigkeit ist freilich kritisch zu prüfen, denn manchmal werden sie einfach aus den Vorlagen übernommen.

WortG/BegrG: Zugrunde liegt das griechische Wort κολοφών [kolophón] (maskulinum) ‚das Äußerste‘, ‚Gipfel‘, ‚Ende‘ bzw. die spätlat. Entsprechung *colophon*. Während das Wort in den romanischen Sprachen so wie im Griechischen Maskulinum ist, wird es im Deutschen oft als Neutrum verwendet; besser wäre auch hier die Verbindung mit dem männlichen Artikel.

Als buchwissenschaftlicher Terminus wurde das Wort anscheinend zuerst in England gebraucht. Zunächst in allgemeinerem Sinn benutzt (ältester Beleg ist Burtons ‚Anatomy of Melancholy‘, 1621), wird es im 18. Jh. auf das Buchwesen übertragen und erscheint in spezifisch bibliographischer Bedeutung 1747 in den ‚Bibliographical Antiquities‘ von Joseph Ames (1689−1759). Im Deutschen wurde es offenbar erst im 19. Jh. gebräuchlich: Es fehlt in den frühen Auflagen von Heyses ‚Fremdwörterbuch‘ (¹1804) und ist erstmals in der 6. Aufl. von 1833 vertreten, hier als „Schluß, Abschluß in alten Druckwerken“ definiert. Heute verwendet man es sowohl für Drucke als auch für Handschriften.

Johann Ch.A. Heyse: Allgemeines verdeutschendes und erklärendes Fremdwb. Hannover ⁶1833, s. v.

SachG: Im Mittelalter sind die Subscriptiones der Handschriften äußerst vielgestaltig. Meist treten sie als Schlußschrift auf, die das Ende eines Textes markiert (EXPLICIT „Hier endet...“; der Beginn wird als INCIPIT „Hier beginnt...“ bezeichnet). Zu den wiederkehrenden Elementen (bes. Namensnennungen, Datierungen und Ortsangaben) kommen Werktitel, Autorhinweise, die Erwähnung von Auftraggebern und Mitarbeitern usw. Nicht selten wird die Einstellung zur eigenen Arbeit artikuliert, also Freude über die Fertigstellung, Klage über deren Mühsal, Entschuldigung für Fehler bis hin zum Bedauern über persönliche Unfähigkeit. Neben religiöse Motive wie Dank, Gebet, Fürbitte tritt Weltliches wie Lohnforderungen oder die Warnung vor Diebstahl. Dabei finden auch gängige Verse und formelhafte Prägungen Verwendung.

Die Buchdrucker setzen die Gepflogenheiten der Schreiber fort. Der älteste gedruckte Kolophon befindet sich im Mainzer Psalter von 1457. Er enthält den Werktitel, erwähnt die vorzügliche Austattung mit Versalien und Rubriken und die neuartige Herstellungsweise mit Hilfe der Druckkunst ohne jede Verwendung des Schreibrohrs, hebt das Lob Gottes als Ziel hervor und nennt abschließend die Namen der Hersteller Johann Fust und Peter Schöffer sowie Jahr und Tag der Fertigstellung; beigefügt ist überdies ein Signet. Die überwiegende Mehrzahl der ↗ Inkunabel-Drucke blieb allerdings ohne Kolophon, was vielfach zu Datierungs- und Lokalisierungsproblemen führt. Im weiteren Verlauf der Druckgeschichte tritt dann, u. a. aufgrund behördlicher Auflagen, eine Vermehrung und Standardisierung der Kolophone ein. Sie werden auf Druckort, Druckername und Datum im Sinne eines einfachen Impressums reduziert. Mit der Einführung des Titelblattes seit dem Ende des 15. Jhs. und seiner weiteren Ausgestaltung im 16. Jh. werden die Funktionen des Kolophons zunehmend auf dieses übertragen, darunter auch das *Impressum* (↗ *Paratext*), doch bleibt der Kolophon im 16. Jh. Usus, bis im 17. Jh. das Titelblatt den Sieg davonträgt.

ForschG: Die ältere Forschung hat sich fast ausschließlich mit den Kolophonen der Inkunabeln befaßt, heute wird zunehmend auch den Subscriptiones der Handschriften über den Einzelfall hinaus Beachtung geschenkt. Sie werden nach Typen geordnet und als Hinweise auf Schreiber-, Drucker- und Autorenbewußtsein sowie auf die medialen Bedingungen der Textüberlieferung betrachtet.

Lit: Bénédictins du Bouveret: Colophons de manuscrits occidentaux des origines au XVIᵉ siècle. 6 Bde. Fribourg 1965−1982. − Emma Condello, Giuseppe di Gregori (Hg.): Scribi e colofoni. Le sottoscrizioni di copisti dalle origini all'avvento della stampa. Spoleto 1995. − Ferdinand Geldner: Inkunabelkunde. Wiesbaden 1978, S. 92−99 u. Tafeln XI, XIII, XVII, XVIII. − Therese Glorieux-De Gand, Ann Kelders (Hg.): Formules de copiste. Les colophons des manuscrits datés. Brüssel 1991. − Matthias Hartig: Die Funktion von Doppelformen in Schlußschriften der Frühdruckzeit. In: Gutenberg-Jb. 1989, S. 39−44. − Joseph S. Kennard: Some early printers and their

colophons. Philadelphia 1902. – Alfred W. Pollard: An essay on colophons. Chicago 1905. –
Lucien Reynhout: Pour une typologie des colophons de mss. occidentaux. In: Gazette du livre
médiéval 13 (1988), S. 1–4. – Kurt-Otto Seidel:
„Les en aue maria uor de treghen scriuerschen".
Schreiberäußerungen in Kolophonen mnd.
Handschriften. In: Jb. der Oswald von Wolken-
stein-Gesellschaft 10 (1998), S. 371–382. – Dieter Wuttke: Telos als explicit. In: Das Verhältnis
der Humanisten zum Buch. Hg. v. Fritz Krafft.
Boppard 1973, S. 47–62.

Frieder Schanze

Kolportage

Der nicht-stationäre Vertrieb von Buchhan-
delsprodukten durch fliegende Händler; im
übertragenen Sinne auch die dabei verkauf-
ten, häufig ästhetisch minderwertigen literarischen Werke selbst.

Expl: In metonymischer Verknüpfung (von
Tätigkeit und Produkt) werden zwei unterschiedliche Sachverhalte mit dem Terminus
Kolportage benannt: (1) Eine historische
Form der ↗ *Distribution* von Buchhandels-
waren durch reisende Händler; (2) die zunächst auf diese Weise, später dann auch in
anderer Form distribuierten Literaturformen mit ihren typischen Kennzeichen mas-
senhafter, oft serienartiger Verbreitung.

(1) Das aus Frankreich übernommene
Begriffswort *colporteur* (↗ *Buchhandel*) bezeichnet auch im Dt. zunächst den reisenden Buchhandelsvertreter, den Subskribentensammler und den Bücherhausierer. Insbesondere die ersten beiden Handelstypen
sind schwer unterscheidbar, da z. T. auch
die Buchhandelsvertreter als Beauftragte
der Verleger nicht nur Buchhandlungen
aufsuchten, sondern auch Privatpersonen
um Bestellungen baten und hierbei natürlich auch Subskriptionen annahmen. Der
ambulante Bücherhausierer differenzierte
sich dort zum Kolporteur im eigentlichen
Sinne, wo er anders als die Buchhandelsvertreter und Subskribentensammler seine Waren bei sich trug.

(2) Bei den solcherart ‚kolportierten‘
Werken handelte es sich zunächst in der Re-

gel um Gebetbücher und religiöse ↗ *Erbauungsliteratur* sowie praktische Ratgeber wie
Kochbücher und ↗ *Kalender*. Kolportiert
wurden zudem auch häufig ↗ *Populäre Lesestoffe* wie Ritter- und Räuberromane
(↗ *Abenteuerroman*); allein auf deren Tradition bezieht sich dann die meist wertbela-
dene Gattungskategorie der ‚Kolportage-
Literatur‘ bzw. des ‚Kolportage-Romans‘,
der in massenhaften Vertriebsformen (vorzugsweise als Liebes-, Geheimbund- und
Schauerroman) mit gehäuften Spannungs-
reizen und drastischen Effekten auf die Sen-
sationslust eines breiten Lesepublikums
spekuliert.

WortG: Frz. *colporter* aus lat. *comportare*,
afrz. *comporter* ‚mit sich tragen‘ hat sich mit
afrz. *porter a col* ‚am Halse tragen‘ überlagert (EWbD 2, 879; Kluge-Seebold, 391)
und neben der Hauptbedeutung des Hau-
sierens den Nebensinn des ‚Verbreitens von
Nachrichten und Gerüchten‘ angenommen
(im Sinne von ‚Zuträger‘ auch dt. verwendet schon 1774 in Goethes ‚Clavigo‘ II/1;
FA 4, 454). Das abgeleitete Nomen agentis
Colporteur ist dt. mindestens seit 1766 vielfach belegt (u. a. bei Herder und Goethe;
vgl. Kehrein, 336 f.); parallel zur Buchhan-
delsform selbst breitet sich das Abstraktum
Kolportage in diesem Sinne in der 2. Hälfte
des 19. Jhs. aus (Schulz-Basler 1, 357), so
daß ein *Kolportageroman* zunächst einfach
ein „Roman, der in Lieferungen erscheint"
(ebd.), kurz ein ‚Lieferungsroman‘ ist, dadurch aber bald den pejorativen Beiklang
von ‚Hintertreppenroman‘ erhält (Paul-
Henne, 474).

Johann Wolfgang Goethe: Sämtliche Werke
[Frankfurter Ausgabe, FA]. Frankfurt 1985 ff. –
Joseph Kehrein: Fremdwb. mit etymologischen
Erklärungen und zahlreichen Belegen aus Deut-
schen Schriftstellern. Wiesbaden 1876.

BegrG: Der frz. Ausdruck *colporter* ‚Hau-
sieren‘, ‚Trödeln‘ war zunächst noch keineswegs auf den Vertrieb buchhändlerischer
Waren beschränkt. Die zunächst neutrale
Bezeichnung wurde pejorativ akzentuiert,
sobald die zugehörige Vertriebsform in die
Kritik geriet. 1766 präsentierte der Leipziger Verleger Philipp Erasmus Reich ein Programm speziell zur Reform des Buchhan-

dels, das Schutz vor Nachdruckern, ausländischer Konkurrenz und unautorisierten Buchverkäufern wie ‚Buchdrucker, Colporteur, Sprachmeister pp.‘ bieten sollte, welche „oft sehr schändliche Bücher, die allein ihres Inhalts wegen unterdrückt zu werden verdienen“, vertrieben (Kapp/Goldfriedrich 3, 38). Ab dem letzten Drittel des 19. Jhs. wird das somit schon negativ belastete Begriffswort, angeregt durch die mittels der Kolportage (1) vertriebene Romanliteratur, zunehmend auch im Sinne von Kolportage (2) für die qualitativ z. T. fragwürdigen Werke literarischer Unterhaltungskultur verwendet (Glagau 1870, Kürschner 1875; vgl. Ueding).

Eine dezidiert positive Umwertung (und damit Absetzung von Nachbarbegriffen wie ↗ *Kitsch* und *Schund*) nahm dann seit den 1920er Jahren Ernst Bloch im Rahmen seines Utopie-Konzepts und seiner literarischen Vorschein-Ästhetik in Angriff, in der Kolportage exemplarisch als „unreifer, doch ehrlicher Revolutionsersatz“ fungiert: „Das reißende Märchen also ist die Abenteuergeschichte, sie lebt am besten heute als *Kolportage* fort. [...] Der Traum der Kolportage ist: nie wieder Alltag; und am Ende steht: Glück, Liebe, Sieg.“ (Bloch 1, 426 f.) Ernst Bloch: Das Prinzip Hoffnung. 2 Bde. Frankfurt 1963.

SachG: Erste Belege für hausierende Bücherverkäufer finden sich bereits in den 70er Jahren des 15. Jhs. Im Zuge der Technisierung des Buchdrucks im 15. Jh. (↗ *Druck*) konnten die Buchdrucker Produktion und Distribution ihrer Waren selbst nicht mehr bewältigen. Der so entstehende Buchmarkt wurde bald von Kolporteuren dominiert. „Diese Verkäufer hießen anfangs Buchführer und umfaßten sowohl den heutigen Sortimenter, als auch den Kolporteur [...] Der Hausierer (bibliopola libros venales deportans) ist der Zeit nach der erste und arbeitet dem Buchhändler vor“ (Kapp/Goldfriedrich 1, 274). Bis 1550 sind etwa eintausend Buchführer nachweisbar (Grimm). Erst in der zweiten Hälfte des 16. Jhs. werden diese teilweise vom Berufsbild des stationären Buchhändlers abgelöst, bleiben jedoch ein weiteres wichtiges Ver-

triebssystem. Die Entwicklung des Kolportagewesens in Spanien (vgl. Botrel), England (vgl. Duval) und Frankreich (vgl. Andries und Darmon) im ausgehenden 18. Jh. bestätigt, daß es sich hierbei um einen gesamteuropäischen Prozeß handelt.

Noch im ausgehenden 18. Jh. war zunächst die Subskription gerade von Autoren selbst, wie die Beispiele von Wielands ‚Teutschem Merkur‘ (1773 ff.), Klopstocks ‚Deutscher Gelehrtenrepublik‘ (1774) oder Lessings ‚Nathan der Weise‘ (1779) illustrieren, als erfolgreiche Verlagsstrategie angesehen worden. Doch besaßen die Kolporteure gegenüber den diese Werke vertreibenden sogenannten Subskriptions-‚Collecteurs‘ den Vorteil der werbewirksamen Präsentation des Produkts. Zudem begünstigten die mit der steigenden Zahl der Lesekundigen gerade im 18. Jh. sich ändernden Marktstrukturen das Entstehen eines weit verbreiteten Kolportagewesens zur Erschließung buchhändlerisch unversorgter Gebiete.

Von den Verlagen streng organisiert, wurden dann im Lauf des 19. Jhs. insbesondere Reihenlieferungen in Buch- oder Heftform zum erfolgreichsten Metier der Kolporteure. Wie sehr die Kolportage auch noch das Buchhandelswesen im 20. Jh. (bes. den Haus-zu-Haus-Verkauf enzyklopädischer und populärwissenschaftlicher Werke) beeinflußt hat, dokumentiert die Geschichte des ‚Deutschen Bücherbunds‘, der aus einem 1865 von Hermann Schönlein gegründeten Kolportageverlag hervorging.

In Deutschland unterlag der Kolportagehandel schon im ausgehenden 18. Jh. gesetzlichen Kontrollen. Zur Erlangung einer Genehmigung war es notwendig, die einzelnen Kolportageartikel vorzulegen. Bei Verstoß hiergegen drohte die „Konfiskation sämtlicher beim Übertreter vorgefundener Exemplare, Haft dazu, wenn sich sehr sittenverderbliche Bücher dabei“ befanden (Kapp/Goldfriedrich 3, 375). Mit der Einführung der Gewerbefreiheit kam es in Deutschland Ende der 1860er Jahre zu einem sprunghaften Anstieg kolportagetreibender Firmen. Die Gewerbenovelle vom 1. Juli 1883 schrieb in den deutschen Ländern erneut die Genehmigungspflichtigkeit unter Vorlage eines Warenverzeichnisses fest. Zur Stärkung ihrer Position schlossen sich die Kolporteure in Deutschland bereits 1886 im „Zentralverein Deutscher Buch- und Zeitschriftenhändler" zusammen.

Werbepraktiken wie personale Auswahl der Kolporteure boten den Buchhändlern immer wieder Angriffsflächen. Hierbei verwiesen die gegen die konkurrierenden Kolporteure vorgebrachten Einwände immer wieder auf die moralisch bedenkliche Qualität der durch diese verbreiteten Ritter-, Räuber- und Kriminalliteratur mitsamt ihren mehr und mehr hinzukommenden schlüpfrigen Liebesszenen, gegen deren Einschub sich beispielsweise der zeitweilig von der Kolportage-Schriftstellerei lebende Karl May später gerichtlich zu wehren versuchte. So konnte noch im 19. Jh. *Kolportage* zu einem begrifflich allerdings recht unpräzisen Sammelnamen für triviale Unterhaltungsliteratur werden (insbesondere für die zahllosen Epigonen der ‚Mystères de Paris' von E. Sue und des ‚Comte de Monte-Cristo' von A. Dumas; vgl. Neuschäfer). Die extreme Vielfalt und Uneinheitlichkeit der in diesem Zusammenhang auftretenden Texte (vgl. die umfangreiche Quellenbibliographie von Kosch/Nagl) macht es unmöglich, eine sachlich kohärente ‚Gattungsgeschichte des Kolportageromans' jenseits einer allgemeinen Historiographie der ↗ *Trivialliteratur* zu rekonstruieren (zur historischen Analyse einiger beteiligter Textgattungen wie Liebesroman, Abenteuerroman, Geheimnisroman, Bergroman, ↗ *Wildwestroman* oder ↗ *Science Fiction* vgl. Baur/Škreb).

ForschG: Den historisch grundlegenden Beiträgen zur Buchhandelsgeschichte ab dem frühen 20. Jh. (Biedermann, Goldfriedrich) folgten erst wieder ab den 1960er Jahren literatursoziologische Analysen populärer Lesestoffe (Schenda u. a.). Doch trotz der Konjunktur der Trivialliteraturforschung in den 1970er Jahren (vgl. grundlegend Scheidt) konnte das Problem einer ästhetisch wertfreien Definition von Kolportage- bzw. allgemeiner von Trivialliteratur nicht befriedigend gelöst werden. Einen fruchtbaren Neuansatz stellen hier sowohl Scheidts Versuch einer systemtheoretischen

Rekonstruktion wie vor allem französische Studien zur Funktion der Kolportage für das kulturelle Gedächtnis dar (Duval).

Eine andere forschungsgeschichtliche Linie setzt bei Blochs ästhetisch-sozialphilosophischer Aufwertung der literarischen Kolportage an. Bloch hatte unter anderem am Beispiel Karl Mays (aber, in extremer Bedeutungserweiterung bis hin zur Oper, auch noch von Beethovens ‚Fidelio') auf das utopische Potential der „Literatur der Enterbten" aufmerksam gemacht: „Träumt also Kolportage immer, so träumt sie doch letzthin Revolution" (Bloch, 181). Blochs Versuche, Kolportage im prononcierten Gegensatz zum Kitsch in den Kanon des kulturellen Erbes aufzunehmen, erfuhren jedoch schon in der ideologisch dominierten Erbe-Diskussion (↗ *Erbetheorie*) und der sogenannten *Expressionismus-Debatte* der späten 1930er Jahre (↗ *Sozialistischer Realismus*) heftigen Widerspruch. Im Zuge der Erneuerung eines gesellschaftskritischen Selbstverständnisses der Germanistik fand Blochs visionärer Denkansatz ab den späten 1960er Jahren dann wieder entschiedene Fortsetzungen auch in der akademischen Literaturforschung. Theoretisch grundlegend setzte hier 1973 Blochs Schüler Ueding an; auf seinen Spuren schränkte Steinbrink die Fragestellung auf die Gattungsgeschichte der Abenteuerliteratur ein.

Lit: Lise Andries: Le grand livre de secrets. Le colportage en France aux 17e et 18e siècles. Paris 1994. – Johann Wilhelm Appel: Die Ritter-, Räuber- und Schauerromantik [1859]. Repr. Leipzig 1968. – Uwe Baur, Zdenko Škreb (Hg.): Erzählgattungen der Trivialliteratur. Innsbruck 1984. – Flodoard Freiherr von Biedermann: Anweisung für den gesetzmäßigen Betrieb des Kolportage-Buchhandels. Leipzig 1890. – Ernst Bloch: Erbschaft dieser Zeit [1935]. Frankfurt 1962. – Jean-Francois Botrel: La Révolution française et la littérature de colportage en Espagne. In: Hommage à Robert Jammes. Hg. v. Francis Cerdan. Toulouse 1994, S. 101–110. – Jean-Jacques Darmon: La colportage de librairie en France sous le second empire. Grands colporteurs et culture populaire. Paris, Plon 1972. – Gilles Duval: History – histoires. Mémoire et création dans la littérature de colportage anglaise du 18e siècle. In: Societé d'études Anglo-Americaines des XVIIe et XVIIIe siècles. Straßburg

1984, S. 111−123. − Gilles Duval: Existe-t-il des livrets de colportage du 18ème siècle? In: Le passé présent. Fs. Andre Parreaux. Paris 1988, S. 85−92. − Otto Glagau: Der Colportage-Roman, oder ‚Gift und Dolch, Verrath und Rache‘. In: Der Salon für Literatur, Kunst und Gesellschaft 6 (1870), S. 51−59 [Repr. in: Realismus und Gründerzeit. Hg. v. Max Bucher u. a. Stuttgart 1975]. − Heinrich Grimm: Die Buchführer des deutschen Kulturbereichs und ihre Niederlassungsorte in der Zeitspanne 1490 bis um 1550. AGB 7 (1967). − Friedrich Kapp, Johann Goldfriedrich: Geschichte des Deutschen Buchhandels. 4 Bde. Leipzig 1886−1913. − Günter Kosch, Manfred Nagl (Hg.): Der Kolportageroman. Bibliographie 1850 bis 1960. Stuttgart 1993. − Joseph Kürschner: Colportageroman. In: Die Gegenwart 8, Nr. 30, 24. Juli 1875, S. 55. − Christoph F. Lorenz: Karl Mays zeitgeschichtliche Kolportageromane. Frankfurt 1981. − Hans-Jörg Neuschäfer: Populärromane im 19. Jh. München 1976. − Gabriele Scheidt: Der Kolportagebuchhandel (1869−1905). Stuttgart 1994. − Rudolf Schenda: Volk ohne Buch. Frankfurt 1970. − Roberto Simanowski: Die Verwaltung des Abenteuers. Massenkultur um 1800 am Beispiel Chr.A. Vulpius. Göttingen 1998. − Bernd Steinbrink: Abenteuerliteratur des 19. Jhs. in Deutschland. Tübingen 1983. − B. St.: Im Reich der Kolportage. In: Ausbruch und Abenteuer. Hg. v. Kevin Carpenter und B. St. Oldenburg 1984, S. 97−103. − Gert Ueding: Glanzvolles Elend. Versuch über Kitsch und Kolportage. Frankfurt 1973. − Reinhard Wittmann: Liebe, Gift und Hintertreppe. Der Kolportageroman der Gründerzeit. In: Gehört, gelesen 21 (1974), H. 8, S. 80−87.

Andreas Meier

Kolporteur ↗ *Buchhandel*

Kombination ↗ *Selektion*

Komik, Komisch

Gegenstände, Ereignisse, Sachverhalte und Äußerungen, die Lachen verursachen; bzw. die Eigenschaft, die diese Wirkung erzeugt.

Expl: Die systematische Unterscheidung zwischen literarischen und lebensweltlichen Erscheinungsformen der Komik ist umstrit-

ten. Auch eine präzise Abgrenzung des Komischen vom Lächerlichen scheint nicht möglich. Überhaupt fällt es schwer, die einzelnen Erscheinungsformen des Komischen präzise voneinander zu unterscheiden. So lassen sich etwa zwischen dem Satirischen (↗ *Satire*), dem Burlesken (↗ *Humoreske*) und dem Parodistischen (↗ *Parodie*) Übergänge beschreiben. Während ‚komisch‘ die Eigenschaft einer Sache (einer Person, eines Sachverhalts), die Lachen verursacht, bezeichnet, meint ‚Komik‘ das Phänomen, das diese Reaktion hervorruft; ↗ *Humor* bezeichnet eine psychologische Disposition. Komik gilt seit alters her als ein Instrument der ↗ *Rhetorik*.

WortG: Die Wörter *komisch/Komik* stammen vom griech. κωμικός [komikós] ‚zum Lustspiel gehörig‘, ‚scherzhaft‘ ab, abgeleitet von κῶμος [kómos] ‚Festzug‘, ‚Gelage‘ (↗ *Komödie*) und später aus dem Griech. ins Lat. übernommen (*comicus*). In der uns geläufigen Bedeutung werden sie jedoch erst spät gebraucht (Erstbeleg im Dt. 1499, Paul-Henne, 475; Schulz-Basler 1, 359; DWb 11, 1625; vgl. ausführlicher RL² 1, 869−876; HWbPh 4, 889−893; HWbRh 4, 1166−1176). Im dt. Sprachgebrauch erhält das Wort seine allgemeine Bedeutung im 17. Jh. unter dem Einfluß von frz. *comique*. Die Zuordnung entsprechender fremdsprachlicher Begriffe ist schwierig. Im Lateinischen wird das betreffende Phänomen etwa als *ridiculum* bezeichnet.

BegrG: Seit den für uns greifbaren Anfängen des Nachdenkens über die Natur des Komischen in der griechischen Antike hat es die Theorie dieses Phänomens mit der Erklärung eines Widerspruchs zu tun. Erscheint das Lachen selbst als ein Ausdruck der Freude, so wird der Gegenstand des Lachens statt dessen zumeist in Kategorien der Negativität gekennzeichnet. Als komisch gilt dasjenige, was der Erwartung widerspricht oder von der Norm abweicht. Die Geschichte der Theorie des Komischen läßt sich deshalb im wesentlichen als der stets neue Versuch einer Aufklärung über zwei Fragen beschreiben. Zum einen gilt es, eine Antwort für den Zusammenhang zwischen dem Komischen und der Reaktion, die es hervorruft, zu finden. Zum anderen sind die Eigenschaften des komischen Objekts selbst Gegenstand der Überlegung.

Platon bestimmt das Komische als etwas Schlechtes, als etwas, das im Gegensatz zur Tugend steht (‚Nomoi‘ 816 d-e). Seine Darstellung auf der Bühne ist nur legitim, insofern sie die Kenntnis des Tugendhaften vertieft. Die Identifikation des Komischen mit dem Lasterhaften wirft die Frage nach seiner Spezifität auf. Wie – so lautet die stets aufs neue gestellte Frage – läßt sich das Komische hinreichend von anderen Formen der Normverletzung, Erwartungsdurchbrechung, Tabumißachtung etc. unterscheiden? Platon selbst nennt als Kriterien drei Formen der Selbsttäuschung der Menschen: Komisch wirken sie, wenn sie sich hinsichtlich ihres Vermögens, ihres Aussehens oder ihres Charakters überschätzen.

Im ‚Philebos‘ befaßt Platon sich mit der Ursache der vom Komischen ausgelösten Reaktion. Als Grund des Lachens führt er die Freude am Übel anderer, also den Neid, an (48 a-c). Komik gerät solchermaßen zu einem moralisch bedenklichen Phänomen. Platons Erklärung deutet auf eine Schwierigkeit hin, die sich der Theorie des Komischen bis in die Gegenwart stellen wird. Der widersprüchlich erscheinende Zusammenhang zwischen dem Lachen und den Merkmalen des komischen Gegenstands läßt sich als eine Affirmation der moralischen Norm begreifen, die aus bedenklichen Motiven erfolgt, aber ebenso als eine heimliche Unterminierung der Geltung dieser Norm beschreiben. Damit zeichnet sich eine fundamentale Ambivalenz aller Komik ab, die man später als ‚Kipp-Phänomen‘ analysieren wird (vgl. Iser in Preisendanz/Warning 1976).

Eine eingehendere Darstellung des Komischen vermutet man im verlorenen zweiten Teil der ‚Poetik‘ des Aristoteles. Im ersten Teil wird das Komische definiert als ‚ein mit Häßlichkeit verbundener Fehler, der indes keinen Schmerz und auch kein Verderben verursacht‘ (‚Poetik‘ 5). Komik hat also ihre Ursache in der Folgenlosigkeit. Im Unterschied zu Platon verzichtet Aristoteles auf die moralische Diskreditierung. Vor allem in der ‚Nikomachischen

Ethik‘ wird im Kontext der Erörterung von Spiel und Scherz (10,6; vgl. 4,14) die Funktion des Komischen bestimmt und seine Nützlichkeit definiert. Spiel und Scherz bieten eine Entlastung für die Mühen, die dem Menschen das tugendhafte Handeln abverlangt. In der ‚Rhetorik‘ (3,11,16) zählt Aristoteles zwar Komik nicht zu den Überzeugungsmitteln, empfiehlt dem Redner jedoch, sich ihrer zu bedienen, um durch Witze u. ä. das Publikum für sich einzunehmen. Weil Witze auf einer Erwartungsdurchbrechung beruhen, erzeugen sie bei ihren Zuhörern einen Lerneffekt, der ihnen Vergnügen bereitet. Auch dienen Witze dazu, den Gegner zu beschädigen und seinen Ernst durch Lachen zunichte zu machen (3,18,7).

Die römische Rhetorik geht nicht wesentlich über diesen Rahmen hinaus. Ciceros ‚De oratore‘, aus dem die ausführlichste uns erhaltene antike Auseinandersetzung mit dem Komischen stammt, nennt als wesentliches Kriterium eine Schändlichkeit oder Häßlichkeit, über die man jedoch nur lacht, wenn sie nicht auf eine häßliche Weise („non turpiter“) dargestellt wird (2,236). Cicero hat also ein Komisches im Blick, das erst durch die Art und Weise seiner Vermittlung erzeugt wird. An die Stelle der Aristotelischen Folgenlosigkeit tritt eine Darstellungstechnik. Die Definition des Komischen und seine Normierung fallen zusammen; deshalb läßt sich unmittelbar eine Funktionsbestimmung ableiten. Weil das Komische der Fertigkeit eines Redners bedarf, der es auf eine moralisch und ästhetisch nicht anstößige Weise zu erzeugen vermag, demonstriert es dem Publikum dessen rhetorische Brillanz.

Quintilian kürzt in seiner ‚Institutio oratoria‘ – bei im übrigen wörtlichem Zitat – Ciceros Definition um den zentralen Zusatz: Das Lachen wird von Schändlichem und Häßlichem unmittelbar erzeugt und setzt nicht deren gefällige Darstellung voraus (6,3,7 f.). Diese unausdrückliche Korrektur verschafft dem Abweichenden, dem, was sich der ästhetischen oder ethischen Norm entzieht, als Gegenstand des Lachens eine neue Geltung. Dementsprechend legt Quintilian auf die Janusköpfigkeit des Komischen großen Wert, das einerseits dem Redner gute Dienste leiste, andererseits ihn selbst aber auch der Lächerlichkeit preisgeben könne. Um dies zu vermeiden, verpflichtet Quintilian den Redner auf das ↗ *Aptum* oder *Decorum* (6,3,28).

Das Mittelalter hat keine eigenständige Theorie des Komischen entwickelt. Zeitgenössische Bemerkungen beschränken sich weitgehend auf restriktive Empfehlungen, die überkommene Vorbehalte gegenüber dem Lachen fortsetzen. Damit folgen sie Mahnungen, die nicht nur aus der Antike überliefert sind, sondern auch aus der Bibel stammen (Sir 21,23). Das Alte wie das Neue Testament warnen zudem vor dem Lachen, weil es sich als ein Ausdruck der Freude für den unerlösten Menschen nicht zieme (Spr 10,23; Koh 2,3; Lk 6,25). Die christliche Theologie hat diese Bewertung übernommen (Hieronymus, PL 23, 1115; Petrus Chrysologus, PL 52, 328; Bernhard von Clairvaux, PL 184, 1295). Die Aufforderung, nicht zum Lachen zu reizen, ist vor allem in monastischer Literatur verbreitet (vgl. etwa Benedikt, ‚Regula monachorum', Kap. 4). Damit fällt auch die rhetorische Technik des Witzes der Kritik anheim. Vorbehalte wie die des Paulus gegenüber der antiken Scherzkultur (Eph 5,4) werden aufgenommen (Rabanus Maurus, PL 109, 908). Der ‚risus paschalis' der liturgischen Praxis, das durch die Predigt der Osterfeier provozierte Lachen, antwortet auf die theologische Verurteilung des Komischen und gestattet ausnahmehaft am Tag der Auferstehung eine Vorwegnahme der Freude der himmlischen Erlösung.

Wie schon bei Platon beunruhigte auch in mittelalterlichen Überlegungen zum Komischen das Verhältnis des komischen Gegenstands zu der von ihm ausgelösten Reaktion. Die Freude an etwas Schlechtem, die hier auch für mittelalterliche Autoren zum Ausdruck kommt, führen sie auf den Sündenfall zurück (Augustinus, PL 44, 148; Gregor d. Große, PL 75, 1129).

Mit fortschreitender Rezeption antiker Schriften im späteren Mittelalter wird dem Komischen jedoch eine begrenzte Legitimität zuerkannt. Zulässig erscheint es nun im Sinne der Aristotelischen Rechtfertigung des Scherzes zur Entlastung und Erholung des Menschen (Alanus ab Insulis, PL 210, 551).

Mit der Renaissance deuten sich Veränderungen an, angeregt durch die Verbreitung antiker Definitionen und Funktionsbestimmungen des Komischen. Eine originelle Erklärung des Zusammenhangs zwischen dem komischen Gegenstand und dem Lachen, das er hervorruft, findet sich im Anhang ‚De ridiculis' zu einem der beiden ersten Kommentare zur Aristotelischen ‚Poetik' von Vincenzo Maggi (1550); Kern dieser Analyse ist die Kategorie der admiratio: Verwunderung wie Bewunderung lösen Dinge aus, die wir nicht verstehen und die deshalb dazu auffordern, ihnen auf den Grund zu gehen. Diese Wirkung erklärt Maggi zum bestimmenden Merkmal alles Komischen. Komik geht mit einem novum einher, das einen Lerneffekt erzeugt und deshalb Freude auslöst (Maggi, 100). Anders als bei Aristoteles kommt eine solche novitas nicht mehr durch die Technik des Redners zustande, sondern bildet eine Eigenschaft des Komischen selbst. Damit steigt auch die turpitudo (‚Schändlichkeit') zu einer Quelle lustbringender Erkenntnis auf, und die Negativität des Gegenstands des Lachens wird positiviert.

Die Komiktheorie der Frühen Neuzeit läßt sich im übrigen nicht auf eine einheitliche Tendenz festlegen. Neben psychologisierenden Theorien gibt es solche, die das Komische aufgrund spezifischer Eigenschaften des Gegenstandes zu erklären versuchen. Es finden sich einerseits Theorien, die den Verlachenden ins Zentrum stellen — wie Hobbes, der im Lachen die Bestätigung von Überlegenheit über Inferiorität ausgedrückt sieht (‚On Human Nature', 1650; vgl. Greiner, 98). Andererseits werden Inkongruenztheorien weiter vertreten. Lessing bestimmt z. B. in der ‚Hamburgischen Dramaturgie' (1769) jede „Ungereimtheit", jeden „Kontrast von Mangel und Realität als lächerlich" (28. Stück; vgl. Greiner, 99). Kant definiert in seiner ‚Kritik der Urteilskraft' das Lachen als einen „Affekt aus der plötzlichen Verwandlung einer gespannten Erwartung in nichts" (§ 54). Diese Definition läßt sich als eine Umbesetzung zweier

Aristotelischer Argumente beschreiben. In seiner ‚Rhetorik' hatte dieser den Wortwitz auf eine Enttäuschung der Erwartung bei den Zuhörern zurückgeführt, wobei jedoch diese Enttäuschung Erstaunen auslöste und auf diese Weise einen lusterzeugenden Lerneffekt bewirkte. Kant begreift die Erwartungsdurchbrechung statt dessen als eine Markierung der Unernsthaftigkeit. Sie führt von Anspannung zu Entspannung. Damit wandelt sich die Aristotelische Zweckbestimmung für den Scherz zu einer strukturellen Analyse. Zugleich verlagert Kant die komische Wirkung in die Physiologie. Nicht ein intellektuelles Vergnügen verursacht der Witz, sondern „der Affekt, der die Eingeweide und das Zwerchfell bewegt, mit einem Worte das Gefühl der Gesundheit […], machen das Vergnügen aus" (ebd.). Von Kant zehren noch die verbreiteten psychologischen Komik- und Lachtheorien der 2. Hälfte des 19. Jhs. (Th. Lipps, ‚Komik und Humor', 1898).

In scharfer Abgrenzung von Kant beschreibt Schopenhauer Komik als eine spezifische Wirkung von Erkenntnisoperationen und charakterisiert die Eigenheit des Lächerlichen als den Effekt einer grundsätzlichen „Inkongruenz der anschaulichen und der abstrakten Erkenntniß" (‚Die Welt als Wille und Vorstellung' 1, § 13). Damit werden intentionale wie unfreiwillige Komik als zwei Erscheinungsformen desselben Phänomens begriffen: Kennzeichnend für den Witz ist die Subsumtion zweier verschiedener Phänomene unter denselben Begriff, für die unbeabsichtigte komische Handlung, die Narrheit, ist es dagegen der Übergang von einem Begriff auf eine dazu nicht passende Handlung (zur Komik im Roman bes. Jean Paul, zum Theater bes. C. F. Flögel, Hegel, Vischer; vgl. ↗ Bühnenkomik).

Die Annahme einer einheitlichen Ursache für die verschiedenen Erscheinungsformen des Komischen liegt auch Erklärungsversuchen zugrunde, die nicht zuvörderst die Beziehung des Lachenden zum Gegenstand seines Vergnügens ins Zentrum rücken, sondern die spezifischen Eigenschaften des komischen Gegenstands selbst. Als ursächlich für das Lachen wird dabei jeweils

ein spezifischer Kontrast definiert. Bergson (‚Le rire', 1900) führt das Komische auf den Gegensatz zwischen dem Lebendigen und dem Mechanischen zurück (Bergson, 28). Als eine weitere Voraussetzung nennt er ein soziologisches Moment: Lachen ist stets das Lachen einer Gruppe. Die Norm erscheint in Gestalt einer gemeinschaftlichen Verhaltensdisposition. Der für das Komische als ursächlich bestimmte Kontrastbezug hat später andere inhaltliche Besetzungen erfahren. Bei F. G. Jünger (‚Über das Komische', 1948) z. B. erscheint das Komische − wie schon bei Aristoteles − als der Gegensatz zum ↗ Tragischen, wobei für alles Tragische die Ebenbürtigkeit der Konfliktpartner, für das Komische hingegen ihre hierarchisch unterschiedliche Stellung verantwortlich zeichnet.

S. Freuds Theorie des ↗ Witzes (‚Der Witz und seine Beziehung zum Unbewußten', 1905) bestimmt diesen nicht wie üblich als eine Erscheinungsform des Komischen, sondern als dessen Gegensatz. Im Unterschied zum Komischen ähnelt der Witz den Verfahrensweisen des Unbewußten. Das Vergnügen am Witz entsteht aus einem „ersparte[n] Hemmungsaufwand" (Freud, 219). Für einen Augenblick werden die psychischen Energien freigesetzt, mit denen üblicherweise die andrängenden Kräfte des Unbewußten zurückgehalten werden, und diese Entlastung kommt im Lachen zum Ausdruck. Damit kehrt Freud die Perspektive des Aristoteles um. Denn die Praxis der Tugend, die Freuds Sphäre des Bewußtseins entspricht, ist bei Aristoteles nicht gegen eine übermächtige andere Kraft errichtet. Dagegen erscheint Freuds Unbewußtes als die primäre Instanz, gegen die das Bewußtsein sich zur Wehr zu setzen hat. Im Unterschied zum Witz ist das Komische ohne Bezug zum Unbewußten. Zu einer energetischen Entlastung, die sich im Lachen äußert, kommt es hier durch das Bewußtsein. Wer etwa die Bewegungen eines Clowns verfolgt, wird ein Übermaß an Aufwand bei ihm feststellen − und im Vergleich mit früheren eigenen Erfahrungen einen Überschuß, der Lachen verursache (Freud, 180 f.). Die Schwäche dieser Erklärung liegt in der Unterschiedlichkeit der untersuchten

Phänomene. Denn während beim Beobachter die Komik der Bewegung einem Zuviel an Energie „Abfuhr durch Lachen" erteilt (ebd., 181), gilt dies für die Komik, die aus geistigen Fehlern entsteht, gerade nicht. Hier resultiert das Fehlverhalten aus einem Zuwenig an Aufwand, und folglich wird beim Beobachter kein Überschuß freigesetzt.

Deutlicher noch rückt Plessner die Energetik des Lachens in den Mittelpunkt. Lachen wie Weinen sind für ihn Grenzphänomene menschlichen Ausdrucks, sie manifestieren das Scheitern der Ausdrucksgebärde. Ist diese ansonsten durch eine unauflösliche Einheit von psychischem Gehalt und physischer Form gekennzeichnet, so besitzt beim Lachen wie beim Weinen „der Verlust der Beherrschung im Ganzen Ausdruckswert" (Plessner, 61). Für das Komische ist es eine „anstössige, beunruhigende Gegensinnigkeit", welche die Reaktion des Lachens hervorruft und dem Unernst als die einzige Möglichkeit übrigläßt, um mit dem aus dem Rahmen Fallenden umzugehen (ebd., 103). Das Lachen ist deshalb eine Reaktion intellektueller Insuffizienz, die der Lachende freilich nicht nur als sein subjektives Unvermögen erfährt, sondern zugleich als die Struktur der Sache, die es verhindert, mit ihr fertig zu werden.

Verwandtschaft mit Freuds psychoanalytischer Charakteristik des Witzes ebenso wie mit Plessners anthropologischer Analyse des Lachens weist in einigen Punkten die vor allem für die Literaturwissenschaft einflußreiche Theorie des Komischen von J. Ritter auf. Sie läßt sich zugleich als eine Umkehrung der Bergsonschen Theorie beschreiben. Denn führte Bergson alle Komik auf die Vergewaltigung des Lebendigen durch etwas Mechanisches zurück, so sieht Ritter statt dessen in aller Komik gerade den Triumph des Lebens über seine Behinderungen am Werk. Weil das Lachen unweigerlich einen Affekt der Freude und der Bejahung bedeutet, positiviert es jene Phänomene, welche die offizielle Norm ausgrenzt. Es markiert im Namen des Lebens die Zugehörigkeit auch des vermeintlich Nichtigen zum Dasein (Ritter, 76). Das Lachen wertet ostentativ die offizielle Norm um, damit es so dem von dieser Ausgegrenzten zu seinem Recht als einem integralen Bestandteil des Lebens verhilft. Schwierigkeiten stellen sich für diese Analyse des Komischen freilich dort, wo es gilt, die Sorge vor der sozialen Ächtung zu erklären, die das Lachen zweifelsohne auch bedeuten kann.

SachG: Komisches kann in literarischen Texten verschiedenster Art auftreten. In einigen literarischen Gattungen wie der ↗ *Komödie*, der ↗ *Humoreske* oder der ↗ *Satire* herrschen für die Erzeugung komischer Effekte besondere Lizenzen.

ForschG: Diskussionen um das Wesen des Komischen entzündeten sich in der Literaturwissenschaft vor allem in der Auseinandersetzung mit der ↗ *Komödie*. Dabei lassen sich zwei Tendenzen unterscheiden. Auf der einen Seite stehen historische Untersuchungen zum Begriff des Komischen und seinem Wandel, auf der anderen Seite Versuche, die phänomenalen Bestimmungen des Komischen auf die spezifischen Bedingungen der Literatur und ihre unterschiedlichen Gattungstraditionen abzustimmen. Einen wesentlichen Beitrag zu dieser Debatte bietet der aus einer Tagung der Forschergruppe ‚Poetik und Hermeneutik' hervorgegangene Band ‚Das Komische' (Preisendanz, Schmidt, Stierle, Warning). In der jüngeren Forschung konzentrieren sich Diskussionen besonders auf Bachtins Begriff der Karnevalisierung (↗ *Karneval*) und erörtern die Frage nach dem anthropologisch-kulturellen Ort des Komischen.

Lit: Trattati di poetica e retorica del cinquecento. Hg. v. Bernard Weinberg. 4 Bde. Bari 1970–1974. – Michail M. Bachtin: Literatur und Karneval. Zur Romantheorie und Lachkultur. Frankfurt 1990. – Peter L. Berger: Erlösendes Lachen. Das Komische in der menschlichen Erfahrung. Berlin, New York 1998. – Henri Bergson: Le rire [1900]. Paris ¹²³1958. – Lane Cooper: An Aristotelian theory of comedy. With an adaptation of the Poetics and a translation of the Tractatus Coislinianus. New York 1922. – George E. Duckworth: The nature of Roman comedy. Princeton 1952. – Karl Eibl: Die Entstehung der Poesie. Frankfurt u. a. 1995. – James K. Feibleman: In praise of comedy. New York 1939. – Lothar Fietz u. a. (Hg.): Semiotik, Rhetorik und Soziologie des Lachens. Tübingen 1996. − Gail Finney (Hg.): Look who's laughing. Gender and comedy. Langhorne u. a. 1994. − Sigmund Freud: Der Witz und seine Beziehung zum Unbewußten. In: S. F.: Studienausgabe. Bd. 4. Frankfurt 1970, S. 9− 219. − Gottfried Gabriel: Logik und Rhetorik der Erkenntnis. Paderborn u. a. 1997. − Robert Gernhardt: Was gibt's denn da zu lachen? Kritik der Komiker, Kritik der Kritiker, Kritik der Komik. Zürich 1988. − Mary Amelia Grant: The ancient rhetorical theories of the laughable. Madison 1924. − Bernhard Greiner: Die Komödie. Tübingen 1992. − John Y. T. Grieg: The psychology of laughter and comedy. New York 1923. − Walter Hinck: Einführung in die Theorie des Komischen und der Komödie. In: Die deutsche Komödie. Hg. v. W. H. Düsseldorf 1977, S. 11−31. − András Horn: Das Komische im Spiegel der Literatur. Würzburg 1988. − Anton Hügli: Das Lächerliche. In: HWbPh 5, Sp. 1−8. − Friedrich Georg Jünger: Über das Komische. Frankfurt 1948. − Andreas Kablitz: Lachen und Komik als Gegenstand frühneuzeitlicher Theoriebildung. In: Fietz u. a. 1996, S. 123−153. − Heinz-Otto Luthe: Komik als Passage. München 1992. − Vincenzo Maggi: De ridiculis [1550]. In: Weinberg, Bd. 2, S. 91−125. − Manfred Pfister: Bibliographie zur Gattungspoetik (3). Theorie des Komischen, der Komödie und der Tragikomödie (1943−1972). In: Zs. für frz. Sprache und Literatur 83 (1973), S. 240−254. − Armando Plebe: La teoria del comico da Aristotele a Plutarco. Turin 1952. − Helmuth Plessner: Lachen und Weinen. Arnheim 1941. − Wolfgang Preisendanz: Das Komische, das Lachen. In: HWbPh 4, Sp. 889−893. − W. P., Rainer Warning (Hg.): Das Komische. München 1976. − Joachim Ritter: Über das Lachen. In: J. R.: Subjektivität. Frankfurt 1974, S. 62−92. − Werner Röcke, Helga Neumann (Hg.): Komische Gegenwelten. Lachen und Literatur in Mittelalter und früher Neuzeit. Paderborn u. a. 1998. − Otto Rommel: Die wissenschaftlichen Bemühungen um die Analyse des Komischen. In: Wesen und Form des Komischen im Drama. Hg. v. Reinhold Grimm und Klaus L. Berghahn. Darmstadt 1975, S. 1−38. − Susanne Schäfer: Komik in Kultur und Kontext. München 1996. − Gerhard Schmitz: ... quod rident homines deplorandum est. Der ‚Unwert' des Lachens in monastisch geprägten Vorstellungen der Spätantike und des frühen Mittelalters. In: Stadtverfassung, Verfassungsstaat, Pressepolitik. Fs. Eberhard Naujoks. Hg. v. Franz Quarthal u. a. Sigmaringen 1980, S. 3−15. − Joachim Suchomski: Delectatio und utilitas. Ein Beitrag zum Verständnis mittelalterlicher komischer Literatur. Bern, München 1975. − Wilhelm Süss: Das Problem des Komischen im Altertum. In: Neue Jahrbücher für das Klassische Altertum, Geschichte und Deutsche Literatur 45 (1920), S. 28−45. − Thorsten Unger (Hg.): Differente Lachkulturen. Fremde Komik und ihre Übersetzung. Tübingen 1995. − Thomas Vogel (Hg.): Vom Lachen. Tübingen 1992.

Andreas Kablitz

Komische Person

Theaterfigur, die durch ungewöhnliches Äußeres, gestische, mimische und sprachliche Späße belustigt.

Expl: Die Komische Person ist eine Bühnenfigur, die ihre belustigende Wirkung auf das Publikum durch die ↗ *Abweichung* von (sozialen, dramaturgischen, sprachlichen) ↗ *Normen* erzielt. In der Regel ist sie Außenseiter, meist dem unteren Bereich der gesellschaftlichen Hierarchie zugehörig. Der ihr zugestandene Spielraum variiert: Bald greift sie mehr oder weniger wirkungsvoll in das Geschehen ein, bald agiert sie gänzlich außerhalb. Oft kontrastiert und parodiert sie ernste, auf höherer Ebene angesiedelte Begebenheiten und Figuren von einem weniger anspruchsvollen, pragmatischen Standpunkt aus. Als typische, soziale Normen verletzende Züge begegnen unbefangenes Ausagieren körperlich-vitaler Regungen (Essen, Trinken, Sexualität, Skatologisches), Angeberei, Feigheit, Faulheit, Spottlust, Geschwätzigkeit, Intrigantentum, Ungeschicklichkeit, Grobianismus. Dramaturgische und sprachliche Konventionen werden unterlaufen durch die Neigung zur (oft literarisch nicht fixierten) Handlungs- und Illusionsdurchbrechung, durch akrobatische und Slapstick-Einlagen, direkte Publikumsanrede und Stegreifspiel, Bevorzugen einer niederen Sprachebene, Wortwitz u. ä. (↗ *Bühnenkomik*). Die Abweichung von der Norm bewegt sich zwischen den beiden Polen des unterlegenen Tölpels (Stupidus) und des überlegenen, gerissenen oder ‚weisen' Narren (Derisor). Daraus folgen unterschiedliche Einstellungen des Zuschauers zur komischen Figur und zur bestehenden Ordnung: Sie schwanken zwischen dem überlegenen Verlachen von Normabweichungen auf der Basis des Einverständnisses mit der bestehenden Ordnung und dem befreienden Mitlachen mit der komischen Figur, wo diese eine auch vom Publikum als bedrückend empfundene Ordnung in Frage stellt.

WortG/BegrG: *Komische Person* ist eine späte, erst seit dem 18. Jh. gebräuchliche Sekundärbildung. Zum Bestandteil *komisch* vgl. ↗ *Komik.* Konkurrierend zum Terminus *Komische Person* werden auch die Bezeichnungen *lustige Person* (prominent besonders in Goethes „Vorspiel auf dem Theater" zu ,Faust I'), *lustige Figur, komische Figur* oder *komischer Held* gebraucht. C. F. Flögel verwendet in seiner ,Geschichte des Grotesk-Komischen' (1788) den Terminus neben vielen alternativen Bezeichnungen („Narr", „Hanswurst" etc.; Flögel, 287). Grillparzer weist in seiner ,Selbstbiographie' auf die *Komischen Personen* in Shakespeares Dramen hin (Grillparzer, 118); meist werden jedoch Synonyme verwendet; Lessing etwa spricht im 18. Stück der ,Hamburgischen Dramaturgie' von der „Gattung" der Harlekine (Lessing, 257).

Franz Grillparzer: Sämtliche Werke. Hg. v. Peter Frank und Karl Pörnbacher. Bd. 4. München 1965. – Gotthold Ephraim Lessing: Sämtliche Schriften. Hg. v. Karl Lachmann. Bd. 9. Stuttgart 1893.

SachG: Frühe Beispiele der Komischen Person finden sich schon im antiken Mimus (dazu RL² 2, 226–229; 4, 194), in der antiken Komödie und der frühitalienischen Commedia. Im deutschen Sprachraum erscheint sie als Salbenkrämer-Knecht *Rubin* im mittelalterlichen *Passionsspiel* (↗ *Osterspiel*) und als geprellter Teufel im ↗ *Geistlichen Spiel.* Die ↗ *Fastnachtspiele* des 15./16. Jhs. setzen diese Tradition u. a. mit der Figur des derben, tölpelhaften Bauern fort. Die Einführung des Berufsschauspielertums durch die englischen und bald auch französischen und italienischen Wanderbühnen im 16./17. Jh. führte zur Entwicklung fester Typen. Einer von ihnen ist der CLOWN (engl. ,Tölpel') der englischen Komödianten, eingedeutscht unter Namen wie *Pickelhering, Hans Supp, Hans Stockfisch* oder HANS-WURST, die auf die ,niederen', sinnlichen Interessen der Komischen Person hinweisen. Ist der Clown durch Einfalt und Ungeschicklichkeit gekennzeichnet, so handelt es sich beim HARLEKIN, dem Arlecchino der italienischen ↗ *Commedia dell' arte,* um einen sowohl gewitzteren als auch akrobatisch geschickteren Typus, der in Deutschland als Lustigmacher in den ,Haupt- und Staatsaktionen' und in Stegreif-Komödien ebenfalls sehr erfolgreich war. Die verschiedenen Typen der komischen Figur beeinflußten sich wechselseitig, verschmolzen miteinander und wurden unter die geläufigsten Bezeichnungen *Hanswurst* und *Harlekin* als Narrenfiguren (↗ *Narrensatire*) subsumiert. Eine Hanswurst-Figur mit spezifischer Prägung schuf um 1700 der Schauspieler Joseph Anton Stranitzky auf der Wiener Volksbühne. Sie wurde von seinen Nachfolgern weiterentwickelt und lebte unter Namen wie *Kasperl, Thaddädl* oder *Staberl* bis ins 19. Jh. und teilweise darüber hinaus fort.

Schon früh wurde die Komische Person moralischer und später auch ästhetischer Kritik ausgesetzt. 1737 führten Gottscheds Bemühungen um eine Reform des Theaterwesens und die Installierung eines regelgemäßen literarischen Dramas zur symbolischen Verbannung des Harlekins von der deutschen Bühne. Der völlige Verzicht auf die Spaßmacher ließ sich nicht durchsetzen, und es fanden sich schon in Lessing und Möser – später auch in Goethe – Verteidiger des Harlekins. Doch setzte mit der Etablierung des bürgerlichen Theaters eine literarische Domestizierung der Komischen Person ein, die eine Transformation des komischen Typus in die komische Charakterrolle, meist Dienergestalten, mit sich brachte (z. B. bei Nestroy). Getilgt wurden die wesentlich vom Schauspieler bestimmten Elemente (insbesondere die ↗ *Improvisation*), andere konventionsverletzende Züge blieben als abgeschwächte Relikte erhalten, darunter, wenn auch seltener, die direkte Publikumsanrede bei einzelnen Dramatikern bis heute. Auch in anderen Medien überlebte die Komische Person: als Clown im Zirkus, als Kasperle im Puppentheater, als Narrenfigur im ↗ *Karneval,* im

↗ *Film* (in unterschiedlichen Ausprägungen von Charlie Chaplin bis Woody Allen) und den ‚comedy shows' des Fernsehens.

ForschG: Die Erforschung der Komischen Person beginnt mit materialreichen Überblicksdarstellungen und Versuchen, historische Entwicklungslinien von den Ursprüngen bis in die Gegenwart aufzuzeigen. Hierzu zählen Flögels ‚Geschichte des Grotesk-Komischen' (1788), Reichs monumentale Studie ‚Der Mimus' sowie die Arbeiten von Hohenemser und Reuling. Theatergeschichtliche Rahmenbedingungen und ausländische Einflüsse akzentuieren u. a. die Arbeiten von Rommel, Alewyn, Hinck, Asper, Ziltener und Meyer. Seit Mitte der 1960er Jahre gilt ein verstärktes Interesse der Funktion der Komischen Person und ihren strukturellen und inhaltlichen Konsequenzen für das Drama: Steinmetz, Promies, (sehr einflußreich:) Catholy, Haida. Hervorgehoben wird in diesen Untersuchungen das ideologie- und rationalitätskritische Potential der Komischen Person. Daneben gibt es eine Fülle von Arbeiten zum Weiterleben der Komischen Person im Werk einzelner Dramatiker bis zur Gegenwart und in den anderen Medien Zirkus, Puppentheater, Film und Fernsehen.

Lit: Richard Alewyn: Schauspieler und Stegreifbühne des Barock. In: Mimus und Logos. Fs. Carl Niessen. Emsdetten 1952, S. 1–18. – Helmut G. Asper: Hanswurst. Emsdetten 1980. – Eckehard Catholy: Komische Figur und dramatische Wirklichkeit. In: Fs. Helmut de Boor. Tübingen 1966, S. 193–208. – Peter Csobádi u. a. (Hg.): Die lustige Person auf der Bühne. 2 Bde. Anif, Salzburg 1994. – Karl Friedrich Floegel [= Carl Friedrich Flögel]: Geschichte des Grotesk-Komischen [1788]. Hg. v. Max Bauer. München 1914. – William E. Gruber: The wild men of comedy. In: Genre 14 (1981), S. 207–227. – Peter Haida: Von der komischen Figur zur Komödie. In: DU 36 (1984), H. 1, S. 5–20. – Walter Hinck: Das deutsche Lustspiel des 17. und 18. Jhs. und die italienische Komödie. Stuttgart 1965. – Herbert Hohenemser: Pulcinella, Harlekin, Hanswurst. Emsdetten 1940. – Gerd Koch, Florian Vaßen (Hg.): Lach- und Clownstheater. Frankfurt 1991. – Günther Lohr: Körpertext. Opladen 1986. – Erich Joachim May: Wiener Volkskomödie und Vormärz. Berlin/DDR 1975. – Reinhart Meyer: Hanswurst und Harlekin

oder: Der Narr als Gattungsschöpfer. In: Théâtre, nation & société en Allemagne au 18e siècle. Hg. v. Roland Krebs und Jean-Marie Valentin. Nancy 1990, S. 13–39. – Rudolf Münz: Das ‚andere' Theater. Berlin/DDR 1979. – Stefanie Poley (Hg.): Unter der Maske des Narren. Stuttgart 1981. – Wolfgang Promies: Der Bürger und der Narr oder das Risiko der Phantasie. München 1966. – Hedda Ragotzky: Der Bauer in der Narrenrolle. In: Typus und Individualität im Mittelalter. Hg. v. Horst Wenzel. München 1983, S. 77–101. – Hermann Reich: Der Mimus. Berlin 1903. – Carlot Gottfried Reuling: Die komische Figur in den wichtigsten deutschen Dramen bis zum Ende des 17. Jhs. Stuttgart 1890. – Ulrike Riss (Hg.): Harlekin. Wien, Köln 1984. – Otto Rommel: Die großen Figuren der Alt-Wiener Volkskomödie. Wien 1946. – Max Siller (Hg.): Fastnachtspiel – Commedia dell'arte. Innsbruck 1992. – Horst Steinmetz: Der Harlekin. Groningen 1965. – Robert M. Torrance: The comic hero. Cambridge, London 1978. – John Walter VanCleve: Harlequin besieged. Bern, Frankfurt 1980. – Dieter Wuttke: Harlekins Verwandlungen. In: Commedia dell' arte. Hg. v. Georg Denzler u. a. Bamberg 1981, S. 49–71. – Alfred Ziltener: Hanswursts lachende Erben. Bern, Frankfurt 1989.

Ulrich Profitlich/Frank Stucke

Komisches Epos

Gattung scherzhaft-parodistischen Erzählens, verbreitet besonders im 18. Jh.

Expl: Das Komische Epos stellt eine erzählende Gattung dar, deren Texte üblicherweise in Versen verfaßt sind und im Unterschied zur ↗ *Verserzählung* durch den intertextuellen (insbesondere: parodierenden oder travestierenden) Bezug auf die Tradition episch-heroischer Dichtung (↗ *Heldendichtung,* ↗ *Epos*; vgl. Rohmer) Komik zu erzielen suchen. Die metrische Formensprache des Komischen Epos bedient sich verschiedener Vers- oder Stophenmaße (z. B. ↗ *Knittelvers,* ↗ *Alexandriner,* ↗ *Hexameter* oder ↗ *Stanze*). Die Bezugnahme auf die Texte der episch-heroischen Tradition kann unterschiedlichen Deutlichkeitsgrad haben und sich verschiedener Verfahren bedienen (z. B. ↗ *Parodie,* ↗ *Travestie,* ↗ *Kontrafaktur*).

WortG: Der Ausdruck *Komisches Epos* taucht vereinzelt in der Mitte des 19. Jhs. auf (Weber). In einem Aufsatz von Erich Petzet (1891) wird der Ausdruck fachsprachlich gebraucht. Seither hat er sich als Gattungsbezeichnung gegenüber älteren, konkurrierenden Ausdrücken wie *Komisches Heldengedicht, Scherzhaftes Heldengedicht* und *Komische Epopöe* durchgesetzt.

BegrG: Explizite Überlegungen zum Komischen Epos setzen in der Mitte des 18. Jhs. ein (im Anschluß an das englische Konzept des ‚mock epic‘ oder ‚mock-heroic poem‘; vgl. Colomb, Broich 1971). Der Umfang des Gattungsbegriffs wird in der Diskussion unterschiedlich weit gefaßt. Einige Autoren verstehen nur solche Texte als Komische Epen, die reine Epenparodien sind (Gottsched, 451–468). Im Anschluß an Karlernst Schmidt wird diese Textgruppe heute oftmals als klassizistisches Komisches Epos bezeichnet. Andere Autoren, so schon Dusch (103 f.), fassen unter den Begriff des Komischen Epos auch rokokohafte Scherzdichtungen, die unter Beibehaltung weniger epenparodistischer Elemente harmlose gesellschaftliche Begebenheiten erzählen.

Der Streit um den Umfang des Begriffs ‚Komisches Epos‘ setzt sich bis in das 20. Jh. fort. Anger und Maler vertreten einen engen Begriff des Komischen Epos, der lediglich Epenparodien umfaßt und streng von dem des rokokohaften Kleinepos (vgl. *Epyllion, ↗ Verserzählung*) zu unterscheiden sei. Schmidt und Heldmann (105–125) vertreten einen weiten Begriff des Komischen Epos, der auch komische Ritterepen und komische Tierdichtungen als unterschiedliche Ausprägungen der Gattung terminologisch erfaßt. Für diesen weiten Gattungsbegriff hat man neuerdings die Bezeichnung *Scherzhaftes Epos* vorgeschlagen (Moennighoff, bes. 138–140).

Johann Jakob Dusch: Vermischte Kritische und Satyrische Schriften. Altona 1758.

SachG: Das deutsche Komische Epos ist Teil einer gesamteuropäischen Erscheinung, die ihre Prototypen bereits in der antiken Literatur hat. Die pseudo-homerische ‚Batrachomyomachie‘ (‚Der Froschmäusekrieg‘; z. B. aufgenommen und als satiri-sches Tierepos ausgeweitet 1595 in G. Rollenhagens ‚Froschmeuseler‘) gehört wie der pseudo-vergilische ‚Culex‘ (‚Die Mücke‘) zu den ältesten überlieferten Epenparodien, die noch das Vorbild abgaben für spätlateinische, polemisch-humanistische Werke wie die anti-lutherische ‚Monachopornomachia‘ (‚Mönchshurenkrieg‘ von S. Lemnius, 1539). Im 16. Jh. war das Komische Epos vor allem in Italien als komisches Ritterepos verbreitet (u. a. Ariost: ‚Orlando furioso‘, 1516), im 17. Jh. war die Gattung besonders in Frankreich (u. a. Boileau: ‚Le Lutrin‘, 1674), im frühen 18. Jh. in England beliebt (u. a. Pope: ‚The Rape of the Lock‘, 1712).

Ungeachtet früher Vorgänger von Fischart (‚Flöh Hatz, Weiber Tratz‘, 1573) bis Chr. Wernicke: (‚Ein Heldengedicht Hans Sachs genannt‘, 1702) findet das Komische Epos in der deutschen Literatur großen Aufschwung erst durch Anregung von Popes ‚The Rape of the Lock‘ und dessen deutsche Nachdichtungen (dazu Petzet). Teils in der Form der reinen Epenparodie, teils in der Form des Rokoko-Epyllions (↗ *Verserzählung*) erscheinen Texte wie Zachariäs ‚Der Renommiste‘ (1744), Duschs ‚Das Toppe‘ (1751), Uz’ ‚Der Sieg des Liebesgottes‘ (1753) und Thümmels ‚Wilhelmine‘ (1764); sie dominieren die Gattung des Komischen Epos bis in die 1760er Jahre. Wieland schließt mit ‚Idris‘ (1768) und ‚Der neue Amadis‘ (1771) an italienische Vorbilder an und führt das deutsche komische Ritterepos ein. 1784 erscheinen die ersten vier Bücher von Blumauers ‚Virgils Aeneis travestirt‘ und die erste Fassung von Kortums ‚Jobsiade‘, die beide den Formenbestand des deutschen Komischen Epos für kurze Zeit erweitern, bevor die Gattung am Ende des 18. Jhs. unter der Wirkung des komischen Romans (Sterne, Fielding, Jean Paul u. a.) an Bedeutung verliert. Im 19. und 20. Jh. lebt das Komische Epos nur noch in Einzelerscheinungen fort (z. B. Immermann: ‚Tulifäntchen‘, 1830; Kästners antiheroische Kinderdichtung ‚Das verhexte Telefon‘).

ForschG: Außer in monographischen Arbeiten, die ein einzelnes Komisches Epos oder die Komischen Epen eines Autors untersuchen, ist die Gattung vor allem unter gattungstypologischen und gattungsgeschichtlichen Aspekten behandelt worden. Eine wichtige Station bildet die durch konsequent komparatistischen Ansatz verdienstvolle Arbeit von Schmidt, die drei Haupttypen des Komischen Epos unterscheidet (‚komisches Tierepos‘, ‚komisches Ritterepos‘, ‚klassizistisches komisches Epos‘) und einen älteren Typologie-Vorschlag von R. Göbel überwindet, die zwischen einem französischen, italienischen, deutschen, einem polemischen und einem travestierenden Typ des Komischen Epos unterscheidet. Moennighoff entwirft dann eine Typologie des Komischen Epos nach Maßgabe des gewählten intertextuellen Verfahrens (‚parodistisch‘, ‚romantisch‘, ‚travestierend‘ oder ‚hudibrastisch‘, nach S. Butlers ‚Hudibras‘ 1663−78) und erklärt die Geschichte der Gattung aus ihrem Verhältnis besonders zur Literaturkritik des 18. Jhs.

Die Rokoko-Studien von Anger und Maler untersuchen hingegen nicht das Komische Epos im o.a. intertextuellen Sinn: Sie isolieren aus der Masse der Komischen Epen das Rokoko-Epyllion, dessen selbständigen Gattungscharakter sie zu begründen suchen. In der Untersuchung von Schüsseler bildet das Komische Epos einen Beleg für das allgemeinere Stilprinzip des Scherzhaften, wie es sich im 18. Jh. auch in anderen Gattungen ausprägte.

Lit: Alfred Anger: Literarisches Rokoko. Stuttgart ²1968. − Ulrich Broich: Studien zum komischen Epos [engl. 1990: The 18th-century mock-heroic poem]. Tübingen 1968. − U. B. (Hg.): Mock-heroic poetry: 1680−1750. Tübingen 1971. − Gregory G. Colomb: Desings on truth: The poetics of the Augustean mock-epic. University Park, Pa. 1992. − Robert P. Falk: Mock epic, mock heroic. In: The Princeton encyclopedia of poetry and poetics. Hg. v. Alex Preminger. Princeton ²1974, S. 503. − Rudolfine Göbel: Das deutsche komische Epos im 18. Jh. Diss. Wien 1932. − Horst Heldmann: Moritz August v. Thümmel. Neustadt/Aisch 1964. − Anselm Maler: Der Held im Salon. Tübingen 1973. − Burkhard Moennighoff: Intertextualität im scherzhaften Epos des 18. Jhs. Göttingen 1991. − Erich Petzet: Die deutschen Nachahmungen des Popeschen „Lockenraubes". In: Zs. für vergleichende Litteraturgeschichte und Renaissance-Litteratur NF 4 (1891), H. 6, S. 409−433. − Ernst Rohmer: Das epische Projekt. Heidelberg 1998. − Karlernst Schmidt: Vorstudien zu einer Geschichte des komischen Epos. Halle 1953. − Matti Schüsseler: Unbeschwert aufgeklärt. Scherzhafte Literatur im 18. Jh. Tübingen 1991. − Karl Julius Weber: Das komische Epos. In: K. J. W.: Demokritos oder hinterlassene Papiere eines lachenden Philosophen. Bd. 11. Stuttgart ⁸1868, S. 260−283.

Burkhard Moennighoff

Kommentar₁

Memorativer, Sachverhalte verschiedenster Art zusammenordnender, im engeren Sinne auch aufschließender (auslegender) Text zu öffentlichem und privatem Gebrauch.

Expl: Außer dem Anmerkungsapparat in kritischen Texteditionen (↗ *Kommentar₂*) bezeichnet man als einen *Kommentar* sprachliche und auf Realia bezogene Erläuterungen über Sachverhalte unterschiedlichster Art, die einen Text für das Gedächtnis aufbereiten oder in seiner Sinnstruktur erklären.

WortG: Zur deutschen Wortgeschichte vgl. ↗ *Kommentar₂*. Ein *Kommentar* ist: (1) eine knappe, stichwortartige Sammlung von Notizen zur Unterstützung des Gedächtnisses beim freien Redevortrag, die die notwendigsten und prinzipiellen Gesichtspunkte (*maxime necessaria, initia*) einbegreift und die bisweilen auch katalogartig nach (Gerichts-) Fällen (*causae*) geordnet sein kann (»commentarii […] in libros digesti«: Quintilian 10,7,30); (2) zu dem Zweck bisweilen detailliert (»limatius«: Cicero, ‚De finibus‘ 5,12) ausgearbeitete Notizsammlungen, damit die Nachwelt in der Form einer Denkschrift über einen Sachverhalt unterrichtet werde und bleibe (»commentarii […] in memoriam posteritatis […] compositi«; Quintilian 10,7,30); (3) ein Text, der Buchstaben, Wörter, Sätze, ganze Texte sowie Sachen und Sachverhalte grammatisch erläutert, in ihrem Sachgehalt erklärt und/oder in ihrer Bedeutung und Sinnstruktur aufschließt (auslegt); (4) ein Tage- oder Jahrbuch (vgl. Ephemeriden, Annalen); (5) ein Verzeichnis administrativer (geistlicher oder weltlicher) Würdenträger.

Mlat.Wb. 2, Sp. 953 f. – Thesaurus 3, Sp. 1855–1861. – Zedler 6, Sp. 833.

BegrG: Die Geschichte des Begriffs ‚Kommentar‘ ist durch seinen reich differenzierten Bedeutungsumfang bedingt. Ciceros Gebrauch zeigt beispielhaft die Fülle eines je nach Kontext höchst variablen semantischen Feldes. Der Begriff steht bei ihm für die ‚amtlichen Schriftstücke der Herrscher‘ (»regum commentarii«: ‚Rabirius‘ 15), für ‚wissenschaftliche Abhandlungen‘ (»commentarios quosdam […] Aristotelicos«: ‚De finibus‘ 3,10), insbesondere für eine Sammlung von ‚Denkwürdigkeiten‘ des eigenen Lebens, der Taten Dritter oder aber erlebte (politische) Ereignisse (»commentariu[s] consulatus mei graece compositu[s]«: ‚Epistulae ad Atticum‘ 1,19,10; »[commentarii] quos idem [Caesar] scripsit rerum suarum«: ‚Brutus‘ 262; »commentariu[s] rerum omnium«: ‚Epistulae‘ 5,13,10; »commentariu[s] rerum urbanarum«: ‚Epistulae‘ 8,2,2). Hierher gehören auch Caesars ‚Kommentare‘, d. h. ‚Denkschriften‘ über den Gallischen und über den Bürgerkrieg. Von der Sache her entspricht dieser Wortgebrauch dem griechischen ὑπόμνεμα [hypómnema], mit dem bereits Platons Sokrates eine in schriftlicher Form angelegte ‚Sammlung von Denkwürdigkeiten‘ beliebiger Art zur Unterstützung des Gedächtnisses bezeichnet (ὑπομνέματα θησαυριζόμενος [hypomnémata thesaurizómenos]: ‚Phaidros‘ 276 d 3). Neben dieser Begriffsbedeutung setzt sich seit dem frühesten alexandrinischen und pergamenischen Lehrbetrieb (3. Jh. v. Chr.) der Gebrauch des Begriffs zur Bezeichnung von ‚Auslegungen‘, ‚Erklärungen‘, ‚Zusammenfassungen‘, ‚Auszügen‘, ‚Inhaltsangaben‘ etc. von älteren Literaturdenkmälern rechtlich-politisch-kultischer, rhetorischer, poetischer, philosophischer und allgemein wissenschaftlicher Art durch. Da sich die Geschichte des Begriffs bis in die Neuzeit durch eine hohe Versatilität auszeichnet, ist die Abgrenzung von den folgenden Termini nicht immer eindeutig:

Notae, annotationes, observationes, excerpta (σχόλια [schólia]): Schriftliche Anmerkungen, Bemerkungen oder Erläuterungen zu oder Auszüge aus einem Text oder Textcorpus.

Summaria, summae, summulae, tabulae, capita, argumentum (κεφάλαια [kephálaia], ἐπιχειρήματα [epicheirémata], ἀνακεφαλαίωσις [anakephalaíosis]): Inhaltsangabe, -verzeichnis, Auszug, Register, Katalog, Aufriß, schlußfolgernde Zusammenfassung eines Textes.

Collectio, congestio: Sammlung, Zusammenstellung von Sachen, loci communes (Topoi), Wörtern.

Interpretatio (ἑρμηνεία, ἑρμήνευμα [hermeneía, herméneuma]): Auslegung, Deutung, Erklärung eines Textes oder Sachverhalts; Übersetzung.

Explicatio, explanatio, expositio (ἐξήγησις [exégesis]): Auslegung, Deutung, Erklärung eines Textes; Darlegung, Auseinandersetzung eines Sachverhalts.

Paulys Real-Encyclopädie der Classischen Altertumswissenschaft. Neue Bearbeitung. Hg. v. Georg Wissowa u. a. Bd. I/7. Stuttgart 1900, Sp. 726–759. – Thesaurus graecae linguae [Stephanus]. Bd. 9. Repr. Graz 1954, Sp. 383–385.

SachG: Der Ursprung des Kommentars in dem Sinne einer Erläuterung von Texten und der in ihnen niedergelegten Sachverhalte ergibt sich aus der Beobachtung, daß diese Texte und Sachverhalte entweder an ihnen selbst dunkel oder im Verlaufe einiger Zeit, etwa durch den Gebrauch seltener oder nachmals veralteter Wörter, dunkel geworden sind (vgl. Quintilian 8,2,12). Die Erklärungsbedürftigkeit kann sich sowohl auf sprachliche, d. h. lexikalische, grammatische, syntaktische, metrische und allgemein textkritische als auch auf reale, d. h. rechtliche, kultische, mythologische, geographische, antiquarische und andere Sachverhalte in Texten erstrecken. Die ältesten Kommentare beziehen sich auf literarische Altertümer sakralen und bürgerlichen Rechts.

Neben diesem rechtlichen und kultischen Kommentarwesen lassen sich unter dem Begriff Kommentar verschiedenartigste Schriften zusammenfassen, die sich die Erläuterung der Dichter und Philosophen zum Ziel gesetzt haben. Derartige Kommentierungen, die formal von sehr kurzen scholienartigen Stellenkommentaren bis hin zu eigenständigen umfangreichen Abhandlungen (z. B. quaestiones, ‚Fragestücke‘; solutiones, ‚Erklärungen‘ etc.) reichen können, enthielten ↗ *Textkritik* (Emendationen, Athetesen usw.), Worterklärungen (dialektologische und etymologische Erläuterungen) sowie Sacherklärungen im weitesten Sinne und hatten entweder die Richtigstellung des Textes zum Zwecke der Herstellung von Ausgaben oder den verbalen und realen Aufschluß eines Textes zum Zwecke der ↗ *Belehrung* (doctrina), Nachahmung oder der wetteifernden Überbietung (*Aemulatio*, ↗ *Imitatio*) zum Ziel.

Das Kommentarwesen zeichnete sich seit je durch einen eminent schöpferischen Grundzug aus, indem es unter dem sprachlichen und sachlichen Aufschluß von Texten neu- und andersartiges Wissen erzeugte. Das etymologisierende Wörtlichnehmen eines übertragenen Wortsinnes, das Auffinden allegorischer, tropologischer oder typologischer Verhältnisse und Entsprechungen, die Entwicklung der Lehre vom mehrfachen Schriftsinn: diese und andere Verfahren mehr können für sich oder in Verknüpfung miteinander jeweils wesentliche Bedingungen für Leistung und Zielsetzung eines Kommentars ausmachen. Der Konnex von Auslegungsverfahren und Kommentierungsabsicht zeigt sich nicht nur in den Kommentaren, die Marcus Valerius Probus (1. Jh. n. Chr.), Servius (um 400 n. Chr.), Junius Philargyrius (4./5. Jh. n. Chr.) und andere zu den Werken Vergils schrieben; er tritt seit dem frühesten Christentum in der Entwicklung eines Kommentierungsverfahrens ‚heidnischer‘ Autoren im Sinne bestimmter christlicher Grundtendenzen in Erscheinung. Auf der Grundlage der alexandrinischen Philologie schuf insbesondere Origenes die Voraussetzungen für einen textkritischen (‚Hexapla‘) und sachlichen Kommentar der biblischen Schriften, der in enger Nachbarschaft mit der literarischen Form der ↗ *Homilie* für die gesamte christliche Kommentierungspraxis, bei aller Differenzierung im Detail, maßgebend geworden ist.

Eine in anderer Beziehung ebenso folgenreiche Kommentartradition wurde mit der Auslegung philosophischer und wissenschaftlicher Literatur begründet. Die Kommentare (‚Scholien‘), die (Neu-) Platoniker wie Proklos u. a. zu den Schriften Platons verfaßten, tragen den Charakter völlig eigenständiger Entwicklungen platonischen Philosophierens; sie haben unmittelbar und über die byzantinische Kommentarpraxis (Michael Psellos, Nikephoros Gregoras u.v.a.) auf das Kommentarwesen des Renaissance-Platonismus (Marsilio Ficino) und der nachfolgenden Platon-Renaissancen (Thomas Gale) bis auf Kommentatoren der Romantik (Thomas Taylor) gewirkt. Analoges gilt für die Aristoteles-Kommentare, die Kommentare zu mathematischen (Euklid), astronomischen (Ptolemaios) und naturwissenschaftlichen (Hippokrates, Galen) Schriften sowie für das in sich reich differenzierte scholastische Kommentarwesen. Die Kommentierung der Sentenzen des Petrus Lombardus begründete ebenso wie die rabbinischen und kabbalistischen Talmudkommentare jeweils eigene Traditionen.

In Nachahmung der antiken Dichterkommentare entstehen in der Frühen Neuzeit Kommentare zu zeitgenössischen Dichtungen (z. B. zu Dante, Petrarca, Ronsard u.v.a.) sowie Kommentare eines Autors zu seinem eigenen (poetischen) Werk (z. B. Boccaccio, Grotius, Heinsius, Opitz, Lohenstein u.v.a.). Kommentierungswürdigkeit wird als Ausweis für den literarischen Rang eines Werks verstanden. Im Mittelalter, in verwandelter Form auch im Zeitalter des Buchdrucks, werden Texten häufig ↗ *Illustrations*-Reihen beigegeben; es entsteht eine Sonderform des Bildkommentars, der von kleinsten Formen (etwa illuminierten Initialen) bis auf zusammenhängende, den Text aufschließende Bildgeschichten und sachliche Erläuterungen (geographische Karten, Stemmata u. ä.) reichen kann. In der Frühen Neuzeit bildet sich der antiquarische Kommentar heraus, der die überlieferten Altertümer zum Gegenstand hat (einen Höhepunkt bildet im 17. Jh. das Werk

Athanasius Kirchers). Mit Lorenzo Valla und insbesondere mit Scaliger und Isaac Casaubon treten die Kriterien einer begründeten Textkritik, gesicherten Chronologie und ‚kritischen' Hermeneutik (z. B. diplomatisch oder chronographisch begründete Nachweise von Fälschungen) zunehmend in den Vordergrund und regulieren fortan das frühneuzeitliche und neuzeitliche Kommentarwesen.

Die ersten Drucke antiker Autoren enthalten selten antike Kommentare und in der Regel noch keinen Kommentar des Editors. Allenfalls kann ein Vorwort oder das Schreiben an einen Widmungsträger den informellen Charakter eines Kommentars annehmen. Lesartenkommentare sind in den frühen Drucken selten und erscheinen bisweilen nur dann, wenn bereits die zugrunde gelegte Handschrift alte Scholien oder Glossen aufweist. Auch (lateinische) Übersetzungen (interpretationes) als Beigaben zu griechischsprachigen Editionen sind etwa für die Aldinen noch nicht üblich. Die Editionspraxis des Mehrfachkommentars (d. h. des kumulativen Abdrucks mehrerer Kommentare verschiedener Autoren) setzt sich erst im Laufe des 16. Jhs. durch, gelangt im 17. und frühen 18. Jh. zur üppigsten Blüte und wird gegen Ende des 18. Jhs. zunehmend durch die Exklusivität des Herausgeberkommentars verdrängt (↗ *Kommentar₂*).

Die Anordnung von Stellen- und/oder Sachkommentaren, die auch unterschiedliche Lesarten (variae/antiquae lectiones) umfassen können, erfolgt in der Epoche des Handschriftenwesens entweder am Rande (man spricht dann von Scholien oder Marginalien) oder interlinear (↗ *Glossen₁*). Übernimmt der frühe Buchdruck zumeist noch die zuerst genannte Variante, die zu einem höchst kunstvollen und komplexen Seitenaufbau führen kann, so setzt sich nach und nach die Praxis eines am unteren Rande jeder Seite lokalisierten Stellenkommentars durch. In den Ausgaben des 19. und 20. Jhs. beschränkt sich dieser Kommentar schließlich meist nur noch auf die ↗ *Lesarten*, allenfalls noch auf den Nachweis von Vergleichs- und/oder Parallelstellen, oder er tritt ganz hinter den primären Text, etwa in einen Anhang, zurück.

Eine moderne Form stellt der Kommentar zu aktuellen Ereignissen in den Printmedien sowie in Hörfunk und Fernsehen dar.

ForschG: Die in der SachG dargestellten Typen des Kommentars sind literarische Formen der Reflexivität, d. h. sie schließen in der Regel ganz bewußt an ältere konkurrierende Traditionen der Kommentierung an und reflektieren so zu allen Zeiten ihre eigene Forschungsgeschichte. Im 19. und 20. Jh. konzentrierte sich die Forschung einerseits auf eine scharfe Trennung zwischen textkritischem Kommentar und sprachlicher/sachlicher Interpretation (die Bezeichnung *Kommentar* wird allerdings auch hier bewahrt) und andererseits auf eine historische Erforschung des antiken, mittelalterlichen und neuzeitlichen Kommentarwesens.

Lit: August Buck, Otto Herding (Hg.): Der Kommentar in der Renaissance. Boppard 1975. – [Ernst] A. Gräfenhan: Geschichte der klassischen Philologie im Alterthum [1843–1850]. 4 Bde. Repr. Osnabrück 1973. – Anthony Grafton: Joseph Scaliger. 2 Bde. Oxford 1983, 1993. – Ralph Häfner: Tempelritus und Textkommentar. In: Scientia poetica 3 (1999), S. 47–71. – John B. Henderson: Scripture, canon, and commentary. Princeton 1991. – Herbert Jaumann: Critica. Untersuchungen zur Geschichte der Literaturkritik zwischen Quintilian und Thomasius. Leiden u. a. 1995. – Ernst Köpke: De hypomnematis graecis. Berlin 1842. – E. K.: De hypomnematis graecis particula II. Brandenburg a.H. 1863. – E. K.: Ueber die Gattung der ἀπομνημονεύματα in der griechischen Literatur. Brandenburg a.H. 1857. – Gisèle Mathieu-Castellani, Michel Plaisance (Hg.): Les commentaires et la naissance de la critique littéraire. Paris 1990. – Glenn W. Most (Hg.): Commentaries/Kommentare. Göttingen 1999. – Gerhard Powitz: Text und Kommentar im Buch des 15. Jhs. In: Buch und Text im 15. Jh. Hg. v. Lotte Hellinga und Helmar Härtel. Hamburg 1981, S. 35–45. – Bruno Sandkühler: Die frühen Dantekommentare und ihr Verhältnis zur mittelalterlichen Kommentartradition. München 1967. – Bernhard Schneider: Vergil. Handschriften und Drucke der Herzog August Bibliothek. Wolfenbüttel 1982. – Rainer Stillers: Humanistische Deutung. Studien zu Kommentar und Literaturtheory in der italienischen Renaissance. Düsseldorf 1988.

Ralph Häfner

Kommentar₂

Anmerkungsteil (Erläuterungen) in historisch-kritischen Ausgaben und Studienausgaben.

Expl: Im Gegensatz zur zusammenhängenden Darstellung und Erläuterung eines Sachverhaltes (↗ *Kommentar₁*) die Erklärung von Einzelstellen, Erläuterung der Entstehungs- und Überlieferungsgeschichte sowie (zuweilen) Darstellung übergreifender Zusammenhänge eines kritisch edierten literarischen Werkes (↗ *Edition*), auch autobiographischer Texte (Briefe, Tagebücher). Kommentare sollen sich (nach Kraft, 181) auf folgende Themenbereiche konzentrieren: „1. historische und literarische Folien, Parallelen; 2. Quellen; 3. Überlieferung, Fassungen; 4. Topoi, Anspielungen, Verweise, Zitate; 5. metrische und sprachliche Formen und Bedeutungen; 6. Sacherläuterungen." (Mit letzteren sind Erläuterungen zu Namen, Begriffen und historischen Fakten gemeint.)

WortG: Das Wort geht zurück auf lat. *commentarius (liber)* oder *commentarium (volumen)*, ursprünglich ‚Notizen‘, ‚Entwurf‘, ‚Denkwürdigkeiten‘, ‚Protokoll‘, erst seit spätrömischer Zeit (Gellius) auch ‚Erklärung‘, ‚Auslegung‘ (Georges, 1303). Es wurde im Frnhd. als *Commentar* (Pl. *Commentarien*) eingedeutscht; seit dem 18. Jh. findet sich überwiegend die Schreibung *Kommentar* (*Kommentarien*, später *Kommentare*; Schulz-Basler 1, 361 f.).

BegrG: Ursprünglich wurden als *Commentarii* gewöhnlich vorläufige − wenn auch meist zusammenhängende − Aufzeichnungen in Abgrenzung von ausgearbeiteten wissenschaftlichen Werken bezeichnet (↗ *Kommentar₁*). In Deutschland meint *Kommentar* (*Commentar*) seit dem 18. Jh. soviel wie ‚Erläuterung(en)‘ oder ‚Erläuterungsschrift‘ (eines im weitesten Sinne literarischen Werkes). In dieser Funktion schließt er an die Erklärungspraxis der antiken Philologen (Scholien) und auch an die Glossierungs- (↗ *Glosse₁*) und Einleitungstechnik des Mittelalters („Accessus ad auctores") an. Die Renaissance-Philologie hat beides aufgegriffen und auch schon auf deutsche Texte bezogen (Lorichius zu Wickram; vgl. Rücker). Die Einengung auf (wissenschaftliche) Erläuterung(en) eines kritisch edierten Textes setzt die im 19. Jh. beginnenden textkritischen Editionen deutscher Literatur voraus.

SachG: Die im 19. Jh. erschienenen historisch-kritischen Ausgaben deutscher Klassiker (z. B. Lachmann: Lessing; Weimarer Goethe-Ausgabe) enthalten zwar einen editorischen ↗ *Apparat*, aber keine Kommentare. Diese blieben für längere Zeit (feste) Bestandteile halbwissenschaftlicher Ausgaben, die bei der Etablierung der − vornehmlich positivistisch orientierten − Universitätsgermanistik seit den 1870er Jahren in großer Zahl auf den Büchermarkt kamen, vielleicht nach dem Muster der engl. ‚Annotated editions‘, die vor allem für die Shakespeare-Philologie von Bedeutung waren (Schabert, 223 f.). Dazu zählten die Reihenwerke ‚Deutsche Litteraturdenkmale des 18. Jhs.‘ (1881 ff.), ‚Deutsche Nationalliteratur‘ (1882−89), später die ‚Deutsche Literatur in Entwicklungsreihen‘ (1928 ff.) sowie die vielen Klassiker-Ausgaben, die zwischen 1890 und 1920 dem breiten Bildungsbürgertum angeboten wurden. Diese Ausgaben, die nach heutiger Terminologie als Studienausgaben anzusehen sind, enthalten in der Regel Erläuterungen (Anmerkungen), die sich zumeist auf die Erklärung von historischen Fakten (auch Personen) und Wörtern (Begriffen) beschränken. In der Tradition dieser Ausgaben stehen die nach dem 2. Weltkrieg (besonders im Hanser-, Winkler-, Aufbau-Verlag) erschienenen Klassiker-Ausgaben. In ihnen hat der Kommentar, entsprechend dem Stand der Forschung, eine wachsende Bedeutung gewonnen; das gilt vor allem für die Ausgaben des Deutschen Klassiker Verlags (1985 ff.), die in der Regel einen Überblickskommentar, Darstellungen der Überlieferungs-, Entstehungs- und Wirkungsgeschichte sowie einen Einzelstellen-Kommentar bieten, in dem Namen, Begriffe (auch Fremdwörter), Zitate und Textzusammenhänge erklärt oder erläutert werden. Damit entsprechen diese Ausgaben weitgehend der Praxis der neueren historisch-kritischen Editionen (Klopstock, Schiller, Brentano, Droste-Hülshoff, Heine, Mörike, Hofmannsthal), deren Kommentare meistens auf − naturgemäß zur Interpretation neigende − zusammenfassende Werkbetrachtungen verzichten, den Sacherläuterungen aber ein größeres Gewicht geben.

ForschG: Nach vereinzelten Diskussionsansätzen in den ersten Jahrzehnten des 20. Jhs. (Seuffert, Witkowski) setzte erst mit den von der Deutschen Forschungsgemeinschaft veranstalteten Kolloquien (1970, 1972; vgl. Frühwald 1975 u. 1977) die intensive Auseinandersetzung über Probleme der Kommentierung in kritischen Ausgaben ein. Das Spektrum der behandelten Themen reicht vom Plädoyer für unkommentierte Editionen über die Untersuchung einzelner Aspekte (Anordnung, Inhalt, Umfang, Darstellungsweise) bis zu Überlegungen über die interpretatorische Funktion von Kommentaren. Den Stand der gegenwärtigen Forschung repräsentiert die Dokumentation der 1992 in Hamburg durchgeführten Tagung ‚Kommentierungsverfahren und Kommentarformen‘ (Martens 1993).

Lit: Wolfgang Frühwald u. a. (Hg.): Probleme der Kommentierung. Boppard 1975. − Manfred Fuhrmann: Kommentierte Klassiker? In: Warum Klassiker? Frankfurt 1985, S. 37−57. − Klaus Kanzog: Prolegomena zu einer historisch-kritischen Ausgabe der Werke Heinrich von Kleists. München 1970, S. 207−223. − Herbert Kraft: Editionsphilologie. Darmstadt 1990, S. 178−202. − Gunter Martens u. a. (Hg.): Kommentierungsverfahren und Kommentarformen. Tübingen 1993. − Norbert Oellers: Probleme der Briefkommentierung am Beispiel der Korrespondenz Schillers. In: Probleme der Brief-Edition. Hg. v. Wolfgang Frühwald u. a. Boppard 1977, S. 105−123. − Brigitte Rücker: Die Bearbeitung von Ovids ‚Metamorphosen‘ durch Albrecht von Halberstadt und Jörg Wickram und ihre Kommentierung durch Gerhard Lorichius. Tübingen 1996. − Ina Schabert (Hg.): Shakespeare-Hb.

Stuttgart 1971. − Bernhard Seuffert: Prolegomena zu einer Wieland-Ausgabe III. IV. [1905]. Repr. Hildesheim 1989. − Georg Witkowski: Textkritik und Editionstechnik neuerer Schriftwerke. Leipzig 1924, S. 87−92.

Norbert Oellers

Kommunikation

Verhalten oder Handeln mit dem Ziel von Veränderungen beim Interaktionspartner.

Expl: (1) Als kommunikatives Verhalten oder Handeln können generell z. B. Lautproduktionen, Gebärden oder Gesten, Mimik und manuelles Tun, Ausstoß von Duftstoffen, Form- und Farbveränderung des Körpers angesprochen werden, die ein Akteur (Kommunikator) zeigt bzw. ausführt mit der spezifischen (kommunikativen) Funktion oder Intention, den Zustand, das Verhalten oder Handeln (z. B. Wissen, Einstellungen, Werthaltungen, Stimmungen, Fähigkeiten, Fertigkeiten) von Interaktionspartnern (Adressaten, Rezipienten) zu verändern.

Der Erfolg von Kommunikationshandlungen ist das entscheidende Kriterium für die Zuschreibung von ↗ *Verstehen* (in der zwischenmenschlichen Kommunikation). Insofern kann Kommunikation auch als ‚Verständigungshandeln‘ (J. Habermas) begriffen werden. Abhängig von der kulturellen, sozialen, politischen und kognitiven Homogenität von Kommunikations- bzw. Sprachgemeinschaften können den kommunikativen Akten mehr oder weniger eindeutig ↗ *Bedeutungen* (als das erfahrungsgemäß mit diesen Gemeinte, Gewollte) beigelegt und so von ihrer kontextuellen Einbindung abstrahiert werden. Kommunikative Akte und deren Repräsentationen gewinnen auf diese Weise (↗ *Semiotik*) den Charakter von ↗ *Zeichen* (für Bedeutungen) und ↗ *Texten* (als Zeichenkomplexen).

(2) Formen von Kommunikation können nach Kommunikatoren (z. B. Mensch-Maschine-Kommunikation), Ausgangszuständen (z. B. dialogische Kommunikation), Anlässen bzw. Zielen (z. B. persuasive Kommunikation), Adressatenmerkmalen (z. B. asymmetrische Kommunikation), Situatio-

nen (z. B. pädagogische Kommunikation, Individual-Kommunikation, Massen-Kommunikation), Kommunikationsmitteln (z. B. verbale, schriftliche, audiovisuelle Kommunikation) und der Art ihres Einsatzes (z. B. professionell) differenziert werden. Auf Zeichen- und Prozeßebene kann auch unterschieden werden (im Sinne von Watzlawick u. a. 1969) zwischen ANALOGER und DIGITALER Kommunikation (aufgrund erkennbarer Ähnlichkeitsbeziehungen oder aber rein konventioneller Verknüpfung zwischen Kommunikationsmittel und Gegenstand der Kommunikation) bzw. zwischen analogen und digitalen Medien (aufgrund der technischen Eigenschaften von Übertragungs- oder Speichermedien).

(3) Für den spezifisch literaturwissenschaftlichen Begriff der Kommunikation ist die Unterscheidung von kommunikativem Handeln mit Kommunikationspartnern und Handeln mit Kommunikationsmitteln (Medien) grundlegend. Sie setzt an bei zwei Grundformen: der Face-to-face-Kommunikation (↗ *Oralität*) und der ↗ *Rezeption* von (Massen-) ↗ *Medien* bei abwesendem Kommunikator (z. B. Autor eines Briefes oder eines Buches, Regisseur eines Theaterstücks oder Films) als dem zentralen Bereich der literarischen Kommunikation. Formen der Mediennutzung, die gar nicht (mehr) kommunikator-, sondern ausschließlich rezeptionsorientiert sind, z. B. Kino und TV-Spielfilmrezeption sowie Unterhaltungslektüre (↗ *Trivialliteratur*), können als Spezialisierungen bzw. Ausdifferenzierungen von Kommunikation gelten, die typische Rezeptionseffekte (z. B. Polyvalenz, ↗ *Ambiguität*) und entsprechende Probleme (z. B. der Ermittlung der ‚richtigen' Bedeutung von Texten, ↗ *Hermeneutik₁*) generieren.

WortG: Bereits in der Antike wird das lat. Wort in einem weiten Bedeutungsspektrum verwendet. So steht der Ausdruck *communicatio* für ‚Mitteilung', ‚Unterredung' und das Verbum *communicare* für ‚etwas gemeinsam tun', ‚etwas teilen', ‚sich besprechen'. Als Terminus technicus findet das Wort Eingang in die Lehren und Schriften der Grammatiker und Rhetoriker. Bei Thomas von Aquin und bei Nikolaus von Kues

ist es Bestandteil der theologischen Fachsprache. Seit dem 14. Jh. (1382) im englischen und (1370) französischen Sprachraum, schließlich seit dem 15. Jh. im Kirchenlatein nachweisbar, ist das Wort spätestens seit dem 16. Jh. auch im Deutschen (1571) in der Bedeutung von ‚Mitteilungen machen', ‚Wissen oder Ideen vermitteln', ‚Gespräch' oder ‚Besprechung' bekannt. Im 20. Jh., speziell unter dem Einfluß von Kybernetik (↗ *Information*) und ↗ *Systemtheorie*, steht das Wort für jede natürliche (z. B. genetische, sprachliche) und technische (z. B. elektronische) Form von Informationsübertragung (vgl. HWbPh 4, 893–896; OED 2, 699 f.; Paul-Henne, 476).

BegrG: Der Begriff der Kommunikation hat in der Bedeutung von ‚Mitteilungen machen', ‚Gespräch' oder ‚Besprechung' bzw. ‚Informationsvermittlung' in der Umgangssprache bis heute keine wesentlichen Veränderungen erfahren. Auch haben Linguistik, Informationstheorie und ↗ *Kommunikationstheorie* die umgangssprachlichen Intuitionen bis in die jüngste Vergangenheit im wesentlichen gestärkt. Danach bezeichnet das Wort ‚Kommunikation' den Begriff der Übertragung bzw. Vermittlung von Botschaften, Inhalten oder Bedeutungen von einem Ab-Sender (Kommunikator) zu einem Empfänger (Rezipienten) durch den Gebrauch von Kommunikationsmitteln (Zeichen- oder Symbolsystemen einschließlich technischer Einrichtungen bzw. Hilfsmittel). Basis für Verständigung ist hier, daß Absender und Adressat über gleiches Wissen und über dasselbe Zeichen- oder Symbolsystem verfügen.

Kybernetik und Informationstheorie, Hydraulik und Elektrotechnik haben im Verbund mit behavioristischen Konzeptionen (in Biologie und Psychologie) und aufgrund der Erfahrungen aus US-Wahlkämpfen in den 1940er und 1950er Jahren und NS-Kriegspropaganda den klassischen Begriff der Kommunikation (Shannon/Weaver 1946), die Vorstellung kausaler Beziehungen zwischen Kommunikationsmitteln und Wirkungen ihrer Rezeption und somit die moderne Massenkommunikationsforschung begründet (Lasswell 1927;

Hovland u. a. 1949). Das Konzept des Übertragungs- bzw. Verbindungskanals als Medium ist schließlich bei M. McLuhan (1968) zum Inbegriff von Kommunikation geworden, die die Welt in ein ‚globales Dorf' verwandele (McLuhan/Powers 1995).

ForschG: Im Rahmen der klassischen Konzeption von Kommunikation setzte die Forschung seit den 1940er Jahren von verschiedenen Seiten und in verschiedenen Disziplinen an:
Kommunikationsforschung im engeren Sinne entsteht aus dem Interesse an der Kontrolle von Kommunikationswirkungen vornehmlich im Bereich der Werbung, der politischen Information und der politischen Propaganda. Sie ist von Beginn an Massenkommunikations- und Wirkungsforschung. Als Begründer gelten P. Lazarsfeld (Wahlforschung), H. D. Lasswell (Wirkungen von Propaganda), C. I. Hovland (Persuasionsforschung) und K. Lewin (Gruppendynamik). Die rasante Entwicklung der Massenkommunikation und der Massenmedien hat zunächst kommunikationswissenschaftliche Einzeldisziplinen wie die Zeitungswissenschaft bzw. Publizistik, die Film- und Fernsehwissenschaft, zuletzt kommunikationsrelevante Teildisziplinen der Computerwissenschaft (z. B. Design von Interfaces, Web-Design etc.) entstehen lassen. Die Massenkommunikationsforschung (Maletzke 1988) thematisiert u. a. die Diffusion von Nachrichten sowie die Produktion und Distribution von Massenmedien-Angeboten (Buch, Presse, Hörfunk, TV) z. B. in kommunikativen Netzwerken (Breen/Cocoran 1986). Wichtige Theoriebausteine sind das ‚Gate-keeper'- und ‚Agenda-setting'-Konzept (White 1950, McCombs/Shaw 1972), der ‚Two-' bzw. ‚Multi-step-flow of communication' (Lazarsfeld u. a. 1944, Eisenstein 1994) sowie Effekte und Modalitäten der Diffusion, z. B. die ‚Schweigespirale' (Noelle-Neumann 1980) oder die wachsende ‚Wissenskluft' (Tichenor u. a. 1970).
Die Individualkommunikation war seit jeher eine Domäne der Sprachwissenschaft, die Kommunikation im Rahmen von Dialog- bzw. Konversationstheorien, pragmatischen und soziolinguistischen Ansätzen auf

Grundlage des informationstheoretischen Modells thematisierte.

In der Literaturwissenschaft machen sich kommunikationsorientierte Theoriebildungen zunehmend geltend seit den 1960er Jahren in Gestalt strukturalistischer Ansätze (z. B. bei J. M. Lotman, R. Jakobson, R. Barthes), in der ↗ *Rezeptionsästhetik* (W. Iser, H. R. Jauß) sowie in der Informationsästhetik (z. B. M. Bense, R. Gunzenhäuser) und insbesondere in der Semiotik (Eco 1972). Seit den 1970er Jahren wurde mit dem Konzept der ‚literarischen Kommunikation' ein system- und handlungstheoretischer Begriff von Kommunikation für die Bestimmung von Literatur als sozialem Handlungssystem erschlossen (vor allem von Schmidt 1980).

Lit: Roland Burkart: Kommunikationswissenschaft. Wien ²1995. – Michael Breen, Farrel Cocoran: Myth, drama, fantasy theme, and ideology in mass media studies. In: Progress in communication sciences. Bd. 3. Hg. v. Brenda Dervin und Melvin J. Voigt. Norwood 1986, S. 196–223. – Umberto Eco: Einführung in die Semiotik [1968]. München 1972. – Cornelia Eisenstein: Meinungsbildung in der Mediengesellschaft. Opladen 1994. – Carl I. Hovland u. a.: Experiments on mass communication. Princeton 1949. – Wolfram K. Köck: Kognition – Semantik – Kommunikation. In: Der Diskurs des Radikalen Konstruktivismus. Hg. v. Siegfried J. Schmidt. Frankfurt 1988, S. 340–373. – Harold D. Lasswell: Propaganda technique in the world war. New York 1927. – Paul Lazarsfeld u. a.: The people's choice. New York 1944. – Kurt Lewin: Die Lösung sozialer Konflikte [1948]. Bad Nauheim 1953. – Gerhard Maletzke: Massenkommunikationstheorien. Tübingen 1988. – Klaus Merten: Kommunikation. Opladen 1977. – K. M. u. a. (Hg.): Die Wirklichkeit der Medien. Opladen 1994. – Maxwell E. McCombs, Donald L. Shaw: The agenda-setting function of mass media. In: Public Opinion Quarterly 36 (1972), S. 176–187. – Marshall McLuhan: Die magischen Kanäle [1964]. Düsseldorf, Wien 1968. – M. M., Bruce R. Powers: The global village. Paderborn 1995. – Elisabeth Noelle-Neumann: Die Schweigespirale. München 1980. – Siegfried J. Schmidt: Grundriß der Empirischen Literaturwissenschaft. Bd. 1. Braunschweig, Wiesbaden 1980. – Claude E. Shannon, Warren Weaver: Mathematische Grundlagen der Informationstheorie [1949]. München 1976. – Georg Stanitzek: Was ist Kommunikation? In: Systemtheorie der Literatur. Hg. v. Jürgen Fohrmann und

Harro Müller. München 1996, S. 21–55. – Phillip J. Tichenor u. a.: Mass media and the differential growth in knowledge. In: Public Opinion Quarterly 34 (1970), S. 159–170. – Paul Watzlawick u. a.: Menschliche Kommunikation. Bern 1969. – David M. White: The ‚gate-keeper‘: a case study in the selection of news. In: Journalism Quarterly 27 (1950), S. 383–390.

Gebhard Rusch

Kommunikationstheorie

Allgemein: Wissenschaftliches Konstrukt zur Beschreibung, Erklärung und Gestaltung (z. B. Optimierung) eines speziellen Typs zwischenmenschlicher Interaktion.

Expl: Speziell in der Literaturwissenschaft wurde das Konzept entwickelt als Theorie literarischer ↗ *Kommunikation* bzw. Theorie des Kommunikationssystems Literatur (als Text- und Sozialsystem) bzw. kommunikationstheoretische Bestimmung literaturwissenschaftlicher Grundbegriffe (z. B. ↗ *Literatur*, ↗ *Autor*, ↗ *Text*, ↗ *Lesen*, ↗ *Fiktion* bzw. Fiktionalität). Kommunikationstheorien als Beschreibungen, Erklärungen und Gestaltungsgrundlagen der Strukturen und Prozesse, Formen und Funktionen von Kommunikation sind in allen Teilbereichen anwendungsorientiert und integrieren seit ihren Anfängen (↗ *Rhetorik*) in erheblichem Umfang transdisziplinär Theorieelemente bzw. Befunde u. a. der Psychologie (z. B. zu Wahrnehmung und Informationsverarbeitung, kognitiven Strukturen, Affekten und Emotionen: ANALOGE VS. DIGITALE ↗ *Kommunikation*), Soziologie und Sozialpsychologie (z. B. zu Gruppendynamik, Rollentheorie, Identitätstheorie, Konventionalisierung), Linguistik (Sprachtheorien, Texttheorien, Konversationstheorie), Pädagogik, Nachrichten- und Medientechnik (Distributions- und Übertragungswege, Formen und Modalitäten von Mediennutzung), Informationstheorie (Begriff der Information, Sender-Empfänger-Modell der Informationsvermittlung), Kybernetik und ↗ *Systemtheorie* (Selbst-Regelungsmodelle, Systemkonzepte).

Kommunikationstheorien werden oft zur Veranschaulichung graphisch dargestellt als Kommunikationsmodelle (in Block- und Flußdiagrammen, meist als Abwandlung des Grundschemas Sender – Botschaft – Empfänger).

WortG/BegrG: Erste Belege kommunikationstheoretischer Reflexionen finden sich bereits in der ‚Rhetorik‘ des Aristoteles; schon dort die Dreiteilung in Kommunikator (Redner), Kommunikation (Rede) und Rezipienten (Publikum). Von Quintilian (35–86 n. Chr.) und Victorinus (ca. 400 n. Chr.) wurden noch situative und motivationale bzw. intentionale Komponenten zum basalen Wortmodell der Kommunikation ergänzt (vgl. Merten 1977, 14 f.). Das lat. *communicatio* wird seit der Antike für ‚Mitteilung‘, ‚Unterredung‘ und das Verbum *communicare* für ‚etwas gemeinsam tun‘, ‚etwas teilen‘, ‚sich besprechen‘ verwendet. Das Wort *Kommunikation* ist seit dem 16. Jh. im Deutschen in den genannten Bedeutungen nachweisbar.

Die Wortmodelle stellten über 2000 Jahre im wesentlichen unverändert den begrifflich-prätheoretischen Rahmen der Vorstellungen über Kommunikation dar. Erst 1946 knüpfte H. D. Lasswell – wiederum mit einem Wortmodell – an die kommunikationstheoretische Tradition an, die er um die Wirkungsdimension erweiterte. Seitdem hat sich die Theoriebildung und mit ihr der Begriff von Kommunikationstheorie im Lichte veränderter wissenschaftstheoretischer Konzeptionen (z. B. Theorie als kontemplative, reflexive Erkenntnisform neben Empirie und Poiesis, Satzkonzeption vs. Begriffskonzeption von Theorien, Theorien als Modelle, Theorie als Handlungsform) diversifiziert und differenziert in den Bereichen der Individual- bzw. Face-to-face-Kommunikation einerseits, in der Massenkommunikations- und Medienwirkungsforschung andererseits.

Der Begriff der (Massen-) Kommunikationstheorie (vgl. Maletzke 1988) umfaßt seitdem sozialwissenschaftliche Ansätze (z. B. das behaviorale ‚Stimulus-Response‘-Modell oder das symbolisch-interaktionistische ‚Interpretations‘-Modell) ebenso wie das informationstheoretische ‚Sender-Empfänger‘-Modell oder soziale und publikumszentrierte Ansätze (z. B. die ‚Two-‘ bzw. ‚Multi-step‘-Modelle der Kommunikation, den ‚Uses & gratification approach‘, den ‚dynamisch-transaktionalen‘ Ansatz) und systemtheoretische Modelle der Produktion, Vermittlung, Rezeption und Verarbeitung von Medien (auch der Literatur), der Medienwirkung (z. B. ‚Pentamodales Wirkungsmodell‘) und der Wechselwirkung zwischen Kognition, Medien, Gesellschaft und Kultur (vgl. Giesecke 1992, Schmidt 1994).

SachG/ForschG: Kommunikationstheorien werden in den 1950er Jahren aus der Nachrichtentechnik heraus und mit Bezug zur Massenkommunikation und Medienwirkungsforschung entwickelt. Im Kommunikationsmodell von C. E. Shannon und W. Weaver (1949) werden erstmals elektrotechnische, informationstheoretische und kybernetische Ansätze in einem Sender-Empfänger-Modell integriert. In seinen nachrichtentechnischen Grundannahmen ist dieses Modell mit behavioristischen Stimulus-Response-Ansätzen kompatibel, die den theoretischen Rahmen der frühen Massenkommunikationsforschung und der Annahme starker (unmittelbar handlungsrelevanter) Medienwirkungen z. B. bei P. Lazarsfeld, H. D. Lasswell oder C. I. Hovland bestimmten. Das Scheitern derart einfacher kausaler und behavioraler Modelle in der Wirkungsforschung hat Kommunikationstheorien seitdem immer komplexer werden lassen, d. h. auch die Wirkung von Kommunikation und Rezeption als diffus und indirekt (im Bereich von Einstellungen und Wissen) erwiesen. So wurde z. B. zunächst die Rolle der Opinion-leader für die Übernahme von Meinungen erkannt, was zur Entwicklung von Modellen des Two- bzw. Multi-step-flow of communication (Lazarsfeld 1944, Eisenstein 1994) führte. Die Erforschung der Mediennutzung beim Publikum führte zu der Einsicht, daß kommunikative und massenmediale Wirkungen jeweils abhängig von komplexen persönlichen Dispositionen (Wissen, Interessen, Vorlieben etc.) und Beziehungen (in sozialen Gruppen) eintreten. Mit dem Konzept eines aktiven, Informationen, Unterhaltung etc.

suchenden und dafür Medien benutzenden Publikums ergänzte der ‚Uses & gratification‘-Ansatz (z. B. Katz/Foulkes 1962, Palmgreen 1984; in Deutschland zum ‚Nutzenansatz‘ weiterentwickelt von Teichert 1972 und 1973) die Medien- und Kommunikator-Orientierung der bisherigen Kommunikationstheorie.

Eine bedeutende Weiterentwicklung erfährt die Kommunikationstheorie in den frühen 1990er Jahren durch die Auseinandersetzung mit der Prozeß- und Funktionsorientierung des dynamisch-transaktionalen Ansatzes von W. Früh und K. Schönbach (1982). Aus einer grundlegenden Kritik der Medienwirkungsforschung und auf der Basis eines konstruktivistischen Ansatzes hat K. Merten 1995 ein pentamodales Wirkungsmodell entwickelt, das Medienwirkungen modelliert als kontext- bzw. situationsabhängige Modulationen des selbstreferentiellen und kognitiv autonomen Operierens von Rezipienten. Für eine Kommunikationstheorie ergibt sich auf konstruktivistischer Grundlage (Rusch 1999) die Konsequenz, nicht nur den Gedanken der Übermittlung von Botschaften zugunsten der je subjektspezifischen internen Informationskonstruktion aufzugeben, sondern Kommunikation auch zu dekomponieren in die kognitiv autonom operierenden Beteiligten und deren Aktionen (einerseits der Produktion, Präsentation und Adressierung von Kommunikationsmitteln und andererseits der Beobachtung von Umwelt und der Rezeption jener als Medienangebote identifizierten Objekte).

In der ↗ *Literaturwissenschaft* werden kommunikationstheoretische Zugänge und Theoriekomponenten seit den 1960er Jahren aufgenommen, zunächst vermittelt über formalistische und strukturalistische Ansätze, ↗ *Linguistische Poetik* und Texttheorie (z. B. Lotman 1972, 29: „Kunst als Kommunikationssystem"; Schmidt 1976, 1: „Texttheorie [...] als Erforschung von Prozessen sprachlicher Kommunikation"; Zobel 1975), in der ↗ *Rezeptionsästhetik* (z. B. Jauß 1969; Iser 1976, 7: „Der literarische Text wird folglich unter der Vorentscheidung betrachtet, Kommunikation zu sein") sowie z. T. in der Informationsästhetik (vgl. Kreuzer/Gunzenhäuser 1965) und insbesondere in der ↗ *Semiotik* (Wienold 1972; Eco 1972, 33: „a) Die ganze Kultur muß als Kommunikationsphänomen untersucht werden; b) Alle Aspekte einer Kultur können als Inhalte der Kommunikation untersucht werden"). Eine weitere Quelle kommunikationstheoretischer Importe sind die ↗ *Literatursoziologie* (vgl. Fügen 1968) und die ↗ *Literaturpsychologie* (vg. Groeben 1972).

So hat z. B. in der literaturwissenschaftlichen Bearbeitung der Fiktionalitätsproblematik (,fiktionale Kommunikation') der Ansatz über ein Konzept literarischer Kommunikation maßgebliche Bedeutung erlangt, z. B. bei Anderegg 1973 (vgl. Landwehr 1981).

In der *Narratologie* (↗ *Erzähltheorie*) werden Kommunikationsmodelle sowohl auf der Text- als auch auf der Kontext-Ebene für die Analyse, auch unter gattungstheoretischen Gesichtspunkten, fruchtbar gemacht (vgl. Nünning 1989; vgl. für das Drama: Pfister 1997). Mit Bezug auf N. Luhmanns Systemtheorie (1988), der Kommunikation als konstitutiven Elementarprozeß für soziale Systeme bestimmte und als Einheit aus Information, Mitteilung und Verstehen definierte, werden in den 1990er Jahren literarhistorische und medienästhetische Prozesse und Strukturen unter Gesichtspunkten der *Autopoiese* (↗ *Systemtheorie*) von Literatur als Textsystem und Sozialsystem untersucht (Schmidt 1989; Schwanitz 1990; de Berg/Prangel 1993).

Lit: Johannes Anderegg: Fiktion und Kommunikation. Göttingen 1973. − Henk de Berg, Matthias Prangel (Hg.): Kommunikation und Differenz. Opladen 1993. − Roland Burkart: Kommunikationstheorien. Wien ²1995. − Umberto Eco: Einführung in die Semiotik [1968]. München 1972. − Norbert Fügen (Hg.): Wege der Literatursoziologie. Neuwied 1968. − Cornelia Eisenstein: Meinungsbildung in der Mediengesellschaft. Opladen 1994. − Werner Früh, Klaus Schönbach: Der dynamisch-transaktionale Ansatz. In: Publizistik 27 (1982), S. 74−88. − Michael Giesecke: Sinnenwandel, Sprachwandel, Kulturwandel. Frankfurt 1992. − Norbert Groeben: Literaturpsychologie. Stuttgart 1972. − Wolfgang Iser: Der Akt des Lesens. München 1976. − Hans Robert Jauß: Literaturgeschichte als Provokation der Literaturwissenschaft. Konstanz ²1969. − Elihu Katz, David Foulkes: On the use of the mass media as ‚escape'. In: Public Opinion Quarterly 26 (1962), S. 377−388. − Helmut Kreuzer, Rul Gunzenhäuser (Hg.): Mathematik und Dichtung. München 1965. − Jürgen Landwehr: Fiktion und Nicht-Fiktion. In: Helmut Brackert, Jörn Stückrath (Hg.): Literaturwissenschaft. Bd. 1. Reinbek 1981, S. 380−404. − Harold D. Lasswell: Describing the contents of communication. In: Propaganda, communication and public opinion. Hg. v. Bruce L. Smith u. a. Princeton 1946. − Paul Lazarsfeld u. a.: The people's choice. New York 1944. − Jurij M. Lotman: Die Struktur literarischer Texte [1970]. München 1972. − Gerhard Maletzke: Massenkommunikationstheorien. Tübingen 1988. − Niklas Luhmann: Soziale Systeme. Frankfurt 1988. − Klaus Merten: Kommunikation. Opladen 1977. − K. M.: Konstruktivismus in der Wirkungsforschung. In: Empirische Literatur- und Medienforschung. Hg. v. Siegfried J. Schmidt. Siegen 1995, S. 72−86. − Ansgar Nünning: Grundzüge eines kommunikationstheoretischen Modells der erzählerischen Vermittlung. Trier 1989. − Philip Palmgreen: Der ‚Uses and Gratifications Approach'. Theoretische Perspektiven und praktische Relevanz. In: Rundfunk und Fernsehen 32 (1984), H. 1, S. 51−62. − Manfred Pfister: Das Drama. München ⁹1997. − Gebhard Rusch, Siegfried J. Schmidt (Hg.): Konstruktivismus in der Kommunikations- und Medienwissenschaft. Frankfurt 1999. − S. J. S.: Texttheorie. München 1976. − S. J. S: Grundriß der Empirischen Literaturwissenschaft. Bd. 1. Braunschweig, Wiesbaden 1980. − S. J. S.: Die Selbstorgansiation des Sozialsystems Literatur im 18. Jh. Frankfurt 1989. − S. J. S.: Kognitive Autonomie und soziale Orientierung. Frankfurt 1994. − Dietrich Schwanitz: Systemtheorie und Literatur. Opladen 1990. − Claude E. Shannon, Warren Weaver: Mathematische Grundlagen der Informationstheorie [1949]. München 1976. − Will Teichert: ‚Fernsehen' als soziales Handeln. In: Rundfunk und Fernsehen 20 (1972), H. 4, S. 421−439; 21 (1973), H. 4, S. 356−382. − Götz Wienold: Semiotik der Literatur. Frankfurt 1972. − Reinhard Zobel: Der Dramentext − Ein kommunikatives Handlungsspiel. Göppingen 1975.

Gebhard Rusch

Kommutation ↗ *Permutation*₂

Komödie

Drama, das über größere Partien eine oder mehrere Zentralfiguren als komisch präsentiert.

Expl: Ein allgemein verbindlicher Begriff ‚Komödie' existiert derzeit nicht. Selbst das Kriterium ↗ *Komik* − schon seinerseits ohne einheitliche Definition − wird nicht durchweg als konstitutiv angesehen (vgl. ↗ *Bühnenkomik*). Dasselbe gilt für ein zweites traditionsreiches Element: das gute Ende, d. h. das der ↗ *Tragödie* entgegengesetzte Komödien-Verfahren, bei der Darstellung von Verfehlung und Mißlingen den damit verbundenen Schmerz nicht zu akzentuieren.

Weitere in unterschiedlichem Grade konsensfähige Konstituenten des Begriffs sind ↗ *Spiel* sowie genrespezifische Haltungen des Rezipienten: Überlegenheitsgefühl (über die komisch verblendeten Personen), Schadenfreude oder Solidarität, Entlastung vom Druck gemeinsam erfahrener Zwänge, Erwartung des guten Endes, Heiterkeit, Distanz, Spielbewußtsein.

Bei der Untergliederung des Feldes der Komödie werden unterschieden:

(1) Nach der Wirklichkeitsnähe: realistische Komödie (zugeordnet werden diesem Typus z. B. Menander, Molière) und phantastische Komödie (zugeordnet werden so unterschiedliche Autoren wie Aristophanes und Shakespeare).

(2) Nach der Zahl der Angriffspunkte: monomische und binomische Komödie (Steinmetz).

(3) Nach dem Grad der Individualisierung der Akteure: Typen- u. Charakterkomödie (↗ *Charakter*). Letztere verleiht den (Haupt-)Personen eine höhere Komplexität, innere Widersprüche, die Fähigkeit zur Entwicklung und Individualität.

(4) Nach der Quelle des Komischen: Charakterkomödie (bzw. Typenkomödie) und Situationskomödie (↗ *Bühnenkomik*). Zu letzterer, bei der das komische Verhalten der Figuren in Gegebenheiten gründet, die ihnen kaum zurechenbar sind (Verwechslungen, Zufälle, Intrigen der Mitwelt), gehören fast alle Bühnenschwänke (↗ *Schwank₁*) viele Possen, Farcen, Burlesken.

(5) Nach dem Rang des Komischen: hohe und niedere Komödie (fester eingeführt im Englischen: ‚high' und ‚low comedy'). Statt *hohe Komödie* wird mitunter auch schlicht *Komödie* in einem engeren Sinne verwendet, wobei dieser die (Sub-)Genres *Farce* (↗ *Schwank₁*), *Burleske* (↗ *Humoreske*), ↗ *Posse*, ↗ *Volksstück*, ↗ *Boulevardstück* entgegengestellt werden. Zur niederen Komödienkunst werden Werke gezählt, die als weniger respektabel geltende Zuschauerbedürfnisse bedienen (miterlebende Erfüllung verbotener Wünsche, subversive Impulse, Aggression, die sich im schadenfrohen Gelächter entlädt). Sie verzichten auf subtilen Dialog, komplexe Charaktere und eine stückumspannende *Fabel₁* (↗ *Plot*) und setzen an deren Stelle Situationskomik, unwahrscheinliche Zufälle, (oft tabuverletzende) Elemente des Mimus, *Slapstick* (↗ *Pantomime*), Klamauk, Gags.

(6) Nach dem für den Komödienautor und -zuschauer charakteristischen Lebensgefühl und der Haltung gegenüber den komischen Figuren: satirische Komödie (oft charakterisiert durch Bitterkeit, Aggressivität, ausgedrückt im sog. Verlachen, Auslachen; ↗ *Satire*) und humoristische Komödie (oft charakterisiert durch sog. spielende Heiterkeit, Weltüberlegenheit, verstehende, versöhnliche Solidarität; ↗ *Humor*).

(7) Nach dem Anteil des Komischen und seiner Verknüpfung mit anderen Qualitäten: Lachkomödie (Schiller, 305, spricht vom „lustigen Lustspiel"), ↗ *Rührendes Lustspiel* (*Comédie larmoyante*), ernste Komödie, schwarze Komödie, ↗ *Tragikomödie*, (tragische) ↗ *Groteske*, tragische Farce, tragische Posse u. a.

Friedrich Schiller: Sämtliche Werke. Säkular-Ausgabe. Hg. v. Eduard von der Hellen. Bd. 16. Stuttgart, Berlin 1905.

WortG: Das Wort *comedia, comedie, comedi*, nachweisbar seit dem 15. Jh. (DWb 11, 1683), geht zurück auf lat. *comoedia*, dies auf griech. κωμῳδία [komodía], das seinerseits von κωμῳδός [komodós] ‚Komos-Sänger' abgeleitet ist, zusammengesetzt aus κῶμος [kómos] ‚ausgelassener Umzug beim Dionysosfest' und ᾠδός [odós] ‚Sänger'. Eine andere Herleitung des ersten Wortbestandteils

– aus κώμη [kóme] ‚Dorf‘ – erwähnt Aristoteles (‚Poetik‘, Kap. 3).

BegrG: Wird das Wort in der Antike allein auf Bühnenwerke angewendet, schwindet im Mittelalter das Bewußtsein, daß die griechischen und römischen Dramentexte auf szenische Realisierung angelegt waren (Bareiß, 171), und als ‚Komödien‘ gelten unter bestimmten Bedingungen (glücklicher Ausgang, niedere Stilebene u. a.) einige Texte der mittellateinischen Kurzepik, die Stoffe komischen Inhalts aus der Antike oder aus zeitgenössischen Fabliaux bearbeiten (vgl. Suchomski), ja sogar umfangreiche epische Werke wie Dantes ‚Divina Commedia‘. Erst in den italienischen Renaissance-Poetiken wird ‚Komödie‘ wieder auf Bühnenstücke beschränkt und auch das im Mittelalter vernachlässigte Element ‚Komik‘ reintegriert (Bareiß, 346–351) – doch keineswegs durchgehend und als Hauptkriterium: Im italienischen Cinquecento wird der Name *commedia* auch für Stücke verwendet, in deren Vordergrund pathetische und rührende Figuren stehen. Ernste Dramen, die Komisches auf einzelne Passagen mit sog. lustigen Personen (↗ *Komische Person*) beschränken, finden sich auch unter den gleichzeitigen spanischen ‚comedias‘. Ebensowenig auf ‚Komik‘ zentriert ist engl. *comedy* im elisabethanischen Sprachgebrauch, dem Shakespeares romaneske ‚Komödien‘ ihr Etikett verdanken. Das in den zeitgenössischen poetologischen Äußerungen am häufigsten erwähnte Element ist das seit dem Mittelalter dominante ‚end in peace‘ (‚merry end‘) (daneben ‚delight‘ u. a.; Bareiß, 493). – Nur eingeschränkte Bedeutung hat der Bestandteil ‚Komik‘ schließlich auch in Deutschland: *comedia* steht im 16. Jh. entweder für den Oberbegriff ‚Drama‘ (Spiel) oder für ‚Drama mit gutem Ende‘. Je nach dem Ausgang bezeichnet z. B. Hans Sachs (Mitte des 16. Jhs.) seine Stücke als *comedi* oder *tragedi* (Catholy 1968, 191). Auch unter den Poetiken des Barock erklären keineswegs alle das Merkmal ‚Komik‘ für gattungskonstitutiv (Aikin, 64 f.).

Als dt.-nl. Besonderheit steht als zweiter Terminus LUSTSPIEL (spätestens seit 1536, vor allem seit Mitte des 17. Jhs.) zur Verfügung; im Zuge der Internationalisierung heute selten und dann meist gleichbedeutend mit *Komödie* verwendet, hat das deutsche Wort historisch das fremde öfter verdrängt. Mitunter wurde versucht, die Existenz zweier Ausdrücke zu begrifflichen Distinktionen zu nutzen (z. B. A.W. Schlegel; vgl. Rommel 1943, 269–277), doch ohne anhaltenden Erfolg (Schrimpf, 181; vgl. aber noch Wahrig, 542).

Im 18. Jh. heißen *Lustspiel* und *Komödie* sowohl die rührenden wie die komischen Darstellungen der Bürgerwelt. Die romantische Poetik kennt die Idee eines „Lustspiels ohne eigentliche Komik“, das durch „Mutwille[n]“ konstituiert ist (Eichendorff, 637). Im Laufe des 19. Jhs. wird ‚Komik‘ fast durchgängig zum bestimmenden Merkmal (als Name für das nicht-komische Stück mit gutem Ende dient *Schauspiel*) – eine Fixierung, die im 20. Jh. teils zurückgenommen (Arntzen 1968 u. a.), teils modifiziert wird: Um Rand- und Mischphänomene der zeitgenössischen Dramatik (Tragikomisches, ↗ *Absurdes*, ↗ *Groteskes*, Schwarzen Humor) der ‚Komödie‘ zuordnen zu können, mußten traditionelle Konstituenten verändert oder aufgegeben werden (bes. ‚Heiterkeit‘ und ‚guter Ausgang‘, mitunter ersetzt durch ‚utopische Intention‘).

Joseph Freiherr v. Eichendorff: Werke und Schriften. Hg. v. Gerhard Baumann. Bd. 4. Stuttgart 1958. – Gerhard Wahrig u. a. (Hg.): Dt. Wb. in 6 Bdn. Bd. 4. Wiesbaden 1982.

SachG: Ansätze einer schriftlich fixierten Komödie bilden sich im deutschsprachigen Raum in den aus der Osterliturgie hervorgegangenen ↗ *Geistlichen Spielen* des späten Mittelalters, von denen einige derbkomischen, insbesondere obszönen Szenen breiten Raum geben. Lust am Verpönten motiviert auch die Mehrzahl der seit etwa 1430 entstehenden ↗ *Fastnachtspiele*. Selbst Hans Sachs, der wichtigste unter den Nürnberger Autoren, verschmäht Fäkalspäße nicht, während er auf die bei den Vorgängern beliebten Zoten fast ganz verzichtet. Noch weiter zurückgedrängt ist Komik der zotig-unflätigen Art in den an Plautus und Terenz angelehnten lateinischen Komödien der Humanisten. Exzessiv ausgespielt wird

Derbes dagegen in den Aufführungen englischer, italienischer (↗ *Commedia dell'arte*), zunehmend auch deutscher professioneller Wandertruppen (seit Ende des 16. Jhs.). Darauf aus, den Geschmack eines ungebildeten Massenpublikums zu befriedigen, ziehen sie Lacheffekte ebenso aus Nonverbalem (körperlicher Deformierung, greller Kleidung, effekthascherischer Mimik und Gestikulation, Pantomime, Tanz, Akrobatik, Handgreiflichkeiten, Prügelszenen) wie aus dem Dialog (Zoten, Wortverdrehungen, unflätigen Flüchen und Beschimpfungen). Hauptträger der Komik sind Dienergestalten, die aus der Froschperspektive das exaltierte Fühlen und Gebaren ihrer Herren travestierend nachahmen, an erster Stelle der obligate Spaßmacher (Pickelhering, Hanswurst, Jan Bouset u. a.), dessen vulgäre Possen die dramatische Handlung durchsetzen oder eigene Zwischen- und Nachspiele füllen. Anregungen dieses volkstümlichen Theaters werden aufgenommen von Jacob Ayrer, einem späten Vertreter des Nürnberger Fastnachtspiels, Heinrich Julius von Braunschweig (11 Stücke, 1592–1594) und sogar Gryphius, der mitunter derbe Komik verwendet, sie aber in eine kritische Perspektive rückt (,Peter Squentz', 1658). Ähnliches ist am Jahrhundertende bei Chr. Weise (,Bäuerischer Machiavellus') zu beobachten. Weise behandelt noch das typische barocke Komödienthema, den Zusammenbruch ungerechtfertigter Prätentionen (vor allem beim Versuch, Standesgrenzen zu überschreiten), doch indem er — ebenso wie Chr. Reuter (Schlampampe-Komödien, 1695–1697) — neue Möglichkeiten der Darstellung des Bürgertums eröffnet, weist er ins 18. Jh. voraus. Figurieren in den satirischen Komödien des 17. Jhs. gemäß dem herrschenden Verständnis der ↗ *Ständeklausel* überwiegend die untersten Schichten (Bauern, Knechte, niedrige Handwerker, Soldaten, Prostituierte), spielt die um 1740 entstehende sächsische ↗ *Typenkomödie* (L. A. V. Gottsched, J. E. Schlegel, J. Chr. Krüger, der junge Lessing u. a.) vorwiegend unter Bürgern. Die weitere Entwicklung geht nicht nur in Richtung eines empfindsamen Typus, der in den Mittelpunkt vorbildliche Tugendhelden stellt und komische

Züge allenfalls Nebenfiguren zubilligt (Gellert, ,Die zärtlichen Schwestern', 1747, u. a.); eine Entwicklung findet auch innerhalb des satirischen Typus statt: Zu Stücken, die sich mit geradliniger Demonstration eines Lehrsatzes begnügen, treten artifiziellere, die durch Anmut, ↗ *Witz* und Befreiung von aufdringlicher Belehrung, ja zweckfreie Komik ausgezeichnet sind (J. E. Schlegel, ,Stumme Schönheit', 1747; einige von Lessings frühen Lustspielen). In ,Minna von Barnhelm' (1767) behandelt Lessing Tellheims Stolz — die Übertreibung der empfindsamen Kardinaltugend Selbstlosigkeit — auf eine Weise, die der im sächsischen Typus üblichen Überlegenheitshaltung des Zuschauers den Boden entzieht. Neigen die Komödien der Gottsched- und Lessing-Zeit dazu, die am Protagonisten vorgeführten Fehler als Torheiten zu präsentieren, werden in der Folgezeit Mißstände aufgegriffen, die zu ihrer Kontrolle mehr verlangen als Einsicht eines einzelnen: Bei J. M. R. Lenz (,Der Hofmeister', 1774; ,Die Soldaten', 1776) sind es ,Sachen', die nichts Geringeres als die Einrichtung der Gesellschaft in Frage stellen. Auf Überindividuelles — auf die zeitgenössische ästhetische mehr als auf die politische Misere — richtet sich der kritische Impuls auch in Tiecks Theaterkomödien (,Der gestiefelte Kater', 1797, ↗ *Spiel im Spiel*). Ist Brentanos ,Ponce de Leon' eine auf Intrige und Wortwitz gegründete „Spielkomödie" (Kluge), setzt Kleist (,Amphitryon', 1807; ,Der zerbrochne Krug', 1811) seine Protagonisten Prüfungssituationen aus, in denen menschliche (und göttliche) Bedürftigkeit und Begrenztheit, aber auch soziale Phänomene wie Autoritätsmißbrauch zutage treten. Stärker ausgeprägt ist die satirische Intention in den Wiener ↗ *Possen* Nestroys. Wie kritisch deren Menschen- und Gesellschaftsbild ist, zeigt sich im Vergleich mit den erbaulichen Trivialkomödien, die beginnend schon mit den Familienstücken Schröders, Ifflands und Kotzebues das Bühnenrepertoire des 19. Jhs. beherrschen.

Was seit der Jahrhundertwende *Komödie* heißt, wird zunehmend heterogener. Schon Hauptmanns ,Biberpelz' (1893) irritierte die Zeitgenossen durch das Fehlen eines moralisch befriedigenden Schlusses. Es ist ein Manko, das in der Folgezeit nahezu Selbstverständlichkeit erlangt (im Werk Wedekinds und Sternheims, in Brechts ‚Trommeln in der Nacht‘, ‚Mann ist Mann‘, später bei Horváth, Dürrenmatt, Th. Bernhard u. a.). Veränderungen gegenüber der Tradition betreffen auch den Umgang mit dem Komischen. Viele als Komödien verstandene Stücke teilen (meist unaufdringliche) Komik solchen Figuren zu, die in ethischer Hinsicht besonders respektabel, womöglich potentielle Tragödienhelden sind: Hofmannsthals ‚Der Schwierige‘ (1921), Schnitzlers „Komödie“ ‚Professor Bernhardi‘ (1912), einige Stücke Wedekinds (‚Hidalla‘, 1904) und Kaisers (‚Nebeneinander,‘ 1923), Werfels (‚Jacobowsky‘, 1945), Dürrenmatts (‚Die Ehe des Herrn Mississippi‘, 1952; ‚Die Physiker‘, 1962), Hildesheimers (‚Die Verspätung‘, 1961) u. a. Daß nach 1945 die Komödien-Komik oft die Färbung des Grotesken annimmt und die ehemals dem Genre eigene Heiterkeit nicht mehr aufkommen will, ergibt sich schon daraus, daß der Komödie die Behandlung von NS-Kriminalität, Mitläufertum und Schuldverdrängung übertragen wird.

ForschG: Umfangreiche Bestandsaufnahmen der Komödienliteratur sowie normative Begriffsbestimmungen enthalten schon die Poetiken des Barock und später Gottscheds ‚Versuch einer Critischen Dichtkunst‘ (1730). Historische Untersuchungen, zunächst auf antike Autoren gerichtet, reichen noch weiter zurück (Terenz- und Plautus-Studien der Humanisten). In den 1780er Jahren erscheinen die monumentalen, das dramatische Gebiet überschreitenden Darstellungen Carl Friedrich Flögels zum Grotesk-Komischen. Bis zu einer speziellen Gattungsgeschichte größeren Umfangs vergeht mehr als ein Jahrhundert: 1923 publiziert Holl seine ‚Geschichte des deutschen Lustspiels‘, 1968 folgen Prang und Catholy (bisher 2 Bde.), 1992 Greiner. Seit den 1960er Jahren häufen sich Arbeiten zum Komödienschaffen einzelner Epochen wie einzelner Autoren.
Aufmerksamkeit finden gleichzeitig auch Fragen der ↗ *Theaterwissenschaft* und insbesondere der Komödientheorie. Neben Beiträgen zu deren Geschichte (Suchomski, Bareiß, Grimm/Hinck, Schrimpf, Profitlich 1978, Aikin) und Nachdrucken komödientheoretischer Texte (Altenhofer, Grimm/Berghahn, die auch Proben aus der bedeutenden angelsächsischen Diskussion geben) entstehen Arbeiten, die, über das historische Interesse hinausgreifend, Begriff, Intention oder Wesen der Komödie zu bestimmen suchen oder eine Binnengliederung des Feldes der Komödie durch Bildung von Idealtypen unternehmen (Martini, Arntzen, Klotz, Schoell, Mainusch, Greiner und verschiedene Beiträger in Preisendanz/Warning). 1983 unterwarf Trautwein die in solchen Arbeiten vertretenen Definitionen einem Ordnungsversuch mit dem Ziel, das Konsensfähige aufzuspüren.

Lit: Judith P. Aikin: Happily ever after. In: Daphnis 17 (1988), S. 55–76. – Norbert Altenhofer (Hg.): Komödie und Gesellschaft. Frankfurt 1973. – Sibylle Appel: Die Funktion der Gesellschaftskomödie von 1910–1933 im europäischen Vergleich. Frankfurt 1985. – Helmut Arntzen: Die ernste Komödie. München 1968. – H. A. (Hg.): Komödiensprache. Münster 1988. – Karl-Heinz Bareiß: Comoedia. Frankfurt, Bern 1982. – Mary Beare: Die Theorie der Komödie von Gottsched bis Jean Paul. Diss. Bonn 1927. Jürgen Brummack: Komödie und Satire der Romantik. In: Neues Hb. der Literaturwissenschaft. Bd. 14. Hg. v. Karl Robert Mandelkow. Wiesbaden 1982, S. 273–290. – Hanne Castein, Alexander Stillmark (Hg.): Erbe und Umbruch in der neueren deutschsprachigen Komödie. Stuttgart 1990. – Eckehard Catholy: Fastnachtspiel. Stuttgart 1966. – E. C.: Das deutsche Lustspiel. 2 Bde. Darmstadt 1968/1982. – Winfried Freund (Hg.): Deutsche Komödie vom Barock bis zur Gegenwart. München 1988. – Peter Christian Giese: Das ‚Gesellschaftlich-Komische‘. Stuttgart 1974. – Bernhard Greiner: Die Komödie. Tübingen 1992. – Reinhold Grimm, Klaus Berghahn (Hg.): Wesen und Formen des Komischen im Drama. Darmstadt 1975. – R. G., Walter Hinck: Zwischen Satire und Utopie. Frankfurt 1982. – Peter Haida: Komödie um 1900. München 1973. – Walter Hinck: Das deutsche Lustspiel des 17. u. 18. Jhs. und die italienische Komödie. Stuttgart 1965. – W. H. (Hg.): Die deutsche Komödie. Düsseldorf 1977. – Karl Holl: Zur Geschichte der Lustspieltheorie. Berlin 1911. – K. H.: Geschichte des deutschen Lustspiels. Leipzig 1923. – Volker Klotz: Bürgerliches Lachtheater. München 1980. − V. K.: Radikaldramatik. Bielefeld 1996. − Gerhard Kluge: Spiel und Witz im romantischen Lustspiel. Köln 1963. − Hans-Jörg Knobloch: Das Ende des Expressionismus. Von der Tragödie zur Komödie. Bern 1975. − Gerd Koch, Florian Vaßen (Hg.): Lach- und Clownstheater. Frankfurt 1991. − Herbert Mainusch (Hg.): Europäische Komödie. Darmstadt 1990. − Fritz Martini: Lustspiele − und das Lustspiel. Stuttgart 1974. − Wolfgang Paulsen (Hg.): Die deutsche Komödie im 20. Jh. Heidelberg 1976. − Manfred Pfister: Bibliographie zur Gattungspoetik (3). In: Zs. für frz. Sprache und Literatur 83 (1973), S. 240−254. − Helmut Prang: Geschichte des Lustspiels. Stuttgart 1968. − Wolfgang Preisendanz, Rainer Warning (Hg.): Das Komische. München 1976. − Ulrich Profitlich: Über Begriff und Terminus ,Komödie' in der Literaturkritik der DDR. In: LiLi 30/31 (1978), S. 190−205. − U. P.: „Geschichte der Komödie". In: ZfdPh 116 (1997), S. 172−208. − U. P. (Hg.): Komödientheorie. Reinbek 1998. − Otto Rommel: Komik und Lustspieltheorie. In: DVjs 21 (1943), S. 252−286. − O. R.: Die Alt-Wiener Volkskomödie. Wien 1952. − Konrad Schoell: Die französische Komödie. Wiesbaden 1983, bes. S. 13−21. − Hans Joachim Schrimpf: Komödie und Lustspiel. In: ZfdPh 97 (1978), Sonderh., S. 152−182. − Hans Steffen (Hg.): Das deutsche Lustspiel. 2 Bde. Göttingen 1968 f. − Horst Steinmetz: Die Komödie der Aufklärung. Stuttgart ³1978. − Joachim Suchomski (Hg.): Lateinische Comediae des 12. Jhs. Darmstadt 1979. − Wolfgang Trautwein: Komödientheorien und Komödie. In: Schiller-Jb. 27 (1983), S. 86−123. − Günter Wicke: Die Struktur des deutschen Lustspiels der Aufklärung. Bonn 1965.

Ulrich Profitlich / Frank Stucke

Komparatistik

Kurzbezeichnung der ,Allgemeinen und Vergleichenden Literaturwissenschaft'.

Expl: Wie ihr traditionelles deutschsprachiges Äquivalent Vergleichende Literaturwissenschaft nahelegt, gehört die Komparatistik in die Reihe der ,vergleichenden' akademischen Disziplinen wie *Vergleichende Anatomie, Vergleichende Sprachwissenschaft, Vergleichende Religionswissenschaft, Rechtsvergleichung* etc. Zugleich zielt sie aber auf mehr und anderes ab als auf den bloßen Vergleich von Literaturen, lite-

rarischen Epochen, Gesamt- und Einzelwerken. Daher hat sich inzwischen auf Deutsch für sie fast überall die zwar umständlichere, doch präzisere Fachbezeichnung *Allgemeine und Vergleichende Literaturwissenschaft* durchgesetzt.

Unter Aufnahme der internationalen Grundlagendiskussion in den verschiedenen Philologien, aber auch in nichtphilologischen Nachbardisziplinen (wie der Allgemeinen Linguistik, Philosophie oder Soziologie) beschäftigt sich die ,Allgemeine Literaturwissenschaft' als integraler Bestandteil der Komparatistik vor allem mit den wissenschaftstheoretischen Grundlagen der Literaturwissenschaft (↗ *Wissenschaftstheorie,* ↗ *Methodologie,* ↗ *Analytische Literaturwissenschaft*), mit Problemen der ↗ *Literaturtheorie,* mit Theorien der Produktion (↗ *Produktionsästhetik*), ↗ *Distribution* und ↗ *Rezeption* von Literatur und mit Grundfragen der literarischen ↗ *Übersetzung*.

Als historische und regionale Konkretisierung dieser Fragestellungen und als interdisziplinäre Brücke zwischen den Philologien wie zu anderen Disziplinen befaßt sich die ,Vergleichende Literaturwissenschaft' vor allem mit der vergleichenden Analyse einzelner Werke, Werkgruppen und Genres sowie mit Konstanz und Wandel literarischer Stoffe und Formen in verschiedenen Literaturen, mit Problemen supranationaler ↗ *Literaturgeschichtsschreibung,* mit dem Verhältnis der Literatur zur Musik und bildenden Kunst, wie auch zur Philosophie und zum übrigen ideologischen Milieu einer Epoche, und schließlich mit Übersetzungen und anderen interkulturellen Rezeptionsformen literarischer Texte (↗ *Interkulturalität*).

WortG/BegrG: Die Bezeichnungen *Komparatistik* und *Vergleichende Literaturwissenschaft* gehen auf das Französische zurück. Flankiert durch Titel wie Abbé de Tressans ,Mythologie comparée avec l'histoire' (1796), Charles de Villers' ,L'érotique comparée' (1806), Joseph Marie de Gérandos ,Histoire comparée des systèmes de philosophie' (1804) und Jean François Sobrys ,Poétique des arts, ou Cours de peinture et de littérature comparées' (1810), findet sich die Bezeichnung *Littérature comparée* erstmals im Titel von Noël / de La Places

‚Cours de littérature comparée' (1804). Disziplinär etabliert hat sich diese Bezeichnung dann durch Villemains Programmformel einer „littérature comparée", wie er sie in seinen Literatur-Vorlesungen an der Sorbonne (1827–30) wiederholt gebraucht – wenn er etwa von den „amateurs de la littérature comparée" spricht (Villemain 1, 187). Nicht zuletzt dank der Analogie zur Benennung der ‚Anatomie comparée' als damaliger Leitwissenschaft dürfte sie sich gegen J.-J. Ampères konkurrierende Wendung „l'histoire comparative des arts et de la littérature" (Ampère 1833, 3) behauptet haben, bis schließlich der Literaturkritiker Sainte-Beuve ausgerechnet mit einem Ampère-Nachruf (1868) endgültig die frz. Bezeichnung *Littérature comparée* durchgesetzt hat. Dem folgte ital. *letteratura comparata* (so die Benennung von Francesco De Sanctis' Lehrstuhl in Neapel, 1872–83) und span. *litteratura comparada*.

Im Englischen dagegen wird – wie bei Villemain und analog zu Wendungen wie *comparative discourse, comparative survey, comparative criticism* oder *comparative review* – seit einem frühen Brief Matthew Arnolds (28.3.1848 an seine Schwester: „comparative literatures") und seit Posnetts ‚Comparative literature' (1886) alternativlos die Bezeichnung *Comparative Literature* gebraucht – trotz L. Coopers wütendem Protest: „You might as well permit yourself to say ‚comparative potatoes' or ‚comparative husks'." (Cooper, 75)

Wie sehr diese Bezeichnungen dagegen im Deutschen bis über die Jahrhundertwende hinaus im Fluß sind, zeigen die verschiedenen Titel der beiden deutschsprachigen Komparatistik-Zeitschriften: der 1877–88 von Hugo v. Meltzl herausgegebenen ‚Zeitschrift für vergleichende Litteratur', ab 1879 mit lat. Haupttitel ‚Acta Comparationis Litterarum Universarum', ab 1887 mit dt. Untertitel ‚Zeitschrift für vergleichende Litteraturwissenschaft' (vgl. Lehnert); und der 1887–1910 von Max Koch hg. ‚Zeitschrift für vergleichende Litteraturgeschichte' (1889–91 mit dem erweiterten Titel ‚Zeitschrift für vergleichende Litteraturgeschichte und Renaissancelitteratur'). Die russ. Bezeichnung *sravnitel'noe literaturove-*

dénie ‚Vergleichende Literaturwissenschaft' findet sich zuerst in Veselovskijs Rezension von Kochs ‚Zeitschrift für vergleichende Litteraturgeschichte' (1889; Veselovskij 1, 18–29), hat aber bereits einen Vorläufer in Veselovskijs Wendung *sravnitel'noe izučénie* ‚vergleichende Forschung' (1868; ebd. 16, 1).

Die heute übliche Fachbezeichnung *Allgemeine und Vergleichende Literaturwissenschaft* ist keineswegs so jung, wie ihre Gegner unterstellen. Sollte doch bereits der 1831 Sainte-Beuve angetragene Lütticher Lehrstuhl die Denomination *Littérature générale et comparée* tragen und wurde erst nach seiner Absage in *Littérature comparée* umbenannt (Jeune, 38). Der internationale Siegeszug dieser Doppelbezeichnung begann aber erst seit Van Tieghem (1920): Als „complément indispensable" zur „insuffisance de la littérature comparée bornée aux rapports binaires", als notwendige Ergänzung bilateraler Vergleiche, beschäftige sich die „littérature générale ou synthétique" mit den multilateralen Gemeinsamkeiten, mit den „faits communs à plusieurs littératures" (Van Tieghem 1920, 169 f. u. 174). Wollte dies Van Tieghem aber auf begrenzte historische und geographische Räume beschränkt und ästhetische oder psychologische Untersuchungen der Literatur als solcher aus ihr ausgeschlossen wissen (174), so forderte Etiemble später im Gegenzug eine „littérature (vraiment) générale" bzw. eine „littérature universelle" im Sinne eines „comparatisme planétaire" (Etiemble 1975 / 1982 / 1988, Titel). Er ging damit ausdrücklich zurück auf Goethes Wortprägung einer „allgemeinen *Weltliteratur*" (WA I 41.2, 265), die von französischen Zeitgenossen bezeichnenderweise sogleich auf eine „littérature occidentale ou européenne" (Le Globe, 1.11.1827) reduziert worden war. Die – gleichzeitig mit Etiemble – von der ‚amerikanischen' gegen die ‚französische Schule' eingeklagte Theoretisierung der Komparatistik aber entspricht dem englischen Verständnis von *General Literature*, wie es schon in Montgomerys ‚Lectures on poetry and general literature' (1833) Ausdruck gefunden hatte.

Die spezifisch deutsche Fachbezeichnung *Komparatistik* schließlich ist ebenfalls aus dem Frz. abgeleitet: nämlich von *comparatiste*, der seit Beginn des 20. Jhs. gebräuchlichen Bezeichnung für Vertreter der ‚Littérature comparée‘ (Van Tieghem 1931, 21).

Lane Cooper: Experiments in education. Ithaca, N. Y. 1943. – Johann Wolfgang Goethe: Werke [WA = Weimarer Ausgabe]. Weimar 1887–1919.

SachG: Die Vorgeschichte der Komparatistik reicht zurück bis in die Anfänge der Neuzeit, wo sich die volkssprachlichen Literaturen zunächst gegenüber der lateinischen Literatur und dem durch sie verkörperten Erbe der Antike, dann aber auch gegenüber der jeweils dominierenden modernen Literatur zu legitimieren hatten. Francis Meres’ ‚Comparative Discourse of Our English Poets with the Greeke, Latine and Italian Poets‘ (1598) und Charles Perraults ‚Parallèles des anciens et des modernes en ce qui regarde les arts et les sciences‘ (1688–97) stehen hierbei paradigmatisch für das ganze 17. und 18. Jh. (↗ *Querelle des anciens et des modernes*). In Deutschland waren solche ‚Vergleichungen‘ geradezu das Paradigma der Literatur- und Kunstkritik der Aufklärung. Sie reichten bis zum Ende der Frühromantik: von J. E. Schlegels ‚Vergleichung Shakespears und Andreas Gryphs‘ (1741) bis zu A. W. Schlegels ‚Comparaison entre La Phèdre de Racine et celle d’Euripide‘ (1807).

Bezeichnenderweise hat sich Goethe solcher ästhetischen ‚Vergleichungen‘ weitgehend enthalten (vgl. Birus 1986). Seine Skepsis gegen alles ‚wilde‘ ästhetische Vergleichen beruhte dabei gerade auf seiner produktiven Vertrautheit mit der von Cuvier zum Siegeszug geführten Vergleichenden Anatomie und Morphologie (vgl. Cassirer, 325–330). So beginnt einer seiner wichtigsten Beiträge zu dieser Disziplin mit dem kühnen Satz: „Naturgeschichte beruht überhaupt auf Vergleichung“ (LA I.9, 119). Da aber „durch falsche Vergleichung zu Irrtümern Gelegenheit“ gegeben werde (LA I.10, 75), fordert Goethe als „Leitfaden durch das Labyrinth der Gestalten“ und als „allgemeines Fachwerk“ vordringlich die Aufstellung eines „allgemeine[n] Typus“

oder „allgemeine[n] Schema[s]“, „mit dem die Klassen, die Geschlechter, die Gattungen verglichen, wornach sie beurteilt würden“ (ebd. 76). – Dies gilt nicht minder für die ‚Vergleichende Literaturwissenschaft‘, die sich deshalb in einem unauflöslichen Wechselverhältnis zur ‚Allgemeinen Literaturwissenschaft‘ befindet.

Die seit 1827 erfolgende (und also mit Goethes Konzeption der ↗ *Weltliteratur* genau gleichzeitige) Begründung der akademischen Disziplin der ‚Littérature comparée‘ durch Villemain, Ampère, Philarète Chasles, Edgar Quinet und ihre Nachfolger stand ganz im Zeichen von Cuviers Vergleichender Anatomie. So betonte J.-J. Ampère mit Blick auf die Literatur: „Il faut établir ici, comme en botanique et en zoologie, parmis les objets que l’on classe, non des divisions arbitraires, mais des séries et des familles naturelles […]. C’est de l’histoire comparative des arts et de la littérature chez tous les peuples que doit sortir la philosophie de la littérature et des arts.“ (‚Wie Botanik und Zoologie müssen auch wir unter den zu klassifizierenden Gegenständen zwar keine willkürlichen Trennungen, wohl aber Reihen und naturgegebene Familien ermitteln. Aus der vergleichenden Geschichte der Künste und der Literatur bei allen Völkern muß die Philosophie der Literatur und der Kunst hervorgehen.‘) (Ampère 1833, 29 u. 3; zu deren ‚allgemeinen Gesetzen‘ vgl. Ampère 1867, I, 123.)

Die ‚Littérature comparée‘ bezweckte also in ihrer Konstitutionsphase viel mehr als ein positivistisches Sammeln und Vergleichen um seiner selbst willen; Etiembles unmutig wortspielender Einspruch: „Comparaison n’est pas raison“ (‚Vergleich ist nicht Vernunft‘; Etiemble 1988) hätte bei ihr offene Türen eingerannt. Doch während Scherer wie Veselovskij noch das ehrgeizige Projekt einer ‚Vergleichenden Poetik‘ verfolgt hatten, reduzierte sich gegen Ende des 19. Jhs. die institutionalisierte Komparatistik programmatisch auf eine bloße ‚Literaturvergleichung‘ – eine Verarmung, aus der sie sich erst nach dem Zweiten Weltkrieg dank entschiedener theoretischer Impulse, zunächst vor allem aus den USA, wieder zu befreien vermochte. Die Wiederkehr der alten Fachbezeichnung *Littérature générale et comparée* signalisiert dies auch terminologisch.

Die deutschsprachige Komparatistik der ersten Hälfte des 20. Jhs. war stark durch die Romanistik geprägt und hatte seit ihren Anfängen in der Romantik wichtige Schwerpunkte in der Mediävistik und Renaissanceforschung (bes. Auerbach, Curtius, Spitzer). Während ersteres auch für die Jahrzehnte nach dem Zweiten Weltkrieg gilt (R. Bauer, H. Rüdiger u. a.), und während die mediävistische Forschung in zahlreichen Disziplinen weiterhin komparatistisch arbeitet (dazu Harms/Müller), hat die akademische Komparatistik als weltweit eigenständig etabliertes Fach ihre mediävistischen Wurzeln mehr und mehr vernachlässigt (dazu Birus 1997). Wichtige Impulse erhielt sie hingegen aus dem Russischen ↗ *Formalismus*, dem ↗ *Strukturalismus*, dem ↗ *New Criticism*, der ↗ *Dekonstruktion* sowie den durch sie erschlossenen Dichtungstheorien im Umkreis des Deutschen Idealismus (Jakobson, Wellek / Warren, H. Levin, Barthes, Derrida, de Man, Szondi u. a.). Waren komparatistische Ausgriffe in den Nahen und Fernen Osten bis vor kurzem seltene Ausnahmen (z. B. Etiemble, Miner), so zeichnet sich mittlerweile, auch im Gefolge der ↗ *Gender studies* und der ‚postcolonialism studies‘ (↗ *Interkulturalität*), eine Öffnung der Komparatistik ab − und zwar auf ihr genuines Feld hin: eine Weltliteratur im unverkürzten Sinne.

Ernst Cassirer: Strukturalismus in der modernen Linguistik. In: E. C.: Geist und Leben. Hg. v. Ernst Wolfgang Orth. Leipzig 1993, S. 317−348. − Johann Wolfgang Goethe: Die Schriften zur Naturwissenschaft [LA = Leopoldina-Ausgabe]. Halle und Weimar 1947 ff.

ForschG: Der vor allem in den 1950er Jahren geführte Richtungsstreit der Komparatistik zwischen ‚amerikanischer‘ (z. B. Wellek, Remak) und ‚französischer Schule‘ (z. B. Guyard) führte zu einem starken theoretischen, aber auch historischen Legitimationsbedarf der jeweiligen Positionen und hatte eine Vielzahl von Einzeluntersuchungen zur Fachgeschichte im Gefolge (vgl. Bibliographie bei Dyserinck / Fischer). Dagegen hat die Polemik der ‚marxisti-

schen‘ gegen die ‚bürgerliche‘ Vergleichende Literaturwissenschaft kaum bleibende Spuren hinterlassen.

Lit: Jean-Jacques Ampère: Discours sur l'histoire de la poésie. Marseille 1830. − J.-J. A.: Littérature et voyages. Paris 1833. − J.-J. A.: Mélanges d'histoire littéraire et de littérature. 2 Bde. Paris 1867. − Fernand Baldensperger: Littérature comparée. Le mot et la chose. In: Revue de littérature comparée 1 (1921), S. 5−29. − Roger Bauer: Comparatistes sans comparatisme: In: Bologna. Hg. v. Vita Fortunati. Ravenna 1992, S. 11−22. − Hendrik Birus: Vergleichung. Goethes Einführung in die Schreibweise Jean Pauls. Stuttgart 1986. − H. B. (Hg.): Germanistik und Komparatistik. Stuttgart, Weimar 1995. − H. B.: Mediävistische Komparatistik − „unmöglich, aber dankbar"? In: Harms / Müller, S. 13−28. − H. B.: Das Vergleichen als Grundoperation der Hermeneutik. In: Interpretation 2000. Fs. Horst Steinmetz. Hg. v. Henk de Berg u. a. Heidelberg 1999, S. 95−107. − Pierre Brunel, Yves Chevrel (Hg.): Précis de littérature comparée. Paris 1989. − Hugo Dyserinck, Manfred S. Fischer (Hg.): Internationale Bibliographie zu Geschichte und Theorie der Komparatistik. Stuttgart 1985. − Ernst Elster: Weltlitteratur und Litteraturvergleichung. In: ASNSL 55 (1901), Bd. 107, S. 33−47. − René Etiemble: Comparaison n'est pas raison. In: R. E.: Ouverture(s) sur un comparatisme planétaire. Paris 1988, S. 59−164. − R. E.: Faut-il réviser la notion de *Weltliteratur*? In: R. E.: Essais de littérature (vraiment) générale. Paris ³1975, S. 15−36. − R. E.: Quelques essais de littérature universelle. Paris 1982. − Marius-François Guyard: La littérature comparée. Paris ⁵1969. − Wolfgang Harms, Jan-Dirk Müller (Hg.): Mediävistische Komparatistik. Fs. Franz Josef Worstbrock. Stuttgart, Leipzig 1997. − Walter Hoellerer: Die Vergleichende Literaturwissenschaft in Deutschland nach dem Kriege. In: Rivista di letterature moderne 3 (1952), S. 285−299. − Simon Jeune: Littérature générale et Littérature comparée. Paris 1968. − Gerhard R. Kaiser: Einführung in die Vergleichende Literaturwissenschaft. Darmstadt 1980. − Gertrud Lehnert: Acta Comparationis Litterarum Universarum. Eine komparatistische Zeitschrift des XIX. Jhs. In: Arcadia 17 (1982), S. 16−36. − James Montgomery: Lectures on poetry and general literature. London 1833. − François J. M. Noël, Guislain de La Place: Cours de littérature comparée. Paris 1804, ²1816. − Hutcheson Macaulay Posnett: Comparative literature. New York 1886. − Henry H. H. Remak: Comparative literature. In: Comparative literature. Hg. v. Newton P. Stallknecht u. Horst Frenz. Carbondale, Edwardsville ²1973, S. 1–57. – Horst Rüdiger u. a.: Zur Theorie der vergleichenden Literaturwissenschaft. Berlin 1971. – Charles-Augustin Sainte-Beuve: Jean-Jacques Ampère. In. C.-A. S.-B.: Nouveaux lundis. Bd. 13. Paris 1870, S. 183–186. – Manfred Schmeling (Hg.): Vergleichende Literaturwissenschaft. Theorie und Praxis. Wiesbaden 1981. – Paul Van Tieghem: La synthèse en histoire littéraire: littérature comparée et littérature générale. In: Revue de synthèse historique 31 (1920), S. 1–27. – P. V. T.: La littérature comparée. Paris 1931, ³1946. – Aleksandr Nikolaevič Veselovskij: Sobranie sočinenii [‚Gesammelte Werke‘]. Bd. 1–16. St. Petersburg/Leningrad 1908–38. – Abel-François Villemain: Tableau de la littérature au moyen âge en France, en Italie, en Espagne et en Angleterre. Paris 1830, ²1890. – Ulrich Weisstein: Einführung in die Vergleichende Literaturwissenschaft. Stuttgart u. a. 1968. – René Wellek: Die Krise der vergleichenden Literaturwissenschaft. In: R. W.: Grundbegriffe der Literaturkritik. Stuttgart 1971, S. 200–209. – R. W.: Begriff und Idee der Vergleichenden Literaturwissenschaft. In: Arcadia 2 (1967), S. 229–247. – Peter V. Zima: Komparatistik. Einführung in die Vergleichende Literaturwissenschaft. Tübingen 1992.

Hendrik Birus

Kompetenz ↗ *Linguistische Poetik*

Kompilation

Textsammlung durch Ausschreiben und Zusammenstellen der Quellenbestände zu einem Thema; als Büchertypus verbreitet vor allem im Kontext der Wissenschaftslehre des 16. und 17. Jhs.

Expl: Die Kompilation ist im Grundsatz Materialsammlung durch Zitieren, Exzerpieren und neues Zusammenschreiben aus vorliegenden Textbeständen. Der Fundus der autoritativen Quellen wird als ausschöpfbarer Vorrat (copia rerum) für eine Akkumulation von Auszügen genutzt. Im Sammelcharakter überschneidet die Kompilation sich mit der enger literarisch ausgerichteten ↗ *Anthologie* und mit dem Formulierungen sammelnden und nach äußerlichen Kriterien (z. B. alphabetisch) ordnen-den ↗ *Florilegium*. Mit fließenden Grenzen zu anderen Formen von Text-Akkumulation zeichnet sie sich durch eine tendenziell enzyklopädische Ausrichtung bei unterschiedlichen Differenzierungsformen in Stoff und Gliederung aus (↗ *Enzyklopädie*). In ihrer komplexesten Form ist die Kompilation ein geordneter Text-Thesaurus des ganzen in Geschichte und Gegenwart verfügbaren Wissens.

Das in den Kompilationen universell (universalis: Universalkompilationen) oder begrenzt (particularis: Spezialkompilationen) versammelte Wissen entstammt im Grundsatz drei Stoffbereichen: Es ist (1) Wissen von der Natur (wie bereits in der ‚Naturalis historia‘ des älteren Plinius; ↗ *Naturgeschichte*), (2) Wissen von der Geschichte (wie bereits in den ‚Facta et dicta memorabilia‘ des Valerius Maximus) und (3) biblisch-heilsgeschichtliches Wissen (den Heiligen Schriften und der Kirchenväter-Literatur entnommen).

Die in den Kompilationen zusammengetragenen Materien belehren (↗ *Belehrung*) – in Überschneidung mit Stoffen und Struktur der ↗ *Exempel* – durch das Exemplarische der Einzelsachverhalte. So in der Form kurzer Beispielgeschichten, die optimales Material des Kompilierens sind: von der antiken Rhetorik als Erfahrungsbeweis entwickelt, im mittelalterlichen Exempelgebrauch moraliter oder allegorice (↗ *Sensus litteralis/spiritualis*) gewendet und seit der Frühen Neuzeit als denkwürdige ‚Historien‘ aus biblischer und profaner Geschichte zusammengetragen. Anweisungscharakter zu haben, ist eines der Grundmuster kompilatorischer Stoffsammlung und Wissensvermittlung.

WortG: *Kompilation* aus lat. *compilatio*, im Lat. mit ‚Diebstahl‘ korreliert (*compilator = fur*; entsprechend die Verbform *pilare* bzw. *compilare* = ‚plündern‘, ‚ausbeuten‘, ‚zusammenraffen‘); daneben speziell für das Textverfertigen im Sinne von *exscribere* (‚aus anderen Texten übernehmen‘, ‚abschreiben‘). Im Mlat. verschiebt sich die Bedeutung von *compilatio* zur neutraleren Auffassung von ‚Entlehnung‘ und ‚Exzerpten-Sammlung‘. Die mlat. Bedeutung von *compilare* differenziert sich: Sie ist noch pejorativ (‚stehlen‘, ‚anhäufen‘, ‚verfälschen‘), aber auch schon sachlich deskriptiv (‚sammeln‘, ‚hinzufügen‘, ‚herstellen‘). Entsprechend ambivalent mlat. *compilator*: ‚Verfasser‘, ‚Vermittler‘, ‚Plagiator‘.

Compilatio als Titel von Werken wird seit dem 13. Jh. häufiger, meist verbunden mit einer expliziteren und für den Gebrauch nützlicheren Einrichtung der Kompilationswerke, etwa durch alphabetischen Index, Buch- und Kapitelgliederung oder Sacheinteilungen.

Im Kontext der humanistisch-reformatorischen Bildungslehre ist die pejorative Bedeutungskomponente vollends revidiert. Die eingedeutschte Form *Compilation* ist seit dem 19. Jh. belegt (Heyse, s. v.). *Kompilationsliteratur* wurde als literaturgeschichtlicher Terminus für derartige Sammlungen der Frühen Neuzeit eingeführt (z. B. Brückner).

Johann C. Heyse: Allgemeines verdeutschendes und erklärendes Fremdwb. Hannover [13]1865. – Mlat.Wb. 2, Sp. 1059 f. – Thesaurus 3, Sp. 2071. – Vgl. Brückner, S. 82 f. – Meyer, S. 435 f. – Parkes, S. 127–138.

BegrG: Legitimität und Verfahren der Kompilation werden, obgleich seit langem geübt, erst in der Spätantike Gegenstand expliziter Überlegungen. Obwohl zunächst pejorativ konnotiert, ist das Kompilieren von spätantiken Autoren (Gellius, Macrobius) bereits ausdrücklich gerechtfertigt worden: Es sichert den Bestand des überlieferten Wissens und hält es allgemein verfügbar. Dieses Konzept wird von Isidor von Sevilla aufgenommen und in zahllosen Lehrbüchern des frühen Mittelalters realisiert, die die maßgeblichen Quellen gültigen Wissens (auctoritates; ↗ *Autor*) für die verschiedenen Wissensgebiete zusammenstellen. In der breiten Kompilationspraxis des Spätmittelalters beginnen Überlegungen zu den kompilatorischen Schreibformen. Bonaventura unterscheidet systematisch ‚scriptor‘, ‚compilator‘, ‚commentator‘ und ‚auctor‘ (Mitte 13. Jh.). Gegenüber dem Schreiber, der nichts verändert, und dem Kommentator, der erklärend aus Eigenem hinzufügt, gilt für den Kompilator: „scribit aliena addendo, sed non de suo“ (Bonaventura,

14) – der Kompilator schreibt nur ‚Fremdes‘, aber mit der dem scriptor versagten Lizenz zur Veränderung (mutare). Im Begriffsfeld von Eigenem/Fremden argumentiert zur gleichen Zeit Vinzenz von Beauvais in der Rechtfertigung (‚Apologia actoris‘) seiner Kompilation ‚Speculum maius‘: „ex meo pauca, vel quasi nulla addidi“ (‚aus Eigenem habe ich wenig bzw. nichts hinzugefügt‘). Das Eigene, zu dem Fremdes nur als Annex und bestätigender Beleg tritt, ist Domäne des Autors. Dieser ist für seinen Text verantwortlich (assertio), während in der kompilatorischen Schreibform die Quellen für den Inhalt bürgen und selbstverantwortete Leistung nur ihre Zusammenstellung und Anordnung (ordinatio partium) ist.

Der frühneuzeitliche Begriff des Kompilierens beruht auf der Wissenschaftslehre der Topica universalis (vgl. Schmidt-Biggemann). Das Kompilieren integriert sich in die rhetorisch-dialektische Erschließung der Materien (Finden, Beurteilen, Verarbeiten); die exzerpierten Stoffe werden nach topoi oder loci, insbesondere nach einem Ordnungsgerüst von loci communes geordnet (↗ *Topik*), die in der humanistisch-reformatorischen Wissenschafts- und Bildungslehre die Rolle einer Art von ‚Universalschlüssel‘ in der Aneignung und Gliederung allen Wissens spielen (vgl. Brückner). In der Breite und Differenzierung des Kompilierens gliedert sich die Titelform *Compilatio* in eine Vielzahl von (auch bereits älteren) Titeln auf, die den Sammel- und Auszugscharakter der Werke anzeigen: *Analecta* (‚Aufgelesenes‘), *Collectanea* (‚Zusammengelesenes‘), *Epitomae* (‚Auszüge‘), *Farrago* (‚Auswahl aus Allerlei‘), *Variae lectiones* (‚Lesefrüchte‘), *Florilegium* (‚Blütenlese‘) oder – die enzyklopädische Ausrichtung hervorhebend – *Polyanthea* (‚Summe des ganzen Wissens‘).

Nach dem Reformationszeitalter zunächst fortgesetzt in der Artistengelehrsamkeit des 17. Jhs. (Polyhistorismus), verliert die Kompilation als zentrales Konzept universeller Bildung schrittweise ihre Funktion, indem das rhetorische ‚Finden‘ des Wissens aus der gegebenen copia rerum vom originalen ‚Erfinden‘ (vgl. etwa Kants Argumentation zu den Leistungen des

↗ *Genies*) abgelöst ist. Damit verbunden ist eine erneut pejorative Beurteilung des Kompilierens (jetzt im Kontext nur reproduzierten unoriginalen Allgemeinwissens), die ursprünglich im antiken Wortgebrauch von *compilatio* in ganz anderer Wendung gegeben war (vgl. Brückner; Wiedemann).

Bonaventurae opera. Bd. 1. Quaracchi 1882. – Vinzenz von Beauvais: Apologia actoris. In: von den Brincken, S. 470.

SachG: Kompilationswerke des 1. Jhs. n. Chr. (Valerius Maximus, ,Facta et dicta memorabilia'; Plinius d. Ä., ,Naturalis historia') haben bis in die Frühe Neuzeit vorbildhaft gewirkt. Die großen spätantiken Kompilationswerke eines Aulus Gellius (,Noctes Atticae'), Macrobius (,Saturnalia') u. a. werden Quellen mittelalterlichen Wissens. An das frühe Mittelalter ist das Verfahren zusammen mit dem Lehrgut der (Spät-)Antike vor allem durch Isidors von Sevilla ,Etymologiae' vermittelt worden. Kompilieren ist im Mittelalter eine anerkannte Praxis der Textverfertigung. Die wissenschaftliche ,Renaissance' des 12. Jhs. (↗ *Mittellateinische Literatur*) vervielfältigt das Bemühen um eine Thesaurierung des überlieferten Wissens. Die sich seit dem 13. Jh. entwickelnde Enzyklopädik (Bartholomäus Anglicus, ,De proprietatibus rerum'; Thomas von Cantimpré, ,Liber de natura rerum'; Vinzenz von Beauvais, ,Speculum maius') will Abbild der Welt sein (↗ *Spiegel*). Abbildung durch Versammeln des in einer Summe von Büchern verstreuten Spezialwissens in einem einzigen ,Weltbuch', das für die Leser gleichsam „Bibliotheksersatz" ist und die „Quintessenz des Wissens" über den Kosmos, die Geschichte und die einzelnen wissenschaftlichen Disziplinen faßt (Meier 1984, 476; Worstbrock). Die Werke folgen in ihren Aufbauformen – ohne wissenschaftssystematisches Konzept – Mustern des kognitiven Weltbildes der Zeit (Sechstagewerk der Schöpfung, Weltalter der Geschichte, Gliederung vom Schöpfer zum Geschöpf, vom Unkörperlichen zur Körperwelt). In ihrer internen Ordnung herrscht die offene Reihung der Materien vor (Werkteile in variabler Ausdehnung, relativ unbestimmtes Ver-

hältnis der Teile zueinander, additive Fülle von Einzelinformationen). Unmittelbarer Gebrauchswert ist, das in der kompilierten Auszugsform nicht zu komplexe Wissen aller Einzelgebiete für breitere Leserkreise verfügbar zu machen, insbesondere als Materien und Hilfe für die Predigt (vgl. Boüard; Meier 1984; Worstbrock).

Im Kontext von Humanismus und Reformation setzt das Kompilieren auf veränderten Grundlagen neu ein, im Umkreis einer weit verbreiteten Praxis des Sammelns von Texten gleicher Gattungs-Provenienz (Fabeln, Schwänke, Sprichwörter, Tischreden, Fazetien, Legenden; insbesondere reformationstheologisch motiviert: Prodigien, Teufelserzählungen, Luthersagen). Getragen von der humanistisch-reformatorischen Bildungslehre, die sich den res factae zuwendet, tritt die Historie ins Zentrum (als humanistisches Geschichtswissen und – reformationstheologisch – als indirekte Offenbarung Gottes). Universalkompilationen von *Historien* stehen neben Spezial- und Lokalkompendien von *Memorabilia* (wie Magica, Tragica, Naturkuriosa), von *Biblica* und *Ecclesiastica* oder profanen *Dicta* und *Facta* (Quellenverzeichnis bei Brückner, 758–790).

Innerhalb der humanistisch-reformatorischen Bildungslehre erhält das Kompilieren seine spezifische Struktur durch ein Ordnungsgerüst von historischen und theologischen loci communes. Sie dienen als praktische Mittel und Arbeitshilfen zur geordneten Sammlung der Materien (genutzt z. B. als ↗ *Hausbücher* zur Erbauung und als Hilfe für die Predigt). Die loci werden aus allgemeinen Gesichtspunkten und Mitteln der Amplifikation (so in der antiken Rhetorik) zu zugleich wissenschaftsmethodischen, die Sachverhalte fassenden und sittlichen Grundbegriffen uminterpretiert, erstmals in Melanchthons ,Loci communes theologici' (1521). Melanchthon entwickelt in der Exegese des Römerbriefes eine erste protestantische Dogmatik, sieht in diesem Text aber zugleich Psychologie, Ethik, Staats-/Weltkunde und damit das gesamte lebenspraktische Wissen umfaßt (vgl. Joachimsen; Maurer).

Daneben stehen andere Ordnungsformen für die versammelten Materien (*Alphabetum, Catalogus, Dialogus, Discursus, Calendarium, Diarium, Horae* etc.). Doch bleibt das kategoriale Gerüst der loci für das humanistisch-reformatorische Wissen bis ins 17. Jh. maßgeblich. Zuerst in den *Colloquia Lutheri*-Sammlungen (beispielhaft: Johannes Aurifaber, ,Tischreden', 1566) und in *Collectanea* (beispielhaft: Johannes Manlius, ,Locorum communium collectanea', 1560; dt. durch Johann Huldreich Ragor, 1566, gegliedert nach dogmatisch-sittlichen Grundbegriffen entsprechend dem Dekalog), schließlich in den protestantischen Exempelsammlungen (Andreas Hondorff, ,Promptuarium Exemplorum', 1568; Wolfgang Büttner, ,Epitome Historiarum', 1576; Samuel Meiger, ,Nucleus Historiarum', 1598). Das Spektrum dieser umfangreichen Büchergattung reicht vom Lehrbuch bis zur Unterhaltungsliteratur.

Das setzt sich im Polyhistorismus des 17. Jhs. zum Teil unmittelbar fort. Es wandeln sich aber zugleich die Funktionen der loci communes, indem sie in die Wissenschaftssystematik integriert werden: Hier dienen sie als Gliederungsgerüst in der Enzyklopädie der Wissenschaften als System, das alles versammelt, was gelehrt wird (Johann Heinrich Alsted, ,Encyclopaedia', 1630). In der ,Exzerpierkunst' der Zeit sind sie dagegen zu bloßen Schlagworten verflacht (Jeremias Drexel, ,Aurifodina', 1638). Im Grundsatz jedoch erhält sich bis zum Ende des Jhs. das Verständnis des exzerpierenden Kompilierens als rhetorisch-philologischer ,Kunst' (Daniel Georg Morhof, ,Polyhistor', Bd. 1, 1688; vgl. auch Justus Udenius, ,Excerpendi Ratio Nova', 1681).

Schrittweise außer Gebrauch kommt das Kompilieren mit der Säkularisierung des Wissensbegriffes und der Auflösung der rhetorischen Bildung im 18. Jh. Im frühaufklärerischen Wissenschaftsverständis hat das kumulierte Exzerptenwissen keine Erkenntnisfunktion mehr. In der kategorischen Form des Lexikoneintrags wird die in den Polyhistorismus mündende Epoche des Kompilierens seit der Frühen Neuzeit als abgeschlossen erklärt: Der Polyhistor zerstreue sich „in allzu vielen Dingen" und beschäftige sich, statt der Konzentration auf eine Disziplin, mit „Allotrien" (Zedler 28, 1319; vgl. Brückner, Rehermann, Wiedemann).

ForschG: Eine Geschichte des Kompilierens und der Kompilationsliteratur steht aus. Auch für einzelne Epochen ist die Materialfülle bisher vor allem in Bestandsaufnahmen gesichert und auf die strukturierenden Grundlinien hin untersucht worden (vgl. Meier 1984 für die spätmittelalterliche Enzyklopädik; Brückner 1974 für das Reformationszeitalter). Dem steht eine umfangreiche Spezialliteratur zu einzelnen Werken und Autoren gegenüber und ein die Kompilationswerke aus anderen Perspektiven einschließendes Forschungsinteresse (wie ,Enzyklopädie', ,Laienbildung', ,pragmatische Schriftlichkeit'). Gerade erst begonnen hat die Klärung des Verhältnisses von Wort und Bild in kompilatorischen und lexikographischen Werken (vgl. Hupka).

Lit: Michel de Boüard: Encyclopédies médiévales. In: Revue des questions historiques 58 (1930), Ser. 3, Bd. 16, S. 258−304. − Anna-Dorothee von den Brincken: Geschichtsbetrachtung bei Vinzenz von Beauvais. In: DA 34 (1978), S. 410−499. − Wolfgang Brückner (Hg.): Volkserzählung und Reformation. Berlin 1974. − W. B.: Historien und Historie. In: Brückner 1974, S. 13−123. − Bernward Deneke: Kaspar Goltwurm. Ein lutherischer Kompilator zwischen Überlieferung und Glaube. In: Brückner 1974, S. 124−177. − Werner Hupka: Wort und Bild. Tübingen 1989. − Paul Joachimsen: Gesammelte Aufsätze. Hg. v. Notker Hammerstein. Aalen 1970, S. 387−442. − Wilhelm Maurer: Melanchthons Loci communes von 1521 als wissenschaftliche Programmschrift. In: Luther Jb. 27 (1960), S. 1−50. − Christel Meier: Grundzüge der mittelalterlichen Enzyklopädik. In: Literatur und Laienbildung im Spätmittelalter und in der Reformationszeit. Hg. v. Ludger Grenzmann und Karl Stackmann. Stuttgart 1984, S. 467−500. − C. M.: Der Wandel der Enzyklopädie des Mittelalters vom ,Weltbuch' zum Thesaurus sozial gebundenen Kulturwissens. In: Enzyklopädien der Frühen Neuzeit. Hg. v. Franz M. Eybl u. a. Tübingen 1995, S. 19−42. − Edgar Mertner: Topos und Commonplace. In: Strena Anglica. Fs. Otto Ritter. Hg. v. Gerhard Dietrich und Fritz W. Schulze. Halle 1956, S. 178−224. − Heinz Meyer: Werkdisposition und Kompilationsverfahren einer spätmittelalterlichen Enzyklopädie

[...]. In: ZfdA 119 (1990), S. 434−453. − Alastair J. Minnis: Medieval theory of authorship. London 1984. − Martin Mulsow, Helmut Zedelmaier (Hg.): Skepsis, Providenz, Polyhistorie. Tübingen 1998. − Norbert H. Ott: Kompilation und Zitat in Weltchronik und Kathedralikonographie. In: Geschichtsbewußtsein in der deutschen Literatur des Mittelalters. Hg. v. Christoph Gerhardt u. a. Tübingen 1985, S. 119−135. − M[alcolm] B. Parkes: The influence of the concepts of ‚ordinatio‘ and ‚compilatio‘ on the development of the book. In: Medieval learning and literature. Hg. v. J. J. G. Alexander und M. T. Gibson. Oxford 1976, S. 115−141. − Ernst Heinrich Rehermann: Die protestantischen Exempelsammlungen des 16. und 17. Jhs. In: Brückner 1974, S. 579−645. − Heidemarie Schade: Andreas Hondorffs Promptuarium Exemplorum. In: Brückner 1974, S. 646−703. − Wilhelm Schmidt-Biggemann: Topica universalis. Hamburg 1983. − Klaus A. Vogel: Hartmann Schedel als Kompilator. In: Pirckheimer-Jb. 9 (1994), S. 73−97. − Conrad Wiedemann: Polyhistors Glück und Ende. In: Fs. Gottfried Weber. Hg. v. Heinz Otto Burger und Klaus v. See. Bad Homburg 1967, S. 215−235. − Franz Josef Worstbrock: Libri Pauperum. In: Der Codex im Gebrauch. Hg. v. Dagmar Hüpper u. a. München 1996, S. 41−60.

Hilmar Kallweit

Komplimentierbuch

Schriftliche Anleitung des 17. bis 19. Jhs. zur sprachlich-ritualisierten Kommunikation.

Expl: Komplimentierbücher informieren als Rhetorik-Lehrbücher, ↗ *Briefsteller*, Sprach-Lehren oder kombinierte Komplimentier- und Anstands-Fibeln − theoretisch und anhand vorgestellter Mustertexte − über das dem jeweiligen sozialen Kontext angemessene und zeitgemäße Verhalten in der nichtfiktionalen mündlichen oder schriftlichen Kommunikation. Sie modellieren als präskriptive Verhaltensgrammatiken die Interaktion im Alltag oder Festtag bei allen Anlässen: der Gratulation und Kondolenz, der Kontaktanbahnung und -pflege. Sie wollen Image-relevante Sprechakte wie Bitte und Dank, Entschuldigung, Empfehlung, Dienstangebote, Mahnungen u. a. als ↗ *Gebrauchstexte* ritualisieren, um damit zugleich die soziale Einstufung der eigenen Person und des Gegenübers zu signalisieren.

Innerhalb der Textsorten normativer Gebrauchstexte unterscheidet sich das Komplimentierbuch von anderen Anweisungen zur ↗ *Höfischen Verhaltenslehre* und der auch historisch umfassender verstandenen ↗ *Anstandsliteratur*, welche das gesamte nichtsprachliche Verhalten erfassen will, durch die Konzentration auf das sprachliche ↗ *Aptum* im gesellschaftlichen Verkehr. Vom reinen Konversationsbuch, das zur Kunst des geselligen Gesprächs anleitet, (↗ *Unterhaltung₂*), ist es schwerer zu unterscheiden, am ehesten durch Formelhaftigkeit der Mustertexte und die Routinisierung je nach Anlaß. Von der monologischen und ausführlicheren Komplimentier- und Lobrede grenzt sich das Kompliment durch Kürze, Routineformeln, dialogischen Adressatenbezug in einer intimeren Sprechsituation und durch die alltägliche, okkasionelle Verwendung ohne zwangsläufig dominante Lobhaltung ab.

WortG: *Compliment* tritt in dt. Texten zum ersten Mal 1598 in Aegidius Albertinus’ Übersetzung von A. de Guevaras ‚Epistolas familiares‘ auf. Im 17. Jh. ist die Variante *Complement* noch durchaus gebräuchlich, die von Barockautoren auf das lat. *complere* (‚erfüllen‘, ‚vervollständigen‘) und *complementum* (‚Ergänzung‘), den gesellschaftsethischen Anhang alter Moraltraktate, zurückgeführt wird. Vom span. *complimiento* (‚Höflichkeitsbezeugung‘) übernommen, verbreitet sich *Compliment* insbesondere unter frz. Kultureinfluß und behält im Deutschen die Schreibweise und umfassende Bedeutung des frz. Wortes für unterschiedliche sprachliche und gestische Interaktionsrituale bis in das 19. Jh. bei.

Den Gattungsnamen *Complementier-Büchlein* schuf 1645 Greflinger. Er wird in unzähligen Buchtiteln und Auflagen bis zu Beginn des 20. Jhs. verwendet, sehr häufig mit dem werbenden Zusatz *neues* oder *neuestes* Komplimentierbuch (z. B. Albert).

Georg Greflinger: Ethica complementoria. Complementier-Büchlein [...]. Hamburg o.J. [1645]. − C. Albert: Neuestes Complimentierbuch. Berlin ²²1900.

BegrG: Der Begriff des Komplimentierbuchs nimmt in der ↗ *Frühen Neuzeit* Teile des Bedeutungsumfanges der Gattungsbezeichnung der *Tisch-* und ↗ *Hofzuchten* auf. Für die Gattungszuordnung der Komplimentierbücher ist maßgeblicher als der — oft einer Mode folgende — Titel der Inhalt der Leitfäden, wobei die Grenzen zu verwandten Textsorten (Sprach- und Rhetorik-Lehrbücher, Briefsteller und Verhaltenslehren) fließend sind. Das Verhältnis von Lehrsätzen und zur Nachahmung empfohlenen Beispielen differiert erheblich. Es gibt sowohl reine Exempelsammlungen als auch reine Zusammenstellungen von Regeln. Nicht selten werden Komplimentierbücher als Sprachlehrbücher präsentiert, z. T. in zwei- oder mehrsprachigen Synopsen, häufig auch als selbständige Rhetoriken und Briefsteller und oft auch als Anhänge zu Lehrbüchern. Die speziell für Gesprächskomplimente eingerichteten Komplimentierbücher bieten unterhaltsame Gesprächsstoffe aus der Tradition des ↗ *Apophthegmas,* der ↗ *Fazetien* und des ↗ *Schwanks₂.*

SachG: Unterschiedliche Traditionslinien der Kommunikationslehre, deren Geschichte sich vom 17. bis Anfang des 20. Jhs. erstreckt, reichen über den Rhetorik- und Ethikdiskurs bis in die Antike zurück. Zum Geltungsbereich der Redelehre gehört nach Quintilian die Alltagskommunikation. Für Cicero stiftet das Gespräch die Kultur gesellschaftlichen Umgangs überhaupt. In der Frühen Neuzeit stellt der Humanist G. Pontano den urbanen Rednertyp im privaten Wirkungskreis vor (‚De sermone libri sex‘, 1499). J. R. Sattler und weitere Barockrhetoriker, welche die Universitätsrhetorik in Richtung auf einen engeren Praxisbezug reformierten (B. Kindermann, Ch. Weise, K. Stieler, J. Riemer), entfalten für höfische wie private Anlässe unter dem Einfluß politischer und sozialer Prozesse die Anwendungsfelder des *Genus demonstrativum* (↗ *Redegattungen*) und erweitern sie systematisch. Die Beschreibung idealer Geselligkeit, wie sie die klassischen Höflingslehren aus der Romania charakterisiert hatte (hierzu Hinz), wird zunehmend

abgelöst von pragmatisch-konkreten Anweisungen. Den antiken Gelegenheitsreden entsprechend, hatte die griech. Epistolographie in ähnlichen Typologien, wie sie in der Frühen Neuzeit Anwendung fanden, bereits Gratulations-, Trost-, Dank-, Lob-, Freundschafts- und Empfehlungsschreiben gekannt. Im Laufe des 17. Jhs. ist eine Verlagerung des Schwerpunktes von der Lehre (doctrina) auf die exempla zu beobachten. Seit dem Hellenismus liefern ↗ *Formularbücher* Textmuster für die ↗ *Ars dictaminis* bzw. *Ars dictandi* des Mittelalters und die Notariatskünste und Titularbücher der Barockzeit. Die Übertragung von der Kanzlei- in die Privatkorrespondenz — eingeleitet von den Humanisten — führt bei Autoren in der Epoche der ↗ *Galanten Literatur* (Bohse, Hunold) zur Abkehr vom Kurialstil und zu stilistischer Glättung, auch zur Tendenz der Psychologisierung im Rahmen der Insinuation (‚Einschmeichelung‘).

Analog zur Geschichte des ↗ *Briefes* verschaffen sich in der bürgerlichen Komplimentierkultur des 18. Jhs. Normen der Natürlichkeit und der ‚Sprache des Herzens‘ Geltung. Die Popularphilosophie der Aufklärung sieht deutlich die Spannung zwischen individuellem Glückseligkeitsstreben und gesellschaftlichen Ansprüchen auch als Grundproblem der Konversationskultur und propagiert mit den Kategorien der Authentizität und Originalität ebenso wie mit der Aufwertung der ‚Streitkultur‘ im Kontext des geselligen Umgangs dann Kriterien, die der traditionellen höfischen Komplimentierkunst entgegengesetzt sind (Ch. Garve, ‚Über Gesellschaft und Einsamkeit‘, 1797/1800). In Knigges ‚Über den Umgang mit Menschen‘ (1788/90) ist sprachliches Verhalten immer noch integraler Bestandteil des gesellschaftlichen Umgangs insgesamt. Daneben wird der Wissensbestand der Komplimentierbücher in die Anthropologie übernommen (Kant, ‚Anthropologie in pragmatischer Hinsicht‘, 1798) oder transfomiert, indem er in den Kontext einer neuen gesellschaftlich-geselligen Utopie integriert und zugleich entkonventionalisiert wird. Bei Schleiermacher (‚Versuch einer Theorie des geselligen Betragens‘, 1799) etwa wird in diesem Zusammenhang die reine Individualität dem gesellschaftlichen Übereinkommen als generell inkommensurabel gegenübergestellt, was auf der Basis freier und individualisierter Geselligkeit zu einer anders als in der höfischen Verhaltenslehre begründeten „Kunst des doppelsinnigen Redens" (Fauser, 434) führt.

ForschG: Mit der Studie von Zaehle wurde der Quellenbereich der Komplimentierbücher erstmals als genuine Texttradition in den Blick genommen, allerdings unter der Perspektive der ‚Vorgeschichte' zu Knigges ‚Umgang mit Menschen'. Zuvor hatten Komplimentierbücher bereits vielfache Beachtung gefunden, meist unter pejorativem Vorzeichen – dies sowohl in älteren soziologischen als auch in allgemeineren kulturgeschichtlichen Werken. „Wie ein roter Faden zieht sich durch die Forschungsgeschichte die moralische Ablehnung des Komplimentierwesens" (Beetz, 29). Dabei wird die Funktion historischer Textnormen an den eigenen sozialen und kulturellen Wertstandards gemessen. Nachdem Barner auf die Eigenständigkeit höfischer Redekultur gegenüber der akademischen Tradition nachdrücklich aufmerksam gemacht hatte, ging die neuere, sozialgeschichtlich ausgerichtete Forschung unter ziviliationsgeschichtlichen und historisch-anthropologischen Prämissen von einer umfassenderen Perspektive aus. Beetz legte eine gründliche Bestandsaufnahme des 17. und frühen 18. Jhs. mit modernem Methodenansatz vor. Fauser situiert das Kompliment überzeugend im Kontext der Entwicklung der Gesprächskultur des 18. Jhs. Hinz stellt die Tradition der Romania umfassend dar.

Lit: Wilfried Barner: Barockrhetorik. Tübingen 1970. – Manfred Beetz: Frühmoderne Höflichkeit. Stuttgart 1990. – Georg Braungart: Hofberedsamkeit. Tübingen 1988. – Karin Ehler: Konversation. München 1996. – K. E., Martin Mulsow: Sprachunterricht im Zeitalter der Konversation. In: Romanistisches Jb. 45 (1994), S. 28–52. – Markus Fauser: Das Gespräch im 18. Jh. Stuttgart 1991. – Karl-Heinz Göttert: Legitimationen für das Kompliment. In: DVjs 61 (1987), S. 189–205. – K.-H. G.: Kommunikationsideale. Untersuchungen zur europäischen Konversationstheorie. München 1988. – Manfred

Hinz: Rhetorische Strategien des Hofmannes. Stuttgart 1992. – Horst V. Krumrey: Entwicklungsstrukturen von Verhaltensstandarden. Frankfurt 1984. – Thomas Pittrof: Umgangsliteratur in neuer Sicht. In: IASL, 3. Sonderh. (1993), S. 63–112. – Dietmar Till: Komplimentierkunst. In: HWbRh 4, Sp. 1211–1232. – Barbara Zaehle: Knigges Umgang mit Menschen und seine Vorläufer. Heidelberg 1933.

Manfred Beetz

Komposition

Aufbau und Gestaltung eines Kunstwerks; spezifischer: Erzählfügung.

Expl: Der literaturwissenschaftliche Begriff ‚Komposition' zielt auf die Erhellung von thematischer Bearbeitung sowie innerem und äußerem Aufbau eines literarischen Werkes. Daneben kann er – zumal in der Musik – die Herstellung dieser Werkgestalt bezeichnen. Als eine Kategorie autonomer Kunst und ↗ *Ästhetik*, die das genuin Künstlerische und zugleich Individuelle eines Textes herauszuarbeiten versucht, ist ‚Komposition' von benachbarten rhetorischen Begriffen (‚Compositio' und ↗ *Dispositio*) zu unterscheiden. Während diese allgemein gültige Bauregeln zielgerichteter mündlicher Rede oder schriftlich fixierter (Sach-)Texte formulieren, geht es bei der ästhetischen Kategorie ‚Komposition' um das individuelle Ganze eines künstlerischen Textes, das mehr ist als die Summe seiner Teile, und den darin vermittelten ‚Sinn' (↗ *Form*, ↗ *Gestalt*, ↗ *Struktur*). In der ↗ *Erzähltheorie* wird die Spannung von erzählter Geschichte (‚histoire') und deren erzählerischer Wiedergabe (‚discours', auch ‚narration') untersucht.

Die Epische Integration (der Begriff wurde 1950 von H. Meyer geprägt) zielt gegenüber organischen Wachstumsmodellen auf den strukturellen „Fabrikationsprozeß" (Meyer, 300), in dem der Künstler aus der rein sukzessiven Geschehensfolge ein komplexes und stimmiges Form- und Sinnganzes bildet; untersucht werden Rückwendung oder ↗ *Vorausdeutung*, ↗ *Kohärenz*-Bildung durch rekurrente Bilder und ↗ *Motive*

(↗ *Leitmotiv*), die Kategorie ERZÄHL-
STRANG (EINSTRÄNGIGKEIT oder MEHR-
STRÄNGIGKEIT) sowie Modelle des künstlerischen Aufbaus (LINEARITÄT vs. Diskontinuität).

Analog hierzu stellt die ↗ *Dramentheorie*
mit Blick auf die Handlung Fragen nach
dem Verhältnis von dargestellten Ereignissen und deren dramatischer Darbietung.
Analysen zur inneren Komposition von
↗ *Lyrik* untersuchen strukturierende Metaphorik und Bildsprache, insbesondere auch
Prosodie, Reim, Rhythmus und Metrik.

WortG/BegrG: *Komposition* gehört morphologisch zu *komponieren*, das in der Bedeutung von ‚zusammenstellen' im 16. Jh.
aus lat. *componere* entlehnt wurde (Kluge-
Seebold, 394 f.). Schon der rhetorische Begriff ‚Compositio' (Quintilian, Cicero; vgl.
HWbRh 2, 300−305) verweist auf einen
künstlerischen Akt, der dem bloßen Schreiben (scribere) gegenübersteht. Neben der
grammatischen und stilistischen Anordnung der zu behandelnden Themen und Argumente in der ↗ *Dispositio* bezieht sich
‚Compositio' auf das gelungene Zusammen-
fügen der Sinneinheiten in Sprache und Stil
(λέξις [léxis]; ↗ *Elocutio*) nach den Vorgaben der Redekunst. Während der rhetorische Kompositionsbegriff, wie er sich als
Kulturtechnik in der Schulpraxis bis heute
rudimentär erhalten hat, rezipientenorien-
tiert ist (Ziel ist die maximale Wirkung der
Rede oder des Sachtextes), ist unter ‚Komposition' als literaturwissenschaftlichem
Begriff eine ästhetische Kategorie zu verstehen, die gerade umgekehrt von den Rezipienten auf das Kunstwerk (↗ *Werk*) und
dessen Schöpfer (↗ *Autor*) angewandt wird.

Für die Geschichte von *Komposition* als
Terminus der Ästhetik in Abgrenzung von
der Rhetorik ist die Entwicklung des Begriffs in der Musik aufschlußreich (vgl.
MGG 5, 505−557). Zu Beginn des 16. Jhs.
verändert sich das Bedeutungsspektrum
von *compositio* in der lat. Musiktheorie:
Bisherige Bedeutungsaspekte (*componere*
als das Zusammensetzen von verschiedenen
Stimmen zu einem kontrapunktischen Satz,
sowie *compositio* als von der Rhetorik geprägte, redeähnliche Anlage des Musik-

stücks mit Anfang, Mitte und Schluß) gehen in den von Johannes Tinctoris formulierten erweiterten Begriff ein, der bereits
Maßstäbe wie schriftliche Fixierung, künstlerische Originalität und Autorschaft formuliert (,Proportionale musices'). ‚Composition' im Sinne von ‚opus' wird zum emphatischen Begriff des musikalischen Werkes selbst. Über die Musiktheorie dringt
eine doppelte Bedeutung des Begriffs ‚Composition' (dt. um 1700 belegt) in die
Kunstdiskussion des 18. Jhs.; neben − der
Antike entlehnten − handwerklichen Regeln des musikalischen Satzes (vgl. J. Mattheson, ‚Der vollkommene Capellmeister',
1739) betrifft er grundlegende Fragen nach
dem Verhältnis von Schöpfer (*compositor*,
compositeur) und Werk (vgl. Zedler 6, 879:
„Im componieren uebertrifft auch offt ein
gluecklicher Genie die groeste Kunst").

Die an der Musikästhetik beobachtete
Verschiebung des Kunstbegriffes vom regel-
haft-erlernbaren Kunst-Können zum nicht
mehr regelgeleiteten Kunst-Schaffen vollzieht sich für die Literatur wenig später mit
der Genie-Ästhetik in ihrer Abkehr von der
Regelpoetik und ihrer Betonung von Komposition als eines genialen Schöpfungsaktes
(vgl. Edward Young, ‚Conjectures on Original Composition', 1759). In der Debatte um
die ↗ *Autonomie* von Kunst entwickelt sich
‚Komposition' im bis heute gebräuchlichen
Sinn zu einer grundlegenden ästhetischen
Kategorie, die Kunst und Kunstschaffen
gleichzeitig beschreibt, bestimmt und bewertet (vgl. 1802 die ‚Deutsche Enzyklopädie' 22, 303). Weitere Anwendung fand der
Begriff in der romantischen Kunsttheorie
(Fr. Schlegel ‚Gespräch über die Poesie',
1800) und − bedeutsamer noch für die weitere Wirkung − in Schleiermachers Verstehenslehre, die in konsequenter Abkehr von
Nachahmungskonzepten (↗ *Mimesis₂*) die
schöpferische Identität des Subjekts betont,
die in der Einheit seines Werks sichtbar
werde. Jene Einheit gilt es im ↗ *Hermeneutischen Zirkel* zu erfassen (Schleiermacher,
107). Wie allerdings noch 1831 Goethes hef-
tiges Verdikt gegen das „ganz niederträch-
tige Wort" *Komposition* zeigt, das er höchstens für das Zusammenrühren von Ku-
chenteig gelten lassen wollte (MA 19, 684),

konnte sich der Begriff für die Kunst nur allmählich durchsetzen. Seine geglückte Verbreitung als ästhetische Kategorie dokumentiert 1850 ‚Meyers Konversationslexikon' (s. v.).

Eine weitere terminologische Fixierung im Laufe der 2. Hälfte des 19. Jhs. basiert auf E. A. Poes Aufsatz ‚Philosophy of Composition' (1846, vermittelt insbesondere durch Friedrich Spielhagen), in dem Poe den Kompositionsprozeß seines Gedichts ‚The Raven' (1845) als Wechselspiel von Intuition und Sinnesreizen einerseits und ästhetischem Kalkül und Intellekt andererseits darstellt. Der im ‚komponierten' Werk objektivierte gelungene Schaffensakt wird also über die Inspiration hinaus vor allem als rational kalkulierte kompositorische ‚Arbeit' beschrieben. Mit Poes Essay ist die Bestimmung und Bewertung eines literarischen Textes über eine Analyse seiner ‚Komposition' legitimiert, also des inneren wie äußeren Aufbaus und der stimmigen Beziehung der einzelnen Teile.

Wie in der Musiktheorie, in der bereits im frühen 19. Jh. die Standards der musikalischen Formenlehre und des Werkbegriffs über die Kompositionsanalyse festgelegt wurden, leistet seit etwa 1850 der ästhetische Begriff ‚Komposition' Ähnliches für eine sich ausbildende Literaturtheorie. Er schließt jene Definitions- und Legitimationslücke für den Eintritt in das ‚Pantheon der Kunst' (Hegel), die um 1750 bei der Abkehr der Kunst von Zweck- und Regelbindung entstanden war. Die Kategorie der ‚Komposition' liefert sowohl für autonome Instrumentalmusik ohne soziale und semantische Anbindung durch Wort und Ritus Wertungskriterien als auch für autonome literarische Texte von ‚freien' Schriftstellern ohne praktische Wirkungsintention und ohne feststehenden Rezipientenkreis. Als grundlegende Kategorie gilt ‚Komposition' schließlich seit der zweiten Jahrhunderthälfte in der entstehenden Architektur- und Kunstgeschichte, deren Theorie wiederum zu Beginn des 20. Jhs. v.a. mit Heinrich Wölfflins Form- und Stilgedanken in die Geisteswissenschaften zurückwirkt (↗ *Wechselseitige Erhellung der Künste*).

Deutsche Enzyklopädie oder Allgemeines Real-Wörterbuch aller Künste und Wissenschaften. Frankfurt 1778 ff. − Johann Wolfgang Goethe. Sämtliche Werke. Münchner Ausgabe [MA]. München 1985 ff. − Friedrich Schleiermacher: Hermeneutik. Heidelberg 1959. − Friedrich Spielhagen: Finder oder Erfinder [1871]. In: F. S.: Beiträge zur Theorie und Technik des Romans. Leipzig 1883, S. 1−34. − Johannes Tinctoris: Proportionale musices [1473 f.]. Hg. v. Albertus Seay. Stuttgart 1978. − Heinrich Wölfflin: Kunstgeschichtliche Grundbegriffe. München 1915. − Edward Young: Conjectures on original composition [1759]. Gedanken über die Original-Werke. Übers. v. H. E. Teubern [1760]. Repr. Heidelberg 1977.

ForschG: Analyse der Komposition ist seit der Entstehung der Literaturwissenschaft genuiner Bestandteil ihres Verstehensprozesses. Potentieller Gegenstand ist die gesamte Literatur, von der Antike bis hin zur konstruktivistischen Avantgarde des 20. Jhs. Untersuchungen zur Komposition literarischer Texte werden im späten 19. Jh. zunächst durch aus der schriftstellerischen Praxis kommende Arbeiten gefördert (Freytag, ‚Technik des Dramas', 1863; Spielhagen, ‚Beiträge zur Theorie und Technik des Romans', 1883; Heyses Falkentheorie in der Einleitung zum ‚Deutschen Novellenschatz', 1871) − spätestens aber mit Scherers ‚Über die Anordnung Goethescher Schriften' (1882−1884) sind sie unverzichtbarer Teil literaturwissenschaftlicher Forschung. Mit ihnen verbunden sind seither Fragen zum inneren und äußeren Aufbau und nach der textübergreifenden Kohärenz literarischer Textcorpora.

Bis in die 1960er Jahre war die Forschung geprägt durch Arbeiten wie Oskar Walzels ‚Gehalt und Gestalt im Kunstwerk des Dichters' (1923), Wolfgang Kaysers ‚Das sprachliche Kunstwerk' (1948) oder Emil Staigers ‚Die Kunst der Interpretation' (1951). Sie regten eine Vielzahl von Untersuchungen zu Gattungs- und Stilproblemen an, die in *close reading* (↗ *New Criticism*, ↗ *Werkimmanente Interpretation*) das Einzelne aus dem Ganzen und das Ganze aus dem Einzelnen über die innere und äußere Komposition eines Textes zu erkennen suchten. Parallel dazu entstand in den späten 1950er Jahren eine Erzählforschung als Kompositionsforschung (Eberhard Lämmert, ‚Bauformen'); in diesen Zusammenhang gehören Untersuchungen zur Anordnung und Gliederung längerer epischer Texte (↗ *Kapitel*, ↗ *Zahlensymbolik*) und zur Buchkomposition (Worstbrock). Bei der Lyrik wurde die Gestaltung der visuellen Textoberfläche untersucht (Figurengedichte, Konkrete Poesie), und in der Dramentheorie knüpfte Klotz mit der Kategorie ‚Geschlossene und offene Form im Drama' (1960) an Wölfflins kunstgeschichtliche Terminologie an.

Seit den späten 1960er Jahren wurden Fragen nach der Komposition im Kontext des ↗ *Strukturalismus* reformuliert (im Anschluß an den Russischen ↗ *Formalismus* – vgl. etwa Šklovskij zur Sujetfügung –, v.a. Uspenskij, ‚Poetik der Komposition', 1970; Lotman, ‚Die Struktur literarischer Texte', 1970; sowie die Frühschriften von Barthes; zur produktiven deutschen Rezeption der strukturalistischen Theorie vgl. Pfister, Hempfer und Titzmann).

Die in der Begriffsgeschichte angelegte doppelte Bedeutung (als produktionsästhetischer Befund und als ästhetische Kategorie) läßt sich für die letzten 35 Jahre wiederum in zwei zwar interferierenden, doch deutlich zu trennenden Forschungsrichtungen wiederfinden: (1) hermeneutische und (2) antihermeneutische Wissenschaftsmodelle. Beide Modellstränge untersuchen ihr literarisches Objekt kompositionsanalytisch, verorten ihre Befunde jedoch gegensätzlich. Während bei den hermeneutischen Theoriemodellen ein bestimmbares (Autor-)Subjekt für die sinnstiftende Kompositionsleistung verantwortlich ist, ist das Werk für Theoriemodelle aus (2) eine von der physischen Existenz eines ↗ *Autors* unabhängige literarische Schnittstelle zeitgenössischer Diskurse (↗ *Poststrukturalismus*, ↗ *Dekonstruktion*). Jedoch mehren sich in den 1990er Jahren Ansätze, die über den Kompositionsbegriff den Autor restituieren. Die französische Schule der Critique génétique (↗ *Edition*) etwa zielt in ihren Texteditionen auf den minutiösen Nachvollzug der Textentstehung und betont in besonderer Fokussierung auf Autor und Autograph wieder die Leistung der künstlerischen Komposition.

Lit: George L. Dillon: Constructing texts. Elements of a theory of composition and style. Bloomington 1981. – Gustav Freytag: Die Technik des Dramas. Leipzig 1863. – Klaus W. Hempfer: Gattungstheorie. München 1973. – Paul Heyse, Hermann Kurz (Hg.): Deutscher Novellenschatz. 24 Bde. München 1871–1876. – Kayser. – Volker Klotz: Geschlossene und offene Form im Drama [1960]. München [13]1992. – Eberhard Lämmert: Bauformen des Erzählens [1955]. Stuttgart [8]1989. – Jurij M. Lotman: Die Struktur literarischer Texte [russ. 1970]. München 1972. – Manfred Pfister: Das Drama. München 1977. – Herman Meyer: Zum Problem der epischen Integration. In: Trivium 8 (1950), S. 299–318. – Wilhelm Scherer: Über die Anordnung Goethescher Schriften. In: Goethe-Jb. 3 (1882), S. 159–173, 4 (1883), S. 51–78, 5 (1884), S. 257–278. – Viktor B. Šklovskij: Theorie der Prosa [russ. 1925]. Frankfurt 1966. – Emil Staiger: Die Kunst der Interpretation. Groningen 1951. – Michael Titzmann: Strukturale Textanalyse. München [3]1993. – Boris A. Uspenskij: Poetik der Komposition [russ. 1970]. Frankfurt 1975. – Oskar Walzel: Gehalt und Gestalt im Kunstwerk des Dichters. Berlin 1923. – Franz Josef Worstbrock: Elemente einer Poetik der Aeneis. Münster 1963.

Martin Huber

Konfiguration ↗ *Konkrete Poesie*

Konflikt ↗ *Handlung*

Konjektur ↗ *Textkritik*

Konkordanz

Hilfsmittel zur Ermittlung und Darstellung von Korrespondenzen innerhalb eines Textes oder Sachbereichs.

Expl: Konkordanzen dienen dazu, korrespondierende Sachverhalte aufeinander zu beziehen und so für den Vergleich aufzubereiten. Es kann sich dabei um Wörter in Texten (bes. in der Bibel), konkurrierende Zählungen oder Paginierungen, historische

Ereignisse, Rechtssätze, heilsgeschichtliche oder kosmologische Materialien handeln. Sie werden (anders als in der ↗ *Synopse*) aus ihren Kontexten gelöst und in einer für den Vergleich geeigneten Form (meist alphabetisch) neu angeordnet. Konkordanzen dienen nicht nur der Texterschließung, sondern bieten z. B. auch die Voraussetzung, Widersprüche zu ermitteln und gegebenenfalls zu klären.

WortG: Mit *concordantiae* (von lat. *concordare* ‚übereinstimmen‘) werden seit den bei Rouse/Rouse (1974, 25–30) verzeichneten Codices des 13. Jhs. Sammlungen solcher Textstellen der Bibel benannt, die sich jeweils auf gleiche Wörter, Sachen oder andere Gesichtspunkte beziehen. Wegen der *concordia* (‚Übereinstimmung‘) von Altem und Neuem Testament kann *concordantia, -ae* auch in Werktiteln für Sammlungen typologischer Sinnbezüge (↗ *Typologie₁*) gebraucht werden. – In eingedeutschter Form begegnet *concordantz* zuerst im 15. Jh. (Paul-Henne, 479) und setzt sich nach der Reformation auch als Bezeichnung für die deutschsprachigen Bibelkonkordanzen durch (Brohm, IX).

BegrG: Neben der bis heute konstanten und auf Texte jeder Art beziehbaren Konzeption des Begriffs im eher technischen Sinne des Zutreffens verschiedener Textstellen auf einen Sachverhalt oder ein Wort steht der mittelalterliche Gebrauch von *concordantiae* auch für Allegoriensammlungen und Darstellungen des typologischen Bilderkreises: Aufgrund der hermeneutisch-heilsgeschichtlich fundierten Überzeugung des antiken und mittelalterlichen Christentums von einer inspirierten Harmonie zwischen Präfiguration und Erfüllung (Altes Testament – Neues Testament) sowie zwischen den Dingen der geschaffenen Welt (res significantes) und den Heilswahrheiten (res significatae) wird der Begriff im Mittelalter ausgedehnt auf die Zusammenordnung von Begebenheiten des Neuen Bundes mit den alttestamentlichen Präfigurationen und auf Sammlungen allegorischer Naturauslegung (↗ *Allegorese*, ↗ *Sensus litteralis/spiritualis*).
    Die in älterer Forschung häufig als (Real-) Konkordanzen bezeichneten mittel-alterlichen Sachkompendien zur Bibel und Bibelauslegung bilden einen unscharf begrenzten Bereich zwischen Sachregister und Allegoriensammlung, für den die Quellen selbst nur in Ausnahmefällen die Werkbezeichnung *concordantiae* gebrauchen (z. B. Pseudo-Antonius von Padua: ‚Concordantiae morales‘, 13. Jh.: nach systematischen Kriterien des Tugend- und Lastersystems gegliederte Zusammenstellung biblischer und anderer Materialien für die Predigtvorbereitung).

SachG: Wegbereiter der Bibelkonkordanzen sind die Kanontafeln der Evangeliare, die Konkordanztabellen für die vier Evangelien enthalten, sowie die alphabetisch geordneten Kompendien zur Bibelexegese nach Art der sogenannten Distinctiones-Sammlungen. Die vom Dominikanerorden getragene Entwicklung der lateinischen Bibelkonkordanz (Quétif/Echard, 203–210; Bindseil, 676–680; Mangenot, 895–897; Rost, 102–104; Korrekturen bei Rouse/Rouse) beginnt um 1240 mit den nach ihrem Entstehungsort, dem Dominikanerkloster St. Jacques in Paris, benannten ‚Concordantiae S. Iacobi‘ des Hugo von St. Cher (Stellenangabe nur mit Buch und dem jeweils in sieben Abschnitte (a-g) gegliederten Kapitel) und findet ihre wirkungsmächtigste Form in der früher Konrad von Halberstadt zugeschriebenen, aber wohl schon vor 1286 entstandenen ‚dritten Konkordanz‘ (Rouse/Rouse 1974, 19), die zu jeder Stelle einen kurzen Textauszug von vier bis sieben Wörtern bietet.
    Das Ausgreifen der Konkordanz auf weitere Bereiche zeigt sich am wirkungsvollsten an der kurz nach 1350 entstandenen ‚Concordantia caritatis‘ des Zisterzienserabtes Ulrich von Lilienfeld, einer den Armenbibeln und dem ‚Speculum humanae salvationis‘ vergleichbaren Sammlung von Bildern und Texten mit typologisch-allegorischen Sinnbezügen, in der die nach liturgischen Gesichtspunkten geordneten neutestamentlichen Heilsereignisse mit ihren alttestamentlichen Präfigurationen sowie mit signifikanten Naturphänomenen präsentiert werden (Schmidt).
    Den im 13. Jh. begründeten lateinischen Konkordanzen, die nach dem Aufkommen

des Buchdrucks in eine neue Phase der Expansion treten (erste Druckausgabe 1474 in Straßburg), folgen seit dem Spätmittelalter vergleichbare Hilfsmittel für den griechischen und hebräischen Bibeltext; auch die Bibelübersetzung Luthers wird seit ihrem Erscheinen mit verschiedenen Konkordanzen ausgestattet. Zunächst erscheint 1524 in Straßburg eine ‚Konkordantz des Newen Testaments zu teutsch‘ von Johannes Schroeter, die Leonhard Brunner 1546 auf die gesamte Lutherbibel ausdehnt (Brohm, VIII). In der Tradition verschiedener verbesserter Luther-Konkordanzen des 16.–19. Jhs. steht heute die ‚Große Konkordanz zur Lutherbibel‘, die Nachfolgerin der sogenannten ‚Calwer Konkordanz‘ (Brohm, IX).

Über die theologisch-exegetischen Anwendungsfelder hinaus wird die Konkordanz in der Neuzeit zu einem wichtigen Instrument der historisch-philologischen Disziplinen, das in jüngster Zeit durch die Möglichkeiten der elektronischen Datenverarbeitung noch an Relevanz und Vielseitigkeit gewinnt. Zunächst überwiegend auf Dichter vom Range Shakespeares (Lit. bei Howard-Hill, 89) und Goethes (Maierhofer) konzentriert, haben sich konkordanzartige Hilfsmittel inzwischen in allen Bereichen der Literaturwissenschaft etabliert. Im Rahmen der Computerphilologie gewinnt das Präsentationsprinzip der Konkordanz neue Aktualität und neue Dimensionen (↗ *Hypertext* als Editionsprinzip).

ForschG: Während die Konkordanzen des Mittelalters früher als Teilgebiet aus der Geschichte der Bibelexegese betrachtet wurden, erweisen sie sich jetzt im Zusammenhang der Untersuchungen von Rouse/ Rouse auch in ihrer allgemeinen kulturgeschichtlichen Bedeutung als Wegbereiter alphabetischer Textorganisation und als Indikatoren einer im Wandel befindlichen Buchbenutzung. – Im Hinblick auf die Literatur der Neuzeit hat die Forschung weniger die Geschichte der Konkordanz als vielmehr ihre optimale Form für die Aufschließung literarischer Werke diskutiert (Lit. bei Howard-Hill, 87–89).

Lit: Heinrich Ernst Bindseil: Über die Concordanzen. In: Theologische Studien und Kritiken 43 (1870), S. 673–720. – Berthold Brohm: Zur Geschichte der Bibelkonkordanzen. In: Große Konkordanz zur Lutherbibel. Stuttgart ²1989, S. VII–IX. – Trevor H. Howard-Hill: Literary concordances. A guide to the preparation of manual and computer concordances. Oxford 1979. – Arduinius Kleinhans: De Concordantiis Biblicis S. Antonio Patavino aliisque Fratribus Minoribus saec. XIII attributis. In: Antonianum 6 (1931), S. 272–326. – Waltraud Maierhofer, Konkordanzen und Elektronische Bibliothek als Hilfsmittel der Goetheforschung. In: WW 42 (1992), S. 420–429. – Eugène Mangenot: Concordances de la Bible. In: Dictionnaire de la Bible. Bd. 2/1. Paris 1926, Sp. 892–905. – Jacques Quétif, Jacques Echard: Scriptores ordinis Praedicatorum recensiti, notisque historicis et criticis illustrati. Bd. 1. Paris 1719, S. 203–210, 466f. 610f. – Hans Rost: Die Bibel im Mittelalter. Augsburg 1939 [S. 102–104 zu den Bibelkonkordanzen, 237–246 zur 'Concordantia caritatis']. – Richard H. Rouse, Mary A. Rouse: The verbal concordance to the scriptures. In: Archivum Fratrum Praedicatorum 44 (1974), S. 5–30. – R. H. R., M. A. R.: Preachers, florilegia and sermons. Toronto 1979, S. 9–11. – R. H. R., M. A. R.: La concordance verbale des écritures. In: Le Moyen Age et la Bible. Hg. v. Pierre Riché. Paris 1984, S. 115–122. – Alfred A. Schmid: Concordantia caritatis. In: RDK 3, Sp. 833–853.

Heinz Meyer

Konkrete Poesie

Dichtung, die Sprache als Material zum Thema macht.

Expl: Konkrete Poesie nimmt in Opposition zu traditionellen Schreib- und Lesegewohnheiten das Material der Sprache (Buchstaben, Silben, Wörter), oftmals losgelöst von Semantik und Syntax, als Ausgangspunkt künstlerischer Gestaltung, um daraus diverse Textsorten zu gestalten, in denen spezielle typographische, akustische oder visuelle Präsentationsweisen dominieren. Konkrete Poesie hat also nur eine untergeordnete oder keine Mitteilungsfunktion, sondern ist primär Ausstellung ihrer eigenen Struktur (*Visuelle Poesie*, ↗ *Figurengedicht*, ↗ *Lautgedicht*).

Als Formtypen der Konkreten Poesie unterscheiden Bense und Döhl (in: Gomringer

1972, 167 f.) folgende Möglichkeiten: Buchstaben-Bilder, Schrift-Bilder, metrische und akustische Poesie, phonetische Poesie, stochastische und topologische Poesie sowie kybernetische und materiale Poesie. Gomringers ‚Definitionen zur visuellen Poesie‘ (ebd., 165 f.) differenzieren: Ideogramme, Konstellationen, Dialektgedichte, Palindrome, Typogramme und Pictogramme. Eine Hauptform ist die KONSTELLATION (vgl. Gomringer 1969, 280−285): als neuartig geordnete KONFIGURATION asyntaktischer sprachlicher Zeichen bzw. als „Gruppierung von wenigen, verschiedenen Worten, so daß ihre gegenseitige Beziehung nicht vorwiegend durch syntaktische Mittel entsteht, sondern durch ihre materielle, konkrete Anwesenheit im selben Raum" (Gomringer in Mon, 112). Für alle genannten Formen dürfte gelten, daß der jeweilige Text auch gegen die konventionelle Leseweise zu rezipieren ist und den Leser zum Mitspieler machen soll.

ITERATION: Gestaltungsverfahren der Konkreten Poesie durch Wiederholung eines Zeichens auf höherer Stufe, d. h. als Zeichen von Zeichen − ggf. gestuft wiederholbar (↗ *Potenzierung*).

SUPERISATION: Gestaltungsverfahren der Konkreten Poesie durch Kombination von (gleichen oder verschiedenartigen) ‚mikrostrukturellen‘ Zeichen zu einem ‚makrostrukturellen‘ Superzeichen mit gleichartiger oder neuartiger Bedeutung (zu beiden Verfahren vgl. Bense 1969, 11 f.).

Franz Mon (Hg.): Movens. Dokumente und Analysen zur Dichtung, bildenden Kunst, Musik, Architektur. Wiesbaden 1960.

WortG: Lat. *concretus* meint ‚zusammengewachsen‘, ‚verdichtet‘, ‚gegenständlich‘. In der Theorie der Konkreten Kunst und Poesie erscheint der Begriff des Konkreten als Gegenbegriff zum Abstrakten, etwa bei Max Bense: „Alles Abstrakte hat etwas zur Voraussetzung, von dem gewisse Merkmale abstrahiert wurden. Alles Konkrete ist hingegen nur es selbst" (Bense 1965, 1240). Die früheste Erwähnung des Begriffs (*concrete poetry*) findet sich in Ernest Francisco Fenollosas ‚The Chinese Written Character as a Medium for Poetry‘ (1908; publiziert 1919

von Ezra Pound, dt. 1972 von Gomringer). In Konkurrenz zu *Konkrete Poesie* stehen diverse andere Bezeichnungen, die synonym oder variierend gebraucht werden, u. a. *absolute, experimentelle, materiale, spatialistische Dichtung* bzw. *Poesie*.

BegrG: Wirksam wird zunächst der allgemeinere Begriff der Konkreten Kunst. Er erschien 1930 in Theo van Doesburgs Manifest ‚Base de la peinture concrète‘ und regte den Schweizer Konstruktivisten Max Bill zu seinem Text ‚konkrete gestaltung‘ (1936) an. Eugen Gomringer, Bills Sekretär an der Ulmer Hochschule für Gestaltung, hatte der Konkreten Poesie in seinem Manifest ‚Vom Vers zur Konstellation‘ (1954/55; Gomringer 1972, 155−160) eine theoretische Begründung gegeben, zunächst ohne den Begriffsnamen zu verwenden. 1955, bei einem Treffen an der Ulmer Hochschule, akzeptierte Gomringer den Vorschlag der Vertreter der brasilianischen Gruppe ‚noigandres‘, die „parallelen experimente aufgrund ästhetischer verwandschaft und geistiger verpflichtung gegenüber den theoretikern, malern und bildhauern der konkreten kunst ebenfalls als konkret zu bezeichnen" (Gomringer 1972, 5). Das einschlägige Manifest der Noigandres-Gruppe ist der 1958 erschienene ‚plano-piloto para poesia concreta‘ (dt. de Campos 1966). Vorher, nämlich 1953, begegnet der Begriff ‚Konkrete Poesie‘ in dem erst 1966 veröffentlichten ‚Manifest för konkret poesie‘ des Schweden Öyvind Fahlström, das sich eher an die Konkrete Musik als die Konkrete Kunst anlehnt.

SachG: In einem weiten Sinn sind viele Formen und Tendenzen als Vorläufer der Konkreten Poesie zu betrachten. Etwa das ↗ *Figurengedicht* in Antike und Barock, das ↗ *Anagramm* oder das *Palindrom* (↗ *Kryptogramm*) oder die wechselnde Konfigurationen des Materials durchspielende ↗ *Permutation₂*. Folgenreich waren diverse Experimente der Moderne seit dem ↗ *Symbolismus* (↗ *Experimentell*). Aus Stéphane Mallarmés Gedicht ‚Un coup de dés‘ (1897) bezog z. B. Gomringer den Begriff der Konstellation (Gomringer 1972, 155−157). ↗ *Expressionismus* und ↗ *Dadaismus* brachten weitere Sprachexperimente und ihre theoretische Begründung: u. a. die Wort-Kunst-Theorie August Stramms, die Laut-gedichte Hugo Balls, Kurt Schwitters' i-Ge-dicht, die ‚Ursonate' (1932), und seinen Be-griff ‚Konsequente Dichtung'; die Manifeste der Futuristen Marinetti (‚parole in li-bertà'), Chlebnikov und Krucenych. Eine Fortsetzung dadaistischer Tendenzen zur Reduktion der Sprache auf sinnfreie Buch-staben- und Lautfolgen ist nach 1945 der ‚Lettrismus' Isidore Isous, der das Alphabet lediglich als materiales Zeichenrepertoire versteht. Zu einem direkten Vorläufer der Konkreten Poesie wird der Spätfuturist Carlo Belloli mit seinen ‚testi-poemi murali' (1944). Die Entwicklung der Konkreten Poesie im engeren Sinne beginnt etwa gleichzeitig mit den brasilianischen ‚noigan-dres' (‚Antologia Noigandres', Sao Paulo 1952) und mit Gomringers ‚konstellationen' (1953), nicht zuletzt in der Ausbildung eines stringenten Zusammenhangs von Theorie-bildung und literarischer Praxis. Die Kritik hat denn auch gelegentlich moniert, daß manche literarischen Texte dieser Richtung nur in Zusammenhang mit der Theorie ihr avantgardistisches und kritisches Potential entfalten. Im deutschen Sprachraum zeigen die Experimente der Stuttgarter Gruppe (Bense, Döhl, Heißenbüttel) und der Wie-ner Gruppe (Fr. Achleitner, H. C. Artmann, K. Bayer, G. Rühm, O. Wiener) Affinitäten zur Konkreten Poesie. Ab Mitte der 1960er Jahre wird die Konkrete Poesie durch Edi-tionen in großen Verlagen über die engeren Zirkel hinaus bekannt und fast populär. Sie wirkt auf Schulunterricht und Werbung und verliert damit manche ihrer provozie-renden Impulse. Der Versuch ihrer Politisie-rung (z. B. C. Bremer, T. Ulrichs) bleibt temporär. Manche Autoren (z. B. Heißen-büttel oder Jandl) haben sich früh von Dok-trin und Praxis der Konkretisten befreit oder haben sich auch (so Achleitner) den Grenzgebieten von Poesie und bildender Kunst (Concept-Art, Visuelle Poesie) zuge-wandt.

ForschG: Da viele Autoren Konkreter Poe-sie auch Theorien über diese formuliert ha-ben (etwa Bense oder Döhl), läßt sich eine davon unabhängige Forschungsgeschichte nicht schreiben. Charakteristisch für die Forschungsentwicklung ist die enge Verbin-dung von Programmatik, Produktion und literaturwissenschaftlicher Analyse; einige Interpreten haben sich auch als Verfasser Konkreter Poesie versucht. Semiotische An-sätze wurden im Laufe der Entwicklung in-tegriert (S. J. Schmidt). Im Kontext einer historischen Perspektivierung wurden auch ältere Vorläufer (vor allem barocke Figu-rengedichte) als solche erkannt und damit die Zusammenhänge mit der Visuellen Poe-sie herausgearbeitet (Adler/Ernst, Ernst).

Lit: Ludwig John, Bertram Quosdorf: Ottos Mops trotzt. Auf der Suche nach dem Jandl. CD-ROM München 1996.
   Jeremy Adler, Ulrich Ernst: Text als Figur. Weinheim 1987. − Stephen Bann (Hg.): Concrete poetry. An international anthology. London 1967. − Max Bense: Experimentelle Schreibwei-sen. Stuttgart 1964. − M. B.: Konkrete Poesie. In: STZ 14 (1965), S. 1236−1251. − M. B.: Ein-führung in die informationsästhetische Ästhetik. Reinbek 1969. − Diethelm Brüggemann: Die Aporien der konkreten Poesie. In: Merkur 28 (1974), S. 148−165. − Augusto de Campos u. a.: Programm der konkreten Poesie. In: Serielle Ma-nifeste 66. St. Gallen 1966. − Reinhard Döhl: Konkrete Literatur. In: Die deutsche Literatur der Gegenwart. Hg. v. Manfred Durzak. Stutt-gart 1971, S. 257−284. − R. D.: Konkrete Lite-ratur. In: Moderne Literatur in Grundbegriffen. Hg. v. Dieter Borchmeyer und Viktor Žmegač. Tübingen ²1994, S. 231−235. − Hans Magnus Enzensberger u. a.: Concrete Poetry. In: Docu-menta X. Hg. v. Catherine David. Cantz 1997, S. 252−261. − Robert Matthias Erdbeer: Die Bilder des Konkreten. In: Der Streit um die Me-tapher. Hg. v. Klaus Müller-Richter und Arturo Larcati. Darmstadt 1998, S. 297−317. − Ulrich Ernst: Carmen Figuratum. Köln 1991. − Wolf-gang Max Faust: Bilder werden Worte. München 1977, Köln ²1987. − Öyvind Fahlström: Hätila Ragulpr På Fåtskliaben. Manifest för konkret poesie. In: Ö.F.: Bord dikter 1952−1955. Stock-holm 1966. − Ernest Fenollosa: Das chinesische Schriftzeichen als poetisches Medium. Hg. v. Ezra Pound. Dt. hg. v. Eugen Gomringer. Starn-berg 1972. − Burckhard Garbe (Hg.): Konkrete Poesie, Linguistik und Sprachunterricht. Hildes-heim, Zürich 1987. − Pierre Garnier: Jüngste Entwicklung der internationalen Lyrik. In: Zur Lyrik-Diskussion. Hg. v. Reinhold Grimm. Darmstadt ²1974, S. 479−497. − Eugen Gomrin-

ger: manifeste und theoretische texte. In: E. G.: Worte sind Schatten. Reinbek 1969, S. 275−298. − E. G. (Hg.): Konkrete Poesie. Stuttgart 1972. − Harald Hartung: Experimentelle Literatur und konkrete Poesie. Göttingen 1975. − Helmut Hartwig: Schrift und Nichtschrift. Kritische Notizen zur Konkreten Dichtung. In: STZ 14 (1965), S. 1228−1236. − Hans-Jürgen Heinrichs: In der Folge der konkreten Poesie. In: Akzente 18 (1971), S. 520−534. − Helmut Heißenbüttel: Was ist das Konkrete an einem Gedicht? Itzehoe 1969. − Gerd Henniger: Reduktion. Zur Dialektik der konkreten Poesie. In: STZ 10/55 (1975), S. 50−58. − Dieter Kessler: Untersuchungen zur Konkreten Dichtung. Meisenheim 1976. − Konkrete Poesie I/II. Text und Kritik 25/30 (1970 f.). − Thomas Kopfermann (Hg.): Positionen zur konkreten Poesie. Tübingen 1974. − T. K.: Konkrete Poesie. Frankfurt 1981. − Siegfried J. Schmidt (Hg.): Konkrete Dichtung − Konkrete Kunst. Karlsruhe 1968. − S. J. S.: Ästhetische Prozesse. Köln 1971. − S. J. S. (Hg.): Konkrete Dichtung. München 1972. − Peter Schneider: Konkrete Dichtung. In: STZ 14 (1965), S. 1197−1214. − Christian Wagenknecht: Konkrete Poesie. In: Der Berliner Germanistentag 1968. Hg. v. Karl Heinz Borck und Rudolf Henss. Heidelberg 1970, S. 100−118. − Christina Weiss: Seh-Texte. Zur Erweiterung des Text-Begriffes in konkreten und nach-konkreten visuellen Texten. Zirndorf 1984. − Michael Wulff: Konkrete Poesie und sprachimmanente Lüge. Stuttgart 1978.

Harald Hartung

Konkrete Utopie ↗ *Vorschein*

Konkretisation ↗ *Rezeptionsästhetik*

Konnexion ↗ *Kohärenz*

Konnotation

Die nicht-referentielle, gefühls- oder wertbedingte Bedeutungskomponente eines Zeichens oder eines Zeichenkomplexes.

Expl: Die strukturale Semantik und die Semiotik unterscheiden in den Beziehungen zwischen Sprachformen und Bedeutungsinhalten eine referentielle Bedeutungskompo-

nente oder DENOTATION, welche die Bezüge eines Wortes zur bezeichneten ‚Sache‘ enthält, und eine konnotative Bedeutungskomponente, mit der der expressive und wertende Mitteilungsgehalt gemeint ist (↗ *Bedeutung*). Die Konnotation (als semantischer Begriff) kann sich sowohl auf Stil- oder Tonvarianten beziehen, als auch auf Werte und Emotionen, die mit den bezeichneten Sachen durch ASSOZIATION (als psychologischer Begriff) gewohnheitsmäßig verknüpft werden. Für beide Möglichkeiten gilt, daß sie soziokulturell geprägt sind.

WortG/BegrG: Das Wort *Konnotation* wurde um 1200 aus lat. *con-notare* ‚mit-(be-)zeichnen‘ gebildet und in philosophisch-theologischen Diskussionen über den Sinn der Wörter benutzt (R. Bacon u. a.; OED 3, 749 f.). In der Sprachphilosophie des 14. Jhs. wurde der Terminus spezifischer angewandt, um Wörter nach der Art und Weise, wie sie auf etwas verweisen, zu unterscheiden (W. Occam u. a.; HWbRh 4, 1243−46). Insbesondere handelte es sich um die Unterscheidung konkreter und abstrakter Wörter. Konkreta sah man dadurch bestimmt, daß sie nicht nur Eigenschaften, sondern auch einen Träger dieser Eigenschaften ‚mit-bezeichnen‘ (HWbPh 4, 975 f.).

Die mittelalterliche Unterscheidung wurde im 19. Jh. von John Stuart Mill wieder aufgegriffen; nach seiner maßgeblich gewordenen Unterscheidung (Mill, bes. 30−33) bezeichnet bei Appellativa − nicht aber bei Eigennamen; ↗ *Onomastik* − der Terminus *denotation* den Begriffsumfang (die Extension; ↗ *Referenz*), *connotation* den Begriffsinhalt (die Intension). Mills Argumente wurden 1934 von Karl Bühler in seiner ‚Sprachtheorie‘ zur Ausdifferenzierung der Nennwörter weiterentwickelt. Bühler kennzeichnet *Connotation* als ↗ *Leerstelle* eines Wortes, die durch den Kontext ausgefüllt werden soll (Bühler, 173, 226 u. 246).

In der strukturalen Semantik unterlag der Begriff erheblichen Erweiterungen und Verschiebungen. Im Anschluß an de Saussures Wert-Begriff (‚valeur‘) argumentierte Hjelmslev (1943, 118 f.), daß zur Beschreibung von semantischen Wortinhalten neben den bezeichneten Dingen (Extension) und Merkmalen (Intension) auch die Beurteilungen und Wertungen gehörten, die damit in einer Sprachgemeinschaft verbunden werden. Diese expressiven Unterschiede – u. a. durch Stil-, Mundart-, Sprach- und Tonvarianten – verknüpfte er mit dem Begriff ‚connotator‘. Entsprechend siedelte er die semantische Beschreibung im Schnittpunkt von Linguistik, Anthropologie und ↗ *Kulturwissenschaft* an (Hjelmslev 1957).

Der Bedeutungsumfang des Terminus *Konnotation* erweiterte sich in der ↗ *Semiotik* aber noch mehr, was auch zu unterschiedlichen Anwendungen führte (vgl. Nöth, 76): der Begriff wurde allmählich auf alle denkbaren Zeichensysteme in Bild, Materie oder Klang ausgedehnt. Unter Bezugnahme auf Hjelmslev bestimmte Barthes Konnotationen als EVOKATION von Bedeutungen symbolischer, wertender oder gefühlsmäßiger Art. Sie seien, obwohl kulturell bedingt, nicht stringent nach Regeln arrangiert und außerdem nicht auf einzelne Zeichen beschränkt, sondern auch mit Reihen zusammenhängender Zeichen, etwa in einem Text, zu verbinden. Die Konnotation schwankt bei Barthes (vgl. bes. 1465–1525) zwischen expressiven, stilistischen Variationen und Gefühlswerten der denotierten Objekte und Sachverhalte. Eco definiert *Konnotation* schließlich noch umfassender als „die Gesamtheit aller kulturellen Einheiten, die von einer intensionellen Definition des Signifikans ins Spiel gebracht werden können" (Eco, 108); er zählt eine breite Skala von grammatischen, ideologischen und emotionalen bis hin zu rhetorisch-stilistischen Konnotationen auf. Andere halten jedoch weiterhin an der Bestimmung der emotionalen oder affektiven Bedeutung eines Zeichens oder einer Zeichenreihe fest (vgl. z. B. Blanke, 19, 35 f.).

Gustav H. Blanke: Einführung in die semantische Analyse. München 1973. – Karl Bühler: Sprachtheorie [1934]. Stuttgart 1965. – Louis Hjelmslev: Prolegomena to a theory of language [1943]. Baltimore 1953. – L. H.: Für eine strukturale Semantik [1957]. In: Der moderne Strukturbegriff. Hg. v. Hans Naumann. Darmstadt 1973, S. 249–269. – John Stuart Mill: System of Logic. London 1843. – Winfried Nöth: Hb. der Semiotik. Stuttgart 1985.

ForschG: Eine ausführliche Darstellung des Konnotationsbegriffs und seiner Anwendung in den verschiedenen Epochen und Disziplinen bietet Garza-Cuarón. In logischen und sprachphilosophischen Diskussionen (Überblick mit Bibliographie bei Salmon) war der Begriff der Konnotation ein theoretisches Instrument für grundlegende semantische Unterscheidungen. Die strukturalistische Prägung bei Hjelmslev u. a. (↗ *Strukturalismus*) und daran anschließend in der ↗ *Semiotik* machte die Konnotation aber zum Gegenstand der generellen Analyse kultureller Produkte. Sowohl Barthes (bes. 1417–1429) als auch Eco bemühten sich, konnotative Bedeutungsaspekte in Zeichengebilden – u. a. in Werbetexten – aufzuzeigen und deren Ableitung aus kulturellen Bedingungen zu rekonstruieren.

Auch Sprachpsychologie bzw. Psycholinguistik befassen sich mit der Unterscheidung und Operationalisierung von Bedeutungskomponenten (früher Ansatz schon 1900 bei Erdmann). Es wurden Verfahren entwickelt, um konnotative Anteile empirisch zu ermitteln. Osgood u. a. führten 1957 die Methode des Semantischen Differentials (SD) ein, bei dem Informanten verbale oder auch non-verbale Stimuli auf Skalen zwischen Gegensatzpaaren (z. B. *gut...schlecht*) einstufen sollen. Aus den Ergebnissen lassen sich Bedeutungsdimensionen konnotativer Art extrahieren (kritisch dazu u. a. Weinreich; Hörmann, cap. X).

In der Literaturwissenschaft wurde das SD vor allem in empirischen Untersuchungen zur Stilistik (Carroll, van Peer) und zur Rezeption (Andringa; Bauer u. a.) eingesetzt, inzwischen erweitert um neue Methoden für die Erforschung konnotativer Bedeutungsaspekte wie das Verfahren des ‚lauten Denkens‘ (Mick / Politi; vgl. Rapp). Grundsätzlichere literaturtheoretische Aspekte sprachlicher Konnotation ergaben sich aus Freges philosophischem Konzept der ‚Färbung‘ von Ausdrücken über ihren Sinn und ihre Bedeutung hinaus (Frege, 54–58 u. 85 f.) sowie aus dem amerikanischen ‚Emotivismus‘ in der Sprach- und Literaturtheorie (z. B. Ogden / Richards, Beardsley; vgl. ↗ *Ambiguität* und Preminger, 151 f.). In Auseinandersetzung mit diesen Positionen hat 1977 F. Koppe eine fundamentalphilosophische Theorie der Literatur als konnotativer ‚Bedürfnisartikulation' ausgearbeitet (Koppe, bes. 93–101). Aus sprachwissenschaftlicher Sicht auf Fragen der ↗ *Poetizität* definiert Lerchner *Konnotation* verallgemeinernd als „Bestandteil der Bedeutung sprachlicher Zeichen, der [...] wertende, gefühlsmäßige oder vorschreibende Stellungnahmen des Sprechers zu den bezeichneten Sachverhalten zum Ausdruck bringen kann" (Lerchner, 257). Auf dieser Basis ergibt sich der Befund, daß Konnotationen „im literarischen Text nicht nur topikfähig, sondern auch topikrelevant sind, für die Sinnkonstituierung, den Aufbau des Werkes im Bewußtsein des Lesers also entscheidende Funktion haben" (ebd. 35).

Lit: Els Andringa: Text, Assoziation, Konnotation. Königstein 1979. – Roland Barthes: Œuvres complètes. Bd. 1. Paris 1993. – Werner Bauer u. a.: Text und Rezeption. Frankfurt 1972. – Monroe C. Beardsley: Aesthetics. New York 1958. – Petra M. E. Braselmann: Konnotation, Verstehen, Stil. Frankfurt 1981. – John B. Carroll: Vectors of prose style. In: Style in language. Hg. v. Thomas A. Sebeok. Cambridge, Mass. 1960, S. 283–292. – Umberto Eco: Einführung in die Semiotik [1968]. München 1972. – Karl Otto Erdmann: Die Bedeutung des Wortes. Leipzig 1900. – Gottlob Frege: Schriften zur Logik und Sprachphilosophie [1892]. Aus dem Nachlaß hg. v. Gottfried Gabriel. Hamburg 1971. – Beatriz Garza-Cuarón: Connotation and meaning. Berlin, New York 1991. – Hans Hörmann: Psychologie der Sprache. Berlin u. a. 1970. – Catherine Kerbrat-Orecchioni: La connotation. Lyon 1977. – Franz Koppe: Sprache und Bedürfnis. Stuttgart-Bad Cannstadt 1977. – Gotthard Lerchner: Sprachform von Dichtung. Berlin, Weimar 1986. – Hans-Heinrich Lieb u. a. (Hg.): Aufsätze zum Konnotationsbegriff und zur Sprachkritik. Berlin 1979. – André Martinet: Connotations, poésie et culture. In: To honor Roman Jakobson. Den Haag 1967. Bd. 2, S. 1288–1294. – David G. Mick, Laura G. Politi: Consumers' interpretations of advertising imagery: A visit to the hell of connotation. In: Interpretive consumer research. Hg. v. Elizabeth Hirschman. London u. a. 1989, S. 85–96. – Charles K. Ogden, Ivor A. Richards: The meaning of meaning. London 1923. – Charles E. Os-

good u. a.: The measurement of meaning. Urbana, Ill. 1957. – Willie van Peer: Stylistics and psychology. London u. a. 1986. – Alex Preminger (Hg.): Princeton Encyclopedia of poetry and poetics. Princeton 1974. – Reinhard Rapp: Die Berechnung von Assoziationen: ein korpuslinguistischer Ansatz. Hildesheim, Zürich 1996. – Gerda Rössler: Konnotationen: Untersuchungen zum Problem der Mit- und Nebenbedeutungen. Wiesbaden 1979. – Nathan Salmon: Reference. In: Hb. Sprachphilosophie. Hg. v. Marcelo Dascal u. a. Bd. 2. Berlin, New York 1996, S. 1123–1152. – Uriel Weinreich: Travels through semantic space. In: Word 14 (1958), S. 346–366.

Els Andringa

Konstellation ↗ *Konkrete Poesie*

Kontamination₁ ↗ *Textkritik*

Kontamination₂ ↗ *Wortspiel*

Kontext

Die Menge der für die Erklärung eines Textes relevanten Bezüge.

Expl: *Kontext* ist ein zumindest dreigliedriger relationaler Ausdruck (A ist Kontext für B in Hinsicht auf C), den drei Festlegungen bestimmen: Wird einem Text oder einem Textausschnitt ein Kontext zugewiesen, so kann dieser Text nicht selbst Teil des Kontextes sein. Bei veränderten Vergleichsbedingungen können die Relationsglieder ihren Platz tauschen. Die Umgebung des Kontextes eines Textes muß nicht wiederum ‚Kontext' des Textes sein.

Unterscheiden lassen sich vier Kontextarten:

(1) Intratextueller Kontext (auch Co-Text; dazu linguistisch Petöfi 1971a, b; literaturwissenschaftlich Fricke, 10–18) als Beziehung eines Teiles eines Textes zu anderen Ausschnitten desselben Textes in (a) thematischer oder (nur) (b) sequentieller Hinsicht;

(2) infratextueller Kontext als Beziehung eines Textes oder eines Textabschnittes zum Textganzen;

(3) intertextueller Kontext als Beziehung eines Text(ausschnitt)s zu (a) bestimmten Textklassen oder zu (b) anderen Texten bzw. Textausschnitten (↗ *Intertextualität*);

(4) extratextueller Kontext als Beziehung eines Textes zu nichttextuellen Gegebenheiten (auch REDEKONSTELLATION; dazu Steger u. a.).

Zum intratextuellen Kontext gehört das Vorangehende und Nachfolgende (antecedentia und consequentia); zum infratextuellen Kontext der SKOPUS, d. h. der Bezugsbereich des Textausschnitts; zum intertextuellen Kontext der Wort- oder Sachparallelismus; zum extratextuellen Kontext der ↗ *Einfluß*.

WortG: Aus lat. *textus* ,Gewebe‘, ,Gefüge einer Schrift‘ gebildetes bzw. vom lat. *contextus* ,Zusammenhang der Rede oder Schrift‘ entlehntes Kompositum, das sich im Deutschen seit dem frühen 16. Jh. nachweisen läßt (Th. Müntzer; vgl. Paul-Henne, 885) und im 17. Jh. als Bezeichnung für den ,Zusammenhang‘ einer Rede oder eines Textes in die Gelehrtensprache eingeht (Schulz-Basler 1, 386; für das 18. Jh. Zedler 6, 1119); im 19. Jh. bezeichnet das Wort sowohl die eine zusammenhängende Folge verlangende SITUATION bzw. REDESITUATION (Sanders 1860, 987) als auch den „Zusammenhang der einzelnen Theile eines Schriftstücks" (Sanders 1891, 695). Zum Fachterminus für die Bezeichnung der ,textuellen Umgebung‘ einer sprachlichen Einheit wird *Kontext* bzw. *Co-Text* (oder *Kotext*) in der Sprach- und Literaturwissenschaft des 20. Jhs. (Schulz-Basler 5, 202; Paul-Henne, 885).

Daniel Sanders: Wörterbuch der Deutschen Sprache. Bd. 1. Leipzig 1860. − D. S.: Fremdwörterbuch. Bd. 1. Leipzig ²1891. − Hans Otto Spillmann: Zur Wortgeschichte und lexikographischen Belegung von Text und Kontext. In: Deutscher Wortschatz. Hg. v. Horst Haider Munske u. a. Berlin, New York 1988, S. 200−209.

BegrG: Anweisungen für die hermeneutische Kontextbildung finden sich bereits in der griech. Antike, etwa in Gestalt des Ari-

starch zugeschriebenen Diktums der Erklärung ,Homerum ex Homero‘ bzw. ,poetam ex poeta‘ (Schäublin). Nach Cicero (,De inventione‘ 2,40,117) können mehrdeutige Stellen durch das, was vorausgeht oder folgt, verständlich gemacht werden („ex superiore et ex inferiore scriptura docendum id quod quaeratur fieri perspicuum"). Nach Augustins ,De doctrina christiana‘ sind die dunklen durch die klareren Stellen eines Textes zu erklären; später gewinnt dann die ,interpretatio doctrinae‘ im bibelexegetischen Bereich als ,interpretatio secundum analogiam‘ eine überragende Bedeutung (↗ *Exegese*). Im Blick auf den intratextuellen Kontext spricht z. B. Thomas von Aquin von der „salva circumstantia litterae" (105), welche es genau zu beachten gelte.

In der Tradition der antiken Rhetorik werden Fragen nach den ,circumstantiae‘ des Textes gestellt − Wer? Was? Warum? In welcher Weise? Wo? Wann? Mit welchen Mitteln? −, die Erasmus mit großer Wirkung in seine theologische Methodenlehre aufnimmt. Später wird die Berücksichtigung von ,loci & temporis, similiumque circumstantiarum‘ zum Gemeingut der ↗ *Interpretation*.

Neben den frühmittelalterlichen Formen des ,accessus ad auctores‘ (s. Klopsch, 48 ff.), bei denen der Kontext allein im Zusammenhang mit der Frage nach dem Autor eine Rolle spielt, gewinnt jener durch die Aufnahme der Aristotelischen causae-Lehre Zugang zum mittelalterlichen Kommentarwesen: der Autor als ,causa efficiens‘; Themen und Quellen als ,causa materialis‘; ,causa formalis‘ ist als ,forma tractandi‘ die Vorgehensweise des Autors und als ,forma tractatus‘ die Gestalt der Schrift; als ,causa finalis‘ wird der Zweck des Werkes bezeichnet, der sich im Rezipienten erfüllen soll (oder auch nicht). Causa efficiens und finalis gelten hierbei häufig als äußere (,extrinsecus‘), causae materialis und formalis als innere Ursachen (,intrinsecus‘). Im Humanismus sind Bildungen wie *contextus verborum* bei Francesco Robortello nicht selten (vgl. Stillers, 141 ff.).

Im Zuge der reformatorischen Schriftlehre wird der scholastischen Textanalyse zwar immer wieder die vom Textganzen isolierte Stellenanalyse vorgeworfen, aber die Beachtung des Skopus (oder auch ‚finis‘, ‚intentio‘) der Schrift ist nicht wirklich neu. Flacius Illysicus spricht in seiner ‚Clavis scripturae‘ von 1567 vom *totus contextus*, und den Ausdruck verwendet auch Salomon Glassius in seiner einflußreichen ‚Philologia sacra‘ von 1623 (Ausgabe 1705). Auch wenn mitunter zwischen ‚circumstantiae scribentis‘ − das sind die Umstände, auf welche die traditionellen Kommentarfragen zielen − und ‚circumstantiae scripturarum‘ − das ist der Co-Text einer Stelle − unterschieden wird, so bleibt oft unklar, inwieweit der angesprochene Zusammenhang über den ‚contextus verborum‘ hinausreicht. Als extratextuelle Hilfsmittel der Interpretation gelten der ‚contextus orationis‘ und die ‚analogia linguarum‘ (Ernesti).

Durchgängig wird auf den Kontext in Fragen der Bedeutungszuschreibung zurückgegriffen, wonach zweifelhafte grammatische Konstruktionen aus dem „scopo und contextu“ zu erklären sind (z. B. Zopf, 252; vgl. Werner, 12−56). Dem sprachlichen Zeichen als Element einer Sprache kontextfrei Bedeutung (significatio) zuzusprechen, hingegen im Kontext des Textes, also in einer bestimmten, davon unterschiedenen Weise Sinn (sensus, Verstand), ist ein aus der mittelalterlichen Logik bekannter ‚contextual approach‘ (de Rijk). Er findet durch vielfältige Variationen bis in die Hermeneutiken des 18. Jhs. in der einen oder anderen Weise Eingang (z. B. S. Morus); schon für Rambach 1738 besitzt „freylich manches Wort ausser dem contextu plures significationes“ (169).

Die Überlagerung von verschiedenen Kontextualisierungen führt zur artifiziellen Verknüpfung unterschiedlicher Kontexte zu einem Ganzen. Beim ‚contextus verborum‘ kommt es dann zur Unterscheidung von ‚nexus externus‘ und ‚internus‘. Ersterer als ‚nexus historicus‘ betrifft die dargestellten historischen Ereignisse, als ‚nexus rerum‘ geht es um den dargestellten sachlichen Kontext. Beim ‚contextus internus‘ wird der ‚nexus logicus‘ als Zusammenhang nach den Gesetzen des ‚vernünftigen Denkens‘ und der ‚nexus psychologicus‘ als associativer Zusammenhang der Gedanken des Autors unterschieden (vgl. z. B. Reithmayr).

Probleme bei der Kontextbildung ergeben sich aus den spezifischen Voraussetzungsverhältnissen, in denen der Kontext zum Text steht. Dies wurde dann auch als ein Problem der interpretatorischen Bewegung zwischen Einzelnem und Ganzem begriffen (↗ *Hermeneutischer Zirkel*): Welches Vorverständnis leitet die Ermittlung von Kontexten, wenn der Text gerade aus diesen Kontexten heraus erklärt werden soll? Die Kontext-Bildung weist also schon früh erkannte Probleme methodischer Kontrolle auf: „Man kann freilich oft sagen, dass man bei einer Stelle den wahren Sinn nicht finden kann, weil man nicht alle historischen facta und Umstände kennt. Da kann ich denn den muthmasslichen Sinn angeben. Das sogenannte: aus dem Context erklären, ist gewöhnlich nichts weiter als ein rathen“ (Wolf 1831, 295 [ca. 1798]). Das, was hier gemeint ist, ist die Weite des Kontextes, der für die Interpretation nicht spezifisch genug ist, also zu wenig Informationen bietet. Im 18. Jh. liegen Ansätze zu einer Methodologie der Kontext-Bildung und -Bewertung im Rahmen der Überlegungen zur ‚probabilitas hermeneutica‘ vor. Bei intratextuellem Kontext wird dann zwischen ‚unmittelbarem‘, ‚näherem‘ und ‚weiterem‘, zwischen contextus *proximus*, *propior* und *remotior* unterschieden (z. B. Meier 1757, 89; ausführlich z. B. Bauer 1799, 68 ff.). Im 19. Jh. gehören die Ausführungen zum Kontext zum Standard in den Hermeneutiken (vgl. z. B. Reithmayr 1874, 115−135; Kohlgruber 1850, 123 ff.; Loehnis 1839, 58−83).

Da jede ↗ *Interpretation* auf ein Kontextwissen zurückgreifen muß, entspricht die Sachgeschichte zum Kontext der Geschichte der interpretatorischen und erklärenden Beschäftigung mit (literarischen) Texten.

Georg Lorenz Bauer: Entwurf einer Hermeneutik des Alten und Neuen Testaments. Leipzig 1799. − Erasmus von Rotterdam: Ratio seu Methodus compendio perveniendi ad veram Theologiam [1518]. In: E.v.R.: Ausgewählte Schriften. Lat./dt. Hg. v. Werner Welzig. Bd. 3. Darmstadt 1967, ²1990, S. 117−495. − Johann August Ernesti: Institutio Interpretis Novi Testamenti [1761]. Leipzig ³1775. − Salomon Glassius: Philologia sacra [1623]. Hg. v. Johannes Gottfried Olearius. Leipzig 1705. − Joseph Kohlgruber: Hermeneutica Biblica Generalis. Wien 1850. − Paul Klopsch: Einführung in die Dichtungslehre des lateinischen Mittelalters. Darmstadt 1980. − Jonathan Michael Athanasius Loehnis: Grundzüge der biblischen Grammatik und Kritik. Gießen 1839. − Samuel F. N. Morus: De discrimine sensus et significationis in interpretando [1777]. In: S. F. N M.: Dissertationes theologicae et philologicae. Bd. 1 [1794]. Leipzig ²1796, S. 61−98. − Georg Friedrich Meier: Versuch einer allgemeinen Auslegungskunst. Halle 1757. − Johann J. Rambach: Erläuterung über seine eigenen Institutiones Hermeneuticae sacrae. Hg. v. Ernst Friedrich Neubauer. Gießen 1738. − Franz Xaver Reithmayr: Lehrbuch der biblischen Hermeneutik. Hg. v. Valentin Thalhofer. Kempten 1874. − Thomas von Aquin: De Potentia. In: Th.v.A.: Quaestiones Disputatae. Bd. 2. Hg. v. P. Bazzi u. a. Taurini, Rom 1965, S. 7−276. − Friedrich Werner: Praecepta Theologiae Exegeticae de Hermeneutica sacra […]. Leipzig 1708. − Friedrich August Wolf: Vorlesungen über die Alterthumswissenschaft. Leipzig 1831. − Johann Heinrich Zopf: Logica enucleata, oder: Erleichterte Vernunft-Lehre. Halle 1731.

ForschG: Der intratextuelle Kontext ist als *Co-Text* im 20. Jh. zunehmend in den Blick textlinguistischer Forschungen gerückt (z. B. bei Fragen der textuellen ↗ *Kohärenz* und Verknüpftheit), aber auch im Falle des Bedeutungsüberganges aufgrund einer Abweichung des vom Kontext zu Erwartenden etwa bei der ↗ *Metapher* (z. B. Abraham 1975, Bosch 1985, Winkler 1989: ‚Metapher als Kontext-Phänomen‘), aber auch der ↗ *Ironie*, die (zumeist) einen intertextuellen oder extratextuellen Kontext fordert (↗ *Textanalyse*). Der infratextuelle Kontext wird immer dann angesprochen, wenn es um Textklassifikationen, z. B. ↗ *Gattungen*, ↗ *Epochen*, in ihrem Verhältnis zu Teilen des so klassifizierten Textes geht (vgl. z. B. zur rahmenhaften Kontextualisierung des *Haupttextes* durch den dramatischen ↗ *Nebentext* Pfister 1977, 338−359). Für den intertextuellen Kontext läßt sich auf die verschiedenen Formen der Intertextualität bzw. des ↗ *Diskurses* verweisen (z. B. ↗ *Anspielung₂*, ↗ *Parodie*). Die Möglichkeiten der Bildung inter- und extratextueller Kontexte sind unbegrenzt (↗ *Pragmatik*), einge-

bunden in übergreifende Kontextualisierungen als ein Vorgang von Produktion − Text − ↗ *Rezeption*. Der Text wird so zum Schnittpunkt unterschiedlicher, sich überschneidender Eingrenzungen, die jedem Text (da er nicht seinem eigenen Kontext angehört) einen maximalen, aber individuierbaren Kontext zuschreiben. Wichtiger sind indes Kontexte, die einen Ausschluß vollziehen und die so den Text mit einer spezifischen Umgebung verbinden. Für die historische Kontext-Bildung ist dabei das Konzept des ↗ *Autors* zentral.

Lit: Werner Abraham: A linguistic approach to metaphor. Lisse 1975. − Heidi Aschenberg: Kontexte in Texten. Tübingen 1999. − Peter Auer, Aldo Di Luzio (Hg.): The contextualization of language. Amsterdam 1992. − Peter Bosch: Context dependence and metaphor. In: The ubiquity of metaphor. Hg. v. Wolf Parrotté und René Dirven. Amsterdam, Philadelphia 1985, S. 141−176. − Teun A. van Dijk: Text and context. London 1977. − Dorothea Franck: Kontext und Kotext. In: Handbuch Sprachphilosophie. Hg. v. Kuno Lorenz u. a. 2. Halbbd. Berlin 1995, S. 1323−1335. − Harald Fricke: Aphorismus. Stuttgart 1984. − Jürg Glauser, Annegret Heitmann (Hg.): Verhandlungen mit dem New Historicism. Das Text-Kontext-Problem in der Literaturwissenschaft. Würzburg 1999. − Elisabeth Gülich, Wolfgang Raible (Hg.): Linguistische Textmodelle. München 1977, S. 151 f. − Alastair J. Minnis: Medieval theory of authorship. London 1984. − Albert Newen: Kontext, Referenz und Bedeutung. Paderborn 1996. − János S. Petöfi: Transformationsgrammatiken und eine ko-textuelle Texttheorie. Frankfurt 1971[a]. − J. S. P.: Probleme der ko-textuellen Analyse von Texten. In: Literaturwissenschaft und Linguistik. Hg. v. Jens Ihwe. Bd. 1. Frankfurt 1971 [b], S. 173−212. − J. S. P.: Transformationsgrammatiken und die grammatische Beschreibung der Texte. In: Textlinguistik. Hg. v. Wolfgang Dressler. Darmstadt 1978, S. 300−327. − J. S. P., Käthi Dorfmüller-Karpusa (Hg.): Text, Kontext, Interpretation. Hamburg 1981. − Manfred Pfister: Das Drama. München 1977. − Lambertus M. de Rijk: Through language to reality. Studies in medieval semantics and metaphysics. Northampton 1989. − Christoph Schäublin: Homerum ex Homero. In: Museum Helveticum 34 (1977), S. 221−227. − Jochen Schulte-Sasse: Aspekte einer kontextbezogenen Literatursemantik. In: Historizität in Sprach- und Literaturwissenschaft. Hg. v. Walter Müller-Seidel. München 1974, S. 259−275. − Hugo Steger u. a.: Redekonstellation, Redekonstellationstyp, Textexemplar, Textsorte im Rahmen eines Sprachverhaltensmodells. In: Jb. des Instituts für dt. Sprache 1972. Düsseldorf 1974, S. 39–97. – Karlheinz Stierle: Zur Begriffsgeschichte von ,Kontext'. In: Archiv für Begriffsgeschichte 18 (1974), S. 144–149. – Rainer Stillers: Humanistische Deutung. Studien zu Kommentar und Literaturtheorie in der italienischen Renaissance. Düsseldorf 1988. – Michael Toolan (Hg.): Language, text and context. London 1992. – Hartmut Winkler: Metapher, Kontext, Diskurs, System. In: Kodikas/Code 12 (1989), S. 21–40.

Lutz Danneberg

Kontiguität ↗ *Äquivalenzprinzip*

Kontrafaktur

Ein in unterschiedlichen Medien vorkommendes Verfahren partieller Übernahme eines Einzelwerkes oder einer Gruppe von Werken.

Expl: Als Ausdruck auch in anderen Bereichen verwendet, bezeichnet *Kontrafaktur* im Literarischen ein Verfahren der Textproduktion (↗ *Schreibweise₂*), bei dem konstitutive Merkmale der Ausdrucksebene eines Einzeltextes oder mehrerer Texte zur Formulierung einer eigenen Botschaft übernommen werden. Die Kontrafaktur unterscheidet sich von der ↗ *Parodie* durch den Verzicht auf die Komisierung ihrer Vorlage(n), von der ↗ *Travestie* zudem durch die Adaptation der spezifischen Gestalt der Prätexte (↗ *Intertextualität*). Spezialfälle der Kontrafaktur sind die ↗ *Palinodie*, die *Kontradiktio* als direkte Widerrede gegen eine in fremder Vorlage aufgestellte Meinung oder These und z. T., bei einer bestimmten dominanten Funktion, der ↗ *Cento*. Abkürzend wird auch ein Text, dem diese Schreibweise zugrunde liegt, als *Kontrafaktur* bezeichnet.

WortG: *Kontrafaktur* geht nach derzeitigem Kenntnisstand (vgl. Kluge-Seebold, 474; Schulz-Basler 1, 385 f.; Verweyen / Witting 1987, 11–21 u. 293 f.) – auch zu anderen Bedeutungen wie ,Fälschung', ,Abbild',

,Konterfei') auf das spätlat., jedenfalls unklassische Kompositum *contrafacere* zurück, wobei *contra* sowohl ,entgegen' als auch ,entsprechend' bedeuten kann. Gehört das bei Cassiodor im ,Apokalypse'-Kommentar (1. Hälfte des 6. Jhs.) vorkommende *Controfatio* (PL 70, 1405D) entgegen vielfachen Annahmen nicht zur Wortfamilie, gibt es den ersten sicheren Beleg für eine spezifischere Verwendung in einer aus dem Pfullinger Frauenkloster stammenden Handschrift (2. Hälfte des 15. Jhs.), in der das Wort in der Form *Contrafactum* und *Contrafact* (,,uff einen geistlichen sinn") erscheint. Hier bezeichnet es die – etwa von Heinrich Knaust 1571 so charakterisierte – ,,christlich, moraliter und sittlich verendert[e]" Fassung eines weltlichen Liedes (Hennig, 7 f., 70 f.). Freilich ist dieser wortgeschichtliche Beleg singulär und ohne rezeptionsgeschichtliches Gewicht. Konjunktur hat demgegenüber das Wort in seinen verschiedenen sprachlichen Entwicklungen vom frühen 16. bis ins 18. Jh., und zwar in nichtliterarischen Bereichen: ,,Contrafacturbuch" nennt Christoph Reusner 1587 seine Sammlung von Porträts bedeutender Gelehrter der Zeit; ,,eigentliche Contrafacturen" schafft der ,,Abconterfeter" H. Holbein d. J.; die 1520 begonnene ,,Kostümbiographie" des Buchhalters der Fugger, M. Schwarz, enthält Selbstdarstellungen und Kostümbilder, die – ital. Äquivalent des frz. *contrefait* – ,,recht controfatt" sind (zur mhd. Entsprechung *kunterfeit* vgl. Lexer 1, 1782 f.); Stadtansichten im Topographienwerk Merians (erste Hälfte des 17. Jhs.) heißen nun u. a. auch ,,Contrafacturen" (usw.; Verweyen / Witting 1987, 11–21). In allen Fällen liegt das Gemeinsame der Wortverwendung darin, daß der hergestellte Gegenstand eine augenfällige Ähnlichkeit mit dem jeweiligen Vorbild hat. Insofern kann *Contrafactum* auch für die Bezeichnung von täuschend Ähnlichem im negativen Sinne (z. B. im Münzwesen) verwendet werden. Im Laufe des 18. Jhs. gerät das Wort in Vergessenheit und taucht erst im 20. Jh. in einer auf das Literarische eingeschränkten Bedeutung wieder auf.

BegrG: Eine nennenswerte Begriffsentwicklung des Fachausdrucks *Kontrafaktur* liegt nicht vor. Die weiterhin gängige Verwendung des Terminus für die Umdichtung eines weltlichen Liedes in ein geistliches und umgekehrt (RL^1 2, 129 f.; RL^2 1, 882 f.; Wilpert, 475 f.) wurde von Hennig in die literaturwissenschaftliche Fachsprache eingeführt (1909), ist aber zu restriktiv. Denn über diesen Spezialfall hinaus werden schon in der späthumanistischen Poetik und im Rahmen der ↗ *Imitatio* (‚imitatio veterum‘) alle Verfahren des Nachahmens und Veränderns als *Parodie* (‚parodia seria‘) bezeichnet. Auch der musikwissenschaftliche Terminus *Kontrafaktur*, von Gennrich 1919 eingeführt, bleibt insofern unbefriedigend, als er trotz gewisser Erweiterungen lediglich für die ‚Neutextierung vorhandener Melodien‘ verwendet wird. Neuansätze finden sich erst bei Schöne (244–250) im allgemeineren Rahmen einer historischen Poetik sprachlicher ↗ *Säkularisation*; sowie, im Zuge einer Einschränkung des Begriffsumfanges von *Parodie* und einer Ausweitung des *Kontrafaktur*-Begriffs, bei Verweyen / Witting (1979, 112–159; 1982, 202–226; 1987, 34–53).

Robert Falck: Contrafactum. In: Handwb. der musikalischen Terminologie. Hg. v. Hans Heinrich Eggebrecht. Wiesbaden 1979, S. 1–3. – Friedrich Gennrich: Die Musik als Hilfswissenschaft der romanischen Philologie. In: ZrPh 39 (1919), S. 330–361.

SachG: Eine Sachgeschichte der Kontrafaktur hat mit der besonderen Schwierigkeit zu kämpfen, daß diese Schreibweise fast durchgängig mit der parodistischen abgehandelt und vermischt wird (zu den Möglichkeiten der Anwendung auf mittelalterliche Texte vgl. bes. Ruberg und Mertens, vor allem zur verbreiteten mhd. Neutextierung romanischer Melodien). Folgenreich dürfte auch in dieser Hinsicht Scaliger gewesen sein, und zwar mit dem ‚Parodia‘-Kapitel in seiner 1561 erschienenen Poetik (1,42). Ausgehend von der Verarbeitung der Catullschen Ode ‚Phaselus ille‘ durch Ps.-Vergil (‚Sabinus ille‘), übernimmt er das dort zugrunde liegende ‚Kontrafaktur-Prinzip‘ für die eigene Nachdichtung ‚Boletus ille‘ und schafft damit das frühneuzeitliche Muster (Schäfer, 93), das zunächst in der Poesie des europäischen Späthumanismus, dann in den von diesem mitgeprägten volkssprachlichen Literaturen wirksam wird.

Es ist geradezu eine „Welle der Parodiapoesie" (Schäfer, 93), die mit Henri Estiennes ‚Parodiae morales‘ (1575) beginnt, eine wichtige Seitenlinie in der neulateinischen Imitationspoesie ausprägt und vor allem als „Parodia Horatiana" im späten 16. und gesamten 17. Jh. – mit dem Höhepunkt 1590 bis 1630 – gepflegt wird. Mit ihr verbunden sind Namen wie Paul Melissus und Heinrich Meibom. An sie schließt sich in der deutschsprachigen Barockdichtung die speziellere Form der schon zeitgenössisch „Parodia Opitiana" genannten Nachahmungspraxis an (Texte bei Rotermund, 76–83). Einen Sonderfall in der neulateinischen Entwicklung bildet die „Parodia Christiana", die christliche Aneignung der Oden-Kunst des Horaz, unter der die jesuitische Mariendichtung z. B. des Polen Sarbiewski und des Elsässers Balde aus etwa „20 christliche[n] Horaze[n] in Buchform" zwischen 1584 und 1732 herausragt (Wehrli, 281).

In all diesen Traditionen sind – auf der Grundlage von *Aemulatio* bzw. ↗ *Imitatio* – Funktionen literarischer Akkulturation und geistiger Überbietung dominant. Ähnliche Funktionen, etwa der verstärkten Ästhetisierung und affektrhetorischen Steigerung, kommen im Rahmen der Übernahme weltlicher Musikkunst in den Kirchenraum auch den geistlichen Kontrafakturen Bachs auf eigene weltliche Kompositionen zu (Schering, 49–95).

Die späthumanistische und barockliterarische Praxis einer den Glanz antiker und rezenter Musterwerke ausborgenden Imitationspoesie dürfte nicht zuletzt im Widerstreit mit der kontrafazierenden Praxis im Spätmittelalter und vor allem zeitgleich während der Frühen Neuzeit entstanden sein. Von Ausnahmen abgesehen (Wachinger, 300–302), herrschen dabei nämlich zwei Tendenzen der Aneignung vor: zum einen die religiöse Umdichtung insbesondere weltlich-erotischer Lieder, um sie zu verdrängen und zu ersetzen – wie in der Sammlung der Kontrafakturen Knausts auf ‚Gassenhawer, Reuter und Bergliedlein‘ (1571; Auswahl in Wackernagel 4, 773–

788); zum andern die satirische Ausnutzung breitenwirksamer Vorlagen für die Formulierung papst- und kirchenkritischer Anliegen – wie schon in dem (gegen Lehmann, 25, 39, 182 f. nicht als Parodie zu verstehenden) ‚Silbermarkenevangelium' in den ‚Carmina Burana' (CB 44; um 1230). Die nie vorlagenkritische, ‚satirische Kontrafaktur' gehört hier zu den erfolgreichsten Möglichkeiten schneller literarischer Reaktion und war deswegen im Zeitalter des Konfessionalismus besonders geschätzt. Das zeigt die skrupellose Indienstnahme von Vaterunser und Credo, Dekalog und Psalm, Predigt und Meßliturgie für die polemischen Zwecke der konfessionellen Gruppierungen des 16. und 17. Jhs.

An dieser Praxis selbst hat sich auch in den folgenden Jahrhunderten grundsätzlich wenig geändert, wie etwa die in der volkskundlichen Forschung so genannten „Vaterunser-" oder auch „Predigtparodien" des 19. und frühen 20. Jhs. belegen können (Röhrich, 115–214). Allerdings sind in zunehmendem Maße politische Ereignisse Gegenstand der ↗ satirischen Intention, wobei das Spektrum der Vorlagen ganz erheblich erweitert wird: Jegliche Textsorte und Gattung, als ‚autoritäres Wort' geltende Texte und solche jeder Stillage, Graphiken und Bildwerke, Werbebroschüren, Plakate und Buttons – sie alle müssen mittels ihrer Form und des kommunikativen Potentials ihrer Botschaft der neuen Hervorbringung dienen (Verweyen / Witting 1987, 75–86). Das kann z. B. sein: Goethes ‚Mignon-Lied' für die demokratischen Anliegen der Vormärzler und Achtundvierziger; das Werbeplakat der Deutschen Bundesbahn „Alle reden vom Wetter" für die politische Umfunktionierung 1968 durch den SDS; der Button „Atomkraft – Nein danke" für die unterschiedlichsten Interessen usw. Die Kontrafaktur erweist sich so fortdauernd als ein ebenso produktives wie universelles Verfahren.

ForschG: Eine Forschungsgeschichte zur Kontrafaktur zu schreiben, ist zur Zeit nicht möglich. Dies liegt nicht allein an der fehlenden Abgrenzung zum Objektbereich der Parodie (dazu Witting 1989); vielmehr

haben sich die verschiedenen Einzelwissenschaften (Musikwissenschaft, Historische Theologie, Volkskunde, Mediävistik, Literaturwissenschaft) aufgrund unterschiedlicher Prämissen und Forschungsinteressen in der Bestimmung des Gegenstandes bislang kaum angenähert (zu gemischt-medialen Kontrafakturen vgl. Verweyen / Witting 1987, 126–170).

Lit: Textsammlungen: Carmina Burana. Hg. v. Günter Bernt. München 1979. – Erwin Rotermund (Hg.): Gegengesänge. München 1964. – Verweyen / Witting 1987, S. 171–291: Text- und Bildanhang. – Philipp Wackernagel (Hg.): Das deutsche Kirchenlied. 5 Bde. Leipzig 1864–1877.
Wolfram Ax: ‚Phaselus ille' – ‚Sabinus ille'. In: Literaturparodie in Antike und Mittelalter. Hg. v. W. A. u. Reinhold F. Glei. Trier 1993, S. 75–100. – Werner Braun: Die evangelische Kontrafaktur. In: Jb. für Liturgik und Hymnologie 11 (1966), S. 89–113. – Friedrich Gennrich (Hg.): Die Kontrafaktur im Liedschaffen des Mittelalters. Langen 1965. – Kurt Hennig: Die geistliche Kontrafaktur im Jh. der Reformation. Halle 1909 [Repr. 1977]. – Friedrich-Wilhelm Hoffmann: Die Palinodie als Gedichtform in der weltlichen Lyrik des 17. Jhs. Diss. Göttingen 1956. – Paul Lehmann: Die Parodie im Mittelalter. Stuttgart ²1963. – Volker Mertens: Kontrafaktur als intertextuelles Spiel. Adaptation von Troubadour-Melodien im deutschen Minnesang. In: Le rayonnement des Troubadours. Hg. v. Anton Touber. Amsterdam u. a. 1998, S. 269–283. – Lutz Röhrich: Volksüberlieferung und Parodie. In: L. R.: Gebärde, Metapher, Parodie. Düsseldorf 1967, S. 115–214. – Uwe Ruberg: „contrafact uff einen geistlichen sinn". Liedkontrafaktur als Deutungsweg zum Spiritualsinn? In: Geistliche Denkformen in der Literatur des Mittelalters. Hg. v. Klaus Grubmüller u. a. München 1984, S. 69–82. – Eckart Schäfer: Deutscher Horaz. Wiesbaden 1976. – Arnold Schering: Über Bachs Parodieverfahren. In: Bach-Jb. 18 (1921), S. 49–95. – Albrecht Schöne: Weltliche Kontrafaktur. Gottfried August Bürger. In: A. S.: Säkularisation als sprachbildende Kraft. Göttingen 1958, S. 152–189. – Theodor Verweyen, Gunther Witting: Die Parodie in der neueren deutschen Literatur. Darmstadt 1979 [bes. S. 112–159]. – T. V., G. W.: Parodie, Palinodie, Kontradiktio, Kontrafaktur. In: Dialogizität. Hg. v. Renate Lachmann. München 1982, S. 202–236. – T. V., G. W.: Die Kontrafaktur. Konstanz 1987. – Burghart Wachinger: Deutsche und lateinische Liebeslieder. In: Der deutsche Minnesang. Hg. v. Hans Fromm. Darmstadt 1985. Bd. 2,

S. 275−308. − Max Wehrli: Parodie und Kontrafaktur. In: M. W.: Literatur im deutschen Mittelalter. Stuttgart 1984, S. 271−284. − Gunther Witting: Über einige Schwierigkeiten beim Isolieren einer Schreibweise. In: Zur Terminologie der Literaturwissenschaft. Hg. v. Christian Wagenknecht. Stuttgart 1989, S. 274−288.

Theodor Verweyen / Gunther Witting

Konvention ↗ *Norm*

Konversation ↗ *Unterhaltung*₂

Konversationskomödie ↗ *Boulevardstück*

Konzinnität ↗ *Stilprinzip*

Konziser Stil ↗ *Stilprinzip*

Kookkurrenz ↗ *Äquivalenzprinzip*

Koopposition ↗ *Äquivalenzprinzip*

Kopist ↗ *Schreiber*

Korn ↗ *Waise*

Korrektor ↗ *Verlag*

Korruptel ↗ *Lesart*

Kostüm ↗ *Maske*

Kreuzzugslyrik

Vom Anlaß der Kreuzfahrt bestimmte Gattung der deutschen Lyrik des Mittelalters.

Expl: (1) Gesungene, strophische Lyrik des hohen und späten Mittelalters, die sich thematisch mit Kreuzzug und Kreuzzugsforderung auseinandersetzt; daneben (2) auf der Kreuzfahrt gesungene religiöse Lieder. Die Gattung ist formal und thematisch vielfältig, doch stets pragmatisch aus dem Anlaß

des Kreuzzugs heraus begründet. Dieser ist häufig mit anderen Themen verknüpft, etwa der Minnebindung an die Dame, so daß in der Kreuzzugslyrik die Spannung zwischen Gott und Welt oder das Verhältnis von (innerer) Nähe und (äußerer) Trennung verhandelt werden kann. Eine formale Einheit läßt sich angesichts unterschiedlicher Erscheinungsformen (Strophenlied, ↗ *Sangspruch*, Einzelstrophe) nicht fassen. Auch thematisch läßt sich das Kreuzlied nicht immer scharf von anderen Formen (↗ *Hymnus*, ↗ *Minnesang*) abgrenzen. Versuche, es auf das Muster des ‚Aufrufs‘ zu beschränken (Hölzle), werden dem plurivalenten Spiel einer pragmatisch orientierten Gattung mit existenten Formen zu neuen Zwekken nicht gerecht.

WortG: Das ältere Wort ist *Kreuzlied*, das schon zeitgenössisch (Mitte 13. Jh.) in einer von einem Sänger selbst gegebenen Aufzählung lyrischer Gattungen als *kriuzliet* vorkommt (Reinmar der Fiedler, 1. Hälfte 13. Jh.) und noch lange, z. T. bis heute, gebräuchlich ist. Die Prägung *Kreuzzugslyrik* kommt wohl erst im ausgehenden 19. und frühen 20. Jh. auf und stellt sich neben heute dominante Prägungen wie *Kreuzzugspredigt, -propaganda, -politik, -praxis, -ideologie* usw. Noch die einflußreiche Literaturgeschichte G. Ehrismanns verwendet 1935 *Kreuzlied* neben *Kreuzzugslyrik*.

Das Wort *Kreuzzug* selbst ist eine relativ junge Prägung, die zuerst 1734 im ‚Deutschen Wb.‘ von Ch.E. Steinbach nachweisbar ist, sich aber schnell durchsetzt. Im Mhd. wird der Palästina-Kreuzzug mit *mervart* oder verbal mit *varn über mer, über sê, ze dem heiligen grabe* u. ä., der Kreuzzug (oder die Wallfahrt) auch zu anderen Zielen (z. B. Spanien, Preußen) mit *gotes vart, kriuzevart* oder elliptisch mit *vart,* verbal mit *daz kriuze nemen* bezeichnet. Das Wort *Kreuzfahrt* bleibt bis ins 18. Jh. und darüber hinaus lebendig (z. B. bei Uhland 1823/24).

Gustav Ehrismann: Geschichte der deutschen Literatur bis zum Ausgang des Mittelalters. Teil 2: Die mittelhochdeutsche Literatur. Bd. 2/2/2 [1935]. Repr. München 1955, 1966, S. 203. − Ludwig Uhland: Minnesang und Ritterleben [1823/24]. In: L. U.: Schriften zur Geschichte der

Dichtung und Sage. Bd. 5. Stuttgart 1870, S. 138–149.

BegrG: Schon der mhd. Begriff *kriuzliet* ist vom historischen Anlaß (Wallfahrt unter dem Zeichen des Kreuzes, Kreuzzug) her definiert. Es ist Uhland, der 1823/24 zum ersten Mal die ‚Kreuzlieder' im Sinne von (1) als eigene Gattung innerhalb des Minnesangs erfaßt. Die wissenschaftlichen Begriffe ‚Kreuzzugslyrik', ‚-dichtung' verdanken sich einer stärker unter ereignis- und politikgeschichtlichem Blickwinkel vorgenommenen Literaturbetrachtung, die den historischen Anlaß als gattungskonstitutiv setzt. In dieser Bedeutung sind sie seit dem 19. Jh. eingeführt. Auch Lieder, die während eines Kreuzzuges gesungen wurden, und poetische Aufrufe zum Kreuzzug werden unter ‚Kreuzzugslyrik' im Sinne von (2) subsumiert.

SachG: Die zu Beginn des 12. Jhs. aufgezeichnete Vita des Bischofs Altmann von Passau berichtet, daß bei einer bewaffneten Wallfahrt zum Hl. Grab nach Jerusalem unter Führung Bischof Gunthers von Bamberg dessen Scolasticus Ezzo eine ‚cantilena de miraculis Christi' verfaßte. Das mehrstrophige, hymnusartige Lied diente freilich auch anderem liturgischen Anlaß in der Bischofsstadt. Es gipfelt im Preis der Erlösung durch das Kreuz. Häufiger als solche kunstvollen Lieder werden einfachere Kyrieleis-Strophen verwendet worden sein wie das wohl noch ins 12. Jh. zurückreichende ‚In gotes namen fara wir, seyner genaden gara wir'. Auch der Prediger Gerhoh von Reichenberg bezeugt um 1150 deutsche ‚cantilenae' von Kreuzfahrern.

Lat. Kreuzzugslyrik entsteht bereits unmittelbar im Zusammenhang mit dem 1. Kreuzzug (1097/99) und nimmt nach der den 3. Kreuzzug auslösenden katastrophalen Niederlage der Christen bei Hattîn (1187) zu. Die Lieder sind thematisch vielfältig, mehrstrophig, benutzen liturgische Formen wie ↗ *Hymnus* und ↗ *Sequenz*, aber auch die Strophenform der ↗ *Vagantendichtung*; gelegentlich betonen Refrains den Gemeinschaftscharakter. Stets besitzen sie Appellcharakter, rufen imperativisch zum Handeln auf.

In provençalischer und französischer Sprache entstehen Kreuzzugslieder im Sinne von (1) ebenfalls früh im 12. Jh. Wie für den Minnesang insgesamt gilt auch für die im Zuge der Vorbereitungen zum 3. Kreuzzug (1189) entstehende mhd. Kreuzzugslyrik das romanische Vorbild in Form und oft auch Motivik wie dem dominierenden Konflikt zwischen höfischem Minnehabitus und Gottes Kreuzzugsforderung. Auch im Verhaltensschema der ‚conversio', der Bekehrung, wird Gottes Anspruch formuliert (Friedrich von Hausen, Hartmann von Aue, Walther von der Vogelweide). Neben diesen argumentierenden Liedern stehen einfache Aufrufstrophen, Invektiven gegen Defätisten, Botschaften an die Zurückgebliebenen. Gegenüber der romanischen Kreuzzugslyrik tritt der konkrete politische Anlaß in den Hintergrund.

Die Kreuzzugslyrik orientiert sich zunächst an den Inhalten und Formen der höfischen Lyrik. Walther erprobt zugleich den ↗ *Sangspruch*, das traditionelle Medium der Mahnung und der Reflexion, als Form des ‚kriuzliet'. Nach ihm wird Spruchdichtung (Bruder Wernher, Freidank) zum Instrument aktuellen Kommentars der Kreuzzugswirklichkeit und der Kreuzzugspropaganda. Allmählich setzt sich das kirchliche Ideal des Miles christianus durch, der seine Fahrt als Bußfahrt um des eigenen Seelenheiles willen unternimmt, der im Falle seines Todes den Status eines Märtyrers erwirbt und an dessen himmlischem Lohn die Zurückgebliebenen, vor allem die Minneherrin, Anteil gewinnen können. Oft bis ins Detail gehende Kritik am Kreuzzug kommt vor (Tannhäuser, Neidhart), doch könnten auch diese Lieder letzten Endes als raffinierte Appelle, die größten Mühen um des noch größeren Lohnes willen auf sich zu nehmen, zu verstehen sein. Mit dem Ende der Kreuzzugsunternehmen am Ende des 13. Jhs. werden Kreuzlieder und Kreuzzugsaufrufe seltener, ohne ganz zu verstummen. Noch Oswald von Wolkenstein nutzt zu Beginn des 15. Jhs. die Gattung.

ForschG: Die systematische Erforschung der Kreuzzugslyrik nach ihrem Bestand, ihrer Motivik, Topik und Argumentation setzt nach der Vorarbeit Uhlands erst im letzten Viertel des 19. Jhs. ein (Dietze, Wolfram, Schindler). Die neuere Diskussion hat vor allem der Versuch von Wentzlaff-Eggebert (1960) bestimmt. In nicht unproblematischem Zugriff auf die Dichtung ‚als Entstehungsraum einer Idee' drohen poetische und historische Wirklichkeit zu verschwimmen, dagegen die mit der historischen Situation sich dialogisch vermittelnde literarische Form und Qualität verfehlt zu werden. Demgegenüber wollte Böhmer (1968, 10) die Lieder aus dem „historisch bedingte[n] Bewußtsein der Gemeinschaft von Sänger und Publikum" heraus interpretieren. U. Müller und P. Hölzle suchten in den 1970er Jahren gerade die deutsche, gegenüber den romanischen Nachbarn doch eher politik- und realitätsferne Kreuzzugslyrik im Spektrum der politischen Dichtung des Mittelalters zu verorten. Neuere Versuche analysieren typische Argumentationsmuster, Gedankenfiguren, sprachliche Formen und Präsuppositionen im Kontext einer bestimmten historischen Situation und Publikumsfiguration.

Lit: Maria Böhmer: Untersuchungen zur mittelhochdeutschen Kreuzzugslyrik. Rom 1968. − Maurice Colleville: Les chansons allemandes de croisade en moyen haut-allemand. Paris 1936. − Ludwig Dietze: Die lyrischen Kreuzgedichte des deutschen Mittelalters. Wittenberg 1873. − Wolfgang Haubrichs: ‚Reiner muot' und ‚kiusche site'. Argumentationsmuster und situative Differenzen in der staufischen Kreuzzugslyrik zwischen 1188/89 und 1227/28. In: Stauferzeit. Hg. v. Rüdiger Krohn u. a. Stuttgart 1978, S. 295−324. − Peter Hölzle: Die Kreuzzüge in der okzitanischen und deutschen Lyrik des 12. Jhs. 2 Bde. Göppingen 1980. − Hermann Ingebrand: Interpretationen zur Kreuzzugslyrik [...]. Frankfurt 1966. − Christiane Leube: Das Kreuzzugslied. In: Grundriß der romanischen Literaturen des Mittelalters. Hg. v. Hans Robert Jauß u. a. Bd. 2/1. Heidelberg 1980, S. 73−82. − Ulrich Müller: Tendenzen und Formen. Versuch über mittelhochdeutsche Kreuzzugsdichtung. In: Getempert und gemischet. Fs. Wolfgang Mohr. Hg. v. Franz Hundsnurscher u. a. Göppingen 1972, S. 251−280. − U. M.: Untersuchungen zur politischen Lyrik des deutschen Mittelalters. Göppingen 1974. − Ernst v. Reusner: Kreuzzugslieder. In: Stauferzeit. Hg. v. Rüdiger Krohn u. a. Stuttgart 1979, S. 334−347. − Hermann Schindler: Die

Kreuzzüge in der altprovenzalischen und mittelhochdeutschen Lyrik. Dresden 1889. − Goswin Spreckelmeyer: Das Kreuzzugslied des lateinischen Mittelalters. München 1974. − Friedrich-Wilhelm Wentzlaff-Eggebert: Kreuzzugsdichtung des Mittelalters. Berlin 1960. − Roswitha Wisniewski: Kreuzzugsdichtung. Darmstadt 1984. − Georg Wolfram: Kreuzpredigt und Kreuzlied. In: ZfdA 30 (1886), S. 89−132.

Wolfgang Haubrichs

Kriminalroman

Thematisch definierte Form erzählender Prosa seit dem späten 19. Jh.

Expl: Der Kriminalroman handelt in sowohl typologisierten als auch ‚freien' Erzählmustern von Verbrechen und deren Aufklärung.

[Terminologisches Feld:]
Wesentlich enger gefaßt ist demgegenüber der Begriff der klassischen DETEKTIVGESCHICHTE, die durch strikt analytische Erzählweise (im Sinne von D. Weber; ↗ *Analytisches Drama*) den Leser mit der ermittelnden Zentralfigur in der Rätselspannung des schrittweisen Aufklärens vergangener Verbrechen vereinigt.

Besonders in dt. Verwendung zielt die buchhändlerisch verbreitete Kategorie THRILLER vorrangig auf die permanente Gänsehaut: auf die Handlungsspannung eines anhaltend bedrohlichen, unabgeschlossenen Kriminalgeschehens.

Dietrich Weber: Theorie der analytischen Erzählung. München 1975.

WortG: *Kriminalroman* ist eine seit Anfang des 20. Jhs. (Paul-Henne, 490; *Kriminalgeschichte* ist seit dem späten 18. Jh. nachweisbar: Schulz-Basler 1, 404) gebräuchliche umgangssprachliche und buchmarktbedingte Bezeichnung (Kriminalromane als nicht-subventionierte Literatur sind unmittelbar an Marktmechanismen gekoppelt, die ggf. über Bezeichnungen entscheiden) für erzählende Prosatexte, die das Sujet ‚Verbrechen' als kleinsten gemeinsamen Nenner aufweisen. Die Wortverwendung impliziert gleichzeitig ein Verständnis, das den Kriminalroman von der älteren Verbrechensdichtung (Schillers ‚Der Verbrecher aus verlorener Ehre‘, E. T. A. Hoffmanns ‚Das Fräulein von Scuderi‘) und der ‚Pitaval‘-Tradition (vgl. Marsch, 117–150) abgrenzt. *Kriminalroman* entspricht in etwa der Verwendung von *crime novel* im angelsächsischen Sprachraum. Andere Bezeichnungen meinen meist thematische Untergruppen: *detective novel, Psycho-Thriller, Polit-Thriller, mystery* etc.

BegrG: Einen konsensfähigen Begriff des Kriminalromans gibt es nicht. Es steht zu bezweifeln, daß angesichts der multimedialen Vernetzung des Kriminalromans mit Film, TV, Hörspiel, Theaterstück und Graphic novel ein solcher Begriff ohne unzulässige Reduktionen überhaupt operabel wäre. Hinzu kommt, daß der Begriffsname unterschiedslos auf Kunstwerke von hohem Rang, auf epigonale Texte und auf Texte aus serieller Produktion (‚formula fiction‘, Heftchen-, *Schemaliteratur, ↗ Trivialliteratur*) angewandt werden kann. Deswegen muß seine Erforschung im Vorfeld grundsätzliche Fragen literarischer Wertung und deren Kriterien klären. Die umgangssprachliche Bezeichnung wird von der Rezipientenseite (Kriminalromane sind mit Abstand die weltweit am meisten gelesene Literatur) geprägt und der Gegenstandsbereich davon dynamisch diktiert. Das Vorverständnis hat sich bis jetzt immer als flexibler und offener erwiesen als jeder deskriptive, gar normative Definitionsversuch (Überblick in RL², 895–899; Textsammlung in Žmegač).

SachG: Der Kriminalroman ist eine Weiterentwicklung der kurzen Kriminalgeschichte, wie sie sich im Anschluß an E. A. Poes ‚The Murders in the Rue Morgue‘ bei Autoren wie Conan Doyle und Chesterton zu einer thematisch festgelegten Erzählform ausgebildet hat. Die Verlängerung der Short story (↗ *Kurzgeschichte*) und Einflüsse des realistischen Romans des 19. Jhs., des Gesellschafts- und des ↗ *Kolportage*-Romans führten in den Jahren 1900 bis 1930 zur Ausprägung des Detektivromans in Großbritannien (Agatha Christie, Dorothy Sayers) und den USA (S. S. van Dine, Rex Stout, Ellery Queen). Auf der Inhaltsebene ist allen diesen Texten die Auflösung eines (Mord-)Rätsels gemeinsam. Die literarischen Verfahren sind dabei zunächst die des linearen Erzählens nach den Maßgaben des Realismus des 19. Jhs. Die Grundstrategien sind Ver- und Enträtselung, die meisten anderen Komponenten sind dieser Funktion untergeordnet; die Erzählperspektive ist meist auktorial oder personal.

Ver- und Enträtselung, die Frage nach dem Täter (engl. *whodunit*) und dessen Überführung sind auch noch die bestimmenden Merkmale der US-amerikanischen ‚hard-boiled‘-Schule, deren bekannteste Vertreter ab ca. 1930 Dashiell Hammett und Raymond Chandler sind. Signifikant ist dort die Verwendung des Ich-Erzählers, der bis heute für diesen Typus des Kriminalromans beibehalten wird. Erzählt wird die Geschichte aus der Perpektive eines Detektivs, meist eines professionellen Privatdetektivs. Die Auflösung des Mordrätsels steht auch hier im Mittelpunkt, wobei die Elemente des Gesellschaftsromans autonomer funktionieren. Detailrealismus, Schilderungen von Topographie und Milieu sind nicht mehr nur funktional der enigmatischen Grundstruktur untergeordnet.

Die etwa zeitgleich mit Hammett und Chandler entstehende ‚Schwarze Serie‘ (Woolrich, Goodis, Cain, Thompson) verzichtet zunehmend auf ein Mord-Rätsel als Skandalon und die davon abhängige Dramaturgie. Elemente des psychologischen Romans und des *Entwicklungsromans* (↗ *Bildungsroman*) schieben sich in den Vordergrund. Ein Happy ending ist nicht mehr verbindlich. Seit ca. 1935 (Simenon, Glauser, später davon abgeleitet: Dürrenmatt) läßt sich der Kriminalroman nur noch anhand seiner Sujets in verschiedene Kategorien einteilen: Das Police Procedural (Waugh, McBain) schildert schwerpunktmäßig die Verfahren der Polizeiarbeit, die zur Lösung eines Falles führen; die Cop-Novel (Himes, Wambaugh) erzählt episodenartig vom Arbeitsalltag der Polizei, ohne daß ein einzelner ‚Fall‘ am Ende notwendigerweise gelöst wird. Von diesem Typus gingen seit den 1960er Jahren entscheidende Veränderungen der Erzählstrukturen aus:

Multi-Perspektivismus, Verzicht auf einen durchgängigen Plot (Wambaugh), Polyphonie und Intertextualität (Pieke Biermann), Integration nicht-narrativer Textelemente (Derek Raymond, d.i. Robin Cook), Entwurf eigener Kunstsprachen (Charyn). Der französische ,roman noir' (auch: ,polar' bzw. ,néo-polar') und die spanisch-lateinamerikanische ,novela negra' benutzen Abstraktions- und Abbreviaturformen epischen Erzählens (Manchette, Martín) oder Elemente des ↗ *Magischen Realismus* (Taibo).

Der Psycho-Thriller (Highsmith, Rendell) beschäftigt sich nicht mehr notwendig mit Verbrechen, sondern mit verbrecherischen Dispositionen. Wambaugh, Siniac, Vautrin und andere, oft französische Autoren benutzen Sujetpartikel des Kriminalromans für Texte karnevalistischer (↗ *Karneval*) und grotesker Struktur. Wesentlichen Anteil an der Integration neuer Erzählformen in die Gattung haben afro-amerikanische Autoren: Karnevalisierung (Himes), Verarbeitung musikalischer Ausdrucksformen in synästhetischer Absicht (Mosley). Die ,Gleichzeitigkeit des Ungleichzeitigen' ist dafür verantwortlich, daß überkommene Strukturen als innovativ mißverstanden werden. So benutzen vor allem skandinavische (Sjöwall/Wahlöö) und deutsche Autoren (-ky, d.i. Horst Bosetzky) Elemente des Police Procedurals zum Transport expliziter Ideologeme im Soziokrimi; der sogenannte feministische Kriminalroman (Paretsky, Grafton) besetzt das Personal des Chandler-Musters gegenläufig zur traditionellen Rollenfestlegung. Die männlichen weißen Autoren des sogenannten PI-Revivals (engl.: PI = Private Investigator) nutzen die nämlichen Muster ähnlich dem Soziokrimi als Transmissionsriemen für Gesellschaftstheoreme (Parker, Lyons, Estleman) und funktionalisieren dabei Elemente des Western und des ↗ *Abenteuerromans*. Ebenfalls unter ,Kriminalroman' subsumiert man ,Period Pieces', die Spielformen des Kriminalromans mit denen des historischen Romans verknüpfen (Kaminsky, M. J. Trow, Eco). Auch gattungsüberschreitende Mischformen hin zur ↗ *Science Fiction* (Harrison), zum Horror-Roman (King, Straub, Levin),

zur Graphic novel (Charyn, Manchette) oder zum ↗ *Wildwestroman* (Pronzini) können wegen ihrer thematischen Dominanz unter Kriminalroman subsumiert werden.

Ein weiterer, nicht immer deutlich zu unterscheidender Strang des Kriminalromans ist der Polit-Thriller. In seiner Ausprägung als Spionageroman (Buchan, Household) hat er spezifische Themen, nach den Weltkriegen vor allem den ,Kalten Krieg', aufgegriffen (Fleming, le Carré, Deighton), aber keine spezifischen formalen Strukturen entwickelt, die ihn von anderen Formen des Romans grundsätzlich unterscheiden. Eric Ambler, Ross Thomas, Robert Littell oder Leonardo Sciascia benutzen Sujet- und Strukturelemente des Abenteuerromans, der Gesellschaftssatire, des Privatdetektivromans und anderer Formen, um Sujets aus Welt- und Lokalpolitik, Ökonomie und Diplomatie mit Mitteln zu erzählen, die keinem bestimmten Genre angehören. Von anderen Formen des zeitgenössischen Romans unterscheidet den Kriminalroman seine Festlegung auf ein Set bestimmter Sujets, die analog zu Gewalt und Verbrechen als ubiquitären Konstituenten moderner Gesellschaften variabel sind. Autoreflexive und andere, für den Roman der Moderne und Postmoderne konstitutive Elemente können in der Binnenstruktur des Kriminalromans vorhanden sein, dominieren jedoch nie die Gesamtstruktur.

ForschG: Als Gegenstand der Literaturwissenschaft wurde der Kriminalroman lange Zeit im Zuge der Trivialliteratur-Forschung behandelt und war insofern weniger Gegenstand genuin literaturwissenschaftlicher denn lesersoziologischer oder textlinguistischer Forschung. Der Russische ↗ *Formalismus* (Šklovskij, Revzin) und darauf basierende semiotische Texttheorien (Eco) haben ihn als Paradigma für regelhaftes Erzählen genutzt und sich dabei nur auf einige wenige, speziell dafür geeignete Autoren beschränkt. Ein sozialgeschichtlicher Interpretationsversuch von E. Mandel mußte wegen seiner bizarren Fakten- und Wertungsbasis singulär bleiben. Neuere, zumindest dem Anspruch nach gattungstheoretisch inspirierte Arbeiten (Nusser, Lenz,

Suerbaum, Schulz-Buschhaus) sind wegen ihrer viel zu schmalen Materialbasis wenig explikativ. Auch die feuilletonistisch-essayistischen Arbeiten meist apologetischer Tendenz − Bloch, Brecht, Heißenbüttel − kranken an bloß bruchstückhafter Kenntnis des Gegenstandsbereichs. Sie alle müssen meist entweder auf rein inhaltlich gefaßte Kriterien zurückgreifen, die dem ästhetischen Phänomen Kriminalroman nicht gerecht werden − oder auf reduktionistische Konzepte, die wesentliche Teile des Gegenstandsbereichs ausblenden.

Die Grundaporie der Forschung ist der Umstand, daß aus der statistischen Häufung und Wiederholung von Handlungs- und Personalanalogien, die sich für die jeweiligen Ausprägungen durch Inhaltsparaphrase festlegen lassen, nicht zwingend auf definitorisch hinreichende Merkmale für einen Gattungsbegriff schließen läßt. Der Kriminalroman bleibt deshalb ein erhebliches Forschungsdesiderat.

Lit: Ernst Bloch: Philosophische Ansicht des Detektivromans. In: E. B.: Gesamtausgabe. Bd. 9. Frankfurt 1965, S. 242−263. − Bertolt Brecht: Über die Popularität des Kriminalromans. In: B. B.: Gesammelte Werke. Bd. 19. Frankfurt 1969, S. 450−457. − Umberto Eco: Die Erzählstrukturen bei Ian Fleming. In: Vogt 1971, Bd. 1, S. 250−293. − Howard Haycraft: Murder for pleasure. The life and times of the detective story [1941, 1951]. Repr. New York 1984. − Helmut Heißenbüttel: Spielregeln des Kriminalromans. In: H. H.: Über Literatur. Olten, Freiburg i. Br. 1966, S. 96−110. − Bernd Lenz: Factifiction. Agentenspiele wie in der Realität. Wirklichkeitsanspruch und Wirklichkeitsgehalt des Agentenromans. Heidelberg 1987. − Ernst Mandel: Ein schöner Mord. Sozialgeschichte des Kriminalromans. Frankfurt 1987. − Edgar Marsch: Die Kriminalerzählung. München ²1983. − Alma Elizabeth Murch: The development of the detective novel. London ²1968. − Peter Nusser: Der Kriminalroman. Stuttgart 1980. − Isaak I. Revzin: Zur semiotischen Analyse des Detektivromans am Beispiel der Romane Agatha Christies. In: Vogt 1971, Bd. 1, S. 139−142. − Ulrich Schulz-Buschhaus: Formen und Ideologien des Kriminalromans. Frankfurt 1975. − Viktor Šklovskij: Die Kriminalerzählung bei Conan Doyle. In: Vogt 1971, S. 76−94. − Ulrich Suerbaum: Krimi. Eine Analyse der Gattung. Stuttgart 1984. − Jochen Vogt (Hg.): Der Kriminalroman. 2 Bde.

München 1971. − Viktor Žmegač (Hg.): Der wohltemperierte Mord. Zur Theorie und Geschichte des Detektivromans. Frankfurt 1971.

Thomas Wörtche

Kritik₁ ↗ *Textkritik*

Kritik₂ ↗ *Literaturkritik*

Kritische Theorie

Auch unter dem Namen *Frankfurter Schule* bekannte, in den Geistes- und Sozialwissenschaften, besonders in der Literaturwissenschaft wirksame Gesellschaftslehre.

Expl: Im Ausgang von der ‚Kritik der politischen Ökonomie' (Karl Marx) begründet die Kritische Theorie eine Kultur- und Geschichtsphilosophie als ↗ *Ideologiekritik*, welche die ‚traditionelle Theorie' als Bestätigung bloßen Herrschaftswissens herausfordert. Die Kritische Theorie versteht sich als antidogmatisch in Abgrenzung von einer an der klassisch-normativen Werkästhetik orientierten ↗ *Marxistischen Literaturwissenschaft* (Lukács) und als antipositivistisch in der Gegnerschaft zu den vom ‚Wiener Kreis' ausgehenden Strömungen der Analytischen Philosophie sowie zu der an Talcott Parsons anschließenden soziologischen ↗ *Systemtheorie* (Niklas Luhmann). Die in emanzipatorischer Absicht behauptete Kraft zum Widerspruch verbindet die Kritische Theorie nicht mehr − wie ihre Vorbilder im 19. Jh. (Hegel, Marx) − mit einem historischen Subjekt oder einer gesellschaftlichen Klasse. Vielmehr gilt die „Kritik der instrumentellen Vernunft" (Horkheimer 1947) zunehmend einem Fortschrittsoptimismus, der die Unterwerfung der Natur erzwingt, und einer Rationalität und Technologie, welche die Inhumanität der kapitalistischen Tauschgesellschaft forcieren (‚verwaltete Welt', *Kulturindustrie*, ↗ *Warencharakter*). Kritische Theorie versteht sich als Theorie der Modernisierung in der Phase der gesellschaftlichen Ausdifferenzierung und Funktionalisierung, damit verbunden ihrer ideologischen ‚Entzauberung' (Max Weber) und als Theorie der Moderne (Literatur, Kunst, Musik) im Stadium ihrer immanenten Selbstkritik (P. Bürger).

WortG/BegrG: Der Begriff ‚Kritische Theorie', von Max Horkheimer geprägt (1939), intendiert die Aufhebung der traditionellen Trennung von Theorie und Praxis und ist daher durch eine fachspezifische und philosophiegeschichtliche Begriffsgeschichte nicht zu erklären (Bubner, 161); zu ermitteln ist der kritische Gehalt des Theoriebegriffs. Kritische Theorie meint im Anschluß an Kant Selbstkritik und akzentuiert den Gebrauch von Vernunft: die destruierende Funktion der Kritik, die im dialektischen Verfahren den ‚Schein transzendentaler Urteile' aufdeckt. In der Nachfolge Hegels verweist die Kritische Theorie auf die Geschichte der Kritik im Medium der Philosophie und der Kunst, im Anschluß an Marx auf das Praktischwerden der philosophischen Kritik als Kritik von Herrschaft und Unterdrückung. Zur Philosophie Heideggers (↗ *Phänomenologische Literaturwissenschaft*, ↗ *Hermeneutik₂*) weist die Kritische Theorie darin eine Parallele auf, daß Kritik als der Vollzug der ‚innersten Vernünftigkeit der Vernunft' aufgefaßt und dem dogmatischen Bejahen entgegengestellt wird. Die Ästhetische Theorie Adornos versteht ‚Kritik', wie schon die Romantik (Friedrich Schlegel), als produzierende Kritik: als künstlerische Reflexion, die sich des Werks bemächtigt. In der Nachfolge Nietzsches versteht sich die Kritische Theorie als eine Gesellschaftsphilosophie, die alle gestaltenden Lebensformen bewußt machen will, ohne dafür die Zustimmung einer gesellschaftlichen Klasse oder den Objektivismus einer rationalen Philosophie in Anspruch zu nehmen. Die Formel einer „Dialektik der Aufklärung" wird mit dem Begriff ‚Kritische Theorie' oft gleichgesetzt. „Dialektik der Aufklärung" ist als Denkart ebensowenig begriffsgeschichtlich zu verorten wie Kritische Theorie, obwohl dies durch die philosophiegeschichtliche Fachforschung − wiederum in kritischer Absicht − versucht wurde (Schneiders, 161).

SachG: Die vor allem mit den Namen von Max Horkheimer und Theodor W. Adorno verbundene Kritische Theorie geht institutionell auf das 1924 begründete Frankfurter Institut für Sozialforschung zurück, das über Genf 1934 in die USA emigrieren mußte und 1950 nach Frankfurt am Main zurückkehrte (Jay 1976; Wiggershaus 1988). Ab 1932 erschien die ‚Zeitschrift für Sozialforschung', die überwiegend sozialempirischen Analysen diente (weiterentwickelt in den ‚Studien über Autorität und Familie', 1936, und ‚The Authoritarian Personality', 1950). Zum engeren Kreis der Kritischen Theorie gehörten Erich Fromm, Herbert Marcuse und der Literarhistoriker Leo Löwenthal; ab 1935 war Walter Benjamin Mitarbeiter in Paris. Zu den Vertretern der zweiten und dritten Generation werden Jürgen Habermas, Alfred Schmidt, Albrecht Wellmer, Helmut Dubiel und Axel Honneth gerechnet.

Für die Literaturwissenschaft bedeutsam sind seit den 1930er Jahren die Arbeiten von Leo Löwenthal zur Literatursoziologie und Massenkultur (‚Schriften' Bd. 1), einflußreich für die Literatur- und Kulturtheorie waren Herbert Marcuses ‚Triebstruktur und Gesellschaft' (1955) und sein Essay ‚Über den affirmativen Charakter der Kultur' (1937), in dem an der kritischen Rolle der Kunst festgehalten, diese aber zugleich als Entlastung der Gesellschaft vom Veränderungsdruck vorgestellt wird. Den widersprüchlichen Charakter der Kultur in der bürgerlichen Gesellschaft als affirmativer Ideologieproduktion einerseits und Kritik der Gesellschaft andererseits behauptet auch das unter dem Eindruck von Faschismus, Krieg und amerikanischer Massenkultur 1941−44 entstandene einflußreiche Hauptwerk der Kritischen Theorie, die ‚Dialektik der Aufklärung' von Horkheimer und Adorno (1947 in Amsterdam veröffentlicht). Die im ↗ *Poststrukturalismus* absolut gesetzte Vernunftkritik findet sich hier bereits vorgeprägt, ebenso in Adornos ‚Minima Moralia' (1951). Das Prinzip der NEGATIVEN DIALEKTIK (Adorno 1966) mit seinem zentralen, von Hegel hergeleiteten Theorem der „bestimmten Negation" verweigert sich dem versöhnenden Rückschluß auf eine ideologisch identifizierbare Position und insistiert auf „Reflexion und Ausdruck des Negativen des Erkenntnisgegenstandes" (Rath, 112). Wird diese Denkbewegung als gesellschaftliche ‚Praxis' herausgestellt und ihr utopischer Gehalt darin gesehen, das „Begriffslose mit Begriffen aufzutun, ohne es ihnen gleichzumachen" (Adorno 1966, 19), so sieht sich die Kritische Theorie mit der Frage konfrontiert, wie sie „das jeweils gegenwärtige Ganze vor sich haben und gleichwohl selber am gegenwärtigen Geschichtsprozeß teilnehmen" könne (Theunissen, 34). Unter dem Einfluß von Nietzsche und dem der Psychoanalyse nach Freud erscheint sie in der Form eines totalen Ideologieverdachts. Es gilt die Annahme eines universalen „Verblendungszusammenhangs" angesichts des integrativen kapitalistischen „Schemas der mechanischen Reproduzierbarkeit" (Adorno/Horkheimer, 135; ↗ *Aura*). Ist Vernunft nur noch instrumentelle Vernunft, kommt Aufklärung an ihr Ende. Um als Kritik weiterzugelten, muß sie den Gedanken des ihr inhärenten und historisch bestimmbaren Umschlags von Vernunft in Mythos und Barbarei (paradigmatisch: der 1. Weltkrieg, Naziherrschaft in Deutschland und Massenkultur in den USA) zum Zentrum der Reflexion machen.

In den 1950er Jahren (als Bezugspunkt eines besonders in der Literatur wirksamen Nonkonformismus) und in den 60er und 70er Jahren (als Anreger und Widerpart der Studentenbewegung) entfaltete die Kritische Theorie ihre größte Wirksamkeit in Kultur und Wissenschaft. Für die sozialgeschichtlich orientierte Literaturgeschichtsschreibung zum 18. Jh. (Mattenklott/Scherpe, Grimminger) hatte die an der Kritischen Theorie orientierte Habilitationsschrift von Jürgen Habermas ‚Strukturwandel der Öffentlichkeit' (1962) großen Einfluß. Adornos ‚Noten zur Literatur' (1958–65) und seine 1970 postum veröffentlichte ‚Ästhetische Theorie' postulieren eine im Werk von Kafka, Beckett und Celan paradigmatisch ausgebildete ↗ *Autonomie* der Kunst, die Erkenntnis und Widerstand ermöglicht als Freisetzung eines Nicht-Identischen vom Identitätszwang der Gesell-

schaft. Autonome Kunst ist – im Unterschied zu Heideggers Kunstphilosophie – jedoch nur denkbar als fait social. Der für Adorno zentrale Gedanke der ↗ *Mimesis₂* und der des Naturschönen appelliert an eine ursprüngliche und utopische Vorstellung von Natur, deren vorsprachliches Potential und „psychologische Vorform des Geistes" (Adorno 1970, 172) sich als resistent erweisen sollen inmitten und gegenüber der gesellschaftlichen Verdinglichung und Entfremdung. In diesem Sinne hält Adorno an einem Wahrheitsbegriff emphatisch fest. In Habermas' sozialwissenschaftlichen Schriften (‚Erkenntnis und Interesse', 1968; ‚Legitimationsprobleme im Spätkapitalismus', 1973) – mit ihrer folgenreichen wissenschaftstheoretischen Differenzierung von ERKENNTNISINTERESSEN in das ‚technische' der Naturwissenschaften, das ‚praktische' der Geisteswissenschaften und das ‚emanzipatorische' der Sozialwissenschaften – wird die Kritische Theorie von Adornos Naturkonzeption und von der allein auf der Warenanalyse beruhenden „Kritik der instrumentellen Vernunft" Horkheimers abgehoben. Die ‚kritische' Hermeneutik bzw. ‚Kritische Wissenschaft' (Peter Bürger, ‚Theorie der Avantgarde', 1974) soll sich von einem ihr auferlegten Begriff von Geschichte und TOTALITÄT (als Inbegriff des Prozeßcharakters gesamtgesellschaftlicher Verhältnisse) emanzipieren (Habermas, ‚Der Universalitätsanspruch der Hermeneutik', 1970), ihr Reflexionsvermögen wird überführt in eine „Theorie des kommunikativen Handelns" (Habermas 1981), die das Zusammenwirken verschiedener Organisationsformen und Teilsysteme der Gesellschaft zur Voraussetzung hat.

ForschG: Aufgrund ihrer Ausstrahlung in verschiedene Kultur- und Wissenschaftsbereiche und aufgrund ihres gesellschaftskritischen Geltungsanspruchs stand die in sich keineswegs geschlossene und systematisch begründete Kritische Theorie wiederholt im Zentrum kulturpolitischer Auseinandersetzungen und wissenschaftstheoretischer Kontroversen (Dahms). Der Studentenbewegung diente sie als Katalysator ihres emanzipatorischen Bewußtseins, der konservativen Kulturkritik als eine wissenschaftlich nicht zu legitimierende Quelle gesellschafts- kritischen Ressentiments (Rohrmoser, Gerhard Kaiser). Oskar Negts und Alexander Kluges Erweiterungen und Ergänzungen der marxistischen Kategorien von Produktion, Arbeit und einer Produktivkraft der fünf Sinne in ‚Geschichte und Eigensinn‘ (1981) sind von der Kritischen Theorie inspiriert. Der Poststrukturalismus hat Positionen der Kritischen Theorie zur Abgrenzung seines antihegemonialen, dekonstruktiven und antihermeneutischen Kunst- und Kulturverständnisses genutzt (Lyotard, Weigel). In den 1980er und 90er Jahren hat Adornos ‚Ästhetische Theorie‘ in den USA und in den angelsächsischen Ländern in den Debatten um die historische und kulturtheoretische Abgrenzung von ↗ *Moderne* und ↗ *Postmoderne* wieder an Geltung gewonnen. Fredric Jameson rekonstruiert die marxistischen Denkansätze der Kritischen Theorie und erprobt sie bei der Analyse der gegenwärtigen Kulturproduktion (‚Spätkapitalismus‘, 1990). David Roberts schreibt Adornos und Horkheimers ‚Dialektik der Aufklärung‘ im Sinne einer die klassische Moderne seit den historischen Avantgardebewegungen konterkarierenden Theorie der Parodie fort (‚Art and Enlightenment‘, 1991). Als historisch nicht haltbar gilt der Kulturtheorie und Ästhetik nach Adorno die durch die Erfahrungen von Faschismus und amerikanischer Kulturindustrie bedingte rigorose Trennung von hoher Kunst und Massenkultur. Ergänzt und zu Teilen revidiert wurde u. a. die ästhetische Theorie nach Adorno durch die Subjektkritik der neueren Psychoanalyse und des Dekonstruktivismus (Menke).

Lit: Theodor W. Adorno: Ästhetische Theorie. Frankfurt 1970. − T. W. A.: Negative Dialektik. Frankfurt 1966. − T. W. A.: Noten zur Literatur. Frankfurt 1981, S. 251−280. − T. W. A., Walter Benjamin: Briefwechsel 1928−1940. Hg. v. Henri Lonitz. Frankfurt 1994. − T. W. A., Max Horkheimer: Dialektik der Aufklärung. Frankfurt 1969. − Alo Allkemper: Rettung und Utopie. Studien zu Adorno. Paderborn 1981. − Rüdiger Bubner: Was ist Kritische Theorie? In: Karl-Otto Apel u. a.: Hermeneutik und Ideologiekritik. Frankfurt 1971, S. 160−209. − Peter Bürger: Theorie der Avantgarde. Frankfurt 1974. −

Hans-Joachim Dahms: Positivismusstreit. Frankfurt 1994. − Helmut Dubiel: Wissenschaftsorganisation und politische Erfahrung. Studien zur frühen Kritischen Theorie. Frankfurt 1978. − Ludwig v. Friedeburg, Jürgen Habermas (Hg.): Adorno-Konferenz 1983. Frankfurt 1983. − Josef Früchtl: Mimesis. Konstellation eines Zentralbegriffs bei Adorno. Würzburg 1986. − Raymond Gross: The idea of a critical theory. Cambridge 1981. − Rolf Grimminger (Hg.): Deutsche Aufklärung bis zur Französischen Revolution 1680−1789. München 1980. − Jürgen Habermas: Erkenntnis und Interesse. Frankfurt 1968. − J. H., Niklas Luhmann: Theorie der Gesellschaft oder Sozialtechnologie. Frankfurt 1971. − Axel Honneth, Albrecht Wellmer (Hg.): Die Frankfurter Schule und die Folgen. Berlin 1986. − Max Horkheimer: Traditionelle und Kritische Theorie [1939]. In: Kritische Theorie. Hg. v. Alfred Schmidt. Bd. 2. Frankfurt 1968, S. 137−191. − M. H.: Zur Kritik der instrumentellen Vernunft [1947]. Hg. v. Alfred Schmidt. Frankfurt 1974. − Fredric Jameson: Late Marxism. Adorno, or the persistence of the dialectic. London, New York 1990 [dt.: Spätmarxismus. Hamburg, Berlin 1992]. − Martin Jay: Dialektische Phantasie. Die Geschichte der Frankfurter Schule. Frankfurt 1976. − Gerhard Kaiser: Benjamin, Adorno. Frankfurt 1974. − Leo Löwenthal: Schriften. Frankfurt 1990. − Jean-François Lyotard: Adorno come diavolo. In: J.-F. L.: Intensitäten. Berlin 1978, S. 35−38. − Herbert Marcuse: Über den affirmativen Charakter der Kultur. In: H. M.: Schriften, Bd. 3. Frankfurt 1979, S. 186−226. − Gert Mattenklott, Klaus R. Scherpe: Grundkurs 18. Jh. 2 Bde. Kronberg 1974. − Christoph Menke: Die Souveränität der Kunst. Ästhetische Erfahrung nach Adorno und Derrida. Frankfurt 1991. − Norbert Rath: Adornos Kritische Theorie. Paderborn 1982. − David Roberts: Art and enlightenment. Aesthetic theory after Adorno. Lincoln, London 1991. − Günter Rohrmoser: Das Elend der kritischen Theorie. Freiburg i. Br. 1970. − Karol Sauerland: Einführung in die Ästhetik Adornos. Berlin, New York 1979. − Alfred Schmidt: Zur Idee der kritischen Theorie. München 1974. − Werner Schneiders: Hoffnung auf Vernunft. Hamburg 1990. − Eva M. Sewing: Grenzen und Möglichkeiten der Adornoschen Ästhetik heute. Frankfurt 1991. − Michael Theunissen: Gesellschaft und Geschichte. Zur Kritik der kritischen Theorie. Berlin 1969. − Sigrid Weigel (Hg.): Flaschenpost und Postkarte. Korrespondenzen zwischen Kritischer Theorie und Poststrukturalismus. Köln u. a. 1995. − Albrecht Wellmer: Zur Dialektik von Moderne und Postmoderne. Vernunftkritik

nach Adorno. Frankfurt 1985. – Rolf Wiggershaus: Die Frankfurter Schule. München 1988.

Klaus R. Scherpe

Kritischer Rationalismus
↗ *Analytische Literaturwissenschaft*

Kryptogramm

Text mit verborgener Mitteilung.

Expl: Ein Kryptogramm ist ein unverfäng-
lich erscheinender Text, in dem sich eine
zweite ↗ *Botschaft* verbirgt. Die Gattung –
in den Methoden der Verschlüsselung zunächst wohl außerliterarischen Ursprungs
– weist keine allgemeingültig signifikanten
Merkmale auf (keine Geheimzeichen wie
die ↗ *Chiffre* oder die ↗ *Hieroglyphik* und
im strengen Sinne auch keinen ↗ *Code*):
Jede Textsorte kann (z. B. durch als bedeutsam verabredete Zeichen) selbst wieder als
Kryptogramm mit einer weiteren Bedeutungsebene genutzt werden. Der Übergang
von kryptisch zu hermetisch verschlüsselten
Texten, die ihre Sinnstruktur esoterisch hinter ihrer Exoterik verstecken, ist fließend
(↗ *Hermetik*).

[Terminologisches Feld:]
   Unter dem Oberbegriff ,Kryptogramm‘
(nicht zu vermengen mit der rein schreib-
technischen ,Kryptographie‘, von militäri-
scher Verschlüsselung bis zur Datensiche-
rung bei Computern) lassen sich eine Reihe
weiterer ,verborgener Schreibarten‘ mit spezifischen Merkmalen versammeln. Ihr Status variiert zwischen den Polen ↗ *Genre* und
↗ *Schreibweise*₂.
AKROSTICHON: Verschlüsselungstechnik in
metrisch strukturierten Texten, bei der die
Anfangsbuchstaben oder -worte (,Akro-
strophe‘) der Verse oder Strophen, in vertikaler Form aneinandergereiht, ein Wort, einen Namen, Vers oder Satz ergeben. Es
kann, wie an seinem Ursprung, magische
Funktionen erfüllen (↗ *Artes magicae*), vor
allem als alphabetisches Akrostichon, das
↗ *Abecedarium* genannt wird. Es wird auch

als mnemotechnisches Hilfsmittel, zur Sicherung gegen Textverderbnisse, als Huldi-
gung an den Empfänger oder als Versteck
für den Verfassernamen verwendet.
AKROTELEUTON: Verbindung von Akro-
und Telestichon, bei der die ersten und die
letzten Buchstaben der Verszeilen (oder
auch der Lösungswörter von Rätseln) einen
versteckten Sinn ergeben.
CHRONOSTICHON: Eine Spielform (auch
Chronogramm genannt), bei der eine Zeit-
Inschrift mit – meist großgeschriebenen –
Buchstaben überlagernd im Text selbst pla-
ziert wird. Der *Intext* (↗ *Figurengedicht*) ergibt, nach dem römischen Zahlenwert der
Buchstaben, zumeist ein für den Text signifikantes Datum.
LIPOGRAMM / LEIPOGRAMM: Text, in dem
ein sprachstatistisch wesentlicher Buchstabe
konsequent vermieden ist, z. B. ,r‘ oder ,s‘;
besonders schwierig ist die Eliminierung des
,e‘. Als Virtuosenkunststück seit der Antike
bekannt und besonders im ↗ *Manierismus*
gepflegt, erfreut sich die leipogrammatische
Schreibart heute auch sprachexperimentel-
ler Verwendung. Das Gegenstück heißt
Tautogramm, eine Art radikalisierte Form
der ↗ *Alliteration*; auch als Häufung nur eines einzigen Vokals möglich.
NOTARIKON: Verschlüsselungstechnik aus
dem Umfeld von Mystik und Magie, bei der
die Einzelbuchstaben eines Geheimwortes
als Anfangsbuchstaben anderer Wörter eines Textes versteckt oder als Initialenkürzel
für den Eingeweihten präsentiert werden
(Abkürzungen, Passwörter etc.).
PALINDROM: Worte, Wortpaare oder
ganze Sätze, die buchstabenweise vor- wie
rückwärts gleich zu lesen sind. Keimzelle ist
der als zaubermächtig geltende – da gegen
das Rückwärtssprechen als Gegenzauber
gefeite – echte ,Krebsvers‘ (versus cancri-
nus); von daher wurde der Begriff erweitert
auf Texte, die vor- wie rückwärts gelesen
sinnhaltig sind. Ein solches Palindrom kann
als Spezialfall des ↗ *Anagramms* gelten. Das
Namens-Palindrom ist bei Autoren als
↗ *Pseudonym* beliebt.
RETROGRAMM: Silben-, wort- oder zeilen-
weise Umkehrung eines Verses oder eines
ganzen Gedichtes (auch *Retrograde* genannt); z. T. auch synonym mit *Palindrom*

verwendet. Im Idealfall ergibt der Rücklauf die genaue Verkehrung des Sinns bei korrektem (oder abgewandeltem) Metrum.

TELESTICHON: Form des Textverstecks, die – anders als das ‚Akrostichon' (Anfang) und das ‚Mesostichon' (Mitte) – die Endbuchstaben oder -wörter der Verszeilen oder Strophen eines Gedichts benutzt. In dessen Linearität verbirgt sich ein ebenfalls vertikal zu lesender Intext, der ohne Markierung ‚auffällig unauffällig' ist.

WortG: Die Ausdrücke *Chrono-, Krypto-, Lipo-, Retro-* und *Tautogramm* zeigen in ihrem Grundwort alle, daß es sich um buchstabenzentrierte Formen handelt. Zu ihrem jeweiligen Grundwort griech. γράμμα [grámma] ‚Buchstabe', ‚Schrift', tritt eine nähere Bestimmung: griech. κρυπτός [kryptós] ‚verborgen', ‚geheim'; griech. χρόνος [chrónos] ‚Zeit'; griech. λιπο/λειπο- [lipo/leipo-] ‚ohne', ‚fehlend'; griech. ταυτό [tautó] ‚auf dieselbe Weise'; lat. *retro-* ‚zurück', ‚rückwärts'. Nicht anders erfolgt die Wortbildung bei *Akro-, Meso-, Tele-* und *Chronostichon*, wo zum Grundwort griech. στίχος [stíchos] ‚Zeile', ‚Vers' ebenfalls eine zusätzliche Qualifizierung tritt, die die Stelle in der Verszeile bezeichnet: griech. ἄκρος [ákros] ‚Spitze'; griech. μέσος [mésos] ‚Mitte'; griech. τέλος [télos] ‚Ende', ‚Ausgang'. Der Ausdruck *Palindrom* ist gebildet aus griech. πάλιν [pálin] ‚zurück', ‚umgekehrt' und griech. δρόμος [drómos] ‚Lauf', während *Notarikon* auf lat. *notarius*, den ‚Schnellschreiber' zurückgeht, der gewohnt war, die Anfangsbuchstaben als Kürzungen zu gebrauchen.

BegrG: Das Konzept der Kryptographik wurzelt ursprünglich in orientalischer Mystik und Magie. Besonders die kabbalistische Strömung der hebräischen Mystik tradierte mit ihren Permutationsspielen um die 22 Buchstaben des hebräischen Alphabets dieses magische Nutzungskonzept über das Mittelalter hinweg. Aber schon die Antike brachte das dem Analphabeten unheimliche Mysterium der Kunst des Lesens und Schreibens für sehr rationalisierte politischmilitärische Zwecke in Anschlag – und auf die einschlägigen Begriffe der Textklassifikation, einschließlich der Bezeichnungen für die Methoden der Textgenerierung und Textchiffrierung (*Gematrie, Steganographie*). Gleichzeitig bilden sich die krytographischen Techniken im literarischen Umfeld des 3. Jhs. v. Chr. endgültig zu einem Feld von Gattungsbegriffen mit geradezu idealtypischen poetischen Exemplen aus. Dieses überdauerte – mit einzelnen Erweiterungen, aber auch Einengungen – die Zeiten; der gelegentliche Versuch zur Eindeutschung der Begriffe wie „Vornlauff" (Liede, 80) oder „Nahmens-Verse" für *Akrostichon*, „Letterkehr" für *Anagramm* etc. (Ludwig, 261 f.) setzt sich nicht durch. Erst seit den nachbarocken Erschöpfungen deckt der Begriff nur noch ein Spektrum von reinen Spielformen und Verrätselungsmöglichkeiten. In der Gegenwart gerät die Begrifflichkeit durch eine Generalisierung und gewisse Metaphorisierung wieder in Bewegung (vgl. Lachmann / Smirnov).

SachG: Die Geschichte der (im spezifischen Sinne poetisch-literarischen) Textsorten der kryptischen Schreibweise beginnt bei den Griechen, die die orientalischen Vorläufer in Gebeten, Liedern, Psalmen, Orakeln und Zaubersprüchen säkularisieren und rationalisieren. Am weitesten von allen Gattungen reicht dabei das Lipogramm in die Antike hinein, von dem schon Beispiele aus der Mitte des 6. Jhs. v. Chr. überliefert sind. Die griechischen Muster auch der übrigen Gattungen entfalten in der lateinischen Spätantike eine immense Wirkung und kulminieren im Werk des Publilius Optatianus Porphyrius, der die verschiedenen Techniken enorm erweitert und in seinen kunstvollen Gitter- und Labyrinthgedichten zur Anwendung bringt. Sein Beispiel prägt die Geschichte der Kryptographik in der Poesie des Mittelalters. Der Renaissance und vor allem den barocken virtuosen Spielbedürfnis kamen die Gattungen der ‚verborgenen Schreibart' offensichtlich sehr entgegen. Sie beleben als gelehrtes Gesellschaftsspiel die Szene und erleben eine Blütezeit; diverse Poetiken sind bemüht, Handreichungen und Regeln zur Verfertigung aller Arten von Buchstaben-Rubrikaten zu geben. Vom ↗ *Kirchenlied* bis zur ↗ *Panegyrik*, von der ↗ *Epigraphik* bis in die Bereiche der politischen Beredsamkeit bestimmen kryptographische Formen die literarische Kultur, deren Bedeutung erst durch abwertende Rationalisierungen der Aufklärung reduziert wird. Gottscheds Poetik weist die Formen der kryptischen Schreibart unter dem Rubrum ‚Scherzgedichte' sogar aus dem Bereich der eigentlichen Dichtkunst hinaus, wenn er sie als „läppisch" und zum „poetischen Kehricht" gehörig erklärt, die zu verfertigen ein gelehrter Mann sich schämen sollte (Gottsched, 791–800). Erst vor dem Hintergrund experimentell-avantgardistischer Entwicklungen im 20. Jh. (mit vereinzelten Vorläufern wie Fr. Rückert), durch die sich die Dichtung in der ↗ *Konkreten* und *Visuellen Poesie* (↗ *Figurengedicht*) von solchen poetologischen Normtraditionen emanzipieren konnte, gewinnen vorsubjektive Formen literarischer Kryptographik neue Aktualität (z. B. Pérec, Queneau und die Pariser OULIPO-Gruppe – vgl. Rauch, Lapprand, Boehncke / Kuhne), besinnt man sich wieder auf das alte transkulturelle Konzept der ‚verborgenen Schreibarten' (Eugen Helmlé, Oskar Pastior, Unica Zürn etc.).

ForschG: Die poetologische Exilierung hatte nicht nur Folgen für die poetische Produktion, sondern auch für die historische Erforschung der Kryptographik. Größere Sammlungen und Textcorpora jenseits der antiken Welt liegen allenfalls in kuriosen Anthologien vor. Selbst in geschichtswissenschaftlichen Disziplinen waren eigentliche *Geheimschriften* (↗ *Chiffre*) ein Objekt wissenschaftlicher Forschung fast ausschließlich für Amateure. Noch 1963 klagt Alfred Liede, daß der kryptographische Typus von Poesie nicht einmal „in den historisch-lexikographischen Beschreibungen Platz gefunden" habe (Liede 1, 3). Dennoch darf gerade seine Arbeit, die Verfahren der Kryptographik als poetisch-literarische Spielformen innerhalb eines weit umfassenderen Kontextes behandelt, als eine grundlegende Untersuchung gelten. Sie liefert im zweiten Band nicht nur ein Inventar, sondern sie bietet mit ihren Fragestellungen auch die Voraussetzung für neue interpretatorische Aufschlüsselungen von formal oft komplizierten, ästhetisch befremdlichen und biographisch und sozialgeschichtlich vielfach unausgewiesenen ↗ *Texturen*.

Lit: Das ABC cum notis variorum herausgegeben von einem, dessen Nahmen im ABC stehet. Leipzig, Dresden 1703. – Charles Carroll Bombaugh: Oddities and curiosities of words and literature [Gleanings for the Curious. ³1890]. Hg. von Martin Gardner. New York 1961. – Deutsche Schillergesellschaft (Hg.): Charade, Logogriph, Rätsel, Anagramm & Palindrom. Aus Cottas „Morgenblatt" gehoben für Dorothea Kuhn. Marbach 1993. – Eugen Helmlé: Im Nachtzug nach Lyon. Lipogramm. Berlin 1993. – E. H.: Knall und Fall in Lyon. Lipogramm. Berlin 1995. – Joseph Kiermeier-Debre, Fritz F. Vogel (Hg.): Poetisches Abracadabra. München 1992. – Oskar Pastior: Kopfnuß Januskopf. Gedichte in Palindromen. München 1990. – Hansgeorg Stengel: Annasusanna. Ein Pendelbuch für Rechts- und Linksleser. Berlin (Ost) 1984. – Hans Weis: Bella Bulla. Lateinische Sprachspiele. Bonn 1951.

Jeremy Adler, Ulrich Ernst (Hg.): Text als Figur. Weinheim 1987. – Heiner Boehncke, Bernd Kuhne: Anstiftung zur Poesie. OULIPO – Theorie und Praxis der Werkstatt für potentielle Literatur. Bremen 1993. – Franz Dornseiff: Das Alphabet in Mystik und Magie [²1925]. Leipzig, Wiesbaden 1980. – Gerhard Grümmer: Spielformen der Poesie. Leipzig u. a. 1985. – Eugen Helmlé: Nachwort des Übersetzers [des lipogrammatischen Romans ‚La Disparition', 1969]. In: Georges Pérec: Anton Voyls Fortgang. Frankfurt 1986. – Arthur Kopp: Das Akrostichon als kritisches Hilfsmittel. In: ZfdPh 32 (1900), S. 212–244. – Elisabeth Kuh: Buchstabendichtung. Heidelberg 1982. – Renate Lachmann, Igor P. Smirnov (Hg.): Kryptogramm. Zur Ästhetik des Verborgenen. Wien 1988. – Marc Lapprand: Poétique de l'OULIPO. Amsterdam 1998. – Alfred Liede: Dichtung als Spiel. 2 Bde. Berlin 1963 [Repr. in 1 Bd. ²1992]. – Gottfried Ludwig: Deutsche Poesie dieser Zeit. Leipzig 1703. – Herbert Pfeiffer: Das Palindrom als Spielmittel und poetisches Verfahren. In: H. Pf.: O Cello voll Echo. Palindrom-Gedichte. Frankfurt, Leipzig 1992. – Bruno Rauch: Sprachliche Spiele – spielerische Sprache. Diss. Zürich 1982. – Karl Riha: Texte mit Handicap. Zur Literatur ohne R und andere Buchstaben des Alphabets. In: STZ 76 (1980), S. 265–274. – Gerhard F. Strasser: Die kryptographische Sammlung Herzog Augusts. In: Wolfenbütteler Beiträge 5 (1982), S. 83–121.

Joseph Kiermeier-Debre

Kudrunstrophe ↗ *Epenstrophe*

Künstlichkeit

Die poetisch-formale Modellierung von Wirklichkeit in literarischen Texten.

Expl: Der umgangssprachliche Begriff der Künstlichkeit wurde zum theoriegebundenen literaturwissenschaftlichen Terminus durch Clemens Lugowskis originären Versuch, die „besondere Seinsart des Dichterischen" (Lugowski 1932, 4) zu erfassen (↗ *Poetizität*). Dichtung darf demzufolge nicht mit „dem schlicht Seienden" verwechselt, sondern muß „in der spezifischen Künstlichkeit [ihres] Gemachtseins" (10) verstanden werden. Das dichterische Werk entwirft somit eine „künstliche[] Wirklichkeit" (11), in der seine Elemente zu einem Ganzen funktionalisiert sind. Künstlichkeit in diesem Sinne bleibt jedoch für die Teilnehmer der jeweiligen kulturellen Gemeinschaft als solche verborgen (↗ *Form*). So verstandene Künstlichkeit gehört „zu den Momenten am Dichterischen, die sich am längsten und erfolgreichsten dem Bewußtwerdung und theoretischen Vergegenständlichung entziehen" (12). In solcher ursprünglichen, distanzlosen Rezeptionshaltung besitzt Dichtung, wie der Mythos in der Antike, eine „gemeinsamkeitbegründende Kraft" (12) und stellt insofern ein ↗ *Mythisches Analogon* innerhalb einer nicht mehr mythischen Kultur dar.

WortG: Als Abstraktum zu *können* ist ↗ *Kunst* seit dem Ahd. nachweisbar, die Ableitungen *künstlich* seit dem Mhd. (und schon im 14. Jh als Gegensatz zu *natiurlîch*; Lexer 1, 1781) und *Künstlichkeit* seit dem Frnhd. (schon bei Fischart nebeneinander als ‚Gelehrsamkeit‘, als ‚Fertigkeit‘ in verschiedensten Tätigkeiten und ‚kunstreiche Geschicklichkeit‘, so daß noch Herder von der „Künstlichkeit eines Schneckenhauses" sprechen kann; DWb 11, 2715 f.); im 18. Jh. tritt die tadelnde Verwendung als ‚Künstelei‘ hinzu (Paul-Henne, 496 f.; Trübner 4, 307). Bei Goethe stehen dann alle drei Ver-

wendungen von *künstlich* nebeneinander: als ‚kunstgerecht‘ („ohne künstliche Bearbeitung": FA 13, 4.2.2.), als ‚kunstvoll‘ („unbewußt, aber doch künstlich genug": 6.1.5.) und als ‚widernatürlich‘ („bloß in dem, was künstliche Instrumente zeigen, die Natur erkennen": 2.42.1.). Lugowski akzentuiert mit der Wahl seines Begriffsnamens einerseits das Nichtnatürliche, Konventionelle und somit historisch Veränderliche literarischer Wirklichkeitsgestaltung, nimmt ihm aber andererseits jeden pejorativen Nebensinn: die ‚Künstlichkeit‘ der literarischen Form wirkt gemeinschaftsbildend wie der antike Mythos.

Johann Wolfgang Goethe: Sämtliche Werke [Frankfurter Ausgabe, FA]. Frankfurt 1985 ff.

BegrG/SachG: Von der Kategorie der Künstlichkeit war und ist in literaturwissenschaftlichen Zusammenhängen auch andernorts vielfältig die Rede: etwa in der traditionsreichen „Opposition ‚natürliche‘ vs. ‚künstliche‘ Zeichen" (RL^2 4, 318), bei der ‚Natürlichkeit‘ oder ‚Künstlichkeit‘ von Rezeptionszeugnissen (RL^2 4, 899; vgl. 3, 828), vor allem aber mit Bezug auf manieristische Epochen, Stile und Schreibweisen (↗ *Manierismus$_{1,2}$*; vgl. Zymner, 21−29 u. 77−85).

Die Besonderheit von Lugowskis auf die Neubestimmung historischer Literarizität zielender Theorie besteht darin, die Künstlichkeit als kunstvoll erzeugte Fiktionalität neuzeitlicher Erzählwerke in scharfsinnigen Textanalysen mit Hilfe originärer Begriffsbildungen wie ‚Motivation von vorn / von hinten‘ (↗ *Motivierung*), ‚resultathafter Erzählstil‘, ‚Gehabtsein‘ und ‚Märchenroman‘ bestimmt zu haben.

Im Sinne Max Webers setzt Lugowski einen kulturevolutionären Prozeß zunehmender Rationalisierung seit der Renaissance voraus, dem sich die Dichtung zunächst entzogen habe − „als habe sich das vor dem unaufhaltsamen Vordringen des ‚aufklärenden Geistes‘ zurückweichende Mythische in die künstlichen Formen der Kunst […] zu flüchten versucht" (Lugowski 1932, 12). Zeitlich verzögert sei jedoch auch in der Kunst eine immer stärkere „Zersetzung des mythischen Analogons" (52) zu beobachten. Als paradigmatisch für diesen Prozeß sieht Lugowski die Geschichte des Romans an. Die Zersetzung des mythischen Analogons sei allerdings nicht als kontinuierliche Annäherung an eine „wahre Wirklichkeit" zu verstehen, sondern habe Gültigkeit nur relativ zu der vom Literarhistoriker auf der Basis ‚seiner' Wirklichkeit (84) eingenommenen Grundfrage nach der Geschichte der „Form der Individualität".

ForschG: Lugowski entwickelte den von Diltheys Lebensphilosophie und von Ernst Cassirers ‚Philosophie der symbolischen Formen' (1925) beeinflußten Begriff der Künstlichkeit in seiner 1932 veröffentlichten Dissertation über die frühneuzeitlichen Romane Wickrams (dazu Schlaffer, Martinez). Seine Auffassung des ‚Gemachtseins' von Dichtung ähnelt der wenige Jahre zuvor entwickelten, international aber noch nicht rezipierten Poetik des Russischen ↗ *Formalismus*, dessen Vertreter unter den Leitbegriffen des ‚Verfahrens' (‚priem') und der ‚Faktur' (‚faktura') ebenfalls die ‚Gemachtheit' von Dichtung ins Zentrum ihrer Untersuchungen stellten (↗ *Verfremdung₂*). Allerdings kommt für die Formalisten die genuin ästhetische Erfahrung durch Prozesse der *Entautomatisierung* und ↗ *Abweichung* von tradierten Normen zustande, während nach Lugowski die Künstlichkeit als solche vom Rezipienten gerade nicht erkannt werden darf, um im Rahmen seiner kulturellen Gemeinschaft ästhetisch erfahren − anstatt kritisch analysiert − werden zu können: „Im selbstverständlichen Hinnehmen und Verstehen einer Dichtung finden sich die Menschen zusammen" (Lugowski 1932, 9). Heute finden sich verwandte Überlegungen in forschungsgeschichtlich mit dem Formalismus verbundenen Zusammenhängen, u. a. in Lotmans Begriff des künstlerischen ‚Sujets' als Modellierung von Wirklichkeit (Lotman, 316) oder auch in Isers Beschreibung des fiktionalen Textes als „Akt des Fingierens" (Iser, 20; ↗ *Appellstruktur*).

Lit: Wolfgang Iser: Das Fiktive und das Imaginäre. Frankfurt 1991. − Clemens Lugowski: Die Form der Individualität im Roman [1932]. Frankfurt 1976. − C. L.: Wirklichkeit und Dichtung. Frankfurt 1936. − Jurij Lotman: Die Struktur des künstlerischen Textes. Frankfurt 1973. − Matias Martinez (Hg.): Formaler Mythos. Beiträge zu einer Theorie ästhetischer Formen. Paderborn 1996. − Heinz Schlaffer: Clemens Lugowskis Beitrag zur Disziplin der Literaturwissenschaft. In: Lugowski 1932, S. VII−XXIV. − Rüdiger Zymner: Manierismus. Paderborn 1995.

Matias Martinez

Kürnbergerstrophe ↗ *Epenstrophe*

Kürze ↗ *Prosodie*

Kulisse ↗ *Bühnenbild*

Kulturindustrie ↗ *Warencharakter*

Kulturtheorie

Sammelbegriff für systematisch beschreibende, erklärende, teilweise auch normative Konzeptionen von Kultur in unterschiedlichen Theorietraditionen und Einzelwissenschaften.

Expl: Theoretische Annahmen über Genese, Konstanz und Wandel von Kultur − im weitesten Sinn verstanden als die erworbenen symbolischen (materialen wie mentalen) Voraussetzungen menschlichen Sozialverhaltens − erweisen sich als konstitutiv für *Anthropologie* (↗ *Literarische Anthropologie*), Ethnologie, Soziologie und ↗ *Semiotik*. Wo sich Kunst-, Literatur- oder Medienwissenschaften als ‚Kultur-' oder ‚Medienkulturwissenschaften' (Hansen, Schönert, S. J. Schmidt) definieren (↗ *Kulturwissenschaft*), öffnen sie einen fächerübergreifenden Problemhorizont, in dem ↗ *Artefakte* synchron wie diachron auf Gesellschaft bezogen werden, ohne den interpretierenden Zugriff auf Einzelwerke zu marginalisieren (↗ *Literatursoziologie*, ↗ *Mentalitätsgeschichte*, ↗ *New Historicism*). Um Modelle der Beziehung von Kultur und Gesellschaft literaturwissenschaftlich umsetzen zu können, erscheint angesichts der Vielfalt philosophischer und einzelwissenschaftlicher Kulturkonzepte – schon Kroeber/ Kluckhohn nennen 175 verschiedene Definitionen von ‚Kultur' – eine Rekonstruktion der gemeinsamen sozial- und zeichentheoretischen Kernaussagen unabdingbar. Dies ist die Aufgabe der Kulturtheorie.

WortG: Von lat. *cultura* ‚Pflege', ‚Landbau' zu *colere* ‚bebauen', ‚bestellen', ‚pflegen'; sowie griech. θεωρία [theoría] ‚Betrachtung' zu θεωρεῖν [theorein] ‚zuschauen'. Die Wortgeschichte von *Kulturtheorie* ist an die Wort- und Begriffsgeschichte von *Kultur* gebunden (dazu Schulz-Basler 1, 410 f.; ↗ *Kulturwissenschaft*) und setzt frühestens im späten 19. Jh. ein, als sich ‚Kultur' als eigenständiger Objektbereich von Ethnologie, Volkskunde, Soziologie und Geschichtsschreibung etabliert hat (‚Sittengeschichte', ‚Kulturgeschichte': J. Chr. Adelung: ‚Versuch einer Geschichte der Kultur des menschlichen Geschlechts', 1782; G. Klemm: ‚Allgemeine Cultur-Geschichte der Menschheit', 1843; paradigmatisch J. Burckhardt: ‚Die Kultur der Renaissance in Italien', 1860) und ein nicht normativer, raumzeitlicher Begriff von ‚Kultur(en)' (E. B. Tylor, 1873) mit einem restriktiven, emphatischen Kulturbegriff als Gegenbegriff zu ‚Zivilisation' koexistiert.

BegrG: Wort- und Begriffsgeschichte von ‚Kulturtheorie' im engeren, je einzelwissenschaftlichen Sinn kommen annähernd zur Deckung. Wird unter diesem Stichwort dagegen ex post auch die Gesamtheit von philosophischen Aussagen über ‚Kultur' subsumiert, nähert sich dessen Begriffsgeschichte der historischen Semantik von ‚Kultur' (↗ *Kulturwissenschaft*). Als theoretisches Problem manifestiert sich die prekäre Beziehung von ‚Kultur' und ‚Gesellschaft' unabweisbar dann, wenn sich die normativen Bedeutungen des Kulturbegriffs abschwächen und seine Paradoxien nicht mehr zur ‚Tragik' der Conditio humana hochstilisiert, sondern durch eine Definition von ‚Kultur' als ‚symbolischem System' neutralisiert werden (Cassirer 1944 sowie 1923 ff.).

SachG/ForschG: Die frühe deutsche ‚Kultursoziologie' – der Begriff kommt nach dem 1. Weltkrieg in Gebrauch – löst sich nur zögernd von der idealistischen, z. T. metaphysischen Überforderung von ‚Kultur(wissenschaft)' als Antinomie zu ‚Natur(-wissenschaft)', ‚Gesellschaft' und ‚Zivilisation' – sei sie ihrerseits eher phänomenologisch (A. Weber; anfangs auch die ‚Wissenssoziologie' M. Schelers und Karl Mannheims) oder eher strukturgenetisch ausgerichtet (H. Freyer, A. Gehlen). Die Abspaltung der ‚Kultur' von ‚Gesellschaft' – ontologisch radikalisiert in Schelers Unterscheidung kultureller ‚Idealfaktoren' von ‚Realfaktoren' – erweist sich dabei als Scheinalternative zu mehr oder weniger deterministischen Erklärungen (↗ *Determination*), die Wertvorstellungen und Ideen als ideologischen ‚Überbau' auf die ‚Basis' von Wirtschafts- und Machtinteressen zurückführen (↗ *Kritische Theorie*), auf Repression und ‚Sublimierung' von Trieben (Psychoanalyse: Freud: ‚Das Unbehagen in der Kultur', 1930; E. Fromm) oder auf konstante, organische Grundbedürfnisse reduzieren (Ernährung, Fortpflanzung, Hygiene). Deren Befriedigung mit den Werkzeugen einer ‚künstlichen Umwelt' sei für Gesellschaft bestandsnotwendig, produziere damit aber neue, abgeleitete ‚Kulturbedürfnisse' (Funktionalismus, v.a. am Beispiel ‚primitiver' Gesellschaften: B. Malinowski: ‚A scientific theory of culture', 1944, dt. 1975; A. R. Radcliffe-Brown). Literaturwissenschaftlich rezipiert werden zunächst marxistische und materialistische Ansätze wie die ‚Kritische Theorie', die bürgerliche Kunst und Kultur als zugleich ideologische Affirmation von Herrschaft und als utopisch-kritischen ↗ *Vorschein* begreift und ihren Zerfall in ‚Massenkultur' (‚Kulturindustrie') und ‚Avantgarde' konstatiert, oder die begriffs- und literaturgeschichtlichen Studien der in England begründeten Schule der ‚cultural studies' (R. Hoggart, R. Williams, später T. Eagleton). Beide erschließen der Literaturwissenschaft nichtkanonische Objektbereiche der Trivial- oder Populärkultur (↗ *Marxistische Literaturwissenschaft*). Erst spät rezipiert wird Norbert Elias' Analyse frühneuzeitlicher Affektkontrolle (ZIVILISATIONSPROZESS als Umwandlung von ‚Fremdzwang' in ‚Selbst-

zwang'; Elias 1939; 1969), wobei ‚Kultur'
und ‚Zivilisation' ihre antinomische Bedeutung verlieren (Elias 1939, 1−42). Psychohistorie und Sozialgeschichte verbinden sich
zu einer historischen Soziologie des „von
Individuen gebildeten Interdependenzge-
flecht[es]" („Figuration"; Elias 1939,
LXVIII) und werden literaturgeschichtlich
adaptiert (R. Wild).

Ihren jüngsten ‚kulturwissenschaftlichen'
Aufschwung verdankt die Literaturwissenschaft jedoch u. a. einer Renaissance der
deutschen ‚Kultursoziologie' (W. L. Bühl,
A. Hahn, R. König, W. Lipp, F. H. Ten-
bruck, H. P. Thurn u. a.), die unter den veränderten theoretischen Bedingungen der
1980er Jahre einerseits ältere kultur-, wis-
sens- und religionssoziologische Anregungen (E. Durkheim, G. Simmel, M. Weber)
aufnimmt, die Generalisierung von ‚Kul-
tur(en)' zu ‚Wirklichkeitskonstruktionen'
auch der ALLTAGSKULTUR (P. L. Berger und
Th. Luckmann: ‚The social construction of
reality', 1966, dt. 1970; Gerhard Schulze:
‚Die Erlebnisgesellschaft. Kultursoziologie
der Gegenwart', 1992) und den Komplexi-
tätszuwachs der ↗ Systemtheorie v. a. N.
Luhmanns verarbeitet (↗ Literatursystem).
Andererseits übernimmt sie verstärkt anthropologische (↗ Literarische Anthropologie), ethnologische (↗ Interkulturalität) und
semiotische Kulturtheorien, deren Konzeption von ‚Kultur' als ‚Wissen' und ‚Bedeutung' (C. Geertz) auf ‚Kultur' als ‚Text' verwiesen bleibt (R. Posner, D. Bachmann-
Medick).

Differenzierte literaturwissenschaftliche
Adaptationen hat bisher lediglich das Theo-
rieangebot von Pierre Bourdieus Kunst-
und Kultursoziologie erfahren, die ‚objektive' soziale Positionen und ‚Klassen-
strukturen' auf ein ‚Feld' ökonomischen
und symbolischen ‚Kapitals' bezieht, von
der symbolischen Praxis konkreter Le-
bens-, Verhaltens-, Wahrnehmungs- und
Geschmacks-Stile unterscheidet und beide
Bereiche über die Kategorie des HABITUS
vermittelt. Makro- und mikrosoziale ebenso
wie werkexterne und -interne Analyseebe-
nen werden zwar integriert, aber nicht a
priori aufeinander projiziert (Bourdieu
1992). Wie sich ein spezifischer ‚Habitus' −

als handlungsleitendes Ensemble von Wahl-
möglichkeiten − an der Schnittstelle von
sozialer ‚Struktur' und künstlerischer ‚Praxis' Wahlentscheidungen aufprägt und diese
an den realisierten Werk-Stilen ablesbar
werden, zeigt Bourdieu im Anschluß an
E. Panofsky am Beispiel der Gotik (Bourdieu 1970), während neuerdings v. a. das
Konzept des ‚literarischen Feldes' (J. Jurt)
literaturgeschichtlich erprobt und der soziologische ‚Stil'-Begriff (K. Mannheim 1924/
1980, 95−98; H.-G. Soeffner, Th. Luckmann) erneut als ‚kulturwissenschaftliches
Diskurselement' diskutiert wird (Gum-
brecht/Pfeiffer).

Lit: Aleida Assmann, Dietrich Harth (Hg.): Kul-
tur als Lebenswelt und Monument. Frankfurt
1991. − Jan Assmann, D. H. (Hg.): Kultur und
Konflikt. Frankfurt 1990. − J. A.: Das kulturelle
Gedächtnis. München 1992, ²1997. − Doris
Bachmann-Medick (Hg.): Kultur als Text. Frank-
furt 1996. − Otto A. Baumhauer: Kulturwandel.
Forschungsbericht. In: DVjs (1982), Sonderheft:
Kultur, S. 1−167. − Pierre Bourdieu: Zur Sozio-
logie der symbolischen Formen. Frankfurt 1970.
− P. B.: Die feinen Unterschiede. Frankfurt 1982.
− P. B.: Die Regeln der Kunst [1992]. Frankfurt
1999. − Helmut Brackert, Fritz Wefelmeyer
(Hg.): Kultur. Bestimmungen im 20. Jh. Frank-
furt 1990. − Walter L. Bühl: Kultur als System.
In: Neidhardt u. a. 1986, S. 118−144. − Ivan By-
střina: Semiotik der Kultur. Tübingen 1989. −
Ernst Cassirer: Philosophie der symbolischen
Formen. 3 Bde. Berlin 1923−1929. − E. C.: An
essay on man. An introduction to a philosophy
of human culture. New Haven 1944. − Norbert
Elias: Über den Prozeß der Zivilisation [1939].
Bd. 1. Frankfurt ⁷1980. − N. E.: Die höfische
Gesellschaft. Neuwied 1969. − Clifford Geertz:
Dichte Beschreibung. Beiträge zum Verstehen
kultureller Systeme. Frankfurt 1983. − Renate
Glaser, Matthias Luserke (Hg.): Literaturwissen-
schaft − Kulturwissenschaft. Opladen 1996. −
Hans Ulrich Gumbrecht, K. Ludwig Pfeiffer
(Hg.): Stil. Frankfurt 1986. − Hans Haferkamp
(Hg.): Sozialstruktur und Kultur. Frankfurt
1990. − Klaus P. Hansen (Hg.): Kulturbegriff
und Methode. Tübingen 1993. − K. P. H.: Kultur
und Kulturwissenschaft. Tübingen, Basel 1995. −
Joseph Jurt: Das literarische Feld. Darmstadt
1995. − Alfred L. Kroeber, Clyde Kluckhohn:
Culture. Cambridge/Mass. 1952. − Gerhard
W. Lange: Materialistische Kulturtheorie im Vergleich. Münster 1984. − Klaus Lichtblau: Kul-
turkrise und Soziologie um die Jahrhundert-

wende. Frankfurt 1996. — Wolfgang Lipp: Drama Kultur. Berlin 1994. — Niklas Luhmann: Gesellschaftsstruktur und Semantik. Bd. 4. Frankfurt 1995, S. 31–54, 151–180. — Karl Mannheim: Über die Eigenart kultursoziologischer Erkenntnis [1924]. In: K. M.: Strukturen des Denkens. Hg. v. David Kettler u. a. Frankfurt 1980, S. 33–154. — Ingo Mörth, Gerhard Fröhlich (Hg.): Das symbolische Kapital der Lebensstile. Frankfurt 1994. — Friedhelm Neidhardt u. a. (Hg.): Kultur und Gesellschaft [= KZfSS Sonderheft 27]. Opladen 1986. — Ansgar Nünning (Hg.): Metzler-Lexikon Literatur- und Kulturtheorie. Stuttgart, Weimar 1998. — Wilhelm Perpeet: Kultur, Kulturphilosophie. In: HWbPh 4, Sp. 1309–1324. — Michael Pflaum: Die Kultur-Zivilisations-Antithese im Deutschen. In: Europäische Schlüsselwörter. Bd. 3. Hg. v. Johann Knobloch. München 1967, S. 288–427. — Roland Posner: Kultur als Zeichensystem. In: A. Assmann/Harth 1991, S. 37–74. — Siegfried J. Schmidt: Kultur als Programm. In: Kultur. Identität. Europa. Hg. v. Reinhold Viehoff u. a. Frankfurt 1999, S. 120–129. — Jörg Schönert: Literaturwissenschaft — Kulturwissenschaft — Medienkulturwissenschaft. In: Glaser/Luserke 1996, S. 192–208. — Markus Schwingel: Kunst, Kultur und Kampf um Anerkennung. In: IASL 22.2 (1997), S. 109–151. — Edward B. Tylor: Die Culturwissenschaft [1873]. In: Kultur. Hg. v. Carl August Schmitz. Frankfurt 1963, S. 33–53. — Reiner Wild: Literatur im Prozeß der Zivilisation. Stuttgart 1982. — Raymond Williams: Gesellschaftstheorie als Begriffsgeschichte. München 1972.

Claus-Michael Ort

Kulturwissenschaft

Konzeption der Literaturwissenschaft als Teildisziplin der Erforschung der von Menschen hervorgebrachten Einrichtungen, der zwischenmenschlichen Handlungs- und Konfliktformen sowie von deren Werte- und Normenhorizonten.

Expl: (1) *Kulturwissenschaften* im Plural ist die zusammenfassende Bezeichnung für die Fächer der alten Philosophischen Fakultät; der Terminus wird inzwischen nahezu deckungsgleich mit *Geisteswissenschaften* verwendet, soll die dazu zählenden Fächer jedoch aus der geistesgeschichtlichen Tradi-

tion deutscher Prägung lösen. (2) Davon ist *Kulturwissenschaft* als Einzeldisziplin zu unterscheiden durch spezifische theoretische Optionen, Fragestellungen, Verfahren sowie ein eigenes Gegenstandsfeld.

(1) Die Kulturwissenschaften befassen sich „mit Kultur als dem Inbegriff aller menschlichen Arbeit und Lebensformen, einschließlich naturwissenschaftlicher Entwicklungen" und analysieren, deuten und erklären mithin „die kulturelle Form der Welt" (Frühwald u. a., 10). (2) Für das Fach Kulturwissenschaft ist Kultur als ganze das Objekt und zugleich der Rahmen für ihre eigenen Operationen. Sie thematisiert insofern (a) den Kulturbegriff (↗ *Kulturtheorie*) und die darunter subsumierten, von den verschiedenen Kulturwissenschaften behandelten Phänomene in ihren Gemeinsamkeiten und Differenzen; sie untersucht (b) die Bedingungen kulturwissenschaftlicher Forschung und ist insofern selbstreflexiv, denn sie bezeichnet ein Verfahren, durch das die kulturellen Praktiken beobachtet, analysiert, interpretiert, verglichen und reflektiert werden.

Da es nicht ‚die' Kultur, sondern nur viele Kulturen gibt, ist die Kulturwissenschaft mit multi- und interkulturellen Interferenzen konfrontiert (↗ *Interkulturalität*). Sie verfährt deshalb (c) kulturvergleichend, indem sie die Semantik dessen untersucht, was in unterschiedlichen Gesellschaften unter ‚Kultur' verstanden wurde; sie ist also (d) eine historische Disziplin und verfährt (e) kulturkritisch, indem sie die Abhängigkeit kultureller Phänomene von variablen und veränderbaren Bedingungen offenlegt.

WortG: *Kultur* ist aus lat. *colere* (‚pflegen', ‚urbar machen', ‚ausbilden') abgeleitet und Eindeutschung von lat. *cultura*. Das Wort, dt. seit Ende des 17. Jhs. belegt (Schulz-Basler 1, 410 f.), bezeichnet das Gesamt der Einrichtungen, Handlungen, Prozesse und symbolischen Formen, welche mithilfe von planmäßigen Techniken die ‚vorfindliche Natur' in einen sozialen Lebensraum transformieren (↗ *Kulturtheorie*). Als *Kulturwissenschaften* wurden zunächst unterminologisch all jene Disziplinen zusammengefaßt, die die genannten Sachverhalte thematisieren. Seit den späten 1980er Jahren bildete sich eine besondere akademische Disziplin heraus, die Kultur insgesamt als einen ‚Text' auffaßt, dessen ‚Poetik' es zu entschlüsseln gilt (‚Kulturpoetik', ↗ *New Historicism*).

BegrG: Das Konzept ‚Kulturwissenschaft' faßt Forschungsgegenstände und -verfahren zusammen, die seit der Antike, freilich unter anderen Namen, in den verschiedenen Einzelwissenschaften thematisiert wurden. Die jeweilige Füllung des Begriffs hängt von derjenigen von ‚Kultur' ab. Bezogen auf die materielle Kultur hat Plinius d. Ä. einen Gegensatz von *terrenus* (‚zum Erdreich gehörend') und *factitius/fictitius* (‚künstlich Hergestelltes') bestimmt (Plinius, ‚Naturalis historia', 12,75; 14,98 u. 100; 15,24; 27,98 u. 199). Je nachdem, ob man diesen Gegensatz analytisch oder werthierarchisch auffaßt, entscheidet sich, ob Natur und Kultur als neutrale Gegenstandsbereiche oder als Objekte wertbezogener Kritik verstanden werden; diese Alternative kehrt später in der Kulturwissenschaft wieder.

Im lateinischen Raum wird über die Agrikultur hinaus *cultura* auch auf die persönliche ‚Kultur' von Individuen oder ‚Kultur historischer Perioden' angewendet. Die wirkungsvolle Formel Ciceros von der ‚cultura animi' (‚Tusculanae disputationes', 2,5,23) entspricht der griechischen *paideia*; sie bezeichnet die Pflege und das Gepflegte des Menschen. Damit wird neben Kultur als Sachkultur die Kultur der Persönlichkeit bewußt und der cultura-Begriff von der Bearbeitung der äußeren Natur auf die der inneren Natur übertragen. Der Zusammenhang mit Agrikultur bleibt jedoch noch lange erhalten, so spricht z. B. Francis Bacon von „georgica animi", einem ‚Landbau des Geistes' (‚De augmentis scientiarum', 7,1).

In der mittelalterlichen Differenzierung der ↗ *Artes liberales* und der ↗ *Artes mechanicae* beginnt sich die Entstehung der ‚zwei Kulturen' der Moderne (C. P. Snow) vorzubereiten. Während die Artes liberales Vorläufer der modernen Geisteswissenschaften sind, können Teile der Artes mechanicae als Frühformen von Technik verstanden werden. Seit dem Spätmittelalter

beginnen sie, sich als wesentliche Faktoren kultureller Entwicklung zu etablieren, wenn auch von den Universitätsgelehrten so nicht wahrgenommen.

Die Entstehung der Kulturwissenschaft setzt den neuzeitlichen Kulturbegriff voraus. Bereits hundert Jahre vor Herder verwendet Pufendorf *cultura* ohne Genitiv (neben *cultura animi, cultus vitae, socialitas*; ‚De iure naturae et gentium', 2,4, §§ 1–12; 2, § 1; ‚Specimen controversiae', 3, § 3; zu seiner Auseinandersetzung mit dem antiken Kulturbegriff vgl. Niedermann). Er leitet damit den Prozeß ein, der zur Bildung des „Kollektivsingulars" *Kultur* führte (Frühwald u. a., 138 ff.). Dieser markiert eine epochale Wendung zur Moderne, mit der, nach N. Luhmann, erst in vollem Sinn ‚Kultur' vorliegt. ‚Kultur' meint nicht mehr nur Gegenstände der Beobachtung, sondern auch die Formen und Perspektiven, welche eine Gesellschaft zur Beobachtung von Beobachtern (Experten zweiter Stufe) ausgebildet hat. Essentialistische Vorstellungen von Kultur lösen sich auf. ‚Kultur' ist als etwas Gemachtes kontingent, eben dadurch aber auch (re)konstruierbar.

Das korrespondierende moderne Konzept von Kulturwissenschaft beruht auf der Einsicht, daß es nur ein Apriori gibt, das historische Apriori der Kultur. Dies meint die Formel E. Cassirers: „Die Kritik der Vernunft wird damit zur Kritik der Kultur" (Cassirer 1923, 11). Während noch Kant die Naturwissenschaft transzendental, d. h. als geschichtslose Erkenntnisform begründet hatte, analysiert Cassirer im Hinblick auf die Erschütterung der Newtonschen Physik auch die Naturwissenschaften als „symbolische Form", d. h. als Kultur. Mensch sein heißt unter den Bedingungen von Kultur leben. Gegenstand der Kulturwissenschaft ist der ganze Bereich menschlicher Tätigkeiten.

Für die Literaturwissenschaft ist das Konzept aus zwei Gründen attraktiv geworden: Zum einen sind literarische Texte als hochkomplexe symbolische Verarbeitungen von Realität bevorzugtes Untersuchungsfeld der Kulturwissenschaft, zum anderen thematisiert die Kulturwissenschaft die materiellen und gedachten Ordnungen, an denen literarische Texte teilhaben und in die sie eingelassen sind. *Kulturwissenschaft* ist insbesondere seit Ende der 1980er Jahre zur Bezeichnung einer Spielart der Literaturwissenschaft geworden.

SachG/ForschG: Den ältesten Kern der Kulturwissenschaft bildet die historische Anthropologie (↗ *Literarische Anthropologie*). Sie hat ihre Wurzeln im 18. Jh. – in der Geschichte der Reisen und der Expeditionen als Quelle der Ethnographie und der komparatistischen Völkerkunde sowie in der Geschichte der Medizin als historischem Zweig der Menschenforschung. Aus den Zeremonialwissenschaften, der ↗ *Physiognomik* und der Ausdruckskunde entsteht die beobachtende, historische Verhaltenswissenschaft. Wurzeln der Kulturkomparatistik und der Theorie des Kulturwandels liegen bei G. Vico, J. M. Chladenius und Herder. Zwischen Samuel Pufendorf und Herder entwickelt sich die Einsicht, daß Kultur ergologisch (eine Welt künstlicher Objekte), soziativ (eine Welt sozialer Handlungsformen, Normen und Werte) sowie temporal-historisch sei (eine Welt der Kontingenz). Auch in Bezug auf die Sex/Gender-Differenzierung ist das 18. Jh. der Ursprung der Rekonstruktion einer kulturell kodierten Ordnung der Geschlechter (↗ *Gender studies*).

Im heutigen Sinn kulturwissenschaftliche Studien werden im 19. Jh. im Rahmen der einzelnen traditionellen Wissenschaften betrieben (insbesondere Geschichts-, Sprach- und Literaturwissenschaften, Kunstgeschichte, Ethnologie). Die Intensivierung kulturwissenschaftlicher Forschung seit dem Ende des Jahrhunderts verdankt sich verschiedenen Impulsen: Erstens verschiebt sich innerhalb etablierter Disziplinen, zumal der Geschichtswissenschaft, das Gegenstandsinteresse auf kulturelle Phänomene (statt z. B. politischer oder Verfassungsgeschichte). Es entstehen kulturgeschichtliche Epochenbilder (Burckhardt, Huizinga, Schultz u. a.). Geschichte wird nach ‚Kulturtypen' organisiert (Diskussion um K. Lamprecht). Zweitens wendet sich die philosophische und wissenschaftstheoretische Diskussion Fragen einer Grundlegung der Kulturwissenschaften zu (Rickert, Win-

delband, Cassirer u. a.). Drittens sind kulturwissenschaftliche Fragen Kristallisationspunkt neu sich bildender Disziplinen, die aus dem Verband der älteren Geisteswissenschaften ausscheiden (Soziologie: G. Simmel, M. Weber). Und viertens führt die Ausweitung des disziplinenspezifischen Fragehorizonts zu übergreifenden Problemstellungen (in der Kunstgeschichte z. B. bei A. Warburg, F. Saxl, E. Panofsky).

Das seit den 1980er Jahren an einigen Universitäten etablierte Fach Kulturwissenschaft knüpft an diese Forschungstraditionen an, daneben an diejenigen der Ethnologie (von E. B. Tylor, W. Wundt, J. G. Frazer, M. Mauss, R. Benedict, B. Malinowski bis zu C. Lévi-Strauss, C. Geertz, J. Clifford, P. Rabinow u. a.). In seinem Zentrum stehen, anknüpfend an Literatur- und Sprachwissenschaft, (1) die mediengeschichtlichen Bedingungen der Erzeugung von kultureller Kommunikation, von Gedächtnis und Weltwahrnehmung. Orale Formen der kulturellen Reflexion werden dabei ebenso als Medien begriffen wie die ausdifferenzierten Techniken der Schriftkultur des Printsektors, der visuellen und der computergestützten Massenmedien. (2) Die Bildforschung untersucht die Bild-Künste und allgemein visuelle Phänomene, das Archiv der ‚historischen Psychologie des menschlichen Ausdrucks' (Warburg), der Codierung der Gefühle, der Phantasien und Beziehungsformen. Mit ‚Bildern' sind auch körperliche Bewegungsfiguren gemeint, performative soziale Rituale und Habitus, codierte Gestalten der Affekte und des Agierens. Weil diese eine epochenspezifische visuelle Semantik aufweisen, sind sie den historischen Bildkünsten eher ‚abzulesen' als den Schriftzeugnissen einer Kultur. Im Vergleich mit den traditionellen Textwissenschaften hat also das Bild größere Bedeutung.

Die kulturwissenschaftliche ‚Grenzerweiterung' führt (3) zu einer Entprivilegierung der sogenannten hohen Kultur. Sie hat die radikale Öffnung des Quellenkorpus zur Folge. Neben Bild- und Wortquellen aller qualitativen und medialen Ausdifferenzierung werden (4) auch religiöse, ethnische wie soziale Rituale, Lebensstile, habituelle

Muster des Agierens, Objekte materieller Kultur etc. als gleichberechtigt anerkannt.

Die Diskussion über das neue Fach Kulturwissenschaft ist inzwischen vielfach dokumentiert (vgl. die Einleitung bei Böhme/Scherpe). Sie weist geistphilosophische Traditionen ab (↗ *Geistesgeschichte*), indem kulturelle Gegenstände als materielle und symbolische Praktiken – und nicht als Geistzeugnisse – bestimmt werden. Damit vollzieht sie methodologische Entwicklungen der Einzeldisziplinen nach und schließt die Fächer der Philosophischen Fakultät an die Internationalisierung der Wissenschaften an. Kulturwissenschaft verfolgt insofern eine Modernisierungsstrategie.

Seit 1980 sind vielfältige Versuche unternommen worden, Kulturwissenschaft als Forschungsparadigma, als Einzelwissenschaft oder als Studiengang zu etablieren. Dahinter verbirgt sich ein heterogenes Feld von Ansätzen, darunter literaturwissenschaftliche. Zur disziplinären Absicherung dient die ↗ *Kulturtheorie*. Einflußreich sind international die französische Annales-Schule, die angloamerikanischen Cultural Studies, Cultural Anthropology, ↗ *Poststrukturalismus*, Visual and Performance Studies, ↗ *Dekonstruktion* und der ↗ *New Historicism*.

Zu den wichtigsten Themen gehören die Erforschung des kulturellen Gedächtnisses (↗ *Memoria*), die Geschichte des Körpers und körpernaher Praktiken, die Geschichte der Sinne und Wahrnehmungsformen, aber auch der ,eloquentia corporis', der Rhetoriken, Semantiken und Topiken körperbezogener Ausdrücke und Habitus. Diese nennt Warburg ,Pathosformeln'. Hierher gehören auch die Geschlechterordnung, die kulturellen Konstruktionen von Lebensaltern sowie die schichten- und regionalspezifischen Handlungsstile. Die Kulturwissenschaft untersucht die Wanderungsbewegungen von Memorialformen, von religiösen und moralischen Gebräuchen, von Lebensstilen, und Wissensstrategien (vgl. das ,cultural mapping', das sich besonders für postkoloniale Mischkulturen bewährt hat; Bhabha 1994). Dabei löst sie den Eurozentrismus ebenso auf wie andere kulturalistische Fundamentalismen.

Lit: Karl Acham: Geschichte und Sozialtheorie. Freiburg, München 1995. – Johannes Anderegg, Edith A. Kunz (Hg.): Kulturwissenschaften. Bielefeld 1999. – Aleida Assmann, Dietrich Harth (Hg.): Kultur als Lebenswelt und Monument. Frankfurt 1991. – Jan Assmann, Tonio Hölscher (Hg.): Kultur und Gedächtnis. Frankfurt 1988. – J. A., Dietrich Harth: Kultur und Konflikt. Frankfurt 1990. – Doris Bachmann-Medick: Kultur als Text. Frankfurt 1996. – Eberhard Berg, Martin Fuchs (Hg.): Kultur, soziale Praxis, Text. Frankfurt 1993. – Homi K. Bhabha: The location of culture. London 1994. – Hartmut Böhme, Klaus R. Scherpe (Hg.): Literatur und Kulturwissenschaften. Reinbek 1996. – H.B. u. a.: Orientierung Kulturwissenschaft. Reinbek 2000. – Georg Bollenbeck: Bildung und Kultur. Frankfurt 1994. – Helmut Brackert, Fritz Wefelmeyer (Hg.): Kultur. Frankfurt 1990. – Rüdiger vom Bruch u. a. (Hg.): Kultur und Kulturwissenschaften um 1900. Stuttgart 1989. – Hadumod Bussmann, Renate Hof (Hg.): Genus. Stuttgart 1995. – Ernst Cassirer: Philosophie der symbolischen Formen. 3 Bde. Berlin 1923–1929. – E. C.: Zur Logik der Kulturwissenschaften [1942]. Darmstadt 1994. – David Chaney: The cultural turn. London 1994. – Wolfgang Frühwald u. a. (Hg.): Geisteswissenschaften heute. Frankfurt 1991. – Renate Glaser, Matthias Luserke (Hg.): Literaturwissenschaft – Kulturwissenschaft. Opladen 1996. – Bernd Henningsen, Stephan Michael Schröder (Hg.): Vom Ende der Humboldt-Kosmen. Konturen von Kulturwissenschaft. Baden-Baden 1997. – Claudia Honegger: Die Ordnung der Geschlechter. Frankfurt, New York 1991. – Patrick H. Hutton: The history of mentalities. Middletown 1981. – Friedrich A. Kittler: Eine Kulturgeschichte der Kulturwissenschaft. München 1999. – Dieter Kramer: Von der Notwendigkeit der Kulturwissenschaft. Marburg 1997. – Wolfgang Klein, Waltraud Naumann-Beyer (Hg.): Nach der Aufklärung? Beiträge zum Diskurs der Kulturwissenschaften. Berlin 1995. – Wolfgang König, Marlene Landsch (Hg.): Kultur und Technik. Frankfurt u. a. 1993. – Reinhart Koselleck: Kritik und Krise. Frankfurt 1973. – Helmut Kreuzer (Hg.): Die zwei Kulturen. Stuttgart 1969. – Alfred L. Kroeber, Clyde Kluckhohn: Culture. Cambridge 1952. – Wolf Lepenies: Die drei Kulturen. München 1985. – Joseph Niedermann: Kultur. Florenz 1941. – Wolfgang Prinz, Peter Weingart (Hg.): Die sogenannten Geisteswissenschaften: Innenansichten. Frankfurt 1990. – P. W. u. a. (Hg.): Die sogenannten Geisteswissenschaften: Außenansichten. Frankfurt 1991. – Carsten Winter (Hg.): Kulturwissenschaft. Bonn 1996.

Hartmut Böhme

Kunst

Inbegriff aller von Menschen geschaffenen ästhetischen Werke oder die im Rahmen zugehöriger Disziplinen ausgebildete Fertigkeit, solche Werke hervorzubringen.

Expl: Die Geschichte der ↗ *Poetik* steht von altersher im Horizont der allgemeinen ↗ *Ästhetik*; Poesie wird aufgefaßt als eine Sparte der Kunst (,verbal art', ,L'art poétique') – manifestiert in Redeweisen von der *Dichtkunst*, der *Wortkunst* oder *Sprachkunst*, vom *Sprachlichen / Literarischen / Dichterischen Kunstwerk*. Insoweit ist die Frage auch literaturwissenschaftlich von Belang, was denn Kunst sei und inwieweit Literatur daran teilhaben könne. Für ein angemessenes Verständnis grundlegend sind dabei zwei inhaltlich entgegengesetzte Auffassungen, die sich auf die Unterscheidung zwischen (1) geschlossenen und (2) offenen Begriffen zurückführen lassen:
(1) Geschlossene Kunstbegriffe bezeichnen eine bestimmte Menge von Gegenständen, Prozessen oder Dispositionen, deren spezifische Eigenschaften es gestatten, für fragliche Objekte zu entscheiden, ob es sich um Kunst handelt oder nicht.
(2) Für offene Kunstbegriffe gibt es keine konsistente Bestimmung, welche Eigenschaften diejenigen Gegenstände, Prozesse oder Dispositionen aufweisen, die als Kunst bezeichnet werden.
Herkömmliche Kunsttheorien tendieren zu (1); den Kern bilden für gewöhnlich Postulate, also indirekt stipulative Charakterisierungen: Kunst sei z. B. ↗ *schön*, ↗ *erhaben*, symbolisch, expressiv, komplex, von Interessen frei, eine ↗ *Widerspiegelung* oder anderes mehr (vgl. ↗ *Abweichung*, ↗ *Ambiguität*, ↗ *Autonomie*, ↗ *Belehrung*, ↗ *Phantasie*, ↗ *Verfremdung₂*). Die Möglichkeit, mit derart divergierenden Ansätzen rational umzugehen, setzt eine offene Betrachtungsweise im Sinne von (2) voraus: Alle bisherigen Bestimmungsversuche sind anfechtbar, doch lassen sie sich neutral systematisieren.
So hat man es immer wieder unternommen, sämtliche für das Verständnis von Kunst relevanten Zusammenhänge auf die Beziehungen zwischen Urhebern, ihren äs-

thetischen Erzeugnissen und deren Rezipienten zurückzuführen; auf diese Weise könnten sich die konkurrierenden ↗ *Werk-*, ↗ *Produktions-* und ↗ *Wirkungsästhetiken* in diese Triade einfügen. Die scheinbar sinnwidrige Konzeption sogenannter ,Objets trouvés' bzw. ↗ *Poèmes trouvés* als nicht ,geschaffener', sondern ,gefundener' Kunstwerke ließe sich mit Hilfe der These integrieren, ein aufgefundenes Objekt werde als Kunstgegenstand erst im Blick auf ein Publikum erzeugt (↗ *Rezeptionsästhetik*). In der Avantgarde-Kunst des 20. Jhs. tritt an die Stelle eines durch ein Werk oder seine Fragmente bestimmten Begriffs (↗ *Artefakt*) zunehmend (vgl. documenta X) die Kommunikation über Kunst, bis hin zur völligen Stellvertretung objektgebundener Eigenschaften.

WortG: Ahd. mhd. asächs. mnd. *kunst* ist Verbalabstraktum von *kunnan* ,verstehen', ,wissen'. So wie bei Notker *chunst* für lat. *ratio* eintritt, für lat. *ars* hingegen *list* ,geschicktes Handeln' (DWb 11, 2666–2740; Paul-Henne 496 f.; Trübner 4, 304–308; näher dazu ↗ *Artes liberales*), so meint allgemein *kunst* anfangs die Gesamtheit der manuellen wie intellektuellen Fähigkeiten des Menschen, während *list* auf die intellektuellen eingeschränkt ist (dazu Trier, 310–322, Scheidweiler). Auf diese konzentriert sich *kunst* im Laufe des 13. Jhs. zunehmend (bei Meister Eckhart allgemein im Sinne von ,Wissen'). Erst zum Ende des Mittelalters spitzt sich die Bedeutung auf die Herstellung ,ästhetischer Gebilde' zu, etwa in Dürers ,Unterweisung der Messung' (1525) „zu Nutz allen Kunstliebhabenden".
Zwischen ↗ *Humanismus₂* und ↗ *Aufklärung* entwickelt sich eine immer deutlichere Akzentuierung der Unterscheidung zwischen ,Kunst' und ,Wissenschaft' im Zusammenhang mit der Formierung der modernen wissenschaftlichen Disziplinen (dazu HWbPh 4, 1357–1434; Maurer-Rupp 1, 27 f.; 2, 306 f.). Die Ausbildung einer akademisch eigenständigen ↗ *Ästhetik* im 18. Jh. begünstigt die Verwendung des Ausdrucks in Verbindung mit entsprechenden Kriterien (,Schöne Künste', analog zu frz. *beaux arts*, engl. *fine arts*; im umfassenden

Sinne abgehandelt z. B. bei Sulzer 1792–94). Desungeachtet ist der Wortgebrauch auch in fachlich einschlägigen Redezusammenhängen bis in die Gegenwart uneinheitlich geblieben. Die für das 18. Jh. grundlegende Antonymie von *Kunst* und *Natur* (z. B. Bouterwek; Überblick bei Pochat-Wagner) ist für gewöhnlich nurmehr adjektivisch lebendig (*natürlich* kontra *künstlich*). Auf der einen Seite wird gegenwärtig in vielen Zusammenhängen das Wort *Kunst* enger verstanden und bezieht sich allein auf die sogenannten ‚Bildenden Künste‘ (z. B. *Kunstunterricht, Kunsthochschule, Kunstgeschichte, Kunstszene*). Auf der anderen Seite hat sich, u. a. im Anschluß an Walzels Rede von der ↗ *Wechselseitigen Erhellung der Künste*, die komparatistische Position gehalten, auch die Literatur als *Sprachkunst* (vgl. z. B. Reichard 1747, Gottsched 1748) in die Reihe der anderen Künste zu stellen (vgl. noch die Titel von Pieczonka 1988, Könneker 1995; zur Problematik Fricke 1995).

Friedrich Bouterwek: Ästhetik. 1. Theil: Allgemeine Theorie des Schönen in der Natur und Kunst. Leipzig 1806, Repr. Hildesheim 1976. – Johann Christoph Gottsched: Grundlegung einer deutschen Sprachkunst. Leipzig 1748. – Sabine Könneker: „Sichtbares, Hörbares“. Die Beziehung zwischen Sprachkunst und bildender Kunst am Beispiel Paul Celans. Bielefeld 1995. – Friedrich Maurer, Heinz Rupp (Hg.): Deutsche Wortgeschichte. 3 Bde. Berlin ³1974–78. – Annette Pieczonka: Sprachkunst und bildende Kunst. Köln 1988. – Elias Caspar Reichard: Versuch einer Historie der deutschen Sprachkunst. Hamburg 1747, Repr. Hildesheim 1978. – Felix Scheidweiler: *kunst* und *list*. In: ZfdA 78 (1942), S. 62–87. – Jost Trier: Der deutsche Wortschatz im Sinnbezirk des Verstandes [1931]. Heidelberg ²1973.

BegrG: Die in neuzeitliche Kunstkonzepte eingegangene Vorstellung besonderer menschlicher Fertigkeiten und ihrer Verwirklichungen sind Gemeingut der verschiedensten Kulturen. Altägypt. *aqet* bezeichnet sowohl Akte des Herstellens als auch entsprechende Vorhaben. Altorientalische Vorstellungen der Auszeichnung produktiven Handelns spiegelt auch die biblische Berufung der Handwerker in Ex 31, 1–6 (vgl. Fichtner, Weber). Der dabei wichtige Schlüsselterminus hebr. *chokhmah* (vgl. Koh 3, 19; Hiob 38–42) wird auf die unvergleichbare Schöpfungsmacht Gottes bezogen. Auch der Talmud (Rosch Haschana 29b u. Schabbat 131b) erhebt das durch *chokhmah* geleitete Handeln deutlich über gewöhnliche Arbeit (*awodah*).

Zu den griech. Entsprechungen von hebr. *chokhmah* gehört neben ἐπιστήμη [epistéme] ‚gesichertes Wissen‘, σοφία [sophía] ‚Weisheit‘ und φρόνησις [phrónesis] ‚Einsicht‘ der für die klassischen Bestimmungen des Kunstbegriffs wesentliche Begriff der τέχνη [téchne] ‚Kunstverstand‘, ‚Knowhow‘ (von indoeuropäisch **tekᶳ*, sanskrit *taksan* ‚bauen‘), ein Ausdruck mit zahlreichen Ableitungs- bzw. Kompositionsmöglichkeiten. Der Begriff steht für zuweilen erlernbare Fähigkeit, zuweilen auch für deren Realisation, und wird in der ‚Odyssee‘ vorzugsweise den Handwerkern zugeordnet (z. B. 6, 232–234). Aischylos (‚Prometheus‘, 442–506) und Sophokles (‚Antigone‘, 332–375) rechnen u. a. auch Ackerbau, Medizin, Mantik, Astronomie und Baukunst zu den ‚Künsten‘ in diesem Sinne. Platon benutzt den Begriff im Blick auf handwerkliche Tätigkeiten (Nomoi 846d) sowie im Zusammenhang mit der Fähigkeit von Rednern (Phaidros 270b) und Rhapsoden (Ion 532c), und zwar in einigen Fällen antithetisch zu *Epistéme* ‚Erkenntnis‘, in anderen komplementär, aber auch überschneidend. Die Bestimmungen des Aristoteles (etwa ‚Metaphysik‘ 980a ff.) nehmen die antithetischen Momente auf und machen aus ‚Téchne‘ einen philosophischen Fachterminus mit festgelegten Relationen zu ἐμπειρία [empeiría] ‚Erfahrung‘, ἐπιστήμη [epistéme] ‚Erkenntnis‘, πρᾶξις [práxis] ‚Handeln‘, ποίησις [poíesis] ‚Herstellen‘ und anderen Bezeichnungen menschlicher Tuns und Wissens (vgl. Bartels, Chantraine).

Lat. *ars* ist im theoretischen Zusammenhang weitgehend als bedeutungsgleich mit ‚Téchne‘ anzusehen und wird von Seneca u. a. bevorzugt unter Hinweis auf griech. Autoren erläutert. Wie bei ‚Téchne‘ sind vielfältige Verwendungen, darunter auch Überschneidungen mit *artificium*, nachweisbar. Die neuzeitliche Verwendung von

Kunst in wissenschaftlichen Kontexten steht in der Wirkungslinie des lat. Gebrauchs von *ars* und *artificium*, so daß der Begriff für davon historisch abhängige Wortbildungen moderner Sprachen die üblichen dt. Entsprechungen bereitstellt (von *Artistik* bis *artifiziell*). Gemäß der Uneinheitlichkeit der lat. Vorgaben werden dabei auch die Ambiguitäten des Ars-Begriffs tradiert. Die überaus vielfältige Auffächerung neuerer Kunst-Konzepte kann hier naturgemäß nicht näher dargestellt werden; historisch orientierende Überblicke bieten z. B. HWbPh 4, 1357−1434 sowie − in abgestufter Ausführlichkeit − Emt, Gerhardus, Merle, Moravcsik, Pochat und Tatarkiewicz.

Klaus Bartels: Der Begriff ‚techne‘ bei Aristoteles. In: Synusia. Fs. Wolfgang Schadewaldt. Pfullingen 1965, S. 275−287. − Pierre Chantraine: τέχνη [techne]. In: Dictionnaire étymologique de la langue Grecque. Paris 1970, S. 1112. − Josef Fichtner: Die altorientalische Weisheit in ihrer israelitisch-jüdischen Ausprägung. Gießen 1933. − Manfred Weber: Beiträge zur Kenntnis des Schrift- und Buchwesens der alten Ägypter. Diss. Köln 1969.

SachG: Die Geschichte der Kunst im allgemeinsten Sinne (oder auch nur: der Künste) umfaßt einen wesentlichen Teil der menschlichen Lebensäußerungen überhaupt, und die Idee ihrer umfassenden Darstellbarkeit hat sich allenfalls programmatisch niedergeschlagen, etwa im Rahmen von Diderots und d’Alemberts ‚Encyclopédie‘ (1751 ff.). Selbst breit gefaßte ‚kunsthistorische‘ Gesamtdarstellungen (wie Thieme-Becker; vgl. Bazin) pflegen sich auf die Geschichte der ‚Bildenden Kunst‘ zu beschränken. Die Geschichte der Kunstsparte ‚Wortkunst‘ ist die ⌐ *Literaturgeschichte*, ihre sachgeschichtliche Darstellung ist Aufgabe der ⌐ *Literaturgeschichtsschreibung* in ihren verschiedenartigen Beschreibungskonzeptionen (mit Betonung des Kunstcharakters z. B. in der ⌐ *Formgeschichte*).

ForschG: Die Forschungsgeschichte zur Kategorie ‚Kunst‘ ist in groben Zügen identisch mit der Geschichte der (insbesondere: philosophischen) ⌐ *Ästhetik*. Theoretische Erschließungen richten sich dabei (1) auf die Genese, (2) auf die Eigenart oder (3) auf die Zwecke bzw. Effekte der Kunst (zur Diskussion Henrich-Iser). Klassische Muster berücksichtigen oft alle drei Hinsichten, wohingegen neuere Auffassungen meist eingeschränkte Thematisierungen bieten (Ausdruckstheorien, Strukturtheorien, Wirkungstheorien etc.).

Die neuere akademische Kunstforschung hat vielfach die besondere Bindung an eine philosophische Ästhetik aufgegeben und zielt in der Breite ihrer Bemühungen auf eine umfassende Kommentierung von Kunstwerken z. B. unter stilhistorischen (Riegl), ideengeschichtlichen (Panofsky), anthropologischen (Heizmann, Stelzer), sozialwissenschaftlichen (Hauser, Papenbrock) oder psychologischen (Allesch) Aspekten.

Davon unabhängig haben erkenntnis- und sprachtheoretische Überlegungen (⌐ *Analytische Literaturwissenschaft*) die Möglichkeit betont, künstlerische Darstellungen als kognitive Angebote zu begreifen (vgl. Goodman, Gabriel, Strube), und damit eine Rekategorisierung künstlerischer und wissenschaftlicher Bemühungen angedeutet (dazu Aschenbrenner, Danto, Koppe, Wollheim).

Lit: Christian G. Allesch: Geschichte der psychologischen Ästhetik. Göttingen 1987. − Art index. A cumulative author and subject index to a selected list of fine arts periodicals and museum bulletins. New York 1929 ff. − Karl Aschenbrenner: The concepts of criticism. Dordrecht 1974. − Hermann Bauer: Kunsthistorik. München ³1989. − George Bazin: Histoire de l’histoire de l’art de Vasari à nos jours. Paris 1986. − Ulrich Charpa (Hg.): Literatur und Erkenntnis. Stuttgart 1988. − Arthur C. Danto: Die Verklärung des Gewöhnlichen. Eine Philosophie der Kunst [1981]. Frankfurt 1984. − Jeanette Emt: Art. In: Handbook of metaphysics and ontology. Hg. v. Hans Burkhardt und Barry Smith. Bd. 1. München 1991, S. 55−57. − Harald Fricke: Norm und Abweichung − Gesetz und Freiheit. Probleme der Verallgemeinerbarkeit in Poetik und Ästhetik. In: Germanistik und Komparatistik. Hg. v. Hendrik Birus. Stuttgart 1995, S. 506−527. − Gottfried Gabriel: Logik und Rhetorik der Erkenntnis. Paderborn 1997. − Dietfried Gerhardus: Kunst. In: Enzyklopädie Philosophie und Wissenschaftstheorie. Hg. v. Jürgen Mittelstraß. Mannheim 1984 ff. Bd. 2, S. 512−514. − Nelson Goodman: Sprachen der Kunst [1969]. Frankfurt 1973. −

N. G., Catherine Z. Elgin: Reconceptions. Indianapolis 1988. − Theodor M. Greene: The arts and the art of criticism. Princeton 1947. − Arnold Hauser: Sozialgeschichte der Kunst und Literatur. 2 Bde. München 1953. − Berthold Heizmann: Ursprünglichkeit und Reflexion. Die ,poetische Ästhetik' des jungen Herder im Zusammenhang der Geschichtsphilosophie und Anthropologie des 18. Jhs. Frankfurt 1981. − Dieter Henrich, Wolfgang Iser (Hg.): Theorien der Kunst. Frankfurt 1982. − Franz Koppe: Grundbegriffe der Ästhetik. Frankfurt 1983. − Hélène Merle: Ars. In: Bulletin de philosophie médiévale 28 (1986), S. 95−133. − Julius M. Moravcsik: Art and ,Art'. In: Midwest studies in philosophy 16 (1991), S. 302−313. − Mihai Nadin: Die Kunst der Kunst. Elemente einer Metaästhetik. Stuttgart, Zürich 1991. − Erwin Panofsky: Idea. Ein Beitrag zur Begriffsgeschichte der älteren Kunsttheorie. Berlin ³1975. − Martin Papenbrock (Hg.): Kunst und Sozialgeschichte. Pfaffenweiler 1995. − Götz Pochat: Geschichte der Ästhetik und Kunsttheorie. Köln 1986. − G. P., Brigitte Wagner (Hg.): Natur und Kunst. Graz 1987. − Alois Riegl: Historische Grammatik der bildenden Künste. Aus dem Nachlaß. Graz, Köln 1966. − A. R.: Stilfragen [1893]. München 1977. − Petra Stelzer: Ästhetik aus existenzieller Erfahrung. Versuch einer anthropologischen Kunsterklärung. Frankfurt 1995. − Werner Strube: Sprachanalytische Ästhetik. München 1981. − Wladimir Tatarkiewicz: Geschichte der Ästhetik. 3 Bde. Basel 1979−1987. − Ulrich Thieme, Felix Becker (Hg.): Allgemeines Lexikon der bildenden Künste von der Antike bis zur Gegenwart. 37 Bde. Leipzig 1907−1950. − Richard Wollheim: Art and its objects. New York 1978.

Ulrich Charpa

Kunstlied

Lyrisch-musikalische Gattung, in der Regel bestehend aus einer Sing- und einer Klavierstimme.

Expl: Musikalische Komposition, der ein bereits selbständig vorhandener Text (fast ausnahmslos ein lyrisches oder balladenhaftes ↗ *Gedicht*) zugrunde liegt, in enger Verbindung von Wort und Ton (↗ *Vertonung*). In Abgrenzung zum Volkslied mit seiner oft mündlichen Überlieferung und anonymen Verfasserschaft erhebt die auskomponierte

Vertonung Kunstanspruch, also durch schriftliche Fixierung insbesondere Anspruch auf ästhetische ↗ *Authentizität* durch ↗ *Autorisation*. Auf der anderen Seite grenzt sich das Kunstlied von der ↗ *Arie* ab durch strikte Reduktion der instrumentalen Begleitung und der geforderten stimmlichen Virtuosität. Als *Kunstlied* im engeren Sinn bezeichnet man insofern das deutsche Klavierlied des späten 18. und des 19. Jhs., das zur Aufführung im Konzertsaal bestimmt ist.

WortG: Zur Wortgeschichte von *Lied* vgl. ↗ *Lied*$_{2,3}$. Die Bezeichnung „Kunst-Lied", die der Komponist und Rezensent C. Koßmaly 1841 in der ,Neuen Zeitschrift für Musik' verwendet, gilt als erster Nachweis des Begriffsnamens. Der Autor unternimmt dort eine Typologie der Liedkompositionen und spricht in diesem Zusammenhang von einem „ästhetischen, dem eigentlichen Kunst-Liede" (67), in dem „der *innerste poetische Kern* des Gedichtes durch die *Melodie* in *erhöhter Potenz* (…) erschaffen wird" (Koßmaly 64). In der Gegenüberstellung mit *Volkslied* begegnet das Wort danach in Zeitungsartikeln W. H. Riehls (1860), A. Reissmanns (1865) u. a. (vgl. Schwab 1965, 137). 1865 wird der Terminus lexikalisch erfaßt (als Unterabschnitt des Artikels ,Lied' bei Dommer, 513); die Aufnahme als eigenes Lemma ist in den Lexika bis zum Ende des 20. Jhs. die Ausnahme, *Kunstlied* erscheint in der Regel unter *Lied*. In den wissenschaftlichen Abhandlungen ist das Wort seit den 1920er Jahren bis heute geläufig (vgl. die wort- und begriffsgeschichtliche Darstellung bei Jost sowie Schwab 1965, 137 f.).

Arrey von Dommer: Musikalisches Lexicon. Auf der Grundlage des Lexicon's von Heinrich Christoph Koch. Heidelberg ²1865. − Carl Koßmaly: Musikalische Charakteristiken. In: Neue Zeitschrift für Musik 14 (1841), S. 59 f., 63 f., 67−69, 71 f.

BegrG: Der Begriffsname gehört zu den zahlreichen Komposita (vgl. *Lied*$_2$), die der Spezifizierung des Liedbegriffs dienen, ist im Vergleich zu diesen im Gebrauch aber weniger fest umrissen. Im 18. Jh. waren die Bezeichnungen ↗ *Ode, Lied oder Gesang*

üblich für Liedwerke, die sich (als überwiegend weltlich) vom ↗ *Kirchenlied* und (etwa so wie das ↗ *Kunstmärchen* vom Volksmärchen) ausdrücklich vom ↗ *Volkslied* abheben sollten, die als Gelegenheitswerke aber dennoch am Ende einer Hierarchie der musikalischen Gattungen standen. Erst mit Schubert, der mit einem Lied die eigene Opuszählung seiner Werke begann (und z. B. seinem Kunstlied D 284 den schlichten Titel „Lied" gab), gewann der Kunstcharakter des Genres Anerkennung; dies förderte die Prägung eines Kunstlied-Begriffs in der Musikästhetik, Kritik sowie Forschung und führte in der Folge zur einseitigen Anwendung des Terminus auf das Lied ab der Zeit kurz vor Schubert bis zum Ende des 19. Jhs. Gleichzeitig wurde die Schwierigkeit einer terminologischen Unterscheidung der einzelnen Komposita des Lemmas *Lied* stets betont (vgl. Kross, 1) und der Beginn einer Kunstliedkomposition unterschiedlich früh, häufig zu Beginn des 17. Jhs. oder bereits Ende des 16. Jhs. angesetzt (z. B. mit Regnarts erster Villanellen-Sammlung 1576; vgl. Müller, 1).

Die frz. Bezeichnung *le lied* − 1833 in den frz. Wortschatz eingeführt (Rey 1, 1126*)*, 1868 von Edouard Schuré definiert − und engl. *the lied* − seit 1852 belegt, 1876 erstmals lexikalisch nachgewiesen (OED 8, 906) − verdanken sich der internationalen Karriere des deutschen Kunstliedes im 19. Jh. (z. T. synonym daher „Romantic lied", Sams) und bezeichnen nur das deutschsprachige L<small>IED</small>₁ (im Unterschied zu engl. ↗ *song* und zu frz. ↗ *chanson*). Mit dem franz. Gattungsbegriff *mélodie* wird analog zum deutschen Begriff das französische Kunstlied bezeichnet. Der russ. Terminus *[romans]* ‚Romanze' ist die entsprechend etablierte Gattungsbezeichnung für „das russische, auf einen literarischen Text komponierte Kunstlied" (Redepenning, 38 f.).

Häufig synonym mit *Kunstlied* verwendet werden die Bezeichnungen *Sololied* (homophones ‚Generalbaßlied', seit dem frühen 17. Jh. bekannt) und *Klavierlied* (für Werke seit etwa 1750 mit ausgeschriebener Klavierstimme für das jeweilige zeitgenössische Tasteninstrument). Als *Orche-*

sterlieder hingegen gelten sowohl nachträglich orchestrierte Sololieder als auch Originalkompositionen für eine Singstimme und Orchester, wie sie besonders seit der 2. Hälfte des 19. Jhs. und verstärkt um 1900 entstehen.

Als *Liederreihen*, *Liederkreise* oder *Liederzyklen* bezeichnet man schließlich Liedkompositionen, die aus mehreren Einzelvertonungen bestehen. Die zugrundeliegenden Gedichte können vom Komponisten aus dem Werk eines Dichters selbst zusammengestellt (wie Schumanns ‚Dichterliebe', 1840, nach Heines ‚Buch der Lieder') oder von vornherein als zyklische Dichtung konzipiert sein (wie Schuberts ‚Winterreise', 1827, nach Gedichten W. Müllers). Motivische Verwandtschaft und Tonartenbezüge stiften in zyklischen Liedkompositionen auf der musikalischen Ebene in unterschiedlich ausgeprägtem Maße Zusammenhalt.

Dictionnaire historique de la langue française. Hg. v. Alain Rey. Paris 1992. − Dorothea Redepenning: Geschichte der russischen und der sowjetischen Musik. Bd. 1. Laaber 1994.

SachG: In Sperontes' Sammlung von Sololiedern ‚Die singende Muse an der Pleisse' (4 Teile, Leipzig 1736−45) wurden Texte noch bereits vorhandenen Melodien unterlegt, während wenig später Vertonungen eigenständiger, bereits publizierter Gedichte den Ausgangspunkt der sogenannten Ersten Berliner Liederschule bildeten: die von Ch. G. Krause und K. W. Ramler hg. ‚Oden mit Melodien' (2 Bde., Berlin 1753 und 1755). Um 1750 werden diese Gegenstand einer breiten musikästhetischen Debatte. Krauses Schrift ‚Von der musikalischen Poesie' (1752) ist die maßgebliche theoretische Grundlage. Sie wirkt auf die Zweite Berliner Liederschule (J. Fr. Reichardt, C. Fr. Zelter), deren Prinzipien wiederum bis ins frühe 19. Jh. hinein bestimmend bleiben: Sangbarkeit (begrenzter Tonumfang der Melodie, genaue Orientierung am Sprachrhythmus) und eine die Strophenform des Gedichts durch musikalische Repetition nachzeichnende Vertonung (‚Strophenlied' im Gegensatz zur Da-capo-Arie) bei schlichter Klavierbegleitung, so daß sie im bürgerlichen Salon musiziert werden können, „ohne Rücksicht auf künstliche Ausbildung" (Koch 1802, Sp. 901).

Doch bereits Vertreter dieser Schule hatten zuweilen die als einengend empfundene musikalische Strophenform aufgebrochen und sie durch kleine Veränderungen zum variierten Strophenlied erweitert. Erst die Komponisten der Wiener Klassik aber behandeln Wort und Ton gleichgewichtig (z. B. Mozarts ‚Veilchen' nach Goethe, 1785, oder Beethovens ‚Der Kuß' nach Weiße, 1798). Der neue Duktus läßt auch deklamatorische Elemente zu, größere Tonsprünge in der Melodie und Solo-Einschübe des Klaviers, dessen Bedeutung steigt — bis hin zu den mit harmonischen Mitteln den Text ausdeutenden Klaviernachspielen Schumanns („Die Singstimme allein kann allerdings nicht alles wirken, nicht alles wiedergeben"; Schumann 4, 218). Damit wandelt sich das Lied vom „einfache[n] faßliche[n] musikalische[n] Ausdruck einer bestimmten Empfindung" (Reichardt 1796; zitiert nach Salmen, 298) zu sensiblem Nachzeichnen jeder Seelenregung des ↗ Lyrischen Ich. Zunehmend setzt sich (während das Strophenlied weiter besteht) der Typus des ‚durchkomponierten' Liedes durch (etwa in Schuberts Goethe-Ballade ‚Erlkönig', 1815).

Lag der Akzent im späten 18. Jh. auf dem empfindsam-geselligen Musizieren (dazu Schwab 1981), so tritt im 19. Jh. das Lied aus den bürgerlichen Salons in den Konzertsaal, es entsteht der Aufführungstypus des ‚Liederabends'. Bevorzugt wird jetzt qualitativ hochwertige Lyrik von Dichtern seit der frühen Goethezeit (explizit dazu Schumann 3, 263). Neben gelegentlicher Vertonung von Volksliedtexten (z. B. Mahler, Brahms) zählen im 19. Jh. nach Goethe vor allem Eichendorff, Rückert, Mörike und Heine zu den meistvertonten Dichtern, besonders bei Kunstlied-Spezialisten wie Mendelssohn Bartholdy, Loewe, R. Franz und H. Wolf, der in der Gewichtung des Klaviers am stärksten an Schumann anknüpft (ähnlich dann Spätromantiker des 20. Jhs. wie Reger, Pfitzner oder Schoeck).

Zu Beginn des 20. Jhs. entstehen im Rahmen der erweiterten Klangmöglichkeiten verstärkt Orchesterlieder (wie Mahlers Rückert-Vertonungen 1901–05, Schönbergs symphonisch ausladende ‚Gurre-Lieder' 1900–11 und noch R. Strauss' Spätwerk ‚Vier letzte Lieder' 1949), in denen die kammermusikalische Intimität des Sololiedes aufgehoben, der Übergang zwischen den Gattungen fließend ist. In den Klavierliedern Schönbergs und Weberns tritt „Lyrik als musikalische Struktur" (Georgiades, 17) in gewohnter Weise nicht mehr in Erscheinung, sie wird „in ‚musikalische Prosa' transformiert" (Schwab 1981, 233; zum Begriff Schönberg, 69), mit asymmetrischer Phrasenbildung und deklamatorischen Elementen. Das Sololied tritt insgesamt nach 1945 zurück, während an das Orchesterlied gelegentlich angeknüpft wird.

ForschG: Das historisch variable Wort-Ton-Verhältnis im Kunstlied hat breite Diskussionen und kontroverse Definitionsversuche ausgelöst. Dürr (17) verwendet in Anlehnung an Nägeli (1817, 766) den Begriff „polyrhythmisch" und bezeichnet damit ein Verhältnis zwischen Sprache und Musik, in dem die Sprache „keine besondere, eigene, sondern wie die beiden anderen eine musikalische Komponente in dem komplexen Kunstwerk Lied ist", während Fricke (16 f.) die Bedeutung sowohl einer „konstitutiven Selbständigkeit der poetischen Vorlage" als auch einer „Emanzipation der Musik zur kreativ interpretierenden Kraft im Lied" akzentuiert. Eggebrecht (36) hebt hervor: „Die Vertonung […] ist ein in Musik geronnenes Verstehen des Gedichts, ein Verstehen von Kunst durch Kunst". Auch für Scher (130) ist die kreative Spannung zwischen den verbalen und musikalischen Komponenten des Lieds die Voraussetzung dafür, daß dieses zum repräsentativen Genre der Musik des 19. Jhs. werden konnte, während Küster (1 f.) den Begriff ‚Vertonung' und die damit verbundene zu geringe Gewichtung der instrumentalen Komponente kritisiert. Busch / Harper (1) monieren rückblickend das Zurückbleiben der Musikwissenschaft auf dem Gebiet der Kunstlied-Forschung hinter den Ergebnissen der Germanistik.

Lit: Hinweise auf liedästhetische Schriften bei Schwab 1965; auf Liedsammlungen bei Jost. —

Max Friedlaender (Hg.): Das dt. Lied im 18. Jh. [1902]. 3 Bde. Repr. Hildesheim 1962. — Walter Bernhart: Setting a poem: The composer's choice for or against interpretation. In: Yearbook of comparative and general literature 37 (1988), S. 32–46. — Oscar Bie: Das dt. Lied. Berlin 1926. — Hans-Joachim Bracht: Nietzsches Theorie der Lyrik und das Orchesterlied. Kassel 1993. — Gudrun Busch, Anthony J. Harper (Hg.): Studien zum dt. weltlichen Kunstlied des 17. und 18. Jhs. Amsterdam 1992. — Eckart Busse: Die Eichendorff-Rezeption im Kunstlied. Würzburg 1975. — Carmen Debryn: Vom Lied zum Kunstlied. Göppingen 1983. — Walther Dürr: Das dt. Sololied im 19. Jh. Wilhelmshaven 1984. — Hans Heinrich Eggebrecht: Vertontes Gedicht. In: Dichtung und Musik. Hg. v. Günter Schnitzler. Stuttgart 1979, S. 36–69. — Harald Fricke: Rückert und das Kunstlied. In: Rückert-Studien 5 (1990), S. 14–37. — Thrasybulos Georgiades: Schubert. Musik und Lyrik. Göttingen 1967. — Christian Hoeltge: Text und Vertonung. Frankfurt, Bern 1992. — Peter Jost: Art. ‚Lied‘. In: MGG² 5, Sp. 1259–1328. — Martin Just, Reinhard Wiesend (Hg.): Liedstudien. Fs. Wolfgang Osthoff. Tutzing 1989. — Heinrich Christoph Koch: Art. ‚Lied‘. In: Musikalisches Lexikon [1802]. Repr. Hildesheim 1964, Sp. 901 f. — Christian Gottfried Krause: Von der musikalischen Poesie [1752]. Repr. Leipzig 1973. — Siegfried Kross: Geschichte des dt. Liedes. Darmstadt 1989. — Konrad Küster: Schumanns neuer Zugang zum Kunstlied. In: Die Musikforschung 51 (1998), S. 1–14. — LiLi 9 (1979), H. 34: Das Lied. — Musica 35 (1981), H. 3: Das Lied. — Günther Müller: Geschichte des dt. Liedes vom Zeitalter des Barock bis zur Gegenwart [1925]. Repr. Darmstadt 1959. — Hans Georg Nägeli: Die Liederkunst. In: Allgemeine Musikalische Zeitung XIX. Leipzig 1817, Sp. 761–767 u. 777–782. — Werner Oehlmann: Reclams Liedführer. Stuttgart³1987. — Walter Salmen: Johann Friedrich Reichardt. Freiburg i.Br., Zürich 1963. — Eric Sams: [Teilartikel] IV. The romantic lied. In: The New Grove dictionary of music and musicians. Hg. v. Stanley Sadie. London 1980. Bd. 10, S. 830. — Steven Paul Scher: The German lied. In: European romanticism. Hg. v. Gerhart Hoffmeister. Detroit 1990, S. 127–141. — Günter Schnitzler: Autonomie, Synthese, Wechselwirkung. Zum Bezug zwischen Dichtung und Musik im Kunstlied. In: Veröffentlichungen der Internationalen Draeseke-Gesellschaft 2 (1988), S. 103–124. — Arnold Schönberg: Stil und Gedanke. Hg. v. Ivan Vojtech. Frankfurt 1992. — Robert Schumann: Gesammelte Schriften über Musik und Musiker [1854]. 4 Bde. Repr. Leipzig 1985. — Edouard Schuré: Histoire du Lied ou La chanson populaire en Allemagne [1868]. Paris ²1876. — Heinrich W. Schwab: Sangbarkeit, Popularität und Kunstlied. Regensburg 1965. — H. W. S.: Kunstlied — Krise einer Gattung. In: Musica 35 (1981): Das Lied, S. 229–234. — John Willam Smeed: German song and its poetry 1740–1900. London, New York 1987. — Margaret M. Stoljar: Poetry and song in late eighteenth century Germany. London, Sydney u. a. 1985. — André Tubeuf: Le Lied allemand. Paris 1993. — Walter Wiora: Das dt. Lied. Wolfenbüttel, Zürich 1971.

Julia Cloot

Kunstmärchen

Prosaerzählung nach dem Muster oder mit Motiven des Volksmärchens, besonders durch Einbeziehung des Wunderbaren gekennzeichnet.

Expl: Als Kunstmärchen gelten Texte, die im Gestus des ↗ *Märchens* erzählen, jedoch im Kunstwillen namentlich bekannter Autoren und bestimmbarer literarischer Richtungen gründen. Der erst in neuerer Zeit gefundene und definierte Gattungsbegriff wird also nur auf Erzählungen angewandt, deren Verfasser, Entstehungszeit sowie autorisierte Textgestalt bekannt sind und die ein schon vorliegendes Gattungsmodell imitieren. Insofern versteht man sie auch als ‚künstliche‘ Weiterführungen der ‚Einfachen Form‘ (Jolles) Volksmärchen, deren ‚Künstlichkeit‘ nicht nur in der Nachahmung eines Musters, sondern im Bewußtsein der Unwahrscheinlichkeit des Wunderbaren (Mayer/Tismar, 3) gründet, also einer rationalen Distanz, die überwunden oder (spielerisch, ironisch) genutzt werden soll.

Ohne daß das Problem gründlich genug diskutiert worden wäre, besteht inzwischen weitgehend Übereinstimmung darüber, daß als Kunstmärchen in erster Linie die märchenhafte Prosaerzählung zu gelten hat und andere Formtypen (Versmärchen, Märchenballade, -drama, -spiel, -oper usw.) zurücktreten. Dies erscheint vor allem im Hinblick auf die Prosa-Gestalt des Volksmärchens sinnvoll, zumal die Versmärchen des späten 18. Jhs. nicht traditionsbildend wirkten.

Die Ausrichtung des Kunstmärchens auf das Volksmärchen darf nicht als Abhängigkeit von bestimmten (schriftlich fixierten) Texten oder auch Typen (‚Gattung Grimm‘) mißverstanden werden: Bedeutende Kunstmärchen (Goethe, Tieck, Novalis) entstanden vor der schriftlichen Fixierung der Volksmärchen, bei anderen (z. B. E. T. A. Hoffmann) ist auszuschließen, daß sie – wie auch immer – an bestimmten Volksmärchen orientiert sind.

WortG: Das Kompositum, das als Ausgrenzung gegenüber dem Gattungsbegriff ↗ *Märchen* entstanden ist, begegnet in einem Brief Th. Storms („weil nichts so spärlich in unserer Literatur vertreten ist als – der Ausdruck sei gestattet – das Kunst-Märchen"; 25.5.1868 an Th. Fontane) und offenbar erst sehr spät in der literaturwissenschaftlichen Terminologie. Das Grimmsche Wörterbuch (Dwb 11; 1873) nennt es noch nicht, so daß der fachwissenschaftliche Erstbeleg vorläufig im Titel der Dissertation von Hermann Todsen (‚Über die Entwicklung des romantischen Kunstmärchens‘, München 1905) zu sehen ist.

BegrG: Der Begriff hat sich anscheinend in Analogie zur Bezeichnung ↗ *Kunstlied* (in Abgrenzung zum ↗ *Volkslied*: Koßmaly 1841) durchgesetzt, war von Beginn an (vgl. EM 8, 612 f.) und ist bis heute ein spezifisch literaturwissenschaftlicher Terminus und wurde bezeichnenderweise noch von keinem Kunstmärchen-Dichter (etwa als gattungskennzeichnender Untertitel einer Geschichte) benutzt: Die Dichter nennen ihre Werke gegebenenfalls stets *Märchen*.

SachG: In den bedeutenden europäischen Märchenbüchern des 16. und 17. Jhs. (z. B. Straparola, Basile, Sarnelli oder Perrault; ↗ *Märchen*) gehen aus der Volkstradition aufgenommene Märchen mit eigenkünstlerischen Gestaltungen eine fast ununterscheidbare Verbindung ein. In dieser Zwischenlage, die der gattungsmäßigen Ausformung des Kunstmärchens vorausgeht, sind bis zum Erscheinen der Grimmschen ‚Kinder- und Hausmärchen‘ so gut wie sämtliche Märchenerzählungen angesiedelt, besonders deutlich etwa in Musäus’ ‚Volks-

märchen der Deutschen‘ (1782–86), aber auch schon in den Binnenmärchen Wielands, z. B. im Rahmen des als Märchenkritik angelegten ‚Don Sylvio‘-Romans (1764), und in Jung-Stillings Lebenserinnerungen (1777/78). Unterschieden sind diese frühen Zeugnisse untereinander indes durch die Art der Quellen (Wieland der schriftlichen, Jung-Stilling und Musäus der mündlichen Tradition folgend) und die Tonart, die zunächst bei fast allen Märchendichtern durch ironische Distanz gekennzeichnet ist. Jung-Stilling allerdings nimmt die Erzählung ernst, gestaltet sie aber zugleich mit raffinierter Naivität, so daß drei seiner Texte unverändert in Grimms Märchensammlungen aufgenommen wurden. Wilhelm Grimm hat sich erkennbar an Jung-Stillings Erzählweise in ‚Jorinde und Joringel‘ orientiert, als er 1827 mit ‚Schneeweißchen und Rosenrot‘ (inhaltlich auf einer märchenhaften Erzählung Caroline Stahls basierend) seinerseits ein Kunstmärchen im Volkston für Hauffs ‚Märchenalmanach‘ verfaßte und später in die ‚Kinder- und Hausmärchen‘ aufnahm.

Daneben entwickelte sich seit Goethe und zunächst nach seinem Vorbild eine von direkten Quellen unabhängige Kunstmärchen-Dichtung. Zwar war Goethe mit schriftlicher und mündlicher Märchentradition gut vertraut (vgl. die Binnenmärchen in ‚Dichtung und Wahrheit‘), aber in seiner programmatisch ‚Das Märchen‘ genannten, überwiegend allegorisch verfahrenden und der Zeitgeschichte enthobenen Dichtung, die seine ‚Unterhaltungen deutscher Ausgewanderten‘ (1795) wie eine Blüte die Blätter krönt, verwandte er nur noch einzelne Märchenmotive verschiedenster Provenienz (Rolle der Metalle, der Schlange, der Brücke etc.). Im Blick auf diese wohl weithin undeutbare Wundererzählung nahmen sich die Romantiker die Lizenz zu ihren Wunder und Realität phantastisch mischenden Erzählungen. Novalis definierte sogleich das Märchen als das Maß („Kanon") aller Poesie und forderte „alles poëtische muß mährchenhaft seyn" (Novalis 3, 449). Er schuf drei Kunstmärchen, für ihn das einzig geeignete Medium, die Visionen einer vergangenen Goldenen Zeit wie eines künftigen geordneten Chaos darzustellen. Die durchweg gegebene triadische Struktur (vergleichbar These − Antithese − Synthese) machte sich auch Tieck für seine umfangreichen Märchendichtungen zu eigen; ‚Der blonde Eckbert‘ und ‚Der Runenberg‘ sind die für Tieck und seine Rückbindung an die Aufklärung charakteristischsten. Die Allegorisierung der Natur- und Gesellschaftsgeschichte führt die Helden nicht wie bei Novalis zum ersehnten Ziel, sondern in den Wahnsinn. Der im ‚Runenberg‘ angeschlagenen Künstlerthematik folgen neben Brentano (‚Schulmeister Klopfstock‘) und E. T. A. Hoffmann (‚Der goldne Topf‘) noch Hofmannsthal und Hesse in einigen ihrer Kunstmärchen. Brentanos unabgeschlossene Märchenprojekte (‚Italienische Märchen‘, ‚Rheinmärchen‘) treffen in ihrem utopischen Ausblick auf eine Welt reiner Kindlichkeit; Hoffmann diskutiert in seinen Märchen in der Nachbarschaft seiner ‚Nachtstücke‘ das Verhältnis von Phantastik und Moral; Hauff führt realistische Schreibweisen und eine ernüchternde Sachlichkeit in das Kunstmärchen ein. Eine thematische Konstante ist die durchgängige Auseinandersetzung mit dem Wunder, das anders als im Volksmärchen fast nie als selbstverständlich eingebracht ist. Wenn es nicht satirisch aufgefaßt (Hoffmann) oder zur Charakterisierung kindlicher Naivität (Brentano) verwendet wird, wirkt es oft verstörend, so daß viele Kunstmärchen tragisch enden (vgl. hier auch die Märchennovellen Fouqués, Chamissos und Contessas). Der Blüte des Kunstmärchens in der Romantik entspricht eine Wiederbelebung in der ↗ *Neuromantik* um 1900 (Hofmannsthal, Hesse). Die weniger phantastische, eher behagliche Kunstmärchendichtung des Realismus (Mörike, Keller, Ludwig, Storm) legitimiert sich durch Tendenzen Hoffmanns, seine Kunstmärchen in der Gegenwart festzumachen. Seit dem Expressionismus (Heym, Döblin) dominiert in der Moderne neben durchgängiger Psychologisierung eher eine spielerische oder groteske, zuweilen auch eine pädagogische Gestaltung (z. B. Döblins ‚Märchen vom Materialismus‘, Hildesheimer, Chr. Meckel, P. Hacks, Rühmkorf, I. Bachmann) neben

einer Vielzahl von ↗ *Parodien* und ↗ *Kontrafakturen*.

ForschG: Die bislang vorliegenden Gattungsgeschichten verfahren fast ausschließlich chronologisch. Benz (1908) hat zuerst den Versuch unternommen, Kunstmärchen nach Themen und Formen zu gruppieren: allegorisch-philosophisch (Wackenroder, Novalis, Chamisso); romantisch-naturhaft (Tieck, Fouqué); romantisch-realistisch (Hoffmann, Ludwig); freie Dichtung (Arnim, Kerner); volksmärchenhaft (Brentano, Hauff, Mörike, Keller). Neuerdings hat Wührl (1984) eine Typologie nach den Erscheinungsweisen und Funktionen des Wunderbaren vorgeschlagen. Um die Bedeutung des ↗ *Phantastischen* für die Konstitution des Kunstmärchens bemühen sich Apel und Schumacher. Die strukturalistischen Ergebnisse der Märchenforschung macht Paukstadt auch für das Kunstmärchen fruchtbar. Die feministische Märchenforschung greift neuerlich auf das Kunstmärchen aus (Klugsberger).

Lit: Elisabeth Borchers (Hg.): Märchen deutscher Dichter. Frankfurt 1972. − Helmut Brakkert: Das große deutsche Märchenbuch. Sigmaringen 1979. − Sigrid Damm (Hg.): Hyacinth und Rosenblüt. Märchen der deutschen Romantik. Berlin (Ost) 1984. − Hans-Heino Ewers (Hg.): Zauberei im Herbste. Deutsche Kunstmärchen von Wieland bis Hofmannsthal. Stuttgart 1987. − Sigrid Früh, Barbara Stamer (Hg.): Märchen aus der Schwäbischen Romantik. Tübingen 1991. − Arthur Häny (Hg.): Deutsche Dichtermärchen von Goethe bis Kafka. Zürich 1965. − Gerhard Schneider (Hg.): Die schwarze Spinne. Märchendichtung von Goethe bis Anzengruber. Rostock 1975. − Paul-Wolfgang Wührl (Hg.): Märchen deutscher Dichter. Frankfurt 1964.
Friedmar Apel: Die Zaubergärten der Phantasie. Zur Theorie und Geschichte des Kunstmärchens. Heidelberg 1978. − Richard Benz: Märchen-Dichtung der Romantiker. Gotha 1908. − Manfred Frank: Steinherz und Geldseele. In: M. F.: Das kalte Herz. Frankfurt 1978, S. 233−366. − Heinz Hillmann: Wunderbares in der Dichtung der Aufklärung. Untersuchungen zum französischen und deutschen Feenmärchen. In: DVjs 43 (1969), S. 76−113. − Volker Klotz: Das europäische Kunstmärchen. Stuttgart 1985. − Theresia Klugsberger: Verfahren im Text. Meerjungfrauen in literarischen Versionen und mythischen Konstruktionen von H. C. Andersen,

H. C. Artmann, K. Bayer, C. M. Wieland und O. Wilde. Stuttgart 1989. − Mathias Mayer, Jens Tismar: Kunstmärchen. Stuttgart ³1997. − Novalis: Schriften. Hg. v. Richard Samuel u. a. Stuttgart 1960 ff. − Bernhard Paukstadt: Paradigmen der Erzähltheorie. Ein methodengeschichtlicher Forschungsbericht mit einer Einführung in Schemakonstitution und Moral des Märchenerzählens. Freiburg 1980. − Gabriela Scherer, Rolf Tarot: Kunstmärchen. Erzählmöglichkeiten von Wieland bis Döblin. Bern u. a. 1993. − Hans Schumacher: Narziß an der Quelle. Das romantische Kunstmärchen. Wiesbaden 1977. − H. S. (Hg.): Phantasie und Phantastik. Neuere Studien zum Kunstmärchen und zur phantastischen Erzählung. Frankfurt u. a. 1993. − Marianne Thalmann: Das Märchen und die Moderne. Stuttgart 1961. − Jens Tismar: Das deutsche Kunstmärchen des 20. Jhs. Heidelberg 1984. − Paul-Wolfgang Wührl: Das deutsche Kunstmärchen. Heidelberg 1984.

Heinz Rölleke

Kunstperiode ↗ *Goethezeit*

Kurzgeschichte

Formenreiche Erzählgattung der Moderne, gekennzeichnet durch Kürze und hohen Grad an Komplexität, Funktionalität und Suggestivität.

Expl: Obwohl die in der Literatur zur Kurzgeschichte unternommenen Versuche der normativen Festschreibung ihrer Länge (mit einer Untergrenze von 500−2000 und einer Obergrenze von 15000−30000 Wörtern) weit auseinandergehen und von daher „keine absoluten Aussagen über den Umfang" der Kurzgeschichte sinnvoll erscheinen (Goetsch 1972, 386), stellt die Kürze das wichtigste Definitionskriterium der Gattung dar. Denn aus ihr lassen sich die charakteristischen Merkmale einer Kurzgeschichte erklären. (1) Einerseits die formalen Kennzeichen: (a) geradliniger, oft auf die Darstellung einzelner Ereignisse, Episoden oder Szenen begrenzter Handlungsverlauf; (b) begrenzte Figurenzahl und Tendenz zur Figurentypisierung; (c) geringe Be-

deutung des erzählten Raumes und Vermeidung von Ortswechseln; (d) bei der Erzählsituation Verzicht auf multiperspektivische Darstellung; (e) zielstrebiger Anfang und sinndeutender Schluß; (f) stilistisch verknappte und oft suggestiv-verweisende Sprache (vgl. Ahrends, 52). (2) Ebenso die besonders häufigen inhaltlichen Merkmale: (g) Hinwendung einerseits zum „Außergewöhnlichen und Unerhörten", andererseits (h) zum „Typischen und Exemplarischen", also z. B. „zu Grunderfahrungen wie zu der Einsamkeit, zu krisenhaften Erlebnissen, Stimmungen, Emotionen, Augenblicken der Erkenntnis, märchenhaften Metamorphosen und schicksalhaften Wendungen" (Goetsch 1978, 25).

Durch ihre konzentrierte, zielbewußte Komposition unterscheidet sich die Kurzgeschichte von der älteren, in der Regel weniger bündigen ↗ *Erzählung₂*, durch ihre narrative Textstruktur vom durch Reflexion bestimmten ↗ *Essay* und von der durch Deskription geprägten ↗ *Skizze* (vgl. Link, 346), durch ihren komplexeren Gehalt von Formen wie ↗ *Anekdote*, ↗ *Exempel*, ↗ *Schwank₂* und ↗ *Witz* und durch ihren Verzicht auf bestimmte narrative Formkonventionen (wie z. B. auf den oft geforderten ‚Wendepunkt') von der mit ihr verwandten ↗ *Novelle*. Dank ihrer großen formalen und inhaltlichen Flexibilität kann die Kurzgeschichte sowohl geschlossen (z. B. durch eine ↗ *Pointe*) als auch offen, sowohl realistisch als auch symbolisch, gleichnishaft (wie die ↗ *Parabel*) oder phantastisch sein und sich für die verschiedensten Experimente öffnen (dazu Ahrends, 209−232). Überdies gibt es zahlreiche populäre Subgattungen der Kurzgeschichte, die − wie z. B. die *Horror-* (↗ *Schauerroman*), die *Science Fiction-*, die Kriminal- und die *Detektiv-Geschichte* (↗ *Kriminalroman*) − sich in weitgehender Unabhängigkeit von den Hochformen der Gattung entwickeln.

WortG: Das deutsche Wort *Kurzgeschichte* ist − nach Einzelbelegen schon im späten 19. Jh. (Marx, 1−11) − eine zu Beginn des 20. Jhs. eingebürgerte Lehnübersetzung des amerikanischen Gattungsbegriffs *short story*. Obwohl schon 1866 von dem Schriftsteller W. G. Simms verwandt, setzt sich jener Begriff in den USA erst nach der Veröffentlichung von Brander Matthews' einflußreichem Essay ‚The Philosophy of the Short-Story' im Jahre 1885 durch (Ahrends, 11). In ähnlicher Weise wird der Gebrauch des deutschen Worts durch die Publikation einer wichtigen Studie von Klaus Doderer im Jahre 1953 vorangetrieben (vgl. Marx, 2).

BegrG: Das theoretische Konzept der Kurzgeschichte ist von Poe geprägt worden, der einen auf Einheitlichkeit der Wirkung („unity of effect or impression") abzielenden Typus der Erzählung fordert, der in einem Zuge („at one sitting") gelesen werden kann und von Anfang an kein Wort enthalten soll, das nicht auf den intendierten Schlußeffekt ausgerichtet ist (Poe, 2 und 4). Von Brander Matthews „in den Rang einer eigenständigen literarischen Gattung" erhoben (Ahrends, 18), wird der Begriff der Short Story bis in die Zeit nach der Jahrhundertwende von normativen Konzeptionen bestimmt, die postulieren, daß das Hauptziel einer Short Story eine gut konstruierte, effektvolle Handlung sei (Weber, 17). Danach grenzen sich die anspruchsvollen Autoren in zunehmendem Maße vom handlungsbetonten Begriff der Short Story ab und stellen ihm neue Konzeptionen entgegen, denen es statt auf die äußere Handlung mit einem vorbedachten Effekt auf ein inneres Geschehen ankommt, meist die Darstellung einer Person in einem wichtigen Augenblick ihres Lebens (Goetsch 1978, 14 f.), oft vermittelt mit Hilfe solcher traditionell eher in der Lyrik dominanten Ausdrucksmittel wie Mehrdeutigkeit (↗ *Ambiguität*), ↗ *Anspielung₂* und ↗ *Ironie*. Während in der Germanistik die Tendenz erkennbar ist, den Begriff der ‚Kurzgeschichte', der Entwicklung der Gattung in Deutschland entsprechend, nur auf diesen modernen, auf ein inneres Geschehen zielenden Typus zu beziehen und gegen den weiter gefaßten Sammelbegriff ‚Short Story' abzusetzen (vgl. z. B. Kilchenmann, 29), gebrauchen andere, vor allem anglistische Theoretiker beide Ausdrücke synonym und verzichten auf eine epochenspezifische Ein-schränkung des Kurzgeschichten-Begriffs (vgl. Lubbers, 168, und Ahrends, 233). Der gelegentlich anzutreffende Terminus *Short short story* sollte hingegen nur zur Bezeichnung von ‚Kürzestgeschichten' der *Minimalprosa* bzw. ↗ *Kurzprosa* verwendet werden (vgl. Schubert).

Edgar Allan Poe: Nathaniel Hawthorne: Twice-told tales. In: Bungert, S. 1–8.

SachG: Zu den Vätern des durch Poe repräsentierten Kurzgeschichtentyps zählen neben diesem vor allem W. Irving und N. Hawthorne, als seine deutschen Vorläufer lassen sich schon einige Geschichten Hebels, E. T. A. Hoffmanns und Kleists reklamieren. Der handlungsbetonte Typus beherrscht die Entwicklung der amerikanischen Kurzgeschichte bis lange nach der Jahrhundertwende und findet in den mit einer überraschenden Pointe schließenden Kurzgeschichten O. Henrys seine bei den Lesern beliebteste Ausprägung, die zum Grundmuster für zahllose, in weit verbreiteten Zeitschriften erfolgreich abgesetzte ‚commercial' oder ‚formula stories' wird. Der um 1920 erfolgende Neuansatz einer handlungsärmeren, stärker der Bewußtseinsdarstellung und der Sozialkritik verpflichteten Kurzgeschichte wird von Autoren wie S. Anderson, E. Hemingway, K. A. Porter und J. T. Farrell getragen. Er lebt in der amerikanischen Gattungsgeschichte z. T. bis heute fort, wird aber auch durch Formexperimente von Autoren wie J. Barth, D. Barthelme und R. Coover infragegestellt.

Die deutsche Kurzgeschichte (neuere Überblicke u. a. bei Durzak, Marx, Rohner) entwickelt sich unter dem Einfluß amerikanischer Vorbilder bereits seit Beginn des 20. Jhs., steigt aber erst nach 1945 mit den von der Kriegs- und Nachkriegsthematik beherrschten Geschichten Borcherts, Langgässers, Bölls u. a. zu einem modernen, eigenständigen Literaturtyp auf, der sich seither – wie in anderen Nationalliteraturen auch – bei z. T. schwankender Beliebtheit immer neue Themen und Formen erschließt (z. B. bei R. Kunze, Th. Bernhard, P. Bichsel).

ForschG: Die wissenschaftliche Beschäftigung mit der Kurzgeschichte hat sich vor allem auf den Aspekt der Kürze als Gestaltungsprinzip und seinen Einfluß auf Handlung, Figuren, Raum, Zeitdarstellung und Erzählweisen der Gattung konzentriert. Daneben gibt es, verstärkt in jüngerer Zeit, Ansätze zu einer abstrahierenden Unterscheidung struktureller Bauformen (u. a. Höllerer, Gutmann, Kuipers, Lubbers, Kritsch Neuse, Bonheim, Thomas). Gegenstand solcher Typologisierungsversuche sind meistens die Handlungs- sowie die Zeitstruktur (einsträngig oder mehrsträngig; chronologisch, retrospektiv, augenblicksbezogen oder anachronisch) und die Motive der Kurzgeschichte (z. B. grenzüberschreitende Erfahrung, Initiation, Enthüllung einer Wahrheit etc.), bisweilen aber auch ihre ↗ *Titel* (z. B. Dingtitel, Situationstitel, Figurentitel, Vorgangstitel), ihre Anfänge (orientierend oder abrupt, mit oder ohne symbolischen Charakter) und ihre Schlüsse (offen oder geschlossen, mit einer oder ohne eine ↗ *Pointe*, für die es dann weitere alternative Gestaltungsmöglichkeiten gibt; dazu Wenzel).

Lit: Günter Ahrends: Die amerikanische Kurzgeschichte. Trier ²1992. – Walter Allen: The short story in English. Oxford 1981. – Helmut Bonheim: The narrative modes. Techniques of the short story. Cambridge 1982. – Hans Bungert (Hg.): Die amerikanische Short Story. Darmstadt 1972. – Helga-Maleen Damrau: Studien zum Gattungsbegriff der deutschen Kurzgeschichte im 19. und 20. Jh. Diss. Bonn 1967. – Klaus Doderer: Die Kurzgeschichte in Deutschland. Wiesbaden 1953 [Repr. Darmstadt ⁶1980]. – Manfred Durzak: Die deutsche Kurzgeschichte der Gegenwart. Stuttgart 1980. – M. D.: Die Kunst der Kurzgeschichte. München 1989. – Dietlinde Giloi: Short Story und Kurzgeschichte. Tübingen 1983. – Paul Goetsch (Hg.): Studien und Materialien zur Short Story. Frankfurt 1971. – P. G.: Die Begrenzung der Short Story [1972]. In: Bungert, S. 368–387. – P. G.: Literarische und soziale Bedingungen erzählerischer Kurzformen: Die Short Story. Tübingen 1978 [Studienbrief]. – Walter F. Greiner, Alfred Weber (Hg.): Short-Story-Theorien (1573–1973). Eine Sammlung und Bibliographie englischer und amerikanischer Quellen. Kronberg 1977. – Paul-Otto Gutmann: Erzählweisen in der deutschen Kurzgeschichte. In: Germanistische Studien. Schriftenreihe der

Kant-Hochschule. Bd. 2. Braunschweig 1970, S. 73–160. – Walter Höllerer: Die kurze Form der Prosa. In: Akzente 9 (1962), S. 226–245. – Ruth J. Kilchenmann: Die Kurzgeschichte. Stuttgart 1967. – Erna Kritsch Neuse: Die deutsche Kurzgeschichte. Bonn 1980. – Jan Kuipers: Zeitlose Zeit. Die Geschichte der deutschen Kurzgeschichtenforschung. Groningen 1970. – Franz H. Link: „Tale“, „Sketch“, „Essay“ und „Short Story“. In: Die Neueren Sprachen NF 6 (1957), S. 345–352. – Barbara Lounsberry (Hg.): The tales we tell. Perspectives on the short story. Westport 1998. – Klaus Lubbers: Typologie der Short Story. Darmstadt 1977. – Leonie Marx: Die deutsche Kurzgeschichte. Stuttgart 1985. – Brander Matthews: The philosophy of the short-story [¹1885; ²1901]. In: Bungert, S. 9–31. – Charles E. May (Hg.): The new short story theories. Athens, Ohio 1994. – Hans-Christoph von Nayhauss (Hg.): Theorie der Kurzgeschichte. Stuttgart 1977. – Ian Reid: The short story. London 1977. – Ludwig Rohner: Theorie der Kurzgeschichte. Wiesbaden ²1976. – Susanne Schubert: Die Kürzestgeschichte: Struktur und Wirkung. Annäherung an die short short story unter dissonanztheoretischen Gesichtspunkten. Frankfurt u. a. 1997. – Valerie Shaw: The short story. London, New York 1983. – Michael Thomas: Studien zur Short Story als fiktional-narrative [sic] Textform und die [sic] Möglichkeiten einer Typenbildung. Frankfurt, Bern 1982. – Arthur Voss: The American short story. Norman/Oklahoma 1973. – Alfred Weber: Amerikanische Theorien der Kurzgeschichte. In: Goetsch 1971, S. 5–26. – Peter Wenzel: Von der Struktur des Witzes zum Witz der Struktur. Untersuchungen zur Pointierung in Witz und Kurzgeschichte. Heidelberg 1989.

Peter Wenzel

Kurzprosa

Kurze, eigenständige Prosatexte außerhalb des Gattungskanons.

Expl: (1) Oberbegriff für alle Prosagattungen geringen Umfangs vom Aphorismus bis zur Kurzgeschichte. (2) Im engeren, im folgenden allein explizierten Sinne: Restkategorie, die all jene eigenständigen literarischen Kurzprosatexte umfaßt, die sich der Zuordnung zu definierten Genres entziehen. Kürze tritt bei diesen Texten „als eine markante ästhetische Kategorie" auf, „die ihnen ihr Gepräge gibt und damit zugleich Textsorten konstituiert" (Jäckel 1984, 141). Darunter fallen vor allem (2a) Texte der literarischen Moderne, in denen in ausdrücklicher Wendung gegen die Tradition neue ↗ *Texturen* erprobt werden. Asyndetische Reihung, Katalog-Charakter, apodiktische Setzung, ‚lyrisierende‘ Äquivalenzstrukturen, ein hohes Maß an Selbstreferenz und ein hoher Abweichungsgrad von der Normalsprache unterlaufen bzw. ersetzen die konstitutiven Elemente überkommener Kleinformen (z. B. Strukturen der narrativen *Mimesis₁* und ↗ *Diegesis*, ↗ *Pointen*, Übertragbarkeit). Eine weitere abgrenzbare Textgruppe sind (2b) Texte im Kontext der aphoristischen Tradition, die, zwischen fiktionaler Erzähl- und nichtfiktionaler Sachprosa changierend, durch narrative oder essayistische Erweiterung die Gattung des ↗ *Aphorismus* im engeren Sinne sprengen, jedoch wie dieser gesammelt, in textsyntaktisch unverbundenen Reihen kotextuell isolierter Kurztexte auftreten.

AUFZEICHNUNG: „Literarische, für die Publikation gedachte offene Prosaform, deren Kennzeichen Spontaneität, natürliche Kürze und eine behutsame Artifizierung sind" (Lappe, 269); häufig aber auch für nicht-abgeschlossene Notiz oder ↗ *Skizze* gebraucht.

WortG: Die Bezeichnungen *Kurze Prosa* und *Kurzprosa* setzen sich in den 1970er Jahren als Spezifikationen von ↗ *Prosa* zunächst als Rubriken in Werkausgaben, dann in der Forschungsliteratur durch. Als Werkbezeichnungen durch die Autoren selbst finden sie keine Verwendung. Ende der 1980er Jahre verzeichnet das ‚Duden-Wb.‘ den Eingang in den allgemeinen Sprachschatz.

BegrG: Nach den ersten Mustern von Kurzprosa (2a), den französischen *petits poèmes en prose* (‚kleine Dichtungen in ungebundener Rede‘; Fülleborn 1970, 10), heißen auch die ersten deutschen Versuche gattungsungebundener Prosa ↗ *Prosagedichte* (schon Hofmannsthal 1893; vgl. Fülleborn 1970, 9). Konkurrierende Experimente greifen jedoch bereits um die Jahrhundertwende nicht mehr auf diese Bezeichnung zurück;

Scheerbart etwa erfindet für jeden seiner Prosatexte eine eigene ‚Gattungsbezeichnung‘; im expressionistischen Kontext werden die neuen Texturen aufgrund ihrer formalen Dichte und fehlenden Narrativität gelegentlich als ‚Lyrismen‘ empfunden und bezeichnet (Belege bei Rietzschel, im Zuge eines Aktualisierungsversuchs); Musil erkennt (in einer Rezension zu Kafkas ‚Betrachtung‘) in Robert Walsers Kurzprosa den Prototyp einer neuen Prosadichtung, der allerdings nicht geeignet sei, „einer literarischen Gattung vorzustehn" (Musil, 1468). Aufgrund des Publikationsorts werden viele Kurzprosaversuche als ↗ *Feuilletons₂* (auch ‚Kleine Prosa‘, ‚Seifenblasen‘ o. ä.) klassifiziert. Edschmid orientiert sich adäquater an zeitgenössischen Tendenzen der bildenden Kunst, wenn er die kurze Prosa Däublers, Benns, Kafkas und Paul Adlers als ABSTRAKTE PROSA zusammenfaßt. In Raabes ‚Index Expressionismus‘, der über 300 Gattungen rubriziert, fallen viele dieser Texte in die Restkategorie ‚Prosa‘.

Da die Produktion literarischer Kurzprosa (2) immer wieder neu außerhalb tradierter Gattungen ansetzt, konnte sich auch in der 2. Hälfte des 20. Jhs. keine Begriffsbezeichnung durchsetzen. Die Autoren erfinden neue Namen (‚Ränder‘, ‚Maulwürfe‘, ‚Bagatellen‘) oder greifen, wie vielfach auch die Forschungsliteratur, als Verlegenheitslösung auf Gattungsnamen für Kurzprosa (1) zurück, wobei die Differenz bisweilen durch den Vorsatz *Anti-* markiert wird (vgl. Feng, 191). Die ↗ *Kurzgeschichte* wird teils als „nur eine von vielen, zum Teil schlechterdings nicht rubrizierbaren Formen der kurzen Prosa" unter ‚Kurzprosa‘ subsumiert (Pulver, 291) − in diesem Fall wird gelegentlich noch einmal in *Kurz-* und *Kürzestprosa* (z. B. Maassen, Riha) unterteilt −, teils von ihr abgegrenzt (vgl. die Schwankungen im Stichwortverzeichnis der ‚Germanistik‘).

Sammlungen von Kurzprosa im Umfeld der aphoristischen Tradition (2b) finden sich bereits seit dem 17. und 18. Jh. unter Bezeichnungen wie *Essais, Reflexions, Pensées, Gedanken* und diversen *-ana* (z. B. *Chevræana, Gundlingiana*, parodiert in F. J.

Riedels ‚Skribleriana‘, 1785; vgl. Fricke/
Meyer, 263 f.), im 19. Jh. als *Aphorismen*
oder *Fragmente*, im 20. Jh. meist unter
autorspezifischen Bezeichnungen (z. B. Valéry: *Windstriche* [‚*Rhumbs*‘], Bloch: *Spuren*,
Adorno: *Minima moralia*). Die Forschung
spricht bei dieser neuen Mischform (2b)
auch von MINIMALPROSA (Fricke 1984,
66 f.).

Kasimir Edschmid: Theodor Däubler und die
Schule der Abstrakten [1919]. In: K. E.: Frühe
Manifeste. Hamburg 1957, S. 98−105. − Robert
Musil: Gesammelte Werke Bd. 2. Hg. v. Adolf
Frisé. Reinbek 1978. − Paul Raabe (Hg.): Index
Expressionismus. Bd. 17/18. Nendeln 1972.

SachG: Von Ausnahmen wie Jean Pauls Po-
lymetern (‚Streckversen‘ in Prosa) oder Novalis’ ‚Hymnen an die Nacht‘ abgesehen,
kommt es zum Experimentieren mit neuen
Schreibweisen in kurzer Prosa (2a) erst in
der literarischen Moderne. Die französischen ‚petits poëmes en prose‘ (prägend
wird vor allem Baudelaires ‚Spleen de Paris‘, ab 1857) sind der erste literaturgeschichtlich signifikante Versuch (vgl. Andringa); er begründet sogleich eine neue
Gattung, das ↗ *Prosagedicht*.

Erste deutsche Versuche bleiben weitgehend unpubliziert (Hofmannsthal, Rilke),
bis die Gattung ihren publizistischen Ort im
Feuilleton findet (Altenberg, R. Walser).
Daneben bringt die ↗ *Boheme*-Szene in der
1. Dekade des 20. Jhs. bereits stärker formal geprägte Kurzprosa-Experimente hervor (Scheerbart, P. Hille, Lasker-Schüler,
Mynona; ↗ *Groteske*). Sie finden Aufnahme
in den Avantgarde-Organen der emphatischen Moderne, die ab 1910 massenhaft gegründet werden (‚Sturm‘, ‚Aktion‘). ‚Anderes‘ Schreiben wird im expressionistischen
Jahrzehnt geradezu zum Selektionskrite-
rium moderner Literatur (↗ *Expressionismus*, ↗ *Dadaismus*), zahlreiche Autoren
konzentrieren sich jetzt auf ‚texturierte‘
Kurzprosa, neben ausgewiesenen Lyrikern
(Trakl, Däubler, Ehrenstein, H. Hardenberg, G. Kulka) auch reine Prosaautoren
(R. Walser, C. Einstein, H. Schaefer, Kafka,
Musils ‚Nachlaß zu Lebzeiten‘; vgl. die Pri-
märbibliographie in Baßler 1994, 197−
201). Umfangreichere Prosawerke setzen
sich z. T. aus Kurzprosa-Stücken zusammen

(Rilke, ‚Aufzeichnungen des Malte Laurids
Brigge‘, 1910; Paul Adler, ‚Nämlich‘, 1916);
anderen Texten muß man mit Blick auf
diese Kurzprosa ihre gängigen Gattungs-
zuordnungen bestreiten (Benns Rönne-, ‚Novellen‘, Kafkas ‚Kleine Fabel‘ (Titel von
Brod), Benjamins ‚Berliner Kindheit um
1900‘, Brechts Keuner-‚Geschichten‘,
E. Jüngers ‚Capriccios‘). Auch international
gehen aus den Avantgarde-Bewegungen solche Texte hervor (z. B. G. Stein, ‚Tender
Buttons‘, zahlreiche Texte des frz. ↗ *Surrealismus₂*, F. Ponge). Mit der Abkehr von der
formalen Moderne in der Jahrhundertmitte
verschwinden auch die Kurzprosa-Experimente aus der deutschen Literatur und werden erst mit der Reprise dieser Moderne ab
den 1950er/60er Jahren wieder aufgenommen (Heißenbüttel, Pastior, Mayröcker, Aichinger), mit Eichs ‚Maulwürfen‘ (1968/70)
als bekanntesten Exponenten; „das Aufkommen (und die literarische Anerkennung) der Kurzformen unterscheidet die Literatur der 60er Jahre von jener der unmittelbaren Nachkriegszeit“ (Pulver, 291).

Kurzprosa (2b) gelangt als Übernahme
französischer Moralistik in die deutsche Literatur (Talanders Rochefoucauld-Überset-
zung 1699). Angeregt von U. Chevreaus
‚Chevræana‘ veröffentlicht N. Gundling
zwischen 1715 und 1732 seine aphoristische
Textglossen-Sammlung von ‚Gundlingiana‘,
die zahlreiche Nachfolger findet (vgl.
Fricke/Meyer). Lichtenbergs ‚Sudelbücher‘,
die romantische Fragment-Literatur, auch
Schopenhauers ‚Aphorismen zur Lebens-
weisheit‘ stehen in dieser Tradition. Im
20. Jh. kommt es geradezu zur Ausbildung
eines neuen Buchtyps zwischen Philosophie
und Literatur, in dem aphoristische mit anderen Kurzprosatexten abwechseln. Prototyp sind hier die ‚Windstriche‘ Valérys (ab
1926), in der deutschen Literatur folgen Bücher von Benjamin (‚Einbahnstraße‘),
Brecht, Bloch (‚Spuren‘), Schnurre (‚Schat-
tenfotograf‘) bis hin zu Handke und
B. Strauß (vgl. Fricke 1984, 66−69; Arntzen).

ForschG: Kurzprosa (2a) wurde bislang vor
allem dort zum Gegenstand der Forschung,
wo sie das Werk eines Autors (Walser,

Kafka, Eich) oder die Prosa einer Epoche (Expressionismus) prägt (zur Kurzprosa der DDR vgl. S. Jäckel 1980, in der Schweiz S. Pulver, in Österreich S. Graf-Blauhut). Die radikale Differenz zu traditionellen Kleinformen wurde dabei nur selten als Problem realisiert, Ausnahmen machen die strukturalistische Untersuchung von Großklaus und die Analyse von Kafkas Werk als ,littérature mineure' durch Deleuze/Guattari. Fülleborn (1970) thematisiert den Gesamtkomplex unter dem Label ,Prosagedicht', Lappe konzentriert sich auf die ,Aufzeichnung', Feng bestimmt Kürze, Paradoxie, parabolische Offenheit und gattungsparodistisches Potential „im essayistischen Geiste" (Feng, 176−198) als Merkmale von ,Kürzestprosa'. Baßler (1994) versucht eine verfahrensanalytische Bestimmung emphatisch moderner ,Texturen' (vgl. Barthes) im Kontext einer material bestimmten Genealogie der literarischen Moderne (Baßler u. a. 1996). Zur Forschung über (2b) ↗ *Aphorismus*.

Lit: Els Andringa: The art of being anti-conventional. In: The search for a new alphabet. Fs. Douwe Fokkema. Hg. v. Harald Hendrix u. a. Amsterdam, Philadelphia 1996, S. 1−6. − Helmut Arntzen: Philosophie als Literatur. Kurze Prosa von Lichtenberg bis Bloch. In: Probleme der Moderne. Fs. Walter H. Sokel. Hg. v. Benjamin Bennett u. a. Tübingen 1983, S. 51−66. − Roland Barthes: Die Lust am Text [frz. 1973]. Frankfurt 1974. − Moritz Baßler: Die Entdeckung der Textur. Unverständlichkeit in der Kurzprosa der emphatischen Moderne 1910−1916. Tübingen 1994. − M. B. u. a.: Historismus und literarische Moderne. Tübingen 1996. − Gilles Deleuze, Félix Guattari: Kafka. Für eine kleine Literatur [frz. 1975]. Frankfurt 1976. − Guoquing Feng: Kreisel für Erwachsene. Zur Kürzestprosa in der Gegenwartsliteratur in Österreich. Frankfurt u. a. 1993. − Harald Fricke: Aphorismus. Stuttgart 1984. − H. F., Urs Meyer

(Hg.): Abgerissene Einfälle. Deutsche Aphorismen des 18. Jhs. [bes. Nachwort S. 257−273]. − Ulrich Fülleborn: Das deutsche Prosagedicht. München 1970. − Heidrun Graf-Blauhut: Sprache: Traum und Wirklichkeit. Österreichische Kurzprosa des 20. Jhs. Wien 1983. − Götz Großklaus: Textgefüge und Wortgewebe. In: Geistesgeschichtliche Perspektiven. Hg. v. G. G. Bonn 1969, S. 345−367. − Günter Jäckel: ,Grunderlebnisse' in poetischer Prägnanz. Tendenzen und Strukturen in der Kurzprosa der DDR-Literatur zwischen 1965 und 1977. Warschau 1980. − G. J.: Samenkorn Kurzprosa. In: Neue Deutsche Literatur 32 (1984), H. 2, S. 137−153. − Eckhardt Köhne: Straßenrausch und kleine Form. Berlin 1989. − Thomas Lappe: Die Aufzeichnung. Aachen 1991. − Johannes Maassen: Ein hoffnungsvoller Pessimist. Zur Kurz- und Kürzestprosa Heinrich Wiesners. In: Amsterdamer Beiträge zur neueren Germanistik 9 (1979), S. 231−253. − Susanne Niemuth-Engelmann: Alltag und Aufzeichnung. Würzburg 1998. − Elsbeth Pulver: Literarische Legitimation der Kurzprosa. In: Kindlers Literaturgeschichte der Gegenwart 4: Die zeitgenössischen Literaturen der Schweiz. Hg. v. Manfred Gsteiger. Zürich, München 1974, S. 290−309. − Thomas Rietzschel: „Prosa wird wieder Dichtung". In: WB 25 (1979), H. 3, S. 75−89. − Karl Riha: Cut-up-Kürzestgeschichten. In: Poetik und Geschichte. Fs. Viktor Žmegač. Hg. v. Dieter Borchmeyer. Tübingen 1989, S. 425−440. − Ludwig Rohner: Theorie der Kurzgeschichte. Frankfurt 1973. − Rainer Rumold: Gottfried Benn und der Expressionismus. Königstein 1982. − Helmut Scheuer: Minutenaufzeichnungen. Beobachtungen zur modernen Kurzprosa von Eich bis Kunert. In: Literatur für Leser 2 (1982), S. 56−63. − Susanne Schubert: Die Kürzestgeschichte. Frankfurt u. a. 1997.

Moritz Baßler

Kustode ↗ *Codex*

Kyklos ↗ *Anapher*

L

Länge ↗ *Prosodie*

Lage ↗ *Codex*

Laienspiel

Sammelbezeichnung für Formen des nicht berufsmäßig ausgeübten Theaterspiels

Expl: (1) Im engeren Sinne bezeichnet *Laienspiel* eine Theaterbewegung, die um 1900 mit der Jugendbewegung entstanden ist (↗ *Laienspiel-Bewegung*).

(2) Im weiteren − und heute weithin so gebräuchlichen − Sinne bezeichnet *Laienspiel* alle Formen des Theaterspiels von Gruppen, deren Mitglieder Theater weder berufsmäßig noch als ausgebildete Schauspieler ausüben. Dabei kann man − analog zum Berufstheater − (a) das Institutionentheater (hier: Vereinstheater, Schul- oder Studententheater etc.) vom (b) Freien Theater ohne institutionelle Anbindung unterscheiden. In diesem Sinne signalisiert auch der zweite Wortbestandteil *Spiel* bereits eine weniger formalisierte und durchorganisierte Spielweise als der Ausdruck *Theater*.

Diese heute dominierende Verwendung setzt *Laienspiel* meist generell mit *Amateurtheater* gleich; teilweise ist es aber auch üblich geworden, ‚Amateurtheater‘ als Antonym dem ‚Institutionentheater‘ gegenüberzustellen. Es wäre deshalb sinnvoller, *Laienspiel* als Terminus im Sinne von (2) zu verwenden und dann eine Binnendifferenzierung zwischen Institutionentheater und Freiem Theater vorzunehmen.

WortG: ↗ *Laienspiel-Bewegung*.

BegrG: Der neu gebildete Begriffsname *Laienspiel* wurde seit dem frühen 20. Jh. im Sinne von (1) vorwiegend für diese Protestbewegung gegen das etablierte Theater verwendet. Er löste sich in den 1950er Jahren von dieser Bedeutung und wurde nicht mehr für eine Theaterrichtung eingesetzt, sondern (häufig abwertend) für unkünstlerisches und unprofessionelles Theaterspiel (‚laienhaftes Theater‘) gebraucht. Erst in den 1970er und 1980er Jahren setzte sich dann die neutrale Verwendung im erweiterten Sinne von (2) als Bezeichnung für das nicht berufsmäßig ausgeübte Theaterspiel unserer Zeit durch (Paul-Henne, 503; Brauneck/Schneilin, 537−539 sowie 60−62). Insofern ist die Übertragung des Begriffs auf Epochen vor der Etablierung von Berufstheatern grundsätzlich problematisch.

SachG: Die griechische ↗ *Tragödie*, um 500 v. Chr. mit der Ablösung aus kultischen Festen zu einer eigenständigen Institution entwickelt, kannte zunächst nur einen Sprecher und den Chor. Dieser wurde aus dem Volk rekrutiert, also aus Laien (griech. *laikós*): Das Theaterspiel beginnt als Laientheater. Erst Aischylos führte einen zweiten, Sophokles einen dritten Sprecher ein; ab 449 v. Chr. traten nicht nur die Dramatiker, sondern auch die Schauspieler (‚*Protagonisten*‘; ↗ *Figurenkonstellation*) in einen Wettkampf. Der aus Bürgern gebildete Chor von ‚Laiendarstellern‘ blieb weiterhin wichtiger Träger des Theaters (vgl. Blume; Brauneck Bd. 1).

Das ↗ *Geistliche Spiel* des Mittelalters kannte zunächst keine Berufsschauspieler (die Figuren der Heilsgeschichte wurden besetzt mit Klerikern und vor allem Mitgliedern der Kirchengemeinde, also in beiden Fällen ‚Schauspiel-Laien‘); erst mit zunehmender Detaillierung der Spielhandlung und der Ausbildung theatraler Illusionstechniken wurden − zunächst wohl einzelne − Rollen von bezahlten Schauspielern dargestellt (vgl. Kotte).

In den erstarkenden Städten übernahmen oft Handwerkerzünfte Organisation und Gestaltung der Bibelspiele; sie bilden Vorstufen des Vereins- oder Amateurtheaters. Ab dem 15. Jh. traten als Gegenpol zu den Geistlichen Spielen die ↗ *Fastnachtspiele* hinzu, vielfach dargestellt von maskierten Handwerksgesellen − also wieder von saisonalen ‚Laienspielern'.

Die Teilnahme breiter Bevölkerungskreise weitet sich teilweise zu regelrechten Masseninszenierungen aus (etwa in den besonders in der Schweiz beliebten ↗ *Vaterländischen Schauspielen*). Daneben entwickeln sich didaktische Sonderformen des Laientheaters: auf der einen Seite das schon von Luther und Melanchthon geförderte protestantische ↗ *Schultheater*, auf gegenreformatorischer Seite das oft mit großem Inszenierungsaufwand und bis zu 300 Spielern realisierte ↗ *Jesuitendrama*.

In dieser Periode, ab dem 16. Jh., traten Berufstheater und Laienspiel auseinander: Waren früher Laien die Hauptträger des Theaters gewesen, dominierten jetzt die aus den Wandertruppen entstehenden Nationaltheater mit Berufsschauspielern den *amateur* (frz. ‚Liebhaber'). So traten bei manchen Inszenierungen Laien und Berufsschaupieler hintereinander auf; Dramatiker wie Goldoni, Corneille, Molière entstammten Jesuitenschulen. Besonders an Fürstenhöfen blieben jedoch nichtprofessionelle Aufführungen als Liebhaber- oder Dilettantentheater in Mode. In den von Goethe am Weimarer Hof geleiteten Dilettanten-Aufführungen (dazu Sichardt) spielten Adlige die Hauptrollen; Goethe selbst war z. B. 1799 in der ‚Iphigenie'-Inszenierung als Orest zu sehen.

Das Ende des 18. Jhs. markiert auch das Ende von Masseninszenierungen im Rahmen des nichtprofessionellen Theaters. Dafür wurde auf kleinerer Basis, als Privat- oder Vereinstheater, das Laienspiel zunehmend populär. Aus der frühsozialistischen Bewegung heraus entstanden als Sonderform des Vereinstheaters politisch orientierte Arbeitertheater (↗ *Arbeiterliteratur*). Die gleichfalls antibürgerlich orientierte Laienspielbewegung beeinflußte in vielfälti-

ger Weise auch die institutionelle Entwicklung des schulischen Theaters.

Inwieweit das Laienspiel von nationalsozialistischen Einflüssen mißbraucht wurde, ist bislang unerforscht. Nach dem 2. Weltkrieg überlebte das Laienspiel im Schultheater (vgl. Kaiser) zunächst in einer harmlosen, am didaktischen Zweck ausgerichteten Form (etwa durch Weihnachtsspiele und Märchenstücke). Das aufkommende und sich jetzt zunehmend so nennende ‚Amateurtheater' war meist Institutionentheater (z. B. Vereinstheater) und orientierte sich versuchsweise am Regiestil und an den Inszenierungspraktiken des Berufstheaters. Erst wieder durch den Einfluß der Achtundsechziger Bewegung, z. B. seit 1970 in Berlin das ‚Grips-Theater' mit seinen Stücken Furore machte und − teilweise nach dem Vorbild des ‚Living Theatre' − freie Theatergruppen aus dem Boden sprossen, wurde das Laienspiel in anhaltender Weise von der politischen und aufklärerischen Thematik und von den Formen des antibürgerlichen Theaters geprägt. Der Brechtsche Stil verfremdenden Theaters und die Boalsche Linie des politisch orientierten Befreiungstheaters (vgl. Boal 1974, Boal 1978; dazu Herzog) bestimmten die Entwicklung und Inszenierung der meist selbstgeschriebenen oder umgeschriebenen Stücke. In den 1980er Jahren kommt ein stärker poetisch orientiertes Theater hinzu, das in experimenteller Weiterentwicklung und Mischung verschiedener Theaterformen (z. B. Theater, Musik, Zirkus) das institutionelle Laienspiel (Schul- und Vereinstheater) wie auch die freien Theatergruppen nachhaltig beeinflußt. In den 1990er Jahren herrscht (neben kommerzielleren Mustern wie Musicals) wieder ein kritisch an professionellen Bühnen orientiertes Laientheater vor, das gegenüber bloßer Unterhaltung kreative künstlerische Ansprüche verfolgt (als *alternative* bzw. ↗ *Gegenkultur*).

ForschG: Das Berufstheater ist genauer untersucht als dasjenige von Laienspiel-Gruppen. Nach Erhebungen von 1998 standen dem deutschen Institutionentheater mit 150 Stadt- und Staatsbühnen rund 2000 Gruppen des Freien Theaters gegenüber. Bei den

Laienspielgruppen sind nur die Zahlen für das Institutionentheater bekannt: Der seit 1892 bestehende Bund Deutscher Amateurtheater (vgl. Nagel, Sondergeld) vertritt 1700 organisierte Gruppen, und die freien Gruppen sind kaum erfaßbar.

Die Kategorie ‚Laienspiel' wird heute in wissenschaftlichen Publikationen eher als historisch bestimmte Form der Laienspielbewegung (1) thematisiert (z. B. Amtmann/ Kaiser, Godde, Pelgen), in der Praxis dagegen meist im weiteren Sinn (2) benutzt. So entsteht in der Forschung die merkwürdige Differenz, daß das Laienspiel als Gesamtphänomen nicht weiter untersucht wird und stattdessen die unterschiedlichsten Formen nichtprofessionellen Theaterspiels Gegenstand diversifizierter Arbeiten sind (z. B. Herzog, Honens/Willerding, Batz-Schroth). Einen Ausweg könnte Erika Fischer-Lichtes Forschungsprogramm zur ‚Theatralität' (analog zu *Literarizität*, ↗ *Poetizität*) bieten, in dem der Stellenwert unterschiedlicher theatraler Aktivitäten theoretisch erfaßt und auch terminologisch genauer bestimmt werden könnten (Ansätze in Belgrad 1997).

Lit.: Paul Amtmann, Hermann Kaiser (Hg.): Darstellendes Spiel: Jugendspiel, Schulspiel, Volksspiel, Freilichtspiel, Studentenbühne, Amateurtheater. Fs. Rudolf Mirbt. Kassel, Basel 1966. – Michael Batz, Horst Schroth: Theater zwischen Tür und Angel. Reinbek 1987. – Jürgen Belgrad (Hg.): TheaterSpiel. Ästhetik des Schul- und Amateurtheaters. Hohengehren 1997. – Horst Dieter Blume: Einführung in das antike Theaterwesen. Darmstadt 1978. – Augusto Boal: Teatro del oprimido. Bueno Aires 1974 [dt.: Theater der Unterdrückten. Übungen für Schauspieler und Nicht-Schauspieler. Frankfurt 1989]. – Manfred Brauneck: Die Welt als Bühne. 2 Bde. Stuttgart 1993. – M. B., Gérard Schneilin (Hg.): Theaterlexikon. Reinbek ³1992. – Toni Budenz: Laienspiel. Sinn, Bedeutung, Verwirklichung. Nürnberg 1947. – Erika-Fischer-Lichte: Semiotik des Theaters. 3 Bde. Tübingen 1994. – Irene Fleming: Theater ohne Rollenbuch. Handbuch für kreatives Laienspiel. Mainz 1994. – Cornelia Godde: Das Laienspiel als reformpädagogisches Element. Bonn 1990. – Handbuch Amateur-Theater. Hg. v. Bund dt. Amateurtheater. Heidenheim 1992. – Hans Haven: Laienspiel. Kassel 1954. – Sibylle Herzog: Augusto Boals Zentrum des Theaters der Unterdrückten in Paris. Mün-

ster 1997. – Gisela Honens, Rita Willerding: Praxisbuch feministische Theaterpädagogik. Frankfurt 1992. – Uwe Hornauer: Laienspiel und Massenchor. Köln 1985. – Hermann Kaiser (Hg.): Laienspiel und Amateurtheater nach 1945. Recklinghausen 1962. – Andreas Kotte: Theatralität im Mittelalter. Mainz 1994. – Paul Leonhardt: Handbuch des Darstellenden Spieles, mit besonderer Berücksichtigung des Kinder- und Jugendspiels. Weinheim 1972. – Martin Luserke: Das Laienspiel. Revolte der Zuschauer für das Theater. Heidelberg 1930. – Rudolf Mirbt: Laienspiel und Laientheater. Kassel 1960. – Hans-Günter Nagel: Zeittafel zur Geschichte des Bundes deutscher Amateurtheater. Heidenheim 1992. – Franz L. Pelgen: Das Laienspiel und die Spielweise Martin Luserkes. Diss. München 1957. – Schulspiel und Amateurtheater, Interaktions- und Theaterpädagogik. Eine Bibliographie. Berlin [Amerika-Gedenkbibliothek] 1970. – Gisela Sichardt: Das Weimarer Liebhabertheater unter Goethes Leitung. Weimar 1957. – Ernst L. Sondergeld: Chronik. 100 Jahre Bund Deutscher Amateurtheater. 1892–1992. Heidenheim 1992. – Peter Wolfersdorf: Stilformen des Laienspiels. Braunschweig 1962. – P. W.: Darstellendes Spiel und Theaterpädagogik. Baltmannsweiler 1984.

Jürgen Belgrad

Laienspielbewegung

Auf die deutsche Jugendbewegung gestützte Erneuerungsform des Theaterspiels.

Expl: Die Laienspielbewegung ist eine der Erscheinungsformen der deutschen Jugendbewegung. Von anderen Theaterformen, mit denen sie die auf Laien gegründete Aufführungspraxis verbindet (↗ *Laienspiel*), unterscheidet sie die historische Verortung in der Ideologie der Jugendbewegung und die dezidierte Reformabsicht. Sie findet ihren Ausdruck in einer Reihe neuer Elemente: Dazu gehören u. a. die Vereinfachung der szenischen und bühnentechnischen Mittel, die Einbeziehung der Zuschauer in das Spiel, das gleichzeitige Spielen auf verschiedenen Bühnen, die Einbeziehung von Sprech- und Bewegungschor, die Einbindung der Handlung in Musik und Gesang. In der stark durch den Einfluß Erwachsener geprägten Spielpraxis gelten nicht Perfektion, sondern Entwicklung der Persönlichkeit, Kreativität und Selbstverwirklichung, aber auch Dienst an der Sprache als erstrebenswerte Tugenden. Der vorausgesetzte Schauspielertyp, dem zugebilligt wird, daß er trotz oft unzulänglicher Mittel durch seine Gefühlsunmittelbarkeit beim Publikum große Wirkung hervorrufen kann (Kutscher, 56: „Edellaie"), „setzt an die Stelle schauspielerischer Routine seine leidenschaftliche Ergriffenheit. Nicht auf die Leistung kommt es an: auf die Treue" (Mirbt 1960, 12).

WortG: Das Wort *Laienspiel* wurde zuerst um 1922 in München verwendet; es ist unsicher, ob Martin Luserke oder Rudolf Mirbt es zuerst gebrauchten. Es greift auf das seit dem Ahd. gebräuchliche Wort *Laie* zurück, das zunächst den Nicht-Kleriker und damit den Ungelehrten, seit dem 19. Jh. den ‚Nichtfachmann' überhaupt bedeutet (Paul-Henne, 503).

BegrG: ↗ *Laienspiel*.

SachG: Die Laienspielbewegung ist Teil der nach der Jahrhundertwende entstandenen neuen sozialen Bewegungen und spiegelt die Suche der Jugend nach lebensnahen und zeitgemäßen Ausdrucksformen und -mitteln. Das Spielen als neue Betätigung setzte in zahlreichen deutschen Jugendgruppen, oft unabhängig voneinander, nach der Heimkehr ihrer Mitglieder aus dem verlorenen Krieg ein und etablierte sich als Lebensform neben Wandern, Zelten, Singen, Tanzen und Musizieren. Dabei stand die Pflege des gemeinschaftlichen Erlebens im Vordergrund. Die Aufführungen fanden bei den unterschiedlichsten kirchlichen und weltlichen Anlässen und auf jeder nur denkbaren Bühne statt. Die vor allem in deutschen Groß- und Mittelstädten beheimatete Bewegung verstand sich als Gegenbewegung zur bürgerlichen Theaterkultur der damaligen Zeit, kehrte sich aber gleichzeitig auch ab von anderen Erscheinungsformen des Laienspiels wie Volksbühne, Vereinstheater, Fest- und Heimatspielen sowie Natur- und Freilichttheater. Am ehesten wurden noch Anregungen aus dem älteren deutschen Volksschauspiel aufgenommen und verwertet (↗ *Vaterländisches Schauspiel*).

Auf der Suche nach geeigneten Spieltexten hatte die jugendbewegte Laienspiel-Begeisterung schon vor dem 1. Weltkrieg die mittelalterlichen Überlieferungen entdeckt und darüber hinaus wichtige Anregungen von einer anthroposophischen Schauspielergruppe unter der Leitung von Gottfried Haas-Berkow erfahren. 1920 entstand der Laienspielkreis um Rudolf Mirbt (1896–1974) in München. Mirbt wurde zu einem der entscheidenden Anreger und Förderer der Laienspielbewegung (1923–36 Herausgeber der ‚Münchner Laienspiele', von 1946–74 auch der ‚Bärenreiter-Laienspiele' in Kassel). Er brachte u. a. den ‚Verlorenen Sohn' von Burkard Waldis, das ‚Urner Tellenspiel' und G. Kaisers ‚Bürger von Calais' auf die Laienspielbühne. Hans Holtorf begründete 1920 die ‚Studentische Wanderbühne', aus der bedeutende Schauspieler (Matthias Wiemann, Ernst Ginsberg, Werner Finck) hervorgingen. Besonderen Einfluß hatte der Pädagoge Martin Luserke (1880–1968), der die Ideen seines Buches ‚Shakespeare-Aufführungen als Bewegungsspiele' (1921) in die Praxis umsetzte und auf Juist ein eigenes Laienspielzentrum begründete (‚Schule am Meer', 1934 aufgelöst).

Zwischen 1925 und 1933 erreichte die Laienspielbewegung ihren Zenit; viele namhafte Autoren (wie z. B. Bert Brecht) näherten sich ihr an und trugen durch ihre Stücke zur Erweiterung des verfügbaren Repertoires bei. Parallel zur Laienspielbewegung nahm in der Zeit der Weimarer Republik auch das mit seinen Anfängen ins 19. Jh. reichende Arbeitertheater einen großen Aufschwung.

Nach der Machtübernahme durch die Nationalsozialisten kam das im freiheitlich-reformerischen Geiste geübte Laienspiel schnell zum Erliegen oder wurde, soweit es überhaupt überlebte, den politischen Erfordernissen der jetzt herrschenden völkischen Ideologie angepaßt. Nach dem deutschen Zusammenbruch von 1945 entstand in Deutschland ähnlich wie am Ende des 1. Weltkrieges eine neue Spielbewegung. Sie erhielt fruchtbare Impulse durch die Spieltraditionen, die viele Heimatvertriebene aus ihren früheren östlichen Siedlungsgebieten mitbrachten (1945–1957: 484 Spielscharen, die an 606 westdeutschen Spielorten 1257 Spieltexte von 429 Autoren zur Aufführung brachten; Scharrer). Die Tradition des jugendbewegten Laienspiels wurde nach 1945 in Westdeutschland vor allem im Kasseler Bärenreiter-Verlag fortgeführt (384 Texte, 1 Million Exemplare: entspricht ca. 190 000 Erstaufführungen zwischen 1947 und 1963; Mirbt 1965, 6). In der DDR wurde die Laienspielbewegung vom Zentralhaus für Volkskunst in Leipzig und den regionalen Folklore-Zentren gesteuert. Ende der 1960er Jahre verlor die Laienspielbewegung an Bedeutung.

ForschG: Die Geschichte der deutschen Laienspielbewegung ist bisher noch weitgehend unerforscht. Eine erste Dokumentation liegt bei Kindt 1974 vor.

Lit: Blätter für Laien- und Jugendspieler. München 1924 ff. − Die Laienspielgemeinde. Kassel 1950−57. − Spiel. Eine Zweimonatsschrift. Kassel 1957 ff.
Ignaz Gentges u. a.: Das Laienspielbuch. Berlin 1929. − Gottfried Haaß-Berkow, Max Gümbel-Seiling: Totentanz. Bilderszenen nach Drukken des 15. Jhs. Leipzig 1920. − Paul Leonhardt: Laienspiel-Hb. Weinheim a.d.B. 1949. − Martin Luserke: Shakespeare-Aufführungen als Bewegungsspiele. Stuttgart u. a. 1921. − Rudolf Mirbt: Münchener Laienspielführer. München 1934. − R. M.: Bärenreiter Laienspiel-Berater. Kassel, Basel 1959, ²1965. − R. M.: Laienspiel und Laientheater. Vorträge und Aufsätze aus den Jahren 1923−1959. Kassel, Basel 1960.
Paul Amtmann: Das Schulspiel. Zielsetzung und Verwirklichung. München 1968. − Wilhelm Karl Gerst: Wille und Werk. Ein Hb. des Bühnenvolksbundes. Berlin 1928. − Herbert Giffei: Martin Luserke: ein Wegbereiter der modernen Erlebnispädagogik? Lüneburg 1987. − Uwe Hornauer: Laienspiel und Massenchor. Das Arbeitertheater der Kultursozialisten in der Weimarer Republik. Diss. Tübingen 1985. − Andreas Kaufmann: Vorgeschichte und Entstehung des Laienspiels und die frühe Geschichte der Laienspielbewegung. Stuttgart 1991. − Werner Kindt (Hg.): Die deutsche Jugendbewegung 1920−1930. Die bündische Zeit. Düsseldorf, Köln 1974, S. 1624−1710. − Artur Kutscher: Grundriß der Theaterwissenschaft. München ²1949. − Martin Luserke: Jugend- und Laienbühne. Bremen 1927. − Jean F. Nordhaus: The Laienspiel movement and Brecht's Lehrstück. Diss. Ann Arbor 1970. − Josef Scharrer: Das Laientheater der Flüchtlinge

und Ausgewiesenen. München 1960. − Paula Scherz: Laienspiel. In: Hb. der Jugendpflege 5: Die Hilfsmittel der Jugendpflege. Eberswalde, Berlin 1932, S. 73−88. − Peter Wolfersdorf: Stilformen des Laienspiels. Braunschweig 1962.

Rolf Wilhelm Brednich

Lakonie ↗ *Stilprinzip*

Lakonismus

Gehaltvoll-pointierte Wortkargheit; speziell: einzelner Ausdruck von hoher Informationsdichte.

Expl: (1) Ein Stilprinzip bezeichnend ist *Lakonismus* synonym mit „Kürze als Stilideal" (Curtius, 479−485), oft mit den Nuancen des Konzisen, scharfsinnig Zugespitzten, Spröden, Faktenorientierten, herrisch Nachdrücklichen (dazu *Konzinnität*, ↗ *Stilprinzip*). (2) Als ↗ *Rhetorische Figur* konkurriert bzw. verfließt *Lakonismus* mit Begriffen wie ↗ *Symbol*, ↗ *Anspielung₂*, ↗ *Metapher* etc.: sie alle übermitteln, obgleich dunkel und ungenau, viel ↗ *Information* mit wenig Worten. Dem hohen Verstehensanspruch entspricht die ungewöhnliche Prägnanz solcher Ausdrücke (deren Mittel im Ganzen unüberschaubar sind); ihre Gefahr liegt in manierierter *obscuritas* (↗ *Hermetik*).

WortG: Die Wendung ‚lakonische Kürze' geht auf Platons ‚Protagoras' (343a/b) zurück, der Sokrates von einer βραχυλογία τις Λακωνική [brachylogía tis Lakoniké], ‚einer Art lakonischer Kurzrednerei' der alten Weisen sprechen läßt und damit an ein bekanntes Stereotyp spartanischen Wesens anknüpft (Details bei J. Burckhardt, 111), das, Konkurrenz zum beredten Athen meidend, militärische Knappheit und ruppigen Scharfsinn unter den ‚Lakedämoniern' kultiviert. Plutarch v.a. überliefert Ἀποφθέγματα λακωνικά [Apophthégmata lakoniká], ‚lakonische Aussprüche' der Spartaner wie auch der Spartanerinnen (↗ *Apophthegma*, ↗ *Aphorismus*). Seit dem späten Renaissance-Humanismus gehören lat. *laconicus*, *laconismus* sowie verschiedene Ableitungen zum festen Bestandteil des Gelehrtenlateins und dringen von dort in die wichtigsten europäischen Volkssprachen ein, ins Deutsche erst im 17. Jh. (*lakonisch* bei Grimmelshausen 1673; s. Paul-Henne, 503; Schulz-Basler 2, 5 f.) bzw. im späten 18. Jh. (*Lakonismus*, wohl über das Französische; z. B. Goethe FA I. 13, 2.23.2.).

Jacob Burckhardt: Gesammelte Werke. Bd. 5. Darmstadt 1962. – Johann Wolfgang Goethe: Sämtliche Werke. Frankfurter Ausgabe [FA]. Frankfurt 1985 ff.

BegrG: Eine von der Wort- und Sachgeschichte zu unterscheidende eigene Geschichte des Begriffs ‚Lakonismus‘ existiert nicht; sie ist durchweg eingebettet in die Geschichte des *brevitas*-Ideals (↗ *Stilprinzip*; vgl. dazu Rüdiger sowie HWbRh 2, 50–60).

SachG: Die ‚Laconica brevitas‘, in der antiken Rhetorik wiederholt erwähnt, wird von Thukydides zur sprachlichen Charakterisierung der Spartaner verwendet, wie dann Plutarch deren Apophthegmata sammeln wird (z. B. Antwort auf die feindliche Drohung, Sparta werde dem Erdboden gleichgemacht, wenn es erobert werde: „Wenn!“). Bei Cato d.Ä. ist Lakonismus auch Ausdruck ethischer Ideale; an ihm orientiert sich Sallust (sprichwörtlich die ‚brevitas Sallustiana‘). Neben den Theoretikern des ↗ *Attizismus*, ferner Seneca, Petronius, Tertullian u. a., wird mit dem beginnenden Absolutismus v.a. Tacitus das große Vorbild, namentlich durch den Neustoiker Justus Lipsius. In Zusammenhang mit der ↗ *argutia*-Bewegung des 17. Jhs. gilt Lakonismus als Ideal herrscherlichen Sprechens (dazu Kühlmann – etwa mit Hinweis auf ‚De Lakonismo Syntagma‘ von Eurycius Puteanus, 1609), abfärbend aber dann auch auf Autoren wie Zesen, Schupp oder auf die *Stichomythien* (↗ *Stichisch*) barocker Trauerspieldichter. Erasmus, Zincgref, Harsdörffer sammeln Apophthegmata um ihrer lakonischen Knappheit willen. Als Erneuerung der poetischen Sprache in der Nachfolge Hallers schafft Klopstock seine „gedrungene Schreibart“ (dazu Schneider); der Rückbezug auf Sparta findet sich auch in der Französischen Revolution (dazu Schlieben-Lange). Ein großer Freund lakonischer Schreibart ist besonders der späte Goethe, auch (in entsprechenden Gattungen) Richard Wagner und Nietzsche. Die Moderne pflegt den Lakonismus u. a. in der Lyrik (Beispiele: B. Brecht, G. Eich) oder der Aphoristik (Beispiele: H. Wiesners ‚Lakonische Zeilen‘ 1965; ‚Einsätze‘ von E. Benyoëtz 1975). Ein Meister des modernen Lakonismus ist Uwe Johnson.

ForschG: Auch in der Forschung segelt der Begriff ganz im Kielwasser der ‚Brevitas‘; eine umfassende Untersuchung fehlt bisher sowohl für den Stiltypus wie insbesondere für die Figur des Lakonismus.

Lit: Georg Braungart: Hofberedsamkeit. Tübingen 1988 [bes. S. 18, 65 et passim]. – Walter Helmut Fritz: Das Problem der Lakonie im zeitgenössischen Gedicht. In: Lyrik – von allen Seiten. Hg. v. Lothar Jordan u. a. Frankfurt 1981, S. 259–263. – Walther Killy: Mythologie und Lakonismus in der ersten, dritten und vierten Römischen Elegie. In: Gymnasium 71 (1964), S. 134–150. – Wilhelm Kühlmann: Gelehrtenrepublik und Fürstenstaat. Tübingen 1982 [bes. S. 220–243]. – Eduard Norden: Die antike Kunstprosa. Bd. 1. Leipzig ⁷1974 [bes. S. 201, 334]. – Horst Rüdiger: Pura et illustris brevitas. Über Kürze als Stilideal. In: Konkrete Vernunft. Fs. Erich Rothacker. Hg. v. Gerhard Funke. Bonn 1958, S. 345–372. – Brigitte Schlieben-Lange: „Athènes éloquente“ / „Sparte silencieuse“. Die Dichotomie der Stile in der Französischen Revolution. In: Stil. Hg. v. Hans Ulrich Gumbrecht und Karl Ludwig Pfeiffer. Frankfurt 1986, S. 155–168. – Karl Ludwig Schneider: Klopstock und die Erneuerung der deutschen Dichtersprache im 18. Jh. Heidelberg ²1965 [bes. S. 57–86]. – Martin Seel: Einiges zum Lob der Lakonie. In: Neue Rundschau 108 (1997), H. 4, S. 17–23.

Jürgen Stenzel

Landlebendichtung ↗ *Bukolik*

Landschaftsdichtung ↗ *Naturlyrik*

Langvers

Zweiteiliger, zäsurierter Vers größeren Umfanges, besonders der alt- und mittelhochdeutschen Literatur.

Expl: Ein Langvers besteht aus zwei durch eine Zäsur untergliederten Halbversen. Die beiden Teile, ANVERS und ABVERS, können durch Alliteration oder Endreim (= Zäsurreim) miteinander verbunden sein. Reime und Zeilenende schließen in der Regel zwei Langverse zusammen. Die Einheit des Verses wird außerdem durch rhythmische und syntaktische Bezüge konstituiert. Ein festes Strukturschema existiert nicht: Die Zahl der Hebungen (meist drei oder vier in jedem Halbvers), Auftakt, Kadenz und Senkungsfüllung variieren.

WortG: Das Kompositum *Langvers* verbindet die seit dem 17. Jh. übliche Bezeichnung ↗ *Vers* mit einem Adjektiv, das eine Relation zu dem dominierenden Typ des vierhebigen Kurzverses herstellt. Lachmann spricht von *Langvers* in bezug auf die handschriftliche Überlieferung des ‚Nibelungenliedes‘ (1826, VI), die Versform von Otfrieds ‚Evangelienbuch‘ (1832, 389) und des ‚Hildebrandsliedes‘ (1833, 423). Synonym dazu benutzt er die Bezeichnung *Langzeile*, die auch J. Grimm (1838) und Bartsch (1857) verwenden und die in den Handbüchern überwiegt (Heusler beschränkt sich darauf). Habermann (1928/29, 464) fixiert den synonymen Gebrauch beider Termini und leitet sie aus den Schreibgewohnheiten der mittelalterlichen Handschriften ab. In jüngster Zeit wird *Langvers* bevorzugt (Neumann 1971, Wagenknecht 1981, Breuer 1981, Kanzog 1984). *Langzeile* benennt den speziellen Bedeutungszusammenhang weniger präzise.

Karl Bartsch: Der Strophenbau in der deutschen Lyrik. In: Germania 2 (1857), S. 257–298. – Jacob Grimm: Vorrede. In: Lateinische Gedichte des X. und XI. Jhs. Göttingen 1838. Hg. v. J. G. und Andreas Schmeller, S. V–LII. – Paul Habermann: Vers. In: RL¹ 3, S. 464–466. – Karl Lachmann: Vorrede zu: Der Nibelunge Not mit der Klage. Berlin 1826. – K. L.: Über altdeutsche Betonung und Verskunst [1832]; Über das Hildebrandslied [1833]. In: K. L.: Kleinere Schriften zur deutschen Philologie. Hg. v. Karl Müllenhoff. Berlin 1876, S. 358–406; S. 407–448.

BegrG: Der Begriff des Langverses wurde im 19. Jh. anläßlich der Analyse ahd. und mhd. Dichtung entwickelt, die vom vierhebigen Vers als reimgebundener Grundeinheit abwich. Im Mittelalter selbst fehlt eine entsprechende Begrifflichkeit, doch zeilenmäßige Schreibweise stützt z. T. das Analyseergebnis. Für die neuzeitliche Verskunst ergibt sich aus unterschiedlicher Gewichtung des Reims und der Zweigliedrigkeit begriffliche Unschärfe. Kriterienkonform erscheint der Begriff in der Barockzeit für die aus romanischen Zehn-, Elf- und Zwölfsilbern entwickelten deutschen Verstypen, so wenn Weckherlin (1641) Alexandriner als „lange verse“ mit einem „Abbruch in der mitten“ erklärt. Den seit Klopstock im Deutschen intensiv erprobten reimlosen Hexameter und andere übernommene antike Verse (Pentameter, Senar, Septenar, Oktonar) unter den Begriff zu subsumieren, läßt sich in Anlehnung an Ennius rechtfertigen, der den Hexameter als *versus longus* bezeichnet (Cicero, ‚De legibus‘ 2,68). Der gleitende Übergang des deutschen Hexameters in „freirhythmische Rede“ (Neumann, 662), insbesondere die ungeregelte Zäsurierung, führten u. a. dazu, auch ↗ *Freie Rhythmen* des 18. bis 20. Jhs. als Langverse zu begreifen (Breuer, 297f.; Kanzog, 679). Doch die Öffnung des Begriffs zu freieren Formen wird durch die nicht an bestimmte Kriterien gebundenen Wortgruppen ‚langer Vers‘ und ‚lange Zeile‘ besser erfaßt.

Georg Rudolf Weckherlin: Gedichte. Hg. v. Hermann Fischer. Bd. 1. Tübingen 1894, S. 291–296.

SachG: Die althochdeutschen und altsächsischen ↗ *Stabreim*-Dichtungen (‚Hildebrandslied‘, ‚Muspilli‘, ‚Heliand‘) sind aus Langversen geformt, die auf eine ältere vorliterarische Tradition zurückgehen. Für die binnengereimte Langzeile als metrisches Bauelement von Otfrieds ‚Evangelienbuch‘ sprechen neben der handschriftlichen Aufzeichnung die lat. Vorbilder (der *Leonische* ↗ *Hexameter* oder die bereits im Lat. langzeilig umgedeutete ‚Ambrosianische Hymnenstrophe‘). Auch kleinere ahd. Endreimgedichte (‚Ludwigslied‘, ‚Christus und die Samariterin‘, ‚Psalm 138‘, ‚Petruslied‘, ‚Christuslied‘) bestehen aus Langversen. Die frühmhd. Texte führen diese Formtradition nur in Ausnahmefällen (‚Vom Himmelreich‘) weiter. Als eigener Typ erscheinen seit der 2. Hälfte des 12. Jhs. die zu Strophen gruppierten paargereimten Langverse des frühen Minnesangs (,Kürenbergerstrophe') und des ,Nibelungenlieds' mit strengerer metrischer Regulierung der Halbverse, unterschiedlichen Kadenzierungen von An- und Abvers und beschwerter Hebung am Strophenschluß. Dieser Verstyp lebt mit Variationen in Epik (↗ *Epenstrophe*) und Lyrik (,Elegie' Walthers von der Vogelweide, Sangspruchdichtung, Kirchen- und Volkslied, Ballade) bis in die Neuzeit fort. Das gleiche gilt für die in lat. und dt. Liedern häufig benutzte ↗ *Vagantenzeile*. Durch zweizeilige Druckanordnung werden die zugrundeliegenden Langverse in den Editionen allerdings oft verdeckt und als Kurzverse mit Block- oder Kreuzreim mißverstanden. Seit dem 17. Jh. wurden durch Übertragung aus dem romanischen Bereich neue Langverstypen geschaffen: der ↗ *Alexandriner* (sechshebig mit Zäsur nach der dritten Hebung), der im 17. Jh. beliebte ,gemeine Vers' (frz. *vers commun*) und der seit der 2. Hälfte des 18. Jhs. häufig vorkommende ,Endecasillabo'. Untergliederte Langverse mit mehr als sechs Hebungen sind in der neueren Literatur selten. Wo sie nach der Barockzeit begegnen, etwa in der Lyrik des 20. Jhs. (z. B. Ernst Stadler), bestimmt nicht die metrische Struktur, sondern die freie Rhythmisierung den Verscharakter.

ForschG: In der ersten geschichtlichen Gesamtdarstellung der Metrik von Vilmar und Grein (1870) wird die Verbindung von zwei Kurzzeilen mit je vier Hebungen zu einer Langzeile als ,Grundgesetz' der ahd. Alliterations- und Reimpoesie, das bis ins 12. Jh. erhalten bleibe, verstanden (Vilmar/Grein, 21 u. 28). Kontrovers beurteilt werden bis heute einzelne Erscheinungsformen, z. B. Otfrieds Verse (vgl. Patzlaff, Ernst) und die religiösen Dichtungen des 11. und 12. Jhs. (vgl. Maurer vs. Schröder). Umstritten sind außerdem die Nachwirkung der stabenden Langzeile, die Kontinuität des Otfriedverses, der Einfluß lat. Vorbilder sowie die Frage, ob die deutsche Endreimdichtung vom Kurzvers oder vom Langvers ausging und ob in der 2. Hälfte des 12. Jhs. unter französischem Einfluß ein Neuansatz erfolgte. In Erwägungen zur Vortragsweise ahd. wie mhd. Dichtung werden oft Langverse und gesungener Vortrag argumentativ gekoppelt und wechselseitig als Beweis benutzt. In Darstellungen der neuzeitlichen Verskunst taucht der Langversbegriff seltener auf. Angesichts der unterschiedlichen Versbestimmungen und differierenden Merkmalangaben erscheint eine Langvers-Definition wünschenswert, die die verschiedenen historischen und gattungsmäßigen Varianten umgreift oder auf einen bestimmten historischen Typ und dessen Rezeptionsformen beschränkt wird.

Lit: Helmut de Boor: Langzeilen und lange Zeilen in Minnesangs Frühling. In: ZfdPh 58 (1933), S. 1–49. – Dieter Breuer: Deutsche Metrik und Versgeschichte. München 1981 u.ö. – Ulrich Ernst: Der Liber Evangeliorum Otfrids von Weißenburg. Literarästhetik und Verstechnik im Lichte der Tradition. Köln, Wien 1975. – Andreas Heusler: Deutsche Versgeschichte. 3 Bde. Berlin, Leipzig 1925–1929. – Klaus Kanzog: Vers, Verslehre, Vers und Prosa. In: RL² 4, S. 678–698. – Friedrich Maurer: Über Langzeilen und Langzeilenstrophen in den ältesten deutschen Dichtung. In: Beiträge zur Sprachwissenschaft und Volkskunde. Fs. Ernst Ochs. Hg. v. Karl Friedrich Müller. Lahr 1951, S. 31–52. – F. M.: Langzeilenstrophen und fortlaufende Reimpaare. In: DU 11 (1959), H. 2, S. 5–24. – Friedrich Neumann: Deutsche Literatur bis 1500: Versgeschichte (Metrik). In: Kurzer Grundriß der germanischen Philologie bis 1500. Hg. v. Ludwig Erich Schmitt. Berlin 1971. Bd. 2, S. 608–665. – Rainer Patzlaff: Otfrid von Weißenburg und die mittelalterliche versus-Tradition. Tübingen 1975. – Otto Paul, Ingeborg Glier: Deutsche Metrik. München ⁹1993. – Werner Schröder: Zu Friedrich Maurers Neuedition der deutschen religiösen Dichtungen des 11. und 12. Jhs. In: PBB 88 (Tübingen 1967), S. 249–284. – W. S.: Versuch zu metrischer Beschreibung eines frühmittelhochdeutschen Gedichts mit einer forschungsgeschichtlichen Vorbemerkung. In: ZfdA 94 (1965), S. 196–213, S. 244–267. – August C. F. Vilmar, Christian W. M. Grein: Die deutsche Verskunst nach ihrer geschichtlichen Entwicklung. Marburg, Leipzig 1870. – Christian Wagenknecht: Deutsche Metrik. München 1981.

Ursula Schulze

Lapidarer Stil ↗ *Stilprinzip*

Lautgedicht

Dichtung, bestehend aus Lautverbindungen ohne konventionelle Wort-Bedeutung; für die akustische Präsentation zumeist durch den Autor selbst bestimmt.

Expl: Das Lautgedicht verzichtet auf das Wort als Bedeutungsträger; in der methodischen, eigengesetzlichen, nach subjektiven Ausdrucksabsichten vorgehenden Kombination von Lauten werden ästhetische Gebilde gestaltet, die fast ausnahmslos der akustischen Realisation bedürfen (vgl. Scholz 1992). Neben der Darbietung neuer oder weitgehend neuer Lautkombinationen geht es gleichermaßen um eine — später zum Teil elektronisch unterstützte — Erprobung ungewöhnlicher stimmlicher Möglichkeiten; konventionell notierte Textfassungen sind daher weder unbedingte Voraussetzung noch durchgängiges Ziel.

Vollständig oder teilweise aus Elementen des Lautgedichts können bestehen: Akustische Kunst, Hörtext, ↗ *Konkrete Poesie*, radiophonische Poesie, Radiokunst, Schallspiel, *Simultangedicht* (Poème simultan: verschiedene Lautkombinationen, durch mehrere Sprecher gleichzeitig vorgetragen; ↗ *Dadaismus*), Unsinns-Poesie (↗ *Nonsens*).

Als künstlerische Darbietung ist das Lautgedicht der Tendenz nach abzugrenzen (obwohl es z. T. bewußte Grenzüberschreitungen gibt) von Kindersprache und ↗ *Kinderversen* (etwa Abzählreimen), von Zaubersprüchen, von religiösem oder pathologischem Zungenreden (Glossolalie), von künstlichen Sprachen und Geheimsprachen, von wortlosem Gesang in der Musik, von phonetischen Notierungen der Tierrufe (und entsprechender ↗ *Onomatopöie*).

Schwierig ist die Abgrenzung zur Visuellen Poesie (Hörtexte versus Sehtexte), weil Lautgedichte oftmals typographisch aufwendig gestaltet sind. Problematisch ist vor allem auch die Abgrenzung zur Musik, gerade weil es beim Lautgedicht um Grenzüberschreitungen (bis hin zu einem ↗ *Gesamtkunstwerk*) geht (etwa in der ‚Ursonate‘ von Kurt Schwitters oder später bei dem Komponisten Dieter Schnebel, in der ‚Sprachmusik‘ von Gerhard Rühm, in der

Einschätzung von ‚Sprache als Musik‘ bei Carlfriedrich Claus).

Die radikalsten Versuche entfernen sich denn auch von einer Nachahmung des herkömmlichen Sprachgebrauchs — zwischen tiefstem Spaß und höchstem Ernst, zwischen reinem Zufall, purer Lust am Artikulieren und durchgängigem Plan, zwischen avantgardistischem Fortschreiten, Provokation, Schock und lockerem Spektakel.

Lautgedichte sind nicht ohne jegliche Bedeutung, sondern es bleibt ihnen, insofern sie immer noch sprachliche Zeichen verwenden, ein zumindest latenter Verweisungszusammenhang erhalten; man könnte von einer ‚Para-Semantik‘ (Scheffer) sprechen.

WortG: Das Wort *Lautgedicht* taucht als Gattungs-Bezeichnung und als literarisches Programm erstmals im ‚Feldtagebuch‘ von Franz-Richard Behrens (Eintrag vom 11.6.1916; vgl. Möser, 148, 163, 289) und beim Zürcher Dadaismus in Hugo Balls Tagebuch mit Datum vom 23.6.1916 auf: „Ich habe eine neue Gattung von Versen erfunden, ‚Verse ohne Worte‘ oder Lautdichte". Da Balls Tagebuch erst 1927 erschien, ist nicht gänzlich auszuschließen, daß Ball die Bezeichnung *Lautgedicht* erst nach 1916 in die Druckfassung seiner Notierungen eingefügt hat (vgl. Scholz 1989, 340).

BegrG: *Lautpoesie* (-gedicht, -dichtung, -literatur) und *Phonetische Poesie* (etc.) sind synonyme Bezeichnungen, wobei letztere den internationalen Charakter der Gattung betont. — Die Bezeichnungen *Akustische Poesie, Bruitistisches Gedicht* (italienischer Futurismus), *Buchstabengedicht, Lettristische Poesie* (Raoul Hausmann), *Phontext* (Herbert Behrens-Hangeler) und *Klanggedicht* sind weniger gebräuchlich, meinen zum Teil aber dasselbe, werden allerdings auch zur Unterscheidung von verschiedenen Formen des Lautgedichts verwendet.

Mit den schon bei Ball zu findenden Überlegungen, wer denn als Erfinder des Lautgedichts gelten könne, wen man als Vorläufer, Epigonen oder Erneuerer ansehen dürfe, sind zumindest implizite Debatten um den Begriff des Lautgedichts von Anfang an nachweisbar, so z. B. auch in den

Differenzierungsversuchen von Raoul Hausmann (1918), bei den praktischen und theoretischen Bemühungen von Rudolf Blümner (1921) oder Kurt Schwitters (seit 1924), bis hin zu Überlegungen im Feld oder Umfeld der Konkreten Poesie, der Neuen Poesie oder einer Neuen Musik (Auseinandersetzungen von Musikern mit dem Lautgedicht bzw. von Dichtern mit der Musik). – Der Begriffsinhalt von ‚Lautgedicht‘ löst sich nach 1916 von den zeitweise sehr starken religiös-mystischen Implikationen Balls, behält aber bei den meisten Vertretern die problematische Erwartung bei, man könne mit dem Lautgedicht den Ursprüngen der Sprache auf die Spur kommen. Bei den russischen Futuristen, Hugo Ball und v.a. bei R. Hausmann findet sich auch die Hoffnung auf eine radikale ‚Erneuerung der Sprache‘ durch das Lautgedicht.

SachG: Als Vorformen der Lautdichtung sind Kunstsprachen mit spielerischer oder parodistischer Funktion ebenso zu nennen wie scheinbar sinnlose Lautverbindungen in den verschiedensten Literaturgattungen. So bedient sich etwa François Rabelais im 16. Jh. erfundener Worte; Jonathan Swift charakterisiert damit imaginäre Sprache.

Von Paul Scheerbart stammt das Lautgedicht ‚Kikakokú!/Ekoralàps!‘ (1897). Begleitend zu seinem ‚Großen Lalula‘ (1894 bzw. 1905) macht Christian Morgenstern schon die (potentielle) philologische Interpretation des Lautgedichts lächerlich; diese Versuche entstanden indessen nicht aus dem programmatischen Antrieb heraus, eine phonetische Dichtung zu konzipieren. Dies geschah vermutlich zuerst im russischen Futurismus, etwa bei Velimir Chlebnikov, Aleksej Kručenych, Ilia Zdanevič (Iliazd) und Kazimir Malevič. Wassily Kandinsky, der diese Arbeiten kannte, stellte im ‚Blauen Reiter‘ (1912) fest: „Der Klang der menschlichen Stimme wurde auch rein angewendet, d. h. ohne Verdunkelung desselben durch das Wort, durch den Sinn des Wortes" (Kandinsky, 208). Für das Lautgedicht plädierte auch der italienische Futurismus mit ‚Parole in Libertà‘ (1913; F. T. Marinetti, Giacomo Balla und F. Cangiullo).

Nach 1945 geht das Lautgedicht vielfältige Verbindungen ein, etwa mit der Körpersprache des Tanzes oder mit dem Free Jazz (↗ *Performance*); hier wären u. a. zu nennen: John Cage, Henri Chopin, Carlfriedrich Claus, Bob Cobbing, Francois Dufrêne, Brion Gysin, Bernard Heidsiek, Isidore Isou, Arrigo Lora-Totino, Franz Mon, Oskar Pastior, Josef Anton Riedl, Gerhard Rühm, Valeri Scherstjanoi, Dieter Schnebel (vgl. die Übersicht bei Scholz 1989). Besonders populär sind die Lautgedichte E. Jandls geworden.

Wassily Kandinsky: Über Bühnenkomposition. In: W. K., Franz Marc (Hg.): Der Blaue Reiter [1912]. Hg. v. Klaus Lankheit. München, Zürich ⁶1987, S. 189–208.

ForschG: Die ersten, spärlichen Hinweise auf das Lautgedicht in Literaturkritik und -wissenschaft gleichen einer „Exkommunizierung aus dem Literaturkanon" (Scholz 1989, 15). Eine intensivere und umfangreichere wissenschaftliche Erforschung setzt erst in den 1960er Jahren ein; am Beginn der Forschung im deutschsprachigen Raum stehen die Arbeiten von Liede und Riha, eine Zusammenfassung der Forschung mit Bibliographie der Primär- und Sekundärliteratur (incl. Verzeichnis der Tondokumente) findet sich bei Scholz (1989) und Lentz (1999).

Lit: Futura. Poesia sonora. Antologia storico critica della poesia sonora. Hg. v. Arrigo Lora-Totino. LP Mailand 1978, CD 1989. – Lautpoesie. Eine Anthologie. Textheft und Schallplatte. Hg. v. Christian Scholz. Obermichelbach 1987. – Phonetische Poesie. Hg. v. Franz Mon. LP Neuwied, Berlin o.J. [1971]. – Poésies sonores. Hg. v. Vincent Barras und Nicholas Zurbrugg. Mesigny 1992.

Hugo Ball: Flucht aus der Zeit [1927]. Zürich ³1992. – Harald Henzler: Literatur an der Grenze zum Spiel. Würzburg 1992. – Raoul Hausmann: Manifest von der Gesetzmäßigkeit des Lautes. In: R. H.: Am Anfang war Dada. Hg. v. Karl Riha und Günter Kämpf. Steinbach, Gießen 1972, S. 31–33. – R. H.: Zur Geschichte des Lautgedichts. In: Hausmann 1972, S. 35–43. – Hans-Georg Kemper: Das Lautgedicht. In: H.-G. K.: Vom Expressionismus zum Dadaismus. Kronberg 1974, S. 149–205. – Michael Lentz: Lautpoesie/-musik nach 1945. Eine kritisch-dokumentarische Bestandsaufnahme. 2 Bde. Wien 1999. – Alfred Liede: Moderne Lautdichtung. In: A. L.: Dichtung als Spiel. Bd. 2. Berlin,

New York 1992, S. 221–255 [¹1963, S. 239–255].
– Kurt Möser: Literatur und die ‚Große Abstraktion'. Erlangen 1983. – Karl Riha: Übers Lautgedicht. In: STZ 55 (1975), S. 260–290. – Bernd Scheffer: Anfänge experimenteller Literatur. Das literarische Werk von Kurt Schwitters. Bonn 1978. – Klaus Schöning: Akustische Literatur: Gegenstand der Literaturwissenschaft? In: Rundfunk und Fernsehen 27 (1979), S. 464–475. – Christian Scholz: Untersuchungen zur Geschichte und Typologie der Lautpoesie. Bd. 1: Darstellung; Bd. 2: Bibliographie; Bd. 3: Discographie. Obermichelbach 1989. – C. S.: Zur Geschichte der Lautpoesie zwischen Sprache und Musik. In: SprachTonArt. Hg. v. der Berliner Gesellschaft für Neue Musik. Berlin 1992, S. 63–82. – Kurt Schwitters: Konsequente Dichtung [1924]. In: Hans Richter: Dada – Kunst und Antikunst. Köln 1964, S. 150–152. – K. S.: Erklärung zu meiner Ursonate [1927]. In: K. S.: Das literarische Werk. Hg. v. Friedhelm Lach. Bd. 1. Köln 1973, S. 312 f.

Bernd Scheffer

Lautmalerei ↗ *Onomatopöie*

Lautsymbolik ↗ *Onomatopöie*

Lebende Bilder ↗ *Tableau*

Leberreime ↗ *Stegreifdichtung*

Lectio difficilior ↗ *Lesart*

Lecture

In nachdrücklichem Wortgebrauch der Akt des Auffassens der materialen, schriftsprachlichen Verfaßtheit eines Textes, der dem Verstehen vorausliegt.

Expl: Seit den 1960er Jahren tritt in bestimmten theoretischen Zusammenhängen die Rede von *lecture* (‚Lektüre') von Werken und Autoren in Konkurrenz zur Rede von deren ↗ *Interpretation*. *Lecture* ist zunächst nicht ein definierter Terminus, sondern die Markierung einer literaturtheoretischen Grundorientierung. ‚Lesen' zeigt Distanz an gegenüber der Erforschung des Sinns oder dem Urteil über die ästhetische Qualität eines literarischen Werkes – sei es daß man die Lecture (1) mit dem Ziel wissenschaftlicher Objektivierung als ersten Schritt von der nachfolgenden ‚höheren' Auslegung und Beurteilung glaubt abheben zu können, sei es daß man sie (2) kritisch der ästhetischen Interpretation entgegenstellt oder (3) das Verhältnis zwischen Lesen einerseits und Verstehen bzw. Bewerten andererseits als Problem einer Theorie von Literatur kennzeichnen möchte. Was man in (1) objektiv analysieren will, erscheint in (2) als programmatische Herausforderung und in (3) als offene Frage der Theoretisierbarkeit der Literatur. Die Folge der Konzepte zeigt eine eigentümliche Spannung: einerseits soll Lecture ein geradezu technisches Verfahren im Umgang mit Literatur sein, andererseits gibt es keine Methodenlehre dieses ‚Lesens'.

Seine Konzeptualisierung ist nicht an literaturtheoretische Schulen gebunden, doch wurde sie – abgesehen von Szondis Hinweis auf die niedere, ‚grammatische' Interpretation in Schleiermachers Hermeneutik – vor allem ausformuliert in der ↗ *Phänomenologischen Literaturwissenschaft* und im ↗ *Poststrukturalismus*. Demgemäß geht der nachdrückliche Wortgebrauch von dt. *Lektüre* auf frz. *lecture* und am. *reading* zurück. Nun bedeuten anders als dt. *Lektüre* aber frz. *lecture* und vor allem engl. *reading* neben ‚Lesen' auch ‚Interpretieren'. Bei der Übernahme ins Deutsche tritt ‚Lecture' darum besonders nachdrücklich in Opposition zu ‚Interpretation'.

Lecture kann sich auf alles richten, was material und symbolisch Träger von literarischer Aussage und sprachlicher Kunst ist: von (a) den Medien des Schreibens über (b) den Bau der Schriftsysteme, (c) grammatische, lexikalische und rhetorische Muster auf der Ebene von Satz, Text und Buch (die ‚niedere Kritik' der ↗ *Hermeneutik₁*) bis hin zur (d) körperlichen oder sozialen Tätigkeit des Schreibenden.

[Terminologisches Feld:]
Sammelname für (a–d) ist im französischen Post-/Strukturalismus ÉCRITURE: Schrift (im Unterschied zur gesprochenen

Sprache), Schriftsystem (z. B. phonetische Schrift), Geschriebenes (niedergelegter Text), Schreiben oder Schreibweise (Akt oder Geltung der Texthervorbringung im Rahmen von Gattungen und Institutionen).

Während die ästhetische Hermeneutik die Asymmetrie zwischen Hervorbringen und Auffassen betont, unterstellt die Rede vom *Schreiben* und *Lesen* Gleichrangigkeit beider Seiten. *Lecture* und *écriture* wollen nicht zuletzt Abstand signalisieren von der Sakralisierung der Autorschaft im Gefolge der Romantik. Andererseits können sie bei dogmatischer Handhabung dieses Prestige auch auf den Text zurückübertragen.

WortG: Frz. *lecture* geht auf lat. *legere* ‚lesen‘, ‚sammeln‘ zurück; frz. *lecture* wird im 18. Jh. als *Lektüre* ins Deutsche übernommen in der Bedeutung ‚anhaltendes, aufmerksames Lesen‘, ‚Lesestoff‘ („Ich rate Ihnen daher nochmals die Geschichte an, nicht als Studium, sondern als Lektüre", Kleist 2, 313). *Lecture* in nachdrücklicher Verwendung benennt ein literaturwissenschaftliches Konzept des 20. Jhs., das sich kontrastiv auf zentrale Begriffe der Hermeneutik und ↗ *Ästhetik* (‚Verstehen‘, ‚Interpretieren‘) bezieht (Barthes 1966). Ein frühes Beispiel des hervorgehobenen Gebrauchs im Dt. ist der Titel von P. Szondis ‚Lektüren und Lektionen‘ (1973 postum), der vielleicht auf die ‚Introduction à la lecture de Hegel; leçons sur la Phénoménologie de l'ésprit‘ von A. Kojève (1933–1939) anspielt. Der Name bringt die traditionelle Semantik von ‚Lektüre‘ und ‚Lesen‘ mit ein: der Kulturtechnik Lesen; der Regeln der Lektüre ‚heiliger‘ Texte; der rhetorischen und pädagogischen lectio; der Aneignung von Musterautoren und der Exzerpiertechniken zwecks Einübung eines klassischen lateinischen Stils (vgl. Compagnon).

Antoine Compagnon: La seconde main, ou le travail de la citation. Paris 1979. – Heinrich v. Kleist: Sämtliche Werke und Briefe. Hg. v. Helmut Sembdner. München 1961.

BegrG/ForschG: Die Konzepte ‚lecture‘ und ‚écriture‘ sind weitgehend in der strukturalistischen Literaturtheorie und ihrer poststrukturalen Fortsetzung und Kritik von den frühen 1960er Jahren bis heute ausgearbeitet worden. Die Voraussetzungen liegen aber in der romantischen Zeichentheorie und in der phänomenologischen Analyse des sprachlichen Kunstwerks (↗ *Hermeneutik₁* Fr. Schlegel, Schleiermacher; Hegel, §§ 396, 410, 459; Ingarden; Gadamer 1960, 152–157). Nachdrücklich gebraucht ist *Lecture* erst, wo Lesen und Schreiben nicht mehr selbstverständlich und bruchlos in der ästhetischen Erfahrung des Verstehens aufgehoben gedacht sind. Ein Ausgangspunkt dafür war der literarkritische Begriff der Écriture als SCHREIBWEISE₁, der vornehmlich experimentellen Formen der modernen Literatur galt (Joyce, ↗ *Surrealismus₂*, Brechts ↗ *Episches Theater* oder der ↗ *Nouveau roman*). R. Barthes (1959) unterschied die Écriture einerseits vom bestehenden Systemzustand einer Sprache, andererseits vom ↗ *Stil*, der dem Individuum lebensgeschichtlich mitgegeben sei. Sie liege zwischen diesen beiden unverfügbaren Gegebenheiten als soziale und institutionelle Wahl, als die Schreibarbeit des Schriftstellers. Barthes' Interesse galt einer Écriture ‚am Nullpunkt‘, ‚ohne Alibi‘. Romanpoetologisch war damit ein Schreiben gemeint, das sich nicht dem Transport von Erzählhandlung und Sinnaussage verpflichtet, ein Schreiben, das, wie Barthes gegen Sartres ↗ *Engagierte Literatur* formulierte, sich in seinem symbolischen und physischen Vollzug selbst engagiert. In Arbeiten von Barthes und der Gruppe um die Zeitschrift ‚Tel Quel‘ in den 1960er und 1970er Jahren sollen Schreiben und Lesen als Praktiken reiner Literarizität ästhetischem Sinnverstehen ausdrücklich entgegengesetzt werden (vgl. Formulierungen wie die vom ‚Spiel der Signifikanten‘ oder vom ‚plaisir du texte‘). Barthes selbst konzipierte eine Übergängigkeit zwischen Lesen und Schreiben als Inbegriff literarischer Kritik und literarischer Tätigkeit (Barthes 1967, 64). Das Lesen-Schreiben dieser ‚Nouvelle Critique‘ ist ‚zweifache Sprache‘ – ‚Schreiben über Sprache‘ und ‚Schreiben der Sprache‘. Es entfaltet sich zwischen der strukturlinguistisch angeleiteten ‚Wissenschaft der Literatur‘ und unartikulierter, in sich verschlossener Lektüre. Es soll die Grenze zwischen Gattungen sowie zwischen Fiktion und

Nichtfiktion übersteigen, sich auf der Grenze zwischen Literatur und Kritik, Sprache und Metasprache bewegen.

Poststruktural kann man Überlegungen zu Lektüre und Schreiben nennen, wo deren Abhebung vom Sinnverstehen des Werkes nicht mehr als analytisch zu lösende Aufgabe oder programmatisches Ziel gilt, sondern nach der Bedingung der Möglichkeit gefragt ist, Textlesen und Sinnverstehen voneinander abzuheben und aufeinander zu beziehen. Damit steht − was neue Hermeneutiker (Frank) und Ästhetiker (Seel) als Einwand formuliert haben − auch die Möglichkeit einer Theorie der Literatur selbst mit in Frage. So haben Literaturwissenschaftler die ↗ *Grammatologie* von Derrida auch als Befragung der Konsistenz ihrer eigenen Wissenschaft aufgenommen. Der Hinweis auf das geistes- wie mediengeschichtliche „Ende des Buches", das die „Oberfläche des Textes" und damit Schrift und Lektüre sichtbar werden lasse (Derrida 1974, 35), steht bei Derrida im Rahmen der Dekonstruktion der philosophischen Tradition. Schreiben und Lesen gelten Derrida als erstes Beispiel für die Klasse von Worten, die die eine Seite einer systembildenden Unterscheidung bezeichnen − Praxis (vs. Theorie), unbewußt (vs. bewußt), Materie (vs. Geist und System) − und die er als Namen für die Unterscheidung und das System selbst vorschlägt (Derrida 1972, 10 f.).

Die vorwiegend in Amerika tätigen Literaturwissenschaftler, die man der ↗ *Dekonstruktion* der 1970er und 1980er Jahre zuordnet, haben zum Teil die Grammatologie unmittelbar umgesetzt, zum Teil auf ihrer Grundlage eigene Entwürfe vorgelegt. Wie Hartman, Miller und andere hebt auch de Man in seiner Praxis der Lecture (reading) deren Abständigkeit vom höheren Verstehen (understanding) hervor. Wenn Lesen in der tradierten Ästhetik und Hermeneutik als ein das höhere Verstehen nur vorbereitender Schritt galt, dann ist daran für de Man im Gegensatz zu Barthes nicht mehr diese Unterordnung, sondern das Vertrauen in das Funktionieren von Lesen problematisch: Lesen bereitet nicht nur eine bestimmte Sinngebung − Zuordnung zu einer Gattung, einem Werk, einer Epoche − vor,

sondern es vollzieht die Entscheidung für oder gegen Objektivierung und Verstehen überhaupt. *Lesen* heißt der blinde Fleck im Verstehen(wollen). In der Durchführung dieser These bedient sich de Man der rhetorischen Figuren („Allegorien des Lesens"), indem er die Schemata des Verstehens (Tropen) in Formalisierung möglicher Fälle von Mißverstehen wendet: ‚Metaphern' können übertragen oder aber wörtlich gelesen werden; die rhetorische Lektüre einer Aussage kann dieser einen Wahrheitswert zuschreiben oder aber sie als Handlung jenseits von Wahrheit und Lüge auffassen. De Man denunziert im besonderen die Überführung der rhetorischen Tropen in ästhetische Gestalten, d. h. die Wendung von sich selbst unzugänglichen Sinnentscheidungen in Anschauungsformen, als „ästhetische Ideologie" (de Man 1993, 59−79 u. 83−105). Dieser latent politischen Wendung haben Johnson und andere die Aufforderung und die Legitimation zur Anwendung des Lektüre-Begriffs über die Literatur hinaus auf die Felder der ‚Kulturen der Differenz' entnommen.

Lit: Roland Barthes: Am Nullpunkt der Literatur [1953]. Hamburg 1959. − R. B.: Ecrivains et écrivants [1960]. In: R. B.: Essais critiques. Paris 1964, S. 147−154. − R. B.: Kritik und Wahrheit [1966]. Frankfurt 1967. − Harold Bloom: Eine Topographie der Fehllektüre [1975]. Frankfurt 1997. − Jonathan Culler: Dekonstruktion [1982]. Reinbek 1988. − Jacques Derrida: Grammatologie [1967]. Frankfurt 1974. − J. D.: Hors Livre. In: J. D.: La dissémination. Paris 1972, S. 7−67. − Manfred Frank: Das individuelle Allgemeine. Frankfurt 1977. − Hans-Georg Gadamer: Wahrheit und Methode. Tübingen 1960. − H.-G. G.: Text und Interpretation. In: Text und Interpretation. Hg. v. Philippe Forget. München 1984, S. 24−55. − Geoffrey H. Hartman: The fate of reading. Chicago 1975. − Georg Wilhelm Friedrich Hegel: Enzyklopädie [1830]. 3. Teil. Werke Bd. 10. Frankfurt 1970. − Roman Ingarden: Das literarische Kunstwerk [1931]. Tübingen 1965. − Barbara Johnson: The critical difference. Essays in the contemporary rhetoric of reading. Baltimore 1980. − Paul de Man: Literature and language: A commentary [1972]. In: P.d.M.: Blindness and insight. London 1986, S. 277−289. − P.d.M.: Allegorien des Lesens [1979]. Frankfurt 1988. − P.d.M.: Die Ideologie des Ästhetischen. Frankfurt 1993. − Martin Seel: Ethisch-ästhetische Studien. Frankfurt 1996, S. 145−187. − Peter Szondi: Schleiermachers Hermeneutik heute [1976], In: P. Sz.: Schriften. Bd. 2. Frankfurt 1978, S. 106−130. − Andrzej Warminski: Readings in interpretation. Hölderlin, Hegel, Heidegger. Mineapolis 1987.

Rüdiger Campe

Leerstelle

Semantische Unbestimmtheit im literarischen Text, die eine Sinnerzeugung durch den Leser aktiviert.

Expl: Der literaturtheoretische Terminus *Leerstelle* bezeichnet diejenigen Positionen literarischer Texte, an denen bestimmte erwartete Informationen ausgespart sind, so daß sich für den Leser die Notwendigkeit zur eigenen Hypothesenbildung ergibt: Leerstellen ermöglichen die „Besetzbarkeit einer bestimmten Systemstelle im Text durch die Vorstellung des Lesers" (Iser 1976, 284). Die Leerstelle ist neben ‚Unbestimmtheitsstelle' und ‚Negation' (ebd. 327−347) die wichtigste derjenigen Strukturen, die die Konstitution von Sinn auf seiten des Lesers in Gang setzen. Diese Strukturen stellen deshalb kein Manko des literarischen Textes dar; vielmehr gewährt erst die Leerstelle „einen Anteil am Mitvollzug und an der Sinnkonstitution des Geschehens" (Iser 1970, 236).

Zu den Markierungsweisen von Leerstellen gehören in erster Linie ‚Schnitte' oder ‚Lücken' im Text (↗ *Montage*), die durch Absätze oder Kapitelgrenzen entstehen können, aber auch durch solche ‚Sprünge', wie sie etwa durch Freizeilen oder Gedankenstriche angedeutet werden; sodann ↗ *Erzählerkommentare*, die nur Hypothesen über die Bewertung von Figuren, Geschehnissen usw. aufstellen und somit dem Leser eigenen Spielraum eröffnen (Iser 1970, 239); schließlich auch Techniken der ↗ *Verfremdung₂* im weitesten Sinn (Warning, 32), z. B. ↗ *Abweichungen* vom im Text vorherrschenden Erzählstil.

[Terminologisches Feld:]
Unbestimmtheitsstelle: Die aufgrund der unvermeidlichen ‚Schematisierung' notwendig offen oder unbestimmt bleibenden Merkmale literarisch dargestellter Gegenstände und Figuren, die der Ergänzung oder *Konkretisation* (↗ *Rezeptionsästhetik*; dazu H. Schmid) durch den Leser bedürfen (Ingarden 1968, 49−63). Das Auffüllen der Unbestimmtheitsstellen − beispielsweise die im Text nicht genannte Haarfarbe eines alten Mannes (ebd. 409) − bewirkt eine „illusionäre Komplettierung des intentionalen Gegenstandes" (Iser 1976, 277). Im Unterschied zur Leerstelle besteht bei der Unbestimmtheitsstelle demzufolge nicht die Notwendigkeit der Kombination, sondern der Komplettierung (ebd. 284).

WortG: Im literaturwissenschaftlichen Zusammenhang wird der Ausdruck *Leerstelle* bereits von Ingarden gebraucht, allerdings noch gleichbedeutend mit *Unbestimmtheitsstelle* (Ingarden 1931, 265). Iser verwendet *Leerstelle* − unter explizitem Bezug auf Ingarden − erstmals 1970; eine Ausarbeitung des Konzepts erfolgt 1976 (257−355).

BegrG: Der Sache nach sind die von Ingarden und später von Iser beschriebenen Phänomene der Offenheit, Unbestimmtheit und der daraus resultierenden Vieldeutigkeit in literarischen Texten seit langem thematisiert worden − teilweise in ganz ähnlichen Kategorien. Der Kerngedanke wird schon in Kants ‚Kritik der Urteilskraft' als Unbestimmtheit der ‚ästhetischen Idee' expliziert (§ 49; dazu Gabriel, 14−17). Ähnlich spricht auch Goethe davon, wie bei dichterischen Werken „jeder in die leer gelassene Stelle" eigenen Sinn „hineintrage" (Gespräche mit Eckermann, 14.3.1831).

Eine begriffsgeschichtliche Schlüsselrolle kommt Freges sprach- und fiktionstheoretischem Konzept der Leerstelle zu: Jeder ‚Begriff' (Prädikat, Satzfunktion) „ist ungesättigt, führt eine leere Stelle mit sich", die aber durch die ‚Scheineigennamen' der Dichtung nicht wie sonst zur semantischen Geschlossenheit gebracht wird (Frege 1891, 29 f.). Im Anschluß an Freges Übersetzungs-Kritik (ebd. 85−89) hat sich *Leerstelle* dann als besseres Synonym für *Variable* eingebürgert − in der Logik und Mathematik wie in der Sprachwissenschaft (meist auf Syntax bezogen z. B. schon bei K. Bühler, 173 u. 246; vgl. S. Schmidt). In der angelsächsischen Literaturtheorie wurde die Problematik seit den 1920er Jahren besonders unter dem Leitbegriff der ↗ *Ambiguität* diskutiert (vgl. z. B. Empson), in der ↗ *Semiotik* unter dem des ‚Offenen Kunstwerks‘ (vgl. z. B. Eco).

Ingarden präzisiert diese Überlegungen im Rahmen einer phänomenologisch ausgerichteten Literaturtheorie, in der der literarische Text als rein intentionaler Gegenstand aufgefaßt wird, der im Gegensatz zu realen und idealen Gegenständen nicht in allen Hinsichten bestimmt ist und folglich Unbestimmtheitsstellen enthält.

Iser modifiziert Ingardens Kategorie der Leerstelle und macht sie zu einem zentralen − nicht durchweg terminologisch präzise verwendeten − Begriff seiner ↗ *Wirkungsästhetik*, deren vordringliche Aufgabe in der Erfassung derjenigen Textstrukturen besteht, die Verarbeitungshandlungen des Lesers in Gang setzen (↗ *Appellstruktur*) und bis zu einem gewissen Grad kontrollieren (Iser 1976, I). In der literaturwissenschaftlichen Umgangssprache wird der Ausdruck inzwischen oft allgemein auf Formen des „Fehlens von etwas" (Titzmann, 230) bezogen.

ForschG: Im Rahmen der Diskussion um das neue literaturwissenschaftliche „Paradigma" (Jauß) der Rezeptionsästhetik wurden auch Isers Konzepte der Unbestimmtheit und der Leerstelle thematisiert und einer kritischen Analyse unterzogen (H. Link, 542−555). Ein Systematisierungsversuch wurde von M. Titzmann vorgelegt, der die Leerstelle neben solchen formalistischen Konzepten wie ‚Minus-Prijom‘ (↗ *Verfahren*) zu einer Reihe sogenannter „bedeutungstragender Nullpositionen" rechnet (Titzmann, 230−263). Aufgenommen und instrumentalisiert wurde der Begriff in der Narratologie (z. B. Graf-Bircher, Scheffler) und teilweise auch in der rezeptionspragmatischen sowie produktionsorientierten Deutsch-Didaktik (Waldmann, 107−112). In gewisser Weise kann auch die Diskussion über ↗ *Mögliche Welten* und Fiktionalität (Doležel) als Weiterentwicklung des Leerstellen-Konzepts angesehen werden.

Lit: Karl Bühler: Sprachtheorie [1934]. Stuttgart ²1965. − Lubomír Doležel: Possible worlds and literary fictions. In: Possible worlds in humanities, arts and sciences. Hg. v. Sture Allén. Berlin, New York 1989, S. 221−242. − Umberto Eco: Das offene Kunstwerk [1962]. Frankfurt 1977. − William Empson: Seven types of ambiguity. London, New York 1930. − Gottlob Frege: Funktion und Begriff [1891]. In: G. F.: Funktion, Begriff, Bedeutung. Hg. v. Günther Patzig. Göttingen ²1966, S. 18−39. − Gottfried Gabriel: Über Bedeutung in der Literatur. In: Allgemeine Zs. für Philosophie 8 (1983), H. 2, S. 7−21. − Jenny Graf-Bircher: Funktionen der Leerstelle. Untersuchungen zur Kontextbildung im Roman [...]. München 1983. − Roman Ingarden: Das literarische Kunstwerk [1931]. Tübingen ⁴1972. − R. I.: Vom Erkennen des literarischen Kunstwerks. Tübingen 1968. − Wolfgang Iser: Die Appellstruktur der Texte. Unbestimmtheit als Wirkungsbedingung literarischer Prosa. Konstanz 1970, ⁴1974. − W. I.: Der Akt des Lesens. München 1976, ²1984. − Hans Robert Jauß: Paradigmawechsel in der Literaturwissenschaft. In: LingBer 1 (1969), H. 3, S. 44−56. − Hannelore Link: „Die Appellstruktur der Texte" und ein „Paradigmawechsel in der Literaturwissenschaft"? In: Schiller-Jb. 17 (1973), H. 5, S. 532−583. − Leonore Scheffler: „Roman-punktir": Indirektes Erzählen durch Leerstellen in Jurij Trifonovs Roman ‚Zeit und Ort‘. München 1998. − Herta Schmid: Zum Begriff der ästhetischen Konkretisation im tschechischen Strukturalismus. In: STZ 36 (1970), S. 290−318. − Sabine Schmidt: Theorie der sprachlichen Leerstelle und ihre Anwendung auf das Französische. Tübingen 1989. − Michael Titzmann: Strukturale Textanalyse. München 1977. − Günter Waldmann: Grundzüge von Theorie und Praxis eines produktionsorientierten Literaturunterrichts. In: Hb. ‚Deutsch‘ für Schule und Hochschule. Hg. v. Norbert Hopster. Paderborn 1984, S. 98−141. − Rainer Warning: Rezeptionsästhetik als literaturwissenschaftliche Pragmatik. In: Rezeptionsästhetik. Hg. v. R. W. München 1975, S. 9−41.

Axel Spree

Legende

Gattung meist kurzer, erbaulicher Erzählungen von heiligen Personen, Dingen oder Ereignissen.

Expl: (1) In der Germanistik meist im o.a. ‚traditionellen‘ Sinn, d. h. als HAGIOGRA-

PHIE (‚Beschreibung [des Lebens] von Heiligen‘) verwendet. Dabei werden Texte, die sich statt auf das Leben und Wirken einer Person nur auf ihr Martyrium (Passio), auf Jenseitsreisen/-visionen (↗ *Vision*), auf Reliquien-Übertragung (Translatio) oder auf Wunder nach dem Tode (↗ *Mirakel*) beziehen, seltener als eigene Genera von der Legende abgesetzt denn als Subgenera derselben eingestuft. So sind diese bezeichnenderweise nach den Richtlinien zur Handschriftenkatalogisierung (1992) im Lat. unter ‚hagiographische Texte‘, im Dt. aber unter ‚Legenden‘ zu registrieren.

Hagiographische Erbauung (↗ *Erbauungsliteratur*) kann in wechselndem Grade Präsentation des göttlichen Heilswirkens, der Imitabilität menschlicher Heilsaneignung, der Kultwürdigkeit sowie der Hilfsfähigkeit des Heiligen bezwecken. Hauptsächlich durch Implikate dieser Funktionen wird die Legende von ↗ *Märchen* und ↗ *Sage* abgehoben. Sie lassen die Zurückdrängung historischer durch pseudo-historische und fiktiv-wunderbare Elemente zu (↗ *Vita*) und werden durch eine gläubigschlichte Erzählweise begünstigt. − Entsprechende Stoffe können narrativ-erbaulich auch als Legendenlied, -spiel, -predigt, einepisodig als Legendenexempel (↗ *Exempel*) usw. vermittelt werden, aber als Legendenschwank, -märchen usw. meist nur unter Verlust der primären Legendenfunktion (↗ *Schwank₂*, ↗ *Märchen*).

(2) Dieser traditionelle Begriff erscheint aber gegenüber dem tatsächlichen Spektrum der hochkomplexen Literaturgattung v.a. in interkultureller Sicht und hinsichtlich nachchristlich-profaner Legendenproduktion als zu eng. Grenzen und Spielräume der Gattung wären daher, ausgehend von einem kommunikativen Literaturbegriff, nach Ecker gemäß folgenden Kriterien neu zu bestimmen: Der Bezug auf Heilige(s) wird generell aufgehoben in der Dialektik von narrativem Erzeugen und darauf folgendem Reduzieren kognitiver Dissonanz, die sich aus der Begegnung von Immanenz und Transzendenz ableitet. Die Legende bezieht sich dabei nicht nur auf religiöse, sondern auch auf andere, ihnen struktur- und funktionsverwandte weltanschauliche Dog-

mengebäude und hält diese präsent. Das Kriterium der Erbauung wird aufgehoben durch das generellere der Relevanz, d. h. der Darbietung bedeutungsvoller und zur Daseinsbewältigung verwertbarer Heilstatsachen. Dabei beansprucht die Legende im Textsortenspektrum einer Kulturgemeinschaft einen mittleren Verbindlichkeitsstatus zwischen autoritär-kanonischem und unverbindlich-fiktionalem Schrifttum. Weitere Kriterien betreffen die prinzipielle Konfliktstruktur der Legende, ihre Tendenz zur Konstruktion von (Schein-) Objektivität, ihre religiöse Routine u. a.m.

WortG: Das lat. Gerundivum *legenda* (Neutrum Plural) ‚Texte, die man (vor)lesen soll‘, bezog sich zunächst auf Stücke für die liturgische Lesung, darunter schon im 7. Jh. auch auf Heiligenleben: „leg[enda] in vigiliis Epiphaniae: vita et passio sancti [...] Iuliani" (‚Zu lesen am Vorabend des Epiphanie-Festes: Leben und Leiden des hl. Julian‘; Cabrol 8, 2444); seit dem 9. Jh. als lat. Substantiv (Femininum Singular) Bezeichnung für einzelne Heiligenleben: „huius legendae [Variante: opusculi] limitem" (‚Das Ende dieser Legende [dieses Werkes]‘; Menzel, 45), später auch für deren Sammlungen (= Legendare; z.B. Jacobus a Voragine, ‚Legenda sanctorum‘, später auch ‚Legenda aurea‘ genannt). Als dt. Lehnwort seit der 2. Hälfte des 13. Jhs. bezeugt: „daz ich die legende tihte" (Hugo von Langenstein, 731), vorwiegend für einzelne Heiligenleben, seltener als im Lat. auch für Legendare (‚De gulten legende‘). Seit dem 15. Jh. auch allgemein ‚Erzählung, Bericht‘ (DWb 12, 525), in der Reformation als ‚unbeglaubigte (Heiligen-)Erzählung‘ akzentuiert: „Legende, eine Lügen, z.E. ‚das ist eine ziemliche Legende‘; eigentlich die Beschreibung der Heiligen" (Wächtler, 384), im 20. Jh. auch bewundernd ‚unglaubliche (Lebens-)Geschichte‘ oder, metonymisch, ihr Subjekt (‚Poplegende‘, ‚lebende Legende‘).

Fernand Cabrol: Dictionnaire d'archéologie chrétienne et de liturgie. Paris 1928. − Hugo von Langenstein: Martina. Hg. v. Adelbert v. Keller. Stuttgart 1856. − Ottokar Menzel (Hg.): Das Leben der Liutbirg. Leipzig 1937. − Joh. Chr. Wächtler: Commodes Manual. Leipzig 1722.

BegrG: Zunächst mit anderen Bezeichnungen austauschbar (*legend, lesen(d), leben*), erhält das Wort durch Luthers polemische Verballhornung als „Lügende" (z. B. WA 50, 50) — das sich weniger auf den Mangel an historischer als an heilsrelevanter Substanz bezieht — eine (Ab-) Wertung. Herder legt 1797 den Grund zur Begriffsbildung: „Lebensbeschreibungen und Geschichten, die durch das, was Andacht vermöge, zur Nachfolge reizen sollten" (Herder, 387). Die im 19. Jh. in theologischer, historischer, literarischer, volks- und völkerkundlicher Legendenforschung beginnende terminologische Reflexion differenziert den Begriff entsprechend den jeweiligen Gegenständen und Interessen dieser Disziplinen in verschiedenen Richtungen aus: als (schriftliche) hagiographische Erzählung, als historisch unfundierte Erzählung, als geistliche ↗ *Sage* oder ↗ *Heldendichtung*, als (mündliche) Volkserzählung etc. Die innovative Inanspruchnahme durch moderne Schriftsteller oder auch die sorglose durch Anthologien-Herausgeber (Typus: ‚Sagen, Legenden und Geschichten aus X') dehnt den Begriff noch weiter. Vom Dt. abweichender Gebrauch des Wortes im Engl. (*legend* ‚Sage') und in romanischen Sprachen erhöht die Verwirrung (frz. *légende* umfaßt *legendes hagiographiques, folkloriques* und *historiques*). Aus dieser Situation tendiert man seit den 1930er Jahren einerseits zu entschiedener Einengung des Begriffs nach Maßgabe des Standardkorpus christlicher Heiligenlegenden (s. o. Expl (1); z. B. Rosenfeld), andererseits, etwa im Anschluß an Jolles (↗ *Einfache Formen*), zur Ausweitung. Als Integrationsversuch der divergierenden Tendenzen auf kulturanthropologischer Basis versteht sich das von Ekker entwickelte Konzept (s. o. Expl. (2)).

Johann Gottfried Herder: Über die Legende. In: Sämmtliche Werke. Hg. v. Bernhard Suphan, Bd. 16. Berlin 1887. — Martin Luthers Werke. Kritische Gesamtausgabe [WA]. Bd. 50. Weimar 1914.

SachG: Die Legende, wohl in allen Hochkulturen begegnend, erfuhr ihre christliche Ausfaltung zunächst im Anschluß an Bibeltexte (Mt 2 u. ä.) im Bereich der Apokryphen (Kindheit Jesu; Marien-, Apostelleben). Die wirkungsreichsten Impulse, welche die Legende bis zum Ende des Mittelalters wohl zur fruchtbarsten und meistrezipierten Gattung überhaupt werden ließen, erfolgten seit dem 4. Jh. im Rahmen des Heiligenkultes mit der Ergänzung und Ablösung dokumentarischer Akten von Leben und Tod der Märtyrer durch fiktional gestützte Erzählungen, bald auch anderer (Asketen, Bekenner) und imaginärer Heiliger (Christophorus). — Schriftliche Legendenproduktion erfolgte im Okzident bis zur Reformation überwiegend lat., am eindrucksvollsten dokumentiert in den 67 monumentalen Bänden der ‚Acta Sanctorum'.

Deutschsprachige Legendenliteratur ist 800 Jahre lang weitgehend Adaptation lateinischen Gutes, erstmals Ende des 9. Jhs. zum Zwecke kultischer Feier, im ‚Georgs-' und im ‚Galluslied'. Seit dem ‚Annolied' (1077/81) erscheinen Legendenstoffe in unterschiedlicher formaler Prägung in heilsgeschichtliche Erzählungen integriert (‚Kaiserchronik'), ab Mitte des 12. Jhs. als selbständige Texte (Heinrich von Veldeke, ‚Servatius'; Priester Wernher, ‚Maria'; Rudolf von Ems; Konrad von Würzburg). Kontaminationsmöglichkeiten mit spielmännischer und höfischer Epik (↗ *Spielmannsdichtung*, ↗ *Höfischer Roman*) werden in Fällen wie dem ‚Gregorius' Hartmanns von Aue oder dem ‚Oswald' deutlich. Der Wechsel von der Vers- zur Prosalegende beginnt 1330/50 im Bereich der Klosterhistoriographie (Fr. Ködiz, Vita Ludwigs IV; Berthold von Bombach, Luitgart-Vita). Von dieser Zeit an sind auch dt. Legendenspiele überliefert. So massenhaft die Produktion von Einzellegenden bis ins 15. Jh. insgesamt ist, so sporadisch bleibt ihre jeweilige Verbreitung. Breit rezipiert werden hingegen Legendare, deren Erfolg Ende des 13. Jhs. mit der Übersetzung lat. Sammlungen wie der ‚Vitaspatrum' und der ‚Legenda aurea' im versifizierten ‚Väterbuch', ‚Passional' und ‚Märterbuch' einsetzt. Sie werden Mitte des 14. Jhs. durch Prosalegendare abgelöst, vor allem, seit 1400, durch ‚Der Heiligen Leben'. Die Reduktion der Texte zu Kurzfassungen für die Legendare hatte eine weitgehende Stereotypisierung der Gattung zur Folge.

Die Reformation ermöglicht Polemik (Luther, ‚Die Lügend von St. Chryso-

stomo'), Parodie und Satire (Fischart, Rauscher) und akzentuiert bei Fortführung der
Gattung gegenüber dem Mirakulösen moralische und allegorisierbare Züge (Bonnus,
Major, Hondorf). Im katholischen Bereich
werden dogmatisch (Witzel) und philologisch (Surius) bereinigte Legendare seit
Martin von Cochem (1708) bis ins 20. Jh.
wieder volkstümliche Massenlektüre. Jesuitendrama und Barockdichtung betonen he-
roisch-ekstatische Momente. Gegenüber
aufgeklärter Polemik (Lessing) und Parodie
(Bretschneider, Wieland) führen ethisches
(Möser), kulturhistorisches (Herder) und
poetisches Interesse (Goethe) sowie die
Hochschätzung von Mittelalter, Religion
und Volksüberlieferung in der Romantik zu
neuer Blüte der Legendendichtung und
-sammlung (Kosegarten, Tieck, Arnim,
Brentano, de la Motte-Fouqué, F. und
A. W. Schlegel, J. und W. Grimm, Görres).
Spätere Autor(inn)en führen die Tradition
fort, mit geringerer (Schaumann, Bergen-
gruen, Schaper, Le Fort) oder stärkerer
Modifikation (Liliencron, Klabund, Mell,
Miegel, St. Zweig, R. Schneider).

Wohl mit Kleists ‚Die heilige Cäcilie' beginnt die artistisch-profane Verwendung der
Gattung. Sie entfaltet unter Inanspruchnahme des Begriffs ‚Legende' im (Unter-)
Titel und/oder in vielschichtigen Bezugsformen zur Tradition innovativ oder parasitär
ein breitgefächertes Spektrum an Texten
(C. F. Meyer, George, Binding, Kornfeld,
Hesse, Brecht, Werfel, Th. Mann, Kaschnitz, Hildesheimer, Plenzdorf, Schernikau;
Überblick 1450–1970 bei Rosenfeld,
74–92). Die Traditionsbezüge, nicht selten
parodistisch (G. Keller, ‚Sieben Legenden';
Robert Gernhardt, ‚Vom lieben Gott, der
über die Erde wandelt') oder humoristisch
gebrochen (Huch, ‚Wonnebald Pück'; Andres, ‚Das Pfäfflein Domenico'), können
dabei überwiegend stofflicher (Herwig,
‚Sankt Sebastian vom Wedding'), formaler
(J. Roth, ‚Die Legende vom heiligen Trin-
ker') oder intentionaler Art sein (Seghers,
‚Agathe Schweigert'). Über die wissenschaftliche Einordnung in die Gattung –
beispielhaft kontrovers schon bei Goethes
‚Hufeisenlegende' – besteht in den wenig-
sten dieser Fälle Konsens.

ForschG: Der germanistische Anteil an der
prinzipiell interdisziplinären Legendenforschung setzt mit den Romantikern bei der
Registrierung und Edition v.a. der mittelalterlichen (auch lat.) Überlieferungsmassen
an, bei den Prosalegendaren erst seit ca.
1970, aber mit paradigmatischen Ergebnissen zur Überlieferungsgeschichte, -geogra-
phie und -soziologie (Williams-Krapp). Der
Historiker H. Günter verlieh, unter reli-
gions- und kulturwissenschaftlichem Aspekt, der vergleichenden Motivforschung
entscheidende Impulse; ihre theologische Dimension verdient stärkere Beachtung (Herzog). Kontinuierliche Neufassung derselben
Legende über Jahrhunderte hinweg bietet
Anlaß zu vielen komparatistischen Studien,
zunächst aus philologisch-quellenkund-
lichem (Wilhelm), dann aus geistes-, fröm-
migkeits- und sozialgeschichtlichem Interesse (Kunze, Petitmengin). Wenig erschien zu
Poetik (Schulmeister) und Narrativik in synchroner (Höbing) oder diachroner Sicht
(Riehl). Feistner nutzt die erhebliche diskursive Varianz der inhaltlich prinzipiell konstanten mittelalterlichen Legendentradition,
um unter literaturpragmatischem Aspekt
eine typologische Binnendifferenzierung der
Gattung aufgrund der wechselnden Funktionen und Situationen des konkreten oder intendierten Gebrauchs der Texte zu entwerfen. Bezüglich des 16. Jhs. wird v.a. die kon-
troverstheologische Instrumentalisierung
der Legende debattiert (Brückner). Die Neugermanistik steuerte zunächst literarhistorische Abrisse (Merker, Schmitt, Ittner) und
Interpretationen einzelner Texte bei. Jolles
(↗ *Einfache Formen*) regte sodann 1930 mit
seiner (umstrittenen) Sicht der Legende als
sprachlicher Verwirklichung der Geistesbe-
schäftigung ‚imitatio eines in Tugend Bewährten' eine fundamentale Diskussion der
Gattungsfrage an, die bis heute im Zentrum
des Interesses steht (G. Müller, Dabrock,
Lermen, Ecker, Schmidt-Knaebel).

Lit: Johannes Bollandus, Godefridus Hensche-
nius (Hg.): Acta Sanctorum […]. Antwerpen
1643 ff. – Wolfgang Brückner (Hg.): Volkserzählung und Reformation. Berlin 1974. – Joseph
Dabrock: Die christliche Legende und ihre Gestaltung in moderner deutscher Dichtung als
Grundlage einer Typologie der Legende. Düren

1934. – Hans-Peter Ecker: Die Legende. Kulturanthropologische Annäherung an eine literarische Gattung. Stuttgart, Weimar 1993. –
H.-P. E.: Auf neuen Wegen zu einer alten Gattung. In: JbIG 25.2 (1993), S. 8–29. – H.-P. E.
(Hg.): Legenden. Geschichte, Theorie, Pragmatik. Passau 2000. – EM (s. v. ‚Heilige‘, ‚Legende‘). – Edith Feistner: Historische Typologie
der deutschen Heiligenlegende des Mittelalters
von der Mitte des 12. Jhs. bis zur Reformation.
Wiesbaden 1995. – Heinrich Günter: Psychologie der Legende. Freiburg 1949. – Urs Herzog:
Vorschein der „neuen Erde“. Der Heilige und die
Tiere in der mittelalterlichen Legende. In: Verborum amor. Fs. Stefan Sonderegger. Hg. v. Harald
Burger u. a. Berlin, New York 1992, S. 249–262.
– Wolfgang Hieber: Legende, protestantische
Bekennerhistorie, Legendenhistorie. Würzburg
1970. – Maria Höbing: Legendarische Erzählfor-
men des Wenzelpassionals. Münster 1935. – Ro-
bert Th. Ittner: The christian legend in German
literature since romanticism. Urbana 1937. –
André Jolles: Einfache Formen [1930]. Tübingen
⁶1982. – Felix Karlinger: Legendenforschung.
Darmstadt 1986. – Konrad Kunze: Studien zur
Legende der hl. Maria Aegyptiaca im deutschen
Sprachgebiet. Berlin 1969. – Birgit H. Lermen:
Moderne Legendendichtung. Bonn 1968. –
Achim Masser: Bibel- und Legendenepik des
deutschen Mittelalters. Berlin 1976. – Paul Merker: Studien zur neuhochdeutschen Legendendichtung. Leipzig 1906. – Günther Müller: Die
Form der Legende und Karl Borromäus Heinrich. In: Euphorion 31 (1930), S. 454–468. –
Pierre Petitmengin (Hg.): Pélagie la pénitente.
Métamorphoses d'une légende. 2 Bde. Paris 1981,
1984. – Guy Philippart: Hagiographies. Turnhout 1994 ff. – Claudia Maria Riehl: Kontinuität
und Wandel von Erzählstrukturen am Beispiel
der Legende. Göppingen 1993. – Hellmut Rosenfeld: Legende. Stuttgart ⁴1982. – Susanne
Schmidt-Knaebel: Textlinguistik der Einfachen
Form. Frankfurt 1999. – Anselm Schmitt: Die
deutsche Heiligenlegende von Martin von Cochem bis Alban Stolz. Freiburg 1932. – Rolf
Schulmeister: Aedificatio und imitatio. Studien
zur intentionalen Poetik der Legende und
Kunstlegende. Hamburg 1971. – Herbert Walz:
Legende. Bamberg 1986. – Friedrich Wilhelm:
Deutsche Legenden und Legendare. Leipzig
1907. – Werner Williams-Krapp: Die deutschen
und niederländischen Legendare des Mittelalters.
Tübingen 1986. – Ulrich Wyss: Theorie der mittelhochdeutschen Legendenepik. Erlangen 1973.

Konrad Kunze

Lehrdichtung

Überwiegend versgebundenes Schrifttum
zur Vermittlung von Sach-, Verhaltens- und
Orientierungswissen.

Expl: Lehrdichtung basiert auf Axiomen
des rhetorischen Literatursystems: (1) der
funktionalen Zuordnung von ‚res‘ (Gegenständen) und ‚verba‘ (Formkalkül und Aus-
sageverhalten); (2) der Konzeption von
Dichtung als ‚oratio ligata‘ (metrisch gebundener Rede); (3) der mit Horaz (‚Ars
poetica‘, v. 333) gestützten Lehrhaftigkeit
(‚docere‘) und Nutzbarkeit (‚prodesse‘) von
Literatur; (4) der Personalunion des Autors
mit dem (Moral-) Philosophen, Naturforscher und Theologen (so z. B. Alsted, ‚Encyclopaedia‘, 1630, Lib. X; Opitz, ‚Buch von
der Deutschen Poeterey‘, 1624, Kap. 3);
(5) der auf Hesiod und die hellenistisch-rö-
mischen Gattungsvorbilder zurückgeführ-
ten „heroischen“ (Opitz) Dignität der Lehrepik.

Parallel zur Ausdifferenzierung epistemologischer Teilbereiche umfaßt die Lehrdich-
tung – oft angelehnt an die ↗ *Artesliteratur*, das Gebrauchsschrifttum und an Varietäten der erbaulichen oder katechetischen
Protreptik (philosophischen Verhaltenslehre) – alle Sektoren des geistlichen, moralischen, akademischen wie empirischen
Wissens. Dem entsprechen die seit der Spätantike geläufigen Vorstellungen eines form-
übergreifenden ‚genus didascalicon‘ nach
Maßgabe einer monologischen Sprecherhal-
tung.

WortG/BegrG: Der Begriff ‚Lehrdichtung‘
ist ein jüngeres wissenschaftliches Abstraktum für ein traditionsreiches Konzept
(↗ *Belehrung*). Spätestens seit Harsdörffer
war (als Lehnübersetzung) der Terminus
Lehrgedicht möglich, rein funktional verstanden im Sinne fabulöser oder paraboli-
scher Didaxe (‚Frauenzimmer Gesprächspiele‘ VII, 1647, Nr. CCLVIII; dann im Titel der erbaulichen Sammlung ‚Nathan und
Jotham: das is Geistliche und Weltliche
Lehrgedichte‘, 1659). In der Frühaufklärung überschnitt sich der Begriff im Sinne
handlungsloser Poesie mit verwandten Bezeichnungen (*Lehrlied, Lehrode, Lehrge-*

sang, philosophisches oder *moralisches Gedicht*; Belege bei Albertsen 1967).

Dem Übergewicht didaktischer Literarizität der älteren Epochen kontrastierte ein Theorie-Kontinuum, das gerade der Lehrdichtung poetische Dignität absprach: angefangen bei Aristoteles' ‚Poetik' (Fiktionalitäts- und Handlungskriterium) über Lessings ‚Laokoon' (Handlungspostulat vs. Deskription), einigen Äußerungen Goethes (bes. sein Aufsatz ‚Über das Lehrgedicht' von 1827: antirhetorischer Affekt) bis hin zu Hegel (‚Ästhetik', bes. III,1: Fehlen der poetischen Abrundung, Totalität und Individualität). Die Rehabilitation der Lehrdichtung äußerte sich in Werken der Renaissancepoetik (s. Fabian), bei Boileau und Batteux, dann bei J. C. Gottsched zuletzt in der 4. Auflage seines ‚Versuch[s] einer Critischen Dichtkunst' (1751). Das Kapitel ‚Von dogmatischen Gedichten' (II,1,8) zieht im historischen Rückgriff die Summe des bis auf die Vorsokratiker zurückweisenden Genus.

Erst nach der Mitte des 18. Jhs. wurde die Lehrepik mit systematischem Darstellungsanspruch von der deskriptiven Poesie (etwa im Gefolge von J. Thomsons ‚Seasons', 1726—1730) oder moralistischer Reflexion geschieden, ohne daß sich allerdings ein verbindlicher Sprachgebrauch herausgebildet hätte (Belege bei Albertsen und Jäger). Besonders die ↗ *Gedankenlyrik* Schillers regte zu Überlegungen über eine Symbiose lyrischer bzw. epischer Poesie (z. B. W. v. Humboldt) und DIDAKTISCHER LITERATUR an. Demgemäß hielten sich bis in die Poetiken und Darstellungen des 19. Jhs. Kapitel über Lehrdichtung, jedoch dominierte die seit dem 18. Jh. von ‚Naturformen' abgeleitete Gattungstrias von Epik, Lyrik und Dramatik. Vor allem durch die Revision dieser unhistorischen Gattungspoetik durch F. Sengle (‚Vorschläge zur Reform der literarischen Formenlehre', ²1964) wurden die rhetorischen und didaktischen Paradigmen der Lehrdichtung wieder aufgewertet und so einer vorurteilslosen literarischen Systematik die Bahn bereitet.

SachG: Didaktische Intentionalität kann alle Textsorten einschließlich der Bühnenliteratur durchdringen, prägt jedoch besonders: (1) die gnomische (seit dem 16. Jh. oft emblematisch kombinierte) Epigrammdichtung; (2) die mittelalterliche *Spruchdichtung* (↗ *Sangspruch*), Teilbereiche der Liedproduktion und des Meistersangs, auch die Textbereiche der bebilderten Massenpublizistik (↗ *Flugblätter*); (3) diverse epische Kurzformen (‚Bîspel'-Dichtung; Fabelpoesie, ↗ *Fabel₂*; moralisierende Erzählungen) und ↗ *Exempel*-Sammlungen; (4) Tugendlehre und Lasterschelte, Verssatire; (5) Oden- und Elegiendichtung, auch Varianten der Versepistel und des *Epyllions* (↗ *Verserzählung*), von wo aus direkte Linien zur ‚philosophischen' Dichtung der Frühaufklärung und der sogenannten ‚Gedankenlyrik' z. B. Schillers führen; (6) panegyrische oder deskriptive Texte (etwa ↗ *Städtelob*, Landesbeschreibung und dynastische Genealogie) und Reisedichtung (↗ *Hodoeporicon*).

Die Lehrdichtung des Mittelalters reicht von den moralischen Sentenzen des Ps.-Cato bis hin zu kompilativen Großformen und behandelt Standesethik, Geistliches, Realienkunde, in Sondertraditionen z. B. auch ‚Minnelehren' (s. Boesch, Cramer, Sowinski, Haye). Der Rückgriff zunächst italienischer Renaissanceautoren auf die Gattungsprotagonisten der Antike akzentuierte die von Vergil und Lukrez im kulturphilosophischen Kontext aufgeworfene Frage nach den ‚causae rerum'. An die Seite des kanonisch fixierten Lehrvortrags trat die problembezogene, Gefühl und Phantasie ansprechende Erkundung eines fraglichen Erkenntniszusammenhangs, auch im 18. Jh. noch stimuliert durch die Auseinandersetzung mit Lukrez (gegen ihn etwa M. de Polignacs enzyklopädischer ‚Anti-Lucretius', hg. v. Gottsched; in seinem Gefolge auch Wielands physikotheologisches Lehrepos ‚Die Natur der Dinge', 1752).

Seit der Renaissance (Überblick bei Roellenbleck) wußten sich die Autoren der epischen Lehrdichtung motiviert vom Reiz entlegener Sachgebiete (etwa Vida in seinem Lehrepos über die Seidenraupen). Astralmythologische Interpretamente boten hierbei die Möglichkeit einer episierenden oder imaginativen Auflösung des Lehrbuchcharakters. G. Fracastoros Lehrgedicht über die sich ausbreitende Syphilis (1555, zusammen u. a. mit medizinischen Schriften) überwand die nur mnemotechnische Reimkunst, greifbar etwa im Überlieferungsstrom des spätmittelalterlichen ‚Regimen Sanitatis Salernitanum'. Die transmutatorische ‚Philosophie' der Alchemisten fand ihre klassizistische Grundurkunde in einem berühmten Epos G. A. Augurellos (s. Haskell), was jedoch den vom Mittelalter bis ins späte 18. Jh. reichenden Überlieferungsverbund ‚occulter' Lehrpoesie, oft auch im Text-Bild-Verbund, keinesfalls außer Kraft setzte (↗ *Hermetismus*). Als moral- und sozialphilosophisches, dazu kirchen- und religionskritisches Monumentalwerk, aber auch als Thesaurus der Naturkunde ließ sich der in ganz Europa verbreitete, zwölf Bücher umfassende ‚Zodiacus Vitae' (Venedig, ca. 1535) des Pier Angelo Manzolli/Palingenius Stellatus lesen.

Im Umkreis des Melanchthonschen Reformationshumanismus wurden naturkundliche Themen besonders in anlaßgebundenen ↗ *Epigrammen* und ↗ *Elegien* abgehandelt, wobei — mit weiter Ausstrahlung auf die Tagespublizistik — die theologische und moralisch-prognostische Deutung von Himmelserscheinungen außerhalb der Naturordnung (‚praeter naturam') in den Vordergrund rückte. In ihrer geistlichen Befangenheit kontrastierte diese Dichtung der von prominenten Autoren (Baïf, Ronsard, M. Scève) getragenen kosmologischen Dichtung der französischen ‚Pléiade' (dazu Pantin, Schmidt, Weber, Wilson). Die deutschen Verfasser neulateinischer Lehrepik favorisierten dagegen eher ironisch-satirisch behandelte Anliegen der Sozialdidaxe — wie etwa Friedrich Dedekinds bald ins Deutsche übersetzter ‚Grobianus de morum simplicitate' in der Nachfolge der älteren Anstandslehren (1549 u.ö., dt. von Caspar Scheidt, 1551) oder Vincentius Opsopoeus' ‚De arte bibendi libri tres' (1536). Aus dem französischen Kulturraum fand jedoch großen Anklang die auf das Hexameron-Schema der altchristlichen Literatur zurückgreifende Schöpfungsdichtung ‚La Sepmaine' (1578 ff.) des G. S. Du Bartas (zu ihm Reichenberger). Als früher Vertreter

der Alexandrinerepik in deutscher Sprache profilierte sich Caspar v. Barth in seinem ‚Deutschen Phoenix' (1626), einem alle allegorischen Eigenschaften des alten Vogelsymbols abschreitenden lutherischen Erbauungswerk, dem der Autor in Gestalt des ‚Zodiacus Vitae Christianae' (1623) ein Lehrepos theologisch-moralistischen Zuschnitts vorangeschickt hatte.

Die von den europäischen Jesuiten fortgeführte Tradition des lat. Lehrgedichts (Sammlung: ‚Poemata Didascalica', 2 Bde., Paris 1749) wurde in Deutschland repräsentiert etwa von Jacob Masen SJ mit seiner ‚Sarcotis', drei Büchern über Sündenfall und Erlösung des Menschen, die später als Vorbild für Miltons ‚Paradise Lost' fungierten. Für die muttersprachliche Lehrdichtung bedeutete das Werk von Opitz eine markante Zäsur: nicht nur durch die Nobilitierung des Lehrepos in seiner Poetik (1624), sondern auch durch seine von Niederländern (D. Heinsius, H. Grotius) angeregte Produktivität. Das ‚Trostgedichte in Widerwertigkeit deß Krieges' (1633; s. Garber, 145—163) gehört zu der bedeutenden politischen Dichtung der Frühen Neuzeit. Der Protest gegen die Leidenserfahrungen des Krieges, der als protestantischer Kampf um Gewissensfreiheit und als nationale Katastrophe erscheint, verweist in der Leitfigur des stoischen Weisen (nach J. Lipsius' ‚De constantia') auf eine Möglichkeit der moralischen Resistenz und Autonomie. Als stoizistisches Lehrepos läßt sich Opitz' ‚Vielguet' lesen, während ‚Zlatna Oder Getichte Von Ruhe deß Gemüthes' (1623; über ein Landgut in Siebenbürgen) die teils hof-, teils stadtkritischen Denkfiguren der Landlebendichtung aufgreift und so eine — z. B. über Canitz' Satiren vermittelte — Symbiose von Glücks- und Tugendphantasien darstellt, die in der Frühaufklärung (Uz, E. v. Kleist u. a.) in poetischen Empfehlungen mittelständischer Lebenskunst Resonanz fand (s. Lohmeier). Als Verfasser sprachphilosophischer Lehrdichtung (darunter ‚Der Teutschen Sprach Einleitung', 1643) verdient J. G. Schottelius besondere Beachtung.

Der Durchbruch des rational-empirischen Wissenschaftsmodells der ‚new science' (Galilei, Newton u. a.), die vom Bewußtsein des Wissensfortschritts geförderte Abrechnung mit ‚abergläubischen' Residuen (etwa der Kometenfurcht in A. G. Kästners ‚Philosophischem Gedicht von den Kometen', 1744; s. Grimm, 703–770; Baasner), die Imagination eines offenen Weltraums mit fernen Sternenbewohnern (C. Mylius), die von Christian Wolffs Philosophie postulierte Einheit von Vernunft- und Tugendhabitus mit innerweltlichen Glücksversprechen – all dies waren Faktoren, welche die Ausbreitung der Lehrdichtung während der Frühaufklärung (ca. 300 Titel zwischen 1730 und 1760) als Phänomen poetischen Wissenstransfers erkennen lassen (s. Albertsen, Jäger, Siegrist). Brokkes' Sammlung (‚Irdisches Vergnügen in Gott', 9 Bde., 1741–1749) zeichnete in der Interferenz von Alltagserfahrungen und pathetischer Vergegenwärtigung einer deistischen Kosmologie das vom Nutzgedanken gestärkte Vertrauen in die gottgewollte Erschließung der sinnlichen Objektwelt. Gegenüber dem metaphysischen Optimismus, wie er etwa in Popes ‚Essay on Man' (dt. von Brockes, 1740) zum Ausdruck kam, erinnerte Albrecht v. Haller sowohl an die Theodizeeproblematik (‚Über den Ursprung des Übels', 1734) als auch an die Gefahren der ‚Freigeisterei' und entwarf in Idealbildern des Schweizer Landlebens (‚Die Alpen', 1729) Gegenpositionen zur moralischen Depravation der Stadt. Auch Wieland beteiligte sich in den Lehrgedichten seines Frühwerks (u. a. ‚Anti-Ovid', 1752) an den Versuchen, den drohenden ‚Epikureismus' mit den Restbeständen eines Offenbarungsglaubens bzw. einer Schöpfungstheologie zu vermitteln. Seine Verserzählung ‚Musarion oder die Philosophie der Grazien' (1768) verstand Wieland, kennzeichnend für die Gattungsauflösung, als „eine neue Art von Gedichten zwischen dem Lehrgedicht, der Komödie und der Erzählung" (Brief an Gessner vom 29.8.1766). Schiller nahm in Teilen seiner philosophischen Lyrik, Goethe in seinen Epigrammen, in seinem Fragment ‚Die Geheimnisse' (entstanden 1794/95), vor allem aber in seinen morphologischen Lehrelegien (darunter ‚Die Metamorphose der Pflanzen', 1799) Anteil an poetischer Didaktik.

Moralistische Weisheitslehre, manchmal zum Brevier geordnet oder exotisch drapiert, fand im 19. Jh. Anklang (etwa Rükkerts ‚Weisheit des Brahmanen', 6 Bde., 1836–1839). Die epische Traditionslinie verlief sich in pantheisierenden, formal synkretistischen Weltanschauungsgedichten wie Friedrich von Sallets in Jamben verfaßtem ‚Laienevangelium' (1842), kulturkritischen Monumentalwerken wie Robert Hamerlings ‚Homunculus, ein modernes Epos in zehn Gesängen' (1888), schließlich in Carl Spittelers „symphonischer Phantasie" ‚Olympischer Frühling' (1900 ff.), deren mythologischer Bilderreichtum samt der gedanklichen Konkursmasse romantisch-idealistischer Philosopheme inkommensurablen Entwürfen wie Theodor Däublers ‚Nordlicht' (1910 ff.) vorausgeht. Daß Bertolt Brecht das ‚Kommunistische Manifest' in ein Lehrepos nach antiker Manier umschreiben wollte (der Versuch blieb Fragment), bestätigte die Wirkungsbreite der klassischen Archegeten.

ForschG: Die Erschließung der mittelalterlichen, der renaissancehaften (bes. italienischen und französischen) wie auch der deutschen Lehrdichtung des 18. Jhs. hat das Stadium nützlicher Gesamtdarstellungen erreicht. Sieht man von singulären Forschungsbeiträgen (zu Opitz), von Vorstößen im Blick auf bestimmte Textsektoren (Teile zur hermetoalchemischen Naturdichtung), dazu von Einzelstudien (Bauer, Kühlmann) ab, liegt der deutsche Anteil der Lehrdichtung, zumal der lateinischen, an der Wissensliteratur des Mittelalters sowie des 16. und 17. Jhs. noch weitgehend im dunkeln.

Lit: L[eif] L[udwig] Albertsen: Das Lehrgedicht […]. Aarhus 1967. – L. L. A.: Lehrdichtung. In: Fischer Lexikon Literatur. Bd. 2. Hg. v. Ulfert Ricklefs. Frankfurt 1996. S. 937–960. – Rainer Baasner: Abraham Gotthelf Kästner, Aufklärer (1719–1800). Tübingen 1991. – Barbara Bauer: „A signis nolite timere quae timent gentes" (Jer. 10,2). Der Weg wissenschaftlicher Aufklärung vom Gelehrten zum Laien am Beispiel der Astronomie (1543–1759). Habil. München 1988 (masch.). – Bruno Boesch: Lehrhafte Literatur. Berlin 1977. – Bernhard Fabian: Das Lehrgedicht als Problem der Poetik. In: Die nicht mehr schönen Künste. Hg. v. Hans Robert Jauß. München 1968, S. 67−89. − Klaus Garber: Martin Opitz. In: Deutsche Dichter des 17. Jhs. Hg. v. Harald Steinhagen und Benno von Wiese. Berlin 1984, S. 116−184. − Gunter E. Grimm: Literatur und Gelehrtentum in Deutschland. Tübingen 1983. − Yasmin Haskell: Round and round we go: The alchemical ‚Opus Circulatorium‘ of Giovanni Aurelio Augurello. In: Bibliothèque d'Humanisme et Renaissance 59 (1997), S. 583−606. − Thomas Haye: Das lateinische Lehrgedicht im Mittelalter. Leiden u. a. 1997. − Hans-Wolf Jäger: Zur Poetik der Lehrdichtung in Deutschland. In: DVjs 44 (1970), S. 545−576. − H. W.-J.: Lehrdichtung. In: Deutsche Aufklärung bis zur Französischen Revolution. Hg. v. Rolf Grimminger. München 1980, S. 500−544. − Wilhelm Kühlmann: Alchemie und späthumanistische Formkultur. In: Daphnis 13 (1984), S. 100−135. − W. K.: Humanistische Verskunst im Dienste des Paracelsismus. In: EG 50 (1995), S. 509−526. − W. K.: „Laßt mein Antlitz heiter seyn“: Uzens Gedicht ‚Das Erdbeben‘ im historisch-epochalen und im Werkkontext. In: Dichter und Bürger in der Provinz. Hg. v. Ernst Rohmer und Theodor Verweyen. Tübingen 1998, S. 99−132. − Anke-Marie Lohmeier: Beatus ille. Studien zum ‚Lob des Landlebens‘ in der Literatur des absolutistischen Zeitalters. Tübingen 1981. − Walther Ludwig: Neulateinische Lehrdichtung und Vergils Georgica. In: Fs. Leonard Forster. Baden-Baden 1982, S. 151−180. − Robert L. Montgomery: The reader's eye. Studies in didactic literary theory from Dante to Tasso. Berkeley 1979. − Isabelle Pantin: La poésie du ciel en France dans la seconde moitié du seizième siècle. Genf 1995. − Kurt Reichenberger: Du Bartas und sein Schöpfungsepos. München 1962. − Georg Roellenbleck: Das epische Lehrgedicht Italiens im 15. und 16. Jh. München 1975. − Albert-Marie Schmidt: La poésie scientifique en France au XVIe siècle. Paris 1938. − Christoph Siegrist: Das Lehrgedicht der Aufklärung. Stuttgart 1974. − C. S.: Lehrdichtung. In: Deutsche Literatur. Eine Sozialgeschichte. Bd. 4. Hg. v. Ralph-Rainer Wuthenow. Reinbek 1980, S. 219−233. − Bernhard Sowinski: Lehrhafte Dichtung des Mittelalters. Stuttgart 1971. − Joachim Telle: Sol und Luna. Literar- und alchemiegeschichtliche Studien zu einem altdeutschen Bildgedicht. Hürtgenwald 1980. − J. T.: Astrologie und Alchemie im 16. Jh. In: Die okkulten Wissenschaften in der Renaissance. Hg. v. August Buck. Wiesbaden 1992, S. 227−253. − J. T.: ‚Vom Stein der Weisen‘. Eine alchemoparacelsistische Lehrdichtung des 16. Jhs. In: Analecta Paracelsica. Hg. v. J. T. Stuttgart 1994, S. 167−212. − Peter Toohey: Epic lessons. An introduction to ancient didactic poetry. London, New York 1996. − Henri Weber: La création poétique au XVIe siècle en France. 2 Bde. Paris 1956. − Dudley Wilson: French Renaissance scientific poetry. London 1974.

Wilhelm Kühlmann

Lehrhaftigkeit ↗ *Belehrung*

Lehrstück ↗ *Episches Theater*

Leich

Großform mittelhochdeutscher Lyrik.

Expl: Der Leich setzt sich im Unterschied zum ↗ *Lied₂* mit seinen in der Regel dreiteiligen, parallel gebauten Strophen aus zumeist gedoppelten VERSIKELN (AA'BB') zusammen, die einem je eigenen metrischen Schema und einer eigenen Melodie folgen. Formal verwandt ist die lateinische ↗ *Sequenz*.

Unterschiede zwischen Leich und Lied resultieren v. a. aus der Struktur. Die Form der Versikel gibt nicht nur die Möglichkeit der Parallelisierung von Motiven, sondern auch die der antithetischen Spiegelung; Wiederholung wie Entgegensetzung kann auch größere Versikelgruppen kennzeichnen. Die Reihenstruktur begünstigt das Stilmittel der Aufzählung. Das Prinzip der Versikelrepetition gibt Gelegenheit zur Explikation und Auslegung von ↗ *Allegorien₂*, aber auch zur ‚eklektischen‘ Kombination von sonst Unvereinbarem: Minneklage oder hyperbolischer Frauenpreis und Tanzmotiv mit Mädchenrevue; Frauenlob und Fürstenlob. Ob diese Möglichkeiten der Strukturierung auch in der Melodie aufgenommen wurden, ist für uns nur in Ausnahmefällen noch erkennbar.

Inhaltlich unterscheidet sich der Leich vom Lied kaum. Im Minneleich wird das Thema zumeist als Lob oder Klage formuliert, gelegentlich mit unterweisenden Elementen. Erweiterungen ergeben sich aus der Nennung literarischer Exempla und v. a. aus der Aufnahme des Tanz-Motivs. Der religiöse Leich ist im wesentlichen auf Geburt und Kreuzigung Christi sowie auf die Hervorhebung der heilsgeschichtlichen Bedeutung Marias konzentriert. Daneben werden aber z. B. auch die Caritas Gottes (Reinmar) oder die allgemeine Sündenverfallenheit (Hermann Damen) zum Thema. Kreuzzugsthematik (Rugge) oder Fürstenlob (Tannhäuser 1) bleiben singulär.

WortG: Mhd. *leich* gehört zu got. *laiks* ‚Tanz‘, das auf germanisch *laik-a-* (starkes Verb) ‚spielen‘ zurückgeht. In dieser Bedeutung begegnet das Wort im Ahd. Ob schon Notkers Unterscheidung von *lied* und *leich* (‚De Consolatione Philosophiae‘ 3,12; Piper 1, 223,8 u. 224,13) gattungsdifferenzierend gemeint ist, bleibt unklar. Die Verwendung von *leich* bei den mhd. Autoren entspricht fast ausnahmslos dem modernen Gattungsbegriff, der zuerst ausführlich von Jacob Grimm (‚Über den altdeutschen Meistergesang‘, 1811) thematisiert wurde (Apfelböck, 13−122).

Paul Piper (Hg.): Die Schriften Notkers und seiner Schule. 3 Bde. Freiburg, Tübingen 1882 f.

BegrG: Die Auffassung, mhd. *leich* habe seine spezifische Bedeutung unter dem Einfluß von frz. *lai* erhalten, dürfte angesichts der ahd. und frühmhd. Belege schwer zu erhärten sein, zumal Kontrafakturen nicht bekannt sind. Da der Entstehungszeitraum der als *Leich* bezeichneten Werke erst im späten 12. Jh. beginnt, ist keine zweifelsfreie Anknüpfung der Bedeutung an die Etymologie möglich. Die Nähe zum Tanzlied ist eine Erscheinung erst des 13. Jhs. Im 15. Jh. wird der Begriff auf Strophenlieder ausgeweitet und synonym mit *hort* verwendet (Brunner, 404−407).

Horst Brunner: Tradition und Innovation im Bereich der Liedtypen um 1400. In: Textsorten und literarische Gattungen. Hg. v. Vorstand der Vereinigung der Deutschen Hochschulgermanisten. Berlin 1983, S. 392−413.

SachG: Der Leich ist eine Gattung des 13. Jhs. Aus dem 12. Jh. sind nur der ‚Kreuzleich‘ Heinrichs von Rugge sowie der in seiner Datierung umstrittene ‚Minneleich‘ Ulrichs von Gutenburg erhalten. Die

bedeutendsten Leichautoren sind Walther von der Vogelweide, Rudolf von Rotenburg (5), Otto von Botenlauben, Reinmar von Zweter, Ulrich von Lichtenstein, Ulrich von Winterstetten (5), Tannhäuser (6), Konrad von Würzburg (2), Der Wilde Alexander, Hadlaub (3) und Frauenlob (3). Im dritten Leich Des von Gliers werden Friedrich von Hausen und Hartmann von Aue als Leichdichter genannt. Die drei Leichs Frauenlobs lassen sich mit den vorhergehenden kaum in Beziehung setzen: Im ‚Marienleich‘ erhält der Bilder häufende Preis der Gottesmutter dadurch, daß er ihr in den Mund gelegt ist, eine neue Eindrücklichkeit; im ‚Minneleich‘ wird das Frauenlob auf der Basis naturphilosophischen Ideenguts, religiöser Überhöhung und begrifflicher Explikation weiter geführt; im ‚Kreuzleich‘ erfährt das Thema der sich in der Heilsgeschichte entfaltenden Trinität eine eigene Gestaltung. Das 14. Jh. trägt nur noch zwei Leichs zweier Frauenlob-Adepten zur Gattungsgeschichte bei.

Die Leich-Überlieferung geht parallel mit der Liedüberlieferung (Kleine Heidelberger Liederhs., Jenaer Liederhs. und v.a. Große Heidelberger Liederhs.). In der Regel eröffnet ein Leich das jeweilige Œuvre und spiegelt so das Bewußtsein von der repräsentativen Bedeutung der Gattung (Ausnahme: Botenlauben). Streuüberlieferung bleibt die Ausnahme (Rugge). Nur die Wiener Leichhandschrift (mit Melodien) konzentriert sich weitgehend auf die Gattung.

ForschG: Der einflußreichste Versuch einer Gliederung des Materials stammt von Hugo Kuhn, der zwischen Sequenz-Typ (ABAB), Estampie-Typ (ABC) und Lai-Typ (ohne erkennbare Bauform) unterscheidet. Freilich lassen sich nur wenige Leichs eindeutig einem dieser Typen zuordnen. Die alte Streitfrage, ob der deutsche Leich durch den französischen Lai geprägt sei oder aber von einer vorliterarischen deutschen Discordia-Tradition unstrophischer Texte ausgehe, wurde jüngst unter Favorisierung der zweiten Möglichkeit ausführlich erörtert (Apfelböck). Hier wird man freilich über begründete Hypothesen kaum hinausgelangen können, die ohnehin für die Gattung im 13. Jh. nur einen begrenzten Aussagewert haben.

Lit: Hermann Apfelböck: Tradition und Gattungsbewußtsein im deutschen Leich. Tübingen 1991. – Karl Heinrich Bertau: Über Themenanordnung und Bildung inhaltlicher Zusammenhänge in den religiösen Leichdichtungen des 13. Jhs. In: ZfdPh 76 (1957), S. 129–149. – K. H. B.: Sangverslyrik. Über Gestalt und Geschichtlichkeit mhd. Lyrik am Beispiel des Leichs. Göttingen 1964. – Ingeborg Glier: Der Minneleich im späten 13. Jh. In: Werk – Typ – Situation. Fs. Hugo Kuhn. Hg. v. I. G. u. a. Stuttgart 1969, S. 161–183. – Hugo Kuhn: Leich. In: RL², Bd. 2, S. 39–42. – H. K.: Minnesangs Wende. Tübingen ²1967, S. 91–142. – Christoph März: Lai, Leich. In: MGG² 5, Sp. 852–867. – Helmuth Thomas: Die Bedeutung des Sequenz- und Leichbaus für die mittelhochdeutsche Strophik. In: Stammler² 3, Sp. 2457–2465.

Jens Haustein

Leistung ↗ *Funktion*

Leitfehler ↗ *Lesart*

Leithandschrift ↗ *Stemma*

Leitmotiv

Regelmäßig wiederkehrendes Ausdrucks- oder Bedeutungselement in literarischen oder auch musikalischen Kunstwerken.

Expl: Exakte oder variierte Wiederholung nicht allein eines thematologischen ↗ *Motivs* im engeren Sinne, sondern auch bestimmter Wortformen, Metaphern, Dingsymbole, Reime, Zitate, ‚stehender Redewendungen', markierter Erzählverfahren, physiologischer oder charakterlicher Besonderheiten handelnder Figuren. Das Leitmotiv als zentrales Verfahren narrativer oder dramatischer ↗ *Komposition* wird so zur „vor- und zurückdeutenden magischen Formel, die das Mittel ist, einer inneren Gesamtheit in jedem Augenblick Präsenz zu verleihen" (Th. Mann, 4).

Thomas Mann: Einführung in den ‚Zauberberg' [1939]. In: Th.M.: Der Zauberberg. Frankfurt 1959.

WortG: Zurückgehend auf mlat. *motivus* ‚aufrührend', ‚bewegend' (dazu ↗ *Motiv*) und nhd. *leiten*, wurde der Terminus erstmals von Fr. W. Jähns und G. Federlein 1871 (in zwei voneinander unabhängigen Arbeiten) zur Kennzeichnung musikalischer Motive (im Sinne melodischer, rhythmischer, harmonischer Keimzellen) verwendet, die in den Opern Webers und den Musikdramen Wagners bestimmte Situationen, Personen, Orte oder Sachen musikalisch symbolisieren (z. B. ‚Horn-Motiv', ‚Siegfried-Motiv' oder ‚Fluch-Motiv'). Dabei verstanden beide Forscher „leitend" sowohl im Sinne von ‚zentral' als auch von ‚lenkend', weil es die Aufmerksamkeit des Hörers durch seine häufige Wiederholung zum außermusikalischen Gehalt des Musikdramas hinführt (so ab 1876 besonders Wolzogen, 10 f. u.ö.). Seit dem frühen 20. Jh. (z. B. Walzel 1917) wendete die Literaturwissenschaft den Terminus analog der Definition Wolzogens an; die Mittlerfunktion zwischen Sprache und Musik entfällt dabei im rein sprachlichen Kunstwerk (nicht ohne daraus resultierende methodische Probleme der Begriffsübertragung). Immer häufiger begegnet aber auch in fachlichen Kontexten die nichtterminologische Verwendung von *Leitmotiv* im allgemeinen bildungssprachlichen Sinne etwa von ‚anhaltender Motivation' (z. B. Vester).

Gustav Federlein: ‚Das Rheingold' von Richard Wagner. Versuch einer musikalischen Interpretation. In: Musikalisches Wochenblatt II (München), März 1871, unpag. – Friedrich Wilhelm Jähns: Carl Maria von Weber in seinen Werken. Berlin 1871, bes. S. 30–64. – Frederic Vester: Leitmotiv vernetztes Denken. Für einen besseren Umgang mit der Welt. München 1991.

BegrG: Obwohl der Sache nach in den Musikdramen Richard Wagners die Charakterisierung von Personen, Gegenständen, Orten, Ideen und Situationen durch musikalische, tonsymbolische Motive erstmals konsequent angewendet wird, stammt die Benennung durch den Begriffsnamen *Leitmotiv* nicht von Wagner, der den Ausdruck von Jähns und Federlein auch niemals selbst gebrauchte, sondern stets von „thematischen Keimen" oder „Erinnerungsmotiven" sprach (‚Oper und Drama';

bes. Wagner 11, 327–329). Wagner hielt Hans v. Wolzogen fälschlicherweise für den Erfinder dieses Terminus (‚Über die Anwendung der Musik auf das Drama‘; Wagner 13, 291 f.).

Im Gegensatz zu der relativ einheitlichen Begriffsverwendung in der Musik konnte *Leitmotiv* in der Literaturforschung von Anfang an (heute teilweise überlappend mit ⤳ *Isotopie*) durchaus unterschiedliche Phänomene bezeichnen – etwa die regelmäßige Wiederholung von ganzen Beschreibungen oder einzelnen Details der äußeren Erscheinung handelnder Figuren in Erzählwerken (so bei Hotes 1931) oder die Wiederkehr eines Wortes in unterschiedlichsten Bedeutungszusammenhängen (Joos 1937).

Problematisch erscheint die Anwendung des Begriffs ‚Leitmotiv‘ als Konstruktion ex post auf antike, mittelalterliche, barocke oder goethezeitliche Literatur. Krogmann (RL² 1, 431) versucht als ‚leitmotivisch‘ die Wiederkehr bestimmter Motive in verschiedenen Phasen des Goetheschen Werkes zu deuten und erläutert seinen Begriffsgebrauch unter Verweis auf den von Goethe in seinen naturwissenschaftlichen Schriften gebrauchten Begriff ‚Leitfossil‘. Allerdings blieb dieser Definitionsversuch im wesentlichen folgenlos. Eine generelle terminologische Klärung des Begriffs hat die literaturwissenschaftliche Forschung bisher noch nicht vorgenommen.

Martin Joos: Appendix to: Miles L. Hanley, Word index to James Joyce's ‚Ulysses‘. Madison/ Wisconsin 1937. – Richard Wagner: Gesammelte Schriften. Hg. v. Julius Kapp. Leipzig o.J. – Hans v. Wolzogen: Thematischer Leitfaden durch die Musik zu Rich. Wagner's Festspiel ‚Der Ring des Nibelungen‘. Leipzig ⁴1878.

SachG: So wie man in der Musikgeschichte schon vor der Entwicklung eines förmlichen Leitmotivs die regelmäßige Wiederholung bestimmter Formelemente findet (A-B-A-Form des dreiteiligen Liedes, Da-Capo-Arie, Rondo etc.), so sind in der Literatur z.B. *Kehrreime* (⤳ *Refrain*), wiederholte ⤳ *Zitate* in volkstümlicher Dichtung sowie die in Barform gedichteten Minne- und Meisterlieder (⤳ *Bar*) als Vorläufer des Leitmotiv-Verfahrens anzusehen. Schon in antiken Epen findet sich oft die Wiederholung von Zitaten oder Metaphern und mythologischen Allusionen (u. a. bei Vergil, Lukan, Horaz). Sprachspielerischer, artistischer Charakter kommt der gehäuften Repetition gleichklingender Reime, bestimmter Wörter oder Wortfolgen besonders in barocker Lyrik (Opitz, Gryphius, Quirinus Kuhlmann) zu. In den Erzähl- und Märchensammlungen der Romantik (E. T. A. Hoffmann, W. Hauff) dient das Prinzip der Motiv-Wiederholung als formale Klammer, um die Einzelerzählungen zu einem sinnvollen Ganzen zu verknüpfen.

Im Frühwerk Th. Manns lassen sich sehr subtile Wortwiederholungen kleinster erzählerischer Details erkennen (z. B. in der Novelle ‚Tristan‘ das „blaßblaue Äderchen“ auf Gabriele Klöterjahns Stirn). Dies ist – im Sinne seiner einleitend zitierten „magischen Formel“ – als bewußter Versuch einer Nachahmung der Wagnerschen Technik auf literarischem Gebiet durch ein Netz wiederkehrender Beobachtungen und Kommentare zu verstehen. Ähnliches läßt sich nachweisen z. B. in der Roman-Trilogie ‚Die Schlafwandler‘ von H. Broch, in ⤳ *Hörspielen* z. B. von G. Eich (‚Das Jahr Lazertis‘, ‚Die Mädchen aus Viterbo‘) und in ⤳ *Kurzgeschichten* z. B. von W. Borchert (‚Stimmen sind da in der Luft – in der Nacht‘ u. a.); zuweilen allerdings wird die Leitmotiv-Technik bloß im Sinne eines mechanischen ‚Erzähltricks‘ eingesetzt.

Dagegen nutzt J. Joyce im ‚Ulysses‘ Leitmotivisches sowohl als formales Gliederungsmittel (bestimmte Wörter, wie etwa *prize*, durchlaufen den Text in den unterschiedlichsten Bedeutungsvarianten) als auch zur Charakterisierung der Denkschemata seiner Protagonisten, vor allem derjenigen Leopold Blooms, dessen Innere Monologe um Worte wie *Metempsychose* oder *Parallaxe* kreisen. Das leitmotivische Wort wird hier, im Sinne von Th. Manns zitiertem Postulat, zur „magischen“ Vokabel. Bei Proust deutet die Wiederkehr bestimmter Themen im Zyklus ‚A la recherche du temps perdu‘ (das ‚Stolpern am Anfang‘, der ‚Mangel meiner Natur‘) auf den philosophischen Grundgedanken des Werks, die Präsenz der Vergangenheit in der Gegenwart, hin und hat nicht so sehr formal-gliedernden als vielmehr sinngebenden Charakter.

ForschG: Die Frage nach der bruchlosen Übertragungsmöglichkeit der Wagnerschen Leitmotivtechnik in die Literatur beherrscht die frühe Forschungsliteratur zum Thema. So bemängelte E. R. Curtius (1929) am Beispiel des ‚Sirenen'-Kapitels aus Joyces ‚Ulysses', daß die literarischen Leitmotive bei ihrem ersten Auftreten unverständlich seien und nur durch den Kontext an Bedeutung gewönnen. Dagegen wandte St. Gilbert (1933) ein, auch Wagners Motive wirkten zunächst nur fragmentarisch und bekämen erst im Kontext mit dem erläuternden Wort ihren symbolischen Charakter (zur Fortsetzung der Debatte vgl. te Boekhorst 1987). Peacock (1934) beschrieb und erkannte leitmotivische Strukturen bei Th. Mann, wies ihnen aber lediglich erzählartistisch-formale Bedeutung zu (revidiert bei Schlee 1981). Schönberger (1958) nannte Wort- und Motivwiederholungen in Lukans Epos ‚Pharsalia' leitmotivisch, ohne den gänzlich anderen Kontext der antiken Dichtungstradition (verglichen etwa mit der Wagner-Zeit) zu verkennen. Unabhängig von der normativen Diskussion um Wert und Bedeutungsgehalt einer Übertragung der musikalischen Leitmotivik auf die Literatur analysieren monographische Arbeiten wie etwa die von Daube (1963, zu Proust), von Lorenz (1986, zu Arno Schmidt) oder von Brown (1991, zu Brecht) Verfahren der Motivwiederholung als Mittel zur tektonischen Gestaltung avantgardistischer Literatur des 20. Jhs.

Lit: Robert Martin Adams: Surface and symbol: The consistency of James Joyce's ‚Ulysses'. New York 1962. – Eva Augsberger: Elisabeth Langgässser. Assoziative Reihung, Leitmotiv und Symbol in ihren Prosawerken. Nürnberg 1962. – Hilda Meldrum Brown: Leitmotiv and drama. Oxford 1991. – Ernst Robert Curtius: James Joyce und sein ,Ulysses'. Zürich 1929. – Uwe Daube: Dechiffrierung und strukturelle Funktion der Leitmotive in Marcel Prousts ‚A la recherche du temps perdu'. Heidelberg 1963. – Marilyn French: The book as word: James Joyce's ‚Ulysses'. London, Cambridge/Mass. 1976. – Stuart Gilbert: Das Rätsel Ulysses [1930]. Frankfurt 1977. – Leander Hotes: Das Leitmotiv in der neueren Romanliteratur. Diss. Frankfurt 1931. – Willy Krogmann: Das Friederikenmotiv in den Dichtungen Goethes. Berlin 1932. – Christoph F. Lorenz: Leitmotivik als tektonisches Prinzip im Spätwerk Arno Schmidts. In: text + kritik 20/20a: Sonderbd. Arno Schmidt. München [4]1986, S. 141–159. – Ronald Peacock: Das Leitmotiv bei Thomas Mann. Berlin 1934. – Anton Riley: Die Erzählkunst im Alterswerk von Thomas Mann. Diss. Tübingen 1956. – Agnes Schlee: Wandlungen musikalischer Strukturen im Werke Thomas Manns: Vom Leitmotiv zur Zwölftonreihe. Frankfurt, Bern 1981. – Otto Schönberger: Zu Lukan. In: Hermes 86 (1958), H. 2, S. 13–29. – Roger Shattuck: Marcel Proust. München 1975. – Heinz Stolte: Eilhart und Gottfried. Studie über Motivreim und Aufbaustil. Halle 1941. – Peter te Boekhorst: Das literarische Leitmotiv und seine Funktion in Romanen von Aldous Huxley, Virginia Woolf und James Joyce. Frankfurt, Bern 1987. – Oskar Walzel: Leitmotive in Dichtungen. In: Zs. für Bücherfreunde. NF 8 (1917), S. 263–278.

Christoph F. Lorenz

Lektor ↗ *Verlag*

Lemma ↗ *Lesart*

Leoninisches Distichon ↗ *Distichon*

Lesart, Variante

Textabweichung geringeren Umfangs.

Expl: Abweichungen zwischen verschiedenen Textträgern eines Werkes (Handschriften, Typoskripten, Drucken, Disketten etc.), die wegen ihrer geringen Zahl, ihrer minderen Bedeutung oder ihrer (vermeintlichen) Zufälligkeit noch nicht eine neue ↗ *Fassung* konstituieren, werden als *Lesarten* oder *Varianten* bezeichnet. Diese Varianten sind hinsichtlich ihres Ursprungs zu differenzieren. Autorvarianten entstehen während der Arbeit des Autors an seinem Werk sowohl in der Phase vor dem Abschluß (z. B. bei der Anfertigung einer reinschriftlichen Druckvorlage) als auch in späteren Überarbeitungsphasen (z. B. bei einer neuen Auflage). Die Entstehung eines Textes vollzieht sich in Textstufen, wobei sich eine spätere Textstufe von der vorhergehenden durch mindestens eine, meistens jedoch durch mehrere Varianten unterscheidet. Fremdvarianten verändern insbesondere im Laufe der Überlieferungsgeschichte den Text oder das Werk eines Autors, sie können sich allerdings auch schon in der Phase der Textentstehung einstellen, z. B. durch Schreiber, Lektoren, Drucker, Zensoren usw. Läßt sich anhand von mehreren Varianten bzw. Textstufen eine Gestaltungstendenz — sei es des Autors, sei es eines Bearbeiters — gegenüber dem originalen Text feststellen, liegt eine neue Fassung vor.

WortG: Als Fachausdruck der Textkritik ist *Lesart* Übersetzung von lat. *varia lectio*, ‚unterschiedliche Lesung‘; dt. ist es zuerst bei Bodmer 1745 belegt (Paul-Henne, 527). Das Wort *Variante* ist im späteren 18. Jh. von dem gleichbedeutenden frz. *variante* entlehnt worden, das seinerseits auf lat. *varians* als Partizip Präsens von *variare* zurückgeht (Schulz-Basler 6, 115). In den Zusammenhang der Textkritik wird es gleichfalls von Bodmer gerückt.

Johann Jakob Bodmer, Johann Jakob Breitinger: Schriften zur Literatur. Hg. v. Volker Meid. Stuttgart 1980.

BegrG: Im 19. Jh. wurden *Variante* und *Lesart* häufig sowohl für Autor- als auch für Fremdvarianten benutzt, ohne die jeweilige Überlieferungsform zu berücksichtigen; beim späteren Versuch, zwischen Autor- und Fremdvariante zu unterscheiden, wurde sowohl der eine als auch der andere Variantentyp mit *Lesart* bezeichnet; dieser Versuch wurde inzwischen aufgegeben, zumal andere Sprachen dieser terminologischen Differenzierung nicht gefolgt sind. Gelegentlich wurde die Bezeichnung *Lesart* auch erweitert, um ein spezifisches Verständnis eines Werkes zu benennen (dafür besser ↗ *Lecture*); daneben spricht man von *Lesarten* auch in der Lexikographie zur Unterscheidung mehrerer Bedeutungen desselben Lemmas.

SachG: Besonders bei antiken und mittelalterlichen Texten, aber auch in frühneuzeit-

licher Überlieferung (Roloff) können die beobachtbaren Abweichungen der Textträger häufig nicht auf den Autor zurückgeführt werden, sondern gehen auf Abschreiber (Lese- oder Hörfehler, Versehen, Irrtümer) und Bearbeiter zurück (Wortersetzungen, Vereinfachungen; Versuche zur Besserung von Unleserlichem, Unverständlichem und unerklärbaren Textstörungen (Korruptelen); bewußte Redaktion, Interpolation). Ist das Ziel der Edition die Rekonstruktion des Autortextes, müssen diese Fremdvarianten mit Hilfe der ↗ *Textkritik* zu eliminieren versucht werden. Das kann auf der Grundlage der rekonstruierten Textgeschichte (z. B. durch traditionsbildenden Leitfehler; ↗ *Stemma*), mit Hilfe einer überlieferten Lectio difficilior (der schwierigeren und deshalb weniger leicht zufällig entstandenen Lesart) versucht werden oder bei ungünstiger Überlieferung durch eine *Konjektur* (begründete Vermutung aufgrund des Kontextes, des Werk- oder Autorstiles etc.; ↗ *Textkritik*). Die Anwendung dieser in der Klassischen Philologie entwickelten Instrumente der Textkritik setzt bestimmte Überlieferungsbedingungen (Stackmann 1964) und einen Werkbegriff voraus, die bei der älteren deutschen Literatur gewöhnlich nicht gegeben sind. Ihrer historischen Realität kommt man näher, wenn man Fremdvarianten als Textelemente betrachtet, die eine lebendige Textrezeption dokumentieren können (Cerquiglini 1989; vgl. Stackmann 1997). In den Varianten der Überlieferung erkennt der moderne Literaturwissenschaftler das spezielle Interesse der historischen rezipierenden Gesellschaft.

Darstellungstechnisch wurden verschiedene Verfahren zur Darbietung gleichwertiger Varianten erprobt, insbesondere Seitensynopsen (z. B. Bumke), Spaltensynopsen (‚Rechtssumme‘) und Zeilensynopsen (‚Vocabularius Ex quo‘).

Die Varianten originaler Handschriften und autorisierter Drucke von Autoren der neueren Literaturgeschichte sagen grundsätzlich etwas Authentisches über den Text bzw. das Werk und seinen Autor aus (↗ *Authentizität*). Die Arbeitsmanuskripte eines Autors belegen den kreativen Prozeß der

Textentstehung. Der Autor bemüht sich, durch Korrekturen, Streichungen, Umstellungen, erneute Niederschrift von einzelnen Textpassagen, Rückgriffe auf frühere Entwürfe, vorauseilende Entwürfe usw. seinen endgültigen Text zu finden.

Die textlichen Veränderungen, die durch Arbeitsmanuskripte dokumentiert sind, werden als ,Entstehungsvarianten' (im Gegensatz zu späteren ,Überlieferungsvarianten'; dazu Zeller 1979) in einem ↗ *Apparat* wiedergegeben, der die Rekonstruktion der Textgenese zum Ziel hat. Kontrovers ist nach wie vor die Frage, ob das Ziel des Editors die unter Umständen hypothetische Annäherung an den Entstehungsprozeß ist oder ob es sinnvoller ist, den handschriftlichen Befund so objektiv wie möglich abzubilden, so daß der Benutzer eine Möglichkeit zur Kontrolle des Editors erhält (vgl. Woesler 1967 und 1991; Scheibe 1991).

Joachim Bumke: Die vier Fassungen der ,Nibelungenklage'. Berlin, New York 1996. – Die ,Rechtssumme' Bruder Bertholds. Hg. v. Georg Steer u. a. Tübingen 1987. – ,Vocabularius Ex quo'. Überlieferungsgeschichtliche Ausgabe. Hg. v. Klaus Grubmüller u. a. Tübingen 1988 f.

ForschG: Die ersten sorgfältigen Variantenverzeichnisse sind um 600 n. Chr. von syrischen Theologen im Zuge der Bibelphilologie bezeugt. In der Renaissance wurde begonnen, systematisch für philologische Texte Varianten in einem Apparat mitzuteilen. An diesem Modell eines ,apparatus criticus' wird bei fehlendem Original vielfach bis heute festgehalten. Seitdem die wissenschaftliche Aufmerksamkeit auch den Autorvarianten galt, wurde die Notwendigkeit einer neuen Form der Variantenverzeichnung keineswegs sofort gesehen, wie etwa die Lessing-Ausgabe von K. Lachmann (1838–1840) zeigt. Nach ersten Überlegungen im 19. Jh. (Bernays 1866) begann die eigentliche Diskussion um die Bedeutung und die adäquate Behandlung von Autorvarianten im Apparat im 20. Jh. (Witkowski 1921, Backmann 1924, Beißner 1938). Aber erst Beißners Hölderlin-Ausgabe (1943–1985) verhalf einer neuen Form zum Durchbruch. Beißner ging es darum, die Entstehung eines Textes und dessen vom Autor gewollte Wandlungen in der zeitlichen Stufung und den Sinnzusammenhängen vorzuführen (genetischer Apparat), das Nebeneinander der Varianten im Arbeitsmanuskript als ein Nacheinander darzustellen und damit das „ideale Wachstum" (Beißner 1964, 81) darzustellen. Beißners Modell erfuhr von verschiedenen Seiten Widerspruch, insbesondere die als zu gering empfundene Objektivität und Überprüfbarkeit der Variantenverzeichnung wurde kritisiert (Zeller 1958). Diese Diskussion hat auch für die neuere deutsche Literatur verbesserte und vollständig neue Modelle der Variantenverzeichnung hervorgebracht. Insbesondere wurde eine größere Handschriftennähe angestrebt; wichtige Schritte auf diesem Weg gehen die Droste-Ausgabe von Woesler und die Düsseldorfer Heine-Ausgabe von Windfuhr. Bei den dann immer stärker dokumentierenden Editionen, an deren Anfang Sattlers Hölderlin-Ausgabe steht, tritt der Herausgeber zunehmend zurück, so daß Lesarten/Varianten nicht mehr gesondert dargeboten werden, sondern im Schriftbild des Manuskripts erkannt werden müssen (so in den Faksimile-Editionen zu Kleist und Kafka von Reuß und Staengle).

Stärker als bisher bestimmen die unterschiedlichen poetologischen Prozesse die Trakl-Ausgabe von Sauermann und Zwerschina, die Celan-Ausgabe von Allemann u. a. und schließlich die Heym-Ausgabe von Dammann u. a., die ganz auf den edierten Text zugunsten der Darstellung der Textdynamik verzichten.

Lit: ↗ *Apparat*, ↗ *Fassung*, ↗ *Edition*. – Paul Celan. Werke. Historisch-kritische Ausgabe. Hg. v. Beda Allemann u. a. Frankfurt 1990 ff. – Annette von Droste-Hülshoff: Werke, Briefwechsel. Historisch-kritische Ausgabe. Hg. v. Winfried Woesler. Tübingen 1978 ff. – Heinrich Heine: Historisch-kritische Gesamtausgabe der Werke. Hg. v. Manfred Windfuhr. Hamburg 1973–1997. – Georg Heym: Gedichte 1910–1912. Historisch-kritische Ausgabe aller Texte in genetischer Darstellung. 2 Bde. Hg. v. Günter Dammann u. a. Tübingen 1993. – Friedrich Hölderlin: Sämtliche Werke. Hg. v. Dietrich E. Sattler. Frankfurt 1975 ff. – Franz Kafka: Historisch-kritische Ausgabe sämtlicher Handschriften, Drucke und Typoskripte. Hg. v. Roland Reuß und Peter Staengle. Frankfurt 1997 ff. – Heinrich v. Kleist: Sämtliche Werke. Hg. v. Roland Reuß und Peter Staengle. Basel, Frankfurt 1988 ff. – Georg Trakl: Sämtliche Werke und Briefwechsel. Hg. v. Eberhard Sauermann und Hermann Zwerschina. Basel, Frankfurt 1995 ff.

Reinhold Backmann: Die Gestaltung des Apparates in den kritischen Ausgaben neuerer deutscher Dichter. In: Euphorion 25 (1924), S. 629–662. – Friedrich Beißner: Neue Wieland-Handschriften. Berlin 1938. – F. B.: Einige Bemerkungen über den Lesartenapparat zu Werken neuerer Dichter. In: Orbis litterarum, Suppl. 2 (1958), S. 5–20. – F. B.: Editionsmethoden der neueren deutschen Philologie. In: ZfdPh 83 (1964), Sonderh., S. 72–96. – Michael Bernays: Über Kritik und Geschichte des Goetheschen Textes. Berlin 1866. – Bernard Cerquiglini: Eloge de la variante. Histoire critique de la philologie. Paris 1989. – Bodo Plachta: Editionswissenschaft. Stuttgart 1997. – Hans-Gert Roloff: Zur Relevanz von Varianten und Lesarten. In: Probleme der Edition von Texten der Frühen Neuzeit. Hg. v. Lothar Mundt u. a. Tübingen 1992, S. 2–14. – Siegfried Scheibe: Zu einigen Grundprinzipien einer historisch-kritischen Ausgabe. In: Texte und Varianten. Hg. v. Gunter Martens und Hans Zeller. München. 1971, S. 1–44. – S. S.: Zur Darstellung der Überlieferung in historisch-kritischen Editionen. In: Edition als Wissenschaft. Fs. Hans Zeller. Hg. v. Gunter Martens und Winfried Woesler. Tübingen 1991, S. 17–30. – Karl Stackmann: Mittelalterliche Texte als Aufgabe. In: Fs. Jost Trier. Hg. v. William Foerste und Karl Heinz Borck. Köln u. a. 1964, S. 240–267. – K. S.: Varianz der Worte, der Form und des Sinnes. In: ZfdPh 116 (1997), Sonderh., S. 131–149. – K. S.: Autor – Überlieferung – Editor. In: Das Mittelalter und die Germanisten. Hg. v. Eckart Conrad Lutz. Freiburg/Schweiz 1998, S. 11–32. – Georg Witkowski: Grundsätze kritischer Ausgaben neuerer deutscher Dichterwerke. In: Funde und Forschungen. Fs. Julius Wahle. Hg. v. Werner Deetjen. Leipzig 1921, S. 216–226. – Winfried Woesler: Probleme der Editionstechnik. Münster 1967. – W. W.: Editionstechnische Verzeichnung einfacher Varianten. In: Zu Werk und Text. Beiträge zur Textologie. Hg. v. Siegfried Scheibe und Christel Laufer. Berlin 1991, S. 49–60. – Hans Zeller: Zur gegenwärtigen Aufgabe der Editionstechnik. In: Euphorion 52 (1958), S. 356–377. – H. Z.: Braucht die Editionslehre eine Fachsprache? In: Die Nachlassedition. Hg. v. Louis Hay und Winfried Woesler. Bern u. a. 1979, S. 31–41.

Winfried Woesler

Lesedrama

In der Dramentheorie seit dem 18. Jh. Bezeichnung für ein Drama, das nicht für eine Inszenierung bestimmt oder geeignet ist.

Expl: Ursprünglich die Autonomie des dramatischen Textes gegenüber den Anforderungen der Theaterbühne akzentuierend, wird *Lesedrama* seit dem 19. Jh. als Gattungsbezeichnung verwendet. Ein gattungskonstituierender Bezug zwischen dramatischem Text und Buch bzw. Lektüre läßt sich in sachgeschichtlicher Hinsicht jedoch nicht nachweisen. ‚Lesedrama‘ sollte daher – in der Gegenüberstellung zu ‚Bühnendrama‘ – als begriffsgeschichtlicher Index einer Ausdifferenzierung zweier medialer Dimensionen der Gattung Drama verstanden werden.

WortG: Der Ausdruck *Drama zum Lesen* begegnet erstmals 1761 im Briefwechsel zwischen Sulzer und Bodmer (Briefe, 340) und wird Mitte des 19. Jhs. durch das Wort *Lesedrama* (Hettner, 7), später auch *Buchdrama* (Dingelstedt, 385) ersetzt.

Briefe der Schweizer Bodmer, Sulzer, Geßner. Hg. v. Wilhelm Körte. Zürich 1804. – Franz Dingelstedt: Eine Faust-Trilogie II. In: Deutsche Rundschau 7 (1876), S. 382–399. – Hermann Hettner: Das moderne Drama [1852]. Repr. Berlin, Leipzig 1924.

BegrG: Der Begriff eines nur für die Lektüre geeigneten Dramas entwickelt sich im Kontext der zunächst rein literarischen Shakespeare-Rezeption des 18. Jhs. über Vorläufer bei Klopstock (‚Der Tod Adams‘) sowie Bodmer (‚Politische Schauspiele‘) und bezeichnet seit den 1770er Jahren die ‚shakespearisierenden‘ Dramen von Goethe (‚Götz von Berlichingen‘), Lenz (‚Der Hofmeister‘; ‚Der neue Menoza‘), Wagner (‚Die Kindermörderin‘) u. a., später das romantische Drama. Von Goethe selbst als „antitheatralisch" (WA IV.17, 172; über seinen ‚Götz‘) beschrieben, entwickelt das „Drama zum Lesen" (Wieland in: Teutscher Merkur 1774, 325) gerade mit seiner Ablehnung wirkungsorientierter und bühnenbezogener Normen (↗ *Drei-Einheiten-Lehre*) ein beachtliches Innovationspotential (Schauplatzvielfalt; Kurzszene; häufiger

Ortswechsel; authentische Figurensprache; Handlungsausdehnung), das von zeitgenössischen Kritikern wie Schmid (Teutscher Merkur, 1773), Wieland und Eschenburg (Allgemeine deutsche Bibliothek, 1776) unter Hinweis auf den Rezeptionsmodus auch anerkannt wird. Im Gegensatz zum zeitgleich entstehenden, ausschließlich dialogisch gehaltenen ‚dramatischen Roman‘ (Friedrich Traugott Hase: ‚Gustav Aldermann‘, 1779; ↗ *Dialog₂*) integriert das Lesedrama keine gattungsfremden Elemente, sondern reaktiviert mit Shakespeares Dramatik gerade die innovativen Optionen der eigenen Tradition (WA I.28, 197). Verwendungen wie „dialogirte Romane" (WA I.22, 177), „dramatischer Roman oder scenische Novelle" (Tieck 2, 207), „Epopöien oder Romane" (Wackernagel, 201) sind typologisch zu verstehen (↗ *Dramatisch*; ↗ *Episch*). Erst die in Hegels ‚Ästhetik‘ erfolgende Festlegung der Gattungsmerkmale auf den konzentrierten, durch einen zentralen Konflikt gebündelten Handlungsverlauf (Hegel, 485) und die (textgetreue) Inszenierung (ebd., 505 f., 513) läßt das Lesedrama als einen aufgrund fehlender Handlungsstringenz defekten Gattungsmodus und die Lektüre als unangemessene Rezeptionsweise erscheinen (ebd., 508 f.). Entsprechende Gegenüberstellungen zwischen gattungskonformem ‚Bühnendrama‘ und der „verkehrten und unlebendigen Richtung" (Wackernagel, 201) des Lesedramas finden sich in zahlreichen Literaturgeschichten (Koberstein, 2436; Cholevius, 540; Scherer, 685) und Ästhetiken (Vischer, 1448 f.) des 19. Jhs. Die Ablehnung der Lektüre dominiert in der Dramentheorie bis in neuere Darstellungen hinein (Asmuth, 10). Der Begriff ‚Lesedrama‘ hingegen wird in semiotischen Dramentheorien nicht mehr auf die Handlungsstruktur bezogen und kann nun den lediglich unaufgeführten Dramentext (Link, 311) oder aber Dramen ohne ‚außersprachliche Codes‘ (Pfister, 39) bezeichnen. Für Fischer-Lichte stellen Dramentext und ↗ *Inszenierung* „jeweils ein Werk sui generis dar" (Fischer-Lichte, 53).

Carl Leo Cholevius: Geschichte der deutschen Poesie. Bd. 2. Leipzig 1856. – Johann Wolfgang Goethe: Werke [Weimarer Ausgabe, WA]. Weimar 1887–1919. – Georg Wilhelm Friedrich Hegel: Werke. Bd. 15. Frankfurt 1990. – August Koberstein: Grundriß der Geschichte der deutschen National-Litteratur. Bd. 3. Leipzig ⁴1866. – Wilhelm Scherer: Geschichte der deutschen Litteratur. Berlin ³1885. – Ludwig Tieck: Kritische Schriften [1848–1852]. Repr. Berlin 1974. – Friedrich Th. Vischer: Aesthetik oder Wissenschaft des Schönen. Bd. 3. Stuttgart 1857. – Wilhelm Wackernagel: Poetik, Rhetorik und Stilistik. Hg. v. Ludwig Sieber [1836/37]. Halle 1873.

SachG: Mit Blick auf die Dramengeschichte und im Widerspruch zur Dramentheorie seit Hegel läßt sich eine Differenz zwischen Lesedrama und Bühnendrama als medienspezifisch unterschiedenen Gattungsvarianten nicht feststellen. Bereits der antike Kulturbetrieb kennt flexible Beziehungen zwischen Gattung und Medium, so daß individuelle Lektüre, rezitativischer Einzelvortrag, vollständige oder ausschnitthafte Inszenierung gängige Rezeptionsoptionen eines Dramas bilden (Dihle), wobei einige Stücke überdies als leserfreundlich gelten (Aristoteles, ‚Rhetorik‘ 3,12). Daneben begegnen Tragödie und Komödie in Spruchweisheiten fragmentiert sowie als stilistisches Beispielmaterial im Rhetorikunterricht (Quintilian 10,1,65–72). Nach der Wiederentdeckung des antiken Dramas im 15. Jh. bleiben Buch, Rezitation und Theater als wenig differenzierte Medienalternativen weiterhin präsent, wie der vornehmlich oratorische Charakter des englischen Renaissancetheaters, die Veröffentlichung des ‚First Folio‘ (1623) von Shakespeare als Lesetext (Suerbaum, 281 f.) oder die umfangreichen, an den Leser gerichteten Anmerkungsapparate der barocken Tragödien (Lohenstein, ‚Sophonisbe‘) und ihre Integration in den gymnasialen Rhetorikunterricht zeigen (Barner, 316 f.). Erst im Verlauf des 18. Jhs. spalten sich die dramatischen Medien als Folge des neuen Massendrucks (Meyer 1986a, XXV) in Buchtexte, die der Handel vertreibt und die in Zeitschriften besprochen werden, und in Inszenierungen auf einer höfisch-repräsentativ ausgerichteten, zunehmend musikalisierten Bühne (Meyer 1986b, 156 f.). Die „nicht für die Bühne, sondern fürs Kabinet, für denkende Leser" (H. L. Wagner: ‚Theaterstücke‘,

1779, Vorrede) verfaßten Stücke werden nun für die Inszenierung von den Autoren und anderen Verfassern eigens umgearbeitet (Schiller, NA 4, 267) und somit auch dann aufgeführt, wenn sie als Lesedramen konzipiert oder bewertet wurden (z. B. ‚Götz'-Inszenierungen 1774 in Berlin und Hamburg, 1775 in Breslau, 1778 in Frankfurt). Durch dieses neue Bewußtsein von den unterschiedlichen medialen Dimensionen des Dramas etabliert sich die für das moderne Verständnis so bedeutende Trennung zwischen dem dramatischen Text im Buch und einer gespielten Fassung auf dem Theater (Goethe, WA 40, 105), in deren Folge prinzipiell jedes Stück inszenierbar wird und sich eine eigene Tradition des Lesedramas gar nicht erst entwickeln kann. Es ist ein Resultat dieses Prozesses, wenn sich (ambitionierte) Inszenierungen des 20. Jhs. nicht mehr nur als Umsetzungen, sondern als eigenständige Antworten auf den Dramentext verstehen.

Goethe (s. BegrG). − Friedrich Schiller: Werke. Nationalausgabe [NA]. Bd. 4. Weimar 1983.

ForschG: Die Dramentheorie des 19. und 20. Jhs. hat kein stabiles Kriterium zur Abgrenzung von Lesedrama und aufführbarem Drama entwickeln können (Stefanek). Neuere Forschungen sind vor allem an begriffs- und theoriegeschichtlichen Aspekten interessiert (Inbar). Dabei wird die zeitweilige Präferenz des Buches nicht mehr als Defekt innerhalb feststehender Gattungsgesetze, sondern als Ausdruck epocheneigener Medieninteressen und Autorenintentionen (Zelle) gedeutet. Jedoch ist die Deutung der Dramenlektüre als spezifisch bürgerliche Distanznahme zur höfischen Theaterkultur (Boyle) zu eng gefaßt. Vielmehr ist die massenweise Verbreitung des Dramas im Druck seit Mitte des 18. Jhs. (Meyer 1986a) und die damit initiierte Freisetzung des poetischen Textes von anlaß- (↗ *Theater*) und wirkungsbezogenen (↗ *Rhetorik*) Bedingungen stärker zu berücksichtigen.

Lit: Bernhard Asmuth: Einführung in die Dramenanalyse. Stuttgart [4]1994. − Wilfried Barner: Barockrhetorik. Tübingen 1970. − Nicholas Boyle: Das Lesedrama: Versuch einer Ehrenrettung. In: Kontroversen, alte und neue. Hg. v. Al-

brecht Schöne. Bd. 7. Tübingen 1986, S. 59−68. − Albrecht Dihle: Seneca und die Aufführungspraxis der römischen Tragödie. In: Antike und Abendland 29 (1983), S. 162−171. − Erika Fischer-Lichte: Semiotik des Theaters. Bd. 3. Tübingen [2]1988. − Eva M. Inbar: Shakespeare in der Diskussion um die aktuelle deutsche Literatur, 1773−1777. In: JbFDH 1979, S. 1−39. − Jürgen Link: Literaturwissenschaftliche Grundbegriffe. München 1974. − Reinhart Meyer: Bibliographia dramatica et dramaticorum 1/1. Tübingen 1986 [a]. − R. M.: Das Musiktheater am Weimarer Hof bis zu Goethes Theaterdirektion 1791. In: Der theatralische Neoklassizismus um 1800. Hg. v. Roger Bauer. Bern, Frankfurt 1986 [b], S. 127−167. − Manfred Pfister: Das Drama. München [6]1988. − Paul Stefanek: Lesedrama? Überlegungen zur szenischen Transformation ‚bühnenfremder' Dramaturgie. In: Das Drama und seine Inszenierung. Hg. v. Erika Fischer-Lichte. Tübingen 1985, S. 133−145. − Ulrich Suerbaum: Shakespeares Dramen. Tübingen, Basel 1996. − Rosmarie Zeller: Struktur und Wirkung. Bern, Stuttgart 1988.

Martin Ottmers

Lesefähigkeit ↗ *Alphabetisierung*

Lesegesellschaft ↗ *Distribution*

Lesen

Rezeption und Verstehen schriftlicher Äußerungen; Wahrnehmung und Interpretation visueller Elemente als Zeichen.

Expl: Lesen meint die komplexe Tätigkeit, schriftsprachliche Zeichenfolgen auf graphemisch-phonologischer, syntaktischer, semantischer und pragmatischer Ebene zu deuten. Der Begriff impliziert eine Reihe von Teilfähigkeiten: die Identifikation des Gleichen gegenüber irrelevanten Unterschieden, die Wahrnehmung von Unterschieden gegenüber irrelevanten Ähnlichkeiten, die Selektion des Wichtigen aus der Menge des Redundanten, die Antizipation des Kommenden auf Grund syntaktisch-semantischer und enzyklopädisch-pragmatischer Regularitäten, die Analyse gestalthafter Ganzheiten in wiederverwendbare ‚Elemente' und die Synthese von ‚individuellen Zeichen' zu ‚komplexen Ausdrücken'.

Die allem Lesen zugrundeliegende Fähigkeit ist die Interpretation von Zeichen als das Vermögen, physikalischen Reizen eine geistige, im jeweiligen Sprachsystem verankerte und im Denken und Handeln relevante Rolle zuzuordnen. Im Lesen wird jede visuelle Figur als ↗ *Zeichen* gewertet; je nachdem, welche Zeichenart (ikonische, indexikalische, symbolische) die Interpretation dem ‚optischen Reiz' unterstellt, vollzieht sich der Leseprozeß als schriftspezifische Verstehensleistung. Das Lesen stellt eine hochkomplexe Form der Semiose (Bedeutungskonstitution) dar, die, obwohl historisch entstanden, zu Recht einen anthropologisch fundamentalen Anspruch erheben kann.

Der Erwerb der Lesefähigkeit sollte somit nicht nur als ein kulturgeschichtliches Ereignis beschrieben werden, sondern im Rahmen einer Theorie des Spracherwerbs (nativistischer, kognitivistischer, interaktionaler u. ä. Provenienz) erklärt werden. Lesen als konkreter Verstehensakt hängt über seine bloße Beeinflussung durch den zu lesenden Text insbesondere auch von intentionalen und situativen Faktoren ab; erst aus dieser Einbindung des Lesevollzugs in unterschiedliche ↗ *Sprachspiele* (Wittgenstein) ergeben sich Typen, Stile oder Formen des Lesens, die genauer zu beschreiben wären (z. B. sprachfunktional als heuristische, pragmatische, kommunikative, poetische etc. Leseform).

Zu einem literaturtheoretischen Konzept wird ‚Lesen' im angelsächsischen Bereich als *Close reading* (↗ *Werkimmanente Interpretation*) bzw. als kreatives ‚misreading' (Bloom) und im Französischen als ↗ *Lecture*. In literaturwissenschaftlichen Interpretationen der Gegenwart ersetzt der Lesebegriff zunehmend den Begriff des ↗ *Verstehens*.

WortG/BegrG: *Lesen* bedeutet zunächst ‚Suchen', ‚Sammeln' und ‚Auflesen' (z. B. im 12./13. Jhd. bei Walther von der Vogelweide: „sô lise ich bluomen, dâ rîfe nû lît", L. 39,10). Schon im Ahd. ist daneben die Bedeutung ‚im Buche lesen' belegt (Schützeichel, 195). Ein adäquates Verständnis im emphatischen Sinne muß Lesen in dieser Verwendung nicht implizieren – vgl. die Frage des Philippus: „Verstehestu auch was du liessest?" (Apg 8,30; in der Übersetzung Luthers, 1545.) Auch Ulenspiegels List, mit der er „zuo Ertfort ein esel lesen lert" (29. Histori, ähnlich bereits beim Stricker im 13. Jh., v. 181–308), belegt noch ironisch eine Wortbedeutung, die sich lange erhalten hat.

Die besondere Fähigkeit des Lesens signalisiert zunehmend ein allgemeines intellektuelles bzw. soziales ‚Vermögen': „Ein ritter sô gelêret was / daz er an den buochen las" (Hartmann von Aue: ‚Der arme Heinrich', v. 1 f.). *Lesen* steht somit auch für eine Form der Autoritätsausübung, für das ebenso zuverlässige wie verbindliche Mitteilen, Lehren, Erklären und Verkünden wichtiger Sachen (↗ *Hermeneutik₁*); so schon in der Bibel: „Vnd nam das buch des Bunds / vnd las es fur der ohren des volcks" (Ex 24,7; in der Übersetzung Luthers, 1545), oder als ‚Vorlesung' im frühen Faust-Roman: „Es hat sich auch D. Faustus viel Jahr zu Erffordt gehalten / vnd in der hohen Schul daselbst gelesen" (im erweiterten Druck von 1589: Müller, 1352).

Erst in der Neuzeit gewinnt das Wortverständnis als ‚stilles Lesen' die Oberhand: als vergnügliche Tätigkeit, als freizeitliche Unterhaltungsform, „sich lesend vergnügen" zu wollen und zu können (Herder; DWb 6, 780).

Der Wandel des Lesebegriffs hängt nicht zuletzt von seinen schrifttheoretischen Grundlagen ab (↗ *Schrift*): Die historisch entscheidende Begriffsfixierung erfolgte im Zuge der Einführung und Dominanz solcher Schriftsysteme, die sich auf die Laute der Sprechsprache beziehen. Seitdem wird ‚Lesen' oft als ‚Technik' der Zeichenentschlüsselung verstanden oder als ‚Rückgewinnung der lebendigen Rede' aus den ‚toten Buchstaben' gedeutet (Gadamer). Dagegen spricht, daß auch dominant alphabetische Schriften ikonische (Wortzwischenraum, Absatzgestaltung) und indexikalische (Titel, Kapitelüberschriften, Randglossen) Zeichen verwenden (Saenger); daß sprachgeschichtlich gesehen gerade das Schrift-system Einfluß nimmt auf das Redesystem (v. Polenz); und daß im Sinne Derridas die vermeintliche Unmittelbarkeit der lebendigen Rede gegenüber den toten Buchstaben die tatsächliche Vermitteltheit von Sprache überhaupt unterschlägt (↗ *Grammatologie*). Zu Unrecht werden oft asymmetrische Beziehungen zwischen dem Prozeß-Aspekt des mündlichen Sprachgebrauchs und dem Resultat-Aspekt des schriftlichen Verkehrs hergestellt und daraus falsche bzw. einseitige Schlüsse gezogen (Feldbusch). Die Begriffsgeschichte von ‚Lesen‘ entwickelt sich auf zwei Ebenen: auf der konkreten des Umgangs mit alphabetischen Schriften und auf der metaphorischen des Verstehens der Welt. Als divergierende Aspekte eines wandelbaren Begriffs können lautes und stilles, langsames und schnelles, intensives und extensives, wiederholendes und einmaliges Lesen gelten. Der wichtigste metaphorische Lesebegriff richtet sich seit dem Mittelalter auf die Idee der ‚Lesbarkeit der Welt‘ (Blumenberg) und meint die Entzifferung der intentionalen, symbolischen und systematischen ‚Anlage‘ der Welt. So heißt es 1738 bei Brockes: „Laß unsre Seelen doch Dein unbegreiflichs Wesen, / Im Buch der Creatur, erstaunt, mit Ehrfurcht, lesen!“ (‚Die himmlische Schrift‘; Brockes II 121).

Barthold Hinrich Brockes: Auszug der vornehmsten Gedichte aus dem „Irdischen Vergnügen in Gott“. Hamburg 1738, Repr. Stuttgart 1965. – Jan-Dirk Müller (Hg.): Romane des 15. und 16. Jhs. Frankfurt 1990. – Rudolf Schützeichel: Ahd. Wb. Tübingen ⁵1995. – Der Stricker: Der Pfaffe Amis. Hg. v. Michael Schilling. Stuttgart 1994. – Till Eulenspiegel [1515]. Hg. v. Hermann Knust. Halle 1884. – Walther von der Vogelweide: Leich, Lieder, Sangsprüche. Hg. v. Christoph Cormeau. Berlin, New York 1996.

SachG: Die Geschichte des Lesens hängt eng mit der Leser-, Lesestoff- und Lesesituations-Geschichte zusammen. Das stille Lesen gilt in der Spätantike (Ambrosius, Augustinus) ausdrücklich als ungewöhnlich und setzt sich erst in der mittelalterlichen Gelehrtenkultur allmählich durch. Üblich und gefordert ist stille Lektüre besonders im Kloster. Bis ins Spätmittelalter bedeutet Lesen aber überwiegend lautes Lesen, für

sich selbst und vor anderen. Erst in der Frühen Neuzeit treten revolutionäre Veränderungen in der Lesepraxis ein. Die „Schreib- und Lese-Expansion um 1400“ (v. Polenz) hat mehrere Ursachen: (a) mediengeschichtlich die leichtere Verfügbarkeit von größeren Papiermengen, die Einführung der Lesebrille und die Verwendung handlicher Buchformate; (b) sprachgeschichtlich der Wechsel von lateinischer zu volkssprachlicher Schriftlichkeit und die autonome (d. h. von den Varietäten des Gesprochenen unabhängige) Entwicklung schriftlicher Normen (auf allen Sprachebenen), die den neuen kommunikativen Erfordernissen genügen; (c) kommunikationsgeschichtlich die Tendenz zur Ablösung der mündlichen durch die schriftliche Mitteilungspraxis; (d) sozialgeschichtlich das wachsende Bedürfnis nach schriftlich dokumentierter (Rechts-)Sicherheit und Konservierung eigener Traditionen; (e) mentalitätsgeschichtlich das wechselnde Interesse an geistlichen oder weltlichen Stoffen; (f) gattungsgeschichtlich das veränderte Verhältnis von Vers und Prosa (z. B. die ‚Prosaauflösung‘ von Vers-Epen; ↗ *Prosaroman*); (g) im engeren Sinne lesegeschichtlich der Übergang von öffentlichem Verlesen zur privaten Lektüre und vom Vorlesen zum stillen Lesen.

Die Einführung des Buchdrucks mit beweglichen Lettern beschleunigt diese Veränderungen, die im 18. Jh. zu einer zweiten ‚Revolution‘ in der Lesegeschichte führen: Sie äußert sich qualitativ im tendenziellen Wechsel vom intensiven (immer wieder dieselbe Lektüre) zum extensiven Lesen (immer nur neue Lektüre), vom ‚Studium‘ zur ‚Unterhaltung‘ (zunehmend multifunktionale Nutzung der Lektüre), vom ‚objektiven‘ zum ‚subjektiven‘ Lesen („mein Klopstock“; vgl. Alewyn), vom exklusiv ‚gelehrten‘ zum alltäglich ‚bürgerlichen‘ Lesepublikum; quantitativ in der Zunahme von Lesegelegenheiten (Lesefähigkeit, -interesse, Bücher-, Zeitungs- und Zeitschriftenangebot, Lesegesellschaften, Leihbibliotheken, Ubiquität des Lesens, verfügbare ‚Freizeit‘). Das ‚pädagogische Jahrhundert‘ der Aufklärung wird zur entscheidenden Phase in der Entwicklung des Erstleseunterrichts, der bis in die Gegenwart seinen normensetzenden Einfluß hinsichtlich der Verlaufsvorstellungen (Lesen als Synthese der sinnlosen Buchstaben zu bedeutungsvollen Wörtern oder als Analyse der Wortgestalt in ihre Elemente) und der Anwendungsziele (Lesen zum Zweck der Information, moralischen Belehrung, Unterhaltung etc.) ausübt.

Seitdem konkurrieren normative Vorstellungen vom Lesen mit realen Lesevollzügen und konstituieren in diesem Mißverhältnis die eher starre Bildungs- und Wertgeschichte des Lesens (Thema ,Lesesucht' als utopische Phantasie auf dem Boden realer Restriktionen des Lesens; Thema ,Lesekrise' als nostalgische Reaktion auf die mediengesteuerte Rezeptionspraxis der Gegenwart; vgl. Schön).

Die Multiplikation des Lesestoff-Angebots durch die Ausdehnung des Zeitschriften- und Büchermarkts führt im 19. Jh. zur dritten Lese-Revolution, in der zwar noch überkommene Lese-Modelle (der Vater als Vorleser im familiären Kreis, die Frau als autodidaktische Leserin) propagiert werden, tatsächlich aber die Gesetze des Markts, die Zwänge des Konsums und die Konventionen der schichtenspezifischen bzw. nach Geschlechterrollen differenzierten Lesegewohnheiten dominieren. Weitere Problem-Konstellationen ergeben sich durch das Vordringen elektronischer Textpräsentation und durch die neue Qualität der Bild-Text-Konkurrenz bzw. -Kooperation in multimedialen Kontexten.

ForschG: Sprach- und Literaturwissenschaft, Philosophische Hermeneutik, Psychologie, Ethnologie und Pädagogik arbeiten bei der Erforschung des Lesens zusammen; hinzu kommen Medien-, Buch- und Bibliotheksforschung. ,Lesen' war schon vor Begründung einer empirischen Wahrnehmungspsychologie Gegenstand allgemeiner kulturgeschichtlicher und philosophisch-hermeneutischer Reflexionen (Theorien der Schriftauslegung). Der Beginn einer spezifisch empirischen Leseforschung (im letzten Drittel des 19. Jhs.) liegt bei experimentellen Untersuchungen über die Art der Augenbewegungen beim Lesen bzw. Worterkennen (Günther). Die eher psychologisch-mentalen als biologischen Faktoren bei der Fixierung visueller Muster deuteten schon früh auf den intentionalen (also nicht reaktiven) Akt des Lesens hin, bei dem Vorwissen, Interesse und Erwartung den Wahrnehmungsprozeß leiten (↗ *Literaturpsychologie*).

So traten von Anfang an die sprachverarbeitenden, komplexen und geschichteten Teilprozesse und Leistungen beim Lesen in Erscheinung (Huey). Sie wurden im Rahmen einer behavioristischen Psychologie zeitweise zu bloßen Reiz-Reaktions-Phänomenen verkürzt, erfuhren aber auf dem Boden einer Kognitiven Psychologie (im Verein mit einer konstruktivistischen Gedächtnistheorie und der neuen ,KünstlichenIntelligenz'-Forschung; vgl. Gross, Neisser, Rickheit/Strohner) ihre angemessene sprachpsychologische Beschreibung. Seit geraumer Zeit werden sie mit Hilfe modelltheoretischer Konstrukte als komplexes Ensemble induktiver (datengetriebener) und deduktiver (wissensgesteuerter) Operationen interpretiert (Rayner / Pollatsek).

Die literaturwissenschaftliche Entdekkung der Leserrolle und die darauf aufbauende Rezeptionstheorie (Weinrich, Jauß, Iser) leisteten einen eigenständigen Beitrag zum Verständnis der Bedeutungs- und Sinnkonstitution im Leseakt; auf der Grundlage einer ↗ *Rezeptionsästhetik* literarischer Texte erschloß sich die fundamentale Wechselwirkung zwischen textlich veranlaßter Steuerung und lesebedingter Sinnkonkretisierung (↗ *Leerstelle*). Sie überführte das Lesen in den Status des (Mit-)Produzierens und bestätigte somit die psychologische Konzeption des Lesens als schöpferischer Aktivität, deren Ausmaß an Willkür bzw. Regularität im Koordinatenfeld einer sprachphilosophisch zu fassenden Dialektik zwischen individuellem ,Sprachbesitz' und allgemeiner ,Sprachteilhabe' (Schleiermacher) zu vermessen wäre. Hinzu kommen sozialgeschichtliche (Chartier) und empirische Erkundungen zur Textverständlichkeit (Groeben, ↗ *Rezeptionsforschung*), zum literarischen Verstehensprozeß (Viehoff) und zur lesebiographischen Sozialisation (↗ *Leser*).

Lit: Richard Alewyn: Klopstocks Leser. In: Fs. Rainer Gruenter. Hg. v. Bernhard Fabian. Heidelberg 1978, S. 100–121. – Hugo Aust: Lesen. Überlegungen zum sprachlichen Verstehen. Tübingen 1983. – H. A.: Lesen und Interpretieren. In: SuLWU 17 (1986), S. 31–46. – Alfred Clemens Baumgärtner (Hg.): Lesen – Ein Handbuch. Hamburg 1973. – Harold Bloom: A map of misreading. New York 1975. – Hans Blumenberg: Die Lesbarkeit der Welt. Frankfurt 1981. – Roger Chartier: Lesewelten: Buch und Lektüre in der frühen Neuzeit. Frankfurt 1990. – R. C., Guglielmo Cavallo (Hg.): Die Welt des Lesens: Von der Schriftrolle zum Bildschirm. Frankfurt 1999. – Rolf Engelsing: Analphabetentum und Lektüre. Stuttgart 1973. – R. E.: Der Bürger als Leser. Stuttgart 1974. – Elisabeth Feldbusch: Geschriebene Sprache. Berlin 1985. – Angela Fritz: Leseforschung in einer Mediengesellschaft. In: IASL 15 (1990), S. 202–216. – A. F., Alexandra Suess: Lesen. Konstanz 1986. – Hans-Georg Gadamer: Hören – Sehen – Lesen. In: Antike Tradition und Neuere Philologien. Hg. v. Hans-Joachim Zimmermann. Heidelberg 1984, S. 9–18. – Eleanor J. Gibson, Harry Levin: Die Psychologie des Lesens [1975]. Stuttgart 1980. – Hans Glinz: Sprache und Schrift. In: Zs. für Germanistik 7 (1986), S. 160–182. – Helmut Göhler u. a. (Hg.): Buch, Lektüre, Leser. Berlin, Weimar 1989. – Herbert G. Göpfert u. a. (Hg.): Lesen und Leben. Frankfurt 1976. – Norbert Groeben: Leserpsychologie: Textverständnis – Textverständlichkeit. Münster 1982. – Sabine Gross: Lese-Zeichen. Kognition, Medium und Materialität im Leseprozeß. Darmstadt 1994. – Hartmut Günther: Schriftliche Sprache. Tübingen 1988. – Eva-Maria Hanebutt-Benz (Hg.): Die Kunst des Lesens. Frankfurt [2]1989. – Edmund Burke Huey: The psychology and pedagogy of reading [1908]. Cambridge/Mass. 1977. – Wolfgang Iser: Der Akt des Lesens. München 1976. – Hans Robert Jauß: Wege des Verstehens. München 1994. – Leser und Lesen im 18. Jh. Hg. v. d. Arbeitsstelle Achtzehntes Jh. Heidelberg 1977. – Manfred Naumann u. a.: Gesellschaft, Literatur, Lesen. Berlin, Weimar 1973. – Ulric Neisser: Kognitive Psychologie [1967]. Stuttgart 1974. – Peter v. Polenz: Die Schreib- und Lese-Expansion um 1400 als Einleitung der frnhd. Epoche. In: Soziokulturelle Texte zur Sprach- und Literaturentwicklung. Fs. Rudolf Große. Hg. v. Sabine Heimann. Stuttgart 1989, S. 67–80. – Keith Rayner, Alexander Pollatsek: The psychology of reading. Englewood Cliffs 1989. – Gert Rickheit, Hans Strohner: Grundlagen der kognitiven Sprachverarbeitung. Tübingen, Basel 1993. – Paul Saenger: Space between words. The origins of silent reading. Stanford 1997. – Rudolf Schenda: Volk ohne Buch. Frankfurt 1970. – Wieland Schmidt: Vom Lesen und Schreiben im späten Mittelalter. In: PBB 95 (1973), S. 309–327. – Erich Schön: Der Verlust der Sinnlichkeit oder Die Verwandlungen des Lesers. Stuttgart 1987. – Manfred Günter Scholz: Hören und Lesen. Wiesbaden 1980. – Dietrich Sommer u. a. (Hg.): Leseerfahrung, Lebenserfahrung. Berlin, Weimar 1983. – Reinhold Viehoff: Literarisches Verstehen. In: IASL 13 (1988), S. 1–39. – Harald Weinrich: Lesen – schneller lesen – langsamer lesen. In: Neue Rundschau 95 (1984), S. 80–99. – Reinhard Wittmann: Buchmarkt und Lektüre im 18. und 19. Jh. Tübingen 1982.

Hugo Aust

Leser

Rezipient geschriebener oder gedruckter Texte.

Expl: Der Leser ist das Pendant zum Schreiber bzw. ↗ *Autor*, seit Texte nicht mehr nur durch Vortrag, d. h. durch Hören vermittelt werden. Der Begriff ist insofern an eine schriftkonstituierte literarische Kultur gebunden. Der Oberbegriff ‚Rezipient‘ (↗ *Rezeption*) muß medienspezifisch aufgefächert werden (↗ *Medien*); der Leser ist insbesondere vom Zuhörer (↗ *Hörer*) und Zuschauer (↗ *Theater*, ↗ *Film*) abzugrenzen. Leser-Anreden in literarischen Texten (z. B. „geneigter Leser“) sind in der Regel als Kollektivsingular oder als fiktionales Spiel zu verstehen.

Die ↗ *Rezeptionsästhetik* entwickelte zur Beschreibung von Textstrukturen das Konstrukt eines *Impliziten Lesers* (↗ *Appellstruktur*), der allerdings nicht gleichbedeutend mit dem tatsächlichen Leser ist, sondern eine durch die Strategien des Textes definierte Rolle darstellt.

WortG/BegrG: vgl. ↗ *Lesen*. Im Mittelalter und in der Frühen Neuzeit (so bei Luther), vereinzelt auch noch bis zur Gegenwart, hat *Leser* auch die Bedeutung ‚Vorleser‘ (analog zu lat. *lector*; DWb 12, 787).

SachG: Obwohl die Fähigkeiten des Lesens und Schreibens in Griechenland bereits im 7. und 6. Jh. v. Chr. allgemein verbreitet waren, trat erst im Hellenismus (4. und 3. Jh. v. Chr.) neben freien Vortrag und Vorlesen eine Kultur des individuellen Lesers, der die Erfahrung des literarischen Textes unmittelbar im Leseakt selbst gewinnt. Doch waren bei der Rezeption eines geschriebenen (und später gedruckten) Textes gemeinsame Rezeption einer Gruppe durch Vorlesen bzw. Zuhören und individuelle Rezeption einzelner Leser nicht von vornherein kategorisch getrennt. Soweit es nicht pragmatischen oder wissenschaftlichen Zwecken diente, sondern ästhetischen oder kultisch-religiösen, geschah das Lesen in der Antike und im Mittelalter in der Regel mit lauter Stimme (,alta voce'). Das galt z. T. bis in die Neuzeit, unterschiedlich nach verschiedenen Lesertypen (z. B. professionellen oder nichtprofessionellen Lesern) und nach Gattungen, wobei man sich Prosa schon früh (Romane möglicherweise von Anfang an) ,stumm', Lyrik und Dramen teilweise bis ins 18. Jh. laut gelesen vorzustellen hat. Die Fähigkeit, einen literarischen Text nicht ,nur mit den Augen', sondern laut lesen zu können, galt als höhere literarische Rezeptionskompetenz.

Ab dem 5./6. Jh. n. Chr. gab es keine breite Lesekultur mehr; bis ins 12. Jh. bewahrten nur Klöster Reste der Schriftkultur. Seit dem 12./13. Jh. setzte sich im europäischen Sprachraum die Schriftlichkeit durch, immer stärker auch in den Volkssprachen; aber erst im 15. Jh. wurde es in Deutschland üblicher, in der Muttersprache statt im Lateinischen lesen und schreiben zu lernen. Im Hochmittelalter konnten außer Klerikern meist nur die Damen der höfischen Gesellschaft lesen, männliche Laien nur in wenigen Ausnahmen (deren Erwähnung gerade ihren Status als Ausnahme bestätigt). Erst im 14./15. Jh. wuchs die Zahl derer, die lesen konnten, auch im städtischen Bürgertum. Man las neben den Gebrauchstexten in Handel und Verwaltung vor allem religiös-erbauliche Texte. Die Erfindung des Buchdrucks veränderte das Lesen nur langfristig, da sein Publikum zunächst dasselbe wie das der handgeschriebenen Bücher war. Bis ins 19. Jh. lernte man zuerst lesen; wenn man dies beherrschte, begann man schreiben zu lernen.

Für historische Epochen genauere Leser-Quoten zu bestimmen, ist allerdings kaum möglich; die großen regionalen Unterschiede erlauben keine Generalisierung (sie reichen z. B. im deutschsprachigen Raum um 1800 von ca. 15% bis fast 80% Lesefähigen). Auch ist Lesenkönnen ein Spektrum abgestufter Fähigkeiten. Vor allem besteht ein Unterschied zwischen potentiellen und tatsächlichen Lesern. So betrug im deutschsprachigen Raum um 1500, bei deutlich mehr Lesefähigen, der Anteil tatsächlicher regelmäßiger Leser (von Lesestoff aller Art) ca. 1–2%, um 1600 maximal 2–4%. Auch noch in der 1. Hälfte des 18. Jhs. war die Zahl der Leser sehr klein. Zwar erreichten die ↗ *Zeitungen* – wegen des Vorlesens 10 Leser bzw. Hörer pro Exemplar gerechnet – um 1700 über 250 000, um 1800 ca. 3 000 000 Rezipienten. Indes betrug die Zahl der regelmäßigen Belletristikleser (etwa: mindestens ein Buch pro Jahr) im 17. und frühen 18. Jh. nur wenige tausend; auch zur Zeit der deutschen Klassik betrug ihr Anteil kaum 1% der Erwachsenen (Schön 1997). Die Zunahme der Leser im 19. Jh. war vor allem technischen Innovationen der Papier- und Buchproduktion (↗ *Beschreibstoff*) zu verdanken. Sie bewirkten in der 2. Hälfte des Jhs. Massenproduktion und billigere Bücher, insbesondere aber eine Zunahme der Zeitungen, Zeitschriften und Kolportageliteratur. Nach der qualitativen Leserevolution des 18. Jhs., durch die sich bei einer kleinen Zahl von Lesern moderne Leseweisen herausbildeten, war die Leserevolution der 2. Hälfte des 19. Jhs. eine quantitative, die ein Massen-Publikum hervorbrachte. Im Bürgertum wurde eine am Bildungsbegriff orientierte normative Vorstellung von ,Lesen' entwickelt, die bis heute das Bild von ,Lesekultur' prägt. Das Bürgertum las aber tatsächlich Familien- und Unterhaltungszeitschriften (wie die ,Gartenlaube') sowie Leihbibliotheksromane, die Unterschicht ↗ *Kolportage*-Literatur. Im 20. Jh. bzw. gegenwärtig wird das Lesen vor allem durch die Ausweitung der Bildung, den Wandel beruflicher Qualifikationen und das Aufkommen von Kino, Radio, Fernsehen und der ,Neuen Medien' bestimmt.

Relativ stabil ist die für viele Industriestaaten geltende Relation, daß die regelmäßigen Leser (die mehrmals pro Woche in einem Buch lesen) gut ein Drittel der Bevölkerung ausmachen, die gelegentlichen und seltenen Leser ein Drittel; ein knappes Drittel sind Nicht-Leser. Dabei steigt die Bedeutung des Lesens mit Bildung und sozialer Schicht. Männer tendieren eher zu zweckorientiertem, Frauen zu literarischem Lesen (was nicht nur verschiedene Lesestoffe, sondern auch verschiedene Leseweisen bedeutet). Jüngere Menschen lesen, insbesondere in der Pubertät und Adoleszenz, mehr als ältere. Die Weichen für die Lesebiographie werden in der Kindheit gestellt, sie ist geschlechtsspezifisch und abhängig von Instanzen wie Familie und Schule.

Lesen steht zunehmend nicht in Konkurrenz zu, sondern in funktionaler Interdependenz mit der Nutzung anderer Medien. Soziale Merkmale der Leser verlieren an Bedeutung; wichtig bleiben Bildung und Geschlecht; die Polarisierung der Geschlechter in ihrem Leserverhalten wird sogar stärker. Lesen, Belesenheit, Buchbesitz u. ä. verlieren an Prestigewert, operationales Lesen gewinnt gegenüber dem Lesen von schöner Literatur an Bedeutung. Die Polarisierung von regelmäßigen Lesern, die zugleich kompetentere Nutzer auch anderer Medien sind, und Wenig- oder Nicht-Lesern wird stärker.

ForschG: Für die Geschichte des Lesers waren die Arbeiten von Engelsing und Schenda seit den 1970er Jahren mit ihrer Verbindung zur Sozialgeschichte bzw. Volkskunde bahnbrechend; in ihrer Folge rückte vor allem das 18. Jh. in den Blick, in dem sich die modernen Lesegewohnheiten herausbilden.

Rezeptionsforschung als Untersuchung der Aufnahme von Autoren und Werken begann schon im frühen 19. Jh., eine soziologische Leserforschung dagegen erst um 1900, verstärkt in den 1920er Jahren. Eine empirisch-sozialwissenschaftliche Leserforschung setzte in Deutschland in den 1950er Jahren ein, in den 1960er und 1970er Jahren vor allem als Buchmarktforschung. Anstöße kamen in den siebziger Jahren zunächst von der Trivialliteraturforschung, die die Präferenz trivialer Literatur bei (Unterschichts-)Lesern von den sozialen Merkmalen ihrer Leser her erklären wollte.

Gegenwärtig interessiert sich die Forschung − auch, da angesichts der audiovisuellen Medien das qualifizierte literarische Lesen bedroht erscheint − vor allem für die literarische Sozialisation. Lesen wird nicht mehr isoliert, sondern im Kontext des gesamten Medienverhaltens betrachtet. Methodologisches Problem ist nicht mehr die Konkurrenz, sondern die Integration quantitativer und qualitativer Verfahren, z. B. als lesebiographische Forschung.

Das Interesse der Mediävistik gilt der Medialität ihrer Gegenstände im Spannungsfeld von Mündlichkeit und Schriftlichkeit, Aufführung und Schrift. Innerhalb dieses Rahmens untersucht sie die Konstrukte, die mittelalterliche Texte von ihren Rezipienten entwerfen (Scholz, Green, Wenzel). Dabei wird kontrovers diskutiert, inwieweit diese Texte bereits ein Lektürepublikum anstelle eines Hörerpublikums voraussetzen. Leserforschung im eigentlichen Sinn entwickelt sich aus der Untersuchung von Gebrauchsspuren, etwa von Randeinträgen, die sich in mittelalterlichen Handschriften finden (z. B. Huot).

Lit: ↗ *Lesen.* − Alfred Bellebaum, Ludwig Muth (Hg.): Leseglück. Opladen 1996. − Hans E. Bödeker: D'une „histoire littéraire du lecteur" à l'„histoire du lecteur". In: Histoires de la lecture. Hg. v. Roger Chartier. Paris 1995, S. 93−124. − Heinz Bonfadelli: Leser und Leseverhalten heute − Sozialwissenschaftliche Buchlese(r)forschung. In: Franzmann u. a., S. 86−144. − Hartmut Eggert, Christine Garbe: Literarische Sozialisation. Stuttgart 1995. − Rolf Engelsing: Der Bürger als Leser. Stuttgart 1974. − Bodo Franzmann u. a. (Hg.): Hb. Lesen. München 1999. − Christine Garbe u. a. (Hg.): Lesen im Wandel. Lüneburg 1997. − Hans-Martin Gauger: Die sechs Kulturen in der Geschichte des Lesens. In: Goetsch 1994, S. 27−47. − Paul Goetsch (Hg.): Lesen und Schreiben im 17. und 18. Jh. Tübingen 1994. − Dennis Green: Hören und Lesen. In: Erscheinungsformen kultureller Prozesse. Hg. v. Wolfgang Raible. Tübingen 1990, S. 23−44. − D. G.: Medieval listening and reading. Cambridge u. a. 1994. − Norbert Groeben, Peter Vorderer: Leserpsychologie: Lesemotivation − Lektürewirkung. Münster 1988. − Sylvia Huot: The ‚Romance of the rose' and its medieval readers. Cambridge u. a. 1993. − Georg Jäger: Historische Lese(r)forschung. In: Die Erforschung der Buch- und Bibliotheksgeschichte in Deutschland. Hg. v. Werner Arnold u. a. Wiesbaden 1987, S. 485−507. − Walter Klingler u. a. (Hg.): Medienrezeption seit 1945. Baden-Baden 1998. − Lesen im internationalen Vergleich. Hg. v. der Stiftung Lesen. Teil 1: Mainz 1990; Teil 2: Berlin, München 1995. − Lesesozialisation. Eine Studie der Bertelsmann-Stiftung. 2 Bde. Gütersloh 1993. − Alberto Martino: Die deutsche Leihbibliothek. Wiesbaden 1990. − Ludwig Muth: Der befragte Leser: Buch und Demoskopie. München u. a. 1993. − Marlies Prüsener: Lesegesellschaften im 18. Jh. In: AGB 13 (1972), Sp. 369−594. − Cornelia Rosebrock (Hg.): Lesen im Medienzeitalter. Weinheim, München 1995. − Rudolf Schenda: Volk ohne Buch. Frankfurt 1970, ³1988. − R. S.: Alphabetisierung und Literarisierungsprozesse in Westeuropa im 18. und 19. Jh.. In: Sozialer und kultureller Wandel in der ländlichen Welt des 18. Jhs. Hg. v. Ernst Hinrichs und Günter Wiegelmann. Wolfenbüttel 1982, S. 1−19. − Manfred Günter Scholz: Hören und Lesen. Wiesbaden 1980. − Erich Schön: Der Verlust der Sinnlichkeit oder die Verwandlungen des Lesers. Stuttgart 1987, ²1993. − E. S.: Vorlesen, Literatur und Autorität im 18. Jh. In: Histoires du livre, nouvelles orientations. Hg. v. Hans E. Bödeker. Paris 1995, S. 199−224, 473−475. − E. S.: Publikum und Roman im 18. Jh. In: ,Öffentlichkeit' im 18. Jh. Hg. v. Hans-Wolf Jäger. Göttingen 1997, S. 295−326. − E. S.: Kein Ende von Buch und Lesen. Entwicklungstendenzen des Leseverhaltens in Deutschland − Eine Langzeitbetrachtung. In: Lesen im Umbruch. Hg. v. d. Stiftung Lesen. Baden-Baden 1998, S. 39−77. − E. S.: Geschichte des Lesens. In: Franzmann u. a. 1999, S. 1−85. − Rüdiger Steinlein: Vom geselligen Hörer zum einsamen Leser. In: Erzählen. Hg. v. Johannes Merkel und Michael Nagel. Reinbek 1982, S. 156−171. − Martin Welke: Gemeinsame Lektüre und frühe Formen von Gruppenbildungen im 17. und 18. Jh. In: Lesegesellschaften und bürgerliche Emanzipation. Hg. v. Otto Dann. München 1981, S. 29−53. − Horst Wenzel: Hören und Lesen, Schrift und Bild. München 1995. − Reinhard Wittmann: Buchmarkt und Lektüre im 18. und 19. Jh. Tübingen 1982.

Erich Schön

Lesung ↗ *Distribution*

Lexikon

Verzeichnis von Wörtern, das aus zweiteiligen ,Artikeln' (Einträgen) mit Stichwort (Lemma, Explicandum) und Erklärung (Explicatio) besteht, meist in alphabetischer Ordnung.

Expl: Eine pragmatische Definition von *Lexikon* ist durch Kontrastierung zum reinen WÖRTERBUCH möglich. Beide lassen sich von ihrer Struktur her als Verzeichnis von Wörtern definieren, denen eine Erklärung hinzugefügt wird, sei es eine bloß sprachliche, etwa durch Angabe der Etymologie oder durch Übersetzung in eine andere Sprache, sei es durch Explikation des Begriffs. Nach Art und Zweck der Erklärung lassen sich dann *Wörterbücher* (genauer: *Sprachwörterbücher*; selten auch als *Lexika* bezeichnet) und *Lexika* (*Sachlexika, Reallexika*; bisweilen auch als *Sachwörterbücher* oder *enzyklopädische Lexika* bezeichnet) unterscheiden. Vorgebildet ist die nachfolgende Differenzierung in der Typologie der ,Lexika' im Zedler: „Die eine Art derselben hat es mit denen Sprachen, die andere mit denen Wissenschafften zu thun" (Zedler 58, 68).

(1) (Sprach-)Wörterbücher können sich auf den gesamten gebräuchlichen (respektive überlieferten) Wortschatz einer Sprache ebenso erstrecken wie auf deren Teilbereiche, z. B. eine Fach- oder Sondersprache oder den Wortschatz eines Autors. Fachsprachliche Wörterbücher kontrastieren oft auch den Wortschatz mehrerer Sprachen. Wörterbücher in diesem Sinne repräsentieren ,Sprachwissen'.

(2) Sachwörterbücher erklären den Begriff, der mit dem lemmatisierten Wort bezeichnet wird, in seinem Kontext, repräsentieren also ,Weltwissen'. Die Sachwörterbücher können typologisch unterteilt werden: (a) nach dem Umfang des Inhalts in ,Universallexika', deren Einträge aus allen Sinnbereichen stammen, und ,Speziallexika', deren Lemmata sich auf bestimmte Themen wie Fachdisziplinen, Epochen, Personengesamtheiten usw. erstrecken; (b) nach der Form der Darstellung in enzyklopädische Werke mit weitem Stichwort und im strengen Sinne lexikalische mit engem Stichwort.

Jedoch scheitern alle Versuche einer strikten Abgrenzung des ‚mikrologisch‘ verfahrenden Lexikons (franz. *dictionnaire*, ital. *dizionario*, engl. *dictionary*) von der ‚makrologisch‘ orientierten ↗ *Enzyklopädie* (frz. *encyclopédie*, ital. *enciclopedia*, engl. *encyclopedia*) an der denominatorischen Praxis, die beide Ausdrücke häufig synonym gebraucht.

WortG: Das griech. Wort λεξικόν [lexikón] ‚Wörterverzeichnis‘ ist nicht antik, sondern wie λεξικογραφία [lexikographía] ‚Lexikon-Erstellung‘ erst in byzantinischer Zeit aufgekommen (vgl. Alpers, 14). Antik sind dagegen die Ausdrücke λέξις [léxis] (eigentlich: ‚Rede(weise)‘, ‚Stil‘) bzw. γλῶσσα [glóssa] für ein ‚Wort‘, das nach der Definition bei Aristoteles von ‚anderen‘ verwendet wird, im Gegensatz zu dem κύριον [kýrion] ‚Festgesetzten‘ (lat. *proprium*) der eigenen Sprache (‚Poetik‘ 1457b 4 f.). Die Termini ‚léxis‘ oder ‚glóssa‘ (↗ *Glosse₁*) bezeichnen hier also abweichend von unserem Sprachgebrauch nicht die Erklärung, sondern das zu erklärende Wort. − Im 17. Jh. wird schon als deutsche Entsprechung *Wörterbuch* vorgeschlagen (Schulz-Basler 2, 23).

BegrG: Die griechischen Philologen der Antike haben, ohne ein spezielles Wort für das ‚Lexikon‘ zu benutzen, einen deutlichen Begriff von der Sache gehabt, jedoch die erklärenden Funktionen nur auf das sprachliche Verständnis historisch oder − in den ‚Onomastika‘ (vgl. SachG) − dialektal bedingter Differenzen beschränkt. Die byzantinischen Gelehrten haben den Begriff um die bio-bibliographische Komponente erweitert. Die Vorstellung vom Lexikon als Kondensat und Speicher von Wissen ist dagegen in der römischen Enzyklopädik entwickelt und über die entsprechenden mittelalterlichen Werke an die Neuzeit vermittelt worden.

SachG: Die Lexika haben ihren Ursprung in der griechischen Schulpraxis, wie sie aus Zeugnissen der Alten Komödie erschlossen werden kann. Der Unterricht bezog sich auf die Homerischen Epen mit ihrer Kunstsprache und die in Dialekten geschriebene Chor- und Einzellyrik. Zum Verständnis obsolet gewordener oder aus den Dialekten stammender ‚glóssai‘ benötigten Lehrer wie Schüler erklärende Hilfsmittel. Ihre Anlage spiegelt entweder die Reihenfolge des Vorkommens im erklärten Text oder läßt überhaupt kein Ordnungsprinzip erkennen. Das älteste alphabetische Glossar stammt mit großer Wahrscheinlichkeit von dem alexandrinischen Homer-Philologen Zenodot, der die Nützlichkeit dieses Ordnungsprinzips vermutlich bei der Katalogisierung der Bibliothek im Museion entdeckte. Dennoch hat sich das praktische Prinzip der alphabetischen Ordnung zunächst nur schwer gegenüber dem systematischen nach Sachgruppen behauptet, das Kallimachos in den ‚Ethnikai onomasiai‘ eingeführt, mit denen er den Lexikontyp des (dialektgeographischen) ‚Onomastikons‘ begründet hat. In den kaiserzeitlichen Kompilationen der zahllosen Homer-Lexika und in den Lexika zum medizinischen ‚Corpus Hippocraticum‘ setzt sich die meist nur den ersten, höchstens die ersten drei Buchstaben berücksichtigende Alphabetisierung allmählich durch; die Herkunft der Lexika aus der Glossographie bleibt jedoch am Verzicht auf eine normierte Ansetzung der Lemmata im Nominativ erkennbar − bis hin zum Hesych-Lexikon (6. Jh.), dessen Erstdruck durch Aldus Manutius (1514) wesentlich die Hinwendung der Humanisten zum Griechischen bestimmt hat, und im Lexikon des Suidas (sog. ‚Suda‘, um 1000), das durch seine umfangreichen bio-bibliographischen Artikel ein neues inhaltliches Element in die Lexikographie eingeführt. Die vorwiegend sprachwissenschaftliche Orientierung der griechischen Lexikographie geht letztlich bis auf Platons ‚Kratylos‘ zurück.

Als Instrumente der Vermittlung von Wissen sind Lexika im griechisch-byzantinischen Raum nie benötigt worden, weil die Bücher der Grammatiker, Mathematiker, Botaniker, Mediziner usw. im Original zur Verfügung standen. Dagegen ist die römische Enzyklopädik seit ihren Anfängen bei Varro, Celsus und dem älteren Plinius (‚Naturalis historia‘) auf die kondensierende und konservierende Tradition der griechischen Fachliteratur ausgerichtet gewesen.

Seit der sog. ‚Epitome' des Festus (2. Jh. n. Chr.) überwiegen die sachlichen Erklärungen die sprachlichen immer stärker. Während Festus alphabetisch Einzelbeleg an Einzelbeleg reiht, bieten die 20 Bücher der ‚Etymologiae' des Isidor von Sevilla (ca. 570−636) eine systematisch nach Sachgebieten geordnete Enzyklopädie. Dieser Tendenz zu systematischer Ordnung − bei Vinzenz von Beauvais (13./14. Jh.) etwa nach den Gebieten ‚Kosmos', ‚Geschichte', ‚Wissenschaften' und ‚Ethik' − folgt die lateinische Enzyklopädik des Mittelalters, in der − wie bei Bartholomäus Anglicus oder in der Naturkunde Konrads von Megenberg − die Wort- gegenüber den Sacherklärungen nur noch geringen Raum einnehmen. Immer noch speist sich auch das Wissen der zahlreichen Summen (etwa des für Zwecke des Unterrichts komprimierten ‚Summarium Heinrici') und ‚Specula' (↗ *Spiegel*) aus den ‚Etymologiae' des Isidor von Sevilla.

Einen unabhängigen Strang, der auf das ‚Elementarium doctrinae rudimentum' des italienischen Klerikers Papias (um 1050) zurückgeht, bilden die einsprachigen alphabetischen lateinischen Wörterbücher, wie das ‚Catholicon' (1286) des Johannes de Janua (Johannes Balbus von Genua), das seinerseits die spätmittelalterlichen zweisprachigen lateinisch-deutschen Glossare beeinflußt, etwa den ‚Brevilogus' und den ‚Vocabularius Ex quo'.

Nach der Einführung des Buchdrucks sind im 16. und 17. Jh. zahlreiche in lateinischer Sprache abgefaßte Speziallexika für die ‚gelehrten Stände' verfaßt worden, die das Wissen der vier Fakultäten der Universitäten darbieten. Die konfessionelle Spaltung impliziert Differenzierungen auch bei den großen System-Entwürfen der barocken Enzyklopädik, z. B. der ‚Scientiarium omnium Encyclopedia' (1630) des reformierten Herborner Polyhistors J. H. Alsted. Neben den lateinisch geschriebenen Werken erscheinen, besonders in Frankreich, bereits seit Ende des 16. Jhs. volkssprachliche Nachschlagewerke, die sich besonders auf die ↗ *Artes mechanicae* und die Architektur, aber auch auf deren mathematischen Grundlagen erstrecken. Mit dem ‚Grand dictionnaire historique de l'histoire sacrée et profane' von L. Moréri (zuerst 1674) beginnt die lange Reihe der vorwiegend biographisch-historisch und geographisch orientierten Universallexika, die sich auch an ein nicht-gelehrtes Laien-Publikum richten, an die später sog. ‚gebildeten Stände'. An konzeptioneller Überzogenheit erstickt ist nach 7 Bänden (mit allein 27 000 Einträgen zum Buchstaben A) das größte je geplante Lexikon, die italienische ‚Biblioteca universale sacro-profana' (1701−1709) des venezianischen Franziskaners V. Coronelli.

Diese Werke markieren zugleich den Wechsel von enzyklopädischen Systemkonzepten zum Pragmatismus alphabetischer Präsentation des Wissens, der sich im 18. Jh. endgültig durchsetzt. Das kritische Potential der Aufklärung wird in der Lexikographie sehr früh wirksam, zum ersten Mal in dem ‚Dictionnaire historique et critique' des Protestanten P. Bayle (zuerst 1695−1697), von dem bereits 1709 eine englische Übersetzung erschienen und das J. Chr. Gottsched 1741−1744 ins Deutsche übertragen hat. Er hat auch an dem ‚Großen vollständigen Universal-Lexicon aller Wissenschaften und Künste' (1732−1750, 64 Bde.) des Leipziger Verlegers J. H. Zedler mitgewirkt, das zugleich Zusammenfassung vieler Speziallexika und Konkurrent kleinerer Werke gewesen ist, etwa des im ganzen 18. Jh. vielbenutzten ‚Realen Staats- und Zeitungs-Lexicons' (zuerst 1704) von J. Hübner.

Aus dem Plan, die ‚Cyclopedia, or an Universal Dictionary of Arts and Sciences' von E. Chambers (zuerst 1728; ital. bezeichnend ‚Dizionario universale', 1749) ins Frz. zu übersetzen, ist die von Diderot und d'Alembert begründete, epochemachende ‚Encyclopédie ou dictionnaire raisonné des sciences, des arts et des métiers' (zuerst 1751−1777) hervorgegangen.

Die Lexika vermehren sich durch weitere Spezialisierung nach Adressaten (Frauenlexika) und Gegenständen (z. B. ‚Gründliches mythologisches Lexicon' von B. Hederich, ²1770), vor allem aber durch eine nach dem Erfolg von J. Th. Jablonkis zuerst 1721 erschienenen ‚Allgemeinen Lexicon der Künste und Wissenschaften' ständig wachsende

Zahl von ‚Konversationslexika‘, die ihren Charakter im Titel oft nicht zu erkennen geben, wie etwa das ‚Philosophische Lexicon‘ (1733) von J. G. Walch. Die ‚Ökonomisch-technologische Enzyklopädie‘ von J. G. Krünitz (1773–1858, 242 Bde.) und die von J. S. Ersch und J. G. Gruber herausgegebene ‚Allgemeine Encyklopädie der Wissenschaften und Künste‘ (1818–1889, 167 Bde., unvollendet) stellen die letzten Versuche dar, Lexikographie noch einmal so intensiv und extensiv zu betreiben wie die französische ‚Encyclopédie‘.

Beim gelehrten und bürgerlichen Publikum setzt sich im 19. Jh. das große alphabetische Universallexikon durch, das im deutschen Sprachgebiet oft mit einem vereinzelt schon zu Anfang des 18. Jhs. vorkommenden Ausdruck als *Konversationslexikon* bezeichnet wird. Zu diesem Typus gehören das extrem mikrologische ‚Universal-Lexikon oder vollständige encyclopädische Wörterbuch‘ von H. A. Pierer (zuerst 1832–1836) sowie die bekannten Unternehmen der Häuser Brockhaus, Meyer und Herder, die alle durch wiederholte Neuauflagen und Supplemente aktualisiert werden.

Vergleichbare Werke erscheinen in allen großen europäischen Sprachen, nicht selten handelt es sich dabei um partielle Übersetzungsfiliationen: die ‚Encyclopedia Americana‘ besteht ebenso wie die erste russische Enzyklopädie weitgehend aus übersetzten Artikeln aus dem Brockhaus. Im englischsprachigen Raum entfalten die verschiedenen Ausgaben der (noch ins 18. Jh. zurückreichenden) ‚Encyclopedia Britannica‘, im spanischsprachigen die nach dem Verlag als ‚Espasa‘ bezeichnete ‚Enciclopedia universal […] Europeo-Americana‘, in Frankreich der ‚Larousse‘ und in Italien die ‚Enciclopedia italiana‘ größte Wirkung bis in die Gegenwart, in der Lexika mehr und mehr auch als elektronische Publikationen mit multimedialen Nutzungsmöglichkeiten erscheinen.

ForschG: Nur die Klassische Philologie und die Mediävistik haben bislang den Lexika angemessene Aufmerksamkeit gewidmet. Für die Neuzeit hat die Philosophiegeschichte Lexika als ideengeschichtliche Quellen wahrgenommen, während Geschichts-

wissenschaft und Philologien die Nachschlagewerke für Untersuchungen von Mentalitäten, Stereotypen und imagologischen Fragen vernachlässigt haben. Größere Studien zur französischen ‚Encyclopédie‘ sind, wie die meisten Arbeiten zu den Lexika des 18. Jhs., von buchhandelsgeschichtlichen Fragen geleitet. Seit 1997 betreut die Kulturstiftung der Länder (Berlin) ein international ausgerichtetes Projekt, das die bibliographische und inhaltliche Erschließung sowie die sukzessive Bereitstellung historischer Lexika in digitalisierter Form zum Ziel hat.

Lit: ↗ *Bibliographie,* ↗ *Enzyklopädie,* ↗ *Glosse₁.* – Klaus Alpers: Griechische Lexikographie in Antike und Mittelalter. In: Koch 1990, S. 14–38. – Robert Darnton: The business of enlightenment. A publishing history of the Encyclopédie 1775–1800. Cambridge/Mass., London 1979. – Klaus Grubmüller: Die deutsche Lexikographie von den Anfängen bis zum Beginn des 17. Jhs. In: Wörterbücher. Dictionaries. Dictionnaires. Hg. v. Oskar Reichmann und Herbert Ernst Wiegand. Berlin 1990, S. 2037–2049. – Walther Killy: Große deutsche Lexika und ihre Lexikographen 1711–1835. München 1993. – Hans-Albrecht Koch: Biographische Lexika. In: Welt der Information. Hg. v. H.-A. K. Stuttgart 1990, S. 97–108. – Sebastian Neumeister: Pierre Bayle oder die Lust der Aufklärung. In: Koch 1990, S. 62–78. – Alain Rey: Encyclopédies et dictionnaires. Paris 1982. – Jochen Splett: Lateinische und alt- bzw. mittelhochdeutsche Lexikographie. In: Koch 1990, S. 39–48. – Giorgio Tonelli: A short title list of subject dictionaries of the 16th, 17th, and 18th centuries. London 1971. – Anja vom Hingst: Die Geschichte des Großen Brockhaus. Wiesbaden 1995. – Carsten Zelle (Hg.): Enzyklopädien, Lexika, Wörterbücher im 18. Jh. Das achtzehnte Jh. 22 (1998), H. 1. – Gert A. Zischka: Index lexicorum. Wien 1959.

Hans-Albrecht Koch

Libretto

Textbuch eines zur Vertonung bestimmten dramatischen Werkes.

Expl: Ein Text, der zu Vertonung und szenischer Aufführung bestimmt, also nicht autonom ist. Im weiteren Sinne spricht man auch vom Libretto eines ↗ *Oratoriums* (ohne szenische) oder eines ↗ *Balletts* (ohne akustische Realisierung eines Textes); ohne weitere Attribute ist in der Regel der Text einer ↗ *Oper* gemeint, von dem sich Libretti zu ↗ *Operetten* oder ↗ *Musicals* nicht prinzipiell unterscheiden.

Libretto kann ferner auch das meistens zur Uraufführung erstmals gedruckte (kleinformatige) Textbuch meinen (dessen Verkauf im Theater zum Mitlesen vielfach eine Einnahmequelle des Autors darstellte). Angaben zum ↗ *Nebentext*, ↗ *Bühnenbild* und zur Besetzung machen das Libretto zu einer wichtigen Quelle auch für die Aufführungspraxis.

WortG: Diminutiv des italienischen *libro* nach lat. *liber*, wörtlich also ‚Büchlein‘: im Italienischen bis heute auch für andere kleine Druckwerke üblich. In viele Sprachen als Fremdwort übernommen (so von Richardson ins Engl. 1742; OED 8, 890); im Deutschen 1837 erstmals nachgewiesen (in der Autobiographie des Theatermannes und Schriftstellers Lewald, 105; Schulz-Basler 2, 26).
August Lewald: Aquarelle aus dem Leben. Bd. 4. Mannheim 1837.

BegrG: Die ersten Operntexte trugen Gattungsbezeichnungen wie *Drama* oder *Tragödie*; im Untertitel wurde auf die zugehörige Musik verwiesen. Im Laufe des 17. und 18. Jhs. entstanden Komposita wie *Singgedicht, Musikalisches Gedicht* oder *Opernbuch*; analog zum Italienischen gab es auch *Büch[e]l*. Im 19. Jh. setzte sich langsam *Libretto* durch, während gleichzeitig Richard Wagner die Ausnahmestellung seiner Texte wieder durch die Bezeichnung *Dichtung* markierte. Im 20. Jh. wurde *Libretto* als wertfreier Begriff allgemein üblich (vgl. ausführlich MGG 8, 707−727; MGG² 5, 1116−1259).

SachG: Libretti stehen von Anfang an im Spannungsfeld zwischen Literatur (Autoren orientieren sich am literarischen Zeitgeschmack), Musik (Komponisten wollen mit den Texten ihre musikalischen Vorstellungen verwirklichen) und Theater (Wünsche des Publikums, wirtschaftliche und künstlerische Möglichkeiten müssen berücksichtigt werden). Dennoch gibt es Konstanten: Da Singen mehr Zeit als Sprechen braucht, muß das Libretto kurz sein, außerdem klare Situationen, die auch gesungen verständlich bleiben, und *Redundanz* (↗ *Information*) zur Entfaltung der Musik bieten. Häufig wurde der Operntext einem bloßen ‚Gerippe‘ verglichen; trotzdem finden sich von den Anfängen bis ins 19. Jh. (vereinzelt auch noch im 20. Jh.) Belege, daß er − als trivialer oder ästhetisch reizvoller Text − auch ohne Bezug zur Musik aufgeführt oder gelesen wurde. Die deutschen Libretti sind bis ins 20. Jh. zumeist bearbeitende Übersetzungen fremdsprachiger Vorlagen, zumindest aber greifen sie auf bereits erfolgreiche Stoffe zurück. Die Zusammenarbeit zwischen Librettist und Komponist unterliegt historisch starken Veränderungen; zunächst erfolgte sie oft mit festem Auftrag und engem Kontakt zum Theater. Vor allem in Frankreich und Italien gab es auch die Kooperation mehrerer Autoren mit geteilter Zuständigkeit für dramaturgischen Aufbau und sprachliche Gestaltung. Ein immer wieder einmal (dt. z. B. bei E. T. A. Hoffmann, Lortzing oder Cornelius) auftauchender Sonderfall, der schon in der Romantik kontrovers diskutiert und unter dem Einfluß Wagners zeitweilig dominant wurde, ist der ‚Dichterkomponist‘, der „eine ächte Oper zugleich dichtet und setzt“ (Jean Paul II.3, 646).

Als erstes dt. Libretto gilt ‚Dafne‘ von Martin Opitz, 1627 nach einer ital. Vorlage für Heinrich Schütz verfasst; Operntexte (die sich kaum von denen fürs Sprechtheater unterschieden) wurden eine anerkannte Gattung der Barockliteratur. Da die großen Höfe jedoch italienische Musiker bevorzugten, gab es eine erste Blüte ab 1678 im bürgerlichen Hamburg: hier entstand ein Spektrum, das biblische, mythologische und historische Stoffe bot und auch satirisch auf die Gegenwart anspielte. Zu den wichtigsten Librettisten gehörte Barthold Feind, der bereits 1708 in seinen ‚Gedancken von der Opera‘ Shakespeare als Vorbild empfahl (Feind, 106−109).

Eine neue Ästhetik, die sich gegen Unverständlichkeit und Unglaubwürdigkeit wandte (↗ *Wahrscheinlichkeit*), fand seit Beginn des 18. Jhs. in der Oper ein geeignetes Angriffsziel (z. B. Gottsched, 740–743), zumal auch in deutsche Libretti fremdsprachige Arien eingelegt worden waren. Die weitere Entwicklung ging von den Wandertruppen aus, deren possenhafte, aus ganz Europa übernommenen Vorlagen Christian Felix Weisse zum ↗ *Singspiel* verfeinerte. Zur Förderung eines anspruchsvollen deutschsprachigen Musiktheaters gründete Joseph II. 1778 in Wien das ‚Teutsche Nationalsingspiel‘, das sich jedoch gegen die italienische Hofoper ebensowenig behaupten konnte wie das kurzfristig erfolgreiche, zur Musik rezitierte ↗ *Melodrama*. Geblieben ist die von Mozart komponierte ‚Entführung aus dem Serail‘ (1782): ein Beispiel für das norddeutsche, von Aufklärung und Empfindsamkeit beeinflußte Libretto, während die neun Jahre jüngere ‚Zauberflöte‘ Emanuel Schikaneders die süddeutsche, mit Zauberstücken und italienischer Oper verbundene Tradition verkörpert.

Zur gleichen Zeit ließ der Wunsch nach einer ernsten deutschen Oper Wieland ein ‚Alceste‘-, Herder ein ‚Brutus‘-Libretto verfassen; ansonsten dominierten in dieser sich wieder den Haupt- und Staatsaktionen zuwendenden Richtung nationale Themen, trotz des Vorbildes der italienischen ‚Opera seria‘ und ihres führenden Librettisten Metastasio (der jahrzehntelang Hofdichter in Wien war). Demgegenüber stand das heitere Reich der ‚Opera buffa‘ stark unter dem Einfluß der ↗ *Commedia dell'arte*; eine Synthese aus komischer und ernster Oper als ‚Dramma giocoso‘ gelang erst Mozarts italienischem Librettisten Lorenzo da Ponte.

Blieben bedeutende Dichter wie Wieland oder Herder auf dem Musiktheater ohne Erfolg, so klagten andererseits die Musiker über den Mangel an geeigneten Texten; die Popularität des Musiktheaters ließ im folgenden Goethe, aber auch Brentano, Grillparzer oder Mörike Libretti verfassen. Es gab eine deutliche Diskrepanz zwischen der Theorie (mit von ihr beeinflußten Libretti, die keine erfolgreichen Komponisten fanden) und literarisch schwächeren Texten, die dennoch zu Opernerfolgen führten (‚Fidelio‘ 1806/14; ‚Freischütz‘ 1821). Bemü-

hungen, vermutete musikalische Meisterwerke durch spätere Textkorrekturen zu retten (Webers ‚Euryanthe‘, Bühnenwerke Schuberts), blieben immer erfolglos.

Die Tradition der Singspiele wurde von der ‚Spieloper‘ fortgesetzt: vor allem Lortzing und Fr. W. Riese (vertont von Flotow) schrieben komplexe, intelligent mit Klischees spielende Texte, deren inszenierte Naivität später oft für die der Werke genommen wurde. Gleichzeitig setzte die ‚Romantische Oper‘ bis hin zu Wagners ‚Lohengrin‘ auf existentielle Konflikte (unter Einbezug des Übersinnlichen). Die Trennung zwischen gesprochenen Prosaszenen und versifizierten musikalischen Nummern blieb in diesem Genre-Bereich bis etwa 1840 üblich. Sprech- und Musiktheater waren eng verbunden, die Autoren waren oft dieselben und gleichermaßen französisch beeinflußt. Von der zunehmenden Kritik an schlechten Operntexten (die bei erfolgreicher Vertonung dennoch nicht, wie triviale Modedramen, nach kurzer Zeit wieder verschwanden) profitierte Richard Wagner: Zwar sollten in seinem *Musikdrama* (↗ *Oper*) Text und Musik gemeinsam der dramatischen Wirkung dienen; um sich von der bisherigen Praxis abzusetzen, betonte er jedoch die Bedeutung der selbstverfaßten Libretti, die oft schon Jahre vor der Komposition veröffentlicht wurden, und sah sich (als Dramatiker, nicht als Dichter) in der Tradition der Griechen, Shakespeares und Goethes. Völlig neue Wege ging sein vierteiliger, ab 1848 entstandener ‚Ring des Nibelungen‘: mit Figuren der germanischen Mythologie wurde eine Welt zwischen Schöpfung und Untergang, Scheitern und Erlösung, eine bürgerliche Familiensaga, verquickt mit Philosophemen von der Antike bis Schopenhauer, auf die Bühne gebracht (↗ *Gesamtkunstwerk*). Auch sprachlich war Wagner innovativ durch den Einsatz von ↗ *Alliterationen$_2$* (als Ersatz des altgermanischen ↗ *Stabreims*), die gelesen oder gesprochen leicht komisch wirken, aber im Bühnengesang die komponierte Prosa binden.

Die folgenden Jahrzehnte standen unter seinem übermächtigen Einfluß, bis Richard Strauss 1905 ein Befreiungsschlag glückte: Er vertonte im (von ihm selbst eingestrichenen) Wortlaut die literarische Übersetzung von Oscar Wildes ‚Salome' und brachte damit die LITERATUROPER nach originalen (allenfalls gekürzten) Schauspiel-Texten — die in Rußland bereits 1872 mit Dargomyschskys ‚Steinernem Gast' auf den Text Puschkins, in Frankreich mit Debussys ‚Pelléas et Mélisande' (1902) auf Maeterlincks Text erprobt worden war — ins deutschsprachige Musiktheater (aufgenommen z. B. in den Opern Bergs, v. Einems oder Reimanns). Die Arbeit an der ebenfalls schon als Schauspiel erfolgreichen ‚Elektra' brachte Strauss mit Hofmannsthal zusammen und leitete so eine einzigartige Zusammenarbeit ein, bei der sprachlich anspruchsvolle Libretti in erfolgreichen Opern aufgingen (‚Rosenkavalier', ‚Ariadne auf Naxos', ‚Frau ohne Schatten' u. a.; international allenfalls noch der Zusammenarbeit des späten Verdi mit dem Dichterkomponisten Arrigo Boito vergleichbar). Nach dem Ersten Weltkrieg bemühte man sich, von Pathos und Psychologisierung fortzukommen: mit dem Rückgriff auf das 18. Jh. (z. B. Busonis ‚Arlecchino' und ‚Turandot') wie mit der ‚Zeitoper', die bewußt Modisches aufgriff. Brecht wollte, mit Unterstützung des neuen Mediums Rundfunk, auch in der Oper politisch wirken; die Musiktheater-Experimente mit Hindemith, Weill und Eisler blieben jedoch folgenlos, während sich ‚Dreigroschenoper' (1928) wie ‚Aufstieg und Fall der Stadt Mahagonny' (1930) wieder dem Singspiel näherten und — mit weltweitem Erfolg — Kritik in Unterhaltung versteckten.

Zu Beginn der 30er Jahre wandten sich wichtige Komponisten erneut der Vergangenheit und mit eigenen Libretti weltanschaulichen Bekenntnissen zu (Hindemith: ‚Mathis der Maler'; Krenek: ‚Karl V.'; Schönberg: ‚Moses und Aron'); obwohl im Vergleich zu früheren eher konservativ, mußten die Werke im Exil uraufgeführt werden. Abgesehen von Strauss, der nach Hofmannsthals Tod und nach der Vertreibung Stefan Zweigs (Libretto zur ‚Schweigsamen Frau' nach Ben Jonson) keinen adäquaten Partner mehr fand, haben von den in Deutschland gebliebenen Komponisten nur Carl Orff und Werner Egk, die in selbst-geschriebenen Libretti auf Sagen und Märchen zurückgriffen, eine gewisse Bedeutung behalten.

Neue Wege beschritt Egk 1953 mit dem aus Lauten und Satzfetzen bestehenden Text zur ‚Abstrakten Oper Nr. 1' für Boris Blacher. Solche Libretti ohne konkrete Handlung blieben aber die Ausnahme, in den 60er Jahren etwa bei Mauricio Kagel, bei dem die (die Gestik der Musiker oder neue Möglichkeiten der Tonerzeugung beschreibenden) ↗ *Regieanweisungen* wichtiger als Dialoge wurden und der auch experimentelle ↗ *Hörspiele* veröffentlichte. Vorherrschend sind bis heute traditionelle Theatertexte: von Komponisten nach literarischen Vorlagen selbst verfaßt oder entstanden in Zusammenarbeit mit Theaterfachleuten oder etablierten Schriftstellern (bei Henze z. B. Ingeborg Bachmann, Hans Magnus Enzensberger und Edward Bond).

Barthold Feind: Gedancken von der Opera. Stade 1708. — Jean Paul: Sämtliche Werke. Hg. v. Norbert Miller u. a. München 1960 ff.

ForschG: Erste wesentliche Aufschlüsse geben v. a. Librettisten und Komponisten selbst: die Barockautoren in ihren Vorreden; Mozart, wenn er mit seinem Vater korrespondiert; Weber in Feuilletons und Rezensionen; Lortzing in Briefen an Freunde und Kollegen; Strauss und Hofmannsthal im brieflichen Arbeitsgespräch. Literaturwissenschaftliches Interesse fanden anfänglich nur die Operndichtungen Richard Wagners — mit der Konsequenz, daß frühere Libretti bestenfalls als ‚Vorläufer' interpretiert wurden. Erst Istel analysierte 1914 Opernbücher verschiedener Epochen als gleichberechtigt, und die ‚Deutsche Literatur in Entwicklungsreihen' (seit 1930) nahm zumindest Texte von Barockopern und Singspielen des späten 18. wie des frühen 19. Jhs. auf. In den 1950er Jahren begann unter komparatistischen, aber auch unter sozialgeschichtlichen Aspekten eine übergreifende Librettoforschung, gestützt eher auf musik- und theater- als auf literaturwissenschaftliche Veröffentlichungen: Das Libretto wurde als Gebrauchsform erkannt, die relativ verbreitet war, vielfältige Einflüsse aufnahm und weitergab (bibliographische Überblicke in MGG^2 5, 1248−59). Quantitativ dominiert bis heute die exklusive Beschäftigung mit anerkannten Dichtern − und damit zum einen mit der Literaturoper, zum anderen mit Bearbeitungen etwa nach Shakespeare, Goethe oder Schiller.

Die Erschließung der sonstigen librettistischen Texte ist äußerst lückenhaft: Sammlungen in großen Bibliotheken wurden bestenfalls bis zur Mitte des 19. Jhs. bearbeitet; für die spätere Zeit kann man auf weitverbreitete (aber philologisch ungesicherte) Heftchen-Ausgaben zurückgreifen. Während die an Libretti zu stellenden dramaturgischen Anforderungen grundlegend diskutiert worden sind (z. B. Fischer; Beck; Gier 1998), fehlen Zusammenhänge aufzeigende Darstellungen; vorherrschend sind Sammelbände, die von einem neuen intellektuellen Interesse an Oper zeugen (z. B. Bernhart, Gier 1986), oder thematisch begrenzte Monographien (z. B. Huber, Mehltretter, Meier, Reiber, Grell). Kaum behandelt wurden bislang Vers- und Reimformen, mit denen der Textdichter Angebote machen, über die der Musiker aber auch leicht hinwegkomponieren kann.

Lit: Libretti in deutschen Bibliotheken. Hg. vom Répertoire International des Sources Musicales (RISM). München 1992. − Franz Stieger: Opernlexikon. Teil 3: Librettisten. 3 Bde. Tutzing 1979−1981.

Karen Achberger: Literatur als Libretto: Heidelberg 1980. − Thomas Beck: Bedingungen librettistischen Schreibens. Würzburg 1997. − Walter Bernhart (Hg.): Die Semantik der musiko-literarischen Gattungen. Fs. Ulrich Weisstein. Tübingen 1994. − Dieter Borchmeyer: Das Theater Richard Wagners. Stuttgart 1982. − Jens Malte Fischer (Hg.): Oper und Operntext. Heidelberg 1985. − Albert Gier (Hg.): Oper als Text. Heidelberg 1986. − A. G.: Das Libretto. Darmstadt 1998. − Petra Grell: Ingeborg Bachmanns Libretti. Frankfurt 1995. − Kurt Honolka: Kulturgeschichte des Librettos. Wilhelmshaven 1978. − Wolfgang Huber: Das Textbuch der frühdeutschen Oper. Diss. München 1957. − Edgar Istel: Das Libretto. Berlin, Leipzig 1914. − Klaus Günther Just: Das deutsche Opernlibretto. In: Poetica 7 (1975), H. 2, S. 203−220. − Richard Macnutt, Brian Trowell: Libretto (I/II). In: The New Grove dictionary of opera. Hg. v. Stanley Sadie. London 1992. Bd. 2, S. 1185−1252. −

Florian Mehltretter: Die unmögliche Tragödie. Karnevalisierung und Gattungsmischung im venezianischen Opernlibretto des 17. Jhs. Frankfurt 1994. − Andreas Meier: Faustlibretti. Frankfurt 1990. − Christoph Nieder: Von der ‚Zauberflöte‘ zum ‚Lohengrin‘. Das deutsche Opernlibretto in der ersten Hälfte des 19. Jhs. Stuttgart 1989. − Joachim Reiber: Bewahrung und Bewährung. Das Libretto zu Carl Maria von Webers ‚Freischütz‘ im literarischen Horizont seiner Zeit. München 1990. − Arthur Scherle: Das deutsche Opernlibretto von Opitz bis Hofmannsthal. Diss. München 1954. − Patrick J. Smith: The tenth Muse. A historical study of the opera libretto. London 1971. − Thorsten Stegemann: „Wenn man das Leben durchs Champagnerglas betrachtet…“. Textbücher der Wiener Operette zwischen Provokation und Reaktion. Frankfurt 1995. − Almut Ullrich: ‚Die Literaturoper‘ von 1970−1990: Texte und Tendenzen. Wilhelmshaven 1991. − Ulrich Weisstein: Librettology: The fine art of coping with a Chinese twin. In: Komparatistische Hefte 5/6 (1982), S. 23−42.

Christoph Nieder

Lied$_1$ ↗ *Kunstlied*

Lied$_2$

Sammelbegriff für singbare oder als singbar intendierte lyrische (meist strophische) Texte vorwiegend kleineren Umfangs.

Expl: ‚Lied‘ ist sowohl ein musik- wie ein literaturwissenschaftlicher Begriff. Im literaturwissenschaftlichen Sinne umfaßt er − neben der Sonderform des Singbarkeit imitierenden lyrischen Gedichtes (↗ *Lied$_3$*) − eine Fülle unterschiedlicher Texte aus allen literarisch greifbaren Epochen. Gemeinsam ist ihnen lediglich, daß sie tatsächlich gesungen wurden oder gesungen werden könnten. Meist, doch nicht ausschließlich, handelt es sich um strophische Texte geringeren Umfangs. Im umfassenderen Feld der ↗ *Lyrik* wird das Lied in erster Linie durch den potentiellen oder tatsächlichen Zusammenhang mit der Musik markiert. Untergruppen ergeben sich aus Themen (z. B. ↗ *Geistliches Lied*, Liebeslied), Form

(z. B. Strophenlied), Träger (z. B. Studentenlied, Gemeindelied), Realisationsform (z. B. Chorlied), Funktion (z. B. Jagdlied, ↗ *Trinklied*, ↗ *Zeitungslied*) oder aus der Überlagerung mehrerer dieser Kategorien (z. B. ↗ *Kirchenlied*, Kinderlied, ↗ *Wiegenlied*). Eine Sonderstellung nimmt das ↗ *Volkslied* aufgrund seiner (tatsächlich oder vermeintlich) anonymen Entstehung und Überlieferung von Text und ↗ *Melodie* und der Schlichtheit des Tones ein. Als ↗ *Kunstlied* gilt in der Regel das aus der ↗ *Vertonung* von lyrischen oder balladenhaften Gedichten entstehende, für den Vortrag im Haus oder im Konzertsaal bestimmte Klavierlied des 18. bis 20. Jhs. Als moderne, besonders durch Aufführungssituation und (ironische, jargonhafte) Redeweise bestimmte Lieder können ↗ *Chanson*, ↗ *Couplet*, ↗ *Schlager* und ↗ *Song* verstanden werden. Nicht unter den Begriff des Liedes fallen wegen ihres Anschlusses an spezifisch musikalische Formtraditionen ↗ *Arie* und ↗ *Kantate*, ebenso textlose, rein musikalische Gebilde wie ‚Lieder ohne Worte‘, auf die der Ausdruck metaphorisch angewandt wird.

WortG: Das Wort ist gemeingermanisch verbreitet, vgl. gotisch *liuþon* ‚lobsingen‘, angelsächsisch *leoð*, altnordisch *lióð*, ahd. *liod*. Im Bereich der mhd. Lyrik bezeichnet *liet* die einzelne gesungene Strophe; im Plural (*diu liet*) wird das Wort zur Benennung mehrstrophiger Gebilde verwendet: *driu liet* etwa meint ein dreistrophiges Gedicht, eine Strophenreihe. In der mhd. Erzähl- und Lehrdichtung findet sich der Singular *liet* oftmals als Bezeichnung für die Gesamtheit eines Werkes in Strophen (vgl. *der Nibelunge liet*) oder auch in Reimpaaren (z. B. ‚Herzog Ernst‘), wobei im letzteren Fall an Singbarkeit nicht gedacht werden darf. Wann dieser Gebrauch von *liet* unüblich wurde, ist noch ungeklärt, wie überhaupt die spätmittelalterliche und frühneuzeitliche Wortgeschichte nicht aufgearbeitet ist. Die in der Neuzeit gebräuchliche Verwendung des Singulars für kürzere singbare Texte ist jedenfalls bereits im 15. Jh. belegt, etwa bei dem Spruchsänger Michel Beheim (1420–1472/79).

Klaus Düwel: Werkbezeichnungen der mittelhochdeutschen Erzählliteratur (1050–1250). Göttingen 1983, S. 203–205. – Die Gedichte des Michel Beheim. Hg. v. Hans Gille und Ingeborg Spriewald. Bd. 3/2 [Registerteil]. Berlin 1972, S. 601 (s. v. *lied, liedlein*).

BegrG: Der Begriff ‚Lied‘ wird seit etwa 1500 außerwissenschaftlich überaus häufig und sehr diffus angewendet. Versuche zur Klärung des Begriffs im Sinne der Explikation wurden sowohl von musik- wie von literaturwissenschaftlicher Seite unternommen. Die Zusammenführung beider Perspektiven versucht Kurt Gudewill (1960); er kommt aber über ihre bloße Addition nicht hinaus. „Vom Text her gesehen“ sei das Lied bestimmt durch „kleine Dimension“, „lyrischen Inhalt“, Strophigkeit und eine Sprachmelodie, die Sangbarkeit begründe. „Von der Musik her gesehen“ seien es „solche Kompos[itionen] strophischer Texte, die sich eng an den Aufbau des Gedichts anlehnen“ (Gudewill, 746).

Präzisierungsversuche setzen an der tatsächlichen oder idealtypischen Singbarkeit an. Wird (musikwissenschaftlich) die tatsächliche Singbarkeit zum allein maßgeblichen Entscheidungskriterium gemacht, so kann unter dem Begriff ‚Lied‘ „speziell (und im eigentlichen Sinn) ein in Strophen gegliederter poetischer Text, dessen einzelne Strophen gleiche Verszahl, gleiches Metrum […] aufweisen, um das Absingen aller Strophen nach einer Melodie zu ermöglichen“, verstanden werden (Stephan 1957, 166). Diese Begriffsbestimmung erlaubt es, die gesamte einschlägige europäische Literatur von der frühchristlichen Hymnik über die volkssprachige gesungene Epik des Mittelalters, das Kirchenlied, die frühneuzeitliche Mehrstimmigkeit, das Klavierlied seit dem 18. Jh. bis zum deutschen Chorlied des 20. Jhs. zu subsumieren. Für den literaturwissenschaftlichen Gebrauch ist sie ungeeignet.

Wird (literaturwissenschaftlich) die Singbarkeit unbestimmt als ein „gewisse[r] Charakter der Sanglichkeit“ beschrieben, so daß im Lied das „lyr[ische] Element besonders rein gegenwärtig ist“ (Müller 1965, 42 f.), bleibt es bei einer tautologischen Bestimmung des Liedes durch ‚Liedhaftigkeit‘. Diskutiert wird deshalb der Versuch, ‚Lied‘

nach dem Modell von Zentrum und Peripherie zu bestimmen (Wiora 1971). Das Strophenlied (mit seinen beschreibbaren formalen Merkmalen) soll danach als „Zentralform" oder „Bezugszentrum" gelten (nicht als „Oberbegriff", sondern als „Inbegriff verschiedener Arten"), die in unterschiedlicher Intensität und aus wechselnder Distanz variiert werden könne (Wiora, 18).

SachG: Die Geschichte des deutschen Liedes kann hier nur in Stichworten angedeutet werden. Greifbar wird das deutsche Lied in vereinzelten Beispielen bereits in althochdeutscher Zeit, etwa in dem unter die Prozessionslieder zu zählenden ‚Petruslied'. Liedgut des 12. bis frühen 14. Jhs. ist fast ausnahmslos nur aus dem höfischen Bereich überliefert. Haupttypus ist das Liebeslied (Minnelied; ↗ *Minnesang*). Geistliche Lieder wurden nur vereinzelt tradiert. Erst seit dem 15. Jh. erscheint das Lied außer in höfisch-adliger auch in stadtbürgerlicher Ausprägung. Das Liebeslied ist weiterhin produktiv. Der Sangspruch wandelt sich Mitte des 14. Jh. zum Spruchlied bzw. Meisterlied (↗ *Meistergesang*), unterschiedliche Arten geistlicher, außerdem politische und gelegentlich didaktisch-satirische Lieder sind überliefert. Seit dem 14. Jh. sind auch zunehmend jene formal und inhaltlich anspruchsloseren Liedtypen zu fassen, für die sich im 18./19. Jh. der Begriff ‚Volkslied' einbürgerte. Die überwiegende Zahl der Lieder wurde einstimmig gesungen, mehrstimmige Liedkunst gibt es in Deutschland sporadisch seit dem 14. Jh., häufiger dann seit dem 15. Jh., in dem sich die charakteristische Form des deutschen Tenorliedes entwickelte.

Im 16. Jh. bestanden die genannten Liedarten weitgehend fort, seit der Reformation wird zusätzlich das protestantische ↗ *Kirchenlied* bedeutsam. Die mehrstimmige Liedkunst ändert sich in den letzten Drittel des Jahrhunderts durch den Einfluß italienischer Formen wie der Villanelle und des Madrigals. Mit Opitz endet im Liedbereich die obligate Verbindung von Text und Musik; Liedtexte werden nun auch unabhängig von Melodien gedichtet (↗ *Lied$_3$*). Nach etwa 1630 setzt sich gegenüber dem mehr-

stimmigen Lied zunehmend das Sololied mit Generalbaßbegleitung durch. Neuen Aufschwung nimmt das Lied im 2. Drittel des 18. Jhs., in dem der Aufstieg des Klavierliedes (↗ *Kunstlied*) begann. Der Sturm und Drang brachte die Hinwendung zu Volkslied und Volkston, die für große Teile der literarischen und musikalischen Liedkunst der Folgezeit bedeutsam wurde. Die romantische Dichtung und Musik führten den Höhepunkt des Klavierliedes und einen neuen Höhepunkt des Chorliedes herbei. Die Liedgeschichte des 20. Jhs. erscheint überaus diffus. Teilweise orientierte man sich an traditionellen Vorstellungen vor allem des 19. Jhs., teilweise wurden neue Bahnen beschritten (etwa von Brecht/Weill oder den Liedermachern der Gegenwart; ↗ *Song*).

ForschG: Eine umfassende Gesamtgeschichte des deutschen Liedes aus literatur- und musikwissenschaftlicher Perspektive wurde bisher nicht geschrieben. Die Literatur zu einzelnen Epochen und zu einzelnen Liedtypen ist allerdings nahezu unübersehbar (freilich auch nirgends bibliographisch gesammelt). Aus germanistischer Sicht versuchte Günther Müller (1925), eine (heute begrifflich und in vielen Details überholte) ‚Geschichte des deutschen Liedes vom Zeitalter des Barock bis zur Gegenwart' zu schreiben. Auch die Musikwissenschaft verfügt, trotz einiger übergreifender Darstellungen (Überblicke in MGG 8, 745−856; MGG^2 5, 1259−1328), über keine umfassende moderne Liedgeschichte. Die neueste Zusammenfassung, die knappe ‚Geschichte des deutsche Liedes' (1989) von Siegfried Kross, setzt erst mit dem 17. Jh. ein.

Lit: Marcel Beaufils: Le lied romantique allemand. Paris 1982. − Cyril Edwards u. a. (Hg.): Das Lied im deutschen Mittelalter. Tübingen 1996. − Max Friedländer: Das deutsche Lied im 18. Jh. [1902]. 3 Bde. Repr. Hildesheim 1962. − Kurt Gudewill u. a.: Lied. In: MGG 8, Sp. 745−856. − Peter Jost: Lied. In: MGG^2 5, Sp. 1259−1328. − Martin Just, Reinhard Wiesend (Hg.): Liedstudien. Fs. Wolfgang Osthoff. Tutzing 1989. − Helmut Kreuzer (Hg.): Das Lied. LiLi 34 (1979). − Siegfried Kross: Geschichte des deutschen Liedes. Darmstadt 1989. − Günther Müller: Geschichte des deutschen

Liedes vom Zeitalter des Barock bis zur Gegenwart. München 1925. − G. M.: Lied (literaturgeschichtlich). In: RL² 2 [1965], S. 42−56. − Werner Oehlmann: Reclams Liedführer. Stuttgart ⁴1993 [mit Literatur zur BegrG]. − John William Smeed: German song and its poetry 1740−1900. London u. a. 1987. − Rudolf Stephan: Lied. In: Das Fischer Lexikon: Musik. Hg. v. R. S. Frankfurt 1957, S. 166−193. − Richard Hinton Thomas: Poetry and song in the German Baroque. A study of the continuo lied. Oxford 1963. − André Tubeuf: Le Lied allemand. Paris 1993. − Walter Wiora: Das deutsche Lied. Zur Geschichte und Ästhetik einer musikalischen Gattung. Wolfenbüttel, Zürich 1971.

Horst Brunner

Lied₃

Strophengedicht der Neuzeit nach dem Muster gesungener Lyrik.

Expl: Die definitorischen Schwierigkeiten im Umgang mit dem Begriff ‚Lied‘ illustriert folgende Unterscheidung von fünf terminologischen Ebenen: „1. Lied als umfassende Bezeichnung für ‚kunstlose‘, den Alltag begleitende Gesangsform [...] 2. Lied als Bezeichnung für eine in Verse gefaßte umfangreiche Erzählung, die gesungen vorgetragen wird [...] 3. Lied als eine strophisch gegliederte Lyrikform, die durch einen regelmäßigen metrisch-rhythmischen Aufbau und (meist) ein festes Reimschema charakterisiert ist [...] 4. Lied als Vertonung einer Textvorlage [...] 5. Lied im übertragenen Sinn für gesangsähnliche Laute von Tieren [...]" (Jost, 1260). Als Konsequenz resultiert hieraus die „Preisgabe eines einheitlichen musikalischen Liedbegriffs", wie ihn z. B. 1971 noch Wiora − ausgehend vom gesungenen Strophenlied als Bezugszentrum − postuliert. Doch weist die ursprünglich literarisch-musikalische, Text und Melodie kombinierende Gattung in der Neuzeit dann auch unvertont publizierte, reine Literarformen auf.

Für dieses lyrische Genre der Neuzeit bietet sich deshalb als Gebrauchsdefinition an: Auf (1a) gesanglichen Vortrag zielendes oder (1b) diesen fingierendes Gedicht in normalerweise (2) metrisch gebundener Form mit in der Regel (3) gleichgebauten, durch (4) Reimschemata erzeugten Strophen.

WortG: ↗ *Lied₂*.

BegrG: *Lied* und *Lyrica, Carmen* und *Ode* begegnen noch im 17. Jh., ja bis ins 18. Jh. immer wieder als Synonyma (z. B. Opitz, 22 f., bes. 44: „Ein Exempel einer Trocheischen Ode oder Liedes"; vgl. noch Gottsched, 18, 83, 419−435). Erst Opitz scheint dabei dem Konzept ‚Lied‘ auch in der deutschen Dichtung eine spezifisch textliche Qualität abzugewinnen − nach der These Günther Müllers: „Die bildungshaltige Kunstlyrik des Humanismus, die sich im 15. und 16. Jh. von der dt.sprachigen L[ied]-dichtung ferngehalten hatte, wird jetzt auf das mittlerweile dafür disponierte Gebiet hinübergeführt" (RL² 2, 48 f.). Thematisch drehen sich nach diesem Verständnis Liedstoffe stets um einen elementaren Bereich von Geschehnissen und Gedanken, wie sie Opitz 1624 − im Anschluß an Horaz für alle „Carmina", einschließlich der noch nicht begrifflich abgehobenen ↗ *Ode* − formuliert: „buhlerey / taentze / banckete / schoene Menscher / Gaerte / Weinberge / lob der maessigkeit / nichtigkeit des todes / etc. Sonderlich aber vermahnung zue der froeligkeit" (Opitz, 23).

Im 18. Jh. vollzieht sich dann in Abhängigkeit von einem neuen Lyrikverständnis ein weiterer tiefgreifender Wandel des Liedbegriffs, nunmehr in Absetzung von der durch Klopstock u. a. erneuerten Form der ausdifferenzierten Ode − angedeutet auch ab 1771 in Sulzers ‚Allgemeiner Theorie der schönen Künste‘ unter dem bezeichnenden Lemma *Lied* (*Dichtkunst*): „Zur äußern Unterscheidung könnte man anehmen, daß das Lied allezeit müßte zum Singen, und so eingerichtet seyn, daß die Melodie einer Strophe sich auch auf alle übrigen schikte [...] jeder Vers des Liedes müßte einen Einschnitt in dem Sinn, und jede Strophe eine eigene Periode ausmachen" (Sulzer 3, 252 f.). Dieser poetologisch spezifizierte Begriff wird dann 1809 auch lexikographisch fixiert: „In engerer Bedeutung, ein Gedicht, welches bestimmt ist gesungen zu werden,

oder welches doch gesungen werden kann
[...], in welchem gewisse Empfindungen Einer Art ausgedruckt werden, welches in Gesetze von einerlei Versmaß abgetheilt ist"
(Campe 3, 127).

Durch das Aufkommen der ↗ *Erlebnislyrik* verschiebt sich der Lyrik- wie Liedbe-
griff zudem vom ↗ *Gesellschaftslied* zum
durch die Goethe-Rezeption geprägten „Typus des empfindsamen Seelenliedes" (Müller 1965, 52). Im Laufe des 19. Jhs. tritt dabei „die Dichotomie zwischen Lied [...] und
Gesang" (Jost, 1265) immer deutlicher hervor und führt sprachlich zu einer immer
entschiedeneren Homonymie: auf der einen
Seite *Lied₁* im Sinne von ↗ *Kunstlied* als für
Sologesang vertonter lyrischer Text beliebiger Bauform (bis hin zu Prosatexten,
seit Bergs ‚Altenberg-Liedern' nach An-
sichtskarten oder Kreneks ‚Reisetagebuch
aus den österreichischen Alpen') — auf
der anderen Seite *Lied₃* als Genre des Gedichts, das sich formal in die Tradition der
gesungenen Strophenlieder früherer Jahrhunderte stellt, ohne selbst noch auf Gesang oder Musik bezogen bzw. angewiesen
zu sein.

SachG: Wo sich bei Dichtern und Theoretikern des Barock das Lied zu einer literarischen Gattung mit Eigengewicht zu entwickeln beginnt, entstehen zunächst gesellige Lieder-Kreise und lyrische Zentren —
etwa in Königsberg um S. Dach und in
Hamburg um J. Rist —, deren veröffentlichte, mit Noten versehene Liederbücher
von einer engen Zusammenarbeit zwischen
Dichter und Komponisten zeugen (J. Rist
und J. Schop; Ph. v. Zesen und M. Sieben-
haar; G. Ph. Harsdörffer und S. Th. Sta-
den). Auch verschafft die breite Rezeption
von Vertonungen selbst solchen Dichtern,
die hierauf keinen Einfluß nahmen, große
Popularität, wie den in A. Hammer-
schmidts Sammlung ‚Weltlicher Oden oder
Liebes-Gesänge' (1642—1649) vertonten
Texten von P. Fleming. Ähnlichen Erfolg
erlangen S. Dachs Lieder in den ‚Arien'
H. Alberts (8 Teile, 1638—50) oder
A. Kriegers (1657; ‚Neue Arien', 1667) sowie J. Crügers Gesangbuch ‚Praxis pietatis
melica' (1647) auf Texte u. a. von P. Gerhardt.

Im 18. Jh. schreibt sich allmählich die
Trennung geselliger und kunstvoller Formen fest. Eine zentrale Rolle nimmt hierbei
die Liedpflege in Berlin ab Mitte des
18. Jhs. ein, wo der Theoretiker der sog.
‚Ersten Berliner Liederschule', Chr.G.
Krause, in seiner Abhandlung ‚Von der musicalischen Poesie' (1752) die Gleichberech-
tigung von Text und Musik fordert: Dem
Gedicht solle sich eine schlichte Melodie
und dieser wiederum die Klavierbegleitung
unterordnen. Auch kamen dem Liedstil der
Berliner Schule die strophisch-liedhaften
Gedichte Gellerts, Hagedorns, E.v. Kleists,
des frühen Lessing oder Ramlers entgegen.
Ausdruck dieses neu erwachten Interesses
an volkstümlicher Schlichtheit sind neben
Gleims ‚Preussischen Kriegsliedern [...] von
einem Grenadier' (1758), seinen ‚Zwei Liedern eines armen Arbeitsmannes' (1772),
seinen ‚Liedern für das Volk' (1772) auch
die Kinderlieder Weisses (‚Kleine Lieder für
Kinder', 2 Bde., 1766—1771) oder Hillers
(‚Lieder für Kinder', 1769; ↗ *Kinderverse*).

Als sich mit dem ↗ *Sturm und Drang* erneut eine u. a. am Volksliedbegriff orientierte ästhetische Revolte erhebt, verschärft
sich die Trennung zwischen der auf authentische Empfindung drängenden Lyrik und
dem sich verstärkt einem volkstümlichen
Ton anschließenden Lied (etwa bei Dichtern des Göttinger Hainbundes wie Hölty,
Voß u. a.). Wenngleich der frühe Schubart
bukolischen Liedmustern literarisch wie
musikalisch durchaus nahesteht, entdeckt
er wie Bürger das sozialkritische Potential
der Volkspoesie und legt es dem politischen
Lied der deutschnationalen Freiheitsbewegung in die Wiege. Die bedeutendsten Impulse (auch für die ‚Zweite Berliner Liederschule') gehen jedoch von den Dioskuren
der Weimarer Klassik, Goethe und Schiller,
aus. Popularität gewann die Liedbewegung
des späten 18. Jhs. besonders durch weitverbreitete Liedsammlungen wie R. Z. Beckers
‚Mildheimischem Liederbuch' (1799) oder
dem ‚Neuen deutschen allgemeinen Com-
mers- und Liederbuch' (1815) von G.
Schwab.

Durch Herder, Goethe und entschieden
durch Arnims und Brentanos (von Goethe

durch eine detaillierte Rezension literatur-kritisch aufgewertete) Sammlung ‚Des Knaben Wunderhorn' (1805–1808) erhielt die Liedtradition der Romantik (Tieck, Brentano, Eichendorff, Mörike) bis gegen Ende des 19. Jhs. prägende Impulse. Daneben erwuchs, durch die patriotischen Gesänge Gleims und die politischen Lieder Schubarts vorbereitet und verschärft durch die politischen und sozialen Krisen des 19. Jhs., das politisch-gesellschaftskritische Lied als literarisches Genre. Einerseits entstand, veranlaßt durch die Befreiungskriege, eine nationalpolitische Tradition von Th. Körner (‚Leyer und Schwert', 1814) über Schenkendorf (‚Gedichte', 1815) bis zum Dichter des – 1922 in Verbindung mit Haydns Melodie zur deutschen Nationalhymne erklärten – ‚Lieds der Deutschen', Hoffmann von Fallersleben (aus den sonst kaum vertonten ‚Unpolitischen Liedern', 1840/41). Gleichzeitig mit diesen betont nationalen Liedtraditionen suchte andererseits die Lieddichtung Rückerts, Platens, Geibels oder Heyses verstärkt den Anschluß an gesamteuropäische Tendenzen und knüpfte z. T. an außereuropäische Formentwicklungen an. Ferner entstand zu dieser Zeit die romantisch-ironische Lyrik Heines (‚Buch der Lieder', 1827), die als literarisches Form-Muster über das kabarettistisch-linksintellektuelle ↗ *Chanson* der 1920er Jahre (Mehring, Tucholsky u. a.) bis auf Biermann (vgl. etwa seine lyrische Heine-Kontrafaktur ‚Deutschland, ein Wintermärchen', 1973) und die politischen Protestsongs der 1970er und 1980er Jahre einwirkte.

Die Klassische Moderne des ↗ *Fin de siècle* vollzog einen Bruch mit den formalen, inhaltlichen wie stimmungshaften Homogenitätsvorstellungen des klassisch-romantischen Liedes: „Der Begriff L[ied] bekommt in den symbolistischen Kreisen um 1900 einen neuen, stilisierten, zum Artistischen neigenden Inhalt. Bezeichnend ist das Auftauchen der Pluralform ‚Lieder des...' oder ‚Lieder der...' bei George, Rilke, Borchardt u. a. [...] Der Expressionismus ist dem L[ied]haften im ganzen abgeneigt." (Müller 1965, 55)

Brecht knüpft in seiner frühen, formal liedhaften politischen Lyrik z. T. an das sozialistische Arbeiterlied des 19. Jhs., z. T. aber auch an Wedekind (‚Lautenlieder', postum 1920) und dessen stilisierten ↗ *Bänkelsang* an. Die Integration von liedhaften ↗ *Songs* ins ↗ *Epische Theater* signalisiert eine Annäherung von politischem Song und Schlager. Brecht wird so neben Heine und Wedekind zum wichtigsten Anreger der meist auch wortlyrisch tätigen *Liedermacher* (↗ *Sänger*) wie Biermann (‚Die Drahtharfe', 1976; ‚Preußischer Ikarus', 1978; Gattungspoetik ‚Wie man Verse macht und Lieder', 1997) oder Degenhardt (‚Spiel nicht mit den Schmuddelkindern', 1973) und Mundart-Poeten wie Matter (‚Us emene läare Gygechaschte', 1969) ab den 1960er Jahren.

ForschG: Die Erforschung des deutschen Liedes hat ihre Vorgeschichte in den ersten Sammelunternehmen von Volksliedern ab der 2. Hälfte des 18. Jhs. (die elsässischen Liedsammlungen Herders und Goethes; Arnims und Brentanos deutlich literarisierte ‚Wunderhorn'-Lieder, die ‚Altdeutschen Volks- und Meisterlieder' von Görres 1817, Hoffmann von Fallerslebens ‚Politische Gedichte aus der deutschen Vorzeit' 1843 u. a.). In der 2. Hälfte des 19. Jhs. tritt daneben die philologische Erschließung des Liedbestandes (u. a. Ph. Wackernagels ‚Bibliographie zur Geschichte des deutschen Kirchenliedes im XVI. Jh.', 1855; R. v. Liliencrons ‚Die historischen Volkslieder der Deutschen vom 13. bis 16. Jh.', 1865–1869; Erks und Böhmes ‚Deutscher Liederhort', 1883).

Von besonderer Wirkung für die literaturwissenschaftliche Lied-Forschung des 20. Jhs. wurde die Theorie der ↗ *Werkimmanenten Interpretation*, die (etwa bei Staiger, Kayser, v. Wiese) das Lied über den Lyrikbegriff zu einer zentralen Kategorie erhob, indem sie dem ‚Liedhaften' ontologische Züge „als eigentlichste lyrische Haltung" zuwies. „Hier gibt es keine gegenüberstehende und auf das Ich wirkende Gegenständlichkeit mehr, hier verschmelzen beide völlig miteinander, hier ist alles Innerlichkeit. Die lyrische Kundgabe ist die einfache Selbstaussprache der gestimmten Innerlichkeit oder inneren Gestimmtheit. Wir bezeichnen ein solches Sprechen als *liedhaftes Sprechen.*" (Kayser, 339)

Die in vieler Hinsicht gewichtigste, material- und beobachtungsreichste Forschungsleistung auf diesem Gebiet, der Versuch einer eigenständig literaturwissenschaftlichen Genre-Geschichte des deutschen Liedes bei Günther Müller, ist zugleich tief problematisch: Nicht nur die Erstpublikation seiner Gattungsmonographie von 1925, sondern noch sein 1965 [!] erschienener Überblicksartikel (RL^2 2, 42–56) ist geprägt von Nadlers literarischer Stammes- und Landschaftsgeschichte und sieht die dichterische Liedentwicklung durch ‚Altstämme‘, ‚Neustämme‘ und ‚Siedelstämme‘, also explizit „völkisch" bestimmt (Müller 1965, 48 bzw. 53). Seither steht eine wissenschaftliche Aufarbeitung des Auseinanderklaffens von ontologisch verengender Definition des (zumal im 18. Jh. noch weitgehend gesellig bestimmten) Liedes und seiner kritischen Formtradition seit Heine weitgehend aus.

Lit: Hermann Bausinger: Lied. In: H. B.: Formen der ‚Volkspoesie‘. Berlin 1968, S. 247–275. – Ivo Braak: Gattungsgeschichte deutschsprachiger Literatur in Stichworten: Lyrik. 3 Bde. Kiel 1978–81. – Bettina Dolif: Einfache Strophenformen, besonders die Volksliedstrophe, in der neueren Lyrik seit Goethe. Bamberg 1968. – Max Friedländer: Das deutsche Lied im 18. Jh. [1902]. Repr. Hildesheim 1970. – Friedrich Gennrich: Grundriß einer Formenlehre des mittelalterlichen Liedes [1932]. Repr. Darmstadt 1970. – Kurt Gudewill: Lied. In: MGG 8, Sp. 745–775. – Rudolf Haller: Geschichte der deutschen Lyrik vom Ausgang des Mittelalters bis zu Goethes Tod. Bern, München 1967. – Peter Jost: Lied. In: MGG^2 5, Sp. 1259–1328. – Hermann Kretzschmar: Geschichte des Neuen deutschen Liedes. Leipzig 1911. – Helmut Kreuzer u. a. (Hg.): Das Lied. LiLi 34 (1979). – Siegfried Kross: Geschichte des deutschen Liedes. Darmstadt 1989. – Andreas Meier: Der Liedkommentar als Problem komparatistischer Editorik. In: Der Text im musikalischen Werk. Hg. v. Walther Dürr u. a. Berlin 1988, S. 113–127. – Günter Müller: Geschichte des dt. Liedes [1925]. Repr. Darmstadt 1959. – G. M.: Lied (literaturgeschichtlich) [1965]. In: RL^2 2, S. 42–56. – Martin Opitz: Buch von der Deutschen Poeterey [1624]. Hg. v. Richard Alewyn. Tübingen 1963. – Else Rapp: Das Lied. In: Formen der Literatur. Hg. v. Otto Knörrich. Stuttgart 1981, S. 243–

250. – Heinz Rölleke: Nachwort. In: Johann Gottfried Herder: Stimmen der Völker in Liedern. Stuttgart 1975, S. 463–496. – Thomas Rothschild: Liedermacher. Frankfurt 1980. – Hans Werner Schwab: Sangbarkeit, Popularität und Kunstlied. Studien zu Lied und Liedästhetik der mittleren Goethezeit (1770–1814). Regensburg 1965. – Hans Schwarz: Ahd. ‚liod‘ und sein sprachliches Feld. In: PBB 75 (1953), S. 321–365. – Alexander Sydow: Das Lied: Ursprung, Wesen und Wandel. Göttingen 1962. – Robert Hinton Thomas: Poetry and song in the German Baroque. Oxford 1963. – Ernst Weber: Lyrik der Befreiungskriege (1812–15). Stuttgart 1990. – Walter Wiora: Das deutsche Lied. Wolfenbüttel u. a. 1971. – Hans Dieter Zimmermann (Hg.): Lechzend nach Tyrannenblut. Ballade, Bänkelsang und Song. Colloquium über das populäre und das politische Lied. Berlin 1972.

Andreas Meier

Liedermacher ↗ *Sänger*

Limerick

Fünfzeiliges Scherzgedicht mit spezifischem Metrum und Reimmuster.

Expl: Ein nach dem Schema *aabba* gereimter Fünfzeiler (als einstrophiges Gedichtmaß, dabei aber in der Regel serienweise auftretend). Seine erste, zweite und fünfte Zeile haben drei (ausnahmsweise: vier) Hebungen, die dritte und vierte Zeile nur zwei; das Metrum ist anapästisch (ausnahmsweise: amphibrachisch; ↗ *Versfuß*). Der Limerick ist traditionell komischer Natur, wobei der Typ der fiktiven Anekdote mit Namens- oder auch Ortsangabe im ersten Vers überwiegt.

WortG/BegrG: Der Ausdruck ist ins Deutsche (wo er fachsprachlich bereits existierte in der älteren Bedeutung ‚sehr feiner Handschuh aus dem Fell ungeborener Kälber‘; Brockhaus-Wahrig 4, 489) neuerlich 1925 mit der Sache selbst aus dem Englischen übernommen worden; dort ist er im literarischen Sinne erstmals durch J. H. Murrays Beitrag in einer traditionsreichen Kulturzeitschrift (,Notes and Queries', 10.12.1898, S. 479) dokumentiert. Entstanden sein soll demzufolge der Gattungsname, der auf die gleichnamige irische Stadt und Grafschaft verweist, nach 1880 (OED 8, 963).

Darüber hinaus wurde im Englischen nach 1861 aus dem Namen des Limerick-Dichters Edward Lear und *lyric* die scherzhafte Gattungsbezeichnung *learic* gebildet, die bald mit dem Slangwort *limmer* ,Schelm', ,Hure' zu *Limmeric* verschmolzen sein und zur Schreibweise *Limerick* geführt haben mag (Encyclopedia Britannica 15, 695), wohl unter dem Einfluß des geographischen Namens und des Kehrreims „Will you come up to Limerick...", der schon im 18. Jh. auf Gesellschaften im Anschluß an Stegreifstrophen mit improvisierten Ortsneckereien gesungen wurde (Preminger, 449).

Beim ersten Abdruck deutscher Limericks 1925 konkurrierte noch die Bezeichnung *Klapphornverse* (↗ *Nonsens*) als Überschrift des Textes (von Curt Peiser, s. u.) mit dem Schriftzug „Limericks" in der Illustration (von George C. Kobbe). Seit Peisers zweiter Veröffentlichung deutscher Limericks 1927 heißt die Sache eindeutig *Limerick*. Die Geläufigkeit des Ausdrucks wird durch Ableitungen wie *Klappericks* oder *Schüttlericks* (Halder) für weiterentwickelte Scherzgedichte noch unterstrichen.

Brockhaus-Wahrig: Deutsches Wb. in 6 Bdn. Stuttgart 1982. – Encyclopedia Britannica. Cambridge ¹¹1910. – Kaspar Halder: Schüttlericks. 3 Dutzend Schüttelreim-Limericks. Suhr 1992. – K. H.: Klappericks, Klapphornverse und Limericks. Suhr 1992.

SachG: Limericks sind der Sache nach in England seit den 1820er Jahren als selbständige literarische Form belegt, und zwar zunächst als Kinderverse (Preminger, 449). Zum literarischen Genre erhob die Gattung Edward Lear durch sein erstes ,Book of Nonsense' (1846), nach dessen Neuausgabe 1861 die Limerick-Form in Großbritannien und Nordamerika populär (und auch von bedeutenden Lyrikern wie W. H. Auden aufgegriffen) wurde.

Vorformen reichen in engl. Sprache ins 14. und in irischer ins 8. Jh. zurück. ,Mondayes Work', ein Lied aus den schottischen

,Roxburghe Ballads' (1640), setzt sich aus Limerick-Strophen zusammen; hundert Jahre später improvisierten die in der Grafschaft Limerick ansässigen ,Maigue Poets' (,Filí na Máighe') gälische Limericks als Trinklieder in Gesang und Gegengesang (Baring-Gould).

Die ersten deutschen Limericks veröffentlichte Curt Peiser im ,Uhu' (Okt. 1925, 74; Jan. 1927, 108 f. und 143). Verbreitet haben sich Limericks im deutschsprachigen Bereich ab 1950 (u. a. Curt Seibert, Walter Meckauer, Zephises, Ernst Fabian; in der Schweiz schriftdeutsch bei César Keiser, in Mundart bei Werner Muster). Erleichtert wurde die Ausbreitung durch verwandte Gedichtmaße in der deutschen Volksdichtung und Kinderlyrik, die Poeten schon früher gelegentlich aufgegriffen haben (Scheffel: ,Neues Handwerkerburschenlied', Julius Stettenheim: ,Erkennungszeichen', Morgenstern: ,Der Walfafisch und das Überwasser'). Durch regelmäßige Aufnahme in Humor-Beilagen oder -Seiten etc. hat der Limerick inzwischen eine herausgehobene Stellung als Form des ↗ *Gelegenheitsgedichts* und der ↗ *Stegreifdichtung* (besonders von poetischen Dilettanten, bis hin zu ,Physik in Limericks': Haegele) gewonnen.

ForschG: Die angelsächsische Erforschung des Limericks setzte 1924 mit Langford Reeds systematischer Sammlung und Dokumentation ein. Den derzeitigen Stand markiert Bibbys Monographie.

Der deutschsprachige Limerick fand bislang nur marginales wissenschaftliches Interesse, so bei Dietze und Schulz. Helmers gebührt das Verdienst, die im Deutschen mögliche Vierhebigkeit der Langzeilen ermittelt und Gattungsvorformen in der deutschen Volks- und Kinderpoesie aufgespürt zu haben.

Lit: Wystan Hugh Auden: As I walked out one evening. Songs, ballads, lullabies, limericks and other light verse. Hg. v. Edward Melson. London 1995. – William S. Baring-Gould: The lure of the limerick. London 1967. – Cyril Bibby: The art of the limerick. London 1978. – Walter Dietze: 333 Limericks. Leipzig 1977. – Peter Haegele: Freche Verse – physikalisch. Physiker und Physik in Limericks. Braunschweig 1995. – Hermann Helmers: Lyrischer Humor. Stuttgart 1971 [bes. S. 78−80]. − César Keiser: Limericks. Bern [4]1964. − Peter Köhler (Hg.): Poetische Scherzartikel. Stuttgart 1991 [bes. S. 102−107 u. 277 f.]. − Gershon Legman (Hg.): The limerick. New York 1991. − Werner Muster: E Baerner het Limerick gschribe. Bern 1982. − Alex Preminger (Hg.): Princeton Encyclopedia of poetry and poetics. Princeton 1974. − Langford Reed: The complete limerick book. New York, London 1925. − Richard Schulz: 'ne ältere Dame aus Preetz. 333 Limericks. Gerlingen 1977 [bes. S. 72−105]. − Heinz Seydel (Hg.) Alles Unsinn. Deutsche Scherzdichtung von ehedem bis momentan. Berlin 1969 [bes. S. 8−13]. − Hans Arthur Thies (Hg.): Zwei Knaben auf dem Schüttelrost. Die schönsten und neuesten Schüttelreime, Klapphornverse, Leberreime, Schnadahüpfl und Limericks. München 1954 [bes. S. 57−65].

Peter Köhler

Lindenschmidtstrophe

Fünfzeilige Volksliedstrophe

Expl: Die Lindenschmidtstrophe weist die für viele fünfzeilige Strophen charakteristische 2+3-Struktur auf. Sie besteht aus einem Reimpaar aus Vierhebern und einem Reimpaar aus Dreihebern, das einen Vierheber umschließt, der entweder den Reim der ersten Vierheber aufnimmt (Reimschema aabab) oder − häufiger − ungereimt bleibt (Reimschema aabxb). Alle Verse beginnen mit Auftakt, die Vierheber schließen mit männlicher, die Dreiheber mit weiblicher Kadenz.

[Terminologisches Feld:]
Eng verwandt sind zwei weitere Strophenmaße:
Morolfstrophe: Fünfzeilige Strophe mit dem Reimschema aabxb. Alle Reimverse sind hier vierhebig und schließen mit männlicher Kadenz; der ungereimte Vers in der Regel dreihebig mit weiblicher Kadenz.
Tirolstrophe: Siebenzeilige Strophe mit dem Reimschema aabbcxc. Gegenüber der Morolfstrophe ist der erste Teil der Strophe um ein weiteres, gleichgebautes Reimpaar ergänzt; der zweite Teil der Strophe bleibt unverändert.

WortG: Die Bezeichnungen der hier erläuterten Strophenmaße beziehen sich auf einzelne poetische Texte, die im jeweiligen Strophenmaß abgefaßt sind. Der Terminus *Lindenschmidtstrophe* geht auf das Lied über den im Jahr 1490 enthaupteten Raubritter Hans Schmied von der Linden zurück, das im 16. Jahrhundert in verschiedenen Versionen in Umlauf war („Was wölln wir singen und heben an?", Erk / Böhme 2, Nr. 246; „Es ist nit lang, daß es geschah", Erk / Böhme 2, Nr. 247). Die Benennung *Morolfstrophe* erfolgte nach dem Spielmannsepos ‚Salman und Morolf' (Ende des 12. Jhs.), *Tirolstrophe* nach dem Fragment ‚Tirol und Fridebrant' (13. Jh.). Bereits die Existenz distinkter Bezeichnungen ist ein Indiz für die historische Bedeutung dieser Strophenformen gegenüber anderen fünfzeiligen Strophenmaßen, für die es keine eigene Benennungen gibt; die Bezeichnung *Lindenschmidtstrophe* ist mindestens seit dem 19. Jh. gebräuchlich.

BegrG: Das Konzept der Lindenschmidtstrophe hat keine wesentliche Veränderung erfahren, und der anschauliche direkte Bezug der Bezeichnung auf ein beispielhaftes Lied ist erhalten geblieben. Entsprechendes gilt für die Morolf- und die Tirolstrophe. Der Vorschlag von Colditz, *Morolfstrophe* als Oberbegriff auch für die Lindenschmidtstrophe zu gebrauchen, hat sich nicht durchgesetzt.

SachG: Die Lindenschmidtstrophe gehört zu den beliebtesten Volksliedstrophen, ist der Sache nach seit dem Minnesang bekannt und fand im 15. und 16. Jh. große Verbreitung, teilweise bei veränderter Beschaffenheit der Versausgänge. Vor allem historische und schwankhafte Lieder wurden in diesem Maß abgefaßt, in beiden Gruppen findet sich wiederholt die formelhafte Gestaltung der Liedeingänge. Daneben wurde die Lindenschmidtstrophe auch in geistlichen Liedern des 15. und 16. Jhs. verwendet, besonders häufig in Passionsliedern. Im 17. Jh. entwickelte sie sich zur „eigentlichen Kreuzliedstrophe des Barock" (Frank, 387); in der weltlichen Barocklyrik und der nachbarocken Dichtung verlor sie an Bedeutung. Die Morolfstrophe und die Tirolstrophe finden sich vor allem in der epischen Dichtung des Mittelalters (↗ *Epenstrophe*).

ForschG: Das umfangreiche Sammeln deutscher Volkslieder im 19. Jh. ging mit der Klassifizierung einzelner Strophen und Strophengruppen einher, wobei die Lindenschmidtstrophe schon früh aufgrund ihrer historischen Häufigkeit gesondert beschrieben wurde. Die historische Metrik bemühte sich ebenfalls, besonders im 19. Jh., um eine Erklärung für die Entstehung einzelner Strophenmaße; die Genese der Lindenschmidtstrophe konnte jedoch bislang nicht eindeutig erklärt werden. Ohne Bestätigung blieb die Vermutung Böhmes, aus der Lindenschmidtstrophe habe sich die Schweifreimstrophe (↗ *Reim*) entwickelt. Scherer führte die Entstehung der Morolfstrophe und anderer Strophenmaße mit ungerader Verszahl auf die Erweiterung von Strophen mit gerader Verszahl zurück; diese Ausweitungshypothese fand in der späteren Forschung — teilweise in modifizierter Form — weitgehend Zustimmung. Nach Heusler (2, 275−277) entstand die Lindenschmidtstrophe aus einer mittelalterlichen Reimpaarstrophe, deren letzter Vers zu einer Langzeile ergänzt wurde.

Lit: Otto Böckel: Handbuch des Deutschen Volksliedes. Marburg 1908. Repr. Hildesheim 1967, S. 62−65. − Franz Magnus Böhme: Altdeutsches Liederbuch. Leipzig ³1925 [hier S. 459−463]. − F. M. B., Ludwig Erk: Deutscher Liederhort. 3 Bde. Leipzig 1893. Repr. Hildesheim 1963. − Carl Colditz: Über die Anwendung der Morolfstrophe im Mittelalter und im deutschen Lied. In: Modern Philology 31 (1943), S. 243−252. − Horst Joachim Frank: Handbuch der deutschen Strophenformen. Tübingen, Basel ²1993. − Andreas Heusler: Deutsche Versgeschichte. 3 Bde. Leipzig 1925−1929. − Dietz-Rüdiger Moser: Metrik, Sprachbehandlung und Strophenbau. In: Hb. des Volksliedes. Hg. v. Rolf Wilhelm Brednich u. a. München 1975. Bd. 2, S. 133−173. − Gerhard Pohl: Der Strophenbau im deutschen Volkslied. Berlin 1921. − Wilhelm Scherer: Deutsche Studien 1. Spervogel. Wien 1870, S. 1−5.

Sabine Doering

Linearität ↗ *Komposition*

Linguistische Poetik

Programm einer Literaturwissenschaft nach sprachwissenschaftlichen Mustern.

Expl: Das Bemühen der Linguistischen Poetik um eine fruchtbare Integration von Sprach- und Literaturwissenschaft tritt in einer ‚starken‘ und einer ‚schwachen‘ Version auf:

(1) Die ‚starke Variante‘ zielt auf die Entwicklung einer deskriptiven und erklärenden Literaturtheorie aufgrund ausschließlich sprachwissenschaftlicher Einsichten und Methoden. Dem liegt der Versuch einer Neubegründung der Poetik innerhalb der Grenzen linguistischer Theoriebildung zugrunde. In dieser Konzeption genügt die Differenzierung der funktionalen Varietäten eines Sprachsystems, um die poetische Sprache als eigene Varietät zu beschreiben: als eine Sonderform sprachlicher KOMPETENZ mit allein der Poesie eigenen sprachlichen Elementen und Formationsregeln, durch deren kognitive Beherrschung sich beliebig viele poetische Äußerungen hervorbringen lassen.

(2) In der ‚schwachen Variante‘ zielt die Linguistische Poetik nur auf die Bereicherung der literaturwissenschaftlichen Arbeit durch sprachwissenschaftliche Theorien und Methoden. In dieser Deutung fällt sie zusammen mit der Verwendung linguistischer Arbeitsverfahren bei der Analyse literarischer Texte: als tatsächlich realisierter Fälle von PERFORMANZ, der Anwendung sprachlicher Kompetenz in individuellen kommunikativen *Situationen* (↗ *Kontext*).

WortG/BegrG: Während ↗ *Poetik* ein schon seit der Antike gemeineuropäisch geläufiger Terminus ist und auch im Dt. das Fremdwort *Linguist* seit 1593, *Linguistik* seit 1778, *linguistisch* seit 1822 belegt ist (Schulz-Basler 2, 29f.), kommt die Verbindung *Linguistische Poetik* erst mit der neuen Theorie-Konzeption in den 1960er Jahren auf, und in dieser Verbindung vorzugsweise im dt. Sprachraum. Andere Sprachen belassen es meist bei Jakobsons auslösender Konjunktion *Linguistics and poetics* (engl. Jakobson 1960 mit zahllosen Übersetzungen; frz. z. B. Delas / Filliolet 1973; dt. pointiert umgedreht bei Bierwisch 1965, so noch Kloepfer 1975). Der einflußreiche Aufsatz „Der methodische Stand einer linguistischen Poetik" (Baumgärtner 1969) dürfte die deutsche Lemmatisierung ebenso durchgesetzt haben wie verbreitete Lehrbücher (als Titel z. B. Küper 1976; vgl. Kaemmerling 1972, Wirrer 1975, Posners ersten Lexikon-Artikel 1980).

Nicht vergleichbar gehalten haben sich demgegenüber einige weitgehend synonym gebrauchte Benennungsalternativen: Jakobsons eigene *Grammatik der Poesie* (dt. Jakobson 1965 — wohl ebenso als zu eng empfunden wie Bezzels *Poetische Grammatik* oder van Dijks ↗ *Generative Poetik*), *Textpoetik* (Schmidt 1974), *Strukturale Poetik* (Lotman dt. 1972; vgl. ähnlich Culler 1975). Wie in der Sache, so gibt es auch in der Benennung laufende Überschneidungen mit der ↗ *Semiotik* der Literatur bzw. *Semiotischen Poetik* (z. B. Greimas 1972, Hardt 1976, Eschbach / Rader 1980).

Insgesamt ist in der Verwendung des Terminus *Linguistische Poetik* eine Verschiebung von der ‚stärkeren' Bedeutung (1) zur ‚schwächeren' (2) zu beobachten. Konstant bleibt dabei hingegen das Verständnis von *Poetik*: weder als ‚normative Poetik' einer Gattung oder Epoche noch als ‚implizite Poetik' eines Dichters, sondern im engl. Sinne von *poetics* als deskriptive bzw. rational rekonstruierende ↗ *Literaturtheorie*.

SachG: Neu ist das Interesse an linguistischen Merkmalen der Literatur eigentlich nicht; schon die Poetik des Aristoteles ist in wesentlichen Teilen eine linguistisch fundierte Poetik (↗ *Abweichung*), und nicht zufällig beruft sich die neuere Theoriebildung seit Šklovskij (TRF, 31) ausdrücklich auf ihn. Die klassische Rhetorik wie die ↗ *Artes liberales* haben Poetik und Grammatik stets in enger Verknüpfung behandelt. So faßt Herder dann nur einen alten Gedanken in der prophetischen Formulierung zusammen: „die Litteratur wuchs in der Sprache, und die Sprache in der Litteratur: unglücklich ist die Hand, die beide zerreißen, trüglich das Auge, das eins ohne das andere sehen will" (Herder 2, 19). Und der Vater der modernen Linguistischen Poetik überträgt

den Gedanken in die Worte seiner Zeit: „a linguist deaf to the poetic function of language and a literary scholar indifferent to linguistic problems and unconversant with linguistic methods are equally flagrant anachronisms" (Jakobson 1960, 377).

An Person und Lebensweg Jakobsons ist die Entwicklung des wissenschaftlichen Theoriekonzepts wesentlich gebunden. Die Anfänge liegen in der um 1915 zunächst vorrangig sprachwissenschaftlich interessierten Bewegung (Trubeckoj u. a.) des Russischen ↗ *Formalismus*, mit ihren zentral auf die Dichotomie von Poetischer und praktischer Sprache bezogenen Leitbegriffen wie Šklovskijs ↗ *Verfremdung* oder Tynjanovs ↗ *Evolution*. In den späten 1920er Jahren wird Jakobson Mitglied und wichtiger Anreger des ‚Cercle linguistique de Prague', dessen Theoretiker um Havránek und Mukařovský aus der Sprachanalyse zentrale poetologische Begriffe wie ↗ *Artefakt*, ↗ *Dominanz*, ↗ *Funktion* und vor allem *foregrounding* (*Entautomatisierung*, ↗ *Verfremdung₂*; dazu van Peer) entwickelten. Die Moskauer wie die Prager Schule zielten dabei jeweils auf ein doppeltes literaturtheoretisches Problem: auf das der ↗ *Poetizität* und das der ↗ *Rezeption*. Aus dieser Sicht bewegt die Linguistische Poetik sich auf dem Schnittpunkt zwischen ↗ *Text* und ↗ *Leser*, woraus auch gewisse terminologische und konzeptuelle Unklarheiten in den frühen Stufen ihrer Entwicklung resultierten.

Durch seine Zusammenarbeit mit dem strukturalen Ethnologen Lévi-Strauss wirkte Jakobson seit den 1950er Jahren auf den linguistischen wie literaturwissenschaftlichen ↗ *Strukturalismus* ein — erst in frz. Sprache, dann mit weltweiter Wirkung. Erst in den USA formulierte er dann seit 1960 jene definitiven Fassungen des ↗ *Äquivalenzprinzips* und der ↗ *Poetischen Funktion* aus, die seither in der Linguistischen Poetik international diskutiert werden. Das Bewußtsein, in ein weltweites ‚Projekt' der wissenschaftlich begründeten Beschreibung literarischer Sprache eingebunden zu sein, führte dabei rasch zur Begründung einer Reihe von Zeitschriften wie ‚Language and Literature', ‚Language and Style', ‚LiLi',

,Poetica', ,Poetics', ,Poetics Today', ,Poétique', ,PTL', ,SPIEL', ,Style'.

Der Aufschwung der Generativen Transformationsgrammatik um 1970 löste auch in der Linguistischen Poetik die Erwartung aus, im Sinne von Variante (1) die historische Vielfalt literarischer Erscheinungen im Rahmen eines Theoriemodells einheitlich erklären, ja ,generieren' zu können (↗ *Generative Poetik,* ↗ *Empirische Literaturwissenschaft*). Aus Chomskys Konzept der – unsere konkrete *performance* leitenden – sprachlichen *competence* (als dynamischere Variante von de Saussures statischer Unterscheidung *langue / parole;* ↗ *Diachronie*) wurde so die *Poetische Kompetenz* (z. B. Bierwisch 1966 / 1971, Ihwe 1970, Culler 1975), aus dem sprachkompetenten *native speaker* der poetisch kompetente *Homo poeticus* (Ihwe 1971b). Ziel blieb die Reduktion vermeintlicher poetischer Individualität auf ein intersubjektives Regelsystem: als *Grammatik der Poesie* oder *Poetische Grammatik, Poetischer Code, Ästhetischer Code, Poetischer Dialekt, Zeichensystem der Dichtung* oder *System poetischer Konventionen* (ausführliche Belegsammlung bei Fricke 1984, 46–48; zur Kritik Fricke 1991, 196–200).

Diese Hoffnung schwand freilich rasch: Die Idee einer regelpoetisch erfaßbaren ,Poetischen Kompetenz' erwies sich hartnäckig als bloße Spekulation. Zurück blieb die bescheidenere Einsicht, im Sinne von Variante (2) bei der konkreten Analyse poetischer Werke und literarischer Kommunikationsprozesse von sprachwissenschaftlichen Ansätzen und ihrer minuziösen Begrifflichkeit profitieren zu können (↗ *Analytische Literaturwissenschaft*).

Unter dem Einfluß neuerer Ansätze in der Linguistik (z. B. Psycho- und Soziolinguistik, Kognitive Linguistik; sprachwissenschaftliche ,discourse analysis', ↗ *Diskursanalyse*) entwickelte sich dabei zunehmend das Bewußtsein, daß formal-sprachliche Analysen für die Zwecke einer Linguistischen Poetik nicht ausreichen. So wurden vielseitige interdisziplinäre Bezüge ausgearbeitet – etwa als ,Linguostilistik' zur ↗ *Stilistik,* zur neu entwickelten ↗ *Textlinguistik,* zur ↗ *Literaturpsychologie,* zur ↗ *Pragmatik* und allgemeinen ↗ *Kommunikations-*theorie. Aus dem utopischen Ziel einer universalen ,Grammatik der Poesie' wurde so schrittweise der bescheidenere „Versuch einer soziolinguistischen Poetik" (Fricke 1995, 508; vgl. van Peer / Renkema 1984 und Sell 1991).

Johann Gottfried Herder: Sämtliche Werke. Bd. 2. Hg. v. Bernhard Suphan. Berlin 1891. –

ForschG: Als relativ junge Disziplin ist die Linguistische Poetik insgesamt bislang noch kaum Gegenstand unparteilich distanzierter Erforschung geworden (eine systematische Rekonstruktion unternimmt Barsch). Besonders dringend fehlt eine (über Holenstein und Bradford hinausgehende) wissenschaftsgeschichtliche ,biographie raisonnée' über Leben und Denkweg Roman Jakobsons.

In ihrer historischen Entwicklung beschrieben worden sind jedoch die frühen Ansätze im Formalismus (Erlich, Hansen-Löve, Striedter) und Strukturalismus (Chvatík, Galan, Günther, Dosse, Schwarz), und ihre weiteren Entwicklung in der Semiotik (Fokkema, Dutz/Schmitter). Eine Einbettung der Linguistischen Poetik in die Geschichte der abendländischen Poetik unternimmt Doležel, der dabei eine große Entwicklungslinie von Aristoteles über Leibniz / Breitinger und Frege bis zu Jakobson und Mukařovský rekonstruiert.

Lit: Achim Barsch: Die logische Struktur linguistischer Poetiken. Berlin 1981. – Klaus Baumgärtner: Formale Erklärung poetischer Texte. In: Kreuzer / Gunzenhäuser, S. 67–84. – K. B.: Der methodische Stand einer linguistischen Poetik. In: JbIG 1/1 (1969), S. 15–43. – Manfred Bierwisch: Poetik und Linguistik. In: Kreuzer / Gunzenhäuser, S. 49–65. – M. B.: Strukturalismus [1966]. In: Ihwe 1971[a]. Bd. 1, S. 17–90. – Chris Bezzel: Grundprobleme einer poetischen Grammatik. In: LingBer 9 (1970), S. 1–17. – Richard Bradford: Roman Jakobson. London, New York 1995. – Květoslav Chvatík: Tschechoslowakischer Strukturalismus. München 1981. – Jonathan Culler: Structuralist poetics. London 1975. – Daniel Delas, Jacques Filliolet: Linguistique et poétique. Paris 1973. – Teun A. van Dijk: Beiträge zur generativen Poetik. München 1972. – Lubomír Doležel: Occidental poetics. Lincoln, London 1990. – Francois Dosse: Geschichte des Strukturalismus. 2 Bde. Hamburg 1997. – Klaus D. Dutz, Peter Schmitter (Hg.): Geschichte und

Geschichtsschreibung der Semiotik. Münster 1986. – Viktor Erlich: Der russische Formalismus. München 1964. – Achim Eschbach, Wendelin Rader (Hg.): Literatursemiotik. 2 Bde. Tübingen 1980. – Douwe W. Fokkema: Continuity and change in Russian Formalism, Czech Structuralism, and Soviet Semiotics. In: PTL. A journal for descriptive poetics and theory of literature 1 (1976), S. 153–196. – Harald Fricke: Analytische Literaturwissenschaft und traditionelle Literaturgeschichte. In: Analytische Literaturwissenschaft. Hg. v. Peter Finke u. a. Braunschweig 1984, S. 41–55. – H. F.: Literarische Kreativität und die Grenzen der Semiotik. In: Schöpferisches Handeln. Hg. v. Dietried Gerhardus u. Silke M. Kledzik. Frankfurt 1991, S. 195–210. – H. F.: Norm und Abweichung – Gesetz und Freiheit. In: Germanistik und Komparatistik. Hg. v. Hendrik Birus. Stuttgart 1995, S. 506–527. – Frantisek W. Galan: Historic structures. The Prague School project 1928–1946. London, Sydney 1985. – Algirdas-Julien Greimas u. a.: Essais de sémiotique poétique. Paris 1972. – Hans Günther (Hg.): Zeichen und Funktion. Beiträge zur ästhetischen Konzeption Jan Mukařovskýs. München 1986. – Aage Hansen-Löve: Der russische Formalismus. Wien 1978. – Manfred Hardt: Poetik und Semiotik. Tübingen 1976. – Elmar Holenstein: Roman Jakobsons phänomenologischer Strukturalismus. Frankfurt 1975. – Jens Ihwe (Hg.): Literaturwissenschaft und Linguistik. 3 Bde. Frankfurt 1971[a]. – J. I.: Kompetenz und Performanz in der Literaturtheorie. In: Text Bedeutung Ästhetik. Hg. v. Siegfried J. Schmidt. München 1970, S. 136–152. – J. I.: Ein Modell der Literaturwissenschaft als Wissenschaft. In: LiLi 1/2 (1971[b]), S. 97–99. – Roman Jakobson: Closing statement: Linguistics and poetics: In: Thomas A. Sebeok (Hg.): Style in language. Cambridge, Mass. 1960, S. 350–377. – R. J.: Poesie der Grammatik und Grammatik der Poesie. In: Kreuzer / Gunzenhäuser, S. 21–31. – R. J.: Poetik. Ausgewählte Aufsätze 1921–1971. Frankfurt 1979. – Ekkat Kaemmerling: Die Irregularität der Regularität der Irregularität. Kritik der linguistischen Poetik. In: LingBer 19 (1972), S. 74–77. – Rolf Kloepfer: Poetik und Linguistik. München 1975. – Helmut Kreuzer, Rul Gunzenhäuser (Hg): Mathematik und Dichtung. München 1965. – Christoph Küper: Linguistische Poetik. Stuttgart 1976. – Samuel R. Levin: Linguistic structures in poetry. Den Haag 1962. – Jurij Lotman: Vorlesungen zu einer strukturalen Poetik. München 1972. – Jan Mukařovský: Kapitel aus der Poetik. Frankfurt 1967. – Willie van Peer: Stylistics and psychology: Investigations of foregrounding. London 1986. – W.v.P., Jan Renkema (Hg.): Pragmatics and stylistics. Leuven 1984. – Roland Posner: Art. ‚Linguistische Poetik' / Günter Saße: Art. 'Literatursprache'. In: Lexikon der germanistischen Linguistik. Hg. v. Hans Peter Althaus u. a. Tübingen ²1980, S. 687–698, 698–706. – Siegfried J. Schmidt: Elemente einer Textpoetik. München 1974. – Wolfgang F. Schwarz (Hg.): Prager Schule – Kontinuität und Wandel. Frankfurt 1997. – Roger D. Sell (Hg.): Literary pragmatics. London, New York 1991. – Jurij Striedter: Literary structure, evolution and value. Cambridge, Mass. 1989. – TRF = Texte der russischen Formalisten. 2 Bde. Hg. v. Jurij Striedter und Wolf-Dieter Stempel. München 1969, 1972. – Jan Wirrer: Literatursoziologie, linguistische Poetik. München 1975.

Harald Fricke / Willie van Peer

Lipogramm/Leipogramm ↗ *Kryptogramm*

Lisibilität ↗ *Information*

Litanei ↗ *Liturgische Texte*

Literalität ↗ *Oralität*

Literarische Anthropologie

‚Erkenntnis des Menschen' im Medium der (schönen) Literatur und mit poetischen (z. B. narrativen) Mitteln.

Expl: Im Begriff ‚Literarische Anthropologie' wird zur Geltung gebracht, daß Literatur – auch – eine Form von Wissen und Erkenntnis ist, und zwar der Erkenntnis des Menschen, Selbsterkenntnis. Damit sind zwei literaturtheoretische Implikationen verknüpft. (1) Die Akzentuierung des lebensweltlichen Bezuges literarischer Texte, d. h. der Tatsache, daß sie auf eine Sphäre außerhalb ihrer selbst verweisen, eben auf Mensch und Menschenwelt. (2) Die Akzentuierung der Nähe literarischer Texte zu philosophischen und wissenschaftlichen, einer Nähe, die (a) begründet ist in dem für alle drei Wissensformen gleichermaßen geltenden Bezug zur Lebenswelt, (b) sich erweist im Informationsfluß zwischen diesen Wissensformen, und (c) sich artikuliert in dem allen dreien gemeinsamen ‚Willen zum Wissen' (über Mensch und Menschenwelt). Im Blick auf die (literaturwissenschaftliche) Theorie der modernen Literatur enthalten diese Akzentuierungen ein polemisches Moment: die Wendung gegen den Begriff des Poetischen als nicht-referentieller Sprachverwendung, als eines aus Lebenspraxis und Alltagskommunikation befreiten Sprachspiels.

WortG/BegrG: *Anthropologie* (aus griech. ἄνθρωπος [ánthropos] ‚Mensch' und λόγος [lógos] ‚Rede', ‚Wort') ist eine neuzeitliche Schöpfung. Im klassischen Griech. belegt ist nur ἀνθρωπολόγος [anthropológos] ‚über andere Menschen redend' (im Sinne von ‚Klatsch', so bei Aristoteles, ‚Nikomachische Ethik' 1125 a 5); nachklassisch belegt ist der theologische Gebrauch des Verbums ἀνθρωπολογεῖν [anthropologeín] in der Bedeutung ‚menschlich von Gott reden' (vgl. HWbPh 1, 362 f.). Als Werktitel findet sich das Wort erstmals 1533 bei Galeazzo Capella (Benzenhöfer/Rotzoll). Im dt. 16. Jh. bekommt *anthropologia* seinen modernen Sinn als ‚doctrina humanae naturae', Lehre vom (Wesen des) Menschen, der den älteren theologischen schließlich verdrängt. Gemeint ist dabei die Lehre von beiden ‚Naturen' des Menschen, Seele und Körper, also das Gesamt von Psychologie (im Anschluß an Melanchthons ‚De anima', 1540) und Physiologie (Otto Casmann, ‚Psychologia anthropologica sive animae naturae doctrina', 1594; ‚Secunda pars anthropologiae: hoc est fabrica humani corporis', 1596; Johannes Magirus, ‚Anthropologia', 1603; vgl. Bauer). In dieser Verwendung setzt sich der Begriff ANTHROPOLOGIE im späten 18. Jh. durch (Ernst Platner, ‚Anthropologie für Aerzte und Weltweise', 1772; Kant, ‚Anthropologie in pragmatischer Hinsicht', 1798; vgl. HWbPh 1, 363 f.). Der Ausdruck *Literarische Anthropologie* ist eine Prägung der gegenwärtigen Literaturwissenschaft (genauer der Neugermanistik). Im oben explizierten Sinne von ‚Literatur als Anthropologie' stammt er aus der germanistischen Forschung zum 18. Jh. (Schings, Pfotenhauer; vgl. Riedel 1994).

Daneben ist der Begriff ‚Literarische Anthropologie' auch im Sinne von ‚Literaturwissenschaft als Anthropologie', also als Methodenbezeichnung für (zwei) jüngere Ansätze innerhalb der Philologie selbst, eingeführt, nämlich (1) für das Konzept einer ‚Anthropologie der poetischen Funktionen' (Iser) und (2), ausgehend von engl. *anthropology* ‚Ethnologie', ‚Kultursoziologie', für ein kulturwissenschaftliches Neuverständnis von Literaturwissenschaft als historischer Kulturanthropologie (Poyatos, Bachmann-Medick).

Udo Benzenhöfer, Maike Rotzoll: Zur ‚Anthropologia' (1533) von Galeazzo Capella. In: Medizinhistorisches Journal 26 (1991), S. 315−320.

SachG: Man kann von Literarischer Anthropologie im hier explizierten Sinne erst in der ↗ *Moderne* sprechen. Denn es geht ihr nicht um das jeweils in Literatur implizierte Menschenbild, sondern um die Rolle der ‚schönen Literatur' im Kontext der Entstehung der Anthropologie als Wissenschaft. In diesem Prozeß einer ‚kopernikanischen Wende' (Kant) zum Menschen schaltet sich die Dichtung ein. Den Einsatz gibt das französische 17. Jh., in der Allianz von ↗ *Moralistik* und Roman (Mme de Lafayette). Ein ähnliches Bündnis, hier von Roman und physiologischer Anthropologie bzw. ‚empirischer Psychologie' (‚Psychologia empirica'), tritt im dt. Sprachraum im 18. Jh. auf, prominent bei Wieland als Konzept eines seelenanalytischen, kausalgenetischen (‚pragmatischen') Erzählens (‚Agathon', 1766/67; vgl. Blanckenburg, ‚Versuch über den Roman', 1774). Hier beginnt die bis heute anhaltende Linie narrativer Rekonstruktionen eines ‚Ich' oder ‚Selbst', die Doppellinie des Entwicklungsromans (Wieland) und der Autobiographie (Moritz, ‚Anton Reiser', 1785−90). Im dramatischen Fach vollzieht die explizite Zusammenführung von Dichtung und (hier medizinisch-philosophischer) Anthropologie zur selben Zeit der junge Schiller (‚Räuber'-Vorreden, 1781).

Fragen nach den Zusammenhängen von Geist und Körper, Vernunft und Affekt, nach Möglichkeit und Grenzen von Willensfreiheit und Vernunftautonomie beherrschen die Literarische Anthropologie der Spätaufklärung. Inspiriert von Physiologie und ‚Erfahrungsseelenkunde' zeichnet sie – entgegen den starken Subjektbegriffen des Rationalismus und Idealismus – ein skeptisches Bild von der Natur des Menschen.

Der skeptische Blick bleibt der Literarischen Anthropologie durch die Moderne hindurch erhalten; ebenso die Verbindung mit den einschlägigen Wissenschaften (seit der Romantik mit der Psychiatrie, seit Realismus und Naturalismus mit der Soziologie und seit der Jahrhundertwende mit Biologie, Psychoanalyse und Ethnologie). Zur Bestimmung der anthropologischen Selbstdeutung des Menschen in der Moderne dienen ausgewählte Themenkomplexe (z. B. Darwinismus, Psychoanalyse), deren Aufnahme im Medium der Literatur im Blick auf spezifische Vermittlungsweisen (↗ *Fiktion*), Formen der Textualität und der ↗ *Wirkung* untersucht wird.

ForschG: Ausgehend vom 18. Jh. (vgl. Barkhoff/Sagarra, Schings 1994) hat die germanistische Forschung zu ‚Literatur und (bzw. als) Anthropologie' begonnen, die Moderne insgesamt in den Blick zu nehmen (Thomé, Braungart, Riedel 1996). Ähnliche Ansätze zeigen benachbarte Philologien (Behrens/Galle). Die bereits erwähnte Nähe zur historischen Anthropologie und Kultursoziologie, aber auch zur Medizingeschichte (Starobinski, Tellenbach) wie zur Philosophie- und Ideengeschichte (Fetz u. a.) läßt das hohe interdisziplinäre Potential des Forschungsfeldes erkennen. Aus so erweiterter Perspektive rücken auch vormoderne Epochen in den Blick (vgl. Kiening). Seine Innovationskraft bezeugt der Ansatz aber auch auf traditionellen literaturwissenschaftlichen Feldern wie Autobiographie-Forschung, Theaterwissenschaft, Rhetorik- und Ästhetikgeschichte sowie Literaturtheorie (Pfotenhauer, Košenina, Iser).

Lit: Doris Bachmann-Medick (Hg.): Kultur als Text. Die anthropologische Wende in der Literaturwissenschaft. Frankfurt 1996. – Jürgen Barkhoff, Eda Sagarra (Hg.): Anthropologie und Literatur um 1800. München 1992. – Barbara Bauer (Hg.): Melanchthon und die Marburger Professoren 1527–1620. Marburg 1999. – Rudolf Beh-

rens, Roland Galle (Hg.): Leibzeichen. Körperbilder, Rhetorik und Anthropologie im 18. Jh. Würzburg 1993. – Georg Braungart: Leibhafter Sinn. Tübingen 1995. – Manfred Engel: Traumtheorie und literarische Träume im 18. Jh. In: Scientia Poetica 2 (1998), S. 97–128. – Reto L. Fetz u. a. (Hg.): Geschichte und Vorgeschichte der modernen Subjektivität. Berlin, New York 1998. – Jutta Heinz: Wissen vom Menschen und Erzählen vom Einzelfall. Berlin, New York 1996. – Wolfgang Iser: Das Fiktive und das Imaginäre. Perspektiven literarischer Anthropologie. Frankfurt 1991. – Christian Kiening: Anthropologische Zugänge zur mittelalterlichen Literatur. In: JbIG C 5/1 (1997), S. 11–129. – Alexander Košenina: Anthropologie und Schauspielkunst. Tübingen 1995. – Helmut Pfotenhauer: Literarische Anthropologie. Stuttgart 1987. – Fernando Poyatos (Hg.): Literary anthropology. Amsterdam 1988. – Wolfgang Riedel: Die Anthropologie des jungen Schiller. Würzburg 1985. – W. R.: Anthropologie und Literatur in der deutschen Spätaufklärung. In: IASL, Sonderheft 6 (1994), S. 93–157. – W. R.: „Homo Natura". Literarische Anthropologie um 1900. Berlin, New York 1996. – Hans-Jürgen Schings: Melancholie und Aufklärung. Stuttgart 1977. – H.-J. S. (Hg.): Der ganze Mensch. Stuttgart, Weimar 1994. – Jean Starobinski: Kleine Geschichte des Körpergefühls. Frankfurt 1991. – Dieter Steland: Moralistik und Erzählkunst von La Rochefoucauld und Mme de Lafayette bis Marivaux. München 1984. – Hubertus Tellenbach: Schwermut, Wahn und Fallsucht in der abendländischen Dichtung. Hürtgenwald 1992. – Horst Thomé: Autonomes Ich und „Inneres Ausland". Tübingen 1993.

Wolfgang Riedel

Literarische Gesellschaft

Vereinigung zur Förderung bestimmter Autoren, Werke, Genres oder auch des literarischen Lebens einer Region.

Expl: Im Unterschied zu ↗ *Autorengruppen* vereinigen literarische Gesellschaften Literaten, Wissenschaftler und/oder Leser zu (im engeren akademischen oder weiteren kulturellen Sinne) Aktivitäten, die dem Werk eines Autors, einer literarischen Epoche, einem Genre oder einer Region gewidmet sind. Von den von Solms 1995 vorgeschlagenen möglichen Differenzierungen nach Gegenständen, Wirkungsbereichen oder Arbeitsschwerpunkten scheint diejenige nach Gegenständen am zweckmäßigsten. Danach wäre zu unterscheiden zwischen literarischen Gesellschaften, die sich (1) vorrangig mit Person und Werk eines ↗ *Autors* befassen (Dichter- oder Namens-Gesellschaften), solchen, die sich (2) mit einem bestimmten literarischen Genre oder einer Stofftradition befassen (Themen-Gesellschaften, etwa die Deutsche Märchengesellschaft, die Vereinigung Quickborn zur Förderung niederdeutscher Literatur, der Freundeskreis Till Eulenspiegel), und (3) solchen, die sich ohne solche Bevorzugung eines bestimmten Autors oder Genres auf die Pflege literarischer Traditionen oder die Förderung zeitgenössischen ↗ *Literarischen Lebens* konzentrieren (etwa das St. Ingberter Literaturforum). Abgrenzungen nach regionalen oder überregionalen Wirkungsabsichten sind dagegen zumeist weniger praktikabel: sei es, weil zunächst regional begrenzte Gesellschaften sich mit einem Wandel ihres Selbstverständnisses überregional ausgedehnt haben, sei es, weil national oder international aktive Literaturgesellschaften sich in weitgehend selbständige Ortsvereinigungen gliedern (etwa die Goethe-Gesellschaft). Auch die Arbeitsschwerpunkte literarischer Gesellschaften und damit auch ihr Selbstverständnis entweder als vorrangig wissenschaftliche Gesellschaft, als Vereinigung von Lesern ohne spezifisch wissenschaftliche Ansprüche oder (wie überwiegend der Fall) als beides integrierende Institution unterliegen häufig Wandlungen. Die Aktivitäten können sich dementsprechend richten auf Texteditionen, Ausstellungen, Museen und Gedenkstätten, die wissenschaftliche Erforschung und öffentliche Vermittlung des Gegenstands und seiner Kontexte etwa durch Herausgabe von Periodika (zumeist in Gestalt von Jahrbüchern), die Durchführung wissenschaftlicher Tagungen und anderer Diskussionsforen, Lesungen, Vergabe von Stipendien oder Auszeichnungen für einschlägige wissenschaftliche Arbeiten oder literarische Texte (etwa den Kleist-Preis 1912−1932, erneut seit 1985; ↗ *Literaturpreis*).

WortG/BegrG: *Gesellschaft* (zu ahd. *gisellia,* mhd. *geselle* ‚der mit einem den Saal teilt') erscheint in literarischen Zusammenhängen zum ersten Mal in den Nürnberger Polizeiordnungen des 15. Jhs. (DWb 5, 4653: „der meistersenger gesellschaft"), dann der Sprachgesellschaften des Barock, schließlich im Rahmen der Literaturpflege z. B. auch bei Goethe („der hochansehnlichen gesellschaft für ausländische schöne literatur zu berlin"; DWb 5, 4052).
Die Fügung *Literarische Gesellschaft* hat sich erst seit Beginn des 20. Jhs. eingebürgert. Die meisten in Deutschland existierenden Literaturgesellschaften bezeichnen sich als *Gesellschaft,* gelegentlich auch (zur Akzentuierung eher wissenschaftlicher oder aber bevorzugt geselliger Aktivitäten) als *Club, Forum, Gilde, Arbeits-* oder *Freundeskreis;* zumeist heben sie den Namen ihres Gegenstandes hervor (etwa *Hölderlin-, Theodor-Storm-, Internationale Robert-Musil-Gesellschaft, Clara-Viebig-Freundeskreis*), zuweilen in Verbindung mit einer Ortsangabe (*Rheinische Adalbert-Stifter-Gemeinschaft, Erster Deutscher Fantasy Club*). Änderungen des Vereinsnamens können Ausdruck eines gewandelten Selbstverständnisses sein (etwa die Umbenennung der *Gesellschaft der Freunde Wilhelm Raabes* in eine nicht länger unkritische, wissenschaftliche *Raabe-Gesellschaft*).

SachG: Die modernen Literarischen Gesellschaften setzen in abgewandelter Form die älteren Traditionen der barocken ↗ *Sprachgesellschaften* und der ↗ *Akademie* fort, etwa der berühmten Fruchtbringenden Gesellschaft (↗ *Barock*) oder der Deutschen Gesellschaften im 18. Jh. (näher dazu ↗ *Akademie,* ↗ *Deklamation*). Sie sind zu unterscheiden von Autoren-Gruppierungen wie dem PEN-Club (dazu Hermand 1998) oder dem VS.
Erste ‚Namensgesellschaften' wurden im frühen 19. Jh. gegründet (1835 Marbacher Schillerverein), ihr sozialer Träger ist wie auch bei den meisten folgenden vorrangig das Bildungsbürgertum, ihr Ursprungsort der literarische ↗ *Salon.* Die ältesten noch bestehenden literarischen Gesellschaften sind das Freie Deutsche Hochstift in Frank-

furt/M. (gegründet 1859), die Deutsche Shakespeare-Gesellschaft (gegründet 1864) und die Deutsche Dante-Gesellschaft (gegründet 1865). Die 1885 gegründete Weimarer Goethe-Gesellschaft hat als einzige literarische Gesellschaft in Deutschland auch die Zeit der Zweistaatlichkeit als gesamtdeutsche Gesellschaft überdauert. In den ersten Jahrzehnten des 20. Jhs. kam es zu einzelnen, häufig betont regional und antimodern ausgerichteten, in der Zeit seit dem 2. Weltkrieg zu (derzeit noch immer) zunehmenden, nun aber thematisch und organisatorisch sehr heterogenen Neugründungen. Im 1986 gegründeten, dem Literarischen Colloquium Berlin verbundenen Dachverband ‚Arbeitsgemeinschaft literarischer Gesellschaften‘ waren bei der Gründung 1986 26, im Jahr 1995 bereits 121 von insgesamt 160 literarischen Gesellschaften unterschiedlichster Größe im deutschen Sprachraum, ganz überwiegend in Deutschland, zusammengeschlossen (außerhalb Deutschlands etwa: die Rilke-Gesellschaft mit Sitz in Bern, die International Walter Benjamin Association in Amsterdam). Zu den mitgliederstärksten Gesellschaften gehören derzeit die Goethe-Gesellschaft (mit rund 10 000 Mitgliedern in etwa 50 Ortsvereinigungen), die Literarische Gesellschaft (Scheffelbund, mit dem Ziel der Förderung regionaler und grenzüberschreitender Literatur des Oberrheins), die Deutsche Schillergesellschaft, die Wilhelm-Busch- und die Deutsche Shakespeare-Gesellschaft (mit jeweils zwischen drei- und fünftausend Mitgliedern). Die für viele literarische Gesellschaften des 19. und des frühen 20. Jhs. bestimmende nationale, zuweilen (vor allem im Kontext der ‚Heimatkunst‘-Bewegung; ↗ *Heimatliteratur*) auch völkische Ausrichtung sowie autoritäre Organisationsformen begünstigten nicht selten die Eingliederung in die nationalsozialistische Kulturpolitik. Einige davon besonders betroffene Gesellschaften haben seit den 1960er Jahren mit selbstkritischen Auseinandersetzungen einen entschiedenen Wandel ihrer Zielsetzungen eingeleitet (so die Grabbe- und die Raabe-Gesellschaft). Spielten noch in der weiteren Nachkriegszeit heimatliche Bindungen (etwa von Heimatvertriebenen in der Eichendorff-

oder Agnes-Miegel-Gesellschaft) eine wichtige Rolle, so zeichnet sich inzwischen eine zunehmende Betonung einerseits literaturwissenschaftlicher Schwerpunkte, andererseits der Ausrichtung auf gegenwärtiges literarisches Leben ab (etwa durch Stipendien, Preisvergaben, Förderung von Nachwuchsautoren). Zudem läßt sich eine zunehmende Aufmerksamkeit auch für außerdeutsche Verfasser beobachten (Proust-, Dostojewski-, Sartre-Gesellschaft u. a.).

ForschG: Einzelstudien zur Geschichte sowie zur ideologischen und wissenschaftlichen Ausrichtung sind für eine Reihe literarischer Gesellschaften vorgelegt worden (exemplarisch Rüter und Denkler für die Raabe-Gesellschaft). Eine zusammenfassende und systematische Erschließung des Gegenstandes in seiner Gesamtheit ist erst mit den einschlägigen Handbüchern der Arbeitsgemeinschaft literarischer Gesellschaften in Gang gekommen (Arnold, Kussin).

Lit: Sven Arnold (Hg.): Literarische Gesellschaften in Deutschland. Ein Hb. mit Einzeldarstellungen in Texten und Bildern. Berlin 1991. − Hansjürgen Blinn: Informationshb. Dt. Literaturwissenschaft. Frankfurt ⁴1999. − Horst Denkler: Panier aufwerfen für Raabe. Zur Geschichte der ‚Raabe-Pflege‘ im Bannkreis der Raabe-Gesellschaft. In: Jb. der Raabe-Gesellschaft 1987, S. 11−23. − Jost Hermand: Die deutschen Dichterbünde. Von den Meistersingern bis zum PEN-Club. Köln, Graz 1998. − Christiane Kussin: Literarische Gesellschaften in Deutschland. Ein Hb. Berlin 1995. − C. K., Alexandra Seitz: Literarische Gesellschaften, Literaturmuseen und literarische Gedenkstätten. Berlin 1999. − Norbert Miller: Gedanken zur Rolle von Literaturgesellschaften. In: Arnold, S. 21−26. − Günter Oesterle: Was verdankt das Genie einem literarischen Verein oder Über die Möglichkeiten und Grenzen von Urbanität in literarischen Gesellschaften. In: Arnold, S. 27−33. − Eugen Rüter: Die Gesellschaft der Freunde Wilhelm Raabes − Rezeptionssteuerung als Programm. Darmstadt 1977. − Wilhelm Solms: Literarische Gesellschaften in Deutschland. In: Kussin 1995, S. 11−21.

Heinrich Detering

Literarische Mythen ↗ *Mythos*

Literarische Reihe

Terminus des Russischen Formalismus für den systematischen Zusammenhang der inneren Literaturgeschichte.

Expl: Der Begriff der ‚Literarischen Reihe‘ komprimiert das in literarischen Erscheinungen enthaltene und sie ausmachende, konstituierende System der Funktionen, evolutionären Stellenwerte, konstruktiven Merkmale und Erscheinungsformen. „Das System der literarischen Reihe ist vor allem ein System von Funktionen der literarischen Reihe, das in ständiger Korrelation zu anderen Reihen steht" (Tynjanov, 449). Ein gegebenes Werk besitzt demnach zum einen eine ‚konstruktive Funktion‘ (Interne ↗ Funktion), die den Zusammenhang der Elemente innerhalb dieses Werkes gewährleistet; zum anderen eine ‚literarische Funktion‘ (Externe ↗ Funktion), die seinen Zusammenhang mit der Literarischen Reihe als dem Inbegriff vorausgegangener und folgender Werke der Literaturgeschichte sichert. Gegenüber allen „außerliterarischen Reihen" (Tynjanov, 455) besteht hingegen nach diesem gegen jede ↗ Determination gerichteten Konzept eine grundsätzliche Unabhängigkeit: „Die Literatur, wie auch jede beliebige andere spezifische Reihe von Erscheinungen, wird nicht durch Fakten anderer Reihen erzeugt und ist somit von ihnen nicht *abzuleiten*." (Ejchenbaum, 475)

WortG/BegrG: Der Begriff ‚Literarische Reihe‘ und die Konzeption, aus der er hervorgeht, gehen auf den Russischen ↗ Formalismus zurück (zentral ausformuliert 1927 bei Jurij Tynjanov, 433–461). „Der von den Formalisten gewählte Terminus *rjad* bedeutet sowohl ‚Reihe‘ als auch ‚Ordnung‘. Im Deutschen hat sich die Übersetzung ‚Reihe‘ eingebürgert, die allerdings weit genug, im Sinne von ‚Nexus‘ und nicht nur im Sinne einer (kausalen) Verkettung verstanden werden muß." (Striedter, LXXIII)

Ausgehend von der Unterscheidung zwischen ‚Genese‘ (Entstehung der einzelnen Werke; vgl. ↗ Einfluß) und literarischer ↗ Evolution (Stellenwert eines Werkes im literarischen System und innerhalb dessen Eigenentwicklung), unterscheiden die Russischen Formalisten zunächst zwischen einer *sprachlichen* und einer *literarischen Reihe*. Dabei vertreten sie eine funktionale Perspektive (Tynjanov/Jakobson, 64), derzufolge der literarische Text einerseits teilweise autonom ist, nämlich in seinem Aufbau den internen Funktionsgesetzen der *Literarizität (↗ Poetizität)* folgt, und andererseits als Bestandteil der sprachlichen, sozialen und anderen außerliterarischen Reihen zu einem umfassenderen kulturellen und gesellschaftlichen Funktionssystem gehört.

Dabei spricht Tynjanov abwechselnd von *literarischen Reihen* (im Plural) wie auch von *literarischer Reihe* und *literarischem System* (Tynjanov, 457). Es scheint, daß die ‚Literarische Reihe‘ enger, als eine Art gattungsgeschichtlicher Begriff verstanden wird, hingegen das ‚literarische System‘ eher etwas wie der Gesamtzusammenhang der Literatur überhaupt ist. Es heißt aber gelegentlich auch, daß die „Evolution von Funktionen der literarischen Reihe im Verhältnis zur nächstliegenden sozialen Reihe" liegt (Tynjanov, 457); danach gibt es faktisch mehrere nebeneinander funktionierende literarische Reihen, die dann – auf der theoretischen Ebene – zu einem umfangreichen Komplex ‚der‘ Literarischen Reihe insgesamt zusammengefaßt werden können (die wiederum mit der sozialen Reihe in Korrelation steht).

Man muß jedoch berücksichtigen, daß hier bei Tynjanov noch – obwohl Wörter wie *System* und *Evolution* sehr oft auftauchen – eher von einer Perspektive des ↗ Strukturalismus als von einer Perspektive der ↗ Systemtheorie ausgegangen wird. Es geht um eine strukturalistische Konzeption der ↗ Diachronie; Tynjanovs Termini sind noch keine Elemente eines zusammenhängenden systemtheoretischen Konzepts, allenfalls kann von einer Vorreiter-Position gesprochen werden. Die Formalisten bemühten sich hauptsächlich darum, die isolierte Betrachtung literarischer Werke zugunsten einer strukturorientierten Analyse eines literarischen Feldes zu überwinden. „Das Medium der Verbindung war für sie die ‚sprachliche Reihe‘, da diese sowohl dem literarischen wie dem außerliterarischen Bereich zugehört. Indem die Formalisten die Sprache in ihrer Differenzierung als ‚poetische' und ‚praktische' Sprache zum Ausgangspunkt ihrer Theorie und analytischen Praxis machten, war für sie eine sprachlich vermittelte Beziehung zwischen Literatur und außerliterarischem ‚Leben' vorausgesetzt" (Strieder, LXXIII).

Eine Weiterentwicklung erfährt die Konzeption der Literarischen Reihe in der Prager Schule (vgl. Schwarz, Günther 1973) und hier besonders in der Theorie von Mukařovský. In den Vordergrund rücken jedoch Begriffe wie *Ästhetische Funktion* (↗ *Poetische Funktion*), ↗ *Norm* und ‚Wert' (↗ *Wertung*), die als soziale Fakten und nicht mehr als innerliterarische Fakten verstanden werden. Das Interesse gilt nunmehr der Wandelbarkeit, der Veränderung der Funktionen und Normen literarischer Erscheinungen, somit gerade der Literarischen Reihe innerhalb gesellschaftlicher Systeme. Es werden die sozialen, außerliterarischen Bedingungen der literarischen Entwicklung thematisiert: „Das kollektive Bewußtsein ist ein soziales Faktum" (Mukařovský 1936, 31).

ForschG: Aufgrund der zunächst geringen Verbreitung und Kenntnis der Russischen Formalisten wie auch der Prager Schule im Westen — die Rezeption setzte erst in den frühen 1970er Jahren ein — sind weder die Begriffe noch die Konzeptionen als solche in den westlichen Literaturwissenschaften auf Resonanz gestoßen. Die formalistischen Konzepte gehen später als historische Komponenten in den internationalen Strukturalismus ein (für die Vermittlung hier besonders wichtig: Sławiński, Vodička), erlauben somit eine kontinuierliche strukturalistische Forschungslinie zu rekonstruieren (vgl. z. B. Erlich, Chvatík, Lauer, Günther 1986, Hansen-Löve, Ehlers). Die Begriffe und Konzeptionen selbst werden dabei nur selten operationalisiert (↗ *Linguistische Poetik*); eine Schlüsselrolle spielte die Berufung auf Tynjanovs Konzept der Literarischen Reihe jedoch für die Begründung der ↗ *Rezeptionsästhetik* (Jauß, bes. 22–25).

Lit: Květoslav Chvatík: Tschechischer Strukturalismus. München 1981. – Klaas-Hinrich Ehlers:

Das dynamische System. Zur Entwicklung von Begriff und Metaphorik des Systems bei Jurij N. Tynjanov. Frankfurt u. a.. 1992. – Boris Ejchenbaum: Das literarische Leben. In: Russischer Formalismus, S. 463–481. – Victor Erlich: Russischer Formalismus. München 1984. – Michael Fleischer: Die Evolution der Literatur und die Kultur. Bochum 1989. – Hans Günther: Struktur als Prozeß. Studien zur Ästhetik und Literaturtheorie des tschechischen Strukturalismus. München 1973. – Hans Günther (Hg.): Zeichen und Funktion. Beiträge zur ästhetischen Konzeption Jan Mukařovskýs. München 1986. – Aage Hansen-Löve: Der russische Formalismus. Wien 1978. – Hans Robert Jauß: Literaturgeschichte als Provokation der Literaturwissenschaft. Konstanz 1967. – Reinhard Lauer: Tynjanov (1894–1943). In: Klassiker der Literaturtheorie. Hg. v. Horst Turk. München 1979, S. 267–285. – Jan Mukařovský: Ästhetische Funktion, Norm und ästhetischer Wert als soziale Fakten [1936]. In: J. M.: Kapitel aus der Ästhetik. Frankfurt 1982, S. 7–112. – J. M.: Kapitel aus der Poetik. Frankfurt 1967. – Russischer Formalismus. Hg. v. Jurij Strieder. München 1971. – Wolfgang F. Schwarz (Hg.): Prager Schule – Kontinuität und Wandel. Frankfurt 1997. – Janusz Sławiński: Literatur als System und Prozeß. Hg. v. Rolf Fieguth. München 1975 [bes. S. 151–172]. – Jurij Strieder: Zur formalistischen Theorie der Prosa und der literarischen Evolution. In: Russischer Formalismus, S. 9–83. – Jurij Tynjanov: Über die literarische Evolution [1927]. In: Russischer Formalismus, S. 433–461. – J. T., Roman Jakobson: Probleme der Literatur- und Sprachforschung [1928]. In: R. J.: Poetik. Ausgewählte Aufsätze 1921–1971. Frankfurt 1979, S. 63–66. – Felix Vodička: Die Struktur der literarischen Entwicklung. München 1976. – René Wellek: The concept of evolution in literary history. In: For Roman Jakobson. Hg. v. Morris Halle u. a. Den Haag 1956, S. 659–669.

Michael Fleischer

Literarisches Leben

Gesamtheit des Zusammenwirkens zwischen Produktion, Distribution und Rezeption von Literatur.

Expl: Die metaphorische Bezeichnung *Literarisches Leben* meint als Terminus die produktive Vielfalt der für das Entstehen, Verbreiten und Lesen von Werken (vorrangig:

der Belletristik) erforderlichen kommunikativen Handlungen und ↗ *Institutionen*. Gegenüber konkurrierenden Bezeichnungen wie *Literaturbetrieb* oder *Literarische Kommunikation*, die stärker Funktionen und Insider-Aktivitäten des Buchmarkts hervorheben, betont der Ausdruck *Literarisches Leben* den komplexen Verlaufscharakter solcher Prozesse wie Veröffentlichung (incl. steuernder Klappentexte etc.), Werbung, Autorenlesung (↗ *Distribution*), Rezension und Diskussion (im privaten Kreis oder in den Medien), Schriftstellertagung oder Preisverleihung (↗ *Literaturpreis*). Die beteiligten Akteure – vor allem professionelle Schriftsteller, Verleger, Sortimenter, Kritiker und Literaturwissenschaftler – handeln nach je verschiedenem Sachinteresse, Berufsprofil und Selbstverständnis, berücksichtigen dabei aber stets die (häufig nur unterstellten) Erwartungen der Mitakteure.

WortG/BegrG: Als feste Wortverbindung scheint sich *Literarisches Leben* im Dt. nicht früher als gegen Ende des 19. Jhs. eingebürgert zu haben (z. B. Joesten 1899) – möglicherweise in Analogie zu frz. *la vie littéraire*, bereits ein Jh. länger gebräuchlich (z. B. Tourdes 1799). Die Goethezeit bevorzugte jedenfalls noch Ausdrücke wie „literarische Welt" (z. B. Goethe an Knebel 2.3.1797) bzw. „Literarwesen" (Goethe: FA 13, 6.15.2.), die Epoche des Realismus allenfalls Übergangsformen wie „Literaturleben" (z. B. Wehl 1856).

Im vitalistischen Kontext des ↗ *Fin de siècle* suggeriert nunmehr der verstärkt gebrauchte Ausdruck *Literarisches Leben* (auch rückwärts gewendet, z. B. Bömer 1906) die Vorstellung eines sich gleichsam organisch erneuernden Prozesses im Bereich der als Gesamtheit von Produzenten und Rezipienten verstandenen Literatur. Im lebensphilosophischen Diskurs (Dilthey, Simmel) ist dieses Verständnis dabei zunächst noch produktionsästhetisch eingeschränkt gewesen auf den Ausdruck des Lebens im schriftstellerischen Werk (↗ *Erlebnis*). In den Rang eines wissenschaftlichen Terminus dürfte die Wortverbindung erst durch den Russischen ↗ *Formalismus* aufgestiegen sein, besonders durch Boris Ejchen-

baums Aufsatz „Das literarische Leben" von 1929 (↗ *Literarische Reihe*). In Auseinandersetzung mit Tynjanovs formalistischem Konzept der ↗ *Evolution* fordert Ejchenbaum hier, daß in die literaturwissenschaftliche Forschung auch „Material des literarischen Lebens", nämlich „Fakten der Genesis aufgenommen werden, zumindest solche, die als historisch, als mit den Fakten der *Evolution* und der *Geschichte* verbunden begriffen werden können" (Ejchenbaum, 471).

Aloys Bömer: Das literarische Leben in Münster bis zur endgültigen Rezeption des Humanismus. Münster 1906. – Johann Wolfgang Goethe: Sämtliche Werke [Frankfurter Ausgabe, FA]. Frankfurt 1985 ff. – Joseph Joesten: Literarisches Leben am Rhein. Köln 1899. – Joseph Tourdes: Notice sur la vie littéraire de Spallanzani. Paris 1799. – Feodor Wehl: Hamburgs Literaturleben im 18. Jh. Hamburg 1856.

SachG: Im weiteren Sinne entwickelt jede Epoche der Literaturgeschichte ihre je eigenen Ausformungen des Literarischen Lebens und kann unter diesem Gesichtspunkt literatursoziologisch erforscht werden (vgl. z. B. Backes, Manger, Lesting-Buermann). Im engeren Sinne von einem Literarischen Leben als eigenständigem (von Religion oder Politik zunehmend losgelösten) Artikulations- und Reflexionsbereich kann jedoch erst seit der Herausbildung einer bürgerlichen ↗ *Öffentlichkeit* im 18. Jh. die Rede sein. Der in ihrem Rahmen neukonstituierte Buchmarkt (↗ *Buchhandel*) machte die Beteiligung möglichst vieler an der Reflexion über die geistigen und moralischen Grundlagen des sozialen Lebens möglich, förderte so die Institutionalisierung von Rezeptionsformen wie Lektüre und Diskussion (durch ↗ *Bibliotheken*, Lesegesellschaften und ↗ *Zeitungen* wie ↗ *Zeitschriften*) und schuf damit erst die wirtschaftlichen Rahmenbedingungen u. a. für die Existenz des freien Schriftstellers, des unabhängigen kapitalistischen Verlegers und des kritischen Rezensenten.

Über tonangebende geistige Strömungen einer Epoche wie der ↗ *Aufklärung* hinaus erzwangen Publikumsbedürfnisse dabei freilich ein breiteres Leseangebot, durch welches sich neben älteren, kanonisch ge-

wordenen Texten (Bibel, Klassiker) auch
volkstümliche Erziehungs- und ↗ *Erbauungsliteratur* (Andachtsbücher, Ratgeber,
Märchen etc.) und schlichte Unterhaltungsliteratur (z. B. Abenteuer-, Kriminal- und
Liebesromane) behaupten konnten. Prägend für das Literarische Leben blieben
demgegenüber die jeweils meinungsfüh-
renden Teilnehmer an der zeitgenössischen
literarischen Kommunikation (vorrangig
Autoren, Verleger und Kritiker, doch auch
Gastgeberinnen von literarischen ↗ *Salons*,
Herausgeber von literarischen Publikums-
Zeitschriften etc.) mit ihrem Interesse an
der jeweils neuen, thematisch und formal
innovativen Literatur.

Zu den notwendigen, in Deutschland
aber mangelnden Voraussetzungen für ein
strukturiertes Literarisches Leben im Rahmen einer Nationalliteratur zählte Goethe
in seinem Aufsatz ,Literarischer Sansculottismus' (1795) ein nationales Kollektivbe-
wußtsein (auf große geschichtliche Ereignisse und stabile Traditionen gestützt), ein
hochkulturelles Beurteilungsvermögen beim
zeitgenössischen Publikum und einen fo-
kussierenden „Mittelpunct gesellschaftlicher Lebensbildung" (WA I. 40, 199). Eine
solche Nationalliteratur sollte die Grundlage für ein blühendes Literarisches Leben
in Deutschland bilden, vertiefte aber de
facto noch die Kluft zwischen gesellschaftlicher Realität und kritisch-idealistischer
Kunst nach dem romantischen Konzept,
„das Leben und die Gesellschaft poetisch
[zu] machen" (Fr. Schlegel, 182).

Daher kam es in Deutschland — trotz
mancher Ansätze und vieler Klagen — nie
zu einem vergleichbar funktionierenden Literarischen Leben wie in England, Frankreich oder Rußland. Zunächst fehlte der
von Goethe eingeforderte Mittelpunkt, die
Ausbildung eines gemeinsamen Problemho-
rizonts, in dem gesellschaftliche und literar-
ästhetische Erörterungen sich hätten verbinden lassen. Erst im späten 19. Jh. wurden die kulturellen Metropolen Berlin und
Wien Zentren des Literarischen Lebens, bis
die Naziherrschaft es gleichzuschalten versuchte (↗ *Nationalsozialistische Literatur*;
↗ *Innere Emigration*). Der Zusammenbruch
des Dritten Reichs hatte eine weitere Zer-

splitterung zur Folge (↗ *Nachkriegsliteratur*). So macht noch der Werkstattcharakter
der exklusiven Gruppe 47, die programmatisch für lange Zeit alles Politische aus
ihren Literaturdebatten fernhielt, den Mangel ebenso deutlich wie in der Gegenwart
der Kunstrichter-Gestus literaturkritischer
Fernsehdiskussionen, in denen vor einem
Millionenpublikum leicht konsumierbare
Qualitätsurteile ausgesprochen werden.
Neue Initiativen zur Belebung des Literarischen Lebens wie kommunale ‚Literatur-
häuser' (etwa in Hamburg, Berlin und
München) versuchen demgegenüber, als Be-
gegnungsstätten von Autoren, Distributo-
ren und Lesern den Diskurscharakter der
bürgerlichen literarischen Öffentlichkeit des
18. Jhs. wiederzugewinnen.

Johann Wolfgang Goethe: Werke [Weimarer
Ausgabe, WA]. Weimar 1887–1919. – Friedrich
Schlegel: Kritische Ausgabe. Bd. 2. Hg. v. Hans
Eichner. Zürich u. a. 1967.

ForschG: Die reiche, aber auch stark diver-
sifizierte Forschungsliteratur zu prinzipiellen wie zu historischen Aspekten des Literarischen Lebens ist bis 1968 bibliographisch
erfaßt bei Becker/Dehn (seither als periodi-
sche Bibliographie fortgeschrieben in der
eigenen Rubrik „Literarisches Leben" des
Eppelsheimer-Köttelwesch). Neben Überblicksarbeiten und Einzelstudien im Kontext der Strukturanalyse von Öffentlichkeit (Habermas, Becker), Buchhandelsgeschichte (Winckler; Wittmann 1982, 1991)
und Geschichte der ↗ *Literaturkritik* (Hohendahl, Barner) liegen materialreiche Untersuchungen zur verschiedenartigen Teilaspekten vor: zu begrenzten historischen
Bereichen (Brandt, Guthke, Bürger u. a.,
Bullivant); zu regionalen Zentren (Hermsdorf, Schade, Scheerbart, Witkowski,
Wruck); zu bedeutsamen Persönlichkeiten
des Literarischen Lebens (Liesenhoff, Unseld); zur Rolle von Preisverleihungen
(↗ *Literaturpreis*; Aspetsberger, Leitgeb,
Stadler), Zeitschriften (Wittmann 1973),
Leihbibliotheken (Jäger/Schönert) und allgemein des ↗ *Lesers* (Beaujean u. a.).

Methodische Leitbegriffe der Forschung
hat unter Rückgriff auf kultursoziologische
Fragestellungen das Münchner Konzept zur

Sozialgeschichte der Literatur (v. Heydebrand u. a.) zusammengestellt und kritisch erörtert. Einen systematischen und historischen Aufriß des Gegenstandsbereichs bietet der Ansatz der ↗ *Empirischen Literaturwissenschaft* (Schmidt 1980; 1989). Heuristisch wertvolle Forschungsperspektiven entwickeln neuere systemtheoretische Ansätze zur Funktion der Kunst in der Gesellschaft (Luhmann, Schmidt); obwohl nicht immer leicht zugänglich, erfassen solche Modelle den Gegenstandsbereich des Literarischen Lebens präziser (Literatur als „autopoietisches System", „Sozialsystem Literatur", ↗ *Literatursystem*). Eine Integration von ↗ *Systemtheorie*, ↗ *Diskursanalyse* und ↗ *Hermeneutik₁* ist am Beispiel der modernen bzw. speziell der Nachkriegsliteratur erprobt worden (Lorenz, Plumpe).

Lit: Friedbert Aspetsberger: Literarisches Leben im Austrofaschismus: der Staatspreis. Königstein/Ts. 1980. – Martina Backes: Das literarische Leben am kurpfälzischen Hof zu Heidelberg im 15. Jh. Tübingen 1992. – Wilfried Barner (Hg.): Literaturkritik. Stuttgart 1990. – Marion Beaujean u. a.: Der Leser als Teil des Literarischen Lebens. Bonn 1971. – Eva D. Becker: Literarisches Leben. Umschreibungen der Literaturgeschichte. St. Ingbert 1994. – E. D. B., Manfred Dehn: Literarisches Leben. Eine Bibliographie. Hamburg 1968. – Rüdiger Brandt: Enklaven – Exklaven. Zur literarischen Darstellung von Öffentlichkeit und Nichtöffentlichkeit im Mittelalter. München 1993. – Christa Bürger u. a. (Hg.): Aufklärung und literarische Öffentlichkeit. Frankfurt 1980. – Keith Bullivant (Hg.): Das Literarische Leben in der Weimarer Republik. Königstein/Ts. 1978. – Boris Ejchenbaum: Das literarische Leben [1929]. In: Russischer Formalismus. Hg. v. Jurij Striedter. München 1971, S. 463–481. – Hanns W. Eppelsheimer, Clemens Köttelwesch u. a. (Hg.): Bibliographie der dt. Sprach- u. Literaturwissenschaft. Frankfurt 1957 ff. – Karl S. Guthke: Literarisches Leben im 18. Jh. in Deutschland und in der Schweiz. Bern, München 1975. – Jürgen Habermas: Strukturwandel der Öffentlichkeit. Neuwied, Berlin 1962. – Klaus Hermsdorf: Literarisches Leben in Berlin. Berlin 1987. – Renate v. Heydebrand u. a.: Zur theoretischen Grundlegung einer Sozialgeschichte der Literatur. Tübingen 1988. – Peter Uwe Hohendahl (Hg.): Geschichte der deutschen Literaturkritik. Stutgart 1985. – Georg Jäger, Jörg Schönert (Hg.): Die Leihbibliothek als Institution des literarischen Lebens im 18. und 19. Jh. Hamburg 1980. –

Hanna Leitgeb: Der ausgezeichnete Autor. Städtische Literaturpreise und Kulturpolitik in Deutschland 1926–1971. Berlin 1994. – Beate Lesting-Buermann: Reformation und literarisches Leben in Nürnberg. Freiburg i.Br. 1982. – Carin Liesenhoff: Fontane und das literarische Leben seiner Zeit. Bonn 1976. – Otto Lorenz: Die Öffentlichkeit der Literatur. Tübingen 1998. – Niklas Luhmann: Die Kunst der Gesellschaft. Frankfurt 1995. – Klaus Manger: Literarisches Leben in Straßburg während der Prädikatur Johann Geilers von Kaysersberg (1478–1510). Heidelberg 1983. – Gerhard Plumpe: Ästhetische Kommunikation der Moderne. 2 Bde. Opladen 1993. – Jens U. Schade: Voraussetzungen und Besonderheiten des literarischen Lebens in München um 1900. Aachen u. a. 1997. – Paul Scheerbart: Berlins literarische Bohème [1929]. Hg. v. Alfred Richard Meyer. Steinweiler 1993. – Siegfried J. Schmidt: Grundriß der Empirischen Literaturwissenschaft. Braunschweig 1980. – S. J. S.: Die Selbstorganisation des Sozialsystems Literatur im 18. Jh. Frankfurt 1989. – Gabriele Stadler: Dichterverehrung und nationale Repräsentanz im literarischen Leben des 19. Jhs. München 1977. – Siegfried Unseld: Peter Suhrkamp. Zur Biographie eines Verlegers. Frankfurt 1991. – Lutz Winckler: Autor – Markt – Publikum. Zur Geschichte der Literaturproduktion in Deutschland. Berlin 1986. – Georg Witkowski: Zur Geschichte des literarischen Lebens in Leipzig. Leipzig 1909. – Reinhard Wittmann: Die frühen Buchhändlerzeitschriften als Spiegel des literarischen Lebens. Frankfurt 1973. – R. W.: Buchmarkt und Lektüre im 18. und 19. Jh. Beiträge zum literarischen Leben 1750–1880. Tübingen 1982. – R. W.: Geschichte des deutschen Buchhandels. München 1991. – Peter Wruck (Hg.): Literarisches Leben in Berlin 1871–1933. Berlin 1987.

Otto Lorenz

Literarizität ↗ *Poetizität*

Literat

Bezeichnung für Schriftsteller, gelegentlich in abwertendem Sinn gebraucht.

Expl: Der gegenwärtig weniger gebräuchliche Begriff bezeichnet allgemein einen Verfasser von Texten und gehört damit in die

Nähe der Begriffe ↗ *Autor* und ‚Schriftsteller'. Charakteristisch ist seit dem 19. Jh. die pejorative Verwendung des Begriffs.

WortG: Lat. *litteratus* meint ‚schriftkundig' (Georges, 686). Im Mittelalter bezieht sich *litteratus* auf den Schreib- und Lesefähigen, später gelegentlich enger auf den besonders in der antiken Überlieferung versierten Gebildeten (Grundmann, 53). *Literat* bezeichnet im 16. Jh. den „Gelerte[n], der etwas inn den freyen künsten versteht vnd kan" (Roth, 325), hieran bedingt anschließend im 18. Jh. den akademisch Gebildeten (Schulz-Basler 2, 33). Die bis heute charakteristische pejorative Wendung ergibt sich im 1. Drittel des 19. Jhs. mit dem Gebrauch im literarischen Konkurrenzkampf, in dem der solchermaßen etikettierte Kollege als epigonaler oder nur materiell interessierter Schriftsteller dargestellt wird.

Simon Roths Fremdwörterbuch [1571]. Hg. v. Emil Öhmann. In: Mémoires de la Société Néo-Philologique de Helsingfors 11 (1936), S. 225–370. – Herbert Grundmann: Litteratus – illitteratus. Der Wandel einer Bildungsnorm vom Altertum zum Mittelalter. In: AfK 40 (1958), S. 1–65.

BegrG: *Literat* erhält im terminologischen Feld als Bezeichnung für einen bestimmten Typus des Autors seine Position im Literatursystem vor der Mitte des 19. Jhs. Von junghegelianischer Seite werden um 1840 die Autoren des *Jungen Deutschland* (↗ *Vormärz*), zumal Karl Gutzkow, als „Litteraten" (Ruge, 1054) bezeichnet, da es ihnen an moralischer Qualifikation für schriftstellerische Tätigkeit fehle: „Er war und blieb aber ein zweifelhafter Charakter, ein eigentlicher Litterat, welcher schreibt um zu schreiben, nicht um irgend eine sein Leben bestimmende sittliche Idee verwirklichen zu helfen" (Jung, 1196). Die Zuschreibung des Oberflächlichen und Vordergründigen setzt sich im späteren 19. Jh. fort (Nietzsche, 297), es formiert sich die Gegenüberstellung zum ↗ *Dichter* als dem eigentlich inspirierten Autor. Die „gestalt des dichters scheint den Deutschen ganz verloren gegangen zu sein", so George, es gebe nur noch „das schlimmste: den deutschen litteraten der gedichte macht" (Einleitungen, 29). Solche

terminologischen Polarisierungen finden sich zumal in kulturkritischen Reflexionen, denen zufolge das ‚Literarische' vom ‚Echten', der ‚Literat' vom ‚Künstler' unterschieden (Mann 10, 67) und als Effekt der westlichen ‚Zivilisation' (in Absetzung von ‚deutscher Kultur') denunziert werden muß (Mann 12, 187–221). Ähnlich stereotyp exkommunizierend verfahren Konzeptionen völkischer Literaturwissenschaft, in denen nach rassistischen Kriterien ermittelte Gruppen von Autoren als ‚Literaten' zu nationalen Feindbildern stilisiert werden (Belege bei Sturm, 71).

Einleitungen und Merksprüche der Blätter für die Kunst. Düsseldorf, München 1964. – Alexander Jung: Rez. v. Karl Gutzkow: Briefe aus Paris. In: Deutsche Jahrbücher für Wissenschaft und Kunst 5 (1843), S. 1195–1202. – Thomas Mann: Gesammelte Werke in 12 Bänden. Frankfurt 1960. – Friedrich Nietzsche: Werke. Kritische Gesamtausgabe. Hg. v. Giorgio Colli und Mazzino Montinari. Bd. 5/2. Berlin, New York 1973. – Arnold Ruge: Rez. v. Karl Gutzkow: Blasedow und seine Söhne. In: Hallische Jahrbücher für deutsche Wissenschaft und Kunst 2 (1839), Sp. 1047–1048, 1054–1059, 1065–1070. – Peter Sturm: Literaturwissenschaft im Dritten Reich. Wien 1995.

SachG: Die Rede vom Literaten bezieht sich auf Positionen in einem ausdifferenzierten Literatursystem, wie es sich erst in der 2. Hälfte des 18. Jhs. abzeichnet (↗ *Autonomie*). Impliziert sind Normen poetologischer, kunstphilosophischer oder politischer Observanz, die von der Untersuchung des ↗ *Autors* nicht zu trennen sind. Dessen Status und Definition bestimmen seit dem 19. Jh. die Position des Literaten wie des ↗ *Dilettanten* und Essayisten (↗ *Essay*) – terminologisch ähnlich diffuse Bezeichnungen im Rekurs auf normative Gattungshierarchien. Erscheint der ‚Intellektuelle' einerseits als Gegenspieler des ohne reflektierte Verantwortungsethik agierenden ‚Literaten' bei Max Weber (Hübinger, 100), so werden beide andererseits vom völkischen und nationalsozialistischen Denken als ‚abstrakt' und ‚instinktlos' behandelt (Bering, 107).

ForschG: Die wissenschaftliche Behandlung des Themas findet sich wegen der genannten terminologischen Unsicherheiten weitgehend in Untersuchungen zur Sozial-, Funktions- und Ideengeschichte von Autorentypen und in Analysen des Literatursystems als einem „Konkurrenzraum" (Eßbach, 90), in dem die Behauptung von Positionen durch Distinktion ein dauerhaftes Problem ist. Die Eigen- und Fremdattribuierungen als ‚Dichter', ‚Literaten', ‚Intellektuelle' (↗ *Boheme*) usw. werden in dieser Perspektive verstanden als Elemente eines Rollenverhaltens in Konflikten um Autorenprofile, Marktchancen und finanzielle Ressourcen im Literatursystem (↗ *Literatursoziologie*) und/oder als Strategien in gesellschaftlichen Deutungskämpfen und Formen symbolischer Politik (Bourdieu).

Lit: Dietz Bering: Die Intellektuellen. Geschichte eines Schimpfwortes. Frankfurt, Berlin 1982. − Pierre Bourdieu: Die verborgenen Mechanismen der Macht. Hamburg 1992. − Wendula Dahle: Der Einsatz einer Wissenschaft. Bonn 1969. − Wolfgang Eßbach: Die Junghegelianer. München 1988. − Gunter E. Grimm: Literatur und Gelehrtentum in Deutschland. Tübingen 1983. − Gangolf Hübinger: „Journalist" und „Literat". In: Intellektuelle im Deutschen Kaiserreich. Hg. v. G. H. und Wolfgang J. Mommsen. Frankfurt 1993. S. 95−110. − Rainer Kolk: Literarische Gruppenbildung. Tübingen 1998. − Helmut Koopmann: Das Junge Deutschland. Darmstadt 1993. − Helmut Kreuzer: Die Boheme. Stuttgart 1968. − Wilhelm Kühlmann: Gelehrtenrepublik und Fürstenstaat. Tübingen 1982. − Sibylle Obenaus: Literarische und politische Zeitschriften 1830−1848. Stuttgart 1986. − Hans Wysling: ‚Geist und Kunst'. Thomas Manns Notizen zu einem „Literatur-Essay". In: Paul Scherrer, H. W.: Quellenkritische Studien zum Werk Thomas Manns. Bern, München 1967, S. 123−233.

Rainer Kolk

Literatur

Entweder die Gesamtheit des Geschriebenen bzw. Gedruckten überhaupt oder die Gesamtheit der Texte mit gleichem Thema bzw. gleichen Merkmalen bzw. gleichem Wert oder aber ein gesellschaftliches Handlungssystem.

Expl: *Literatur* hat derzeit je nach Zusammenhang eine Reihe von unterschiedlichen

und unterschiedlich genau bestimmten Bedeutungen:

(1) als nicht mehr gebräuchliches, aber in allen weiteren Verwendungen vorauszusetzendes Synonym von *Publikationen, Schrifttum* oder ähnlichem: ‚Gesamtheit des Geschriebenen bzw. Gedruckten überhaupt';

(2) in Wendungen wie *Literatur zu …, Literatur über …, Literaturverzeichnis* oder *Literatursuche* und − fast allein im literaturwissenschaftlichen Gebrauch − mit dem Synonym *Sekundärliteratur*: ‚Gesamtheit des zu einem Thema Geschriebenen bzw. Gedruckten';

(3) synonym mit *Primärliteratur*: ‚Gesamtheit besonderer Texte, Gegenstand der Literaturwissenschaft', wobei die Besonderheit ausdrücklich oder unausdrücklich als *Literarizität* (↗ *Poetizität*) gefaßt wird und die unter diesen Begriff fallenden Texte allgemein das Attribut ‚literarisch' erhalten;

(4) unter Qualitätsgesichtspunkten als Antonym von (a) DICHTUNG: ‚Gesamtheit der minderwertigen literarischen Texte' im Sinne von (3); oder als Antonym von (b) ↗ *Trivialliteratur*, ↗ *Kitsch* und dergleichen: ‚Gesamtheit der höherwertigen literarischen Texte' im Sinne von (3);

(5) in Wendungen wie „Geschlechterverhältnisse in Wellerhoffs Literatur" (Rutschky, 350) oder, mit Bezug auf Ingeborg Bachmann, „die subtileren Bedeutungen ihrer Literatur" (Weigel, 350): ‚Gesamtheit der von einer Person geschriebenen literarischen Texte';

(6) in der ↗ *Empirischen Literaturwissenschaft*: „literarisches kommunikatives Handeln" (Schmidt, 2) oder „System gesellschaftlicher Handlungen mit oder in bezug auf literarische Texte" (Hauptmeier/Schmidt, 14).

Die Bedeutung (4) disqualifiziert sich für den literaturwissenschaftlichen Gebrauch dadurch, daß sie auf der Vermischung von Klassifikation und ↗ *Wertung* beruht; (5) und (6) setzen eine wie auch immer geartete Bestimmung von (3) voraus und stiften unnötige Homonymie.

Die praktische Bestimmung einzelner Texte als literarischer gemäß Bedeutung (3) nehmen Erwachsene in unserem Kulturkreis relativ sicher und jedenfalls selbstverständlich so vor, daß sie ihnen gegenüber eine besondere Lese-Einstellung (Rezeptionshaltung) einnehmen: Man suspendiert die ↗ *Referenz* und läßt dahingestellt sein, ob auch stimmt (zutrifft, jemals der Fall war), was man liest. Die theoretische Bestimmung der Eigenart solcher Texte setzt daher mit Vorteil bei den Anlässen zur automatisierten Wahl dieser Lese-Einstellung an.

Sie sind stets gegeben, wenn erstens etwas an einem Text sich nicht verträgt mit Vorausgesetztem: etwa der Zeilenbruch nicht mit den Usancen des Schriftgebrauchs; metrische Bindung, Inversionen und Reim nicht mit dem normalen Sprachgebrauch; redende Tiere in der Textwelt nicht mit den derzeit gültigen Vorstellungen von der Beschaffenheit der Welt; Allwissenheit und Omnipräsenz eines ↗ *Erzählers* nicht mit den Überzeugungen von Menschenmöglichem; oder die Zuschreibung eines und desselben Textes als ganzen an zwei Autoren (z. B. Gottfried Keller/Heinrich Lee, Günter Grass/Oskar Matzerath, Uwe Johnson/Gesine Cresspahl) nicht mit den Postulaten individueller Zuständigkeit.

Wenn man zweitens dergleichen Inkompatibilitäten unaufgelöst bestehen läßt, weil die üblichen Erklärungen (Unwissenheit, Irrtum, Lüge usw.) nicht greifen, dann versetzt man eben damit den betreffenden Text als ganzen in den Zustand ↗ *Fiktion*, und dann hört er auf, qua Sprache als Mittel zu dienen, und wird statt dessen selbst zum Objekt. Denselben Effekt haben indirekte (z. B. Lokalisierung der Textwelt auf einer ↗ *Bühne*; ↗ *Drama*) oder direkte Selbstklassifikationen (Untertitel wie ‚Roman‘, ‚Schauspiel‘, ‚Ballade‘ usw.).

Als literarische Texte qualifizieren sich demnach solche, die nachweislich Anlaß bieten, die übliche Lese-Einstellung abzulösen durch eine andere, und die sich dazu anbieten, als Gegenstand auch zu anderen Zwecken als zu dem der Information über anderes in Gebrauch genommen zu werden: zum Zeitvertreib, als Genußmittel, als Objekt der Beurteilung (↗ *Literaturkritik*) oder auch als Objekt der Untersuchung und Analyse nach den Regeln der Wissenschaft.

[Terminologisches Feld:]
Zwei ehemals werthaltige Äquivalente des Begriffs ‚Literatur‘ (3) sind aus dem Inventar der Literaturwissenschaft ausgeschieden.

BELLETRISTIK: die ‚schöngeistige Literatur‘, umfassend die Gesamtheit literarischer und eine unbestimmte Menge anderer, vorzugsweise feuilletonistischer und essayistischer Texte von fast beliebiger Thematik und ohne die Kennzeichen wissenschaftlicher Abhandlungen; üblich nurmehr außerhalb der Literaturwissenschaft, speziell im Buchhandel als Ordnungsbegriff ohne wertende Komponente.

SCHÖNE LITERATUR: Gesamtheit der Texte, die durch die Differenzqualität ‚Schönheit‘ ausgezeichnet sind bzw. sein sollten; seit dem Ende der normativen Ästhetik des 18. und 19. Jhs. üblich nurmehr außerhalb der Literaturwissenschaft, speziell in Allgemeinbibliographien als Ordnungsbegriff ohne wertende Komponente.

Michael Rutschky: Sachlichkeit und Schreiben. In: Merkur 50 (1996), S. 343–350. – Siegfried J. Schmidt: Grundriß der Empirischen Literaturwissenschaft. Teilbd. 1. Braunschweig, Wiesbaden 1980. – Sigrid Weigel: Entwicklungslogik statt Spurenlektüre. In: Merkur 50 (1996), S. 350–355.

WortG: Im klassischen und nachklassischen Latein bedeutet *litteratura* (von *littera* ‚Buchstabe‘) seltener ‚materieller Text (samt Schriftträger)‘ (Cicero, ‚Partitiones oratoriae‘ 26) oder ‚Alphabet‘ (Tacitus, ‚Annales‘ 11,13), häufiger ‚Schreibkunst‘ (griech. γραμματική [grammatiké], d. h. die Theorie und Praxis des Schreibens (Quintilian 2,1,4) oder auch ‚Schreib- und Leseunterricht‘ (Seneca, ‚Epistulae‘ 88,20); mit der Bedeutung ‚Schreibkunst (Grammatik)‘ ist das lat. Wort und dann auch das dt. Fremdwort *Literatur* in frnhd. Vokabularien verzeichnet (Roth, 325: „Gschrifft/ kunst der gschrifft/ gschrifftgelehrte weiß vnd kunst“).

Die entscheidende Bedeutungsverschiebung hat sich im Gelehrtenlatein des 16. Jhs. angebahnt: *lit(t)eratura* hat sich aus dem festen Zusammenhang mit *littera* gelöst und sich zu *lit(t)eratus* ‚Gelehrter‘ hin verschoben, die Bedeutung ‚Gelehrsamkeit‘ oder ‚Bücherwissen‘ im Unterschied zur praktischen Klugheit (prudentia) und zur theoretischen Weisheit (sapientia) angenommen (Mylaeus, Bl. 18ʳ) und diese Bedeutung später bis zu ‚Gesamtheit des Wissens' ausgeweitet (vgl. den Titel von Weber).

Im 18. Jh. ist das Wort *Litteratur* (seltener auch *Literatur* geschrieben) zu einem vielschichtigen Homonym geworden. Es hat neben- und nacheinander viererlei bezeichnet: erstens weiterhin den Habitus ‚Gelehrsamkeit' oder ‚Belesenheit' (bis ca. 1810; schon vor 1800 veraltet), zweitens eine Wissenschaftsgruppe, die mindestens die schönen Wissenschaften Beredsamkeit und Poesie bzw. Rhetorik und Poetik, gelegentlich auch noch Philologie und Historie umfaßte (ca. 1725 bis 1770), drittens ein bibliographisches Verzeichnis (ca. 1760 bis 1830) und viertens die Gesamtheit des Geschriebenen (seit ca. 1750/60, mit zunehmender Häufigkeit seit ca. 1770). Auf der Grundlage dieser letzten Bedeutung wurde die heutige Bedeutung (3) ‚Gesamtheit der literarischen Texte' mit spezifizierenden Zusätzen erreicht: *schöne Litteratur* (seit ca. 1750 als Übersetzung von frz. *belle littérature*) oder − praktisch gleichbedeutend (Witte) − *Nationallitteratur* (seit 1768: Herder, 118); die Bezeichnung *Belletristik*, in der ersten Hälfte des 19. Jhs. als Ableitung von *Belletrist* (seit ca. 1770, aus frz. *belles lettres*) gebildet (Schulz-Basler 1, 82; Brunt, 153), hatte bei etwa gleichem Bedeutungsumfang von Anfang an pejorative Konnotationen.

Spätestens um 1830 sind alle älteren Bedeutungen von *Literatur* (‚Gelehrsamkeit', ‚Wissenschaftsgruppe', ‚Bibliographie') veraltet oder ausgestorben (Belege: Weimar 1988), und die heutigen Verhältnisse waren in den Grundzügen erreicht: die Bedeutung (1) ‚Gesamtheit des Geschriebenen' wird durch Kontext bzw. Situation spezifiziert zur Bedeutung (2) ‚Gesamtheit des zu einem Thema Geschriebenen'; und in philologischem oder literarhistorischem Kontext bzw. beim Fehlen eines spezifischen disziplinären Kontextes ergibt sich auch ohne Zusätze (wie *schön* oder *National-*) daraus die Bedeutung (3) ‚Gesamtheit der literarischen Texte'. Bedeutung (4) ist seit dem Anfang des 20. Jhs. entstanden, (6) um 1980 und (5) erst in den 1990er Jahren.

Richard J. Brunt: The influence of the French language on the German vocabulary (1649−1735). Berlin, New York 1983. − Johann Gottfried Herder: Ueber die neuere Deutsche Litteratur [ca. 1768]. In: J. G. H.: Sämmtliche Werke. Hg. v. Bernhard Suphan. Bd. 2. Berlin 1877. − Christophorus Mylaeus: De scribenda universitatis rerum historia libri quinque. Basel 1551. − Simon Roth: Ein Teutscher Dictionarius [1571]. Hg. v. Emil Öhmann. In: Mémoires de la société néo-philologique de Helsingfors 11 (1936), S. 225−370. − Johann Adam Weber: Discursus curiosi et fructuosi ad praecipuas totius litteraturae humanae scientias illustrandas accomodati. Salzburg 1673. − Samuel Simon Witte: Von der Litteratur nach ihrem Begriff und Werthe. [Rektoratsprogramm] Rostock 1795.

BegrG/SachG: Die Anwendung des Begriffs auf vormoderne und mittelalterliche Verhältnisse ist eine Konstruktion ex post, insofern sich die theoretische Beschäftigung mit literarischen Texten im ganzen Mittelalter nicht zu einem Begriff ‚Literatur' verdichtet hat, der − unter welcher Bezeichnung auch immer − als Objektbegriff dem neuzeitlichen Literaturbegriff entsprechen würde (Zumthor). Die begriffliche Klassifikation von Texten bzw. Textherstellungsprozessen war nicht so angelegt, daß sie den Begriff ‚Literatur' (3) in Abgrenzung vom Begriff ‚Literatur' (1) zum Ziel oder Ergebnis hätte haben können. Unter den Bezeichnungen für unterschiedlich umfangreiche Gruppen und Typen auch literarischer Texte findet sich keine, die für die Gesamtheit der literarischen Texte reserviert gewesen wäre (Düwel, 199−214); das sich entwickelnde ‚Fiktionalitätsbewußtsein' (Haug) ist nicht zur Eingrenzung eines Begriffs ‚Literatur' genutzt worden.

Noch im 17. Jh. und in der ersten Hälfte des 18. Jhs. lagen im Begriff ↗ *Poesie* die Produktion (Machen oder ↗ *Schreiben*) und das Produkt ungeschieden ineinander. Erst mit dem Auseinanderfallen dieses Einheitsbegriffs und mit der Trennung von Rhetorik und Ästhetik um die Mitte des 18. Jhs. ist auch das poetische Produkt separat begriffen worden und ist damit der neuzeitliche Literaturbegriff als ein Produkt- bzw. Objektbegriff gebildet worden, in Deutschland um 1760/70 (Weimar 1989, Rosenberg), zur selben Zeit also wie oder wenig später als in Frankreich (Escarpit, Fontius, Steinwachs) und England (Williams). Der Objektbegriff ‚Literatur' besteht seither in zwei Extensionen: als der umfassende Begriff ‚Literatur' (1) und als der engere Begriff ‚Literatur' (3). Damit erst ist auch die Abgrenzung beider voneinander zum Problem geworden.

Im 19. Jh. ist der engere Literaturbegriff in seinem Umfang diffus geblieben; innerhalb seiner unscharfen Grenzen lagen, sieht man z. B. auf das in Literaturgeschichten Behandelte, in jedem Fall die fiktionalen Texte, dazu aber auch unbestimmt viele andere, die unter irgendeinem Gesichtspunkt als wichtig gegolten haben. Das Problem der Abgrenzung vom weiteren Literaturbegriff ist doppelt umgangen worden. Einerseits hat die philosophische ↗ *Ästhetik* nur schon das Wort *Literatur* gemieden und sich darauf beschränkt, den noch engeren Begriff ‚Poesie' oder ‚Dichtkunst' bzw. ‚Dichtung' als den bewußt exklusiven und diskriminierenden Begriff der wahren Poesie zu bestimmen, der nicht einmal alle im technischen Sinne poetischen Texte umfaßt und umfassen soll. Andererseits haben Philologie und Literaturgeschichtsschreibung den Umfang des engeren Literaturbegriffs pragmatisch von Interessen, Gewohnheiten und Traditionen bestimmt sein lassen.

Im 20. Jh. ist der engere Literaturbegriff sozusagen in sich selbst in Bewegung geraten, ohne seinen weiterhin diffusen Umfang zunächst nennenswert zu verändern. Die Bewegung ist verursacht worden durch Strategien terminologischer Exkommunikation in entgegengesetzte Richtungen, d. h. die Abgrenzung des engeren vom weiteren Literaturbegriff ist ersetzt worden durch wertende Ausgliederung innerhalb des engeren Literaturbegriffs. Zu Anfang des 20. Jhs. haben sich Bemühungen bemerkbar gemacht, den ‚wertvollsten' Teil der literarischen Texte unter der Bezeichnung *Dichtung* aus dem engeren Literaturbegriff zu separieren. Dichtung in diesem emphatischen Sinne wurde mehr oder weniger polemisch dem minder wertvollen Rest gegenübergestellt, der dann allein noch *Literatur* heißt, entsprechend dem Begriff (4a); dieser Trennung zufolge verhalten sich Dichtung und Literatur zueinander wie z. B. „sinnliche und verstandesmäßige Mitteilung" (Benz, 61), Zweckfreies und Zweckbestimmtes, Ewiges (später auch: Volkhaftes) und Zeitliches. Solche wertenden Oppositionsbildungen finden sich gleichermaßen innerhalb der Literaturwissenschaft (z. B. Mahrholz, 72: „Literatur ist, kurz gesagt, klarer Ausdruck der Zeit, Dichtung ihr Symbol") wie außerhalb ihrer, z. B. im Streit um den Namen der Sektion für Dichtkunst in der Preußischen Akademie der Künste (Herden). Diese Strategie, den Umfang des engeren Literaturbegriffs indirekt durch terminologische Auszeichnung des Positiven zu bestimmen, sorgt zwar für Grenzen innerhalb des engeren Literaturbegriffs, wenn auch nur für vage und umstrittene, läßt aber jedenfalls dessen Abgrenzung vom weiteren Literaturbegriff so unbestimmt wie zuvor. Sie ist auf vielfache Weise etwa bis zum Ende der 1950er Jahre, in Einzelfällen auch noch länger, praktiziert und dann abgelöst worden durch ihr Gegenteil, die terminologische Ausgliederung des Negativen als Kitsch, Schund oder Trivialliteratur. Ein Ergebnis des unabschließbaren Streits um den Verlauf der neuen vagen Grenze innerhalb des engeren Literaturbegriffs ist es gewesen, daß dieser selbst zum positiv geladenen Wertbegriff, zum Begriff ‚Literatur' (4b) geworden ist. Spätestens seit den 1960er Jahren ist es möglich und nicht unüblich, daß ein negatives Urteil über einen literarischen Text sich darin äußert, diesem die Zugehörigkeit zur Literatur abzusprechen (z. B. Rüdiger, 31: „Unsere Literaturgeschichten sind voll von Namen drittrangiger ‚Dichter', deren Produktion zwar ein fiktionales Verhältnis zur Wirklichkeit erkennen läßt, doch weder im geschichtlichen noch im ästhetischen Sinne dem Anspruch an Literatur genügt").

Als Reaktion darauf und als Protest dagegen wird es zu verstehen sein, daß seit den 1970er Jahren auf unterschiedliche Weise versucht wird, den engeren Literaturbegriff von seiner Wertkomponente zu befreien: durch Öffnung seiner ohnehin diffusen wertbestimmten Grenzen zum weiteren Literaturbegriff hin, durch Umformulierung zu einem „empirischen Literaturbegriff"

(Kreuzer, 64–75), durch Neubestimmung von Literatur als „Institution" (Bürger, 173–199) oder „gesellschaftliches Handlungssystem" (Hauptmeier/Schmidt, 14). Zum erweiterten oder umdefinierten Literaturbegriff gehören zwar Erweiterungen des Forschungsgebiets und Änderungen der Forschungsperspektive, seine Proklamation ist aber unverkennbar auch Resignation vor dem alten und immer noch anstehenden Problem, den engeren Begriff ‚Literatur' (3) aus dem weiten Begriff ‚Literatur' (1) möglichst genau auszugrenzen. Infolgedessen werden die alten Literaturbegriffe, die überwunden werden sollten, als Voraussetzungen eingesetzt oder als Ergebnis restituiert: ein Begriff ‚Literatur' (3), wie vage auch immer, muß vorhanden und vorausgesetzt sein, wo es um die gesellschaftliche Funktion der ‚Institution Literatur' bzw. um das Funktionieren des ‚Handlungssystems Literatur' geht, weil beide ohne ihn gar nicht zu identifizieren wären; und eine empirische Erhebung derjenigen Literaturbegriffe, die zu einer bestimmten Zeit in einer bestimmten Gegend usw. anzutreffen sind (Hintzenberg u. a.), erbringt naturgemäß Ergebnisse, die sich in ihrem Umfang und ihrer Unschärfe nicht nennenswert vom Literaturbegriff des 19. Jhs. unterscheiden. Der erweiterte Literaturbegriff hat in der deutschen Literaturwissenschaft weit herum Anklang gefunden (vgl. Martens), ohne daß sich deswegen auch der thematische Umfang der universitären Lehre erweitert haben muß (Müller-Kampel).

Dies und der Umstand, daß das Fehlen eines auch nur leidlich genauen Gegenstandsbegriffs nicht als Manko gilt, weist darauf hin, daß sowohl die wertende Einengung des Begriffs ‚Literatur' (3) als auch seine Erweiterung oder Umdeutung eine andere Funktion als die der Begriffsbestimmung hatten und haben: die Legitimation nämlich bestimmter Sichtweisen, Forschungsstrategien, ‚Methoden'. Neue ‚Richtungen' der Literaturwissenschaft pflegen sich mit Erläuterungen zum Literaturbegriff vorzustellen, und umgekehrt pflegt der Literaturbegriff in methodologischen Zusammenhängen verhandelt zu werden. Diese Koppelung von Begriffsbestimmung und Verfahrenslegitimation führt zu zirkulärem Argumentieren: die Sichtweise, die durch den jeweiligen Literaturbegriff begründet und legitimiert werden soll, liegt ihm bereits zugrunde, weil jede mehr als nur umgangssprachliche Fassung des Gegenstandsbegriffs ein Ergebnis wissenschaftlicher Bemühungen und nicht deren Voraussetzung ist. Mit der Entkoppelung von Begriffsklärung und Methodologie würde endlich auch das metaphysische (nie einzulösende bzw. nie als eingelöst zu erweisende) Postulat hinfällig, die Literaturwissenschaft habe ihrem Gegenstand Literatur ‚angemessen' zu sein oder ‚gerecht' zu werden.

Gegen die Vermischung sowohl von Klassifikation und Wertung als auch von explikativer und legitimatorischer Funktion richteten und richten sich die Versuche, den Umfang des Begriffs ‚Literatur' (3) und seine Grenzen zum Begriff ‚Literatur' (1) durch die Feststellung von allgemein beobachtbaren und intersubjektiv anerkennbaren Eigenheiten bestimmter Texte zu fixieren, ohne daraus Verpflichtungen für eine bestimmte Vorgehensweise der Literaturwissenschaft abzuleiten. Diese Versuche machen die Geschichte der modernen ↗ *Literaturtheorie* bzw. ↗ *Poetik* aus, an deren Anfang im deutschen Sprachgebiet Scherers Einsicht steht: „Die Aufgabe der früheren Poetik, die wahre Poesie zu suchen, hat sich als unlösbar erwiesen" (Scherer, 63).

Richard Benz: Die Entdeckung der deutschen Prosa. In: Die Tat 5 (1913/14), Bd. 1, S. 60–66. – Peter Bürger: Vermittlung – Rezeption – Funktion. Frankfurt 1979. – Werner Mahrholz: Literargeschichte und Literarwissenschaft. Berlin 1923. – Wilhelm Scherer: Poetik. Berlin 1888.

ForschG: Die begriffsgeschichtliche Forschung als Begleiterscheinung literaturtheoretischer Bemühungen hat spät begonnen, international mit R. Escarpit (1962), in der deutschen Literaturwissenschaft erst in den 1980er Jahren (Bohn, Ricken, Arntzen, Weimar, Rosenberg). Kontinuierliche Fortsetzung ist zu wünschen.

Lit: Helmut Arntzen: Der Literaturbegriff. Münster 1984. – Volker Bohn: Der Literaturbegriff in der Diskussion. In: Literaturwissenschaft. Hg. v. V. B. Stuttgart u. a. 1980, S. 15–65. – Georg

Bollenbeck: Dichtung. In: Europäische Enzyklopädie zu Philosophie und Wissenschaften. Hg. v. Hans Jörg Sandkühler. Bd. 1. Hamburg 1990, S. 570–573. – Klaus Düwel: Werkbezeichnungen der mittelhochdeutschen Erzählliteratur (1050–1250). Göttingen 1983. – Robert Escarpit: La définition du terme ‚littérature‘. In: Actes du IIIᵉ Congrès de l'Association Internationale de Littérature Comparée. Den Haag 1962, S. 77–89. – Martin Fontius: Literatur im ‚Zeitalter der Kritik‘. In: Französische Aufklärung. Hg. v. Winfried Schröder. Leipzig 1974, S. 346–402. – Roger Fowler: Literature. In: Encyclopedia of literature and criticism. Hg. v. Martin Coyle u. a. London 1990, S. 3–26. – Walter Haug: Wandlungen des Fiktionalitätsbewußtseins vom hohen bis zum späten Mittelalter. In: Entzauberung der Welt. Hg. v. James F. Poag und Thomas C. Fox. Tübingen 1989, S. 1–19. – Helmut Hauptmeier, Siegfried J. Schmidt: Einführung in die Empirische Literaturwissenschaft. Braunschweig, Wiesbaden 1985. – Werner Herden: Kontroversen zum Literaturbegriff. In: WB 30 (1984), S. 1941–1957. – Paul Hernadi (Hg.): What is literature? Bloomington 1978. – Dagmar Hintzenberg u. a.: Zum Literaturbegriff in der Bundesrepublik Deutschland. Braunschweig, Wiesbaden 1980. – Helmut Kreuzer: Veränderungen des Literaturbegriffs. Göttingen 1975. – Wolfgang Martens (Hg.): Bibliographische Probleme im Zeichen eines erweiterten Literaturbegriffs. Weinheim 1988. – Beatrix Müller-Kampel: Verspäteter Aufbruch. Zum akademischen Literaturbegriff in Österreich (1945–1980). In: Wandlungen des Literaturbegriffs in den deutschsprachigen Ländern seit 1945. Hg. v. Gerhard P. Knapp und Gerd Labroisse. Amsterdam 1988, S. 344–378. – Willie van Peer: But what is literature? In: Literary pragmatics. Hg. v. Roger D. Sell. London, New York 1991, S. 127–141. – Ulrich Ricken: Zur Bezeichnungsgeschichte des Literaturbegriffs im 18. Jh. In: Geschichte und Funktion der Literaturgeschichtsschreibung. Hg. v. Heinrich Scheel. Berlin 1982, S. 173–182. – Rainer Rosenberg: Literaturwissenschaftliche Germanistik. Berlin 1989, S. 53–84. – R. R.: Eine verworrene Geschichte. Vorüberlegungen zu einer Biographie des Literaturbegriffs. In: LiLi 20 (1990), H. 77, S. 36–65. – Horst Rüdiger: Was ist Literatur? In: Literatur und Dichtung. Hg. v. H. R. Stuttgart 1973, S. 26–32. – Ulrich Sexl (Hg.): Literatur? Innsbruck, Wien 1997. – Burkhart Steinwachs: Epistemologie und Kunsthistorie. In: Der Diskurs der Literatur- und Sprachhistorie. Hg. v. Bernard Cerquiglini und Hans Ulrich Gumbrecht. Frankfurt 1983, S. 73–110. – Nikolaus Wegmann: Vor der Literatur. In: Literaturwissenschaft. Hg. v. Jürgen Fohrmann und Harro Müller. München 1995, S. 77–101. – Klaus Weimar: Literatur, Literaturgeschichte, Literaturwissenschaft. In: Zur Terminologie der Literaturwissenschaft. Hg. v. Christian Wagenknecht. Stuttgart 1988, S. 9–23. – K. W.: Geschichte der deutschen Literaturwissenschaft bis zum Ende des 19. Jhs. München 1989, S. 199–202, 319–322. – K. W.: Enzyklopädie der Literaturwissenschaft. München ²1993, S. 81–92. – Raymond Williams: Keywords. New York 1976, S. 150–154. – Paul Zumthor: La lettre et la voix. De la ‚littérature‘ médiévale. Paris 1987.

Klaus Weimar

Literaturarchiv

Wissenschaftliche Institution für Nachlässe und Sammlungen von Schriftstellern und Gelehrten.

Expl: Literaturarchive sind weich definierte Institutionen zwischen Archiv, Bibliothek und Universität, die historische, regionale, nationale und selbst persönliche Einflüsse aufnehmen. Sie sammeln, ordnen, bewahren und verzeichnen Quellen (Handschriften, Dokumente, Drucke; vgl. Raabe) zur Literatur und zu den Wissenschaften von der Literatur. Sie tragen Materialien über einen Gegenstand zusammen, kommentieren ihn also und schwanken doch, welcher Gegenstand diagnostiziert werden soll: Es können literarische Werke sein, die Dichter selbst, das literarische bzw. kulturelle Leben und die Geschichte ihrer Erforschung überhaupt. Je nach Vorliebe entsteht daraus das Sammlungsprofil. Wenn man der Norm des Geschmacks und der Nachahmung folgt, bevorzugt man die Hauptwerke einer Literatur (wie im ‚Cabinet des Manuscrits‘ der ‚Bibliothèque Nationale de France‘, Paris), wenn man (sozial)geschichtlich denkt, nimmt man etwa die Kommunikation der vielen Autoren, einschließlich der Gelehrten, hinzu (zum ‚Deutschen Literaturarchiv‘ vgl. Zeller). Nach den Gegenständen unterscheiden sich die Prozeduren des Sammelns und Erschließens. Aus dem Archivwesen stammt der Gedanke, die Quellen nach ihrer Provenienz (Herkunft) zu sammeln und zu ordnen (bis ins 19. Jh. galt das Prinzip der Pertinenz, also der Ordnung nach dem Sachinhalt).

In Literaturarchiven findet man meist Handschriftensammlung, Bibliothek, Dokumentationsstelle, Medien- und Bildarchiv vereint, denn die Quellen sollen sich gegenseitig erläutern. Daher kompensiert man die Nachlaßordnung bibliothekarisch und verzeichnet Einzelstücke, die in alphabetischen Verfasserkatalogen, unabhängig von ihrer materialen Beschaffenheit (Manuskript, Buch, Musikalie etc.) zusammengeführt werden. Die zunehmende Digitalisierung der Katalogisate intensiviert den Datenaustausch zwischen den Literaturarchiven.

Literaturarchive verstehen sich als wissenschaftliche Einrichtungen, denn sie sammeln und erschließen im Bewußtsein, die Überlieferung zu konstruieren. Sie verändern sich gemäß der Wissenschaftsgeschichte der Philologien und unterliegen deren Konflikten, namentlich dem von Bildung und Wissen. Gegenüber der (älteren) musealen Präsentation der Quellen geht in jüngerer Zeit Forschung von den Literaturarchiven (Edition, Bibliographie, Analyse) aus, häufig verbunden mit forschungsorganisatorischen Institutionen wie Zeitschriften und Arbeitskreisen (zur wissenschaftsgeschichtlichen Reflexion und Sammlung vgl. Espagne, 202). Besondere Ausbildungsgänge und das zugehörige Berufsbild des Literaturarchivars fehlen.

WortG: *Archiv* wurde im späteren 15. Jh. entlehnt aus dem gleichbedeutenden spätlat. *archivum*, Nebenform von lat. *archium* (aus griech. ἀρχεῖον [archeîon] ‚Regierungsgebäude‘, ‚Behörde‘, ‚Amt‘, zu ἀρχή [arché] ‚Anfang‘, ‚Ursache‘, ‚Ursprung‘, ‚Herrschaft‘, ‚Regierung‘); zunächst in der Bedeutung ‚Aufbewahrungsort für (öffentliche) Urkunden, Akten, Dokumente u. ä. Schriftstücke, insbesondere soweit sie historisch, rechtlich, politisch o. ä. von Bedeutung sind‘; seit dem späteren 17. Jh. auch metonymisch für ‚Sammlung von Schriftstücken‘ dieser Art (vgl. den Zeitschriftentitel ‚Archiv für das Studium der neueren Sprachen und Literaturen‘, seit 1846; Schulz-Basler[2] 2, 181−185). Neben dem

amtlichen Bezug ist stets auch der persönliche gegenwärtig: Goethe spricht 1823 von dem „Archiv des Dichters und Schriftstellers" (WA 41/2, 25−28). *Literaturarchiv* ist eine Prägung Diltheys (1889). Mit *Literatur* meinte er nicht nur ‚schöne Literatur‘, sondern „alle dauernd werthvollen Lebensäußerungen eines Volkes, die sich in der Sprache darstellen: also Dichtung wie Philosophie, Historie wie Wissenschaft" (Dilthey, 367).

Heute schließt *Archiv* im Unterschied zu ↗ *Nachlaß* auch die Sammlung noch lebender Autoren ein (*literarisches* bzw. *wissenschaftliches Archiv* statt des Unwortes *Vorlaß*).

Johann Wolfgang Goethe: Werke [Weimarer Ausgabe, WA]. Weimar 1887−1919.

BegrG: Dilthey führte neben *Literaturarchiv* auch die Wendung *Archive für Literatur* ein und initiierte 1891 die Gründung einer Berliner ‚Literaturarchiv-Gesellschaft‘ (vgl. die homologe Benennung *Goethe-Archiv* seit 1885). Dem Philologen genügten die Gedenkstätten in Dichtergeburtshäusern nicht (daher sprach Dilthey von ‚Archiv‘ und nicht von ‚Museum‘), doch erst gegen die positivistisch orientierte Philologie (↗ *Positivismus*) hätte der Versuch an wissenschaftsgeschichtlicher Kraft gewinnen können, den bisherigen Disziplinen ↗ *Literaturgeschichte* und ↗ *Ästhetik* − und damit den Literaturarchiven − einen allgemein begründeten Gegenstand (↗ *Literatur*) zu geben (vgl. Weimar). Dilthey benannte zwar, löste aber nicht die Schwierigkeiten, literarische Werke als partikulare Phänomene von ihrem Kontext abzugrenzen. Der Scherer-Schüler J. Minor forderte 1894 in technischer Überbietung „Centralanstalten für die literaturgeschichtlichen Hilfsarbeiten", welche die gesammelten Quellen in Verzeichnissen, Regesten und Dokumentationen zubereiten sollten, als ob sich das Literaturarchiv in der Bibliographie vollendete.

Die seit 1900 sichtbare neue Disziplin der ↗ *Literaturwissenschaft* bemühte sich um die Poetologie, ohne die es keine scharfe Bestimmung der diese Literatur sammelnden Institution geben konnte. Mit schwankendem Erfolg. Das bestärkte den Unwillen von Archiven und ↗ *Bibliotheken*, Literaturarchive in die Eigenständigkeit zu entlassen: Literaturarchive ordnen sich seit den 1950er Jahren teils mehr dem Archiv, teils mehr der Bibliothek zu (vgl. Schmid, 11–16). Auf einer nochmaligen Erweiterung des Begriffsumfangs basiert das Pariser ‚Institut des Textes et Manuscrits Modernes' (ITEM), das kein Literaturarchiv im strengen Sinne ist. Die dort entwickelte ‚Critique génétique' nähert sich von außen – und ohne selbst zu archivieren – den Quellen; sie sucht nach einer Typologie literarischer Kreativität (Grésillon). Das ist ein stark anthropologischer Zugriff auf das heterogene Material, der zur Pluralisierung möglicher Umgebungen gehört, die die Germanistik seit den 1970er Jahren prägt (vgl. Barner) und den möglichen Sammelgegenstand entgrenzt.

SachG: Fürstliche und Universitäts-Bibliotheken sammelten seit dem 16. Jh. die handschriftlichen Nachlässe von Gelehrten; wenn Dichter auch Gelehrte waren, überdauerten ihre Papiere. Als man sich im 19. Jh. vergeblich nach politischer Einheit sehnte, gewannen Sprache und Literatur nationale und aufklärende Bedeutung. Aus dem Geist von 1848 heraus gründete der Naturforscher O. Volger im Schillerjahr 1859 das ‚Freie Deutsche Hochstift für Wissenschaft, Künste und allgemeine Bildung' (FDH), eine Art Privatakademie, die 1863 das Frankfurter Goethehaus erwarb, den ‚Goetheschatz' allmählich mehrte und vormachte, wie aus den Geburtshäusern der Dichter, die damals als museale Gedenkstätten öffentlich wurden (die Schillerhäuser in Weimar, 1847, und Marbach, 1859, oder das Gleimhaus in Halberstadt, 1862), Literaturarchive werden konnten. Zu den ‚allgemeinen' mußten hierfür ‚höhere' (d.i. wissenschaftliche) Bildungsaufgaben treten: mehr und mehr gab die Philologie auch in den Literaturarchiven den Ton an. 1885 wurde in Weimar das ‚Goethe-Archiv' (seit 1889 ‚Goethe- und Schiller-Archiv', GSA) begründet. Man edierte in drei Jahrzehnten 143 Bände der Weimarer Goethe-Ausgabe. 1903 eröffnete der Schwäbische

Schillerverein sein ‚Schiller-Museum' in Marbach, wo unter O. v. Güntter (1904–1938) Handschriftenarchiv und Spezialbibliothek mit einem Museum als Gegengewicht verbunden wurden.

Dieses integrative Modell sollte sich durchsetzen. 1955 wurde das (seit 1922 so genannte) ‚Schiller-Nationalmuseum' zum ‚Deutschen Literaturarchiv' (DLA) erweitert: Man reagierte auf die Verluste und die Zersplitterung der Dichternachlässe, die W. Frels 1934 dokumentiert hatte, auf eine Diffusion, die nun durch die Emigration verschlimmert wurde. Verstärkt wurde sie dann durch die Teilung Deutschlands nach dem 2. Weltkrieg, durch die man in Weimar die frühere, zentrale Rolle nicht mehr wahrnehmen konnte. Die Zuständigkeiten wurden grob, nach Jahrhunderten, Epochen und Autoren, aufeinander abgestimmt: Für Frühe Neuzeit und Barock findet der Benutzer Codices und Buchbestände vor allem in der ‚Herzog August Bibliothek' (HAB) in Wolfenbüttel (1572 gegründet); für die ↗ *Goethezeit* und die Goethephilologie (mit wichtigen Nachlässen aus dem 19. Jh. und von Nietzsche) ist das ‚Goethe- und Schiller-Archiv' zuständig, für Goethezeit, Romantik und Hofmannsthal das ‚Freie Deutsche Hochstift/ Frankfurter Goethe-Museum', für Vormärz, Heine und die Literatur des Rheinlands das Düsseldorfer ‚Heinrich-Heine-Institut', für das 18. und 19. Jh. in Württemberg sowie die Klassische Moderne bis zur (jeweils aktualisierten) Gegenwart sowie für die Wissenschaftsgeschichte der Germanistik das ‚Deutsche Literaturarchiv'.

Neben den Handschriftenabteilungen der großen Bibliotheken in Berlin, München, Dresden, Göttingen und Wien sind, mit dem Erfolg der Institution selbst, in den letzten Jahrzehnten zahlreiche regional, institutionell oder auf einzelne Nachlässe konzentrierte, meist kleinere Literaturarchive entstanden: die ‚Stiftung Archiv der Akademie der Künste' in Berlin sammelt die Papiere ihrer Mitglieder, das ‚Forschungsinstitut Brenner-Archiv' der Universität Innsbruck (mit dem Nachlaß L. v. Fickers) bereitete dem ‚Österreichischen Literaturarchiv' (ÖLA, Wien) den Weg (1989); und mit dem Nachlaß von F. Dürrenmatt wurde in Bern 1990 das ‚Schweizerische Literaturarchiv' (SLA) gegründet. In dieser dichten Landschaft (vgl. Blinn, 279−309) ist die Koordination untereinander − trotz des seit 1976 bestehenden Komitees für Literatur- und Kunstarchive beim Internationalen Archivrat (ICA) − informell geblieben. Der Datenaustausch zwischen europäischen Literaturarchiven ist im Verbund ‚Manuscripts and Letters via Integrated Networks in Europe' (MALVINE) organisiert. Durch überregionale Repertorien nähern sich die Literaturarchive insgesamt dem universalen Anspruch einer Bibliothek.

ForschG: Seit hundert Jahren setzt sich die Forschung mit dem Aufsatz Diltheys auseinander; neuerdings finden Wissenschaftlernachlässe besondere Aufmerksamkeit; so wird der andauernde Interpretationsimperativ der Germanistik (einschließlich Diltheys) wissenschaftsgeschichtlich analysiert (König/Seifert); aus Frankreich kommen ästhetische Perspektiven (das 1988 begründete französische Literaturarchiv ‚Institut de la Mémoire de l'Édition Contemporaine' studiert gemeinsam mit Marbach die Rückwirkungen der Literaturarchive auf die literarische Produktion selbst) und, mit ethnologischer Distanz, Hinweise auf die kulturgeschichtliche Gravitation, wenn Literaturarchive ihre Sammlungsziele und Ordnungsprozeduren bestimmen (Espagne).

Lit: Wilfried Barner: Pluralismus! Welcher? In: Jb. der Deutschen Schillergesellschaft 34 (1990), S. 1−7. − Hansjürgen Blinn: Informationshb. Deutsche Literaturwissenschaft. Frankfurt ³1994. − Ludwig Denecke: Die Nachlässe in den Bibliotheken der Bundesrepublik Deutschland. Bearbeitet v. Tilo Brandis. Boppard ²1981. − Wilhelm Dilthey: Archive für Literatur. In: Deutsche Rundschau 58 (1889), S. 360−375. − Der Einsatz der Datenverarbeitung bei der Erschließung von Nachlässen und Autographen. Bearbeitet v. einer Arbeitsgruppe der Deutschen Forschungsgemeinschaft. Berlin 1991. − Michel Espagne: De l'archive au texte. Paris 1998. − Wilhelm Frels: Deutsche Dichterhandschriften von 1400 bis 1900. Gesamtkatalog [...]. Leipzig 1934. − Almuth Grésillon: Literaturarchiv und Edition. Das ‚Institut des Textes et Manuscrits Modernes' (Paris). In: König/Seifert 1996, S. 49−62. − Murray G. Hall, Gerhard Renner: Hb. der Nachlässe und Sammlungen österreichischer Autoren. Wien u. a. ²1995. − Hb. der Handschriftenbestände in der Bundesrepublik Deutschland. Bearbeitet v. Tilo Brandis und Ingo Nöther. Berlin 1992. − Christoph König: Verwaltung und wissenschaftliche Erschließung von Nachlässen in Literaturarchiven. München u. a. 1988. − C. K., Siegfried Seifert (Hg.): Literaturarchiv und Literaturforschung. München u. a. 1996. − Heinrich Meisner: Die Litteraturarchiv-Gesellschaft während der fünfundzwanzig Jahre ihres Bestehens 1891−1916. Berlin 1916. − Jacob Minor: Centralanstalten für die literaturgeschichtlichen Hilfsarbeiten. In: Euphorion 1 (1894), S. 17−26. − Wolfgang A. Mommsen: Die Nachlässe in den deutschen Archiven. Boppard 1971. − Paul Raabe: Einführung in die Quellenkunde zur neueren deutschen Literaturgeschichte. Stuttgart ³1974. − Gerhard Schmid (Hg.): Bestandserschließung im Literaturarchiv. München u. a. 1996. − Klaus Weimar: Geschichte der deutschen Literaturwissenschaft bis zum Ende des 19. Jhs. München 1989. − Bernhard Zeller: Archive für Literatur. Wiesbaden 1974.

Christoph König

Literaturdidaktik

Theorie des Literaturunterrichts.

Expl: Während Literaturpädagogik und Leseerziehung auf den Gesamtkomplex einer Erziehung ‚durch Literatur' bzw. einer Erziehung ‚zum Lesen' und ‚zur Literatur' auch in außerschulischen sozialen Feldern verweisen, bleibt Literaturdidaktik in der Regel auf die unterrichtliche (schulische) Vermittlung von Literatur konzentriert. Außerschulisches Lesen, literarische Tradition und literarischer Markt kommen allerdings als wichtige Determinanten für Unterrichtsentscheidungen (Textauswahl, Unterrichtsziele, Unterrichtsmethoden) in den Blick (↗ *Deutschunterricht*). Im Unterschied zur Methodik, die sich mit den Vermittlungsverfahren im engeren Sinne befaßt, entwirft die Didaktik die leitenden Konzepte und Bildungsziele.

WortG/BegrG: Das Wort *Literaturdidaktik* wird neben *Didaktik des Literaturunterrichts* erst in den 1970er Jahren geläufig.

Der Wortbestandteil DIDAKTIK leitet sich aus dem griech. διδάσκειν [didáskein] ‚lehren‘, ‚unterrichten‘, ‚klären‘ ab. Das Wort taucht in spezifisch pädagogischen Kontexten zu Beginn des 17. Jhs. auf und wird mit der ‚Didactica magna‘ (1657) des Johann Amos Comenius, mit der „vollständige[n] Kunst, alle Menschen alles zu lehren“, in der Pädagogik gängig. Otto Willmann (1882) bindet das Wort an den Begriff der παιδεία [paideía] ‚Erziehung‘ zurück. Mit seiner Gewichtung der Bedeutung der ‚Bildungsziele und -inhalte‘ gegenüber der ‚Bildungsarbeit‘ und dem ‚Bildungswesen‘ öffnet Willmann die Didaktik für die Entwicklung von Theorien der ‚Lehrfächer‘. Sachliche Voraussetzungen für die Neuprägung liegen vor allem in der Wissenschafts- und Bildungsgeschichte der 1960er Jahre: Die Selbstreflexion der ↗ *Germanistik* hat in dieser Zeit verstärkt auf den Zusammenhang von „Literatur, Wissenschaft, Bildung“ (Singer) geführt. Gleichzeitig wurde mit der Integration von Universitäten und Pädagogischen Hochschulen sowie mit der Integration des herkömmlichen höheren und niederen Schulwesens in Gesamtschulen die Entwicklung wissenschaftlicher Fachdidaktiken neben der Allgemeinen Didaktik gefördert.

Johann Amos Comenius: Große Didaktik. Übers. und hg. v. Andreas Flitner. Düsseldorf 1954. – Herbert Singer: Literatur, Wissenschaft, Bildung. In: Ansichten einer künftigen Germanistik. Hg. v. Jürgen Kolbe. München 1969, S. 45–59. – Otto Willmann: Didaktik als Bildungslehre. 2 Bde. Braunschweig 1882, 1889.

SachG: Die muttersprachliche Literaturdidaktik entwickelte sich im Zuge der Herausbildung der modernen Nationalstaaten, ihrer Nationalliteraturen und eines muttersprachlichen Fachunterrichts. Die Frühgeschichte der Literaturdidaktik führt allerdings in die Anfänge eines ‚Lehrplans des Abendlandes‘ (Dolch) zurück. Literatur ist wesentliches Medium der griechischen ‚enkyklischen Bildung‘, spätrömischer und mittelalterlicher ‚artes‘-Kultur sowie frühneuzeitlicher Lehrpläne, in denen der moderne Gedanke der ‚Muttersprachlichkeit‘ und der Orientierung an ‚Realien‘ mit den Prinzipien antiker Tradition konkurriert. Während die vorbildliche antike Literatur

im höheren Bildungswesen dominiert, ist vom 16. Jh. an die Elementarunterricht die Domäne der Muttersprache.

In den Lehrwerken und Lehrplänen für das höhere Schulwesen im Deutschland des 17. und 18. Jhs. ist der Übergang vom Konzept rhetorisch-poetischer ↗ *Imitatio* vorbildlicher lateinischer, seit Beginn des 17. Jhs. verstärkt auch deutschsprachiger Exempla zu einem Konzept der Lektüre der herausragenden Werke der ‚genialen‘ Dichter (↗ *Originalität*) dokumentiert. Noch in Gottscheds ‚Vorübungen der deutschen und lateinischen Dichtkunst zum Gebrauche der Schule‘ (1756) und in Adelungs ‚Über den deutschen Stil‘ (1785) bleibt allerdings Vorbildlichkeit im Sinne der klassischen Muster das Kriterium, das einen deutschen Dichter zum Schulautor prädestiniert. Herder wendet im ‚Journal meiner Reise‘ (1769) mit seinem Begriff der ‚lebendigen Sprache‘ als Ausgangspunkt jedes Unterrichts die Argumentationsrichtung um. Gleichzeitig wirkt sich die besonders von Herder angeregte Sammlung volksliterarischer Tradition in einer veränderten literaturdidaktischen Programmatik aus. Bereits mit Beginn des 19. Jhs., insbesondere aber seit dem Vormärz (Hiecke), zeichnen sich in Lehrbüchern, Lehrplänen und literaturdidaktischen Abhandlungen Grundzüge eines ↗ *Kanons* ‚volkstümlich-romantischer‘ und ‚klassisch-deutscher‘ Literatur ab, der im höheren Schulwesen bis in die 1960er Jahre Bestand hat. Die Suche nach einem neuen fachübergreifenden Zentrum der Bildung führt am Ende des 19. Jhs. zu einer ‚deutschkundlichen‘, auch Geographie, Politik, Wirtschaft und Religion umfassenden Orientierung des Literaturunterrichts. Diese Tendenz, die Literaturdidaktik und Lehrplanung der Weimarer Republik ausdrücklich bestimmt, zeigt sich in der ersten fachdidaktischen ‚Zeitschrift für den deutschen Unterricht‘ (begr. 1887). Konzepte eines völkisch-deutschkundlichen Unterrichts im NS-Staat reduzieren den literarischen Kanon auf ‚völkisches Kerngut‘.

Im niederen Schulwesen bildet sich ein Literaturunterricht im wesentlichen erst seit dem Ende des 19. Jhs. aus. Das Nachdenken über Konzepte des Literaturunterrichts in diesem Rahmen gehört in den Kontext einer muttersprachlichen Leselehre, die seit der Reformation an die Katechetik gebunden und mit der Aufklärung in ein Konzept ‚sittlicher und rationaler Grundbildung' erweitert wurde, wie es sich in Rochows ‚Der Kinderfreund' (1776) niedergeschlagen hat. Im Mittelpunkt des Volksschulunterrichts und seiner Leselehre steht bis ins 20. Jh. hinein das Lesebuch, das − mit wechselnden Schwerpunkten − eine Auswahl von Texten enthält, die sich durch ihren ‚sittlich-religiösen' Gehalt und durch ihre ‚volks-' und kindertümliche' Form gegenüber der geistlichen Schulaufsicht zu legitimieren hat. Erst im Rahmen der frühen ‚Kunsterziehungsbewegung' (Wolgast, Otto Ernst u. a.) mit ihrem politisch-pädagogisch geführten Kampf gegen die Bevormundung der Volksschule durch Kirche und Staat kommt es zu einer Annäherung literaturdidaktischer Konzepte für den Volksschul- und den höheren Schulunterricht.

Die Literaturdidaktik tritt zugleich immer auch gegen die ‚Lesewut', gegen das ‚Viellesen', das ‚Schnellesen', das ‚Lustlesen' von ‚minderwertiger' Literatur (‚Schmutz und Schund') ein. Mit der Verbesserung der Lesefähigkeit (↗ *Lesen*), mit der Erweiterung des Lesepublikums (↗ *Publikum*) und des literarischen Marktes weist die Literaturdidaktik dem Unterricht nicht nur die positive Funktion der Einführung in die literarische Kultur oder das ↗ *Literarische Leben*, sondern immer auch die Funktion einer Gegensteuerung gegen literarische Moden zu. So soll in der Goethezeit die intensive Lektüre vorbildlicher deutscher Dichter ein Mittel gegen die ‚Verwahrlosung' der Schüler durch die Privatlektüre „wollustathmende[r] Roman[e]" (Böttiger) sein. Das Jugendbuch (↗ *Kinder- und Jugendliteratur*) wiederum wird erst um die Jahrhundertwende als Unterrichtsgegenstand anerkannt, zu einem Zeitpunkt also, da ‚Heftchenliteratur', ↗ *Comics* und ↗ *Film* bereits anziehender als diese Literatur sind. Die im Vergleich zu früheren Jahrhunderten große Toleranz gegenüber dem ‚Viel- und Lustlesen' heute resultiert mit daraus, daß das Lesen und das Buch ein höheres Ansehen als das Fernsehen und die neueren audiovisuellen Medien genießen.

Seit den 1970er Jahren ist die Literaturdidaktik auch Bestandteil der germanistischen Lehramtsstudiengänge an Gesamthochschulen und Universitäten geworden. Sie soll fachwissenschaftliche Inhalte mit den Bildungszielen der verschiedenen Schulstufen und -typen konzeptionell vermitteln. Die unreflektierte Bindung der Literaturdidaktik an das im 18. und 19. Jh. gefestigte System der Unterrichtsfächer erschwert allerdings die Einbeziehung der Gegenwartskultur in die didaktische Diskussion. Die Literaturdidaktik hat heute die Bedeutung der Literatur und des Lesens im Kontext der medialen Situation des 20. Jhs. ebenso neu zu begründen und zu gewichten wie die Bedeutung nationalsprachiger literarischer Tradition im Kontext multinationaler Kultur.

Carl August Böttiger: Über den Misbrauch der Deutschen Lectüre auf Schulen und einigen Mitteln dagegen [1787]. In: Der Deutschunterricht auf dem Gymnasium der Goethezeit. Hg. v. Georg Jäger. Hildesheim 1977, S. 1−38.

ForschG: Die Forschungsgeschichte beginnt um 1900 mit Arbeiten zur Geschichte des Lesebuchs (Bünger) sowie zur Geschichte des Lese- und Deutschunterrichts (Kehr, Matthias). Während sich in dieser Phase der Blick auf didaktische Konzepte noch mit dem Blick auf staatliche Lehr(mittel)planung und Unterrichtswirklichkeit vermischt, gehen die Arbeiten zur Geschichte des Lesebuchs (Roeder) und des literarischen Kanons (Herrlitz) seit dem Beginn der 1960er Jahre systematischer vor. Seit dieser Zeit bleibt die Geschichte des Literaturunterrichts ein zentrales Forschungsfeld. Sie ist in Gesamtdarstellungen (Frank) und Untersuchungen zu einzelnen Epochen (Jäger, Wilkending, Hasubek, Hopster/Nassen, Motzkau-Valeton) sowie in Anthologien (Boueke, Helmers, Jäger, Wilkending) dokumentiert.

Seit der Integration von Pädagogischen Hochschulen und Universitäten insbesondere in den 1970er Jahren kommt es verstärkt zu einer theoretischen Diskussion um die Ziele des Literaturunterrichts, die auch heute nicht abgeschlossen ist (s. Kämper-van den Boogart). In ihr geht es um seine

Gegenwartsorientierung, um einen ‚demokratischen‘, ‚fortschrittlichen‘ oder ‚kritischen‘ Literaturunterricht (Baumgärtner/Dahrendorf, Stein, Vogt, Wawrzyn), um Kanonfragen und das Verhältnis von literarischer Bildung, Leseerziehung und Medienkompetenz (Baumgärtner/Dahrendorf, Brackert/Raitz, Kämper-van den Boogart, Müller-Michaels, Vogt) sowie um den wissenschaftlichen Status der Literaturdidaktik (Brackert/Raitz, Vogt, Wilkending). Im Kontext dieser Diskussion kristallisiert sich mit Krefts ‚Grundproblemen der Literaturdidaktik‘ eine erste Gesamtkonzeption heraus, deren Theorierahmen durch die Allgemeine Didaktik sowie Lehrplan- und Curriculumtheorie, durch literaturwissenschaftliche Hermeneutik und Rezeptionstheorie, aber auch durch eine fundamentale Theorie von Sprache, Gesellschaft und Entwicklung gebildet wird. Im Anschluß an und in Auseinandersetzung mit Kreft hat insbesondere Spinner die Literaturdidaktik entwicklungs- und identitätstheoretisch fundiert (Spinner, Willenberg). Die Konzentration der Literaturdidaktik auf den kindlichen und jugendlichen Leser führt bereits seit dem Ende der 1970er Jahre zur Vermittlung rezeptions- und produktionstheoretischer Ansätze in der Literaturdidaktik (Eggert/Rutschky, Kreft u. a., Spinner, Wermke). Waldmann hat die Notwendigkeit dieser Vermittlung auch literaturtheoretisch begründet und auf dieser Grundlage Arbeitsbücher zum ‚produktiven Umgang‘ mit Lyrik und Drama entwickelt. Neben den produktionsorientierten Didaktiken wird aber auch die rein rezeptionsorientierte Didaktik weiter ausgebaut (Schiefele/Stocker; zu den neueren Didaktik-Positionen vgl. auch Lange u. a.).

Lit: Alfred Clemens Baumgärtner, Malte Dahrendorf (Hg.): Wozu Literatur in der Schule? Braunschweig 1970. – A. C. B. (Hg.): Lesen – Ein Hb. Hamburg 1973. – Dietrich Boueke (Hg.): Der Literaturunterricht. Weinheim 1971. – Helmut Brackert, Walter Raitz (Hg.): Reform des Literaturunterrichts. Frankfurt 1974. – Ferdinand Bünger: Entwicklungsgeschichte des Volksschullesebuches. Leipzig 1898. – Josef Dolch: Lehrplan des Abendlandes. Ratingen 1971. – Hartmut Eggert, Michael Rutschky (Hg.): Literarisches Rollenspiel in der Schule. Heidelberg 1978. – Horst Joachim Frank: Geschichte des Deutschunterrichts. München 1973. – Peter Hasubek: Das Deutsche Lesebuch in der Zeit des Nationalsozialismus. Hannover 1972. – Hermann Helmers: Geschichte des deutschen Lesebuchs in Grundzügen. Stuttgart 1970. – Hans-Georg Herrlitz: Der Lektüre-Kanon des Deutschunterrichts im Gymnasium. Heidelberg 1964. – Robert Heinrich Hiecke: Der deutsche Unterricht auf deutschen Gymnasien. Leipzig 1842. – Otfried Hoppe (Hg.): Kritik und Didaktik des literarischen Verstehens. Kronberg 1976. – Norbert Hopster, Ulrich Nassen: Literatur und Erziehung im Nationalsozialismus. Paderborn 1983. – Georg Jäger: Schule und literarische Kultur. Bd. 1. Stuttgart 1981. – Michael Kämper-van den Boogart (Hg.): Das Literatursystem der Gegenwart und die Gegenwart der Schule. Hohengehren 1997. – Carl Kehr (Hg.): Geschichte des deutschen Unterrichts in der Volksschule. Gotha 1889. – Jürgen Kreft: Grundprobleme der Literaturdidaktik. Heidelberg 1977. – J. K. u. a.: Der Schüler als Leser. Paderborn 1981. – Günter Lange u. a. (Hg.): Taschenbuch des Deutschunterrichts. Bd 2: Literaturdidaktik. Baltmansweiler ⁵1994. – Adolf Matthias: Geschichte des deutschen Unterrichts. München 1907. – Wolfgang Motzkau-Valeton: Literaturunterricht in der DDR. Paderborn 1979. – Harro Müller-Michaels (Hg.): Literarische Bildung und Erziehung. Darmstadt 1976. – Peter Martin Roeder: Zur Geschichte und Kritik des Lesebuchs der höheren Schule. Weinheim 1961. – Hans Schiefele, Karl Stocker: Literatur-Interesse. Weinheim 1990. – Kaspar H. Spinner: Umgang mit Lyrik in der Sekundarstufe I. Baltmannsweiler 1984. – Peter Stein (Hg.): Wieviel Literatur brauchen Schüler? Stuttgart 1980. – Jochen Vogt (Hg.): Literaturdidaktik. Düsseldorf 1972. – Günter Waldmann: Produktiver Umgang mit Lyrik. Baltmannsweiler 1988. – G. W.: Produktiver Umgang mit dem Drama. Baltmannsweiler 1996. – Lienhard Wawrzyn: Methodenkritik des Literaturunterrichts. Darmstadt 1975. – Jutta Wermke: „Hab a Talent, sei a Genie!“ 2 Bde. Weinheim 1989. – Gisela Wilkending: Ansätze zur Didaktik des Literaturunterrichts. Weinheim 1972. – G. W.: Volksbildung und Pädagogik „vom Kinde aus“. Weinheim 1980. – G. W.: Literaturpädagogik in der Kaiserzeit. Paderborn 1982. – Heiner Willenberg: Zur Psychologie des Literaturunterrichts. Frankfurt 1987.

Gisela Wilkending

Literaturgeschichte

Zeitlich artikulierter Zusammenhang von Texten und Textkorpora (Werken) sowie deren Darstellung in synchroner und diachroner Perspektive, vielfach unter Einschluß anderer Wissens- und Ausdrucksformen (symbolischer Formen) sowie von literaturbezogenen Handlungen.

Expl: Literaturgeschichte ist ein Hauptarbeitsfeld der Literaturwissenschaft neben ↗ *Edition,* ↗ *Kommentar₂,* ↗ *Interpretation,* ↗ *Literaturtheorie* und ↗ *Methodologie.* Wie in den meisten Praxisbereichen der Historiographie wird der Gegenstandsbereich, den es anzulegen, zu erschließen und zu vermitteln gilt, mit demselben Begriffswort bezeichnet wie das Ergebnis dieser Arbeit: Literaturgeschichte ist das Resultat von ↗ *Literaturgeschichtsschreibung.* Unterschiedliche Entwürfe von Literaturgeschichte sind gebunden an die jeweiligen Konzepte zur Auswahl, Anlage und Darstellung des ↗ *Kontextes,* in den die Texte einbezogen sind, sowie an die Konzeptualisierung der Verlaufsstrukturen des historischen Geschehens. Idealtypisch gesehen kann der literaturgeschichtliche Zusammenhang hergestellt werden (1) aus Texten, die der ↗ *Literatur* im engeren Sinn zugeordnet werden, (2) aus den in (1) genannten Texten und weiteren Texten, die dazu als relevante Wissens- und Ausdrucksformen in Beziehung gesetzt werden, (3) aus den unter (2) genannten Texten und unterschiedlichen Zeichenkomplexen des Symbolsystems ‚Kultur‘ (↗ *Kulturwissenschaft*), (4) aus den unter (3) genannten Zeichenkomplexen und ihnen zuzuordnenden Handlungen (beispielsweise des Hervorbringens, des Vermittelns und des Aneignens von literarischen Texten). In der Literaturgeschichtsschreibung kommt es in der Regel zu Überlagerungen und Verbindungen dieser idealtypischen Vorgaben.

Je nach gewähltem Bezug und in Abhängigkeit von unterschiedlichen Interessen entstehen Ausarbeitungen von Literaturgeschichte, die sich in Begründung und Reichweite unterscheiden (vgl. etwa Schaberts Geschichte der englischen Literatur – wie der Titel ankündigt – „aus der Sicht der Geschlechterforschung“). Literaturgeschichtsschreibung ist an Interessen gebunden; sie wirken sich aus in der Entscheidung

für Konstruktionsmuster, Sinnsetzungen oder Applikationen, die zur Reduktion von Komplexität des literarischen Geschehens führen. Das Ergebnis sind die Ordnungsmuster der Literaturgeschichte, etwa die Werkgeschichte eines Autors, die – Autoren übergreifende – ↗ *Genre-* und ↗ *Gattungsgeschichte,* die Geschichte von Problemen, Motiven und Themen, die von Kunst-, Literatur- oder Stilprogrammen oder von ↗ *Epochen.* Die Darstellungen sind zeitlich gegliedert.

Literaturgeschichte ist ein Kollektivsingular, der die prinzipielle Pluralität der auf Literatur bezogenen und an sie anschließbaren Handlungen und Zeichenordnungen nicht sichtbar werden läßt. Eine zusammenführende und abgleichende Synthese der unterschiedlichen Literaturgeschichten (von der Geschichte der ↗ *Weltliteratur* über die Geschichte der Nationalliteraturen bis hin zu nationalliterarisch orientierten Geschichten einer Gattung oder einer Epoche) kann und soll nicht geleistet werden.

Die mögliche Beliebigkeit der literaturgeschichtlichen Praxis wird eingeschränkt durch die Festlegung von soziokulturellen Funktionen für Literaturgeschichtsschreibung. Wenn „Literaturgeschichtsschreibung als sinnorientierte und organisierende Vergegenwärtigung des geschichtlichen Lebens von Literatur" (Barner, 277) verstanden werden kann und wenn Literaturgeschichte als Ergebnis von Auswahlentscheidungen, Zuordnungen und erzählenden Verknüpfungen in Abhängigkeit von aktuellen Interessen erscheint, dann kann als wichtigste Leistung ihr Beitrag zum kollektiven Gedächtnis einer Gemeinschaft (↗ *Memoria*), zur organisierten gesellschaftlichen Praxis des Erinnerns und Vergessens, zum reflektierten Umgang mit Traditionen und damit auch zur Ausarbeitung gemeinschaftlicher Identität angesehen werden. Literaturgeschichte erscheint als „Schatzhaus" der schöpferischen Leistungen des menschlichen Geistes (Curtius, 400 – vgl. J.-D. Müller), als Entscheidungsbereich für Aufbau und Geltung des literarischen ↗ *Kanons* sowie als Gegenstand von Bildung.

Neben diesen Leistungen, die vielfach an eine populärwissenschaftliche Vermittlung von Literaturgeschichtsschreibung gebunden sind, übernimmt die Literaturgeschichte Funktionen für die Literaturwissenschaft. In den historiographischen Ausarbeitungen – insbesondere in den Handbüchern des Typus ‚Geschichte der deutschen Literatur von den Anfängen bis zur Gegenwart' – wird der Kenntnisstand der Disziplin gesichert und aktualisiert. Das Bezugsfeld Literaturgeschichte trägt in nachhaltiger Weise dazu bei, die Identität einer philologischen Disziplin auszubilden und zu festigen: im Abgrenzen eines disziplinspezifischen Gegenstandsbereichs, im Anwenden der akzeptierten Methoden und im bestätigenden Ordnen des disziplinären Wissens. Darüber hinaus werden Applikationen dieses Wissenstandes für unterschiedliche Gebrauchszusammenhänge in der kulturellen Praxis oder im Schulunterricht vollzogen.

WortG: *Historia lit(t)eraria* meint zunächst die bio-bibliographische Ordnung für das gesamte Schrifttum gelehrten Wissens. Im deutschsprachigen Bereich ist der lat. Terminus erstmals 1659 bei Peter Lambeck belegt (Zedelmaier, 16); das dt. Äquivalent im 17./18. Jh. ist *Lit(t)erärgeschichte*. Ab der 2. Hälfte des 18. Jhs. ergibt sich eine Verengung im Wortgebrauch für ↗ *Literatur* zugunsten von ‚schöner Literatur' bzw. Literatur im engeren Sinne, worauf sich in der Folgezeit der Gegenstandsbereich der Literaturgeschichte reduziert.

Helmut Zedelmaier: ‚Historia literaria'. Über den epistemologischen Ort des gelehrten Wissens in der ersten Hälfte des 18. Jhs. In: Das Achtzehnte Jh. 22 (1998) Heft 1, S. 11–21.

BegrG: Die ältere Litterärgeschichte umfaßt zunächst das gesamte (meist gelehrte) Schrifttum. Bereits 1692 widmet Daniel Morhof eine Publikation dem ‚Unterricht von der Teutschen Sprache und Poesie'. Die Einschränkung auf ‚Literatur im engeren Sinne' vollziehen u. a. Johann Jakob Rambach (‚Versuch einer pragmatischen Literaturgeschichte', 1770) und Ludwig Wachler (‚Versuch einer allgemeinen Geschichte der Literatur', 3 Bde., 1792–1796). Doch wird bis in das 19. Jh. hinein diese Begrenzung des Gegenstandsbereichs Literatur nicht in jedem Falle und konsequent vollzogen.

Doch festigt sich die Tendenz, ‚Literatur' auf Nationalliteratur festzulegen: Literaturgeschichte gilt als wichtiges Element für die Geschichte einer Nation. Bis in die Gegenwart hinein wird der Begriff ‚Literatur', also der Gegenstand der Literaturgeschichte, in unterschiedlicher Weise bestimmt; gleiches gilt auch für die zuzuordnenden Kontexte.

Klaus Weimar: Literatur, Literaturgeschichte, Literaturwissenschaft. In: Zur Terminologie der Literaturwissenschaft. Hg. v. Christian Wagenknecht. Stuttgart 1989, S. 9–23.

SachG: Insbesondere Herder sowie F. und A. W. Schlegel verbreiten die Auffassung, daß sich in der Literatur im engeren Sinne (in der Poesie) die Kulturgeschichte der Menschheit offenbare, so daß in der Geschichte einer sprachlich bestimmten Literatur der Geist der Nation erkannt werden kann. Das Ziel einer nationalen Selbstfindung durch Literaturgeschichte kann nicht mehr wie in der älteren Litterärgeschichte durch die annalistisch-additive Reihung von Titeln und Daten erreicht werden, sondern nur durch die Konstruktion sinnsetzender Zusammenhänge, durch die ‚schöne Ganzheit' einer historiographischen Erzählung (zum Programm von Literaturgeschichte als Geschichte einer Nationalliteratur: Wachler 1818, Koberstein 1827, Gervinus 1835–1842, Vilmar 1845).

Innerhalb dieses Programms kommt es seit dem 19. Jh. zu unterschiedlichen Begründungen für die zeitliche Strukturierung des literarischen Geschehens (von der Geschichtsphilosophie bis hin zum ↗ *Historismus* und der programmatischen Dynamisierung von Literaturentwicklungen im Innovationsprojekt der ↗ *Avantgarden*). Einem ‚nur' historischen Verstehen wird um 1900 eine lebensphilosophisch begründete Literaturerfahrung konfrontiert: im Erleben des überzeitlichen Wertes von Dichtung.

Im Verlauf des 20. Jhs. wird Literaturgeschichte zunehmend als Konstrukt von Literaturgeschichtsschreibung in Abhängigkeit von unterschiedlichen methodologischen Entscheidungen entworfen. Dadurch verstärkt sich prinzipiell die Trennung zwischen populärwissenschaftlichen und fachwissenschaftlichen Vermittlungen von Literaturgeschichte.

Als prinzipielle historiographische Verfahrensweisen wurden ausgearbeitet: (1) bibliographische Darstellungen (z. B. K. Goedeke, ‚Grundriß zur Geschichte der deutschen Dichtung‘, 1859–1881, danach überarbeitet), (2) annalistische Darstellungen nach dem Muster ‚Daten deutscher Dichtung‘ (H. A. u. E. Frenzel, 2 Bde., 1953 u.ö.), (3) biographische Darstellungen (‚Deutsche Dichter‘, hg. v. G. E. Grimm und F. R. Max, 8 Bde., 1989 ff.), (4) Kontexte eröffnende und erzählende Darstellungen (wie z. B. H. Lehnert, ‚Geschichte der deutschen Literatur vom Jugendstil zum Expressionismus‘, 1978). Im disziplinären Spektrum der Historiographie erscheint Literaturgeschichte heute als eigenständige Perspektive einer übergreifenden Kunst-, Kultur-, Mentalitäts-, Diskurs- oder Sozialgeschichte. Dabei ist eine umfassende Literaturgeschichte nicht nur auf Texte, sondern auch auf Handlungen zu beziehen, die zu Texten führen, Texte vermitteln und aufnehmen. Dieser Bezug auf Handlungen und Texte verknüpft − systemtheoretisch formuliert − die Geschichte des Sozialsystems Literatur mit der Geschichte des Symbolsystems Literatur.

ForschG: Da Literaturgeschichte das Ergebnis von Literaturgeschichtsschreibung ist, gilt das diesbezügliche Forschungsinteresse insbesondere der wissenschaftlichen Organisation der Literaturgeschichtsschreibung. In diesem Arbeitsfeld ist der Anspruch auf Wissenschaftlichkeit ebenso umstritten wie für die Interpretation. Skeptiker sehen Literaturgeschichte entweder als Produkt weithin subjektiv bestimmter essayistischer Praxis oder in den Fesseln überkomplexer Methodologisierung. So gilt 1970 ein Heft von ‚New Literary History‘ dem Leitthema ‚Is literary history obsolete?‘, so gibt 1992 David Perkins seiner Bestandsaufnahme den Titel ‚Is literary history possible?‘ Die Denkmuster und Konzepte der ↗ *Dekonstruktion* haben neue Einwände gegen den Anspruch von Literaturgeschichte zur Folge gehabt. Aneignungsformen für das Literaturgeschehen der Vergangenheit wie das Erklären von Zusammenhängen, das Erleben von Kunstleistungen oder die verstehende Aneignung des Fremden werden in Frage gestellt. Das prinzipielle Problem, wie in den literaturgeschichtlichen Einordnungen und Generalisierungen die Besonderheit jedes einzelnen Textes zu ihrem Recht kommen kann, wird radikal zugunsten der Lektüren von spannungsreichen Einzeltexten entschieden.

Auch wenn derzeit keine allgemein akzeptierte Theorie für das wissenschaftlich organisierte und methodologisch kontrollierte Erarbeiten von Literaturgeschichte ausgewiesen werden kann, sind seit den 1970er Jahren die Theorie-Diskussionen für die Literaturgeschichtsschreibung verstärkt worden (u. a. Japp, Meyer/Ort, J.-D. Müller, Plumpe, S. J. Schmidt, Titzmann, Voßkamp), ohne allerdings für den Texttyp der umfassenden Literaturgeschichte markante Veränderungen zur Folge zu haben. Notwendig wären konzeptionelle Aussagen zur Abgrenzung des Gegenstandsbereiches, Regeln zur Auswahl von Ereignissen und Texten, Vorgaben zu einem Prozeßmodell (zur Sequenzialisierung der Darstellung), Regeln zum Festlegen und Erschließen von Kontexten, Vorgaben zur Verknüpfung des literaturgeschichtlichen Prozesses mit anderen Prozessen. Das wichtige ‚Verknüpfungsproblem‘ (Danneberg/Vollhardt) ergibt sich aus der Frage, wie die Lektüre von Texten und die Zuweisung von Bedeutung an Texte mit den Gegebenheiten verknüpft werden können, die Entstehung, Vermittlung, Aufnahme und Wirkung literarischer Texte bestimmen. Die unterschiedlichen methodischen Orientierungen in der Literaturgeschichtsschreibung haben unterschiedliche Entscheidungen für die Relevanz nicht-literarischer Prozesse und Konstellationen für literaturgeschichtliche Entwicklungen getroffen. Aus den aktuellen Erfahrungen einer sich nachhaltig verändernden Kommunikationskultur wächst derzeit das Interesse, die Geschichte der Literatur unter besonderer Berücksichtigung der medialen Bedingungen für Produktion, Distribution und Rezeption zu schreiben.

Zudem geben die neuen elektronischen Organisations- und Verarbeitungsmöglichkeiten für Texte den Fragen nach den adäquaten Darstellungsformen für den Texttyp

Literaturgeschichte neue Richtungen. Die ersten Gestaltungen als elektronischer ↗ *Hypertext* liegen vor: Nur mäßig angeleitet durch vorgegebene ‚links', können die Benutzer über die Auswahl zu nutzender Informationen, über die Kontextualisierungen oder die Verknüpfungen mit nicht-literarischen Abläufen selbst entscheiden. Die Folgen für die theoretische Konzeption von Literaturgeschichte und für die literaturgeschichtliche Praxis werden zu diskutieren sein.

Lit: Wilfried Barner: Tradition als Kategorie der Literaturgeschichtsschreibung [1988]. In: W. B.: Pioniere, Schulen, Pluralismus. Tübingen 1997, S. 277–296. – Thomas Cramer: Brauchen wir eine neue Theorie der Literaturgeschichtsschreibung? In: Kultureller Wandel und die Germanistik in der Bundesrepublik. Bd. 3. Hg. v. Johannes Janota. Tübingen 1993, S. 94–100. – Lutz Danneberg: Zur Explikation von Epochenbegriffen und zur Rekonstruktion ihrer Verwendung. In: Europäische Barock-Rezeption. Hg. v. Klaus Garber. Wiesbaden 1991, S. 85–93. – L. D., Friedrich Vollhardt (Hg.): Vom Umgang mit Literatur und Literaturgeschichte. Stuttgart 1992. – Hartmut Eggert u. a. (Hg.): Geschichte der Literatur. Stuttgart 1990. – Jürgen Fohrmann: Über das Schreiben von Literaturgeschichte. In: Geist, Geld und Wissenschaft. Hg. v. Peter Brenner. Frankfurt 1993, S. 175–202. – Uwe Japp: Beziehungssinn. Ein Konzept der Literaturgeschichte. Frankfurt 1980. – Hans Robert Jauß: Literaturgeschichte als Provokation. Frankfurt 1970. – Friederike Meyer, Claus-Michael Ort: Konzept eines strukturell-funktionalen Theoriemodells für eine Sozialgeschichte der Literatur. In: Zur theoretischen Grundlegung einer Sozialgeschichte der Literatur. Hg. v. Renate von Heydebrandt u. a. Tübingen 1988, S. 85–171. – Jan-Dirk Müller: Literaturgeschichte/Literaturgeschichtsschreibung. In: Erkenntnis der Literatur. Hg. v. Dietrich Harth und Peter Gebhardt. Stuttgart 1982, S. 195–227. – David Perkins: Is literary history possible? Baltimore, London 1992. – Gerhard Plumpe: Epochen moderner Literatur. Ein systemtheoretischer Entwurf. Opladen 1995. – Rainer Rosenberg: Epochengliederung. Zur Geschichte des Periodisierungsproblems in der deutschen Literaturgeschichtsschreibung. In: DVjs (1987), Sonderh., S. *216–*235. – Pietro Rossi (Hg.): Theorie der modernen Geschichtsschreibung. Frankfurt 1987. – Ina Schabert: Englische Literaturgeschichte. Eine neue Darstellung aus der Sicht der Geschlechterforschung. Stuttgart 1997. – Siegfried J. Schmidt: On writing histories of literature. Some remarks from a constructivist point of view. In: Poetics 14 (1985) Heft 3/4, S. 279–301. – Michael Titzmann: Skizze einer integrativen Literaturgeschichte und ihres Ortes in einer Systematik der Literaturwissenschaft. In: Modelle des literarischen Strukturwandels. Hg. v. M. T. Tübingen 1991, S. 395–438. – Claus Uhlig: Current models and theories of literary historiography. In: Arcadia 22 (1987), S. 1–17. – Wilhelm Voßkamp: Theorien und Probleme gegenwärtiger Literaturgeschichtsschreibung. In: Literaturgeschichtsschreibung in Italien und Deutschland. Hg. v. Frank Baasner. Tübingen 1989, S. 166–174. – W. V., Eberhard Lämmert (Hg.): Historische und aktuelle Konzepte der Literaturgeschichtsschreibung/Zwei Königskinder? Zum Verhältnis von Literatur und Literaturwissenschaft. In: Kontroversen, alte und neue. Hg. v. Albrecht Schöne. Bd. 11. Tübingen 1986. – Klaus Weimar: Geschichte der deutschen Literaturwissenschaft bis zum Ende des 19. Jhs. München 1989.

Jörg Schönert

Literaturgeschichtsschreibung

Die Darstellung von Literatur in einem historischen Zusammenhang.

Expl: Literaturgeschichtsschreibung kann unter verschiedenen, z. B. ideen-, sozial-, gattungs- oder stilgeschichtlichen Gesichtspunkten erfolgen und sich auf die gesamte Literatur einer Region, eines Landes bzw. einer Nation, einer Sprache, eines Kulturkreises oder der Welt beziehen oder aber nur auf einen Abschnitt oder einen thematisch, poetologisch, soziologisch oder funktional bestimmten Ausschnitt aus der betreffenden Literatur. Dabei geht man heute in der Regel von einem kunstzentrierten Begriff von ↗ *Literatur* aus, d. h. man bezieht in die Darstellung vornehmlich der neueren Literatur (↗ *Autonomie*) pragmatische Textsorten (Sach- bzw. Fachliteratur) nicht mehr ein. Demgegenüber werden zunehmend mediale Produktionen mit literarischer Textgrundlage (wie Hör- oder Fernsehspiele) mitbehandelt.

Da Reihenbildungen auf einer Gewichtung der geschichtlichen Fakten entsprechend den leitenden Gesichtspunkten beruhen, ergibt sich für die moderne Literatur-geschichtsschreibung die Notwendigkeit der Auswahl – über die Beschränkung auf künstlerische Literatur hinaus – nicht erst aus darstellungsökonomischen, sondern bereits aus konzeptionellen Gründen. Die Breite der ausgewählten Fakten – literarische Texte/Werke – kann allerdings sehr unterschiedlich sein und hängt auch von den erwähnten Gesichtspunkten ab. In jedem Falle wird mit der Aufnahme eines Titels in die Darstellung diesem eine literaturgeschichtliche Bedeutung zugeschrieben: Er wird zum konstituierenden Bestandteil der ↗ *Literarischen Reihe*.

Ein grundsätzliches Problem besteht darin, daß die Historizität der Texte, zwischen denen ein geschichtlicher Zusammenhang hergestellt wird, nicht in dem Kriterium liegen kann, das ihre Auswahl wesentlich mitbestimmt: dem ihnen zugeschriebenen überzeitlichen, d. h. in ihrer individuellen Besonderheit gesehenen ästhetischen Wert. Dieses Problem – manifest geworden in Gestalt des ↗ *Kanons* – haben auch noch die Darstellungen, die den Kanon in ein vorwiegend aus nicht kanonisierten Texten gebildetes Beziehungsgeflecht einzuarbeiten oder partiell mit anderen Titeln zu überschreiben bestrebt sind. Denn bedingt durch die Funktionen, die Literaturgeschichten in der Vergangenheit erfüllen sollten, hat sich eine bestimmte Erwartungshaltung gegenüber dem Genre herausgebildet: Es soll eine Geschichte erzählen, die als Verlaufsgeschichte ‚der‘ Literatur gelesen werden kann, und zugleich die mit den höchsten Wertzuschreibungen ausgezeichneten Texte vorstellen wie auch über deren Urheber informieren.

WortG: Das Verbalsubstantiv (nomen actionis und nomen acti) ist eine Neubildung, die – zur Unterscheidung von ↗ *Literaturgeschichte* als Geschehen oder eine Erzählung dieses Geschehens – für das Erzählen dieses Geschehens allgemein bzw. die Gesamtheit der Erzählungen eingeführt wurde. Doch steht dafür bis heute selbst in der Wissenschaftssprache auch häufig noch *Literaturgeschichte*.

BegrG/SachG: Vorformen von Literaturgeschichtsschreibung werden vielfach in den bis in die Antike zurückreichenden Zusammenstellungen von mustergültigen Texten (Quintilian: ‚Institutio oratoria‘, 1. Jh.) und von Lebensläufen berühmter Autoren (die Bücher ‚De viris illustribus‘ des römischen Historikers Sueton, 1./2. Jh., und des Kirchenlehrers Hieronymus, 4. Jh.) sowie in den meist für den Schulgebrauch eingerichteten kanonischen Autoren- und Werkkatalogen des Mittelalters (Sigebert von Gembloux: ‚De scriptoribus ecclesiasticis‘, 2. Hälfte des 11. Jhs.; Honorius von Autun: ‚De luminaribus ecclesiae‘, um 1100; Konrad von Hirsau: ‚Accessus ad auctores‘, 12. Jh.; Hugo von Trimberg: ‚Registrum multorum auctorum‘, um 1280) gesehen. Hinzu treten die literaturkritischen Exkurse in mittelalterlichen Epen und Chroniken (Gottfried von Straßburg, um 1210; Rudolf von Ems, 1. Hälfte des 13. Jhs.).

Mit dem Humanismus kamen die über den Kanon hinausgreifenden und meist bis an die Gegenwart heranreichenden, auf historischer und philologischer Forschung basierenden Autorenverzeichnisse und – z. T. durch biographische Angaben ergänzten – Bibliographien hinzu, für die, sofern sie das alphabetische Ordnungsprinzip durch ein chronologisches ersetzten, im 18. Jh. auch bereits die Bezeichnung *Litterär*- oder *Literaturgeschichte* (analog zu lat. *historia litteraria* und frz. *histoire littéraire*) verwendet wurde. Dem bis in die 2. Hälfte des 18. Jhs. allgemein auf die Wissenschaften bezogenen, als Synonym für Gelehrtheit (scientia litterarum) gebrauchten Literaturbegriff (↗ *Literatur*) entsprechend, waren diese Werke auf die Erfassung des gesamten schriftlich überlieferten Wissens ausgerichtet, also nicht auf die als Bestandteil der Gelehrsamkeit verstandene Poesie (*belles-lettres*, ‚schöne Wissenschaft‘) eingeschränkt. Andererseits wurde seit dem Humanismus auch immer öfter ein nationaler bzw. nationalsprachlicher Rahmen gesetzt (in Frankreich z. B. von La Croix du Main: ‚Bibliothèques françoises‘, 1584); in Deutschland legte Daniel Georg Morhof 1682 mit seinem in patriotischer Absicht geschriebenen ‚Unterricht von der Teutschen

Sprache und Poesie' auch bereits das erste selbständige poesiegeschichtliche Werk vor. Dennoch bestand – schon auf Grund der Rolle des Latein als internationaler Gelehrtensprache – bis ins 18. Jh. auch weiterhin die Tendenz zur universalen und enzyklopädischen Ausdehnung (Morhof: ,Polyhistor, Litterarius, Philosophicus et Practicus', 1688–1692; Jacob Friedrich Reimmann: ,Versuch einer Einleitung in die historiam litterariam sowohl insgemein als auch in die historiam litterariam der Teutschen insonderheit', 7 Bde., 1708–1721).

Erst seit Mitte des 18. Jhs. kamen in Deutschland vermehrt Geschichten einzelner nationaler Literaturen auf, darunter auch in wachsender Zahl spezielle Poesiegeschichten, wobei die Bearbeitung der deutschen Literaturgeschichte immer deutlicher in den Vordergrund trat (Christoph Daniel Ebeling: ,Kurze Geschichte der deutschen Dichtkunst', 1767; Leonhard Meister: ,Beyträge zur Geschichte der teutschen Sprache und National-Litteratur', 1777; Erduin Julius Koch: ,Compendium der deutschen Literaturgeschichte von den ältesten Zeiten bis auf Lessings Tod', 1795–1798). Sie folgten in der Regel zunächst weiterhin dem Prinzip der bibliographischen Chronik, an dem – bei weitgehender Eingrenzung auf die künstlerische Literatur – auch noch die großen literaturgeschichtlichen ,Grundrisse' des 19. Jhs. festhielten (August Koberstein: ,Grundriß der Geschichte der deutschen National-Literatur', 1827; 5. Aufl. von Karl Bartsch 1872/73, 5 Bde., und Karl Goedeke: ,Grundriß zur Geschichte der deutschen Dichtung', 1859–1881; bis heute weitergeführt, 1966 15 Bde.).

Für die Veränderungen, die das Genre im 19. Jh. erfuhr und deren Qualität Wissenschaftshistoriker dazu veranlaßt hat, den Beginn der modernen Literaturgeschichtsschreibung überhaupt erst dort anzusetzen, lassen sich vor allem drei Momente als ausschlaggebend benennen: (a) Die Ausdifferenzierung der künstlerischen Literatur aus dem System der Wissenschaft, d. h. die Veränderung des Literaturbegriffs. (b) Die in Hegel kulminierende Ausbildung einer neuen Auffassung von GESCHICHTLICHKEIT (bzw. HISTORIZITÄT) als eines Entwicklungs-

prozesses, dessen Richtung und dessen Sinn dem Prozeßverlauf abgelesen werden kann. (c) Ein der Veränderung ihres Gegenstands entsprechender Adressatenwechsel der Literaturgeschichtsschreibung von Gelehrten zum allgemeinen Leserpublikum.

Voll zutage treten diese Veränderungen erstmals in den – durch Lessing und Herder, vor allem dessen ,Ideen zur Philosophie der Geschichte der Menschheit' (1784–1791) angeregten – Arbeiten Fr. Schlegels (,Vorlesungen über die Geschichte der europäischen Literatur', 1803 f.; ,Geschichte der alten und neuen Literatur', 1812) und A. W. Schlegels (,Vorlesungen über schöne Literatur und Kunst', 1801–1804; ,Vorlesungen über dramatische Kunst und Literatur', 1808; ,Geschichte der deutschen Sprache und Poesie', 1818). Formal schlagen sie sich im Zurücktreten der biobibliographischen Faktenregistratur gegenüber philosophischen und literaturkritischen Reflexionen nieder, die jedoch in eine durchgehende Narration eingebunden werden. Die Brüder Schlegel halten den (europäischen) weltliterarischen Horizont offen und erheben gleichzeitig die Literaturgeschichte der einzelnen Völker in den Rang von deren eigentlicher, ,innerer' Geschichte (vgl. Fr. Schlegel, 11). Dessenungeachtet hat sich später die Meinung befestigt, daß das, was die Schlegels selbst auf dem Gebiet geleistet haben, noch keine ,Literaturwissenschaft im eigentlichen Sinne' sei. Tatsächlich sind diese Arbeiten durch die Einbindung ihrer Verfasser in die zeitgenössische Literaturszene gekennzeichnet und durch den Wunsch, in ihr zu wirken. Diesem Genretyp können auch Heines ,Zur Geschichte der neueren schönen Literatur in Deutschland' (1833, als ,Die romantische Schule' 1836) und ,Zur Geschichte der Religion und Philosophie in Deutschland' (1835) sowie einige Arbeiten aus dem Umkreis des *Jungen Deutschland* (↗ *Vormärz*) zugerechnet werden. Er wird durch den ↗ *Historismus* des 19. Jhs. aus der deutschen Literaturgeschichtsschreibung verdrängt.

Maßstabsetzend wurde der Historiker Gervinus mit seiner ,Geschichte der poetischen National-Literatur der Deutschen' (5 Teile, 1835–1842; ab [4]1853 ,Geschichte der deutschen Dichtung') als einem Werk, das sich — in ausdrücklicher Abgrenzung von den jungdeutschen Autoren — auf die Normen einer wissenschaftlichen Historiographie berief und die aufsteigende Nation zum eigentlichen Subjekt der Literaturgeschichte machte (↗ *Germanistik*). Die nationalpädagogische Funktion wurde in der Gervinus-Nachfolge unterschiedlich ausgefüllt: mit liberaler Tendenz von H. Laube, dem Orientalisten H. Kurz und dem Journalisten J. Schmidt, christlich-patriotisch, später national-konservativ von dem Historiker und Literaturkritiker W. Menzel, konfessionell protestantisch bzw. katholisch von dem evangelischen Theologen A. F. C. Vilmar und dem Dichter Eichendorff. Als die bedeutendsten Leistungen nach Gervinus gelten den meisten Wissenschaftshistorikern jedoch die ‚Literaturgeschichte des achtzehnten Jahrhunderts' (3 Bde. in 6 Teilen, 1856—1870) des Kunsthistorikers H. Hettner (mit dem jeweiligen ‚Volksgeist' als Referenzobjekt; ↗ *Geistesgeschichte*) und W. Scherers einbändige ‚Geschichte der deutschen Litteratur' (1883). Mit Scherer nimmt sich nach W. Wackernagel (‚Geschichte der deutschen Literatur', 3 Abteilungen, 1851—1853) auch wieder ein Germanist der Aufgabe einer Gesamtdarstellung an. Ausgehend von seinem vom Aufstieg der Naturwissenschaften bestimmten positivistischen Wissenschaftsverständnis, führte Scherer eine Denkweise des ↗ *Determinismus* in die Literaturgeschichtsschreibung ein. Die Konjunktur, die die deutsche Literaturgeschichtsschreibung zur Legitimation des Bismarck-Reiches in den ersten Jahrzehnten nach der Reichsgründung erlebte, wurde allerdings, obwohl Scherer das Genre gewissermaßen fachwissenschaftlich sanktioniert hatte, wiederum mehrheitlich von Gymnasiallehrern und Journalisten bestritten und verkam zu einer kanonischen Festschreibung nationalen Kulturbesitzes ohne wissenschaftlichen Anspruch — von Werken wie R. M. Meyers ‚Deutsche Literatur des 19. Jhs.' (1900) oder A. Soergels ‚Dichtung und Dichter der Zeit' (1911; Neue Folge ‚Im Banne des Expressionismus' 1925) abgesehen, die sich auch auf die

neuen Tendenzen der Literaturentwicklung einließen bzw. auf diese konzentrierten.

Generell beibehalten wurde das kulturnationale Konzept einer deutschen Literaturgeschichte mit dem Zentrum im protestantischen Nord- und Mitteldeutschland, die auch die österreichischen und deutsch-schweizerischen Schriftsteller integrierte. Eine ‚süddeutsche' Variante dieses Konzepts stellt Josef Nadlers im Positivismus wurzelnde ‚Literaturgeschichte der deutschen Stämme und Landschaften' (4 Bde., 1912—1928) dar. Mit ihrer Akzentuierung der biologischen Determinanten geriet sie jedoch bereits in eine bedenkliche Nähe zu der rassistischen Blut-und-Boden-Ideologie, zu deren Propaganda die Wortführer des Antisemitismus sich des Genres bedienten.

Im Verlauf des 20. Jhs. verlor die Literaturgeschichtsschreibung in ihrer populärwissenschaftlichen Variante an Bedeutung, wurde jedoch zu einem festen Bestandteil fachwissenschaftlicher Betätigung. Dabei traten Epochendarstellungen und Spezialgeschichten einzelner Gattungen, Motive, Probleme, Literatursorten usw. in den Vordergrund, während die Zahl der zunehmend kollektiv erarbeiteten Gesamtdarstellungen zurückging. Die beiden Wissenschaftsparadigmen, die für die deutsche Literaturgeschichtsschreibung im 20. Jh. die größte Bedeutung erlangten, waren das der ↗ *Geistesgeschichte* und das der ↗ *Sozialgeschichte*. Für die Horizonterweiterung, die die Literaturgeschichtsschreibung durch das geistesgeschichtliche Paradigma erfuhr, stehen Arbeiten wie F. Gundolfs ‚Shakespeare und der deutsche Geist' (1911), R. Ungers ‚Hamann und die Aufklärung' (1911), H. A. Korffs ‚Voltaire im literarischen Deutschland des 18. Jahrhunderts' (1917/18) und ‚Geist der Goethezeit' (4 Bde., 1923—1953) oder die von O. Walzel initiierte zehnbändige Geschichte der Weltliteratur (‚Hb. der Literaturwissenschaft', 1923—38). Von der Geistesgeschichte führte allerdings auch ein kurzer Weg in den Nationalsozialismus, indem den zahlreichen Fachvertretern, die sich schon vorher auf die Elaboration des ‚deutschen Geistes' konzentriert hatten, nach 1933 dessen Rückkopplung an eine rassenbiologische Determinante meist nicht schwerfiel.

Einflüsse der modernen Sozialwissenschaften zeigten sich in der Literaturwissenschaft vereinzelt bereits in den 1920er Jahren (W. Mahrholz, ‚Literaturgeschichte und Literaturwissenschaft‘, 1923; L. L. Schücking, ‚Soziologie der literarischen Geschmacksbildung‘, 1923, ²1931), drangen jedoch damals nicht durch. Sozialgeschichtlich fundiert waren auch die literarhistorischen Studien des Philosophen G. Lukács (u. a. ‚Skizze einer Geschichte der neueren deutschen Literatur‘, 1953) und die marxistische Literaturgeschichtsschreibung der DDR (↗ *Erbetheorie*), als deren umfassendste Leistung die elfbändige ‚Geschichte der deutschen Literatur von den Anfängen bis zur Gegenwart‘ (1960–1976; hg. v. K. Gysi, K. Böttcher u. a.; Bd. 6–11 v. H.-G. Thalheim u. a.) zu gelten hat. In der Bundesrepublik und den anderen deutschsprachigen Ländern, wo das Paradigma der ‚immanenten Interpretation‘ zunächst zu einer Abkehr von literaturgeschichtlichen Fragestellungen geführt hatte, kamen gleichwohl schon Ende der 40er/Anfang der 50er Jahre eine Reihe von Arbeiten heraus, die – sieht man vom radikalen Rückzug auf das annalistische Prinzip (‚Annalen der deutschen Literatur‘, 1952) ab – weitgehend an geistesgeschichtlichen Konzepten festhielten (Hermann Schneider: ‚Epochen der deutschen Literatur‘, 1948; E. Alker: ‚Geschichte der deutschen Literatur von Goethes Tod bis zur Gegenwart‘, 2 Bde., 1949; F. Martini: ‚Deutsche Literaturgeschichte‘, 1949, u. a.). Bereits 1949 wurde von H. de Boor und R. Newald auch die erst 1994 abgeschlossene zwölfbändige ‚Geschichte der deutschen Literatur von den Anfängen bis zur Gegenwart‘ begonnen – über lange Jahre das am größten dimensionierte derartige Unternehmen im Westen. Hier setzte sich das sozialgeschichtliche Paradigma Ende der 60er Jahre durch: V. Žmegač (Hg.), ‚Geschichte der deutschen Literatur vom 18. Jahrhundert bis zur Gegenwart‘ (1979 ff.); R. Grimminger (Hg.), ‚Sozialgeschichte der deutschen Literatur vom 16. Jahrhundert bis zur Gegenwart‘ (1980 ff.); H. A. Glaser (Hg.), ‚Deutsche Literatur. Eine Sozialgeschichte‘ (1980 ff.) und J. Berg u. a., ‚Fischers Sozialgeschichte der deutschen Literatur von 1918 bis zur Gegenwart‘ (1981). In den literarhistorischen Arbeiten der jüngsten Zeit ist einerseits eine Transformation der Sozialgeschichte ins Mentalitäts- bzw. Kulturgeschichtliche zu beobachten, andererseits die Tendenz nicht zu übersehen, der Beschreibung der ästhetischen Eigenart der Werke wieder breiteren Raum zu geben.

Friedrich Schlegel: Kritische Ausgabe. Bd. 2/11. Zürich 1958.

ForschG: Die Geschichte der Literaturgeschichtsschreibung ist vorwiegend im Rahmen der Wissenschaftsgeschichte der Philologien bzw. der Literaturwissenschaft erforscht worden. Dabei erstrecken sich diese Forschungen in der Regel – die Geschichte der ↗ *Komparatistik* ausgenommen – auf jeweils nur eine Philologie bzw. die Wissenschaft von der Literatur einer Sprache, während das Beispiel von René Welleks international angelegtem Werk (‚A History of Modern Criticism‘, 1965; dt. ‚Geschichte der Literaturkritik 1750–1950‘, 4 Bde., 1977 ff.) bisher kaum Schule gemacht hat. Da die systematische Erforschung der Geschichte der ↗ *Literaturwissenschaft* erst im Gefolge ihrer theoretischen und methodologischen Selbstreflexion in der 1. Hälfte des 20. Jhs. einsetzte (↗ *Methodologie*), reicht auch die Forschungsgeschichte der Literaturgeschichtsschreibung nicht weiter zurück. Ausführlichere Darstellungen der Historiographie der deutschen Literatur bieten Sigmund von Lempickis ‚Geschichte der deutschen Literaturwissenschaft bis zum Ende des 18. Jhs.‘ (1920), Harry Maynes ‚Die Entwicklung der deutschen Literaturwissenschaft‘ (1927) und der von Emil Ermatinger herausgegebene Sammelband ‚Philosophie der Literaturwissenschaft‘ (1930). Eine intensive Beschäftigung mit dem Gegenstand setzte im Zusammenhang der disziplingeschichtlichen Forschungen ein, die von der Auseinandersetzung mit der Rolle der Germanistik im Nationalsozialismus und den anschließenden Theoriedebatten ausgingen, in denen auch die damals diagnostizierte Legitimationskrise des Fachs verhandelt wurde. Seit dieser Zeit erschien neben Spezialstudien eine ganze Reihe größerer disziplingeschichtlicher Arbeiten (Fohrmann, Rosenberg, Weimar u. a.).

Lit: Frank Baasner (Hg.): Literaturgeschichtsschreibung in Italien und Deutschland. Tübingen 1989. − Wilfried Barner: Literaturwissenschaft − eine Geschichtswissenschaft? München 1990. − Roland Barthes: Literatur oder Geschichte. Frankfurt 1969. − Petra Boden, Rainer Rosenberg (Hg.): Deutsche Literaturwissenschaft 1945−1965. Berlin 1997. − Thomas Cramer, Horst Wenzel (Hg.): Literaturwissenschaft und Literaturgeschichte. München 1975. − Lutz Danneberg, Friedrich Vollhardt (Hg.): Vom Umgang mit Literatur und Literaturgeschichte. Stuttgart 1992. − Jürgen Fohrmann: Das Projekt der deutschen Literaturgeschichte. Stuttgart 1989. − J. F., Wilhelm Voßkamp (Hg.): Wissenschaft und Nation. Zur Entstehungsgeschichte der deutschen Literaturwissenschaft. München 1991. − J. F., W. V. (Hg.): Wissenschaftsgeschichte der Germanistik im 19. Jh. Stuttgart, Weimar 1994. − Wolfgang Haubrichs (Hg.): Probleme der Literaturgeschichtsschreibung. Göttingen 1979. − W. H., Gerhard Sauder (Hg.): Wissenschaftsgeschichte der Philologien. LiLi 53/54 (1984). − Jost Hermand: Geschichte der Germanistik. Reinbek 1994. − Werner Krauss: Literaturgeschichte als geschichtlicher Auftrag [1950]. In: W. K.: Das wissenschaftliche Werk. Bd. 1. Berlin, Weimar 1984. − Helmut Kreuzer: Veränderungen des Literaturbegriffs. Göttingen 1975. − Edgar Marsch (Hg.): Über Literaturgeschichtsschreibung. Darmstadt 1975. − Jan-Dirk Müller: Literaturgeschichte/Literaturgeschichtsschreibung. In: Erkenntnis der Literatur. Hg. v. Dietrich Harth und Peter Gebhardt. Stuttgart 1982, S. 195−227. − Jörg-Jochen Müller (Hg.): Germanistik und deutsche Nation 1806−1848. Stuttgart 1974. − Walter Müller-Seidel (Hg.): Historizität und Literaturwissenschaft. München 1974. − Rainer Rosenberg: Zehn Kapitel zur Geschichte der Germanistik: Literaturgeschichtsschreibung. Berlin 1981. − R. R.: Literaturwissenschaftliche Germanistik. Berlin 1989. − Wendelin Schmidt-Dengler (Hg.): Probleme und Methoden der Literaturgeschichtsschreibung in Österreich und der Schweiz. Wien 1997. − Friedrich Sengle: Literaturgeschichtsschreibung ohne Schulungsauftrag. Tübingen 1980. − Klaus Weimar: Geschichte der deutschen Literaturwissenschaft bis zum Ende des 19. Jhs. München 1989.

Rainer Rosenberg

Literaturkritik

Institution des literarischen Lebens, die literarische Texte, Autoren und andere Phänomene der Literatur kommentiert und bewertet.

Expl: Literaturkritik ist jede Art kommentierende, urteilende, denunzierende, werbende, auch klassifizierend-orientierende Äußerung über Literatur, d. h. was jeweils als ‚Literatur‘ gilt (↗ *Wertung*). Weder die Ausdifferenzierung als autonome KRITIK$_2$ noch die formelle Institutionalisierung als Einrichtung des ↗ *Literarischen Lebens* noch die Geltung einer Vermittlungsfunktion zwischen Werk/Autor und Publikum sind notwendige Bedingungen für Literaturkritik. Auch Abgrenzungen der Literaturkritik von explizit begründender Zensur, von literaturbezogener Satire und Polemik sind grundsätzlich nicht möglich. Seit der formellen Etablierung der ↗ *Ästhetik* im 18. Jh. bildet „Literatur über Literatur“ (Jaumann 1995a, 1), neben (Literatur-) Ästhetik, ↗ *Literaturgeschichte*, ↗ *Literaturtheorie* und ↗ *Literaturwissenschaft*, die ‚Umwelt‘ der Kritik.

WortG: Griech. κριτικὴ (τέχνη) [kritiké (téchne)] und das zugrundeliegende Adjektiv und dann Nomen agentis κριτικός [kritikós] sind abgeleitet vom transitiven Verbum κρίνειν [krínein] ‚unterscheiden‘, ‚urteilen‘ und wurden wohl zuerst in der Rechtssphäre gebraucht. κριτικός wird vor allem im rhetorisch-philologischen Bereich heimisch und ist dann die älteste der häufig synonymen Tätigkeitsbezeichnungen κριτικός, γραμματικός, φιλόλογος [grammatikós, philólogos]. In der lat. Terminologie entspricht κριτικὴ τέχνη die *ars iudicandi* (Cicero u. a.) bzw. *critica* (Quintilian 1,4,3). In deutschen Texten noch Ende des 17. Jhs. meist frz. *critique* (Wernicke, 123); das deutsche *Critik* (*Kritik*), bald auch *Antikritik*, *Metakritik* (Moritz, 300: „Beurtheilungskunst“), setzt sich wie REZENSION$_1$ erst in der Lessingzeit durch, dazu *critisiren* (Thomasius, 279 f. u. ö.; geläufiger erst bei Gottsched), hingegen *critisch* erst im 18. Jh. (schon Gottsched: ‚Versuch einer critischen Dichtkunst‘, [1]1730, und früher), immer neben der medizinischen Bedeutung des *kritischen* Wendepunkts (Krise) einer Krankheit; um 1800 infolge der Durchsetzung der Kantischen Philosophie seiner drei ‚Kritiken' ein Modewort (Jean Paul, 25: „[i]n unsern *kritischen* Tagen einer kranken Zeit"). Für das Nomen agentis steht im 18. Jh. noch oft *Criticus* ein (Gottsched, 96 u.ö.: *Kriticus*; ebenso Lessing 1749, 544 u.ö.; Klopstock 1962, 1168), üblich ist aber *Kunstrichter* (Moritz, 300), auch *Rezensent* (was eine Bedeutungserweiterung von *recensio/recensere* voraussetzt); *Kritiker* wird erst im Laufe der 2. Hälfte des 18. Jhs. geläufig (Klopstock 1774, 76f., 110, 112; F. Schlegel, 8: „Ein Kritiker ist ein Leser, der wiederkäut"). *Kritikaster* (Lessing, 122 u.ö.): der eingebildete, kleinliche Nörgler (vgl. *Poetaster*: der Dichterling), markiert spöttisch eine Legitimitätsgrenze der Kritikerrolle (wie für den Gelehrten der Vorwurf des *Pedantismus*, oder auch *Krittler*, dazu *Krittelei, (be)kritteln*). *Literaturkritik, Literaturkritiker, literaturkritisch* setzt die auf ‚schöne Literatur' verengte Bedeutung von *Lit(t)eratur* und *lit(t)erarisch* seit ca. Mitte des 19. Jhs. voraus.

Jean Paul: Vorschule der Ästhetik [1804, ²1813]. In: J. P.: Sämtliche Werke. 1. Abteilung. Bd. 5. Hg. v. Norbert Miller. München 1963, S. 7–456. – Friedrich Gottlieb Klopstock: Ausgewählte Werke. Hg. v. Karl August Schleiden. München 1962. – F. G. K.: Die deutsche Gelehrtenrepublik [1774]. In: F. G. K.: Historisch-kritische Ausgabe. Bd. 7/1. Berlin, New York 1975. – Gotthold Ephraim Lessing: Werke. Bd. 2. Hg. v. Kurt Wölfel. Frankfurt 1971. – Karl Philipp Moritz: Grammatisches Wörterbuch der deutschen Sprache. Bd. 1. Berlin 1793. – Erdmann Neumeister: De poetis Germanicis hujus seculi praecipuis Dissertatio [1695]. Bern, München 1978. – Friedrich Schlegel: Kritische Schriften. Hg. v. Wolfdietrich Rasch. München ²1964. – Christian Thomasius: Monatsgespräche. Bd. 1. Leipzig 1688. – Christian Wernicke: Überschrifte oder Epigrammata [1697]. Hg. v. Rudolf Pechel. Berlin 1909.

BegrG: Bereits die frühen Erklärungen der Epen Homers haben eine literaturkritische Funktion, in hellenistischer Zeit in Verbindung mit dem ‚Wettkampf Homers und Hesiods', Schema eines agonalen Vergleichs, das ein beliebtes Verfahren der Literaturkritik bleibt und in der Frühen Neuzeit häufig genutzt wird (Pfeiffer; Jaumann 1995a, 47f.). Die gelehrte Kritik wird erst in der spätgriechischen Philologie auch begrifflich bestimmt. Sie hat ihren primären Ort in der Grammatik, mit den zwei Komponenten des (linguistisch-systematischen) Regelwissens von der Sprache und ihrer korrekten Verwendung (‚verba') und des (historisch-materialen) Sachwissens (‚res') von Texten, ihren Inhalten und Verfassern, ihrer Überlieferung, Interpretation und Bewertung. Die ‚historische' Dimension von Kritik ist ↗ *Philologie,* d. h. Kommentar, Exegese, Untersuchung der Dichter, Sach- und Beispielwissen, Auslegung der Wortbedeutungen. Im Schulbetrieb des Mittelalters bleibt Kritik Teil der ‚grammatica', aber nicht der Lehrbücher (Donatus, Priscian usw.), vielmehr der ‚accessus ad auctores', deren didaktisches Schema zur Analyse von Schulautoren auch Aspekte der Kritik einschließt. Für die Humanisten sind der kritische Werkkommentar und Stilkritik mit Textkritik und Edition verknüpft. Gegenüber der ↗ *Textkritik* tritt die ‚critica' als Gegenstand der ↗ *Hermeneutik₁* zurück (Dannhauer). Seit dem 17. Jh. bildet sich zunächst für die Logik ein allgemeiner philosophischer Begriff aus, der die Grundlage für die universellen rationalen Kritikbegriffe in der Aufklärung, der Kritischen Philosophie, aber auch der Politik usw. gelegt hat, Kritik wird Prüfstein der Vernunft und anthropologische Bestimmung des Menschen. Gleichzeitig gewinnt Literaturkritik durch die Umstellung von ahistorischer ‚imitatio'- und Kanonkontrolle auf die Begleitung der je aktuellen, laufenden Literaturproduktion und marktförmigen literarischen Kommunikation eine prinzipiell neue Bedeutung. Die Begleitung der Aktualität wird durch die periodisch erscheinenden Journale organisiert – Literaturkritik wird im Prinzip zur Tageskritik. Es tritt eine Trennung gegenüber gelehrter Kritik, Philologie, später gegenüber Literaturwissenschaft und Literaturgeschichte, Textkritik und Ästhetik in Kraft.

Johann Konrad Dannhauer: Hermeneutica Sacra. Straßburg 1654. – Jean Le Clerc: Ars critica. 2 Bde. Amsterdam 1696f., ²1712. – Rudolf

Pfeiffer: Geschichte der Klassischen Philologie. Bd. 1. München ²1978. – Kaspar Schoppe: De Arte Critica; & praecipue de altera ejus parte emendatrice. Nürnberg 1597. – Johann von Wower: De Polymathia tractatio [1603]. Leipzig ²1665.

SachG: Dem ‚klassizistischen‘, in diesem Sinne alteuropäischen Modell einer *critica perennis*, die ihren Ort in der Bildungsinstitution der ‚Grammatik‘ besitzt, steht ein neues Modell der (Literatur-) Kritik sowie eine neue kritische Praxis gegenüber, die in Frankreich von der *critique mondaine* ausgeht; sie wendet sich zunehmend der aktuellen Literaturproduktion zu und nimmt im Laufe des 18. Jhs. auch in Deutschland einen institutionellen Charakter an.

Unter den Vorgaben des älteren Modells war die kritische Regulierung der ↗ *Imitatio* (auch *Aemulatio*) klassischer Autoren oder Gattungsexemplare sowie die Arbeit am ↗ *Kanon* die zentrale Aufgabe; ihr dient die Sachkritik, mehr oder weniger vermittelt über religiös-moralische Diskurse, wie auch Stilkritik; in der ↗ *Kommentar₁*-Literatur (Homer-Kommentare und -Scholien; Donat, Sueton, Macrobius oder Landino zu Vergil, Boccaccio: ‚Vita di Dante‘/ ’Trattatello in laude di Dante‘, ca. 1360) begegneten kritische Urteile nebenher. In den öffentlichen Literaturkursen der Humanisten (*lectura* oder *praelectio*, s. Sabbadini), den *confronti* (später in Frankreich *comparaisons*, z. B. René Rapin 1664/93), in Briefen, Vorreden und Traktaten waren längere kritische Argumentationen häufiger (Galileo Galilei: ‚Considerazioni al Tasso‘, ca. 1600; verschiedene *querelles* und kritische Arbeiten von Malherbe oder Guez de Balzac bis zu den Satiren Boileaus).

Auch Kritik der Literatur als Literatur ist alt (Aristophanes über Euripides, Molière über sein eigenes Stück und dessen Skandal-Rezeption: ‚La Critique de l’École des Femmes‘ und ‚L’Impromptu de Versailles‘, 1663). Im ital. Quattrocento wird die Selbstermächtigung der Kritik zu einer Praxis aus eigenem Recht vorbereitet. Hier liegt auch die Voraussetzung für die Bibelkritik (Jaumann 1995a; 1997). Die neuzeitliche Kritikerrolle beginnt sich auszudifferenzieren, seit mit Polizian u. a. die profane

kritische Philologie eine nicht substituierbare, autonome Kompetenz für die Restitution des echten Textes und dessen richtiger Bedeutung beansprucht und auch erprobt. Auf dieser Basis etabliert sich im 17. Jh. (zuerst in Frankreich) das neue Modell der Literaturkritik als Begleitung der je aktuellen Literaturproduktion, die im wesentlichen durch das periodisch erscheinende Journal organisiert ist, ohne daß ältere Formen wie Dialog, Traktat u. ä. ganz verschwunden wären. Es enthält Rezensionen, kritische Artikel (Essays), Berichte und Nachrichten über Ereignisse des literarischen Lebens; in den gelehrten Journalen stehen derartige Texte anfangs ganz am Rande (seit ‚Journal des Savants‘, Paris 1665 ff.; ‚Miscellanea Medico-Physica‘, Schweinfurt/Leipzig seit 1670; ‚Acta Eruditorum‘, Leipzig 1682 ff.), mit fortschreitender Ausdifferenzierung von ‚Literatur‘ im 18. Jh. dann in eigenen Sparten, darunter bald auch ↗ *Theaterkritik* (in Deutschland früh Gottsched, Lessing), ehe es im 19. und 20. Jh. zu Zeitschriften mit literaturkritischem Schwerpunkt kommt (zuerst C. Thomasius: ‚Monatsgespräche‘, 1688/90; es folgte eine Flut literaturkritischer Schriften u. a. von Bodmer, Klotz, Lessing, Wieland, zum Teil in eigens gegründeten Journalen).

Das 19. Jh. bringt die interne Ausdifferenzierung der Institution: Die Absonderung einer auch theoretisch ambitionierten Kritik (R. Prutz, J. Schmidt, H. Hettner) vom populären Besprechungswesen im ↗ *Feuilleton₁* entspricht der seit dem späten 18. Jh. ausgeprägten Dichotomie von Eliten- und Trivialkultur. Kritik wird nun auch politisiert und moralisiert (‚Gesinnungskritik‘: das *Junge Deutschland*, ↗ *Vormärz*; später die sozialkritischen Sekundanten des ↗ *Naturalismus*), und es bilden sich verschiedene Typen und Habitusformen der Kritik und der Kritiker heraus. Die *Filmkritik* entsteht um 1910/20 weitgehend als Derivat der Theaterkritik.

In Deutschland bleibt die Rollenfiliation zwischen dem gelehrten Philologen (dem späteren Literaturwissenschaftler und Literarhistoriker) und dem Kritiker als Literaturjournalisten, der die aktuelle Literatur kritisch begleitet, im Prinzip erhalten. Varianten sind der literarische Autor mit der Nebenrolle als Kritiker – sei es wie Lessing als Anwalt des Publikums, dem er bei der Auflösung von Vorurteilen zur Seite steht, oder wie Herder als Verbündeter des Genies, der die nicht subsumierbare Einzelschöpfung würdigt; schließlich der Nur-Kritiker und ,Großkritiker', der hauptamtlich ,Anwalt der Literatur' sein will und sich wie A. Kerr in engagiertem Subjektivismus gerne selbst thematisiert.

Als Institution für die literarische Kommunikation in der Öffentlichkeit sind der Kritik immer wieder Wert und Nutzen bestritten worden, von Autoren (Goethe) oder auch von Staat und Kirche (in Fragen von Pornographie, Majestätsbeleidigung, Gewalt usw.). Totalitäre Staaten nahmen sie in den Dienst ihrer Erziehungsdiktatur (z. B. die DDR), das NS-Regime erließ 1936 gar ein Verbot der Kritik und suchte sie durch ,Literatur'- bzw. ,Kunstbetrachtung' zu ersetzen (Strothmann, Geißler). Die Rezension wurde im 20. Jh. vor allem durch das Hinzukommen von Radio und (noch mehr) von Fernsehen als neuen Medien auch für Literaturkritik zurückgedrängt. Während der Hörfunk die vorgelesene Buchkritik, aber auch das kritische Gespräch, das Interview oder die Diskussion ausstrahlt und sich nur wenig von Formen der gedruckten Kritik entfernt, hat das Massenmedium Fernsehen eigene Sendeformen ausgebildet, die immer auch auf ,Unterhaltung' eines breiteren, nicht nur oder wenig literarisch interessierten Publikums zielen. Unter den Bedingungen einer Medienöffentlichkeit wird argumentierende und urteilende Kritik heute oft durch Konsumwerbung und ,Marketing' ersetzt bzw. unwirksam gemacht.

Adrien Baillet: Jugements des Savants sur les Principaux Ouvrages des Auteurs [1685 f., ²1725]. Repr. Hildesheim 1971. – Pierre Bayle: Nouvelles de la République des Lettres. Bd. 1. Amsterdam 1684 [Préface]. – Jean Chapelain: Sentiments de l'Académie Française sur la tragi-comédie du Cid [1637]. In: J. C.: Opuscules critiques. Paris 1936. – Rolf Geißler: Dekadenz und Heroismus. Zeitroman und völkisch-nationalsozialistische Literaturkritik. Stuttgart 1964. – Martin Opitz: Buch von der deutschen Poeterey [1624]. Tübingen 1966. – Angelo Poliziano: Lamia. Hg.

v. Ari Wesseling. Leiden 1986. – René Rapin: Les comparaisons des grands hommes de l'Antiquité. Bd. 1. Amsterdam 1693. – Remigio Sabbadini: Il metodo degli umanisti. Florenz 1922. – Dietrich Strothmann: Nationalsozialistische Literaturpolitik. Bonn 1960.

ForschG: Die ältere Forschung zur Geschichte der Literaturkritik (im einzelnen s. Jaumann 1995a, Einleitung) ist durch drei Tendenzen bestimmt:

(1) Literaturkritik wird (vor allem in der angloamerikanischen Forschung) als Folge literaturtheoretischer, poetologischer und ästhetischer Konzepte und Doktrinen verstanden und untersucht; der Ansatz wird auch vom ,criticism'-Konzept nahegelegt, das für Literaturwissenschaft/Literaturtheorie und Literaturkritik denselben Begriff verwendet. René Welleks Kritikgeschichte (1955 ff.) schließt explizit (literatur)theoretisch nicht begründete Äußerungen aus (ähnlich orientiert auch Gebhardt 1980; 1996; Hohendahl 1985).

(2) Die Geschichte der Kritik ist die Geschichte der großen Kritiker; besonders für die ältere französische Historiographie sind es die ,maîtres de la critique', die nahezu gleichrangig mit den Dichtern die gesamte nationale Literaturgeschichte prägen und lenken (Bourgoin, Brunetière; abgeschwächt und ohne heroisierende Neigungen auch Fayolle). Auch Saintsburys großes Werk (,A history of criticism and literary taste in Europe', 1900–1904) ist „eine Kritik der Kritiker [...], statt einer Geschichte der Kritik" (Meyer, 1043), wenn auch kanonkritisch und durch den geschmacksgeschichtlichen Ansatz von Wellek unterschieden.

(3) Vor allem in der deutschen Forschung wurde der Epochenkanon der Kritikgeschichte eng an den der Nationalliteratur angepaßt; beginnt diese mit der Lessingzeit, so gilt Lessing auch als „Vater der deutschen Kritik" (so noch Reich-Ranicki 1994, 12–31), das Wenige, das man aus der vorausliegenden Epoche kennt (meist nicht viel mehr als Thomasius und Gottsched), wird zur defizienten ,Vorgeschichte'.

Wie auch in der Literaturgeschichte setzt eine Kritikgeschichte die Überwindung dieser Beschränkungen, angefangen beim Kritikbegriff selbst und seiner Reichweite, voraus (s. Expl, theoretisch Hohendahl 1974; 1977; 1985, Einleitung; historisch Carloni/Filloux und Delfau/Roche). Er muß so gefaßt sein, daß er auch zeitlich wie kulturell weit entfernte Phänomene angemessen zu beachten gestattet. Erste Ansätze zur Geschichte der Rezension bei Milch; zum Literaturjournalismus in Zeitungen Welzig; zur Praxis der 1980er Jahre Irro. Das wichtigste der zahlreichen Desiderate ist eine Geschichte der literaturkritischen Praxis, einschließlich der komplizierten, in verschiedenen Situationen und Epochen auch ganz unterschiedlich gelagerten Beziehungen zu Poetik, Theorie usw. (bzw. Teilstudien dazu; Ansätze abseits der Forschung vom Typ Welleks schon bei Borinski, Saintsbury, Bacci, theoretisch Croce, auch Fayolle); sodann die Prüfung der systemtheoretischen These, wonach Literaturkritik als Selbstthematisierung einzelner Aspekte der literarischen Kommunikation zu interpretieren sei; ferner Untersuchungen zum Verhältnis von Kritik und Rhetorik und zur Rhetorik der Kritik (Jaumann 1995b), von Literaturkritik und Zensur (Ansätze bei Strosetzki), etwa ihrer Funktionsparallelen, von Kritik und Satire sowie von Kritik und Recht (für die Zeit um 1700: Jaumann 1991).

Lit: Erich Auerbach: Rezension von Wellek 1955. In: E. A.: Gesammelte Aufsätze zur Romanischen Philologie. Bern, München 1967, S. 354–363. – Orazio Bacci: Storia dei generi letterari italiani: la critica letteraria. Mailand 1911. – Wilfried Barner (Hg.): Literaturkritik – Anspruch und Wirklichkeit. Stuttgart 1990. – Karl Borinski: Die Poetik der Renaissance und die Anfänge der litterarischen Kritik in Deutschland. Berlin 1886. – Auguste Bourgoin: Les maîtres de la critique au XVIIe siècle [1889]. Repr. Genf 1970. – Ferdinand Brunetière: L'évolution des genres dans l'histoire de la littérature. Bd. 1. Paris 1890. – Jean-Claude Carloni, Jean-Claude Filloux: La critique littéraire. Paris 1955, ⁶1969. – Anni Carlsson: Die deutsche Buchkritik von der Reformation bis zur Gegenwart. Bern, München 1969. – Benedetto Croce: Per la storia della critica e storiografia letteraria. In: Atti del Congresso Internazionale di Scienze Storiche. Bd. 4. Rom 1903, S. 113–135.- Ernst Robert Curtius: Literarische Kritik in Deutschland. Hamburg 1950. – Gérard Delfau, Anne Roche: Historie littérature. Paris 1977. – Jörg Drews (Hg.): Literaturkritik – Medienkritik. Heidelberg 1977. – Alfred Estermann (Hg.): Literaturkritik. Eine Dokumentation […]. 3 Bde. Vaduz 1984 ff. – Oscar Fambach (Hg.): Ein Jh. deutscher Literaturkritik (1750–1850). Berlin/DDR 1957 ff. – Roger Fayolle: La critique. Paris ⁶1978. – Peter Gebhardt (Hg.): Literaturkritik und literarische Wertung. Darmstadt 1980. – P. G.: Literaturkritik. In: Fischer Lexikon Literatur. Bd. 2. Hg. v. Ulfert Ricklefs. Frankfurt 1996, S. 1080–1117. – Michel Grunewald (Hg.): Deutsche Literaturkritik im europäischen Exil (1933–1940). Bern u. a. 1993 (JbIG A 3). – Renate von Heydebrand: Moritz Heimann. Über den Zusammenhang von Weltbild und Literaturkritik. In: Fs. Bernhard Zeller. Stuttgart 1984, S. 171–225. – Peter Uwe Hohendahl: Literaturkritik und Öffentlichkeit. München 1974. – P. U. H.: Vorüberlegungen zu einer Geschichte der Literaturkritik. In: Drews 1977, S. 49–67. – P. U. H. (Hg.): Geschichte der deutschen Literaturkritik (1730–1980). Stuttgart 1985. – Werner Irro: Kritik und Literatur. Würzburg 1986. – Herbert Jaumann: Satire zwischen Moral, Recht und Kritik. In: Simpliciana 13 (1991), S. 15–27. – H. J.: Critica. Untersuchungen zur Geschichte der Literaturkritik zwischen Quintilian und Thomasius. Leiden 1995[a]. – H. J.: Zur Rhetorik der Literaturkritik in der frühen Neuzeit. In: Colloquia Germanica 28 (1995[b]), S. 191–202. – H. J.: Bibelkritik und Literaturkritik in der frühen Neuzeit. In: Zs. für Religions- und Geistesgeschichte 49 (1997), S. 123–134. – Michael Kienecker: Prinzipien literarischer Wertung. Göttingen 1983. – Zygmunt von Lempicki: Über die literarische Kritik und die Probleme ihrer Erforschung. In: Euphorion 25 (1924), S. 501–517. – Hans Mayer (Hg.): Meisterwerke deutscher Literaturkritik. Stuttgart 1962. – H. M. (Hg.): Deutsche Literaturkritik. 4 Bde. Frankfurt 1978. – Richard Moritz Meyer: Rezension von George Saintsbury, A history of criticism […] [1904]. In: Deutsche Literaturzeitung, 29. April 1905, Nr. 17, Sp. 1043–1045. – Werner Milch: Kleine Schriften zur Literatur- und Geistesgeschichte. Heidelberg 1957, S. 9–24, 25–37. – Marcel Reich-Ranicki: Die Anwälte der Literatur. Stuttgart 1994. – Wilfried F. Schoeller: Literaturkritik im Fernsehen. In: STZ 105 (1988), S. 20–24. – Friedrich Sengle: Zur Einheit von Literaturgeschichte und Literaturkritik. In: DVjs 34 (1960), S. 328–337. – Hubertus Schneider: Alfred Kerr als Theaterkritiker. 2 Bde. Rheinfelden 1984. – Hartmut Steinecke: Literaturkritik des Jungen Deutschland. Berlin 1982. – Christoph Strosetzki: Zensor und Grammatiker im Siglo de Oro. In: Schwerpunkt Siglo de Oro. Hg. v. Hans-Josef Niederehe. Hamburg

1986, S. 177–194. – Reinhold Viehoff: Literaturkritik im Rundfunk. Tübingen 1981. – René Wellek: Geschichte der Literaturkritik 1750–1950 [1955 ff.]. 3 Bde. Berlin 1959–1977. – Elisabeth Welzig: Literatur und journalistische Literaturkritik. Stuttgart 1979.

Herbert Jaumann

Literaturoper ↗ *Libretto*

Literaturpreis

Auszeichnung von Schriftstellern unter feierlicher Würdigung ihres Werks, zumeist verbunden mit einer Geldsumme.

Expl: Literaturpreise werden periodisch von öffentlichen Institutionen (Staaten, Kantonen, Gemeinden, Kirchen), von ↗ *Akademien*, Verbänden, Stiftungen, Unternehmen (Verlagen, Zeitschriften, Massenmedien) oder von Einzelpersönlichkeiten vergeben. Sie lenken die Aufmerksamkeit einer breiteren Öffentlichkeit auf einzelne Werke bzw. das gesamte Œuvre von Schriftstellern oder verstärken doch das ihnen geltende Publikumsinteresse. Neben ihrem verkaufsfördernden Publicity-Effekt haben sie vielfältige Funktionen: poetisch-kulturpolitische (Förderung literarischer Tendenzen), literaturgeschichtliche (Beitrag zur ↗ *Kanon*-Bildung) und mäzenatische (Nachwuchsförderung bei Anfängern, Unterstützung bereits etablierter Autoren).

WortG/BegrG: Das Kompositum (↗ *Literatur* sowie *Preis*, entlehnt aus gleichbedeutendem frz. *prix*, lat. *pretium*; Kluge-Seebold, 561) bezeichnet den in der Regel zeremoniellen Akt (Laudatio, Überreichung von Urkunde und Geldgabe in festlichem Rahmen, Dankrede) des Bekundens öffentlicher Wertschätzung von Literatur und die dabei überreichte Gabe. Das Wort wird in Verbindung mit der zunehmenden Häufigkeit von Literaturpreis-Verleihungen regelmäßig erst im 20. Jh. gebraucht.

SachG: Literaturpreise treten im Zeitalter des freien Buchmarkts weitgehend an die Stelle traditionsreicher Formen der Ehrung: wettkampfartiger Dichterkrönungen mit Lorbeerkränzen (im Rahmen etwa der griechischen Peisistratos-Ehrungen im 6. Jh. v. Chr. und der römischen Ehrungen seit Domitian Ende des 1. Jhs.), der humanistischen Tradition des *poeta laureatus* (↗ *Dichter*; lebendig bis 1804) und des adlig-großbürgerlichen Mäzenatentums (↗ *Mäzen*; noch 1750 bekam Klopstock eine Lebensrente vom dänischen König Friedrich V., im 20. Jh. erhielt z. B. Benn Zuwendungen vom Bremer Kaufmann F. W. Oelze, Arno Schmidt von J.-Ph. Reemtsma). Die moderne Traditionslinie beginnt mit dem Schiller-Preis 1859 und setzt sich im 20. Jh. bei immer noch wachsender Anzahl durch. Solche Literaturpreise leisten weniger durch Geldbeträge als vielmehr durch Reputations-Steigerung (die dann Einnahmen durch erhöhten Verkauf von Büchern, vermehrte Lesungen und Interviews mit sich bringt) einen – im Verhältnis zu Buchtantiemen und ↗ *Honoraren* für journalistische Tätigkeiten in der Regel geringen – Beitrag zur wirtschaftlichen Existenzsicherung von Schriftstellern und profilieren zugleich die preisvergebenden Geldgeber und Juroren als literaturfördernde Instanzen.

Als wichtigste Auswahl- und Ausgrenzungskriterien für die jeweilige Jury (↗ *Literaturkritik*), die gelegentlich auch – wie beim Klagenfurter Ingeborg-Bachmann-Wettbewerb – in offenen Konkurrenzen tagt und entscheidet, haben sich neben dem innerliterarischen Niveau und thematischer oder auch formaler Innovation (↗ *Wertung*) weitere, außerliterarische Beurteilungsmaßstäbe geltend gemacht: weltanschauliche (etwa humanistische, christliche, politische – wie z. B. beim ‚Friedenspreis des deutschen Buchhandels‘), regional akzentuierte (etwa für ↗ *Dialekt*- oder ↗ *Heimatliteratur*) und gruppenspezifische (Literaturpreis der Gruppe 47, 1950–1967; Hörspielpreis der Kriegsblinden, seit 1951; Alternativer Büchner-Preis, ab 1969). Sofern nicht lokale oder thematische Kriterien (wie die Darstellung von Landschaft oder Stadtleben) auswahlbestimmend sind, erfolgt die Preisvergabe zumeist programmatisch entsprechend dem Namensträger (z. B. Eichendorff-Preis eher konservativ, Büchner-Preis eher gesellschaftskritisch) oder als Ergebnis kritischer Sichtung und gezielter Steuerung des ↗ *Literarischen Lebens*.

Die Höhe des Preisgeldes trägt zum Renommee des Literaturpreises erst dann bei, wenn je nach den oben genannten, einander keineswegs ausschließenden Kriterien eine möglichst dichte Folge herausragender Preisträger gekürt worden ist. International größtes Ansehen haben der Nobelpreis für Literatur (seit 1901), der ‚Prix Goncourt‘ für französische Literatur (seit 1903) und die US-amerikanischen ‚Pulitzer Prizes‘ (seit 1917). Für den deutschsprachigen Raum sind besonders zu nennen: die Nationalpreise der DDR, der Österreichische Staatspreis für Literatur (ab 1950), der Georg-Büchner-Preis (zuerst 1923; ab 1950 durch die Deutsche Akademie für Sprache und Dichtung in Darmstadt), der Berliner Kleist-Preis (1912), der Frankfurter Goethe-Preis (1927), der Hamburger Lessing-Preis (1929), der Mannheimer Schiller-Preis (1954) und der Klagenfurter Ingeborg-Bachmann-Preis (1977). Bedeutende Verbands- und Stiftungspreise vergeben der Kulturkreis im Bundesverband der deutschen Industrie (1953), die Freie Volksbühne (Gerhard-Hauptmann-Preis; 1953), die F. V. S.-Stiftung (1936) und Reemtsmas Arno-Schmidt-Stiftung (1982); hinzu kommen Unternehmer wie Hubert Burda (Petrarca-Preis; 1975) und Einzelpersönlichkeiten wie Günter Grass (Döblin-Preis; 1987).

ForschG: Neben Daten in Handbüchern (Fohrbeck, Dambacher, Kürschner, Leitgeb, Richter) und Dokumentationen (Jahrbücher und Sonderpublikationen der preisverleihenden Instanzen) liegen bislang vornehmlich Pro-domo-Studien von Insidern (Espmark) und Teilstudien im Rahmen von sozialgeschichtlichen Untersuchungen vor (Lorenz zum Büchner-Preis; regional begrenzt bei Kortländer, historisch bei Strallhofer-Mitterbauer).

Lit: Kjell Espmark: Der Nobelpreis für Literatur. Göttingen 1988. – Eva Dambacher: Literatur- und Kulturpreise. 1859–1949. Marbach 1996. – Karla Fohrbeck (Hg.): Hb. der Kulturpreise und individuellen Kunstförderung in der BRD. Köln 1985. – Bernd Kortländer (Hg.): Literaturpreise. Stuttgart 1998. – Helmut Kreuzer (Hg.): Nobelpreis. LiLi 107 (1997). – Kürschners Deutscher Literaturkalender. 60. Jg. Berlin u. a. 1988. – Hanna Leitgeb: Der ausgezeichnete Autor. Städtische Literaturpreise und Kulturpolitik in Deutschland 1926–1971. Berlin 1994. – Otto Lorenz: Die Öffentlichkeit der Literatur. Tübingen 1998 [bes. S. 63–72, 187–194]. – Paul Raabe: Lorbeerkranz und Denkmal. Wandlungen der Dichterhuldigung in Deutschland. In: Fs. Klaus Ziegler. Hg. v. Eckehard Catholy und Wilfried Hellmann. Tübingen 1968, S. 411–426. – Winfried Richter: Literaturpreise in Deutschland. Adressbuch. München 1986. – Helmut Sembner (Hg.): Der Kleist-Preis 1912–1932. Berlin 1968. – Helga Strallhofer-Mitterbauer: NS-Literaturpreise für österreichische Autoren. Wien 1994. – Theodor Verweyen: Dichterkrönung. In: Literatur und Gesellschaft im deutschen Barock. Hg. v. Conrad Wiedemann. Heidelberg 1979, S. 7–29. – Gertraude Wilhelm: Die Literatur-Nobelpreisträger. Düsseldorf 1983.

Otto Lorenz

Literaturpsychologie

Sammelbezeichnung für die wissenschaftliche Bearbeitung psychologischer Fragestellungen im Zusammenhang mit (primär ‚literarischen‘) Texten.

Expl: Bei Verwendung des Oberbegriffs *Literaturpsychologie* bestimmt die Assoziation der *Literarizität* bzw. ↗ *Poetizität* der thematisierten Texte immer noch den Kernbereich seiner prototypischen Begriffsintension; Informations- bzw. ↗ *Gebrauchstexte* sind also in der Regel nicht mitgemeint. Das gilt in deutlich geringerem Ausmaß für die – unter Rückgriff auf den Kommunikationsprozeß gebildeten – Unterkategorien der Autor-, Werk- bzw. Text- und Leserpsychologie; zumal es zumindest für Produktions- und Rezeptionsprozesse strukturelle Parallelitäten und fließende Übergänge zwischen sogenannten ‚literarischen‘ und ‚pragmatischen‘ Texten gibt (und damit auch zwischen Literaturpsychologie und der übergreifenden, mündliche wie schriftliche Sprachproduktion und -rezeption umfassenden Sprachpsychologie).

Die Autorpsychologie stellt dabei traditionell nicht nur (1) den Produktionsprozeß in den Mittelpunkt, sondern vor allem auch (2) die personalen Bedingungen dieser Produktion — anfangs mit besonderem Gewicht auf psychischen Belastetheiten (Topos ‚Genie und Irrsinn‘; Autor-Pathographien), heute mehr im übergreifenden Kontext der empirischen Kreativitätsforschung.

Unter werk- bzw. textpsychologischer Perspektive ist der naheliegendste Ansatzpunkt (1) die Herausarbeitung psychologischer Inhalte (und damit auch psychologischen Wissens) in literarischen Texten. Der (auch quantitativ) bedeutendste hermeneutische Zugang liegt (2) in der vor allem tiefenpsychologisch verfahrenden ↗ *Interpretation* literarischer Texte, die in der Regel — nicht zuletzt wegen ihrer theoretischen (Ab-)Geschlossenheit gegenüber der empirischen Psychologie — als eigenständige Kategorie benannt und behandelt wird (↗ *Psychoanalytische Literaturwissenschaft*). Von der empirischen Psychologie her steht (3) die systematische Inhaltsanalyse von Texten (*Content analysis*, ↗ *Botschaft*) im Vordergrund, die auch wertungskritisch das — z. B. ‚ideologische‘ — Wirkungspotential von Texten herausarbeitet (vgl. z. B. die Schulbuch-Debatte). Im Bereich der Stilistik und anderer Formaspekte besteht ein fließender Übergang dieser inhaltsanalytischen Textbeschreibung zur ↗ *Statistischen Literaturanalyse;* beide können bei Anwendung auf Texte aus verschiedenen Epochen auch (4) literarhistorische Fragestellungen verfolgen (s. u. ForschG).

Die Leserpsychologie fragt parallel zur Autorpsychologie sowohl nach (1) den Lesermerkmalen (entwicklungs- und persönlichkeitspsychologischer Art) und ihrem Einfluß auf Lesemotivation bzw. -interessen sowie (2) nach dem Rezeptionsprozeß als Vorgang der unmittelbaren Bedeutungskonstituierung (↗ *Rezeptionsforschung*). Ein weiterer Schwerpunkt liegt in der (3) Erforschung der (mittel- und langfristigen) ↗ *Wirkung* literarischer Texte, z. B. auf die Einstellung und das Handeln der Leser(innen). Alle drei Teilperspektiven sind auch im Rahmen der ↗ *Literaturdidaktik* rele-vant, mit der es deshalb theoretische wie empirische Überschneidungen gibt.

Die Literaturpsychologie geht prototypisch vom einzelnen (produzierenden, rezipierenden, verarbeitenden) Individuum sowie dem einzelnen Ergebnis dieser Produktion und Rezeption bzw. Verarbeitung aus. Bei komplexeren Einheiten (wie Familie, normbestimmenden ‚Peer-Gruppen‘ etc.) besteht ein fließender Übergang zwischen Sozialpsychologie und Mikrosoziologie; hochkomplexe Instanzen (wie Schichten, Institutionen etc.) werden im Rahmen der ↗ *Literatursoziologie* behandelt.

WortG: *Psychologia* gilt als Kunstwort der lat. Gelehrtensprache (aus griech. ψυχή [psyché] ‚Lebenshauch‘, ‚Person‘, ‚Seele‘ und λόγος [lógos] ‚Darstellung‘, ‚Kunde‘, entsprechende dt. Übersetzung *Seelenwissenschaft / -lehre / -kunde*. Die lat. Erstverwendung ist umstritten (vgl. Lapointe; Schulz-Basler 2, 724−726: Marulus, Melanchthon?); im Druck bei J. Th. Freigius (1545; 1579) nachgewiesen; als Buchtitel bei R. Goclenius (1590) und O. Casmann (1594); durchgesetzt seit Chr. Wolff (‚Psychologia empirica‘, 1732; ‚Psychologia rationalis‘, 1734) − als Fremdwort im Deutschen seit dem 18. Jh. belegt, seit Etablierung der Psychologie als Einzelwissenschaft (letztes Viertel des 19. Jhs.) beherrschend (Dorsch, Scheerer). Die fachterminologische (Erst-)Verwendung des Kompositums *Literaturpsychologie* wird Dilthey zugeschrieben (‚Die Einbildungskraft des Dichters‘, 1887, cap. II.2).

Wilhelm Dilthey: Gesammelte Schriften. Bd. 6. Stuttgart ⁵1968. − Friedrich Dorsch: Psychologisches Wb. Bern ¹¹1992. − François H. Lapointe: Origin and evolution of the term *psychology*. In: American Psychologist 25 (1970), S. 640−644. − Eckhart Scheerer: Psychologie. In: HWbPh 7, Sp. 1600−1653.

BegrG:. Die Geschichte des Begriffs ‚Literaturpsychologie‘ spiegelt die generelle Spannung der Psychologie zwischen hermeneutisch-geisteswissenschaftlicher und naturwissenschaftlich-empirischer Wissenschaftskonzeption (auch zwischen der akademischen Psychologie sowie dem weitgehend außerhalb entwickelten Gegenpol der Tiefenpsychologie) wider. Das Konzept der Literaturpsychologie wurde von Dilthey ganz dezidiert und programmatisch innerhalb einer geisteswissenschaftlichen Konzeption von Verstehenspsychologie entwickelt, bei der das ↗ *Erlebnis* des Dichters wie Lesers von Dichtung als Begründung einer psychologischen Poetik postuliert wird, aus der sich wiederum die Notwendigkeit des Verstehens als psychologisches Charakter- und Ausdrucksverstehen ergibt (Wellek, 166). Diese dezidiert hermeneutische Konzeption konnte allerdings leicht und schnell von der hermeneutischen Literaturwissenschaft assimiliert werden, so daß sie − nicht zuletzt wegen ihrer poetologischen Relevanz − weitgehend in der hermeneutischen Literaturtheorie und Methodenlehre aufging (vgl. etwa Wellek / Warren, 66−78 oder Strelka, 247−262), z. B. auch in Form von gattungstheoretischen Rekonstruktionsversuchen von Erlebens-Kategorien aus (vgl. Staiger).

Da die akademische Psychologie in der ersten Hälfte des 20. Jhs. weitgehend vom Assoziationismus bzw. Behaviorismus dominiert wurde, die so komplexe Phänomene wie literarische Texte und deren Produktion / Rezeption praktisch vollständig vernachlässigten, war bis weit nach dem Zweiten Weltkrieg Literaturpsychologie nahezu identisch mit der tiefenpsychologischen Interpretation literarischer Texte − sei es ausgehend von Freud und seinen Schülern als ‚psychoanalytische Literaturinterpretation‘ oder in Nachfolge der ‚komplexen Psychologie‘ von Jung als ‚mythologische Interpretation‘ (z. B. Bodkin; Frye; Langner, 46−77). Diese Tendenz wurde durch die vom Nationalsozialismus erzwungene Emigration vieler Hauptvertreter der Psychoanalyse noch verstärkt (vgl. Lucas 1951 und die Zs. ‚Literature and Psychology‘ 1951−66). Erst mit dem Erstarken der (amerikanischen) Kreativitätsforschung und der sog. ‚kognitiven Wende‘, wodurch auch komplexere (kognitive) Phänomene in den Fokus der empiriewissenschaftlichen psychologischen Forschung aufgenommen wurden, meldete auch die etablierte akademische Psychologie einen Anspruch auf das Teilgebiet der Literaturpsychologie an.

Diese Verspätung führte zum einen dazu, daß die überfällige Wiederaufnahme der tiefenpsychologischen Interpretationstradition im deutschsprachigen Raum Anfang der 1970er Jahre gleich unter dem spezifischeren Stichwort der ‚Psychoanalytischen Literaturinterpretation‘ erfolgt ist (vgl. Dettmering 1969 und von Matt 1972 bis zu Schönau 1991). Zum anderen thematisieren die einschlägigen Überblicksarbeiten seit dieser Zeit unter dem Konzept der Literaturpsychologie sowohl empiriewissenschaftliche Forschungsmethoden und Ergebnisse als auch verstehens- und tiefenpsychologische Ansätze (vgl. Groeben 1972, Wellek, Langner, Groeben / Wolff). Je mehr sich seither aber auch die akademische empiriewissenschaftliche Psychologie (z. B. im Rahmen der Sprachpsychologie; vgl. Hörmann 1976, 1977) der komplexeren Prozesse der Verarbeitung von Texten annimmt, desto mehr wird auch die Literaturpsychologie als eine empirische Teildisziplin (vgl. etwa Groeben 1972; Lindauer) in Vernetzung mit einer ebenfalls empirischen Kunstpsychologie (vgl. Kreitler / Kreitler; Kobbert) konzipiert und propagiert. Dabei spielt allerdings, parallel zur allgemeinen literaturtheoretischen Verlagerung des Schwergewichts von der Produktions- zur Rezeptionsästhetik, neben der kreativitätspsychologischen Autorperspektive (vgl. zusammenfassend Groeben / Vorderer 1986, Teil 1) die leserpsychologische Rezeptions- und Wirkungsperspektive zunehmend eine stärkere Rolle (ebd. Teil 2) − und zwar sowohl unter Rückgriff auf sog. qualitative Verfahren (vgl. Salber) als auch quantitativ-experimentelle Methoden (vgl. Groeben 1982; Groeben / Vorderer 1988; Groeben / Landwehr).

Northrop Frye: Anatomie der Literaturkritik. Stuttgart 1964. − Emil Staiger: Grundbegriffe der Poetik. Zürich 1946. − Joseph Strelka: Methodologie der Literaturwissenschaft. Tübingen 1978. − René Wellek, Austin Warren: Theorie der Literatur [1942]. Berlin ⁵1963.

SachG/ForschG: Die Autorpsychologie hat zunächst die altgriechische ‚Ersatzhypothese‘ ausgearbeitet, und zwar in der These eines Zusammenhangs von ‚Genie und Irrsinn‘ (Lombroso 1887; Gilman, Navratil

u. a.). Der Beleg wurde durch eine Fülle von ‚Pathographien' Hochbegabter versucht; die zunehmend systematische Forschung in der ersten Hälfte des 20. Jhs. hat aber diesen Zusammenhang nicht bestätigt (vgl. zusammenfassend Groeben 1972, bes. 44 f.). Ähnliches gilt für die abgeschwächte Variante der psychoanalytischen Neurose-These, die die künstlerische Kreativität zur neurotischen Regression parallel setzt. Diese ursprüngliche Freud-These wurde in der New Yorker Ich-Psychologie zurückgenommen in Richtung auf eine ‚Regression im Dienste des Ich' (Kris) bzw. ‚Kreativität trotz Neurose' (Kubie). Diese Verbindung von primärprozeßhaften Psychopathologie-Dimensionen mit Merkmalen einer ‚gesunden' Persönlichkeitsstruktur (z. B. Ich-Stärke) wurde vor allem auch von der klassischen empirischen Persönlichkeitsstudie über Schriftsteller (Barron) bestätigt. Deren Ergebnisse stehen in Übereinstimmung mit komplementären Untersuchungen zum Produktionsprozeß, in denen auch die Relevanz des Primärprozesses für die kreative Invention gesichert werden konnte (Groeben / Vorderer 1986, bes. 110 f.; Rothenberg). Insofern kann der pathographische Ansatz als überholt gelten, der gleichwohl außerhalb der Wissenschaft weiterhin eine große Resonanz besitzt (vgl. Lange-Eichbaum u. a.).

Bei der werkpsychologischen Analyse hat sich im gleichen Zeitraum die entsprechende Herausarbeitung von psychiatrischen Inhalten literarischer Texte (vgl. Cumming) ebenso wie die genieästhetisch fundierte naive Überzeugung vom ‚höheren' Wissen der Literaten um die Psyche (vgl. Buytendijk) überholt. Allerdings dürfte die Frage nach dem in literarischen Texten enthaltenen (subjektiv-psychologischen) Wissen im Rahmen einer ↗ *Sozialgeschichte* der Literatur neue Relevanz erhalten. Die empirisch-sozialwissenschaftliche Textdeskription setzt das Instrument der systematischen Inhaltsanalyse (vgl. Rustemeyer) zur Beschreibung des Wirkungspotentials von Texten (vor allem aus dem Bereich der Unterhaltungsliteratur) ein. Der zumeist ideologiekritische Impetus solcher ‚Textanalyse als Kognitionskritik' (Vorderer / Groeben 1987) bezieht sich etwa auf Geschlechtsstereotypen (Silbermann / Krüger) oder die Realitätsinadäquanz von Schulbüchern (vgl. zusammenfassend Frommholz). Eine Anwendung der Inhaltsanalyse auf historische Frageperspektiven bietet z. B. die ‚psychologische Theorie ästhetischer Evolution' von Martindale (1975; 1986), die die Veränderung in der Relation von Inhalten des (unbewußt-alogischen) Primärprozesses und des (bewußt-logischen oder vorbewußten) Sekundärprozesses bei literarischen Texten untersucht und modelliert.

Die Leserpsychologie hat historisch mit den entwicklungspsychologischen Altersphasen des Leseinteresses (Bühler 1918) begonnen, die als ‚Lesealter-Modelle' 50 Jahre lang intensiv diskutiert und modifiziert wurden, heute aber nur noch als flexible Rahmenvariablen für bibliothekarische Kategorisierungen etc. fungieren (zusammenfassend Meier). Die heutigen motivationspsychologischen Modelle zur Klärung von Leseinteressen stellen eine Verbindung von sozialisationstheoretischen und kognitiv-ästhetischen Erklärungsansätzen dar (vgl. Groeben / Vorderer 1988, Kap. 2). Die Wirkungsanalyse von Texten besitzt im Bereich der pragmatischen Texte (seit den 1930er Jahren) eine jahrzehntelange Forschungstradition, die sich vor allem auf die Stabilisierung bzw. Änderung von Einstellungen in Folge von Textrezeption bezieht (zusammenfassend Drinkmann / Groeben). Die empirische Wirkungsuntersuchung von literarischen Texten hat praktisch erst in den 1970er Jahren begonnen (↗ *Empirische Literaturwissenschaft*), und zwar vor allem im Zusammenhang mit dem generellen Medienproblem der Stimulation aggressiven Verhaltens durch Gewaltdarstellungen (vgl. Bandura) oder aggressive Pornographie (Selg). Mittlerweile werden aber auch ‚positive' Aspekte wie etwa eine Stärkung der moralischen Entwicklung in Richtung auf prosoziale Motivation (Bilsky) bzw. bibliotherapeutische Effekte mit einbezogen (Petzold / Orth; v. Werder).

Lit:. Albert Bandura: Social foundations of thought and action. Englewood Cliffs 1986. – Frank Barron: Creative person and creative process. New York 1967. − Wolfgang Bilsky: Angewandte Altruismusforschung. Bern 1989. − Maud Bodkin: Archetypical patterns in poetry. New York 1934. − Charlotte Bühler: Das Märchen und die Phantasie des Kindes. In: Zeitschrift für angewandte Psychologie. Beiheft 17 (1918). − Frederik J. Buytendijk: Psychologie des Romans. Salzburg 1966. − John Cumming: Literatur und Psychologie. In: Lexikon der Psychologie. Hg. v. Wilhelm Arnold u. a. Freiburg i.Br., Basel 1971. Bd. 2, S. 462−468. − Peter Dettmering: Dichtung und Psychoanalyse. München 1969. − Arno Drinkmann, Norbert Groeben: Metaanalysen für Textwirkungsforschung. Weinheim 1989. − Rüdiger Frommholz: Lesebuchkritik. In: Deutschunterricht in der Diskussion. Hg. v. Dietrich Boueke. Bd. 2. Paderborn 1979, S. 418−446. − Sander L. Gilman: Wahnsinn, Text und Kontext. Frankfurt 1981. − Norbert Groeben: Literaturpsychologie. Stuttgart 1972. − N. G.: Leserpsychologie: Textverständnis − Textverständlichkeit. Münster 1982. − N. G., Peter Vorderer: Empirische Literaturpsychologie. In: Langner, S. 105−143. − N. G., P. V.: Leserpsychologie: Lesemotivation − Lektürewirkung. Münster 1988. − N. G., Jürgen Landwehr: Empirische Literaturpsychologie (1980−1990) und die Sozialgeschichte der Literatur: ein problemstrukturierender Überblick. In: IASL 16.2 (1991), S. 143−235. − N. G., Reinhold Wolff: Literaturpsychologie und Pädagogik. In: Logik der Pädagogik. Hg. v. Bernhard Möller. Oldenburg 1992, S. 59−82. − Hans Hörmann: Meinen und Verstehen. Frankfurt 1976. − H. H.: Psychologie der Sprache. Berlin, Heidelberg ²1977. − Max J. Kobbert: Kunstpsychologie. Darmstadt 1986. − Hans Kreitler, Shulamith Kreitler: Psychologie der Kunst. Stuttgart, Berlin 1980. − Ernst Kris: Die ästhetische Illusion. Frankfurt 1977. − Lawrence S. Kubie: Neurotische Deformationen des schöpferischen Prozesses. Hamburg 1966. − Wilhelm Lange-Eichbaum u. a.: Genie, Irrsinn und Ruhm. 12 Bde. München ⁷1986 ff. − Ralph Langner (Hg.): Psychologie der Literatur. Weinheim, Basel 1986. − Martin S. Lindauer: The psychological study of literature. Chicago 1974. − Cesare Lombroso: Genie und Irrsinn in ihren Beziehungen zum Gesetz, zur Kritik und zur Geschichte. Leipzig 1887. − Frank L. Lucas: Literature and psychology. London 1951. − Colin Martindale: Romantic progression. New York 1975. − C. M.: Psychologie der Literaturgeschichte. In: Langner, S. 165−206. − Peter von Matt: Literaturwissenschaft und Psychoanalyse. Freiburg i.Br. 1972. − Bernhard Meier: Leseverhalten unter soziokulturellem Aspekt. In: Archiv für Soziologie und Wirtschaftsfragen des Buchhandels 51/52 (1981). − Leo Navratil: Schizo-

phrenie und Dichtkunst. München 1986. − Hilarion Petzold, Ilse Orth (Hg.): Poesie und Therapie. Paderborn 1985. − Albert Rothenberg: Kreativität in der Literatur. In: Langner, S. 78−104. − Ruth Rustemeyer: Inhaltsanalyse. Münster 1992. − Wilhelm Salber: Literaturpsychologie. Bonn 1972. − Walter Schönau: Einführung in die psychoanalytische Literaturwissenschaft. Stuttgart 1991. − Herbert Selg: Pornographie. Bern 1986. − Alphons Silbermann, Udo Michael Krüger: Abseits der Wirklichkeit. Das Frauenbild in deutschen Lesebüchern. Köln 1971. − Peter Vorderer, Norbert Groeben (Hg.): Textanalyse als Kognitionskritik? Tübingen 1987. − Albert Wellek: Sammelreferat Literaturpsychologie. In: Archiv für Psychologie 124 (1972), S. 158−183. − Lutz v. Werder: ...triffst Du nur das Zauberwort. Eine Einführung in die Schreib- und Poesietherapie und in die Arbeit literarischer Werkstätten. München 1986.

Norbert Groeben

Literatursoziologie

Teildisziplin der Literaturwissenschaft, die sich vorrangig mit den Beziehungen zwischen literarischem Werk und Gesellschaft befaßt.

Expl: Zwei Bedeutungen von *Literatursoziologie* stehen konkurrierend nebeneinander: Sie wird (1) als Teilgebiet der Literaturwissenschaft in enger Beziehung zur Ästhetik und ↗ *Kulturtheorie* verstanden, näherhin als Gesellschaftsgeschichte in literarischen Texten, wobei sich im Verlauf der Forschungsgeschichte das Interesse von den in literarischen Werken behandelten sozialen Inhalten zu den gesellschaftlichen Implikationen der Formen und der Machart des literarischen Werks verlagert hat. Als (2) Teilgebiet der Soziologie beschäftigt sich Literatursoziologie mit den Rahmenbedingungen und der Wirkung des gesellschaftlichen Faktums Literatur, hat aber am literarischen Text und seinen Erscheinungsformen nur geringes Interesse.

Erich Köhler faßt die Unterscheidung terminologisch, indem er (1) *Literatursoziologie* als eine Methode der Literaturwissenschaft von (2) *Soziologie der Literatur* als einer Methode der Soziologie abgrenzt

(Köhler 1974, 257). Sinnvoll ist es, beides in einer ‚sozialgeschichtlichen Methode der Literaturwissenschaft' zusammenzuführen, in der philologische Werkanalyse und (sozial)geschichtliche Erforschung der Bedingungen für Entstehung, Verbreitung und Wirkung einander zuarbeiten.

Erich Köhler: Einige Thesen zur Literatursoziologie. In: GRM NF 24 (1974), S. 257–264.

WortG: Als Terminus ist die Zusammensetzung *Literatursoziologie* offenbar nicht früher belegt als bei Kohn-Bramstedt 1931, als selbständiger Titel bei Cl. Lessing 1950.

BegrG: Das Konzept der Literatursoziologie im hier explizierten Doppelsinn ist seit der Reflexion auf die bürgerliche Gesellschaft im 18. Jh. thematisch (Vorstufen bei Lessing, Goethe, Schiller, A. W. Schlegel). Es wird z. B. von Mme de Staël in ‚De l'Allemagne' (1810) ausdrücklich formuliert und im späteren 19. Jh. in Hippolyte Taines Faktorenmodell für Literatur systematisch entfaltet, hier im Sinne des Verständnisses von Literatursoziologie als spezieller Soziologie (aufgenommen bei W. Scherer), während etwa F. Mehrings Herausarbeitung des sozialen Gehalts in literarischen Texten auf die konkurrierende Variante zielt (Scharfschwerdt, 42–49).

Die erste ausdrückliche Anwendung des Konzepts ist nicht genau zu datieren; einen zeitlichen und sachlichen Zusammenhang geben Versuche in den 1920er Jahren, in der Literaturwissenschaft eine „sozialliterarische Methode" heimisch zu machen (Merker, 48). Gewichtiger ist die Etablierung der Kunstsoziologie als akademische Disziplin am Ende der Weimarer Republik. Wissenschaftsgeschichtlich gehört der Begriff in den Umkreis der religionssoziologischen Arbeiten M. Webers und der wissenssoziologischen Studien K. Mannheims. Kohn-Bramstedts programmatische Schrift von 1931 kann als Zusammenfassung der unterschiedlichen Ansätze gelten, wozu vorrangig L. L. Schückings ‚Soziologie der literarischen Geschmacksbildung' (1923) zu rechnen ist.

. 1930 entwirft L. v. Wiese die Soziologie der Kunst (2) als „spezielle Soziologie", die sich, von Wertungsfragen absehend, auf die durch Kunst initiierten zwischenmenschlichen Beziehungen konzentrieren sollte (v. Wiese, 128). Einen weiteren Begriff von Kunstsoziologie (1) vertritt E. Rothacker, der die ästhetische Dimension einzubeziehen fordert, z. B. die Beziehungen zwischen Stil und Gesellschaft (Rothacker, 133; ausführlich Scharfschwerdt, 75–93). Wegen der erzwungenen Emigration vieler führender Literatursoziologen 1933 wurden diese Ansätze in Deutschland nicht fortgeführt; in A. Hausers mehrbändigem Werk von 1951 fanden einige ihre Fortführung.

In der Diskussion nach 1945 herrschte zunächst die Variante (2), dann im Zuge der Marxismus-Rezeption (↗ *Marxistische Literaturwissenschaft*) seit den 1960er Jahren Variante (1) vor. In der literaturwissenschaftlichen Auseinandersetzung mit der neueren Soziologie (P. Bourdieu, N. Luhmann u. a.) löst sich die begriffliche Alternative zunehmend auf; ebenso in jüngeren sozialgeschichtlichen Ansätzen.

Paul Merker: Neue Aufgaben der Literaturgeschichte. In: ZfD, Ergänzungs-H. 16. Leipzig, Berlin 1921, passim. – Erich Rothacker: Der Beitrag der Philosophie und der Einzelwissenschaften zur Kunstsoziologie. In: Verhandlungen des 7. Dt. Soziologentages 1930. Berlin 1931, S. 132–156. – Leopold v. Wiese: Methodologisches über den Problemkreis einer Soziologie der Kunst. In: Verhandlungen des 7. Dt. Soziologentages 1930. Berlin 1931, S. 121–132.

SachG/ForschG: Bis heute ist Literatursoziologie disparat nach Gegenstand, Fragestellung und methodischen Ansätzen. Das Programm, die Geschichte der Dichtung als soziales Phänomen zu erfassen (zum ersten Mal emphatisch bei L. L. Schücking), richtete sich am Ende der 1920er Jahre gegen die irrationalistischen Tendenzen in der deutschen Literaturwissenschaft auf ihrem Wege zur nationalsozialistischen ‚Dichtungskunde'. Diesem Gegenentwurf verdankt sich die Berufung auf Franz Mehrings marxistisch ausgerichtete Literaturgeschichte, etwa bei Kohn-Bramstedt, oder generell auf die Marxsche Geschichtsphilosophie, etwa bei Löwenthal: „Eine echte erklärende Literaturgeschichte [...] muß materialistisch sein. Das heißt, sie muß die ökonomischen Grundstrukturen, wie sie sich in der Dichtung darstellen, und die Wirkungen untersuchen, die innerhalb der durch die Ökonomie bedingten Gesellschaft das materialistisch interpretierte Kunstwerk ausübt" (Löwenthal, 93).

Derartige Überlegungen wurden in der Literaturwissenschaft nach dem 2. Weltkrieg zunächst nicht weiter verfolgt. Die Abwehr der marxistischen Geschichtsphilosophie in ihrer stalinistischen Verengung war seit den späten 1950er Jahren ein Grund dafür, die Literatursoziologie nur als eine spezielle Soziologie zu forcieren, die, wie schon v. Wiese 1930, die Wertsphäre Kunst selbst ausklammert und streng mit den Methoden der empirischen Sozialforschung arbeitet (Escarpit, Fügen, Silbermann, Rosengren). Die empirische Literatursoziologie war komplementär zur streng werkimmanent vorgehenden Literaturwissenschaft. Deren unter Berufung auf Max Weber proklamierte Wert- und Wertungsfreiheit setzt sich programmatisch von der ↗ *Parteilichkeit* der marxistischen Wissenschaft ab. Eine vorsichtige Lösung von diesen Beschränkungen deutete Fügen mit der Hinzunahme eines „Gebiets der soziologischen Hermeneutik literarischer Werke" (Fügen 1982, 32) an. Sie wurde am Roman exemplifiziert, in dem sich das Inhaltliche als Interaktion von Personen, mithin als ein genuin soziologischer Sachverhalt darstellt. Eine solche Erweiterung blieb vereinzelt.

Auch markiert die seit den 1930er Jahren in den angelsächsischen Ländern kontinuierlich arbeitende ‚sociology of art' eine deutliche Grenze zwischen Literatursoziologie und Hermeneutik, die neuerdings von der empirischen Forschung in den Niederlanden (Verdaasdonk, van Rees) unterstrichen wird, indem sie die literarische Textanalyse ausdrücklich von empirischer Forschung ausnimmt (Verdaasdonk, 173). Im ‚institutional approach' wird als Literatur das Bündel normativer Wertzuweisungen durch interessierte Institutionen mit oder ohne politischem Auftrag untersucht (van Rees 1983). Unter Berufung auf Pierre Bourdieu geht es um gruppenkonzentrierte Handlungen: um Bedeutungsfestlegung, Rangordnung, Kanonbildung, überhaupt: um Steuerung der allgemeinen Verfügbar-

keit von Literatur. Hier trifft sich der angelsächsische Ansatz einer ‚production of culture' mit Überlegungen, die Götz Wienold 1972 angestellt hat, als er das Gesamt des literarischen Lebens als Summe von Textverarbeitungen definierte. Unabhängig davon rekurrieren alle Projekte einer Literaturgeschichte als Sozialgeschichte seit der Mitte der 1970er Jahre auf das Konstrukt ↗ *Literarisches Leben* als Vermittlungsinstanz, um Literatur und ihren Wandel als spezielle Form sozialer Verhältnisse beschreiben zu können.

Neue Anstöße im Sinne von (1) kamen aus der Rezeption marxistischer Ansätze. Sie bezog sich primär auf Georg Lukács, dessen frühe Beiträge zu einer Geschichtsphilosophie der Literatur Kritik am blinden Empirismus von Untersuchungen über Mäzenatentum und Genie sowie an der herrschenden Praxis einer soziologischen Auflösung von Inhalten der Literatur üben; sie fußen auf dem zentralen Satz: „Das wirklich Soziale in der Literatur ist: die Form" (Lukács 1909/1961, 72). Große Kunst mache Phänomene und Probleme der geschichtlichen Realität, die das Individuum unmittelbar, vereinzelt und verzerrt wahrnehme, auf einer höheren Stufe der historischen Typik anschaulich (↗ *Typisch*). Der Einfluß von Lukács war, trotz seiner Wendung zum Marxismus in den 1920er Jahren, nach dem 2. Weltkrieg im Ostblock geringer als in Westeuropa. In der DDR bildete sich eine Literatursoziologie erst in den 1970er Jahren aus, und zwar in Auseinandersetzung mit der Trivialliteratur-Forschung und mit der Rezeptionsästhetik in der BRD. Die wichtigsten Arbeiten entstanden auf dem Gebiet der empirischen Leserforschung und der tatsächlichen Rezeption literarischer Werke (Sommer/Löffler).

Produktiv führte Goldmann Lukács' Ansätze fort. Goldmanns ‚genetischer Strukturalismus' postuliert eine ↗ *Homologie* zwischen der Struktur des herrschenden Bewußtseins einer Klasse oder Gruppe, an der Autor und Leser teilhaben, und der Struktur literarischer Konventionen und Gattungen.

Dagegen fordert die ↗ *Kritische Theorie*, insbesondere Adorno, eine primär der

Kunst verpflichtete Literatursoziologie; die sozialen Implikationen des einzelnen Werks, seiner Form, seiner Sprache und erst dann seines Inhalts hätten Gegenstand der Wissenschaft zu sein, nicht seine Wirkung. In der Wirkungsforschung sah Adorno die empirische Literatursoziologie à la Silbermann befangen, mit dem er sich 1966 f. eine klärende Kontroverse lieferte, wobei er empirische Verfahren nachdrücklich zu ihrem (zweitrangigen) Recht kommen ließ: Was wirkt und sich dem empirischen Zugriff anbequemt, sei nämlich die massenhaft rezipierte Kunst. Adornos Fluchtpunkt ist dagegen die ↗ *Avantgarde* des 20. Jhs., deren Voraussetzung eine unaufhebbare Entfremdung zwischen Mensch und Gesellschaft sei und die sich deshalb der breiten Rezeption verweigere. Der Zusammenhang dieser Kontroverse mit der Erweiterung des Gegenstandes der Literaturwissenschaften in Richtung auf Trivial- und Sachtexte seit den späten 1960er Jahren und mit einer ernsthaften Aufnahme marxistischer Ansätze in der Studentenbewegung ist merkbar. In Antwort darauf hat die empirische Literatursoziologie der Kritischen Theorie den Mangel an Operationalisierbarkeit vorgehalten.

Der Einfluß Adornos, in geringerem Maße Goldmanns, auf die literatursoziologische Debatte seit den 1970er Jahren ist nicht hoch genug zu veranschlagen (E. Köhler, P. Bürger, zuletzt P. Zima). Durch Annäherung an diskurstheoretische Ansätze einer grundsätzlichen Textualisierung des Wirklichkeitsbegriffs (z. B. im ↗ *New Historicism*) entfällt der für die Literatursoziologie bis dahin zentrale Begriff der Vermittlung.

Seit den 1980er Jahren wird der Systembegriff (T. Parsons, N. Luhmann) von der Literatursoziologie übernommen. Die ↗ *Systemtheorie* beschreibt die moderne Gesellschaft als ein Ensemble von miteinander interagierenden Teilsystemen, von denen die Literatur eines ist. Wechselseitiger Anpassungsdruck zwischen diesen Teilsystemen ist nach Köhler (1977) entscheidendes Movens für Änderungen im Gattungssystem. Literatur wird als Institution mit einer eigenen Geschichte verstanden (Bürger), Gattungen

als quasi institutionalisierte historische Verständigungsformen (W. Voßkamp, ↗ *Genre*, ↗ *Gattungsgeschichte*). Die Analyse des ‚Sozialsystems Literatur‘ drängt bei einigen Forschern die Werkanalyse in den Hintergrund; Literaturwissenschaft wird als eine interdisziplinär arbeitende Sozialwissenschaft definiert (S. J. Schmidt). Auch neuere Versuche der ↗ *Literaturgeschichtsschreibung* stützen sich auf die Systemtheorie: Im Sozialsystem Literatur, das innerhalb des Teilsystems Sozialkultur angesiedelt ist, geht der literarische Text aus sozialen Handlungen hervor und generiert solche Handlungen (Meyer/Ort). Um die Überschreitung der bloß synchronischen Ebene bemühen sich neuerdings Titzmanns u. a. Untersuchungen zum Strukturwandel der Literatur.

Angesichts des Überangebotes an literaturtheoretischen Ansätzen ist das Interesse an Literatursoziologie gesunken; ein guter Teil der Publikationen in den 1990er Jahren leistet Erinnerungsarbeit. Literatursoziologische Fragestellungen wurden in modifizierter Form von der ↗ *Mentalitätsgeschichte* aufgenommen; sie berühren sich z. T. mit denen der *Diskursanalyse* (↗ *Diskurstheorie*).

Eine umfassende Geschichte der literatursoziologischen Forschung steht noch aus, in der Auseinandersetzung mit konkurrierenden Ansätzen hat fast jeder größere Beitrag einen Teil dazu erbracht. Die vorgelegten Reader (Fügen 1968, Bark 1974, Bürger 1978) bilden einige Etappen ab. Einen auf Vollständigkeit angelegten Überblick gab J. Scharfschwerdt, einen wichtigen Teilaspekt untersuchte J. Schönert.

Lit: Theodor W. Adorno: Rede über Lyrik und Gesellschaft. In: T. W. A.: Noten zur Literatur 1. Frankfurt 1958, S. 73–104. – T. W. A.: Thesen zur Kunstsoziologie. In: T. W. A.: Ohne Leitbild. Frankfurt 1967, S. 94–103. – Joachim Bark (Hg.): Literatursoziologie. 2 Bde. Stuttgart 1974. – Pierre Bourdieu: Zur Soziologie der symbolischen Formen. Frankfurt 1970. – P. B.: Streifzüge durch das literarische Feld [frz. 1991]. Konstanz 1997. – Peter Bürger (Hg.): Seminar: Literatur und Kunstsoziologie. Frankfurt 1978. – Andreas Dörner, Ludgera Vogt: Literatursoziologie. Opladen 1994. – Robert Escarpit: Das Buch und der Leser. Köln 1961. – Hans Norbert Fügen: Die Hauptrichtungen der Literatursoziologie und ihre Methoden. Bonn 1964. – H. N. F. (Hg.): Wege der Literatursoziologie. Neuwied, Berlin 1968. – H. N. F.: Zur Wissenschaftlichkeit und Systematik der soziologischen Roman-Interpretation. In: IASL 7 (1982), S. 1–19. – Lucien Goldmann: Soziologie des modernen Romans [frz. 1964]. Neuwied 1970. – Arnold Hauser: Sozialgeschichte der Kunst und Literatur. 2 Bde. München 1951. – Erich Köhler: Gattungssystem und Gesellschaftssystem. In: Romanistische Zs. für Literaturgeschichte 1 (1977), S. 7–22. – Ernst Kohn-Bramstedt: Probleme der Literatursoziologie. In: Neue Jahrbb. für Wissenschaft und Jugendbildung 7 (1931), S. 719–731. – Clemens Lessing: Das methodische Problem der Literatursoziologie. Diss. Bonn 1950. – Leo Löwenthal: Zur gesellschaftlichen Lage der Literatur. In: Zs. für Sozialforschung 1 (1932), S. 85–102. – L. L.: Das Bild des Menschen in der Literatur. Neuwied, Berlin 1966. – Georg Lukács: Schriften zur Literatursoziologie. Hg. v. Peter Ludz. Neuwied, Berlin 1961. – Friederike Meyer, Claus-Michael Ort: Konzept eines struktural-funktionalen Theoriemodells für eine Sozialgeschichte der Literatur. In: Zur theoretischen Grundlegung einer Sozialgeschichte der Literatur. Hg. v. Renate v. Heydebrandt u. a. Tübingen 1988, S. 85–171. – Cees J. van Rees (Hg.): Empirical sociology of literature and the arts. Poetics 12 (1983), Sonderheft. – Karl E. Rosengren: Sociological aspects of the literary system. Stockholm 1968. – Gebhard Rusch (Hg.): Empirical approaches to literature. Siegen 1995. – Jürgen Scharfschwerdt: Grundprobleme der Literatursoziologie. Stuttgart u. a. 1977. – Siegfried J. Schmidt: Die Selbstorganisation des Sozialsystems Literatur im 18. Jh. Frankfurt 1989. – Jörg Schönert: The reception of sociological theory by West German literary scholarship. In: New ways in Germanistik. Hg. v. Richard Sheppard. Oxford 1990, S. 71–94. – Lewin Ludwig Schücking: Die Soziologie der literarischen Geschmacksbildung. Leipzig 1931. – Alphons Silbermann: Literaturphilosophie, soziologische Literaturästhetik oder Literatursoziologie. In: Kölner Zs. für Soziologie 1966, S. 139–148. – Dietrich Sommer, Dietrich Löffler: Soziologische Probleme der literarischen Wirkungsforschung. In: WB 16 (1970), H. 8, S. 51–76. – D. S. u. a. (Hg.): Funktion und Wirkung. Soziologische Untersuchungen zur Literatur und Kunst. Berlin, Weimar 1978. – Michael Titzmann (Hg.): Modelle des literarischen Strukturwandels. Tübingen 1991. – Hugo Verdaasdonk: Empirical sociology of literature as a nontextually oriented form of research. In: Poetics 14 (1985), S. 173–185. – Wilhelm Voßkamp: Methoden und Probleme der

Romansoziologie. In: IASL 3 (1978), S. 1–37. – W. V.: Literatursoziologie: Eine Alternative zur Geistesgeschichte? „Sozial-literarische Methode" in den ersten Jahrzehnten des 20. Jhs. In: Literaturwissenschaft und Geistesgeschichte 1910–1925. Hg. v. Christoph König und Eberhard Lämmert. Frankfurt 1993, S. 291–303. – Niels Werber: Evolution literarischer Kommunikation statt Sozialgeschichte der Literatur. In: WB 41 (1995), S. 427–444. – Götz Wienold: Semiotik der Literatur. Frankfurt 1972. – Peter V. Zima: Textsoziologie. Stuttgart 1980.

Joachim Bark

Literatursprache

Im weiteren Sinne die (verschriftlichte) Sprache soziokulturell ausgezeichneter Bereiche, im engeren Sinne Sprache der Dichtung.

Expl: Je nach Betrachtungsweise lassen sich die folgenden, einander überlappenden Konzeptionen von Literatursprache unterscheiden: (1) Literatursprache$_1$ als Abstraktion aus der Gesamtheit der schriftlich überlieferten Texte einer Einzelsprache (in Abgrenzung zu mündlichen Äußerungen); in enger Verwandtschaft hiermit eine einzelne Sprache mit Schriftkultur (im Unterschied zu Einzelsprachen ohne schriftliche Überlieferung). (2) Literatursprache$_2$ als Abstraktion aus der Gesamtheit der soziokulturell als bedeutsam anzusehenden Texte (einschließlich mündlicher Äußerungen); in enger Verwandtschaft hiermit eine einzelsprachliche Varietät, die eine im Gegensatz zu Dialekten überregionale, im Gegensatz zu Fachsprachen multifunktionale und im Gegensatz zu Soziolekten weitgehend gruppenunspezifische Verbindlichkeit zeigt und als Standardsprache einer institutionalisierten Normung unterliegen kann. (3) Literatursprache$_3$ als Abstraktion aus der Gesamtheit der als ästhetisch ausgezeichneten schriftlichen und mündlichen Äußerungen innerhalb einer Sprache; in enger Verwandtschaft hiermit eine sprachliche Varietät, die in einer Kultur als poetisch angesehen wird und insofern von der Standardsprache (= Literatursprache$_2$) und anderen sprachlichen Varietäten unterschieden ist. Literarische Ästhetizität ist dabei als eine sprachliche ↗ *Funktion* aufzufassen, die sich nicht im Sprachsystem, sondern im Sprachgebrauch manifestiert (↗ *Poetizität*). Sie besteht darin, daß die Gestaltungsweise des literatursprachlichen Textes bei dessen Produktion und Rezeption überhaupt in den Blickpunkt gerät, ohne eigens metasprachlich thematisiert zu werden; einem engeren Ansatz nach wird dies ausschließlich durch ↗ *Abweichung* von den literatursprachlichen$_2$ Normen erreicht (↗ *Autonomie* des literatursprachlichen Textes durch Deautomatisierung der Kommunikation). Weitere Merkmale literarischer Ästhetizität können als funktionale Ausprägungen (so etwa Ikonizität, Fiktionalität oder Konnotationen) oder als formale Verfahren (beispielsweise Rekurrenz, Konvergenz oder Deviation) dieser kommunikativen *Entautomatisierung* (↗ *Verfremdung*$_2$) angesehen werden. Als sprachliche Indikatoren der Ästhetizität eines Textes tragen sie ihrerseits zu dessen spezifischer kommunikativer Akzeptabilität bei und bestimmen so die literatursprachliche Kommunikation mit, auch und gerade über deren Entautomatisierung selbst hinaus.

WortG: In der Sprach- und Literaturreflexion ist das Fachwort *Literatursprache* bis ins 20. Jh. nicht gebräuchlich. Es ist erst seit etwa der 2. Hälfte des 20. Jhs. als wissenschaftlicher Terminus etabliert (insbesondere von Blackall); dabei wird es nach dem Vorbild osteuropäischer Linguistik insbesondere zur Bezeichnung der übergeordneten Literatursprache$_2$ herangezogen (z. B. Guchmann, Schildt). Daneben dient das Kompositum zusammen mit der Genitivperiphrase *Sprache der Literatur* in mehr oder weniger unsystematischer Weise dem Bezug auf die Schriftsprache, die Standardsprache und die Sprache der Poesie; weitere Differenzierungen ergeben sich dabei jeweils aus den Konzeptionen, die mit ↗ *Literatur* einerseits und *Sprache* andererseits verbunden werden.

Dem weitgehend unsystematischen Gebrauch von *Literatursprache* entspricht die hohe Zahl an synonymen Ausdrücken, so

z. B. (seit Ende des 19. Jhs., etwa schon bei Hermann Paul und von der Gabelentz; vgl. die Literaturverzeichnisse in Althaus, 687–759; Kaempfert 1985): *Schriftsprache, Kultursprache* (Literatursprache$_1$); *Standardsprache, Hochsprache* (im Gegensatz zu Dialekt) oder auch *Nationalsprache* (Literatursprache$_2$); *Poesiesprache, Dichtersprache* oder *Dichtungssprache* (Literatursprache$_3$). Die Termini *Kunstsprache* und *künstliche Sprache* meinen im 17. und 18. Jh. (etwa nach Leibniz und Chr. Wolff) Fach- und Wissenschaftssprachen, im 20. Jh. formale Sprachen.

BegrG: Reflexion auf eine Sprache, die für literarische Formung würdig und geeignet ist (Literatursprache$_3$), begleitet die deutsche Literatur von ihren Anfängen an (Otfried von Weißenburg, lat. Vorrede zum ahd. ‚Evangelienbuch‘: „cur scriptor hunc librum theotisce dictaverit“). Sie richtet sich auf Klang, Geschmeidigkeit und Aufnahmefähigkeit für poetischen Schmuck und ist ganz auf die Konkurrenz zur lateinischen Tradition hin orientiert. Einheitlichkeit und regionale Varianz (Literatursprache$_2$) treten erst im 13. Jh. in den Blick (Hugo von Trimberg), unterschiedliche, an den Adressaten orientierte Register um 1400 (Wiener Schule). Der Status des Deutschen als Schriftsprache (Literatursprache$_1$), praktisch bei der Verschriftlichung mündlicher Traditionen von großer Bedeutung, wird im Mittelalter begrifflich nicht fixiert.

Die Humanisten diskutieren das Verhältnis der ‚barbarischen‘ Volkssprache und die Eignung des Deutschen zur Literatursprache$_3$. Als Weg dahin wird gelegentlich seine Angleichung an das Lateinische propagiert (Niklas von Wyle u. a.); die Reformation findet theologische Rechtfertigungen für das Deutsche als Bibelsprache.

Im Barock steht im Zuge der Kultivierungsbestrebungen der Sprachgesellschaften die Konzeption einer übergreifenden Literatursprache$_2$ im Vordergrund, in deren Rahmen dem Sprachgebrauch der Dichtung (Literatursprache$_3$) eine wichtige Vorbildrolle eingeräumt wird. In der Zeit der Aufklärung bis zur Klassik festigt sich diese Unterscheidung, wobei zunehmend auch

Fach- und Wissenschaftssprachen als literarische$_2$ Varietäten Anerkennung finden. Seit dem Beginn des 19. Jhs. steht zunehmend das Verhältnis zwischen einer allgemeinen Literatursprache als Sprache der Gebildeten einerseits und der Sprache der Dichtung andererseits zur Diskussion.

Dichtungssprache versteht sich dabei nicht mehr als Vorbild der allgemeinen Literatursprache$_2$, sondern wird vielmehr von dieser und der klassischen Dichtungssprache abgegrenzt (Romantik, Realismus, Naturalismus). Dichtungssprache wird als Feld sprachlicher Experimente angesehen (Schlegel, Nietzsche). Seit der Sprachskepsis (Hofmannsthal) um die Wende zum 20. Jh. wird Dichtungssprache zudem als Versuchsfeld kommunikativer Versuche erachtet (Roelcke).

SachG: Die Sprache der deutschen Literatur des frühen Mittelalters ist durch regionale und funktionale Vielfalt bestimmt. Stilistisch orientiert sie sich zum einen an der lateinischen Tradition und ihren geistlich-kirchlichen Erscheinungsformen, zum anderen ist sie geprägt durch die Verschriftlichung mündlicher Überlieferung und Praxis (Literatursprache$_1$). Eine gewisse stilistische (Literatursprache$_3$) Einheitlichkeit bei fortdauernder regionaler phonologischer und graphemischer Vielfalt gewinnt sie im späten 12. und im 13. Jh. durch normsetzende Vorbilder (Heinrich von Veldeke, Hartmann von Aue) und die zirkelhafte Geschlossenheit des ‚höfischen‘ Literaturbetriebs. Mit der Ausweitung der Schriftproduktion besonders im 14. und 15. Jh. tritt die Vielfalt der Zwecke, Räume und stilistischen Niveaus wieder in den Vordergrund. Erst die Grammatiker des 16. Jhs. (Valentin Frangk, Ickelsamer, Fabian Frangk) streben dezidiert nach Vereinheitlichung des Deutschen; die Autorität, die Luthers Bibelübersetzung gewonnen hat, macht diese auch sprachlich zur Orientierungsgröße.

Im Barock gehen die Impulse zur Entwicklung einer deutschen Literatursprache von den ↗ *Sprachgesellschaften* aus. Sie wollen eine ‚nationale‘ Kultur gegen die Gelehrtensprache Latein, zunehmend aber auch gegen das dominierende Französisch schaffen. Die Bemühungen richten sich dabei zum einen auf eine vor allem phonologisch, grammatisch wie lexikalisch einheitliche Standardsprache (Literatursprache$_2$), für die verschiedene Orientierungsgrößen vorgeschlagen werden (z. B. das ‚Meißnische Deutsch‘, das Bairische, das Hamburgische oder auch eine strukturell bzw. historisch ermittelbare Sprachrichtigkeit; vgl. Josten), wie zum anderen auf eine Steigerung der poetischen Qualitäten des Deutschen (Literatursprache$_3$), insbesondere durch das Zurückdrängen fremdsprachiger Wendungen. In der Aufklärung werden diese Bemühungen fortgeführt, gestützt vor allem auf Zeitschriften und neu entstehende große Wörterbücher (Adelung). Gegen die Ausrichtung der Standardsprache am ‚Meißnischen‘, das inzwischen auch durch Berufung auf Luthers Bibelübersetzung die Oberhand gewonnen hatte, opponieren zuerst die Schweizer Literaturtheoretiker Bodmer und Breitinger. Von ihnen angestoßen wird − etwa von Wieland − eine vom Süddeutschen ausgehende Literatursprache entwickelt, in der Einheitlichkeit sich auch mit stilistischem Anspruch (Literatursprache$_3$) verbindet. In der Weimarer Klassik fallen beide Bewegungen zusammen. Die ‚klassische Dichtung‘ gilt fortan als Norm der Literatursprache und als Grundlage einer Sprache der Gebildeten. Mit der Etablierung dieser Norm kann bald auch der Verstoß gegen sie zum poetischen Mittel, also wiederum zum Kennzeichen poetischer Sprache (Literatursprache$_3$) werden. Im Naturalismus wird die Annäherung an Alltagssprache zum Ausdruck des Protests gegen die ‚klassische‘ Ästhetik, in den Avantgarden der Moderne stehen Normverstöße auf allen Ausdrucks- und Gestaltungsebenen für die Ablehnung jeglicher Art von Normativität.

Das Konzept ‚Literatursprache‘ ist in seiner Bedeutung (1) bereits am Ende des Mittelalters realisiert, in der Bedeutung (2) im 18. Jh., in der Bedeutung (3) erscheint es in der Gegenwartsliteratur meist nur noch in der experimentellen Deviation, die die Leitvorstellung einer gemeinsamen ‚Sprache der Literatur‘ unterläuft.

ForschG: Mit der Etablierung einer deutschen Literatursprache im 18. Jh. setzt auch die wissenschaftliche Behandlung der Literatursprache im allgemeinen und der Dichtungssprache im besonderen ein (Schottel, Gottsched). Im 19. Jh. erfolgt deren (miteinander noch oft verbundene) Beschreibung vornehmlich unter historischen Gesichtspunkten und bezieht sich dabei insbesondere auf die Ebenen Lautung, Grammatik und Lexik (Grimm, Junggrammatiker); die theoretische Reflexion wird hier vor allem auch von seiten der philosophischen und literarischen Ästhetik geleistet (Kant, Hegel, Nietzsche). Im 20. Jh. erfolgt die Erforschung der Dichtungssprache weitgehend im Rahmen sprachhistorischer (z. B. Guchmann, Kettmann/Schildt, Josten, Polenz), literaturwissenschaftlicher (z. B. Langen, Blackall, Hamburger, Fricke) sowie kommunikationswissenschaftlicher und semiotischer (z. B. Hardt, Kloepfer, Roelcke 1994) Untersuchungen. Im Zuge des Strukturalismus und der Soziolinguistik wird sie hingegen im sprachwissenschaftlichen Bereich zunächst mehr und mehr zugunsten einer weitgehend ausschließlichen Betrachtung der Standardsprache (Literatursprache₂) sowie anderer (regionaler, funktionaler und sozialer) Varietäten vernachlässigt, bis sie auch hier seit etwa den 1980er Jahren im Zuge der ↗ *Textlinguistik* und der jüngeren linguistischen ↗ *Pragmatik* (z. B. Baum, Oomen, Schmidt, Schmitz-Emans) wieder zunehmendes Interesse findet.

Lit: Peter Althaus u. a. (Hg.): Lexikon der Germanistischen Linguistik. Tübingen ²1980, S. 687−759 [Artikel zur deutschsprachigen Literatursprache vom Barock bis zur Gegenwart]. − Richard Baum: Hochsprache, Literatursprache, Schriftsprache. Darmstadt 1987. − Eric A. Blackall: Die Entwicklung des Deutschen zur Literatursprache 1700−1755. Stuttgart 1966. − Harald Fricke: Norm und Abweichung. München 1981. − Klaus Grubmüller: Literatursprache und Entstehung überregionaler Sprachformen im mittelalterlichen Deutsch. In: Sprachgeschichte. Hg. v. Werner Besch u. a. Bd. 2. Berlin, New York 1985, S. 1766−1773. − K. G.: ,Deutsch' an der Wende zur Neuzeit. In: Mittelalter und Frühe Neuzeit. Hg. v. Walter Haug. Tübingen 1999, S. 263−285. − Mirra M. Guchmann: Der Weg zur deutschen Nationalsprache.

Bearb. v. Günter Feudel. 2 Bde. Berlin 1964, 1969. − Käte Hamburger: Die Logik der Dichtung. Stuttgart ²1968. − Manfred Hardt: Poetik und Semiotik. Tübingen 1976. − Roman Jakobson: Poetik. Hg. v. Elmar Holenstein und Tarcisius Schelbert. Frankfurt 1979. − Dirk Josten: Sprachvorbild und Sprachnorm im Urteil des 16. und 17. Jhs. Frankfurt, Bern 1976. − Manfred Kaempfert: Die Entwicklung der Sprache der deutschen Literatur in neuhochdeutscher Zeit. In: Sprachgeschichte. Hg. v. Werner Besch u. a. Bd. 2. Berlin, New York 1985, S. 1810−1837. − Gerhard Kettmann, Joachim Schildt: Zur Ausbildung der Norm der deutschen Literatursprache (1470−1730). Bd. 1. Berlin 1976. − Rolf Kloepfer: Poetik und Linguistik. München 1975. − August Langen: Der Wortschatz des deutschen Pietismus. Tübingen ²1966. − Ursula Oomen: Linguistische Grundlagen poetischer Texte. Tübingen 1973. − Peter von Polenz: Deutsche Sprachgeschichte von Spätmittelalter bis zur Gegenwart. 3 Bde. Berlin, New York 1991−1999. − Roland Posner u. a. (Hg.): Semiotik. Semiotics. Ein Hb. zur den zeichentheoretischen Grundlagen von Natur und Kultur. 1. Teilbd. Berlin, New York 1997 ff. − Thorsten Roelcke: Dramatische Kommunikation. Berlin, New York 1994. − T. R.: Periodisierung der deutschen Sprachgeschichte. Berlin, New York 1995. − T. R.: Sprachgeschichtliche Tendenzen des literarischen Experiments im 19. und 20. Jh. In: Sprachgeschichte. Hg. v. Werner Besch u. a. Bd. 3. Berlin, New York ²2000 [im Druck]. − Joachim Schildt (Hg.): Aspekte des Sprachwandels in der deutschen Literatursprache: 1570−1730. Berlin 1992. − Monika Schmitz-Emans: Die Sprache der modernen Dichtung. München 1997.

Thorsten Roelcke

Literatursystem

Geordnete Menge von Regularitäten der Literatur oder der Prozesse literarischer Kommunikation eines Zeitraums.

Expl: ,Literatursystem' ist ein theoretisches Konstrukt der ↗ *Literaturgeschichtsschreibung* − unentbehrlich für diese, sofern sie mehr sein will als annalistisch geordnete Addition von Text-/Autoren-Monographien. In der aktuellen Literaturwissenschaft konkurrieren zwei Konzeptionen dieses Konstrukts:

(1) Literatursemiotische Konzeptionen (↗ *Semiotik*): Das Literatursystem ist die geordnete Menge der Strukturen / Regularitäten der literarischen Texte eines bestimmten Zeitraums (↗ *Epoche*), abstrahiert von einem möglichst quantitativ wie qualitativ repräsentativen Korpus; das Datenmaterial der Literaturgeschichtsschreibung sind in dieser Variante primär die – interpretatorisch rekonstruierten – Strukturen der Texte des Korpus.

(2) Soziopragmatische Konzeption (↗ *Pragmatik*): Das Literatursystem ist die geordnete Menge der Bedingungen / Regularitäten der Kommunikation durch und über Literatur in einem bestimmten Zeitraum; das Datenmaterial der Literaturgeschichtsschreibung sind in dieser Variante nicht die literarischen Texte selbst, sondern die kommunikativen Akte, die anhand ihrer stattfinden, sowie deren Träger (Personengruppen mit bestimmter Sozialisation, bestimmtem Sozialstatus, bestimmten Wahrnehmungs- und Artikulationsweisen) und ihre Rahmenbedingungen (soziale Rollen und Institutionen der Produktion, Vermittlung, Rezeption; ↗ *Literarisches Leben*).

Die Konzeption des Literatursystems im Sinne von (1) erlaubt dessen Einbettung in ein System des literarischen Handelns im Sinne von (2); die Konzeption im Sinne von (2) schließt bislang eine solche im Sinne von (1) aus, da das Modell (2) über keine semiotisch-interpretatorische Komponente verfügt. Soweit die methodischen Richtungen der Literaturwissenschaft aber annehmen, daß literarische Texte (in ihren historischen Situationen) nachweisbare und rekonstruierbare Bedeutungen haben, ist die Variante (1) für Literaturgeschichtsschreibung logisch notwendig und vom eventuellen System literarischen Handelns (2) zu unterscheiden (↗ *Empirische Literaturwissenschaft*, ↗ *Systemtheorie*).

WortG/BegrG: Solange Literaturwissenschaft – wie etwa im theoretischen Selbstverständnis der ‚Geisteswissenschaften‘ im Sinne Diltheys und seiner Nachfahren bis in die Gegenwart (↗ *Geistesgeschichte*) – ihr Objekt als Menge von (rationalen Methoden nicht zugänglichen) ‚Individualitäten‘

auffaßte, konnte kein Systemkonzept – sei es (1) oder (2) – entstehen. Erst der andersartige Wissenschaftsanspruch des Russischen ↗ *Formalismus* entwickelte, ausgehend vom Begriff der ↗ *Literarischen Reihe*, Namen und Begriff eines Literatursystems (1) als Menge der Regularitäten in einem Zeitraum (vgl. Tynjanov; ↗ *Evolution*); da hier, wie in der Folge im ↗ *Strukturalismus*, jeder Text selbst schon als System aufgefaßt wurde, ist Literatursystem (1) ein von Systemen (= Texten) abstrahiertes System.

ForschG: Den prinzipiell semiotisch orientierten, d. h. auch Textbedeutungen als empirisch zugängliches Objekt behandelnden Richtungen des Formalismus und Strukturalismus tritt seit den 1980er Jahren eine asemiotische, Textbedeutungen als Objekt ausschließende und sich deshalb als empirisch verstehende Literaturwissenschaft im Umkreis um S. J. Schmidt (vgl. Schmidt 1989 und 1993) gegenüber (*Radikaler Konstruktivismus;* ↗ *Empirische Literaturwissenschaft*), die logisch konsequent nur ein Literatursystem (2) kennt (dazu: Jäger, Ort). Der literarische Text selbst wird in dieser Perspektive zu einer ‚black box‘, die, im Anschluß an Teile der ↗ *Rezeptionsforschung* (vgl. dazu Wünsch), Thema nur insoweit werden kann, als es im Literatursystem (2) Äußerungen über sie gibt. Demgegenüber nimmt die Konzeption (1) an, daß über Literatur selbst wissenschaftliche, intersubjektiv entscheidbare Aussagen gemacht werden können (↗ *Analytische Literaturwissenschaft*). Für Literatursysteme im Sinne von (1) würde nach Titzmann 1991a nunmehr gelten:

1. Die geordnete Menge der Regularitäten, die das System ausmachen, sind quasi raumzeitlich begrenzt geltende, statistische Gesetzmäßigkeiten der Literatur einer Epoche (*Synchronie;* ↗ *Diachronie*; vgl. Eibl).

2. Regularitäten können sich auf allen theoretisch unterscheidbaren Textebenen finden:

2.1. auf der Ebene der Modi der Darstellung: Sprechsituation / ↗ *Perspektive*, Rhetorik / ↗ *Stil*, Strukturen der Versprachlichung, Formen des ↗ *Bedeutungsaufbaus* usw.

2.2. auf der Ebene der dargestellten Welten: Empfindungs-, Denk-, Handlungsweisen von Figuren, ideologische und anthropologische Annahmen, Wert- und Normensysteme, Regularitäten erzählter Abläufe usw.

3. In welchem Umfang, auf welchen Ebenen die Literatur einer Epoche Regularitäten aufweist, ist eine systemspezifische Variable.

4. Literatursysteme können (synchron) in nicht-konkurrierende Subsysteme (wie ⌐ *Gattungen*) oder konkurrierende Subsysteme (wie Richtungen: z. B. konservativ / restaurativ, liberal, radikal im ‚Biedermeier‘) und/oder (diachron) in sukzessive Systemzustände (z. B. Sturm und Drang, Klassik, Romantik in der ⌐ *Goethezeit*) ausdifferenziert sein.

5. Literatursysteme können eher statisch (z. B. ‚Barock‘, ‚Realismus‘) oder eher dynamisch (z. B. ‚Goethezeit‘, ‚Frühe Moderne‘), d. h. durch systeminternen Wandel (Abfolge verschiedener Systemzustände) charakterisiert sein.

6. Literatursysteme interagieren (auf systemspezifische Weise) über die von ihnen zustimmend oder ablehnend vorausgesetzten Wissensmengen und Denkstrukturen mit dem Denk- und Wissenssystem sowie, über dieses, mit anderen soziokulturellen Teilsystemen der betreffenden Periode.

7. Wandel zwischen Systemen / Systemzuständen ist beschreibbar als Prozeß der Substitution einer Teilmenge der literarischen Regularitäten und kann als systemrationaler Versuch der Lösung von Problemen im System aufgefaßt werden.

8. Wandel kann systemintern oder aus der Interaktion mit anderen kulturellen Systemen bedingt sein.

9. Zu jedem Zeitpunkt der Existenz eines Literatursystems sind von den Systemregularitäten abweichende Texte möglich — solange das System stabil ist, bleiben sie folgenlos; befindet sich das System in einer Krise und ist die (sekundäre) ⌐ *Abweichung* als Problemlösung akzeptabel, kann sich über sie ein neues System konstituieren.

Eine solche Rekonstruktion literarischer Korpora als Regelsysteme setzte 1928 als ⌐ *Gattungstheorie* ein (Propp) und wurde über die strukturale ⌐ *Erzähltheorie* und Ethnologie (z. B. Lévi-Strauss) verbreitet (Beispiele etwa: Todorov; Titzmann 1990, 1991b).

Lit: Karl Eibl: Kritisch-rationale Literaturwissenschaft. München 1976. — Jürgen Fohrmann, Harro Müller (Hg.): Systemtheorie der Literatur. München 1996. — Georg Jäger: Systemtheorie und Literatur. Teil I: Der Systembegriff der Empirischen Literaturwissenschaft. In: IASL 19 (1994), H. 1, S. 95—125. — Claude Lévi-Strauss: Mythologiques I-IV. Paris 1964—1971. — Jurij M. Lotman: Die Struktur literarischer Texte. München 1972. — Claus-Michael Ort: Systemtheorie und Literatur. Teil II: Der literarische Text in der Systemtheorie. In: IASL 20 (1995), H. 1, S. 161—178. — Gerhard Plumpe: Epochen moderner Literatur. Ein systemtheoretischer Entwurf. Opladen 1995. — Vladimir Propp: Morphologie des Märchens [1928]. München 1972. — Siegfried J. Schmidt (Hg.): Literaturwissenschaft und Systemtheorie. Opladen 1993. — S. J. S.: Die Selbstorganisation des Sozialsystems Literatur im 18. Jh. Frankfurt 1989. — Dietrich Schwanitz: Systemtheorie und Literatur. Opladen 1990. — Michael Titzmann: „Empfindung“ und „Leidenschaft“. In: Empfindsamkeiten. Hg. v. Klaus P. Hansen. Passau 1990, S. 137—166. — M. T.: Skizze einer integrativen Literaturgeschichte und ihres Ortes in einer Systematik der Literaturwissenschaft. In: Modelle des literarischen Strukturwandels. Hg. v. M. T. Tübingen 1991 [a], S. 395—438. — M. T.: Literarische Strukturen und kulturelles Wissen: In: Erzählte Kriminalität. Hg. v. Jörg Schönert. Tübingen 1991 [b], S. 229—281. — Tzvetan Todorov: Grammaire du Décaméron. Den Haag 1969. — Jurij Tynjanov: Über die literarische Evolution [1927]. In: Russischer Formalismus. Hg. v. Jurij Striedter. München 1971, S. 434—461. — Niels Werber: Literatur als System. Opladen 1992. — Marianne Wünsch: Wirkung und Rezeption. In: RL^2 4, S. 894—919.

Michael Titzmann

Literaturtheorie

Sammelbegriff für Theoriemodelle, die sich mit der Produktion, Beschaffenheit, Rezeption und Funktion von Literatur befassen sowie — als Metatheorien — den historischen und systematischen Stellenwert solcher Modelle untersuchen.

Expl: ,Literaturtheorie' (frz. *théorie de la lit-térature,* engl. *literary theory*) ist gegen be-nachbarte Begriffe wie ↗ *Literaturwissen-schaft* und ↗ *Literaturkritik* abzugrenzen, mit denen sie sich jedoch überschneidet. Während die ↗ *Ästhetik* im Sinne von Baumgarten, Kant und Hegel das Natur-schöne und alle Kunstformen zum Gegen-stand hat, geht der Objektbereich der Lite-raturtheorie nicht über das Literarische hin-aus. Sie reflektiert die Gemachtheit eines besonderen Typus von Texten (↗ *Literatur*) sowie die Bedingungen ihrer Herstellung und ihrer Rezeption. Anders als die norma-tiven ↗ *Poetiken* seit Aristoteles sind Litera-turtheorien rekonstruktiv und deskriptiv, auch wenn sie selbst wiederum normierend wirken können. Es ist sinnvoll, einerseits von *Literaturtheorien* mit ihren verschiede-nen rezeptions-, werk- und produktions-ästhetischen Ansätzen zu sprechen, anderer-seits von der *Literaturtheorie* als Reflexion auf die Entstehung und Beschaffenheit die-ser Theorien. Der Begriff POETOLOGIE, „des-sen Lemmatisierung noch weitgehend aus-steht" (Müller-Richter/Larcati, 25), wird im allgemeinen verwendet, um Äußerungen über Literatur zu kennzeichnen, die einer-seits nicht (wie Poetiken) notwendigerweise normativ sind, aber andererseits in der ar-gumentativen Anlage und in der Vollstän-digkeit nicht unbedingt den Status einer Theorie beanspruchen.

Man kann fünf Gruppen von Literatur-theorien unterscheiden: (1) werkorientierte Literaturtheorien, die das einzelne Werk mit seiner formal-strukturellen wie stili-stisch-rhetorischen Beschaffenheit in den Mittelpunkt der Betrachtung rücken; (2) produktionsästhetische Theorien, die nach den individuellen und gesellschaftli-chen Intentionen und Entstehungsbedin-gungen einzelner Werke fragen; (3) rezep-tionsästhetische Theorien, welche die Viel-deutigkeit literarischer Werke hervorheben und deren sich wandelnde Verständnishori-zonte untersuchen; (4) Kommunikations-theorien, welche nach den Vermittlungs- und Distributionsprozessen von Literatur fragen; (5) Intertextualitätstheorien, die sich auf die diachronen und synchronen Bezie-hungen zwischen Texten konzentrieren.

Diese Typologie abstrahiert bereits von Theoriemodellen wie dem Marxismus (↗ *Marxistische Literaturwissenschaft*) oder der Psychoanalyse (↗ *Psychoanalytische Li-teraturwissenschaft*), die mehrere der ge-nannten Facetten in sich vereinen können.

WortG/BegrG: Der Begriff der Literatur-theorie entsteht − parallel zum Begriff der Literaturwissenschaft − in der 1. Hälfte des 20. Jhs. Eines der ersten Werke, das den Ti-tel ,Literaturtheorie' trägt, ist das Buch des russischen Formalisten B. V. Tomaševskij ,Teorija literatury' (1925). R. Welleks und A. Warrens Standardwerk ,Theory of Lite-rature' (1942) (dt. ,Theorie der Literatur', 1972) erscheint in Frankreich unter dem Ti-tel ,La théorie littéraire' (1971), der einer-seits an T. Todorovs Anthologie ,Théorie de la littérature' (1965) erinnert, andererseits auf A. Kibédi Vargas literaturwissenschaft-lichen Sammelband ,Théorie de la littéra-ture' (1981) vorausweist.

SachG: (1) Der ↗ *Werkimmanenten Inter-pretation* ist der anglo-amerikanische ↗ *New Criticism* eng verwandt. Seine Ver-treter berufen sich auf Kant und Croce, um ihre Auffassung des literarischen Werks als einer autonomen Struktur sui generis zu rechtfertigen. Eine ähnliche Position bezie-hen die Russischen Formalisten (↗ *Forma-lismus*), die ihr Augenmerk vor allem auf die Textur der Werke richten und hetero-nome Erklärungsversuche ablehnen. Im Ge-gensatz zu den New Critics versetzen die russischen Formalisten − ähnlich wie spä-ter der tschechische ↗ *Strukturalismus* − ihre Autonomieästhetik mit avantgardisti-schen Begriffen wie ,Innovation' und ,Ver-fremdung'. Auch Vertreter einer literatur-wissenschaftlichen ↗ *Dekonstruktion* wie P. de Man, J. Hillis Miller und G. H. Hartman argumentieren textimmanent und machen sich das von den New Critics praktizierte Verfahren des ,close reading' zu eigen. Allerdings fassen die amerikanischen De-konstruktivisten das literarische Werk als ein widersprüchliches oder aporetisches Konstrukt auf.

(2) Vertreter ↗ *Marxistischer Literatur-wissenschaft* arbeiten im Anschluß an Marx und Engels mit Kategorien und Begriffen,

die im Rahmen der Hegelschen, auf einem heteronomen Kunst- und Literaturbegriff basierenden Ästhetik entstanden sind. So erwartet Lukács vor allem in seinem Spätwerk von Kunst und Literatur, daß sie komplementär zum philosophischen (begrifflichen) Denken die Wirklichkeit widerspiegeln und erklären sollen. Bei Lukács, aber etwa auch bei Goldmann drücken literarische Werke eindeutig ,Ideen' aus und können mit begrifflichen Äquivalenten (Ideologien, Weltanschauungen) verknüpft werden. W. Benjamin und T. W. Adorno (↗ *Kritische Theorie*) richten ihr Augenmerk dagegen auf die sprachlichen Strukturen moderner und avantgardistischer Werke, die den kommerzialisierten Kommunikationszusammenhang moderner Gesellschaften nicht einfach thematisieren, sondern mit ihren literarischen Verfahren problematisieren und negieren. Produktionsästhetische Überlegungen sind ferner in der Psychoanalyse von Bedeutung. So versucht Freud, das Werk eines Schriftstellers aus seinem Unbewußten herzuleiten. J. Lacans Versuche, statt des Autors dessen Text und seine Rhetorik psychoanalytisch zu deuten, haben die Literaturtheorie über die Produktionsästhetik hinaus nachhaltig beeinflußt (↗ *Psychoanalytische Literaturwissenschaft*).

(3) Die von H. R. Jauß und W. Iser entwickelte ↗ *Rezeptionsästhetik* rückt die Geschichte der Aktualisierungen literarischer Texte im Horizont verschiedener Epochen in den Mittelpunkt ihrer Betrachtungen. Im Anschluß an Gadamer (↗ *Hermeneutik₂*) führt Jauß den Begriff des Erwartungshorizonts ein, um zu zeigen, wie literarische Werke auf bestimmte Lesererwartungen einer Epoche reagieren und dabei wesentlich zur Wandlung ästhetischer Normen beitragen. Anregungen gingen hier auch vom Prager Strukturalismus aus, demzufolge sich das literarische Werk als ↗ *Artefakt* erst in der Rezeption vollendet. Iser formuliert dies im Rahmen einer phänomenologischen Wirkungsästhetik (↗ *Phänomenologische Literaturwissenschaft*), welche das Wirkungspotential der Texte zum Gegenstand hat und die Interaktion zwischen ihrem Wir-

kungspotential und einem impliziten Leser untersucht (↗ *Leerstelle*).

(4) Theorien der literarischen Kommunikation fassen Literatur unter dem Gesichtspunkt ihrer Funktion auf (↗ *Literatursoziologie*). A. Silbermann setzt sich in seiner Kunstsoziologie für eine wertungsfreie Wissenschaft im Sinne von M. Weber ein, die das Funktionieren literarischer Werke im gesellschaftlichen Kommunikationszusammenhang zum Gegenstand haben sollte. In der Spur von J. Habermas (,Strukturwandel der Öffentlichkeit', 1962) hat sich dieser Fragen eine in den 1970er Jahren expandierende Sozialgeschichte der Literatur angenommen. Im Rahmen seiner Variante der ↗ *Systemtheorie* versucht N. Luhmann zu zeigen, wie das Subsystem Kunst als ,autopoietisches System' aus dem arbeitsteiligen Differenzierungsprozeß der Gesellschaft hervorgeht und wie es sich als autonome Einheit zu seiner Umwelt, d. h. zu anderen Systemen, verhält. P. Bourdieus Kultursoziologie versucht, die Autonomieästhetik zugunsten einer Analyse des ,sozialen Feldes' zu relativieren, in dem die Literatur als institutionalisiertes, von Machtansprüchen durchwirktes Kommunikationssystem erscheint. Der ↗ *New Historicism* möchte den funktionalen Charakter der Literatur mit Hilfe der Metapher der ,sozialen Energie' (Greenblatt) erfassen.

(5) Intertextualitätstheorien (↗ *Intertextualität*) liefern Modelle für die verschiedenen Möglichkeiten, mit denen sich literarische Texte auf andere Texte, aber auch auf soziale Praktiken beziehen können. Während Bachtin, der Begriffe wie ,Polyphonie' und ,Dialogizität' bevorzugt, auch die Auswirkung gesellschaftlicher Praktiken wie des Karnevals auf die Literatur einbezieht, wird der Intertextualitätsbegriff seit der Bachtin-Rezeption durch J. Kristeva von G. Genette, R. Lachmann und U. Broich/ M. Pfister in erster Linie texttheoretisch verwendet.

ForschG: Im deutschen Sprachraum wirft G. Pasternack 1975 die Frage nach dem wissenschaftstheoretischen Status literaturtheoretischer Argumentationsmuster im Anschluß an den Kritischen Rationalismus

(Popper) auf (↗ *Methode*, ↗ *Analytische Literaturwissenschaft*). T. Eagleton stellt 1983 seine metatheoretischen Überlegungen in einen neomarxistischen Horizont. P. V. Zima (1991, 1999) reflektiert die philosophischen und ästhetischen Grundlagen von Literaturtheorien in der Tradition der Kritischen Theorie. L. Danneberg und F. Vollhardt regen mit dem Sammelband ‚Wie international ist die Literaturwissenschaft?‘ (1996) dazu an, die kulturelle Bedingtheit nicht nur der Literatur, sondern auch der Literaturtheorie zu reflektieren (↗ *Kulturwissenschaft*). Insgesamt bleibt festzustellen, daß der wissenschaftliche Status der zahlreichen literaturtheoretischen Modelle, aber auch ihr Verhältnis zur Literaturkritik nicht endgültig zu bestimmen sind.

Lit: Theodor W. Adorno: Ästhetische Theorie. Frankfurt 1970. − Michail M. Bachtin: Probleme der Poetik Dostoevskijs [1929]. München 1971. − Walter Benjamin: Ursprung des deutschen Trauerspiels. Berlin 1928. − W. B.: Das Kunstwerk im Zeitalter seiner technischen Reproduzierbarkeit. Frankfurt 1963. − Pierre Bourdieu: Les règles de l'art. Paris 1992. − Ulrich Broich, Manfred Pfister (Hg.): Intertextualität. Tübingen 1985. − Lutz Danneberg, Friedrich Vollhardt (Hg.): Wie international ist die Literaturwissenschaft? Stuttgart 1996. − Terry Eagleton: Criticism and ideology. London 1976. − T. E.: Einführung in die Literaturtheorie [1983]. Stuttgart 1988. − Sigmund Freud: Der Dichter und das Phantasieren. In: Neue Revue 1 (1908), S. 716−724. − Hans-Georg Gadamer: Wahrheit und Methode. Tübingen 1960. − Gérard Genette: Palimpseste [1982]. Frankfurt 1993. − Lucien Goldmann: Der verborgene Gott. Darmstadt, Neuwied 1973. − L. G.: Soziologie des Romans [1964]. Frankfurt 1984. − Stephen J. Greenblatt: Verhandlungen mit Shakespeare [1988]. Berlin 1990. − Dietrich Harth, Peter Gebhardt (Hg.): Erkenntnis der Literatur. Stuttgart 1982. − Roman Ingarden: Gegenstand und Aufgaben der Literatur. Hg. v. Rolf Fieguth. Tübingen 1976. − Wolfgang Iser: Der Akt des Lesens. München 1976. − Hans Robert Jauß: Ästhetische Erfahrung und literarische Hermeneutik. Frankfurt 1982. − Kayser. − A. Kibédi Varga: Théorie de la littérature. Paris 1981. − Julia Kristeva: Semeiotikè. Paris 1969. − J. K.: Polylogue. Paris 1977. − Jacques Lacan: Le séminaire sur ‚La lettre volée‘. In: J. L.: Écrits. Bd. 1. Paris 1966. − Renate Lachmann: Gedächtnis und Literatur. Frankfurt 1990. − Niklas Luhmann: Die Kunst der Gesellschaft. Frankfurt 1995. − Georg Lukács: Werke. Bd. 11 f. Neuwied 1965. − Pierre Macherey: A quoi pense la littérature? Paris 1990. − J. Hillis Miller: Theory now and then. New York, London 1991. − Klaus Müller-Richter, Arturo Larcati (Hg.): Der Streit um die Metapher. Poetologische Texte von Nietzsche bis Handke. Darmstadt 1998. − Gerhard Pasternack: Theoriebildung in der Literaturwissenschaft. München 1975. − Cornelis Jacob van Rees: Literary theory and criticism. Amsterdam 1986. − Walter Schönau: Einführung in die psychoanalytische Literaturwissenschaft. Stuttgart 1991. − Jochen Schulte-Sasse, Renate Werner: Einführung in die Literaturwissenschaft. München 1977. − Alphons Silbermann (Hg.): Theoretische Ansätze der Kunstsoziologie. Stuttgart 1976. − Dolf Sörensen: Theory formation and the study of literature. Amsterdam 1987. − Jean-Yves Tadié: La critique littéraire au XXe siècle. Paris 1987. − Tzvetan Todorov: Théorie de la littérature. Paris 1965. − Boris V. Tomaševskij: Theorie der Literatur, Poetik [1925, ⁶1931]. Wiesbaden 1985. − René Wellek, Austin Warren: Theorie der Literatur [1942]. Frankfurt 1972. − Peter V. Zima: Literarische Ästhetik. Tübingen 1991, ²1995. − P. V. Z.: The philosophy of modern literary theory. London, New Brunswick 1999. − Viktor Žmegač, Zdenko Škreb (Hg.): Zur Kritik literaturwissenschaftlicher Methodologie. Frankfurt 1973.

Peter V. Zima/Friedmann Harzer

Literaturwissenschaft

Wissenschaft, deren Gegenstand die Literatur ist.

Expl: Die ‚deutsche‘ bzw. germanistische Literaturwissenschaft ist einerseits eine unter vielen einzelsprachlichen Spezifikationen der Allgemeinen Literaturwissenschaft (↗ *Komparatistik*) und andererseits derjenige Teil der ↗ *Germanistik*, dessen Gegenstand und Forschungsfeld die deutschsprachige ↗ *Literatur* ist. In der ↗ *Mediävistik*, die das Untersuchungsgebiet weiter faßt, ist die Literaturwissenschaft − auch aus wissenschaftshistorischen Gründen − in der Regel mit der Sprachwissenschaft verbunden.

Die Literaturwissenschaft betreibt einerseits die Registrierung der Texte (↗ *Biblio-*

graphie) und die Arbeit an ihnen (↗ *Textkritik*, ↗ *Edition*, ↗ *Kommentar₂*, ↗ *Textanalyse*, ↗ *Interpretation*), andererseits die Herstellung von Zusammenhang der Texte sowohl untereinander als auch mit anderem (↗ *Intertextualität*, ↗ *Motivgeschichte*, ↗ *Stoffgeschichte*, ↗ *Gattungsgeschichte*, ↗ *Literaturgeschichtsschreibung*, ↗ *Biographie₂*, ↗ *Sozialgeschichte*).

Sie entwickelt eine Vielfalt von gegenstandsbezogenen Theorien (↗ *Literaturtheorie*, ↗ *Poetik*, ↗ *Metrik*, ↗ *Rhetorik*, ↗ *Stilistik*, ↗ *Gattungstheorie*, ↗ *Dramentheorie*, ↗ *Erzähltheorie*, ↗ *Lyriktheorie* usw.) und thematisiert schließlich auch sich selbst, sowohl theoretisch (↗ *Terminologie*, ↗ *Methodologie*, ↗ *Hermeneutik₁*, ↗ *Wissenschaftstheorie*) als auch historisch (↗ *Wissenschaftsgeschichte*).

WortG: Ein isolierter Beleg von 1764 („Wissenschaft der Litteratur" als Übersetzung von „étude de la littérature") präludiert die Geschichte des Wortes, die spätestens 1828 beginnt mit der Aufnahme von *Literaturwissenschaft* in der maßgebenden Allgemeinbibliographie (Verzeichniß, XI) als Titel einer Rubrik, in der bis 1889 neben Lexika u. a. auch literaturgeschichtliche und literaturwissenschaftliche Werke im heutigen Sinne verzeichnet sind. Mit niedriger Frequenz erscheint das Wort in den Jahrzehnten nach 1830 auch in literarhistorischen Publikationen als Bezeichnung für die professionelle Erforschung der („schönen") deutschen Literatur, bis es in den 1880er Jahren als Programmwort für die Verwissenschaftlichung des Faches ‚Literaturgeschichte' (Grosse) bzw. ‚Philologie' (Merbot) Verwendung findet und seit den 1890er Jahren als programmatisch-moderne Selbstbezeichnung des Faches in Gebrauch kommt (Belege bei Weimar 1989, 133, 409, 482–484; Dainat 1994, 516 f.), die sich nach 1920 und endgültig erst nach 1950 durchsetzt.

Ernst Grosse: Die Literatur-Wissenschaft. Diss. Halle 1887. – Reinhold Merbot: Forschungsweisen der Literatur-Wissenschaft insbesondere dargelegt an den Grundlagen der Liedertheorie. Frankfurt 1889. – Verzeichniß der Bücher, Landkarten etc. […] zu finden in der J. C. Hinrichsschen Buchhandlung in Leipzig. 60. Fortsetzung. Leipzig 1828.

BegrG: Der Begriff einer selbständigen Wissenschaft mit dem Gegenstand ‚(schöne) deutsche Literatur' hat sich um 1820 gebildet und ein gutes Jahrzehnt später den Namen *deutsche Literaturgeschichte* erhalten (Weimar 1989, 319–321). Der Wissenschaftsentwicklung entsprechend, hat sich um 1860 die Begriffskomponente ‚Gegenstand' leicht verändert (Einschränkung auf die neuhochdeutsche Literatur), aber sonst ist seither der Inhalt des Begriffs auch unter dem neuen Namen *Literaturwissenschaft* (vgl. WortG) unverändert geblieben, abgesehen von Anpassungen an die Veränderungen der implizierten Begriffe ‚Literatur' und ‚Wissenschaft'.

SachG: Das Fach ‚deutsche Literaturgeschichte', Teil des ‚Projekts' der Erforschung und Bildung nationaler Identität durch Literaturgeschichtsschreibung (Fohrmann 1989), ist seit 1835 von den Universitäten aufgenommen worden, hat zwar anerkannte Leistungen hervorgebracht (z. B. Georg Gottfried Gervinus, ‚Geschichte der poetischen National-Literatur der Deutschen', 1835–1842; Hermann Hettner, ‚Literaturgeschichte des 18. Jhs.', 1856–1870; Rudolph Haym, ‚Die romantische Schule', 1870), sich aber weder professionalisieren noch im Wissenschaftssystem etablieren können und sich auf Dauer nur als ‚Bildungsfach' an Technischen Hochschulen gehalten (Weimar 1989, 335–346). Seit Anfang der 1860er Jahre hat die deutsche ↗ *Philologie* im Interesse der Ausbildung von Deutschlehrern Doppelvertretungen an den Universitäten erhalten und die ‚neuere Abteilung' ganz dem Studium der neuhochdeutschen Literatur gewidmet, und zwar nach dem bewährten, den Gegebenheiten der neueren Literatur angepaßten philologischen Standard: Textkritik, Kommentar, Erforschung von ↗ *Einfluß* und ↗ *Quelle₂*, Biographie.

Daß das philologische bzw. philologisierte Fach ‚Literaturgeschichte' (↗ *Positivismus*) seit den 1870er Jahren trotz unbestreitbarer Verdienste um Materialsammlung und -aufbereitung in mehr als einer Hinsicht ein sehr beschränktes Unternehmen war, ist schon damals nicht unbemerkt geblieben. Die Kritik am notorischen Ungenügen sowohl vor Problemen der Literaturgeschichtsschreibung als auch vor denen der – seit langem in den Schulen praktizierten – Interpretation hat sich im Rahmen eines disziplinenübergreifenden Theoretisierungsprozesses verdichtet zum Programm einer Verwissenschaftlichung der ‚Literaturgeschichte‘. Es ist seit 1890 unter dem Namen *Literaturwissenschaft* ausgeführt worden. Die neue Literaturwissenschaft bedient sich der Philologie als einer unentbehrlichen Hilfswissenschaft und begründet sich für alles, was über das philologisch Gesicherte hinausgeht, in einer ‚Prinzipienwissenschaft‘. Das ist eine nach damaligen Begriffen wissenschaftliche, weil auf die Konstatierung von Gesetzen ausgerichtete Poetik, und zwar eine psychologische (Richard Maria Werner, ‚Lyrik und Lyriker‘, 1890; Ernst Elster, ‚Prinzipien der Litteraturwissenschaft‘, 1897; Hubert Roetteken, ‚Poetik‘, 1902) oder auch eine ‚entwicklungsgeschichtliche‘ (Eugen Wolff, ‚Poetik‘, 1899). Die prinzipienwissenschaftliche Poetik fungiert als Begründung der Literaturwissenschaft, indem sie eine Wesensbestimmung des Wissenschaftsgegenstandes in Form einer Theorie seiner ‚Entstehung‘ liefert und eben damit zwar unausdrücklich, aber umso wirkungsvoller jedes wissenschaftliche Handeln an oder mit Literatur auf die Erforschung der poetologisch fixierten Entstehungsbedingungen und -phasen verpflichtet. Auf diese Weise legitimiert sie pauschal alle Verfahren, die zum poetologisch gesetzten Ziel zu führen versprechen, und erübrigt scheinbar oder verhindert sogar die Reflexion auf die Wege zum Ziel, auf ihren methodischen Ausbau und ihre Gangbarkeit.

Die Geschichte der germanistischen Literaturwissenschaft ist seither zu guten Teilen das Nach- und Nebeneinander prinzipienwissenschaftlicher Poetiken oder, wie man paradoxerweise auch sagt, ‚Methoden‘, d. h. unterschiedlicher genetischer Gegenstandstheorien mit der stets gleichen Funktion wesensmäßiger (intensionaler) Gegenstandsbestimmung und pauschaler Verfahrenslegitimation unter Methodologieverzicht. Um diese Funktion erfüllen zu kön-

nen, braucht die Poetik keineswegs so ausführlich und elaboriert zu sein, wie sie es am Ende des 19. Jhs. war; es genügt eine ‚Literaturdefinition‘, die festlegt, wie oder als was Literatur generell entstanden ist und woraufhin sie demzufolge im Bemühen um ‚angemessene‘ Erfassung zu lesen und zu erforschen sei. Solche funktionalen Herkunfts- und Zielangaben sind: vor 1900 ↗ *Erlebnis* (Werner) oder ‚Gefühl‘ und ‚Lebensanschauung‘ (Elster), seit ca. 1910 ‚Weltanschauung‘ (↗ *Geistesgeschichte*), ‚Stamm und Landschaft‘ (J. Nadler), spätestens seit 1933 ‚Deutschtum‘ incl. ‚Blut‘, ‚Boden‘ und ‚Rasse‘ (nationalsozialistische Literaturwissenschaft), seit 1939 ‚Die Zeit als Einbildungskraft des Dichters‘ (E. Staiger, ↗ *Werkimmanente Interpretation*), seit den 1960er Jahren, wenn auch im Einzelfall schon früher entwickelt, das Unbewußte (↗ *Psychoanalytische Literaturwissenschaft*), das syntaktische Regelsystem (↗ *Linguistische Poetik*), eine Mentalität (↗ *Mentalitätsgeschichte*), die sozio-ökonomischen Verhältnisse (*Materialistische Literaturwissenschaft*, ↗ *Marxistische Literaturwissenschaft*), der soziale Kontext (↗ *Literatursoziologie*, ↗ *Sozialgeschichte*), ein *Erwartungshorizont* (↗ *Rezeptionsästhetik*), das Kommunikationssystem ‚Literatur‘ (↗ *Empirische Literaturwissenschaft*), die Geschlechterverhältnisse (↗ *Feministische Literaturwissenschaft*, ↗ *Gender studies*), der ↗ *Diskurs* (*Diskursanalyse*, ↗ *Diskurstheorie*), die Rhetorizität der Sprache (↗ *Dekonstruktion*), die Zirkulation kultureller Energie (↗ *New Historicism*), der kulturelle Kontext (↗ *Kulturwissenschaft*) usw.

Prinzipienwissenschaftliche Poetiken bzw. funktionsgleiche ‚Literaturdefinitionen‘ gibt es seit den Anfängen nur im Plural; sie stehen in Konkurrenz miteinander, ohne daß jemals eine zu ihrer Zeit die einzige gewesen oder auch nur von einer Mehrheit akzeptiert worden wäre. Die Aufeinanderfolge ihrer Aktivitäts- und Aktualitätsphasen ist nicht einfach ein Prozeß der Optimierung, sondern entscheidend bestimmt von wechselnden sozialen (fachinternen und -externen) Interessen und Opportunitäten; die notorische ‚Anfälligkeit‘ der deutschen Literaturwissenschaft für politische Dominanzen ist keine äußere und individuelle und nicht mit dem Jahre 1945 beendet. Seit den 1970er Jahren hat sich der Wechsel im Angebot aktueller ‚Methoden' allerdings derart beschleunigt und die ‚Lebenszeit' jeder einzelnen derart verkürzt, daß immer häufiger eine einzige nicht mehr für die ganze Dauer einer individuellen wissenschaftlichen Karriere auszureichen scheint. Zugleich hat die germanistische Literaturwissenschaft ihre disziplinäre und nationale Isolation aufgegeben und sich der internationalen Entwicklung der Literaturwissenschaften angeschlossen, in der die Grenzen der Disziplinen (aber nur der ‚geisteswissenschaftlichen') zunehmend durchlässig werden oder sich sogar auflösen.

In kritischer Distanz oder entschiedener Opposition zur Tradition der als ‚Methoden' wirkenden Poetiken standen und stehen diejenigen (in Deutschland spät rezipierten) Konzeptionen der Literaturwissenschaft, die statt einer intensionalen eine extensionale, d. h. möglichst trennscharfe (nicht-normative) Bestimmung des Gegenstandsbegriffs ‚Literatur' zu erarbeiten versuchen (↗ *Poetizität*) und also eine elaborierte Literaturtheorie als notwendige Voraussetzung einer allenfalls anschließend auszuarbeitenden Poetik betrachten (bevor man die Entstehung bzw. Produktion eines Objekts wie ‚Literatur' theoretisch und mit Aussicht auf Erfolg untersuchen kann, muß man wissen, was überhaupt zu diesem Objekt gehört und was nicht). Das Ansetzen bei der Literaturtheorie kennzeichnet den russischen ↗ *Formalismus* (seit 1915), die ↗ *Phänomenologische Literaturwissenschaft* und den Prager ↗ *Strukturalismus* (beide seit den 1930er Jahren) sowie nach dem 2. Weltkrieg die ‚rekonstruktive' Partei der ↗ *Analytischen Literaturwissenschaft*. Da eine solche Literaturtheorie keine Zielvorgaben und Verpflichtungen für die Textanalyse enthalten kann, versperrt sie zumindest nicht die Einsicht in die Notwendigkeit einer expliziten und kritischen (nicht gleichbedeutend mit: normativen) Methodologie, deren Ausarbeitung allerdings noch aussteht.

ForschG: Die frühe Literaturwissenschaft hat, ebenso wie das Fach ‚Literaturge-schichte', ihre eigene Geschichte nicht eigentlich erforscht, sondern in selektiv konstruierten (genealogischen) Reihen von ‚Vorläufern', großen Namen und Werken präsent gehalten. Die selbständige wissenschaftsgeschichtliche Forschung beginnt mit v. Lempicki (1920), hat aber keine direkte Fortsetzung gefunden. Erst der Münchner Germanistentag von 1966 hat die Geschichte der Germanistik überhaupt und auf neue Weise in den Mittelpunkt der Aufmerksamkeit gerückt, im Hinblick nämlich auf die enge Verbindung mit Nationalismus und Nationalsozialismus (Vorträge von Lämmert, Conrady, Killy und v. Polenz; vgl. v. Wiese/Henß, 15–112; Conrady u. a.). In den nächsten zehn Jahren ist die Geschichte des Faches auch und gerade in ihren unrühmlichen Aspekten einer vorwiegend ideologiekritischen Sichtung unterzogen worden (Übersicht bis 1975: Weimar 1976). Seit dem Anfang der 1980er Jahre haben wesentlich breiter und tiefer angelegte Forschungen in zahlreichen Monographien zu Personen und Universitäten sowie mit Darstellungen einzelner Zeiträume oder Richtungen (Rosenberg 1981, Fohrmann/Voßkamp 1987, Fohrmann 1989, Weimar 1989 usw.) nicht nur eine Fülle neuen historischen Wissens bereitgestellt, sondern auch ein Niveau der Informiertheit und historiographischen Differenziertheit verbindlich gemacht, das markant über dem der 1970er Jahre (konserviert in: Jost Hermand, ‚Geschichte der Germanistik', 1994) liegt. Der Schwerpunkt der Forschung hat sich mit der Zeit aus dem 19. immer weiter ins 20. Jh. verlagert. Die Arbeiten bis 1994 sind bibliographisch erfaßt (Fiedeldey-Martyn, Gärtner/Werner); die Marbacher ‚Mitteilungen' (König 1991 ff.) informieren über Planungen, laufende Projekte und Neuerscheinungen.

Lit: Wilfried Barner, Christoph König (Hg.): Zeitenwechsel. Germanistische Literaturwissenschaft vor und nach 1945. Frankfurt 1996. – Petra Boden, Holger Dainat (Hg.): Atta Troll tanzt noch. Selbstbesichtigungen der literaturwissenschaftlichen Germanistik im 20. Jh. Berlin 1997. – P. B., Rainer Rosenberg (Hg.): Deutsche Literaturwissenschaft 1945–1965. Berlin 1997. – Karl Otto Conrady u. a.: Germanistik – eine

deutsche Wissenschaft. Frankfurt 1967. – Holger Dainat: Deutsche Literaturwissenschaft zwischen den Weltkriegen. In: Zs. für Germanistik NF 1 (1991), S. 600–608. – H. D.: Von der neueren deutschen Literaturgeschichte zur Literaturwissenschaft. In: Fohrmann/Voßkamp 1994, S. 494–537. – H. D. u. a. (Hg.): Literaturwissenschaft und Nationalsozialismus [im Druck]. – Cornelia Fiedeldey-Martyn: Bibliographie zur Wissenschaftsgeschichte der deutschen Literaturwissenschaft 1973–1989. In: Fohrmann/Voßkamp 1994, S. 742–767. – Jürgen Fohrmann: Das Projekt der deutschen Literaturgeschichte. Stuttgart 1989. – J. F., Wilhelm Voßkamp (Hg.): Von der gelehrten zur disziplinären Gemeinschaft. In: DVjs 61 (1987), Sonderh. – J. F., W. V. (Hg.): Wissenschaft und Nation. Zur Entstehungsgeschichte der deutschen Literaturwissenschaft. München 1991. – J. F., W. V. (Hg.): Wissenschaftsgeschichte der Germanistik im 19. Jh. Stuttgart, Weimar 1994. – Marcus Gärtner: Kontinuität und Wandel in der neueren deutschen Literaturwissenschaft nach 1945. Bielefeld 1997. – M. G., Marike Werner: Bibliographie zur Fachgeschichte der germanistischen Literaturwissenschaft 1990–1994. Berlin 1995. – Frank-Rutger Hausmann: Deutsche Geisteswissenschaft im Zweiten Weltkrieg. Dresden, München 1998. – Christoph König u. a. (Hg.): Marbacher Arbeitskreis für Geschichte der Germanistik. Mitteilungen. Marbach 1991 ff. – Ch.K., Eberhard Lämmert (Hg.): Literaturwissenschaft und Geistesgeschichte. 1910–1925. Frankfurt 1993. – Siegmund von Lempicki: Geschichte der deutschen Literaturwissenschaft bis zum Ende des 18. Jhs. Göttingen 1920, ²1968. – Bärbel Rompeltien: Germanistik als Wissenschaft. Opladen 1994. – Rainer Rosenberg: Zehn Kapitel zur Geschichte der Germanistik. Berlin 1981. – R. R.: Literaturwissenschaftliche Germanistik. Berlin 1989. – Klaus R. Scherpe: Die Renovierung eines alten Gebäudes. Westdeutsche Literaturwissenschaft 1945–1950. In: Wissenschaft im geteilten Deutschland. Hg. v. Walter H. Pehle und Peter Sillem. Frankfurt 1992, S. 149–163. – Klaus Weimar: Zur Geschichte der Literaturwissenschaft. Forschungsbericht. In: DVjs 50 (1976), S. 298–364. – K. W.: Geschichte der deutschen Literaturwissenschaft bis zum Ende des 19. Jhs. München 1989. – Benno von Wiese, Rudolf Henß (Hg.): Nationalismus in Germanistik und Dichtung. Berlin 1967.
Heinz Ludwig Arnold, Heinrich Detering (Hg.): Grundzüge der Literaturwissenschaft. München 1996. – Rainer Baasner, Maria Zens: Methoden und Modelle der Literaturwissenschaft. Berlin 1996. – Heinrich Bosse, Ursula Renner (Hg.): Literaturwissenschaft. Freiburg 1999. – Helmut Brackert, Jörn Stückrath (Hg.): Literaturwissenschaft. Reinbek 1992. – Jürgen Fohrmann, Harro Müller (Hg.): Literaturwissenschaft. München 1995. – Harald Fricke, Rüdiger Zymner: Einübung in die Literaturwissenschaft. Paderborn, München ⁴1999. – Renate Glaser, Matthias Luserke (Hg.): Literaturwissenschaft – Kulturwissenschaft. Opladen 1996. – Dietrich Harth, Peter Gebhardt (Hg.): Erkenntnis der Literatur. Stuttgart 1989. – Oliver Jahraus: Der Diskurs der Literatur im Diskurs der Wissenschaft. In: WW 43 (1993), S. 645–657. – Zoran Konstantinovic: Literaturwissenschaftliche Betrachtungsweisen. 2 Bde. Bern u. a. 1989/90. – Ansgar Nünning (Hg.): Literaturwissenschaftliche Theorien, Modelle und Methoden. Trier ²1995. – Klaus Weimar: Enzyklopädie der Literaturwissenschaft. München ²1993.

Klaus Weimar

Litotes ↗ *Emphase*
↗ *Ironie*

Liturgie

Die im christlichen Kult geübten Riten.

Expl: *Liturgie* heißt die Manifestation des Kultes unter den spezifischen Bedingungen des Christentums. Im Kult schlägt sich die Suche nach sakralen Techniken der Lebensbewältigung nieder. Weil aber das Sakrale in sich immer ambivalent ist (vgl. lat. *sacer* ‚heilig‘ und ‚verflucht‘), muß man sich ihm in der rechten Weise nähern. Dem dienen die religiösen RITEN (Kulthandlungen), die den Menschen in Mythen und Offenbarungen mitgeteilt sind (↗ *Ritual*). Ihre Gesamtheit, ob nun gemeinschaftlicher oder individuell-privater Art, wird als *Kultus* bezeichnet, christlich als *Liturgie*. Die Liturgie wird zu erheblichen Teilen in Texten vollzogen (↗ *Liturgische Texte*). Texttypus und Vollzug können zum Vorbild außerkultischer Handlungen werden.

WortG: Das Wort ist abgeleitet von dem griechischen λειτουργία [leiturgía] ‚Leistung‘ bzw. ‚Stiftung für das Volk‘, davon das lateinische Lehnwort *liturgia*. Die im

Osten seit dem 5. Jh. geläufige Bezeichnung *Liturgie* ist seit dem Humanismus auch im Westen dominant geworden.

Friedrich Kalb: Liturgie I. In: TRE 21, S. 358–377. – Emil J. Lengeling: Liturgie. In: Hb. theologischer Grundbegriffe. Hg. v. Heinrich Fries. Bd. 3. München ²1970, S. 77–100.

BegrG: Inhaltlich spiegeln die Benennungen historisch unterschiedliche Aspekte wider, wobei sich gegenüber der Grundbedeutung der Aspekt der Leistung, die Gott vom Menschen fordert, in den Vordergrund schiebt. In der lat. Bibelübersetzung erscheinen neben *liturgia officium, obsequium, caeremonia, munus, opus* und *servitus.* Das lateinische Mittelalter verwendet zumeist *officium divinum* ('Gott geschuldeter Dienst') oder *opus Dei* ('Werk Gottes'). In der neuzeitlichen Auffassung von 'Liturgie' verschiebt sich der Akzent von der äußeren Kultübung zur inneren Einstellung. Während zunächst der ritusgerechte Vollzug über die Wirkung entscheidet, wird er schon in der theologischen Diskussion des Mittelalters, radikalisiert dann in der Reformation, durch die rechte Intention ersetzt. Kult wird in den Hochreligionen zum Ausdruck des 'Innern' oder doch abhängig davon. Als kollektiver Vollzug kann Liturgie deshalb in Konflikt mit individuellem Ausdrucksbemühen gelangen (Krise der Liturgie in der Reformation). In jüngerer Zeit wird der Begriff auch auf außerreligiöse Konstellationen übertragen, wo ein Spannungsverhältnis zwischen gemeinschaftsgebundenem Vollzug und individuellem Handeln besteht. Man spricht dann von 'paraliturgischen' oder 'pararituellen' Phänomenen.

SachG: Da das Neue Testament keine Liturgie überliefert, blieb die Form des Gottesdienstes frei. Die Liturgie orientierte sich am Kirchenjahr. Es wurden besondere Verlaufsstrukturen für Einzelliturgien ausgebildet (Taufe, Buße, Sterberitus u. a.), und es entstanden in der Spätantike regionale Typen, die zu 'Liturgiefamilien' ('römische', 'gallikanische') zusammengefaßt werden. Erst mit dem Rückgang der Bildung in der Zeit der Völkerwanderung begann man, Liturgieformulare aufzuzeichnen und zu ver-

breiten, bis dann seit dem 6. Jh. die liturgischen Bücher entstanden (Sakramentar, Lektionar, Benediktionale, Pontifikale, Bußbuch). In der karolingischen Kirchenreform wurde eine buchstabengetreue Befolgung der römischen Liturgie festgeschrieben. Die Grundtexte wie Vaterunser und Glaubensbekenntnis wurden seit dem 8./9. Jh. in die Volkssprache übersetzt. Seit dem Frühmittelalter (Amalar von Metz) entstehen allegorische Auslegungen der Liturgie, die liturgische Handlungen als dramatische Vergegenwärtigung von Heilsgeschehen deuten (vgl. die zusammenfassenden Ausführungen im 'Rationale divinorum officiorum' des Durandus von Mende, 13. Jh., dt. Ende 14. Jh.). Über ihre allegorische Ausdeutung wirken liturgische Abläufe auf das ↗ *Geistliche Spiel,* wo sie damit zum Modell für einzelne Szenentypen werden. Die kirchliche Liturgie strahlt über den religiös-kultischen Bereich hinaus auf Akte politischer ↗ *Repräsentation₂* und deren textuelle Ausgestaltung, auf Rituale der Rechtspflege und Vollzugsformen des höfischen Festes. Bei einigen Gattungen der höfischen Literatur, insbesondere Minnesang und Sangspruchdichtung, wurde in Sprachgestus, Verteilung der Rollen von Sprecher und Hörergemeinde und Funktion der Gemeindebildung eine Analogie zu liturgischen Vollzugsformen vermutet (J.-D. Müller 1996). Gottfried von Straßburg entwirft die Rezeptionsgemeinschaft seines 'Tristan' nach dem Modell einer liturgischen Gemeinschaft. Die mittelalterliche Literatur war also nicht nur weithin eingebettet in liturgische Rituale, sondern bildete selbst liturgieähnliche Formen aus. Die offizielle kirchliche Liturgie wurde, zumal im Umkreis der geistlichen Bildungszentren, Gegenstand literarischer ↗ *Parodie* (P. Lehmann).

Das Interesse an der Liturgie tritt im Spätmittelalter zugunsten von Formen privater Frömmigkeit zurück, und im gleichen Zuge verlieren liturgische Muster ihre kulturprägende Bedeutung. In der Reformation hielten die Lutheraner an 'Ritus ecclesiastici' wie auch an einer 'Formula missae' fest, während andere, so die Zwinglianer und Täufer, alle äußeren Zeichen als zu 'ungeistig' für die Vermittlung von Gnade bezeichneten: Der Verdacht gegen Liturgisches im weitesten Sinn bleibt auch ein Kennzeichen einer um Authentizität bemühten Literaturproduktion. Die Geschichte der Liturgie im engeren Sinne berührt sich deshalb nur noch selten mit der der Literatur: Die katholische ↗ *Gegenreformation* reinigt und befestigt im Trienter Konzil (1545–1563) die Liturgie und verteidigt sie bis in die Aufklärung. Zuerst in der Romantik, dann zu Beginn des 20. Jhs. wird die Bedeutung der Liturgie für die religiöse Gemeindebildung wiederentdeckt (Troeltsch 1911/1985). In den christlichen Kirchen entstehen liturgische Bewegungen, die katholischerseits zur Liturgiereform des 2. Vatikanischen Konzils und evangelischerseits zur Agenden-Reform führten. Die gleichwohl beklagte „Liturgie-Unfähigkeit" (Guardini, 9–17) dürfte an einem grundsätzlichen „Antisupranaturalismus" der modernen Welt liegen (Troeltsch 1925/1966 4, 838). Ihre Funktion als andere Sektoren des kulturellen Lebens prägendes Muster hat die Liturgie seit der Reformation eingebüßt, doch tendieren parareligiöse Interpretationen von Kunst und Literatur dazu, auf Autoren und ihre Wirkungsgeschichte das Modell liturgischer Handlungen zu übertragen (‚George-Kult', ‚Schiller-Gemeinde' u. ä.).

ForschG: Daß Kant zwischen einer höheren „rein moralischen Religion" und dem im Grunde primitiven Kultuswerk („Afterdienst") unterschied, bestimmte weitgehend die Religionsforschung des 19. Jhs.: Der Kult galt als das Ursprünglichere, aber auch als das Primitivere. Erst im Zuge der liturgischen Bewegungen des 20. Jhs. entstand eine breite historische Forschung samt Quelleneditionen. Der ältere Vorbehalt gegen die Liturgie betraf auch die liturgischen Züge älterer Literatur. Sie wurden erst in jüngster Zeit im Zuge eines neu erwachten Interesses am Verhältnis von Literatur und Ritual neu akzentuiert (W. Braungart). Herausgelöst aus ihrem ursprünglichen religiösen Zusammenhang, weist die Liturgie strukturelle und funktionale Eigenschaften auf, die sie als Modell für die Beschreibung bestimmter Formen literarischer Kommunikation geeignet erscheinen läßt.

Lit: Wolfgang Braungart: Ritual und Literatur. Tübingen 1996. – Lucas Brinkhoff u. a. (Hg.): Liturgisch Woordenboek. Roermond 1958 ff. – Ludwig Eisenhofer: Hb. der katholischen Liturgik. 2 Bde. Freiburg 1932 f. – Adolph Franz: Die Messe im deutschen Mittelalter [1902]. Repr. Darmstadt 1963. – Klaus Gamber: Codices liturgici latini antiquiores. Freiburg (Schweiz) ²1968 [Supplement 1988]. – Romano Guardini: Liturgie und liturgische Bildung [1966]. Repr. Mainz, Paderborn 1992. – Lawrence A. Hoffman: Liturgie. In: TRE 21, S. 377–383. – Martin Klöckener (Hg.): Im Dienst der Liturgie. Publikationen des Deutschen Liturgischen Instituts von 1948 bis August 1994. Trier 1994. – Günter Lanczkowski u. a.: Gottesdienst. In: TRE 14, S. 1–97. – Bernhard Lang: Kult. In: Hb. religionswissenschaftlicher Grundbegriffe. Hg. v. Hubert Cancik u. a. Stuttgart 1988 ff. Bd. 3, S. 474–488. – Paul Lehmann: Die Parodie im Mittelalter. Stuttgart ²1963. – Hans Bernhard Meyer u. a. (Hg.): Gottesdienst der Kirche. Hb. der Liturgiewissenschaft. Regensburg 1983 ff. – Jan-Dirk Müller: Ritual, Sprecherfiktion und Erzählung. In: Wechselspiele. Hg. v. Michael Schilling und Peter Strohschneider. Heidelberg 1996, S. 43–74. – J.-D. M.: Mimesis und Ritual. In: Mimesis und Simulation. Fs. Rainer Warning. Hg. v. Andreas Kablitz und Gerhard Neumann. Freiburg 1998, S. 541–571. – Karl Ferdinand Müller, Walter Blankenburg: Leiturgia. Hb. des evangelischen Gottesdienstes. 5 Bde. Kassel 1954–1970. – Hans-Christoph Schmidt-Lauber: Liturgiewissenschaft/Liturgik. In: TRE 21, S. 383–401. – H.-C. S.-L.: Liturgische Bewegungen. In: TRE 21, S. 401–406. – Ernst Troeltsch: Die Bedeutung der Geschichtlichkeit Jesu für den Glauben [1911]. In: E. T.: Die Absolutheit des Christentums. Gütersloh ²1985, S. 132–162. – E. T.: Gesammelte Schriften. 4 Bde. [1922–1925]. Repr. Aalen 1961–1966. – Cyrille Vogel u. a.: Medieval liturgy. Washington 1986. – Rainer Volp: Liturgik. 2 Bde. Gütersloh 1992–1994.

Arnold Angenendt / Jan-Dirk Müller

Liturgische Texte

Texte für den offiziellen gottesdienstlichen Gebrauch.

Expl: Liturgische Texte dienen der Ausübung des kirchlichen Gottesdienstes, insbesondere dem Vollzug der Messe, des Stundengebets und der Sakramentenspendung. Ausgehend von Missale und ↗ *Brevier*, lassen sich im wesentlichen drei liturgische Texttypen unterscheiden: Schriftlesung, Gebet und antiphonaler Gesang. Von einer zentralen und verbindlich geregelten Liturgie kann im Mittelalter keine Rede sein: Diejenigen Texte können als liturgisch gelten, deren Fixierung in liturgischen Büchern bezeugt ist und die bischöflicher Rechtsprechung nicht entgegenstanden (Janota). Die ↗ *Predigt*, ursprünglich ein liturgischer Akt, verlor im Mittelalter ihre liturgische Bindung und Geltung. In der Westkirche war als Liturgiesprache Latein verbindlich; die katholische Kirche sprach den Landessprachen erst im Zweiten Vatikanischen Konzil Liturgiefähigkeit zu.

Die LITANEI, eine Sonderform liturgischer Texte, zeichnet sich literarisch durch die Monotonie gehäufter Anrufungen aus, wobei die Gemeinde auf die Namensrufe des Priesters mit immer gleichen Bittrufen antwortet.

WortG: ↗ *Liturgie.* Das Adjektiv *liturgisch* wurde erst im 18. Jh. aus mlat. *liturgicus* (zu griech. λειτουργικός [leiturgikós]) gebildet; es ist 1791 bei Roth, ‚Gemeinnütziges Lexikon‘, belegt (Weigand 2, 73). – *Litanei* aus griech. λιτανεῖα [litaneía] ‚Flehgebet‘.

BegrG: Ein Problem liegt in der retrospektiven Anwendung des neuzeitlich geprägten Terminus auf mittelalterliche Texte; diese sprechen meist von *officium.* Die katholische Kirche hat erst in der Neuzeit eine kirchenrechtliche Definition gegeben: Liturgische Texte sind solche, die in päpstlich approbierten Büchern festgeschrieben sind (Pius XII.). Von den Texten, die liturgischen Handlungen (actiones liturgicae) zugrundeliegen, werden solche abgegrenzt, die frommen Übungen (pia exercitia) dienen: z. B. Rosenkranzgebet und Kreuzwegandacht.

SachG: Wenn sich auch seit der Karolingischen Liturgiereform immer wieder Synoden und Kapitularien um Vereinheitlichung bemühten, so stand die Liturgie doch im Zeichen der Vielfalt lokaler Traditionen, die von individueller und Volksfrömmigkeit

geprägt waren. Bis zum Konzil von Trient (1545–63), das die liturgischen Bücher gemäß dem römischen Ritus reformierte und die Zahl der liturgischen Texte reduzierte, lag die ↗ *Liturgie* in der Hand der Bischöfe und der Oberen exemter Orden und Klöster.

Das Mittelalter kennt keine volkssprachliche Liturgie. Doch lassen sich drei Textgruppen unterscheiden, die in verschiedener Weise auf Liturgie bezogen sind: als Hinführung, als Ausdruck paraliturgischer Frömmigkeit oder als Parodie.

(1) Für den Schulgebrauch wurden seit ahd. Zeit liturgische Texte mit volkssprachlichen ↗ *Interlinearversionen* versehen, die selbst weder als liturgisch noch als Texte angesehen werden können; ihre Aufgabe war allein die Verständnishilfe (z. B. ‚Murbacher Hymnen‘). Der Katechese und Laienunterweisung dienten, ebenfalls seit ahd. Zeit, Übersetzungen kirchlicher Gebrauchstexte (Taufgelöbnisse, Credo und Vaterunser, Beichten). Die Liturgie wurde, nach lateinischem Vorbild, auch in dt. Prosatexten kommentiert (Meßerklärungen); eher homiletischen Charakter hatten in Versen verfaßte allegorische Lehrgedichte wie die im 12. Jh. entstandene mhd. ‚Deutung der Meßgebräuche‘ (Franz). Im Spätmittelalter entstanden die ersten dt. Missale-Übersetzungen.

(2) Die individuelle und laikale Frömmigkeit bringt sich in Texten zur Sprache, die selbst nicht liturgisch, in ihrem Ursprung und Kern aber doch der Liturgie verpflichtet sind. Hierzu zählen Gebete, Geistliche Lieder und Geistliche Spiele, die größtenteils auf dem Weg der Übersetzung und Nachbildung von der lateinischen in die Volkssprache gelangten. Die volkssprachlichen ↗ *Gebete* und Gebetbücher fußen weitgehend auf lat. Vorlagen: teils auf liturgischen Büchern (Psalter, Brevier), teils auf solchen, die ihren Inhalt ihrerseits aus liturgischen Büchern schöpfen (↗ *Stundenbuch*); daneben gibt es seit frühester Zeit dichterische Gebete, die ebenfalls von liturgischen Inhalten und Formen inspiriert sind. Für das volkssprachliche ↗ *Geistliche Lied* (vgl. auch ↗ *Kirchenlied*), das der Tradition der lateinischen ↗ *Hymnen* und Se-

quenzen verpflichtet ist, hat sich eine liturgische Funktion nicht nachweisen lassen; doch wurde dem Gemeindelied in den reformierten Kirchen seit Luther liturgischer Rang zugesprochen (Janota). Liturgische Hintergründe hat auch das ↗ *Geistliche Spiel*; so ist das ↗ *Osterspiel* aus den liturgischen Osterfeiern hervorgegangen, seine Kernszene, die Visitatio sepulchri, basiert auf dem Ostertropus ‚Quem quaeritis‘. – Am Rande der Orthodoxie stehen die ‚Liturgien‘ religiöser Bewegungen wie die der spätmittelalterlichen Geißler (Hübner).

(3) Liturgische Texte sind auch parodiert worden. Beispiel für eine lateinische Meßparodie ist die in den ‚Carmina Burana‘ überlieferte Spielermesse (CB 215; vgl. Lehmann). Karnevaleske Züge eignen auch der teils misch-, teils volkssprachlichen Gattung der weltlichen Martinslieder: Das Martinslied des Mönchs von Salzburg (14. Jh.) ruft den Heiligen als Spender von Wein und Gänsebraten an (Jürgensen, Kraß).

In der säkularisierten Gesellschaft der Neuzeit haben liturgische Texte als literarische Gattung außerhalb der Kirchen an Bedeutung und Einfluß verloren; z. T. leben sie noch in konzertanten Aufführungen nach (z. B. Passionsoratorien). Die Zulassung der Landessprachen für die Liturgie hat neben Übersetzungen der liturgischen Texte auch die Produktion neuer deutscher Kirchenlieder und liturgienaher Texte für den religösen Gebrauch veranlaßt (z. B. Kurt Marti, Jörg Zink). Einzelne moderne Dichter nutzen liturgische Formen als poetisches Gestaltungsmittel (Bertolt Brecht, ‚Liturgie vom Hauch‘).

ForschG: Aus theologischer Perspektive sind die liturgischen Texte gut erforscht (Jungmann). Zur Frage nach dem Verhältnis von Liturgie und Literatur liegen Arbeiten vor, die sich einzelnen Gattungen der liturgienahen Dichtung im deutschen Mittelalter widmen (Stroppel, Janota, Brinkmann; vgl. auch die Literatur zu den Verweisstichwörtern). Einer disziplin- und epochenübergreifenden Beschäftigung mit der Frage nach dem Verhältnis von ‚Liturgie und Dichtung‘ hat ein gleichnamiges Kompendium (Becker/Kaczynski) den jüngsten Impuls gegeben.

Lit: Hansjakob Becker, Reiner Kaczynski (Hg.): Liturgie und Dichtung. 2 Bde. St. Ottilien 1983. – Hennig Brinkmann: Zum Ursprung des liturgischen Spieles. In: H. B.: Studien zur Geschichte der deutschen Sprache und Literatur. Bd. 2. Düsseldorf 1966, S. 163–192. – Adolph Franz: Die Messe im deutschen Mittelalter [1902]. Repr. Darmstadt 1963. – Arthur Hübner: Die deutschen Geißlerlieder. Berlin, Leipzig 1931. – Johannes Janota: Studien zu Funktion und Typus des deutschen geistlichen Liedes im Mittelalter. München 1968. – Wilhelm Jürgensen: Martinslieder. Breslau 1910. – Josef Andreas Jungmann: Missarum sollemnia. Wien u. a. ⁵1962. – Andreas Kraß: Eine unheilige Liturgie. In: PBB 121 (1999), S. 75–102. – Paul Lehmann: Die Parodie im Mittelalter. Stuttgart ²1963. – Robert Stroppel: Liturgie und geistliche Dichtung zwischen 1050 und 1300. Frankfurt 1927. – Paul Winninger: Volkssprache und Liturgie. Trier 1961.

Andreas Kraß

Lizenz ↗ *Poetische Lizenz*

Loblied ↗ *Panegyrikus*

Locus ↗ *Topos*

Logik₁ ↗ *Analytische Literaturwissenschaft* ↗ *Paradox*

Logik₂ ↗ *Artes liberales*

Logik₃ ↗ *Fiktion*

Logische Äquivalenz ↗ *Äquivalenz*

Logozentrismus ↗ *Grammatologie*

Losbuch

Sammlung von Orakelsprüchen, die nach dem Zufallsprinzip für das Wahrsagen herangezogen werden.

Expl: In Losbüchern werden allgemein gehaltene Zukunftsprognosen in der Form von prosaischen oder versifizierten Orakelsprüchen als Sammlungen unterschiedlichen Umfangs bereitgestellt. In der Regel bestehen Losbücher aus zwei Teilen: In dem ersten findet der Fragende eine nach Umfang divergierende Liste von Themen, auf die die Orakelsprüche Antwort geben (z. B. Länge des Lebens, Erwerb von Gut, Heirat), und eine Erläuterung, mit welchem Losinstrument (s. u.) und nach welchem Verfahren die Prognosen gefunden werden können. Der zweite Teil besteht aus dem eigentlichen Verzeichnis der Orakelantworten, die weisen Männern und Frauen, Heiligen oder auch Tieren als den ‚Richtern des Gerichts‘ in den Mund gelegt werden.

Das Aufsuchen der Prognosen muß im Unterschied zu anderen Methoden der MANTIK dem Zufall unterworfen sein; als Losinstrument dienen Würfel, Drehscheiben oder Zeiger, die im Buchdeckel eingelassen und von außen zu bedienen sind, Spielkarten, Fäden, ausgeschüttelte und beschriftete Stäbchen oder Täfelchen, das ‚Stechen‘ von Buchstaben z. B. im willkürlich aufgeschlagenen Psalter und spontan auf die Erde oder das Papier gesetzte Punkte, die durch bestimmte Rechenoperationen auf beigefügte Punktierlisten bezogen werden (‚Punktierbuch‘, ‚Sandkunst‘ oder ‚Geomantie‘, im Mittelalter bedeutungsgleich verwendet). Auch das onomatomantische (namendeutende) Verfahren ist als Losentscheid anzusehen. Dabei werden z. B. in Fechtbüchern die Buchstaben eines Namens von einem Ratsuchenden in Zahlenwerte umgewandelt und etwa gemeinsam mit dem Datum eines Zweikampfs einer bestimmten Rechenprozedur unterworfen und mit Hilfe einer Tabelle gedeutet, um Aussagen über den Ausgang eines Kampfes zu erhalten.

WortG: Das Kompositum *Losbuch* (zu ahd. *hlōz*, mhd. *lôz* aus germ. *hleutan* ‚erlosen‘, ‚erlangen‘) ist im Dt. erstmalig in der Mitte des 13. Jhs. im ‚Deutschen Cato‘, einer Übersetzung eines lat. Lehrgedichts aus dem 3./4. Jh., belegt („Du scholt in las puechen [= Losbüchern] / Gotes tawgen nicht versuechen", 2,12). Als Werktitel ist es zuerst in der Losbuchsammlung Konrad Bollstatters zwischen 1450−73 greifbar (Cgm 312, Bl. 81ᵛ, 120ʳ, 145ʳ), hier auch als Entsprechung für das mlat. *sortilegium*.

Cato a Facetus. Hg. v. Leopold Zatočil. Brünn 1952, S. 82.

BegrG: Die Verwendung des Begriffs ‚Losbuch‘ ist im Mittelalter und in der Frühen Neuzeit nicht eindeutig; häufig ist er beschränkt auf Orakelsammlungen, die ein konkretes Losinstrument verwenden (Würfel, Scheibe, Zeiger, Karten). Davon werden das Punktieren als ‚Geomantia‘, die Namensmantik als ‚Gematria‘ und das Buchstabenstechen zum Zweck der Traumdeutung als ‚Somniale Joseph‘ unterschieden (↗ *Traumbuch*). Die Grenzen sind aber fließend, wie die Sammlung Bollstatters zeigt. In seinem ‚Buch aller verbotenen Künste‘ (Kap. 49) rechnet Johannes Hartlieb die Gematrie zu den Losbüchern, widersprüchlich ist seine Zuordnung der Geomantie (Kap. 39). Relativ selten wird *Losbuch* durch *Glücksbuch* ersetzt (Cpg 7, ungezähltes Titelblatt; Bolte, 325). Die moderne Forschung gebraucht den Terminus für alle Prognostiken, bei denen das Zufallsprinzip maßgeblichen Anteil hat.

Johannes Hartlieb: Das Buch aller verbotenen Künste, des Aberglaubens und der Zauberei. Hg. v. Falk Eisermann und Eckhard Graf. Ahlerstedt 1989.

SachG: Das Loswerfen als mantische Praktik ist den Germanen wie vielen Völkern geläufig gewesen. Als Orakelsammlung nehmen die abendländischen Losbücher aber ihren Ausgang von den antiken Würfel- und Buchstabenorakeln, die ursprünglich in kultische Kontexte eingebunden waren. Durch die Rezeption der arabischen Punktierkunst im 12. Jh. erfährt das Losbuch zunächst im Lateinischen ([Ps.-] Bernardus Silvestris, Gerhard von Cremona) und dann in den Volkssprachen eine beachtliche Verbreitung. Abgesehen von einem ‚Somniale Joseph‘ noch aus dem 12. Jh. werden deutsche Losbücher erst in der 2. Hälfte des 14. Jhs. greifbar, ihre Blütezeit haben sie im 15. und 16. Jhs., sind aber selbst im 18. Jh. und vereinzelt auch noch später auf dem Buchmarkt vertreten. Die schriftlich festgelegten Losentscheidungen, die nicht mehr auf einen Orakelkundigen angewiesen sind, und die mechanischen Deutungsvorgänge führen zu banalen und vieldeutigen Prognosen auf sehr niederem Niveau. Durch das Einschieben verschiedener Zwischenstationen wird das Suchen nach der Antwort künstlich verlängert und geheimnisvoll gemacht. Vom 15. Jh. an dient das Losbuch auch – z. T. in satirischer Zuspitzung (Wickram) – dem geselligen Zeitvertreib. Reich illustrierte Pergamenthandschriften richten sich spielerisch wie auch ganz ernsthaft an den fürstlichen Hof, so das Punktierbuch von 1392 für Wenzel IV. (vgl. Zatočil, 153–158) und die 40bändige Sammlung des Kurfürsten August von Sachsen († 1586; vgl. Richter). Der Hinweis auf die Kurzweil mag z. T. eine Schutzmaßnahme gegen kirchliche Sanktionen gewesen sein. Denn die Kritik der Kirche am Aberglauben verurteilte jede Art von Mantik scharf und setzte auch die Losbücher mit Zauberei gleich (Speckenbach, 200–205).

ForschG: Da viele Texte noch nicht ediert und frühe Drucke schwer zugänglich oder verschollen sind, besitzen wir noch keine lückenlose Geschichte der Losbücher. Der beste Überblick – wenn auch in Einzelheiten überholt – stammt von Bolte. Wegen des bescheidenen Niveaus haben Losbücher nicht viel Aufmerksamkeit auf sich ziehen können. Nur im Rahmen der Volkskunde, der sich entfaltenden Erforschung der mittelalterlichen Fachliteratur und des kulturgeschichtlichen Interesses an den Praktiken des Aberglaubens entstanden einige Untersuchungen und Editionen, darunter Faksimiles von illustrierten Losbüchern. Die Fülle des mantischen Schrifttums im Spätmittelalter und der Frühen Neuzeit wird als ein Anzeichen des Umbruchs und virulenter Ängste verstanden, die zusammenfassende Darstellung des Johannes Hartlieb mehr und mehr als kritische und warnende Auseinandersetzung (‚Buch aller verbotener Künste‘, Kap. 44 [Kritik am Losbuch]; Fürbeth.).

Lit: Losbuch in deutschen Reimpaaren. Hg. v. Werner Abraham. 2 Bde. Graz 1972f. – Georg Wickram: Werke. Hg. v. Johannes Bolte. Bd. 4. Tübingen 1903 [im Anhang: Zur geschichte der losbücher, S. 276–347]. – Wahrsagetexte des Spätmittelalters. Hg. v. Gerhard Eis. Berlin, Bielefeld 1956. – Das Straßburger Würfelbuch von 1529. Hg. v. Alfred Götze. Straßburg 1918. – Losbuch aus den Karten gemacht. Hg. v. Adolf Hofmeister. Rostock 1890. – Das Buch ‚Alfadol‘. Hg. v. Bernd Friedrich Lutz. Diss. Heidelberg 1967. – Ein mittelalterliches Wahrsagespiel. Konrad Bollstatters Losbuch in Cgm 312 der Bayerischen Staatsbibliothek. Hg. v. Karin Schneider. Wiesbaden 1978. – Ein Mondwahrsagebuch. Hg. v. Robert Vian. Halle 1910. – Losbuch. Ein scherzhaftes Wahrsagebuch gedruckt von Martin Flach in Basel um 1485. Hg. v. Ernst Voulliéme. Berlin 1923. – Die Heidelberger (H) und Olmützer (O) Losbuchhandschrift. Hg. v. Leopold Zatočil. In L. Z.: Germanistische Studien und Texte I. Brünn 1968, S. 11–164. Werner Abraham: Studien zu einem Wahrsagetext des späten Mittelalters. In: Hessische Blätter für Volkskunde 59 (1968), S. 9–24. – W. A.: Gereimtes Losbuch. In: ZfdPh 90 (1971), S. 70–82. – Peter Assion: Altdeutsche Fachliteratur. Berlin 1973, S. 162–165. – F. Boehm: Geomantie. In: Handwb. des deutschen Aberglaubens [HDA]. Hg. v. Hanns Bächtold-Stäubli. 10 Bde. Berlin u. a. 1927–1942. Bd. 3, Sp. 635–647. – F. B.: Los, losen. In: HDA 5, Sp. 1351–1386. – F. B.: Losbücher. In: HDA 5, Sp. 1386–1401. – Johannes Bolte: Zur Geschichte der Punktier- und Losbücher. In: Jb. für historische Volkskunde 1 (1925), S. 185–214. – Francis B. Brévart: Gematrisch-onomatomantische Literatur des Spätmittelalters. In: Aspekte der Germanistik. Fs. Hans-Friedrich Rosenfeld. Hg. v. Walter Tauber. Göppingen 1989, S. 237–246. – Frank Fürbeth: Johannes Hartlieb. Tübingen 1992. – Dieter Harmening: Superstitio. Überlieferungs- und theoriegeschichtliche Untersuchungen zur kirchlich-theologischen Aberglaubensliteratur des Mittelalters. Berlin 1979. – Franz Heinevetter: Würfel- und Buchstabenorakel in Griechenland und Kleinasien. Diss. Breslau 1912. – Jörg Hille: Die Strafbarkeit der Mantik von der Antike bis zum frühen Mittelalter. Frankfurt 1979. – Otto Richter: Die Punktierbücher des Kurfürsten August von Sachsen. In: Forschungen zur deutschen Geschichte 20 (1880), S. 13–35. – Hellmut Rosenfeld: Losbücher vom Ende des 15. Jhs. In: AGB 4 (1963), Sp. 1117–1128. – Wolfram Schmitt: Hans Hartliebs mantische Schriften und seine Beeinflussung durch Nikolaus von Kues. Diss. Heidelberg 1962. – Klaus Speckenbach: Die deutschen Traumbücher des Mittelalters. In: Nigel F. Palmer, K. S.: Träume und Kräuter. Köln, Wien 1990, S. 121–210 [bes. S. 161–182, 285f.]. – K. S.: Traumbücher. In: VL 9, Sp. 1023–1026.

Klaus Speckenbach

Lügendichtung

Literarische Darstellung unmöglicher, als unwahr erkennbarer Begebenheiten.

Expl: Lügendichtung umfaßt eine Gruppe von Textsorten, die auf der Darstellung unglaubwürdiger, in der empirischen Wirklichkeit ausgeschlossener Sachverhalte beruhen und hierbei in unterhaltsamer oder auch satirischer Weise die Irrealität ihrer Fiktion augenzwinkernd signalisieren (↗ *Ironie*) – etwa durch (1) direktes Eingeständnis der Unwahrheit, (2) ironische Beteuerung der Wahrheit, (3) Einsatz einer als unwahrhaftig erkennbaren Erzählerfigur, (4) Häufung sachlich unmöglicher Behauptungen oder auch (5) Verwendung genretypischer Topoi.

Im Unterschied zu Gattungen ↗ *realistischer* Fiktion, die Sachverhalte beschreibt, die nur faktisch so nicht bestehen, schildert Lügendichtung Sachverhalte, die so gar nicht bestehen können (Fricke 1981, 51–57). Von verwandten Gattungen ↗ *phantastischer* Fiktion unterscheidet sie sich durch die offene Markierung der Unwahrheit. Hingegen erwirbt z.B. ↗ *Science Fiction* durch Hinweis auf die technischen Möglichkeiten der Zukunft den Schein von Glaubwürdigkeit.

Typische Darstellungsschemata von Lügendichtung sind z.B. die ‚Verkehrte Welt' (‚mundus inversus', etwa durch sinnwidrige syntaktische Umdrehung oder durch Umkehrung natürlicher Relationen wie der Zeitfolge; vgl. Lüdke/Schmidt; Helmers, 88–95 u. 104–115); das ‚Schlaraffenland' (die Fiktion von einer Welt im Überfluß, in der die Faulheit belohnt wird; vgl. Richter); Teile der ‚Nemoliteratur' (mit logischen Ausdrücken wie *Niemand, Keiner, Nirgendwo, Nimmermehr* als Pseudo-Namen und Negativbild für Personen, Länder oder Zeitalter, mit alogischen Folgen bis hin zum ↗ *Paradox*; vgl. Lacassin, Fricke 1998 sowie ↗ *Utopie*); und besonders die MÜNCHHAUSIADE, die mit Hilfe einer ↗ *Rahmenerzählung* eine Sammlung von um eine aufschneiderische Erzählerfigur gruppierten Abenteuerlügen umfaßt, unter denen neben offen phantastischen Reiseberichten besonders das ‚Jägerlatein' und das ‚Seemannsgarn' dominieren (vgl. Wackermann 1977; EM 8, 1265–70).

WortG: Die Gattungsbezeichnung *Lügendichtung* (von ahd. *liogan*, mhd. *liugen* ‚bewußt Unwahres sagen'; EWbD 2, 1036) wurde – in Anlehnung an den seit dem 17. Jh. belegten *Lügendichter* (DWb 12, 1279) – erst durch Uhlands postume, aber vor 1840 geschriebene ‚Abhandlung über die deutschen Volkslieder' geprägt (Uhland, 231 und 236 f.), dann durch Müller-Freureuths Studie von 1881 eingebürgert. Zuvor waren speziellere Ausdrücke wie *Lügenschwank* (in etwa: Aufschneiderei, ‚Münchhausiade'), *Lügenmärchen* (in etwa: ‚Verkehrte Welt'), *Lügenlied, Lügenpredigt, Lügengeschichte, Lügenstück* verbreitet (DWb 12, 1279–83; RL² 2, 270; 3, 16 u. 700). Noch 1877 titelte M. Busch „Lügenlieder und Lügengeschichten" statt einfach ‚Lügendichtungen' (Busch, 178–192).

BegrG: Am Anfang der antiken poetologischen Diskussion steht die polemische Gleichsetzung von Dichter und Lügner (als „Viel lügen die Dichter" sinngemäß z. B. in Platons ‚Politeia' 391 b 7–c 1; wörtlich zitiert und kritisiert in Aristoteles' ‚Metaphysik' A, 93 a 3). Doch ein Konzept von Lügendichtung als besonderer Gattung fiktionaler Literatur scheint seit dem Anfang ihrer eigenständigen Entwicklung bei Lukian (ca. 120–180 n. Chr.) bestanden zu haben, wiewohl nicht expliziert worden zu sein. Bereits mittelalterliche Lügendichtungen aber kündigen sich oft ausdrücklich als Lügen, etwa nach Art einer ‚Lügenwette' an (EM 8, 1274–79); und schon das (nach Uhland, 337) älteste Lügenmärchen in Deutschland (Anfang des 11. Jhs. lat. aufgezeichnet) stellt sich als „mendosam … cantilenam" (‚Lügenlied') vor. Doch sind daneben unspezifische Genretitel in Gebrauch: „Aventiure" bzw. „abenteür" (Rosenplüt); „maere" (Der Marner) bzw. „mär" (‚Ambraser Liederbuch vom Jahre 1582'). Ferner begegnet mhd. und frühnhd. *lügende* als Wortspiel aus *Lüge* und ↗ *Legende* (Detailbelege seit Luther sowie Rauscher 1566 bei Uhland, 337; RL² 4, 387). Die explizite Ankündigung als *Verkehrte Welt* findet sich im 17. Jh. z. B. bei Grimmelshausen (,Des Abenteuerlichen Simplicii Verkehrte Welt', 1672) und bei Chr. Weise (,Lust-Spiel von der Verkehrten Welt', 1683).

SachG: Die besonders mit Lukians ,Wahrer Geschichte' und seinen ,Lügenfreunden' schon aus der Antike überlieferte Lügendichtung (vgl. Grossardt, Pratt, Rütten) hat nach der − veralteten, aber bislang nicht ersetzten − gattungsgeschichtlichen Rekonstruktion Müller-Fraureuths ihren ältesten Beleg in Deutschland mit dem um das Jahr 1000 lat. aufgezeichneten ,Modus florum' (Blumenweise). Die deutschsprachige Überlieferung beginnt demzufolge Ende des 12. Jhs. ansatzweise mit lügenhaft-hyperbolischen ↗ *Priameln* (Reinmar der Alte u. a.), im 13. Jh. mit einzelnen Sprüchen Reinmars von Zweter und setzt sich über Texte insbesondere vom Typ des Lügenmärleins (vgl. RL^2 1, 443) fort bis zum frühneuzeitlichen Lügenschwank (Bebel, Pauli; vgl. RL^2 3, 700 sowie EM 8, 1265 f. u. 1270 f.), meist als frühe, oft satirisch eingesetzte Vorform der Münchhausiade (↗ *Fazetie*). Mit dem ,Finken Ritter' von 1560 ist die technische Entwicklung der Lügendichtungen insofern vollendet, als hier nicht nur das empirisch Unmögliche, sondern auch das Denkunmögliche als radikalisierte Möglichkeit von Literatur gleichermaßen vertreten ist. Zugleich präsentiert dieses Buch mit der Figur des seine Abenteuer erzählenden Ritters eine Gestalt, die (in der Tradition des antiken Miles gloriosus, des bramarbasierenden Maulhelden oder ,Capitano' in der ↗ *Commedia dell'arte*) dann über die Aufschneider ,Horribilicribrifax' (A. Gryphius, 1663) und ,Schelmuffsky' (Chr. Reuter, 1696) zum weltbekannten ,Münchhausen' (Raspe/Bürger, 1788) führt. Dieser wiederum löst eine lange Tradition der Münchhausiade aus, an die noch I. Morgners „lügenhafter Roman" über ,Die wundersamen Reisen Gustav des Weltfahrers' (1972) anknüpft. In neuerer Zeit verwischt sich, indem immer weniger Signale die Lüge anzeigen, die Grenze zwischen realistischer Fiktion und Lügendichtung (z. B. Ambrose Bierce: ,Impossible Stories'; Martin Walser: ,Lügengeschichten'; Jurek Becker: ,Jakob der Lügner').

Die traditionelle Lügendichtung lebt jedoch in der Kinderliteratur weiter: Hier ist u. a. das Genre der um das Jahr 1500 einsetzenden Schlaraffenland-Dichtung (die auf antike Sagen vom Goldenen Zeitalter und den biblischen Mythos vom verlorenen Paradies verweist) genauso vertreten wie die Nemoliteratur (die in der Polyphem-Sage der Odyssee vorgeformt ist, um 1290 vom Mönch Radulfus in der lat. ,Sermo de Nemine' ausgebildet und immer wieder in vielfältigster Weise, gern auch in ↗ *Kinderversen* aufgegriffen wurde; vgl. Liede 2, 38−41 u. 218−221, sowie Fricke 1998, Textsammlung S. 435−521); ebenso der Topos der Verkehrten Welt, der auf frühmythische Vorstellungen von einer Unterwelt als Umkehrung der Oberwelt zurückgehen könnte, in jedem Fall aber den Konsens eines festen Weltbildes als Kontrastfolie voraussetzt (vgl. Kenner, sowie zum Zusammenhang mit Fastnachts-Brauchtum: Moser, Schindler).

ForschG: Gottsched (170−197) wie Breitinger unterschieden noch ausdrücklich das poetisch ,Wunderbare' von der Lüge: „Das Wunderbare muß immer auf die würckliche oder die mögliche Wahrheit gegründet seyn, wenn es von der Lügen unterschieden seyn und uns ergetzen soll" − sonst „wäre der gröbste Lügner der beste Poet, und die Poesie wäre eine verderbliche Kunst" (Breitinger, 131). Dieses ,Wunderbare' (↗ *Phantastisch*) fanden sie vor allem in der ↗ *Fabel$_2$*, während offenkundige Lügendichtung lange keine systematische Beachtung erfuhr (trotz Wielands kommentierendem Eintreten für Lukian). So beginnt die systematische Erforschung der Lügendichtung erst im 19. Jh. mit Uhland, auf den Müller-Fraureuth 1881 aufbaut. Beider historische Darstellungen bleiben bis heute wertvoll. Spezifische Untersuchungen gibt es insbesondere zur ,Verkehrten Welt' (u. a. Babcock, Kabus, Kuper, Lazarowicz) und zu allen Spielarten der Nemoliteratur (Fricke 1998); zur Schlaraffenland-Dichtung (Poeschel, Richter), die − da didaktisch nutzbar − schon im Zedler (33, 1828 f.) gewürdigt wurde; und zur Münchhausiade (Weinreich, Schweizer, Wackermann 1969). Hingegen fehlen neuere Untersuchungen zum Gesamtphänomen der Lügendichtung aus literaturwissenschaftlicher Sicht (zu ethnologischen Quellensammlungen und Forschungen internationaler Überblick in EM 8, 1265−86).

Lit: Gottfried August Bürger: Wunderbare Reisen zu Wasser und Lande, Feldzüge und lustige Abenteuer des Freiherrn von Münchhausen. Hg. v. Irene Ruttmann. Stuttgart 1969 [S. 111−153: Auswahl älterer Lügendichtungen]. − Alfred Leonz Gassmann (Hg.): Bickel Joggiaden. Lügenmärlein aus der Mittelschweiz. Erlenbach-Zürich 1936. − Peter Köhler (Hg.): Poetische Scherzartikel. Stuttgart 1991, S. 108−119. − Francis Lacassin (Hg.): Voyages aux pays de nulle part. Paris 1990. − Lukian von Samosata: Lügengeschichten und Dialoge. Hg. v. Christoph Martin Wieland [1788]. Repr. Nördlingen 1985. − Rainer Weller (Hg.): Lügen, lauter Lügen... Stuttgart 1981. − Walter Widmer (Hg.): Lug und Trug. Die schönsten Lügengeschichten der Weltliteratur. Köln, Berlin 1963.
    Paul Aron: Die Darstellung der Lüge und ihre Bewertung in der Literatur. In: Die Lüge in psychologischer [...] Betrachtung. Hg. v. Otto Lipmann und Paul Plaut. Leipzig 1927, S. 244−261. − Barbara A. Babcock: The reversible world. Ithaca, London 1978. − Johann Jacob Breitinger: Critische Dichtkunst. Zürich 1740. − Moritz Busch: Deutscher Volkshumor. Leipzig 1877. − Klaus Doderer u. a. (Hg.): Lexikon der Kinderliteratur. Weinheim, Basel 1977. − Hans Eich: Lügendichtung. In: Doderer 1977, Bd. 2, S. 405f. − Gabriel Falkenberg: Lügen. Grundzüge einer Theorie sprachlicher Täuschung. Tübingen 1982. − Hannes Fricke: „Niemand wird lesen, was ich hier schreibe". Über den Niemand in der Literatur. Göttingen 1998. − Harald Fricke: Norm und Abweichung. München 1981. − Andrea Grewe: Monde renversé − théâtre renversé. Lesage und das Théâtre de la Foire. Bonn 1989. − Peter Grossardt: Die Trugreden in der Odyssee und ihre Rezeption in der antiken Literatur. Bern 1998. − Hermann Helmers: Lyrischer Humor. Stuttgart 1971. − Petra Kabus: Verkehrte Welt. Zur schriftstellerischen und denkerischen Methode Grimmelshausens [...]. Frankfurt 1993. − Hedwig Kenner: Das Phänomen der verkehrten Welt in der griechisch-römischen Antike. Bonn, Klagenfurt 1970. − Michael Kuper: Zur Semiotik der Inversion. Verkehrte Welt und Lachkultur im 16. Jh. Berlin 1993. − Jean Lafont, Augustin Redondo (Hg.): L'image du monde renversé et ses représentations littéraires et para-littéraires. Paris 1979. − Klaus Lazarowicz: Verkehrte Welt.

Tübingen 1963. − Alfred Liede: Dichtung als Spiel. 2 Teilbde. in 1 Bd. Berlin ²1992. − Martin Lüdke, Delf Schmidt (Hg.): Verkehrte Welten: Barock, Moral und schlechte Sitten. Reinbek 1992. − Dietz-Rüdiger Moser: Fastnacht − Fasching − Karneval. Das Fest der „Verkehrten Welt". Graz 1986 [Bibliographie S. 359−367]. − Carl Müller-Fraureuth: Die deutschen Lügendichtungen bis auf Münchhausen. Halle 1881. − Gerhard Penzkofer: „L'Art du mensonge". Erzählen als barocke Lügenkunst in den Romanen von Mademoiselle de Scudéry. Tübingen 1998. − Johannes Poeschel: Das Märchen vom Schlaraffenlande. In: PBB 5 (1878), S. 389−427. − Louise H. Pratt: Lying and poetry from Homer to Pindar. Ann Arbor 1993. − Dieter Richter: Schlaraffenland. Köln 1984. − Ulrich Rütten: Phantasie und Lachkultur. Lukians ‚Wahre Geschichten'. Tübingen 1997. − Ulrich Schings: Narrenspiele oder die Erschaffung einer verkehrten Welt. Frankfurt 1996. − Norbert Schindler: Karneval, Kirche und die verkehrte Welt. In: Jb. für Volkskunde 7 (1984), S. 9−57. − Werner R. Schweizer: Münchhausen und Münchhauseniaden. Bern 1969. − Ludwig Uhland: Schriften zur Geschichte der Dichtung und Sage. Hg. v. Franz Pfeiffer. Stuttgart 1866. Bd. 3, S. 222−237, 324−339. − Edwin Wackermann: Münchhausiana. Bibliographie der Münchhausen-Ausgaben und Münchhausiaden. Stuttgart 1969. − E. W.: Münchhausen und Münchhausiaden. In: Doderer 1977, Bd. 2, S. 514−518. − Otto Weinreich: Antiphanes und Münchhausen: Das antike Lügenmärlein von den gefrornen Worten und sein Fortleben im Abendland. Wien, Leipzig 1942.

                                                                    Peter Köhler

Lukianismus ↗ *Totengespräch*

Lustspiel ↗ *Komödie*

Lyrik

Ordnungsbegriff der Gattungstheorie für Verstexte, die nicht episch oder dramatisch sind.

Expl: Wie die Begriffsgeschichte zeigt, ist ‚Lyrik' nach Umfang wie Inhalt „ein *wesentlich umstrittener Begriff* (‚essentially contested concept')" (Strube, 27; vgl.

18—21). Für den terminologischen Gebrauch in der literaturwissenschaftlichen Fachsprache empfiehlt sich deshalb die pragmatische Orientierung an der (nicht unumstrittenen, aber derzeit klärendsten) Rekonstruktion des Begriffs: als „Minimaldefinition", d. h. in Gestalt „einer angemessen weit gefaßten systematischen Definition der Lyrik" — nämlich als „Einzelrede in Versen" (Lamping 1989, 63). Dabei wird zunächst die Bestimmung von ↗ *Gedicht* als „Text in Versen" zugrundegelegt (↗ *Metrik,* ↗ *Vers*); demzufolge ist dann „die Lyrik als eine Gattung von Gedichten anzusehen, deren differentia specifica die Struktur der Einzelrede ist". Dieses entscheidende *Redekriterium* (↗ *Gattung*) setzt die Lyrik von epischer, dramatischer und alltäglicher Rede ab. „Einzelrede im Sinne der Definition ist im näheren:
— monologische Rede im Unterschied vor allem zu dialogischer Rede;
— absolute Rede im Unterschied zu situationsgebundener Rede;
— und strukturell einfache Rede im Unterschied zu strukturell komplexer Rede." (Lamping 1989, 63; ausgeführt 59—78.)
Wo eine solche wissenschaftssprachliche Präzisierung nicht vonnöten ist, bietet sich zu Verständigungszwecken die im Artikel ↗ *Lyrisch* unter (1) dargestellte Wortverwendung an, derzufolge zur *Lyrik* nicht ausschließlich ‚Lyrische Gedichte' im engeren Sinne, sondern alle ‚Gedichte' (als Texte in Versrede nicht szenischen oder eposartigen Charakters) gerechnet werden.
Werner Strube: Analytische Philosophie der Literaturwissenschaft. Paderborn 1993.

WortG: ↗ *Lyrisch,* ↗ *Lyriktheorie.*

BegrG: Die Absonderung der Lyrik von *Epik* (↗ *Episch*) und ↗ *Drama* durch das Redekriterium findet sich im Kern schon bei Platon ausformuliert: „daß von der gesamten Poesie und Mythologie ein Teil ganz aus Nachahmung direkter Reden besteht — Tragödie und Komödie, wie du richtig gesagt hast; ein anderer hingegen ganz aus persönlicher Kundgabe des Dichters selbst — das findest du vor allem in den Dithyramben; ein weiterer Teil schließlich besteht aus der Vereinigung von beiden, wie in der epischen Dichtung" (‚Politeia' 394 b—c). Die exemplarisch durch dithyrambische Poesie vertretene Lyrik ist demnach schlicht: Versdichtung ohne ↗ *Mimesis₂*, also ‚monologisch' und ‚strukturell einfach' im Sinne von Lampings Explikation (zur Problematisierung des Fiktionalitätsaspektes vgl. ↗ *Lyrisches Ich*).
In Mittelalter und Früher Neuzeit dominierte das unter ↗ *Lyrisch* dargestellte, enge Verständnis von *Lyrica* im etymologischen Sinne von ‚Sangbarkeit' („getichte die man zur Music sonderlich gebrauchen kan"; Opitz, 22). Demgegenüber verdankt die neuerliche Anwendung des Redekriteriums ihre internationale Kanonisierung zur grundlegenden fundamentalen Gattungstrias erst Batteux' Einteilung von 1746 in *poésie lyrique, poésie épique* und *poésie dramatique* (dazu ↗ *Lyriktheorie*). Für die deutsche Literatur übernahm diese prototypische Rolle Goethes immer wieder zitierter Kernsatz aus den ‚Noten und Abhandlungen' von 1819: „Es giebt nur drey ächte Naturformen der Poesie: die klar erzählende, die enthusiastisch aufgeregte und die persönlich handelnde: *Epos, Lyrik* und *Drama*." (FA 3, 202) Freilich hat sich gerade die Gattungsbestimmung der Lyrik als ‚enthusiastisch aufgeregt' kaum durchsetzen können, zumal Goethe dieses Merkmal selbst gerade am Schlußakt französischer Tragödien exemplifiziert.
Maßgeblich wurde statt dessen für längere Zeit Hegels (manche früheren Ansätze weiterführende) Definition der Lyrik als Gattung der Subjektivität, die „das Sich*aussprechen* des Subjekts zur einzigen Form und zum letzten Ziel nehmen kann" (Hegel 3, 322; zur Rezeption vgl. Gnüg, Ruprecht). Diese Wesensbestimmung als „*subjektive* Rede, das Innere, das als *Inneres* hervorkehrt, die *Lyrik*" (Hegel 2, 262) führte jedoch nicht nur zu verbreiteten Einengung des Lyrik-Verständnisses auf den Musterfall der ↗ *Erlebnislyrik*; sie rief auf längere Sicht auch grundlegenden Widerspruch aus wenigstens zwei Richtungen hervor.
Unter formbezogenem Gesichtspunkt opponierte vor allem Arno Holz (seit 1890 in Kampfschriften wie ‚Revolution der Lyrik', ‚Evolution der Lyrik', ‚Die befreite

deutsche Wortkunst') gegen die klischee-hafte Verfestigung des Lyrik-Konzepts: generell gegen jegliches „formales, metrisches Schablonengebilde" (Holz V. 3, 76 f.), speziell gegen „den schönen Aberglauben [...], ‚wahre' Lyrik dürfe nie ‚lang' sein" (V. 3, 87). Die verbreitete Assoziation von Lyrik mit ‚Kürze' hat sich damit freilich nie ganz ausräumen lassen (historisch nachgezeichnet und verteidigt noch 1992 von Knörrich, XXXVII-XLV; dagegen Fricke, 117: „Natürlich gibt es in allen Literaturen Lyrik, deren Merkmal Kürze ist; aber Kürze ist kein Merkmal der Lyrik.").

Gegen das subjektivistische Lyrik-Bild der Hegel-Tradition hat zum anderen Brecht politisch begründete Einwände erhoben. In seinem einflußreichen Aufsatz von 1938 über ‚Reimlose Verse mit unregelmäßigen Rhythmen' (↗ *Freie Verse*) hebt er gerade die gesellschaftliche Rolle auch von lyrischer Dichtung hervor: „Für einige der sozialen Funktionen, welche die Lyrik hat, konnten da neue Wege beschritten werden." (Brecht 19, 404)

Doch nicht nur Brechts neue Verskonzeption oder Autorpoetiken aus dem Umfeld des ↗ *Symbolismus* (im internationalen Überblick dargestellt z. B. bei H. Friedrich; Lamping 1991), sondern viele weitere Vorstöße der literarischen Moderne zur Aufhebung lyrischer Formkonventionen (↗ *Avantgarde*, ↗ *Experimentell*) und zur Auflösung des traditionellen ↗ *Bedeutungsaufbaus* im Gedicht (↗ *Dadaismus*, ↗ *Hermetik*) führten schrittweise zu einer immer stärkeren Erweiterung und Wertentlastung des Lyrik-Begriffes (vgl. dazu Conradys begriffskritisches ‚Plädoyer für Neutralität'). Daraus ergibt sich konsequenterweise schließlich der an die ↗ *Linguistische Poetik* anschließende Vorschlag, auf ein gattungsbegrenzendes Vers- oder Redekriterium ganz zu verzichten und Lyrik insgesamt – im Gegensatz zur semantischen Abweichung epischer Fiktion und zur pragmatischen Abweichung dramatischen Rollenspiels – durch ihre „gattungsspezifischen Abweichungen auf der grammatischen Ebene" zu kennzeichnen: sie konstituiert sich „aus einem breitgefächerten Repertoire von Abweichungstypen und deren Funktionen auf der ‚Aus-

drucksebene' der Sprache" (Fricke, 114–116).

Charles Batteux: Les beaux-arts réduits à un même principe. Paris 1746. – Bertolt Brecht: Gesammelte Werke in 20 Bdn. Frankfurt 1967. – Johann Wolfgang Goethe: Sämtliche Werke. Frankfurter Ausgabe [FA]. Frankfurt 1985 ff. – Georg Friedrich Wilhelm Hegel: Vorlesungen über die Ästhetik [1835–38]. 3 Bde. Frankfurt 1970. – Arno Holz: Werke. Hg. von Wilhelm Emrich und Anita Holz. Neuwied 1961–64. – Martin Opitz: Buch von der Deutschen Poeterey [1624]. Hg. v. Richard Alewyn. Tübingen 1963.

SachG: Die Geschichte der Lyrik hat, schon angesichts ihres historisch schwankenden Begriffs, schwerlich ein Eigenleben neben der Geschichte der lyrischen Einzel-Genres; sie kann deshalb nur an Ort und Stelle in Bezug auf diese Genres und ihre Wechselbeziehung dargestellt werden.

Im Blickfeld der deutschen Literaturgeschichte des Mittelalters beginnt dies mit dem – noch weitgehend nach dem altgermanischen ↗ *Stabreim* – versifizierten ↗ *Zauberspruch* sowie dem lateinisch geprägten ↗ *Hymnus* (später nur teilweise aufgenommen in der neuzeitlichen ↗ *Hymne*). Die mhd. Lyrik hat neben dem rezeptionsgeschichtlich prominenten ↗ *Minnesang* (mit Eigenformen wie dem ↗ *Tagelied* und der ↗ *Pastourelle*; vgl. auch ↗ *Lied₂*, ↗ *Leich*, ↗ *Minnerede*, ↗ *Sangspruch*) eine Fülle spezifischer lyrischer Gattungen hervorgebracht, etwa die zeitgebundene ↗ *Kreuzzugslyrik* und das weit über die Epoche hinausreichende ↗ *Geistliche Lied*. In dessen Tradition entwickelt sich in der Frühen Neuzeit das ↗ *Kirchenlied* (beispielsweise in Choral und ↗ *Psalm*); eng an bestimmte sozialgeschichtliche Zusammenhänge gebunden entstehen ↗ *Vagantendichtung* wie ↗ *Meistergesang*.

Die Spannweite barocker Lyrik reicht von der wiedererweckten ↗ *Anakreontik* und ↗ *Bukolik* (mit Genres wie *Ekloge* oder *Pastorale*) und Formen lyrischer ↗ *Panegyrik* bis zu ↗ *Totenklage*, ↗ *Elegie*, ↗ *Epitaph* (als Spezialform des traditionsreichen ↗ *Epigramms*) und anderen Ausformungen des ↗ *Gelegenheitsgedichts*. Besonders zahlreich sind im 17. und 18. Jh. die Übernahmen ausländischer Gedichtgattungen: neben antikisierenden Formen wie der ↗ *Ode* oder der ↗ *Dithyrambe* vorrangig das dann immer wieder abgewandelte ↗ *Sonett* (mit der artistischen Variante des ↗ *Sonettenkranzes*). Es dominieren dabei Muster aus den romanischen Literaturen: ↗ *Madrigal* und ↗ *Ritornell*, ↗ *Serenade* und ↗ *Romanze*, ↗ *Villanelle* und ↗ *Glosse₂*, ↗ *Triolett*, ↗ *Sestine* und ↗ *Rondeau*. Später kommen exotischere Gattungs-Anleihen hinzu: das persisch-arabische ↗ *Ghasel*, das japanische ↗ *Haiku*, der irische ↗ *Limerick* (und andere Formen des lyrischen ↗ *Nonsens* – aufbauend auf früheren Vorläufern wie ↗ *Pastiche*- und ↗ *Cento*-Gedichten oder dem *Akrostichon* als lyrischem ↗ *Kryptogramm*).

Auch nationale Traditionen der lyrischen ↗ *Folklore* finden verstärkte Aufmerksamkeit von Sammlern und kreativen Imitatoren: der episch-lyrische Grenzfall der ↗ *Ballade* und das ↗ *Volkslied*, gesellige Lyrik wie das ↗ *Trinklied* oder die strophische *Büttenrede* (↗ *Karneval*), ebenso ↗ *Kinderverse* (mit eigenen Genres wie *Abecedarium₁*, *Abzählreim*, *Tanz- u. Spiellied* etc.). Gegenüber den besonders seit der Goethezeit dominanten Bereichen der ↗ *Gedankenlyrik* und der ↗ *Naturlyrik* stellt das ↗ *Dinggedicht* wohl die einzige gewichtige Neuerung im Bereich formkonservativer Lyrik dar. Hingegen entwickeln sich formal seit der frühen Moderne vielfältige innovative Gestaltungsweisen des Lyrischen: neben umstrittenen Grenzfällen wie ↗ *Prosagedicht* und ↗ *Poème trouvé* vor allem ↗ *Lautgedicht* und ↗ *Konkrete Poesie* (in Fortführung des älteren ↗ *Figurengedichts*).

Über die Jahrhunderte hinweg behauptet sich anhaltend, gegenüber all solcher gedruckten Lese-Dichtung, die am sachlichen wie etymologischen Ursprung der Gattung stehende Vielfalt von Spezialformen 'gesungener Lyrik': ↗ *Arie* und ↗ *Kunstlied*, *Moritat* und ↗ *Bänkelsang*, ↗ *Couplet* und ↗ *Chanson*, ↗ *Schlager* und ↗ *Song* – vom handgemachten *Protestsong* des 'Liedermachers' bis hin zum multimedialen ↗ *Videoclip*.

ForschG: Die Forschungsgeschichte zum Gattungsbegriff *Lyrik* fällt zusammen mit der Entwicklung der ↗ *Gattungstheorie* und hier speziell der ↗ *Lyriktheorie*.

Lit: Heinz Bergner u. a. (Hg.): Lyrik des Mittelalters. 2 Bde. Stuttgart 1983. – Martin Bircher, Alois M. Haas (Hg.): Deutsche Barocklyrik. Bern 1973. – Walther Killy (Hg.): Epochen der deutschen Lyrik. 10 Bde. München 1969–78. – Volker Meid u. a. (Hg.): Gedichte und Interpretationen. 7 Bde. Stuttgart 1982–97. – Ulrich Müller, Gerlinde Weiss (Hg.): Deutsche Gedichte des Mittelalters. Stuttgart 1993. – Helmut Tervooren (Hg.): Gedichte und Interpretationen: Mittelalter. Stuttgart 1993.

Martin Anderle: Deutsche Lyrik des 19. Jhs. Bonn 1979. – Rolf Wilhelm Brednich: Die Liedpublizistik im Flugblatt des 15. bis 17. Jhs. 2 Bde. Baden-Baden 1974f. – Robert M. Browning: Deutsche Lyrik des Barock 1618–1723. Stuttgart 1980. – Dieter Burdorf: Einführung in die Gedichtanalyse. Stuttgart 1995. – Karl Otto Conrady: Kleines Plädoyer für Neutralität der Begriffe Lyrik und Gedicht. In: Brücken schlagen. Fs. Fernand Hoffmann. Hg. v. Joseph Konen u. a. Frankfurt u. a. 1994, S. 35–57. – Michael Feldt: Lyrik als Erlebnislyrik. Heidelberg 1990. – Harald Fricke: Norm und Abweichung. München 1981. – Hugo Friedrich: Die Struktur der modernen Lyrik. Reinbek 1956. – Gerald Gillespie: German Baroque poetry. New York 1971. – Hiltrud Gnüg: Entstehung und Krise lyrischer Subjektivität. Stuttgart 1983. – Rudolf Haller: Geschichte der deutschen Lyrik vom Ausgang des Mittelalters bis zu Goethes Tod. Bern 1967. – Urs Herzog: Deutsche Barocklyrik. München 1979. – Walter Hinderer (Hg.): Geschichte der deutschen Lyrik vom Mittelalter bis zur Gegenwart. Stuttgart 1983. – Gerhart Hoffmeister: Petrarkistische Lyrik. Stuttgart 1973. – Gerhard Kaiser: Geschichte der deutschen Lyrik von Goethe bis Heine. 3 Bde. Frankfurt 1988. – G. K.: Geschichte der deutschen Lyrik von Heine bis zur Gegenwart. 3 Bde. Frankfurt 1991. – Hans-Georg Kemper: Deutsche Lyrik der frühen Neuzeit. 6 Bde. Tübingen 1986–1997. – Johannes Klein: Geschichte der deutschen Lyrik. Wiesbaden 1957. – Hermann Korte: Geschichte der deutschen Lyrik seit 1945. Stuttgart 1989. – Dieter Lamping: Das lyrische Gedicht. Göttingen 1989. – D. L.: Moderne Lyrik. Göttingen 1991. – Dorothea Ruprecht: Untersuchungen zum Lyrikverständnis in Kunsttheorie, Literarhistorie und Literaturkritik zwischen 1830 und 1860. Göttingen 1987. – Heinz Schlaffer: Lyrik im Realismus. Bonn 1966. – Jürgen Schutte: Lyrik des deutschen Naturalismus (1885–1893). Stuttgart 1976. – Christian Wagenknecht: Deutsche Metrik. Eine historische Einführung. München 1981. –

Benno v. Wiese (Hg.): Die deutsche Lyrik. 2 Bde. Düsseldorf 1956.

Harald Fricke / Peter Stocker

Lyriktheorie

Teilgebiet der Gattungstheorie, das sich mit den besonderen Eigenschaften der Lyrik und mit der Stellung lyrischer Texte innerhalb der Literatur beschäftigt.

Expl: (1) *Lyriktheorie* umfaßt im weiteren Sinne alle grundsätzlichen − also nicht entstehungsgeschichtlich, literaturkritisch oder interpretatorisch auf Einzeltexte beschränkten − Aussagen (sei es von Schriftstellern, Essayisten, Literatur- und Sprachwissenschaftlern oder Philosophen) über jene literarischen Texte oder Textgruppen, die man nach alltagssprachlichem Verständnis heute zur Lyrik zählt. (2) Im engeren Sinne kann dagegen von *Lyriktheorie* nur die Rede sein, sofern ein Begriff von ↗ *Lyrik* bzw. von ↗ *lyrischen* Texten und ein wissenschaftliches Konzept von ↗ *Literaturtheorie*, speziell von ↗ *Gattungstheorie*, klar ausgebildet ist.

WortG: Versuche, anstelle einer *Dichtkunst* oder ↗ *Poetik* wie derjenigen Buchners (1665) oder Gottscheds (1730), also einer normativen Anleitung zum Verfassen literarischer Verstexte (‚Gedichte‘), eine *Theorie* der Dichtung zu begründen, begegnen erst in der 2. Hälfte des 18. Jhs., dann aber gehäuft (z. B. Engel, Eschenburg, Sulzer) − ein Indiz für den Anspruch, die Regelpoetiken zugunsten einer aus Prinzipien abgeleiteten Wissenschaft von der Kunst und Literatur zu überwinden. Das Adjektiv *lyrisch* wird dabei (in den Wendungen *lyrisches Gedicht*, *lyrische Dichtkunst* oder *lyrische Poesie*) in einem − verglichen mit dem heutigen Sprachgebrauch − eingeschränkten Sinn verwandt, so daß z. B. Engel außer *lyrischen* Gedichten auch *beschreibende* Gedichte und *Lehrgedichte* kennt (↗ *Lehrdichtung*). Das als Pendant zu *Epik* und *Dramatik* gebildete Substantiv *Lyrik* ist erst seit dem frühen 19. Jh. überliefert; ein frühes Zeugnis ist

Goethes Notiz über die ‚Naturformen der Poesie‘ (1819; dazu ↗ *Gattung*). Der erste, der im dt. Sprachraum mit dem dezidierten Anspruch auftritt, eine literaturwissenschaftliche Lyriktheorie zu liefern, ist R. M. Werner (1890).

BegrG: Der Ausdruck *Lyriktheorie* wird auch im 20. Jh. in den einschlägigen literaturwissenschaftlichen Veröffentlichungen zunächst nicht sehr häufig verwendet, ähnlich wie sich auch der Terminus ↗ *Gattungstheorie* nur zögernd gegen die ältere, auch normativ verstehbare Bezeichnung *Gattungspoetik* (und wie *Dramentheorie* gegen *Dramaturgie*) durchzusetzen beginnt. Statt dessen ist in Buchtiteln häufig von dem *Wesen*, der *Struktur* oder von *Elementen* der Lyrik die Rede. Dahinter steht vielfach die Überzeugung, Lyrik lasse sich nicht ohne Gewalt auf einen einheitlichen theoriegeleiteten Begriff bringen, sondern nur in ihren „Verhaltens- und Erscheinungsweisen“ (Killy, 1) beschreiben.

SachG: Faßt man die frühgriechischen Elegien, Jamben, Dithyramben und Oden mit dem heutigen begrifflichen Instrumentarium als *Lyrik* zusammen (vgl. Schadewaldt, 9−40), so kann man in den auf einzelne dieser Formen bezogenen Äußerungen Platons (z. B. ‚Politeia‘ 379 a, 394 c, 398 c−403 c) und Aristoteles’ (z. B. ‚Poetik‘ 1447 a−b) die Anfänge der Lyriktheorie erkennen (Unterscheidung nach dem Kriterium sprachlicher und musikalischer Mittel oder nach dem *Redekriterium*, ↗ *Gattung*). Einen einheitlichen Gattungsbegriff ‚Lyrik‘ − wie den von ‚Tragödie‘, ‚Komödie‘ und ‚Epos‘ − gibt es weder bei diesen Autoren noch in der bis in die Neuzeit hinein maßgebenden ‚Ars Poetica‘ des Horaz, noch im Mittelalter. Eine systematische Dreiteilung der Dichtung in Epik, Lyrik und Drama wird zuerst in der italienischen Renaissancepoetik skizziert (G. G. Trissino, ‚Poetica‘, 1529/63; vgl. Behrens, 72 f.). Auslöser für diese verallgemeinernde Aufwertung der lyrischen Dichtung sind die Wiederentdeckung der antiken Lyrikformen und die Popularität der Lyrik des ↗ *Petrarkismus*. Die Vorstellung von Lyrik als dritter Gattung kann sich aber zunächst nur in Italien und

England durchsetzen (z. B. bei John Milton, ‚Treatise of Education', 1644; vgl. Scherpe, 60 f.), nicht jedoch in Frankreich und Deutschland.

In der Geschichte der deutschen Lyriktheorie (im weiteren Sinne) lassen sich je nach dem Verhältnis der jeweiligen Theoretiker zur poetischen Praxis vier verschiedene Grundströmungen unterscheiden, die sich zum Teil ablösen, zum Teil überlappen: (1) die ‚Regelpoetiken', von Dichter-Gelehrten als Anweisungen zum richtigen Verfassen von Gedichten erarbeitet und in die eigene poetische Praxis umgesetzt (1624 bis ca. 1800); (2) die ‚Autorenpoetiken', in denen „der schöpferische Dichter als der allein Berufene die Aufgaben von Theorie und Kritik übernimmt" (Scherpe, 222; seit etwa 1760); (3) die spekulativen Poetiken der Frühromantik, des deutschen Idealismus und ihrer Nachfolger, in denen der Lyrik in einer philosophischen Konzeption von Kunst und Literatur eine bestimmte Systemstelle zugewiesen wird (1795 bis etwa 1890); (4) die literaturwissenschaftlichen Lyriktheorien (seit 1890).

(1) Das grundsätzliche Nachdenken über lyrische Texte beginnt im deutschen Sprachraum mit Martin Opitz' ‚Buch von der Deutschen Poeterey' (1624). Opitz reiht jedoch nur eine Vielzahl von Formen, die nach heutigem Verständnis zur Lyrik zählen, additiv aneinander. Eine ähnlich unsystematische Auflistung bietet noch Gottsched in seinem ‚Versuch einer kritischen Dichtkunst' (1730, ⁴1751). Die Dreiteilung der Dichtung, die der Lyrik einen eigenen Platz neben Epik und Dramatik einräumt, findet sich außerhalb Italiens und Englands zuerst in Baumgartens Dissertation ‚Meditationes philosophicae de nonnullis ad poema pertinentibus' (1735) und in Batteux' Lehrbuch ‚Les Beaux-Arts réduits à un même principe' (1746).

(2) J. A. Schlegel übernimmt in seiner kommentierten Übersetzung von Batteux' Werk (1751) dessen im Rahmen der Regelpoetik ausgearbeitetes triadisches Modell; zugleich setzt er sich polemisch gegen Batteux' aristotelische Zurückführung aller Dichtung auf das Nachahmungsprinzip zur Wehr. Seit ihrem Ursprung sei die Poesie, insbesondere aber die Lyrik ein „Ausdruck nicht nachgemachter, sondern wirklicher, Empfindungen" gewesen (Batteux / Schlegel 1, 368, Anm.). Schlegel schafft damit (ähnlich wie H. W. v. Gerstenberg, ‚Briefe über Merkwürdigkeiten der Litteratur', 1766/67) die Voraussetzungen für eine sich nicht mehr unter vorgegebene Regeln beugende, sondern allein an der Originalität des Schaffenden orientierte Autorenpoetik, wie sie dann von Klopstock und Herder ausgeführt wurde (↗ Lyrisch). Eine wichtige, wiederum normative Differenzierung gegenüber dieser Position nimmt Schiller in seiner vielbeachteten Rezension von Bürgers Gedichten (1791) vor: Zwar gehe es in Gedichten um den Ausdruck von Individualität, jedoch müsse sie es wert sein, „vor Welt und Nachwelt ausgestellt zu werden", und bedürfe daher der ‚Veredelung' (Schiller, 972; vgl. auch Goethe, ‚Teilnahme Goethes an Manzoni', 1827). Die Reihe der für das eigene lyrische Werk maßstabsetzenden Autorenpoetiken ist seitdem nicht mehr abgerissen. Die sehr heterogenen Positionen bewegen sich zwischen der These, das Gedicht sei ein „Augenblick von Freiheit" (H. Domin) — ein Gebilde, das sich weder inner- noch außerliterarischen Regeln unterwirft —, und der Betonung eines handwerklich-technisch oder auch politisch-gesellschaftlich verstandenen Ethos.

(3) Die Lyriktheorie A. W. Schlegels (‚Briefe über Poesie, Silbenmaß und Sprache', 1795/96; ‚Vorlesungen über schöne Literatur und Kunst', 1801−04) bestimmt Lyrik als Steigerung und Sublimierung der (noch ganz dem Ausdruck der Leidenschaften dienenden) Naturpoesie zu einer rhythmisch und melodisch regulierten, welterschließenden Kunstpoesie. Ebenso wie diese Konzeptionen Schlegels sind die um 1798−1800 entstandenen, erst im 20. Jh. veröffentlichten lyriktheoretischen Entwürfe Hölderlins zugleich handwerklich und spekulativ orientiert. Er konzipiert den Aufbau von Gedichten als ‚Wechsel der Töne', als Spannungsfeld ‚naiver', ‚idealischer' und ‚heroischer' Elemente. Schelling und Hegel weisen der Lyrik eine fest umrissene Position im System der Künste zu. Hegel zufolge nimmt die lyrische Subjektivität die gesamte

äußerliche Welt in sich hinein, läutert dabei (ähnlich wie es schon Schiller gefordert hatte) „die bloße dumpfe Empfindung zur Anschauung und Vorstellung" und ermöglicht es „diesem erfüllten Innern, [...] sich als Innerlichkeit auszudrücken" (Hegel, 416). Dieses Modell hat Vischer zu der Formel simplifiziert, die Lyrik sei „ein punktuelles Zünden der Welt im Subjekte" (Vischer, 208). Die epiphanische Vorstellung des lyrischen ‚Erlebnisses' bleibt die Leitlinie für große Teile der Lyriktheorie bis ins 20. Jh. (↗ *Erlebnislyrik*). Als Neubewertung der spekulativen Lyriktheorien können Nietzsches Äußerungen zur Lyrik in seiner ‚Geburt der Tragödie' (1872) angesehen werden, in denen er die Lyrik auf ihre mythischen Ursprünge zurückführt, den Lyriker mit dem Musiker gleichsetzt und dekretiert: „Das ‚Ich' des Lyrikers tönt also aus dem Abgrunde des Seins: seine ‚Subjectivität' im Sinne der neueren Aesthetiker ist eine Einbildung." (Nietzsche, 44)

(4) Zeitgleich mit dem Einsetzen der avantgardistischen Lyrik in Deutschland, mit den Versexperimenten von Holz und den ersten Publikationen von George, Hofmannsthal und Rilke, beginnt auch die germanistische Lyriktheorie. Doch wie schon R. M. Werners vitalistische Vorstellungen von ‚Erlebnis', ‚Stimmung', der ‚Befruchtung', dem ‚Keim', dem ‚inneren' und ‚äußeren Wachstum' des Gedichts (Werner, 50) den sprach- und kunstorientierten Neuansätzen der zeitgenössischen Lyrik inadäquat bleiben, so zeichnet sich die germanistische Beschäftigung mit Lyrik (von Ausnahmen wie Walzel abgesehen) noch über Jahrzehnte durch Fixierung auf überholte Ideale und krasse Ungleichzeitigkeiten aus (zu Ermatinger und Staiger vgl. ↗ *Lyrisch*).

Erst nach 1945 tritt die längst historisch gewordene lyrische Moderne anderer Sprachen ins Bewußtsein auch der deutschsprachigen Lyriktheorie. Insbesondere Hugo Friedrich kommt das Verdienst zu, mit seinem Buch ‚Die Struktur der modernen Lyrik' (1956) international bedeutsame Lyrik-Konzeptionen wie die des französischen ↗ *Symbolismus* (z. B. Baudelaire, Mallarmé) und seiner Nachfolger im 20. Jh. (z. B. Valéry, Pound, T. S. Eliot) in Deutschland be-

kannt gemacht zu haben (Friedrich, 134 f. u.ö.); dabei hebt er vor allem die Kategorien der Sprachmagie und der ‚poésie pure', des Traditions- und Normenbruchs sowie des Hermetismus und der Entsubjektivierung hervor (Friedrich, 49–53, 134–136, 178–184).

Abermals auf die klassisch-romantische ‚Erlebnislyrik' fixiert bleibt demgegenüber Käte Hamburgers ‚dichtungslogische' Lyriktheorie, die die These vertritt, das Subjekt, das lyrischem Sprechen zugrunde liegt, sei im Gegensatz zu fiktionalen Gattungen ein reales Aussagesubjekt, das gegebenenfalls auch mit dem empirischen Autor identifiziert werden könne (↗ *Lyrisches Ich*). Adornos einflußreicher Lyrik-Essay plädiert dafür, den gesellschaftlichen – und das heißt für ihn stets: gesellschaftskritischen – Gehalt des Gedichts in der „Einsamkeit des lyrischen Wortes selber" aufzusuchen (50).

Seit den 1960er Jahren ist der schon 1909 von Christiansen (118–125) geprägte und vom Russischen ↗ *Formalismus* entfaltete Begriff der ‚Differenzqualität' eine zentrale Kategorie der deutschen Lyriktheorie (vgl. Austermühl, Schmidt; Fricke, 116–119). Demnach weicht jedes Gedicht von der empirischen Wirklichkeit, vom alltäglichen Sprachgebrauch und von den durch die literarische Tradition vorgegebenen Normen in je spezifischer Weise ab (↗ *Abweichung*; zur Kritik vgl. Stierle, 505 f.). Gegenüber pragmatistischen und hedonistischen Tendenzen konzipiert Link Gedichte als prinzipiell ‚überstrukturierte Texte', Landwehr (247) als „kommunikativ praktizierte Reflexion von Kommunikation"; Lamping (23) hebt dagegen das formale Merkmal der Gedichte als Versrede hervor.

Charles Batteux: Einschränkung der schönen Künste auf einen einzigen Grundsatz. Hg. v. Johann Adolf Schlegel [1751, ³1770]. Repr. Hildesheim, New York 1976. – Georg Wilhelm Friedrich Hegel: Vorlesungen über die Ästhetik [posthum 1835]. Bd. 3. Frankfurt 1970. – Friedrich Nietzsche: Kritische Studienausgabe. Hg. v. Giorgio Colli und Mazzino Montinari. Bd. 1. München 1988. – Friedrich Schiller: Sämtliche Werke. Hg. v. Gerhard Fricke und Herbert G. Göpfert. Bd. 5. München 1959. – Friedrich Theodor Vischer: Aesthetik oder Wissenschaft des Schönen [1846−57]. Hg. v. Robert Vischer. Bd. 6. München 1923.

ForschG: Die historische Erforschung der Lyriktheorie konzentriert sich im deutschen Sprachraum zunächst auf die spekulativen Modelle der Zeit um 1800, als deren Kern Goethes Rede von den drei ‚Naturformen der Poesie' angesehen wird (z. B. Petersen); die Entwicklung der folgenden Jahrzehnte findet sich detailliert nachgezeichnet bei Ruprecht. Behrens ordnet die deutsche Entwicklung in ihre antiken, mittelalterlichen, romanischen und englischen Kontexte ein. Wesentliche Fortschritte erbringt die Forschung der 1960er und 70er Jahre: Scherpe zeigt die Vielschichtigkeit der vorklassischen gattungspoetischen Modelle in Deutschland (differenzierend dazu Verweyen/Kertscher). Szondi rekonstruiert vor diesem Hintergrund die Poetiken der Goethezeit und des deutschen Idealismus.

Lit: Theodor W. Adorno: Rede über Lyrik und Gesellschaft [1957]. In: Th.W. A.: Noten zur Literatur. Frankfurt 1981, S. 49−68. − Elke Austermühl: Poetische Sprache und lyrisches Verstehen. Studien zum Begriff der Lyrik. Heidelberg 1981. − Irene Behrens: Die Lehre von der Einteilung der Dichtkunst vornehmlich vom 16. bis 19. Jh. Halle 1940. − Dieter Burdorf: Einführung in die Gedichtanalyse. Stuttgart, Weimar 1995. − Broder Christiansen: Philosophie der Kunst. Hanau 1909. − Hilde Domin: Das Gedicht als Augenblick von Freiheit. München 1988. − Johann Jacob Engel: Anfangsgründe einer Theorie der Dichtungsarten aus deutschen Mustern entwickelt [1783]. Repr. Hildesheim, New York 1977. − Harald Fricke: Norm und Abweichung. München 1981. − Hugo Friedrich: Die Struktur der modernen Lyrik [1956]. Reinbek 1985. − Ingrid Girschner-Woldt: Theorie der modernen politischen Lyrik. Berlin 1971. − Reinhold Grimm (Hg.): Zur Lyrik-Diskussion. Darmstadt 1966. − Klaus-Dieter Hähnel: Tradition und Entwicklung des Lyrikbegriffs. In: ZfG 1 (1980), S. 183−200. − Käte Hamburger: Die Logik der Dichtung [1957]. München 1987. − Walter Hinck: Magie und Tagtraum. Das Selbstbild des Dichters in der deutschen Lyrik. Frankfurt, Leipzig 1994. − Wolfgang Iser (Hg.): Immanente Ästhetik − ästhetische Reflexion. Lyrik als Paradigma der Moderne. München 1966. − Walther Killy: Elemente der Lyrik. München 1972. − Otto Knörrich: Lyrik − Begriff und Theorie einer Gattung. In: O. K.: Lexikon lyrischer Formen. Stuttgart 1992, S. XXII−L. − Herbert Kraft: Strukturen der Lyrik. In: Sammeln und Sichten. Fs. Oscar Fambach. Hg. v. Joachim Krause u. a. Bonn 1982, S. 324−341. − Dieter Lamping: Das lyrische Gedicht. Göttingen ²1993. − Jürgen Landwehr: Textsorten als „Schlechtes Allgemeines" und der Aufstand der Lyrik. In: Textsorten und literarische Gattungen. Hg. v. Vorstand der Vereinigung der dt. Hochschulgermanisten. Berlin 1983, S. 235−249. − Jürgen Link: Das lyrische Gedicht als Paradigma des überstrukturierten Textes. In: Literaturwissenschaft. Ein Grundkurs. Hg. v. Helmut Brackert und Jörn Stückrath. Bd. 1. Reinbek 1981, S. 192−219. − Wolfgang Lockemann: Lyrik, Epik, Dramatik oder die totgesagte Trinität. Meisenheim 1973. − Julius Petersen: Zur Lehre von den Dichtungsgattungen. In: Fs. August Sauer. Stuttgart 1925, S. 72−116. − Dorothea Ruprecht: Untersuchungen zum Lyrikverständnis in Kunsttheorie, Literarhistorie und Literaturkritik zwischen 1830 und 1860. Göttingen 1987. − Wolfgang Schadewaldt: Die frühgriechische Lyrik. Hg. v. Ingeborg Schudoma. Frankfurt 1989. − Klaus R. Scherpe: Gattungspoetik im 18. Jh. Stuttgart 1968. − Siegfried J. Schmidt: Alltagssprache und Gedichtsprache. In: Poetica 2 (1968), S. 285−303. − Ulrich Schödlbauer: Entwurf der Lyrik. Berlin 1994. − Friedhelm Solms: Disciplina aesthetica. Zur Frühgeschichte der ästhetischen Theorie bei Baumgarten und Herder. Stuttgart 1990. − Jürgen Söring: „Die apriorität des Individuellen über das Ganze". Von der Schwierigkeit, ein Prinzip der Lyrik zu finden. In: Schiller-Jb. 24 (1980), S. 205−246. − Karlheinz Stierle: Die Identität des Gedichts − Hölderlin als Paradigma. In: Identität. Hg. v. Odo Marquard und Karlheinz Stierle. München 1979, S. 505−552. − Peter Szondi: Poetik und Geschichtsphilosophie. 2 Bde. Frankfurt 1974. − Theodor Verweyen, Hans-Joachim Kertscher (Hg.): Dichtungstheorien der deutschen Frühaufklärung. Tübingen 1995. − Ludwig Völker (Hg.): Lyriktheorie. Stuttgart 1990. − Markus Waldvogel: Die Lyriktheorie Th. W. Adornos. Zürich 1978. − Oskar Walzel: Das Wortkunstwerk. Leipzig 1926. − René Wellek, Austin Warren: Theory of literature. New York 1949 [dt. 1959]. − Richard Maria Werner: Lyrik und Lyriker. Hamburg, Leipzig 1890.

Dieter Burdorf

Lyrisch

Bezeichnung entweder für alle Werke der Lyrik (bzw. der Gattung ‚Gedicht') oder für ein Stilmerkmal mancher literarischer Texte.

Expl: Die Adjektivform *lyrisch* wird innerhalb der literaturwissenschaftlichen Fachsprache auf zweierlei grundlegend verschiedene Weisen gebraucht:

(1) Um terminologische Verwirrungen zu vermeiden, geht der eine Wortgebrauch von der Entscheidung aus, die Ausdrücke *lyrisch*, *Lyrik* und *Gedicht* heute nicht mehr zur Bezeichnung verschiedener Gegenstandsbereiche zu verwenden. Das Adjektiv *lyrisch* bezeichnet demzufolge nichts anderes als die Zugehörigkeit eines Textes oder einer mündlichen Rede zur Gattung ↗ *Lyrik*. Die Lyrik umfaßt in diesem Falle alle Gedichte, also sämtliche Texte in Versen, die kein Rollenspiel vorsehen (d. h. nicht auf szenische Aufführung hin angelegt sind) und keine längeren Erzählungen (z. B. Versepen) sind. Demnach sind alle Gedichte lyrisch, und auf den Doppelbegriff ,lyrisches Gedicht' kann bei dieser Begriffsverwendung verzichtet werden.

(2) Dem steht die begriffliche Tradition gegenüber, als *lyrisch* eine Eigenschaft nicht aller, sondern nur vieler Gedichte zu kennzeichnen, die zuweilen auch in anderen Textsorten auftreten kann. Am präzisesten expliziert ist dieser Wortgebrauch durch Lampings terminologische Trennung der Begriffe ,lyrisch' und ,Lyrik' einerseits, ↗ *Gedicht* andererseits, sowie durch seine Definition des ,Lyrischen Gedichts' als „Einzelrede in Versen" (Lamping, 63). Einzelrede nennt er eine Rede, die (a) monologisch, (b) nicht situationsgebunden und (c) strukturell einfach ist. Damit ist einerseits das Lyrische Gedicht von dramatischen und epischen Verstexten klar abgegrenzt (89 f.). Andererseits werden so auch Gedichtformen, die herkömmlicherweise zur Lyrik gezählt werden, aufgrund ihrer dialogischen Struktur aus dem Bereich des Lyrischen Gedichts ausgeschlossen (z. B. das ↗ *Rollengedicht*, die ↗ *Ballade* und das ↗ *Epigramm* in Figuren- oder Wechselrede), während Texte als *lyrisch* bezeichnet werden, die keine Gedichte sind (z. B. Monodramen) und damit nicht zur ,Lyrik' als „Inbegriff aller lyrischen Gedichte" (Lamping, 81) gehören. Die sich daraus ergebenden Abgrenzungsprobleme lassen sich vermeiden, wenn man auf das problematische

Kriterium der „Einzelrede" zur Definition lyrischer Texte verzichtet.

Die häufig begegnende Praxis, den Ausdruck *lyrisch* als polaren statt als klassifikatorischen Begriff zu verwenden, etwa im Sinne von ,sehr gefühlvoll', ,stimmungsvoll' (z. B. „lyrischer Abend", „Mörikes lyrischer Schmelz") oder ,für gefühlvolle, weiche Darbietung besonders geeignet' (z. B. „lyrische Sopranstimme", „lyrischer Tänzer"), ist im literaturwissenschaftlichen Kontext nicht zweckmäßig. In der Forschung lange Zeit verbreitete Begriffsnamen wie *lyrischer Roman* (für handlungsarme, gefühlsbetonte Prosawerke, z. B. Hölderlins ,Hyperion') und *lyrisches Drama* (dazu Szondi, Wodtke) sollten durch präzisere Termini ersetzt werden. Unter einem Lyrischen Drama kann nach Sprachgebrauch entweder ein Drama mit Musikbegleitung oder aber ein Ein- oder Zweipersonenstück oder aber ein starke Emotionen und innere Konflikte vorführendes Schauspiel verstanden werden. Die Disparatheit dieser historischen Erscheinungsformen läßt es ratsam erscheinen, auf den Sammelbegriff zu verzichten und statt dessen genauer z. B. von ↗ *Oper*, ↗ *Singspiel* und ↗ *Oratorium* (bzw. den ↗ *Libretti* zu diesen musikalisch orientierten Formen), von ↗ *Monodrama* bzw. *Duodrama* sowie von ↗ *Melodrama* oder *Rührstück* (vgl. ↗ *Rührendes Lustspiel*) zu sprechen.

WortG: Die Ausdrücke *lyrisch* und *Lyrik* sind auf griech. λύρα [lýra] ,Leier' zurückzuführen, die Bezeichnung für ein altgriechisches Zupfinstrument. Das Adjektiv λυρικός [lyrikós] bedeutet allgemein ,zur Lyra oder zum Lyraspiel gehörig', insbesondere ,zur Lyra zu singen', ,mit der Lyra begleitet', kann sich also bereits auf zur Musikbegleitung gesungene oder gesprochene Texte (z. B. auf ↗ *Oden* oder ↗ *Dithyramben*, nicht jedoch auf ↗ *Elegien*) beziehen; die Substantivierung ὁ λυρικός [hò lyrikós] bezeichnet den ,Leierspieler' oder den ,lyrischen Dichter'. Bei Platon wird die durch ihre musikalische Prägung von Epos und Tragödie unterschiedene Dichtungsart, das Lied, fast ausschließlich als μέλος [mélos] bezeichnet (z. B. ,Politeia' 379 a, 398 c–d);

in Pindars Siegesoden dagegen (z. B. ‚Nemeen‘ 10,21) steht [lýra] metonymisch für den Gesang als Einheit von Musik und Dichtkunst. Für die europäischen Sprachen prägend ist die lat. Wortform *lyricus* (z. B. in *lyricum carmen* ‚lyrisches Lied‘), die im Mittelalter vergessen war und erst in der Renaissance wieder aufgenommen wurde. Volkssprachlich ist zuerst frz. *lyrique* nachweisbar, und zwar seit 1495 als Substantiv mit der Bedeutung ‚Lyriker‘ („dans l’Antiquité se dit de poètes qui composaient des poèmes declamés avec accompagnement de lyre", J. de Vignay; zit. n. ‚Trésor‘, 91), seit 1509 auch als Adjektiv („destiné à être chanté avec accompagnement de lyre", O. de Saint-Gelais; zit. ebd.). Im Dt. ist im 17. und 18. Jh. die Form *Lyrica*, der Plural des substantivierten lat. Adjektivs, am gebräuchlichsten; die *Lyrica* oder auch *Lyrischen Getichte* (G. Neumark, ‚Poetische Tafeln oder gründliche Anweisung zur teutschen Verskunst‘, 1667) werden als ‚Lieder zur Musik‘ verstanden (z. B. Zedler 17, 719). Das engl. *Lyric* wird als „something sung or played on the lyre" definiert und als Dichtung zum Götter- oder Heldenlob oder zu geselligen Anlässen erläutert (Encyclopaedia Britannica 1771, 1009); zum dt. Substantiv vgl. ↗ *Lyriktheorie* (sowie EWbD 2, 1040; Schulz-Basler 2, 48 f.).

Encyclopaedia Britannica. Bd. 2. Edinburgh 1771.

BegrG: Die seit der Antike mit dem Lyrik-Begriff verknüpften Merkmale ‚Gesang oder Deklamation mit Musikbegleitung‘ werden zu Beginn des 18. Jhs. zurückgedrängt zugunsten der Bedeutung ‚zum Ausdruck von Gefühlen besonders geeignet‘, zuerst bei G.-V. Gravina (‚Della ragione poetica‘, 1708; vgl. Wartburg, 484). Auf ihn beruft sich Sulzer in seinem Artikel ‚Lyrisch (Dichtkunst)‘ (Sulzer 3, 300; darauf aufbauend wiederum der Artikel ‚Lyrische Dichtkunst‘ bei Krünitz, 115—119). Der Terminus *poésie lyrique*, der Musikalität und Gefühlsausdruck in sich vereint, ist auf Batteux zurückzuführen („se dit des poésies qui expriment les sentiments intimes du poète"; ‚Principes de littérature‘ [1755], 3, 7; zit. n. ‚Trésor‘, 91). In den Artikeln ‚Lyrique‘ und ‚Poésie lyrique‘ der ‚Encyclopédie‘ gilt die Sangbarkeit als allgemeines und noch immer primäres Kriterium des Lyrischen; die Artikulation von „sentiments" als besonderes, in neuerer Zeit hinzugekommenes Merkmal. Die Verknüpfung von Sangbarkeit und Gefühlsausdruck ist der Ausgangspunkt fast aller Konzeptionen des ‚Lyrischen‘, wie sie vor allem in der deutschen Poetik seit dem 18. Jh. entwickelt wurden.

Hier wird die kompilatorische Aneinanderreihung von Dichtungsformen (zu denen als eine unter vielen auch die lyrische gehört) überwunden zugunsten des Versuchs, die Dichtung aus einem einheitlichen Gesichtspunkt zu erfassen, der zumeist auch als ihr genealogischer Ursprung angesehen wird. Gottsched (1730) sieht in der Musik, speziell im Gesang, den Ursprung aller Dichtung, doch ein übergreifender Begriff des ‚Lyrischen‘ fehlt ihm. Batteux unternimmt zwar noch einmal den systematischen Versuch, die gesamten schönen Künste aus dem Nachahmungsprinzip zu erklären (1746), doch mit dem von ihm geprägten Begriff der ‚lyrischen Poesie‘ lenkt er seinen Übersetzer und Kommentator J. A. Schlegel (1751) und später die deutschen ↗ *Genie*-Ästhetiken in eine ganz andere Richtung (vgl. Scherpe): Nicht die glaubwürdige Nachahmung eines Gefühls, sondern der authentische Ausdruck einer wahren Empfindung ist der Ursprung aller Poesie, der im lyrischen Gedicht am reinsten gestaltet ist. Die lyrische Poesie erscheint personifiziert in der Gestalt des lyrischen Dichters, des von den Musen inspirierten Sänger-Poeten in der Nachfolge des Apollo oder Orpheus und nach dem Vorbilde Sapphos, Pindars oder des fiktiven Ossian.

Dieses Modell prägt die Autorenpoetik Klopstocks (z. B. ‚Gedanken über die Natur der Poesie‘, 1759), besonders aber Herders anhaltende Bemühungen um eine Theorie und Geschichte der Lyrik in weltliterarischer Perspektive. Herders Begriff von *lyrischer Poesie* (die Ausdrücke ↗ *Ode* und ↗ *Lied* verwendet er damit weitgehend synonym) orientiert sich an den ältesten Mustern; in seinem Spätwerk betont er jedoch das Moment der sprachlichen Gestaltung von lyrischer Poesie, die für ihn der „vollendete Ausdruck einer Empfindung, oder Anschauung im höchsten Wohlklange der Sprache" ist (Herder, 171). Sprache und Musik begleiten in Herders Konzeption des Lyrischen einander nicht mehr, sondern sind eins geworden. Dieses Konzept ist nicht nur für die Lyriker des sogenannten ↗ *Sturm und Drang* (etwa den frühen Goethe) wegweisend, sondern bleibt verbindlich für große Teile der späteren Lyrik Goethes (wie auch für seine drei ‚Naturformen der Poesie'; ↗ *Gattung*), für die Lyrik der romantischen Generationen (z. B. Günderrode, Brentano, Eichendorff) und für die meiste Lyrik des 19. Jhs. (z. B. Mörike, Droste-Hülshoff, Lenau, Hebbel, Storm).

Das von diesen und anderen Autoren zwischen etwa 1770 und 1880 geschaffene Textkorpus wird in der Germanistik des 20. Jhs. — während die avantgardistische Lyrik längst mit ganz anderen sprachlichen Möglichkeiten experimentiert — zum Inbegriff des Lyrischen schlechthin erhoben. Dabei wird eine normative Wesensbestimmung des Lyrischen von der Gattungsbezeichnung *Lyrik* abgelöst; Gedichte, die die meist sehr ungenau formulierten Kriterien des Lyrischen nicht oder nicht hinreichend erfüllen (z. B. ↗ *Gedankenlyrik*, politische Lyrik, sprachspielerische oder experimentelle Lyrik), werden als dichterisch unbedeutende Randphänomene diskreditiert. So ist für Ermatinger (1921, ²1923) die „lyrische Wirkungsform" durch „Innerlichkeit", „Selbstbesessensein", „Hilflosigkeit gegenüber den Anforderungen des täglichen Lebens", Zeit-, Raum- und Kausalitätsenthobenheit sowie fehlenden Publikumsbezug gekennzeichnet (Ermatinger, 311 f.). Kayser spricht von „Verinnerung alles Gegenständlichen in dieser momentanen Erregung" (Kayser, 336). Staiger entwickelt 1946 ein Konzept des lyrischen Stils als ‚Erinnerung'; in der Innerlichkeit lyrischer Dichtung sind ihm zufolge alle Unterschiede zwischen Subjekt und Objekt, Innen- und Außenwelt, Autor und Leser aufgehoben (vgl. Staiger 1975, 39). Den lyrischen „Zustand" des Einsseins von Innen und Außen (z. B. in Landschaftsgedichten) bezeichnet Staiger auch als „Stimmung" (Staiger 1975, 46; vgl.

auch Kommerell, 19—33). Staigers Begriffe des lyrischen, ↗ *epischen* und ↗ *dramatischen* Stils sind mit den Gattungsbegriffen ‚Lyrik', ‚Epik' und ‚Drama' zunächst ununterscheidbar konfundiert (vgl. Staiger 1975, 143—161, bes. 159). Da sie so aber poetologisch und interpretatorisch unbrauchbar sind, sieht sich Staiger veranlaßt, sie zu „fundamentale[n] Seinsmöglichkeit[en] des Menschen" zu verklären und als einen „literaturwissenschaftliche[n] Beitrag zur philosophischen Anthropologie" im Gefolge Heideggers zu deklarieren (Staiger 1952, 12) sowie später eine neue, erfreulich nüchterne, aber leider nicht ausgeführte Einteilung der Gattungen nach „ganz trivialen äußerliche[n] Bestimmungen" (Staiger 1961, 356) zu skizzieren.

Wie wenig die sich von formalen, intersubjektiv nachvollziehbaren gattungstheoretischen Kriterien lossagende Wesensbestimmung des Lyrischen zum Verständnis von Gedichten beizutragen vermag, führt nochmals der Versuch von Timm (1992; dazu Burdorf, 182—184) vor Augen, „lyrische Rührung und lyrisches Gefühl als objektive räumliche Phänomene" (Timm, 8), als rational nicht faßbare Konfrontation mit der „Wucht ergreifender Mächte" (39) zu verstehen. Die von den 1920er Jahren bis heute anhaltende Tendenz der deutschsprachigen Literaturwissenschaft zur Ablösung des Lyrischen von der Lyrik, die in den angelsächsischen und romanischen Diskussionen keine Entsprechung hat (vgl. z. B. Wellek), ist einer der unproduktiven Irrwege der Germanistik des 20. Jhs.

Encyclopédie. Hg. v. Denis Diderot u. Jean le Rond d'Alembert. Bd. 20 bzw. 26. Lausanne 1780. — Johann Georg Krünitz: Ökonomisch-technologische Encyklopädie. Bd. 82. Berlin 1801. — Walther v. Wartburg: Französisches Etymologisches Wb. Bd. 5. Basel 1950.

ForschG: Die Forschungsgeschichte zur Kategorie des Lyrischen fällt zusammen mit der Entwicklung der ↗ *Gattungstheorie* und hier speziell der ↗ *Lyriktheorie*.

Lit: Dieter Burdorf: Einführung in die Gedichtanalyse. Stuttgart 1995. — Karl Otto Conrady: „Nicht-lyrische Lyrik". In: K. O. C.: Lateinische Dichtungstradition und deutsche Lyrik des

17. Jhs. Bonn 1962, S. 52−54. − Emil Ermatinger: Das dichterische Kunstwerk. Leipzig, Berlin 1923. − Johann Gottfried Herder: Die Lyra. Von der Natur und Wirkung der lyrischen Dichtkunst [1795]. In: J. G. H.: Poetische Werke. Bd. 3. Hg. v. Carl Redlich. Berlin 1881, S. 163−181. − Max Kommerell: Vom Wesen des lyrischen Gedichts. In: M. K.: Gedanken über Gedichte. Frankfurt 1943, S. 9−56. − Dieter Lamping: Das lyrische Gedicht. Göttingen ²1993. − Heinz Peyer: Herders Theorie der Lyrik. Winterthur 1955. − Klaus Scherpe: Gattungspoetik im 18. Jh. Stuttgart 1968. − Emil Staiger: Grundbegriffe der Poetik [1946]. München 1975. − E. St.: Lyrik und lyrisch. In: DU 4 (1952), H. 2, S. 7−12. − E. St.: Andeutung einer Musterpoetik. In: Unterscheidung und Bewahrung. Fs. Hermann Kunisch. Hg. v. Klaus Lazarowicz und Wolfgang Kron. Berlin 1961, S. 354−362. − Peter Szondi: Das lyrische Drama des Fin de siècle. Hg. v. Henriette Beese. Frankfurt 1975. − Eitel Timm: Das Lyrische in der Dichtung. München 1992. − Trésor de la Langue Française. Bd. 11. Paris 1985. − René Wellek: Genre theory, the lyric, and *Erlebnis*. In: R. W.: Discriminations. New Haven, London 1970, S. 225−252 [dt. 1972]. − Friedrich Wilhelm Wodtke: Lyrisches Drama. In: RL², S. 252−258.

Dieter Burdorf

Lyrisches Drama ↗ *Lyrisch*   ↗ *Monodrama*

Lyrisches Ich

Das Subjekt von Gedichten ohne Rollenfiktion.

Expl: Bei ↗ *lyrischen* Gedichten (im dort als (2) explizierten engeren Sinne) kann das sprechende Subjekt nicht einfach mit dem realen ↗ *Autor*, aber auch nicht (wie in der ↗ *Ballade*) mit einem episch fingierenden ↗ *Erzähler* oder (wie im ↗ *Rollengedicht*) mit einer fiktiven ↗ *Figur₃* gleichgesetzt werden. Für diese Instanz, deren lyrische Kundgabe von Gedanken, Gefühlen, Beobachtungen und Erlebnissen wir im Gedicht zwar vernehmen, deren personale Identität und fragliche Fiktionalität aber gleichsam in der Schwebe bleiben (vgl. Hamburger,

217−219; Fricke, 124 f.), hat man die terminologische Hilfskonstruktion des *Lyrischen Ich* geprägt. Der Ausdruck bezeichnet somit eine poetische ↗ *Leerstelle*, die zur imaginativen Füllung ebenso einlädt wie gegebenenfalls zur persönlichen ↗ *Identifikation*. Diese Sprecherfunktion (hierin teilweise vergleichbar mit dem Impliziten ↗ *Erzähler*) kennzeichnet ein lyrisches Gedicht unabhängig von seiner grammatischen Form; entgegen manchen anderslautenden Vorschlägen (z. B. Kaiser 2, 582; Jakobson, 94) sollte man das Lyrische Ich nicht vom Auftreten der 1. Person Singular des Personal- oder auch Possessivpronomens abhängig machen (vgl. Spinner, 17−20; Müller, 56−58; Lamping, 75 f.). Das ‚lyrische Du‘ („Warte nur, balde / Ruhest du auch") ist ebenso nur eine Variante des Lyrischen Ich („Ach, ich bin des Treibens müde") wie lyrische Einzelrede ganz ohne Pronomina (‚Wie herrlich leuchtet / Die Natur‘), die sich über analoge Tiefenstrukturen ohne weiteres in die Ich-Form bringen läßt (‚Wie herrlich leuchtet / Mir die Natur‘).

WortG: Die terminologische Verbindung *Lyrisches Ich* geht nach übereinstimmendem Befund auf das gattungstheoretische Buch von Susman (1910) zurück, die damit die „Erhöhung des empirischen Ich zu einem übergeordneten formalen" in der Lyrik bezeichnete (Susman, 18 f.). Walzel, der Susmans Buch erstmals 1912 diskutierte, leitete 1916 mit seinem Aufsatz ‚Schicksale des lyrischen Ichs‘ die wissenschaftliche und populärwissenschaftliche Karriere des Begriffsnamens ein, der sich in dieser Form nur in der dt. Fachsprache gegenüber der international üblicheren Rede vom ‚lyrischen Subjekt‘ durchsetzen konnte (vgl. z. B. Rabaté u. a., Berry, Jaegle).

BegrG: Platons erste, noch ganz naive Version des gattungstheoretischen *Redekriteriums* (↗ *Gattung*; vgl. Hempfer, 155−169) setzt Autor und lyrischen Sprecher ausdrücklich gleich: Lyrische Dichtung bestehe „ganz aus persönlicher Kundgabe des Dichters selbst" (‚Politeia‘ 394 b−c). Diese Nichtunterscheidung bleibt bestimmend noch für Hegels Kennzeichnung der ↗ *Lyrik* als der rein subjektiven Gattung, in deren Zentrum das „poetisch konkrete Subjekt, der Dichter" stehe (Hegel 3, 439). Das literarhistorisch am Modell von Goethes Lyrik und lebensphilosophisch an der Kategorie ↗ *Erlebnis* orientierte geistesgeschichtliche Lyrik-Verständnis blieb diesem Konzept ebenso verhaftet wie die biographistische Arbeit des literaturwissenschaftlichen ↗ *Positivismus*.

Die Einführung des insoweit neuartigen Begriffs ‚Lyrisches Ich' setzt hier ausdrücklich einen Gegenakzent. Stand bei Susman das für die Lyrik postulierte „in den allgemeinen ewigen Zusammenhängen des Seins lebende Ich" (Susman, 16) noch deutlich in metaphysisch-spekulativem Rahmen, so vollzog Walzel die entscheidende Wende zu jener formgeschichtlichen und sprachtheoretischen Konzeption des Lyrischen Ich, die dann nach dem 2. Weltkrieg von Theoretikern wie K. Hamburger, Pestalozzi, Spinner und Müller weiter ausdifferenziert wurde. Einen folgenschweren Rückschlag für den öffentlichen Gebrauch des Ausdrucks bedeutete demgegenüber Benns einflußreiche Bestimmung des Lyrischen Ich als „Inkarnation alles dessen, was an lyrischem Fluidum in dem Gedichte produzierenden Autor lebt" (Benn 1, 541). Gegenüber dem literaturwissenschaftlichen Terminus kommt es so zunehmend zu Verwirrungen und Verflachungen im literaturkritischen und literaturdidaktischen Diskurs, an deren Ende jene systematische Mehrdeutigkeit des Begriffs steht, die man 1979 in ein ganzes Spektrum von Konzepten aufgeschlüsselt hat: „Das lyrische Ich als Vereinigung von Subjekt und Objekt in der lyrischen Stimmung", „als Gefühlsträger im liedhaften Gedicht", „als biographisches Ich", „als Vereinigung von Leser und Dichter", „als ‚philosophisches' Ich", „als überindividuelles Ich", „als kollektives Ich", „als Faktor im poetischen Kommunikationsvorgang" (Müller, 5).

Gottfried Benn: Gesammelte Werke. Hg. v. Dieter Wellershoff. 4 Bde. Wiesbaden 1959–61. – Georg Friedrich Wilhelm Hegel: Vorlesungen über die Ästhetik [1835–38]. 3 Bde. Frankfurt 1970.

SachG: Als nichtmarkierte Sprecherinstanz ist das Lyrische Ich zu allen Zeiten eine Möglichkeit der Lyrik gewesen und auch zu allen Zeiten genutzt worden. Dennoch tritt es nicht etwa in allen lyrischen Formen und historischen Genres gleichermaßen auf – grundsätzlich nicht z. B. im ↗ *Gelegenheitsgedicht*, in dem der sprechende Autor sich selbst, etwa als Gratulant in Versen, zur Geltung bringt, ganz ähnlich wie in personal konkretisierter ↗ *Panegyrik* als pragmatischem Vollzug von ↗ *Sprechakten*. Auch treffen wir in mittelalterlicher Lyrik in aller Regel noch auf ein „nicht partikularisiertes, sondern generalisiertes Ich" (Grubmüller, 406).

Als Epoche des nachhaltigen Durchbruchs individueller lyrischer Subjektivität im Gedicht gilt die ↗ *Goethezeit* (dazu Pestalozzi, Gnüg, Sorg, Kaiser 1988b). Doch sollte nicht übersehen werden, daß gleichzeitig auch Genres ohne Lyrisches Ich einen Aufschwung nehmen: neben der ↗ *episch* fiktonalisierten Ballade das im Kern ↗ *dramatisch* ausgerichtete Rollengedicht (mit klar fiktivem Ich wie in Brentanos ‚Der Spinnerin Lied' oder in Goethes – aus einem Dramenfragment entwickeltem – ‚Prometheus', später bis hin zu kleinen Monodramen nach dem Vorbild von Brownings ‚dramatic monologues'; vgl. Höfele, Loehndorf). Doch ist es vor allem die ↗ *Erlebnislyrik* vom Goetheschen Typus, an der sich die moderne Vorstellung vom lyrischen Subjekt ausgebildet hat – nicht allein im prototypischen Bereich von Liebeslyrik, sondern gleichermaßen in der ↗ *Naturlyrik* wie in der besonders deutlich gegen einseitig gefühlsbetonte Schematisierungen sprechenden ↗ *Gedankenlyrik*. Noch das objektivierende ↗ *Dinggedicht* des Fin de siècle hat das Lyrische Ich zur Sprecherinstanz, auch wenn es hier (gleichsam als ‚implizites Ich') seltener pronominal hervortritt.

Hatte demgegenüber Walzel schon 1916 eine Tendenz der Moderne zur „Entichung der Lyrik" (Walzel, 264) konstatiert, so entwickeln sich seit dem ↗ *Dadaismus* verstärkt lyrische Textsorten, die auf ein eigentliches Redesubjekt und damit auf das Lyrische Ich traditioneller Prägung ganz verzichten – besonders deutlich im ↗ *Lautgedicht* und in der ↗ *Konkreten Poesie*.

ForschG: Grundlegende Beiträge zur sprachtheoretischen Klärung der Ich-Funktion im Gedicht verdankt die Forschung seit 1957 Käte Hamburger, auch wenn ihre ‚dichtungslogische‘ Bestimmung des Lyrischen Ich als „ein echtes, ein reales Aussagesubjekt" im Lichte neuerer Theorien der ↗ *Fiktion* etwas überholt erscheinen mag; richtig bleibt aber ihre Präzisierung dieser Nichtfiktionalität in dem Sinne, „daß es kein exaktes, weder ein logisches noch ästhetisches, weder ein internes noch ein externes Kriterium gibt, das uns darüber Aufschluß gäbe, ob wir das Aussagesubjekt des lyrischen Gedichtes mit dem Dichter identifizieren können" (Hamburger, 217–219).

Seither sind eine ganze Reihe von Aufsätzen und Monographien zum Thema erschienen; manche trotz des literaturtheoretischen Sujets eher historiographisch nachzeichnend (Pestalozzi, Gnüg, Sorg), manche mit neuen Ansätzen zur Klärung der poetologischen Sachlage selbst – gattungssystematischen bei Müller, texttheoretischen bei Jaegle, linguistischen und rezeptionsästhetischen bei Spinner (das Lyrische Ich als „Leerdeixis", 17 f.; ↗ *Appellstruktur*). Gute Forschungsüberblicke bieten dabei (in beiden Fällen mit komparatistisch erweitertem Blick) insbesondere die Grundsatzkapitel bei Müller (11–30) und auf aktualisiertem Stand bei Jaegle (35–68).

Lit: Francis Berry: Poet's grammar: person, time and mood in poetry. London 1958. – Ulrich Charpa: Das poetische Ich – persona per quam. In: Poetica 17 (1985), S. 149–169. – Harald Fricke: Norm und Abweichung. München 1981. – Hiltrud Gnüg: Entstehung und Krise lyrischer Subjektivität. Vom klassischen lyrischen Ich zur modernen Erfahrungswirklichkeit. Stuttgart 1983. – Klaus Grubmüller: Ich als Rolle. ‚Subjektivität‘ als höfische Kategorie im Minnesang. In: Höfische Literatur, Hofgesellschaft, höfische Lebensformen um 1200. Hg. v. Gert Kaiser und Jan-Dirk Müller. Düsseldorf 1986, S. 387–408. – Käte Hamburger: Die Logik der Dichtung [1957]. Stuttgart ³1977, S. 217–232. – Erich Heller: Das lyrische Ich seit Schopenhauer. In: Schopenhauer-Jb. 57 (1976), S. 58–76. – Andreas Höfele: Rollen-Ich und lyrisches Ich. In: Lit. Jb. NF 26 (1985), S. 185–204. – Dietmar Jaegle: Das Subjekt im und als Gedicht. Stuttgart 1995. – Roman Jakobson: Poetik. Frankfurt 1979. – Gerhard Kaiser: Geschichte der deutschen Lyrik von Goethe bis Heine. 3 Bde. Frankfurt 1988 [a]. – G. K.: Das Ich im Gedicht. Wandlungen seit der Goethezeit. In: Seminar 24 (1988 [b]), S. 97–131. – Dieter Lamping: Das lyrische Gedicht. Göttingen 1989. – Esther Loehndorf: The master's voices. Robert Browning, the dramatic monologue, and modern poetry. Tübingen 1997. – Wolfgang G. Müller: Das lyrische Ich. Heidelberg 1979. – Jürgen Peper: Transzendentale Struktur und lyrisches Ich. In: DVjs 46 (1972), S. 381–434. – Karl Pestalozzi: Die Entstehung des lyrischen Ich. Berlin 1970. – Dominique Rabaté u. a. (Hg.): Le sujet lyrique en question. Bordeaux 1996. – Bernhard Sorg: Das lyrische Ich. Tübingen 1984. – Kaspar H. Spinner: Zur Struktur des lyrischen Ich. Frankfurt 1975. – Anthony R. Stephens: Überlegungen zum lyrischen Ich. In: Zur Geschichtlichkeit der Moderne. Fs. Ulrich Fülleborn. Hg. v. Theo Elm und Gerd Hemmerich. München 1982, S. 53–68. – Margarete Susman: Das Wesen der modernen deutschen Lyrik. Stuttgart 1910. – Oskar Walzel: Schicksale des lyrischen Ichs [1916]. In: O. W.: Das Wortkunstwerk. Leipzig 1926, S. 260–276.

Harald Fricke / Peter Stocker

M

Madrigal

Gedicht mittlerer Länge ohne strophische
Gliederung aus zumeist alternierenden Versen mit freier Takt- oder Hebungszahl.

Expl: Seit dem 14. Jh. in Italien bezeugter
volkssprachlicher und zum gesanglichen
Vortrag bestimmter Formtypus der Lyrik
mit zunächst bukolischem und amourösem,
später auch geistlichem oder politischem Inhalt und moralischer, satirischer oder polemischer Intention. Die ältere Form des Madrigals, bestehend aus einer Strophe zu 2−3
Terzetten und 1−2 Reimpaaren, wurde im
16. Jh. von einem freieren Typ abgelöst, der
aus 6−13 zumeist alternierenden und 7−11
Silben umfassenden Versen in freier Anordnung und Reimstellung bestand und auch
↗ *Waisen* zuließ, ehe sich zum Ende des
16. Jhs. wieder eine strengere Form etablierte (13 Verse zu 3 Terzetten und 2 Reimpaaren). Eine Sonderform des Madrigals ist
das Madrigalon, das in der Länge noch
über das 14zeilige ↗ *Sonett* hinausgeht.
Seine Kürze und mitunter gnomische Zuspitzung rücken das Madrigal in die Nähe
zum ↗ *Epigramm*. Als Formvariante des
Madrigalverses gilt der 4−6hebige Faustvers, mit dem Goethe weite Teile seiner
gleichnamigen Tragödie gestaltete.

WortG: Die Etymologie des Wortes *Madrigal* ist umstritten. Es wird heute im allgemeinen auf lat. *matricalis* ‚von der Mutter‘,
‚muttersprachlich‘ zurückgeführt, doch ist
eine Überlagerung des Begriffs mit *cantus
materialis* (weltlicher Gesang in Abgrenzung zum *cantus spiritualis*) denkbar (Pirrotta). Bis ins 19. Jh. wurde die etymologisch unhaltbare Herleitung Antonio da
Tempos von ital. *mandra* ‚Herde‘ bzw. *mandrialis* ‚zur Herde gehörig‘ und jene Pietro
Bembos von *cantus materialis* (einfacher

Gesang in Abgrenzung zum *cantus formalis*)
favorisiert.

Vossler, S. 10−12. − Nino Pirrotta: Sull' etimologia di ‚Madrigale‘. In: Poesia 9 (1948), S. 60 f.

BegrG: Gedichte des beschriebenen Typs
wurden im Italien des 13./14. Jhs. mit Blick
auf das vermeintliche Etymon *mandrialis*
als *ma(n)driale*, seit dem Cinquecento als
madrigale bezeichnet. Die lateinische Definition des Madrigals als „Carmen Musicae
potius, quam Poetices legibus respondens"
(Zedler 19, 140) betont den Primat der musikalischen Gesetzmäßigkeit dieser Gedichtform vor der poetischen. In den deutschen
Poetiken etablierte sich der Begriff erst nach
dem Erscheinen von Caspar Zieglers Abhandlung ‚Von den Madrigalen‘ (Wittenberg 1653).

SachG: Musikalische und literarische Entwicklung lassen sich beim Madrigal nicht
strikt voneinander trennen. Die Gedichtform entstand im 14./15. Jh. in Italien, wo
Dante Alighieri, Giovanni Boccaccio, Francesco Petrarca, Pietro Bembo und Bindo
d'Alesso Donati zu ihren bedeutendsten
Vertretern gehörten. Mit der Übersetzung
ital. Madrigaltexte und eigenständigen
Nachbildungen erschien die Form in
Deutschland zuerst als Musiklibretto bei
Hans Leo Haßler (1584) und Johann Hermann Schein (1609). Theoretisch fundiert
wurde das Madrigal 1653 durch Caspar
Ziegler, jetzt schon als eine Form für die
sprech- und lesbare Kunstlyrik. Außerhalb
der Gedichtform Madrigal diente der freie
Madrigalvers im 17. Jh. zur Gestaltung der
Rezitativpartien von ↗ *Oper*, ↗ *Kantate*
und ↗ *Oratorium*. Martin Opitz löste sich
in seiner ‚Daphne‘ bereits vom italienischen
Vorbild und variierte zwischen jambischen
und trochäischen Versen, während Augustus Buchner nach dem Vorbild der Ge-

sangspartien in der antiken Tragödie in seinen ‚Orpheus' daktylische Verse einmischte. Im gesprochenen Trauerspiel verlief eine ähnliche Entwicklung von den Neulateinern zu Opitz, Gryphius und Lohenstein. Monologe, Geisterreden und Chöre wurden in deutlicher Abgrenzung zum starren Alexandriner in freien Madrigalversen oder in Operndaktylen gehalten. Zu einer Blüte gelangte das Madrigal in der ↗ *Galanten Literatur* (Caspar Stieler, Philipp von Zesen, Benjamin Neukirch, Erdmann Neumeister). Aus der französischen Dichtung kam im 18. Jh. ein neuer Anstoß zur Nachbildung jambischer und trochäischer Verse mit freier Hebungszahl. Diese sogenannten vers libres (↗ *Freie Verse*) sind ihrer rhythmischen Form nach im Deutschen mit den Madrigalen völlig identisch. Sie fanden u. a. in der ↗ *Anakreontik* (Hagedorn, Gellert; der junge Goethe), in Fabeldichtungen und Verserzählungen (Lessing, Wieland) Verwendung. Goethe hielt weite Partien seines ‚Faust' in teils gereimten, teils reimlosen Madrigalversen. Einen letzten Höhepunkt erreichte die Madrigaldichtung in der Romantik (A. W. Schlegel, Uhland, Eichendorff). Der Madrigalvers hingegen lebte bis in die Moderne (z. B. Ernst Stadler, ‚Zwiegespräch') fort.

Vossler, S. 13–158. – Andreas Heusler: Deutsche Versgeschichte. Bd. 3. Berlin 1956, § 1031–1037. – Dorothea Baumann, James Haar: Madrigal. In: MGG² 5, Sp. 1541–1569.

ForschG: Daß eine umfassende Geschichte des Madrigals, die sowohl die musikalischen als auch die literarischen Implikationen dieser Form interdependent berücksichtigt, bislang nicht vorliegt, resultiert nicht zuletzt daraus, daß nur wenige Forscher in diesem Grenzbereich kompetent zu arbeiten vermögen. So bildet die Untersuchung von Karl Vossler (1898), die den bis dahin einschlägigen musikologischen Beitrag von Philipp Spitta (1875) in seinen wichtigsten Positionen revidierte, immer noch die Grundlage für eine wissenschaftliche Auseinandersetzung mit dem Madrigal. Den Einfluß der italienischen Musik auf die deutsche Dichtung vor Opitz haben Velten und Brauer untersucht. Grundlegende Einzeluntersuchungen zu Opitz und Zesen bieten die Arbeiten von Aikin und Thomas. Eine Darstellung der Geschichte des Madrigals für den gesamteuropäischen Raum steht noch aus.

Lit: Judith P. Aikin: Creating a language for German opera. The struggle to adapt madrigal versification in seventeenth-century Germany. In: DVjs 62 (1988), S. 266–289. – Walter Brauer: Jakob Regnart, Johann Hermann Schein und die Anfänge der deutschen Barocklyrik. In: DVjs 17 (1939), S. 371–404. – Philipp Spitta: Die Anfänge der madrigalischen Dichtkunst in Deutschland. In: Allgemeine musikalische Zeitschrift 10 (1875), S. 4–7 und 19–23. – Gary C. Thomas: Philipp von Zesen's German madrigals. In: Daphnis 21 (1992), S. 641–672. – Rudolf Velten: Das ältere deutsche Gesellschaftslied unter dem Einfluß der italienischen Musik. Heidelberg 1914. – Karl Vossler: Das deutsche Madrigal. Weimar 1898.

Ralf Georg Czapla

Madrigalvers ↗ *Versmaß*

Männlich ↗ *Kadenz*

Märchen

Mündlich oder schriftlich tradierte, international verbreiteter Motivik verankerte Prosaerzählung, in der die Bedingungen der Wirklichkeit aufgehoben scheinen.

Expl: Als ‚Märchen' gelten Erzählungen unterschiedlichster Art, die aber zumindest darin übereinstimmen (sollten), daß (1) Verfasser, Entstehungszeit, -ort und -zweck unbekannt sind, (2) sie im Lauf ihrer Überlieferung variiert wurden, (3) sie vom Wunderbaren (partielle Aufhebung der Naturgesetze) wie selbstverständlich erzählen, aber nicht in jeder Hinsicht glaubwürdig sein wollen. Durch (1) und (2) sind sie als sogenannte *Volksmärchen* von der Kunstliteratur (insbesondere vom ↗ *Kunstmärchen*), durch (3) von anderen (ggf. ebenfalls anonymen) Wundergeschichten abgegrenzt, denn Mythe, ↗ *Sage* oder ↗ *Legende* berichten vom Wunder als vom Außergewöhnlichen und mehr oder weniger mit dem Anspruch auf Glaubhaftigkeit.

Die Schreibart des Märchens ist (nach Lüthi) gekennzeichnet durch abstrakten Stil (entsprechend seiner ‚Wirklichkeitsferne‘), Flächenhaftigkeit und Isolation der Figuren, Eindimensionalität der Wirklichkeitswahrnehmung, Sublimation als ‚Entwirklichung‘ sowohl des Magischen als auch des Alltäglichen. Von Märchensammlern und -deutern sind diese Kriterien seit je zu wenig beachtet worden, so daß unter dem Begriff ‚Märchen‘ u. a. auch Sagen, Schwänke, Rätsel- und Warn- oder Lügengeschichten aller Art subsumiert werden. Als Kriterien für die Gattung sind fälschlich vereinseitigend schlichter Unterhaltungswert, Bewahrung von (Natur-, Astral- und anderen) Mythen, Kindhaftigkeit, pädagogische Eignung, Realisierungen von Archetypen usw. diskutiert worden.

WortG: *Märchen* ist Diminutivform zum mhd. Substantiv *(daz) maere* ‚Kunde‘, ‚Nachricht‘, abgeleitet von ahd. *māri* ‚berühmt‘ (↗ *Maere*). Noch Luther braucht frnhd. *Mä(h)r* im Sinn von ‚wichtige und höchstbeglaubigte Nachricht‘ (Evangelium). Die seit dem 13. Jh. belegte Diminutivform (obdt. *-lein*, mitteldt. *-chen*, nd. *-ken*) deutet auf die (durch mündliche Tradition bedingte) Kürze solcher Nachrichten hin, zugleich aber auch auf ihren zweifelhaften Wahrheitsanspruch (z. B. *merl* in Johannes Aventins ‚Bayerischer Chronik‘, 1522/33: ‚unglaubwürdige Geschichten‘). Diese abwertende Bedeutung herrscht bis ins 18. Jh. vor. Zugleich wird es daneben schon seit dem 16. Jh. auch als Gattungskennzeichnung (*Predigtmärlein, Ammenmärchen*) verwendet.

Klaus Düwel: Werkbezeichnungen der mittelhochdeutschen Erzählliteratur (1050–1250). Göttingen 1983, S. 205–207. – DWb 12, Sp. 1615–1620. – EM 1, Sp. 463 f.; 9, Sp. 250 f., 345–347. – Hanns Fischer: Studien zur deutschen Märendichtung. Tübingen ²1983, S. 78–84. – Lexer 1, Sp. 2045 f.

BegrG: Mit dem Titel ihrer erstmals 1812/14 erschienenen Sammlung ‚Kinder- und Hausmärchen‘ haben die Brüder Jacob und Wilhelm Grimm (1785–1863; 1786–1857) das Wort in seiner mitteldt. Form endgültig als Gattungsbegriff durchgesetzt, und zwar im ähnlichen Sinn, wie ihn Musäus (‚Volksmärchen der Deutschen‘, 1782–86) mit seiner (an Herders Begriff ↗ *Volkslied* angelehnten) Prägung ‚Volksmärchen‘ aufgefaßt hatte: fiktionale, früher oder gegenwärtig mündlich (im ‚Volk‘, im ‚Haus‘) verbreitete Prosaerzählungen mit ausgeprägter Vorliebe für Wunderhaftes (↗ *Phantastisch*) und (im Gegensatz zur Sage) ohne Anknüpfung an bestimmte geographische oder historische Sachverhalte. Daß es sich dabei ursprünglich und zunächst noch um Texte von Erwachsenen für Erwachsene handelt, geht aus den Definitionen und Intentionen von Musäus und den Grimms (Vorreden zu ihren Sammlungen) ebenso hervor wie aus der etwa gleichzeitigen Adaption des Begriffs durch Wieland und Goethe für deren Kunstmärchen in Versform oder Prosa. Erst die veränderten soziologischen und geistesgeschichtlichen Verhältnisse zu Anfang des 19. Jhs., besonders die Herausbildung der Kleinfamilie und ihrer Kommunikationsstrukturen (Intimisierung, Emotionalisierung), brachten die Kinder als Adressaten ins Spiel, so daß die Gattung, auch wegen ihrer scheinbaren ‚Unvernünftigkeit‘, zunehmend als ↗ *Kinderliteratur* aufgefaßt und gewertet wurde. Die Romantik deutete diese Einschätzung um. Sie hebt das Unverbildete als Voraussetzung der Rezeption hervor und sucht dementsprechend auch den Ursprung des Märchens im ‚Volk‘. Die volkskundlich und literaturwissenschaftlich geprägte Märchenforschung erwies die literatursoziologischen Annahmen als unhaltbar. Ein sprunghaft ansteigendes Interesse des erwachsenen Lesepublikums zu Ende des 20. Jhs. kehrt gewissermaßen zu vorromantischen Positionen zurück.

[Johann Gottfried Herder u. a.:] Von deutscher Art und Kunst. Hamburg 1773. – [Johann Karl August Musäus:] Volksmärchen der Deutschen. 5 Bde. Gotha 1782–86. – Kinder- und Hausmärchen, gesammelt durch die Brüder Grimm. 2 Bde. Berlin 1812/15; 3 Bde. Berlin 1819, 1822; Göttingen ²1856.

SachG: Die Eigenart der Überlieferung läßt für die Entstehung der Gattung nur ungesicherte Hypothesen zu. Daß in Antike und Mittelalter kein Märchen überliefert ist, das den Gattungseigentümlichkeiten entspricht, wie sie sich später herausgebildet haben — wohl indes Märchenmotive in Fülle, die sich nur gelegentlich zu (national sehr unterschiedlichen) Erzählkomplexen verdichten (z. B. das ägyptische ‚Zwei Brüder-Märchen‘, der ‚Goldene Esel‘ des Apuleius, die sogenannten ‚Märchen aus 1001 Nacht‘) —, gibt zu Spekulationen Anlaß, die von der Nichtexistenz der Gattung bis zur Vermutung der Allbekanntheit solcher Texte (so daß sie nicht aufgeschrieben werden mußten) reichen. In eins damit stellt sich nicht nur die Frage nach der Entstehungszeit des Märchens (Thesen umfassen den Zeitraum von den Anfängen der Menschheit bis zum 18. Jh.), sondern auch nach Herkunft und Verbreitung: (1) Monogenese; einmalige Erfindung und Wanderung (Benfey); (2) Polygenese; mehrmalige, voneinander unabhängige Erfindung, ‚Ausdruckszwänge‘ verschiedener Entwicklungsstufen jeweiliger Erzählgemeinschaften (Finnische Schule); (3) Archetypik; Gestaltung menschlicher Grundbefindlichkeiten (C. G. Jung); (4) Zielform; Märchen sind immer auf dem Weg zu ihrer Idealform, die also nicht im Ursprung, sondern in der Zukunft liegt (Lüthi). Die Frage, ob das Märchen eine Vorform des Mythos oder dessen Weiterleben in einer Art Schwundstufe darstellt, ist damit nicht beantwortet. Geht man von der monogenetischen These aus, so sind jedenfalls alle (Volks-)Märchen zunächst Kunstmärchen und haben ihren eigentlichen Charakter erst durch die Überlieferungsgeschichte (Verlust der ‚Urfassung‘ und deren Umgestaltung) gewonnen.

Die entscheidende, den Typus prägende Wende erfuhr die Geschichte des Märchens im späten 18. und frühen 19. Jh. Musäus und die Grimms fanden zwar noch eine mündliche Märchentradition vor, doch war diese auf einen kleinen, keineswegs für das erzählende Volk (oikotypisch oder gar soziologisch) repräsentativen Beiträgerkreis beschränkt und zeigte zudem fast immer Einfluß durch schriftliche Traditionen. Man kann daraus schließen, daß die mündliche Tradition (↗ *Oralität*) immer wieder der Stützung durch schriftliche Formulierungen bedurfte. Dieses Wechselspiel ist bis ins 16. Jh. zurückzuverfolgen: Luther spielt in seinen ‚Tischreden‘ (passim), Gailer von Kaisersberg in Predigten auf anscheinend allbekannte Märchen an, 1591 spricht Rollenhagen von den „wunderlichen Hausmärlein […] welche ohne Schrift immer mündlich auf die Nachkommen geerbet wurden“ (Vorrede zum ‚Froschmeuseler‘). Daneben stellen sich die Veröffentlichung des ‚Erdkuolin‘-Märchens durch Montanus (1550) und z. B. Bearbeitungen von Märchensujets durch Hans Sachs (‚Die ungleichen Kinder Evas‘, ‚Das junggeglühte Männlein‘ u. a.) und immer wieder Übersetzungen vor allem der Feenmärchen (z. B. Madame d’Aulnoy, ‚Contes des fées‘, dt. 1762; Madame de Villeneuve, ‚Cabinet des fées‘, dt. 1790—97). Auch in italienische Erzählsammlungen (besonders Straparola, ‚Le piacevoli notti‘, 1550/53; Basile, ‚Lo cunto de li cunti‘, dt. 1846) sind Märchenstoffe eingearbeitet; Charles Perrault hat seit 1693/94 eine kleine Sammlung nacherzählter Volksmärchen herausgegeben (zusammengefaßt 1697: ‚Histoires ou Contes du temps‘).

Mit den Sammlungen und Forschungen der Brüder Grimm wurden nicht Urfassungen von Märchen aufgefaßt oder rekonstruiert, sondern ein neues literarisches Genre, die ‚Gattung Grimm‘ (Jolles) oder das ‚Buchmärchen‘ (Lüthi) entwickelt: zwischen Mündlichkeit und Schriftlichkeit angesiedelte, durch Kontaminationen und stilistisch durchgreifende Überarbeitungen einmalig geprägte Texte, die in aller Welt irrtümlich für die unverfälschte Wiedergabe einer nach Jahrhunderten noch um 1800 in Hessen lebendigen Tradition aufgefaßt wurden und in diesem Sinn unzählige Nachahmungen zeitigten. Dabei spiegelt die jüngste Traditionsgeschichte offenbar die älteren Verhältnisse wider: Grimms Formungen sind auf den verschiedensten Wegen in alle Welt gelangt und wurden häufig als Zeugnisse nationaler mündlicher Volksüberlieferungen aufgezeichnet und gedeutet, d. h. die zwischenzeitliche schriftliche Formung ist weithin wieder in die Mündlichkeit übergegangen. Bezeichnend sind dabei allerdings auch die neuerlichen Umformungen, wie sie sich schon in Bechsteins Bearbeitungen (seit 1845) mit Wiedereinführung und Betonung etwa der von Wilhelm Grimm ausgeblendeten sozial- oder religionskritischen Elemente finden.

ForschG: Eine seriöse Märchenforschung begann mit den Brüdern Grimm, die der Volksliteratur erstmals Respekt zollten und in den schriftlich oder mündlich überlieferten Texten Reste des sonst nicht überlieferten germanischen Mythos vermuteten. Theodor Benfey weitete diesen Ansatz 1859 aufs Indogermanische aus, indem er Ursprung und entscheidende Formung der Märchen im alten Indien zu beweisen suchte. Seit 1900 wächst das wissenschaftliche Interesse sprunghaft und verzweigt sich zugleich in fast unübersehbar viele Richtungen. Neben der ‚Finnischen Schule‘ mit ihren differenzierteren Forschungen zur Herkunft einzelner Märchentypen (vgl. die Reihe der ‚Folklore Fellows Communications‘, Helsinki 1910 ff.) sind der literaturwissenschaftliche Ansatz von der Leyens zu nennen, der die (Grimmschen) Texte als Kunstwerke auffaßt, die psychoanalytische Deutung durch Freud und seine Schule (z. B. Riklin, Rank) und die Archetypenlehre C. G. Jungs (z. B. Beit, v. Franz, Gutter), die naturmythische Theorie (Ph. Stauff), die sozial-, rechts- und allgemeinhistorischen Untersuchungen (z. B. Bloch, Woeller) sowie der Streit um die pädagogische Tauglichkeit (z. B. Richter/Merkel, Bettelheim). Dabei werden die Märchen meist nur als Materiallieferanten für vorgefaßte Thesen herangezogen. Die Formanalyse des Märchens hat durch Jolles und — mit beträchtlicher Verzögerung in der Rezeption — durch den Aufweis eines begrenzten Satzes semantisch-funktionaler Bauelemente und Verbindungsregeln bei Propp (1928; ↗ *Aktant*) entschiedenen Aufschwung erfahren (z. B. Dundes, Brémond). Eine philologisch und quellenkritisch abgesicherte Märchenforschung ist nach vereinzelten Vorarbeiten (Wesselski u. a.) umfänglich erst seit den genauer verfahrenden Arbeiten zu den Grimmschen Märchen (Lüthi, Röhrich, Rölleke) zu konstatieren.

Lit: Johannes Bolte, Georg Polívka: Anmerkungen zu den Kinder- und Hausmärchen der Brüder Grimm. 5 Bde. Leipzig 1913–1932. – Enzyklopädie des Märchens. Hg. v. Kurt Ranke u. a. Berlin, New York 1977 ff. – Lutz Mackensen (Hg.): Handwb. des deutschen Märchens. 2 Bde. (A-G). Berlin, Leipzig 1936, 1940. – Stith Thompson: Motif-index of folk-literature. 6 Bde. Bloomington/Ind. ³1993.
    Hermann Bausinger: Märchen. In: EM 9, Sp. 250–274. – Hedwig von Beit: Symbolik des Märchens. Bern ²1960. – Theodor Benfey: Pantschatantra. 2 Bde. Leipzig 1859. – Walter A. Berendsohn: Grundformen volkstümlicher Erzählerkunst in den Kinder- und Hausmärchen der Brüder Grimm. Hamburg 1921. – Bruno Bettelheim: The uses of enchantment. The meaning and importance of fairy tales. New York, London 1976 [dt.: Kinder brauchen Märchen, 1977]. – Lothar Bluhm: Grimm-Philologie. Hildesheim 1995. – Claude Brémond: Logique du récit. Paris 1973. – Alan Dundes: From etic to emic units in the structural study of folktales. In: Journal of American Folklore 75 (1962), S. 95–105. – Marie-Louise v. Franz: Psychologische Märcheninterpretation. München 1986. – Agnes Gutter: Märchen und Märe. Psychologische Deutung und pädagogische Wertung. Solothurn 1968. – André Jolles: Einfache Formen. Halle 1930. – Felix Karlinger: Wege der Märchenforschung. Darmstadt 1973. – F. K.: Grundzüge einer Geschichte des Märchens im deutschen Sprachraum. Darmstadt 1983. – Reinhold Köhler: Kleinere Schriften. Hg. v. Johannes Bolte. 3 Bde. Weimar 1898. – Wilhelm Laiblin (Hg.): Märchenforschung und Tiefenpsychologie. Darmstadt 1969. – Friedrich von der Leyen: Zur Entstehung des Märchens. In: ASNSL 113 (1904), S. 249–269; 114 (1905), S. 1–24; 115 (1905), S. 1–21; 116 (1906), S. 1–24, 282–300. – F.v.d.L.: Das deutsche Märchen und die Brüder Grimm. Düsseldorf, Köln 1964. – Max Lüthi: Das Volksmärchen als Dichtung. Düsseldorf, Köln 1975. – M. L.: Märchen. Hg. v. Heinz Rölleke. Stuttgart ⁹1996. – Dietz-Rüdiger Moser: Theorie- und Methodenprobleme der Märchenforschung. Zugleich der Versuch einer Definition des ‚Märchens‘. In: Jb. für Volkskunde NF 3 (1980), S. 47–64. – Vladimir J. Propp: Morphologie des Märchens [russ. 1928, ²1969]. München 1972, erweitert Frankfurt 1975. – Otto Rank: Psychoanalytische Beiträge zur Mythenforschung. Wien 1919, S. 359–420. – Dieter Richter, Johannes Merkel: Märchen, Phantasie und soziales Lernen. Berlin 1974. – Franz Riklin: Wunscherfüllung und Symbolik im Märchen. Wien u. a. 1908. – Lutz Röhrich: Märchen und Wirklichkeit. Wiesbaden 1956, ⁴1979. – Heinz Rölleke: Die Märchen der Brüder Grimm. Bonn ³1992. – Philipp Stauff: Märchendeutung. Leipzig 1921. – Albert Wesselski: Ver-

such einer Theorie des Märchens. Reichenberg 1931. – Waltraud Woeller: Der soziale Gehalt und die soziale Funktion der deutschen Volksmärchen. Berlin 1955.

Heinz Rölleke

Maere

Kürzere Reimpaarerzählung des deutschen Mittelalters.

Expl: Das Maere wird expliziert als „eine in paarweise gereimten Viertaktern versifizierte, selbständige und eigenzweckliche Erzählung mittleren (d. h. durch die Verszahlen 150 und 2000 ungefähr umgrenzten) Umfangs, deren Gegenstand fiktive, diesseitig-profane und unter weltlichem Aspekt betrachtete, mit ausschließlich (oder vorwiegend) menschlichem Personal vorgestellte Vorgänge sind" (Fischer, 62 f.). Dieses Merkmalbündel wird in einem Katalog von 220 kürzeren Verserzählungen exemplifiziert. Die innere Unstimmigkeit von Merkmalliste und Katalog wirft die Frage auf, ob es eine auf Grund von Gattungskriterien abgrenzbare Textgruppe ‚Maeren' überhaupt gibt (Heinzle). Doch unterscheiden sich die in Fischers Korpus versammelten Reimpaardichtungen strukturell und funktional von eng verwandten Gattungen wie ↗ *Rede₃*, ↗ *Legende*, ↗ *Mirakel*, ↗ *Fabel₂*, ↗ *Exempel*, ↗ *Schwank₂* (Ziegeler 1985a), und zwar vor allem durch Gattungsmischung und einen höheren Grad an Komplexität. Die Komplexitätssteigerung rückt einige spätmittelalterliche Maeren in die Nähe des romanischen Typus der frühneuzeitlichen ↗ *Novelle* (Müller). Der eigene Ort der in Fischers Katalog versammelten Texte kann über eine Analyse der narrativen Muster bestimmt werden (Ziegeler), die sich in wenigen typischen Ensembles von Regeln und Elementen und entsprechenden kommunikativen Leistungen ausprägen; sie erlauben, den Konnex mit verwandten Genera ebenso wie die Differenz zu ihnen zu beschreiben (z. B. Bîspel, Roman, Novelle).

WortG: Den mhd. Substantiv-Abstrakta *daz mære* (Neutrum, Plural *diu mære*) und *diu mære* (Femininum, vor allem im Mitteldeutschen) mit einem breiten Bedeutungsspektrum (‚Nachricht', ‚Kunde', ‚Erzählung' etc.) sowie dem Adj. *mære* (‚bekannt', ‚berühmt' etc.) entsprechen im Ahd. *daz māri*, *diu māri* und *māri* mit im wesentlichen gleichen semantischen Merkmalen. Im Mhd. erscheint *mære* zwar in kommentierender Erzählerrede und/oder in Handschriften-Überschriften als Bezeichnung für ‚(erzählendes) Werk', auch für ‚Stoff' oder ‚Quelle'; eine distinkte Terminologie für bestimmte Textgruppen läßt sich aber weder in der Konkurrenz mit anderen Werkbezeichnungen – wie insbesondere *rede* und *bîspel* – noch in diminutiver Verwendung (*mærelin*) nachweisen.

Das von *Maere* abgeleitete Wort ↗ *Märchen* durchlief eine semantische Sonderentwicklung. Ein besonderer funktional gebundener Typus von Kurzerzählungen sind die ↗ *Predigtmärlein*.

BegrG: Fischers – frühere Tendenzen aufnehmender – Versuch einer Terminologisierung erhebt den Anspruch, die deutschsprachigen Beiträge zur europäischen Vers-Novellistik des Mittelalters als Gattung zu verstehen und auf inhaltlicher und formaler Ebene von verwandten Gattungen der Kleinepik, aber auch sonstiger Reimpaardichtung (↗ *Rede₃*) abzugrenzen. Der Terminus hat allenfalls „einen gewissen Rückhalt im mittelalterlichen Sprachgebrauch" (Fischer, 31), ist ein wissenschaftliches Konstrukt und als „Vorschlag" (33) gedacht; er zielt darauf, die unreflektierte Übertragung von Vorstellungen von der (neuzeitlichen) Novelle zu vermeiden. Unschärfe und Widersprüchlichkeit der Kriterien Fischers haben zu der Forderung geführt, den „Märenbegriff aus unserem gattungspoetologischen Instrumentarium zu streichen" (Heinzle 1978, 134), oder aber zu der Konsequenz, die ‚mittelalterliche Kurzerzählung' in einem ‚gattungsfreien' Raum anzusiedeln (Haug). Insbesondere wurde kritisiert, daß der Maerenbegriff gegen Fischers Absicht vom neuzeitlichen Novellenbegriff (Neuschäfer) her konzipiert sei und auf einer schematischen Entgegensetzung von Mittelalter und Neuzeit beruhe (Heinzle). Vorschläge, ihn zu vermeiden und durch ‚Novelle‘, ‚Bîspel‘ oder auch ‚Novellistik‘ (Heinzle 1978, 128 Anm. 8) zu ersetzen, sind nicht an einem Austausch der Begriffsnamen interessiert, sondern wollen die in den Überlieferungszusammenhängen dokumentierte Kontinuität in der mittelalterlichen Kleinepik herausstellen und so die Rolle von Boccaccios ‚Decameron‘ als dem ersten Vertreter einer neuen Gattung ↗ *Novelle* problematisieren. Boccaccios Stoffe seien nämlich im Mittelalter bereits ebenso präsent wie die im ‚Decameron‘ als ‚novellistisch‘ bezeichneten Erzählstrukturen und Handlungsschemata; auch reiße Fischer mit dem Kriterium „eigenzwecklich“ den großen Komplex von Erzählungen mit exemplarisch-didaktischer Ausrichtung des Erzählten in ein heterogenes Konstrukt ‚Maere‘ auseinander, obwohl auch die darunter subsumierten Texte lehrhaft seien, ob durch implizite Lenkung des Rezipienten, eine explizit angehängte Lehre (Epimythion) oder indem auf einen narrativen ein deutender Teil folgt. Vorzuziehen sei deshalb ein übergeordneter, die unterschiedlichen Typen mittelalterlicher Kleinepik zusammenfassender Begriff. Demgegenüber wurde, in Abgrenzung zu Fischers klassifikatorischem Gattungsbegriff, der Maerenbegriff auf Grund struktureller und funktionaler Rekurrenzen definiert, die durch Transformation und Mischung einfacher Formen wie Schwank$_2$, Exempel usw. entstehen (Ziegeler, Müller), und so das Maere als besondere Gattung aus dem Feld der umfangreichen und vielgestaltigen mittelalterlichen Kleinepik herausgehoben.

SachG: Maeren in diesem Sinne sind seit dem Beginn ihrer Verschriftlichung um die Mitte des 13. Jhs. meist nicht isoliert von anderen literarischen Genres produziert und rezipiert worden. Von den frühesten Texten an sind sie in Sammelhandschriften tradiert, in denen sie gegenüber anderen Gattungen und Texttypen wie Fabeln, Exempla (‚Bîspel‘), aber auch Reden, Sprüchen etc. nur selten (und kaum mit Rücksicht auf ihre ‚Gattung‘) eigene Gruppie-

rungen bilden. Einzelüberlieferung ist bis hin zu den Drucken des Hans Folz († 1513) die Ausnahme.

Mit dem viertaktigen Reimpaarvers stellen sich die Maeren wie die übrige mittelalterliche Kleinepik in die Tradition des höfischen Romans. Ihre gemeinsame Teilhabe sowohl an lateinischer Exempel-Literatur als auch an einer internationalen mündlichen Erzähltradition begründet die Vielgestaltigkeit der kleinen Reimpaardichtungen bei Übereinstimmungen in Themen, (didaktischer) Intention, ↗ *Figurenkonstellation* und Handlungsgrundriß über die Gattungsgrenzen hinweg, auch Tendenzen zur Typisierung und zur Repetition von Sprach- und Erzählmustern. Angesichts dieser Überschneidungen und Gemeinsamkeiten sind die Maeren als eigenständige Gattung durch ein variables und variantenreiches Durchspielen tradierter Schemata gekennzeichnet, wobei die stets neue „Besetzung und Funktionalisierung solcher Schemata“ an Formbildung und Wertvermittlung teilhat, mit wachsender Tendenz zu „komplexeren Erzähltypen“ (Müller, 291). Dabei können die Grenzen der Normen ausgelotet, mitunter gar aufgelöst werden; oder es findet eine Verkehrung ins Groteske statt (Grubmüller).

Derartige Tendenzen sind bereits beim Stricker (13. Jh.) zu beobachten, unter dessen ca. 160 kleineren Reimpaartexten sich 16 Maeren befinden. Es dominiert der komische, schwankhafte Typus; Kern der Figurenkonstellation ist meist die Ehe; demonstriert wird „gevüegiu kündikeit“ (‚geschickt sich anpassende Klugheit‘: Ragotzky). Neben dem Œuvre des Strickers begegnen anfangs vor allem Einzeltexte. Etwa gleichzeitig mit seinem Werk dürfte das sogenannte höfische Maere ‚Moriz von Craûn‘ entstanden sein, in dem ein Minnekasus erörtert wird. Der ‚Helmbrecht‘ von Wernher dem Gartenære (ca. 1260/80) diskutiert am Fall eines verlorenen Sohns den Zusammenhang von Familie, Gesellschaftsstruktur und Zerstörung ständischer Ordnung. Herrand von Wildonie (ca. 1230–1280) erzählt einen Ehebruchschwank und einen exzeptionellen Liebes- und Treuebeweis (daneben verfaßt er eine Fabel und ein

Mirakel). Im 13. und frühen 14. Jh. werden im Maere besonders häufig Maximen höfischer Ethik auf die Probe gestellt (,Rittertreue', ,Frauentreue'). Im Œuvre Konrads von Würzburg demonstrieren die drei höfischen Maeren den Wert von triuwe (z. B. das ,Herzmære'). Seit dem Beginn des 14. Jhs. verschiebt sich das Interesse auf Alltagskasus aller Art im höfischen, städtischen oder bäuerlichen Milieu, wobei sexuelle Thematik besonders beliebt ist. Ebenfalls Konrad von Würzburg wird in einigen Hss. der obszöne Erzählschwank ,Die halbe Birne' zugeschrieben. Unter den Maeren der vorwiegend für ein städtisches Publikum schreibenden Autoren des 15. Jhs. – Heinrich Kaufringer (1. Hälfte), der Schweizer Anonymus (1. Hälfte), Hans Rosenplüt († um 1460) und Hans Folz († 1513) – dominieren schwankhafte Erzählungen, wobei insbesondere das in einer Hs. zusammenhängend dargebotene Œuvre Kaufringers durch gezielte Neubesetzungen konventioneller Schemata und Umkodierungen geltender Normen die Grenzen des Genres auslotet.

Die Vielfalt der Themen, Typen und Erzählverfahren läßt zwar verschiedene Tendenzen, kaum aber eine einsinnige literarhistorische Entwicklung beobachten. Vielmehr scheint die eigentliche Leistung des Maere (im Zusammenspiel mit den ihm verwandten Texten) in seiner Komplexität begründet, die das Durchspielen, Bestätigen und In-Frage-Stellen von Normen und Werten gestattet. Das stoffliche Repertoire ist international; das Maere steht im Austausch mit den lateinischen Schwank- und Exempelsammlungen, den französischen fabliaux und seit dem 15. Jh. auch mit der Renaissance-Novellistik. Bis ins 16. Jh. erscheinen deren Plots in Reimpaarerzählungen, oft schon wie bei Hans Sachs skelettiert auf den Handlungskern; doch werden seit dem 16. Jh. auch hier wie anderswo die Reimpaare durch Prosa verdrängt. Die in der Stofftradition des Maere stehende Kleinepik in Prosa wird in umfangreichen gedruckten Erzählsammlungen zusammengefaßt, meist mit didaktischem Anspruch, der jedoch seit der Jahrhundertmitte zunehmend der Unterhaltungsfunktion untergeordnet wird (,Schertz mit der Warheyt', ,Rollwagenbüchlein', ,Gartengesellschaft', ,Katzipori', ,Wegkürtzer' u. a.).

ForschG: Die Forschung mußte von den Anfängen im frühen 19. Jh. bis in die Gattungsdiskussion der 1980er Jahre (Heinzle, Ziegeler, Müller) ihren Gegenstand stets neu konstituieren. Diskutiert wurde insbesondere das Verhältnis des Maere zu explizit lehrhaften Erzählungen und zur Didaxe als Rechtfertigung von Fiktion in mittelalterlicher Poetik (↗ *Belehrung*). Durch Analyse des Gebrauchszusammenhangs von Sammelhandschriften wurden der Rezeptionskontext von Maeren und die implizierten literarischen Erwartungen konkretisiert (Mihm, Ziegeler 1985b). Die Abhängigkeit der Stoffe von einer ,tradition vivante' (Rychner) und die in Maeren manchmal vertexteten wechselnden Aufführungssituationen und -interessen begünstigten in weit höherem Maß als bei anderen epischen Texten Bildung von Varianten, so daß mehrfach überlieferte Maeren Paradefälle für eine nicht auf den einen, originalen, möglichst autornahen Text fixierte Editionsphilologie wurden (,Neue ↗ *Philologie*').

Lit: Hanns Fischer (Hg.): Hans Folz: Die Reimpaarsprüche. München 1961. – H. F. (Hg.): Die deutsche Märendichtung des 15. Jhs. München 1966. – H. F., Johannes Janota (Hg.): Der Strikker: Verserzählungen. 2 Bde. Tübingen ⁴1979, 1983. – Klaus Grubmüller (Hg.): Novellistik des Mittelalters. Märendichtung. Frankfurt 1996. – Friedrich Heinrich von der Hagen (Hg.): Gesammtabenteuer. Hundert altdeutsche Erzählungen. 3 Bde. [1850]. Repr. Darmstadt 1961. – Heinrich Niewöhner (Hg.): Neues Gesammtabenteuer. Bd. 1 [1937, mehr nicht erschienen]. Dublin, Zürich ²1967. – Paul Sappler (Hg.): Heinrich Kaufringer: Werke. 2 Bde. Tübingen 1972, 1974.

Klaus Düwel: Werkbezeichnungen der mittelhochdeutschen Erzählliteratur (1050–1250). Göttingen 1983. – Hanns Fischer: Studien zur deutschen Märendichtung. Tübingen 1968, ²1983 [mit neuer Bibliographie]. – Klaus Grubmüller: Das Groteske im Märe als Element seiner Geschichte. In: Kleinere Erzählformen des 15. und 16. Jhs. Hg. v. Walter Haug und Burghart Wachinger. Tübingen 1993, S. 37–54. – Walter Haug: Entwurf zu einer Theorie der mittelalterlichen Kurzerzählung. In: Ebd., S. 1–36. – Joachim Heinzle: Märenbegriff und Novellentheorie.

In: ZfdA 107 (1978), S. 121–138. – J. H.: Altes und Neues zum Märenbegriff. In: ZfdA 99 (1988), S. 277–296. – Fritz Peter Knapp: Mittelalterliche Erzählgattungen im Lichte scholastischer Poetik. In: Exempel und Exempelsammlungen. Hg. v. Walter Haug und Burghart Wachinger. Tübingen 1991, S. 1–22. – Arend Mihm: Überlieferung und Verbreitung der Märendichtung im Spätmittelalter. Heidelberg 1967. – Jan-Dirk Müller: Noch einmal: Maere und Novelle. In: Philologische Untersuchungen. Fs. Elfriede Stutz. Hg. v. Alfred Ebenbauer. Wien 1984, S. 289–311. – Hans-Jörg Neuschäfer: Boccaccio und der Beginn der Novelle. München 1969. – Hedda Ragotzky: Gattungserneuerung und Laienunterweisung in Texten des Strickers. Tübingen 1981. – Karl-Heinz Schirmer: Stil- und Motivuntersuchungen zur mittelhochdeutschen Versnovelle. Tübingen 1969. – K.-H. S. (Hg.): Das Märe. Darmstadt 1983. – Ingrid Strasser: Vornovellistisches Erzählen. Mittelhochdeutsche Mären bis zur Mitte des 14. Jhs. und altfranzösische Fabliaux. Wien 1989. – Hans-Joachim Ziegeler: Erzählen im Spätmittelalter. Mären im Kontext von Minnereden, Bispeln und Romanen. München 1985 [a]. – H.-J. Z.: Das Vergnügen an der Moral. In: Germanistik – Forschungsstand und Perspektiven. Bd. 2. Hg. v. Georg Stötzel. Berlin 1985 [b], S. 88–109. – H.-J. Z.: Beobachtungen zum Wiener Codex 2705 und zu seiner Stellung in der Überlieferung früher kleiner Reimpaardichtung. In: Deutsche Handschriften 1100–1400. Hg. v. Volker Honemann und Nigel F. Palmer. Tübingen 1988, S. 469–526.

Hans-Joachim Ziegeler

Mäzen

Als Privatperson, Verband oder Institution Förderer von Kunst und Kultur.

Expl: Im Gegensatz zur oft postulierten ↗ *Autonomie* der Kunst impliziert Mäzenatentum die Abhängigkeit des Künstlers von Gönnern und AUFTRAGGEBERN. Sie kann sich in höchst unterschiedlicher Weise äußern: als direkte materielle Unterstützung des Künstlers, als publizistische Starthilfe zur besseren Vermarktung seiner Kunst oder als Bestellung eines Kunstwerkes zu einem ganz konkreten Zweck mit ebenso konkreten inhaltlichen Vorgaben. Daher erscheint es sinnvoll, zwischen Mäze-

natentum im engeren und weiteren Sinne zu unterscheiden. Jenes basiert auf einer Art Arbeitsvertrag und ist somit personen- und auftragsgebunden, dieses umfaßt das gesamte Spektrum privater und öffentlicher Subventionierung von Kunst und Künstlern, also auch Stipendien und Förderpreise (↗ *Literaturpreis*). Im Gegensatz zur unmittelbaren Form sind die Einflußmöglichkeiten der Geldgeber hier begrenzt, weil durch festgelegte Vergabekriterien, Ausschreibungen, Satzungen und eine größere Anzahl der am Entscheidungsprozeß beteiligten Personen in der Regel ein höherer Grad an Objektivität erreicht wird.

Die Motive für Mäzenatentum sind genauso vielfältig wie seine Erscheinungsformen und reichen vom Interesse an der Kunst über die Selbstdarstellung des Mäzens in der ↗ *Öffentlichkeit* bis hin zu wirtschaftlichen Erwägungen (Kunstwerke als Anlageobjekte). Überhaupt gehen Mäzenatentum und Eigenwerbung des Mäzens seit altersher häufig Hand in Hand.

WortG: Namengeber ist der wohlhabende römische Ritter und Augustus-Vertraute Gaius Cilnius Maecenas (circa 70 bis 8 v. Chr.), in dessen Literatenkreis nicht nur Dichter wie der Dramatiker Lucius Rufus Varius und der Lyriker Properz verkehrten, sondern der auch Vergils ‚Georgica‘ anregte und die für die ‚Aeneis‘ so wichtige Verbindung zu Octavianus Augustus herstellte, der aber vor allem Horaz förderte und ihn durch die Schenkung eines Landgutes in den Sabiner Bergen auch materiell absicherte. Knapp zwei Generationen später steht sein Name, im Sprachgebrauch inzwischen so eingebürgert, daß die Pluralform *Maecenates* Verwendung findet (Georges 2, 754), bereits für Dichterpatronage an sich (Seneca, ‚Dialogi‘ 1,3,11; Martial, ‚Epigramme‘ 8,55,5). Die Kurzform *Mäzen* ist seit 1533 belegt (Paul-Henne, 563); in Klopstocks ‚Deutscher Gelehrtenrepublik‘ bezeichnet sie Dichterpatronage „von altem römischen Gepräge“; die Form *Mäcenat* ist z. T. pejorativ gefärbt: „einer von neuerem Schlage, ein Ehrenpfennig“ (Klopstock, 34).

Friedrich Gottlieb Klopstock: Die deutsche Gelehrtenrepublik. Bd. 1. Hg. v. Rose-Maria Hurlebusch. Berlin 1975.

BegrG: In der im ersten nachchristlichen Jh. belegten Bedeutung hat sich das Wort bis heute erhalten, sein Anwendungsbereich indes deutlich vergrößert, denn es bezieht sich nicht mehr nur auf Literatur allein, sondern auf Kunst und Kultur insgesamt. Dabei wird seit der Renaissance (beispielhaft: Tasso und Tasso-Rezeption) die Ambivalenz des Begriffes zwischen Förderung und Abhängigkeit in zunehmendem Maße mitreflektiert.

Im gegenwärtigen Sprachgebrauch beginnt sich ersatzweise das engl. Lehnwort SPONSOR durchzusetzen, das zugleich eine Akzentverlagerung zu verstärkter öffentlicher Präsentation von juristischen Personen (Stiftungen, Konzernen und Institutionen) aus Gründen der Eigen- und Produktwerbung markiert (dazu Bruhn, Fohrbeck).

SachG: Mäzenatentum ist vermutlich so alt wie die Kunst selbst, denn solange der Künstler nicht nach den Gesetzen von Angebot und Nachfrage für einen (wie immer gearteten) ‚Markt‘ produziert, ist er auf Aufträge und direkte Finanzierung angewiesen. In archaischen Gesellschaften war dafür die Stammesgemeinschaft zuständig, als die Kunst noch nahezu vollständig in kultische Vollzugsformen integriert war. Seit der Antike treten dann zunehmend Einzelpersonen und/oder gesellschaftliche Teilgruppen als Förderer in Erscheinung, was einerseits ein breiteres Spektrum an Themen, Inhalten und Sichtweisen bedingt, aber andererseits die kollektive Verbindlichkeit der jeweiligen Aussage mehr und mehr einschränkt.

Auch nach einzelnen Kunstsparten muß differenziert werden. Während Großprojekte (bes. Bauwerke) in der Regel bis heute nur im Gönnerauftrag entstehen, können kleinere Produkte in Kenntnis der zu erwartenden Nachfrage und auf Verdacht hin hergestellt werden oder aus der Einbindung in die Geselligkeitskultur einer Zeit hervorgehen. Das gilt z. B. für die mittelalterliche Literatur als Bestandteil adeliger Unterhaltung, wobei die verschiedenen Gattungen nach ihren unterschiedlichen Voraussetzungen gefördert werden. So wird man für die Lyrik flexible Formen der Alimentierung annehmen können, während die *Spruchdichtung* (↗ *Sangspruch*), besonders in den Heischestrophen, sicher nicht als Auftragsarbeit firmiert, aber nichtsdestoweniger auf Entlohnung abzielt. Sie kann in Geschenken bestehen (Walthers Pelzrock), aber auch in der Sicherung des Lebensunterhalts durch die Aufnahme in die ‚familia‘ des Hofes. So hat es immer wieder Lyriker gegeben, die längere Zeit an einem bestimmten Herrscherhof lebten und für ihn arbeiteten (Reinmar, Walther, Neidhart und der Tannhäuser in Wien, Walther in Thüringen, der Archipoeta in Köln). Für die Epik muß ein fester ‚Arbeitsplatz‘, d. h. Gönnerauftrag, vorausgesetzt werden, da die Abfassung eines Erzähltextes längere Zeit in Anspruch nimmt und eine geregelte Arbeitssituation notwendig macht, zumal in den meisten Fällen erst die Vorlagen mühsam beschafft werden müssen. Auch hier zeichnen sich einige Zentren ab, an denen epische Dichtung einen besonders hohen Stellenwert hatte, so der Thüringer Hof Landgraf Hermanns I. (Heinrich von Veldeke, Herbort von Fritzlar, Wolfram von Eschenbach) oder der böhmische Königshof unter Přemysl Ottokar II. und Wenzel II. (Ulrich von dem Türlin, Ulrich von Etzenbach, Heinrich der Klausner).

Waren es im Frühmittelalter vor allem die Klöster gewesen, die die materiellen Grundlagen für das Entstehen von Kunst und Literatur bieten konnten, so sind es im Hoch- und Spätmittelalter die größeren Höfe. Daß es ausschließlich Fürstenresidenzen waren, die sich an volkssprachlicher weltlicher Epik interessiert zeigten, hängt damit zusammen, daß am Kaiserhof lateinische Dichtung bevorzugt wurde (Ausnahme: rheinisch-staufischer ↗ *Minnesang*), weil die überregionale Ausdehnung des Imperiums auch den Gebrauch einer überregionalen Amtssprache bedingt zu haben scheint. Trotzdem gelten für alle größeren Herrscherhöfe mehr oder weniger die gleichen Bedingungen: Nur sie haben die notwendige ‚Infrastruktur‘ (Hofkapelle, Kanzleien), die für die Entstehung und Rezeption von Literatur Voraussetzung ist, nur sie verfügen über (oft sogar internationale) Beziehungen, um sich die gewünschten Vorlagen zu beschaffen, nur sie können im Sinne adeliger Repräsentationskunst kulturelle Kompetenz auch in politische Ansprüche umsetzen. So verwundert es nicht, daß sich kleinere Höfe im allgemeinen den Luxus von Mäzenatentum nicht leisten, mithin also nicht einmal der gesamte Adel an der mittelalterlichen Literatur partizipiert.

Auch die Erfindung des Buchdrucks und erste Anfänge eines literarischen Marktes im 15. Jh. dürfen nicht darüber hinwegtäuschen, daß Dichtung auch im Spätmittelalter und im Humanismus noch immer vorwiegend im Gönnerauftrag entsteht. Gerade Großprojekte wie die Zusammenführung von Trojasage, Gral- und Artusstoff in Ulrich Füetrers ,Buch der Abenteuer' (Auftraggeber: Herzog Albrecht IV. von Bayern) oder die Anfertigung der im Spätmittelalter so beliebten Sammelhandschriften, an denen oft mehrere Schreiber und Maler mitwirkten, sind nur realisierbar, wenn potente Geldgeber sie finanzieren (Jenaer Liederhandschrift: Herzog Rudolf I. von Sachsen) oder ihre Produzenten wenigstens zeitweise materiell absichern (,Ambraser Heldenbuch': Kaiser Maximilian I. betraut den Schreiber Hans Ried für acht Jahre mit dem Posten eines Zolleinnehmers am Eisack). Selbst einem Autor wie dem Ulmer Stadtarzt Heinrich Steinhöwel, der in wirtschaftlich so gesicherten Verhältnissen lebte, daß er es sich leisten konnte, den Druck seiner Schriften z. T. vorzufinanzieren, ist Dichterpatronage nicht unbekannt (,Von den synnrychen erlüchten wyben' – eine Übersetzung von Boccaccios ,De claris mulieribus' für die Herzogin Eleonore von Österreich). Schließlich gar aufgrund der Anerkennung als Dichter auch beruflich Karriere machen zu können, wie dies etwa K. Celtis vergönnt war, ist eine seltene Ausnahme.

Im Barock arbeiten Literaten häufig in subalterner Stellung als Hofhistoriographen, Bibliothekare und Regisseure höfischer Feste; nicht alle haben das Glück, als Prediger und Prinzenerzieher an den Hof berufen zu werden (J. Balde) oder in den Adelsstand aufzusteigen (M. Opitz, Ph. v.

Zesen, J. Rist, D. C. v. Lohenstein). Dabei geht – noch deutlicher als im Mittelalter – der jeweiligen Berufung und/oder Förderung der Nachweis künstlerischer Leistung voraus: M. Opitz ist poeta laureatus (gekrönter Dichter: nach antikem Vorbild im ital. Humanismus wieder aufgegriffener Brauch, einen anerkannten Literaten durch einen Vertreter des Staates (in Deutschland durch den Kaiser selbst) mit einem Lorbeerzweig zu bekränzen), als ihn Burggraf Karl Hannibal von Dohna in seinen Dienst nimmt, die Herzogin Anna Amalia holt Ch.M. Wieland aufgrund seines Staatsromans ,Der Goldene Spiegel oder Die Könige von Scheschian' als Erzieher ihres Sohnes Karl August nach Weimar, von F. G. Klopstock sind die ersten drei Gesänge des ,Messias' erschienen, als ihn der dänische König Friedrich V. nach Kopenhagen beruft und ihm einen Ehrensold aussetzt, und L. Tieck wird Vorleser und Literaturberater am königlichen Hof in Potsdam (1841), nachdem sein eigenes dichterisches Werk nahezu geschlossen vorliegt. Im Prinzip ist das die gleiche Form von Mäzenatentum wie im Mittelalter, nur mit dem Unterschied, daß die Gruppe derer, die sich für Literatur interessieren und sie zu fördern gewillt sind, sich nicht mehr nur auf einige wenige Adelshäuser beschränkt. Daß gleichzeitig die Distanz zwischen Künstler und Mäzen in weltanschaulichen Fragen größer geworden ist, zeigt sich u. a. darin, daß Kritik und Opposititon, selbst im Rahmen subventionierter Institutionen, nicht zwangsläufig zur Einschänkung oder gar zum Verlust der Patronage führen. So erfahren etwa Lessings ,Emilia Galotti' (1772: Braunschweig) oder Schillers ,Räuber' (1782: Mannheim) an fürstlichen Bühnen ihre Premieren, jene sogar am Geburtstag der Herzogin, ungeachtet aller Kritik an der moralischen Verkommenheit der dargestellten Adelsgesellschaft.

Obwohl der Literaturbetrieb des 19. Jhs. in vielem dem des 18. entspricht, eröffnet jetzt erstmals ein kontinuierlich expandierender Buchmarkt so weite Leserkreise, daß es möglich wird, sich als freier Schriftsteller seinen Lebensunterhalt zu verdienen, zumal sich mit flankierenden schriftstellerischen

Tätigkeiten, etwa als Journalist, zusätzlich Geld verdienen läßt. Im 20. Jh. wird der persönliche Mäzen dann zunehmend zur seltenen Ausnahme (etwa L. Wittgenstein für Trakl und Rilke, J. Ph. Reemtsma für Arno Schmidt), während mäzenatisch wirkende Verleger (z. B. Kurt Wolf) ebenso an Bedeutung gewinnen wie das kulturelle Sponsoring durch Institutionen und Wirtschaftsunternehmen.

Denn wo immer man sich die Pflege der Kunst angelegen sein läßt, tritt sie alsbald in außerkünstlerische Verwendungszusammenhänge, da sie (in welcher Form auch immer) einen Prestigewert besitzt, der diejenigen, die sich ihrer bedienen, gesellschaftlich auszeichnet. Dieser ‚Vorzeigecharakter‘ macht sie, wie Kleidung, Waffen oder Schmuck zum Herrschafts-, Standes- und Vermögensattribut, zum Sonderfall adeliger, bürgerlicher oder wirtschaftlicher ↗ *Repräsentation₂*. Denn wer sich als Mäzen erweist und in dieser Rolle auch öffentlich präsentiert (häufig mit textlichen Niederschlag in einer ↗ *Widmung*), manifestiert damit seinen gesellschaftlichen Status und rechtfertigt so die mit ihm verbundenen Privilegien bzw. die der Öffentlichkeit suggerierten Ansprüche.

ForschG: Während in der Kunstgeschichte die Frage nach Gönnern und Auftraggebern stets von Bedeutung war, hat sich die vom Autorbild des 19. Jhs. beeinflußte ↗ *Literaturwissenschaft* kaum für diese Fragen interessiert. Außerdem schienen sie überall dort, wo Lebens- und Arbeitsbedingungen der Autoren weitgehend gesichert waren, durch die biographisch orientierte ↗ *Literaturgeschichtschreibung* hinreichend erforscht zu sein. Erst neuere, funktionsgeschichtlich ausgerichtete Untersuchungen räumen der Gönnerforschung breiteren Raum ein. Dabei ist es sicher kein Zufall, daß die Mediävistik, die nur selten auf ein sicheres und mehrfach verbürgtes Daten- und Faktennetz zurückgreifen kann, hierin qualitativ und quantitativ führend ist. Zwei Richtungen treten dabei besonders hervor: eine personal-regional ausgerichtete Gönnerforschung, die einzelne literarische Zentren zum Gegenstand der Untersuchung macht

(Bumke), und eine gattungsorientierte, die nach der Leistung bestimmter Textsorten im Rahmen adeliger Selbstdarstellungsmuster fragt. Vergleichbare Untersuchungen aus dem Bereich der Neugermanistik sind selten und konzentrieren sich auf bestimmte Epochen (Barock); zudem beschränkt sich Gönnerforschung häufig auf den Nachweis persönlicher Beziehungen zur Komplettierung literaturgeschichtlichen Faktenwissens (Autorbiographie) oder die Würdigung einzelner mäzenatischer Persönlichkeiten (Fürst Ludwig von Anhalt-Köthen, Herzog Karl August von Sachsen-Weimar).

Lit: Michael v. Albrecht: Dichterpatronage. In: Lexikon der Alten Welt. Zürich, Stuttgart 1965, Sp. 727–730. – Manfred Bruhn: Sponsoring. Frankfurt 1987. – Joachim Bumke: Mäzene im Mittelalter. München 1979. – J. B. (Hg.): Literarisches Mäzenatentum. Darmstadt 1982. – J. B.: Höfische Kultur. Bd. 2. München ³1986, S. 595–783. – Klaus Daweke, Michael Schneider: Die Mission des Mäzens. Opladen 1986. – Georges Duby: The culture of the knightly class. Audience and patronage. In: Renaissance and renewal in the twelfth century. Hg. v. Robert L. Benson u. a. Cambridge/Mass. 1982, S. 248–262. – Karla Fohrbeck: Renaissance der Mäzene? Köln 1989. – Horst Albert Glaser (Hg.): Deutsche Literatur. Bd. 3: Zwischen Gegenreformation und Frühaufklärung. Reinbek 1985. – Günter Hoppe: Fürst Ludwig I. von Anhalt-Köthen. In: Der ‚Fruchtbringenden Gesellschaft‘ geöffneter Erzschrein. Bd. 2. Hg. v. Klaus Conermann. Leipzig, Weinheim 1985, S. 129–170. – Wilhelm Kühlmann: Gelehrtenrepublik und Fürstenstaat. Tübingen 1982. – William C. McDonald: German medieval literary patronage from Charlemagne to Maximilian I. Amsterdam 1973. – Manfred Günter Scholz: Zum Verhältnis von Mäzen, Autor und Publikum im 14. und 15. Jh. Darmstadt 1987.

Hans-Joachim Behr

Magie ↗ *Artes magicae*

Magazin

Periodisch erscheinende Publikation vermischten Inhalts.

Expl: (1) Allgemein versteht man unter *Magazinen* Publikationen, deren periodisch erscheinende Ausgaben eine Sammlung von Beiträgen und Materialien vermischten Inhalts, unterschiedlicher Gattung, Gestalt und Herkunft enthalten. Der offene, baukastenartige Charakter stellt dem Publikum anheim, sich zum Zwecke der Information oder auch der Unterhaltung in einer nicht strikt festgelegten Weise zu bedienen. (2) Die Magazinform oder das Magazinprinzip hat sich in allen Massenmedien durchgesetzt (Print, Radio, Fernsehen, Digitalnetzen mit Massenpublikum). (2a) Printmagazine sind periodisch erscheinende Druckerzeugnisse, die entweder selbständig oder − und diese Bedeutung beginnt heute zu dominieren − als Beilage im Zeitschriftenformat erscheinen. Das Magazinprinzip hat sich im Printbereich nicht zu einer dauerhaften, hinreichend distinkten Mediengattung ausgeprägt, sondern kommt in zahlreichen Misch- und Übergangsformen vor. Während sich ↗ *Zeitung* und ↗ *Zeitschrift* hinreichend ausdifferenziert haben, bleibt das Verhältnis zwischen dem Magazin, der Zeitschrift und der Illustrierten insgesamt so diffus, daß diese häufig gleichgesetzt werden. Der Gebrauch der Bezeichnung *Magazin* unterliegt historischen Moden, und gelegentlich trugen Periodika mit ausgeprägtem Magazincharakter auch funktional äquivalente Namen wie *Archiv*, *Bibliothek* oder *Museum*. (2b) Hörfunk-Magazine haben sich im Radio als abgeschlossene Sendungen und als offene Programmabschnitte im Tagesprogramm ausgebildet. (2c) TV-Magazine sind typischerweise 30−60minütige Sendungen, wobei sich wie im Radio ebenfalls eine Tendenz zur ‚Magazinierung‘ von Programmteilen oder (beim Spartenfernsehen) des Gesamtprogramms abzeichnet. (3) Die Unterscheidung konkreter historischer Gattungstypen des Magazins erfolgt anhand vorherrschender, das Erscheinungsbild prägender Merkmale wie: Epochenbindung (Magazine des 18. Jhs., der 1960er, 1970er, 1980er Jahre usw.), Medienbindung (Print-, Hörfunk-, Fernsehmagazine), Funktion und Genre (Unterhaltungsmagazin, Nachrichtenmagazin, Literaturmagazin usw.), Adressatenkreis und Spezialisierungsgrad (Jugendmagazin, Fa-milienmagazin bzw. Publikumsmagazine vs. Fachmagazine).

WortG: Das Wort geht zurück auf arab. *machzan*, Pl. *machazin* (‚Vorratshaus‘) vom Verb *chazana* (‚aufbewahren‘). In der Frühen Neuzeit in Südwesteuropa eingebürgert (span. *magacen*, ital. *magazzino*, frz. *magasin*). Im Dt. in seiner ursprünglichen Bedeutung mindestens seit 1641 (‚Regensburger Reichstagsabschied‘, § 61) bekannt und z. T. bis heute geläufig; als Bezeichnung für eine Zeitschrift bzw. als Bestandteil des Zeitschriftentitels setzte sich *Magazin* in der Mitte des 18. Jhs. unter dem Einfluß der Rezeption englischer Vorbilder durch (DWb 12, 1429).

BegrG: Der Erfolg englischer Magazine und die verbreitete Anglomanie lösten in Europa Mitte des 18. Jhs. eine Welle von Nachahmungen aus; bis zum Ende des 18. Jhs. war *Magazin* eine verbreitete Bezeichnung für Zeitschriften, die sich einem berufständischen Adressatenkreis oder einem speziellen thematischen Anliegen − von der Armenpflege bis zur Kriegstechnik − widmeten. Im 19. Jh. nahm die Beliebtheit der Bezeichnung rasch ab; die Ausdehnung des Lesepublikums auf niedere Schichten im 19. Jh. und die Entstehung populär aufgemachter Periodika unter der Bezeichnung *Magazin* haben zu einem Ansehensverlust der Magazinform im deutschen Sprachraum geführt. In der 1. Hälfte des 20. Jhs. dominierte die Vorstellung vom Magazin als einem stark bebilderten, trivialen Unterhaltungsblatt. Die Rezeption angloamerikanischer Pressekultur in Westdeutschland nach dem 2. Weltkrieg (Nachrichtenmagazine) sowie die Etablierung der ersten Magazine im konservativ-seriösen Programmumfeld des bundesdeutschen Fernsehens (und parallel im Fernsehen der DDR) führten zu einer Rehabilitierung des Magazin-Begriffs in der 2. Hälfte des 20. Jhs.

SachG: Zu den funktionalen Vorläufern des Magazins können gedruckte ↗ *Kalender* des 16. und 17. Jhs. sowie Kuriositätensammlungen (z. B.: ‚Kurtzer Auszug der Merckwürdigsten Begebenheiten der Welt‘, Österreich 1704), aber auch Thomasius’ ‚Monatsgespräche' (1688−1689) gerechnet werden; ihren eigentlichen Aufstieg erfuhren Magazine in vielen europäischen Ländern und in Amerika durch die Nachahmung englischer Magazine (prototypisch: ‚The Gentlemen's Magazine', 1731−1907). Auf kurzlebige Anläufe in den 1740er Jahren folgte eine Blütezeit zwischen ca. 1765 und 1800 (vgl. Kirchner) mit den Magazinprojekten G. Chr. Lichtenbergs, G. Forsters ‚Göttingischem Magazin der Wissenschaften und Literatur' (1779−1785) sowie K. Ph. Moritz' ‚GNOTHI SAUTON oder Magazin für Erfahrungsseelenkunde' (1783−1793). Im 19. Jh. ebbte die Magazinwelle rasch ab. Als langlebiges und einflußreiches Rezensionsorgan entstand 1832 Josef Lehmanns ‚Magazin für die Literatur des Auslands', das unter wechselnden Titeln und Einbeziehung der deutschen Literatur bis 1908 fortgeführt wurde. Das populäre, preiswerte, mit Illustrationen ausgestattete ‚Pfennig-Magazin' (1833−1855), ein Parallelprojekt zum englischen ‚Penny Magazine', steht dagegen für einen neuen Magazintyp, der sich an ein breiteres Lesepublikum wandte. Populäre Familien- und Jugendschriften der 2. Hälfte des 19. Jhs. wie die ‚Gartenlaube', ‚Reclams Universum' oder ‚Westermanns Monatshefte' stehen in der durch das ‚Pfennig-Magazin' begründeten Tradition. Wichtige Magazine der 1920er Jahre sind u. a. die Ullstein-Publikationen ‚Der Querschnitt' (1921−1936) und ‚Uhu' (1924−1933). 1947 übernahm ‚Der Spiegel' vom amerikanischen ‚Times Magazine' das Konzept des politischen Nachrichtenmagazins; in der DDR führte das populäre ‚Magazin' 1953−1989 das Magazin-Prinzip als unterhaltsame Varietätensammlung fort. Im westdeutschen Hörfunk setzte sich das Magazinformat zunächst im Nachrichtengenre durch, im westdeutschen Fernsehen und im Fernsehen der DDR mit politischen Magazinen (‚Panorama', NDR 1961; bzw. ‚Prisma', Deutscher Fernsehfunk 1963−1989); einflußreiche Kulturmagazine mit Beiträgen auch zum literarischen Zeitgespräch folgten im Fernsehen der Bundesrepublik (‚aspekte', ZDF 1965; ‚Titel, Thesen, Temperamente', ARD 1967). Bis 1998 hat sich im Bereich der digitalen Medien mit Massenpublikum (u. a.

Internet), von kurzlebigen Versuchen und von hauptsächlich der Eigenwerbung dienenden Derivaten aus dem Presse- und Rundfunkbereich abgesehen, noch keine stabile Magazinkultur ausgebildet.

ForschG: In der älteren deutschen Zeitungs- und Zeitschriftenforschung (Groth, Salomon, Kirchner, Dovifat) haben Printmagazine keine besondere Aufmerksamkeit als Phänomen sui generis erfahren (Ausnahme: Haacke); erst die Fernsehforschung (Kreuzer, Hickethier) hat das Interesse auch auf allgemeine ästhetische und funktionale Aspekte des Magazinprinzips (Heinze/Filk) gelenkt. Eine medienübergreifende Aufarbeitung der Geschichte des Magazins unter dieser Perspektive steht noch aus.

Lit: Dictionaire des Journaux 1600−1789. Paris 1991. − Emil Dovifat: Zeitungslehre. 2 Bde. Berlin 1937. − Walter Graham: English literary periodicals. New York 1930, S. 145−160. − Otto Groth: Die Zeitung. Ein System der Zeitungskunde (Journalistik). 4 Bde. Mannheim u. a. 1928−1930. − O. G.: Die unerkannte Kulturmacht. Grundlegung der Zeitungswissenschaft (Periodik). 7 Bde. Berlin 1960−1972. − Wilmont Haacke: Das ‚Magazin' − ein unentdeckter Zeitschriftentypus. In: AGB 11 (1971), S. 429−448. − Helmut Heinze, Christian Filk: Periodizität − Modularität − Omniversalität. Die Mediengatungsform ‚Magazin' am Beispiel des SPIEGEL-Fernsehens. In: Bausteine 3. Hg. v. Helmut Kreuzer und Helmut Schanze. Siegen 1994, S. 89−98. − H. H., Anja Kreutz (Hg.): Zwischen Service und Propaganda. Zur Geschichte und Ästhetik von Magazinsendungen im Fernsehen der DDR 1952−1991. Berlin 1998. − Knut Hickethier: Magazine im Programm − Das Programm ein Magazin. In: Kreuzer/Schumacher 1988, S. 91−110. − Joachim Kirchner: Das Deutsche Zeitschriftenwesen. 2 Bde. Wiesbaden 1958, 1962. − Helmut Kreuzer, Heidemarie Schumacher (Hg.): Magazine audiovisuell. Berlin 1988. − H. K.: Zur Beschreibung, Kritik und Geschichte bundesdeutscher Fernsehmagazine. In: Kreuzer/Schumacher 1988, S. 9−19. − Ludwig Salomon: Geschichte des Deutschen Zeitungswesens. 3 Bde. Oldenburg, Leipzig 1900−1906. − Heidemarie Schumacher: Ästhetik, Funktion und Geschichte der Magazine im Fernsehprogramm der Bundesrepublik Deutschland. In: Geschichte des Fernsehens in der Bundesrepublik. Hg. v. Peter Ludes u. a. Bd. 3. München 1994, S. 101−174. − John

Tebbel, Mary Ellen Zuckerman: The magazine in America: 1741−1990. New York, Oxford 1991.

Helmut Heinze

Magischer Realismus

Darstellung von Wirklichkeit, welche die Konzepte von Realismus und Magie (im Verständnis des 20. Jhs.) zu verbinden sucht.

Expl: Das Epitheton *magisch* ist sowohl in der Bedeutung von ‚rätselhaft‘ als auch der von ‚auf geheime Weise Gegensätze zusammenbindend‘ zu verstehen. In der deutschen Literatur bezeichnet *Magischer Realismus* einen Erzählstil mit historischem Schwerpunkt zwischen den 1920er und 50er Jahren. Idealtypische Merkmale: (1) im Ansatz realistisch, d. h. direkter Bezug auf die zeitgenössische Lebenswelt; (2) geschlossene Erzählform im Unterschied zu Texten des Surrealismus; (3) homogener Bau der erzählten Welt, d. h. kein Konflikt zwischen zwei unterschiedlich begründeten Ordnungen der Wirklichkeit wie in der Phantastik; (4) Stabilität der erzählten Welt, d. h. keine Durchbrechung der Erzählfiktion und keine durch die Form des Erzählens bedingten Antinomien; (5) im Unterschied zum ↗ *Realismus₂* des 19. Jhs. Einbindung eines Geheimnisses in die erzählte Welt und Brechung des realistischen Systems durch eine Verbindung spezifischer formaler oder auch inhaltlicher Mittel: (5a) vage zeitliche und räumliche Lokalisierung und unvollständige kausale Motivation der erzählten Geschichte; (5b) Motive des Morbiden, Dämonisierung alltäglicher Gegenstände; (5c) auf der Figurenebene das Erlebnis einer besonderen, ‚überdeutlichen‘ Wahrnehmung, die zum Verlust jeder strukturierenden Perspektive führt und teils mit dem Gefühl der Vereinzelung, teils mit dem der Verschmelzung alles Seienden zu einem großen Ganzen verbunden ist; (5d) in der Erzählerrede die Behauptung eines geheimen Sinns, einer transzendent, aber nicht eigentlich religiös begründeten höheren Ordnung der Wirklichkeit.

WortG: Die Wendung *magischer Realismus* hat erstmals Fritz Strich gebraucht, um die Dichtung Schillers von Novalis’ ‚magischem Idealismus‘ zu unterscheiden (Strich, 10). Fast zeitgleich mit Strich hat der Kunsthistoriker Franz Roh die Malerei des Nachexpressionismus als magischen Realismus beschrieben und damit den Terminus als Stilbegriff etabliert (Roh 1923 u. 1925). Als Bezeichnung für einen Erzählstil findet sich die Wendung dann in unterschiedlichen Kontexten. Durch eine spanische Übersetzung von Rohs Nachexpressionismusstudie gelangte sie in den 1920er Jahren nach Lateinamerika; innerhalb Europas haben Autoren in Italien (Massimo Bontempelli), Österreich (George Saiko) und Flandern (Johan Daisne, Hubert Lampo) literarische Programme unter dem Titel ‚magischer Realismus‘ entworfen. In Deutschland fordern unmittelbar nach 1945 u. a. Hans Werner Richter und Wolfdietrich Schnurre einen neuen, ‚magischen‘ Realismus. Etwa zur gleichen Zeit verwenden erstmals Germanisten den Terminus als Namen für einen zeitgenössischen Erzählstil. Später bezeichnet er einen z. T. sehr unterschiedlich charakterisierten und zeitlich lokalisierten Erzählstil und wird vereinzelt auch für die ‚naturmagische‘ Lyrik u. a. von Oskar Loerke und Wilhelm Lehmann gebraucht (z. B. Lamping, S. 221−227; ↗ *Naturlyrik*).

Franz Roh: Zur Interpretation Karl Haiders. In: Der Cicerone (1923), S. 598−602. − F. R.: Nach-Expressionismus. Magischer Realismus. Leipzig 1925. − Dieter Lamping: Das lyrische Gedicht. Göttingen 1989. − Fritz Strich: Deutsche Klassik und Romantik. München 1922.

BegrG: Schon Bontempelli dient der Begriff in den 1920er Jahren dazu, einen Erzählstil zu benennen, der einen realistischen Anspruch mit einem erweiterten Wirklichkeitsbegriff verbindet. Ein in der alltäglichen Lebenswirklichkeit entdecktes Geheimnis soll auch in ihrem poetischen Abbild deutlich werden. Im Einzelfall wird der Aspekt des Magischen mit dem Vokabular des Okkultismus (z. T. lateinamerikanische Autoren), der Psychoanalyse (Saiko, Lampo) oder der Metaphysik (Daisne) unterschiedlich gefaßt.

Massimo Bontempelli: L'avventura novecentista: selva polemica (1926–1938). Florenz 1938.

SachG: Wie in der Malerei entsteht Ende der 1920er Jahre in Deutschland auch in der Literatur eine nachexpressionistische Bewegung, die Elemente der zeitgenössischen neusachlichen Ästhetik mit Ideologemen der Klassik und Romantik verbindet. Eine Gruppe junger Dichter um die Zeitschriften ‚Die Kolonne' (1929–1932) und ‚Der weiße Rabe' (1932–1934) wendet sich gegen den Glauben an eine rational erfaßbare Welt, begreift die magische Denkweise als Vorbild und fordert einen neuen Realismus, der Sachlichkeit und Wunder, Rationalität und Irrationalität in programmatisch paradoxer Weise vereint. Autoren entsprechender Erzähltexte und z. T. ähnlich ansetzender ‚naturmagischer' Gedichte sind u. a. Ernst Jünger, Hermann Kasack, Ernst Kreuder, Friedo Lampe, Elisabeth Langgässer, Oskar Loerke, Horst Lange, Wilhelm Lehmann und Eugen Gottlob Winkler. Obwohl sie nicht mit den Nationalsozialisten sympathisierten, wurden ihre Werke z. T. im ‚Dritten Reich' veröffentlicht (1937 z. B. Langes erfolgreicher Roman ‚Schwarze Weide'), so daß hier nur mit Einschränkungen von einer ↗ *Inneren Emigration* die Rede sein kann. Nach 1945 erschienen die vielbeachteten Romane von Langgässer ‚Das unauslöschliche Siegel' (1946) und Kasack ‚Die Stadt hinter dem Strom' (1947). Über die sogenannte ‚Stunde Null' (↗ *Nachkriegsliteratur*) hinweg markieren die Werke des magischen Realismus insofern eine kaum beachtete literarische Kontinuität zwischen den 1920er und 50er Jahren. Die Sehnsucht nach Harmonie und dauerhafter Ordnung hat in ihnen ebenso Ausdruck gefunden wie die zeitgenössische Lebenswirklichkeit des Chaos und der Zerstörung.

ForschG: Ambitionierte Versuche, die oft nur als Schlagwort gebrauchte Wendung für die Literaturwissenschaft in systematischer und historischer Hinsicht fruchtbar zu machen, setzen mit den 1980er Jahren in der Komparatistik (z. B. Weisgerber) und Hispano-Amerikanistik (z. B. Chanady) ein. Für die Germanistik haben Van de Putte und Scheffel den Begriff als Stil- bzw. Epochenbegriff zu präzisieren versucht.

Lit: Amaryll Beatrice Chanady: Magical realism and the fantastic. New York, London 1985. – Andreas Fluck: ‚Magischer Realismus' in der Malerei des 20. Jhs. Frankfurt u. a. 1994. – Doris Kirchner: Doppelbödige Wirklichkeit. Magischer Realismus und nicht-faschistische Literatur. Tübingen 1993. – Michael Scheffel: Magischer Realismus. Tübingen 1990. – M. S.: Die poetische Ordnung einer heillosen Welt. Magischer Realismus und das ‚gespaltene Bewußtsein' der dreißiger und vierziger Jahre. In: Formaler Mythos. Hg. v. Matias Martinez. Paderborn u. a. 1996, S. 163–180. – Hans Dieter Schäfer: Das gespaltene Bewußtsein. München, Wien 1981. – Christiane Van de Putte: De magisch-realistische Romanpoëtica in de Nederlandse en Duitse Literatuur. Leuven 1979. – Jean Weisgerber: Le réalisme magique: la locution et le concept. In: Rivista di letterature moderne e comparate 35 (1982), S. 27–53. – J. W. (Hg.): Le réalisme magique. Paris, Lausanne 1987. – Lois Parkinson Zamora, Wendy B. Faris (Hg.): Magical realism. Durham/N.C. 1995.

Michael Scheffel

Makame ↗ *Ghasel*

Makkaronische Dichtung

Die Morphologie verschiedener Sprachen vermengende Poesie.

Expl: In Makkaronischer Dichtung werden morphologische Merkmale verschiedener Sprachen gemischt, indem an die Wörter einer Sprache Flexionsendungen einer anderen Sprache, vorzugsweise des Lateinischen, in parodistischer Absicht angehängt werden. Sie erweist sich so ihrem sozialen Bezugsrahmen nach als gelehrte Dichtung, deren Verfasser wie Adressaten beide Sprachen verstehen (sollen). Von ihr zu unterscheiden ist die Pedanteske Dichtung (poesia pedantesca), bei der Wörter verschiedener Sprachen gemischt werden, ohne daß der Wortkörper verändert wird (wie z. B. im Kirchenlied ‚In dulci iubilo, nun singet und seid froh').

WortG: Der Autor des ältesten humanistischen makkaronischen Gedichts, Tifi de Odasi (Typhis Odaxius, † 1488), nennt sein Poem *Macharonea* bzw. *Carmen macaronicum de Patavinis quibusdam arte magica delusis* (gedruckt 1493) nach dem Helden des Gedichts, einem Nudelbäcker. Der europaweit als Klassiker dieser Dichtungsart rezipierte Merlinus Coccaius (eigentlich Teofilo Folengo, 1491−1554) leitet die Bezeichnung dann ausdrücklich von den Nudeln gleichen Namens ab: „Ars Macaronica a macaronibus derivata, qui macarones sunt quoddam pulmentum, farina, caseo, butyro compaginatum, grossum, rude et rusticum" (‚Die makkaronische Kunst leitet sich von den Makkaroni her. Makkaroni sind ein Teig, der aus Mehl, Käse und Butter vermengt ist, grob, derb und bäurisch'; Coccaius, 19). Er verbindet also die bäurische Speise mit der groben Dichtungsart. Diese Deutung wurde in Deutschland von Fischart übernommen, der in der ‚Geschichtklitterung' von *Nuttelversen* spricht (Fischart, 43). Andere Deutungen leiten das Wort von *macrones* (‚Menschen mit dicken Köpfen und wenig Verstand', entsprechend ital. *maccherone* ‚einfältiger Mensch') ab (so Caelius Rhodiginus, ‚Lectiones Antiquae' 30, 897), wieder andere von ital. *maschera* ‚Maske' oder *maccare* ‚zerreiben', oder sie erklären *maccaroni* als ‚Gesellschaft'. Von diesen Deutungen ist die erste fraglos am wahrscheinlichsten. Blümlein versteht wohl zu Recht die Entstehung des Begriffes so: „Wie die berühmte Leibspeise hauptsächlich aus Mehl und Käse besteht, so besteht das maccaronische Gedicht aus der Grundsprache und den hineingemischten Wörtern einer anderen Sprache" (Blümlein 1900, 17, Anm. 2).

Merlinus Coccaius: Apologetica in sui excusatione in opere Macaronico. Venedig 1572. − Johann Fischart: Geschichtklitterung [1590]. Hg. v. Ute Nyssen. Darmstadt 1967.

BegrG: Der Begriff bleibt im wesentlichen auf das humanistische und vom Humanismus abgeleitete Genre beschränkt. Man spricht von einzelnen Makkaronismen, wenn das Prinzip in einem Text nur passagenweise angewandt wird. Dem Mittelalter fehlt noch eine Bezeichnung für groteske Sprachmischung in der lateinischen Poesie. Die Grenze zur Pedantesken Poesie wird heute nicht immer beachtet.

SachG: Makkaronische Verse sind schon aus der römischen Antike bekannt. Horaz verweist in ‚Sermones' 1,10,22 auf griechisch-lateinische Sprachvermengung bei dem frühen Satiriker Lucilius, Quintilian führt in der ‚Institutio oratoria' 8,6,31−33 solche Mischungen bei Ovid an (vgl. Heräus 1937), und der spätantike Dichter Ausonius (um 310−393 n. Chr.) verfaßt bereits griechisch-lateinische Hexameter: „En te foro causais te kai ingrataisi kathedrais" (‚Epigramme' 12). Sprachmischung von Latein und Volkssprache findet sich z. B. in den ‚Carmina Burana' und den ‚Carmina Cantabrigensia'. Durch volkssprachliche Lexeme oder Morpheme verballhorntes Latein ist ein beliebtes Mittel parodistischer Dichtung des Mittelalters im Umkreis von Schule und Universität (Lehmann), es wird von frühhumanistischen Autoren wie Bebel aufgegriffen. In den ‚Dunkelmännerbriefen' dient es − in Prosa − der Verspottung ‚barbarischen' und ‚scholastischen' Sprachgebrauchs von Pseudo-Gelehrten, die sich dem Humanismus verschließen. Im humanistischen Milieu des 15.−17. Jhs. verbreitet sich die Makkaronische Dichtung von Italien aus über ganz Europa als Spielform der Poesie in humoristischer oder mehr noch satirischer Absicht, so besonders in Frankreich (Antonius de Arena, † 1544: z. B. ‚Meygra Entrepriza Catoliqui Imperatoris [...]', 1536). Makkaronische Verse finden sich auch bei Rabelais und Molière (im ‚Malade Imaginaire') und bei englischen Dichtern (Skelton, Drummond, Ruggle, Geddes u. a.); dort werden sie noch im 19. Jh. gepflegt.

Möglicherweise unabhängig von den italienischen Vorbildern streuen Brant (‚Narrenschiff', 1494) und Murner (‚Kirchendieb- vnd Ketzerkalender', 1527) makkaronische Verse in ihre Narrendichtungen ein (↗ *Narrensatire*), ebenso Hans Sachs in seinen ↗ *Fastnachtspielen*; desgleichen verwenden Autoren in Schwankbüchern makkaronische Sprachwitze. Als Imitationsmuster erweisen sich die z. T. mehrfach überarbeiteten makkaronischen Poesien Teofilo Filengos (Merlinus Coccaius), ‚Macaroneae' (zuerst 1517, mit kritischen Einschüben gegen den Mönchsklerus erweitert 1521 u.ö.); im ‚Baldus' gibt er eine Parodie auf die Ritterepen und in ‚Moscaea' (1530) ein komisches Tierepos in der Tradition des pseudohomerischen ‚Froschmäusekrieges'.

Makkaronische Sprache in dt.-lat. Mischung verwenden zwei politische Dichtungen im Zusammenhang mit den Auseinandersetzungen zwischen Kaiser Karl V. und den protestantischen Reichsständen: der ‚Pasquillus auf den protestierenden Krieg' (1546; Blümlein 1900, 44) und das ‚Pancketum Caesareum' (1548; Blümlein 1900, 45−47). Hauptwerk der makkaronischen Poesie im deutschen Kulturraum ist die ‚Floia, cortum versicale, de flois schwartzibus, illis deiriculis, quae omnes fere Minschos, Mannos, Vveibras, Iungfras &c. behuppere, & spitzibus suis schnaflis stekkere & bitere solent; autore Gripholdo Knickknackio ex Floilandia' in nd.-lat. Mischidiom (1593; Faksimile in Blümlein 1900, nach S. 108). Der Titel indiziert die Zugehörigkeit zur im 16. Jh. beliebten Flohliteratur im Anschluß an Fischarts ‚Flöhhatz' (zuerst 1573). Das Werkchen wurde bald hochdt.-lat. umgedichtet und bis ins 19. Jh. oft neu aufgelegt und bearbeitet (Blümlein 1900, 101−107). Es regte weitere Parodien an.

Im 17. und 18. Jh. ist die Makkaronische Dichtung in Deutschland im Zusammenhang der Ioco-Seria-Corpora vornehmlich Medium für studentische Scherz- und Ulkpoesie, so in der ‚Lustitudo Studentica' (1627; Blümlein 1900, 54−64) sowie in dem ‚Certamen Studiosorum cum Vigilibus Nocturnis' in 87 Hexametern von 1689 (Blümlein 1900, 64−67). Weitere Dichtungen dieser Art werden im Umkreis der Universitäten verfäßt.

Außerhalb der akademischen Sphäre entsteht nicht-gelehrte Makkaronische Dichtung dort, wo − z. B. bei Auswanderern − die dt. Grundsprache mit engl. Brocken vermengt wird, so etwa bis ins 20. Jh. bei den deutschstämmigen Bewohnern Pennsylvanias. Im englischsprachigen Ausland parodiert vor allem im 19. Jh. daneben eine makkaronisch-pedanteske Mischdichtung die Schwierigkeit des Erlernens der dt. Sprache, so etwa in einem anonymen ‚Ad professorem linguae Germanicae': „O why now sprechen Sie Deutsch?/ What pleasure say can Sie haben?/ You cannot imagine how much/ You bother unfortunate Knaben [...]" (abgedruckt in Morgan 1872, 289 f.). Ebenfalls das 19. Jh. bringt in Deutschland pseudo-makkaronische Dichtung hervor, bei der − etwa in Ludwig Eichrodts ‚Nordischer Ballade' − durch dänisch klingende Wortendungen der Eindruck erweckt wird, man habe es mit nordischer Dichtung zu tun (↗ *Nonsens*).

ForschG: Die Makkaronische Dichtung wurde schon im 17. Jh. in Sammlungen scherzhafter Poesie wie den ‚Facetiae Facetiarum' (Frankfurt 1615 u.ö.), den ‚Nugae venales' (o.O. 1644 u.ö.), dem ‚Democritus ridens sive Campus recreationum honestarum' (Köln, Amsterdam 1642 u.ö.) und dem ‚Thesaurus ridendi et jocandi' (o.O. 1644 und 1648) thesauriert. Erst im 19. Jh. wurde mit Sammlungen von Genthe, Schade und Blümlein für den deutschen Kulturraum das Corpus ziemlich vollständig erfaßt, ohne daß es zu einer gründlicheren Analyse gekommen wäre, wogegen in Italien die freilich ungleich gewichtigere Makkaronische Dichtung Folengos mehrfach kritisch neu ediert und untersucht wurde (Luzio). Viele Publikationen des dt. Sprachraums bleiben auf der Stufe von Liebhabereditionen und -besprechungen. Die neueren Arbeiten (Liede, Grümmer) betonen den Spielcharakter Makkaronischer Dichtung.

Lit: Carl Blümlein (Hg.): Die Floia und andere deutsche maccaronische Gedichte. Straßburg 1900. − C. B.: Zur Geschichte der maccaronischen Poesie. In: Berichte des Freien Deutschen Hochstiftes NF 13 (1897), S. 215−244. − Jürgen Dahl: Maccaronisches Poetikum. Ebenhausen 1962. − Octave Delepierre: Macaronéana [...]. Brighton, Paris 1852. − Jörg-Ulrich Fechner: Bartolomeo Bolla, ein makkaronischer Dichter am Heidelberger Hof an der Wende des 16. und 17. Jhs. In: From Wolfram and Petrarch to Goethe and Grass. Fs. Leonard Forster. Hg. v. Dennis H. Green u. a. Baden-Baden 1982, S. 381−399. − Friedrich Wilhelm Genthe: Geschichte der

maccaronischen Poesie und Sammlung ihrer vor-
züglichsten Denkmäler [1829]. Repr. Wiesbaden
1966. – F. W. G.: Zwei maccaronische Gedichte.
Programm Eisleben 1859. – Gerhard Grümmer:
Spielformen der Poesie. Leipzig [2]1988, S. 220–
223. – Wilhelm Heräus: Ein maccaronisches
Ovidfragment bei Quintilian. In: W. H.: Kleine
Schriften. Heidelberg 1937, S. 236 ff.. – Günter
Hess: Deutsch-lateinische Narrenzunft. München
1971, S. 234–244. – Jozef IJsewijn, Dirk Sacré:
Companion to Neo-Latin studies. Teil 2. Leuven
1998, S. 136–138. – Reinhard Köhler: Ausonius
und die macaronische Poesie. In: Rheinisches
Museum 12 (1857), S. 434–436. – Paul Leh-
mann: Die Parodie im Mittelalter. Stuttgart
[2]1983. – Alfred Liede: Dichtung als Spiel. Bd. 2.
Berlin 1963, S. 205–214. – Alessandro Luzio
(Hg.): Merlin Cocai ‚Le Maccheronee‘. 2 Bde.
Bari 1927 f. – James Appleton Morgan: Macca-
ronic poetry. New York, Cambridge 1872. – Ugo
Enrico Paoli: Il latino maccheronico. Florenz
1959. – [William Sandys:] Specimens of macca-
ronic poetry. London 1831. – Oskar Schade:
Über die maccaronische Poesie in Deutschland.
In: Weimarer Jb. 2 (1855), S. 385 ff. – Karlernst
Schmidt: Vorstudien zu einer Geschichte des ko-
mischen Epos. Halle 1953, S. 197 f. – Giovanni
Zannoni: I precursori di Merlin Cocai. Città di
Castello 1888.

Hermann Wiegand

Malapropismus ↗ *Bühnenkomik*

Manier, Manierismus[1,2]

Artistik der frühneuzeitlichen Kunst und
Literatur, in diesem Sinne auch epochenübergreifend verwendet.

Expl: *Manier* heißt die artistische Verfahren
demonstrativ ausstellende Gestaltung eines
Werks der Bildenden Kunst oder der Literatur, auch – allerdings schwerer beschreibbar – der Musik und der angewandten
Künste.

Manierismus[1]: Davon abgeleitet bezeichnet ‚Manierismus‘ als kunsthistorischer Begriff eine Tendenz europäischer Kunst im
16. Jh. (z. B. Pontormo, Parmigianino, El
Greco; vgl. Frey), wobei es manieristische
Momente schon in der Hoch-Renaissance

gibt (Baumgart) und auch die Künstler des
Barock (z. B. Rubens) die ästhetischen
Spielräume des Manierismus des 16. Jhs.
nützen. Deshalb läßt sich Manierismus
kunstgeschichtlich nur schwer als eigenständige Epoche von Renaissance und Barock
abgrenzen. Das gilt ebenso für die Literatur,
in der manieristische Verfahren später als in
der Kunstgeschichte einsetzen und sich bis
in die Zeit um etwa 1700 halten, so daß sich
die begrifflichen Konzepte ‚Manierismus‘
und ↗ *Barock* überlagern, ja miteinander
konkurrieren (Barner 1975; Bahner). Die
poetischen Verfahren des Manierismus[1]
sind aus der Perspektive des 18. und 19. Jhs.
als SCHWULST diskreditiert worden.

Manierismus[2]: Daneben wird ‚Manierismus‘ in Kunst- wie Literaturgeschichte als
epochenübergreifender Stilbegriff verwendet. Das manieristische Kunstwerk erscheint besonders formbewußt gestaltet und
reflektiert. Es verweist auf seine ästhetischen Verfahren und sucht die originell wirkende Abweichung (↗ *Originalität*) von ästhetischen Traditionen und Standards
(Zymner 1995a). Den Manierismus der Bildenden Kunst charakterisieren u. a. Tendenzen zur Verselbständigung und freien
Kombination heterogener bildnerischer Elemente, Verzicht auf übersichtliche Bildorga-
nisation etwa durch eine perspektivische
Darstellung, Verzerrung der Proportionen
(Drehung und Überlängung der Figuren,
die sogenannte Figura serpentinata, Ver-
kleinerung des Kopfes gegenüber dem Körper), starke Farbkontraste, Betonung der
Bewegung. Den literarischen Manierismus
kennzeichnen inhaltlich ein Interesse am
Hermetischen (↗ *Hermetismus*), Traumhaf-
ten, Dunklen, Bizarren und ↗ *Grotesken*,
formal eine Vorliebe für einen rhetorischen
Asianismus (↗ *Attizismus*; H. J. Lange):
Häufung von dunklen Metaphern, rhetorischen Figuren und Tropen, tiefsinnig erscheinenden ↗ *Anspielungen*, geistreichen
und überraschenden Wendungen (↗ *Argutia*) und ↗ *Concetti*, Wortspielen und
Lautmalerei. Die manieristische Erzählweise verzichtet auf übersichtliche Erzähl-
verläufe; die Erzählung verästelt sich in
↗ *Digressionen* und labyrinthischer Komplexität. Diese Merkmale, an Werken des

Manierismus$_1$ abgelesen, dienen der Bestimmung eines zu verschiedenen Epochen auftretenden antiklassischen Stils ($\nearrow$ *Klassizismus*), des Manierismus$_2$.

WortG: Das Wort *Manier* bildet mit *Manierismus, maniert/Maniertheit, manieristisch, manieren* ein Wortfeld, das auf lat. *manus* ‚Hand‘ und gallo-romanisch *manuarius* ‚handlich‘, ‚geschickt‘ (dazu Plural *manuaria* auch: ‚Benehmen‘) zurückgeht (Kluge-Seebold, 459; vgl. Treves, Boehm, Lachnit, Lindemann, Zymner 1995a). Im afrz. *manière*, mhd. *maniere*, ‚Art und Weise‘ (etwas anzufassen), ‚Sich-Geben‘, ‚Betragen‘ (Gottfried von Straßburg, ‚Tristan‘, v. 4572: „vil rehte in ir maniere“) und in ital. *maniera* (seit dem 15. Jh., ähnlich in anderen europäischen Sprachen) kommt zum semantischen Merkmal der körperlichen Tätigkeit bzw. der Handlung und des Verhaltens das Merkmal der besonderen, ‚charakteristischen‘ Ausprägung hinzu. Die hier angelegte Bedeutung von *Manier* als in der Gesellschaft wirksames und dort auch bewertetes Betragen (DWb 12, 1552 f.) verstärkt sich in frühneuzeitlichen Verhaltenslehren, zuerst festgeschrieben bei Castiglione 1528 im ‚Libro del Cortegiano‘ (für Deutschland: Weise). Im Plural *Manieren* ist sie bis heute erhalten geblieben.

Darüber hinaus bezeichnet *maniera* seit der ital. Frührenaissance den besonderen Stil eines Kunstwerks. Unterschieden wurden einerseits allgemeine Charakteristika, z. B. eine *maniera tedesca* (Gotik), eine *maniera bicantinica*, eine *maniera greca*, zum anderen die Prägung durch die Individualität des Künstlers, so traditionsstiftend bei Giorgio Vasari (‚Le vite dei piu eccelenti pittori‘, 1550), bei dem *maniera* die handwerkliche Arbeitsweise mit persönlicher und stilistischer Eigenart zusammenschließt (Treves, Link-Heer 1986, Smyth). In der Kunstgeschichte und -theorie des 16. (Dolce) und besonders des 17. Jhs. (Bellori) wird jedoch ‚Manier‘ im Sinne einer forcierten, im Kunstwerk zur Schau gestellten ästhetischen Originalität oder einer Nachahmung der Besonderheit eines anderen Künstlers zunehmend negativ konnotiert, weil das Prinzip der Naturnachahmung mißachtet werde.

Manierismus ist von *Manier* im letztgenannten Sinne abgeleitet. Das Wort tritt in der frz. Form *maniérisme* erstmals 1662 auf, 1795/96 in der ital. Form *manierismo* (Lanzi, 140), hier gleich in negativer Bedeutung (‚gesucht‘, ‚unwahr‘, ‚unnatürlich‘) für die italienische Kunst nach Raffael (Zymner 1994, 1995a, mit weiteren Literaturhinweisen; Lindemann). In dieser epochenbezogenen Stilkritik zeichnet sich schon die Verwendung von *Manierismus* als kunsthistorischem Epochenbegriff ab, wie er dann in der 2. Hälfte des 19. Jhs. durch J. Burckhardt (‚Der Cicerone‘, 1855) und insbesondere durch H. Wölfflin (‚Die klassische Kunst‘, 1899) ins Dt. eingeführt und ab etwa 1920 besonders durch M. Dvořák, H. Voss und W. Friedländer fest etabliert wurde. Durch die Abgrenzung gegenüber der Kunst der Renaissance wurde der frühneuzeitliche Manierismus$_1$ als Phänomen des Zerfalls der Renaissance und der Auflösung ihrer Kunstprinzipien begriffen und in ihm entweder kritisch ein Zeichen des Niedergangs oder aber des Anbruchs der Moderne und der sich nun mehr und mehr durchsetzenden $\nearrow$ *Autonomie* der Kunst gesehen (Shearman, Hofmann, Lachnit). Beide Konnotationen gehen in die Bedeutung von *Manierismus$_2$* als epochenübergreifendes Stilphänomen ein. Die Semantik von *Manierismus* in der Kunsttheorie des 20. Jhs. macht verständlich, warum das Wort auch in die Psychologie einwandern konnte, wo es bestimmte Formen des Realitätsverlustes bezeichnet (Lindemann).

Luigi A. Lanzi, Storia pittorica della Italia [1795/96]. 3 Bde. Florenz 1968.

BegrG: Durch die Begriffe ‚Manier‘ und ‚Manierismus‘ wird erst spät erfaßt, was als Gestaltungs- und Schreibweise längst eine ästhetische Möglichkeit war. Mit Vasari wird ‚Manier‘ als Inbegriff der besonderen künstlerischen Gestalt in die Kunstdiskussion eingeführt, wobei darunter sowohl individuelle Besonderheit und $\nearrow$ *Originalität* verstanden werden kann als auch die Prägung durch ein bestimmtes überindividuelles Muster. Im Dt. wendet erst die Kunstkritik des 18. Jhs. den Begriff auf die eigentümliche Gestaltungsweise eines

Künstlers an. Negativ konnotiert („manieriert') ist ein artistischer Gestaltungswille, der das Prinzip der Naturnachahmung verletzt (Sulzer), nur sich selbst in jedem Kunstwerk wiederholt (Goethe) oder durch keine ‚Idee' reguliert wird (Kant; vgl. DWb 12, 1552 f.; Boehm, 724; Zymner 1995a, 15). Gegen die negative Semantik radikaler Subjektivität versucht Goethe, Manier als Vorstufe zum ↗ *Stil* zu bestimmen, ohne die Begriffsgeschichte dadurch nachhaltig prägen zu können (‚Einfache Nachahmung der Natur, Manier, Stil', 1789; vgl. Niewöhner, Scheuer). Für Hegel ist die „bloße Manier" nur partikulär und subjektiv. Davon zu unterscheiden ist die „echtere Manier", weil sich der Künstler hier „in allgemeiner Weise an die Natur der Sache hält" und so auf dem Weg zum Stil ist (Hegel, 376).

Trotzdem bleibt die negative Semantik von *Manier* und *manieriert* vorherrschend. Sie geht in eine dichotomische, klassizistisch geprägte Stiltypologie ein (natürlich vs. künstlich, regulär vs. irregulär, echt vs. unecht, wesentlich vs. dekorativ, klassisch vs. romantisch, objektiv vs. subjektiv usw.); diese Dichotomie läßt sich von der Kunst des 16./17. bzw. des 18. Jhs. ablösen und lädt zur überhistorischen, systematischen Anwendung des Begriffs ein. Während der Begriff in der Kunstgeschichte überwiegend ein Epochenbegriff ist, verwendet die Literaturwissenschaft ihn daneben epochenübergreifend, wirkungsvoll vertreten durch E. R. Curtius (1948). Bei ihm bezeichnet ‚Manierismus' „alle literarischen Tendenzen […], die der Klassik entgegengesetzt sind" (Curtius, 277). Seit Curtius wird *Manierismus* zwar vor allem auf die Literatur des Barock angewandt; die Attribute *manieriert* und *manieristisch* dienen aber auch epochenunabhängig zur Charakterisierung von literarischen Schreibweisen des skizzierten Typs.

Georg Wilhelm Friedrich Hegel: Werke. Bd. 13. Frankfurt 1970.

SachG: Gegenüber der Epochenbezeichnung *Manierismus*[1] ist das literaturgeschichtliche Feld manieristischer Tendenzen oder Elemente (*Manierismus*[2]) schwer abzugrenzen. Curtius hat in der antiken ↗ *Rhe-*

torik den Keim für literarischen Manierismus gesehen. In der dritten Phase rhetorischer Textproduktion, der ↗ *Elocutio*, kann es zu einer hypertrophen ästhetischen Ausgestaltung durch einen sich verselbständigenden ↗ *Ornatus* kommen. Jedoch beschränkt sich der Manierismus[2] „nicht auf die Figuren und Tropen der elocutio, sondern erstreckt sich auch auf die inventio und die dispositio" (Zymner 1995a, 54). Dieser als *Asianismus* (gegenüber dem ↗ *Attizismus*) bezeichnete Stil ist in der Antike selbst schon kritisiert worden. Er verstärkt sich in der spätantiken Poesie und Rhetorik; diese wirken zwar − wie auch die klassischen Muster − im lateinischen Mittelalter nach, doch verliert mit dem Fortfall der rhetorischen Dichotomie für die mittelalterliche Literatur ‚Manierismus' als Beschreibungskategorie ihren Sinn; sie kann allenfalls per analogiam aus anderen Epochen auf verwandte Stilphänomene in der mittelalterlichen Literatur, zumal in der Volkssprache, übertragen werden (etwa auf Wolfram von Eschenbach). Erst mit der Wiederentdeckung der klassischen Rhetorik (↗ *Klassik*[1]) im ↗ *Humanismus*[2] wird die manieristische Alternative im Sinne von *Manierismus*[2] bedeutsam. ‚Manieristische' Züge enthalten etwa die zwar vom Humanismus beeinflußten, doch sich der klassizistischen Schreibnorm entziehenden, volkssprachige literarische Muster adaptierenden Romane von Rabelais und Fischart. Die manieristische Tradition der spätantiken Rhetorik dagegen kommt erst in der Literatur des Späthumanismus und des Barock zum Durchbruch (Spahr, bes. 552 ff.), nachweisbar in ganz Europa, jedoch stark historisch und regional differenziert (z. B. Marinismus, Gongorismus, ↗ *Petrarkismus*). Der Manierismus wird zum europäischen Epochenstil.

Für den europäischen Barockmanierismus wurden besonders B. Gracián und E. Tesauro wichtig durch den Entwurf einer Pragmatik arguter Selbstdarstellung des gewandten Höflings (Argutia). Im Deutschen Reich gilt vor allem der Hof Kaiser Rudolfs II. (1576−1612) in Prag als Zentrum des Manierismus mit seinen Wunderkammern, Sammlungen von Kuriositäten und Kunstwerken (Arcimboldo; vgl. ‚Prag um 1600‘). Literarisch setzt sich hier ein manieristischer Stil erst um die Mitte des 17. Jhs. durch, so in der Zweiten Schlesischen Dichterschule (Hofmannswaldau, Lohenstein) oder bei den Nürnberger Pegnitz-Schäfern (Klaj, Birken, Harsdörffer). Einzelne Gattungen wie das ↗ *Figurengedicht* (Adler/ Ernst, Ernst, Homayr), die Lyrik überhaupt (Marino, Góngora, Birken, Kuhlmann, Hofmannswaldau; vgl. Henniger) oder das spätbarocke Drama mit seiner exzessiven Bildlichkeit und seinen zugespitzten Rededuellen (*Stichomythie*, ↗ *Stichisch*) tendieren besonders zu ‚manieristischen‘ Schreibweisen.

Mit der Schwulstkritik der rationalistischen Poetik des 18. Jhs. und den Verschiebungen der Semantik von ↗ *Geschmack* hin zu einer primär ästhetischen Kategorie wurde der Manierismus$_1$ verabschiedet (Schwind). Damit verliert der Manierismus seine epochenspezifische Prägung. Manieristische Verfahren in einem weiteren Sinne hat man in volkssprachiger Erzählliteratur des 16. Jhs. (Rabelais, Fischart) und dann seit dem späten 18. Jh. bei Autoren entdeckt, die in Opposition zur Weimarer ↗ *Klassik*$_2$ stehen, wie z. B. Jean Paul (Zymner 1995a; Braungart). Vollends begünstigen Kunst- und Gestaltungsbewußtsein, forcierte Originalität und ästhetische Reflexivität der ↗ *Moderne* in einem stiltypologischen Sinne manieristische Gestaltungsprinzipien. So wurden manieristische Tendenzen im ↗ *Symbolismus*, ↗ *Expressionismus*, bei ↗ *Dada*, in der ↗ *Konkreten Poesie* und bei Arno Schmidt ausgemacht (↗ *Hermetik*). Die kombinatorische Freiheit, die sich Kunst, Architektur und Literatur, aber auch die anderen Künste der ↗ *Postmoderne* gegenüber den ästhetischen Traditionsbeständen nehmen, wird häufig als Manierismus beschrieben.

ForschG: Entsprechend der begrifflichen Differenzierung von ‚Manierismus$_1$‘ und ‚Manierismus$_2$‘ sind zwei verflochtene forschungsgeschichtliche Stränge zu unterscheiden. In der Barockforschung wurden die Begriffe ‚Manierismus$_1$‘ und ‚Barock‘ als Alternativen diskutiert (Barner 1975,

Bahner). Manierismus ist für die ↗ *Frühe Neuzeit* primär ein Phänomen der Elitekultur und deshalb in Kunst wie Literatur auf entsprechend elaborierte Medien und Techniken angewiesen (z. B. eine entwickelte Schriftkultur). Die Ausprägung einer besonderen ‚Manier‘ des Künstlers ist Ausgangspunkt der Kunstphilosophie der Renaissance. Als ‚Manier‘ kann die ausgestellte Kunstfertigkeit des gelehrten Literaten dessen sozialen Geltungsanspruch begründen. Als Ausdruck eines epochenspezifischen manieristischen Stils wurde die Affektrhetorik Lohensteins ebenso wie die rhetorische Kombinatorik der Lyrik oder die barocken Kunstkammern beschrieben; erklärt ist damit freilich wenig.

Für Curtius ist „der Manierismus eine Konstante der europäischen Literatur. Er ist die Komplementär-Erscheinung zur Klassik aller Epochen" (Curtius, 277; Zymner 1994, 1995a, Link-Heer 1998a). Curtius wandte den Begriff auf die Literatur der Antike (besonders der Kaiserzeit) wie des Mittelalters an, beiläufig sogar auf die der Moderne (Mallarmé, Joyce). Bei seinem Schüler G. R. Hocke ist ‚Manierismus‘ ein allgemeiner ästhetischer Begriff, vor allem für die Kunst und Literatur der Neuzeit (Hocke 1957, 1959; noch entschiedener Hofmann). Hocke unterschied sechs manieristische Epochen. Die jüngste war für ihn identisch mit der Moderne seit dem französischen Symbolismus (1880−1950).

Curtius und Hocke entwickelten das skizzierte System dichotomischer Begriffspaare. In diesem System konnte Manierismus zum „Krisen-Symptom" (Zymner 1995a, 54) historisch-gesellschaftlicher Entwicklung, zum Zeichen eines allgemeinen kulturellen Niedergangs werden. Manieristische Kunst gilt dann als Kennzeichen spätzeitlicher Epochen. Die Forschungsgeschichte des Manierismus ist insofern immer auch eine Wertungsgeschichte. Sie tendiert zu einem normativen Klassizismus, der letztlich auf eine künstlerische Ethik zielt.

Seit Mitte der 1990er Jahre ist die Forschung zum Manierismus als einer „globalen Schreibweise" durch Zymner belebt worden; sie habe die „Funktion, bei gewahrter konventioneller Basis poetische Artistik auf der Bedeutungsebene und/oder der Ausdrucksebene eines Textes vorzuführen und dadurch eine Rezipientenreaktion herauszufordern" (Zymner 1995a, 65). Dahinter steht das für die Begriffsgeschichte von ,Manier' und ,Manierismus' überhaupt grundlegende Modell von „Norm und Abweichung" (Fricke). Da dieses aber primär der Unterscheidung von Kunst und Nicht-Kunst dient, läßt sich mit seiner Hilfe das Spezifische des Manierismus nicht fassen. Es birgt zudem ebenfalls die Gefahr, normativ (z. B. kultur- und individualitätskritisch) festgelegt zu werden. Insofern sich der manieristische Künstler auf jeweils geltende, historische Normen ästhetisch-literarischer Kommunikation bezieht, sie radikalisiert und an ihre Grenze führt, handelt er ästhetisch im System von Kunst und Literatur (W. Braungart). Die Manier eines Künstlers hebt ihn heraus, unterscheidet ihn und sichert ihm so eine Position in seinem sozialen Zusammenhang. Manieristische Formexperimente formulieren nicht nur einen radikalen Anspruch auf Freiheit der Kunst (Shearman); sie können auch in ihrem jeweiligen historischen Kontext neue, überraschende Bedeutungen freisetzen und verweisen deshalb auf die Pragmatik des Ästhetischen generell. Manierismus ist kein l'art pour l'art (↗ *Ästhetizismus*); das manieristische Kunstwerk ist in seiner eigenen ,Rationalität' (Schröder) interpretierbar.

Faßt man also ,Manierismus' als ästhetischen Handlungsbegriff auf, was auch die Begriffsgeschichte nahelegt, könnte er auch im Hinblick auf andere, allgemeinere Begriffe − ,Stil', ,Habitus' − weiter präzisiert werden. Manieristische Verfahren treiben kulturelle Differenzierungsprozesse voran. In der Gegenwartskultur (Mode, Jugendkultur) scheinen manieristische Verfahren und Inszenierungen nicht mehr nur eine Domäne von Kunst und Literatur zu sein (Link-Heer 1998b).

Lit: Jeremy Adler, Ulrich Ernst: Text als Figur. Weinheim ³1990. − Werner Bahner: Ein Dilemma literarhistorischer Periodisierung: Barock − Manierismus. In: Renaissance, Barock, Aufklärung. Hg. v. W. B. Kronberg 1976, S. 129−142. − Wilfried Barner: Barockrhetorik. Tübin-

gen 1970. − W. B. (Hg.): Der literarische Barockbegriff. Darmstadt 1975. − Fritz Baumgart: Renaissance und Kunst des Manierismus. Köln 1963. − Gottfried Boehm: Manierismus. In: HWbPh 5, Sp. 724−726. − Wolfgang Braungart (Hg.): Manier und Manierismus. Tübingen [im Druck]. − Darin: W. B.: Manierismus und Selbstbehauptung: Jean Paul. − Horst Bredekamp: Antikensehnsucht und Maschinenglauben. Berlin ²1993. − Max Dvořák: Kunstgeschichte als Geistesgeschichte. München 1924. − Ulrich Ernst: Carmen figuratum. Köln, Weimar 1991. − Hellmut Federhofer: Der Manierismus-Begriff in der Musikgeschichte. In: Archiv für Begriffsgeschichte 17 (1973), S. 206−220. − Dagobert Frey: Manierismus als europäische Stilerscheinung. Stuttgart 1964. − Harald Fricke: Norm und Abweichung. München 1981. − Walter Friedländer: Die Entstehung des antiklassischen Stils in der italienischen Malerei um 1520. In: Repertorium für Kunstwissenschaft 46 (1925), S. 49−86. − Arnold Hauser: Der Ursprung der modernen Kunst und Literatur. Die Entwicklung des Manierismus seit der Krise der Renaissance. München 1979. − Gerd Henniger (Hg.): Beispiele manieristischer Lyrik. München 1970. − Gustav René Hocke: Die Welt als Labyrinth. Manier und Manie in der europäischen Kunst. Hamburg 1957, ²1987. − G. R. H.: Manierismus in der Literatur. Hamburg 1959, ⁶1978. − Werner Hofmann (Hg.): Zauber der Medusa. Europäische Manierismen [Katalog]. Wien 1987. − Ralph Homayr: Manieristische Barockliteratur. In: Kleine Lauben, Arcadien und Schnabelewopski. Fs. Klaus Jeziorkowski. Hg. v. Ingo Wintermeyer. Würzburg 1995, S. 3−26. − Edwin Lachnit: Zur Geschichtlichkeit des Manierismusbegriffs. In: Hofmann 1987, S. 32−42. − Hans-Joachim Lange: Aemulatio veterum sive de optimo genere dicendi. Frankfurt 1974. − Klaus-Peter Lange: Theoretiker des literarischen Manierismus. München 1968. −Margarete Lindemann: Die Wortfamilie von it. ,maniera' zwischen Literatur, bildender Kunst und Psychologie. In: Braungart [im Druck]. − Ursula Link-Heer: Maniera. In: Stil. Hg. v Hans Ulrich Gumbrecht und K. Ludwig Pfeiffer. Frankfurt 1986, S. 93−114. − U. L.-H.: Zur Kanonisierung antiklassischer Stile: Manierismus und Barock. In: Kanon Macht Kultur. Hg. v. Renate von Heydebrand. Stuttgart, Weimar 1998 [a], S. 156−176. − U. L.-H.: Die Mode im Museum oder Manier und Stil (mit einem Blick auf Versace). In: Mode, Weiblichkeit und Modernität. Hg. v. Gertrud Lehnert. Dortmund 1998 [b], S. 140−164. − Heinrich Niewöhner: Einfache Nachahmung der Natur, Manier und Stil. Frankfurt u. a. 1991. − Prag um 1600. Kunst und Kultur am Hofe Rudolfs II.

[Ausstellungskatalog]. 3 Bde. Essen 1988. – Mario Praz: Der Garten der Sinne. Ansichten des Manierismus und des Barock. Frankfurt 1988. – Hans Jürgen Scheuer: Manier und Urphänomen. Würzburg 1996. – Gerhart Schröder: Logos und List. Zur Entwicklung der Ästhetik in der frühen Neuzeit. Königstein 1985. – Peter Schwind: Schwulst-Stil. Bonn 1977. – John Shearman: Manierismus. Weinheim 1994. – Craig Hugh Smyth: Mannerism and ‚maniera‘. Wien ²1992. – Blake Lee Spahr: Barock und Manierismus: Epoche und Stil. In: Barner 1975, S. 534–567. – Marco Treves: *Maniera*, the history of a word. In: Marsyas 1 (1941), S. 69–88. – Georg Weise: ‚Maniera‘ und ‚pellegrino‘. In: Romanistisches Jb. 3 (1950), S. 321–403. – G. W.: Storia del termine ‚Manierismo‘. In: Manierismo, barocco, rococo. Rom 1962, S. 27–38. – Franzsepp Würtenberger: Der Manierismus. Wien, München 1962. – Rüdiger Zymner: Literarischer ‚Manierismus‘. Aspekte der Forschung. In: Colloquium Helveticum 20 (1994), S. 11–49. – R. Z.: Manierismus. Paderborn u. a. 1995 [a]. – R. Z.: Zwischen ‚Witz‘ und ‚Lieblichkeit‘. Manierismus im Barock. In: LiLi 25 (1995) [b], H. 98, S. 52–79.

Wolfgang Braungart

Manifest

Öffentliche Programmschrift einer politischen oder künstlerischen Gruppierung.

Expl: Diskursive ↗ *Textsorte*, mit der eine politische, gesellschaftliche, weltanschauliche oder künstlerische Gruppierung oder Bewegung ihre Auffassungen und Ziele grundsätzlich und öffentlich darlegt.

Das Manifest ist von seinen Funktionen her zu bestimmen: Es dient dazu, Positionen und Absichten seines Autors oder der Gruppierung, die er vertritt, der interessierten Öffentlichkeit zu präsentieren und zu vermitteln, häufig in Verbindung mit dem Versuch, die eigenen Ansichten von anderen abzugrenzen oder gegen sie zu verteidigen. Gegebenenfalls werden auch Begründungen oder Rechtfertigungen der Überzeugungen oder Ziele gegeben. Das Manifest gibt also nicht nur das Programm der Gruppierung nach außen hin bekannt, sondern trägt (durch Identitätsstiftung nach innen und Überzeugungsarbeit nach außen) auch wesentlich zu ihrer Konstituierung bei. Dies gilt insbesondere dann, wenn es in einem Aufruf gipfelt, der (tatsächliche und potentielle) Anhänger der vertretenen Positionen zu entsprechenden Handlungen veranlassen will.

Mit der Veröffentlichung eines Manifestes geht ein Bewußtsein von der Neuheit oder Andersartigkeit der eigenen Auffassungen einher. Das Manifest wird deshalb gerne von Bewegungen verwendet, die sich selbst als avantgardistisch, innovativ oder revolutionär begreifen.

Die üblichen Bestandteile eines Manifests entsprechen seinen Funktionen: Einer oft emphatisch vorgebrachten, konzisen Darstellung der eigenen Auffassungen, die durch Absetzung von konkurrierenden Ansichten an Kontur gewinnen oder durch Herleitungen Plausibilität beanspruchen kann, folgt ein in die Zukunft weisendes Programm. Die Darstellung nimmt zum Teil die Form einer Wortexplikation an. Das zu erläuternde Explicandum (z. B. ‚Dada‘, ‚Kommunismus‘) dient dabei als Schlagwort ebenso wie das häufig verwendete *Wir* der Förderung der Gruppenidentität.

Autor, Autoren oder autorisierende Gruppe eines Manifestes werden für gewöhnlich bekanntgegeben, manchmal um Unterzeichnerlisten ergänzt. Das Manifest wird im allgemeinen separat (als Einzeldruck, Flugschrift usw.) oder als Zeitungs-/Zeitschriftenartikel veröffentlicht.

WortG: *Manifest* geht auf lat. *manifestus* ‚handgreiflich‘, ‚deutlich‘, ‚offensichtlich‘ zurück und wurde im deutschsprachigen Raum – mit einiger Verzögerung gegenüber den westeuropäischen Nachbarn – etwa seit Mitte des 17. Jhs. als Ausdruck für ‚öffentliche‘ und ‚feierliche Erklärung‘ verwendet. Bis ins 19. Jh. bezeichnet der Ausdruck juristisch-politisch relevante schriftliche Erklärungen von legitimierten Staatsoberhäuptern oder -repräsentanten, selten auch von nicht unmittelbar staatstragenden politischen Interessenverbänden, in denen eine Handlung gerechtfertigt und/oder eine Handlungsabsicht bekanntgegeben wird. Insofern kann ein Manifest auch Kriegserklärungen begleiten oder ersetzen, als es – so Zedlers ‚Universal-Lexicon‘ – „ein Aufgebot zum Kriege" darstellt, „darinnen ein Potentate die Ursache, warum er denselben führet, kund machet." (Zedler 19, 966 f.).

Im 19. Jh. breitet sich der Gebrauch von *Manifest* auf nicht-politische Felder aus: Heine etwa überträgt 1833 den Ausdruck in den Bereich geistiger Auseinandersetzungen zwischen der (deutschen) idealistischen Philosophie Fichtes und dem (französischen) Materialismus (Heine 5, 89).

Doch erst nach der breiten Wirkung des ‚Manifests der Kommunistischen Partei‘ in der 2. Hälfte des 19. Jhs. wird der Ausdruck im 20. Jh. bevorzugt für die öffentlichen Erklärungen künstlerischer oder weltanschaulich-politischer Bewegungen gebraucht, unabhängig von der politischen oder juristischen Legitimation ihres jeweiligen Autors.

Deutsches Rechtswb. Wb. der älteren deutschen Rechtssprache. Hg. v. Richard Schröder u. a. Bd. 9. Weimar 1996, S. 114 f. – Heinrich Heine: Werke und Briefe in 10 Bdn. Hg. v. Hans Kaufmann. Berlin, Weimar ²1972. – Karl Marx, Friedrich Engels: Manifest der Kommunistischen Partei [London 1848]. In: K. M., F. E.: Werke [MEW]. Bd. 4. Berlin 1974, S. 459–493.

BegrG: Der Begriff ‚Manifest‘ setzt ähnlich wie verwandte und nur schwer abgrenzbare Konzepte wie ‚Programm‘, ‚Programmschrift‘, ‚öffentliche Erklärung‘, ‚Aufruf‘, ‚Proklamation‘ usw. eine starke Ausdifferenzierung der Gesellschaft voraus, die es Gruppierungen erlaubt, sich mit eigenen Überzeugungen und Interessen von anderen Interessenverbänden öffentlich abzusetzen. Insofern kann die Formierung des Begriffs erst mit Beginn der Entwicklung zur Moderne angenommen werden. Vor allem zwischen 1848 und 1939 war das Manifest durch die Rahmenbedingungen in Gesellschaft und Politik (politisch-ideologische Kämpfe) sowie in Kunst und Literatur (Abfolge avantgardistischer ‚Ismen‘) ein wichtiges Instrument der Auseinandersetzung. In der 2. Hälfte des 20. Jhs. verlor der Begriff in den Bereichen Kunst und Politik an Bedeutung und Prägnanz.

Durch die Problematik einer nachträglichen Unterscheidung von Wirkungsabsicht und Rezeption lassen sich jedoch Texte, die wie Programme gewirkt haben, kaum von solchen unterscheiden, die ausschließlich als solche gemeint waren. Insofern ist es – auch angesichts der ursprünglichen lat. Bedeutung von *Manifest* – nicht unplausibel, ältere programmbildende Texte retrospektiv als *Manifeste* zu bezeichnen, etwa J. V. Andreaes ‚Fama Fraternitatis‘ als „Manifest der Rosenkreuzerbruderschaft". Inwiefern in solchen Fällen die Äußerungsabsichten eines Manifestes tatsächlich vorliegen, bedarf freilich jeweils einer Überprüfung.

Johann Valentin Andreae 1586–1986. Die Manifeste der Rosenkreuzerbruderschaft. Katalog einer Ausstellung in der Bibliotheca Philosophica Hermetica. Amsterdam 1986.

SachG: Das von Marx und Engels verfaßte und unter dem Titel ‚Manifest der Kommunistischen Partei‘ 1848 veröffentlichte Programm des Bundes der Kommunisten, in dem Begriff, Grundlagen, Programm und Ziele des Kommunismus dargelegt werden, stellt im gesellschaftlich-politischen Bereich sicherlich das wirkungsmächtigste Manifest dar. Ihm waren programmatische Erklärungen vorausgegangen, die im Umfeld der französischen Revolution und ihrer Folgen politische Interessen einzelner Bevölkerungsgruppen oder Parteien publik machten.

In Kunst und Literatur ist – vor allem in Frankreich – bereits gegen Ende des 19. Jhs. eine deutliche Zunahme programmatischer Veröffentlichungen zu verzeichnen, die zum Teil – wie etwa Moréas’ Artikel ‚Le Symbolisme‘ von 1886 – sofort wie Manifeste rezipiert und zu solchen erklärt wurden. Die große Zeit der Manifeste spezifischer, in Konkurrenz zueinander stehender Gruppen beginnt europaweit im 20. Jh.: Vor allem die Avantgardebewegungen der Moderne erklärten, exemplifizierten und bekundeten ihre künstlerischen Überzeugungen und Ziele gerne einer interessierten Öffentlichkeit in dieser Form. Der *Futurismus* (↗ *Expressionismus*) präsentierte sich in einer ganzen Reihe von Manifesten, unter denen Marinettis ‚Fondation et Manifeste du Futurisme‘ 1909 den Anfang machte. Auf dieses die Bewegung öffentlich begründende Manifest folgten bald weitere zu konkreteren Einzelaspekten, darunter 1912 Marinettis ‚Manifesto tecnico della letteratura futurista‘.

Die Veröffentlichung dieser Texte in deutscher Übersetzung im ‚Sturm‘ 1912 fiel in eine Zeit, da auch im deutschsprachigen Raum im Umfeld des ↗ *Expressionismus* Manifeste und Aufrufe weltanschaulich-politischen und künstlerischen Inhalts verstärkt eingesetzt wurden. Aus der Opposition zum Futurismus und seinem Hang zum ‚Manifestantismus‘ entstanden — insbesondere aus dem Kreis der ‚Aktion‘ — sogar Manifeste mit deutlich parodistischen Zügen wie etwa das unter dem Pseudonym A. Undo 1915 publizierte Manifest des ‚Impertinentismus‘.

Beide Momente verknüpfte der ↗ *Dadaismus*, seinen inhaltlichen Zielvorgaben entsprechend: Huelsenbecks ‚dadaistisches manifest‘ von 1918 präsentiert unter Einsatz auch bildkünstlerischer Verfahren die Überzeugungen des neu gegründeten Berliner ‚Clubs Dada‘, legt dar, was Dada sein soll, und endet in dem die Konventionen des Manifests parodierenden Aufruf „Gegen dies Manifest sein, heißt Dadaist sein!“ Tzaras Zürcher ‚Manifest Dada 1918‘ folgte. Vorausgegangen waren 1915/16 die eigentlichen Dada-Gründungsmanifeste (Huelsenbecks ‚Erklärung‘, Balls ‚Eroeffnungs-Manifest‘ sowie beider ‚Literarisches Manifest‘).

Im Rahmen der Ausbildung der verschiedenen ‚Ismen‘ der Avantgarde wurden in der Folge unzählige Programme, Manifeste und Aufrufe publiziert. Darunter erlangten die surrealistischen Manifeste (vor allem Bretons ‚Manifeste du Surréalisme‘ von 1924) besondere Berühmtheit.

Damit endet die große Zeit der künstlerisch-literarischen Manifeste, die Nachkriegszeit ist eher von bunter Vielfalt geprägt. Das thematische Spektrum reicht von der Informationstechnologie über die obskure ökonomische Bewegung der Ergokratie bis hin zum radikalen Feminismus.

Umbro Apollonio (Hg.): Der Futurismus. Manifeste und Dokumente einer künstlerischen Revolution 1909—1918. Köln 1972. – Asholt/Fähnders 1995, S. 3—7, 24—27, 96, 104—105, 117, 121, 145—147, 149—155. – André Breton: Die Manifeste des Surrealismus. Reinbek 1968. – Richard Huelsenbeck (Hg.): Dada. Eine literarische Dokumentation. Reinbek 1964. – Jean Moréas: Le Symbolisme [Auszug]. In: Hans H. Hofstätter: Symbolismus und die Kunst der Jahrhundertwende. Köln [4]1978, S. 227—229. – Schultz 1981, S. 89 f. – Programmatische Texte zur deutschen Literatur außerdem in der Reihe: Manifeste und Dokumente zur deutschen Literatur (1848—1880. Realismus und Gründerzeit. 2 Bde. Hg. v. Max Bucher u. a. Stuttgart 1975 f.; 1880—1900. Naturalismus. Hg. v. Manfred Brauneck und Christine Müller. Stuttgart 1987; 1890—1910. Jahrhundertwende. Hg. v. Erich Ruprecht und Dieter Bänsch. Stuttgart 1981; 1910—1920. Expressionismus. Hg. v. Thomas Anz und Michael Stark. Stuttgart 1982; 1918—1933. Weimarer Republik. Hg. v. Anton Kaes. Stuttgart 1983).

ForschG: Bereits seit den 1960er Jahren entstanden in Kunst- und Literaturwissenschaft zahlreiche Sammlungen der Manifeste und Programme verschiedener Epochen oder Bewegungen der (modernen) Literatur und Kunst, vor allem um die zum Teil schwer zugänglichen Texte als Kontexte der eigentlichen künstlerischen Produkte zu erschließen. Die Beschäftigung mit der Geschichte und dem Begriff von Manifest setzte hingegen erst in den letzten Jahren ein, wiederum ausschließlich in Kunst- und Literaturgeschichtsschreibung. Dabei stehen Versuche wie die von Malsch, Schultz, Asholt und Fähnders im Vordergrund, ein Genre oder eine Gattung (‚Literarisches‘ oder ‚Künstler‘-) ‚Manifest‘ historisch zu rekonstruieren und zu etablieren, bisher allerdings ohne schlüssiges Ergebnis.

Lit: Wolfgang Asholt, Walter Fähnders (Hg.): Manifeste und Proklamationen der europäischen Avantgarde (1909—1938). Stuttgart, Weimar 1995. – W. A., W. F. (Hg.): „Die ganze Welt ist eine Manifestation“. Die europäische Avantgarde und ihre Manifeste. Darmstadt 1997. – Alfons Backes-Haase: Kunst und Wirklichkeit. Zur Typologie des DADA-Manifests. Frankfurt 1992. – Friedrich Wilhelm Malsch: Künstlermanifeste. Weimar 1997. – Larry H. Peer: Introduction: The manifesto as a genre. In: The romantic manifesto. Hg. v. L. H. P. New York, Bern 1988, S. 1—6. – Joachim Schultz: Literarische Manifeste der „Belle Epoque“. Frankreich 1866—1909. Frankfurt, Bern 1981. – Ronald Vroon: The manifesto as a literary genre. In: International Journal of Slavic Linguistics and Poetics 38 (1988), S. 163—173.

Uwe Spörl

Mansio(n) ↗ *Bühne, Bühnenform*

Mantik ↗ *Losbuch*

Manuskript ↗ *Handschrift*

Mariendichtung

Literarische Texte, die Maria, die Mutter Jesu, zum Thema haben oder ihrer Verehrung dienen.

Expl: Sammelbezeichnung für literarische Texte, die sich mit Leben, Tod und wundertätigem Wirken der Mutter Jesu befassen und im Dienste ihrer Verehrung stehen. Sie werden konventionell unterteilt in Marienepik, Marienlyrik und bestimmte Formen des ↗ *Geistlichen Spiels*.

Zur Marienepik werden Marienleben (Marienlexikon 4, 49–53), Marienlegenden und Marienmirakel gerechnet. Marienleben stellen die Vita Marias in ihrem Gesamtverlauf von der Verkündigung ihrer Geburt bis zu ihrer Himmelfahrt dar. Es sind meist selbständige Texte, sie können aber auch als klar abgrenzbare Erzählkomplexe eingebettet sein in die auf biblischen Grundlagen beruhenden hochmittelalterlichen Weltchroniken und Historienbibeln. Die Marienlegenden (↗ *Legende*), die die gleichen apokryphen Quellen benutzen wie die Marienleben, unterscheiden sich von diesen darin, daß sie nur einzelne, meist in der Liturgie der Marienfeste verankerte Abschnitte des Lebens der Maria (vor allem Geburt und Himmelfahrt) darstellen. Von den Viten und Legenden sind die Marienmirakel (↗ *Mirakel*) zu trennen. Sie behandeln nicht das irdische Leben Marias, sondern ihr wunderbares Wirken und Eingreifen ins irdische Geschehen nach ihrer Aufnahme in den Himmel (miracula post mortem).

Der religiösen Verehrung Marias dienen neben Gebeten (Marienlexikon 2, 590–596) die zahlreichen Texte, die unter der Sammelbezeichnung *Marienlyrik* (Marienlexikon 4, 197–216) gefaßt werden; in ihnen spielt das Narrative nur eine untergeordnete oder gar keine Rolle. Dazu gehören die einzelne Stationen der Passionsgeschichte aufnehmenden, nach den Horen des Stundengebets (↗ *Stundenbuch,* ↗ *Brevier*) eingeteilten Tagzeitgedichte (VL 9, 577–588) und die inhaltlich z. T. damit verwandten, aber formal unterschiedlich gestalteten Marienklagen (z. B. ‚Stabat mater‘) mit der Klage Marias über Jesu Leiden und Sterben (Marienlexikon 3, 558 f.). Marianische Gebete und Lobpreisungen gibt es in Form von (Prosa- oder Vers-)↗ *Abecedarien₂*, strukturiert nach dem biblischen Psalter und dem Rosenkranzgebet (‚Marienpsalter und Rosenkranz‘, VL 6, 52–50) oder in Anlehnung an das Ave Maria als ‚Mariengrüße‘ (VL 6, 1–7): durch Grußformeln eingeleitete preisende, bittende und erinnernde strophische Gedichte an Maria. In der Tradition von ↗ *Hymnus* und ↗ *Sequenz* (‚Stabat mater‘, vgl. VL 9, 207–214) stehen viele der Maria gewidmeten Lieder (↗ *Geistliches Lied*) und die ↗ *Leichs*.

Dramatisch gestaltet ist ein Teil der Marienklagen und die Himmelfahrt Marias (Geistliches Spiel).

WortG: Als literaturwissenschaftlicher Begriff mit dem oben explizierten Inhalt wird ‚Mariendichtung‘ zuerst wahrscheinlich von A. Kober 1916 verwendet und danach von Gustav Ehrismann 1922 (206–224). Daneben wird er für der Marienlyrik konventionell zugewiesene Einzeltexte und daher auch im Plural bereits in der 1. Hälfte des 19. Jhs. verwendet, z. B. von Heinrich Hoffmann (von Fallersleben).

Moriz Haupt, Heinrich Hoffmann (Hg.): Altdeutsche Blätter. Bd. 1. Leipzig 1836, S. 236.

BegrG: Zusammenstellung von mariologischen Texten (Hymnen, Gebete, Legenden, Mirakel) werden seit dem 13. Jh. in der lat. Literatur mit dem Titel *Mariale* bezeichnet (Marienlexikon 4, 302), der auch dogmatische und exegetische Texte über Maria mit einschließt. Mit einem ähnlichen Inhalt und als gattungstheoretisch neutralerer Konkurrenzbegriff zu ‚Mariendichtung‘ wird vereinzelt auch ‚Marienliteratur‘ verwendet (Ehrismann 1935, 376), der ein durch das Grundwort *-dichtung* auf liedmäßige Texte oder formal auf den Reimpaarvers der Marienleben des 12.–14. Jhs. beschränktes Merkmal eher ausschließt und für den Einschluß der späteren Prosatexte brauchbarer erscheint. Für die konventionell der Marienlyrik zugerechneten Texte wurde anhand der mittelalterlichen Werkbezeichnungen früh eine differenzierte Terminologie entwickelt. Die erzählenden Texte über die von Maria gewirkten Wunder wurden zunächst zusammen mit den Erzählkomplexen aus der Marienvita unterschiedslos unter dem Begriff ‚Marienlegende‘ subsumiert. Dieser wurde dann seit Pfeiffer bevorzugt für die Marienwunder gebraucht, doch wird für sie heute in Anlehnung an die ursprüngliche lat. Gattungsbezeichnung zunehmend der Begriff ‚Marienmirakel‘ verwendet, um sie von der ‚Legende‘ (= Vita) zu unterscheiden (VL 6, 19).

Franz Pfeiffer (Hg.): Marienlegenden. Wien 1863.

SachG: Hauptquellen für die Marienepik sind neben den wenigen biblischen Erwähnungen Marias zwei neutestamentliche Apokryphen: (1) das Kindheitsevangelium des Ps.-Matthäus, zuerst bearbeitet im 10. Jh. in leoninischen Hexametern im Legendenbuch Hrotsviths von Gandersheim (Marienlexikon 3, 252 f.) und in deutscher Sprache in der ‚Maria‘ des Priesters Wernher (Augsburg 1172) für ein laikales Frauenpublikum, dann um 1200 in der ‚Kindheit Jesu‘ des Konrad von Fußesbrunnen; (2) der ‚Transitus Mariae‘ des Ps.-Melito, in dem Marias Tod, Begräbnis und Himmelfahrt berichtet werden; zuerst bearbeitet in ‚Unser vrouwen hinvart‘ um 1210 von Konrad von Heimesfurt und in der ‚Rheinfränkischen Marien Himmelfahrt‘ nach der Mitte des 13. Jhs. Der Stoff der beiden lateinischen Apokryphen wurde um 1230 kompiliert mit weiteren Quellen in der ‚Vita beate virginis Mariae et salvatoris rhythmica‘ und um 1263/67 in den Legenden zu den Marienfesten aus der ‚Legenda aurea‘ des Jacobus de Voragine. Die umfangreicheren deutschen gereimten Marienleben des 13. und 14. Jhs. fußen alle auf der ‚Vita rhythmica‘; von ihnen hatte das bald nach 1300 für den Deutschen Orden verfaßte ‚Marienleben‘ des Kartäusers Philipp (VL 7, 588–597) eine in der deutschen Literatur des Mittelalters beispiellose Verbreitung und Wirkung. Vermutlich ebenfalls für den Deutschen Orden, die ‚Marienritter‘, wurde kurz vor 1300 das ‚Passional‘ (VL 7, 332–340) verfaßt, ein Verslegendar auf der Grundlage der ‚Legenda aurea‘, deren Legenden zu den Marienfesten in einen epischen Zusammenhang gebracht und als ‚Unser vrouwen buoch‘ dem Legendar vorangestellt sind. Kompilationen der Marienleben Philipps und des ‚Passionals‘ bilden den Grundstock für die unter dem Namen Heinrichs von München bekannten gereimten Weltchroniken, die um 1400 in Prosa aufgelöst wurden und als Historienbibeln (VL 4, 67–75) in zahlreichen Handschriften und Drucken von nicht lateinkundigen Laien bis zur Reformation als ‚Neue Ee‘ (VL 6, 907–909), als von Maria dominiertes Neues Testament, rezipiert wurden. Auf ‚Vita rhythmica‘ und Legendare gehen viele Prosa-Marienleben (Hilg, 393–433) und die meisten gereimten Himmelfahrtsdichtungen zurück (Zusammenstellung VL 5, 1270–1276). Die Tradition der Marienleben wurde im 19. Jh. durch Clemens Brentanos ‚Leben der heiligen Jungfrau Maria‘ erfolgreich erneuert; es wurde postum gedruckt (1852) zur Zeit des Höhepunktes der Diskussion um das Dogma der Unbefleckten Empfängnis (1854).

Die von den Marienleben und -legenden zu trennenden Mirakel werden bereits im ‚Passional‘ wie in der ‚Legenda aurea‘ an die Vita angereiht, doch gibt es auch einzeln verbreitete Mirakel (z. B. ‚Theophilus‘, ‚Jüdel‘) neben zahlreichen Marienmirakel-Sammlungen (VL 6, 19–42).

Für die deutsche Marienlyrik sind die seit dem 12. Jh. beliebten lat. Hymnen, Sequenzen und Antiphonen Quelle und Vorbilder; sie werden vom 13. Jh. an immer wieder bearbeitet in Form von Nachdichtungen, Paraphrasen und Glossenliedern (↗ Glosse₂). Formal und inhaltlich in der Tradition der Mariensequenz steht der Leich Walthers von der Vogelweide. Der wirkungsmächtigste Text der Marienlyrik des 13. Jhs. war Konrads von Würzburg ‚Goldene Schmiede‘ (um 1275), ein Marienpreis mit einer Fülle kunstvoll formulierter und virtuos gereimter Bilder. Das Werk beeinflußte vor allem die Sangspruchdichter (Reinmar von Zweter, den Marner, Boppe, Rumelant von Sachsen, Eberhard von Sax, Heinrich von Mügeln u. a.); es wurde nur noch vom Marienleich Frauenlobs (gest. 1318) überboten, der bedeutendsten Schöpfung der mittelalterlichen deutschen Marienlyrik. Besonders kunstvoll gestaltet sind ,Marienlieder' des Bruder Hans (1391/1400), die durch Strophen-Akrosticha (↗ *Kryptogramm*) aus den 100 Buchstaben des Ave Maria gegliedert sind. Das Marienlied gehörte zum Standardrepertoire der Sangspruch- und Meisterlieddichter (Albrecht Lesch, Muskatblut, Michel Beheim, Hans Folz, Hans Sachs) und fand im Meistergesang zum Ausgang des Mittelalters seine größte Verbreitung. Erst unter dem Einfluß der Reformation tritt die Marienthematik bei den Meistersingern zurück.

An die Tradition der marianischen Hohelied-Antiphonen und die mystisch geprägte Marienverehrung schloß die Marienlyrik des Barock (Friedrich Spee, Angelus Silesius) an. Die Marienlieder der Romantik (Novalis, Brentano, Eichendorff) haben neben der religiösen auch eine erotische Dimension; in Rilkes ,Marienleben' (1912) dominiert diese schließlich, und Maria erscheint als Prinzip des Weiblichen schlechthin.

Dramatische Formen der Mariendichtung entwickeln sich aus den ,Planctus' des 12. Jhs. (Marienlexikon 5, 247 f.). Auf den Bernhardstraktat (vor 1205; Marienlexikon 1, 454 f.) geht ,Unser vrouwen klage' (VL 10, 90−96) aus dem 13. Jh. zurück, die mehrfach bearbeitet wurde und weiteste Verbreitung fand. Zahlreiche Marienklagen (Zusammenstellung VL 6, 10) sind auch als Klagemonologe oder als Klagedialoge Marias mit den Personen unter dem Kreuz in die Marienleben und in die Geistlichen Spiele eingefügt. Auf einen nach 1238 entstandenen, zu Unrecht Anselm von Canterbury zugeschriebenen lateinischen Prosadialog mit eindringlichen Schilderungen des Passionsgeschehens durch Maria (Marienlexikon 1, 169 f.) gehen zahlreiche deutsche Prosa- und Versfassungen zurück; auch die Passionsdarstellungen in der bildenden Kunst benutzen ihn häufig als Quelle.

ForschG: Die Erforschung der Mariendichtung stand trotz deren großer Anteile an der Textüberlieferung der mittelalterlichen deutschen Literatur nie im Zentrum des germanistischen Interesses. Nur mit den ältesten, zur frühmittelhochdeutschen Literatur gerechneten Texten und einigen herausragenden Werken wie den Marienleichs Walthers von der Vogelweide und Frauenlobs sowie Konrads von Würzburg ,Goldener Schmiede' hat sich die Germanistik seit ihren Anfängen kontinuierlich beschäftigt. Eine erste Bilanz der Textkenntnis und Texterschließung bietet die Edition der ,Goldenen Schmiede' von Wilhelm Grimm (1840) mit ihrer Untersuchung der Präfigurationen und Metaphern zum Preis Marias. Ein umfassenderes Inventar der „Sinnbilder und Beiworte Mariens" auf breiter Textgrundlage bildeten dann die Zusammenstellungen von Salzer (1886−1894). Formgeschichtliche Aspekte treten stärker hervor in den Arbeiten zu Werken der spätmittelalterlichen Mariendichtung, die in engem Zusammenhang mit dem ,Ave Maria' stehen (Batts, Appelhans). Die Einbettung der Darstellung Marias in Literatur und bildender Kunst in die Geschichte der Marienverehrung wurde duch Beissels grundlegende Arbeiten (1909, 1910) vorgenommen. In der Literaturwissenschaft hat sich die These von einem maßgeblichen Einfluß der Mariendichtung auf den Minnesang (Kesting) nicht durchgesetzt. Frömmigkeitsgeschichtliche Aspekte spielen heute eine wesentliche Rolle (Spangenberg, Schreiner, Ziegeler), ferner sozial- und mentalitätsgeschichtliche Aspekte (Röckelein u. a., C. Opitz).

Im Zusammenhang mit umfassender angelegten Untersuchungen wurde die Überlieferung der Prosa-Marienleben (Hilg), der Marienklagen (Bergmann) und der Mariendichtung im Bereich der Sangspruchdichtung und Meisterlieder (Brunner/Wachinger 1986 ff.) vollständig aufgearbeitet. Eine Gesamtdarstellung der deutschen Mariendichtung fehlt.

Lit: Clemens Brentano: Leben der heil. Jungfrau Maria. In: C. B.: Sämtliche Werke. Hg. v. Carl Schüddekopf. Bd. 14/2. München 1913. − Gustav Ehrismann: Geschichte der deutschen Literatur [...] des Mittelalters. Bd. 2,2,1 [1922]; 2,2,2

[1935]. Repr. München 1956. − Jan Gijsel: Die unmittelbare Textüberlieferung des sog. Pseudo-Matthäus. Brüssel 1981. − Monika Haibach-Reinisch: Ein neuer ,Transitus Mariae' [...]. Rom 1962. − Adolf Vögtlin (Hg.): Vita Beate Virginis Marie et Salvatoris rhythmica. Tübingen 1988. Peter Appelhans: Untersuchungen zur spätmittelalterlichen Mariendichtung. Heidelberg 1970. − Michael S. Batts: Studien zu Bruder Hansens Marienliedern. Berlin 1964. − Stephan Beissel: Geschichte der Verehrung Marias in Deutschland während des Mittelalters [1909]. Repr. Darmstadt 1972. − S. B.: Geschichte der Verehrung Marias im 16. und 17. Jh. [1910]. Repr. Nieuwkoop 1970. − Rolf Bergmann: Katalog der deutschsprachigen geistlichen Spiele und Marienklagen des Mittelalters. München 1986. − Horst Brunner, Burghart Wachinger (Hg.): Repertorium der Sangsprüche und Meisterlieder des 12. bis 18. Jhs. Bd. 1 ff. Tübingen 1986 ff. − Hannelore Bühler: Die Marienlegenden als Ausdruck mittelalterlicher Marienverehrung. Köln 1965. − Edgar Büttner: Die Überlieferung von ,Unser vrouwen klage' und des ,Spiegel'. Erlangen 1987. − Hans Fromm: Mariendichtung. In: RL^2 2, S. 271−291. − Hardo Hilg: Das ,Marienleben' des Heinrich von St. Gallen. München 1981. − Werner J. Hoffmann: Konrad von Heimesfurt. Diss. Trier 1987. − Peter Kesting: Maria − frouwe. Über den Einfluß der Marienverehrung auf den Minnesang bis Walther von der Vogelweide. München 1965. − A[ugust] Kober: Zur Geschichte der deutschen Mariendichtung. In: ZfdU 28 (1916), S. 595−619, 691−700. − Marienlexikon. Hg. v. Remigius Bäumer und Leo Scheffczyk. 6 Bde. St. Ottilien 1988−1994. − Achim Masser: Bibel, Apokryphen und Legenden. Berlin 1969. − A. M.: Bibel- und Legendenepik der deutschen Mittelalters. Berlin 1976. − Claudia Opitz (Hg.): Maria in der Welt. Marienverehrung im Kontext der Sozialgeschichte 10.−18. Jh. Zürich 1993. − Hedwig Röckelein u. a. (Hg.): Maria, Abbild oder Vorbild? Zur Sozialgeschichte der mittelalterlichen Marienverehrung. Tübingen 1990. − Anselm Salzer: Die Sinnbilder und Beiworte Mariens in der deutschen Literatur und lateinischen Hymnenpoesie des Mittelalters [1886−1894]. Repr. Darmstadt 1967. − Gerhard M. Schäfer: Untersuchungen zur deutschsprachigen Marienlyrik des 12. und 13. Jhs. Göppingen 1971. − Klaus Schreiner: Maria. Jungfrau, Mutter, Königin. München 1994. − Peter-Michael Spangenberg: Maria ist immer und überall. Die Alltagswelten des spätmittelalterlichen Mirakels. Frankfurt 1987. − Karl Stackmann: Magd und Königin. Deutsche Mariendichtung des Mittelalters. Göttingen 1988. − Michael Stolz: „Tum"-Studien. Zur dichteri-

schen Gestaltung im Marienpreis Heinrichs von Mügeln. Tübingen 1996. − Hans-Joachim Ziegeler: Der literarhistorische Ort der Mariendichtungen im Heidelberger Cpg 341 und in verwandten Sammelhandschriften. In: Die Vermittlung geistlicher Inhalte im deutschen Mittelalter. Hg. v. Timothy R. Jackson u. a. Tübingen 1996, S. 55−77.

Kurt Gärtner

Marienklage ↗ *Geistliches Spiel*

Marionettentheater ↗ *Puppenspiel*

Markierung ↗ *Intertextualität*
↗ *Strukturalismus*

Marxistische Literaturwissenschaft

Ensemble literaturwissenschaftlicher Methoden, die im Rückgriff auf Konzepte von Marx und Engels Literatur als bestimmt von Gesellschaft und Geschichte beschreiben, erklären und bewerten.

Expl: Marxistische Literaturwissenschaft geht aus von einem Abhängigkeitsverhältnis geistiger Produktionen (Literatur) von den materialen Lebensverhältnissen (Gesellschaft, insbesondere Ökonomie). Gesellschafts- und Literaturmodell, insbesondere die Funktion von Literatur, sowie die Art des Abhängigkeitsverhältnisses werden in Rückgriffen auf die Schriften von Karl Marx und Friedrich Engels spezifiziert. Im Zentrum der Marxistischen Literaturwissenschaft stehen die Geschichts- und Naturphilosophie des Historischen Materialismus sowie als Erkenntnistheorie die ↗ *Widerspiegelungs*-Theorie. Sowohl Geschichte und Natur als auch ihre gedanklichen Abbilder gehorchen den allgemeinen Bewegungs- und Entwicklungsgesetzen der DIALEKTIK$_2$, deren Merkmale sind: „Umschlag von Quantität in Qualität − Gegenseitiges Durchdringen der polaren Gegensätze und Ineinander-Umschlagen, wenn auf die Spitze getrieben − Entwicklung durch den Widerspruch oder Negation der Negation

– Spirale Form der Entwicklung." (MEW 20, 307.) Mit dem Konzept des dialektischen Widerspruchs als real wirksamen Antagonismen wird die Veränderung von Systemen als Selbstbewegung aufgrund der Entstehung, Entwicklung und Lösung von gesellschaftlichen Widersprüchen beschrieben. Für die historische Entwicklung wesentlich ist die Dialektik von Produktivkräften, d.i. Arbeitskraft, -gegenstand und -mittel, und Produktionsverhältnissen, d.i. die gesamten gesellschaftlichen Verhältnisse, insbesondere das Eigentum an den Produktionsmitteln. Die Produktivkräfte und die Produktionsverhältnisse bilden „die ökonomische Struktur der Gesellschaft, die reale Basis" (MEW 13, 8), über der sich ein juristischer, politischer, religiöser, künstlerischer und philosophischer ↗ *Überbau* erhebt, der von der Basis bestimmt wird (↗ *Determination*). Konstitutiv für die Basis und damit auch für alle Formen des Überbaus vor der Epoche des Sozialismus ist der antagonistische WIDERSPRUCH₂ (ANTAGONISMUS), „der auf dem unversöhnlichen Gegensatz zwischen den Interessen verschiedener gesellschaftlicher Klassen oder sozialer Gruppen beruht" (Klaus/Buhr, 1166).

Literatur wird in der marxistischen Literaturwissenschaft als Erkenntnis- und als Erziehungsmittel, als Antizipation bzw. Utopie oder als ↗ *Ideologie* und Manifestation falschen Bewußtseins diskutiert. Sie spiegelt als Teil des Überbaus Gesellschaftliches wider. Dabei ist die genauere Bestimmung dieser Widerspiegelung eine besonders umstrittene Frage der marxistischen Literaturwissenschaft. Der Rückgriff auf das Widerspiegelungskonzept bestimmt die Antwort auf die Frage nach der adäquaten literarischen Form, und auch die Definition des Begriffs ‚Realismus‘ (↗ *Sozialistischer Realismus*) und die Beantwortung der Frage, ob Kunst und Literatur als spezifische Formen der Produktion anzusehen sind, die im Rückgriff auf die marxistische Arbeits- und Warenanalyse (↗ *Warencharakter*) beschrieben werden können, hängen davon ab. Da Gang und Gesetz der historischen Entwicklung als prinzipiell bekannt angenommen werden, kann der literarische Text in seinem Verhältnis dazu mittels der Opposition ‚progressiv/reaktionär‘ beschrieben und bewertet werden; die Konzepte reichen von einer allgemein humanistischen oder einer klassenbewußten und sozialistischen Parteinahme über eine Antizipation des gesellschaftlichen Endzustands bis zur Kunst als nichtrealisierbarem Glücksversprechen. Umstritten bleibt, ob sich die ↗ *Parteilichkeit* des Autors aus seiner bewußten Stellungnahme oder aus seinen konsequent, eventuell auch gegen die eigenen politischen Überzeugungen angewandten künstlerischen Prinzipien ergibt. Die notwendige Parteilichkeit des marxistischen Literaturwissenschaftlers zeigt sich in Auswahl und Behandlung seiner Gegenstände, insbesondere in der Bewertung des Verhältnisses von Autor und Text zum historischen Prozeß unter der Perspektive der „fortschrittlichen Interessen der zeitgenössischen Gesellschaft" (Gansberg/Völker, 30). Diskutiert wird dabei insbesondere das Verhältnis zur literarischen Tradition (↗ *Erbetheorie*). Außerdem bestimmt die Parteilichkeit des Philologen das Verhältnis zur wissenschaftlichen Tradition, da die Opposition zur bürgerlichen Gesellschaft sich auch auf deren Literaturwissenschaft erstreckt.

Georg Klaus, Manfred Buhr (Hg.): Marxistisch-Leninistisches Wb. der Philosophie. Reinbek 1972. – Karl Marx, Friedrich Engels: Werke [MEW]. Hg. v. Institut für Marxismus-Leninismus beim ZK der SED. Berlin 1956–1968.

WortG: Das Wort ↗ *Literaturwissenschaft* ist spätestens seit 1828 belegt (Weimar 1988, 19), das Attribut *marxistisch* ab 1872 (zuerst in Frankreich) zusammen mit *Marxist* und *Marxismus* (Dierse, Walther). Anfangs ein pejorativer Ausdruck in internen Streitigkeiten der Sozialisten, wird er bald zur positiv wertenden Selbstbeschreibung übernommen. Ab wann die Kombination *marxistische Literaturwissenschaft* stabilisiert ist, kann dagegen nach der jetzigen Forschungslage kaum bestimmt werden (s. BegrG).

Ulrich Dierse: Marxismus. In: HWbPh 5, Sp. 758–767. – Rudolf Walther: Marxismus. In: Geschichtliche Grundbegriffe. Hg. v. Otto Brunner u. a. Bd. 3. Stuttgart 1982, S. 937–976. – Klaus Weimar: Literatur, Literaturgeschichte, Literaturwissenschaft. In: Zur Terminologie der Literaturwissenschaft. Hg. v. Christian Wagenknecht. Stuttgart 1988, S. 9−23.

BegrG: Der Begriff der marxistischen Literaturwissenschaft erweist sich in seinen beiden Komponenten als variabel. Anstelle des Worts *Literaturwissenschaft* findet sich auch *Literaturkritik, Literaturgeschichte, Literaturbetrachtung, Literaturforschung* (↗ *Literaturwissenschaft*). *Marxistisch* wird zumeist synonym mit *materialistisch* verwendet (Weiland, Metscher), da *Materialismus* als Bezeichnung des eigenen Standpunkts bereits bei Marx/Engels auftaucht; andererseits gibt es neben dem historischen Materialismus auch andere Formen materialistischen Denkens, so daß außerhalb der marxistisch orientierten philosophischen Diskussion ‚Materialismus‘ oft als Oberbegriff für philosophische Richtungen verwendet wird, von denen der Marxismus nur eine ist. Diese Begriffsverwendung findet sich allerdings in der literaturwissenschaftlichen Begriffsverwendung kaum wieder. Hier werden die Bezeichnungen *marxistische Literaturwissenschaft* und MATERIALISTISCHE LITERATURWISSENSCHAFT zumeist synonym verwendet.

Thomas Metscher: Materialistische Literaturwissenschaft. In: Literatur-Lexikon. Hg. v. Walter Killy. Gütersloh, München 1988−1993. Bd. 14, S. 68−71. − Werner Weiland: Materialistische Literaturwissenschaft. In: Handlexikon zur Literaturwissenschaft. Hg. v. Diether Krywalski. Reinbek 1978, S. 281−286.

SachG: (1) Von Marx oder Engels gibt es keine ausgeführte ästhetische Theorie oder Poetik; ausführlichere Äußerungen zu Kunst und Literatur finden sich zumeist in Vorworten (‚Zur Kritik der politischen Ökonomie‘) und Briefen. Loci classici der Diskussion sind je ein Brief Engels' an die Schriftstellerin Harkness (1888, Erstdruck 1932) und an Minna Kautsky (1885), in denen als Aufgabe des Schriftstellers nicht der „Tendenzroman" bestimmt wird, sondern eine „treue Schilderung der wirklichen Verhältnisse" (Marx/Engels 1967. 1, 156) und „außer der Treue der Details die getreue Wiedergabe typischer Charaktere unter typischen Umständen" (Marx/Engels 1967. 1, 157), sowie ein Briefwechsel zu Ferdinand

Lassalles Drama ‚Franz von Sickingen' (entstanden 1859), der zur „Sickingen-Debatte" (Lukács) erst in der „Konstruktion ihrer Rezipienten" (Hagen, 10) wurde. Gemeinsam ist den Äußerungen, daß Literatur in erster Linie inhaltlich am Maßstab der vorgängigen Analyse von Geschichte und Gesellschaft bewertet wird.

(2) Als Anfangspunkt einer umfassenden Anwendung des historischen Materialismus auf die Literatur und damit einer marxistischen Literaturwissenschaft und modellbildend bis in die 1930er Jahre wird das literaturkritische Werk des Publizisten Franz Mehring (1846−1919) betrachtet (vgl. Koch 1959, 300) wie auch die literaturkritischen Schriften Plechanovs, Lafargues und Roland-Horsts. Nach Mehring ist die Aufgabe der Literaturbetrachtung als Teil der allgemeinen Geschichtswissenschaft, das literarische Erbe, in dem Autoren für die fortschrittlichen Klassen ihrer Zeit eingetreten sind, für die zukunftsbestimmende gesellschaftliche Klasse, das Proletariat, vor dem verfälschenden Zugriff der bürgerlichen Literaturwissenschaft zu retten (‚Lessing-Legende'). Mehrings Methode ist eine Analyse der Basis-Überbau-Verhältnisse, die monokausal die politische Position des Autors bzw. den politischen Inhalt des Werks auf den Klassenkampf als zentrales Moment der Basis bezieht. Mit der Veröffentlichung von Mehrings gesammelten Schriften zur Literatur setzt die Kritik ein, die Mehrings Rückgriff auf Kants Ästhetik als unpolitisch und seine historisch-soziale Kontextualisierung als kurzschlüssig verwirft.

(3) In der Weimarer Republik und in der Zeit des Exils wird in der Auseinandersetzung mit den gesammelten Schriften von Marx/Engels zur Literatur und Kunst, den Entwicklungen in der Sowjetunion (Forderung nach Parteilichkeit und Ablehnung des Proletkults durch Lenin, Realismuskonzeption Schdanows auf dem 1. Allunionskongreß der Sowjetschriftsteller 1934) und neomarxistischen Konzeptionen (NEOMARXISMUS, z. B. Lukács, Adorno/Horkheimer, ↗ *Kritische Theorie*; Korsch) eine Reihe von Positionen bezogen, die von Außenstehenden allesamt als marxistisch bezeichnet wurden, untereinander aber den Konkur-

renten eben dieses Prädikat streitig machten („vulgärmarxistisch‘, ‚undialektisch‘). Man kann − auch in der späteren Rezeption − unterscheiden zwischen einer Linie, die bald zur Parteidoktrin wird und in der DDR die Literaturwissenschaft wesentlich bestimmt (z. B. Lukács, Wittvogel), und einer Gruppe von divergenten Gegenpositionen (z. B. Benjamin, Bloch, Brecht, Eissler, Märtens). Insbesondere Georg Lukács’ literaturtheoretische Schriften der 1930er Jahre sind für die weitere Entwicklung der marxistischen Literaturwissenschaft von kaum zu überschätzender Bedeutung. Er betont, im Rückgriff auf Hegels Ästhetik, den Erkenntniswert von Literatur und sieht als Aufgabe der Kunst „die treue und wahre Darstellung des Ganzen der Wirklichkeit" (Lukács 10, 219). Diese umfassende Widerspiegelung wird im Kunstwerk mittels des „Typus" geleistet, der Allgemeines und Konkretes vermittelt. Gestützt auf seine Interpretation der Äußerungen von Marx/Engels zur Literatur, die er als konsistentes System deutet, bestimmt Lukács Parteilichkeit als die Stellungnahme des Künstlers zur historischen Entwicklung. Auf diese Weise kann auch das literarische Erbe, der bürgerliche Kanon, als humanistische Kritik an der Deformation des Menschen in der vorsozialistischen Ära gedeutet werden. Lukács’ Ablehnung moderner Literaturformen, z. B. der ↗ *Montage*, des *Stream of Consciousness* (↗ *Innerer Monolog*) oder der ↗ *Dokumentarliteratur*, war sehr einflußreich, blieb aber, insbesondere in der *Expressionismusdebatte* (↗ *Sozialistischer Realismus*) auch von marxistischer Seite (z. B. Bloch oder − unveröffentlicht − Brecht) nicht unwidersprochen. Benjamin, der ebenfalls von der Frage nach dem Verhältnis von künstlerischer und politischer Tendenz eines Textes ausgeht, kommt mittels der Übertragung marxistischer Kategorien auf den Autor und seine Arbeit − der Analyse der „schriftstellerischen Produktionsverhältnisse einer Zeit" (Benjamin II/2, 686) und der künstlerischen Technik der Werke − zur Feststellung einer ‚funktionalen Abhängigkeit‘ zwischen richtiger politischer Tendenz und fortschrittlicher literarischen Technik.

Marxistische Literaturwissenschaft in Deutschland wird vor 1945 vor allem in sozialistischen und kommunistischen Zeitschriften veröffentlicht (z. B. ‚Neue Zeit‘, ‚Die Rote Fahne‘, ‚Das Wort‘); ihre Vertreter sind größtenteils Publizisten, die sich auch ausführlich zu philosophischen und politischen Fragen äußern und die sich als Opposition zur ‚bürgerlichen‘ akademischen Literaturwissenschaft ihrer Zeit verstehen.

(4) Nach 1945 wird in der SBZ und später in der DDR die marxistische Literaturwissenschaft an der Universität etabliert. Die DDR-Literaturwissenschaft, die sich stets auf die Grundsätze des Marxismus-Leninismus beruft, beruht anfangs explizit und nach 1956 eher stillschweigend auf Lukács’ Position: die bürgerliche kanonisierte Literatur wird auf ihr humanistisches Erbe hin gesichtet, d. h. auf ihre korrekte Widerspiegelung der historischen Prozesse und ihre Parteinahme für die fortschrittlichen Kräfte. Nach 1970 kommt es, im Rahmen einer Auseinandersetzung mit ↗ *strukturalistischen* und ↗ *rezeptionsästhetischen* Ansätzen im Westen und im Rückbezug auf die Klassiker Marx, Engels und Lenin, zu einer Neuinterpretation zentraler Kategorien (insbesondere ‚Widerspiegelung‘, ‚Realismus‘), die nicht mehr gnoseologisch, sondern kommunikativ-funktional aufgefaßt werden.

In Westdeutschland wird nach 1966/67, ausgehend von einer Wende gegen werkimmanente Literaturbetrachtung (↗ *Werkimmanente Interpretation*) und in Auseinandersetzung mit der Rolle der Germanistik im Nationalsozialismus, die historische und gesellschaftliche Kontextualisierung von Literatur eingefordert, um eine sowohl methodische als auch moralische Erneuerung des Fachs zu erzielen. Die zahlreichen und sehr divergenten methodischen Entwürfe reichen von einer parteitreuen Literaturbetrachtung über Rückgriffe auf Brecht, Benjamin und Eissler, Verbindungen von Strukturalismus und Marxismus (L. Althusser, P. Macherey, L. Goldmann) bis zum Konzept einer nichtmarxistischen Sozialgeschichte der Literatur. Besonderen Einfluß gewinnt neomarxistisches Denken in der

Form der ↗ *Kritischen Theorie* und vor allem der ↗ *Ideologiekritik*. Literatur wird auf den höchsten Wert der Ideologiekritik, die Emanzipation (↗ *Emanzipatorisch*), bezogen und in dieser Neudeutung des Parteilichkeitskonzepts auf ihre affirmativen und kritischen Qualitäten hin untersucht und bewertet. Erstmals erlangt somit eine Form marxistischer Literaturwissenschaft im bürgerlichen Deutschland Zugang zur Institution Germanistik (z. B. Helga Gallas, Gerd Mattenklott, Klaus Scherpe), um nur wenige Jahre später − trotz personaler Kontinuität − aus dem Angebot des praktizierten Methodenpluralismus zu verschwinden. Allerdings haben einige Komponenten der marxistischen Literaturwissenschaft, z. B. Parteilichkeit, Eingang in neuere Ansätze wie ↗ *Feministische Literaturwissenschaft* oder ↗ *Poststrukturalismus* gefunden.

ForschG: In den 1930er Jahren werden erstmals die Äußerungen von Marx/Engels zur Literatur und Kunst zusammengestellt (Lifschitz) und ein systematischer Zusammenhang der Aussagen postuliert, der den zentrale Bezugspunkt der weiteren Diskussion darstellt. Die Fragen nach dem ästhetischen System und seinen wesentlichen Konzepten bilden den Kern der kontinuierlichen Bemühungen um Rekonstruktion der Anschauungen von Marx/Engels zur Literatur (Demetz, Koch 1961, Jodl). Insbesondere deren Position in der Sickingen-Debatte, die als Schlüssel zu ihrem Literaturverständnis angesehen wird, ist intensiv behandelt worden.

Mehring, als Repräsentant der Anfänge marxistischer Literaturwissenschaft, findet zuerst in der DDR Aufmerksamkeit (Koch 1959), wo auch eine Ausgabe seiner gesammelten Werke einschließlich der literaturkritischen Schriften erscheint. Dagegen findet die intensive und kaum noch überschaubare Auseinandersetzung mit den literaturtheoretischen Schriften Benjamins, Lukács', Adornos und Brechts, die Ende der 1960er Jahre beginnt und zumindest im Falle Benjamins noch ungebrochen anhält, unter dem Vorzeichen einer adaptiven oder kritischen Lektüre statt. Historisierende Darstellungen, insbesondere solche, die auch institutionelle Rahmenbedingungen miteinbeziehen, sind jedoch die Ausnahme (Gallas, Nössig). Mehrere Dokumentationen machen Quellenmaterial der marxistischen Literaturdiskussion wieder zugänglich (z. B. Raddatz und Žmegač, zur literaturtheoretischen Diskussion in der ,Roten Fahne' vgl. Brauneck).

Die marxistische Literaturwissenschaft der DDR ist, insbesondere seitdem sie als Geschichte mit einem Ende behandelt werden kann, zunehmend ins Blickfeld der Fachgeschichte geraten (z. B. Rosenberg, Lehmann). Der enorme Erfolg der westdeutschen marxistischen Literaturwissenschaft um 1970 im Verbund mit Kritischer Theorie und Ideologiekritik und auch das schnelle Abflauen der Diskussion nach ca. zehn Jahren ist dagegen immer noch eine Terra incognita germanistischer Historiographie.

Lit: Thomas Anz: Wertungskriterien und Probleme literaturwissenschaftlicher Ideologiekritik. In: Beschreiben, Interpretieren, Werten. Hg. v. Bernd Lenz und Bernd Schulte-Middelich. München 1982, S. 214−247. − Walter Benjamin: Gesammelte Schriften. Hg. v. Rolf Tiedemann u. a. Frankfurt 1977 ff. − Klaus-Michael Bogdal u. a. (Hg.): Arbeitsfeld: Materialistische Literaturtheorie. Wiesbaden 1975. − Manfred Brauneck (Hg.): Die rote Fahne. München 1973. − Rüdiger Dannemann: Georg Lukács zur Einführung. Hamburg 1997. − Peter Demetz: Marx, Engels und die Dichter. Frankfurt, Berlin 1969. − Georg Fülberth: Proletarische Partei und bürgerliche Literatur. Neuwied, Berlin 1972. − Helga Gallas: Marxistische Literaturtheorie. Neuwied, Berlin 1971. − Marie Luise Gansberg, Paul Gerhard Völker (Hg.): Methodenkritik der Germanistik. Stuttgart 1970. − Werner Girnus u. a.: Von der kritischen zur historisch-materialistischen Literaturwissenschaft. Berlin 1971. − Wolfgang Hagen: Zur Archäologie der marxistischen Geschichts- und Literaturtheorie. In: Schlaffer 1974, S. 7−108. − Walter Hinderer (Hg.): Sickingen-Debatte. Darmstadt, Neuwied 1974. − Peter Uwe Hohendahl, Patricia Herminghouse (Hg.): Literatur und Literaturtheorie in der DDR. Frankfurt 1976. − Reinhold Jaretzky: „Interimsästhetik". Franz Mehrings früher Versuch einer sozialgeschichtlichen Literaturbetrachtung. Frankfurt 1991. − Angelika Jodl: Der schöne Schein als Wahrheit und Parteilichkeit. Frankfurt u. a. 1989. − Werner Jung: Georg Lukács. Stuttgart 1989. − Hans Koch: Franz Mehrings Beitrag zur marxistischen Literaturtheorie. Berlin 1959. – H. K.: Marxismus und Ästhetik. Berlin 1961. – Joachim Lehmann: Die blinde Wissenschaft. Würzburg 1995. – Michail A. Lifschitz: Die dreißiger Jahre. Ausgewählte Schriften. Dresden 1988. – Georg Lukács: Werke. Neuwied 1962 ff. – Karl Marx, Friedrich Engels: Über Kunst und Literatur. Hg. v. Manfred Kliem. 2 Bde. Berlin 1967 f. – Materialistische Literaturtheorie I–X. In: alternative 67/68 (1969)–104 (1975). – Werner Mittenzwei (Hg.): Dialog und Kontroverse mit Georg Lukács. Leipzig 1975. – W. M. (Hg.): Positionen. Beiträge zur marxistischen Literaturtheorie in der DDR. Leipzig 1969. – Gerda Elisabeth Moser: Materialisierung der Literatur als Bedingung ihrer Krise. Frankfurt u. a. 1992. – Manfred Nössig u. a.: Literaturdebatten in der Weimarer Republik. Berlin, Weimar 1980. – Fritz J. Raddatz (Hg.): Marxismus und Literatur. 3 Bde. Reinbek 1969. – Rainer Rosenberg: Zur Geschichte der literaturwissenschaftlichen Germanistik in der DDR. In: Wissenschaft und Nation. Hg. v. Jürgen Fohrmann und Wilhelm Voßkamp. München 1991, S. 29–41. – Jürgen Scharfschwerdt: Literatur und Literaturwissenschaft in der DDR. Stuttgart 1982. – Heinz Schlaffer (Hg.): Erweiterung der materialistischen Literaturwissenschaft durch Bestimmung ihrer Grenzen. Stuttgart 1974. – Dieter Schlenstedt u. a. (Hg.): Literarische Widerspiegelungen. Weimar 1981. – Hans-Jürgen Schmitt (Hg.): Die Expressionismus-Debatte. Frankfurt 1973. – Gerhard Schweppenhäuser: Theodor W. Adorno zur Einführung. Hamburg 1996. – Holger Siegel: Sowjetische Literaturtheorie (1917–40). Stuttgart 1981. – Klaus Weimar: Anatomie marxistischer Literaturtheorien. Bern, München 1977. – Victor Žmegač (Hg.): Marxistische Literaturkritik. Frankfurt 1970.

Fotis Jannidis

Maske

Vom Darsteller getragene Verkleidung des Gesichtes oder des Körpers.

Expl: Grundsätzlich sind drei Maskenarten bzw. -funktionen zu unterscheiden: (1) die in vielen vorschriftlichen Kulturen noch verbreiteten Kultmasken mit rituell-religiöser Funktion; (2) säkulare zeremonielle Masken ohne rituelle Funktionen z. B. im ↗ *Karneval*; (3) Theatermasken, die vermutlich in einem entwicklungsgeschichtlichen Zusammenhang mit den beiden ersten Kategorien stehen.

Strenggenommen muß man auch zwischen ‚Maske' und ‚Vermummung' unterscheiden. Letztere dient ausschließlich dem Verbergen der Identität (z. B. bei Hinrichtungen, Verbrechen), während im kultischen, zeremoniellen oder im theatralen Zusammenhang die Maske neben einem Verstellungsmoment zusätzliche Funktionen aufweist. Diese Funktionen sind: (a) mimetisch: Masken bedeuten etwas (z. B. ein Tier, einen Geist, eine Rolle usw.); (b) emotiv: Masken rufen Emotionen hervor, bzw. der Maskenträger versucht solche auszudrücken; (c) signifikativ: die Maske indiziert entweder eine soziale Kategorie (z. B. die Zugehörigkeit zu einer Geheimgesellschaft oder zu einem Geschlecht), oder aber sie signalisiert einen spezifischen kulturellen Kontext (bzw. eine Theatergattung), in dem die Maske regelmäßig verwendet wird.

Die Maske als Element des KOSTÜMS, der rollengemäßen Verkleidung des Schauspielers, z. B. in historischer, sozialer oder auch altersspezifischer Hinsicht (Perücke, Kleidung, Accessoires etc.), wird vor allem für das Gesicht verwendet. Von diesem materiellen Verständnis leitet sich auch die gebräuchliche Bezeichnung von Theaterschminke als ‚Maske' ab (*Maske* bezeichnet im Fachjargon sowohl Beruf als auch Arbeitsplatz des ‚Maskenbildners'). Daß sich Maske und Theaterschminke schwer trennen lassen, zeigt sich bei den elaborierten Schminkmasken der fernöstlichen Theatertraditionen.

Auf der metaphorischen Ebene bezeichnet die Maske immer einen Zustand der Doppelung oder eine Diskrepanz zwischen zwei Seins- bzw. Subjektebenen; sie steht somit in einem semantischen Kontext mit Begriffen wie *Person* (↗ *Figur₃*) und ↗ *Rolle*.

WortG: Frz. *masque* und ital. *maschera* leiten sich vom mlat. *masca* ‚Hexe' ab. Ihr gemeinsamer Ursprung wird im arab. Wortfeld *mashara*, *maskharat* im Sinne von ‚Verspottung' oder ‚Possenreißer' vermutet. Seit dem 17. Jh. läßt sich das Wort im Deutschen belegen (DWb 12, 1702 f.); vgl. auch *Maskenzug* (↗ *Karneval*).

Maske bedeutet bis ins 17. Jh. eine Bekleidung des Gesichts bzw. als Halbmaske nur eine Bedeckung von Stirn und Nase, als Schutz gegen ungünstige Witterungsverhältnisse. Etwa zeitgleich wird das Wort auf die Verkleidung des Gesichts im Theater und während des Karnevals bezogen. Spätestens seit dem 18. Jh. tritt das Wort metaphorisch für ‚Schauspielkunst' insgesamt ein, wird metonymisch als Bezeichnung für ein Gewand im Sinne eines *Kostüms* (im 18. Jh. aus frz. *costume* übernommen, zunächst im allgemeineren Sinne von ‚historischer Treue'; Schulz-Basler 1, 399 f.) verwendet und mit ‚Verstellung' konnotiert; zum literarischen Ort beider Kategorien vgl. ↗ *Nebentext*.

BegrG: Bereits in der Antike wird das Theater ikonographisch durch die komische und die tragische Maske symbolisiert. Die Gleichsetzung von Theater mit Verstellung bzw. Täuschung, die diskursgeschichtlich auf Platon zurückgeht (↗ *Mimesis₂*), wird mit der Figur der Maske umschrieben.

Die Theatersemiotik (↗ *Semiotik*, ↗ *Theaterwissenschaft*) verwendet einen erheblich erweiterten Maskenbegriff, der über eine materielle Gesichtsverkleidung hinausgeht und allgemein „Gesicht und Gestalt der Rollenfigur" umfaßt (Fischer-Lichte, 100). Somit unterliegen aus semiotischer Perspektive Schmink- und Theatermaske grundsätzlich derselben Zeichenfunktion, nämlich der durch sie dargestellten Rolle. In diesem Sinne kann die optische Dimension sogar ganz entfallen: als ‚akustische Maske' (Canetti/Durzak).

SachG: Das Tragen von Masken gehört zu den frühesten Manifestationen performativen Verhaltens (↗ *Ritual*). Noch heute läßt sich in zahlreichen Kulturen die Vorstellung einer Transformation des Trägers in ein gottähnliches Wesen beobachten, die vollzogen wird durch eine Maske, die manchmal in ein Kostüm übergeht (‚Ganzkörpermaske'; zur weiteren Kostüm-Geschichte vgl. v. Böhn, de Marly, Lewis). In solchen Kulturen steht das Tragen der Maske in einem Aufführungs- und Kultzusammenhang, in dem die Maske ihre magisch-transformatorischen Kräfte erst durch Bewegung

und musikalisch-rhythmische Begleitung erhält (↗ *Tanz*).

Maskenverwendung in der abendländischen Theatertradition ist an bestimmte Epochen gebunden. In der Antike hatten Masken sowohl kultische als auch rein praktische Zwecke: Angesichts der geringen Zahl der Schauspieler konnten durch Maskenwechsel wenige Schauspieler mehrere Rollen übernehmen. Auch dienten Masken (zusammen mit Kothurnen, den erhöhenden Bühnenstiefeln) der besseren visuellen Präsentation des szenischen Geschehens. Schauspieler trugen zunächst eine aus Bleiweiß oder Weinhefe herstellte Schminke, die vermutlich vom legendären Theaterpionier Thespis (vgl. Gauly) im 6. Jh. v. Chr. eingeführt wurde. Echte aus Leinen und Holz angefertigte Masken (vgl. Kachler) sind für das 5. Jh. v. Chr. belegt. Die das ganze Gesicht bedeckende Maske wurde in den drei Theatergattungen (Tragödie, Komödie und Satyrspiel) in gattungsspezifischer Ausführung getragen. Im römischen Theater sind Masken erst im 1. Jh. v. Chr. belegt. Diese wiesen überdimensionale, grob typisierte Gesichtszüge auf. Im mittelalterlichen Theater wurden Masken von bestimmen Figuren, vor allem dem Teufel, getragen (auch Gott- und Engelsmasken sind belegt). Für das Mittelalter lassen sich auch zahlreiche Vermischungen mit vorchristlichem Brauchtum und Festkultur aufweisen, bei denen eine ausgeprägte Maskenverwendung, auch mit Ganzkörpermasken, festgestellt werden konnte.

In der ↗ *Commedia dell'arte* im 16. Jh. tragen nur zwei Figurengruppen Masken – die Diener und die Alten. Trotz der Breitenwirkung dieser auch als ‚Maskentheater' bezeichneten Theaterform blieb das Tragen von Masken für das nachfolgende Theater weitgehend folgenlos; sein Status blieb umstritten, schwankend zwischen dezidierter Zurückweisung und schwärmerischer Befürwortung. Die ablehnende Haltung geht theatergeschichtlich mit einer zunehmenden Psychologisierung der Dramatik und der diese vermittelnden Schauspielkunst einher (↗ *Mimik₂*). Hegel resümiert diese Position in seiner ‚Ästhetik', indem er „ein unveränderliches Skulpturbild" (Hegel, 540) des

Maskenspiels im antiken Theater mit der maskenlosen, zur Darstellung der „Innigkeit des modernen Gemüts" und der „Besonderheit heutiger dramatischer Charaktere" psychologisch verfeinerten Schauspielkunst seiner Zeit vergleicht (Hegel, 540 f.). Die Befürwortung der Theatermaske vollzieht sich als Reaktion auf diese als Einschränkung theatraler Ausdrucksmittel empfundene Psychologisierung. Die Maske ist Voraussetzung für E. G. Craigs ‚Theater der Zukunft' (Craig, 13) und wird von W. E. Meyerhold in seiner Suche nach einer körperlich-gestischen Theaterästhetik zum ‚Symbol des Theaters' erklärt (Meyerhold, 196–220). Zahlreiche moderne Dramatiker haben die Verwendung von Masken vorgesehen: z. B. Jarry, Yeats, Brecht, Cocteau, Genet, O'Neill, Ionesco oder Pirandello. Gemeinsam ist die Suche nach Alternativen zur psychologischen Figurenkonzeption und der Versuch, das Theater zum Ort eines Spiels von Identität(en) zu bestimmen. Im Zuge einer Neubelebung der Commedia dell'arte nach dem 2. Weltkrieg wird von Regisseuren wie J. Copeau, G. Strehler oder A. Mnouchkine und auch von Theaterpädagogen wie J. Lecoq mit der Maske experimentiert. Die Schauspielpädagogik interessiert sich vor allem für die durch Masken herbeigeführte Veränderung und Intensivierung des körperlichen Ausdrucks. Auch das Interesse an einem rituellen Theater hat zu zahlreichen Experimenten mit Masken in der euroamerikanischen Theateravantgarde (P. Brook, R. Schechner, A. Serban) geführt. In den ‚synkretistischen' Theaterkulturen der postkolonialen Länder läßt sich eine Verbindung der einheimischen Maskentraditionen mit der westlichen Theaterästhetik beobachten. Da Masken für den dortigen Zuschauer mehr als nur ein theatrales Ausdrucksmittel bezeichnen, sind sie in Theateraufführungen „doppelt kodiert" (Balme, 172): Sie sind Zeichen der göttlichen Macht und des westlichen Theaters.

Christopher B. Balme: Theater im postkolonialen Zeitalter. Tübingen 1995. – Edward Gordon Craig: On the art of the theatre. London 1911. – Georg Wilhelm Friedrich Hegel: Ästhetik. Hg. v. Friedrich Bassenge. Bd. 2. Berlin 1985. – Wsewolod E. Meyerhold: Balagan. In: W. E. M.

Schriften. Bd. 1. Hg. v. A. W. Fewralski. Berlin 1979, S. 196–220.

ForschG: Die Maskenforschung gliedert sich in zwei Hauptbereiche auf: in die volks- und völkerkundlich ausgerichtete Tradition, die bis in das 19. Jh. zurückreicht, und die literatur- und theaterwissenschaftlich orientierte Forschung, die sich mit maskenbezogenen Theaterformen beschäftigt. Deutliche Schwerpunkte bildeten die Klassische Philologie und die Commedia-dell'arte-Forschung. Mit dem Verweis auf Gemeinsamkeiten von Kultur-, Fest- und Theatermasken werden beide Bereiche in der kulturgeschichtlichen Maskenforschung verbunden. Beispielsweise hat die Altertumswissenschaft mit Hinweis auf den Dionysos-Kult die Maskenkonvention im antiken Theater häufig als Beleg für den rituell-kultischen Ursprung zumal des attischen Theaters interpretiert; diese These ist inzwischen umstritten. Auch die Commedia-dell'arte-Forschung hat versucht, die Maske des Harlekins mit der Ikonographie des Teufels in Verbindung zu bringen. Die neuere Commedia-dell'arte-Forschung sieht jedoch in den Masken weniger einen entwicklungsgeschichtlichen Zusammenhang mit prätheatralen Formen als vielmehr das deutlichste Indiz für die ‚Konstrastästhetik' dieser Theaterform (Taviani). Seit dem 2. Weltkrieg hat sich eine intensive semiotische Maskenforschung entwickelt, die sowohl kulturanthropologische (Lévi-Strauss) als auch theaterästhetische (Fischer-Lichte) Bereiche umfaßt.

Lit: Odette Aslan, Denis Bablet (Hg.): Le masque. Du rite au théâtre. Paris 1985. – Max v. Böhn: Das Bühnenkostüm in Altertum, Mittelalter und Neuzeit. Berlin 1921. – Elias Canetti, Manfred Durzak: Akustische Masken und Maskensprung. Ein Gespräch. In: Neue dt. Hefte 22 (1975), S. 497–516. – Gottfried Eisermann: Rolle und Maske. Tübingen 1991. – John Emigh: Masked performance. Philadelphia 1996. – Erika Fischer-Lichte: Semiotik des Theaters. Bd. 1. Tübingen 1983. – Bardo Gauly u. a. (Hg.): Musa tragica. Die griechische Tragödie von Thespis bis Ezechiel. Göttingen 1991. – Herbert Inhaber: Masks from antiquity to the modern era. An annotated bibliography. Lanham 1997. – Karl Gotthilf Kachler: Zur Entstehung und Entwicklung der griechischen Theatermaske. Birsfelden,

Basel 1991. − Claude Lévi-Strauss: Der Weg der Masken [1975]. Frankfurt 1977. − Jac Lewis, Miriam S. Lewis: Costume: the performing partner. Colorado Springs 1990. − Robert Löhrer: Mienenspiel und Maske in der griechischen Tragödie [1927]. Repr. New York 1968. − Diana de Marly: Costume on the stage: 1600−1942. London 1982. − Günther Mehren: Sinn und Gestalt der Maske. In: Antaios 11 (1969), H. 1, S. 136−153. − A. David Napier: Masks, transformation, and paradox. Berkeley 1986. − Boris L. Ogibenin: Mask in the light of semiotics. In: Semiotica 13 (1975), H. 1, S. 1−9. − Carl Robert: Die Masken der neueren attischen Komödie. Halle 1911. − Susan V. H. Smith: Masks in modern drama. Berkeley 1984. − Ferdinando Taviani, Mirella Schino: Il segreto della Commedia dell'Arte. Florenz 1986. − David Wiles: The masks of Menander. Cambrige 1991.

Christopher B. Balme

Maskenzug ↗ *Karneval*

Materialistische Literaturwissenschaft ↗ *Marxistische Literaturwissenschaft*

Mauerschau ↗ *Bühnenrede*

Maxime ↗ *Aphorismus*

Mediävistik

Wissenschaft vom Mittelalter.

Expl: (1) Sammelbezeichnung für die mit dem Mittelalter befaßten Disziplinen; (2) Teilfach der Geschichtswissenschaft; (3) Bezeichnung für eine Mittelalterforschung, die unterschiedliche historische und philologische Disziplinen (also z. B. Sprach- und Literaturwissenschaften, Paläographie, Kodikologie, Archäologie, Heraldik, Sphragistik (Siegelkunde), Kunst-, Verfassungs-, Sozialgeschichte usw.) in ein übergreifendes Forschungsprogramm integriert. Während (1) und (2) auf der herkömmlichen Differenzierung der Geisteswissenschaften aufbauen, ist das Konzept von (3) zwischen den verschiedenen Fächern und Schulen umstritten; als *Mediävistik* bezeichnet sich in jüngerer Zeit vor allem eine Altgermanistik, die sprach- und literaturwissenschaftliche Probleme im größeren kulturwissenschaftlichen Zusammenhang thematisiert.

WortG: Abgeleitet von *medium aevum*; die von den Humanisten erfundene Bezeichnung für die ‚mittlere Zeit‘ − zuerst (1469) *media aetas*, daneben *media antiquitas, tempestas, media tempora* − zwischen den ‚Blütezeiten‘ der Antike und der eigenen Gegenwart (↗ *Frühe Neuzeit*) wurde in kirchen-, dann universalgeschichtlichen Handbüchern des 17. Jhs. durchgesetzt (Gisbert Voetius 1644, Georg Horn um 1666, Christoph Cellarius seit 1685); die deutsche Übersetzung im 18. Jh. ist *mittlere Zeiten* (V. E. Loescher 1727; so noch Goethe, etwa FA 13, *1.424), seit Beginn des 19. Jhs. meist *Mittelalter*. Die Ableitung *Mediävistik* − mittels der Suffixe -ist (der mit dem betreffenden Gegenstand Befaßte: *Jur-ist, German-ist*) und -ik (dessen Tätigkeit oder die einen bestimmten Gegenstand betreffende Disziplin: *German-ist-ik, Herald-ik*) − bezeichnet, analog zu *medieval studies, études médiévales* u. ä., ursprünglich die Summe der auf das Mittelalter gerichteten Forschungen, neuerdings, meist mit Zusätzen wie ‚modern‘, ‚neu‘ u. ä. (Heinzle 1993, Tervooren/Wenzel; für die angelsächsischen Entsprechungen Nichols, Brownlee/Brownlee/Nichols), die transdisziplinäre Ausweitung der auf das Mittelalter gerichteten Philologien.

DWb 12, Sp. 2393. − Fleckenstein, S. 12 f. − Johann Wolfgang Goethe: Sämtliche Werke [Frankfurter Ausgabe, FA]. Frankfurt 1985 ff. − Huizinga, S. 215. − Lehmann, S. 6 f., 10 f.

BegrG: Das triadische Geschichtsmodell Altertum − Mittelalter − Neuzeit bestimmt seit dem 17. Jh., obwohl vielfach angefochten (dazu von Moos in: Heinzle 1993), das gängige Geschichtsverständnis. Von ihm hängt der Gegenstandsbereich der Mediävistik (1) und (2) ab. Gegenüber diesem Gebrauch hat sich zuerst in der um die Zeitschrift ‚Annales‘ zentrierten Mittelalterforschung in Frankreich (↗ *Mentalitätsgeschichte*) ein interdisziplinäres Konzept von

,Mediävistik' (3) als einer auf das Mittelalter bezogenen integralen ↗ *Kulturwissenschaft* (,histoire totale') ausgebildet. Es hat über seinen geschichtswissenschaftlichen Ursprung hinaus die Sprach-, Kunst- und Literaturwissenschaften beeinflußt und sich in den einzelnen Disziplinen in verschiedenen theoretischen und methodischen Spielarten ausgeprägt (↗ *Sozialgeschichte*, ↗ *New Historicism*, ,New Philology': ↗ *Philologie*). In der altgermanistischen Literaturwissenschaft bezeichnet *Mediävistik* heute zumeist ein Forschungskonzept, demzufolge die herkömmlichen Fachgrenzen in Richtung auf benachbarte Disziplinen überschritten werden sollen. Der programmatischen Interdisziplinarität entspricht in der Regel kein theoriegeleiteter Entwurf einer Hierarchisierung und Selektion der beteiligten Disziplinen. Daneben wird *Mediävistik* weiter im Sinne von (1) und (2) gebraucht (Esch in: Oexle).

SachG/ForschG: In Frankreich entstand seit den 1930er Jahren, angeregt durch die Historiker M. Bloch, L. Febvre u. a., das Programm einer ,histoire totale', die anders als die bislang dominierende politische, ideen-, institutionen- und verfassungsgeschichtliche Historiographie die Gesamtheit des mittelalterlichen Lebens vom Alltag bis zu den Künsten erfassen wollte (Mentalitätsgeschichte). Vor allem in der zweiten Generation konzentrierten sich die Historiker G. Duby und J. Le Goff auf die ,gedachten Ordnungen', das ,Imaginäre' des Mittelalters, den mentalen Hintergrund mittelalterlicher Kultur. Ihr Einfluß auf die mediävistische Literaturwissenschaft seit den 1970er Jahren wurde gefördert durch deren starkes Interesse an der Sozialgeschichte der Literatur (Müller 1986), an familialen Strukturen der mittelalterlichen Gesellschaft (Peters), am ↗ *Gebrauchszusammenhang* mittelalterlicher Texte (die Schulen von H. Kuhn und K. Ruh), an den außerliterarischen Interessen, die ihre Entstehung förderten (Heinzle, Bumke; ↗ *Mäzen*). Ausgehend von mittelalterlicher Literatur bemühte man sich um übergreifende Denk- (H. Bloch) und Wissensordnungen (Schnell), nicht-sprachliche Zeichensysteme (Wenzel

1995), historische Anthropologie (Kiening, Müller 1998) sowie um die Formen literarischer Kommunikation (Zumthor, ↗ *Oralität*; Müller 1996) und um die materiellen Bedingungen und Erscheinungsformen mittelalterlicher Textproduktion (Nichols, Tervooren/Wenzel; darin bes. Nichols: ,,material philology"). Wenn die Erweiterung des Fragehorizonts zu vielen neuen Einsichten geführt hat, wäre es Aufgabe gegenwärtiger Forschung, Modelle für Abhängigkeiten und Bedingungshierarchien zwischen unterschiedlichen kulturellen Phänomenen auszuarbeiten.

Lit: Howard Bloch: Etymologies and genealogies. Chicago, London 1983. – Marina S. u. Kevin Brownlee, Stephen G. Nichols (Hg.): The new medievalism. Baltimore, London 1991. – Joachim Bumke: Mäzene im Mittelalter. München 1979. – J. B.: Höfische Kultur. Literatur und Gesellschaft im hohen Mittelalter. 2 Bde. München 1986. – Josef Fleckenstein: Ortsbestimmung des Mittelalters. In: Mittelalterforschung. Berlin 1981, S. 9–21. – Joachim Heinzle (Hg.): Literarische Interessenbildung im Mittelalter. Stuttgart, Weimar 1993. – J. H. (Hg.): Modernes Mittelalter. Frankfurt, Leipzig 1994. – Johan Huizinga: Zur Geschichte des Begriffs Mittelalter [1921]. In: Joh. H.: Geschichte und Kultur. Stuttgart 1954, S. 215–227. – Christian Kiening: Anthropologische Zugänge zur mittelalterlichen Literatur. In: Forschungsberichte zur Germanistischen Mediävistik. Bd. 5/1. Hg. v. Hans-Jochen Schiewer. Bern u. a. 1996, S. 11–129. – Paul Lehmann: Vom Mittelalter und von der lateinischen Philologie des Mittelalters. München 1914. – Jan-Dirk Müller: Aporien und Perspektiven einer Sozialgeschichte mittelalterlicher Literatur. In: Kontroversen, alte und neue. Hg. v. Albrecht Schöne. Bd. 11. Tübingen 1986, S. 56–66. – J.-D. M. (Hg.): ,Aufführung' und ,Schrift' in Mittelalter und Früher Neuzeit. Stuttgart, Weimar 1996. – J.-D. M.: Spielregeln für den Untergang. Die Welt des Nibelungenliedes. Tübingen 1998. – Stephen G. Nichols (Hg.): Speculum 65 (1990) [Sonderheft New Philology]. – Otto Gerhard Oexle (Hg.): Stand und Perspektiven der Mittelalterforschung am Ende des 20. Jhs. Göttingen 1996. – Ursula Peters: Von der Sozialgeschichte zur Familienhistorie. In: PBB 112 (1990), S. 404–436. – U.P.: Dynastengeschichte und Verwandtschaftsbilder. Tübingen 1999. – Rüdiger Schnell: Causa amoris. Bern, München 1985. – Helmut Tervooren, Horst Wenzel (Hg.): Philologie als Textwissenschaft. Berlin 1997 [ZfdPh 116, Sonderheft]. –

H. W.: Hören und Sehen, Schrift und Bild. München 1995. − Paul Zumthor: La lettre et la voix. De la ‚littérature‘ médiévale. Paris 1987.

Jan-Dirk Müller

Medien

Allgemein Oberbegriff für Kommunikationsmittel und die über sie hergestellten Kommunikationsverhältnisse, besonders bei technisch vermittelter Kommunikation.

Expl: In zahlreichen wissenschaftlichen Disziplinen mit je eigenen Bedeutungen verwendeter Begriff, deren Gemeinsamkeit der Aspekt der Vermittlung von etwas zwischen zwei oder mehreren Polen ist. Als definitorisches Kriterium kann dabei beispielsweise die Art der Umgebung (z. B. Luft, Wasser) dienen, in der dieser Prozeß stattfindet (Physik); es können die Hilfsmittel sein, die zum Erreichen eines bestimmten Ziels eingesetzt werden (Pädagogik), oder spezifische symbolische Mittel, die gesellschaftliche Austauschprozesse ermöglichen (systemtheoretische Soziologie).

In der Literaturwissenschaft werden die Begriffe ‚Medium‘ bzw. ‚Medien‘ vor allem mit vier verschiedenen Bedeutungsvarianten eingesetzt: (1) Zur Kennzeichnung des spezifischen Zeichensystems, mit dem sich das Fach befaßt − das ‚Medium Sprache‘. (2) Zur Benennung des eigenen Gegenstandsbereichs in Abgrenzung von anderen kulturwissenschaftlichen Disziplinen − es geht um das ‚Medium Literatur‘ im Unterschied beispielsweise zum ‚Medium Musik‘. (3) Zur Differenzierung von materiellen Trägern, an denen je spezifische Literatur ihre Rezipienten erreicht − vom ‚Medium Brief‘ über das ‚Medium Buch‘ bis hin zum ‚Medium Heftroman‘ oder dem ‚Medium Schallplatte‘ (bzw. CD). (4) Als (in der Regel im Plural verwendeter) Begriff, der im Unterschied zu personaler Kommunikation von Angesicht zu Angesicht die verschiedenen Formen technisch vermittelter (meist Massen-)Kommunikation bezeichnet − also vor allem Presse, Film und Rundfunk, insbesondere das Fernsehen. Heute wird z. T. auch das Internet dazugerechnet.

Abgesehen von der ersten Variante werden alle Begriffsfassungen zusätzlich mit unterschiedlichen Reichweiten verwendet. Je nach Autor kann, wenn etwa vom ‚Medium Literatur‘, dem ‚Medium Theater‘ oder dem ‚Medium Fernsehen‘ die Rede ist, (a) das Interesse primär medialen Inhalten gelten oder (b) das betreffende Medium als gesellschaftliches Subsystem gemeint sein, einschließlich seiner Institutionen und zentraler Handlungsrollen, seiner Einbindung in ökonomische, politische und kulturelle Zusammenhänge sowie seiner Technologien.

Eine auch nur einigermaßen konsistente Verwendung des Begriffs ist nicht feststellbar. Statt dessen konkurriert in der Literaturwissenschaft und verwandten Disziplinen bzw. Teilgebieten (z. B. in den allgemeinen Kulturwissenschaften, der Massenkommunikationsforschung, Mediensoziologie, Medienwissenschaft, Publizistik) eine Vielzahl von Medienbegriffen, deren kleinster gemeinsamer Nenner die potentiell massenhafte Verbreitung von Botschaften verschiedenster Art unter Verwendung von Zeichensystemen und spezifischen Übermittlungstechnologien ist.

In der ↗ *Systemtheorie* Niklas Luhmanns, die wegen ihres abstrakten Charakters nur mit Einschränkungen in diesem Kontext zu behandeln ist, stellen Massenmedien − verstanden als gesellschaftliche Einrichtungen zur technikgestützten massenhaften Verbreitung von Kommunikation an unbestimmte Adressaten − ein Teilsystem der Gesellschaft dar. Wie alle anderen Teilsysteme hat das System der Massenmedien einen spezifischen Code, der sich an einer Differenz orientiert, die nur hier Leitdifferenz ist. Im Falle der Massenmedien ist dies die Unterscheidung ↗ *Information* bzw. Nichtinformation, die für alle Angebotsformen gilt. Die in den Medienwissenschaften behandelten sekundären und tertiären Medien (s. SachG) werden in der Systemtheorie als ‚Verbreitungsmedien‘ thematisiert, die Kommunikationsverbindungen zwischen räumlich getrennten Partnern wahrscheinlicher machen. Für die Massenmedien ist in diesem Theorierahmen entscheidend, daß keine Interaktion stattfindet. Das Internet wäre so gesehen kein Massenmedium.

WortG: In der Singularform wurde *Medium* (vom lat. Adjektiv *medius* abgeleitetes Substantiv mit der Bedeutung ‚Mitte‘, ‚Mittel‘, ‚Vermittelndes‘) bis ins 20. Jh. außer im Wortsinn lediglich im physikalischen und seit dem 19. Jh. im spiritistischen bzw. parapsychologischen Kontext verwendet: Hier ist ein ‚Medium‘ eine Person, die zur Kontaktaufnahme mit der Geisterwelt fähig ist oder über parapsychologische Fähigkeiten verfügt. Erst in jüngster Zeit, etwa ab Mitte des 20. Jhs., wird das Wort mit Blick auf gesellschaftliche Kommunikationsprozesse verwendet. In der Regel im Plural als Synonym für ‚Massenkommunikation‘ bzw. ‚Massenkommunikationsmittel‘ gebraucht, benennt die Singularform die einzelnen Elemente, aus denen sich das Ensemble der Massenkommunikationsmittel zusammensetzt.

BegrG: Die rasche Ausbreitung und Entwicklung von technischen Mitteln der Massenkommunikation im 20. Jh. führte zu einer Vielzahl von Verwendungsweisen des Begriffs und einer raschen Abfolge von Kernbedeutungen. In der Begriffsfassung *Massenmedien* (als Übersetzung von engl. *mass media*) löste er im deutschen Sprachraum einerseits ab den 1950er Jahren allmählich konkurrierende Bezeichnungen wie *Massenkommunikationsmittel* ab, andererseits etablierte er sich als Synonym für ‚Massenkultur‘ bzw. für den von Horkheimer und Adorno eingeführten Begriff ‚Kulturindustrie‘. Das damalige Spannungsfeld zwischen technologie- und ideologieorientierter Begriffsbildung verdeutlichte 1961 die neue Zeitschrift ‚Sprache im technischen Zeitalter‘. Sie enthielt eine feste Rubrik ‚Massenmedien‘, deren Gegenstandsbereich von Walter Höllerer im ersten Heft so bestimmt wurde: „Unter der Überschrift ‚Massenmedien‘ wird die Sprache der Massenblätter, der Illustrierten Zeitungen, der Wirtschaftswerbung, der politischen Propaganda, des Rundfunks und des Fernsehens untersucht.“

Heute läßt sich feststellen, daß – auch ex post angewandt – der Begriff in der Regel die wichtigsten Kommunikationsmittel einer bestimmten Epoche benennt. Bezogen auf die Kommunikationsverhältnisse bis zur Mitte des 20. Jhs. meint ‚Medien‘ vor allem den Bereich der PRESSE sowie RUNDFUNK und ↗ *Film* (und gegebenenfalls auch das FERNSEHEN). Mit Blick auf die heutige Medienlandschaft findet aktuell eine allmähliche Bedeutungsverschiebung in drei Richtungen statt. Erstens in Richtung einer tendenziellen Gleichsetzung von ‚Medien‘ mit elektronischen Medien (Radio und Fernsehen, im Unterschied zu Presse und Film), zweitens zugunsten einer Identifikation mit audiovisuellen Medien (Film und Fernsehen, im Unterschied zu Presse und Radio), drittens schließlich wird der Begriff auch als Synonym für ‚Bildschirmmedien‘ (vor allem für Fernsehen und Computer sowie Internet) verwendet. Den Hintergrund bilden hier technologische Innovationsschübe, die sachlich wie begrifflich den eingeführten Medienbestand verändern, indem einerseits durch schon mehrfach so etikettierte ‚Neue Medien‘ der Fernsehapparat von einem Empfänger zentral ausgestrahlter terrestrischer Programme zu einen mehrfach nutzbaren Bildschirm wird (beispielsweise für Videotext, den Empfang von Kabel- bzw. Satellitenprogrammen, das Abspielen von Videobändern), andererseits durch ‚telematische Medien‘ Telekommunikation und Informatik (vgl. z. B. Würth, Kühn) verbunden werden, konkret also Fernsehen und Computer.

SachG: Nach der systematischen und historischen Differenzierung von Pross begann die menschliche Kommunikationsgeschichte mit den ‚primären‘ Medien, die ohne technische Hilfsmittel auskamen (orale und non-verbale Kommunikation).

Mit der Erfindung der Schrift und später der Druckerpresse folgten dann ‚sekundäre‘ Medien, die bei der Produktion technische Geräte erfordern, nicht jedoch bei der Rezeption. Die Entwicklung der sekundären Medien zu ‚Massenmedien‘ fand im 18. und vor allem dem 19. Jh. statt, als ↗ *Trivialliteratur* und auflagenstarke ↗ *Zeitungen* zu

Eckpfeilern der zeitgenössischen Medienlandschaft wurden.

Ebenfalls im 19. Jh. begann die Zeit der ‚tertiären' Medien, die sowohl bei Produktion wie Rezeption eine technische Infrastruktur voraussetzen. Das historisch erste war der Telegraph, gegen Ende des Jhs. entstanden mit dem Grammophon und dem Film die ersten tertiären Massenmedien. Die heute am meisten genutzten tertiären Medien wurden schließlich in den 1920er (Radio) und 1930er Jahren (Fernsehen) eingeführt, flächendeckende Verbreitung erlangten beide in Deutschland jedoch erst nach dem 2. Weltkrieg in den fünfziger (↗ *Hörspiel*) und sechziger Jahren (↗ *Fernsehspiel*).

Im Ensemble der Massenmedien nimmt das Fernsehen heute eine dominierende Position ein, weshalb es oft auch als ‚Leitmedium' bezeichnet wird. Etikettierungen wie ‚Heimkino' und ‚Radio mit Bildern' deuten an, daß das Fernsehen erfolgreich Funktionsbereiche früherer Medien übernommen hat, wodurch die jeweiligen Referenzmedien jedoch nicht obsolet geworden sind, sondern sich repositioniert haben. So hat sich etwa das Radio in hohem Maße zu einem nebenbei genutzten Hintergrundmedium weiterentwickelt.

Technologische Neuerungen wie Video und Bildschirmtext stärkten zunächst scheinbar die herausragende Position des Fernsehens im Medienensemble, da ihre Nutzung an den Fernsehbildschirm gebunden ist. Tatsächlich lassen sie sich aber als erste Schritte einer grundlegenden strukturellen Veränderung der Medienlandschaft interpretieren, die auf die allmähliche Aufhebung der traditionellen Identifikation bestimmter Medien mit bestimmten Nutzungsorten, also der Gleichsetzung von Medieninhalten und materiellen Erscheinungsformen, abzielen und damit langfristig eine Neubestimmung der eingeführten Medienbegriffe zur Folge haben werden: Schon heute können beispielsweise Zeitungstexte nicht nur als auf Papier gedruckte Veröffentlichungen, sondern auch auf dem Fernsehapparat als Videotext und auf dem Computerbildschirm als Wiedergabe von Internet-Seiten oder CD-ROM-Dateien gelesen werden. Die weitere Entwicklung der Kommunikationstechniken durch Telematik (s. BegrG) und Digitalisierung wird darüber hinaus in einigen Jahrzehnten zu einer weitgehenden Neukonstitution der medialen Umwelt führen und gleichzeitig eine Neufassung der Mediengeschichte erfordern.

ForschG: Als Gegenstand der Literaturwissenschaft wurden Medien (verstanden als Medien der Massenkommunikation) erst in den 1960er Jahren im Zuge der Neuorientierung der traditionellen Germanistik thematisiert, was unter anderem eine Öffnung gegenüber ↗ *Populären Lesestoffen*, zeichentheoretischen Fragestellungen und als Folge einen (medien)übergreifenden Textbegriff implizierte. Mit ideologiekritischer Zielsetzung von Pehlke formuliert, sollte die Germanistik einerseits Film und Fernsehen als Gegenstandsbereich ‚okkupieren' und sich andererseits mit der Rolle einer Teildisziplin im Rahmen einer allgemeinen Kommunikationswissenschaft bescheiden.

Zu diesem Zeitpunkt gab es bereits in Nachbardisziplinen einen umfangreichen Wissensbestand über Medien, der sich grob in drei Gruppen einteilen läßt: (1) Ergebnisse der (primär amerikanischen) sozialwissenschaftlichen Massenkommunikationsforschung, die sich vor allem mit der gesellschaftlichen Funktion von Medien und ihrer Wirkung beschäftigte (↗ *Kommunikation*, ↗ *Kommunikationstheorie*). (2) Ansätze zur Theoriebildung über die mediale Spezifik einzelner Massenkommunikationsmittel wie etwa des Radios oder des Films, wobei oft ästhetisch-analytische und normative Positionen verbunden wurden. (3) Verschiedene Ansätze, die Medienkritik als notwendigen Bestandteil einer umfassenden Gesellschaftskritik praktizierten und damit um 1970 einen erheblichen Einfluß auf die Medienforschung in der Bundesrepublik ausübten.

Tatsächlich ist der Prozeß einer Medienorientierung der Literaturwissenschaft bzw. der Integration literaturwissenschaftlicher Fragestellungen und Methoden in die Medienanalyse bis heute ein strittiges Diskussionsthema geblieben. Mit Ausnahme von einigen herausragenden Brückenschlägen wie etwa der Einrichtung des DFG-Sonderforschungsbereichs ‚Bildschirmmedien' an der Universität Siegen (1986), der interuniversitären Arbeitsgruppe ‚Sprache, Literatur, Kultur im Wandel ihrer medialen Bedingungen' unter der Federführung der Universität Köln, dem Funkkolleg ‚Medien und Kommunikation' (1990/91), bei denen Wissenschaftler mit literaturwissenschaftlichem Hintergrund erfolgreich mit sozialwissenschaftlich orientierten Wissenschaftlern kooperierten, und nicht zuletzt der Arbeit einzelner Literaturwissenschaftler hat eine systematische Auseinandersetzung der Literaturwissenschaft mit Massenmedien — abgesehen von der partiellen Ausweitung des Textkanons auf Produkte der audiovisuellen Medien — nicht stattgefunden. Auch die Institutionalisierung von ‚Medienwissenschaft' als eigenständiger Disziplin, die in den letzten Jahren an verschiedenen deutschen Hochschulen stattgefunden hat, konnte nicht wesentlich dazu beitragen, das Verhältnis Medienwissenschaft — Germanistik produktiv zu klären. Statt dessen existiert weiterhin ein eklatantes Mißverhältnis zwischen der beständig wachsenden kulturellen, ökonomischen und politischen Bedeutung eines immer mehr vereinheitlichten Mediensektors und den durch akademische Fächergrenzen behinderten Bemühungen, bei der Erforschung des Gegenstandes mit seiner realen Entwicklung Schritt zu halten.

Lit: Theodor W. Adorno: Résumé über Kulturindustrie. In: T. W. A.: Ohne Leitbild. Frankfurt 1967, S. 60—70. — Rainer Bohn u. a. (Hg.): Ansichten einer künftigen Medienwissenschaft. Berlin 1988. — Stefan Bollmann (Hg.): Kursbuch Neue Medien. Reinbek 1998. — Norbert W. Bolz: Am Ende der Gutenberg-Galaxis. München ²1995. — Roger Chartier: Die Welt des Lesens. Von der Schriftrolle zum Bildschirm. Frankfurt u. a. 1999. — Werner Faulstich: Medientheorien. Göttingen 1991. — W. F.: Einführung. Zur Entwicklung der Medienwissenschaft. In: Grundwissen Medien. Hg. v. W. F. München ³1998, S. 11—18. — Norbert Gabriel: Kulturwissenschaften und Neue Medien. Darmstadt 1997. — Jörg Helbig (Hg.): Intermedialität. Berlin 1998. — Hans H. Hiebel u. a.: Die Medien. München 1998. — Fred Inglis: Media theory. Oxford, Cambridge/Mass. 1990. — Ludwig Jäger, Bernd Swi-

talla (Hg.): Germanistik in der Mediengesellschaft. München 1994. — Martin Kepper u. a. (Hg.): Hyperkultur. Zur Fiktion des Computerzeitalters. Berlin, New York 1996. — Daniela Kloock, Angela Spahr: Medientheorien. München 1997. — Helmut Kreuzer, Karl Prümm (Hg.): Fernsehsendungen und ihre Formen. Stuttgart 1979. — Helmut Kreuzer (Hg.): Literaturwissenschaft — Medienwissenschaft. Heidelberg 1977. — H. K., Christian W. Thomsen (Hg.): Geschichte des Fernsehens in der Bundesrepublik Deutschland. 5 Bde. München 1993 f. — Isabel Kühn: Telematik: ein neuer bürokratisch-industrieller Komplex? Freiburg i.Br. 1996. — Peter Ludes: Einführung in die Medienwissenschaft. Berlin 1998. — Niklas Luhmann: Die Realität der Massenmedien. Opladen ²1996. — N. L.: Die Kunst der Gesellschaft. Frankfurt 1997. — N. L.: Die Gesellschaft der Gesellschaft. Bd. 1. Frankfurt 1997, S. 190—405. — Marshall McLuhan: Understanding media. New York 1965. — Denis McQuail: Mass communication theory. London, Newbury Park ²1987. — Klaus Merten u. a. (Hg.): Die Wirklichkeit der Medien. Opladen 1994. — Michael Pehlke: Aufstieg und Fall der Germanistik — von der Agonie einer bürgerlichen Wissenschaft. In: Ansichten einer künftigen Germanistik. Hg. v. Jürgen Kolbe. München 1969, S. 18—44. — Harry Pross: Medienforschung. Darmstadt 1972. — Dietrich Ratzke: Hb. der Neuen Medien. Stuttgart ²1984. — Helmut Schanze: Medienkunde für Literaturwissenschaftler. München 1974. — Horst Wenzel: Hören und Sehen, Schrift und Bild. München 1995. — Markus Würth: Telematik und räumliche Arbeitsteilung. Zürich 1989. — Siegfried Zielinski: Audiovisionen, Kino und Fernsehen als Zwischenspiele in der Geschichte. Reinbek 1989.

Gerd Hallenberger

Mehrfacher Schriftsinn
↗ *Sensus litteralis / spiritualis*

Mehrsträngigkeit ↗ *Komposition*

Meistergesang

Kunstübung stadtbürgerlicher Dilettanten im späten Mittelalter und in der Frühen Neuzeit.

Expl: Unter Meistergesang wird die meist im geselligen Wettstreit realisierte und nach genauen Regeln organisierte Dichtkunst stadtbürgerlicher Dilettanten, vor allem des 15., 16. und 17. Jhs., verstanden. Ihre Träger sind meist Handwerker, vereinzelt auch Geistliche, Lehrer und Juristen, die sich zu Gesellschaften oder Bruderschaften zusammenschlossen. Ihre Veranstaltungen heißen Singschulen; deren Ablauf wird in Schulordnungen geregelt. Ihre literarischen Produkte, die Meisterlieder (↗ *Bar*: mindestens dreistrophig, ungerade Strophenzahl), folgen komplizierten Kunstregeln, die in Tabulaturen kodifiziert sind.

WortG: Das Wort *meistersanc* ist seit der 2. Hälfte des 13. Jhs. belegt (Stackmann, 96 Anm. 171). Es bedeutete hier ,Gesang der Meister', d. h. jener Dichter, die sich durch Gelehrsamkeit und Kunstanspruch aus der Menge der übrigen heraushoben, in erster Linie der die Kunst berufsmäßig ausübenden Sangspruch-Dichter; als feststehender Terminus ist das Wort zu dieser Zeit nicht aufzufassen. Als solcher erscheint es erst seit dem 15. Jh.: Nunmehr bezeichnet es mehr und mehr die Kunstübung stadtbürgerlicher Dilettanten, die die Kunst der Sangspruchdichter auf ihre eigene Weise fortsetzten.

BegrG: Die Bezeichnung der Dichtkunst stadtbürgerlicher Dilettanten und ihrer Aufführungspraxis als *Meistergesang* war seit jeher üblich, sie wurde von den Meistersingern selbst, von Außenstehenden und von der in diesem Bereich früh einsetzenden Forschung stets so genannt. Der Begriff war jedoch nicht immer eindeutig. Die Vorgeschichte der meistersingerlichen Kunstübung, auf welche die Meistersinger sich stets beriefen und von der sie mit Recht wichtige Charakteristika ihrer eigenen Kunst herleiteten, stellt die Tätigkeit jener seit dem späten 12. Jh. (Herger, Spervogel) bezeugten Berufsautoren dar, für die sich, mangels eines geeigneten mittelalterlichen Terminus, seit dem 19. Jh. (Simrock) der Begriff ,(Sang-)Spruchdichter' eingebürgert hat. Nun gab es solche Autoren (z. B. Muskatblut, Michel Beheim, Jörg Schiller) noch bis in die 2. Hälfte des 15. Jhs., als der stadtbürgerliche Meistergesang bereits existierte. Bei aller Wesensverwandtschaft (Themen, didaktische Haltung, Bezug auf die Dichtungstradition) gibt es deutliche Unterschiede zwischen der Kunst dieser Dichtersänger und der der städtischen Dilettanten (die städtischen Dichter verwendeten meist Töne, die nicht von ihnen selbst stammten; ihre Texte wurden im 15. Jh. häufig anonym überliefert; das Autorbewußtsein ist wenig ausgeprägt). Gleichwohl hat die ältere Forschung die Berufsautoren seit dem späten 14. Jh. und die städtischen Dichter des 15. Jhs. unter den Begriffen ,Meistergesang'/'Meistersinger' subsumiert, was zu erheblichen Schwierigkeiten bei der Begriffsbestimmung geführt hat (vgl. z. B. Nagel, 1 f.). Erst Stackmann erhob dagegen 1958 massiven Widerspruch (Stackmann, 9 f.). In der Folge bürgerte es sich ein, in Abgrenzung zu den Meistersingern für die Berufsdichter des späten 14. und des 15. Jhs. die bis dahin nur für die älteren Autoren übliche Bezeichnung *Spruchdichter* zu gebrauchen (vgl. etwa Brunner, 403 f.). Neuerdings hat Schanze die Kunst beider Autorengruppen unter dem Begriff der ,meisterlichen Liedkunst' zusammengefaßt (Schanze, 10 f.). Dies erscheint insoweit akzeptabel, als damit wieder mehr die Gemeinsamkeiten (s. o.) betont werden; man wird sich indes vor erneuter Begriffsverwirrung hüten müssen.

SachG: Überliefert sind Meisterlieder vom 15. bis 18. Jh., doch ist die Kunstübung vermutlich schon im 14. Jh. entstanden. Greifbar wird der Meistergesang erstmals in der 1. Hälfte des 15. Jhs. Gesellschaften von Meistersingern gab es in oberdeutschen Reichsstädten wie Mainz, Nürnberg, Augsburg, Straßburg, Donauwörth, Kolmar, Ulm, Memmingen, Nördlingen, ferner in Breslau, Magdeburg, im mährischen Iglau, in Oberösterreich und Tirol (Wels, Steyr, Eferding, Hall) und anderswo. Sie bestanden längere, manchmal auch nur kurze Zeit, die Nürnberger Gesellschaft wahrscheinlich von der 1. Hälfte des 15. Jhs. bis etwa 1760, die Ulmer von etwa 1500 bis 1839, die Memminger sogar von 1600 bis 1875.

Die Meistersinger übernahmen von den älteren Spruchdichtern das Prinzip des Dichtens in vorher feststehenden Strophenformen und Melodien (Tönen) und auch eine Anzahl von deren Tönen; sie rezipierten ferner Themen, Darstellungsweisen, Kunst- und Traditionsbewußtsein. Zahlreiche bekannte Spruchdichter, die ‚alten Meister' (z. B. Walther von der Vogelweide, Konrad von Würzburg, Frauenlob), galten den Meistersingern als Stammväter der eigenen Kunst. Im 15. Jh. werden Spruchdichtung und Meistergesang in den Handschriften weithin gemeinsam überliefert. Der Unterschied zwischen den Texten der späten Spruchsänger und der frühen Meistersinger (z. B. Fritz Zorn, Hans Folz − die überwiegende Zahl der Texte ist anonym überliefert) besteht in erster Linie darin, daß erstere weiterhin, wie dies in der Spruchdichtung seit jeher Usus war, nur selbstgeschaffene Töne benutzten, daß sie ferner oft ihre Lieder am Schluß signierten (vgl. dazu Brunner 1983, 402) und daß sie mitunter persönliche oder auch politische Themen behandelten; dagegen waren derartige Themen im Meistergesang als einer geselligen, in Gemeinschaft geübten Kunstübung, die zudem der Zensur durch die Stadtbehörden unterstand, nicht üblich. Ferner war es unüblich, Autorsignaturen anzubringen, da die Texte ja zu allgemeinem Gebrauch durch die Mitsinger zur Verfügung standen, schließlich war es bis zur Reformation in den meisten Gesellschaften verpönt, eigene Töne zu verwenden; eine Ausnahme machte darin nur Nürnberg, wo aber neben eigenen jederzeit auch fremde Töne benutzt werden konnten.

Die überwiegende Zahl der Meisterlieder vor der Reformation ist geistlichen Themen gewidmet (Marienlob, Trinität, Passion usw.), daneben stehen Lieder mit weltlichen Erzählstoffen, moraldidaktische Texte, vor allem aber Lieder, die den Meistergesang rühmen und erklären („Schulkünste"). Nach 1520 wurde der Meistergesang, der nunmehr vielerorts eine neue Blütezeit erlebte, durch Hans Sachs (1494−1576) entschieden in den Dienst der Reformation gestellt − ein Großteil der Lieddichtung ist von nun an Bibelversifikation und Bibelexegese −,

ferner wurden ihm nun auch weite Bereiche weltlicher Thematik erschlossen (vielfach lieferten antike, mittelalterliche und zeitgenössische Geschichtsschreiber, Moralphilosophen, Erzähler die Vorlagen). Weitere bekannte Meistersinger waren der Schlesier Adam Puschman, der Augsburger Johann Spreng und die Nürnberger Georg Hager, Benedict von Watt und Ambrosius Metzger. Ohne Zweifel war der Meistergesang vor allem ein Mittel, weitgehend illiteraten Schichten der städtischen Bevölkerung, die zur buchliterarischen Überlieferung keinen Zugang hatten, Wissens- und Bildungsgut im mündlichen Vortrag zu erschließen.

ForschG: Bereits 1598 verfaßte Cyriakus Spangenberg eine ausführliche, allerdings ganz unkritische Darstellung, eine Arbeit, deren wesentliche Teile nach 1614 von seinem Sohn Wolfhart erneuert wurden. Von großer Wirkung bis ins 20. Jh. war das ‚Buch von der Meistersinger Holdseligen Kunst' (1697) von Johann Christoph Wagenseil.

Die moderne Forschung beginnt mit Jacob Grimms Jugendschrift ‚Ueber den altdeutschen Meistergesang' (1811). Im späten 19. Jh. wurde das Interesse vor allem durch Wagners Oper ‚Die Meistersinger von Nürnberg' (1868) wachgehalten. Eine Blütezeit der Meistersingerforschung entfaltete sich, inauguriert durch Archer Taylor, in den 1930er und 40er Jahren in den USA.

Die derzeitigen Bemühungen sind vor allem auf die Erschließung der umfangreichen Quellen (Liederhandschriften und -drucke, Protokollbücher der Singveranstaltungen, Tabulaturen und Schulordnungen) gerichtet, ferner auf prosopographische Studien und auf die möglichst präzise Erschließung des ‚Sitzes im Leben'.

Lit: Horst Brunner: Die alten Meister. München 1975. − H. B.: Tradition und Innovation im Bereich der Liedtypen um 1400. In: Textsorten und literarische Gattungen. Hg. v. Vorstand der Vereinigung der deutschen Hochschulgermanisten. Berlin 1983, S. 392−413. − H. B.: Zur Geschichte der Meistergesangsforschung. In: Deutsches Handwerk in Spätmittelalter und Früher Neuzeit. Hg. v. Rainer S. Elkar. Göttingen 1983, S. 223−243 [mit Bibliographie]. − H. B.: Meistergesang. In: MGG² 6, Sp. 5−16. − H. B., Burghart Wachinger (Hg.): Repertorium der

Sangsprüche und Meisterlieder des 12. bis 18. Jhs. 16 Bde. Tübingen 1986 ff. – Eva Klesatschke, H. B. (Hg.): Meisterlieder des 16. bis 18. Jhs. Tübingen 1993 [mit ausführlicher Bibliographie]. – Dieter Merzbacher: Meistergesang in Nürnberg um 1600. Nürnberg 1987. – Bert Nagel: Meistersang. Stuttgart 1962. – Johannes Rettelbach: Variation – Derivation – Imitation. Untersuchungen zu den Tönen der Sangspruchdichter und Meistersinger. Tübingen 1993. – Frieder Schanze: Meisterliche Liedkunst zwischen Heinrich von Mügeln und Hans Sachs. Bd. 1. München 1983. – Eva Schumann: Stilwandel und Gestaltveränderung im Meistersang. Göttingen 1972. – Karl Stackmann: Der Spruchdichter Heinrich von Mügeln. Heidelberg 1958. – Archer Taylor: The literary history of Meistergesang. New York 1937, ²1966.

Horst Brunner

Meistersingerstrophe ↗ *Bar*

Melodie

Musikalische Gestalt zum Vortrag bestimmter poetischer Texte, hier speziell des Mittelalters.

Expl: Melodie spielt in literaturwissenschaftlichen Zusammenhängen eine Rolle als Bestandteil von ↗ *Lied₂* und ↗ *Kunstlied*, als ein Aspekt von ↗ *Vertonung*, auch in metaphorischer Verwendung im Sinne von ‚Sprachmelodie‘ als Merkmal bestimmter Formen von ↗ *Lyrik*, vor allem aber als die musikalische Basis für den gesungenen Vortrag mittelalterlicher Literatur: ahd. Bibelepik, aller Arten von Lieddichtung (Strophenliedern, unstrophischen Leichs), strophischer Epik unterschiedlicher Art (↗ *Epenstrophe*), didaktischer und – vereinzelt – historiographischer Texte in strophischer Form, (bestimmter Textteile) des ↗ *Geistlichen Spiels*. Als Melodie gilt in mediävistischer Verwendung nicht eine Zusammensetzung von Einzeltönen, sondern von formelhaften Tonfolgen. Realisiert zu denken ist sie überwiegend in einstimmigem, unbegleitetem oder von Instrumenten begleitetem solistischem oder chorischem Vortrag; mehr-

stimmige Musik ist nur für einzelne Liedarten seit dem späten 14. Jh. belegt.

WortG: *Melodie* entstammt dem griech. με-λῳδία [melodía] (aus μέλος [mélos] ‚Weise‘ und ᾠδή [odé] ‚Gesang‘), daraus lat. *melodia*; mhd. *melodîe* zuerst im ‚Tristan‘ Gottfrieds von Straßburg (v. 4813), daraus frnhd. *melodei* (Hüschen/Dahlhaus, 36); seit dem 16. Jh. (DWb 12, 2001) daneben nach frz. *mélodie* (inzwischen Synonym zu *Kunstlied*) auch *Melodie*.

BegrG: Als Bezeichnung für die Melodie finden sich bei antiken und mittelalterlichen Musikschriftstellern u. a. *melodia, melum* und – am häufigsten – *melos*. Johannes Tinctoris († 1511) identifiziert *melum* mit *cantus* (Hüschen/Dahlhaus, 37).

Im Mittelalter wird die Melodie bezeichnet als *wîse* ‚Weise‘, zusammen mit der metrischen Form bildet sie den ↗ *Ton*.

SachG: Gesungenen Vortrag altsächsischer und althochdeutscher Bibelepik bezeugen sporadische Neumierungen (d. h. andeutende Notenzeichen) des ‚Heliand‘ (Cgm 25) und des ‚Evangelienbuchs‘ Otfrids von Weißenburg (Cpg 52); man vermutet dafür eine Melodie mit geringer Varianz für fortlaufend-rezitativischen Vortrag. Angenommen wird Vortrag mit Singstimme auch bei der frühmhd. ↗ *Bibelepik* sowie – nach dem Vorbild der afrz. Chansons de geste – beim ‚Rolandslied‘ des Pfaffen Konrad; eindeutige Hinweise dafür und erst recht für die Gestalt der Melodie fehlen hier jedoch. Gesichert aufgrund der Überlieferung ist der musikalische Vortrag für alle Arten mittelalterlicher Lieddichtung in sehr unterschiedlich gestalteten Strophen – ↗ *Geistliches Lied*, ↗ *Minnesang*, Neidhartlied, ↗ *Sangspruch*, ↗ *Meistergesang*, politisches Lied (↗ *Lied₂*) – sowie für den unstrophischen, in Versikel gegliederten religiösen und weltlichen ↗ *Leich*. Die seit dem Mönch von Salzburg (2. Hälfte 14. Jh.), Oswald von Wolkenstein (gest. 1445) und dem ‚Lochamer-Liederbuch‘ (1451/55; hier zuerst Ténorlieder, d. h. mehrstimmige Lieder, deren Cantus firmus über dem Baß liegt) anzutreffende Mehrstimmigkeit blieb weitgehend auf das Liebeslied beschränkt.

Gleichfalls gesungen werden konnten alle Arten von epischen, didaktischen und historiographischen Texten in Strophen; erhalten sind (↗ *Epenstrophe*) die Melodien des Titureltons, des Hildebrandstons, der Heunenweise, des Bernertons, des Herzog-Ernst-Tons, des Schwarzen Tons (Melodie zum ‚Lohengrin‘ und zum ‚Lorengel‘), des Winsbeckentons und Michel Beheims Angstweise (Melodie zu seinen chronikalischen Werken). Für die mündlich verbreitete (Helden-)Epik des deutschen Mittelalters (↗ *Heldendichtung*) ist gleichfalls gesungener Vortrag anzunehmen. Gesungen wurden ferner bestimmte Teile der Geistlichen Spiele (Antiphone, ↗ *Hymnen*, auch der lat. Bibeltext). Als singbar bezeugt sind vereinzelt auch dt. Bibeltexte in Prosa; sie dürften, wie wohl auch Legenden, bei der klösterlichen Tischlesung mit Singstimme vorgetragen worden sein.

Erst seit dem ausgehenden 16. Jh. scheint sich die noch für das ↗ *Gesellschaftslied* selbstverständliche Verbindung lyrischer Texte mit der Musik allmählich aufzulösen: Die Texte waren nicht mehr von vornherein für den gesungenen Vortrag bestimmt, sie konnten allenfalls nachträglich vertont werden (gewisse Ausnahmen stellten das Meisterlied und das ↗ *Kirchenlied* dar). Die weit gefächerte Entwicklung in der Neuzeit (↗ *Lied₃*) ist dargestellt bei Dahlhaus/Hüschen.

ForschG: Obwohl bereits von der Hagen im 4. Band seiner ‚Minnesinger‘ (1838) ausführlich auf die musikalische Seite der mhd. Lieddichtung hingewiesen hatte, und obwohl die maßgeblichen Melodiehandschriften schon um die Wende zum 20. Jh. editorisch zugänglich gemacht worden waren (die Kolmarer Liederhs. 1896 durch Runge, die Jenaer Liederhs. durch Holz/Saran/Bernoulli 1901), wurde der Frage nach dem musikalischen Vortrag altdeutscher Literatur in der deutschen Mediävistik lange nur wenig Aufmerksamkeit zuteil (ähnliches gilt für die Neugermanistik in ihrem Gegenstandsbereich). Nachdem Gennrich und Spanke seit den 1930er Jahren auf das Phänomen nachdrücklich aufmerksam gemacht hatten, änderte sich dies vor allem seit den 1950er Jahren mit Arbeiten zur rhythmischen Gestaltung der einstimmigen Melodien (Kippenberg), zu den Epenmelodien (Bertau/Stephan, Beyschlag, Brunner), zu Walther von der Vogelweide (Brunner), zum Leich (Bertau), zu Oswald von Wolkenstein (Beyschlag), zum Meistergesang (Schumann, Brunner, Rettelbach).

Lit: Karl Heinrich Bertau, Rudolf Stephan: Zum sanglichen Vortrag mhd. strophischer Epen. In: ZfdA 87 (1956/57), S. 253–270. – K. H. B.: Sangverslyrik. Göttingen 1964. – Siegfried Beyschlag: Langzeilen-Melodien. In: ZfdA 93 (1964), S. 157–176. – S. B.: Zu den mehrstimmigen Liedern Oswalds von Wolkenstein. In: Literatur und Geistesgeschichte. Fs. Heinz Otto Burger. Hg. v. Reinhold Grimm und Conrad Wiedemann. Berlin 1968, S. 50–69. – S. B.: Altdeutsche Verskunst in Grundzügen. Nürnberg 1969. – Horst Brunner: Epenmelodien. In: Formen mittelalterlicher Literatur. Fs. Siegfried Beyschlag. Hg. v. Otmar Werner und Bernd Naumann. Göppingen 1970, S. 149–178. – H. B.: Die alten Meister. München 1975. – H. B. u. a.: Walther von der Vogelweide. Die gesamte Überlieferung der Texte und Melodien. Göppingen 1977. – H. B.: Strukturprobleme der Epenmelodien. In: Deutsche Heldenepik in Tirol. Hg. v. Egon Kühebacher. Bozen 1979, S. 300–328. – Carl Dahlhaus, Heinrich Hüschen: Melodie. In: MGG² 6, Sp. 35–67. – Hans Fromm (Hg.): Der deutsche Minnesang. Darmstadt 1961. – Friedrich Gennrich: Grundriß einer Formenlehre des mittelalterlichen Liedes […]. Halle 1932. – Ewald Jammers: Schrift – Ordnung – Gestalt. Bern, München 1969. – Burkhard Kippenberg: Der Rhythmus im Minnesang. München 1962. – Dorothea Klein: Vortragsformen. 1. Literatur. In: LexMA 8, Sp. 1861–1866. – Nigel F. Palmer: Zur Vortragsweise der Wien-Münchener Evangelienübersetzung. In: ZfdA 114 (1985), S. 95–118. – Johannes Rettelbach: Variation – Derivation – Imitation. Untersuchungen zu den Tönen der Sangspruchdichter und Meistersinger. Tübingen 1993. – Eva Schumann: Stilwandel und Gestaltveränderung im Meistersang. Göttingen 1972. – Hans Spanke. Studien zu Sequenz, Lai und Leich. Hg. v. Ursula Aarburg. Darmstadt 1977. – Ronald J. Taylor: Die Melodien der weltlichen Lieder des Mittelalters. 2 Bde. Stuttgart 1964.

Horst Brunner

Melodrama

Zu Musikbegleitung gesprochener dramatischer Text.

Expl: Dramatische Kleinform, deren Textstruktur durch die intendierte Verbindung von gesprochener Sprache und Instrumentalmusik geprägt ist. Das Musiktheater-Genre des Melodramas im engeren Sinne läßt sich von ↗ *Kantate* und ↗ *Oper* durch das Fehlen gesungener Partien abgrenzen; vom *Schauspiel* (↗ *Drama*) unterscheiden es die kürzere Dauer und die den Text strukturell prägende Anlage auf ↗ *Vertonung* hin.

Tritt die im Melodrama entwickelte Gestaltungsweise der musikbegleiteten Deklamation nicht als eigenständiges Bühnenwerk auf, sondern wird nur punktuell im Kontext anderer Aufführungsformen eingesetzt, spricht man zur deutlicheren Unterscheidung besser von einem *Melodram*.

WortG: Der Ausdruck *Melodrama* geht auf die griech. Substantive μέλος [mélos] ‚Lied‘ und δρᾶμα [dráma] ‚Handlung‘ zurück und ist als Kompositum lange vor der Entwicklung des eigenständigen Genres in Gebrauch: zur Bezeichnung der Verbindung von Musik und szenischem *Haupttext* (↗ *Nebentext*) in der Oper, so ital. seit dem 17. Jh. (*melodramma*, bis heute als Alternativbezeichnug für Opernwerke gängig), frz. seit dem 18. Jh. (*mélodrame*). In dieser Bedeutung auch weisen ihn die ältesten dt. Belege aus, so wenn J. G. Walter ihn 1732 lakonisch als „ein musicalisches Schau-Spiel" (397) übersetzt, dabei allerdings fälschlich die Herkunft des Worts aus dem Lateinischen annimmt (vgl. Trichter, S. 1484; Schulz-Basler 2, 98). Wohl wegen dieser semantischen Vorbelastung wurde die Bezeichung zunächst nur zögernd auf das neue Genre des zur Musik gesprochenen Dramas übertragen. Zum ersten Mal benutzte sie J. Fr. Reichardt in seiner Vertonung von Ramlers ‚Cephalus und Prokris‘ (Ms. Partitur von 1777), ein Jahr später dann findet man sie als allgemeinen Gattungsbegriff (Litteratur- und Theaterzeitung 1778, 3, S. 536); erst in den 1780er Jahren setzte sie sich auf Titelblättern und in poetologischen Texten zunehmend durch.

Im Sprachgebrauch der Zeit taucht vereinzelt auch schon die Variante *Melodram* auf (A. Zimmermann: ‚Andromeda und Perseus. Clavierauszug.‘ Wien 1781). Unter ihr verstand man im 19. und 20. Jh. nurmehr die melodramatische Kompositionstechnik, mit der sowohl Einzelszenen in Oper (z. B. Mozarts ‚Zaide‘, Beethovens ‚Fidelio‘, Webers ‚Freischütz‘) und Schauspiel (z. B. von Beethoven für Goethes ‚Egmont‘, Schumann für Byrons ‚Manfred‘, Mendelssohn-Bartholdy für Shakespeares ‚Sommernachtstraum‘) gestaltet wurden, als auch lyrische und balladeske Deklamationen zur Klavierstimme (z. B. Liszt, Nietzsche, R. Strauss) oder Orchesterbegleitung (z. B. Tschaikowsky, Delius, Sibelius) bis hin zu in Sprechrhythmus und Tonhöhe gebundenen Formen des modernen Musiktheaters (z. B. Stravinsky, Schönberg, Reimann) — mit einem indirekten Echo noch im rhythmisierten Sprechen der Rap-Musik.

Nicht zu verwechseln mit dem hier umrissenen Gattungstyp des musikalischen Melodramas sind gesprochene Rühr- und Spektakelstücke des 19. Jhs., die sich unter dem Terminus *mélodrame* bzw. *melodrame* in der französischen und englischen Literatur fest etablierten (dazu Przybos). In diesem anderen Sinne sind Melodramen „als populäre Bühnengattung zu definieren, bei der disparate, aus anderen Gattungen oder Präsentationsweisen bezogene Darstellungselemente in stark antithetisch angeordnete Situationen eingehen, die mittels Typisierung, Hyperbolik und Tautologie der Zeichen auf eine sinnhafte Totalität eindeutig definierter affektiver und moralischer Wirkungsreaktionen zielen" (Schmidt, 28). Stücke dieser Art gelangten fast ausschließlich als Übersetzungen und Bearbeitungen auf deutsche Theater. Sie bieten von stofflichem Zuschnitt, dramatischer Struktur und dem allenfalls akzidentellen Anteil der Musik her ein so erheblich anderes Bild als die Melodramen des 18. Jhs., daß sie zu einem eigenen Genre zusammengefaßt werden sollten. Als solches wurde es im 20. Jh. in allen Ländern durch ↗ *Film* und ↗ *Fernsehspiel* bzw. ↗ *Serien* abgelöst, die solche Themen, Figuren und Topoi mit größerer visueller Suggestionskraft abbilden können (wofür sich zunehmend gleichfalls die Genre-Bezeichnung *Melodram[a]* durchzusetzen beginnt; vgl. Seeßlen zum besser so zu benennenden *Film-Melodram*).

Johann N. Schmidt: Ästhetik des Melodramas. Studien zu einem Genre des populären Theaters im England des 19. Jhs. Heidelberg 1986. — Julia Przybos: L'entreprise mélodramatique. Paris 1987. — Georg Seeßlen: Kino der Gefühle. Geschichte und Mythologie des Film-Melodrams. Reinbek 1980. — Valentin Trichter: Curiöses Reit-, Jagd- und Ritter-Lexikon. Leipzig 1742. — Johann Gottfried Walther: Musikalisches Lexicon oder Musicalische Biliothec. Leipzig 1732.

BegrG: Der experimentelle Charakter des durch keine poetologische Tradition beglaubigten Genre-Konzepts ‚Melodrama' spiegelt sich in der spielerischen Vielfalt seiner zeitgenössischen Benennungen wider. In der Hauptsache konkurrierten vier Grundbezeichnungen miteinander: *Monodrama, Duodrama, musikalisches Drama* und *Melodrama* (bei Erweiterung um Tänzer auch *Mimodram*, aufgegriffen noch durch Stravinskys ‚Histoire du soldat' oder Henzes ‚Idiot'; vgl. Steinitzer). Sie verraten, auch in ihren attributiven Ergänzungen („lyrisch", „musikalisch"), unterschiedliche Akzentsetzungen, die jeweils mit der neuen musikdramatischen Form verbunden wurden. So steht bei den Termini *Monodrama* und *Duodrama* die geringe Personenzahl im Vordergrund (vgl Pointner sowie RL^2 2, 415–418); sie zeigen zugleich das Interesse der Schauspieler, die hier die Möglichkeit von Paraderollen sahen. Indes ist dies ein wohl signifikantes, aber nicht hinreichendes Kriterium zur Konstituierung des Gattungstyps, wie Parallelformen ohne Musik belegen (↗ *Monodrama*). Die Bezeichnungen *Musikalisches Drama* wie auch *Melodrama* verweisen auf die Kontroverse über das Verhältnis von Musik und dramatischer Handlung in der Oper, insbesondere das Ungenügen einer rationalistischen Ästhetik am gesungenen *Rezitativ (↗ Arie)*, aus dem das neue Genre einen Ausweg weisen sollte.

Charakteristisch für die sprachliche Gestaltung der Gattung ist die Option für die Prosa. Damit folgt das Melodrama des 18. Jhs. dem zeitgenössischen Bestreben nach uneingeschränkter Identifikation des Zuschauers mit dem Helden und illusionistisch-natürlicher Gefühlsaussprache. Das rhetorische Instrumentarium seiner Affektsprache bezieht alles Gesagte emotional auf die Empfindungen des Sprechers und damit zugleich auf den mitleidenden Zuschauer.

SachG: Nachdem sich das Melodrama als eigenständiges Genre institutionalisiert hat, erlebt es eine kurze Blütezeit in den Jahren 1775–85. Fast 80% der einschlägigen Werke erschienen in diesem Zeitraum, auch die Aufführungshäufigkeit nimmt danach deutlich ab. Als Katalysator seiner Entwicklung gilt Rousseaus lyrische Szene ‚Pygmalion' (1770, mit eigenen und fremden Musik-Anteilen; vgl. van der Veen); doch haben daneben auch andere Einflüsse (Mono- und Duodramen, Tanzpantomimen, Schauspielmusiken) eine Rolle gespielt. Die initiierende Wirkung des ‚Pygmalion' läßt sich an zwei Spielarten des Genres verfolgen: Von Wien aus entwickelte sich die Form eines locker gefügten melodramatischen Typs mit starker Akzentuierung des pantomimischen Elementes; in Weimar und Gotha wurde — angeführt von dem deutsch-tschechischen Komponisten Georg Benda — versucht, ein deutsches Gegenstück zum ‚Pygmalion' zu schaffen. Neben Bendas als Doppelmonolog gestalteter ‚Ariadne auf Naxos' (Gotha 1775; Text von Brandes) galt seine eher dramatische ‚Medea' (Leipzig 1775; Text von Gotter) als Orientierungspunkt für die weitere Gattungsentwicklung. Die Erfolge der beiden Prototypen führten zu einer kurzlebigen melodramatischen Mode, die zwar weitgehend auf den deutschen Sprachraum beschränkt blieb, aber intensive publizistische Resonanz erfuhr. Etwa zwei Drittel der so entstandenen Stücke wählten ihre Sujets aus antiker Mythologie und Geschichte, fast alle folgten dem von Benda / Brandes vorgegebenen Strukturmodell der Gattung als dramatisierter ↗ *Elegie*. Die Häufung antiker Stoffe wird so nicht durch eine gattungsunabhängige Vorentscheidung, sondern aus ihrer besonderen Eignung für die zentrale Intention des Melodramas erklärbar: die psychodramatische Darstellung einer ohnmächtig leidenden — bevorzugt weiblichen — Einzelfigur in einer Situation von tragischer Ausweglosigkeit.

In den Jahren bis 1785 findet man Melodramen auf nahezu allen deutschsprachigen Bühnen mit einer verblüffenden Aufführungsbreite (vom Hoftheater bis zur Scheune), so daß ihnen eine gewisse integrative Rolle bei der Bildung eines einheitlichen, soziale Schichten übergreifenden Theaterpublikums zuzusprechen ist. Starkes Interesse am neuen Genre zeigten sowohl Schauspieler, die sich davon wirkungsvolle Rollen versprachen, wie Komponisten auf der Suche nach einer Lösung des Rezitativproblems (z. B. Neefe, Reichardt, Danzi, v. Winter, Zumsteeg) und Textdichter zwecks Nachahmung der Erfolgsstücke (neben Brandes und Gotter z. B. Ramler, Babo, v. Götz). Die Kritik gab sich zunächst optimistisch, was die Zukunftsaussichten und die ästhetische Legitimation des Genres betraf, wurde dann aber zunehmend skeptischer (bes. 1788 Eberhard). Reformvorschläge (Schink, Wezel, Meißner; vgl. Schimpf 1988, 64−67) empfahlen die Erweiterung der Stücke (etwa durch Einbeziehung von Chören) bei gleichzeitiger Rücknahme des melodramatischen Prinzips auf die Einzelszene (vgl. Bürgers ‚Macbeth‘-Bearbeitung).

In dieser Funktion wird das punktuelle Melodram dann dauerhafter Bestandteil im Formenrepertoire der Oper (von Mozarts ‚Zaide‘ über Schuberts ‚Fierrabras‘ und Marschners ‚Hans Heiling‘ bis ins Musiktheater des 20. Jhs. − etwa in der ‚Frau ohne Schatten‘ von R. Strauss, in Bergs ‚Wozzeck‘ oder in Reimanns ‚Schloß‘). Eher sporadisch wurde demgegenüber die Renaissance des Melodramas als geschlossenes musikalisches Bühnenwerk versucht (so vom Benda-Verehrer Fibich, bei Bizet, Stravinsky / Ramuz, Honegger / Valéry, Satie / Cocteau oder noch 1998 von Grigori Fried). Als fest etabliert kann dafür inzwischen das schon zu Bendas Zeiten einsetzende, auf szenische Umsetzung verzichtende ‚Konzertmelodram‘ gelten (MGG^2 6, 82−87; z. B. Reicha, Schumann, Lortzing, Meyerbeer, Debussy, Grieg, v. Schillings). Das weiteste und prominenteste Spektrum an Möglichkeiten des Melodrams im 20. Jh. hat wohl Arnold Schönberg ausgeschöpft: vom Frühwerk des konzertanten ‚Pierrot lunaire‘ und der monodramatischen Kurzoper ‚Die Erwartung‘ über das Finale der monumentalen ‚Gurrelieder‘ und die ‚Ode

to Napoleon Bonaparte‘ bis hin zum Spätwerk ‚A survivor of Warsaw‘ und zum Sonderfall der Oper ‚Moses und Aron‘, in der Aron singt und Moses zur Musik nur spricht.

ForschG: Das Melodrama fiel als musikdramatische Mischform in den Bereich mehrerer wissenschaftlicher Disziplinen. Dabei wurde es zunächst insbesondere von der Literaturwissenschaft stiefmütterlich behandelt − unter Hinweis auf den mit seinem librettistischen Wesen verbundenen geringen poetischen Eigenwert. Erste Ansätze einer intensiveren Würdigung findet man, angeregt durch die Goethe-Philologie, gegen Ende des 19. Jhs. Man verstand hier, geprägt vom Kunstbegriff der Klassik, die melodramatischen Texte als Keimzellen größerer dramatischer Gebilde (z. B. Biedermann, Lyon, Köster, Batka, Schmidt; Titelliste bei Schimpf 1988, 248−253), sah so etwa Goethes Melodrama ‚Proserpina‘ nur als Vorstufe zur ‚Iphigenie‘ und den historischen Fluchtpunkt der Gattungsentwicklung in R. Wagners Idee eines musikdramatischen Gesamtkunstwerkes (vgl. RL^2 2, 417 f.). Ganz positivistisch auf Quellenerschließung und Rezeptionsgeschichte beschränkt zeigt sich zunächst auch der musikwissenschaftliche Zugriff (Istel 1906, Steinitzer 1918).

Später wurden formale Einzelaspekte von germanistischer (Demmer, Küster) und theaterwissenschaftlicher Seite (Holmström, Ewert) untersucht, erst jüngst die strukturelle Prägung des Genres durch seinen Libretto-Charakter betont (Richerdt, Schimpf 1988, Jiránek). Eine aspektorientierte Analyse aus musikwissenschaftlicher Sicht (bibliographischer Überblick MGG^2 6, 82−87), die vor allem auch eine Typologie aller melodramatischen Kompositionsformen zu erarbeiten hätte, bleibt ebenso Desiderat der Forschung wie die literarhistorische Deutung und Einordnung des Melodramas als Gesamtphänomen innerhalb des Spannungsfeldes von ↗ *Empfindsamkeit*, ↗ *Sturm und Drang* und ↗ *Klassik*.

Lit.: Hermann Danuser, Tobias Plebuch (Hg.): Musik als Text. Kassel 1998 [hier Bd. 2, S. 364− 401: Wort- und Tonsprache: Das Melodram]. −

Volker Corsten: Von heißen Tränen und großen Gefühlen. Funktionen des Melodramas im *gereinigten* Theater des 18. Jhs. Bern u. a. 1999. − Sybille Demmer: Untersuchungen zu Form und Geschichte des Monodramas. Köln 1982. − Johann August Eberhard: Über das Melodrama. In: J. A. E.: Neue vermischte Schriften. Halle 1788, S. 1−22. − Sabine Ewert: Die Gebärde im Melodrama *Lenardo und Blandine* von Joseph Franz v. Götz. Diss. München 1978. − Kirsten Gram Holmström: Monodrama, attitudes, tableaux vivants. Stockholm 1967. − Edgar Istel: Die Entstehung des Deutschen Melodramas. Leipzig 1906. − Jaroslav Jiránek; Die Semantik des Melodrams. In: Die Semantik der musiko-literarischen Gattungen. Fs. Ulrich Weisstein. Hg. v. Walter Bernhart. Tübingen 1994, S. 153−173. − Ulrike Küster: Das Melodrama. Frankfurt, Bern 1994. − Laurenz Lütteken: Das Monologische als Denkform in der Musik zwischen 1760 und 1785. Tübingen 1998 [bes. S. 453−486]. − Michele Mengoli (Hg.): Il melodrammatico. Bologna 1992. − Diane Holoway Penney: Schoenberg's Janus-work „Erwartung". Its musico-dramatic structure and relationship to the melodrama and Lied traditions. Ann Arbor 1989. − Ludwig Pointner: Das Drei-, Zwei- und Einpersonenstück. Diss. Wien 1929. − Dirk Richerdt: Studien zum Wort-Ton-Verhältnis im deutschen Bühnenmelodram. Diss. Bonn 1986. − Wolfgang Schimpf: Lyrisches Theater. Das Melodrama des 18. Jhs. Göttingen 1988. − W. S.: Hekate als Medea. Beobachtungen zu einer melodramatischen Szene in [Bürgers] Macbeth. In: Danuser / Plebuch, S. 364−368. − James L. Smith: Melodrama. London 1973. − Max Steinitzer: Zur Entwicklungsgeschichte des Melodrams und Mimodrams. Leipzig 1918. − Jan van der Veen: Le Mélodrame musical de Rousseau au romantisme. Den Haag 1933.

Wolfgang Schimpf

Memoiren ↗ *Autobiographie*

Memoria

Personaler und kollektiv-kultureller Erinnerungsspeicher.

Expl: Die Memoria als ‚kulturell verankertes' GEDÄCHTNIS (über die bloß individuelle Erinnerung hinaus) ist die Basis für die Selbstvergewisserung und Identitätsbildung des einzelnen wie des Kollektivs, nicht zuletzt über das Medium der Künste; Mnemosyne, die Göttin der Erinnerung, galt den Griechen daher als die Mutter der Musen. Von historischer Bedeutung für die Literaturwissenschaft ist besonders die schon in der Antike theoriegeleitete Fassung der Memoria als Arbeitsgebiet der Rhetorik (↗ *Mnemonik*).

WortG: Der lat. Ausdruck *memoria* (‚Gedächtnis') zum Verb *memorari* ‚im Gedächtnis bewahren' entspricht dem griech. μνήμη [mnéme], das auch in ἀνάμνησις [anámnesis] (für lat. *reminiscentia* ‚Wiedererinnern') enthalten ist.

BegrG: Die Wortbedeutung bleibt im Kern von der Antike bis zur Gegenwart stabil, hängt funktional indessen von den medizinisch-physiologischen, psychologischen, soziologischen, theologischen bzw. kulturgeschichtlichen Fassungen des Konzepts von Gedächtnis ab (womit zugleich wesentliche Gegenstandsbereiche seiner theoretischen Begründung benannt sind).

‚Memoria' ist nach Aristoteles eines der Vermögen der Seele, nämlich ihre Fähigkeit, das zu bewahren, was ihr durch die Vermittlung der Sinne anvertraut bzw. eingeprägt wurde (vgl. z. B. ‚De memoria et reminiscentia' 450 a 15 ff.; ‚Metaphysica' 980 a 27−981 a 2). Gängige Metaphern bzw. Allegorien der Memoria sind daher das Schatzhaus (‚Thesaurus', ‚Tresor') und die Wachstafel, das Pergament oder das Papier. Physiologisch wird das Erinnerungsvermögen seit Galen (2. Jh. n. Chr.) im Gehirn lokalisiert (vgl. Clarke/Dewhurst). Unter christlich-(neu)platonischen Prämissen wird die ‚memoria naturalis' bereits bei Augustinus zu einem Gegenstand der Theologie, nämlich zum zentralen Austragungsort von Welt- und Gotteserkenntnis (dazu LThK 1, 589−593). Der neuplatonischen Ideenlehre folgend, hat das Gedächtnis über die Seele Anteil am göttlichen Prinzip, da sonst Vorstellungen wie z. B. Gott und das Ewige Leben nicht gedacht, d. h. erinnert werden könnten (‚Confessiones' 10, 20−21; dazu HWbPh 1, 263−266).

In der mittelalterlichen Philosophie ist ‚memoria‘ als eines der intellektuellen Vermögen des Menschen (neben ‚intellectus‘ und ‚imaginatio‘) Organ der Gotteserkenntnis (s. Harvey). Gedächtnis ist also nicht nur ein individuelles Vermögen (bzw. dessen Gegenstand), sondern eines der Gattung Mensch. Die Memoria schließt die Gesamtheit der kulturellen Überlieferungen einer Gruppe, eines Volkes oder der Menschheit insgesamt ein. Sie kann sich auf das natürliche Erinnerungsvermögen des Individuums stützen, auf besonders mit der Tradierung beauftragte Personengruppen (z. B. eine Priesterkaste), auf Rituale und Institutionen, aber auch auf den Speicher der ↗ *Schrift*. Sie wird durch Erinnerungszeichen (Monumente), Kult, mündliche und schriftliche Überlieferung usw. wachgehalten und gelenkt. ‚Memoria‘ ist deshalb eng mit den anfänglichen Funktionen von Dichtung verknüpft: Die Musen sind Töchter der Göttin Mnemosyne; das ewige Gedenken (‚gloria‘, Ruhm, ‚gedechtnus‘ usw.) an Heroen, Herrscher, Künstler, Ereignisse, herausragende Taten ist die vornehmste Aufgabe der Dichtung (↗ *Epos*, ↗ *Heldendichtung*, ↗ *Panegyrikus*). Diese kulturstiftende Leistung des Gedächtnisses herrscht in der neueren Begriffsgeschichte vor.

Die Soziologie faßte das Gedächtnis als kollektives Phänomen (‚mémoire collective‘) auf, dem eine wichtige Funktion bei der Integration gesellschaftlicher Gruppen und Kulturen zukommt (Halbwachs). Dieses Konzept berührt sich mit dem des ‚kulturellen Gedächtnisses‘. Der Kunsthistoriker Aby Warburg und seine Schule faßten ikonographische Traditionen seit der Antike als ‚Bildgedächtnis‘ Alteuropas zusammen. Parallel beschrieb Curtius die literarische Überlieferung des lateinischen Mittelalters (↗ *Topik*) als Erinnerungsraum der europäischen Literatur. In der neueren kulturwissenschaftlichen Forschung (↗ *Kulturwissenschaft*) wurde dieses soziologische und geistesgeschichtliche Memoria-Konzept aufgenommen.

Ausgehend von vorschriftlichen Kulturen hat der Ägyptologe J. Assmann die konstitutive Bedeutung disziplinierter Erinnerung für den Fortbestand der Kultur herausgear-beitet. Er spricht vom ‚kulturellen Gedächtnis‘ im Gegensatz zum ‚kommunikativen‘ oder ‚Alltagsgedächtnis‘. Letzteres basiert auf individuell tradierter Lebenserfahrung und umfaßt deshalb in der Regel nicht mehr als drei Generationen, während das erstere oft über Jahrhunderte hinweg die Kontinuität sozialen Wissens, religiöser Glaubensinhalte, rechtlicher oder allgemein gesellschaftlicher Normen u. ä. sichert. Das ‚kulturelle Gedächtnis‘ unterliegt der Selektion nach Relevanzgesichtspunkten und ist an Merkzeichen geknüpft (‚monumenta‘: Bauten wie Pyramiden, Bildsäulen, Begräbnisstätten, Ortsmarken usw.). Man spricht bei vorschriftlichen Gesellschaften deshalb von Memorialkulturen.

In schriftgebundenen Gesellschaften wird ein Teil der Erinnerungsfunktionen auf die Schrift verlagert, der oft selbst memoriale Funktionen zugeschrieben werden. Hier geht es nicht mehr darum, das Gedenken an einzelne Menschen oder Ereignisse zu stiften, sondern die Gesamtheit des Tradierten weiterzugeben und zu bewahren (↗ *Tradition*). Indem sich besondere Speicher für die Inventarisierung auch des gegenwärtig nicht unmittelbar benötigten Wissens herausbilden (Archive, ↗ *Bibliotheken* etc.), wird die Bewahrung kultureller Überlieferungen vom Selektionsdruck nach Relevanzgesichtspunkten befreit. Damit verliert gegenüber Memorialkulturen die Gedächtnismetapher an aufschließender Kraft (vgl. aber die Rede vom ‚künstlichen Gedächtnis‘ bei EDV-gestützten Datenbanken).

Hiervon zu unterscheiden ist der naturwissenschaftliche Gebrauch des Begriffs. Die moderne Gehirnphysiologie betrachtet das Erinnerungsvermögen als eine neuronale Funktion. Daneben ist ‚Gedächtnis‘/ ‚Erinnerung‘ auch eine Fähigkeit bzw. Funktion, die dem Immunsystem eignet (vgl. Bolzoni; zur Entwicklung der philosophischen Grundlagen HWbPh 3, 35–42).

Lina Bolzoni: La fabbrica del pensiero. Dall’arte della memoria alle neuroscienze [Ausstellungskatalog]. Mailand 1989. − Edwin Clarke, Kenneth Dewhurst: Die Funktionen des Gehirns. Lokalisationstheorien der Antike bis zur Gegenwart [1972]. München 1973.

SachG: Die Anfänge der volkssprachigen Laienkultur tragen ganz überwiegend die Züge einer Memorialkultur, in der Rechts- und Besitzverhältnisse (s. Clanchy) ebenso wie dynastische Traditionen (s. Oexle, Stock, Schmid) und poetische, kultische, alltagspraktische Überlieferungen schriftlos mittels Erinnerungszeichen bewahrt werden. In den Bildungsanstalten, im Gottesdienst und an den Höfen bündeln sich standesspezifische Varianten der Herausbildung eines kollektiven Gedächtnisses durch einen gemeinsamen Lebensvollzug und Bildungserwerb, wie überhaupt pädagogisch-didaktische Praxis, Ritus, Zeremoniell und ↗ *Fest* zentrale Funktion bei der Herstellung von erinnernder Gruppenidentität besitzen. Erst seit dem 12. Jh. beginnt auch in der laikalen Oberschicht der Schriftgebrauch Formen und Inhalte kultureller Überlieferung durchgreifend zu verändern. Es sind aber vorerst begrenzte Sektoren (Herrschaftsausübung, Recht, Geschichtsschreibung), in denen die Schrift das schriftlose Erinnern verdrängt. Im Spätmittelalter erfaßt die Verschriftung des Bewahrenswerten auch Gebrauchstexte (s. Müller 1994).

Es entstehen Möglichkeiten zur individuellen Erinnerung des Selbst in adeligen und bürgerlichen *Memoiren*, ↗ *Autobiographien* und verwandten Schriften. Das Beispiel Kaiser Maximilians I. zeigt, wie die individuelle Lebenserinnerung, aus der privilegierten Position des Herrschers, sich zum Exemplarischen überhöhen kann. In seinen epischen und bildlichen Selbstdarstellungen ist ebenso eine kollektive Erinnerung beabsichtigt, wie sie auch andere Formen fürstlicher Erinnerungszeichen (Bauten, Denkmäler etc.) im öffentlichen Raum anstreben. Die Theorie des perfekten Fürsten geht vom späten Mittelalter bis weit in die Neuzeit hinein davon aus, daß die individuelle Memoria des Herrschers so umfangreich wie die kollektive sein solle, da so seine Herrschaftsbefugnis legitimiert würde.

Seit Beginn der Neuzeit ist das kollektive Gedächtnis vermehrt Objekt autoritativ-obrigkeitlicher Lenkung und Formierung. Politisches Interesse daran haben geistliche wie weltliche Machthaber (im Zuge von Konfessionalisierung und Territorialisie-rung). Mittel und Strategien dazu stammen nicht zuletzt aus der ↗ *Mnemonik*. Die Erinnerungslehre rechnet mit einer topischen Organisation des Gedächtnisses (↗ *Topoi/ loci*). Dies führt zum einen dazu, daß die Memoria in spezifischer Weise mit den Wissensordnungen verknüpft und zur Basis von Enzyklopädik wird. Zum anderen wird die Bildtheorie der Mnemonik prägend für alle Formen von imaginativer und manifester Bildpraxis im Dienste der Memoria: von der Andachtsübung bis hin zur Ausstattung von Städten mit Monumenten. Topische und bildliche Erinnerungsformen verbinden sich in der Emblematik (↗ *Emblem*).

Seit dem 19. Jh. werden Strategien einer Formierung des kollektiven Gedächtnisses kritisiert und unterlaufen. Auf der einen Seite erlauben die Massenkommunikationsmittel einen immer wirksameren Zugriff auf kollektive Bewußtseinsinhalte, zu denen die Selektion und Strukturierung der Bilder von der Vergangenheit gehört. Auf der anderen Seite wird die verordnete oder manipulierte Memoria als Entfremdung vom individuellen Verhältnis des Subjekts zu dem, was ihm vorausliegt, erkannt. Schnitzler etwa führt vor, daß die subjektive Verfaßtheit der Erinnerung jeden zwischenmenschlichen Austausch, geschweige denn kollektive Formen der Identitätsbildung, rein äußerlich bleiben läßt. Die Erinnerung ist für den anderen opak. Freud erkennt, daß die ‚unbewußte' Memoria vieldeutig ist und sich nicht zweifelsfrei interpretieren läßt. Für die Psychoanalyse besitzt die Erinnerungsarbeit in der ‚freien Assoziation' eine therapeutische Bedeutung; im Surrealismus wird sie unter Berufung auf Freud zum Prinzip künstlerischer Produktion gemacht (‚écriture automatique'; *Automatisches Schreiben*, ↗ *Surrealismus₂*). Kennzeichnend ist für die Moderne, daß die Erinnerung weniger als aktiv zu steuernde Technik denn als nicht willentlich beeinflußbares Geschehen verstanden wird (etwa in Prousts ‚mémoire involontaire'). In den ↗ *Avantgarden* des 20. Jhs. wird – in Übereinstimmung mit Befunden der Neurophysiologie, der Psychologie und der Psychoanalyse – immer radikaler in Frage gestellt, daß das Gedächtnis mehr ist als ein lockeres, ständiger Veränderung unterworfenes Konglomerat vergangener Wahrnehmungen und Erfahrungen, kollektiver Überlieferungen unterschiedlicher Provenienz, kultureller Stereotypen, eingeübter Sozialisationsmuster und Habitus. Die Rolle der Memoria als identitätsverbürgender Kern der Persönlichkeit scheint ausgespielt.

Gegenwärtig haben sich die einstmals unter ‚Memoria‘ zusammengefaßten Phänomene in so unterschiedliche Sachverhalte, die Gegenstand einzelwissenschaftlicher (psychologischer, soziologischer, kulturgeschichtlicher, medizinischer usw.) Forschung sind, ausdifferenziert, daß von ‚Sachgeschichte‘ nur noch im Plural gesprochen werden kann.

ForschG: Von einer Forschungsskizze der physiologischen, theologischen oder psychologischen Memoria-Theorien muß hier abgesehen werden (dazu HWbPh 2, 636–643; LThK 7, 94 f.). Die neuere kulturwissenschaftliche Memoria-Forschung beginnt fast gleichzeitig in den 1920er Jahren auf den Gebieten der Mnemonik und des kollektiven Gedächtnisses (Halbwachs 1925). Träger des kollektiven Gedächtnisses sind die Familie, religiöse Gruppen und gesellschaftliche Klassen, dazu Namen, Riten und Symbole, an die sich geschichtliche Überlieferung, Zeit- und Raumvorstellungen knüpfen (Halbwachs 1950).

Das Verhältnis von Schrift und Gedächtnis wurde seit den zwanziger Jahren von der Oralitätsforschung aufgegriffen (M. Parry; vgl. Foley). Kulturen sind durch ihre Aufzeichnungs-, Speicher- und Übertragungsmedien definiert. Dabei geht es zunächst um die kulturtheoretischen Implikationen mündlicher Überlieferung (↗ *Oral poetry*). Nach Havelock fällt dem Dichter in einer oralen Kultur die Rolle zu, die Inhalte des kulturellen Gedächtnisses zu prägen und das verbindliche Wissen über die Welt zu verwalten. Daneben werden von der Geschichtswissenschaft andere Formen schriftloser Tradierung beschrieben (für das Mittelalter z. B. Schmid, Oexle).

Die Gedächtnisfunktion der schriftlichen Überlieferung wurde vor allem von der älteren Toposforschung untersucht. Curtius (1948) begriff die ↗ *Topik* als Restitution eines kollektiven Gedächtnisses und konsequenterweise die literarische bzw. künstlerische ↗ *Inventio* schlechthin als Erinnerungsakt: Jegliche Einbildungskraft muß auf die Elemente des Tradierten zurückgreifen.

An die soziologische und kulturanthropologische Forschung schließen die zahlreichen Arbeiten von A. und J. Assmann an. Literatur wird bei ihnen im weitesten Sinne als Schriftkultur verstanden und Schrift ihrerseits als Notationssystem, das als ein externer Zwischenspeicher die ‚zerdehnte Kommunikation‘ (Ehlich), also die Mitteilung und Reaktualisierung der Mitteilung über einen langen Zeitraum hinweg, erlaubt. Schriftkultur erscheint mithin als Sonderfall des kulturellen Gedächtnisses. Kulturelle Überlieferung basiert in oralen Gesellschaften auf performativer Repetition, in skripturalen Gesellschaften auf dauerhafter Speicherung, die ohne rituelle Erneuerung auskommt.

Noch auf die 1920er Jahre gehen Forschungen zu Memoria und ↗ *Intertextualität* zurück, wie sie von Bachtin angestoßen wurden. Im Unterschied zu Havelock weist Bachtin die Dichotomie von ‚Repetition‘ vs. ‚Reflexion‘ nicht unterschiedlichen Kulturstufen (orale vs. skripturale Kultur), sondern unterschiedlichen Gattungen zu, nämlich ↗ *Epos* vs. ↗ *Roman*; der Roman sei im Gegensatz zum älteren Epos seit der Frühen Neuzeit durch Reflexion als Denk-, Sprach-, Schreib- und Lebensform geprägt, durch Vielstimmigkeit und Prozessualität (↗ *Dialogizität*). Bachtins Ansatz wurde von J. Kristeva und R. Lachmann weiterentwickelt. Memoria ist hier Bedingung von Intertextualität. Lachmann betont den systemischen Charakter des kulturellen Gedächtnisses, seine Funktion als Modellbildung der kulturellen Memoria. Eines dieser Modelle sind literarische Texte. Texte werden als Möglichkeitsbedingung für neue Texte angesehen, die die älteren aufheben bzw. überschreiben. Erinnern erscheint demnach nicht allein als Bewahren, sondern auch als Umschrift und Aktualisierung.

Lit: Aleida Assmann u. a. (Hg.): Schrift und Gedächtnis. München 1983. – A. A.: Erinnerungsräume. Formen und Wandlungen des kulturellen

Gedächtnisses. München 1999. − A. A., Dietrich Harth (Hg.): Mnemosyne. Formen und Funktionen der kulturellen Erinnerung. Frankfurt 1991. − Jan Assmann: Das kulturelle Gedächtnis. München 1992. − J. A., Tonio Hölscher (Hg.): Kultur und Gedächtnis. Frankfurt 1988. − Michail M. Bachtin: Formen der Zeit im Roman. Untersuchungen zur historischen Poetik. Hg. v. Edward Kowalski und Michael Wegner. Frankfurt 1989. − Jörg Jochen Berns, Wolfgang Neuber (Hg.): Das enzyklopädische Gedächtnis der Frühen Neuzeit. Tübingen 1998. − Michael T. Clanchy: From memory to written record. London 1979. − Janet Coleman: Ancient and medieval memories. Cambridge 1992. − Jacques Derrida: La pharmacie de Platon. In: Phèdre/Platon. Hg. v. Luc Brisson. Paris 1989, S. 257−386. − Douwe Draaisma: Die Metaphernmaschine. Eine Geschichte des Gedächtnisses. Darmstadt 1999. − Konrad Ehlich: Text und sprachliches Handeln. In: Assmann 1983, S. 24−43. − John Miles Foley (Hg.): Comparative research on oral traditions: A memorial for Milman Parry. Columbus 1985. − Maurice Halbwachs: Das Gedächtnis und seine sozialen Bedingungen [1925]. Berlin, Neuwied 1966. − M. H.: Das kollektive Gedächtnis [1950]. Frankfurt 1991. − Dietrich Harth: Das Gedächtnis der Kulturwissenschaften und die Klassische Tradition. In: D. H.: Das Gedächtnis der Kulturwissenschaften. Dresden, München 1998, S. 79−121. − E. Ruth Harvey: The inward wits. Psychological theory in the Middle Ages and the Renaissance. London 1975. − Eric A. Havelock: Schriftlichkeit [1982]. Weinheim 1990. − E. A. H.: Als die Muse schreiben lernte [1986]. Frankfurt 1992. − Julia Kristeva: Bakhtine, le mot, le dialogue et le roman. In: Critique 239 (1967), S. 438−465. − Renate Lachmann: Gedächtnis und Literatur. Frankfurt 1990. − Jan-Dirk Müller: Gedechtnus. Literatur und Hofgesellschaft um Maximilian I. München 1981. − J.-D. M. (Hg.): Wissen für den Hof. München 1994. − Wolfgang Neuber: Paradigmenwechsel in psychologischer Erkenntnistheorie und Literatur: In: Die österreichische Literatur. Hg. v. Herbert Zeman. Graz 1989, S. 441−474. − W. N.: Locus, Lemma, Motto. Entwurf einer mnemonischen Emblematiktheorie. In: Ars memorativa. Hg. v. Jörg Jochen Berns und W. N. Tübingen 1993, S. 351−372. − Otto Gerhard Oexle: Memoria und Memorialüberlieferung im früheren Mittelalter. In: FMSt 10 (1976), S. 70−95. − O. G. O.: Memoria und Memorialbild. In: Schmid/Wollasch 1984, S. 384−440. − O. G. O. (Hg.): Memoria als Kultur. Göttingen 1995. − Friedrich Ohly: Bemerkungen eines Philologen zur Memoria. In: Schmid/Wollasch 1984, S. 9−68. − Simon

Schama: Landscape and memory. New York 1995. − Karl Schmid: Gebetsgedenken und adliges Selbstverständnis im Mittelalter. Sigmaringen 1983. − K. S., Joachim Wollasch (Hg.): Memoria. München 1984. − Shamma Shahadat: Intertextualität: Lektüre − Text − Intertext. In: Einführung in die Literaturwissenschaft. Hg. v. Miltos Pechlivanos u. a. Stuttgart 1995, S. 200−206. − Brian Stock: The implications of literacy. Princeton 1983. − Aby Warburg: Mnemosyne-Atlas: Begleittexte zur Ausstellung ‚Aby Warburg − Mnemosyne‘. Hg. v. Werner Rappl. Wien 1993. − Harald Weinrich: Lethe. Kunst und Kritik des Vergessens. München 1997. − Horst Wenzel: Hören und Sehen, Schrift und Bild. Kultur und Gedächtnis im Mittelalter. München 1995.

Wolfgang Neuber

Menippeische Satire ↗ *Satire*

Mentalitätsgeschichte

Sozial- und literaturgeschichtlicher Forschungsansatz, der auf die Gesamtheit von Denkformen, Empfindungsweisen und Dispositionen bei Individuen und Gruppen zielt.

Expl: Der Begriff der Mentalität bezieht sich auf ein Konzept von Kultur und Gesellschaft, das die Verschränkung von Formen des Denkens und Empfindens (Vorstellungen, ‚Weltbilder‘, affektive Einstellungen usw.) mit denen des Verhaltens und des Handelns und den daraus entstehenden Objektivationen (literarischen und künstlerischen Werken, Symbolen, Ritualen, Institutionen) im Blick hat und zugleich die erneute ‚subjektive‘ Auffassung des ‚Objektiven‘ in Aneignung, Ablehnung und Umdeutung, im Verstehen und Mißverstehen einbezieht.

Im Sinne dieses Konzepts sucht die Mentalitätsgeschichte Methoden der Soziologie und Sozialgeschichte, der Psychoanalyse, der Historischen Anthropologie, der Sprach- und Literaturwissenschaften zu verbinden, ohne daß ein theoretisches Modell fester hierarchischer Zuordnungsverhältnisse ausgebildet worden wäre. Anders als die ↗ *Sozialgeschichte* (und die verschiedenen Ansätze marxistischer Geschichtstheorie; ↗ *Marxistische Literaturwissenschaft*) geht die Mentalitätsgeschichte nicht von der primären Bedeutung gesellschaftlicher Strukturen bzw. von Produktivkräften und Produktionsverhältnissen für historische Prozesse aus, sondern thematisiert diese als immer schon mental verarbeitete und angeeignete. Anders als die ↗ *Geistesgeschichte* und die ihr verwandte INTELLECTUAL HISTORY im angelsächsischen Bereich fokussiert sie nicht Ideen, Ideale, elaborierte Konzepte, Systembildungen u. ä., sondern alltägliche Denkweisen und Bewußtseinsinhalte, unter Einbeziehung affektiver Einstellungen und vorbewußter *Habitus* (↗ *Kulturtheorie*).

Für die Literaturwissenschaft erweist sich die Mentalitätsgeschichte als attraktiv, da sie es mit bewußtseinsnahen oder -fähigen Phänomenen zu tun hat, Fragen nach dem außerliterarischen Kontext eines Werkes hier also auf Phänomene ähnlicher Ordnung stoßen, so daß anders als etwa beim Verhältnis eines literarischen Textes zu sozialen Strukturen einer Zeit das Problem der Vermittlung heterogener Sachverhalte entfällt.

WortG/BegrG: *Mentalität* (von lat. *mens* 'Sinnesart', 'Denkart', 'Gemütsart'), zuerst in der engl. Form *mentality* seit 1691 gelegentlich gebraucht (Schulz-Basler 2, 102); frz. *mentalité* wurde um 1900 in den innenpolitischen Auseinandersetzungen der Dreyfus-Affäre in beiden politisch-intellektuellen Lagern in Frankreich zu einem Kampfbegriff (Raulff). Von dort wurde der Begriff ins Dt. übernommen. *Mentalité* wurde durch den Soziologen Durkheim und seine Schüler in einen wissenschaftlichen Begriff transformiert, der sich auf die kollektiven Vorstellungen und die intersubjektiven Bindungen innerhalb einer Gesellschaft bezieht (vgl. Durkheim, 603 f.).

Begriff und Sache der Mentalität als eines Gegenstandes historischer Erkenntnis haben ihren Ursprung in dem gleichzeitigen Aufbruch einer historischen ↗ *Kulturwissenschaft* (vgl. die kulturwissenschaftlichen Projekte von G. Simmel und M. Weber).

Durkheim hat darauf aufmerksam gemacht, daß gedachte 'Ideale' nicht weniger 'wirklich' sind als die sogenannte 'Wirklichkeit', daß also eine 'gedachte' Deutung von Gesellschaft der 'wirklichen' Gesellschaft nicht als eine Abstraktion gegenüberzustellen ist, sondern vielmehr einen Teil von ihr bildet. Nach Durkheims Auffassung wird eine Gesellschaft sogar 'vor allem' konstituiert durch die 'Idee, die sie sich von sich selbst macht' (Durkheim, 603 f.). Ähnlich definiert Simmel 'Gesellschaft' als ein Produkt „unseres Vorstellens" (21 f.), und Weber stellt fest, daß 'Weltbilder', welche durch 'Ideen' geschaffen wurden, [...] sehr oft als Weichensteller die Bahnen bestimmt [haben], in denen die Dynamik der Interessen das Handeln fortbewegte" (Weber, 252). Mit solchen Fragestellungen wurden die älteren und noch bis heute virulenten Deutungsmuster von Geschichte im Zeichen des Gegensatzes von 'Ideal' und 'Wirklichkeit' oder von 'Basis' und 'Überbau' unterlaufen und als untauglich beiseitegeschoben.

In der Zwischenkriegszeit wurde der Begriff vielfältig fortentwickelt. Jaspers' 'Psychologie der Weltanschauungen' (zuerst 1919) enthält in Anknüpfung an Weber eine Theorie der Mentalitäten-Geschichte. Geiger bestimmt 1932 das Verhältnis von 'Ideologie' und 'Mentalität' in ihrer Beziehung zum Individuum: „Ideologie" ist „geistiger Gehalt" und „Überzeugungsinhalt", Mentalität ist „geistig-seelische Disposition" und „Haltung", ist „Lebensrichtung"; „Mentalität ist eine Haut – Ideologie ein Gewand" (77 f.). In diesen Kontext gehören auch K. Mannheims Wissenssoziologie und die wissenssoziologischen Arbeiten von A. Schütz ('Der sinnhafte Aufbau der sozialen Welt', 1932), später dann von Berger/Luckmann, die die Dialektik von 'Internalisierung', 'Externalisierung' und 'Objektivierung' thematisieren – dahingehend, daß die soziale Wirklichkeit sich nur in dem Aufeinanderbezogensein dieser drei Elemente beschreiben läßt. Im Mittelpunkt dieser fundamentalen Dialektik der Gesellschaft steht das 'Wissen', das zunächst die Bahnen programmiert, in denen 'Externalisierung' eine objektive Welt produziert, das sodann diese Welt durch Sprache und den auf der Sprache beruhenden Erkenntnisapparat objektiviert, das also aus dieser Welt „Objekte macht", auf daß sie als „Wirklichkeit erfaßt werde", und das diese Objekte wiederum „internalisiert" (Berger/Luckmann, 71).

SachG/ForschG: Der Begriff ‚Mentalität' wurde seit Anfang des 20. Jhs. ein Leitbegriff der Kulturwissenschaften, zunächst der Geschichtswissenschaften, dann auch der Literaturwissenschaft, da die Geschichte der Mentalitäten jene psychischen Gehalte, Einstellungen, Habitus thematisiert, auf die sich literarische Werke beziehen und die den Bedingungsrahmen literarischer Produktion und Rezeption konstituieren. Während die deutsche Geschichtswissenschaft die Ansätze einer Historischen Kulturwissenschaft um 1900 zunächst ablehnte, wurde in Frankreich nach 1918 Mentalitätsgeschichte für lange Zeit zum vorherrschenden Paradigma. Führend waren in der Zwischenkriegszeit Historiker wie L. Febvre und M. Bloch, in dessen Begründung einer vergleichenden europäischen Sozialgeschichte die Auffassung von Geschichte als einer Mentalitätengeschichte (*Histoire des mentalités* als feste Verbindung verwendet etwa bei Duby 1961) eine zentrale Rolle einnahm (‚Les rois thaumaturges', 1924; ‚La société féodale', 1939/40). Blochs Ansatz war verbunden mit einer Neudefinition von historischer Erkenntnis im ganzen, mit klaren antipositivistischen und antiobjektivistischen epistemologischen Orientierungen.

Zur gleichen Zeit hat Febvre, wie Bloch Mitbegründer der Zeitschrift ‚Annales ESC (Economies, Sociétés, Civilisations)', sein Programm einer Mentalitätengeschichte begründet (‚Un destin: Martin Luther', 1928; ‚Le problème de l'incroyance au XVIe siècle. La religion de Rabelais', 1942). Hier kommt das Verhältnis von Mentalität und literarischem Œuvre in den Blick. Febvre richtete seine Aufmerksamkeit mehr auf die Erfassung individueller mentaler Welten, während Bloch die Verknüpfung mentaler Phänomene mit den allgemeinen materiellen und sozialen Gegebenheiten in den Vordergrund rückte; dies hat sich in der Geschichtswissenschaft als der erfolgreichere Ansatz erwiesen, während der Literaturgeschichte eher der zweite Ansatz entspricht.

Die stark mediävistische und frühneuzeitliche Akzentuierung der Mentalitätsgeschichte, die sich in der nächsten Generation mit Wissenschaftlern wie Duby und Le Goff fortsetzt, hat die Rezeption in Deutschland, zumal innerhalb der Literaturwissenschaft, stark geprägt. Für entfernte Epochen lassen sich die eine ‚Mentalität' konstituierenden Komponenten vollständiger und mit geringeren interessebedingten Verzerrungen beschreiben. An ihrer Produktion, ihrer Transformation und Kritik ist die Literatur beteiligt. Allerdings geriet der allzu unbestimmte und weite Mentalitätsbegriff seit den 1970er Jahren in die Kritik (Le Goff 1974). Man suchte nach Möglichkeiten, das ursprünglich Gemeinte mit neuen Ansätzen voranzubringen; dazu gehört Le Goffs Programm einer ‚Histoire de l'imaginaire' (Le Goff 1985), d. h. einer Mentalitätsgeschichte des IMAGINÄREN (↗ *Fiktion*), sowie Roger Chartiers Geschichte der ‚Repräsentationen'. Beides sind Akzentuierungen, die Probleme der Abgrenzung zu gleichlaufenden literaturwissenschaftlichen Begriffen aufwerfen: literarische Imagination und literarische Repräsentation der Wirklichkeit erscheinen nurmehr als Sonderfälle mentaler Aneignung der Wirklichkeit durch historische Subjekte. An diesem Punkt wurde insbesondere von der mediävistischen Literaturwissenschaft auf Klärung gedrungen (Peters, Müller).

Mentalität und Mentalitätsgeschichte wurden überdies von einer neuen Historikergeneration in ihrem Umfang reduziert und nur noch als ein Gegenstand historischer Erkenntnis neben vielen anderen definiert. Mentalitätsgeschichte wurde zu einem bloßen Sektor der Forschung neben politischer Geschichte, Verfassungsgeschichte, Wirtschaftsgeschichte, Kirchengeschichte; sie wurde zu einer ‚geschichtswissenschaftlichen Teildisziplin' (Schulze), die sich mit spezifischen Gegenständen wie Sexualität, Krankheit, Tod, kollektiven Ängsten und Hoffnungen usw. befaßt, wobei freilich aus der Perspektive der Literaturwissenschaft die Gefahr besteht, literarische Texte nur als Quellen neben anderen für die Geschichte historischer Mentalitäten auszuwerten. Eine literaturwissenschaftliche Adaptation des Konzeptes müßte literarische Gattungen, Formen, Verfahren selbst als Teile eines epochenspezifischen ,outillage mental' (Febvre) beschreiben und dürfte nicht bei inhaltlichen Motiven stehenbleiben (Müller).

So sind auf der einen Seite die vielfältigen Ergebnisse der Mentalitätsgeschichte zumal in der Mediävistik für die Analyse literarischer Texte fruchtbar gemacht worden, auf der anderen zeigen sich seit den 1980er Jahren Versuche vor allem von Historikern, das ursprüngliche Anliegen einer Mentalitätsgeschichte wiederzugewinnen (P. Dinzelbacher, F. Graus, A. J. Gurjewitsch, U. Raulff).

Lit: Peter L. Berger, Thomas Luckmann: Die gesellschaftliche Konstruktion der Wirklichkeit. Frankfurt 1969. − André Burguière: Der Begriff der ,Mentalitäten' bei Marc Bloch und Lucien Febvre: zwei Auffassungen, zwei Wege. In: Raulff 1987, S. 33−49. − Roger Chartier, Denis Richet (Hg.): Représentation et vouloir politiques. Paris 1982. − R. Ch.: Die unvollendete Vergangenheit. Berlin 1989. − Peter Dinzelbacher (Hg.): Europäische Mentalitätsgeschichte. Stuttgart 1993. − Georges Duby: Histoire des mentalités. In: L'histoire et ses méthodes. Hg. v. Charles Samaran. Paris 1961, S. 937−966. − Emile Durkheim: Les formes élémentaires de la vie religieuse [1912]. Paris ⁶1979. − Theodor Geiger: Die soziale Schichtung des deutschen Volkes. Stuttgart 1932. − František Graus (Hg.): Mentalitäten im Mittelalter. Sigmaringen 1987. − F. G.: Mentalität − Versuch einer Begriffsbestimmung und Methoden der Untersuchung. In: Graus 1987, S. 9−48. − Aaron J. Gurjewitsch: Stimmen des Mittelalters, Fragen von heute. Frankfurt, New York 1993. − Karl Jaspers: Psychologie der Weltanschauungen [1919]. München 1985. − Sabine Jöckel: ,Nouvelle Histoire' und Literaturwissenschaft. 2 Bde. Rheinfelden 1985. − Jacques Le Goff: Les mentalités: une histoire ambiguë. In: Faire de l'histoire. Hg. v. J. L. G. und Pierre Nora. Bd. 3. Paris 1974, S. 76−94. − J. L. G.: L'imaginaire médiéval. Paris 1985. − Jan-Dirk Müller: Aporien und Perspektiven einer Sozialgeschichte der Literatur. In: Kontroversen, alte und neue. Akten des 7. Internationalen Germanistenkongresses. Bd. 11. Tübingen 1986, S. 56−66. − Ansgar Nünning: Literatur, Mentalitäten und kulturelles Gedächtnis. In: Literaturwissenschaftliche Theorien, Modelle und Methoden. Hg. v. A. N. Trier 1998, S. 173−198. − Otto Gerhard Oexle: Die ,Wirklichkeit' und das ,Wissen'. Ein Blick auf das sozialgeschichtliche Œuvre von Georges Duby. In: Historische Zs. 232 (1981), S. 61−91. − O. G. O.: Deutungsschemata der sozialen Wirklichkeit im frühen und hohen Mittelalter. Ein Beitrag zur Geschichte des Wissens. In: Graus 1987, S. 65−117. − O. G. O.: Was deutsche Mediävisten an der französischen Mittelalterforschung interessieren muß. In: Mittelalterforschung nach der Wende 1989. Hg. v. Michael Borgolte. München 1995, S. 89−127. − Ursula Peters: Literaturgeschichte als Mentalitätsgeschichte? In: Germanistik − Forschungsstand und Perspektiven. Bd. 2. Hg. v. Georg Stötzel. Berlin, New York 1985, S. 179−198. − Ulrich Raulff (Hg.): Mentalitäten-Geschichte. Berlin 1987. − U. R.: Die Geburt eines Begriffs. Reden von ,Mentalität' zur Zeit der Affäre Dreyfus. In: Raulff 1987, S. 50−68. −Hagen Schulze: Mentalitätsgeschichte − Chancen und Grenzen eines Paradigmas der französischen Geschichtswissenschaft. In: GWU 36 (1985), S. 247−270. − Alfred Schütz: Der sinnhafte Aufbau der sozialen Welt [1932]. Frankfurt ⁶1993. − Volker Sellin: Mentalität und Mentalitätsgeschichte. In: Historische Zs. 241 (1985), S. 555−598. − Georg Simmel: Soziologie. Über die Formen der Vergesellschaftung [1908]. Berlin ⁵1968. − Max Weber, Gesammelte Aufsätze zur Religionssoziologie. Bd. 1 [1920]. Tübingen ⁷1978.

Otto Gerhard Oexle

Merkvers

Gedicht als Gedächtnisstütze.

Expl: Prägnante metrisch gebundene Fassung eines wissenswerten Sachverhalts, die dank ↗ *Versmaß*, ↗ *Rhythmus*, ↗ *Reim* oder ↗ *Assonanz* ein leichteres Erinnern als die ↗ *Prosa* und damit die gedächtnismäßige Bewältigung unterschiedlicher Alltagssituationen ermöglicht. Zum Wesen des Merkverses gehört die Verschlüsselung, die ihn nur aufgrund zusätzlicher Informationen verständlich und brauchbar macht.

WortG: Der Ausdruck *Merkvers*, wohl Übersetzung von lat. *versus memorialis* ,Gedächtnisvers', wird unterminologisch spätestens seit dem Ende des 19. Jhs. gebraucht, fehlt jedoch in allen einschlägigen Wörterbüchern.

BegrG: Unter dt. Bezeichnungen wie *Denkreim, Denkspruch, Denkvers, Gedächtnisvers* wurde der Begriff bis ins 18. Jh. in der Gedächtniskunst oder ↗ *Mnemonik* ohne genaue Unterscheidung von benachbarten Spruchgattungen (↗ *Apophthegma, Devise* (↗ *Imprese*), ↗ *Gnomik*, ↗ *Sentenz*) verwendet (Schottel, 1108). Eine terminologische Scheidung zwischen *Denk-* und *Merkvers* schlägt Kully 1999 vor.

SachG: Der Merkvers hatte seine Blütezeit in der vorschriftlichen oder zumindest schriftarmen Zeit. Als eine sehr archaische und langlebige Gattung, die sich in der antiken ebenso wie in der germanischen Dichtung findet, schematisiert er Lernstoffe nach isolierten Kennmerkmalen und will lediglich der Erinnerung, nicht dem Verständnis dienen. Merkverse waren vor allem in der mittelalterlichen und humanistischen Pädagogik beliebt, konnten sich aber in der Form von kurzen Reimversen u. a. im Lateinunterricht (Zumpt: „Bei a und e in prima hat // das Femininum allzeit Statt // Die übrigen in as und es // Bedeuten etwas Männliches") bis heute erhalten.

Der erfolgreichste Verfasser von Merkversen für den Schulunterricht war Alexander von Villa Dei (* um 1170 Villedieu, Normandie, † um 1250 Avranches). Sein ‚Doctrinale‘, eine vollständige lateinische Grammatik in Hexametern, blieb über 300 Jahre im Gebrauch und ist in 250 Handschriften und 281 Inkunabeln überliefert. — In seiner ‚Summa capitum omnium bibliorum utriusque testamenti‘ wird der Inhalt eines biblischen Kapitels in ein einziges, seltener in zwei Wörter komprimiert. Angehende Kleriker lernten die 212 Hexameter auswendig, um sich auch ohne Register und ohne Konkordanz in der Heiligen Schrift zurechtzufinden. — Von seinen Nachahmern wurden Merkverse zu spezielleren Themen verfaßt, wie etwa mit den Stichwörtern der Sonntagsevangelien oder zur Rechtsterminologie.

Neben den ursprünglich 364 dem Johannes von Mailand zugeschriebenen und später von Arnaldus von Villanova kommentierten Versen zur Diätetik im angeblich salernitanischen ‚Regimen sanitatis‘ (z. B.

„Quale quid et quando quantum quotiens vbi dando, Jsta notare cibo debet medicus dietando" — ‚Wie, was, wann, wieviel, wie oft, wo zu geben, dies muß der Diätarzt auf der Speise vermerken‘) entfalteten auch die ‚Disticha Catonis‘ und der ‚Facetus‘ (12. Jh.) über Jahrhunderte eine weite Wirkung.

Zur Gattung Merkvers gehören ferner die erwähnten deutschen poetischen Gedächtnisstützen zur lateinischen Grammatik, zu den Versmaßen (↗ *Distichon*; Schiller: ‚Votivtafeln‘, Nr. 56), zu den *Syllogismen* (↗ *Argumentatio*: „Asserit A, negat E, sed universaliter ambo; asserit I, negat O, sed particulariter ambo" — ‚A behauptet, E verneint, jedoch beide generell, I behauptet, O verneint, aber beide teilweise‘; Johannes Hispanus: ‚Summulae logicales‘, vgl. Hoffmeister, 591 f.), den rhetorischen Regeln (Walther, Nr. 16099−16104), den Tierkreiszeichen (Walther, Nr. 18806, mit Verweisen) und den ↗ *Artes liberales* (Walther, Nr. 7263, vgl. 7273 f.). Im Extremfall kann der zu memorierende Inhalt als Akronym (vgl. *Akrostichon*, ↗ *Kryptogramm*) auf ein einziges Wort oder Bild reduziert werden: „ELSA" für die Evangelistensymbole Engel, Löwe, Stier, Adler oder das Fisch-Symbol ἰχθύς [Ichthýs] ‚Fisch‘ für Ιησοῦς Χριστός Θεοῦ Υἱός Σωτήρ [Jesoús Christós Theoú Hyiós Sotér]: ‚Jesus Christus Gottes Sohn Erlöser‘.

Das Merkgedicht par excellence ist der vom 12. bis ins 17. Jh. tradierte ‚Cisiojanus‘, der in 12 Distichen die Monatsnamen und die wichtigsten Heiligenfeste des Jahres in verkürzter Form aufzählt (Walther, Nr. 2808; ↗ *Kalender*). Die verschiedenen Versionen dieses Gedichtes sind in der Auswahl der Feste diözesan- oder ordensgebunden. Den lateinischen Versen traten schon früh volkssprachliche zur Seite. Die meisten Cisiojani (vgl. Kully 1974) sind anonym überliefert, doch haben sich mindestens zwei bedeutende Dichter an dem Thema versucht, der Mönch von Salzburg und Oswald von Wolkenstein. — Zu den Kalendergedichten gehört ferner der ‚Computus manualis magistri Aniani metricus cum commento‘, ein mit Bildertafeln ausgestatteter Druck von 1488 (= Hain, Nr. 1109). Jeder

Finger der linken Hand (ohne Daumen) wurde in sieben Sektionen geteilt, wodurch er eine ganze Woche und jedes Glied einen bestimmten Tag darstellte. Außerdem symbolisierten die vier Finger mit ihren je sieben Gliedern den Sonnenzyklus von 28 Jahren. Mit Hilfe von Versen, welche darüber gelegt wurden, ließen sich die Zahl des Sonnenjahres, die Sonntagsbuchstaben und die Schaltjahre durch den ganzen Zyklus bestimmen.

In der Neuzeit, die kaum mehr Gedächtnisschulung betreibt, hat sich der Merkvers vereinzelt noch in der Schule, vor allem im Lateinunterricht und in der Examensvorbereitung der Mediziner gehalten (z. B. für die Namen der Handwurzelknochen: „Es fuhr ein Kahn beim Mondenschein im Dreieck um das Erbsenbein, vieleckig groß, vieleckig klein, der Kopf der muß beim Haken sein"). In der Literatur werden Merkverse nur höchst selten zitiert, solche aus dem Lateinunterricht etwa in W. Raabes ‚Pfisters Mühle' (1884, ‚Fünftes Blatt'). Als ↗ *Kinderverse* spielen sie wegen ihres Schulungsanspruches keine große Rolle.

ForschG: Eine zusammenfassende Darstellung oder auch epochenbezogene Übersichten fehlen. Die geringe Wertschätzung der Gattung spiegelt sich in der desolaten Forschungslage wieder.

Lit: ↗ *Mnemonik.* – Gregor Müller, Erwin Neuenschwander: Alexander de Villa Dei. In: LexMA 1, S. 381. – Günter Bernt: Merkverse. In: LexMA 6, S. 541. – Helga Hajdu: Das mnemotechnische Schrifttum des Mittelalters [1936]. Repr. Frankfurt 1992. – Heribert A. Hilgers: Versuch über deutsche Cisiojani. In: Poesie und Gebrauchsliteratur im deutschen Mittelalter. Hg. v. Volker Honemann u. a. Tübingen 1979, S. 127–163. – Johannes Hoffmeister: Wb. der philosophischen Begriffe. Hamburg 1955, S. 540 f. [zu den logischen Schlußformeln]. – Arne Holtorf: Cisioianus. In: VL 1, Sp. 1285–1289. – Klaus Kirchert: Die ‚Termini iuristarum'. In: Latein und Volkssprache im deutschen Mittelalter 1150–1500. Hg. v. Nikolaus Henkel und Nigel F. Palmer. Tübingen 1992, S. 296–309. – Dorothea Klein: Zur Praxis des Lateinunterrichts. ‚Versus memoriales' in lateinisch-deutschen Vokabularen des späten Mittelalters. In: Henkel/Palmer 1992, S. 337–350. – Rolf Max Kully: Cisiojanus. In: Schweizerisches Archiv für Volkskunde 70 (1974), S. 93–123. – R. M. K.: Denk- und Merkverse als Gebrauchspoesie. In: Ze hove und an der strâzen. Fs. Volker Schupp. Hg. v. Anna Keck und Theodor Nolte. Stuttgart, Leipzig 1999, S. 134–151. – Gastone Lambertini: Die Schule von Salerno und die Universitäten von Bologna und Padua. In: Illustrierte Geschichte der Medizin. Hg. v. Jean-Charles Sournia u. a. Salzburg 1980, S. 731–742. – Alfred Messerli: Elemente einer Pragmatik des Kinderliedes und des Kinderreimes. Aarau 1991. – Johannes Müller: Quellenschriften und Geschichte des deutschsprachlichen Unterrichtes bis zur Mitte des 16. Jhs. [1882]. Repr. Hildesheim 1969, S. 235, Anm. 139 [zu Anian]. – Julius Pagel: Die salernitanische Schule. In: Hb. der Geschichte der Medizin. Hg. v. Theodor Puschmann u. a. Bd. 1. Jena 1902, bes. S. 648–650. – Justus-Georg Schottel: Von der Teutschen Haubt Sprach. Braunschweig 1663. – Hans Walther: Initia carminum ac versuum medii aevi posterioris latinorum. Göttingen 1959. – Karl G. Zumpt: Lateinische Grammatik. Berlin 1818.

Rolf Max Kully

Message ↗ *Botschaft*

Metadiegetisch ↗ *Rahmenerzählung*

Metafiktion ↗ *Potenzierung*

Metapher

Ein im übertragenen Sinne gebrauchter sprachlicher Ausdruck, der mit dem Gemeinten durch eine Ähnlichkeitsbeziehung zu verbinden ist.

Expl: Metaphorische Sprachverwendung ist ein universell zu beobachtendes und in der Poetik wie Rhetorik hochgeschätztes Verfahren der Überschreitung konventioneller Ausdruck-Inhalt-Zuordnungen. Im Rahmen pragmatischer Sprachanalyse läßt sich solche ↗ *uneigentliche* Rede – analog zu indirekten Sprechakten – als Divergenz von geregelter lexikalischer Bedeutung des Sprachzeichens und aktuellem Inhalt des Redezeichens charakterisieren. Die durch

dieses weithin konventionelle Verfahren gebildete (und ihrerseits lexikalisch konventionalisierbare) Metapher hat somit in
ihrem bestimmten Äußerungszusammenhang eine ↗ *Referenz*, die nicht in den üblichen Bedeutungsspielraum des verwendeten
Sprachzeichens (bzw. Sprachzeichen-Komplexes) gehört, sondern nach Maßgabe von
Co-Text und ↗ *Kontext* (unter Einschluß situativer Faktoren sowie des ‚gemeinsamen
Wissens‘ von Sprecher und Hörern) und der
rekonstruierbaren Sprecher-Intention aus
einem Teil seiner Inhaltselemente erschlossen werden muß. Hierbei nicht verwendete
Inhaltselemente können − wiederum nach
Maßgabe des Kontexts und der Sprecher-
Intention − als metaphorische ↗ *Konnotationen* wirksam sein (↗ *Metaphernkomplex*). Im Unterschied zu anderen ↗ *Tropen*₂
(*Synekdoche* bzw. ↗ *Metonymie*; *Hyperbel*,
↗ *Emphase*; ↗ *Ironie* etc.) gehören bei der
Metapher die usuelle Bedeutung (bzw. die
durch Monosemierung ausgewählte Lesart)
des Sprachzeichens und das ad hoc Deno-
tierte verschiedenen Begriffsbereichen an
und sind durch eine unterstellte Ähnlich-
keitsrelation (↗ *Äquivalenz*) miteinander
verbunden.

[Terminologisches Feld:]
BILD: Die Umschreibung von metaphorischem Wortgebrauch als ‚bildliche Rede‘ ist
ebenso verbreitet wie problematisch: „das
Wort ‚Bild‘ erweist sich, wo es auf Sprachliches angewendet wird, als nicht ganz unge-
fährliche Metapher" (Kayser, 119−127, hier
122). Da schon griech. εἰκών [eikón] ‚Bild‘
von Aristoteles als Terminus für ‚Vergleich‘
verwendet wird (‚Rhetorik‘ 1406 b 20−22,
1407 a 14−15. u. 1410 b 16), und da überdies fast jede uneigentliche, tropische Redeweise im Sprachgebrauch ‚bildlich‘ genannt
werden kann, empfiehlt es sich, den Ausdruck in terminologischen Zusammenhängen durch spezifischere Begriffe zu ersetzen.

WortG: Der dt. Ausdruck *Metapher* geht
zurück auf griech. μεταφέρειν [metaphé-
rein] ‚umhertragen‘, ‚übertragen‘, ‚aus-
tauschen‘, ‚verändern‘. Abgesehen von ihrem juristischen oder verkehrstechnischen
Gebrauch (z. B. ‚Übertragung von Ei-
gentumsrechten‘, ‚Transport von Wein‘,

‚Umzug‘ − so noch neugriech.), ist die No-
minalform μεταφορά [metaphorá] als Terminus erstmals nachweisbar in Aristoteles’
‚Poetik‘ (bes. 1457 b 6−33, 1459 a 5−8 u.
1461 a 16−21) und ‚Rhetorik‘ (bes. 1404 b
32−1405 b 20, 1406 b 20−26, 1407 a 11−
18, 1410 b 13−1413 a 23). Allerdings meint
Aristoteles damit keineswegs nur die seither
in der klassischen Rhetorik so benannte
Teilklasse (‚Metaphern im engeren Sinne‘)
von uneigentlichen Ausdrücken, sondern
zugleich deren − später als *Tropen* benannte
− Gesamtheit (‚Metaphern im weiteren
Sinne‘). Diese Mehrdeutigkeit bot in der
Folge Anlaß für Begriffsverwirrungen wie
für weitere Begriffsexplikationen.

In der lat. Rhetorik findet sich zwar gelegentlich das griech. Fremdwort *metaphora*
(so bei Quintilian 8, 6, 8 u. 18); wie unge-
bräuchlich es aber geblieben ist, zeigt Quintilians Bemerkung: „translatione dico, quae
μεταφορά Graece vocatur" [‚ich spreche
von der *translatio*, die auf Griechisch *meta-
phorá* genannt wird‘] (Quintilian 8, 6, 4). In
den modernen europäischen Sprachen hat
sich dagegen das griech. Fremdwort eingebürgert: ital. *metafora*, span. / port. *metá-
fora*, frz. *métaphore*, engl. *metaphor*, russ.
[metáfora] − so auch im Dt.: im 17. Jh. zunächst noch *Metaphora* (z. B. Meyfart, 7 f.;
Harsdörffer 1644−49, V 329), im 18. Jh.
auch *Metaphore* (z. B. Gottsched AW VI. 1,
325 sowie VII. 1, 309); 1740 von Breitinger
(VIII) eingedeutscht zu *Metapher* (vgl.
Schulz-Basler 2, 105).

BegrG: Wie bei kaum einem anderen Terminus der Poetik und Rhetorik zeigt die Thematisierung der *Metapher* eine Kontinuität
bis zurück zur klassischen Antike und zugleich eine wachsende Infragestellung dieser
Tradition im Laufe des 20. Jh.

Aristoteles definiert die *Metapher* z. B. als
ὀνόματος ἀλλοτρίου ἐπιφορά [onómatos
allotríou epiphorá], als „die Übertragung
eines fremden Nomens, entweder von der
Gattung auf die Art oder von der Art auf
die Gattung oder von einer Art auf eine andere oder gemäß der Analogie" (‚Poetik‘
1457 b 6−9) und mißt ihr in der Dichtung
wie in der Redekunst die größte Wichtigkeit
bei − einerseits wegen ihrer stilistischen

Qualitäten (vgl. ‚Rhetorik' 1405 a 8−9), andererseits wegen ihrer Vorzüge beim Erkennen (vgl. ‚Poetik' 1459 a 5−8 u. 1412 a 11−13). Über allen Redeschmuck hinaus besteht nämlich für Aristoteles die kognitive Funktion der Metapher in der Veranschaulichung (als „lebendig tätig"; ‚Rhetorik' 1411 b 23−27) eines spezifischen Verhältnisses nach analogischer Maßgabe eines allgemeinen Verhältnisses in sprachlich komprimierter Form.

In den rhetorischen Kunstlehren von Cicero und Quintilian bis zu Adelung und Fontanier, die vor allem die produktionsästhetische, ‚institutionelle' Seite kunstfertigen Sprachgebrauchs im Blick haben, werden zwar diese Aristotelischen Bestimmungen aufgenommen, ins Zentrum des Interesses rückt aber die genetische Erklärung der Metapher: sei es als „inopia coacta et angustiis" (‚aus Mangel und Verlegenheit') oder „iucunditas delectatioque" (‚um der Ergötzlichkeit und Annehmlichkeit willen'; Cicero: ‚De oratore' 3, 155), sei es als „quasi mutuationes […], cum quod non habeas aliunde sumas" (‚gleichsam Entlehnungen, da man anderswoher nimmt, was man nicht hat'; ebd. 156) oder als „brevior […] similitudo" (‚verkürzter Vergleich'; Quintilian 8, 6, 8). Dabei wird bei Cicero (De oratore 3, 38−42 u. 155−167; ‚Orator' 27, 92) wie in der ‚Rhetorica ad Herennium' (4, 34 u. 45) und bei Quintilian (8, 2, 6; 8, 3, 38; 8, 6, 4−19 u. 44−50) der nunmehr auf ‚Metaphern im engeren Sinne' bezogene Terminus *Metapher* fast durchweg wiedergegeben durch das lat. Lehnwort *translatio* (‚Übertragung'). Analog dazu ist im Barock die deutsche Lehnbildung „*Umsetzung* (Metaphora)" vorgeschlagen worden (Harsdörffer 1644−49, V 329 u. 377; Harsdörffer 1648−53, III 56; entsprechend Schottelius, 1249). Lediglich im adjektivischen Gebrauch spricht man aber hier und seither − analog zu lat. „tralata verba" (Cicero: ‚Orator' 27, 92) bzw. „verba translata" (Quintilian 8, 3, 24) − gern von *übertragenen Ausdrücken* oder *übertragener Bedeutung*.

Die terminologische Rückkehr zum Griechischen beginnt bereits im Mittelalter, wo einerseits die lat. Tradition der rhetorischen Kunstlehren fortgeschrieben (vgl. Krewitt),

andererseits aber die ursprüngliche Fragedimension des Aristoteles wieder aufgenommen wird. So rückt Thomas von Aquin wieder die funktionelle Leistung der Metapher (‚damit Ungebildete Geistiges wenigstens so erfassen'), besonders in der Bibel, gegenüber deren dichterischer Verwendung in den Blick: „Ad primum ergo dicendum quod poetica utitur metaphoris propter repraesentationem: repraesentatio enim naturaliter homini delectabilis est. Sed sacra doctrina utitur metaphoris propter necessitatem et utilitatem […]" (‚Zunächst ist zu sagen, daß die Dichtkunst sich der Metaphern bedient aus Gründen der Veranschaulichung; denn die Veranschaulichung ist dem Menschen von Natur aus vergnüglich. Die Heilige Schrift jedoch bedient sich der Metaphern wegen der Notwendigkeit und Nützlichkeit'; ‚Summa theologica' I. 1, 9). Gleichwohl hält Thomas fest, daß sich aus übertragenen Ausdrücken („ex tropicis locutionibus") keine Beweisführung herleiten läßt (‚Expositio', 35).

Angesichts der Kritik am spätmittelalterlichen Aristotelismus und der Ächtung des Ähnlichkeitsdenkens bei so verschiedenen Philosophen wie Bacon und Descartes, Hobbes, Locke und Newton samt ihren Nachfolgern genießt die Metapher im 17. / 18. Jh. im allgemeinen geringes theoretisches Ansehen (zu Ausnahmen vgl. Breitenbürger, Weimar). Im Rahmen der erstarrten Schulrhetorik bleibt die Lehre von den Tropen als fester Bestandteil des ↗ *Ornatus* zwar bestehen, verliert jedoch nach und nach alle produktiven Impulse. Daher ist es nicht verwunderlich, daß die Diskussion um die kognitiven Aspekte des Metapherngebrauchs bei Kant unter einem ganz anderen Begriff erfolgt: dem des ↗ *Symbols* (KdU § 59).

Hegel hat in seiner ‚Ästhetik' an diesen Kantischen Symbolbegriff angeknüpft und ihn zugleich wieder auf Aristoteles' Überlegungen zur Metapher bezogen, wenn er vor allem im Hinblick auf ihre künstlerische Verwendung schreibt: „Als Sinn und Zweck der metaphorischen Diktion überhaupt ist […] das Bedürfnis und die Macht des Geistes und Gemüts anzusehen, die sich nicht mit dem Einfachen, Gewohnten, Schlichten befriedigen, sondern sich darüberstellen, um zu Anderem fortzugehen, bei Verschiedenem zu verweilen und Zwiefaches in Eins zu fügen". Als Gründe hierfür nennt er vor allem das Interesse an einer „Verstärkung" der Vorstellungen oder einer „Erhebung" über alles Äußerliche, an der „schwelgerischen Lust der Phantasie" oder an dem „Witz einer subjektiven Willkür" (Hegel 1, 390–395).

Die traditionelle Distinktion zwischen der Wahrheitsfähigkeit des eigentlichen und dem problematischen Erkenntnischarakter eines bloß übertragenen Sprachgebrauchs, derzufolge „das Metaphorische und Bildliche überhaupt relativ immer undeutlich und unrichtig ist" (Hegel 2, 369), wird schließlich in Nietzsches Jugendschrift ‚Über Wahrheit und Lüge im außermoralischen Sinne' einer aus der Rhetorik gespeisten Fundamentalkritik unterzogen. Sie denunziert die vermeintlich ‚reine' Wahrheit als ein „bewegliches Heer von Metaphern, Metonymien, Anthropomorphismen kurz [sic] eine Summe von menschlichen Relationen, die, poetisch und rhetorisch gesteigert, übertragen, geschmückt wurden, und die nach langem Gebrauche einem Volke fest, canonisch und verbindlich dünken: die Wahrheiten sind Illusionen" (Nietzsche, 880 f.). Wenn Nietzsche hier etymologisierend die ‚Übertragungen' zunächst der atomistischen Nervenreize in Bilder, dann dieser Bilder in Laute, schließlich der Wörter in Begriffe als „kühnste Metaphern" (879) bezeichnet, so versetzt er mit einer radikalen Begriffsverschiebung die „Metaphernbildung" (887) ins Feld der Erkenntnis- und Sprachtheorie. Und erst insofern dieser „Fundamentaltrieb des Menschen" damit noch nicht erschöpft ist, sondern nunmehr „ein neues Bereich seines Wirkens [...] im Mythus und überhaupt in der Kunst" sucht und hier durch „neue Uebertragungen, Metaphern, Metonymien [...] die Rubriken und Zellen der Begriffe" fortwährend „verwirrt" (ebd.), wird der Begriff der Metapher wieder auf seine angestammten Bereiche der Poetik und Rhetorik anwendbar (dazu Kofman). Daß dabei Äquivokationen fast unvermeidlich sind, hat der Konjunktur dieses generalisierten Metaphernbegriffs im 20. Jh. kaum geschadet – eher im Gegenteil.

Johann Christoph Adelung: Ueber den Deutschen Styl. 3 Teile. Berlin 1789/90. – Johann Jacob Breitinger: Critische Abhandlung [...]. Zürich 1740. – Pierre Fontanier: Les figures du discours [1830]. Hg. v. Gérard Genette. Paris 1977. – Johann Christoph Gottsched: Ausgewählte Werke [= AW]. 12 Bde. Hg. v. P. M. Mitchell. Berlin 1968–87. – Georg Philipp Harsdörffer: Frauenzimmer Gesprechspiele. 8 Teile. Nürnberg 1644–49. – G. Ph.H.: Poetischer Trichter. 3 Teile. Nürnberg 1648–53. – Georg Wilhelm Friedrich Hegel: Ästhetik. Hg. v. Friedrich Bassenge. 2 Bde. Berlin, Weimar 1965. – Johann Matthäus Meyfart: Teutsche Rhetorica oder Redekunst. Coburg 1634. – Friedrich Nietzsche: Sämtliche Werke. Kritische Studienausgabe. Hg. v. Giorgio Colli u. Mazzino Montinari. Berlin, München 1980. Bd. 1, S. 873–890. – Justus Georg Schottelius: Ausführliche Arbeit von der teutschen HaubtSprache. Braunschweig 1663. – Thomas von Aquin: Expositio super librum Boethii De Trinitate. Hg. v. Bruno Decker. Leiden ²1959.

ForschG: Die sprach- und literaturwissenschaftliche Erforschung der Metapher im 20. Jh. wendet sich auf der einen Seite historischen Rekonstruktionen der Begriffsentwicklung seit Aristoteles zu (z. B. Lieb, Krewitt, Nieraad, Müller-Richter; bibliographische Übersichten bei Shibles, van Noppen). Auf der anderen Seite ergeben sich aus der Kritik an überlieferten Vergleichs- und Substitutionstheorien uneigentlicher Rede verschiedene konzeptionelle Neuansätze – besonders einflußreich etwa im Rahmen einer Interaktionstheorie der Metapher (Richards, Black; ↗ *Uneigentlich*) bzw. der Sprechakt-Theorie (Searle), von Fragestellungen der philosophischen Anthropologie (Ricœur, Blumenberg) wie der Sprachphilosophie (Goodman, Davidson) und der ‚Deconstruction' (Derrida, de Man; Übersicht bei Haverkamp 1998), der Sprachwissenschaft (Ullmann, Brooke-Rose) wie der allgemeinen Kommunikationstheorie (Todorov, Birus / Fuchs, Zymner), der Sprachpsychologie (Hörmann, Frieling) wie des interdisziplinären Kognitivismus (Lakoff, Johnson, Turner).

Eine folgenreiche Neuakzentuierung erhielt die Definition der Metapher – in Opposition zur ↗ *Metonymie* − im Rahmen von Jakobsons ↗ *Linguistischer Poetik*, zu deren wirkungsvollsten Fortführungen dann u. a. die Metaphernsemiotik (z. B. Eco) oder die Generative Semantik der Metapher (U. Weinreich), in deutscher Sprache H. Weinrichs Theorie der ‚Kühnen Metapher' gehörten. Ausgangspunkt für Jakobson ist eine ganz an der rhetorischen Tradition orientierte Definition beider Tropen: „The metaphor (or metonymy) is an assignment of a signans to a secondary signatum associated by similarity (or contiguity) with the primary signatum" (Jakobson 2, 355). Jakobson verbindet dies mit den zwei Grundprinzipien allen sprachlichen Verhaltens: (a) dem Verfahren der Selektion (und Substitution) von Einheiten, die im sprachlichen Code durch verschiedene Grade von Similarität und Kontrast miteinander in interner Verbindung stehen, und (b) dem Verfahren der Kombination (und Kontexteinbettung) von Einheiten, die im aktuellen Mitteilungskontext durch *Kontiguität* (↗ *Äquivalenzprinzip*) extern miteinander verbunden sind.

Verallgemeinerte dann Lévi-Strauss die Opposition von metaphorischem und metonymischem Verfahren zu einer „loi de la pensée mythique que la transformation d'une métaphore s'achève dans une métonymie" (‚Gesetz des mythischen Denkens, daß sich die Transformation einer Metapher in einer Metonymie vollendet'; Lévi-Strauss, 141), so war Jakobsons Unterscheidung auch der explizite Ausgangspunkt für die nochmalige Generalisierung der Opposition von Metaphorischem und Metonymischem in Lacans „théorie des effets du signifiant où je retrouve la rhétorique" (‚Theorie der Wirkung des Signifikanten, wo ich die Rhetorik wiederfinde'; Lacan, 889). Dabei stehen die überkommenen Namen *Metapher* und *Metonymie* hier − ganz im Sinne der Jakobsonschen Generalisierung − für die sprachlichen Grundoperationen der „substitution" („un mot pour un autre", ‚Ein Wort für ein anderes') und der „connexion" („mot à mot", ‚Wort für Wort'; ebd. 522 u. 506).

Wichtige Fortschritte der neueren angelsächsischen Metapherntheorie bestehen dagegen zum einen in der Erkenntnis der (bis dahin nur ansatzweise thematisierten) Wichtigkeit des Kontexts für die Identifikation und Interpretation von Metaphern, zum andern in der Interessenverschiebung von den ‚semantischen Merkmalen' zu den in einer Kultur gängigen ‚Assoziationen' im Sinne von Annahmen und wertenden Einstellungen hinsichtlich der metaphorisch bezeichneten Gegenstände und Sachverhalte.

Lit: Monroe C. Beardsley: The metaphorical twist. In: Philosophy and phenomenological research 22 (1962), S. 293−307 [dt. in Haverkamp ²1996]. − Hendrik Birus, Anna Fuchs: Ein terminologisches Grundinventar für die Analyse von Metaphern. In: Zur Terminologie der Literaturwissenschaft. Hg. v. Christian Wagenknecht. Stuttgart 1988, S. 157−174. − Max Black: Metaphor. In: M. B.: Models and metaphors. Ithaca, N. Y. 1962, S. 25−47 [dt. in: Haverkamp ²1996]. − M. B.: More about metaphor. In: Ortony, S. 19−43 [dt. in: Haverkamp ²1996]. − Hans Blumenberg: Paradigmen zu einer Metaphorologie. Bonn 1960, Frankfurt ²1998. − Gerd Breitenbürger: Metaphora. Die Rezeption des aristotelischen Begriffs in den Poetiken des Cinquecento. Kronberg/Ts. 1975. − Christine Brooke-Rose: A grammar of metaphor. London 1958. − Donald Davidson: Was Metaphern bedeuten. In: D. D.: Wahrheit und Interpretation [1984]. Frankfurt ²1994, S. 343−371. − Bernhard Debatin: Die Rationalität der Metapher. Berlin, New York 1995. − Jacques Derrida: Die weiße Mythologie. Die Metapher im philosophischen Text [1972]. In: J. D.: Randgänge der Philosophie. Wien 1988, S. 205−258 u. 344−355. − J. D.: Der *Entzug* der Metapher [1978]. In: Haverkamp 1998, S. 197−234. − Umberto Eco: Semantica della metaphora. In: U. E.: Le forme del contenuto. Mailand 1969, S. 95−125. − Gudrun Frieling: Untersuchungen zur Theorie der Metapher: Das Metaphern-Verstehen als sprachlich-kognitiver Verarbeitungsprozeß. Osnabrück 1996. − Raymond W. Gibbs, Jr.: The poetics of mind. Figurative thought, language, and understanding. Cambridge u. a. 1994. − Nelson Goodman: Sprachen der Kunst. Frankfurt 1973. − Anselm Haverkamp (Hg.): Theorie der Metapher. Darmstadt ²1996 [Bibliographie S. 455−489]. − A. H. (Hg.): Die paradoxe Metapher. Frankfurt 1998. − Masako K. Hiraga (Hg.): Literary pragmatics: Cognitive metaphor and the structure of poetic text. Amsterdam, New York 1995. − Hans Hörmann: Semantische Anomalie, Metapher und Witz oder ‚Schlafen farblose grüne Ideen wirklich wütend?' In: Folia Linguistica 5 (1971), S. 310−330. −

Heike Hülzer: Die Metapher. Münster 1987. – Werner Ingendahl: Der metaphorische Prozeß. Düsseldorf 1971. – Roman Jakobson: Selected writings. Den Haag, Paris 1962 ff. – Mark Johnson (Hg.): Philosophical perspectives on metaphor. Minneapolis 1981. – Sarah Kofman: Nietzsche et la métaphore. Paris ²1983. – Wilhelm Köller: Semiotik und Metapher. Stuttgart 1975. – Ulrich Krewitt: Metapher und tropische Rede in der Auffassung des Mittelalters. Ratingen 1971. – Hartmut Kubczak: Die Metapher. Heidelberg 1978. – Gerhard Kurz: Metapher, Allegorie, Symbol. Göttingen 1982. – Jacques Lacan: Écrits. Paris 1966 [bes. S. 493–528 u. 889–892]. – George Lakoff, Mark Johnson: Metaphors we live by. Chicago, London 1980. – G. L., Mark Turner: More than cool reason: A field guide to poetic metaphor. Chicago 1989. – Claude Lévi-Strauss: La pensée sauvage. Paris 1962. – Hans-Heinrich Lieb: Der Umfang des historischen Metaphernbegriffs. Diss. Köln 1964. – Jean-François Lyotard: „Le travail du rêve ne pense pas". In: J.-F. L.: Discours, figure. Paris ⁴1985, S. 239–270. – Paul de Man: Allegories of reading. New Haven, London 1979. – P.d.M.: The epistemology of metaphor. In: P.d.M.: Aesthetic ideology. Minneapolis 1996, S. 34–50 [dt. in Haverkamp ²1996]. – James H. Martin: A computational model of metaphor interpretation. Boston u. a. 1990. – Die Metapher (Bochumer Diskussion). In: Poetica 2 (1968), S. 100–130. – Klaus Müller-Richter u. a.: „Kampf der Metapher!" Studien zum Widerstreit des eigentlichen und uneigentlichen Sprechens. Wien 1996. – K. M.-R. u. a. (Hg.): Der Streit um die Metapher. Darmstadt 1998. – Gerhard Neumann: Die ‚absolute‘ Metapher‘. In: Poetica 3 (1970), S. 188–225. – Jürgen Nieraad: „Bildgesegnet und bildverflucht". Forschungen zur sprachlichen Metaphorik. Darmstadt 1977. – Jean-Pierre van Noppen u. a.: Metaphor. A bibliography of post-1970 publications. Amsterdam, Philadelphia 1985 [Anschluß an Shibles]. – Andrew Ortony (Hg.): Metaphor and thought. Cambridge u. a. 1979. – Ivor Armstrong Richards: The philosophy of rhetoric. New York, London 1936 [bes. S. 87–138; dt. Teilübs. in Haverkamp ²1996]. – Paul Ricœur: Die lebendige Metapher [1975]. München 1986. – Sheldon Sacks (Hg.): On metaphor. Chicago, London 1979. – John R. Searle: Metapher. In: J. R. S.: Ausdruck und Bedeutung. Frankfurt 1982, S. 98–138. – Warren A. Shibles: Metaphor. An annotated bibliography and history. Whitewater, Wisc. 1971 [Fortsetzung bei van Noppen]. – W. A. Sh. (Hg.): Essays on metaphor. Whitewater, Wisc. 1972. – Christian Strub: Kalkulierte Absurditäten. Versuch einer historisch reflektierten sprach-analytischen Metaphorologie. Freiburg i.Br. 1991. – Tzvetan Todorov: Tropes et figures. In: To honor Roman Jakobson. Den Haag, Paris 1967. Bd. 3, S. 2006–2023. – Stephen Ullmann: The principles of semantics. Glasgow, Oxford ²1959. – Klaus Weimar: Vom barocken Sinn der Metapher. In: Modern language notes 105 (1990), S. 453–471. – Uriel Weinreich: Explorations in semantic theory [1964]. In: U. W.: On semantics. Philadelphia 1980, S. 99–201. – Harald Weinrich: Sprache in Texten. Stuttgart 1976 [bes. S. 276–341]. – H. W.: Metapher. In: HWbPh 5, 1179–86. – David E. Wellbery: Retrait / Reentry. Zur poststrukturalistischen Metapherndiskussion. In: Poststrukturalismus. Hg. v. Gerhard Neumann. Stuttgart, Weimar 1997, S. 194–207. – Rüdiger Zymner: Ein fremdes Wort. Zur Theorie der Metapher. In: Poetica 25 (1993), S. 3–33.

Hendrik Birus

Metaphernkomplex

Sammelbegriff für verschiedene Möglichkeiten der Gruppenbildung von Metaphern.

Expl: Die über die Einzelwortmetapher hinausgehenden metaphorischen Äußerungen auf der Ebene der ‚parole‘ lassen sich unterscheiden als Allegorie₁, ↗ *Katachrese*, Bildreihe, Bildkoordination und komplexe Metapher (COMPOUND METAPHOR). Auf der Ebene der ‚langue‘ lassen sich einzelne ↗ *Metaphern* zu Bildfeldern zusammenschließen.

Seit der antiken Rhetorik gilt der Terminus ALLEGORIE₁ als Synonym für die *metaphora continua* und bezeichnet eine sprachliche Äußerung, in der aus einem gemeinsamen bildspendenden Feld verschiedene Elemente in dasselbe bildempfangende Feld projiziert werden. Die Allegorie₁ als rhetorische ‚figura sententiae‘ kann ganze Texte generieren und ist dann schwer abgrenzbar von ↗ *Allegorie₃* als Gattung. Sie ist auch ein grundlegendes Verfahren für ↗ *Allegorie₂*. Sie kann in sich geschlossen sein und keinen Hinweis auf den gemeinten Gedanken enthalten (*tota allegoria*) oder mit entschlüsselnden Signalen durchsetzt sein (*permixta apertis allegoria*) und nähert sich dann dem ↗ *Gleichnis* an. Wenn Metaphern aus verschiedenen bildspendenden Feldern innerhalb einer Äußerung verwendet werden, entsteht die als Stilblüte empfundene oder wegen ihres komischen Effekts gezielt eingesetzte Katachrese oder eine komplexe Metapher, verstanden als ein „Überlappen von zwei oder mehreren Einzelmetaphern" (Plett, 83) ohne komische Implikationen. Komplexe Metaphern lassen sich als Schichtung verschiedener ↗ *Isotopie*-Ebenen rekonstruieren; sie sind mitunter dem Prinzip der *Assoziation* verpflichtet (↗ *Konnotation*).

Während die Allegorie₁ eng an den Metaphernbegriff gebunden ist, ist bei der Verwendung der Termini *Bildreihe, Bildkoordination* und *Bildfeld* von einem weiter gefaßten Metaphernbegriff auszugehen, der neben der Einzelwortmetapher und der metaphora continua auch andere Formen bildlichen Sprechens wie ↗ *Vergleich* und Gleichnis miteinschließt. Als Bildreihen sind die über einen Text (oder ein Gesamtœuvre) verteilten Abfolgen von Bildern zu verstehen, die demselben Bildfeld entstammen, d. h. jeweils denselben Bildspender für denselben Bildempfänger nutzen. Dagegen können als Bildkoordinationen darüber hinaus auch solche Bildfolgen bezeichnet werden, die nur in der Identität des Bildspenders oder des Bildempfängers übereinstimmen.

Das Bildfeld verbindet ein bildspendendes und ein bildempfangendes Feld und ist aufzufassen als die Summe aller möglichen metaphorischen Äußerungen (im Sinne eines erweiterten Metaphernbegriffs) im Umkreis einer Zentralmetapher oder metaphorischen Leitvorstellung; es setzt sich aus verschiedenen Bildelementen (Einzelmetaphern), Teilbildern und Bildvarianten zusammen. Teilbilder können miteinander kombiniert, Bildvarianten gegeneinander ausgetauscht werden; die Grenzen zwischen Teilbild und Bildvariante sind fließend. Das Bildfeld ist ein systemähnliches, aber (durch paradigmatische und syntagmatische Beziehungen) schwach durchstrukturiertes und prinzipiell offenes Gebilde. Da es als Summe aller möglichen Teilbilder und ihrer Varianten auf die Sprache als System zu beziehen ist, kann es in einem in sich kohärenten Text niemals vollständig realisiert werden. Indem es als Assoziationshintergrund aufgerufen wird, können Metaphern konnotativ präsent sein.

WortG/BegrG: Für die Komposita *Bildreihe* und *Bildkoordination* läßt sich keine Wortgeschichte nachzeichnen; die beiden Termini sind als Fachbegriffe erst 1966 (Hardt) explizit eingeführt und 1970 (Ruberg) genauer differenziert worden, ohne daß die Forschung sich auf eine breitere Diskussion eingelassen hätte.

Der Terminus *Bildfeld* wurde zuerst 1933 (Fricke) als Synonym für ‚Sachgebiet' (im Sinne eines bildspendenden Feldes) und im Gegensatz zum ‚Bedeutungsfeld' verwendet. Als metapherntheoretischer Fachbegriff ist ‚Bildfeld' erst 1958 (Weinrich) in Anlehnung an verschiedene linguistische Feldbegriffe, vor allem an die Wortfeldtheorie, eingeführt worden. Wie das Einzelwort in seiner Bedeutung durch die Feldnachbarn bestimmt ist, wird auch die Einzelmetapher durch ihre Nachbarn im Bildfeld beeinflußt. Doch ist das Bildfeld nicht als Kopplung zweier Wortfelder im Sinne Triers zu verstehen, da es sich hinsichtlich der Relationen zwischen seinen Elementen vom Wortfeld deutlich unterscheidet. Neben dem Wortfeld müssen bei der Diskussion der Bildfeldtheorie auch das Bedeutungsfeld im Sinne lexikalischer Solidaritäten, das Assoziationsfeld und der in der strukturalistischen Semantik entwickelte Begriff der Isotopie-Ebene berücksichtigt werden; erst im Rahmen dieser Diskussion haben sich auch neuere terminologische Benennungen wie *Metaphernkomplex* und *compound metaphor* herausgebildet. Das Verhältnis von ‚Bildfeld' und ‚Kollektivsymbol' bedarf noch einer genaueren Klärung.

SachG/ForschG: Metaphernkomplexe finden sich in unüberschaubar vielen Texten seit der Antike. Als Forschungsproblem ist der Metaphernkomplex jedoch erst mit Weinrichs Elaborierung der Bildfeldtheorie anerkannt worden. Der methodische Ansatz dafür wurde aus der Linguistik gewonnen, zumal aus der in diesem Zusammenhang entscheidenden ‚Interaktionstheorie' (↗ *Uneigentlich*) von Metapher und ↗ *Kon-*

text (Richards, Black; vergleichende Diskussion bei Hülzer, 141−178; Zymner, 11−16); doch fanden Weinrichs Thesen in der linguistischen Metaphernforschung, die vor allem auf die Einzelwortmetapher ausgerichtet war, zunächst keine Beachtung. Erst die Metapherntheorie der strukturellen Semantik griff die Bildfeldtheorie wieder auf; in jüngster Zeit hat sich die Kognitive Linguistik (Liebert) diesem Thema zugewandt. In der Literaturwissenschaft wurden Weinrichs Thesen schnell übernommen, aber kaum diskutiert. Eine intensivere kritische Auseinandersetzung mit dem Ziel, die Theorie zu modifizieren, ist erst Anfang der 1980er Jahre (Peil, Wessel) zu konstatieren. Als analytisches Instrumentarium hat die Bildfeldtheorie sich in der neueren literaturwissenschaftlichen Metaphernanalyse (Wessel) und in der (die Toposforschung modifizierenden) historischen Metaphorologie (Schlobach, Peil) bewährt, da sie eine plausible Strukturierung und Eingrenzung des Analysematerials ermöglicht. Der ↗ *Poststrukturalismus* hat ein geschärftes Bewußtsein dafür entwickelt, daß Metaphernkomplexe nicht nur Textkohärenz erzeugen, sondern auch miteinander konkurrieren und damit Textkohärenz untergraben können. Als Beispiel können etwa Schillers Briefe ‚Über die ästhetische Erziehung des Menschen' (1795) dienen, mit der konkurrierenden Verwendung von Metaphern des Kampfes/der Herrschaft gegenüber Metaphern des Ausgleichs/der Harmonie zwischen Natur und Vernunft.

Lit: ↗ *Allegorese,* ↗ *Allegorie₂,* ↗ *Allegorie₃,* ↗ *Gleichnis,* ↗ *Katachrese,* ↗ *Metapher.* − Frank Becker u. a.: Moderne Kollektivsymbolik. In: IASL 22 (1997), S. 70−154. − Max Black: Metaphor. In: M. B.: Models and metaphors. Ithaca 1962, S. 25−47. − Alexander Demandt: Metaphern für Geschichte. München 1978. − Axel Drews u. a.: Moderne Kollektivsymbolik. In: IASL, Sonderh. 1 (1985), S. 256−375. − Gerhard Fricke: Die Bildlichkeit in der Dichtung des Andreas Gryphius. Berlin 1933. − Manfred Hardt: Das Bild in der Dichtung. Studien zu Funktionsweisen von Bildern und Bildreihen in der Literatur. München 1966. − Heike Hülzer: Die Metapher. Münster 1987. − Werner Kallmeyer u. a.: Metaphorik. In: W. K. u. a.: Lektürekolleg zur Textlinguistik. Bd. 1. Königstein ³1980, S. 161−

176. − Gerhard Kurz: Metapher, Allegorie, Symbol. Göttingen 1982. − Lausberg. − Heinrich Lausberg: Elemente der literarischen Rhetorik. Ismaning ¹⁰1990. − Wolf-Andreas Liebert: Metaphernbereiche der deutschen Alltagssprache. Frankfurt u. a. 1992. − W.-A. L.: Bildfelder in synchroner Perspektive. In: Lexikologie. Hg. v. Peter Lutzeier. Berlin [im Druck]. − Paul Michel: Alieniloquium. Elemente einer Grammatik der Bildrede. Bern u. a. 1987. − Dietmar Peil: Untersuchungen zur Staats- und Herrschaftsmetaphorik in literarischen Zeugnissen von der Antike bis zur Gegenwart. München 1983. − D. P.: Überlegungen zur Bildfeldtheorie. In: PBB 112 (1990), S. 209−241. − D. P.: Bildfelder in historischer Perspektive. In: Lexikologie. Hg. v. Peter Lutzeier. Berlin [im Druck]. − Heinrich F. Plett: Einführung in die rhetorische Textanalyse. Hamburg ⁸1991. − Ivor Armstrong Richards: The philosophy of rhetoric. New York 1936. − Uwe Ruberg: Bildkoordinationen im ‚Erec' Hartmanns von Aue. In: Gedenkschrift für William Foerste. Hg. v. Dietrich Hofmann. Köln u. a. 1970, S. 477−501. − Jochen Schlobach: Zyklentheorie und Epochenmetaphorik. München 1980. − Jost Trier: Aufsätze und Vorträge zur Wortfeldtheorie. Den Haag u. a. 1973. − Harald Weinrich: Münze und Wort. Untersuchungen an einem Bildfeld [1958]. In: H. W.: Sprache in Texten. Stuttgart 1976, S. 317−327. − Franziska Wessel: Probleme der Metaphorik und die Minnemetaphorik in Gottfrieds von Straßburg ‚Tristan und Isolde'. München 1984. − Rüdiger Zymner: Ein fremdes Wort. Zur Theorie der Metapher. In: Poetica 25 (1993), S. 3−33.

Dietmar Peil

Metaplasmen

Literarisch zulässige Deformation des Wortmaterials.

Expl: Die ‚metaplastischen', also durch traditionelle ↗ *Poetische Lizenz* als legitimiert geltenden Abwandlungen des regulären phonologischen Materials einzelner Wörter geschehen zugunsten des Metrums oder auch des Redeschmucks (↗ *Ornatus*). Durch ihren funktionalen Gebrauch (↗ *Funktion*) unterscheiden sich die Metaplasmen als poetische ↗ *Abweichungen* von den in der Rhetorik so genannten ‚Barbarismen' oder SOLÖZISMEN, den schlicht fehlerhaften Verstößen gegen die normgerechte phonologische Zusammensetzung eines Wortes.

[Terminologisches Feld:]

Mindestens 10 Formen der metaplastischen Abwandlung des phonologischen Wortmaterials sind zu unterscheiden.

APHÄRESE: Auslassung von phonologischem Wortmaterial am Wortanfang (z. B.: *herunter > 'runter*).

APOKOPE: Auslassung eines auslautenden Vokals bei nachfolgendem wortanlautenden Konsonanten oder ganzer Phonemfolgen am Wortende (z. B. Eichendorff, 342: „Du schöne Braut! Ich führ' dich heim!").

ELISION: Auslassung eines wortauslautenden Vokals bei nachfolgendem vokalanlautendem Wort (z. B. Eichendorff, 347: „Ich möcht' als Spielmann reisen").

ENKLISE: Zusammenziehung eines unbetonten Wortes mit einem vorangehenden betonten Wort (z. B. im Mhd.: *bist du >bistu*).

EP(-)ENTHESE: Hinzufügung von phonologischem Material im Wortinnern (z. B. Ringelnatz, 316: „Ibich habibebi dibich …liebib").

PARAGOGE: Hinzufügung von phonologischem Material am Wortende (z. B. Rühm, 299: „dem zwánzigsténsten júli").

PROKLISE: Zusammenziehung eines unbetonten mit einem nachfolgenden betonten Wort (z. B. im Mhd.: *daz ist > dast*).

PROSTHESE: Hinzufügung von phonologischem Material am Wortanfang (z. B. Rühm, 307: „pupúblikúmserfólg").

SYNALÖPHE: Zusammenziehung zweier benachbarter aus- und anlautender Vokale (z. B. im Mhd.: *dô ich > dôch*).

SYNKOPE: Verkürzung von phonologischem Material im Wortinnern (z. B. Eichendorff, 83: „Spannt aus die grünen Tepp'che weich").

Joseph Freiherr von Eichendorff: Werke und Schriften. Hg. v. Gerhard Baumann u. Siegfried Grosse. Bd. 1. Stuttgart 1957. – Joachim Ringelnatz: Das Gesamtwerk in 7 Bänden. Hg. v. Walter Pape. Bd. 1. Berlin 1984. – Gerhard Rühm: Gesammelte Gedichte und visuelle Texte. Reinbek 1970.

WortG: Der Ausdruck *Metaplasmus* geht zurück auf das griech. μεταπλασμός [meta-plasmós] ,Umbildung'. Schon in den rhetorischen Lehrbüchern der Antike taucht er als rein fachsprachlich gebrauchter Ausdruck auf (z. B. Quintilian: 1, 8, 14), wie er es bis in die Gegenwart bleibt.

Der Ausdruck *Aphärese* geht zurück auf griech. ἀφαίρεσις [aphaíresis] ,Wegnahme', *Apokope* auf griech. ἀποκοπή [apokopé] ,Aufhebung', *Elision* auf lat. *elidere* ,ausstoßen', *Enklise* auf griech. ἔγκλισις [énklisis] ,Neigung', *Epenthese* auf griech. ἐπένθεσις [epénthesis] ,Einfügung', *Paragoge* auf griech. παραγωγή [paragogé] ,Anhang', *Proklise* auf griech. πρόκλισις [próklisis] ,Vorwärtsbeugung', *Prosthese* auf griech. πρόσθεσις [prósthesis] ,Vermehrung', *Synalöphe* auf griech. συναλοιφή [synaloiphé] ,Verschmelzung', *Synkope* auf griech. συνκοπή [synkopé] ,Zusammenschlagung'.

BegrG: Die spezifizierten Techniken der Wortveränderung bilden den Kernbereich möglicher Metaplasmen; ein einheitliches Konzept der Metaplasmen ist in den theoretischen Überlegungen aber nicht entwickelt worden. Zudem schwanken die Bezeichnungen für die Begriffe zwischen alternativ gebrauchten griech. und lat. Termini.

Anders als in den metrischen zählt man in den rhetorischen Lehrbüchern zu den Metaplasmen auch die Wortveränderungs-Möglichkeiten (a) durch *Substitution* (↗ *Permutation₂*; auch: *immutatio, antíthesis*) von phonologischem Material durch ein anderes; und (b) durch ↗ *Permutation₂* (auch: *transmutatio, metáthesis*) des phonologischen Materials eines Wortes (Dubois, Lausberg, Plett).

Rhetorische sowie metrische Lehrbücher zählen unter Berücksichtigung von Erscheinungen der antiken Sprachen auch die *Systole* (von griech. συστολή [systolé] ,Verkürzung einer langen Silbe'), die *Ektase* (von griech. ἔκτασις [éktasis], ,Dehnung einer kurzen Silbe'), die *Synizese* (von griech. συνίζησις [synízesis]; auch *Synärese* oder *Episynalöphe*, ,Verschmelzung zweier aufeinanderfolgender Vokale in einem Wort, die durch die Silbengrenze voneinander getrennt sind, zu einem einsilbigen Diphthong oder einem Monophthong') und die *Diärese* (von griech. διαίρεσις [diaíresis], ,Zerlegung einer einsilbigen Phonemfolge in einem Wort in zwei Silben') zu den Metaplasmen.

Als lat. Äquivalent für *Metaplasmus* tritt *transformatio* auf. Für die Bezeichnung *Prosthese* wird alternativ auch *Prothese*, für *Aphärese* auch *Enkope*, für *Synalöphe* auch *Synkrise* gebraucht.

SachG: Eine wichtige Rolle spielen Metaplasmen in Verstexten aller Art, in denen sie um der Einhaltung eines bestimmten Metrums oder der Euphonie willen eingesetzt werden. Schon die antiken Poetik- und Rhetorik-Lehrbücher (z. B. Aristoteles: ‚Poetik' 1458 a 34–b 15) illustrieren die Metaplasmen mit Beispielen aus Verstexten, besonders mit solchen aus der lateinischen Versepik. Die rhetorische und metrische Theorie und Praxis der Antike haben u. a. hinsichtlich der metaplastischen Wortabwandlungen traditionsbildend gewirkt. Metaplasmen finden sich in der mittelalterlichen Versliteratur, hier vor allem aus metrischen Gründen. Im 15. und 16. Jh. bedienen sich die Texte des ↗ *Meistergesangs* und selbst die Knittelvers-Dichtungen der Zeit gehäuft einer ganzen Reihe metaplastischer Wortabwandlungen zur Konstitution von Vers und Reim. Opitz versucht in seinem ‚Buch von der Deutschen Poeterey' (1624) u. a. den poetischen Gebrauch metaplastischer Wortabwandlungen zu regulieren. Er erklärt die Elision bei Eigennamen und einsilbigen Wörtern für unstatthaft, warnt vor dem Gebrauch der Synkope und verbietet die Apokope sowie die Paragoge. Ungeachtet von Opitzens Reformversuch finden sich metrisch motivierte Metaplasmen bis in die Versdichtungen der Gegenwart.

Metaplasmen sind dabei häufig auch stilistisch motiviert und dienen etwa zur Konstitution eines bestimmten Stilzuges (vgl. z. B. die kräftige Volkssprache in Goethes ‚Götz von Berlichingen' oder die dialektale Sprachfärbung in Nestroys Dramen), zur Erzeugung gewollter *Malapropismen* (↗ *Bühnenkomik*) oder als Spielformen in humoristischer bzw. experimenteller Dichtung (vgl. die Beispiele von Ringelnatz oder Rühm).

Martin Opitz: Buch von der Deutschen Poeterey. Hg. v. Richard Alewyn. Tübingen ²1966, S. 33–36.

ForschG: Die – in diesem Bereich bis heute an Differenziertheit nicht übertroffenen – antiken Lehrbücher der Rhetorik (z. B. Quintilian 1, 5, 11–12) nennen die Metaplasmen in Abgrenzung von den Barbarismen im Rahmen der Überlegungen zur Sprachrichtigkeit (latinitas) beim Gebrauch von Wörtern (vgl. Consentius und Victorinus, bei Niedermann). Quintilian führt in diesem Zusammenhang vier systematisierende Kategorien an (Quintilian 2, 5, 6): die Erweiterung (adiectio), die Auslassung (detractio), die Permutation (immutatio) und die Substitution (transmutatio). Ein wichtiger Vermittler der rhetorischen Lehre ist Isidor von Sevilla (‚Origines etymologiae' 1, 35, 1–7). In der ‚Grammatica Germanicae linguae' (1578) von Johannes Clajus werden die Metaplasmen als orthographische Figuren systematisiert und mit deutschsprachigen Beispielen illustriert. Gottsched handelt die Metaplasmen in seiner ‚Deutschen Sprachkunst' als grammatische Figuren ab.

Einzelne Lehrbücher der Metrik nennen (Paul/Glier) oder systematisieren (Minor) die Metaplasmen im Zusammenhang mit Überlegungen zur sprachlichen Konstitution eines metrisch normgerechten Versfußes. Neuere Rhetorik-Lehrbücher (z. B. Dubois) ordnen die Metaplasmen im Horizont der streng deskriptiv verfahrenden strukturalistischen Sprachtheorie. Plett systematisiert die Metaplasmen als Figuren der phonologischen *Deviation* (↗ *Abweichung*); verallgemeinernd wird in diesem Zusammenhang auf die aristotelische Tradition zurückgegriffen, die Metaplasmen in ein umfassendes poetologisches Konzept einzuordnen (z. B. Fricke, 24–29).

Lit: Johannes Clajus: Die deutsche Grammatik. Hg. v. Friedrich Weidling. Straßburg 1894. – Friedrich Crusius: Römische Metrik. München ⁷1963. – Jacques Dubois u. a.: Allgemeine Rhetorik. München 1974. – Harald Fricke: Norm und Abweichung. Eine Philosophie der Literatur. München 1981. – Johann Christoph Gottsched: Die deutsche Sprachkunst. In: J. C. G.: Ausgewählte Werke. Hg. v. P. M. Mitchell. Berlin, New York 1978. Bd. 8, S. 598–605. – Jakob Minor: Neuhochdeutsche Metrik. Straßburg ²1902. – Max Niedermann (Hg.): Consentii Ars de barbarismis et metaplasmis. Victorini Fragmentum de soloecismo et barbarismo. Neuchâtel 1937. –

Otto Paul, Ingeborg Glier: Deutsche Metrik. München [7]1970. – Heinrich F. Plett: Textwissenschaft und Textanalyse. Heidelberg 1975.

Burkhard Moennighoff

Metasprache ↗ *Terminologie*

Methode

Das planvolle Vorgehen zur Erreichung eines Ziels oder zur Lösung einer Aufgabe im Bereich des Denkens oder Handelns, insbesondere in den Wissenschaften.

Expl: Der Begriff ist kein genuin germanistischer, sondern ein wissenschaftstheoretischer Terminus, der in den meisten literaturwissenschaftlichen Nachschlagewerken fehlt (z. B. in RL[1] u. RL[2]). In der Literaturwissenschaft kann ‚Methode‘ mit den starken erkenntnis- und/oder wissenschaftstheoretischen Vorgaben der Herkunftsdisziplin (1, 2), in einem ‚weichen‘, literaturwissenschaftlichen Standards entsprechenden Sinne (3) oder auch in Anlehnung an die Alltagssprache verwendet werden (4):

(1) Orientierung an wissenschaftstheoretischen Kriterien: Um von Methode sprechen zu können, muß die Einbettung in einen systematischen Theoriezusammenhang gesichert, müssen Vorschriften zur Abfolge festgelegter Schritte formulierbar und die Ergebnisse wie die Schritte, die zu ihnen führen, wiederholbar sein. In diesem Sinne kann *Methode* (a) ein im Vorfeld einer Problemlösung gewähltes und bewußt eingesetztes Verfahren oder (b) ein unreflektiertes, aber post festum als regelgeleitet beschreibbares Verfahren bezeichnen.

(2) Orientierung an philosophischer, insbesondere erkenntnistheoretischer Tradition des Begriffs: Methoden als „immanente Ordnungsdetermination" der Erkenntnis (Flach, 22); nur wenn eine eigenständige Erkenntnis erbracht wird, kann von der Methode einer Disziplin gesprochen werden.

Für die Literaturwissenschaft sollte gelten:

(3) Erforderlich sind explizite oder post festum explizierbare, im Rahmen einer Literaturtheorie zu formulierende Ziele und verfahrenstechnische Annahmen, auf welchem Weg die Ziele am geeignetsten einzulösen sind, sowie eingeführte Begriffe, mit denen die Ergebnisse im wissenschaftlichen Text dokumentiert werden.

Die häufigste Verwendungsweise orientiert sich allerdings am Alltagsverständnis:

(4) Jedes regelgeleitete Vorgehen zur Erreichung eines Ziels ist ‚methodisch‘.

Die Reflexion literaturwissenschaftlicher Methoden, ihrer Ziele und ihres Status erfolgt in der ↗ *Methodologie* der Literaturwissenschaft. Der wissenschaftliche Nutzen von Methoden wird vor allem darin gesehen, Ergebnisse nachvollziehbar bzw. prüfbar zu machen (was in der literaturwissenschaftlichen Praxis nicht oft erreicht wird) und Forschungskontinuität zu ermöglichen, sowie in der ökonomischen Leistung, durch Lösungsschemata die aufwendige Detailanalyse jeder neuen Untersuchungssituation zu erübrigen. Als problematisch gilt dagegen primär ihre Tendenz, den Objektbereich zu schematisieren und neue, unkonventionelle Problemlösungen zu verhindern. Hierin liegt der Hauptgrund für eine latente Methodenfeindlichkeit in der Literaturwissenschaft: Die normativ wirkende Auffassung, einem literarischen Text nur durch intensives Eingehen auf seine besonderen Eigenschaften gerecht werden zu können, und die Annahme, die Individualität des Forschers sei hierfür ein wichtiger Faktor, gelten vielen als unvereinbar mit der Schematisierungstendenz von Methoden generell, allenfalls mit Ausnahme von Methode (4). (3) ist bereits ein Versuch, solch radikaler Skepsis mit einer Anpassung des Begriffs an die Besonderheit des Gegenstands ‚Literatur‘ zu begegnen.

Zu unterscheiden sind Methoden (a) der Textsicherung und ↗ *Textkritik* (‚philologische Methode‘), (b) der ↗ *Textanalyse* und ↗ *Interpretation*, (c) der ↗ *Literaturgeschichtsschreibung*. Die wissenschaftstheoretische Klassifikation nach argumentativen Grundoperationen (induktive, deduktive, dialektische, axiomatische, analytische etc. Methode) läßt sich zur hinreichenden Abgrenzung literaturwissenschaftlicher Methoden im Sinne von (2)-(4) nur bedingt einsetzen, da Mischformen unter ihnen dominieren. Problematisch ist aber auch die übliche Einteilung und Bezeichnung der unter (b) und (c) versammelten Methoden nach den jeweiligen Rahmentheorien oder, oft unspezifischen, -konzeptionen, in denen sie formuliert werden: nach den Nachbardisziplinen, an denen sie sich orientieren (z. B. ,psychologische' (↗ *Literaturpsychologie*) oder ,soziologische Methode' (↗ *Literatursoziologie*)), nach philosophischen Bezugstheorien (z. B. am ↗ *Positivismus* oder der ↗ *Hermeneutik₂* ausgerichtete ,positivistische' oder ,hermeneutische' Methode) oder literaturwissenschaftlichen Schulen (z. B. ,werkimmanente' oder ,rezeptionsästhetische Methode'; ↗ *Werkimmanente Interpretation*, ↗ *Rezeptionsästhetik*). Die Gleichbenennung von Rahmentheorie und Methode führt zu Ungenauigkeiten, ist allerdings ohne terminologischen Traditionsbruch nicht zu umgehen.

WortG: Griech. μέθοδος [méthodos], ,der Weg auf ein Ziel hin'; lat. *methodus*, ,bestimmtes, regelgeleitetes Vorgehen'. Das Wort ist in zwei Bedeutungsvarianten belegt, die über verschiedene Traditionen ins Deutsche Eingang gefunden haben: (i) ,der beim Verfolgen eines Gedankens eingeschlagene Weg', seit 1580 belegt, griech.-lat. Tradition; (ii) ,Forschungsverfahren', ,Untersuchungsweise', seit 1687 belegt, wohl in Anlehnung an frz. *méthode*. Eine eigenständige literaturwissenschaftliche Wortgeschichte für *Methode* gibt es nicht; eine solche ließe sich allenfalls für Komposita wie *Methodendiskussion* und *Methodenpluralismus* skizzieren (s. BegrG und SachG). Schulz-Basler 2, S. 106 f.

BegrG: Mit der Etablierung der Deutschen Philologie im Kanon der Wissenschaften wird unter ,Methode' das Verfahren verstanden, das die Wissenschaftlichkeit der Disziplin garantiert. Dabei wird — und dies bleibt ein Kennzeichen literaturwissenschaftlicher Methode — Vorhandenes adaptiert: Zunächst werden mit der ,philologischen Methode' Verfahrensweisen der Klassischen Philologie übernommen (Lach-

mann, W. und J. Grimm), bei Scherer und H. Paul dann — auch in Abgrenzung von mythisierenden Tendenzen der Anfangszeiten der Germanistik — ,positivistische' Methoden der Soziologie und Historiographie, etwa die Rekonstruktion empirischer, vor allem biographischer Fakten und die damit verbundene genetische oder kausale Erklärung literarischer Phänomene. In Abgrenzung von den Naturwissenschaften faßt dagegen Dilthey ,Methode' als das Verfahren auf, das die Germanistik als Geisteswissenschaft ausweist. Als ein solches, dem Gegenstand und den Zielen literaturwissenschaftlichen Arbeitens angemessenes Verfahren gilt seitdem, wenn auch nicht unangefochten, das — in bestimmtem Sinne — ,hermeneutische' (↗ *Hermeneutik₁*, ↗ *Geistesgeschichte*). Einflußreich für Selbstverständnis und Methodenskepsis der Disziplin wird Gadamers Entgegensetzung von ,Wahrheit', die er an historisches Verstehen bindet und den Geisteswissenschaften zuordnet, und ,Methode', die den naturwissenschaftlichen Erkenntniszielen angemessen sei. In den ,Methodenlehren' des 19. Jhs. bis hin zum Standardwerk literaturwissenschaftlicher Positionsbestimmung der 1950er Jahre (Stammler²) wird unter ,Methode' das ,Handwerkszeug' wissenschaftlichen Umgangs mit Literatur verstanden, wobei in der Regel die Ziele genauer bestimmt werden als die Wege zu ihnen, d. h. die Anwendungsspielräume der Methoden recht weit sind. Gelten in diesen Werken zunächst die philologische Methode der Textsicherung und die historisch-hermeneutische Methode der Textauslegung und Literaturgeschichtsschreibung als gleichberechtigt, so verlagern sich in den Methodendarstellungen der 2. Hälfte des 20. Jhs. die Gewichte: Die philologische Methode wird dem Bereich der ,Präliminarien' zugeordnet, während die Textinterpretation ins Zentrum des Gegenstandsbereichs von ,Methode' gerät (z. B. Strelka).

Die in den 1970er Jahren einsetzende sogenannte Methodendiskussion verschärft die Polarität, die die Begriffsverwendung seit Etablierung der Disziplin bestimmt hat: Wissenschaft betreiben, d. h. auch Methodizität beanspruchen zu wollen und zugleich mit Hinweis auf die Besonderheit des Gegenstandes die Angemessenheit von Methoden im Sinne von (1) zu problematisieren. Mit dem Ziel, die Literaturwissenschaft zu präzisieren, rekurrieren verschiedene Gruppen von Forschern auf den wissenschaftstheoretischen Methodenbegriff (1) (↗ *Analytische Literaturwissenschaft*) und bestreiten die Methodizität literaturwissenschaftlicher Praxis (z. B. ↗ *Empirische Literaturwissenschaft*). Innerhalb der ‚weicheren‘ disziplininternen Standards wird ‚Methode‘ (3) und oft auch (4) in dieser Zeit auf ein breites Spektrum an Umgangsweisen mit literarischen Texten angewendet, dokumentiert in sogenannten ‚Methodenüberblicken‘ (s. Lit.). In den 1980er und 90er Jahren setzt sich diese polare Begriffsverwendung, z. T. durch wissenschaftsskeptische Tendenzen unterstützt, weiter fort.

Begriffskritisch kann ‚Methode‘ (1)−(3) als für Vorgehens- und Argumentationsweisen in der Literaturwissenschaft zu enge Bezeichnung angesehen werden: Diese Kritik − allerdings auch terminologische Verlegenheit − kann sich darin ausdrücken, daß der Begriff durch unspezifische Ausdrücke wie *Verfahren* oder *Vorgehen* ersetzt wird oder in Ausdrücken wie *Position, Richtung* (diese Ausdrücke oft auch für ‚Theorie‘), *Zielsetzung* u. a. ‚mitgemeint‘ ist (z. B. Wellbery). In theoretischen und Methoden reflektierenden Texten, z. B. in seit den späten 1980er Jahren wieder verstärkt verfaßten bzw. neuaufgelegten ‚Einführungen in die Literaturwissenschaft‘, dominieren jedoch weiterhin die Verwendungsweisen (2)−(4).

SachG: Wegen ihrer engen Verbindung mit literaturtheoretischen Konzeptionen verläuft die Sachgeschichte von Methode (3) parallel mit der Geschichte literaturwissenschaftlicher Theorien. Dabei lassen sich Methoden wegen ihres engen Gegenstandsbezugs grob über ihre jeweilige Fokussierung einer der drei Instanzen des Umgangs mit Literatur − Autor, Text, Leser − und die verschiedenen Kontexttypen klassifizieren, die als interpretationsrelevant gelten. Ihre Ablösung und ihr zeitliches Nebeneinander können so unter anderem als Folge unterschiedlicher literaturwissenschaftlicher Problemstellungen erklärt werden.

Mit dem von Scherer exemplarisch formulierten Ziel der Verwissenschaftlichung von Literaturgeschichtsschreibung und Einzelwerkanalyse wird in der 2. Hälfte des 19. Jhs. die biographische Methode etabliert, die im Rahmen positivistischer Literaturtheorie legitimiert ist (↗ *Positivismus*). Die Einheit von Leben und Werk vorausgesetzt, gilt der Textsinn als erschließbar über das Beschreiben und Erklären biographischer Kontextdaten.

Für das im Rahmen philosophischer ↗ *Hermeneutik*$_2$-Theorien (Schleiermacher, Dilthey) begründete hermeneutische Verfahren, das seit 1900, zunächst vor allem in seiner geistesgeschichtlichen Variante, dominiert, sind diese erklärenden Autor- und Kontextbezüge defizitär. Es zielt auf ein ganzheitliches Verstehen literarischer Werke ausgehend vom ↗ *Erlebnis* ab, unter Rückbindung an die Lebenszusammenhänge von Autor/Werk und Interpret. Literarische Texte werden historisch als Manifestationen von ‚Zeitgeist‘ (Dilthey) oder als Träger von Ideen mit tendenziell überzeitlichem Charakter (Unger) interpretiert. Von letzterer Position weicht die seit den 1930er Jahren vermehrt praktizierte existentielle Methode in erster Linie darin ab, daß sie die relevanten Kontexte auf Grundprobleme menschlicher Existenz einschränkt (Lunding).

Vertreter der ungefähr zeitgleichen, auf Goethe zurückgehenden morphologischen Methode arbeiten stärker textorientiert, wenn sie literarische Werke auf die ihnen zugrundeliegenden Gestaltgesetze hin untersuchen. Kontextselegierend wirkt dabei die Annahme, daß Texte als organische Gebilde natürlichen Objekten analog zu betrachten seien (Müller, Oppel).

Nicht zuletzt als Reaktion auf die Funktionalisierung der genannten kontextualisierenden Methoden durch die nationalsozialistische Wissenschaft wird in den 40er Jahren, und besonders nach 1945 in der westlichen Literaturwissenschaft, eine textzentrierte Methode etabliert: die im Rahmen der ↗ *Phänomenologischen Literaturwissenschaft* begründete ‚werkimmanente Methode‘ (↗ *Werkimmanente Interpretation*). In ihrer Konzentration auf den Text und das weitgehende Ausblenden historischer und sozialer Kontexte kann sie sich mit Verfahren der Stilforschung der 1920er und 30er Jahre verbinden (Walzel, Spitzer; ↗ *Wechselseitige Erhellung*).

In der DDR dagegen dominieren kontextzentrierte Methoden, die auf historisch-materialistischen Literaturkonzeptionen basieren und Literatur auf gesellschaftliche Situationen und sozialistische Ziele beziehen.

Im Zuge wissenschaftsgeschichtlicher („linguistic turn") und gesellschaftlicher Entwicklungen (68er-Bewegung) wird das Spektrum an Literaturkonzeptionen und Methoden in der BRD in den 1970er Jahren erweitert. Das Schlagwort *Methodenpluralismus* wird geprägt. Es kennzeichnet das Nebeneinander verschiedener Methoden als literaturwissenschaftlichen Ist-Zustand, der je nach Wissenschaftskonzept entweder als Tolerieren des Beliebigen resignativ in Kauf genommen oder als der Disziplin und ihrem Gegenstand angemessener Liberalismus emphatisch bejaht wird. Mit dem Ziel, die Textanalyse zu präzisieren, werden strukturalistische, linguistische und semiotische Theorien modifiziert und entsprechende Methoden erarbeitet, die Textmerkmale auf das Sprachsystem oder andere Zeichensysteme beziehen (↗ *Strukturalismus*, ↗ *Semiotik*); in der Absicht stärkerer gesellschaftlicher Kontextualisierung werden verschiedene soziologische Ansätze, z. T. in Anlehnung an historische Vorläufer der 1920er und 30er Jahre (Schücking, Mehring, Lukács), adaptiert und für Interpretation wie auch Literaturgeschichtsschreibung fruchtbar gemacht, indem Literatur auf verschiedenartige soziale Kontexte bezogen wird (z. B. ↗ *Ideologiekritik*, ↗ *Sozialgeschichte*, ↗ *Marxistische Literaturwissenschaft*). Auch autor-, text- und leserorientierte Varianten literaturpsychologischer Methoden werden in dieser Zeit weiter ausgebildet (↗ *Literaturpsychologie*). Die Unterschiede rezeptionsbezogener Methoden dokumentieren die ↗ *Rezeptionsästhetik*, die zur Analyse der Bedeutung literarischer Texte auf deren Rezeptionsgeschichte rekurriert, und die ↗ *Empirische Literaturwissenschaft*, die auf der Basis von ‚Methode' (1) Rezeptionsprozesse und -ergebnisse empirisch untersucht.

Auch einige der seit den 1980er Jahren verstärkt praktizierten ‚poststrukturalistischen' Umgangsweisen mit Literatur lassen sich im Sinne von (3) − wenn man die Bedingungen ‚verfahrenstechnische Annahmen' und ‚eingeführte Begriffe' weit faßt − als ‚Methoden post festum' bezeichnen; etwa die Kontextualisierungsstrategien der ↗ *Diskursanalyse* oder die textzentrierten Operationen der ↗ *Dekonstruktion*, theoriegeleitet und mit entsprechender Terminologie textuelle Randdaten zu fokussieren und Differenzen zu suchen.

ForschG: Liefern die wenigen Enzyklopädien der Literaturwissenschaft zwar Methodenreflexionen und vermitteln die ‚Methodenlehren' institutionalisierte Verfahrensweisen und Fragestellungen im akademischen Umgang mit Literatur, so setzt eine wenn auch eher sichtende Erforschung literaturwissenschaftlicher Methoden doch erst in den 1970er Jahren ein, und zwar meist in Form kommentierter ‚Methodenüberblicke' und vergleichender Darstellungen jeweils aktueller Methoden im Sinne von (2)−(4). Neuere, durchaus ähnliche Überblicke etwa über literaturwissenschaftliche „Vermittlungs-" und „Übersetzungsmodelle" (Pechlivanos u. a.), die ohne den Terminus *Methode* auskommen, dokumentieren die mithilfe poststrukturalistischer Theoreme begründete Variante der Methodenskepsis. Eine differenzierte, terminologisch präzise historisch-systematische Darstellung literaturwissenschaftlicher Methoden (1)−(4) steht noch aus. Sie hätte ein differenziertes Kriterienset zur Beschreibung von Methoden heranzuziehen: Zu berücksichtigen wären die Interpretationskonzeptionen, mit denen die Methoden jeweils verbunden sind, die als sinnvoll akzeptierten leitenden Fragestellungen, die unterschiedlichen Terminologien und Argumentationstypen sowie normative Annahmen darüber, wo welche Art von Information im literarischen Text zu suchen ist und welche Kontexte einbezogen werden dürfen.

Lit: Rainer Baasner: Methoden und Modelle der Literaturwissenschaft. Berlin 1996. − Wilhelm Dilthey: Das Erlebnis und die Dichtung. Berlin 1905. − Brigitte Flach, Werner Flach: Zur

Grundlegung der Wissenschaft von der Literatur. Bonn 1967. − Harald Fricke: Wieviele ‚Methoden‘ braucht die Literaturwissenschaft? In: H. F.: Literatur und Literaturwissenschaft. Paderborn 1991, S. 169−187. − Hans-Georg Gadamer: Wahrheit und Methode. Tübingen 1960. − Jürgen Hauff u. a.: Methodendiskussion. 2 Bde. Frankfurt 1972. − Reinhard Kamitz: Methode/Methodologie. In: Hb. wissenschaftstheoretischer Begriffe. Hg. v. Josef Speck. Bd. 2. Göttingen 1980, S. 429−433. − Manon Maren-Grisebach: Methoden der Literaturwissenschaft. München 1970. − Friedrich Nemec, Wilhelm Solms (Hg.): Literaturwissenschaft heute. München 1979. − Horst Oppel: Methodenlehre der Literaturwissenschaft. In: Stammler[2] 1, S. 39−82. − Leo Pollmann: Literaturwissenschaft und Methode. Frankfurt [2]1973. − Hermann Paul: Methodenlehre. In: Grundriß der germanischen Philologie. Hg. v. Hermann Paul. Bd. 1. Straßburg [2]1901, S. 159−247. − Miltos Pechlivanos u. a. (Hg.): Einführung in die Literaturwissenschaft. Stuttgart 1995. − Friedrich Rapp: Methode. In: Hb. philosophischer Grundbegriffe. Hg. v. Hermann Krings u. a. Bd. 4. München 1973, S. 913−929. − Gerhard Sauder: Fachgeschichte und Standortbestimmung. In: Erkenntnis der Literatur. Hg. v. Dietrich Harth und Peter Gebhardt. Stuttgart 1989, S. 321−343. − Joseph Strelka: Methodologie der Literaturwissenschaft. Tübingen 1978. − Werner Strube: Analytische Philosophie der Literaturwissenschaft. Paderborn 1993. − David E. Wellbery: Positionen der Literaturwissenschaft. München 1985. − Viktor Žmegač (Hg.): Methoden der deutschen Literaturwissenschaft. Frankfurt 1972, S. 7−12.

Simone Winko

Methodologie

Die Lehre von den Methoden.

Expl: *Methodologie* ist ein philosophisch-wissenschaftstheoretischer Terminus, der in die Einzeldisziplinen, so auch in die Literaturwissenschaft, übernommen worden ist und dort − wie auch in seiner Herkunftsdisziplin (vgl. Geldsetzer, Kamitz) − uneinheitlich verwendet wird. Die Begriffsverwendungen schwanken in der Breite des Gegenstandsbereichs, können den Aspekt der Lehre oder den der Forschung betonen und stärker normativ oder deskriptiv ausgerichtet sein. *Methodologie* kann bezeichnen:

(1) den Teil der allgemeinen Darstellung (a) der Wissenschaften insgesamt oder (b) einer Einzelwissenschaft, in dem die wissenschaftsspezifischen Methoden begründet und vermittelt werden (auch: *Methodenlehre*);

(2) die wissenschaftstheoretische Untersuchung von Methoden der Wissensgewinnung und der Erkenntnissicherung sowie -vermittlung, insbesondere ihrer Prämissen und Ziele sowie ihres wissenschaftlichen Status − (a) in den Wissenschaften allgemein, (b) in einer Einzelwissenschaft;

(3) jede theoretische Auseinandersetzung mit Methoden;

wobei jeweils die Methodenbegriffe variieren können (↗ *Methode,* ↗ *Literaturtheorie*).

Im Plural verwendet, bezeichnet der Begriff:

(4) methodologische Modelle, die in unterschiedlichen Wissenschaftskonzeptionen begründet sind und zueinander in Erklärungskonkurrenz treten.

Wichtig für die Literaturwissenschaft sind besonders (1b), (2b) und (3). Das stellt ein Problem dar: Während (1), (2) und (4) − wenn auch z. T. abweichend bestimmte − Termini technici sind, ist die weite Variante (3) ungeeignet, Klarheit über den nicht einfach abzugrenzenden Gegenstandsbereich des Begriffs zu bringen. Daher einschränkend:

(5) Nicht jede theoretische Aussage über eine Methode zählt bereits zur Methodologie; dies ist erst dann der Fall, wenn sie systematischer Teil eines Gesamtentwurfs der Wissenschaft und/oder in ein wissenschaftstheoretisches Modell eingebunden ist.

Eine terminologische Schwierigkeit, der mit einem solchen Vorschlag nicht abzuhelfen ist, stellt die adjektivische Verwendung des Begriffs dar. Nicht alle der häufig zu findenden Synonymverwendungen von *methodisch* und *methodologisch* lassen sich mit Bezug auf (5) korrigieren, da es außer Komposita kein Adjektiv zu *Methode* gibt, mit dem eindeutig auf die sprachliche Darstellung einer Methode Bezug genommen werden kann: So ist eine *methodische Aussage* eine Aussage, die sich durch Methodizität auszeichnet, und keine Aussage über Methoden; eine solche wird daher oft *methodologisch* genannt. Diesem Bezeichnungsproblem sollte mit größerer Genauigkeit in der Verwendung der Substantive begegnet werden.

Teilweise synonym mit *Methodologie* wird auch die Bezeichnung *Methodik* gebraucht, die jedoch zweckmäßiger für ein Set methodischer Regeln reserviert werden sollte, mit dem fachspezifische Arbeitstechniken vermittelt werden.

WortG: Aus griech. μέθοδος [méthodos] und λόγος [lógos], lat. *methodologia*. Der Begriff ist als Disziplinbenennung in der protestantischen Schulphilosophie entstanden und bezeichnet meist einen Teil der angewandten Logik (vgl. Geldsetzer). Im Lateinischen zuerst 1643 belegt, wird er um 1800 ins Deutsche übernommen (EWbD 2, 867). Eine eigenständige literaturwissenschaftliche Wortgeschichte für *Methodologie* gibt es nicht.

BegrG: Die Begriffsgeschichte von ‚Methodologie‘ steht vor dem Problem, daß der Begriff in der Literaturwissenschaft oftmals vermieden und durch schwächere Begriffe im Sinne von (3), etwa ‚Methodendiskussion‘ oder ‚-reflexion‘, ersetzt wird, die die Ähnlichkeit mit dem wissenschaftstheoretischen Konzept und die didaktischen Implikationen von ‚Methodenlehre‘ umgehen. Auch diese disziplintypischen Synonyme sind zu berücksichtigen, um das charakteristische breite Begriffsspektrum in der Literaturwissenschaft aufzeigen zu können.

In den frühen Methodenlehren wird der Begriff in Anlehnung an die philosophische Verwendung im Sinne von (1b) gebraucht. Boeckh z. B. bindet die Methodenlehre in die „Encyklopädie“ der Philologie ein, d. h. in die allgemeine Darstellung der philologischen Wissenschaft als Ganzes. Unter ‚Methodologie‘ wird hier der formale Teil der philologischen Wissenschaft verstanden, der die „Methode der Aneignung der Wissenschaft lehren“ soll (Boeckh, 48).

Diese Begriffsverwendung dominiert weiterhin, wird aber im Zuge der Emanzipationsbestrebungen der Geisteswissenschaften (Dilthey) anders gewertet. Als Folge der Vermeidung eines Methodenbegriffs, der zu

stark an naturwissenschaftlichen Disziplinen ausgerichtet zu sein scheint, wird auch kaum mehr von der *Methodologie* bzw. *Methodenlehre* der Literaturwissenschaft gesprochen, es sei denn in explizit um die Systematik des Faches bemühten Werken (z. B. Oppel).

In den Beiträgen zur Methodendiskussion der 1970er Jahre avanciert ‚methodologisch‘ zum Modebegriff; ‚Methodologie‘ wird in mindestens fünf neuen Varianten verwendet:

— im Sinne von (2b) z. B. bei Forschern, die Ansätze der neueren ↗ *Wissenschaftstheorie* aufnehmen (z. B. Groeben, Pasternack; ↗ *Analytische Literaturwissenschaft*);

— im Sinne von (1a), wenn es nicht um die Analyse von Erkenntnisprinzipien oder des Gegenstandsbereichs der Literaturwissenschaft, sondern um die „grundsätzliche Legitimation wissenschaftlichen Erkennens“ (Hauff u. a., 3) geht. Die Tendenz, in expliziter Abgrenzung von der logisch-wissenschaftstheoretischen Verwendung von ‚Methodologie‘ eine Metaebene einzunehmen, die ins Grundsätzlichere, aber auch Allgemeinere führt und für die keine Standards angegeben werden, ist charakteristisch für diese Begriffsvariante;

— in einer flexiblen, (1) bis (3) zulassenden Verwendung in dem Schlagwort von der „Methodologisierung der Literaturwissenschaft“ (z. B. Solms);

— im weiten Sinne von (3) in sogenannten Methoden-Überblicken, in denen literaturwissenschaftliche Methoden dargestellt und in Hinsicht auf ihre Prämissen und Ziele erörtert werden. Diese häufigste Begriffsverwendung kann sich neben (2b) in denselben Beiträgen finden (z. B. Hauff u. a.);

— noch weniger spezifisch kann der Begriff sogar auf die additive Präsentation methodenbezogener Quellentexte angewandt werden (z. B. Žmegač). Daneben kann *Methodologie* im Sinne von (1b) noch immer das „Gesamtsystem einer Wissenschaftslehre“ bezeichnen, die Prinzipien- und Methodenlehre einschließt (Strelka, XI). Diesem Bedeutungsspektrum haben spätere Verwendungen keine neuen Varianten hinzugefügt.

August Boeckh: Encyklopädie und Methoden-lehre der philologischen Wissenschaften. Leipzig 1877.

SachG: Die Sachgeschichte der Methodologie ist eine Geschichte der Versuche, in unterschiedlichen Problemsituationen ↗ *Literaturwissenschaft* als Wissenschaft zu begründen bzw. erneut zu legitimieren. Daher gibt es kaum deskriptive oder rekonstruierende, sondern in erster Linie normative Ansätze.

In den Methodenlehren des 19. Jhs. werden methodologische Begründungen und die Vermittlung von Methoden eingesetzt, um das Fach als eigenständiges zu etablieren, indem Aufbau und Argumentationsmuster philosophischer Methodenlehren übernommen und angepaßt werden. – Um sich gegen die Naturwissenschaften zu behaupten, wird in der 1. Hälfte des 20. Jhs. (Dilthey bis Gadamer) als eigenständige Erkenntnis-‚Methode‘ die hermeneutische Erkenntnis (in ihrer geistesgeschichtlichen Variante; ↗ *Hermeneutik₂*) propagiert. Anstelle von Methodologien im alten Sinne, die den Naturwissenschaften zugeordnet werden, finden sich zumeist Darstellungen des Gegenstandsbereichs mit Hinweisen zu philologischen Methoden und zur Methodik der ↗ *Interpretation* (z. B. Kayser). Dies ändert sich zu Beginn der 1970er Jahre, allerdings nicht in dem Maße, in dem die Methodendiskussion der ↗ *Germanistik* an Umfang zunimmt. Von methodologischem Interesse sind weniger die zahlreichen Einführungen in neue Methoden des Umgangs mit Literatur in Lehre und Forschung als vielmehr die theoretischen Entwürfe zum wissenschaftlichen Status der Literaturwissenschaft. Ihnen geht es darum, innerhalb des sich ausdifferenzierenden Spektrums wissenschaftlicher Disziplinen die Position der Literaturwissenschaft zu sichern, was über eine methodologische Fundierung des Faches auf unterschiedlichen Wegen erzielt werden soll: zum einen über den Anschluß an die Standards philosophisch-wissenschaftstheoretischer Methodologien (4), vor allem des Logischen Empirismus und Kritischen Rationalismus. So ist z. B. ein Hauptargument gegen die traditionelle hermeneutische Literaturwissenschaft, das mit zur

Etablierung des neuen Paradigmas der ↗ *Empirischen Literaturwissenschaft* geführt hat, ein methodologisches: die durch Personalunion von Leser und Forscher unumgängliche Subjekt-Objekt-Konfundierung (Groeben, 3 f.). Zum anderen wird an die hermeneutisch-geistesgeschichtliche Tradition angeknüpft (↗ *Geistesgeschichte*), wenn neuere verstehenstheoretische Ansätze (z. B. Habermas, Apel) zur methodologischen Begründung herangezogen werden.

Als eine Sondergruppe sind die überblicksartigen Darstellungen vorhandener Methoden zu nennen, die durchaus programmatisch mit Blick auf eine künftige Fundierung unternommen werden, diese aber selbst nicht leisten. Auch sie sind methodologisch normativ in dem Sinne, daß der beschreibbare Methodenpluralismus als der Disziplin einzig adäquat legitimiert und gegen einen Methodenmonismus abgesetzt wird (z. B. Maren-Grisebach, Hauff u. a.).

Als Reaktion auf die praktische Folgenarmut der methodologischen Entwürfe wird das Thema in den 1980er Jahren erneut vermieden. Im Zuge der Adaptation der Methodenkritik des ↗ *Poststrukturalismus*, etwa im Anschluß an Derrida, findet sich – ohne Bezugnahme auf Methodologien (4) – die Tendenz, das Bemühen um eine methodologische Fundierung der Disziplin als unangemessen abzulehnen.

ForschG: Statt einer kontinuierlichen Forschungstradition zur literaturwissenschaftlichen Methodologie gibt es nur vereinzelte Beiträge, meist von wissenschaftstheoretisch sozialisierten Forschern. Bezeichnend ist die Untersuchung Charpas zur Diskrepanz zwischen Methodologie der Wissenschaft allgemein und literaturwissenschaftlicher Praxis im besonderen, die zum Ergebnis kommt, daß sich die methodische bzw. argumentative Praxis der Literaturwissenschaft mithilfe philosophischer Methodologien nicht angemessen rekonstruieren lasse. Als Reaktion auf diesen Befund die ‚Methodologisierung‘ der Disziplin in einem technischeren Sinne als in den 1970ern zu fordern, ginge an den ‚weichen Standards‘ der Literaturwissenschaft vorbei; statt dessen bleibt der methodologischen Forschung eine − kleinschrittiger vorgehende − sichtende Bestandsaufnahme und Rekonstruktion literaturwissenschaftlicher Methoden nicht allein in ihren Rahmentheorien, sondern vor allem mit ihren praktischen Differenzen: Typische Weisen der Erkenntnissicherung und -vermittlung, Probleme der literaturwissenschaftlichen ↗ *Terminologie* sowie Argumentations- und Plausibilitätsstandards sind noch weitgehend unerforscht (vgl. Strube).

Lit: Ulrich Charpa: Methodologie der Wissenschaft: Theorie literaturwissenschaftlicher Praxis? Hildesheim u. a. 1983. − Lutz Danneberg, Hans-Harald Müller: Verwissenschaftlichung der Literaturwissenschaft. In: Zs. für allgemeine Wissenschaftstheorie 10 (1979), S. 162−191. − L. D.: Methodologien. Berlin 1989. − Dieter Freundlieb: Zur Wissenschaftstheorie der Literaturwissenschaft. München 1978. − Lutz Geldsetzer: Methodologie. In: HWbPh 5, Sp. 1379−1386. − Heide Göttner, Joachim Jacobs: Der logische Bau von Literaturtheorien. München 1978. − Norbert Groeben: Rezeptionsforschung als empirische Literaturwissenschaft. Kronberg 1977. − Jürgen Hauff u. a.: Methodendiskussion. 2 Bde. Frankfurt 1972. − Reinhard Kamitz: Methode/Methodologie. In: Hb. wissenschaftstheoretischer Begriffe. Hg. v. Josef Speck. Bd. 2. Göttingen 1980, S. 429−433. − Kayser. − Jürgen Klein: Beyond hermeneutics. Zur Philosophie der Literatur- und Geisteswissenschaften. Essen 1985. − Manon Maren-Grisebach: Methoden der Literaturwissenschaft. München 1970, ⁴1976. − Gerhard Pasternack: Theoriebildung in der Literaturwissenschaft. München 1975. − Horst Oppel: Methodenlehre der Literaturwissenschaft. In: Stammler² Bd. 1, S. 39−82. − Tadeusz Pawlowski: Methodologische Probleme in den Geistes- und Sozialwissenschaften. Braunschweig 1975. − Wilhelm Solms: Die Methodologisierung der Literaturwissenschaft. In: Literaturwissenschaft heute. Hg. v. Friedrich Nemec und W. S. München 1979, S. 9−50. − Axel Spree: Kritik der Interpretation. Paderborn 1995. − Joseph Strelka: Methodologie der Literaturwissenschaft. Tübingen 1978. − Werner Strube: Analytische Philosophie der Literaturwissenschaft. Paderborn 1993. − Christian Timm: Gibt es eine Fachsprache der Literaturwissenschaft? Frankfurt 1992. − Christian Wagenknecht (Hg.): Zur Terminologie der Literaturwissenschaft. Stuttgart 1989. − Viktor Žmegač (Hg.): Methoden der deutschen Literaturwissenschaft. Frankfurt 1972.

Simone Winko

Metonymie

Ein im übertragenen Sinne gebrauchter sprachlicher Ausdruck, der mit dem Gemeinten durch eine Beziehung der faktischen Verknüpfung zu verbinden ist.

Expl: Metonymische Sprachverwendung ist ein universell zu beobachtendes − freilich stets im Schatten metaphorischer Sprachverwendung stehendes − Verfahren der Überschreitung konventioneller Ausdruck-Inhalt-Zuordnungen. Im Rahmen pragmatischer Sprachanalyse läßt sich solche ↗ *uneigentliche* Rede − analog zu indirekten Sprechakten − als eine Divergenz von geregelter lexikalischer Bedeutung des Sprachzeichens und aktuellem Inhalt des Redezeichens charakterisieren. Die durch dieses weithin konventionelle Verfahren gebildete (und ihrerseits in festen Wendungen konventionalisierbare) Metonymie hat in ihrem bestimmten Äußerungszusammenhang eine ↗ *Referenz*, die nicht in den üblichen Bedeutungsspielraum des verwendeten Sprachzeichens (bzw. Sprachzeichen-Komplexes) gehört, sondern nach Maßgabe von *Co-Text* und ↗ *Kontext* (unter Einschluß situativer Faktoren sowie des ‚gemeinsamen Wissens' von Sprecher und Hörern) und der rekonstruierbaren Sprecher-Intention aus einem Teil seiner Inhaltselemente erschlossen werden muß. Hierbei nicht verwendete Inhaltselemente können − wiederum nach Maßgabe des Kontexts und der Sprecher-Intention − als metonymische ↗ *Konnotationen* wirksam sein.

[Terminologisches Feld:]

Im Unterschied zur ↗ *Metapher* sind bei der Metonymie die usuelle Bedeutung des Sprachzeichens (bzw. die durch ‚Monosemierung' ausgewählte Lesart) und das ad hoc damit Bezeichnete dem gleichen ‚Wirklichkeitsbereich' zugeordnet. Während in der SYNEKDOCHE eine Teil-Ganzes-Beziehung zugrundeliegt (bei der ‚partikularisierenden Synekdoche' als PARS PRO TOTO, oder aber als ‚totum pro parte' bei der ‚generalisierenden Synekdoche'), sind lexikalische und aktuelle Bedeutung einer reinen Metonymie durch eine unterstellte externe Nachbarschaftsrelation (*Kontiguität*, ↗ *Äquivalenzprinzip*) miteinander verbunden.

Die ANTONOMASIE (lat. *pronominatio*) gehört zum gleichen Umfeld. Gemäß der ‚Rhetorica ad Herennium' (4, 31, 42): „quae sicuti cognomine quodam extraneo demonstrat id, quod suo nomine non potest appellari" (‚sie zeigt mit einem gleichsam äußerlichen Beinamen dasjenige an, was man nicht mit seinem eigenen Namen benennen kann'); entsprechend auch Quintilians Bestimmung der *Antonomasie* (8, 6, 29). Seit Vossius (II. 4, 10, 3–5) bezeichnet dieser Ausdruck generell eine der Metonymie nahestehende Spielart uneigentlicher Rede, bei der Individuen-Namen und Allgemeinbegriffe wechselseitig durcheinander vertreten werden können – also ein Eigenname durch ein prominentes Merkmal („philosophus" statt *Aristoteles*) oder ein allgemeines Merkmal durch einen seiner typischen Vertreter („ein Quisling" statt *Kollaborateur*: ‚Vossianische Antonomasie').

WortG: Das Wort *Metonymie* geht zurück auf griech. μετονομάζειν [metonomázein] ‚umbenennen', ‚neu benennen', ‚Namen vertauschen'. Als zugehöriges Nomen ist im klassischen Griechisch allerdings nicht μετωνυμία [metonymía], sondern μετονομασία [metonomasía] belegt (und dies nur in rhetorisch unspezifischem Zusammenhang, wie etwa in Herodots sprachgeschichtlichen Herleitungen bestimmter Wörter).

Abgesehen von Tryphonos (‚Peri tropon' 195, 19 f.) ist *Metonymia* erst in lat. Rhetoriken als terminus technicus belegt. So spricht Quintilian (8, 6, 23) von der „metonymia, quae est nominis pro nomine positio" (‚Metonymie, d. h. die Setzung einer Benennung für eine [andere] Benennung') und verweist dafür auf Ciceros ‚Orator' (27, 93): „hanc ὑπαλλαγήν rhetores, quia quasi summutantur verba pro verbis, μετωνυμίαν grammatici vocant, quod nomina transferuntur" (‚diese bezeichnen die Rhetoriker als *Hypallagé* [‚Verwechslung', ‚Veränderung'], weil gewissermaßen Wörter für Wörter vertauscht werden, die Grammatiker als *Metonymía*, weil die Benennungen übertragen werden'). Neben der lat. ist im 18. Jh. bereits die eingedeutschte Wortform üblich (z. B. Zedler 20, 1367).

BegrG: Wie sie in der Aristotelischen ‚Poetik' und ‚Rhetorik' überhaupt nicht erwähnt wird, so findet die Metonymie in der an sie anschließenden Tradition bis in die jüngste Vergangenheit ein ungleich geringeres theoretisches Interesse als die Metapher. Und zwar wohl deswegen, weil dem metonymischen Bezug im Unterschied zum metaphorischen ein äußerliches und kontingentes Moment anhaftet, das sich auch in der terminologischen Unschärfe der Metonymie niederschlägt. So wird sie in der ‚Rhetorica ad Herennium' (4, 32, 43) *denominatio* genannt, „quae ab rebus propinquis et finitimis trahit orationem qua possit intellegi res, quae non suo vocabulo sit appellata" (‚sie bezieht von naheliegenden und verwandten Dingen ihren sprachlichen Ausdruck, mit dem man diejenige Sache zu verstehen gibt, die man nicht mit ihrer eigenen Bezeichnung benannt hat'). Cicero aber gebraucht für sie neben dem griech. Ausdruck μετωνυμία [metonymía] die wenig spezifischen lat. Entsprechungen *traductio* (‚Versetzung', ‚Vertauschung') oder *immutatio* (‚Veränderung', ‚Vertauschung'; ‚De Oratore' 3, 42, 167) oder spricht auch von *mutata verba* (‚veränderte Wörter'), „in quibus pro verbo proprio subicitur aliud, quod idem significet sumptum ex re aliqua consequenti" (‚bei denen für den eigentlichen Ausdruck ein anderer eingesetzt wird, der dasselbe bezeichnen soll und aus einem eng zusammenhängenden Begriff stammt'; ‚Orator' 27, 92). Analog dazu sind im Deutschen erfolglos verschiedene Lehnbildungen vorgeschlagen worden: „Vernennung" (Harsdörffer 1644–49, V. 377; so auch Schottelius, 1248), „*Veränderung* (Metonymia)" (Harsdörffer 1648–53, 3, 56; ähnlich Gottsched AW VII. 1, 310: „Namenänderung"), „Namenlehn" (Longolius, 79; so auch Gottsched AW VI. 1, 331 sowie VII. 1, 313) oder „Namenwechsel" (Gottsched, ebd.; ebenso Lindner, 27).

Tatsächlich sind mögliche Aspekte (räumliche, zeitliche, kausale, begrifflich verallgemeinernde, konventionelle etc.; 15-teilige Typologie bereits 1739 in Zedler 20, 1367–1369), unter denen sich ein metonymischer Nachbarschaftsbezug herstellen läßt, von vornherein kaum einschränkbar (nach Lausberg ²1963, 68–77, handelt es sich bei allen hier behandelten Spielarten um bloße „Grenzverschiebungs-Tropen"); hingegen impliziert der metaphorische Ähnlichkeitsbezug eine Identität der betroffenen partiellen Begriffsmerkmale, bei gleichzeitiger Differenz der generellen Begriffsbereiche („Sprung-Tropen" nach Lausberg ²1963, 79 f.).

In diesem Sinne ist die Metonymie einerseits weit weniger dazu geeignet, sich zu einem prägnanten sprachlichen Ausdruck zu verdichten, wie sie andererseits kaum Anlaß zu sprachphilosophischen oder literaturtheoretischen Grundsatzüberlegungen geboten hat. Dies hat sich erst durch Jakobson (s. u.) und durch die ‚Kognitive Linguistik' geändert, für die die Metonymie einen prominenten Typ von ‚category extension' darstellt (vgl. Taylor, 122−130).

Johann Christoph Gottsched: Ausgewählte Werke [= AW]. 12 Bde. Hg. v. P. M. Mitchell. Berlin 1968−87. − Georg Philipp Harsdörffer: Frauenzimmer Gesprechspiele. 8 Teile. Nürnberg 1644−49. − G. Ph.H.: Poetischer Trichter. 3 Teile. Nürnberg 1648−53. − Heinrich Lausberg: Elemente der literarischen Rhetorik. München ²1963. − Johann Gotthelf Lindner: Anweisung zur guten Schreibart. Königsberg 1755. − Johann Daniel Longolius: Einleitung zu gründlicher Erkäntniß einer jeden, insonderheit aber Der Teutschen Sprache. Bautzen 1715. − Justus Georg Schottelius: Ausführliche Arbeit von der teutschen HauptSprache. Braunschweig 1663. − Tryphonos: Περί τρόπον [Perí trópon]. In: Rhetores graeci. Hg. v. Leonard Spengel. Bd. 3. Leipzig 1856, S. 189−256. − Gerardus Ioannes Vossius: Commentariorum Rhetoricorum, sive Oratoriarum institutionum libri sex. Leiden 1630, ⁴1643.

ForschG: Gegenüber der älteren rhetorischen Tradition hat Jakobson in seiner ↗ *Linguistischen Poetik* eine entschiedene Aufwertung der Metonymie (unter Einschluß der Synekdoche) als Gegenpol zur Metapher vorgenommen. Ausgangspunkt hierfür ist eine sowohl an der rhetorischen Tradition wie an seinem eigenen Zwei-Achsen-Schema der Sprache orientierte Definition beider ↗ *Tropen₂* als „an assignment of a signans to a secondary signatum" (Jakobson 2, 355) − mit der Differenz: „the internal relation of similarity (and contrast) underlies the metaphor; the external relation of contiguity (and remoteness) determines

the metonymy" (232). Außer in der poetischen Sprachverwendung hat Jakobson diese vor allem bei seinen Aphasie-Studien verschiedener Formen des Sprachabbaus beobachtet, in denen es im Extremfall zu einem Ausfall bzw. zu krankhaftem Übermaß einer der beiden Tropen kommt: „Of the two polar figures of speech, metaphor and metonymy, the latter, based on contiguity, is widely employed by aphasics whose selective capacities have been affected. [...] Such metonymies may be characterized as projections from the line of a habitual context into the line of substitution and selection" (250).

Jakobsons sprachtheoretische Generalisierung beider Tropen zu einem Gegensatz von similaritätsorientiertem „*metaphoric* way" und kontiguitätsorientiertem „*metonymic* way", und zwar „on any verbal level − morphemic, lexical, syntactic, and phraseological" (254 f.), hat literaturtheoretische Wurzeln: in seinen „Randbemerkungen zur Prosa des Dichters Pasternak" (1935; Jakobson 5, 421−432). Ähnlich wie hier hat Jakobson später den ‚metonymischen Weg' mit der Prosa, der realistischen Schreibweise und der kubistischen Gegenstandszerlegung sowie entsprechenden Filmtechniken, ja selbst noch mit der ‚kontagiösen Magie' Frazers und der ‚Verdrängung' und ‚Verdichtung' in Freuds ‚Traumdeutung' assoziiert (Jakobson 2, 255−259) und damit weiteren Generalisierungen im französischen ↗ *Strukturalismus* (z. B. Lévi-Strauss, Genette, Ruwet) wie in ↗ *Poststrukturalismus* (z. B. de Man) und ↗ *New Historicism* (z. B. White) den Weg bereitet.

Spricht etwa Lacan vom „jeu signifiant de la métonymie" (dem ‚signifikanten Spiel der Metonymie'; Lacan, 517), so meint er damit − direkt an Jakobson anknüpfend − die sprachliche Grundoperation der „connexion" (‚Verknüpfung'; ebd. 506 f.) und als deren Resultat die (vor allem in der Dichtung zu vernehmende) ‚Polyphonie' der Signifikanten, die ihnen aus ihren verschiedenen Verwendungskontexten zuwächst.

Lit: Willard Bohn: Roman Jakobson's theory of metaphor and metonymy: An annotated bibliography. In: Style 18 (1984), S. 534−550. − Marc Bonhomme: Linguistique de la métonymie. Bern 1987. − Hugh Bredin: Roman Jakobson on metaphor and metonymy. In: Philosophy and literature 8 (1984), S. 89–103. – H. B.: Metonymy. In: Poetics today 5 (1984), S. 45–58. – Kenneth Burke: Four master tropes. In: K. B.: A grammar of motives. Englewood Cliffs, N. J. 1945, S. 503–517. – Jacques Dubois u. a.: Allgemeine Rhetorik. München 1974. – Gérard Genette: Métonymie chez Proust. In: G. G.: Figures III. Paris 1972, S. 41–63. – Raymond W. Gibbs, Jr.: The poetics of mind. Cambridge 1994. –Louis Goossens: By word of mouth. Metaphor, metonymy and linguistic action in a cognitive perspective. Amsterdam 1995. – Wolfram Groddeck: Reden über Rhetorik. Frankfurt 1995 [hier S. 233–248]. – Michel LeGuern: Sémantique de la métaphore et de la métonymie. Paris 1973. – Albert Henry: Métonymie et métaphore. Paris 1971. – Heike Hülzer: Die Metapher. Münster 1987 [bes. S. 187–199]. – Roman Jakobson: Selected writings. Den Haag, Paris 1962 ff. – Jacques Lacan: Écrits. Paris 1966 [bes. S. 493–528]. – Claude Lévi-Strauss: La pensée sauvage. Paris 1962. – David Lodge: The modes of writing. Metaphor, metonymy, and the typology of modern literature. London 1977. – Paul de Man: Allegories of reading. New Haven, London 1979. – Robert J. Matthews, Wilfried ver Eecke: Metaphoric-Metonymic polarities: A structural analysis. In: Linguistics 67 (1971), S. 34–53. – Floyd Merrell: Of metaphor and metonymy. In: Semiotica 31 (1980), S. 289–307. – Christian Metz: Métaphore / Métonymie, ou le referent imaginaire. In: Ch.M.: Le signifiant imaginaire. Paris 1977, S. 177–371. – Guy Rosolato: L'oscillation métaphoro-métonymique. In: Topique 13 (1973), S. 75–99. – Maria Ruegg: Metaphor and metonymy: The logic of structuralist rhetoric. In: Glyph 6 (1979), S. 141–157. – Nicolas Ruwet: Synekdochen und Metonymien [1975]. In: Theorie der Metapher. Hg. v. Anselm Haverkamp. Darmstadt ²1996, S. 253–282. – Leon Surette: Metaphor and metonymy: Jakobson reconsidered. In: University of Toronto Quarterly 56 (1986), S. 557–574. – John R. Taylor: Linguistic categorization. Oxford ²1995. – Friedrich Ungerer, Hans-Jörg Schmid: An introduction to cognitive linguistics. London, New York 1996 [bes. S. 114–155]. – Sigrid Weigel: ‚Das Weibliche als Metapher des Metonymischen'. In: Kontroversen, alte und neue. Hg. v. Albrecht Schöne. Tübingen 1986. Bd. 6, S. 108–118. – Harald Weinrich: Zur Definition der Metonymie und zu ihrer Stellung in der rhetorischen Kunst. In: Text-Etymologie. Fs. Heinrich Lausberg. Hg. v. Arnold Arens. Stuttgart 1987, S. 105–110. – Hayden White: Metahistory [1980]. Frankfurt 1991.

Hendrik Birus

Metrik

Wissenschaft von den Regeln oder den Prinzipien des Verses.

Expl: Der Begriff ist mehrdeutig. Er bezeichnet im einzelnen: (1) die wissenschaftliche Disziplin, die sich mit der systematischen und historischen Beschreibung der strukturellen Charakteristika von Versen befaßt (VERSTHEORIE); (2) das Inventar der metrischen Einheiten sowie der prosodischen und versifikatorischen Regeln einer Sprache (Verssystem); (3) die Darstellung von (2) in normativer oder deskriptiver Absicht (Verslehre); (4) die metrische Praxis eines Dichters oder einer Epoche (Verskunst) bzw. (5) die Darstellung derselben.

Auch der Grundbegriff METRUM wird in verschiedenen Bedeutungen gebraucht, so: (A) als allgemeines Prinzip der Versstrukturierung; (B) als metrisches System bzw. als Versifikationstyp (quantitierendes, syllabisches, alternierendes, akzentuierendes, taktierendes, fußmessendes Metrum), ↗ *Prosodie*; (C) als spezifische Unterart von (B) (jambisches, trochäisches Metrum); (D) innerhalb von (C) als ein spezifisches metrisches Schema (jambischer Fünfheber, trochäischer Vierheber); (E) innerhalb der Fuß-Metrik als metrischer Baustein: *metron* oder ↗ *Versfuß* (↗ *Versmaß*).

Weiter lassen sich verschiedene Konzeptualisierungen des Begriffs ‚Metrum' unterscheiden: (a) in der linguistisch fundierten (Paul, 94), insbesondere der strukturalistischen und Generativen Metrik (↗ *Generative Poetik*) das abstrakte Schema (in traditionellerer Ausdrucksweise: ‚metrischer Rahmen', ‚Gerippe' oder ‚Grundmaß'; Arndt, 44), das in metrischer Notation wiedergegeben werden kann – etwa für den jambischen Fünfheber als Folge von Senkung (W = weak) und Hebung (S = strong):

W S W S W S W S W S (W)

bzw. traditionell:

v - v - v - v - v - (v)

– und das jeweils einzelsprachlich zu realisieren ist; (b) für den in diesem Metrum Schreibenden die mentale Größe (‚verse design', s. unten), die seine Sprachgebung beeinflußt; (c) in der russischen Metrik-Tradition die ideale Norm mit dem Komplementärbegriff ,Rhythmus', der hier die konkrete sprachliche Realisierung bezeichnet, die (fast) immer in einer Spannungsbeziehung zum Metrum steht; (d) der beim Rezipienten psychisch wirksame rhythmische Impuls, der, einmal in Gang gesetzt, seine Wahrnehmung von Versen steuert, selbst wenn das sprachliche Material nicht völlig damit konvergiert.

Den empirischen Gegenstand der Metrik bilden metrisch geregelte Verse. Damit ist die Metrik eine Grundlagendisziplin der ↗ *Literaturwissenschaft,* insbesondere der ↗ *Poetik.* Da sie es immer mit sprachlichen, zumal prosodischen Strukturen zu tun hat, ist ihre eigene Grundlagendisziplin die Linguistik. Insoweit der Vers Eigenschaften hat, die auch in anderen Künsten eine Rolle spielen (Ordnung, Symmetrie, Proportion, Periodizität, Rhythmus), ist die Metrik Teil der ↗ *Ästhetik;* insoweit die formalen Strukturen selbst Zeichencharakter haben, auch der ↗ *Semiotik.*

In Abhängigkeit von der leitenden Fragestellung und dem gewählten empirischen Gegenstandsbereich läßt sich die Metrik wie folgt untergliedern: Die Theoretische Metrik befaßt sich mit der Struktur und Funktion von Versen allgemein. Demgegenüber ist der Gegenstandsbereich der Deskriptiven Metrik auf ein bestimmtes Korpus aus einer oder mehreren Einzelsprachen beschränkt, wobei innerhalb einer Einzelsprache wiederum eine Eingrenzung auf eine bestimmte Sprachstufe, eine Epoche, einen bestimmten Versifikationstyp, einen Dichter oder einen Ausschnitt aus seinem Schaffen vorgenommen werden kann. Wird innerhalb des Korpus unter historischen und/oder systematischen Gesichtspunkten zwischen verschiedenen Teilkorpora unterschieden, sprechen wir von Historischer (Kayser, Breuer) bzw. Vergleichender (Komparativer) Metrik (Bjorklund, Gasparov).

Zur Metrik gehört nicht nur im engeren Sinn die Beschreibung derjenigen metrischen Einheiten, die ,gemessen' und zu größeren Einheiten zusammengefügt werden, sondern im weiteren Sinn auch die Beschreibung der Strophen- und Gedichtformen (z. B. Schlawe, Frank) sowie der Klangelemente wie ↗ *Reim,* ↗ *Alliteration,* ↗ *Assonanz,* die Teil der metrischen Struktur eines Textes sein (wie der Stabreim im altgermanischen Vers oder der Reim im Knittelvers), aber auch nur lokale, metrisch fakultative Strukturen bilden können. Metrik im weiteren Sinne hat den Vers in seiner spezifischen Strukturiertheit zum Gegenstand und muß sich daher auch mit dem Material, das in diese Strukturiertheit gebracht wird, und den Regeln oder Prinzipien, nach denen dies geschieht, befassen.

Im Unterschied zu anderen Künsten ist das Material der Poesie, die Sprache, keine form- und bedeutungslose Masse, sondern ein System, das selbst Form und Bedeutung hat. Dieses primäre sprachliche System wird überlagert von einem sekundären metrischen System, das sich zwar im sprachlichen realisiert, dessen Einheiten und Verknüpfungsregeln aber nicht-sprachlicher Natur sind. Daher sind sprachliche und metrische Einheiten strikt voneinander zu unterscheiden. Metrische Systeme unterscheiden sich von sprachlichen erstens durch die Reduzierung sprachlicher Vielfalt auf binäre Oppositionen (z. B. Hebung – Senkung, Länge – Kürze) und zweitens durch die periodisch organisierte Anordnung ihrer Einheiten in Vers, Strophe, Gedicht. Zwar gibt es prototypische Entsprechungen zwischen beiden Systemen wie Vers – Satz, Halbvers – syntaktische Phrase, Versfuß – Wort, Silbe – metrische Position, Hebung – betonte Silbe und Senkung – unbetonte Silbe, aber keine Identität (↗ *Enjambement,* ↗ *Hebung*). Metrische Systeme selektieren aus dem sprachlichen bestimmte prosodische Phänomene und formen sie zu einem neuen, ästhetisch dominierten System, das auf den Prinzipien der Repetition bzw. *Rekurrenz* (↗ *Äquivalenzprinzip*) aufbaut (Küper 1993).

Metrische Strukturiertheit kann mindestens die folgenden Funktionen haben, die einander nicht notwendig ausschließen: die ↗ *Poetische Funktion,* die u. a. darin besteht, den Text von Prosa zu unterscheiden und die Aufmerksamkeit des Rezipienten auf die spezifische Textstruktur selbst zu lenken; die semantische Funktion, und zwar entweder global qua Gedicht- bzw. Versform (intertextuelle Funktion) oder lokal, resultierend aus der Interrelation einer metrischen Form mit ihrer konkreten sprachlichen Füllung (ikonische oder mimetische Funktion); die rhythmische Funktion (↗ *Rhythmus*), die im Extremfall bis zur hypnotischen gesteigert sein kann; die mnemotechnische Funktion (vor allem bei Gebrauchstexten wie ↗ *Merkversen*, Reklamesprüchen und in der ↗ *Lehrdichtung*, aber auch bei sakralen Texten zum Schutz vor Verstümmelung).

WortG: Das Wort *Metrik* geht zurück auf lat. *(ars) metrica,* das wiederum eine Übersetzung von griech. μετρική τέχνη [metriké téchne] ‚die Kunst des Messens‘ (abgeleitet von μέτρον [métron] ‚Silben-‘ bzw. ‚Versmaß‘) ist. Im Deutschen ist es in der lat. Form *Metrica* seit dem 16. Jh. belegt, in der eingedeutschten Form *Metrik* seit dem 18. Jh. (Schulz-Basler 2, 108).

BegrG/SachG: Sowohl BegrG als auch SachG der europäischen Metrik sind im wesentlichen der antiken Tradition verhaftet. Das betrifft nicht nur die Terminologie und die Art der Notation, sondern auch Methode und Gegenstand: Die Disziplin Metrik steht von Beginn an im Spannungsfeld von Metrum und Rhythmus. Während die eine, insbesondere durch die griechischen Grammatiker vertretene Gruppe, die μετρικοί [metrikoí], die Unterscheidung zwischen langen und kurzen Silben und die Gleichsetzung von einer langen mit zwei kurzen zur Grundlage der Metrik machte, wollten die eher musiktheoretisch orientierten ρυθμικοί [rhythmikoí], vertreten z. B. durch Aristoxenos von Tarent und später Augustinus, die Längen und Kürzen noch genauer bestimmen. Für erstere war der Vers ein primär strukturell-metrisches, für letztere ein primär rhythmisches und damit temporales Phänomen (für weitere Einzelheiten ↗ *Prosodie*).

Dieser grundsätzliche Gegensatz durchzieht die europäische Metrik-Geschichte bis in die Gegenwart. Den metrischen Ansatz verkörpern die normativen Metriken bis hin zu Opitz; auch Moritz und Voß sowie die mit Lachmann einsetzende Richtung der Historisch-deskriptiven Metrik sind ihm zuzuordnen, ebenso die für den Zeitraum von der Mitte des 19. Jhs. bis in die ersten Jahrzehnte des 20. Jhs. typischen positivistischen Detailuntersuchungen, die die Poetizität der Texte häufig aus den Augen verloren, so daß z. B. Walzel die Metrik als „niedere Mathematik" bezeichnete und monierte, daß „zwischen der Poetik und der Metrik meist eine große Lücke" klafft (Walzel, 185).

Die Wiederbelebung der rhythmischen Position im 19. Jh. (Verwey, 5: „Metrum ist nichts, Rhythmus ist alles") hatte mehrere Gründe: (1) die Neuinterpretation der antiken Rhythmuslehre, z. B. durch Hermann und Westphal, denen zufolge jedem Rhythmus Taktgleichheit zugrunde liegt; (2) Versuche, jeder Silbe im Vers einen exakten, durch musikalische Notation ausgedrückten Zeitwert zuzuordnen; (3) experimentalphonetische Messungen von Versrezitationen (Brücke), bei denen isochrone Abstände zwischen den betonten Silbengipfeln festgestellt wurden. Damit wurde der Taktbegriff in die Metrik übernommen (so schon 1886 von Schmeckebier) und vor allem von Heusler in seinem monumentalen und in der deutschen Metrik bis heute nachwirkenden Werk (1925–1929) allen Versen übergestülpt, obwohl schon Minor (1902) gewichtige Gegenargumente vorgebracht hatte: (1) Metrik kann und darf nicht durch Rhythmik ersetzt werden, sie stehen sich „wie Poesie und Musik gegenüber" (Minor, 16); (2) den eigentlichen Reiz der Verse macht ihre doppelte Strukturiertheit, „der Worte nach dem Sinn" und „der Silben nach dem Rhythmus", aus (ebd., 19); (3) bei alternierenden Versen spielt die ‚Taktdauer‘ ohnehin keine Rolle (ebd., 13); (4) die experimentalphonetischen Messungen sagen nichts über Metrum und Rhythmus der Verse aus, sondern nur über die jeweilige Rezitation (ebd., 57).

Trotzdem wurde bei Saran dann vollends die kunstgemäße Rezitation zum primären Gegenstand der Metrik. Dieser Ansatz wurde jedoch von der neueren Verstheorie, die seit der Mitte des 20. Jhs. entscheidende Impulse von der Linguistik erhielt, verworfen. Jakobson unterschied zwischen dem ‚verse design', dem Metrum, und den ‚verse instances', den sprachlichen Realisierungen des Metrums, die wiederum durch verschiedene ‚delivery instances', Rezitationen, akustisch realisiert werden können. Der Rezitator kann dabei zwischen unterschiedlichen ‚delivery designs', Rezitationsstilen, wählen, und zwar zwischen den Extremen des reinen Skandierens und der prosaartigen Wiedergabe (in neueren Inszenierungen von Blankversdramen der bevorzugte Stil); dabei favorisieren die meisten Metriker einen Stil, der beiden Komponenten, der sprachlichen wie der metrischen, gerecht wird (z. B. Minor, 20−26).

Ein weiterer Einfluß der Linguistik auf die Metrik ergab sich aus der Anwendung des von Trager/Smith (1951) begründeten vierstufigen Akzentsystems zunächst auf englische, dann auch auf deutsche Verse (Wagenknecht). Sie erlaubte es, das abstrakte metrische Schema eines Verses mit der tatsächlichen Akzentverteilung im Vers zu vergleichen und die metrische ‚Spannung' exakt festzustellen. Mit dem Paradigmenwechsel von der strukturellen Linguistik zur Generativen Transformationsgrammatik entstand die Generative Metrik. Sie erhob von Beginn an (Halle/Keyser 1966) den Anspruch, über ein explizites, formales und deskriptiv wie explanativ adäquates Regelsystem zu verfügen, mit dem alle metrischen und nur die metrischen Verse einer Sprache erzeugbar (generierbar) sein sollten und mit dem sich darüber hinaus auch die Komplexität von Versen, d. h. der Grad der prosodischen Abweichung eines Verses von seinem metrischen Schema, genau bestimmen ließe − ein Aspekt, der von Küper (1988, 176−252) weiterverfolgt wurde.

Im Unterschied zum bloßen Auflisten unverbundener (und auch nicht weiter begründeter) einzelner ‚Lizenzen' präsentierte die Generative Metrik ein geschlossenes System, in dem diese Fälle nicht mehr als Abweichungen erscheinen, sondern, da von den Regeln generiert, als durchaus metrisch konforme Realisierungen des Schemas. Allerdings führten Inadäquatheiten der Regelformulierung zu immer neuen, revidierten Modellen (z. B. Magnuson/Ryder, Chis-

holm, Bjorklund, Kiparsky 1975 mit einer eigenen Regel für die Einsilber) bis zur Anwendung der sogenannten ‚metrischen Phonologie', die in Umkehrung des üblichen Verfahrens ihre Begriffe von der Metrik entlieh, auf die englische Metrik durch Kiparsky 1977. Die deutsche Metrikforschung zeigte sich gegenüber diesen Impulsen äußerst reserviert; eine nennenswerte Ausnahme stellt Barsch (1991) dar, der diesen Ansatz auf deutsche Gedichte anwandte.

Aufbauend auf den Arbeiten von Jakobson und Lotman (↗ *Äquivalenzprinzip,* ↗ *Poetische Funktion*) entwickelte Küper (1988 und 1993) einen neuen Ansatz, nach dem das metrische (im weiteren Sinne poetische) System nicht nur auf grundlegenden sprachlichen Strukturen aufbaue, indem es diese abbilde, stilisiere oder modelliere, sondern auch zusätzliche Hyperstrukturen ausbilde, die nicht allein durch das Sprachsystem vorgegeben, sondern auf die allgemeine ästhetische Funktion zurückzuführen seien.

Die Verbindung einer wahrnehmungspsychologisch orientierten (kognitiven) Metrik mit experimentalphonetischer Fundierung stellt der Ansatz von Tsur (1998) dar, der die Beziehungen zwischen metrischem Schema (dem englischen jambischen Fünfheber), der professionellen Versrezitation, dem meßphonetisch analysierten akustischen Sprachsignal und der Wahrnehmung durch den literarisch gebildeten Rezipienten untersucht.

Die derzeitige Situation in der Metrik ist gekennzeichnet durch ein hohes Theoriebewußtsein und die Bereitschaft, nach einer Phase der Konzentration auf die metrischen Fragen im engeren Sinne sich für Phänomene zu öffnen, die lange Zeit in Mißkredit geraten waren: für die Beziehungen zwischen metrischen Strukturen und poetischer Bedeutung, für den Sprach- und Versrhythmus, für die Rezitation (Performanz) von Versen, und für die Struktur von ↗ *Freien Versen.*

ForschG: Die Forschungsgeschichte zur Metrik ist in weiten Teilen, soweit es sich nicht um normative Vorschriften handelt, identisch mit der Sachgeschichte. Eine Geschichte der Disziplin Metrik liegt noch nicht vor, steht auch wohl außerhalb der Möglichkeiten eines einzelnen Forschers. Hilfreich für einen Überblick über die ältere Literatur zur Metrik ist immer noch Minor (511–537); bis 1956 erschienene Arbeiten sind bei Pretzel (2454–2466) aufgeführt und kommentiert. Die umfangreichste Metrik-Bibliographie überhaupt ist Brogan (1981). Sie reicht bis 1980 und verzeichnet auch eine Fülle von – teilweise kommentierten – Arbeiten zur deutschen Metrik (616–640; zur Ergänzung Brogan 1989).

Lit: Erwin Arndt: Deutsche Verslehre. Bindlach ¹⁰1986. – Achim Barsch: Metrik, Literatur und Sprache. Braunschweig 1991. – Beth Bjorklund: A study in comparative prosody: English and German iambic pentameter. Stuttgart 1978. – Eske Bockelmann: Propädeutik einer endlich gültigen Theorie von den deutschen Versen. Tübingen 1991. – Dieter Breuer: Deutsche Metrik und Versgeschichte. München 1981. – Terry V. F. Brogan: English versification, 1570–1980. Baltimore, London 1981. – T. V. F. B.: Verseform. A comparative bibliography. Baltimore, London 1989. – T. V. F. B.: Meter. In: The new Princeton encyclopedia of poetry and poetics. Hg. v. Alex Preminger und T. V. F. B. Princeton 1993, S. 768–783. – Ernst Brücke: Die Physiologischen Grundlagen der neuhochdeutschen Verskunst. Wien 1871. – David Chisholm: Generative prosody and English verse. In: Poetics 6 (1977), S. 111–153. – Horst Joachim Frank: Handbuch der deutschen Strophenformen. München, Wien 1980. – Mikhail L. Gasparov: A history of European versification. Oxford 1996. – Morris Halle, Samuel J. Keyser: Chaucer and the study of prosody. In: College English 28 (1966), S. 187–219. – Gottfried Hermann: Handbuch der Metrik. Leipzig 1799. – Andreas Heusler: Deutsche Versgeschichte. 3 Bde. Berlin, Leipzig 1925–1929, Berlin ²1956. – Roman Jakobson: Linguistics and poetics. In: Style in language. Hg. v. Thomas A. Sebeok. Cambridge/Mass. 1960, S. 350–377. – Wolfgang Kayser: Geschichte des deutschen Verses. Bern, München 1960. – Paul Kiparsky: Stress, syntax and meter. In: Language 51 (1975), S. 576–616. – P. K.: The rhythmic structure of English verse. In: Linguistic Inquiry 8 (1977), S. 189–247. – Christoph Küper: Sprache und Metrum. Semiotik und Linguistik des Verses. Tübingen 1988. – C. K.: Die ästhetische Stilisierung sprachlicher Strukturen zum poetischen Kode. In: Von der Sprache zur Literatur. Hg. v. C. K. Tübingen 1993, S. 113–162. – Karl Lachmann: Über althochdeutsche Betonung und Verskunst [1831–1834]. In: K. L.: Kleinere Schriften. Bd. 1. Hg. v. Karl Müllenhoff. Berlin 1876, S. 358–406. – Karl Magnuson, Frank G. Ryder: The study of English prosody. In: College English 31 (1970), S. 789–820. – Jakob Minor: Neuhochdeutsche Metrik. Straßburg ²1902. – Karl Philipp Moritz: Versuch einer deutschen Prosodie. Berlin 1786. – Martin Opitz: Buch von der deutschen Poeterey. Breslau 1624. – Hermann Paul: Deutsche Metrik. In: Grundriß der germanischen Philologie. Hg. v. H. P. Bd. 2/2. Straßburg ²1905, S. 39–140. – Ulrich Pretzel: Deutsche Verskunst. In: Deutsche Philologie im Aufriß. Bd. 3. Hg. v. Wolfgang Stammler. Berlin 1957, Sp. 2327–2466. – Franz Saran: Deutsche Verslehre. München 1907. – Fritz Schlawe: Die deutschen Strophenformen. Stuttgart 1972. – Oskar Schmeckebier: Deutsche Verslehre. Berlin 1886. – George L. Trager, Henry Lee Smith Jr.: An outline of English structure [1951]. Washington ⁷1957. – Reuven Tsur: Poetic rhythm: structure and performance. Bern 1998. – Albert Verwey: Rhythmus und Metrum. Halle 1934. – Johann Heinrich Voß: Zeitmessung der deutschen Sprache. Königsberg 1802. – Christian Wagenknecht: Deutsche Metrik. München 1981, ³1993. – Oskar Walzel: Gehalt und Gestalt im Kunstwerk des Dichters. Berlin-Neubabelsberg 1923. – Rudolph Westphal: Allgemeine Theorie der musikalischen Rhythmik seit J. S. Bach. Leipzig 1880.

Christoph Küper

Metrum ↗ *Metrik*
   ↗ *Versmaß*

Milieutheorie ↗ *Positivismus*

Mimesis₁ ↗ *Diegesis*

Mimesis₂

Verhältnis von menschlichen Handlungen und ästhetischen Praktiken zu der den Menschen umgebenden Welt.

Expl: Das griech. Begriffswort μίμησις [mímesis] ist mehrdeutig und hat allein durch seine Übersetzungen ins Lat. (*imitatio*) und ins Dt. (NACHAHMUNG, *Darstellung*) eine teils vielseitige, teils vereinseitigende Verwendung gefunden. Als philosophischer und anthropologischer Grundbegriff verweist er auf allgemeine Darstellungs- und Ausdrucksformen menschlicher Handlungen, die sich an vorgegebenen Mustern und Modellen orientieren. Von Beginn an aber bezieht sich die Theorie- und Deutungsgeschichte des Begriffs stets auch auf ästhetische und literarische Darstellungsmöglichkeiten. Dort beschreibt ‚Mimesis‘ sowohl den Prozeß der Hervorbringung als auch die verschiedenen ästhetischen Darstellungsformen, durch die der Künstler sein Verhältnis zur Welt und zu den ihm vorausliegenden ästhetischen Mustern bestimmt. Gebrauch und Funktion des Begriffs lassen sich allerdings nur im historischen Kontext, im Rahmen einer allgemeinen Geschichte der Ästhetik, beschreiben.

In der historischen Bedeutung und Verwendung des Begriffs lassen sich vier verschiedene Dimensionen unterscheiden:

(1) die philosophische Frage nach dem erkenntnistheoretischen und praktischen Status von Kunst, nach Sinn und Funktion ästhetischer Nachahmung. In der modernen Literaturwissenschaft werden dieselben Probleme vielfach auch unter der Kategorie der ↗ *Fiktion* behandelt.

(2) die spezifisch ästhetische Frage nach den Gegenständen und der Wirkung künstlerischer Mimesis. Die Diskussion orientiert sich seit der Antike am jeweiligen Verständnis von Realität, also an demjenigen Referenzsystem, auf welches Kunst bezogen sein soll. Inhaltlich rekurriert diese Diskussion zumeist auf den Topos ‚Nachahmung der Natur‘ und ist abhängig vom Naturverständnis der jeweiligen Epoche; formal werden Fragen der Ähnlichkeit und der Differenz ästhetischer Inhalte im Verhältnis zum jeweiligen Referenzsystem verhandelt; psychologisch und wirkungsästhetisch bezieht sich Mimesis auf den Bedeutungsüberschuß und die Spielräume ästhetischer Nachahmung, auf Phantasie und Illusion.

(3) die spezifisch poetologische Frage nach den Darstellungstechniken und dort speziell nach den unterschiedlichen Formen und Möglichkeiten literarischer Mimesis. Jede Mimesis ist hier abhängig von den Selektionskriterien des ästhetischen Systems, in dem die Darstellungsmöglichkeiten jeweils medial differenziert werden: dem System der Künste (literarische Nachahmung als Form sprachlicher Linearität: ↗ *Pictura poesis*), dem Kontext historischer Gattungstheorien (gattungsspezifische Regeln als Selektionskriterien literarischer Mimesis), den rhetorisch differenzierten Stilarten (↗ *Genera dicendi*).

(4) die stilistische, gleichsam innerliterarische Frage nach der Nachahmung literarischer Vorbilder, zumeist in einer verengten Auslegung des Mimesisbegriffs als einer bloßen Nachahmung antiker, klassischer oder generell vorbildhafter literarischer Muster (↗ *Imitatio*).

WortG: *Mimesis* gehört zur Wortgruppe von griech. μῖμος [mímos] ‚Schauspieler‘, ‚Schauspiel‘, μιμεῖσθαι [mimeísthai] ‚nachahmen‘, ‚darstellen‘, ‚porträtieren‘ und μιμητικός [mimetikós] ‚das Nachzuahmende‘, ‚etwas zur Nachahmung Fähiges‘. Die Wortgruppe entstand im 5. Jh. v. Chr. (mit mehreren Belegstellen bei Pindar, Aischylos, Herodot). *Mimesis* bezieht sich hier einmal auf die direkte Nachahmung einer Person in Gestalt, Rede und Verhalten (*mimos* als eine nachahmende Person), zum anderen auf die Nachahmung von Personen in einem anderen Medium, etwa im Kontext einer dramatischen Aufführung (ebenfalls *mimos* genannt). Eine vor allem für Platon bedeutsame Wortverwendung stammt aus der Musiktheorie und hat ihren Ursprung vermutlich in den dionysischen Kulten: Mimesis als eine Ausdrucksform, die durch Tanz, Gebärden und Lauten etwas zur Darstellung bringt. Seit seiner Entstehung verweist der Begriff so auf ‚Darstellung‘ und ‚Nachahmung‘ gleichermaßen, je nach Verwendungskontext und medialer Funktion (vgl. Koller, Else, Sörbom); seit Aristoteles ist der Wortgebrauch einer je nach Gattung unterschiedlichen literarischen Mimesis fest etabliert (‚Poetik‘). Die Übersetzungen (lat. *imitatio*, frz. *imitation*, engl. *imitation*, dt. *Nachahmung*) haben die Bedeutungsvielfalt des griech. Begriffs stark eingeschränkt. Erst im 20. Jh. wird das griech. Wort Mimesis ausdrücklich wieder verwendet (Auerbach, Weimann), einerseits um die Rezeptionsgeschichte des antiken Begriffs zu korrigieren, andererseits auch um seine verlorengegangene ästhetische und anthropologische Bedeutungsfülle wie Bedeutungsvielfalt (als Nachahmung und Darstellung) wieder sichtbar zu machen (Gebauer/Wulf).

BegrG/SachG: Bereits bei Platon lassen sich fast alle Verwendungen und Bedeutungen des Begriffs nachweisen: von der einfachen Tätigkeit des ‚Darstellens‘ und ‚Nachahmens‘ bis zur metaphysischen Bedeutung von Mimesis, wonach die irdischen Dinge einer nicht wahrnehmbaren, unveränderlichen göttlichen Natur ähnlich sind (vgl. Zimbrich). Im dritten Buch der ‚Politeia‘, über die Erziehung der zukünftigen Wächter im Staat, teilt Platon die Reden der Dichter (*Redekriterium*, ↗ *Gattung*) ein in λόγοι [lógoi] ‚Erzählung‘ und μίμησις [mímesis] ‚Darstellung‘ (‚Politeia‘ 392 d; daher *Mimesis₁*, ↗ *Diegesis*). Die Mimesis entspricht hier zunächst den szenischen Darstellungen in Tragödie und Komödie; die epische Dichtung bildet dagegen eine Mischform aus Darstellung und Erzählung des Dichters (394 b/c). Statt der bloßen Beschreibung ästhetischer Nachahmungsprozesse steht hingegen im zehnten Buch die philosophische Kritik am rein abbildenden Charakter der Kunst im Vordergrund. Die Künste sind − in bezug auf die göttlichen Ideen und die nach ihnen gebildeten Gegenstände der wirklichen Welt − Nachahmungen zweiten Grades (598 b); die Dichter bilden alle Gegenstände bloß spielerisch nach, statt über Expertenwissen zu verfügen (602 a/b); die solcherart bloß durch Nachahmung entstandenen Objekte stiften in der Seele des Menschen Unruhe und Verwirrung (605 a−c).

Aristoteles überträgt den Mimesisbegriff in seiner ‚Poetik‘ konsequent auf Kunst und Ästhetik, ohne das philosophische Mißtrauen Platons gegenüber der künstlerischen Mimesis zu übernehmen. Alle Künste sind Nachahmungen, ihr Ursprung liegt in der schon bei Kindern zu beobachtenden anthropologischen Disposition zur lernenden Nachahmung (‚Poetik‘ 1448 b). Als poetologischer Begriff dient ‚Mimesis‘ hier vor allem der Differenzierung von Literatur nach ihren Mitteln, ihren Gegenständen sowie der Art und Weise ihrer Darstellung (1448 a). Im Unterschied zu dem auf Bildlichkeit bezogenen Begriffsgebrauch bei Platon begründet Aristoteles hier eine spezifisch literarische Bedeutung von Mimesis, die mithilfe des Handlungsbegriffs die Eigenständigkeit der Literatur als einer sinnvollen Praxis (‚techne‘, ‚poiesis‘) hervorhebt. Die nachahmende Praxis aber bleibt gebunden an den umfassenden Begriff einer in sich zweckmäßigen Natur, die jede ästhetische Praxis in einem vorgegebenen Kosmos vernünftiger Weltbezüge verankert (vgl. Blumenberg).

Im weiteren Verlauf der Begriffsgeschichte dominieren zunächst die metaphysischen, auch platonischen Implikationen: die Interpretation der Nachahmung als einer bloß nachschaffenden Orientierung am göttlichen Vorbild und an einer den Sinnen verborgenen kosmischen Ordnung in der Stoa, im Neuplatonismus und schließlich im Mittelalter (vgl. Flasch). Die dabei erfolgte Verschiebung und Übersetzung des griechischen Begriffs ‚Mimesis‘ zu lat. *imitatio* betont den imitativen Charakter aller kulturellen Tätigkeiten, in zumeist typologischer Abhängigkeit von einer religiösen Heilsordnung. Zugleich verengt sich die Bedeutung der literarischen Imitatio auf die stilistische und inhaltliche ‚Nachahmung‘ antiker literarischer Muster. Entscheidende Anregungen gehen dann erst wieder von der Neuentdeckung des Aristoteles in der Renaissance aus: der Übersetzung und Kommentierung der Aristotelischen ‚Poetik‘, etwa durch Valla (1498) und Robortelli (1548). Die Poetiken der Renaissance (etwa Scaligers ‚Poetices libri septem‘) verstehen Dichtung in der Wiederaufnahme platonischer Vorstellungen (mit allerdings umgekehrter Wertung) als eine Nachahmung göttlicher Schöpfungsprozesse, den Dichter als einen gottähnlichen zweiten Schöpfer (‚alter deus‘; vgl. Mainusch, Kemp). Zugleich aber kennzeichnet ‚imitatio‘ weiterhin das eher technische Verfahren einer Auswahl rhetorischer Stilmodelle, antiker Autoren oder festgelegter topischer Inhalte (‚topoi‘, ‚loci communes‘; ↗ *Topos*).

In der Folge etabliert sich in der gesamten europäischen Ästhetik und Kunstphilosophie die Formel von der ‚Nachahmung der Natur'. Entscheidend ist die philosophische Neufassung des Naturbegriffs: von einer durch Kunst sichtbar werdenden vorgängigen Naturordnung zu einem Instrumentarium widerspruchsfreier, natürlich-logischer Gesetzmäßigkeiten, die sich auf die sichtbaren Gegenstände, die Objekte der Einbildung und die sprachlich-rhetorischen Muster gleichermaßen beziehen (vgl. Lyons/Nichols, Gaede). Grundlage der Nachahmungstheorien im 18. Jh. (Batteux, Gottsched, Bodmer/Breitinger) ist die durch die rationalistische Philosophie von Descartes bis Leibniz begründete Ähnlichkeit der subjektiven Vorstellungskomplexe mit der objektiv gegebenen Wirklichkeit. Sie erlaubt dem Dichter die ästhetische Herstellung ‚wahrscheinlicher' und ‚möglicher' Welten, freilich nach strenger Maßgabe der von der Natur vorgegebenen und nachzuahmenden Gesetzmäßigkeiten (vgl. Herrmann, Hohner). Die poetische ‚Nachahmung' orientiert sich an der „Vollkommenheit" („perfection") einer „schönen Natur" („belle nature") (Batteux), an einer vernünftig und logisch geordneten Natur (Gottsched) oder an der Schönheit „möglicher Welten" (Breitinger).

Durch die Hervorhebung der über die Naturnachahmung hinausgehenden dichterischen „Einbildungs-Krafft" (Bodmer/Breitinger) beginnt sich das ‚imitatio'-Konzept im Laufe des 18. Jhs. allmählich aufzulösen (vgl. Boyd, Zimbardo). An die Stelle der Nachahmung tritt die schöpferische Subjektivität und die der Natur ebenbürtige und gleichursprüngliche Empfindungswelt des Dichters, „die Ausdrücke der wirklichen Empfindungen unseres Herzens" (J. A. Schlegel, 193). An die Stelle der Natur treten Gegenstände der Einbildungskraft, poetische „Unähnlichkeit" (J. E. Schlegel) sowie das „Originalwerk" (Sulzer, 388). Bereits Sulzer empfiehlt in seiner ‚Allgemeinen Theorie der schönen Künste' (1771—74) einen eher vorsichtigen Umgang mit dem Begriff der Nachahmung, weil ihm eine fehlerhafte Übersetzung des Aristotelischen Mimesisbegriffs zugrunde liege: „Wenigstens ist

unser Begriff bey dem Wort Nachahmung viel schwankender und unbestimmter, als daß wir es für μίμησις gebrauchen könnten." (Sulzer, 392) ‚Nachahmung' wird in der Folge zumeist wieder auf die bildenden Künste beschränkt, etwa bei Winckelmann (‚Gedancken über die Nachahmung der griechischen Wercke in der Mahlerey und Bildhauer-Kunst', 1755) und Lessing (‚Laokoon: oder über die Grenzen der Mahlerey und Poesie', 1766), oder aber von jeder Bindung an die gegenständliche Natur befreit (K. Ph. Moritz, ‚Über die bildende Nachahmung des Schönen', 1788). Der Begriff der Nachahmung wird dabei zunehmend pejorativ verwendet: als niedere Stufe des künstlerischen Vermögens gegenüber dem je individuellen „Stil" (Goethe, ‚Einfache Nachahmung der Natur, Manier, Stil', 1789), als eine für die Ästhetik unbrauchbare, weil die künstlerische Produktivität nicht angemessen zum Ausdruck bringende mechanistische Kategorie (Kant, 210—213; Hegel 1, 51—55). Mit der Abwertung der ‚Nachahmung' verschwindet auch der Begriff der ‚Mimesis' aus der ästhetischen Theorie und wird durch andere Kategorien wie ‚Genie', ‚Schönheit', ‚Ausdruck' und ‚Schein' ersetzt. Unter anderem Namen allerdings knüpft der europäische ↗ *Realismus₂* des 19. Jhs. direkt an die mit dem Aristotelischen Mimesisbegriff verbundenen Fragestellungen und Probleme wieder an. Nicht von ungefähr wird die Theorie-Debatte um Mimesis und Realismus im 20. Jh. vorrangig an der Sachdiskussion über die realistische europäische Romanliteratur des 19. Jhs. eröffnet: an der jeglichem Realismus eigenen Mischung hoher und niedriger Sprachstile (Auerbach) oder an einer hegelianisch und marxistisch neu definierten Erfahrungstotalität (Lukács).

Eine neue Renaissance des Mimesisbegriffs im späten 20. Jh. verdankt sich dem Blickwechsel von der literarischen Nachahmung der Wirklichkeit zu den anthropologisch möglichen Darstellungs-, Wahrnehmungs- und Erfahrungsweisen sowie zu den dabei entstandenen Bezugnahmen auf wechselnde historische und sprachliche Wirklichkeitsmodelle. Zunehmend steht Mimesis auch für die Wiedergewinnung eines „mimetischen Vermögens" (Benjamin; Adorno, 86 f.), oder für eine Form menschlicher Zeitstrukturierung durch den Prozeß des Erzählens (Ricœur). Das ästhetische Verhalten bildet hier – ähnlich wie schon bei Aristoteles – nur einen Sonderfall aller Darstellungsformen, in denen „Weisen der Welterzeugung" erprobt werden (Goodman). Entscheidend ist die Hervorhebung der Praxis und der Konstruktivität auch im ästhetischen Prozeß, die neue Definition der Mimesis als „Inszenierung" und „Performanz" (Iser, 481–515; Taussig; Melberg).

Charles Batteux: Les Beaux-Arts réduits à un même principe [1746]. Repr. Genf 1969. – Johann Jakob Bodmer, Johann Jakob Breitinger: Von dem Einfluß und Gebrauche Der Einbildungs-Krafft. Frankfurt, Leipzig 1727. – J. J. Br.: Critische Dichtkunst [1740]. Repr. Stuttgart 1966. – J. J. Bo., J. J. Br.: Schriften zur Literatur. Hg. v. Volker Meid. Stuttgart 1980. – Johann Christoph Gottsched: Versuch einer Critischen Dichtkunst vor die Deutschen [1730]. Repr. Darmstadt 1962. – Georg Wilhelm Friedrich Hegel: Ästhetik. 2 Bde. Hg. v. Friedrich Bassenge. Berlin, Weimar 1955. – Immanuel Kant: Kritik der Urteilskraft. Werkausgabe. Bd. 10. Hg. v. Wilhelm Weischedel. Frankfurt 1981. – Johann Adolf Schlegel: Herrn Abt Batteux' […] Einschränkung der Schönen Künste auf einen einzigen Grundsatz. Bd. 2 [1770]. Repr. Hildesheim, New York 1976. – Johann Elias Schlegel: Abhandlung, dass die Nachahmung der Sache, der man nachahmet, zuweilen unähnlich werden müsse [1745]. In: J. E. S.: Ausgewählte Werke. Hg. v. Werner Schubert. Weimar 1963, S. 478–485. – Johann Georg Sulzer: Allgemeine Theorie der Schönen Künste. 3. Theil. Leipzig 1787.

ForschG: Die Erforschung des Mimesis-Begriffs beginnt mit den zahlreichen Auslegungen der Aristotelischen ‚Poetik' und setzt sich in der deutschen Literaturwissenschaft vor allem mit Einzeluntersuchungen zur Nachahmungstheorie in der deutschen Poetik des 17. und 18. Jh. fort (Bergmann, Tumarkin, Bing, von der Lühe). Die im Banne der deutschen Klassik und eines organologischen Ausdrucksdenkens stehende Literaturwissenschaft übernimmt freilich bis in die 1960er Jahre hinein auch die im späten 18. Jh. entstandene Skepsis gegenüber jeder Nachahmungstheorie (vgl. etwa Markwardt). Die Wiederentdeckung der Aristotelischen Mimesis als ‚Darstellung' erfolgt spät; die erste umfassende Bestandsaufnahme stammt von Gebauer und Wulf.

Lit: Theodor W. Adorno: Ästhetische Theorie. Frankfurt 1970. – Erich Auerbach: Mimesis. Frankfurt, Bern 1946. – Walter Benjamin: Über das mimetische Vermögen. In: W. B.: Gesammelte Schriften. Hg. v. Rolf Tiedemann und Hermann Schweppenhäuser. Bd. 2/1. Frankfurt 1991, S. 210–213. – Ernst Bergmann: Die antike Nachahmungstheorie in der deutschen Ästhetik des XVIII. Jhs. In: Neue Jahrbücher für klassisches Altertum und Geschichte der deutschen Literatur 27 (1911), S. 120–131. – Susi Bing: Die Nachahmungstheorie bei Gottsched und den Schweizern und ihre Beziehung zu der Dichtungstheorie der Zeit. Würzburg 1934. – Hans Blumenberg: „Nachahmung der Natur". In: Studium Generale 10 (1957), S. 266–283. – John D. Boyd: The function of mimesis and its decline. Cambridge/Mass. 1968. – Jan Bruck: Der aristotelische Mimesisbegriff und die Nachahmungstheorie Gottscheds und der Schweizer. Erlangen 1972. – Gerald F. Else: Imitation in the 5th century. In: Classical Philology 53 (1958), S. 73–90. – Kurt Flasch: Ars imitatur naturam. Platonischer Naturbegriff und mittelalterliche Philosophie der Kunst. In: Parusia. Fs. Johannes Hirschberger. Hg. v. K. F. Frankfurt 1965, S. 265–306. – Friedrich Gaede: Poetik und Logik. Bern, München 1978. – Gunter Gebauer, Christoph Wulf: Mimesis. Reinbek 1992. – Nelson Goodman: Weisen der Welterzeugung. Frankfurt 1990. – Hans Peter Herrmann: Naturnachahmung und Einbildungskraft. Bad Homburg 1970. – Ulrich Hohner: Zur Problematik der Naturnachahmung in der Ästhetik des 18. Jhs. Erlangen 1976. – Wolfgang Iser: Das Fiktive und das Imaginäre. Frankfurt 1991. – Martin Kemp: From „Mimesis" to „Fantasia". In: Viator 8 (1977), S. 347–398. – Hans Koller: Die Mimesis in der Antike. Bern 1954. – Irmela von der Lühe: Natur und Nachahmung. Untersuchungen zur Batteux-Rezeption in Deutschland. Bonn 1979. – Georg Lukács: Die Eigenart des Ästhetischen I. Neuwied 1963. – John D. Lyons, Stephen G. Nichols (Hg.): Mimesis. Hannover, London 1982. – Herbert Mainusch: Dichtung als Nachahmung. In: GRM 41 (1960), S. 122–138. – Bruno Markwardt: Geschichte der deutschen Poetik. Bd. 2. Berlin ²1970. – Arne Melberg: Theories of mimesis. Cambridge 1995. – Paul Ricœur: Zeit und Erzählung. Bd. 1. München 1988. – Bernhard F. Scholz (Hg.): Mimesis. Tübingen, Basel 1998. – Göran Sörbom: Mimesis and art. Stockholm 1966. – Michael Taussig: Mimesis and alterity. New York, London 1993. – Anna Tumarkin: Die Überwindung der Mimesislehre in der

Kunsttheorie des XVIII. Jhs. In: Festgabe für Samuel Singer. Hg. v. Harry Maync. Tübingen 1930, S. 40—55. — Robert Weimann: Shakespeare und die Macht der Mimesis. Berlin, Weimar 1988. — Rose A. Zimbardo: A mirror to nature. Lexington 1986. — Ulrike Zimbrich: Mimesis bei Platon. Frankfurt u. a. 1984.

Walter Erhart

Mimik₁ ↗ Physiognomik

Mimik₂

Körpersprachliche Ausdrucksform, die als Charakterisierungsmittel die literarische Rede ergänzt und unterstützt.

Expl: Die aus der Schauspielkunst und Rhetorik abgeleitete körperliche Beredsamkeit (eloquentia corporis) eröffnet für die dichterische Darstellung des Menschen eine psychologische Innenperspektive. Ihr liegt das uralte, kulturübergreifende Theorem zugrunde, daß die Seele sich im Gesicht (Mimik) und im übrigen Körper (GESTIK) spiegelt, sei es in Ruhe (↗ *Physiognomik*) oder Bewegung (Pathognomik). Im Drama äußert sich die Körpersprache im ↗ *Nebentext* oder dem Beschreibungen der Dramatis personae, die besonders dem Rezipienten eines ↗ *Lesedramas* als Grundlage einer imaginären ↗ *Inszenierung* dienen kann. In der ↗ *Pantomime* oder deren Erstarrung zum ↗ *Tableau* gelangt sie zu ausschließlicher medialer Wirkung. In der Prosa und Lyrik kann Körpersprache hingegen nur aus der jeweiligen Erzählsituation oder Dichtungsperspektive vermittelt werden.

WortG: Der Ausdruck geht auf griech. μιμεῖσθαι [mimeísthai] ‚darstellen‘, ‚ausdrücken‘, ‚nachahmen‘ zurück, bewahrt gegenüber ↗ *Mimesis₂* aber stärker den doppelten Sinn von unwillkürlicher Repräsentation der Seele und der nachahmenden, darstellerischen Aktion des Redners oder ↗ *Schauspielers*. Im Deutschen setzt sich *Mimik* erst im späten 18. Jh. gegenüber dem synonym gebrauchten *Gebärde* durch.

H. Koller: Mimesis. In: HWbPh 5, Sp. 1396—1399. — B. Warnecke: Mimik. In: Paulys Real-Encyclopädie der classischen Altertumswissenschaft. Bd. 15/2. Stuttgart 1932, Sp. 1715—1725.

BegrG: Im ↗ *Theater* der Antike spielen Ausdrucksbewegungen des Gesichts und des Leibes trotz des Einsatzes von ↗ *Masken* eine maßgebliche Rolle. Noch größeren Wert mißt die klassische Rhetorik seit Cicero und Quintilian neben der Stimme (vox) dem Mienen- (vultus) und Gebärdenspiel (gestus), speziell auch der Hände (Chironomie), in der Lehre vom mündlichen Vortrag (actio) bei, da sie als universal verständlich gelten und Affekte oft schneller und genauer als Worte ausdrücken. Gleichwohl wird die Körpersprache (sermo corporis) in zahllosen Kompendien für Redner bis in die Frühe Neuzeit im Vergleich zu Quintilians ‚Institutio oratoria‘ nur sehr knapp behandelt, da sie als praktisch zu vermittelnde Fertigkeit gilt. Über spezifische Anweisungen hinaus gehören zu ihrem Gegenstand auch die äußere Erscheinung, das Auftreten und Benehmen (habitus) des idealen Redners. Seit dem 16. und 17. Jh. verlagert sich deshalb das Interesse an Mimik und Gestik zunehmend in die Anstands- und Konversationsliteratur, die Ratschläge für die angemessene Hofberedsamkeit wie den Schutz vor der staatsklugen Verstellungskunst bereithält. Gegen die Sprache der *Dissimulation* (↗ *Ironie*) werden Techniken der Dechiffrierung entwickelt, die seit der Frühaufklärung durch die neue Wissenschaft der Psychologie rasch verfeinert und fundiert werden. In der medizinischen Fachliteratur wird dazu die Wechselwirkung zwischen Seele und Körperausdruck näher erforscht. Über diese disziplinären Umwege gelangt die Körpersprache in die Poetik zurück, indem sie von psychologisch geschulten Dichtern wie Theoretikern der Schauspielkunst als vorzüglichstes Mittel innerer Charakterisierungskunst und naturwahrer Personendarstellung gepriesen und genauer erschlossen wird. Einen Höhepunkt dieser literaturanthropologischen Auseinandersetzung markieren 1785/86 Engels ‚Ideen zu einer Mimik‘.

Art. Actio; Gebärde; Gestik; Habitus; Körpersprache. In: HWbRh 1, Sp. 43—74; Bd. 3,

Sp. 564−579; Sp. 972−989; Sp. 1272−1277; Bd. 4, Sp. 1339−1371. − Johann Jakob Engel: Ideen zu einer Mimik. 2 Bde. Berlin 1785/86. − Carl Sittl: Die Gebärden der Griechen und Römer. Leipzig 1890.

SachG: Mimik und Gestik begleiten und ergänzen in der deutschen Literatur seit dem Mittelalter gattungsübergreifend das geschriebene Wort und ermöglichen es so, die ‚Grenzen der Poesie' in Richtung der Malerei und Bildlichkeit zu überschreiten. In der Ästhetik werden diese Ausdrucksmöglichkeiten besonders seit dem 18. Jh. vielfältig reflektiert und besonders auf dem Theater umgesetzt: Während z. B. die auf Mitleid und Rührung zielende naturwahre Schauspielkunst der Aufklärung ein Höchstmaß an Körpersprache einsetzt, fordern Goethe und Schiller (↗ *Klassik₂*) antinaturalistische, antikisierende Distanz durch Vers, Chor und Masken. Bei Kleist ringen Sprache und Gebärde wieder um die Vorherrschaft. So kann der Gebrauch von Mimik und Gestik die Kunstauffassung einer Epoche spiegeln, aber auch historische Einblicke in die nonverbale Zeichensprachen einzelner kultureller Formationen eröffnen, z. B. höfische, religiöse, rituelle, juristische Gebärden (↗ *Rechtssymbolik*).

ForschG: Die Sensibilität für körperliche Ausdrucksformen in der Literatur wurde durch theoretische Entwicklungen in anderen Disziplinen maßgeblich erhöht: Zu Beginn des 20. Jhs. waren es die Ausdrucks- und Gestaltpsychologie sowie die sprachphilosophische und semiotische Beachtung nonverbaler Kommunikation, dann die kunstgeschichtliche Gebärdenforschung und natürlich die ↗ *Theaterwissenschaft*. Schon früh richtete sich das Interesse auf einzelne Autoren, z. B. in den Kleist-Studien O. Fischers (1908) und M. Kommerells (1937). In jüngster Zeit führte die theoretische Aufwertung des Leibes und das verstärkte Interesse an ↗ *Literarischer Anthropologie* zu einer großen Zahl von Studien zur Körpersprache. Zuletzt folgten grenzüberschreitende Untersuchungen zur Semiotik von Dichtung, Ton und Musik.

Lit: Georg Braungart: Leibhafter Sinn. Tübingen 1995. − Rüdiger Campe: Affekt und Ausdruck. Tübingen 1990. − Ottokar Fischer: Mimische Studien zu Heinrich von Kleist. In: Euphorion 15 (1908), S. 488−510; 716−725; 16 (1909), S. 62−92; 412−425; 747−772. − Ursula Geitner: Die Sprache der Verstellung. Tübingen 1992. − Andreas Käuser: Schreiben über Musik. München 1999. − Volker Kapp (Hg.): Die Sprache der Zeichen und Bilder. Rhetorik und nonverbale Kommunikation in der frühen Neuzeit. Marburg 1990. − Max Kommerell: Die Sprache und das Unaussprechliche. In: M. K.: Geist und Buchstabe der Dichtung. Frankfurt ⁶1991, S. 243−317. − Alexander Košenina: Anthropologie und Schauspielkunst. Studien zur ‚eloquentia corporis' im 18. Jh. Tübingen 1995. − Jean-Claude Schmitt: Die Logik der Gesten im europäischen Mittelalter. Stuttgart 1992. − Martin J. Schubert: Zur Theorie des Gebarens im Mittelalter. Köln, Wien 1991 [übergreifende Bibliographie].

Alexander Košenina

Miniatur ↗ *Illustration*

Minimalpaar ↗ *Äquivalenz*

Minimalprosa ↗ *Kurzprosa*

Minnerede

Sammelbezeichnung für Reimpaargedichte des Spätmittelalters, die diskursiv das Thema Minne reflektieren.

Expl: Der gattungstheoretisch problematische Terminus bezeichnet ein Korpus von über 500 meist anonym überlieferten Texten vornehmlich des 14. und 15. Jhs., die folgende Merkmale aufweisen: (1) Zentrales Thema ist die Minne; deren Regeln, Gebote und Konzeptionen werden implizit oder explizit propagiert und reflektiert. (2) Epische Anteile sind der erörternden Rede untergeordnet: Wo sie nicht gänzlich fehlen, haben sie meist die Funktion, Monologe oder Dialoge zu rahmen, exemplarische Minnehandlungen darzustellen oder allegorische Vorgänge zu konstruieren. (3) Die Ich-Rolle dominiert; das Ich ist gewöhnlich männlich und selbst ein Minnender. (4) Es herrschen einfache, nicht sangbare Formen vor, meist

Reimpaarverse (zwischen 10 und 6000 Versen), gelegentlich (Titurel-)Strophen, keine Prosa. (5) Als Minnereden werden nur Texte bezeichnet, die in den Handschriften als selbständige Einheiten abgegrenzt sind.

Anhand dieser Merkmale läßt sich die Minnerede unterscheiden (1) von Ehrenrede (↗ *Panegyrikus*), Tugendlehre u. ä., in denen das Thema Minne nur eines unter anderen ist; (2,3) von ↗ *Maere* und ↗ *Roman*, in denen das narrative Moment dominant ist und auktoriales Erzählen vorherrscht; (4) von ↗ *Minnesang*, ↗ *Sangspruch* und ↗ *Meistergesang*; (5) von Minneexkursen und -allegorien in Romanen.

Daneben konstituiert sich das Minnereden-Korpus durch einen gemeinsamen Motivbestand (Minnequal, Liebe/Schönheit, Öffentlichkeit/Heimlichkeit, Verschwiegenheit, ‚Klaffer‘ usw.), durch Versatzstücke (z. B. Tugendkataloge, Personenbeschreibungen, Farben-Allegorese) und stereotype Strukturen (insbesondere Spaziergangseinleitung in sommerlicher Natur, Traum, ‚Jenseitsschwelle‘, zentraler Handlungsort). Es umfaßt sehr heterogene Typen, unter denen zahlreiche nicht klassifizierbare Austauschbeziehungen bestehen (s. BegrG).

WortG: *Minnerede* ist ein von Matthaei (1913) eingeführtes Kompositum, das zwei wichtige Merkmale der so bezeichneten Texte hervorhebt: ‚Minne‘, die höfische Liebe zwischen Mann und Frau, ist das Thema; ‚Rede‘, eine in den mittelalterlichen Handschriften häufig verwendete Textbezeichnung, verweist auf den didaktischen Charakter (↗ *Rede₃*) und die – im Gegensatz zum Minne*sang* – nicht sangbare Form. Ohne terminologisch zu sein, findet sich bereits in mittelalterlichen Handschriften gelegentlich die Verbindung beider Wortbestandteile, z. B. *schœne red von minnen* (Johann von Konstanz, ‚Minnelehre‘, v. 3) oder die Überschrift *Ain mynn red von hertzen vnd von leib* im ‚Liederbuch‘ der Klara Hätzlerin (2,47, 211b).

Johann von Konstanz: Die ‚Minnelehre‘. Hg. v. Frederic E. Sweet. Paris 1934.

BegrG: *Minnerede* als Sammelbezeichnung hat sich heute weitgehend gegen *Minneallegorie* als Gattungsbegriff durchgesetzt.

Denn obwohl Allegorisches viele Minnereden prägt, ist es nicht gattungskonstitutiv: zu stark sind die Verflechtungen von allegorischen und nicht-allegorischen Minnereden. Als *Minneallegorie* sollte nur jener Typ von Minnereden bezeichnet werden, der sich durch eine allegorische Gesamtkonzeption (vor allem Burg, Kloster, Garten, Jagd) auszeichnet (Brandis, 9 f.); er ist zugleich ein Untertyp der Gattung ↗ *Allegorie₃*. Weitere wichtige Typen von Minnereden, die teils ebenfalls zu anderen Gattungen gehören, sind Lehrrede (↗ *Lehrdichtung*), Lehrgespräch, monologisches Lob- und Klagegedicht, Liebesbrief (↗ *Brief*), Werbungsgespräch, ↗ *Streitgespräch*, Minnegerichtsdichtung, Personifikationsdichtung (↗ *Personifikation*).

Minnereden bilden die umfangreichste Gruppe unter den weltlichen spätmittelalterlichen (Reimpaar-)Reden. Als ‚Rede‘ im engeren Sinn – d. h. als ein nicht narrativer, räsonierender, aktuell vom Ich an sein Publikum oder eine Figur gerichteter Text – läßt sich jedoch nur ein Teil der Minnereden beschreiben, etwa die ‚Minneklage‘; ein anderer Teil gehört zur Grundstruktur der „erzählenden Minnerede“ (Ziegeler, 71), in der Elemente der ‚Rede‘ „im System ‚Erzählung‘ erscheinen“ (ebd., 66): Das Ich kommt an einen Ort, an dem es eine oder mehrere ‚Reden‘ belauscht und/oder selbst eine ‚Rede‘ hält. Verbindendes Element von Rede- und Erzählformen ist stets die Ich-„Hohlform“ (Glier 1971, 394 f.).

SachG: Im 13. Jh. können einzelne Texte nach Form, Funktion und Inhalt als „Proto-Minnereden“ (Glier 1987, 75) gelten, insbesondere die sogenannten *Büchlein* (Hartmann von Aue, Ulrich von Liechtenstein). Doch erst an der Wende zum 14. Jh. etablieren sich – überwiegend in den klassischen Zentren mittelhochdeutscher Dichtung – die Minnereden als spezifische Form der didaktischen Minnedichtung. Während der Minnesang mit seiner organisierten Verschriftlichung in den großen Liederhandschriften als höfische Gesellschaftskunst zu Ende geht, werden seine Motive, Denkformen und Begriffe bis zum Ende des 15. Jhs. in den Minnereden repetiert und variiert.

Ein Einfluß der schon um 1200 in Frankreich einsetzenden Tradition der Minnelehren, -allegorien und -streitgedichte läßt sich – außer bei den (mittel)rheinischen Minnereden – in Deutschland kaum nachweisen; selbst der Traktat ‚De amore' des Andreas Capellanus wird im Minnereden-Kontext erst zu Beginn des 15. Jhs. vereinzelt rezipiert (Eberhard von Cersne, Der elende Knabe).

In der 1. Hälfte des 14. Jhs. ist das Spektrum der Minnereden voll entfaltet: Zeitgleich entstehen jetzt neben eher okkasionellen Kleinformen auch die großen Minneallegorien im geblümten Stil (‚Die Minneburg', Hadamars von Laber ‚Die Jagd'), die auf die weitere Gattungsgeschichte ausstrahlen. Ab der 2. Hälfte des 14. Jhs. werden Minnereden zunehmend auch in Autorenœuvres greifbar (z. B. Heinrich der Teichner, Peter Suchenwirt; im 15. Jh. insbesondere Hermann von Sachsenheim), doch bleibt die anonym überlieferte Minnerede ohne greifbares Autorprofil stets der Normalfall. Das 15. Jh. ist überwiegend von Kleinformen geprägt, die immer wieder das Potential der Gattung durchspielen. Die Minnereden waren stets Adelsdichtung; wo sie sich bei bürgerlichen Literaten finden, handelt es sich um kreative Umgestaltungen oder Anti-Minnereden (Hans Folz). Mit Beginn des 16. Jhs. verschwindet die Gattung.

Typisch für die Überlieferung ist – neben gelegentlicher Einzelüberlieferung der Großformen – die Sammelhandschrift. In der 2. Hälfte des 15. Jhs. erscheinen sogar reine Minneredensammlungen (z. B. Cpg 313), die von einem etablierten Gattungsbewußtsein zeugen. Daneben sind Minnereden häufig und schon im 14. Jh. innerhalb von größeren Handschriften zu Gruppen zusammengestellt (z. B. im ‚Liederbuch' der Klara Hätzlerin) oder stehen im Falle der Mischüberlieferung vorwiegend neben anderen kleineren Reimpaardichtungen (z. B. Cgm 270 oder die Liedersaal-Handschrift). Die Überlieferungshäufigkeit variiert von einem bis zu 20 Textzeugen. In den Druck gelangen nur wenige Minnereden, überwiegend solche von namentlich bekannten Autoren des 15. Jhs.

ForschG: Die Erforschung der Minnereden ist bis in die Mitte des 20. Jhs. eng an die Editionstätigkeit gebunden, weshalb heute die meisten Minnereden in mehr oder weniger befriedigenden, teils jedoch entlegenen Ausgaben zugänglich sind. Besonders hervorzuheben sind neben den separat edierten Großformen die Editionen wichtiger Minnereden-Sammelhandschriften (Lassberg, Haltaus, Matthaei, Brauns/Thiele, Kossmann). Der Forschungsschwerpunkt liegt zunächst auf der Minneallegorie und deren Entstehung, Status und Gattungscharakter. Blank systematisiert daran anknüpfend 1970 die Gestaltung der Minneallegorien. Zur gleichen Zeit wird erstmalig – nach der Pionierarbeit von Niewöhner 1943 – das gesamte Spektrum der Minnereden dargestellt: Brandis verzeichnet 525 deutsche und niederländische Minnereden mit Überlieferungsnachweisen (Ergänzungen bei Rheinheimer, 178–273), und Glier rekonstruiert umfassend das historische Profil der Gattung.

In der Nachfolge der immer noch grundlegenden Arbeiten von Brandis, Blank und Glier steht zunächst eine ganze Reihe von Forschungen, die Teilaspekte oder einzelne Typen in den Blick nehmen bzw. spezifische Texte oder Textgruppen untersuchen und edieren. Eine Forschungsdiskussion wie etwa auf dem vergleichbaren Gebiet der spätmittelalterlichen Märendichtung fehlt jedoch nach wie vor. Zwar folgen in den 1980er Jahren wichtige narratologische Klärungen gerade in der Abgrenzung zum Märe (Ziegeler), doch – abgesehen von den eigenen Forschungstraditionen zu bestimmten Großformen (‚Die Minneburg', Hadamar) oder Autorenœuvres (Hermann von Sachsenheim) – läßt sich eine Stagnation in der Minneredenforschung kaum verkennen. Die wenigen Beiträge der letzten 20 Jahre entwerfen immerhin verschiedene Perspektiven (Narratologie, Kodikologie/textual poetics, Kommunikationstheorie, Literatursoziologie, Gender studies), unter denen Minnereden in Zukunft ertragreich zu betrachten wären.

Lit: Wilhelm Brauns, Gerhard Thiele (Hg.): Mhd. Minnereden II. Die Heidelberger Hss. 313 und 355. Die Berliner Hs. Ms. germ. fol. 922.

[1938]. Repr. Dublin, Zürich 1967. – Carl Halt-aus (Hg.): Liederbuch der Clara Hätzlerin [1840]. Repr. Berlin 1966. – Ernst Ferdinand Kossmann (Hg.): Die Haager Liederhandschrift. 2 Bde. Haag 1940. – Joseph von Lassberg (Hg.): Lieder Saal, das ist: Sammelung altteutscher Gedichte. 3 Bde. [1846]. Repr. Darmstadt 1968. – Rosmarie Leiderer (Hg.): Zwölf Minnereden des Cgm 270. Berlin 1972. – Michael Mareiner (Hg.): Mhd. Minnereden und Minneallegorien der Wiener Hs. 2796 und der Heidelberger Hs. Pal. germ. 348. Bde. 1, 4, 7, 10, 13, 16. Bern 1984–1993. – M. M. (Hg.): Mhd. Minnereden und Minne-allegorien der Prager Hs. R VI Fc 26. Bd. 1. Bern 1997. – Kurt Matthaei (Hg.): Mhd. Minnereden I. Die Heidelberger Hss. 344, 358, 376 und 393 [1913]. Repr. Dublin, Zürich 1967.

Walter Blank: Die deutsche Minneallegorie. Stuttgart 1970. – Tilo Brandis: Mhd., mnd. und mnl. Minnereden. Verzeichnis der Handschriften und Drucke. München 1968. – Ingeborg Glier: Artes amandi. Untersuchung zu Geschichte, Überlieferung und Typologie der deutschen Min-nereden. München 1971. – I. G.: Minnereden. In: Die deutsche Literatur im späten Mittelalter 1250–1370. Teil 2. Hg. v. I. G. München 1987 [de Boor/Newald 3/2], S. 74–85. – Johannes Janota: Liebe und Ehe bei Hans Folz. In: Liebe in der deutschen Literatur des Mittelalters. Hg. v. Jef-frey Ashcroft u. a. Tübingen 1987, S. 174–191. – Ingrid Kasten: Studien zu Thematik und Form des mittelhochdeutschen Streitgedichts. Diss. Hamburg 1973. – Ludger Lieb, Peter Stroh-schneider: Die Grenzen der Minnekommunika-tion. In: Das Öffentliche und Private in der Vor-moderne. Hg. v. Gert Melville und Peter von Moos. Köln u. a. 1998, S. 275–305. – Heinrich Niewöhner: Minnereden und -allegorien. In: VL¹ Bd. 3, S. 404–424. – Ann Marie Rasmussen: „Ich truog auch ledig siben chind". Zur sozialen Konstruktion von Weiblichkeit in der Minnerede ‚Stiefmutter und Tochter'. In: fremdes Wahrneh-men – Fremdes wahrnehmen. Hg. v. Wolfgang Harms und C. Stephen Jaeger. Stuttgart, Leipzig 1997, S. 193–204. – Melitta Rheinheimer: Rhei-nische Minnereden. Göppingen 1975. – Maria Schierling: Das Kloster der Minne. Göppingen 1980. – Ekkehard Schmidberger: Untersuchun-gen zu ‚Der Minne Gericht' des elenden Knaben. Diss. Kassel 1978. – Ronald Michael Schmidt: Studien zur deutschen Minnerede. Göppingen 1982. – Rüdiger Schnell: Grenzen literarischer Freiheit im Mittelalter. I. Höfischer Roman und Minnerede. In: ASNSL 218 (1981), S. 241–270. – Jürgen Schulz-Grobert: Deutsche Liebesbriefe in spätmittelalterlichen Handschriften. Tübingen 1993. – David F. Tinsley: When the hero tells the tale. Narrative studies in the late-medieval ‚Min-nerede'. Diss. Princeton 1985. – Katharina Wall-mann: Minnebedingtes Schweigen in Minnesang, Lied und Minnerede des 12. bis 16. Jhs. Frank-furt u. a. 1985. – Sarah Westphal: Textual poe-tics of German manuscripts 1300–1500. Colum-bia/SC 1993. – Hans-Joachim Ziegeler: Erzählen im Spätmittelalter. Mären im Kontext von Min-nereden, Bispeln und Romanen. München, Zü-rich 1985.

Ludger Lieb

Minnesang

Die älteste deutschsprachige Liebeslyrik; Teil einer europäischen, an den Höfen vor allem des 12. und 13. Jhs. geübten Kunstpraxis.

Expl: Von der modernen Lyrik, die in der Regel für die Lektüre bestimmt ist, unter-scheidet sich der Minnesang, wie die Lyrik des Mittelalters überhaupt, zunächst unter dem Aspekt des Rezeptionsmodus. Der Minnesang war im allgemeinen für den mündlichen Vortrag konzipiert, bei dem der Text gesungen und musikalisch begleitet wurde. Überliefert sind jedoch zumeist nur die Texte, in seltenen Fällen auch Melodien. Zwar spricht vieles dafür, daß die Produk-tion der Texte bereits von der Vorstellung geleitet war, sie durch die Schriftkultur dau-erhaft zu bewahren, doch im Aufführungs-charakter des Minnesangs liegt gleichwohl eine wesentliche Differenz der mittelalterli-chen gegenüber der modernen Lyrik. So las-sen sich neuzeitliche Formen der Liedkunst bis hin zur Schlager- und Chansonkultur unter dem Aspekt der Performanz mit dem Minnesang durchaus vergleichen. Aber im Unterschied zur Moderne (Radio, CD etc.) hat die grundsätzlich bestehende funda-mentale Unmittelbarkeit zwischen Sängern und Publikum in der Aufführungssituation eine Qualität, die den Texten strukturell ein-geschrieben ist.

Im Zentrum der an die Liedkunst der Troubadours anschließenden Diskussion über die Liebe steht das Konzept des ‚Frauendienstes' bzw. der ‚fin' amor' (der ‚Hohen Minne' bei den Minnesängern); Subjekt der Liebeserfahrung ist meist ein männliches Ich, Voraussetzung des Sprechens die Situation eines Mannes, der außerhalb der gesellschaftlich sanktionierten Form der Ehe eine Frau begehrt. Die Geschlechterbeziehung ist nach dem sozialen Interaktionsmuster der Vasallität modelliert: In der Rolle eines ‚Vasallen‘ bemüht sich der Mann durch seinen ‚Dienst‘, die Zuneigung seiner ‚Herrin‘, seiner ‚Dame‘, zu erlangen. Der aus dem Begehren resultierende Spannungszustand bleibt unaufgelöst und dient als Anlaß für immer neu variierte Formen des Frauenpreises, von Gefühlsäußerungen der Freude und Klage sowie von Reflexionen über die Liebe. Die Affektation durch die Liebe und die Fähigkeit, die Frustration des Begehrens zu bewältigen, erscheinen dabei als Voraussetzungen für die Vervollkommnung des Mannes.

Mit der skizzierten, im Minnesang zentralen Konfiguration, die in der Form der dreigliedrigen ↗ Kanzone ihren spezifischen Ausdruck findet, erlangt das Minnelied einen ausgesprochenen Werbecharakter. Daneben bleiben in der deutschen Liebeslyrik ältere literarische Muster produktiv, die ein anderes Konzept der Geschlechterbeziehung aufweisen, bei dem auch die Frau als Liebende erscheint (Frauenlied, Wechsel, ↗ Tagelied). Die in der Romania verbreiteten Gattungen der ↗ Pastourelle und des Streitgedichts (TENZONE, JEU PARTIT) haben demgegenüber in der deutschen Lyrik des Mittelalters kaum einen Resonanzboden gefunden.

Zwischen dem Minnesang und anderen Gattungen der mittelalterlichen Lyrik bestehen diverse Schnittflächen: Die ↗ Kreuzzugslyrik verbindet Minnesang mit Kreuzzugsthematik; die ein eigenes Register bildende Spruchdichtung behandelt neben moralischen, panegyrischen, sozialkritischen und religiösen gelegentlich auch minnetheoretische Themen.

WortG: Der Terminus *Minnesang*, auch *minnesinger*, wird bereits von zeitgenössischen Autoren gebraucht (Hartmann von Aue, Walther von der Vogelweide; vgl. BMZ 2b, 304), um die aus drei Teilen bestehende, oft aber vermutlich noch von einer einzelnen Person ausgeübte Praxis des Dichtens, Komponierens und Singens zu bezeichnen. *sang* benennt den Aufführungscharakter; mhd. *minne* (ahd. *minna*) ist eine alte deutsche Bezeichnung für ‚Liebe‘, die auch in anderen germanischen Sprachen belegt ist und auf ein Etymon mit der Bedeutung ‚denken‘, ‚meinen‘ (vgl. lat. *mens* ‚Verstand, Geist‘, *memini* ‚sich erinnern‘) zurückgeführt wird. Bereits im Mhd. tritt das Wort *liebe* mit der Bedeutung ‚Lust‘, ‚Freude‘, ‚Wohlgefallen‘, ‚Liebhaben‘ konkurrierend neben das Wort *minne* und verdrängt es allmählich aus dem allgemeinen Sprachgebrauch. In der Neuzeit wird *minne* nur noch archaisierend oder aber als Terminus technicus in der Wissenschaftssprache verwendet.

BegrG: Die Semantik von *minne* ist von historischen Formen der gesellschaftlichen Interaktion und der religiösen Weltdeutung geprägt, die in dem nhd. Terminus *Liebe* nicht (mehr) präsent, aber für das Verständnis des Minnesangs wichtig sind. So bezeichnet *minne* nicht allein die erotische Beziehung zwischen Liebenden oder die affektive Bindung zwischen Familienangehörigen, etwa zwischen Eltern und Kindern, sondern nicht zuletzt auch das Verhältnis zwischen Herr und Mann im Feudalsystem und zwischen politischen Bündnispartnern. In diesem Rechtskontext hat *minne* die Bedeutung von ‚gütlicher Einigung‘, ‚Frieden‘. Auch um das spirituelle Liebesverhältnis zwischen Gott und dem Gläubigen zu bezeichnen, wird der Terminus *minne* gebraucht. Durch diese Konnotationen von *minne* unterscheidet sich der Begriff des ‚Minnesangs‘ von dem unspezifischeren der ‚Liebesdichtung‘, der ihn historisch ablöst und neue Inhalte entwickelt.

SachG: Der deutsche Minnesang ist inhaltlich und formal maßgeblich geprägt durch die produktive Rezeption und Auseinandersetzung mit Modellen, die in der romanischen Literatur, in der Lyrik der Troubadours und Trouvères, entwickelt worden waren. An den Höfen Südfrankreichs hatte sich bereits zu Beginn des 12. Jhs. eine volkssprachliche, schriftlich fixierte Liedkunst etabliert, in der sich ein eigener kultureller Deutungs- und Geltungsanspruch der laikalen Führungsschicht, ihr Bestreben nach der Teilhabe an dem bis dahin von Kirche und Klerus beherrschten Schriftmonopol und an der Definition kultureller Normen artikuliert.

Die zeitliche Abfolge der Rezeption und Abwandlung dieser Konzepte und damit die Geschichte des Minnesangs sind schwer zu ermitteln. Denn zwischen der Entstehung der deutschen Liebeslyrik in den letzten Jahrzehnten des 12. Jhs. und ihrer Aufzeichnung in den wichtigsten Überlieferungsträgern, den großen Sammelhandschriften des 13. und 14. Jhs. – vor allem der Kleinen Heidelberger Liederhandschrift (A), der Weingartner Handschrift (B) und der Großen Heidelberger Liederhandschrift (auch Codex Manesse: C) – liegen etwa zweihundert Jahre. Leitendes Ordnungsprinzip bei der Anlage der Handschriften war die Orientierung an den Autoren und an deren gesellschaftlichem Status. Die Rekonstruktion der chronologischen Abfolge der Dichtungen, um die die von historischen Kategorien geleitete neuzeitliche Forschung bemüht war, konnte sich deshalb nur auf die wenigen konkreten historischen Referenzen, Analysen von Sprache, Stil, Form und intertextuellen Bezügen stützen. Die dabei erzielten Ergebnisse bleiben notwendigerweise in mancher Hinsicht hypothetisch.

Es besteht indessen Konsens darüber, daß in der Geschichte des Minnesangs mehrere Phasen zu unterscheiden sind. Die frühesten Zeugnisse der deutschen Liebeslyrik (um 1160/70) stammen aus dem donauländisch-bairischen Raum; sie weisen in der Versifizierung (mit einer der Nibelungenliedstrophe nahestehenden Langzeilenstrophe: *Kürnbergerstrophe*, ↗ *Epenstrophe*) und im Form- und Motivbestand (Frauenstrophe, die halb monologische, halb dialogische Form des WECHSELS) noch Züge einer älteren, mündlichen Dichtungstradition auf, die mit der Rezeption der neuen romanischen Liedkunst – der dreigliedrigen ↗ *Kanzone* auf formaler und der Auseinandersetzung mit dem Konzept des ,Frauendienstes' bzw. der ,Hohen Minne' auf inhaltlicher Ebene – in den Hintergrund tritt.

Als Zentrum der zweiten Phase, der Frührezeption der romanischen Modelle (um 1170/80), gilt der Stauferhof, als führender Vertreter der neuen Richtung der aus einem Freiherrngeschlecht stammende Friedrich von Hausen, der im Dienst Friedrich Barbarossas bezeugt ist. Auch Heinrich von Veldeke war wohl zumindest zeitweilig dem Stauferhof assoziiert. Die dritte Phase bildet mit den an verschiedenen Fürstenhöfen wirkenden Liederdichtern Hartmann von Aue, Heinrich von Morungen, Reinmar und Walther von der Vogelweide der ,klassische' Minnesang (Ende 12./Anfang 13. Jh.). Walther von der Vogelweide steht dabei bereits an der Schwelle zum späten Minnesang.

Ein wichtiges Zentrum des Minnesangs im 13. Jh. bildet die Umgebung der staufischen Reichsregierung, wo die Lyrik zu einer hoch elaborierten rhetorischen Formkunst entwickelt wird (Gottfried von Neifen, Burkhart von Hohenfels, Ulrich von Winterstetten u. a.); weitere Zentren sind der bayrische und der Wiener Hof, wo die überkommenen Muster zum Gegenstand raffinierter, teils parodistischer, teils satirischer Verfremdungsspiele (Neidhart, Tannhäuser) werden. Noch bis zum Beginn des 15. Jhs. wirken im Minnesang entwickelte Formen und Motive nach, wenn auch in vielfältigen Brechungen und radikalen Umdeutungen (Frauenlob, Oswald von Wolkenstein); die Traditionszusammenhänge mit dem seit etwa 1400 von städtischen Zünften praktizierten ↗ *Meistergesang* beschränken sich auf formale Aspekte.

ForschG: Die Erforschung des Minnesangs setzte mit J. J. Bodmer und J. J. Breitinger (zuerst 1748) ein, die die Nähe zur ,Kunstlyrik' der Anakreontiker betonten. In die von der Idee der ,Volkskultur' und dem Interesse an der Rekonstruktion ihrer Ausdrucksformen im ,germanischen Altertum' geleitete Mittelalter-Rezeption des späten 18. Jhs. war der Minnesang wegen seiner romanischen Bezüge nur schwer zu integrieren. Die Bemühungen der Forschung galten deshalb zunächst weniger der programmatischen Deutung als der textkritischen und philologischen Erschließung der Quellen sowie ihrer literaturgeschichtlichen Einordnung. Die großen Leistungen der germanistischen Mediävistik im 19. Jhs. liegen so vor allem in der Erarbeitung von wissenschaftlichen Ansprüchen genügenden Editionen, die für den akademischen Gebrauch bestimmt waren (Karl Lachmann, Moriz Haupt, Hermann Paul); sie haben, bei allen notwendigen späteren Revisionen, grundlegende Standards für eine bedeutende Editionstätigkeit gesetzt, die bis in die Gegenwart reicht. Nicht weniger bedeutsam sind im 19. Jh. die Versuche, den Minnesang durch literarische Bearbeitungen einem gebildeten bürgerlichen Publikum zugänglich zu machen (Ludwig Tieck, Ludwig Uhland).

Die Forschung hat der Tatsache, daß der Minnesang Teil eines größeren, europäischen Diskurszusammenhangs war, von Anfang an Rechnung getragen und immer wieder eindrucksvolle Belege für die Beziehungen zwischen der deutschen, romanischen und lateinischen Lyrik zutage gefördert. Dabei war die wissenschaftliche Diskussion vielfach bestimmt von einer Epochenkonstruktion, nach der das (deutsche) Mittelalter als Modell kultureller Geschlossenheit, Einheit und ,Ursprünglichkeit' galt, das der Erfahrung von Komplexität, Kontingenz und Differenz in der eigenen Gegenwart entgegengestellt wurde.

Im Laufe des 19. Jhs. trat zunehmend die Frage nach dem ,Ursprung' des Minnesangs (aus arabischen, antiken, mittellateinischen oder auch ,volkstümlichen' Quellen) ins Zentrum der gelehrten Diskussion und bestimmte sie über Jahrzehnte hinweg. An dem 1883 von dem französischen Romanisten Gaston Paris (vgl. Kasten 1995) in die wissenschaftliche Debatte eingeführten Begriff des ,amour courtois' und der These, die literarischen Texte seien als Zeugnisse einer tatsächlich an den Höfen geübten Praxis des Ehebruchs zu verstehen, entzündete sich dann eine lang anhaltende Diskussion über die ,höfische Liebe', die sich zu einer im weiteren Sinne kulturtheoretischen Debatte erweiterte (Wechssler 1909).

Mit dem schwindenden Interesse am ,Ursprung' und ,Wesen' der Minne traten in den 1960er Jahren funktions-, psycho- und sozialgeschichtliche Fragestellungen in den Vordergrund. Besondere Aufmerksamkeit in der Forschung erlangte das von Erich Köhler entwickelte Erklärungsmodell, nach dem sich in den Minneliedern in verklausulierter Form das soziale Aufstiegsbegehren von gesellschaftlich unterprivilegierten Liederdichtern (dazu schon Kluckhohn 1914) artikuliert hätte. Weniger Beachtung fanden dagegen Versuche, den unaufgelösten Spannungszustand männlichen Begehrens in der ,Hohen Minne' psychologisch bzw. psychoanalytisch zu deuten, sei es als krankhafte, neurotische Störung, sei es als Sublimierungsprozeß. Der weiterführende, psychologische und soziologische Aspekte verknüpfende zivilisationstheoretische Ansatz von Norbert Elias blieb zwar nicht ohne Wirkung, aufgrund der verspäteten Rezeption hat er jedoch nicht die ihm gebührende Bedeutung erlangt.

Das Verständnis des Minnesangs als ,Erlebnisdichtung' wurde mehr und mehr von dem Konzept der ,Rollendichtung' abgelöst. Daneben gewann auch die in der Romanistik entwickelte Auffassung Geltung, daß die Liebeslyrik als spielerische Variationskunst, als ,poésie formelle' (Guiette), zu begreifen sei. Bis in die jüngste Zeit hinein ist allerdings strittig, wie weit der Minnesang von pragmatischen Funktionszusammenhängen (Repräsentation, vgl. Ortmann/Ragotzky; ,höfisches Zeremonialhandeln', vgl. Kleinschmidt; Didaxe) einerseits und von einem ,autonomen' Kunstanspruch andererseits geprägt wird.

Unter dem Einfluß der New Philology und neueren medientheoretischen wie -geschichtlichen Fragestellungen sind gegenwärtig verstärkt Probleme der Überlieferung, der Aufführungssituation und der Medialität, der Verortung des Minnesangs auf einer besonderen Schwellenposition zwischen Mündlichkeit und Schriftlichkeit, in den Blick getreten (Müller 1994, Tervooren und Bein in Müller 1996, Strohschneider in Cramer/Kasten 1998). Versuche, mit den Methoden der Mentalitätsgeschichte und Gender-Forschung neue Erkenntnisse über den Minnesang zu erschließen, stehen vorerst in der germanistischen Forschung noch in den Anfängen. Eine umfassende

Theorie der mittelalterlichen Lyrik, in der die in den verschiedenen mediävistischen Disziplinen entwickelten Ansätze kritisch reflektiert und zusammengeführt werden, bleibt vorerst Desiderat.

Lit: Käte Axhausen: Die Theorien über den Ursprung der provenzalischen Lyrik [1937]. Repr. Genf 1974. − Hennig Brinkmann: Entstehungsgeschichte des Minnesangs. Halle 1926. − Thomas Cramer: Waz hilfet âne sinne kunst? Berlin 1998. − T. C., Ingrid Kasten (Hg.): Mittelalterliche Lyrik. Probleme der Poetik. Berlin 1998. − Hans Fromm (Hg.): Der deutsche Minnesang. 2 Bde. Darmstadt ⁵1972, 1985 [versammelt wichtige Forschungsbeiträge]. − Klaus Grubmüller: Ich als Rolle. ‚Subjektivität‘ als höfische Kategorie im Minnesang? In: Höfische Literatur, Hofgesellschaft, höfische Lebensformen um 1200. Hg. v. Gert Kaiser u. Jan-Dirk Müller. Düsseldorf 1986, S. 387−408. − Robert Guiette: D'une poésie formelle au moyen âge. In: Revue des sciences humaines 54 (1949), S. 61−68. − Ingrid Kasten: Frauendienst bei Trobadors und Minnesängern. Heidelberg 1986 (GRM-Beih. 5). − I. K.: Der ‚amour courtois‘ als überregionales Kulturmuster. In: Interregionalität der deutschen Literatur im europäischen Mittelalter. Hg. v. Hartmut Kugler. Berlin 1995, S. 161−174. − Erich Kleinschmidt: Minnesang als höfisches Zeremonialhandeln. In: AfK 58 (1976), S. 35−76. − Paul Kluckhohn: Der Minnesang als Standesdichtung. In: AfK 11 (1914), S. 389−410 [auch in Fromm 1972, S. 58−81]. − Erich Köhler: Vergleichende soziologische Betrachtungen zum romanischen und zum deutschen Minnesang. In: Der Berliner Germanistentag 1968. Hg. v. Karl Heinz Borck und Rudolf Henss. Heidelberg 1970, S. 61−76. − Hugo Kuhn: Determinanten der Minne. In: LiLi 7 (1977), S. 83−94. − H. K.: Minnesang als Aufführungsform. In: Fs. Klaus Ziegler. Hg. v. Eckehard Catholy und Winfried Hellmann. Tübingen 1968, S. 1−12. − H. K.: Minnesangs Wende. Tübingen ²1967. − Ursula Liebertz-Grün: Zur Soziologie des ‚amour courtois‘. Heidelberg 1977 (Euphorion-Beih. 10). − Anna Lüderitz: Die Liebestheorie der Provençalen bei den Minnesingern der Stauferzeit [1904]. Repr. Nendeln 1976. − Jan-Dirk Müller: ‚Ir sult sprechen willekommen‘. Sänger, Sprecherrolle und die Anfänge volkssprachlicher Lyrik. In: IASL 19 (1994), S. 1−21. − J.-D. M. (Hg.): Aufführung und Schrift in Mittelalter und Früher Neuzeit. Stuttgart, Weimar 1996. − Christa Ortmann, Hedda Ragotzky: Minnesang als „Vollzugskunst". In: Höfische Repräsentation. Hg. v. H. R. und Horst Wenzel. Tübingen 1990, S. 227−257. − Ursula Peters: Hö-

fische Liebe. In: Liebe in der deutschen Literatur des Mittelalters. Hg. v. Jeffrey Ashcroft u. a. Tübingen 1987, S. 1−13. − Silvia Ranawake: Höfische Strophenkunst. München 1976. − Olive Sayce: The medieval German lyric 1150−1300. Oxford 1982. − Michael Schilling, Peter Strohschneider (Hg.): Wechselspiele. Kommunikationsformen und Gattungsinterferenzen mittelhochdeutscher Lyrik. Heidelberg 1996. − Rüdiger Schnell: Die ‚höfische Liebe‘ als Gegenstand von Psychohistorie, Sozial- und Mentalitätsgeschichte. In: Poetica 23 (1991), S. 374−424. − Günther Schweikle: Minnesang. Stuttgart 1989. − Frederic C. Tubach: Struktur im Widerspruch. Studien zum Minnesang. Tübingen 1977. − Peter Wapnewski: Waz ist minne. Studien zur mittelhochdeutschen Lyrik. München ²1979. − Eduard Wechssler: Frauendienst und Vassallität. In: Zs. für frz. Sprache und Literatur 24 (1902), S. 159−190. − E. W.: Das Kulturproblem des Minnesangs. Bd. 1: Minnesang und Christentum. Halle 1909 [Bd. 2 nicht erschienen]. − Paul Zumthor: La lettre et la voix. De la ‚littérature‘ médiévale. Paris 1987.

Ingrid Kasten

Mirakel

Wundererzählung.

Expl: Literarische Gattung vorwiegend der antiken, mittelalterlichen und frühneuzeitlichen hagiographischen Literatur, in der für wahr gehaltene (oder als solche fingierte) Geschichten über die Begegnung von (oft hilfebedürftigen) Menschen mit dem Heiligen oder Numinosen (Gott, Heilige, Sakramente, sakrale Gegenstände) erzählt werden, die zu einer Änderung ihres körperlichen, sozialen oder geistigen Zustandes führen (z. B. Heilung, Bekehrung, Rettung). Sie kommen zum Zwecke des Erweises der Heiligkeit − vollbracht im Leben durch den Heiligen oder nach dem Tod durch Reliquien, Bild, Erscheinung usw. − in ↗ *Legenden* und ↗ *Viten* von Heiligen vor; ferner − zum Zwecke der Steigerung des Renommees eines Kultes, eines Kultortes und zum Erweis der Macht Gottes über die Welt − in eigenen Mirakelsammlungen (gelegentlich auch als Einzelstück). Aus dem demonstrativen Wesen des Mirakels erklärt sich der häufige Gebrauch als ↗ *Exempel* und seine Verwendung in der ↗ *Predigt*. Die unerhörte, wunderbare Begebenheit, die im Mittelpunkt des Mirakels steht, führt zur Durchlässigkeit gegenüber den Gattungen des ↗ *Maere*, der ↗ *Novelle* und anderen kurzen Erzählformen.

Als prozessuale Strukturelemente des quantitativ dominierenden Hilfe-Mirakels gelten: (1) Bericht einer aus der Sicht des/der Hilfebedürftigen ausweglosen Situation; (2) Hinwendung (Votum) zu einem göttlichen oder heiligen Fürbitter (göttliche Personen, Gottesmutter, Heilige, Heiligtum); (3) Erzählung der erwirkten wunderbaren Hilfe; (4) legitimierende und historizitätssichernde, protokollartige Informationen (Angabe von Ort, Zeit, Personalien, evtl. Nennung von Zeugen), denen oft Akte wie öffentliche Verkündigung und Akklamation (‚mirakel schrein‘), Predigt, Votivtafeln usw. zugrundeliegen. Zu den Miracula gehören auf die Anrufung Gottes, Marias (↗ *Mariendichtung*), der Heiligen und des Heiltums hin gewirkte Heilungswunder, Totenerweckungen, Rettungswunder u. ä. Neben den Hilfe-Mirakeln begegnen auch Erscheinungen, Visionen, Sakraments- und Hostienwunder usw. als Mirakel.

Sachlich problematisch ist die sich einer Metonymie verdankende, in der Romanistik gebräuchliche Verwendung des Ausdrucks *Mirakel* (auch ‚Mirakelspiel‘) für dramatisierte, an Festtagen des Kirchenjahres aufgeführte Heiligenspiele (↗ *Drama*, ↗ *Mysterienspiel*) des späten Mittelalters und der Frühen Neuzeit.

WortG: Lat. *miraculum* (Ableitung zu *mirus* ‚wunderbar‘, ‚erstaunlich‘, *mirari* ‚sich wundern‘, ‚erstaunen‘) meint ursprünglich das Wunder, das Wunderbare, auch das Resultat eines Wunders. Nach des Augustinus († 430) einflußreicher Definition sind diese „ungewöhnliche Manifestationen der Macht Gottes", die „über die Erwartung oder die Fassenskraft des sich Wundernden" hinausgehen, die aber nicht gegen die Natur (‚contra naturam‘), sondern ‚praeter‘ oder ‚supra naturam‘ (über die Naturgesetze hinaus) bewirkt werden (‚De civitate Dei‘ 25,8,5; PL 41, 722). Nach Petrus Cantor († 1197) waren Miracula ungewöhnliche Ereignisse, die unmittelbar von Gott, aber gemeinhin in Verbindung mit einer Erscheinung von Heiligem (‚sanctitas‘) gewirkt werden (‚Verbum abbreviatum‘ c. 78; PL 205, 226 ff.). Auch die praktische Mirakel-Hagiographie schied nicht streng zwischen ‚mirum‘ und ‚miraculum‘. Das dt. Wort *Mirakel* findet sich zuerst beim ‚Straßburger Gottesfreund‘ zwischen 1332 und 1382. Als Gattungsbezeichnung tritt *mirakel* ebenso wie konkurrierende Bezeichnungen ebenfalls erst im 14. Jh. beim genannten Autor und in Bruder Hansens Marienliedern auf.

BegrG: Bereits biblisch variieren mit dem Wort *miraculum* die Bezeichnungen *mirabile, signum, virtus, prodigium, paradoxum*. Besonders *signum* und *virtus* bleiben auch während des lat. Mittelalters geläufige Konkurrenzbezeichnungen, daneben sehr häufig *exemplum*. Dem entsprechen als volkssprachige Bezeichnungen bereits seit ahd. Zeit *wunder, zeichen, wunderzeichen* (bereits bei Notker Labeo) und später auch *wunderwerk*. Das Lehnwort *mirakel* begegnet selten, etwa in mnl. Katharinenmirakeln des Codex London BM Egerton 677 (spätes 15. Jh.) als *wonderlyke miraculen*, daneben steht bezeichnenderweise die Bezeichnung *exempel*. In der ↗ *Frühen Neuzeit* und im ↗ *Barock* kommen stärker metaphorische und metonymische Bezeichnungen wie *Guttaten, Wohltaten, Gnaden, (Gebets-)Erhörungen* und *Heilungen* hinzu. Der seit der Aufklärungszeit und später noch in religionswissenschaftlichem Kontext unternommene Versuch, die Bezeichnungen *Wunder* und *Mirakel* begrifflich zu differenzieren und mit *Mirakel* abwertend dasjenige Wunder zu bezeichnen, „dessen Gegenstand der Aberglaube ist" (Mensching, 89), hat sich nicht durchgesetzt.

SachG: Wundergeschichten werden schon aus der vorchristlichen Antike berichtet. Die christliche Spätantike bringt in Konkurrenz zu den als ‚Magie‘ verstandenen paganen Wundertaten den Typus der Vita des heiligen Wundertäters (Thaumaturgen) hervor, der seine ‚Kräfte‘ aus heiliger Askese und Gebet schöpft. Diese mit ‚Wundern zu Lebzeiten‘ durchsetzte Legendenform be-

einflußt den spätantiken ‚Märtyrerroman'
(z. B. Christophorus, Georg, Katharina).
Das Mirakel wird nahezu unentbehrlicher
Bestandteil jeder Heiligenvita, was seit dem
10./11. Jh. Wunder zur Voraussetzung der
Heiligsprechung werden läßt. Den Viten
reihen sich schon in der Spätantike Anhänge mit Wundern an, die postum an den
Grabstätten der Heiligen oder vermittels ihrer Reliquien geschehen. Dabei verlagert
sich das Interesse vom Erweis der Heiligmä-
ßigkeit auf die Person, die der Gnadenwir-
kungen Gottes durch Fürbitte des Heiligen
teilhaftig wird. Legende und Mirakel bleiben zumeist durch das Interesse des Kultortes am Heiligen selbst und an den Effekten
seiner Heiligkeit zusammengebunden.

Die ersten selbständigen Mirakelbüchlein
und -sammlungen sind aus dem Umkreis
des Augustinus in Nordafrika bekannt und
stehen im Zusammenhang mit der Auffindung von Reliquien des Erzmärtyrers Stephan (415). Vorbildhaft werden Mirakelsammlungen zu Julianus von Brioude und
Martin von Tours durch den Bischof Gregor von Tours (‚Octo miraculorum libri',
um 590) und die exemplarisch oder erbau-
lich gedeuteten Mirakel in Papst Gregors
des Großen ‚Dialogi de vita et miraculis pa-
trum Italicorum' (593/94). Seit dem 7./8. Jh.
entstehen Mirakelsammlungen (libri miraculorum) mit in neuerer Zeit (‚modernis
temporibus') geschehenen Wundern, die
den Pilgern an Kultorten vorgelesen wurden, am frühesten im Westen, nur selten seit
dem 9. Jh. auch östlich des Rheins (Fulda,
Reichenau). Erst seit dem 12. Jh. erobern
sie auch den deutschen Raum. Die erste dt.
Mirakelsammlung, der 2. Teil des ‚Servatius' Heinrichs von Veldeke (ca. 1170/80),
gehört ins rheinisch-maasländische Zentrum Maastricht.

In Frankreich wurde im Kreise des Re-
formmönchtums ein neuer, an Gregor den
Großen anknüpfender, didaktisch-exempla-
rischer, der Erbauung und dem Seelenheil
gewidmeter Typ von Mirakelbuch entwik-
kelt. Prototypen sind ‚De miraculis libri
duo' des Petrus Venerabilis († 1154) und der
‚Liber miraculorum' des Zisterziensers Heribert von Clairvaux. In Deutschland folgt
Konrads von Eberbach ‚Exordium mag-

num' (zuerst 1179/93, erweitert nach 1206)
und vor allem der weitverbreitete, nach Tugenden und Sachgruppen geordnete ‚Dialogus miraculorum' des Caesarius von Heisterbach (1223/24). Der Typus wurde seit
dem 13. Jh. von predigtorientierten Sammlungen der Weltkleriker und Bettelorden abgelöst, die eine Vielfalt bunter, oft alltags-
orientierter Wundererzählungen, auch Visionen, Träume und Bekehrungen enthalten. Im Frankreich des 12. Jhs. entstanden
an den Kultstätten großer Marienreliquien
(Laon nach 1112, Soissons 1143, Chartres
nach 1194) große Marienbücher (‚Mariale'),
in die ältere Mirakel und aktuelle Reliqui-
enwunder verwoben wurden. In Rocama-
dour (1172) werden Mirakel mit zum Gebrauch des Wallfahrers empfohlenen Gebeten durchsetzt und für öffentlichen Vortrag
in Lektionen eingeteilt. Die Mirakel enthalten nun vorwiegend Erscheinungen, Visionen der auch in die Ferne wirkenden Uni-
versalpatronin. Eine neue, auf Verinnerli-
chung und ‚Privatisierung' zielende Ma-
rienfrömmigkeit produziert − zuerst in
England (Anselm von Bury, Dominicus
von Evesham, Wilhelm von Malmesbury) −
im 13./14. Jh. eine neue Generation von
universalen Marienmirakel-Sammlungen.
Auch hier werden bald die Mendikanten,
vor allem die Dominikaner, führend. Während in Frankreich volkssprachige Bearbeitungen seit dem 12. Jh. vorkommen, beginnen sie im deutschsprachigen Raum erst
später. Sie sind stets (z. T. auch kompilie-
rende) Übersetzungen lat. Sammlungen.
Die wichtigsten sind die Versmirakel des
‚Passionals', die Prosamirakel des − nach
einer Vorlage noch des 14. Jhs. − zuerst
1471 gedruckten Legendars ‚Der Heiligen
Leben' (mit 88 Mirakeln) und das wohl
1487 in Nürnberg im Klarissenkloster entstandene Mariale ‚Magnet Unserer Lieben
Frau' (mit über 300 Mirakeln), das sich
nach Marienfesten und Leitthemen der Marienverehrung (Ave Maria, Rosenkranz,
Marienbild usw.) gliedert. Hinzu treten
Sammlungen zu heiligen Nothelfern wie
z. B. Katharina von Alexandrien oder zu
anderen Heiligen.

Im Umkreis der Marienverehrung finden
sich auch die frühesten lokal gebundenen

Mirakelbücher in der Volkssprache, in den Niederlanden seit dem 14. Jh. (Delft seit 1327), in Deutschland seit der 1. Hälfte des 15. Jhs. (St. Maria im Elende am Harz um 1420). Vor allem im Rheinland und im bairischen und schwäbischen Raum blüht dieser Typus. Verschiedene Formen werden erprobt: der theologisch den heilsgeschichtlichen Sinn der Mirakel vermittelnde Traktat, die poetische, an die Form des Maere angelehnte, von Kontaktaufnahmen mit dem Leser durchbrochene Vermittlung, zumeist aber die schlichte und altbewährte Ordnung nach der Chronologie oder nach Sachgruppen. Daneben gibt es auf Einzelereignisse abhebende ↗ *Flugblätter*, die zumeist neben dem genau protokollierten, datierten und beglaubigten Geschehen dessen religiöse, moralische oder politische Ausdeutung enthalten.

Die große Zeit des Typus, vom Geist der ↗ *Gegenreformation* getragen, ist die Zeit zwischen 1600 und 1750. Die Mirakelbücher geben sich nun repräsentative Form, neigen zu Reflexion und Allegorie (‚Neuentsprossene Gnadenblum auf der Wies‘, ‚Unerschöpflicher Gnadenbach: newerlich entsprungen zu Maria Steinbach‘ usw.). Das Mirakel wird zur theologischen Nahtstelle zwischen dem Schöpfer und seiner Welt. Zugleich dienen die barocken Mirakelbücher der Steigerung der Andacht bei den Pilgern und neuen Bruderschaften. Übergänge zu mehr praktischen Zwecken dienenden Wallfahrtsbüchern (z. B. Andechs, Staffelstein, Köln, Wartha, Santiago de Compostela) oder Heiltumsbüchern mit Beschreibung eines Ortes (Aachen, Trier, Wien, Nürnberg) sind daher verständlich. Daneben können die Mirakelbücher aber auch als Exempel-Sammlung für Prediger dienen, wie jenes des Abraham a Sancta Clara (1687).

ForschG: Die Erforschung des Mirakels beginnt — nach einer Phase der Abwertung als Produkt des Aberglaubens seit dem 18. Jh. und der Kritik am apologetischen Weissagungs- und Wunderbeweis für die Wahrheit der christlichen Religion — mit der systematischen Hagiographieforschung des 19. Jhs. (Delehaye u. a.) und der Volkskunde vor

allem des rheinischen und süddeutschen Raumes (Kriß, Schreiber, Bernards, Zender). Die Auswertung als Quelle für Frömmigkeits-, Religions-, Medizin-, Rechts-, Sozial- und Wirtschaftsgeschichte steht bis heute (z. B. Sigal, Rouche, Harmening) im Vordergrund, nachdem das Mißtrauen der positivistischen Faktengeschichtsforschung überwunden wurde, das sich noch in den zahlreichen verstümmelnden Teileditionen der ‚Monumenta Germaniae Historica‘ niederschlägt. Das Mirakel wird heute zunehmend als Quelle für ↗ *Mentalitätsgeschichte,* Realitätsverständnis und Alltagswelt des mittelalterlichen und frühneuzeitlichen Menschen erkannt (Le Goff, Demm, Heinzelmann, Rendtel, Spangenberg).

Eine Diskussion um die literarische Gattung und ihre Überlieferungsformen ist dagegen nur in der romanistischen Forschung (Ebel, Waltz) und ansatzweise in der Germanistik für die Sammlungen des späten Mittelalters (Assion, Hilg) und das barocke Mirakelbuch (Bach) in Gang gekommen. Die vor allem im Gefolge von U. Ebel in der romanistischen Forschung vertretene These einer grundlegend strukturierenden Prozeßform des Mirakels ist an zu schmalem Corpus gewonnen und so nicht haltbar. Lange Zeit stand das Mirakel im Schatten der ↗ *Legende* (Rosenfeld). Künftige Forschung wird Formen und Strukturen des Mirakels, ihre Genese im Zusammenhang von Literatur- und Frömmigkeitsgeschichte, ihre Funktionsentwicklung und ihre intertextuelle Verflechtung mit anderen Erzählformen, z. B. dem ↗ *Maere* (Hartmann von Aue, ‚Armer Heinrich‘), dem Roman (Marienmirakel ‚Die Kaiserin von Rom‘), dem Exempel, mündlichen Überlieferungen u. a. ins Zentrum rücken.

Lit: Peter Assion: Die mittelalterliche Mirakel-Literatur als Forschungsgegenstand. In: AfK 50 (1968), S. 172–180. – P. A.: Die Mirakel der Hl. Katharina von Alexandrien. Heidelberg 1969. – Hermann Bach: Mirakelbücher bayerischer Wallfahrtsorte. München 1963. – Andreas Bauch: Ein bayerisches Mirakelbuch aus der Karolingerzeit. Regensburg 1979. – Peter Bernards: Die rheinische Mirakelliteratur im 12. Jh. In: Annalen des Historischen Vereins für den Niederrhein 138 (1941), S. 1–78. – Denise Bouthillier, Jean-

Pierre Torrell: Miraculum. In: Revue Thomiste 88 (1980), S. 549–566. – Wolfgang Brückner: Geistliche Erzählliteratur der Gegenreformation. In: Rheinische Vierteljahrsblätter 40 (1976), S. 150–169. – Hippolyte Delehaye: Les premiers ‚libelli miraculorum'. In: Analecta Bollandiana 29 (1910), S. 427–434. – H. D.: Les recueils antiques des miracles des saints. In: Analecta Bollandiana 43 (1925), S. 1–85 u. 305–325. – Eberhard Demm: Zur Rolle des Wunders in der Heiligkeitskonzeption des Mittelalters. In: AfK 57 (1975), S. 300–344. – Uda Ebel: Das altromanische Mirakel. Heidelberg 1965. – Hagiographie, cultures et sociétés, IVᵉ–XIIᵉ siècles. Paris 1981. – Dieter Harmening: Fränkische Mirakelbücher. In: Würzburger Diözesan-Geschichtsblätter 28 (1966), S. 25–240. – Martin Heinzelmann: Une source de base de la littérature hagiographique latine: le recueil de miracles. In: Hagiographie 1981, S. 235–259. – Hardo Hilg: Marienmirakelsammlungen. In: VL 6, Sp. 19–42. – Beatrice Kälin: Maria, ‚muter der barmherzekeit'. Frankfurt u. a. 1993. – Jacques Le Goff: Das Wunderbare im mittelalterlichen Abendland [frz. 1978]. In: J. L. G.: Phantasie und Realität des Mittelalters. Stuttgart 1990, S. 39–63. – Gustav Mensching: Das Wunder im Glauben und Aberglauben der Völker. Leiden 1957. – Hans D. Oppel: Exemplum und Mirakel. Versuch einer Begriffsbestimmung. In: AfK 58 (1976), S. 96–114. – Constanze Rendtel: Hochmittelalterliche Mirakelberichte als Quelle zur Sozial- und Mentalitätsgeschichte und zur Geschichte der Heiligenverehrung. Düsseldorf 1985. – Michel Rouche: Miracles, maladies et psychologie de la foi à l'époque carolingienne en Francie. In: Hagiographie 1981, S. 319–337. – Dietrich Schmidtke (Hg.): Das Wunderbare in der mittelalterlichen Literatur. Göppingen 1994. – Ingo Schneider: Anmerkungen zum Weltbild barocker Mirakelerzählungen. In: Das Bild der Welt in der Volkserzählung. Hg. v. Leander Petzoldt u. a. Frankfurt u. a. 1993, S. 175–191. – Georg Schreiber (Hg.): Deutsche Mirakelbücher. Düsseldorf 1938. – Pierre-André Sigal: L'homme et le miracle dans la France médiévale (XIᵉ–XIIᵉ siècle). Paris 1985. – Peter-Michael Spangenberg: Maria ist immer und überall. Die Alltagswelten des spätmittelalterlichen Mirakels. Frankfurt 1987. – Frederick C. Tubach: The formation of the miraculous as narrative and cultural pattern. In: DVjs 54 (1980), S. 1–13. – Elke Ukena: Die deutschen Mirakelspiele des Spätmittelalters. 2 Bde. Bern, Frankfurt 1975. – F. Wagner: Miracula, Mirakel. In: LexMA 6, Sp. 656–659. – Matthias Waltz: Zum Problem der Gattungsgeschichte im Mittelalter. Am Beispiel des Mirakels. In: ZrPh 86 (1970), S. 22–39. – Benedicta Ward: Miracles and the medieval mind. Aldershot ²1987. – Matthias Zender: Mirakelbücher als Quelle für das Volksleben im Rheinland. In: Rheinische Vierteljahrsblätter 41 (1977), S. 108–123.

Wolfgang Haubrichs

Mise en abyme ↗ *Potenzierung*

Mittellateinische Literatur

Lateinische Literatur des Mittelalters (6.–15. Jh.).

Expl: Auch nachdem das Latein aufgehört hatte, eine lebende Sprache zu sein, erwarben die im Bereich der lat. Kirche lebenden Romanen, Kelten, Germanen und Slaven die im Grammatik- und Rhetorikunterricht der ↗ *Artes liberales* vermittelte und für die Fächer Theologie, Philosophie, Jura und Medizin unabdingbare Kompetenz, lat. Schriften zu lesen und zu verfassen. Darüber hinaus regte die als überlegen anerkannte klassische Literatur lateinischsprachige Dichtung an. Als Zweitsprache ohne ‚native speakers' eignet diesem Latein zwar eine gewisse Künstlichkeit, doch macht der mündlich wie schriftlich konstante, im Hoch- und Spätmittelalter durch die Universitäten weiter intensivierte Gebrauch des Lateinischen sowie der Zwang, das Lexikon den neuen Realitäten anzupassen, das mittelalterliche Latein zu einem lebendigen Kommunikationsmittel, dessen schriftliche Zeugnisse das gesamte Feld der Wissenschaften und einen beträchtlichen Sektor der dichterischen Gattungen einnehmen. Auf dem letztgenannten Gebiet wird es schließlich durch das dem Vorbild der lat. Klassiker nacheifernde Neulatein (↗ *Neulateinische Literatur*) verdrängt, während es als Fachlatein (v.a. in den Bereichen Theologie, Jurisprudenz und Medizin) bis weit in die Neuzeit hinein fortlebt.

WortG: Der Terminus, „den wohl Jakob Grimm gebildet und namentlich Wilhelm Meyer aus Speyer und die Romanisten eingebürgert haben" (Langosch, 14), ist dem

DWb noch unbekannt, das dafür *Kirchenlatein* (11, 805), *Küchenlatein, Kuttenlatein* und *Mönchslatein* (11, 2504 f.) nachweist. Er dürfte in Analogie zu *Altlatein* und *Spätlatein* gebildet worden sein und verbreitet sich zu Beginn des 20. Jhs., setzt sich aber nie ganz durch gegen die von Ludwig Traube eingeführte, heute wiederum bevorzugte Terminologie: *Lateinische Philologie des Mittelalters.*

Ludwig Traube: Einleitung in die lateinische Philologie des Mittelalters. Hg. v. Paul Lehmann. München 1910.

BegrG: Es ist zu unterscheiden zwischen ‚Mittellatein' als historischem Phänomen und ‚Mittellatein' als akademischer Disziplin. In einem Fall meint es die spezifische Ausformung des Lateins im Mittelalter und die in dieser Sprachform verfaßte Literatur, im anderen Fall die Erforschung dieser Sprache und Literatur in Verbindung mit der Erforschung der lat. Schrift (↗ *Paläographie*), des lat. Buches (*Kodikologie*, ↗ *Codex*), der mittelalterlichen Skriptorien und Bibliotheken sowie der mittelalterlichen Überlieferung und Rezeption antiker Autoren.

SachG: Mittellatein beginnt im Frühmittelalter dort, wo Latein nach der nichtlateinischen Muttersprache als zweite Sprache erlernt wird. So wird man den Beginn des Mittellateins in Irland um 500, im angelsächsischen England, merowingischen Gallien und langobardischen Italien um 600 und in Spanien spätestens um 800 ansetzen. Es wird in Spanien, Südfrankreich und Italien noch lange von der Sprechsprache beeinflußt, orientiert sich aber außerhalb der Romania von Anfang an an der antiken Grammatik und an antiken, insbesondere patristischen Vorbildern. Die in England bereits im 8. Jh. erreichte hohe Sprachqualität (Beda, Alcuin) wurde zum Vorbild der karlischen renovatio, die innerhalb einer Generation den Wandel von einer schwerfällig-ungelenken (Arbeo von Freising) zu einer souveränen Handhabung der lat. Sprache (Walahfrid Strabo) schafft. Dabei werden spätlateinische Entwicklungen im Bereich der Phonetik sowie die freizügige Ausweitung des Wortschatzes durch Analo-

giebildungen und die Aufnahme von Lehnwörtern aus den Volkssprachen unbekümmert fortgeführt. Ein Drittel des mittellateinischen Lexikons ist nicht antik, der Satzbau und -rhythmus steht näher bei den Volkssprachen als beim klassisch-lat. Periodenbau. Aufs Ganze gesehen zeigen die schriftliterarischen Äußerungen seit der Karolingerzeit ein beachtliches Niveau. Das von Humanisten satirisch entstellte Latein der ‚Epistolae obscurorum virorum' (1515–1517) ist nicht typisch für den mittelalterlichen Gelehrten, sondern für den Studenten der zeitgenössischen Artistenfakultät. Dennoch markieren die ‚Epistolae' eine Epochenschwelle: die Rückkehr zur klassischen Latinität in Verbindung mit Reästhetisierung und Reliterarisierung der Sprache – in schroffem Gegensatz zur Instrumentalisierung, dem das Latein des späten Mittelalters unterworfen war.

Die aus der klassischen und der späten Latinität überkommenen formalen Möglichkeiten werden im Mittellatein unterschiedlich intensiv genutzt: Die ciceronianische Periode spielt kaum eine Rolle, und auch die horazischen Strophenformen sind selten; dagegen dehnt sich der Gebrauch der akzentuierenden *Klausel* (↗ *Cursus*) und der ↗ *Reimprosa* v.a. vom 11. bis zum 13. Jh. stark aus, und der spätantik nur ansatzweise vorhandene akzentrhythmische (Reim-) Vers sowie der gereimte metrische Vers setzen sich durch.

Beginn und Ende der mittellateinischen Literatur sind regional verschieden. Als Hauptperioden zeichnen sich die vorkarolingische, die früh-, hoch- und spätmittelalterliche Periode ab. Das besondere Kennzeichen der in diesem Zeitraum geschaffenen Literatur ist ihre entschiedene Zweckhaftigkeit bereits in der ersten, v.a. aber in der letzten Epoche. Die Autoren der Merowingerzeit schreiben Geschichtswerke und Heiligenviten, die Iren fügen Grammatiken, Geographica und Exegetica hinzu, die Angelsachsen Naturkundliches. Zweckgebunden, weil für die liturgische oder paraliturgische Feier unverzichtbar, sind auch die merowingischen ‚rhythmi' und die irischen Hymnen.

Noch entschiedener als die vorkarolingische Epoche sucht das lat. Spätmittelalter etwa ab 1280 das *prodesse* (↗ *Belehrung*). Die Sach- und Fachliteratur umfaßt exegetisches, dogmatisch-spekulatives, moralisch-aszetisches und kanonistisches Schrifttum, Predigten, philosophisch-spekulative Traktate, medizinisch-naturkundliche und juristische Fachbücher, Geschichtswerke, ↗ *Artesliteratur*, ↗ *Enzyklopädien* und ↗ *Lexika*, doch fehlt weithin i. e. S. ‚literarische‘ und fiktionale Literatur (falls man nicht Exempel- und Legendensammlungen wie die ‚Gesta Romanorum‘ oder die ‚Legenda aurea‘ dazu rechnen will). Zeichen für die Entliterarisierung ist der starke Rückgang an Werken in gebundener Sprache. Außer einem umfangreichen geistlichen Poem Dionysius' des Kartäusers am Ende der Epoche finden sich etwas Bibelepik (Gerson), ein paar Zeitklagen (Konrad von Megenberg) und Schulbuchversifikationen (Hugo Spechtshart). Auch die religiöse Lyrik verbindet sich nur mit wenigen Namen: Johannes von Jenstein, Christan von Lilienfeld, Konrad von Gaming, Wilhelm von Deguileville, Ulrich Stöckl; und die massenhaft produzierte Prosa verzichtet weitgehend auf ästhetische Reize. Die Sach- und Zweckgebundenheit dieser Literatur dürfte mit ein Grund dafür gewesen sein, daß die mittellateinische Philologie ihre Darstellungen mit dem 12. Jh. als der Glanzzeit der mittellateinischen Literatur abzuschließen pflegt. Die darin implizierte Wertung steht in Widerspruch zu jener der Träger dieser Literatur, die im Nutzen die maßgebende Norm für schriftstellerische Tätigkeit erblickten.

Anders ist die Gewichtung in der Zeit zwischen 800 und 1200. Hier stoßen wir neben der Gebrauchsliteratur auf ein genuines Interesse an Dichtung und ästhetisch anspruchsvoller Prosa. Theodulf von Orléans, Gottschalk von Orbais, Walahfrid Strabo, Sedulius Scotus und Notker der Stammler sind die großen Namen der karolingischen Epoche. Sie alle motiviert der Blick auf das antike und das christliche Rom, die kulturelle Provinzialität der Merowingerzeit hinter sich zu lassen. Dieser Ansporn ging auch in den folgenden, politisch unruhigen Jahrzehnten nicht ganz verloren, die in der Großdichtung sogar ein wachsendes Interesse an ‚weltlichen‘ Themen erkennen lassen, an Zeitgeschichte (Abbo, Berengar), an Heldensage (‚Waltharius‘), an Romanstoffen (‚Gesta Apollonii‘) und sogar an witzigem Sprachspiel (Hucbalds ‚Ecloga de calvis‘). Hervorgebracht wurde diese Literatur im neuen fränkischen Großreich unter dem Einfluß der karolingischen Erneuerung. Was außerhalb dieses Kraftfeldes stand, blieb marginal (Asser, Eulogius von Cordoba, Agnellus von Ravenna, Anastasius Bibliothecarius).

Das 10. Jh. erweist noch einmal die Bedeutung der politischen Macht für die Entstehung von Literatur: Fast die gesamte lat. Literatur Deutschlands und Reichsitaliens steht in diesem Jh. in Beziehung zum Herrscherhaus. Im Wettstreit mit der karolingisch-fränkischen Glanzzeit und mit Byzanz blühen Historiographie (Widukind, Liutprand) und Dichtung auf (die Legenden und ‚Komödien‘ der Hrotsvith von Gandersheim). Die außerhalb der ottonischen Einflußsphäre liegenden Länder bilden dagegen ihre eigenen literarischen Schwerpunkte: Frankreich pflegt die lokale Geschichtsschreibung und das Artesstudium (Quadrivium), England die Hagiographie und Glossographie, Spanien die Chronistik und Hymnendichtung. Mit Beginn des 11. Jhs. lockert sich dann auch im Reich die Verbindung von Literatur und Herrschaft: In Deutschland drängen die Bedürfnisse der Schule und der Klöster nach vorne, während in Italien neben der Artesliteratur die (lokal gebundene) Zeitgeschichte an Bedeutung gewinnt.

Der Beginn des Hochmittelalters (um 1050 bis um 1130) ist geprägt vom Kampf um die Kirchenreform. Die angestrebte Trennung von weltlichem und geistlichem Bereich leitet eine Säkularisierung ein, die die Literatur auch dort nachhaltig beeinflußt, wo der Streit um die Investitur kirchlicher Amtsträger keine oder nur eine geringe Rolle spielt (Frankreich, England, Spanien). Neben die traditionelle, aber nunmehr mit höherem stilistischen Anspruch gepflegte theologische, hagiographische und gnomische Dichtung treten Gedichte naturkundlichen Inhalts (Odo von Meung, Marbod von Rennes), der Versroman (,Ruodlieb'), das satirische Tierepos (,Ecbasis'), die Moralsatire (Amarcius), die Invektive (Serlo von Bayeux), der Schwank (,Unibos'), das Zeitgedicht (Heinrich von Pisa) und hier insbesondere die Kreuzzugsdichtung (Fulco von Paris, Gilo von Toucy). Das Prosaschrifttum, das im Frühmittelalter noch weitgehend in Klöstern beheimatet war, zieht — mit Ausnahme der geistlichen Prosa — um in die hohen Schulen, wo der internationale Austausch von Professoren und Studenten die für die lat. Literatur des hohen und späten Mittelalters kennzeichnende Überregionalität erzeugt.

Die neu erkannte Welt und das erkennende Ich sind Gegenstand der sog. ,Renaissance' des 12. Jhs. (ca. 1130—1220). Es entstehen weltliche Lieddichtung (Hilarius von Orléans, Hugo Primas, der Archipoeta, Petrus von Blois, Serlo von Wilton, Walter von Châtillon) und Elegienkomödien (Vitalis und Wilhelm von Blois, Matthäus von Vendôme). Der schon in der Kleindichtung der Übergangszeit (Marbod von Rennes, Baudri von Bourgueil, Hildebert von Lavardin) erkennbare klassizistische Ästhetizismus erobert die Großepik (,Ysengrimus', Alanus ab Insulis, Johannes de Hauvilla, Walter von Châtillon, Josephus Iscanus).

Das Bedürfnis nach Form war in dieser Epoche so beherrschend, daß sich auch die geistliche Literatur dem nicht entziehen konnte, weder Prosaisten wie Bernhard von Clairvaux noch Lyriker wie Adam von St. Victor und Metellus von Tegernsee. Selbst das ↗ *Geistliche Spiel* geht von der einfachen biblisch-liturgischen Formel über zum poetisch-musikalischen Gesamtkunstwerk (Benediktbeurer Spiele, ,Ludus de Antichristo').

Die Rückkehr zur Lehrhaftigkeit zeichnet sich bereits vor Ende des 12. Jhs. ab in der Bibelversifikation des Petrus Riga und in den Lehrgedichten eines Rahewin, Aegidius von Corbeil und Alexander de Villa Dei. Das 13. Jh. wird fast alle Wissensgebiete in gebundener Rede behandeln: Grammatik, Poetik, Literaturgeschichte, Dogmatik, Kirchenrecht, Naturkunde und theologische Enzyklopädik. Es gibt sich damit als eine Zwischenzeit zu erkennen. Das Interesse geht auf den Nutzen, aber der ästhetisch-literarische Anspruch wirkt nach und erzwingt die poetische Formung des vermittelten Sachwissens (die zudem das Memorieren erleichtert).

Nicht als wäre das 13. Jh. geistlos gewesen — es ist eine Zeit höchster denkerischer Konzentration, die Zeit der großen Summen (Alexander Hales, Thomas von Aquin, Roger Bacon) —; doch ziehen sich die Träger der mittellateinischen Literatur wieder auf ihr ureigenstes Gebiet zurück und überlassen das Feld der Fiktion, der Poesie und Ästhetik, das sie zwischenzeitlich verwaltet hatten, der reif gewordenen volkssprachigen Laienkultur.

ForschG: Stil und Form des Mittellateins harren noch weitgehend der Erschließung. Untersucht sind einzelne Autoren und einzelne Phänomene wie z.B. der Prosareim (Polheim) und die Klauseltechnik (Janson). Im Aufschwung begriffen ist die Erforschung der Theorie (↗ *Ars dictaminis*, Ars praedicandi, Ars poetica), und relativ fortgeschritten ist das Wissen um die Entwicklung des Verses (Meyer, Norberg, Klopsch).

Die Erforschung der mittellateinischen Literatur setzte im 17. Jh. auf dem Gebiet der Hagiographie und Patristik ein mit den kritischen Ausgaben der Bollandisten und Mauriner und mit dem Erscheinen der ,Histoire littéraire de la France'. Das 18. Jh. folgte mit den großen historischen Reihen Muratoris und den literaturgeschichtlichen Materialsammlungen von Tiraboschi und Fabricius. Der große Durchbruch erfolgte im 19. Jh. mit der Edition von Fachschrifttum des lat. Mittelalters und mit den die Editionstätigkeit begleitenden Untersuchungen. Weitere Impulse kamen von der damals neuen Germanistik und Romanistik, die dem Mittellatein wegen seiner Verflechtung mit den Nationalliteraturen ihre Aufmerksamkeit zuwandten. Die Herausbildung der mittellateinischen Philologie als eines eigenen Faches gegen Ende des 19. Jhs. (Meyer, Traube, von Winterfeld) trug nicht unerheblich zur Intensivierung der Forschungstätigkeit bei. Heute zeichnen sich als Hauptarbeitsfelder ab: Repertorisierung des überlieferten Bestandes, Edition der bislang nur handschriftlich vorliegenden Texte und literaturgeschichtliche Erschließung des Spätmittelalters.

Lit: Franz Brunhölzl: Geschichte der lateinischen Literatur des Mittelalters. 2 Bde. München 1975–1992. – Gustav Gröber: Übersicht über die lateinische Litteratur von der Mitte des 6. Jhs. bis zur Mitte des 14. Jhs. [1902]. Repr. München 1963. – Tore Janson: Prose rhythm in medieval Latin from the 9th to the 13th Century. Stockholm 1975. – Udo Kindermann: Einführung in die lateinische Literatur des mittelalterlichen Europa. Tournhout 1998. – Paul Klopsch: Einführung in die mittellateinische Verslehre. Darmstadt 1972. – Karl Langosch: Lateinisches Mittelalter. Darmstadt ³1975. – Max Manitius: Geschichte der lateinischen Literatur des Mittelalters. 3 Bde. München 1911–1931. – Wilhelm Meyer: Gesammelte Abhandlungen zur mittellateinischen Rythmik [sic]. 3 Bde. Berlin 1905–1936. – Dag Norberg: La poésie latine rythmique du haut moyen âge. Stockholm 1954. – D. N.: Introduction à l'étude de la versification latine médiévale. Stockholm 1958. – Alf Önnerfors (Hg.): Mittellateinische Philologie. Beiträge zur Erforschung der mittelalterlichen Latinität. Darmstadt 1975. – Karl Polheim: Die lateinische Reimprosa [1925]. Repr. Berlin 1963. – Peter Stotz: Hb. zur lateinischen Sprache des Mittelalters. München 1996 ff. – Karl Strecker, Robert B. Palmer: Introduction to medieval Latin. Berlin ⁶1971. – Josef Szövérffy: Die Annalen der lateinischen Hymnendichtung. 2 Bde. Berlin 1964 f. – J. S.: Weltliche Dichtungen des lateinischen Mittelalters. Berlin 1970. – J. S.: Secular Latin lyrics and minor poetic forms of the Middle Ages. 4 Bde. Concord / New Hampshire 1992–1995. – Karl Young: The drama of the medieval church [1933]. 2 Bde. Repr. Oxford 1962, 1967.

Benedikt Konrad Vollmann

Mnemonik

Lehre von der künstlichen Beeinflussung des natürlichen Gedächtnisses, der willentlichen und physischen Steuerbarkeit seiner Speicherungs-, Erinnerungs- und Vergessensleistungen.

Expl: Mnemonik ist Wissenschaft und Lerntechnik im Überschneidungsfeld von Mythologie, Theologie, Rhetorik, Psychologie, Philosophie, Soziologie und Medizin. Ihre Grundfrage ist die nach den Konstituenten von Interiorisations- und Exteriorisationsprozessen, mithin nach dem Wechselspiel von äußeren Bildern (sinnlichen Erscheinungen, Phänomenen) und inneren Bildern (Vorstellungsbildern, Imaginationsbildern, Phantasmata, Traumbildern). Die Klärung der Fragen, wie äußere Sinnesdaten in Klassifikationsakten verinnerlicht, bestimmt und festgehalten, wie unsinnliche Erkenntnisse entstehen und gespeichert, wie sinnliche und unsinnliche Erkenntnisse verbunden, wieder abgerufen und geäußert, aber auch vergessen werden können, ist Bedingung der Mnemotechniken, die in verschiedenen historischen Phasen in unterschiedlichen ethnischen Kulturen entwickelt wurden.

Gedächtnishilfen können sich auf alle Sinne einzeln oder gemeinsam beziehen und können sich aller Arten von Merk- und Notationssystemen bedienen: z. B. Rhythmen, Töne, Farben, taktiler Strukturen, Bildsprachen, Schriften, Zahlen. Untheoretisierte Gedächtnishilfen sind solche, die in einem bestimmten ethnokulturellen Zusammenhang als selbstverständlich gelten (z. B. Anstandsregeln). Theoretisierte Gedächtnishilfen sind solche, deren Erwerb und Nutzung Gegenstand schulischen und akademischen Unterrichts sind (z. B. Hilfen für Schrifterwerb, Spracherwerb, Grammatik, Logik, Kombinatorik). Gedächtniskünste werden in allen Bereichen entwickelt, in welchen Auswendiglernen, Wissen und Behalten notwendig sind. So fungieren z. B. Vers- und Reimbindung in der oralen Poesie (↗ *Merkvers*), Schrittrhythmen im ↗ *Tanz*, Klangintervalle in der Musik als Gedächtnishilfen. Die für Generierung und Differenzierung verschiedenartiger Gedächtniskünste wichtigsten Einschnitte lassen sich medienwissenschaftlich als solche zwischen oraler Kultur, Schriftkultur und audiovisueller Kultur definieren.

Das Gattungsspektrum der Mnemonik reicht von der praktischen Unterweisung (learning by doing, face-to-face-Unterricht) bis zu verschiedenen Genera der mnemonischen Literatur, angefangen bei der rhetorischen Merk- und Erinnerungslehre über Homiletik (Predigtlehre, ↗ *Homilie*, ↗ *Predigt*), Bibelmerklehre, Katechetik (↗ *Katechese*) und seelendiätetische Exerzitien bis hin zu fachspezifischen Lernhilfen für Juristen, Historiker, Politiker, Pfarrer u. a. und schließlich zu Kombinatorik und ‚ars inveniendi‘ (Finde- und Erfindungskunst, ↗ *Inventio*), Werken der Gedächtniswissenschaft und Gedächtniskultur (↗ *Memoria*).

WortG: Als Fremdwort (*Mnemonik, Mnemonic*) von griech. μνήμη [mnéme] ‚Gedächtnis‘, ‚Erinnerungsfähigkeit‘, μνημονικός [mnemonikós] ‚gedächtnisstark‘, ‚erinnerungsfähig‘ in vielen modernen europäischen Sprachen seit dem 18. Jh. verbreitet, oft nur als Synonym von *Mnemotechnik* und ARS MEMORATIVA (auch *ars memorandi*, *ars memoriae artificialis*, *ars reminiscendi*). In die Wissenschaftssprache des deutschen Kulturbereichs 1630 eingeführt durch Alsted: „Mnemonica est ars composita bene excolendi memoriam […]. Mnemonica est peculiaris ars, distincta a Rhetorica et Logica" (‚Die Mnemonik ist eine zusammengesetzte Kunst, das Gedächtnis gut auszubilden […]. Die Mnemonik ist eine eigenständige Wissenschaft, unterschieden von Rhetorik und Logik‘; Alsted, 1959a). Als dt. Fremdwort (*Mnemonik / Ars mnemonica*) in der Bedeutung „Gedächtnißkunst" erstmals 1779 bei Krünitz (Krünitz, 564 f.). Ersch und Gruber bestimmen 1852 die Differenz von *Mnemonik* und *Mnemotechnik* als die von „wissenschaftlicher Einsicht" und „künstlerischer Fertigkeit" (Ersch/Gruber 55, 353).

Johann Heinrich Alsted: Encyclopaedia septem tomis distincta. Herborn 1630. – Johann Georg Krünitz: Oeconomische Encyclopädie. Berlin 1779.

BegrG: Der Begriff hat sich nicht verändert, doch wird sein Ort im System der Wissenschaften zu verschiedenen Zeiten unterschiedlich bestimmt. So wird z. B. auf dem Höhepunkt theoretischer Reflexion der Gedächtniskunst im 17. Jh. von Alsted besonders das Verhältnis zu Rhetorik, Topik und Logik herausgehoben, während Tommaso Garzoni, Suarez de Figueroa oder Izquierdo das Verhältnis zur Kombinatorik akzentuieren. Mit dem Rangverlust dieser Disziplinen im Laufe des 18 Jhs. büßt zugleich die Mnemonik ihre Bedeutung ein. An ihre Stelle sind – seit der Ausbildung der Psychologie als Wissenschaft – in den letzten beiden Jahrhunderten unterschiedliche, nicht mehr durchgängig theoretisierte Techniken des Gedächtnistrainings getreten.

SachG: Bei der Frage nach dem Beginn der Geschichte der Mnemonik sind (1) Geschichte der Gedächtnistheorie, (2) Geschichte der (untheoretisierten oder theoretisierten) Gedächtnishilfen und (3) Geschichte der Gedächtniskünste verschiedener Kulturen bzw. Ethnien zu unterscheiden. Die Geschichte der Gedächtnistheorie beginnt in Europa mit der ‚anámnesis‘-Lehre Platons (Lehre vom Wiedererinnern) und der ‚mnéme‘-Lehre des Aristoteles (Lehre vom Gedächtnis); sie löst die mythische Vorstellung ab, derzufolge Mnemosyne die Mutter der Musen ist.

In Europa hat insbesondere die rhetorische Gedächtniskunst (‚ars memorativa‘) traditionsstiftende Macht gewonnen. Als ihr Erfinder gilt Simonides von Keos (5. Jh. v. Chr.; neben ihm auch Hippias von Elis, Metrodoros, Pythagoras und Theodektes), obwohl von ihm und den anderen sophistischen griechischen Mnemonikern keine authentischen Äußerungen zur Mnemonik erhalten sind. Eine von Cicero und Quintilian überlieferte Anekdote thematisiert im Rahmen eines katastrophischen Szenars die Ablösung der durch Vers und Musik bestimmten sakralen oralen Poesie durch eine prosaische Erinnerungskunst. Sie nimmt erstmals die in der Tradition folgenreiche Verknüpfung von zu erinnernder Information und räumlich strukturiertem Erinnerungsbild vor (‚loci et imagines‘). Simonides soll die völlig entstellten Teilnehmer eines Gastmahls, die beim Zusammensturz des Hauses zu Tode kamen, aufgrund des Ortes, den sie beim Mahl eingenommen hatten, identifiziert haben.

Die wichtigsten erhaltenen Zeugnisse der antiken Mnemonik stammen von Cicero, Quintilian und aus der anonymen ‚Rhetorica ad Herennium‘. Von diesen drei Texten waren bis Ende des Mittelalters lediglich die Ciceros und des Auctor ad Herennium bekannt. Quintilians ‚Institutio oratoria‘ wurde erst 1416 wiederentdeckt.

Die klassische rhetorische Gedächtniskunst operiert mit einer affektorientierten mentalen Binnenstrukturierung: Dem Gedächtnis wird eine nach bestimmten Regeln (z. B. der Übersichtlichkeit, Unterscheidbarkeit, Homogenität/Inhomogenität) zu wählende Menge von realen oder fiktiven Orten (‚loci‘/‚topoi‘) eingeprägt, die ihrerseits mikrostrukturelle Elemente einer Makrostruktur (‚ordo‘ z. B. eines Hauses, eines Leibes, einer Hand etc.) sind. In dieses Koordinatensystem von ‚loci‘ und ‚ordo‘ werden Bilder der zu erinnernden Sachen oder Wörter eingebracht: die sogenannten ‚imagines agentes‘, welche ebenfalls nach bestimmten Kriterien (sozialer, sakraler, individueller Reizhaltigkeit, Affektpotential, Assoziationswert) auszuwählen sind. Im Erinnerungsakt wird der makrostrukturelle Gedächtnisraum im Geiste planmäßig abgeschritten, wobei die den ‚loci‘ implementierten ‚imagines‘ das zu Erinnernde assoziativ re-präsentieren. Das imagologische Verhältnis von makro- und mikrostrukturellen Elementen (Relation ‚ordo‘/‚loci‘) ist für die mnemonische Effizienz ikonischer Modelle konstitutiv, die sich in Europa herausgebildet haben: Himmel (Planetenhimmel, Sphärenmodell, Sternbilder, Himmlisches Jerusalem), geographische Pläne (Landschaften, Stadtpläne, Itinerare, Gärten), Gebäude (Tempel, Theater, Türme, Häuser), Baum (Wurzel Jesse, Arbor consanguinitatis, Lebensbaum, Kreuzesbaum, Sprachbaum), Hand (Chiromantie, Kalenderhände, Guidonische Hand, Musica enchiriadis), Corpus (menschlicher/tierischer Leib, Aderlaßmännchen, Physiognomik, Corpus Christi), Rotae (d. h. radförmige Modelle wie Rosenkranz, Zifferblatt, Windrose, kombinatorische Scheibenapparate, Rechenscheiben, Sprachmaschinen). Die mnemonische Effizienz der ikonischen Modelle ergibt sich aus ihrer Speicherkapazität, ihrer topischen Elastizität und Produktivität sowie ihrer polyfunktionalen Anwendbarkeit bei optimaler Distinktionsschärfe. Dabei ist sowohl die emotionale Valenz reli-

giöser und/oder sexueller Konnotationen wie auch die mathematische Abstrahierbarkeit der verschiedenen Modelle zu kalkulieren. Die emotionale Valenz ist geringer, wenn das imagologische Verhältnis von Makrostruktur und Mikrostruktur eines Modells homogen ist (z. B. Makrostruktur ‚Baum‘ mit den mikrostrukturellen ‚imagines‘ Wurzel, Stamm, Ast, Zweig, Blüte, Frucht); sie ist größer, wenn sie inhomogen ist (z. B. Makrostruktur ‚Baum‘, mikrostrukturelle ‚imagines‘ menschliche Körperteile, Geräte, Tiere). Die Mathematisierung von Rotamodell, Baummodell oder Gebäudemodell in geometrielogischer und kombinatorischer Absicht ist leichter als die von Corpusmodell oder Handmodell. Von der mnemonischen Ikonologie her lassen sich systematisch Brücken zu verschiedenen Bildsprachen (↗ *Hieroglyphik*, Heraldik, ↗ *Impresen*-Kunst, Emblematik: ↗ *Emblem*), zur Metaphorologie, Groteskentheorie und Graphematik (↗ *Graphemik*) schlagen.

Die Geschichte der Mnemonik ist nicht allein von der Rhetorikgeschichte her zu bestimmen. Zwar wurde die rhetorische Mnemonik im Mittelalter gelegentlich (Alkuin) und verstärkt seit dem 14. Jh. rezipiert. Doch entstanden neben ihr mnemonische Erbauungslehren in Tradition der Gedächtnislehren der Kirchenväter Augustinus (‚memoria‘-Theorie) und Gregor d. Gr. (‚imago‘-Theorie). Die orale und schriftgeleitete Meditation (‚ruminatio‘-Technik des ‚Durchkauens‘ religiöser Worte), die Bildmeditation (z. B. anhand der ‚Arma Christi‘, der Darstellung der Gregorsmesse oder von Schutzmantelmadonnen), die musikalische Meditation (Gregorianik), die Homiletik und Gebetskunst (Rosenkranz) wie generell die Geschichte der Text- und Bildmedien veränderten die Mnemotechniken. Weil das so ist, konnte Mnemonik immer schon zu einem Schlüssel der Psychologie (vgl. Geschichte der Beichte und des Gewissens), der kabbalistisch angeleiteten Kombinatorik, seit dem 16. Jh. zunehmend auch der Enzyklopädik als Universalwissenschaft werden (Reisch, Fludd, Alsted u. a.).

Seit dem hohen Mittelalter entstanden vermehrt pädagogische Mnemotechniken für bildbegleitete Alphabetisierung und zum Auswendiglernen in historiographischen, bibelhistorischen, logischen, juristischen Zusammenhängen mittels Bildfibeln, Chartiludien (Modell Kartenspiel), Titelgraphiken. Seit dem 15. Jh. entstehen, wie Heimann-Seelbach gezeigt hat, Hunderte von selbständigen mnemotechnischen Traktaten, in denen aristotelische Psychologie und thomistische Trinitätslehre eine neue Verbindung eingehen, aus der die Artes-Diskussion sowie die Bildlehre neue Impulse erhalten.

Im Rahmen säkularer poetischer Programme wurde in der mittelalterlichen Epik, in den Text und Bild verbindenden ‚Gedechtnus'-Werken Kaiser Maximilians I., dann aber auch in den großen frühneuzeitlichen Romankonzepten von Rabelais, Fischart, Grimmelshausen u. a. ein (zumeist nur geringfügig theoretisiertes) immanentes mnemonisches Programm entwickelt (vgl. Wenzel, Müller).

ForschG: Seit dem 13. Jh. ist die Reflexion über Möglichkeiten der Beeinflußbarkeit von Gedächtnis, Erinnern und Vergessen häufig mit der Kommentierung und/oder Kritik früherer Gedächtnislehren und Gedächtniskünste gekoppelt. Der kritische Zug verstärkt sich in der Frühen Neuzeit in Monographien und Enzyklopädien. Erste Ansätze zu einer historischen Erforschung der Mnemonik gibt es seit dem 18. Jh. Die Erforschung mnemonischer Etappen in verschiedenen Funktionsbereichen wurde im 20. Jh. interdisziplinär, vor allem jedoch von kunsthistorischer, literaturhistorischer und philosophiegeschichtlicher Seite geleistet. Im Zentrum des Interesses stand die kulturanthropologische Erforschung des ‚kulturellen Gedächtnisses' (unter besonderer Berücksichtigung der Kommunikationsmodelle früher chinesischer, jüdischer, ägyptischer, griechischer Hochkulturen durch Leroi-Gourhan, J. Assmann u. a.), der antiken Mnemonik (Blum), der mittelalterlichen Mnemonik (Hajdu, Carruthers, Coleman, Wenzel, Müller, Heimann-Seelbach), der frühneuzeitlichen Mnemonik (Volkmann, Rossi, Bolzoni, Yates, Berns/Neuber, Heimann-Seelbach u. a.) sowie der Mnemonik des 19. und 20. Jhs. und insbe-

sondere der ‚Straßburger Schule' um M. Halbwachs, M. Bloch, H. Bergson u. a. (J. Assmann, A. Assmann, Lachmann).

Lit: Das enzyklopädische Gedächtnis der Frühen Neuzeit. Enzyklopädie- und Lexikonartikel zur Mnemonik. Hg. v. Jörg Jochen Berns und Wolfgang Neuber. Tübingen 1998. – Die Erfindung des Gedächtnisses. Texte. Hg. v. Dietrich Harth. Frankfurt 1991. – Die Schatzkammern der Mnemosyne. Ein Lesebuch mit Texten zur Gedächtnistheorie [...]. Hg. v. Uwe Fleckner. Dresden 1995.
Aleida Assmann, Dietrich Harth (Hg.): Mnemosyne. Formen und Funktionen der kulturellen Erinnerung. Frankfurt 1991. – Jan Assmann: Das kulturelle Gedächtnis. München 1992. – J. A., Tonio Hölscher (Hg.): Kultur und Gedächtnis. Frankfurt 1988. – Jörg Jochen Berns, Wolfgang Neuber (Hg.): Ars memorativa. Tübingen 1993. – J. J. B., W. N. (Hg.): Seelenmaschinen. Gattungstraditionen, Funktionen und Leistungsgrenzen der Mnemotechniken des Mittelalters und der Frühen Neuzeit. Wien 2000. – Herwig Blum: Die antike Mnemotechnik. Hildesheim 1969. – Lina Bolzoni u. a. (Hg.): La fabbrica del pensiero. Dall' arte della memoria alle neuroscienze. Mailand 1989. – L. B.: La stanza della memoria. Turin 1995. – Mary Carruthers: The book of memory. Cambridge 1990. – Janet Coleman: Ancient and medieval memories. Cambridge 1992. – Maurice Halbwachs: Das Gedächtnis und seine sozialen Bedingungen [1925]. Frankfurt 1985. – M. H.: Das kollektive Gedächtnis [1950]. Stuttgart 1967. – Helga Hajdu: Das mnemotechnische Schrifttum des Mittelalters. Wien 1936. – Anselm Haverkamp, Renate Lachmann (Hg.): Gedächtniskunst. Frankfurt 1991. – Sabine Heimann-Seelbach: Ars memorativa. Tübingen 2000. – Kai-Uwe Hemken (Hg.): Gedächtnisbilder. Vergessen und Erinnern in der Gegenwartskunst. Leipzig 1996. – Andreas Kilcher: Die Sprachtheorie der Kabbala als ästhetisches Paradigma. Stuttgart 1998. – André Leroi-Gourhan: Hand und Wort [1964/65]. Frankfurt 1988. – Jan-Dirk Müller: Gedechtnus. Literatur und Hofgesellschaft um Maximilian I. München 1982. – Stefan Rieger: Speichern, Merken. Die künstlichen Intelligenzen des Barock. München 1997. – Paolo Rossi: Clavis Universalis. Arti della memoria e logica combinatoria da Lullo a Leibniz. Bologna ²1983. – Bruno Roy, Paul Zumthor (Hg.): Jeux de mémoire. Montréal, Paris 1985. – Ludwig Volkmann: Ars memorativa. In: Jb. der Kunsthistorischen Sammlungen in Wien NF 3 (1929), S. 111–200. – Harald Weinrich: Lethe. Kunst und Kritik des Vergessens. München 1997. – Horst Wenzel: Hören und Se-

hen, Schrift und Bild. Kultur und Gedächtnis im Mittelalter. München 1995. – Frances A. Yates: Gedächtnis und Erinnern. Mnemonik von Aristoteles bis Shakespeare [1966]. Berlin, Weinheim 1990.

Jörg Jochen Berns

Modelltheorie ↗ *Mögliche Welten*

Moderne

Literarhistorischer Periodisierungsbegriff für rezente Entwicklungen.

Expl: Der Begriffsname *Moderne* umfaßt (1) in der Philosophie und Geschichtswissenschaft die gesamte Neuzeit seit der Renaissance (Makroperiode); (2) in der deutschen Literaturwissenschaft wird er dagegen eingeschränkt verwendet zur Bezeichnung von künstlerischen und literarischen Strömungen des ausgehenden 19. und besonders des frühen 20. Jhs. in Europa, die mit dem bürgerlichen ↗ *Realismus₂* wie dem epigonalen ↗ *Historismus* gebrochen und sich der Kategorie des Neuen verschrieben haben (Mikroperiode). Der Innovationsanspruch bezieht sich auf die Entwicklung künstlerischer Verfahren (↗ *Montage*-Technik, Absolute ↗ *Metapher*, *Bewußtseinsstrom*, ↗ *Innerer Monolog* etc.) und auf die Aufnahme aktueller Erfahrungsbereiche und Wissensbestände der industriellen Massengesellschaft (Schönert). Folglich gehören der Moderne sowohl primär forminnovative Richtungen an, wie z. B. der ↗ *Symbolismus*, als auch primär inhaltsinnovative, wie z. B. der ↗ *Naturalismus*. Stilwandel und Stilvielfalt kennzeichnen die Moderne. Der rasche Wechsel der literarischen Strömungen (neben Naturalismus und Symbolismus u. a. ↗ *Impressionismus, Jugendstil* bzw. ↗ *Fin de siècle, Futurismus*, ↗ *Expressionismus*, ↗ *Dadaismus*, ↗ *Surrealismus₂*, ↗ *Neue Sachlichkeit*) erklärt sich daraus, daß in der Moderne in den Künsten wie in den Wissenschaften und der Technik das Alte aus der Perspektive des Neuen als das Überholte gilt. Dieses Fortschrittsprinzip

unterscheidet einige Strömungen der Moderne grundlegend von der sogenannten ↗ *Postmoderne*, in der die Variation des Traditionsbestandes wieder erlaubt ist.

Die zeitliche Eingrenzung der Moderne innerhalb der deutschen Literaturgeschichte von ca. 1880 bis 1930 wird dann schwierig, wenn man unter *Moderne* nicht nur einen Epochen-, sondern vor allem einen Stilbegriff versteht, denn die ästhetischen Innovationen der Moderne, in nationalsozialistischer Zeit als ‚entartet' geschmäht, werden in Werken der ↗ *Exilliteratur* und der deutschen ↗ *Nachkriegsliteratur* nach 1945 fortgeschrieben. Deshalb werden für die Zeit, in der die neue Formenvielfalt entwickelt wurde, häufig die Begriffe ‚Klassische Moderne' bzw. ↗ *Avantgarde* gebraucht. Unterschieden wird dabei nach dem Grad der Radikalität, mit dem Autoren mit den Formen und Institutionen des etablierten bürgerlichen Kulturbetriebes gebrochen haben. So begründet die provokative Negation des Hergebrachten den Zwang zur Gruppenbildung in den Avantgarde-Bewegungen von Futurismus, Dadaismus und Surrealismus. Zur ‚Klassischen Moderne' dagegen gehören die großen Einzelgänger, die sich noch im Grenzbereich der Konventionen bewegen – wie z. B. Hofmannsthal, Rilke oder Th. Mann.

WortG: *Moderne* leitet sich vom lat. Adverb *modo* ‚nur', ‚eben', ‚erst', ‚gleich', ‚jetzt' ab; das lat. Adjektiv *modernus* ‚derzeitig', ‚neu' wird im 6. Jh. vom Geschichtsschreiber der Goten und Theoderichs Kanzler, Cassiodor, zur Kennzeichnung eines rein zeitlichen Gegensatzes verwendet: *modernus* bedeutet in einem Brief an Symmachus (MG Auctores antiquissimi 21 [1894], 138) ‚gegenwärtig', *antiquus* dagegen ‚vergangen'. Seit der mittelalterlichen Scholastik kann *modernus* auch jeweils neue geistige Richtungen bezeichnen, die sich gegen eine Tradition absetzen; der Begriff wird damit zeitlich und inhaltlich definiert (Map, 158). Im Frz. ist das Wort *moderne* ‚neu', ‚frisch' zuerst im 15. Jh. literarisch belegt, Ende des 17. Jhs. wird es in der ↗ *Querelle des anciens et des modernes* zu einem Begriff der Literaturkritik. Das frz. Fremdwort erscheint im Deutschen lexikalisch erstmals bei J. Ch. Nehring (‚Manuale iuridico-politicum‘, 1684), wird dort erklärt im Sinne von „neu, neulich, nach der jetzigen mode, façon, tracht, manier, art, weise oder gewohnheit" (DWb 12, 2446) und hat sich im 18. Jh. trotz zahlreicher Eindeutschungsversuche ganz eingebürgert (Campe ²1813, 425). *Modern* fungiert seither in der Alltagssprache wie in den Fachsprachen als Zeit-, Sach- und Wertbegriff und benennt je nach Kontext den Gegensatz von ‚gegenwärtig‘ und ‚vorherig‘, ‚neu‘ und ‚alt‘, ‚aktuell‘ und ‚verbraucht‘, ‚modisch‘ und ‚beständig‘, ‚vorübergehend‘ und ‚ewig‘, ‚progressiv‘ und ‚konservativ‘ etc. (Gumbrecht). Mehrdeutig ist auch der ästhetische Begriff ‚modern‘, er dient den deutschen Autoren seit der Goethezeit in der Auseinandersetzung mit der Tradition zur Bestimmung des eigenen historischen Standortes. Die Substantivierung *die Moderne* (zur Bezeichnung der Mikroperiode) geht zurück auf den gleichnamigen Vortrag E. Wolffs im Berliner Verein ‚Durch‘ von 1886.

Joachim Heinrich Campe: Wörterbuch zur Erklärung und Verdeutschung der unserer Sprache aufgedrungenen fremden Ausdrücke [1801]. Braunschweig ²1813. – Walter Map: De nugis curialium. Hg. v. Montague Rhodes James. Oxford 1914. – Eugen Wolff: Thesen zur literarischen Moderne [1887]. In: Wunberg 1971, S. 1 f.

BegrG: Ch. Perraults Lobpreis der modernen Kultur, des Zeitalters Ludwigs XIV., vorgetragen am 27.1.1687 in der Académie Française, eröffnet die Querelle des anciens et des modernes und damit die Debatte um den ästhetischen Begriff ‚Moderne‘. Die Emanzipation von jeder historischen Ästhetik ist damit prinzipiell gerechtfertigt, die Loslösung von antiken Mustern ebenso wie z. B. die Befreiung von den von Gottsched noch für verbindlich gehaltenen Regeln der französischen Klassik im deutschen ↗ *Sturm und Drang.*

Der ästhetische Begriff ‚Moderne‘ wird im 18. Jh. in den verschiedenen europäischen Spielarten der Querelle zu einem Oppositionsbegriff, dessen jeweilige Bestimmung relativ und transitorisch ist. Ungelöst bleibt die Frage nach der historischen Verbindung eigenständiger Epochen. Die Antwort darauf ist die Entwicklung geschichtsphilosophischer Modelle zur Definition von Modernität, deren Gegenwartsdiagnosen, anders als in der ursprünglichen Querelle, kritisch und selbstbewußt zugleich ausfallen – in der deutschen Literatur des späten 18. Jhs. am ausgeprägtesten bei Schiller in den Briefen ‚Über die ästhetische Erziehung des Menschen‘ (1793) und der Schrift ‚Über naive und sentimentalische Dichtung‘ (1795): Der antiken Dichtung, die das naturhaft Vollkommene nur widerspiegeln mußte, wird hier die moderne gegenübergestellt, die in der Erhebung über die realhistorische Entfremdung von Innen- und Außenwelt, Sinnlichkeit und Geist, Individuum und staatlicher Ordnung die Menschen zum Ideal solcher Vollkommenheit erst führen soll.

In der nachidealistischen Zeit des 19. Jhs. verliert das Wort *modern* diesen futurischen Charakter und wird zum Parteinamen für das Aktuelle, zum taktischen Oppositionsbegriff, der – so z. B. im Streit der Jungdeutschen (↗ *Vormärz*) gegen die Klassiker und Romantiker – polemisch gegen vorhergehende literarische Konventionen gerichtet ist, ohne jedoch ein inhaltlich klar umrissenes Konzept auszudrücken. Behauptet wird hier nur die prinzipielle Priorität des Fortschrittlichen vor dem Traditionsgebundenen. Zum Programmbegriff wird ‚modern‘ in der deutschen Literatur erst wieder im Naturalismus und Symbolismus, gegen Ende des 19. Jhs. also, mit jeweils unterschiedlichen Definitionen seither. Deren Gemeinsames ist, daß – anders als um 1800 – das Prinzip der ↗ *Imitatio* veterum bzw. der Wettstreit mit den Alten keine Rolle mehr spielen. In den mannigfaltigen Konzepten der ästhetischen Moderne von Nietzsche bis Adorno dokumentiert sich das Pathos einer Krisenzeit, die mit Lust und Unbehagen zugleich das Alte destruiert, um Platz für das Neue, das Unbekannte zu schaffen. Die epochale Zäsur wird absolut gesetzt, ihre Relativierung erfolgt erst in der Postmoderne.

SachG: Die literarische Moderne (als Mikroperiode) entsteht in Deutschland aus der Opposition zur Kultur der ↗ *Gründer-*

zeit, deren epigonaler Historismus ein bürgerliches Bildungserbe affirmiert, das der Lebenswelt der neuen Industriegesellschaft nicht mehr entspricht. Die Absage an alle abgenutzten Schablonen und der Aufbruch ins Zeitgemäße bleibt in der 1884 von W. Arent herausgegebenen und von H. Conradi und K. Henckell eingeleiteten Lyrik-Anthologie ‚Moderne Dichtercharaktere‘ noch bloßes Versprechen, das erst im Hochnaturalismus eingelöst werden kann. Die Dichtung hat sich dafür, so fordert es auch E. Wolffs programmatischer Vortrag ‚Die Moderne‘ von 1886, an der Naturwissenschaft als eigentlichem Träger des Fortschritts zu orientieren, statt die Welt weiter unter überholten metaphysischen Gesichtspunkten zu betrachten. So gelingt den Naturalisten die engagierte Öffnung zur Wirklichkeit, vor allem zu den neuen sozialen Erfahrungen des Großstadtlebens, freilich um den Preis der Schematisierung des Wahrgenommenen durch Gesetze der biologischen und soziologischen ↗ *Determination* von Ererbtem, Erlerntem und Erlebtem. Der ursprüngliche Wunsch nach unverstelltem und nuanciertem Sehen der neuen Wirklichkeit bleibt erhalten und begründet den literarischen Impressionismus (D. v. Liliencron, G. Falke) und den konsequenten Naturalismus (A. Holz und J. Schlaf).

Neben der mimetischen, der naturalistischen Ursprungslinie der Moderne gibt es in der deutschen Literatur noch eine zweite, dezidiert antimimetische, die mit der ersten nur die Abneigung gegenüber dem Historismus gemeinsam hat: den Symbolismus. In der Nachfolge von Baudelaire, Mallarmé und Rimbaud lösen sich Ästhetizisten wie z. B. die jungen George und Hofmannsthal von der Empirie und konstruieren angesichts der defizienten Wirklichkeit künstliche Paradiese. Resultat der Entreferentialisierung, der Verabsolutierung der Kunstmittel, der ‚poésie pure‘ des Symbolismus ist die gewaltige Erweiterung der Formensprache moderner Dichtung.

Verschiedene Strömungen der Moderne werden in der Literatur der Jahrhundertwende, im Jugendstil, amalgamiert im Dienste eines Ausgleichs von Apollinischem und Dionysischem, von konstruktiv-sachlichen und vitalistisch-expressiven Stilfiguren (z. B. bei Holz, ‚Phantasus‘, zuerst 1898/99, und bei Rilke, ‚Neue Gedichte‘, 1907), weil beide gebraucht werden: jene zur Ordnung des Kontingenten, des inneren und äußeren Sensationenchaos, diese zur Humanisierung einer entfremdeten, funktionalisierten, alle Sinnlichkeit vernichtenden Lebenswelt (Engel).

Im Expressionismus genügen solche ästhetischen Lösungsversuche nicht mehr, sie bestehen nicht vor den Erfahrungen des 1. Weltkrieges und eignen sich nicht, die Krise des Subjekts (Ich-Dissoziation) und das Erneuerungspathos des ‚Mensch, werde wesentlich‘ zu artikulieren. Die Dadaisten ziehen aus dem Krieg die Konsequenz des totalen Ideologieverdachts. Die spontan erzeugten, alogischen ↗ *Nonsens-* und Zufallstexte, Collagen, ↗ *Lautgedichte*, Geräuschkonzerte von Ball, Arp, Huelsenbeck oder Tzara verspotten alle Spielregeln bürgerlicher Kunst und Literatur: Syntax und Semantik werden zerstört um der Befreiung der Wörter und Laute willen, aufgegeben sind die idealistischen Vorstellungen von der Originalkomposition und der ↗ *Autonomie* der Kunst. Die Regression in die von der Logik noch unberührten Schichten des Unbewußten hat der französische Surrealismus mit dem Dadaismus gemein, er ist freilich ernsthafter und von revolutionärem Pathos bewegt, wie Bretons surrealistische Manifeste beweisen. Aufgehoben werden soll der scheinbare Widerspruch von Traum und Wirklichkeit; ‚écriture automatique‘ und ‚hasard objectif‘ heißen die neuen Kunstmittel zur Entdeckung der absoluten Wirklichkeit, der Surrealität.

Die Tendenz zur Entgegenständlichung der Kunstwerke kennzeichnet die Avantgarde-Bewegungen der 1910er Jahre, in den 1920er Jahren erfolgt dann die Rückbindung der Literatur an weltanschauliche Fragen. Das trifft für die dem Geniekult letztlich noch verpflichteten Einzelgänger der Klassischen Moderne ebenso zu wie für die engagierten Schriftsteller der Neuen Sachlichkeit. Angestrebt wird eine nüchterne, tatsachenorientierte Darstellung der (zeitgenössischen) Wirklichkeit in allen ihren Aspekten, d. h. auch der in der bürgerlichen Literatur meist übersehenen sozialen, ökonomischen und technischen Entwicklungen. Bevorzugt bzw. z. T. neu gebildet werden deshalb dokumentarische Formen: ↗ *Reportage*, ↗ *Historischer Roman* und ↗ *Biographie₁* in der Prosa, Zeit- und Lehrstück im Drama, ↗ *Chanson* und Gebrauchstexte in der Lyrik.

Die nationalsozialistische Machtergreifung treibt die Autoren der Moderne in die äußere oder ↗ *Innere Emigration*. Im Osten Deutschlands sind nach 1945 zwar die Exilschriftsteller willkommen, nicht aber die Schreibweisen der Moderne, sie fallen unter das Verdikt des ↗ *Formalismus*. Die westdeutsche Nachkriegsliteratur wird von der jungen Generation bestimmt, der die Lektüre moderner Werke während der Nazizeit verwehrt war. So beginnt die Rezeption der Moderne hier erst richtig in den 1950er Jahren, angeregt durch Neuauflagen und Benns vieldiskutierten Vortrag ‚Probleme der Lyrik‘ von 1951. Die konsequente Fortschreibung der Moderne ist dabei selten. Beispiele dafür geben die hermetische Lyrik Celans, die absurde Prosa und Dramatik Hildesheimers, die neusachlich-engagierten Texte H. M. Enzensbergers, die sprachexperimentelle Poesie Aichingers, Heißenbüttels oder Mayröckers. Bei den meisten Mitgliedern der die westdeutsche Nachkriegsliteratur dominierenden Gruppe 47 ist die Rezeption der Moderne eklektisch, zur Verbindung von Artistik und Engagement werden z. B. in den Romanen von Böll und Grass Stilmittel der Moderne mit Stilmitteln des Bürgerlichen Realismus gemischt. Hier schon beginnt, was in den 1980er Jahren in Deutschland erst theoretisch reflektiert und an den neu erschienenen Romanen eines U. Eco oder P. Süskind als typisch postmodern beschrieben wird: der Pluralismus von einstmals unvereinbaren Schreibweisen in einem einzigen Werk. Dieses Verfahren scheint erlaubt, weil die epistemologischen Voraussetzungen der Postmoderne sich von denen der Moderne grundsätzlich unterscheiden. Die Moderne kennzeichnet in allen ihren Spielarten eine ‚Ästhetik der Negativität‘ (Adorno). Die großen Welterklärungsmodelle, die Denksysteme, die abso-

lute Wahrheit beanspruchen, werden in der Literatur der Moderne brüchig, lange bevor sie ihre politische Wirksamkeit verlieren. Im destruktiv-melancholischen Gestus aber bleiben die Werke der Moderne noch gebunden an die verlorenen Ganzheitsvorstellungen. Weil die Sehnsucht nach der verlorenen Totalität im 20. Jh. auf eine grausam andere Weise gestillt wurde, als sich die Modernen vorgestellt hatten, geht die westdeutsche Literatur nach 1945 von vornherein nicht mehr von den ‚grands récits‘ aus, sondern von den miteinander konkurrierenden ‚petits récits‘ (Lyotard), von zeitlich, regional und sozial begrenzten Wirklichkeitsmodellen, deren Wahrheit eine vorläufige, praktische und intersubjektiv vereinbarte ist.

ForschG: Der radikale Traditionsbruch in der Moderne hat zur Folge, daß zunächst jeder Autor zur Neubegründung der eigenen ästhetischen Position gezwungen ist. Die Literatur der Moderne ist deshalb bereits selbstreflexiv, Meta-Literatur. Wissenschaftliche Reflexionen über die Moderne finden sich vorwiegend in der zeitgenössischen Kultursoziologie bei Weber, Simmel oder Benjamin, in der deutschen Literaturwissenschaft beginnt die Forschung dagegen erst in den 1950er Jahren, mit den wegweisenden Studien zur modernen Lyrik von Friedrich und zum modernen Drama von Szondi. Schramke liefert Anfang der 1970er Jahre dann eine fundierte Strukturanalyse des modernen Romans nach. Den Gattungsbestimmungen folgen begriffsgeschichtliche Untersuchungen durch Martini (RL² 2, 391−415), Jauß oder Gumbrecht. Adornos ästhetische Theorie inspiriert die literatur- bzw. kunstwissenschaftlichen Debatten über die Moderne bis zum Ende der 1970er Jahre, in den 1980er Jahren leistet dies der Streit von Soziologen und Philosophen um das Ende der Moderne bzw. das Konzept der Postmoderne − siehe u. a. die Schriften von Habermas, Luhmann, Lyotard oder Welsch. Neben traditionsgeschichtlichen Untersuchungen, die Prozesse der Modernisierung in der deutschen Literatur nachzeichnen und so die epochalen Zäsuren um 1800 und um 1900 miteinander verbinden (z. B. die Studien von Japp oder Vietta), erscheinen in jüngster Zeit verstärkt komparatistische Darstellungen der europäischen Moderne (z. B. die Aufsatzsammlung von Piechotta u. a. oder das Funkkolleg ‚Literarische Moderne').

Lit: Theodor W. Adorno: Ästhetische Theorie. Hg. v. Gretel Adorno und Rolf Tiedemann. Frankfurt 1970. − Moritz Baßler u. a.: Historismus und literarische Moderne. Tübingen 1996. − Peter Bürger: Theorie der Avantgarde. Frankfurt 1974. − Hugo Friedrich: Die Struktur der modernen Lyrik. Hamburg 1956. − Funkkolleg Literarische Moderne. Hg. vom Deutschen Institut für Fernstudien. Tübingen 1993. − Hans Ulrich Gumbrecht: Modern, Modernität, Moderne. In: Geschichtliche Grundbegriffe. Hg. v. Otto Brunner u. a. Bd. 4. Stuttgart 1978, S. 93−131. − Jürgen Habermas: Der philosophische Diskurs der Moderne. Frankfurt 1985. − Werner Hofmann: Grundlagen der modernen Kunst. Stuttgart ²1978. − Uwe Japp: Literatur und Modernität. Frankfurt 1987. − Hans Robert Jauß: Literarische Tradition und gegenwärtiges Bewußtsein der Modernität. Wortgeschichtliche Betrachtungen. In: Aspekte der Modernität. Hg. v. Hans Steffen. Göttingen 1965, S. 150−197. − Dieter Lamping: Moderne Lyrik. Göttingen 1991. − Jean-François Lyotard: Das postmoderne Wissen. Graz, Wien ²1986. − J.-F. L.: Der Widerstreit. München 1987. − Niklas Luhmann: Beobachtungen der Moderne. Opladen 1992. − Hans Joachim Piechotta u. a. (Hg.): Die literarische Moderne in Europa. 3 Bde. Opladen 1994. − Jörg Schönert: Gesellschaftliche Modernisierung und Literatur der Moderne. In: Zur Terminologie der Literaturwissenschaft. Hg. v. Christian Wagenknecht. Stuttgart 1988, S. 393−413. − Jürgen Schramke: Zur Theorie des modernen Romans. München 1974. − Peter Szondi: Theorie des modernen Dramas (1880−1950). Frankfurt 1956. − Silvio Vietta: Die literarische Moderne. Stuttgart 1992. − Wolfgang Welsch: Unsere postmoderne Moderne. Weinheim ³1991. − Gotthart Wunberg (Hg.): Die literarische Moderne. Frankfurt 1971.

Günter Blamberger

Mögliche Welten

In der Literaturtheorie der Referenzbereich fiktionaler Rede.

Expl: Das aus der Modallogik stammende Konzept der Möglichen Welten dient in der literaturwissenschaftlichen Theorie der ↗ *Fiktion* zur Beantwortung der Frage nach der ↗ *Referenz* fiktionaler Eigennamen und deskriptiver Kennzeichnungen sowie nach dem Wahrheitsgehalt fiktionaler Aussagen. Entsprechend der sprachphilosophischen bzw. -wissenschaftlichen MODELLTHEORIE werden Mögliche Welten nicht im ontologisch starken Sinn als ‚wirkliche' oder der Wirklichkeit gleichgestellte Welten, sondern in einem ontologisch schwachen Sinn als ‚Modelle' aufgefaßt. Auf der Basis dieser Theorie lassen sich folgende Thesen über fiktionale literarische Texte formulieren:

(1) Fiktionale Eigennamen, deskriptive Kennzeichnungen und fiktionale Aussagen in der „intrafiktionalen Rede" ebenso wie Aussagen über die Figuren und Gegenstände fiktionaler Texte in der „metafiktionalen Rede" (Scholz, 73 f.) beziehen sich auf Personen, Gegenstände und Sachverhalte einer Möglichen Welt, die durch den jeweiligen Text konstituiert wird. Solche Möglichen Welten bilden jenen Referenzbereich fiktionaler Eigennamen und Ausdrücke, auf den bezogen fiktionale Aussagen − die in bezug auf die ‚wirkliche' Welt weder wahr noch falsch sind (Frege, 47 f.) − Wahrheitswert besitzen (Doležel 1989, 230).

(2) Fiktionale Eigennamen (↗ *Onomastik*) referieren nach der Theorie der Möglichen Welten auf fiktive Individuen und nicht z. B. auf universelle Charaktere oder Typen (Doležel 1989, 228 f.; ↗ *Figur₃*). Die Annahme Möglicher Welten erlaubt es demnach, das Problem der Bezugnahme auf bzw. der Nachahmung von Personen oder Gegenständen, die in der ‚wirklichen' Welt nicht existieren, zu lösen, ohne auf die vielfach kritisierte Annahme von Universalien (als literarisch repräsentierten Allgemeinbegriffen) zurückgreifen zu müssen.

(3) Zahl und Art der durch fiktionale Texte konstituierten Welten unterliegen keiner Beschränkung. Die auf dem Konzept der Möglichen Welten aufbauende Fiktionstheorie deckt demnach alle Bereiche der fiktionalen Rede ab, ohne auf dieser Ebene schon prinzipiell zwischen *realistischen* und ↗ *phantastischen* Fiktionen zu unterscheiden (Doležel 1989, 213 f.).

Zwischen der philosophischen und der literaturwissenschaftlichen Konzeption der Möglichen Welten besteht eine Reihe von Unterschieden:

(a) Die Gegenstände in Möglichen Welten im philosophischen Sinne sind in jeder Hinsicht vollständig determiniert, so daß einem solchen Gegenstand stets eine bestimmte Eigenschaft entweder zukommt oder nicht zukommt (Currie, 54); Mögliche Welten sind deshalb ontologisch vollständig (Scholz, 77 f.). Dagegen sind die Figuren und Gegenstände in Möglichen Welten im literaturwissenschaftlichen Sinne typischerweise nicht in allen Hinsichten bestimmt (↗ *Leerstelle*); sie sind ontologisch unvollständig (Doležel 1989, 233 f.; Künne, 291−323).

(b) Mögliche Welten sind in logischer Hinsicht konsistent; es kann also nicht zugleich ein Satz und seine Negation wahr sein (Scholz, 78 f.). Dagegen sind die Möglichen Welten der Literatur häufig logisch inkonsistent, „logisch unvollständig" (Thürnau, 27) oder „semantically unhomogeneous" (Doležel 1989, 234).

(c) Bei Möglichen Welten im philosophischen bzw. literaturwissenschaftlichen Sinn sind jeweils unterschiedliche Begriffe des Möglichen im Spiel: Während dem allgemein modelltheoretischen Konzept der Möglichen Welten der Begriff der kontrafaktischen Möglichkeit zugrundeliegt (Kripke 1981, 23−28), hat man es in der Literatur zumeist mit einer rein ‚eidetischen', durch Abstraktion gewonnenen Möglichkeit zu tun (Hoche, 162−174). Diese letztgenannte Form ist jedoch aus philosophischer Sicht nicht selten gerade unmöglich. In diesem Sinne gilt: „fictional worlds are not possible" (Ronen, 51).

Aufgrund dieser Unterschiede zur philosophischen ‚Mögliche-Welten-Semantik' ist die in diesem Sinne terminologisch präzisierte Kategorie der *Fiktionalen Welten* in literaturtheoretischen Belangen dem Begriff der *Möglichen Welten* vorzuziehen (vgl. Pavel, Scholz).

WortG: Der Ausdruck *Mögliche Welten* (frz. *les univers possibles*) wurde 1710 von Leibniz in seiner ‚Theodizee' geprägt (Leibniz, 509: § 173). Nachdem das Konzept neuerlich im Rahmen einer philosophischen Semantik der POSSIBLE WORLDS von S. A. Kripke (1963) aufgenommen und für die Modallogik fruchtbar gemacht wurde, wird es seit den 1970er Jahren auch auf Probleme der literaturwissenschaftlichen Fiktionstheorie appliziert (Überblicke u. a. bei Oesch und Hintikka).

BegrG: Der Gedanke, daß in der Dichtung nicht das Wirkliche, sondern das Mögliche dargestellt werde, findet sich schon in der ‚Poetik' des Aristoteles (1451b). Das von Leibniz im Rahmen seiner Metaphysik entwickelte Konzept der Möglichen Welten (zu möglichen Vorläufern vgl. Ramelow, Williams) wurde von ihm selbst und dann vor allem von Chr. Wolff explizit auch auf literarische Texte angewendet (Wolff, 349: § 571). Gottsched, vor allem aber die Zürcher Literaturtheoretiker Bodmer und Breitinger bezogen sich in erster Linie auf Wolffs Rezeption des Konzepts von Leibniz (Herrmann, 253−257); die Schweizer unterzogen im Rückgriff auf dieses Konzept die in der Poetik der Zeit vorherrschende Nachahmungstheorie (↗ *Mimesis₂*) einer Modifikation, ohne freilich deren Geltung explizit in Frage zu stellen (dazu Doležel 1990, 33−52). Dabei wird in Breitingers ‚Critischer Dichtkunst' das Mimesis-Konzept dahingehend modifiziert, daß der Dichter nicht die wirkliche oder „historische" Welt nachahme (↗ *Wahrscheinlichkeit*), sondern vornehmlich eine mögliche oder „poetische" Welt, der er in seinen Werken erst zur Wirklichkeit verhelfe, insofern er „die Dinge, die nicht für die Sinnen sind, gleichsam erschaffet, das ist, aus dem Stand der Möglichkeit in den Stand der Würcklichkeit hinüberbringet" (Breitinger, 60).

Während des 19. Jhs. und bis weit ins 20. Jh. spielte das Konzept der Möglichen Welten in der Poetik bzw. Fiktionstheorie keine Rolle. Erst in den 1970er Jahren wird der bis dahin vorherrschende „One-world model frame" unter Berufung auf einen „Possible-worlds model frame" in Frage gestellt (Doležel 1989, 229), allerdings mit deutlich veränderter Zielsetzung: Während das Konzept der Möglichen Welten in der

Poetik des 18. Jhs. vor allem dazu eingesetzt wurde, die schöpferische Leistung des Dichters gegenüber der bloßen Naturnachahmung zu betonen, ist die moderne Wiederaufnahme vornehmlich durch das Interesse an fiktionstheoretischen Fragen motiviert. Insbesondere sollte mit Hilfe dieses Konzepts eine Lösung für das sogenannte „Fiktionenparadox" (Thürnau, 26) gefunden werden, d. h. für das Problem, daß etwa fiktionale Eigennamen zwar keinen Bezugsgegenstand, wohl aber eine Bedeutung haben. Entsprechend diesem anders gelagerten Interesse änderten sich auch einige der Merkmale, die dem Begriff der Möglichen Welten von der Literaturwissenschaft zugeschrieben wurden. So kann angesichts „auto-destruktiver Texte", d. h. solcher, die logisch oder empirisch unmögliche oder unvorstellbare Welten entwerfen (Eco, 272–277), das Kriterium der Widerspruchsfreiheit, das die Möglichen Welten für Leibniz und Gottsched − wie auch für die Schweizer − zu erfüllen hatten, nicht mehr aufrecht erhalten werden. Insgesamt ist festzustellen, daß der fiktionstheoretische Begriff der Möglichen Welten − gegenüber seiner Verwendung im 18. Jh. ebenso wie gegenüber der heutigen modallogischen Auffassung − offener und umfassender geworden ist, insofern er sämtliche von fiktionalen Texten konstituierten Welten umfaßt, seien sie realistisch oder phantastisch, logisch konsistent oder widersprüchlich (Doležel 1989, 231 f.).

Aufgrund dieser Unterschiede gehen viele Autoren mittlerweile dazu über, in bezug auf fiktionale literarische Texte nicht mehr von *Möglichen*, sondern von *Fiktionalen Welten* zu sprechen (Pavel, 43–72; Currie, 53–56; Thürnau, 25–32). Daneben existieren eine Reihe von Alternativvorschlägen, die ebenfalls auf der Mögliche-Welten-Semantik basieren: z. B. ‚Textwelten' („Text Worlds") oder „Universes of Discourse" (Enkvist; Schalk, 92–102), „Narrative Universes" (Ryan 1985) bzw. „narrative Welten" (Eco, 256–279). Schließlich gibt es Autoren, die den Begriff der Möglichen Welten im Rahmen der Fiktionstheorie (Gabriel 1975, 76–82) oder auch insgesamt ablehnen. Zu letzteren zählt Nelson Goodman, der die Literatur zwar als Mittel der ‚Erzeugung' von Welten (‚Ways of worldmaking', 1978) ansieht, jedoch eine Unterscheidung zwischen der einen ‚wirklichen' und den zahlreichen Fiktionalen oder Möglichen Welten für undurchführbar hält. Es gibt demnach nicht eine ‚wirkliche' und viele Mögliche Welten, sondern viele wirkliche Welten: „Fiktion handelt […] über Tatsächliches, wenn sie überhaupt über etwas handelt. Es gibt keine fiktiven Welten." (Goodman 1987, 179; kritisch dazu Gabriel 1991, 192–201.)

ForschG: Im Rahmen der umfangreichen Forschungen zur Poetik des 18. Jhs. hat die Übernahme des Leibniz-Wolffschen Konzepts der Möglichen Welten durch Gottsched einerseits, Bodmer und Breitinger andererseits (zur Rezeption im 18. Jh. vgl. auch Schiewer) vor allem im Zusammenhang mit den Problemen der Naturnachahmung, der Wahrscheinlichkeit bzw. des *Wunderbaren* sowie der *Einbildungskraft* (↗ *Phantasie*; vgl. Traill) eine Rolle gespielt (Bing, 92–97; Preisendanz; Herrmann, 249–275). Das wiedererwachte Interesse an diesem Konzept in der zeitgenössischen Fiktionstheorie rückt insbesondere Breitingers Übernahme des Begriffs der Möglichen Welten stärker in den Blickpunkt (Doležel 1990, 33–52). Die Arbeiten zur aktuellen Diskussion haben − von wenigen Ausnahmen abgesehen (Ryan 1992a) − weitgehend systematischen Charakter; eine umfassende Bestandsaufnahme der zahlreichen Versuche, die Modelltheorie bzw. Mögliche-Welten-Semantik für die Fiktionstheorie fruchtbar zu machen, steht bisher aus.

Lit: Sture Allén (Hg.): Possible worlds in humanities, arts and sciences. Berlin, New York 1989. − Susi Bing: Die Nachahmungstheorie bei Gottsched und den Schweizern und ihre Beziehung zur Dichtungstheorie der Zeit. Köln 1934. − Johann Jacob Breitinger: Critische Dichtkunst [1740]. Repr. Stuttgart 1966. − Gregory Currie: The nature of fiction. Cambridge, New York 1990. − Lubomír Doležel: Possible worlds and literary fictions. In: Allén, S. 221–242.· − L. D.: Occidental poetics. London 1990. − L. D.: Strukturale Thematologie und die Semantik möglicher Welten. In: Prager Schule − Kontinuität und Wandel. Hg. v. Wolfgang F. Schwarz.

Frankfurt 1997, S. 399–418. – L. D.: Heterocosmica. Fiction and possible worlds. Baltimore 1998. – Umberto Eco: Die Grenzen der Interpretation. München, Wien 1992. – Nils Erik Enkvist: Connexity, interpretability, universes of discourse, and text worlds. In: Allén, S. 162–186. – Gottlob Frege: Über Sinn und Bedeutung. In: G. F.: Funktion, Begriff, Bedeutung. Hg. v. Günther Patzig. Göttingen 1962, S. 40–65. – Gottfried Gabriel: Fiktion und Wahrheit. Stuttgart-Bad Cannstatt 1975. – G. G.: Zwischen Logik und Literatur. Stuttgart 1991. – Nelson Goodman: Ways of worldmaking. Indianapolis 1978. – N. G.: Vom Denken und anderen Dingen. Frankfurt 1987. – Hans Peter Herrmann: Naturnachahmung und Einbildungskraft. Bad Homburg v.d.H., Berlin 1970. – Jaako Hintikka: Possible worlds – possible individuals. In: Hb. Sprachphilosophie. Hg. v. Marcelo Dascal u. a. Bd. 2. Berlin, New York 1996, S. 1271–78. – Hans-Ulrich Hoche: Einführung in das sprachanalytische Philosophieren. Darmstadt 1990. – Wolfgang Iser: Das Fiktive und das Imaginäre. Frankfurt 1981 [bes. S. 261–281]. – Saul A. Kripke: Semantical considerations on modal logic. In: Acta Philosophica Fennica 16 (1963), S. 83–94. – S. A. K.: Name und Notwendigkeit [1972]. Frankfurt 1981. – Wolfgang Künne: Fiktive Gegenstände. In: W. K.: Abstrakte Gegenstände. Frankfurt 1980, S. 291–323. – Gottfried Wilhelm Leibniz: Die Theodizee [1710]. Frankfurt 1965. – David Lewis: On the plurality of worlds. Oxford 1983. – Doreen Maitre: Literature and possible worlds. London 1983. – Erna Oesch: Poetics and the logic of the text: How possible are Possible worlds? In: Methods of reading. Hg. v. Ismo Koskinen u. a. Tampere 1995, S. 145–155. – Jesus Padilla Galvez: Referenz und Theorie der möglichen Welten. Frankfurt 1989. – Thomas G. Pavel: Fictional worlds. London, Cambridge/Mass. 1986. – Wolfgang Preisendanz: Mimesis und Poesis in der deutschen Dichtungstheorie des 18. Jhs. In: Rezeption und Produktion zwischen 1570 und 1730. Fs. Günther Weydt. Hg. v. Wolfdietrich Rasch u. a. Bern, München 1972, S. 537–552. – Tilman Ramelow: Gott, Freiheit, Weltenwahl: Der Ursprung des Begriffes der besten aller möglichen Welten […]. Leiden 1997. – Ruth Ronen: Possible worlds in literary theory. Cambridge 1994. – Marie-Laure Ryan: The modal structure of narrative universes. In: Poetics Today 6 (1985), S. 717–755. – M.-L. R.: Possible worlds in recent literary theory. In: Style 26 (1992[a]), S. 528–553. – M.-L. R.: Possible worlds, artificial intelligence, and narrative theory. Bloomington 1992[b]. – Helge Schalk: Diskurs. In: Archiv für Begriffsgeschichte 40 (1997/98), S. 56–104. – Gesine Lenore Schiewer: Cognitio symbolica. Tübingen 1996. – Oliver R. Scholz: Fiktionale Welten, Mögliche Welten und Wege der Referenz. In: Analytische Literaturwissenschaft. Hg. v. Peter Finke und Siegfried J. Schmidt. Braunschweig 1984, S. 70–89. – Donatus Thürnau: Gedichtete Versionen der Welt. Paderborn, München 1994. – Nancy H. Traill: Possible worlds of the fantastic. Toronto 1996. – Charles G. S. Williams (Hg.): Actes de Columbus. Racine, Fontenelle: Entretiens sur la pluralité des mondes, histoire et littérature. Paris 1990. – Christian Wolff: Vernünftige Gedanken von Gott, der Welt und der Seele des Menschen [1751]. Repr. Hildesheim, Zürich 1983. – Nicholas Wolterstorff: Works and worlds of art. Oxford 1980.

Axel Spree

Monodrama

Einpersonenstück.

Expl: Das Monodrama bezeichnet ein Einpersonenstück oder ein Stück mit mehreren Personen, bei dem die Rede einer Person im Vordergrund steht. Es zählt zu den Kurzformen des ↗ *Dramas*. Mit dem Drama teilt es den Darstellungsmodus, der Sprache und Bühne verbindet. Vom üblichen Drama unterscheidet es sich durch die Reduktion der Handlung: Während das Drama der aristotelischen Tradition eine in sich geschlossene Handlung verlangt, konzentriert sich das Monodrama auf einen prägnanten Handlungsausschnitt. Weder die Komplexität des Handlungsgefüges noch die Vielfalt der Perspektiven sollen dargestellt werden, sondern vordringlich die Empfindungen und Reflexionen des Protagonisten.

Mit instrumentalmusikalischer Begleitung erscheint das Monodrama auch als ↗ *Melodrama*, ‚deklamierte Oper‘, ‚Drama mit musicalischen Accompagnements‘ (Brandes) oder ‚musikalisches Schauspiel‘. Sowohl das Merkmal der Konzentration auf die Gefühlswelt einzelner Personen wie auch das der Musikbegleitung begründeten mitunter die (unpräzise) Bezeichnung des Monodramas als Lyrisches Drama (vgl. auch ↗ *Lyrisch*). Als Analogiebildung zu *Monodrama* bezeichnen *Duodrama* und

Triodrama Stücke, die ebenfalls den Monolog des Protagonisten ins Zentrum stellen, die jedoch (zur Kontrastierung oder Verlebendigung des Bühnengeschehens) weiteres Personal zulassen.

WortG/BegrG: Das griech. Lehnwort setzt sich zusammen aus μόνος [mónos] ‚allein‘, und δρᾶμα [dráma] ‚Handlung‘ (↗ *Drama*). Der Begriff ‚Monodrama‘ etabliert sich im Zusammenhang der deutschen Rezeption von Rousseaus ‚Pygmalion‘, dessen Titelhinweis „Scène lyrique" in den Übersetzungen (ab 1772) mit ‚lyrische Vorstellung‘, ‚prosaische lyrische Scene‘, ‚musikalisches Drama‘, ‚lyrische Handlung‘, ‚Monodrama‘, ‚lyrisches Monodrama‘ oder ‚Monodram in 1 Akte‘ wiedergegeben wurde (RL² 2, 415−418).

Mit der Konstituierung der neuen Gattung (1775−1785) setzt sich der Zusatz ‚ein Monodrama‘ durch. Allerdings werden daneben häufig auch die Gattungsbezeichnungen *Duodrama, musikalisches Drama* und *Melodrama* verwandt. Dieses Schwanken der Terminologie erklärt sich aus der Unsicherheit im Gebrauch der neuen Mischform, die sich weder auf antike Vorbilder noch auf die antike Poetik stützen konnte. Auch innerhalb der neueren Forschungsliteratur hat sich keine einheitliche Terminologie durchgesetzt: Während die musikwissenschaftlich orientierten Arbeiten den Begriffsnamen *Melodrama* bevorzugen, tendieren die theater- oder literaturwissenschaftlichen Arbeiten zur Bezeichnung *Lyrisches Drama* oder *Monodrama* (Schimpf, 11−16). Im Falle der nicht-musikalischen Einpersonenstücke des 20. Jhs. herrscht dagegen allgemein die Bezeichnung *Monodrama* vor.

Jean-Jacques Rousseau: Pygmalion: eine lyrische Handlung. Mannheim 1778. − J.-J. R.: Pygmalion: ein Monodrama. Gotha 1779.

SachG: Das Monodrama entstand im Zusammenhang der ↗ *Empfindsamkeit*. Das Ziel der neuen Gattung lag in der Freisetzung der Affekte: Der Zuschauer sollte sich mit dem Protagonisten identifizieren und über die Identifikation an der Fülle der Emotionen teilhaben. Der rasche Wechsel von Leidenschaft und Selbstanalyse, Retrospektive und düsterer Zukunftsprognose,

Reflexion und Klage, Isolation und Hinwendung zur Natur ermöglichte eine kontrastreiche Gestaltung heroischer und elegischer Affekte. Als Vorlage dienten zumeist literarisch vorgeprägte Gestalten, die vorzugsweise der griechischen Mythologie entnommen wurden. Beliebt waren die großen tragischen Frauenfiguren: Andromache, Ariadne, Dido, Hero, Ino, Medea, Niobe oder auch Sappho, Kleopatra und Sophonisbe. Sie eigneten sich besonders, um mit einem Minimum an Vorgaben und Erläuterungen ein Maximum an emotiver Wirkung zu erzielen.

Seinen Erfolg verdankt das Monodrama wesentlich Rousseau: In der französischen Debatte um das Rezitativ hatte er behauptet, die französische Sprache eigne sich nicht für musikalische Zwecke. Als Gegenmodell entwarf er die ‚Scène lyrique: Pygmalion‘, wobei er besonderen Wert auf die strikte Trennung von Deklamation und Zwischenmusik (komponiert von Morace Coignet) legte. ‚Pygmalion‘ wurde 1770 in Lyon aufgeführt, später von der Pariser Opéra übernommen und auch in Deutschland häufig gespielt. Während der Erfolg in Frankreich verhalten blieb, fand die neugeschaffene Gattung in Deutschland eine begeisterte Resonanz. Johann Christian Brandes, ein Mitglied der Seylerschen Schauspielertruppe, und der Gothaer Hofkapellmeister Georg Benda brachten 1775 gemeinsam die ‚Ariadne auf Naxos‘ zur Aufführung. Das Stück erzielte einen so überragenden Erfolg, daß Benda noch im selben Jahr nach dem Text von Friedrich Wilhelm Gotter eine ‚Medea‘ komponierte. Diese drei Stücke, ‚Pygmalion‘, ‚Ariadne‘ und ‚Medea‘, bilden den Auftakt zu der nunmehr einsetzenden Mode von monodramatischen Stücken in Deutschland.

In ihrer formalen Gestaltung bieten die Monodramen eine gewisse Variationsbreite: Die strenge Form besteht aus einem einzigen Monolog (wie in Goethes ‚Proserpina‘), eine Auflockerung bringt die Verteilung auf zwei Monologe (wie in der ‚Ariadne auf Naxos‘ von Brandes). Als Einlagen dienen zuweilen kurze Dialoge (wie in W. H. v. Dalbergs ‚Elektra‘), Botenberichte (wie in C. G. Rößigs ‚Polyxena‘) oder Chorpartien (wie in J. Fr. Reichardts Stück ,Herkules Tod').

Der außergewöhnliche Erfolg des Monodramas in Deutschland zwischen 1775 und 1790 läßt sich also auf die verbreitete Vorliebe für die empfindsame Literatur zurückführen. Mit deren Ende verschwand auch das Interesse am Monodrama; im 19. Jh. läßt es sich kaum noch antreffen. Erst im 20. Jh. erlebt es eine bemerkenswerte Renaissance. Das Monodrama wird unter Verzicht auf die musikalische Begleitung zur Konzentration auf die Sprache genutzt. Die Möglichkeit, reduktionistisch zu arbeiten, macht die prägnante Form zu einem dramatischen Experimentierfeld. Der Verlust der Ganzheit, der Ich-Zerfall, die Sprachskepsis, das Mißtrauen gegen den Dialog, die Entdeckung des Unbewußten bestimmen um 1900 die Tendenz zur ,monologischen Kunst' (Nietzsche). In der Konsequenz dieser Entwicklung liegt auch der Rückgriff auf die monodramatische Form, wobei zahlreiche, voneinander stark abweichende Ausprägungen entstanden: Arnolt Bronnens ,Ostpolzug' (1926), Cocteaus ,La voix humaine' (1930), Becketts ,Krapp's Last Tape' (1959), Qualtingers ,Der Herr Karl' (1962), das ,Wunschkonzert' (1972) und die ,Reise ins Glück' (1976) von Kroetz, Th. Bernhards Monodramen ,Der Präsident' und ,Minetti'. Ein Porträt des Künstlers als alter Mann' (1977), das ,Gespräch im Hause Stein über den abwesenden Herrn von Goethe' von P. Hacks (1975), Süskinds ,Der Kontrabaß' (1984), Patrick Roths Monodramen ,Die Wachsamen' (1990), Werner Koflers ,Herbst, Freiheit' (1994).

ForschG: Die Forschung zum Monodrama hat in den 1980er Jahren einen bedeutenden Aufschwung genommen. Die Stücke des 18. Jhs. werden als Höhepunkt der empfindsamen Literatur in Deutschland begriffen: Schimpf rekonstruiert die Funktion des Monodramas als Bühnenlibretto im Zusammenhang von Produktion, Aufführungspraxis und Rezeption von Melodramen. Hierbei erstellt er eine umfassende Bibliographie und Chronologie der nur schwer greifbaren Stücke. Den Bezug zur Musik untersucht Küster, wobei sie das Me-

lodrama in den ästhetikgeschichtlichen Zusammenhang des 18. Jhs. stellt und als wesentlichen Beitrag zur Emanzipation der ,Sprache der Empfindungen' deutet. Einem gattungsgeschichtlichen Ansatz folgend, konzentriert sich Demmer auf die Ausdrucksformen und Gegenstände des monologischen Sprechens: Während im 18. Jh. die Entdeckung der Subjektivität im Vordergrund stehe, werde im 20. Jh. die Problematik des Ich-Zerfalls vordringlich. In exemplarischen Analysen stellt sie die Entwicklung des Monodramas vor.

Lit: A. Dwight Culler: Monodrama and the dramatic monologue. In: PMLA 90 (1975), S. 366–385. – Hermann Danuser, Tobias Plebuch (Hg.): Musik als Text. Bd. 2. Kassel 1998, S. 364–401. – Sybille Demmer: Untersuchungen zu Form und Geschichte des Monodramas. Köln, Wien 1982. – Kirsten Gram-Holmström: Monodrama, attitudes, tableaux vivants. Stockholm 1967. – Winfried Herget, Brigitte Schultze (Hg.): Kurzformen des Dramas. Tübingen, Basel 1996. – Edgar Istel: Die Entstehung des Deutschen Melodramas. Berlin, Leipzig 1904. – Ulrike Küster: Das Melodrama. Frankfurt 1994. – Ludwig Pointner: Das Drei-, Zwei- und Einpersonenstück. Diss. Wien 1929 (masch.). – Irmgard Raffelsberger: Das Monodrama in der deutschen Literatur des 18. Jhs. Diss. Wien 1954. – Wolfgang Schimpf: Lyrisches Theater. Das Melodrama des 18. Jhs. Göttingen 1988. – Ingrid Strohschneider-Kohrs: Künstlerthematik und monologische Form in Rousseaus ,Pygmalion'. In: Poetica 7 (1975), S. 45–73.

Martin Vöhler

Monolog

Rede einer Person, die allein ist oder allein spricht.

Expl: Monolog im engeren Sinn ist der Redetext (*Haupttext*; ↗ *Nebentext*) einer Einpersonen-Szene im Drama, besonders in Form des Selbstgesprächs. Ein gänzlich monologisches Stück heißt ↗ *Monodrama*. Dem dramatischen Monolog verwandt sind das Beiseitesprechen (↗ *Bühnenrede*) innerhalb einer Mehrpersonenszene und der ↗ *Innere Monolog* der Erzählliteratur.

WortG: Aus griech. μονολογία [monología] ‚Alleinrede‘ (lat. *soliloquium*) entstand frz. *monologue*. Dies wurde im 18. Jh. als *Monolog* (zunächst weiblich: *Monologe*) ins Deutsche übernommen (z. B. 1760 in Lessings Diderot-Übersetzung; etwa in der Szenenanweisung zu ‚Der Hausvater‘ II,9) und als *Selbstgespräch* übersetzt (Adelung 4, 49).

BegrG: Frz. *monologue* erscheint um 1500 als Synonym für die Gattung des ‚sermon joyeux‘, eines kleinen, auf die Inszenierung einer lustigen Rolle (Verliebter, Scharlatan usw.) beschränkten Redespiels (vgl. Picot) im Gefolge der Ethopoiie, einer rhetorischen Schulübung. Im 17. Jh. bezeichnet frz. *monologue* die Einpersonenrede bzw. -szene im Drama. So fand der Begriff Eingang ins Deutsche. Im 20. Jh. wurde er in breiterer Form auch außerhalb des Dramas verfügbar.

SachG: Vorläufer sind die Monodien (Klagegesänge) der griechischen Tragödie und die Tragödien Senecas, „bei dem ein Viertel des Ganzen aus M[onolog]en besteht“ (Schauer/Wodtke, 419). Vor allem mit Affektausbrüchen bis hin zum Wahnsinn machte der Tragiker Seneca Schule, bei Shakespeare ebenso wie im deutschen Barockdrama. Hinzu kam die Funktion der Szenenverknüpfung (‚liaison des scènes‘), als die Franzosen im 17. Jh. das Leerstehen der ↗ *Bühne* innerhalb der ↗ *Akte* verboten. Andererseits widersprach der Monolog, wie F. Hédelin d’Aubignac bemängelte, der Forderung nach ↗ *Wahrscheinlichkeit*. Die Aufklärer fanden Szenen, „wo nur eine Person auftritt“, „sehr unnatürlich“ (Gottsched, 648). Laut Diderot (‚Dorval und Ich‘), den Lessing übersetzte, haben Monologe „mehr den Hang nach der Tragödie, als nach der Komödie“ (Lessing, 144). Lessing gestaltete auch seine Monologe (außer in ‚Philotas‘) kurz und dialognah. Das Bestreben des Sturm und Drang, der Psyche Ausdruck zu verleihen, begünstigte den Monolog. Bei Goethe (‚Faust‘) und Schiller steht er im Zentrum der Handlung. Im 19. Jh. ließ das Interesse nach. Der Naturalismus lehnte ihn ab. In der Ich-Dramatik Strindbergs und des Expressionismus ebenso wie bei neueren Autoren (P. Handke, Th. Bernhard, B. Strauß) kam es dagegen zu einem „Übergewicht monologischen Sprechens“ (Bayerdörfer, 559). Als Symptom moderner Befindlichkeit fand der dramatische Monolog Entsprechungen im Inneren Monolog der Epik und des Films und in der Auffassung vom ‚monologischen Charakter‘ der Lyrik (Benn). Monologische Formen finden sich ferner in der ↗ *Komödie* und im ↗ *Kabarett* (↗ *Conférence*).

Gottfried Benn: Probleme der Lyrik. In: G. B.: Essays und Reden. Frankfurt 1989, S. 505–535. – Gotthold Ephraim Lessing: Das Theater des Herrn Diderot. Hg. v. Klaus-Detlef Müller. Stuttgart 1986. – Hans Schauer, Friedrich Wilhelm Wodtke: Monodrama. Monolog. In: RL² 2, S. 415–421.

ForschG: Im Vordergrund stehen Versuche, die historische Vielfalt typologisch zu ordnen. Schon Engel unterschied zwischen Monologen, die „gleichsam nur die Brücken sind, die den Schriftsteller von der einen Scene zur andern hinüberhelfen“, und „bessern Monologen“ (Engel, 52), die in der Psyche der Handelnden und damit in der Handlung selbst eine Veränderung bewirken. Petsch unterscheidet Brücken-, Kern- und Rahmenmonolog und liefert eine breitgefächerte Typologie. Pfister trennt aktionale und nichtaktionale Monologe und unterteilt letztere in informierende und kommentierende. Szondi, von Matt und Bayerdörfer deuten die Monologe des 20. Jhs. als Ausdruck moderner Sprach- und Kommunikationsskepsis.

Lit: Hans-Peter Bayerdörfer: „Le partenaire“. Form- und problemgeschichtliche Beobachtungen zu Monolog und Monodrama im 20. Jh. In: Literaturwissenschaft und Geistesgeschichte. Fs. Richard Brinkmann. Tübingen 1981, S. 529–563. – Friedrich Düsel: Der dramatische Monolog in der Poetik des 17. u. 18. Jhs. und in den Dramen Lessings. Hamburg 1897, Repr. Nendeln 1977. – Johann Jakob Engel: Über Handlung, Gespräch und Erzählung [1774]. Hg. v. Ernst Theodor Voss. Stuttgart 1964, S. 51–54 [227–230]. – Irmgard Hürsch: Der Monolog im deutschen Drama von Lessing bis Hebbel. Diss. Zürich 1947. – Esther Loehndorf: The master’s voices. Robert Browning, the dramatic monologue, and modern poetry. Tübingen, Basel 1997. – Peter von Matt: Der Monolog. In: Beiträge zur Poetik des Dramas. Hg. v. Werner Keller. Darmstadt

1976, S. 71–90. – Jan Mukařovský: Dialog und Monolog. In: J. M.: Kapitel aus der Poetik. Frankfurt 1967, S. 108–149. – Wolfgang G. Müller: Das Ich im Dialog mit sich selbst. Bemerkungen zur Struktur des dramatischen Monologs von Shakespeare bis zu Samuel Beckett. In: DVjs 56 (1982), S. 314–333. – Robert Petsch: Wesen und Formen des Dramas. Halle 1945, S. 361–375. – Manfred Pfister: Das Drama. München ⁵1988, S. 180–195. – Émile Picot: Le monologue dramatique dans l'ancien théâtre français. In: Romania 15 (1886), S. 358–422; 16 (1887), S. 438–542; 17 (1888), S. 207–262. – Johann Georg Sulzer: Selbstgespräch. In: Sulzer 4, S. 354 f. – Peter Szondi: Theorie des modernen Dramas. Frankfurt 1956.

Bernhard Asmuth

Monologue intérieur ↗ *Innerer Monolog*

Montage

Verfahren zur Produktion von Kunst aus vorgefertigten Teilen und das damit erzeugte Produkt.

Expl: *Montage* bezeichnet ein Herstellungsverfahren – „die Tätigkeit, vorgefertigte Teile zu einem Ganzen zusammenzusetzen" (Klotz, 259) – wie deren Ergebnis, das montierte Werk. Die Montage beinhaltet zwei Arbeitsschritte: Fragmentierung und Kombination (bzw. Entformung und Neuformung). Die Elemente der Montage werden ihrem ursprünglichen Gebrauchs- oder Kommunikationszusammenhang entnommen und dabei mehr oder weniger fragmentiert, deformiert oder destruiert. In einem zweiten Schritt werden sie mit anderen Teilen gleicher oder anderer Herkunft neu zusammengesetzt. Die Montage unterscheidet sich von ‚zitathaften Wechselbeziehungen' (Oraic-Tolic) innerhalb einer Kunst (↗ *Cento*) oder zwischen den Künsten durch die Einbeziehung außerkünstlerischen Rohmaterials in das Werk. In der literarischen Montage wird das Material vor allem der Presse, der Unterhaltungsindustrie, der Werbung und der Alltagskommu-

nikation entnommen, in Montagen mit dokumentarischer Absicht den einschlägigen Quellen (↗ *Dokumentarliteratur*, ↗ *Dokumentartheater*).

Die Montage gilt als „ein konstitutives Prinzip der künstlerischen Avantgarde" (Klotz, 259). Sie relativiert die Grenze zwischen Kunst und Nicht-Kunst, negiert auf diese Weise die klassische ↗ *Autonomie* der Kunst und setzt deren ästhetische Leitvorstellungen außer Kraft: die Darstellung als ↗ *Mimesis₂*, den Begriff eines geschlossenen oder organischen ↗ *Werkes* sowie die Vorstellung vom Künstler als ↗ *Genie* und Schöpfer.

[Terminologisches Feld:]

COLLAGE (frz. ‚das Kleben'): Verfahren, mit vorfabriziertem Material zu produzieren, sowie das daraus entstandene Werk. Das Verhältnis von Montage und Collage stellt sich in den Medien unterschiedlich dar und wird verschieden gesehen. Beim Film dient ‚Montage' als Sammelbegriff für Theorie und Praxis des Filmschnitts. In bildender Kunst und Literatur wird ‚Montage' teilweise als Oberbegriff, als „das universale syntaktische Prinzip der avantgardistischen Kultur im ganzen" (Oraic-Tolic, 175) verwendet. Es bietet sich jedoch eine Begriffsunterscheidung nach Funktionen an, die sich in wechselnder Gewichtung in den Werken verbinden. Es macht einen Unterschied, ob das Material als Dokument einer Realität oder als Objet trouvé (↗ *Poème trouvé*) von bestimmten Qualitäten fungiert, ob die Bruchstellen offengehalten und zu Zwecken der Bewußtmachung genutzt oder ob sie verwischt und einem Gesamteindruck untergeordnet werden. In ersterem Fall läßt sich von Montage sprechen, sie tendiert zur Präsentation und konstruktiven Verwertung ihrer Materialien. Hingegen nutzt die Collage die Eigenschaften ihrer Materialien zu einer eigenständigen, eigenwertigen, zuweilen selbstgenügsamen Komposition (eine derartige idealtypische Unterscheidung bei Schlichting, 231 f.). Die dominanten Funktionen von Montage und Collage verweisen auf getrennte Entwicklungslinien.

CROSS-READING (engl. ‚Querlesen'): Querlesen über die Grenzen von Spalten oder Rubriken, meist in kritischer, witziger oder satirischer Absicht (Riha), sowie die daraus entstehenden Zitat-Montagen (beispielhaft die Pressekritik von Karl Kraus in der Zeitschrift ‚Die Fackel‘, 1899–1936).

CUT-UP (engl. ‚in Stücke schneiden‘): Montagetechnik, die Ende der 1950er Jahre von William Burroughs und Brion Gysin in medienkritischer Absicht und mit dem Ziel der Bewußtseinserweiterung eingeführt wurde. Weiterentwickelt im Rahmen der nordamerikanischen Beat generation und deren Nachfolge (Jörg Fauser).

WortG: Das Wort *Montage* in der Bedeutung ‚Zusammensetzung von Einzelteilen zum fertigen Erzeugnis‘ wurde im 19. Jh. aus dem Französischen entlehnt (Paul-Henne, 584) und seit den 1920er Jahren auch auf den Filmschnitt bezogen.

BegrG: Der Begriffsgebrauch wird zunächst durch die polemische Entgegenstellung zum geschlossenen und stimmigen Werk charakterisiert. Im Zuge der Allgegenwärtigkeit von Montageverfahren, der neuen Medienerfahrungen (Surfen im Internet) und eines veränderten kulturellen Bewußtseins (↗ *Postmoderne*) hat sich der Begriff gewandelt. Sah Adorno in der Montage noch eine „innerästhetische Kapitulation der Kunst vor dem ihr Heterogenen“ (Adorno, 232), so erhält sie im Zeichen postmodernen Bewußtseins eine Leit- und Vorbildfunktion.

SachG: Seit dem 17. Jh. gibt es Montagen in der Reproduktionsgraphik und seit Mitte des 19. Jhs. mit Hilfe und im Medium der Photographie. Zur Montage im Film kam es, als mehrere selbständig gefilmte Einstellungen zeitlich nahtlos hintereinander projiziert wurden (Montage als „ein System der Einstellungsführung oder der Einstellungsverkettung“, Ejchenbaum 1927; Albersmeier, 119). Der russische Revolutionsfilm nutzte und reflektierte die sich daraus ergebenden Möglichkeiten der Agitation und der Aufklärung durch Montage (Sergej Eisensteins ‚Attraktionsmontage‘ und ‚intellektuelle Montage‘). Seit dem ↗ *Dadaismus* wurde der Film zu einem Leitmedium für die Entwicklung der Montagetechnik in den anderen Künsten.

Die ersten Collagen entstanden seit 1912 im Kubismus (Braque, Picasso). In den ‚papiers collés‘ wurden die Materialeigenschaften der eingefügten Teile (Papiere, Tapeten, Drucke) autonomen kompositionellen Prinzipien des Bildaufbaus unterworfen. Von den kubistischen ‚papiers collés‘ führt eine Entwicklungslinie zu den Collagen von Arp und Schwitters. Schwitters‘ ‚Merzkunst‘ erklärte alle Eigenschaften der verwandten Materialien zu einem ‚Wert‘ abstrakter Komposition. Neben den Gestaltqualitäten wurden auch die Semantik (z. B. der Text von Plakaten und Zeitungsausschnitten, der Aufdruck von Etiketten oder Fahrscheinen) und Pragmatik der Teile zu Materialien der Komposition. Das Arbeiten mit Realitätsfragmenten steht in dieser Traditionslinie in keinem Gegensatz zur autonomen Gestaltung. Demgegenüber brachen die Berliner Dadaisten (Hausmann, Höch, Grosz und Heartfield) den autonomen Bildraum mit allen Mitteln auf, stellten die Brüche heraus und setzten das Disparate, Gegensätzliche und Heterogene zueinander in Spannung. Sie schufen dadurch einen psychophysischen Erlebnisraum, den sie lebensphilosophisch und zivilisationskritisch ausdeuteten.

Der von Grosz und Heartfield entworfene Titel der Dada-Zeitschrift ‚Jedermann sein eigner Fußball‘ vom Februar 1919 gilt als die früheste datierte künstlerische Fotomontage. Ihre Erfindung beanspruchen Hausmann sowie Grosz und Heartfield für sich, doch wurden schon vor dem 1. Weltkrieg Fotos in dokumentarischer (‚Photokompositionen‘) und satirischer Absicht montiert. Grosz und vor allem Heartfield entwickelten die Fotomontage weiter zu einer „Tendenzkunst im Dienste der revolutionären Sache“ (George Grosz / Wieland Herzfelde 1925, zit. n. Heartfield, 94). Die politisch eingreifende Montage (z. B. Tucholskys ‚Deutschland, Deutschland über alles‘, montiert von Heartfield, 1929) arbeitet mit Gegensätzen und Gegenüberstellungen, die zur Aufklärung oder Propaganda eingesetzt werden. Die Kombination von Bild und Wort verleiht der Fotografie den „revolutionären Gebrauchswert“ (Benjamin; zit. n. Heartfield, 188).

Die literarische Montage entstammt der Erfahrung der Massenmedien (Presse), der großstädtischen Zivilisation und des 1. Weltkriegs. Mit ,Die Blechschmiede' (1902) von Arno Holz, ,Die letzten Tage der Menschheit' von Karl Kraus (1918/19) und ,Zuginsfeld' von Otto Nebel (1920/21) entstanden erste große Zitatmontagen. Kraus brachte die Tendenz, den medialen Kontext der Zeit „in Anführungszeichen zu setzen", im Zitat und der Fotografie zu verfremden, auf den Punkt: „Das Dokument ist Figur" (,Die letzten Tage der Menschheit', Vorwort). Die große Zeit des Experiments mit Montagetechniken bildet in Deutschland der ↗ *Dadaismus*. Der Montageroman entwickelte sich seit den 1920er Jahren (Döblins ,Berlin Alexanderplatz', 1929). Nach 1945 wurden die Montageformen von den Neoavantgarden, der Wiener Gruppe und der ↗ *Konkreten Poesie*, kreativ aufgenommen; Autoren wie Benn oder H. M. Enzensberger machten montierte Lyrik geläufig. Neue Gestaltungsmöglichkeiten eröffnet die Netzliteratur (,hyperfiction'), die Textteile durch wählbare Links verknüpft und damit eine dynamische, offene Struktur schafft (↗ *Hypertext*).

ForschG: In der Theorie des Films hat die Diskussion um Formen und Funktionen der Montage seit dem russischen Revolutionsfilm (Eisenstein, Pudowkin) Tradition. In der bildenden Kunst und Literatur geht die Beschäftigung mit der Montage der Erforschung der historischen Avantgarden parallel. Seit Adornos ,Ästhetischer Theorie' (1970) und Peter Bürgers ,Theorie der Avantgarde' (1974) ist die Montage zu einem zentralen Begriff zur Bestimmung des Werkcharakters avantgardistischer Kunst geworden.

Lit: Theodor W. Adorno: Ästhetische Theorie. Frankfurt 1970. − Franz-Josef Albersmeier (Hg.): Texte zur Theorie des Films. Stuttgart 1979. − Denis Bablet (Hg.): Collage et montage au théâtre et dans les autres arts durant les années vingt. Lausanne 1978. − Hans J. Becker: Mit geballter Faust. Kurt Tucholskys ,Deutschland, Deutschland über alles'. Bonn 1978. − Hans Beller (Hg.): Hb. der Filmmontage. München 1993. − Peter Bürger: Theorie der Avantgarde. Frankfurt 1974. − Gertrud I. Dech: Schnitt mit dem Küchenmesser DADA durch die letzte Weimarer Bierbauchkulturepoche Deutschlands. Untersuchungen zur Fotomontage bei Hannah Höch. Münster 1981. − Horst Fritz (Hg.): Montage in Theater und Film. Tübingen, Basel 1993. − Reinhold Grimm: Montierte Lyrik. In: GRM NF 8 (1958), S. 178−192. − Volker Hage (Hg.): Literarische Collagen. Stuttgart 1981. − V. H.: Collagen in der deutschen Literatur. Frankfurt, Bern 1984. − John Heartfield: Der Schnitt entlang der Zeit. Hg. v. Roland März. Dresden 1981. − Ralph Homayr: Montage als Kunstform. Zum literarischen Werk von Kurt Schwitters. Opladen 1991. − Annegret Jürgens-Kirchhoff: Technik und Tendenz der Montage in der bildenden Kunst des 20. Jhs. Gießen 1978. − Otto Keller: Döblins Montageroman als Epos der Moderne. München 1980. − Volker Klotz: Zitat und Montage in neuerer Literatur und Kunst. In: STZ 60 (1976), S. 259−277. − Leo A. Lensing: „Photographischer Alpdruck" oder politische Fotomontage? Karl Kraus, Kurt Tucholsky und die satirischen Möglichkeiten der Fotografie. In: ZfdPh 107 (1988), S. 556−571. − Burkhardt Lindner, Hans Burkhard Schlichting: Die Destruktion der Bilder. Differenzierungen im Montagebegriff. In: Alternative 21 (1978), S. 209−225. − Dubravka Oraic-Tolic: Collage. In: Glossarium der russischen Avantgarde. Hg. v. Aleksandar Flaker. Graz, Wien 1989, S. 152−178. − Karl Riha: Cross-Reading und Cross-Talking. Stuttgart 1971. − Hans-Burkhard Schlichting: Historische Avantgarde und Gegenwartsliteratur. In: Theorie der Avantgarde. Hg. v. W. Martin Lüdke. Frankfurt 1976, S. 209−251. − Wolfgang Seibel: Die Formenwelt der Fertigteile. Künstlerische Montagetechnik und ihre Anwendung im Drama. Würzburg 1988. − Eckhard Siepmann: Montage: John Heartfield. Berlin ³1977. − Werner Spiess: Max Ernst Collagen. Köln 1988. − Carl Weissner (Hg.): Cut up. Darmstadt 1969. − Hertha Wescher: Die Geschichte der Collage. Köln 1980.

Georg Jäger

Moralisatio ↗ *Allegorie₃*

Moralische Wochenschriften ↗ *Zeitschrift*

Moralistik

In unsystematischer Form präsentierte, auf explizite moralische Belehrung verzichtende Darstellungen menschlicher Verhaltensweisen.

Expl: Als ‚Moralistik‘ werden die Schriften der sogenannten Moralisten zusammengefaßt, (1) „im historischen Sinne […] eine[r] Gruppe französischer Autoren des 17. und 18. Jhs." (Friedrich 1967, 168); gegenüber dieser „unzulässige[n] Einschränkung" (2) überhaupt Autoren, „die auf die Frage, was der Mensch sei, antworten durch Betrachten und Beschreiben aller Erscheinungsweisen des Menschen in seelischer, sittlicher, sittengeschichtlicher, gesellschaftlicher, politischer Hinsicht, jeweils nach den Verschiedenheiten der Räume und Zeiten" (ebd.). In diesem zweiten Sinne bezeichnet *Moralistik* Texte mit einer ahistorisch-anthropologischen Einstellung, deren „wichtigste negative Bestimmung" in ihrer Opposition zu systematischer „Morallehre" und „Moralphilosophie" liegt (ebd.). Wünschenswert wäre für diese schwer operationalisierbare Bedeutung eine ideologiefreie Präzisierung etwa als spezifische ↗ *Schreibweise₂*, für die Kriterien wie formale Offenheit, Freiheit von moralisierender Bevormundung, Bevorzugung eines autoreflexiven Standpunkts bei gleichzeitiger Beachtung sozialer Interaktion geltend gemacht werden könnten.

WortG: Frz. *moraliste* (abgeleitet von *morale* ‚Sittenlehre‘), zuerst in Furetières ‚Dictionaire universel‘ (1690), bedeutet „Auteur qui escrit, qui traite de la Morale". In diesem Sinne definiert auch Jaucourt *moraliste* als „auteur sur la morale" (Diderot u. a., 702) und kritisiert ausdrücklich jene Autoren, die sich damit begnügen, ‚genau ausgearbeitete Porträts zu zeichnen, die aber die Methode und die Prinzipien, die die Hauptsache der Moral ausmachen, beiseitelassen‘. Chr. Thomasius führt in seiner ‚Einleitung zur Sittenlehre‘ (1692) die Fremdwörter *morale* und *moralist* ins Deutsche ein. Umgangssprachlich gewinnt *moraliste* ebenso wie das dt. Fremdwort aber auch schon im 18. Jh. die Bedeutung ‚moralischer Rigorist‘ (Richelet 2, 51; Schiller, ‚Die Räuber‘ IV,2), die es bis heute behalten hat. Ab Mitte des 19. Jhs. belegt der ‚Trésor de la langue française‘ außerdem *moraliste* als „Écrivain qui observe, décrit et analyse les mœurs, les passions d'une époque" (‚Autor, der die Sitten

und Leidenschaften einer Epoche beobachtet, beschreibt und analysiert‘, 11, 1066). In diesem Sinne ist *moralistes* eine Sammelbezeichnung für eine Gruppe von französischen Autoren zwischen Montaigne und Chamfort. F. Nietzsche hat frz. *moraliste* mit dem Fremdwort *Moralist* wiedergegeben und dabei als Bezeichnung für eine diesen Autoren unterstellte illusionslose Anthropologie auch den Ausdruck *Moralistik* geprägt (Friedrich 1967, 168). Die literaturwissenschaftliche Verwendung, seit ca. 1950 v.a. in der Romanistik, steht im Gegensatz zum üblichen Sprachgebrauch, der *Moralist* mit ‚Sittenlehrer‘ gleichsetzt (Belege: HWbPh 6, 175−179).

Denis Diderot u. a. (Hg.): Encyclopédie. Bd. 10. Paris 1765. − Antoine Furetière: Dictionaire universel. Bd. 2. La Haye, Rotterdam 1690. − Pierre Richelet: Nouveau dictionnaire françois. Bd. 2. Paris 1719. − Trésor de la langue francaise. Hg. v. Institut National de la Langue Francaise. Bd. 11. Paris 1985.

BegrG: Während die Abgrenzung im Sinne von (1) fest ist, wurden unter der weiteren Bedeutung von ‚Moralistik‘ Autoren seit dem Hellenismus subsumiert, die durch konzise, zugespitzte, dabei die Geschlossenheit einer systematischen Ordnung meidende Sentenzen, Lebensweisheiten, Portraits o. ä. im Dienste einer praktischen Verhaltenslehre hervortraten. Dies führt − im Gegensatz zu (1) − zu einer Unschärfe des Begriffs, als dessen Kern nurmehr ein vager Typus von Maximen und Reflexionen übrigbleibt (so bei H. Friedrich). Insbesondere wird die Grenze zum ↗ *Aphorismus* verwischt. Als literaturwissenschaftlicher Terminus konnte sich der Begriff ‚Moralistik‘ bis heute nur in der deutschen Romanistik durchsetzen und hat auch dort keine nennenswerte inhaltliche Präzisierung erfahren.

SachG: Als erster bedeutender französischer Moralist wird Montaigne genannt. Dessen mehrmals überarbeitete ‚Essais‘ (zuerst 1580) sind in ihren Anfängen noch weitgehend bestimmt von einem späthumanistischen Umgang mit antiken Bildungsinhalten (↗ *Humanismus₂*). Diese werden in den späteren Fassungen zunehmend von Selbstbeobachtungen und Überlegungen zu den unterschiedlichsten Bereichen des Alltags überlagert.

Montaigne bildet einen wichtigen Bezugspunkt für die ‚klassischen' Moralisten des 17. Jhs. (La Rochefoucauld, Pascal, La Bruyère), die eine gemeinsame, wenn auch unterschiedlich starke augustinistisch-jansenistische Orientierung erkennen lassen. La Rochefoucauld wurde sowohl durch die Form seiner ‚Maximen' (↗ *Aphorismus*) als auch durch die Art ihrer Anordnung in einer eigenständigen Sammlung (‚Réflexions ou Sentences et Maximes morales', zuerst 1665) zum Vorbild ‚moralistischen' Schreibens. Seine Themen entstammen philosophischen, religiösen oder höfischen Traktaten des 16. und 17. Jhs., wobei die Schwerpunkte auf einer moralisierenden Propagierung des Hofmannsideals (‚honnêteté') und vor allem auf der Entlarvung des Scheincharakters nur geheuchelter oder auch ernsthaft angestrebter Tugend liegen. Bei Pascals ‚Pensées' (postum 1669) handelt es sich um Fragmente einer geplanten Apologie der christlichen Religion. La Bruyères Schrift ‚Les Caractères' (zuerst 1688) steht in der Tradition des antiken Autors Theophrast, bleibt aber thematisch trotz der expliziten Abgrenzung La Rochefoucauld und Pascal verpflichtet. Ab der 4. Auflage werden zunehmend satirische Porträts zeitgenössischer Charaktertypen eingefügt, die zahlreiche Nachahmer fanden und selbst in Romanen (Crébillon d.J.) und Dramen (Regnard) Spuren hinterlassen haben. Vauvenargues' ‚Réflexions et Maximes' (zuerst 1746) setzen sich mit einer sensualistisch-empfindsamen Positivierung der Leidenschaften und besonders der Selbstliebe (‚amour-propre') von La Rochefoucauld ab. Die postum von fremder Hand redigierten ‚Maximes et Pensées, Caractères et Anecdotes' (1795) von N. Chamfort erweitern das formale Spektrum um die Gattung ↗ *Anekdote* und unterscheiden sich mit ihren literarischen Anspielungen und ihrer rigoristischen, oft bissig ironischen Sozialkritik von den vorhergehenden Sammlungen. Hier deutet sich eine Tendenz zur Subjektivierung an, die die späteren Aphoristiker (Ri-varol, Joubert) grundlegend von den ‚klassischen' Moralisten trennt.

Die französischen Moralisten vertreten einen besonderen Typus pragmatischer Morallehre, der in der Frühen Neuzeit weit verbreitet wird. Aus diesem Grund werden von den Verfechtern einer gemeineuropäisch verstandenen Moralistik (etwa von Stackelberg) die ‚Ricordi' (verschiedene Fassungen 1528, 1530; Erstdruck 1857) von Guicciardini einbezogen, eine Sammlung, die z. T. konkrete Handlungsanweisungen formuliert, meist aber – als Konsequenz einer nominalistisch motivierten Skepsis gegenüber allgemeinen Regeln und Beispielen – die Bedeutung situationsadäquater Lebensklugheit (‚discrezione') vor Augen führt. Problematischer erscheint die Ausdehnung des Konzepts auf spanische Autoren wie A. Pérez, F. de Quevedo und B. Gracián. Besonders dessen ‚Oráculo manual' (1647), eine Sammlung von dreihundert konzisen, knapp kommentierten Sentenzen, hat – nicht zuletzt durch Schopenhauers Übersetzung (‚Handorakel und Kunst der Weltklugheit', 1862) – aktualisierende Fehldeutungen erfahren, die die grundlegende aristotelistisch-thomistische Orientierung des jesuitischen Verfassers aus den Augen verlieren. Quevedos zu Lebzeiten unveröffentlichte ‚Migajas sentenciosas' schließlich müssen eher als eine zum privaten Gebrauch zusammengestellte Zitatensammlung angesehen werden. In Deutschland, wo die Schriften der französischen Moralisten zwar z. T. früh übersetzt, aber erst im späten 18. Jh. allgemeiner bekannt werden, sind die Probleme einer erfahrungsorientierten Morallehre im systematischen Zusammenhang naturrechtlicher Morallehren abgehandelt worden (Pufendorf, Thomasius; vgl. Vollhardt).

ForschG: Mit Amaury Duvals kommentierter Ausgabe von Werken der genannten Autoren unter dem Titel ‚Collection de Moralistes français' setzt die Forschungsgeschichte ein (Kruse 1972, 280). In Deutschland hat besonders Nietzsche ihre Bedeutung herausgestellt und zugleich angeregt, sie als ‚europäische Bücher' im Kontext der Renaissance zu betrachten. Im 20. Jh. ist die Moralistik-Forschung mit den Namen Schalk, Kruse und vor allem Friedrich verbunden, der Nietzsches Anregungen in Form eines breit angelegten Forschungsprogramms umzusetzen versucht hat, in eigenen Schriften wie in zahlreichen Arbeiten seiner Schüler. Dabei bezieht er prinzipiell Autoren wie Cervantes oder Shakespeare ein. Damit verliert der Begriff an Trennschärfe. So muß seine meist als grundlegend angesehene Definition in Spezialuntersuchungen in wesentlichen Punkten modifiziert werden. Die deutsche Rezeption der französischen Moralistik ist dokumentiert bei Fricke/Meyer. Derzeit dient ‚Moralistik‘ als Sammelbegriff für eine Vielzahl unterschiedlicher Schriften im Grenzbereich von Philosophie und Literatur; eine überzeugende analytische Verwendung ist dabei nicht erkennbar.

Lit: Harald Fricke: Aphorismus. Stuttgart 1984, S. 46–52. – H. F., Urs Meyer (Hg.): Abgerissene Einfälle. München 1998. – Hugo Friedrich: Montaigne. Bern, München ²1967. – H. F.: Romanische Literaturen. 2 Bde. Hg. v. Brigitte Schneider-Pachaly. Frankfurt 1972. – Gerhard Hess: Gesellschaft – Literatur – Wissenschaft. Hg. v. Hans Robert Jauß und Claus Müller-Daehn. München 1967. – Margot Kruse: Die französischen Moralisten des 17. Jhs. In: Neues Hb. der Literaturwissenschaft. Hg. v. Klaus von See. Band 10. Frankfurt 1972, S. 280–300. – M. K.: Die Maxime in der französischen Literatur. Hamburg 1960. – Fritz Schalk (Hg.): Die französischen Moralisten. 2 Bde. Bremen ²1962 f. – Gerhart Schröder: Gracián und die spanische Moralistik. In: Neues Hb. der Literaturwissenschaft. Hg. v. Klaus von See. Bd. 10. Frankfurt 1972, S. 257–279. – Ulrich Schulz-Buschhaus: Moralistik und Poetik. Hamburg 1997. – Jürgen v. Stackelberg: Französische Moralistik im europäischen Kontext. Darmstadt 1982. – Dieter Steland: Moralistik und Erzählkunst von La Rochefoucauld und Mme de Lafayette bis Marivaux. München 1984. – Christoph Strosetzki: Moralistik und gesellschaftliche Norm. In: Französische Literatur in Einzeldarstellungen. Hg. v. Peter Brockmeier und Hermann H. Wetzel. Bd. 1. Stuttgart 1981, S. 177–223. – Louis van Delft: Qu'est-ce qu'un moraliste? In: Cahiers de l'association internationale des études françaises 30 (1978), S. 105–120. – Friedrich Vollhardt: Zwischen pragmatischer Alltagsethik und ästhetischer Erziehung. In: Der ganze Mensch. Hg. v. Hans-Jürgen Schings. Stuttgart, Weimar 1994, S. 112–129. – Frank Wanning: Diskursivität

und Aphoristik. Untersuchungen zum Formen- und Wertewandel in der höfischen Moralistik. Tübingen 1989. – Harald Wentzlaff-Eggebert: Lesen als Dialog. Französische Moralistik in texttypologischer Sicht. Heidelberg 1986. – Peter Werle: ‚El Héroe‘. Zur Ethik des Baltasar Gracián. Tübingen 1992.

Peter Werle

Moralität

Allegorisches Schauspiel des 15. und 16. Jhs. mit lehrhafter Intention.

Expl: Im Unterschied zum ↗ *Geistlichen Spiel* dramatisiert die Moralität nicht Stoffe aus der Bibel oder der christlichen Legende, sondern abstrakte Moralvorstellungen. In der religiös-erbaulichen Moralität verfällt ein Vertreter der Menschheit (die Seele, Jedermann) auf dem Lebensweg den Lastern und wird von den Tugenden gerettet oder wird durch die ihn abrufende Todesfigur mit seinem Leben konfrontiert. Einige Moralitäten sind durch einen am Schluß gefällten Urteilsspruch Gottes mit den teils allegorisch gestalteten *Weltgerichtsspielen* (↗ *Geistliches Spiel*) verbunden. Die weltlich-didaktischen und politischen Moralitäten behandeln gesellschaftliche und (nach der Reformation) konfessionspolemische Fragen.

WortG: *Moralität* ist dem frz. *moralité*, engl. *morality,* nachgebildet. Als Gattungsbezeichnung zuerst 1427 belegt: ‚Moralité faitte au College de Navarre‘ (Helmich, 21 f.). Der Terminus entstammt der Schulsprache des 12. Jhs. und beruht auf spätlat. *moralitas* (Helmich, 21). In dt. Wörterbüchern (fehlt im DWb) ist *Moralität* erst ab 1863 nachweisbar (Sanders: „eine früher in England übliche Art Dramen“, s. v.).

BegrG: *Moralisé* ist stehendes Beiwort für Werke der mittelalterlichen Dichterallegorese (*Ovide moralisé*). Als Gattungsbegriff wird *moralité* zuerst Anfang des 15. Jhs. auf französische Schulstücke angewendet. In englischen Spielbelegen erscheinen *morality* und *moral play* seit dem 15. Jh. (Helmich, 20–25). Die flandrischen Rederijker bezeichnen die Moralität als *spel van sinne*. Vor dem 19. Jh. ist der Begriff im Dt. nur umschreibend belegbar: „dise figur vnd Exempel vom aygen gericht vnd sterbenden menschen" (München 1510).

SachG: Als lehrhaftes Stück ist die Moralität seit ihren Anfängen (spätes 14. Jh., Frankreich, England) ein volkssprachlicher Spieltyp. In der lateinischen Spieltradition steht der vermutlich 1152 zur Weihe des Rupertsbergklosters gesungene ‚Ordo virtutum' Hildegards von Bingen völlig unikal. Die ältesten Moralitäten und das umfangreichste Textkorpus (etwa 70 Spiele) stammen aus Frankreich. ‚Li Jeux des vii pechie et des vii vertus' (1390 in Tours aufgeführt) dramatisiert den Kampf um die Seele, der in langer Tradition auf die ‚Psychomachie' des Prudentius zurückgeht. Eine nichtdramatische Vorlage (einen Traktat Guillaumes de Deguileville) hat auch das etwa gleich alte ‚Le Jeux de pelerinage de vie humaine'. ‚The Pride of Life' (1350−1375) markiert den Beginn der englischen ‚moral plays' und führt bereits in den Moralitäten der Sammlung Macro zu bedeutenden Theaterwerken (‚The Castle of Perseverance', um 1405−25; ‚Mankind', um 1465).

Daß es Moralitäten vor der Reformation auch in Deutschland gab, ist erst von der neueren Forschung (Linke) ermittelt worden. Von 1439 (‚De viff dogede') bis 1515 (‚De love [Glaube] wort in allem state ghesocht unde nicht ghefunden') inszenierte die Lübecker Zirkel-Gesellschaft, deren Mitglieder zur städtischen Oberschicht gehörten, in ihren zu Fastnacht auf einer Wagenbühne aufgeführten Spielen auch etwa 22 weltlich-didaktische und politische (‚Van overdaede [Gewalttätigkeit] der forsten unde heren', 1491) Moralitäten. Von ihnen sind nur die Titel bekannt. In einer zu Lesezwecken angefertigten Handschrift von 1448 ist die umfangreiche ‚Erfurter Moralität' (rund 18 000 Verse) überliefert, die drei neutestamentliche Parabeln allegorisiert. Regionale Rezeption bezeugt das Fragment der ‚Berliner Moralität' (ostmitteldt., um 1500), das in einer Textpartie (Mahnworte des Todes) mit Erfurt übereinstimmt. In dem vermutlich 1518 in Straßburg aufge-

führten ‚Tugent Spyl' („*Tugent* überwindet *Fraw Wolust*") schuf Sebastian Brant die bedeutendste weltliche Moralität.

Die Moralität des 16. Jhs. ersetzt, in der Nachfolge von Pamphilus Gengenbach (‚Die zehn alter diser welt', Basel 1515), den Lebensweg durch die Lebensalter (Adaptation von Jörg Wickram, 1531). Verbreiteter sind Moralitäten des ‚Jedermann'-Typs, die von dem niederländischen ‚Elckerlijc' Peters van Diest (Erstdruck 1495) und dem lat. ‚Hecastus' des Macropedius (1539) ihren Ausgang nehmen: ‚Das Münchner Eigengerichtsspiel' (1510), der ‚Hecastus' von Hans Sachs (1549), Nicolaus Mercators ‚Vastelavendes spil van dem Dode unde van dem Levende' (1576). In der Reformation wird der Jedermann-Stoff konfessionalisiert. Der ‚Homulus' (1536) des Christian Ischyrius und die dt. Fassung des Kölner Druckers Jaspar von Gennep (1540) betonen polemisch die Macht der bona opera. Gegen die römisch-katholische Lehre richtet sich der ‚Mercator' des Thomas Kirchmair (Naogeorgus). ‚Der Düdesche Schlömer' Johannes Strickers (Lübeck 1584) erneuert das Jedermann-Spiel im Lichte der Buß- und Rechtfertigungslehre Luthers. Auch einige Jesuitendramen stehen in dieser Tradition (Livinus Brechtus, ‚Euripus', 1549; Ferdinand II. von Tirol, ‚Ein Spiegel des Menschlichen Lebens', Innsbruck 1584).

Die politische Moralität setzt 1514 in der Schweiz (Zürich) mit Balthasar Spross' ‚Spiel von den alten und jungen Eidgenossen' neu ein. Diese Tradition setzt sich im ↗ *Vaterländischen Schauspiel* der Schweiz bis ins 20. Jh. fort (Gut). Insgesamt tritt in der Geschichte des frühneuzeitlichen Theaters die Moralität als schlichte, didaktisch instrumentalisierte Kunstform hochliterarisch zurück. Durch Hugo von Hofmannsthals Neubearbeitung des englischen ‚The Somonynge of Everyman' (1461−1483, Erstdruck 1509), ‚Spiel vom Sterben des reichen Mannes Jedermann' (1911), ist die Moralität in unserem Jh. in historisierendem Gewand wiederentdeckt worden.

ForschG: Beschäftigt hat man sich vornehmlich mit den englischen Moralitäten (seit etwa 1910), weil sie zu Marlowe und

Shakespeare führen. Den abwertenden Beurteilungen der moralités widersprach erst Helmich (1976). Seit Goedeke (1865) gibt es eine Forschung zu den Jedermann-Moralitäten (Könneker), durch Hofmannsthal neu angeregt (Parker). Sie verfolgt die nachreformatorischen Wandlungen des Stoffs (Valentin, Best, Rädle).

Lit: Thomas W. Best: Everyman and protestantism in the Netherlands and Germany. In: Daphnis 16 (1987), S. 13–32. – Wilhelm Creizenach: Geschichte des Neueren Dramas. Bd. 1. [²1911]. Repr. New York 1965, S. 461–490. – Donald Gilman (Hg.): Everyman and company. New York 1989 [Bibliographie S. 193–327]. – Karl Goedeke: Every-Man, Homulus und Hekastus. Hannover 1865. – Katrin Gut: Das vaterländische Schauspiel der Schweiz. Freiburg/Schweiz 1996. – Werner Habicht: Studien zur Dramenform vor Shakespeare. Moralität, Interlude, romaneskes Drama. Heidelberg 1968. – Werner Helmich: Die Allegorie im französischen Theater des 15. und 16. Jhs. Tübingen 1976. – Barbara Könneker: Die Moralität ,The somonynge of Every-Man' und das Münchener Spiel vom Sterbenden Menschen. In: Virtus et Fortuna. Fs. Hans-Gert Roloff. Hg. v. Joseph P. Strelka. Berlin, Frankfurt 1983, S. 91–105. – Hansjürgen Linke: Die Komposition der Erfurter Moralität. In: Medium Aevum deutsch. Fs. Kurt Ruh. Hg. v. Dietrich Huschenbett. Tübingen 1979, S. 215–236. – H. L.: Erfurter Moralität. In: VL 2, Sp. 576–582. – H. L.: Figurengestaltung in der ,Erfurter Moralität'. In: ZfdA 124 (1995), S. 129–142. – John J. Parker: The development of the Everyman drama from ,Elckerlyc' to Hofmannsthal's ,Jedermann'. Doetinchem 1970. – Robert Potter: The English morality play. London 1975. – Fidel Rädle: Aus der Frühzeit des Jesuitentheaters. In: Daphnis 7 (1978), S. 403–462. – Renate Schipke: Die ,Berliner Moralität'. In: Studien zum Buch- und Bibliothekswesen 4 (1986), S. 36–45. – Eckehard Simon: The moral plays of Lübeck. In: History and literature. Fs. Karl S. Guthke. Hg. v. William C. Donahue. Tübingen 2000 [im Druck]. – Jean-Marie Valentin: Die Moralität im 16. Jh. Konfessionelle Wandlungen einer dramatischen Struktur. In: Daphnis 9 (1980), S. 769–788.

Eckehard Simon

Moritat ↗ *Bänkelsang*

Morolfstrophe ↗ *Epenstrophe*

Motiv

Kleinste selbständige Inhalts-Einheit oder tradierbares intertextuelles Element eines literarischen Werks.

Expl: Angesiedelt auf der Bedeutungsebene des Textes, ist das Motiv von anderen Kategorien des Inhalts durch seine Bedeutungsweite (Extension) und -dichte (Intension) zu unterscheiden: Im Gegensatz zum ↗ *Stoff*, der aus einem komplexeren Sinnzusammenhang besteht, der, ob historisch-real oder fiktiv, durch räumliche, zeitliche und personale Faktoren festgelegt ist, ist das Motiv ein inhaltsbezogenes Schema, das nicht an einen konkreten historischen Kontext gebunden und damit für die Gestaltung von Ort, Zeit und Figuren frei verfügbar ist. Dadurch kann das Motiv verschiedenen Stoffen angehören und über das Einzelwerk hinaus seinen Wiedererkennungswert in der literarischen Tradition behaupten. In diesem Sinne kann es als Element intertextueller Zusammenhänge betrachtet werden. Durch einen höheren Grad an (referentieller) Konkretheit hebt sich das Motiv hingegen vom ↗ *Thema* ab, das sich auf den abstrahierten Gehalt des literarischen Textes, seinen zentralen Gegenstand bezieht. Darüber hinaus vermag das Motiv, da es zumeist in Verbindung mit anderen Motiven und mehrfach in einem Werk auftritt, sowohl textbildend als auch -strukturierend zu wirken (↗ *Leitmotiv*).

Nicht zuletzt wegen seiner geschichtlichen Verschiebbarkeit und textkonstituierenden Leistung (vgl. Andermatt) hat das Motiv als Inhaltselement des öfteren Versuche einer Subkategorisierung herausgefordert, die auf die Bestimmung seiner Funktionen für die Textstruktur, seine Position, d. h. Dominanz innerhalb des größeren Stoffes, oder auf eine Typologie nach Sinnbereichen zielen (s. Frenzel 1974, 21–24):

(1) Schon Goethe nahm eine ,horizontale' Einteilung der Motive gemäß der Gestaltung der Ereignisfolge vor (s. u.); dies hänge, so Wolfgang Kayser, mit der Nähe von Motivarten zu den Grundgattungen zusammen – z. B. primär lyrische, epische (s. Frenzel 1978, 87 f.) bzw. eher dramatische Motive; nach Kayser besitzen letztere (wie

„das Motiv der feindlichen Brüder") wegen ihrer „Gespanntheit" (Kayser, 61) ein erhebliches Konfliktpotential.

(2) Daneben wurde eine ‚vertikale' Gewichtung der Motive versucht, d. h. eine Klassifikation nach dem Grad ihrer textprägenden Kraft: Das Hauptmotiv, auch ‚primäres Motiv' in ‚Mittelstellung' (Sperber/Spitzer, 10−12), ‚Kernmotiv' (Petsch, 130 f.) oder Motiv in ‚Mittelstellung' (Krogmann, 427), nicht selten im Werktitel exponiert, bestimmt dabei die ↗ *Komposition*, die „bis in die einzelsten Verzweigungen" aus dem „Grundmotiv" erwachse (Heyse, 495−500; z. B. der Falke in Boccaccios Novellensammlung ‚Decamerone' 5, 9). Davon werden Nebenmotive unterschieden, die in der Forschung auch als ‚sekundäre Motive' in ‚Mittel- und Nebenstellung' oder ‚detailbildende Motive' (Sperber/Spitzer, 12−14), ‚Rahmen-' oder ‚Füllmotive' (Petsch, 132−135), Motive in ‚Seiten-' oder ‚Randstellung' (Krogmann, 427) oder gar als funktionslose ‚blinde Motive' (der Begriff geht zurück auf Panzer, 115) nach ihrer Position im Text weiter abgestuft werden. Sie dienen im Gegensatz zum Hauptmotiv eher der atmosphärischen Verdichtung (↗ *Plot*), die sich auf die dargestellten Personen (archaische Kleidung bei Sonderlingen), Situationen (Vollmond bei unheimlichen Begegnungen oder Liebesabenteuern) oder Lokalitäten (die Großstadt) beziehen kann.

(3) Auch von ihrer Referenz her sind Motive unterschieden worden; im wesentlichen lassen sie sich nach (a) Typen (der Sonderling, die Stiefmutter, die Femme fatale), (b) Lokalitäten (der in der Bukolik topische Lustort, die Gebirgsschlucht im Schauerroman, die Judengasse bei Goethe, A. v. Arnim oder H. Heine; ↗ *Topos*) und (c) Situationen untergliedern, die sich aus Konstellationen von Personen bzw. Gruppen (Bruderkonflikt, Geschwisterliebe, Geschlechterkampf) oder Naturerscheinungen (Mondnacht, Schneesturm, Erdbeben) ergeben. Bei Ding-Motiven wie Maske, Diamant oder Ring ist es semantisch gerechtfertigt, von *Dingsymbolen* zu sprechen, weil sie fast immer auf ein komplexeres Signifikat (Verstellung, Edelmut, Treue/Macht) verweisen.

WortG: Als Bildung zu *motivus* ‚antreibend', ‚anregend' von lat. *movere* ‚bewegen' nimmt das Nomen *motivum* in der Gelehrtensprache des späten Mittelalters die Bedeutung von ‚Gedanke', ‚Einfall' an, die auch dem ital. *motivo* zukommt. Im Nhd. ist das seit Mitte des 16. Jhs. bezeugte *Motiv* zuerst nur in der noch heute üblichen Bedeutung von ‚Beweggrund' nachzuweisen (Schulz-Basler 2, 157 f.). Die Applikation des frz. *motif* auf die Kunst erfolgt in der ‚Encyclopédie' (1765) auf dem Gebiet der Musik, wo es die kleinste melodische Einheit bezeichnet, und zu Ende des 18. Jhs. ist es auch als Ausdruck für den künstlerischen Gegenstand in der Malerei belegt. Seine intensive Beschäftigung mit der bildenden Kunst in Italien dürfte Goethe bei der Entlehnung von *Motiv* aus dem Frz. oder Ital. und der Übertragung des Begriffs auf Phänomene der Literatur beeinflußt haben (ältester Beleg 1795 in ‚Wilhelm Meisters Lehrjahre', HA 7, 296; Mölk, 96−113); jedenfalls verwendet er ihn in literaturkritischer Absicht, wenn er sich 1817 an den Plan einer Tragödie über „den Gegenstand der *Nausikaa*" (HA 5, 477) erinnert, der „rührende, herzergreifende Motive" (HA 5, 479) enthalte. Dieser Wortgebrauch, der sich z. B. auch 1825 in seiner Äußerung über „die Mannigfaltigkeit der Motive und Wendungen, welche wir an den serbischen Liebesliedern bewundern" (HA 12, 332), zeigt, findet sich auch schon in Goethes und Schillers gemeinsamer Abhandlung ‚Über epische und dramatische Dichtung' von 1797 (s. u.). Derart klassisch beglaubigt, etabliert sich *Motiv* in den dreißiger Jahren des 19. Jhs. als poetologischer Terminus (Mölk, 112).

BegrG: Eine konsensfähige Definition des Motiv-Begriffs konnte sich bis heute nicht durchsetzen. Der hohe Grad an Unbestimmbarkeit erklärt sich aus der Geschichte des Begriffs. Zwar ist dieser bei Goethe vornehmlich morphologisch besetzt: Mit seiner gemeinsam mit Schiller erarbeiteten Unterscheidung von „fünferlei Arten" hebt er offensichtlich ab auf die Strukturierung des Geschehens durch Motive („Vorwärtsschreitende", „Rückwärts-

schreitende", „Retardierende", „Zurückgreifende", „Vorgreifende"; HA 12, 250)
und weist zudem auf ihre Affinität zu den
einzelnen Gattungen hin. 1798 dann erhält
die Motivgestaltung aber auch einen psychologischen Akzent: Ist ein „Gegenstand
glücklich gefunden oder erfunden", dann
könne seine ‚geistige Behandlung' beginnen,
die „die untergeordneten Motive" ausma-
che und ihn dadurch „in seinem inneren Zusammenhange" erfasse (HA 12, 46). In Notizen Goethes über den „tragischen Dichter" werden die „Motive" sogar ins Anthropologische gewendet, seien sie doch „eigentlich Phänomene des Menschengeistes", die,
prinzipiell wiederholbar, „der Dichter nur
als historische nachweist" (HA 12, 495).
Die psychologische Komponente des Begriffs unterstreicht Fr.Th. Vischer, der in
seiner ‚Ästhetik' das Motiv definiert als „einen Bestimmungsgrund zum Handeln"
bzw. als einen „Umstand, der einen Charakter anregt, einen seiner Triebe in Bewegung setzt" (Vischer 2, 244 f., § 336). Damit
geht er auf die lat. Herkunft des Wortes zurück, die auch die im 19. Jh. aufkommende,
von der Begriffstradition der Jurisprudenz
beeinflußte Kriminalistik bewahrt und die
ebenfalls Freud seiner Analyse der „Witzar-
beit" (Freud, 113 f.) zugrunde legt. Dilthey
leitet das Motiv aus dem dichterischen
↗ Erlebnis ab: Da in ihm „das Erfahrnis des
Dichters in seiner Bedeutsamkeit aufgefaßt" werde, berge es „die bildende Kraft in
sich, welche die Gestalt des Werkes bestimmt" (Dilthey, 167). Anleihen an die
Psychoanalyse Freuds sind in der Motivforschung der ersten Hälfte des 20. Jhs. häufig;
sie prägen noch den ‚Motiv'-Artikel Krog-
manns im RL² (dazu Frenzel 1978, 31 f.).
Körner etwa will, von den Motiven ausgehend, die „affektiven, ‚traumatischen' und
also charakterologisch aufschlußreichsten
Erlebnisse" des Dichters erschließen (Körner, 85). Wenn auch eine derart prononierte
psychologische (oder psychoanalytische) Sinngebung des Begriffs in der modernen literaturwissenschaftlichen Motivforschung zugunsten seines stoff- und strukturorientierten Verständnisses zurückgedrängt wird, ist die Bedeutungsdichotomie
nach wie vor virulent (↗ Motivierung).

Wilhelm Dilthey: Das Erlebnis und die Dichtung
[⁴1912]. Leipzig 1991. – Sigmund Freud: Der
Witz und seine Beziehung zum Unbewußten
[1905]. Frankfurt 1977. – Johann Wolfgang Goethe: Werke. Hamburger Ausgabe [HA]. München
¹³1983. – Friedrich Theodor Vischer: Aesthetik
oder Wissenschaft des Schönen [1846–1857].
6 Bde. München ²1922 f.

SachG/ForschG: Das Phänomen des literarischen Motivs ist nicht nur weitaus älter als
sein Begriff, es ist sogar schon vor jeder literarischen Fixierung in der mündlichen
Überlieferung aufzufinden, die vor allem
von der Märchen- und Mythenforschung
berücksichtigt wird (vgl. Würzbach): Arche-
typische Konstellationen wie der Inzest
oder die Rivalität zwischen Brüdern sind
nicht auf bestimmte Kulturräume begrenzt,
erhalten ihre konkrete Ausprägung und
Modifikation aber erst im jeweiligen histo-
risch-kulturellen Kontext ihrer Verwendung
(↗ *Kulturwissenschaft*).

Impulse erhielt die Motivforschung zum
einen durch die Volksliteraturforschung,
deren Vertreter Motive aus Volkserzählungen (z. B. Sagen, Märchen) miteinander verglichen und ihre ‚Grundstruktur' extrahier-
ten (vgl. Propp, Lüthi, Dundes, Doležel;
näher dazu ↗ *Aktant*, ↗ *Figurenkonstellation*), zum anderen durch die ↗ *Komparatistik* (↗ *Motivgeschichte*), die sie zu einem ihrer Hauptarbeitsgebiete erklärte (Beller
1970, 2 f.).

Die gründliche Sichtung und Dokumentation motivgleicher Texte, seit den Arbeiten der Brüder Grimm (1813 ff.) systematisch betrieben, legte Scherer 1888 einer em-
pirisch-kausalgenetisch verfahrenden Behandlung von Motiven zugrunde, in denen
er ein „gesetzmäßiges Verhältniß zwischen
Handlung und Charakter" wiedergegeben
sah (Scherer, 142 f.). Diese positivistische
Ausrichtung der Motivforschung auf Sammeln und Registrieren haben neben Dilthey
(s. o.) im ersten Viertel des 20. Jhs. auch andere Vertreter der ↗ *Geistesgeschichte* kritisiert; sie entdeckten hinter den einzelnen
Motiven kontextfreie „Grundmuster", von
denen aus auf „Konstanten der abendländischen Dichtung" zu schließen und über die
Relation von „Streuung", „Kontinuität"
und „Wiederaufleben von Themen" zu einer

„Deutung des menschlichen Seins" zu gelangen sei (Daemmrich/Daemmrich 1978, 5 f.). Kayser oder Vertreter des ↗ *New Criticism* wie Wellek hingegen bemängelten an der Auflistung von Stoffen und Motiven die Reduktion ihrer jeweiligen textimmanenten Umgebung auf nacherzählbare marginale Inhaltsmomente, wodurch der spezifische Kunstcharakter eines literarischen Werks verfehlt werde (Kayser, 59). Seit den 1960er Jahren wurde das Motiv verstärkt zum Gegenstand theoretischer Erörterungen (Trousson; Frenzel 1978, 9–14), ohne daß es jedoch zu einer überzeugenden Lösung der konzeptuellen Probleme gekommen wäre (Darstellung der neueren Forschung bei Frenzel 1993). Eine begriffliche Klärung im Anschluß an Kategorien der ↗ *Textlinguistik* versucht Andermatt (bes. 17–27).

Lit: Michael Andermatt: Verkümmertes Leben, Glück und Apotheose. Die Ordnung der Motive in A. v. Arnims Erzählwerk. Bern u. a. 1996. – Manfred Beller: Von der Stoffgeschichte zur Thematologie. In: Arcadia 5 (1970), H. 1, S. 1–38. – M. B.: Stoff-, Motiv- und Themengeschichte. In: Literaturwissenschaft. Grundkurs 2. Hg. v. Helmut Brackert und Jörn Stückrath. Reinbek 1981, S. 13–27. – Horst S. Daemmrich, Ingrid G. Daemmrich: Wiederholte Spiegelungen. Themen und Motive in der Literatur. Bern, München 1978, S. 5–23. – H. S. D., I. G. D.: Themen und Motive in der Literatur. Tübingen, Basel ²1995, bes. S. XIV–XXI. – Lubomír Doležel: From motifemes to motifs. In: Poetics 4 (1972), S. 55–90. – Rudolf Drux: Retorten- und Maschinenmenschen in der Literatur des Vormärz. Von der Erforschung eines literarischen Motivs im Zeichen seiner technischen Realisierbarkeit. In: DU 41 (1989), H. 5, S. 9–19. – Alan Dundes: Analytic essays in folklore. Den Haag, Paris 1975, S. 61–72. – Elisabeth Frenzel: Stoff- und Motivgeschichte. In: RL² 4, S. 213–228. – E. F.: Stoff- und Motivgeschichte. Berlin ²1974. – E. F.: Stoff-, Motiv- und Symbolforschung. Stuttgart ⁴1978, bes. S. 3–14, 29–34. – E. F.: Vom Inhalt der Literatur. Stoff – Motiv – Thema. Freiburg u. a. 1980, S. 7–70. – E. F.: Neuansätze in einem alten Forschungszweig: zwei Jahrzehnte Stoff-, Motiv- und Themenforschung. In: Anglia 111 (1993), S. 97–117. – Paul Heyse: Meine Novellistik [1900]. In: P. H.: Werke. Bd. 2. Frankfurt 1980, S. 491–506. – Wolfgang Kayser: Das Motiv. In: Kayser, S. 55–71. – Klaus Kanzog: Formel, Motiv, Requisit und Zeichen. In: Romantik

in Deutschland. Hg. v. Richard Brinkmann. Stuttgart 1978, S. 625–627. – Gerhard Paul Knapp: Stoff – Motiv – Idee. In: Grundzüge der Literatur- und Sprachwissenschaft. Bd. 1. Hg. v. Heinz Ludwig Arnold und Volker Sinemus. München 1973, S. 200–207. – Josef Körner: Erlebnis – Motiv – Stoff. In: Vom Geiste neuer Literaturforschung. Fs. Oskar Walzel. Hg. v. Julius Vahle und Victor Klemperer. Wildpark-Potsdam 1924, S. 80–90. – Willy Krogmann: Motiv. In: RL² 2, S. 427–432. – Max Lüthi: Motiv, Zug, Thema aus der Sicht der Volkserzählungsforschung. In: Elemente der Literatur. Bd. 1. Hg. v. Adam J. Bisanz und Raymond Trousson. Stuttgart 1980, S. 11–24. – Ulrich Mölk: Das Dilemma der literarischen Motivforschung und die europäische Bedeutungsgeschichte von ‚Motiv'. In: Romanistisches Jb. 42 (1991), S. 91–120. – Friedrich Panzer: Hilde – Gudrun. Halle 1901. – Robert Petsch: Deutsche Literaturwissenschaft. Berlin 1940, bes. S. 129–150. – Leo Pollmann: Literaturwissenschaft und Methode. Bd. 2. Frankfurt 1971, S. 24–36. – Vladimir J. Propp: Morphologie des Märchens [1928]. München 1972. – Wilhelm Scherer: Poetik [1888]. Hg. v. Gunter Reiss. Tübingen 1977, S. 141–149. – Hans Sperber, Leo Spitzer: Motiv und Wort. Leipzig 1918. – Frank Trommler (Hg.): Thematics reconsidered. Fs. Horst S. Daemmrich. Amsterdam 1995. – Raymond Trousson: Un problème de littérature comparée. Les études de thèmes. Paris 1965. – René Wellek: The theory of comparative literature. In: Yearbook of Comparative Literature 2 (1953), S. 1–5. – Natascha Würzbach: Motiv. In: EM 9, Sp. 947–954.

Rudolf Drux

Motivgeschichte

Teildisziplin der Literaturwissenschaft, die die Geschichte von Motiven oder Motivkomplexen untersucht.

Expl: Die Motivgeschichte stellt ein konkretes ↗ *Motiv* oder einen Motivkomplex (aus zwei oder mehreren motivischen Elementen) diachronisch dar. Die dabei ermittelten Konstanten und Varianten, individuellen oder epochenspezifischen Präferenzen gestatten Rückschlüsse auf die Funktion von Motiven im Text, auf die historische Modifikation von Bedeutungsstrukturen und auf ihre historisch-gesellschaftliche Vermitteltheit.

WortG/BegrG: ↗ *Motiv*. Die Bezeichnung *Motivgeschichte* wird erst spät gebraucht (z. B. 1921 von Ermatinger, 161 f.) und dann zumeist mit der ↗ *Stoffgeschichte* zu einer Zwillingsformel verbunden (so schon Merker/Lüdtke 1929–1937, Bauerhorst, Frenzel 1984, Weisstein u. a.). Die Koinzidenz der Untersuchungsbereiche erklärt sich daraus, daß Motive als Elemente des Stoffes verstanden werden und ihre Überlieferung demzufolge mit dessen Geschichte zusammenhängt, wie umgekehrt Motive aufgrund ihrer Selbständigkeit im Laufe der Literaturgeschichte an verschiedene Stoffe angeschlossen werden können; das wiederum verlangt eine Untersuchung, die sich mit der Analyse der jeweiligen literarischen Ausformungen auf beide Gegenstandsbereiche erstreckt.

SachG/ForschG: Mit der Motivgeschichte hat sich die Germanistik seit ihrer Konstituierung als Wissenschaft im frühen 19. Jh. befaßt: Aus der Geschichte von Motiven, die in den „Hausmärchen" sowie in anderen Gattungen der Volksdichtung (Sage, Lied) vorkommen, läßt sich nach Wilhelm Grimms Meinung ein „urdeutscher Mythus" rekonstruieren (Grimm, 330). Im Anschluß an die Brüder Grimm konzentrieren sich Germanisten wie L. Uhland oder Indologen wie Th. Benfey bei der Erforschung von Motiven auf deren Alter, Herkunft, Wandlung und Verbreitung. Ihre Ergebnisse wurden für die Märchenforschung, vor allem für die von Krohn und Aarne begründete ‚finnische Märchenschule' maßgebend (↗ *Märchen*). Thompson stellt in seinem ‚Motif-Index of Folk-Literature' eine nach Handlungssträngen geordnete Systematik von rund 40 000 international wirksamen Einzelmotiven zusammen. Dagegen suchte der ↗ *Positivismus* aus der Betrachtung von Motiven Aufschlüsse über literarische Abhängigkeitsverhältnisse zu gewinnen, was die atomistische Sondierung und Registratur von Inhaltselementen mit sich brachte.

Fernerhin sollten die in ihren literarischen Anverwandlungen verfolgten Motive „als Exponenten der jeweiligen Kulturstimmung und Stilrichtung erscheinen und somit Bausteine zur Geschichte des geistigen Lebens und der seelischen Entwicklung des deutschen Volkes bilden" (RL[1] 3, 309). Eine derartige nationalphilologische Einengung konnte – schon von ihrem Selbstverständnis her – die ↗ *Komparatistik* nicht nachvollziehen, die etwa seit Mitte der 1960er Jahre einen Stoff- wie Motivgeschichte umfassenden Forschungsbereich der ‚Thematologie' ausgebaut hat (Petriconi, Trousson, Vinge; vgl. ↗ *Stoffgeschichte*). Bestrebungen der deutschsprachigen Komparatistik in den 1970er Jahren, den wissenschaftshistorisch belasteten Begriff der Stoff- und Motivgeschichte durch ‚Thematologie' zu ersetzen und dadurch zugleich eine methodisch-theoretische Neuorientierung herbeizuführen (vgl. Beller 1970, 1981), lösten eine intensive Diskussion aus, die bis heute andauert (Frenzel 1993). An der Göttinger Akademie der Wissenschaften wurde 1977 eine Kommission für literaturwissenschaftliche Motiv- und Themenforschung eingerichtet (Wolpers).

Neuere motivgeschichtliche Monographien suchen „durch Kontrastanalyse wichtige Indizien zur Bestimmung der historischen und ästhetischen Spezifik einzelner Werke" zu gewinnen (Kaiser, 81), während die Motiv-Lexika (Brunel, Daemmrich/Daemmrich 1995, Frenzel 1992, Seigneuret) weiterhin eher positivistischem Sammeln verpflichtet bleiben. Daneben aber wird nach wie vor die herkömmliche Beschreibung von Gattungs- und Epochenaffinitäten praktiziert, und auch die Suche nach existentiellen bzw. anthropologischen Grundmustern geht weiter (↗ *Literarische Anthropologie*). Dementsprechend zeichnen sich motivgeschichtliche Studien in der Gegenwart durch einen kulturvergleichenden Ansatz aus (Schöne). Unter geschichtsphilosophischer Perspektive untersucht M. Frank Motive wie das ‚kalte Herz' oder die ‚ziellose Fahrt', in denen sich „pathogene Züge des Modernisierungs- und Rationalisierungsprozesses der Neuzeit" kristallisieren (Frank 1989, 9).

Lit: Antti Aarne, Stith Thompson: The types of the folktale [1910]. Helsinki ³1961. – Kurt Bauerhorst: Bibliographie der Stoff- und Motivgeschichte in der deutschen Literatur. Berlin 1932 [fortgeführt von Franz Anselm Schmitt, ³1976]. – Manfred Beller: Von der Stoffgeschichte zur Thematologie. In: Arcadia 5 (1970), S. 1–38. – M. B.: Thematologie. In: Vergleichende Literaturwissenschaft. Hg. v. Manfred Schmeling. Wiesbaden 1981, S. 73–97. – Pierre Brunel (Hg.): Dictionnaire des mythes littéraires. Paris 1988. – Horst S. Daemmrich, Ingrid G. Daemmrich: Spirals and circles. A key to thematic patterns in classicism and realism. 2 Bde. New York 1994. – H. S. D., I. G. D.: Themen und Motive in der Literatur. Tübingen, Basel ²1995. – Emil Ermatinger: Das dichterische Kunstwerk. Leipzig 1921. – Manfred Frank: Kaltes Herz – Unendliche Fahrt – Neue Mythologie. Motiv-Untersuchungen zur Pathogenese der Moderne. Frankfurt 1989. – M. F.: Die unendliche Fahrt: Die Geschichte des Fliegenden Holländers und verwandter Motive. Leipzig ²1995. – Elisabeth Frenzel: Stoff- und Motivgeschichte. In: RL² 4 [1984], S. 213–228. – E. F.: Motive der Weltliteratur [1976]. Stuttgart ⁴1992. – E. F.: Neuansätze in einem alten Forschungszweig: zwei Jahrzehnte Stoff-, Motiv- und Themenforschung. In: Anglia 111 (1993), S. 97–117. – Wilhelm Grimm: Vorrede zu den Kinder- und Haus-Märchen. Bd. 2 [1815]. In: W. G.: Kleinere Schriften. Hg. v. Gustav Dethlef Hinrichs. Bd. 1. Berlin 1881, S. 328–332. – Gerhard R. Kaiser: Einführung in die Vergleichende Literaturwissenschaft. Darmstadt 1980, S. 80–92. – Peter von Matt: Ungehorsame Söhne, mißratene Töchter. München 1995. – Paul Merker: Stoff, Stoffgeschichte. In: RL¹ 3, S. 305–310. – P. M., Gerhard Lüdtke (Hg.): Stoff- und Motivgeschichte der deutschen Literatur. 16 Bde. Berlin, Leipzig 1929–1937. – Hellmuth Petriconi: Metamorphosen der Träume. Fünf Beispiele zu einer Literaturgeschichte als Themengeschichte. Frankfurt 1971. – Leander Petzoldt (Hg.): Studien zur Stoff- und Motivgeschichte der Volkserzählung. Frankfurt, Bern 1995. – Albrecht Schöne: ‚Auf Biegen und Brechen'. Komparative Motivgeschichte als vergleichende historische Verhaltensforschung. In: Begegnung mit dem ‚Fremden'. Hg. v. Eijiro Iwasaki. Bd. 1. München 1991, S. 113–136. – Jean-Charles Seigneuret (Hg.): Dictionary of literary themes and motives. 2 Bde. New York u. a. 1988. – Stith Thompson: Motif-index of folk-literature [1932–1936]. 6 Bde. Helsinki ²1955–1958. – Raymond Trousson: Le thème de Prométhée dans la littérature européenne. 2 Bde. Genf 1964. – Louise Vinge: The Narcissus theme in western European literature up to the early 19th century. Lund 1967. – Ulrich Weisstein: Einführung in die Vergleichende Literaturwissenschaft. Stuttgart u. a. 1968, S. 163–183. – Theodor Wolpers (Hg.): Gattungsinnovation und Motivstruktur. 2 Bde. Göttingen 1989, 1992. – Theodore Ziolkowski: Varieties of literary thematics. Princeton 1983, S. 201–227.

Rudolf Drux

Motivierung

Ursache oder Begründung für das in einem narrativen (dramatischen oder im engeren Sinne erzählenden) Text dargestellte Geschehen.

Expl: Die Motivierung (Motivation) eines dargestellten Ereignisses ordnet dieses in einen Erklärungszusammenhang ein und trägt so zur Kohärenz narrativer u. a. Texte bei. Die erzählten Ereignisse folgen dann nicht nur chronologisch aufeinander, sondern nach Regeln oder Gesetzen auseinander. Es sind zwei Dimensionen narrativer Motivierung zu unterscheiden (Martinez 1996a, 13–32):

(1) Die ‚kausale Motivierung' ist ein Bestandteil der erzählten Welt (Diegese, ↗ *Diegesis*) narrativer Texte. Sie erklärt ein Ereignis lebensweltlich als Ergebnis einer Ursache-Wirkungs-Kette. Kausale Motivierung umfaßt psychologische Beweggründe der Protagonisten für ihre Handlungen, aber auch nicht-intentionale Ursachen wie Zufälle, Naturereignisse oder Gemengelagen von Handlungen. (Gelegentlich wird der Begriff ‚Motivierung' enger begrenzt auf die psychologischen „Beweggründe als auch [die] Absichten der Gestalten […], die sie zu bestimmten Handlungen veranlassen"; Propp, 75.)

Es ist eine notwendige Eigenschaft von Geschichten, daß das in ihnen dargestellte Geschehen grundsätzlich kausal motiviert ist – auch wenn im Einzelfall unbestimmt sein mag, welche spezifischen Ursachen für den Eintritt eines Ereignisses vorliegen (Danto, 236). In klassizistischen, aufklärerischen, realistischen und naturalistischen Poetiken wurde diese Eigenschaft zum Postulat einer nicht nur möglichen, sondern wahrscheinlichen oder gar notwendigen Motivierung verschärft.

Die ‚kausale Motivierung' kann, besonders in vormodernen Werken, durch eine ‚finale Motivierung' ergänzt und überlagert sein. In finaler Motivierung erscheint das Geschehen vor dem Sinnhorizont eines mythischen Weltmodells durch das Wirken einer allmächtigen numinosen Instanz determiniert. Der Handlungsverlauf ist hier von Beginn an geplant, scheinbar freie Entscheidungen der Figuren oder Zufälle enthüllen sich als Fügungen göttlicher Providenz.

Kausale oder finale Motivierungen des Geschehens können dem Leser explizit in der Erzähler- oder Figurenrede mitgeteilt werden; meist werden sie aber im Sinne von Roman Ingardens ‚Unbestimmtheitsstellen' (↗ *Leerstelle*) im Akt der Lektüre als unbestimmt-vorhanden vorausgesetzt (vgl. Ingarden, 44, sowie Martinez / Scheffel, 111−119; zu Unterschieden zwischen expliziten und impliziten Motivierungen und ihren Auswirkungen auf das Textverstehen vgl. Genette und Schultz.)

(2) Eine grundsätzlich andere Dimension narrativer Texte wird mit der ‚kompositorischen Motivierung' bezeichnet. Sie betrifft die funktionale Stellung einzelner Motive oder Ereignisse im Rahmen der gesamten ↗ *Komposition* − pointiert formuliert in „Cechovs These, wenn man zu Beginn einer Erzählung von einem Nagel in der Wand spreche, müsse sich der Held am Ende der Erzählung an diesem Nagel aufhängen" (Tomaševskij, 227 f.).

Jeder narrative Text ist sowohl kausal als auch kompositorisch motiviert, allerdings mit unterschiedlicher Akzentuierung.

Die kompositorische Motivierung des dargestellten Geschehens folgt dem ↗ *Erzählschema* der jeweiligen Gattung und leitet sich aus (je nach Gattung unterschiedlich gefüllten) Kategorien der Modalität ab − in der erzählten Welt eines Märchens sind andere Dinge ‚möglich', ‚wahrscheinlich' und ‚notwendig' als in derjenigen eines realistischen Romans.

In normativer Begriffsverwendung wird eine empirisch unwahrscheinliche oder lückenhafte Motivierung des Geschehens häufig als trivial abgewertet. Dabei ist jedoch zu bedenken, daß die ↗ *Trivialliteratur* als Schemaliteratur eher an der Aktualisierung,

Variation und Kombination von Erzählschemata (und damit an Kriterien kompositorischer Motivierung) als an stringenter kausaler Motivierung des Geschehens orientiert ist.

WortG: Das Verb *motivieren* wurde im 18. Jh. aus frz. *motiver* ‚begründen' entlehnt (1767 bereits auf Literatur bezogen bei Lessing: ‚Hamburgische Dramaturgie' 2,71; LM 10, 86); die substantivierte Form *Motivierung* ist seit der ersten, *Motivation* seit der zweiten Hälfte des 19. Jhs. nachgewiesen (Schulz-Basler 2, 158). Die russischen Formalisten V. Šklovskij und B. Ejchenbaum unterschieden terminologisch (allerdings nicht durchgängig) zwischen der empirisch-kausalen *motivacija* ‚Motivation' und der kompositorisch-funktionalen *motivirovka* ‚Motivierung' (Hansen-Löve 1978, 197). Die deutschen Verbalsubstantiva *Motivierung* und *Motivation* werden hingegen literaturwissenschaftlich ohne Bedeutungsunterschied verwendet.

In der Linguistik besteht die ‚Motivation' oder ‚Motiviertheit' eines sprachlichen Zeichens aus seinen nicht-arbiträren Eigenschaften auf phonologischer (Onomatopöie), morphologischer oder semantischer Ebene. − Siehe auch ↗ *Motiv*.

BegrG: In seiner ‚Poetik' verlangt Aristoteles, die Handlung eines Dramas oder Epos solle eine Einheit bilden, indem die einzelnen Ereignisse „nach der Wahrscheinlichkeit oder der Notwendigkeit" (1451a) aufeinander folgen. Aristoteles' Forderung einer (nicht nur möglichen, sondern) wahrscheinlichen Verknüpfung der dargestellten Ereignisse wurde im Rahmen des Verisimilitudo-Begriffs (↗ *Wahrscheinlichkeit*) und der ↗ *Drei-Einheiten-Lehre* über die Poetiken der italienischen Renaissance und der französischen Klassik in die Neuzeit übernommen. Sie blieb bis ins 18. Jh. ein zentrales Postulat klassizistischer Poetiken und setzte sich in poetologischen Normen des Realismus und Naturalismus fort. F. v. Blanckenburg hielt in seiner Romanpoetik (1774) an der Forderung einer lückenlos motivierten „Kette von Ursach und Wirkung" (Blanckenburg, 10) fest, unterschied aber neben dieser kausalen „Nothwendigkeit" auch eine „Nothwendigkeit des Dichters", der jede Begebenheit zu gehorchen habe, damit der Dichter „den Endzweck erreiche, den er mit seinem Werke sich vorgesetzt hat" (Blanckenburg, 343). Dieses Konzept einer doppelten, zugleich empirisch-kausalen und ästhetisch-funktionalen Motivierung des Geschehens kehrt in F. T. Vischers Unterscheidung von „tatsächlicher Motivierung des Gegenstandes in der Wirklichkeit" und „künstlerischer Motivierung" (Vischer 3, 48) wieder. Die Grenze zwischen den verschiedenen Dimensionen des Motivierungsbegriffs wurde und wird häufig verwischt. So stellt beispielsweise W. Hebenstreit fest, daß „im Drama eine Handlung nicht gehörig motivirt [erscheint], wenn sie im Vorhergehenden nicht zur Genüge begründet ist", räumt aber zugleich ein, man dürfe in der Kunst nicht verlangen, daß die Motivierung „den Bedingungen einer gegebenen Wirklichkeit entspreche" (Hebenstreit, 482).

SachG: Das Verhältnis von finaler und kausaler Motivierung läßt sich historisch − vor dem geistesgeschichtlichen Horizont der Ablösung providentieller durch empirische Erklärungsmodelle − als Prozeß eines allmählichen Zurücktretens finaler Motivierungen beschreiben (Todorov, Frick). In der Literatur finden sich jedoch auch nach der Verdrängung providentieller Erklärungsmuster noch verdeckte und modifizierte Formen finaler (christlich-eschatologischer) Motivierung (Schöne, Detering) ebenso wie ein paradoxes Nebeneinander von kausaler und finaler Motivierung des Geschehens (Martinez 1996a). Seit Beginn des 20. Jhs. experimentieren Avantgarde-Autoren wie Carl Einstein (Bebuquin, 1912) oder Gottfried Benn (Rönne-Novellen, 1914−17) mit einem Erzählen ohne Kausalität.

Das Verhältnis zwischen kausaler und kompositorischer Motivierung ist gattungsspezifisch. Generell scheint das Erzählen in oralen Kulturen, im Kontaktbereich Mündlichkeit/Schriftlichkeit (↗ *Oralität*) und in populären Erzählformen Schema-orientiert zu sein und geringere Anforderungen an kausale Stringenz zu stellen (↗ *Erzählschema*).

ForschG: Obwohl die Unterscheidung der zwei Dimensionen narrativer Motivierung bereits im 18. und 19. Jh. vorgenommen wurde, gelangte sie in das Begriffsrepertoire der modernen Erzählforschung erst durch Übernahmen aus dem Russischen ↗ *Formalismus*. (Dort findet man allerdings unterschiedliche Konzeptionen, s. Hansen-Löve 1989). V. Šklovskij und B. Ejchenbaum unterschieden zwischen der empirisch-kausalen ‚motivacija‘ (‚Motivation‘), die textexternen Annahmen der Wahrscheinlichkeit folgt und eine elementare Illusion von Wirklichkeit erzeugt, und der künstlerisch-funktionalen ‚motivirovka‘ (‚Motivierung‘). Die ‚motivacija‘ (welche zur ‚fabula‘ gehört, ↗ *Plot*) dient als außerkünstlerisches Material, das in der ‚motivirovka‘ (welche zum ‚sujet‘ gehört) verfremdet und damit ästhetisch motiviert wird. B. Tomaševskij unterschied (neben der „kompositorischen" und der „realistischen") als dritte noch eine „künstlerische" Motivierung; diese bezeichnet den Stellenwert der in einem Text verwendeten künstlerischen Verfahren vor dem Horizont der literarischen ↗ *Evolution* (Tomaševskij, 227−235). In der strukturalistischen Erzählforschung beschrieb R. Barthes die Bildung von ↗ *Kohärenz* in narrativen Texten durch verschiedene ↗ *Codes*; sein „prohairetischer Code" entspricht der kausalen Motivierung, sein „hermeneutischer" ungefähr der kompositorischen (Barthes, 23 f.). Abseits der formalistisch-strukturalistischen Tradition unterschied C. Lugowski 1932 in einer bedeutenden Studie über frühneuzeitliches Erzählen zwischen einer (kausal-empirischen) „Motivation von vorn" und einer „Motivation von hinten", in der kompositorische und finale Motivierung (als ↗ *Mythisches Analogon* älterer Erzählweise) zusammenfallen (Lugowski, 66−81; vgl. Martinez 1996b, 15−21 u. 92−100).

Lit: Jon-K Adams: Narrative Explanation. Frankfurt 1996. − Roland Barthes: S/Z. Paris 1970. − Friedrich v. Blanckenburg: Versuch über den Roman [Leipzig 1774]. Repr. Stuttgart 1965. − Arthur C. Danto: Narration and knowledge. New York 1985. − Heinrich Detering: Theodizee und Erzählverfahren. Göttingen 1990. − Werner Frick: Providenz und Kontingenz: Untersuchungen zur Schicksalssemantik im deutschen und europäischen Roman des 17. und 18. Jhs. Tübingen 1988. − Gérard Genette: Vraisemblance et motivation. In: G. G.: Figures II. Paris 1969, S. 71−99. − Aage A. Hansen-Löve: Der russische Formalismus. Wien 1978. − A. A. H.-L.: Motivierung, Motivation. In: Glossarium der russischen Avantgarde. Hg. v. Aleksandar Flaker. Graz 1989, S. 401−411. − Roman Ingarden: Vom Erkennen des literarischen Kunstwerks. Tübingen 1968. − Clemens Lugowski: Die Form der Individualität im Roman [1932]. Repr. Frankfurt ²1994. − Matias Martinez: Doppelte Welten. Struktur und Sinn zweideutigen Erzählens. Göttingen 1996 [a]. − M. M. (Hg.): Formaler Mythos. Paderborn 1996 [b]. − M. M., Michael Scheffel: Einführung in die Erzähltheorie. München 1999. − Vladimir Propp: Morphologie des Märchens [1928]. Frankfurt 1975. − Albrecht Schöne: Säkularisation als sprachbildende Kraft. Göttingen ²1968. − James A. Schultz: Why does Mark marry Isolde? And why do we care? An essay on narrative motivation. In: DVjs 61 (1987), S. 206−222. − Meir Sternberg: Mimesis and motivation. In: Yearbook of comparative criticism 10 (1983), S. 145−188. − Tzvetan Todorov: Le récit primitif. In: T. T.: Poétique de la prose. Paris 1971, S. 66−77. − Boris Tomaševskij: Theorie der Literatur. Poetik [1928]. Wiesbaden 1985. − Friedrich Theodor Vischer: Ästhetik oder Wissenschaft des Schönen [1846−1857]. 6 Bde. München ²1922 f.

Matias Martinez

Motto₁ ↗ *Emblem*
　　　　↗ *Glosse₂*

Motto₂

Kurzer Text, der einem Werk oder Werkabschnitt voran-, seltener auch nachgestellt wird.

Expl: Das (literarische) Motto ist ein kurzer Text (ein Satz oder eine Wortgruppe), den ein Autor seinem Werk voranstellt. Es ist in der Regel deutlich vom Titel wie vom Werk abgesetzt, wird oft auch typographisch hervorgehoben und erscheint meistens zusammen mit einer Quellenangabe; in der Regel stammt es von einem fremden Verfasser,

doch finden sich gelegentlich auch zitatähnliche Eigenformulierungen oder Selbstzitate (↗ *Zitat*). Das Motto tendiert zur Kürze, kann aber auch ausführlicher ausfallen. Es kann den Titel begründen (umgekehrt kann auch der Titel den Sinn des Mottos modifizieren), das Werk kommentieren (etwa im Sinne einer Rezeptionsanweisung), der affektiven Einstimmung dienen, manchmal aber auch einen ironischen Kontrast zum Titel oder Werk evozieren. Wenn der Stellenwert des zitierten Autors wichtiger ist als die eigentliche Aussage des Mottos, kommt diesem auch „die Wirkung einer indirekten Bürgschaft" (Genette, 154) für den Zitierenden zu. Durch seine Plazierung und seine Funktionen zeigt das Motto eine gewisse Nähe zu anderen ↗ *Paratexten* wie ↗ *Titel*, Untertitel, ↗ *Widmung* und Vorwort, während es sich von seinen wort- und begriffsgeschichtlichen Verwandten, dem emblematischen *Motto₁* (↗ *Emblem*) und der *Devise* (↗ *Imprese*), in der Regel deutlich unterscheidet.

WortG: Entlehnung aus ital. *motto* (‚Leitspruch'), das vielleicht auf lat. *muttum* (‚Muckser') oder lat. *muttitio* (‚Mucksen') zurückgeht; plausibler scheint die Rückführung auf mlat. *motire* (‚erinnern', ‚erklären'). Zunächst war der Terminus in der italienischen Impresen- und Emblemtheorie beheimatet. Erst seit dem frühen 18. Jh. bezeichnet *Motto* in England (1711) und Deutschland (1717) auch das einem Werk vorangestellte Zitat; daneben ist nicht nur umgangssprachlich *Motto* nach wie vor gleichbedeutend mit ‚Devise' oder ‚Wahlspruch'. In der romanischen Literatur das literarische Motto als *épigraphe* (frz.), *epigrafe* (ital.) bzw. *epígrafe* (span.) bezeichnet. In der Klassischen Philologie wird als ‚Motto' auch die in den Folgetext integrierte (lateinische) Übernahme eines griechischen Verszitats aus dem Prätext verstanden (Fraenkel, 189).

Eduard Fraenkel: Horaz. Darmstadt 1963. − Kluge-Seebold, S. 572. − OED 6, S. 701. − Paul-Henne, S. 586. − Weigand 2, Sp. 223.

BegrG: Durch den gemeinsamen Ursprung in der Impresentheorie sind das emblematische Motto₁ und das literarische Motto₂ begriffsgeschichtlich der Devise eng benachbart. *Devise* ist die frz. Entsprechung zu ital. *motto* in der Impresenkunst wie in der Emblematik, bezeichnet also den Text der Imprese, manchmal auch die Imprese insgesamt. Im Deutschen wird genauer differenziert: Das emblematische Motto wird als *Beischrift, Überschrift* oder *Obschrift* (Harsdörffer, 264) bezeichnet, während der Text der Imprese *Devise* oder *Wahlspruch* heißt; doch können wieder beide Termini auch auf die Imprese als ganze bezogen werden. Schottel bevorzugt die Differenzierung zwischen *Deutspruch* (für ‚Überschrift‘) und *Denkspruch* (für lat. *symbolum*; als Beispiele zitiert er jedoch Devisen). Das Motto im Sinne von WAHLSPRUCH rückt in die Nähe der (persönlichen) Maxime und kann auch eine gewisse Affinität zur ↗ *Sentenz* aufweisen. Es ist nicht zwingend auf einen Bildgegenstand, sondern primär auf eine Person bezogen, die den Wahlspruch zum persönlichen Programm erhebt. Das emblematische Motto₁ bezieht sich meistens deutlich auf die pictura; das Zusammenwirken von Text und Bild konstituiert die Gattung.

Demgegenüber ist das literarische Motto₂ im Hinblick auf das Verständnis des folgenden Textes ein zwar bedeutungsvoller, doch im textlinguistischen Sinn entbehrlicher Zusatz. Im Gegensatz zur tendenziellen Kürze und syntaktischen Reduktion des emblematischen Mottos und des Wahlspruchs ist das literarische Motto meistens syntaktisch komplexer. Die Übertragung des Terminus auf programmatisch einem Text vorangestellte Fremd- und Eigenzitate erfolgte in England 1711 und in Deutschland 1717. Seitdem ist die Verwendung des Begriffes konstant.

Gottsched, S. 801–808. – Georg Philipp Harsdörffer: Frauenzimmer Gesprächspiele. Teil 4. [1644]. Repr. Tübingen 1968. – Justus Georg Schottelius: Ausführliche Arbeit Von der Teutschen HaubtSprache [1663]. Repr. Tübingen ²1995, S. 1105–1109.

SachG: Über den Ursprung des literarischen Mottos gibt es keine sicheren Erkenntnisse. Die Antike scheint es nicht gekannt zu haben, doch dürfte der in der Rhetorik erörterte Gebrauch des Zitats dem späteren Motto eine theoretische Grundlage verschafft haben. In diesen Zusammenhang gehören wohl auch Sentenzen- und ↗ *Florilegien*-Sammlungen, die mit anderem Anspruch und aus anderer Motivation heraus im Humanismus (etwa in den ‚Adagia‘ des Erasmus von Rotterdam) ihre Fortsetzung finden und Material für Wahlsprüche, Zitate u. ä. bereitstellen. Einen weiteren Impuls gab die Impresen-/Devisenkunst und Emblematik, und dies wohl weniger aufgrund der wort- und begriffsgeschichtlichen Zusammenhänge: Insbesondere ihre Ausprägung im Druckersignet und in der Autorendevise führt in die Nähe des literarischen Mottos und weist schon dessen Bindung an das Buch auf. Doch ist die Entstehung des literarischen Mottos aus der Autorendevise nicht zwingend nachgewiesen; gleiche Aufmerksamkeit als etwaige Vorläufer verdienen als funktionale Äquivalente Vorrede und Widmungsgedicht.

Die Anfänge der Verwendung literarischer Motti liegen im Dunkeln. Genette findet das erste Motto erst im späten 17. Jh., Böhm weist bereits für die englische Literatur um 1600 echte Motti nach, und Segermann sieht im ‚Titelblattmotto‘ des 15. und 16. Jhs. den Vorläufer des literarischen Mottos. Solche Titelblattmotti finden sich (mit einem Holzschnitt) auf der Rückseite der Titelblätter in Brants ‚Narrenschiff‘ (1494) und in ‚Reinke de Vos‘ (1498) sowie auf den Titelblättern zahlreicher Flugschriften der Reformationszeit (↗ *Flugblatt*). Während Hans Sachs (wie Luther und viele andere Autoren auch) seinen Reformationsdialogen Bibelzitate voranstellt, setzt Ulrich von Hutten auf den Titel zu seiner Flugschrift ‚Clag und vormanung‘ gleichsam als Situationsbeschreibung das (vielleicht den ‚Adagia‘ des Erasmus entnommene) Caesar-Zitat „Iacta est alea“, dazu als dt. Äquivalent die eher persönliche Devise „Jch habs gewagt“. Bibelzitate als Titelblattmotti finden sich auch außerhalb der konfessionellen Flugschriften, etwa in Hans Wilhelm Kirchhoffs ‚Wendunmuth‘ (1569–1602) vor jedem der sieben Bücher oder in Georg Rollenhagens ‚Froschmeuseler‘ (1595) auf den Zwischentitelblättern zum zweiten und dritten Buch und am Schluß des gesamten Werks.

Die Motti in der deutschen Barockliteratur sind bisher wohl aufgrund des „erdrückenden Apparats von barocken Rahmenstücken" (Birus, 380) kaum beachtet worden. Im 18. Jh. haben vor allem Lessing und Hamann die Möglichkeiten der subtilen Anspielung genutzt. Als Blütezeit des literarischen Mottos kann − zumindest für die englische und französische Literatur − das 19. Jh. gelten, da in dieser Zeit nicht nur ganzen Werken, sondern auch einzelnen Gedichten und Romankapiteln Motti beigegeben wurden. Im 20. Jh. scheint der Mottogebrauch rückläufig zu sein, ist andererseits aber auch in Sachtexten festzustellen.

ForschG: Obwohl das Motto als intertextuelles Phänomen zu verstehen ist, hat es am Erfolg der Intertextualitätsforschung bisher kaum teilhaben können. Während Bücher- und Werktitel, sonstige Zitate und selbst Kapitelüberschriften gewürdigt worden sind, finden sich zum Motto in der germanistischen Forschung nur vereinzelte, autorenbezogene Beiträge (Birus, Rehm). Der theoretisch orientierte Ansatz von Neumann, der das Motto als „Extremfall des Zitierens" (301) herausstellt, ist lange ohne Echo geblieben. Erst 1998 erschien die erste Monographie (Antonsen). Die Anglistik kann eine auf einen längeren Zeitraum bezogene systematische Studie aufweisen (Böhm), doch scheinen die dadurch gegebenen Grundlagen nur begrenzt genutzt worden zu sein, da es keine Möglichkeit der ‚Anschlußforschung' gab. Eine (auf einen kürzeren Zeitraum bezogene, aber literarhistorisch gut fundierte) Studie zum Mottogebrauch der Romanistik (Segermann) hat nicht die verdiente Aufmerksamkeit gefunden, da sie der inzwischen wohl maßgeblichen ‚paratextuellen' Autorität (Genette) entgangen ist. Die Latinistik kann aufgrund ihres divergenten Verständnisses des Mottobegriffs wenig zur Forschung beitragen, sofern sie nicht einen rezeptionsgeschichtlichen Ansatz verfolgt und die Motti lateinischer Autoren als Rezeptionszeugnisse auswertet.

Ohne eine so weit wie möglich vollständige Erfassung der einschlägigen Belege ist hinsichtlich diachronischer Fragestellungen kein Forschungsfortschritt zu erwarten. Erschwert ist die Situation auch durch die Verwendung des Mottos in verschiedenen Textbereichen, die, wie etwa naturkundliche Werke, nicht immer die Aufmerksamkeit der Literaturwissenschaft finden. Erfreulicherweise hat inzwischen auch die Linguistik das Motto als lohnenden Forschungsgegenstand entdeckt und erste (synchrone) Analysen präsentiert, die auch das Motto in Sachtexten miteinschließen (Beier, Gläser).

Lit: Jan Erik Antonsen: Text-Inseln. Studien zum Motto in der dt. Literatur vom 17. bis 20. Jh. Würzburg 1998. − Rudolf Beier: Von Goethe, Bernhard Grzimek und Bob Dylan. Mottos in sprachwissenschaftlichen Texten. In: Varietäten der deutschen Sprache. Hg. v. Jörg Hennig und Jürgen Meier. Frankfurt 1996, S. 197−212. − Hendrik Birus: „Introite, nam et heic Dii sunt!" Einiges über Lessings Mottoverwendung und das Motto zum ‚Nathan'. In: Euphorion 75 (1981), S. 379−410. − Rudolf Böhm: Das Motto in der englischen Literatur des 19. Jhs. München 1975. − Gérard Genette: Paratexte [frz. 1987]. Frankfurt 1989. − Rosemarie Gläser: Das Motto im Lichte der Intertextualität. In: Textbeziehungen. Hg. v. Josef Klein und Ulla Fix. Tübingen 1997, S. 259−301. − Peter Horst Neumann: Das Eigene und das Fremde. In: Akzente 27 (1980), S. 292−305. − Walther Rehm: Mottostudien. Kierkegaards Motti. In: W. R.: Späte Studien. Bern, München 1964, S. 215−248. − Krista Segermann: Das Motto in der Lyrik. München 1977.

Dietmar Peil

Movere ↗ *Rhetorik*
        ↗ *Rührung*

Münchhausiade ↗ *Lügendichtung*

Mündlichkeit ↗ *Oralität*

Multiperspektivismus ↗ *Perspektive*

Mundartdichtung ↗ *Dialektliteratur*

Musenalmanach ↗ *Almanach*

Musenanruf ↗ *Invocatio*

Musical

Gattung des populären, vor allem durch New York und London geprägten Musiktheaters seit dem späten 19., insbesondere im 20. Jh.

Expl: Moderne, nach wie vor produktive Gattung des Musiktheaters, welche Elemente des Theaters, der populären Musik und des zeitgenössischen Tanzes in vielfältiger Weise verbindet; aufgrund ihrer Herkunft aus den USA (New York: Broadway) und Großbritannien (London: Westend) primär in englischer Sprache und dominierend beeinflußt vom dortigen kommerziellen Theater-System.

WortG: Das Wort *Musical* ist die Verkürzung der engl. Bezeichnung für ‚Musik-Theater‘, bestehend aus dem Adjektiv *musical* sowie einem Substantiv für ‚Theater‘ bzw. ‚Theaterstück‘ (*musical theater / theatre, musical comedy, musical play, musical farce, musical spectacle* u. a.). Offenbar zuerst in den USA wurde die substantivierte Kurzform *Musical* als Gattungs-Bezeichnung verwendet und so in der ersten Hälfte des 20. Jhs. als Fremdwort in viele Sprachen übernommen (vgl. Kislan, Flinn).

BegrG: Da die Wurzeln des angelsächsischen Musicals in den musikalisch-theatralischen Unterhaltungs-Formen des europäischen 18. und vor allem 19. Jhs. liegen, gibt es zumindest anfangs Überschneidungen mit anderen Bezeichnungen für musikalisches Unterhaltungs-Theater, auf die später immer wieder − und sei es nur zu Reklame-Zwecken − zurückgegriffen wurde, vor allem: *Operette / Operetta, Opéra Comique / Comic Opera, Ballad Opera, Folk Opera, Pasticcio, Revue, Music Hall, Farce Comedy.* Von den frühen Musical-Formen in den USA stammen Begriffsnamen, die zumeist aus Europa importiert und dann in etwas anderem Sinn verwendet wurden: *Minstrel Show (Minstrelsy), Vaudeville, Burlesque, Spectacle, Extravaganza, Follies.* Im gehobenen, eher akademischen Englisch sind auch die volleren Wortformen *Light* bzw. *Popular Musical Theater* geläufig (vgl. Mates, 20−38 u. 53−202; Kislan, 10−110).

SachG: Seit der 2. Hälfte des 19. Jhs. entstanden in den USA (1. US-Musical: ‚The Black Crook‘ 1866) und England Tausende von Musicals, stets unnachsichtig abhängig vom zahlenden Publikum und daher mit ganz unterschiedlichem Erfolg. Erst allmählich wuchsen die ↗ *Revue*-Elemente (typisch etwa: ‚Ziegfeld Follies‘ 1907 ff.) zu einem Verbund von durchlaufender, aus Oper und Operette geläufiger Handlung sowie Unterhaltungs-Musik zusammen (‚Show Boat‘ 1927). Entscheidend wichtig waren − im Unterschied zur ↗ *Operette* − der Jazz und die von ihm beeinflußte Unterhaltungs-Musik sowie dann die Integration des modernen Tanzes mit einer Choreographie, die sich nicht mehr an der Tradition des klassischen Balletts orientierte (‚On Your Toes‘ 1936, ‚Oklahoma!‘ 1943; überragend: ‚West Side Story‘ 1957).

Bis heute existieren zwei Grundtypen des Musicals: Das handlungsorientierte Musical (ursprünglich mit Wechsel von gesprochenen Dialogen und Gesangsstücken, später zunehmend durchkomponiert) und das am Revue-Stil orientierte Nummern-Musical. Zu letzterem gehören US-Erfolgsstücke wie ‚Oh! Calcutta!‘ (1969), ‚Dancin‘ (1978), ‚Sugar Babies‘ (1979) oder ‚The Will Rogers Follies‘ (1991), die aber außerhalb der USA meist nur in London noch erfolgreich sind. Als weltweit ‚exportierfähig‘ erwiesen sich dagegen die handlungsorientierten Musicals: Neben mehr operettenähnlichen, deutlich in europäischer Tradition stehenden Musicals (‚South Pacific‘ 1949, ‚The King and I‘ 1949, ‚My Fair Lady‘ 1956; nach amerikanischem Verständnis gehört übrigens auch Lehárs ‚Merry Widow‘ in die Musical-Geschichte!) stehen hier solche mit speziell amerikanischer Thematik (z. B. ‚Guys and Dolls‘ 1950, ‚The Music Man‘ 1957, ‚The Rink‘ 1984, ‚Ragtime‘ 1998). Eine spezielle und beliebte Gruppe bilden biographische Musicals (‚Eubie‘ 1979, ‚Barnum‘ 1980) sowie Musicals über die Theater-Welt (‚A Chorus Line‘ 1975, ‚42nd Street‘ 1980, ‚Dreamgirls‘ 1981). Innovatorisch waren die US-Musicals von K. Weill (‚Lady in the Dark‘ 1941, ‚Street Scene‘ 1947, ‚Lost in the Stars‘ 1949) und die ‚Concept Musicals‘ von St. Sondheim/

H. Prince (‚Company' 1970, ‚A Little Night Music' 1973, ‚Pacific Ouvertures' 1973 u. a.; vgl. auch ‚A Chorus Line' 1975); beide Komponisten, wie schon Gershwins ‚Porgy and Bess' 1935, tendieren zu einer Art Broadway-Oper. Das britische Musical (größter Erfolg seines Jahrzehnts: ‚Me And My Girl' 1930) stand lange im Schatten des US-Musicals, hat dieses aber seit den 1970er Jahren immer wieder dominiert, und zwar mit den durchkomponierten Musicals von A. L. Webber (‚Jesus Christ Superstar' 1971, ‚Evita' 1978, ‚Cats' 1981, ‚The Phantom of the Opera' 1986 u. a.) sowie den französisch-englischen Koproduktionen ‚Les Misérables' 1985 und ‚Miss Saigon' 1991. Die Gattung ist sowohl in den USA als auch Großbritannien nach wie vor außerordentlich produktiv (z. B. ‚Passion' 1995, ‚Rent' 1997, ‚Lion King' 1998), wenn die zunehmenden Wiederaufnahmen (‚revivals') auch eine mit Oper und Operette vergleichbare Tendenz zur Musealisierung zeigen – mit einem ‚harten Repertoire-Kern' von ca. 75–120 Werken (Bartosch 1994, Gänzl 1995).

Kennzeichnend für die Musical-Produktion ist eine starke Arbeitsteilung, denn zumeist sind verschiedene Autoren verantwortlich für: ‚Book' (Handlung), ‚Lyrics' (Song-Texte), ‚Music' (Komposition), ‚Orchestration' (Instrumentierung). Vom Inhalt her ist grundsätzlich alles möglich, vorausgesetzt es bringt Erfolg (Swain 1990). Von der Bibel über König Artus bis zum New Yorker Bürgermeister Koch – fast jeder Stoff erwies sich für das neuigkeitshungrige Musical als geeignet, und ebenso jede literarische Gattung: Romane (Cervantes: ‚Don Quichotte' für ‚Man of La Mancha', V. Hugo: ‚Les Miserables'; M. Puig: ‚The Kiss of the Spiderwoman'), Theaterstücke (Shakespeare: für ‚The Boys from Syracuse', ‚Kiss Me, Kate'; G. B. Shaw: ‚Pygmalion' für ‚My Fair Lady'; Puccinis Oper ‚La Bohème' für ‚Rent'), Dokumentar-Texte (für: ‚A Chorus Line'), ja selbst Gedicht-Zyklen (‚Cats' nach Gedichten von T. S. Eliot).

‚Book' und ‚Lyrics' haben gelegentlich hohe dramatische und poetische Qualität (z. B. bei O. Hammerstein II, L. Hart, I. Gershwin, A. J. Lerner, N. Simons, T. Rice); und immer wieder verfassen Komponisten auch ihre eigenen Song-Texte (z. B. F. Loesser, M. Wilson oder – herausragend – C. Porter, St. Sondheim; vgl. Kislan, Engel 1972). Integraler Teil vor allem neuerer Musicals, den man für spätere Aufführungen gleich ‚mitkaufen' muß, ist manchmal sogar die Original-Bühnenproduktion selbst; denn Regisseure und Choreographen spielen eine zunehmend wichtige Rolle.

Zu den Besonderheiten des angelsächsischen Theater-Systems (vgl. Rosenberg / Harburg) gehören die öffentlichen Vor- und Probeaufführungen (‚previews', ‚try-outs'), wobei wegen der immer höher steigenden Kosten die Off-Broadway-Bühnen (New York) und ‚Fringe Theatres' (London), die ‚billigere' Provinz sowie das gegenüber dem Broadway insgesamt kostengünstigere Londoner Westend eine Rolle spielen. In den USA, weniger in Europa, sind für den Erfolg eines Musicals die Rezensionen der offiziellen Premiere (‚opening night') sowie die alljährlichen Auszeichnungen (‚awards') entscheidend. Seit Erfindung des Tonfilms wurden Musicals in Hollywood immer wieder verfilmt (mit unterschiedlicher Qualität), und es gibt auch reine Film-Musicals, die gar nicht (‚An American In Paris' 1951; Fred Astaire-Filme) oder erst später auf die Bühne kamen (‚Singin' In The Rain' 1952, ‚Gigi' 1958).

Auf den deutschsprachigen Bühnen, und zwar sowohl in den subventionierten Theatern als auch den kommerziellen Musical-Häusern, spielen Musicals – wie auch sonst im internationalen Theater – eine zunehmende Rolle. Auch im Deutschen wurde – wie in vielen anderen Sprachräumen – versucht, eigene Musicals zu schaffen (erfolgreich zuletzt etwa: ‚Linie 1', ‚Freudiana', ‚Elisabeth', ‚Tanz der Vampire'; insbesondere auch das Freischütz-Musical ‚Black Rider').

ForschG: Naturgemäß hat sich zuerst die englischsprachige Wissenschaft mit der Gattung Musical beschäftigt. Deswegen, und auch infolge der dort geringeren Vorbehalte gegenüber den Formen der ‚popular art', ist das Gebiet des amerikanischen und britischen Musicals inzwischen optimal erschlossen. Material-Fundgruben sind die Hefte der Programmheft-Serie ‚Playbill‘ (New York), die ‚Musical-Jahrbücher‘ von A. Luketa (ab 1998) sowie die Theatersammlung der New York Public Library. − Im Deutschen sind hervorzuheben die bahnbrechende Darstellung von Schmidt-Joos (1965), die Piper-Enzyklopädie des Musiktheaters (mit ‚mitteleuropäischer‘ Musical-Auswahl), die Nachschlagewerke von Wildbihler sowie die Spezial-Zeitschrift ‚Das Musical‘ (1986 ff., seit Nr. 32 unter dem Titel: ‚Musicals‘).

Lit: Hollis Alpert: Broadway! 125 years of musical theater. New York 1991. − Günter Bartosch: Das Große Heyne Musical-Lexikon. München 1994. − G. B.: Das ist Musical! Bottrop, Essen 1997. − Gerald Bordman: American musical theatre: A chronicle. New York 1978. − Lehman Engel: Words with music. The Broadway musical libretto. New York 1972. − L. E.: The making of a musical. New York 1977. − Harald Fischer: Deutsche Musicals. Berlin 1996. − Denny Martin Flinn: Musical! A grand tour. New York 1997. − Kurt Gänzl: The British musical theatre. Houndmills, / London 1986. − K. G.: The encyclopedia of the musical theatre. 2 Bde. Oxford 1994. − K. G.: Gänzl’s book of the Broadway Musical. New York 1995. − Ursula Gatzke: Das amerikanische Musical. Diss. München 1968. − John S. Gentile: Cast of one. One-person shows from the Chautauqua platform to the Broadway stage. Urbana/ Chicago 1989. − Martin Gottfried: Broadway musicals. New York 1979 u.ö. − M. G.: More Broadway musicals since 1980. New York 1991. − Stanley Green: Encyclopedia of the musical theater. New York 1976 u.ö. − St.G.: Encyclopedia of the musical film. New York 1981. − The Guinness Who’s Who of stage musicals / film musicals and musical films. 2 Bde. London 1994. − Clive Hirschhorn: The Hollywood musical. New York 1981. − Thomas S. Hischak: The American musical theatre song encyclopedia. Westport, London 1995. − Richard Kislan: The musical. New York u. a. ²1995. − William T. Leonard: Broadway bound. Metuchen, N. J. 1983. − Ken Mandelbaum: Not since ‚Carrie‘. 40 years of Broadway musical flops. New York 1991. − Julian Mates: America’s musical stage. New York 1981. − Ulrich Müller: Kunst, Kommerz und politische Botschaft im populären US-Musiktheater. In: Genießen − Verstehen − Verändern. Hg. v. Alfred Kyrer u. Wolfgang Roscher. Anif 1994, S. 45−69 [ausführliche Bibliographie]. − Elaine Adams Novak: Performing in musicals. New York 1988. − Pipers Enzyklopädie des Musiktheaters. München, Zürich 1986−97. − Bernard Rosenberg, Ernest Harburg: The Broadway musical. New York, London 1993. − Siegfried Schmidt-Joos: Das Musical. München 1965 u.ö. − Gisela Schubert: Musical. In: MGG² 6, 688−710. − Ted Sennet: Hollywood Musicals. New York 1981. − Rick Simas: The musicals no one came to see. New York, London 1987. − Joachim Sonderhoff: Musical. Braunschweig 1988. − Joseph P. Swain: The Broadway musical. Oxford, New York 1990. − Hubert Wildbihler, Sonja Völklein: The musical. An international annotated bibliography. München u. a. 1986. − H. W.: Musicals! Musicals! Ein internationaler Führer zu 850 Musicals und 3000 Tonträgern. Passau 1992. − H. W.: Hb. Musical Know-How. Passau 1997. − Allen Woll: Black musical theatre. Baton Rouge 1989.

Ulrich Müller

Musikdrama ↗ *Oper*

Mysterienspiel

Schauspiel, in dessen Zentrum die Darstellung geoffenbarter Heilswahrheiten der christlichen Kirche oder anderer religiöser Mysterien liegt.

Expl: In Abgrenzung von sonstigen ↗ *Geistlichen Spielen*, insbesondere von den ↗ *Moralitäten*, werden *Mysterienspiele* vornehmlich religiöse Dramen seit der Frühen Neuzeit genannt, die Bezug nehmen auf den theologischen Begriff des ‚Mysteriums‘: eines über menschliche Erkenntniskräfte geheimnisvoll hinausreichenden Sachverhalts, dessen Erkenntnis gleichwohl von allgemeiner Bedeutung, etwa im christlichen Kontext für das Seelenheil ist. Zu derartigen Mysterien, die schon im Mittelalter Gegenstand szenischer Darstellung sind, zählen z. B. die Geheimnisse der göttlichen Trinität, des Lebens Jesu und der Heiligen, der Sakramente und des Endes der Welt (*Weltgerichtsspiel*, ↗ *Geistliches Spiel*). Weitere Abgrenzungskriterien für das Mysterienspiel sind (gegenüber dem sich in der Frühen Neuzeit herausbildenden säkularen ↗ *Theater*) die funktionale Ausrichtung auf ein bestimmtes theologisch-geistliches Anliegen sowie (gegenüber der Thematisierung gleichartiger Zusammenhänge in Formen der ↗ *Liturgie*) die Ausgestaltung in szenischer (↗ *Dramatisch*), dabei historisch wechselnder Form.

WortG: Als literaturspezifische Bezeichnung für eine ‚Tragoedia sacra' ist lat. *mysterium* (eigentlich ‚Geheimnis'; früh nachweisbar als „gotlich offenbarunge", Schnell, 1652; zum griech. Ursprung Schulz-Basler 2, 168) zuerst im 16. Jh. für ein 1521 aufgeführtes Passionsspiel belegt („Mysterium passionis D.[omini]"; du Cange 5, 564). Dem entspricht die engl. Bezeichnung *mysteries*, im 18. Jh. bereits verbreitet im Sinne von *miracle plays* (OED 6, 816). Dt. *Mysterienspiel* dürfte eine Lehnübersetzung von *mystery play* sein; die dt. Bezeichnung *Mysterium* (im Plural *Mysterien, Misterien*) zur Charakterisierung geistlicher Schauspiele des Mittelalters kommt im 18. Jh. auf (1811 erfaßt bei Schweizer 2, 528: „Schauspiele, welche religiose oder geistliche Dinge zum Gegenstand haben").

Charles Dufresne du Cange: Glossarium mediae et infimae latinitatis. Paris 1840 ff. – Bernhard Schnell u. a. (Hg.): Vocabularius ex quo. Bd. 4. Tübingen 1989. – Johann Conrad Schweizer: Wb. zur Erklärung fremder […] Wörter und Redensarten. Zürich ²1811.

BegrG: Eine einheitliche Benennung und Begriffsbildung für Geistliche Spiele des Mittelalters und für das religiöse Schauspiel der Frühen Neuzeit gibt es zunächst nicht. Die Bezeichnungen *Mysterium* bzw. *Mysterienspiel* wurden sehr allgemein für unterschiedliche, wiewohl verwandte Typen verwendet. Ein Interesse an terminologischer Fixierung entstand erst mit der Wiederentdeckung mittelalterlicher Spiele im 18. Jh. In der Begriffsgeschichte dominiert die Bezugnahme auf Inhalte der christlichen Religion gegenüber literarischen Gattungserwägungen.

Im Laufe des 19. Jhs. setzt sich die Bezeichnung als wissenschaftlicher Terminus durch (zu *Mysterien* vgl. Kummer, III; zu

Mysterienspiel Davidson u. a., 527–533), gelegentlich synonym für (geistliches) „Volksspiel" (vgl. Henne am Rhyn 1, 445). In deutlicher Anlehnung an diese Terminologie bezeichnet dann Rudolf Steiner mit den verwandten Begriffsnamen *Mysteriendrama, Mysterienaufführung* und *Mysteriendichtung* seine der Theosophischen Gesellschaft zugedachten Stücke, in denen eine „Führergestalt" (Hammacher, 12) die Initiation in die Geisteswelt, das ‚Mysterium', vornimmt (vgl. Kacer-Bock). In der jüngeren Forschung wird der Terminus für einen Typus des nachmittelalterlichen religiösen Dramas reserviert. Gegenüber einer anachronistischen Rückübertragung des Ausdrucks *Mysterienspiele* auf antike oder altägyptische Kulthandlungen jedoch ist Vorsicht geboten.

Otto Henne am Rhyn: Kulturgeschichte des deutschen Volkes. 2 Bde. Berlin ²1892. – Karl Ferdinand Kummer (Hg.): Erlauer Spiele. Sechs altdeutsche Mysterien. Wien 1882, Repr. Hildesheim 1977.

SachG: Mysterienspiele setzen zum einen als Sonderform das Geistliche Spiel des Mittelalters fort, besonders in den nach der Reformation katholisch gebliebenen Gebieten und meist als nicht-professionelles, in der Regel von kirchlichen Institutionen angeregtes oder veranstaltetes, häufig anonymes Schauspiel. Zum anderen wird die mittelalterliche Spieltradition hochliterarisch adaptiert. Weltliterarischen Rang haben vor allem die ‚Autos sacramentales' des spanischen 16. und 17. Jhs. (dem ‚Siglo de oro'): Spiele zu Ehren der Eucharistie, insbesondere diejenigen Calderóns, die neben Tragödien sowie Mantel-und-Degen-Komödien ein selbständiges Genre des frühneuzeitlichen Theaters bilden. Auch ein Großteil der ↗ *Jesuitendramen* stellt religiöse Mysterien ins Zentrum. Nachmittelalterliche Mysterienspiele werden also einerseits von religiösen Institutionen, Gemeinden, Bruderschaften u. ä. gepflegt, andererseits bleiben sie eine Gattungsvariante des frühneuzeitlichen ↗ *Dramas*. Dramaturgische Mittel, Szenentypen (wie z. B. die ↗ *Apotheose*), ↗ *Figurenkonstellationen* u. ä. strahlen von hier auf andere Dramentypen aus (vgl. etwa den Schluß von Goethes ‚Faust II').

Nachdem das Mysterienspiel im 19. Jh. als hochliterarische Gattung nahezu verschwunden ist und überwiegend als Volksschauspiel fortwirkt (zu weiterbestehenden Spieltraditionen bei religiösen Festen vgl. Polheim), setzt um die Wende zum 20. Jh. eine literarische Erneuerung der Gattung in christlicher Tradition ein (Hofmannsthal, M. Mell, le Fort, Claudel, Eliot, N. Sachs; vgl. Zander). Zeitgleich wird sie auch von nicht-orthodoxen, insbesondere mystizistischen und neureligiösen Bewegungen adaptiert, etwa in E. Schurés ,Théatre de l'âme‘ (mit Einfluß auf R. Steiner und sein anthroposophisches ,Mysteriendrama‘; vgl. Stiel). Mit Rückbezug u. a. auf Wagners als ,Mysteriendrama‘ verstandenen ,Parsifal‘ und Nietzsches ,Mysterienlehre‘ (vgl. Schneller) wird dieser Typus des Mysterienspiels kurzfristig sogar zum Medium radikaler dramatischer Experimente (Maeterlinck: ,L'oiseau bleu‘, 1908; Kandinsky: ,Der gelbe Klang‘, 1911). Noch das ,Orgien-Mysterien-Theater‘ H. Nitschs oder P. Greenaways an historischen Zitaten reicher Film ,Das Wunder von Macon‘ stehen aktuell in dieser Tradition.

ForschG: Das Fehlen einer strengen Definition des Begriffes ,Mysterienspiel‘ hat bewirkt, daß es meist nur im Zusammenhang mit dem mittelalterlichen Drama abgehandelt wurde (z. B. Michael; Bergmann / Strikker), wobei die spezifisch theologischen Aussage-Absichten in der Regel zu wenig berücksichtigt wurden. Die Forschung zum neuzeitlichen Mysterienspiel zerfällt in zwei unterschiedliche Stränge, die kaum miteinander verbunden werden: literaturwissenschaftliche Studien zu einzelnen Autoren oder Schulen (bes. zum frz. Bereich: Kindermann; zum engl.: Diller) und vor allem volkskundliche Untersuchungen zu den Traditionen des Volksschauspiels (z. B. Kretzenbacher, Schmidt).

Lit: Rolf Bergmann, Stefanie Stricker: Zur Terminologie und Wortgeschichte des Geistlichen Spiels. In: Mittelalterliches Schauspiel. Fs. Hansjürgen Linke. Hg. v. Ulrich Mehler und Anton H. Touber. Amsterdam 1994, S. 49–77. – Peter Csobádi (Hg.): Welttheater, Mysterienspiel, rituelles Theater. Anif, Salzburg 1992. – Clifford Davidson u. a.: Mysterienspiele. In: TRE 23, S. 527–533. – Hans-Jürgen Diller: Redeformen des englischen Misterienspiels. München 1973. – Wilfried Hammacher: Kurze Wegleitung durch die Mysteriendramen mit ihren Siegeln. Dornach 1995. – Gundhild Kacer-Bock: Die Mysteriendramen im Lebensgang Rudolf Steiners. Stuttgart 1995. – Heinz Kindermann: Theatergeschichte Europas. Bd. 1. Salzburg ²1966, S. 297–322. – Leopold Kretzenbacher: Frühbarockes Weihnachtsspiel in Kärnten und Steiermark. Klagenfurt 1952. – Wolfgang F. Michael: Das deutsche Drama des Mittelalters. Berlin, New York 1971. – Karl Konrad Polheim: Volksschauspiel und mittelalterliches Drama. In: Tiroler Volksschauspiel. Hg. v. Egon Kühebacher. Bozen 1976, S. 88–109. – Leopold Schmidt: Das deutsche Volksschauspiel. Berlin 1962. – Daniel Schneller: Richard Wagners ,Parsifal‘ und die Erneuerung des Mysteriendramas in Bayreuth. Bern 1997. – Sieglinde Stiel: Die Erneuerung des Mysterienspiels durch Paul Claudel. München 1968. – Helmut Zander: Ästhetische Erfahrung. Mysterientheater von Edouard Schuré zu Wassily Kandinsky. In: Mystique, mysticisme et modernité en Allemagne autour de 1900. Hg. v. Moritz Baßler und Hildegard Châtellier. Straßburg 1998, S. 203–221.

Harald Fricke / Jan-Dirk Müller

Mystifikation ↗ *Fälschung*

Mystik

Bezeichnung für die Erfahrung einer unmittelbaren Einheit mit dem Göttlichen und für eine Literatur, die von einer solchen Erfahrung handelt.

Expl: ,Mystik‘ wird im folgenden verstanden als Sammelbegriff für Texte, in denen Autoren (1) von Einheitserfahrungen mit Gott sprechen, die sie als authentisch charakterisieren und in denen nicht mehr zwischen Erfahrung und Reflexion über die Erfahrung unterschieden werden kann (mystischer Text im strengen Sinn), oder die (2) Einheitserfahrungen in einem bestimmten Kategoriensystem behandeln (Texte über Mystik, mystische Theologie) oder (3) zu Einheitserfahrungen hinführen wollen (mystagogische Texte). Die Einheitserfahrungen können, unter inhaltlich-systematischen Gesichtspunkten betrachtet, jeweils mehr intellektuell oder voluntativ oder affektiv geprägt sein.

Mystik in dem genannten dreifachen Sinn tritt seit der Spätantike im Rahmen philosophischer Systeme auf, z. B. im Neuplatonismus, und religiöser Traditionen, z. B. im Christentum, Judentum, Islam.

Die Mystiker verstehen ihr Sprechen als scheiternden Versuch, die Erfahrung der Einheit auszudrücken, zugleich aber als Antwort auf das Sprechen Gottes. Sie verwenden verschiedene sprachliche Verfahren wie z. B. Negationen, ↗ *Antithesen*, *Hyperbeln* (↗ *Emphase*), *Oxymora*, ↗ *Paradoxien*, ↗ *Metaphern*, ↗ *Allegorien₂*, ↗ *Vergleiche*, ↗ *Parallelismen*, Reihungen. Insbesondere die volkssprachliche Mystik des Mittelalters geht nicht von einem Gegenüber von Sprache und Transzendenzerfahrung aus, sondern versteht die Sprache als Medium, in dem sich die Transzendierung der Sprache als Repräsentationssystem vollzieht.

WortG: μυστικός [mystikós], ‚mystisch‘, etymologisch wohl wie μυστήριον [mystérion] von μύειν [mýein] ‚den Mund bzw. die Augen schließen‘ (Platon, ‚Sophistes‘ 239 E; ‚Theaitetos‘ 164 A) abzuleiten, wird ursprünglich in zwei Bedeutungen verwendet: erstens bei allem, was sich auf die Mysterien bezieht (z. B. Herodot, ‚Historiae‘ VIII,65; Aischylos, Fr. 215 (387)), zweitens in der Bedeutung ‚geheimnisvoll‘, ‚dunkel‘ (Strabo, ‚Geographia‘ X,3,9). In der Bibel ist das Wort nicht gebräuchlich. Die Neuplatoniker gebrauchen es, wenn es um die geheimnisvolle, dunkle Bedeutung eines Sachverhaltes, Wortes oder Textes oder der Mythen geht, und bezeichnen die ekstatische Einung mit dem Einen als μυστικὴ ἕνωσις [mystiké hénosis] (Proklos, ‚In Platonis Rem publicam commentarii‘ 1,80,10). Bei den griechischen und lateinischen Kirchenvätern bezieht sich μυστικός/*mysticus* auf den geistlichen Sinn der Schrift (Origenes, PG 14, 49 B), die geheimnisvolle Kraft der Sakramente (Gregor von Nyssa, PG 45, 880 B) und eine unmittelbare, erfahrungsmäßige Gotteserkenntnis (μυστικὴ θεωρία

[mystiké theoría]) bzw. die Einheit mit Gott (μυστικὴ ἕνωσις [mystiké hénosis]: Origenes, PG 14, 440 C; μυστικὴ κοινωνία [mystiké koinonía]: Makarios, PG 34, 808 C), Ps.-Dionysios schreibt eine ‚Mystische Theologie‘, die er als Lehre von der ekstatischen Einheit mit Gott versteht (PG 3, 648 B).

Mittelalterliche Autoren gebrauchen *mysticus* v.a. bei der Auslegung der Bibel gleichbedeutend mit *spiritualiter* zur Bezeichnung des geistlichen Sinnes (↗ *Sensus litteralis/spiritualis*). Im Anschluß an Ps.-Dionysios sprechen verschiedene Autoren von einer affektiv oder intellektuell geprägten *mystica theologia* (z. B. Bonaventura, Hugo von Balma, Thomas von Aquin, Nikolaus von Kues).

Die ersten Belege für das Substantiv *mystica* bzw. *la mystique* finden sich Mitte des 17. Jhs: „mystica naturalis“ (Sandaeus, 11); „la mystique“ (Surin, 179). Zedlers Universallexikon (1732−1750) unterscheidet zwischen einer positiv bewerteten „Mystica theologia“, die nach dem Sensus allegoricus auslegt, und einer platonisierenden Aufstiegsmystik, die zu Enthusiasmus, Quietismus und Indifferentismus verleitet (Zedler 22, 1759 f.).

Im 18. Jh. rücken kritische Akzente in den Vordergrund. „Mystik“ bezeichnet für Kant „das gerade Gegentheil aller Philosophie“ und denkt sich das „Unding der Möglichkeit einer übersinnlichen Erfahrung“ (Kant 8, 441); sie ist für Goethe „unreine Poesie“ und „unreife Philosophie“ (FA 13, *2.65). Seit der Romantik gilt Mystik bzw. das Mystische als Sinn für das „Geheimnisvolle“ (Novalis 3, 685), Mystik ist „potenzierte Poesie“ (Schlegel 16, 102).

Louis Bouyer: ‚Mystisch‘ − Zur Geschichte eines Wortes. In: Das Mysterium und die Mystik. Hg. v. Josef Sudbrack. Würzburg 1974, S. 57−75. − Johann Wolfgang Goethe: Sämtliche Werke [Frankfurter Ausgabe, FA]. Frankfurt 1985 ff. − Immanuel Kant: Gesammelte Schriften. Hg. v. der Deutschen Akademie der Wissenschaften Berlin. Berlin 1900−1955. − Geoffrey W. H. Lampe: A Patristic Greek lexicon. Oxford ⁵1978, S. 891−894. − Novalis: Schriften. Hg. v. Richard Samuel u. a. Stuttgart 1960−1999. − Friedrich Schlegel: Kritische Ausgabe. Hg. v. Ernst Behler. Paderborn, München 1958−1995.

BegrG: In der Geschichte des vieldeutigen und terminologisch weit ausgreifenden (z. B. zu *contemplatio*, θεωρία [theoría]) Begriffs lassen sich zu heuristischen Zwecken zwei Auffassungen unterscheiden:

(a) Das auf der aristotelisch-platonischen Lehre von der θεωρία [theoría] beruhende neuplatonische Konzept einer mystischen Einung, deren Vorbedingung eine abstrahierende, läuternde Aufstiegsbewegung des Denkens bis zur Ekstasis im Einen ist (Plotin VI 7,34,12 f.). Dieser neuplatonische Begriff einer philosophischen Henosis-Mystik unterscheidet sich durch die „Verbindung von Reflexion und Einung" (Beierwaltes 1985, 127) von den vielfältigen spätantiken Formen von Mantik, Magie und Theurgie.

(b) Das auf der neutestamentlichen Anschauung von einer personalen Lebensverbindung mit dem inkarnierten Gott beruhende Konzept (Paulus, Johannes), das sich in einer Christusmystik entfaltet: Brautmystik, Passionsmystik, Sakramentsmystik, Gottesgeburt im Herzen.

Beide Konzepte werden seit der Väterzeit vielfältig rezipiert: In ihrer Auseinandersetzung mit der griechischen Philosophie entwickeln die alexandrinischen Theologen im 3. Jh. eine „philosophische ‚Theologie'" (Jaeger, 28), die christlichen Glauben und griechische Überlieferung zu integrieren versucht. Die μυστική θεωρία [mystiké theoría], von Origenes als Einsicht in die Schrift verstanden, führt zur ἕνωσις [hénosis] (PG 14, 440). Daneben steht eine christozentrisch geprägte Brautmystik und die Lehre von der Gottesgeburt in der Seele durch richtiges Handeln. Die Wüstenmönche machen den Begriff des Einswerdens mit Gott durch θεωρία [theoría] (Euagrios Pontikos) zum zentralen Begriff einer „Virtuosenreligiosität" (Weber, 260). Auf der Basis eines „hierarchischen Platonismus" (Otto, 41) entwickelt Ps.-Dionysios Areopagita eine μυστική θεολογία [mystiké theología], die Lehre von der ‚unerkenntnismäßigen Einigung' mit Gott. Im Okzident ist ‚contemplatio' als Äquivalent für θεωρία [theoría] ein Zentralbegriff im mystischen Bedeutungsfeld. Nach Augustinus bezeichnet dieser Begriff die Schau Gottes, deren Voraussetzungen die Abkehr von der Welt und die Reinigung der Seele sind. Im Frühmittelalter findet sich bei Johannes Scotus neben der kontemplativen Aufstiegsmystik eine Mystik, die die inkarnatorische Abstiegsbewegung nachvollzieht.

In der monastischen Theologie des 12. Jhs. meint der Begriff ‚contemplatio' die Schau Gottes, die über einen Stufenweg erreicht wird. Eine Alternative zum Wissenschaftsdenken der neuen Schulen formuliert Bernhard von Clairvaux mit seinem Konzept einer affektiven Christusmystik. Dieses Konzept bestimmt weitgehend die unio-Vorstellungen der Nonnen- und Beginenmystik. In der Auseinandersetzung mit dieser Frauenmystik ordnet Meister Eckhart die contemplatio, verstanden als Erfahrung der Einheit mit Gott in der Schau, der Einheit mit Gott im Wirken unter.

Kontrovers wird im Mittelalter der Begriff der mystica theologia diskutiert. Er bezeichnet eine Theologie, die die Einheit mit Gott entweder als Entrückung „ad supermentales excessus" (‚in überrationale Bereiche': Bonaventura 5, 298) oder als Vereinigung im Intellekt versteht (Robert Grosseteste, Albertus Magnus). Mit der im Spätmittelalter sich beschleunigenden Trennung von Spiritualität und theologischem System verschiebt sich der Gehalt des Begriffs weiter ins Affektiv-Voluntative. ‚Mystische Theologie' tritt als „occultissima sapientia" (‚tief verborgene Weisheit': Harph, 149ʳ) in Gegensatz zur rationalistischen scholastischen Theologie. Nach Gerson ist sie „cognitio experimentalis habita de Deo per amoris unitivi complexum" (‚erfahrungshafte Erkenntnis, vermittelt durch die vereinigende Liebe': Gerson, 72). Nikolaus von Kues bezeichnet mit dem Begriff eine Theologie, in der es um die „unio simplicissima" (‚elementare Einigung') in der schweigenden Schau Gottes jenseits des Verstandes, aber nicht jenseits der Vernunft geht (Vansteenberghe, 115).

Die traditionellen Konzepte der kontemplativen Aufstiegsmystik und der Christusmystik wirken auch über die Reformation hinaus weiter, im katholischen Bereich z. B. in der Braut- und Passionsmystik Spees und in der Christusmystik des Angelus Silesius. Im Protestantismus dominiert seit Luthers

Kritik an der contemplatio (WA 4, 647) ein Begriff von Mystik, der bestimmt wird durch eine ethisch-praktisch interpretierte Christologie. Die theologia mystica versteht Luther noch aus dem Gegensatz zur Scholastik als „sapientia experimentalis" („erfahrungshafte Weisheit': WA 9, 98,21), die auf religiöse Praxis abzielt. Im Zeitalter der konfessionellen Auseinandersetzungen gilt die mystische Theologie als die eigentliche, wahre und überkonfessionelle, durch die aller konfessioneller Zwist überwunden werden kann (Arnold, Spener, Köpke). Die protestantische Orthodoxie der Zeit dagegen gebraucht ‚mystische Theologie' wieder polarisierend als Gegenbegriff. Sie ist wegen ihrer Nähe zur platonischen Philosophie häresieverdächtig.

Naturmystische Ansätze, zuerst bei Franck und Weigel − im Anschluß an Paracelsus −, dann bei Jakob Böhme, suchen die überkonfessionelle, einigende Instanz in den Kreaturen als Sakramenten Gottes (Franck) oder in der Natur als Ausdruck der Lebensfülle Gottes (Böhme).

Mitte des 17. Jhs. begegnet der Begriff ‚Mystik' (jetzt als Substantiv) insbesondere an drei konfliktbesetzten Brennpunkten:

(1) Im Zusammenhang der im Spätmittelalter beginnenden Entgegensetzung von scholastischer und mystischer Theologie: Die Mystik wird zum Inbegriff der Theologie, zur Urreligion (Sandaeus, 11) und zur Wissenschaft für sich (Surin, 179). Bei Protestanten bezeichnet der Begriff ‚Mystik' eine innerliche, ethisch-praktische Frömmigkeit.

(2) Im Bereich der konfessionellen Diskussion, die sich mit der Auseinandersetzung um die mystica theologia z. T. überschneidet: ‚Mystik' bzw. mystische Theologie wird hier verstanden als Erfahrungserkenntnis Gottes (Tersteegen, 274), die allen Menschen, unabhängig von ihrer Konfession, zuteil werden kann.

(3) In der Auseinandersetzung mit dem Cartesianismus: Die Mystik ist z. B. bei Fenelon der Gegenbegriff zur aufklärerischen ratio und Widerpart der neuzeitlichen Philosophie der Subjektivität.

In der Folgezeit wird der Begriff ‚Mystik' in der aufklärerischen Linie zum asymme-

trischen Gegenbegriff von Vernünftigkeit, Selbstbehauptung (Kant, Marx, Feuerbach, Nietzsche), in der aufklärungskritischen Tradition dagegen bezeichnet er eine höhere Form von Vernunft (Novalis, Schlegel, v. Baader) bzw. die Vernunft im Unterschied zum Verstand (Hegel), in der postmodernen Rationalitätskritik eine Vernunft, die nicht auf Selbstbehauptung und Naturbeherrschung setzt.

Bonaventura: Opera omnia. Quaracchi 1882−1902. − Johannes Gerson: De mystica theologia. Hg. v. André Combes. Lucani 1958. − Henricus Harph: Theologia mystica [1538]. Repr. Farnborough 1966. − Werner Jaeger: Das frühe Christentum und die griechische Bildung. Berlin 1963. − Martin Luther: Werke. Kritische Gesamtausgabe [WA]. Weimar 1883−1999. − Stephan Otto: Materialien zur Theorie der Geistesgeschichte. München 1979. − Patrologiae cursus completus. Series I: Ecclesia graeca [PG]. Hg. v. J. P. Migne. 167 Bde. Paris 1857−1912. − Maximilianus Sandaeus: Pro Theologia Mystica Clavis. Köln 1640. − Jean-Joseph Surin: Guide spirituel pour la perfection. Hg. v. Michel de Certeau. Paris 1963. − Gerhard Tersteegen: Weg der Wahrheit [1750, [4]1768]. Repr. Stuttgart 1968. − Edmond Vansteenberghe: Autour de la docte ignorance. Münster 1915. − Max Weber: Gesammelte Aufsätze zur Religionssoziologie. Bd. 1. Tübingen [3]1988.

SachG: Die Wurzeln der christlichen Mystik liegen in der griechischen Philosophie, im Judentum und im frühen Christentum. In der Spätantike ist die Geschichte der Mystik eng mit der Entwicklung des Christentums, seiner Auseinandersetzung mit der griechischen Kultur und mit dem Gnostizismus im 3. Jh. (Klemens, Origenes), mit der Entstehung des Mönchtums im 4. Jh. (Euagrios Pontikos, Gregor von Nyssa, Augustinus) und der Auseinandersetzung mit der individualistischen Mönchsmystik im 5. Jh. (Ps.-Dionysios) verknüpft.

Im Mittelalter entsteht Mystik im Zusammenhang der Rezeption griechischer Philosophie und patristischer Theologie, insbesondere des Ps.-Dionysios im 8. Jh. (Johannes Scotus) und seit dem 12. Jh. (monastische Mystik). Die kontemplative Mystik des 12. Jhs. hat ihren ‚Sitz im Leben' in den Klöstern des Mönchtums und der Regularkanoniker. Eine wirkungsmächtige affektive Mystik, die vor allem in Nonnen-

und Beginenkreisen weiterlebt, entwickelt Bernhard von Clairvaux. Auf die Welle der monastischen Mystik folgt seit dem 13. Jh. die Mystik der religiösen Armutsbewegungen. Sie hat ihren Ort in den Wirtschafts- und Kulturzentren der Städte. Sie wird von semireligios lebenden Frauen, Beginen (Marie von Oignies, Hadewijch, Mechthild von Magdeburg, Marguerite Porete), von Franziskanern und Dominikanern (Franziskus, Bonaventura, David von Augsburg bzw. Eckhart, Tauler, Seuse) getragen. In der Spiritualität des Eremitentums wurzeln die niederländische (Ruusbroec) und die englische Mystik (Rolle, Hilton).

In der Reformationszeit nehmen die sog. mystischen Spiritualisten (Müntzer, Franck, Schwenckfeld, Weigel) Luthers Lehre von der Gottunmittelbarkeit und vom allgemeinen Priestertum auf. Parallel laufen naturmystische Ansätze bei Franck, Weigel und Böhme. Sie wirken bei Czepko, v. Greiffenberg, Angelus Silesius und Oetinger nach.

Fast gleichzeitig mit der frühen protestantischen Mystik entsteht in kirchlichen Reformkreisen Spaniens eine christozentrische katholische Mystik (Ignatius von Loyola, Teresa von Avila, Johannes vom Kreuz). Die Mystik des Karmel ist für die quietistische Mystik (Bourignon, Guyon, Fenelon) von Bedeutung.

Die deutschen Mystiker der Barockzeit stammen mit wenigen Ausnahmen aus Schlesien (Böhme, Franckenberg, Czepko, Scheffler, Kuhlmann). Dort verband sich die „Durchsetzung des Absolutismus [...] mit der Durchsetzung der ‚Gegenreformation‘" (Kemper 3, 27). In dieser Zeit des sich konstituierenden konfessionellen Absolutismus in den Ländern der Habsburger stellt die Christus- und Naturmystik des Barock einen Versuch der Befriedung dar.

In den konfessionellen Auseinandersetzungen, die gegen Ende des 17. Jhs. anhalten, nehmen pietistische Autoren die Tradition der mystischen Theologie auf (Arnold, Dippel, Tersteegen, Seidel, Spener). Brautmystische Gedanken in der Tradition Bernhards von Clairvaux werden hauptsächlich über P. Poiret vermittelt (Angelus Silesius, Arnold, Zinzendorf). Seit der Romantik werden mystische Begriffe und Denkstrukturen vielfach ästhetisch umbesetzt. Die Romantiker greifen bei ihrem Projekt einer poetischen Religion auf Mysterien- und Mystiktraditionen zurück. Novalis z. B. konzipiert in den ‚Hymnen an die Nacht‘ die lyrische Situation nach dem Muster einer Einweihung in die Mysterien.

Im Anschluß an Nietzsches ‚Umdrehung des Platonismus‘ (Heidegger) werden seit der Wende vom 19. zum 20. Jh. in der Literatur ekstatische Einheits- und Entgrenzungserfahrungen Thema, deren Struktur Analogien zur unio mystica aufweist. Vertreter dieser Mystik (z. B. Rilke, Kassner) substituieren die transzendente Gottheit durch innerweltliche Größen wie z. B. ‚Leben‘, ‚Natur‘, ‚Welt‘. Andere Autoren (z. B. Musil, Hofmannsthal) entdecken das textproduktive Moment des mystischen Paradigmas und reformulieren die mystische Figur der unähnlichen Ähnlichkeit als Figur der Differenz von Repräsentationssystem und Realität. Strukturelle Konvergenzen bestehen zwischen der Versprachlichung des Unaussprechlichen in der Negativen Theologie und Textpraktiken des ↗ *Poststrukturalismus*.

Hans-Georg Kemper: Deutsche Lyrik der frühen Neuzeit. 5 Bde. Tübingen 1987–1991.

ForschG: Die Geschichte der wissenschaftlichen Erforschung der Mystik beginnt im 19. Jh. mit einer Reihe theologischer, philosophischer, religionswissenschaftlicher und historischer Untersuchungen. Die deutsche Philologie steht zunächst abseits; epochemachend wirkt erst F. Pfeiffers Ausgabe der ‚Deutsche[n] Mystiker des vierzehnten Jahrhunderts‘ (1857), die erstmals eine umfassende Textgrundlage anbot. Eine zweite entscheidende Wende bedeutet Denifles Abhandlung über Meister Eckharts lateinische Schriften (1886).

In den ersten Jahrzehnten des 20. Jhs. stehen textphilologische Arbeiten zur Frauenmystik und zu Meister Eckhart im Vordergrund. Die Veröffentlichung der „Rechtfertigungsschrift" Meister Eckharts (Daniels, 1923) und die daran sich anschließenden Untersuchungen zum Inquisitionsprozeß und zu den philosophisch-theologischen Quellen Eckharts leiten eine neue Phase der Mystikforschung ein. Die kritische Gesamtausgabe der deutschen und lateinischen Werke Eckharts (J. Quint/ J. Koch, 1936 ff.) schafft die Grundlagen für die weitere Forschung. Bei der Interpretation der Texte dominieren zunächst geistesgeschichtliche Ansätze. Einen Umschwung leiten die spiritualitätsgeschichtlichen Forschungen H. Grundmanns ein (,Religiöse Bewegungen im Mittelalter', 1935). Seit den 1950er Jahren treten Fragen nach dem Verhältnis von Ontologie und Mystik in den Vordergrund. Textkritische und überlieferungsgeschichtliche Arbeiten zur Frauenmystik und zur franziskanischen und dominikanischen geistlichen Literatur sichern die Quellen und eröffnen neue Perspektiven.

Die gegenwärtige Forschungssituation ist durch Interdisziplinarität und Methodenpluralismus gekennzeichnet. Eine bedeutende Rolle spielen weiterhin textkritische, editorische und überlieferungsgeschichtliche Arbeiten (Steer, Sturlese). Bei der Interpretation der Texte überwiegen Untersuchungen, die die mystische Literatur in ihrem historischen Kontext, z. B. in ihrem Verhältnis zu philosophischen und theologischen Traditionen (Beierwaltes, Flasch, Mojsisch, Sturlese) oder zu religiösen Bewegungen, spirituellen und theologischen Richtungen (Ruh, Haas, Langer, Bynum) analysieren. Kontrovers diskutiert werden Fragen nach dem literarischen Status mystischer Texte, nach Werk und Autorschaft, Erfahrung und literarischer Darstellung (Grubmüller, Ringler, Peters). Die bei Denifle anhebende ,Hermeneutik der mystischen Sprache' setzt sich über Quints Analyse ihrer Ausdrucksformen bis in die gegenwärtige Diskussion um die ,Sondersprache' der deutschen Mystiker und die Sprache als Medium mystischer Erfahrung fort (Ruh, Haas, Haug, Hasebrink, Köbele). Neue Forschungsperspektiven eröffnen zwei bedeutende, ganz unterschiedlich ansetzende Darstellungen der Geschichte der Mystik. K. Ruh intendiert die historische Vermittlung mystischer Literatur, B. McGinn ist theologie- und spiritualitätsgeschichtlich orientiert.

Lit: Moritz Baßler, Hildegard Châtellier (Hg.): Mystik, Mystizismus und Moderne in Deutschland um 1900. Straßburg 1998. – Werner Beierwaltes u. a.: Grundfragen der Mystik. Einsiedeln 1974. – W. B.: Denken des Einen. Frankfurt 1985. – Caroline Walker Bynum: Fragmentierung und Erlösung. Geschlecht und Körper im Glauben des Mittelalters [1991]. Frankfurt 1996. – Michel de Certeau: La fable mystique, XVIe–XVIIe siècle. Paris 1982. – Augustinus Daniels (Hg.): Eine lateinische Rechtfertigungsschrift des Meister Eckhart. Münster 1923. – Heinrich S. Denifle: Meister Eckharts lateinische Schriften, und die Grundanschauung seiner Lehre. In: Archiv für Liturgie- und Kirchengeschichte des Mittelalters 2 (1886), S. 417–652. – Kurt Flasch: Meister Eckhart und die ,Deutsche Mystik'. In: Die Philosophie im 14. u. 15. Jh. Hg. v. Olaf Pluta. Amsterdam 1988, S. 439–463. – Klaus Grubmüller: Die Viten der Schwestern von Töß und Elsbeth Stagel. In: ZfdA 98 (1969), S. 171–204. – Burkhard Hasebrink: Formen inzitativer Rede bei Meister Eckhart. Tübingen 1992. – Alois M. Haas: Mystik als Aussage. Frankfurt 1996. – A. M. H.: Gott leiden, Gott lieben. Frankfurt 1989. – Walter Haug: Zur Grundlegung einer Theorie des mystischen Sprechens. In: Ruh 1986, S. 494–508. – W. H., Dietmar Mieth (Hg.): Religiöse Erfahrung. Historische Modelle in christlicher Tradition. München 1992. – Susanne Köbele: Bilder der unbegriffenen Wahrheit. Zur Struktur mystischer Rede im Spannungsfeld von Latein und Volkssprache. Tübingen, Basel 1993. – Otto Langer: Mystische Erfahrung und spirituelle Theologie. Zu Meister Eckharts Auseinandersetzung mit der Frauenfrömmigkeit seiner Zeit. München, Zürich 1987. – Bernard McGinn: Die Mystik im Abendland. 4 Bde. Freiburg i. Br. u. a. 1994–2000. – Burkhard Mojsisch: Meister Eckhart. Analogie, Univozität und Einheit. Hamburg 1983. – Ursula Peters: Religiöse Erfahrung als literarisches Faktum. Zur Vorgeschichte und Genese frauenmystischer Texte des 13. und 14. Jhs. Tübingen 1988. – Hans-Dirk v. Petersdorff: Mysterienrede: Zum Selbstverständnis romantischer Intellektueller. Tübingen 1996. – Josef Quint: Mystik und Sprache. In: DVjs 27 (1953), S. 48–76. – Siegfried Ringler: Viten- und Offenbarungsliteratur in Frauenklöstern des Mittelalters. Zürich 1980. – Kurt Ruh (Hg.): Abendländische Mystik im Mittelalter. Stuttgart 1986. – K. R.: Geschichte der abendländischen Mystik. 4 Bde. München 1990–1999. – Uwe Spörl: Gottlose Mystik in der deutschen Literatur um die Jahrhundertwende. Paderborn 1997. – Georg Steer: Zur Authentizität der deutschen Predigten Meister Eckharts. In: Eckardus Theutonicus, homo doctus et sanctus. Hg. v. Ruedi Imbach u. a. Freiburg/ Schweiz 1992, S. 127–168. – Loris Sturlese: Dokumente und Forschungen zum Werk Dietrichs von Freiberg. Hamburg 1984. – Martina Wagner-Egelhaaf: Mystik der Moderne. Stuttgart 1989.

Otto Langer

Mythem ↗ *Mythos*

Mythisches Analogon

Inbegriff von Formeigenschaften literarischer Werke, die mythischer Wirklichkeitsauffassung analog sind.

Expl: Dem durch den Germanisten Clemens Lugowski geprägten Begriff liegt eine Auffassung von Literatur als „formalem Mythos" (Lugowski, 83) zugrunde, welche die ästhetische Wirkung literarischer Werke durch ihre Ähnlichkeit mit Merkmalen mythischen Denkens erklärt. Formal-mythisch im Sinne Lugowskis ist ein literarisches Werk nicht deswegen, weil es mythologische ↗ *Stoffe* oder ↗ *Motive* zum Inhalt hätte, sondern aufgrund seiner künstlerischen Formgebung. In narrativen Texten drückt sich das Mythische Analogon in einer Reihe von Eigenschaften seiner ↗ *Komposition* aus, die Lugowski mit Termini wie ‚Linearität‘, ‚resultathafter Erzählstil‘, ‚Gehabtsein der Figuren‘, ‚thematische Überfremdung‘ und ‚Motivation von hinten‘ (↗ *Motivierung*) beschreibt. Die meisten dieser Eigenschaften sind auch auf dramatische Texte anwendbar (↗ *Dramaturgie₁*). In lyrischen Texten entspräche ihnen beispielsweise die Wirkung von Metrik oder Reim.

WortG: Zu *mythisch*: ↗ *Mythos.* – *Analogon* (vgl. allgemein: HWbPh 1, 214–230): ‚ähnlicher Fall‘, ‚Gegenstand‘, ‚Vorgang‘, dt. seit Mitte des 18. Jhs. nachgewiesen (DWb² 1, 740). Morphologisch zugehörig: *analog* ‚gleichartig, im selben Verhältnis stehend‘ (Schulz-Basler 1, 33), das im 18. Jh. aus gleichbedeutend frz. *analogue* entlehnt wurde (Paul-Henne, 30). Entstanden aus der präpositionalen Wendung griech. ἀνὰ λόγον [anà lógon] ‚einem (mathematischen) Verhältnis entsprechend‘, gebildet aus ἀνά [aná] ‚gemäß‘ und λόγος [lógos] ‚Verhältnis‘, ‚Maß‘ (Kluge-Seebold, 27). Der kombinierte Ausdruck *Mythisches Analogon* wurde wohl zuerst von Lugowski 1932 in seiner Dissertation über die frühneuzeitlichen Romane Jörg Wickrams verwendet (Lugowski, 179–185 u.ö.).

SachG: In Lugowskis Begriff des Mythischen Analogons stehen eine kultur-evolutionäre und eine atemporal-definitorische Auffassung von Literatur nebeneinander.

(1) Einerseits wird ein allgemeiner Prozeß der Rationalisierung im Sinne von Max Webers ‚Entzauberung der Welt‘ angenommen, in dessen Verlauf es zu einer immer stärkeren, jedoch niemals abgeschlossenen „Zersetzung des mythischen Analogons" in der Dichtung (Lugowski, 52) gekommen sei. Mit der Durchsetzung des modernen Weltbildes verliere der Geltungsanspruch mythischen Denkens zunehmend an Selbstverständlichkeit und müsse schließlich selbst in der literarischen Fiktion durch Strategien der Plausibilisierung kompensiert werden, die eine realistische ↗ *Illusion* erzeugen, „um die mythische Sinnstruktur vor dem Einspruch des kritischen Bewußtseins zu schützen" (Schlaffer, 109). Doch aufgrund der „Entwicklungsträgheit in der Formenwelt der Dichtung […] leben alte Auffassungen in der dichterischen Formenwelt weiter, auch wenn der dichterische ‚Gehalt‘ (als Meinung des Dichters) schon der neuen Auffassung entspricht" (Lugowski, 19).

(2) Andererseits beschreibt Lugowski das Mythische Analogon aber auch atemporal-definitorisch als „Künstlichkeitscharakter" und „konstitutives Moment aller Dichtung", dessen Entwicklung lediglich in der „bloßen Umbildung einer bestimmten Ausprägung in eine andere" bestehe (Lugowski, 180, 182; ↗ *Künstlichkeit*).

BegrG/ForschG: Daß sich einzelne literarische Gattungen wie Epos, Tragödie, Lied oder Märchen, aber auch die ‚Institution Literatur‘ insgesamt aus rituellen Kommunikationsformen oraler Kulturen mit mythischem Weltbild herausgebildet haben, wurde von der Antike (im Konzept des seherischen ‚poeta vates‘) bis heute in vielen Varianten vertreten − in der Neuzeit insbesondere im Rahmen kultur-evolutionärer Ästhetiken wie G. Vicos Stadientheorie, J. G. Herders Begriff der ‚Volkspoesie‘ und F. Nietzsches ‚Geburt der Tragödie aus dem Geist der Musik‘ (1872) (vgl. Braungart). Im Konzept des Mythischen Analogons wird jedoch nicht nur die Genese, sondern auch die heutige Geltung und Wirkung von Literatur durch ihre Ähnlichkeit zum mythischen Denken erklärt. Lugowski entwikkelte seine Konzeption − teilweise im Gegenentwurf zur zeitgenössischen *Problemgeschichte* (↗ *Geistesgeschichte*) − unter dem Einfluß der Gegenüberstellung von ‚empirisch-wissenschaftlichem‘ und ‚mythischem Weltbild‘ in Ernst Cassirers ‚Philosophie der symbolischen Formen‘ (1923−29). Heinz Schlaffer weitete Lugowskis Ansatz auch auf nichtnarrative literarische Texte aus; der „Sinn" von Poesie entstehe aus „dem kulturellen Überlieferungszusammenhang zwischen archaischen Weltdeutungen und dem semantischen Gehalt ästhetischer Formen" (Schlaffer, 108; ähnlich, ohne Bezug auf Lugowski, schon Shumaker, 152; vgl. auch ↗ *Formgeschichte,* ↗ *Einfache Formen*). Anstatt wie hier die Geltung von Literatur generell aus ihrer Genese zu erklären, versuchen andere Ansätze, die Bedeutung Mythischer Analoga in der Literatur auf einzelne Epochen, Gattungen und Stilphänomene zu begrenzen und ihre Sinnbildungen zu funktionalisieren und historisch zu spezifizieren (vgl. Martinez). Die Auffassung von Literatur als Mythisches Analogon berührt sich teilweise mit dem in den 1930er Jahren in den USA entstandenen ‚Archetypal Criticism‘, etwa mit N. Fryes Konzept von vier elementaren ‚mythoi‘ als archetypischen narrativen Strukturen. Ähnlichkeiten bestehen auch mit strukturalistisch und anthropologisch orientierten ↗ *Erzähltheorien* in der Nachfolge V. Propps (dazu Girard, Burkert).

Lit: Wolfgang Braungart: Ritual und Literatur. Tübingen 1996. − Walter Burkert: Kulte des Altertums. München 1998 [Kap. 3: Handlungsprogramm und Erzählstruktur]. − Northrop Frye: Anatomy of criticism. Princeton 1957. −

René Girard: Des choses cachées depuis la fondation du monde. Paris 1978. − Clemens Lugowski: Die Form der Individualität im Roman. Studien zur inneren Struktur der frühen deutschen Prosaerzählung [1932]. Repr. Frankfurt ²1994. − Matias Martinez (Hg.): Formaler Mythos. Paderborn 1996. − Vladimir Propp: Morphologie des Märchens [1928]. Frankfurt 1975. − Heinz Schlaffer: Poesie und Wissen. Frankfurt 1990. − Wayne Shumaker: Literature and the irrational. Englewood Cliffs 1960.

Matias Martinez

Mythographie ↗ *Mythologie*

Mythologie

Zusammenstellung der Mythen einer bestimmten Kultur (griechisch-römische, germanische, indische), aber auch deren Erforschung und theoretische Reflexion.

Expl: Unter *Mythologie₁* wird die Gesamtheit oder Sammlung von Mythen einer Kultur verstanden, wobei das Textkorpus (nach wechselnden Kriterien) erst konstituiert wird, indem mythische Erzählungen im Sinne von ↗ *Mythos₁* aus dem Kontext ihrer mündlichen und schriftlichen Überlieferung herausgelöst und zusammengestellt werden.

Mythologie₂ meint die Erforschung und Konzeptualisierung von Mythologie₁ mit historisch-rekonstruktivem oder philosophischem Interesse.

[Terminologisches Feld:]

Neue Mythologie: Ästhetische Kategorie der Romantik, welche der Poesie aller Zeiten die Rolle der Philosophie als ‚Lehrerin der Menschheit‘ gibt.

Mythographie: Sammlung und Aufzeichnung von Mythen.

WortG: Griech. μυθολογία [mythología], abgeleitet von μυθολογεῖν [mythologeín] ‚eine (wahre) Geschichte erzählen‘ (Chantraine, 718). Entsprechend der Wortgeschichte von ↗ *Mythos* werden solche erzählten Geschichten verschieden definiert.

Von der Renaissance bis ins 18. Jh. bezeichnet das Wort lateinische wie volkssprachliche Zusammenstellungen von Mythen besonders aus der griechisch-römischen Antike. 1712 erscheint etwa Ph. v. Zesens ‚Teutsche Mythologie: oder [...] Beschreibung [...] heidnische[r] Götter‘, womit sowohl ‚Mythologie₁‘ als auch ‚Mythologie₂‘ gemeint ist. Campe übersetzt *Mythologie* mit „Fabellehre" (Campe 1813, 430). J. Grimm gibt seiner germanisch-deutschen Religionsgeschichte und Mythenkunde von 1835 den Titel ‚Deutsche Mythologie‘. D. Sanders definiert *Mythologie* 1876 als „heidnische Religionslehre" und als „ein Werk über dieselbe" (Sanders 2, 368). Als *Mythologien* im Plural (*mythologies*) bezeichnet R. Barthes in seinem gleichnamigen Essay von 1957 die ‚Mythen des Alltags‘ (so dt. 1964) der modernen Massenkultur wie ‚Das Gesicht der Garbo‘, ‚Der neue Citroën‘, ‚Beefsteak und Pommes frites‘.

Johann Heinrich Campe: Wörterbuch zur Erklärung und Verdeutschung der unserer Sprache aufgedrungenen fremden Ausdrücke. Braunschweig ²1813. − Pierre Chantraine: Dictionnaire étymologique de la langue grecque. Paris 1968. − Daniel Sanders: Wörterbuch der Deutschen Sprache [1876]. 3 Bde. Repr. Hildesheim 1969. − Philipp v. Zesen: Teutsche Mythologie. Sulzbach 1712.

BegrG: Wie bei ‚Mythos‘ entspricht auch bei ‚Mythologie‘ der Begriff in der griechischen Antike nicht dem heutigen Verständnis. In der Antike bezeichnet er weder ein Repertoire gesammelter Mythen noch eine besondere Denkweise oder eine Theorie des Mythos (Calame, 46). Während die Bedeutung von ‚Mythologie₁‘ bis heute konstant geblieben ist, ist die Begriffsgeschichte von ‚Mythologie₂‘ gleichbedeutend mit deren Sachgeschichte, weil die verschiedenen Modelle und Theorien mit der Konstituierung ihres Gegenstandes das semantische Spektrum ihres (auf sie selber zurückfallenden) Begriffs von Mythologie eingrenzen.

SachG: *Mythologie₁*: Sammlungen von Mythen wurden erstmals in alexandrinischer Zeit zusammengestellt, wobei *Mythos* dort zuweilen auch nur einen Bericht über vergangene Zeiten bezeichnen kann (Calame, 42). Die ‚Bibliothek‘ des Diodorus Siculus (1. Jh. v. Chr.) kompiliert Elemente ägyptischer, mesopotamischer, indischer, arabischer, griechischer und römischer Mythologie. Die wahrscheinlich aus dem 1. Jh. n. Chr. stammende ‚Bibliothek‘ des (Pseudo-)Apollodoros ordnet und katalogisiert in gelehrt-antiquarischer Absicht die aus dem Kontext der antiken Literatur herausgelösten Handlungskerne und Theogonien. Ein aus griechischen Quellen kompiliertes, intensiv rezipiertes mythologisches Handbuch aus dem 2. Jh. n. Chr., die dem Bibliothekar Gaius Julius Hyginus (64 v. Chr. − 17 n. Chr.) zugeschriebenen ‚Genealogiae‘ oder ‚Fabulae‘, stellt 227 Fabeln und Genealogien von Göttern und Heroen zusammen. Im 6. Jh. erschafft Fulgentius Planciades mit den profanen Allegorien seiner ‚Mythologia‘ das Pendant zu vorhandenen biblischen Allegorien (Brisson, 178).

Um 1220 sammelt der isländische Autor Snorri Sturluson skandinavische Mythen (Prosa-Edda) und stellt Verbindungen zur griechischen und nordischen Mythologie her. Zu den wichtigsten mythographischen Handbüchern des Mittelalters und Spätmittelalters gehört neben den sog. ‚Vatikanischen Mythographen‘ Boccacios ‚Genealogia deorum gentilium‘ (1350−1375).

Wichtig für das 16. Jh. wird die 1532 erschienene ‚Theologia mythologica‘ des Georg Pictor, die in Form eines Dialogs zwischen Lehrer und Schüler die Geschichte und ‚Allegorie‘ der griechischen Götter darlegt, wobei auch auf ägyptische Götter Bezug genommen wird. Drei mythographische Werke liefern der europäischen Renaissance ihr mythologisches Wissen: Giraldis ‚Historia de deis gentium‘ (Basel 1548), Cartaris ‚Delle imagini de i dei de gli antichi‘ (Venedig 1556) und Contis ‚Mythologiae sive explicationis fabularum libri decem‘ (Venedig 1568) (Seznec, 257 f.).

Im 1. Drittel des 18. Jhs. stellt Benjamin Hederich die Geschichten der „Goetter[], Goettinnen, Helden und andern in den μύθοις [mýthois] oder Fabeln der ehemaligen Aegypter, Griechen und Roemer bekannten Personen, wie auch den dahin gehoerigen Thieren, Oertern, Fluessen und dergleichen Dingen" (Hederich, XI) zusammen. Das in der Romantik entwickelte Interesse an den Mythologien auch anderer Völker äußert sich in der lebhaften Rezeption von W. Jones' ‚On Gods of Greece, Italy, and India' von 1788, in der 1809 in Paris erschienenen ‚Mythologie des Indous', in F. G. Neuenhagens ‚Mythologie der nordischen Völker' (1794) sowie in Görres' ‚Mythengeschichte der asiatischen Welt' von 1810. In der Bemühung um eine ‚allgemeine Mythologie' versucht J. J. Kanne in seiner ‚Mythologie der Griechen' von 1805, in seinem ‚Pantheum der Aeltesten Naturphilosophie, die Religion aller Völker' von 1811 und in dem ‚System der indischen Mythe' von 1813, die Zusammenhänge von griechischer Mythologie und indischer Mythologie und Religion nachzuweisen. Die Existenz einer eigenen „deutschen Mythologie" als „mitte" zwischen der „celtischen" und der „nordischen" belegt J. Grimm schließlich im Jahre 1835 mit der Veröffentlichung seiner ‚Deutschen Mythologie' (Grimm 1875–1878, 198). Bis heute liefern nacherzählende Mythensammlungen wie G. Schwabs ‚Die schönsten Sagen des klassischen Altertums' die ersten Grundlagen für eine Auseinandersetzung mit der antiken Mythologie.

Mythologie₂: Charakteristisch für die abendländische Kultur ist seit der Antike ein reflexiv-kritisches Verhältnis zu Mythos₁, Mythos₂ und zur Mythologie₁. Im frühen Christentum wird antike Mythologie als heidnische Theologie verworfen und als Erlogenes, Widervernünftiges und moralisch Anstößiges der christlichen Wahrheit gegenübergestellt (Horstmann, 9). Dieses Verständnis schließt an die (auf das 3. Jh. v. Chr. zurückgehende, aber erst in Laktanz' ‚De ira Dei' faßbare) euhemeristische Mythen-Allegorese an, der zufolge Mythen erfunden wurden, um historische Herrschaftsverhältnisse zu legitimieren und zu stabilisieren (vgl. Brisson, 65–67). Die Patristik verwendet daneben auch Methoden aus der naturkundlichen und moraldidaktischen Allegorese, um die mythologischen Götter in einen christlichen Zusammenhang übertragen zu können. Seit der karolingischen Renaissance sieht man in den Mythen die

Verhüllung verborgener Geheimnisse und erkennt bei Vergil und Ovid Christliches (vgl. Brisson, 168–182). Daneben erhalten sich euhemeristische Interpretationen (Horstmann, 12).

Im 15. Jh. erfassen die Humanisten die antiken Mythen als ‚mythologia', das heißt als ein Ganzes, und würdigen diese poetisch und theologisch. 1568 behauptet Conti, antike ‚fabulae' enthielten ‚philosophiae dogmata', ethisches und physikalisches Wissen, von den Griechen aus Ägypten übernommen. Die im 16. Jh. entstehende vergleichende Sprachforschung zum Hebräischen und Griechischen weist den Weg zu einer vergleichenden Mythenforschung, die sich im 17. Jh. weiterentwickelt (Gruppe, 42).

1724 vergleicht J. F. Lafitau indianische und antike Mythen und Rituale und erklärt ihre Entsprechungen mit der Hypothese einer Auswanderung griechischer Ureinwohner nach Amerika. Bernard Le Bouyier de Fontenelle führt in ‚De l'origine des fables' diese Ähnlichkeiten darauf zurück, daß Griechen und Amerikaner ‚Wilde' seien, in deren Fabeln sich die Irrtümer des Geistes gleichermaßen spiegelten (Fontenelle 2, 395). Im Gegensatz dazu sucht A. Banier in ‚La mythologie et les fables expliquées par l'histoire' (1738–1740), von J. Adolf Schlegel und anderen 1754–1766 ins Deutsche übersetzt, in den Fabeln versteckte historische Tatsachen zu entdecken. ‚Die neue Wissenschaft über die gemeinschaftliche Natur der Völker' (1725, dt. 1822) von Giambattista Vico setzt die Mythologie bei der Wahrheitsfindung gleichberechtigt neben die wissenschaftlich-theoretische. Diese Auffassung gelangt über J. G. Herder in die Romantik. ‚Vom neuern Gebrauch der Mythologie' handelnd, fordert Herder 1767, die Dichter sollten die mythologische Bilderwelt wegen ihrer sinnlichen Schönheit und Anschaulichkeit studieren. K. Ph. Moritz erfaßt in seiner ‚Götterlehre oder die mythologischen Dichtungen der Alten' von 1791 Mythologie als „Sprache der Phantasie", die jedoch auch Spuren der ältesten Geschichte enthalte und dadurch deren Allegorisierung verhindere (Moritz, 611). Für Fr. Schlegel sind Mythologie und Poesie untrennbar, in seiner ‚Rede über die Mythologie' von 1800 verlangt er die Bildung einer „neuen Mythologie" aus der „tiefsten Tiefe des Geistes", die durch die Wiedererweckung der antiken, aber auch der nordischen und indischen befördert werden könnte (Schlegel, 312). In seiner ‚Symbolik und Mythologie der alten Völker, besonders der Griechen' von 1810−1812 unterscheidet Fr. Creuzer das der Bildlichkeit zugeordnete Symbol und den als „lebendiges Wort" definierten Mythos als Interpretationskategorien (Creuzer 1, 83). Schelling unterscheidet in seinen Vorlesungen zur ‚Philosophie der Mythologie' in den vierziger Jahren des 19. Jhs. mythische Geschichte und mythische Philosophie. Für ihn ist Mythologie das Mittelglied der Rückkehr der Wissenschaft zur Poesie (Schelling 3, 629), „[e]rster Stoff aller Kunst" und „absolute Poesie" (5, 405 f.). Im sogenannten ‚Systemprogramm' fordert er, gemeinsam mit Hegel und Hölderlin, eine neue „Mythologie der Vernunft", welche den Gegensatz zwischen dem Volk und einer philosophischen Elite auflösen und eine „allgemeine Freiheit und Gleichheit der Geister" verwirklichen sollte (Jamme/Schneider, 13 f.). Die Brüder Grimm entwickeln die schon von Herder eingebrachte Idee vom Mythos als Volksschöpfung. J. Grimm versucht mittels indogermanischer Sprachforschungen die Gemeinsamkeiten der Mythen verwandter Völker aufzuzeigen.

Antoine Banier: Explication historique des fables. 2 Bde. Den Haag 1713 f., ²1715 [mit veränd. Titel: La mythologie et les fables expliquées par l'histoire. 3 Bde. Paris 1738−1740 (ins Deutsche übersetzt durch Johann Adolf Schlegel u. a.: Erläuterung der Götterlehre und Fabeln aus der Geschichte. 5 Bde. Leipzig 1754−1766)]. − Friedrich Creuzer: Symbolik und Mythologie der alten Völker, besonders der Griechen. 4 Bde. Leipzig 1810−1812. − Bernard Le Bouyier de Fontenelle: Œuvres complètes [1818]. Hg. v. Georges B. Depping. 2 Bde. Repr. Genf 1968. − Jacob Grimm: Gedanken über Mythos, Epos und Geschichte [1813]. In: J. G.: Kleinere Schriften. Bd. 4. Berlin 1869. − Benjamin Hederich: Gründliches mythologisches Lexicon [²1770]. Repr. Darmstadt 1967, ²1996. − Johann Gottfried Herder: Vom neuern Gebrauch der Mythologie [1767]. In: J. G. H.: Sämtliche Werke. Hg. v. Bernhard Suphan. Bd. 1 [1877]. Repr. Hildesheim ²1978, S. 426−449. − Christoph Jamme, Helmut Schneider (Hg.): Mythologie der Vernunft. Hegels ‚ältestes Systemprogramm des deutschen Idealismus'. Frankfurt 1984. − Joseph François Lafitau: Mœurs des sauvages amériquains, comparées aux mœurs des premiers temps. 4 Bde. Paris 1724. − Karl Philipp Moritz: Götterlehre oder Mythologische Dichtungen der Alten [1791]. In: K. P. M.: Werke. Hg. v. Horst Günther. Bd. 2. Frankfurt 1981, S. 611−840. − Friedrich Wilhelm Joseph v. Schelling: Sämmtliche Werke. Hg. v. Karl Friedrich August Schelling. 14 Bde. Stuttgart, Augsburg 1856−1861. − Gustav Schwab: Die schönsten Sagen des klassischen Alterthums. 3 Bde. Stuttgart u. a. 1838−1840.

ForschG: Das Forschungsgebiet der Mythologie begründet im deutschsprachigen Kulturraum Chr. G. Heyne mit seiner an Vico geschulten Hypothese eines ‚sermo mythicus seu symbolicus' als der Ausdrucksweise einer ‚aetas mythica', einer Kindheit der Menschheit (vgl. Horstmann, 21). Eine eigentliche Forschungsgeschichte setzt im Zeichen der Herausbildung der' Altertumswissenschaften mit der Historisierung und Philologisierung überkommener Sammlungen und Mythostheorien ein. Sie beginnt 1825 mit K. O. Müllers ‚Prolegomena zu einer wissenschaftlichen Mythologie' (vgl. Blok; allg. Hentschke/Muhlack). Was über die altertumswissenschaftliche Mythologie hinausgeht − das prominenteste Beispiel hierfür liefert Nietzsches Interpretation der Dionysien in ‚Die Geburt der Tragödie aus dem Geist der Musik' − gehört in den Bereich der Spekulationen über Mythos₂. Das gilt auch für alle kommenden kulturphilosophisch oder kulturanthropologisch argumentierenden Forschungen; vgl. ↗ *Mythos* (ForschG). Graevenitz hat eine umfassende Rekonstruktion der mythologischen Traditionen vorgelegt: Er konstatiert für die Geschichte der Mythologie insgesamt eine Ontologie des Mythos, die er als ‚Mythenrealismus' bezeichnet. Die Geschichte des Mythos − im hier eingeführten Sinne eigentlich eine Geschichte der Mythologie₂ − sei die Geschichte einer ‚Denkgewohnheit', in welcher sich ‚topische' (gelehrt-antiquarische) und ‚symbolische' (interpretierende) Überlieferungen unterscheiden ließen.

Lit: Walter Beltz: Gott und die Götter. Biblische Mythologie. München 1980. − Werner Betz:

Vom ,Götterwort' zum ,Massentraumbild'. Zur Wortgeschichte des Mythos. In: Mythos und Mythologie in der Literatur des 19. Jhs. Hg. v. Helmut Koopmann. Frankfurt 1979, S. 11–24. − Josephine H. Blok: „Romantische Philosophie, Naturphilosophie, Construktion der Geschichte". Karl Otfried Müller's Understanding of history and myth. In: Zwischen Rationalismus und Romantik. Hg. v. William Calder III und Renate Schlesier. Hildesheim 1998, S. 55–98. − Hans Blumenberg: Arbeit am Mythos. Frankfurt 1979. − Luc Brisson: Einführung in die Philosophie des Mythos. Bd. 1. Darmstadt 1996. − Walter Burkert: Mythisches Denken. In: Philosophie und Mythos. Hg. v. Hans Poser. Berlin 1979, S. 16–39. − Walter Burkert, Axel Horstmann: Mythos, Mythologie. In: HWbPh 6, Sp. 283–318. − Claude Calame: Mythe et histoire dans l'Antiquité grecque. Lausanne 1996. − Marcel Détienne: L'invention de la mythologie. Paris 1981. − Heinrich Dörrie: Der Mythos im Verständnis der Antike 2. In: Gymnasium 73 (1966), S. 44–62. − Mircea Eliade: Les mythes de l'éternel retour. Paris 1949 [dt.: Kosmos und Geschichte. Hamburg 1966]. − Burton Feldman, Robert R. Richardson: The rise of modern mythology 1680–1860. Bloomington, London 1972. − Manfred Frank: Vorlesungen über die Neue Mythologie. 2 Bde. Frankfurt 1982–1988. − Werner Frick: Die ,mythische Methode'. Tübingen 1999. − Heinz Gockel: Mythos und Poesie. Zum Mythosbegriff in Aufklärung und Frühromantik. Frankfurt 1981. − Gerhart v. Graevenitz: Mythos. Zur Geschichte einer Denkgewohnheit. Stuttgart 1987. − Jacob Grimm: Deutsche Mythologie [⁴1875–1878]. 3 Bde. Repr. Graz 1968. − Otto Gruppe: Geschichte der klassischen Mythologie und Religionsgeschichte während des Mittelalters im Abendland und während der Neuzeit [1921]. Repr. Hildesheim 1965. − Ada Hentschke, Ulrich Muhlack: Einführung in die Geschichte der Klassischen Philologie. Darmstadt 1972. − Christian Gottlob Heyne: Akademische Vorlesungen über die Archäologie der Kunst des Alterthums, insbesondere der Griechen und Römer. Braunschweig 1822. − Axel Horstmann: Der Mythosbegriff vom frühen Christentum bis zur Gegenwart. In: Archiv für Begriffsgeschichte (23), S. 7–54, 197–245. − Christoph Jamme: „Gott an hat ein Gewand." Grenzen und Perspektiven philosophischer Mythos-Theorien der Gegenwart. Frankfurt 1991. − C. J.: Einführung in die Philosophie des Mythos. Bd. 2. Darmstadt 1991. − Hans Robert Jauß: Allegorese, Remythisierung und neuer Mythos. In: Terror und Spiel. Hg. v. Manfred Fuhrmann. München 1971, S. 187–209. − Albin Lesky: Der Mythos im Verständnis der Antike 1. In: Gymna-sium 73 (1966), S. 27–44. − Claude Lévi-Strauss: Die Struktur der Mythen. In: C. L.-S.: Strukturale Anthropologie. Frankfurt 1967, S. 226–254. − Ada Neschke: Griechischer Mythos: In: Zs. für philosophische Forschung 37 (1983), S. 119–138. − Ada Neschke-Hentschke: Griechischer Mythos und strukturale Anthropologie. In: Poetica 10 (1978), S. 136–153. − Friedrich Schlegel: Kritische Ausgabe. Hg. v. Ernst Behler. Bd. 2. Paderborn u. a. 1967. − Jean Seznec: La survivance des dieux antiques. Essai sur le rôle de la tradition mythologique dans l'humanisme et dans l'art de la Renaissance [1940]. Repr. Paris 1980, ²1993. − Jan de Vries: Forschungsgeschichte der Mythologie. Freiburg i.Br., München 1961.

Ute Heidmann Vischer

Mythopoetische Texte ↗ *Mythos*

Mythos

Narrative Überlieferung aus einer vorschriftlichen Epoche; auch: Form eines vorrationalen Weltverständnisses.

Expl: Der Begriff hat mehrere Bedeutungsdimensionen.

Mythos₁ meint die erzählende Darstellung von kollektiv bedeutsamen Orten und Figuren oder Naturphänomenen, in aller Regel mit religiöser oder kultischer Dimension. In der fortlaufenden Tradierung und Rezeption entstehen zahlreiche Varianten, die unterschiedliche diskursive Funktionen erfüllen. Für die europäische Kultur sind fundamental die griechisch-römischen Mythen, die für uns erst in ihrer schriftlichen und ikonographischen Repräsentation faßbar werden. Eigenschaften und Funktionsweisen eines vorschriftlichen antiken Mythos sind von daher nur hypothetisch rekonstruierbar. Die Bedeutungsdimension des Mythos als erzählender Darstellung ist zentral für die literaturwissenschaftliche Perspektive.

Mythos₂ bezeichnet ein − oft einem vermeintlich wissenschaftlicheren ,logos' als ,mythisches Denken' entgegengesetztes − Weltverhältnis, über dessen Eigenschaften (wie fehlendes Geschichts- oder Zeichenbewußtsein) immer wieder neu spekuliert wird und das man u. a. aus dem Mythos₁ zu erschließen sucht. Was und auf welche Weise in solchem Denken ‚mythisiert' wird, können anthropologische oder psychologische, nicht aber literaturwissenschaftliche Forschungen ermitteln (Heuermann, 15). Die in jeder Epoche neu erarbeiteten Theorien über den Mythos wirken auf den jeweiligen epochenspezifischen literarischen und literaturwissenschaftlichen Umgang mit Mythos₁ ein.

Mythos₃ meint umgangssprachlich eine Person, Sache oder Begebenheit, die aus nicht selten irrationalen Vorstellungen heraus glorifiziert oder dämonisiert wird.

[Terminologisches Feld:]
LITERARISCHE MYTHEN: In Anlehnung an den frz. Terminus *mythes littéraires* immer wieder aktualisierend umgedeutete und umgeschriebene Stoffe literarischer Schöpfungen, die eine den antiken Mythen ähnliche kollektive Resonanz entwickeln (z. B. Faust, Don Juan, Robinson, Werther, Lulu).

MYTHEM: kleinste konstitutive Einheit eines Mythos in der strukturalistischen Mytheninterpretation.

MYTHOPOETISCHE TEXTE: Literarische Werke, die Mythen aufnehmen und auf eine für die Textaussage konstitutive Weise dichterisch bearbeiten (↗ *Stoff*).

WortG: Griech. μῦθος [mýthos], ‚Rede', ‚Erzählung', führt vielleicht etymologisch zur Wurzel μυ [my] (‚Laut') zurück, auf das Moment der Rede als ‚Ver-laut-barung' (Frisk, 264), und bedeutet ursprünglich allgemein das gesprochene, formulierte Wort oder eine Reihe von Worten als sinnvolle Rede (Chantraine, 718). Erst im Zuge der Entwicklung einer Fachschriftstellerei wird ‚mýthos' zum Ausdruck für Erdichtetes oder Erfundenes und im Gegensatz zu ‚logos' als verantwortete Rede definiert. Im 12. Jh. übersetzen Wilhelm von Conches oder Abaelard ‚mýthos' mit *fabula* (vgl. Dronke, 55−67). Im deutschsprachigen Kulturkreis begegnet das Wort zu Anfang des 16. Jhs. im ‚Dictionarium latinogermanicum' von P. Dasypodius, der es als „erdichtete Märe" ebenfalls in Analogie zu lat.

fabula erklärt (Dasypodius, 143). Vor Luther wurde griech. μῦθος bzw. seine lat. Entsprechung *fabula* (im NT immer negativ konnotiert als ‚Irrlehre', ‚Geschwätz') mit *lügmere*, von Luther aber dann mit *fabel* übersetzt. Erst 200 Jahre später erscheint es wieder (nunmehr auch in der latinisierten Form *Mythus* und mit der Ableitung ↗ *Mythologie*), jetzt in der Bedeutung als ‚Erzählung von Göttern' (Betz, 13). Bei Campe wird es definiert als „heilige (die Götterlehre betreffende) Sage aus der Vorzeit, welche den Dichtern Stoff zu ihren Dichtungen gab" (Campe 1813, 430).

Johann Heinrich Campe: Wörterbuch zur Erklärung und Verdeutschung der unserer Sprache aufgedrungenen fremden Ausdrücke. Braunschweig ²1813. − Pierre Chantraine: Dictionnaire étymologique de la langue grecque. Paris 1968. − Petrus Dasypodius: Dictionarium latinogermanicum [1536]. Repr. Hildesheim, New York 1974. − Peter Dronke: Fabula. Explorations into the uses of myth in medieval Platonism. Leiden, Köln 1974. − Hjalmar Frisk: Griechisches etymologisches Wörterbuch. Bd. 2. Heidelberg 1973.

BegrG: Wie der Begriff definiert wird, hängt von den jeweils vorherrschenden Mythos-Theorien ab (↗ *Mythologie*). Die Griechen selbst hatten keine Konzeption des Mythos im Sinne von Mythos₂ (Calame, 45). In der antiken Geschichtsschreibung und Philosophie wird der Begriff fast immer ex negativo im Hinblick auf das Nicht-Wissenschaftliche verwendet. Im 5. Jh. v. Chr. gerät der Begriff bei den Vorsokratikern in direkten Gegensatz zu ‚logos'. Platon fordert im 2. und 3. Buch des ‚Staates' die Entfernung des als lügenhaft und kindlich charakterisierten Mythos aus dem Idealstaat. Im ‚Protagoras' bezeichnet ‚mýthos' die fiktionale Erzählung, die jedoch allgemeine Wahrheit enthält. In den ‚Gesetzen' ist die Rede von einem ehrfurchtgebietenden traditionellen Mythos (Burkert/Horstmann, 281). Aristoteles bezeichnet im 9. Kapitel der ‚Poetik' als ‚mýthos' die besondere, vom Dichter erschaffene, bedeutungsvolle Komposition (σύστασις [sýstasis]) von Handlungssequenzen (των πράγματων [ton prágmaton]), die sich hier außerhalb des später immer wieder angeführten Gegensatzes von Wahrheit und Fiktion befindet. Im frühen Christentum wird ‚mýthos' als erfundene Rede (wiederum ex negativo) der christlichen Heilsbotschaft als dem wahren Wort gegenübergestellt (vgl. Horstmann, 8). ‚Mythos' wird nun generell (nicht nur in bezug auf heidnische Göttererzählungen) zum Kampfbegriff, der andere Lehren als lügenhaft ausweist (Horstmann, 7). Das Mittelalter beherrscht ein bis ins 16. Jh. wirkendes allegorisches Verständnis von ‚mýthos', das es ermöglicht, im Mythos verborgene Geheimnisse aufzuspüren und christliche Anspielungen sogar bei paganen Autoren der Antike (besonders Vergil und Ovid) zu entdecken. Trotz der Zweifel am Wahrheitsgehalt des Mythos erhält sich eine allegorisch-symbolische Auffassung. Dies gilt insbesondere für den Renaissance-Humanismus, dessen Mythos-Verständnis teils allegorisch bleibt, teil philosophisch-spekulative Züge annimmt (im Florentiner Neuplatonismus etwa). Charles de Brosses verwirft den ‚Mythos' schließlich als Produkt von Unwissenheit und Angst, womit er zugleich die Voraussetzung für eine psychologische und religionsgeschichtliche Distanzierung und Definition schafft.

Antoine Banier: La mythologie et les fables expliquées par l'histoire. 3 Bde. Paris 1738–1740 [ins Deutsche übersetzt durch Johann Adolf Schlegel u. a.: Erläuterung der Götterlehre und Fabeln aus der Geschichte. 5 Bde. Leipzig 1754–1766]. – Charles de Brosses: Du culte des dieux fétiches ou parallèle de l'ancienne religion de l'Egypte avec la religion actuelle de Nigritie. [Paris] 1760. – Christoph Jamme: „Gott an hat ein Gewand." Grenzen und Perspektiven philosophischer Mythos-Theorien der Gegenwart. Frankfurt 1991.

SachG: Als entscheidend für die Geschichte des Mythos kann der Übergang von der Mündlichkeit zur Schriftlichkeit gelten, der den Status und die Bedeutung der mündlichen Ausdrucksformen auf grundlegende und nicht rekonstruierbare Weise veränderte (Vernant, 196). Die Sachgeschichte des Mythos$_1$ als Geschichte des literarisch bearbeiteten Mythos bzw. der mythopoetischen Literatur fällt mit dem Anfang der abendländischen Literatur zusammen. Im Hellenismus entstehen, oft in der intertextuellen Auseinandersetzung mit den archaischen Epen Hesiods und Homers sowie den klassischen Tragödien des Aischylos, Sophokles und Euripides, neue Formen in der mythisch-erotischen Dichtung (Kallimachos), die stark auf die lateinische Literatur wirken (Catull, ↗ *Elegie*). Im Dialog mit den griechischen Dichtern und Vergils ‚Aeneis' wird in Ovids ‚Metamorphosen' die mit dem Modell aitiologischer Erzählung spielende Verwandlung zum Erzählanlaß und zum Inbegriff einer literarischen Reflexion von Mythos$_1$ (vgl. Harzer). Senecas Tragödien prägen die dramatische Mythopoesie nachhaltig. In der Spätantike wurde ein großer Teil der antiken Mythen christlich gedeutet und gelangte so, erweitert um andere, z. B. naturphilosophische Auslegungen, ins europäische Mittelalter. Noch Dante und Boccaccio stehen in der Tradition solcher Mythos-Allegorese. Vom 16. bis zum 18. Jh. sind mythologische Motive und Stoffe omnipräsent in der europäischen Kunst und Literatur. Religionswissenschaftliche, philosophisch-ästhetische, philologische und literarische Bearbeitungen der griechisch-römischen Mythen, zu denen die biblischen, nordischen, ägyptischen und indischen Mythen treten, sind in den Werken von Lessing, Herder, Goethe, Schiller, Moritz sowie den meisten Romantikern eng miteinander verbunden (vgl. Gockel). Indem er den deutschen Sagen den Rang von antiken Mythen gibt, erweitert Jacob Grimm mit seiner ‚Deutschen Mythologie' von 1835 den Bereich mythopoetischer Schöpfung noch einmal und wirkt dadurch auf Richard Wagner und zahlreiche andere Autoren des 19. Jhs. Die vielfältige mythopoetische Literatur des 20. Jhs. verarbeitet die Reflexionen der modernen Psychoanalyse, Anthropologie und Ethnologie auf den Mythos$_2$, mit denen nunmehr auch die neu gesammelten Erzählungen exotischer Ethnien verglichen werden. Neben Freud, Jung und Lévi-Strauss üben auch die älteren Mytheninterpretationen von J. J. Bachofen und J. G. Frazer starken Einfluß aus. Wie die mythopoetische Literatur der Renaissance, der Klassik und der Romantik entwickelt sich auch die des 20. Jhs. nicht in nationalen Grenzen, sondern in dem internationalen, gemeinsamen Bezug der europäischen Literaturen auf die griechisch-römische Antike (vgl. für die Dramatik Frick). Die mythopoetischen Werke von Th. Mann, Broch, Döblin, Joyce, T. S. Eliot, Mallarmé, Rilke, Hofmannsthal, H. H. Jahnn, Sartre, Yourcenar, Chr. Wolf, Heiner Müller, Ransmayr u. a. verarbeiten antike Mythen im Sinne individual- und sozialpsychologischer, philosophischer, politischer und ästhetischer Inhalte und Erfahrungen in Moderne und Postmoderne.

Jacob Grimm: Deutsche Mythologie [⁴1875–1878]. 3 Bde. Repr. Graz 1968.

ForschG: An die von M. Frank rekonstruierte romantische Idee von ,neuer' ↗ *Mythologie* (s. v. (2)), aber auch an die Traumtheorie und Psychologie der Romantik anknüpfend, deutet die moderne Tiefenpsychologie vor allem antike Mythen als Ausdruckssymbole des Psychischen (Freud, Rank) bzw. als Archetypen des kollektiven Unbewußten (Jung). Mit religionswissenschaftlichem Blick suchen Eliade oder Burkert (1972) den Mythos₂ aus den antiken Mysterien bzw. aus einem kulturvergleichenden Ansatz zu rekonstruieren. Mit vergleichbarer Fragestellung, aber strukturalistischer Methode untersucht Lévi-Strauss die den Mythen zugrundeliegenden semantischen Einheiten (,Mytheme') anhand ihrer Ähnlichkeit bzw. Verschiedenheit. Er sieht die Funktion der Mythen darin, logische Widersprüche zu vermitteln bzw. die realen Widersprüche in unendlicher Wiederholung zu umkreisen. Clemens Lugowski entwickelt, ausgehend von Ernst Cassirers ,Philosophie der symbolischen Formen', 1932 den von H. Schlaffer und v.a. von M. Martínez kulturphilosophisch wie interpretatorisch wieder fruchtbar gemachten Begriff des ↗ *Mythischen Analogons*, worunter er die für Mythos₂ bezeichnende Motivation einer Erzählung ,von hinten' versteht, also eine narrative ↗ *Motivierung* jenseits der im linearen Zeitfluß ,von vorne' her verständlichen logischen Kausalität. Noch die Literatur der Moderne teile diese eigentümlich mythopoetische Form der Welterklärung mit den Erzählungen des antiken Mythos. Ebenfalls in der Spur von Cassirers ,Das mythische Denken' (1925) – und Nestles ,Vom Mythos zum Logos' (1940) – unter-

scheidet Blumenberg eine ,Arbeit des Mythos' – ein mythisches Denken im Sinne von Mythos₂ – von einer ,Arbeit am Mythos', welche den genuin literaturgeschichtlichen Prozeß der Rezeption und Transformation der Stoffe des Mythos₁ meint (Blumenberg). Damit wird der Mythos₂ (wie etwa auch im ,fröhlichen Polytheismus' des Odo Marquard) aufgewertet, während er in der ,Dialektik der Aufklärung' von Horkheimer/Adorno — umgekehrt — in seinen zerstörerischen Konsequenzen für eine (allerdings nicht minder vom Irrationalismus gefährdete) ,logische' Aufklärung in den Blick kommt.

Während sich Religionswissenschaft, strukturale Anthropologie, Ethnologie und eine an Geschichte und Kritik der Metaphysik interessierte Philosophie am Mythos₂ als einem frühen Stadium in der Geschichte der Menschheit ausrichten (vgl. Angehrn), werden in der Literaturwissenschaft Mythos₂, v.a. aber Mythos₁ immer schon unter der Maßgabe einer — im Sinne von ↗ *Mythologie* (s. v. (2)) — getroffenen methodologischen Vorentscheidung erforscht. Prominente Vertreter einer am Strukturalismus geschulten Mythos-Forschung sind Barthes und Vernant. An Weinrich, der im Gegensatz zu Lévi-Strauss eine syntagmatische Analyse der Mytheme einer Erzählung im Sinne von Mythos₁ postuliert, knüpfen die Arbeiten von Neschke an. Ausgehend von Weimanns Kritik an Fryes ,mythologisch eingestellter' Literaturwissenschaft, fordert Heuermann, Mythos als einen besonderen Modus sprachlich-semiotischer Produktion zu begreifen (Heuermann, 20). Calame verlangt den Verzicht auf eine Ontologisierung des Mythos und die Analyse der diskursiven Funktionen des Bezugs auf das ,Alte' in den verschiedenen Darstellungsformen. Neben diesen Forschungslinien existiert eine differenzierte Debatte mit hermeneutisch-problemgeschichtlichen Ansätzen (vgl. Gockel, Graevenitz, Mayer, Schlaffer).

Lit: Emil Angehrn: Die Überwindung des Chaos. Zur Philosophie des Mythos. Frankfurt 1996. – Johann Jacob Bachofen: Das Mutterrecht. Eine Untersuchung über die Gynaikokratie der alten Welt nach ihrer religiösen und rechtlichen Natur.

Stuttgart 1861. − Roland Barthes: Mythen des Alltags [1957]. Frankfurt 1964. − Werner Betz: Vom ‚Götterwort‘ zum ‚Massentraumbild‘. Zur Wortgeschichte des Mythos. In: Koopmann, S. 11−24. − Hans Blumenberg: Arbeit am Mythos. Frankfurt 1979 [u.ö.]. − Pierre Brunel: Mythocritique. Paris 1992. − Walter Burkert: Homo necans: Interpretationen altgriechischer Opferriten und Mythen. Berlin u. a. 1972. − W. B., Axel Horstmann: Mythos, Mythologie. In: HWbPH 6, Sp. 281−318. − Claude Calame: Mythe et histoire dans l'Antiquité grecque. Lausanne 1996. − C. C.: Poétique des mythes dans la Grèce antique. Paris 2000. − Ernst Cassirer: Das mythische Denken. Berlin 1925. − Heinrich Dörrie: Der Mythos im Verständnis der Antike 2. In: Gymnasium 73 (1966), S. 44−62. − Mircea Eliade: Les mythes de l'éternel retour. Paris 1949 [dt.: Kosmos und Geschichte. Hamburg 1966]. − Burton Feldman, Robert R. Richardson: The rise of modern mythology 1680−1860. Bloomington, London 1972. − Manfred Frank: Der kommende Gott. Frankfurt 1982. − James G. Frazer: The golden bough. A study in magic and religion. London ²1900. − Sigmund Freud: Die Traumdeutung. Wien 1900. − S. F.: Totem und Tabu. Leipzig, Wien 1913. − Werner Frick: Die ‚mythologische Methode‘. Tübingen 1999. − Manfred Fuhrmann (Hg.): Terror und Spiel. Probleme der Mythenrezeption. München 1971. − Heinz Gokkel: Mythos und Poesie. Frankfurt 1981. − Gerhart v. Graevenitz: Mythos. Zur Geschichte einer Denkgewohnheit. Stuttgart 1987. − Fritz Graf: Griechische Mythologie. München, Zürich 1985. − Otto Gruppe: Geschichte der klassischen Mythologie und Religionsgeschichte während des Mittelalters im Abendland und während der Neuzeit [1921]. Repr. Hildesheim 1965. − Friedmann Harzer: Erzählte Verwandlung. Tübingen 2000. − Hartmut Heuermann: Probleme einer mythokritischen Literaturgeschichte. In: Poetica 7 (1975), S. 1−22. − Max Horkheimer, Theodor W. Adorno: Dialektik der Aufklärung. Amsterdam 1947. − Axel Horstmann: Der Mythosbegriff vom frühen Christentum bis zur Gegenwart. In: Archiv für Begriffsgeschichte 23 (1979), S. 7−54, 197−245. − Carl Gustav Jung: Psychologische Typen. Zürich u. a. ⁹1960, ¹⁴1981. − C. G. J.: Die Archetypen und das kollektive Unbewußte. Olten u. a. ²1976, ⁴1980. − Helmut Koopmann (Hg.): Mythos und Mythologie in der Literatur des 19. Jhs. Frankfurt 1979. − Albin

Lesky: Der Mythos im Verständnis der Antike 1. In: Gymnasium 73 (1966), S. 27−44. − Claude Lévi-Strauss: Mythologiques. 4 Bde. Paris 1964−1971 [dt.: Mythologica. 4 Bde. Frankfurt 1971−1976]. − Clemens Lugowski: Die Form der Individualität im Roman. [1932] Frankfurt 1976. − Odo Marquard: Lob des Polytheismus. In: O. M.: Abschied vom Prinzipiellen. Stuttgart 1981, S. 91−116. − Matías Martínez: Doppelte Welten. Struktur und Sinn zweideutigen Erzählens. Göttingen 1996. − M. M. (Hg.): Formaler Mythos. Paderborn u. a. 1996. − Mathias Mayer: Dialektik der Blindheit und Poetik des Todes. Über literarische Strategien der Erkenntnis. Freiburg i.Br. 1997. − Ada Neschke-Hentschke: Griechischer Mythos und strukturale Anthropologie. In: Poetica 10 (1978), S. 136−153. − Ada Neschke: Griechischer Mythos. In: Zs. für philosophische Forschung 37 (1983), S. 119−138. − A. N.: Mythe et traitement littéraire du mythe en Grèce ancienne. In: Studi Classici e Orientali 37 (1987), S. 29−60. − Wilhelm Nestle: Vom Mythos zum Logos. Stuttgart 1940. − Erwin Panofsky: Die Renaissancen in der europäischen Kunst. Frankfurt 1960, ²1984. − Otto Rank: Das Inzest-Motiv in Dichtung und Sage. Darmstadt 1974. − Jane Davidson Reid (Hg.): The Oxford guide to classical mythology in the arts 1300−1990. 2 Bde. Oxford 1993. − Heinz Schlaffer: Poesie und Wissen. Frankfurt 1990. − Renate Schlesier (Hg.): Faszination des Mythos. Basel 1985. − Gerhard Schmidt-Henkel: Mythos und Dichtung. Zur Begriffs- und Stilgeschichte der deutschen Literatur im 19. und 20. Jh. Bad Homburg u. a. 1967. − Jean Starobinski: Le mythe au XVIIIᵉ siècle. In: Critique 366 (1977), S. 976−997. − Fritz Strich: Die Mythologie in der deutschen Dichtung von Klopstock bis Wagner [1910]. 2 Bde. Repr. Bern, München 1970. − Jean-Pierre Vernant: Mythe et société en Grèce ancienne. Paris ³1974. − J.-P. V., Pierre Vidal-Naquet: Mythe et tragédie en Grèce ancienne. 2 Bde. Paris 1972−1986. − John Vickery (Hg.): Myth and literature: contemporary theory and practice. Lincoln ²1969. − Robert Weimann: Literaturgeschichte und Mythologie. Berlin, Frankfurt 1977. − Harald Weinrich: Erzählstrukturen des Mythos. In: H. W.: Literatur für Leser. Stuttgart, Berlin 1971, S. 137−149. − John J. White: Mythology in the modern novel. Princeton 1971.

Ute Heidmann Vischer

N

Nachahmung ↗ *Mimesis$_2$*

Nachdruck ↗ *Urheberrecht*

Nachkriegsliteratur

Deutschsprachige Literatur nach 1945.

Expl: Die deutschsprachige Nachkriegsliteratur wird unterschiedlich eingegrenzt und umfaßt einen räumlich wie zeitlich differenzierten Bestand. Im engen Sinne wird der Begriff ‚Nachkriegsliteratur‘ auf die deutsche Literaturentwicklung vom Kriegsende bis zur Gründung beider deutscher Staaten (1945−49) bzw. bis zur Spaltung in zwei deutsche Literaturen (1951/52) bezogen. Im weiteren Sinne bezeichnet er die literarischen Strömungen in Deutschland, Österreich und der Schweiz von 1945 bis in die späten 1960er Jahre. Im Westen sind die Literaturen der BRD, der Schweiz und Österreichs eng miteinander verbunden, namentlich durch die Arbeit der Gruppe 47. Neben den gemeinsamen Tendenzen sind aber auch die je spezifischen historischen und literarischen Entwicklungen zu beachten. Die ↗ *DDR-Literatur* geht mit ihrer Bindung an die realsozialistische Linie eigene Wege. Insgesamt muß daher in der Periode der Nachkriegszeit von vier deutschsprachigen Literaturen gesprochen werden (DDR, BRD, Österreich, Schweiz; vgl. Pestalozzi u. a.).

Das Ende der Nachkriegsliteratur läßt sich nicht eindeutig fixieren. Ein erster Wendepunkt ist markiert durch das Erscheinen der Romane von Böll, Grass und Johnson im Jahr 1959, die der Literatur Deutschlands wieder zu internationalem Ansehen verhelfen. Eine deutliche Zäsur bildet auch das Jahr 1968, in dem die Gruppe 47 sich auflöst und die Zeitschrift ‚Kursbuch‘ − im Zuge der Politisierung der 60er Jahre − den ‚Tod der Literatur‘ proklamiert. In der DDR setzt mit dem 8. Parteitag der SED 1971 eine vorübergehende Liberalisierung der Literaturpolitik ein, die zugleich als Einschnitt und Ende der Nachkriegsliteratur verstanden wird.

WortG/BegrG: Als literaturhistorischer Begriff setzt sich die Bezeichnung *Nachkriegsliteratur* erst seit den 1970er Jahren durch (zuerst bei Wehdeking 1971). Die ersten literaturgeschichtlichen Bestandsaufnahmen der Nachkriegszeit verwenden noch den Terminus *Literatur der Gegenwart* (Horst 1957; Jens 1961); erst die Zäsur um 1968 führt zu einer distanzierten Betrachtung der vergangenen Periode. *Nachkriegsliteratur* bezeichnet seitdem entweder die Phase von 1945−1949/52 (Wehdeking) oder die Periode vom Kriegsende bis in die 1960er Jahre (Trommler).

SachG: Die frühe Phase vom Kriegsende bis zum Beginn der 1950er Jahre ist geprägt vom Schock der geschichtlichen Katastrophe und von der Suche nach literarischen Bewältigungsmodellen. Neben den von der Literaturpolitik der Besatzungsmächte geförderten ausländischen Autoren (Hemingway, Faulkner, Sartre, Camus, Gorki) behaupten sich auf dem Buchmarkt in den ersten Jahren unterschiedliche Literaturkonzepte: die konfessionell geprägte Literatur der ↗ *Inneren Emigration* neben den gesellschaftskritischen Texten der Exilautoren (↗ *Exilliteratur*); die vom französischen ↗ *Existentialismus* inspirierten Dichtungen neben der lakonischen KAHLSCHLAGLITERATUR. Die Kriegs-und Heimkehrer-Problematik wird unterschiedlich bewältigt: in der Form des Kriegsberichts (Plivier), in der Form von Gedichten (etwa in H. W. Richters Anthologie ‚Deine Söhne, Europa. Gedichte deutscher Kriegsgefangener‘), in expressionistischen Schreibweisen (W. Borchert); in zeit- und kulturkritischer Perspektive (A. Seghers, Th. Mann), aber auch in beschönigenden Darstellungen (P. Bamm, G. Gaiser).

Während in Deutschland in der ersten Phase noch um eine gesamtdeutsche Literaturpolitik gerungen wird, kommt es 1951 zu einer Spaltung in zwei deutsche Literaturen, die sich in den 50er Jahren in unterschiedliche Richtungen entwickeln. In der DDR setzt sich die realsozialistische Linie durch; in der Bundesrepublik führt die zunehmende Anknüpfung an die klassische ↗ *Moderne* zu einem programmatischen Ästhetizismus (Benn), zur Fortsetzung des ↗ *Magischen Realismus,* am Rande auch zu avantgardistischen Schreibweisen (↗ *Konkrete Poesie*).

In den ersten Nachkriegsjahren setzen sich zunächst Schriftsteller der älteren Generation durch. Im Westen sind dies die Autoren der Inneren Emigration, die Vertreter des Magischen Realismus und die der ↗ *Naturlyrik*. Gemeinsam ist diesen Autoren der Verzicht auf unmittelbar Politisches, zugleich der Versuch einer ‚metaphysischen‘ Zeitdiagnose. Im Osten melden sich aus dem Exil zurückgekehrte Autoren zu Wort, die sich von Anfang an in den Dienst einer sozialistischen Erneuerung stellen.

Gegen die Dominanz traditioneller Literaturkonzepte richtet sich im Westen seit 1946 eine Gruppe junger Autoren, die sich 1947 zur GRUPPE 47 zusammenschließen. In programmatischen Aufsätzen von A. Andersch und H. W. Richter wird ein radikaler Neubeginn gefordert. Auch G. R. Hockes antikalligraphische Ästhetik wendet sich gegen ‚Schönschreiberei‘ (↗ *Kalligraphie₂*). Die Schlagworte vom „Kahlschlag“ (W. Weyrauch), vom „Auszug aus dem Elfenbeinturm“ (W. D. Schnurre) und von der „Trümmerliteratur“ (H. Böll) werden aber erst 1949 bzw. 1952 geprägt, zu einer Zeit, in der der Aufbruch der Nachkriegsjahre bereits als verpaßte Chance gewertet wird. Die Autoren fordern daher einen radikalen ‚Bestandsaufnahmerealismus‘. Einige Exilautoren kehren nicht aus der Emigration zurück (z. B. H. Broch, E. Canetti, P. Celan, E. Fried, W. Kraft, N. Sachs, P. Weiss,

C. Zuckmayer); ihrer Literatur wird aber in der Nachkriegszeit ebenfalls eine große Bedeutung beigemessen.

In den 50er Jahren findet in den Literaturen Westdeutschlands, Österreichs und der Schweiz eine ästhetische Wende statt: Mit G. Benns wirkungsmächtiger ‚Marburger Rede‘ („Probleme der Lyrik‘, 1951) wird ein Bekenntnis zur ‚Artistik‘ formuliert; auch bei den Lesungen der Gruppe 47 dominieren seit 1952/53 neue poetische Ausdrucksweisen (I. Aichinger, I. Bachmann, G. Eich). Das Adornosche Diktum („Nach Auschwitz ein Gedicht zu schreiben, ist barbarisch“; Adorno 1955, 27) führt zu schonungsloser Sprachkritik. Dies zeigt sich vor allem in Gedichttexten, die im Angesicht des nationalsozialistischen Massenmords nach Bewältigungsformen suchen (P. Celan, N. Sachs). Auch im Roman werden neue Darstellungsweisen erprobt, die an die Romanästhetik des frühen 20. Jhs. anknüpfen (U. Johnson, W. Koeppen, A. Schmidt). Ein wichtiges literarisches Medium der 50er Jahre ist das ↗ *Hörspiel,* das ein medial bedingtes poetisches Experimentieren ermöglicht. Das westdeutsche Drama gelangt erst in den 60er Jahren mit dem ↗ *Dokumentartheater* zu einer Blüte (R. Hochhuth, H. Kipphardt, P. Weiss). Im deutschsprachigen Drama gelangen in dieser Zeit die Schweizer Schriftsteller F. Dürrenmatt und M. Frisch zu Erfolg, namentlich mit den Stücken ‚Als der Krieg zu Ende war‘, ‚Biedermann und die Brandstifter‘ und ‚Andorra‘.

Während im Westen auf vielfältige Weise eine Anknüpfung an die Moderne stattfindet, verfestigt sich in der DDR das Programm des ↗ *Sozialistischen Realismus*. Nach der erneut geführten Debatte um den ↗ *Formalismus* wird die ‚dekadente Moderne‘ verworfen, auf der 2. Parteikonferenz der SED 1952 werden die Autoren auf ihren gesellschaftlichen Auftrag verpflichtet. Konzepte wie Brechts ↗ *Episches Theater* finden keine Anerkennung. Die Literatur der DDR orientiert sich vorwiegend an realistischen Schreibweisen und an der Vermittlung des sozialistischen Gesellschaftsideals (zu anderen Tendenzen, etwa in den

Texten Huchels, Bobrowskis und Fühmanns, vgl. ↗ *DDR-Literatur*).

Trotz der unterschiedlichen Entwicklungen lassen sich in den Literaturen des Westens und der DDR in den 50er und 60er Jahren gemeinsame Tendenzen feststellen. So nimmt die Reflexion gegenwartspolitischer Zusammenhänge zu, in der DDR führt dies zum Programm des *Bitterfelder Weges* (↗ *Sozialistischer Realismus*), im Westen zu einer linksorientierten Politisierung seit den späten 50er Jahren (H. Böll, G. Grass, H. M. Enzensberger, P. Weiss). Seit den späten 60er Jahren gewinnt eine neue Generation von Autoren an Gewicht, die den gesellschaftskritischen Anspruch der Literatur verstärken, dann aber auch der ↗ *Neuen Subjektivität* den Weg bereiten: P. Handke, R. D. Brinkmann, P. Rühmkorf, B. Strauß u. a. im Westen; I. Morgner, H. Müller und C. Wolf u. a. im Osten.

Theodor W. Adorno: Kulturkritik und Gesellschaft [1951]. In: T. W. A.: Prismen. Frankfurt 1955, S. 7−27. − Alfred Andersch: Deutsche Literatur in der Entscheidung. Karlsruhe 1948. − Gottfried Benn: Probleme der Lyrik. Wiesbaden 1951. − Heinrich Böll: Bekenntnis zur Trümmerliteratur. In: Die Literatur (15.11.1952). − Gustav René Hocke: Deutsche Kalligraphie oder Glanz und Elend der modernen Literatur. In: Der Ruf (15.11.1946), S. 9 f. − Hans Werner Richter: Literatur im Interregnum. In: Der Ruf (15.3.1947), S. 10 f. − Wolfgang Weyrauch: Nachwort. In: W. W.: Tausend Gramm. Hamburg 1949.

ForschG: Die literaturwissenschaftliche Diskussion konzentriert sich − neben Einzeluntersuchungen zu Autoren, zu Gattungen und zum sozial- und kulturhistorischen Umfeld − auf drei Kontroversen: die Frage nach der Periodisierung, die Rolle der Gruppe 47 und das Verhältnis zwischen den Literaturen der BRD (bzw. des Westens) und der DDR.

Seit den frühen 1970er Jahren wird in der Forschung die Frage nach der Kontinuität in der deutschen Literaturgeschichte gestellt. Gegen die These von der ‚Stunde Null‘ wird eine ungebrochene Literaturtradition seit den späten 1920er Jahren konstatiert (↗ *Magischer Realismus*, Nationalkonservatismus, Rückzug in traditionelle Gattungen), die in der Zeit des Nationalsozialismus fortwirkt und als ‚restaurative Epoche‘ bis in die 60er Jahre reicht (Kreuzer, Schäfer, Trommler 1977). Trotz dieser Kontinuität wird jedoch von anderen Autoren auch ein Einschnitt hervorgehoben: angesichts der nicht stattfindenden Re-Integration von Exilautoren (A. Döblin, Th. Mann), vor allem aber wegen des Versuchs eines literarischen Neubeginns durch die Gruppe 47 (Fischer, Roberts). Den Autoren dieser Gruppe wird allerdings für die Frühzeit eine Nähe zu konservativen Literaturkonzepten nachgesagt (Widmer); über ihre repräsentative und innovative Funktion für die westdeutsche Literaturentwicklung gehen die Meinungen auseinander.

Eine weitere Frage der Periodisierung betrifft das Ende der Nachkriegsliteratur. Einerseits wird der Begriff auf die unmittelbare Nachkriegszeit in Deutschland eingegrenzt mit der Begründung, daß die beiden deutschen Literaturen seit 1952 eigenständige Wege gehen. Demnach läßt sich lediglich die deutsche Literatur der frühen Nachkriegszeit als ein zusammenhängendes System beschreiben (Wehdeking/Blamberger). Literaturwissenschaftler, die das Ende der Nachkriegszeit 1959 ansetzen (mit dem Erscheinen von G. Grass, ‚Die Blechtrommel‘ und U. Johnson, ‚Mutmaßungen über Jakob‘), beziehen sich dagegen auf die vier Literaturen Österreichs, der Schweiz, Westdeutschlands und der DDR (Barner, Roberts, Trommler, Vormweg). Schließlich wird das Ende der Nachkriegsliteratur auch mit dem einsetzenden Generationswechsel in den 60er Jahren begründet (Brenner, Fischer, Leonhardt, Renner).

Das Verhältnis zwischen ost- und westdeutscher Literaturentwicklung wird seit der Wende 1989 neu gewichtet. Während zuvor die Literaturen der DDR und der BRD in der Forschung gesondert untersucht wurden (z. B. Emmerich, Fischer), richten sich die Bemühungen seit den 90er Jahren verstärkt darauf, die beiden Entwicklungsstränge wieder in einer gesamtdeutschen Perspektive zu betrachten. Dabei geht es um eine genauere Periodisierung (Wehdeking/Blamberger, Schnell), aber auch um wechselseitige Bezüge zwischen beiden Systemen (Barner).

Lit: Bernd Balzer u. a.: Die deutschsprachige Literatur in der Bundesrepublik Deutschland. München 1988. – Wilfried Barner (Hg.): Geschichte der deutschen Literatur von 1945 bis zur Gegenwart. München 1994. – Peter J. Brenner: Neue deutsche Literaturgeschichte. Tübingen 1996 [bes. Kapitel 11: Nachkriegszeit, S. 269–297]. – Peter Demetz: Postwar German literature. New York 1970. – Manfred Durzak (Hg.): Deutsche Gegenwartsliteratur. Stuttgart 1981. – Wolfgang Emmrich: Kleine Literaturgeschichte der DDR. Frankfurt 1989. – Ludwig Fischer (Hg.): Literatur in der Bundesrepublik Deutschland bis 1967. München 1986. – Jost Hermand u. a. (Hg.): Nachkriegsliteratur in Westdeutschland 1945–1949. 2 Bde. Berlin 1982, 1984. – Walter Jens: Deutsche Literatur der Gegenwart. München 1961. – Karl A. Horst: Die deutsche Literatur der Gegenwart. München 1961. – Helmut Kreuzer: Zur Periodisierung der 'modernen' deutschen Literatur. In: Basis 2 (1971), S. 7–32. – Gerhard Kurz: Nullpunkt, Kahlschlag, tabula rasa. Zum Zusammenhang von Existentialismus und Literatur in der Nachkriegszeit. In: Philosophie und Poesie. Hg. v. Annemarie Gethmann-Siefert. Stuttgart 1988, S. 309–332. – Rudolf Walter Leonhardt: Aufstieg und Niedergang der Gruppe 47. In: Durzak 1981, S. 61–76. – Literaturmagazin 7. Sonderbd. Nachkriegsliteratur. Hg. v. Nicolas Born und Jürgen Manthey. Reinbek 1977. – Karl Pestalozzi u. a.: Vier deutsche Literaturen. Literatur seit 1945. In: Kontroversen, alte und neue. Hg. v. Albrecht Schöne. Bd. 10. Tübingen 1986. – Rolf Günter Renner: Der Mythos des Neubeginns. In: Ende des Dritten Reiches – Ende des zweiten Weltkriegs. Hg. v. Hans-Erich Volkmann. München, Zürich 1995, S. 794–834. – David Roberts: Nach der Apokalypse. Kontinuität und Diskontinuität in der deutschen Literatur nach 1945. In: 'Die Mühen der Ebenen'. Hg. v. Bernd Hüppauf. Heidelberg 1981, S. 21–45. – Hans-Dieter Schäfer: Zur Periodisierung der deutschen Literatur seit 1930. In: Literaturmagazin 7 (1977), S. 95–115. – Ralf Schnell: Geschichte der deutschsprachigen Literatur seit 1945. Stuttgart, Weimar 1993. – Frank Trommler: Emigranten und Nachkriegsliteratur. In: Exil und innere Emigration. Hg. v. Reinhold Grimm und Jost Hermand. Frankfurt 1972, S. 173–198. – F. T.: Nachkriegsliteratur – eine neue deutsche Literatur? In: Literaturmagazin 7, S. 167–186. – Heinrich Vormweg: Deutsche Literatur 1945–1960: Keine Stunde Null. In: Durzak 1981, S. 14–31. – Volker Wehdeking: Der Nullpunkt. Über die Konstituierung der deutschen Nachkriegsliteratur (1945–1948) in den amerikanischen Kriegsgefangenenlagern. Stuttgart 1971. – V. W.: Anfänge westdeutscher Nachkriegsliteratur. Aachen 1989. – V. W., Günter Blamberger: Erzählliteratur der frühen Nachkriegszeit (1945–1952). München 1990. – Urs Widmer: 1945 oder die 'Neue Sprache'. Düsseldorf 1966. – Gustav Zürcher: Trümmerlyrik. Kronberg 1977.

Christine Lubkoll

Nachlaß

Gesamtheit vorwiegend schriftlicher Dokumente aus dem Besitz eines Autors zum Zeitpunkt seines Todes.

Expl: Ein *Nachlaß* ist im juristischen Sinn als privates, unveröffentlichtes Archiv eines Autors ein vererbbares Gut und geht somit nach dem Tod dessen, der es schuf, in den Besitz erbrechtlich oder testamentarisch dafür vorgesehener Personen oder Institutionen über. Alle Rechte an einem Nachlaß, die in der Regel die Publikation bisher unveröffentlichter Dokumente betreffen, bleiben nach dem Tod des Autors 70 Jahre lang in der Hand seiner rechtmäßigen Erben und liegen zunächst nicht bei dem den Nachlaß verwaltenden Archiv (vgl. § 64 UrhG).

Der Nachlaß eines Schriftstellers setzt sich im Idealfall aus Vorstufen und vollständigen Fassungen der von ihm zur Veröffentlichung bestimmten oder dafür geeigneten Werke zusammen, seien es Gedichte, Prosatexte, dramatische Dichtungen oder Sachprosa (Rezensionen, Essays, Vorträge und wissenschaftliche Abhandlungen). Jede dieser Textformen kann vorliegen als Entwurf, als Reinschrift, als maschinenschriftlicher Durchschlag oder als Kopie, als korrigierte Druckfahne und Druckvorlage. Dazu können alle Arten von Vorarbeiten gehören wie Materialsammlungen, Exzerpte sowie Fotos, Ton- und Filmdokumente; ferner Korrespondenzen, die im besten Fall aus Abschriften oder Kopien der vom Autor abgesandten Briefe und aus den Originalen der vom Autor empfangenen Briefe bestehen. Autobiographische Texte und Tagebücher sowie die Bibliothek des Autors können einen Nachlaß ergänzen.

Da Nachlässe häufig nicht vollständig vorliegen (‚Teilnachlaß‘) oder an mehreren Stätten verstreut aufbewahrt sind, gehört zur wissenschaftlichen Bearbeitung eines Nachlasses auch das Bemühen um Komplettierung. Die Archive, Sammel- und Forschungsstätten versuchen aus diesem Grund, mit den heutigen Autoren Vereinbarungen über künftige Übernahmen von Nachlässen zu treffen (‚Vorlaß‘). Das Ordnen von Nachlässen folgt zunächst dem Prinzip, alles möglichst so zu erhalten und aufzubewahren, wie es der Autor gesammelt hat. Diesem ‚Befund‘ folgt die Inventarisierung der einzelnen Dokumente nach Gruppen wie Manuskripten, Briefen, ergänzendem Material (‚Überlieferung‘). Befund und Überlieferung ermöglichen gemeinsam die wissenschaftliche Erschließung eines Nachlasses.

WortG/BegrG: *Nachlaß* im Sinne von ‚Erbschaft‘ allgemein erscheint in Akt 1,3 von Schillers ‚Braut von Messina‘; von einem Nachlaß im Sinne von ‚literarischer Hinterlassenschaft‘ spricht Goethe in eigener Sache im ‚Archiv des Dichters und Schriftstellers‘ (1827; vgl. DWb 13, 89). Im juristischen Kontext meint Nachlaß „die gesamte den Tod überdauernde, der Vererbung fähige Rechtsstellung des Erblassers; oder: de[n] Inbegriff der Rechte und Verbindlichkeiten eines Verstorbenen, die nicht mit seinem Tode erlöschen, sondern auf andere Personen überzugehen bestimmt sind" (HRG 3, 820).

SachG: Die Bedeutung von Schriftsteller-Nachlässen wurde erst im 19. Jh. erkannt und geht parallel mit der Edition der großen historisch-kritischen Ausgaben der Dichter der Klassik und der Romantik. Der gesicherte Wortlaut als Grundlage literaturwissenschaftlicher Interpretation erhebt seitdem Dokumente und Manuskripte zum Kern philologischer Forschung. Aus dem 16. und 17. Jh. sind nur wenige Nachlässe erhalten, von wichtigen Autoren wie A. Gryphius, Opitz, Fleming, Grimmelshausen oder Lohenstein fehlen sie ganz. Auch viele bedeutende Nachlässe des 18.

und frühen 19. Jhs. – Klopstocks, Lessings, Schillers, A. v. Arnims oder Novalis' etwa – sind nur fragmentarisch überliefert. Goethe hingegen hat seinen Nachlaß selbst schon geordnet und dies in seinem Aufsatz ‚Archiv des Dichters und Schriftstellers‘ (1827) auch kommentiert. Musil reagiert mit seinem ‚Nachlaß zu Lebzeiten‘ (1935) ironisch auf dieses Verfahren. Durch die Stiftung des Teilnachlasses von Schiller und die Übernahme von Goethes Nachlaß durch die Großherzogin Sophie entstand 1889 das Goethe- und Schiller-Archiv in Weimar als erstes deutsches ↗ *Literararchiv*. Es gehört mit dem 1955 gegründeten Deutschen Literaturarchiv im Schiller-Nationalmuseum in Marbach/Neckar sowie dem Freien Deutschen Hochstift in Frankfurt/Main zu den bedeutendsten Sammelstätten deutschsprachiger Nachlässe in der Bundesrepublik. Insgesamt wird dort die Bewahrung von Nachlässen von Literaturarchiven, (Universitäts-) ↗ *Bibliotheken*, ↗ *Akademien*, Stadtarchiven, Dichter-Museen und Archiven literarischer Gesellschaften dezentralisiert betrieben. Aufgrund der Emigration vieler Schriftsteller während des Dritten Reichs entstanden vor allem in den USA ebenfalls bedeutende Nachlaß-Sammlungen deutschsprachiger Autoren.

ForschG: W. Dilthey forderte 1889 ‚Archive für Literatur‘, in denen Nachlässe von Dichtern, Philosophen und Wissenschaftlern der Forschung zugänglich gemacht werden sollten. Repertorien zur Quellen- und Handschriftenkunde wie diejenigen von P. Raabe und H. Blinn stellen heutzutage ein wichtiges Hilfsmittel zur Auffindung und Erschließung von Nachlässen dar. Mit der Entwicklung des Computers eröffnen sich neue Möglichkeiten zur Archivierung von Literatur; so wurde 1992 erstmals ein Nachlaß (von Musil) auf CD-Rom ediert.

Lit: Hansjürgen Blinn: Informationshandbuch deutsche Literaturwissenschaft. Frankfurt ³1994. – Karl Dachs: Erschließung von Nachlässen unter Verwendung bibliothekarischer und archivarischer Methoden: In: Bibliotheksforum Bayern 10 (1982), S. 3–24. – Wilhelm Dilthey: Archive für Literatur. In: Deutsche Rundschau 58 (1889),

S. 359–375. – Hb. der Handschriftenbestände in der Bundesrepublik Deutschland. Bearbeitet v. Tilo Brandis und Ingo Nöther. Berlin u. a. 1992 ff. – Christoph König: Verwaltung und wissenschaftliche Erschließung von Nachlässen in Literaturarchiven. München u. a. 1988. – Paul Raabe, Georg Ruppelt: Quellenrepertorium zur neueren deutschen Literaturgeschichte. Stuttgart ³1981.

Barbara Baumann-Eisenack

Nachspiel

Kleines Theaterstück im Anschluß an ein längeres Drama.

Expl: Das Nachspiel ist ein kurzes, gewöhnlich einaktiges Stück (↗ *Einakter*) mit überwiegend heiterem oder possenhaftem Charakter, das nach dem eigentlichen Schauspiel aufgeführt wird. Das Nachspiel folgt somit wie ein dramatischer ↗ *Epilog* auf den Schluß des Dramas, weist aber im Gegensatz zu diesem in der Regel keinen direkten inhaltlichen Bezug zum Hauptstück auf. Das Nachspiel kann auch ein musikalisches, pantomimisches, tänzerisches oder gesungenes Schlußstück sein, ist im Regelfall (bis in die Zeit um 1800) jedoch ein heiter-burleskes oder volkstümlich-drastisches Sprechstück, das besonders nach einem ernsten Drama ausgelassener Lebensfreude Ausdruck geben soll. Im Rahmen einer ↗ *Wirkungsästhetik* kommt ihm damit spannungslösende, erheiternde Funktion („comic relief") zu.

WortG: Nach der zunächst gebräuchlichen lat. Bezeichnung *Exodium* ‚Schlußspiel' (Pauly-Wissowa 12, 1635–1689) setzte sich seit dem Ende des 16. Jhs. auch der deutsche Begriffsname *Nachspiel* durch; Stieler verzeichnet schon 1691 lexikographisch: „Nach- *sive* Nebenspiel / *interludium, exodium*" (Stieler 2, 2088). Erstmals belegt zu sein scheint der Gattungsname mit dem Stück ‚Vom Bauern Mopsus, der seine Frau verprügelt', einem Nachspiel, das Schüler der Laurentianer Burse im Jahre 1581 in Köln nach der Tragödie ‚Laurentius' von Stephan Broelmann

zur Aufführung brachten (hierzu, mit zahlreichen weiteren Einzelbelegen zur Wort- und BegrG, RL² 2, 585–589). Seither gilt als Hauptbedeutung des Wortes: „ein Spiel oder Schauspiel, welches nach einem andern, gemeiniglich größern, aufgeführet wird" (Adelung 3, 388). Bereits 1809 fügt Campe (3, 423) aber zum Lemma hinzu: „Uneigentlich gebraucht man es auch von einer nachfolgenden Begebenheit, Handlung"; diese außerliterarische Verwendung (DWb 13, 130) scheint erst im 18. Jh. aufgekommen zu sein (Paul-Henne, 597).

August Fr. v. Pauly, Georg Wissowa (Hg.): Paulys Realencyclopädie der classischen Altertumswissenschaft. Stuttgart 1894–1980. – Caspar Stieler: Der Teutschen Sprache Stammbaum und Fortwachs. Nürnberg 1691, Repr. München 1968.

BegrG: Unter den dt. Benennungen der Exodien des 17. und frühen 18. Jhs. dominierte zunächst eher die Bezeichnung als *Nachkomödie* (z. B. 1669 „Nach-Comoedie" nach Carl Andreas Paulsens ‚St. Margaretha und St. Georg' in Danzig; 1692 „eine sehr angenehme Nachcomoedie" von Magister Velten in Hamburg; ebenda 1709 eine „lustige Nach-Comoedie, genannt *L'Esprit François* oder der Französische Geist" von Johann Friedrich Lorenz; 1730 „extraordinair lustige nach-comoedien" von Johann Ferdinand Beck in Zürich; alle Belege RL² 2, 586 f., auch für die weit seltenere Form *Nachstück*). Mehr und mehr setzt sich dann der Begriffsname *Nachspiel* durch („sehr lustige Nachspiele" 1635 in Coburg, 1666 in Basel, das „Lustige Nachspiel von dem singenden Harlequin und dessen lustigen Hochzeitsschmaus" 1723 in Augsburg; ebd.).

Unter den ‚in neuern Zeiten erfundenen' Gattungen handelt Gottsched dann 1751 erstmals poetologisch „Von Schäferspielen, Vorspielen und Nachspielen" (Gottsched, 772–783), die er ausdrücklich von den griechischen Satyrspielen nach der Tragödie, aber auch von den fünfaktig ausgearbeiteten ‚Schäferspielen' abgrenzt: „Diejenigen ganz kurzen Stücke, die gleichsam nur aus einem Aufzuge, von sechs, acht oder zehn Auftritten bestehen, werden als Nachspiele bey großern Trauer- oder Lustspielen gebrauchet. In allen aber muß die Fabel ganz, in ihrem völligen Zusammenhange vorgestellet werden […] Die Schreibart muß niedrig, aber nicht pöbelhaft, vielweniger schmutzig und unflätig sein" (778 f.). So spricht dann auch Lessing in der ‚Hamburgischen Dramaturgie' von der „Gewohnheit der Schauspieler, auf ihre Hauptvorstellung ein kleines Nachspiel folgen zu lassen. Das Nachspiel kann handeln, wovon es will, und braucht mit dem Vorhergehenden nicht in der geringsten Verbindung zu stehen." (Lessing 4, 693)

Diese beiden Gattungsmerkmale der dramaturgischen Geschlossenheit und der thematischen Selbständigkeit bestimmen seither das Konzept des Nachspiels auf dem Theater; die begriffliche Trennung zwischen *Nachspiel* und *Epilog* wird dabei freilich nicht in allen Kontexten beachtet.

Gotthold Ephraim Lessing: Werke. Bd. 4. Hg. v. Karl Eibl. München 1973.

SachG: Die Theaterform des Nachspiels hat ihre Wurzeln im Theater der Antike. Im Anschluß an die großen griechischen Tetralogien war es üblich, ‚Satyrspiele' aufzuführen, deren Wesensmerkmale auch für die späteren Formen des Nachspiels typisch wurden. Sie waren kürzer und einfacher gebaut, griffen heitere Stoffe auf und arbeiteten mit einem kleineren und stärker typisierten Figurenarsenal. So wurden auch im römischen Theater seit dem 2. Jh. v. Chr. die volkstümlichen ‚Atellane' als Exodien nach den ernsten Dramen aufgeführt. Diese nach der kampanischen Stadt Atella benannten kurzen Stegreifspiele wurden mit Masken gespielt und bestanden aus einem festen Repertoire von Stoffen, Motiven und Typen.

Aus dem Niederländischen sind aus der Zeit nach 1400 kürzere ‚Sotternien' bekannt, die als derbe Schwänke (↗ *Schwank₁*; zunächst lat., später auch nld.) auf die längeren ‚Abele-spelen' folgten und z. B. nach einem moralischen Lehrstück einen lustigen Ausklang der Theatervorführung bieten sollten. Mit gesungenen Nachspielen, den englischen ‚Jigs' (nach frz., ital. *gigue*) oder den niederländischen ‚Kluchten', schlossen die auf dem Kontinent umherziehenden englischen Komödianten ihre Theateraufführungen ab.

Das Nachspiel ist für das gesamte europäische Theater bis zu Beginn des 19. Jhs. bedeutsam. In Deutschland nahmen Wandertruppen wie die des Magister Velten oder der Neuberin Nachspiele in der Tradition der ↗ *Commedia dell' arte*, der holländischen ‚Kluchten' und der Nachspiele Molières in ihren Spielplan auf. Meist sind die deutschen Nachspiele des 17. und 18. Jhs. kurze ‚Verlachkomödien' mit einfacher, anekdotenhafter Handlungsführung, die sich oft schon im Titel andeutet (z. B. 1680 Andreas Elensons ‚lächerliche Nach-Comoedie: Der durch Pickelhärings List betrogene gewissenlose Advocati'). Teilweise handelt es sich dabei um freie Übersetzungen von ausländischen Vorlagen; oder aber sie wurden von Mitgliedern der Schauspieltruppen im Hinblick auf die zur Verfügung stehenden Rollentypen selbst verfaßt bzw. improvisiert. Doch schrieben auch Dramatiker wie Kotzebue, Iffland, Möser und Gotter Stücke in diesem beim Publikum äußerst populären Genre.

Gottsched hatte im ersten Drittel des 18. Jhs. mit seinen theaterreformerischen Anstrengungen zwar versucht, die Figur des derben Hanswurst von der Bühne zu verbannen, aber als publikumswirksamer, burlesker Abschluß eines Theaterabends blieb das Nachspiel in der Tradition der Pickelherings-Possen und Hanswurstiaden (↗ *Posse*, ↗ *Komische Person*) zunächst noch unangetastet. An die Stelle der oft derb-zotigen Stücke traten nun aber auch verstärkt *Schäferspiele* (↗ *Bukolik*), wie sie etwa die Gottschedin oder auch Gellert verfaßten. Mit der allmählichen Etablierung eines bürgerlichen Theaters, in welchem dem Publikum Bildung und Geschmack vermittelt werden sollte, und vor allem mit dem Siegeszug einer neuen Wirkungspoetik geht nach 1800 das etablierte Genre des Nachspiels zu Ende: Die emotionale Gestimmtheit, in die das eigentliche Schauspiel die Zuschauer versetzt hatte, sollte nun gerade nicht mehr durch ein komisches oder derbes Nachspiel gemindert oder gar herabgesetzt werden, sondern ganz im Gegenteil kathartisch-erzieherisch oder erhebend nachwirken.

Von dieser Tradition des burlesken Nachspiels, das im 17. und vor allem 18. Jh.

seine Blütezeit erlebte, sind jene Nachspiele zu unterscheiden, die das Hauptstück allegorisch ausdeuten, wie dies bei den ↗ *Jesuitendramen* oft der Fall war, oder die in direktem thematischen Bezug zum eigentlichen Drama stehen. Diese Form des Nachspiels findet sich vereinzelt wieder in modernen Dramen (wie etwa bei Max Frischs ,Biedermann und die Brandstifter').

ForschG: Obwohl das Nachspiel gerade im 17. und 18. Jh. besonders bei den Wanderbühnen eine große Rolle spielte, wird es in einschlägigen Literaturgeschichten und Theaterlexika nur peripher behandelt. Die systematische Erforschung des Nachspiels als Gattung ist bis auf David G. Johns Monographie von 1991 bisher ein Desiderat geblieben.

Lit: Johannes Bolte: Die Singspiele der englischen Komödianten und ihrer Nachfolger in Deutschland, Holland und Skandinavien. Hamburg 1893, Repr. Nendeln 1977. − Max Fehr: Die wandernden Theatertruppen in der Schweiz. Einsiedeln 1949. − Günther Hansen: Formen der Commedia dell' arte in Deutschland. Emsdetten 1984. − David G. John: The German Nachspiel in the eighteenth century. Toronto 1991. − Herbert Junkers: Niederländische Schauspieler und niederländisches Schauspiel in Deutschland. Den Haag 1936. − Heinz Kindermann: Theatergeschichte der Goethezeit. Wien 1948. − Markus Krause: Das Trivialdrama der Goethezeit 1780−1805. Bonn 1982. − Sybille Maurer-Schmook: Deutsches Theater im 18. Jh. Tübingen 1982. − Yüksel Pazarkaya: Die Dramaturgie des Einakters. Göppingen 1973. − Edmund Stadler: Nachspiel. In: RL² 2, S. 585−589.

Ortrud Gutjahr

Nachwort ↗ *Vorwort*

Nänie ↗ *Totenklage*

Naiv

Natürlich, einfach, unreflektiert, auch einfältig − seit dem 18. Jh. ein Zentralbegriff der Ästhetik und Kulturkritik.

Expl: *Naiv* bezieht sich im weitesten Sinn auf das Natürliche im Gegensatz zum Künstlichen und dient sowohl der Beurteilung und Kritik der Gesellschaft als auch der Kunst. Das Naive gehört damit in den Bereich der Sittlichkeit und der Reflexion (↗ *Sentimentalisch*) und gewinnt seine kulturgeschichtliche Bedeutung aus Schillers berühmter Abhandlung ,Über naive und sentimentalische Dichtung' (1795/96 zunächst in drei Teilen in den ,Horen' veröffentlicht; 1800 unter dem bekannten Titel). ,Naiv' heißt, „daß die Natur mit der Kunst in Kontraste stehe und sie beschäme" (Schiller, 694). Damit bestimmt sich die Bedeutung aus diesem Gegensatz, und das Naive offenbart sich als Produkt des sentimentalischen Dichters.

WortG: Lat. *nativus* (von *nasci* ,geboren werden') ,natürlich', ,angeboren', ,ursprünglich'; frz. *naif*, auch ,kindlich', ,einfältig'; im Deutschen nach Vorläufern seit ca. 1750 von Gellert in der Bedeutung von ,natürlich', ,einfach' und ,ungekünstelt' verbreitet, aber auch schon (z. B. bei Lessing) im pejorativen Sinn von ,einfältig' und ,töricht' verwendet, der sich im 19. Jh. alltagssprachlich durchsetzt (DWb 13, 321; Paul-Henne, 600).

BegrG: Ausgehend von der französischen Ästhetik und Kulturkritik (D. Bouhours, Ch. Batteux) führt L. F. Hudemann das Wort in die deutsche Poetik ein: „Nach meinem Begriff zeiget das Französische Wort: naïf, eine Eigenschaft des Ausdrucks an, die dem Ansehen nach bloß von der innerlichen Empfindung des Geistes herrühret, ohne daß die Vernunft dabey beschäftiget gewesen zu seyn scheinet" (Hudemann, unpaginiert). Gellert ordnet diese Empfindung einer ,Sprache des Herzens' zu (Gellert, 106). Die auf Gellert folgenden Abhandlungen über das Naive akzentuieren stärker den kulturkritischen Impuls des Begriffes, der die Offenheit und Unverdorbenheit der Natur gegen die Verstellungen und die Konventionen des gesellschaftlichen Lebens ausspielt (Sulzer 2, 294−301; bei Wieland und Mendelssohn in Verbindung mit dem ↗ *Erhabenen*). Im Anschluß an Kants ,Kritik der Urteilskraft' (§ 54) erhält der Aus-

druck schließlich eine umfassende kulturgeschichtliche Relevanz bei Schiller: „Das
Naive ist eine *Kindlichkeit, wo sie nicht mehr
erwartet wird,* und kann ebendeswegen der
wirklichen Kindheit in strengster Bedeutung nicht zugeschrieben werden" (Schiller,
699). Seine Reflexionen setzen den Verlust
der ursprünglichen Natur als „Anfang der
moralischen und ästhetischen Verderbnis"
(Schiller, 712) der Gesellschaft voraus und
favorisieren Dichtung als Kunst des Ideals.

Charles Batteux: Les beaux arts reduit à un
même principe. Paris 1746. – Dominique Bouhours: Les entretiens d'Ariste et d'Eugène. Amsterdam 1671. – Christian Fürchtegott Gellert:
Briefe, nebst einer praktischen Abhandlung von
dem guten Geschmacke in Briefen. Leipzig 1751.
– Ludwig Friedrich Hudemann: Proben einiger
Gedichte und Poetische Übersetzungen. Hamburg 1732. – Moses Mendelssohn: Ueber das Erhabene und Naive in den schönen Wissenschaften
[1758]. In: M. M.: Philosophische Schriften.
Zweiter Theil. Berlin 1771, S. 155–240. – Christoph Martin Wieland: Abhandlungen vom
Naiven [1753]. In: C. M. W.: Gesammelte Schriften. Hg. v. der Deutschen Kommission der Königlich Preußischen Akademie der Wissenschaften. Bd. 1/4. Berlin 1916, S. 15–21.

SachG: Die zentrale Bedeutung, die in der
Begriffsdialektik des Naiven, wie sie bei
Schiller entwickelt wird, zur Entfaltung
kommt, resultiert aus der Zivilisations- und
Rationalitätskritik des 18. Jhs., für die ‚Natur' ein idealer und utopischer Gegenentwurf wird. Darin ist der Gegensatz von Gefühl und Verstand einbezogen. Die politische Kritik am Absolutismus und an den
gekünstelten und überfeinerten Zuständen
wird somit ebenso thematisiert wie der Prozeß der Säkularisation, wobei die Opposition von Heil und Verdammnis, an der sich
der Mensch orientieren konnte, durch den
Gegensatz von Natur und Zivilisation ersetzt wird. Schiller entwickelt auf dieser Folie eine Gattungspoetik, indem er das antithetische Verhältnis von Natur und Kunst
betont und es in eine geschichtsphilosophische Perspektive rückt. Die Dichter „werden entweder Natur *sein,* oder sie werden
die verlorene *suchen.* Daraus entspringen
zwei ganz verschiedene Dichtungsweisen,
durch welche das ganze Gebiet der Poesie
erschöpft und ausgemessen wird" (Schiller,

712). Schillers Gegenüberstellung des Naiven und des Sentimentalischen hat eine
lange rhetorische und poetologische Vor-
und Nachgeschichte (↗ *Attizismus,* ↗ *Manier,* ↗ *Klassizismus,* ↗ *Ästhetizismus*).

ForschG: Monographien liegen in den Arbeiten von Jäger und Henn vor, wozu auch
die Untersuchung über ‚Blödigkeit' von
Stanitzek zu rechnen ist. Die gesellschaftliche Bedeutung von Aufrichtigkeit und (Tu-
gend-)Natur wird im Zusammenhang der
Klugheitslehren des 18. Jhs. und im Kontext der Ausbildung einer Interaktionsmo-
ral unter sozialgenetischen Perspektiven
aufgezeigt. Vorbereitet wurden solche Arbeiten durch die Anstöße zu Beginn der
1970er Jahre von Jauß, die von Luhmann
(1989) weiter differenziert wurden. Die Begriffsdialektik und die Geschichtsphilosophie in Schillers Abhandlung hat Szondi
umfassend untersucht. Pott hat in seinen
Arbeiten zu Schillers Ästhetik und Poetik
die anthropologischen Grundlagen und die
geistesgeschichtliche Verortung im Diskurs
der Moderne aufgezeigt, insbesondere auch
die Entwicklung Schillers hin zur Frühromantik (Fichte, Hölderlin). Neue Arbeiten
haben die Kategorie des Naiven auch für
das 20. Jh. fruchtbar machen können (Fischer, Schöttker).

Lit: Gerhard Berger: Zum Naiveté-Ideal im Gattungssystem des 17. Jhs. In: Bildung und Ausbildung in der Romania. Hg. v. Rolf Kloepfer.
Bd. 1. München 1979, S. 371–384. – Wolfgang
Binder: Die Begriffe ‚naiv' und ‚sentimentalisch'
und Schillers Drama. In: Schiller-Jb. 4 (1960),
S. 140–157. – André Fischer: Inszenierte Naivi-
tät. München 1992. – Claudia Henn: Simplizität,
Naivität, Einfalt. Zürich 1974. – Jost Hermand:
Schillers Abhandlung ‚Über naive und sentimen-
talische Dichtung' im Lichte der Popularphiloso-
phie des 18. Jhs. In: PMLA 79 (1964), S. 428–
441. – Hella Jäger: Naivität. Kronberg 1975. –
Hans Robert Jauß: Schlegels und Schillers Replik
auf die ‚Querelle des Anciens et des Modernes'.
In: H. R. J.: Literaturgeschichte als Provokation.
Frankfurt 1970, S. 67–106. – Niklas Luhmann:
Gesellschaftsstruktur und Semantik. Bd. 3.
Frankfurt 1989. – Hans-Georg Pott: Die Schöne
Freiheit. Eine Interpretation zu Schillers Schrift
‚Über die ästhetische Erziehung des Menschen in
einer Reihe von Briefen'. München 1980. – H.-
G. P.: Schillers spekulative Gattungspoetik und

Eichendorffs Poesie. In: Aurora 50 (1990), S. 87–102. – Friedrich Schiller: Über naive und sentimentalische Dichtung. In: F. S.: Sämtliche Werke. Hg. v. Gerhard Fricke und Herbert G. Göpfert. Bd. 5. München [8]1989, S. 694–780. – Detlev Schöttker: Bertolt Brechts Ästhetik des Naiven. Stuttgart 1989. – Georg Stanitzek: Blödigkeit. Tübingen 1989. – Peter Szondi: Das Naive ist das Sentimentalische. In: Euphorion 66 (1972), S. 174–206.

Hans-Georg Pott

Namengebung ↗ *Onomastik*

Narratio ↗ *Dispositio*

Narrativik ↗ *Erzähltheorie*

Narratologie ↗ *Erzähltheorie*

Narrator ↗ *Erzähler*

Narrensatire

Sonderform vor allem der frühneuzeitlichen Satire.

Expl: Um die Figur des Narren zentrierte ↗ *Satire* in Vers oder Prosa. Im weitesten Sinne der ↗ *Lehrdichtung* zugehörig, zielt die Narrensatire auf Erkenntnis- und Verhaltensschwächen des Menschen, die ihm als Narrheiten wie in einem Spiegel vorgehalten werden. Sie kann auch als ↗ *Flugblatt* oder ↗ *Predigt* in Erscheinung treten. Als Prosasatire gehört sie in die Tradition der – keineswegs nur prosimetrischen – *Menippea* (↗ *Satire*; Trappen), der anderen Tradition der Satire, in der die Verbindung zum Roman vollzogen wird. Wenn einzelne Narrheiten gegeißelt werden, die sie revueartig aufzählt, ist ihr Aufbau der spätmittelalterlichen Ständesatire vergleichbar sowie auch dem ↗ *Totentanz*, doch verzichtet sie auf dessen ständische Gliederung. Sofern sie sich eines Bildes bedient, das die einzelnen Narrheiten verbindet, nutzt sie die Möglichkeit der ↗ *Allegorie₂*. Sie deckt so-

ziale, moralische, verstandesmäßige Schwächen auf und zielt auf Selbsterkenntnis, die als Voraussetzung für Welt- und Gotteserkenntnis gilt.

WortG/BegrG: Literaturwissenschaftlicher Fachterminus, der von der häufig titelgebenden Hauptfigur ihren Ausgang nimmt. Die etymologische Herkunft von *Narr* ist umstritten, ahd. *narro* und mhd. *narre* meint ,Tor' (Lexer 2, 35 f.). Frnhd. *narr* nimmt die Bedeutung von *stultus, fatuus, insipiens, demens* (,töricht', ,närrisch', ,hirnlos', ,verrückt') auf; es bezeichnet sowohl Geisteskranke (,natürliche' Narren) wie Berufsnarren (bei Hof, in der Stadt, auf der Bühne). Zur ↗ *Satire* s. v. Die Wortverbindung kommt zur Spezifikation dieser Spielart frühneuzeitlicher Satire erst im 20. Jh. in Gebrauch. Eine zeitgenössische Bezeichnung für den Texttypus fehlt. Er ist – wie die verwandte Tiersatire oder die Teufelliteratur – dadurch gekennzeichnet, daß über Gegenbilder ein – sozialer, ethischer, religiöser – Heilungsprozeß angestoßen werden soll. Diese Bedeutung ist bis heute grundlegend.

SachG: Die literarische Figur des Narren erscheint schon im Alten Testament (Koh 1,15), in der Antike und im Mittelalter. Im 12. Jh. entstand als ältester Narrenspiegel das ,Speculum stultorum' von Nigellus Wireker (↗ *Spiegel*). Revuehafte Aufzählung, Verspottung oder Kritik von Verstößen gegen göttliche oder menschliche Ordnungen – religiöse, gesellschaftliche, ethische – werden in der volkssprachigen Literatur des Spätmittelalters beliebt (z. B. in der Ständedidaxe oder im Totentanz), närrisches Verhalten ist Gegenstand schwankhafter (↗ *Maere*) und satirischer Texte (z. B. Wittenwiler, ,Der Ring'). In ↗ *Humanismus₂* und ↗ *Renaissance* wird der Narr zum Mittelpunkt eines besonderen Texttypus, der Narrensatire, die bis ins 17. und 18. Jh. fortwirkt. Typenprägend ist Sebastian Brants ,Narrenschiff' (1494), weil gegenüber spätmittelalterlichen Vorgängern der Akzent vom sündhaften Vergehen gegen Gott darin auf menschliches Fehlverhalten aufgrund mangelnder Einsicht verschoben ist. Da der *fatuus* (Narr) gegenüber der verstockten

Haltung des stultus (Tor) korrigierbar ist, wird er (und eben nicht der verstockte Sünder) zum bevorzugten Gegenstand der Satire: „Dann wer sich für ein narren acht / der ist bald zu eym wisen gmacht." (Brant, Vorrede, 41 f.) Das ‚Narrenschiff' wird der größte deutsche Bucherfolg vor Goethes ‚Werther' und findet viele Nachahmer. Für europäische Verbreitung sorgt Jacob Lochers Übersetzung ‚Stultifera navis' (1497). Wie eng verwandt Satire und Predigt als Strafreden sind, zeigen Johann Geilers von Kaysersberg Predigten über Brants Werk (‚Navicula sive speculum fatuorum', 1510, dt. ‚Das Narrenschiff', 1520). Hatte Brant die Revue einzelner Narrheiten im Geiste der Kirchenväter, einsetzend an Fas(t)nacht, unter dem Gedanken österlicher Heilserwartung gebündelt, so konnten Geilers zwei Fastenpredigtzyklen (1498 und 1499) direkt an sie anknüpfen. Fortgeführt ist Brants Modell in Thomas Murners ‚Narrenbeschwörung', ‚Schelmenzunft' (beide 1512), ‚Gäuchmatt' (1519), dann in seiner antiprotestantischen Kampfschrift ‚Von dem Großen Lutherischen Narren' (1522) und schließlich in der Reformationssatire. Murner zielt im Unterschied zu Brant nicht so sehr auf die Erkenntnisschwäche des Narren, sondern auf die zerstörerischen Mächte der Reformation, die aus seiner Sicht die Einheit des Glaubens untergraben. Entsprechend ist seine Narrensatire weniger aufklärend als exorzistisch angelegt (die Dämonenaustreibung des ‚Lutherischen Narren'!). Von Brant und Murner unabhängig dürfte das ‚Morias Enkomion' (1511; dt. ‚Lob der Torheit') des Erasmus von Rotterdam sein, in dem sich die Torheit in einer Lobrede selbst entlarvt. Ihre Declamatio in der 1. Person hat nichts zu tun mit ‚dramatischen' Inszenierungstypen (vgl. Wickrams ‚Narrengießen' von 1537/38). Hans Sachs, Fischart, Rollenhagen, Grimmelshausen, Schupp, Moscherosch, Abraham a Santa Clara, Christian Weise — alle stehen sie in der Tradition der Narrensatire, die einen neuerlichen Höhepunkt im 18. Jh. mit der Gestaltung der antiken Lale- bzw. Schildbürger in Wielands ‚Geschichte der Abderiten' (1774/1781) erfährt.

Sebastian Brant: Narrenschiff. Hg. v. Friedrich Zarncke [1854]. Repr. Darmstadt 1964.

ForschG: Nach dem Hinweis Wielands auf Brants ‚Narrenschiff' im ‚Teutschen Merkur' 1776 und Flögels ‚Geschichte der komischen Litteratur' 1784—87 wird die Narrensatire im 19. Jh. eher peripher berücksichtigt. Speziell für Brants Hauptwerk wurden Zarnckes Kommentar und die Beigaben seiner Edition bedeutsam, von der für die Forschung wichtige Impulse ausgingen. Diese bekam erst Auftrieb, nachdem nach 1945 die ästhetischen Vorbehalte gegen die didaktische, auf praktische Wirkung angelegte Literatur des 15. und 16. Jhs. gefallen waren. Seither entstehen Untersuchungen zum Verhältnis der humanistischen und der spätmittelalterlichen Narrensatire, zur ästhetischen Wertung der Tradition, in der Brants und seiner Nachahmer Werk steht, sowie zur neuzeitlichen Geschichte der Gattung in Vers und Prosa. Dabei steht zumal in der Brant-Forschung die Frage nach der Werkeinheit im Vordergrund, die durch den revueartigen Aufbau in Frage gestellt wird. Gegen Zarnckes ‚Fetzentheorie', die den Vorwurf der Formlosigkeit erhob, wurden rhetorische (Gaier), allegorische (Mischler) und aus der Patristik liturgische (Manger) Organisationsprinzipien vorgeschlagen. Könneker (1966) hat die Konzepte von Narrheit („Narrenidee") bei Brant, Murner und Erasmus miteinander verglichen, Schutte den Zusammenhang der Murnerschen Narrensatire mit Praktiken des Exorzismus nachgewiesen.

Lit: Sandra Billington: A social history of the fool. Brighton, New York 1984. — M. K. Brooker: Flann O'Brien, Bakhtin, and Menippean satire. Syracuse 1995. — Jürgen Brummack: Satire. In: RL², Bd. 3, S. 601—614. — Carl Friedrich Flögel: Geschichte der komischen Litteratur. Bd. 1—4 [1784—87]. Repr. Hildesheim, New York 1976. — Ulrich Gaier: Studien zu Sebastian Brants Narrenschiff. Tübingen 1966. — U. G.: Satire. Tübingen 1967. — Herbert Grabes: Speculum, Mirror and Looking-Glass. Tübingen 1973. — Günter Hess: Deutsch-Lateinische Narrenzunft. München 1971. — Udo Kindermann: Satyra. Nürnberg 1978. — Barbara Könneker: Wesen und Wandlung der Narrenidee im Zeitalter des Humanismus. Wiesbaden 1966. — B. K.: Satire im 16. Jh. München 1991. — Klaus Lazarowicz: Verkehrte Welt. Vorstudien zu einer Geschichte der deutschen Satire. Tübingen 1963. – Hans-Joachim Mähl: Narr und Pícaro. In: Studien zur deutschen Literatur. Fs. Adolf Beck. Hg. v. Ulrich Fülleborn und Johannes Krogoll. Heidelberg 1979, S. 18–40. – Klaus Manger: Das ‚Narrenschiff‘. Darmstadt 1983. – Beat Mischler: Gliederung und Produktion des ‚Narrenschiffes‘ (1494) von Sebastian Brant. Bonn 1981. – Bernhard Ohse: Die Teufelliteratur zwischen Brant und Luther. Berlin 1961. – Wolfgang Promies: Die Bürger und der Narr oder Das Risiko der Phantasie. München 1966. – Walter Ernst Schäfer: Moral und Satire. Tübingen 1992. – Jörg Schönert: Roman und Satire im 18. Jh. Stuttgart 1969. – Jürgen Schutte: „Schympff red“. Frühformen bürgerlicher Agitation in Thomas Murners ‚Großem Lutherischen Narren‘ (1522). Stuttgart 1973. – Joachim Suchomski: Der satirische Autor als Narr unter Narren. In: DVjs 52 (1978), S. 400–429. – Stefan Trappen: Grimmelshausen und die menippeische Satire. Tübingen 1994. – Kurt Wölfel: Epische Welt und satirische Welt. In: WW 10 (1960), S. 85–98. – Heinz Wyß: Der Narr im schweizerischen Drama des 16. Jhs. Bern 1959.

Klaus Manger

Narzißmus ↗ *Psychoanalytische Literaturwissenschaft*

Nationalsozialistische Literatur

Literatur, die Ideologie und Regime des ‚Dritten Reiches‘ nahestand.

Expl: Als *Nationalsozialistische Literatur* im weitesten Sinn wird diejenige Literatur bezeichnet, die zentralen Inhalten der nationalsozialistischen Ideologie Ausdruck verlieh und auf die sich politische und kulturelle Institutionen, anerkannte Literaturwissenschaftler und Literaturkritiker des ‚Dritten Reichs‘ als ‚volkhafte‘ und ‚artgemäße‘ zeitgenössische deutsche Dichtung beriefen. Diese Bestimmung folgt ideologischen und literaturpolitischen Kriterien; eine ausschließlich ästhetischen Gesichtspunkten folgende Bestimmung wäre schwierig, wenn nicht unmöglich. Aufgrund ihrer

Kriterien erfaßt die Bestimmung nicht nur diejenigen ideologiekonformen Werke als nationalsozialistische Literatur, die während des ‚Dritten Reichs‘ produziert wurden, sondern auch zahlreiche Werke, die während der Weimarer Republik erschienen. Sogar manche vor 1918 veröffentlichten Werke, die ideologische Positionen des Nationalsozialismus vorwegnahmen und nach 1933 der ‚volkhaften Dichtung der Zeit‘ subsumiert wurden, sind einzubeziehen, am besten unter der Bezeichnung *völkisch-nationale Literatur*. Auch für einige Werke aus der Weimarer Zeit, deren ideologische Ausrichtung dem Nationalsozialismus verwandt war, dessen Positionen aber weniger dezidiert zur Geltung brachten, mag diese Bezeichnung angemessen sein. Nicht allen Schriftstellern oder allen ihrer Werke wird die hier vorgenommene Bestimmung der ‚nationalsozialistischen‘ und der ‚völkisch-nationalen Literatur‘ gerecht; Grenz- und Sonderfälle müssen je für sich beurteilt werden.

WortG: Der Ausdruck *Nationalsozialismus* geht zurück auf eine österreichische Partei, die 1904 von Führern der deutsch-nationalen Arbeiterbewegung unter dem Namen ‚Deutsche Arbeiterpartei‘ in Böhmen gegründet wurde. Die Partei war völkisch, antisemitisch und zugleich sozialistisch eingestellt. Im Mai 1918 wurde sie in ‚Deutsche National-sozialistische Arbeiterpartei‘ umbenannt. Von ihr übernahm die 1919 in München gegründete ‚Deutsche Arbeiterpartei‘, der im selben Jahr Adolf Hitler beitrat, ihren Namen; seit 1920 nannte sie sich ‚Nationalsozialistische Deutsche Arbeiterpartei‘.

Die Bezeichnung *Nationalsozialistische Literatur* wurde erst im Zuge der kritischen wissenschaftlichen Aufarbeitung dieses literarischen Bestandes seit den 1960er Jahren geläufig. Daneben – und in den wenigen Fällen der kritischen Betrachtung auch davor – wurden die Bezeichnungen *Literatur des Dritten Reichs, Dichtung des Nationalsozialismus,* BLUT-UND-BODEN-LITERATUR, *faschistische Literatur* gebraucht. Im ‚Dritten Reich‘ selbst erscheint die Bezeichnung *nationalsozialistische Literatur* nur in der

Frühzeit als Ausnahme (Schriewer; hier als Sammelbezeichnung für Dichtung und politisches Schrifttum); im allgemeinen wurde das Wort *Literatur* zur Eigenbezeichnung nicht verwendet. Allenfalls wurde von *nationalsozialistischer Dichtung* gesprochen (Langenbucher 1935, Linden 1935), meist jedoch von *volkhafter Dichtung der Zeit* (Langenbucher 1933, Linden 1934) oder einfach von *deutscher Gegenwartsdichtung* (Kindermann, Trunz, Langenbucher 1939).

BegrG: Sowohl das Konzept der nationalsozialistischen Literatur im Selbstverständnis von Schriftstellern und Literaturwissenschaftlern des ‚Dritten Reichs‘ ist zu beachten als auch das Konzept der Forschungsgeschichte nach 1945. Im ‚Dritten Reich‘ wurde die Literatur, die heute als *nationalsozialistische* und z. T. *völkisch-nationale Literatur* bezeichnet wird und die damals *volkhafte Dichtung der Zeit* oder *deutsche Dichtung der Gegenwart* genannt wurde, nach drei hauptsächlichen ideologischen Kriterien bestimmt: Die Nationalsozialistische Literatur ist ‚volkhaft‘, d. h. der Rasseideologie des Nationalsozialismus verpflichtet; sie ist ‚heldisch‘, d. h. sie bringt sozialdarwinistisch geprägten Kampfwillen zum Ausdruck; sie ist ‚religiös‘, d. h. sie zelebriert die ideologischen Inhalte der Rasse, des Bluts, des Volks, des Reichs und des Führers als Glaubensinhalte. Der Begriff ‚nationalsozialistische Dichtung‘ wurde im ‚Dritten Reich‘ eher selten verwendet, und zwar vorzugsweise für Werke jüngerer Schriftsteller, die aktive Parteimitglieder waren und meist erst nach 1933 publizierten, also für ‚Parteidichtung‘ im engeren Sinn (auch als Gattungsbezeichnung: ‚nationalsozialistische Lyrik‘, ‚nationalsozialistisches Drama‘; Gerlach-Bernau, Linden 1935, Langenbucher 1935)

Intensive Bemühungen, einen klassifikatorischen Begriff der Nationalsozialistischen Literatur zu entwickeln, setzen erst Ende der 1960er Jahre ein, sieht man von einigen Ausnahmen ab, auch solchen mit anderem Forschungsinteresse (Berger, Strothmann, Schonauer, Brenner, Geißler). Fast durchgängig knüpfte das Konzept der Nationalsozialistischen Literatur an das Selbstverständnis na-

tionalsozialistischer Schriftsteller und Literaturwissenschaftler an, freilich mit veränderter Bewertung. Was im ‚Dritten Reich‘ als ‚wahre‘ und zugleich qualitativ ‚gute‘ deutsche Dichtung galt, wird seit 1945 aus ideologiekritischer Perspektive negativ bewertet und unter ästhetischen Gesichtspunkten als minderwertig, im besten Fall als epigonal angesehen. Es ergab sich so ein vergleichsweise homogener Begriff, der es erlaubte, die ‚Literatur des Dritten Reichs‘ (als die im ‚Dritten Reich‘ anerkannte Gegenwartsdichtung) von der ↗ *Exilliteratur* einerseits und der Literatur der ↗ *Inneren Emigration* andererseits zu unterscheiden. Dieser Begriff begegnete jedoch Definitions- und Abrenzungsproblemen, die bis heute in der Diskussion sind. Weitgehendes Einverständnis herrscht darüber, daß der diachrone Radius des Begriffs bis zum ausgehenden 19. Jh. zurückgeschlagen werden muß, wobei für die Nationalsozialistische Literatur avant la lettre die Bezeichnung *völkisch-national* oder *völkisch-konservativ* gebraucht wird (Ketelsen 1976, Vondung 1973) oder aber die Bezeichnung *präfaschistische Literatur*, wenn für den umfassenden Begriff − wie in der marxistisch inspirierten Forschung (↗ *Marxistische Literaturwissenschaft*) − die Bezeichnung *faschistische Literatur* üblich ist (Hartung).

Wesentlich problematischer sind synchrone Abgrenzungen, eine Folge der Schwierigkeit, eindeutige und auch literaturwissenschaftlich relevante Kriterien für die Bestimmung der Nationalsozialistischen Literatur festzulegen. Der Begriff ist politisch bzw. ideologisch definiert; dies macht es schwierig, ‚unpolitische‘ Literatur, die im ‚Dritten Reich‘ erschienen ist, zu klassifizieren, auch eindeutige Grenzen zur Literatur der ‚Inneren Emigration‘ zu ziehen. Vergleichbare Probleme gibt es für die Zeit vor 1933. Aus diesem Grund wird jüngst dafür plädiert, den ein- und ausgrenzenden Begriff der ‚Literatur des Dritten Reichs‘ vorerst zu suspendieren, um eine neue Perspektive auf die fragliche Literatur im Gesamtzusammenhang der Epoche zu gewinnen (Ketelsen 1990).

SachG: Eine Reihe von Werken, die im ‚Dritten Reich‘ der ‚volkhaften Dichtung der Zeit' zugerechnet wurden und die auch schon vor 1933 beträchtlichen Publikumserfolg hatten, entstand bereits vor 1918, vor allem Heimatromane und historische Romane wie z. B. ,Die Dithmarscher' (1898) von Adolf Bartels, ,Wiltfeber, der ewige Deutsche' (1912) von Hermann Burte, ,Jörn Uhl' (1901) und ,Hilligenlei' (1905) von Gustav Frenssen, ,Die Kindheit des Paracelsus' (1917) von Erwin Guido Kolbenheyer, ,Der Heiligenhof' (1917) von Hermann Stehr, außerdem einige nicht minder erfolgreiche, meist antisemitisch geprägte kulturhistorische und kulturtheoretische Werke: die ,Deutschen Schriften' (1876—81) von Paul de Lagarde, ,Rembrandt als Erzieher' (1890) von Julius Langbehn, die ,Geschichte der deutschen Literatur' (1897) von Adolf Bartels, ,Die Grundlagen des 19. Jhs.' (1899) von Houston Stewart Chamberlain. Die ideologischen Inhalte des Nationalsozialismus waren in dieser Literatur bereits präsent, so daß gefolgert werden muß: Der Nationalsozialismus hat nicht die nationalsozialistische Literatur hervorgebracht, vielmehr hat diese den Nationalsozialismus mitgeschaffen; sie hat dazu beigetragen, die Ideologie bereitzustellen und zu propagieren, die mit dem Nationalsozialismus identifiziert wird.

Die ideologischen Positionen, die schon vor 1918 entwickelt worden waren, verschärften sich in den folgenden Jahren unter dem Eindruck des verlorenen Kriegs und im Kampf gegen die Republik von Weimar. Die Tradition des ,volkhaften' Heimatromans und historischen Romans setzte sich fort (Hans Friedrich Blunck, ,Urväter-Saga', 1925—28; Will Vesper, ,Das harte Geschlecht', 1931; Kolbenheyer: ,Paracelsus-Trilogie', 1917—25), ergänzt um Erzählungen und Romane aus den inzwischen verlorenen Kolonien (Hans Grimm, ,Volk ohne Raum', 1926). Ein neues Genre des ,heldischen' Literaturtyps stellten die zahlreichen Weltkriegsromane dar, die fast alle — wie die kritischen Kriegsromane von Remarque, Arnold Zweig, Köppen u. a. — in einem Schub Ende der 20er Jahre erschienen (Edwin Erich Dwinger, ,Armee hinter Stacheldraht', 1929; Franz Schauwecker, ,Aufbruch der Nation', 1929; Werner Beu-

melburg, ,Gruppe Bosemüller', 1930; Josef Magnus Wehner, ,Sieben vor Verdun', 1930; Hans Zöberlein, ,Der Glaube an Deutschland', 1931).

Nach 1933 wurde der Erfolg der Nationalsozialistischen Literatur mit politischen und administrativen Mitteln durchgesetzt. Die Bücherverbrennungen vom 10. Mai 1933 gaben das Signal für die Vertreibung und Unterdrückung jüdischer und politisch unliebsamer Autoren. Die öffentlichen Bibliotheken wurden ,gesäubert'. Die Sektion für Dichtkunst der Preußischen Akademie der Künste wurde als „Deutsche Akademie für Dichtung" ,neugeordnet', d. h. politisch nicht genehme Schriftsteller schieden unter Druck aus, genehme wurden neu berufen. Im November 1933 schuf Goebbels als Teil einer ,Reichskulturkammer' die ,Reichsschrifttumskammer' als Zwangsverband für alle Schriftsteller. Neugeschaffene Literaturpreise, zahlreiche Buchwochen, deutsche und — während des Kriegs — europäische ,Dichtertreffen' sollten die Nationalsozialistische Literatur fördern. Besondere Aufmerksamkeit galt dem Theater. Doch trotz staatlicher Förderung blieb der Anteil neuer Dramen am Gesamtspielplan gering, sowohl der realistischen Dramen mit politischen Themen (Hanns Johst, ,Schlageter'; Heinrich Zerkaulen, ,Jugend von Langemarck'), als auch erst recht der neo-idealistischen Tragödien (Curt Langenbeck, ,Der Hochverräter'). Das Projekt, mit Freilichtbühnen und ,Thingspielen' ein neues ,kultisches' Theater zu schaffen, mußte nach wenigen Jahren ganz eingestellt werden. Der Ertrag an neuen Romanen war — im Vergleich zur Zeit vor 1933 — gering. Die Produktivität der älteren Generation von Schriftstellern, deren Hauptwerke schon vor 1933 erschienen waren, ging zurück. Allerdings trat nun eine ,junge Mannschaft' nationalsozialistischer Schriftsteller an die Öffentlichkeit (Heinrich Anacker, Hans Baumann, Herbert Böhme, Kurt Eggers, Herybert Menzel, Eberhard Wolfgang Möller, Gerhard Schumann u. a.). Sie schrieben vorzugsweise Werke, die dem ,Glauben' an den Nationalsozialismus Ausdruck verliehen und zu ,Bekenntnissen' aufforderten: Marsch- und Kampflieder, ,Weltanschauungs-Lyrik', chorische Dichtungen für die nationalsozialistischen Feiern, für Hörspiele und Thingspiele. Der funktionale Aspekt der Literatur rückte in den Vordergrund. Es ist symptomatisch, daß diese jungen Schriftsteller fast ohne Ausnahme zugleich Funktionäre in staatlichen und parteiamtlichen Lenkungsorganen waren.

ForschG: Daß die Forschung zur Nationalsozialistischen Literatur erst zwei Jahrzehnte nach dem Ende des ‚Dritten Reichs' in Gang kam − und dann nur zögerlich −, hängt mit der Geschichte der deutschen Literaturwissenschaft vor und nach 1945 zusammen (Conrady). Vereinzelte frühere Arbeiten und erste Dokumentationen stammten meist nicht von Universitätsgermanisten (Schonauer, Wulf, Loewy) oder beschäftigten sich eher mit der Kunst- und Literaturpolitik des Nationalsozialismus (Brenner, Strothmann). Erst das verstärkte Interesse an der Geschichte des Nationalsozialismus Mitte der 60er Jahre mit dem zugleich erwachten Interesse an der Geschichte der eigenen Disziplin, wie es der Germanistentag 1966 dokumentierte (Conrady), gab den Anstoß für einige Studien überwiegend jüngerer Germanisten (Ketelsen 1968, Vondung 1971, Beiträge in Denkler/Prümm 1976). In der DDR blieb das Forschungsinteresse an der Nationalsozialistischen Literatur gering; die einzige größere Darstellung (Hartung 1968) führte kaum zu Folgeuntersuchungen.

Der Gegenstand Nationalsozialistische Literatur bringt es mit sich, daß Erkenntnisinteresse und Untersuchungsmethoden aller bisheriger Arbeiten in je unterschiedlicher Weise den disziplinären Rahmen der Literaturwissenschaft überschreiten. So wurden, etwa bei der Untersuchung von Drama und Dramentheorie (Ketelsen 1968), literarhistorisch-ästhetische Untersuchungsmethoden mit ideengeschichtlichen. und ideologiekritischen verknüpft. Bestimmte Genres wie chorische Dichtungen, Feier-Lyrik und Lieder ließen sich sinnvoll nur mit Blick auf ihre politischen, aber auch psychosozialen Funktionen in einem größeren Wirkungszusammenhang interpretieren (Vondung 1971). Die in den 1970er Jahren wiederentdeckten und fortgeschriebe-

nen Faschismustheorien marxistischer Provenienz boten die Grundlage für sozialhistorische und materialistische Analysen der ‚faschistischen Ästhetik' (Stollmann, Schnell 1978). Seit Mitte der 70er Jahre versuchten psychoanalytisch inspirierte Untersuchungen Nationalsozialistischer Literatur die Triebstruktur der Autoren und ihrer − von solcher Literatur angezogenen − Leser aufzudecken (Theweleit).

Die inhaltliche Bestimmung des Begriffs ‚Nationalsozialistische Literatur' ist in verschiedene Richtungen noch offen, vor allem im Hinblick auf Einbeziehung oder Ausgrenzung der ideologisch nicht eindeutigen, ‚unpolitischen' Literatur des Dritten Reichs, der Werke jüngerer Autoren, deren Hauptwerk erst nach 1945 entstand, auch anderer Grenz- und Sonderfälle (s. o. BegrG). Der Ort der Nationalsozialistischen Literatur im engeren oder weiteren Sinn innerhalb des Gesamtzusammenhangs der Epoche ist ebenfalls immer noch unbestimmt, auch im Kontext der internationalen oder zumindest europäischen Literatur, in der es Schriftsteller von höherem künstlerischen Vermögen als in Deutschland gab, welche faschistischen Ideologien und Regimes zuneigten (Marinetti, Céline, Hamsun, Pound). Eine umfassende Gesamtdarstellung der Nationalsozialistischen Literatur fehlt bis heute (zur älteren Forschungsgeschichte Vondung 1973, 127−195, zur neueren Ketelsen 1992, 28−71).

Lit: Kurt Gerlach-Bernau: Drama und Nation. Ein Beitrag zur Wegbereitung des nationalsozialistischen Dramas. Breslau 1934. − Heinz Kindermann: Die deutsche Gegenwartsdichtung im Aufbau der Nation. Berlin 1935. − Hellmuth Langenbucher: Volkhafte Dichtung der Zeit. Berlin 1933, [6]1941. − H. L.: Nationalsozialistische Dichtung. Berlin 1935. − H. L.: Die deutsche Gegenwartsdichtung. Eine Einführung in das volkhafte Schrifttum unserer Zeit. Berlin 1939. − Walther Linden: Volkhafte Dichtung von Weltkrieg und Nachkriegszeit. In: ZfD 48 (1934), S. 1−22. − W. L.: Die völkische Lyrik unserer Zeit. Von George bis zur jüngsten nationalsozialistischen Dichtung. In: ZfD 49 (1935), S. 441−457. − Franz Schriewer (Hg.): Der deutsche Aufbruch. Eine Liste neuerer nationaler und nationalsozialistischer Literatur für Dorf- und Kleinstadtbüchereien. Berlin 1933. − Erich Trunz: Deutsche Dichtung der Gegenwart. Berlin 1937.

Kurt Berger: Schleichwege zum Chaos. Kleine Studie über nationalsozialistische Lyrik. In: Die Sammlung 2 (1946/47), S. 68–81. – Hildegard Brenner: Die Kunstpolitik des Nationalsozialismus. Reinbek 1963. – Karl Otto Conrady: Deutsche Literaturwissenschaft und Drittes Reich. In: Eberhard Lämmert u. a.: Germanistik – eine deutsche Wissenschaft. Frankfurt 1967, S. 71–109. – Horst Denkler, Karl Prümm (Hg.): Die deutsche Literatur im Dritten Reich. Stuttgart 1976. – Rolf Geißler: Dekadenz und Heroismus. Zeitroman und völkisch-nationalsozialistische Literaturkritik. Stuttgart 1964. – R. G.: Dichter und Dichtung des Nationalsozialismus. In: Hb. der deutschen Gegenwartsliteratur. Hg. v. Hermann Kunisch. München 1965, S. 721–730. – Günter Hartung: Über die deutsche faschistische Literatur. In: WB 14 (1968), S. 474–542, 677–707; Sonderh. 2 (1968), S. 121–159. – Uwe-K. Ketelsen: Heroisches Theater. Untersuchungen zur Dramentheorie des Dritten Reichs. Bonn 1968. – U. K.: Völkisch-nationale und nationalsozialistische Literatur in Deutschland 1890–1945. Stuttgart 1976. – U. K.: Probleme einer gegenwärtigen Forschung zur „Literatur des Dritten Reichs". In: DVjs 64 (1990), S. 707–725. – U. K.: Literatur und Drittes Reich. Schernfeld 1992. – Ernst Loewy: Literatur unterm Hakenkreuz. Frankfurt 1966 [u.ö.]. – Ralf Schnell (Hg.): Kunst und Kultur im deutschen Faschismus. Stuttgart 1978. – R. S.: Dichtung in finsteren Zeiten. Deutsche Literatur und Faschismus. Reinbek 1998. – Rainer Stollmann: Ästhetisierung der Politik. Literaturstudien zum subjektiven Faschismus. Stuttgart 1978. – Dietrich Strothmann: Nationalsozialistische Literaturpolitik. Bonn 1960, ³1968. – Klaus Theweleit: Männerphantasien. 2 Bde. Frankfurt 1977 f., Reinbek ²1980. – Klaus Vondung: Magie und Manipulation. Ideologischer Kult und politische Religion des Nationalsozialismus. Göttingen 1971. – K. V.: Völkisch-nationale und nationalsozialistische Literaturtheorie. München 1973. – K. V.: Der literarische Nationalsozialismus. In: Nationalsozialistische Diktatur 1933–1945. Hg. v. Karl Dietrich Bracher u. a. Düsseldorf 1983, S. 245–269. – Joseph Wulf: Literatur und Dichtung im Dritten Reich. Gütersloh 1963, Frankfurt u. a. ²1983.

Klaus Vondung

Naturalismus

Als Stilbegriff radikale Form des Realismus, historisch Richtung der frühen Moderne, die vom Weltbild des Positivismus beeinflußt war.

Expl: Der Naturalismus als historische Bewegung zieht die Konsequenzen aus den Einsichten, die Biologie und Soziologie des 19. Jhs. in die Bedeutung von Erbanlagen und sozialem Milieu gewonnen haben (↗ *Positivismus*). Indem er die Abhängigkeit des Menschen von genetischen und gesellschaftlichen Faktoren darstellt (↗ *Determination*), korrigiert er den epigonalen Idealismus der ↗ *Gründerzeit* und meldet Protest gegen konkrete gesellschaftliche Verhältnisse an (Arbeiterelend, Prostitution, Alkoholismus etc.). Nicht nur Thematik und Stoffwahl provozierten die Zeitgenossen; Anstoß erregte auch die Veränderung der literarischen Form gemäß der Forderung nach einer als Wirklichkeitsnähe verstandenen ‚Wahrheit' – mit den produktivsten Folgen im Bereich des Dramas. Auch die Anwendung des Begriffs auf andere Epochen sollte diesen Aspekt der Verletzung oder Erweiterung ästhetischer Normen im Zuge eines verschärften Wahrheitsanspruchs berücksichtigen.

[Terminologisches Feld:]

SEKUNDENSTIL: Angleichung der Erzählzeit an die Erzählte Zeit (↗ *Erzähltempo*) bzw. des Aufführungstempos an den imaginierten Zeitverlauf in narrativen und dramatischen Texten mit dem Ziel einer Perfektionierung der ↗ *Illusion* von Wirklichkeit. Nur streckenweise und auch da nur approximativ realisiert. Beispiele: ‚Papa Hamlet' (Erzählung) und ‚Die Familie Selicke' (Drama) von Holz/Schlaf.

KONSEQUENTER REALISMUS: Die von Holz und Schlaf entwickelte experimentelle Variante des Naturalismus, unter diesem Namen bekannt durch die Widmung von Hauptmanns Drama ‚Vor Sonnenaufgang' (1889). In der Literaturwissenschaft findet sich dafür auch die Bezeichnung *Konsequenter Naturalismus*.

WortG: Als Ableitung von lat. *natura* (Natur) kann *Naturalismus* seit dem 17. Jh. jede Lehre bezeichnen, die in irgendeiner Form die ‚Natur' zum Grund und zur Norm aller Erscheinungen, auch in Geschichte, Kultur und Moral, erklärt. Die Philosophiegeschichte unterscheidet metaphysischen, ethischen und theologischen Naturalismus.

Das erste Auftreten des Worts als ästhetische Kategorie ist eindeutig negativ besetzt. Goethe und Schiller verstehen (etwa in der Vorrede zu ‚Die Braut von Messina‘, 1803) unter „Naturalism" das bürgerlich-häusliche Drama im Gefolge Lessings und Diderots und den ihm entsprechenden (von der Klassik zu überwindenden) kunstlosen Bühnenstil (Borchmeyer).

Als positive ästhetische Größe taucht der Ausdruck zuerst bei Zola auf, u. a. in ‚Le naturalisme au théâtre‘ (1882). Die Rückstrahlung nach Deutschland ist von den Widersprüchen der damaligen Zola-Rezeption bestimmt. Der Ausdruck wird daher zunächst für abgelehnte Kraßheiten der Romane Zolas und seiner Schüler gebraucht, z. B. in einer Artikelserie der Zeitschrift ‚Die Gesellschaft‘ über ‚Die Wahrheit im modernen Roman‘ (1886), von deren fünf Folgen gleich drei das Stichwort *Naturalismus* im Titel führen (Brauneck/Müller, 215). Bis zur Proklamation seiner „Überwindung" 1892 durch Hermann Bahr hat sich kein einziger der Autoren, die heute dem Naturalismus zugerechnet werden, ohne Abstriche zu dieser Bezeichnung bekannt.

In neuem Sinn verwendet Döblin das Wort im Essay ‚Der Geist des naturalistischen Zeitalters‘ (‚Die neue Rundschau‘ 1924, H.12) zur Kennzeichnung des wissenschaftlich-technischen Fortschritts, den er in Übereinstimmung mit den Gesetzen der Natur sieht.

Dieter Borchmeyer: „… dem Naturalism in der Kunst offen und ehrlich den Krieg zu erklären …" Zu Goethes und Schillers Bühnenreform. In: Unser Commercium. Hg. v. Wilfried Barner u. a. Stuttgart 1984, S. 351−370.

BegrG: Die meisten Vertreter der naturalistischen Bewegung verstanden sich als Anhänger des ↗ *Realismus₁*, wenn auch nicht des *Bürgerlichen* oder *Poetischen* ↗ *Realismus₂* i. e. S.; diese Begriffsbildung ist späteren Datums, auch war die so benannte Strömung damals noch gar nicht abgeschlossen (bedeutende Spätwerke Raabes und Fontanes erscheinen erst nach dem Höhepunkt des Naturalismus). Gemeinsam ist den Autoren zugleich das Bewußtsein eines grundlegenden Neuanfangs. In diesem Sinn proklamiert Bleibtreu 1886 die ‚Revolution

der Literatur‘, und wird im Kreis um Eugen Wolff das Schlagwort „Die Moderne" (↗ *Moderne*) geprägt. Die erste repräsentative Lyrik-Anthologie der neuen Richtung erschien 1885 unter dem Titel ‚Moderne Dichter-Charaktere‘, die 2. Auflage 1886 unter dem Titel ‚Jungdeutschland‘. Damit war zugleich eine Anspielung auf das *Junge Deutschland* (↗ *Vormärz*) verbunden, das unter den Traditionsbezügen der Naturalisten an erster Stelle stand.

Im Mut zur Radikalisierung des realistischen Paradigmas und zum Bruch mit künstlerischen Konventionen wurden die Naturalisten von den Zeitgenossen als literarische Entsprechung zu den Malern des französischen Impressionismus aufgefaßt. Tatsächlich bestehen zwischen Naturalismus und ↗ *Impressionismus* weitgehende Analogien, die durch die antinaturalistische Frontstellung von Hermann Bahrs Impressionismus-Konzept und die verbreitete Einengung des Begriffs auf die Wiener Entwicklung zu Unrecht verdeckt werden. Die Genauigkeit der Wirklichkeits-Wiedergabe wurde auch in mehreren naturalistischen Erzähltexten auf das bezogen, was ein Mensch als Realität wahrnimmt. Gegenüber dem Interesse des Naturalismus an der Darstellung von Subjektivität bis hin zum Wahn bleibt das Bewußtsein von der Fiktionalität des Dargestellten unterentwickelt; hier kündigt sich schon die Problematik der ↗ *Dokumentarliteratur* an.

Überschneidungen mit einer scheinbar gegensätzlichen Richtung ergeben sich auch im Verhältnis zur ↗ *Heimatliteratur*. Obwohl sich die Heimatkunst-Bewegung als Alternative zum Naturalismus definierte, trat sie in formaler Beziehung (Milieuschilderung, Dialekt) z. T. sein trivialisiertes Erbe an.

Carl Bleibtreu: Revolution der Literatur [³1887]. Hg. v. Johannes J. Braakenburg. Tübingen 1973.

SachG: Übermächtiges Vorbild auch für den deutschen Naturalismus waren − noch in Verneinung und Kritik − Literaturtheorie und Romanschaffen Emile Zolas. Mit der Gleichsetzung von Dichtung und Naturwissenschaft in seiner auf den Lehren des experimentellen Physiologen Claude Bernard basierenden Schrift ‚Le roman expérimental‘ (1880) sorgte er für eine anhaltende Provokation. Während die meisten deutschen Naturalisten − so auch Bölsche − auf der Eigenständigkeit der künstlerischen Schöpfung beharrten und den Anschluß der Literatur an die Wissenschaft primär aufs Inhaltliche begrenzten, betrieb Arno Holz die Verwissenschaftlichung der Ästhetik mit seiner Formel „Kunst = Natur − x“, wobei er unter „x“ die jeweiligen Reproduktionsbedingungen und ihre Handhabung verstand (Brauneck/Müller, 149). Kunst wird somit als unabgeschlossener mimetischer Entwicklungsprozeß begriffen, der primär von technischen Voraussetzungen abhängt; ihnen wird auch die Individualität des Autors zugeschlagen.

Mit dieser avancierten These steht Holz freilich völlig isoliert da; sie hat letztlich mehr mit seinem künftigen Werdegang als Lyriker (‚Phantasus‘ in mehreren Fassungen) als mit der dichterischen Praxis und sonstigen Theoriebildung des deutschen Naturalismus zu tun. Diese greift vielfach direkt auf den Geniebegriff zurück; wie auch in einem Großteil der Lyrik ist dabei der Protest gegen die Gründerzeit-Literatur ausschlaggebend. Bemerkenswerterweise ist es die ‚subjektive‘ Gattung des Gedichts, mit der die deutschen Naturalisten in den 1880er Jahren zuerst auf sich aufmerksam machen. Neben dem erotischen Exhibitionismus eines Conradi artikuliert sich vaterländische Begeisterung (Jerschke) und − zunehmend − soziales Engagement (Henckell, Holz).

In der Erzählprosa dominiert zunächst unter dem Einfluß Zolas die Form des sozialen Romans, vielfach geradezu − nach dem Muster von ‚Les Rougon-Macquart‘ − zyklisch angelegt (Conrad, Alberti). Es entsteht der Typ des sogenannten Berliner Romans, dem freilich auch Werke des Poetischen Realismus (Fontane) zuzurechnen sind. Die Vermischung von naturalistischen und realistischen Elementen ist in den (Berliner) Romanen Max Kretzers besonders ausgeprägt. Zu größerer Eigenständigkeit finden naturalistische Autoren im Bereich der Novelle bzw. novellistischen Studie oder Skizze. Das Bemühen um maximale Au-thentizität führt bei Holz/Schlaf (‚Papa Hamlet‘, ‚Die papierne Passion‘) zur weitgehenden Eliminierung des Erzählers und zur akribischen Reproduktion gesprochener (weithin dialektgeprägter) Rede − bis hin zum Stammeln von Betrunkenen etc.

In dieser Darstellungstechnik ist das soziale Drama des Naturalismus schon keimhaft angelegt. Für seine Ausbildung und die Entstehung eines naturalistischen Theaters gewannen die gesellschaftskritischen Dramen Ibsens Bedeutung. Aus ihnen übernahmen die deutschen Naturalisten die Thematik der Lüge, die Form des ↗ *Analytischen Dramas* und die Beschränkung auf den Rahmen der Familie − erweitert durch den sogenannten Boten aus der Fremde. Insbesondere letzterer verweist auf die latente Episierung als Grundbedingung des Milieu-Dramas. Episierung bedeutet hier freilich nicht wie im ↗ *Epischen Theater* Brechts eine an den kritischen Verstand des Zuschauers appellierende Illusionsdurchbrechung. Vielmehr zielt die naturalistische Dramaturgie auf Vervollkommnung der in der Aufführung herzustellenden Wirklichkeits-Illusion − als wäre das Geschehen auf der Bühne unabhängig von der Gegenwart der Zuschauer, von diesen nur durch eine durchsichtige ‚Vierte Wand‘ getrennt.

Zum maßgeblichen Vertreter des naturalistischen Dramas wurde seit 1889 Gerhart Hauptmann mit einer Reihe von Stücken, deren Form in neuartiger Weise der dargestellten sozialen Thematik angepaßt ist. Am konsequentesten geschah das im historischen Revolutionsdrama ‚Die Weber‘ (zunächst rein schlesisch: ‚De Waber‘, 1892): durch Verzicht auf die übliche Bühnensprache, eine dramatische Handlung im herkömmlichen Sinn und den individuellen Helden (nicht aber auf die fünfaktige Bauform und eine tragische Schlußpointe).

Die bis 1911 (Uraufführung von Hauptmanns ‚Die Ratten‘) reichende Lebensdauer des naturalistischen Dramas ist mitbedingt durch die Institutionalisierung − und Kommerzialisierung (Sudermann!) − des naturalistischen Theaters. Sie nahm ihren Ausgang vom 1889 primär zur Umgehung der Zensur gegründeten Theaterverein Freie Bühne (Vorsitz: Otto Brahm). Die 1890 von Bruno

Wille gegründete Freie Volksbühne (wie auch deren spätere Abspaltung: Neue Freie Volksbühne) verfolgte dagegen eher volkspädagogische Ziele.

Diese waren bestimmend für den Friedrichshagener Kreis, in dem sich ab 1890 Wille, Bölsche und die Brüder Hart nachbarschaftlich zusammenfanden. Ihm ging der Zusammenschluß wichtiger Berliner Autoren im Verein ‚Durch!‘ voraus. Die Tendenz zur Gruppenbildung kennzeichnet den frühen Naturalismus als Opposition zum herrschenden Kulturbetrieb ebenso wie die Herausgabe eigener Zeitschriften: ‚Kritische Waffengänge‘, hg. v. Heinrich und Julius Hart 1882–1884; ‚Die Gesellschaft‘, hg. v. Michael Georg Conrad ab 1885; ‚Freie Bühne für modernes Leben‘ (später: ‚Die Neue Rundschau‘) ab 1890 im Verlag S. Fischer, Berlin. Die weitere Entwicklung der ‚Rundschau‘ und ihres Verlags signalisiert das Aufgehen des Naturalismus in der Moderne der Jahrhundertwende.

ForschG: Drei Kontroversen bestimmen die gegenwärtige Naturalismus-Forschung:

(1) Das Verhältnis von Theorie und Praxis. Als Problem erweist sich hier die Heterogenität der theoretischen und dichterischen Ansätze – insbesondere die Spannung zwischen der avanciertesten theoretischen Position (Holz) und den wirkungsmächtigsten dichterischen Texten (Hauptmann).

(2) Die Stellung in der Geschichte der ↗ *Moderne.* Trotz des eindeutigen begriffsgeschichtlichen Befunds (s. o.), nach dem sich das Konzept der Moderne gerade im Naturalismus ausprägte, gibt das dezidierte Festhalten seiner Vertreter am Mimesis-Begriff und an der Referenzfunktion der Sprache Anlaß zur Kontroverse. Wer Moderne gleichsetzt mit Sprachkrise und Abstraktion, wird den Naturalismus eher als Vorstufe denn als integralen Bestand der Moderne betrachten. Auch die Anleihen vieler Naturalisten bei der literarischen Tradition des 18. und frühen 19. Jhs. geben unter diesem Gesichtspunkt zu denken.

(3) Die Frage der politischen Position. Die engen Kontakte zwischen Naturalisten und Sozialdemokratie bis 1890 haben dem Naturalismus zum Ruf einer politisch ‚fortschrittlichen‘ Richtung verholfen, auch wenn marxistische Kritiker die Vorbehalte nicht vergessen haben, die Mehring, Brecht und Lukács gegen den Pessimismus seines Gesellschaftsbilds etc. vorbrachten. Eine andere Perspektive ergibt sich durch Blick auf das Verhalten der Überlebenden des Naturalismus nach 1933. Die problematische politische Entwicklung von Schlaf, Halbe und Hauptmann – im internationalen Vergleich: Hamsun – gibt Anlaß zur Frage (vgl. Kafitz), ob und wieweit sie in den Prämissen des Naturalismus selbst angelegt war.

Lit: Wilhelm Bölsche: Die naturwissenschaftlichen Grundlagen der Poesie [1886]. Hg. v. Johannes J. Braakenburg. Tübingen 1976. – Manfred Brauneck, Christine Müller (Hg.): Naturalismus. Manifeste und Dokumente zur deutschen Literatur 1880–1900. Stuttgart 1987. – Roy C. Cowen (Hg.): Dramen des deutschen Naturalismus. 2 Bde. München 1981. – Gerhart Hauptmann, Otto Brahm: Briefwechsel 1889–1912. Hg. v. Peter Sprengel. Tübingen 1985. – Hartmut Marhold (Hg.): Gedichte und Prosa des Impressionismus. Stuttgart 1991. – Theo Meyer (Hg.): Theorie des Naturalismus. Stuttgart 1973. – Norbert Rothe (Hg.): Naturalismus-Debatte 1891–1896. Berlin 1986. – Gerhard Schulz (Hg.): Prosa des Naturalismus. Stuttgart 1973. – Jürgen Schutte (Hg.): Lyrik des Naturalismus. Stuttgart 1982. – J. S., Peter Sprengel (Hg.): Die Berliner Moderne 1885–1914. Stuttgart 1987. – Gotthart Wunberg (Hg.): Die literarische Moderne. Frankfurt 1971 [²1998, Mithg. Stephan Dietrich].

Rüdiger Bernhardt: Henrik Ibsen und die Deutschen. Berlin 1989. – Christa Bürger u. a. (Hg.): Naturalismus/Ästhetizismus. Frankfurt 1979. – Dieter Borchmeyer: Der Naturalismus und seine Ausläufer. In: Geschichte der deutschen Literatur vom 18. Jh. bis zur Gegenwart. Hg. v. Viktor Žmegač. Bd. 2. Königstein 1980, S. 153–233. – Manfred Brauneck: Literatur und Öffentlichkeit im ausgehenden 19. Jh. Studien zur Rezeption des naturalistischen Theaters in Deutschland. Stuttgart 1974. – Roy C. Cowen: Der Naturalismus. München ³1981. – Katharina Günther: Literarische Gruppenbildung im Berliner Naturalismus. Bonn 1972. – Richard Hamann, Jost Hermand: Naturalismus. München 1976. – Sigfrid Hoefert: Das Drama des Naturalismus. Stuttgart, Weimar ⁴1993. – Dieter Kafitz: Johannes Schlaf – Weltanschauliche Totalität

und Wirklichkeitsblindheit. Ein Beitrag zur Neu-
bestimmung des Naturalismus-Begriffs und zur
Herleitung totalitärer Denkformen. Tübingen
1992. – Jutta Kolkenbrock-Netz: Fabrikation –
Experiment – Schöpfung. Strategien ästhetischer
Legitimation im Naturalismus. Heidelberg 1981.
– Günther Mahal: Naturalismus. München
²1990. – Peter de Mendelssohn: S. Fischer und
sein Verlag. Frankfurt 1970. – Vera Ingunn Moe:
Deutscher Naturalismus und ausländische Literatur. Frankfurt, Bern 1983. – Hanno Möbius:
Der Positivismus in der Literatur des Naturalismus. München 1980. – H. M.: Der Naturalismus. Heidelberg 1982. – Hans-Jörg Neuschäfer:
Der Naturalismus in der Romania. Wiesbaden
1978. – Karlheinz Rossbacher: Heimatkunstbewegung und Heimatroman. Zu einer Literatursoziologie der Jahrhundertwende. Stuttgart 1975. –
Herbert Scherer: Bürgerlich-oppositionelle Literaten und sozialdemokratische Arbeiterbewegung
nach 1890. Stuttgart 1974. – Helmut Scheuer:
Arno Holz im literarischen Leben des ausgehenden 19. Jhs. (1883–1896). München 1971. –
H. S. (Hg.): Naturalismus. Bürgerliche Dichtung
und soziales Engagement. Stuttgart, Berlin 1974.
– H. S. (Hg.): Naturalismus. In: DU 40 (1988),
H. 2, S. 1–103. – Jürgen Schutte: Lyrik des deut-
schen Naturalismus (1885–1893). Stuttgart 1976.
– Peter Sprengel: Gerhart Hauptmann. Epoche
– Werk – Wirkung. München 1984. – P. S.: Li-
teratur im Kaiserreich. Studien zur Moderne.
Berlin 1993.

Peter Sprengel

Naturgeschichte

Vormoderne Form der Darstellung des Wissens von der Natur.

Expl: Vor dem Durchbruch evolutionsbio-
logischer Modelle herrschende Form der
häufig enzyklopädischen und, anders als
der Terminus vermuten läßt, gerade nicht
‚historischen' Beschreibung aller Bereiche
der Natur, belebt wie unbelebt. Als überwiegend deskriptiv ist sie von der theoretisch
erklärenden, ursächliche Zusammenhänge
erforschenden Scientia/Philosophia naturalis grundsätzlich abgehoben, doch kommt
es im Einzelfall zu Überschneidungen.

WortG: *Naturgeschichte* ist – analog zu frz.
histoire naturelle und engl. *natural history* –

der dt. Ausdruck für lat. *historia naturalis*
(↗ *Historie*), zuerst belegt im gleichnamigen
Werk des Plinius d. Ä. (1. Jh. n. Chr.). Im
lateinischen Mittelalter ist die Bezeichnung
historia im Bereich der Naturkunde nicht
gebräuchlich. Das Wissen von der Natur
wird unter anderen Werküberschriften
tradiert (z. B. ‚De rerum natura', ‚Imago
mundi', ‚Speculum naturale'). Erst mit den
gedruckten Plinius-Ausgaben im 15. Jh. und
den Neuübersetzungen der ‚Historia animalium' des Aristoteles und der ‚Historia plan-
tarum' Theophrasts durch Theodor Gaza
(gedruckt 1483) wird *historia naturalis* zum
Oberbegriff einer deskriptiven Naturkunde.
Das 16. Jh. greift die aristotelische Unterscheidung zwischen den zu registrierenden
‚Erscheinungen' und deren wissenschaftlichen ‚Begründungen' auf und schreibt den
Geltungsbereich der Historia naturalis als
Faktensammlung (‚cognitio quod est') fest
(Kambartel). Seitdem führen zahlreiche Na-
turbücher das Wort *historia* im Titel. Seit
dem 18. Jh. wird auch der dt. Ausdruck *Na-
turgeschichte/Naturhistorie* im Sinne von
‚Faktenbeschreibung' geläufig (DWb 13,
450), während lat. *scientia naturalis* im
Deutschen mit ‚Naturlehre', ‚Naturwissenschaft', ‚Naturkunde' wiedergegeben wird.
Mit der Entstehung der modernen Naturwissenschaften seit dem 19. Jh. verschwindet *Naturgeschichte* als Terminus technicus.

BegrG: Während griech. ἱστορία [historía]
allgemein empirische Faktenerkenntnis,
Tatsachenbericht bezeichnet, bezieht sich
historia im Lateinischen deutlicher auch auf
Form und Stil der Darstellung (vgl. Thesaurus 6/3, Sp. 2833–2836, 2839 f.). Plinius d. Ä. unterscheidet das Material seiner
monumentalen ‚Naturalis historia' in ‚Fakten' (*res*) ‚Berichte' (*historiae*) und ‚Beobachtungen' (*observationes*). Die Natur besitzt für Plinius und verstärkt für das Christentum (Schöpfung) eine zeitliche Dimension, doch faßt die klassische, erst recht
dann die mittelalterliche Naturbeschreibung
ihren Gegenstand als a-temporales System.
Diese Auffassung herrscht vor bis in die
Frühe Neuzeit.

Neue Entdeckungen (Fossilien) und Erkenntnisse führen im 17. und 18. Jh. zu ei-

ner diachronen Beobachtung und Deutung der Natur (‚Rück-Vergeschichtlichung‘, Seifert 1983). Ansätze dazu sind in Zedlers ‚Universal-Lexicon‘ (1740) bezeugt, doch wird die Disjunktion von Naturgeschichte und Geschichte der Natur erst mit Kants ‚Allgemeiner Naturgeschichte und Theorie des Himmels‘ (1755) begrifflich vollzogen. Parallel zur Tendenz der Historisierung der Natur und des Naturwissens (v. Engelhardt) erfolgt der Aufstieg der Theologia naturalis, die im Übergang zur Physikotheologie (J. A. Fabricius) Wissensbestände der älteren Naturgeschichte aufnimmt und in ein die Offenbarungsreligion ergänzendes System integriert.

Die Verzeitlichung der natürlichen Welt durch Herder hat im 19. Jh. verschiedene Konzeptionen einer Geschichte der Natur im temporalen Sinn im Gefolge, bis hin zur Entstehung der mit Darwins Namen verbundenen Evolutionstheorie. Sie wird nicht mehr mit dem alten Terminus *Naturgeschichte* bezeichnet.

SachG: Unter wechselndem Begriffsnamen gibt es eine Tradition von Naturbeschreibungen von der griechischen Antike bis zur frühneuzeitlichen ‚Naturgeschichte‘, die nicht in ein lineares Entwicklungsmodell gebracht werden kann.

Die christlich-mittelalterliche Naturkunde ist weitgehend einem theologischen Erkenntnisziel verpflichtet (↗ *Fachprosa*). Wie die Heilige Schrift wird auch die Schöpfung als Offenbarung Gottes verstanden (‚Buch der Natur‘), und wie die Worte der Bibel sind die Dinge (res) der Natur über ihre Eigenschaften (proprietates) in ihrem heilsgeschichtlichen Sinn durch ↗ *Allegorese* entschlüsselbar. Einzelne Gegenstandsbereiche werden in der Tradition der auf die Spätantike zurückgehenden ‚Physiologus‘-Überlieferung (Tierbeschreibungen mit allegorisch-heilsgeschichtlichen Auslegungen) in besonderen allegorischen Textsammlungen (zu Tieren: Bestiarien, zu Steinen: Lapidarien) behandelt. Voraussetzung der Allegorese ist die genaue Kenntnis der durch die Naturbeschreibung erhobenen Fakten, welche die Wahrheit der spirituellen Auslegungen begründet. Allerdings ist mit der Festschreibung der Bedeutungen das Faktenwissen nur noch schwer korrigierbar. Die mittelalterliche Naturkunde zeigt daher im allgemeinen wenig Interesse an Empirie und beruft sich auf verschriftlichtes, durch Autoritäten verbürgtes Wissen. Sie ist insofern philologisch ausgerichtet: Die lateinischen Naturenzyklopädien von Hrabanus Maurus bis hin zu Vinzenz von Beauvais sind Kompilationen überlieferter Wissensbestände, die im Spätmittelalter auch in der Volkssprache (vgl. etwa Konrads von Megenberg ‚Buch der Natur‘, um 1350) tradiert werden und in vielfältiger Weise in dichterische Werke eingehen. Naturkundliches Wissen ist Hintergrund politischer Allegorese in der Spruchdichtung seit dem 13. Jh.; es erscheint in der Reiseliteratur und wird in den höfischen Romanen (Wolfram von Eschenbach, ‚Parzival‘; Albrecht, ‚Titurel‘ u. a.) verarbeitet. Das überkommene Wissen wird in den naturgeschichtlichen Kompendien des 16. Jhs. (Aldrovandi, Bock, Gesner u. a.) noch einmal zusammengefaßt.

Seit dem 13. Jh. wird allerdings im Zuge der intensivierten Aristoteles-Rezeption die Empirie im naturkundlichen Schrifttum immer wichtiger. Erst recht verschiebt sich im 16. Jh. das Interesse weiter auf die Deskription empirisch ermittelter Sachverhalte, oft in Auseinandersetzung mit deren literarisch tradierten Beschreibungen. Allegorische Deutungen verschwinden allerdings keineswegs, sondern werden neben empirischen Beschreibungen tradiert (vgl. z. B. die Philologica und Moralia noch in den ‚Tiergeschichten‘ Konrad Gesners, 1515–1565). Doch sind die Grenzen zwischen naturkundlicher Beschreibung und allegorischer Naturdeutung nun schärfer gezogen, und auch die poetische Darstellung naturgeschichtlicher ‚res‘ orientiert sich nicht mehr überwiegend an der Tradition der Naturallegorese, sondern an Erfahrung und Beobachtung. Dies gilt selbst für die Auslegungsbasis der Emblematik (↗ *Emblem*).

Verstärkt wird seit dem 17. Jh. eine Neubegründung der Naturgeschichtsschreibung auf der Grundlage von Erfahrung und Experiment gefordert (nach älteren Vorgängern programmatisch zusammengefaßt bei Francis Bacon, ‚Instauratio magna‘, 1620).

Hier zeichnet sich ein neuzeitlicher Empirismus ab, der später von Institutionen wie der Royal Academy planmäßig gefördert wird. Die ständig wachsende Menge der aufzunehmenden Sachverhalte strapaziert zunehmend die tradierten Beschreibungskategorien und sprengt die Ordnungen, in denen sie systematisiert werden sollen, so daß sich zum 18. Jh. das ‚Ende der [traditionellen] Naturgeschichte' abzeichnet (Lepenies). Die von der älteren Naturgeschichte erhobenen Fakten werden in den unterschiedlichen disziplinären Kontexten der entstehenden Naturwissenschaften (Biologie, Geologie, Chemie, Physik usw.) reformuliert. Historia und Philosophia/Scientia naturalis gehen in dem sich ausdifferenzierenden Gefüge naturwissenschaftlicher Disziplinen ineinander auf.

Wo die Dichtung im 18. Jh. noch auf Gegenstände der Naturgeschichte zurückgreift (J. H. Brockes), ist im allgemeinen der Traditionshintergrund − die Lehre von der allegorischen Bedeutung der Naturdinge − verblaßt, auch wenn die Natur weiterhin als ‚Buch' gelesen wird. Im Zentrum steht jetzt der Wirkzusammenhang göttlicher, den Kosmos durchwaltender Kräfte (↗ Lehrdichtung). Die Auffassung der Natur als Buch wird in der Romantik neu belebt (↗ Naturlyrik), doch steht die auf die Natur bezogene Dichtung des 19. Jhs. überwiegend nicht mehr in der Tradition der älteren Naturgeschichte, wenn auch einzelne Bilder und Motive sich aus ihr speisen (Goethe, Jean Paul, Droste-Hülshoff, Stifter). Verfahren der Naturgeschichtsschreibung leben im 19. und 20. Jh. auch ohne einen Begriff von Geschichte in unterschiedlichen Formen (Literatur, Museum, Film etc.) weiter − als Berichterstattung über Natur- und Naturwissenschaft, im Lehrbuch, in Erzählungen.

ForschG: An der Erforschung der Naturgeschichtsschreibung, ihrer Voraussetzungen und Wirkungen sind zahlreiche Fachwissenschaften, darunter die Germanistik, beteiligt. Insbesondere wurde die dichterische Rezeption naturkundlichen Wissens nachhaltig zum Gegenstand mediävistischer Forschung, deren erste Ergebnisse in die großen Kommentarleistungen des philologischen ↗ Positivismus eingingen. Eine Neuorientierung erbrachte die von Friedrich Ohly begründete, interdisziplinär ausgerichtete mittelalterliche Bedeutungsforschung. Im Anschluß an Ohlys grundlegende Studien wurden die Verflechtungen naturkundlicher, exegetischer und poetischer Verfahren erkannt, ihre Sammlung in naturgeschichtlichen Kompendien untersucht und deren Spuren in der Literatur des Mittelalters und der Frühen Neuzeit bis in die Weimarer Klassik verfolgt (Meier, Harms/Reinitzer). Der Ertrag jener Forschungen reicht von der literaturwissenschaftlichen Erschließung von bis dahin vernachlässigten Gattungen (Enzyklopädien, Wörterbücher, ‚Naturgeschichten') über sach- und motivgeschichtliche Arbeiten bis hin zu Einzelinterpretationen, welche die vielfältigen Wechselbeziehungen zwischen Literatur und Naturkunde erhellen.

Lit: Hans Blumenberg: Die Lesbarkeit der Welt. Frankfurt 1981. − Arno Borst: Das Buch der Naturgeschichte. Heidelberg 1994. − Gavin Bridson: The history of natural history. An annotated bibliography. New York, London 1994. − Herbert Dieckmann: Naturgeschichte von Bacon bis Diderot. In: Geschichte − Ereignis und Erzählung. Hg. v. Reinhart Koselleck und Wolf-Dieter Stempel. München 1973, S. 95−114. − Dietrich von Engelhardt: Historisches Bewußtsein in der Naturwissenschaft von der Aufklärung bis zum Positivismus. München u. a. 1979. − Johann Christian Polycarp Erxleben: Anfangsgründe der Naturgeschichte. Göttingen ³1782 [darin die ältere Literatur]. − Udo Friedrich: Naturgeschichte zwischen artes liberales und frühneuzeitlicher Wissenschaft. Tübingen 1995. − Hans Fromm u. a. (Hg.): Verbum et signum. Fs. Friedrich Ohly. 2 Bde. München 1975. − Bernhard Dietrich Haage: Die Wertschätzung von Naturwissenschaft und Medizin in der deutschen Dichtung des Mittelalters. In: Sudhoffs Archiv 70 (1986), S. 206−220. − Wolfgang Harms, Heimo Reinitzer (Hg.): Natura loquax. Naturkunde und allegorische Naturdeutung vom Mittelalter bis zur frühen Neuzeit. Frankfurt u. a. 1981. − Friedrich Kambartel: Erfahrung und Struktur. Frankfurt 1968. − Reinhart Koselleck: Art. ‚Geschichte, Historie' V.3.a. In: Geschichtliche Grundbegriffe. Hg. v. Otto Brunner u. a. Bd. 2. Stuttgart ³1992, S. 678−682. − Wolf Lepenies: Das Ende der Naturgeschichte. Frankfurt 1978. − Christel Meier: Argumentationsformen kritischer Reflexion zwischen Naturwissenschaft und Allegorese. In: FMSt 12 (1978), S. 116–159. – Traude-Marie Nischik: Das volkssprachliche Naturbuch im späten Mittelalter. Tübingen 1986. – Friedrich Ohly: Schriften zur mittelalterlichen Bedeutungsforschung. Darmstadt 1977. – F. O.: Zum Buch der Natur. In: F. O.: Ausgewählte und neue Schriften zur Literaturgeschichte und zur Bedeutungsforschung. Hg. v. Uwe Ruberg und Dietmar Peil. Stuttgart, Leipzig 1995, S. 727–843. – Arno Seifert: Cognitio historica. Berlin 1976. – A. S.: Historia im Mittelalter. In: Archiv für Begriffsgeschichte 21 (1977), S. 226–284. – A. S.: „Verzeitlichung". Zur Kritik einer neueren Frühneuzeitkategorie. In: Zs. für historische Forschung 10 (1983), S. 447–477.

Herfried Vögel

Naturlyrik

Lyrik, die naturhafte Phänomene vergegenwärtigt, um z. B. menschliche Subjektivität zu thematisieren.

Expl: Dem vieldeutigen und in den einzelnen historischen Epochen jeweils unterschiedlich akzentuierten Natur-Begriff entspricht ein ebenso weiter und vieldeutiger Begriff von *Naturlyrik*. Als nachträgliches begriffliches Konstrukt wird er dazu benützt, ↗ *Gedichte* in unterschiedlicher Weise zu klassifizieren. Heuristisch lassen sich drei Verwendungsweisen unterscheiden:

(1) Zunächst ist von einer grundsätzlichen Affinität von ↗ *Lyrik* und einer traditionell weiten Vorstellung von ‚Natur' auszugehen, da seit der Antike der Natur-Begriff in umfassender Weise die Bedeutung von ‚Beschaffenheit', ‚Wesen' mit derjenigen von ‚Werden', ‚Wachstum' verbindet (als ‚Natur der Dinge' im Sinne von ‚De rerum natura'). Noch unter dem Vorzeichen eines nachromantischen bzw. nachgoethezeitlichen Lyrikbegriffs wird die Repräsentation von Naturphänomenen zur Vergegenwärtigung subjektiver Befindlichkeiten eingesetzt. Die ein tatsächliches Erleben suggerierende ↗ *Erlebnislyrik* ist insofern vielfach zugleich Naturlyrik, da die vermeintlich unmittelbare Gefühlsaussprache und ihr bekennender Charakter in naturhaften Vorgängen gestaltet werden. Bei allen Veränderungen im Naturverständnis bleibt das Aussprechen, Erklären und Deuten elementarer menschlicher Erfahrungen und Empfindungen in ‚erlebten' oder allegorisch ‚gedachten' Naturbildern eine Konstante.

(2) Zum anderen läßt sich Naturlyrik einfach als Lyrik definieren, deren zentrales ↗ *Motiv* ‚Natur' im Sinne konkreter Naturerscheinungen ist. Das Verhältnis von vorgängiger oder im dichterischen Akt erst konstituierter ‚Natur' und Text kann dabei im wesentlichen (a) anschauend oder auch beschreibend (und damit Bild-immanent) wie in der LANDSCHAFTSDICHTUNG (auch *Landschaftsbeschreibung* oder *Landschaftspoesie*) oder aber (b) reflexiv und damit die Bedeutung der Bildlichkeit transzendierend (etwa in der allegorischen Vorstellung des ‚liber naturae', des Lesens im ‚Buch der Natur') gestaltet sein.

(3) Seit der Mitte des 18. Jhs. schließlich kann man mit der einsetzenden Entfremdung des sich seiner Subjektivität bewußt werdenden Menschen von einem geschichtsphilosophisch grundierten Begriff der Naturlyrik (bzw. zeitgenössisch: ‚Naturpoesie') sprechen. Solche Naturlyrik hat zum Ziel, die Distanz zur Natur bewußt und sie gleichzeitig – entgegen der Lebenswirklichkeit – in reflexiver Weise rückgängig zu machen, sowohl in idealer Überhöhung wie in sentimentalischer Sehnsucht nach Ganzheit. Als Teil der Naturpoesie wird Naturlyrik – entweder in Form der in dieser Zeit entdeckten und in ihrem Wert erkannten ↗ *Volkslieder* oder in bewußt ‚volkstümlicher' Manier – der poetologischen Gesetzen folgenden Kunstpoesie gegenübergestellt. Dabei gehen aus der antiken ↗ *Rhetorik* und ↗ *Poetik* stammende Überlegungen zur Rolle von ‚ars' und ‚natura' beim ↗ *Dichter* in diesen Begriff der Naturlyrik ein.

WortG/BegrG: Solange die im Mittelalter herrschende und bis in die Frühaufklärung geltende Vorstellung zugrunde liegt, nach der Welt und Natur Teile des Universums Gottes und von Gottes Wirken geordnet sind, fehlt eine Bezeichnung für das Phänomen der Naturlyrik, obwohl von jeher in der Lyrik Naturbilder menschliche Empfindungen veranschaulichen. Erst seit dem Sturm und Drang finden sich Belege aus dem Wortfeld ‚Naturlyrik': „Naturdichter", „Naturdichtung" (DWb 13, 444), „Naturpoesie" (Herder, ‚Vom Geist der ebräischen Poesie', 1782; Belege: DWb 13, 463 f.) u. ä., von denen *Naturlyrik* abgeleitet wurde. Dieser Terminus ist wohl erst spät gebräuchlich geworden. 1954 gebraucht ihn H. E. Holthusen in einem Essay ‚Naturlyrik und Surrealismus'. In der Literaturwissenschaft erlebt er in den 1970er und 1980er Jahren eine gewisse Konjunktur.

Hans Egon Holthusen: Naturlyrik und Surrealismus. In: H. E. H.: Ja und Nein. München 1954, S. 86−123.

SachG: Seit der Antike bis in das 18. Jh. ist Naturlyrik innerhalb der Traditionen der rhetorischen ↗ *Topik* (etwa der Topoi des ‚locus amoenus' − vgl. ↗ *Idylle* − und ‚locus terribilis'; s. Garber) gestaltet, so daß der individuelle Spielraum der Autoren weniger ausgeprägt ist. Naturlyrik im heutigen Verständnis war deshalb bis zum 18. Jh. unbekannt. Im Mittelalter gilt die im Naturreich herrschende Ordnung als Erweis der göttlichen Fügung. Die Schöpfung wird als zweite Offenbarung neben der Bibel mit den Mittel der ↗ *Allegorese* entziffert (‚Buch der Natur'). Im frühen und hohen ↗ *Minnesang*, aber auch in liedhafter Dichtung des späteren Mittelalters werden naturhafte Phänomene in vielfältigen Ausprägungen zur Gestaltung topisch stilisierter Affektkonstellationen eingesetzt; häufig als ‚Natureingang' (stereotype Naturszenerie zu Beginn eines Gedichts).

Barocke Dichter akzentuieren in toposartigen Naturarrangements nicht selten die christliche Vorstellung von der Vergänglichkeit des irdischen Lebens und die Allmacht Gottes. Barocke Naturlyrik nimmt auch − in teilweise mystisch inspirierten Texten − die mittelalterliche Vorstellung vom ‚Buch der Natur' wieder auf (Spee, P. Gerhardt). Bei den Frühaufklärern (Brockes, Haller) gewinnt − z. T. unter Einfluß entsprechender Erkenntnistheorien (Locke) − die empirisch-menschliche Welt an Eigenwert; die Natur wird zwar noch in ihrer (physiko-theologischen) Verbindung zur göttlichen Instanz gesehen − ‚Irdisches Vergnügen in Gott' (Brockes) −, sie ist aber zugleich Objekt ästhetischer Anschauung in ihrer sinnlichen Gegenständlichkeit. Bei Bodmer und Breitinger wird dies theoretisch mit dem Begriff der ‚malenden Poesie' gefaßt.

Schließlich kann seit Beginn des 18. Jhs. das ‚Erhabene', das vor allem in überwältigenden Naturphänomenen gesehen wird (↗ *Erhaben*), verstärkt als ‚Schreckliches' gefaßt werden (Addison, Burke, Kant) und bewirkt so eine Ausweitung des Gegenstandsbereichs der Naturlyrik, in der neue Naturräume in ihrem eigenen Wert entdeckt und thematisiert wurden: die einst gefürchtete ‚wilde' Landschaft, exotische Räume, Meer und Gebirge. Empirische Naturerfahrung dringt in die stilisierte Naturdarstellung ein. Gegenüber der vernunftbestimmten Naturnachahmung setzt sich mit Herder und dem jungen Goethe im Sturm und Drang die Vorstellung vom Autor als genialem und originalem Schöpfer durch (↗ *Originalität*), der gleich der Natur seine Dichtung schafft; Lyrik insgesamt fungiert dabei als emotionale Ich-Aussprache. Natur und ↗ *Lyrisches Ich* nähern sich an und werden identisch. Schon Klopstock sprach von „Mutter Natur" (‚Der Zürchersee'), in Goethes ‚Ganymed' heißt es auf die Natur bezogen „Frühling, Geliebter", die erste Fassung von ‚Auf dem See' beginnt: „Ich saug' an meiner Nabelschnur / Nun Nahrung aus der Welt". In der Weimarer Klassik gibt es in der Lyrik sowohl eine ‚symbolische' Naturauffassung, welche die Naturphänomene im Sinne des Goetheschen Symbolbegriffs auf eine allgemeinere Erkenntnis hin transparent machen möchte (↗ *Symbol₂*), als auch naturphilosophische Gestaltungen, die eigentlich zum Lehrgedicht (↗ *Lehrdichtung*) zählen (Goethe, ‚Die Metamorphose der Pflanzen'; Schiller, ‚Der Spaziergang'). Der Chiffren-Charakter der Natur als einer höheren Welt (Novalis), die raffinierte ästhetische Parallele zwischen Ich und Natur (Brentano), die Natur als Symbol der Sehnsucht nach einer verlorenen Einheit (Eichendorff) sind Spielarten der romantischen Naturlyrik, deren Elemente von Heine noch zitiert, aber zugleich ironisiert werden. Bei A. v. Droste-Hülshoff wird die Natur (in Anlehnung an Röm 8,18−22) als ,seufzende' und wie der Mensch erlösungsbedürftige zusammen mit dem Subjekt in einen − prädarwinistisch deutbaren − Schuldzusammenhang einbezogen.

Nachdem in der Restaurationsepoche allegorische und empirische Elemente die Naturlyrik geprägt hatten, dominiert in der 2. Hälfte des 19. Jhs. die Vorstellung von der Naturlyrik als Stimmungslyrik, deren oft zur Dekoration abgesunkene Schablonenhaftigkeit erst die Symbolisten durch neue ästhetische Experimente und Sprachmagie aufbrechen. So sucht etwa G. Keller auf dem Hintergrund der massenhaften epigonalen Naturlyrik des späteren 19. Jhs. die schöpferische Dimension der Natur wiederzubeleben, Storm bemüht sich gegenüber der zunehmenden Abstraktion um eine Erneuerung der naturhaften Symbolik im Goetheschen Sinne, während C. F. Meyers Naturlyrik schon als Vorstufe zum Symbolismus gelten kann. In dieser von Frankreich ausgehenden Bewegung bildet die Natur für Rilke, George oder Hofmannsthal Anlaß zu einer artifiziellen, ästhetisierten, facettenreichen, antinaturalistischen Lyrik magischen Charakters, die im Expressionismus visionär, mythisch oder apokalyptisch gesteigert wird.

Naturlyrik und Naturwissenschaft verbinden sich zu einer neuen ästhetisch-strengen Einheit bei O. Loerke und W. Lehmann (,naturmagische Lyrik'). Brecht subsumiert in seiner Naturlyrik das komplizierte Verhältnis von Natur und Gesellschaft und versteht sie als eine Spielart der politischen Lyrik. Nach 1945 entfaltet sich ein breites Spektrum der Naturlyrik: gesellschaftlich-warnende Funktion (G. Eich), Zeuge der Zerstörung durch die Technik (H. M. Enzensberger), utopische Intention (Sarah Kirsch, G. Kunert), Warnung vor Naturzerstörung (Öko-Lyrik).

ForschG: Die seit dem 19. Jh. intensiv betriebene Forschung hat sich zumeist um einzelne Autoren und Motive, weniger um übergreifende historische Fragestellungen gekümmert. Einen gewissen Paradigmenwechsel führte Curtius' Hinweis auf den topischen Charakter mittelalterlicher und frühneuzeitlicher Naturdarstellungen herbei (vgl. u. a. Garber). Grundlegende Darstellungen zur Landschaftsdichtung haben Lobsien (aus anglistischer Perspektive, aber mit grundsätzlichen theoretischen Überlegungen) und Koschorke vorgelegt; die neueste systematisierende Darstellung stammt von Riedel.

Lit: Alexander v. Bormann: Natura loquitur. Tübingen 1968. − Wolfgang Ertl: Natur und Landschaft in der Lyrik der DDR. Stuttgart 1982. − Klaus Garber: Der locus amoenus und der locus terribilis. Köln, Wien 1974. − Walter Gebhard: Naturlyrik. In: Neun Kapitel Lyrik. Hg. v. Gerhard Köpf. Paderborn 1984, S. 35−82. − Axel Goodbody: Natursprache. Ein dichtungstheoretisches Konzept der Romantik und seine Wiederaufnahme in der modernen Naturlyrik (Novalis − Eichendorff − Lehmann − Eich). Neumünster 1985. − Jürgen Haupt: Natur und Lyrik. Stuttgart 1983. − Ursula Heukenkamp: Die Sprache der schönen Natur. Berlin, Weimar 1982. − Albrecht Koschorke: Die Geschichte des Horizonts. Frankfurt 1990. − Eckhard Lobsien: Landschaft in Texten. Stuttgart 1981. − Hans-Georg Kemper: Deutsche Lyrik der frühen Neuzeit. 6 Bde. Tübingen 1987 ff. − Wilhelm Kühlmann: Das Ende der ,Verklärung'. Bibel-Topik und prädarwinistische Naturreflexion in der Literatur des 19. Jhs. In: Schiller-Jb. 30 (1986), S. 417−452. − Norbert Mecklenburg: Naturlyrik und Gesellschaft. Stuttgart 1977. − Wolfgang Riedel: Natur/Landschaft. In: Fischer Lexikon Literatur. Hg. v. Ulfert Ricklefs. Frankfurt 1996. Bd. 3, S. 1417−1433. − Silvia Volckmann: Zeit der Kirschen? Das Naturbild in der deutschen Gegenwartslyrik. Königstein 1982.

Günter Häntzschel

Nebentext

Alle im gedruckten Dramentext außerhalb des Sprechtextes enthaltenen expliziten Hinweise.

Expl: Der Nebentext ist integraler Bestandteil und Besonderheit des dramatischen Textes neben dem HAUPTTEXT des gesprochenen Dialogs. Das Vorhandensein dieser zwei optisch im Drucktext leicht zu unterscheidenden Zeichengruppen bestimmt die Doppelnatur des ↗ *Dramas* als literarisches Werk und Entwurf für eine Bühnenaufführung.

Er umfaßt (1) die ↗ *Paratexte* des verschrifteten Theaterstücks: ↗ *Titel* (im Untertitel häufig mit Angabe des ↗ *Genres*), ggf. ↗ *Widmung* und ↗ *Motto₂*, die DRAMATIS PERSONAE (das nach Auftrittsfolge, Wichtigkeit oder sozialem Rang geordnete Verzeichnis der ‚Personen der Handlung‘, besonders im Musiktheater meist mit Rollenfach), häufig Angaben zu Ort und Zeit des Geschehens, zuweilen *Vorrede* oder *Nachwort* des Autors (↗ *Vorwort*, strikt zu trennen von einem szenischen ↗ *Prolog*, ↗ *Epilog*, ↗ *Vorspiel* oder ↗ *Nachspiel* im Haupttext); (2) im laufenden Dramentext Markierungen von ↗ *Akt* und ↗ *Szene*, Angaben zu Auftritt und Abgang der Figuren sowie zum jeweiligen Sprecher eines Redebeitrags; (3) die Gesamtheit der *Szenen-* oder ↗ *Regieanweisungen* zu *Requisiten* und ↗ *Bühnenbild*, *Kostümen* und ↗ *Masken* sowie zur Schauspieleraktion unter Einschluß von *Gestik* und ↗ *Mimik₂* (vgl. RL² 1, 198 f.; Platz-Waury, 28−32).

Dem Leser hilft der Nebentext, den Dramentext zu imaginieren. Der Zuschauer einer Theaterinszenierung hingegen nimmt ihn in seiner szenischen Aktualisierung durch ↗ *Inszenierung* wahr (Esslin, Hayman). Inwieweit ein Regisseur sich an die auktorialen Vorgaben gebunden fühlen muß, ist strittig (vgl. z. B. Copeau, im Gegensatz dazu Brecht).

Unterschieden wird zwischen dem in den Haupttext eingebundenen impliziten und dem expliziten Nebentext (Zimmer). Dieser gehört zum ‚vermittelnden Kommunikationssystem‘ zwischen dem inneren Kommunikationssystem (unter den Bühnenfiguren) und dem äußeren (mit dem Publikum; Fieguth, 191 f.; Pfister, 19−22). Obwohl im allgemeinen komplementär zum Haupttext, den er vervollständigt oder erklärt, kann der Nebentext auch im Widerspruch dazu stehen (vgl. ↗ *Absurdes Theater*). In seltenen Fällen besteht ein Theaterstück nur aus Nebentext − z. B. in Becketts ‚Act Without Words‘ I und II oder in Handkes ‚Die Stunde da wir nichts voneinander wuß-

ten‘ (↗ *Pantomime*, ↗ *Commedia dell'arte*, ↗ *Szenario*).

Bertolt Brecht: Fragen über die Arbeit des Spielleiters. In: B. B.: Schriften zum Theater. Bd. 6. Frankfurt 1964, S. 216 f. − Jacques Copeau: Die Inszenierung [‚Mise-en-scène‘, 1936]. In: Texte zur Theorie des Theaters. Hg. v. Christopher Balme u. Klaus Lazarowicz. Stuttgart 1991, S. 340−346.

WortG/BegrG: Das Begriffspaar *Haupttext−Nebentext* wurde 1931 geprägt von Roman Ingarden mit der im Zusammenhang seiner ↗ *Phänomenologischen Literaturtheorie* getroffenen Bestimmung, „daß in einem ‚geschriebenen‘ Drama zwei verschiedene Texte nebeneinander laufen: einerseits der Nebentext, d. h. die Angaben darüber, wo, in welcher Zeit usw. sich die betreffende dargestellte Geschichte abspielt, wer gerade spricht und eventuell auch, was er momentan tut usw.; andererseits der Haupttext selbst. Der letztere besteht ausschließlich aus Sätzen, die von den dargestellten Personen ‚wirklich‘ ausgesprochen sind" (Ingarden, 220−222). Eine theatersemiotische Rekonstruktion des Begriffspaars von Haupttext und Nebentext hat 1977 M. Pfister ausgearbeitet (Pfister, 34−38). Die neuere, besonders die internationale Literatur bevorzugt für den Nebentext den Terminus *Didaskalien* (vgl. z. B. Gallèpe, Klose, Pagliai).

SachG: Im Laufe der Entwicklung des Dramas sind Nebentext und Haupttext je nach Epoche, Aufführungspraxis und Autor sehr variable Beziehungen eingegangen. Das Drama von der Antike bis zum 16. / 17. Jh. kennt vor allem den impliziten Nebentext (z. B. Sophokles, Racine) oder verwendet den expliziten sparsam (Shakespeare). Ab dem 17. Jh. nehmen die expliziten Festlegungen des Dramenautors zu. Vor allem im Drama des ↗ *Naturalismus* wird der Nebentext sehr umfangreich und gibt die Bühnenrealisierung durch detaillierte Hinweise präzise vor (Shaw, Ibsen, Hauptmann); diese Tendenz zur Ausweitung des Nebentextes wird noch verstärkt durch die Wiedergabe verschiedener Hintergrund-Materialien im ↗ *Dokumentartheater* (etwa bei Hochhuth).

ForschG: Lange Zeit wurde die Bedeutung des Nebentextes ignoriert. Auf dem ↗ *Struk-*

turalismus aufbauend (Déak), hat sich die Forschung erst seit den 1970er Jahren mit der Analyse in bezug auf Umfang, Inhalt, Funktionen und Grad der Realisierbarkeit auf der Bühne befaßt (z. B. Sterz, Levitt). Wies die literaturwissenschaftlich orientierte Dramenanalyse dem Nebentext eine sekundäre Rolle zu (Ingarden, Veltruský), so wuchs das Interesse am Nebentext als eigenständigem Analysegegenstand in dem Maße, wie der dramatische Text als für die Bühnenaufführung konzipiert verstanden wurde (Esslin, Lehmann).

Vor allem die theatersemiotische Forschung hat sich dem Nebentext zugewendet. Issacharoff und Aston / Savona unternahmen erste Versuche einer präzisen Taxonomie. Issacharoff unterschied vier Typen von Didaskalien: ,außertextuelle' (Vorwort, Annotationen usw.), sich ebenfalls nur dem Leser erschließende ,sprechtextautonome', ,aufführungsbezogene' und schließlich ,normale' (Issacharoff / Jones, 61—74). Ihrer Funktion nach beziehen sie sich entweder auf den Sprecher *(fonction nominative),* den Dialogpartner *(fonction destinatrice),* die Schauspieleraktion *(fonction mélodique)* oder den Schauplatz *(fonction locative).* Aston / Savona benennen 57 funktionale intra- bzw. extradialogische Kategorien, die figur-, sprach-, raum-/ zeit- und bühnenbezogen sind (Aston/Savona, 82—90).

Lit: Elaine Aston, George Savona: Theatre as sign-system: London, New York 1991 [bes. S. 71—95, 123—140]. — Giuseppe Bartolucci: La didascalia drammaturgica. Neapel 1973. — Frantisek Déak: Structuralism in theatre. In: The drama review 20 (1976), S. 83—94. — Martin Esslin: The field of drama. London, New York 1987. — Rolf Fieguth: Zur Rezeptionslenkung bei narrativen und dramatischen Werken. In: STZ 47 (1973), S. 186—201. — Erika Fischer-Lichte: Semiotik des Theaters. 3 Bde. Tübingen 1983. — Thierry Gallèpe: Didascalies. Les mots de la mise en scène. Paris 1998. — Sanda Golopentia, Monique Martinez Thomas: Voir les didascalies. Paris 1994. — Jörg Hasler: Shakespeare's theatrical notation. Bern 1974. — Ronald Hayman: How to read a play. London 1977. — Richard Hornby: Script into performance: A structuralist view of play production. Austin 1977. — Roman Ingarden: Das literarische Kunstwerk [1931]. Tübingen [4]1972. — Michael Issacharoff: Stage codes. In:

M. I., Robin F. Jones (Hg.): Performing text. Philadelphia 1988, S. 61—74. — Dietrich Klose: Die Didaskalien und Prologe des Terenz. Bamberg 1966. — Hans-Thies Lehmann: Die Inszenierung: Probleme ihrer Analyse. In: Zs. für Semiotik 11 (1989), S. 29—49. — Paul M. Levitt: A structural approach to the analysis of drama. Den Haag, Paris 1971. — Morena Pagliai: Didascalie teatrali tra Otto e Novecento. 2 Bde. Florenz 1994 f. — Manfred Pfister: Das Drama. München 1977. — Elke Platz-Waury: Drama und Theater. Tübingen [4]1994. — Georg Rudolf: The theatrical notation of roman and pre-Shakespearean comedy. Bern 1981. — Brigitte Schmidt: The function of stage directions in German drama. Diss. San Diego 1986 [bisher umfassendste Bibliographie]. — Hans-Günther Schwarz: Das stumme Zeichen. Der symbolische Gebrauch von Requisiten. Bonn 1974. — Jakob Steiner: Die Bühnenanweisung. Göttingen 1969. — Erika Sterz: Der Theaterwert der szenischen Bemerkungen im deutschen Drama von Kleist bis zur Gegenwart. Berlin 1963. — Gerhard Tschauder: Wer „erzählt" das Drama? Versuch einer Typologie des Nebentextes. In: SuLWU 22 (1991), H. 2, S. 50—67. — Anne Ubersfeld: Lire le théâtre. Paris [4]1990. — Jiri Veltruský: Das Drama als literarisches Werk. In: Moderne Dramentheorie. Hg. v. Aloysius van Kesteren und Herta Schmid. Kronberg/Ts. 1975, S. 96—132. — Gundel Westphal: Das Verhältnis von Sprechtext und Regieanweisung bei Frisch, Dürrenmatt, Ionesco und Beckett. Diss. Würzburg 1964. — Reinhold Zimmer: Dramatischer Dialog und außersprachlicher Kontext. Göttingen 1982.

Elke Platz-Waury

Negative Dialektik ↗ *Kritische Theorie*

Neidhartiana

Auf den mittelhochdeutschen Sänger Neidhart bezogenes und ihm häufig auch zugeschriebenes Corpus von Liedern, Schwankerzählungen und Spielen.

Expl: Lieder, die von der spätmittelalterlichen und frühneuzeitlichen Überlieferung dem historischen Autor Neidhart zugeschrieben oder bereits als eigenständige

Gattung in dessen Tradition bezeichnet werden, aus ihnen abgeleitete oder an ihre Motive anknüpfende Schwänke, die den Bauernfeind Neidhart zum Helden haben, sowie Spiele, als deren Protagonist ein *Neidhart* genannter Held auftritt. Durchgängig ist die Grundkonstellation einer Gegnerschaft zwischen dem ‚Ritter' (auch ‚Knappen') Neidhart und bäuerlichen Widersachern (‚dörpern'), ursprünglich als Rivalität um die Gunst einer Frau. Neidhart agiert meist als Protagonist des (österreichischen) Hofes oder als Repräsentant der adeligen/ städtischen Oberschicht.

WortG: *ain nithart* als Genrebezeichnung (sowohl für ‚Lieder Neidharts' als auch für ‚Lieder in der Art Neidharts') läßt sich zuerst in der Heidelberger Handschrift Cpg 696 (ca. 1450) nachweisen; zuvor bereits als Bezeichnung für ein (erotisch-lasziver) Tanzlied in der satirisch-didaktischen Dichtung ‚Des Teufels Netz' (1. Hälfte 15. Jh.). Die Bezeichnung *Neidharte* (bzw. *Neidhartiana*) hat sich erst in jüngerer Zeit eingebürgert (vgl. Simon 1972). Sowohl der Autorname *Neidhart* wie die in seinen Liedern eingeführte Figur des ‚Riuwentalers' können auch allegorisch gedeutet werden (*Nîthart*: ein mittelalterlicher Teufelsname; *riuwental*: ‚Tal der Reue, des Kummers').

BegrG: ‚Neidhartiana' steht in Konkurrenz zu dem Begriff der ‚Pseudo-Neidharte' (unter Neidharts Namen laufende Lieder) und ist im Gegensatz zu diesem nicht durch die Echtheitsdebatte eindeutig negativ präjudiziert. Die Gesamtheit der auf Neidhart bezogenen Texte trägt zur ‚Neidhart-Legende' bei, die — unabhängig von bestimmten Textformen — das angebliche Leben des Bauernfeindes Neidhart erzählt und Spuren auch in Dichtungen wie Wittenwilers ‚Ring' oder in historiographischer Überlieferung hinterlassen hat.

SachG: In der Geschichte der Neidhartiana lassen sich wenigstens vier Phasen festhalten, die nur zum Teil in historischer Abfolge zu denken sind: (1) Ihren Ausgang bildet die (außerliterarisch nicht dokumentierte) historische Persönlichkeit eines Autors mit dem Namen *Neidhart* ((Her) *Nîthart*, ca.

1185−1240), der als Erfinder zweier Liedtypen anzusehen ist, der ‚Sommer'- und ‚Winter-Lieder', in denen ‚der von Riuwental' als Werber um ein (dörper-)Mädchen auftritt und sich mit Rivalen unter den dörpern auseinandersetzt. (2) Sowohl der (in einigen Bestandteilen normierte) Handlungsverlauf dieser Texte als auch derjenige der daraus wohl abgeleiteten, inhaltlich aber weitgehend unvergleichbaren Schwankliedern boten die Möglichkeit des Weiter-Schreibens bzw. -Singens. ‚Neithart' mutierte als Bauernfeind zum Helden dieser Schwanklieder. (3) Diese Einzelschwänke wurden mit offensichtlich biographischem Interesse zum Schwankroman ‚Neithart Fuchs' zusammengestellt. (4) Bereits in einem relativ frühen Stadium scheinen einzelne dieser Schwankerzählungen dramatisch bearbeitet und aufgeführt worden zu sein (insbesondere der sogenannte Veilchen-Schwank; die Neidhartspiele zählen zu den frühesten deutschsprachigen Schauspielen weltlichen Inhalts).

Der relativ stark normierte, doch in der ersten Phase der Entstehung und Tradierung noch für Variationen offene Handlungsverlauf der Sommer- und Winterlieder wurde — vielleicht noch von Neidhart selbst, jedenfalls aber von späteren Autoren — einseitig (und im Vergleich mit den Winterliedern z. T. gegenläufig) festgeschrieben: Der Ritter Neithart avanciert in den Schwankliedern zum manchmal zuerst bloßgestellten, doch zuletzt siegreichen Feind der körperlich und intellektuell unterlegenen Bauern.

Der umfangreichen Überlieferung wie den außerliterarischen Zeugnissen (z. B. das angebliche Wiener Neidhart-Grab, Neidhart-Fresken etc.) zufolge erfreuten sich die Neidhart-Lieder mit ihren inhaltlichen Transformationen eines anhaltenden Publikumsinteresses vom 13. bis zum 16. Jh. Zu den Besonderheiten der spätmittelalterlichen Rezeption zählen die zahlreichen Melodieüberlieferungen. Das Schwankbuch ‚Neithart Fuchs' gelangte im 15. und 16. Jh. zum Druck.

ForschG: Die Erforschung der Neidhartiana war lange Zeit den Bemühungen um eine kritische Edition und Interpretation der ‚echten' Lieder des Minnesängers Neidhart (13. Jh.) untergeordnet. Alle Forschungen zu jenen Texten (und Melodien), die M. Haupt als unecht eingeschätzt und deshalb aus seiner bis heute grundlegenden Neidhart-Ausgabe ausgeschlossen hatte, mußten sich bis vor kurzem auf die (rekonstruierende) Edition der ‚Neidharte' (vor allem aus Hs. c) durch W. Wackernagel (in v. d. Hagen: 183–313, 468^{d-g}) und Bobertags Ausgabe des ‚Neithart Fuchs' stützen. Inzwischen sind die wichtigsten spätmittelalterlichen Überlieferungen ediert (Boueke, Bennewitz). Ihrer stil- und motivgeschichtlichen sowie quellenkritischen Erforschung galten die Studien von Brill, Singer und Rabbinowitsch; wesentliche Neuansätze sind den überlieferungsgeschichtlich orientierten Arbeiten von Boueke, Simon, Bekker, Bennewitz und Schweikle zu verdanken, die die rezeptionsgeschichtliche Bedeutung der spätmittelalterlichen Adaptationen und Umschriften des Neidhart-Corpus thematisieren.

Lit: Ingrid Bennewitz-Behr (Hg.): Die Berliner Neidhart-Hs. c. Göppingen 1981. – I. B. (Hg.): Die Wiener Neidhart-Hs. w. Göppingen 1984. – Siegfried Beyschlag, Horst Brunner (Hg.): Herr Neidhart diesen Reihen sang. Göppingen 1989. – Felix Bobertag (Hg.): Narrenbuch [1884]. Repr. Darmstadt 1964. – Gerd Fritz (Hg.): Abbildungen zur Neidhart-Überlieferung I. Die Berliner Neidhart-Hs. R und die Pergament-Fragmente Cb, K, O und M. Göppingen 1973. – Friedrich Heinrich von der Hagen (Hg.): Minnesinger. Bd. 3/1 [1838]. Repr. Aalen 1963. – Moriz Haupt (Hg.): Neidhart von Reuenthal [1858, ²1923]. Repr. hg. v. Ingrid Bennewitz-Behr u. a. Stuttgart 1986. – Erhard Jöst (Hg.): Die Historien des Neithart Fuchs. Göppingen 1980. – John Margetts (Hg.): Neidhartspiele. Graz 1982. – Edith Wenzel (Hg.): Abbildungen zur Neidhart-Überlieferung II. Die Berliner Neidhart-Hs. c (mgf 779). Göppingen 1976.

Hans Becker: Die Neidharte. Göppingen 1978. – Dietrich Boueke: Materialien zur Neidhart-Überlieferung. München 1967. – Richard Brill: Die Schule Neidharts. Berlin 1908. – Horst Brunner (Hg.): Neidhart. Darmstadt 1986. – Franz-Josef Holznagel: Wege in die Schriftlichkeit. Tübingen 1995. – Ulrich Müller: Grundsätzliches zur Überlieferung, Interpretation und Edition von Neidhart-Liedern. In: ZfdPh 104 (1985), Sonderh., S. 52–79. – Jacob F. Rabbinowitsch: Probleme der Neidhart-Forschung. Bussum 1928. – Günther Schweikle: Pseudo-Neidharte? In: ZfdPh 100 (1981), S. 86–104. – G. S.: Neidhart. Stuttgart 1990. – Eckehard Simon: Neidhart von Reuental. Geschichte der Forschung und Bibliographie. Den Haag, Paris 1968. – E. S.: Neidharte und Neidhartianer. In: Brunner 1986, S. 196–250 [zuvor engl. in: PBB (W) 94 (1972)]. – Samuel Singer: Neidhart-Studien. Tübingen 1920.

Ingrid Bennewitz

Neoklassizismus ↗ *Klassizismus* ↗ *Neuromantik*

Neologismus

Lexikalische Neuerung.

Expl: Im engeren Sinne ein sprachlicher Ausdruck, der in dieser Form vor einem Zeitpunkt t_x in einer Sprache L_y nicht nachgewiesen ist. Es handelt sich dabei meist um ein lexikalisches Morphem, eine komplexe lexikalische Einheit oder einen Phraseologismus, doch kann es grundsätzlich auf allen sprachlichen Rängen Neologismen geben. Ein Teil dieser Ausdrücke ist ephemer und geht nicht in den allgemeinen Sprachgebrauch über. Man unterscheidet bei ihnen: (1) Okkasionalismen, d. h. sach- oder kontextbedingte aktuelle Bildungen wie z. B. *Dresden-Reise, Irak-Krieg, Cézanne-Ausstellung*, aber auch stilistisch bedingte oder text(sorten)spezifische Bildungen wie *Blütenträume, schreibselig, honiggrün* (↗ *Onomatopöie*); (2) Barbarismen (*Solözismen*; ↗ *Metaplasmen*), z. B. spracherwerbsbedingte Verstöße gegen die Norm wie kindersprachlich *Trete* statt *Pedal* oder von Ausländern aus Mangel an Sprachbeherrschung ad hoc geprägte Ausdrücke. Solche Gelegenheitsbildungen werden lexikographisch nicht gebucht, weil sie, obwohl strukturell möglich, nicht Bestandteil der allgemeinen Sprach(gebrauchs)norm sind.

Neologismen können in den allgemeinen Sprachgebrauch übernommen werden; sie werden dabei häufig noch „über eine gewisse Zeit als neu empfunden" (Heller u. a., 9) und können dann ihre Funktion als Aufmerksamkeitssignal beibehalten. Man unterscheidet Neuschöpfungen: *Chaos, Nylon,* Neubildungen (Neulexeme): *Disko, Laser,* Neubezeichnungen (Neuformative, Wortbildungssynonyme): *Leuchte* statt *Lampe, Seniorencenter* statt *Altersheim* u. a. sog. ⁊ *Euphemismen,* sowie Neubedeutungen (Neusememe, Neosemantismen): *realisieren* ‚wahrnehmen‘, *rasant* ‚schnell‘ (s. Heller u. a., 79; Schippan, 243 ff.). Neologismen in der Standard- oder Allgemeinsprache sind häufig nichts anderes als innere Entlehnungen, d. h. Übernahmen aus anderen Varietäten dieser Sprache, z. B. aus Fachsprachen, Dialekten, Soziolekten, aus der Literatursprache, der Werbesprache usf. Auch die von Entlehnungen angeregten Verdeutschungen (*Couvert > Briefumschlag, Coupé > Abteil* usw.) zählen zunächst zu den Neologismen. − Antonym: ⁊ *Archaismus.*

Neologismen dienen im wesentlichen der Neubenennung, der syntaktischen und/oder inhaltlichen Verdichtung des sprachlichen Ausdrucks (und somit oft auch der Sprachökonomie), der Verdeutlichung, der erhöhten Bildhaftigkeit (Poetizität) und Expressivität sowie dem Spiel mit der Sprache. Sie zeigen kulturelle Kontaktzonen an, signalisieren bestimmte stilistische Niveaus, verknüpfen verschiedene Diskurse als Signalwörter.

WortG: Die aus griech. νέος [néos] ‚neu‘ und λόγος [lógos] ‚Wort‘, ‚Begriff‘, ‚Rede‘, ‚Vernunft‘ gebildeten Kunstwörter frz. *néologue, néologisme, néologique* (Bloch/ v. Wartburg, 430), dt. *Neolog, Neologismus, neologisch* kamen fast gleichzeitig in der 1. Hälfte des 18. Jhs. auf und dienten zur Bezeichnung und kritischen Bewertung von Neuerungen „bes. auf politischem, religiösem und sprachlichem Gebiet (mit dem Nebensinn des Unnützen, Unberechtigten)" (Schulz-Basler 2, 194 f.). − Die heute bevorzugte Verwendung von *Neologismus* als neutraler sprachwissenschaftlicher Terminus scheint jung zu sein; das Duden-Fremdwb. führt noch 1982 an erster Stelle an: „Neuerungssucht, bes. auf religiösem od. sprachlichem Gebiet" (490).

Oscar Bloch, Walther v. Wartburg: Dictionaire étymologique de la langue Française. Paris ⁵1968. − Duden-Fremdwb. Bearbeitet v. Wolfgang Müller u. a. Mannheim, Wien ⁴1982.

BegrG: Die Erkenntnis der Wandelbarkeit und Vielschichtigkeit jeder Sprache ist alt. Schon in der antiken Rhetorik unterscheidet man zwischen dem sprachlich Üblichen, Gewohnten und Normalen − ‚proprietas‘ (griech. κυριολογία [kyriología]), ‚consuetudo‘, ‚usus cotidianus‘ − und den ⁊ *Abweichungen* davon (vgl. schon Aristoteles, ‚Rhetorik‘, 1404 b 8−12), den lexikalischen Ungewöhnlichkeiten (verba insolenta) und Ungebräuchlichkeiten (verba peregrina), zu denen auch die ‚verba ficta‘ oder ‚facta‘, also die neuerfundenen bzw. neugebildeten Wörter gehören. In den ⁊ *Querelles des anciens et des modernes* der literarisch-poetologischen Diskussion im 17. Jh. wird die Auseinandersetzung über die Neuerungen in Sprache und Denken und ihre Rolle in der Kultur- und Geistesgeschichte wieder aufgegriffen und der künstlich geschaffene Wortstamm *neolog-* wird zur − je nach Standpunkt positiven oder pejorativen − schlagwortartigen Kennzeichnung der Anti-Traditionalisten (Kalverkämper, 318 f.). Heute wird *Neologismus* überwiegend als sprachwissenschaftlicher Terminus im Rahmen der Lexikologie und der Lexikographie verwendet.

Pierre-Francois Guyot Desfontaines, Jean-Jacques Bel: Dictionaire néologique, à l'usage des beaux esprits du siècle. [Paris] 1726. − Chr. Otto Freiherr v. Schönaich: Die ganze Ästhetik in einer Nuß. Neologisches Wb. [1754]. Hg. v. Albert Köster. Berlin 1900.

SachG: Im weiteren Sinne sind Neologismen als Phänomene des Sprachwandels zu verstehen, im engeren Sinne sind sie Ausdruck eines Benennungs- oder Bezeichnungsnotstands oder -bedarfs und treten deshalb vor allem in Verbindung mit neuen Gegenständen und Sachverhalten auf. Aber auch neue Sehweisen, semantische Differenzierungen, inhaltliche (Euphemismen) und stilistische Paraphrasen sowie scherzhafte und spöttische Namengebungen und Sprachspiele aller Art führen zu Wortneubildungen. In der Geschichte der Literatur ist die Verwendung und Bewertung von Neologismen abhängig vom jeweils angestrebten Stilideal. Originalitätspostulate (↗ *Sturm und Drang*, ↗ *Expressionismus*), die Favorisierung einer Abweichungspoetik (z. B. *Geblümter Stil*, ↗ *Ornatus*) oder auch Phasen starker Fremdorientierung (A-la-mode-Wesen) begünstigen die Verwendung von Neologismen.

Im Alltagsleben sind Neologismen wegen ihres Abweichens von der Normalität häufig Gegenstand der ↗ *Sprachkritik*. Umgekehrt ist Sprachkritik weitgehend Neologismenkritik.

ForschG: Im Anschluß an die literarisch-poetologische Diskussion in Frankreich und die Neologismen-Wörterbücher entwickelte sich die Neologismenforschung vor allem in der Romanistik. Erst im 20. Jh. wird auch in der germanistischen Lexikologie und Lexikographie der Begriff ‚Neologismus‘ thematisiert. Bis heute gibt es erhebliche Definitionsprobleme und Abgrenzungsschwierigkeiten (s. z. B. Heller u. a., Schippan, Wotjak), und die Wörterbücher genügen in der Regel nicht wissenschaftlichen Ansprüchen. Über den Stand der nhd. Neologismenlexikographie unterrichtet Herberg.

Systematische literarhistorische Untersuchungen zum literarischen Neologismus fehlen fürs Deutsche (zur poetologischen Bedeutung von Neologismen etwa Fricke, 29–34). Autorspezifische Wörterbücher wie vor allem das Goethe-Wörterbuch (GWb) leisten hier ebenso nur exemplarische Dienste wie Monographien zu den Neologismen eines Verfassers (Paul, Plück).

Lit: Broder Carstensen, Ulrich Busse: Anglizismen-Wb. 3 Bde. Berlin, New York 1993–1996. – Heinz Peter Dürsteler: Sprachliche Neuschöpfungen im Expressionismus. Diss. Bern 1954. – Wolfgang Fleischer u. a.: Stilistik der deutschen Gegenwartssprache. Frankfurt, Berlin 1993, S. 91–100. – Harald Fricke: Norm und Abweichung. München 1981. – Alfred Heberth: Neue Wörter. Neologismen in der deutschen Sprache seit 1945. 2 Bde. Wien 1977, 1982. – Klaus Heller u. a.: Theoretische und praktische Probleme der Neologismenlexikographie. Berlin (Ost) 1988. – Dieter Herberg: Stand und Aufgaben der Neologismenlexikographie des Deutschen. In: Das Wörterbuch. Hg. v. Gisela Harras. Düsseldorf 1988, S. 265–283. – D. H., Michael Kinne: Neologismen. Heidelberg 1998. – Herbert Hunger: Das Denken am Leitseil der Sprache. Johann Nestroys geniale wie auch banale Verfremdungen durch Neologismen. Wien 1999. – Hartwig Kalverkämper: Neologismen: Hinterfragung eines Konzepts. In: Quaderni di Semantica 8 (1987), S. 311–345. – Le néologisme dans la langue et dans la littérature. Paris 1973. – Roman Paul: Fontanes Wortkunst. Berlin 1998. – K. Plück: Der Ausbau des Wortschatzes. Diss. Bonn 1952 [masch.; über Neubildungen Klopstocks, Goethes u. Campes]. – Thea Schippan: Lexikologie der deutschen Gegenwartssprache. Tübingen 1992, S. 243 ff. – Gert Wotjak: Erkenntnistheoretische Überlegungen zum Neosemantismus. In: Linguistische Arbeitsberichte 19. Leipzig 1978, S. 58–68.

Wilfried Seibicke

Neomarxismus ↗ *Marxistische Literaturwissenschaft*

Neue Innerlichkeit ↗ *Neue Subjektivität*

Neue Mythologie ↗ *Mythologie*

Neue Sachlichkeit

Der bildenden Kunst entlehnte Bezeichnung für eine literarische Strömung der 1920er Jahre.

Expl: Der Begriff bietet verschiedene Verwendungsmöglichkeiten, je nachdem, ob man ihn als Stilmerkmal oder als Epochenbezeichnung verwendet.

(1) Stiltypologisch verstanden meint er die dem Journalismus verwandte Tendenz zur Berichterstattung und Informationsvermittlung, was in Gattungsbegriffe wie ‚Gebrauchslyrik‘, ‚Tatsachenroman‘ und ‚Zeitstück‘ als Bedeutungskomponente mit eingeht.

(2) Als Epochenbezeichnung dient er vornehmlich der zeitlichen Abgrenzung und Kontrastierung zum ↗ *Expressionismus*:

Neue Sachlichkeit als die in der ökonomischen und politischen Stabilisierungsphase der Weimarer Republik (etwa 1924–1929) dominante Kulturströmung, in der sich nach bewußter Abkehr von expressionistischen Utopien und durch die Verbindung von neorealistischer Stiltendenz und zeitsymptomatischer Thematisierung von Lebensgefühl und Bewußtseinsinhalten ein eigenständiger Ausdrucks- und Formwille verwirklicht.

Bericht, ↗ *Reportage* und Dokumentation sind typisch neusachliche Gattungen einer Literatur, die im ganzen dabei weder auf die Freiheit der Gestaltung noch auf die subjektive Sichtweise oder eine aktivistische Änderungsintention verzichtet. Allen gemeinsam ist die „Offenheit zu bisher kunstfremden Phänomenen, wie Sport, Technik, Jazz, wie überhaupt allen Formen der Massenkultur und Vergnügungsindustrie" (Hermand 1978b, 73). Diese Offenheit schließt die Kritik an Interessen, Wirkungsabsichten, Routinen und Sprachregelungen der alltäglichen Lebensbereiche mit ein, was die Neue Sachlichkeit von der deutschen realistischen Literatur der 2. Hälfte des 19. Jhs. grundsätzlich unterscheidet. Gegenwartsbezug und Faktizität beherrschten Inhalt und Form, Nützlichkeit und Erkenntnisvermittlung bildeten Ziel.

WortG: *Sachlichkeit* ist seit dem 19. Jh. gebräuchlich zur allgemeinen Bezeichnung einer „den Gegebenheiten angemessenen Haltung und Handlungsweise" (Paul-Henne, 708; vgl. auch DWb 14, 1604). Durch das Adjektiv *neu* ist, ähnlich wie bei der Prägung der Termini ↗ *Neuromantik* und ↗ *Neue Subjektivität*, der Rückgriff auf eine frühere literarische Tendenz angezeigt, hier die Reproduktion einer konkret erfaßbaren Alltagswirklichkeit. Die Wortverbindung *Neue Sachlichkeit* leitet sich möglicherweise von nl. *nieuwe zakelijkheid* her (Zeller, 922).

BegrG: Das Wort *Sachlichkeit* zeigt ein zeittypisch rationales, funktionsbezogenes Interesse dem gestalteten Stoff gegenüber an, was sich an der Auseinandersetzung mit aktuellen politischen und gesellschaftlichen Krisen und Vorkommnissen genauso manifestiert wie an der am Alltag orientierten, auf Verständlichkeit zielenden Sprache. Der Terminus *Neue Sachlichkeit* diente in der Kritik der mittzwanziger Jahre zur Umschreibung einer „nahezu ausschließlich geltenden Kulturdoktrin" (Denkler 1968, 167), an deren theoretischer Ausformung und ästhetischer Realisierung gesellschaftlich engagierte Schriftsteller beteiligt waren, ohne daß es zur Ausformulierung eines hinreichend gültigen Programms gekommen wäre. Zwei Eigenschaften des Sachlichkeitsaxioms wurden allseitig anerkannt: die Hinwendung zur Alltagswelt, zu Tatsächlichkeiten, und der ‚veristische', schmucklose Stil. Schon um 1928 wurde aber verschiedentlich der Versuch gemacht, das Phänomen als bloße Rückkehr zum ↗ *Naturalismus* abzuwerten (vgl. dazu Koebner, 19), was auch in der Forschung Zweifel an der Brauchbarkeit der Bezeichnung *Neue Sachlichkeit* geweckt hat (vgl. Hermand 1978b; Lethen).

Trotzdem hat sich der Begriff inzwischen für die stiltypologische Beschreibung spezifischer Einzelwerke aus der Weimarer Zeit durchgesetzt. Für eine literarhistorisch begründete Epochendefinition hingegen ist er wegen der Richtungsdivergenzen und Formunsicherheiten in der Literatur zwischen 1918 und 1933 weniger geeignet, weshalb es an Versuchen eines historischen Überblicks der neusachlichen Literatur bis heute fehlt.

SachG: Ein erster Höhepunkt der in Inhalt und Stil der aktuellen Umwelt zugewandten Prosa war die von Rudolf Leonhard 1924/25 herausgegebene Reihe ‚Außenseiter der Gesellschaft', in denen Autoren wie Döblin, Kisch, Holitscher und Ungar mit der Darstellung sensationeller Verbrechen in die öffentliche Diskussion juristischer Fragen und aktueller Gerichtsverfahren eingriffen. Andere Werke stellten z. B. die Diskussion der sexuellen Emanzipation, der Abtreibung, der Fürsorgeerziehung und des Proletarierelends in den Vordergrund. Zu den bekanntesten neusachlichen Romanen zählen Leonhard Franks ‚Das Ochsenfurter Männerquartett' (1927), Lion Feuchtwangers ‚Erfolg' (1930), Erich Kästners ‚Fabian' (1931), Irmgard Keuns ‚Gilgi – eine von uns' (1931), Marieluise Fleißers ‚Mehlreisende Frieda Geier' (1931) und Hans Falladas ‚Kleiner Mann – was nun?' (1932).

Die Funktionalisierung der Literatur zur Wissensvermittlung und Darstellung von kritischen Positionen läßt sich auch an einer ganzen Anzahl von Dramen aus der Weimarer Zeit wie Zuckmayers ‚Der fröhliche Weinberg' (1925), Hasenclevers ‚Ehen werden im Himmel geschlossen' (1928), Horváths ‚Sladek oder die Schwarze Armee' (1928), Bruckners ‚Die Verbrecher' (1929), Lampels ‚Revolte im Erziehungshaus' (1929) und Credés ‚§ 218. Gequälte Menschen' (1930) beobachten. Kästner (‚Wir sind ein trübes Kapitel', 1929), Ringelnatz (‚Angstgebet in Wohnungsnot', 1923) und andere haben in diesem Sinne auch eine Reihe neusachlicher Gedichte verfaßt.

ForschG: Erst seit Ende der 1960er Jahre bemühte sich die Forschung intensiver um eine Klärung des Begriffs ‚Neue Sachlichkeit' als der Bezeichnung einer zeitlich und ästhetisch fixierbaren literarischen „Richtung" (Petersen, 477). Dabei konzentrierte sie sich auf drei Aspekte des Phänomens: erstens seine zeitliche Abgrenzung, zweitens seine ästhetischen Erscheinungsformen und drittens seine unterschiedliche Affinität zu politisch definierten Gruppen.

Horst Denkler hat 1967/68 in zwei Aufsätzen das theoretische Material zum „Selbstverständnis des literarischen Nachexpressionismus in Deutschland" (Denkler 1967, 305) aufgearbeitet und damit wichtige Anstöße dafür geliefert, die Neue Sachlichkeit als einen an der sozialen Umwelt orientierten Stil zu definieren. Umstrittener war die Eignung des Begriffs im Zusammenhang der Periodisierung der modernen deutschen Literatur; die Neue Sachlichkeit ist zu keiner Zeit der einzige Stil der Weimarer Republik gewesen. Trotz mancher Hinweise darauf, daß fast alle neusachlichen Stilelemente in Literatur und Kunst auch vor- und nachher gebraucht wurden, besteht weitgehend Einigkeit darüber, daß die Stresemann-Ära als die „Dominanzphase" (Kreuzer, 23) der Neuen Sachlichkeit zu betrachten ist. Dagegen waren Versuche, das Phänomen nur für eine oder mehrere politische oder weltanschaulich definierte Gruppen zu reklamieren (vgl. Prümm) oder andere davon auszuschließen (vgl. Hermand 1978b; Le-

then), zum Scheitern verurteilt, denn mögen linke, liberale und rechte Gruppen auch unterschiedliche Konzepte literarischer Realitätsbewältigung entwickelt haben, so war doch keine von neusachlichen Stiltendenzen grundsätzlich frei.

Lit: Horst Denkler: Die Literaturtheorie der Zwanziger Jahre. In: Monatshefte 59 (1967), S. 305–319. – H. D.: Sache und Stil. Die Theorie der ‚Neuen Sachlichkeit' und ihre Auswirkungen auf Kunst und Dichtung. In: WW 18 (1968), S. 167–185. – Jost Hermand: Der Streit um die Epochenbegriffe. In: Stile, Ismen, Etiketten. Hg. v. J. H. Wiesbaden 1978 [a], S. 7–16. – J. H.: Einheit in der Vielheit? Zur Geschichte des Begriffs ‚Neue Sachlichkeit'. In: Das literarische Leben in der Weimarer Republik. Hg. v. Keith Bullivant. Königstein 1978 [b], S. 71–88. – Volker Klotz: Forcierte Prosa. Stilbeobachtungen an Bildern und Romanen der Neuen Sachlichkeit. In: Erich Kästner. Werk und Wirkung. Hg. v. Rudolf Wolff. Bonn 1983, S. 70–90. – Thomas Koebner: Das Drama der Neuen Sachlichkeit und die Krise des Liberalismus. In: Die deutsche Literatur in der Weimarer Republik. Hg. v. Wolfgang Rothe. Stuttgart 1974, S. 19–46. – Helmut Kreuzer: Zur Periodisierung der modernen deutschen Literatur. In: Basis 2 (1971), S. 7–32. – Helmut Lethen: Neue Sachlichkeit. Stuttgart 1970. – Martin Lindner: Leben in der Krise. Zeitroman der Neuen Sachlichkeit und die intellektuelle Mentalität der Klassischen Moderne. Stuttgart, Weimar 1994. – Nikolaus Miller: Prolegomena zu einer Poetik der Dokumentarliteratur. München 1982. – Klaus Petersen: ‚Neue Sachlichkeit'. Stilbegriff, Epochenbezeichnung oder Gruppenphänomen? In: DVjs 56 (1982), S. 463–477. – Karl Prümm: Neue Sachlichkeit. Anmerkungen zum Gebrauch des Begriffs in neueren literaturwissenschaftlichen Publikationen. In: ZfdPh 91 (1972), S. 606–616. – Ernst Schürer: Georg Kaiser und die Neue Sachlichkeit (1922–1933). In: Georg Kaiser Symposium. Hg. v. Holger Pausch und Ernest Reinhold. Berlin 1980, S. 115–138. – Arrigo V. Subiotto: ‚Neue Sachlichkeit'. A reassessment. In: Deutung und Bedeutung. Fs. Karl-Werner Maurer. Hg. v. Brigitte Schludermann u. a. Den Haag, Paris 1973, S. 248–274. – Wolfgang Wendler: Die Einschätzung der Gegenwart im deutschen Zeitroman. In: Die deutsche Literatur in der Weimarer Republik. Hg. v. Wolfgang Rothe. Stuttgart 1974, S. 169–194. – Ursula Zeller: Neue Sachlichkeit. In: The dictionary of art. Bd. 22. New York 1996, S. 922 f.

Klaus Petersen

Neue Subjektivität

Strömung in Lyrik und Prosa zwischen 1969 und etwa 1980 mit der Tendenz zur prononciert unartifiziellen Darstellung persönlicher oder alltäglicher Erlebnisse.

Expl: *Neue Subjektivität*, oft synonym mit Neue Innerlichkeit und *Neue Sensibilität*, wird gebraucht, um die Schreibweisen und Inhalte westdeutscher und österreichischer Autoren der 1970er und 1980er Jahre zu bezeichnen, welche sich ihren individuellen Erfahrungen und ihrem persönlichen Alltag zuwenden und diese möglichst unartifiziell darstellen. Sie erreichen damit ein großes, überwiegend jüngeres Publikum und regen es vielfach an, in der ‚Schreibbewegung‘ (↗ *Schreiben*) auch selbst ‚Verständigungstexte‘ zu verfassen.

WortG/BegrG: Seit 1969 prägen sich zunächst die Bezeichnungen *Neue Innerlichkeit* (zuerst ausschließlich pejorativ) und *Neue Sensibilität* (zuerst programmatisch positiv) aus. In einer Rezension zu P. Handkes Gedichtband ‚Die Innenwelt der Außenwelt der Innenwelt‘ (1969) konstatiert K. H. Bohrer die „totale Esoterik einer neuen Innerlichkeit" (FAZ, 12.4.1969). Diese Kritik verschärft P. Hamm in seiner Rezension für ‚konkret‘ noch: „Der neueste Fall von deutscher Innerlichkeit: Peter Handke" (‚konkret‘, 2.6.1969). Gleichzeitig wurde die Kategorie *Neue Sensibilität* von H. Marcuse in Vorabdrucken seines Essays ‚Versuch über die Befreiung‘ in ‚konkret‘ (2./ 16.6.1969) als positive politische Bestimmung populär. R. D. Brinkmann übernahm im selben Jahr Marcuses Begriff und bezog ihn zunächst auf US-amerikanische Dichter. Damit wird eine neue Lyrik konkreter alltäglicher Erfahrung propagiert, die sich vom „Tiefsinnig-Innerliche[n]" (Brinkmann, 25) distanziert. Die Begriffsbildung *Neue Subjektivität* tritt Mitte der 1970er Jahre auf. In Stellungnahmen, die dem orthodoxen Marxismus nahestehen, wird oft auch ein ‚Neuer Subjektivismus‘ kritisiert. Die Diskussion in Tages- und Wochenzeitungen der Jahre 1974 und 1975 setzt den Begriff als Schlagwort (manchmal als Parallele zu einer politischen ‚Tendenzwende‘)

durch. Er etabliert sich anläßlich der Frankfurter Buchmesse durch einen Artikel von M. Reich-Ranicki (FAZ, 8.10.1975) und wird nun von Autoren wie J. Theobaldy und von Verlagen programmatisch benutzt.

Rolf Dieter Brinkmann: Notizen 1969 zu amerikanischen Gedichten und zu dieser Anthologie. In: Silver Screen. Neue amerikanische Lyrik. Hg. v. R. D. B. Köln 1969, S. 7–32.

SachG: Die Strömung der Neuen Subjektivität entstand aus der wachsenden Distanz jüngerer Autoren zu poetologischen Forderungen nach einer ↗ *Engagierter Literatur*, die in den 1960er Jahren im Rahmen der Studentenbewegung, der außerparlamentarischen Opposition, der Neuen Linken usw. an Boden gewonnen hatten (↗ *Emanzipatorisch*) und auch von Autoren wie H. M. Enzensberger oder M. Walser mitgetragen wurden. Während sich P. Handke hiervon bereits 1969 demonstrativ abwandte, suchten andere Autoren zunächst die Verbindung von Politik und individuellen Erfahrungen. Während der politische Anspruch spätestens Mitte der siebziger Jahre verblaßt, wirken in der Hinwendung zum Alltag und seiner betont unartifiziellen Darstellung sowie zur subjektiven Befindlichkeit poetologische Positionen der sechziger Jahre (D. Wellershoff, Kölner Schule des Realismus, W. Höllerer, G. Herburger, ↗ *Dokumentarliteratur*, R. D. Brinkmann) meist in vereinfachter Form weiter. Die Artikulation weiblicher Selbsterfahrungen schließlich (etwa Verena Stefan, ‚Häutungen‘, 1975; oder Svende Merian, ‚Der Tod des Märchenprinzen‘, 1980) wird zu einem wichtigen Verständigungsmittel der Frauenbewegung (↗ *Frauenliteratur*). In der Lyrik herrschte, etwa bei Brinkmann oder W. Wondratschek ein stärkerer Einfluß amerikanischer Pop- und ↗ *Underground-Literatur*. In der Prosa gewinnen *Memoiren*, ↗ *Autobiographie* und ↗ *Tagebuch* als Gestaltungsmodelle an Bedeutung (P. Schneider: ‚Lenz‘, 1973; K. Struck: ‚Klassenliebe‘, 1973; M. Frisch: ‚Montauk‘, 1975). An die Stelle des um Unmittelbarkeit bemühten Tons tritt in den 1980er Jahren zunehmend ein neues Interesse am Fiktiven und an der künstlerischen Gestaltung.

ForschG: Die ‚Neue Subjektivität' ist als Begriff und Konzept um 1977/78 in die literaturwissenschaftliche Diskussion von Autoren wie J. Drews, H. Gnüg oder H. Hartung eingeführt worden, die auch als Literaturkritiker tätig waren. Seit Anfang der 1980er Jahre ist das Konzept in der Literaturgeschichtsschreibung etabliert. Strittig war neben seiner politischen Dimension auch sein Verhältnis zur sog. ↗ *Postmoderne.*

Lit: Thomas Anz: Neue Subjektivität. In: Moderne Literatur in Grundbegriffen. Hg. v. Dieter Borchmeyer und Viktor Žmegač. Tübingen ²1994, S. 327–330. – T. A.: Gegenwartsliteratur. In: Fischer Lexikon Literatur. Hg. v. Ulfert Ricklefs. Frankfurt 1996, S. 705–737. – Peter Beicken: ‚Neue Subjektivität'. In: Deutsche Literatur der Bundesrepublik seit 1965. Hg. v. Paul-Michael Lützeler und Egon Schwarz. Königstein 1980, S. 164–180. – Keith Bullivant, Hans-Joachim Althof (Hg.): Subjektivität – Innerlichkeit – Abkehr vom Politischen? Bonn 1984. – Jörg Drews: Selbsterfahrung und Neue Subjektivität in der Lyrik. In: Akzente 24 (1977), S. 89–95. – Hiltrud Gnüg: Was heißt ‚Neue Subjektivität'? In: Merkur 32 (1978), S. 60–75. – H. G.: Entstehung und Krise lyrischer Subjektivität. Stuttgart 1983. – Harald Hartung: Die eindimensionale Poesie. Subjektivität und Oberflächigkeit in der neuen Lyrik. In: Neue Rundschau 89 (1978), S. 222–241. – Lothar Jordan u. a. (Hg.): Lyrik – Erlebnis und Kritik. Frankfurt 1988. – Medard Kammermeier: Die Lyrik der Neuen Subjektivität. Frankfurt 1986. – Helmut Kreuzer: Neue Subjektivität. In: Deutsche Gegenwartsliteratur. Hg. v. Manfred Durzak. Stuttgart 1981, S. 77–106. – Gerhard Lampe: Ohne Subjektivität. Interpretationen zur Lyrik von Rolf Dieter Brinkmann vor dem Hintergrund der ‚Studentenbewegung'. Tübingen 1983. – Dieter Lamping: Das lyrische Gedicht. Göttingen ²1993, S. 254–261. – Ralf Schnell: Geschichte der deutschsprachigen Literatur seit 1945. Stuttgart, Weimar 1993, S. 252–303. – Jürgen Theobaldy, Gustav Zürcher: Veränderung der Lyrik. München 1976. – Klaus Zeyringer: Innerlichkeit und Öffentlichkeit. Österreichische Literatur der achtziger Jahre. Tübingen 1992.

Lothar Jordan

Neulateinische Literatur

Die von den Humanisten initiierte und in der Neuzeit verfaßte lateinische Literatur.

Expl: Die Neulateinische Literatur löst die ↗ *Mittellateinische* ab und erstreckt sich bis zur Gegenwart. Ihr Kennzeichen ist ihre am klassischen Latein der Antike orientierte Sprachform, die in Italien im 14. und 15. Jh. in einer bewußten Distanzierung von der mittelalterlichen lateinischen Sprachtradition angestrebt wurde. Von der humanistischen Bewegung getragen, breitete sich diese Sprachkultur gegen Ende des 15. Jhs. und im 16. Jh. auf die anderen europäischen Länder aus. Der in den einzelnen Ländern differierende Beginn der neulateinischen Literatur fällt also in die Epochen des späten Mittelalters und der Frühen Neuzeit. Ihre Texte sind handschriftlich, gedruckt und inschriftlich überliefert. Sie repräsentieren von der Lyrik bis zur wissenschaftlichen Fachliteratur alle poetischen und prosaischen Textformen der Neuzeit. Die Hauptepoche der neulateinischen Literatur reicht bis etwa 1800. In den ersten Jahrzehnten des 19. Jhs. wird die in begrenzten Bereichen bis in die Gegenwart fortgeführte Produktion der neulateinischen Literatur stark eingeschränkt und die bisherige Kontinuität ihrer Rezeption unterbrochen, so daß sogar die Erinnerung an ihre Existenz im Bewußtsein der gebildeten Schichten weitgehend schwindet.

WortG: Das Wort *neulateinisch* (und seine Entsprechungen in den neueren europäischen Sprachen) wurde gegen Ende des 18. Jhs. gebildet. In den ersten Jahrzehnten des 19. Jhs. wird das Wort geläufig; das Lemma „Neulateinische Dichter" erscheint erstmals in der 13. Auflage der Brockhaus-Enzyklopädie (1885). Das Wort stellt seinerseits eine Übersetzung des lat. Adjektivs *recens* bzw. *recentior* (‚jung', ‚jüngeren Datums') dar, das in der Verbindung *poetae recentes* oder *recentiores* für die neulateinischen Dichter im Gegensatz zu den *poetae veteres* oder *antiqui* seit dem 16. Jh. gebraucht wurde. Gegenüber der zunächst üblichen Verbindung mit *Dichter* oder *Poesie* scheint zunächst G. Ellinger in seiner ‚Geschichte der neulateinischen Literatur Deutschlands im 16. Jh.' (1929) das Adjektiv mit der umfassenderen Bezeichnung *Literatur* verbunden zu haben, obgleich er tatsächlich *Literatur* noch synonym mit *Dichtung* gebrauchte.

BegrG: Obgleich im Ital. *le lingue neolatine* die romanischen Sprachen bedeuten, hat sich im wissenschaftlichen Sprachgebrauch aller europäischer Sprachen die Verwendung von *neulateinisch* bzw. der entsprechenden Adjektive für die neuzeitlichen lateinischen Texte durchgesetzt. Die zeitweise befolgte terminologische Trennung zwischen einer — früheren — ‚humanistischen‘ und einer — späteren — ‚neulateinischen‘ Dichtung war nicht sachgerecht und konnte sich nicht halten. Entsprechend hat sich die 1973 in Amsterdam gegründete ‚International Association for Neo-Latin Studies‘ die Erforschung aller neuzeitlichen lateinischen Texte etwa seit Petrarca zur Aufgabe gesetzt.

SachG: (1) Periodisierung: (a) Neulateinische Literatur beginnt — zuerst mehr in der Intention als in der Praxis — mit der Distanzierung von der mittelalterlichen und der Orientierung an der antiken Literatur, im Verständnis der späteren Humanisten mit Petrarca oder — nach neuerer Auffassung — bei seinen Vorläufern Lovati und Mussato um die Wende zum 14. Jh.; sie ist bis um die Mitte des 15. Jhs. fast nur eine Sache der Italiener. Neben Prosa-Texten vor allem im Bereich der späteren Studia humanitatis (↗ *Humanismus₂*) versuchte man sich an einigen poetischen Gattungen (Epos, Bukolik, Elegie, Epigramm). Vorherrschend war noch die Vorstellung, daß die Muttersprache der antiken Römer wie die der Italiener ‚Volgare‘ (die in Italien gesprochene Umgangssprache) war und daß Latein eine von Grammatikern und Literaten künstlich gebildete zweite Sprache war, erfunden zur Kommunikation über Künste und Wissenschaften. Dieses sprachliche Instrument, das die Möglichkeit einer zeitlich und räumlich unbeschränkten Kommunikation schaffen sollte, wiederherzustellen, war ein Bemühen der Humanisten, die die antiken Texte wiederentdeckten, restaurierten und wie Lorenzo Valla daraus das ‚richtige‘ Latein neu definierten.

(b) Etwa 1450—1620 verbreitete sich, initiiert durch in Italien studierende Nicht-Italiener, die neulateinische Literatur über alle europäischen Länder und in deren überseeischen Kolonien, abgesehen von den griechisch-orthodoxen Regionen im Osten und Südosten. Gegen Ende des 15. Jhs. setzte sich die Erkenntnis durch, daß Latein bereits die Muttersprache der Römer war, und es kam zu Kontroversen, welche lateinischen Autoren nun das Modell für die neulateinische Prosa abgeben sollten (Ciceronianismus-Streit, ↗ *Attizismus*). Sämtliche poetischen Textformen der Antike wurden nun häufig wiederverwendet, und man erreichte im Selbstverständnis der Humanisten in manchen Werken wieder antikes Niveau. Die Italiener stellten in Pontano, Marullo, Sannazaro, Fracastoro, Vida und Flaminio anerkannte ‚Klassiker‘. Der Niederländer Erasmus, der produktivste neulateinische Prosa-Schriftsteller, gewann stärksten Einfluß auf die humanistische Bildung der nächsten Jahrhunderte. In den einzelnen Ländern verlief die Entwicklung zeitlich verschieden, je nachdem wie früh sie Anschluß an die neulateinische Literatur gewannen und wie früh diese im poetischen Bereich durch eine nationalsprachliche Literatur ergänzt oder verdrängt wurde. In Deutschland war bis zu Martin Opitz die von den Gebildeten anerkannte Dichtung weit überwiegend lateinisch. Die Neulateiner Conrad Celtis, Ulrich von Hutten, Euricius Cordus, Petrus Lotichius, Georgius Sabinus und Paulus Schede Melissus zählten im Urteil des 16. Jhs. zu den besten deutschen Dichtern. Getragen wird die neulateinische Literatur durch die humanistisch — d. h. in lateinischer Grammatik, Rhetorik, Poesie, Geschichtsschreibung und Moralphilosophie — ausgebildeten Absolventen der Gymnasien und Artistenfakultäten.

(c) Von etwa 1620—1800 wurde die neulateinische Dichtung teilweise in beträchtlichem Umfang fortgeführt, die neulateinischen Klassiker hatten weiter ihr Lesepublikum, aber die nationalsprachlichen Dichtungen fanden größere Beachtung. Bis ins 18. Jh. wurden im dt. Sprachraum mehr lateinische als deutsche Bücher gedruckt. In allen Disziplinen bis zu Mathematik und Naturwissenschaften war die wissenschaftliche Prosa, ebenso die Unterrichtssprache auf den höheren Schulen und Universitäten lange überwiegend lateinisch, jedoch drangen die Nationalsprachen auch hier im 18. Jh. mehr und mehr vor.

(d) Nach etwa 1800 verlor Latein seine Rolle als kulturelle und wissenschaftliche Zweitsprache Europas. Sein Wortschatz wurde für die neuen Bedürfnisse nicht genügend erweitert. Die Nationalsprachen standen für alle Zwecke zur Verfügung. Nationalismus und Romantik wirkten darauf hin, sie ausschließlich zu benützen. Die früheren neulateinischen Autoren interessierten kaum noch, der Gebrauch des Lateins beschränkte sich nun auf Verlautbarungen der katholischen Kirche, Diplome u. ä. einzelner Bildungsinstitutionen, auf Teile der altertumswissenschaftlichen Fachliteratur und auf poetische und prosaische Kompositionen von einem und für einen kleinen Kreis von Liebhabern der lateinischen Sprache. Der drastische Rückgang des Lateinunterrichts im 20. Jh. hat die neulateinische Literatur vollends unverständlich gemacht.

(2) Textformen: (a) Poesie: Die Rhythmen und Reime der mittellateinischen Dichtung wurden zunächst als unantik verworfen, aber doch gelegentlich − und nicht nur im geistlichen Lied − noch gepflegt (im 20. Jh. wurden sie für Lieder in Nachfolge der ,Carmina Burana' wiederaufgenommen). Von den quantitierenden Versmaßen der Antike wurden am häufigsten immer ↗ *Hexameter* und Elegische ↗ *Distichen* verwendet, seit Mitte des 15. Jhs. auch die lyrischen Maße des Catull und Horaz, seit Ende dieses Jhs. experimentierte man mit Dramen in jambischen Versen. Die häufigsten Gattungsformen sind elegische und lyrische Gelegenheitsgedichte und Epigramme. Nahezu jede Situation des täglichen Lebens konnte durch ein lateinisches Gedicht ins Bedeutende gehoben und der Intention nach verewigt werden. Aus Freude am formalen Experimentieren griff man besonders seit der Mitte des 16. Jhs. die verschiedensten Versgenera und Formtypen auf oder erfand sie neu. Man schätzte auch poetische Übersetzungen aus dem Griechischen (Epigramme der ,Anthologia Graeca', Homers ,Ilias' von Eobanus Hessus) oder aus den Nationalsprachen (,Reineke Fuchs' von H. Schopper). Poetiken wiesen auf die verschiedenen formalen und materialen Möglichkeiten, die sich dem *poeta doctus* (dem gelehrten ↗ *Dichter*) boten, der mit ars (↗ *Kunst*) und ingenium (↗ *Genie*) an sein Werk gehen sollte (G. Fabricius, J. C. Scaliger). Beliebt waren allegorisierende Schäfergedichte und Kalendergedichte, die den christlichen Jahreskalender nach dem Vorbild der ,Fasten' des Ovid bedichteten. Die angesehensten epischen Lehrgedichte stammten von den Italienern (Pontano, Fracastoro, Palingenius Stellatus). In Deutschland hatte man Vergnügen an parodischen Lehrgedichten nach Art von Ovids ,Ars amandi' (V. Opsopoeus, F. Dedekind). Die Bibelepen Sannazaros und Vidas galten als unübertrefflich. Mythologische, panegyrisch-historische und allegorische Epen entstanden. In Italien führte man neue, Plautus und Terenz imitierende Komödien gegen Ende des 15. Jhs. auf. Die deutschen Schulaufführungen drängten zu christlichen und biblischen Dramen, wobei das katholische Ordensdrama als Konkurrenzveranstaltung zum protestantischen Schuldrama entstand. Während letzteres im 17. Jh. ganz zum Deutschen überging, blieb das ↗ *Jesuitendrama* lateinisch. Es wurde in Europa bis über die Mitte des 18. Jhs. fortgesetzt.

(b) Prosa: Rhetoriken lehrten die verschiedensten Redetypen beherrschen, die in schulischen Redeakten geübt wurden. Aus rhetorischen Übungen haben sich die Deklamationen verselbständigt, die einen überraschenden Gegenstand preisen. Erasmus' ,Lob der Torheit' ist nur das beste Produkt dieser beliebten *ioco-seria* (,Scherz mit Ernst vermischt'). Die Dialogform fand häufig Anwendung und wurde für Schülergespräche, literarische und philosophische Diskussionen, erzählerische Fiktionen und satirische Zwecke benutzt (↗ *Dialog₂*). Umfangreichere fiktive narrative Prosa, wie sie die Romane J. Barclays und L. Holbergs repräsentieren, findet sich in Deutschland nur vereinzelt. Die Gattung der kurzen ↗ *Fazetien*, die Poggio geschaffen hatte, wurde von H. Bebel und N. Frischlin fortgesetzt. Die Textgattung der in immer neuen handschriftlichen und gedruckten Sammlungen publizierten lateinischen Briefe wurde bis ins 18. Jh. gepflegt und durch epistolographische Lehrbücher tradiert. Historische, genealogische und biographische Darstellungen zeigen ebenso wie juristische, theologische und philosophische Kommentare, Traktate und Disputationen bestimmte Form- und Sprachtraditionen. Die wissenschaftliche Fachprosa ist der umfangreichste und philologisch unbekannteste Teil der neulateinischen Literatur.

ForschG: Die Neulateinische Philologie entwickelte sich bis zum Anfang des 19. Jhs. parallel und analog − wenn auch quantitativ in erheblichem Abstand − zur Beschäftigung mit den klassischen Autoren, da ihr Gegenstand als Kontinuation des Gegenstands der Klassischen Philologie galt, die neulateinischen Autoren auch der älteren Zeit häufig wieder aufgelegt wurden und sich unter ihnen sogar ein Kanon der ‚Klassiker‘ herausgebildet hatte. So erschienen seit dem 16. Jh. Editionen, Kommentare, Anthologien, Inschriftensammlungen, biographisch-bibliographische Katalogisierungen sowie kritische Würdigungen neulateinischer Autoren. Bald nach 1800 erfolgte im Kontext des Klassizismus bzw. Neuhumanismus in der Produktion der neulateinischen Literatur wie auch in der philologischen Beschäftigung mit ihr ein Kontinuitätsbruch. Die Klassische Philologie konzentrierte sich als Altertumswissenschaft auf die griechische und römische Antike. Die entstehenden nationalen Philologien waren an ihrer eigenen Sprache interessiert. Das Nationalbewußtsein nahm Anstoß am Reden mit fremder Zunge. Die Romantik blickte auf das Mittelalter. Die Erlebnisästhetik und die Hochschätzung der Originalität führten zur Verachtung von regelhaft poetischer und rhetorischer Produktion, deren individuelle Züge leicht übersehen werden.

Das nach der Mitte des 19. Jhs. neu erwachende Interesse an der Renaissance führte Neuphilologen und Historiker auch zur Beschäftigung mit neulateinischen Autoren. Als um 1900 aus der Klassischen Philologie die Mittellateinische und Byzantinistische Philologie herauswuchsen und vereinzelt institutionalisiert wurden, regte sich für die neulateinische Literatur kein analo-

ges Interesse. Das Fehlen etablierter Professuren für Neulateinische Philologie ließ es immer von den persönlichen Forschungsinteressen der Philologen und Historiker abhängen, ob in Deutschland neolatinistische Forschungen betrieben wurden. Zusätzlich unterbrach in Deutschland die nationalsozialistische Verfolgung namhafter Renaissanceforscher wie H. Baron, G. Ellinger oder P. O. Kristeller wichtige Forschungstraditionen.

In den späten 1950er und den 1960er Jahren setzte − auch im Zusammenhang mit der Erforschung des ↗ *Barock* − von der deutschen Romanistik und Germanistik her eine neue Hinwendung zur Renaissance und zur neulateinischen Dichtung ein. Die Klassische Philologie folgte in Deutschland Ende der 1960er Jahre. Seither hat sich eine interdisziplinär und international zusammenarbeitende Neulateinische Forschung in Deutschland entwickelt. Der forschungsgeschichtlich bedingte Rückstand der Neulateinischen gegenüber der Klassischen und Mittellateinischen Philologie einerseits und den nationalsprachlichen Philologien andererseits ist jedoch lange noch nicht behoben.

Lit: Einführungen, Bibliographien und Forschungsberichte: Enrica Follieri (Hg.): La Filologia medievale e umanistica Greca e Latina nel secolo XX. 2 Bde. Rom 1993. − Jozef IJsewijn: Companion to Neo-Latin studies. Amsterdam 1977. 2 Bde. Leuven ²1990/1998. − Walther Ludwig: Die neuzeitliche lateinische Literatur seit der Renaissance. In: Einleitung in die lateinische Philologie. Hg. v. Fritz Graf. Stuttgart 1997. − Jährliche Bibliographien in: Humanistica Lovaniensia, Journal for Neo-Latin Studies.
Anthologien und Editionsreihen zur Dichtung: Wilhelm Kühlmann (Hg.): Humanistische Lyrik des 16. Jhs. Frankfurt 1997. − Pierre Laurens, Claudie Balavoine: Musae reduces. Anthologie de la poésie latine dans l'Europe de la Renaissance. Leiden 1975. − Fred J. Nichols: An anthology of Neo-Latin poetry. New Haven 1979. − Alessandro Perosa, John Sparrow: Renaissance Latin verse. Chapel Hill 1979.
Kongreßbände der International Association of Neo-Latin Studies seit 1973 in dreijährigem Abstand. − Mitteilungen der Kommission der Deutschen Forschungsgemeinschaft für Humanismusforschung 1 (1975) − 16 (1989).

Wilfried Barner: Barockrhetorik. Tübingen 1970. – August Buck: Humanismus. Freiburg i. Br. 1987. – Heinz Otto Burger: Renaissance, Humanismus, Reformation. Bad Homburg 1969. – Karl Otto Conrady: Lateinische Dichtungstradition und deutsche Lyrik des 17. Jhs. Bonn 1962. – Georg Ellinger: Geschichte der neulateinischen Literatur Deutschlands im 16. Jh. 3 Bde. Berlin 1929–33. – René Hoven: Lexique de la prose latine de la Renaissance. Leiden 1994. – Paul Oskar Kristeller: Humanismus und Renaissance. 2 Bde. München 1974, 1976.

Walther Ludwig

Neuromantik

Um 1890 einsetzende gegennaturalistische Tendenz.

Expl: Neuromantik ist im Spektrum der unterschiedlichen gegennaturalistischen Tendenzen des ↗ *Fin de siècle* eine Strömung neben anderen (↗ *Impressionismus*, ↗ *Symbolismus*, *Jugendstil*, *Décadence*, ↗ *Ästhetizismus*), von diesen jedoch nicht isoliert, sondern im konkreten Text oft eng mit ihnen, vor allem mit dem Jugendstil, verbunden. Mit der Bevorzugung von Stoffen der Vergangenheit (1), der Hinwendung zum Phantastischen (2) und der Rehabilitierung des Wunderbaren (3) stellt die literarische Neuromantik eine Abkehr von der durch den ↗ *Naturalismus* thematisierten zeitgenössischen Wirklichkeit dar. Die Verwendung des Ausdrucks *Neuromantik* als eines übergreifenden Sammelbegriffs, erst recht als eines überzeitlichen Stilbegriffs in Analogie zu NEOKLASSIZISMUS (↗ *Klassizismus*) sollte vermieden werden. Denn durch solche Dominantsetzung von Teilaspekten wird eine genauer differenzierende Bestimmung unterschiedlicher Möglichkeiten der gegennaturalistischen ↗ *Moderne* eher verhindert; deren innovative Kraft und Zukunftsbedeutung werden mit der – schon im Begriffsnamen *Neuromantik* ausgedrückten – Rückbindung an die Vergangenheit negiert.

WortG: Das Wort *Neuromantik* ist keine Neuschöpfung der Zeit um 1900, sondern begegnet bereits im Zusammenhang der ↗ *Romantik* nach 1800 (1809 erster Beleg für *neu-romantisch*, 1811 für *Neu-Romantik*; s. Grimm, 39); es dient hier zur Unterscheidung von der ‚Romantik‘ des Mittelalters (über Deutschland hinaus, vgl. 1833 Huber). In diesem Sinn werden Tieck und die Brüder Schlegel 1834 von Wienbarg (der darin von Heine abhängig ist) der „neuromantischen Klasse“ zugerechnet (Grimm, 44).

BegrG: 1891 bezeichnet H. Bahr die von ihm proklamierte ‚Überwindung des Naturalismus‘ als „jähen Kopfsprung in die neue Romantik“, die er dann näher als „nervöse Romantik“ bzw. „Mystik der Nerven“ bestimmt, damit von der älteren Romantik als spezifisch ‚modern‘ abgegrenzt („wenn die Moderne Mensch sagt, so meint sie Nerven“; Bahr, 85, 87). Der Begriff der ‚Neuen Romantik‘ fällt so partiell zusammen mit dem der *Décadence* (↗ *Fin de siècle*; vgl. wörtlich Bahr, 99; dazu Wunberg 1981, 225–232). Ohne jede Einschränkung gleichgesetzt werden diese beiden Begriffe in dem ebenfalls 1891 erschienenen Essay ‚Die Romantik der Moderne‘ von Leo Berg, der damit zugleich dieser neuen ‚Romantik‘ eine epochale Geltung zuerkennt.

Als Sammelbezeichnung für alle vom Naturalismus wegführenden Tendenzen, die damit zu einer Haupttendenz der eigenen Epoche gebündelt werden, ist der Begriffsname *Neuromantik* um 1900 etabliert; zugleich werden Versuche gemacht, die Neuromantik nun doch gegenüber der Décadence abzugrenzen (z. B. Diederichs, 27 f.: Programmatische Selbstbezeichnung „führender Verlag der Neuromantik“, zugleich Distanzierung von der „Dekadenzrichtung“). Als umfassender Gegenbegriff zum Naturalismus wird *Neuromantik* in Lublinskis ‚Die Bilanz der Moderne‘ (1904) und ‚Der Ausgang der Moderne‘ (1909) verwendet (Bänsch / Ruprecht, 270–288). ‚Neuromantik‘ ist dabei ein eher weltanschaulicher und sozialpsychologischer Begriff, dem die Begriffe ‚Impressionismus‘ und ‚Symbolismus‘ als engere stilgeschichtliche Begriffe zugeordnet werden. Wichtigstes Unterscheidungsmerkmal gegenüber der älteren Romantik ist ein „bewußtes Artistentum“ (Lublinski, 4), worin sich auch bei Lublinski die Gleichsetzung von *Décadence* und *Neuromantik* zu erkennen gibt. Die Bestimmung des Verhältnisses der diskutierten Begriffe zueinander bleibt trotz solcher Bemühungen unscharf, eben dies macht bis heute die Problematik des Begriffs ‚Neuromantik‘ aus.

Eugen Diederichs: Aus meinem Leben. Leipzig 1938.

SachG: Die Vertreter der Neuromantik signalisieren mit diesem als Parole eingesetzten Begriffsnamen, daß sie durch Wiederanknüpfen bei der (als gegenaufklärerisch begriffenen) Romantik dem (zeitgenössisch vorherrschenden, im Naturalismus künstlerisch verwirklichten) Rationalismus und Materialismus eine Absage erteilen — unter Berufung auch auf Nietzsche (s. Joel, Tantzscher). Kunst soll nicht länger als Instrument der kritischen Auseinandersetzung mit der eigenen (durch Industrialisierung und ihre sozialen Probleme bestimmten) Gegenwart dienen, sondern eine „befreiende“ und „erlösende“ Funktion übernehmen (Landsberg, 130). Das bedeutet:

(1) Stoffe für die literarische Gestaltung liefert nicht die eigene Gegenwart, sie werden eher gewählt aus Geschichte und Sage (Balladen bei B. v. Münchhausen, L. v. Strauß u. Torney, A. Miegel) oder aus exotischen Welten (E. Stucken). Inspiriert durch die Romantik, gilt ein besonderes — auch durch Wagners Musikdramen vermitteltes — Interesse mittelalterlichen Stoffen: Aufnahme der Grals-Motivik bei Stucken, K. Vollmöller u. a. (vgl. Hermand 1969), Bearbeitung des Tristan-Stoffes bei E. Hardt u. a., Umsetzung von Hartmanns Legendendichtung ‚Der arme Heinrich‘ in ein Erlösungsdrama bei G. Hauptmann.

(2) Gegenüber der auf „Wahrheit“ verpflichteten naturalistischen Literatur erfährt der „Traum“ eine neue Bewertung (Bahr, 85f.). In A. Holz' Gedicht-Zyklus ‚Phantasus‘ (1898/99; der Titel verweist auf Tiecks gleichnamige Textsammlung) wechseln naturalistisch genaue Milieuskizzen mit Beschreibungen phantastischer Wunschträume. Ähnlich konfrontiert G. Hauptmann in seinem Drama ‚Hanneles Himmel-

fahrt‘ (1893) naturalistische Elendsdarstellung mit Visionen überirdischen Glücks und stellt seinen sozialen Dramen 1896 mit ‚Die versunkene Glocke‘ ein Märchendrama gegenüber. Gegen das Objektivitätspostulat des Naturalismus setzt man programmatisch auf einen Anspruch des Subjekts, phantastische Gegenwelten zu erschaffen.

(3) Gegen die Metaphysik-Feindlichkeit des Naturalismus propagiert die Neuromantik einen neuen „Mystizismus“ (Berg, 82). Eine große Zahl von Schriften erscheint, die Zeugnisse einer ‚neuen‘ — d. h. dissidenten, nicht mehr an die Tradition des Christentums und die Institution der Kirche gebundenen — Religiosität sind. Dem *Wunderbaren* (↗ *Phantastisch*) wird in literarischen Texten eine eigene Realität zuerkannt (z. B. in H. Manns Erzählung ‚Das Wunderbare‘, 1894). Religiöse Vorstellungen der Romantik, besonders des Novalis (vgl. Rilkes ‚Weg nach innen‘), werden erneut wirksam — beispielhaft in Hofmannsthals Drama ‚Das Bergwerk zu Falun‘ von 1899, das die „Introversion“ als den „mystischen Weg“ vorführt, als den „Versuch der Seele, der Zeit zu entfliehen in das Überzeitliche“ (Hofmannsthal, 215 u. 237).

Die neuromantischen Traumwelten sind dabei durchweg, oft bis in die Buchausstattung hinein, mit den Mitteln des *Jugendstils* (↗ *Fin de siècle*) gestaltet. Auch die Grenzen zu Décadence, Ästhetizismus, Symbolismus sind fließend. Der (auf Eichendorffs ‚Taugenichts‘ zurückverweisende) Typ des „neuromantischen Seelenvagabunden“ (Hermand 1972) bei H. Hesse (‚Peter Camenzind‘, 1905; ‚Knulp‘, 1915), C. Flaischlen (‚Jost Seyfried‘, 1905), C. Hauptmann (‚Einhart der Lächler‘, 1907) weist Züge des dekadenten ‚Dilettanten‘ auf. Phantastische Gegenwelten als Reaktion auf eine enttäuschende Wirklichkeit schafft auch der Ästhetizismus, allerdings als offensive Gegenentwürfe, während sie im Rahmen der Neuromantik Ausdruck einer weltflüchtigen Haltung sind. Der neuromantische „Mystizismus“ (auch ‚Neomystik‘, Spörl, 25−27) hat Entsprechungen im Symbolismus.

Wo die Neuromantiker selbst sich von Décadence, Ästhetizismus, Jugendstil, Symbolismus abgrenzen, wird Neuromantik in ihren künstlerischen Mitteln epigonal, in ihrer Einstellung zur Zivilisationsmoderne regressiv, in ihrer politischen Haltung restaurativ. Obwohl in ihrem Ursprung ‚modern‘, wird sie damit zu einer dezidiert antimodernistischen Richtung, die dadurch, daß sie sich auch für eine Neubelebung des „Volkstumsempfindens" einsetzt (Einleitung zu: ‚Die Werke des Verlages Eugen Diederichs‘), in die Nähe der Heimatkunst-Bewegung rückt (↗ *Heimatliteratur*).

Hugo von Hofmannsthal: Aufzeichnungen. Gesammelte Werke in Einzelausgaben. Hg. v. Herbert Steiner. Frankfurt 1959. – Die Werke des Verlages Eugen Diederichs 1896–1912. Jena 1912.

ForschG: Die Literaturgeschichtsschreibung im ersten Drittel des 20. Jhs. übernimmt meist unkritisch den zeitgenössischen Begriff von Neuromantik als Bezeichnung für eine ganze Epoche. Für Präzisierung oder Elimination plädieren schon 1936 Kimmich, die den Begriff allenfalls für Teilerscheinungen mit nachweisbarem Einfluß der Romantik gelten lassen will, und 1969 Ziolkowski (in: Paulsen, 15–31); seinem Rat, den verschwommenen Neuromantik-Begriff durch differenziertere Kategorien wie *Impressionismus, Symbolismus, Jugendstil* zu ersetzen, ist die Forschung weitgehend gefolgt. Als Bezeichnung für eine restaurative und regressive Tendenz im Zusammenhang der gegennaturalistischen Moderne hat sich der Begriff dennoch gehalten – zumal in einer ideologiekritischen Literaturgeschichtsschreibung mit deutlich negativer Wertung. „Ästhetizistischen", „exotistischen" und „provinzialistischen Eskapismus" in gleicher Weise der Neuromantik zuzurechnen (Schwede), bedeutet allerdings erneut eine Ausweitung des Begriffs, durch die miteinander unvereinbare Werke wie G. Hauptmanns ‚Der arme Heinrich‘ und H. Manns ‚Die Göttinnen‘ zusammengezwungen werden. Selbst Werke der Jahrhundertwende, die eindeutig einen Traditionszusammenhang mit der Romantik aufweisen, werden heute, auch wegen der stärkeren Beachtung gesamteuropäischer Zusammenhänge, eher im Kontext von Décadence und Ästhetizismus verstanden (Sprengel, 294), ohne daß damit doch der Begriff Neuromantik gänzlich obsolet geworden wäre.

Lit: Dieter Bänsch, Erich Ruprecht (Hg.): Literarische Manifeste der Jahrhundertwende 1890–1910. Stuttgart 1970. – Hermann Bahr: Zur Überwindung des Naturalismus. Theoretische Schriften 1887–1904. Hg. v. Gotthart Wunberg. Stuttgart, Berlin 1968. – Leo Berg: Die Romantik der Moderne [1891]. In: Wunberg 1971, S. 77–82. – Jens Malte Fischer: Deutsche Literatur zwischen Jahrhundertwende und Erstem Weltkrieg. In: Jahrhundertende – Jahrhundertwende. Hg. v. Hans Hinterhäuser. Wiesbaden 1976, S. 231–260. – Rolf Geissler u. a. (Hg.): Vom Naturalismus zur Neuromantik. Frankfurt 1972. – Reinhold Grimm: Zur Vorgeschichte des Begriffs Neuromantik. In: Paulsen, S. 32–50. – Jost Hermand: Gralsmotive um die Jahrhundertwende. In: J. H.: Von Mainz nach Weimar (1793–1919). Stuttgart 1969, S. 269–297. – J. H.: Der Aufbruch in die falsche Moderne; Der ‚neuromantische‘ Seelenvagabund. In: J. H.: Der Schein des schönen Lebens. Frankfurt 1972, S. 13–25; 128–146. – Viktor Aimé Huber: Die neuromantische Poesie in Frankreich und ihr Verhältnis zu der geistigen Entwickelung des französischen Volkes. Leipzig 1833. – Karl Joel: Nietzsche und die Romantik. Jena, Leipzig 1905. – Anne Kimmich: Kritische Auseinandersetzung mit dem Begriff „Neuromantik" in der Literaturgeschichtsschreibung. Diss. Tübingen 1936. – Victor Klemperer: Moderne französische Lyrik: Dekadenz, Symbolismus, Neuromantik. Berlin/DDR 1957. – Hans Landsberg: „Los von Hauptmann!" [1900]. In: Bänsch / Ruprecht, S. 127–131. – Samuel Lublinski: Der Ausgang der Moderne. Dresden 1909. – Helmut Motekat: Die deutsche Neuromantik. In: Ukrainische Romantik und Neuromantik vor dem Hintergrund der europäischen Literatur. Hg. v. Jurij Bojko-Blochyn. Heidelberg 1985, S. 111–121. – Wolfgang Paulsen (Hg.): Das Nachleben der Romantik in der modernen deutschen Literatur. Heidelberg 1969. – Reinhold Schwede: Wilhelminische Neuromantik – Flucht oder Zuflucht? Frankfurt 1987. – Uwe Spörl: Gottlose Mystik in der deutschen Literatur um die Jahrhundertwende. Paderborn 1997. – Peter Sprengel: Neuromantik. In: Moderne Literatur in Grundbegriffen. Hg. v. Dieter Borchmeyer und Viktor Žmegač. Frankfurt 1987, S. 291–295. – Georg Tantzscher: Friedrich Nietzsche und die Neuromantik. Dorpat 1900. – Gotthart Wunberg (Hg.): Die Literarische Moderne. Frankfurt 1971. – G. W. (Hg.): Die Wiener Moderne. Stuttgart 1981.

Jürgen Viering

Neutrale Erzählsituation

↗ *Erzählsituation*

New Criticism

Richtung besonders der amerikanischen Literaturwissenschaft in der 1. Hälfte des 20. Jhs., welche die Autonomie des sprachlichen Kunstwerks betont und werkimmanente Interpretationsmethoden bereitstellt.

Expl: Der New Criticism konzentriert sich auf den je als organische Einheit verstandenen literarischen Text, dessen Komplexität und Ambiguität in einem *Close reading* (↗ *Werkimmanente Interpretation*) analysiert wird, das intratextuelle Spannungen (‚tensions') eines Werks wie diejenige zwischen *Inhalt* und ↗ *Form* sichtbar machen will. In seiner Werkästhetik ist der New Criticism dem Russischen ↗ *Formalismus* und dem Tschechischen ↗ *Strukturalismus* sowie der ↗ *Phänomenologischen Literaturwissenschaft* im Deutschland der Zwischen- und Nachkriegszeit verwandt (↗ *Werkimmanente Interpretation*), die gleichfalls von der ästhetischen ↗ *Autonomie* literarischer Texte ausgeht.

WortG/BegrG: ‚Criticism' umfaßt im angelsächsischen Bereich nicht nur ↗ *Literaturkritik*, sondern auch ↗ *Literaturwissenschaft* (vgl. M. Momberger in Culler, 7, Anm.). Von B. Croce beeinflußt, übernahm J. E. Spingarn den Begriff ‚New Criticism' als Titel für seine 1911 erschienene Auseinandersetzung mit Croces Theorien. Brooks und Warren haben bereits mit ihrem College-Textbuch ‚Understanding Poetry' (1938) die Methode des New Criticism etabliert, bevor Ransoms 1941 erschienene Monographie ‚The New Criticism' den Begriff selbst prominent macht.

Jonathan Culler: Dekonstruktion [1982]. Reinbek 1988. – Joel E. Spingarn (Hg.): Criticism in America. New York 1924, S. 9–45.

SachG: Ransom, Brooks und Warren gehören einer Gruppe von Philologen an, die sich unter dem Namen ‚The Fugitives' um 1925 an der Vanderbilt University in Nashville, Tennessee, zusammenschließt. Sie entwickeln eine Interpretationsmethode, welche das literarische Werk unabhängig von seinem geschichtlichen Ort betrachtet und von seinen diachronen wie synchronen Kontexten weitgehend abstrahiert. Gemeinsam ist den verschiedenen New Critics die schon von T. S. Eliot in den 1920er Jahren vertretene (und von seinen Anhängern in der englischen ‚Scrutiny'-Schule um F. R. Leavis ausgebaute) Überzeugung von der Autonomie des sprachlichen Kunstwerks bzw. von der Dichtung als impersonalem Medium von Tradition. Brooks geht von einer organischen Einheit („achieved unity") des literarischen Textes aus (Brooks [1947], 169), die sich einem alltagspragmatischen Verständnis entziehe und deshalb vom Interpreten ins Bewußtsein gehoben werden müsse. Die rezeptive Einstellung, der sich ein Text in seiner Ganzheit zeigt, verlangt „to see the object as in itself it really is" (Brooks/Wimsatt [1957], 188). Biographische, psychologische oder sozialhistorische Ansätze werden entsprechend als ‚genetic', ‚affective' oder ‚intentional fallacy' abgelehnt (Wimsatt [1954], 3–39; ↗ *Intention*). Der Text soll als Objekt mit ‚objektiven' Strukturen behandelt werden (im Sinne von Spitzers ‚explication de texte') – jenseits der historischen Wortbedeutung ist somit der geschichtliche Kontext weitgehend irrelevant. Die dezidierte Werkästhetik des New Criticism bringt die Differenzierung verschiedener sprachlicher Funktionen und textueller Schichten mit sich. So unterscheidet Richards zwischen einem „scientific use of language", der eine Referenzfunktion erfülle, und einem „emotive use of language", welcher literarische von nicht-literarischen Texten trenne (Richards, 267). Ransom hebt die ‚structure' eines Werkes von seiner ‚texture' ab. Tate [1930] spricht in diesem Zusammenhang von ‚extension' und ‚intension'. Während erstere den propositionalen Gehalt eines Textes bildet, ist die eigentliche Bedeutungsschicht einer Dichtung nicht paraphrasierbar. Dieser Schicht wird die ‚konnotative' Dimension der Sprache zugewiesen, das im Text erscheinende Bedeutungsgewebe (‚pattern of meaning') aus Tropen und Figuren, Bildern und Symbolen (Ransom [1938], 349). Empson führt in diesem Zusammenhang sieben Typen von ↗ *Ambiguität* ein, um die poetische Komplexität eines Werkes zu erfassen (Empson, 1−6). Die von Brooks betonte Paradoxie des Textes verdeutlicht die immanent vorausgesetzte Einheit von Gegensätzen, die das Kunstwerk als höhere Einheit, als Einheit in der Vielheit versteht. Eine Konsequenz des New Criticism ist die Konzentration auf kleinere, überschaubare, hochkomplexe Texteinheiten, vor allem Lyrik und Kurztexte sowie die Dramen Shakespeares, die gleichsam einen Kanon des New Criticism bilden; außerdem dominieren in entsprechenden Interpretationen die Fragen nach typischen Strukturen, etwa dem ↗ *Leitmotiv* eines Textes, oder nach dominanten Charakteren und Schauplätzen.

ForschG: Obgleich sich der New Criticism − insbesondere auch dank der einflußreichen ,Theory of Literature' von Wellek und Warren [1949] − an amerikanischen Universitäten von den 1930er bis in die frühen 1960er Jahre durchgesetzt hatte, wurde schon in den 1950er Jahren Kritik an seinen Positionen laut (Crane, 13). Northrop Frye versucht, ihm einen mit Archetypen arbeitenden ,myth criticism' entgegenzusetzen (Frye, 3−29, 131−239). Abgelöst wurde die akademische Vorherrschaft des New Criticism Ende der 1960er Jahre einerseits durch soziologische und sozialgeschichtliche Neuansätze (↗ *Literatursoziologie*, ↗ *Sozialgeschichte*; Weimann 1974), andererseits durch die von de Man initiierte Form der literaturwissenschaftlichen ↗ *Dekonstruktion*, die − ausgehend von der Rhetorik und der neostrukturalistischen Semiotik Derridas − die organische Geschlossenheit des literarischen Textes zugunsten seiner semantischen Offenheit bestreitet, in ihrer Konzentration auf die Sprache des Textes aber dem New Criticism zugleich verpflichtet bleibt. Literaturwissenschaftliche Kritik an den Prämissen des New Criticism findet sich dort, wo man formalistische Verfahren zu überwinden trachtet, etwa bei Hartman oder, mit neostrukturalistischer Ausrichtung, bei Len-

tricchia. Der New Criticism ist inzwischen zum Gegenstand wissenschaftsgeschichtlicher Gesamtdarstellungen geworden (Halfmann, Wellek 1986, Zapf).

Lit: Cleanth Brooks: Modern poetry and the tradition [1939]. Repr. New York 1965. − C. B.: The well wrought urn. Studies in the structure of poetry [1947]. Repr. London 1968. − C. B., Robert Penn Warren: Understanding poetry. New York 1938, ³1960. − C. B., William K. Wimsatt jr.: Literary criticism [1957]. Repr. New York 1964. − Ronald S. Crane (Hg.): Critics and criticism. Chicago 1952. − Paul de Man: Blindness and insight. Essays in the rhetoric of contemporary criticism. New York 1971. − Thomas S. Eliot: Tradition and the individual talent [1919]. In: T. S. E.: Selected essays. London 1932, ³1969, S. 13−22. − William Empson: Seven types of ambiguity [1930]. Repr. Harmondsworth 1961. − Northrop Frye: Anatomy of criticism. Princeton 1957. − Ulrich Halfmann: Der amerikanische ,New Criticism'. Frankfurt 1971. − Geoffrey H. Hartman: Beyond Formalism. New Haven, London 1970. − Murray Krieger: The play and place of criticism. Baltimore 1967. − Frank Lentricchia: After the New Criticism. London 1980. − F[rank] R[aymond] Leavis: A selection from ,Scrutiny'. 2 Bde. Cambridge 1968. − John Crowe Ransom: The world's body [1938]. Repr. Baton Rouge 1968. − J. C. R.: The New Criticism [1941]. Repr. Westport/Conn. 1979. − J. C. R.: Criticism as pure speculation. In: The intent of the critic. Hg. v. Donald A. Stauffer. Princeton 1941, S. 89−124. − Ivor A. Richards: Principles of literary criticism [1924]. Repr. New York 1968. − Leo Spitzer: A method of interpreting literature. Northampton/Mass. 1949. − Allen Tate (Hg.): I'll take my stand. The South and the agrarian tradition [1930]. Repr. New York 1962. − A. T.: The man of letters in the modern world. New York 1955. − Robert Weimann: ,New Criticism' und die Entwicklung bürgerlicher Literaturwissenschaft. Halle 1962, München ²1974. − R. W.: Literaturgeschichte und Mythologie. Berlin, Weimar 1972. − René Wellek: The New Criticism. In: R. W.: The attack on literature and other essays. Chapel Hill 1982, S. 87−103. − R. W.: A history of modern criticism 1750−1950. Bd. 6. New Haven, London 1986. − R. W., Austin Warren: Theory of literature [1949]. Repr. New York 1956. − William K. Wimsatt jr.: The verbal icon [1954]. Repr. London 1970. − Mark Royden Winchell: Cleanth Brooks and the rise of modern criticism. Charlottesville 1996. − Hubert Zapf: Kurze Geschichte der anglo-amerikanischen Literaturtheorie. München 1991.

Claus Uhlig

New Historicism

Kulturwissenschaftlicher Ansatz, der das Verhältnis von Text und (Kultur-)Geschichte untersucht.

Expl: Der New Historicism analysiert die Wechselwirkung zwischen Text und Kontext, zwischen den „diskursiven und nondiskursiven Formationen einer Kultur" (Hebel, 333), mit Hilfe eines interdisziplinären Ansatzes, der vor allem durch literaturtheoretische, geschichtswissenschaftliche und anthropologische Methodologien geprägt ist. Louis A. Montrose faßt diese Neuorientierung in der griffigen Formel von „the historicity of texts and the textuality of history" (Montrose 1989, 20). Gegenüber der älteren Auffassung von Geschichte als Ensemble von ‚Tatsachen‘ wird auf die rhetorische Verfaßtheit sowohl der ‚Quellen‘ als auch der wissenschaftlichen Darstellungen verwiesen, in denen Geschichte uns gegeben ist, mithin auf ihren Konstruktionscharakter. Geschichte ist demnach stets REPRÄSENTATION₁ (*representation*) im doppelten Sinne: der Diskurse in den historischen Modi ihrer Darstellung (z. B. Bühne, Karneval) und zugleich deren Vertextung in der literaturwissenschaftlichen Arbeit; in beiden Fällen werden soziale Tatsachen konstituiert (Rabinow). Literarische und nicht-literarische Texte werden als Ausdruck einer Kultur (↗ *Kulturwissenschaft*) und nicht primär als individuelle Produkte eines Autors gelesen. ‚Kultur‘ wird als synchrones Ensemble von prinzipiell gleichrangigen Zeichensystemen verstanden. Durch die Textualisierung des Wirklichkeitsbegriffs wird der Gegensatz von geschichtlicher Realität und Text bzw. die Hierarchisierung von Geschichte und Text aufgehoben. Literarische Texte werden zusammen mit anderen Texten in einem Netz ‚kultureller Intertextualität‘ verortet.

Der New Historicism bildet einen Gegenpol zum nur auf das literarische Kunstwerk fixierten ↗ *New Criticism* (und der Fortsetzung von dessen immanenter Lektürepraxis in der amerikanischen ↗ *Dekonstruktion*). Vom monologischen ‚alten‘ ↗ *Historismus* unterscheidet er sich durch seine Mehrstimmigkeit, d. h. Werke werden nicht vor dem Hintergrund eines vorgegebenen Weltbildes als dessen Abbild von einem geschichtsenthobenen Beobachtungspunkt her interpretiert, sondern innerhalb eines weiten Feldes widerstreitender kultureller Kräfte angesiedelt. Die Abhängigkeits- und Austauschverhältnisse zwischen diesen Kräften werden metaphorisch gefaßt (*circulation* ‚Kreislauf‘, *exchange* ‚Austausch‘, *negotiations* ‚Verhandlungen‘ und *struggle* ‚Auseinandersetzung‘). Ihre traditionelle Hierarchisierung ist suspendiert; Geschichte soll nicht mehr mit dem Blick auf das Machtzentrum, sondern von den Rändern her geschrieben werden. Somit gerät verstärkt das Marginalisierte in den Blick, wie etwa der Geschlechterdiskurs (↗ *Gender studies*). Methodologisch rückt die ↗ *Anekdote* ins Zentrum, in der antagonistische historische Kräfte gebündelt auftreten und die deshalb Ausgangspunkt einer historischen Analyse sein kann, die nicht mehr auf historistische oder geschichtsphilosophische Totalitäten wie Epoche, Zeitgeist o. ä. zielt.

Vom New Historicism unterscheidet sich der britische Cultural Materialism, der am historischen Gegenstand seine aktuellen Verwertungszusammenhänge betont (Höfele, 117), durch seine ausgeprägt gegenwartsbezogene Komponente. Von den deutschen Traditionen der Geistes- und Sozialgeschichte setzt sich der New Historicism durch die Ablehnung historischer Metanarrationen und einen dezidiert poststrukturalistischen Textualitätsbegriff (↗ *Poststrukturalismus*) ab, der auch auf den ‚Text der Kultur‘ übertragen wird.

WortG/BegrG: Obwohl der Terminus schon bei Morris 1972 erscheint und von McCanles 1980 in Bezug auf die kulturelle Semiotik der Renaissance verwendet wird, ist das Konzept des New Historicism ausführlich zuerst von Stephen Greenblatt 1982 diskutiert worden. Dieser behauptet, der Terminus verdanke sich einem „somewhat feeble witticism: a word play on the ‚new criticism‘ and also a tug of opposition between ‚new‘ and ‚history‘" (Greenblatt 1988, 9). Das Wort meint also ‚neuer historischer Ansatz [in den Literaturwissenschaften]‘; ein terminologiegeschichtlicher Bezug zu *Historis-*

mus besteht nicht. Wenngleich Greenblatt (1989) die Bezeichnung *cultural poetics* (‚Kulturpoetik‘) vorzieht, hat sich die Nomenklatur *New Historicism* allgemein durchgesetzt. Ins Dt. wurde der Terminus 1990 von Kaes eingeführt, er hat in der anschließenden Diskussion seine englische Form beibehalten, nur gelegentlich ist von *neu-* oder *neohistoristischen* Arbeiten die Rede. – Den Ausdruck *Cultural Materialism* prägte Raymond Williams in den 1970er Jahren für „a theory of the specificities of material culture and literary production within historical materialism“ (Williams, 5; ↗ *Marxistische Literaturwissenschaft*).

A conversation with Stephen Greenblatt. In: California Monthly (April 1988). – Michael McCanles: The authentic discourse of the Renaissance. In: Diacritics 10 (1980), S. 77–87. – Wesley Morris: Toward a New Historicism. Princeton 1972. – Raymond Williams: Marxism and literature. Oxford 1977.

SachG/ForschG: Der New Historicism wurde seit Anfang der 1980er Jahre als Verfahren der Text- und Diskursanalyse in der Erforschung der englischen Renaissanceliteratur in den USA etabliert. Er erweitert die historische ↗ *Diskursanalyse* Foucaults, die das Fragmentarische und Diskontinuierliche an der Praxis kultureller Sprachverwendung betont, um anthropologische und ethnologische Ansätze, besonders um Clifford Geertz’ Konzept der „thick description“ (‚dichte Beschreibung‘) des Ensembles von Zeichenordnungen, die eine Kultur ausmachen. Prägend waren vor allem die Untersuchungen von Greenblatt. Als theoretische Prämissen gelten, „(1) that every expressive act is embedded in a network of material practices; (2) that every act of unmasking, critique, and opposition uses the tools it condemns and risks falling prey to the practice it opposes; (3) that literary and non-literary ‚texts‘ circulate inseparably; (4) that no discourse, imaginative or archival, gives access to unchanging truths nor expresses inalterable human nature; (5) finally […] that a critical method and a language adequate to describe culture under capitalism participate in the economy they describe“ (Veeser 1989, xi).

In den letzten Jahren wurde der New Historicism zunehmend auf die Erforschung anderer literarischer Epochen und Nationalliteraturen sowie auf die Film- und Medienanalyse, kunstgeschichtliche Untersuchungen sowie Forschungen zur Popkultur übertragen. In der Zeitschrift ‚Representations‘ (Berkeley, seit 1983) haben sich die New Historicists ein eigenes Publikationsorgan geschaffen.

Das Verfahren des New Historicism hat eine lebhafte Diskussion ausgelöst. Die Nähe zur ↗ *Marxistischen Literaturwissenschaft* wurde sowohl von deren Gegnern (Pechter) als auch von Vertretern derselben behauptet, andererseits wurde die – in der ‚Zirkulations‘-Metapher und in der Verwendung von Foucaults ‚Macht‘-Begriff implizierte – Negation marxistischer Dichotomien (Basis/Überbau, Subversion/Affirmation) beklagt (z. B. Holstun). Ebenso ambivalent war die Rezeption in der ↗ *Feministischen Literaturwissenschaft* (vgl. Newton, 90–93, versus Boose).

Greenblatt hat den New Historicism als „a practice rather than a doctrine“ charakterisiert (Greenblatt 1989). Im Sinne einer verschiedentlich eingeklagten verbindlichen theoretischen Systematik wäre vor allem das Verhältnis zum ↗ *Formalismus* und Poststrukturalismus genauer zu klären (Liu, Reichardt). Obgleich der New Historicism sich von jeglichen ahistorischen formal-ästhetischen Ansätzen zu distanzieren versucht, greift er das poststrukturalistische Interesse an Metaphern, Sprache und Textualität auf, so daß ihm Nähe zu poststrukturalistischen Verfahren bescheinigt wurde (Porter, 254–257, vgl. Derrida). Besonders der Begriff der „cultural intertextuality“ (Liu, 756), der auf historisch fundierte Austauschprozesse zwischen kulturellen ‚Texten‘ unterschiedlicher Ordnung verweist, könnte als Bindeglied zu dekonstruktivistischen und poststrukturalistischen Intertextualitätskonzepten fungieren.

In Deutschland setzte die Rezeption des New Historicism um 1990 als Diskussion über das Verhältnis von historischer Methode (‚Alter Wein in neuen Schläuchen?‘, Jauß) und poststrukturalistischem Textualitätsbegriff ein. Praktische Arbeiten, die den

Ansatz in den USA durchsetzten, fehlen bislang weitgehend (vgl. Baßler, Peters).

Lit: Moritz Baßler (Hg.): New Historicism. Literaturgeschichte als Poetik der Kultur. Frankfurt 1995 [mit Bibliographie]. – M. B.: New Historicism und der Text der Kultur. In: Literatur als Text der Kultur. Hg. v. Moritz Csáky und Richard Reichensperger. Wien 1999, S. 11–40. – Linda Boose: The family in Shakespeare studies. In: RQ 40 (1987), S. 707–742. – Jacques Derrida: Some statements and truisms about neologisms, newisms, postisms […]. In: The states of ‚theory‘. Hg. v. David Carroll. Stanford 1990, S. 63–94. – Jonathan Dollimore: Introduction: Shakespeare, Cultural Materialism, and the New Historicism. In: Political Shakespeare. Hg. v. J. D. und Alan Sinfield. Ithaca 1985, S. 2–17. – Clifford Geertz: The interpretation of cultures. New York 1973. – C. G.: Local knowledge. New York 1983. – Stephen Greenblatt: The forms of power and the power of forms in the English Renaissance. Norman/Okl. 1982. – S. G.: Shakespearean negotiations. The circulation of social energy in Renaissance England. Berkeley, Los Angeles 1988. – S. G.: Towards a poetics of culture. In: Veeser 1989, S. 1–14. – S. G.: Learning to curse. New York, London 1990. – Udo J. Hebel: Der amerikanische ‚New Historicism‘ der achtziger Jahre. In: Amerikastudien 37 (1992), S. 325–347. – Andreas Höfele: New Historicism/Cultural Materialism. In: Shakespeare Jb. (1992), S. 107–123. – James Holstun: Ranting at the New Historicism. In: English Literary Renaissance 19 (1989), S. 189–225. – Jean E. Howard: The New Historicism in Renaissance studies. In: English Literary Renaissance 16 (1986), S. 13–43. – Hans Robert Jauß: Alter Wein in neuen Schläuchen? In: H. R. J.: Wege des Verstehens. München 1994, S. 304–323. – Myra Jehlen: The story of history told by the New Historicism. In: Reconstructing American literary and historical studies. Hg. v. Günter Lenz u. a. Frankfurt, New York 1990, S. 308–323. – Anton Kaes: New Historicism and the study of German literature. In: German Quarterly 62 (1989), S. 210–219. – A. K.: New Historicism. Literaturgeschichte im Zeichen der Postmoderne? In: Geschichte als Literatur. Fs. Eberhard Lämmert. Hg. v. Hartmut Eggert u. a. Stuttgart 1990, S. 56–66. – Joseph Litvak: Back to the future. A review-article on the New Historicism, Deconstruction, and nineteenth-century fiction. In: Texas Studies in Literature and Language 30 (1988), S. 120–149. – Alan Liu: The power of formalism: the New Historicism. In: English Literary History 56 (1989), S. 721–771. – Andreas Mahler: Fluch und Wunder. Greenblatts Geschich-

te(n). In: Shakespeare Jb. (1993), S. 270–277. – Monatshefte 84 (1992), H. 2. – Louis A. Montrose: Renaissance literary studies and the subject of history. In: English Literary History 16 (1986), S. 5–12. – L. A. M.: Professing the Renaissance. The poetics and politics of culture. In: Veeser 1989, S. 15–36. – Judith Newton: History as usual? Feminism and the ‚New Historicism‘. In: Cultural Critique 9 (1988), S. 87–121. – Edward Pechter: The New Historicism and its discontents. In: PMLA 102 (1987), S. 292–303. – Ursula Peters: Zwischen New Historicism und Gender-Forschung. Neue Wege der älteren Germanistik. In: DVjs 71 (1997), S. 363–396. – Carolyn Porter: History and literature. ‚After the New Historicism‘. In: NLH 21 (1990), S. 253–272. – Paul Rabinow: Representations are social facts. In: Writing culture. Hg. v. James Clifford und George E. Marcus. Berkeley u. a. 1986, S. 234–261. – Ulfried Reichardt: Poststrukturalismus und der New Historicism. In: AAA 16 (1991), S. 205–223. – Kiernan Ryan (Hg.): New Historicism and Cultural Materialism. London 1996. – Annette Simonis: New Historicism und Poetics of Culture. In: Literaturwissenschaftliche Theorien, Modelle und Methoden. Hg. v. Ansgar Nünning. Trier 1995, S. 153–172. – Brook Thomas: The New Historicism and other old-fashioned topics. Princeton 1991. – H. Aram Veeser (Hg.): The New Historicism. London, New York 1989. – H. A. V. (Hg.): The New Historicism reader. London, New York 1994.

Jörg O. Fichte

Nibelungenstrophe ↗ *Epenstrophe*

Niederdeutsche Literatur

Die Literatur in niederdeutscher Sprache (in ihren jeweiligen Sprachformen).

Expl: Niederdeutsche Literatur ist an die Bedingungen der im Laufe der Geschichte wechselnden sprachlichen Existenz- und Realisationsformen der niederdeutschen Sprache gebunden. Diese reichen von der Funktion als tendenzielle Hoch- und Verkehrssprache des Ostseeraumes (Hansesprache/-literatur) im 15. Jh. über den weitgehenden Verlust ihrer Schriftlichkeit (Schreibsprachwechsel zum Hochdeutschen) seit dem 16. Jh. bis hin zur Existenz als Nur-Sprechsprache unter dem Dach der hochdeutschen Standardsprache (kollektiver Sprechsprachwechsel seit dem 19. Jh.). Davon unberührt bleibt der Status des Niederdeutschen als historischer Einzelsprache, der sowohl sprachsubstantiell (in Distanz zu verwandten Varietäten) als auch sprachextern (aufgrund u. a. der Willensbildung der Sprecher) begründet werden kann.

Da hochsprachliche Literatur unter anderen Voraussetzungen entsteht und existiert als Mundartliteratur, sind vor allem drei literarische Zeitabschnitte zu unterscheiden, deren Schreibpraxis jeweils neu aus mündlichem Gebrauch erarbeitet wurde: (1) die mittelniederdeutsche Literatur (13.−16. Jh.) einschließlich ihrer Ausläufer (bis ca. 1650), (2) die Literatur der Übergangszeit vom 17. bis zum beginnenden 19. Jh., in der Niederdeutsch noch Sprechsprache breiter Bevölkerungskreise war, und (3) die neuniederdeutsche ↗ Dialektliteratur, vor allem seit der Mitte des 19. Jhs. (mit Niederdeutsch als ,bilingualer' Kontaktsprache einer Sprachminderheit).

WortG: Wissenschaftlich und amtssprachlich gebrauchter Sammelbegriff für die in Zeit und Raum unterschiedlichen Existenzformen des Niederdeutschen, der sich zu anderen Sprachenbezeichnungen wie *Friesisch, Gälisch* oder *Okzitanisch* stellt. Sein Bestimmungswort *nieder-* bezieht sich auf die räumliche Dimension (im Gegensatz zum Hochdeutschen), das Grundwort *-deutsch* beinhaltet typologisch einen Sprach- und Volksaspekt.

Der Terminus *niederdeutsch* bildete sich bereits im 15. Jh. als Gegenbegriff zum Hochdeutschen heraus: ein Begriffspaar, das die mittelalterliche Zweiteilung des deutschen Sprachgebiets in ,oberländisch' und ,niederländisch' (Berthold von Regensburg, 13. Jh.) fortsetzt. Bezeugt ist das Wort zum ersten Mal in einem *vanden hoghen duutsche int neder duutsche* übertragenen holländischen Gebetbuch aus dem Jahre 1457 (van Wijk, 239 f.) und diente − teils neben dem zur gleichen Zeit aufkommenden und mit ihm konkurrierenden *nederlands* − auch zur Bezeichnung des Nieder-

ländischen; letzteres setzt sich seit 1815 (Vereenigd Koninkrijk der Nederlanden) als offizielle Benennung der niederländischen Landessprache durch. Die vom Hochdeutschen abweichenden Dialekte Norddeutschlands wurden von den Sprachwissenschaftlern des 19. Jhs. (J. Grimm u. a.) seitdem zusammenfassend *niederdeutsch* genannt.

Nicolaas van Wijk: Hochdeutsch, Niederdeutsch. In: Zs. für deutsche Wortforschung 12 (1910), S. 239 f.

BegrG: Von den Sprechern, die ihre Eigensprache heute *Platt, Plattdüütsch* oder − kleinräumiger − *holsteensch Platt* usw. nennen, wird die übergeordnete terminologische Abstraktion durchweg gemieden, offensichtlich als Folge eines weniger ausgeprägten einheitssprachlichen Bewußtseins. Für Niederdeutsch als (historische) Einzelsprache existierten verschiedene volkssprachige Begriffe (Selbst- und Fremdbenennungen): Die allgemeine Sprachenbezeichnung des ,düdeschen kopman' der Hansezeit in fremden Ländern ist *düdesch* bzw. *to düde* ,auf deutsch', womit dieser sich einerseits von Fremdsprachigen unterschied, andererseits als Zugehöriger des Hl. Römischen Reiches Deutscher Nation zu erkennen gab. Innerhalb des ,Ryke' grenzte man sich von anderen ,deutschen' Varietäten durch Umschreibungen wie *sassesch* (*düdesch*) oder *moderlike sprake* ab, später auch durch *nedder-sassesch*. Auf niederländischer Seite galt dafür die Bezeichnung *osterche sprake*. Seit der 2. Hälfte des 17. Jhs. wird *Sassesch* durch die Neuerung *Plattdeutsch* ersetzt (ältester Beleg: ein Delfter Druck des ,Neuen Testaments' von 1524 „in goede[n] platten duytsche"). Das Lehnwort *platt* (aus frz. *plat*) steht zunächst für ,deutlich', ,klar', ,allgemein verständlich' (in der vertrauten Volkssprache), nimmt dann jedoch eine negative Konnotation im Sinne von ,derbe, vulgäre Sprechweise' an. Als Bezeichnung für Dialekt ist das Wort *Platt* erst im späten 19. Jh. schriftlich belegt.

SachG: (1) Die zu Beginn des 13. Jhs. einsetzende mittelniederdeutsche Literatur steht erkennbar in großlandschaftlichen Bezügen, mit Schwerpunkten zunächst im Ostfälischen (Rechtsliteratur, Chronistik), dann auch im Westfälischen (Bewegung ‚Devotio moderna') und in den Seestädten der Waterkant. Sie wird vor allem von denjenigen Gruppen getragen, die nicht im Bannkreis der höfischen Kultur stehen: der Geistlichkeit, namentlich den monastischen Erneuerungsbewegungen (Augustiner, Zisterzienser, Devoten, Mendikanten) und dem städtisch-patrizischen Bürgertum. Dies erklärt ihr eigengeprägtes Erscheinungsbild, die Dominanz der Gebrauchstexte, ihre Gestaltungsformen, Sinnaussagen und Wirkungsabsichten. Nahezu 80 % der literarischen Überlieferung bestehen aus religiös-geistlichen Schriften.

Folgende 4 Merkmale kennzeichnen die Literaturlandschaft: (1) Die größeren Hansestädte werden zu zentralen Marktorten des Literaturbetriebs; so etwa in Münster (Johannes Veghe, Prediger der Fraterherren), Braunschweig (Hermen Bote, städtischer Zolleinnehmer) oder in Lübeck (Erbauungsliteratur, ↗ Fastnachtspiele der Fraternitas Trinitatum, ‚Mohnkopf'-Drucke). Voraussetzung dafür war (2) die bevorzugte Wahl der Gebrauchsprosa als übliche literarische Darbietungsform (Geschichtsschreibung, Rechtsschrifttum, Fachliteratur). Dem entsprechen (3) viele Inhalte, die nüchternes Erwerbsdenken und nützliche Frömmigkeit propagieren (Laienunterweisung im Sinne einer ‚theologia practica'). Überwiegend liegt (4) eine rezeptive Übersetzungsliteratur als repräsentative städtische Imitationskultur vor, die durch den hansischen Fernhandelskaufmann über die Kontore in den Ostseeraum vermittelt wird (Erzählliteratur als ‚Handelsware': sog. ‚Hartebok' der Hamburger Flandernfahrer; ‚Deif van Brugghe').

Das Gros der Überlieferung besteht aus religiösen Unterweisungs- und Erbauungsschriften: Bibeldichtung, Plenarien, Tugend- und Lasterspiegel oder Legendendichtung. Unterhaltsamer Erbauung und Lehre dient auch das volkssprachliche Schauspiel, das u. a. als ↗ Osterspiel (‚Redentiner') und als ↗ Mariendichtung (‚Bordesholmer Marienklage'; Legendenspiel ‚Theophilus') vorliegt. Während die unterhaltsame weltliche Literatur auf die Kleinformen des Erzähl- (↗ Prosaroman) und Liedguts (‚Rostocker Liederbuch', historisch-politische Ereignislieder) beschränkt bleibt, ist die weltliche Lehrdichtung in eigenständigen Bearbeitungen vertreten: als allegorische Ständedidaxe (Hermen Bote, ‚Boek van veleme Rade'; Meister Stephan, ‚Schakspil to dude'; ‚Totentanz'), als Moralsatire (‚Narrenschyp' nach Sebastian Brant) oder in Form von Sprichwörtersammlungen (‚De Koker'). Nicht einmal die profane Unterhaltungsliteratur ist aus dem lehrhaften Sinnhorizont auszuschließen: Sowohl ↗ Fabeln$_2$ (‚Magdeburger Äsop') als auch dem satirischen Tierepos ‚Reynke de Vos' sind Glossenkommentare beigegeben, die die Erzählexempel in moralisierender, auch homiletisch-pärenetischer Weise ausdeuten.

(2) Mit dem Sprachabbau in der Frühen Neuzeit geht einerseits eine thematische Einengung, andererseits eine Poetisierung der geschriebenen Sprechsprache einher. Neben einigen apologetisch gegen das Hochdeutsche gerichteten ↗ Satiren (Anna Owena Hoyers, Johann Lauremberg, Kaspar Abel) ist das Niederdeutsche fast nur noch dem ‚Bauerngesprächen' und ‚Zwischenspielen' vorbehalten: in der Rolle des ungebildeten, derb-possenhaften Sprechers. Insbesondere das ↗ Gelegenheitsgedicht (Hochzeitsgedicht) überbrückt die Jahrhunderte bis hin zu den ‚Vierländer Idyllen' von Johann Heinrich Voß, von denen die plattdeutsch verfaßten als „Nachhall der sassischen Buchsprache" (‚Idyllen', 1801: Anmerkung zu ‚De Winterawend') gedacht waren.

(3) Erst die mit der romantischen Sprach- und Kunsttheorie verbundene Vorstellung von einer ‚ursprünglichen', natürlichen und echten Volkspoesie' gab den Anstoß für eine Aufwertung der Mundart. Vorbilder waren u. a. Johann Peter Hebel und der Schotte Robert Burns. Den frühen Versuchen (Sophie Dethleffs) folgt 1852 Klaus Groths ‚Quickborn', der sowohl Lyrisches, Balladen, Kinderreime als auch Verserzählungen vereint. Erklärtes Ziel war es, die mundartliche Poesie der hochsprachlichen in Qualität und Bewertung gleichzusetzen (Imitation des Naiven als Kunstmittel). Die idealisierende Sichtweise des Dichters, der an der Fiktion des als Einheit gedachten Volksbe-

griffs festhielt, fand Anklang vor allem in Kreisen des gehobenen Bürgertums. Demgegenüber steht die realistische, der Alltagssprache verpflichtete Erzählkunst Fritz Reuters. Höhepunkte seines Schaffens sind die in lockerer Kompositionsform gestalteten Romane (u. a. ‚Ut mine Stromtid‘, 1864).

Die Ansätze der großen Klassiker, einschließlich des Zeitgenossen John Brinckmann, werden in der Folgezeit in verschiedene Richtungen hin ausgebaut: In der erzählenden Dichtung gehen vor allem Johann Hinrich Fehrs (psychologisierend) und Augustin Wibbelt (soziale und religiöse Thematik) neue Wege. Die Lyrik orientiert sich zwischen Heimatkunst und Moderne (Großstadt- und Gedankenlyrik von Hermann Claudius bzw. Moritz Jahn). Seit Beginn des 20. Jhs. setzt sich das neund. Theater (Bühnenkunstbewegung) durch, das in Fritz Stavenhagen (Volksstücke, naturalistische Schauspiele, u. a. ‚Mudder Mews‘), Karl Wagenfeld (Dramen) und Hermann Boßdorf (Komödien) herausragende Vertreter findet.

Seit der Nachkriegszeit werden traditionelle Grenzen überschritten: etwa durch die Nutzung sprachspielerischer Möglichkeiten, die Aufgabe überkommener Themen und Motive der Heimatkunst oder die bevorzugte Wahl neuer Gattungsformen (Hinrich Kruse, ↗ *Hörspiel*). Proklamiert wird die uneingeschränkte Literaturfähigkeit der Mundart im Spannungsfeld der medialen Varietäten, von regionaler Sprache und offener Thematik, wofür beispielhaft auch die neuere Liedermacherbewegung steht (Popmusik – ‚Torfrock‘ – mit teils kultsprachlicher Verwendung des Platt).

Kurt Batt: Fritz Reuter. Rostock ²1974. – Josef Berlinger: Das zeitgenössische deutsche Dialektgedicht. Frankfurt u. a. 1983. – Inge Bichel u. a.: Klaus Groth. Eine Bildbiographie. Heide 1994. – Kay Dohnke, Alexander Ritter (Hg.): Johann Hinrich Fehrs – ein Erzähler der Provinz. Heide 1987. – Jochen Schütt: Zeitkritik in der niederdeutschen Literatur der Gegenwart. Studien zum Werk Hinrich Kruses. Neumünster 1974.

ForschG: Ungeachtet früher Anregungen (J. G. Leibniz) konstituierte sich eine niederdeutsche Philologie als eigenständiger germanistischer Wissenschaftsbereich erst mit der Gründung des ‚Vereins für niederdeutsche Sprachforschung‘ (1874) und der Einrichtung fachspezifischer Lehrstühle. Sie wendete sich vor allem der älteren, pränationalen Literatur zu, deren Erforschung lange Zeit der positivistischen und historischen Methode des 19. Jhs. verpflichtet bleibt (‚schwedische Philologenschule‘: E. Rooth). Daneben steht die Erschließung von Überlieferungszusammenhängen (↗ *Erbauungsliteratur*, Devotio moderna, Ständedidaxe, Hermen Bote), die durch neuere Fragestellungen (Textsortenspezifik, städtische Literatur) ergänzt wird.

Mehr noch als die mnd. Literatur wird die neuere Mundartdichtung von der Forschung als literarisches Reservat behandelt. Bewertungsmaßstäbe werden einerseits dichotomisch vor dem Gegenbild der hochsprachlichen Literatur gesucht: in Gegensatzbegriffen wie ‚echte, natürliche (Volks-) Poesie‘ vs. Kunstprodukt, naiv vs. sentimentalisch oder Heimat (einfache Denkart/Weltsicht des Volkes) vs. Fremde. Diskutiert werden des weiteren sprachliche (‚Echtheit‘, d. h. sprachliche Authentizität und regionale Einbindung des Stoffes), ästhetische (Themengemäßheit, Bildlichkeit, Originalität usw.) und außerästhetische (u. a. Ideologiekritik, Belehrung, Unterhaltungsfunktion) Kriterien. Das besondere Forschungsinteresse galt lange Zeit den großen Klassikern, vor allem Fritz Reuter, deren Œuvres in Museen, Literaturgesellschaften und Forschungsarchiven gepflegt wird. Es bestehen gravierende Forschungslücken, insbesondere im Hinblick auf Werkinterpretationen, Programmatik, typologisch-vergleichende Untersuchungen und orientierende Übersichtsdarstellungen.

Lit: Korrespondenzblatt des Vereins für niederdeutsche Sprachforschung, 1877 ff. [zu den Publikationsreihen des Vereins s. Nr. 103,2 (1996), S. 57–66]. – Niederdeutsche Mitteilungen, 1945 ff. – Niederdeutsches Jb., 1875 ff. – Niederdeutsches Wort, 1960 ff. – Quickborn. Zs. für plattdeutsche Sprache und Dichtung, 1907/08 ff.

Conrad Borchling, Bruno Claussen: Niederdeutsche Bibliographie. Gesamtverzeichnis der niederdeutschen Drucke bis zum Jahre 1800. Bde. 1–3/1. Neumünster 1931–1957. – Niederdeutsche Bibliographie. In: Korrespondenzblatt [laufend seit 1970]. − Plattdeutsche Bibliographie. Laufendes Verzeichnis der Neuerscheinungen und Neuauflagen auf dem Gebiet der plattdeutschen Sprache und Literatur. Bearbeitet v. Friedrich W. Michelsen. Bremen 1974 ff.

Hb. zur niederdeutschen Sprach- und Literaturwissenschaft. Hg. v. Gerhard Cordes und Dieter Möhn. Berlin 1983 [mit Beiträgen zur mittel- und neund. Literatur sowie zu Drama, Lyrik, Erzählender Dichtung, Hörspiel, Sprichwort, Rätsel etc., Schwank, Volkslied]. − Niederdeutsch. Ein Hb. zur Pflege der Heimatsprache. Hg. v. Richard Mehlem und Wilhelm Seedorf. Hannover 1957. − Claus Schuppenhauer: Lexikon niederdeutscher Autoren. Leer 1975 ff. − C. S.: Plattdeutsche Klassiker 1850−1950. Leer 1982.

Hartmut Beckers: Die Erforschung der niederdeutschen Literatur des Mittelalters. In: Niederdeutsches Jb. 97 (1974), S. 37−60. − H. B.: Mittelniederdeutsche Literatur − Versuch einer Bestandsaufnahme. In: Niederdeutsches Wort 17 (1977), S. 1−58; 18 (1978), S. 1−47; 19 (1979), S. 1−28. − Ulf Bichel: Die Forschung zur neuniederdeutschen Mundartliteratur. In: Niederdeutsches Jb. 97 (1974), S. 78−87. − Herbert Blume, Eberhard Rohse (Hg.): Hermann Bote. Städtisch-hansischer Autor in Braunschweig 1488−1988. Tübingen 1991. − Gerhard Cordes: Alt- und mittelniederdeutsche Literatur. In: Stammler² 2, Sp. 2473−2520. − G. C.: Niederdeutsche Mundartdichtung. In: ebd., Sp. 2405−2444. − G. C.: Geschichte und Methoden der niederdeutschen Literaturwissenschaft. In: Hb. zur niederdeutschen Sprach- und Literaturwissenschaft, S. 24−68. − Cornelia Ficker: Das literarisch ambitionierte niederdeutsche Hörspiel. Leer 1985. − Ina-Maria Greverus: Der territoriale Mensch. Ein literaturanthropologischer Versuch zum Heimatphänomen. Frankfurt 1972. − Monika Jaeger: Theorien der Mundartdichtung. Tübingen 1964. − Wolfgang Lindow, Claus Schuppenhauer: Zwei Vorträge zur Einführung: Die niederdeutsche Sprache. Nedderdüütsch Dichten. Leer 1994. − Willy Sanders: Sachsensprache, Hansesprache, Plattdeutsch. Sprachgeschichtliche Grundzüge des Niederdeutschen. Göttingen 1982, S. 19−29. − Claus Schuppenhauer: Niederdeutsche Literatur − Versuch einer Definition. In: Niederdeutsches Wort 12 (1972), S. 16−34. − Wolfgang Stammler: Die deutsche Hanse und die deutsche Literatur. In: Hansische Geschichtsblätter 45 (1919), S. 35−69. − W. S.: Geschichte der niederdeutschen Literatur von den ältesten Zeiten bis auf die Gegenwart. Leipzig, Berlin 1920 [veraltet].

Hubertus Menke

Nominalstil ↗ *Stilprinzip*

Nonsens

Auf empirische, logische oder sprachliche Regelverletzungen gegründete, tendenzlose Gattung des Komischen.

Expl: Nonsens-Literatur stellt eine tendenzfrei komische Textsorte (und allgemeiner: Verfahrensweise) dar, deren von den Tatsachen der empirischen Wirklichkeit, den Regeln der Gedankenführung und/oder den Normen des Sprachgebrauchs abweichende Äußerungen gleichwohl einen nachvollziehbaren Zusammenhang wahren. Dieser bildet keinen realen Zusammenhang nach, spielt auf diesen nur an; vielmehr sind die Bedingungen der empirischen, logischen oder sprachlichen Realität notwendig als Norm, gegen die die Abweichungen des Nonsens-Textes auf stets unerwartete Weise verstoßen. Deshalb ist ein Nonsens-Text zwar in seiner Beziehung zur Außenwelt relativ sinnlos, in sich aber sinnvoll; seine Abweichungen sind textintern fundiert (Interne statt Externer ↗ *Funktion*).

Nonsens unterscheidet sich durch Komik und inneren Zusammenhang vom bloßen Unsinn, durch Tendenzlosigkeit von der ↗ *Satire*, durch die demonstrative Sinnlosigkeit von ↗ *Konkreter Poesie* (die gerade verborgene Sprachinhalte durch analoge Konfiguration von Zeichen auf außersprachliche Sachverhalte und Strukturen bezieht, also textextern ausgerichtet ist) und durch durchgängige Komik vom ↗ *Grotesken*, das allenfalls partiell komisch wirkt und insgesamt textexternen Funktionen dient.

[Terminologisches Feld:]

KLAPPHORNVERSE: Komische Vierzeiler mit einem in der Anfangszeile eingeführten Paar als Handlungsträger, häufig mit dem Eingang „Zwei Knaben…“. Sie gelten, da sie oft unerwartet banal schließen, als spezielle Form deutschsprachiger Nonsenslyrik, doch können sie auch andere Spielarten des Komischen verwirklichen.

WortG: Das engl. Wort *nonsense* ist, ohne Bezug auf die Literaturgattung, im Deutschen bereits im 18. Jh. vielfach bezeugt (Schulz-Basler 2, 212 — u. a. bei Lichtenberg, Lessing, Kant, Herder; lexikographisch erfaßt bei Gottsched 1760, 1181). Auch findet sich schon 1740 in Zedlers Universallexikon die Form *Nonsens* (Zedler 24, 1255), die frz. (nach lat. *sensus* ‚Sinn‘ und der Negation *non*) seit dem 13. Jh. nachgewiesen ist (vgl. Paul-Henne, 618; EWbD 2, 1176). Goethe diskutiert 1826 „prosodisch untadelhafte und doch nonsensicalische Verse" (FA I.13, *6.38.4.) und rezensiert 1827 wohlwollend die einschlägige englische Sammlung ‚Whims and Oddities‘ (mit dem Übersetzungsvorschlag *„Grillen und Nullitäten"*; FA I.22, 813 f.). Als Gattungsbezeichnung für eine Art des Komischen ist *nonsense* im Engl. durch Edward Lears ‚Book of Nonsense‘ (1846) in allgemeinen Gebrauch gekommen (OED 10, 502; *nonsense verses* zuerst 1799 belegt). Im Deutschen ist das (nd. ohnehin geläufige) Wort als Name für die englische Literaturgattung mindestens seit den 1930er Jahren üblich, findet nach 1945 zögernd Anwendung auch auf deutsche Autoren und setzt sich seit den 1960er Jahren durch — mit englischer (oder bei stimmhaftem Spiranten im Inlaut: plattdeutscher) Aussprache, aber überwiegend mit der gewohnten Schreibweise *Nonsens* (Kluge-Seebold, 507; vgl. Ganz, 154).

Peter F. Ganz: Der Einfluß des Englischen auf den deutschen Wortschatz 1640–1815. Berlin 1957. — Johann Wolfgang Goethe: Sämtliche Werke [Frankfurter Ausgabe, FA]. Frankfurt 1985 ff. — Johann Christoph Gottsched: Handlexicon oder Kurzgefasstes Wb. der schönen Wissenschaften und freyen Künste [1760]. Repr. Hildesheim 1970.

BegrG: Die nach 1945 verstärkte Rezeption der englischen Nonsens-Tradition (vgl. Preminger, 571–575) bürgerte (neben älteren, unspezifischeren Bezeichnungen wie *Scherzgedicht, Unsinn, Stumpfsinn, [Höherer] Blödsinn*) den Gattungsbegriff *Nonsens[e]* für auch in deutscher Literatur belegbare Phänomene ein (vgl. Dencker, Liede, Seydel). Noch der Begriffsname *Nonsens* war anfangs unscharf gefaßt und schloß z. B. auch Phänomene der Konkreten Poesie, der

Groteske, sogar der Satire ein (z. B. Fuchs, Kretschmer). In den 1970er Jahren kam der Ausdruck *Blödeln* dafür in Mode (vgl. Apel u. a.), behauptete sich gegenüber dem Terminus *Nonsens* jedoch ebensowenig wie *literarischer Unsinn*.

Die Klapphornverse haben ihren Namen nach dem Klappenhorn, einem trompetenähnlichen Signalhorn mit sechs Klappen, das im Ur-Klapphornvers (anonym erschienen in den ‚Fliegenden Blättern‘ vom 14. Juli 1878, versehen mit einer Zeichnung Lothar Meggendorfers) genannt wurde („Zwei Knaben gingen durch das Korn;/ Der Andere blies das Klapphornhorn"; Köhler 1991, 80). Diese ersten Klapphornverse trugen den Titel „Idylle", zum Teil mit der Unterzeile „à la Klapphorn", die später auch anders getitelte Klapphornverse ankündigte. Um 1900 war die Bezeichnung *Klapphornverse* etabliert; denn bereits in der 1. Hälfte der 1880er Jahre wurden sie große Mode und blieben bis etwa 1970 in der Volkspoesie, insbesondere in der ↗ *Stegreifdichtung* lebendig.

Alex Preminger (Hg.): Princeton Encyclopedia of poetry and poetics. Princeton 1974.

SachG: Die Geschichte der deutschsprachigen Nonsensliteratur teilt sich in drei Phasen: (1) Eine ‚Frühphase‘ mit partiellen Vorläufern seit dem 13. Jh. (dazu Stemmler-Horlacher, 13–57; Kellermann; Köhler 1989, 105–120), in der Nonsens marginal als ↗ *Schreibweise₂* eingesetzt wird; es dominieren dabei zunächst ↗ *Lügendichtungen* (13.–16. Jh.), dann logische Regelverletzungen (↗ *Paradox*; textprägend im 18. Jh.), später sprachliche (↗ *Abweichung*; textprägend im 19. Jh.). (2) Eine sozusagen ‚klassische‘ Phase der Gattungsgeschichte, die 1905 mit Christian Morgensterns ‚Galgenliedern‘ einsetzt, in der der Nonsens sich als literarische Gattung beim Publikum etabliert und so als ↗ *Genre* konstituiert (↗ *Dadaismus*); dabei modelliert Morgenstern als erster deutscher Autor den Sprachnonsens, dessen Besonderheiten ganz aus den Sprachregeln heraus entwickelt sind und dessen empirische und logische Verstöße verborgene sprachliche Ressourcen nutzen. (3) Eine ‚modernisierte‘ Phase seit den 1960er Jahren, in der die Schreiber-Zeichner R. Gernhardt, F. W. Bernstein und F. K. Waechter (als Kern der ‚Neuen Frankfurter Schule'; ↗ *Autorengruppe*) das Genre aktualisieren (z. B. durch Nennung tatsächlicher Personen, Örtlichkeiten und Geschehnisse), es verstärkt visualisieren (durch die Verwendung von Zeichnung und Foto) und ironisieren (sc. als Selbstironie, indem Nonsenstechniken selbst zum Gegenstand der Belustigung werden).

Im Englischen wurde der Nonsens, der zuvor jahrhundertelang in der Volksdichtung existierte, durch Edward Lear als Genre etabliert. Lewis Carroll (‚Alice's Adventures in Wonderland', 1865) entwickelte Jahrzehnte vor Morgenstern den englischen Sprachnonsens; 1964/65 führte John Lennon auch journalistische und andere Gebrauchsformen in die Gattung ein und schrieb aktualisierten, mit Zeichnungen versehenen Nonsens. Seit den 1970er Jahren wird besonders in England (Monty Python), aber auch in Deutschland (Otto Waalkes; teilweise Karl Valentin als Vorläufer) Nonsens zunehmend in Film und Fernsehen präsentiert.

ForschG: 1888 wies Edmund Strachey in seiner Pionierarbeit das wesentliche Nonsens-Kriterium der Tendenzfreiheit auf; wirksame Unterstützung kam 1911 durch G. K. Chestertons ‚Defence of Nonsense'. In der erst nach 1945 intensivierten deutschen Forschung stand der englische Nonsense im Vordergrund (vgl. Hildebrandt, Petzold): „Nonsense-Dichtung – ein Phänomen der englischen Komik" lautete der bezeichnende Titel eines Aufsatzes von Annemarie Schöne, und Klaus Reichert schränkte in seiner – zeitgeschichtliche und psychologische Hintergründe ausleuchtenden – Studie den Nonsense auf das viktorianische England ein. Obwohl Alfred Liede schon 1963 hervorhob, daß Nonsens kein typisch englisches Phänomen sei, dauerte es 25 Jahre, bis der deutschsprachige Nonsens die erste theoretisch und historisch umfassende Darstellung erfuhr (Köhler 1989 sowie 1990; neuerdings Stemmler-Horlacher).

Lit: Friedmar Apel: Die Phantasie im Leerlauf. Zur Theorie des Blödelns. In: STZ 64 (1977), S. 359–374. – Dieter Baacke: Spiele jenseits der Grenze. Zur Phänomenologie und Theorie des Nonsense. In: Dencker 1978, S. 355–377. – Gilbert Keith Chesterton: A defence of nonsense [1911]. In: G. K. Ch.: Stories, essays, poems. London 1953, S. 123–127. – G. K. Ch.: Collected nonsense and light verse. Hg. v. Marie Smith. London 1988. – Klaus Peter Dencker (Hg.): Deutsche Unsinnspoesie. Stuttgart 1978. – Leonard W. Forster: Poetry of significant nonsense. Cambridge 1962. – Günter Bruno Fuchs (Hg.): Die Meisengeige. Zeitgenössische Nonsensverse. München 1964. – Rolf Hildebrandt: Nonsense-Aspekte der englischen Kinderliteratur. Weinheim 1968. – Wilhelm Kellermann: Über die altfranzösischen Gedichte des uneingeschränkten Unsinns. In: ASNSL 205 (1968), S. 216–229. – Peter Köhler: Nonsens. Theorie und Geschichte der literarischen Gattung. Heidelberg 1989. – P. K. (Hg.): Das Nonsens-Buch. Stuttgart 1990 [bes. S. 333–351]. – P. K. (Hg.): Poetische Scherzartikel. Stuttgart 1991 [bes. S. 80–89]. – John Lennon: In his own write. London 1964. – Ernst Kretschmer: Die Welt der Galgenlieder Christian Morgensterns und der viktorianische Nonsense. Berlin 1983. – Alfred Liede: Dichtung als Spiel. Studien zur Unsinnspoesie an den Grenzen der Sprache [1963]. Berlin ²1992. – Dieter Petzold: Formen und Funktionen der englischen Nonsense-Dichtung im 19. Jh. Nürnberg 1972. – Klaus Reichert: Lewis Carroll. Studien zum literarischen Unsinn. München 1974. – Annemarie Schöne: Nonsense-Dichtung – ein Phänomen der englischen Komik. In: Die neueren Sprachen NF 3 (1954), S. 132–140. – Elizabeth Sewell: The field of nonsense. London 1952. – Heinz Seydel (Hg.): Alles Unsinn. Deutsche Scherzdichtung von ehedem bis momentan. Berlin (DDR) 1969 [bes. S. 14–17]. – Theo Stemmler, Stefan Horlacher (Hg.): Sinn im Unsinn. Über Unsinnsdichtung vom Mittelalter bis zum 20. Jh. Tübingen 1997. – Edmund Strachey: Nonsense as a fine art. In: The Quarterly Review 167 (1888), S. 335–365. – Wim Tigges: An anatomy of literary nonsense. Amsterdam 1988.

Peter Köhler

Norm

Erwartung an soziales Handeln, bei deren Mißachtung mit Sanktionen zu rechnen ist; übertragbar auch auf sprachliches und literarisches Handeln.

Expl: (1) *Sprachliche Normen* im linguistischen Sinn sind (als Teil sozialer Normen) implizit geltende Übereinkünfte oder explizit vereinbarte Regeln, die eine erfolgreiche Verständigung ermöglichen oder erleichtern sollen. Anders als im Fall von Naturgesetzen oder statistischen Normen stellen mehr oder weniger starke und häufige Abweichungen die Geltung sozialer Normen nicht unbedingt in Frage. Luhmann kennzeichnet sie daher als „kontrafaktisch stabilisierte Erwartungen" (Luhmann, 37). Ihr Geltungsanspruch wird durch potentielle oder faktische Sanktionen stabilisiert. Normen wie Sanktionen sind zumeist nach den wechselnden Rollen spezifiziert, in denen (sprachlich) gehandelt wird.

(2) Von literarisch thematisierten gesellschaftlichen Normen, an denen z. B. das soziale Verhalten literarischer Figuren sich ausrichtet, sind literarische Normen zu unterscheiden, an denen der Umgang von Autoren, Lesern oder Literaturvermittlern mit Texten orientiert ist. Ob es gemäß der Explikation des Begriffs *sprachlicher Normen* sinnvoll ist, von *literarischen Normen* im Sinne von Schreibnormen zu sprechen, ist umstritten (vgl. die differierenden Positionen von Fricke 1981 und Anz 1984). Zur Unterscheidung von sanktionsgestützten Normen strikter Geltung hat man vorgeschlagen, hier statt dessen von − allein auf statistischer Häufigkeit beruhenden − literarhistorischen QUASI-NORMEN (Fricke, 163−167) oder von bloßen KONVENTIONEN zu sprechen, die (im Sinne von Lewis, 99 f.) auf gegenseitig unterstelltem Wissen und impliziten gemeinsamen Erwartungen basieren.

Seit Verabschiedung der Regelpoetik (↗ *Poetik*) durch die Genieästhetik (↗ *Ästhetik*, ↗ *Genie*) im 18. Jh. ist zumindest im Bereich der Hochliteratur eine durchgehende Akzeptanz bestimmter literarischer Normen kaum noch anzutreffen. Abweichungen von sprachlichen und literarischen Normen scheinen vielmehr konstitutives Merkmal poetischer Rede zu sein. Poetische ↗ *Abweichungen* folgen allerdings eigenen Normen (↗ *Poetische Lizenz*) und unterliegen ebenfalls sozialer Kontrolle. Literarische Texte als Vergegenständlichungen literarischer Handlungen sind mit einem breiten Spektrum an Sanktionsmöglichkeiten konfrontiert: Scharfe Sanktionen wie Bestrafungen oder Verbote (↗ *Zensur*) richten sich in aller Regel ausschließlich gegen Inhalte von Literatur, vor allem politische, religiöse und sexuelle (↗ *Obszön*). Andere literarische Dimensionen sind von weniger scharfen, doch durchaus wirksamen Sanktionen betroffen, vor allem in Form von Selektionen (↗ *Kanon*) oder expliziten Wertungen (↗ *Literaturkritik*). Das literaturbezogene Handeln von Lektoren, Kritikern, Bibliothekaren oder Lehrern unterliegt selbst wiederum normativen Vorgaben (↗ *Literarisches Leben*). In ihrer wechselseitigen Bezogenheit sind sie Bestandteil des ‚intellektuellen Kräftefeldes' (Bourdieu) bzw. des ‚Sozialsystems Literatur' und seiner normativen Konstruktion (↗ *Institution*; vgl. Heydebrand/Winko).

WortG: Das Wort *Norm* wurde in mhd. Zeit aus lat. *norma* entlehnt (wörtl. ‚Winkelmaß', übertragen ‚Richtschnur', ‚Regel', ‚Vorschrift') und blieb, genau wie *Konvention* (aus lat. *conventio* ‚Übereinkunft') erst seit dem 17. Jh. regelmäßig belegt (Schulz-Basler 1, 389 f., bzw. 2, 212), in seiner Grundbedeutung weitgehend unverändert. Im alltags- und sogar im wissenschaftssprachlichen Gebrauch wird *Norm* häufig synonym auch im Sinne von ‚Kriterium', ‚Prinzip', ‚Festsetzung', ‚Wert' oder auch ‚Durchschnitt' und ‚Standard' verwendet. Oppositionelle Attribute zu ‚normentsprechend' oder ‚normal' verweisen auf weitere Bedeutungsnuancen des Wortes: ‚enorm', ‚abnorm', ‚abweichend', ‚auffallend', ‚pathologisch'.

BegrG: Die allgemeine Entwicklung der Diskussion über Norm-Konzepte in philosophischen und sozialtheoretischen Kontexten darzustellen, ist hier nicht der Ort (Überblicke in Rolf und in HWbPh 4, 1071−1080; 6, 906−935). Eine spezifisch sprach- oder literaturwissenschaftliche Geschichte der Begriffsnamen *Norm* und *Konvention* existiert nicht in ausgeprägter Form; in der Tradition der Grammatik, Rhetorik und Poetik verwendete man eher den Begriff der Regel, der Vorschrift oder des vorbildlichen Musters. Als ein literaturwissenschaftlicher Terminus hat sich der Begriff der Norm bislang nur in Ansätzen etablieren können, und zwar da, wo Literaturwissenschaft Anleihen bei soziologischen Theoriebildungen nahm. Die terminologische Interdependenz von *Norm* (bzw. *Konvention* bzw. *Regel*), *Rolle*, *Abweichung* und *Sanktion* haben vor allem soziologische Handlungstheorien expliziert (vgl. Korthals-Beyerlein), die auf Theorien sprachlichen, auch literarischen Handelns übertragen wurden (vgl. Anz 1984). Demnach sind Normen zumeist nach Typen des sozialen Handelns in bestimmten Rollen und Situationen spezifiziert. Zwar existieren auch rollenübergreifende Normen. Doch haben Lehrer, Verkäufer, Wissenschaftler, Lektoren, Kritiker oder Dichter in ihrem rollentypischen Sprachverhalten ein jeweils unterschiedliches Normprofil zu berücksichtigen. Jeder sieht sich partiell anderen ‚Bezugsgruppen‘ mit je eigenen Erwartungen gegenüber. Aus normentheoretischer Sicht läßt sich das Schreiben im Rahmen bestimmter Gattungsvorgaben als institutionalisiertes Rollenspiel begreifen.

SachG: Normierungen sind immer schon auf allen Ebenen literarischer Texte möglich: der graphematischen wie der phonologischen, der morphologischen und lexikalischen, der syntaktischen, semantischen oder auch pragmatischen und typographischen. Bestimmte Regelmäßigkeiten gehören zu charakteristischen oder sogar konstitutiven Merkmalen institutionalisierter literarischer ↗ *Genres*. Die Versform oder das Reimschema eines Sonetts sind ebenso geregelt (↗ *Versmaß*) wie der soziale Status des Komödien- oder Tragödienpersonals (↗ *Ständeklausel*). Im Umkreis und in der Folge der Genieästhetik des 18. Jhs. verschieben sich die normativen Bedingungen literarischen Schreibens erheblich. Normen und Regeln werden zwar nicht gänzlich außer Kraft gesetzt, doch verändern sie sich im Milieu der kulturellen Elite so, daß sie den Autoren größere Spielräume zur kreativen und individuellen Ausgestaltung lassen. Im Sinne der rollentheoretischen Begriffsdifferenzierungen Dreitzels verlieren literarische Normen im 18. Jh. tendenziell ih-

ren Charakter als „Vollzugsnormen", die eine „gehorsame Einordnung in ein relativ dichtes Netz von Regeln" verlangen. Sie verändern sich zu „Qualitätsnormen", bei denen sich „Ich-Leistungen" und „Regeln der Ausführung" die Waage halten, oder sogar zu „Gestaltungsnormen", bei denen „die Ich-Leistung im Vordergrund" steht, „weil der individuelle Stil und die persönliche, möglicherweise neuartige Problemlösung gerade das sind, was die Rolle vorschreibt" (Dreitzel, 112). Rollendistanz und flexibler Umgang mit vage vorgegebenen Normen kennzeichnen die literarische Praxis der ↗ *Moderne* wie der ↗ *Postmoderne*. Verstand sich die Moderne eher als provokativer und innovativer Bruch mit tradierten Normen (↗ *Avantgarde*), so die Postmoderne als ironische und spielerische Adaptation von Normen, deren Heterogenität und plurale Simultaneität jedem totalisierenden Geltungsanspruch bestimmter Normen entgegenstehen.

ForschG: Die normkritische Tradition der Genie- und Autonomieästhetik ist mitverantwortlich für normtheoretische Defizite der Literaturwissenschaften. Diese zeigten sich auch da, wo sie den Begriff ‚Norm‘ gebrauchten, vor allem an Normbrüchen und Normabweichungen interessiert (Mukařovský, Jauß, Fricke). „Die Geschichte der Kunst ist", so Mukařovský (1970, 46), „wenn wir sie aus der Sicht der ästhetischen Norm betrachten, eine Geschichte der Auflehnung gegen die herrschenden Normen". Die tradierte Dichotomie von (niedrig bewerteter) Normgebundenheit und (hoch bewerteter) Normfreiheit entfaltete im 20. Jh. ihre Wirksamkeit über die Unterscheidung zwischen uneigentlichem Dasein und eigentlicher Existenz (↗ *Existentialismus*) ebenso wie über die aufklärungs- und modernitätskritische Gegenüberstellung von disziplinierender Vernunft und dem unzivilisierten ‚Anderen der Vernunft‘, dessen extreme Form sich im normwidrigen Wahnsinn manifestiert (Foucault). In dem Maße, in dem sich die linguistische Forschung nach einer langen Phase der Orientierung an homogenen Sprachsystemen der faktischen Pluralität, Heterogenität und Variabilität koexistierender schichten-, rollen- oder regionalspezifischer Sprachen zuwendet (Mattheier) und in den Sozialwissenschaften die Spielräume betont werden, die normative Vorgaben offen lassen, läßt sich auch literarische ↗ *Autonomie* nicht mehr nur als Gegensatz zur Normiertheit, sondern als Beispiel flexibler Normierung beschreiben (Anz 1989, Link). Mit der interdisziplinären Ausweitung von literaturwissenschaftlichen Wertungstheorien sind inzwischen auch die Zusammenhänge von Normen, Werten und ↗ *Wertungen* systematisch beschrieben worden (Heydebrand/ Winko, 89−105).

Lit: Thomas Anz: Vorschläge zur Grundlegung einer Soziologie literarischer Normen. In: IASL 9 (1984), S. 128−144. − Th.A.: Literarische Norm und Autonomie. In: Tradition, Norm, Innovation. Hg. v. Winfried Barner. München 1989, S. 71−88. − Pierre Bourdieu: Zur Soziologie der symbolischen Formen. Frankfurt 1970. − Götz Braun: Norm und Geschichtlichkeit der Dichtung: Klassisch-romantische Ästhetik und moderne Literatur. Berlin, New York 1983. − Hans Peter Dreitzel: Die gesellschaftlichen Leiden und das Leiden an der Gesellschaft. Stuttgart 1972. − Michel Foucault: Wahnsinn und Gesellschaft [1969]. Frankfurt 1973. − Harald Fricke: Norm und Abweichung. Eine Philosophie der Literatur. München 1981. − Renate v. Heydebrand, Simone Winko: Einführung in die Wertung von Literatur. Paderborn 1996. − Mette Hjort (Hg.): Rules and conventions: Literature, philosophy, social theory. Baltimore 1992. − Hans Robert Jauß: Literaturgeschichte als Provokation. Frankfurt 1970. − Gabriele Korthals-Beyerlein: Soziale Normen. München 1979. − David Lewis: Conventions. Cambridge/Mass. 1969. − Jürgen Link: Versuch über den Normalismus. Opladen 1996. − Niklas Luhmann: Normen in soziologischer Perspektive. In: Soziale Welt 20 (1969), S. 28−48. − Klaus J. Mattheier (Hg.): Norm und Variation. Frankfurt 1997. − Jan Mukařovský: Ästhetische Funktion, Norm und ästhetischer Wert als soziale Fakten [1936]. In: J. M.: Kapitel aus der Ästhetik. Frankfurt 1970, S. 7−112. − Thomas Rolf: Normalität. Ein philosophischer Grundbegriff des 20. Jhs. München 1999. − Dick H. Schram: Norm und Normbrechung. Die Rezeption literarischer Texte als Gegenstand empirischer Forschung. Braunschweig, Wiesbaden 1991. − Robert Weninger: Literarische Konventionen. Tübingen 1994. − Rosmarie Zeller: Struktur und Wirkung. Zu Konstanz und Wandel literarischer

Normen im Drama zwischen 1750 und 1810. Bern, Stuttgart 1988.

Thomas Anz

Normalisierung ↗ *Textkritik*

Notarikon ↗ *Kryptogramm*

Nouveau Roman

Experimentelle Tendenz des Romans, ab den 1950er Jahren von Frankreich ausgehend.

Expl: Das Kolloquium von Cerisy-la Salle 1971 hat in Verbindung von Autoren und Kritikern versucht, eine Reihe von Konvergenzen des *Nouveau Roman* zu bestimmen: Kritik des Konzepts der ↗ *Originalität*, Repräsentativität und *Linearität* (↗ *Komposition*) des Textes, das Verschwinden der Person als Zentrum der Erzählung, die Vielfalt der Rollen, die ↗ *Abweichung* von bekannten Formen, die ↗ *Intertextualität* und Autoreferentialität (*Mise en abyme*, ↗ *Potenzierung*; vgl. das Resümee bei Ricardou/van Rossum-Guyon 1, 402 f., sowie Zeller 1982, 176).

Der Nouveau Roman demontiert gleichermaßen die Einheit des Erzählers, der Handlung, der Geschichte, weil sie so tun, als ob es eine Welt hinter der Sprache gäbe (Robbe-Grillet am 29.3.1958 im ‚Figaro Littéraire‘). Die Romanexperimente wollen bewußt machen, daß die substantialistische Sicherheit des ‚realistischen‘ Romans nur Effekt einer *Schreibweise₁* (↗ *Lecture*) ist. Deshalb soll nicht ein Sinn aufgedeckt, sondern die erzählerischen Verfahren transparent werden (Wehle 1980).

WortG: Die frühen Charakterisierungen als *anti-roman, école du refus, école du regard, chosisme* traten bereits um 1956 hinter die offene Bezeichnung *nouveau roman* zurück. Damals veranstaltete die Zeitschrift ‚La Nouvelle *Nouvelle Revue Française*‘ eine Sondernummer mit dem Titel ‚Une voie nouvelle pour le roman futur'. Seit etwa 1960 hat sich der Name etabliert. Die Autoren lehnten zwar eine Gruppen- und Schulidentität ab, ohne sich jedoch dem öffentlichkeitswirksamen Etikett zu entziehen: eine gleichsam negative Gruppierung. Später ließen sie sich ausdrücklich unter *nouveau roman* subsumieren (Ricardou/van Rossum-Guyon) und sanktionierten ihn als festen Begriff. In Deutschland fand die Lehnübersetzung *Der Neue Roman* anläßlich einer Veranstaltung der ,Deutschen Akademie für Sprache und Dichtung' mit Beteiligung Robbe-Grillets (Jahrbuch 1959) Eingang. Als *nouveaux nouveaux romans* wurden dann seit den 1970er Jahren Texte bezeichnet, die die im ,nouveau roman' angelegten Tendenzen radikalisierten (vgl. z. B. Hempfer).

BegrG: Maßgeblicher kritischer Beweggrund für die Begriffsbildung ist die Auseinandersetzung mit automatisierten und daher blinden Lebensbegriffen. Nach verbreiteter Auffassung verdanken diese sich gerade erzählender Literatur, die auf eine ,objektive' Wirklichkeit zu reagieren vorgibt, obwohl diese doch in hohem Maße Produkt der Wahrnehmung ist. Gegen diesen falschen Objektivismus ziehen die Texte des Nouveau Roman zu Felde. Die Dinge selbst sind einfach nur da (Robbe-Grillet). Umgesetzt wird dieses Konzept, indem − in einer ersten Phase − traditionelle Formen des Erzählens gezielt vereitelt werden, wodurch Geschichten ohne linearen Handlungsverlauf entstehen. Der Nouveau Roman ist deshalb vor allem ein Roman über den Roman, geprägt von der Absicht zu ,destruktiver Konstruktionsarbeit' (Robbe-Grillet). Diese will eingefahrene Seh- und Denkgewohnheiten stören, um ein emanzipatorisches Bewußtsein zu wecken für das Gemachtwerden und Gemachtsein von Lebensvorstellungen, die nichts als ,soziale Zeremonien' sind (Butor). Auf diese Weise sollen sich uneingestandene ,Mythen des Alltags' (Barthes) reflexiv entzaubern lassen. In einer zweiten Phase (ab den 1970er Jahren) wurde die Programmatik aggressiver. Sie geriet unter den Einfluß der Generativen Grammatik und marxistischer Gesellschaftstheorie (↗ *Marxistische Literaturwis-*

senschaft). Erzählen wurde zur *Ecriture* (↗ *Lecture*); sie verstand sich als eine Praxis der ↗ *Textur*, die sich, von sprachlichen Basiselementen ausgehend, einer ,mentalen Maschine' (Butor, ,Die Modifikation', 1957) gleich vollzieht. Ionesco nannte dieses Schreiben nicht ganz zu Unrecht ,bricolage' (Bastelarbeit). Aus dieser Konstellation spaltete sich die radikale Bewegung von ,Tel Quel' ab (Tel Quel 1968; vgl. Hempfer). Sie sah in der generativen Theorie zugleich eine Anleitung zur ,Transformation der Gesellschaft' (Simon 1975, 413). Von einer kulturrevolutionären Begriffserweiterung des Erzählens haben sich die Nouveaux Romanciers andererseits jedoch distanziert.

SachG: Der ,Neue Roman' ist aus der kulturellen Problemlage der Nachkriegszeit hervorgegangen. Wie das Nouveau Théâtre (bzw. ↗ *Absurdes Theater*) entzündet er sich am inneren Widerspruch des ↗ *Existenzialismus*, der über die Sinnlosigkeit menschlicher Existenz gleichwohl höchst sinnreich sprach. Becketts Romantrilogie (,Molloy', ,Malone stirbt', ,Der Namenlose', 1951−1953) kommt dabei eine auslösende Wirkung zu. R. Barthes hat die Anfänge als eine Genesis stilisiert (,Am Nullpunkt der Literatur', 1953). In gleicher Weise richtungsbildend waren die frühen Romane von Alain Robbe-Grillet wie ,Der Augenzeuge' (1955) und ,Die Jalousie oder die Eifersucht' (1957); ,Die Modifikation' (1957) von Michel Butor; ,Die Straße nach Flandern' (1960) des Nobelpreisträgers Claude Simon; ,Portrait eines Unbekannten' (²1956) von Natalie Sarraute, die die kritische Tendenz mit ihrem Essayband ,Das Zeitalter des Argwohns' (1956) auf eine erfolgreiche Formel brachte. Publizität erreichte der Nouveau Roman nicht zuletzt durch die Filme Robbe-Grillets, bes. ,Letztes Jahr in Marienbad' (1961; Regie Alain Resnais). Öffentliches Aufsehen gewannen seine Experimente jedoch weniger, weil sie viel gelesen, sondern weil sie viel besprochen wurden: Der Nouveau Roman war in hohem Maße ein Ereignis und auch Produkt des Feuilletons und seines Bedürfnisses nach Polemik, nicht zuletzt im Sog von 1968. Diese Wechselbeziehung trug andererseits erheblich zur Entstehung der sog. ‚Nouvelle Critique' bei. Robbe-Grillets Erneuerung des Romans hat großen, kritischen Einfluß gehabt; eine Schule im engeren Sinne hat er jedoch nicht gebildet. Wohl aber regte der Nouveau Roman allgemein zu experimentellem Erzählen an, etwa im Roman Lateinamerikas (s. Pollmann), Kanadas (s. Whitfield) oder der Schweiz (s. Zeller 1992). Andererseits decken sich seine Errungenschaften vielfach mit ‚modernen' Tendenzen des Erzählens. Insofern darf er für sich beanspruchen, die traditionelle Frage des Romans nach dem, was Wirklichkeit ist, dezidiert neu gefaßt zu haben als Frage nach dem, was der Roman ist und wie er sich mit Wirklichkeit befaßt. Seit den 1980er Jahren prägen ihn Übergänge: zur Bildenden Kunst (Butor, Simon) und zur Autobiographie (Robbe-Grillet); oder er wird für Dekonstruktivismus und ↗ *Postmoderne* in Anspruch genommen, denen er selbst Vorschub geleistet hat.

ForschG: Die narratologischen Exerzitien des Nouveau Roman ließen herkömmliche Beurteilungskriterien ins Leere laufen, so daß er maßgeblich zu einer Erneuerung der Kritik selbst beitrug (Sonder-Nr. der Zs. ‚Esprit', 1958). Die Betonung des Schreibens als einer systematischen Verfertigung zog darüber hinaus das Interesse derjenigen akademischen Kritik auf sich, die im Begriff stand, sich vom Konzept der ↗ *Literaturgeschichte* zu lösen und sich wissenschaftstheoretisch als ‚Nouvelle Critique' (Barthes) neu zu begründen. Die Ausbildung einer *Narratologie* (↗ *Erzähltheorie*) hat, namentlich in Frankreich, bedeutende Impulse vom Nouveau Roman erhalten (Tel Quel 1968, Genette), aber dort, im Gegensatz zu Deutschland, kaum Eingang in die Universität gefunden.

Lit: Arthur E. Babcock: The new novel in France. New York u. a. 1997. – Roland Barthes: Am Nullpunkt der Literatur [1953]. Hamburg 1969. – Celia Britton: The ‚Nouveau Roman'. New York ²1995. – Brigitte Burmeister: Streit um den Nouveau Roman. Berlin 1983. – Brigitte Coenen-Mennemeier: Nouveau Roman. Stuttgart 1996. – Lucien Dällenbach: Le récit spéculaire. Paris 1977. – Bernd Dauer: Nouveau Roman, Nouveau Nouveau Roman. In: Französische Literatur in Einzeldarstellungen. Bd. 3. Hg. v. Peter Brockmeier und Hermann H. Wetzel. Stuttgart 1982, S. 265–352. – Lucien Goldmann: Pour une sociologie du roman. Paris 1964. – Doris Grüter: Autobiographie und Nouveau Roman. München 1994. – Klaus Hempfer: Poststrukturale Texttheorie und narrative Praxis. ‚Tel Quel' und die Konstitution eines ‚Nouveau Nouveau Roman'. München 1976. – Ludovic Janvier: Une parole exigeante. Le Nouveau Roman. Paris 1964. – Ann Jefferson: The Nouveau Roman and the poetics of fiction. Cambridge 1980. – Marianne Kesting: Auf der Suche nach der Realität. München 1972. – Claude Murcia: Nouveau Roman, nouveau cinéma. Paris 1998. – Uwe Neumann: Uwe Johnson und der ‚Nouveau Roman'. Frankfurt u. a. 1992. – Claudette Oriol-Boyer: Nouveau Roman et discours critique. Paris 1990. – Leo Pollmann: Der neue Roman in Frankreich und Lateinamerika. Stuttgart u. a. 1968. – Jean Ricardou: Le Nouveau Roman. Paris 1973. – J. R.: Le Nouveau Roman suivi de les raisons de l'ensemble. Paris 1990. – J. R., Françoise van Rossum-Guyon (Hg.): Nouveau Roman, hier, aujourd'hui. 2 Bde. Paris 1972. – Alain Robbe-Grillet: Pour un nouveau roman. Paris 1963. – A. R.-G.: Neuer Roman und Autobiographie. Konstanz 1987. – Claude Simon: Analyse, théorie. Hg. v. Jean Ricardou. Paris 1975. – Lieselotte Steinbrügge: Analysen und Dokumente zum ‚Nouveau Roman'. Frankfurt 1990. – Tel Quel: Théorie d'ensemble, Paris 1968. – Winfried Wehle: Französischer Roman der Gegenwart. Erzählstruktur und Wirklichkeit im Nouveau Roman. Berlin 1972. – W. W. (Hg.): Nouveau Roman. Darmstadt 1980. – Julius Wilhelm: Nouveau Roman und Anti-Théâtre. Stuttgart 1972. – Agnes Whitfield: Le je(u) illocutoire. Forme et contestation dans le nouveau roman quebecois. Quebec 1987. – Nelly Wolf: Une littérature sans histoire. Essai sur le Nouveau Roman. Genf 1995. – Rosmarie Zeller: Strukturen des Nouveau Roman in zeitgenössischen deutschen Romanen. In: Proceedings of the 9th Congress of the International Comparative Literature Association. Bd. 4. Innsbruck 1982, S. 176–185. – R. Z.: Der Neue Roman in der Schweiz. Freiburg (Schweiz) 1992. – Gerda Zeltner: Die eigenmächtige Sprache. Zur Poetik des Nouveau Roman. Olten, Freiburg i. Br. 1965. – G. Z.: Im Augenblick der Gegenwart. Moderne Formen des französischen Romans. Frankfurt 1974. – G. Z.: Ästhetik der Abweichung. Aufsätze zum alternativen Erzählen in Frankreich. Mainz 1995.

Winfried Wehle

Novelle

Zyklisch angelegte Kurzform offenen Erzählens mit betontem Geschehnismoment.

Expl: Narrative Gattung von dehnbarem Umfang: vom fünfzeiligen Witzwort (‚Novellino' 87) bis zu E. S. Piccolominis ‚Euryalus und Lucrezia' im Umfang eines kurzen ↗ *Romans*; stofflich, thematisch und formal offen. Für die frühe Novelle ist distinktiv die Tendenz zur Zyklenbildung und die Zuspitzung auf ein markantes Mittelpunktereignis, das menschliches Verhalten als ↗ *Kasus* aufwirft. Dieser engere, vor allem an der romanischen Novelle der ↗ *Frühen Neuzeit* abgelesene Typus wird in der deutschen ↗ *Klassik₂* und ↗ *Romantik* aufgegriffen: Die Novelle erzählt eine „unerhörte Begebenheit" (Goethe, Gespräche mit Eckermann, 29. Januar 1827) aus der wirklichen Welt in konflikthafter Zuspitzung und meist mit einer überraschenden Wendung. Daneben steht ein Novellenbegriff, unter den nahezu jede Erzählung mittlerer Länge (in der Regel in Prosa) mit literarischem Anspruch subsumiert werden kann. Die gelegentlich noch anzutreffende Bezeichnung des mittelalterlichen ↗ *Maere* als *(Vers-) Novelle* sollte vermieden werden.

WortG: Die Benennung *Novelle* geht zurück auf lat. *novus* ‚neu', ‚jung' und bedeutet ‚Neuigkeit'. Im ‚Corpus iuris' des Justinian sind ‚(leges) novellae' – Gesetzes-, Novellierungen' – bereits von den älteren ‚Constitutiones' unterschieden. In der narrativen Gattung kehrt dieser Gegensatz in der Problematisierung tradierter Normen wieder. Im Afrz. kann *nouvelle* für eine Mirakel-Kurzerzählung stehen; im Provenzalischen bezeichnet *nova/novela* neben *razo* (lat. *rationes*) markante Episoden im (fingierten) Leben der Trobadors (vida) (Pabst 1967, 7–27). Ital. *novella* knüpft hier an (Francesco da Barberino). Mit dem Erfolg von Boccaccios ‚Decameron' wird die Bezeichnung geläufig, aber nicht exklusiv. Boccaccio verwendet sie – im Plural – gleichwertig neben *favole*, *parabole* und *istorie*. Diese Durchlässigkeit bleibt gattungsspezifisch bis jenseits der Schwelle zur modernen Ästhetik. In der frühen deutschen Boccaccio-Rezeption ist die Grundbedeutung in der Übersetzung *newe zeitung* präsent (so in der ältesten Übersetzung des ‚Decameron' durch Arigo; vgl. auch den Titel der burgundischen Sammlung ‚Cent nouvelles nouvelles'); in der fremden Form im 15. Jh. entlehnt, als *Novelle* eingedeutscht im 16. Jh. (Schulz-Basler 2, 216). Eine bewußte Rezeption der Bezeichnung findet sich in Deutschland erst in der Weimarer Klassik (Wieland, ‚Die Novelle ohne Titel'; Goethe, ‚Novelle'). Bei ihnen und ihren Nachfolgern um 1800 ist der Bedeutungskern ‚Erzählung von einem unerhörten Ereignis' noch erkennbar. In der Folge wird die Wortbedeutung verwischt, indem im 19. Jh. jeder kürzere narrative Text unter der prestigeträchtigen Bezeichnung *Novelle* auftreten kann (z. B. W.H. Riehl, ‚Kulturgeschichtliche Novellen'; Th. Huber). Entsprechend tragen auch einige ↗ *Verserzählungen* die Bezeichnung *Versnovelle*. Im 20. Jh. bezeugt die Gattungsbezeichnung *Novelle* den Versuch einer bewußten Anknüpfung an die ältere Erzählform. – Eine abweichende Bedeutungsentwicklung liegt vor in engl. *novel* (‚Roman') sowie in portug./span./ital. *Telenovela* (‚[Episode einer] Fernsehunterhaltungs- ↗ *Serie*').

BegrG: Seit dem frühen Mittelalter sind kürzere Erzählungen mit Bezeichnungen wie *exempla*, *fabule*, *nova* (prov. *novas*), *novelette*, *razos*, *beffe* und eben auch *novella* u. a. verbreitet (Pabst 1967, 7–27). Ihre Stoffe werden später von der Novellistik adaptiert. Ein eigener Erzähltypus ‚Novelle' wird in Auseinandersetzung mit älteren Erzählformen zuerst in Boccaccios ‚Decameron' ausgebildet, ohne daß für ihn ein distinktiver Name zur Verfügung stünde (Neuschäfer). Demgemäß konkurrieren mit *Novelle* bis heute andere Bezeichnungen wie *Erzählung*, *Anekdote*, *conte* u. ä. Eine explizite theoretische Bestimmung fehlt zunächst; *novellare* heißt ‚Neuigkeiten erzählen' (vgl. Pabst 1967, 15 f.), auch ohne besondere literarische Formung. Dieses Erzählen macht prinzipiell Anspruch auf Faktenwahrheit, die fiktionalen Freiheiten dienen der Aktualisierung und Beglaubigung von meist gebrauchten Anekdoten. Eine eigene Poetik der Novelle gab es nicht, Kunstregeln orientierten sich weitgehend an der Stillehre und den narratologischen Bestimmungen der Rhetorik (stilus humilis).

Dabei litt die Auseinandersetzung mit der Novelle bis zu ihrer Wiederentdeckung durch die Literaturwissenschaft daran, daß sie in der antikisierenden Regelpoetik keinen Platz hatte. Konstitutiv für das Konzept novellistischen Erzählens ist der mündliche Vortrag in Gesellschaft. Novellenerzählen ist Ausweis von Gesellschaftsfähigkeit; sein Ort sind Reisegesellschaften, Pilgergemeinden, Zechgelage usw. Dieser ,Sitz im Leben' bestimmt die Form: Bei der Sammlung von Novellen in Büchern stellen Rahmenzyklen die Erzählsituation fiktiv nach. Die frühe Novelle tritt, ihrem Begriff nach, als Plurale tantum auf, ihr angemessener Gattungsgrundriß ist das ,Novellarium' (analog etwa zu Homiliarium, Bestiarium o. ä.). Die Abfolge einander antwortender, sich gegenseitig bestätigender oder widersprechender Begebenheiten dokumentiert, was alles der Fall sein kann. Die soziale Einbettung und die offene Form begünstigen seit dem gattungsprägenden Konzept des ,Decameron' eine Kasuistik mit offener Diskussion von moralischen und gesellschaftlichen Normen: Erzählen hat seinen Fluchtpunkt in der Frage nach dem rechten Verhalten in Gemeinschaft. Die Konflikte konfrontieren Antriebe des Einzelnen mit Ansprüchen des gesellschaftlichen Ganzen und bringen Grenzen und Lizenzen menschlichen Handelns zur Sprache (Wehle 1984). Dieses Konzept steht implizit hinter den frühen Novellensammlungen (Boccaccio, Chaucer, Cervantes u. a.); ihm entspricht keine explizite Poetik, weshalb auch andere Erzähltypen in die Sammlungen aufgenommen werden können und bei der breiten Rezeption der in den Novellensammlungen verarbeiteten Stoffe zumeist eine Verdrängung des Gattungskonzeptes durch einfache Formen wie ↗ *Exempel*, ↗ *Schwank₂*, ↗ *Anekdote* u. ä. erfolgt. Während in der Romania (Italien, Spanien, Frankreich) in der Frühen Neuzeit die Auseinandersetzung über eine besondere Gattung ,Novelle' (*novela, nouvelle*) in Abgrenzung zu verwandten Erzählformen weitergeht und Boccaccio etwa bei Bembo zum stilprägenden Autor aufrückt (Pabst 1967), fehlt eine vergleichbare Diskussion in Deutschland. Eine Reflexion der konstituti-

ven Gattungsmerkmale setzt dort erst mit der Klassik und Romantik ein. Wieland greift die für das ältere Gattungskonzept konstitutive Rahmenerzählung auf, in der die Novelle von ↗ *Märchen* und Wundergeschichte abgegrenzt wird. Goethe wählt die Gattungsbezeichnung als Titel. Die Wendung der Romantik zu jenen Gattungen, die durch kein antikes Vorbild autorisiert sind, eröffnet in Deutschland eine langdauernde Diskussion um die Novelle. Die vielfältigen Bekundungen lassen sich nicht zu einer konsistenten Gattungstheorie synthetisieren, entwerfen aber doch in Umrissen einen wandlungsfähigen Texttyp.

(1) Fr. Schlegel konzipiert die Novelle im Rückgriff auf Boccaccio und hebt dabei das spektakuläre Mittelpunktereignis, die Fiktion des Berichts aus der wirklichen Welt und die Ausschnitthaftigkeit (das Geschehen ist nicht mit der ,großen Geschichte' verflochten) hervor (Polheim 1970, 3−15). Goethes Wendung von der ,unerhörten Begebenheit' bestätigt diese Vorgabe, die A. W. Schlegel weiter präzisiert, indem er die Novelle in die Nähe des Dramas rückt (Gliederung des Geschehens durch ,Wendepunkte') und die Ereignishaftigkeit (Verzicht auf die Schilderung alltäglicher Zuständlichkeiten) betont (Polheim 1970, 15−21). Zumindest Fr. Schlegels Skizze zum ,Decameron' kann nicht als Prognose auf die Erzählliteratur des 19. Jhs. gelesen werden, da sie der Begründung des romantischen Romans dient: Ist die ,Novelle' doch als eines seiner ,Elemente' und mit der scheinbaren Objektivierung der erzählenden poetischen Subjektivität als sein Paradigma gedacht.

(2) Die Orientierung am historischen Beispiel hat zur Konsequenz, daß sich die Bezeichnung *Novelle* für die aktuelle Produktion nur zögernd durchsetzt (z. B. verwenden Kleist und E. T. A. Hoffmann den Begriff nicht) oder daß sie willkürlich (so bei A. v. Arnim) gebraucht wird. In der Biedermeierzeit kommt der Terminus in Mode, meint aber noch ganz unspezifisch eine strukturell nicht weiter festgelegte Erzählung aus der (fiktiven) Wirklichkeit im niederen Stil und mit didaktischer Intention (Schröder, Sengle).

(3) Der ↗ *Realismus₂* verarbeitet die An-stöße, die Ludwig Tiecks Erzählungen seit 1820 gegeben haben, und gleicht die gat-tungstheoretischen Ansätze der Romantiker an die neuen Erzählmodelle an. Einerseits parallelisiert man die Novelle mit dem So-ziologismus und Psychologismus des reali-stischen Romans. Unter modernen Lebens-verhältnissen und unter den Ansprüchen moderner anthropologischen Wissens trete an die Stelle des Geschehnishaften in der alten Novelle der ungewöhnliche Charakter im Zustand des inneren Konflikts, ja der psychische Extremfall (Gervinus, bes. Heyse; vgl. Polheim 1970, 113—115; 146 f.), die Darstellung des seelischen Konflikts wiederum sei, um verständlich werden zu können, auf die Berücksichtigung seiner so-zialen Situierung angewiesen (Gervinus, Spielhagen; vgl. Polheim 1970, 161 f.). Als Differenz zum Roman hingegen werden die strenge, dem Drama Freytagscher Prägung analoge Strukturierung des Geschehens (Storm; ebd., 119 f.) und die Gruppierung um ein Dingsymbol (Heyses ,Falke'; ebd., 148 f.) genannt. Die dramatische Konzen-trierung erlaube die Beschränkung auf die wenigen ,poetischen' Höhepunkte des Men-schenlebens, während der Roman die so-ziale Alltäglichkeit in ihrer prosaischen Breite entfalten müsse (Storm; ebd., 118 f.). Unter den aus der klassischen Ästhetik ab-geleiteten Postulaten der ,Rundung', der Symbolik und des ,Poetischen' wird im Realismus die Erzählprosa ästhetisch aufge-wertet und in den Kanon der poetischen Gattungen aufgenommen, die Novelle wird dabei so konturiert, daß sie den neuen Poe-tizitätskriterien besonders affin ist. Die Gattung ,Novelle' wird als Konzept der deutschen Erzähltheorie gegen die prosa-isch soziologische Romanliteratur des west-europäischen Realismus₂ ausgespielt.

(4) Die am Ende des 19. Jhs. sich formie-rende kulturkonservative Kritik an der mo-dernen Gesellschaft schließt die Kritik an der modernen Literatur ein und fordert die Rückkehr zu den alteuropäischen Gattun-gen. Demgemäß soll die Erneuerung des ro-manischen Typs die Novelle aus der Nähe zum Roman mit seinem ,halbkünstleri-schen' Interesse an Psychologie und Sozio-logie befreien und zu einer Dichtung der strengen Form machen (Paul Ernst, ,Der Weg zur Form').

(5) Im 20. Jh. diffundiert die Bedeutung des Begriffs. Wo er im Untertitel auftaucht, ist er Bekenntnis zur strukturkonservativen Literatur (P. Ernst) oder zeigt eine wie im-mer gebrochene Zitierung der Tradition an (C. Sternheim, G. Benn, K. Edschmid). Zu-gleich setzt die literaturwissenschaftliche Weiterbildung und Kanonisierung der reali-stischen Novellenpoetik ein (O. Walzel; Borcherdt, 5—9; A. Hirsch). Die Diskus-sion, die M. Walsers Novelle ,Ein fliehendes Pferd' auslöste, führte nicht über ältere Be-griffskonzepte hinaus.

SachG: Die Anfänge der volkssprachlichen Novelle lassen sich nicht datieren. Sie war stofflich in Episoden, Gesängen, eingescho-benen Exempeln u. ä. in mittelalterlichen Langformen vorgebildet. Seit dem 12./ 13. Jh. sind Kurzerzählungen in Versen als Einzeltexte schriftlich überliefert (↗ *Maere*, fabliaux, neben vielgestaltigen didaktischen Erzähltypen). Während stofflich diese Vers-erzählungen am gleichen Motivfundus wie die frühe italienische Novelle partizipieren (Heinzle) und der Austausch von Motiven, Konfliktkonstellationen, Pointen usw. bis zur Frühen Neuzeit häufig ist (Müller), tritt die frühe Novelle von Anfang an in Prosa auf. Schon hinter der ersten erhaltenen Sammlung, dem ,Novellino' (ca. 1280—1300), steht der Impuls geselligen Erzäh-lens. In nachfolgenden Novellensammlun-gen (,Decameron'; Chaucers ,Canterbury tales'; ,Cent nouvelles nouvelles'; das ,Hep-tameron' der Marguerite von Navarra u. a.) wurde dieser Impuls selbst Gegenstand der Erzählfiktion.

In Deutschland fehlt eine vergleichbare Sammlung. Zwar werden einzelne Novellen, oft über die Vermittlung durch eine lat. Ver-sion (,Griseldis', ,Guiscardo und Ghis-monda' u. a.), übersetzt, und seit dem spä-ten 15. Jh. beginnt sich auch in der Klein-epik die Prosaform durchzusetzen, doch dient die im letzten Drittel des 15. Jhs. er-schienene Übersetzung des ,Decameron' durch Arigo vor allem als Motivfundus, aus dem im 16. Jh. Einzelerzählungen (manchmal noch in Versen) und Sammlungen schöpfen. Während in diesen der gesellige Rahmen, wenn überhaupt, nur in Vorreden skizziert wird (‚Rollwagenbüchlein‘, ‚Wegkürtzer‘, ‚Nachtbüchlein‘ u. ä.), wird die komplexe Erzählstruktur der Vorbilder meist auf einfachere Erzählformen reduziert, etwa zum Exempel und vor allem zum Schwank. Diese Erzählungen gelten als poetisch anspruchslose Unterhaltungsliteratur; mit der Gattungstradition der Novelle sind sie allenfalls stofflich verknüpft.

Dank ihrer Sonderstellung gegenüber dem antik geprägten Gattungssystem, auch durch die Konzentration auf die Volkssprache, gewann die außerdeutsche Novelle der Frühen Neuzeit formale und thematische Freiräume. Sie erlaubten ihr, Geschichten − neu oder gebraucht − zeitgenössisch zu aktualisieren, so daß sie von gegenwärtigen Verhältnissen bzw. zu gegenwärtigen Anlässen sprachen; sie war ungebundener in der Erörterung von Tugendfragen; Standes-, Ehr- und Moralbegriffe ließen sich bei ihr leichter auf ihre historische Angemessenheit hin befragen (Cervantes, ‚Novelas ejemplares‘). Gegenreformation, Religionskriege und absolutistische Machtkonzentration in Europa verpflichteten die ethische Diskussion jedoch zunehmend auf feste Normen der zeitgenössischen Theologia moralis. Die schwankhafte Novellistik ging zurück. Vieles spricht für einen Wechselzusammenhang zwischen einer strengen Kodifizierung der Moral und der Ausschweifung der Narration, ein Kriterium für ↗ *Manierismus* auch in der Novellistik.

Das 18. Jh. leitet einen tiefgreifenden Wandel in der Geschichte der Erzählliteratur ein. Die Almanache, Taschenbücher und Zeitschriften benötigen kürzere Erzählungen, der Bedarf steigt im Laufe des 19. Jhs. und zeitigt eine Fülle von Texten, die beliebige Stoffe (z. B. Kriminalfälle, okkulte Erscheinungen) und Wissenskomplexe (Geographie, Kulturgeschichte, Naturkunde usw.) assimilieren und so der Unterhaltung und Belehrung dienen. Parallel dazu partizipiert das novellistische Erzählen an der Aufwertung des Romans zum Organ der philosophischen Erkenntnis und Kritik (hier in Gestalt des ‚conte philosophique‘)

oder zum autonomen Kunstwerk (↗ *Autonomie*). Aus dem Zusammenspiel beider Tendenzen resultiert ein Textkorpus, das weder mit den Merkmalen der alteuropäischen Novelle noch mit der Begrifflichkeit des 19. Jhs. adäquat beschrieben werden kann. In einer ersten Phase gerät die Erzählung mittlerer Länge zu einem Experimentierfeld, in dem Möglichkeiten der sich autonomisierenden Erzählkunst durchgespielt werden. Während Wielands Verserzählungen noch außerhalb der Gattungsgeschichte der Novelle stehen, wenn sie auch von deren Impulsen geselligen Erzählens beeinflußt sind, knüpft er mit seinem späten ‚Hexameron von Rosenhain‘ (1805) explizit an die romanische Tradition der Erzählsammlung an, die durch einen Rahmen zusammengehalten wird, der von Erzählen in geselliger Runde erzählt. Das hier sich andeutende historische Bewußtsein ist greifbarer noch in der Thematisierung des Novellistischen in Goethes ‚Unterhaltungen deutscher Ausgewanderten‘ (1795). Der Zyklus rekapituliert die Summe kurzer Erzählformen, konstatiert anhand der französischen Revolution den Sieg der Wirklichkeit über die gesellige Poesie und rückt das Verhältnis von gesellschaftlicher Sitte und individueller Leidenschaft in die ambivalente Perspektive. In ‚Novelle‘ (1827) gibt Goethe ein Musterstück der Gattung. Diese historisierenden Rückgriffe haben kaum traditionsbildend gewirkt. Andere Erzählmodelle realisieren etwa den extremen Kasus (Kleist), den uneindeutigen Realitätsstatus erzählter Wirklichkeit (Tiecks ‚Der blonde Eckbert‘) oder die Vermischung von prosaischer Alltäglichkeit und poetischer Imagination (E. T. A. Hoffmann).

Die zweite Phase setzt mit Tiecks Spätwerk ein, das die psychologische Motivation und soziale Situierung der natürlichen oder auch wunderbaren Begebenheit vorantreibt. Die realistische Ausarbeitung dieses Ansatzes verwischt trotz aller gegenteiliger Bekundungen die Grenzen zwischen Roman und Novelle. Psychologisierung, Soziologisierung und realistische Intention erfordern es, dem Leser die Illusion der eigenen Beobachtung zu vermitteln, ein detailgesättigtes Bild ‚wirklichen Lebens‘ zu geben; sie fördern daher die Ausdehnung der Kurzform Boccaccios, während der Roman unter dem Postulat der ‚Rundung‘ und ‚Übersichtlichkeit‘ zu Konzentration und Kürze tendiert. So haben viele Romane Fontanes eine novellistische Struktur, die durch die umfangreichen Gespräche verdeckt wird. Gleichwohl haben die Novellen ihre spezifische Funktion im System der Erzählformen. Tendiert der Roman eher zur ‚extensiven Totalität‘ der geschichtlich-gesellschaftlichen Bewegung, so fördern die mittellangen Erzählungen die Psychologisierung und die Erfindung des Unbewußten.

Da die Novelle nicht auf die repräsentative Darstellung deutschen bürgerlichen Lebens verpflichtet ist, kann sie, wie in einigen Geschichten Heyses (z. B. ‚L'Arrabbiata‘), unter der Maske des Sonderfalles und des Exotischen tabuisierte Triebkonstellationen andeuten. Andererseits macht die novellistische Konzentration hyperkomplexes psychisches Geschehen erzählbar. So kann der Vergleich zwischen dem ‚Grünen Heinrich‘ und den Novellen Kellers zeigen, daß die psychologisch anspruchsvolle Erklärung eines ganzen Lebens auf Motivationsdefizite stößt, während sich für den isolierbaren Konflikt die Menge der psychischen Determinanten eingrenzen läßt. Die erzähltechnisch gebotene Reduktion psychischer Komplexität bildet eine der Leitlinien für die Weiterbildung novellistischer Strukturen in der Literatur der Moderne (so in Schnitzlers Erzählungen). Eine andere prägt sich dort aus, wo sich die ‚unerhörte Begebenheit‘ mit der modernen Neigung zur ↗ Parabel amalgamieren kann. Mit dem Titel *Novelle* suchen Autoren wie M. Walser, G. Grass oder P. Süskind an anerkannte ältere Erzählformen anzuknüpfen.

ForschG: Als nicht-kanonisierte Gattung fiel die Novellistik aus der Aufmerksamkeit der Regelpoetik heraus. Ihr Ansehen und ihr Anteil an der literarischen Produktion stand zudem im Schatten des Romans. Ihr Ruf war schlecht: niedere Materie, unterhaltende Absicht, populärer bis obszöner Geschmack. Mit der Verwissenschaftlichung von Literaturkritik und Dichtungs-

wissen wurde auch die Novellistik schließlich forschungswürdig. Erst mit der Rückwendung auf die Anfänge der Gattung in der Renaissance wurde die Bedeutung novellistischen Erzählens für eine neuzeitliche Ästhetik erkannt. Die Novelle ist seitdem als eine historische Gattung in ihren Transformationen seit dem späten Mittelalter untersucht worden (Pabst, Neuschäfer). Unter der Oberfläche unterhaltsamer Begebenheiten wurde die Auseinandersetzung mit philosophischen Traditionen mittelalterlicher Philosophie herausgearbeitet und die komplexe Problematisierung ethischer und sozialer Normen im Spannungsverhältnis von Erzählrahmen und Einzelerzählungen analysiert (Wehle, Flasch). In der Altgermanistik wurde vor allem ihre Abgrenzung von verwandten Erzählformen erörtert (Heinzle, Müller). Die Diskussion um die neuere deutsche Novelle war erheblich auf Fragen nach Urform und formalen Gesetzmäßigkeiten der Novelle fixiert (Heyse). Die ältere germanistische Forschung war bemüht, die Ansätze des 19. Jhs. zu systematisieren und die Geschichte der solchermaßen konstruierten Gattung zu schreiben (Himmel 1963). Die Weiterführung entsprechender Textschemata in der Literatur des 20. Jhs. blieb wenig beachtet, wohl weil der Traditionsbruch zur Moderne überschätzt wird. Da sich alle Gattungsbestimmungen als zu eng oder zu unspezifisch erwiesen und beliebte Kategorien (z. B. ‚ausschnitthafte Totalität‘) interpretatorisch nicht operationalisiert werden konnten, entstand der Vorschlag, ‚Novelle‘ durch den theoretisch bescheideneren Begriff ‚Erzählung mittlerer Länge‘ zu ersetzen (Polheim). Gegenwärtig mehren sich die Stimmen, die wieder für eine Poetik der Novelle (Schlaffer) oder für eine Funktionsgeschichte der Gattungszuweisung (Aust) optieren.

Lit: Erich Auerbach: Zur Technik der Frührenaissancenovelle in Italien und Frankreich. Heidelberg 1921, ²1971. – Hugo Aust: Novelle. Stuttgart ²1995. – Hans Heinrich Borcherdt: Geschichte des Romans und der Novelle in Deutschland. 1. Teil: Vom frühen Mittelalter bis zu Wieland. Leipzig 1926. – Aldo Borlenghi: La struttura e il carattere della novella italiana dei primi secoli. Mailand 1958. – Peter Brockmeier: Lust und Herrschaft. Stuttgart 1972. – Frédéric Deloffre: La nouvelle en France à l'âge classique. Paris 1967. – Letterio Di Francia: La Novellistica. 2 Bde. Mailand 1924. – Wolfgang Eitel (Hg.): Die romanische Novelle. Darmstadt 1977. – Kurt Flasch: Poesie nach der Pest. Der Anfang des Decameron. Mainz 1992. – Winfried Freund (Hg.): Deutsche Novellen. München ²1998. – Joachim Heinzle: Märenbegriff und Novellentheorie. In: ZfdA 107 (1978), S. 121–138. – Hellmuth Himmel: Geschichte der deutschen Novelle. Bern, München 1963. – Arnold Hirsch: Der Gattungsbegriff ‚Novelle'. Berlin 1928. – Wolfram Krömer: Kurzerzählungen und Novellen in den romanischen Literaturen bis 1700. Berlin 1973. – W. K. (Hg.): Die französische Novelle. Düsseldorf 1976. – Josef Kunz: Die deutsche Novelle zwischen Klassik und Romantik. Berlin ³1992. – J. K.: Die deutsche Novelle im 19. Jh. Berlin ²1978. – J. K.: Die deutsche Novelle im 20. Jh. Berlin 1970. – J. K. (Hg.): Novelle. Darmstadt ²1973. – Reinhart Meyer: Novelle und Journal. Bd. 1 [mehr nicht erschienen]. Wiesbaden, Stuttgart 1987. – Jan-Dirk Müller: Noch einmal: Maere und Novelle. In: Philologische Untersuchungen. Fs. Elfriede Stutz. Hg. v. Alfred Ebenbauer. Wien 1984, S. 289–311. – Hans-Jörg Neuschäfer: Boccaccio und der Beginn der Novelle. München 1969, ²1983. – Walter Pabst: Die Theorie der Novelle in Deutschland (1920–1940). In: Romanistisches Jb. 2 (1949), S. 81–124. – W. P.: Novellentheorie und Novellendichtung. Heidelberg ²1967. – Gabriel-André Pérouse: Nouvelles françaises du XVIᵉ siècle. Genf 1977. – Karl Konrad Polheim: Novellentheorie und Novellenforschung. Ein Forschungsbericht (1945–1964). Stuttgart 1965. – K. K. P. (Hg.): Theorie und Kritik der deutschen Novelle von Wieland bis Musil. Tübingen 1970. – K. K. P. (Hg.): Hb. der deutschen Erzählung. Düsseldorf 1981. – Wilhelm Pötters: Begriff und Struktur der Novelle. Tübingen 1991. – Fritz Redenbacher: Die Novellistik der französischen Hochrenaissance. In: Zs. für frz. Sprache und Literatur 49 (1926), S. 1–72. – János Riesz: Anhang. In: Il Novellino (ital. und dt.). Stuttgart 1988, S. 221–342. – Hannelore Schlaffer: Poetik der Novelle. Stuttgart, Weimar 1993. – Rolf Schröder: Novelle und Novellentheorie in der frühen Biedermeierzeit. Tübingen 1970. – Friedrich Sengle: Biedermeierzeit. Bd. 2: Die Formenwelt. Stuttgart 1972, S. 833–841. – Lionello Sozzi (Hg.): La nouvelle française à la Renaissance. Genf 1981. – Martin Swales: The German Novelle. Princeton 1977. – Oskar Walzel: Die Kunstform der Novelle. In: Zs. für den dt. Unterricht 29 (1915), S. 161–184. – Winfried Wehle: Novellenerzählen. München ²1984. – W. W.: Der Tod des Lebens und die Kunst; Boccaccios Decameron oder der Triumph der Sprache. In: Tod im Mittelalter. Hg. v. Arno Borst u. a. Konstanz 1993, S. 221–260. – Hermann H. Wetzel: Die romanische Novelle bis Cervantes. Stuttgart 1977. – Benno von Wiese: Die deutsche Novelle von Goethe bis Kafka. 2 Bde. Düsseldorf 1956–1962.

Horst Thomé/Winfried Wehle

Novitas ↗ *Originalität*

O

Oberflächenstruktur ↗ *Generative Poetik*

Objektsprache ↗ *Terminologie*

Obszön, Obszönität

,Unanständigkeit', ,Unzüchtigkeit', besonders in Hinsicht auf sexuelle und andere Tabuverletzungen.

Expl: Als *obszön* gilt – wie in anderen Bereichen, so auch in der Literatur – dasjenige, was jeweils einer gesellschaftlichen Gruppierung oder auch Einzelnen (vor allem hinsichtlich der Geschlechtlichkeit und ähnlich tabuisierter Bereiche) als ,grobunschicklich' gilt und deshalb weder in Wort noch Bild öffentlich gezeigt werden soll. Zwischen den moralischen Normen einer Gesellschaft und dem, was von ihr als obszön identifiziert wird, besteht somit ein dialektisches Abhängigkeitsverhältnis. Zum Komplex von Obszönität gehört deshalb auch die zugrunde liegende Doppelmoral: „si fa, ma non parla" (man macht es, redet aber nicht darüber).

WortG: Die Wörter *obszön / Obszönität*, die sich – in jeweiliger Ausformung – in vielen europäischen Sprachen finden, gehen zurück auf lat. *obscenus/obscaenus/obscoenus* bzw. das dazugehörige Substantiv *obscenitas*. Die lat. Wortfamilie ist vermutlich abgeleitet von *caenum* ,Schmutz', ,Schlamm', ,Kot', ,Unflat', war ursprünglich ein Fachausdruck der weissagenden Auguren (im Sinne von *prodigiosus* ,ungünstig', ,unheilvoll') und wurde dann speziell zur Bezeichnung des sexuell Unanständigen, Unflätigen, übertragen zur Bezeichnung des Häßlichen und Widerwärtigen, verwendet. *Obscenitas* und das substantivierte Adjektiv *obscenum* konnten auch direkt die Genitalien bezeichnen. Ableitungen von *ab scaena* (dasjenige, was nur jenseits der Bühne dargestellt werden darf: Varro, ,De Lingua Latina' VII 96/97; noch 1690 übernommen in J. D. Schreber: ,De libris obscoenis', § 2: „quod nisi in scena, palam dici non debet") oder von *obscurus* ,finster' (so z. B. bei Isidor von Sevilla: ,Origines etymologiae' X, 198) entsprechen gängiger spätantiker Etymologie, sind aber sprachgeschichtlich nicht haltbar (Thesaurus 9, 158; Walde-Hofmann, s. v.). Aus dem Spät- und Mittellatein wurde die Wortgruppe in die Volkssprachen übernommen: zuerst ins Frz. (*obscénité* 1512 / *obscène* 1534; wirklich häufig erst ab dem 17. Jh.; Grand Larousse 5, 3715), von dort um 1600 ins Engl. (OED 10, 656) und im frühen 18. Jh. ins Dt. (Kluge-Seebold, 513; insoweit zu korrigieren HWbPh 6,1081); darunter bereits 1702 in literarischem Zusammenhang belegt: „obscoene, unfläthige und von Heidnischer Götzen Namen angefüllete und damit befleckte Bücher" (Schulz-Basler 2, 231 f.).

Alois Walde, Johann Baptist Hofmann: Lat. Etymologisches Wb. Heidelberg 1938.

BegrG: Die Begriffsnamen *pornographisch* und *obszön* – historisch von sehr unterschiedlicher Reichweite und deshalb als Termini zweckmäßigerweise differenziert einzusetzen – werden in neuerer Zeit für den Bereich der Wort- und Bilddarstellung vielfach weitgehend synonym gebraucht (symptomatisch Titelgebungen wie „Pornographie-Report" der ,Kommission für Obszönität und Pornographie'; dazu Levin). Versuche der theoretischen Abgrenzung blieben bislang wenig überzeugend (z. B. Thompson, IX f.); im Gegensatz zu ,pornographisch' ist ,obszön' allerdings ein Begriff, der in der deutschsprachigen Gesetzgebung und Rechtssprechung kaum eine Rolle spielt (vgl. Minelli, Zeising).

Begriffsgeschichtlich erweist sich hingegen ‚obszön' als die wesentlich umfassendere, dabei auch historisch variablere Kategorie. ‚Pornographie' bezieht sich auf die Verletzung der Scham allein im sexuellen Bereich; als ‚Obszönität' hingegen kann auch eine andere Verletzung eines zeitgenössisch wirksamen ↗ *Tabus* gelten — neben dem Sexuellen insbesondere alles Exkrementelle, Ekel und/oder Lust Erregende; aber auch die Verletzung religiöser Tabus durch Häresie und Blasphemie (zum Mittelalter vgl. z. B. Ziolkowski: speziell zum Motiv der ‚geistlichen Hurerei' Lutz; zur Gegenwartsliteratur z. B. Müller-Schwefe); säkularisiert dann sogar im Extremfall rassistisches, sexistisches oder gewaltverherrlichendes Verhalten.

Als erster um nüchterne Distanz bemühter Theoretiker des Obszönen darf Pierre Bayle gelten, der in seinem ‚Dictionnaire' (zuerst 1693) die ‚matières obscènes' ausdrücklich behandelt (von Gottsched, unter ausdrücklicher Distanzierung von dergleichen „Unfläthereyen", in seiner dt. Ausgabe als „schmutzige und unfläthige Schreibart" wiedergegeben; Bayle / Gottsched, 418). In einem hinzugefügten ‚Eclaircissement sur les obscénités' rechtfertigt Bayle jede belehrende Behandlung von Obszönität und definiert als eigentlich obszön nur solche Autoren, die durch Bilder der Lasterhaftigkeit ihre Leser zur Unzucht verführen wollten (Bayle, 3007; vgl. 2780 f.).

Im Rahmen seiner Ästhetik des ↗ *Häßlichen* definiert Rosenkranz 1853: „Das Obszöne besteht in der absichtlichen Verletzung der Scham" (Rosenkranz, 235 f.), entsprungen „aus der physischen oder moralischen Verwesung" und resultierend in einer „Negation der schönen Form der Erscheinung", nämlich: das „Ekelhafte als ein Produkt der Natur, Schweiß, Schleim, Koth, Geschwüre und dergleichen" (312 f.). Im Kontrast zu dieser Betonung der absichtlich obszönen Schamverletzung insistiert Freud auf der Bedeutung des Unbewußten: Gegenüber dem „Genuß der unverhüllten Obszönität" beruhe Scham auf einer Verdrän-

gung, die sich beispielsweise im obszönen Witz entlade (Freud 6, 105–111).

Neben einflußreichen Schriften zu einer modernen Ästhetik des Obszönen, die sich wie diejenigen von D. H. Lawrence oder Henry Miller auf den pornographischen Bereich konzentrieren, haben u. a. Georges Bataille und Herbert Marcuse begriffserweiternd auf die Obszönitäts-Diskussion eingewirkt. Bataille betont, teilweise unter Rückgriff auf Schriften des Marquis de Sade (vgl. Kesting), den Zusammenhang zwischen Obszönität und Gewalt durch den Akt der lustvollen Übertretung (‚transgression'; Bataille, bes. 271–306; dazu Foucault 1988). Autoren wie H. Marcuse schließlich transferieren den Begriff des Obszönen vollends von der Sexualmoral in den Bereich der politischen Ethik („Nicht das Bild einer nackten Frau […] ist obszön, sondern […] die Beteuerung […], daß der Krieg um des Friedens willen nötig sei"; H. Marcuse, 22).

Pierre Bayle: Dictionnaire historique et critique. Bd. 4. Rotterdam ³1720. – Pierre Bayle: Historisches und Critisches Wb. Hg. u. übers. v. Johann Christoph Gottsched. Leipzig 1741. – Sigmund Freud: Gesammelte Werke. 16 Bde. London 1940–50.

SachG/ForschG: Obszönität ist keine objektiv bestehende ‚Sache' mit einer eigenen Sachgeschichte, sondern kann nur im Rahmen der Erforschung wechselnder Auffassungen und Umfangsbestimmungen des Obszönen historisch erfaßt werden: Da sich die ‚Schamgrenzen' innerhalb verschiedener Kulturbereiche, Personengruppen und selbst Personen ständig verändern, verändert sich auch die inhaltliche Reichweite der Obszönität ständig. Symptomatisch hierfür war hier erneut die sog. ‚sexuelle Revolution' der späten 1960er Jahre in den westlichen Industriestaaten, welche kurzfristig die öffentlichen ‚Schamgrenzen' stark erweiterte: Über die Diskussion um die sog. ‚harte Pornographie' hinaus zeigt sich seither aggressive Sensibilität gegen Obszönität vor allem im Spannungsfeld von Sexualität und Religion sowie von seiten des Feminismus (‚Gewalt gegen Frauen', vgl. z. B. Jelinek und Erdle; ↗ *Feministische Literaturwissenschaft*) und im Namen alternativer

Konzeptionen von Geschlechterdifferenz (↗ *Gender studies*, ↗ *Camouflage*).

Historisch untersucht wurde literarische Obszönität vorrangig für die klassische Antike (z. B. Morus, P. Englisch, L. Marcuse), das Mittelalter (z. B. Bec, Beutin, Gier, Hoven, Stempel) und die Frühe Neuzeit (z. B. Frantz, Krohn, Kühnel u. a., J. Müller, Röcke), daneben für außereuropäische, ,exotische' Kulturen (vgl. z. B. Jb. ,Anthropophyteia'). Beschäftigung mit ,obszönem Wortschatz' der Sexual- und Fäkalsprache (vgl. z. B. Adams, Borneman, Hunold) sowie mit ,obszönen Texten' und deren Sammlung benötigte lange den Vorwand von ,Wissenschaftlichkeit' und anthropologischem Interesse.

Die von N. Elias formulierte These, daß der Prozeß der Zivilisation auch eine ,Zivilisierung der Scham' bedeute, wird inzwischen bestritten (Duerr). Daneben verstärken sich Bemühungen um eine adäquatere kunst- und literaturtheoretische Erfassung des Obszönen (z. B. Kagan, Gorsen, Michelson, Foucault). Wichtige Forschungsanstöße stammen aus literaturpsychologischer und psychoanalytischer Richtung (vgl. z. B. Kühnel) und aus Ansätzen der Medienästhetik (z. B. Faulstich).

Lit: (vgl. ergänzend: ↗ *Pornographie*) − James Noel Adams: The Latin sexual vocabulary. London ²1987. − Anthropophyteia. Jahrbuch für folkloristische Erhebungen und Forschungen zur Entwicklungsgeschichte der geschlechtlichen Moral. Leipzig 1904−1913. − Georges Bataille: L'érotisme. Paris 1957 [dt. 1963]. − Pierre Bec: Burlesque et obscénité chez les Troubadours. Paris 1984. − Wolfgang Beutin: Sexualität und Obszönität. Würzburg 1990. − Ernest Borneman: Sex im Volksmund. Der obszöne Wortschatz der Deutschen. Reinbek 1971. − Hans-Peter Duerr: Obszönität und Gewalt. Frankfurt 1993. − Norbert Elias: Der Prozeß der Zivilisation. Bern ²1969. − Paul Englisch: Das skatologische Element in Literatur, Kunst und Volksleben. Stuttgart 1928. − P. E.: Geschichte der erotischen Literatur. Stuttgart 1927. − Birgit R. Erdle: „Die Kunst ist ein schwarzes, glitschiges Sekret." Zur feministischen Kunst-Kritik in neueren Texten Elfriede Jelineks. In: Frauen-Fragen in der deutschsprachigen Literatur seit 1945. Hg. v. Mona Knapp und Gerd Labroisse. Amsterdam 1989, S. 323−341. − Werner Faulstich: Die Kultur der Pornographie. Bardowick 1984. − Michel Foucault: Histoire de la sexualité. 3 Bde. Paris 1976−1984 [dt.: Sexualität und Wahrheit. Frankfurt 1977−1986]. − M. F.: Zum Begriff der ,Übertretung' [1963]. In: M. F.: Schriften zur Literatur. Frankfurt 1988, S. 69−89. − David O. Frantz: Festum voluptatis. A study of Renaissance erotica. Columbus/Ohio 1989. − Hans Giese: Das obszöne Buch. Stuttgart 1965. − Albert Gier: Skatologische Komik in der französischen Literatur des Mittelalters. In: Wolfram-Studien 7 (1982), S. 154−183. − Peter Gorsen: Das Prinzip Obszön. Kunst, Pornographie und Gesellschaft. Reinbek 1970. − P. G.: Obszön. In: HWbPh 6, 1081−89. − Heribert Hoven: Studien zur Erotik in der deutschen Märendichtung. Göppingen 1978. − Günther Hunold: Sexualität in der Sprache. Lexikon des obszönen Wortschatzes. München 1978. − Lynn Hunt (Hg.): The invention of pornography. Obscenity and the origins of modernity. New York 1993. − Elfriede Jelinek: Der Sinn des Obszönen. In: Frauen und Pornographie. Hg. v. Claudia Gehrke. Tübingen 1988. − Abraham Kaplan: Obscenity as an esthetic category. In: The pornography controversy. Hg. v. Ray C. Rist. New Brunswick 1975, S. 16−37. − Marianne Kesting: Der unheilige Eros. Zum Werk von Bataille. In: M. K.: Auf der Suche nach der Realität. München 1972, S. 48−52. − Rüdiger Krohn: Der unanständige Bürger. Untersuchungen zum Obszönen in den Nürnberger Fastnachtspielen des 15. Jhs. Kronstein/Ts. 1974. − Jürgen Kühnel u. a. (Hg.): Psychologie in der Mediävistik. Göppingen 1985. − David Herbert Lawrence: Pornographie und Obszönität [1918]. Zürich 1971. − Harry Levin: ,A matter of national concern'. The report of the commission on obscenity and pornography. In: Yearbook of comparative criticism 5 (1973), S. 107−123. − Eckart Conrad Lutz: Spiritualis fornicatio. Heinrich Wittenwiler, seine Welt und sein ,Ring'. Sigmaringen 1990. − Herbert Marcuse: Versuch über die Befreiung. Frankfurt 1969. − Ludwig Marcuse: Obszön. Geschichte einer Entrüstung. München 1962. − Hans Mayer: Obszönität und Pornographie in Film und Theater. In: Akzente 21 (1974), S. 372−384. − Edgar Mertner, Herbert Mainusch: Pornotopia. Das Obszöne und die Pornographie in der literarischen Landschaft. Frankfurt u. a. 1970. − Peter Michelson: Speaking the unspeakable. A poetics of obscenity. Albany 1993. − Henry Miller: Obscenity and the law of reflection. In: H. M.: Remember to remember. New York 1947, S. 287−311. − Ludwig A. Minelli: Obszönes vor Bundesgericht. Zürich 1981. − Morus [= Richard Lewinsohn]: Eine Weltgeschichte der Sexualität. Hamburg 1956 u. ö. − Johannes Müller: Schwert und Scheide. Der sexuelle und skatologische

Wortschatz im Nürnberger Fastnachtspiel des 15. Jhs. Bern u. a. 1988. – Hans-Rudolf Müller-Schwefe: Sprachgrenzen. Das sogenannte Obszöne, Blasphemische und Revolutionäre bei Günter Grass und Heinrich Böll. München 1978. – Der Pornographie-Report. Untersuchungen der „Kommission für Obszönität und Pornographie" des amerikanischen Kongresses. Reinbek 1971. – Werner Röcke: Die Freude am Bösen. München 1987. – Wolf-Dieter Stempel: Mittelalterliche Obszönität als literarisches Problem. In: Die nicht mehr schönen Künste. Hg. v. Hans Robert Jauß. München 1968, S. 187–205. – Roger Thompson: Unfit for modern ears. London 1979. – Gert Zeising: Die Bekämpfung unzüchtiger Gedankenäußerungen seit der Aufklärung. Diss. Marburg 1967. – Jan M. Ziolkowski (Hg.): Obscenity: social control and artistic creation in the European Middle Ages. Leiden 1998.

Annemarie Eder / Ulrich Müller

Ode, Odenstrophe

Gedicht in metrisch gleich gebauten Strophen aus in der Regel vier reimlosen Versen.

Expl: Die Ode ist neben der ↗ *Elegie* und der ↗ *Hymne* die wichtigste der lyrischen Formen, die sich an antiken Vorbildern orientieren. Als Kennzeichen der deutschsprachigen Odendichtung hat sich mehr und mehr die formale Nachahmung der durch Horaz überlieferten antiken Odenstrophen durchgesetzt (s. u.; ‚Horazische Ode'). Zum Minimalkriterium des (1) gleichmäßigen Strophenbaus, das die Ode singbar und insoweit mit dem ↗ *Lied₃* verwechselbar macht, treten im Verlauf des 18. Jhs. die folgenden weiteren Merkmale hinzu: (2) Vierversigkeit der Strophen; (3a) Auflockerung der ↗ *Alternation* durch gelegentliche Doppelsenkungen; abgelöst durch die (3b) streng regulierte Verteilung der Hebungen und Senkungen in jedem Einzelvers, nach dem Muster der Abfolge langer und kurzer Silben in den antiken Odenstrophen; (4) Reimlosigkeit. Der Rigorismus insbesondere von Merkmal (3b) begünstigt einen ‚hohen Ton' der Ode und dieser wiederum die besondere Verwendbarkeit für gewichtige Inhalte. Diese stilistischen und inhaltlichen Eigenschaften sind jedoch sekundäre Effekte, die sich nicht in jeder Ode finden und daher zur terminologischen Trennschärfe nicht beitragen. Daher kann man üblicherweise von einem ‚elegischen Ton' und einem ‚hymnischen Ton' sprechen (und diese auch in Oden finden), nicht jedoch von einem ‚odischen Ton'.

[Terminologisches Feld:]

PINDARISCHE ODE: Gedicht mit triadischem Aufbau, der (in der Tradition des griechischen Lyrikers Pindar) innerhalb desselben Textes mehrfach wiederholt werden kann: Auf eine ‚Strophe' (‚Ode', ‚Satz') mit freier Verszahl und nicht reguliertem Metrum folgen eine genau gleich gebaute ‚Antistrophe' (‚Antode', ‚Gegensatz') und eine ‚Epode' (‚Zusatz'), die formal von beiden abweichen kann.

EPODE: Gedichtabschnitt (oder verselbständigtes Gedicht) in ↗ *Distichen*, die jedoch im Unterschied zum ‚Elegischen' und ‚Leoninischen' Distichon (vgl. ebd.) zumeist einen langen und einen kurzen jambischen Vers verbinden. Auch die Gedichte selbst werden vielfach lat. als *iambi* ‚Jamben' bezeichnet.

HORAZISCHE ODE: Gedicht in vierzeiligen Strophen, das sich einer der von Horaz verwendeten, in der deutschsprachigen Tradition seit Klopstock reimlosen ODENSTROPHEN bedient (angelehnt an griechische Vorbilder bei Alkaios, Asklepiades und Sappho):

ALKÄISCHE STROPHE: Strophenmaß nach antikem Muster aus vier Versen, deren erste zwei gleich gebaut sind und dabei statt der letzten Hebung auch eine Senkung aufweisen können; in der von Klopstock dafür durchgesetzten deutschen (akzentuierenden statt längenmessenden) ↗ *Prosodie* gewöhnlich nach dem reimlosen Versschema:

$$v - v - v \mid - v v - v \bar{v}$$
$$v - v - v \mid - v v - v \bar{v}$$
$$v - v - v - v - v$$
$$- v v - v v - v - v$$

„Ich fliehe euren zärtlichen Händedruk, / Den seelenvollen, seeligen Bruderkuß. / O zürnt mir nicht, daß ich ihn fliehe! / Schaut mir in's Innerste! Prüft und richtet!" (Hölderlin 1, 28)

ASKLEPIADEISCHE STROPHE: Strophenmaß nach antikem Muster aus vier Versen, wo-

bei zwei parallelen Sechshebern (mit ausgeprägter Mittelzäsur durch Hebungsprall)
zwei kürzere Verse von ähnlichem, in sich
erneut parallelem Grundmuster folgen; in
der von Klopstock dafür durchgesetzten
deutschen (akzentuierenden statt längenmessenden) ↗ *Prosodie* gewöhnlich nach
dem reimlosen Versschema:

$$- v - v v - \mid - v v - v -$$
$$- v - v v - \mid - v v - v -$$
$$- v - v v - v$$
$$- v - v v - v -$$

„Schön ist, Mutter Natur, deiner Erfindung Pracht / Auf die Fluren verstreut,
schöner ein froh Gesicht, / Das den großen
Gedanken / Deiner Schöpfung noch Einmal
denkt." (Klopstock 1, 83)

Sapphische Strophe: Strophenmaß nach
antikem Muster aus vier Versen, mit festem
oder verschiebbarem Daktylus in den elfsil-
bigen Versen 1–3 und augenfällig verkürztem letztem Vers (*Adoneus,* ↗ *Versmaß*); in
der von Klopstock dafür durchgesetzten
deutschen (akzentuierenden statt längenmessenden) ↗ *Prosodie* gewöhnlich (als
reimlose Variante einer im 17. Jh. beliebten
Block- oder Paarreim-Strophe; dazu Wagenknecht, 61 f.) nach dem Versschema:

$$- v - v - v(v) - v - v$$
$$- v - v - v(v) - v - v$$
$$- v - v - v(v) - v - v$$
$$- vv - v$$

„Stets am Stoff klebt unsere Seele, Handlung / Ist der Welt allmächtiger Puls, und
deshalb / Flötet oftmals tauberem Ohr der
hohe / Lyrische Dichter." (Platen 1, 483)

Friedrich Hölderlin: Sämtliche Werke. Hg. v.
Friedrich Beißner. Stuttgart 1943–85. – Friedrich Gottlieb Klopstock: Oden. Hg. v. Franz
Muncker und Jaro Pawel. Stuttgart 1889. – August v. Platen: Werke. Hg. v. Jürgen Link. München 1982.

WortG: Griech. ᾠδή [odé], zusammengezo-
gen aus ἀοιδή [aoidé], von ἀείδειν [aeídein]
‚singen', ist in der frühen Antike die allge-
meinste Bezeichnung für den ‚Gesang', also
für alles vom ἀοιδός [aoidós] ‚Sänger' zur
Musikbegleitung Vorgetragene. Das lat.
Lehnwort *oda* ist die gegenüber *carmen* weniger gebräuchliche spätantike Bezeichnung

für ‚Lied'. Im mittelalterlichen Sprachgebrauch tritt *oda* weitgehend zurück. Erst im
↗ *Humanismus*₂ um 1500 wird das Wort
wiederbelebt (vgl. BegrG): Rückblickend
wird *oda* als Sammelbezeichnung für alle
antiken Lieder verstanden; dabei wird die
Sangbarkeit als zentrale Eigenschaft hervorgehoben. Das Verständnis von *Ode* als
‚Kunstlied' hohen Stils nach dem Vorbild
Pindars und Horaz' wird von den überlieferten auf die neu entstehenden lateinischen
und volkssprachlichen Gedichte mit hohem
Kunstanspruch übertragen (dt. zuerst wohl
bei Weckherlin 1618; Schulz-Basler 2, 232).

BegrG: 1548 führt Thomas Sebillet im Anschluß an humanistische Versuche frz. *Ode*
als Synonym zum *Chant lyrique* ein; 1549
hebt Joachim Du Bellay in seiner ‚Def-
fence', der Programmschrift der antikisierenden Dichtergruppe ‚Pléiade', die „odes
ou vers lyriques" von den „chansons vulgai-
res" ab; darin folgt ihm Pierre de Ronsard
in der Vorrede zu seinen 1550 erschienenen
‚Odes'. Boileau (66 f.) schreibt der Ode 1674
ein Maximum an „éclat" und „énergie" zu;
er verbindet sich auf den *furor poeticus*
(„sainte fureur") berufende Poetik Ronsards mit dem klassizistischen Dichtungs-
konzept Malherbes.

Die Geschichte des deutschen Begriffs
‚Ode' setzt erst 1618 bei Weckherlin und
1624 bei Opitz ein, der unter Rückgriff auf
Horaz und Ronsard die „Lyrica oder getichte die man zur Music sonderlich gebrauchen kan" und die vor allem leichte, heitere
Gegenstände behandeln, auch als *Oden* bezeichnet (Opitz, 30–32, vgl. 58–66). Die
Gleichsetzung von (Pindarischer wie Hora-
zischer) *Ode, Lied* und *lyrischem Gedicht*
überhaupt bleibt im 17. und frühen 18. Jh.
unbestritten (z. B. Morhof, 701; Gottsched,
18, 83, 419–435). In der zweiten Hälfte des
18. Jhs. setzt sich zunehmend ein wertendes
Poesieverständnis durch; die Ode wird als
die zum Ausdruck starker Empfindungen
am besten geeignete und damit höchste
Form der Lyrik angesehen (z. B. Engel, 277;
Sulzer, 538). Laut Eschenburg zeichnet sich
die Ode gegenüber dem Lied durch „erhab-
nere Gegenstände, stärkre Empfindungen,
höhern Schwung der Gedanken und des

Ausdrucks" (146) aus. Herder entwickelt dagegen ein die sangbare Dichtung aller Zeiten und Völker umfassendes Verständnis von *Ode* als Inbegriff lyrischer Poesie. Um 1800 verliert die Ode wieder an Wertschätzung: A. W. Schlegel vermag in den Oden des Horaz und in deren deutschen Nachahmungen nur „Lyrik im Treibhause" (262) und „Lyrisches Formelwesen" (265) zu erkennen. Für Hegel entsteht die höchste Art „lyrischer Begeisterung" in Pindars Oden dadurch, daß „die subjektive poetische Freiheit [...] im Kampf mit dem Gegenstande, der sie bewältigen will, hervorbricht"; Horaz' und Klopstocks Oden seien dagegen oft „sehr kühl und nüchtern und von einer nachahmenden Künstlichkeit" (455).

Nicolas Boileau: L'Art Poétique [1674]. München 1970. − Johann Jacob Engel: Anfangsgründe einer Theorie der Dichtungsarten aus deutschen Mustern entwickelt [1783]. Repr. Hildesheim, New York 1977. − Johann Joachim Eschenburg: Entwurf einer Theorie und Literatur der schönen Wissenschaften [1783]. Berlin, Stettin ²1789. − Georg Wilhelm Friedrich Hegel: Vorlesungen über die Ästhetik [posthum 1835]. Bd. 3. Frankfurt 1970. − Johann Gottfried Herder: Sämtliche Werke. Berlin 1877−1913. Bd. 1, S. 436−444, S. 450−469; Bd. 3, S. 320−364; Bd. 20, S. 327−335; Bd. 27, S. 182−198, S. 274−282. − J. G. H.: Von der Ode [1764/65]. In: Frühe Schriften 1764−1772. Frankfurt 1985, S. 59−99. − Daniel Georg Morhof: Unterricht von Der Teutschen Sprache und Poesie, deren Uhrsprung, Fortgang und Lehrsätzen. Kiel 1682. − Martin Opitz: Buch von der deutschen Poeterey [1624]. Stuttgart 1991. − August Wilhelm Schlegel: Vorlesungen über Schöne Litteratur und Kunst. Teil 2 (1802−1803): Geschichte der klassischen Litteratur. Heilbronn 1884.

SachG: Die ersten Oden (nach heutigem Begriffsverständnis) werden um 600 v. Chr. von Alkaios und Sappho verfaßt. Es handelt sich um monodische Gedichte (Einzelgesänge) in festen Strophenformen. Sappho begründet die Liebesdichtung, Alkaios die politischen und geselligen Gedichte in Odenform. Die etwa gleichzeitig von Stesichoros entwickelte, den Chorliedern der Tragödie ähnliche triadische Chorlyrik erreicht im frühen 5. Jh. v. Chr. ihren Höhepunkt in den Preisgesängen Pindars z. B.

auf Olympia-Sieger − repräsentativen öffentlichen Gedichten in komplizierter Syntax und z. T. dunkler Ausdrucksweise.

Auch die im 6. Jh. v. Chr. von Anakreon geschriebenen geselligen und erotischen Lieder werden in verschiedenen literaturgeschichtlichen Phasen (z. B. in der Pléiade oder in der ↗ *Anakreontik* des 18. Jhs.) als Oden angesehen. Die 23 bzw. 13 v. Chr. in vier Büchern erschienenen (seit Porphyrios im 3. Jh. n. Chr. auch ‚Odae' genannten) ‚Carmina' von Horaz vereinigen die Traditionsstränge der monodischen und der chorischen Lyrik: Sie transponieren die von Sappho, Alkaios, Asklepiades, Archilochos u. a. überlieferten griechischen Odenstrophen in die lat. Sprache. Die in der anspruchsvollen sprachlichen Fügung und in der Vielzahl mythologischer Motive an Pindar anknüpfenden Gedichte thematisieren nahezu alle Bereiche menschlichen Lebens wie Liebe, Freundschaft, Jugend und Alter, das Verhältnis zur Natur, Kunst und Politik.

Im Mittelalter gibt es zwar zahlreiche Kirchenlieder, die formal an die Sapphische Strophe anklingen, aber keine Odendichtung nach antiken Maßstäben. Erst 1497 erscheint wieder eine Sammlung lateinischer ‚Odae', die des italienischen Humanisten Filelfo. Konrad Celtis gibt zusammen mit dem Komponisten Petrus Tritonius eine Sammlung von Horaz-Oden heraus (‚Melopoiae', 1507); seine eigenen, 1513 posthum erschienenen ‚Libri odarum quattuor' sind in Anordnung, metrischer Form, inhaltlicher Spannbreite und dichterischem Anspruch eng an die ‚Carmina' des Horaz angelehnt. Weitere neulateinische Odensammlungen stammen u. a. von Paul Schede-Melissus und (im frühen 17. Jh.) von dem Jesuiten Jakob Balde.

Die nationalsprachliche Odendichtung beginnt mit den ebenfalls vier Büchern ‚Odes' Pierre de Ronsards (1550; vgl. BegrG). Die frz. Odenproduktion (die bis ins 18. Jh. bedeutend bleibt) sowie die engl. Odendichtung (die z. B. bei Wordsworth und Keats in der Romantik neue Qualitäten erreicht und bis zu W. H. Auden u. a. im 20. Jh. anhält) orientieren sich wechselnd an horazischen oder pindarischen Mustern, verzichten jedoch in der Regel zugunsten des Reims auf Nachahmung antiker Metren.

Am Anfang der Geschichte der deutschsprachigen Ode stehen Weckherlins stark von Ronsard beeinflußte ‚Oden und Gesäng‘ von 1618/19. Ihm folgen Opitz und Fleming, deren weltliche und geistliche ‚Oden‘ sich ohne formale Festlegungen an den Psalmen und an Ronsard orientieren. Einen ersten Höhepunkt deutschsprachiger Odendichtung bilden die religiösen Themen gewidmeten Pindarischen Oden von Gryphius mit ihrem Gleichgewicht zwischen exzentrischem Gefühlsüberschwang und exakter Durchformung. Während die Odendichtung des frühen 18. Jhs. durch die von Viëtor (85–97) so benannten Typen der ‚heroischen‘ (J. Chr. Günther) und der ‚moralischen Ode‘ (A. v. Haller) sowie durch die anakreontische Lyrik (Fr. v. Hagedorn) geprägt ist, gelingt erst Mitte des 18. Jhs. die Neukreation einer deutschen Odendichtung aus dem Geiste der Horazischen ‚Carmina‘. I. J. Pyra und S. G. Lange erproben erstmals reimlose, wenngleich meist noch alternierende Odenstrophen, Lange 1747 auch die Nachahmung der antiken Metren. Trotz dieser formalen Aufrauhungen der Ode, die sie vom Lied zunehmend entfernen, bleiben Langes Gedichte − ebenso wie die (meist gereimten) Oden von J. W. L. Gleim, E. v. Kleist, J. P. Uz, A. L. Karsch und K. W. Ramler − stilistisch und motivisch im Umkreis der Anakreontik.

Erst Klopstock erklärt das Schreiben in Analogie zu den antiken Metren und Strophenformen zum Prinzip; seinen ab 1747 entstehenden und verstreut veröffentlichten Oden liegt eine genaue Analyse der prosodischen Verschiedenheit der antiken und der modernen Sprachen, besonders der deutschen, zugrunde. Neben den überlieferten Odenstrophen entwickelt er abgewandelte und eigene Formen. Stilistisch prägend sind der hochgespannte hymnische Ton und der Anredegestus vieler seiner Gedichte, die religiösen, politischen und poetologischen Themen gewidmet sind. Zu den ersten Nachahmern Klopstocks zählen die Autoren des *Göttinger Hains* (↗ *Empfindsamkeit*). J. H. Voß entwickelt eine metrische

Theorie, die dazu anleitet, im Deutschen die antiken Längen und Kürzen nicht oder jedenfalls nicht allein durch Hebungen und Senkungen nachzuahmen, sondern zugleich durch lange und kurze Silben − eine Hemmung des Sprachflusses, die seinen eigenen Oden keinen poetischen Gewinn erbringt.

Hölderlin erst vermag die von Klopstock ins Deutsche transponierten Odenstrophen wieder poetisch innovativ zu benutzen. Er arbeitet die Unterschiede zwischen der Asklepiadeischen Strophe, die durch starke metrische Einschnitte und antithetische Vershälften gekennzeichnet ist, und der Alkäischen Strophe, die zu einer fließenden, prosaähnlichen Sprachbewegung tendiert, scharf heraus. Aus seinen epigrammatischen Kurzoden (1797/98) entwickelt er große Oden mit weiter kulturgeschichtlicher Perspektive (1800/01). Später schreibt er schroff gefügte, schwer verständliche Oden, die Natur, Geschichte und Gestalten der antiken Mythologie miteinander verschmelzen (‚Nachtgesänge‘, 1805). A. v. Platens − Vossens strikten Regeln folgende − Oden (1828/34) stellen der Vergänglichkeit menschlichen Lebens die Beschwörung historischer Größe entgegen, ebenso die Schönheit männlicher Körper und italienischer Städte.

Wegen des unerreichten Vorbildcharakters der Oden Klopstocks und Hölderlins bleibt deren Modell auch bei Wiederbelebungsversuchen im 20. Jh. wirksam (R. A. Schröder, R. Borchardt, J. Weinheber, J. Bobrowski). In der Gegenwartslyrik werden nur noch vereinzelt Oden geschrieben (z. B. Andreas Thalmayr [H. M. Enzensberger]: ‚Alkäische Ode‘, 1985).

ForschG: Die Geschichte der deutschsprachigen Odendichtung bis zum 19. Jh. ist gut erforscht (grundlegend Cholevius, Minor, Heusler). Unüberholt ist die materialreiche, induktiv vorgehende Gattungsgeschichte von Viëtor, der inhaltlich-stilistische Gliederungsprinzipien vorschlägt, dabei allerdings die formalen Eigenschaften der Ode vernachlässigt. Wünschenswert wäre eine neue Gesamtdarstellung, die die europäischen Verflechtungen der deutschsprachigen Odendichtung, besonders die Parallelen zur englischen und die Ungleichzeitigkeiten zur französischen Ode, verdeutlicht und die Entwicklungen im 20. Jh. angemessen berücksichtigt.

Lit: W. Bennett: German verse in classical metres. Den Haag 1963. − Wolfgang Binder: Hölderlins Odenstrophe. In: W. B.: Hölderlin-Aufsätze. Frankfurt 1970, S. 47−75. − Carl Leo Cholevius: Geschichte der deutschen Poesie nach ihren antiken Elementen. 2 Bde. Leipzig 1854, 1856. − Paul Derks: Die sapphische Ode in der deutschen Dichtung des 17. Jhs. Diss. Münster 1969. − Oskar Fäh: Klopstock und Hölderlin. Grenzen der Odenstrophe. Diss. Zürich 1952. − Hans Wilhelm Fischer: Die Ode bei Voß und Platen. Diss. Köln 1960. − William Fitzgerald: Agonistic poetry. The Pindaric mode in Pindar, Horace, Hölderlin, and the English ode. Berkeley, Los Angeles 1987. − Georg Guntermann: Von der Leistung einer poetischen Form − Wandlungen der Ode im 18. Jh. In: Aufklärung. Hg. v. Hans-Friedrich Wessels. Königstein 1984, S. 183−205. − Karl-Günther Hartmann: Die humanistische Odenkomposition in Deutschland. Erlangen 1976. − Hans-Heinrich Hellmuth, Joachim Schroeder (Hg.): Die Lehre von der Nachahmung der antiken Versmaße im Deutschen. München 1976. − Andreas Heusler: Deutscher und antiker Vers. Straßburg 1917. − Reinhard Hoßfeld: Die deutsche horazische Ode von Opitz bis Klopstock. Diss. Köln 1961. − Dieter Janik: Geschichte der Ode und der „Stances" von Ronsard bis Boileau. Berlin u. a. 1968. − Carol Maddison: Apollo and the Nine. A history of the ode. London 1960. − Jacob Minor: Neuhochdeutsche Metrik. Straßburg 1902. − Gertrud Otto: Ode, Ekloge und Elegie im 18. Jh. Bern 1973. − Horst Rüdiger: Das sapphische Versmaß in der deutschen Literatur. In: ZfdPh 58 (1933), S. 140−164. − Eckart Schäfer: Deutscher Horaz. Wiesbaden 1976. − Ulrich Schödlbauer: Odenform und freier Vers. In: LitJb 23 (1982), S. 191−206. − Karl Viëtor: Geschichte der deutschen Ode. München 1923. − Christian Wagenknecht: Deutsche Metrik. München 1981.

Dieter Burdorf

Öffentlichkeit

Ein sozialer Modus des Austauschs von Standpunkten und Informationen, der sich verschiedener Medien bedienen kann und zur Institutionalisierung tendiert.

Expl: ‚Öffentlichkeit' umschreibt eine plurale, in ihrer individuellen Zusammensetzung nicht differenzierte gesellschaftliche Konfiguration als Wahrnehmungs- und Meinungsinstanz, die sich gegenüber Ereignissen und Produkten des privaten, staatlichen und künstlerischen Lebens als Forum der Diskussion, Kritik oder Kontrolle (‚öffentliche Meinung') aktiviert. ‚Literarische Öffentlichkeit' nimmt dabei keine grundsätzliche Sonderstellung ein, erfaßt aber einen engeren, textproduktiven Bereich. Dort bilden sich besondere Institutionen aus (↗ *Literaturkritik*, ↗ *Rezension*$_2$), von denen die Auseinandersetzung über das ↗ *Literarische Leben* beeinflußt wird.

WortG: Wort und Begriff, die von dem im Ahd. belegten Adjektiv *offanlich* abgeleitet sind, stellen eine Erfindung der Aufklärung dar. Der bisher älteste Beleg rückt den Neologismus *Öffentlichkeit* in den charakteristischen Kontext der Zensur (Sonnenfels, 82); er meint den Umstand der Veröffentlichung (Adelung[1] 3, 893). Die Aufnahme erfolgt anfangs zögernd, wie es noch die Ablehnung des Wortes als Bezeichnung für „Hervorziehung an das Tageslicht" zeigt (Heynatz, 309 f.). Erst um 1800 setzt breitere Annahme ein (z. T. mit Bevorzugung der Pluralform). In der politischen Diskussion wird *Öffentlichkeit* als Schlagwort des politischen Kampfes allgemein gebräuchlich und zum Kernbegriff einer demokratisch und rechtsstaatlich verfaßten Informationsgesellschaft, die gegenüber deren allzu umfassenden Ansprüchen neuerdings zunehmend das Recht auf Schutz der Individualsphäre diskutiert.

Johann Friedrich Heynatz: Versuch eines deutschen Antibarbarus. Bd. 2. Berlin 1797. − Joseph v. Sonnenfels: Grundsätze der Polizey, Handlung und Finanzwissenschaft. Bd. 1. Wien 1765.

BegrG: Der kollektive Abstraktionsbegriff ersetzt, bezogen auf die Literatur, das ältere *Publikum*. Als dt. Wort für ‚Publizität' (frz. *publicité*) wird er im 18. Jh. eingeführt. Das Ende des 17. Jhs. in Frankreich aufkommende Wort *publicité* umschreibt zunächst strafrechtlich das Zutagetreten eines Verbrechens (Wartburg, 508).

Die Bedeutung ‚freier Austausch von Rede und Schrift' nimmt das Wort erst gegen Ende des 18. Jhs. an (Heinsius, 473). Hierin deckt es sich mit der Lehnübersetzung *Öffentlichkeit*, ohne indes deren weitere begriffsgeschichtliche Entwicklung mitzumachen. Diese ist vom älteren Gebrauch des Adjektivs *offenlich* beeinflußt. Es bezeichnet umgangssprachlich wie rechtspraktisch den ‚gemeinen', ‚vor aller Augen' liegenden Bereich im Gegensatz zu *heimlich* (‚geheim'), das einen bestimmten Gruppen vorbehaltenen Bereich bezeichnen (z. B. ‚arcana imperii' − den Geheimbezirk politischer Herrschaft −, aber auch eheliche Intimität), andererseits mit Intrige, Hinterlist und Illegitimität konnotiert sein kann; so sieht das mittelalterliche Strafrecht für *heimliche* Tat (wie Diebstahl) höhere Strafen vor als für offene Vergehen (wie Raub). Herstellen von Öffentlichkeit (*offenbaren*, *gerüefde* u. ä.) ist im Mittelalter der erste Schritt zur Wiederherstellung der Rechtsordnung (Thum). Öffentlichkeit ist mit Sichtbarkeit verbunden; der politische und soziale Status muß sich zeigen. So bildet sich ein komplexes Zeichensystem öffentlichen Auftretens aus (↗ *Repräsentation₂*).

Die „perzeptiv-visuelle" Konnotation des dt. Terminus *Öffentlichkeit* wird jedoch auch von „politisch-sozialen" Konnotationen überlagert, wie sie in der auf lat. *publicus* zurückgehenden Wortfamilie in den westeuropäischen Sprachen dominieren und „das Staatlich-Obrigkeitliche mit dem Gemeinsamen und Allgemeinen" verbinden; das Gegenteil ist dort „partikular, amtlos, inoffiziell, privat" (von Moos, 168; vgl. römisch-rechtlich *vir publicus* vs. *vir privatus*). Dabei verschiebt sich im 17. und 18. Jh. der Akzent von ‚herrschaftlich' auf ‚gemeinschaftlich'. Diese „institutionell-demokratische" Komponente (169) tritt in Deutschland in den Hintergrund, findet sich jedoch in der bis heute geltenden Bestimmtheit von ‚staatlich' (vgl. Begriffskombinationen wie ‚öffentliches Amt/Recht', ‚öffentliche Gewalt') und verleiht dem Öffentlichkeitsbegriff seit der Aufklärung seine politische Emphase. In Deutschland dominiert die zuerst skizzierte Bedeutung. Im 18. Jh. profiliert sich nach Habermas (1964) die ‚bürgerliche Öffentlichkeit' der ‚zum Publikum versammelten Privatleute' gegen die ‚repräsentative Öffentlichkeit' des Ancien Régime, für die verschiedene Stufen der Exklusivität konstitutiv sind sowie der mit ihnen verbundene, im ‚repräsentativen' Auftreten des Einzelnen sich dokumentierende politisch-rechtliche Anspruch. Dem staatlichen Funktionsraum wird damit im bürgergesellschaftlichen Begriff von Öffentlichkeit ein geistiger und sozialer zur Seite gestellt: ‚Öffentlichkeit' meint die Gemeinschaft der wahr und vernünftig Urteilenden (‚öffentliche Gesellschaft'). In diesem Sinne begründet sie eine konkurrierende Autorität gegenüber dem Staat. Im 19. Jh. vermischt sich dann der Publizitätsaspekt mit einer ausgeweiteten sozialen Bedeutung von ‚Publikum' bis hin zu ‚Bevölkerung' insgesamt. Damit entfernt sich die Bedeutungsentwicklung von der ‚literarischen Öffentlichkeit', wo der Aspekt des kompetenten Urteils einer begrenzten Gruppe weiter im Vordergrund steht. Zunächst individualistisch konzipiert, überträgt sich der allgemeine Begriff im 20. Jh. auf die als ‚Masse' gedachte Gesellschaft insgesamt, die politisch manipulierbar erscheint und ‚gleichgeschaltet' werden kann. Schließlich kann *Öffentlichkeit* als das Resultat empirisch erhobener Meinungen verstanden werden (‚öffentliche Meinung').

Theodor Heinsius: Vollständiges Wb. der deutschen Sprache. Bd. 3. Wien 1840. − Walther v. Wartburg: Französisches etymologisches Wb. Bd. 9. Basel 1959.

SachG: Die Leitvorstellung eines allgemein zugänglichen Wissens und der Transparenz politischen, kirchlichen und gesellschaftlichen Handelns ist frühneuzeitlichen Ursprungs. Sie wird durch allgemein verfügbare Kommunikationsmedien begünstigt, wie sie erst mit der Erfindung des Buchdrucks zur Verfügung stehen. Für einen begrenzten Sektor ist sie in der frühen Reformation wirksam, wo die Kontrolle des Zugangs zur biblischen Wahrheit durch das kirchliche Lehramt zurückgewiesen wird. Allerdings sucht die kurz nach der Erfindung des Buchdrucks auftretende, im Zuge der konfessionellen Auseinandersetzung verschärfte ↗ *Zensur* auch auf diesem Gebiet die allgemeine Zugänglichkeit von Schrifttum zu beschränken. Geschützt durch das Bildungsprivileg des Latein, bilden sich begrenzte Öffentlichkeiten im gelehrten Schrifttum aus (Jaumann). Bei der seit Anfang des 17. Jhs. vordringenden Publizistik (newe zeitung, ↗ *Flugblatt*) handelt es sich anfangs vielfach noch um herrschaftsinterne Kommunikation (Koszyk; ↗ *Zeitung*), doch läßt sich mit dem Übergang zum Druck die Begrenzung auf Dauer nicht aufrechterhalten. Das seit der 2. Hälfte des 17. Jhs. expandierende Zeitungs- und Zeitschriftenwesen führt zunächst in Westeuropa, seit Anfang des 18. Jhs. auch in Deutschland zur Ausbildung einer über alle möglichen Themen räsonierenden Öffentlichkeit, die zum Forum der ↗ *Aufklärung* wird. Sie nimmt die ältere Kritik konfessioneller Gängelung durch die ‚Politiker‘ (meist Gelehrte oder Amtsträger im Umkreis des Hofes) auf und setzt die Forderungen nach religiöser Toleranz, Gewissensfreiheit und einem freieren Meinungsaustausch durch.

Die frühneuzeitliche Machttheorie, die einen Geheimbezirk der politischen Herrschaft (‚arcana imperii et dominationis‘) ausbildet, wird durch diese Kritik in Frage gestellt. Der Anspruch umfaßt zunächst das Gebot einer internen Offenheit der Diskussion. Erst ab ca. 1780 wird der Wunsch nach Publizität für die freie Meinungsäußerung politisch aufgeladen und zu einer zentralen Forderung für eine bürgerliche Gesellschaft. Nach englischem und französischem Vorbild werden ‚öffentliche Meinung/Kritik‘ als deren Anrecht auf eine dem staatlichen Verfügungsanspruch gleichrangige Macht von Wort und Schrift entworfen. Seit dem letzten Drittel des 18. Jhs. haben sich in kritischen Journalen und allgemeinen Periodika Institutionen öffentlicher Diskussion literarischer, historischer und allgemein kultureller Fragen ausgebildet. Dank solcher Institutionen können sich Ansätze zu einer Selbstregulierung des literarischen Marktes entwickeln und kann sich ein relativ selbständiges ‚Sozialsystem Literatur‘ etablieren. Das Interesse an einer politischen Öffentlichkeit, als deren Teil die literarische angesehen wird, verstärkt sich im frühen 19. Jh. Durch sie soll in Parlament, Gerichtswesen und Presse staatliche Macht kontrollierbar sein. Entsprechend wird Öffentlichkeit zu einem Grundprinzip des Verfassungsstaates und zum Medium sozialer Emanzipation. Mit der Abweisung dieses Anspruchs durch die Restauration der nach-napoleonischen Zeit wird die Öffentlichkeit (im Sinne freier Meinungsäußerung und unzensierter Auseinandersetzung über politische, gesellschaftliche und literarische Fragen) staatlicher Kontrolle unterworfen (*Junges Deutschland*, ↗ *Vormärz*). Das Leitbild der Meinungsfreiheit setzt sich nur langsam im Zuge der politischen Veränderungen im 19. Jh. durch und ist bis zum Ende des Kaiserreichs nie unangefochten. Doch verbreitet sich im Laufe des 19. Jhs. insgesamt das Forum öffentlich räsonierender Auseinandersetzung kontinuierlich durch die stetige Zunahme der Publikationsorgane. Ein Beispiel für das Spannungsverhältnis zwischen Staatsmacht, politischer und literarischer Öffentlichkeit sind die Auseinandersetzungen um das naturalistische Theater (Brauneck). Erst in der Weimarer Republik wird eine ungehinderte Öffentlichkeit Verfassungsgebot. Als Forum öffentlicher Diskussion tritt zu den Printmedien der Rundfunk hinzu.

Der Wandel von der bürgerlichen Gesellschaft des 19. Jhs. zur Massengesellschaft des 20. Jhs. rückt Öffentlichkeit ins Zwielicht, da das Vertrauen in die Einlösbarkeit ihrer kritischen Funktion schwindet. Hierzu tragen totalitäre Ideologien bei, die das aufklärerische Potential durch das Prinzip einer propagandistisch manipulierten Öffentlichkeit ersetzen, etwa der Nationalsozialismus oder der Sowjetkommunismus (↗ *Nationalsozialistische Literatur*, noch nach dem 2. Weltkrieg ↗ *DDR-Literatur*). Dieser Vereinnahmung treten nach 1945 in den westlichen Demokratien Positionen entgegen, die das aufklärerisch-liberale Modell einer kritischen Öffentlichkeit neu zu beleben suchen. Öffentlichkeit ist bei allen Vorgängen von allgemeinerem Interesse grundsätzlich ‚herzustellen‘, was zu Konflikten mit schutzwürdigen Rechten des Individuums führt, aber auch die Chance einer ‚Ge-

genöffentlichkeit' bietet. Bedroht scheint Öffentlichkeit nun weniger durch staatliche Machtapparaturen als durch die sozialen und ökonomischen Interessen derer, die ihre Institutionen — Presse, Buchmarkt, Funk, Fernsehen — kontrollieren. Das Internet hebt solche Kontrollen auf und scheint vorerst eine Öffentlichkeit im Weltmaßstab herzustellen.

ForschG: Die Beschäftigung mit Öffentlichkeit im 18. und 19. Jh. ist selbst eng mit der Ausbildung des Begriffs verbunden. Dies gilt für die englischen Staatstheoretiker ebenso wie für die philosophische Debatte im Gefolge des deutschen Idealismus: Noch für Habermas ist Öffentlichkeit die Voraussetzung für eine herrschaftsfreie Kommunikation (kritisch zu Habermas' Öffentlichkeits-Optimismus: Sennett). Die neuere Forschungsgeschichte splittert sich in einzelne Fachdisziplinen auf. Einer historischen Begriffsforschung, die sich den herrschafts- bzw. staatstheoretischen Aspekten zuwendet, geht ein rechtsgeschichtliches Erkenntnisinteresse weitgehend parallel (Überblick: von Moos). Davon stärker abgegrenzt verfährt ein sozialgeschichtlicher, vorwiegend deskriptiver Untersuchungsansatz. Literaturwissenschaftliche Bemühungen behandeln Öffentlichkeit traditionell unter dem Publikumsbegriff und verhandeln das Verhältnis zwischen Autor und Rezipienten. Neue Fragestellungen ergeben sich durch die ↗ *Diskurstheorie*, die die herrschaftsfreie Kommunikation in Frage stellt, da jede Kommunikation durch vorgängige, dem einzelnen Sprachteilnehmer nicht hintergehbare Sprach- und Wissensordnungen geprägt und insofern beschränkt sei.

Lit: Helga Brandes (Hg.): Die Zeitschriften des Jungen Deutschland. Opladen 1991. — Rüdiger Brandt: Enklaven — Exklaven. Zur literarischen Darstellung von Öffentlichkeit und Nichtöffentlichkeit im Mittelalter. München 1993. — Manfred Brauneck (Hg.): Literatur und Öffentlichkeit im ausgehenden 19. Jh. Stuttgart 1974. — Christa Bürger u. a. (Hg.): Aufklärung und literarische Öffentlichkeit. Frankfurt 1980. — Craig Calhoun (Hg.): Habermas and the public sphere. Cambridge, Mass. 1992. — Jürgen Enkemann: Journalismus und Literatur. Zum Verhältnis von Zeitungswesen, Literatur und Entwicklung bürgerli-

cher Öffentlichkeit in England im 17. und 18. Jh. Tübingen 1983. — Andreas Gestrich: Absolutismus und Öffentlichkeit. Göttingen 1994. — Gerhard von Graevenitz: Innerlichkeit und Öffentlichkeit. In: DVjs 49 (1975), Sonderh., S. 1—82. — Michael Gross: Ästhetik und Öffentlichkeit. Hildesheim u. a. 1994. — Jürgen Habermas: Strukturwandel der Öffentlichkeit. Neuwied, Berlin 1962. — Lucian Hölscher: Öffentlichkeit und Geheimnis. Stuttgart 1979. — L. H.: Öffentlichkeit. In: HWbPh 6, Sp. 1134—1140. — Peter Uwe Hohendahl: Literarische Kultur im Zeitalter des Liberalismus 1830—1870. München 1985. — Wolfgang Jäger: Öffentlichkeit und Parlamentarismus. Stuttgart 1973. — Herbert Jaumann: Critica. Untersuchungen zur Geschichte der Literaturkritik zwischen Quintilian und Thomasius. Leiden, New York 1995. — Reinhart Koselleck: Kritik und Krise. Freiburg i. Br., München 1959. — Wolfgang Martens: Öffentlich als Rechtsbegriff. Bad Homburg u. a. 1969. — Peter von Moos: Die Begriffe ‚öffentlich' und ‚privat' in der Geschichte und bei den Historikern. In: Saeculum 49 (1998), S. 161—192. — Oskar Negt, Alexander Kluge: Öffentlichkeit und Erfahrung. Frankfurt 1972. — Falko Schneider: Öffentlichkeit und Diskurs. Bielefeld 1992. — Franz Schneider: Pressefreiheit und politische Öffentlichkeit. Neuwied, Berlin 1966. — Helmar Schramm: Theatralität und Öffentlichkeit. In: Ästhetische Grundbegriffe. Hg. v. Karlheinz Barck u. a. Berlin 1990, S. 202—242. — Richard Sennett: Verfall und Ende des öffentlichen Lebens. Frankfurt ²1983. — R. S.: Civitas. Frankfurt 1991. — Bernd Thum: Öffentlich-Machen, Öffentlichkeit, Recht. In: LiLi 10 (1980), S. 12—69. — Niels Werber: Literatur als System. Opladen 1992. — Robert Weimann: Kunstensemble und Öffentlichkeit. Halle, Leipzig 1982.

Erich Kleinschmidt

Offenes Drama

Sammelbezeichnung für Dramen, deren Bauprinzip dem klassizistischen Ordnungssystem widerspricht.

Expl: Atektonische Gegenentwürfe zum GESCHLOSSENEN (tektonischen) DRAMA des französischen Klassizismus, der deutschen Frühaufklärung und der Weimarer Klassik. Der Begriff faßt unterschiedliche Alternativen zum Regeldrama (speziell zur Tragödie) der ‚doctrine classique' zusammen: Im engeren Sinn bezeichnet er das von Shake-speare inspirierte, bewußt nicht-klassizisti-sche Theater vom Sturm und Drang bis zum Naturalismus; vereinzelt hat er auch auf Dramenformen Anwendung gefunden, denen die Opposition zum antikisierenden Klassizismus nicht mehr konstitutiv ist (Ex-pressionismus, ↗ *Episches Theater*, ↗ *Absurdes Theater*). Verbindendes Struktur-merkmal ist der Verzicht auf die ‚liaison des scènes‘, was eine Aufwertung der Szene ge-genüber dem Akt sowie die Vermeidung vertikaler Ordnungsprinzipien zur Folge hat. Das aristotelische Postulat der kausal-logischen Vollständigkeit (↗ *Drei-Einheiten-Lehre*) wird durch die Totalität paradigma-tischer Ausschnitte bei häufigem Schau-platzwechsel und unbestimmter Zeitdauer ersetzt. Die Beschränkung auf wenige Ak-teure ist aufgehoben, und nichtsprachliche Ausdrucksmittel (Pantomime) ergänzen oder verdrängen die Rede. Die nicht mehr finalistisch organisierte ↗ *Handlung* um eine von äußeren Umständen determinierte Zentralfigur hat das Offene Drama seit dem ↗ *Sturm und Drang* zur bevorzugten Form des gesellschaftskritischen Theaters werden lassen.

[Terminologisches Feld:]

Seit Wölfflin 1915 gelten die Oppositio-nen ‚geschlossen/offen‘, ‚tektonisch/atek-tonisch‘, ‚streng/frei‘ und ‚regulär/irregulär‘ als Synonyme, die dennoch Akzentuierun-gen ermöglichen. Wölfflin bevorzugt das er-ste Begriffspaar aufgrund seiner besseren Anwendbarkeit auf verschiedene Künste, Walzel 1923 favorisiert demgegenüber TEK-TONISCH/ATEKTONISCH. Sein Verweis auf das jeweilige Bauprinzip eines Theaterstücks hebt hervor, daß ‚offene‘ Dramen im Unter-schied zu den ‚geschlossenen‘ keinem nor-mativen Schema folgen, sondern unter Ver-zicht auf strenge Gefügtheit jeweils eigen-ständige Strukturlösungen ausbilden.

WortG/BegrG: Die von Klotz popularisierte Kurzform *Offenes Drama* beruft sich auf Wölfflins Versuch, den Formenwandel der bildenden Kunst zwischen Renaissance und Barock durch vier Gegensatzpaare zu charakterisieren (Wölfflin 1912). 1915 hat Wölfflin diese These in seinen ‚Kunstge-

schichtlichen Grundbegriffen‘ erläutert und die Wortwahl damit begründet, daß „die Begriffe geschlossene und offene Form [...] in ihrer Allgemeinheit das Phänomen doch besser bezeichnen als tektonisch und atek-tonisch, und wieder bestimmter sind als die ungefähr synonymen wie streng und frei, re-gulär und irregulär" (Wölfflin 1915, 130). Wölfflins Andeutung, seine Stiltypologie lasse sich auch auf andere Künste übertra-gen (Wölfflin 1912, 578), ist von Walzel auf-gegriffen worden: Im Interesse der ↗ *Wech-selseitigen Erhellung der Künste* hat er die Idee einer ‚offenen‘ Form zuerst auf Shake-speare angewendet (Walzel 1916, 25−28) und schließlich um 1923 auf Literatur über-haupt ausgedehnt. Shakespeares scheinba-rer Formlosigkeit konnte auf diese Weise der „Wert einer notwendigen, einer aus der Zeit geborenen Formung" zugesprochen werden (Walzel 1923, 317). Auf Anregung von Petsch hat Scheuer 1929 seiner Form-analyse der Dramen Georg Büchners das polare Begriffspaar Wölfflins zugrunde ge-legt. Als Dramen der ‚offenen Form‘ be-zeichnet man seither die nichtaristotelischen Werke Shakespeares und seiner klassizis-muskritischen Nachfolger in Deutschland (Goethe, Lenz, Büchner, Grabbe). Während Petsch 1945/53 inhaltliche Präzisierungen vornahm, verstand Ziegler 1957 das ‚atek-tonische‘ Drama als Untertyp des „realisti-schen Dramentyps" mit Blütephasen im Sturm und Drang, zur Zeit Büchners und Grabbes sowie im „Bilderbogendrama" Zuckmayers oder in Brechts ‚Baal‘ (Ziegler, 970 f.). In kritischer Wendung gegen Klotz‘ Umdeutung zum überzeitlichen Idealtyp ist der Begriff ‚Offenes Drama‘ seit den 1970er Jahren umstritten.

Robert Petsch: Wesen und Formen des Dramas. Halle 1945 [sowie: Ein Bericht über den unge-druckten 2. Bd. von Fritz Martini in: DVjs 27 (1953), S. 289−308, besonders S. 300 f.]. − Oskar Walzel: Shakespeares dramatische Baukunst. In: Jb. der deutschen Shakespeare-Gesellschaft 52 (1916), S. 3−35. − Heinrich Wölfflin: Das Pro-blem des Stils in der bildenden Kunst. In: Sit-zungsberichte der Königlich Preußischen Akade-mie der Wissenschaften 1912, 31. Lieferung, S. 572−578. − Wölfflin 1915, S. 130−162. − Klaus Ziegler: Das deutsche Drama der Neuzeit. In: Stammler 2, Sp. 949−1298.

SachG: Von einem Offenen Drama (im Gegensatz zu Präformationen wie dem ↗ *Stationendrama*) läßt sich mit historischem Recht erst seit dem späten 18. Jh. sprechen, als sich namentlich Herder, Goethe und Lenz gegen das ‚unnatürliche‘ Theater des französischen Klassizismus (Corneille, Racine) und der deutschen Frühaufklärung (Gottsched) wandten. Ansätze finden sich in der Technik der ↗ *Exposition* von Lessings ‚Emilia Galotti‘ (1772); am nachdrücklichsten verwirklicht ist es zuerst in Goethes ‚Götz von Berlichingen‘ (1773) und J. M. R. Lenz’ ‚Der Hofmeister‘ (1774) sowie in der offenen und zirkulären Anlage romantischer Literaturkomödien wie Tiecks ‚Verkehrter Welt‘ (1800). Die Abkehr vom streng tektonischen Klassizismus richtet sich sowohl gegen dessen rationalistische Begründung (Hédelin d’Aubignac, Gottsched, Batteux) als auch gegen die politisch-sozialen Normierungen (‚bienséance‘), die das aristotelisierende Regeldrama von der zeitgenössischen Wirklichkeit fernhielten (Verpflichtung auf historisch-mythologische Stoffe, Ständeklausel, Hochstil). An die dramatischen Experimente des Sturm und Drang knüpfen Autoren wie Büchner und Brecht an.

ForschG: Den einzigen Überblick über die Begriffsgeschichte bietet Klotz 1960 (17–21). Die nur an marginaler Stelle (Rezensionen, Randbemerkungen) geführte Diskussion konzentriert sich meist auf Büchners ‚Woyzeck‘ (zuletzt Dedner); sie hat im Anschluß an Klotz schnell einen Konsens erzielt, der sich im wesentlichen mit Vosslers Einwand gegen Spoerri deckt, Wölfflins klassifikatorische Methode sei nur „zur Erkenntnis eines Zeitstiles oder Zeitgeschmakkes und nicht des ewigen, schöpferischen Genius brauchbar“ (Vossler, 119). Auch Klotz betont in seiner Selbstkritik 1975, daß Offenes und Geschlossenes Drama als ‚Idealtypen‘ die historischen Besonderheiten verschütten würden; als „Eckwerte, die innerhalb einer Spanne von knapp 400 Jahren den Spielraum dramatischer Gestaltungsmöglichkeiten und Wirklichkeitsdarstellungen abschätzen“, behielten sie jedoch heuristischen Wert (Klotz 1975, 13; ähnlich Klotz 1992, 19). Dementsprechend wird der Begriff heute nur noch als „Orientierungsrahmen“ anerkannt (Asmuth, 49; ↗ *Dramentheorie*). Die nachdrücklichste Kritik an der „verhängnisvolle[n] Rolle“ der Theorie vom Offenen Drama hat Kanzog 1973 vorgetragen, weil die induktive Ableitung bestimmter Formgesetze aus einer kleinen Zahl von Beispielen im Umkehrschluß auf andere Texte „keine Klassifizierung leisten“ könne (Kanzog, 433). Hinck hat als Alternative den Doppelbegriff ‚offene und geschlossene Dramaturgie‘ vorgeschlagen; Klotz hat sein Konzept der Idealtypen weiterentwickelt zur „Dramaturgie des Publikums“ (Klotz 1976; vgl. Pfister).

Lit: Bernhard Asmuth: Einführung in die Dramenanalyse. Stuttgart ²1984. – Burghard Dedner: Die Handlung des ‚Woyzeck‘: wechselnde Orte – „geschlossene Form“. In: Georg Büchner Jb. 7 (1988/89), S. 144–170. – Walter Hinck: Die Dramaturgie des späten Brecht. Göttingen 1959. – Klaus Kanzog: Wozzeck, Woyzeck und kein Ende. In: DVjs 47 (1973), S. 420–442. – Volker Klotz: Geschlossene und offene Form im Drama. München ¹1960, ⁸1975, ¹³1992. – V. K.: Dramaturgie des Publikums. München 1976. – Manfred Pfister: Das Drama. München 1977, S. 320–326. – Erwin Scheuer: Akt und Szene in der offenen Form des Dramas dargestellt an den Dramen Georg Büchners. Berlin 1929. – Karl Viëtor: Georg Büchner. Bern 1949. – Karl Vossler: Rezension zu Th. Spoerri: Renaissance und Barock bei Ariost und Tasso. In: Literaturblatt für germanische und romanische Philologie 44 (1923), Sp. 117–119. – Oskar Walzel: Gehalt und Gestalt im Kunstwerk des Dichters. Berlin [1923]. – Heinrich Wölfflin: Kunstgeschichtliche Grundbegriffe. München 1915.

Albert Meier

Offizin ↗ *Verlag*

Okkurrenz ↗ *Äquivalenzprinzip*

Oktave ↗ *Stanze*

Oktett ↗ *Sonett*

Onomastik

Namenforschung unter Einschluß der literarischen Namengebung.

Expl: Die Onomastik ist eine Teildisziplin der Lexikologie und hat die wissenschaftliche Erforschung der Eigennamen zum Gegenstand. Der Einteilung der Eigennamen entsprechend, gibt es mehrere Unterabteilungen der Onomastik. Man unterscheidet hauptsächlich: Anthroponomastik ‚Wissenschaft von den Anthroponymen = Namen für Menschen' (z. B. Vor-, Ruf-, Bei-, Familiennamen, Patronyme, Schimpf-, Neck- und Kosenamen, Pseudonyme, Personengruppennamen) und Toponomastik ‚Wissenschaft von den Toponymen = Örtlichkeitsnamen' (z. B. Haus-, Burg-, Straßen-, Siedlungs- oder Ortsnamen, Wüstungsnamen, Hydronyme = Gewässernamen, Oronyme = Berg- und Gebirgsnamen, Gau-, Landschafts- und Staatennamen, Namen für Erdteile und Meere, Astronyme = Gestirnnamen). Die Toponyme werden nochmals untergliedert in Mikrotoponyme (innerhalb eines Ortes) und Makrotoponyme.

Einen besonderen Aspekt behandelt die Literarische Onomastik. Sie befaßt sich mit der dichterischen NAMENGEBUNG, also mit Bildungsweise, Funktion und Wirkung von Eigennamen in belletristischen und poetischen Texten (zu Wörterbüchern fiktionaler Namen vgl. Seibicke 1990, 1293). Dabei lassen sich insbesondere unterscheiden (Birus 1987, 45): (1) Verkörperte Namen (auf andere Träger des Namens verweisend), (2) Klassifizierende Namen, (3) Klangsymbolische Namen, (4) REDENDE NAMEN (semantisiert nach Elementen des Alltagswortschatzes).

WortG: Im Deutschen scheint *Onomastik* ein Neologismus des 20. Jhs. zu sein, wahrscheinlich nach dem Vorbild von frz. *onomastique*, engl. *onomastics*. Das Wort ist vermutlich zuerst um 1600 in Frankreich zu griech. ὄνομα [ónoma] ‚Name', ‚Bezeichnung', ‚Benennung', ‚Wort' gebildet worden (FEW 7, 356). Die deutschen Fremdwörterbücher des ausgehenden 19. Jhs. verzeichneten den Ausdruck noch nicht. Voran gingen im 17./18. Jh. *Onomastikon, Onomatik,*

Onomatologie u. ä. Bildungen, wobei aber zwischen Wort (Appellativum) und Name (Proprium) nicht unterschieden wird und auch die Bedeutung *Onomasiologie* ‚Bezeichnungslehre' hineinspielt.

Walther von Wartburg: Französisches etymologisches Wörterbuch [FEW]. Bd. 7. Basel 1955.

BegrG: Die Onomastik geht zurück auf die schon in der antiken Grammatiktheorie getroffene Unterteilung des Wortschatzes in *nomina appellativa* ‚Gattungsbezeichnungen' und *nomina propria* ‚(Eigen-)Namen'. In der modernen Sprachwissenschaft versteht man unter *(Eigen-) Namen* sprachliche Ausdrücke zur individuellen Bezeichnung eines Einzelelements aus einer Menge möglicher Referenten mit übereinstimmenden Merkmalen (Beispiel: *Mohrle* als Tiername vs. *Katze* als Tierbezeichnung). – Die Eigennamen werden oft als Untergruppe der Substantive klassifiziert, doch gibt es Eigennamen auch in der Form substantivischer Wortgruppenlexeme oder Phraseologismen (*Stiller Ozean, Bund für Umwelt und Natur Deutschland e. V.* u. a. m.). Ob und in welcher Weise Eigennamen ‚Bedeutung' zukommt, ist umstritten.

In der Sprachphilosophie wird der Begriff ‚Eigenname' seit J. St. Mill (1843) und G. Frege (1892) lebhaft diskutiert (vgl. dazu Wolf), insbesondere auch die für die literarische Onomastik entscheidende Frage nach dem semantischen Gehalt von Personennamen (ausführlich dazu Birus 1978, 13–53). Eine allgemein akzeptierte Definition des Begriffs und eine „umfassend-systematische Namentheorie auf linguistischer Grundlage" (Debus 1980, 187) existieren bisher nicht.

ForschG: Das Interesse an den Namen ist stets lebendig gewesen. Im Vordergrund stand dabei ihre Deutung. Erst im Laufe des 19. Jhs. entwickelte sich eine wissenschaftliche Namenkunde. Hervorzuheben sind hier die Arbeiten von Wiarda (1800), Pott (1853) und Förstemann (1856). Hauptforschungsrichtungen waren dabei die Etymologie und die Namengeschichte in vornehmlich hilfswissenschaftlicher Funktion (Debus 1980, 187). Erst Bachs Handbuch behandelt die Namen als „sprachliche Gebilde" (Bach 1/1, § 12 ff.) und bezieht u. a.

sozio- und psycholinguistische Fragestellungen ein.

Die Erforschung der Besonderheit literarischer Namengebung hat im Grunde bereits mit Aristoteles eingesetzt („Poetik', 1451 b 9−10 u.ö.) und besonders das Interesse der Philosophen immer wieder erregt (Mill, Frege, Russell, Strawson, Searle, Kripke u. a.). Auch an literarhistorischen Einzelstudien hat es nicht gefehlt (vgl. Bibliographie Rajec, 1981 international ergänzt). Eine ganze Reihe prinzipieller wie vergleichender Fragenkomplexe behandelt die grundlegende Abhandlung von Birus (1978); sie wird von bereichsspezifischen Untersuchungen wie von Lamping zur Erzählung und Thies zum Drama ergänzt und hat inzwischen zur festen Etablierung der Sektion ‚Literarische Onomastik' im Rahmen der internationalen Namenforschung geführt (vgl. z. B. Debus/Pütz, Stiegler, Schildberg-Schroth).

Lit: Adolf Bach: Deutsche Namenkunde. 5 Teilbde. Heidelberg [3]1978. − Friedhelm Debus: Onomastik. In: Lexikon der Germanistischen Linguistik. Hg. v. Hans Peter Althaus u. a. Tübingen [2]1980, S. 187−198. − F. D., Wilfried Seibicke (Hg.): Reader zur Namenkunde. 5 Teilbde. Hildesheim 1989−1996. − Ernst Eichler u. a. (Hg.): Namenforschung. 3 Bde. Berlin, New York 1995 f. − Ernst Förstemann: Altdeutsches Namenbuch. 2 Bde. [1856/1859]. Repr. Hildesheim u. a. 1966. − Max Gottschald, Rudolf Schützeichel: Deutsche Namenkunde. Berlin, New York [5]1982. − Henning Kaufmann: Ergänzungsband [zu Förstemann]. Hildesheim u. a. 1968. − Hartwig Kalverkämper: Textlinguistik der Eigennamen. Stuttgart 1978. − Gerhard Koß: Namenforschung. Eine Einführung in die Onomastik. Tübingen [2]1996. − Jean-Yves Lerner, Thomas E. Zimmermann: Eigennamen. In: Semantik/Semantics. Hg. v. Arnim v. Stechow und Dieter Wunderlich. Berlin, New York 1991, S. 349−370. − August Friedrich Pott: Die Personennamen, insbesondere die Familiennamen [...] [1853, [2]1859]. Repr. Wiesbaden 1968. − Wilfried Seibicke: Die Personennamen im Deutschen. Berlin, New York 1982. − W. S.: Historisches Deutsches Vornamenbuch. Bd. 1 ff. Berlin, New York 1996 ff. − Tileman Dothias Wiarda: Über deutsche Vornamen und Geschlechtsnamen. Berlin, Stettin 1800. − Rainer Wimmer: Der Eigenname im Deutschen. Tübingen 1973. − Ursula Wolf (Hg.): Eigennamen. Dokumentation einer Kontroverse. Frankfurt 1985.

Zur literarischen Onomastik: Heidi Aschenberg: Eigennamen im Kinderbuch. Tübingen 1991. − Hendrik Birus: Poetische Namengebung. Göttingen 1978. − H. B.: Vorschlag zu einer Typologie literarischer Namen. In: LiLi 17 (1987), H. 67, S. 38−51. − Friedhelm Debus, Horst Pütz (Hg.): Namen in deutschen literarischen Texten des Mittelalters. Neumünster 1989. − F.D.: Eigennamen in der literarischen Übersetzung. In: Grammatica ianua artium. Fs. Rolf Bergmann. Hg. v. Elvira Glaser u. a. Heidelberg 1997, S. 393−405. − Ernst Eichler u. a. (Hg.): Der Eigenname in Sprache und Gesellschaft. Leipzig 1985. − Michel Grimaud: Onomastics and the study of literature. In: Yearbook of Comparative and General Literature 38 (1989), S. 16−35. − Sabine Hanno-Weber: Namengebungsmotivationen zeitgenössischer Hamburger Autoren. Frankfurt u. a. 1997. − Volker Hoffmann: Literarische Namenbehandlung als textinterne Poetik. In: Germanistik (Publications du centre universitaire de Luxembourg) 1 (1989), S. 59−78. − Bettina Kopelke: Die Personennamen in den Novellen Maupassants. Frankfurt u. a. 1990. − Paul Kunitzsch: Reflexe des Orients im Namengut mittelalterlicher europäischer Literatur. Hildesheim u. a. 1996. − Dieter Lamping: Der Name in der Erzählung. Bonn 1983. − Wolfgang Laur: Der Gebrauch von Ortsnamen in der schönen Literatur. In: Beiträge zur Namenforschung, NF 14 (1979), S. 121−128. − Elisabeth M. Rajec: Literarische Onomastik. Eine Bibliographie. Heidelberg 1977 [erweitert New York 1978, München 1981]. − Gerhard Schildberg-Schroth: Eigenname und Literarizität. Neumünster 1995. − Rüdiger Schmitt: Indogermanische Dichtersprache und Namengebung. Innsbruck 1973. − Wilfried Seibicke: Namen in der Literatur. In: Seibicke 1982, S. 88−95. − W. S.: Weitere Typen des Namenwörterbuchs. In: Wörterbücher/Dictionaries/Dictionnaires. Hg. v. Franz Josef Hausmann u. a. Berlin, New York 1990, Art. 139, S. 1291−1296. − Bernd Stiegler: Die Aufgabe des Namens. Untersuchungen zur Funktion der Eigennamen in der Literatur des 20. Jhs. München 1994. − Henning Thies: Namen im Kontext von Dramen. Frankfurt, Bern 1978.

Wilfried Seibicke

Onomatopöie

Sprachliche Nachahmung von Lauten und Geräuschen wie auch eines optischen und haptischen Eindrucks der außersprachlichen Welt; Laut- oder Klangmalerei.

Expl: Mehrere Erscheinungen onomatopoetischen Sprachgebrauchs lassen sich in einer Stufenfolge zunehmender Abstraktion benennen: (1) KLANGMALEREI: grammatisch unbestimmte Wiedergabe eines Geräusches (z. B. *platsch*, *miau*), v.a. in der Kinder- und ↗ *Comic*-Sprache; (2) LAUTMALEREI: phonologisch systemgerechte und sinnvolle, klangimitierende Wörter mit normaler syntaktischer Funktion (*miauen*, *klatschen*); (3) LAUTSYMBOLIK: die Repräsentation einer natürlichen Erscheinung durch Laute, die in ihrer Häufung bzw. Kombination den Eindruck des jeweiligen Vorgangs hervorrufen (*quengelig*, *quatschen*, *Kladderadatsch*).

In allen diesen Fällen ist die grundsätzliche *Arbitrarität* des sprachlichen ↗ *Zeichens* relativiert, wenngleich lautmalende Einheiten bei (3) nur in assoziativer Verbindung mit sinntragenden Wörtern wirken. Die Lautsymbolik beruht auf der emotional besetzten Beziehung zwischen Lauten und Sinneseindrücken, die überindividuell besteht, aber unterschiedlich intensiv realisiert werden kann, weil Laute in onomatopoetischen Gebilden einen anderen Charakter annehmen als in semantisch sinnvollen Sätzen. Das Streben nach präziser lautlicher Nachahmung produziert ↗ *Neologismen* und ruft die akustisch-musikalischen Qualitäten von Texten ins Bewußtsein.

WortG: Griech. ὀνοματοποεία [onomatopoeía], aus ὄνομα [ónoma] ‚Wort‘, ‚Name‘ und ποιεῖν [poieín] ‚machen‘, ‚dichten‘ gebildet, erscheint bei Zedler als „die Erdichtung eines Namens, da man einer Sache, die keinen Namen hat, einen beyleget, der sich vor ihr schicket. Es ist dieses Künstlern und Gelehrten erlaubt, weil beyde täglich etwas neues entdecken, dem also ein Name gegeben werden muß" (Zedler 25, 1477). Sulzer führt den Begriff nicht, ebenso fehlt er bei Gottsched. Im 19. Jh. sind noch die Bedeutungen ‚Namen‘- oder ‚Wortbildung‘, ‚Wortneuschöpfung‘, seltener auch ‚Entsprechung eines Klanges‘ sowie „sprachl. Schallnachahmung" (Heyse 1844, 523) belegt; danach nur noch die engere Bedeutung als „Bildung eines Wortes nach dem Naturlaute oder Klange eines Gegenstandes" (Heyse 1903, 600). Sanders führt „Tonnachahmung, Tonmalerei" an sowie die bereits als selten apostrophierte Bedeutung „Wortbildung" (131). Das Lemma fehlt bislang bei Schulz-Basler.

Johann Christian August Heyse: Allgemeines verdeutschendes und erklärendes Fremdwörterbuch. Hannover ⁹1844. – J. C. A. H.: Fremdwörterbuch. Leipzig ¹⁴1903. – Daniel Sanders: Fremdwörterbuch. Bd. 2. Leipzig ²1891.

BegrG: Die Auseinandersetzung um die Onomatopöie geht auf die Problemstellung in Platons Dialog ‚Kratylos‘ zurück, in dem die Titelfigur den Wörtern einen natürlichen (φύσει [phýsei], ihrer Lautgestalt entsprechenden Bezug zu ihrem Sinn zusprechen möchte, was im Verlauf des Textes differenziert und relativiert wird. Für Aristoteles kommt der Bezug zwischen Wort und Sinn dagegen durch ‚Setzung‘ (θέσει [thései]) zustande, ist also arbiträr. In der Sprachphilosophie der Stoa wird Onomatopöie nur im Zusammenhang mit Klangfiguren erwähnt. In solcher Beschränkung behandeln die antike ↗ *Rhetorik* und Grammatik dennoch das Thema, im Bereich der römischen Rhetorik als „fictio nominis" (‚Wortneuschöpfung‘), wobei man der griech. Sprache ein größeres Potential zuschreibt und deshalb mehr *Lizenzen* (↗ *Poetische Lizenz*) als der lat. einräumt (Quintilian 8,6,31; vgl. 8,3,30). Im Mittelalter blieb der Begriff in den meisten bedeutenden Werken der Rhetorik und Grammatik präsent, in Anlehnung an die altrömische Behandlung (Kayser 1962, 98).

Die humanistischen Grammatiken dringen durchweg auf die Beachtung der Klangfiguren, die mit den aus der Antike übernommenen Definitionen und Beispielen erläutert werden. Auch Erasmus räumt der Onomatopöie ihr Recht ein (Kayser 1962, 101).

Auf J. C. Scaligers Poetik stützen sich sowohl M. Opitz (‚Buch von der deutschen Poeterey‘, 1624, 6. Kap.) wie auch J. M. Meyfart (‚Teutsche Rhetorica oder Redekunst‘, 1634), die allerdings nicht lautmalende Gebilde, sondern stets Klangfiguren besprechen.

Bedeutend war die Onomatopöie in der Diskussion um die ‚lingua adamica‘, die auf die Aussage in Gen 2,19 zurückgeht, nach der Adam allen Kreaturen Namen gegeben habe; diese natürliche Sprache sei durch die babylonische Verwirrung untergegangen. Im Zusammenhang damit entwickelte sich die neuplatonische Signaturenlehre, nach der aus den Namen das Wesen der Dinge erkennbar sei (Paracelsus), wie auch die Lehre von der Natursprache. J. Böhme — von großem Einfluß besonders auf die Frühromantik — behauptet, der von Gott erfüllte Mystiker werde sie wieder verstehen können. Aus der Nähe zu dieser Ursprache leitete sich die Dignität der Nationalsprachen ab, von denen diejenige den höchsten Rang einnahm, in der sich Wortklang und Bedeutung am weitestgehenden entsprachen. J. G. Schottel hebt im 4. Teil der ‚Ausführlichen Arbeit Von der Teutschen HaubtSprache‘ (1663) hervor, daß gerade die onomatopoetischen Qualitäten den natürlichen Ursprung und die größere Plausibilität der Wortbildung in der deutschen Sprache bezeugten. Auch Leibniz sah in den völkerübergreifenden Gemeinsamkeiten der Lautsymbolik einen Hinweis auf die Ursprache der Menschheit, die ‚lingua adamica‘ (‚Unvorgreifliche Gedanken betreffend die Ausübung und Verbesserung der teutschen Sprache‘, 1697).

Im 18. Jh. wird die Onomatopöie als Beweis sowohl für den himmlischen wie auch für den menschlichen Ursprung der Sprache angeführt. Für Herder war 1772 das „erste Wörterbuch […] aus den Lauten aller Welt gesammlet" (Herder, 45), er sieht in der Onomatopöie einen Hinweis nicht auf den himmlischen, sondern gerade auf den menschlichen oder sogar tierischen Ursprung der Sprache, weil sie „Töne der Empfindung" (ebd., 11) wiedergebe und auf Stimme und Artikulation beruhe statt auf symbolischen Zeichen. Ihre Musikalität, die Einheit aus Ton und Gefühl, gehe — und hier wird die Diskussion um die Sprache in die relativierenden Überlegungen über den Gang der Zivilisation einbezogen — der durch die symbolischen Sprachen ermöglichten Reflexion voraus.

Bei Rousseau (‚Essai sur l'origine des langues‘, postum 1781) geht die Entwicklung der Sprache durch Artikulation von einem Ur-Gesang, einem unmittelbaren Ausdruck des Gefühls, aus (Trabant 1998, 67). Bezeichnenderweise erläutert W. v. Humboldt die Leistungen der Onomatopöie als „malende Sprache" (Humboldt, 78) gerade in einer Abhandlung über die Sprache der Ureinwohner der südpazifischen Inseln. Für den einflußreichen Völkerpsychologen W. Wundt (^{3}1911) hingegen geht die Sprache nicht mehr aus Naturlauten hervor.

Die Desemantisierung im Umkreis des ↗ *Symbolismus* verhilft der Onomatopöie in der Sprachkritik F. Mauthners und G. Landauers zu neuer Bedeutung. Onomatopöie ist für Landauer ein unverzichtbarer Schritt für die Entstehung von Sprache, aber durch die grundsätzlich symbolische Struktur der Sprache werde sie zugleich eingeschränkt. Mauthner weist der Lautmalerei die Funktion von ↗ *Metapher* und Analogie zu, wobei die Sinneseindrücke nur erinnernd aufgehoben seien. Skeptisch verweist F. de Saussure (‚Cours de linguistique générale‘, 1916) auf die geringe Zahl und Bedeutung lautmalender Wörter, die zudem in verschiedenen Sprachen einer eigenen morphologischen Entwicklung unterlägen und so ihren mimetischen Charakter teilweise verlören (z. B. dt. *gluckgluck*, aber frz. *glouglou* für das Geräusch beim Einschenken). Die Idee einer durchgängigen Lautsymbolik zumal in der Lyrik verfolgt Ernst Jünger in seinem Essay ‚Lob der Vokale‘ (1934).

Johann Gottfried Herder: Abhandlung über den Ursprung der Sprache [1770/72]. Hg. v. Wolfgang Proß. München 1978. — Wilhelm von Humboldt: Einleitung zum Kawiwerk [1836]. In: W.v.H.: Gesammelte Schriften. Hg. v. der Königlich-Preussischen Akademie der Wissenschaften. Bd. 7/1. Berlin 1907.

SachG: Lautnachahmung kann in allen Textgattungen auftreten kann und ist dort meist eine Funktion des Inhalts. Sie dient der gesteigerten ↗ *Mimesis₂* bei der Wiedergabe außersprachlicher Phänomene. Daher lassen sich lautmalende Passagen bereits vor der Prägung des Begriffs nachweisen. Im Zuge einer Gattungsgeschichte des ↗ *Lautgedichts* werden besonders ausgeprägte Beispiele solcher inhaltlich motivierten Musikalität diesem Genre zugeschlagen. Dem Streben nach sinnlicher Vergegenwärtigung entspricht die Tendenz zur Wortmagie in den Gedichten Tiecks, Brentanos und Eichendorffs, in denen der Klangzauber die Funktion hatte, eine Gegenwelt zur Realität zu eröffnen. Im Symbolismus erweisen sich der ausladende attributive Stil und die arabeske Umschreibung des Objekts als ein Weg, die Sprache zum Ornament zu machen, sie zu desemantisieren und damit eine der Onomatopöie analoge Wirkung hervorzubringen. Aber erst mit dem Lautgedicht der Dadaisten schlägt die mimetische Sprache gleichsam in ihr Gegenteil um, indem sie nur noch semantisch unbestimmte Assoziationen hervorruft, die zum Umkreis des im Titel gegebenen „Imaginationsraums" gehören (Kemper, 173).

Historisch wird die Musikalität der Sprache zunächst nur vereinzelt bewußt genützt, so im 16. Jh. von Johann Fischart; in ‚Ein Artliches lob der Lauten' (1572) zählt er die Eigenschaften und literarischen Konnotationen des Saiteninstruments begrifflich auf und sucht sie zugleich durch den Sprachklang, d. h. durch den Paarreim und die rhetorischen Wiederholungsfiguren, zu evozieren.

Im Barock finden sich viele Beispiele onomatopoetischer Dichtung, vor allem im Nürnberger Dichterkreis um G. Ph. Harsdörffer (vgl. Kayser 1962), der in seinem ‚Poetischen Trichter' (Erster Theil, 1650, 6. Stunde, § 14) erklärt: „Hierbey ist nicht zu vergessen / daß sich der Poet bemühet / die Stimmen der Thiere / oder den Ton eines Falls / Schlages / Schusses / Sprunges / Stosses oder anders / […] auf das vernemlichste auszudrucken."

Moderne Zeugnisse onomatopoetischer Dichtung sind – neben dem beliebten Einsatz in ↗ Kinderversen und in ↗ Comics – v.a. die Lautgedichte, besonders seit der Dada-Bewegung bis zur Gegenwart (z. B. Ball, Blümner, Schwitters).

ForschG: Humboldts Vermutung, daß die Onomatopöie als Phänomen universell sei, wurde von der Sprachpsychologie bestätigt (Hörmann). Innerhalb der ↗ Literaturwissenschaft richten besonders Interpreten aus dem Umkreis der ↗ Werkimmanenten Interpretation (Kayser 1962) ihr Augenmerk auf die Lautung und damit auf die Onomato-

pöie. Die moderne Sprachwissenschaft (Trabant 1998, 130–146) hat im Gefolge Humboldts sowie K. Bühlers (‚Sprachtheorie', 1934, III § 13) und vor allem angeregt durch E. Coseriu (vgl. Trabant 1988) den Formalismus der Linguistik nach Saussure als Relativismus kritisiert und unter dem Aufweis der Ikonizität der Sprache (Nöth, 330) auch ihren onomatopoetischen Elementen große Aufmerksamkeit geschenkt, nicht zuletzt unter den Gesichtspunkten des Spracherwerbs und des Sprachvergleichs. Graham benützt den Begriff in metaphorischer Weise, um die verschiedensten Momente poetischer Sprache zusammenzufassen.

Lit: Eugenio Coseriu: Thesen zum Thema ‚Sprache und Dichtung'. In: Beiträge zur Textlinguistik. Hg. v. Wolf-Dieter Stempel. München 1971, S. 183–188. – Joseph F. Graham: Onomatopoetics. Theory of language and literature. Cambridge 1992. – Michael Gross: Zur linguistischen Problematisierung des Onomatopoetischen. Hamburg 1988. – Ernst J. Havlik: Lexikon der Onomatopöien: Die lautimitierenden Wörter im Comic. Frankfurt 1981. – Hans Hörmann: Psychologie der Sprache. Berlin, Heidelberg 1970. – Wolfgang Kayser: Die Klangmalerei bei Harsdörffer. Göttingen 1932, ²1962. – Hans-Georg Kemper: Vom Expressionismus zum Dadaismus. Kronberg 1974. – Gustav Landauer: Skepsis und Mystik. Berlin 1903, Köln ²1923. – Fritz Mauthner: Die Sprache. Frankfurt 1906. – Winfried Nöth: Handbuch der Semiotik. Stuttgart, Weimar ²2000. – Jürgen Trabant: Onomato-Poetika. In: Ergon und Energeia. Bd. 3. Hg. v. Jens Lüdtke. Tübingen 1988, S. 253–264. – J. T.: Artikulationen. Historische Anthropologie der Sprache. Frankfurt 1998. – Friederike Wienhöfer: Untersuchungen zur semiotischen Ästhetik des Comic Strip. Unter der besonderen Berücksichtigung von Onomatopoese und Typographie. Diss. Dortmund 1979. – Wilhelm Wundt: Völkerpsychologie. Bd. 1: Die Sprache. Leipzig ³1911.

Georg Braungart / Gertrud M. Rösch

Oper

Gesungenes Drama als zentrale Form des neuzeitlichen Musiktheaters.

Expl: Die Oper ist, in allen ihren historischen Ausformungen, eine Untergattung des ↗ *Dramas*. Sie hat also (1) eine literarische Grundlage, das Textbuch (↗ *Libretto*), mit den charakteristischen Merkmalen szenischer Fiktion (↗ *Dramatisch*). Eine Oper wird daraus nur durch (2) ↗ *Vertonung* (festgehalten in auskomponierter Partitur oder zumindest in skizzenhaftem Particell). Im Gegensatz zum gesprochenen *Haupttext* des Schauspiels wie zum gleichfalls vertonten, aber pantomimisch getanzten ↗ *Nebentext* des Handlungsballetts wird das Bühnengeschehen in der Oper dabei bestimmungsgemäß (3) gesungen − ganz oder doch in wesentlichen Teilen, und dies nicht in beliebiger Weise:

Der Gesang ist (a) durchgehend oder vorwiegend orchesterbegleitet (typisch sind eigenständige Vor- und Zwischenspiele als *Ouvertüre, sinfonia, Intermezzo sinfonico* etc.); (b) kunstmäßig entwickelt, d. h. als körpererzeugter ‚Kunstgesang‘ spezifisch ausgebildeter Opernsänger(innen) − z. B. als ‚Koloratursopran‘, Kastrat bzw. ‚Countertenor‘, ‚Bassbuffo‘; (c) wenigstens teilweise solistisch (im Gegensatz zur auch rein choral möglichen ↗ *Kantate* ist der rollengebundene Sologesang für die Oper essentiell; fakultativ hingegen bleiben selbst die traditionsreichsten Formen von Chören oder auch Ensembles − vom Duett bis zum tableaubildenden ‚Concertato‘; vgl. Dechant, Schlaeder); (d) wenigstens teilweise ↗ *lyrisch* (in der traditionellen ↗ *Arie* steht die Bühnenhandlung still; erst das durchkomponierte Musikdrama nähert sie wieder dem vorantreibenden ↗ *Monolog* oder gar ↗ *Dialog₁* des Sprechtheaters an).

Andere Genres des Musiktheaters und weitere Nachbargattungen (vgl. Bernhart) lassen sich auf diese Weise grundsätzlich von der Oper unterscheiden: das wie die Kantate nicht szenisch fiktionalisierte ↗ *Oratorium*; das zu instrumentaler Begleitung gesprochene ↗ *Melodram*; das, bei unterschiedlich reichen musikalischen Anteilen, vorrangig zum Sprechtheater gehörige ↗ *Singspiel*; erst recht solche Schauspiel-Genres, die wie die Wiener ‚↗ *Posse* mit Gesang‘ musikalische Einlagen gattungstypisch vorsehen.

Die ↗ *Operette* ist aus der Hauptgattung Oper nur historisch ausgekoppelt: als ein spezielles Genre mit typischen, vielfach parodistisch daran angelehnten Zügen. Das ↗ *Musical* basiert dagegen auf der aktuellen Unterhaltungsmusik, mit immer stärkeren elektronisch-medialen Anteilen (nur parodistisch auf die Oper angewendet z. B. in Webbers ‚Phantom of the Opera‘). Spielen in diesen beiden Genres jeweils aktuelle Modetänze eine entscheidende Rolle, so haben in der Oper Elemente des ↗ *Tanzes* zwar große Tradition, aber niemals konstituierende Funktion: Auch in ihren fiktionalen Rollen bleiben beim ↗ *Ballett* die Tänzer(innen) stumm (↗ *Pantomime*).

WortG: Ital. *opera* (aus lat. *opus, operis* ‚Werk‘) fand zunächst für theatrale Werke unterschiedlicher Art Verwendung, wurde aber über *opera in musica* (Trübner 5, 30) oder *opera rappresentativa e scenica* (z. B. Andreini 1611; MGG² 7, 635) im 17. Jh. bald auf das musikalische Theater eingeschränkt (zuerst festgehalten von reisenden Engländern, z. B. 1656: „In Italy it signifies a Tragedy, Tragi-Comedy, Comedy or Pastoral, which (being the studied work of a Poet) is […] performed by Voyces […] and […] by Musick"; OED 10, 846). Neben der ital. Wortform *eine Opera* (Belegsammlung bei Schulz-Basler 2, 251) findet sich schon seit 1681 (Leibniz: „Opern oder Singschauspiele"; DWb 13, 1289) die eingedeutschte Version für die Gattung und ihre Institution wie für ein Einzelwerk, wofür zuweilen auch noch *Operastück* oder *Opernspiel* eintraten (mit frühen Ableitungen wie *Operist, Operistin*: Rädlein, 68). Durch das Beharrungsvermögen der Institution blieb auch der Wortgebrauch weitgehend konstant (DWb 13, 1289−93). Hingegen gehört das altüberlieferte chinesische Theater, seiner musikalischen Anteile wegen bei uns gern als *Peking-Oper* bezeichnet, ebensowenig in die hier umrissene Gattung wie die *Seifen-Opern* amerikanischer TV-Serien.

Johann Rädlein: Europäischer Sprachschatz oder Wb. der vornehmsten Sprachen in Europa. 1. Theil. Leipzig 1711.

BegrG: Die Idee der neuzeitlichen Oper verdankt sich dem Konzept einer geplanten Wiedergeburt: Im vermeintlichen Anschluß an die musikgetragen vorgestellte griechische Tragödie (Peri 1600: „che gli antichi […] cantavano su le scene le tragedie intere", zit. n. Gier, 42) beschloß im Florenz des späten 16. Jh. die humanistische ‚Camerata Fiorentina' eine Neubelebung des antiken Theaters durch gemeinsam entworfene Bühnenwerke. Nicht ererbte Künstlichkeit jedoch, sondern wiedergewonnene Natur war das Ziel (bereits in G. B. Donis ‚Trattato della musica scenica' von 1635, vermutlich der ersten ausgeführten Gattungstheorie der Oper; vgl. Becker sowie Schreiber 1, 23). Bereits früh wurde der Gattungsbegriff dabei mit dem Ideal eines Gesamtkunstwerks verknüpft, wie bei Dryden 1685: „An Opera is a poetical Tale or Fiction, represented by Vocal and Instrumental Musick, adorn'd with Scenes, Machines and Dancing" (OED 10, 846).

War dabei im Engl. und Dt. der Gattungsname *Oper(a)* schnell fest geworden (allenfalls dt. ↗ *Singspiel* blieb als zunächst unspezifische Alternative im Wortschatz), so dominierte im Frz. bis weit ins 18. Jh. hinein die Bezeichnung als *Tragédie lyrique* (etwa bei Quinault und Lully; vgl. Gier, 56–67; Schreiber, 80–139 – das Adjektiv frz. *lyrique* bzw. ital. *lirica* zeigt bis heute Zugehörigkeit zur Oper an). Neben einem breiten Spektrum von Gattungsbezeichnungen wie *favola (in musica), favola pastorale, tragedia musicale, azione teatrale, festa teatrale, opera scenica, dramma per musica* (MGG 10, 1–5; MGG² 7, 635) hat sich im Ital. *melodramma* dauerhaft als Synonym für *opera* gehalten (↗ *Melodrama*).

International setzte aber bereits frühzeitig die Kritik an der ‚Widernatürlichkeit' des gesungenen Dramas ein, zu deren führendem Sprachrohr sich Gottsched im Rahmen seiner Poetik der Naturnachahmung machte: „die Vernunft aber muss man zu Hause lassen, wenn man in die Oper geht" (Gottsched, 740–743) – mit nunmehr nationalistisch gefärbtem Unterton bei Platen nachklingend: „Das Beispiel der Oper hat uns gelehrt, Abgeschmacktheit und Unsinn auf der Bühne erträglich zu finden, und dies ist das Schlimmste, was eine Nation lernen kann." (Platen 11, 7)

Auch aus dieser Situation heraus ist Wagners revolutionärer Versuch einer konzeptuellen Neubegründung der Gattung zu begreifen (als Antwort auf den alten Streit um Vorrang von Text oder Musik nach Salieris Oper ‚Prima la musica e poi le parole'; vgl. Schreiber 1, 40 f.). In Abhandlungen wie ‚Das Kunstwerk der Zukunft' (1849) oder ‚Oper und Drama' (1851), dann zeitweilig unterstützt von Schriften des jungen Nietzsche, fordert er das musikalische Drama als „das künstlerische Gesamtwerk", als „Wiedervereinigung der drei menschlichen Kunstarten" (sc. ‚Tanzkunst, Tonkunst, Dichtkunst', dazu dann ‚Baukunst', ‚Bildhauerkunst', ‚Malerkunst'; Wagner 6, 5 u. 91, 137 f.; dazu ↗ *Gesamtkunstwerk*, ↗ *Bühnenbild*).

Mit der ‚Nummernoper' aus geschlossenen Arien und Ensembles verwirft Wagner auch deren Begriff („Ich schreibe keine *Opern* mehr: da ich keine willkürlichen Namen für meine Arbeiten erfinden will, so nenne ich sie *Dramen*"; Wagner 6, 324). An die Stelle der *Oper* tritt das MUSIKDRAMA (vgl. aber ‚Über die Benennung Musikdrama', Wagner 9, 271–277) als durchkomponierte „musikalische Prosa" (dazu Danuser) mit strengster dramatischer Funktionalisierung aller Teile, aufgehobener sängerischer Freiheit des Ziergesangs, mit dem Orchester als selbständig kommentierender Instanz des ↗ *Bedeutungsaufbaus* und vollständiger Integration des musikalischen Materials durch die Kompositionstechnik des ↗ *Leitmotivs*.

Wenn Wagner deshalb nach seiner dritten *Romantischen Oper* ‚Lohengrin' die Bezeichnung als *Oper* aufgibt („Handlung in drei Akten", „Bühnenfestspiel" „Bühnenweihfestspiel"), so sind dem nicht allein in Deutschland viele gefolgt (selbst Puccini). Im Laufe des 20. Jhs. erhält dann – angesichts der schrittweisen Auflösung spezifischer Operngenres, und wohl auch zur verbalen Distanzierung von allem ‚verstaubt Opernhaften' (vgl. z. B. Panofsky, Behr) – die neutrale Bezeichnung *Musiktheater* zunehmend den Vorzug (vgl. Titel bei Kolleritsch, Dahlhaus / Döhring u. a.).

August v. Platen: Sämtliche Werke in 12 Bdn. Hg. v. Max Koch und Erich Petzet. Leipzig [1910]. – Richard Wagner: Dichtungen und Schriften.

10 Bde. Hg. von Dieter Borchmeyer. Frankfurt 1983.

SachG: Nicht schon die weitgehend verlorene ‚erste Oper' der Camerata Fiorentina (‚Dafne', 1595−98 auf einen Text Rinuccinis von Peri und z. T. von Corsi vertont) sicherte der neuen Form den dauerhaften Durchbruch; auch nicht die ‚ersten erhaltenen Opern' aus diesem Gründerkreis (Rinuccinis ‚Euridice', 1600 komponiert von Peri und nochmals von Caccini); ebensowenig die geistliche, ab 1600 gleichermaßen den ‚monodischen' Sologesang ausbauende Römische Schule (Cavalieri, Aggazzari, Landi) − der entscheidende Schritt zum bis heute vielgespielten ‚Klassiker' der Gattungsgeschichte glückte erst Monteverdi. Denn erst ihm (und seinen venezianischen Nachfolgern wie Cavalli und Vivaldi) gelang es, in abwechslungsreichem Formenspektrum den Florentiner ‚stile recitativo' mit dramatischer Expression aufzuladen. Neben den gewohnt antikisierenden Sujets zwischen ‚Orfeo' (1607) und ‚Il ritorno d'Ulisse in patria' (1640) fügte er in seine quasi-historische ‚L'incoronazione di Poppea' (1642) auch politisch-satirische Züge und Elemente der späteren *Opera buffa* ein, deren populärste Meister dann im 18. Jh. Pergolesi und Cimarosa wurden und deren Handlungsführung manches bühnenkomische Element der ↗ *Commedia dell'arte* übernahm.

Durchgehend ernsthaften Charakter bewahrte hingegen die *Tragédie lyrique*, die zwischen Lully und Rameau ein Jahrhundert lang das Opernschaffen Frankreichs bestimmte, bis ihr Gluck ab 1760 seine theoretisch untermauerte Opernreform zugunsten größerer Glaubwürdigkeit entgegensetzte (weiterhin an antiken Stoffen, die dann durch Cherubinis Revolutions- und Rettungsoper, endgültig erst bei Verdi wie Wagner abgelöst wurden).

Das englische Opernleben, im 17. Jh. noch stark durch die allegorisch-revueartigen *Masques* eines Purcell u. a. geprägt (vgl. MGG 8, Sp. 1760−70), stand von 1711 bis zu seinem Tode 1759 im Zeichen der Bühnenwerke Händels. Ihre aufwendigen, in der Regel ital. Produktionen wurden jedoch

bereits seit 1728 konterkariert durch die parodistische, musikalisch an Volksballaden angelehnte *Ballad opera* (z. B. die bis zu Brecht epochemachende ‚Beggar's Opera' von Gay und Pepusch, deren intertextuelle Verve noch in viktorianischer Zeit bei Gilbert & Sullivan nachwirkt).

Im dt. Sprachraum, wo sich schon 1627 mit der ‚Dafne' von H. Schütz (auf einen Text von Opitz nach Rinuccini) eine volkssprachliche Oper an die ital. Entwicklungen angeschlossen hatte, kam es außer an den kulturell führenden Höfen zeitweilig auch schon zu stadtbürgerlichen Operngründungen (besonders langlebig in Hamburg). Als nationale Sonderform entwickelte sich dabei das dt. *Singspiel* (Hiller, Reichardt, Dittersdorf, Haydn). Die alles überragende Rolle Mozarts beruht darauf, daß er gleich drei verschiedene, bereits hoch entwickelte Genres zur Meisterschaft geführt hat: Zum ersten die *Opera seria* (‚Idomeneo', ‚La clemenza di Tito'), deren Entwicklung zu Formenstrenge und stilistischer Erhabenheit im ital. 17. Jh. einsetzte, während die seltenere Zwischenform der *Semiseria* den Handlungsmustern des ↗ *Rührenden Lustspiels* folgt. Zum zweiten das schematische Buffa-Komik übersteigende *Dramma giocoso* (Mozarts da Ponte-Opern ‚Le nozze di Figaro', ‚Don Giovanni' und ‚Così fan tutte'). Und zum dritten das dialogdurchsetzte dt. *Singspiel*, das zu einer moralisch-aufklärerischen ‚Prüfungsoper' weiterentwickelt wird (‚Entführung aus dem Serail', ‚Zauberflöte').

Hier schließen im 19. Jh. nicht nur Formen der Komischen Oper wie die heitere *Spieloper* Lortzings, Nicolais oder Cornelius' (sowie die Wiener Operette) an, sondern auch die weiterhin dialoggetragenen, nun aber gesanglich wie orchestral höchste Ansprüche stellenden dt. Opern Beethovens und Webers (ähnlich Schuberts und Spohrs). Besonders ab 1820 werden die Werke dabei gern mit sensationsversprechenden Ingredienzen des zeitgenössischen ↗ *Schauerromans* versetzt (Weber, Marschner, der Dichterkomponist E. T. A. Hoffmann). Bei dieser Geister-Romantik setzen noch Wagners ‚Fliegender Holländer', ‚Tannhäuser', ‚Lohengrin' an, leiten in anderen Zügen aber schon zu den komponierten Ideendramen seiner späteren Werke bis zum vierteiligen ‚Ring des Nibelungen' (1876) und zum ‚Parsifal' (1882) hin. Sein *Musikdrama* wirkte als Gattungsmuster nicht nur auf deutsche Epigonen wie Cornelius, Humperdinck, d'Albert, Pfitzner oder den jungen R. Strauss mit ihrer Vorliebe für *Sagen-* und *Märchenopern* ein, sondern auch auf eine bemerkenswert große Zahl wagnerisierender Opernkomponisten in Frankreich (z. B. Reyer, Chausson, Magnard; Bibelopern von Saint-Saëns u. Massenet − vgl. Fischer 1991).

Frankreichs Opernleben wird im 19. Jh. jedoch dominiert vom Nebeneinander dreier Genres: der optische und akustische Reizhäufung maximierenden *Grand Opéra* (Meyerbeer, Spontini, Halévy, Auber, neben dem Sonderfall ‚Les Troyens' von Berlioz); dem leichter orchestrierten, oft an dramatischen Werken der jüngeren Weltliteratur orientierten *Drame lyrique* (Gounod, Thomas, Délibes); und der *Opéra comique*, zu deren Genretradition trotz tragischen Ausgangs noch Bizets ‚Carmen' wie Offenbachs ‚Contes d'Hoffmann' gehörten und aus der dann die *Opéra bouffe*, allen voran die weltweit nachgeahmte satirische *Offenbachiade* erwuchs.

Die zeitgleichen italienischen Entwicklungen führten von den Buffa- und Semiseria-Erfolgen Rossinis über die romantisch-psychologischen Seelenkoloraturen Bellinis und Donizettis ab der Jahrhundertmitte zur ‚Gattungsreform von innen' durch Verdis *Parola scenica* bei respektierten Gesangs- und Formtraditionen. Erst Verdis letzter, selbst komponierender Librettist Boito, Ponchielli, Cilea und dann die naturalistische Expressivität der *Verismo-Oper* um Puccini, Mascagni und Leoncavallo vollzogen die formale Abkehr von der Nummernoper, aber hielten noch immer fest am Primat der Schönheit und Ausdruck vereinigenden menschlichen Stimme.

Wie Verdis frühe Opern im besetzten Italien, so war die Ausbildung einer eigenen *National-Oper* in vielen Ländern ein Vorgang von staatspolitischem Gewicht: im geteilten Polen (Moniuszko, Szymanowski), im von Wien regierten Prag (Smetana, Fi-

bich, Weinberger und Dvořák, daneben Janáček), auch im zaristischen Russland (mit ‚Westlern' wie Tschaikowsky und ‚Slavophilen' wie Mussorgsky).

Im 20. Jh. entwickelte sich, teilweise als Reaktion auf folklorenahe Spätromantik, kruden Verismo und symbolistische Nervenmusik des ↗ *Fin de siècle* (Zemlinsky, v. Schillings, Korngold, Schreker), die Gegenbewegung einer dezidiert antirealistischen Opern-Avantgarde (trotz neoklassizistischer Tendenzen etwa bei Hindemith, Schoeck, Stravinsky, Britten, Henze). Als bestimmendes Genre des ganzen Jhs. erwies sich auch dabei die *Literaturoper* (↗ *Libretto*), von Debussy und Strauss über Berg bis zu v. Einem und Reimann (dazu Dahlhaus 1989, Wiesmann, Würffel). Mit der wörtlichen, allenfalls kürzenden Übernahme literarischer Vorlagen begibt man sich freilich dramaturgischer Besonderheiten der eigenen Gattung (6 Differenzqualitäten bei Fricke, 96 f.; reduziert auf 5 bei Gier, 14). Aber das Experimentieren mit Gattungsgrenzen und multimedialen Randbereichen gehört ohnehin zur modernen wie zur postmodernen Oper (z. B. Schönberg, B. A. Zimmermann; Kagel, Ligeti, Nono, Berio, Stockhausen und Rihm − aber auch der komponierte Stillstand der *minimal music*-Opern von Glass, Adams oder Nyman).

ForschG: Als komplexe Kunstform ist die Oper Forschungsthema vorrangig (und leider zu selten integriert) der Musik- wie Theaterwissenschaft, der philosophischen Ästhetik (u. a. Schopenhauer, Nietzsche, Bloch, Adorno) und der Literaturwissenschaft (bibliographische Überblicke geben z. B. Bestermann, Stieger, MGG 10, 75−89; MGG² 7, 636−641).

Am reichsten ist naturgemäß die musikwissenschaftliche Forschungstradition entwickelt, von den klassischen Gesamtdarstellungen von Riemann, Bie, Kretzschmar und Bekker bis zu den monumentalen Enzyklopädien von Dahlhaus/Döhring oder Bashford/Sadie. Zur theaterwissenschaftlichen Dimension gehören neben theatersemiotischen Aspekten (Groos/Parker; Sebeok, s. v. *opera*) vor allem Sozial- und Institutionen-Geschichte (Basso, Gerhard, Bermbach, Bermbach/Konold), weiterhin die Aufführungsgeschichte (incl. ihrer medialen Aspekte: z. B. Blum, Bertz/Dostal, Ishagpour) únd darin speziell die Gesangsgeschichte (Steane, Scott, Celletti, Kesting, Fischer 1993). Die Entwicklung der spezifisch literaturwissenschaftlichen Forschung zur Oper ist dargestellt im Artikel ↗ *Libretto* (zur Übersicht vgl. auch RL² 2, 767−781; MGG 8, 708−732; sowie Dürr, Honolka, Nieder, Gier).

Lit: Christina Bashford, Stanley Sadie (Hg.): The new Grove dictionary of opera. 4 Bde. London, New York 1992. − Theodore Besterman: Music and drama. A bibliography of bibliographies. Totowa 1971. − Carl Dahlhaus, Sieghart Döhring (Hg.): Pipers Enzyklopädie des Musiktheaters. 8 Bde. München, Zürich 1986−97. − Hans-Heinrich Eggebrecht (Hg.): Handwb. der musikalischen Terminologie [Loseblattsammlung]. Stuttgart 1972 ff. − Clemens Maria Gruber (Hg.): Opern-Uraufführungen. 3 Bde. Wien 1978−94. − Franz Stieger: Opernlexikon. 4 Tle. in 11 Bdn. Tutzing 1975−83.
    Anna Amalie Abert: Geschichte der Oper. Kassel, Stuttgart 1994. − Alberto Basso (Hg.): Musica in scena. 6 Bde. Turin 1995−97. − Heinz Becker (Hg.): Quellentexte zur Konzeption der europäischen Oper im 17. Jh. Kassel 1981. − Michael Behr: Musiktheater: Faszination, Wirkung, Funktion. Wilhelmshaven 1983. − Paul Bekker: Wandlungen der Oper [1934]. Repr. Zürich 1983. − Udo Bermbach: Wo Macht ganz auf Verbrechen ruht. Politik und Gesellschaft in der Oper. Hamburg 1997. − U. B., Wulf Konold (Hg.): Oper als Spiegel gesellschaftlicher Veränderungen. 3 Bde. Hamburg 1992 f. − Walter Bernhart (Hg.): Die Semantik der musiko-literarischen Gattungen. Fs. Ulrich Weisstein. Tübingen 1994. − Helga Bertz-Dostal (Hg.): Oper am Fernsehen. 2 Bde. Wien 1970−71. − Oskar Bie: Die Oper [1913]. Repr. München 1980. − Klaus Blum: Die Funkoper. Diss. Köln 1951. − Rodolfo Celletti: Geschichte des Belcanto [1983]. Kassel 1989. − Carl Dahlhaus: Richard Wagners Musikdramen. München ³1988. − C. D.: Vom Musikdrama zur Literaturoper. München ²1985. − Hermann Danuser: Musikalische Prosa. Regensburg 1975. − Hermann Dechant: Arie und Ensemble. Bd. 1 (1600−1800). Darmstadt 1993. − Walther Dürr u. a. (Hg.): Der Text im musikalischen Werk. Berlin 1998. − Jens Malte Fischer (Hg.): Oper und Operntext. Heidelberg 1985. − J. M. F.: Singende Recken und blitzende Schwerter. In: J. M. F.: Oper − das mögliche Kunstwerk. Anif 1991, S. 113−138. − J. M. F.: Große Stimmen. Stuttgart 1993. − Harald Fricke: Schiller und Verdi. Das Libretto als Textgattung zwischen Schauspiel und Literaturoper. In: Fischer 1985, S. 95−115. − Anselm Gerhard: Die Verstädterung der Oper. Stuttgart 1992. − Albert Gier: Das Libretto. Darmstadt 1998. − Arthur Groos, Roger Parker (Hg.): Reading opera. Princeton 1988. − Kurt Honolka: Kulturgeschichte des Librettos. Wilhelmshaven 1979. − Youssef Ishaghpour: Opéra et théâtre dans le cinéma d'aujourd'hui. Paris 1995. − Jürgen Kesting: Die großen Sänger. 3 Bde. Düsseldorf 1986. − Otto Kolleritsch (Hg.): Oper heute. Formen der Wirklichkeit im zeitgenössischen Musiktheater. Wien, Graz 1985. − Jörg Krämer: Deutschsprachiges Musiktheater im späten 18. Jh. 2 Bde. Tübingen 1998. − Hermann Kretzschmar: Geschichte der Oper [1919]. Repr. Wien 1970. − Christoph Nieder: Von der ‚Zauberflöte' zum ‚Lohengrin'. Das deutsche Opernlibretto in der ersten Hälfte des 19. Jhs. Stuttgart 1989. − Walter Panofsky: Protest in der Oper. Das provokative Musiktheater der zwanziger Jahre. München 1966. − Hugo Riemann: Opern-Hb. 2 Bde. [1887, 1893]. Repr. Hildesheim 1979. − Jürgen Schlaeder: Das Opernduett. Tübingen 1995. − Ulrich Schreiber: Opernführer für Fortgeschrittene. 2 Bde. Kassel, Bern 1988−1991. − Michael Scott: The record of singing. 2 Bde. London 1977−79. − Thomas A. Sebeok (Hg.): Encyclopedic dictionary of semiotics. 2 Bde. Berlin, New York 1986. − John B. Steane: The grand tradition. 70 years of singing on record. London ²1978. − Sigrid Wiesmann (Hg.): Für und Wider die Literaturoper. Laaber 1982. − Stefan Bodo Würffel: Soziale Aspekte der neueren deutschen Literaturoper. In: Bürgersinn und Kritik. Fs. Udo Bermbach. Hg. v. Michael Th. Greven u. a. Baden-Baden 1998, S. 443−463.

Harald Fricke / Stefan Bodo Würffel

Operette

Gattung des populären europäischen Musiktheaters im 19. und 20. Jh.

Expl: Moderne, aber derzeit nicht mehr produktive Gattung des Musiktheaters, welche Elemente des Theaters, der populären Musik und oft auch des Tanzes in vielfältiger Weise verbindet. Operette kann (in Anlehnung an die WortG) als ‚leichte' Variante der ↗ *Oper* definiert werden, entstanden und entwickelt zur Unterhaltung des europäischen Großstadt-Publikums; sie beeinflußte auch die handlungsdominierten und gefühlsbetonteren Ausprägungen des (bes. angelsächsischen) ↗ *Musicals*, das sich insgesamt durch musikalisch und tänzerisch modernere Orientierung von ihr absetzt.

WortG: Das Wort *Operette*, ein Diminutiv zu frz. *opéra* bzw. ital. *opera*, wie schon ital. *operetta* (als Gattungsbezeichnung zuerst 1664; MGG² 7, 708), ist im Deutschen seit Ende des 17. Jhs. als Bezeichnung für heitere musikalische Bühnenstücke kleineren Umfangs geläufig (Frühbelege ab 1698 in DWb 13, 1291 und Schulz-Basler 2, 252; 1711 lexikographisch erfaßt als „eine kleine Opera, ein Operetgen" bei Rädlein, 688), darunter auch für die deutschen ↗ *Singspiele*. Seit der zweiten Hälfte des 19. Jhs. wird unter *Operette* speziell die Sonderform des populären Musiktheaters der europäischen Metropolen verstanden. Nur wenig verwendet im Französischen (*opérette*), aber häufiger im Englischen (*operetta*), bezeichnet *Operette* nunmehr einen international festen Gattungsbegriff; sehr oft wird er noch geographisch spezifiziert (,Pariser', ,Wiener', ,Berliner', ,englische' / ,spanische' Operette).

Johann Rädlein: Europäischer Sprachschatz oder Wb. der vornehmsten Sprachen in Europa. 1. Theil. Leipzig 1711.

BegrG: Da die Anfänge der modernen Operette in Paris und Wien liegen, stammen von dort auch die verschiedenen Bezeichnungen für das neue Genre. Die Franzosen und auch Jacques Offenbach, der zwar nicht der alleinige ,Erfinder', mit seinen seit 1855 im eigenen Theater gespielten Stücken aber der Gründungsvater der modernen Gattung Operette ist, verwendeten vor allem die Bezeichnungen *opéra comique, opéra bouffe* (*opéra bouffon; bouffonerie musicale*), *farce* (↗ *Schwank₁*); in Wien und später in ganz Europa hieß die neue Gattung auch *Offenbachiade*, ferner *Komische Oper* (J. Strauß, Suppé), *comic / romantic opera* (Sullivan; Messagers engl. ,Monsieur Beaucaire', 1919), bis sich dann allgemein die verschiedenen nationalsprachlichen. Formen von *Operette (operetta, opereta, opérette)* durchsetzten.

Die spanische Sonderform der Operette, für die auch manchmal das Wort *opereta* verwendet wird, heißt *zarzuela*. Die Bezeichnung ist übernommen vom Namen eines königlichen Jagdschlößchen nahe Madrid (abgeleitet von: *zarzal* = Brombeerbüsch), wo sich Philipp IV. (1605–1655) kleinere Musik-Theaterstücke vorführen ließ; die neue, von populären Tanzrhythmen wie Bolero und Seguidilla dominierte Zarzuela = ,spanische Operette' hat mit jener alten Form des 17. und frühen 18. Jhs. aber nur den Namen gemein (vgl. Mindlin; Klotz, 207–226).

SachG: Zentren der europäischen Operette waren insbesondere die Großstädte Paris, Wien, Budapest, London, Madrid und Berlin. Als Geburtsstunde der modernen Gattung Operette gilt die Gründung des kleinen Theaters ,Les Bouffes Parisiens' (1855, im Jahr der Weltausstellung) in Paris durch Offenbach, obwohl es dort auch andere solche Theaterchen gab (besonders: ,Les Folies concertantes' von Hervé). Offenbachs Stücke, die bald Paris dominierten, waren teils lyrisch-gefühlvoll, teils satirisch-zeitkritisch und parodistisch. Sie stehen mit ihren gesprochenen Dialogen in der internationalen Tradition der Theaterstücke mit Musik (↗ *Melodrama*, ↗ *Posse*) und der ,opéra comique'; kongeniale Mitarbeiter waren die Librettisten Henri Meilhac und Ludovic Halévy. Das Vorbild wurde schnell nach Wien übernommen, dort nachgeahmt, mit der einheimischen Tradition verbunden und durch Franz v. Suppé, Johann Strauß und Karl Millöcker zur Blüte der sogenannten ,Goldenen' Epoche der Wiener Operette geführt. Eine zweite Blütezeit erlebte die Wiener Operette zu Beginn des 20. Jhs. in ihrer sogenannten ,Silbernen' Epoche (Leo Fall, Oscar Straus, Lehár, Kálmán u. a.).

Eine speziell englische, gleichfalls stark gesellschaftssatirische Sonderform entwikkelte in London das Autoren-Duo Gilbert (Text) & Sullivan (Musik). In Spanien und später dann Hispano-Amerika bis heute beliebt ist die Zarzuela. Im Gegensatz zu Offenbach und den Meistern der Wiener Operette (insbesondere Strauß, Lehár), die jeweils international breit erfolgreich waren, ließen sich die englische Operette und die spanische Zarzuela aus ihren jeweiligen Sprach- und Kulturräumen kaum exportieren. Eine spezifische Operetten-Form, u. a. mit starken Tendenzen zur ↗ *Revue*, entstand in der 1. Hälfte des 20. Jhs. in Berlin (Lincke, Abraham, Künneke, Benatzky, W. Kollo). Regionale und auf ihren jeweiligen Kulturraum beschränkte Ausprägungen gab es auch in Ungarn (Budapest), in anderen Ländern Osteuropas und in Italien. Großen Einfluß zeigte die europäische Operette, besonders Offenbach, Strauß und Lehár, in den USA, und zwar nicht nur für die ‚American operetta‘ (Friml, Romberg u. a.), sondern vor allem für die stärker traditionsorientierte Ausprägung des Musicals (Beispiel für viele: ‚My Fair Lady‘ von Lerner / Loewe).

Keineswegs sollte vergessen werden, daß es neben den bis heute weltweit gespielten ‚Großmeistern‘ viele weitere Autoren gab und daß die Anzahl der Operetten insgesamt in die Tausende geht. Mitte des 20. Jhs. erlahmte weltweit die produktive Kraft der Gattung (vorläufig?), u. a. wohl verursacht von den gesellschaftlichen Umwälzungen in Europa durch den 2. Weltkrieg sowie dem immer größeren Einfluß der U-Musik aus den USA.

Entscheidend für den Erfolg einer Operette waren die Popularität und Eingängigkeit der jeweiligen Musik, und zwar sowohl hinsichtlich der Melodik der ↗ *Couplets* und Lieder (das Wort ↗ *Schlager* ist in Wien bereits 1869 belegt) als auch der gattungstypischen Tänze, die mit den Tanz-Moden des jeweiligen Großstadt-Bürgertums korrespondieren (Can-Can, Walzer, Polka, Csárdas; später dann die Modetänze des frühen 20. Jhs.). Auch wenn die Libretti, mit einem oft starken Hang zur Genre-Schematik, von sehr unterschiedlicher Qualität sind, so sollten sie doch nicht pauschal unterschätzt werden (dazu bes. Klotz). Nach wie vor ungebrochen ist die Beliebtheit eines auch durch Filme, Fernsehen und Einspielungen verfestigten Kern-Bestands von Operetten beim Theater-Publikum, trotz immer stärkerer Konkurrenz durch das Musical.

ForschG: Die ‚leichte Muse‘ der Operette litt und leidet darunter, daß sich zwar immer wieder große Regisseure (Max Reinhardt, Walter Felsenstein, Günther Rennert u. a.) für sie einsetzten, daß viele Theater sie aber lange Zeit oft lieblos als bloße, da ‚sichere‘ Kassenfüller verwendeten. Auch für die zünftige Musik- und Literaturwissenschaft spielte sie, wie besonders im deutschsprachigen Raum alle ‚populären‘ Kunst-Gattungen, lange eine Außenseiterrolle mit dem Geruch des Unseriösen; eine Ausnahme war das Werk Offenbachs (dt. z. B. Karl Kraus, Kracauer, Knepler u. a.; vgl. Metzger). In letzter Zeit findet die Operette aber zunehmend Interesse als populäre und weitverbreitete Ausprägung großstädtisch-bürgerlicher Wunschträume. Hervorgehoben wird (insbesondere durch Volker Klotz) die satirisch-zeitkritische Tradition dieser „unerhörten Kunst". Wie jede populäre Kunstform ist die Operette ein wichtiges zeit- und mentalitätengeschichtliches Dokument, dessen Erkenntnismöglichkeiten noch keineswegs ausgeschöpft sind.

Lit: Roger Alier u. a.: El libro de la Zarzuela. Madrid u. a. 1982. – R. A.: Diccionario de la Zarzuela. Madrid u. a. 1986. – András Batta: Träume sind Schäume. Die Operette in der Donaumonarchie. Budapest 1992. – Gerald Bordman: American Operetta. New York 1981. – Otto Brusatti, Wilhelm Deutschmann (Hg.). Die Wiener Operette. Wien 1984. – Florian Bruyas: Histoire de l'opérette en France 1855–1965. Lyon 1974. – Moritz Csáky: Ideologie der Operette und Wiener Moderne. Wien ²1998. – Alexander Dick: Musik zu schönen Kleidern? Zur Entwicklung der Operettenregie. In: Neue Zeitschrift für Musik 9 (1992), S. 13–33. – David Eden: Gilbert and Sullivan: The creative conflict. London 1986. – Kurt Gänzl: The encyclopedia of the musical theatre. 2 Bde. Oxford 1994. – Albert Gier: Kurze Bemerkungen zum Text in der Operette. In: A. G.: Das Libretto. Darmstadt 1998, S. 238–244. – Bernard Grun: Kulturgeschichte der Operette. München 1961, Berlin/DDR ²1967. – Harald Haslmayr, Jörg Jewanski: Operette. In: MGG² 7, 706–740. – Otto Keller: Die Operette in ihrer geschichtlichen Entwicklung. Leipzig u. a. 1926. – Volker Klotz: Operette. Porträt und Handbuch einer unerhörten Kunst. München, Zürich 1991. – Michael Klügl: Erfolgsnummern. Modelle einer Dramaturgie der Operette. Laaber 1992. – Georg Knepler: Karl

Kraus liest Offenbach. Wien 1984. — Franz-Peter Kothes: Die theatralische Revue in Berlin und Wien 1900—1938. Darmstadt 1977. — Siegfried Kracauer: Jacques Offenbach und das Paris seiner Zeit. Frankfurt 1976 [Schriften Bd. 8]. — Martin Lichtfuß: Operette im Ausverkauf. Studien zum Libretto des musikalischen Unterhaltungstheaters im Österreich der Zwischenkriegszeit. Wien, Köln 1990. — Mark Lubbock, David Ewen: The complete book of light opera. London 1962 u.ö. — Karl Heinz Metzger (Hg.): Jacques Offenbach. München 1980. — Robert Mindlin: Die Zarzuela. Zürich 1965. — Pipers Enzyklopädie des Musiktheaters. München, Zürich 1986 ff. [Operetten betreut von Volker Klotz]. — David Rissin: Offenbach ou Le rire en musique. Paris 1980. — Otto Schneidereit: Operette A—Z. Berlin/DDR ⁹1975. — O. S.: Paul Lincke und die Entstehung der Berliner Operette. Berlin/DDR 1974. — Lewis Strang: Celebrated comedians of light opera and musical comedy in America. Boston 1901 u.ö. — Richard Traubner: Operetta: A theatrical history. Garden City, N. Y 1983. — Karl Westermeyer: Die Operette im Wandel des Zeitgeistes von Offenbach bis zur Gegenwart. München 1931. — Audrey Williamson: Gilbert and Sullivan Opera. London 1953. — Anton Würz: Operette. In: MGG 10, 89—111.

Ulrich Müller

Opposition ↗ *Äquivalenz*

Oral poetry

Sammelbezeichnung für Dichtungen, die ohne Anwendung der Schrift entstanden und überliefert worden sind.

Expl: Der Terminus *Oral poetry* bezeichnet vor allem mündlich konzipierte narrative Dichtungen in Versen (auch ‚oral epic‘ oder ‚folk epic‘, da man diese Literatur als typische Volksdichtung betrachtete: Murko). Weniger genau abgegrenzt sind die Begriffe ‚oral literature‘ und ‚oral tradition‘. Ersterer kann auch lyrische Dichtungen (z. B. Volkslieder) oder Texte in ungebundener Rede (z. B. Märchen) bezeichnen, letzterer auch pragmatische Texte, d. h. religiöse oder magische Texte, Gesetze, Merkdichtung, Sprichwörter und dergleichen (Van-

sina, 141—182). Die mündliche Entstehung unterscheidet Oral poetry von der ‚transmission mémorielle‘ (Rychner 1960, 141), der Überlieferung eines ursprünglich mit Hilfe der Schrift konzipierten Textes nach dem Gedächtnis, und von der im Mittelalter üblichen mündlichen Realisierung eines schriftlich fixierten Textes, dem Vortrag (Green). Man muß zwei Typen mündlicher Dichtung unterscheiden: Texte, die bis ins einzelne unverändert überliefert werden müssen (sakrale oder juristische Texte, wie etwa die altisländischen Gesetze, die jedes Jahr vom Lögsögumaðr auf dem Althing rezitiert wurden), und Texte, für die diese Restriktion nicht galt, die je nach der Situation verlängert oder verkürzt werden konnten. Ihre Überlieferung beruht weniger auf Reproduktion als vielmehr auf Neuschöpfung.

Nur dieser Kategorie gilt das Interesse der Oral-poetry-Forschung. Die Kernfrage ist: Wie kann ein gesprochener Text so gespeichert werden, daß er zu jeder Zeit wieder aktualisiert werden kann? Auswendiglernen ist wegen der beschränkten Kapazität des Gedächtnisses nur bei kürzeren Texten möglich. Für die Speicherung längerer Texte werden besondere Kodifikationstechniken und -formen entwickelt; daraus resultiert eine besondere Morphologie mündlicher Texte (Ehlich). Mündliche Dichtung existiert strenggenommen nur im Augenblick des Vortrags. Solange die technischen Hilfsmittel fehlten, konnte man das gesprochene Wort nur festlegen, indem man es nach Diktat oder aus dem Gedächtnis schriftlich aufzeichnete.

Mündliche Dichtung weist eine Anzahl von Merkmalen auf, die teils einzelsprachlich, teils universal sind, da sie mnemotechnische Funktion haben. Sie erleichtern dem Dichter oder Sänger das Memorieren und Improvisieren, dem Hörer die Rezeption. Merkmale mündlicher Erzähldichtung sind: (1) Die Struktur der Geschichte (die das Publikum oft schon mehr oder weniger kennt) ist einfach; es wird linear erzählt; (2) die Erzählung wird möglichst aus traditionellen Elementen, den Erzählschablonen (↗ *Erzählschema*), aufgebaut (Botenempfang, Beratung, Personenbeschreibungen usw.);

(3) die Syntax ist einfach (vorzugsweise Parataxe und Zusammenfall von Vers- und Satzende, d. h. Zeilenstil), der Wortschatz stereotyp und traditionell; (4) es werden frequent identische oder fast identische Wendungen ($\nearrow$ *Formeln*$_2$) eingesetzt; (5) Vorausdeutungen und Rückwendungen (Rückblenden) beugen der Gefahr vor, daß der Hörer den roten Faden aus den Augen verliert. Auch Parallelismus wird als ein Merkmal mündlicher Dichtung betrachtet (Jakobson). Diese genuinen Kennzeichen mündlicher Dichtung können jedoch auch schriftliterarisch nachgeahmt werden. Ein unbeabsichtigtes Merkmal mündlicher Dichtung sind Widersprüche und Unstimmigkeiten zwischen verschiedenen Teilen des Textes.

Unter *oral history* versteht man primär nicht die mündliche Überlieferung historischer Ereignisse, sondern die 1949 an der Columbia University (USA) entstandene Forschungsrichtung, die mündliche Quellen (z. B. gesprochene Autobiographien) sammelt und untersucht.

Jean Rychner: Contribution à l'étude des fabliaux. 2 Bde. Neuchâtel 1960. – Jan Vansina: De la tradition orale. Tervuren 1961.

WortG: Engl. *oral poetry* ‚mündliche Dichtung' kommt 1774 zum ersten Mal in Wartons ‚History of English poetry' (1, Diss. 1, 45) vor, während sich der erste Beleg der Verbindung *oral tradition* bereits 1628 nachweisen läßt (Hall 16, Par. 3, 167). In der dt. Forschungsliteratur wurde der engl. Terminus vermieden bzw. durch *mündliche Dichtung* ersetzt (so noch durchweg in der dt. Übersetzung von A. B. Lord). Erst nach 1970 kommt auch der engl. Terminus vor. Der ‚Duden' führt den ersten Beleg für *orale Tradition* (als Gegensatz zu *schriftliche Tradition*) für das Jahr 1977 auf (Duden 5, S. 1926).

Duden. Das große Wb. der deutschen Sprache in 6 Bdn. Bd. 5. Mannheim u. a. 1980. – Joseph Hall: The olde religion. London 1628. – Albert B. Lord: The singer of tales. Cambridge/Mass. 1960 [dt.: Der Sänger erzählt. München 1965]. – Thomas Warton: The history of English poetry […]. London 1774.

BegrG: ‚Oral poetry' ordnet sich in Versuche ein, das Begriffsfeld zwischen Mündlichkeit ($\nearrow$ *Oralität*) und Schriftlichkeit zu vermessen. Die aus dem Mittelalter überlieferten Texte sind entweder (1) erst sekundär schriftlich fixiert oder (2) bei der Fixierung schriftliterarisch bearbeitet oder (3) von Anfang an schriftlich konzipiert worden. ‚Oral poetry' als ausschließlich in einer schriftlosen Gesellschaft entstandene und tradierte mündliche Dichtung wird von P. Zumthor als ‚oralité primaire' bezeichnet. Zumthor ordnet die mittelalterliche Dichtung aber insgesamt einer ‚oralité mixte' (d. h. nur äußerlich und partiell von der Schriftlichkeit beeinflußte mündliche Dichtung) oder ‚oralité seconde' (d. h. aus der Schriftlichkeit hervorgegangene mündliche Dichtung) zu und führt zur Charakterisierung der Kommunikationssituation im Mittelalter den Terminus „vocalité" (Zumthor, 21) ein: Kommunikation, auch über schriftlich Vorliegendes, findet nur mithilfe der Stimme statt, Texte werden im mündlichen Vortrag mit gestischer und mimischer Unterstützung realisiert. U. Schaefer übernimmt den Begriff VOKALITÄT von Zumthor, ergänzt ihn aber und macht ihn anwendbar, indem sie in den Texten „die Fingierung der Mündlichkeit durch die persona des Erzählers", die „eingeschriebene Stimme" (Schaefer, 114 f.), aufzeigt.

Ursula Schaefer: Vokalität. Altenglische Dichtung zwischen Mündlichkeit und Schriftlichkeit. Tübingen 1992. – Paul Zumthor: La lettre et la voix. Paris 1987.

SachG: Die Existenz mündlicher Dichtung im deutschen Sprachraum ist seit frühester Zeit bezeugt und wurde aus griechischen, römischen und mittelalterlich lateinischen Autoren gesammelt (R. Kögel, W. Grimm, M. Diebold). Aus diesen Zeugnissen läßt sich zwar auf die Inhalte der Dichtungen und auf das primäre Publikum schließen, über Form und Vortragsweise schweigen die Quellen jedoch. Angenommen wird, daß mündliche Dichtung im allgemeinen gesungen oder zumindest im Rezitativton vorgetragen wurde (Bertau/Stephan). Man hat in einer Anzahl mittelalterlicher Dichtungen schriftliche Fixierungen von ursprünglich mündlich konzipierten Dichtungen zu erkennen geglaubt, so auch in umfangreichen

Epen wie ‚Nibelungenlied‘ und ‚Kudrun‘. In all diesen Fällen läßt sich der mündliche Ursprung dieser Texte in der überlieferten Form als Buchepos allerdings nicht beweisen. Ihre Stoffe entstammen aber höchstwahrscheinlich der oralen Tradition und wurden vor der schriftlichen Fixierung (als Lied oder Epos) mündlich überliefert. Weniger zweifelhaft ist die Mündlichkeit kurzer Verstexte (Volkslieder, Balladen) und von Zaubersprüchen und Segen. Die verschiedenen Varianten (bzw. ‚zersungenen‘ Fassungen), die von diesen Texten aufgezeichnet wurden, weisen auf mündliche Überlieferung hin (Meier). Die Verschriftlichung mündlicher poetischer Formen intensiviert sich seit der Frühen Neuzeit. Manche Gattungen mündlicher Dichtung (Märchen, Volkslied, Rätsel u. a.) wurden aber erst seit dem 19. Jh. systematisch schriftlich fixiert.

Mündliche Dichtung kommt noch heute in schriftlosen Gesellschaften oder Gesellschaftsschichten vor; Analphabetismus ist eine wesentliche Bedingung für die Existenz mündlicher Dichtung (↗ *Alphabetisierung*). Ebenso notwendig ist die Anwesenheit eines Publikums, das bereit ist, einem Dichter oder ↗ *Sänger* zuzuhören. Dieser muß denn auch den Erwartungen des Publikums entsprechen, sowohl in bezug auf Themenwahl und Präsentation als auch in bezug auf Normen und Werte, an die die Dichtung appelliert. Mündliche Dichtung funktioniert somit am besten in einer geschlossenen, traditionalen Gesellschaft. Der Sänger tritt gleichsam als Sprecher einer solchen Gemeinschaft auf. Darauf und auf der Tatsache, daß er der einzige ist, der rituelle Texte oder die Geschichte dieser Gemeinschaft kennt, beruhen sein Ansehen und seine Autorität. Das Ansehen eines Sängers kann allerdings auch nur auf seiner besonderen Begabung beruhen (Finnegan, 170−213; Bowra, 444−486); ausschließlich ist dies bei mündlicher Dichtung in modernen pluralistischen Gesellschaften der Fall (z. B. Stand-up comedians, Slam poetry).

Karl H. Bertau, Rudolf Stephan: Zum sanglichen Vortrag mittelhochdeutscher strophischer Epen. In: ZfdA 87 (1956/57), S. 253−270. − Cecil M. Bowra: Heroic poetry. London 1952 [dt.: Heldendichtung. Stuttgart 1964]. − Wilhelm Grimm: Die deutsche Heldensage. Gütersloh ³1889. − Rudolf Kögel: Geschichte der deutschen Litteratur bis zum Ausgange des Mittelalters. Straßburg 1894.

ForschG: Der eigentliche Grundleger der modernen Oral-poetry-Forschung ist M. Murko, dessen Berichte über seine Tätigkeit als Sammler mündlicher Epen in Bosnien 1912 erschienen. Von ihm angeregt, untersuchte der amerikanische Gräzist M. Parry, der die These verfocht, die traditionellen Epitheta ornantia bei Homer seien aus der oralen Tradition entlehnt, 1934−1935 zusammen mit A. B. Lord die damals noch lebendige mündliche Epik Bosniens. An ihr wiesen sie eine bis dahin ungeahnte Gedächtniskapazität der Sänger, eine hohe Varianz von Vortrag zu Vortrag und den Aufbau der Epen aus stereotypen Erzählschablonen nach, die ihrerseits wieder zum größten Teil aus stereotypen Verszeilen, den epischen Formeln, bestanden (‚oral-formulaic composition‘). Außerhalb der Slavistik und der Homerforschung wurde die ‚theory of oral-formulaic composition‘ erst durch die Arbeiten F. P. Magouns zum ‚Beowulf‘ und das Buch A. B. Lords zum Typus mündlichen Erzählens bekannt. Eine Anwendung auf das ‚Nibelungenlied‘ versuchte 1967 F. H. Bäuml, der sich allerdings später von der Interpretation des Großepos als mündlicher Dichtung immer weiter entfernte. Die germanistische Mediävistik − vgl. die Arbeiten von Curschmann, Heinzle und Ehrismann − lehnte eine direkte Übertragung der ‚theory of oral-formulaic composition‘ auf die schriftlich tradierten mittelalterlichen Texte, zumal auf die Großepik ab. Offensichtlich aber ist, daß die Theorie den Blick für die Bedeutung der oralen Tradition in einer vorliterarischen, d. h. schriftlosen Gesellschaft geschärft hat (was einen neuen Begriff von Dichter und Literatur zur Folge hatte) und daß sie die Offenheit der Texte „zur Mündlichkeit und zum Alltag von Publikum und Produzent mit reflektiert“ (Ehrismann, 79).

Seit 1986 erscheint in Columbus/Ohio die Zs. ‚Oral Tradition‘, hg. v. John M. Foley, die eine laufende Bibliographie aller Veröffentlichungen auf dem Gebiet der oral poetry enthält.

Lit: Franz H. Bäuml, Donald Ward: Zur mündlichen Überlieferung des Nibelungenliedes. In: DVjs 41 (1967), S. 351–390. – Nora K. Chadwick, Victor Zhirmunsky: Oral epics of Central Asia. Cambridge 1969. – Michael Curschmann: Oral poetry in medieval English, French, and German literature. In: Speculum 42 (1967), S. 36–52. – Markus Diebold: Das Sagelied. Bern, Frankfurt 1974. – Konrad Ehlich: Text und sprachliches Handeln. In: Schrift und Gedächtnis. Hg. v. Aleida Assmann u. a. München 1983, S. 24–43. – Otfrid Ehrismann: Nibelungenlied. München 1987. – Ruth Finnegan: Oral poetry. Cambridge 1977. – John M. Foley: Oralformulaic theory and research. New York 1985. – J. M. F.: The theory of oral composition. Bloomington, Indianapolis 1988. – Dennis H. Green: Medieval listening and reading. Cambridge 1994. – Edward R. Haymes: A bibliography of studies relating to Parry's and Lord's oral theory. Cambridge/Mass. 1973. – E. R. H.: Das mündliche Epos. Eine Einführung in die ,Oral Poetry' Forschung. Stuttgart 1977. – Joachim Heinzle: Mittelhochdeutsche Dietrichepik. Zürich, München 1978. – Roman Jakobson: Selected writings. Bd. 4: Slavic epic studies. Den Haag 1966. – Francis P. Magoun, Jr.: Oral-formulaic character of Anglo-Saxon narrative poetry. In: Speculum 28 (1953), S. 446–467. – John Meier: Balladen. 2 Bde. Leipzig 1935. – Matija Murko: Bericht über eine Bereisung von Nordwestbosnien […] behufs Erforschung der Volksepik der bosnischen Mohammedaner. In: Sitzungsberichte der kaiserlichen Akademie der Wissenschaften in Wien, Phil.-hist. Klasse 173 (1912), S. 1–52. – M. M.: La poésie populaire épique en Yougoslavie au début du XXe siècle. Paris 1929. – Milman Parry: The collected papers. Hg. v. Adam Parry. Oxford 1971. – M. P.: L'épithète traditionnelle dans Homère. Paris 1928. – M. P., Albert B. Lord: Serbocroatian heroic songs. Bd. 1. Cambridge/Mass. 1954 [weitere Bde. z. T. erschienen, z. T. in Vorbereitung]. – Jean Rychner: La Chanson de geste. Genf, Lille 1955. – Manfred Günter Scholz: Hören und Lesen. Studien zur primären Rezeption der Literatur im 12. und 13. Jh. Wiesbaden 1980. – Norbert Voorwinden, Max de Haan (Hg.): Oral Poetry. Darmstadt 1979.

Norbert Voorwinden

Oralität (Mündlichkeit)

Kultur der mündlichen Kommunikation.

Expl: *Oralität* oder *Mündlichkeit* wird durch Distinktion von Literalität oder *Schriftlichkeit* definiert. Diese Distinktion basiert auf der Annahme, daß die Medien, in denen wir kommunizieren, unsere Welt modellieren: Das Medium ist oder prägt die Botschaft (M. McLuhan). Primäre Oralität entfaltet sich unberührt von jeder Kenntnis des Schreibens oder Druckens, sekundäre Oralität in einer von Schrift, Druck und elektronischen Medien geprägten Welt (W. Ong).

Neuere Ansätze unterscheiden überdies zwischen nicht voll entfalteter Protoliteralität, die als Oligoliteralität auf Zentren weltlicher und geistlicher Macht beschränkt sein kann, und voll entfalteter Literalität einerseits und zwischen chirographischer bzw. skriptographischer und typographischer Literalität andererseits.

Die kulturelle Tradition oraler Gesellschaften ist homöostatisch organisiert (J. Goody/I. Watt), da die Gesellschaft irrelevant gewordenes Wissen durch Vergessen ausscheidet. Die kollektive Erinnerung (M. Halbwachs) setzt sich zusammen aus dem kulturellen Gedächtnis, das sich auf Fixpunkte einer zu symbolischen Figuren geronnenen fernen Vergangenheit richtet und von Spezialisten wie Barde, Griot, ↗ *Sänger* oder Schamane im Fest als ↗ *Oral poetry* aktualisiert wird, sowie dem kommunikativen Gedächtnis, das sich im Alltag mittels Augenzeugenbericht, Hörensagen und Gerücht auf die rezente Vergangenheit bezieht (J. Assmann). Die Grenze zwischen kulturellem und kommunikativem Gedächtnis bildet der je nach Zeitauffassung und -rechnung ungleich weit zurückliegende ,floating gap' (J. Vansina). Mit dem kulturellen Gedächtnis befaßt sich die *Oral tradition*-Forschung, mit dem kommunikativen Gedächtnis, auch innerhalb der sekundären Oralität, die *Oral history.* Für den Übergang von primärer Oralität zu einer Gesellschaft, in der bestimmte Gruppen zu bestimmten Zwecken Schrift gebrauchen, Schriftlichkeit jedoch weiterhin in dominant mündliche Kommunikationsformen eingelassen ist, wurde der Begriff *Vokalität* geprägt (Zumthor, Schaefer).

Marshall McLuhan: The Gutenberg Galaxy. Toronto 1962 [dt. 1968].

WortG: Die deadjektivischen Substantivbildungen *Oralität* und *Mündlichkeit* sind rezent. Das Adjektiv *mündlich,* im Gegensatz zu *schriftlich,* ist seit dem 15. Jh. belegt (DWb 12, 2690); *Mündlichkeit* bei Theodor Heinsius (1820) für den „Umstand, da etwas mündlich gesagt, versprochen" ist, so besonders in der Rechtssprache (Mündlichkeit eines Gerichtsverfahrens). Das Adjektiv *oral* ist seit dem 19. Jh. in der Rechtssprache (*Oralgesetz, -submission*) sowie in der Fachsprache der Medizin (*oral verabreichen*) und der Psychoanalyse (*orale Phase*) belegt (Heyse, 603); *Oralität* erscheint erst in jüngster Zeit fachsprachlich, wahrscheinlich als Lehnübersetzung von engl. *orality* bzw. frz. *oralité.*

Theodor Heinsius: Volksthümliches Wb. der Deutschen Sprache. 4 Bde. Hannover 1818–1822. – Johann Ch. Heyse: Allgemeines verdeutschendes Fremdwb. Hannover 1912.

BegrG: (Primäre) Oralität bezeichnet nicht nur den herrschenden Kommunikationsmodus, sondern viel umfassender auch die ‚orale Noetik' (W. Ong) oder die ‚mündliche Geistesverfassung' (E. A. Havelock) bzw. das ‚wilde Denken' (C. Lévi-Strauss), die Erinnerungskultur, die Tradierungsformen und die Aufrechterhaltung sozialer Ordnung in Gesellschaften, die Wissen nur im menschlichen Gedächtnis speichern und über eine nicht unterbrochene Folge von face-to-face-Kommunikationen vermitteln, aktualisieren und erhalten können.

Eric A. Havelock: Preface to Plato. Cambridge/Mass. 1963. – Claude Lévi-Strauss: La pensée sauvage. Paris 1962 [dt. 1968].

SachG: Die menschliche Gesellschaft bildete sich zuerst mit Hilfe der Rede, wobei bestimmte gesellschaftliche Gruppen erst zu einem sehr späten Zeitpunkt ihrer Geschichte literalisiert wurden. Ausgangspunkt kultureller Entwicklung ist deshalb in der Regel eine alte primäre Oralität, wie sie heute noch in schriftlosen Gesellschaften vorkommt. Mit der Einführung der Schrift, dann infolge des Buchdrucks und schließlich infolge der elektronischen Kommunikation entwickelten sich von der Antike über das Mittelalter bis in die Gegenwart verschiedene Formen von sekundärer Oralität:

(1) Die gesprochenen Idiome sind Subsysteme der Schriftsprache (so heute in der Regel in westlichen Gesellschaften).

(2) Die gesprochenen Idiome und die Schriftsprache sind verschiedene Systeme (z. B. Volkssprachen und Latein im frühen europäischen Mittelalter oder gesprochene Afrosprachen und geschriebene europäische Sprachen im postkolonialen Afrika).

(3) Mehrere Sprachen werden sowohl gesprochen als auch geschrieben (z. B. im indischen Bundesstaat Gujarat Hindi, Gujarati und Englisch mit je eigener Schrift).

Literaturgeschichtlich löste die Erfindung der Schrift keineswegs mündliche Formen literarischer Kommunikation ab (↗ *Oral poetry,* ↗ *Märchen,* ↗ *Volkslied*). Geschriebene Texte konnten zu allen Zeiten wieder in mündliche überführt werden (↗ *Deklamation*). Die Zurückdrängung der Schrift in den elektronischen Medien zugunsten von Bild und Ton wurde als Reoralisierung zu beschreiben versucht (Tristram).

ForschG: Die gängige Kulturgeschichtsschreibung behauptet die Priorität der gesprochenen Sprache gegenüber ideographischen und logographischen Schriftsystemen, wobei der Alphabetschrift, deren Zeichen Repräsentationen des elementaren phonemischen Systems sind, die größten kulturellen Wirkkräfte zugeschrieben werden. Die ältere Oralitätsforschung, die mit Milman Parrys Arbeiten zur Oral poetry in den 1920er und 30er Jahren begann, befaßte sich mit der Erforschung einer ‚oralen' Geistesverfassung und eines ‚oralen' Kulturzustandes. Die im allgemeinen leitende These, daß die Schrift sekundär ist, wurde von Derrida kritisiert, indem er, vor allem in Auseinandersetzung mit Rousseau, de Saussure und Lévi-Strauss, die ‚Schriftmäßigkeit' der Rede vor Erfindung der Schrift postulierte und den ‚Logozentrismus' des europäischen Denkens, seine Fixierung auf die ‚Stimme' zurückwies. Laut Julia Kristeva hat die Frage nach der Priorität des Geschriebenen über das Gesprochene, oder umgekehrt, keinen historischen, sondern nur einen rein theoretischen Sinn.

Die wichtigsten Beiträge, in denen das neue Paradigma ,Kommunikation und Medien' aufgebaut und das Konzept der Oralität entwickelt wird, erschienen in den frühen 1960er Jahren; der knappe Zeittakt ihrer Erscheinungsdaten markiert daher so etwas wie eine wissenschaftsgeschichtliche Zäsur. Mit der These, daß Sinn, Erfahrung und Wirklichkeit abhängige Variablen der Medien sind, deren wir uns bedienen, erhält die Relativitätstheorie der Sprache, die auf Humboldt zurückgeht und in unserem Jahrhundert als Sapir-Whorf-Hypothese bekannt geworden ist, eine radikalere Form.

Gestellt wird die Frage nach den Möglichkeiten des Erinnerns, des Organisierens, Erhaltens und Tradierens von Wissen in schriftlosen Gesellschaften, nach der Psychodynamik der Oralität. Abgelehnt werden die Thesen von der Geschichtslosigkeit und Primitivität oraler Gesellschaften. Oral begründetes Denken und oral begründeter Ausdruck werden zwar als eher additiv, aggregativ, redundant, konservativ und situativ von den entsprechenden literalen Formen unterschieden, aber Oralität und Literalität erscheinen nicht als grundsätzlich verschieden, denn dem ausschließlich Oralen steht immer das Orale plus das Geschriebene, Gedruckte und elektronisch Kommunizierte gegenüber, nie ausschließliche Literalität.

Ausgehend von der Relativierung des Verhältnisses von Oralität und Literalität befaßt sich die neueste Forschung mit den vielfältigen Übergangserscheinungen zwischen primärer Oralität und Literalität mit sekundärer Oralität (so im Freiburger Sonderforschungsbereich ,Übergänge und Spannungsfelder zwischen Mündlichkeit und Schriftlichkeit' seit den 1980er Jahren mit der Schriftreihe ,ScriptOralia'; W. Raible). Dabei stehen die Folgen sich entwickelnder Literalität für das Denken und die Organisation von Gesellschaften im Zentrum des Interesses.

Lit: Aleida Assmann u. a. (Hg.): Schrift und Gedächtnis. München 1983. − A. A., Jan Assmann: Schrift − Kognition − Evolution. In: Eric A. Havelock: Schriftlichkeit. Weinheim 1990, S. 1−35. − J. A.: Das kulturelle Gedächtnis. München 1992. − Hans Bekker-Nielsen u. a. (Hg.): Oral tradition − literary tradition. Odense 1977. − Peter Burke: Mündliche Kultur und „Druckkultur" im spätmittelalterlichen Italien. In: Volkskultur des europäischen Spätmittelalters. Hg. von Peter Dinzelbacher und Hans-Dieter Mück. Stuttgart 1987, S. 59−71. − Louis-Jean Calvet: La tradition orale. Paris 1984. − Chinweizu: Decolonizing the African mind. Lagos 1987. − Michael T. Clanchy: From memory to written record: England 1066−1307. London 1979. − Jacques Derrida: L' écriture et la différence. Paris 1967 [dt. 1972]. − J. D.: De la grammatologie. Paris 1967 [dt. 1974]. − Viv Edwards, Thomas J. Sienkewicz: Oral cultures past and present. Oxford 1990. − James Fentress, Chris Wickham: Social memory. Oxford 1992. − Ruth Finnegan: Literacy and orality. Oxford 1988. − Michael Giesecke: ,Volkssprache' und ,Verschriftlichung des Lebens' in der frühen Neuzeit. In: M. G.: Sinnenwandel Sprachwandel Kulturwandel. Frankfurt 1992, S. 73−121. − Helmut Glück: Schrift und Schriftlichkeit. Stuttgart 1987. − Jack Goody: The logic of writing and the organization of society. Cambridge 1986. − J. G.: The interface between the written and the oral. Cambridge 1987. − J. G., Ian Watt: The consequences of literacy [1963]. In: Literacy in traditional societies. Hg. v. J. G. Cambridge 1968, S. 198−264 [dt. 1981]. − Herbert Grundmann: „Litteratus − Illitteratus". Der Wandel einer Bildungsnorm vom Altertum zum Mittelalter. In: AfK 40 (1958), S. 1−65. − Maurice Halbwachs: La mémoire collective. Paris 1950 [dt. 1967]. − William V. Harris: Ancient literacy. Cambridge/Mass. 1989. − Eric A. Havelock: The literate revolution in Greece and its cultural consequences. Princeton 1982 [dt. auszugsweise 1990]. − E. A. H.: The muse learns to write. New Haven, London 1986 [dt. 1992]. − David Henige: Oral historiography. London 1982. − Ivan Illich, Barry Sanders: A B C. The alphabetization of the popular mind. San Francisco 1988 [dt. 1988]. − Julia Kristeva: Le langage, cet inconnu. Une initiation à la linguistique [1969]. Paris 1981. − Joseph C. Miller: The African past speaks. Hamden/Conn. 1980. − Walter Ong: Orality and literacy. London 1982 [dt. 1987]. − Wolfgang Raible: Übergänge zwischen Mündlichkeit und Schriftlichkeit. In: Mitteilungen des Deutschen Germanistenverbandes 33 (1986), S. 14−23. − W. R. (Hg.): Zwischen Alltag und Festtag. Zehn Beiträge zum Thema Mündlichkeit und Schriftlichkeit. Tübingen 1988. − Werner Röcke, Ursula Schaefer (Hg.): Mündlichkeit, Schriftlichkeit, Weltbildwandel. Tübingen 1996. − Barry Sanders: A is for ox. New York 1994 [dt. 1995]. − Brigitte Schlieben-Lange: Für eine Geschichte von Schriftlichkeit und

Mündlichkeit. In: LiLi 47 (1982), S. 104–118. – B. S.-L.: Traditionen des Sprechens. Stuttgart u. a. 1983. – Christian Schmid-Cadalbert: Mündliche Traditionen und Schrifttum im europäischen Mittelalter. In: ABÄG 21 (1984), S. 85–114. – Brian Stock: Listening for the text. Baltimore 1990. – B. Street: Orality and literacy as ideological constructions. In: Culture and History 2 (1987), S. 7–30. – Deborah Tannen (Hg.): Spoken and written language. Norwood/ N. J. 1982. – Hildegard L. C. Tristram (Hg.): (Re)Oralisierung. Tübingen 1996. – Jan Vansina: Oral tradition as history, London 1985. – Horst Wenzel: Hören und Sehen, Schrift und Bild. München 1995. – Paul Zumthor: La poésie et la voix dans la civilisation médiévale. Paris 1984.

Christian Schmid-Cadalbert

Oratorium

Dichterisch-musikalische Gattung, die vorwiegend religiöse, später auch weltliche Stoffe konzertant in Arien, Rezitativen, Chören und verbindenden Instrumentalstücken darstellt.

Expl: Das Oratorium ist eine Mischgattung, die epische Textteile (biblischer oder weltlicher Bericht in Rezitativform) sowie lyrische (betrachtende Arien) und dialogische Textteile miteinander verbindet. Im Gegensatz zu der szenischen Darstellung der ↗ *Oper* wählt das Oratorium zur Wiedergabe seiner Stoffe die neutralere Form der Erzählvermittlung. Dies geschieht bereits im frühen Oratorium des 17. Jhs. durch die Partie des ‚testo‘ (Zeuge, Berichterstatter) sowie durch die (verglichen mit der Behandlung des ↗ *Chors* in der Oper) mehr rhetorisch-kommentierende bzw. betrachtende als dramatische Funktion der Chöre.

WortG: Abgeleitet von ital. *oratorio* ‚Betsaal‘, bezeichnet der Terminus zunächst den Ort, an dem diese Werke ursprünglich aufgeführt wurden, den Betsaal geistlicher Bruderschaften. Filippo Neri (1515–1595) gründete 1575 eine „Congregazione dei Preti dell'Oratorio" zur Aufführung von ‚Dialog-Lauden‘ (Darstellung geistlicher Inhalte in Rede und Gegenrede, oft durch einen Erzähler eingeleitet und kommentiert;

musikalisch auf der volkstümlichen Kanzone basierend, meist dreistimmig, strophisch und homophon gesetzt). Sie wurden nach 1600 durch ‚Oratoriendialoge‘ in durchkomponierter Form abgelöst; die Bezeichnung *oratorio* ist seit etwa 1640 für solche Werke nachweisbar (womit der semantische Bezug auf Musik nun das Übergewicht über die alte Bedeutung des ‚Betsaals‘ erhielt).

Im protestantischen Bereich bürgert sich der Begriffsname *Oratorium* erst durch Hunold-Menantes ein (ca. 1704). Die deutschsprachige protestantische Oratorienform kombiniert zunächst rezitativische Teile (Bibelwort) mit betrachtenden, lyrischen Abschnitten in relativ freier dichterischer Gestaltung, die quantitativ immer größeren Raum beanspruchen.

Menantes (Christian Friedrich Hunold): Der blutige und sterbende Jesus [1707]. Repr. Bern 1988.

BegrG: Von etwa 1640 bis 1700 unterschied man in Italien das ‚Oratorio latino‘ (Stoffe vorwiegend aus dem AT; aufgeführt vor den Spitzen der geistlichen und weltlichen Aristokratie Roms) vom ‚Oratorio volgare‘ in ital. Sprache (solistisch oder chorisch ausgeführte Partie des Testo; Aufführungen vor allem in den Betsälen der Laienbruderschaft Neris, ohne Bindung an die Liturgie). Ab ca. 1650 unterschied man begrifflich zwischen Chor- und Solo-Oratorien.

Eine Reform des Oratoriums wurde zwischen 1656 und 1716 durch Arcangelo Spagna (Verfasser von ca. 30 Oratorientexten) eingeleitet, der den Oratorien-Begriff in Anlehnung an die Tragödien des Seneca neu definierte: Abschaffung des Testo, Zurücktreten des Chores gegenüber den Solisten, Einheit des Ortes und der Zeit (↗ *Drei-Einheiten-Lehre*).

Dagegen orientierte sich das protestantische Oratorienkonzept seit Anfang des 18. Jhs. mehr an den Evangelien- und Bibellesungen der Liturgie (nach der lutherischen Tradition gesungen im Lektionston): Rezitativische und monodische Elemente wurden verbunden mit kleinen Intermedien (Chören, Arien, Terzetten). Solche protestantischen Oratorien wurden meist *Historien* genannt (bei H. Schütz u. a.); Hunolds bereits 1704 eingeführter Begriffsname *Oratorium* setzte sich nur allmählich im protestantischen Raum durch (z. B. Matthesons ‚Lied des Lammes‘).

In England wurde der Begriffsname *oratorio* erst durch Händels regelmäßige Oratorien-Aufführungen in London nach 1730 allgemein gebräuchlich. Obwohl die Libretti von Händels Oratorien teilweise Arien, Rezitative und Ensembles zu ‚Auftritten‘ zusammenfassen (und szenische Aufführungen noch zu Händels Lebzeiten belegt sind), bleibt dabei das zugrundeliegende Oratorien-Konzept durch den stärker berichtenden als theatralischen Charakter deutlich von der Oper getrennt.

In diesem Sinne wird der Begriff des Oratoriums, seit Mitte des 18. Jhs. zunehmend auf weltliche Texte ausgedehnt, bis ins 20. Jh. praktisch konstant weitergeführt. Hier faßt, beim Versuch einer Neubegründung mit dem Komponisten Hindemith (vgl. Lehnigk), Gottfried Benn die Idee des Oratoriums rückblickend darin zusammen, „daß das Besondere dieser Kunstgattung darin besteht, den Menschen nicht als Einzelwesen darzustellen […], sondern mehr den allgemeinen gedanklichen Umriß vorzuführen, innerhalb dessen das Einzel-Ich eines bestimmten Zeitalters und einer bestimmten Kulturperiode sein inneres Leben erlebte“ (Benn, 1932).

Gottfried Benn: Radiovortrag zur Einführung in: Das Unaufhörliche. Oratorium in drei Teilen von Paul Hindemith nach einem Text von Gottfried Benn [ungedruckt; Originalaufnahme der Berliner Funkstunde 1932 zugänglich auf CD: Edition Paul Hindemith. Das Unaufhörliche. Wergo WER 286 603−2. Mainz 1996].

SachG: Vorläufer des Oratoriums sind die gesungenen liturgischen Dramen des Mittelalters, das ↗ *Geistliche Spiel* mit seiner Mischung aus Drama und Musik, die allegorischen Masken- und sonstigen Umzüge mit Musik und Tanz (vor allem in Italien; ↗ *Karneval*), die Dialoglauden in Rom (s. o.), das humanistische Schuldrama sowie (im protestantischen Raum) die ‚Schulakten‘ und Historien (↗ *Schultheater*), die Bestandteil des Gottesdienstes und des Religionsunterrichts waren.

Eine Sonderform des Oratoriums stellte das sogenannte REDEORATORIUM dar. Sie geht auf Johannes Klaj d.J. (1616−1656), zurück, der eine Reihe solcher Redeoratorien dichtete und selber − rezitierend bzw. im Sprechgesang − in Kirchen vortrug (vgl. Edition und Untersuchung Wiedemanns). Solche ‚Oratorien ohne Musik‘ bzw. mit einer ganz sparsamen, an der Sprache orientierten musikalischen Formung haben auch in Bereiche der weltlichen Dichtung hineingewirkt. Die ‚Frauenzimmer-Gesprächspiele‘ Harsdörffers (1641 ff.) mit ihrer Mischung aus Epik, Belehrung, Dialog und liedhaften Einlagen sind von Klajs Redeoratorien genauso beeinflußt wie die mit rein sprachlich-musikalischen Wirkungen arbeitenden ‚Schimpfspiele‘ des Andreas Gryphius. Die Tradition des Oratoriums ohne Musik wirkt bis ins 20. Jh. hinein (z. B. Sprechstücke Handkes oder Jandls; Fassbinds „geprochenes Oratorium“ zur ersten Atombombe; das als „Oratorium in 11 Gesängen“ benannte, musiklos die Akten des Auschwitz-Prozesses zitierende ↗ *Dokumentartheater*-Stück ‚Die Ermittlung‘ von Peter Weiss).

Im Bereich der musikalischen Gattung ist das Oratorio latino in Italien vor allem durch die Werke Giacomo Carissimis repräsentiert (1605−1675; Hauptwerk: ‚Jephta‘). Hier wird der biblische Text durch einen ‚Historicus‘ dargeboten, dessen Worte solistisch, als Duett oder chorisch komponiert sind; dazwischen finden sich frei gedichtete lat. Rezitative, Arien und vereinzelt auch Chöre. Nach 1670 verfiel das Oratorio latino, die Texte wurden stark säkularisiert (bis hin zum ‚Oratorio erotico‘). Nach 1700 erfuhr das Oratorium durch die Aufnahme der Form der neapolitanischen Da-capo-Arie (↗ *Arie*) und durch Zurückdrängen der epischen Momente zugunsten einer Darstellung von Affekten und dramatischen Dialogen eine starke ‚Veroperung‘. Insbesondere Züge der geistlichen Oper (in Rom z. B. Cavalieri, ‚Rappresentatione di Anima e di Corpo‘, 1600; Landi, ‚Il San’Alessio‘, 1663) sind mit in diese Oratorientradition eingegangen. Charakteristisch für eine solche Entwicklung waren die Oratorientexte Agostino Zenos (1668−1750) und Pietro

Metastasios (1698–1782). Beide waren vor allem Opernlibrettisten und ersetzten nun auch in den Oratorien die distanziert berichtenden Rezitative durch stärker affektgeladene Texte, lyrisch-betrachtende Arien durch dramatisch-aufwühlende. Hinzu kam, daß seit 1750 immer mehr weltliche Stoffe in die Oratorien Eingang fanden.

Anders als die stark veroperten italienischen Oratorien des 18. Jhs. verbanden die PASSIONEN und weiterer Oratorien Johann Sebastian Bachs (1685–1750) die protestantische Tradition der ↗ *Kantate* mit der von Heinrich Schütz übernommenen Evangelistenrolle. Dagegen wahrte Joseph Haydn in seinem späten weltlichen Oratorium ‚Die Jahreszeiten' (1801) nach einem Lehrgedicht Thomsons den Oratoriencharakter durch stärkeres Betonen der lyrisch-betrachtenden Momente (sowohl in den Arien als auch in den Chören). Allerdings ist dieses Werk teilweise auch durch Opernelemente, insbesondere durch das Wiener Singspiel, beeinflußt (z. B. Spinnchor im ‚Winter'-Teil). Die Tradition des weltlichen Oratoriums in Deutschland wurde dann vor allem von Robert Schumann (‚Das Paradies und die Peri', ‚Der Rose Pilgerfahrt') fortgesetzt, wobei Schumann vor allem die lyrischen Momente in den Vordergrund rückte und opernhafte Momente eher umging.

Im 19. Jh. führte Felix Mendelssohn die protestantische Oratorientradition wieder ganz auf ihren biblischen Ursprung zurück, indem er selbst die Texte aus der Bibel zusammenstellte und auf freie, lyrische Dichtungen verzichtete (‚Elias', ‚Paulus', der unvollendete ‚Christus'). Für die katholische Oratorienkomposition im 19. Jh. wurde Franz Liszts Oratorium ‚Christus' (1873) maßgeblich, das nicht nur auf die lat. Sprache zurückgriff, sondern auch in seiner musikalischen Sprache oft bewußt historisierend gehalten war (Anklänge an den gregorianischen Choral etc.).

Im 20. Jh. hat in vielen Fällen eine Mischung zwischen geistlichem und weltlichem Oratorium stattgefunden, z. B. in Arnold Schönbergs ‚Die Jakobsleiter', wo ein freier, moderner Text religiöse Gedanken und biblische Thematik mit politisch-sozialen Ideen verband. Opernhafte Formgebung mit konzertant-oratorischem Gewand kombinierte Schönberg 1911 in den ‚Gurre-Liedern', die die Tradition des Opern-Oratoriums wieder aufnehmen, die Berlioz im 19. Jh. begründete (‚La Damnation de Faust', ‚Roméo et Juliette'; auch Schumanns ‚Faust-Szenen' sind hier zu nennen). Einen opernhaften, theatralischen Stoff in Form eines konzertant dargebotenen Werks (mit starker Betonung des chorischen Elements) präsentierten auch Wladimir Vogel mit ‚Wagadus Untergang durch die Eitelkeit' („Dramma-Oratorio", 1929), Igor Strawinsky mit ‚Oedipus Rex' („opéra-oratorio en deux actes", 1949 von Jean Cocteau lat. gedichtet), Carl Orff mit seinen ‚Trionfi' („Trittico teatrale", 1965), Heinz Werner Henze mit seinem (auch szenisch dargebotenen) ‚Floß der Medusa' („Oratorio volgare e militare", 1970). Einen Rückgriff auf die alte sakrale Oratorienform — trotz des Titels aber nicht auf die eigentliche Requiem-Tradition der komponierten ↗ *Liturgie* — stellte Bernd Alois Zimmermanns ‚Requiem für einen jungen Dichter' dar (1968; musikalisch konservativer, aber in der Anlage ähnlich schon 1944 Tippetts ‚A child of our time' und 1961 Brittens ‚War Requiem'), das den lateinischen Meßtext mit rein sprachlichen Teilen, Zitatmontagen und ‚Sprach-Kanons' kombinierte und so auch die Tradition des Redeoratoriums wiederbelebte.

ForschG: In musikwissenschaftlicher Hinsicht ist die Gattung des Oratoriums systematisch wie historisch breit untersucht (bibliographische Übersicht in MGG² 7, 800; geordneter Forschungsbericht ebd. 741–800; vgl. Massenkeil 1998). Anders als zum ↗ *Libretto* der Oper fehlt es aber noch weitestgehend an literaturwissenschaftlichen Arbeiten zu Poetik und Geschichte des Oratorientextes (vgl. MGG² 7, 748–753; exemplarisch zu Händel: Bredenförder; zur Passion: v. Fischer).

Gegenüber der älteren, strikten Trennung zwischen dem lat.-ital. Oratorium des 17./18. Jhs. und der protestantischen Tradition bei Bach und Händel (Bitter 1872, Pasquetti 1906) hat erst Schering 1911 eine verbindende dichterisch-musikalische Linie vom Oratorium Carissimis bis hin zu Schütz aufgezeigt, dessen ‚Weihnachtshistorie‘ er als das erste deutsche Oratorium bezeichnet. In späteren Arbeiten werden auch die Händelschen Oratorien, die früher als individuelle Sonderform galten (z. B. Larsen), stärker in ihrem Zusammenhang mit der norddeutsch-protestantischen Tradition einerseits und der neapolitanischen Schule andererseits gewürdigt (etwa bei Young; vgl. Dean, Smith). Weltliche Oratorien des 18. und 19. Jhs. (mit Ausnahme von Haydns ‚Jahreszeiten‘) wurden dagegen lange Zeit als „flach“ und „opernhaft“ kritisiert (s. Schering; vgl. z. B. Probst). Deutlich erweiterte Perspektiven der Forschung ergeben sich dagegen aus neueren Gesamtdarstellungen wie Cadenbach/Loos, Pahlen u. a., Massenkeil 1998 ff. und vor allem Smither 1977 ff.

Lit: Hermann Bitter: Beiträge zur Geschichte des Oratoriums [1876]. Repr. Walluf 1974. – Elisabeth Bredenförder: Die Texte der Händel-Oratorien. Eine religionsgeschichtliche und literar-soziologische Studie [1934]. Repr. New York 1966. – Rainer Cadenbach, Helmut Loos (Hg.): Beiträge zur Geschichte des Oratoriums seit Händel. Fs. Günther Massenkeil. Bonn 1986. – Winton Dean: Handel's dramatic oratorios and masques. London, Oxford 1997. – Franz Fassbind: Atom Bombe. Ein gesprochenes Oratorium. Einsiedeln 1945. – Kurt v. Fischer: Die Passion. Musik zwischen Kunst und Kirche. Kassel, Stuttgart 1997. – Johann Klaj: Redeoratorien und „Lobrede der Teutschen Poeterey“. Hg. v. Conrad Wiedemann. Tübingen 1965. – Nicole Labelle: L'oratorio. Paris 1983. – Jens Peter Larsen: Handel's Messiah. Kopenhagen, New York 1957. – Christiane Lehnigk: Paul Hindemiths Oratorium ‚Das Unaufhörliche‘. Bonn 1995. – Günter Massenkeil: Die oratorische Kunst in den lateinischen Historien und Oratorien Giacomo Carissimis. Diss. Mainz 1952. – G. M.: Oratorium und Passion. Hb. der musikalischen Gattungen Bd. 10/1. Laaber 1998 ff. – Kurt Pahlen u. a.: Oratorien der Welt. Zürich 1985. – Guido Pannain: L'oratorio dei Philippini e la scuola musicale di Napoli. Mailand 1934. – Giuseppe Pasquetti: L'oratorio musicale in Italia. Florenz 1906. – Gisela Probst: Robert Schumanns Oratorien. Wiesbaden 1975. – Arnold Schering: Geschichte des Oratoriums. Leipzig 1911, Repr. Hildesheim 1988. – Ruth Smith: Handel's oratorios and eighteenth-century thought. Cambridge 1995. – Howard E. Smither: A history of the oratorio. Chapel Hill, London 1977 ff. [bisher 3 Bde.]. – Conrad Wiedemann: Johann Klaj und seine Redeoratorien. Nürnberg 1966. – Percy Young: Handel's Oratorios. London 1948.

Christoph F. Lorenz

Orchestra ↗ *Bühne, Bühnenform*

Ordensdrama ↗ *Jesuitendrama*

Ordo artificialis/Ordo naturalis

Die ‚künstliche‘ bzw. ‚natürliche‘ Abfolge der Redeteile oder des erzählten Geschehens.

Expl: In der Rhetorik alternative Ordnungsprinzipien der ↗ *Dispositio* gemäß den Erfordernissen der Nützlichkeit (utilitas). Als ‚natürlich‘ gilt in der Regel die Abfolge Exordium (Einleitung, ↗ *Prolog*) – Narratio (Erzählung des Falles) – ↗ *Argumentatio* – Conclusio (↗ *Epilog*), als ‚künstlich‘ jede Abweichung davon (erforderlich insbesondere, wenn die rechtliche Vertretbarkeit des Falles in Frage steht). Die beiden Prinzipien können aber auch auf kleinere Einheiten der Rede, Kolon, Satz, Abschnitt und einzelne Redeteile, die Argumentatio und insbesondere die Narratio angewendet werden. Daraus ergibt sich der Gebrauch der Begriffe in der Poetik für eine der ‚historischen‘, ‚faktischen‘ Ereignisfolge entsprechende oder nicht entsprechende epische oder dramatische Darstellung.

WortG: Die in der lateinischen Rhetorik bis in die neuere Zeit gebräuchlichen Ausdrücke *ordo naturalis/artificialis* (auch *artificiosus*) ‚natürliche/künstliche Ordnung (Abfolge)‘ begegnen in dieser Bedeutung (ohne eindeutiges griech. Vorbild) erst in der Spätantike (Fortunatianus, Sulpicius Victor, Martianus Capella). Die Übertragung in die poetologische Terminologie ist erst mittelalterlich, daher nicht eben fest und nur von begrenzter Wirksamkeit, die allerdings über das Mittelalter hinausreicht. Während das Engl. und Frz. wenigstens für den Bereich der Rhetorik die entsprechenden Fremdwörter aufnehmen, geschieht dies im Deutschen nicht.

Johannes Chr. Th. Ernesti: Lexicon technologiae Latinorum rhetoricae. Leipzig 1797, s. v. ordo. – Bernard Lamy: La Rhétorique ou l'Art de parler [⁴1699]. Repr. Brighton 1969, 5,19. – Middle English dictionary. Hg. v. Hans Kurath und Sherman M. Kuhn. Bd. A1. Ann Arbor, London 1956, S. 407. – Rhetores Latini minores. Hg. v. Karl Halm. Leipzig 1863 (C. Chirius Fortunatianus: Ars rhetorica 3,1: S. 120 f.; Sulpicius Victor: Institutiones oratoriae 14: S. 320; Martianus Capella: De arte rhetorica 30: S. 472). – Scholia Vindobonensia ad Horatii artem poeticam. Hg. v. Joseph Zechmeister. Wien 1877, ad versum 45. – Adolf Tobler: Altfranzösisches Wörterbuch. Bd. 1. Wiesbaden 1956, Sp. 554.

BegrG: Der Sache nach kennt bereits die pseudo-ciceronianische ‚Rhetorica ad Herennium' (3,9,16–17 bzw. 1,9,14–15) den Gegensatz der beiden Ordnungsprinzipien, nennt aber die ‚natürliche' Abfolge der Redeteile ‚kunstgerecht' (ordo artificiosus), da sie den eigenen Regeln der ‚Kunst' (ars) und somit der Norm entspricht. Ebenso ‚kunstvoll' (artificiose) könne der Redner aber auch die Abfolge der besonderen Situation anpassen. Diesen sozusagen doppelt künstlichen, gerade dadurch aber spontaneren und insofern ‚natürlicheren' ordo setzt Sulpicius Victor (14) mit griech. οἰκονομία [oikonomía] gleich, obwohl dieser Terminus sonst in der Antike und weiterhin die gesamte Dispositio bezeichnet. In der deutschen Rhetorik der Aufklärung bei J. Chr. Gottsched begegnen nur „die Regeln der guten Anordnung einer Rede" (Gottsched 1736, 195), welche im wesentlichen die ‚natürliche' Abfolge festschreiben. Im speziellen Falle der Narratio sieht Gottsched (ganz wie Cicero, ‚De inventione' 1,20,29 u. a.) das oberste Prinzip der „Deutlichkeit" nur erfüllt, „wenn man die Sachen in eben der Ordnung erzählt, in welcher sie sich zugetragen haben" (Gottsched 1736, 97). Fehlt hier bereits eine eindeutige Begrifflichkeit, so noch offenkundiger bei dem unmittelbar entsprechenden Phänomen in der antiken und der sich daran anschließenden neuzeitlichen Poetik. Am deutlichsten zeichnet sich noch die Neigung ab, jenen Gegensatz als einen von historiographischer

und poetischer Erzählweise zu begreifen (z. B. Vossius, 361).

Tommaso Correa: In librum de arte poetica Q. Horatij Flacci explanationes. Venedig 1587, S. 23. – Ernesti (s. WortG), S. 229. – Johann Christoph Gottsched: Ausführliche Redekunst [1736]. Repr. Hildesheim u. a. 1973. – Sulpicius Victor (s. WortG). – Gerhard Johannes Vossius: Commentariorum Rhetoricorum sive Oratoriarum Institutionum Libri sex [³1630]. Repr. Kronberg 1974, Teil 1.

SachG: Die beiden Ordnungsprinzipien dürften der Rhetorik der Stoa entstammen, die für uns in größerem Umfang erst in Nachklängen des 4. Jhs. n. Chr., v.a. bei Fortunatian, greifbar wird. Dieser liefert auch eine Unterscheidung von acht Arten der ‚natürlichen' Ordnung, deren wichtigste die zeitlich geordnete Reihenfolge (modus per tempora) und die Reihenfolge nach Steigerungselementen (modus per incrementa) sind. Die steigernde Abfolge verlangt generell die Schlußstellung des stärksten Gliedes (Redeteils, Wortes etc.). Für die Reihung der Argumente stellt Quintilian die Einhaltung dieses Prinzips schon für Cicero fest, für die Narratio konstatiert er dagegen bei den besten Rednern die nicht seltene Abweichung von der faktischen Zeitfolge nach der Art Homers („more Homerico"; Quintilian 7,1,10 bzw. 7,10,11). Nichts anderes als diese medias in res-Technik mit späterem Einschub des vorherigen Geschehens meint wohl Horaz in der ‚Ars poetica' mit der Empfehlung, „schon jetzt das, was zu sagen nötig ist, zu sagen, einen Großteil aufzuschieben und im gegenwärtigen Zeitpunkt fortzulassen" (v. 42–45), nur daß er eben auf die Dichtung zielt und damit der europäischen Poetik den Weg weist. Was in der Rede die nur unter Umständen gestattete Ausnahme bildet, wird hier zum positiven Markenzeichen der epischen und dramatischen Poesie, welches, in der Praxis vorgezeichnet von Homer, Vergil und Terenz, seit Macrobius und Servius zugleich einen wesentlichen Unterschied zur Historiographie ausmacht. Das Mittelalter, das seit den karolingischen Horaz-Scholien die rhetorischen Termini auf die dichterische Zeitdarstellung überträgt, wertet hier gemäß der unterschiedlichen Provenienz der beiden Traditionen die beiden Ordnungs-prinzipien in der Regel gleich. In den neuen Poetiken des Hochmittelalters, wo an sich das Gebot der Künstlichkeit gilt, erfolgt der Ausgleich über eine mögliche Reduktion des bevorzugten Ordo artificialis auf die Vorschaltung eines Proverbs oder Exemplums. Die volkssprachliche Epik des Mittelalters folgt nahezu ausnahmslos dem Ordo naturalis. Die Renaissancepoetiken, welche die mittelalterliche Terminologie nicht selten beibehalten, setzen dagegen zumeist nach spätantikem Vorbild die Abbildung der ‚natürlichen‘ Ereignisfolge mit ↗ *Historia* und die Abweichung davon mit Dichtung gleich – ebenso dann auch Gottsched (auf den Spuren Boileaus), für den ein „in der gehörigen Zeitordnung" erzählender Poet „die Stelle eines Geschichtschreibers" vertritt (Gottsched, 476).

Rodolfus Agricola: De inventione dialectica. Leuven 1515, 3, fol. b 6ᵛ. – Giovanni Boccaccio: Genealogie deorum gentilium. Hg. v. Vincenzo Romano. Bari 1951, S. 722. – Nicolas Boileau-Despréaux: L'Art poétique. Paris 1674, 2,76. – The commentary on the first six books of the Aeneid of Vergil commonly attributed to Bernardus Silvestris. Hg. v. Julian Ward Jones und Elizabeth Frances Jones. Lincoln, London 1977, S. 1 f. – Maurus Servius Honoratus: Commentarii in Vergilii carmina. Hg. v. Georg Thilo und Hermann Hagen. Leipzig 1881–1902, S. 4 f. – Ambrosius Macrobius Theodosius: Saturnalia. Hg. v. Iacobus Willis. Leipzig ²1970, 5,2,9.

ForschG: Die beiden Prinzipien der antiken Dispositio-Lehre erfahren in der neueren Wissenschaft nicht nur ihre historische Beschreibung und systematische Erfassung, sondern schließlich auch in der modernen textlinguistisch-pragmatisch orientierten Rhetorik eine Umformulierung unter den Kategorien der chronologischen Detraktion, Immutation und Transmutation. Die Ergebnisse sind dabei durchaus denen vergleichbar, welche die Literaturwissenschaft bei der poetologischen Beschreibung des epischen Zeitgerüstes offenbar ohne Rückgriff auf die Rhetorik erzielt hat (↗ *Erzähltempo*, ↗ *Komposition*, ↗ *Rahmenerzählung*). Die Mediävistik arbeitet dagegen den Stellenwert der beiden Ordines in der mittelalterlichen Gattungspoetik und Hermeneutik heraus (Faral, Klopsch).

Lit: Jacques Dubois u. a.: Allgemeine Rhetorik. Übers. v. Armin Schütz. München 1974. – Edmond Faral: Les arts poétiques du XIIᵉ et du XIIIᵉ siècle [1924]. Repr. Genf, Paris 1982. – Douglas Kelly: The arts of poetry and prose. Turnhout 1991. – Paul Klopsch: Einführung in die Dichtungslehren des lateinischen Mittelalters. Darmstadt 1980. – Josef Kopperschmidt (Hg.) Rhetorik. 2 Bde. Darmstadt 1990 f. – Lausberg. – Franz Quadlbauer: Lukan im Schema des ordo naturalis/artificialis. In: Grazer Beiträge 6 (1977), S. 67–105. – Gert Ueding, Bernd Steinbrink: Grundriß der Rhetorik. Stuttgart ³1994. – Richard Volkmann: Die Rhetorik der Griechen und Römer in systematischer Übersicht dargestellt. Leipzig ²1885. – Bernard Weinberg: A history of literary criticism in the Italian Renaissance. 2 Bde. Chicago 1961.

Fritz Peter Knapp

Orientalismus ↗ *Exotismus*

Original ↗ *Authentizität*

Originalität

Die einem Menschen, insbesondere einem Künstler (Autor) zugeschriebene Kreativität bzw. die an einem (literarischen) Werk wahrgenommene Neuheit.

Expl: Das seit dem 18. Jh., in Deutschland vor allem seit dem ↗ *Sturm und Drang* verwendete Prädikat steht im Zusammenhang mit älteren Vorstellungen des Schöpferischen, Ursprünglichen und Innovativen, welche (1) die natürliche Begabung und außergewöhnliche Fähigkeit eines Individuums (↗ *Genie*) umschreiben sowie (2) die unverwechselbare, dabei zugleich musterhafte Eigenart seiner künstlerischen (zunehmend seltener: wissenschaftlichen) Leistung charakterisieren sollen. Beide Bestimmungen dienen der Abgrenzung von als vorbildlich angesehenen Autoren der Antike wie der Neuzeit, geltenden Gattungskonventionen und poetologischen Normen, vornehmlich jenen der Nachahmung (↗ *Imitatio*). Der Bruch mit der literarischen Tradition gilt, sofern er dabei eine erkennbare

↗ *Funktion* erfüllt, als künstlerische IN-NOVATION und somit als Qualitätsmerkmal (↗ *Abweichung,* ↗ *Rezeptionsästhetik*), ebenso die behauptete Unabhängigkeit von Bezugstexten (verneinte ↗ *Intertextualität*). Aufgrund dieser weitreichenden, dabei notwendig unscharf bleibenden Kriterien entwickelte sich − parallel zu dem noch im 19. Jh. wirkungsmächtigen Konzept positiver Individualität − die Forderung nach einschränkenden Maßstäben der Beurteilung (,originaler Unsinn'), ohne daß sich hieraus präzisere Beschreibungen ergaben. In der Literaturwissenschaft ist der Terminus *Originalität* kaum noch in Gebrauch, im Unterschied zur ↗ *Literaturkritik,* wo die der ↗ *Wertung* dienende Formel die in der ↗ *Goethezeit* geprägte Topik ,schöpferischer Kreativität' mehr oder weniger explizit aufnimmt.

WortG: Frz. *originalité* ,Selbständigkeit', ,Ursprünglichkeit', ,Eigenartigkeit', seit dem späten 17. Jh. nachgewiesen (Smith, 17), wird im 18. Jh. ohne Bedeutungsänderung in engl. *originality* und dt. *Originalität* übernommen (Schulz-Basler 2, 272). Wortgeschichtliche Zusammenhänge bestehen mit lat. *origo* ,Ursprung', ,Quelle' (Kluge-Mitzka, 524) und *originalis* ,ursprünglich' (DWb 13, 1347 f.). Das substantivierte Adjektiv des Neutrums ist seit dem 15. Jh. in der Kanzleisprache belegt (mlat. *originale,* ohne feste Terminologie; zu späteren Übersetzungen aus dieser Wortgruppe ↗ *Authentizität*). Die im 18. Jh. entstehenden Wortzusammensetzungen wie *Originalcharakter, -denker, -dichter, -kerl, -kopf, -künstler, -manier, -novellen, -schriftsteller, -stück* (DWb 13, 1348; Schulz-Basler 2, 269 f.) veralten seit der 2. Hälfte des 19. Jhs. oder sterben aus.

Logan Pearsall Smith: Four words: ,romantic', ,originality', ,creative', ,genius'. Oxford 1924.

BegrG: Die lateinische Poetik der Antike läßt dem Autor die Wahl zwischen der Bearbeitung überlieferter und der Erfindung neuer Stoffe, bei deren Ausarbeitung auf die Regeln der Wahrscheinlichkeit und Stimmigkeit zu achten ist: „aut famam sequere aut sibi convenientia finge, scriptor." (Horaz, ,De arte poetica', v. 119 f.) Der Dichter

erscheint damit als „Kristallisationspunkt von Tradition und Originalität" (Fuhrmann, 108). Die mittelalterliche Dichtung und Poetik (Galfrid von Vinsauf, um 1210) hat den Verfahren der ,dilatatio materiae' (↗ *Amplificatio*), der formbildenden Bearbeitung tradierter Themen, den Vorzug gegenüber der Erfindung neuer ,materiae' gegeben (Worstbrock, 9 f.). Die in der Forschung lange Zeit als Reform des ↗ *Meistersgesangs* gedeutete Forderung nach einem neuen und eigenen ,Ton', wie sie sich bei dem Nürnberger Hans Folz im späten 15. Jh. findet, läßt sich möglicherweise mit dem heutigen Begriff vom künstlerischen Eigentum (Kornrumpf/Wachinger, 376 f.), kaum aber mit jenen im 18. Jh. ausgebildeten Vorstellungen von Originalität in Verbindung bringen (Stackmann, 145).

Diese bilden sich auf der Grundlage von Anregungen und Einsichten, welche die vergleichsweise späte, für die Folgezeit aber einflußreiche Poetik des ↗ *Humanismus₂* (1) auf die Formel einer quasi-göttlichen Schöpferkraft des Dichters brachte, der hierin anderen Künstlern überlegen sei: „At poeta et naturam alteram et fortunas plures etiam ac demum sese istoc ipso perinde ac deum alterum efficit" (Scaliger 1,1,70: ,der Dichter dagegen erschafft nicht nur eine zweite Natur, sondern auch noch mehr Lebensschicksale, und macht sich eben hierdurch selbst gewissermaßen zu einem zweiten Gott'; vgl. Rüfner, 273; Lieberg, 164; Tigerstedt); und (2) in dem Neuheits-Theorem (NOVITAS) zusammenfaßte: „Summa enim laus in poetica novitas" (Scaliger 1,1,162: ,Das höchste Lob kommt in der Dichtung nämlich der Neuheit zu'; vgl. Lange, 133 ff.). Erst im 18. Jh. entfalteten diese programmatischen Sätze ihre eigentliche Wirkung; zunächst führte das gesteigerte Kreativitätsbewußtsein weder zu einer Auflösung der Imitatio-Lehren (vgl. Reckermann), noch bewirkte die Novitas-Formel einen Verzicht auf die Ableitung von Regeln zur Herstellung ,origineller' poetischer Arbeiten (Jacob Masen, ,Ars nova argutiarum', 1649, ,Palaestra eloquentiae ligatae', 1654−57; vgl. Bauer). Am Ende des 17. Jhs. mehren sich dann auch in Deutschland Urteile über „vortrefflichste Poete[n]" wie Paul

Fleming, dessen „unvergleichlicher Geist […] mehr auff sich selbst/als frembder Nachahmung beruhet" (Morhof, 214).

Die Rezeption der in England durch Shaftesbury, Edward Young, William Duff u. a. entwickelten Modellbildungen (vgl. E. L. Mann, W. Clemen, P. Philipps) begünstigte — parallel zu der Ablösung der rhetorischen Regelpoetik durch die ↗ *Ästhetik* — in den literarischen Zentren der deutschsprachigen Länder die Ausbildung eines Konzepts der Originalität, das mit den Begriffen ‚Ausdruck‘, ‚Ursprünglichkeit‘, ‚Phantasie‘, ‚Natur‘, „Eingegeistetes" (Herder über Klopstock, in: AdB 19/1, 1773, 112; weitere Belegstellen bei Schulz-Basler 2, 272 f.) eine durch Sprache erzeugte Erlebensdimension umschreibt. In keinem anderen europäischen Land entwickelte sich jedoch gleichzeitig eine so starke Kritik an den „Originalköpfen" und ihren „Andachten über eine Schnupftabacksdose" (G. C. Lichtenberg, ‚Parakletor oder Trostgründe für die Unglücklichen, die keine Originalgenies sind‘, 209): „Nulle part le débat sur l'originalité littéraire n'a été plus passioné, plus général, plus profond que dans le monde de langue allemande" (Mortier, 38). Wenn literarische Werke nur als Ausdruck der ‚Individualität‘ des Autors Geltung haben, sind sie weder kritisierbar noch musterbildend. In der ‚Kritik der Urteilskraft‘ hat Kant dieses Problem zu lösen versucht, indem er Originalität als die Fähigkeit des Genies bestimmte, seine Produkte „exemplarisch" zu machen: „mithin, selbst nicht durch Nachahmung entsprungen, anderen doch dazu, d.i. zum Richtmaße oder Regel der Beurteilung, dienen müssen" (§ 46). Der nicht aufgelöste Widerspruch im Begriff einer ‚musterhaften Originalität‘ ist um 1800 eingehend untersucht worden (Ferdinand Heinrich Lachmann, ‚Ueber Paradoxie und Originalität‘, 1801; zit. n. Stüssel, 116), er begleitet die ästhetische Theoriebildung im 19. Jh., die ein zunehmend geringeres Interesse an der Frage nach der Originalität zeigt.

ForschG: Zur Geschichte und Vorgeschichte des ‚Geniebegriffes‘ veröffentlichte Edgar Zilsel 1926 eine materialreiche Arbeit, an welche die Forschung erst spät (Nachdruck 1972; s. auch ↗ *Genie*) angeknüpft hat. Ebenfalls in den 1920er Jahren erschien die dezidiert ahistorische, Elemente der Phänomenologie und des Neukantianismus aufnehmende Studie von Meikichi Chiba zur ‚Originalitätslehre‘, die ohne Nachfolge blieb.

Die zahllosen Erwähnungen des Begriffs in Titeln literaturwissenschaftlicher Arbeiten verdanken sich zumeist dem Bedürfnis der Verfasser, ihren Gegenstand durch die vage Anspielung auf ein Theorem der idealistischen Ästhetik aufzuwerten. In jüngster Zeit ist der Versuch unternommen worden, den in der Kreativitätspsychologie gebrauchten Begriff der Originalität (vgl. etwa Krämer) für die Analyse der Künstlerproblematik in den Novellen des 19. und frühen 20. Jhs. zu nutzen (Blamberger).

Lit: Barbara Bauer: Jesuitische ‚ars rhetorica‘ im Zeitalter der Glaubenskämpfe. Frankfurt 1986. – Günter Blamberger: Das Geheimnis des Schöpferischen oder: Ingenium est ineffabile? Stuttgart 1991. – Meikichi Chiba: Originalität und Alltriebsbefriedigung. Berlin 1924. – Wolfgang Clemen: Originalität und Tradition in der englischen Dichtungsgeschichte. München 1978. – Manfred Fuhrmann: Einführung in die antike Dichtungstheorie. Darmstadt 1973. – Gisela Kornrumpf, Burghart Wachinger: Alment. In: Deutsche Literatur im Mittelalter. Hg. v. Christoph Cormeau. Stuttgart 1979, S. 356–411. – Hans-Joachim Krämer: Zu Konzept und Diagnose der Originalität. München 1979. – Hans-Joachim Lange: Aemulatio Veterum sive de optimo genere dicendi. Bern 1974. – Georg Christoph Lichtenberg: Vermischte Schriften. Neue vermehrte, von dessen Söhnen veranstaltete Original-Ausgabe. Bd. 1. Göttingen 1844. – Godo Lieberg: Poeta creator. Amsterdam 1982. – Elizabeth L. Mann: The problem of originality in English literary criticism, 1750–1800. In: Philological Quarterly 18 (1939), S. 97–118. – Daniel Georg Morhof: Unterricht von der Teutschen Sprache und Poesie [²1700]. Hg. v. Henning Boëtius. Bad Homburg 1969. – Roland Mortier: L'originalité. Genf 1982. – Patricia Philipps: The adventurous muse. Theories of originality in English poetics 1650–1760. Uppsala 1984. – Alfons Reckermann: Das Konzept kreativer imitatio im Kontext der Renaissance-Kunsttheorie. In: Innovation und Originalität. Hg. v. Walter Haug und Burghart Wachinger. Tübingen 1993, S. 98–132. – Vinzenz Rüfner: Homo secundus Deus.

In: Philosophisches Jb. 63 (1955), S. 248–291. –
Karl Stackmann: Quaedam Poetica. In: Literatur, Musik und Kunst im Übergang vom Mittelalter zur Neuzeit. Hg. v. Hartmut Boockmann
u. a. Göttingen 1995, S. 132–161. – Kerstin
Stüssel: Poetische Ausbildung und dichterisches
Handeln. Tübingen 1993. – Eugène N. Tigerstedt: The poet as creator. Origins of a metaphor.
In: Comparative Literature Studies 5 (1968),
S. 455–488. – Franz J. Worstbrock: Dilatatio
materiae. In: FMSt 19 (1985), S. 1–30. – Edgar
Zilsel: Die Entstehung des Geniebegriffes. Tübingen 1926.

Friedrich Vollhardt

Ornatus

Der stilistische Schmuck des sprachlichen
Ausdrucks; dessen wichtigstes in der Rhetorik gelehrtes Wirkungsmittel.

Expl: Die über die sprachliche Korrektheit,
stilistische Reinheit, Klarheit und Eleganz
hinausgehende, doch ebenfalls noch zum
Lehrgebiet der ↗ *Elocutio* zählende, ja in
dessen Zentrum stehende Ausschmückung
einer Rede bzw. jedes sprachlichen Textes
zur Erhöhung der Aufmerksamkeit und/
oder des ästhetischen Genusses des Hörers
oder Lesers durch die Wahl bestimmter
Wortklänge, Wortinhalte, Wortverbindungen und Gedanken(reihen).

WortG: Der von Cicero („Orator' 80, „De
oratore' 3,149) und dann von Quintilian
(8,3,1) für diesen Begriff gewählte Terminus
ornatus ‚Ausstattung‘, ‚Schmuck‘, ‚Zierde‘
hat erst in modernen Handbüchern der traditionellen Rhetorik seinen festen Platz in
der Systematik der Elocutio erhalten, den
ihm Quintilian zugedacht hatte. Sonst konkurriert er mit anderen Ableitungen von
dem lat. Verb *ornare* ‚ausstatten‘, ‚schmücken‘, so auch im Frz. (*ornement*) und im
Engl. (*ornacy, ornament, ornating; ornate*
nur als Adjektiv) und mit anderen, teilweise
bildhaften Bezeichnungen; hierher stammt
auch das EPITHETON ORNANS (das bloß
schmückende, in stehender Verbindung hinzugefügte Beiwort). Dt. *Ornat* wird offenbar nie in dieser Bedeutung gebraucht. –

Von den hochmittelalterlichen Poetiken
verwendet nur die ‚Parisiana poetria‘ (Joh.
de Garlandia 2,44; 2,147) *ornatus* ungefähr
wie Cicero.

DWb 13, Sp. 1350. – Johann Chr. Th. Ernesti:
Lexicon technologiae latinorum rhetoricae. Leipzig 1797 (s. v. exornatio, ornare). – Johannes de
Garlandia: Parisiana poetria. Hg. v. Traugott
Lawler. New Haven, London 1974. – Bernard
Lamy: La Rhétorique ou l'Art de parler [⁴1699].
Repr. Brighton 1969, 4,10; 17–18.

BegrG: ‚Ornatus‘ bei Cicero und Quintilian
entspricht am ehesten griech. κόσμος [kós-
mos] ‚Schmuck‘, dessen terminologischen
Stellenwert wir jedoch aufgrund der Quellenlage nicht genauer kennen. Die ‚Rhetorica ad Herennium‘ gebraucht als Oberbegriff der gedanklichen und sprachlichen
Ausschmückungen (exornationes) dagegen
dignitas ‚Würde‘ (4, 13,18), findet damit
aber auch wenig Nachfolge. Ein besonderer
Bedarf an einem solchen Oberbegriff bestand offenbar gar nicht, insbesondere
wenn sich die Ornatus-Lehre, wie häufig,
ganz auf die Aufzählung der Tropen und Figuren konzentrierte (welche im Mittelalter
nicht selten als ‚colores‘, seltener ‚flores rhetorici‘ zusammengefaßt wurden). Im Deutschen tritt meist ‚Schmuck‘ für ‚ornatus‘
ein, aber mit wechselndem Begriffsumfang.
„Der Schmuck einer tapffern Rede bestehet
in zweyen / nemlich in zierlichen Tropen
vnd stattlichen Figuren", heißt es bei
J. M. Meyfart. W. Hebenstreit versteht dagegen dann „unter Schmuck die verzierenden Redefiguren". Unscharf ist der Gebrauch von „zierde der rede" (184) bei J. A.
Fabricius und von „Zierrath poetischer
Ausdrückungen" bei Gottsched (257).

Alberich von Montecassino: Flores rhetorici. Hg.
v. D. Mauro Inguanez und Henry M. Willard.
Montecassino 1938. – Johann Andreas Fabricius: Philosophische Oratorie [1724]. Repr. Kronberg 1974. – Galfred von Vinsauf: Poetria nova.
In: Faral, S. 194–262, hier V. 960. – Lausberg,
§ 538. – Henry G. Liddell, Robert Scott u. a.: A
Greek-English Lexicon. Oxford 1953, S. 985. –
Johann Matthäus Meyfart: Teutsche Rhetorica
oder Redekunst [1634]. Repr. Tübingen 1977. –
Gerhard Johannes Vossius: Commentariorum
Rhetoricorum sive Oratoriarum Institutionum
Libri sex [³1630]. Repr. Kronberg 1974.

SachG: Die möglichen Qualitäten des Ornatus sind laut Quintilian (8,3—9,4; 12,10) Kraft, Vornehmheit, Schärfe, Fülle, Witz, Ergötzlichkeit, Normgerechtheit, Farbigkeit und Glanz, die Mittel des Ornatus die folgenden im Bereich der Einzelwörter: Auswahl des passenden Synonyms nach klanglichen und inhaltlichen Gesichtspunkten, insbesondere eines archaischen, neugebildeten oder bildhaften Ausdrucks (vetustas, fictio, tropus); im Bereich der Wortverbindungen: die Wort- und Sinnfiguren (figurae elocutionis et sententiae) sowie die syntaktische Gestaltung, soweit sie über die grammatische Korrektheit hinausgeht (compositio), d. h. einschließlich der Klausellehre (↗ *Cursus*). In solcher Vollständigkeit erscheint dieses Lehrgebiet freilich nur in wenigen Handbüchern der Rhetorik. Bei der sonst weithin üblichen Konzentration auf die Tropen und Figuren fallen die anderen Phänomene entweder in andere Lehrbereiche der Elocutio oder ganz weg.

Eine eigene, spezifisch mittelalterliche Ausprägung erfährt der Ornatus in den Poetiken Galfreds von Vinsauf, Eberhards von Bremen und Johannes' von Garlandia. Er tritt hier an die Stelle der ↗ *Genera dicendi*, die ihrerseits zu rein inhaltlichen Qualitätsbegriffen umfunktioniert worden sind. Unabhängig vom Dignitätsgrad des gewählten Stoffes verleiht dann der schwere Schmuck (ornata difficultas, gravitas, modus gravis, semita difficilis, ornatus difficilis) der Darstellung durch reichen Gebrauch der Tropen würdevolles Gewicht; umgekehrt gewährleistet der leichte Schmuck (ornata facilitas, levitas, sermo levis, via plana, ornatus facilis) durch Meidung bildhafter Ausdrücke und Einsatz der Figuren einen zwar kunstvollen, aber scheinbar mühelosen und faßlichen Redefluß.

Auch der Geblümte Stil (zu mhd. *blüemen* ,mit Blumen schmücken', vgl. ,flores rhetorici') im deutschen Spätmittelalter steht dem Ornatus difficilis nahe. Eine gewisse Affinität bestimmter Formen des Ornatus zu den drei Stilarten (Genera dicendi) hatte es freilich schon in der Antike gegeben. Im Gegensatz zu dem mittelalterlichen Schematismus bestand der Unterschied aber v.a. in einer kaum meßbaren gradmäßigen Steige-

rung der Schmuckfülle. In diesem Sinne verfahren dann auch die Rhetoriker der frühen Neuzeit wie René Bary oder Gottsched, wobei die Aufklärung natürlich gegen den manieristischen *Schwulst* (↗ *Manierismus*) der barocken Rede opponiert und folglich die Ornatus-Lehre mehr und mehr in die Poetik verlagert, wo es wenigstens nicht primär um rationale Argumentation geht. So hat denn Gottsched gleich sechs Kapitel (von 12 des 1. Teils) der ,Critischen Dichtkunst' diesem Lehrgebiet vorbehalten.

René Bary: La Rhétorique françoise […]. Paris ²1659, S. 263 f. – Eberhard von Bremen: Laborintus. In: Faral, S. 336—377, hier v. 385—598. – Galfred von Vinsauf: Documentum de modo et arte dictandi et versificandi. In: Faral, S. 263—320, hier S. 284—309 (3,1—102). – G.v.V.: Poetria nova. In: Faral, S. 194—262, hier v. 765—1587. – Johannes de Garlandia: Parisiana poetria (s. WortG), 2,44—310.

ForschG: Der Ornatus hat in der Forschung in der Regel nur im Zusammenhang der gesamten Elocutio oder in der Beschränkung auf Tropus und Rhetorische Figur Beachtung gefunden. Die Mediävistik ist seit Edmond Faral (1924) auf die neue Lehre vom leichten und schweren Schmuck in den Poetiken des 13. Jhs. aufmerksam geworden. Franz Quadlbauer erhellt dann die Herkunft dieser Lehre aus der antiken Theorie der Genera dicendi; Romanisten und Germanisten untersuchen die vergleichbaren Stilphänomene in den mittelalterlichen Volkssprachen. Von der Mediävistik ist auch ein wichtiger Impuls für die Diskussion um den Begriff des Barocks ausgegangen, in der der Ornatus immerhin eine gewisse Rolle spielt, da Ernst Robert Curtius (1948) im Barock nur eine Sonderform des ↗ *Manierismus₁* sehen wollte, dessen Rhetorik und Poetik davon geprägt seien, daß „der ornatus wahl- und sinnlos gehäuft wird" (Curtius, 278).

Lit: Wilfried Barner: Barockrhetorik. Tübingen 1970. – Edmond Faral: Les arts poétiques du XIIe et du XIIIe siècle [1924]. Repr. Genf, Paris 1982. – Birgit Gansweidt: Ornatus. In: LexMA 6, Sp. 1474. – Douglas Kelly: The arts of poetry and prose. Turnhout 1968. – Paul Klopsch: Einführung in die Dichtungslehren des lateinischen Mittelalters. Darmstadt 1980. – Josef Kopperschmidt (Hg.): Rhetorik. 2 Bde. Darmstadt 1990 f. − Udo Kühne: Colores rhetorici. In: HWbRh 2, Sp. 282−290. − Ulrich Mölk: Trobar clus − trobar leu. München 1968. − Franz Quadlbauer: Die antike Theorie der Genera dicendi im lateinischen Mittelalter. Wien 1962. − F. Q.: Colores rhetorici. In: LexMA 3, Sp. 61 f. − Frieder Schülein: Zur Theorie und Praxis des Blümens. Bern u. a. 1976. − Gert Ueding, Bernd Steinbrink: Grundriß der Rhetorik. Stuttgart ³1994.

Fritz Peter Knapp

Orthographie

Kodifizierte Norm der schriftlichen Repräsentation sprachlicher Äußerungsformen.

Expl: Die Orthographie (respective RECHTSCHREIBUNG) einer Sprache hat die Funktion, durch möglichst präzise normative Bestimmungen eine weitgehende Gleichförmigkeit der Schreibprodukte zu erreichen, so daß beim Lesen eine schnelle Sinnentnahme gewährleistet ist. Explizit kodifiziert wird sie mittels der Formulierung genereller orthographischer Regeln sowie der Festlegung von Einzelwortschreibungen (insbesondere in speziellen Rechtschreib-Wörterbüchern, z. B. im ‚Duden‘).

Orthographische Normen der Gegenwart sind zumeist rigide und haben einen generellen Verbindlichkeitsanspruch, der auch literarische Publikationen einschließt. Schon im Alltäglichen, aber erst recht im Literarischen werden jedoch gezielte Verstöße gegen die Rechtschreibung dort akzeptiert, wo ein besonderer Inhalt deutlich gemacht werden soll. Eine strenge Normierung nicht-literarischer Schreibprodukte, der sich literarische Werke anpassen können, nicht aber anpassen müssen, eröffnet zugleich neue Möglichkeiten der literarischen Gestaltung per graphischer Verfremdung.

WortG: Der Ausdruck *Orthographie* geht zurück auf die Verbindung von griech. ὀρθός [orthós] ‚aufrecht‘, ‚richtig‘ und γραφία [graphía] zu γράφειν [gráphein] ‚zeichnen‘, ‚einritzen‘, ‚schreiben‘. Tradiert über die lat. Vermittlung − vgl. z. B. Quintilians Explikation von „orthographia“ als „recte scribendi scientia“ (1,7,1) − wurde dieses Wort Ende des 15. Jhs. (Niclas von Wyle, ‚Translatzen‘, 1478) ins Deutsche übernommen und dann im 16. Jh. (Rot 1571) per analoger Übersetzung als *Rechtschreibung* auch in den eigensprachlichen Wortschatz eingegliedert.

Translationen von Niclas von Wyle. Hg. v. Adelbert v. Keller [1861]. Repr. Hildesheim 1967, S. 350, 27. − Simon Rots Fremdwörterbuch. Hg. v. Emil Öhmann. Helsinki 1936.

BegrG: Für die Orthographie charakteristisch ist ihr Verbindlichkeitsanspruch, und dies unabhängig davon, ob er nur von einzelnen Normierern vertreten wird (vgl. z. B. Frangk 1531) oder per staatlichem Dekret (s. Regeln 1902, Deutsche Rechtschreibung 1996) durchgesetzt werden soll. Allerdings hat man nicht selten auch dort von *Orthographie* gesprochen, wo es gar nicht um explizit normative Ansprüche zu tun war, sondern nur um verschiedene Arten einer faktischen, mehr oder minder gleichförmigen Verschriftlichung (und zwar von einer kommunen Schreibpraxis bis zu rein individuellen Schreibgewohnheiten). Eine derartige Identifikation des Usus mit der Norm kann dann, pointiert formuliert, zu einer *contradictio in adiecto* (↗ *Paradox*) führen, wie sie z. B. Lichtenbergs Diktum „Der eine hat eine falsche Rechtschreibung und der andere eine rechte Falschschreibung“ (Lichtenberg, 140) aufdeckt.

Deutsche Rechtschreibung. Amtliche Regelung. Düsseldorf 1996. − Fabian Frangk: Orthographia Deutsch / Lernt / recht buchstäbig deutsch schreiben. Wittenberg 1531. − Georg Christoph Lichtenberg: Schriften und Briefe. Bd. 2. München 1971. − Regeln für die deutsche Rechtschreibung nebst Wörterverzeichnis. Berlin 1902.

SachG: Frühe orthographische Normierungsversuche konzentrierten sich wesentlich auf die ‚richtige‘, möglichst eineindeutige Umsetzung gesprochener in geschriebene Sprachformen; verhindert werden sollten insbesondere Verwechslungen ähnlicher Laute, Umstellungen in der Reihenfolge der Buchstaben u. a. m., welche die Wiedererkennbarkeit des gesprochenen Worts im Geschriebenen stark minderten. Eine wirkliche Gleichförmigkeit der Schreibprodukte ließ sich dadurch jedoch nur in Ansätzen erreichen, weil die Ausspracheweisen vielfach differierten. Als entscheidend erwies sich letztlich die Tatsache der dauerhaften Repräsentation bedeutungtragender sprachlicher Einheiten (primär: der Wörter), da (1) die Umsetzung des Gesprochenen ins Geschriebene per se nur Mittel zum eigentlichen Zweck des Schreibens war, nämlich dem der Mitteilung von Inhalten, und da (2) immer mehr schriftlich fixierte Vorlagen zur Verfügung standen, an denen man sich orientieren konnte. Die Orthographie, die zunächst auf Transkriptionsanweisungen zur Umsetzung des Gesprochenen ins Geschriebene konzentriert war, nahm fortschreitend mehr und mehr Festlegungen zur richtigen Schreibung einzelner Wörter auf, bis schließlich besondere Rechtschreib-Wörterbücher entstanden.

Mit dem konsequenten Ausbau schriftlicher Gestaltungsformen (Separierung graphischer Wörter mittels Spatien, ihre Trennung am Zeilenende, Schaffung von Majuskel- und Minuskelinventaren, partielle Großschreibung am Wortanfang usw.) hat sich im Laufe der Zeit das Feld für Normierungen Stück für Stück erweitert, so daß die Orthographie inzwischen sehr viel mehr umfaßt als in früheren Zeiten und mittlerweile z. B. auch die ↗ *Interpunktion* einschließt. Von der Rechtschreibnorm nicht erfaßt bleiben allerdings weiterhin graphische Mittel wie Schriftauszeichnung, Absatzmarkierung u. a. m. Einmal umfassend etablierte orthographische Normen lassen sich, wie z. B. die Erfahrungen des 20. Jhs. bezüglich des deutschen Sprachgebiets gezeigt haben (zuletzt 1998), per Reform allenfalls noch in marginalen Bereichen revidieren, und dies nur unter großen Schwierigkeiten.

ForschG: Die Forschung zur Orthographie steckt noch in den Anfängen. Jenseits von Versuchen, die vorherige Entwicklung orthographischer Bemühungen rein deskriptiv nachzuzeichnen, und individuellen Bestrebungen, selbst zu einer Rechtschreibreform beizutragen, haben sich die Wissenschaftler lange Zeit damit zufriedengegeben,

verschiedenartige ‚Prinzipien der (Recht-)Schreibung‘ namhaft zu machen, deren Postulat das orthographisch Festgelegte irgendwie begründen und nachträglich rechtfertigen sollte. Dabei hatte man sich für gewöhnlich eher global auf ganz unterschiedliche Aspekte bezogen: phonetische, phonologische, morphologische, syntaktische, semantische und/oder pragmatische Faktoren, einen ‚allgemeinen Schreibusus‘, die Etymologie, die Homonymendifferenzierung (Unterscheidung gleichlautender Wörter im Geschriebenen) u. a. m. Erst seit ca. einem Vierteljahrhundert gibt es im Rahmen der Linguistik ernsthafte Bemühungen, hier die notwendige theoretische Klarheit zu schaffen und das komplexe Zusammenwirken der verschiedenen Faktoren deskriptiv differenziert zu erfassen. Berücksichtigt werden dabei inzwischen auch die besonderen normativen Aspekte der Rechtschreibung, die zuvor weitgehend vernachlässigt worden waren. Wenig erforscht ist auch noch immer die Bedeutung orthographischer Aspekte für dichterische Texte (literaturtheoretisch z. B. Fricke, 16–23; zur extrem abweichenden ‚VerschreibKunst‘ Arno Schmidts z. B. Simon).

Lit: Gerhard Augst u. a. (Hg.): Zur Neuregelung der deutschen Orthographie. Begründung und Kritik. Tübingen 1997. – Rolf Bergmann u. a. (Hg.): Documenta orthographica. Hildesheim 1998 ff. – Harald Fricke: Norm und Abweichung. München 1981. – Peter Gallmann: Graphische Elemente der geschriebenen Sprache. Tübingen 1985. – Burckhard Garbe (Hg.): Die deutsche rechtschreibung und ihre reform 1722–1974. Tübingen 1978. – Manfred Kohrt: Theoretische Aspekte der deutschen Orthographie. Tübingen 1987. – Dieter Nerius u. a.: Deutsche Orthographie. Leipzig 1987. – D. N., Jürgen Scharnhorst (Hg.): Studien zur Geschichte der deutschen Orthographie. Hildesheim u. a. 1992. – Jens Simon: Weg von der Dudennorm. Arno Schmidts Weg von den ‚Stürenburg-Geschichten‘ zur ‚Inselstraße‘. Berlin, New York 1991.

Manfred Kohrt

Osterfeier ↗ *Osterspiel*

Osterspiel

Geistliches Spiel des Mittelalters, zentriert um die Auferstehung Christi.

Expl: Typus des mittelalterlichen ↗ *Geistlichen Spiels*, in dem die Vorgänge bei der Auferstehung Christi dargestellt werden. An das im Neuen Testament berichtete Geschehen lagern sich weitere Szenen an, die keine oder nur eine schwache Stütze in den Evangelien haben, sich aus alttestamentarischer Prophetie, Apokryphen, legendärischer Überlieferung, theologischen Schriften speisen und Lücken im Geschehensablauf füllen oder dessen heilsgeschichtlichen Sinn ausdeuten. Die wichtigsten Szenentypen sind Grabwache, Höllenfahrt Christi und Seelenfang (Versuch des Teufels, Seelen für die Hölle zu fangen), Salbenkauf (Mercatorszene) und Besuch des Grabes durch die drei Marien (,Visitatio sepulchri'), die Begegnung des Auferstandenen in der Gestalt des Gärtners mit Maria Magdalena (Hortulanus-Szene), Wettlauf der Jünger zum Grab, Besuch des Wirtshauses in Emmaus. Ein Teil dieser Szenen — so die Visitatio, die Hortulanus-Szene und der Jüngerlauf (zu den Typen: de Boor) — wird mehr oder weniger genau aus den lateinischen OSTERFEIERN übernommen, die in der Liturgie des Ostersonntags am Morgen der Ostermesse vorausgingen. Die hinzutretenden Szenen sind häufig komisch, manchmal derb-obszön ausgestaltet, so insbesondere die Mercator-, die Hortulanus- und die Emmaus-Szene. Szenengestaltung und -verlauf können sich dabei mit einzelnen Typen des ↗ *Fastnachtspiels* wie dem Arztspiel berühren. In den enger auf die Heilsgeschichte bezogenen Teilen verwendet das Osterspiel — wie die Geistlichen Spiele überhaupt — biblische und liturgische Elemente: Evangelientexte, Prophetenworte, Hymnen, Antiphone (Wechselgesänge) u. ä.

Die Grenzen zu anderen Typen des Geistlichen Spiels sind fließend: Stofflich-thematisch überschneiden sich die Osterspiele häufig mit den PASSIONSSPIELEN; das Ostergeschehen kann in größere heilsgeschichtliche Zusammenhänge eingebettet sein (wie in den Fronleichnamsspielen), und einzelne szenische Abschnitte können als selbständige Spiele auftreten (so in den Emmaus-Spielen).

WortG: Zu *Spiel* ↗ *Geistliches Spiel*; *osterspil* ist im Mittelalter keine präzise Gattungsbezeichnung, sondern kann für unterschiedliche um den Ostertermin aufgeführte Geistliche Spiele verwendet werden, also auch für das Luzerner Passionsspiel (1545). Wegen der stofflichen Überschneidungen schwankt bei einzelnen Texten die Bezeichnung als *Oster-* oder *Passionsspiel*. Erst in der jüngeren Forschung setzt sich durch, *Osterspiel* nur für szenische Darstellungen des Ostergeschehens zu verwenden (vgl. die Forderung von Bergmann/Stricker, 53).

Rolf Bergmann, Stefanie Stricker: Zur Terminologie und Wortgeschichte des Geistlichen Spiels. In: Mittelalterliches Schauspiel. Fs. Hansjürgen Linke. Hg. v. Ulrich Mehler und Anton H. Touber. Atlanta 1994, S. 49−77.

BegrG: Gebräuchlicher als *osterspil* ist im Mittelalter die lateinische Bezeichnung *ludus paschalis*, auch sie nicht ausschließlich für Osterspiele i. e. S. verwendet (dt.: *osterleich spil*; Kremsmünster, 14. Jh., für ein Passionsspielfragment). Wo der dargestellte Vorgang bezeichnet werden soll, findet sich „spil von der urstend", ‚Auferstehungsspiel' (Linke 1994, 121). Seit den Arbeiten von Young, Hardison, de Boor, Lipphardt und Linke hat sich die terminologische Abgrenzung zwischen den liturgischen, jedoch gleichfalls theatralische Mittel nutzenden *Osterfeiern* und dem außerliturgischen *Osterspiel* durchgesetzt.

SachG: Lateinische Osterfeiern mit szenischen Darstellungen des Ostergeschehens sind in ganz Europa seit dem 10. Jh. belegt. Besonders in dem am reichsten ausgestalteten Typus III (de Boor) finden sich zahlreiche Übereinstimmungen mit den volkssprachigen Osterspielen des späteren Mittelalters. Das älteste überlieferte deutschsprachige Osterspiel, das Osterspiel von Muri, stammt noch aus dem 13. Jh.; aus dem 14. Jh. sind meist nur Fragmente auf uns gekommen (vollständig: das Innsbrucker Osterspiel, 1391). Die meisten Texte sind aus dem 15. und dem frühen 16. Jh. überliefert, insbesondere aus Rheinfranken, Tirol und der Schweiz, in nd. Sprache das Wolfenbütteler und das Redentiner Osterspiel von 1464, das wegen seiner ausführlichen Höllenfahrt- und Seelenfangszene eine Sonderstellung einnimmt. Die Spiele sind teils als Lesetexte, teils auch als Textvorlagen von Aufführungen überliefert (etwa die für den Spielleiter bestimmte, thematisch weiter ausgreifende ‚Frankfurter Dirigierrolle‘). Die Texte sind unfest, d. h. die Spiele können für jeden neuen Anlaß bearbeitet und anders eingerichtet werden, einzelne Szenenelemente und Textpassagen ersetzt oder mehr oder minder wörtlich in andere Spiele übernommen. So entstehen textlich untereinander enger verwandte Spiel-Gruppen (‚hessische‘, ‚Südtiroler‘), zwischen denen jedoch gleichfalls Austausch möglich ist. Unter dem Einfluß der Reformation wird das Osterspiel wie das mittelalterliche Geistliche Spiel überhaupt in die katholischen Gebiete zurückgedrängt. Thematische Verwandtschaft ergibt sich mit dem (früh)neuzeitlichen ↗ *Mysterienspiel*.

ForschG: Die ältere Forschung bemühte sich vor allem um die Sicherung des Textbestandes. Gegenüber den älteren ‚rekonstruierenden‘ Editionen (Kummer, Froning) hat sich die Erkenntnis durchgesetzt, daß bei der Spielüberlieferung noch mehr als sonst im Mittelalter jede Handschrift als Träger einer besonderen Fassung eigene Beachtung verdient und ihre intertextuellen Beziehungen zu anderen Fassungen in der Edition sichtbar zu machen sind. Umgesetzt wurde dieses Programm in Janotas (Passions-) Spiel-Ausgaben.

Mit einem Schwerpunkt im angelsächsischen Bereich ist die Tradition der Feiern und Geistlichen Spiele im monumentalen Werk von Young aufgearbeitet. Hardison hat das dort und in der älteren Forschung latente Entwicklungsmodell (‚von der Feier zum Spiel‘) zugunsten komplexerer Abhängigkeitsverhältnisse korrigiert. Eine Typologie der den Osterspielen vorausliegenden Feiern wurde von de Boor entwickelt. Ältere, oft spekulative Forschungen zum mittelalterlichen Theater wurden durch B. Neumanns umfangreiche Sammlung von Nachrichten zur Aufführungspraxis korri-

giert. Warning (1974) warf erstmals die Frage auf, ob das Osterspiel − wie das Geistliche Spiel überhaupt − sich zureichend als Medium christlicher Didaxe interpretieren lasse oder ob es diese nicht unterlaufe oder gar verkehre; er betont den Zusammenhang zwischen Osterspiel und Ostergelächter (*risus paschalis*, *ostarrûn*), dessen Ausbruch körperhafter Vitalität nicht mehr nur als Ausdruck christlicher Erlösungshoffnung zu verstehen sei. Die Auseinandersetzung mit Warnings Thesen blieb innerhalb der Germanistik, von einer umfangreichen Rezension Ohlys (1979) abgesehen, marginal. Strukturelle und funktionale Differenzen der Spiele zu anderen − oft inhaltsverwandten − Texten laikaler Frömmigkeit sind erst ansatzweise erforscht (Müller 1998). In diesem Zusammenhang wird insbesondere der rituelle Charakter der Spiele (↗ *Ritual*), in Abgrenzung zur Liturgie, näher zu betrachten sein (vgl. Müller 1999).

Lit: Das Drama des Mittelalters. Hg. v. Richard Froning [1891 f.]. Repr. Darmstadt 1964. − Erlauer Spiele [1882]. Hg. v. Karl F. Kummer. Repr. Hildesheim 1977. − Frankfurter Dirigierrolle. Frankfurter Passionsspiel. Hg. v. Johannes Janota. Tübingen 1996 [recte: 1997]. − Das Innsbrucker Osterspiel. Hg. v. Rudolf Meier. Stuttgart 1963. − Lateinische Osterfeiern und Osterspiele. Teil 1−5. Hg. v. Walther Lipphardt. Teil 7−9. Hg. v. Hans-Gert Roloff und Lothar Mundt. Berlin, New York 1975−1990. − Das Redentiner Osterspiel. Hg. v. Brigitta Schottmann. Stuttgart 1975. − Schauspiele des Mittelalters [1846]. Hg. v. Franz Joseph Mone. Repr. Aalen 1970.

Rolf Bergmann: Katalog der deutschsprachigen geistlichen Spiele und Marienklagen des Mittelalters. München 1986. − R. B.: Geistliche Spiele des Mittelalters − Katalogerfassung und Neufunde. In: Siller 1994, S. 13−32. − Helmut de Boor: Die Textgeschichte der lateinischen Osterfeiern. Tübingen 1967. − Osborne Bennett Hardison: Christian rite and christian drama in the Middle Ages. Baltimore 1965. − Thomas Kirchner: Raumerfahrung im geistlichen Spiel des Mittelalters. Bern u. a. 1981. − Hansjürgen Linke: Das volkssprachige Drama und Theater im deutschen und niederländischen Sprachbereich. In: Neues Hb. der Literaturwissenschaft. Bd. 8. Hg. v. Willi Erzgräber. Wiesbaden 1978, S. 733−763. − H. L.: Vom Sakrament zum Exkrement. Ein Überblick über Drama und Theater des deutschen Mittelalters. In: Theaterwesen und dramatische Literatur. Hg. v. Günter Holtus. Tübingen 1987, S. 127−164. − H. L.: Osterfeier und Osterspiel. Vorschläge zur sachlich-terminologischen Klärung einiger Abgrenzungsprobleme. In: Siller 1994, S. 121−133. − Jan-Dirk Müller: Mimesis und Ritual. Zum geistlichen Spiel des Mittelalters. In: Mimesis und Simulation. Fs. Rainer Warning, Hg. v. Andreas Kablitz und Gerhard Neumann. Freiburg 1998, S. 541−571. − J.-D. M: Kulturwissenschaft historisch. Zum Verhältnis von Ritual und Theater im späten Mittelalter. In: Lesbarkeit der Kultur. Hg. v. Gerhard Neumann. München 2000, S. 55−73. − Bernd Neumann: Geistliches Schauspiel im Zeugnis der Zeit. 2 Bde. München, Zürich 1987. − Johan Nowé: Kult oder Drama? Zur Struktur einiger Osterspiele des deutschen Mittelalters. In: The theatre in the Middle Ages. Hg. v. Herman Braet u. a. Löwen 1985, S. 269−313. − Friedrich Ohly: Rezension von Warning 1974. In: Romanische Forschungen 91 (1979), S. 111−141. − Max Siller (Hg.): Osterspiele. Innsbruck 1994. − Johannes Streif: Das Arztspiel des vorreformatorischen Fastnachtspiels. Diss. München 1999. − Rolf Steinbach: Die deutschen Oster- und Passionsspiele des Mittelalters. Köln, Wien 1970. − Barbara Thoran: Studien zu den österlichen Spielen des deutschen Mittelalters. Göppingen ²1976. − Rainer Warning: Funktion und Struktur. Die Ambivalenzen des geistlichen Spiels. München 1974. − Karl Young: The drama of the medieval church. 2 Bde. Oxford 1933.

Jan-Dirk Müller

Ottave rime ↗ *Stanze*

Oxymoron ↗ *Paradox*